ST/ESA/STAT/SER.G/56

DEPARTMENT OF ECONOMIC AND SOCIAL AFFAIRS
STATISTICS DIVISION

DÉPARTEMENT DES AFFAIRES ÉCONOMIQUES ET SOCIALES
DIVISION DE STATISTIQUE

2007
INTERNATIONAL TRADE STATISTICS YEARBOOK
ANNUAIRE STATISTIQUE DU COMMERCE INTERNATIONAL

VOLUME II

TRADE BY COMMODITY

COMMERCE PAR PRODUIT

UNITED NATIONS/NATIONS UNIES
New York, 2009

ST/ESA/STAT/SER.G/56

UNITED NATIONS PUBLICATION
Sales No E/F.09.XVII.6, vol. II

PUBLICATION DES NATIONS UNIES
Numéro de vente: E/F.09.XVII.6, vol. II

ISBN 978-92-1-061263-0

Enquiries should be directed to:
Sales and Marketing Section
Outreach Division
Department of Public Information
United Nations
New York 10017
USA

Adresser toutes demandes de renseignements à la:
Section des ventes et de la commercialisation
des publications des Nations Unies
Division de l'action
Département de l'information
Nations Unies
New York 10017
Etats-Unis de l'Amérique

E-mail: publications@un.org
Internet: http://unp.un.org

The Department of Economic and Social Affairs (DESA) of the United Nations Secretariat is a vital interface between the global policies in the economic, social and environmental spheres and national action. The Department work in three main interlinked areas: (i) it compiles, generates and analyses a wide range of economic, social and environmental data and information on which United Nations Member States draw to review common problems and take stock of policy options; (ii) it facilitates the courses of action to address ongoing or emerging global challenges; and (iii) it advises interested Governments on the ways and means of translating policy frameworks developed in United Nations conferences and summits into programmes at the country level and, through technical assistance, helps build national capacities.

Le Département des affaires économiques et sociales du Secrétariat de l'Organisation des Nations Unies sert de relais entre les orientations arrêtées au niveau international dans les domaines économiques, sociaux et environnementaux et les politiques exécutées à l'échelon national. Il intervient dans trois grands domaines liés les uns aux autres : i) il compile, produit et analyse une vaste gamme de données et d'éléments d'informations sur des questions économiques, sociales et environnementales dont les Etats Membres de l'Organisation se servent pour examiner des problèmes communs et évaluer les options qui s'offrent à eux; ii) il facilite les négociations entre les Etats Membres dans de nombreux organes intergouvernementaux sur les orientations à suivre de façon collective afin de faire face aux problèmes mondiaux existants ou en voie d'apparition; et iii) il conseille les gouvernements intéressés sur la façon de transposer les orientations politiques arrêtées à l'occasion des conférences et sommets des Nations Unies en programmes exécutables au niveau national et aide à renforcer les capacités nationales au moyen de programmes d'assistance techniques.

TABLE OF CONTENTS

Volume II

SPECIAL TABLES

TABLES DES MATIERES

Volume II

TABLEAUX SPECIAUX

ABBREVIATIONS AND COUNTRY NOMENCLATURE

Names of some countries (or areas) or groups of countries (or areas) and of some commodities or groups of commodities have been abbreviated. Exact titles and the composition of groups of countries or commodities will be found in various editions of the following publications referred to in the Introduction (see para 2 and 4):

   (i)   Standard Country or Area Codes for Statistical Use

   (ii)   Standard International Trade Classification (SITC)

   (iii)   Classification by Broad Economic Categories (BEC)

1.   Data relating to the People's Republic of China generally include those for Taiwan Province in the field of statistics relating to population, area, natural resources, natural conditions such as climate, etc. In other fields of statistics, they do not include Taiwan Province unless otherwise stated. Therefore, in this publication the data published under the heading China exclude those for Taiwan Province. Figures representing the trade with Taiwan Province, which may have been reported by any reporting country or area, are included in the grouping Asia. Pursuant to a Joint Declaration signed on 19 December 1984, the United Kingdom restored Hong Kong to the People's Republic of China with effect from 1 July 1997; the People's Republic of China resumed the exercise of sovereignty over the territory with effect from that date. For statistical purposes, the data for China do not include those for Hong Kong Special Administrative Region. Pursuant to a Joint Declaration signed on 13 April 1987, Portugal restored Macao to the People's Republic of China with effect from 20 December 1999; the People's Republic of China resumed the exercise of sovereignty over the territory with effect from that date. For statistical purposes, the data for China do not include those for Macao Special Administrative Region.

2.   On 22 May 1990 Democratic Yemen and Yemen merged to form a single State. Since that date they have been represented as one Member with the name "Yemen". All data shown in this publication relating to the period prior to 1990 refer to the former Democratic Yemen and the former Yemen.

3.   Through accession of the German Democratic Republic to the Federal Republic of Germany with effect from 3 October 1990, the two German States have united to form one sovereign State. As from the date of unification, the Federal Republic of Germany acts in the United Nations under the designation of "Germany". All data shown which pertain to Germany prior to 3 October 1990 are indicated separately for the Federal Republic of Germany and the former German Democratic Republic based on their respective territories at the time indicated. Where data for united Germany (subsequent to 3 October 1990) are not available, they are shown separately and pertain to the territorial boundaries prior to 3 October 1990.

4.   In 1991, the Union of Soviet Socialist Republics formally dissolved into fifteen independent countries (Armenia, Azerbaijan, Belarus, Estonia, Georgia, Kazakhstan,

Kyrgyzstan, Latvia, Lithuania, Republic of Moldova, Russian Federation, Tajikistan, Turkmenistan, Ukraine and Uzbekistan). From 1992 onwards data are shown for the individual countries. Prior to 1992 data are shown for the former USSR.

5.   Data for the Czech Republic and Slovakia, where available, are shown separately under the appropriate country name. For periods prior to 1 January 1993, where no separate data are available for the Czech Republic and Slovakia, unless otherwise indicated, data for the former Czechoslovakia are shown under the country name "former Czechoslovakia".

6.   Beginning 1 January 1997, the overseas departments of France were included in the statistical territory of France for the purposes of international trade statistics. Values on this basis have been provided by France for 1996 also, and values are published on that basis in this publication.

7.   Beginning 1 January 1999, Belgium and Luxembourg provide their international trade statistics separately. For periods prior to 1 January 1999, unless otherwise indicated, data are shown for the Economic Union of Belgium and Luxembourg under the name "Belgium-Luxembourg".

8.   Beginning 1 January 2000, Botswana, Lesotho, Namibia, South Africa and Swaziland provide their international trade statistics separately. For periods prior to 1 January 2000, unless otherwise indicated, data are shown for the Southern African Customs Union.

9.   On 4 February 2003, the official name of the Federal Republic of Yugoslavia has been changed to Serbia and Montenegro. Data provided for Yugoslavia prior to 1 January 1992 refer to the Socialist Federal Republic of Yugoslavia which was composed of six republics. Data referring to the years 1992 and later are attributed to Bosnia and Herzegovina, Croatia, Serbia and Montenegro, Slovenia and the Former Yugoslav Republic of Macedonia.

10.   On 3 June 2006, Serbia and Montenegro formally dissolved into 2 independent countries: Montenegro and Serbia.

ABREVIATIONS ET CODES DES PAYS

Les noms de certains pays (ou zones) ou groupes de pays (ou zones) et de certains produits ou groupes de produits ont dû être abrégés. On trouvera les intitulés exacts de ces noms dans des différentes éditions des publications suivantes qui figurent dans l'Introduction (voir aussi para 2 et 4):

 (i) Codes standard des pays et des zones à usage statistique

 (ii) Classification type pour le commerce international (CTCI)

 (iii) Classification par grandes catégories économiques (CGCE)

1. Les données relatives à la République populaire de Chine comprennent en général les données relatives à la province de Taïwan lorsqu'il s'agit de statistiques concernant la population, la superficie, les ressources naturelles, les conditions naturelles tel que le climat, etc. Dans les statistiques relevant d'autres domaines, la province de Taïwan n'est pas comprise, sauf indication contraire. C'est le cas dans cet Annuaire où les données pour la Chine ne comprennent pas celles de la province de Taïwan. Lorsque des pays partenaires ont déclaré des échanges avec Taïwan ceux-ci sont inclus dans Asie. Conformément à une Déclaration commune signée le 19 décembre 1984, le Royaume-Uni a rétrocédé Hong-kong à la République populaire de Chine, avec effet au 1er juillet 1997; la souveraineté de la République populaire de Chine s'exerce à nouveau sur le territoire à compter de cette date. Pour les statistiques, les données de la Chine ne comprennent pas celles de la région administrative spéciale de Hong Kong. Conformément à une Déclaration commune signée le 13 décembre 1987, le Portugal a rétrocédé Macao à la République populaire de Chine, avec effet au 20ième décembre 1999; la souveraineté de la République populaire de Chine s'exerce à nouveau sur le territoire à compter de cette date. Pour les statistiques, les données de la Chine ne comprennent pas celles de la région administrative spéciale de Macao.

2. Le Yémen et le Yémen démocratique ont fusionné le 22 mai 1990 pour ne plus former qu'un seul Etat, qui est depuis lors représenté comme tel à l'Organisation, sous le nom 'Yémen'. Toutes les données présentées dans cet Annuaire qui se rapportent à la période antérieure à l'année 1990 se réfèrent aux anciens Yémen démocratique et Yémen.

3. En vertu de l'adhésion de la République démocratique allemande à la République fédérale d'Allemagne, prenant effet le 3 octobre 1990, les deux Etats allemands se sont unis pour former un seul Etat souverain. A compter de la date de l'unification, la République fédérale d'Allemagne est désignée à l'ONU sous le nom 'Allemagne'. Toutes les données se rapportant à l'Allemagne avant le 3 octobre 1990 figurent dans deux rubriques séparées, basées sur les territoires respectifs de la République fédérale d'Allemagne et l'ancienne République démocratique allemande selon la période indiquée. En l'absence de données pour l'Allemagne unifiée (à compter du 3 octobre 1990), les données sont fournies séparément sous les rubriques Allemagne (République fédérale d') et Allemagne (ancienne République démocratique) et se

rapport aux limites territoriales antérieures au 3 octobre 1990 lorsqu'elles sont disponibles.

4.   En 1991, l'ex Union Soviétique a été scindée officiellement en quinze républiques indépendantes (Arménie, Azerbaïdjan, Bélarus, Estonie, Fédération de Russie, Géorgie, Kazakstan, Kirghizistan, Lettonie, Lituanie, Ouzbékistan, République de Moldova, Tadjikistan, Turkménistan et Ukraine). A partir de 1992 les données sont indiquées pour chaque république individuellement. Avant 1992, les données sont indiquées pour l'ancienne URSS.

5.   Les données relatives à la République tchèque, et à la Slovaquie, lorsqu'elles sont disponibles, sont présentées séparément sous le nom de chacun des pays. En ce qui concerne la période antérieure au 1er janvier 1993, pour laquelle on ne possède pas de données séparées pour les deux Républiques, les données relatives à l'ancienne Tchécoslovaquie sont, sauf indication contraire, présentées sous le titre 'ancienne Tchécoslovaquie'.

6.   A partir du 1er janvier 1997, pour les statistiques du commerce international, le territoire statistique de la France comprend les départements d'outre-mer. Les valeurs ont été fournies aussi sur cette base par la France pour 1996, et sont publiées dans cet annuaire.

7.   A partir du 1er janvier 1999, la Belgique et Luxembourg présentent leurs statistiques du commerce international séparément. En ce qui concerne la période antérieure au 1er janvier 1999, sauf indication contraire, les données relatives à l'Union économique de la Belgique et Luxembourg sont présentées sous le titre 'Belgique-Luxembourg'.

8.   A partir du 1er janvier 2000, Botswana, Lesotho, la Namibie, Swaziland et l'Afrique du Sud présentent leurs statistiques du commerce international séparément. En ce qui concerne la période antérieure au 1er janvier 2000, sauf indication contraire, les données sont présentées pour l'Union douanière d'Afrique australe.

9.   Le 4 février 2003 la République fédérative de Yougoslavie a changé officiellement son nom en Serbie et Monténégro. Les données fournies pour la Yougoslavie avant le 1er janvier 1992 se rapportent à la République fédérative socialiste de Yougoslavie, qui était composée de six républiques. Les données relatives à l'année 1992 et après sont attribuées à la Bosnie-Herzégovine, la Croatie, la Serbie et Monténégro, la Slovénie et l'ex-République yougoslave de Macédoine.

10.   Le 3 juin 2006, la Serbie et Monténégro ont changé officiellement en deux républiques indépendantes: le Monténégro et la Serbie.

EXPLANATION OF SYMBOLS
EXPLICATION DES SIGNES

Category not applicable ....   –
Ne s'applique pas

Not available..   blank
Aucune donnée disponible

Magnitude of less than half the unit used...............................   0 or 0.0
Grandeur inférieure à la moitié de l'unité utilisée

Provisional or estimated figures...   e
Donnée provisoire ou estimation

Area (square metres)...   A
Superficie (mètres carrés)

1,000 kilowatt-hours..   H
1,000 kilowatts-heures

Weight (kilograms)..   K
Poids (kilogrammes)

Length (metres)...   L
Longueur (mètres)

1,000 times unit shown..   M
1,000 fois l'unité indiquée

Number...   N
Nombre

Other..   O
Autres

Number of pairs..   P
Paires

Volume (cubic metres)..   V
Volume (mètre cube)

Weight (metric tons)...   W
Poids (tonnes métriques)

1,000,000 times unit shown..   Y
1 million de fois l'unité indiquée

Decimal figures are always preceded by a period except for the Country Notes in French
where they are preceded by a comma.......................................   (.)
Les décimales sont toujours précédées d'un point, à l'exception des notes de pays en français
où elles sont précédées par une virgule.

TRADE DATA IN ELECTRONIC FORM

External trade data, for the majority of countries from 1962 to the latest year, are available in electronic form. Since June 2003 the trade data are also accessible via the internet at http://comtrade.un.org/. Data can be browsed freely by any internet user or can be downloaded by registered subscribers. See the website for prices on subscriptions.

DONNEES DU COMMERCE EXTÉRIEUR
SOUS FORME ÉLECTRONIQUE

Les données du commerce extérieur pour la majorité des pays de 1962 à la dernière année écoulée sont disponibles sous forme électronique Depuis juin 2003 ces données du commerce extérieur sont accessibles sur l'Internet à l'adresse http://comtrade.un.org/. Elles peuvent être inspectées gratuitement par tous les utilisateurs, ou peuvent être téléchargées par abonnement. Voir le site Internet pour les coûts des abonnements.

INTRODUCTION

1.   This fifty-sixth edition of the <u>International Trade Statistics Yearbook </u>(the <u>Yearbook</u>) provides the basic information for individual countries' external trade performances in terms of value, as well as in volume and price, the importance of trading partners and the significance of individual commodities imported and exported. This edition shows annual statistics up to the year 2007 for 180 countries or areas. It is published in two volumes.

2.   Similar to the last edition, the commodities in this issue are classified according to the <u>Standard International Trade Classification</u> (<u>SITC</u>) [1/], Revision 3, instead of the SITC, Revision 2, used in earlier editions. The SITC, Revision 3, came into force in 1988 together with the Harmonized Commodity Description and Coding System (<u>HS</u>) and is structured in such a way that a close correlation exists with the headings of HS, which have been more and more used by countries since the early nineties as the primary tool for classifying goods at the Customs offices. By now, time series data are available in HS for almost all countries and areas. These data are converted into SITC, Revision 3, and presented in tables 3 and 4 of Volume I and the Commodity tables of Volume II of this Yearbook. Beginning 2007, many countries and areas started to collect and compile trade data according to HS 2007 classification. To maintain time series, a conversion between HS 2007 and SITC, Revision 3 has been developed and implemented.

3.   Regional groupings are shown according to the regions used in the Millennium Development Goal Indicator Database (see http://unstats.un.org/unsd/mdg/default.aspx). The following regional groupings are applied in the Country tables of Volume I of this yearbook as well as in the Commodity tables and in Special Table A, D, E, F and H of Volume II – the category 'Other' applies only to the presentation of data by trading partner and consists of Antarctica, Bunkers, Free Zones, 'Special Categories' (confidential partner) and Areas nes.:

World
Developed Countries
 - Asia-Pacific
 - Europe
 - North America
South-eastern Europe
Commonwealth of Independent States
 - CIS Europe
 - CIS Asia
Northern Africa
Sub-Saharan Africa
Latin America & the Caribbean
 - Caribbean
 - Latin America
Eastern Asia
Southern Asia
South-eastern Asia
Western Asia
Oceania
Other

VOLUME I

4.   Volume I contains detailed data for individual countries or areas. Depending on the availability of data the following tables usually appear for each country or area:

(a)   Tables 1 and 2, showing up to the most recent five years available, the value in United States dollars of import and export trade analyzed by the principal countries or areas and regions of origin and destination. The analysis is made according to the United Nations Standard Country or Area Codes for Statistical Use[2/]. In some instances, owing to the nature of the national country classification, the conversion to the United Nations country classification could not be done precisely. A maximum of 25 trading partners are shown, in order of magnitude, based on the sum of the values over the years included in the table, with imports and exports ranked separately. Below this table is a second table showing the percentage breakdown of trade by regions for the latest available ten years. Regional totals are calculated only if the available partner detail exceeds 80% of the reported total imports or exports. Furthermore, if the available partner detail is less than 50% for all years, the table will not be shown at all.

(b)   Tables 3 and 4, showing up to the most recent four years available, the quantity and the value in United States dollars of imports and exports analyzed by principal commodities. The commodities are shown in terms of the Standard International Trade Classification (SITC)[1/], Revision 3 codes and headings (abbreviated). Data for a commodity will appear if the value in any year is greater than or equal to 0.5 per cent of the total trade for that year. Some lines for 2-, 3- or 4-digit commodity codes are omitted in cases where the line of the more detailed commodity code (for instance at 5-digit level) contains exactly the same information in terms of value and quantity for all four years shown.

(c)   Table 5, showing up to the most recent seven years available, percentage breakdowns of imports by broad economic categories. The analysis for imports is based on the Classification by Broad Economic Categories[3/]. Reclassification of foreign trade according to broad economic categories requires statistical information at the detailed levels of the HS or the SITC, Revision 3.

5.   In some instances the figures shown in United States dollars in the tables indicated under 4(a) and 4(b) above may not correspond to those in United States dollars in the Special Table A or to those in national currency in Special Table B after the application of the currency conversion factors in Special Table C. These discrepancies arise in part from revisions to the more recent data at the total level and these revisions were not broken down for the more detailed data by commodity and partner. In some cases the differences may be due to differences in coverage/definitions of the data. It was felt, however, that a partial revision of the tables referred to under 4(a) and 4(b) above to make the totals consistent with those in the Special Tables should not be made. More information on the Special Tables is given in para 14 to 17.

6.   For all countries, the data in Tables 3 and 4 are presented according to SITC Revision 3. Most countries report data according to the Harmonized Commodity Description and Coding System (HS). The data so reported for these countries, were converted to SITC Revision 3. Trade data according to HS and SITC, Revision 3, can be found on the web site of the United Nations

Statistics Division at http://comtrade.un.org/. Detailed descriptions of the concepts and definitions applied by countries were previously made available in the United Nations mimeograph "National Reporting Practices in International Merchandise Trade Statistics" (ST/ESA/STAT/112), issued February 1996.

7.   In July 2006, a new questionnaire on "National Compilation and Dissemination Practices" was sent out to all national agencies responsible for compiling international merchandise trade statistics. A database containing the detailed results by country, together with an overview of national compilation and dissemination practices and various summary tables were made available on the website of the Trade Statistics Branch of the United Nations Statistics Division at http://unstats.un.org/unsd/tradereport/introduction_MM.asp in July 2008.

8.   Given the economic importance of the European Union (EU), separate pages have been added for the external trade of the EU (with its 27 members) as a whole. These pages are given as a memorandum item just after the end of all the country pages.

VOLUME II

9.   Volume II contains commodity tables showing the world trade of certain commodities analyzed by regions and countries and the Special Tables A to K. The regional structures used for the Commodity tables and Special Tables A, D, E, F and H are identical to that which is used in Volume I. For Special Tables I, J and K, the structure of the regional groupings is mostly in line with that of the earlier editions of the yearbook.

10.   Commodity tables. These tables show imports and exports of commodities at the group (3-digit) level of the SITC, Revision 3. All groups are covered except for 286, Ores and concentrates of uranium and thorium; 345, Coal, water or other producer gases; and 911, Postal packages not classified according to kind (for an explanation, see paragraph 11 below). The years covered are the five years 2003 to 2007. The values are in U.S. dollars and both imports and exports are analyzed by regions and principal trading countries. A maximum of 25 countries are shown in order of magnitude, based on the sum of the values over the years 2003 to 2007, with imports and exports ranked separately. No quantity data are shown.

11.   In preparing these tables, in many cases estimates were made for countries whose data were not yet available and these are shown with an 'e'. In some cases, estimates were made for particular countries, and they were considered adequate to include in regional and world totals but not sufficiently explained to be published separately for the country; consequently, they have been suppressed and only an 'e' appears in the table. The commodity groups mentioned in paragraph 10 above, (286, 345 and 911) are suppressed from publication because they were poorly reported and contain many estimates which are not sufficiently explainable. Strictly speaking, a regional or world total that contains estimates should be shown with an 'e'. However, virtually all the regional and world totals include estimates and the 'e' has been omitted for cosmetic purposes.

12.   The procedure for estimating trade data for a given year and a given country takes some reported ('true') data as a starting point. The minimum required reported input data are the import and export totals of a country. Sometimes other aggregated commodity information is also available and is taken into account; this may include some 3-digit or other commodity totals reported by the country. The estimation procedure then takes the available reported data and initial estimates (which may be either (1) the 3-digit commodity totals of the country for an adjacent (reported) year or (2) the 3-digit commodity totals for the country as reported by all its trading partners combined, for the given year) and scales them in such a way that at every level of the commodity classification the total of the commodity estimates and any reported data add up to the reported ('true') totals at the higher level and ultimately to the totals of the imports and exports.

13.   Volume II also contains special tables showing, inter alia, (a) the contribution of the trade of each country to the trade of its region and of the world, (b) the flow of trade between countries and regions and (c) the fluctuations of the prices at which goods are traded internationally. The special tables are:

A.   Total imports and exports by regions and countries and areas (in US dollars);
B.   Total imports and exports by countries and areas (in national currency);
C.   Trade Conversion Factors;
D.   World exports by commodity classes and by regions;
E.   Growth of world exports by commodity classes and by regions;
F.   Structure of world exports by commodity classes and by regions;
G.   Total imports and exports by countries or areas: volume and unit value indices and terms of trade in US dollars;
H.   Total imports and exports by regions; volume and unit value indices, and terms of trade in US dollars;
I.   Manufactured goods exports (unit value and volume indices and value);
J.   Fuel imports: developed economies (unit value and volume indices and value);
K.   Some indicators on fuel imports: developed economies.

SPECIAL TABLES

14.   The geographic structure used in Special Table A, D, E, F and H is detailed in paragraph 3. Additional country groupings included in Special Table A are: ANCOM, APEC, ASEAN, CACM, CAEMC, CARICOM, COMESA, ECOWAS, EFTA, EU-27, EU-25, LAIA, LDC, MERCOSUR, NAFTA, OECD and OPEC (for the members of these groupings see paragraph 17 below).

15.   Special Tables I, J and K retain for technical reasons the regional breakdown used in the earlier versions of the yearbook, namely:

1) Developed economies
   -   Africa (South Africa)
   -   America (United States and Canada)
   -   Asia (Japan and Israel).

- Europe (Andorra, Austria, Belgium, Denmark, Faeroe Islands, Finland, France, Germany, Gibraltar, Greece, Iceland, Ireland, Italy, Luxembourg, Malta, Netherlands, Norway, Portugal, Spain, Sweden, Switzerland and United Kingdom)
- Oceania (Australia and New Zealand)

2) Developing economies

- Africa (Algeria, Angola, Benin, Botswana, Burkina Faso, Burundi, Cameroon, Cape Verde, Central African Republic, Chad, Comoros, Congo, Côte d'Ivoire, Democratic Republic of the Congo, Djibouti, Egypt, Equatorial Guinea, Eritrea, Ethiopia, Gabon, Gambia, Ghana, Guinea, Guinea Bissau, Kenya, Lesotho, Liberia, Libyan Arab Jamahiriya, Madagascar, Malawi, Mali, Mauritania, Mauritius, Morocco, Mozambique, Namibia, Niger, Nigeria, Réunion, Rwanda, Saint Helena, Sao Tome and Principe, Senegal, Seychelles, Sierra Leone, Somalia, Sudan, Swaziland, Togo, Tunisia, Uganda, United Republic of Tanzania, Western Sahara, Zambia, and Zimbabwe)
- America (Anguilla, Antigua and Barbuda, Argentina, Aruba, Bahamas, Barbados, Belize, Bermuda, Bolivia, Brazil, British Virgin Islands, Cayman Islands, Chile, Colombia, Costa Rica, Cuba, Dominica, Dominican Republic, Ecuador, El Salvador, Falkland Islands, French Guiana, Greenland, Grenada, Guadeloupe, Guatemala, Guyana, Haiti, Honduras, Jamaica, Martinique, Mexico, Montserrat, Netherlands Antilles, Nicaragua, Panama, Paraguay, Peru, Saint Kitts-Nevis, Saint Lucia, Saint Pierre and Miquelon, Saint Vincent and the Grenadines, Suriname, Trinidad and Tobago, Turks and Caicos, Uruguay, and Venezuela)
- Asia (Afghanistan, Armenia, Azerbaijan, Bahrain, Bangladesh, Bhutan, Brunei Darussalam, Cambodia, China, China Hong Kong SAR, China Macao SAR, Cyprus, Democratic People's Republic of Korea, Georgia, India, Indonesia, Iran, Iraq, Jordan, Kazakhstan, Kuwait, Kyrgyzstan, Lao People's Democratic Republic, Lebanon, Malaysia, Maldives, Mongolia, Myanmar, Nepal, Occupied Palestinian Territory, Oman, Pakistan, Philippines, Qatar, Republic of Korea, Saudi Arabia, Singapore, Sri Lanka, Syrian Arab Republic, Tajikistan, Thailand, Timor-Leste, Turkey, Turkmenistan, United Arab Emirates, Uzbekistan, Viet Nam, and Yemen)
- Europe (Bosnia Herzegovina, Croatia, Slovenia, Serbia and Montenegro, and The former Yugoslav Republic of Macedonia)
- Oceania (American Samoa, Cook Islands, Fiji, Federated States of Micronesia, French Polynesia, Kiribati, Guam, Nauru, New Caledonia, Niue, Norfolk Island, Northern Mariana Islands, Marshall Islands, Palau, Papua New Guinea, Samoa, Solomon Islands, Tokelau, Tonga, Tuvalu, Vanuatu, and Wallis and Futuna Islands)

3) Other

- Eastern Europe (Albania, Bulgaria, Czech Republic, Hungary, Poland, Romania, and Slovakia)
- European countries of the former USSR (Belarus, Estonia, Latvia, Lithuania, Republic of Moldova, Russian Federation and Ukraine)

16.   The special tables can be characterized in the following way:

(A) <u>Total imports and exports by regions and countries and areas (in US dollars)</u>. The regional, economic and world totals have been adjusted: (a) to include estimates for countries or areas for which full data are not available; (b) to include countries or areas not listed separately; and (c) where possible, to eliminate incomparability owing to geographical changes, by adjusting the figures for periods before the change to be comparable to those for periods after the change, for example, the European Union and the European Free Trade Association. The figures shown for individual countries correspond to the figures, which appear and are described in Special Table B. For general note and footnotes, see the end of the table.

Monthly and quarterly data appear in the <u>Monthly Bulletin of Statistics</u>.

(B) <u>Total imports and exports by countries and areas (in national currency)</u>. The table contains totals of trade by countries reported in terms of national currency. For totals in terms of U.S. dollars for all countries and areas see Special Table A. For general note and footnotes, see the end of the table.

Monthly and quarterly data appear in the <u>Monthly Bulletin of Statistics</u>.

(C) Trade Conversion Factors. The conversion factors shown in the table were used to convert trade data expressed in terms of national currency to U.S. dollars. For general note and footnotes, see the end of the table.

Quarterly data appear in the <u>Monthly Bulletin of Statistics</u>.

(D) <u>World exports by commodity classes and by regions</u>. For the general note and footnotes, see the end of the table.

(E) <u>Growth of world exports by commodity classes and by regions</u>. The annual average rates of change in percentage terms given in this table have been uniformly calculated by the use of the compound interest formula:

$$ r = \left(\sqrt[t]{\frac{V_n}{V_o}} - 1 \right) * 100 $$

r   = Annual average rate of change in percentage terms.
Vn = Value of exports during the last year of the period.
Vo = Value of exports during the first year of the period.
t   = Number of years in period.

For the general note and footnotes, see the end of Special Table F.

(F) <u>Structure of world exports by commodity classes and by regions</u>. The figures shown under the heading 'Origin of Exports' refer to the exports of the region or country appearing in the 'Area' column; those shown under the heading 'Destination of Exports' refer to the exports of the world to the region or country appearing in the 'Area' column. For the general note and footnotes, see the end of the table.

(G) <u>Total imports and export by countries or areas</u> (volume and unit value indices and terms of trade in US dollars). For the general note and footnotes, see the end of the table.

Quarterly data appear in the <u>Monthly Bulletin of Statistics</u>.

(H) <u>Total imports and exports by regions</u> (volume and unit value indices and terms of trade in US dollars). For the footnotes, see the end of the table.

Quarterly data appear in the <u>Monthly Bulletin of Statistics</u>.

(I) <u>Manufactured goods exports</u> (unit value and volume indices and value). For the general note and footnotes, see the end of Table K.

Quarterly data appear in the <u>Monthly Bulletin of Statistics</u>.

(J) <u>Fuel imports: developed economies</u> (unit value and volume indices and value). For the general note and footnotes, see the end of Table K.

Quarterly data appear in the <u>Monthly Bulletin of Statistics</u>.

(K) <u>Some indicators on fuel imports: developed economies</u>. This table shows the share of fuel imports in the total value of imports and in the total value of exports, and the ratio of unit value indices of manufactured goods exports to those of fuel imports. For the general note and footnotes, see the end of the table.

Quarterly data appear in the <u>Monthly Bulletin of Statistics</u>.

17. The compositions of the additional country groupings which are used in Special Table A are as follows:

ANCOM-Andean Common Market
Bolivia, Colombia, Ecuador, Peru and Venezuela

APEC-Asian-Pacific Economic Co-operation
Australia, Brunei Darussalam, Canada, Chile, China, Hong Kong Special Administrative Region of China, Indonesia, Japan, Malaysia, Mexico, New Zealand, Papua New Guinea, Peru, Philippines, Republic of Korea, Russian Federation, Singapore, Taiwan Province of China, Thailand, United States of America and Viet Nam

ASEAN-Association of South-East Asian Nations
Brunei Darussalam, Cambodia, Indonesia, Lao People's Democratic Republic, Malaysia, Myanmar, Philippines, Singapore Thailand and Viet Nam

CACM-Central American Common Market
Costa Rica, El Salvador, Guatemala, Honduras and Nicaragua

CARICOM-Caribbean Community and Common Market
Antigua and Barbuda, Bahamas (member of the Community only), Barbados, Belize, Dominica, Grenada, Guyana, Haiti, Jamaica, Montserrat, Saint Kitts and Nevis, Saint Lucia Saint Vincent and the Grenadines, Suriname, Trinidad and Tobago

COMESA-Common Market for Eastern and Southern Africa
Burundi, Comoros, Democratic Republic of the Congo, Djibouti, Egypt, Eritrea, Ethiopia, Kenya, Libyan Arab Jamahiriya, Madagascar, Malawi, Mauritius, Rwanda, Seychelles, Sudan, Swaziland, Uganda, Zambia and Zimbabwe

ECOWAS - Economic Community of West African States
Benin, Burkina Faso, Cape Verde, Cote d'Ivoire, Gambia, Ghana, Guinea, Guinea-Bissau, Liberia, Mali, Niger, Nigeria, Senegal, Sierra Leone and Togo

EFTA - European Free Trade Association
Iceland, Liechtenstein, Norway and Switzerland

EMCCA – Economic and Monetary Community of Central Africa
Cameroon, Central African Republic, Chad, Congo, Equatorial Guinea and Gabon

EU-27 - European Union 27
Austria, Belgium, Cyprus, Czech Republic, Denmark, Estonia, Finland, France, Germany, Greece, Hungary, Ireland, Italy, Latvia, Lithuania, Luxembourg, Malta, Netherlands, Poland, Portugal, Spain, Slovakia, Slovenia, Sweden and United Kingdom (EU25) plus Bulgaria and Romania.

EU-25 - European Union 25
Austria, Belgium, Denmark, Finland, France, Germany, Greece, Ireland, Italy, Luxembourg, Netherlands, Portugal, Spain, Sweden and United Kingdom (EU15) plus Czech Republic, Estonia, Hungary, Latvia, Lithuania, Malta, Poland, Slovakia, Slovenia, and Cyprus

LAIA - Latin American Integration Association (formerly Latin American Free Trade Association)
Argentina, Bolivia, Brazil, Chile, Colombia, Cuba, Ecuador, Mexico, Paraguay, Peru, Uruguay and Venezuela

LDC - Least developed countries
Afghanistan, Angola, Bangladesh, Benin, Bhutan, Burkina Faso, Burundi, Cambodia, Cape Verde, Central African Republic, Chad, Comoros, Democratic Republic of the Congo, Djibouti, Equatorial Guinea, Eritrea, Ethiopia, Gambia, Guinea, Guinea-Bissau, Haiti, Kiribati, Lao People's Democratic Republic, Lesotho, Liberia, Madagascar, Malawi, Maldives, Mali, Mauritania, Mozambique, Myanmar, Nepal, Niger, Rwanda, Samoa, Sao Tome and Principe, Senegal, Sierra Leone, Solomon Islands, Somalia, Sudan, Timor-Leste, Togo, Tuvalu, Uganda, United Republic of Tanzania, Vanuatu, Yemen and Zambia

MERCOSUR-Mercado Comun Sud-Americano
Argentina, Brazil, Paraguay and Uruguay

NAFTA-Northern American Free Trade Area
Canada, Mexico and United States of America

OECD-Organization for Economic Cooperation and Development
Australia, Austria, Belgium, Canada, Czech Republic, Denmark, Finland, France, Germany, Greece, Hungary, Iceland, Ireland, Italy, Japan, Luxembourg, Mexico, Netherlands, New Zealand, Norway, Poland, Portugal, Republic of Korea, Slovakia, Spain, Sweden, Switzerland, Turkey, United Kingdom and United States of America

OPEC-Organization of Petroleum Exporting Countries
Algeria, Angola, Ecuador, Indonesia, Iran (Islamic. Republic of), Iraq, Kuwait, Libyan Arab Jamahiriya, Nigeria, Qatar, Saudi Arabia, United Arab Emirates and Venezuela.

SOURCES AND PRESENTATION

18.   The figures for Volumes I and II are obtained from national published sources, from data supplied by the Governments for use in this publication, from data supplied by the International Monetary Fund, the Organization for Economic Co-operation and Development, the Economic Commission for Latin America and the Caribbean, the Economic Community of West African States, The Common Market of Eastern and Southern Africa, the Food and Agriculture Organization of the United Nations. Estimates for some missing data are made by the United Nations Statistics Division.

19.   The country and regional names used by various countries are not uniform for their trade statistics. Also, where former geographical entities commonly referred to in national statistics have changed, countries may introduce the corresponding changes in their statistics at different times. Wherever possible, however, parts of the world have been designated by the names they currently bear.

20.   Generally, data refer to calendar years; however, for those countries which report according to some other reference year, the data are presented in the year which covers the majority of the reference year used by the country. The countries concerned are India (April-March), Nepal (July-June) and Myanmar (April-March).

NATIONAL INDEX NUMBERS

21.   National index numbers of unit value and of volume are shown in Special Table G of Volume II converted to US dollars. They are the official indices which show the changes in the volume, and the average price (unit value index) of the aggregate merchandise imports or exports. Each index number represents a change between the period to which the number refers, called the current period, and a reference period, in which the index is represented by the percentage 100. In order to facilitate comparison, the indices shown have been rebased to 2000, where necessary. When changes are made in the coverage, formula or base period of an index, the two series are linked together if they have an overlapping period and are sufficiently comparable.

22.   Annual, quarterly and monthly figures for these index series in national currency appear in the United Nations Monthly Bulletin of Statistics and a more detailed description of their compilation is given in the 1977 Supplement to the Statistical Yearbook and the Monthly Bulletin of Statistics[4]. The publication "National Practices in Compilation and Dissemination of External Trade Index Numbers: A Technical Report"[5] provides detailed information on national practices in compilation and dissemination.

TRANSITION COUNTRIES

23.   For the period covered by this <u>Yearbook</u>, countries formerly classified for statistical purposes as centrally planned economies had systems of official rates between their currencies and other currencies, all consistent with rates of 0.90 new roubles to the United States dollar prior to 24 December 1971 and 0.829 new roubles to the United States dollar until February 1973; since then these rates have been fluctuating. They generally used these rates when it was necessary to convert foreign into domestic currencies for the purpose of compiling external trade statistics. The resulting data are for comparison with the external transactions of the rest of the world rather than with domestic monetary transactions.

24.   The trade statistics of these countries had definitions somewhat different from those which exist in other countries. Differences in definition contribute to the discrepancies which can be observed between statistical records referring to the same flow of goods but kept by two trading partners having different economic systems. The trade among these countries was carried out on a basis not comparable to that governing trade with other countries. The concept of transaction value, for instance, as applied outside those countries is based on the existence of a market between exporters and importers in which the interaction of supply and demand has more effect than it can be assumed to have had in those countries; in the absence of data on the unit values of specific commodities entering the trade of those countries with one another, it is difficult to assess the possible effects on the trade statistics of this kind of incomparability. Increasingly since 1992, the transition countries have adopted similar concepts and definitions for international trade statistics as are in effect in other countries.

GENERAL STATEMENTS

25.   The statistics in this <u>Yearbook</u> have been compiled by national statistical authorities largely consistent with the United Nations recommended <u>International Merchandise Trade Statistics, Concepts and Definitions, Revision 2.</u>[6/] The main elements of the concepts and definitions are:

1.   <u>Statistical territory</u>. In international merchandise trade statistics, the objective is to record goods entering and leaving the economic territory of a country. In practice, what is recorded is goods that enter or leave the statistical territory, which is the territory with respect to which data are being collected. The statistical territory may coincide with the economic territory of a country or with some part of it. It follows that when the statistical territory of a country and its economic territory differ, international merchandise trade statistics do not provide a complete record of inward and outward flows of goods.

2.   <u>System of trade</u>.   There are two trade systems in common use by which international merchandise trade statistics are compiled: the general trade system and the special trade system:

(a) <u>General trade</u>: The general trade system is in use when the statistical territory of a country coincides with its economic territory. Consequently, under the general trade system, imports include all goods entering the economic territory of a compiling country and exports include all goods leaving the economic territory of a compiling country.

(b) <u>Special trade</u>: The special trade system is in use when the statistical territory comprises only a particular part of the economic territory. The special trade system (strict definition) is in use when the statistical territory comprises only the free circulation area, that is, the part within which goods "may be disposed of without customs restriction". Consequently, in such a case, imports include all goods entering the free circulation area of a compiling country, which means cleared through customs for home use, and exports include all goods leaving the free circulation area of a compiling country. A "relaxed" definition of the special trade system is in use when (a) goods that enter a country for or leave it after inward processing and (b) goods that enter or leave an industrial free zone are also recorded and included in international merchandise trade statistics.

Tables 1 to 4 of Volume I indicate in their headings the system of trade to which the figures relate.

3.   <u>Valuation</u>. At its fifteenth session, in 1953, the Economic and Social Council, taking the view that trade statistics must reflect economic realities, recommended that the Governments of Member States of the United Nations, wherever possible, use transaction values in the compilation of their national statistics of external trade or, when national practices are based on other values, endeavor to provide supplementary statistical data based on transaction values (Economic and Social Council resolution 469 B (XV)). To promote the comparability of international merchandise trade statistics and taking into account the commercial and data reporting practices of the majority of countries, it is recommended that: (a) The statistical value of imported goods be a CIF-type value; (b) The statistical value of exported goods be an FOB-type value. FOB-type values include the transaction value of the goods and the value of services performed to deliver goods to the border of the exporting country. CIF-type values include the transaction value of the goods, the value of services performed to deliver goods to the border of the exporting country and the value of the services performed to deliver the goods from the border of the exporting country to the border of the importing country.

4.   <u>Currency conversion</u>. For data in this publication, conversion of values from national currencies into United States dollars is done by means of currency conversion factors based on official exchange rates. Values in currencies subject to fluctuation are converted into United States dollars using weighted average exchange rates specially calculated for this purpose. The weighted average exchange rate for a given currency for a given year is the component monthly factors, mostly furnished by the International Monetary Fund, weighted by the value of the relevant trade in each month; a monthly factor is the exchange rate (or the simple average rate) in effect during that month. These factors are applicable to total imports and exports respectively, but not necessarily to trade in individual commodities or with individual countries.

5.   <u>Merchandise</u>. In order that external trade statistics shall be suited to the measurement of the influence of national economies upon one another, international merchandise trade statistics record all goods which add to or subtract from the stock of material resources of a

country by entering (imports) or leaving (exports) its economic territory. Goods simply being transported through a country (goods in transit) or temporarily admitted or withdrawn (except for goods for inward or outward processing) do not add to or subtract from the stock of material resources of a country and are not included in the international merchandise trade statistics. In general the treatment of the classes of goods listed below is as indicated (for details and the complete list of inclusions and exclusions see International Merchandise Trade Statistics, Concepts and Definitions, Revision 2, paragraph 19-63[6/]:

(a) Gold: Non-monetary gold such as, for example, gold powder and gold in other unwrought or semi-manufactured forms, gold coins and bars is included in imports and exports. Such gold might be for industrial use, such as in the manufacturing of jewellery or for use in dental work, or as a store of value, and it includes all gold which is not defined as monetary. Monetary gold (gold that is exchanged between national or international monetary authorities or authorized banks) is excluded from international merchandise trade statistics.

(b) Unissued banknotes and securities, and coins not in circulation: These items are regarded as commodities rather than as financial items, and should be included in imports or exports of products of the printing industry, and coin. Issued banknotes and securities and coins in circulation are regarded as financial items and should be excluded.

(c) Trade on government account is included as merchandise trade. Movements under government foreign aid programs (civil and military), war reparations and restitutions and military goods[7/] moving internationally are therefore included. When goods are destined for use of national agencies (including embassies and military forces) stationed abroad they are, however, not considered to have moved in external trade and are excluded.

(d) Improvement and repair trade: Countries sending goods abroad for improvement or repair and later returned are said to be engaging in the passive improvement and repair trade; countries receiving goods from other countries for improvement or repair and eventual return engage in the active improvement and repair trade. Inward and outward movement in this trade are generally excluded from imports and exports.

(e) Goods dispatched through postal or courier services are included in merchandise trade.

(f) Fish catch, minerals from the seabed and salvage: Fish catch, minerals from the seabed and salvage when landed from foreign vessels in national ports or acquired by national vessels on the high seas from foreign vessels are to be included in import statistics while these goods when sold from national vessels in foreign ports or from national vessels on the high seas to foreign vessels are to be excluded from export statistics.

(g) Trade in ships, aircraft and other mobile equipment. Ships, aircraft and other mobile equipment bought and sold should be included.

(h) _Bunkers and stores for ships and aircraft_. In general, bunkers and stores should be included in aggregate merchandise imports and exports when the transactions of these goods are taking place inside the economic territory of a country.

6.　_Partner country_. It is recommended that in the case of imports, the country of origin be recorded; and that in the case of exports, the country of last known destination be recorded. The country of origin of a good (for imports) is determined by rules of origin established by each country. The country of last known destination is the last country - as far as it is known at the time of exportation - to which goods are to be delivered, irrespective of where they have been initially dispatched to and whether or not, on their way to that last country, they are subject to any commercial transactions or other operations which change their legal status.

7.　_Trade analyzed by commodity_.　Analysis is according to the Standard International Trade Classification.

THE STANDARD INTERNATIONAL TRADE CLASSIFICATION (SITC) AND THE HARMONIZED COMMODITY DESCRIPTION AND CODING SYSTEM (HS)

26.　In July 1950, the United Nations Economic and Social Council, on the advice of its Statistical Commission, recommended that Governments compile trade by commodity statistics according to the original SITC[1/] in order to have available data in internationally comparable categories suitable for the economic analysis of trade. The original SITC had been prepared by the United Nations Secretariat with the assistance of expert consultants and in co-operation with Member Governments and interested international organizations.

27.　In May 1960, the Statistical Commission approved a revision, similarly prepared, of the original SITC, known as the SITC, Revised, designed to take account of the changes in the pattern of trade since 1950 and to simplify the relation between the SITC and internationally agreed customs tariff nomenclatures. The SITC, Revised, is a rearrangement into statistical order of the items of the 1955 Tariff Nomenclature (CCCN) of the Customs Co-operation Council.

28.　The SITC, Revised, is based on 625 subgroups (identified by code numbers of four digits), most of which correspond to items of the original SITC. A number of subgroups are further subdivided either to distinguish commodities of statistical importance or to permit exact correspondence with the CCCN; this results in a basic (5-digit code) level for the SITC, Revised, consisting of 1,312 items. The subgroups are combined, progressively, into 177 groups, 56 divisions and 10 sections.

29.　The headings of the SITC, Revised, are fully determined by their code numbers. The precise composition of each number is defined in the SITC, Revised, itself. In comparing data according to the SITC, Revised, with data according to a national commodity classification it must be remembered that the same brief description may refer to aggregates differing somewhat in composition.

30.   Although the SITC, Revised, of 1960 represented a great improvement on the original SITC, basically the same reasons which led to the creation of the SITC and its first revision were found, in the late nineteen-sixties, to be once more valid. Since 1960 the volume of trade had increased rapidly and its geographic and commodity patterns had changed fundamentally. Consequently, a second revision of the SITC was undertaken. In October 1974 the Statistical Commission approved of this revision, known as SITC, Revision 2[1], and in May 1975 the Economic and Social Council recommended that Member States of the United Nations should report data on external trade according to the SITC, Revision 2, as far and as soon as possible. Starting with data for 1976, some countries began reporting trade statistics based on the SITC, Revision 2.

31.   The basic headings of the SITC, Revision 2 had a one-to-one correspondence with the subdivisions of the Customs Co-operation Council Nomenclature (CCCN). However, there were a number of users who found the subdivisions of CCCN (and thus SITC, Revision 2) insufficient for their needs[8]. There was also an expressed need for the harmonization of economic classifications[9]. Partly to satisfy these needs, the Customs Co-operation Council in May 1973 undertook responsibility for the development and completion of the Harmonized Commodity Description and Coding System (HS)[10].

32.   At its twenty-first session, in January 1981, the Statistical Commission had taken note of the fact that a third revision of SITC would have to be made available when both the revised CCCN and HS came into force[11]. Accordingly, later that year, the United Nations Secretariat commenced work on the revision of SITC, Revision 2, based on the principle that every effort should be made to maintain its general character and structure but taking into account the need for its harmonization with the revised CCCN, the International Standard Industrial Classification (ISIC) Revision 3[12] and a Central Product Classification[13] which was developed jointly by the United Nations Statistics Division and the Statistical Office of the European Communities.

33.   The final draft was revised and approved by the Statistical Commission at its twenty-third session, in February 1985,[14] and a resolution was adopted by the Economic and Social Council on 28 May 1985 which, inter alia, recommended that Member States should report internationally external trade statistics according to the Standard International Trade Classification, Revision 3 (resolution 1985/7).

34.   The Harmonized System was adopted by the Customs Cooperation Council in June 1983, and the International Convention on the Harmonized System (HS Convention) entered into force 1 January 1988 (HS88). As of 30 June 2003 there were 112 Contracting Parties, and another 65 countries or territories which were not contracting parties but were using the HS for customs/statistical purposes.

35.   The United Nations Statistical Commission, at its twenty-seventh session, held from 22 February to 3 March 1993, recommended that countries "adopt the HS for compilation and dissemination of their international trade statistics"[15].

36.   In accordance with the preamble of the HS Convention, which recognized the importance of ensuring that the HS be kept up-to-date in the light of changes in technology or in patterns of

international trade, the HS is regularly reviewed and revised. The United Nations Statistical Commission at its twenty-seventh session "recommended that the Customs Cooperation Council take fully into account the statistical implications of any changes proposed for HS and the statistical needs and capacities of developing countries"[16]. Some minor revisions to the HS88, which also resulted in the deletion of one six-digit code, were made in 1992 (HS92). A more comprehensive set of amendments was adopted in 1993 and these amendments entered into force 1 January 1996 (HS96). In 1999 yet another set of amendments was adopted and these entered into force 1 January 2002 (HS02). The third major revision of the HS (HS07) entered into force on 1 January 2007.

37.   The Statistical Commission, at its twenty-eighth session, 27 February - 3 March 1995 considered changes that would be required to the SITC, Rev. 3 to bring it into correlation with HS96; the Commission decided that the changes required in SITC, Rev. 3 to make it fully correlated with HS96 were minor in scale. The Commission therefore decided that it would not be necessary to issue a fourth revision of the SITC[17].

38.   The Statistical Commission, at its thirty-fifth session (2-5 March 2004), agreed with the conclusion of the Task Force on International Merchandise Trade Statistics that the fourth revision of SITC was needed in view of accumulated changes in HS[18]. Accordingly, in mid-2004, the United Nations Statistics Division began preparation of SITC, Revision 4. The revision process was coordinated with the ongoing revisions of ISIC and CPC with a view to harmonizing these classifications as much as possible.

39.   SITC, Revision 4 was accepted by the United Nations Statistical Commission at its thirty-seventh session[19] (March 2006). The Task Force on International Merchandise Trade Statistics recommends SITC, Rev. 4 for use in the analysis of international merchandise trade by interested countries and international organizations. More information regarding SITC, Revision 4 can be found at http://unstats.un.org/unsd/trade/sitcrev4.htm

1/ Standard International Trade Classification, Original, Statistical Papers, Series M No.10, Second Edition, 1951 (United Nations publication, Sales No. E.51.XVII.1).

Standard International Trade Classification, Revised, Statistical Papers, Series M No.34, 1961 (United Nations publication, Sales No. E.61.XVII.6).

Standard International Trade Classification, Revision 2, Statistical Papers, Series M No.34/Rev.2, (United Nations publication, Sales No. E.75.XVII.6).

Standard International Trade Classification, Revision 3, Statistical Papers, Series M No.34/Rev.3, (United Nations publication, Sales No. E.86.XVII.12).

2/ United Nations Standard Country Codes, Statistical Papers, Series M No. 49, (United Nations publication, Sales No. E.70.XVII.13).

United Nations Standard Country or Area Codes for Statistical Use, Statistical Papers, Series M No. 49, Rev. 1, (United Nations publication, Sales No. E.75.XVII.8).

Standard Country or Area Codes for Statistical Use, Statistical Papers, Series M No. 49, Rev.2, (United Nations publication, Sales No. E.82.XVII.8).

Standard Country or Area Codes for Statistical Use, Series M No. 49, Rev. 3, (non-sales publication).

Standard Country or Area Codes for Statistical Use, Series M No. 49, Rev.4, (United Nations publication, Sales No. M.98.XVII.9).

3/ Classification by Broad Economic Categories (in terms of the SITC Revised), Statistical Papers, Series M No.53, (United Nations publication, Sales No. 71.XVII.12).

4/ 1977 Supplement to the Statistical Yearbook and Monthly Bulletin of Statistics, ST/ESA/STAT/SER.S/SUPPL.2, ST/ESA/STAT/SER.Q/SUPPL.2, (United Nations publication, Sales No. E.78.XVII.10).

5/ National Practices in Compilation and Dissemination of External Trade Index Numbers: A Technical Report, Statistical Papers, Series M No. 86 (United Nations publication, Sales No. 04.XVII.10).

6/ Statistical Papers, Series M No. 52, Rev.1, (United Nations publication, Sales No. E.82.XVII.14).

Statistical Papers, Series M No. 52, Rev.2, (United Nations publication, Sales No. E.98.XVII.16).

7/ Countries excluding military goods from imports or exports use varying definitions of this category of merchandise, but for most countries concerned, weapons and their ammunition constitute a major part of the military goods excluded.

8/ United Nations Statistics Division and Statistical Office of the European Communities Joint Working Group on World Level Classifications, "A Harmonized Commodity Description and Coding System for Use in International Trade" (UNSO/SOEC/1/2).

9/ United Nations Secretariat, "The Harmonization of Statistical Classifications: report of an expert group meeting". (ST/ESA/STAT/78).

10/ Customs Co-operation Council, "The Harmonized Commodity Description and Coding System", Brussels, 1985.

11/ Official Records of the Economic and Social Council, 1981, Supplement No. 2, (E/1981/12), para. 41.

12/ International Standard Industrial Classification of All Economic Activities, Statistical Papers, Series M No.4, Rev.3, (United Nations publication, Sales No.E.90.XVII.11).

13/ Provisional Central Product Classification, Statistical Papers, Series M No.77, (United Nations publication, Sales No.E.91.XVII.7).

14/ Official Records of the Economic and Social Council, 1985, Supplement No. 6, (E/1985/26), para. 57 (d).

15/ Official Records of the Economic and Social Council, 1993, Supplement No. 6, (E/1993/26), para. 162 (d).

16/ Official Records of the Economic and Social Council, 1993, Supplement No. 6, (E/1993/26), para. 162 (e).

17/ Official Records of the Economic and Social Council, 1995, Supplement No. 8, (E/CN.3/1995/28), para. 19 (e).

18/ Official Records of the Economic and Social Council, 2004, Supplement No. 4, (E/CN.3/2004/33), chapter V, para. 4 (i).

19/ Official Records of the Economic and Social Council, 2006, Supplement No. 4, (E/CN.3/2006/32), chapter III, para. 26 (b).

INTRODUCTION

1.   La cinquante-sixième édition de l'annuaire statistique du commerce international (l'Annuaire) présente les informations nécessaires à l'étude des échanges de chaque pays, en termes de valeur et de prix ainsi que l'importance des différents pays partenaires et des principaux produits importés et exportés. Cette édition présente des données annuelles jusqu'à l'année 2007 pour 180 pays ou zones. L'annuaire est publié en deux volumes

2.   Comme dans la dernière édition, les produits dans cette édition sont classifiés selon la Classification Type du Commerce International (CTCI)[1/], révision 3, au lieu de la CTCI, révision 2, qui était utilisée dans les éditions précédentes. La CTCI, révision 3, était adoptée en 1988 ensemble avec le Système Harmonisé de Désignation et de Codification des Marchandises (SH) et était construite de façon à ce qu'il existe une étroite correspondance avec les positions du SH, qui était adopté comme outil principal des douanes par de plus en plus de pays depuis les années quatre-vingt dix. Maintenant, de longues séries temporelles des données sont disponibles en SH pour presque tous les pays et zones. Ces données sont converties en CTCI, révision 3, et sont présentées dans les tableaux 3 et 4 du Volume I et dans les tableaux des produits du Volume II de cet annuaire. A partir de 2007, beaucoup de pays et zones ont commencé à collecter et produire des statistiques du commerce international selon la 3ème édition du SH (SH 2007). Afin de maintenir des séries temporelles, une table de conversion entre le SH 2007 et la CTCI, révision 3 a été produite et implémentée.

3.   Les groupes régionaux sont présentés selon la structure utilisée dans le cadre des Objectives du Développement du Millénaire (voir http://unstats.un.org/unsd/mdg/default.aspx). Ces groupes sont montrés dans les tableaux par pays du Volume I, dans les tableaux par produits et dans les tableaux spéciaux A, D, E, F et H du Volume II – la catégorie 'Autre' s'applique seulement aux données présentées par partenaire commercial et est composée de l'Antarctique, des Balkans, des Zones Franches, des 'Catégories Spéciales' (partenaire confidentiel) et des Zones non spécifiées ailleurs :

        Monde
        Pays développés
          - Asie-Pacifique
          - Europe
          - Amerique du nord
        Europe du sud-est
        Communauté des Etats Indépendents
          - CEI de l'Europe
          - CEI de l'Asie
        Afrique du nord
        Afrique sub-saharienne
        Amerique latine et la Caraïbe
          - Caraïbe
          - Amerique latine
        Asie orientale
        Asie méridionale
        Asie du sud-est
        Asie occidentale
        Océanie
        Autre

VOLUME I

4.   Le Volume I fournit des renseignements détaillés sur chaque pays ou zone au sujet duquel on trouvera généralement les tableaux suivants:

(a)   Les Tableaux 1 et 2, présentant jusqu'aux cinq années les plus récentes la valeur en dollars des États-unis des importations et des exportations selon les principaux pays ou zones et régions d'origine et de destination. La distribution géographique est faite selon le Codes standard des pays et des zones à usage statistique[2/] des Nations Unies. Dans ces tableaux figurent les 25 pays partenaires les plus importants classés par ordre d'importance selon la somme des valeurs sur les années comprises dans le tableau. Une classification est effectuée séparément pour les importations et les exportations. La ventilation en pourcentage est également indiquée pour les zones d'origine et de destination pour les dix plus récentes années. Les totaux régionaux sont calculés seulement si la ventilation des partenaires disponibles dépasse 80% du total rapporté pour les importations et également pour les exportations. En outre, si la ventilation des partenaires disponibles ne dépasse pas 50% du total rapporté pour toutes les années le tableau ne sera pas publié.

(b)   Les Tableaux 3 et 4, présentant les quantités et les valeurs en dollars des États-unis des importations et des exportations par marchandises principales jusqu'aux quatre plus récentes années. Les chiffres sont publiés pour une marchandise donnée si sa valeur pour une année donnée est égale ou supérieure à 0,5 pour cent de la valeur totale pour ladite année. Les marchandises sont présentées selon les titres de la Classification type du commerce international[1/] (CTCI), révision 3; les lignes pour les 2-, 3- ou 4-chiffre des codes produits, qui contiennent exactement la même information pour tous les 4 années (en terme des valeurs et des quantités) que la ligne du code produit plus détaillé (par exemple le code à 5-chiffre), sont dans la plupart des cas supprimées.

(c)   Le Tableau 5, présentant jusqu'aux sept années les plus récentes disponible, les pourcentages par rapport au commerce total des importations selon la Classification par grandes catégories économiques.[3/] Toute re-classification du commerce extérieur par ces grandes catégories économiques nécessite beaucoup de détails au niveau de la classification des produits du SH ou de la CTCI, révision 3.

5.   Parfois les données en dollars des tableaux décrits en 4(a) et 4(b) ci-dessus ne peuvent pas correspondre à celles en dollars des Etats Unis du tableau décrit en Tableau Spécial A ou à celles en monnaies nationales du Tableau Spécial B après l'application des facteurs de conversion du Tableau Spécial C. Les différences sont dues pour la plupart à des révisions au niveau du total du commerce qui parfois ne sont pas disponibles à un plus grand niveau de détail par produit et partenaire et qui n'ont donc pas été apportées aux tableaux décrits en 4(a) et 4(b). Plus d'information concernant les Tableaux Spéciaux est donnée dans les paragraphes 14 jusqu'à 17.

6.   Pour tous les pays, les données présentées aux tableaux 3 et 4 sont classifiées selon la CTCI, Révision 3. Par contre, presque tous les pays déclarent leurs données fondées sur le SH. Les données ainsi déclarées ont été converties en CTCI, Révision 3. Des données du commerce

extérieur en SH et CTCI, Révision 3, sont disponibles sur l'Internet à l'adresse http://comtrade.un.org/. Une description détaillée des concepts et définitions actuels appliqués par les pays était disponibles dans le document des Nations Unies « Pratiques nationales du rapportage en matière de statistiques du commerce international des marchandises » (ST/ESA/STAT/112), publié en février 1996.

7.   En juillet 2006, un nouveau questionnaire sur « les pratiques nationales de compilation et dissémination » était envoyé à toutes les agences nationales qui sont responsables pour la compilation des statistiques du commerce extérieur. Une base de données contenant les résultats détaillés par pays, un survol des pratiques nationales en matière de compilation et de dissémination et divers tableaux statistiques est rendue disponible sur le site internet de la Branche des Statistiques du Commerce de la Division des Statistiques des Nations Unies à l'adresse http://unstats.un.org/unsd/tradereport/introduction_MM.asp en juillet 2008.

8.   Etant donné l'importance économique de l'union européenne (UE), des pages séparés ont été ajoutés pour le commerce extérieur de l'UE (avec ses 27 états membres) entière. Ces pages se trouvent comme articles de mémorandum à la fin des pages des pays.

VOLUME II

9.   Le volume II contient des tableaux présentant le commerce mondial de certains produits de base, analysé par régions et pays et les Tableaux Spéciaux A à K. Les structures des régions utilisées dans les tableaux par produits et les tableaux spéciaux A, D, E, F et H sont identiques à celle du Volume I. Les tableaux spéciaux I, J et K ont gardé les groups régionaux des éditions antérieures.

10.   Tableaux par produits. Ces tableaux comprennent les importations et les exportations au niveau du groupe à 3 chiffres de la CTCI, Révision 3. Tous les groupes sont y compris à l'exception de 286, Minerais et concentrés d'uranium et de thorium; 345, Gaz de houille, gaz à l'eau, gaz pauvre et gaz similaires et 911, Colis postaux, non classés par catégorie. Les années couvertes sont les cinq années de 2003 à 2007. Les valeurs sont exprimées en dollars des Etats-Unis et les échanges sont analysés par pays et régions. Dans ces tableaux figurent les 25 pays les plus importants classés selon la somme des valeurs sur les années 2003 jusqu'à 2007. Les quantités ne figurent pas dans ces tableaux.

11.   Lors de la préparation de ces tableaux, on a eu recours à des estimations pour les pays dont les données n'étaient pas encore disponibles et ces estimations sont signalées par un 'e'. Dans quelques cas, des estimations ont été faites pour certains pays qui ont été jugées adéquates pour être incluses dans les totaux régionaux et du monde mais non suffisamment élaborées pour être publiées séparément pour ces pays. Elles ont de ce fait été éliminées et remplacées par un 'e'. Les groupes des produits mentionnés dans paragraphe 10 au-dessus, (286, 345 et 911) sont supprimés de la publication parce qu'ils étaient rapportés insuffisamment et portaient beaucoup d'estimations qui n'étaient pas assez expliquées. A vrai dire, les totaux régionaux et du monde, qui comprennent des estimations, devraient avoir un 'e'. Cependant, et en général, pratiquement

tous les totaux régionaux et du monde comprennent des estimations et les 'e' ont été omis dans ces cas pour des raisons d'esthétique.

12. La procédure pour estimer les données du commerce extérieur pour une certaine année et un certain pays attend au départ quelques données déclarées ('vraies'). Au moins il faut les totaux pour les importations et les exportations. Parfois des autres informations sur la ventilation des produits sont disponibles et sont utilisées; ça pourrait être des valeurs au niveau de 2- ou 3-chiffre de la classification des produits, qui sont déclarés par le pays. Ensuite la procédure d'estimation prend les données déclarées disponibles et les estimations initiales, qui comprennent soit (1) les valeurs des produits au niveau 3-chiffre qui étaient déclarées par le pays pour une année adjointe, soit (2) les totaux des valeurs au niveau 3- chiffre sur la base des données déclarées par les partenaires du pays concerné. Ensuite ces estimations initiales sont recalculées dans la façon que sur tous les niveaux de la classification des produits le total des valeurs estimés plus les valeurs déclarés est égale au valeur déclaré au niveau au-dessus et finalement est égale au valeur total pour les importations et les exportations.

13. Le Volume II aussi fournit des tableaux spéciaux où sont indiqués, entre autres, (a) la contribution des échanges de chaque pays par rapport à sa région et par rapport au monde; (b) le flux du commerce entre pays et régions et (c) les fluctuations des prix sur la base desquels les produits étaient échangés au niveau international. Les titres des tableaux spéciaux sont:

A. Importations et exportations totales par régions et pays ou zones (en dollars E-U);
B. Importations et exportation totales par pays ou zone (en monnaie nationale);
C. Facteurs de conversion pour le commerce extérieur;
D. Exportations mondiales par classes de marchandises et par régions;
E. Croissance des exportations mondiales par catégories de marchandises et par régions;
F. Structure des exportations mondiales par catégories de marchandises et par régions;
G. Importations et exportations totales par pays ou zones : indices du volume et de la valeur unitaire et termes de l'échange en dollars E-U ;
H. Importations et exportations totales par régions : indices du volume et de la valeur unitaire et termes de l'échange en dollars E-U;
I. Exportations des produits manufacturés (indices du volume et de la valeur unitaire et valeur en dollars E-U);
J. Importations des produits énergétiques, pays à économies développées (indices du volume et de la valeur unitaire et valeur en dollars E-U);
K. Indicateurs des importations des produits énergétiques, pays à économies développées;

TABLEAUX SPECIAUX

14. Les groupes géographiques présentés dans le Tableau Spécial A, D, E, F et H sont ceux indiqués dans paragraphe 3. Des groupes des pays supplémentaires utilisés dans le Tableau Spécial A sont : AELE, ALADI, APEC, ASEAN, CACM, CARICOM, CEDEAO, CEMAC,

COMESA, EFTA, MCA, MCC, MERCOSUR, NAFTA, OCDE, OPEP, PMA, UE-27 et UE-25 (pour les pays membres voir paragraphe 17, ci-dessous).

15.   Les Tableaux Spéciaux I, J et K retiennent pour des raisons techniques la ventilation par groupes des éditions précédentes, notamment :

i)   Economies développées
   - Afrique (Afrique du sud)
   - Amérique (Etats-Unis et Canada)
   - Asie (Japon et Israël)
   - Europe (Allemagne, Andorre, Autriche, Belgique, Danemark, Espagne, Finlande, France, Gibraltar, Grèce, Iles Féroé, Irlande, Islande, Italie, Luxembourg, Malte, Norvège, Pays-Bas, Portugal, Royaume-Uni, Suède, et Suisse).
   - Océanie (Australie et Nouvelle-Zélande)

ii)   Economies en développement
   - Afrique (Algérie, Angola, Bénin, Botswana, Burkina Faso, Burundi, Cameroun, Cap Verte, Comores, Congo, Côte d'Ivoire, Djibouti, Egypte, Ethiopie, Erythrée, Gabon, Gambie, Ghana, Guinée, Guinée Bissau, Guinée équatoriale, Jamahiriya arabe libyenne, Kenya, Lesotho, Libéria, Madagascar, Malawi, Mali, Maroc, Mauritanie, Maurice, Mozambique, Namibie, Niger, Nigeria, République centrafricaine, République démocratique du Congo, République-Unie de Tanzanie, Réunion, Rwanda, Sahara occidental, Sainte Hélène, Sao Tomé-et-Principe, Sénégal, Seychelles, Sierra Léone Somalie, Soudan, Swaziland, Tchad, Togo, Tunisie, Uganda, Zambie et Zimbabwe)
   - Amérique (Antigua-et-Barbuda, Antilles néerlandaises, Anguilla, Argentine, Aruba, Bahamas, Barbade, Bermudes, Belize, Bolivie, Brésil, Chili, Colombie, Costa Rica, Cuba, Dominique, El Salvador, Equateur, Groenland, Grenade, Guadeloupe, Guatemala, Guyane, Guyane française, Haïti, Honduras, Iles Vierges britanniques, Iles Caïmanes, Iles Falkland, Iles Turques-et-Caïques, Jamaïque, Nicaragua, Martinique, Mexique, Montserrat, Panama, Paraguay, Pérou, République dominicaine, Saint-Kitts-et-Névis, Sainte-Lucie, Saint-Pierre-et-Miquelon, Saint-Vincent-et-les-Grenadines, Suriname, Trinité-et-Tobago, Uruguay et Venezuela)
   - Asie (Afghanistan, Arabie saoudite, Arménie, Azerbaïdjan, Bahreïn, Bangladesh, Bhutan, Brunéi Darussalam, Cambodge, Chine, Chypre, Emirates arabes unis, Géorgie, Hong Kong région administrative spéciale de Chine, Inde, Indonésie, Iran, Iraq, Jordanie, Kazakhstan, Kirghizistan, Koweït, Liban, Macao région administrative spéciale de Chine, Malaisie, Maldives, Mongolie, Myanmar, Népal, Oman, Pakistan, Philippines, Qatar, République arabe syrienne, République de Corée, République démocratique populaire lao, République populaire démocratique de Corée, Singapour, Sri Lanka, Tadjikistan, Thaïlande, Timor-Leste, Territoire palestinien occupé, Turkménistan, Turquie, Vietnam, Yémen et Ouzbékistan)
   - Europe (Bosnie-Herzégovine, Croatie, Ex-République yougoslave de Macédoine, Slovénie, et Serbie-et-Monténégro)

- Océanie (Fidji, Guam, Ile Norfolk, Iles Cook, Iles Marianne septentrionale, Iles Marshall, Iles Solomon, Iles Wallis et Futuna, Kiribati, Micronésie (États fédérés de), Nauru, Niue, Nouvelle-Calédonie, Palaos, Papouasie-Nouvelle-Guinée, Polynésie française, Samoa, Samoas américaines, Tokélaou, Tonga, Tuvalu, et Vanuatu)

iii) Autre
- Europe orientale (Albanie, Bulgarie, République tchèque, Hongrie, Pologne, Roumanie, et Slovaquie)
- Pays européens de l'ancienne URSS (Bélarus, Estonie, Fédération de Russie, Lettonie, Lituanie, République de Moldova, et Ukraine)

16. Les tableaux spéciaux peuvent être caractérisés dans la façon suivante :

(A) <u>Importations et exportations totales par régions et pays ou zones (en dollars E-U)</u>. Les totaux régionaux, économiques et mondiaux, ont été ajustés: a) pour y inclure des estimations pour les données non disponibles; b) pour y inclure les pays ou zones pour lesquels il n'existe pas de liste séparée; c) autant que possible, pour éliminer les incompatibilités dues à des modifications géographiques pour obtenir des séries comparables par exemple, l'Union Européenne et l'Association Européenne de Libre-Echange. Les données ci-dessus pour chaque pays correspondent aux données qui apparaissent et qui sont décrites au Tableau Spécial B. Voir la fin du tableau pour les notes.

Le <u>Bulletin Mensuel de Statistique</u> présente des données mensuelles et trimestrielles.

(B) <u>Importations et exportation totales par pays ou zone (en monnaie nationale)</u>. Ce tableau montre les totaux du commerce par pays déclarés en monnaie nationale. Pour les totaux en dollars E-U de tous les pays ou zones veuillez voir Tableau Spécial A. Voir la fin du tableau pour les notes.

Le <u>Bulletin Mensuel de Statistique</u> présente des données mensuelles et trimestrielles.

(C) <u>Facteurs de conversion pour le commerce extérieur</u>. Les facteurs de conversion montrés dans ce tableau étaient utilisés pour convertir les données du commerce exprimées en monnaie nationale à celles exprimées en dollars E-U. Voir la fin du tableau pour les notes.

Le <u>Bulletin Mensuel de Statistique</u> présente des données trimestrielles.

(D) <u>Exportations mondiales par classes de marchandises et par régions</u>. Voir la fin du tableau pour la remarque générale et les notes.

(E) <u>Croissance des exportations mondiales par catégories de marchandises et par régions</u>. Les taux annuels de croissance ont tous été calculés à l'aide de la formule des intérêts composés:

$$r = \left(\sqrt[t]{\frac{V_n}{V_o}} - 1 \right) * 100$$

    r = Le taux annuel de croissance en pourcentage.

    V_n = La valeur des exportations durant la dernière année de la période.

    V_o = La valeur des exportations durant la première année de la période.

    t = Le nombre d'années.

Voir la fin du Tableau Spécial F pour la remarque générale et les notes.

(F) <u>Structure des exportations mondiales par catégories de marchandises et par régions.</u> Les chiffres publiés sous le titre 'Origine des exportations' se réfèrent aux exportations de la région ou du pays indiqués dans la colonne zone. Il en est de même pour les 'Destinations des exportations'. Voir la fin du tableau pour la remarque générale et les notes.

(G) <u>Importations et exportations totales par pays ou zones</u> (Indices du volume et de la valeur unitaire et termes de l'échange). Voir la fin du tableau pour la remarque générale et les notes.

Le <u>Bulletin Mensuel de Statistique</u> présente des données trimestrielles.

(H) <u>Importations et exportations totales par régions</u> (Indices du volume et de la valeur unitaire et termes de l'échange). Voir la fin du tableau pour les notes.

Le <u>Bulletin Mensuel de Statistique</u> présente des données trimestrielles.

(I) <u>Exportations des produits manufacturés.</u> (Indices du volume et de la valeur unitaire et en valeur) Voir la fin du tableau K pour la remarque générale et les notes.

Le <u>Bulletin Mensuel de Statistique</u> présente des données trimestrielles.

(J) <u>Importations des produits énergétiques, pays à économies développées.</u> (Indices du volume et de la valeur unitaire et en valeur) Voir la fin du tableau K pour la remarque générale et les notes.

Le <u>Bulletin Mensuel de Statistique</u> présente des données trimestrielles.

(K) <u>Indicateurs des importations des produits énergétiques, pays à économies développées.</u> Ce tableau indique la part des importations de combustibles dans la valeur totale des importations et des exportations ainsi que le rapport de l'indice de la valeur unitaire des produits manufacturés qu'ils exportent et de l'indice de la valeur unitaire des combustibles qu'ils importent. Voir la fin du tableau pour la remarque générale et les notes.

Le <u>Bulletin Mensuel de Statistique</u> présente des données trimestrielles.

17.   Les compositions des groupes économiques qui sont également utilisés dans le Tableaux Spéciaux A sont les suivantes:

AELE-Association européenne de libre-échange
Islande, Liechtenstein, Norvège et Suisse

ALADI-Association Latino-américaine pour 1'integration (antérieurement Association Latino-américaine de libre-échange)
Argentine, Bolivie, Brésil, Chili, Colombie, Cuba, Equateur, Mexique, Paraguay, Pérou, Uruguay et Venezuela

ALENA---Accord de libre-échange nord-américain
Canada, Etats-Unis d'Amérique et Mexique

APEC-Coopération économique d'Asie-Pacifique
Australie, Brunéi Darussalam, Canada, Chili, Chine, Etats-Unis d'Amérique, Fédération de Russie, Hong Kong (région administrative spéciale de Chine), Indonésie, Japon, Malaisie, Mexique, Nouvelle-Zélande, Papouasie Nouvelle-Guinée, Pérou, Philippines, Province chinoise de Taiwan, République de Corée, Singapour, Thaïlande et Vietnam

ASEAN-Association des nations de 1'Asie du Sud-Est
Brunei Darussalam, Cambodge, Indonésie, Malaisie, Myanmar, Philippines, République démocratique populaire lao, Singapour, Thaïlande et Vietnam

CARICOM-Communauté des caraïbes et marché commun des caraïbes
Antigua-et-Barbuda, Bahamas (membre de la communauté seulement), Barbade, Belize, Dominique, Grenade, Guyane, Haïti, Jamaïque, Montserrat, Sainte-Lucie, Saint-Kitts-et-Nevis, Saint-Vincent-et-les Grenadines, Suriname, Trinité-et-Tobago.

CEDEAO-Communauté économique des états de 1'Afrique de l'Ouest
Bénin, Burkina Faso, Cap-Vert, Cote d'Ivoire, Gambie, Ghana, Guinée, Guinée-Bissau, Liberia, Mali, Niger, Nigeria, Sénégal, Sierra Leone et Togo

CEI-Communauté d'Etats indépendants
Arménie, Azerbaïdjan, Belarus, Fédération de Russie, Georgie, Kazakhstan, Kirghizistan, Ouzbékistan, République de Moldova, Tadjikistan, Turkménistan et Ukraine

CEMAC-Communauté économique et monétaire de I'Afrique centrale
Cameroun, Congo, Gabon, Guinée équatoriale, République Centrafricaine et Tchad

COMESA-Marché commun de l'Afrique de l'Est et de 1'Afrique australe
Burundi, Comores, Djibouti, Egypte, Erythrée, Ethiopie, Jamahiriya arabe libyenne, Kenya, Madagascar, Malawi, Maurice, Ouganda, République démocratique du Congo, Rwanda, Seychelles, Soudan, Swaziland, Zambie et Zimbabwe

MCA-Marché commun andin
Bolivie, Colombie, Equateur, Pérou et Venezuela

MCC-Marché commun centraméricain
Costa Rica, El Salvador, Guatemala, Honduras et Nicaragua

Mercosur-Marché commun sud-américain
Argentine, Brésil, Paraguay et Uruguay

OCDE-Organisation de coopération et de développement économique
Allemagne, Australie, Autriche, Belgique, Canada, Danemark, Espagne, Etats-Unis d'Amérique, Finlande, France, Grèce, Hongrie, Irlande, Islande, Italie, Japon, Luxembourg, Mexique, Norvège, Nouvelle-Zélande, Pays-Bas, Pologne, Portugal, République de Corée, République tchèque, Royaume-Uni, Slovaquie, Suède, Suisse et Turquie

OPEP-Organisation des pays exportateurs de pétrole
Algérie, Angola, Arabie Saoudite, Emirats arabes unis, Equateur, Indonésie, Iran (République islamique d') Iraq, Jamahiriya arabe libyenne, Koweït, Nigeria, Qatar et Venezuela

PMA-Pays les moins avancés
Afghanistan, Angola, Bangladesh, Bénin, Bhoutan, Burkina Faso, Burundi, Cambodge, Cap-Vert, Comores, Djibouti, Erythrée, Ethiopie, Gambie, Guinée, Guinée Bissau, Guinée équatoriale, Haïti, Iles Salomon, Kiribati, Lesotho, Liberia, Madagascar, Malawi, Maldives, Mali, Mauritanie, Mozambique, Myanmar, Népal, Niger, Ouganda, République centrafricaine, République démocratique du Congo, République démocratique populaire Lao, République-Unie de Tanzanie, Rwanda, Samoa, Sao Tome-et-Principe, Sénégal, Sierra Leone, Somalie, Soudan, Tchad, Timor-Leste, Togo, Tuvalu, Vanuatu, Yémen et Zambie

UE-27 - Union européenne 27
Allemagne, Autriche, Belgique, Chypre, Danemark, Espagne, Estonie, Finlande, France, Grèce, Hongrie, Irlande, Italie, Lettonie, Lituanie, Luxembourg, Malte, Pays-Bas, Pologne, Portugal, République Tchèque, Royaume-Uni, Slovaquie, Slovénie et Suède (EU25) plus Bulgarie et Roumanie.

UE-25 - Union européenne 25
Allemagne, Autriche, Belgique, Danemark, Espagne, Finlande, France, Grèce, Irlande, Italie, Luxembourg, Pays-Bas, Portugal, Royaume-Uni et Suède (UE15) plus République Tchèque, Estonie, Hongrie, Lettonie, Lituanie, Malte, Pologne, Slovaquie, Slovénie et Chypre.

SOURCE ET PRESENTATION

18.   Les données pour les Volumes I et II sont obtenues à partir de publications nationales, des données fournies par les gouvernements pour cet ouvrage, par le Fonds Monétaire International, par l'Organisation de Coopération de Développement Economique, par la Commission Economique pour l'Amérique Latine et les Caraïbes, par la Communauté Economique des Etats de l'Afrique de l'Ouest, par le Marché Commun des Etats d'Afrique de l'Est et du Sud et par l'Organisation des Nations Unies pour l'Alimentation et l'Agriculture. Des estimations pour quelques données faisant défaut sont préparées par la Division de Statistique des Nations Unies.

19.   Les noms de pays et régions utilisés par divers pays pour leurs statistiques du commerce extérieur ne sont pas uniformes. Aussi, lorsque d'anciennes entités géographiques généralement indiquées dans les statistiques nationales ont changé, les pays peuvent avoir introduit les changements correspondants dans leurs statistiques à différentes époques. Dans la mesure du possible toutefois, les pays ou zones ont été désignés par leur nom actuel.

20.   En général, les données se réfèrent aux années selon le calendrier; cependant, pour les pays, qui déclarent leurs données selon l'année fiscale, les données sont présentées dans l'année qui couvre la plupart de l'année en référence. Les pays concernés sont l'Inde (avril – mars), Népal (juillet – juin) et Myanmar (avril – mars).

INDICES NATIONAUX

21.   Les indices nationaux de la valeur unitaire et du volume antérieurement présentés dans Tableau Spécial G du Volume II en dollars E-U. Ils indiquent les modifications dans le volume et dans les prix (valeur unitaire) des agrégats des importations et des exportations. Chaque indice représente une modification entre la période à laquelle l'indice se réfère, la période

courante, et une période de référence pour laquelle l'indice est représenté par 100. Pour faciliter les comparaisons, chaque fois qu'il était nécessaire de le faire, les indices ont été ramenés à la base de l'année 2000. Lorsque des modifications sont faites dans la couverture, la formule ou la période de base d'un indice, si cela est techniquement possible les deux séries s'enchaînent.

22. Les indices mensuels, trimestriels et annuels en monnaie nationale sont publiés dans le Bulletin Mensuel de Statistique des Nations Unies. On trouvera également dans l'édition de1977 le Supplément à l'Annuaire Statistique et au Bulletin Mensuel de Statistique[4/] des notes plus détaillées sur les méthodes de calcul des indices nationaux. La publication « Les pratiques nationales de la Compilation et Diffusion des Indices du Commerce Extérieur » [5/] fournit des renseignements additionnels sur le calcul des indices nationaux.

PAYS EN TRANSITION

23. Pour la période couverte par l'Annuaire les pays classifiés antérieurement pour des raisons statistiques à économies planifiées centralement avaient un système de taux de change officiel entre leurs monnaies et celles des pays extérieurs consistant avec le taux de 0,90 nouveau roubles pour 1 dollar des Etats-Unis avant le 24 décembre 1971 et 0,829 jusqu'à février 1973; depuis cette date le taux a fluctué. Ils utilisaient généralement ces taux lorsqu'il était nécessaire de convertir des devises en monnaie nationale pour préparer les statistiques du commerce extérieur. Les données qui en résultent permettent davantage une comparaison avec les transactions des autres pays qu'une comparaison avec les transactions monétaires intérieures.

24. Les statistiques du commerce extérieur de ces pays ont des définitions différentes de celles qui peuvent exister dans les autres pays. Les différentes définitions peuvent être la source des divergences observées pour le même flux de marchandise enregistré par deux pays partenaires ayant un système économique différent. Les échanges entre ces pays peuvent être conduits sur une base différente de celle qui régit les échanges entre autres pays. Le concept de la valeur de transaction, par exemple, est basé sur l'existence d'un prix de marché entre l'importateur et l'exportateur sur lequel les variations de l'offre et de la demande ont plus d'influence qu'ils ne peuvent en avoir dans les échanges de ces pays. Faute de données précises sur les valeurs unitaires des produits de base échangés entre ces pays, il est difficile de connaître les effets possibles de ces différences sur les statistiques du commerce extérieur. De plus en plus, depuis 1992, les pays en transition ont adopté les concepts et définitions pour la statistique du commerce international comparables à celles qui sont en vigueur dans les autres pays.

NOTE GENERALE

25. Les statistiques dans cet Annuaire ont été compilées par les autorités nationales des statistiques principalement conforme aux recommandations des Nations Unies publiées dans Statistiques du Commerce international de marchandises : concepts et définitions, révision 2.[6/] En 1998 les Nations Unies ont fait paraître une révision de suite de cette publication; les pays étaient demandées d'introduire ces nouveaux concepts et définitions à partir des données pour l'année 1999. Les éléments principaux de ces concepts et définitions (Révision 2) sont:

1.	Territoire statistique. Dans les statistiques du commerce international de marchandises, il s'agit d'enregistrer les biens qui entrent sur le territoire économique d'un pays ou qui le quittent. Concrètement, ce qui est enregistré, ce sont les biens qui pénètrent sur le territoire statistique, qui est le territoire pour lequel les données sont recueillies (ou les biens qui sortent de ce territoire). Le territoire statistique peut coïncider avec le territoire économique ou avec une partie de ce dernier. Par conséquent, lorsque le territoire statistique, ne coïncide pas avec le territoire économique, les statistiques du commerce international de marchandises ne constituent pas un relevé complet des flux de biens entrant et sortant.

2.	Les systèmes de commerce. Il existe deux systèmes de commerce qui servent couramment pour les statistiques du commerce international de marchandises: le système de commerce général et le système de commerce spécial. Deux définitions du système du commerce spécial sont examinées ci-après, la définition stricte et la définition assouplie.

	a) Commerce général. Le système du commerce général est utilisé lorsque le territoire statistique d'un pays coïncide avec son territoire économique. Par conséquent, dans le cadre du système général, les importations comprennent tous les biens admis sur le territoire économique du pays déclarant et les exportations comprennent tous les biens qui le quittent.

	b) Commerce spécial. Le système du commerce spécial est utilisé lorsque le territoire statistique ne comprend qu'une portion particulière du territoire économique. Le système spécial de commerce (définition stricte) est appliqué lorsque le territoire statistique ne comprend que la zone de libre circulation, c'est-à-dire la zone à l'intérieur de laquelle les biens « peuvent être écoulés librement sans restriction douanière ». Par conséquent, en pareil cas, les importations comprennent tous les biens qui entrent dans la zone de libre circulation du pays déclarant c'est-à-dire qui ont été dédouanés pour mise à la consommation, et les exportations comprennent tous les biens qui quittent la zone de libre circulation du pays déclarant. Une définition « assouplie » du système de commerce spécial est utilisée lorsque a) les biens qui entrent dans le pays en vue de perfectionnement actif ou le quittent après le perfectionnement actif et b) les biens qui entrent dans une zone franche industrielle ou le quittent sont également enregistrés et inclus dans les statistiques du commerce international de marchandises.

	Les titres des tableaux 1 à 4 du Volume I indiquent le système du commerce auquel se réfèrent les données.

3.	Evaluation. Lors de sa quinzième session en 1953, le Conseil Economique et Social, tenant compte du fait que les statistiques du commerce extérieur doivent refléter la réalité économique, a recommandé que les gouvernements des pays membres des Nations Unies utilisent, dans la mesure du possible, les valeurs de transaction en préparant leurs statistiques du commerce international ou qu'ils fournissent des informations supplémentaires basées sur les valeurs de transaction quand les politiques nationales font état d'autres valeurs (Résolution 469 B (XV) du Conseil Economique et Social). Afin de rendre plus comparables les statistiques du commerce international des marchandises et compte tenu des pratiques commerciales et des pratiques de notification des données en vigueur dans la plupart des pays, il est recommandé : a) d'adopter une valeur de type CIF pour la valeur statistique des biens importés et b) d'adopter une valeur de type FOB pour la valeur statistique des biens exportés. Les valeurs FOB comprennent la valeur transactionnelle des biens et la valeur des services fournis pour acheminer les biens jusqu'à la frontière du pays exportateur. Les valeurs CIF comprennent la valeur transactionnelle des biens, la valeur des services fournis pour acheminer les biens jusqu'à la frontière du pays exportateur et la valeur des services fournis pour acheminer les biens de la frontière du pays exportateur jusqu'à la frontière du pays importateur.

4.   Conversion des monnaies. Pour les données dans cet Annuaire la conversion des valeurs nationales en dollars des Etats-Unis est effectuée au moyen de taux de conversion basés sur les taux de change officiels. Pour les monnaies sujettes à de larges marges de fluctuations par rapport au dollar, on utilise des moyennes pondérées des taux de change calculées spécialement dans ce but. La moyenne pondérée est le résultat des taux de change mensuels, généralement fournis par le Fonds Monétaire International, pondérés par les valeurs des importations et des exportations correspondantes. Les facteurs de conversion s'appliquent aux totaux des échanges mais pas nécessairement aux importations ou à l'exportation d'une marchandise donnée.

5.   Marchandise. Afin que les statistiques du commerce extérieur puissent refléter l'influence des économies nationales les unes sur les autres, on enregistre dans les statistiques du commerce international de marchandises tous les biens dont l'entrée (importations) ou la sortie (exportations) du territoire économique fait augmenter ou diminuer le stock des ressources matérielles du territoire économique du pays considéré. Les biens simplement transportés à travers le pays (biens en transit) ou admis ou expédiés temporairement (à l'exception des biens destinés au perfectionnement actif ou passif) ne font ni augmenter ni diminuer le stock de ressources matérielles d'un pays et ne sont donc pas à inclure dans les statistiques du commerce international de marchandises. En général, le traitement des catégories de marchandises listées ci-dessous suit les règles énoncées (pour les détails et la liste complète des inclusions et exclusions, se référer à Statistiques du commerce international des marchandises : concepts et définitions, révision 2, paragraphes 19-63[6/]) :

a)   Or : L'or non-monétaire comme la poudre d'or, l'or sous d'autres formes brutes ou semi-finies, les pièces d'or et les lingots est inclus dans les importations et exportations. Cet or peut être destiné à l'usage industriel, notamment pour la fabrication de bijoux, servir à des fins dentaires, ou à la thésaurisation, et comprend tout or qui n'est pas défini comme monétaire. L'or monétaire (or échangé entre les autorités monétaires nationales ou internationales ou les banques autorisées) est exclu des statistiques du commerce international des marchandises.

b)   Billets de banque et titres non émis et pièces qui ne sont pas en circulation : Ces articles sont considérés comme des produits, et non comme des actifs financiers et sont à incorporer dans les importations ou les exportations de produits d'imprimerie et de pièces. Les billets de banque et les titres émis ainsi que les pièces en circulation sont considérés comme des actifs financiers et doivent être exclus.

c)   Le commerce pour le compte de l'Etat : Il est inclus dans le commerce des marchandises. Les échanges au titre des programmes d'aide civile et militaire, les réparations de guerre et les équipements militaires[7/] sont donc inclus. Quand les marchandises sont destinées à des institutions nationales (ambassades ou forces armées) stationnées à l'étranger, elles ne sont pas comprises dans les statistiques.

d) <u>Trafic de perfectionnement et de réparation</u> : Les pays qui envoient à l'étranger temporairement des marchandises pour réparation ou complément d'ouvraison effectuent un trafic passif de réparation. Les pays recevant des marchandises dans les mêmes conditions effectuent un trafic actif de réparation. Les mouvements d'entrée et de sortie sont généralement exclus des importations et des exportations.

e) <u>Les biens acheminés par la poste ou par courrier</u> sont inclus dans le commerce des marchandises.

f) Produits de la pêche, minéraux extraits des fonds marins et biens de sauvetage : Les produits de la pêche, minéraux extraits des fonds marins et biens de sauvetage débarqués par des navires étrangers dans des ports nationaux ou acquis par des navires nationaux en haute mer auprès de navires étrangers sont à inclure dans les statistiques d'importations. Ces mêmes biens, lorsque vendus à partir de navires nationaux dans des ports étrangers ou en haute mer à des navires étrangers sont à exclure des statistiques des exportations.

g) <u>Vente et achat de navires, d'aéronefs et d'autres équipements mobiles</u> : La vente et l'achat de navires, d'aéronefs et d'autres équipements mobiles sont inclus.

h) <u>Avitaillement des navires et des avions</u> : En général, l'<u>avitaillement des navires et des avions</u> doit être inclus dans les importations et exportations totales de marchandises lorsque les transactions ont lieu à l'intérieur du territoire économique d'un pays.

6. <u>Pays Partenaire</u>. Il est recommandé que dans le cas des importations, le pays d'origine soit enregistré et dans le cas des exportations, le pays de dernière destination connue. Le pays d'origine d'une marchandise (pour les importations) est déterminé selon les règles d'origine établies par chaque pays. Le pays de dernière destination connue dans le cas des exportations est le dernier pays – dans la mesure ou on le sait au moment de l'exportation – auquel les biens doivent être livrés, qu'ils aient ou non été d'abord expédiés ailleurs, et qu'ils aient ou non, durant l'acheminement vers ce dernier pays, fait l'objet de transactions commerciales ou opérations qui en modifient le statut juridique.

7. <u>Echanges par produits</u>. L'analyse est selon la <u>Classification Type pour le Commerce International</u>.

CLASSIFICATION TYPE POUR LE COMMERCE INTERNATIONAL (CTCI) ET UN SYSTEME HARMONISE DE DESIGNATION ET DE CODIFICATION DES MARCHANDISES (SH)

26. En juillet 1950, le Conseil Economique et Social des Nations Unies, sur avis de la Commission de Statistique, a recommandé aux pays de rassembler leurs statistiques des

échanges par produits selon la CTCI originale[1/] afin de disposer au niveau mondial de données comparables pour l'analyse du commerce extérieur. La CTCI originale a été préparée par le Secrétariat des Nations Unies avec l'aide d'experts et en coopération avec les gouvernements et les organisations internationales concernées.

27.   En mai 1960 la Commission de Statistique a approuvé une révision de la CTCI appelée la CTCI, révisée, qui tenait compte des modifications dans les courants commerciaux intervenus depuis 1950 et qui permettait un passage plus facile entre la CTCI et les nomenclatures internationales. La CTCI, révisée présentait selon une classification statistique les positions de la nomenclature tarifaire NCCD du Conseil de Coopération Douanière.

28.   La CTCI, révisée comprend 625 sous-groupes (identifiés par un code à quatre chiffres) qui correspondent pour l'essentiel aux postes de la CTCI originale. Un certain nombre de sous-groupes ont été subdivisés soit pour obtenir des détails supplémentaires soit pour assurer une concordance exacte avec la NCCD. La CTCI, révisée comporte donc 1312 rubriques de base (niveau des 5 chiffres de la CTCI). Les sous-groupes sont rassemblés en 177 groupes, 56 divisions et 10 sections.

29.   Les positions de la CTCI sont individualisées par leur numéro de code. Le contenu précis de chaque code est défini dans la CTCI, révisée. Si l'on compare les données selon la CTCI, révisée avec des données classées selon une nomenclature nationale, il faut tenir compte de ce que la même description, généralement abrégée, peut s'appliquer à des groupes de marchandises légèrement différents.

30.   La révision de 1960 représentait par rapport à la CTCI initiale une amélioration considérable. Néanmoins vers la fin des années 1960 on a constaté que, pour l'essentiel, les raisons qui avaient conduit à l'établissement de la CTCI puis à sa première révision, se retrouvaient à nouveau valables. Depuis 1960 le volume des échanges commerciaux s'est accru rapidement tandis que leur répartition géographique et leur composition par produits se modifiaient radicalement. Une nouvelle révision de la CTCI fut donc entreprise. En octobre 1974, la Commission Statistique a approuvé cette révision, la désignation de la nouvelle révision est CTCI, Révision 2[1/]. En mai 1975 le Conseil Economique et Social a recommandé aux Etats membres des Nations Unies de communiquer les données sur les statistiques du commerce extérieur en se conformant autant que possible et le plus tôt possible à la CTCI, Révision 2. A partir des données pour 1976, certains pays ont commencé à communiquer leurs données selon la CTCI, Révision 2.

31.   Il y avait entre les titres de base de la Classification type pour le commerce international, Révision 2 et les subdivisions de la Nomenclature du Conseil de Coopération Douanière une correspondance biunivoque. Toutefois, un certain nombre d'utilisateurs ont estimé que les subdivisions des positions de la NCCD (et par conséquent celles de la CTCI, Révision 2) ne suffisaient pas à leurs besoins[8/]. La nécessité d'une harmonisation des classifications économiques a également été signalée[9/]. En partie pour répondre à ces besoins, le Conseil de coopération douanière a assumé en mai 1973 la responsabilité d'élaborer et de mettre au point un système harmonisé de désignation et de codification des marchandises (SH)[10/].

32.   A sa vingt et unième session, en janvier 1981, la Commission de statistique a pris note du fait qu'une troisième révision de la CTCI devait être disponible lorsque la NCCD révisée et le SH entreraient tous deux en vigueur[11/]. En conséquence, dans le courant de la même année, le Secrétariat de l'ONU a commencé à travailler à la révision de la CTCI, Révision 2 en partant du principe que le maximum devait être fait pour en conserver le caractère général et la structure, tout en tenant compte de la nécessité de son harmonisation avec la NCCD révisée, avec la <u>Classification internationale type, par industrie, de toutes les branches d'activité économique (CITI), Révision 3</u>[12/] et avec une <u>Classification des produits centrale (CPC)</u>[13/] dont l'élaboration était menée conjointement par la Division de statistique des Nations Unies et l'Office statistique des Communautés européennes.

33.   Le projet final a été révisé et approuvé par la Commission de statistique à sa vingt-troisième session, en février 1985[14/], et une résolution a été adoptée par le Conseil économique et social le 28 mai 1985 (résolution 1985/7) qui, <u>inter-alia</u>, a recommandé aux Etats Membres de communiquer des données sur les statistiques du commerce extérieur aux institutions internationales en se conformant autant que possible et le plus rapidement possible à la <u>Classification type pour le commerce international</u> (troisième version révisée).

34.   Le système harmonisé de désignation et de codification des marchandises (appelé système harmonisé) (SH) a été adopté par le Conseil de coopération douanière en juin 1983, tandis que la Convention internationale sur le système harmonisé de désignation et de codification des marchandises (Convention SH) est entré en vigueur le ler janvier 1988 (SH88). Dès le 30 juin 2003, les parties contractantes étaient au nombre de 112 et 65 autres pays ou territoires ne figuraient pas parmi les parties contractantes, mais utilisaient le système harmonisé à des fins douanières/statistiques.

35.   Lors de la vingt-septième session, qui s'est tenue à New York du 22 février au 3 mars 1993, la Commission de statistique des Nations Unies a recommandé "que les pays adoptent le SH pour l'établissement et la diffusion de leurs statistiques du commerce international"[15/].

36.   Conformément au préambule à la Convention SH, qui reconnaissait l'importance d'une actualisation effective du système harmonisé compte tenu de l'évolution de la technologie ou des courants commerciaux internationaux, le système harmonisé est régulièrement passé en revue et corrigé. Lors de sa vingt-septième session, la Commission de statistique des Nations Unies a "recommandé que le Conseil de coopération douanière tienne pleinement compte des effets que les modifications proposées pourraient avoir sur le plan statistique et de prendre dûment en considération les besoins et les capacités des pays en développement"[16/]. Quelques corrections mineures du système harmonisé de 1988, résultant par ailleurs de la suppression d'un code à 6 chiffres, ont été introduites en 1992 (SH92). Une série plus complète de modifications a été adoptée en 1993 et celles-ci sont entrées en vigueur le 1er janvier 1996 (SH96). En 1999 encore une autre série de modifications a été adoptée et celles-ci sont entrées en vigueur le 1er janvier 2002 (SH02). La troisième révision majeure du SH (SH07) est entrée en vigueur le 1er janvier 2007.

37.   A sa vingt-huitième session (27 février - 3 mars 1995), la Commission de statistique a examiné les changements qu'il faudrait apporter à la troisième version révisée de la CTCI pour

l'adapter au SH96. La Commission a décidé que les changements à apporter à la troisième version révisée de la CTCI pour préserver une parfaite correspondance avec le système harmonisé étaient simplement des modifications mineures. La Commission a donc décidé qu'il serait inutile de publier une quatrième version révisée de la CTCI[17/].

38.   A sa trente-cinquième session (2-5 mars 2004), la Commission Statistique a entériné la conclusion du Groupe de Travail sur les Statistiques du Commerce International des Marchandises selon laquelle la quatrième révision du CTCI était nécessaire vu les changements cumulés au niveau du SH[18/]. Par conséquent, mi-2004, la Division des Statistiques des Nations Unies a commencé la préparation de la CTCI, révision 4. Le processus de révision était coordonné avec les révisions en cours de la CITI et de la CPC en vue de les harmoniser autant que possible.

39.   La CTCI, révision 4 est adoptée par la Commission Statistique à sa trente-septième session[19/] (mars 2006). Le Groupe de Travail sur les Statistiques du Commerce International des Marchandises recommande aux pays intéressés et organisations internationales l'utilisation de la CTCI, révision 4 dans l'analyse du commerce international des marchandises. Plus d'informations sur la CTCI, révision 4 peut être trouvée à l'adresse : http://unstats.un.org/unsd/trade/sitcrev4.htm.

1/ Classification type pour le commerce international, original, Etudes statistiques, Série M No.10, Deuxième édition, 1951 (publication des Nations Unies, numéro de vente F.51.XVII.1).

Classification type pour le commerce international, (révisée), Etudes statistiques, Série M N° 34, (publication des Nations Unies, numéro de vente F.61.XVII.6).

Classification type pour le commerce international, (deuxième version révisée), Etudes statistiques, Série M N° 34/rév. 2, (publication des Nations Unies, numéro de vente F.75.XVII.6).

Classification type pour le commerce international (troisième version révisée), Etudes statistiques, Série M N° 34/rév. 3, (publication des Nations Unies, numéro de vente F.86.XVII.12).

2/ United Nations Standard Country Code, Statistical Papers, Series M N° 49, (United Nations publication, Sales No. E.70.XVII.13).

United Nations Standard Country or Area Code for Statistical Use, Statistical Papers, Series M N° 49, Rev. 1, (United Nations publication, Sales No. E.75.XVII.8).

Standard Country or Area Codes for Statistical Use, Statistical Papers Series M N° 49, Rev.2, (United Nations publication, Sales No. E.82.XVII.8).

Codes standard des pays et des zones à usage statistique, Documents statistiques, Series M N° 49, Rev. 3 (publication interne)

Codes standard des pays et des zones à usage statistique, Documents statistiques, Series M N° 49, Rev. 4, (United Nations publication, Sales No. M.98.XVII.9).

3/ Classification par grandes catégories économiques, (selon les définitions de la CTCI, révisée), Etudes statistiques, Série M N° 53, (publication des Nations Unies, numéro de vente 71.XVII.12).

4/ Supplément de 1977 à l'Annuaire Statistique et au Bulletin mensuel de statistique, ST/ESA/STAT/SER.S/SUPPL.2, ST/ESA/STAT/SER.Q/SUPPL.2, (publication des Nations Unies, numéro de vente F.78.XVII.10).

5/ National Practices in Compilation and Dissemination of External Trade Index Numbers: A Technical Report, Statistical Papers, Series M No. 86 (United Nations publication, Sales No. 04.XVII.10).

6/ Statistiques du commerce international concepts et définitions, Etudes statistiques, Série M N° 52 Révision 1, (publication des Nations Unies, numéro de vente F.82.XVII.14).

Statistiques du commerce international concepts et définitions, Etudes statistiques, Série M N° 52 Révision 2, (publication des Nations Unies, numéro de vente F.98.XVII.16).

7/ Les pays qui excluent l'équipement militaire utilisent des définitions différentes pour cette catégorie de marchandise, pour la majorité des pays cependant, armes et munitions constituent la plupart de l'équipement militaire exclu des statistiques.

8/ Groupe de travail commun Division de statistique de l'ONU - Office statistique des communautés européennes sur les nomenclatures au niveau mondial, "Système harmonisé de désignation et de codification des marchandises pour les besoins du commerce international" (UNSO/SOEC/1/2).

9/ Secrétariat de l'ONU, "L'harmonisation des classifications statistiques: compte rendu d'une réunion d'un groupe d'experts" (ST/ESA/STAT/78).

10/ Conseil de coopération douanière, "Système harmonisé de désignation et de codification des marchandises", 1985.

11/ Documents officiels du Conseil économique et social, 1981, Supplément N° 2. (E/1981/12).

12/ Classification International Type, par industrie, de toutes les branches d'activité économique, Etudes statistiques, Série M N° 4, Révision 3 (publication des Nations Unies, numéro de vente F.90.XVII.11)

13/ Classification centrale de produits (CPC) provisoire, Etudes statistiques, Série M N° 77 (publication des Nations Unies, numéro de vente F.91.XVII.7).

14/ Documents officiels du Conseil économique et social, 1985, Supplément N° 6 (E/1985/26), para. 57 (d).

15/ Documents officiels du Conseil économique et social, 1993, Supplément N° 6 (E/1993/26), para. 162 (d).

16/ Documents officiels du Conseil économique et social, 1993, Supplément N° 6 (E/1993/26), para. 162 (e).

17/ Documents officiels du Conseil économique et social, 1995, Supplément N° 8 (E/CN.3/1995/28), para. 19 (e).

18/ Documents officiels du Conseil économique et social, 2004, Supplément N° 4 (E/CN.3/2004/33), chapitre V para. 4 (i).

19/ Documents officiels du Conseil économique et social, 2006, Supplément N° 4 (E/CN.3/2006/32), chapitre III para. 26 (b).

TOTAL TRADE
COMMODITY TABLES

GROUP (3-DIGIT) LEVEL OF THE SITC, REVISION 3

Excluding[*] 286, Ores and concentrates of uranium and thorium;
345, Coal, water and other producer gases;
911, Postal packages not classified according to kind.

NOTES ON ESTIMATES

In preparing these tables, estimates are made for countries whose data are not yet available. At the country level these estimates are shown with a sign 'e'. They are included in the regional and world totals. Some estimates have been suppressed (see Introduction paragraph 11) and appear only as an "e".

COMMERCE TOTAL
TABLEAUX PAR PRODUITS

NIVEAU DES GROUPES (3-CHIFFRES) DE LA CTCI REVISION 3

A l'exclusion[**] des groupes 286, Minerais et concentrés d'uranium et de thorium;
345, Gaz de houille, gaz à l'eau et gaz similaires, a l'exclusion des gaz de pétrole;
911, Colis postaux, non classés par catégorie.

NOTES SUR LES ESTIMATIONS

Pour la préparation de ces tableaux, des estimations ont été effectuées pour les pays dont les données n'étaient pas disponibles. Ces estimations au niveau des pays apparaissent avec le signe 'e'. Elles sont comprises dans les totaux régionaux et le total du monde. Certaines estimations sont supprimées (voir L'introduction, paragraphe 11) et apparaissent seulement avec le signe "e".

---

[*] These codes are suppressed from publication because they were poorly reported and contain many estimates which are not sufficiently explainable.
[**] Ces groupes sont supprimés de la publication parce que ils étaient rapports insuffisamment et portaient beaucoup d'estimations qui n'étaient par assez expliquées.

001 Live animals other than animals of division 03

Trade by commodity
Imports by principal countries or areas
Value in million US dollars

Commerce par produit
Importations selon les principaux pays ou zones
Valeur en millions de dollars EU

Country or area	2003	2004	2005	2006	2007	Pays ou zone
World	9474.8	10551.7	12793.9	14335.6	15437.6	Monde
Developed Economies	6955.0	7600.8	9313.4	10860.8	11481.5	Economies Développés
- Asia-Pacific	255.7	237.9	340.2	380.7	394.6	- Asie-Pacifique
- Europe	4938.7	5804.1	6752.1	7719.7	7806.4	- Europe
- North America	1760.6	1558.8	2221.2	2760.4	3280.5	- Amérique du Nord
South-Eastern Europe	82.7	97.9	143.1	146.8	198.9	Europe du Sud-Est
Commonwealth of Independent States	59.0	84.3	147.7	321.9	460.5	Communauté d'Etats indépendants
- Asia	7.3	7.4	9.7	13.8	28.2	- Asie
- Europe	51.7	76.9	138.0	308.2	432.2	- Europe
Northern Africa	81.3	122.8	129.2	121.8	155.6	Afrique septentrionale
Sub-Saharan Africa	60.8	78.9	82.5	84.7	106.5	Afrique subsaharienne
Latin America & the Caribbean	217.9	326.1	457.5	394.6	551.3	Amérique latine et Caraïbes
- Caribbean	10.6	11.5	24.8	16.7	18.5	- Caraïbes
- Latin America	207.4	314.7	432.7	377.8	532.8	- Amérique latine
Eastern Asia	545.8	631.6	503.3	471.2	477.5	Asie orientale
Southern Asia	34.0	27.6	29.2	32.4	40.0	Asie méridionale
South-Eastern Asia	388.2	379.2	404.3	412.2	557.0	Asie du Sud-Est
Western Asia	1048.3	1199.6	1580.9	1485.0	1404.3	Asie occidentale
Oceania	1.7	2.9	2.9	4.1	4.7	Océanie
United States	1654.4	1471.2	2121.7	2642.1	3139.8	Etats-Unis d'Amérique
Italy	1628.3	1698.4	1810.8	1983.2	1747.1	Italie
Germany	517.0	674.4	999.5	1281.1	1215.1	Allemagne
United Kingdom	571.3	685.6	813.9	942.7	932.2	Royaume-Uni
Saudi Arabia	393.9	471.3	714.3	617.2	616.1	Arabie saoudite
Netherlands	344.7	459.1	553.3	593.1	703.0	Pays-Bas
Spain	431.4	430.2	485.2	531.0	581.6	Espagne
Belgium	327.1	411.9	425.2	467.7	597.1	Belgique
France-Monaco	289.0	334.2	332.9	354.8	352.1	France-Monaco
China, Hong Kong SAR	353.2	331.2	305.5	308.7	306.6	Chine - RAS de Hong-Kong
Ireland	232.5	263.6	280.6	370.3	381.3	Irlande
Japan	172.2	188.7	227.3	249.6	268.3	Japon
Austria	93.7	135.5	192.0	219.8	235.1	Autriche
Lebanon	193.0	186.7	e191.6	e191.9	e111.3	Liban
Singapore	149.6	138.2	168.2	165.3	210.0	Singapour
Portugal	133.2	164.1	139.3	191.2	193.1	Portugal
Russian Federation	32.4	47.9	76.7	248.8	357.2	Fédération de Russie
Mexico	109.0	90.2	151.3	155.8	191.0	Mexique
Venezuela	5.7	133.0	179.3	140.2	205.5	Venezuela
Indonesia	82.8	100.4	118.5	117.3	228.1	Indonésie
Kuwait	e102.1	e113.7	e198.4	e124.3	e101.5	Koweït
United Arab Emirates	109.8	102.4	120.4	134.0	e165.8	Emirats arabes unis
China	117.3	219.9	108.9	63.5	73.5	Chine
Greece	91.3	109.3	110.4	109.1	130.1	Grèce
Canada	105.8	87.2	98.9	117.8	140.0	Canada

Value as percentages of World total

Valeur en pourcentage du total mondial

Regions of the world	1998	1999	2000	2001	2002	2003	2004	2005	2006	2007	Régions du monde
World	100.0	100.0	100.0	100.0	100.0	100.0	100.0	100.0	100.0	100.0	Monde
Developed Economies	70.5	71.3	73.0	74.1	72.0	73.4	72.0	72.8	75.8	74.4	Economies Développés
- Asia-Pacific	3.0	3.2	3.4	3.1	2.9	2.7	2.3	2.7	2.7	2.6	- Asie-Pacifique
- Europe	47.0	47.9	45.8	42.5	44.9	52.1	55.0	52.8	53.9	50.6	- Europe
- North America	20.5	20.1	23.8	28.5	24.2	18.6	14.8	17.4	19.3	21.2	- Amérique du Nord
South-Eastern Europe	0.6	0.7	0.7	1.1	1.2	0.9	0.9	1.1	1.0	1.3	Europe du Sud-Est
Commonwealth of Independent States	0.4	0.2	0.2	0.4	0.5	0.6	0.8	1.2	2.2	3.0	Communauté d'Etats indépendants
- Asia	0.1	0.0	0.0	0.1	0.1	0.1	0.1	0.1	0.1	0.2	- Asie
- Europe	0.3	0.2	0.2	0.3	0.4	0.5	0.7	1.1	2.1	2.8	- Europe
Northern Africa	2.4	2.7	2.4	2.3	1.4	0.9	1.2	1.0	0.8	1.0	Afrique septentrionale
Sub-Saharan Africa	0.4	0.4	0.7	0.9	0.6	0.6	0.7	0.6	0.6	0.7	Afrique subsaharienne
Latin America & the Caribbean	4.7	3.5	3.9	4.0	3.7	2.3	3.1	3.6	2.8	3.6	Amérique latine et Caraïbes
- Caribbean	0.1	0.1	0.1	0.1	0.1	0.1	0.1	0.2	0.1	0.1	- Caraïbes
- Latin America	4.6	3.4	3.8	3.8	3.6	2.2	3.0	3.4	2.6	3.5	- Amérique latine
Eastern Asia	6.0	6.2	5.6	5.3	5.0	5.8	6.0	3.9	3.3	3.1	Asie orientale
Southern Asia	0.1	0.1	0.1	0.2	0.2	0.4	0.3	0.2	0.2	0.3	Asie méridionale
South-Eastern Asia	4.3	3.9	3.8	3.6	3.4	4.1	3.6	3.2	2.9	3.6	Asie du Sud-Est
Western Asia	10.7	10.9	9.5	8.3	12.0	11.1	11.4	12.4	10.4	9.1	Asie occidentale
Oceania	0.0	0.0	0.0	0.0	0.0	0.0	0.0	0.0	0.0	0.0	Océanie

Trade by commodity
Exports by principal countries or areas
Value in million US dollars

Commerce par produit
Exportations selon les principaux pays ou zones
Valeur en millions de dollars EU

Country or area	2003	2004	2005	2006	2007	Pays ou zone
World	10080.2	11135.0	13086.5	14439.1	15891.0	Monde
Developed Economies	8003.3	8571.1	10304.5	11557.7	12628.4	Economies Développés
- Asia-Pacific	727.0	771.7	786.6	800.6	920.5	- Asie-Pacifique
- Europe	5551.6	6620.3	7579.9	8229.8	8697.8	- Europe
- North America	1724.8	1179.1	1937.9	2527.3	3010.0	- Amérique du Nord
South-Eastern Europe	172.2	203.4	197.8	222.7	294.8	Europe du Sud-Est
Commonwealth of Independent States	26.6	22.2	16.1	20.3	21.3	Communauté d'Etats indépendants
- Asia	2.7	4.6	4.4	5.1	8.6	- Asie
- Europe	23.9	17.6	11.7	15.2	12.7	- Europe
Northern Africa	11.8	16.8	12.5	8.2	9.6	Afrique septentrionale
Sub-Saharan Africa	432.6	560.5	592.4	529.8	772.7	Afrique subsaharienne
Latin America & the Caribbean	583.7	866.0	885.7	1083.0	1059.1	Amérique latine et Caraïbes
- Caribbean	3.8	3.6	3.5	4.1	4.3	- Caraïbes
- Latin America	579.9	862.4	882.2	1078.8	1054.8	- Amérique latine
Eastern Asia	332.7	337.8	337.8	339.6	383.7	Asie orientale
Southern Asia	25.6	24.7	148.0	45.2	55.8	Asie méridionale
South-Eastern Asia	165.8	145.8	187.1	175.7	222.3	Asie du Sud-Est
Western Asia	325.5	386.3	404.2	456.9	443.2	Asie occidentale
Oceania	0.4	0.5	0.4	0.1	0.1	Océanie
France-Monaco	1894.2	1962.7	2138.3	2207.4	2274.1	France-Monaco
Canada	932.7	660.0	1266.3	1772.4	2260.8	Canada
Netherlands	759.9	1031.9	1183.1	1433.0	1544.9	Pays-Bas
Germany	622.5	789.8	1006.4	992.9	974.5	Allemagne
United Kingdom	639.2	688.5	732.9	672.2	844.2	Royaume-Uni
United States	791.9	518.8	671.2	754.9	749.2	Etats-Unis d'Amérique
Australia	630.8	609.0	623.8	665.7	768.3	Australie
Mexico	476.3	549.1	521.8	659.1	480.1	Mexique
Belgium	338.1	367.8	411.6	367.5	377.0	Belgique
Denmark	185.5	242.6	363.0	453.3	517.5	Danemark
Spain	268.0	365.1	364.1	365.7	392.0	Espagne
China	326.6	330.3	328.8	333.0	374.8	Chine
Ireland	241.1	280.9	281.0	439.7	381.6	Irlande
Poland	167.5	272.8	353.8	425.9	343.5	Pologne
Syrian Arab Republic	222.5	266.9	224.8	268.0	e288.1	République arabe syrienne
Romania	153.9	174.8	175.5	192.5	244.2	Roumanie
Somalia	e131.6	e183.0	e208.6	e138.5	e255.1	Somalie
Hungary	126.7	158.7	176.6	197.5	230.5	Hongrie
Czech Republic	51.6	115.6	149.5	164.6	206.4	République tchèque
Colombia	4.6	166.9	182.4	200.6	126.0	Colombie
New Zealand	89.4	156.8	153.2	122.8	131.7	Nouvelle-Zélande
Sudan	97.7	136.6	106.5	109.9	e140.3	Soudan
Austria	81.4	97.0	116.9	129.0	159.1	Autriche
Malaysia	101.5	81.5	110.7	117.2	144.8	Malaisie
Brazil	11.3	19.1	43.2	88.9	284.9	Brésil

Value as percentages of World total

Valeur en pourcentage du total mondial

Regions of the world	1998	1999	2000	2001	2002	2003	2004	2005	2006	2007	Régions du monde
World	100.0	100.0	100.0	100.0	100.0	100.0	100.0	100.0	100.0	100.0	Monde
Developed Economies	80.4	81.6	80.5	79.5	79.1	79.4	77.0	78.7	80.0	79.5	Economies Développés
- Asia-Pacific	4.9	6.2	6.1	6.9	7.5	7.2	6.9	6.0	5.5	5.8	- Asie-Pacifique
- Europe	53.1	55.9	51.9	45.4	48.9	55.1	59.5	57.9	57.0	54.7	- Europe
- North America	22.4	19.6	22.5	27.2	22.7	17.1	10.6	14.8	17.5	18.9	- Amérique du Nord
South-Eastern Europe	0.7	1.0	1.3	1.3	1.3	1.7	1.8	1.5	1.5	1.9	Europe du Sud-Est
Commonwealth of Independent States	0.1	0.1	0.2	0.1	0.1	0.3	0.2	0.1	0.1	0.1	Communauté d'Etats indépendants
- Asia	0.0	0.0	0.0	0.0	0.0	0.0	0.0	0.0	0.0	0.1	- Asie
- Europe	0.1	0.1	0.1	0.1	0.1	0.2	0.2	0.1	0.1	0.1	- Europe
Northern Africa	0.1	0.0	0.1	0.1	0.1	0.1	0.2	0.1	0.1	0.1	Afrique septentrionale
Sub-Saharan Africa	3.7	3.1	3.4	4.8	4.3	4.3	5.0	4.5	3.7	4.9	Afrique subsaharienne
Latin America & the Caribbean	4.8	4.8	6.1	6.2	4.6	5.8	7.8	6.8	7.5	6.7	Amérique latine et Caraïbes
- Caribbean	0.1	0.0	0.1	0.0	0.1	0.0	0.0	0.0	0.0	0.0	- Caraïbes
- Latin America	4.7	4.8	6.1	6.2	4.5	5.8	7.7	6.7	7.5	6.6	- Amérique latine
Eastern Asia	5.1	4.5	4.4	3.9	3.6	3.3	3.0	2.6	2.4	2.4	Asie orientale
Southern Asia	0.0	0.1	0.1	0.1	0.2	0.3	0.2	1.1	0.3	0.4	Asie méridionale
South-Eastern Asia	2.6	2.5	2.1	2.2	1.9	1.6	1.3	1.4	1.2	1.4	Asie du Sud-Est
Western Asia	2.5	2.3	1.8	1.6	4.7	3.2	3.5	3.1	3.2	2.8	Asie occidentale
Oceania	0.0	0.0	0.0	0.0	0.0	0.0	0.0	0.0	0.0	0.0	Océanie

011 Meat of bovine animals, fresh, chilled or frozen

Trade by commodity
Imports by principal countries or areas
Value in million US dollars

Commerce par produit
Importations selon les principaux pays ou zones
Valeur en millions de dollars EU

Country or area	2003	2004	2005	2006	2007	Pays ou zone
World	16511.1	18288.7	20576.0	23183.5	26005.5	Monde
Developed Economies	11774.0	13695.3	14899.6	16141.9	17844.6	Economies Développés
- Asia-Pacific	2157.9	1853.6	2032.1	1966.6	2076.6	- Asie-Pacifique
- Europe	6638.4	8160.5	9121.1	10790.4	12144.1	- Europe
- North America	2977.7	3681.2	3746.3	3384.8	3623.9	- Amérique du Nord
South-Eastern Europe	58.2	72.6	151.1	229.9	139.2	Europe du Sud-Est
Commonwealth of Independent States	647.6	726.8	1022.6	1694.8	1839.4	Communauté d'Etats indépendants
- Asia	24.6	28.8	29.1	45.0	60.2	- Asie
- Europe	623.0	698.0	993.5	1649.8	1779.2	- Europe
Northern Africa	241.3	374.2	500.9	596.7	658.7	Afrique septentrionale
Sub-Saharan Africa	122.5	150.2	213.4	290.8	296.9	Afrique subsaharienne
Latin America & the Caribbean	1268.2	1279.5	1536.9	1595.2	2107.8	Amérique latine et Caraïbes
- Caribbean	63.0	95.6	91.8	124.4	139.9	- Caraïbes
- Latin America	1205.2	1183.9	1445.1	1470.9	1968.0	- Amérique latine
Eastern Asia	1495.5	911.6	1119.6	1299.3	1499.0	Asie orientale
Southern Asia	61.4	100.3	63.4	29.3	31.7	Asie méridionale
South-Eastern Asia	280.4	378.0	409.1	429.4	549.4	Asie du Sud-Est
Western Asia	512.0	543.8	597.3	815.8	966.0	Asie occidentale
Oceania	50.0	56.4	62.2	60.4	72.6	Océanie
United States	2461.1	3440.8	3436.3	2914.8	2949.2	Etats-Unis d'Amérique
Italy	1702.8	1927.6	2178.4	2563.3	2631.9	Italie
Japan	2136.5	1829.7	2005.5	1942.1	2048.2	Japon
France-Monaco	797.4	1072.8	1261.3	1456.1	1633.2	France-Monaco
Russian Federation	620.6	687.9	953.1	1597.1	1769.4	Fédération de Russie
United Kingdom	902.0	1117.0	1064.5	1138.4	1240.7	Royaume-Uni
Germany	565.3	774.8	996.9	1233.5	1407.7	Allemagne
Netherlands	693.4	803.9	868.7	1087.4	1321.2	Pays-Bas
Mexico	847.5	719.9	874.1	973.3	1077.1	Mexique
Korea, Republic of	1071.3	544.3	670.0	792.5	939.4	République de Corée
Spain	466.8	567.6	607.0	750.0	946.6	Espagne
Greece	350.0	419.5	483.1	545.6	556.9	Grèce
Canada	505.1	227.7	296.1	456.0	656.1	Canada
Denmark	275.4	357.3	377.8	435.5	489.9	Danemark
Portugal	274.5	295.2	274.1	379.3	485.6	Portugal
Chile	217.2	258.0	346.2	307.8	355.8	Chili
Egypt	149.7	181.0	277.1	410.7	417.5	Egypte
Sweden	183.1	225.5	272.4	302.1	349.7	Suède
Belgium	133.7	173.7	188.3	232.5	265.0	Belgique
Malaysia	115.9	167.0	189.7	186.5	215.6	Malaisie
China, Hong Kong SAR	162.4	132.6	150.3	177.2	226.0	Chine - RAS de Hong-Kong
Israel	109.6	151.0	140.6	211.1	203.6	Israël
Saudi Arabia	85.1	120.0	124.8	190.0	215.5	Arabie saoudite
Algeria	81.6	149.0	179.9	145.0	e170.8	Algérie
Philippines	91.6	124.4	114.4	115.9	138.3	Philippines

Value as percentages of World total

Valeur en pourcentage du total mondial

Regions of the world	1998	1999	2000	2001	2002	2003	2004	2005	2006	2007	Régions du monde
World	100.0	100.0	100.0	100.0	100.0	100.0	100.0	100.0	100.0	100.0	Monde
Developed Economies	75.2	75.7	73.4	71.7	69.0	71.3	74.9	72.4	69.6	68.6	Economies Développés
- Asia-Pacific	17.2	17.0	18.0	18.1	10.9	13.1	10.1	9.9	8.5	8.0	- Asie-Pacifique
- Europe	42.4	41.6	35.9	29.2	36.0	40.2	44.6	44.3	46.5	46.7	- Europe
- North America	15.6	17.0	19.4	24.5	-22.1	18.0	20.1	18.2	14.6	13.9	- Amérique du Nord
South-Eastern Europe	0.7	0.4	0.3	0.6	0.6	0.4	0.4	0.7	1.0	0.5	Europe du Sud-Est
Commonwealth of Independent States	4.8	4.3	2.6	4.3	4.3	3.9	4.0	5.0	7.3	7.1	Communauté d'Etats indépendants
- Asia	0.2	0.4	0.1	0.1	0.1	0.1	0.2	0.1	0.2	0.2	- Asie
- Europe	4.6	3.9	2.5	4.1	4.2	3.8	3.8	4.8	7.1	6.8	- Europe
Northern Africa	1.8	1.8	1.9	1.1	1.6	1.5	2.0	2.4	2.6	2.5	Afrique septentrionale
Sub-Saharan Africa	0.5	0.4	0.5	0.5	0.6	0.7	0.8	1.0	1.3	1.1	Afrique subsaharienne
Latin America & the Caribbean	7.3	6.6	8.3	9.9	9.9	7.7	7.0	7.5	6.9	8.1	Amérique latine et Caraïbes
- Caribbean	0.4	0.4	0.5	0.5	0.5	0.4	0.5	0.4	0.5	0.5	- Caraïbes
- Latin America	6.9	6.2	7.8	9.4	9.4	7.3	6.5	7.0	6.3	7.6	- Amérique latine
Eastern Asia	4.0	5.7	7.6	6.3	8.8	9.1	5.0	5.4	5.6	5.8	Asie orientale
Southern Asia	0.8	0.4	0.1	0.6	0.1	0.4	0.5	0.3	0.1	0.1	Asie méridionale
South-Eastern Asia	1.5	1.6	2.1	2.1	1.9	1.7	2.1	2.0	1.9	2.1	Asie du Sud-Est
Western Asia	3.2	2.8	3.0	2.6	2.8	3.1	3.0	2.9	3.5	3.7	Asie occidentale
Oceania	0.3	0.3	0.3	0.3	0.3	0.3	0.3	0.3	0.3	0.3	Océanie

Viandes des animaux de l'espèce bovine, fraîches, réfrigérés ou congelées 011

Trade by commodity

Exports by principal countries or areas

Value in million US dollars

Commerce par produit

Exportations selon les principaux pays ou zones

Valeur en millions de dollars EU

Country or area	2003	2004	2005	2006	2007	Pays ou zone
World	16643.0	18690.8	21522.8	24231.4	26580.9	Monde
Developed Economies	13613.6	14011.4	15438.5	17008.2	18428.7	Economies Développés
- Asia-Pacific	3298.0	4652.3	4837.1	4838.8	4894.2	- Asie-Pacifique
- Europe	6269.0	7395.5	8289.5	9635.2	10587.6	- Europe
- North America	4046.6	1963.6	2311.9	2534.2	2946.9	- Amérique du Nord
South-Eastern Europe	6.4	15.3	20.0	35.9	76.1	Europe du Sud-Est
Commonwealth of Independent States	291.8	271.3	267.4	218.9	267.6	Communauté d'Etats indépendants
- Asia	0.6	0.7	0.6	1.5	2.0	- Asie
- Europe	291.1	270.7	266.9	217.4	265.6	- Europe
Northern Africa	0.8	0.9	0.6	0.7	0.7	Afrique septentrionale
Sub-Saharan Africa	119.4	145.7	171.0	175.0	217.5	Afrique subsaharienne
Latin America & the Caribbean	2209.1	3813.4	4934.5	5957.2	6600.5	Amérique latine et Caraïbes
- Caribbean	1.0	1.6	0.5	0.3	0.4	- Caraïbes
- Latin America	2208.1	3811.8	4934.0	5956.9	6600.1	- Amérique latine
Eastern Asia	42.4	46.2	53.9	79.6	113.4	Asie orientale
Southern Asia	333.0	359.5	600.4	717.5	830.1	Asie méridionale
South-Eastern Asia	11.5	9.1	8.7	12.0	15.3	Asie du Sud-Est
Western Asia	14.4	17.7	27.3	26.0	30.5	Asie occidentale
Oceania	0.6	0.3	0.4	0.4	0.3	Océanie
Australia	2349.1	3385.9	3563.7	3665.1	3720.2	Australie
Brazil	1154.5	1963.1	2419.1	3134.5	3485.7	Brésil
Netherlands	1480.1	1738.9	1923.6	2130.3	2522.1	Pays-Bas
United States	3068.9	528.5	847.5	1429.2	1897.4	Etats-Unis d'Amérique
Germany	1130.9	1357.3	1471.7	1769.7	1661.2	Allemagne
Ireland	1080.1	1255.1	1435.3	1657.2	1822.9	Irlande
Canada	977.7	1435.1	1464.3	1104.8	1049.4	Canada
New Zealand	946.3	1261.4	1269.2	1168.1	1156.6	Nouvelle-Zélande
France-Monaco	900.5	950.5	992.1	1127.2	1241.5	France-Monaco
Argentina	461.5	823.6	1170.3	1116.1	1209.3	Argentine
Uruguay	359.3	601.3	736.0	936.1	798.9	Uruguay
India	330.3	356.6	596.2	708.5	806.7	Inde
Belgium	424.6	493.3	505.0	572.5	662.2	Belgique
Spain	367.0	384.6	472.1	449.8	456.2	Espagne
Italy	241.3	348.5	359.5	436.0	464.2	Italie
Poland	69.8	150.9	334.5	472.3	553.6	Pologne
Denmark	255.0	305.3	298.9	319.7	341.5	Danemark
Austria	194.6	243.9	284.7	324.0	362.3	Autriche
Paraguay	60.0	157.6	245.0	409.7	353.5	Paraguay
Ukraine	221.0	165.6	142.8	32.0	97.3	Ukraine
Belarus	53.5	97.8	122.9	183.3	165.6	Bélarus
Nicaragua	83.8	110.4	119.1	78.5	179.6	Nicaragua
United Kingdom	31.4	33.2	46.6	179.1	246.8	Royaume-Uni
Colombia	5.5	29.7	26.6	75.5	339.8	Colombie
Mexico	26.4	54.7	109.1	132.1	148.5	Mexique

Value as percentages of World total

Valeur en pourcentage du total mondial

Regions of the world	1998	1999	2000	2001	2002	2003	2004	2005	2006	2007	Régions du monde
World	100.0	100.0	100.0	100.0	100.0	100.0	100.0	100.0	100.0	100.0	Monde
Developed Economies	86.2	86.8	84.4	83.5	83.9	81.8	75.0	71.7	70.2	69.3	Economies Développés
- Asia-Pacific	18.1	18.0	19.3	23.6	21.3	19.8	24.9	22.5	20.0	18.4	- Asie-Pacifique
- Europe	45.2	43.4	35.0	29.7	35.7	37.7	39.6	38.5	39.8	39.8	- Europe
- North America	22.9	25.4	30.1	30.3	26.9	24.3	10.5	10.7	10.5	11.1	- Amérique du Nord
South-Eastern Europe	0.0	0.0	0.1	0.0	0.0	0.0	0.1	0.1	0.1	0.3	Europe du Sud-Est
Commonwealth of Independent States	1.5	1.3	1.4	1.5	1.7	1.8	1.5	1.2	0.9	1.0	Communauté d'Etats indépendants
- Asia	0.1	0.1	0.0	0.0	0.0	0.0	0.0	0.0	0.0	0.0	- Asie
- Europe	1.4	1.2	1.4	1.5	1.7	1.7	1.4	1.2	0.9	1.0	- Europe
Northern Africa	0.0	0.0	0.0	0.0	0.0	0.0	0.0	0.0	0.0	0.0	Afrique septentrionale
Sub-Saharan Africa	0.2	0.2	0.7	2.6	0.8	0.7	0.8	0.8	0.7	0.8	Afrique subsaharienne
Latin America & the Caribbean	9.8	10.0	10.8	9.9	11.2	13.3	20.4	22.9	24.6	24.8	Amérique latine et Caraïbes
- Caribbean	0.0	0.0	0.0	0.0	0.0	0.0	0.0	0.0	0.0	0.0	- Caraïbes
- Latin America	9.8	10.0	10.7	9.8	11.2	13.3	20.4	22.9	24.6	24.8	- Amérique latine
Eastern Asia	0.7	0.3	0.4	0.4	0.4	0.3	0.2	0.3	0.3	0.4	Asie orientale
Southern Asia	1.2	1.1	2.1	1.9	1.9	2.0	1.9	2.8	3.0	3.1	Asie méridionale
South-Eastern Asia	0.0	0.0	0.0	0.0	0.0	0.1	0.0	0.0	0.0	0.1	Asie du Sud-Est
Western Asia	0.2	0.2	0.1	0.1	0.0	0.1	0.1	0.1	0.1	0.1	Asie occidentale
Oceania	0.1	0.0	0.0	0.0	0.0	0.0	0.0	0.0	0.0	0.0	Océanie

012 Other meat, meat offal, fresh, chilled, frozen (for human)

Trade by commodity
Imports by principal countries or areas
Value in million US dollars

Commerce par produit
Importations selon les principaux pays ou zones
Valeur en millions de dollars EU

Country or area	2003	2004	2005	2006	2007	Pays ou zone
World	29477.5	34465.1	38930.2	39750.8	46215.3	Monde
Developed Economies	21152.7	25116.4	27590.4	26955.7	29911.2	Economies Développés
- Asia-Pacific	5507.7	6140.5	6212.0	4830.6	5123.4	- Asie-Pacifique
- Europe	13865.7	16791.7	19050.0	19840.3	22302.7	- Europe
- North America	1779.3	2184.1	2328.4	2284.7	2485.0	- Amérique du Nord
South-Eastern Europe	320.0	505.9	750.4	781.3	1048.7	Europe du Sud-Est
Commonwealth of Independent States	1700.6	1800.6	2302.8	3144.7	3547.4	Communauté d'Etats indépendants
- Asia	77.9	106.7	135.8	164.0	224.9	- Asie
- Europe	1622.7	1693.9	2167.0	2980.7	3322.6	- Europe
Northern Africa	54.2	64.0	98.3	122.5	116.5	Afrique septentrionale
Sub-Saharan Africa	611.1	765.0	821.6	881.2	1127.3	Afrique subsaharienne
Latin America & the Caribbean	1388.4	1793.8	2066.6	2149.7	2375.7	Amérique latine et Caraïbes
- Caribbean	238.1	314.1	362.4	368.0	427.8	- Caraïbes
- Latin America	1150.2	1479.7	1704.2	1781.7	1947.9	- Amérique latine
Eastern Asia	2585.9	2387.3	2883.6	3308.8	4801.4	Asie orientale
Southern Asia	22.9	34.0	44.6	38.1	93.5	Asie méridionale
South-Eastern Asia	426.6	474.3	493.7	539.5	714.7	Asie du Sud-Est
Western Asia	1105.1	1390.4	1733.3	1679.7	2298.2	Asie occidentale
Oceania	110.0	133.4	145.0	149.7	180.6	Océanie
Japan	5336.9	5908.8	5901.6	4513.0	4680.2	Japon
Germany	2779.0	3174.4	3807.4	3701.5	3891.1	Allemagne
United Kingdom	2299.3	2852.7	3073.0	3113.9	3551.1	Royaume-Uni
Italy	1912.6	2261.7	2377.4	2646.2	2735.2	Italie
France-Monaco	1863.7	2192.7	2331.6	2433.4	2818.0	France-Monaco
Russian Federation	1505.0	1446.8	1930.6	2731.3	3125.2	Fédération de Russie
United States	1365.6	1617.6	1672.0	1590.2	1657.4	Etats-Unis d'Amérique
China, Hong Kong SAR	1208.9	1130.8	1192.6	1368.4	1961.9	Chine - RAS de Hong-Kong
Mexico	977.7	1254.9	1423.5	1506.6	1597.0	Mexique
Netherlands	896.6	993.3	1052.5	1134.7	1397.8	Pays-Bas
Belgium	802.3	946.3	1020.2	1001.7	1090.1	Belgique
China	768.5	486.4	606.7	711.7	1537.3	Chine
Saudi Arabia	587.1	623.2	816.8	733.1	922.6	Arabie saoudite
Korea, Republic of	395.7	457.3	767.7	938.0	1072.0	République de Corée
Greece	503.8	550.8	627.6	762.4	709.5	Grèce
Canada	394.6	544.4	629.4	667.5	804.8	Canada
Spain	411.4	447.6	541.2	568.1	701.9	Espagne
Austria	289.1	385.5	489.0	516.0	637.8	Autriche
Romania	175.9	319.3	544.3	555.5	667.4	Roumanie
Sweden	310.3	367.9	416.2	475.1	546.2	Suède
Poland	103.1	278.3	435.2	452.9	695.3	Pologne
Switzerland-Liechtenstein	344.8	381.2	360.0	348.8	421.7	Suisse-Liechtenstein
Denmark	230.2	336.0	385.5	428.9	407.6	Danemark
Portugal	277.4	309.4	342.1	393.0	462.1	Portugal
United Arab Emirates	273.7	299.2	279.7	391.2	e484.0	Emirates arabes unis

Value as percentages of World total

Valeur en pourcentage du total mondial

Regions of the world	1998	1999	2000	2001	2002	2003	2004	2005	2006	2007	Régions du monde
World	100.0	100.0	100.0	100.0	100.0	100.0	100.0	100.0	100.0	100.0	Monde
Developed Economies	72.8	72.6	72.0	71.7	70.6	71.8	72.9	70.9	67.8	64.7	Economies Développés
- Asia-Pacific	16.8	20.7	21.9	20.0	20.3	18.7	17.8	16.0	12.2	11.1	- Asie-Pacifique
- Europe	51.4	47.0	44.1	45.7	44.4	47.0	48.7	48.9	49.9	48.3	- Europe
- North America	4.6	5.0	5.9	6.0	5.9	6.0	6.3	6.0	5.7	5.4	- Amérique du Nord
South-Eastern Europe	0.9	0.7	0.7	1.0	1.2	1.1	1.5	1.9	2.0	2.3	Europe du Sud-Est
Commonwealth of Independent States	5.8	3.5	3.3	5.3	6.9	5.8	5.2	5.9	7.9	7.7	Communauté d'Etats indépendants
- Asia	0.4	0.3	0.3	0.4	0.4	0.3	0.3	0.3	0.4	0.5	- Asie
- Europe	5.4	3.2	2.9	4.9	6.5	5.5	4.9	5.6	7.5	7.2	- Europe
Northern Africa	0.2	0.3	0.3	0.2	0.2	0.2	0.2	0.3	0.3	0.3	Afrique septentrionale
Sub-Saharan Africa	1.2	1.1	1.6	1.4	1.5	2.1	2.2	2.1	2.2	2.4	Afrique subsaharienne
Latin America & the Caribbean	4.6	4.4	5.3	5.4	4.7	4.7	5.2	5.3	5.4	5.1	Amérique latine et Caraïbes
- Caribbean	1.1	1.1	1.0	1.1	1.0	0.8	0.9	0.9	0.9	0.9	- Caraïbes
- Latin America	3.6	3.3	4.3	4.3	3.6	3.9	4.3	4.4	4.5	4.2	- Amérique latine
Eastern Asia	7.6	10.1	10.7	8.9	8.9	8.8	6.9	7.4	8.3	10.4	Asie orientale
Southern Asia	0.4	0.1	0.1	0.1	0.1	0.1	0.1	0.1	0.1	0.2	Asie méridionale
South-Eastern Asia	1.0	1.5	1.7	1.5	1.6	1.4	1.4	1.3	1.4	1.5	Asie du Sud-Est
Western Asia	5.1	5.2	4.0	4.1	3.9	3.7	4.0	4.5	4.2	5.0	Asie occidentale
Oceania	0.4	0.4	0.4	0.4	0.4	0.4	0.4	0.4	0.4	0.4	Océanie

Trade by commodity   Commerce par produit
Exports by principal countries or areas   Exportations selon les principaux pays ou zones
Value in million US dollars   Valeur en millions de dollars EU

Country or area	2003	2004	2005	2006	2007	Pays ou zone
World	28560.0	34083.3	39238.5	39931.0	47293.9	Monde
Developed Economies	23002.0	27988.7	31706.0	32581.5	37697.5	Economies Développés
- Asia-Pacific	2500.4	3082.0	3588.9	3448.1	3732.3	- Asie-Pacifique
- Europe	15379.5	18920.4	20778.9	21956.3	25379.7	- Europe
- North America	5122.1	5986.3	7338.2	7177.1	8585.5	- Amérique du Nord
South-Eastern Europe	95.3	133.1	162.0	156.8	205.6	Europe du Sud-Est
Commonwealth of Independent States	67.5	68.3	88.1	108.3	67.5	Communauté d'Etats indépendants
- Asia	1.1	1.3	1.0	1.1	3.3	- Asie
- Europe	66.4	67.0	87.1	107.2	64.2	- Europe
Northern Africa	8.7	9.3	10.2	11.5	15.7	Afrique septentrionale
Sub-Saharan Africa	112.0	123.1	128.3	156.0	187.4	Afrique subsaharienne
Latin America & the Caribbean	3001.3	4379.3	5813.0	5351.3	7096.1	Amérique latine et Caraïbes
- Caribbean	2.5	3.8	3.4	2.0	2.4	- Caraïbes
- Latin America	2998.8	4375.5	5809.6	5349.3	7093.7	- Amérique latine
Eastern Asia	1384.8	1066.7	1027.4	1247.7	1607.6	Asie orientale
Southern Asia	50.4	43.8	48.3	55.7	80.7	Asie méridionale
South-Eastern Asia	737.3	151.3	107.8	106.9	150.4	Asie du Sud-Est
Western Asia	99.7	117.9	146.2	153.1	183.3	Asie occidentale
Oceania	1.1	1.8	1.2	2.3	2.2	Océanie
United States	3570.4	4078.9	5036.5	4970.5	6245.1	Etats-Unis d'Amérique
Brazil	2471.0	3566.6	4741.0	4179.4	5710.1	Brésil
Denmark	2863.9	3496.0	3496.8	3696.5	3927.8	Danemark
Netherlands	2425.7	2904.8	3094.8	3351.2	4236.0	Pays-Bas
Germany	1752.7	2223.7	3048.5	3447.9	4053.9	Allemagne
France-Monaco	2087.8	2365.2	2383.1	2271.9	2580.0	France-Monaco
Belgium	1803.8	2311.8	2316.3	2444.7	2665.8	Belgique
Canada	1551.7	1907.4	2301.4	2206.6	2340.4	Canada
New Zealand	1461.3	1756.1	2011.5	1847.1	2038.6	Nouvelle-Zélande
Spain	1149.6	1505.3	1726.2	1876.3	2141.1	Espagne
Australia	1036.1	1324.8	1574.8	1597.8	1684.6	Australie
United Kingdom	723.7	894.8	980.0	928.4	979.9	Royaume-Uni
Poland	474.3	600.3	868.8	1069.8	1347.4	Pologne
China	645.3	685.2	709.8	687.4	658.3	Chine
Ireland	514.8	639.4	722.8	702.4	741.8	Irlande
Hungary	577.9	652.8	643.7	604.8	780.5	Hongrie
China, Hong Kong SAR	700.5	354.5	273.7	497.0	879.8	Chine - RAS de Hong-Kong
Italy	381.6	475.0	489.3	479.1	558.1	Italie
Austria	292.3	376.6	442.8	485.0	604.8	Autriche
Chile	202.2	363.3	479.4	509.1	549.1	Chili
Argentina	131.8	197.2	280.4	313.5	407.1	Argentine
Mexico	144.4	171.0	200.6	217.8	282.9	Mexique
Thailand	653.3	56.5	28.1	28.4	47.5	Thaïlande
Finland	76.8	101.3	105.3	122.9	140.6	Finlande
Bulgaria	58.7	85.8	114.3	113.8	147.6	Bulgarie

Value as percentages of World total   Valeur en pourcentage du total mondial

Regions of the world	1998	1999	2000	2001	2002	2003	2004	2005	2006	2007	Régions du monde
World	100.0	100.0	100.0	100.0	100.0	100.0	100.0	100.0	100.0	100.0	Monde
Developed Economies	82.3	82.0	82.9	77.5	80.3	80.5	82.1	80.8	81.6	79.7	Economies Développés
- Asia-Pacific	7.0	7.5	7.8	7.3	8.7	8.8	9.0	9.1	8.6	7.9	- Asie-Pacifique
- Europe	56.2	55.8	53.5	49.8	52.9	53.8	55.5	53.0	55.0	53.7	- Europe
- North America	19.1	18.7	21.6	20.3	18.7	17.9	17.6	18.7	18.0	18.2	- Amérique du Nord
South-Eastern Europe	0.3	0.2	0.2	0.3	0.3	0.3	0.4	0.4	0.4	0.4	Europe du Sud-Est
Commonwealth of Independent States	0.3	0.2	0.2	0.3	0.2	0.2	0.2	0.2	0.3	0.1	Communauté d'Etats indépendants
- Asia	0.0	0.0	0.0	0.0	0.0	0.0	0.0	0.0	0.0	0.0	- Asie
- Europe	0.3	0.2	0.2	0.3	0.2	0.2	0.2	0.2	0.3	0.1	- Europe
Northern Africa	0.0	0.0	0.0	0.0	0.0	0.0	0.0	0.0	0.0	0.0	Afrique septentrionale
Sub-Saharan Africa	0.3	0.2	0.3	4.8	0.7	0.4	0.4	0.3	0.4	0.4	Afrique subsaharienne
Latin America & the Caribbean	6.0	6.7	6.8	8.5	9.9	10.5	12.8	14.8	13.4	15.0	Amérique latine et Caraïbes
- Caribbean	0.0	0.0	0.0	0.0	0.0	0.0	0.0	0.0	0.0	0.0	- Caraïbes
- Latin America	6.0	6.7	6.8	8.5	9.9	10.5	12.8	14.8	13.4	15.0	- Amérique latine
Eastern Asia	8.0	7.9	7.0	5.9	5.5	4.8	3.1	2.6	3.1	3.4	Asie orientale
Southern Asia	0.1	0.1	0.1	0.1	0.1	0.2	0.1	0.1	0.1	0.2	Asie méridionale
South-Eastern Asia	2.1	2.2	2.1	2.5	2.7	2.6	0.4	0.3	0.3	0.3	Asie du Sud-Est
Western Asia	0.5	0.4	0.3	0.3	0.3	0.3	0.3	0.4	0.4	0.4	Asie occidentale
Oceania	0.0	0.0	0.0	0.0	0.0	0.0	0.0	0.0	0.0	0.0	Océanie

016 Meat, edible offal, salted, in brine, dried, etc; flours, meals

Trade by commodity
Imports by principal countries or areas
Value in million US dollars

Commerce par produit
Importations selon les principaux pays ou zones
Valeur en millions de dollars EU

Country or area	2003	2004	2005	2006	2007	Pays ou zone
World	2553.4	2536.0	2511.6	2830.8	3718.1	Monde
Developed Economies	2395.6	2358.6	2315.1	2626.9	3452.0	Economies Développés
- Asia-Pacific	32.8	33.5	37.3	43.4	51.1	- Asie-Pacifique
- Europe	2121.0	2066.1	2041.3	2373.2	3179.8	- Europe
- North America	241.8	259.1	236.5	210.4	221.1	- Amérique du Nord
South-Eastern Europe	5.8	11.2	11.7	11.9	51.9	Europe du Sud-Est
Commonwealth of Independent States	3.7	5.6	18.0	7.0	8.7	Communauté d'Etats indépendants
- Asia	0.5	0.4	0.9	0.8	0.8	- Asie
- Europe	3.1	5.2	17.2	6.2	8.0	- Europe
Northern Africa	0.2	0.3	0.4	1.7	2.2	Afrique septentrionale
Sub-Saharan Africa	16.8	16.0	19.0	22.1	29.7	Afrique subsaharienne
Latin America & the Caribbean	78.2	88.8	89.6	99.7	113.6	Amérique latine et Caraïbes
- Caribbean	12.7	20.6	21.4	24.6	26.9	- Caraïbes
- Latin America	65.6	68.2	68.2	75.2	86.7	- Amérique latine
Eastern Asia	19.4	18.9	18.4	17.4	18.9	Asie orientale
Southern Asia	0.4	0.4	2.0	1.0	1.3	Asie méridionale
South-Eastern Asia	14.1	16.0	20.6	24.7	16.8	Asie du Sud-Est
Western Asia	15.8	16.3	12.9	14.1	17.4	Asie occidentale
Oceania	3.5	3.9	3.9	4.2	5.6	Océanie
United Kingdom	1057.2	1024.8	973.4	1033.0	1205.4	Royaume-Uni
France-Monaco	266.7	310.6	295.8	316.2	363.4	France-Monaco
Germany	343.7	205.8	204.9	289.5	421.8	Allemagne
United States	203.5	215.1	186.5	153.3	178.4	Etats-Unis d'Amérique
Netherlands	62.3	69.2	58.6	132.2	368.3	Pays-Bas
Belgium	89.4	97.9	96.8	119.4	158.9	Belgique
Italy	53.8	74.7	75.5	88.9	101.6	Italie
Denmark	46.9	60.8	79.9	87.8	113.4	Danemark
Mexico	51.7	53.3	50.6	56.6	64.5	Mexique
Canada	36.3	41.5	47.5	54.9	40.7	Canada
Spain	26.3	25.7	28.6	41.1	61.3	Espagne
Portugal	32.7	29.9	31.9	36.0	43.4	Portugal
Switzerland-Liechtenstein	27.4	31.6	34.0	35.4	42.3	Suisse-Liechtenstein
Japan	30.2	31.1	30.8	35.1	39.0	Japon
Ireland	30.7	27.6	21.3	28.1	37.6	Irlande
Sweden	12.2	20.6	24.3	35.2	52.1	Suède
Austria	20.0	22.1	21.0	25.3	34.7	Autriche
China, Hong Kong SAR	17.2	16.1	14.2	13.0	14.3	Chine - RAS de Hong-Kong
Czech Republic	2.0	2.2	4.0	15.3	46.7	République tchèque
Angola	e10.4	e9.0	e11.1	e14.0	e20.7	Angola
Luxembourg	12.3	10.9	11.6	12.3	14.8	Luxembourg
Singapore	11.7	13.4	15.2	13.3	6.9	Singapour
Norway	5.5	8.3	17.7	11.1	15.1	Norvège
Croatia	7.9	10.2	11.4	12.8	13.3	Croatie
Greece	5.7	6.3	8.5	10.7	17.8	Grèce

Value as percentages of World total

Valeur en pourcentage du total mondial

Regions of the world	1998	1999	2000	2001	2002	2003	2004	2005	2006	2007	Régions du monde
World	100.0	100.0	100.0	100.0	100.0	100.0	100.0	100.0	100.0	100.0	Monde
Developed Economies	83.9	88.0	90.4	91.8	93.0	93.8	93.0	92.2	92.8	92.8	Economies Développés
- Asia-Pacific	1.1	1.2	1.4	1.1	1.3	1.3	1.3	1.5	1.5	1.4	- Asie-Pacifique
- Europe	78.2	80.6	81.2	84.5	84.7	83.1	81.5	81.3	83.8	85.5	- Europe
- North America	4.6	6.2	7.9	6.2	7.0	9.5	10.2	9.4	7.4	5.9	- Amérique du Nord
South-Eastern Europe	0.3	0.6	0.2	0.3	0.3	0.2	0.4	0.5	0.4	1.4	Europe du Sud-Est
Commonwealth of Independent States	5.7	1.1	0.3	0.2	0.1	0.1	0.2	0.7	0.2	0.2	Communauté d'Etats indépendants
- Asia	0.0	0.0	0.0	0.0	0.0	0.0	0.0	0.0	0.0	0.0	- Asie
- Europe	5.6	1.1	0.3	0.2	0.1	0.1	0.2	0.7	0.2	0.2	- Europe
Northern Africa	0.0	0.0	0.0	0.0	0.0	0.0	0.0	0.0	0.1	0.1	Afrique septentrionale
Sub-Saharan Africa	0.5	0.8	0.7	0.5	0.6	0.7	0.6	0.8	0.8	0.8	Afrique subsaharienne
Latin America & the Caribbean	5.6	5.3	5.7	5.1	3.9	3.1	3.5	3.6	3.5	3.1	Amérique latine et Caraïbes
- Caribbean	1.0	1.0	1.0	0.8	0.8	0.5	0.8	0.9	0.9	0.7	- Caraïbes
- Latin America	4.7	4.3	4.6	4.3	3.0	2.6	2.7	2.7	2.7	2.3	- Amérique latine
Eastern Asia	1.7	1.6	1.5	1.0	1.0	0.8	0.7	0.7	0.6	0.5	Asie orientale
Southern Asia	0.0	0.0	0.0	0.0	0.0	0.0	0.0	0.1	0.0	0.0	Asie méridionale
South-Eastern Asia	0.4	0.6	0.6	0.7	0.7	0.6	0.6	0.8	0.9	0.5	Asie du Sud-Est
Western Asia	1.6	1.8	0.5	0.3	0.3	0.6	0.6	0.5	0.5	0.5	Asie occidentale
Oceania	0.1	0.1	0.2	0.1	0.1	0.1	0.2	0.2	0.1	0.1	Océanie

Viandes et abats comestibles (farines et poudres comestibles inclus) 016

Trade by commodity | Commerce par produit
Exports by principal countries or areas | Exportations selon les principaux pays ou zones
Value in million US dollars | Valeur en millions de dollars EU

Country or area	2003	2004	2005	2006	2007	Pays ou zone
World	2449.9	2673.1	2553.1	2977.1	3917.0	Monde
Developed Economies	2404.6	2620.9	2498.6	2902.0	3441.5	Economies Développés
- Asia-Pacific	16.8	20.2	9.5	15.6	12.4	- Asie-Pacifique
- Europe	2100.4	2276.4	2204.8	2585.8	3169.7	- Europe
- North America	287.5	324.3	284.4	300.5	259.4	- Amérique du Nord
South-Eastern Europe	2.0	3.8	4.7	7.8	12.2	Europe du Sud-Est
Commonwealth of Independent States	0.1	0.6	3.5	5.0	6.4	Communauté d'Etats indépendants
- Asia	0.1	0.0	0.0	0.0	0.0	- Asie
- Europe	0.1	0.6	3.5	5.0	6.3	- Europe
Northern Africa	0.0	0.0	0.0	0.0	0.0	Afrique septentrionale
Sub-Saharan Africa	2.4	3.7	4.5	6.3	7.1	Afrique subsaharienne
Latin America & the Caribbean	25.3	27.5	23.1	38.7	431.8	Amérique latine et Caraïbes
- Caribbean	0.1	0.0	0.0	0.0	0.2	- Caraïbes
- Latin America	25.2	27.4	23.1	38.7	431.5	- Amérique latine
Eastern Asia	9.0	8.8	8.5	7.2	5.6	Asie orientale
Southern Asia	3.0	3.1	1.6	1.1	3.0	Asie méridionale
South-Eastern Asia	1.1	2.0	2.7	4.5	6.0	Asie du Sud-Est
Western Asia	2.3	2.5	5.5	4.0	3.3	Asie occidentale
Oceania	0.0	0.1	0.2	0.5	0.0	Océanie
Netherlands	535.8	589.5	489.9	541.7	733.9	Pays-Bas
Italy	452.6	535.7	553.3	602.2	700.6	Italie
Denmark	433.6	380.5	328.2	400.9	435.4	Danemark
Germany	115.6	138.8	190.9	338.1	395.0	Allemagne
Spain	161.8	191.1	223.6	271.2	312.7	Espagne
United States	135.4	155.2	158.9	183.3	132.6	Etats-Unis d'Amérique
Belgium	126.8	142.2	136.3	138.9	159.6	Belgique
Canada	152.1	169.1	125.5	117.2	126.8	Canada
France-Monaco	123.2	127.4	116.4	117.4	129.7	France-Monaco
Brazil	7.9	11.3	9.3	20.9	411.0	Brésil
United Kingdom	65.2	66.9	55.2	46.4	69.2	Royaume-Uni
Austria	22.8	25.0	30.7	38.4	44.3	Autriche
Switzerland-Liechtenstein	15.6	20.6	20.5	23.4	25.3	Suisse-Liechtenstein
Poland	1.7	8.2	15.4	9.9	61.1	Pologne
Ireland	22.7	23.3	5.0	5.1	13.2	Irlande
Chile	11.7	10.7	10.1	12.7	14.0	Chili
Sweden	2.5	3.7	6.4	10.5	24.5	Suède
Portugal	4.3	4.5	6.3	9.4	20.5	Portugal
New Zealand	13.7	13.8	1.9	8.6	6.8	Nouvelle-Zélande
Hungary	3.3	7.4	9.2	9.4	12.5	Hongrie
Slovenia	4.6	5.3	6.1	6.1	7.5	Slovénie
Australia	3.0	6.4	7.4	6.7	5.4	Australie
China	7.0	6.2	6.4	5.5	3.7	Chine
Luxembourg	5.7	2.7	2.8	3.8	4.6	Luxembourg
Czech Republic	0.0	0.2	1.0	5.5	11.7	République tchèque

Value as percentages of World total | Valeur en pourcentage du total mondial

Regions of the world	1998	1999	2000	2001	2002	2003	2004	2005	2006	2007	Régions du monde
World	100.0	100.0	100.0	100.0	100.0	100.0	100.0	100.0	100.0	100.0	Monde
Developed Economies	97.6	97.5	97.6	98.2	98.1	98.2	98.0	97.9	97.5	87.9	Economies Développés
- Asia-Pacific	0.2	0.3	0.3	0.2	0.3	0.7	0.8	0.4	0.5	0.3	- Asie-Pacifique
- Europe	88.1	88.3	85.5	87.4	86.3	85.7	85.2	86.4	86.9	80.9	- Europe
- North America	9.3	8.9	11.8	10.5	11.4	11.7	12.1	11.1	10.1	6.6	- Amérique du Nord
South-Eastern Europe	0.2	0.2	0.1	0.1	0.1	0.1	0.1	0.2	0.3	0.3	Europe du Sud-Est
Commonwealth of Independent States	0.0	0.0	0.0	0.0	0.0	0.0	0.0	0.1	0.2	0.2	Communauté d'Etats indépendants
- Asia	0.0	0.0	0.0	0.0	0.0	0.0	0.0	0.0	0.0	0.0	- Asie
- Europe	0.0	0.0	0.0	0.0	0.0	0.0	0.0	0.1	0.2	0.2	- Europe
Northern Africa	0.0	0.0	0.0	0.0	0.0	0.0	0.0	0.0	0.0	0.0	Afrique septentrionale
Sub-Saharan Africa	0.0	0.1	0.1	0.1	0.1	0.1	0.1	0.2	0.2	0.2	Afrique subsaharienne
Latin America & the Caribbean	0.7	1.0	0.9	0.8	1.0	1.0	1.0	0.9	1.3	11.0	Amérique latine et Caraïbes
- Caribbean	0.0	0.0	0.0	0.0	0.0	0.0	0.0	0.0	0.0	0.0	- Caraïbes
- Latin America	0.7	1.0	0.9	0.8	1.0	1.0	1.0	0.9	1.3	11.0	- Amérique latine
Eastern Asia	1.3	0.9	1.1	0.6	0.5	0.4	0.3	0.3	0.2	0.1	Asie orientale
Southern Asia	0.0	0.0	0.0	0.1	0.1	0.1	0.1	0.1	0.0	0.1	Asie méridionale
South-Eastern Asia	0.2	0.2	0.2	0.1	0.1	0.0	0.1	0.1	0.2	0.2	Asie du Sud-Est
Western Asia	0.0	0.0	0.1	0.1	0.1	0.1	0.1	0.2	0.1	0.1	Asie occidentale
Oceania	0.0	0.0	0.0	0.0	0.0	0.0	0.0	0.0	0.0	0.0	Océanie

017 Meat and edible meat offal, prepared or preserved, nes

Trade by commodity
Imports by principal countries or areas
Value in million US dollars

Commerce par produit
Importations selon les principaux pays ou zones
Valeur en millions de dollars EU

Country or area	2003	2004	2005	2006	2007	Pays ou zone
World	7374.8	8716.6	10383.2	11441.3	13366.4	Monde
Developed Economies	6317.7	7529.0	8955.7	9863.4	11368.2	Economies Développés
- Asia-Pacific	1188.3	1395.2	1854.1	1973.7	2052.9	- Asie-Pacifique
- Europe	4286.7	5216.9	6088.8	6722.4	8080.9	- Europe
- North America	842.7	916.9	1012.7	1167.3	1234.4	- Amérique du Nord
South-Eastern Europe	55.1	83.2	95.0	117.7	159.6	Europe du Sud-Est
Commonwealth of Independent States	106.4	124.8	167.9	197.9	254.7	Communauté d'Etats indépendants
- Asia	30.6	32.5	51.7	65.0	92.2	- Asie
- Europe	75.9	92.3	116.2	133.0	162.5	- Europe
Northern Africa	4.3	4.1	7.6	5.3	12.5	Afrique septentrionale
Sub-Saharan Africa	101.6	114.9	155.1	162.6	217.4	Afrique subsaharienne
Latin America & the Caribbean	265.0	310.2	358.7	386.3	457.2	Amérique latine et Caraïbes
- Caribbean	83.4	121.5	126.4	128.9	150.4	- Caraïbes
- Latin America	181.7	188.7	232.3	257.4	306.8	- Amérique latine
Eastern Asia	237.2	256.2	306.3	360.3	454.0	Asie orientale
Southern Asia	7.4	6.9	14.4	10.5	11.0	Asie méridionale
South-Eastern Asia	83.4	81.2	87.2	95.3	103.0	Asie du Sud-Est
Western Asia	161.5	167.5	193.5	195.7	272.9	Asie occidentale
Oceania	35.0	38.6	41.7	46.2	55.8	Océanie
United Kingdom	1218.9	1484.0	1665.6	1880.1	2204.8	Royaume-Uni
Japan	1151.0	1354.4	1808.1	1924.9	1993.6	Japon
Germany	667.9	867.4	1086.6	1182.9	1349.1	Allemagne
United States	544.2	634.8	664.5	762.3	762.9	Etats-Unis d'Amérique
Netherlands	487.0	540.4	563.0	600.3	712.5	Pays-Bas
Belgium	368.2	432.7	467.8	487.1	568.0	Belgique
France-Monaco	325.0	387.9	442.1	500.1	616.6	France-Monaco
Canada	283.2	264.0	328.0	383.8	449.6	Canada
China, Hong Kong SAR	176.5	203.8	221.4	253.5	326.7	Chine - RAS de Hong-Kong
Ireland	156.1	196.7	231.7	267.8	297.6	Irlande
Denmark	128.0	150.0	208.4	246.3	330.9	Danemark
Spain	147.0	171.6	200.0	217.9	272.3	Espagne
Italy	137.1	177.3	215.3	218.1	258.8	Italie
Sweden	132.6	160.6	175.5	193.3	241.3	Suède
Austria	105.6	130.0	150.6	154.2	194.1	Autriche
Mexico	109.1	104.2	127.8	143.8	166.0	Mexique
Switzerland-Liechtenstein	77.9	82.9	85.0	87.6	105.0	Suisse-Liechtenstein
Portugal	60.9	71.7	80.0	90.0	111.3	Portugal
Greece	59.9	74.1	79.7	88.4	107.2	Grèce
Russian Federation	54.8	66.7	65.9	88.0	122.9	Fédération de Russie
Korea, Republic of	45.3	39.8	69.3	87.3	107.3	République de Corée
Czech Republic	24.1	39.6	57.9	81.4	131.0	République tchèque
Angola	e43.0	e36.1	e69.5	e74.1	e108.6	Angola
Singapore	59.3	58.9	63.3	71.5	78.3	Singapour
Finland	36.8	47.5	51.7	60.3	80.6	Finlande

Value as percentages of World total

Valeur en pourcentage du total mondial

Regions of the world	1998	1999	2000	2001	2002	2003	2004	2005	2006	2007	Régions du monde
World	100.0	100.0	100.0	100.0	100.0	100.0	100.0	100.0	100.0	100.0	Monde
Developed Economies	80.1	81.8	82.4	83.4	83.9	85.7	86.4	86.3	86.2	85.1	Economies Développés
- Asia-Pacific	12.1	14.1	16.6	17.3	17.2	16.1	16.0	17.9	17.3	15.4	- Asie-Pacifique
- Europe	55.4	54.9	52.9	53.7	54.6	58.1	59.9	58.6	58.8	60.5	- Europe
- North America	12.6	12.7	12.9	12.4	12.1	11.4	10.5	9.8	10.2	9.2	- Amérique du Nord
South-Eastern Europe	2.0	1.8	1.3	1.1	1.0	0.7	1.0	0.9	1.0	1.2	Europe du Sud-Est
Commonwealth of Independent States	4.8	1.6	2.0	2.0	1.7	1.4	1.4	1.6	1.7	1.9	Communauté d'Etats indépendants
- Asia	0.7	0.3	0.6	0.6	0.5	0.4	0.4	0.5	0.6	0.7	- Asie
- Europe	4.1	1.2	1.3	1.4	1.3	1.0	1.1	1.1	1.2	1.2	- Europe
Northern Africa	0.1	0.1	0.1	0.1	0.1	0.1	0.0	0.1	0.0	0.1	Afrique septentrionale
Sub-Saharan Africa	1.0	1.0	1.2	1.1	1.3	1.4	1.3	1.5	1.4	1.6	Afrique subsaharienne
Latin America & the Caribbean	4.6	6.0	5.5	5.2	4.5	3.6	3.6	3.5	3.4	3.4	Amérique latine et Caraïbes
- Caribbean	1.4	1.7	1.8	1.7	1.5	1.1	1.4	1.2	1.1	1.1	- Caraïbes
- Latin America	3.2	4.3	3.7	3.5	3.0	2.5	2.2	2.2	2.2	2.3	- Amérique latine
Eastern Asia	3.6	3.5	3.7	3.7	3.4	3.2	2.9	3.0	3.1	3.4	Asie orientale
Southern Asia	0.2	0.0	0.0	0.0	0.1	0.1	0.1	0.1	0.1	0.1	Asie méridionale
South-Eastern Asia	1.3	1.9	1.5	1.3	1.5	1.1	0.9	0.8	0.8	0.8	Asie du Sud-Est
Western Asia	1.9	1.9	1.8	1.7	2.1	2.2	1.9	1.9	1.7	2.0	Asie occidentale
Oceania	0.5	0.4	0.5	0.4	0.4	0.5	0.4	0.4	0.4	0.4	Océanie

Préparations ou conserves de viandes et d'abats comestibles, n.d.a. 017

Exports by principal countries or areas

Exportations selon les principaux pays ou zones

Value in million US dollars

Valeur en millions de dollars EU

Country or area	2003	2004	2005	2006	2007	Pays ou zone
World	7538.3	8926.0	10665.4	11739.9	13863.0	Monde
Developed Economies	5291.6	6059.3	6871.5	7522.0	8920.0	Economies Développés
- Asia-Pacific	97.9	136.1	155.4	138.9	154.9	- Asie-Pacifique
- Europe	4388.5	5204.3	5856.1	6443.8	7709.2	- Europe
- North America	805.3	718.8	860.0	939.3	1056.0	- Amérique du Nord
South-Eastern Europe	28.6	57.7	68.1	79.2	98.0	Europe du Sud-Est
Commonwealth of Independent States	78.6	117.3	162.4	149.7	170.6	Communauté d'Etats indépendants
- Asia	0.7	11.9	6.2	3.6	5.4	- Asie
- Europe	77.9	105.3	156.2	146.1	165.2	- Europe
Northern Africa	0.7	0.8	1.0	1.0	2.4	Afrique septentrionale
Sub-Saharan Africa	14.3	28.9	29.6	27.1	30.9	Afrique subsaharienne
Latin America & the Caribbean	689.9	940.2	1258.7	1525.6	1888.7	Amérique latine et Caraïbes
- Caribbean	5.8	7.1	10.4	8.8	9.5	- Caraïbes
- Latin America	684.1	933.2	1248.3	1516.8	1879.1	- Amérique latine
Eastern Asia	813.0	953.0	1255.1	1317.6	1418.7	Asie orientale
Southern Asia	3.4	1.9	3.4	6.4	5.8	Asie méridionale
South-Eastern Asia	545.4	669.6	901.7	1026.3	1230.2	Asie du Sud-Est
Western Asia	67.5	91.7	107.7	79.0	93.2	Asie occidentale
Oceania	5.3	5.7	6.1	6.0	4.5	Océanie
Germany	676.7	914.0	1275.6	1480.8	1761.3	Allemagne
China	755.2	895.1	1187.2	1274.2	1339.0	Chine
Brazil	459.5	615.4	908.7	1187.4	1504.6	Brésil
Thailand	517.3	643.2	878.5	995.7	1192.9	Thaïlande
United States	604.4	512.0	656.9	730.2	866.0	Etats-Unis d'Amérique
Belgium	583.6	661.8	665.2	678.6	776.3	Belgique
France-Monaco	563.6	547.0	557.1	600.8	694.2	France-Monaco
Ireland	483.8	562.4	549.3	633.3	665.2	Irlande
Netherlands	469.6	492.7	502.0	523.9	642.4	Pays-Bas
Denmark	409.0	504.7	531.2	522.2	571.7	Danemark
Italy	311.7	375.4	408.6	443.8	531.6	Italie
Spain	200.7	235.9	273.4	299.5	370.6	Espagne
United Kingdom	161.2	218.5	234.0	236.6	351.5	Royaume-Uni
Canada	200.9	206.9	203.1	209.0	189.9	Canada
Poland	105.7	156.2	169.2	221.6	330.2	Pologne
Austria	101.4	139.5	190.2	227.6	291.3	Autriche
Argentina	140.3	204.1	199.7	182.6	202.9	Argentine
Hungary	105.5	127.3	131.0	150.8	177.8	Hongrie
Australia	66.4	86.9	89.7	81.8	84.6	Australie
Belarus	38.5	60.3	93.1	83.6	80.5	Bélarus
Sweden	49.9	53.1	68.4	73.2	96.3	Suède
Portugal	28.0	39.7	57.5	69.8	94.1	Portugal
Slovenia	47.5	50.9	59.1	61.3	63.2	Slovénie
Mexico	28.9	45.2	46.7	60.1	70.3	Mexique
New Zealand	25.6	42.6	60.6	53.3	66.1	Nouvelle-Zélande

Value as percentages of World total

Valeur en pourcentage du total mondial

Regions of the world	1998	1999	2000	2001	2002	2003	2004	2005	2006	2007	Régions du monde
World	100.0	100.0	100.0	100.0	100.0	100.0	100.0	100.0	100.0	100.0	Monde
Developed Economies	77.3	73.0	70.6	70.5	70.1	70.2	67.9	64.4	64.1	64.3	Economies Développés
- Asia-Pacific	0.9	1.1	1.3	1.2	1.1	1.3	1.5	1.5	1.2	1.1	- Asie-Pacifique
- Europe	65.4	60.9	57.3	56.6	57.3	58.2	58.3	54.9	54.9	55.6	- Europe
- North America	11.0	10.9	12.1	12.7	11.6	10.7	8.1	8.1	8.0	7.6	- Amérique du Nord
South-Eastern Europe	0.4	0.5	0.4	0.4	0.4	0.4	0.6	0.6	0.7	0.7	Europe du Sud-Est
Commonwealth of Independent States	1.2	0.8	0.9	0.7	0.7	1.0	1.3	1.5	1.3	1.2	Communauté d'Etats indépendants
- Asia	0.0	0.0	0.0	0.0	0.0	0.0	0.1	0.1	0.0	0.0	- Asie
- Europe	1.2	0.8	0.9	0.7	0.7	1.0	1.2	1.5	1.2	1.2	- Europe
Northern Africa	0.0	0.0	0.0	0.0	0.0	0.0	0.0	0.0	0.0	0.0	Afrique septentrionale
Sub-Saharan Africa	0.3	0.4	0.3	0.2	0.2	0.2	0.3	0.3	0.2	0.2	Afrique subsaharienne
Latin America & the Caribbean	10.8	12.0	10.7	9.6	9.1	9.2	10.5	11.8	13.0	13.6	Amérique latine et Caraïbes
- Caribbean	0.1	0.1	0.2	0.1	0.1	0.1	0.1	0.1	0.1	0.1	- Caraïbes
- Latin America	10.7	11.8	10.6	9.4	9.0	9.1	10.5	11.7	12.9	13.6	- Amérique latine
Eastern Asia	5.6	7.4	9.4	10.8	11.3	10.8	10.7	11.8	11.2	10.2	Asie orientale
Southern Asia	0.0	0.0	0.0	0.0	0.1	0.0	0.0	0.0	0.1	0.0	Asie méridionale
South-Eastern Asia	3.9	5.3	6.7	6.9	7.2	7.2	7.5	8.5	8.7	8.9	Asie du Sud-Est
Western Asia	0.5	0.6	0.9	0.9	0.9	0.9	1.0	1.0	0.7	0.7	Asie occidentale
Oceania	0.0	0.0	0.0	0.1	0.1	0.1	0.1	0.1	0.1	0.0	Océanie

022 Milk and cream and milk products other than butter or cheese

Trade by commodity
Imports by principal countries or areas
Value in million US dollars

Commerce par produit
Importations selon les principaux pays ou zones
Valeur en millions de dollars EU

Country or area	2003	2004	2005	2006	2007	Pays ou zone
World	17174.4	20277.9	22400.7	23835.9	31631.7	Monde
Developed Economies	10276.1	11924.2	12462.0	13295.4	17408.9	Economies Développés
- Asia-Pacific	265.2	304.4	324.8	329.7	445.2	- Asie-Pacifique
- Europe	9662.8	11199.3	11614.6	12438.2	16361.4	- Europe
- North America	348.1	420.4	522.6	527.4	602.2	- Amérique du Nord
South-Eastern Europe	97.6	122.5	130.4	157.6	276.8	Europe du Sud-Est
Commonwealth of Independent States	201.2	269.2	353.3	334.8	496.0	Communauté d'Etats indépendants
- Asia	86.9	103.4	155.7	176.7	239.0	- Asie
- Europe	114.3	165.8	197.6	158.1	257.6	- Europe
Northern Africa	628.0	913.9	856.1	816.8	1075.6	Afrique septentrionale
Sub-Saharan Africa	807.0	870.1	1367.2	1571.5	2068.0	Afrique subsaharienne
Latin America & the Caribbean	1266.6	1354.5	1774.7	1741.0	2403.5	Amérique latine et Caraïbes
- Caribbean	281.7	324.3	418.9	407.9	499.4	- Caraïbes
- Latin America	984.8	1030.2	1355.8	1333.1	1904.2	- Amérique latine
Eastern Asia	754.6	906.0	969.6	1111.7	1412.4	Asie orientale
Southern Asia	257.8	324.4	350.2	418.1	471.6	Asie méridionale
South-Eastern Asia	1554.9	1993.7	2242.4	2348.0	3450.9	Asie du Sud-Est
Western Asia	1276.8	1533.4	1823.8	1964.1	2466.4	Asie occidentale
Oceania	54.0	65.9	70.9	76.9	101.2	Océanie
Netherlands	1484.0	1659.1	1769.3	1897.3	2434.1	Pays-Bas
Italy	1515.2	1777.8	1750.6	1781.4	2126.9	Italie
Germany	1288.7	1465.2	1523.4	1682.0	2261.9	Allemagne
Belgium	1119.1	1295.6	1234.5	1253.1	1706.5	Belgique
France-Monaco	1052.3	1185.6	1085.7	1151.2	1617.7	France-Monaco
Spain	793.8	952.4	1018.7	1052.3	1488.2	Espagne
United Kingdom	698.9	873.6	922.2	1001.2	1212.5	Royaume-Uni
Mexico	459.9	538.0	715.4	662.3	1175.3	Mexique
Algeria	455.7	747.6	676.2	642.1	e756.1	Algérie
Saudi Arabia	410.8	500.7	596.0	612.9	820.1	Arabie saoudite
Nigeria	197.9	e188.2	e595.0	639.3	e1048.9	Nigéria
Indonesia	241.3	379.5	461.6	507.5	786.6	Indonésie
China	322.2	403.9	406.5	499.7	664.7	Chine
Philippines	354.9	431.6	367.3	413.4	588.0	Philippines
Malaysia	283.5	360.1	399.8	407.6	648.6	Malaisie
Singapore	240.7	317.6	400.9	413.0	603.7	Singapour
Greece	327.3	358.0	356.0	374.6	476.7	Grèce
United States	230.7	282.4	364.9	380.6	394.4	Etats-Unis d'Amérique
Portugal	263.3	289.4	318.5	333.2	446.8	Portugal
Ireland	217.7	268.1	312.0	343.7	390.6	Irlande
Thailand	228.1	264.5	301.7	305.2	422.3	Thaïlande
United Arab Emirates	201.3	249.6	266.0	327.3	e405.0	Emirates arabes unis
China, Hong Kong SAR	220.8	238.9	260.9	287.7	315.7	Chine - RAS de Hong-Kong
Austria	214.4	210.9	224.3	247.2	343.3	Autriche
Japan	193.1	215.6	224.2	219.4	296.5	Japon

Value as percentages of World total

Valeur en pourcentage du total mondial

Regions of the world	1998	1999	2000	2001	2002	2003	2004	2005	2006	2007	Régions du monde
World	100.0	100.0	100.0	100.0	100.0	100.0	100.0	100.0	100.0	100.0	Monde
Developed Economies	57.7	57.7	55.0	46.7	55.7	59.8	58.8	55.6	55.8	55.0	Economies Développés
- Asia-Pacific	2.1	2.0	1.9	1.8	1.7	1.5	1.5	1.4	1.4	1.4	- Asie-Pacifique
- Europe	54.0	53.5	50.7	43.1	51.9	56.3	55.2	51.8	52.2	51.7	- Europe
- North America	1.7	2.2	2.4	1.8	2.2	2.0	2.1	2.3	2.2	1.9	- Amérique du Nord
South-Eastern Europe	0.6	0.6	0.6	0.5	0.6	0.6	0.6	0.6	0.7	0.9	Europe du Sud-Est
Commonwealth of Independent States	1.9	1.5	1.2	1.1	1.0	1.2	1.3	1.6	1.4	1.6	Communauté d'Etats indépendants
- Asia	0.3	0.3	0.4	0.3	0.4	0.5	0.5	0.7	0.7	0.8	- Asie
- Europe	1.6	1.2	0.9	0.8	0.6	0.7	0.8	0.9	0.7	0.8	- Europe
Northern Africa	4.1	3.7	3.4	4.0	4.3	3.7	4.5	3.8	3.4	3.4	Afrique septentrionale
Sub-Saharan Africa	3.6	4.3	3.9	14.6	4.7	4.7	4.3	6.1	6.6	6.5	Afrique subsaharienne
Latin America & the Caribbean	11.6	10.0	10.3	9.3	9.1	7.4	6.7	7.9	7.3	7.6	Amérique latine et Caraïbes
- Caribbean	1.6	1.8	2.0	1.9	2.1	1.6	1.6	1.9	1.7	1.6	- Caraïbes
- Latin America	10.0	8.2	8.3	7.4	7.1	5.7	5.1	6.1	5.6	6.0	- Amérique latine
Eastern Asia	4.8	4.9	5.2	4.7	5.2	4.4	4.5	4.3	4.7	4.5	Asie orientale
Southern Asia	1.6	1.8	1.8	1.4	1.5	1.5	1.6	1.6	1.8	1.5	Asie méridionale
South-Eastern Asia	7.9	8.1	10.0	10.7	9.6	9.1	9.8	10.0	9.9	10.9	Asie du Sud-Est
Western Asia	5.8	7.1	8.2	6.8	8.2	7.4	7.6	8.1	8.2	7.8	Asie occidentale
Oceania	0.3	0.3	0.3	0.2	0.3	0.3	0.3	0.3	0.3	0.3	Océanie

Lait, crème de lait et produits laitiers autres que le beurre et les fromages 022

Trade by commodity
Exports by principal countries or areas
Value in million US dollars

Commerce par produit
Exportations selon les principaux pays ou zones
Valeur en millions de dollars EU

Country or area	2003	2004	2005	2006	2007	Pays ou zone
World	17019.3	20409.6	22290.5	23757.8	32142.8	Monde
Developed Economies	14971.9	17739.6	19001.7	20026.3	27334.7	Economies Développés
- Asia-Pacific	2409.6	2962.0	3309.8	3605.8	4854.1	- Asie-Pacifique
- Europe	11923.4	13835.4	14620.0	15166.0	20522.2	- Europe
- North America	638.8	942.2	1071.9	1254.4	1958.3	- Amérique du Nord
South-Eastern Europe	8.3	22.2	38.9	55.6	92.3	Europe du Sud-Est
Commonwealth of Independent States	298.4	452.2	582.9	629.3	992.7	Communauté d'Etats indépendants
- Asia	14.1	16.5	30.4	26.2	29.4	- Asie
- Europe	284.2	435.7	552.4	603.1	963.3	- Europe
Northern Africa	14.0	13.5	17.2	9.8	16.0	Afrique septentrionale
Sub-Saharan Africa	103.1	74.5	76.8	97.5	96.8	Afrique subsaharienne
Latin America & the Caribbean	562.4	836.9	962.6	1166.6	1273.7	Amérique latine et Caraïbes
- Caribbean	11.3	8.9	7.9	25.9	11.4	- Caraïbes
- Latin America	551.1	828.0	954.6	1140.7	1262.3	- Amérique latine
Eastern Asia	125.7	146.9	180.4	205.4	329.1	Asie orientale
Southern Asia	24.5	80.7	163.6	153.4	219.2	Asie méridionale
South-Eastern Asia	554.3	575.3	724.0	742.0	987.2	Asie du Sud-Est
Western Asia	355.1	467.1	540.5	669.7	799.0	Asie occidentale
Oceania	1.9	0.6	1.8	2.1	2.2	Océanie
Germany	2949.0	3569.6	3877.0	3699.9	4922.6	Allemagne
France-Monaco	2076.3	2245.3	2354.0	2473.9	3297.2	France-Monaco
New Zealand	1660.3	1992.4	2243.7	2544.0	3706.6	Nouvelle-Zélande
Netherlands	1632.1	1714.9	1682.7	1740.1	2289.7	Pays-Bas
Belgium	1398.6	1669.0	1570.6	1589.5	2125.3	Belgique
United States	480.2	814.7	938.8	1084.0	1764.0	Etats-Unis d'Amérique
Australia	742.5	961.3	1056.0	1047.9	1126.0	Australie
United Kingdom	780.0	894.0	728.1	755.9	947.7	Royaume-Uni
Poland	212.7	373.6	648.1	682.7	953.6	Pologne
Spain	524.3	527.7	484.9	528.7	715.1	Espagne
Austria	428.1	499.6	510.3	580.1	732.0	Autriche
Ireland	341.6	409.4	475.1	519.9	775.5	Irlande
Denmark	371.3	399.9	466.0	496.2	631.0	Danemark
Argentina	217.6	421.1	440.4	579.1	446.4	Argentine
Czech Republic	127.8	206.6	316.5	396.5	593.1	République tchèque
Italy	278.7	255.6	273.1	302.2	444.0	Italie
Saudi Arabia	203.5	240.7	237.4	276.2	379.7	Arabie saoudite
Belarus	115.0	175.0	235.1	286.0	451.6	Bélarus
Singapore	176.2	154.8	207.6	220.6	280.1	Singapour
Ukraine	95.3	161.3	186.7	163.0	316.2	Ukraine
Sweden	85.4	142.2	162.3	171.9	260.2	Suède
Portugal	119.0	143.7	156.8	156.2	224.4	Portugal
Canada	158.6	127.5	133.2	170.4	194.3	Canada
Thailand	107.0	137.2	143.9	127.7	153.4	Thaïlande
Lithuania	57.8	103.0	118.8	128.4	255.7	Lituanie

Value as percentages of World total

Valeur en pourcentage du total mondial

Regions of the world	1998	1999	2000	2001	2002	2003	2004	2005	2006	2007	Régions du monde
World	100.0	100.0	100.0	100.0	100.0	100.0	100.0	100.0	100.0	100.0	Monde
Developed Economies	91.2	90.2	88.9	87.1	86.5	88.0	86.9	85.2	84.3	85.0	Economies Développés
- Asia-Pacific	12.6	12.7	14.3	16.8	16.4	14.2	14.5	14.8	15.2	15.1	- Asie-Pacifique
- Europe	74.4	73.3	70.2	65.6	66.1	70.1	67.8	65.6	63.8	63.8	- Europe
- North America	4.2	4.2	4.4	4.7	4.1	3.8	4.6	4.8	5.3	6.1	- Amérique du Nord
South-Eastern Europe	0.0	0.1	0.1	0.0	0.1	0.0	0.1	0.2	0.2	0.3	Europe du Sud-Est
Commonwealth of Independent States	0.8	0.7	1.6	1.9	1.3	1.8	2.2	2.6	2.6	3.1	Communauté d'Etats indépendants
- Asia	0.0	0.0	0.0	0.0	0.0	0.1	0.1	0.1	0.1	0.1	- Asie
- Europe	0.8	0.7	1.6	1.9	1.3	1.7	2.1	2.5	2.5	3.0	- Europe
Northern Africa	0.0	0.1	0.1	0.1	0.1	0.1	0.1	0.1	0.0	0.0	Afrique septentrionale
Sub-Saharan Africa	0.5	0.5	0.5	0.4	0.5	0.6	0.4	0.3	0.4	0.3	Afrique subsaharienne
Latin America & the Caribbean	3.6	4.1	3.6	3.7	4.1	3.3	4.1	4.3	4.9	4.0	Amérique latine et Caraïbes
- Caribbean	0.1	0.1	0.1	0.1	0.1	0.1	0.0	0.0	0.1	0.0	- Caraïbes
- Latin America	3.5	4.0	3.5	3.5	3.9	3.2	4.1	4.3	4.8	3.9	- Amérique latine
Eastern Asia	1.5	1.3	1.3	1.2	1.2	0.7	0.7	0.8	0.9	1.0	Asie orientale
Southern Asia	0.1	0.1	0.2	0.3	0.2	0.1	0.4	0.7	0.6	0.7	Asie méridionale
South-Eastern Asia	1.3	1.7	2.4	3.7	3.9	3.3	2.8	3.2	3.1	3.1	Asie du Sud-Est
Western Asia	1.0	1.4	1.4	1.5	2.3	2.1	2.3	2.4	2.8	2.5	Asie occidentale
Oceania	0.0	0.0	0.0	0.1	0.0	0.0	0.0	0.0	0.0	0.0	Océanie

023 Butter and other fats and oils derived from milk

Trade by commodity
Imports by principal countries or areas
Value in million US dollars

Commerce par produit
Importations selon les principaux pays ou zones
Valeur en millions de dollars EU

Country or area	2003	2004	2005	2006	2007	Pays ou zone
World	3671.8	4257.0	4444.0	4479.2	5352.5	Monde
Developed Economies	2720.5	3078.4	3028.1	3195.3	3832.1	Economies Développés
- Asia-Pacific	40.3	37.1	45.7	37.7	92.1	- Asie-Pacifique
- Europe	2581.5	2841.2	2775.2	3034.1	3606.5	- Europe
- North America	98.8	200.0	207.2	123.5	133.5	- Amérique du Nord
South-Eastern Europe	16.2	20.6	26.6	31.4	47.8	Europe du Sud-Est
Commonwealth of Independent States	225.2	218.4	206.4	257.7	234.5	Communauté d'Etats indépendants
- Asia	38.3	53.0	52.1	57.2	56.8	- Asie
- Europe	186.9	165.4	154.2	200.6	177.7	- Europe
Northern Africa	137.9	138.2	172.4	131.2	144.3	Afrique septentrionale
Sub-Saharan Africa	33.3	39.2	61.0	62.8	85.6	Afrique subsaharienne
Latin America & the Caribbean	122.7	193.0	235.8	164.0	216.0	Amérique latine et Caraïbes
- Caribbean	14.4	22.0	24.1	23.4	29.3	- Caraïbes
- Latin America	108.3	171.0	211.7	140.7	186.7	- Amérique latine
Eastern Asia	64.8	93.0	121.8	100.2	132.6	Asie orientale
Southern Asia	53.9	61.7	100.1	72.4	66.7	Asie méridionale
South-Eastern Asia	119.1	179.6	206.2	188.4	265.8	Asie du Sud-Est
Western Asia	163.1	217.1	264.5	254.6	302.0	Asie occidentale
Oceania	14.9	18.0	21.0	21.0	25.1	Océanie
Germany	558.4	460.9	491.6	668.9	845.2	Allemagne
United Kingdom	459.6	511.6	562.9	603.8	458.7	Royaume-Uni
France-Monaco	419.1	512.5	478.9	506.5	666.2	France-Monaco
Belgium	337.4	416.5	377.9	407.9	517.2	Belgique
Netherlands	301.1	306.1	239.1	208.0	256.5	Pays-Bas
Italy	174.2	197.5	195.9	181.6	268.2	Italie
Russian Federation	185.0	162.4	152.5	197.4	173.4	Fédération de Russie
Mexico	81.1	144.9	181.6	111.0	157.7	Mexique
Denmark	73.2	157.8	131.5	103.2	111.5	Danemark
United States	66.9	140.0	147.7	89.1	96.2	Etats-Unis d'Amérique
Saudi Arabia	60.6	78.5	103.5	103.4	99.6	Arabie saoudite
Spain	58.6	80.6	75.7	62.3	82.4	Espagne
Morocco	53.8	59.1	75.1	69.7	60.8	Maroc
Singapore	37.3	55.7	65.1	60.2	87.3	Singapour
Iran (Islamic Republic of)	41.8	48.8	93.3	51.3	e56.8	Iran (République islamique d')
Egypt	57.7	46.2	68.7	36.0	50.1	Egypte
Austria	38.9	43.9	48.0	48.9	61.5	Autriche
Canada	30.6	58.5	57.5	32.7	34.4	Canada
United Arab Emirates	23.5	38.0	43.3	46.1	e57.1	Emirates arabes unis
Greece	54.1	32.7	37.2	36.0	45.3	Grèce
Czech Republic	8.9	13.0	24.4	40.3	66.7	République tchèque
Portugal	26.9	24.3	24.2	30.7	39.2	Portugal
Thailand	21.2	31.2	30.0	28.1	31.0	Thaïlande
Indonesia	16.6	26.3	29.8	25.2	43.0	Indonésie
Malaysia	17.0	26.6	29.7	27.7	37.8	Malaisie

Value as percentages of World total

Regions of the world	1998	1999	2000	2001	2002	2003	2004	2005	2006	2007	Régions du monde
World	100.0	100.0	100.0	100.0	100.0	100.0	100.0	100.0	100.0	100.0	Monde
Developed Economies	73.3	73.9	71.0	70.9	71.2	74.1	72.3	68.1	71.3	71.6	Economies Développés
- Asia-Pacific	0.4	0.5	0.7	0.5	0.6	1.1	0.9	1.0	0.8	1.7	- Asie-Pacifique
- Europe	70.1	71.2	68.2	65.4	67.5	70.3	66.7	62.4	67.7	67.4	- Europe
- North America	2.7	2.2	2.1	5.0	3.1	2.7	4.7	4.7	2.8	2.5	- Amérique du Nord
South-Eastern Europe	0.3	0.4	0.5	0.4	0.5	0.4	0.5	0.6	0.7	0.9	Europe du Sud-Est
Commonwealth of Independent States	6.1	3.7	4.8	6.6	6.5	6.1	5.1	4.6	5.8	4.4	Communauté d'Etats indépendants
- Asia	1.8	1.3	2.0	2.2	2.0	1.0	1.2	1.2	1.3	1.1	- Asie
- Europe	4.4	2.4	2.8	4.4	4.5	5.1	3.9	3.5	4.5	3.3	- Europe
Northern Africa	3.9	4.6	4.9	4.6	4.5	3.8	3.2	3.9	2.9	2.7	Afrique septentrionale
Sub-Saharan Africa	0.8	0.8	1.2	2.0	0.9	0.9	0.9	1.4	1.4	1.6	Afrique subsaharienne
Latin America & the Caribbean	4.0	4.4	4.5	3.9	3.9	3.3	4.5	5.3	3.7	4.0	Amérique latine et Caraïbes
- Caribbean	0.6	0.7	0.8	0.7	0.6	0.4	0.5	0.5	0.5	0.5	- Caraïbes
- Latin America	3.4	3.7	3.7	3.2	3.3	2.9	4.0	4.8	3.1	3.5	- Amérique latine
Eastern Asia	1.6	2.0	2.0	1.9	1.9	1.8	2.2	2.7	2.2	2.5	Asie orientale
Southern Asia	2.1	1.5	1.9	1.2	1.7	1.5	1.4	2.3	1.6	1.2	Asie méridionale
South-Eastern Asia	3.3	3.9	4.3	3.6	3.5	3.2	4.2	4.6	4.2	5.0	Asie du Sud-Est
Western Asia	4.3	4.4	4.5	4.4	4.9	4.4	5.1	6.0	5.7	5.6	Asie occidentale
Oceania	0.4	0.4	0.5	0.4	0.4	0.4	0.4	0.5	0.5	0.5	Océanie

Trade by commodity

Exports by principal countries or areas

Value in million US dollars

Commerce par produit

Exportations selon les principaux pays ou zones

Valeur en millions de dollars EU

Country or area	2003	2004	2005	2006	2007	Pays ou zone
World	3403.6	4164.6	4234.4	4033.9	5269.5	Monde
Developed Economies	3261.0	3907.2	3933.4	3756.0	4881.9	Economies Développés
- Asia-Pacific	671.4	778.3	823.3	848.6	1037.5	- Asie-Pacifique
- Europe	2552.5	3070.6	3047.7	2858.4	3703.4	- Europe
- North America	37.1	58.3	62.4	49.0	140.9	- Amérique du Nord
South-Eastern Europe	0.9	2.3	7.1	4.3	7.9	Europe du Sud-Est
Commonwealth of Independent States	81.2	149.4	145.3	135.2	162.9	Communauté d'Etats indépendants
- Asia	0.9	1.2	1.4	3.0	2.5	- Asie
- Europe	80.3	148.2	143.9	132.3	160.4	- Europe
Northern Africa	0.3	0.1	0.1	0.6	1.1	Afrique septentrionale
Sub-Saharan Africa	3.9	4.1	4.0	2.9	5.0	Afrique subsaharienne
Latin America & the Caribbean	25.1	45.5	57.7	70.0	105.6	Amérique latine et Caraïbes
- Caribbean	0.1	0.2	0.6	1.0	0.4	- Caraïbes
- Latin America	25.0	45.3	57.1	69.0	105.2	- Amérique latine
Eastern Asia	2.5	3.5	5.5	6.0	16.8	Asie orientale
Southern Asia	6.4	10.6	19.6	13.7	25.3	Asie méridionale
South-Eastern Asia	8.9	11.5	13.2	22.3	35.8	Asie du Sud-Est
Western Asia	13.4	30.2	48.3	22.4	26.8	Asie occidentale
Oceania	0.1	0.2	0.3	0.5	0.4	Océanie
New Zealand	549.8	635.6	662.1	699.0	880.4	Nouvelle-Zélande
Netherlands	674.2	725.3	585.2	546.3	610.4	Pays-Bas
Belgium	373.4	429.4	474.7	456.3	643.8	Belgique
Ireland	397.1	446.1	406.9	434.3	572.4	Irlande
Germany	227.9	277.3	282.9	268.1	406.4	Allemagne
France-Monaco	224.3	259.1	274.8	229.7	296.0	France-Monaco
Denmark	173.9	254.8	266.1	256.7	265.6	Danemark
Australia	121.2	142.4	161.1	149.5	156.9	Australie
United Kingdom	123.0	108.4	132.7	110.2	130.7	Royaume-Uni
Spain	37.3	97.0	147.1	110.1	164.4	Espagne
Finland	84.7	97.3	105.8	101.0	124.5	Finlande
Belarus	51.6	79.6	93.6	104.3	141.3	Bélarus
Poland	21.1	80.9	107.6	55.2	119.7	Pologne
Sweden	47.2	64.4	52.6	81.7	74.1	Suède
Italy	31.0	57.9	58.2	35.7	51.1	Italie
Portugal	37.3	40.7	32.7	41.7	61.4	Portugal
Czech Republic	30.8	36.7	30.5	46.9	63.5	République tchèque
United States	19.8	20.6	24.1	20.9	117.8	Etats-Unis d'Amérique
Ukraine	24.8	62.7	43.9	23.3	10.9	Ukraine
Canada	17.3	37.7	38.3	28.1	23.2	Canada
Uruguay	16.3	18.8	26.4	28.0	32.0	Uruguay
Lithuania	12.1	18.3	23.8	31.0	27.4	Lituanie
Argentina	1.1	13.6	14.9	28.4	48.5	Argentine
Estonia	16.8	26.3	13.7	6.7	18.9	Estonie
Singapore	7.5	8.6	11.2	18.2	28.2	Singapour

Value as percentages of World total

Valeur en pourcentage du total mondial

Regions of the world	1998	1999	2000	2001	2002	2003	2004	2005	2006	2007	Régions du monde
World	100.0	100.0	100.0	100.0	100.0	100.0	100.0	100.0	100.0	100.0	Monde
Developed Economies	95.7	95.6	93.4	92.1	94.2	95.8	93.8	92.9	93.1	92.6	Economies Développés
- Asia-Pacific	21.3	23.3	25.0	21.3	23.6	19.7	18.7	19.4	21.0	19.7	- Asie-Pacifique
- Europe	73.3	71.5	67.8	69.4	69.4	75.0	73.7	72.0	70.9	70.3	- Europe
- North America	1.1	0.9	0.7	1.4	1.2	1.1	1.4	1.5	1.2	2.7	- Amérique du Nord
South-Eastern Europe	0.0	0.0	0.0	0.0	0.0	0.0	0.1	0.2	0.1	0.2	Europe du Sud-Est
Commonwealth of Independent States	1.9	1.5	2.7	4.1	2.3	2.4	3.6	3.4	3.4	3.1	Communauté d'Etats indépendants
- Asia	0.1	0.0	0.0	0.1	0.0	0.0	0.0	0.0	0.1	0.0	- Asie
- Europe	1.9	1.5	2.7	4.1	2.3	2.4	3.6	3.4	3.3	3.0	- Europe
Northern Africa	0.0	0.0	0.0	0.0	0.0	0.0	0.0	0.0	0.0	0.0	Afrique septentrionale
Sub-Saharan Africa	0.3	0.3	0.2	0.1	0.1	0.1	0.1	0.1	0.1	0.1	Afrique subsaharienne
Latin America & the Caribbean	1.0	1.3	0.9	1.1	1.1	0.7	1.1	1.4	1.7	2.0	Amérique latine et Caraïbes
- Caribbean	0.0	0.0	0.0	0.0	0.0	0.0	0.0	0.0	0.0	0.0	- Caraïbes
- Latin America	1.0	1.3	0.9	1.1	1.1	0.7	1.1	1.3	1.7	2.0	- Amérique latine
Eastern Asia	0.3	0.3	0.3	0.3	0.2	0.1	0.1	0.1	0.1	0.3	Asie orientale
Southern Asia	0.1	0.2	1.6	1.6	1.4	0.2	0.3	0.5	0.3	0.5	Asie méridionale
South-Eastern Asia	0.3	0.4	0.4	0.3	0.3	0.3	0.3	0.3	0.6	0.7	Asie du Sud-Est
Western Asia	0.4	0.4	0.4	0.3	0.3	0.4	0.7	1.1	0.6	0.5	Asie occidentale
Oceania	0.1	0.0	0.0	0.0	0.0	0.0	0.0	0.0	0.0	0.0	Océanie

024 Cheese and curd

Trade by commodity
Imports by principal countries or areas
Value in million US dollars

Commerce par produit
Importations selon les principaux pays ou zones
Valeur en millions de dollars EU

Country or area	2003	2004	2005	2006	2007	Pays ou zone
World	13269.0	15558.5	16419.8	17689.6	21156.5	Monde
Developed Economies	11373.9	13228.2	13650.4	14795.3	17349.8	Economies Développés
- Asia-Pacific	715.2	884.1	957.6	971.1	1130.1	- Asie-Pacifique
- Europe	9568.1	11143.0	11440.4	12554.4	14828.4	- Europe
- North America	1090.6	1201.2	1252.4	1269.7	1391.3	- Amérique du Nord
South-Eastern Europe	44.5	61.9	73.7	88.2	163.1	Europe du Sud-Est
Commonwealth of Independent States	371.6	489.1	709.5	681.3	987.5	Communauté d'Etats indépendants
- Asia	8.2	13.6	23.6	46.9	85.8	- Asie
- Europe	363.4	475.5	685.9	634.4	901.7	- Europe
Northern Africa	80.1	106.8	115.2	120.3	172.2	Afrique septentrionale
Sub-Saharan Africa	102.4	110.6	85.6	96.2	125.5	Afrique subsaharienne
Latin America & the Caribbean	383.3	458.4	529.6	543.2	739.9	Amérique latine et Caraïbes
- Caribbean	67.9	93.7	103.5	104.6	135.2	- Caraïbes
- Latin America	315.4	364.8	426.2	438.6	604.7	- Amérique latine
Eastern Asia	170.9	237.7	273.2	301.8	379.6	Asie orientale
Southern Asia	11.1	13.5	14.8	17.6	21.6	Asie méridionale
South-Eastern Asia	98.0	141.2	140.2	157.2	195.8	Asie du Sud-Est
Western Asia	609.6	683.6	797.4	858.8	989.8	Asie occidentale
Oceania	23.7	27.6	30.2	29.7	31.8	Océanie
Germany	2245.7	2593.3	2542.2	2935.0	3330.3	Allemagne
Italy	1341.0	1517.1	1571.5	1649.6	1866.2	Italie
United Kingdom	1212.9	1483.3	1553.1	1617.0	1863.1	Royaume-Uni
Belgium	945.0	1013.6	1042.8	1099.3	1267.1	Belgique
United States	930.6	1026.4	1059.8	1069.3	1161.4	Etats-Unis d'Amérique
France-Monaco	822.9	904.7	929.7	1026.9	1195.9	France-Monaco
Spain	578.0	758.0	743.7	784.6	994.2	Espagne
Japan	572.6	699.7	734.1	723.4	840.2	Japon
Netherlands	471.5	567.1	576.0	606.0	727.2	Pays-Bas
Russian Federation	355.2	462.3	663.0	594.0	843.5	Fédération de Russie
Greece	296.9	359.8	387.8	406.1	506.1	Grèce
Austria	287.2	324.3	305.2	310.9	409.4	Autriche
Saudi Arabia	247.4	271.6	311.6	332.9	369.6	Arabie saoudite
Sweden	213.5	256.7	246.9	311.8	377.8	Suède
Mexico	189.7	223.6	256.8	257.3	344.7	Mexique
Denmark	190.1	205.5	235.6	263.7	309.5	Danemark
Switzerland-Liechtenstein	215.4	224.7	226.7	238.8	284.6	Suisse-Liechtenstein
Australia	134.3	172.5	203.8	229.6	259.5	Australie
Luxembourg	139.2	155.1	171.6	212.8	235.8	Luxembourg
Canada	152.0	165.2	181.8	189.7	217.0	Canada
Finland	107.7	138.5	153.1	179.9	198.2	Finlande
Czech Republic	67.6	107.8	145.0	184.0	240.7	République tchèque
Korea, Republic of	93.8	120.2	143.6	146.3	179.0	République de Corée
Ireland	121.1	119.5	106.5	129.2	204.4	Irlande
Portugal	90.9	103.7	113.9	131.5	171.7	Portugal

Value as percentages of World total

Valeur en pourcentage du total mondial

Regions of the world	1998	1999	2000	2001	2002	2003	2004	2005	2006	2007	Régions du monde
World	100.0	100.0	100.0	100.0	100.0	100.0	100.0	100.0	100.0	100.0	Monde
Developed Economies	87.3	87.8	85.2	84.9	85.0	85.7	85.0	83.1	83.6	82.0	Economies Développés
- Asia-Pacific	6.3	6.3	6.9	6.4	6.2	5.4	5.7	5.8	5.5	5.3	- Asie-Pacifique
- Europe	73.3	73.1	69.3	69.7	70.1	72.1	71.6	69.7	71.0	70.1	- Europe
- North America	7.7	8.4	9.0	8.7	8.7	8.2	7.7	7.6	7.2	6.6	- Amérique du Nord
South-Eastern Europe	0.4	0.4	0.4	0.4	0.4	0.3	0.4	0.4	0.5	0.8	Europe du Sud-Est
Commonwealth of Independent States	1.0	0.4	0.7	1.7	2.2	2.8	3.1	4.3	3.9	4.7	Communauté d'Etats indépendants
- Asia	0.1	0.1	0.1	0.0	0.0	0.1	0.1	0.1	0.3	0.4	- Asie
- Europe	1.0	0.4	0.7	1.6	2.2	2.7	3.1	4.2	3.6	4.3	- Europe
Northern Africa	1.1	1.1	1.2	0.9	0.9	0.6	0.7	0.7	0.7	0.8	Afrique septentrionale
Sub-Saharan Africa	0.4	0.4	0.5	0.6	0.5	0.8	0.7	0.5	0.5	0.6	Afrique subsaharienne
Latin America & the Caribbean	3.4	3.4	4.1	4.1	3.5	2.9	2.9	3.2	3.1	3.5	Amérique latine et Caraïbes
- Caribbean	0.7	0.9	0.9	0.8	0.8	0.5	0.6	0.6	0.6	0.6	- Caraïbes
- Latin America	2.7	2.5	3.2	3.3	2.8	2.4	2.3	2.6	2.5	2.9	- Amérique latine
Eastern Asia	0.8	1.0	1.4	1.4	1.4	1.3	1.5	1.7	1.7	1.8	Asie orientale
Southern Asia	0.1	0.1	0.1	0.1	0.1	0.1	0.1	0.1	0.1	0.1	Asie méridionale
South-Eastern Asia	0.8	0.8	0.9	0.9	0.9	0.7	0.9	0.9	0.9	0.9	Asie du Sud-Est
Western Asia	4.5	4.5	5.4	4.9	5.0	4.6	4.4	4.9	4.9	4.7	Asie occidentale
Oceania	0.2	0.2	0.2	0.2	0.2	0.2	0.2	0.2	0.2	0.2	Océanie

Trade by commodity
Exports by principal countries or areas
Value in million US dollars

Commerce par produit
Exportations selon les principaux pays ou zones
Valeur en millions de dollars EU

Country or area	2003	2004	2005	2006	2007	Pays ou zone
World	13660.8	16085.7	17211.4	18468.8	22033.1	Monde
Developed Economies	13063.5	15198.3	15917.8	17183.1	20307.4	Economies Développés
- Asia-Pacific	1047.8	1332.8	1402.8	1436.9	1704.0	- Asie-Pacifique
- Europe	11798.8	13604.8	14254.8	15434.5	18146.6	- Europe
- North America	217.0	260.7	260.2	311.7	456.8	- Amérique du Nord
South-Eastern Europe	46.8	64.4	72.1	77.5	89.6	Europe du Sud-Est
Commonwealth of Independent States	205.4	347.7	504.0	404.0	653.9	Communauté d'Etats indépendants
- Asia	4.3	4.9	10.2	10.8	10.4	- Asie
- Europe	201.1	342.8	493.8	393.2	643.4	- Europe
Northern Africa	57.7	70.9	113.2	146.9	165.8	Afrique septentrionale
Sub-Saharan Africa	6.7	10.1	5.5	4.9	5.8	Afrique subsaharienne
Latin America & the Caribbean	156.4	246.6	373.6	364.5	453.1	Amérique latine et Caraïbes
- Caribbean	5.3	4.7	3.8	5.3	5.1	- Caraïbes
- Latin America	151.1	241.9	369.8	359.1	448.0	- Amérique latine
Eastern Asia	6.6	8.3	8.3	9.7	10.4	Asie orientale
Southern Asia	1.7	1.4	6.6	32.2	43.6	Asie méridionale
South-Eastern Asia	4.6	5.2	6.3	8.5	10.3	Asie du Sud-Est
Western Asia	111.4	132.8	203.9	237.3	293.0	Asie occidentale
Oceania	0.1	0.1	0.1	0.1	0.1	Océanie
France-Monaco	2363.1	2720.1	2749.2	2870.2	3299.4	France-Monaco
Germany	2150.4	2454.1	2634.7	3025.0	3720.6	Allemagne
Netherlands	2051.2	2281.2	2381.0	2573.0	3036.1	Pays-Bas
Italy	1249.5	1429.0	1466.1	1551.7	1809.5	Italie
Denmark	1056.8	1182.0	1184.5	1192.7	1339.7	Danemark
New Zealand	560.6	688.5	758.8	802.8	962.9	Nouvelle-Zélande
Australia	485.2	642.2	641.5	631.0	737.8	Australie
Belgium	494.4	570.0	585.8	617.5	716.0	Belgique
Ireland	334.6	445.6	478.7	538.6	610.2	Irlande
Austria	334.7	379.0	388.3	401.6	475.6	Autriche
Switzerland-Liechtenstein	334.0	370.9	385.5	405.0	458.4	Suisse-Liechtenstein
United Kingdom	293.1	368.1	396.9	408.7	483.2	Royaume-Uni
Poland	130.7	235.8	339.6	395.2	495.9	Pologne
United States	157.5	201.4	204.4	249.4	395.1	Etats-Unis d'Amérique
Spain	196.0	221.8	215.9	216.7	261.6	Espagne
Ukraine	125.5	217.5	320.2	144.2	269.7	Ukraine
Lithuania	110.4	158.5	171.7	208.2	257.0	Lituanie
Belarus	68.8	114.5	154.7	215.3	315.1	Bélarus
Greece	124.6	152.9	148.1	184.8	236.7	Grèce
Finland	134.9	138.3	148.9	171.5	198.8	Finlande
Luxembourg	94.4	104.4	121.2	154.9	171.7	Luxembourg
Argentina	53.6	87.4	143.8	162.9	146.7	Argentine
Saudi Arabia	40.1	51.0	89.2	121.6	165.0	Arabie saoudite
Norway	75.1	88.4	89.8	92.7	94.9	Norvège
Uruguay	39.0	61.8	90.2	87.0	112.2	Uruguay

Value as percentages of World total

Valeur en pourcentage du total mondial

Regions of the world	1998	1999	2000	2001	2002	2003	2004	2005	2006	2007	Régions du monde
World	100.0	100.0	100.0	100.0	100.0	100.0	100.0	100.0	100.0	100.0	Monde
Developed Economies	97.2	97.2	96.8	96.6	96.1	95.6	94.5	92.5	93.0	92.2	Economies Développés
- Asia-Pacific	8.7	9.3	10.4	10.2	9.3	7.7	8.3	8.2	7.8	7.7	- Asie-Pacifique
- Europe	86.5	85.6	84.2	84.2	84.8	86.4	84.6	82.8	83.6	82.4	- Europe
- North America	2.1	2.3	2.2	2.2	2.1	1.6	1.6	1.5	1.7	2.1	- Amérique du Nord
South-Eastern Europe	0.2	0.2	0.2	0.2	0.3	0.3	0.4	0.4	0.4	0.4	Europe du Sud-Est
Commonwealth of Independent States	0.6	0.3	0.5	1.0	1.0	1.5	2.2	2.9	2.2	3.0	Communauté d'Etats indépendants
- Asia	0.0	0.0	0.0	0.0	0.0	0.0	0.0	0.1	0.1	0.0	- Asie
- Europe	0.5	0.3	0.5	1.0	1.0	1.5	2.1	2.9	2.1	2.9	- Europe
Northern Africa	0.2	0.3	0.2	0.3	0.4	0.4	0.4	0.7	0.8	0.8	Afrique septentrionale
Sub-Saharan Africa	0.0	0.0	0.1	0.0	0.1	0.0	0.1	0.0	0.0	0.0	Afrique subsaharienne
Latin America & the Caribbean	1.3	1.3	1.5	1.3	1.2	1.1	1.5	2.2	2.0	2.1	Amérique latine et Caraïbes
- Caribbean	0.0	0.0	0.0	0.1	0.0	0.0	0.0	0.0	0.0	0.0	- Caraïbes
- Latin America	1.3	1.3	1.5	1.2	1.2	1.1	1.5	2.1	1.9	2.0	- Amérique latine
Eastern Asia	0.1	0.0	0.1	0.1	0.1	0.0	0.1	0.0	0.1	0.0	Asie orientale
Southern Asia	0.0	0.0	0.0	0.0	0.0	0.0	0.0	0.0	0.2	0.2	Asie méridionale
South-Eastern Asia	0.0	0.2	0.0	0.0	0.0	0.0	0.0	0.0	0.0	0.0	Asie du Sud-Est
Western Asia	0.4	0.4	0.5	0.5	0.7	0.8	0.8	1.2	1.3	1.3	Asie occidentale
Oceania	0.0	0.0	0.0	0.0	0.0	0.0	0.0	0.0	0.0	0.0	Océanie

025 Eggs, birds', egg yolks, fresh, dried or preserved; egg albumin

Trade by commodity | Commerce par produit
Imports by principal countries or areas | Importations selon les principaux pays ou zones
Value in million US dollars | Valeur en millions de dollars EU

Country or area	2003	2004	2005	2006	2007	Pays ou zone
World	1927.9	2172.2	2347.4	2467.6	3135.6	Monde
Developed Economies	1449.0	1625.1	1701.3	1815.6	2197.0	Economies Développés
- Asia-Pacific	108.0	151.8	161.7	119.5	127.2	- Asie-Pacifique
- Europe	1270.2	1366.4	1461.9	1614.7	1966.3	- Europe
- North America	70.8	106.8	77.7	81.4	103.4	- Amérique du Nord
South-Eastern Europe	6.2	16.6	22.6	18.9	34.2	Europe du Sud-Est
Commonwealth of Independent States	43.8	56.0	85.6	98.5	114.5	Communauté d'Etats indépendants
- Asia	13.8	16.7	22.1	30.4	31.0	- Asie
- Europe	30.0	39.3	63.5	68.1	83.5	- Europe
Northern Africa	24.9	15.9	13.6	13.2	33.2	Afrique septentrionale
Sub-Saharan Africa	36.5	47.6	51.8	51.1	125.0	Afrique subsaharienne
Latin America & the Caribbean	98.8	108.6	139.0	145.6	157.7	Amérique latine et Caraïbes
- Caribbean	23.7	29.7	40.2	41.0	39.0	- Caraïbes
- Latin America	75.2	78.9	98.8	104.7	118.7	- Amérique latine
Eastern Asia	85.2	94.0	95.3	98.9	129.3	Asie orientale
Southern Asia	13.4	9.5	15.1	8.5	14.8	Asie méridionale
South-Eastern Asia	64.3	73.2	81.6	78.7	99.9	Asie du Sud-Est
Western Asia	101.6	122.8	138.0	133.8	224.0	Asie occidentale
Oceania	4.2	2.8	3.5	4.8	6.1	Océanie
Germany	404.4	448.8	549.5	595.7	632.2	Allemagne
United Kingdom	133.8	158.6	147.2	165.8	209.5	Royaume-Uni
Netherlands	160.6	122.8	127.6	132.6	167.0	Pays-Bas
France-Monaco	135.7	121.8	113.3	133.6	167.1	France-Monaco
Japan	103.4	146.1	155.6	111.4	118.3	Japon
Belgium	85.4	99.8	85.3	97.8	126.1	Belgique
China, Hong Kong SAR	68.7	77.1	76.8	78.7	104.4	Chine - RAS de Hong-Kong
Switzerland-Liechtenstein	63.8	72.5	68.7	65.6	81.8	Suisse-Liechtenstein
Denmark	40.5	55.3	46.5	62.0	88.6	Danemark
Singapore	46.3	51.0	59.3	56.9	71.0	Singapour
Austria	50.9	50.8	52.4	54.2	73.5	Autriche
Canada	45.0	70.5	52.3	46.4	56.0	Canada
Spain	40.0	45.4	40.3	45.6	57.7	Espagne
Italy	32.6	41.4	38.5	37.4	60.7	Italie
Russian Federation	15.3	22.0	38.4	50.2	69.9	Fédération de Russie
United Arab Emirates	29.7	28.4	30.5	41.7	e51.6	Emirates arabes unis
Mexico	29.7	21.5	28.4	41.1	36.4	Mexique
United States	23.5	33.7	22.7	32.2	44.3	Etats-Unis d'Amérique
Hungary	16.1	21.4	28.2	28.5	37.3	Hongrie
Sweden	22.0	20.8	18.3	23.7	33.4	Suède
Czech Republic	6.4	13.0	19.9	32.0	42.2	République tchèque
Poland	5.6	12.5	25.6	30.6	38.6	Pologne
Portugal	15.7	14.1	15.5	17.0	30.1	Portugal
Saudi Arabia	18.4	16.3	16.8	17.0	20.6	Arabie saoudite
Greece	9.4	15.6	16.6	17.1	26.5	Grèce

Value as percentages of World total | Valeur en pourcentage du total mondial

Regions of the world	1998	1999	2000	2001	2002	2003	2004	2005	2006	2007	Régions du monde
World	100.0	100.0	100.0	100.0	100.0	100.0	100.0	100.0	100.0	100.0	Monde
Developed Economies	68.6	70.4	68.8	64.9	70.3	75.2	74.8	72.5	73.6	70.1	Economies Développés
- Asia-Pacific	6.2	7.8	7.6	6.8	6.7	5.6	7.0	6.9	4.8	4.1	- Asie-Pacifique
- Europe	57.6	57.7	56.9	53.7	59.0	65.9	62.9	62.3	65.4	62.7	- Europe
- North America	4.9	4.9	4.3	4.4	4.6	3.7	4.9	3.3	3.3	3.3	- Amérique du Nord
South-Eastern Europe	1.1	0.7	0.7	0.8	0.6	0.3	0.8	1.0	0.8	1.1	Europe du Sud-Est
Commonwealth of Independent States	2.2	1.7	1.4	1.6	2.0	2.3	2.6	3.6	4.0	3.7	Communauté d'Etats indépendants
- Asia	1.0	1.2	0.9	0.7	0.5	0.7	0.8	0.9	1.2	1.0	- Asie
- Europe	1.2	0.5	0.5	1.0	1.5	1.6	1.8	2.7	2.8	2.7	- Europe
Northern Africa	2.1	2.3	1.3	1.2	1.0	1.3	0.7	0.6	0.5	1.1	Afrique septentrionale
Sub-Saharan Africa	1.3	1.2	1.9	7.2	2.6	1.9	2.2	2.2	2.1	4.0	Afrique subsaharienne
Latin America & the Caribbean	8.5	5.7	7.4	8.2	6.7	5.1	5.0	5.9	5.9	5.0	Amérique latine et Caraïbes
- Caribbean	1.6	1.4	1.7	1.9	1.5	1.2	1.4	1.7	1.7	1.2	- Caraïbes
- Latin America	6.9	4.3	5.7	6.2	5.2	3.9	3.6	4.2	4.2	3.8	- Amérique latine
Eastern Asia	6.3	6.3	6.0	5.6	5.6	4.4	4.3	4.1	4.0	4.1	Asie orientale
Southern Asia	0.6	0.8	0.6	0.4	0.7	0.7	0.4	0.6	0.3	0.5	Asie méridionale
South-Eastern Asia	3.8	5.3	4.8	3.6	3.8	3.3	3.4	3.5	3.2	3.2	Asie du Sud-Est
Western Asia	5.2	5.4	6.9	6.1	6.4	5.3	5.7	5.9	5.4	7.1	Asie occidentale
Oceania	0.2	0.2	0.2	0.4	0.2	0.2	0.1	0.2	0.2	0.2	Océanie

Oeufs d'oiseaux et jaunes d'oeufs frais; blanc d'oeuf 025

Trade by commodity
Exports by principal countries or areas
Value in million US dollars

Commerce par produit
Exportations selon les principaux pays ou zones
Valeur en millions de dollars EU

Country or area	2003	2004	2005	2006	2007	Pays ou zone
World	1950.8	2126.2	2214.2	2454.7	3248.5	Monde
Developed Economies	1617.8	1755.7	1792.2	2023.3	2565.4	Economies Développés
- Asia-Pacific	7.6	9.8	8.2	8.0	6.9	- Asie-Pacifique
- Europe	1392.4	1490.6	1502.6	1724.7	2203.7	- Europe
- North America	217.8	255.2	281.4	290.6	354.7	- Amérique du Nord
South-Eastern Europe	7.8	7.5	7.2	7.0	27.5	Europe du Sud-Est
Commonwealth of Independent States	31.5	39.8	33.2	43.8	67.8	Communauté d'Etats indépendants
- Asia	1.0	2.0	1.1	0.7	1.6	- Asie
- Europe	30.4	37.8	32.1	43.1	66.3	- Europe
Northern Africa	8.2	7.0	7.1	1.6	0.1	Afrique septentrionale
Sub-Saharan Africa	16.9	14.0	7.6	9.4	28.8	Afrique subsaharienne
Latin America & the Caribbean	36.4	66.3	75.0	65.1	110.4	Amérique latine et Caraïbes
- Caribbean	0.2	0.2	0.2	0.2	0.1	- Caraïbes
- Latin America	36.2	66.1	74.8	64.9	110.2	- Amérique latine
Eastern Asia	54.3	74.2	81.0	80.7	97.2	Asie orientale
Southern Asia	75.3	65.6	96.6	92.2	134.9	Asie méridionale
South-Eastern Asia	64.0	54.3	66.5	69.0	102.1	Asie du Sud-Est
Western Asia	38.5	41.6	47.7	62.6	114.0	Asie occidentale
Oceania	0.1	0.1	0.1	0.1	0.5	Océanie
Netherlands	453.5	519.1	516.2	596.0	796.0	Pays-Bas
France-Monaco	212.6	233.1	202.9	225.3	275.8	France-Monaco
United States	164.3	197.0	228.3	235.2	293.2	Etats-Unis d'Amérique
Germany	138.2	151.3	219.4	226.9	236.7	Allemagne
Spain	140.2	119.5	120.9	148.0	216.2	Espagne
Belgium	151.4	149.4	132.9	123.9	134.0	Belgique
China	52.1	71.7	78.6	78.2	94.1	Chine
Italy	73.0	71.5	60.1	71.7	85.6	Italie
India	53.5	57.2	71.1	68.6	104.2	Inde
Poland	26.9	31.4	53.5	78.1	151.9	Pologne
Canada	53.6	58.2	53.1	55.5	61.5	Canada
Malaysia	43.2	44.5	53.9	52.6	69,8	Malaisie
United Kingdom	47.6	59.5	49.3	44.9	52.4	Royaume-Uni
Denmark	21.6	25.2	25.7	71.2	83.1	Danemark
Brazil	12.7	23.5	34.0	30.1	53.3	Brésil
Turkey	10.7	14.1	18.5	15.9	65.2	Turquie
Belarus	23.2	27.5	18.4	21.4	26.3	Bélarus
Saudi Arabia	10.2	13.1	15.5	33.9	35.1	Arabie saoudite
Iran (Islamic Republic of)	19.7	6.4	24.0	22.8	e29.9	Iran (République islamique d')
Hungary	26.5	20.7	15.7	16.7	15.2	Hongrie
Portugal	18.5	18.1	11.0	17.5	22.4	Portugal
Czech Republic	13.5	13.4	14.0	19.1	18.4	République tchèque
Sweden	16.0	17.6	14.4	13.7	15.4	Suède
Thailand	14.2	5.9	9.6	13.0	28.4	Thaïlande
Austria	13.6	16.0	10.8	10.6	17.8	Autriche

Value as percentages of World total

Valeur en pourcentage du total mondial

Regions of the world	1998	1999	2000	2001	2002	2003	2004	2005	2006	2007	Régions du monde
World	100.0	100.0	100.0	100.0	100.0	100.0	100.0	100.0	100.0	100.0	Monde
Developed Economies	80.5	81.1	80.2	78.2	81.6	82.9	82.6	80.9	82.4	79.0	Economies Développés
- Asia-Pacific	0.3	0.5	0.3	0.4	0.4	0.4	0.5	0.4	0.3	0.2	- Asie-Pacifique
- Europe	64.6	67.1	66.2	64.1	68.0	71.4	70.1	67.9	70.3	67.8	- Europe
- North America	15.5	13.5	13.7	13.7	13.2	11.2	12.0	12.7	11.8	10.9	- Amérique du Nord
South-Eastern Europe	0.5	0.4	0.4	0.4	0.2	0.4	0.4	0.3	0.3	0.8	Europe du Sud-Est
Commonwealth of Independent States	3.1	3.5	2.9	2.6	1.8	1.6	1.9	1.5	1.8	2.1	Communauté d'Etats indépendants
- Asia	0.1	0.0	0.0	0.0	0.0	0.1	0.1	0.0	0.0	0.0	- Asie
- Europe	3.0	3.5	2.9	2.6	1.8	1.6	1.8	1.4	1.8	2.0	- Europe
Northern Africa	0.0	0.0	0.0	0.1	0.2	0.4	0.3	0.3	0.1	0.0	Afrique septentrionale
Sub-Saharan Africa	0.6	0.6	0.6	0.6	1.8	0.9	0.7	0.3	0.4	0.9	Afrique subsaharienne
Latin America & the Caribbean	3.4	3.1	3.9	4.6	3.4	1.9	3.1	3.4	2.7	3.4	Amérique latine et Caraïbes
- Caribbean	0.0	0.6	0.7	0.6	0.6	0.0	0.0	0.0	0.0	0.0	- Caraïbes
- Latin America	3.4	2.5	3.2	4.0	2.8	1.9	3.1	3.4	2.6	3.4	- Amérique latine
Eastern Asia	2.6	2.1	2.5	2.7	2.8	2.8	3.5	3.7	3.3	3.0	Asie orientale
Southern Asia	1.2	2.0	3.2	3.5	3.1	3.9	3.1	4.4	3.8	4.2	Asie méridionale
South-Eastern Asia	3.3	4.3	4.2	4.8	3.6	3.3	2.6	3.0	2.8	3.1	Asie du Sud-Est
Western Asia	4.8	2.9	2.1	2.7	1.6	2.0	2.0	2.2	2.5	3.5	Asie occidentale
Oceania	0.0	0.0	0.0	0.0	0.0	0.0	0.0	0.0	0.0	0.0	Océanie

034 Fish, fresh (live or dead), chilled or frozen

Trade by commodity
Imports by principal countries or areas
Value in million US dollars

Commerce par produit
Importations selon les principaux pays ou zones
Valeur en millions de dollars EU

Country or area	2003	2004	2005	2006	2007	Pays ou zone
World	29786.1	33534.8	38113.7	42428.5	46881.4	Monde
Developed Economies	22760.6	25186.6	27860.5	30765.6	32999.4	Economies Développés
- Asia-Pacific	6342.3	7130.8	7362.3	6834.2	6519.9	- Asie-Pacifique
- Europe	12078.5	13483.5	15429.6	18186.3	20232.9	- Europe
- North America	4339.8	4572.3	5068.6	5745.1	6246.6	- Amérique du Nord
South-Eastern Europe	82.0	142.1	167.5	157.6	189.3	Europe du Sud-Est
Commonwealth of Independent States	537.7	802.4	1222.6	1565.7	2093.7	Communauté d'Etats indépendants
- Asia	14.2	16.9	27.7	41.4	58.0	- Asie
- Europe	523.4	785.5	1194.9	1524.2	2035.7	- Europe
Northern Africa	117.2	155.7	153.8	184.1	201.9	Afrique septentrionale
Sub-Saharan Africa	976.9	1073.7	1366.3	1638.5	2244.2	Afrique subsaharienne
Latin America & the Caribbean	395.2	537.0	640.8	762.5	1022.2	Amérique latine et Caraïbes
- Caribbean	74.3	106.9	130.4	117.7	122.5	- Caraïbes
- Latin America	320.8	430.1	510.4	644.8	899.7	- Amérique latine
Eastern Asia	3058.2	3522.4	4203.4	4641.3	5093.9	Asie orientale
Southern Asia	43.8	32.9	41.4	38.5	39.3	Asie méridionale
South-Eastern Asia	1364.4	1636.0	1951.7	2138.0	2440.0	Asie du Sud-Est
Western Asia	405.1	403.1	464.5	495.6	519.5	Asie occidentale
Oceania	45.2	42.9	41.3	41.3	38.0	Océanie
Japan	6144.6	6924.1	7143.3	6589.0	6224.7	Japon
United States	3808.8	4011.7	4480.9	5082.3	5491.3	Etats-Unis d'Amérique
Spain	2138.3	2253.6	2326.5	2642.0	3050.9	Espagne
France-Monaco	1632.6	1845.0	2105.4	2400.3	2539.1	France-Monaco
China	1279.7	1655.3	2293.9	2495.6	2722.5	Chine
Germany	1477.9	1572.1	1877.2	2200.9	2310.4	Allemagne
United Kingdom	1105.9	1311.7	1621.5	1986.0	2179.3	Royaume-Uni
Italy	1217.3	1350.6	1486.8	1634.9	1763.9	Italie
Korea, Republic of	1241.1	1306.4	1345.9	1520.2	1702.3	République de Corée
Thailand	783.0	976.9	1170.5	1286.8	1487.6	Thaïlande
Sweden	605.9	785.1	1023.5	1381.5	1626.2	Suède
Denmark	791.1	817.7	931.2	1083.4	1113.9	Danemark
Netherlands	658.4	739.2	782.2	976.9	1146.9	Pays-Bas
Russian Federation	358.6	569.5	820.9	999.0	1416.1	Fédération de Russie
Portugal	526.2	553.2	619.7	790.7	927.0	Portugal
Nigeria	421.5	e400.9	e647.8	696.1	e1142.1	Nigéria
Belgium	491.3	583.1	644.9	708.9	736.0	Belgique
Canada	526.4	554.8	582.7	635.8	747.8	Canada
Poland	301.5	409.3	577.0	721.1	845.7	Pologne
China, Hong Kong SAR	388.6	424.0	413.2	477.8	491.8	Chine - RAS de Hong-Kong
Singapore	269.0	292.2	333.5	325.2	333.7	Singapour
Malaysia	216.7	258.4	268.8	315.1	343.8	Malaisie
Norway	226.9	262.1	248.0	292.3	361.4	Norvège
Switzerland-Liechtenstein	179.3	210.1	220.6	250.3	271.3	Suisse-Liechtenstein
Ukraine	80.3	98.3	209.5	326.7	394.0	Ukraine

Value as percentages of World total

Valeur en pourcentage du total mondial

Regions of the world	1998	1999	2000	2001	2002	2003	2004	2005	2006	2007	Régions du monde
World	100.0	100.0	100.0	100.0	100.0	100.0	100.0	100.0	100.0	100.0	Monde
Developed Economies	81.3	81.8	80.4	78.0	77.1	76.4	75.1	73.1	72.5	70.4	Economies Développés
- Asia-Pacific	23.8	27.9	27.8	24.4	23.5	21.3	21.3	19.3	16.1	13.9	- Asie-Pacifique
- Europe	43.2	39.1	37.1	39.2	38.8	40.6	40.2	40.5	42.9	43.2	- Europe
- North America	14.3	14.8	15.6	14.4	14.8	14.6	13.6	13.3	13.5	13.3	- Amérique du Nord
South-Eastern Europe	0.3	0.2	0.1	0.2	0.2	0.3	0.4	0.4	0.4	0.4	Europe du Sud-Est
Commonwealth of Independent States	1.5	0.9	1.0	1.3	1.6	1.8	2.4	3.2	3.7	4.5	Communauté d'Etats indépendants
- Asia	0.0	0.0	0.1	0.0	0.0	0.0	0.1	0.1	0.1	0.1	- Asie
- Europe	1.4	0.9	0.9	1.3	1.5	1.8	2.3	3.1	3.6	4.3	- Europe
Northern Africa	0.5	0.5	0.5	0.4	0.3	0.4	0.5	0.4	0.4	0.4	Afrique septentrionale
Sub-Saharan Africa	3.0	2.4	2.5	3.3	3.2	3.3	3.2	3.6	3.9	4.8	Afrique subsaharienne
Latin America & the Caribbean	1.7	1.2	1.2	1.3	1.3	1.3	1.6	1.7	1.8	2.2	Amérique latine et Caraïbes
- Caribbean	0.2	0.2	0.2	0.3	0.3	0.2	0.3	0.3	0.3	0.3	- Caraïbes
- Latin America	1.5	1.0	1.0	1.0	1.1	1.1	1.3	1.3	1.5	1.9	- Amérique latine
Eastern Asia	6.2	7.9	9.1	9.8	10.5	10.3	10.5	11.0	10.9	10.9	Asie orientale
Southern Asia	0.1	0.1	0.1	0.1	0.1	0.1	0.1	0.1	0.1	0.1	Asie méridionale
South-Eastern Asia	4.3	4.1	3.8	4.3	4.4	4.6	4.9	5.1	5.0	5.2	Asie du Sud-Est
Western Asia	1.2	1.0	1.1	1.1	1.1	1.4	1.2	1.2	1.2	1.1	Asie occidentale
Oceania	0.1	0.1	0.1	0.2	0.2	0.2	0.1	0.1	0.1	0.1	Océanie

Trade by commodity
Exports by principal countries or areas
Value in million US dollars

Commerce par produit
Exportations selon les principaux pays ou zones
Valeur en millions de dollars EU

Country or area	2003	2004	2005	2006	2007	Pays ou zone
World	25987.7	29769.5	33838.6	37299.8	40271.2	Monde
Developed Economies	15397.8	17529.4	19997.3	21824.6	23816.4	Economies Développés
- Asia-Pacific	1100.1	1224.2	1304.9	1443.4	1619.3	- Asie-Pacifique
- Europe	11068.1	12631.6	14602.1	16141.3	17992.0	- Europe
- North America	3229.6	3673.6	4090.3	4239.9	4205.1	- Amérique du Nord
South-Eastern Europe	3.6	8.1	10.0	12.7	15.6	Europe du Sud-Est
Commonwealth of Independent States	362.8	312.1	437.7	526.7	536.0	Communauté d'Etats indépendants
- Asia	18.5	30.0	41.9	58.0	78.8	- Asie
- Europe	344.2	282.1	395.8	468.7	457.2	- Europe
Northern Africa	205.9	199.3	257.8	291.5	328.6	Afrique septentrionale
Sub-Saharan Africa	1130.5	1235.3	1305.1	1409.9	1498.5	Afrique subsaharienne
Latin America & the Caribbean	2793.0	3128.2	3513.5	4154.2	4302.0	Amérique latine et Caraïbes
- Caribbean	57.1	23.5	18.9	22.8	24.3	- Caraïbes
- Latin America	2735.9	3104.8	3494.7	4131.4	4277.7	- Amérique latine
Eastern Asia	3781.4	4560.7	5033.0	5155.7	5313.2	Asie orientale
Southern Asia	364.9	451.8	602.4	776.8	773.3	Asie méridionale
South-Eastern Asia	1599.0	1846.8	2115.0	2574.0	3062.9	Asie du Sud-Est
Western Asia	182.9	333.5	399.9	379.7	426.4	Asie occidentale
Oceania	166.0	164.2	166.8	194.0	198.3	Océanie
Norway	2746.6	3128.7	3879.7	4364.4	4881.1	Norvège
China	2023.2	2521.6	3020.8	3471.7	3529.8	Chine
United States	2138.2	2506.5	2773.8	2860.6	2896.1	Etats-Unis d'Amérique
Chile	1409.0	1655.2	1973.0	2451.1	2519.4	Chili
Spain	1104.3	1273.5	1316.1	1436.1	1664.9	Espagne
Netherlands	1058.9	1222.7	1347.1	1386.2	1594.5	Pays-Bas
Denmark	1118.5	1177.2	1318.8	1434.3	1454.8	Danemark
Canada	996.6	1062.4	1207.9	1256.0	1189.5	Canada
Iceland	781.5	964.9	1108.5	1144.1	1267.5	Islande
United Kingdom	741.8	842.0	898.8	846.4	953.8	Royaume-Uni
Sweden	456.2	610.6	850.0	1168.1	1156.4	Suède
France-Monaco	675.2	764.7	832.0	849.1	930.0	France-Monaco
Viet Nam	378.6	517.7	644.4	1087.5	e1268.6	Viet Nam
Japan	436.0	565.1	643.2	779.5	884.9	Japon
Germany	400.0	457.3	700.4	831.7	776.3	Allemagne
Korea, Republic of	522.0	605.5	575.0	550.5	672.4	République de Corée
Argentina	356.0	439.3	461.8	562.0	588.5	Argentine
Indonesia	424.5	464.2	471.8	456.1	569.0	Indonésie
Thailand	420.8	422.6	475.8	486.6	578.7	Thaïlande
Faeroe Islands	378.0	376.1	373.1	385.7	e802.8	Iles Féroé
New Zealand	407.4	444.8	447.6	461.6	490.5	Nouvelle-Zélande
Belgium	315.9	361.3	404.4	437.1	446.5	Belgique
Russian Federation	332.3	275.2	387.7	463.3	453.0	Fédération de Russie
Greece	278.2	322.3	358.3	422.1	498.8	Grèce
Namibia	305.2	310.8	323.4	415.2	431.7	Namibie

Value as percentages of World total

Valeur en pourcentage du total mondial

Regions of the world	1998	1999	2000	2001	2002	2003	2004	2005	2006	2007	Régions du monde
World	100.0	100.0	100.0	100.0	100.0	100.0	100.0	100.0	100.0	100.0	Monde
Developed Economies	61.9	62.9	59.4	58.7	59.2	59.3	58.9	59.1	58.5	59.1	Economies Développés
- Asia-Pacific	4.7	5.0	4.9	4.6	4.6	4.2	4.1	3.9	3.9	4.0	- Asie-Pacifique
- Europe	45.5	44.9	41.5	40.4	41.2	42.6	42.4	43.2	43.3	44.7	- Europe
- North America	11.7	13.0	13.1	13.8	13.3	12.4	12.3	12.1	11.4	10.4	- Amérique du Nord
South-Eastern Europe	0.0	0.0	0.0	0.0	0.0	0.0	0.0	0.0	0.0	0.0	Europe du Sud-Est
Commonwealth of Independent States	1.6	1.2	1.4	1.7	1.5	1.4	1.0	1.3	1.4	1.3	Communauté d'Etats indépendants
- Asia	0.0	0.0	0.0	0.0	0.1	0.1	0.1	0.1	0.2	0.2	- Asie
- Europe	1.6	1.2	1.4	1.6	1.4	1.3	0.9	1.2	1.3	1.1	- Europe
Northern Africa	0.6	0.6	0.7	0.7	0.7	0.8	0.7	0.8	0.8	0.8	Afrique septentrionale
Sub-Saharan Africa	2.8	2.4	3.7	4.4	3.7	4.4	4.1	3.9	3.8	3.7	Afrique subsaharienne
Latin America & the Caribbean	11.0	10.1	10.8	11.0	10.5	10.7	10.5	10.4	11.1	10.7	Amérique latine et Caraïbes
- Caribbean	0.4	0.3	0.3	0.2	0.2	0.2	0.1	0.1	0.1	0.1	- Caraïbes
- Latin America	10.5	9.8	10.6	10.7	10.3	10.5	10.4	10.3	11.1	10.6	- Amérique latine
Eastern Asia	13.1	13.3	14.2	14.3	14.6	14.6	15.3	14.9	13.8	13.2	Asie orientale
Southern Asia	1.4	1.6	2.0	1.8	1.9	1.4	1.5	1.8	2.1	1.9	Asie méridionale
South-Eastern Asia	6.5	6.5	6.5	6.2	6.3	6.2	6.2	6.3	6.9	7.6	Asie du Sud-Est
Western Asia	0.6	0.6	0.7	0.6	1.0	0.7	1.1	1.2	1.0	1.1	Asie occidentale
Oceania	0.6	0.8	0.4	0.7	0.6	0.6	0.6	0.5	0.5	0.5	Océanie

035 Fish, dried, salted or in brine; smoked fish; flours, meals, etc

Trade by commodity
Imports by principal countries or areas
Value in million US dollars

Commerce par produit
Importations selon les principaux pays ou zones
Valeur en millions de dollars EU

Country or area	2003	2004	2005	2006	2007	Pays ou zone
World	2915.8	3246.7	3572.4	3894.0	4579.5	Monde
Developed Economies	2071.7	2303.5	2526.1	2774.7	3271.6	Economies Développés
- Asia-Pacific	282.4	278.6	289.7	268.5	284.1	- Asie-Pacifique
- Europe	1578.8	1810.1	1987.9	2241.8	2698.7	- Europe
- North America	210.6	214.7	248.5	264.4	288.8	- Amérique du Nord
South-Eastern Europe	10.7	6.9	6.0	10.6	30.5	Europe du Sud-Est
Commonwealth of Independent States	18.3	19.0	39.5	68.2	83.5	Communauté d'Etats indépendants
- Asia	1.0	0.9	1.6	3.6	6.3	- Asie
- Europe	17.4	18.1	37.9	64.7	77.2	- Europe
Northern Africa	3.3	12.7	16.3	16.3	17.4	Afrique septentrionale
Sub-Saharan Africa	64.6	69.0	90.6	104.6	150.9	Afrique subsaharienne
Latin America & the Caribbean	157.4	187.0	250.1	307.6	360.5	Amérique latine et Caraïbes
- Caribbean	56.6	59.0	79.6	91.8	100.7	- Caraïbes
- Latin America	100.9	128.0	170.5	215.8	259.8	- Amérique latine
Eastern Asia	467.9	527.4	515.6	467.9	512.4	Asie orientale
Southern Asia	41.8	34.0	39.3	48.6	53.5	Asie méridionale
South-Eastern Asia	66.0	67.4	66.7	76.4	75.1	Asie du Sud-Est
Western Asia	12.0	16.2	17.8	14.7	18.9	Asie occidentale
Oceania	2.1	3.6	4.5	4.4	5.2	Océanie
China, Hong Kong SAR	400.7	439.3	426.5	374.9	407.9	Chine - RAS de Hong-Kong
Portugal	291.5	385.3	345.4	316.1	440.6	Portugal
Italy	301.0	338.2	338.7	369.0	385.0	Italie
Spain	287.7	299.1	309.4	322.1	379.5	Espagne
Germany	158.8	147.1	284.1	337.1	383.6	Allemagne
Sweden	152.6	195.1	227.0	278.7	422.1	Suède
Japan	264.1	253.6	261.2	233.3	243.7	Japon
United States	166.4	172.3	190.0	202.9	228.3	Etats-Unis d'Amérique
Brazil	76.9	103.2	139.5	184.2	227.2	Brésil
France-Monaco	114.2	119.8	120.2	136.9	139.6	France-Monaco
Denmark	67.5	74.7	78.3	79.3	71.4	Danemark
Netherlands	25.6	32.3	45.0	116.6	128.0	Pays-Bas
Belgium	50.7	56.6	62.8	76.9	89.9	Belgique
Canada	42.4	40.2	56.1	59.1	58.1	Canada
Nigeria	30.3	e28.8	e43.9	47.2	e77.4	Nigéria
Greece	29.8	48.2	43.2	50.3	53.8	Grèce
Sri Lanka	39.1	32.4	37.8	e46.7	e51.5	Sri Lanka
Singapore	41.4	41.5	36.8	40.1	39.7	Singapour
Korea, Republic of	11.5	35.0	44.7	45.9	47.9	République de Corée
Switzerland-Liechtenstein	28.0	29.3	31.3	36.9	47.9	Suisse-Liechtenstein
China	36.7	39.9	31.2	31.2	34.2	Chine
Russian Federation	8.7	12.9	28.3	46.9	51.6	Fédération de Russie
United Kingdom	18.9	24.0	29.6	33.8	41.7	Royaume-Uni
Australia	17.7	24.3	27.8	34.7	39.5	Australie
Dominican Republic	e17.9	e18.1	e31.8	e33.4	e38.6	République dominicaine

Value as percentages of World total

Valeur en pourcentage du total mondial

Regions of the world	1998	1999	2000	2001	2002	2003	2004	2005	2006	2007	Régions du monde
World	100.0	100.0	100.0	100.0	100.0	100.0	100.0	100.0	100.0	100.0	Monde
Developed Economies	71.4	73.7	66.4	71.5	69.5	71.1	70.9	70.7	71.3	71.4	Economies Développés
- Asia-Pacific	9.0	10.1	10.0	9.3	10.2	9.7	8.6	8.1	6.9	6.2	- Asie-Pacifique
- Europe	55.4	56.5	49.2	55.1	51.4	54.1	55.8	55.6	57.6	58.9	- Europe
- North America	7.1	7.1	7.2	7.1	7.8	7.2	6.6	7.0	6.8	6.3	- Amérique du Nord
South-Eastern Europe	0.1	0.1	0.1	0.2	0.3	0.4	0.2	0.2	0.3	0.7	Europe du Sud-Est
Commonwealth of Independent States	0.5	0.4	0.4	0.5	0.6	0.6	0.6	1.1	1.8	1.8	Communauté d'Etats indépendants
- Asia	0.0	0.0	0.0	0.0	0.0	0.0	0.0	0.0	0.1	0.1	- Asie
- Europe	0.5	0.3	0.3	0.5	0.5	0.6	0.6	1.1	1.7	1.7	- Europe
Northern Africa	0.1	0.1	0.1	0.1	0.1	0.1	0.4	0.5	0.4	0.4	Afrique septentrionale
Sub-Saharan Africa	1.1	0.9	1.1	0.8	1.3	2.2	2.1	2.5	2.7	3.3	Afrique subsaharienne
Latin America & the Caribbean	10.7	8.4	8.0	7.6	7.3	5.4	5.8	7.0	7.9	7.9	Amérique latine et Caraïbes
- Caribbean	2.5	2.7	2.7	2.6	2.9	1.9	1.8	2.2	2.4	2.2	- Caraïbes
- Latin America	8.2	5.7	5.3	5.1	4.4	3.5	3.9	4.8	5.5	5.7	- Amérique latine
Eastern Asia	12.6	13.0	19.8	15.2	16.5	16.0	16.2	14.4	12.0	11.2	Asie orientale
Southern Asia	1.5	1.3	1.6	1.8	1.7	1.4	1.0	1.1	1.2	1.2	Asie méridionale
South-Eastern Asia	1.4	1.8	2.1	1.8	2.2	2.3	2.1	1.9	2.0	1.6	Asie du Sud-Est
Western Asia	0.5	0.4	0.4	0.5	0.5	0.4	0.5	0.5	0.4	0.4	Asie occidentale
Oceania	0.0	0.0	0.0	0.0	0.1	0.1	0.1	0.1	0.1	0.1	Océanie

Trade by commodity | Commerce par produit
Exports by principal countries or areas | Exportations selon les principaux pays ou zones
Value in million US dollars | Valeur en millions de dollars EU

Country or area	2003	2004	2005	2006	2007	Pays ou zone
World	2981.7	3484.9	3671.0	3986.7	4584.2	Monde
Developed Economies	2171.7	2563.4	2717.9	2989.4	3577.9	Economies Développés
- Asia-Pacific	30.8	37.6	35.6	29.8	36.0	- Asie-Pacifique
- Europe	1897.1	2285.0	2406.3	2718.1	3307.0	- Europe
- North America	243.8	240.8	275.9	241.6	234.9	- Amérique du Nord
South-Eastern Europe	2.6	1.3	2.0	2.3	2.7	Europe du Sud-Est
Commonwealth of Independent States	17.5	19.9	21.1	31.6	39.4	Communauté d'Etats indépendants
- Asia	1.2	1.6	2.0	2.3	3.1	- Asie
- Europe	16.3	18.2	19.1	29.3	36.3	- Europe
Northern Africa	6.2	8.1	12.3	15.9	16.5	Afrique septentrionale
Sub-Saharan Africa	37.7	33.8	28.5	27.3	23.0	Afrique subsaharienne
Latin America & the Caribbean	132.0	160.4	171.7	162.8	162.2	Amérique latine et Caraïbes
- Caribbean	0.2	0.3	0.5	0.4	1.0	- Caraïbes
- Latin America	131.8	160.1	171.2	162.3	161.2	- Amérique latine
Eastern Asia	340.3	391.2	401.0	394.3	413.2	Asie orientale
Southern Asia	41.5	41.7	39.6	45.3	45.2	Asie méridionale
South-Eastern Asia	182.5	192.6	206.9	238.1	266.2	Asie du Sud-Est
Western Asia	21.5	33.7	25.2	25.2	28.9	Asie occidentale
Oceania	28.2	38.8	44.7	54.4	9.0	Océanie
Norway	575.2	692.1	719.6	799.4	1003.1	Norvège
Iceland	303.7	343.3	334.5	338.6	390.2	Islande
Denmark	274.7	289.5	278.0	276.5	305.6	Danemark
Poland	56.7	157.0	225.3	321.2	363.7	Pologne
Sweden	128.6	172.4	198.2	253.2	325.1	Suède
China	156.1	185.6	206.8	223.2	238.6	Chine
Canada	165.7	166.2	189.0	168.5	166.5	Canada
China, Hong Kong SAR	165.4	178.3	172.0	148.2	146.4	Chine - RAS de Hong-Kong
Faeroe Islands	104.5	102.8	99.4	96.0	e199.8	Iles Féroé
Germany	72.7	85.2	98.2	130.2	148.8	Allemagne
Spain	104.9	115.1	108.8	98.3	107.7	Espagne
United Kingdom	77.3	83.3	-86.8	96.0	85.5	Royaume-Uni
Chile	54.6	72.7	81.3	82.9	79.4	Chili
Portugal	36.8	51.6	63.9	89.3	115.4	Portugal
France-Monaco	55.0	62.8	59.4	62.2	81.3	France-Monaco
United States	61.2	60.8	73.2	63.8	60.0	Etats-Unis d'Amérique
Viet Nam	52.2	48.2	52.3	70.8	e82.6	Viet Nam
Thailand	45.9	49.5	60.0	68.3	71.2	Thaïlande
Indonesia	45.8	50.5	63.4	61.6	69.6	Indonésie
Netherlands	43.1	53.5	55.1	61.2	68.5	Pays-Bas
Papua New Guinea	25.9	31.7	e38.2	e48.6	e1.5	Papouasie-Nouvelle-Guinée
Singapore	28.7	32.7	22.5	26.0	25.9	Singapour
Argentina	17.6	21.3	26.1	23.7	23.1	Argentine
Russian Federation	13.3	16.6	17.6	25.7	28.0	Fédération de Russie
Panama	20.7	26.3	23.2	14.8	5.7	Panama

Value as percentages of World total | Valeur en pourcentage du total mondial

Regions of the world	1998	1999	2000	2001	2002	2003	2004	2005	2006	2007	Régions du monde
World	100.0	100.0	100.0	100.0	100.0	100.0	100.0	100.0	100.0	100.0	Monde
Developed Economies	78.0	78.9	72.3	74.2	71.6	72.8	73.6	74.0	75.0	78.0	Economies Développés
- Asia-Pacific	1.0	0.9	1.5	1.1	1.0	1.0	1.1	1.0	0.7	0.8	- Asie-Pacifique
- Europe	67.4	67.3	60.0	62.9	61.8	63.6	65.6	65.5	68.2	72.1	- Europe
- North America	9.6	10.7	10.7	10.1	8.8	8.2	6.9	7.5	6.1	5.1	- Amérique du Nord
South-Eastern Europe	0.0	0.0	0.0	0.0	0.0	0.1	0.0	0.1	0.1	0.1	Europe du Sud-Est
Commonwealth of Independent States	0.4	0.4	0.5	0.5	0.4	0.6	0.6	0.6	0.8	0.9	Communauté d'Etats indépendants
- Asia	0.1	0.1	0.0	0.0	0.0	0.0	0.0	0.1	0.1	0.1	- Asie
- Europe	0.3	0.4	0.5	0.4	0.3	0.5	0.5	0.5	0.7	0.8	- Europe
Northern Africa	0.1	0.1	0.2	0.5	0.1	0.2	0.2	0.3	0.4	0.4	Afrique septentrionale
Sub-Saharan Africa	0.6	0.7	1.2	1.4	1.0	1.3	1.0	0.8	0.7	0.5	Afrique subsaharienne
Latin America & the Caribbean	6.1	3.5	4.4	4.2	4.1	4.4	4.6	4.7	4.1	3.5	Amérique latine et Caraïbes
- Caribbean	0.0	0.1	0.1	0.1	0.1	0.0	0.0	0.0	0.0	0.0	- Caraïbes
- Latin America	6.1	3.4	4.3	4.1	4.0	4.4	4.6	4.7	4.1	3.5	- Amérique latine
Eastern Asia	7.8	8.9	12.0	9.3	11.2	11.4	11.2	10.9	9.9	9.0	Asie orientale
Southern Asia	1.5	1.5	1.7	1.5	1.3	1.4	1.2	1.1	1.1	1.0	Asie méridionale
South-Eastern Asia	4.4	5.2	6.5	7.1	8.4	6.1	5.5	5.6	6.0	5.8	Asie du Sud-Est
Western Asia	0.8	0.6	0.7	0.4	0.8	0.7	1.0	0.7	0.6	0.6	Asie occidentale
Oceania	0.3	0.3	0.6	1.0	1.0	0.9	1.1	1.2	1.4	0.2	Océanie

036 Crustaceans, molluscs, aquatic invertebrates; flours and pellets

Trade by commodity
Imports by principal countries or areas
Value in million US dollars

Commerce par produit
Importations selon les principaux pays ou zones
Valeur en millions de dollars EU

Country or area	2003	2004	2005	2006	2007	Pays ou zone
World	20214.0	21293.3	21887.2	23579.0	24541.5	Monde
Developed Economies	17282.9	17797.3	18468.7	19674.8	20061.7	Economies Développés
- Asia-Pacific	4388.0	4587.8	4406.4	4350.8	4058.1	- Asie-Pacifique
- Europe	7135.7	7534.6	8196.0	9070.9	9674.4	- Europe
- North America	5759.3	5674.9	5866.3	6253.0	6329.2	- Amérique du Nord
South-Eastern Europe	5.6	10.1	13.6	14.2	18.8	Europe du Sud-Est
Commonwealth of Independent States	52.0	69.9	122.8	192.1	315.9	Communauté d'Etats indépendants
- Asia	0.6	0.6	1.0	1.6	3.5	- Asie
- Europe	51.4	69.3	121.8	190.4	312.4	- Europe
Northern Africa	7.4	10.2	19.6	30.9	50.6	Afrique septentrionale
Sub-Saharan Africa	58.1	60.7	84.5	83.3	95.5	Afrique subsaharienne
Latin America & the Caribbean	101.0	98.2	128.0	126.4	195.0	Amérique latine et Caraïbes
- Caribbean	22.5	19.4	21.2	26.8	31.2	- Caraïbes
- Latin America	78.4	78.7	106.8	99.7	163.8	- Amérique latine
Eastern Asia	1923.3	2229.2	2181.5	2556.6	2849.1	Asie orientale
Southern Asia	9.4	16.9	16.0	21.2	19.9	Asie méridionale
South-Eastern Asia	638.3	863.5	723.5	700.6	719.4	Asie du Sud-Est
Western Asia	124.5	125.5	113.5	164.7	199.4	Asie occidentale
Oceania	11.5	11.9	15.4	14.3	16.2	Océanie
United States	5251.4	5123.2	5257.1	5566.4	5642.1	Etats-Unis d'Amérique
Japan	4175.0	4347.2	4133.5	4034.1	3749.2	Japon
Spain	2266.1	2380.4	2598.6	2871.1	2966.6	Espagne
Italy	1295.9	1350.1	1464.0	1662.0	1754.7	Italie
France-Monaco	1140.1	1253.4	1342.3	1471.9	1466.9	France-Monaco
China, Hong Kong SAR	774.4	844.5	866.2	1001.2	1121.1	Chine - RAS de Hong-Kong
Korea, Republic of	484.9	617.0	639.5	795.8	877.8	République de Corée
Belgium	535.9	569.7	610.6	727.2	797.8	Belgique
Canada	503.4	545.2	600.3	643.3	677.6	Canada
China	525.6	624.1	524.9	593.8	651.3	Chine
United Kingdom	391.8	414.3	443.7	454.5	494.1	Royaume-Uni
Netherlands	276.9	255.9	292.4	337.3	331.0	Pays-Bas
Portugal	246.2	243.8	288.4	317.2	367.1	Portugal
Germany	206.9	248.9	291.1	316.2	367.5	Allemagne
Denmark	267.9	235.4	254.6	275.6	315.8	Danemark
Australia	194.2	219.6	245.4	288.5	278.3	Australie
Singapore	178.1	253.4	202.6	209.9	227.0	Singapour
Thailand	255.6	204.5	190.8	189.2	144.2	Thaïlande
Malaysia	101.1	206.9	189.0	171.3	202.3	Malaisie
Greece	145.2	128.0	148.9	148.5	197.2	Grèce
Russian Federation	44.0	60.6	107.7	157.8	261.1	Fédération de Russie
Sweden	75.2	87.1	98.6	107.6	124.2	Suède
Viet Nam	79.6	115.7	99.9	85.1	e108.6	Viet Nam
United Arab Emirates	63.3	72.9	45.3	92.6	e114.5	Emirates arabes unis
Switzerland-Liechtenstein	60.8	67.9	70.1	80.5	94.0	Suisse-Liechtenstein

Value as percentages of World total

Valeur en pourcentage du total mondial

Regions of the world	1998	1999	2000	2001	2002	2003	2004	2005	2006	2007	Régions du monde
World	100.0	100.0	100.0	100.0	100.0	100.0	100.0	100.0	100.0	100.0	Monde
Developed Economies	87.6	88.5	87.0	86.4	85.1	85.5	83.6	84.4	83.4	81.7	Economies Développés
- Asia-Pacific	30.1	31.0	30.5	26.2	25.5	21.7	21.5	20.1	18.5	16.5	- Asie-Pacifique
- Europe	31.6	30.1	27.4	30.5	31.2	35.3	35.4	37.4	38.5	39.4	- Europe
- North America	26.0	27.4	29.0	29.7	28.5	28.5	26.7	26.8	26.5	25.8	- Amérique du Nord
South-Eastern Europe	0.1	0.1	0.0	0.0	0.0	0.0	0.0	0.1	0.1	0.1	Europe du Sud-Est
Commonwealth of Independent States	0.1	0.1	0.1	0.1	0.2	0.3	0.3	0.6	0.8	1.3	Communauté d'Etats indépendants
- Asia	0.0	0.0	0.0	0.0	0.0	0.0	0.0	0.0	0.0	0.0	- Asie
- Europe	0.1	0.1	0.1	0.1	0.2	0.3	0.3	0.6	0.8	1.3	- Europe
Northern Africa	0.0	0.0	0.0	0.0	0.0	0.0	0.0	0.1	0.1	0.2	Afrique septentrionale
Sub-Saharan Africa	0.1	0.2	0.2	0.4	0.2	0.3	0.3	0.4	0.4	0.4	Afrique subsaharienne
Latin America & the Caribbean	0.5	0.5	0.5	0.5	0.5	0.5	0.5	0.6	0.5	0.8	Amérique latine et Caraïbes
- Caribbean	0.1	0.1	0.1	0.1	0.2	0.1	0.1	0.1	0.1	0.1	- Caraïbes
- Latin America	0.5	0.4	0.4	0.4	0.4	0.4	0.4	0.5	0.4	0.7	- Amérique latine
Eastern Asia	6.8	7.8	9.0	9.1	10.1	9.5	10.5	10.0	10.8	11.6	Asie orientale
Southern Asia	0.0	0.0	0.0	0.0	0.0	0.0	0.1	0.1	0.1	0.1	Asie méridionale
South-Eastern Asia	4.3	2.6	2.8	2.8	3.3	3.2	4.1	3.3	3.0	2.9	Asie du Sud-Est
Western Asia	0.3	0.3	0.4	0.5	0.5	0.6	0.6	0.5	0.7	0.8	Asie occidentale
Oceania	0.1	0.0	0.1	0.0	0.0	0.1	0.1	0.1	0.1	0.1	Océanie

Trade by commodity

Exports by principal countries or areas

Value in million US dollars

Commerce par produit

Exportations selon les principaux pays ou zones

Valeur en millions de dollars EU

Country or area	2003	2004	2005	2006	2007	Pays ou zone
World	18216.3	19090.0	19455.2	20707.0	21938.1	Monde
Developed Economies	6702.0	7247.8	7469.3	7901.7	8556.2	Economies Développés
- Asia-Pacific	945.5	1078.4	1188.2	1142.5	1163.8	- Asie-Pacifique
- Europe	3151.6	3485.6	3609.6	4015.7	4521.0	- Europe
- North America	2604.9	2683.9	2671.5	2743.5	2871.4	- Amérique du Nord
South-Eastern Europe	3.3	6.4	5.8	7.8	9.0	Europe du Sud-Est
Commonwealth of Independent States	66.1	37.9	54.4	42.2	41.9	Communauté d'Etats indépendants
- Asia	3.3	2.8	2.8	4.2	5.1	- Asie
- Europe	62.8	35.1	51.7	38.0	36.8	- Europe
Northern Africa	531.7	386.1	540.6	565.0	692.3	Afrique septentrionale
Sub-Saharan Africa	676.4	711.1	667.4	623.0	645.9	Afrique subsaharienne
Latin America & the Caribbean	2285.6	2379.8	2507.4	3005.8	2893.6	Amérique latine et Caraïbes
- Caribbean	101.8	185.8	195.8	167.2	175.9	- Caraïbes
- Latin America	2183.8	2194.0	2311.6	2838.6	2717.7	- Amérique latine
Eastern Asia	1762.7	1955.5	1564.4	1438.2	1449.4	Asie orientale
Southern Asia	1486.1	1503.1	1514.8	1580.8	1625.1	Asie méridionale
South-Eastern Asia	4553.3	4668.2	4926.2	5334.8	5797.1	Asie du Sud-Est
Western Asia	113.6	152.1	162.1	158.3	175.3	Asie occidentale
Oceania	35.6	42.0	42.8	49.4	52.4	Océanie
Viet Nam	1643.3	1629.5	1739.3	1796.0	e2095.1	Viet Nam
Canada	1723.2	1810.6	1721.8	1720.3	1880.1	Canada
Thailand	1291.5	1292.1	1402.3	1627.6	1777.8	Thaïlande
China	1134.1	1330.5	1106.8	1038.9	972.1	Chine
India	1045.5	1038.2	1122.6	1155.8	1135.3	Inde
Indonesia	962.2	942.9	983.5	1120.8	1079.1	Indonésie
United States	727.6	740.0	821.4	915.6	909.1	Etats-Unis d'Amérique
Spain	647.9	694.8	640.5	699.2	816.1	Espagne
United Kingdom	512.0	580.4	604.1	627.6	702.4	Royaume-Uni
Australia	536.1	598.4	625.9	637.7	587.9	Australie
Netherlands	356.2	430.5	464.0	513.0	590.7	Pays-Bas
Denmark	410.7	401.2	456.3	473.8	531.1	Danemark
Ecuador	278.8	324.1	450.6	592.7	603.0	Equateur
Morocco	442.8	297.7	440.0	464.5	588.4	Maroc
Argentina	494.5	326.5	293.6	624.8	459.1	Argentine
Mexico	380.8	437.9	414.9	442.6	509.2	Mexique
France-Monaco	338.7	378.7	376.3	406.4	480.7	France-Monaco
Malaysia	270.9	383.6	408.8	382.5	451.7	Malaisie
Belgium	268.5	308.9	345.6	452.5	466.1	Belgique
Bangladesh	303.6	364.5	312.0	e343.1	e385.7	Bangladesh
New Zealand	208.7	298.5	346.4	308.4	315.4	Nouvelle-Zélande
Brazil	315.1	310.1	277.0	244.0	171.9	Brésil
Korea, Republic of	244.7	288.8	251.1	201.5	254.6	République de Corée
Japan	200.7	181.5	215.9	196.4	260.6	Japon
Italy	150.9	168.6	173.0	214.2	216.6	Italie

Value as percentages of World total

Valeur en pourcentage du total mondial

Regions of the world	1998	1999	2000	2001	2002	2003	2004	2005	2006	2007	Régions du monde
World	100.0	100.0	100.0	100.0	100.0	100.0	100.0	100.0	100.0	100.0	Monde
Developed Economies	30.3	34.1	31.8	32.8	35.2	36.8	38.0	38.4	38.2	39.0	Economies Développés
- Asia-Pacific	5.3	5.5	5.4	5.3	5.5	5.2	5.6	6.1	5.5	5.3	- Asie-Pacifique
- Europe	14.6	15.5	13.6	14.8	15.5	17.3	18.3	18.6	19.4	20.6	- Europe
- North America	10.3	13.1	12.8	12.7	14.1	14.3	14.1	13.7	13.2	13.1	- Amérique du Nord
South-Eastern Europe	0.1	0.1	0.0	0.0	0.0	0.0	0.0	0.0	0.0	0.0	Europe du Sud-Est
Commonwealth of Independent States	0.6	0.3	0.3	0.3	0.4	0.4	0.2	0.3	0.2	0.2	Communauté d'Etats indépendants
- Asia	0.0	0.0	0.0	0.0	0.0	0.0	0.0	0.0	0.0	0.0	- Asie
- Europe	0.6	0.3	0.3	0.3	0.4	0.3	0.2	0.3	0.2	0.2	- Europe
Northern Africa	3.5	3.3	4.1	3.2	3.6	2.9	2.0	2.8	2.7	3.2	Afrique septentrionale
Sub-Saharan Africa	2.2	2.1	2.8	2.9	3.1	3.7	3.7	3.4	3.0	2.9	Afrique subsaharienne
Latin America & the Caribbean	20.1	17.3	14.3	14.4	12.8	12.5	12.5	12.9	14.5	13.2	Amérique latine et Caraïbes
- Caribbean	1.4	1.4	1.1	1.0	1.2	0.6	1.0	1.0	0.8	0.8	- Caraïbes
- Latin America	18.7	15.9	13.2	13.4	11.6	12.0	11.5	11.9	13.7	12.4	- Amérique latine
Eastern Asia	7.9	8.4	9.0	9.0	9.5	9.7	10.2	8.0	6.9	6.6	Asie orientale
Southern Asia	8.2	8.2	9.2	8.3	9.0	8.2	7.9	7.8	7.6	7.4	Asie méridionale
South-Eastern Asia	26.5	25.6	27.9	28.4	25.7	25.0	24.5	25.3	25.8	26.4	Asie du Sud-Est
Western Asia	0.3	0.3	0.4	0.4	0.5	0.6	0.8	0.8	0.8	0.8	Asie occidentale
Oceania	0.3	0.3	0.2	0.2	0.2	0.2	0.2	0.2	0.2	0.2	Océanie

037 Fish, crustaceans, molluscs, aquatic invertebrates, prepared, nes

Trade by commodity
Imports by principal countries or areas
Value in million US dollars

Commerce par produit
Importations selon les principaux pays ou zones
Valeur en millions de dollars EU

Country or area	2003	2004	2005	2006	2007	Pays ou zone
World	11589.7	13108.3	14171.4	15550.9	17232.6	Monde
Developed Economies	10153.0	11391.3	12107.7	13190.3	14310.6	Economies Développés
- Asia-Pacific	2410.0	2973.3	2927.1	3013.3	2956.9	- Asie-Pacifique
- Europe	5088.8	5508.4	6072.8	6680.4	7954.4	- Europe
- North America	2654.2	2909.6	3107.7	3496.6	3399.2	- Amérique du Nord
South-Eastern Europe	40.9	68.1	88.9	87.8	115.7	Europe du Sud-Est
Commonwealth of Independent States	128.7	142.3	239.7	284.2	332.0	Communauté d'Etats indépendants
- Asia	7.1	11.1	18.4	23.2	37.0	- Asie
- Europe	121.5	131.3	221.2	261.0	295.1	- Europe
Northern Africa	42.1	37.6	59.4	77.8	139.1	Afrique septentrionale
Sub-Saharan Africa	115.9	145.4	158.3	198.4	270.3	Afrique subsaharienne
Latin America & the Caribbean	267.5	335.9	420.6	494.3	627.4	Amérique latine et Caraïbes
- Caribbean	53.6	62.4	76.1	91.3	105.7	- Caraïbes
- Latin America	213.9	273.5	344.5	403.0	521.7	- Amérique latine
Eastern Asia	419.5	506.6	542.3	594.8	676.0	Asie orientale
Southern Asia	21.6	21.2	26.5	32.2	37.1	Asie méridionale
South-Eastern Asia	190.4	224.8	261.8	263.3	321.0	Asie du Sud-Est
Western Asia	183.2	205.8	232.0	290.4	351.7	Asie occidentale
Oceania	26.9	29.3	34.2	37.2	51.7	Océanie
United States	2361.5	2575.7	2749.1	3104.2	2973.9	Etats-Unis d'Amérique
Japan	2169.6	2707.4	2614.3	2672.3	2550.9	Japon
United Kingdom	842.0	945.4	990.0	1063.0	1285.7	Royaume-Uni
France-Monaco	809.8	890.9	936.3	982.3	1146.9	France-Monaco
Italy	746.7	826.4	912.8	998.6	1147.0	Italie
Germany	659.0	671.4	771.9	849.2	969.9	Allemagne
Spain	339.4	355.6	461.2	590.9	678.7	Espagne
Canada	289.6	330.4	355.0	386.0	422.0	Canada
Belgium	289.2	289.0	323.2	378.4	461.4	Belgique
Denmark	272.2	308.6	343.3	355.9	401.8	Danemark
Australia	215.2	234.3	277.0	301.7	360.5	Australie
Korea, Republic of	162.8	230.8	270.9	302.6	325.6	République de Corée
Netherlands	220.8	206.4	233.9	255.3	338.9	Pays-Bas
Sweden	203.9	220.1	223.4	237.2	289.4	Suède
China, Hong Kong SAR	185.7	194.4	173.3	179.8	203.2	Chine - RAS de Hong-Kong
Singapore	134.3	145.3	171.4	161.0	195.1	Singapour
Switzerland-Liechtenstein	125.3	131.7	134.3	142.4	160.6	Suisse-Liechtenstein
Austria	91.8	111.6	126.9	138.0	169.8	Autriche
Russian Federation	76.3	75.7	121.8	129.6	148.0	Fédération de Russie
Mexico	54.5	64.3	95.6	115.5	139.8	Mexique
Norway	61.1	67.9	71.3	80.5	115.0	Norvège
Portugal	65.6	66.1	68.2	80.3	105.4	Portugal
Finland	59.3	66.4	70.8	76.1	98.3	Finlande
Saudi Arabia	39.0	50.7	60.1	91.5	100.2	Arabie saoudite
Ireland	50.0	48.4	59.5	71.4	104.7	Irlande

Value as percentages of World total

Valeur en pourcentage du total mondial

Regions of the world	1998	1999	2000	2001	2002	2003	2004	2005	2006	2007	Régions du monde
World	100.0	100.0	100.0	100.0	100.0	100.0	100.0	100.0	100.0	100.0	Monde
Developed Economies	86.8	87.7	87.1	86.6	87.5	87.6	86.9	85.4	84.8	83.0	Economies Développés
- Asia-Pacific	22.1	24.1	27.5	24.6	23.5	20.8	22.7	20.7	19.4	17.2	- Asie-Pacifique
- Europe	47.0	43.3	38.6	39.7	41.1	43.9	42.0	42.9	43.0	46.2	- Europe
- North America	17.6	20.4	21.0	22.2	22.9	22.9	22.2	21.9	22.5	19.7	- Amérique du Nord
South-Eastern Europe	0.3	0.2	0.2	0.3	0.3	0.4	0.5	0.6	0.6	0.7	Europe du Sud-Est
Commonwealth of Independent States	1.2	0.7	0.8	1.2	1.1	1.1	1.1	1.7	1.8	1.9	Communauté d'Etats indépendants
- Asia	0.1	0.1	0.1	0.1	0.1	0.1	0.1	0.1	0.1	0.2	- Asie
- Europe	1.1	0.6	0.7	1.1	1.0	1.0	1.0	1.6	1.7	1.7	- Europe
Northern Africa	1.1	0.5	0.6	0.6	0.5	0.4	0.3	0.4	0.5	0.8	Afrique septentrionale
Sub-Saharan Africa	0.9	0.8	0.9	1.1	0.9	1.0	1.1	1.1	1.3	1.6	Afrique subsaharienne
Latin America & the Caribbean	3.8	3.4	3.4	3.4	2.5	2.3	2.6	3.0	3.2	3.6	Amérique latine et Caraïbes
- Caribbean	0.6	0.7	0.8	0.8	0.6	0.5	0.5	0.5	0.6	0.6	- Caraïbes
- Latin America	3.2	2.6	2.6	2.6	1.9	1.8	2.1	2.4	2.6	3.0	- Amérique latine
Eastern Asia	2.5	2.8	3.2	3.2	3.5	3.6	3.9	3.8	3.8	3.9	Asie orientale
Southern Asia	0.2	0.2	0.2	0.2	0.2	0.2	0.2	0.2	0.2	0.2	Asie méridionale
South-Eastern Asia	1.2	1.6	1.8	1.6	1.8	1.6	1.7	1.8	1.7	1.9	Asie du Sud-Est
Western Asia	1.8	1.8	1.6	1.6	1.6	1.6	1.6	1.6	1.9	2.0	Asie occidentale
Oceania	0.2	0.2	0.2	0.2	0.2	0.2	0.2	0.2	0.2	0.3	Océanie

Trade by commodity
Exports by principal countries or areas
Value in million US dollars

Commerce par produit
Exportations selon les principaux pays ou zones
Valeur en millions de dollars EU

Country or area	2003	2004	2005	2006	2007	Pays ou zone
World	11485.7	13096.6	14618.8	17041.3	18811.0	Monde
Developed Economies	4557.3	5026.8	5361.2	5770.5	6542.5	Economies Développés
- Asia-Pacific	388.9	430.2	512.3	538.8	647.0	- Asie-Pacifique
- Europe	3348.0	3655.4	3844.8	4210.3	4964.0	- Europe
- North America	820.4	941.1	1004.0	1021.5	931.5	- Amérique du Nord
South-Eastern Europe	15.6	25.1	29.1	40.5	41.7	Europe du Sud-Est
Commonwealth of Independent States	70.8	102.0	153.1	156.3	204.3	Communauté d'Etats indépendants
- Asia	6.3	6.8	20.1	1.1	6.2	- Asie
- Europe	64.5	95.1	133.0	155.2	198.1	- Europe
Northern Africa	341.2	358.9	415.9	487.9	495.1	Afrique septentrionale
Sub-Saharan Africa	598.4	580.0	536.4	590.3	668.2	Afrique subsaharienne
Latin America & the Caribbean	833.8	848.9	1023.8	1213.2	1377.8	Amérique latine et Caraïbes
- Caribbean	3.0	3.9	5.7	4.9	4.3	- Caraïbes
- Latin America	830.8	845.0	1018.1	1208.3	1373.5	- Amérique latine
Eastern Asia	2213.7	2926.1	3459.3	4455.0	4726.6	Asie orientale
Southern Asia	146.7	180.7	215.2	256.5	248.1	Asie méridionale
South-Eastern Asia	2651.5	2996.2	3352.5	4013.3	4379.0	Asie du Sud-Est
Western Asia	50.2	46.0	63.4	48.6	43.6	Asie occidentale
Oceania	6.3	5.9	9.0	9.4	84.2	Océanie
China	1923.4	2593.6	3176.9	4215.5	4489.7	Chine
Thailand	2144.5	2253.2	2496.8	2993.8	3167.8	Thaïlande
Denmark	532.6	593.5	633.8	698.8	783.4	Danemark
Germany	468.4	492.4	539.2	599.2	772.7	Allemagne
Spain	468.9	486.1	507.0	578.7	666.3	Espagne
Ecuador	386.9	330.0	441.1	567.6	584.4	Equateur
Canada	393.0	426.9	464.5	481.7	418.7	Canada
Morocco	338.2	356.1	412.3	483.7	486.5	Maroc
United States	355.9	416.9	421.1	427.6	434.8	Etats-Unis d'Amérique
Netherlands	352.1	379.1	353.0	410.0	444.1	Pays-Bas
Japan	256.7	290.0	369.8	397.9	485.7	Japon
Viet Nam	121.9	204.9	307.1	396.1	e462.0	Viet Nam
Chile	216.2	252.5	290.0	319.3	355.1	Chili
France-Monaco	206.3	243.4	260.7	279.8	360.4	France-Monaco
Indonesia	114.1	242.9	278.0	316.9	379.8	Indonésie
Poland	115.3	139.4	187.3	225.9	283.4	Pologne
Belgium	164.8	171.4	183.1	201.3	222.4	Belgique
Seychelles	193.9	169.3	178.1	187.1	183.2	Seychelles
Italy	136.6	153.8	167.3	190.0	221.3	Italie
Korea, Republic of	203.1	207.2	184.0	153.5	117.5	République de Corée
India	85.6	108.0	163.4	195.3	189.8	Inde
United Kingdom	114.6	126.7	130.0	133.1	219.0	Royaume-Uni
Philippines	136.6	142.8	107.2	127.9	181.3	Philippines
Iceland	164.6	165.7	134.6	113.5	110.9	Islande
Norway	127.7	138.2	149.1	129.3	124.9	Norvège

Value as percentages of World total

Regions of the world	1998	1999	2000	2001	2002	2003	2004	2005	2006	2007	Régions du monde
World	100.0	100.0	100.0	100.0	100.0	100.0	100.0	100.0	100.0	100.0	Monde
Developed Economies	43.4	43.2	39.8	40.1	39.8	39.7	38.4	36.7	33.9	34.8	Economies Développés
- Asia-Pacific	3.8	4.1	4.3	3.5	3.2	3.4	3.3	3.5	3.2	3.4	- Asie-Pacifique
- Europe	32.5	30.9	27.3	28.3	28.8	29.1	27.9	26.3	24.7	26.4	- Europe
- North America	7.1	8.3	8.2	8.3	7.7	7.1	7.2	6.9	6.0	5.0	- Amérique du Nord
South-Eastern Europe	0.0	0.1	0.1	0.1	0.1	0.1	0.2	0.2	0.2	0.2	Europe du Sud-Est
Commonwealth of Independent States	0.5	0.7	0.7	0.9	0.7	0.6	0.8	1.0	0.9	1.1	Communauté d'Etats indépendants
- Asia	0.1	0.1	0.1	0.1	0.0	0.1	0.1	0.1	0.0	0.0	- Asie
- Europe	0.5	0.6	0.6	0.8	0.6	0.6	0.7	0.9	0.9	1.1	- Europe
Northern Africa	2.1	2.2	2.2	2.4	2.5	3.0	2.7	2.8	2.9	2.6	Afrique septentrionale
Sub-Saharan Africa	4.4	3.9	4.2	4.6	5.0	5.2	4.4	3.7	3.5	3.6	Afrique subsaharienne
Latin America & the Caribbean	8.1	7.5	6.7	7.3	7.3	7.3	6.5	7.0	7.1	7.3	Amérique latine et Caraïbes
- Caribbean	0.0	0.0	0.0	0.0	0.0	0.0	0.0	0.0	0.0	0.0	- Caraïbes
- Latin America	8.1	7.5	6.6	7.2	7.3	7.2	6.5	7.0	7.1	7.3	- Amérique latine
Eastern Asia	14.7	15.4	19.9	18.7	19.4	19.3	22.3	23.7	26.1	25.1	Asie orientale
Southern Asia	0.7	0.5	0.6	0.6	0.6	1.3	1.4	1.5	1.5	1.3	Asie méridionale
South-Eastern Asia	25.3	25.7	25.2	24.9	24.2	23.1	22.9	22.9	23.6	23.3	Asie du Sud-Est
Western Asia	0.7	0.5	0.6	0.4	0.3	0.4	0.4	0.4	0.3	0.2	Asie occidentale
Oceania	0.1	0.2	0.1	0.1	0.1	0.1	0.0	0.1	0.1	0.4	Océanie

041 Wheat (including spelt) and meslin, unmilled

Trade by commodity
Imports by principal countries or areas
Value in million US dollars

Commerce par produit
Importations selon les principaux pays ou zones
Valeur en millions de dollars EU

Country or area	2003	2004	2005	2006	2007	Pays ou zone
World	17605.0	21035.9	20628.3	22830.0	32946.2	Monde
Developed Economies	5318.8	5979.0	6187.7	6817.2	9752.1	Economies Développés
- Asia-Pacific	1172.9	1346.3	1299.5	1351.3	1728.6	- Asie-Pacifique
- Europe	3995.8	4462.4	4706.1	5131.5	7498.8	- Europe
- North America	150.1	170.2	182.1	334.4	524.7	- Amérique du Nord
South-Eastern Europe	390.1	394.0	185.1	130.9	370.4	Europe du Sud-Est
Commonwealth of Independent States	808.5	744.0	373.1	558.1	843.4	Communauté d'Etats indépendants
- Asia	208.7	354.6	272.2	359.8	715.6	- Asie
- Europe	599.8	389.4	100.8	198.3	127.8	- Europe
Northern Africa	2127.5	2608.8	2694.1	2663.4	4604.8	Afrique septentrionale
Sub-Saharan Africa	1874.6	2112.0	3047.6	3059.8	4221.9	Afrique subsaharienne
Latin America & the Caribbean	2897.2	2764.8	2751.8	3422.5	4531.8	Amérique latine et Caraïbes
- Caribbean	220.7	259.2	300.1	295.5	356.8	- Caraïbes
- Latin America	2676.5	2505.6	2451.8	3127.0	4175.0	- Amérique latine
Eastern Asia	937.0	2579.7	1725.7	1012.0	1222.6	Asie orientale
Southern Asia	755.7	628.0	559.4	1971.5	2031.6	Asie méridionale
South-Eastern Asia	1534.7	1918.2	1968.2	2129.7	2604.8	Asie du Sud-Est
Western Asia	919.3	1262.7	1086.2	1004.5	2698.4	Asie occidentale
Oceania	41.5	44.8	49.4	60.5	64.4	Océanie
Italy	1218.4	1269.8	1162.6	1389.9	1822.7	Italie
Japan	1090.9	1278.1	1227.9	1280.5	1635.0	Japon
Nigeria	394.6	e375.3	e1271.0	1365.8	e2240.8	Nigéria
Algeria	878.3	1026.7	1024.5	997.0	e1174.1	Algérie
Egypt	605.5	727.3	924.7	967.1	1558.0	Egypte
Brazil	1009.7	729.9	649.0	988.6	1391.9	Brésil
Spain	592.5	755.6	1188.9	877.1	956.2	Espagne
Indonesia	579.9	838.6	799.0	816.1	1181.3	Indonésie
Korea, Republic of	610.3	660.4	665.7	656.1	828.2	République de Corée
Mexico	565.8	617.8	612.8	691.1	856.0	Mexique
Netherlands	402.2	627.5	482.5	678.5	1089.4	Pays-Bas
Belgium	530.1	555.5	522.0	576.1	918.6	Belgique
Morocco	384.3	557.7	468.8	351.6	1129.0	Maroc
China	76.6	1640.4	762.1	107.8	20.7	Chine
India	0.1	0.0		1290.5	1295.3	Inde
Philippines	468.1	382.4	377.2	541.4	436.9	Philippines
Germany	244.1	190.4	258.8	363.2	602.8	Allemagne
Malaysia	171.9	287.3	300.8	279.2	368.8	Malaisie
Yemen	179.1	250.8	194.4	117.0	660.9	Yémen
Tunisia	221.6	193.6	177.0	233.8	575.7	Tunisie
Peru	210.4	257.4	253.7	265.4	411.8	Pérou
Portugal	218.6	256.9	278.8	259.0	331.8	Portugal
United States	144.0	167.2	178.8	330.0	517.8	Etats-Unis d'Amérique
Colombia	201.8	236.9	235.9	270.7	368.0	Colombie
Venezuela	206.1	228.6	272.4	299.9	296.5	Venezuela

Value as percentages of World total

Valeur en pourcentage du total mondial

Regions of the world	1998	1999	2000	2001	2002	2003	2004	2005	2006	2007	Régions du monde
World	100.0	100.0	100.0	100.0	100.0	100.0	100.0	100.0	100.0	100.0	Monde
Developed Economies	32.3	31.9	29.1	17.0	32.6	30.2	28.4	30.0	29.9	29.6	Economies Développés
- Asia-Pacific	6.8	7.2	6.8	3.7	7.0	6.7	6.4	6.3	5.9	5.2	- Asie-Pacifique
- Europe	23.5	22.8	20.7	12.2	23.8	22.7	21.2	22.8	22.5	22.8	- Europe
- North America	2.0	1.9	1.6	1.1	1.8	0.9	0.8	0.9	1.5	1.6	- Amérique du Nord
South-Eastern Europe	0.5	0.2	0.6	0.4	0.7	2.2	1.9	0.9	0.6	1.1	Europe du Sud-Est
Commonwealth of Independent States	3.1	4.0	5.3	1.5	1.7	4.6	3.5	1.8	2.4	2.6	Communauté d'Etats indépendants
- Asia	2.0	1.2	2.0	0.9	1.3	1.2	1.7	1.3	1.6	2.2	- Asie
- Europe	1.2	2.8	3.3	0.6	0.4	3.4	1.9	0.5	0.9	0.4	- Europe
Northern Africa	13.1	11.7	14.2	7.5	15.7	12.1	12.4	13.1	11.7	14.0	Afrique septentrionale
Sub-Saharan Africa	6.7	7.0	6.7	49.8	8.3	10.6	10.0	14.8	13.4	12.8	Afrique subsaharienne
Latin America & the Caribbean	14.3	15.6	14.9	8.7	15.2	16.5	13.1	13.3	15.0	13.8	Amérique latine et Caraïbes
- Caribbean	1.0	1.3	1.3	0.9	1.1	1.3	1.2	1.5	1.3	1.1	- Caraïbes
- Latin America	13.3	14.3	13.5	7.9	14.1	15.2	11.9	11.9	13.7	12.7	- Amérique latine
Eastern Asia	7.0	5.1	5.4	2.9	5.2	5.3	12.3	8.4	4.4	3.7	Asie orientale
Southern Asia	8.7	10.8	9.1	4.6	5.4	4.3	3.0	2.7	8.6	6.2	Asie méridionale
South-Eastern Asia	7.7	7.8	8.3	4.7	9.8	8.7	9.1	9.5	9.3	7.9	Asie du Sud-Est
Western Asia	6.4	5.7	6.0	2.8	5.1	5.2	6.0	5.3	4.4	8.2	Asie occidentale
Oceania	0.2	0.2	0.2	0.1	0.2	0.2	0.2	0.2	0.3	0.2	Océanie

Froment (y compris l'épeautre) et méteil non moulus 041

Trade by commodity
Exports by principal countries or areas
Value in million US dollars

Commerce par produit
Exportations selon les principaux pays ou zones
Valeur en millions de dollars EU

Country or area	2003	2004	2005	2006	2007	Pays ou zone
World	15840.8	19267.7	17853.8	20655.5	30319.4	Monde
Developed Economies	12272.8	15526.5	13695.0	15632.6	21951.7	Economies Développés
- Asia-Pacific	1573.3	3082.7	2272.4	2542.6	1630.3	- Asie-Pacifique
- Europe	4719.3	4576.4	4804.3	5638.7	7594.2	- Europe
- North America	5980.2	7867.4	6618.4	7451.3	12727.2	- Amérique du Nord
South-Eastern Europe	52.4	124.3	200.6	293.0	211.8	Europe du Sud-Est
Commonwealth of Independent States	1395.8	1315.1	2027.1	2518.6	4986.7	Communauté d'Etats indépendants
- Asia	533.9	490.2	234.1	532.7	1181.7	- Asie
- Europe	861.9	824.9	1793.1	1985.9	3805.0	- Europe
Northern Africa	1.9	0.2	0.1	6.0	2.3	Afrique septentrionale
Sub-Saharan Africa	18.2	55.1	29.0	39.3	57.2	Afrique subsaharienne
Latin America & the Caribbean	1087.5	1667.3	1489.5	1674.8	2289.3	Amérique latine et Caraïbes
- Caribbean	3.8	2.7	48.0	1.4	1.9	- Caraïbes
- Latin America	1083.8	1664.6	1441.5	1673.4	2287.4	- Amérique latine
Eastern Asia	266.8	112.1	36.8	161.2	480.8	Asie orientale
Southern Asia	555.0	323.0	216.0	102.2	99.8	Asie méridionale
South-Eastern Asia	2.8	5.1	3.5	4.4	17.2	Asie du Sud-Est
Western Asia	187.4	138.9	156.0	223.1	222.6	Asie occidentale
Oceania	0.3	0.1	0.2	0.2	0.1	Océanie
United States	3958.3	5181.0	4381.7	4230.1	8344.7	Etats-Unis d'Amérique
Canada	2019.4	2685.9	2236.7	3221.0	4382.5	Canada
France-Monaco	2304.2	2535.9	2404.6	2694.5	3521.9	France-Monaco
Australia	1573.2	3082.5	2272.3	2542.3	1630.3	Australie
Russian Federation	779.3	536.0	1134.1	1368.5	3608.8	Fédération de Russie
Argentina	940.5	1365.5	1280.6	1472.1	2016.0	Argentine
Germany	679.9	712.4	766.4	1041.4	1165.3	Allemagne
Kazakhstan	522.6	389.6	219.7	522.8	1170.5	Kazakhstan
United Kingdom	477.1	381.4	360.0	351.2	462.6	Royaume-Uni
Ukraine	80.6	288.9	652.2	595.8	190.1	Ukraine
Hungary	169.0	152.0	225.3	319.5	420.8	Hongrie
China	265.0	112.1	36.7	161.2	480.8	Chine
India	514.0	322.1	126.4	7.8	0.1	Inde
Belgium	113.0	173.7	127.3	156.8	251.2	Belgique
Spain	220.3	130.1	48.2	135.7	221.1	Espagne
Syrian Arab Republic	117.2	125.2	91.9	194.9	e209.5	République arabe syrienne
Czech Republic	79.0	27.3	180.0	136.4	217.6	République tchèque
Austria	106.1	87.6	134.0	109.1	185.3	Autriche
Denmark	109.8	42.2	63.6	131.6	216.4	Danemark
Bulgaria	35.2	80.0	127.0	164.3	63.4	Bulgarie
Sweden	109.8	77.5	55.0	88.5	126.9	Suède
Mexico	102.4	49.3	65.8	82.7	149.3	Mexique
Lithuania	81.0	64.2	101.4	59.5	120.9	Lituanie
Poland	67.2	26.3	55.5	105.7	97.6	Pologne
Brazil	7.4	207.8	14.6	64.4	29.5	Brésil

Value as percentages of World total

Valeur en pourcentage du total mondial

Regions of the world	1998	1999	2000	2001	2002	2003	2004	2005	2006	2007	Régions du monde
World	100.0	100.0	100.0	100.0	100.0	100.0	100.0	100.0	100.0	100.0	Monde
Developed Economies	84.6	85.0	84.2	80.7	74.5	77.5	80.6	76.7	75.7	72.4	Economies Développés
- Asia-Pacific	14.3	14.9	15.6	15.2	14.6	9.9	16.0	12.7	12.3	5.4	- Asie-Pacifique
- Europe	28.1	29.0	27.1	25.3	23.7	29.8	23.8	26.9	27.3	25.0	- Europe
- North America	42.2	41.0	41.5	40.1	36.2	37.8	40.8	37.1	36.1	42.0	- Amérique du Nord
South-Eastern Europe	0.9	1.1	0.5	0.6	1.2	0.3	0.6	1.1	1.4	0.7	Europe du Sud-Est
Commonwealth of Independent States	3.9	4.9	3.6	4.8	11.8	8.8	6.8	11.4	12.2	16.4	Communauté d'Etats indépendants
- Asia	1.7	1.9	3.2	2.2	2.1	3.4	2.5	1.3	2.6	3.9	- Asie
- Europe	2.2	3.1	0.4	2.6	9.6	5.4	4.3	10.0	9.6	12.5	- Europe
Northern Africa	0.0	0.0	0.0	0.0	0.0	0.0	0.0	0.0	0.0	0.0	Afrique septentrionale
Sub-Saharan Africa	0.1	0.2	0.2	0.3	0.2	0.1	0.3	0.2	0.2	0.2	Afrique subsaharienne
Latin America & the Caribbean	8.9	7.4	9.3	9.5	7.7	6.9	8.7	8.3	8.1	7.6	Amérique latine et Caraïbes
- Caribbean	0.0	0.0	0.0	0.0	0.0	0.0	0.0	0.3	0.0	0.0	- Caraïbes
- Latin America	8.9	7.4	9.3	9.5	7.7	6.8	8.6	8.1	8.1	7.5	- Amérique latine
Eastern Asia	0.0	0.0	0.0	0.3	0.5	1.7	0.6	0.2	0.8	1.6	Asie orientale
Southern Asia	0.0	0.0	0.7	2.2	3.2	3.5	1.7	1.2	0.5	0.3	Asie méridionale
South-Eastern Asia	0.0	0.0	0.0	0.0	0.0	0.0	0.0	0.0	0.0	0.1	Asie du Sud-Est
Western Asia	1.6	1.4	1.4	1.6	0.9	1.2	0.7	0.9	1.1	0.7	Asie occidentale
Oceania	0.0	0.0	0.0	0.0	0.0	0.0	0.0	0.0	0.0	0.0	Océanie

042 Rice

Trade by commodity
Imports by principal countries or areas
Value in million US dollars

Commerce par produit
Importations selon les principaux pays ou zones
Valeur en millions de dollars EU

Country or area	2003	2004	2005	2006	2007	Pays ou zone
World	7486.3	8982.1	9859.3	10345.0	12851.7	Monde
Developed Economies	1994.8	2389.2	2270.4	2504.8	3122.4	Economies Développés
- Asia-Pacific	307.2	412.4	399.2	384.5	479.1	- Asie-Pacifique
- Europe	1324.4	1539.0	1466.0	1585.5	2013.4	- Europe
- North America	363.3	437.8	405.2	534.8	629.9	- Amérique du Nord
South-Eastern Europe	36.0	51.8	49.8	55.6	54.2	Europe du Sud-Est
Commonwealth of Independent States	110.8	141.5	150.0	184.9	172.5	Communauté d'Etats indépendants
- Asia	16.7	15.0	14.1	33.2	38.5	- Asie
- Europe	94.1	126.6	135.9	151.7	134.1	- Europe
Northern Africa	59.9	76.7	72.2	81.4	136.1	Afrique septentrionale
Sub-Saharan Africa	1494.9	1930.8	2509.9	2320.8	2908.0	Afrique subsaharienne
Latin America & the Caribbean	837.4	996.8	1000.5	1105.4	1280.8	Amérique latine et Caraïbes
- Caribbean	254.8	379.3	475.7	426.2	420.3	- Caraïbes
- Latin America	582.5	617.5	524.8	679.2	860.5	- Amérique latine
Eastern Asia	381.3	591.6	456.6	628.1	677.5	Asie orientale
Southern Asia	521.0	491.1	595.4	448.8	498.2	Asie méridionale
South-Eastern Asia	730.8	660.4	969.9	1151.5	1686.7	Asie du Sud-Est
Western Asia	1213.7	1517.0	1637.7	1680.2	2191.5	Asie occidentale
Oceania	105.7	135.1	147.0	183.5	123.9	Océanie
Saudi Arabia	363.7	536.6	580.6	530.1	626.1	Arabie saoudite
Philippines	171.5	263.1	550.0	513.3	653.5	Philippines
Nigeria	231.2	e219.9	e394.2	423.6	e694.9	Nigéria
United Arab Emirates	251.5	285.5	366.3	380.4	e470.8	Emirates arabes unis
United Kingdom	279.4	303.0	309.6	314.1	389.5	Royaume-Uni
United States	242.3	284.8	260.9	368.3	435.2	Etats-Unis d'Amérique
Japan	249.6	343.7	320.9	302.6	369.4	Japon
France-Monaco	271.9	309.2	272.8	281.8	368.8	France-Monaco
Senegal	217.9	242.4	368.6	209.3	363.9	Sénégal
Iran (Islamic Republic of)	272.5	299.9	389.3	149.6	e165.5	Iran (République islamique d')
Côte d'Ivoire	157.7	214.7	253.7	291.5	326.1	Côte d'Ivoire
South Africa	157.0	205.8	229.3	246.9	299.2	Afrique du Sud
Brazil	299.8	235.7	129.5	174.6	236.7	Brésil
China	96.5	251.5	196.1	288.5	217.6	Chine
Malaysia	105.4	146.9	182.6	286.1	312.9	Malaisie
Indonesia	291.4	61.8	51.5	132.6	467.7	Indonésie
Germany	163.7	185.2	185.1	204.6	250.4	Allemagne
Mexico	135.4	185.0	164.6	203.4	247.8	Mexique
Cuba	96.0	171.8	274.4	176.8	e189.2	Cuba
China, Hong Kong SAR	145.3	155.2	150.8	155.0	190.1	Chine - RAS de Hong-Kong
Canada	120.0	151.8	143.3	165.3	193.5	Canada
Bangladesh	180.9	79.2	133.4	e166.9	e192.5	Bangladesh
Belgium	119.8	144.9	122.0	144.9	193.5	Belgique
Ghana	117.3	185.2	129.7	118.2	158.4	Ghana
Haiti	e105.0	e111.9	e121.5	e171.9	e140.8	Haïti

Regions of the world	1998	1999	2000	2001	2002	2003	2004	2005	2006	2007	Régions du monde
World	100.0	100.0	100.0	100.0	100.0	100.0	100.0	100.0	100.0	100.0	Monde
Developed Economies	21.6	22.6	25.1	21.0	25.0	26.6	26.6	23.0	24.2	24.3	Economies Développés
- Asia-Pacific	3.4	4.1	4.5	3.0	3.9	4.1	4.6	4.0	3.7	3.7	- Asie-Pacifique
- Europe	14.6	14.6	16.0	14.2	16.8	17.7	17.1	14.9	15.3	15.7	- Europe
- North America	3.6	3.8	4.7	3.9	4.3	4.9	4.9	4.1	5.2	4.9	- Amérique du Nord
South-Eastern Europe	0.4	0.5	0.4	0.4	0.4	0.5	0.6	0.5	0.5	0.4	Europe du Sud-Est
Commonwealth of Independent States	1.3	2.3	1.5	1.3	2.0	1.5	1.6	1.5	1.8	1.3	Communauté d'Etats indépendants
- Asia	0.2	0.2	0.2	0.4	0.6	0.2	0.2	0.1	0.3	0.3	- Asie
- Europe	1.1	2.1	1.3	1.0	1.4	1.3	1.4	1.4	1.5	1.0	- Europe
Northern Africa	0.8	0.7	1.1	0.6	0.9	0.8	0.9	0.7	0.8	1.1	Afrique septentrionale
Sub-Saharan Africa	14.6	11.6	14.9	32.0	20.4	20.0	21.5	25.5	22.4	22.6	Afrique subsaharienne
Latin America & the Caribbean	15.6	11.0	9.0	8.5	8.8	11.2	11.1	10.1	10.7	10.0	Amérique latine et Caraïbes
- Caribbean	2.7	3.8	3.6	3.3	4.0	3.4	4.2	4.8	4.1	3.3	- Caraïbes
- Latin America	12.9	7.2	5.4	5.1	4.8	7.8	6.9	5.3	6.6	6.7	- Amérique latine
Eastern Asia	4.2	3.8	5.4	8.3	4.9	5.1	6.6	4.6	6.1	5.3	Asie orientale
Southern Asia	5.8	8.4	8.6	5.3	6.2	7.0	5.5	6.0	4.3	3.9	Asie méridionale
South-Eastern Asia	21.1	22.4	11.8	7.8	13.2	9.8	7.4	9.8	11.1	13.1	Asie du Sud-Est
Western Asia	13.5	15.7	20.9	13.6	16.8	16.2	16.9	16.6	16.2	17.1	Asie occidentale
Oceania	1.2	1.0	1.2	1.1	1.2	1.4	1.5	1.5	1.8	1.0	Océanie

Trade by commodity
Exports by principal countries or areas
Value in million US dollars

Commerce par produit
Exportations selon les principaux pays ou zones
Valeur en millions de dollars EU

Country or area	2003	2004	2005	2006	2007	Pays ou zone
World	7217.4	9008.0	9849.4	10633.0	13120.2	Monde
Developed Economies	1992.8	2193.5	2336.9	2512.7	2820.3	Economies Développés
- Asia-Pacific	65.9	41.4	37.6	174.4	128.3	- Asie-Pacifique
- Europe	893.8	981.7	1005.9	1050.3	1291.9	- Europe
- North America	1033.1	1170.3	1293.4	1288.0	1400.1	- Amérique du Nord
South-Eastern Europe	1.1	1.5	2.8	3.4	6.9	Europe du Sud-Est
Commonwealth of Independent States	3.2	25.1	16.4	14.9	22.6	Communauté d'Etats indépendants
- Asia	1.1	23.6	11.6	6.8	12.4	- Asie
- Europe	2.1	1.5	4.8	8.1	10.2	- Europe
Northern Africa	150.1	232.1	311.2	302.1	400.5	Afrique septentrionale
Sub-Saharan Africa	22.2	40.0	60.1	62.3	55.8	Afrique subsaharienne
Latin America & the Caribbean	319.6	339.5	439.7	567.1	673.9	Amérique latine et Caraïbes
- Caribbean	9.7	6.5	5.9	6.3	7.0	- Caraïbes
- Latin America	309.9	333.0	433.8	560.8	666.8	- Amérique latine
Eastern Asia	497.6	239.5	229.6	414.2	485.9	Asie orientale
Southern Asia	1526.0	2166.0	2517.0	2711.2	3506.9	Asie méridionale
South-Eastern Asia	2609.9	3683.8	3800.9	3905.8	4991.5	Asie du Sud-Est
Western Asia	92.9	85.5	134.0	138.3	155.8	Asie occidentale
Oceania	2.0	1.5	0.8	0.9	0.2	Océanie
Thailand	1830.2	2691.4	2321.7	2579.1	3470.0	Thaïlande
India	895.9	1478.1	1410.6	1552.1	2352.9	Inde
United States	1031.1	1168.6	1290.7	1284.9	1396.0	Etats-Unis d'Amérique
Viet Nam	719.9	950.3	1408.4	1275.9	e1488.4	Viet Nam
Pakistan	626.6	682.9	1099.3	1151.9	1145.7	Pakistan
Italy	332.2	384.5	455.5	437.3	539.0	Italie
China	494.7	232.6	224.6	408.7	478.6	Chine
Egypt	149.0	232.1	311.1	302.1	400.3	Egypte
Uruguay	187.1	180.0	199.8	218.6	280.6	Uruguay
Belgium	139.1	161.8	139.5	151.8	207.1	Belgique
Spain	172.5	168.2	119.5	141.9	152.8	Espagne
United Arab Emirates	80.9	76.5	120.4	121.7	e131.5	Emirates arabes unis
Argentina	56.6	73.9	90.1	136.0	148.6	Argentine
Australia	59.5	28.3	31.6	164.1	118.2	Australie
Netherlands	70.0	45.7	82.1	83.9	113.0	Pays-Bas
France-Monaco	54.5	75.2	59.9	60.0	62.1	France-Monaco
Guyana	35.8	49.0	46.0	50.1	75.5	Guyana
Germany	45.3	45.4	50.7	51.4	57.6	Allemagne
United Kingdom	47.3	56.4	42.7	40.1	55.4	Royaume-Uni
Brazil	5.0	7.7	56.8	59.9	53.4	Brésil
Greece	12.0	18.0	30.1	42.4	51.1	Grèce
Ecuador	11.4	0.6	12.5	62.0	56.6	Equateur
Singapore	24.5	29.2	28.8	22.5	27.2	Singapour
Senegal	8.6	22.9	38.9	29.5	25.1	Sénégal
Myanmar	e32.3	e8.1	e27.2	e19.8	e1.8	Myanmar

Value as percentages of World total

Valeur en pourcentage du total mondial

Regions of the world	1998	1999	2000	2001	2002	2003	2004	2005	2006	2007	Régions du monde
World	100.0	100.0	100.0	100.0	100.0	100.0	100.0	100.0	100.0	100.0	Monde
Developed Economies	26.1	27.8	27.9	36.4	24.7	27.6	24.4	23.7	23.6	21.5	Economies Développés
- Asia-Pacific	3.9	4.2	3.7	16.2	1.4	0.9	0.5	0.4	1.6	1.0	- Asie-Pacifique
- Europe	9.6	11.6	11.3	9.8	11.7	12.4	10.9	10.2	9.9	9.8	- Europe
- North America	12.6	12.0	12.9	10.4	11.6	14.3	13.0	13.1	12.1	10.7	- Amérique du Nord
South-Eastern Europe	0.1	0.0	0.0	0.0	0.0	0.0	0.0	0.0	0.0	0.1	Europe du Sud-Est
Commonwealth of Independent States	0.1	0.1	0.1	0.1	0.2	0.0	0.3	0.2	0.1	0.2	Communauté d'Etats indépendants
- Asia	0.1	0.1	0.0	0.0	0.1	0.0	0.3	0.1	0.1	0.1	- Asie
- Europe	0.0	0.0	0.1	0.0	0.0	0.0	0.0	0.0	0.1	0.1	- Europe
Northern Africa	1.4	1.1	1.6	2.1	1.6	2.1	2.6	3.2	2.8	3.1	Afrique septentrionale
Sub-Saharan Africa	0.2	0.2	0.2	0.2	0.5	0.3	0.4	0.6	0.6	0.4	Afrique subsaharienne
Latin America & the Caribbean	7.2	6.3	5.7	5.3	4.3	4.4	3.8	4.5	5.3	5.1	Amérique latine et Caraïbes
- Caribbean	0.2	0.1	0.2	0.1	0.1	0.1	0.1	0.1	0.1	0.1	- Caraïbes
- Latin America	7.0	6.1	5.5	5.1	4.1	4.3	3.7	4.4	5.3	5.1	- Amérique latine
Eastern Asia	9.8	8.6	9.0	5.1	5.9	6.9	2.7	2.3	3.9	3.7	Asie orientale
Southern Asia	21.6	16.7	18.4	17.3	25.0	21.1	24.0	25.6	25.5	26.7	Asie méridionale
South-Eastern Asia	32.6	37.9	35.8	32.5	36.6	36.2	40.9	38.6	36.7	38.0	Asie du Sud-Est
Western Asia	0.9	1.3	1.3	1.2	1.3	1.3	0.9	1.4	1.3	1.2	Asie occidentale
Oceania	0.0	0.0	0.0	0.0	0.0	0.0	0.0	0.0	0.0	0.0	Océanie

043 Barley, unmilled

Trade by commodity
Imports by principal countries or areas
Value in million US dollars

Commerce par produit
Importations selon les principaux pays ou zones
Valeur en millions de dollars EU

Country or area	2003	2004	2005	2006	2007	Pays ou zone
World	2833.9	3471.3	3992.0	3961.0	6043.5	Monde
Developed Economies	1272.5	1638.6	1446.3	1560.0	2278.6	Economies Développés
- Asia-Pacific	265.4	269.9	270.9	261.6	414.2	- Asie-Pacifique
- Europe	928.5	1287.5	1150.4	1263.8	1750.2	- Europe
- North America	78.6	81.2	25.0	34.7	114.2	- Amérique du Nord
South-Eastern Europe	19.6	33.8	9.6	12.8	28.8	Europe du Sud-Est
Commonwealth of Independent States	64.3	118.7	52.7	52.4	116.6	Communauté d'Etats indépendants
- Asia	2.4	5.4	9.3	13.5	25.7	- Asie
- Europe	61.9	113.2	43.3	39.0	90.9	- Europe
Northern Africa	71.2	104.9	296.8	183.1	392.8	Afrique septentrionale
Sub-Saharan Africa	20.7	18.2	22.4	10.4	10.0	Afrique subsaharienne
Latin America & the Caribbean	144.8	105.6	101.0	117.3	193.3	Amérique latine et Caraïbes
- Caribbean	8.8	1.4	0.1	2.5	1.4	- Caraïbes
- Latin America	136.0	104.2	100.9	114.9	191.9	- Amérique latine
Eastern Asia	290.2	356.8	466.4	433.2	297.6	Asie orientale
Southern Asia	1.3	138.6	183.3	18.4	20.5	Asie méridionale
South-Eastern Asia	3.4	8.3	10.0	12.6	16.4	Asie du Sud-Est
Western Asia	945.7	947.6	1403.4	1560.6	2688.7	Asie occidentale
Oceania	0.1	0.1	0.1	0.1	0.2	Océanie
Saudi Arabia	665.2	552.8	1048.3	1214.3	2142.4	Arabie saoudite
China	268.3	320.6	429.4	406.1	266.8	Chine
Japan	265.3	265.6	270.4	260.5	414.1	Japon
Belgium	176.3	213.5	207.6	217.8	331.5	Belgique
Netherlands	132.1	182.5	137.8	234.3	314.0	Pays-Bas
Spain	78.9	203.2	308.1	217.5	74.7	Espagne
Germany	133.5	128.4	112.8	174.9	315.9	Allemagne
Italy	136.9	219.2	128.9	118.9	157.4	Italie
Jordan	53.5	103.4	100.5	114.4	229.6	Jordanie
Tunisia	33.3	25.7	97.5	79.0	207.7	Tunisie
Syrian Arab Republic	61.4	69.4	109.1	55.3	e72.3	République arabe syrienne
Morocco	21.1	31.0	133.6	32.6	147.2	Maroc
Iran (Islamic Republic of)	1.0	138.4	178.0	17.6	e19.4	Iran (République islamique d')
Portugal	43.6	66.9	63.4	51.0	52.0	Portugal
United States	52.5	73.9	16.2	29.5	104.5	Etats-Unis d'Amérique
Greece	41.3	57.4	43.4	52.5	66.3	Grèce
Israel	58.1	79.8	29.4	43.5	43.9	Israël
Russian Federation	39.5	67.3	42.7	27.6	69.6	Fédération de Russie
Colombia	42.7	37.0	41.6	41.5	61.6	Colombie
Cyprus	34.9	41.8	30.6	41.3	61.7	Chypre
Denmark	43.9	45.1	29.5	18.0	57.5	Danemark
Brazil	39.1	30.6	22.9	30.9	46.4	Brésil
Poland	24.2	36.4	13.3	18.6	73.4	Pologne
Libyan Arab Jamahiriya	6.5	43.0	e41.3	e47.5	e9.5	Jamahiriya arabe libyenne
Kuwait	e10.8	e7.7	e26.9	e23.1	e58.9	Koweït

Value as percentages of World total

Valeur en pourcentage du total mondial

Regions of the world	1998	1999	2000	2001	2002	2003	2004	2005	2006	2007	Régions du monde
World	100.0	100.0	100.0	100.0	100.0	100.0	100.0	100.0	100.0	100.0	Monde
Developed Economies	44.7	40.0	33.9	40.3	44.9	44.9	47.2	36.2	39.4	37.7	Economies Développés
- Asia-Pacific	9.2	8.9	8.2	7.9	7.5	9.4	7.8	6.8	6.6	6.9	- Asie-Pacifique
- Europe	31.0	27.6	22.9	28.8	34.0	32.8	37.1	28.8	31.9	29.0	- Europe
- North America	4.5	3.5	2.9	3.6	3.4	2.8	2.3	0.6	0.9	1.9	- Amérique du Nord
South-Eastern Europe	0.2	0.3	0.5	0.6	0.2	0.7	1.0	0.2	0.3	0.5	Europe du Sud-Est
Commonwealth of Independent States	1.4	2.0	3.2	2.3	1.7	2.3	3.4	1.3	1.3	1.9	Communauté d'Etats indépendants
- Asia	0.1	0.1	0.1	0.1	0.1	0.1	0.2	0.2	0.3	0.4	- Asie
- Europe	1.2	1.9	3.2	2.2	1.6	2.2	3.3	1.1	1.0	1.5	- Europe
Northern Africa	7.3	6.8	7.5	8.4	9.0	2.5	3.0	7.4	4.6	6.5	Afrique septentrionale
Sub-Saharan Africa	1.1	0.5	0.9	0.9	1.2	0.7	0.5	0.6	0.3	0.2	Afrique subsaharienne
Latin America & the Caribbean	4.9	3.4	3.9	3.7	3.8	5.1	3.0	2.5	3.0	3.2	Amérique latine et Caraïbes
- Caribbean	0.0	0.0	0.3	0.2	0.3	0.3	0.0	0.0	0.1	0.0	- Caraïbes
- Latin America	4.9	3.4	3.7	3.5	3.6	4.8	3.0	2.5	2.9	3.2	- Amérique latine
Eastern Asia	12.1	13.2	11.6	15.6	12.4	10.2	10.3	11.7	10.9	4.9	Asie orientale
Southern Asia	1.3	2.1	5.4	4.9	0.9	0.0	4.0	4.6	0.5	0.3	Asie méridionale
South-Eastern Asia	0.1	0.1	0.1	0.2	0.1	0.1	0.2	0.3	0.3	0.3	Asie du Sud-Est
Western Asia	26.8	31.5	33.0	23.0	25.6	33.4	27.3	35.2	39.4	44.5	Asie occidentale
Oceania	0.0	0.0	0.0	0.0	0.0	0.0	0.0	0.0	0.0	0.0	Océanie

Trade by commodity   Commerce par produit
Exports by principal countries or areas   Exportations selon les principaux pays ou zones
Value in million US dollars   Valeur en millions de dollars EU

Country or area	2003	2004	2005	2006	2007	Pays ou zone
World	2979.8	3270.1	3625.8	3523.4	5440.0	Monde
Developed Economies	2268.8	2627.1	2785.7	2592.2	4159.6	Economies Développés
- Asia-Pacific	353.9	955.7	566.8	699.8	442.7	- Asie-Pacifique
- Europe	1687.4	1378.5	1839.8	1598.7	3104.9	- Europe
- North America	227.5	292.9	379.1	293.7	611.9	- Amérique du Nord
South-Eastern Europe	4.1	45.8	68.8	38.5	82.4	Europe du Sud-Est
Commonwealth of Independent States	546.3	511.7	671.9	773.6	905.9	Communauté d'Etats indépendants
- Asia	37.1	29.0	11.4	40.2	111.6	- Asie
- Europe	509.1	482.7	660.5	733.4	794.3	- Europe
Northern Africa	0.2	0.2	0.0	0.2	0.0	Afrique septentrionale
Sub-Saharan Africa	0.9	0.5	2.3	0.5	0.7	Afrique subsaharienne
Latin America & the Caribbean	10.4	36.8	42.7	60.6	120.0	Amérique latine et Caraïbes
- Caribbean	0.2	0.0	0.0	0.2	1.4	- Caraïbes
- Latin America	10.2	36.8	42.7	60.4	118.6	- Amérique latine
Eastern Asia	0.8	0.5	0.6	1.1	27.4	Asie orientale
Southern Asia	0.3	1.8	0.1	0.4	84.8	Asie méridionale
South-Eastern Asia	0.2	0.3	0.1	0.2	0.2	Asie du Sud-Est
Western Asia	147.9	45.4	53.6	56.1	59.1	Asie occidentale
Oceania					0.0	Océanie
France-Monaco	771.9	802.4	796.0	656.4	1187.3	France-Monaco
Australia	353.9	955.7	566.8	699.5	442.5	Australie
Germany	413.1	144.5	428.4	312.5	664.8	Allemagne
Ukraine	206.8	369.5	444.4	566.2	375.4	Ukraine
Canada	124.4	254.7	290.0	237.0	451.3	Canada
Russian Federation	301.9	105.2	202.7	158.1	416.5	Fédération de Russie
Denmark	153.9	114.5	64.9	113.1	166.7	Danemark
United Kingdom	143.5	108.5	128.3	98.5	134.1	Royaume-Uni
United States	103.1	38.2	89.1	56.8	160.6	Etats-Unis d'Amérique
Spain	19.1	11.7	11.4	8.3	243.6	Espagne
Netherlands	27.5	37.8	72.5	36.5	89.1	Pays-Bas
Argentina	9.7	31.8	41.0	56.0	93.5	Argentine
Kazakhstan	37.1	29.0	11.3	39.5	111.4	Kazakhstan
Czech Republic	22.6	17.6	60.6	48.3	73.1	République tchèque
Sweden	51.5	28.7	44.8	43.4	43.0	Suède
Hungary	14.0	20.1	37.4	42.6	87.9	Hongrie
Lithuania	5.4	22.2	42.0	49.3	76.4	Lituanie
Belgium	25.2	15.8	62.6	37.7	53.5	Belgique
Turkey	41.2	0.0	39.1	e45.5	e57.0	Turquie
Finland	11.1	8.7	4.1	28.2	94.5	Finlande
Bulgaria	2.1	37.0	28.7	22.4	43.0	Bulgarie
Slovakia	7.0	11.8	18.0	33.3	40.0	Slovaquie
Romania	1.3	6.5	37.6	14.9	37.4	Roumanie
India	0.1	1.6	0.1	0.2	83.6	Inde
Austria	11.5	11.4	12.2	21.8	23.2	Autriche

Value as percentages of World total   Valeur en pourcentage du total mondial

Regions of the world	1998	1999	2000	2001	2002	2003	2004	2005	2006	2007	Régions du monde
World	100.0	100.0	100.0	100.0	100.0	100.0	100.0	100.0	100.0	100.0	Monde
Developed Economies	88.5	92.3	91.9	79.9	74.3	76.1	80.3	76.8	73.6	76.5	Economies Développés
- Asia-Pacific	18.8	17.9	13.8	11.8	21.4	11.9	29.2	15.6	19.9	8.1	- Asie-Pacifique
- Europe	56.6	63.6	65.2	52.6	45.1	56.6	42.2	50.7	45.4	57.1	- Europe
- North America	13.1	10.9	12.9	15.5	7.8	7.6	9.0	10.5	8.3	11.2	- Amérique du Nord
South-Eastern Europe	0.2	0.4	0.9	2.0	2.9	0.1	1.4	1.9	1.1	1.5	Europe du Sud-Est
Commonwealth of Independent States	4.2	5.2	6.3	14.7	18.6	18.3	15.6	18.5	22.0	16.7	Communauté d'Etats indépendants
- Asia	1.1	1.4	1.7	0.8	0.8	1.2	0.9	0.3	1.1	2.1	- Asie
- Europe	3.1	3.8	4.5	13.9	17.9	17.1	14.8	18.2	20.8	14.6	- Europe
Northern Africa	0.0	0.0	0.0	0.2	0.0	0.0	0.0	0.0	0.0	0.0	Afrique septentrionale
Sub-Saharan Africa	0.2	0.0	0.0	0.0	0.0	0.0	0.0	0.1	0.0	0.0	Afrique subsaharienne
Latin America & the Caribbean	1.2	1.1	0.2	1.5	0.6	0.3	1.1	1.2	1.7	2.2	Amérique latine et Caraïbes
- Caribbean	0.1	0.2	0.0	0.0	0.0	0.0	0.0	0.0	0.0	0.0	- Caraïbes
- Latin America	1.0	0.9	0.2	1.5	0.6	0.3	1.1	1.2	1.7	2.2	- Amérique latine
Eastern Asia	0.1	0.0	0.0	0.0	0.0	0.0	0.0	0.0	0.0	0.5	Asie orientale
Southern Asia	0.0	0.0	0.0	0.0	0.0	0.0	0.1	0.0	0.0	1.6	Asie méridionale
South-Eastern Asia	0.0	0.0	0.0	0.0	0.0	0.0	0.0	0.0	0.0	0.0	Asie du Sud-Est
Western Asia	5.7	1.0	0.7	1.5	3.5	5.0	1.4	1.5	1.6	1.1	Asie occidentale
Oceania										0.0	Océanie

044 Maize (not including sweet corn), unmilled

Trade by commodity
Imports by principal countries or areas
Value in million US dollars

Commerce par produit
Importations selon les principaux pays ou zones
Valeur en millions de dollars EU

Country or area	2003	2004	2005	2006	2007	Pays ou zone
World	12728.5	14491.9	13632.1	15142.1	23738.5	Monde
Developed Economies	5600.3	6425.6	5909.5	6287.4	10849.5	Economies Développés
- Asia-Pacific	2412.7	2939.0	2585.2	2589.4	3849.7	- Asie-Pacifique
- Europe	2632.0	3091.8	2942.5	3242.1	6201.6	- Europe
- North America	555.7	394.8	381.8	455.9	798.2	- Amérique du Nord
South-Eastern Europe	73.8	156.3	75.8	78.4	328.1	Europe du Sud-Est
Commonwealth of Independent States	65.7	149.0	107.3	149.2	203.7	Communauté d'Etats indépendants
- Asia	5.5	9.5	7.4	11.7	24.3	- Asie
- Europe	60.1	139.4	99.9	137.5	179.4	- Europe
Northern Africa	1009.9	1047.7	1435.2	1255.4	1984.2	Afrique septentrionale
Sub-Saharan Africa	416.9	448.4	273.4	487.2	565.3	Afrique subsaharienne
Latin America & the Caribbean	1894.8	2124.5	2084.1	2997.7	4338.3	Amérique latine et Caraïbes
- Caribbean	169.3	194.2	247.0	292.7	369.5	- Caraïbes
- Latin America	1725.4	1930.3	1837.1	2705.0	3968.8	- Amérique latine
Eastern Asia	1758.4	2282.1	1969.5	2059.3	2798.3	Asie orientale
Southern Asia	505.5	395.4	445.5	116.4	137.8	Asie méridionale
South-Eastern Asia	527.3	563.2	483.4	852.5	958.1	Asie du Sud-Est
Western Asia	874.2	898.2	846.3	856.7	1573.1	Asie occidentale
Oceania	1.8	1.5	2.0	1.9	2.2	Océanie
Japan	2401.5	2936.5	2582.2	2586.1	3843.1	Japon
Korea, Republic of	1048.4	1431.6	1212.6	1264.6	1825.7	République de Corée
Mexico	728.3	745.1	714.1	1138.4	1554.3	Mexique
Spain	641.4	534.7	711.4	740.7	1597.7	Espagne
Egypt	528.8	364.7	696.5	545.3	934.9	Egypte
Netherlands	369.9	469.7	403.3	467.1	877.4	Pays-Bas
Germany	253.7	362.8	416.7	438.7	668.7	Allemagne
Colombia	263.8	332.1	324.4	466.3	679.8	Colombie
Malaysia	276.6	339.9	367.8	397.9	610.4	Malaisie
Italy	236.1	344.2	244.6	322.7	641.7	Italie
Algeria	211.8	298.4	354.7	337.8	e397.8	Algérie
Canada	385.8	254.3	239.6	246.7	463.0	Canada
United Kingdom	261.1	280.5	284.2	248.8	407.3	Royaume-Uni
Morocco	156.0	201.9	233.3	221.6	446.8	Maroc
Portugal	195.1	211.1	203.2	236.0	410.2	Portugal
Iran (Islamic Republic of)	437.9	335.1	377.2	37.7	e41.7	Iran (République islamique d')
Saudi Arabia	131.0	146.7	189.2	213.6	466.2	Arabie saoudite
Chile	128.6	144.7	149.3	256.5	373.1	Chili
Peru	122.6	159.8	171.6	220.4	335.7	Pérou
United States	169.6	140.3	141.9	209.0	335.0	Etats-Unis d'Amérique
France-Monaco	141.1	196.1	148.6	144.7	343.7	France-Monaco
Israel	127.2	199.2	144.6	173.2	235.7	Israël
Belgium	139.8	134.0	123.0	155.1	292.7	Belgique
Syrian Arab Republic	104.9	118.6	195.4	182.8	e238.8	République arabe syrienne
Indonesia	168.7	177.7	30.9	277.5	151.6	Indonésie

Value as percentages of World total

Valeur en pourcentage du total mondial

Regions of the world	1998	1999	2000	2001	2002	2003	2004	2005	2006	2007	Régions du monde
World	100.0	100.0	100.0	100.0	100.0	100.0	100.0	100.0	100.0	100.0	Monde
Developed Economies	44.5	43.1	39.9	40.7	42.4	44.0	44.3	43.4	41.5	45.7	Economies Développés
- Asia-Pacific	20.5	19.1	18.5	18.7	18.1	19.0	20.3	19.0	17.1	16.2	- Asie-Pacifique
- Europe	20.8	21.0	18.0	17.6	19.1	20.7	21.3	21.6	21.4	26.1	- Europe
- North America	3.1	3.0	3.4	4.5	5.2	4.4	2.7	2.8	3.0	3.4	- Amérique du Nord
South-Eastern Europe	0.3	0.4	0.4	1.3	0.5	0.6	1.1	0.6	0.5	1.4	Europe du Sud-Est
Commonwealth of Independent States	0.5	1.2	1.7	0.6	0.7	0.5	1.0	0.8	1.0	0.9	Communauté d'Etats indépendants
- Asia	0.0	0.0	0.1	0.0	0.0	0.0	0.1	0.1	0.1	0.1	- Asie
- Europe	0.5	1.2	1.7	0.5	0.7	0.5	1.0	0.7	0.9	0.8	- Europe
Northern Africa	6.7	9.8	9.4	9.5	9.9	7.9	7.2	10.5	8.3	8.4	Afrique septentrionale
Sub-Saharan Africa	3.4	2.0	2.4	4.8	4.0	3.3	3.1	2.0	3.2	2.4	Afrique subsaharienne
Latin America & the Caribbean	18.2	16.9	17.4	16.4	15.5	14.9	14.7	15.3	19.8	18.3	Amérique latine et Caraïbes
- Caribbean	0.9	1.2	1.4	1.4	1.5	1.3	1.3	1.8	1.9	1.6	- Caraïbes
- Latin America	17.3	15.7	16.0	15.0	14.0	13.6	13.3	13.5	17.9	16.7	- Amérique latine
Eastern Asia	15.3	14.6	14.8	15.1	14.5	13.8	15.7	14.4	13.6	11.8	Asie orientale
Southern Asia	1.3	1.9	2.0	2.8	1.7	4.0	2.7	3.3	0.8	0.6	Asie méridionale
South-Eastern Asia	4.0	4.2	5.3	3.7	4.6	4.1	3.9	3.5	5.6	4.0	Asie du Sud-Est
Western Asia	5.8	5.8	6.6	5.1	6.1	6.9	6.2	6.2	5.7	6.6	Asie occidentale
Oceania	0.0	0.0	0.0	0.0	0.0	0.0	0.0	0.0	0.0	0.0	Océanie

Trade by commodity
Exports by principal countries or areas
Value in million US dollars

Commerce par produit
Exportations selon les principaux pays ou zones
Valeur en millions de dollars EU

Country or area	2003	2004	2005	2006	2007	Pays ou zone
World	11153.8	11683.8	11308.3	13181.6	20513.5	Monde
Developed Economies	7030.3	8529.9	7518.7	9800.8	13779.6	Economies Développés
- Asia-Pacific	5.6	5.1	5.6	4.4	4.6	- Asie-Pacifique
- Europe	2008.3	2326.8	2424.0	2447.1	3543.7	- Europe
- North America	5016.4	6198.1	5089.1	7349.4	10231.3	- Amérique du Nord
South-Eastern Europe	66.3	139.4	253.8	260.9	227.1	Europe du Sud-Est
Commonwealth of Independent States	126.3	189.5	300.2	203.4	199.4	Communauté d'Etats indépendants
- Asia	3.3	2.3	1.7	6.3	4.6	- Asie
- Europe	123.0	187.2	298.5	197.1	194.8	- Europe
Northern Africa	11.1	12.6	2.8	3.1	2.0	Afrique septentrionale
Sub-Saharan Africa	202.4	196.4	316.2	203.8	258.6	Afrique subsaharienne
Latin America & the Caribbean	1785.7	1926.9	1645.9	2067.6	4669.7	Amérique latine et Caraïbes
- Caribbean	0.9	0.8	3.2	2.0	0.9	- Caraïbes
- Latin America	1784.8	1926.2	1642.7	2065.6	4668.8	- Amérique latine
Eastern Asia	1766.9	324.3	1096.9	412.6	874.5	Asie orientale
Southern Asia	76.4	155.7	72.0	110.0	314.6	Asie méridionale
South-Eastern Asia	67.8	182.0	69.8	100.9	174.0	Asie du Sud-Est
Western Asia	20.7	26.8	32.0	17.6	13.6	Asie occidentale
Oceania	0.0	0.0	0.0	0.0	0.3	Océanie
United States	4972.0	6137.5	5038.5	7299.9	10099.9	Etats-Unis d'Amérique
Argentina	1235.3	1193.8	1367.4	1263.9	2253.1	Argentine
France-Monaco	1329.5	1435.6	1495.0	1320.7	1523.4	France-Monaco
China	1766.8	324.3	1096.5	412.2	874.3	Chine
Brazil	375.2	597.4	120.9	481.9	1918.8	Brésil
Hungary	207.2	269.9	293.5	400.7	1104.1	Hongrie
Germany	166.7	224.7	184.3	193.1	213.1	Allemagne
Ukraine	105.1	169.0	268.9	177.1	175.2	Ukraine
India	76.2	155.7	71.6	110.0	313.6	Inde
South Africa	137.8	113.1	258.6	141.6	32.5	Afrique du Sud
Paraguay	63.4	33.4	42.9	165.7	282.7	Paraguay
Austria	79.2	102.3	91.7	98.7	143.8	Autriche
Chile	85.4	70.7	71.4	91.0	97.9	Chili
Serbia	—	—	—	179.7	85.1	Serbie
Thailand	36.3	139.6	27.6	68.8	103.2	Thaïlande
Canada	44.4	60.5	49.5	49.3	130.9	Canada
Belgium	42.9	54.3	35.8	61.0	128.0	Belgique
Netherlands	47.4	53.8	50.9	58.9	74.2	Pays-Bas
Slovakia	26.4	25.4	26.1	99.9	99.8	Slovaquie
Romania	15.2	43.3	55.3	47.5	102.5	Roumanie
Spain	37.6	60.0	57.8	45.1	58.6	Espagne
Bulgaria	27.1	27.1	54.7	33.1	38.3	Bulgarie
Italy	17.4	43.3	31.7	22.4	56.0	Italie
Zambia	6.3	42.1	16.2	13.4	60.6	Zambie
Mexico	5.7	7.4	14.3	37.2	71.3	Mexique

Value as percentages of World total

Valeur en pourcentage du total mondial

Regions of the world	1998	1999	2000	2001	2002	2003	2004	2005	2006	2007	Régions du monde
World	100.0	100.0	100.0	100.0	100.0	100.0	100.0	100.0	100.0	100.0	Monde
Developed Economies	72.4	80.8	72.4	71.3	70.5	63.0	73.0	66.5	74.4	67.2	Economies Développés
- Asia-Pacific	0.0	0.1	0.1	0.1	0.1	0.1	0.0	0.0	0.0	0.0	- Asie-Pacifique
- Europe	21.3	21.0	18.1	17.3	18.4	18.0	19.9	21.4	18.6	17.3	- Europe
- North America	51.1	59.8	54.1	53.9	52.1	45.0	53.0	45.0	55.8	49.9	- Amérique du Nord
South-Eastern Europe	1.1	0.8	0.5	0.2	0.7	0.6	1.2	2.2	2.0	1.1	Europe du Sud-Est
Commonwealth of Independent States	0.8	0.4	0.4	0.5	0.6	1.1	1.6	2.7	1.5	1.0	Communauté d'Etats indépendants
- Asia	0.0	0.0	0.0	0.0	0.0	0.0	0.0	0.0	0.0	0.0	- Asie
- Europe	0.8	0.4	0.3	0.5	0.6	1.1	1.6	2.6	1.5	0.9	- Europe
Northern Africa	0.0	0.0	0.1	0.1	0.1	0.1	0.1	0.0	0.0	0.0	Afrique septentrionale
Sub-Saharan Africa	1.8	1.3	1.1	1.3	2.0	1.8	1.7	2.8	1.5	1.3	Afrique subsaharienne
Latin America & the Caribbean	16.8	11.0	13.1	18.3	13.4	16.0	16.5	14.6	15.7	22.8	Amérique latine et Caraïbes
- Caribbean	0.0	0.0	0.0	0.0	0.0	0.0	0.0	0.0	0.0	0.0	- Caraïbes
- Latin America	16.8	11.0	13.1	18.2	13.4	16.0	16.5	14.5	15.7	22.8	- Amérique latine
Eastern Asia	5.8	5.2	12.0	7.1	11.8	15.8	2.8	9.7	3.1	4.3	Asie orientale
Southern Asia	0.0	0.0	0.1	0.2	0.1	0.7	1.3	0.6	0.8	1.5	Asie méridionale
South-Eastern Asia	1.1	0.4	0.3	1.0	0.5	0.6	1.6	0.6	0.8	0.8	Asie du Sud-Est
Western Asia	0.1	0.1	0.1	0.1	0.2	0.2	0.2	0.3	0.1	0.1	Asie occidentale
Oceania	0.0	0.0	0.0	0.0	0.0	0.0	0.0	0.0	0.0	0.0	Océanie

045 Cereals, unmilled (other than wheat, rice, barley and maize)

Trade by commodity — Commerce par produit

Imports by principal countries or areas — Importations selon les principaux pays ou zones

Value in million US dollars — Valeur en millions de dollars EU

Country or area	2003	2004	2005	2006	2007	Pays ou zone
World	1772.8	1888.6	1782.8	2002.5	2994.3	Monde
Developed Economies	1042.1	1155.6	1087.9	1238.2	2199.5	Economies Développés
- Asia-Pacific	298.5	345.3	314.0	305.0	398.1	- Asie-Pacifique
- Europe	485.9	578.6	507.4	607.0	1374.3	- Europe
- North America	257.6	231.6	266.5	326.2	427.1	- Amérique du Nord
South-Eastern Europe	1.2	3.3	2.6	2.8	7.2	Europe du Sud-Est
Commonwealth of Independent States	27.9	22.3	6.7	13.9	9.4	Communauté d'Etats indépendants
- Asia	0.6	0.7	1.3	2.4	3.4	- Asie
- Europe	27.3	21.6	5.4	11.5	6.0	- Europe
Northern Africa	4.3	4.4	4.5	11.2	7.9	Afrique septentrionale
Sub-Saharan Africa	65.6	75.3	114.0	154.6	124.9	Afrique subsaharienne
Latin America & the Caribbean	507.1	525.5	433.7	443.3	502.3	Amérique latine et Caraïbes
- Caribbean	3.4	3.0	3.8	5.9	6.3	- Caraïbes
- Latin America	503.7	522.5	429.9	437.4	496.0	- Amérique latine
Eastern Asia	41.9	39.3	42.8	40.1	46.7	Asie orientale
Southern Asia	1.3	2.6	6.5	5.7	4.3	Asie méridionale
South-Eastern Asia	13.0	12.5	15.8	13.6	19.4	Asie du Sud-Est
Western Asia	53.2	34.9	53.7	60.5	69.8	Asie occidentale
Oceania	15.3	12.7	14.6	18.5	3.0	Océanie
Mexico	436.5	455.8	366.6	376.2	393.7	Mexique
Japan	293.9	339.1	307.6	297.3	384.8	Japon
United States	248.9	223.0	258.3	316.9	415.6	Etats-Unis d'Amérique
Spain	143.1	132.4	151.4	184.0	378.5	Espagne
Netherlands	59.9	79.1	87.0	85.1	167.7	Pays-Bas
Germany	40.7	32.9	61.2	72.7	165.8	Allemagne
Belgium	44.6	64.0	42.6	42.5	132.8	Belgique
Italy	62.9	100.8	22.6	35.0	99.9	Italie
France-Monaco	15.6	23.8	16.4	19.0	80.4	France-Monaco
United Kingdom	15.4	18.9	21.0	22.5	54.1	Royaume-Uni
Denmark	10.2	25.2	17.0	20.3	59.0	Danemark
Israel	30.4	13.3	21.4	24.9	41.4	Israël
Sudan	2.5	1.7	30.9	46.4	21.4	Soudan
Korea, Republic of	21.4	18.7	15.6	16.6	21.4	République de Corée
Switzerland-Liechtenstein	14.1	14.8	12.9	17.9	26.7	Suisse-Liechtenstein
Colombia	21.9	14.6	11.3	10.7	25.4	Colombie
Portugal	17.4	14.3	16.5	12.3	22.1	Portugal
Brazil	14.4	13.2	19.3	11.6	17.3	Brésil
Austria	10.6	12.4	10.0	17.6	21.3	Autriche
Norway	9.6	8.9	5.6	14.4	28.8	Norvège
Poland	10.7	5.0	4.0	6.5	40.8	Pologne
Papua New Guinea	15.0	12.5	e13.8	e18.3	e2.7	Papouasie-Nouvelle-Guinée
Chile	10.7	10.2	8.8	9.9	21.4	Chili
Eritrea	15.3	e16.7	e17.8	e10.4	e0.0	Erythrée
South Africa	10.0	8.4	9.8	14.0	10.0	Afrique du Sud

Value as percentages of World total — Valeur en pourcentage du total mondial

Regions of the world	1998	1999	2000	2001	2002	2003	2004	2005	2006	2007	Régions du monde
World	100.0	100.0	100.0	100.0	100.0	100.0	100.0	100.0	100.0	100.0	Monde
Developed Economies	62.0	53.4	48.2	52.9	53.6	58.8	61.2	61.0	61.8	73.5	Economies Développés
- Asia-Pacific	27.0	22.0	19.3	18.8	17.6	16.8	18.3	17.6	15.2	13.3	- Asie-Pacifique
- Europe	20.7	18.6	17.3	18.4	20.7	27.4	30.6	28.5	30.3	45.9	- Europe
- North America	14.3	12.8	11.6	15.7	15.3	14.5	12.3	15.0	16.3	14.3	- Amérique du Nord
South-Eastern Europe	0.0	0.0	0.0	0.1	0.1	0.1	0.2	0.1	0.1	0.2	Europe du Sud-Est
Commonwealth of Independent States	1.2	2.8	6.2	1.0	0.2	1.6	1.2	0.4	0.7	0.3	Communauté d'Etats indépendants
- Asia	0.4	0.2	0.3	0.3	0.1	0.0	0.0	0.1	0.1	0.1	- Asie
- Europe	0.8	2.6	5.8	0.7	0.1	1.5	1.1	0.3	0.6	0.2	- Europe
Northern Africa	0.4	0.8	0.3	0.6	0.4	0.2	0.2	0.2	0.6	0.3	Afrique septentrionale
Sub-Saharan Africa	1.0	1.0	2.2	3.7	2.9	3.7	4.0	6.4	7.7	4.2	Afrique subsaharienne
Latin America & the Caribbean	29.0	33.6	35.3	37.2	37.3	28.6	27.8	24.3	22.1	16.8	Amérique latine et Caraïbes
- Caribbean	0.4	0.3	0.3	0.3	0.3	0.2	0.2	0.2	0.3	0.2	- Caraïbes
- Latin America	28.6	33.3	35.0	36.9	37.1	28.4	27.7	24.1	21.8	16.6	- Amérique latine
Eastern Asia	3.0	4.4	3.4	1.3	2.3	2.4	2.1	2.4	2.0	1.6	Asie orientale
Southern Asia	0.0	0.0	0.0	0.0	0.3	0.1	0.1	0.4	0.3	0.1	Asie méridionale
South-Eastern Asia	0.6	0.8	0.8	0.6	0.6	0.7	0.7	0.9	0.7	0.6	Asie du Sud-Est
Western Asia	2.6	2.9	3.2	1.8	1.7	3.0	1.8	3.0	3.0	2.3	Asie occidentale
Oceania	0.1	0.1	0.3	0.8	0.7	0.9	0.7	0.8	0.9	0.1	Océanie

Céréales non moulues, autres que le froment, le riz, l'orge et le mais 045

Trade by commodity   Commerce par produit

Exports by principal countries or areas   Exportations selon les principaux pays ou zones

Value in million US dollars   Valeur en millions de dollars EU

Country or area	2003	2004	2005	2006	2007	Pays ou zone
World	1529.1	1578.4	1597.3	1787.4	2748.2	Monde
Developed Economies	1260.4	1382.0	1394.8	1587.7	2291.4	Economies Développés
- Asia-Pacific	24.0	47.2	38.6	47.1	17.8	- Asie-Pacifique
- Europe	379.5	485.6	531.7	509.6	606.1	- Europe
- North America	856.8	849.3	824.5	1031.0	1667.5	- Amérique du Nord
South-Eastern Europe	2.1	4.3	4.7	3.1	3.2	Europe du Sud-Est
Commonwealth of Independent States	51.8	18.8	20.5	23.0	63.8	Communauté d'Etats indépendants
- Asia	1.2	0.5	0.0	0.2	3.1	- Asie
- Europe	50.7	18.3	20.4	22.8	60.7	- Europe
Northern Africa	0.2	0.3	0.7	2.3	1.0	Afrique septentrionale
Sub-Saharan Africa	19.7	21.1	26.0	28.6	10.9	Afrique subsaharienne
Latin America & the Caribbean	106.0	52.3	46.7	48.8	226.8	Amérique latine et Caraïbes
- Caribbean	0.1	0.0	0.0	0.0	0.0	- Caraïbes
- Latin America	105.9	52.3	46.7	48.8	226.8	- Amérique latine
Eastern Asia	61.8	71.7	55.0	55.4	106.5	Asie orientale
Southern Asia	9.9	14.9	33.0	22.4	21.3	Asie méridionale
South-Eastern Asia	15.0	11.9	14.5	14.1	21.6	Asie du Sud-Est
Western Asia	2.3	1.1	1.4	2.0	1.6	Asie occidentale
Oceania	0.0	0.0	0.0	0.0	0.0	Océanie
United States	615.1	611.2	563.9	654.0	1118.3	Etats-Unis d'Amérique
Canada	241.7	238.1	260.6	377.0	549.2	Canada
Germany	124.9	212.5	210.9	224.9	157.6	Allemagne
China	61.3	71.1	53.9	54.8	106.1	Chine
France-Monaco	58.8	47.8	57.3	68.4	62.1	France-Monaco
Argentina	64.6	23.2	29.2	26.7	149.0	Argentine
Finland	51.0	49.6	44.9	48.3	69.0	Finlande
Sweden	39.9	59.0	35.9	22.0	40.4	Suède
Australia	23.7	46.9	38.2	46.6	17.3	Australie
Netherlands	20.5	25.8	26.8	23.7	68.7	Pays-Bas
Poland	1.8	14.3	71.7	24.9	34.8	Pologne
India	9.2	14.4	31.2	21.9	20.7	Inde
Brazil	30.2	15.0	3.3	1.8	40.9	Brésil
Russian Federation	27.2	1.7	2.6	8.3	40.4	Fédération de Russie
Ukraine	9.8	15.4	17.3	14.1	20.1	Ukraine
Belgium	10.2	10.0	9.0	13.0	28.8	Belgique
Spain	11.5	12.8	5.9	6.8	27.1	Espagne
Hungary	8.2	12.3	12.7	13.1	15.1	Hongrie
Czech Republic	4.2	5.0	15.6	15.1	21.1	République tchèque
United Kingdom	18.9	12.5	8.6	7.9	12.0	Royaume-Uni
Thailand	11.5	8.3	9.3	9.5	17.3	Thaïlande
Austria	6.1	7.7	9.0	8.4	11.5	Autriche
Bolivia	3.2	4.8	6.0	10.3	15.2	Bolivie
Ethiopia	11.3	7.4	13.0	3.0	0.8	Ethiopie
Chile	4.1	5.6	3.9	5.1	9.8	Chili

Value as percentages of World total   Valeur en pourcentage du total mondial

Regions of the world	1998	1999	2000	2001	2002	2003	2004	2005	2006	2007	Régions du monde
World	100.0	100.0	100.0	100.0	100.0	100.0	100.0	100.0	100.0	100.0	Monde
Developed Economies	84.1	87.9	89.3	87.2	88.2	82.4	87.6	87.3	88.8	83.4	Economies Développés
- Asia-Pacific	3.7	2.6	1.7	1.7	2.4	1.6	3.0	2.4	2.6	0.6	- Asie-Pacifique
- Europe	25.1	28.3	25.3	24.6	27.1	24.8	30.8	33.3	28.5	22.1	- Europe
- North America	55.3	57.0	62.2	61.0	58.8	56.0	53.8	51.6	57.7	60.7	- Amérique du Nord
South-Eastern Europe	0.1	0.1	0.1	0.1	0.1	0.1	0.3	0.3	0.2	0.1	Europe du Sud-Est
Commonwealth of Independent States	1.4	2.1	0.9	1.0	3.2	3.4	1.2	1.3	1.3	2.3	Communauté d'Etats indépendants
- Asia	0.2	0.1	0.3	0.1	0.0	0.1	0.0	0.0	0.0	0.1	- Asie
- Europe	1.2	2.0	0.7	1.0	3.2	3.3	1.2	1.3	1.3	2.2	- Europe
Northern Africa	0.1	0.0	0.0	0.0	0.0	0.0	0.0	0.0	0.1	0.0	Afrique septentrionale
Sub-Saharan Africa	1.0	1.5	1.0	4.3	1.5	1.3	1.3	1.6	1.6	0.4	Afrique subsaharienne
Latin America & the Caribbean	10.0	4.9	5.5	4.0	3.3	6.9	3.3	2.9	2.7	8.3	Amérique latine et Caraïbes
- Caribbean	0.0	0.0	0.0	0.0	0.0	0.0	0.0	0.0	0.0	0.0	- Caraïbes
- Latin America	10.0	4.9	5.5	4.0	3.3	6.9	3.3	2.9	2.7	8.3	- Amérique latine
Eastern Asia	2.5	2.4	2.2	2.3	2.3	4.0	4.5	3.4	3.1	3.9	Asie orientale
Southern Asia	0.2	0.1	0.2	0.4	0.4	0.6	0.9	2.1	1.3	0.8	Asie méridionale
South-Eastern Asia	0.5	0.5	0.5	0.6	0.7	1.0	0.8	0.9	0.8	0.8	Asie du Sud-Est
Western Asia	0.1	0.5	0.2	0.1	0.4	0.1	0.1	0.1	0.1	0.1	Asie occidentale
Oceania	0.0	0.0	0.0	0.0	0.0	0.0	0.0	0.0	0.0	0.0	Océanie

046 Meal and flour of wheat and flour of meslin

Trade by commodity

Imports by principal countries or areas

Value in million US dollars

Commerce par produit

Importations selon les principaux pays ou zones

Valeur en millions de dollars EU

Country or area	2003	2004	2005	2006	2007	Pays ou zone
World	1888.6	2303.5	2474.6	2700.0	3559.9	Monde
Developed Economies	538.8	586.7	613.9	684.0	986.8	Economies Développés
- Asia-Pacific	6.5	7.4	8.9	7.7	12.4	- Asie-Pacifique
- Europe	442.7	482.9	505.0	560.5	824.9	- Europe
- North America	89.6	96.5	99.9	115.8	149.5	- Amérique du Nord
South-Eastern Europe	41.2	46.7	28.1	44.0	100.9	Europe du Sud-Est
Commonwealth of Independent States	140.1	226.5	225.6	211.7	376.2	Communauté d'Etats indépendants
- Asia	89.2	152.4	195.3	180.1	323.3	- Asie
- Europe	50.8	74.2	30.3	31.6	52.9	- Europe
Northern Africa	147.9	387.4	367.2	408.3	186.5	Afrique septentrionale
Sub-Saharan Africa	361.2	372.7	359.5	383.7	500.3	Afrique subsaharienne
Latin America & the Caribbean	229.3	192.2	174.3	218.3	423.1	Amérique latine et Caraïbes
- Caribbean	117.6	109.7	84.9	100.3	105.3	- Caraïbes
- Latin America	111.8	82.4	89.4	118.0	317.8	- Amérique latine
Eastern Asia	89.5	106.3	126.0	134.3	168.4	Asie orientale
Southern Asia	53.0	68.6	140.3	156.5	189.1	Asie méridionale
South-Eastern Asia	133.4	157.3	217.7	250.8	350.4	Asie du Sud-Est
Western Asia	137.6	141.4	205.5	191.7	255.7	Asie occidentale
Oceania	16.7	17.7	16.5	16.7	22.5	Océanie
Libyan Arab Jamahiriya	143.9	368.3	e353.2	e406.1	e183.1	Jamahiriya arabe libyenne
Indonesia	75.4	79.5	128.0	143.2	180.6	Indonésie
Netherlands	101.3	112.9	101.4	95.8	141.0	Pays-Bas
Angola	e68.0	e69.6	e82.4	e99.1	e130.4	Angola
United States	77.1	80.7	78.8	91.7	100.4	Etats-Unis d'Amérique
Afghanistan	e44.3	e51.2	e73.7	e100.0	e127.5	Afghanistan
France-Monaco	63.5	73.0	75.2	74.3	103.8	France-Monaco
Tajikistan	e43.1	e56.3	e62.9	e60.1	e127.4	Tadjikistan
Uzbekistan	e29.0	e36.4	e74.5	e76.4	e124.0	Ouzbékistan
China, Hong Kong SAR	55.9	59.8	63.0	64.9	73.6	Chine - RAS de Hong-Kong
Cuba	77.5	57.9	44.0	56.6	e60.6	Cuba
Iraq	e16.2	e27.9	e87.9	e50.5	e111.7	Iraq
Belgium	47.0	42.9	52.7	60.9	83.1	Belgique
Brazil	9.6	12.2	10.8	35.1	182.1	Brésil
Denmark	41.0	38.4	43.8	45.8	58.5	Danemark
Ireland	37.2	44.4	39.9	40.4	48.5	Irlande
United Kingdom	30.0	32.4	45.0	41.3	58.1	Royaume-Uni
Spain	16.2	13.0	13.9	53.3	109.9	Espagne
Germany	32.5	35.9	35.7	37.7	53.8	Allemagne
Democratic Republic of the Congo	e34.5	e32.5	e35.6	e27.2	e58.2	République démocratique du Congo
Georgia	9.8	48.8	45.4	29.9	46.2	Géorgie
Bolivia	15.9	15.4	26.1	33.2	67.8	Bolivie
United Arab Emirates	10.6	16.9	27.4	44.8	e55.5	Emirats arabes unis
Thailand	12.0	15.3	27.6	33.4	58.9	Thaïlande
Chad	e25.9	e23.1	e20.2	e26.5	e47.7	Tchad

Value as percentages of World total

Valeur en pourcentage du total mondial

Regions of the world	1998	1999	2000	2001	2002	2003	2004	2005	2006	2007	Régions du monde
World	100.0	100.0	100.0	100.0	100.0	100.0	100.0	100.0	100.0	100.0	Monde
Developed Economies	19.6	24.7	21.8	7.7	25.0	28.5	25.5	24.8	25.3	27.7	Economies Développés
- Asia-Pacific	0.2	0.2	0.2	0.1	0.3	0.3	0.3	0.4	0.3	0.3	- Asie-Pacifique
- Europe	16.9	21.2	18.2	6.3	20.2	23.4	21.0	20.4	20.8	23.2	- Europe
- North America	2.5	3.3	3.4	1.3	4.5	4.7	4.2	4.0	4.3	4.2	- Amérique du Nord
South-Eastern Europe	3.6	4.1	3.0	0.8	2.1	2.2	2.0	1.1	1.6	2.8	Europe du Sud-Est
Commonwealth of Independent States	9.2	8.3	8.5	2.1	3.7	7.4	9.8	9.1	7.8	10.6	Communauté d'Etats indépendants
- Asia	5.3	5.5	4.1	1.1	2.3	4.7	6.6	7.9	6.7	9.1	- Asie
- Europe	3.9	2.8	4.4	1.0	1.4	2.7	3.2	1.2	1.2	1.5	- Europe
Northern Africa	18.9	9.9	10.9	4.6	10.6	7.8	16.8	14.8	15.1	5.2	Afrique septentrionale
Sub-Saharan Africa	16.6	19.9	20.0	71.8	21.3	19.1	16.2	14.5	14.2	14.1	Afrique subsaharienne
Latin America & the Caribbean	9.9	10.4	10.5	4.1	10.5	12.1	8.3	7.0	8.1	11.9	Amérique latine et Caraïbes
- Caribbean	3.9	5.0	5.0	2.1	5.6	6.2	4.8	3.4	3.7	3.0	- Caraïbes
- Latin America	6.0	5.4	5.5	2.0	4.9	5.9	3.6	3.6	4.4	8.9	- Amérique latine
Eastern Asia	5.5	6.1	5.7	2.0	5.4	4.7	4.6	5.1	5.0	4.7	Asie orientale
Southern Asia	1.0	1.1	2.3	2.0	6.0	2.8	3.0	5.7	5.8	5.3	Asie méridionale
South-Eastern Asia	5.8	10.5	9.5	2.4	7.7	7.1	6.8	8.8	9.3	9.8	Asie du Sud-Est
Western Asia	9.0	4.1	7.0	2.1	6.9	7.3	6.1	8.3	7.1	7.2	Asie occidentale
Oceania	0.9	1.0	0.9	0.3	0.7	0.9	0.8	0.7	0.6	0.6	Océanie

Trade by commodity
Exports by principal countries or areas
Value in million US dollars

Commerce par produit
Exportations selon les principaux pays ou zones
Valeur en millions de dollars EU

Country or area	2003	2004	2005	2006	2007	Pays ou zone
World	2078.4	2281.7	2499.4	2432.6	3662.5	Monde
Developed Economies	1308.3	1427.5	1259.4	1303.5	1703.1	Economies Développés
- Asia-Pacific	127.5	153.8	143.0	138.1	147.2	- Asie-Pacifique
- Europe	1012.6	1107.0	969.5	1006.1	1307.7	- Europe
- North America	168.2	166.7	146.9	159.2	248.3	- Amérique du Nord
South-Eastern Europe	10.2	11.3	17.8	22.2	59.1	Europe du Sud-Est
Commonwealth of Independent States	111.3	132.5	193.1	221.2	470.8	Communauté d'Etats indépendants
- Asia	59.2	95.7	145.7	173.8	344.2	- Asie
- Europe	52.1	36.7	47.4	47.4	126.5	- Europe
Northern Africa	40.3	21.4	51.1	42.8	68.1	Afrique septentrionale
Sub-Saharan Africa	68.5	60.9	56.6	73.4	105.9	Afrique subsaharienne
Latin America & the Caribbean	82.1	65.6	67.1	92.9	336.8	Amérique latine et Caraïbes
- Caribbean	15.5	15.6	15.7	15.3	22.0	- Caraïbes
- Latin America	66.6	50.0	51.3	77.6	314.7	- Amérique latine
Eastern Asia	74.4	93.0	104.5	116.9	231.3	Asie orientale
Southern Asia	138.1	84.2	133.4	154.2	139.3	Asie méridionale
South-Eastern Asia	47.7	58.3	70.3	63.2	71.3	Asie du Sud-Est
Western Asia	193.5	321.0	540.4	335.7	468.9	Asie occidentale
Oceania	4.1	5.9	5.8	6.7	8.1	Océanie
Turkey	115.8	203.4	432.0	233.9	372.5	Turquie
France-Monaco	240.3	245.4	207.6	230.2	314.4	France-Monaco
Belgium	206.9	221.8	200.7	195.5	285.3	Belgique
Germany	158.9	186.1	159.5	177.4	222.2	Allemagne
Kazakhstan	57.7	94.4	142.4	172.4	339.2	Kazakhstan
Italy	125.9	123.3	108.1	100.3	84.0	Italie
China	60.0	77.7	86.2	97.1	210.8	Chine
Canada	80.4	89.8	87.5	95.2	106.2	Canada
United States	87.8	76.9	59.4	64.1	142.1	Etats-Unis d'Amérique
Pakistan	50.3	50.8	101.1	119.7	100.9	Pakistan
Spain	89.3	103.4	74.7	64.7	81.5	Espagne
Netherlands	78.7	98.1	64.1	81.1	55.9	Pays-Bas
Japan	80.2	77.1	72.9	67.9	65.8	Japon
Australia	47.1	76.4	69.7	69.9	80.8	Australie
Argentina	5.8	9.1	5.9	38.8	254.6	Argentine
United Arab Emirates	59.5	73.5	61.0	51.0	e55.1	Emirates arabes unis
Russian Federation	49.9	34.8	43.7	44.8	94.3	Fédération de Russie
United Kingdom	33.6	38.4	49.2	47.1	72.4	Royaume-Uni
India	85.9	28.9	11.7	12.9	13.8	Inde
Morocco	31.5	16.8	18.3	23.8	43.9	Maroc
Singapore	16.5	20.5	19.3	18.1	24.4	Singapour
Oman	0.0	24.9	24.0	22.9	23.7	Oman
Malaysia	21.3	17.6	17.6	15.6	20.8	Malaisie
Hungary	24.4	10.1	8.5	10.8	37.8	Hongrie
Mexico	11.5	14.0	16.8	16.6	32.1	Mexique

Value as percentages of World total

Valeur en pourcentage du total mondial

Regions of the world	1998	1999	2000	2001	2002	2003	2004	2005	2006	2007	Régions du monde
World	100.0	100.0	100.0	100.0	100.0	100.0	100.0	100.0	100.0	100.0	Monde
Developed Economies	68.8	72.9	67.8	66.2	66.9	62.9	62.6	50.4	53.6	46.5	Economies Développés
- Asia-Pacific	5.8	7.3	7.1	7.6	7.1	6.1	6.7	5.7	5.7	4.0	- Asie-Pacifique
- Europe	54.7	53.7	49.9	48.4	47.6	48.7	48.5	38.8	41.4	35.7	- Europe
- North America	8.3	11.8	10.9	10.2	12.2	8.1	7.3	5.9	6.5	6.8	- Amérique du Nord
South-Eastern Europe	0.8	0.3	0.1	0.3	0.3	0.5	0.5	0.7	0.9	1.6	Europe du Sud-Est
Commonwealth of Independent States	4.5	4.2	4.9	3.6	2.8	5.4	5.8	7.7	9.1	12.9	Communauté d'Etats indépendants
- Asia	2.7	2.5	2.8	1.6	1.8	2.8	4.2	5.8	7.1	9.4	- Asie
- Europe	1.8	1.7	2.1	1.9	1.0	2.5	1.6	1.9	1.9	3.5	- Europe
Northern Africa	1.7	1.7	2.3	3.0	2.9	1.9	0.9	2.0	1.8	1.9	Afrique septentrionale
Sub-Saharan Africa	3.3	2.7	2.4	2.4	2.8	3.3	2.7	2.3	3.0	2.9	Afrique subsaharienne
Latin America & the Caribbean	6.5	5.5	5.4	6.1	4.5	3.9	2.9	2.7	3.8	9.2	Amérique latine et Caraïbes
- Caribbean	0.8	0.8	0.8	0.9	0.8	0.7	0.7	0.6	0.6	0.6	- Caraïbes
- Latin America	5.8	4.7	4.6	5.2	3.6	3.2	2.2	2.1	3.2	8.6	- Amérique latine
Eastern Asia	4.1	3.4	3.7	4.3	4.1	3.6	4.1	4.2	4.8	6.3	Asie orientale
Southern Asia	0.4	0.4	2.8	5.3	6.5	6.6	3.7	5.3	6.3	3.8	Asie méridionale
South-Eastern Asia	1.8	2.1	2.2	2.4	2.3	2.3	2.6	2.8	2.6	1.9	Asie du Sud-Est
Western Asia	8.0	6.7	8.2	6.3	6.8	9.3	14.1	21.6	13.8	12.8	Asie occidentale
Oceania	0.1	0.1	0.1	0.1	0.1	0.2	0.3	0.2	0.3	0.2	Océanie

047 Other cereal meals and flours

Trade by commodity
Imports by principal countries or areas
Value in million US dollars

Commerce par produit
Importations selon les principaux pays ou zones
Valeur en millions de dollars EU

Country or area	2003	2004	2005	2006	2007	Pays ou zone
World	628.4	745.0	685.7	745.9	989.4	Monde
Developed Economies	251.8	320.5	292.1	328.1	440.9	Economies Développés
- Asia-Pacific	16.5	14.1	12.4	12.0	19.2	- Asie-Pacifique
- Europe	152.0	204.1	177.0	208.2	277.2	- Europe
- North America	83.3	102.2	102.7	107.9	144.6	- Amérique du Nord
South-Eastern Europe	8.2	9.2	6.0	7.9	31.2	Europe du Sud-Est
Commonwealth of Independent States	22.3	28.0	24.2	30.2	36.6	Communauté d'Etats indépendants
- Asia	5.3	6.9	10.1	12.9	9.0	- Asie
- Europe	17.0	21.1	14.1	17.4	27.6	- Europe
Northern Africa	14.1	5.6	5.5	6.1	13.2	Afrique septentrionale
Sub-Saharan Africa	161.8	194.4	164.2	160.2	191.8	Afrique subsaharienne
Latin America & the Caribbean	53.4	63.3	82.4	84.2	116.1	Amérique latine et Caraïbes
- Caribbean	10.4	14.6	15.2	16.5	17.1	- Caraïbes
- Latin America	43.0	48.7	67.2	67.6	99.0	- Amérique latine
Eastern Asia	20.5	22.0	26.5	32.4	36.6	Asie orientale
Southern Asia	1.1	1.2	2.8	3.2	2.4	Asie méridionale
South-Eastern Asia	36.3	48.4	38.7	40.6	46.7	Asie du Sud-Est
Western Asia	57.4	50.5	41.1	50.7	71.6	Asie occidentale
Oceania	1.5	1.7	2.1	2.2	2.1	Océanie
United States	54.7	73.5	77.5	80.1	107.5	Etats-Unis d'Amérique
Angola	e32.2	e26.7	e36.1	e41.0	e44.1	Angola
Spain	17.2	22.9	27.0	37.0	50.0	Espagne
Canada	28.0	28.2	24.7	27.6	36.9	Canada
Lesotho	18.1	27.0	e27.2	e28.2	e21.5	Lesotho
Malaysia	16.4	32.4	22.1	22.8	24.4	Malaisie
Israel	29.2	20.9	17.7	16.6	25.6	Israël
Germany	20.9	22.0	17.6	20.7	28.7	Allemagne
France-Monaco	15.9	18.5	17.6	18.3	26.5	France-Monaco
Netherlands	15.6	24.3	16.5	17.8	19.8	Pays-Bas
Honduras	8.6	11.2	20.3	12.4	35.8	Honduras
United Kingdom	14.8	14.0	17.0	20.0	20.4	Royaume-Uni
Mexico	14.3	14.8	15.3	19.1	21.2	Mexique
Poland	9.4	26.7	15.6	13.6	18.2	Pologne
Democratic Republic of the Congo	e8.6	e18.6	e19.6	e11.0	e25.3	République démocratique du Congo
Saudi Arabia	15.3	13.2	8.6	18.2	22.2	Arabie saoudite
China, Hong Kong SAR	12.5	12.9	13.7	17.2	16.9	Chine - RAS de Hong-Kong
Belgium	10.1	11.3	12.1	11.2	18.4	Belgique
Guatemala	5.6	7.9	10.2	15.5	17.9	Guatemala
Zimbabwe	e10.7	13.8	0.4	7.3	13.4	Zimbabwe
Russian Federation	5.6	8.1	7.9	9.3	13.1	Fédération de Russie
Portugal	5.8	7.6	6.8	9.1	14.5	Portugal
Uganda	10.6	13.9	7.3	3.8	6.6	Ouganda
Ethiopia	27.2	10.4	0.7	1.7	1.3	Ethiopie
Kenya	2.9	6.4	11.3	5.2	14.3	Kenya

Value as percentages of World total

Valeur en pourcentage du total mondial

Regions of the world	1998	1999	2000	2001	2002	2003	2004	2005	2006	2007	Régions du monde
World	100.0	100.0	100.0	100.0	100.0	100.0	100.0	100.0	100.0	100.0	Monde
Developed Economies	38.9	38.2	34.6	26.5	37.0	40.1	43.0	42.6	44.0	44.6	Economies Développés
- Asia-Pacific	1.2	1.5	2.1	1.5	2.0	2.6	1.9	1.8	1.6	1.9	- Asie-Pacifique
- Europe	26.0	25.5	21.5	15.7	21.4	24.2	27.4	25.8	27.9	28.0	- Europe
- North America	11.7	11.2	10.9	9.3	13.6	13.3	13.7	15.0	14.5	14.6	- Amérique du Nord
South-Eastern Europe	1.2	1.2	1.5	0.9	1.0	1.3	1.2	0.9	1.1	3.2	Europe du Sud-Est
Commonwealth of Independent States	7.5	7.0	4.7	3.3	2.9	3.5	3.8	3.5	4.1	3.7	Communauté d'Etats indépendants
- Asia	1.4	0.8	1.6	1.3	1.2	0.8	0.9	1.5	1.7	0.9	- Asie
- Europe	6.1	6.2	3.1	2.0	1.8	2.7	2.8	2.1	2.3	2.8	- Europe
Northern Africa	3.6	2.7	2.2	1.1	1.6	2.2	0.8	0.8	0.8	1.3	Afrique septentrionale
Sub-Saharan Africa	17.5	16.0	17.0	40.6	28.1	25.7	26.1	24.0	21.5	19.4	Afrique subsaharienne
Latin America & the Caribbean	13.7	14.3	17.7	11.4	11.8	8.5	8.5	12.0	11.3	11.7	Amérique latine et Caraïbes
- Caribbean	3.2	3.9	5.0	2.5	3.0	1.7	2.0	2.2	2.2	1.7	- Caraïbes
- Latin America	10.5	10.4	12.7	8.9	8.8	6.8	6.5	9.8	9.1	10.0	- Amérique latine
Eastern Asia	4.2	5.1	4.4	4.1	3.6	3.3	3.0	3.9	4.3	3.7	Asie orientale
Southern Asia	2.4	3.6	2.0	0.9	1.3	0.2	0.2	0.4	0.4	0.2	Asie méridionale
South-Eastern Asia	5.0	5.8	7.2	4.8	6.2	5.8	6.5	5.6	5.4	4.7	Asie du Sud-Est
Western Asia	5.7	5.8	8.2	6.2	6.2	9.1	6.8	6.0	6.8	7.2	Asie occidentale
Oceania	0.3	0.3	0.4	0.2	0.3	0.2	0.2	0.3	0.3	0.2	Océanie

Trade by commodity
Exports by principal countries or areas
Value in million US dollars

Commerce par produit
Exportations selon les principaux pays ou zones
Valeur en millions de dollars EU

Country or area	2003	2004	2005	2006	2007	Pays ou zone
World	510.3	574.4	699.6	661.8	893.9	Monde
Developed Economies	339.7	360.4	345.7	412.4	545.2	Economies Développés
- Asia-Pacific	9.5	13.8	10.4	9.8	9.3	- Asie-Pacifique
- Europe	181.3	190.1	191.9	219.7	272.7	- Europe
- North America	148.9	156.4	143.4	182.9	263.2	- Amérique du Nord
South-Eastern Europe	1.8	5.1	5.9	5.9	28.4	Europe du Sud-Est
Commonwealth of Independent States	17.4	24.1	16.2	21.8	31.6	Communauté d'Etats indépendants
- Asia	0.7	1.7	0.5	0.2	0.5	- Asie
- Europe	16.7	22.4	15.6	21.5	31.1	- Europe
Northern Africa	1.2	3.7	5.5	1.9	8.3	Afrique septentrionale
Sub-Saharan Africa	34.8	37.7	141.9	31.2	32.2	Afrique subsaharienne
Latin America & the Caribbean	41.5	56.8	82.0	74.6	122.1	Amérique latine et Caraïbes
- Caribbean	0.7	1.8	0.9	1.1	1.7	- Caraïbes
- Latin America	40.8	54.9	81.2	73.5	120.4	- Amérique latine
Eastern Asia	12.0	14.1	24.7	26.9	21.5	Asie orientale
Southern Asia	6.7	6.7	8.2	14.2	22.6	Asie méridionale
South-Eastern Asia	52.2	60.2	61.0	65.3	75.6	Asie du Sud-Est
Western Asia	2.8	5.5	8.5	7.5	6.4	Asie occidentale
Oceania	0.1	0.2	0.0	0.1	0.1	Océanie
United States	105.8	113.3	93.2	130.3	192.1	Etats-Unis d'Amérique
France-Monaco	65.3	62.3	59.6	62.6	73.9	France-Monaco
Thailand	45.0	52.2	55.9	61.0	70.8	Thaïlande
Italy	43.7	48.3	48.1	62.4	71.4	Italie
Canada	43.1	43.1	50.2	52.6	71.1	Canada
South Africa	14.6	6.7	117.2	10.5	9.1	Afrique du Sud
Germany	21.5	24.2	24.0	29.9	31.3	Allemagne
Mexico	5.6	15.7	22.1	19.5	28.5	Mexique
El Salvador	5.9	8.0	15.9	11.0	36.5	El Salvador
China	8.5	9.5	19.9	19.2	11.8	Chine
Netherlands	10.5	12.9	15.1	18.0	12.4	Pays-Bas
Brazil	6.5	7.4	12.0	13.9	19.5	Brésil
United Kingdom	9.9	7.8	9.2	10.1	10.8	Royaume-Uni
Hungary	9.2	10.1	7.7	7.0	11.8	Hongrie
Ukraine	5.4	10.7	8.3	9.7	10.7	Ukraine
India	5.4	5.2	5.2	10.1	16.5	Inde
Uganda	5.1	8.8	8.0	8.0	11.4	Ouganda
Australia	7.1	11.4	8.1	7.2	5.4	Australie
Spain	6.0	7.6	6.6	5.3	11.0	Espagne
Guatemala	5.7	6.5	6.6	7.8	9.0	Guatemala
Serbia	—	—	—	5.0	25.9	Serbie
Russian Federation	6.3	3.5	5.0	8.2	11.3	Fédération de Russie
Lesotho	2.8	11.2	e7.8	e8.0	e0.7	Lesotho
Belgium	5.2	4.5	5.1	6.7	8.7	Belgique
Belarus	4.9	8.0	2.1	3.5	9.1	Bélarus

Value as percentages of World total

Valeur en pourcentage du total mondial

Regions of the world	1998	1999	2000	2001	2002	2003	2004	2005	2006	2007	Régions du monde
World	100.0	100.0	100.0	100.0	100.0	100.0	100.0	100.0	100.0	100.0	Monde
Developed Economies	61.1	64.2	63.6	65.0	66.5	66.6	62.7	49.4	62.3	61.0	Economies Développés
- Asia-Pacific	2.1	2.7	2.0	2.2	1.7	1.9	2.4	1.5	1.5	1.0	- Asie-Pacifique
- Europe	30.5	29.8	29.7	33.1	31.0	35.5	33.1	27.4	33.2	30.5	- Europe
- North America	28.4	31.7	31.9	29.7	33.7	29.2	27.2	20.5	27.6	29.4	- Amérique du Nord
South-Eastern Europe	0.2	0.4	0.5	0.1	0.1	0.4	0.9	0.8	0.9	3.2	Europe du Sud-Est
Commonwealth of Independent States	7.6	2.9	2.7	2.6	1.7	3.4	4.2	2.3	3.3	3.5	Communauté d'Etats indépendants
- Asia	0.0	0.0	0.3	0.2	0.0	0.1	0.3	0.1	0.0	0.1	- Asie
- Europe	7.6	2.9	2.4	2.4	1.7	3.3	3.9	2.2	3.3	3.5	- Europe
Northern Africa	2.2	1.5	0.9	0.4	1.1	0.2	0.6	0.8	0.3	0.9	Afrique septentrionale
Sub-Saharan Africa	8.0	8.8	4.3	5.9	8.6	6.8	6.6	20.3	4.7	3.6	Afrique subsaharienne
Latin America & the Caribbean	7.6	7.8	10.9	10.2	8.1	8.1	9.9	11.7	11.3	13.7	Amérique latine et Caraïbes
- Caribbean	0.1	0.4	0.5	0.6	0.5	0.1	0.3	0.1	0.2	0.2	- Caraïbes
- Latin America	7.5	7.4	10.4	9.6	7.6	8.0	9.6	11.6	11.1	13.5	- Amérique latine
Eastern Asia	2.1	2.5	3.3	3.6	2.6	2.3	2.5	3.5	4.1	2.4	Asie orientale
Southern Asia	0.4	0.3	0.4	0.7	0.5	1.3	1.2	1.2	2.1	2.5	Asie méridionale
South-Eastern Asia	10.7	11.3	13.1	11.1	10.3	10.2	10.5	8.7	9.9	8.5	Asie du Sud-Est
Western Asia	0.2	0.3	0.3	0.4	0.3	0.6	1.0	1.2	1.1	0.7	Asie occidentale
Oceania	0.0	0.0	0.0	0.0	0.0	0.0	0.0	0.0	0.0	0.0	Océanie

048 Cereal, flour or starch preparations of fruits or vegetables

Trade by commodity
Imports by principal countries or areas
Value in million US dollars

Commerce par produit
Importations selon les principaux pays ou zones
Valeur en millions de dollars EU

Country or area	2003	2004	2005	2006	2007	Pays ou zone
World	19946.8	23109.7	24968.2	27212.6	32948.4	Monde
Developed Economies	15303.0	17811.3	19220.3	20871.7	24758.3	Economies Développés
- Asia-Pacific	981.7	1083.3	1184.9	1263.7	1445.1	- Asie-Pacifique
- Europe	10899.7	12979.7	13855.8	14956.9	18103.3	- Europe
- North America	3421.6	3748.2	4179.6	4651.0	5209.9	- Amérique du Nord
South-Eastern Europe	178.6	291.4	307.9	368.2	538.0	Europe du Sud-Est
Commonwealth of Independent States	435.2	522.0	558.2	608.3	835.0	Communauté d'Etats indépendants
- Asia	98.9	136.9	175.6	211.7	269.8	- Asie
- Europe	336.2	385.1	382.7	396.7	565.2	- Europe
Northern Africa	36.6	47.9	58.7	71.5	111.3	Afrique septentrionale
Sub-Saharan Africa	570.7	569.2	612.9	727.2	906.4	Afrique subsaharienne
Latin America & the Caribbean	1572.6	1717.0	1875.6	1965.1	2664.4	Amérique latine et Caraïbes
- Caribbean	174.5	207.7	235.5	262.6	323.2	- Caraïbes
- Latin America	1398.0	1509.4	1640.2	1702.4	2341.2	- Amérique latine
Eastern Asia	521.4	581.3	672.8	703.5	858.8	Asie orientale
Southern Asia	48.4	61.8	77.4	79.3	72.1	Asie méridionale
South-Eastern Asia	544.1	631.1	644.8	703.8	863.4	Asie du Sud-Est
Western Asia	669.5	801.7	861.8	1031.0	1244.4	Asie occidentale
Oceania	66.8	74.9	77.9	83.0	96.4	Océanie
United States	2501.9	2728.3	3024.5	3369.6	3750.8	Etats-Unis d'Amérique
Germany	1639.8	1816.4	2067.9	2153.0	2363.5	Allemagne
France-Monaco	1645.8	1909.0	1944.3	2032.6	2433.2	France-Monaco
United Kingdom	1470.4	1831.9	1810.8	1933.5	2482.7	Royaume-Uni
Belgium	936.4	1101.0	1180.1	1219.1	1516.2	Belgique
Canada	898.1	993.5	1126.5	1253.0	1430.0	Canada
Italy	638.3	775.5	877.9	1026.2	1203.7	Italie
Netherlands	759.8	845.4	763.3	824.6	1095.4	Pays-Bas
Japan	703.0	773.7	787.6	808.1	894.5	Japon
Spain	560.6	705.8	778.6	866.1	982.2	Espagne
Mexico	620.2	632.7	648.7	785.2	985.0	Mexique
Austria	382.8	495.0	564.8	577.8	719.3	Autriche
Ireland	367.1	431.2	484.1	590.7	719.7	Irlande
Sweden	309.7	373.9	390.1	400.7	463.3	Suède
Denmark	278.1	340.0	379.5	426.5	486.3	Danemark
Switzerland-Liechtenstein	289.5	330.4	358.2	389.1	463.1	Suisse-Liechtenstein
Portugal	260.8	290.1	311.3	350.1	422.7	Portugal
Norway	243.7	291.8	315.6	345.2	428.8	Norvège
Russian Federation	259.4	282.5	261.8	247.1	335.9	Fédération de Russie
Australia	177.2	226.4	260.9	310.2	375.6	Australie
Brazil	230.2	250.0	262.8	284.3	320.8	Brésil
China, Hong Kong SAR	223.7	234.9	255.0	261.4	284.1	Chine - RAS de Hong-Kong
Saudi Arabia	183.4	196.6	245.3	276.9	334.1	Arabie saoudite
Poland	119.2	176.0	219.4	270.6	381.0	Pologne
Czech Republic	141.7	189.7	223.3	254.6	337.3	République tchèque

Value as percentages of World total

Valeur en pourcentage du total mondial

Regions of the world	1998	1999	2000	2001	2002	2003	2004	2005	2006	2007	Régions du monde
World	100.0	100.0	100.0	100.0	100.0	100.0	100.0	100.0	100.0	100.0	Monde
Developed Economies	76.2	77.5	75.8	73.5	75.8	76.7	77.1	77.0	76.7	75.1	Economies Développés
- Asia-Pacific	5.8	5.5	5.8	5.1	5.1	4.9	4.7	4.7	4.6	4.4	- Asie-Pacifique
- Europe	55.2	55.7	51.8	50.7	53.0	54.6	56.2	55.5	55.0	54.9	- Europe
- North America	15.2	16.3	18.3	17.6	17.8	17.2	16.2	16.7	17.1	15.8	- Amérique du Nord
South-Eastern Europe	0.8	1.2	0.8	0.8	0.9	0.9	1.3	1.2	1.4	1.6	Europe du Sud-Est
Commonwealth of Independent States	2.7	1.6	1.9	2.1	2.2	2.2	2.3	2.2	2.2	2.5	Communauté d'Etats indépendants
- Asia	0.3	0.4	0.4	0.4	0.4	0.5	0.6	0.7	0.8	0.8	- Asie
- Europe	2.4	1.2	1.4	1.7	1.7	1.7	1.7	1.5	1.5	1.7	- Europe
Northern Africa	0.2	0.2	0.2	0.2	0.3	0.2	0.2	0.2	0.3	0.3	Afrique septentrionale
Sub-Saharan Africa	2.3	2.1	2.4	4.8	2.5	2.9	2.5	2.5	2.7	2.8	Afrique subsaharienne
Latin America & the Caribbean	8.9	8.4	8.4	8.9	8.7	7.9	7.4	7.5	7.2	8.1	Amérique latine et Caraïbes
- Caribbean	1.1	1.3	1.4	1.4	1.3	0.9	0.9	0.9	1.0	1.0	- Caraïbes
- Latin America	7.8	7.1	7.0	7.5	7.4	7.0	6.5	6.6	6.3	7.1	- Amérique latine
Eastern Asia	2.4	2.5	3.0	2.8	2.8	2.6	2.5	2.7	2.6	2.6	Asie orientale
Southern Asia	0.2	0.2	0.2	0.2	0.3	0.2	0.3	0.3	0.3	0.2	Asie méridionale
South-Eastern Asia	2.9	3.0	3.3	3.0	2.8	2.7	2.7	2.6	2.6	2.6	Asie du Sud-Est
Western Asia	3.0	3.1	3.6	3.3	3.4	3.4	3.5	3.5	3.8	3.8	Asie occidentale
Oceania	0.4	0.4	0.4	0.3	0.3	0.3	0.3	0.3	0.3	0.3	Océanie

Préparations a base de céréales ou farines ou de fécules de fruits ou de légumes 048

Trade by commodity
Exports by principal countries or areas
Value in million US dollars

Commerce par produit
Exportations selon les principaux pays ou zones
Valeur en millions de dollars EU

Country or area	2003	2004	2005	2006	2007	Pays ou zone
World	19874.2	23177.5	25005.6	27325.3	32398.9	Monde
Developed Economies	16903.7	19660.0	20854.6	22823.6	26719.7	Economies Développés
- Asia-Pacific	478.2	567.5	591.6	626.2	772.3	- Asie-Pacifique
- Europe	13475.6	15839.8	16613.7	18063.3	21189.9	- Europe
- North America	2949.9	3252.6	3649.3	4134.1	4757.5	- Amérique du Nord
South-Eastern Europe	116.8	197.0	236.9	248.6	315.5	Europe du Sud-Est
Commonwealth of Independent States	170.5	220.7	261.5	327.6	487.5	Communauté d'Etats indépendants
- Asia	6.4	9.6	9.8	11.1	23.6	- Asie
- Europe	164.1	211.1	251.7	316.5	464.0	- Europe
Northern Africa	36.4	41.8	57.6	56.3	62.1	Afrique septentrionale
Sub-Saharan Africa	84.0	80.0	83.8	87.6	115.8	Afrique subsaharienne
Latin America & the Caribbean	985.7	1074.9	1248.0	1339.7	1758.4	Amérique latine et Caraïbes
- Caribbean	49.4	47.2	58.0	64.2	75.3	- Caraïbes
- Latin America	936.3	1027.7	1190.1	1275.5	1683.2	- Amérique latine
Eastern Asia	458.3	542.6	625.7	711.8	860.8	Asie orientale
Southern Asia	104.0	117.6	214.4	273.4	337.5	Asie méridionale
South-Eastern Asia	574.1	651.3	742.9	811.6	941.5	Asie du Sud-Est
Western Asia	433.5	571.0	655.3	617.2	769.9	Asie occidentale
Oceania	7.3	20.7	25.1	28.1	30.0	Océanie
Germany	2251.0	2783.1	3026.3	3422.8	3974.9	Allemagne
Italy	2181.7	2497.5	2634.6	2783.9	3044.4	Italie
France-Monaco	1872.0	2241.3	2341.4	2430.7	2866.3	France-Monaco
Belgium	1769.2	2057.2	2098.9	2239.5	2700.0	Belgique
United States	1503.0	1634.2	1875.7	2159.6	2519.7	Etats-Unis d'Amérique
Canada	1446.8	1618.4	1773.6	1974.5	2237.8	Canada
United Kingdom	1455.8	1659.2	1655.0	1695.5	1952.5	Royaume-Uni
Netherlands	927.0	993.0	961.3	1156.8	1352.5	Pays-Bas
Spain	515.3	593.4	649.6	697.9	743.9	Espagne
Denmark	500.2	539.0	516.6	567.2	637.4	Danemark
Poland	203.6	359.6	503.2	593.9	829.5	Pologne
Austria	336.7	402.0	414.7	463.1	599.2	Autriche
Sweden	308.0	376.7	392.4	416.4	520.8	Suède
Mexico	284.3	294.8	347.5	477.5	565.6	Mexique
Australia	309.9	360.5	370.2	390.5	490.9	Australie
China	212.6	266.4	323.0	387.5	506.7	Chine
Turkey	236.6	297.1	341.0	227.6	310.8	Turquie
Switzerland-Liechtenstein	207.4	245.5	247.5	271.4	324.8	Suisse-Liechtenstein
Ireland	218.3	228.0	242.7	285.1	319.7	Irlande
Argentina	206.8	195.9	221.3	253.9	270.6	Argentine
Malaysia	146.6	176.8	219.5	237.9	273.6	Malaisie
Czech Republic	144.3	186.2	186.7	226.7	307.4	République tchèque
Thailand	167.0	190.7	204.4	218.5	265.8	Thaïlande
Korea, Republic of	141.5	166.4	182.5	196.7	213.6	République de Corée
Russian Federation	75.6	108.4	135.1	181.8	272.5	Fédération de Russie

Value as percentages of World total

Valeur en pourcentage du total mondial

Regions of the world	1998	1999	2000	2001	2002	2003	2004	2005	2006	2007	Régions du monde
World	100.0	100.0	100.0	100.0	100.0	100.0	100.0	100.0	100.0	100.0	Monde
Developed Economies	86.6	86.5	85.1	84.4	84.5	85.1	84.8	83.4	83.5	82.5	Economies Développés
- Asia-Pacific	2.6	2.7	2.8	2.5	2.5	2.4	2.4	2.4	2.3	2.4	- Asie-Pacifique
- Europe	71.0	69.9	66.9	66.1	66.7	67.8	68.3	66.4	66.1	65.4	- Europe
- North America	13.1	13.9	15.4	15.7	15.4	14.8	14.0	14.6	15.1	14.7	- Amérique du Nord
South-Eastern Europe	0.2	0.3	0.3	0.4	0.5	0.6	0.8	0.9	0.9	1.0	Europe du Sud-Est
Commonwealth of Independent States	0.5	0.5	0.6	0.7	0.7	0.9	1.0	1.0	1.2	1.5	Communauté d'Etats indépendants
- Asia	0.0	0.0	0.0	0.0	0.0	0.0	0.0	0.0	0.0	0.1	- Asie
- Europe	0.5	0.5	0.6	0.7	0.6	0.8	0.9	1.0	1.2	1.4	- Europe
Northern Africa	0.1	0.1	0.1	0.1	0.2	0.2	0.2	0.2	0.2	0.2	Afrique septentrionale
Sub-Saharan Africa	0.4	0.4	0.3	1.1	1.1	0.4	0.3	0.3	0.3	0.4	Afrique subsaharienne
Latin America & the Caribbean	5.2	5.0	5.3	5.3	5.0	5.0	4.6	5.0	4.9	5.4	Amérique latine et Caraïbes
- Caribbean	0.4	0.4	0.4	0.4	0.3	0.2	0.2	0.2	0.2	0.2	- Caraïbes
- Latin America	4.8	4.5	5.0	5.0	4.7	4.7	4.4	4.8	4.7	5.2	- Amérique latine
Eastern Asia	2.1	2.1	2.6	2.5	2.4	2.3	2.3	2.5	2.6	2.7	Asie orientale
Southern Asia	0.6	0.6	0.5	0.4	0.4	0.5	0.5	0.9	1.0	1.0	Asie méridionale
South-Eastern Asia	2.2	3.0	3.4	3.2	3.3	2.9	2.8	3.0	3.0	2.9	Asie du Sud-Est
Western Asia	2.1	1.5	1.6	1.8	2.0	2.2	2.5	2.6	2.3	2.4	Asie occidentale
Oceania	0.0	0.0	0.0	0.0	0.1	0.0	0.1	0.1	0.1	0.1	Océanie

054 Vegetables, fresh, chilled , frozen, simply preserved; roots

Trade by commodity
Imports by principal countries or areas
Value in million US dollars

Commerce par produit
Importations selon les principaux pays ou zones
Valeur en millions de dollars EU

Country or area	2003	2004	2005	2006	2007	Pays ou zone
World	28024.0	31174.1	34165.3	38386.5	44826.0	Monde
Developed Economies	22492.7	25065.1	26848.3	29467.5	34010.5	Economies Développés
- Asia-Pacific	1708.9	1897.4	1909.0	1903.5	1779.9	- Asie-Pacifique
- Europe	15573.4	17397.7	18726.9	20689.8	24674.1	- Europe
- North America	5210.4	5770.0	6212.4	6874.2	7556.5	- Amérique du Nord
South-Eastern Europe	139.5	210.3	222.8	220.1	395.6	Europe du Sud-Est
Commonwealth of Independent States	505.8	549.5	813.6	1082.1	1595.5	Communauté d'Etats indépendants
- Asia	28.3	27.0	27.2	66.7	98.0	- Asie
- Europe	477.5	522.5	786.4	1015.4	1497.6	- Europe
Northern Africa	389.5	417.2	484.4	459.8	527.2	Afrique septentrionale
Sub-Saharan Africa	383.6	400.9	464.2	513.3	550.2	Afrique subsaharienne
Latin America & the Caribbean	881.2	987.5	1101.4	1091.5	1337.3	Amérique latine et Caraïbes
- Caribbean	223.2	262.0	304.2	285.0	311.6	- Caraïbes
- Latin America	658.0	725.4	797.3	806.5	1025.7	- Amérique latine
Eastern Asia	722.4	971.4	1103.5	1401.5	1563.2	Asie orientale
Southern Asia	954.5	835.4	1120.1	1656.8	1959.4	Asie méridionale
South-Eastern Asia	653.8	777.5	870.1	1037.6	1156.1	Asie du Sud-Est
Western Asia	861.3	914.9	1091.2	1402.1	1672.4	Asie occidentale
Oceania	39.7	44.4	45.7	54.1	58.6	Océanie
United States	3905.9	4385.3	4639.3	5127.7	5581.1	Etats-Unis d'Amérique
Germany	3622.5	3730.9	4282.1	4761.4	5067.2	Allemagne
United Kingdom	2652.2	3105.8	3487.1	3624.1	4323.2	Royaume-Uni
France-Monaco	1982.3	2176.7	2277.3	2360.2	2925.2	France-Monaco
Japan	1574.5	1736.4	1731.3	1713.1	1544.3	Japon
Canada	1292.4	1368.9	1555.2	1728.5	1956.6	Canada
Netherlands	1304.6	1440.3	1413.6	1628.5	2061.1	Pays-Bas
Belgium	1044.4	1164.1	1137.9	1348.6	1693.8	Belgique
Italy	1104.1	1158.8	1196.4	1246.7	1389.7	Italie
Spain	727.4	1061.2	1059.0	1128.2	1569.8	Espagne
Russian Federation	434.9	483.7	729.5	940.5	1407.5	Fédération de Russie
India	564.2	436.3	641.4	1011.5	1280.8	Inde
China	242.2	406.5	531.9	766.6	828.6	Chine
Sweden	430.4	465.9	508.2	574.5	658.4	Suède
Switzerland-Liechtenstein	418.9	438.1	452.5	490.5	527.4	Suisse-Liechtenstein
Austria	346.3	390.5	419.2	450.9	515.9	Autriche
United Arab Emirates	284.6	296.1	336.5	452.9	e560.4	Emirates arabes unis
Denmark	263.8	333.5	351.7	441.0	532.6	Danemark
Malaysia	270.0	340.5	381.9	432.0	443.6	Malaisie
Czech Republic	189.2	215.1	290.9	385.9	472.0	République tchèque
Portugal	239.6	257.7	247.8	300.9	386.2	Portugal
Poland	124.4	181.7	236.9	302.3	472.1	Pologne
Ireland	211.9	210.7	234.5	278.5	343.3	Irlande
Korea, Republic of	178.7	249.4	224.5	283.9	323.7	République de Corée
Mexico	202.7	210.1	218.0	290.6	311.1	Mexique

Regions of the world	1998	1999	2000	2001	2002	2003	2004	2005	2006	2007	Régions du monde
World	100.0	100.0	100.0	100.0	100.0	100.0	100.0	100.0	100.0	100.0	Monde
Developed Economies	79.3	80.0	78.4	74.1	78.4	80.3	80.4	78.6	76.8	75.9	Economies Développés
- Asia-Pacific	8.2	8.7	8.9	7.7	6.6	6.1	6.1	5.6	5.0	4.0	- Asie-Pacifique
- Europe	54.6	54.7	51.1	48.7	53.1	55.6	55.8	54.8	53.9	55.0	- Europe
- North America	16.5	16.7	18.3	17.6	18.7	18.6	18.5	18.2	17.9	16.9	- Amérique du Nord
South-Eastern Europe	0.3	0.3	0.3	0.4	0.4	0.5	0.7	0.7	0.6	0.9	Europe du Sud-Est
Commonwealth of Independent States	1.8	1.9	1.7	1.1	1.3	1.8	1.8	2.4	2.8	3.6	Communauté d'Etats indépendants
- Asia	0.1	0.1	0.1	0.1	0.1	0.1	0.1	0.1	0.2	0.2	- Asie
- Europe	1.7	1.8	1.6	1.0	1.2	1.7	1.7	2.3	2.6	3.3	- Europe
Northern Africa	1.3	1.9	1.8	1.5	1.8	1.4	1.3	1.4	1.2	1.2	Afrique septentrionale
Sub-Saharan Africa	0.9	0.9	1.2	5.3	1.1	1.4	1.3	1.4	1.3	1.2	Afrique subsaharienne
Latin America & the Caribbean	5.5	4.5	4.5	4.1	3.7	3.1	3.2	3.2	2.8	3.0	Amérique latine et Caraïbes
- Caribbean	0.8	1.0	1.0	1.0	0.9	0.8	0.8	0.9	0.7	0.7	- Caraïbes
- Latin America	4.7	3.5	3.5	3.1	2.8	2.3	2.3	2.3	2.1	2.3	- Amérique latine
Eastern Asia	2.3	2.4	2.6	2.8	2.5	2.6	3.1	3.2	3.7	3.5	Asie orientale
Southern Asia	2.2	1.8	2.4	4.5	4.3	3.4	2.7	3.3	4.3	4.4	Asie méridionale
South-Eastern Asia	2.4	2.6	2.7	2.5	2.6	2.3	2.5	2.5	2.7	2.6	Asie du Sud-Est
Western Asia	3.9	3.6	4.3	3.7	3.8	3.1	2.9	3.2	3.7	3.7	Asie occidentale
Oceania	0.1	0.1	0.1	0.1	0.1	0.1	0.1	0.1	0.1	0.1	Océanie

Légumes et plantes potagères; produits végétaux comestibles, n.d.a., frais ou sèches 054

Trade by commodity
Exports by principal countries or areas
Value in million US dollars

Commerce par produit
Exportations selon les principaux pays ou zones
Valeur en millions de dollars EU

Country or area	2003	2004	2005	2006	2007	Pays ou zone
World	27114.3	29898.9	32427.3	37355.8	43553.0	Monde
Developed Economies	18099.4	19364.8	20440.9	22852.0	26905.1	Economies Développés
- Asia-Pacific	511.8	614.4	589.2	713.6	725.4	- Asie-Pacifique
- Europe	14374.5	15237.1	15828.2	17655.6	20951.4	- Europe
- North America	3213.1	3513.3	4023.6	4482.8	5228.3	- Amérique du Nord
South-Eastern Europe	100.9	179.3	213.1	179.6	239.0	Europe du Sud-Est
Commonwealth of Independent States	208.4	333.7	355.4	451.7	578.8	Communauté d'Etats indépendants
- Asia	131.2	214.8	231.0	262.9	394.9	- Asie
- Europe	77.1	118.8	124.4	188.8	183.9	- Europe
Northern Africa	400.1	499.9	551.2	527.6	795.0	Afrique septentrionale
Sub-Saharan Africa	381.0	476.2	478.7	965.2	825.1	Afrique subsaharienne
Latin America & the Caribbean	3327.1	3823.2	4140.0	4543.5	5118.9	Amérique latine et Caraïbes
- Caribbean	45.9	45.9	38.9	44.5	54.0	- Caraïbes
- Latin America	3281.1	3777.3	4101.1	4499.0	5064.9	- Amérique latine
Eastern Asia	2046.6	2320.9	2741.6	3275.8	3538.7	Asie orientale
Southern Asia	522.4	550.9	849.1	976.7	1063.7	Asie méridionale
South-Eastern Asia	910.1	1056.8	1221.1	1692.0	2057.1	Asie du Sud-Est
Western Asia	1096.8	1268.6	1412.8	1867.6	2403.5	Asie occidentale
Oceania	21.6	24.7	23.4	24.3	27.5	Océanie
Netherlands	4187.1	4295.4	4247.6	5053.4	6085.1	Pays-Bas
Spain	3875.5	4173.1	4301.0	4401.9	5006.4	Espagne
Mexico	2608.8	2992.0	3117.3	3473.8	3553.0	Mexique
China	1875.7	2129.8	2557.8	3091.2	3387.7	Chine
United States	1954.2	2045.2	2311.7	2574.4	2892.2	Etats-Unis d'Amérique
Belgium	1668.4	1710.3	1783.0	1959.9	2295.4	Belgique
France-Monaco	1561.3	1689.1	1765.7	1929.5	2365.8	France-Monaco
Canada	1258.9	1468.0	1711.8	1908.5	2336.1	Canada
Italy	928.6	897.6	990.0	1109.5	1283.3	Italie
Germany	559.3	625.9	769.7	895.5	1049.3	Allemagne
Poland	394.9	505.1	571.2	637.6	873.3	Pologne
Thailand	396.6	562.8	516.3	671.2	784.3	Thaïlande
Turkey	456.0	467.8	507.1	605.1	723.7	Turquie
India	304.4	341.2	530.7	576.8	559.1	Inde
Myanmar	e247.1	e184.4	e363.0	e607.1	e811.2	Myanmar
United Kingdom	335.3	381.0	363.6	383.3	426.3	Royaume-Uni
Israel	218.3	334.8	329.2	382.0	565.3	Israël
Australia	258.3	354.4	326.1	450.7	385.1	Australie
Morocco	279.1	312.2	350.0	329.3	490.0	Maroc
Argentina	184.1	193.3	234.6	284.2	403.0	Argentine
Peru	168.4	210.9	248.2	288.2	353.2	Pérou
New Zealand	236.1	241.6	242.8	235.9	310.1	Nouvelle-Zélande
Syrian Arab Republic	122.3	98.3	135.4	383.6	e412.4	République arabe syrienne
Jordan	136.7	177.0	215.0	219.5	373.8	Jordanie
Kenya	153.3	160.9	189.5	212.8	257.7	Kenya

Value as percentages of World total

Valeur en pourcentage du total mondial

Regions of the world	1998	1999	2000	2001	2002	2003	2004	2005	2006	2007	Régions du monde
World	100.0	100.0	100.0	100.0	100.0	100.0	100.0	100.0	100.0	100.0	Monde
Developed Economies	65.9	65.9	64.9	58.5	65.7	66.8	64.8	63.0	61.2	61.8	Economies Développés
- Asia-Pacific	2.4	2.6	2.9	2.6	2.6	1.9	2.1	1.8	1.9	1.7	- Asie-Pacifique
- Europe	50.7	50.5	47.4	43.3	50.2	53.0	51.0	48.8	47.3	48.1	- Europe
- North America	12.8	12.8	14.6	12.6	12.9	11.9	11.8	12.4	12.0	12.0	- Amérique du Nord
South-Eastern Europe	0.4	0.4	0.3	0.4	0.4	0.4	0.6	0.7	0.5	0.5	Europe du Sud-Est
Commonwealth of Independent States	0.7	0.7	0.6	0.5	0.7	0.8	1.1	1.1	1.2	1.3	Communauté d'Etats indépendants
- Asia	0.4	0.4	0.3	0.3	0.4	0.5	0.7	0.7	0.7	0.9	- Asie
- Europe	0.3	0.3	0.3	0.3	0.3	0.3	0.4	0.4	0.5	0.4	- Europe
Northern Africa	1.5	1.6	1.3	1.2	1.5	1.5	1.7	1.7	1.4	1.8	Afrique septentrionale
Sub-Saharan Africa	1.0	1.1	1.3	9.4	1.2	1.4	1.6	1.5	2.6	1.9	Afrique subsaharienne
Latin America & the Caribbean	14.4	13.7	14.8	13.3	12.9	12.3	12.8	12.8	12.2	11.8	Amérique latine et Caraïbes
- Caribbean	0.2	0.3	0.3	0.2	0.2	0.2	0.2	0.1	0.1	0.1	- Caraïbes
- Latin America	14.2	13.4	14.5	13.0	12.7	12.1	12.6	12.6	12.0	11.6	- Amérique latine
Eastern Asia	7.3	7.6	7.7	7.2	7.9	7.5	7.8	8.5	8.8	8.1	Asie orientale
Southern Asia	1.3	1.6	1.8	1.7	1.8	1.9	1.8	2.6	2.6	2.4	Asie méridionale
South-Eastern Asia	3.6	3.6	3.1	3.9	4.0	3.4	3.5	3.8	4.5	4.7	Asie du Sud-Est
Western Asia	3.8	3.7	4.0	3.9	3.7	4.0	4.2	4.4	5.0	5.5	Asie occidentale
Oceania	0.1	0.1	0.1	0.1	0.1	0.1	0.1	0.1	0.1	0.1	Océanie

056 Vegetables, roots and tubers, prepared or preserved, nes

Trade by commodity
Imports by principal countries or areas
Value in million US dollars

Commerce par produit
Importations selon les principaux pays ou zones
Valeur en millions de dollars EU

Country or area	2003	2004	2005	2006	2007	Pays ou zone
World	12705.8	14559.5	15469.7	16963.1	20149.7	Monde
Developed Economies	10338.0	11798.1	12178.5	13062.5	15349.2	Economies Développés
- Asia-Pacific	1511.9	1742.0	1819.7	1910.3	2051.7	- Asie-Pacifique
- Europe	6749.8	7695.6	7925.0	8541.4	10397.9	- Europe
- North America	2076.2	2360.5	2433.8	2610.8	2899.6	- Amérique du Nord
South-Eastern Europe	93.5	135.6	158.6	186.8	274.1	Europe du Sud-Est
Commonwealth of Independent States	312.3	371.7	519.6	682.9	797.0	Communauté d'Etats indépendants
- Asia	24.8	34.1	42.5	62.7	83.7	- Asie
- Europe	287.5	337.6	477.1	620.2	713.4	- Europe
Northern Africa	23.3	62.4	62.5	81.2	117.5	Afrique septentrionale
Sub-Saharan Africa	222.6	234.2	339.5	441.9	616.6	Afrique subsaharienne
Latin America & the Caribbean	553.4	630.9	778.3	911.0	1081.6	Amérique latine et Caraïbes
- Caribbean	90.3	103.9	106.5	128.7	151.3	- Caraïbes
- Latin America	463.1	527.0	671.8	782.4	930.3	- Amérique latine
Eastern Asia	453.6	546.4	554.6	619.9	703.7	Asie orientale
Southern Asia	23.1	26.2	36.9	45.1	42.8	Asie méridionale
South-Eastern Asia	236.0	253.9	261.3	299.0	385.9	Asie du Sud-Est
Western Asia	425.1	472.7	550.8	603.0	748.3	Asie occidentale
Oceania	25.0	27.4	29.1	29.8	32.9	Océanie
United States	1706.9	1940.8	1997.2	2135.9	2340.0	Etats-Unis d'Amérique
Germany	1477.5	1573.8	1675.3	1768.0	2006.5	Allemagne
Japan	1314.7	1513.7	1577.5	1644.5	1698.3	Japon
France-Monaco	992.0	1245.0	1253.0	1389.7	1728.2	France-Monaco
United Kingdom	1059.7	1207.9	1190.0	1263.2	1498.2	Royaume-Uni
Italy	602.7	678.1	644.6	683.4	843.0	Italie
Netherlands	474.1	495.9	472.2	487.0	602.3	Pays-Bas
Spain	344.4	408.1	439.8	463.1	637.9	Espagne
Belgium	376.9	411.6	460.4	462.4	558.0	Belgique
Canada	362.1	410.9	426.3	464.6	548.3	Canada
Russian Federation	255.0	291.8	388.2	492.7	571.4	Fédération de Russie
Mexico	206.2	228.4	276.6	320.8	308.2	Mexique
Sweden	200.1	235.2	248.8	280.1	332.7	Suède
Korea, Republic of	176.0	232.6	241.4	288.2	349.3	République de Corée
Australia	153.2	179.1	190.0	209.5	277.0	Australie
Denmark	148.2	168.9	169.8	195.4	231.2	Danemark
Saudi Arabia	130.7	153.0	172.6	198.3	256.9	Arabie saoudite
Switzerland-Liechtenstein	149.9	169.0	164.6	182.3	221.0	Suisse-Liechtenstein
Ireland	140.9	156.3	171.8	178.7	197.3	Irlande
Austria	113.3	141.0	146.1	153.3	194.8	Autriche
Brazil	69.9	81.8	138.5	170.3	224.9	Brésil
China, Hong Kong SAR	123.6	126.9	131.4	142.6	144.9	Chine - RAS de Hong-Kong
Greece	101.0	120.6	118.1	133.4	169.1	Grèce
Poland	60.3	82.4	101.8	126.8	200.3	Pologne
Portugal	76.4	87.5	94.2	103.5	145.1	Portugal

Value as percentages of World total

Valeur en pourcentage du total mondial

Regions of the world	1998	1999	2000	2001	2002	2003	2004	2005	2006	2007	Régions du monde
World	100.0	100.0	100.0	100.0	100.0	100.0	100.0	100.0	100.0	100.0	Monde
Developed Economies	80.5	81.4	79.7	76.8	80.1	81.4	81.0	78.7	77.0	76.2	Economies Développés
- Asia-Pacific	12.9	13.6	14.8	13.5	12.5	11.9	12.0	11.8	11.3	10.2	- Asie-Pacifique
- Europe	53.1	52.6	48.3	46.8	50.9	53.1	52.9	51.2	50.4	51.6	- Europe
- North America	14.5	15.2	16.6	16.5	16.7	16.3	16.2	15.7	15.4	14.4	- Amérique du Nord
South-Eastern Europe	0.6	0.5	0.6	0.6	0.6	0.7	0.9	1.0	1.1	1.4	Europe du Sud-Est
Commonwealth of Independent States	2.3	1.5	1.8	2.1	2.4	2.5	2.6	3.4	4.0	4.0	Communauté d'Etats indépendants
- Asia	0.1	0.1	0.1	0.1	0.1	0.2	0.2	0.3	0.4	0.4	- Asie
- Europe	2.3	1.4	1.7	2.0	2.2	2.3	2.3	3.1	3.7	3.5	- Europe
Northern Africa	1.0	0.9	0.9	0.7	0.9	0.2	0.4	0.4	0.5	0.6	Afrique septentrionale
Sub-Saharan Africa	1.4	1.3	1.5	5.4	1.6	1.8	1.6	2.2	2.6	3.1	Afrique subsaharienne
Latin America & the Caribbean	5.6	5.5	5.6	5.3	4.8	4.4	4.3	5.0	5.4	5.4	Amérique latine et Caraïbes
- Caribbean	0.6	0.6	0.8	0.8	0.8	0.7	0.7	0.7	0.8	0.8	- Caraïbes
- Latin America	5.0	4.8	4.7	4.5	4.0	3.6	3.6	4.3	4.6	4.6	- Amérique latine
Eastern Asia	3.9	4.2	4.5	4.0	4.1	3.6	3.8	3.6	3.7	3.5	Asie orientale
Southern Asia	0.1	0.1	0.1	0.1	0.2	0.2	0.2	0.2	0.3	0.2	Asie méridionale
South-Eastern Asia	1.7	1.9	2.1	2.0	2.0	1.9	1.7	1.7	1.8	1.9	Asie du Sud-Est
Western Asia	2.7	2.5	3.0	2.8	3.2	3.3	3.2	3.6	3.6	3.7	Asie occidentale
Oceania	0.2	0.2	0.2	0.2	0.2	0.2	0.2	0.2	0.2	0.2	Océanie

Préparations ou conserves de légumes, de racines et de tubercules, n.d.a. 056

Trade by commodity

Exports by principal countries or areas

Value in million US dollars

Commerce par produit

Exportations selon les principaux pays ou zones

Valeur en millions de dollars EU

Country or area	2003	2004	2005	2006	2007	Pays ou zone
World	13235.4	15144.0	15947.4	17708.0	21313.7	Monde
Developed Economies	9623.2	10811.7	10983.7	12091.4	14508.0	Economies Développés
- Asia-Pacific	134.1	143.8	142.8	156.1	172.5	- Asie-Pacifique
- Europe	7652.3	8598.6	8744.8	9708.7	11830.4	- Europe
- North America	1836.9	2069.3	2096.1	2226.5	2505.1	- Amérique du Nord
South-Eastern Europe	76.5	122.4	139.5	125.4	147.5	Europe du Sud-Est
Commonwealth of Independent States	83.6	110.1	123.0	138.3	191.7	Communauté d'Etats indépendants
- Asia	35.8	40.4	31.9	24.1	32.0	- Asie
- Europe	47.8	69.8	91.1	114.3	159.7	- Europe
Northern Africa	148.2	198.3	196.1	214.6	240.4	Afrique septentrionale
Sub-Saharan Africa	53.1	63.8	75.9	72.7	159.6	Afrique subsaharienne
Latin America & the Caribbean	561.3	717.5	832.6	954.6	1105.5	Amérique latine et Caraïbes
- Caribbean	5.6	5.3	6.9	7.6	10.6	- Caraïbes
- Latin America	555.6	712.2	825.7	947.1	1094.8	- Amérique latine
Eastern Asia	1698.7	2015.3	2351.2	2788.0	3478.8	Asie orientale
Southern Asia	157.7	140.2	196.0	271.6	311.3	Asie méridionale
South-Eastern Asia	326.0	366.1	387.2	456.6	496.5	Asie du Sud-Est
Western Asia	506.4	597.5	661.9	593.9	673.2	Asie occidentale
Oceania	0.5	1.2	0.3	0.9	1.2	Océanie
China	1510.8	1829.2	2177.1	2636.2	3316.6	Chine
Netherlands	1599.5	1775.6	1707.8	1854.4	2416.1	Pays-Bas
Italy	1415.1	1515.0	1472.6	1568.6	1891.8	Italie
United States	1100.4	1211.1	1273.4	1361.8	1543.4	Etats-Unis d'Amérique
Spain	1076.8	1220.6	1230.0	1323.4	1531.3	Espagne
Belgium	844.6	1035.5	1042.0	1210.8	1613.1	Belgique
France-Monaco	797.9	881.6	879.1	991.5	1183.1	France-Monaco
Canada	736.4	858.1	822.7	864.7	961.7	Canada
Germany	591.9	660.6	776.2	913.2	1009.8	Allemagne
Turkey	355.1	452.9	494.3	376.2	413.9	Turquie
Greece	263.0	291.2	337.8	394.3	468.6	Grèce
Hungary	273.3	283.2	296.4	310.8	355.3	Hongrie
Thailand	213.5	243.1	254.7	316.9	323.5	Thaïlande
Mexico	197.1	254.1	297.4	290.4	282.4	Mexique
Poland	164.5	213.4	253.7	285.5	320.9	Pologne
United Kingdom	195.4	231.5	230.4	245.2	287.2	Royaume-Uni
Peru	138.1	167.4	203.9	274.6	360.0	Pérou
Portugal	150.4	158.1	152.3	167.3	227.6	Portugal
Argentina	91.1	132.7	149.7	190.0	219.8	Argentine
India	86.2	91.1	150.8	192.3	209.7	Inde
Morocco	104.1	131.9	122.4	117.8	135.5	Maroc
Chile	76.1	86.8	98.2	118.4	134.7	Chili
Korea, Republic of	115.4	117.4	105.5	82.5	89.2	République de Corée
Denmark	88.3	87.1	83.4	106.5	121.5	Danemark
New Zealand	71.5	81.8	82.6	91.4	101.1	Nouvelle-Zélande

Value as percentages of World total

Valeur en pourcentage du total mondial

Regions of the world	1998	1999	2000	2001	2002	2003	2004	2005	2006	2007	Régions du monde
World	100.0	100.0	100.0	100.0	100.0	100.0	100.0	100.0	100.0	100.0	Monde
Developed Economies	73.2	73.1	72.0	72.7	72.7	72.7	71.4	68.9	68.3	68.1	Economies Développés
- Asia-Pacific	0.9	0.8	0.8	0.9	0.9	1.0	0.9	0.9	0.9	0.8	- Asie-Pacifique
- Europe	56.0	55.8	53.1	54.7	56.4	57.8	56.8	54.8	54.8	55.5	- Europe
- North America	16.4	16.5	18.0	17.2	15.3	13.9	13.7	13.1	12.6	11.8	- Amérique du Nord
South-Eastern Europe	0.7	0.6	0.4	0.6	0.7	0.6	0.8	0.9	0.7	0.7	Europe du Sud-Est
Commonwealth of Independent States	0.6	0.8	0.7	0.5	0.5	0.6	0.7	0.8	0.8	0.9	Communauté d'Etats indépendants
- Asia	0.3	0.5	0.3	0.2	0.2	0.3	0.3	0.2	0.1	0.2	- Asie
- Europe	0.4	0.3	0.3	0.3	0.3	0.4	0.5	0.6	0.6	0.7	- Europe
Northern Africa	1.3	1.7	1.4	1.5	1.4	1.1	1.3	1.2	1.2	1.1	Afrique septentrionale
Sub-Saharan Africa	0.4	0.4	0.4	0.3	0.5	0.4	0.4	0.5	0.4	0.7	Afrique subsaharienne
Latin America & the Caribbean	5.2	5.4	5.1	5.0	4.5	4.2	4.7	5.2	5.4	5.2	Amérique latine et Caraïbes
- Caribbean	0.1	0.0	0.1	0.1	0.0	0.0	0.0	0.0	0.0	0.0	- Caraïbes
- Latin America	5.1	5.4	5.1	5.0	4.4	4.2	4.7	5.2	5.3	5.1	- Amérique latine
Eastern Asia	11.0	10.7	12.5	12.4	13.0	12.8	13.3	14.7	15.7	16.3	Asie orientale
Southern Asia	0.7	1.0	1.3	0.9	0.8	1.2	0.9	1.2	1.5	1.5	Asie méridionale
South-Eastern Asia	2.6	2.7	2.9	2.6	2.6	2.5	2.4	2.4	2.6	2.3	Asie du Sud-Est
Western Asia	4.2	3.6	3.3	3.4	3.3	3.8	3.9	4.2	3.4	3.2	Asie occidentale
Oceania	0.0	0.0	0.0	0.0	0.0	0.0	0.0	0.0	0.0	0.0	Océanie

057 Fruit and nuts (not including oil nuts), fresh or dried

Trade by commodity
Imports by principal countries or areas
Value in million US dollars

Commerce par produit
Importations selon les principaux pays ou zones
Valeur en millions de dollars EU

Country or area	2003	2004	2005	2006	2007	Pays ou zone
World	41122.3	46792.1	52573.3	56884.7	65065.6	Monde
Developed Economies	33083.0	37407.0	41286.1	43666.0	49493.8	Economies Développés
- Asia-Pacific	2245.2	2524.2	2576.5	2495.0	2607.0	- Asie-Pacifique
- Europe	23836.7	27166.3	30091.7	31786.5	36272.0	- Europe
- North America	7001.0	7716.5	8617.9	9384.6	10614.7	- Amérique du Nord
South-Eastern Europe	278.4	435.7	537.3	521.1	738.1	Europe du Sud-Est
Commonwealth of Independent States	1308.2	1768.9	2506.6	3468.5	4301.4	Communauté d'Etats indépendants
- Asia	41.8	53.2	72.0	101.4	119.8	- Asie
- Europe	1266.5	1715.7	2434.6	3367.0	4181.7	- Europe
Northern Africa	192.0	240.5	241.7	242.7	286.1	Afrique septentrionale
Sub-Saharan Africa	185.4	214.4	208.0	245.0	256.8	Afrique subsaharienne
Latin America & the Caribbean	1087.4	1208.9	1398.8	1621.0	1882.2	Amérique latine et Caraïbes
- Caribbean	64.3	84.2	94.6	105.2	118.5	- Caraïbes
- Latin America	1023.1	1124.7	1304.1	1515.8	1763.7	- Amérique latine
Eastern Asia	2123.8	2252.1	2468.8	2700.5	3125.7	Asie orientale
Southern Asia	687.3	854.1	1115.2	1126.7	1197.3	Asie méridionale
South-Eastern Asia	828.5	900.2	1031.4	1229.6	1486.1	Asie du Sud-Est
Western Asia	1325.0	1486.6	1753.9	2037.7	2269.2	Asie occidentale
Oceania	23.3	23.6	25.7	26.0	28.8	Océanie
United States	5260.7	5762.3	6385.7	6905.0	7777.6	Etats-Unis d'Amérique
Germany	4872.7	5376.3	5972.3	6399.4	6942.2	Allemagne
United Kingdom	3249.8	3829.7	4234.3	4550.2	5135.0	Royaume-Uni
France-Monaco	2870.7	3306.9	3398.6	3351.6	3842.2	France-Monaco
Belgium	2365.9	2837.2	2960.7	3146.8	3534.0	Belgique
Netherlands	2208.7	2265.5	2854.8	3322.6	3834.3	Pays-Bas
Russian Federation	1124.1	1553.2	2115.0	2945.2	3698.0	Fédération de Russie
Canada	1729.7	1940.6	2217.8	2464.9	2822.5	Canada
Italy	1855.4	1963.1	2215.7	2222.9	2357.9	Italie
Japan	1921.8	2138.6	2104.4	2006.3	2046.5	Japon
Spain	1196.1	1497.9	1596.9	1599.9	1927.0	Espagne
China, Hong Kong SAR	997.3	911.1	955.7	1056.1	1250.8	Chine - RAS de Hong-Kong
Poland	554.9	669.6	796.2	873.8	1193.7	Pologne
Sweden	616.3	710.5	748.4	806.7	894.8	Suède
Switzerland-Liechtenstein	633.6	693.4	772.4	758.0	817.6	Suisse-Liechtenstein
India	467.5	625.0	790.0	824.1	834.3	Inde
China	470.8	594.6	626.7	681.2	832.9	Chine
Mexico	510.8	510.0	578.2	671.1	736.7	Mexique
Austria	480.6	542.7	599.1	624.0	680.0	Autriche
United Arab Emirates	459.0	485.1	463.5	627.1	e776.0	Emirates arabes unis
Denmark	381.0	448.5	493.2	541.1	643.4	Danemark
Portugal	424.1	466.1	481.9	449.2	559.6	Portugal
Korea, Republic of	325.2	396.2	460.4	554.1	637.9	République de Corée
Saudi Arabia	344.8	363.2	511.5	520.5	556.0	Arabie saoudite
Norway	329.4	378.7	438.1	465.5	564.7	Norvège

Value as percentages of World total

Valeur en pourcentage du total mondial

Regions of the world	1998	1999	2000	2001	2002	2003	2004	2005	2006	2007	Régions du monde
World	100.0	100.0	100.0	100.0	100.0	100.0	100.0	100.0	100.0	100.0	Monde
Developed Economies	80.7	81.2	78.4	78.7	79.0	80.5	79.9	78.5	76.8	76.1	Economies Développés
- Asia-Pacific	5.8	6.6	7.0	6.1	6.0	5.5	5.4	4.9	4.4	4.0	- Asie-Pacifique
- Europe	58.8	56.7	52.4	54.1	54.5	58.0	58.1	57.2	55.9	55.7	- Europe
- North America	16.1	18.0	19.0	18.5	18.4	17.0	16.5	16.4	16.5	16.3	- Amérique du Nord
South-Eastern Europe	0.6	0.6	0.5	0.6	0.7	0.7	0.9	1.0	0.9	1.1	Europe du Sud-Est
Commonwealth of Independent States	2.5	1.7	2.4	2.5	2.7	3.2	3.8	4.8	6.1	6.6	Communauté d'Etats indépendants
- Asia	0.1	0.1	0.1	0.1	0.1	0.1	0.1	0.1	0.2	0.2	- Asie
- Europe	2.5	1.6	2.4	2.4	2.6	3.1	3.7	4.6	5.9	6.4	- Europe
Northern Africa	0.3	0.2	0.3	0.4	0.6	0.5	0.5	0.5	0.4	0.4	Afrique septentrionale
Sub-Saharan Africa	0.3	0.3	0.4	0.8	0.4	0.5	0.5	0.4	0.4	0.4	Afrique subsaharienne
Latin America & the Caribbean	3.5	3.4	4.1	4.1	3.2	2.6	2.6	2.7	2.8	2.9	Amérique latine et Caraïbes
- Caribbean	0.2	0.2	0.2	0.3	0.2	0.2	0.2	0.2	0.2	0.2	- Caraïbes
- Latin America	3.3	3.2	3.8	3.8	2.9	2.5	2.4	2.5	2.7	2.7	- Amérique latine
Eastern Asia	5.2	5.1	5.7	5.5	5.6	5.2	4.8	4.7	4.7	4.8	Asie orientale
Southern Asia	1.6	1.7	1.7	1.3	1.6	1.7	1.8	2.1	2.0	1.8	Asie méridionale
South-Eastern Asia	1.6	1.9	2.3	2.1	2.2	2.0	1.9	2.0	2.2	2.3	Asie du Sud-Est
Western Asia	3.6	3.8	4.2	4.0	4.0	3.2	3.2	3.3	3.6	3.5	Asie occidentale
Oceania	0.1	0.1	0.1	0.1	0.1	0.1	0.1	0.0	0.0	0.0	Océanie

Trade by commodity

Exports by principal countries or areas

Value in million US dollars

Commerce par produit

Exportations selon les principaux pays ou zones

Valeur en millions de dollars EU

Country or area	2003	2004	2005	2006	2007	Pays ou zone
World	35401.5	40234.2	46558.3	49802.2	57753.8	Monde
Developed Economies	20244.5	22640.2	25639.7	27205.4	31217.4	Economies Développés
- Asia-Pacific	991.8	1364.9	1351.8	1289.2	1503.8	- Asie-Pacifique
- Europe	14458.9	15858.2	17852.0	19037.5	22281.3	- Europe
- North America	4793.7	5417.1	6435.8	6878.8	7432.3	- Amérique du Nord
South-Eastern Europe	69.0	117.9	124.3	124.7	193.5	Europe du Sud-Est
Commonwealth of Independent States	330.4	512.9	730.5	918.2	986.3	Communauté d'Etats indépendants
- Asia	197.6	346.4	562.1	708.6	745.8	- Asie
- Europe	132.8	166.5	168.5	209.6	240.5	- Europe
Northern Africa	443.9	558.5	709.1	613.7	806.6	Afrique septentrionale
Sub-Saharan Africa	1390.6	1815.7	1925.9	2006.1	2178.6	Afrique subsaharienne
Latin America & the Caribbean	6979.7	7564.4	8590.5	9549.3	11327.5	Amérique latine et Caraïbes
- Caribbean	114.1	117.5	114.6	145.6	183.1	- Caraïbes
- Latin America	6865.6	7446.9	8475.8	9403.7	11144.4	- Amérique latine
Eastern Asia	997.5	1160.7	1340.8	1582.1	2022.2	Asie orientale
Southern Asia	1595.8	1758.5	2361.6	2662.8	3188.6	Asie méridionale
South-Eastern Asia	1404.0	1569.7	1853.4	1925.0	2192.4	Asie du Sud-Est
Western Asia	1942.6	2533.6	3280.9	3212.7	3638.4	Asie occidentale
Oceania	3.5	2.0	1.6	2.2	2.3	Océanie
United States	4667.6	5266.5	6279.0	6701.7	7262.5	Etats-Unis d'Amérique
Spain	4975.4	5235.0	5352.9	5748.1	6425.2	Espagne
Italy	2405.4	2346.8	2666.4	2870.0	3428.7	Italie
Belgium	1943.6	2269.3	2777.2	2730.8	3088.8	Belgique
Netherlands	1677.7	2052.5	2362.9	2590.0	3207.0	Pays-Bas
Turkey	1349.3	1872.4	2469.5	2224.1	2502.2	Turquie
Chile	1598.2	1671.4	1837.3	2103.3	2404.2	Chili
France-Monaco	1666.3	1692.3	1766.4	1824.3	2015.5	France-Monaco
Mexico	991.6	1174.6	1403.0	1517.9	1943.6	Mexique
Iran (Islamic Republic of)	881.2	809.0	1254.2	1492.4	e1958.4	Iran (République islamique d')
Ecuador	1141.1	1070.4	1137.0	1279.5	1362.8	Equateur
South Africa	887.6	1174.4	1239.8	1151.5	1472.1	Afrique du Sud
Costa Rica	842.7	901.6	914.4	1187.1	1277.3	Costa Rica
Germany	583.0	766.1	1060.6	1270.5	1427.2	Allemagne
China	604.5	771.5	905.1	1097.8	1378.1	Chine
New Zealand	572.2	908.0	809.3	764.1	927.8	Nouvelle-Zélande
India	537.1	699.5	846.2	869.1	862.1	Inde
Argentina	521.8	588.9	770.0	834.1	1031.4	Argentine
Brazil	499.8	590.7	673.0	689.3	899.6	Brésil
Philippines	516.9	513.9	574.0	637.5	666.8	Philippines
Viet Nam	342.2	498.7	620.9	583.3	e680.5	Viet Nam
Colombia	441.5	456.0	544.0	564.0	617.0	Colombie
Greece	408.9	435.7	543.9	551.3	626.8	Grèce
Australia	365.8	412.4	472.2	456.6	479.5	Australie
Morocco	290.4	323.1	437.4	354.6	380.1	Maroc

Value as percentages of World total

Valeur en pourcentage du total mondial

Regions of the world	1998	1999	2000	2001	2002	2003	2004	2005	2006	2007	Régions du monde
World	100.0	100.0	100.0	100.0	100.0	100.0	100.0	100.0	100.0	100.0	Monde
Developed Economies	56.0	54.8	53.9	55.0	56.6	57.2	56.3	55.1	54.6	54.1	Economies Développés
- Asia-Pacific	2.7	3.2	3.0	2.7	3.1	2.8	3.4	2.9	2.6	2.6	- Asie-Pacifique
- Europe	40.2	38.9	36.3	37.8	39.3	40.8	39.4	38.3	38.2	38.6	- Europe
- North America	13.1	12.8	14.6	14.5	14.3	13.5	13.5	13.8	13.8	12.9	- Amérique du Nord
South-Eastern Europe	0.2	0.2	0.1	0.2	0.2	0.2	0.3	0.3	0.3	0.3	Europe du Sud-Est
Commonwealth of Independent States	0.7	0.5	0.9	0.8	0.7	0.9	1.3	1.6	1.8	1.7	Communauté d'Etats indépendants
- Asia	0.5	0.3	0.6	0.5	0.5	0.6	0.9	1.2	1.4	1.3	- Asie
- Europe	0.2	0.2	0.2	0.3	0.3	0.4	0.4	0.4	0.4	0.4	- Europe
Northern Africa	1.6	1.4	1.3	1.4	1.3	1.3	1.4	1.5	1.2	1.4	Afrique septentrionale
Sub-Saharan Africa	3.8	4.7	3.8	4.1	3.4	3.9	4.5	4.1	4.0	3.8	Afrique subsaharienne
Latin America & the Caribbean	21.3	20.9	21.7	21.3	19.9	19.7	18.8	18.5	19.2	19.6	Amérique latine et Caraïbes
- Caribbean	0.6	0.7	0.7	0.6	0.5	0.3	0.3	0.2	0.3	0.3	- Caraïbes
- Latin America	20.7	20.2	21.0	20.7	19.4	19.4	18.5	18.2	18.9	19.3	- Amérique latine
Eastern Asia	2.8	2.7	3.1	3.0	3.2	2.8	2.9	2.9	3.2	3.5	Asie orientale
Southern Asia	4.2	4.8	4.6	4.0	4.4	4.5	4.4	5.1	5.3	5.5	Asie méridionale
South-Eastern Asia	3.1	3.7	4.7	4.1	4.4	4.0	3.9	4.0	3.9	3.8	Asie du Sud-Est
Western Asia	6.4	6.3	5.9	6.2	5.8	5.5	6.3	7.0	6.5	6.3	Asie occidentale
Oceania	0.0	0.0	0.0	0.0	0.0	0.0	0.0	0.0	0.0	0.0	Océanie

058 Fruits, preserved, and fruit preparations (excluding fruit juices)

Trade by commodity
Imports by principal countries or areas
Value in million US dollars

Commerce par produit
Importations selon les principaux pays ou zones
Valeur en millions de dollars EU

Country or area	2003	2004	2005	2006	2007	Pays ou zone
World	8265.5	9523.7	10611.5	11725.8	13605.3	Monde
Developed Economies	7030.7	8074.0	8942.6	9824.2	11167.3	Economies Développés
- Asia-Pacific	857.2	967.3	1040.0	1107.2	1166.7	- Asie-Pacifique
- Europe	4615.4	5348.0	5843.7	6349.9	7309.1	- Europe
- North America	1558.1	1758.7	2058.9	2367.2	2691.5	- Amérique du Nord
South-Eastern Europe	47.1	68.5	83.2	92.3	134.4	Europe du Sud-Est
Commonwealth of Independent States	146.7	197.0	232.9	289.2	394.0	Communauté d'Etats indépendants
- Asia	6.0	7.8	14.8	15.1	23.9	- Asie
- Europe	140.7	189.2	218.1	274.1	370.1	- Europe
Northern Africa	19.2	20.0	24.1	28.4	42.9	Afrique septentrionale
Sub-Saharan Africa	40.7	49.5	73.0	85.9	117.0	Afrique subsaharienne
Latin America & the Caribbean	327.1	368.2	393.7	466.2	600.5	Amérique latine et Caraïbes
- Caribbean	28.0	34.1	42.8	46.8	53.4	- Caraïbes
- Latin America	299.1	334.1	350.8	419.5	547.1	- Amérique latine
Eastern Asia	296.1	331.0	371.7	449.0	529.5	Asie orientale
Southern Asia	15.7	16.7	21.3	21.5	25.3	Asie méridionale
South-Eastern Asia	136.1	165.1	190.3	200.2	260.0	Asie du Sud-Est
Western Asia	191.9	219.0	262.2	251.4	314.8	Asie occidentale
Oceania	14.3	14.7	16.6	17.3	19.5	Océanie
United States	1274.6	1414.9	1659.0	1918.5	2186.5	Etats-Unis d'Amérique
Germany	1321.2	1527.3	1705.6	1772.3	1791.6	Allemagne
France-Monaco	747.4	884.2	894.7	952.3	1121.6	France-Monaco
Japan	723.2	792.9	847.7	892.6	911.1	Japon
United Kingdom	475.3	556.9	606.5	650.6	769.3	Royaume-Uni
Netherlands	323.5	362.4	405.9	477.2	606.9	Pays-Bas
Canada	280.3	340.0	395.7	444.6	500.9	Canada
Belgium	276.8	304.8	352.8	381.2	452.1	Belgique
Italy	259.0	277.2	297.2	313.4	380.6	Italie
Austria	158.9	199.4	232.6	246.2	304.3	Autriche
Spain	152.1	189.8	198.1	220.5	271.5	Espagne
Mexico	183.5	177.9	172.7	209.6	256.3	Mexique
Russian Federation	122.7	149.4	192.4	219.4	282.3	Fédération de Russie
Sweden	126.0	154.7	160.7	197.7	216.1	Suède
Korea, Republic of	137.1	147.7	156.1	186.8	219.9	République de Corée
Poland	67.5	95.2	157.7	206.5	259.4	Pologne
Switzerland-Liechtenstein	105.9	127.7	137.9	150.6	166.8	Suisse-Liechtenstein
Australia	86.6	120.4	128.3	147.4	178.3	Australie
Denmark	87.4	89.5	85.1	88.9	112.6	Danemark
China, Hong Kong SAR	80.1	83.5	84.9	90.8	101.7	Chine - RAS de Hong-Kong
Czech Republic	62.2	71.8	77.5	95.1	122.4	République tchèque
Finland	65.0	75.8	79.7	87.3	101.8	Finlande
China	39.7	47.7	69.3	104.8	144.0	Chine
Singapore	58.9	66.3	66.9	71.6	84.9	Singapour
Norway	52.3	59.1	60.6	67.9	83.8	Norvège

Value as percentages of World total

Valeur en pourcentage du total mondial

Regions of the world	1998	1999	2000	2001	2002	2003	2004	2005	2006	2007	Régions du monde
World	100.0	100.0	100.0	100.0	100.0	100.0	100.0	100.0	100.0	100.0	Monde
Developed Economies	86.5	86.8	85.5	83.1	84.5	85.1	84.8	84.3	83.8	82.1	Economies Développés
- Asia-Pacific	11.2	13.0	13.6	12.8	11.6	10.4	10.2	9.8	9.4	8.6	- Asie-Pacifique
- Europe	59.8	55.8	53.1	51.6	53.2	55.8	56.2	55.1	54.2	53.7	- Europe
- North America	15.5	18.0	18.7	18.7	19.6	18.9	18.5	19.4	20.2	19.8	- Amérique du Nord
South-Eastern Europe	0.3	0.3	0.3	0.3	0.5	0.6	0.7	0.8	0.8	1.0	Europe du Sud-Est
Commonwealth of Independent States	1.3	0.8	0.8	1.1	1.6	1.8	2.1	2.2	2.5	2.9	Communauté d'Etats indépendants
- Asia	0.0	0.0	0.0	0.0	0.0	0.1	0.1	0.1	0.1	0.2	- Asie
- Europe	1.3	0.7	0.7	1.1	1.5	1.7	2.0	2.1	2.3	2.7	- Europe
Northern Africa	0.2	0.3	0.4	0.3	0.3	0.2	0.2	0.2	0.2	0.3	Afrique septentrionale
Sub-Saharan Africa	0.4	0.4	0.5	2.4	0.5	0.5	0.5	0.7	0.7	0.9	Afrique subsaharienne
Latin America & the Caribbean	4.5	4.3	5.0	5.0	4.5	4.0	3.9	3.7	4.0	4.4	Amérique latine et Caraïbes
- Caribbean	0.4	0.4	0.4	0.5	0.4	0.3	0.4	0.4	0.4	0.4	- Caraïbes
- Latin America	4.1	3.9	4.5	4.6	4.0	3.6	3.5	3.3	3.6	4.0	- Amérique latine
Eastern Asia	3.2	3.3	3.5	3.3	3.6	3.6	3.5	3.5	3.8	3.9	Asie orientale
Southern Asia	0.1	0.1	0.1	0.1	0.1	0.2	0.2	0.2	0.2	0.2	Asie méridionale
South-Eastern Asia	1.3	1.6	1.8	1.8	2.0	1.6	1.7	1.8	1.7	1.9	Asie du Sud-Est
Western Asia	2.1	2.0	2.1	2.3	2.4	2.3	2.3	2.5	2.1	2.3	Asie occidentale
Oceania	0.2	0.2	0.2	0.2	0.2	0.2	0.2	0.2	0.1	0.1	Océanie

Préparations et conserves de fruits (a l'exclusion des jus de fruits) 058

<table>
<tr><td>Trade by commodity</td><td colspan="6" align="right">Commerce par produit</td></tr>
<tr><td>Exports by principal countries or areas</td><td colspan="6" align="right">Exportations selon les principaux pays ou zones</td></tr>
<tr><td>Value in million US dollars</td><td colspan="6" align="right">Valeur en millions de dollars EU</td></tr>
</table>

Country or area	2003	2004	2005	2006	2007	Pays ou zone
World	7877.8	9182.9	10169.8	11151.3	13773.6	Monde
Developed Economies	4388.2	4886.7	5190.1	5899.5	7158.1	Economies Développés
- Asia-Pacific	117.8	119.3	126.6	129.1	131.3	- Asie-Pacifique
- Europe	3512.2	3920.3	4078.7	4576.7	5669.5	- Europe
- North America	758.2	847.1	984.8	1193.6	1357.3	- Amérique du Nord
South-Eastern Europe	161.5	354.2	395.5	278.8	362.1	Europe du Sud-Est
Commonwealth of Independent States	86.3	100.1	122.9	201.6	184.7	Communauté d'Etats indépendants
- Asia	10.9	9.1	15.7	20.0	19.3	- Asie
- Europe	75.4	91.0	107.2	181.6	165.5	- Europe
Northern Africa	53.6	53.5	57.3	63.5	121.8	Afrique septentrionale
Sub-Saharan Africa	280.4	305.9	271.7	258.7	456.3	Afrique subsaharienne
Latin America & the Caribbean	676.8	785.2	882.7	1100.5	1433.4	Amérique latine et Caraïbes
- Caribbean	21.9	18.7	21.9	22.1	23.8	- Caraïbes
- Latin America	654.9	766.5	860.8	1078.4	1409.5	- Amérique latine
Eastern Asia	943.5	1068.0	1213.0	1437.9	1908.1	Asie orientale
Southern Asia	40.0	39.3	64.0	78.8	99.2	Asie méridionale
South-Eastern Asia	845.4	967.9	1080.3	1224.1	1317.0	Asie du Sud-Est
Western Asia	394.8	611.0	879.5	597.4	726.8	Asie occidentale
Oceania	7.3	11.2	12.7	10.5	6.1	Océanie
China	888.0	1011.2	1154.4	1374.0	1813.6	Chine
Germany	564.0	652.0	704.3	738.3	821.9	Allemagne
United States	546.0	588.9	665.5	785.3	876.1	Etats-Unis d'Amérique
Thailand	512.6	592.3	656.9	738.1	818.5	Thaïlande
Turkey	335.2	548.2	810.2	498.4	593.4	Turquie
Netherlands	309.9	414.9	428.3	503.8	694.9	Pays-Bas
Spain	426.8	421.1	406.7	420.9	530.5	Espagne
Italy	387.9	415.9	422.7	435.4	509.0	Italie
Poland	337.0	339.8	354.9	465.5	603.6	Pologne
France-Monaco	297.1	347.5	352.4	385.2	468.9	France-Monaco
Belgium	300.2	336.8	326.1	379.0	458.9	Belgique
Greece	263.7	268.4	323.9	370.6	492.3	Grèce
Canada	212.1	258.1	319.1	408.3	481.1	Canada
Chile	185.5	244.7	262.7	299.6	396.0	Chili
Argentina	125.4	148.1	164.3	249.5	337.6	Argentine
Philippines	159.5	176.1	200.2	212.5	242.3	Philippines
South Africa	181.5	199.0	188.3	173.1	178.7	Afrique du Sud
Mexico	147.5	141.9	156.0	197.3	249.8	Mexique
Austria	123.4	147.3	158.5	177.2	203.1	Autriche
Serbia	—	—	—	167.4	241.6	Serbie
United Kingdom	86.8	99.7	99.4	111.2	139.8	Royaume-Uni
Denmark	105.5	99.8	86.6	91.2	114.6	Danemark
Indonesia	77.0	85.9	120.2	117.9	75.4	Indonésie
Hungary	68.0	84.5	80.1	96.8	127.9	Hongrie
Ecuador	57.7	66.2	78.1	101.9	125.4	Equateur

<table>
<tr><td>Value as percentages of World total</td><td colspan="10" align="right">Valeur en pourcentage du total mondial</td></tr>
</table>

Regions of the world	1998	1999	2000	2001	2002	2003	2004	2005	2006	2007	Régions du monde
World	100.0	100.0	100.0	100.0	100.0	100.0	100.0	100.0	100.0	100.0	Monde
Developed Economies	60.7	56.3	55.5	54.8	55.1	55.7	53.2	51.0	52.9	52.0	Economies Développés
- Asia-Pacific	1.7	1.9	1.7	1.5	1.4	1.5	1.3	1.2	1.2	1.0	- Asie-Pacifique
- Europe	48.9	44.5	42.5	42.3	43.3	44.6	42.7	40.1	41.0	41.2	- Europe
- North America	10.0	9.9	11.2	11.1	10.4	9.6	9.2	9.7	10.7	9.9	- Amérique du Nord
South-Eastern Europe	2.2	2.0	1.9	1.8	2.3	2.0	3.9	3.9	2.5	2.6	Europe du Sud-Est
Commonwealth of Independent States	0.6	0.5	0.7	0.7	0.9	1.1	1.1	1.2	1.8	1.3	Communauté d'Etats indépendants
- Asia	0.0	0.1	0.1	0.1	0.1	0.1	0.1	0.2	0.2	0.1	- Asie
- Europe	0.6	0.4	0.6	0.6	0.8	1.0	1.0	1.1	1.6	1.2	- Europe
Northern Africa	0.7	0.6	0.6	0.4	0.5	0.7	0.6	0.6	0.6	0.9	Afrique septentrionale
Sub-Saharan Africa	3.4	3.2	4.1	3.2	3.4	3.6	3.3	2.7	2.3	3.3	Afrique subsaharienne
Latin America & the Caribbean	8.5	8.8	8.6	9.1	8.2	8.6	8.6	8.7	9.9	10.4	Amérique latine et Caraïbes
- Caribbean	0.3	0.4	0.4	0.4	0.4	0.3	0.2	0.2	0.2	0.2	- Caraïbes
- Latin America	8.2	8.5	8.2	8.6	7.9	8.3	8.3	8.5	9.7	10.2	- Amérique latine
Eastern Asia	7.9	8.7	10.3	11.1	10.8	12.0	11.6	11.9	12.9	13.9	Asie orientale
Southern Asia	0.9	1.2	1.7	1.5	1.4	0.5	0.4	0.6	0.7	0.7	Asie méridionale
South-Eastern Asia	8.8	12.9	11.0	11.7	12.1	10.7	10.5	10.6	11.0	9.6	Asie du Sud-Est
Western Asia	6.3	5.8	5.6	5.6	5.1	5.0	6.7	8.6	5.4	5.3	Asie occidentale
Oceania	0.0	0.0	0.1	0.1	0.1	0.1	0.1	0.1	0.1	0.0	Océanie

059 Fruit and vegetable juices, unfermented and without added spirit

Trade by commodity
Imports by principal countries or areas
Value in million US dollars

Commerce par produit
Importations selon les principaux pays ou zones
Valeur en millions de dollars EU

Country or area	2003	2004	2005	2006	2007	Pays ou zone
World	8154.8	8534.9	9404.4	11004.1	14283.5	Monde
Developed Economies	6859.1	7094.4	7767.4	9030.7	11619.5	Economies Développés
- Asia-Pacific	534.2	625.4	733.1	782.3	1016.3	- Asie-Pacifique
- Europe	4987.9	5125.9	5444.6	6444.6	8076.8	- Europe
- North America	1337.0	1343.2	1589.7	1803.9	2526.4	- Amérique du Nord
South-Eastern Europe	46.0	68.4	76.0	83.3	116.8	Europe du Sud-Est
Commonwealth of Independent States	257.2	292.6	350.3	492.2	647.8	Communauté d'Etats indépendants
- Asia	22.6	37.2	51.2	64.9	103.6	- Asie
- Europe	234.5	255.3	299.1	427.4	544.2	- Europe
Northern Africa	16.0	27.7	29.5	32.5	42.0	Afrique septentrionale
Sub-Saharan Africa	115.4	125.1	146.7	173.4	258.0	Afrique subsaharienne
Latin America & the Caribbean	185.4	201.3	231.5	259.9	374.9	Amérique latine et Caraïbes
- Caribbean	62.7	71.7	81.8	91.3	120.9	- Caraïbes
- Latin America	122.7	129.7	149.7	168.6	254.0	- Amérique latine
Eastern Asia	234.1	214.6	240.2	287.6	371.6	Asie orientale
Southern Asia	21.4	31.9	39.2	47.9	48.7	Asie méridionale
South-Eastern Asia	100.2	105.9	101.5	111.7	156.0	Asie du Sud-Est
Western Asia	310.5	359.6	405.7	465.8	633.4	Asie occidentale
Oceania	9.7	13.4	16.4	19.1	14.9	Océanie
Germany	1059.7	1044.1	1128.5	1369.5	1673.3	Allemagne
United States	925.7	926.5	1101.5	1228.4	1848.7	Etats-Unis d'Amérique
France-Monaco	710.9	715.7	733.9	828.0	1008.6	France-Monaco
United Kingdom	581.0	638.2	738.5	885.6	1081.7	Royaume-Uni
Netherlands	663.1	641.1	638.0	791.9	813.3	Pays-Bas
Belgium	532.1	565.3	540.0	652.0	914.4	Belgique
Japan	425.2	496.4	594.1	631.5	785.6	Japon
Canada	406.4	410.1	481.0	569.4	670.7	Canada
Austria	203.7	211.9	280.1	280.9	426.4	Autriche
Italy	236.8	250.2	226.3	243.4	285.4	Italie
Russian Federation	147.7	173.6	220.0	305.5	381.0	Fédération de Russie
Spain	171.0	193.1	196.3	236.0	271.7	Espagne
Ireland	95.5	97.8	120.5	160.6	250.0	Irlande
Saudi Arabia	102.4	117.0	129.9	142.6	205.7	Arabie saoudite
Sweden	105.4	103.1	99.8	133.5	174.2	Suède
Poland	61.0	73.2	131.1	134.5	207.6	Pologne
Australia	82.1	108.3	104.0	116.9	176.6	Australie
Korea, Republic of	105.1	99.4	103.4	117.1	147.9	République de Corée
Denmark	105.6	106.8	100.5	109.9	144.2	Danemark
Switzerland-Liechtenstein	89.5	95.1	94.9	114.8	140.8	Suisse-Liechtenstein
China	75.4	60.9	73.2	98.9	146.2	Chine
Greece	56.1	66.8	60.4	74.2	96.3	Grèce
United Arab Emirates	49.5	45.8	61.3	75.0	e92.8	Emirates arabes unis
Finland	53.7	58.2	57.4	66.4	85.2	Finlande
Norway	44.8	47.6	51.6	72.1	100.5	Norvège

Value as percentages of World total

Valeur en pourcentage du total mondial

Regions of the world	1998	1999	2000	2001	2002	2003	2004	2005	2006	2007	Régions du monde
World	100.0	100.0	100.0	100.0	100.0	100.0	100.0	100.0	100.0	100.0	Monde
Developed Economies	87.1	88.7	86.7	82.0	83.0	84.1	83.1	82.6	82.1	81.3	Economies Développés
- Asia-Pacific	7.1	7.9	8.2	8.3	7.4	6.6	7.3	7.8	7.1	7.1	- Asie-Pacifique
- Europe	61.6	62.3	59.2	55.9	58.3	61.2	60.1	57.9	58.6	56.5	- Europe
- North America	18.5	18.5	19.2	17.8	17.3	16.4	15.7	16.9	16.4	17.7	- Amérique du Nord
South-Eastern Europe	0.5	0.4	0.5	0.5	0.7	0.6	0.8	0.8	0.8	0.8	Europe du Sud-Est
Commonwealth of Independent States	2.4	1.2	1.3	2.0	2.8	3.2	3.4	3.7	4.5	4.5	Communauté d'Etats indépendants
- Asia	0.1	0.1	0.1	0.1	0.2	0.3	0.4	0.5	0.6	0.7	- Asie
- Europe	2.3	1.1	1.2	1.9	2.7	2.9	3.0	3.2	3.9	3.8	- Europe
Northern Africa	0.3	0.2	0.2	0.2	0.2	0.2	0.3	0.3	0.3	0.3	Afrique septentrionale
Sub-Saharan Africa	0.6	0.5	1.0	3.3	1.3	1.4	1.5	1.6	1.6	1.8	Afrique subsaharienne
Latin America & the Caribbean	3.1	2.9	3.4	3.6	3.0	2.3	2.4	2.5	2.4	2.6	Amérique latine et Caraïbes
- Caribbean	0.9	1.0	1.0	1.1	1.0	0.8	0.8	0.9	0.8	0.8	- Caraïbes
- Latin America	2.2	2.0	2.3	2.5	1.9	1.5	1.5	1.6	1.5	1.8	- Amérique latine
Eastern Asia	2.1	2.4	2.5	2.6	3.0	2.9	2.5	2.6	2.6	2.6	Asie orientale
Southern Asia	0.1	0.2	0.2	0.3	0.3	0.3	0.4	0.4	0.4	0.3	Asie méridionale
South-Eastern Asia	0.9	0.9	1.1	1.4	1.3	1.2	1.2	1.1	1.0	1.1	Asie du Sud-Est
Western Asia	2.7	2.4	3.1	4.0	4.4	3.8	4.2	4.3	4.2	4.4	Asie occidentale
Oceania	0.1	0.1	0.2	0.1	0.1	0.1	0.2	0.2	0.2	0.1	Océanie

Jus de fruits ou de légumes, non fermentes, sans addition d'alcool 059

Trade by commodity
Exports by principal countries or areas
Value in million US dollars

Commerce par produit
Exportations selon les principaux pays ou zones
Valeur en millions de dollars EU

Country or area	2003	2004	2005	2006	2007	Pays ou zone
World	7688.5	8016.0	8966.2	10822.1	14129.2	Monde
Developed Economies	4613.4	4837.7	5242.2	6340.5	7614.2	Economies Développés
- Asia-Pacific	84.3	115.8	117.3	118.7	132.9	- Asie-Pacifique
- Europe	3734.0	3959.4	4289.9	5267.3	6411.8	- Europe
- North America	795.1	762.5	835.0	954.5	1069.6	- Amérique du Nord
South-Eastern Europe	42.3	64.5	84.7	66.2	98.7	Europe du Sud-Est
Commonwealth of Independent States	108.1	100.9	143.4	164.2	289.7	Communauté d'Etats indépendants
- Asia	24.1	24.3	29.7	46.3	60.7	- Asie
- Europe	84.0	76.6	113.7	117.9	229.1	- Europe
Northern Africa	19.7	15.8	22.9	17.6	24.5	Afrique septentrionale
Sub-Saharan Africa	121.1	122.9	149.3	168.8	169.3	Afrique subsaharienne
Latin America & the Caribbean	1804.0	1809.2	1999.0	2494.8	3513.6	Amérique latine et Caraïbes
- Caribbean	52.3	84.7	52.9	43.6	53.6	- Caraïbes
- Latin America	1751.7	1724.5	1946.1	2451.2	3460.0	- Amérique latine
Eastern Asia	311.9	394.2	565.3	722.2	1415.4	Asie orientale
Southern Asia	29.5	44.7	60.4	73.0	94.1	Asie méridionale
South-Eastern Asia	326.1	327.6	342.3	409.1	404.0	Asie du Sud-Est
Western Asia	306.6	289.2	348.1	361.2	501.1	Asie occidentale
Oceania	5.9	9.3	8.6	4.5	4.6	Océanie
Brazil	1249.5	1141.4	1184.9	1569.6	2374.0	Brésil
Belgium	673.0	693.5	778.5	1123.0	1283.4	Belgique
United States	732.5	696.6	771.5	894.9	996.4	Etats-Unis d'Amérique
Germany	647.6	713.3	753.0	840.9	984.4	Allemagne
Netherlands	543.1	538.3	629.0	836.7	1131.8	Pays-Bas
China	285.4	366.3	525.5	670.9	1353.3	Chine
Spain	447.0	458.8	450.6	517.1	659.5	Espagne
Italy	375.0	401.1	419.5	454.7	588.2	Italie
Poland	273.1	301.0	373.1	493.2	544.5	Pologne
Austria	213.9	248.0	268.5	287.1	368.5	Autriche
Argentina	159.3	181.9	232.7	257.3	317.0	Argentine
Thailand	195.2	178.8	187.2	234.3	235.8	Thaïlande
France-Monaco	196.7	142.5	156.5	199.6	238.9	France-Monaco
Mexico	70.5	97.7	166.5	163.8	247.3	Mexique
Saudi Arabia	118.9	101.4	126.1	146.3	185.2	Arabie saoudite
Chile	85.3	113.9	121.8	154.3	154.8	Chili
South Africa	105.5	95.6	128.3	142.5	134.1	Afrique du Sud
Switzerland-Liechtenstein	69.7	103.4	117.3	120.9	112.3	Suisse-Liechtenstein
Costa Rica	53.0	49.7	72.6	98.8	132.8	Costa Rica
Australia	62.8	77.0	84.6	81.2	92.8	Australie
Ukraine	48.7	44.0	65.6	69.5	151.3	Ukraine
Turkey	72.6	64.2	92.4	50.8	91.9	Turquie
Ireland	53.6	61.9	66.3	86.7	99.3	Irlande
Philippines	61.3	64.0	70.6	83.0	86.8	Philippines
Hungary	53.3	88.3	73.9	69.6	74.0	Hongrie

Value as percentages of World total

Valeur en pourcentage du total mondial

Regions of the world	1998	1999	2000	2001	2002	2003	2004	2005	2006	2007	Régions du monde
World	100.0	100.0	100.0	100.0	100.0	100.0	100.0	100.0	100.0	100.0	Monde
Developed Economies	58.7	59.4	59.6	61.6	60.9	60.0	60.4	58.5	58.6	53.9	Economies Développés
- Asia-Pacific	0.9	1.1	1.2	1.4	1.1	1.1	1.4	1.3	1.1	0.9	- Asie-Pacifique
- Europe	45.8	45.3	45.3	47.2	47.6	48.6	49.4	47.8	48.7	45.4	- Europe
- North America	12.0	13.0	13.0	13.0	12.2	10.3	9.5	9.3	8.8	7.6	- Amérique du Nord
South-Eastern Europe	0.3	0.3	0.3	0.3	0.3	0.5	0.8	0.9	0.6	0.7	Europe du Sud-Est
Commonwealth of Independent States	1.2	1.0	0.8	1.1	1.0	1.4	1.3	1.6	1.5	2.1	Communauté d'Etats indépendants
- Asia	0.2	0.4	0.2	0.3	0.3	0.3	0.3	0.3	0.4	0.4	- Asie
- Europe	1.0	0.7	0.6	0.9	0.8	1.1	1.0	1.3	1.1	1.6	- Europe
Northern Africa	0.3	0.2	0.2	0.2	0.2	0.3	0.2	0.3	0.2	0.2	Afrique septentrionale
Sub-Saharan Africa	1.4	1.6	1.8	1.5	1.7	1.6	1.5	1.7	1.6	1.2	Afrique subsaharienne
Latin America & the Caribbean	30.3	28.7	28.1	24.1	24.4	23.5	22.6	22.3	23.1	24.9	Amérique latine et Caraïbes
- Caribbean	1.5	1.1	1.4	1.1	0.5	0.7	1.1	0.6	0.4	0.4	- Caraïbes
- Latin America	28.8	27.6	26.7	23.1	23.9	22.8	21.5	21.7	22.6	24.5	- Amérique latine
Eastern Asia	1.7	2.0	2.6	3.4	3.4	4.1	4.9	6.3	6.7	10.0	Asie orientale
Southern Asia	0.6	0.6	0.5	0.5	0.6	0.4	0.6	0.7	0.7	0.7	Asie méridionale
South-Eastern Asia	2.6	3.4	3.3	4.0	4.1	4.2	4.1	3.8	3.8	2.9	Asie du Sud-Est
Western Asia	2.9	2.8	2.6	3.2	3.3	4.0	3.6	3.9	3.3	3.5	Asie occidentale
Oceania	0.0	0.0	0.0	0.1	0.0	0.1	0.1	0.1	0.0	0.0	Océanie

061 Sugars, molasses and honey

Trade by commodity
Imports by principal countries or areas
Value in million US dollars

Commerce par produit
Importations selon les principaux pays ou zones
Valeur en millions de dollars EU

Country or area	2003	2004	2005	2006	2007	Pays ou zone
World	14953.8	16238.4	19831.7	23949.9	24977.4	Monde
Developed Economies	7906.6	8951.9	10134.7	11361.6	12041.4	Economies Développés
- Asia-Pacific	586.0	583.1	668.7	841.1	904.4	- Asie-Pacifique
- Europe	5798.5	6914.1	7598.0	7905.8	9095.1	- Europe
- North America	1522.0	1454.7	1868.1	2614.7	2041.9	- Amérique du Nord
South-Eastern Europe	285.2	323.0	400.8	539.7	473.9	Europe du Sud-Est
Commonwealth of Independent States	1763.8	1209.2	1476.3	1854.6	1818.7	Communauté d'Etats indépendants
- Asia	330.1	354.2	462.8	580.6	550.8	- Asie
- Europe	1433.6	855.0	1013.4	1273.9	1267.9	- Europe
Northern Africa	597.5	563.3	710.7	1033.1	1091.2	Afrique septentrionale
Sub-Saharan Africa	923.8	956.2	965.5	1306.3	1562.1	Afrique subsaharienne
Latin America & the Caribbean	519.7	642.9	725.7	1152.7	1292.4	Amérique latine et Caraïbes
- Caribbean	190.5	173.0	211.2	287.4	271.0	- Caraïbes
- Latin America	329.3	469.8	514.5	865.3	1021.4	- Amérique latine
Eastern Asia	780.1	974.1	1272.1	1685.5	1402.2	Asie orientale
Southern Asia	375.2	678.6	1185.7	1253.3	641.3	Asie méridionale
South-Eastern Asia	857.8	809.6	1292.8	1543.2	2211.0	Asie du Sud-Est
Western Asia	926.7	1108.7	1646.4	2193.1	2412.8	Asie occidentale
Oceania	17.4	20.9	21.0	26.8	30.4	Océanie
United States	1121.7	1074.2	1423.1	2047.5	1522.9	Etats-Unis d'Amérique
United Kingdom	1041.3	1229.3	1299.8	1302.7	1378.3	Royaume-Uni
Germany	916.1	1061.6	1069.9	1053.3	1229.5	Allemagne
Russian Federation	968.3	637.0	823.2	1153.9	1237.8	Fédération de Russie
Belgium	697.2	721.5	1201.3	976.6	627.1	Belgique
Italy	661.8	914.8	706.4	668.2	916.2	Italie
France-Monaco	507.9	604.0	599.2	650.7	888.9	France-Monaco
Indonesia	356.5	296.7	627.9	618.7	1104.0	Indonésie
Japan	471.3	486.8	568.9	705.5	748.5	Japon
Spain	464.9	516.0	533.6	565.1	668.2	Espagne
Korea, Republic of	375.4	411.1	519.0	697.3	611.0	République de Corée
United Arab Emirates	159.6	310.7	488.5	634.0	e784.6	Emirates arabes unis
Canada	397.0	377.1	441.7	563.8	515.8	Canada
China	196.3	314.0	420.7	587.5	455.8	Chine
Netherlands	275.8	316.4	384.0	418.4	564.8	Pays-Bas
Malaysia	263.3	283.9	325.5	428.3	499.1	Malaisie
Algeria	227.4	263.2	289.0	434.1	e511.2	Algérie
Saudi Arabia	89.1	73.7	284.7	461.9	434.2	Arabie saoudite
Mexico	100.6	171.2	164.9	416.4	450.8	Mexique
Austria	158.1	216.0	287.9	294.3	304.3	Autriche
Pakistan	7.9	9.8	459.5	715.0	36.7	Pakistan
Syrian Arab Republic	164.3	207.7	204.8	262.6	e343.1	République arabe syrienne
Portugal	186.2	213.4	206.5	212.6	331.1	Portugal
Bangladesh	101.1	181.8	228.5	e285.7	e329.6	Bangladesh
Kazakhstan	136.0	158.0	206.2	245.6	191.3	Kazakhstan

Value as percentages of World total

Valeur en pourcentage du total mondial

Regions of the world	1998	1999	2000	2001	2002	2003	2004	2005	2006	2007	Régions du monde
World	100.0	100.0	100.0	100.0	100.0	100.0	100.0	100.0	100.0	100.0	Monde
Developed Economies	46.9	47.3	47.2	39.4	50.9	52.9	55.1	51.1	47.4	48.2	Economies Développés
- Asia-Pacific	4.4	3.9	4.7	3.8	3.8	3.9	3.6	3.4	3.5	3.6	- Asie-Pacifique
- Europe	32.2	33.8	32.2	27.6	36.8	38.8	42.6	38.3	33.0	36.4	- Europe
- North America	10.3	9.5	10.3	8.0	10.3	10.2	9.0	9.4	10.9	8.2	- Amérique du Nord
South-Eastern Europe	1.5	1.5	1.9	1.9	2.0	1.9	2.0	2.0	2.3	1.9	Europe du Sud-Est
Commonwealth of Independent States	11.8	12.5	11.1	11.6	10.7	11.8	7.4	7.4	7.7	7.3	Communauté d'Etats indépendants
- Asia	1.9	2.1	2.6	2.1	2.1	2.2	2.2	2.3	2.4	2.2	- Asie
- Europe	9.9	10.4	8.5	9.5	8.7	9.6	5.3	5.1	5.3	5.1	- Europe
Northern Africa	5.7	5.0	4.3	3.9	4.9	4.0	3.5	3.6	4.3	4.4	Afrique septentrionale
Sub-Saharan Africa	6.3	4.7	5.8	18.3	7.2	6.2	5.9	4.9	5.5	6.3	Afrique subsaharienne
Latin America & the Caribbean	5.1	4.2	4.3	3.8	3.8	3.5	4.0	3.7	4.8	5.2	Amérique latine et Caraïbes
- Caribbean	0.9	0.9	1.1	1.0	1.2	1.3	1.1	1.1	1.2	1.1	- Caraïbes
- Latin America	4.1	3.3	3.2	2.8	2.5	2.2	2.9	2.6	3.6	4.1	- Amérique latine
Eastern Asia	5.8	5.1	6.0	6.2	6.1	5.2	6.0	6.4	7.0	5.6	Asie orientale
Southern Asia	4.7	5.9	6.3	4.1	3.2	2.5	4.2	6.0	5.2	2.6	Asie méridionale
South-Eastern Asia	6.6	8.3	6.8	5.4	5.7	5.7	5.0	6.5	6.4	8.9	Asie du Sud-Est
Western Asia	5.5	5.2	6.1	5.3	5.4	6.2	6.8	8.3	9.2	9.7	Asie occidentale
Oceania	0.1	0.1	0.2	0.1	0.1	0.1	0.1	0.1	0.1	0.1	Océanie

Trade by commodity
Exports by principal countries or areas
Value in million US dollars

Commerce par produit
Exportations selon les principaux pays ou zones
Valeur en millions de dollars EU

Country or area	2003	2004	2005	2006	2007	Pays ou zone
World	13055.0	14297.0	17591.6	22680.5	21969.3	Monde
Developed Economies	5167.4	5878.2	7223.2	8715.6	8450.0	Economies Développés
- Asia-Pacific	124.4	160.7	194.9	245.4	265.1	- Asie-Pacifique
- Europe	4405.5	5013.5	6215.1	7381.0	6745.2	- Europe
- North America	637.6	703.9	813.1	1089.3	1439.7	- Amérique du Nord
South-Eastern Europe	171.8	384.2	421.8	252.2	264.9	Europe du Sud-Est
Commonwealth of Independent States	423.2	428.9	409.4	380.1	563.4	Communauté d'Etats indépendants
- Asia	81.5	107.6	98.6	103.9	208.0	- Asie
- Europe	341.7	321.3	310.7	276.2	355.4	- Europe
Northern Africa	53.6	73.5	91.1	92.5	122.3	Afrique septentrionale
Sub-Saharan Africa	978.4	1071.2	1170.7	1419.1	1165.2	Afrique subsaharienne
Latin America & the Caribbean	3882.0	4370.6	5828.4	8601.3	7100.8	Amérique latine et Caraïbes
- Caribbean	447.3	477.9	324.2	212.5	201.1	- Caraïbes
- Latin America	3434.8	3892.6	5504.2	8388.8	6899.7	- Amérique latine
Eastern Asia	289.0	299.0	425.2	487.1	553.0	Asie orientale
Southern Asia	377.5	174.6	274.1	829.9	1109.6	Asie méridionale
South-Eastern Asia	1263.8	1128.0	1067.6	1138.2	1735.8	Asie du Sud-Est
Western Asia	318.9	377.1	537.9	629.5	783.3	Asie occidentale
Oceania	129.2	111.9	142.4	135.0	121.1	Océanie
Brazil	2203.5	2698.1	3952.3	6206.7	5133.7	Brésil
France-Monaco	1304.1	1341.2	1460.7	1677.5	1639.3	France-Monaco
Thailand	992.1	871.6	798.5	802.0	1330.7	Thaïlande
Germany	744.8	812.5	1064.8	1062.8	1010.3	Allemagne
Belgium	530.9	528.8	813.3	1016.9	577.7	Belgique
United States	412.7	461.3	545.2	759.7	1086.3	Etats-Unis d'Amérique
Netherlands	423.9	509.9	530.5	655.0	735.7	Pays-Bas
India	288.6	55.3	174.9	746.6	1051.5	Inde
United Kingdom	280.4	387.2	367.7	474.7	541.6	Royaume-Uni
Mauritius	304.6	361.8	350.3	356.1	299.7	Maurice
South Africa	237.2	235.5	291.2	384.7	289.2	Afrique du Sud
Guatemala	217.9	217.3	260.9	337.2	399.1	Guatemala
United Arab Emirates	130.5	153.5	352.2	377.2	e407.6	Emirates arabes unis
Canada	224.8	242.6	267.9	329.6	353.4	Canada
Colombia	240.5	234.2	289.5	368.7	268.3	Colombie
Argentina	219.9	191.3	273.3	417.2	265.1	Argentine
China	165.6	174.2	276.9	300.6	363.3	Chine
Poland	128.1	230.9	288.2	326.7	239.3	Pologne
Italy	190.5	167.5	194.9	293.2	256.4	Italie
Mexico	105.9	99.8	207.0	477.2	196.6	Mexique
Swaziland	123.7	188.9	174.7	309.1	175.6	Swaziland
Hungary	87.6	118.7	179.2	231.1	239.6	Hongrie
Belarus	132.9	208.7	217.8	128.9	130.2	Bélarus
Cuba	297.1	280.6	169.9	6.2	e8.4	Cuba
Slovakia	28.8	99.6	149.1	198.9	236.1	Slovaquie

Value as percentages of World total

Valeur en pourcentage du total mondial

Regions of the world	1998	1999	2000	2001	2002	2003	2004	2005	2006	2007	Régions du monde
World	100.0	100.0	100.0	100.0	100.0	100.0	100.0	100.0	100.0	100.0	Monde
Developed Economies	43.7	43.8	42.3	32.8	38.0	39.6	41.1	41.1	38.4	38.5	Economies Développés
- Asia-Pacific	0.8	0.9	1.1	0.7	0.9	1.0	1.1	1.1	1.1	1.2	- Asie-Pacifique
- Europe	38.5	37.9	35.6	27.7	32.1	33.7	35.1	35.3	32.5	30.7	- Europe
- North America	4.4	5.0	5.6	4.4	5.0	4.9	4.9	4.6	4.8	6.6	- Amérique du Nord
South-Eastern Europe	0.3	0.2	0.2	0.5	1.1	1.3	2.7	2.4	1.1	1.2	Europe du Sud-Est
Commonwealth of Independent States	1.7	1.6	1.6	1.2	2.6	3.2	3.0	2.3	1.7	2.6	Communauté d'Etats indépendants
- Asia	0.1	0.1	0.1	0.1	0.2	0.6	0.8	0.6	0.5	0.9	- Asie
- Europe	1.6	1.5	1.4	1.2	2.4	2.6	2.2	1.8	1.2	1.6	- Europe
Northern Africa	0.1	0.1	0.3	0.3	0.3	0.4	0.5	0.5	0.4	0.6	Afrique septentrionale
Sub-Saharan Africa	7.0	7.0	8.6	17.9	7.1	7.5	7.5	6.7	6.3	5.3	Afrique subsaharienne
Latin America & the Caribbean	33.4	33.2	30.4	31.6	33.4	29.7	30.6	33.1	37.9	32.3	Amérique latine et Caraïbes
- Caribbean	6.5	6.3	7.1	5.6	5.4	3.4	3.3	1.8	0.9	0.9	- Caraïbes
- Latin America	26.9	26.9	23.3	26.0	28.0	26.3	27.2	31.3	37.0	31.4	- Amérique latine
Eastern Asia	2.9	2.5	2.9	2.1	2.5	2.2	2.1	2.4	2.1	2.5	Asie orientale
Southern Asia	2.2	1.6	1.8	3.3	3.8	2.9	1.2	1.6	3.7	5.1	Asie méridionale
South-Eastern Asia	6.6	6.8	8.8	7.1	8.3	9.7	7.9	6.1	5.0	7.9	Asie du Sud-Est
Western Asia	1.3	1.9	2.2	2.3	1.8	2.4	2.6	3.1	2.8	3.6	Asie occidentale
Oceania	0.8	1.2	1.0	0.9	1.0	1.0	0.8	0.8	0.6	0.6	Océanie

062 Sugar confectionery

Imports by principal countries or areas   Importations selon les principaux pays ou zones
Value in million US dollars   Valeur en millions de dollars EU

Country or area	2003	2004	2005	2006	2007	Pays ou zone
World	5396.8	6045.8	6501.2	6763.7	7551.0	Monde
Developed Economies	4090.4	4534.9	4792.4	4873.8	5444.1	Economies Développés
- Asia-Pacific	208.9	242.4	260.3	255.6	291.5	- Asie-Pacifique
- Europe	2492.5	2854.0	3035.0	3086.3	3572.6	- Europe
- North America	1389.0	1438.4	1497.1	1531.9	1580.0	- Amérique du Nord
South-Eastern Europe	37.8	62.2	70.9	68.0	89.1	Europe du Sud-Est
Commonwealth of Independent States	156.3	192.0	227.3	276.2	319.5	Communauté d'Etats indépendants
- Asia	60.3	70.8	81.7	113.0	113.1	- Asie
- Europe	96.1	121.2	145.6	163.1	206.4	- Europe
Northern Africa	10.3	14.1	13.7	14.9	22.9	Afrique septentrionale
Sub-Saharan Africa	137.5	168.7	191.3	220.9	235.3	Afrique subsaharienne
Latin America & the Caribbean	338.3	389.1	454.2	470.5	536.9	Amérique latine et Caraïbes
- Caribbean	43.2	50.6	67.5	63.6	72.0	- Caraïbes
- Latin America	295.1	338.5	386.8	407.0	464.9	- Amérique latine
Eastern Asia	240.8	258.9	287.2	294.1	321.3	Asie orientale
Southern Asia	18.0	22.4	32.2	39.6	33.4	Asie méridionale
South-Eastern Asia	157.0	181.6	185.8	200.4	232.5	Asie du Sud-Est
Western Asia	197.4	207.6	231.7	289.2	295.0	Asie occidentale
Oceania	12.9	14.3	14.4	16.1	21.0	Océanie
United States	1172.5	1216.1	1260.5	1268.6	1299.5	Etats-Unis d'Amérique
Germany	415.0	476.9	518.6	538.5	566.4	Allemagne
United Kingdom	361.2	417.6	442.2	453.6	570.4	Royaume-Uni
France-Monaco	233.1	274.2	329.9	312.2	369.5	France-Monaco
Canada	210.1	215.0	229.0	255.9	273.0	Canada
Netherlands	186.5	199.7	203.8	205.1	240.3	Pays-Bas
Belgium	158.3	180.8	183.9	191.1	221.1	Belgique
Sweden	163.4	171.9	160.7	161.3	179.9	Suède
Italy	126.4	150.9	155.4	156.7	167.5	Italie
China, Hong Kong SAR	119.5	139.0	152.7	154.5	166.4	Chine - RAS de Hong-Kong
Russian Federation	74.4	93.4	114.8	129.0	160.8	Fédération de Russie
Ireland	87.8	98.8	108.9	115.1	135.6	Irlande
Austria	90.0	108.4	117.5	111.3	117.8	Autriche
Spain	92.7	97.9	104.6	117.2	119.7	Espagne
Japan	95.8	109.0	106.0	104.3	106.0	Japon
Australia	78.7	95.1	107.2	107.3	129.1	Australie
Denmark	80.5	86.9	95.4	89.0	102.4	Danemark
Mexico	80.0	82.7	90.9	81.2	90.6	Mexique
Norway	67.8	76.9	74.9	80.1	86.8	Norvège
Poland	56.4	61.9	71.0	83.1	108.6	Pologne
Switzerland-Liechtenstein	59.7	69.8	69.8	74.4	86.0	Suisse-Liechtenstein
Czech Republic	47.4	68.9	81.1	67.5	92.1	République tchèque
Finland	54.5	57.1	59.4	57.0	68.9	Finlande
Venezuela	27.6	49.2	65.7	70.7	80.4	Venezuela
United Arab Emirates	43.8	48.1	57.5	61.3	e75.8	Emirates arabes unis

Value as percentages of World total   Valeur en pourcentage du total mondial

Regions of the world	1998	1999	2000	2001	2002	2003	2004	2005	2006	2007	Régions du monde
World	100.0	100.0	100.0	100.0	100.0	100.0	100.0	100.0	100.0	100.0	Monde
Developed Economies	72.1	74.0	71.4	69.2	73.2	75.8	75.0	73.7	72.1	72.1	Economies Développés
- Asia-Pacific	3.3	3.4	3.8	3.5	3.8	3.9	4.0	4.0	3.8	3.9	- Asie-Pacifique
- Europe	47.2	47.4	43.1	41.9	44.0	46.2	47.2	46.7	45.6	47.3	- Europe
- North America	21.6	23.2	24.5	23.8	25.4	25.7	23.8	23.0	22.6	20.9	- Amérique du Nord
South-Eastern Europe	0.8	0.7	0.6	0.7	0.8	0.7	1.0	1.1	1.0	1.2	Europe du Sud-Est
Commonwealth of Independent States	3.3	2.5	3.6	3.5	2.5	2.9	3.2	3.5	4.1	4.2	Communauté d'Etats indépendants
- Asia	0.8	0.7	0.8	0.8	0.8	1.1	1.2	1.3	1.7	1.5	- Asie
- Europe	2.6	1.8	2.8	2.7	1.7	1.8	2.0	2.2	2.4	2.7	- Europe
Northern Africa	0.2	0.2	0.2	0.3	0.2	0.2	0.2	0.2	0.2	0.3	Afrique septentrionale
Sub-Saharan Africa	1.6	1.2	1.9	3.8	2.1	2.5	2.8	2.9	3.3	3.1	Afrique subsaharienne
Latin America & the Caribbean	9.1	8.6	8.5	9.1	7.8	6.3	6.4	7.0	7.0	7.1	Amérique latine et Caraïbes
- Caribbean	1.0	1.2	1.3	1.2	1.2	0.8	0.8	1.0	0.9	1.0	- Caraïbes
- Latin America	8.1	7.4	7.2	8.0	6.6	5.5	5.6	5.9	6.0	6.2	- Amérique latine
Eastern Asia	6.2	6.2	6.2	5.8	5.5	4.5	4.3	4.4	4.3	4.3	Asie orientale
Southern Asia	0.3	0.3	0.4	0.3	0.3	0.3	0.4	0.5	0.6	0.4	Asie méridionale
South-Eastern Asia	1.9	2.4	2.7	2.7	3.2	2.9	3.0	2.9	3.0	3.1	Asie du Sud-Est
Western Asia	4.2	3.7	4.3	4.4	4.1	3.7	3.4	3.6	4.3	3.9	Asie occidentale
Oceania	0.3	0.2	0.3	0.2	0.2	0.2	0.2	0.2	0.2	0.3	Océanie

Trade by commodity

Exports by principal countries or areas

Value in million US dollars

Commerce par produit

Exportations selon les principaux pays ou zones

Valeur en millions de dollars EU

Country or area	2003	2004	2005	2006	2007	Pays ou zone
World	5514.9	6223.8	6628.9	7043.9	7914.7	Monde
Developed Economies	3749.0	4088.7	4203.5	4281.5	4865.6	Economies Développés
- Asia-Pacific	110.7	132.6	146.6	144.1	166.4	- Asie-Pacifique
- Europe	2913.8	3271.4	3339.9	3425.8	3929.6	- Europe
- North America	724.6	684.7	717.0	711.7	769.6	- Amérique du Nord
South-Eastern Europe	15.4	26.3	30.2	25.5	30.3	Europe du Sud-Est
Commonwealth of Independent States	97.2	129.5	133.6	143.0	174.5	Communauté d'Etats indépendants
- Asia	1.9	3.5	2.6	2.9	3.5	- Asie
- Europe	95.3	126.0	131.1	140.1	170.9	- Europe
Northern Africa	13.0	17.9	27.0	29.0	30.0	Afrique septentrionale
Sub-Saharan Africa	113.3	117.8	96.8	114.8	109.3	Afrique subsaharienne
Latin America & the Caribbean	651.5	804.7	918.6	1030.2	1093.8	Amérique latine et Caraïbes
- Caribbean	4.1	4.9	4.3	5.6	6.0	- Caraïbes
- Latin America	647.4	799.8	914.3	1024.7	1087.8	- Amérique latine
Eastern Asia	383.5	467.9	563.2	637.1	681.9	Asie orientale
Southern Asia	50.5	52.4	91.9	129.7	156.1	Asie méridionale
South-Eastern Asia	255.3	280.7	290.4	351.1	427.6	Asie du Sud-Est
Western Asia	183.7	234.2	271.9	300.4	345.1	Asie occidentale
Oceania	2.4	3.7	1.7	1.4	0.5	Océanie
Germany	487.8	561.5	597.1	638.2	746.0	Allemagne
Belgium	337.6	379.5	404.9	469.8	562.0	Belgique
Canada	421.5	399.9	422.9	414.3	444.0	Canada
Spain	382.2	393.5	380.7	387.0	412.5	Espagne
Netherlands	343.9	363.4	398.5	405.2	404.0	Pays-Bas
Mexico	257.2	324.2	394.1	441.0	462.8	Mexique
China	220.9	267.4	342.7	412.6	467.7	Chine
United States	303.1	284.8	294.1	297.4	325.6	Etats-Unis d'Amérique
United Kingdom	275.9	299.3	249.4	208.9	241.0	Royaume-Uni
France-Monaco	212.7	250.0	243.0	224.5	241.7	France-Monaco
Denmark	157.3	168.3	180.5	173.0	189.7	Danemark
Colombia	112.5	148.1	166.6	200.3	226.1	Colombie
Brazil	134.2	167.3	170.4	165.5	173.6	Brésil
Italy	116.7	139.9	153.4	164.3	180.8	Italie
Thailand	112.5	128.5	138.8	162.2	213.0	Thaïlande
Turkey	123.6	159.7	179.9	114.1	147.3	Turquie
Poland	88.4	109.2	113.1	156.6	219.1	Pologne
Czech Republic	104.1	141.3	137.7	123.1	145.4	République tchèque
China, Hong Kong SAR	82.3	95.0	97.3	102.8	105.7	Chine - RAS de Hong-Kong
Ireland	76.5	78.8	78.6	90.1	137.8	Irlande
Switzerland-Liechtenstein	74.7	86.8	90.8	92.7	101.6	Suisse-Liechtenstein
Korea, Republic of	66.3	87.5	103.0	100.4	82.3	République de Corée
Argentina	71.7	75.1	77.0	86.8	92.9	Argentine
Austria	72.5	78.4	70.4	66.2	78.8	Autriche
Ukraine	40.2	62.9	71.7	79.6	102.9	Ukraine

Value as percentages of World total

Valeur en pourcentage du total mondial

Regions of the world	1998	1999	2000	2001	2002	2003	2004	2005	2006	2007	Régions du monde
World	100.0	100.0	100.0	100.0	100.0	100.0	100.0	100.0	100.0	100.0	Monde
Developed Economies	68.9	67.4	64.3	64.6	66.5	68.0	65.7	63.4	60.8	61.5	Economies Développés
- Asia-Pacific	2.1	2.5	2.5	2.4	2.4	2.0	2.1	2.2	2.0	2.1	- Asie-Pacifique
- Europe	56.3	54.4	49.3	48.7	52.1	52.6	52.6	50.4	48.6	49.7	- Europe
- North America	10.5	10.6	12.5	13.5	12.0	13.1	11.0	10.8	10.1	9.7	- Amérique du Nord
South-Eastern Europe	0.2	0.2	0.2	0.2	0.3	0.3	0.4	0.5	0.4	0.4	Europe du Sud-Est
Commonwealth of Independent States	2.4	2.4	3.4	2.7	1.6	1.8	2.1	2.0	2.0	2.2	Communauté d'Etats indépendants
- Asia	0.2	0.2	0.1	0.1	0.0	0.0	0.1	0.0	0.0	0.0	- Asie
- Europe	2.2	2.2	3.3	2.6	1.6	1.7	2.0	2.0	2.0	2.2	- Europe
Northern Africa	0.2	0.2	0.2	0.2	0.2	0.2	0.3	0.4	0.4	0.4	Afrique septentrionale
Sub-Saharan Africa	1.3	1.3	1.8	1.9	1.7	2.1	1.9	1.5	1.6	1.4	Afrique subsaharienne
Latin America & the Caribbean	12.2	13.0	13.5	13.5	12.9	11.8	12.9	13.9	14.6	13.8	Amérique latine et Caraïbes
- Caribbean	0.2	0.2	0.2	0.2	0.2	0.1	0.1	0.1	0.1	0.1	- Caraïbes
- Latin America	12.0	12.8	13.3	13.3	12.7	11.7	12.9	13.8	14.5	13.7	- Amérique latine
Eastern Asia	7.3	7.2	8.4	8.4	8.1	7.0	7.5	8.5	9.0	8.6	Asie orientale
Southern Asia	0.5	0.7	0.7	0.7	0.7	0.9	0.8	1.4	1.8	2.0	Asie méridionale
South-Eastern Asia	3.2	4.4	4.5	4.6	4.6	4.6	4.5	4.4	5.0	5.4	Asie du Sud-Est
Western Asia	3.8	3.0	2.9	3.2	3.3	3.3	3.8	4.1	4.3	4.4	Asie occidentale
Oceania	0.1	0.1	0.1	0.1	0.1	0.0	0.1	0.0	0.0	0.0	Océanie

071 Coffee and coffee substitutes

Trade by commodity

Imports by principal countries or areas

Value in million US dollars

Commerce par produit

Importations selon les principaux pays ou zones

Valeur en millions de dollars EU

Country or area	2003	2004	2005	2006	2007	Pays ou zone
World	10895.3	12663.3	16158.6	18452.7	21972.3	Monde
Developed Economies	8941.7	10314.7	13507.8	15498.7	18235.5	Economies Développés
- Asia-Pacific	851.8	955.7	1314.2	1413.4	1539.8	- Asie-Pacifique
- Europe	5607.1	6510.1	8460.9	9898.4	11999.5	- Europe
- North America	2482.8	2849.0	3732.7	4186.9	4696.2	- Amérique du Nord
South-Eastern Europe	175.6	304.1	350.6	325.4	408.3	Europe du Sud-Est
Commonwealth of Independent States	380.7	434.9	592.8	680.5	940.0	Communauté d'Etats indépendants
- Asia	28.4	33.7	45.9	54.3	73.6	- Asie
- Europe	352.3	401.2	546.9	626.3	866.4	- Europe
Northern Africa	146.7	179.3	197.9	246.7	316.5	Afrique septentrionale
Sub-Saharan Africa	433.6	418.9	149.4	260.9	151.2	Afrique subsaharienne
Latin America & the Caribbean	151.9	181.7	290.1	287.8	340.0	Amérique latine et Caraïbes
- Caribbean	14.2	19.1	48.5	32.2	36.0	- Caraïbes
- Latin America	137.7	162.6	241.5	255.6	303.9	- Amérique latine
Eastern Asia	193.9	224.5	294.5	345.9	422.9	Asie orientale
Southern Asia	11.1	22.0	49.2	33.5	43.6	Asie méridionale
South-Eastern Asia	183.4	226.3	285.0	340.1	528.0	Asie du Sud-Est
Western Asia	265.0	344.8	428.2	418.5	563.6	Asie occidentale
Oceania	11.6	12.2	13.1	14.5	22.6	Océanie
United States	2075.1	2394.8	3124.6	3461.7	3912.0	Etats-Unis d'Amérique
Germany	1272.7	1584.0	2202.6	2633.3	3108.7	Allemagne
Japan	683.1	775.7	1075.3	1142.6	1199.7	Japon
France-Monaco	692.1	772.7	936.5	1115.4	1347.7	France-Monaco
Italy	503.1	567.4	775.2	922.3	1156.2	Italie
Canada	402.9	448.4	601.2	717.5	777.6	Canada
United Kingdom	359.1	467.6	539.1	627.4	736.0	Royaume-Uni
Belgium	364.5	423.4	554.0	670.2	711.5	Belgique
Netherlands	376.0	409.2	463.5	548.0	678.0	Pays-Bas
Spain	305.6	356.6	470.9	555.7	722.7	Espagne
Russian Federation	283.5	298.6	384.7	434.8	606.3	Fédération de Russie
Poland	215.0	249.7	316.8	367.3	385.8	Pologne
Sweden	183.4	213.8	316.1	327.8	361.6	Suède
Austria	163.3	184.4	224.5	291.2	448.6	Autriche
Switzerland-Liechtenstein	167.6	175.1	265.4	275.1	352.4	Suisse-Liechtenstein
Australia	136.8	142.9	192.7	218.7	276.4	Australie
Korea, Republic of	102.6	114.9	166.3	189.5	233.0	République de Corée
Finland	97.9	118.3	168.4	183.3	206.8	Finlande
Denmark	95.8	125.5	159.2	179.2	205.3	Danemark
Czech Republic	104.8	110.0	154.3	162.4	223.9	République tchèque
Greece	112.1	120.4	131.8	147.9	200.1	Grèce
Algeria	98.6	115.5	130.0	156.6	e184.4	Algérie
Nigeria	309.3	e294.2	e3.9	4.2	e6.9	Nigéria
Ukraine	57.9	83.9	127.7	143.6	194.1	Ukraine
Norway	74.0	88.8	128.2	129.4	154.9	Norvège

Value as percentages of World total

Valeur en pourcentage du total mondial

Regions of the world	1998	1999	2000	2001	2002	2003	2004	2005	2006	2007	Régions du monde
World	100.0	100.0	100.0	100.0	100.0	100.0	100.0	100.0	100.0	100.0	Monde
Developed Economies	89.1	88.7	87.0	73.7	85.0	82.1	81.5	83.6	84.0	83.0	Economies Développés
- Asia-Pacific	8.3	8.6	8.8	7.6	9.0	7.8	7.5	8.1	7.7	7.0	- Asie-Pacifique
- Europe	55.9	54.2	51.6	46.1	52.1	51.5	51.4	52.4	53.6	54.6	- Europe
- North America	24.9	25.9	26.6	20.0	24.0	22.8	22.5	23.1	22.7	21.4	- Amérique du Nord
South-Eastern Europe	0.9	1.2	1.5	1.4	1.5	1.6	2.4	2.2	1.8	1.9	Europe du Sud-Est
Commonwealth of Independent States	1.6	1.6	1.8	3.0	3.1	3.5	3.4	3.7	3.7	4.3	Communauté d'Etats indépendants
- Asia	0.1	0.2	0.2	0.2	0.2	0.3	0.3	0.3	0.3	0.3	- Asie
- Europe	1.4	1.4	1.7	2.8	3.0	3.2	3.2	3.4	3.4	3.9	- Europe
Northern Africa	1.5	1.7	1.6	1.1	1.4	1.3	1.4	1.2	1.3	1.4	Afrique septentrionale
Sub-Saharan Africa	0.7	0.7	1.6	13.8	1.1	4.0	3.3	0.9	1.4	0.7	Afrique subsaharienne
Latin America & the Caribbean	1.3	1.3	1.3	1.5	1.4	1.4	1.4	1.8	1.6	1.5	Amérique latine et Caraïbes
- Caribbean	0.1	0.2	0.2	0.2	0.2	0.1	0.2	0.3	0.2	0.2	- Caraïbes
- Latin America	1.2	1.1	1.2	1.3	1.2	1.3	1.3	1.5	1.4	1.4	- Amérique latine
Eastern Asia	1.6	1.7	1.7	1.5	1.8	1.8	1.8	1.8	1.9	1.9	Asie orientale
Southern Asia	0.0	0.1	0.1	0.1	0.1	0.1	0.2	0.3	0.2	0.2	Asie méridionale
South-Eastern Asia	1.2	0.9	1.1	1.3	1.7	1.7	1.8	1.8	1.8	2.4	Asie du Sud-Est
Western Asia	2.1	2.2	2.3	2.6	2.7	2.4	2.7	2.6	2.3	2.6	Asie occidentale
Oceania	0.1	0.1	0.1	0.1	0.1	0.1	0.1	0.1	0.1	0.1	Océanie

Trade by commodity
Exports by principal countries or areas
Value in million US dollars

Commerce par produit
Exportations selon les principaux pays ou zones
Valeur en millions de dollars EU

Country or area	2003	2004	2005	2006	2007	Pays ou zone
World	9859.4	12001.5	15674.3	18368.4	21499.8	Monde
Developed Economies	3758.7	4560.8	5631.0	6518.4	8002.3	Economies Développés
- Asia-Pacific	46.7	48.4	49.6	53.8	69.1	- Asie-Pacifique
- Europe	3160.6	3918.3	4907.3	5673.4	7092.4	- Europe
- North America	551.5	594.0	674.1	791.1	840.8	- Amérique du Nord
South-Eastern Europe	3.2	6.0	9.5	11.2	20.4	Europe du Sud-Est
Commonwealth of Independent States	15.0	23.3	31.2	45.9	69.6	Communauté d'Etats indépendants
- Asia	2.0	7.0	8.6	10.4	14.9	- Asie
- Europe	13.0	16.3	22.5	35.5	54.8	- Europe
Northern Africa	18.1	16.6	15.9	22.2	29.0	Afrique septentrionale
Sub-Saharan Africa	742.2	847.0	1054.2	1244.4	1448.4	Afrique subsaharienne
Latin America & the Caribbean	3881.2	4870.5	6693.0	7568.3	8624.3	Amérique latine et Caraïbes
- Caribbean	43.1	48.5	27.2	44.7	45.3	- Caraïbes
- Latin America	3838.1	4822.0	6665.8	7523.6	8579.0	- Amérique latine
Eastern Asia	77.2	89.0	117.9	153.4	194.8	Asie orientale
Southern Asia	234.6	224.6	363.4	437.9	420.4	Asie méridionale
South-Eastern Asia	1009.0	1244.5	1612.6	2200.2	2512.2	Asie du Sud-Est
Western Asia	35.6	36.3	45.5	38.8	44.0	Asie occidentale
Oceania	84.8	83.0	100.2	127.8	134.4	Océanie
Brazil	1546.5	2058.0	2928.7	3364.2	3891.5	Brésil
Germany	1004.8	1191.5	1670.5	1930.5	2353.5	Allemagne
Colombia	890.7	1054.9	1631.5	1633.7	1888.1	Colombie
Viet Nam	509.3	647.9	749.8	1229.9	e1434.7	Viet Nam
Italy	418.1	521.6	590.5	702.1	871.1	Italie
United States	402.7	440.2	497.0	607.2	664.7	Etats-Unis d'Amérique
Belgium	307.7	394.5	515.0	607.0	654.6	Belgique
Indonesia	274.4	309.1	529.3	620.0	687.5	Indonésie
Guatemala	299.8	328.5	472.7	468.8	586.8	Guatemala
Netherlands	176.3	396.3	410.3	388.4	347.9	Pays-Bas
Peru	180.8	290.0	306.2	515.0	427.0	Pérou
India	233.8	223.8	362.7	436.9	419.4	Inde
Honduras	182.6	257.5	329.8	390.2	500.1	Honduras
Mexico	234.4	248.4	301.0	383.3	461.2	Mexique
Ethiopia	183.8	237.6	335.4	426.0	418.3	Ethiopie
Switzerland-Liechtenstein	156.5	217.1	244.3	284.6	635.4	Suisse-Liechtenstein
France-Monaco	236.2	230.7	244.8	259.8	302.9	France-Monaco
Spain	176.3	195.8	232.5	276.1	350.6	Espagne
United Kingdom	144.7	198.0	235.6	271.7	356.9	Royaume-Uni
Costa Rica	195.6	199.6	264.6	230.5	258.5	Costa Rica
Uganda	100.2	124.2	172.9	189.8	265.9	Ouganda
Canada	148.8	153.8	177.1	183.8	176.1	Canada
Côte d'Ivoire	142.3	130.8	113.2	166.4	252.4	Côte d'Ivoire
Singapore	125.3	157.2	179.3	174.6	167.3	Singapour
Nicaragua	93.3	135.7	137.1	202.6	206.0	Nicaragua

Value as percentages of World total

Valeur en pourcentage du total mondial

Regions of the world	1998	1999	2000	2001	2002	2003	2004	2005	2006	2007	Régions du monde
World	100.0	100.0	100.0	100.0	100.0	100.0	100.0	100.0	100.0	100.0	Monde
Developed Economies	24.1	24.9	27.3	34.8	36.8	38.1	38.0	35.9	35.5	37.2	Economies Développés
- Asia-Pacific	0.1	0.2	0.3	0.6	0.7	0.5	0.4	0.3	0.3	0.3	- Asie-Pacifique
- Europe	19.7	20.3	22.4	28.2	30.2	32.1	32.6	31.3	30.9	33.0	- Europe
- North America	4.2	4.4	4.6	6.0	6.0	5.6	4.9	4.3	4.3	3.9	- Amérique du Nord
South-Eastern Europe	0.0	0.0	0.0	0.0	0.0	0.0	0.1	0.1	0.1	0.1	Europe du Sud-Est
Commonwealth of Independent States	0.1	0.0	0.0	0.1	0.1	0.2	0.2	0.2	0.2	0.3	Communauté d'Etats indépendants
- Asia	0.0	0.0	0.0	0.0	0.0	0.0	0.1	0.1	0.1	0.1	- Asie
- Europe	0.1	0.0	0.0	0.1	0.1	0.1	0.1	0.1	0.2	0.3	- Europe
Northern Africa	0.1	0.1	0.1	0.1	0.2	0.2	0.1	0.1	0.1	0.1	Afrique septentrionale
Sub-Saharan Africa	11.1	10.3	10.3	8.4	7.2	7.5	7.1	6.7	6.8	6.7	Afrique subsaharienne
Latin America & the Caribbean	49.9	50.0	48.6	43.3	42.2	39.4	40.6	42.7	41.2	40.1	Amérique latine et Caraïbes
- Caribbean	0.5	0.5	0.7	0.7	0.7	0.4	0.4	0.2	0.2	0.2	- Caraïbes
- Latin America	49.4	49.5	48.0	42.6	41.5	38.9	40.2	42.5	41.0	39.9	- Amérique latine
Eastern Asia	0.4	0.4	0.4	0.6	0.8	0.8	0.7	0.8	0.8	0.9	Asie orientale
Southern Asia	2.6	2.5	2.3	2.7	2.4	2.4	1.9	2.3	2.4	2.0	Asie méridionale
South-Eastern Asia	9.3	9.4	9.1	9.4	9.1	10.2	10.4	10.3	12.0	11.7	Asie du Sud-Est
Western Asia	0.2	0.3	0.4	0.4	0.4	0.4	0.3	0.3	0.2	0.2	Asie occidentale
Oceania	2.2	2.0	1.3	0.0	0.7	0.9	0.7	0.6	0.7	0.6	Océanie

072 Cocoa

Trade by commodity
Imports by principal countries or areas
Value in million US dollars

Commerce par produit
Importations selon les principaux pays ou zones
Valeur en millions de dollars EU

Country or area	2003	2004	2005	2006	2007	Pays ou zone
World	9673.1	9142.3	9739.4	9837.4	12050.0	Monde
Developed Economies	7853.7	7300.6	7782.5	7621.5	9244.4	Economies Développés
- Asia-Pacific	422.1	402.0	393.3	429.4	537.4	- Asie-Pacifique
- Europe	5705.4	5114.6	5453.4	5386.6	6976.8	- Europe
- North America	1726.2	1784.0	1935.8	1805.5	1730.2	- Amérique du Nord
South-Eastern Europe	67.1	88.4	91.8	75.9	88.2	Europe du Sud-Est
Commonwealth of Independent States	382.6	408.5	459.3	483.7	620.9	Communauté d'Etats indépendants
- Asia	11.3	15.3	17.2	23.7	26.5	- Asie
- Europe	371.3	393.1	442.1	460.1	594.4	- Europe
Northern Africa	44.6	43.9	38.4	39.5	48.0	Afrique septentrionale
Sub-Saharan Africa	42.0	40.8	42.8	39.0	46.8	Afrique subsaharienne
Latin America & the Caribbean	297.5	236.3	273.4	257.1	376.7	Amérique latine et Caraïbes
- Caribbean	8.8	8.1	21.5	6.6	6.9	- Caraïbes
- Latin America	288.7	228.2	251.8	250.5	369.8	- Amérique latine
Eastern Asia	116.2	117.0	149.8	159.5	191.3	Asie orientale
Southern Asia	26.3	42.8	44.7	28.8	35.9	Asie méridionale
South-Eastern Asia	597.9	610.5	636.4	952.9	1156.7	Asie du Sud-Est
Western Asia	244.3	252.7	219.3	178.7	239.8	Asie occidentale
Oceania	0.9	1.0	0.9	0.9	1.3	Océanie
United States	1418.4	1425.9	1647.1	1480.2	1402.7	Etats-Unis d'Amérique
Netherlands	1352.2	1116.2	1232.1	1086.9	1456.1	Pays-Bas
Germany	919.5	873.3	1009.8	1008.0	1332.2	Allemagne
France-Monaco	851.9	800.8	773.1	789.3	1013.1	France-Monaco
Belgium	612.4	612.0	687.6	778.5	963.9	Belgique
Malaysia	290.7	346.4	388.3	681.2	811.5	Malaisie
United Kingdom	476.4	450.8	485.6	461.3	621.5	Royaume-Uni
Canada	307.7	358.0	288.6	325.2	327.3	Canada
Russian Federation	264.6	272.1	307.1	312.3	408.3	Fédération de Russie
Italy	311.3	257.7	275.1	269.0	357.0	Italie
Japan	276.2	247.8	250.3	287.1	371.3	Japon
Spain	242.6	240.2	205.8	203.5	268.5	Espagne
Poland	192.3	190.8	190.3	204.8	254.1	Pologne
Switzerland-Liechtenstein	158.7	156.0	187.0	203.4	254.0	Suisse-Liechtenstein
Singapore	161.6	127.0	123.2	149.6	220.2	Singapour
Turkey	174.8	182.3	141.6	101.0	142.1	Turquie
Australia	121.3	127.8	118.8	116.1	135.3	Australie
Ukraine	86.5	99.7	115.6	125.4	161.1	Ukraine
Brazil	123.3	62.8	86.6	96.4	167.4	Brésil
China	67.0	74.4	113.5	115.7	132.5	Chine
Argentina	58.6	52.8	61.8	64.9	84.8	Argentine
Austria	81.9	72.5	45.9	45.4	55.4	Autriche
Indonesia	60.4	60.0	55.7	51.0	51.3	Indonésie
Ireland	43.2	35.1	62.9	44.3	52.6	Irlande
Thailand	56.7	47.9	42.5	40.9	48.4	Thaïlande

Regions of the world	1998	1999	2000	2001	2002	2003	2004	2005	2006	2007	Régions du monde
World	100.0	100.0	100.0	100.0	100.0	100.0	100.0	100.0	100.0	100.0	Monde
Developed Economies	87.2	86.8	84.0	83.7	81.4	81.2	79.9	79.9	77.5	76.7	Economies Développés
- Asia-Pacific	4.3	4.6	4.7	4.3	4.3	4.4	4.4	4.0	4.4	4.5	- Asie-Pacifique
- Europe	61.8	62.9	58.2	59.1	59.9	59.0	55.9	56.0	54.8	57.9	- Europe
- North America	21.1	19.4	21.1	20.3	17.3	17.8	19.5	19.9	18.4	14.4	- Amérique du Nord
South-Eastern Europe	0.5	0.5	0.5	0.6	0.8	0.7	1.0	0.9	0.8	0.7	Europe du Sud-Est
Commonwealth of Independent States	3.3	3.0	4.0	4.1	5.1	4.0	4.5	4.7	4.9	5.2	Communauté d'Etats indépendants
- Asia	0.0	0.1	0.1	0.1	0.2	0.1	0.2	0.2	0.2	0.2	- Asie
- Europe	3.2	2.9	3.9	4.0	4.9	3.8	4.3	4.5	4.7	4.9	- Europe
Northern Africa	0.3	0.3	0.3	0.3	0.4	0.5	0.5	0.4	0.4	0.4	Afrique septentrionale
Sub-Saharan Africa	0.5	0.6	0.5	0.7	0.5	0.4	0.4	0.4	0.4	0.4	Afrique subsaharienne
Latin America & the Caribbean	2.5	3.5	3.5	2.7	3.8	3.1	2.6	2.8	2.6	3.1	Amérique latine et Caraïbes
- Caribbean	0.0	0.1	0.1	0.1	0.1	0.1	0.1	0.2	0.1	0.1	- Caraïbes
- Latin America	2.5	3.4	3.4	2.6	3.7	3.0	2.5	2.6	2.5	3.1	- Amérique latine
Eastern Asia	1.2	1.0	1.4	1.4	1.1	1.2	1.3	1.5	1.6	1.6	Asie orientale
Southern Asia	0.2	0.2	0.3	0.3	0.3	0.3	0.5	0.5	0.3	0.3	Asie méridionale
South-Eastern Asia	3.0	2.6	3.8	4.3	4.8	6.2	6.7	6.5	9.7	9.6	Asie du Sud-Est
Western Asia	1.3	1.5	1.6	1.7	1.9	2.5	2.8	2.3	1.8	2.0	Asie occidentale
Oceania	0.0	0.0	0.0	0.0	0.0	0.0	0.0	0.0	0.0	0.0	Océanie

Trade by commodity
Exports by principal countries or areas
Value in million US dollars

Commerce par produit
Exportations selon les principaux pays ou zones
Valeur en millions de dollars EU

Country or area	2003	2004	2005	2006	2007	Pays ou zone
World	8108.2	8316.6	8233.7	8823.1	9855.7	Monde
Developed Economies	2900.2	3030.0	3022.5	3048.6	3637.1	Economies Développés
- Asia-Pacific	14.6	9.4	7.9	6.9	6.3	- Asie-Pacifique
- Europe	2651.0	2755.9	2773.2	2794.2	3354.8	- Europe
- North America	234.6	264.7	241.4	247.5	276.0	- Amérique du Nord
South-Eastern Europe	10.4	7.3	6.7	3.6	5.2	Europe du Sud-Est
Commonwealth of Independent States	6.7	10.1	13.7	11.7	13.6	Communauté d'Etats indépendants
- Asia	0.3	0.0	0.0	0.0	0.1	- Asie
- Europe	6.4	10.1	13.7	11.7	13.5	- Europe
Northern Africa	5.9	5.4	7.0	4.6	5.0	Afrique septentrionale
Sub-Saharan Africa	3473.2	3544.7	3209.0	3572.0	3565.3	Afrique subsaharienne
Latin America & the Caribbean	472.2	458.5	508.5	501.4	616.4	Amérique latine et Caraïbes
- Caribbean	38.7	37.2	24.0	42.2	65.8	- Caraïbes
- Latin America	433.5	421.4	484.6	459.2	550.6	- Amérique latine
Eastern Asia	29.7	33.0	65.0	67.7	78.2	Asie orientale
Southern Asia	0.7	2.6	3.7	2.2	1.6	Asie méridionale
South-Eastern Asia	1082.7	1091.3	1273.2	1518.1	1812.3	Asie du Sud-Est
Western Asia	54.0	72.2	52.7	2.5	2.2	Asie occidentale
Oceania	72.5	61.6	71.5	90.7	118.8	Océanie
Côte d'Ivoire	2319.1	2132.8	1984.4	1950.6	2131.0	Côte d'Ivoire
Netherlands	1344.9	1565.9	1629.2	1580.7	1886.6	Pays-Bas
Ghana	838.0	1070.3	891.0	1239.1	1049.2	Ghana
Indonesia	595.5	530.5	653.5	839.3	901.1	Indonésie
France-Monaco	497.5	469.7	407.9	473.0	546.1	France-Monaco
Malaysia	284.6	381.8	450.7	497.9	677.5	Malaisie
Cameroon	243.4	266.7	245.2	260.6	e274.6	Cameroun
Belgium	175.4	222.9	252.4	258.0	333.9	Belgique
United States	212.2	230.5	215.8	215.8	238.2	Etats-Unis d'Amérique
Brazil	216.8	198.2	235.0	221.8	238.8	Brésil
Germany	110.0	141.8	169.5	219.1	258.2	Allemagne
Ecuador	154.6	145.7	164.4	165.9	222.2	Equateur
Singapore	148.9	139.7	125.2	141.4	186.3	Singapour
Spain	120.7	111.3	99.8	84.8	124.1	Espagne
United Kingdom	120.1	122.6	108.3	61.1	101.8	Royaume-Uni
Papua New Guinea	65.9	56.8	e68.3	e86.9	e113.5	Papouasie-Nouvelle-Guinée
China	26.0	29.5	63.4	65.1	77.4	Chine
Thailand	42.3	34.5	40.2	36.7	44.1	Thaïlande
Turkey	51.6	70.5	51.8	1.4	0.8	Turquie
Italy	33.6	31.0	31.2	36.1	39.0	Italie
Poland	24.6	24.9	33.0	34.9	36.3	Pologne
Canada	22.4	34.2	25.7	31.7	37.8	Canada
Estonia	145.0	0.1	0.8	2.7	1.2	Estonie
Peru	20.1	25.7	28.6	31.6	43.7	Pérou
Dominican Republic	e17.4	e19.4	e16.8	e25.3	e52.5	République dominicaine

Value as percentages of World total

Valeur en pourcentage du total mondial

Regions of the world	1998	1999	2000	2001	2002	2003	2004	2005	2006	2007	Régions du monde
World	100.0	100.0	100.0	100.0	100.0	100.0	100.0	100.0	100.0	100.0	Monde
Developed Economies	35.6	35.4	38.9	37.2	32.1	35.8	36.4	36.7	34.6	36.9	Economies Développés
- Asia-Pacific	0.1	0.1	0.2	0.1	0.2	0.2	0.1	0.1	0.1	0.1	- Asie-Pacifique
- Europe	32.6	32.0	35.2	33.6	28.9	32.7	33.1	33.7	31.7	34.0	- Europe
- North America	2.9	3.3	3.4	3.5	3.0	2.9	3.2	2.9	2.8	2.8	- Amérique du Nord
South-Eastern Europe	0.0	0.0	0.0	0.1	0.1	0.1	0.1	0.1	0.0	0.1	Europe du Sud-Est
Commonwealth of Independent States	0.0	0.0	0.0	0.0	0.0	0.1	0.1	0.2	0.1	0.1	Communauté d'Etats indépendants
- Asia	0.0	0.0	0.0	0.0	0.0	0.0	0.0	0.0	0.0	0.0	- Asie
- Europe	0.0	0.0	0.0	0.0	0.0	0.1	0.1	0.2	0.1	0.1	- Europe
Northern Africa	0.0	0.0	0.0	0.1	0.1	0.1	0.1	0.1	0.1	0.1	Afrique septentrionale
Sub-Saharan Africa	41.9	42.8	38.1	41.4	44.9	42.8	42.6	39.0	40.5	36.2	Afrique subsaharienne
Latin America & the Caribbean	5.5	6.3	6.8	6.0	5.7	5.8	5.5	6.2	5.7	6.3	Amérique latine et Caraïbes
- Caribbean	0.5	1.0	1.6	1.4	1.0	0.5	0.4	0.3	0.5	0.7	- Caraïbes
- Latin America	4.9	5.3	5.2	4.6	4.8	5.3	5.1	5.9	5.2	5.6	- Amérique latine
Eastern Asia	0.7	0.7	0.6	0.4	0.3	0.4	0.4	0.8	0.8	0.8	Asie orientale
Southern Asia	0.0	0.0	0.0	0.0	0.0	0.0	0.0	0.0	0.0	0.0	Asie méridionale
South-Eastern Asia	15.5	14.0	14.8	14.1	15.5	13.4	13.1	15.5	17.2	18.4	Asie du Sud-Est
Western Asia	0.1	0.3	0.5	0.5	0.4	0.7	0.9	0.6	0.0	0.0	Asie occidentale
Oceania	0.6	0.5	0.4	0.2	0.9	0.9	0.7	0.9	1.0	1.2	Océanie

073 Chocolate and other food preparations containing cocoa, nes

Trade by commodity
Imports by principal countries or areas
Value in million US dollars

Commerce par produit
Importations selon les principaux pays ou zones
Valeur en millions de dollars EU

Country or area	2003	2004	2005	2006	2007	Pays ou zone
World	9724.4	11363.5	12347.0	13512.3	16100.6	Monde
Developed Economies	7913.3	9137.2	9740.9	10594.8	12496.0	Economies Développés
- Asia-Pacific	479.0	555.2	606.2	635.3	756.1	- Asie-Pacifique
- Europe	5944.0	6949.7	7398.5	8093.0	9770.4	- Europe
- North America	1490.4	1632.3	1736.2	1866.5	1969.6	- Amérique du Nord
South-Eastern Europe	99.8	173.8	209.8	219.2	318.1	Europe du Sud-Est
Commonwealth of Independent States	360.1	463.6	573.0	666.9	925.0	Communauté d'Etats indépendants
- Asia	102.9	139.4	153.1	209.7	303.7	- Asie
- Europe	257.2	324.2	419.9	457.2	621.3	- Europe
Northern Africa	24.2	41.9	42.8	45.2	70.4	Afrique septentrionale
Sub-Saharan Africa	59.8	85.2	95.4	120.6	130.4	Afrique subsaharienne
Latin America & the Caribbean	356.2	403.0	465.6	550.6	643.3	Amérique latine et Caraïbes
- Caribbean	30.0	31.3	35.7	39.0	46.0	- Caraïbes
- Latin America	326.1	371.7	429.9	511.6	597.3	- Amérique latine
Eastern Asia	288.3	320.8	375.8	379.5	455.5	Asie orientale
Southern Asia	20.2	25.1	28.9	33.7	39.8	Asie méridionale
South-Eastern Asia	175.5	205.3	210.9	248.5	288.1	Asie du Sud-Est
Western Asia	412.7	491.8	587.0	636.5	716.3	Asie occidentale
Oceania	14.4	15.7	16.9	17.0	17.6	Océanie
United States	1105.9	1185.5	1259.3	1323.5	1383.4	Etats-Unis d'Amérique
France-Monaco	1108.4	1268.8	1134.4	1205.2	1503.3	France-Monaco
Germany	1004.5	1048.2	1068.1	1137.3	1333.0	Allemagne
United Kingdom	729.2	927.1	1079.8	1127.3	1385.3	Royaume-Uni
Netherlands	443.0	499.5	510.8	586.2	758.4	Pays-Bas
Canada	378.1	439.1	468.9	535.2	577.8	Canada
Belgium	355.8	396.2	427.4	472.8	576.6	Belgique
Italy	312.2	350.4	390.1	419.5	464.9	Italie
Japan	335.4	369.9	380.5	401.1	440.7	Japon
Spain	243.0	302.7	341.4	380.1	488.8	Espagne
Austria	219.7	275.9	317.6	358.9	382.3	Autriche
Russian Federation	187.5	228.8	262.4	297.5	438.4	Fédération de Russie
Sweden	188.2	217.4	224.9	229.7	264.7	Suède
Mexico	166.0	177.9	207.3	254.5	297.6	Mexique
Denmark	169.9	188.7	201.7	221.4	261.0	Danemark
Ireland	142.7	166.2	197.7	211.3	253.7	Irlande
Czech Republic	110.0	147.3	181.4	227.5	266.8	République tchèque
Poland	77.9	112.3	166.6	238.5	281.5	Pologne
Portugal	127.8	155.0	162.7	175.1	218.5	Portugal
Saudi Arabia	105.2	124.0	156.0	194.2	199.1	Arabie saoudite
Australia	90.7	124.4	154.4	161.8	222.1	Australie
Greece	112.1	132.3	133.8	154.9	170.9	Grèce
Norway	108.7	130.7	130.0	140.0	163.1	Norvège
Switzerland-Liechtenstein	97.3	121.5	120.2	141.1	163.7	Suisse-Liechtenstein
Hungary	63.8	103.1	125.2	155.6	181.1	Hongrie

Value as percentages of World total

Valeur en pourcentage du total mondial

Regions of the world	1998	1999	2000	2001	2002	2003	2004	2005	2006	2007	Régions du monde
World	100.0	100.0	100.0	100.0	100.0	100.0	100.0	100.0	100.0	100.0	Monde
Developed Economies	82.8	83.6	81.0	75.0	79.6	81.4	80.4	78.9	78.4	77.6	Economies Développés
- Asia-Pacific	5.9	6.0	6.4	5.3	5.1	4.9	4.9	4.9	4.7	4.7	- Asie-Pacifique
- Europe	64.4	64.8	60.2	55.3	59.5	61.1	61.2	59.9	59.9	60.7	- Europe
- North America	12.5	12.9	14.3	14.4	15.0	15.3	14.4	14.1	13.8	12.2	- Amérique du Nord
South-Eastern Europe	1.0	1.0	1.0	1.2	1.3	1.0	1.5	1.7	1.6	2.0	Europe du Sud-Est
Commonwealth of Independent States	2.7	1.6	2.6	3.2	3.8	3.7	4.1	4.6	4.9	5.7	Communauté d'Etats indépendants
- Asia	0.5	0.5	0.9	0.9	1.1	1.1	1.2	1.2	1.6	1.9	- Asie
- Europe	2.3	1.1	1.7	2.3	2.7	2.6	2.9	3.4	3.4	3.9	- Europe
Northern Africa	0.2	0.2	0.2	0.2	0.3	0.2	0.4	0.3	0.3	0.4	Afrique septentrionale
Sub-Saharan Africa	0.5	0.4	0.6	5.8	0.5	0.6	0.7	0.8	0.9	0.8	Afrique subsaharienne
Latin America & the Caribbean	4.5	4.4	4.8	4.9	4.2	3.7	3.5	3.8	4.1	4.0	Amérique latine et Caraïbes
- Caribbean	0.4	0.4	0.5	0.4	0.4	0.3	0.3	0.3	0.3	0.3	- Caraïbes
- Latin America	4.1	4.0	4.3	4.5	3.8	3.4	3.3	3.5	3.8	3.7	- Amérique latine
Eastern Asia	2.6	2.7	3.5	3.1	3.3	3.0	2.8	3.0	2.8	2.8	Asie orientale
Southern Asia	0.1	0.2	0.2	0.2	0.2	0.2	0.2	0.2	0.2	0.2	Asie méridionale
South-Eastern Asia	1.4	1.8	2.0	1.9	2.0	1.8	1.8	1.7	1.8	1.8	Asie du Sud-Est
Western Asia	4.0	4.0	4.1	4.4	4.7	4.2	4.3	4.8	4.7	4.4	Asie occidentale
Oceania	0.2	0.1	0.2	0.1	0.1	0.1	0.1	0.1	0.1	0.1	Océanie

Chocolat et autres préparations alimentaires contenant du cacao, n.d.a. 073

Trade by commodity   Commerce par produit

Exports by principal countries or areas   Exportations selon les principaux pays ou zones

Value in million US dollars   Valeur en millions de dollars EU

Country or area	2003	2004	2005	2006	2007	Pays ou zone
World	9976.2	11733.9	12539.0	13938.0	16708.7	Monde
Developed Economies	8749.7	10161.9	10641.5	11949.6	14379.2	Economies Développés
- Asia-Pacific	210.2	252.5	255.2	224.6	295.9	- Asie-Pacifique
- Europe	7317.7	8623.9	9056.2	10325.0	12564.6	- Europe
- North America	1221.8	1285.6	1330.1	1399.9	1518.6	- Amérique du Nord
South-Eastern Europe	38.0	83.5	99.1	87.0	103.2	Europe du Sud-Est
Commonwealth of Independent States	278.1	376.4	452.2	490.7	656.7	Communauté d'Etats indépendants
- Asia	1.8	2.8	4.8	5.7	8.4	- Asie
- Europe	276.3	373.5	447.4	484.9	648.3	- Europe
Northern Africa	8.0	6.4	31.2	22.4	26.0	Afrique septentrionale
Sub-Saharan Africa	82.5	97.0	141.4	139.9	125.3	Afrique subsaharienne
Latin America & the Caribbean	336.1	405.2	469.6	512.3	541.6	Amérique latine et Caraïbes
- Caribbean	10.2	7.4	8.6	9.1	7.3	- Caraïbes
- Latin America	325.9	397.9	460.9	503.2	534.3	- Amérique latine
Eastern Asia	92.3	110.7	126.7	133.0	149.2	Asie orientale
Southern Asia	12.1	9.1	15.6	22.4	27.7	Asie méridionale
South-Eastern Asia	177.2	203.0	215.1	258.4	317.1	Asie du Sud-Est
Western Asia	202.0	280.4	346.3	322.2	382.5	Asie occidentale
Oceania	0.2	0.2	0.2	0.2	0.2	Océanie
Germany	1552.0	1844.1	1900.4	2234.1	2717.1	Allemagne
Belgium	1401.5	1669.5	1689.7	1891.7	2232.7	Belgique
France-Monaco	856.7	1025.8	879.0	986.5	1230.7	France-Monaco
Netherlands	821.6	849.1	907.4	995.8	1257.7	Pays-Bas
Canada	710.3	725.3	722.6	720.1	743.5	Canada
Italy	464.7	558.1	609.6	762.2	1161.8	Italie
United States	511.5	560.3	607.5	679.8	775.2	Etats-Unis d'Amérique
United Kingdom	460.0	489.6	521.7	566.2	652.4	Royaume-Uni
Switzerland-Liechtenstein	323.8	404.1	488.1	535.0	646.7	Suisse-Liechtenstein
Poland	171.2	300.3	330.0	421.9	528.9	Pologne
Austria	225.2	262.1	344.1	358.0	426.2	Autriche
Ireland	256.0	275.4	287.4	271.7	274.2	Irlande
Ukraine	153.5	194.7	225.6	248.8	339.9	Ukraine
Sweden	185.9	199.6	208.0	223.3	256.9	Suède
Spain	134.0	172.9	202.0	204.2	259.8	Espagne
Russian Federation	99.6	142.8	183.6	218.3	289.6	Fédération de Russie
Turkey	129.8	161.3	191.8	110.2	156.8	Turquie
Australia	144.1	170.2	144.2	116.1	157.1	Australie
Singapore	95.8	111.4	128.2	160.7	204.2	Singapour
Denmark	105.1	121.0	136.1	154.8	180.9	Danemark
Brazil	104.3	121.8	151.9	140.6	126.1	Brésil
Mexico	84.0	97.2	114.2	142.3	169.0	Mexique
Czech Republic	69.0	84.0	106.8	138.4	179.8	République tchèque
Slovakia	49.3	97.5	116.2	128.6	168.0	Slovaquie
United Arab Emirates	37.1	79.0	100.6	139.6	e150.9	Emirates arabes unis

Value as percentages of World total   Valeur en pourcentage du total mondial

Regions of the world	1998	1999	2000	2001	2002	2003	2004	2005	2006	2007	Régions du monde
World	100.0	100.0	100.0	100.0	100.0	100.0	100.0	100.0	100.0	100.0	Monde
Developed Economies	91.2	90.8	89.1	88.4	88.5	87.7	86.6	84.9	85.7	86.1	Economies Développés
- Asia-Pacific	1.6	2.2	2.3	2.1	2.2	2.1	2.2	2.0	1.6	1.8	- Asie-Pacifique
- Europe	80.5	78.7	74.4	72.3	74.0	73.4	73.5	72.2	74.1	75.2	- Europe
- North America	9.1	9.8	12.4	14.0	12.3	12.2	11.0	10.6	10.0	9.1	- Amérique du Nord
South-Eastern Europe	0.3	0.2	0.2	0.3	0.4	0.4	0.7	0.8	0.6	0.6	Europe du Sud-Est
Commonwealth of Independent States	1.0	0.9	1.9	2.4	2.7	2.8	3.2	3.6	3.5	3.9	Communauté d'Etats indépendants
- Asia	0.0	0.0	0.0	0.0	0.0	0.0	0.0	0.0	0.0	0.1	- Asie
- Europe	1.0	0.9	1.9	2.4	2.7	2.8	3.2	3.6	3.5	3.9	- Europe
Northern Africa	0.0	0.0	0.0	0.1	0.0	0.1	0.1	0.2	0.2	0.2	Afrique septentrionale
Sub-Saharan Africa	0.5	0.5	0.5	0.5	0.7	0.8	0.8	1.1	1.0	0.7	Afrique subsaharienne
Latin America & the Caribbean	3.4	3.5	3.8	4.0	3.4	3.4	3.5	3.7	3.7	3.2	Amérique latine et Caraïbes
- Caribbean	0.1	0.2	0.1	0.1	0.1	0.1	0.1	0.1	0.1	0.0	- Caraïbes
- Latin America	3.3	3.3	3.6	3.9	3.3	3.3	3.4	3.7	3.6	3.2	- Amérique latine
Eastern Asia	0.9	1.0	1.1	0.9	1.0	0.9	0.9	1.0	1.0	0.9	Asie orientale
Southern Asia	0.1	0.1	0.1	0.1	0.1	0.1	0.1	0.1	0.2	0.2	Asie méridionale
South-Eastern Asia	1.2	1.8	2.0	1.9	1.8	1.8	1.7	1.7	1.9	1.9	Asie du Sud-Est
Western Asia	1.4	1.3	1.3	1.4	1.3	2.0	2.4	2.8	2.3	2.3	Asie occidentale
Oceania	0.0	0.0	0.0	0.0	0.0	0.0	0.0	0.0	0.0	0.0	Océanie

074 Tea and mate

Trade by commodity
Imports by principal countries or areas
Value in million US dollars

Commerce par produit
Importations selon les principaux pays ou zones
Valeur en millions de dollars EU

Country or area	2003	2004	2005	2006	2007	Pays ou zone
World	3376.1	3710.0	3973.7	4275.6	4736.6	Monde
Developed Economies	1704.1	1886.3	1924.4	2124.9	2317.3	Economies Développés
- Asia-Pacific	266.4	316.8	301.0	294.4	311.7	- Asie-Pacifique
- Europe	1043.1	1135.7	1137.3	1278.4	1407.8	- Europe
- North America	394.7	433.8	486.0	552.0	597.8	- Amérique du Nord
South-Eastern Europe	7.4	8.9	9.5	12.4	20.6	Europe du Sud-Est
Commonwealth of Independent States	374.0	458.3	513.8	588.4	721.4	Communauté d'Etats indépendants
- Asia	79.7	101.8	103.8	102.2	118.2	- Asie
- Europe	294.3	356.5	410.0	486.2	603.3	- Europe
Northern Africa	163.3	111.5	133.6	141.6	150.9	Afrique septentrionale
Sub-Saharan Africa	122.9	141.5	144.7	174.7	140.2	Afrique subsaharienne
Latin America & the Caribbean	71.8	83.7	101.3	118.3	141.3	Amérique latine et Caraïbes
- Caribbean	7.7	7.9	9.3	9.1	10.4	- Caraïbes
- Latin America	64.0	75.8	92.0	109.2	130.8	- Amérique latine
Eastern Asia	75.2	86.3	96.6	115.4	128.1	Asie orientale
Southern Asia	288.1	325.1	377.1	312.0	310.6	Asie méridionale
South-Eastern Asia	54.1	66.2	71.5	80.2	101.9	Asie du Sud-Est
Western Asia	510.8	536.8	595.7	602.0	697.3	Asie occidentale
Oceania	4.4	5.4	5.4	5.7	7.0	Océanie
United States	283.6	313.7	352.7	402.7	424.4	Etats-Unis d'Amérique
Russian Federation	247.5	297.8	325.9	379.5	466.9	Fédération de Russie
United Kingdom	280.5	305.7	285.5	343.2	321.5	Royaume-Uni
United Arab Emirates	229.8	225.0	247.8	273.6	e338.6	Emirats arabes unis
Japan	189.5	235.5	210.4	201.6	206.4	Japon
Pakistan	190.2	202.3	229.7	222.7	198.3	Pakistan
Germany	154.1	158.8	163.7	204.2	225.6	Allemagne
France-Monaco	121.7	128.4	134.7	147.5	164.7	France-Monaco
Canada	109.6	118.8	131.9	148.0	171.9	Canada
Saudi Arabia	118.7	113.6	135.6	137.1	161.9	Arabie saoudite
Morocco	63.9	73.2	84.7	89.1	97.3	Maroc
Netherlands	68.9	79.0	75.5	75.9	90.6	Pays-Bas
Australia	64.1	70.5	74.7	76.2	88.8	Australie
Syrian Arab Republic	67.4	74.1	72.6	67.2	e87.7	République arabe syrienne
Ukraine	39.3	47.4	64.2	77.6	95.0	Ukraine
Poland	48.7	67.0	64.9	66.6	76.1	Pologne
Italy	58.1	66.0	55.1	64.6	67.7	Italie
Kazakhstan	31.6	44.8	44.5	57.9	77.4	Kazakhstan
Ireland	45.8	45.0	38.8	47.1	60.4	Irlande
Belgium	44.4	37.8	37.7	44.8	52.7	Belgique
Switzerland-Liechtenstein	36.0	37.0	38.5	39.3	40.4	Suisse-Liechtenstein
China, Hong Kong SAR	33.3	34.9	35.9	42.7	44.3	Chine - RAS de Hong-Kong
Afghanistan	e70.7	e42.2	e19.2	e19.1	e35.6	Afghanistan
Austria	28.6	32.4	50.2	37.7	34.8	Autriche
Sweden	28.2	33.8	33.3	37.2	43.0	Suède

Value as percentages of World total

Valeur en pourcentage du total mondial

Regions of the world	1998	1999	2000	2001	2002	2003	2004	2005	2006	2007	Régions du monde
World	100.0	100.0	100.0	100.0	100.0	100.0	100.0	100.0	100.0	100.0	Monde
Developed Economies	47.9	47.7	46.7	23.6	48.4	50.5	50.8	48.4	49.7	48.9	Economies Développés
- Asia-Pacific	7.8	8.3	9.3	4.5	8.2	7.9	8.5	7.6	6.9	6.6	- Asie-Pacifique
- Europe	30.8	29.8	27.5	13.8	29.4	30.9	30.6	28.6	29.9	29.7	- Europe
- North America	9.2	9.7	9.9	5.3	10.9	11.7	11.7	12.2	12.9	12.6	- Amérique du Nord
South-Eastern Europe	0.2	0.2	0.2	0.1	0.2	0.2	0.2	0.2	0.3	0.4	Europe du Sud-Est
Commonwealth of Independent States	12.0	12.4	10.0	5.2	10.9	11.1	12.4	12.9	13.8	15.2	Communauté d'Etats indépendants
- Asia	1.8	2.5	2.0	1.4	2.4	2.4	2.7	2.6	2.4	2.5	- Asie
- Europe	10.2	10.0	8.1	3.8	8.5	8.7	9.6	10.3	11.4	12.7	- Europe
Northern Africa	6.9	6.7	6.4	3.6	7.4	4.8	3.0	3.4	3.3	3.2	Afrique septentrionale
Sub-Saharan Africa	4.2	3.0	3.7	51.1	3.6	3.6	3.8	3.6	4.1	3.0	Afrique subsaharienne
Latin America & the Caribbean	2.8	2.8	2.8	1.5	2.5	2.1	2.3	2.6	2.8	3.0	Amérique latine et Caraïbes
- Caribbean	0.2	0.3	0.3	0.1	0.3	0.2	0.2	0.2	0.2	0.2	- Caraïbes
- Latin America	2.7	2.6	2.5	1.3	2.3	1.9	2.0	2.3	2.6	2.8	- Amérique latine
Eastern Asia	2.2	2.6	2.6	1.3	2.3	2.2	2.3	2.4	2.7	2.7	Asie orientale
Southern Asia	9.5	9.0	11.7	5.6	7.6	8.5	8.8	9.5	7.3	6.6	Asie méridionale
South-Eastern Asia	1.1	1.2	1.4	0.8	1.7	1.6	1.8	1.8	1.9	2.2	Asie du Sud-Est
Western Asia	13.2	14.2	14.5	7.1	15.2	15.1	14.5	15.0	14.1	14.7	Asie occidentale
Oceania	0.1	0.1	0.1	0.1	0.1	0.1	0.1	0.1	0.1	0.1	Océanie

Trade by commodity

Exports by principal countries or areas

Value in million US dollars

Commerce par produit

Exportations selon les principaux pays ou zones

Valeur en millions de dollars EU

Country or area	2003	2004	2005	2006	2007	Pays ou zone
World	3362.5	3809.1	4157.7	4756.4	5279.4	Monde
Developed Economies	853.4	958.1	1012.7	1216.2	1416.7	Economies Développés
- Asia-Pacific	23.0	26.5	35.6	39.6	42.7	- Asie-Pacifique
- Europe	695.0	782.3	818.7	976.6	1140.3	- Europe
- North America	135.4	149.3	158.5	200.0	233.7	- Amérique du Nord
South-Eastern Europe	1.0	2.9	6.8	9.0	4.5	Europe du Sud-Est
Commonwealth of Independent States	21.3	49.7	55.2	68.3	83.4	Communauté d'Etats indépendants
- Asia	11.4	25.6	18.9	21.0	20.8	- Asie
- Europe	9.9	24.1	36.2	47.3	62.6	- Europe
Northern Africa	11.7	11.2	14.1	18.6	20.7	Afrique septentrionale
Sub-Saharan Africa	633.2	633.1	738.4	855.8	910.8	Afrique subsaharienne
Latin America & the Caribbean	112.4	144.2	161.6	152.8	189.2	Amérique latine et Caraïbes
- Caribbean	2.5	2.0	1.2	1.1	1.6	- Caraïbes
- Latin America	109.8	142.2	160.5	151.7	187.6	- Amérique latine
Eastern Asia	415.9	492.6	538.3	613.2	674.2	Asie orientale
Southern Asia	1058.6	1169.9	1238.5	1403.8	1557.2	Asie méridionale
South-Eastern Asia	181.2	244.4	255.3	277.6	296.1	Asie du Sud-Est
Western Asia	67.1	82.7	112.5	110.4	117.9	Asie occidentale
Oceania	6.7	20.2	24.3	30.9	8.7	Océanie
Sri Lanka	683.2	740.9	810.3	e905.8	e1018.2	Sri Lanka
Kenya	487.9	468.4	568.3	661.4	698.6	Kenya
China	375.9	451.9	500.9	574.5	635.1	Chine
India	351.9	396.5	392.5	434.5	456.3	Inde
United Kingdom	260.5	268.0	244.8	290.5	319.8	Royaume-Uni
Germany	125.9	159.8	175.9	206.9	245.8	Allemagne
Indonesia	99.4	120.5	123.3	134.7	127.5	Indonésie
United States	74.2	78.8	82.9	118.5	156.2	Etats-Unis d'Amérique
Viet Nam	58.5	97.3	102.8	112.6	e131.4	Viet Nam
Netherlands	46.3	63.7	72.3	93.1	96.9	Pays-Bas
United Arab Emirates	43.2	57.3	88.7	87.2	e94.2	Emirates arabes unis
Canada	61.2	70.4	75.6	81.5	77.5	Canada
Argentina	53.0	59.4	66.6	76.9	86.9	Argentine
Belgium	57.4	50.1	53.7	66.9	71.5	Belgique
Malawi	35.4	47.2	49.6	49.5	55.4	Malawi
France-Monaco	45.6	46.1	42.2	45.2	50.0	France-Monaco
Ireland	27.5	35.9	35.8	55.6	72.3	Irlande
Switzerland-Liechtenstein	34.4	40.9	38.8	46.6	50.4	Suisse-Liechtenstein
Uganda	38.3	37.3	34.3	50.9	47.6	Ouganda
Poland	26.8	36.4	36.2	34.9	54.9	Pologne
Russian Federation	8.8	23.0	34.7	45.4	60.6	Fédération de Russie
Brazil	22.1	23.7	31.7	38.3	44.8	Brésil
United Republic of Tanzania	25.0	30.1	26.8	33.2	40.0	République-Unie de Tanzanie
Austria	21.2	28.3	37.8	27.9	29.1	Autriche
Japan	18.5	22.7	30.4	34.8	36.6	Japon

Value as percentages of World total

Valeur en pourcentage du total mondial

Regions of the world	1998	1999	2000	2001	2002	2003	2004	2005	2006	2007	Régions du monde
World	100.0	100.0	100.0	100.0	100.0	100.0	100.0	100.0	100.0	100.0	Monde
Developed Economies	19.7	19.6	17.3	19.8	24.4	25.4	25.2	24.4	25.6	26.8	Economies Développés
- Asia-Pacific	0.6	0.7	0.6	0.5	0.7	0.7	0.7	0.9	0.8	0.8	- Asie-Pacifique
- Europe	17.2	16.2	13.7	15.8	19.6	20.7	20.5	19.7	20.5	21.6	- Europe
- North America	1.9	2.7	3.0	3.5	4.1	4.0	3.9	3.8	4.2	4.4	- Amérique du Nord
South-Eastern Europe	0.0	0.0	0.2	0.1	0.0	0.0	0.1	0.2	0.2	0.1	Europe du Sud-Est
Commonwealth of Independent States	0.7	0.9	0.4	0.4	0.7	0.6	1.3	1.3	1.4	1.6	Communauté d'Etats indépendants
- Asia	0.4	0.6	0.3	0.3	0.4	0.3	0.7	0.5	0.4	0.4	- Asie
- Europe	0.3	0.3	0.1	0.1	0.2	0.3	0.6	0.9	1.0	1.2	- Europe
Northern Africa	0.1	0.1	0.2	0.2	0.4	0.3	0.3	0.3	0.4	0.4	Afrique septentrionale
Sub-Saharan Africa	19.7	19.9	19.3	20.2	10.8	18.8	16.6	17.8	18.0	17.3	Afrique subsaharienne
Latin America & the Caribbean	4.0	3.8	3.8	4.2	3.9	3.3	3.8	3.9	3.2	3.6	Amérique latine et Caraïbes
- Caribbean	0.0	0.0	0.0	0.1	0.1	0.1	0.1	0.0	0.0	0.0	- Caraïbes
- Latin America	3.9	3.7	3.8	4.1	3.9	3.3	3.7	3.9	3.2	3.6	- Amérique latine
Eastern Asia	11.9	12.5	12.3	12.4	13.3	12.4	12.9	12.9	12.9	12.8	Asie orientale
Southern Asia	35.3	34.6	37.4	34.0	36.0	31.5	30.7	29.8	29.5	29.5	Asie méridionale
South-Eastern Asia	5.5	5.4	6.3	6.6	7.9	5.4	6.4	6.1	5.8	5.6	Asie du Sud-Est
Western Asia	3.0	3.1	2.6	2.1	2.5	2.0	2.2	2.7	2.3	2.2	Asie occidentale
Oceania	0.1	0.1	0.1	0.0	0.2	0.2	0.5	0.6	0.6	0.2	Océanie

075 Spices

Trade by commodity
Imports by principal countries or areas
Value in million US dollars

Commerce par produit
Importations selon les principaux pays ou zones
Valeur en millions de dollars EU

Country or area	2003	2004	2005	2006	2007	Pays ou zone
World	3041.7	3270.3	3092.4	3285.5	4074.5	Monde
Developed Economies	1978.1	2026.1	1838.1	1933.1	2422.9	Economies Développés
- Asia-Pacific	216.5	276.8	247.8	223.9	264.2	- Asie-Pacifique
- Europe	1010.6	1047.2	1021.9	1088.9	1404.3	- Europe
- North America	751.0	702.2	568.4	620.3	754.4	- Amérique du Nord
South-Eastern Europe	19.7	27.3	29.3	32.7	33.8	Europe du Sud-Est
Commonwealth of Independent States	38.5	44.9	47.1	51.6	60.4	Communauté d'Etats indépendants
- Asia	3.5	4.1	5.0	6.6	8.5	- Asie
- Europe	35.0	40.8	42.1	45.0	51.9	- Europe
Northern Africa	33.2	37.8	41.9	57.1	63.3	Afrique septentrionale
Sub-Saharan Africa	65.8	73.4	78.5	82.3	93.4	Afrique subsaharienne
Latin America & the Caribbean	132.8	165.1	184.4	173.1	238.1	Amérique latine et Caraïbes
- Caribbean	12.8	15.1	16.8	20.0	26.5	- Caraïbes
- Latin America	120.0	150.1	167.6	153.2	211.6	- Amérique latine
Eastern Asia	66.6	89.5	75.6	73.8	90.4	Asie orientale
Southern Asia	222.0	242.2	275.9	281.6	312.3	Asie méridionale
South-Eastern Asia	258.5	318.8	251.8	309.3	410.4	Asie du Sud-Est
Western Asia	223.1	241.9	266.5	287.1	345.8	Asie occidentale
Oceania	3.4	3.2	3.4	3.7	3.8	Océanie
United States	679.6	625.2	500.8	540.6	659.7	Etats-Unis d'Amérique
Germany	192.8	208.8	210.6	231.6	308.6	Allemagne
Japan	184.3	240.4	216.1	190.7	225.3	Japon
Singapore	159.7	165.4	110.3	126.6	155.8	Singapour
Netherlands	124.0	122.3	122.5	118.4	153.2	Pays-Bas
France-Monaco	171.2	118.0	98.4	106.7	125.4	France-Monaco
United Kingdom	100.0	111.1	110.9	122.7	156.9	Royaume-Uni
India	93.5	92.0	129.6	125.5	143.5	Inde
Malaysia	57.1	108.0	95.9	127.2	179.8	Malaisie
Spain	88.0	101.6	111.6	106.0	141.8	Espagne
Saudi Arabia	86.7	84.4	93.6	109.2	118.0	Arabie saoudite
United Arab Emirates	79.7	88.1	88.7	101.4	e125.5	Emirats arabes unis
Mexico	62.0	77.6	99.3	84.2	116.7	Mexique
Canada	70.8	76.1	66.8	78.7	93.8	Canada
Belgium	61.5	70.0	64.8	73.1	96.2	Belgique
Pakistan	29.6	48.2	49.6	55.2	57.7	Pakistan
Italy	38.3	41.9	39.2	41.2	58.8	Italie
Korea, Republic of	33.2	49.4	36.3	35.8	44.8	République de Corée
Bangladesh	34.7	41.4	33.0	e41.2	e47.6	Bangladesh
Austria	28.9	33.6	37.7	39.7	51.0	Autriche
Denmark	25.5	33.5	27.8	29.4	34.0	Danemark
Poland	22.5	26.3	28.4	29.5	43.5	Pologne
Switzerland-Liechtenstein	28.1	29.6	27.1	27.8	34.8	Suisse-Liechtenstein
Sweden	22.3	26.2	26.0	29.9	39.8	Suède
Sri Lanka	31.8	25.7	23.8	e29.3	e32.3	Sri Lanka

Value as percentages of World total — Valeur en pourcentage du total mondial

Regions of the world	1998	1999	2000	2001	2002	2003	2004	2005	2006	2007	Régions du monde
World	100.0	100.0	100.0	100.0	100.0	100.0	100.0	100.0	100.0	100.0	Monde
Developed Economies	63.5	62.4	60.3	54.2	60.7	65.0	62.0	59.4	58.8	59.5	Economies Développés
- Asia-Pacific	8.1	8.1	8.0	7.5	7.1	7.1	8.5	8.0	6.8	6.5	- Asie-Pacifique
- Europe	34.9	33.2	31.0	27.5	31.5	33.2	32.0	33.0	33.1	34.5	- Europe
- North America	20.5	21.2	21.3	19.2	22.1	24.7	21.5	18.4	18.9	18.5	- Amérique du Nord
South-Eastern Europe	0.6	0.5	0.5	0.5	0.6	0.6	0.8	0.9	1.0	0.8	Europe du Sud-Est
Commonwealth of Independent States	1.3	1.3	1.4	1.1	1.2	1.3	1.4	1.5	1.6	1.5	Communauté d'Etats indépendants
- Asia	0.0	0.0	0.1	0.1	0.1	0.1	0.1	0.2	0.2	0.2	- Asie
- Europe	1.3	1.2	1.4	1.0	1.2	1.2	1.2	1.4	1.4	1.3	- Europe
Northern Africa	1.7	1.1	1.3	1.3	1.3	1.1	1.2	1.4	1.7	1.6	Afrique septentrionale
Sub-Saharan Africa	1.4	1.2	1.6	9.8	1.8	2.2	2.2	2.5	2.5	2.3	Afrique subsaharienne
Latin America & the Caribbean	6.1	4.7	5.1	5.3	5.3	4.4	5.0	6.0	5.3	5.8	Amérique latine et Caraïbes
- Caribbean	0.7	0.5	0.5	0.5	0.5	0.4	0.5	0.5	0.6	0.6	- Caraïbes
- Latin America	5.4	4.2	4.6	4.8	4.7	3.9	4.6	5.4	4.7	5.2	- Amérique latine
Eastern Asia	2.9	3.1	3.6	3.0	3.0	2.2	2.7	2.4	2.2	2.2	Asie orientale
Southern Asia	5.5	5.1	4.4	5.0	6.5	7.3	7.4	8.9	8.6	7.7	Asie méridionale
South-Eastern Asia	9.1	12.8	11.8	10.5	8.9	8.5	9.7	8.1	9.4	10.1	Asie du Sud-Est
Western Asia	7.8	7.5	9.9	9.2	10.6	7.3	7.4	8.6	8.7	8.5	Asie occidentale
Oceania	0.1	0.1	0.1	0.1	0.1	0.1	0.1	0.1	0.1	0.1	Océanie

Trade by commodity
Exports by principal countries or areas
Value in million US dollars

Commerce par produit
Exportations selon les principaux pays ou zones
Valeur en millions de dollars EU

Country or area	2003	2004	2005	2006	2007	Pays ou zone
World	2807.5	3072.4	3000.5	3521.3	4322.7	Monde
Developed Economies	741.1	792.5	753.8	827.8	986.8	Economies Développés
- Asia-Pacific	15.3	18.8	16.0	16.7	16.3	- Asie-Pacifique
- Europe	620.1	658.9	652.1	721.5	866.2	- Europe
- North America	105.6	114.8	85.6	89.5	104.3	- Amérique du Nord
South-Eastern Europe	22.6	31.3	28.6	25.6	35.0	Europe du Sud-Est
Commonwealth of Independent States	6.8	6.2	7.4	8.7	13.3	Communauté d'Etats indépendants
- Asia	4.2	3.3	4.4	4.3	6.7	- Asie
- Europe	2.6	2.9	3.0	4.4	6.6	- Europe
Northern Africa	21.8	25.4	23.2	25.2	35.9	Afrique septentrionale
Sub-Saharan Africa	334.5	213.0	123.4	137.2	192.1	Afrique subsaharienne
Latin America & the Caribbean	269.9	331.0	362.0	378.2	468.3	Amérique latine et Caraïbes
- Caribbean	17.7	16.5	13.6	7.2	8.2	- Caraïbes
- Latin America	252.2	314.5	348.4	371.1	460.1	- Amérique latine
Eastern Asia	265.6	431.3	437.0	418.7	455.8	Asie orientale
Southern Asia	415.0	487.6	545.9	739.1	983.4	Asie méridionale
South-Eastern Asia	526.2	573.8	507.4	607.9	804.4	Asie du Sud-Est
Western Asia	157.4	140.2	166.5	298.1	337.3	Asie occidentale
Oceania	46.7	40.0	45.4	55.0	10.3	Océanie
China	241.3	408.2	416.8	399.9	434.0	Chine
India	213.4	254.0	281.0	468.0	659.3	Inde
Indonesia	192.9	165.2	159.3	197.4	273.9	Indonésie
Viet Nam	113.7	168.4	172.4	216.8	e252.9	Viet Nam
Netherlands	104.8	114.3	126.8	141.9	201.6	Pays-Bas
Singapore	153.0	163.5	97.3	110.8	159.3	Singapour
Germany	112.3	128.7	126.3	145.8	158.9	Allemagne
Madagascar	260.5	147.8	65.0	78.8	101.5	Madagascar
Brazil	86.3	109.7	104.2	133.2	156.4	Brésil
Spain	97.4	107.3	112.0	117.6	139.2	Espagne
Iran (Islamic Republic of)	92.0	107.0	108.9	105.0	e137.9	Iran (République islamique d')
France-Monaco	108.6	101.2	91.1	108.1	109.3	France-Monaco
Syrian Arab Republic	51.5	29.6	47.0	179.9	e193.4	République arabe syrienne
Sri Lanka	71.7	76.3	97.6	e109.1	e122.6	Sri Lanka
Guatemala	79.9	75.8	72.2	84.5	139.6	Guatemala
United States	74.9	85.0	67.8	71.0	77.5	Etats-Unis d'Amérique
Peru	23.4	52.0	96.6	75.0	98.0	Pérou
Malaysia	43.7	48.3	49.7	56.9	77.3	Malaisie
Austria	53.6	57.1	43.6	49.1	54.6	Autriche
Turkey	53.4	56.1	55.9	39.5	51.3	Turquie
United Arab Emirates	42.1	43.9	46.9	57.5	e62.1	Emirates arabes unis
Mexico	32.0	31.9	36.4	39.9	31.1	Mexique
Papua New Guinea	36.3	32.3	e38.9	e49.4	e3.9	Papouasie-Nouvelle-Guinée
United Kingdom	38.3	30.1	29.0	28.8	33.3	Royaume-Uni
Belgium	27.7	29.4	26.9	30.3	42.6	Belgique

Value as percentages of World total / Valeur en pourcentage du total mondial

Regions of the world	1998	1999	2000	2001	2002	2003	2004	2005	2006	2007	Régions du monde
World	100.0	100.0	100.0	100.0	100.0	100.0	100.0	100.0	100.0	100.0	Monde
Developed Economies	21.9	20.7	19.9	21.8	22.9	26.4	25.8	25.1	23.5	22.8	Economies Développés
- Asia-Pacific	0.4	0.4	0.5	0.5	0.5	0.5	0.6	0.5	0.5	0.4	- Asie-Pacifique
- Europe	18.2	17.2	16.0	18.2	19.4	22.1	21.4	21.7	20.5	20.0	- Europe
- North America	3.2	3.2	3.4	3.2	3.1	3.8	3.7	2.9	2.5	2.4	- Amérique du Nord
South-Eastern Europe	0.7	0.6	0.5	0.5	0.6	0.8	1.0	1.0	0.7	0.8	Europe du Sud-Est
Commonwealth of Independent States	0.3	0.9	0.4	0.3	0.2	0.2	0.2	0.2	0.2	0.3	Communauté d'Etats indépendants
- Asia	0.1	0.1	0.1	0.1	0.2	0.1	0.1	0.1	0.1	0.2	- Asie
- Europe	0.2	0.8	0.3	0.2	0.1	0.1	0.1	0.1	0.1	0.2	- Europe
Northern Africa	0.9	0.7	0.7	0.7	0.7	0.8	0.8	0.8	0.7	0.8	Afrique septentrionale
Sub-Saharan Africa	3.4	3.1	5.8	12.2	10.0	11.9	6.9	4.1	3.9	4.4	Afrique subsaharienne
Latin America & the Caribbean	10.7	10.0	9.7	12.1	11.9	9.6	10.8	12.1	10.7	10.8	Amérique latine et Caraïbes
- Caribbean	0.7	1.0	0.9	0.9	0.8	0.6	0.5	0.5	0.2	0.2	- Caraïbes
- Latin America	9.9	9.0	8.9	11.2	11.1	9.0	10.2	11.6	10.5	10.6	- Amérique latine
Eastern Asia	7.1	7.1	7.5	9.3	9.3	9.5	14.0	14.6	11.9	10.5	Asie orientale
Southern Asia	17.7	17.9	16.4	14.2	15.2	14.8	15.9	18.2	21.0	22.7	Asie méridionale
South-Eastern Asia	31.4	33.6	33.6	21.9	20.7	18.7	18.7	16.9	17.3	18.6	Asie du Sud-Est
Western Asia	5.6	5.1	5.3	6.6	7.9	5.6	4.6	5.6	8.5	7.8	Asie occidentale
Oceania	0.2	0.3	0.2	0.2	0.5	1.7	1.3	1.5	1.6	0.2	Océanie

081 Feeding stuff for animals (not including unmilled cereals)

Trade by commodity
Imports by principal countries or areas
Value in million US dollars

Commerce par produit
Importations selon les principaux pays ou zones
Valeur en millions de dollars EU

Country or area	2003	2004	2005	2006	2007	Pays ou zone
World	27864.6	33280.3	33599.3	36112.7	44683.7	Monde
Developed Economies	18788.2	21578.9	21369.6	23135.5	28346.9	Economies Développés
- Asia-Pacific	2596.8	2828.8	2938.3	3148.3	3568.6	- Asie-Pacifique
- Europe	14698.5	17008.6	16815.6	18099.5	22518.8	- Europe
- North America	1492.9	1741.4	1615.7	1887.7	2259.5	- Amérique du Nord
South-Eastern Europe	201.9	362.8	368.5	360.2	511.1	Europe du Sud-Est
Commonwealth of Independent States	494.3	639.3	796.4	992.1	1384.0	Communauté d'Etats indépendants
- Asia	28.8	39.8	42.8	55.0	84.6	- Asie
- Europe	465.5	599.6	753.6	937.0	1299.4	- Europe
Northern Africa	580.8	773.0	637.4	561.0	891.4	Afrique septentrionale
Sub-Saharan Africa	282.7	403.0	379.1	438.4	588.3	Afrique subsaharienne
Latin America & the Caribbean	1907.5	2353.6	2541.2	2913.3	3603.3	Amérique latine et Caraïbes
- Caribbean	146.9	165.2	236.6	238.5	292.7	- Caraïbes
- Latin America	1760.7	2188.5	2304.6	2674.8	3310.6	- Amérique latine
Eastern Asia	1897.6	2450.3	2749.4	2866.7	3223.4	Asie orientale
Southern Asia	453.4	569.8	393.0	360.4	381.5	Asie méridionale
South-Eastern Asia	2380.4	2861.5	3117.8	3380.0	4218.5	Asie du Sud-Est
Western Asia	843.6	1246.5	1204.2	1056.2	1477.9	Asie occidentale
Oceania	34.2	41.6	42.7	49.0	57.6	Océanie
Japan	2309.3	2532.9	2601.7	2766.6	2931.2	Japon
Germany	1846.4	2157.9	2294.8	2513.0	2881.3	Allemagne
France-Monaco	1800.1	1972.9	1941.9	1892.8	2354.0	France-Monaco
Netherlands	1469.7	1722.4	1705.4	1816.6	2389.4	Pays-Bas
United Kingdom	1474.6	1701.0	1683.8	1866.3	2148.9	Royaume-Uni
Italy	1359.5	1552.4	1437.8	1519.3	1862.5	Italie
Spain	1108.3	1472.4	1403.8	1462.6	1923.9	Espagne
Belgium	1063.0	1225.6	1223.8	1277.8	1639.2	Belgique
China	659.3	946.5	1305.6	1297.5	1279.7	Chine
Korea, Republic of	747.6	965.9	946.6	1029.3	1404.0	République de Corée
Denmark	812.8	867.4	826.9	957.1	1219.4	Danemark
United States	744.3	914.1	821.5	957.8	1140.6	Etats-Unis d'Amérique
Canada	744.0	821.9	788.5	924.5	1112.3	Canada
Indonesia	610.3	900.5	824.9	882.9	1148.4	Indonésie
Thailand	649.9	591.8	724.3	821.7	954.5	Thaïlande
Mexico	539.9	608.9	708.7	794.7	936.8	Mexique
Poland	477.4	600.9	682.3	717.3	941.6	Pologne
Viet Nam	426.5	475.2	582.9	708.3	e903.8	Viet Nam
Russian Federation	316.2	371.7	471.7	556.3	825.4	Fédération de Russie
Philippines	363.1	475.5	509.3	461.1	563.4	Philippines
Ireland	377.3	409.7	433.5	479.3	588.9	Irlande
Norway	269.9	300.6	328.3	453.4	594.6	Norvège
Malaysia	260.1	346.6	397.6	409.3	520.5	Malaisie
Austria	331.8	361.9	351.9	354.3	429.9	Autriche
Greece	280.4	315.8	314.9	359.4	504.8	Grèce

Value as percentages of World total

Valeur en pourcentage du total mondial

Regions of the world	1998	1999	2000	2001	2002	2003	2004	2005	2006	2007	Régions du monde
World	100.0	100.0	100.0	100.0	100.0	100.0	100.0	100.0	100.0	100.0	Monde
Developed Economies	68.5	69.7	66.0	66.0	66.6	67.4	64.8	63.6	64.1	63.4	Economies Développés
- Asia-Pacific	9.5	10.2	9.8	9.6	9.6	9.3	8.5	8.7	8.7	8.0	- Asie-Pacifique
- Europe	53.3	53.7	50.3	50.7	51.3	52.7	51.1	50.0	50.1	50.4	- Europe
- North America	5.7	5.9	5.9	5.6	5.7	5.4	5.2	4.8	5.2	5.1	- Amérique du Nord
South-Eastern Europe	0.9	0.8	0.7	0.8	1.0	0.7	1.1	1.1	1.0	1.1	Europe du Sud-Est
Commonwealth of Independent States	1.2	1.4	1.1	1.4	1.7	1.8	1.9	2.4	2.7	3.1	Communauté d'Etats indépendants
- Asia	0.0	0.0	0.0	0.1	0.1	0.1	0.1	0.1	0.2	0.2	- Asie
- Europe	1.1	1.4	1.1	1.4	1.6	1.7	1.8	2.2	2.6	2.9	- Europe
Northern Africa	2.3	2.3	2.7	2.8	2.8	2.1	2.3	1.9	1.6	2.0	Afrique septentrionale
Sub-Saharan Africa	0.9	0.8	1.0	1.8	1.0	1.0	1.2	1.1	1.2	1.3	Afrique subsaharienne
Latin America & the Caribbean	6.0	6.3	7.0	7.0	6.7	6.8	7.1	7.6	8.1	8.1	Amérique latine et Caraïbes
- Caribbean	0.7	0.7	0.6	0.6	0.5	0.5	0.5	0.7	0.7	0.7	- Caraïbes
- Latin America	5.3	5.6	6.3	6.4	6.2	6.3	6.6	6.9	7.4	7.4	- Amérique latine
Eastern Asia	9.9	7.5	8.6	7.3	7.5	6.8	7.4	8.2	7.9	7.2	Asie orientale
Southern Asia	1.3	1.3	1.2	1.5	1.5	1.6	1.7	1.2	1.0	0.9	Asie méridionale
South-Eastern Asia	5.7	6.5	7.5	8.3	8.1	8.5	8.6	9.3	9.4	9.4	Asie du Sud-Est
Western Asia	3.2	3.3	4.0	3.0	3.0	3.0	3.7	3.6	2.9	3.3	Asie occidentale
Oceania	0.1	0.1	0.1	0.1	0.1	0.1	0.1	0.1	0.1	0.1	Océanie

Nourriture destinée aux animaux (a l'exclusion des céréales non moulues) 081

Trade by commodity						Commerce par produit
Exports by principal countries or areas						Exportations selon les principaux pays ou zones
Value in million US dollars						Valeur en millions de dollars EU

Country or area	2003	2004	2005	2006	2007	Pays ou zone
World	25729.2	29300.3	30373.8	32981.4	41260.9	Monde
Developed Economies	15247.7	17146.8	17728.1	19523.9	23612.6	Economies Développés
- Asia-Pacific	720.0	909.5	764.0	838.3	849.0	- Asie-Pacifique
- Europe	9719.8	11491.0	12054.5	13243.4	16177.9	- Europe
- North America	4807.9	4746.4	4909.6	5442.2	6585.7	- Amérique du Nord
South-Eastern Europe	64.0	104.9	114.3	93.3	175.1	Europe du Sud-Est
Commonwealth of Independent States	189.2	315.7	273.7	339.2	633.5	Communauté d'Etats indépendants
- Asia	15.0	19.5	21.4	29.7	49.9	- Asie
- Europe	174.2	296.2	252.3	309.6	583.6	- Europe
Northern Africa	53.0	71.4	64.5	61.1	75.3	Afrique septentrionale
Sub-Saharan Africa	114.5	117.9	122.1	159.7	187.1	Afrique subsaharienne
Latin America & the Caribbean	7856.3	9200.3	9252.6	9618.1	12014.4	Amérique latine et Caraïbes
- Caribbean	16.1	13.5	13.7	12.5	11.1	- Caraïbes
- Latin America	7840.2	9186.7	9238.9	9605.6	12003.3	- Amérique latine
Eastern Asia	548.1	632.4	617.1	662.0	1165.4	Asie orientale
Southern Asia	772.1	749.7	1175.8	1282.9	1677.1	Asie méridionale
South-Eastern Asia	805.1	878.4	942.6	1140.5	1597.2	Asie du Sud-Est
Western Asia	68.6	79.1	77.7	93.1	112.3	Asie occidentale
Oceania	10.6	3.9	5.4	7.7	11.0	Océanie
United States	4158.5	3981.0	4203.4	4701.0	5720.0	Etats-Unis d'Amérique
Argentina	3500.4	3835.1	4032.4	4659.7	6196.8	Argentine
Brazil	2713.1	3401.8	2998.0	2590.1	3190.6	Brésil
Netherlands	2144.2	2808.4	2942.6	3143.0	3756.9	Pays-Bas
Germany	1631.5	1909.0	2051.9	2207.0	2606.0	Allemagne
France-Monaco	1525.2	1723.5	1856.0	2074.0	2478.4	France-Monaco
Belgium	938.7	1020.0	1040.1	1077.4	1408.2	Belgique
Peru	769.4	990.2	1190.4	1191.2	1282.6	Pérou
India	731.0	700.4	1127.4	1240.1	1619.5	Inde
Denmark	639.5	717.6	760.2	906.9	955.6	Danemark
Canada	648.9	764.6	705.0	740.7	865.2	Canada
United Kingdom	541.4	578.0	571.8	667.3	852.9	Royaume-Uni
Australia	540.0	707.5	584.2	641.5	623.9	Australie
China	434.4	521.6	496.9	534.8	1027.7	Chine
Spain	397.8	478.5	497.8	539.7	736.1	Espagne
Thailand	377.5	432.8	498.1	603.5	729.4	Thaïlande
Chile	371.2	374.9	499.9	550.4	571.6	Chili
Hungary	264.2	333.4	361.4	357.0	425.3	Hongrie
Italy	252.1	301.5	293.4	357.5	456.0	Italie
Austria	224.6	255.7	244.3	257.2	319.2	Autriche
Bolivia	212.7	266.4	210.8	221.2	244.0	Bolivie
Poland	107.8	156.2	218.0	254.3	301.9	Pologne
Ireland	171.7	208.8	219.7	178.9	195.3	Irlande
Malaysia	146.5	150.4	147.6	185.0	313.2	Malaisie
Ukraine	108.7	178.1	139.8	170.6	339.4	Ukraine

Value as percentages of World total											Valeur en pourcentage du total mondial
Regions of the world	1998	1999	2000	2001	2002	2003	2004	2005	2006	2007	Régions du monde
World	100.0	100.0	100.0	100.0	100.0	100.0	100.0	100.0	100.0	100.0	Monde
Developed Economies	68.2	66.4	63.1	60.9	61.7	59.3	58.5	58.4	59.2	57.2	Economies Développés
- Asia-Pacific	2.2	2.8	3.6	2.9	3.0	2.8	3.1	2.5	2.5	2.1	- Asie-Pacifique
- Europe	41.7	41.3	36.2	35.0	37.9	37.8	39.2	39.7	40.2	39.2	- Europe
- North America	24.3	22.4	23.3	23.0	20.8	18.7	16.2	16.2	16.5	16.0	- Amérique du Nord
South-Eastern Europe	0.3	0.3	0.3	0.2	0.2	0.2	0.4	0.4	0.3	0.4	Europe du Sud-Est
Commonwealth of Independent States	0.3	0.3	0.4	0.5	0.6	0.7	1.1	0.9	1.0	1.5	Communauté d'Etats indépendants
- Asia	0.1	0.1	0.1	0.1	0.1	0.1	0.1	0.1	0.1	0.1	- Asie
- Europe	0.2	0.2	0.3	0.4	0.5	0.7	1.0	0.8	0.9	1.4	- Europe
Northern Africa	0.1	0.1	0.1	0.2	0.1	0.2	0.2	0.2	0.2	0.2	Afrique septentrionale
Sub-Saharan Africa	0.5	0.4	0.4	2.4	0.6	0.4	0.4	0.4	0.5	0.5	Afrique subsaharienne
Latin America & the Caribbean	23.6	25.2	28.0	28.5	29.7	30.5	31.4	30.5	29.2	29.1	Amérique latine et Caraïbes
- Caribbean	0.0	0.1	0.1	0.1	0.1	0.1	0.0	0.0	0.0	0.0	- Caraïbes
- Latin America	23.6	25.1	27.9	28.4	29.5	30.5	31.4	30.4	29.1	29.1	- Amérique latine
Eastern Asia	1.7	1.9	2.0	2.0	2.4	2.1	2.2	2.0	2.0	2.8	Asie orientale
Southern Asia	2.4	2.1	2.4	2.4	1.5	3.0	2.6	3.9	3.9	4.1	Asie méridionale
South-Eastern Asia	2.7	2.8	2.8	2.5	2.9	3.1	3.0	3.1	3.5	3.9	Asie du Sud-Est
Western Asia	0.3	0.5	0.4	0.3	0.3	0.3	0.3	0.3	0.3	0.3	Asie occidentale
Oceania	0.0	0.0	0.0	0.0	0.0	0.0	0.0	0.0	0.0	0.0	Océanie

091 Margarine and shortening

Trade by commodity
Imports by principal countries or areas
Value in million US dollars

Commerce par produit
Importations selon les principaux pays ou zones
Valeur en millions de dollars EU

Country or area	2003	2004	2005	2006	2007	Pays ou zone
World	1731.9	2158.7	2297.1	2619.0	3404.7	Monde
Developed Economies	1037.0	1240.7	1314.4	1433.0	1793.5	Economies Développés
- Asia-Pacific	43.1	48.2	56.2	54.7	70.3	- Asie-Pacifique
- Europe	923.4	1107.0	1156.9	1258.4	1546.1	- Europe
- North America	70.5	85.4	101.3	119.8	177.1	- Amérique du Nord
South-Eastern Europe	19.3	23.2	31.7	44.6	70.7	Europe du Sud-Est
Commonwealth of Independent States	111.6	122.3	171.3	211.5	282.6	Communauté d'Etats indépendants
- Asia	22.8	35.0	49.9	72.7	97.5	- Asie
- Europe	88.8	87.3	121.4	138.8	185.1	- Europe
Northern Africa	15.6	18.5	11.1	17.4	22.3	Afrique septentrionale
Sub-Saharan Africa	103.7	125.8	170.7	183.3	183.2	Afrique subsaharienne
Latin America & the Caribbean	200.8	267.9	279.1	311.0	469.9	Amérique latine et Caraïbes
- Caribbean	23.1	30.2	31.8	34.3	36.7	- Caraïbes
- Latin America	177.7	237.7	247.3	276.7	433.2	- Amérique latine
Eastern Asia	91.6	182.3	98.8	157.5	275.1	Asie orientale
Southern Asia	11.8	12.7	27.7	36.1	39.9	Asie méridionale
South-Eastern Asia	55.0	61.1	52.4	60.9	79.7	Asie du Sud-Est
Western Asia	76.6	91.8	126.7	149.1	169.1	Asie occidentale
Oceania	9.0	12.3	13.2	14.5	18.7	Océanie
France-Monaco	206.7	228.7	222.6	231.5	323.0	France-Monaco
Chile	106.3	151.7	149.7	173.3	258.9	Chili
Germany	87.6	135.3	172.8	216.2	217.7	Allemagne
China	18.1	103.6	23.6	79.7	198.7	Chine
Netherlands	70.2	74.5	75.2	80.7	101.6	Pays-Bas
Belgium	81.6	84.7	71.4	70.0	92.2	Belgique
Spain	61.3	70.1	63.2	63.2	80.3	Espagne
United Kingdom	50.2	60.2	63.8	71.0	79.6	Royaume-Uni
Russian Federation	54.7	46.6	65.4	73.7	81.9	Fédération de Russie
United States	30.8	40.2	50.4	69.3	114.4	Etats-Unis d'Amérique
Italy	43.4	52.4	51.3	56.1	68.1	Italie
Sweden	35.6	49.2	52.2	57.1	63.0	Suède
Ukraine	28.3	34.6	49.7	53.4	84.7	Ukraine
Canada	38.2	43.6	49.1	48.9	61.0	Canada
Hungary	25.9	43.5	45.3	52.7	71.1	Hongrie
Ireland	41.2	42.4	35.5	26.7	56.4	Irlande
Austria	32.9	37.4	39.3	36.4	47.4	Autriche
Finland	31.2	34.7	36.5	39.2	44.4	Finlande
China, Hong Kong SAR	43.6	45.5	36.2	31.3	21.9	Chine - RAS de Hong-Kong
Mexico	18.7	19.7	22.6	25.7	53.9	Mexique
Korea, Republic of	19.3	22.0	26.1	33.5	39.2	République de Corée
Greece	24.6	25.8	28.5	26.4	29.7	Grèce
Syrian Arab Republic	17.4	20.2	28.9	29.7	e38.7	République arabe syrienne
Iraq	e17.4	e19.8	e38.3	e24.3	e26.3	Iraq
Norway	13.8	26.4	27.3	25.2	29.5	Norvège

Value as percentages of World total

Valeur en pourcentage du total mondial

Regions of the world	1998	1999	2000	2001	2002	2003	2004	2005	2006	2007	Régions du monde
World	100.0	100.0	100.0	100.0	100.0	100.0	100.0	100.0	100.0	100.0	Monde
Developed Economies	49.0	50.3	44.8	44.7	53.0	59.9	57.5	57.2	54.7	52.7	Economies Développés
- Asia-Pacific	2.0	2.2	1.8	2.0	2.4	2.5	2.2	2.4	2.1	2.1	- Asie-Pacifique
- Europe	45.1	45.5	40.4	39.1	46.4	53.3	51.3	50.4	48.1	45.4	- Europe
- North America	2.0	2.6	2.5	3.7	4.2	4.1	4.0	4.4	4.6	5.2	- Amérique du Nord
South-Eastern Europe	1.9	1.7	1.4	1.5	1.5	1.1	1.1	1.4	1.7	2.1	Europe du Sud-Est
Commonwealth of Independent States	12.5	7.6	5.8	6.5	7.0	6.4	5.7	7.5	8.1	8.3	Communauté d'Etats indépendants
- Asia	1.6	1.3	1.8	1.7	1.6	1.3	1.6	2.2	2.8	2.9	- Asie
- Europe	10.9	6.2	4.1	4.8	5.4	5.1	4.0	5.3	5.3	5.4	- Europe
Northern Africa	4.6	3.6	2.9	2.1	1.5	0.9	0.9	0.5	0.7	0.7	Afrique septentrionale
Sub-Saharan Africa	4.5	4.6	5.1	9.9	5.3	6.0	5.8	7.4	7.0	5.4	Afrique subsaharienne
Latin America & the Caribbean	8.7	10.3	14.5	15.5	15.5	11.6	12.4	12.2	11.9	13.8	Amérique latine et Caraïbes
- Caribbean	1.9	2.3	1.9	1.9	1.9	1.3	1.4	1.4	1.3	1.1	- Caraïbes
- Latin America	6.8	8.0	12.6	13.6	13.6	10.3	11.0	10.8	10.6	12.7	- Amérique latine
Eastern Asia	5.7	7.4	12.4	9.8	6.7	5.3	8.4	4.3	6.0	8.1	Asie orientale
Southern Asia	0.8	0.7	1.0	0.4	0.5	0.7	0.6	1.2	1.4	1.2	Asie méridionale
South-Eastern Asia	2.3	2.9	3.2	3.5	4.1	3.2	2.8	2.3	2.3	2.3	Asie du Sud-Est
Western Asia	9.5	10.3	8.5	5.7	4.3	4.4	4.3	5.5	5.7	5.0	Asie occidentale
Oceania	0.5	0.5	0.5	0.5	0.5	0.5	0.6	0.6	0.6	0.6	Océanie

Trade by commodity

Exports by principal countries or areas

Value in million US dollars

Commerce par produit

Exportations selon les principaux pays ou zones

Valeur en millions de dollars EU

Country or area	2003	2004	2005	2006	2007	Pays ou zone
World	1990.3	2446.0	2709.8	2972.7	3908.7	Monde
Developed Economies	1378.8	1584.6	1830.2	2039.8	2622.0	Economies Développés
- Asia-Pacific	61.9	65.6	67.6	69.1	93.1	- Asie-Pacifique
- Europe	1194.6	1377.6	1594.4	1785.2	2207.8	- Europe
- North America	122.3	141.4	168.1	185.6	321.1	- Amérique du Nord
South-Eastern Europe	5.3	10.6	12.1	11.6	23.8	Europe du Sud-Est
Commonwealth of Independent States	28.6	42.1	75.2	97.3	143.3	Communauté d'Etats indépendants
- Asia	8.1	9.1	19.9	20.6	29.0	- Asie
- Europe	20.4	33.0	55.3	76.7	114.3	- Europe
Northern Africa	9.7	10.3	21.4	22.2	30.5	Afrique septentrionale
Sub-Saharan Africa	27.8	44.8	45.8	64.0	65.5	Afrique subsaharienne
Latin America & the Caribbean	119.8	197.1	175.8	210.2	275.5	Amérique latine et Caraïbes
- Caribbean	8.7	9.9	9.7	13.0	13.7	- Caraïbes
- Latin America	111.1	187.2	166.1	197.2	261.7	- Amérique latine
Eastern Asia	45.5	41.7	40.2	40.8	43.7	Asie orientale
Southern Asia	8.0	7.8	22.1	19.7	19.5	Asie méridionale
South-Eastern Asia	257.7	414.4	349.8	407.0	609.8	Asie du Sud-Est
Western Asia	108.9	92.5	137.0	60.0	74.9	Asie occidentale
Oceania	0.1	0.1	0.1	0.2	0.2	Océanie
Belgium	294.3	333.5	345.0	373.0	503.0	Belgique
Netherlands	274.4	315.7	350.4	371.2	419.6	Pays-Bas
Malaysia	128.0	212.0	179.0	230.6	285.1	Malaisie
Germany	127.6	115.2	142.4	206.0	265.5	Allemagne
Indonesia	79.8	139.4	128.7	135.8	273.8	Indonésie
Denmark	96.0	107.6	132.5	174.7	220.3	Danemark
United States	96.1	109.7	125.2	136.2	233.6	Etats-Unis d'Amérique
Argentina	68.9	114.5	105.6	143.6	166.9	Argentine
Sweden	31.8	49.5	143.6	142.1	186.9	Suède
United Kingdom	112.5	140.5	104.6	99.6	80.8	Royaume-Uni
Turkey	93.7	73.6	99.1	34.4	46.2	Turquie
Australia	47.2	50.5	50.5	52.4	72.7	Australie
Spain	44.7	48.8	45.0	53.9	67.8	Espagne
Canada	26.2	31.7	42.9	49.4	87.6	Canada
France-Monaco	34.1	45.3	44.4	48.9	59.9	France-Monaco
Russian Federation	16.5	27.8	41.2	53.1	88.5	Fédération de Russie
Ireland	31.0	34.1	40.4	41.6	51.7	Irlande
Singapore	29.2	35.6	36.9	38.1	48.8	Singapour
Poland	15.4	19.2	32.9	43.5	77.5	Pologne
Italy	26.9	29.9	32.5	42.0	50.6	Italie
Czech Republic	14.1	22.3	27.4	45.8	65.6	République tchèque
Finland	22.9	29.4	43.4	39.7	38.1	Finlande
Austria	24.4	27.5	26.0	27.6	34.1	Autriche
Kenya	5.7	13.2	18.2	28.1	41.9	Kenya
China	14.6	16.1	18.9	22.3	26.1	Chine

Value as percentages of World total

Valeur en pourcentage du total mondial

Regions of the world	1998	1999	2000	2001	2002	2003	2004	2005	2006	2007	Régions du monde
World	100.0	100.0	100.0	100.0	100.0	100.0	100.0	100.0	100.0	100.0	Monde
Developed Economies	70.1	64.1	60.0	64.0	68.1	69.3	64.8	67.5	68.6	67.1	Economies Développés
- Asia-Pacific	3.3	3.6	3.9	3.8	3.6	3.1	2.7	2.5	2.3	2.4	- Asie-Pacifique
- Europe	61.7	54.0	49.0	52.1	57.1	60.0	56.3	58.8	60.1	56.5	- Europe
- North America	5.1	6.4	7.0	8.0	7.4	6.1	5.8	6.2	6.2	8.2	- Amérique du Nord
South-Eastern Europe	0.1	0.2	0.3	0.2	0.3	0.3	0.4	0.4	0.4	0.6	Europe du Sud-Est
Commonwealth of Independent States	0.8	0.6	1.1	1.0	0.8	1.4	1.7	2.8	3.3	3.7	Communauté d'Etats indépendants
- Asia	0.0	0.0	0.0	0.0	0.1	0.4	0.4	0.7	0.7	0.7	- Asie
- Europe	0.8	0.6	1.1	0.9	0.7	1.0	1.3	2.0	2.6	2.9	- Europe
Northern Africa	0.1	0.2	0.2	0.5	0.3	0.5	0.4	0.8	0.7	0.8	Afrique septentrionale
Sub-Saharan Africa	2.2	2.2	1.3	0.8	0.9	1.4	1.8	1.7	2.2	1.7	Afrique subsaharienne
Latin America & the Caribbean	4.6	7.3	9.9	8.1	6.2	6.0	8.1	6.5	7.1	7.0	Amérique latine et Caraïbes
- Caribbean	0.5	0.6	0.7	0.6	0.5	0.4	0.4	0.4	0.4	0.4	- Caraïbes
- Latin America	4.1	6.7	9.3	7.5	5.7	5.6	7.7	6.1	6.6	6.7	- Amérique latine
Eastern Asia	3.6	3.0	4.7	3.5	2.5	2.3	1.7	1.5	1.4	1.1	Asie orientale
Southern Asia	0.2	0.3	0.4	0.4	0.2	0.4	0.3	0.8	0.7	0.5	Asie méridionale
South-Eastern Asia	11.1	15.8	16.8	17.0	16.3	13.0	16.9	12.9	13.7	15.6	Asie du Sud-Est
Western Asia	7.3	6.4	5.3	4.4	4.3	5.5	3.8	5.1	2.0	1.9	Asie occidentale
Oceania	0.0	0.0	0.0	0.0	0.0	0.0	0.0	0.0	0.0	0.0	Océanie

098 Edible products and preparations, nes

Trade by commodity
Imports by principal countries or areas
Value in million US dollars

Commerce par produit
Importations selon les principaux pays ou zones
Valeur en millions de dollars EU

Country or area	2003	2004	2005	2006	2007	Pays ou zone
World	26208.6	31094.3	34275.4	37347.7	43944.8	Monde
Developed Economies	16887.3	19868.0	21456.2	23579.4	27432.4	Economies Développés
- Asia-Pacific	2205.3	2550.2	2864.0	2818.2	3025.6	- Asie-Pacifique
- Europe	11675.5	13784.5	14606.4	16260.8	19543.5	- Europe
- North America	3006.5	3533.3	3985.8	4500.4	4863.2	- Amérique du Nord
South-Eastern Europe	297.5	492.7	565.7	552.4	744.1	Europe du Sud-Est
Commonwealth of Independent States	658.8	805.6	1052.0	1304.1	1729.5	Communauté d'Etats indépendants
- Asia	70.7	110.6	181.7	256.7	368.5	- Asie
- Europe	588.1	695.0	870.3	1047.4	1361.0	- Europe
Northern Africa	173.0	227.4	255.1	273.5	372.2	Afrique septentrionale
Sub-Saharan Africa	898.7	1006.4	1219.8	1358.7	1734.6	Afrique subsaharienne
Latin America & the Caribbean	2305.0	2594.8	3055.3	3138.4	3689.8	Amérique latine et Caraïbes
- Caribbean	278.4	337.2	360.4	413.3	461.9	- Caraïbes
- Latin America	2026.7	2257.6	2694.9	2725.1	3227.9	- Amérique latine
Eastern Asia	1967.9	2359.9	2348.7	2580.1	2882.0	Asie orientale
Southern Asia	162.7	203.7	238.7	233.3	260.8	Asie méridionale
South-Eastern Asia	1352.9	1713.7	1964.0	2146.8	2561.6	Asie du Sud-Est
Western Asia	1413.0	1725.6	2015.3	2065.7	2414.0	Asie occidentale
Oceania	91.8	96.4	104.6	115.3	123.8	Océanie
United States	1942.0	2352.8	2588.7	2878.0	3049.2	Etats-Unis d'Amérique
Germany	1799.1	2119.6	2356.6	2561.4	2786.4	Allemagne
United Kingdom	1683.9	2054.6	2090.1	2210.2	2989.3	Royaume-Uni
France-Monaco	1274.9	1426.8	1496.1	1618.4	1981.2	France-Monaco
Japan	1334.3	1519.0	1707.9	1607.2	1589.5	Japon
Canada	1042.8	1154.9	1366.6	1591.9	1777.6	Canada
Spain	1010.7	1169.6	1262.4	1415.0	1659.8	Espagne
Mexico	873.3	973.9	1217.8	1166.3	1222.4	Mexique
Netherlands	844.3	951.2	963.6	1048.0	1199.8	Pays-Bas
Belgium	727.5	848.3	851.1	925.6	1113.0	Belgique
Australia	669.7	787.4	875.0	915.8	1102.1	Australie
Italy	563.7	687.9	707.3	794.8	956.0	Italie
China, Hong Kong SAR	593.1	655.1	680.7	728.8	781.1	Chine - RAS de Hong-Kong
Saudi Arabia	430.5	520.2	628.4	759.2	831.5	Arabie saoudite
Austria	432.4	515.4	569.0	688.0	760.7	Autriche
Russian Federation	428.7	475.1	536.2	632.0	836.2	Fédération de Russie
China	418.1	621.1	481.1	605.8	727.2	Chine
Korea, Republic of	417.8	484.8	534.4	564.0	642.8	République de Corée
Sweden	409.8	484.0	483.1	570.5	662.3	Suède
Switzerland-Liechtenstein	413.1	453.6	482.7	541.8	626.9	Suisse-Liechtenstein
Malaysia	291.7	400.6	471.2	502.2	579.3	Malaisie
Poland	266.2	358.0	417.8	506.4	645.8	Pologne
Denmark	264.2	347.0	364.6	438.4	536.9	Danemark
Philippines	275.2	340.9	398.8	369.3	481.6	Philippines
Singapore	288.5	331.8	353.3	377.4	423.0	Singapour

Value as percentages of World total

Valeur en pourcentage du total mondial

Regions of the world	1998	1999	2000	2001	2002	2003	2004	2005	2006	2007	Régions du monde
World	100.0	100.0	100.0	100.0	100.0	100.0	100.0	100.0	100.0	100.0	Monde
Developed Economies	64.8	65.6	62.2	54.2	62.8	64.4	63.9	62.6	63.1	62.4	Economies Développés
- Asia-Pacific	8.4	8.8	9.4	8.0	8.6	8.4	8.2	8.4	7.5	6.9	- Asie-Pacifique
- Europe	46.6	46.0	41.3	35.8	41.8	44.5	44.3	42.6	43.5	44.5	- Europe
- North America	9.8	10.7	11.4	10.4	12.5	11.5	11.4	11.6	12.1	11.1	- Amérique du Nord
South-Eastern Europe	1.0	1.0	1.0	0.9	1.1	1.1	1.6	1.7	1.5	1.7	Europe du Sud-Est
Commonwealth of Independent States	2.8	1.5	1.5	1.6	2.1	2.5	2.6	3.1	3.5	3.9	Communauté d'Etats indépendants
- Asia	0.4	0.3	0.3	0.2	0.2	0.3	0.4	0.5	0.7	0.8	- Asie
- Europe	2.4	1.2	1.2	1.4	1.9	2.2	2.2	2.5	2.8	3.1	- Europe
Northern Africa	1.2	1.2	1.1	0.9	1.0	0.7	0.7	0.7	0.7	0.8	Afrique septentrionale
Sub-Saharan Africa	2.4	2.5	2.9	14.2	3.2	3.4	3.2	3.6	3.6	3.9	Afrique subsaharienne
Latin America & the Caribbean	9.6	9.6	10.6	9.7	10.1	8.8	8.3	8.9	8.4	8.4	Amérique latine et Caraïbes
- Caribbean	1.4	1.4	1.6	1.3	1.4	1.1	1.1	1.1	1.1	1.1	- Caraïbes
- Latin America	8.2	8.2	9.0	8.4	8.6	7.7	7.3	7.9	7.3	7.3	- Amérique latine
Eastern Asia	6.8	7.4	8.0	7.2	8.0	7.5	7.6	6.9	6.9	6.6	Asie orientale
Southern Asia	0.8	0.7	0.8	0.7	0.6	0.6	0.7	0.7	0.6	0.6	Asie méridionale
South-Eastern Asia	4.4	4.7	5.4	5.1	5.4	5.2	5.5	5.7	5.7	5.8	Asie du Sud-Est
Western Asia	5.7	5.5	6.2	5.1	5.3	5.4	5.5	5.9	5.5	5.5	Asie occidentale
Oceania	0.5	0.4	0.4	0.3	0.4	0.4	0.3	0.3	0.3	0.3	Océanie

Trade by commodity

Commerce par produit

Exports by principal countries or areas

Exportations selon les principaux pays ou zones

Value in million US dollars

Valeur en millions de dollars EU

Country or area	2003	2004	2005	2006	2007	Pays ou zone
World	24732.9	29252.0	32553.0	35416.4	41482.9	Monde
Developed Economies	19475.8	22970.0	25311.0	27726.4	32167.6	Economies Développés
- Asia-Pacific	1004.3	1246.8	1495.2	1550.7	1756.5	- Asie-Pacifique
- Europe	14312.8	16973.6	18543.2	20346.2	24400.8	- Europe
- North America	4158.7	4749.6	5272.5	5829.5	6010.3	- Amérique du Nord
South-Eastern Europe	59.4	109.4	139.0	133.0	152.7	Europe du Sud-Est
Commonwealth of Independent States	203.7	300.3	319.7	377.1	519.8	Communauté d'Etats indépendants
- Asia	5.5	8.0	8.4	11.9	14.1	- Asie
- Europe	198.2	292.3	311.4	365.3	505.8	- Europe
Northern Africa	37.6	41.2	51.8	54.2	67.4	Afrique septentrionale
Sub-Saharan Africa	214.1	227.8	239.4	275.0	412.9	Afrique subsaharienne
Latin America & the Caribbean	1176.4	1423.0	1672.8	1705.8	2267.5	Amérique latine et Caraïbes
- Caribbean	45.9	40.4	42.0	54.7	56.7	- Caraïbes
- Latin America	1130.5	1382.6	1630.8	1651.1	2210.8	- Amérique latine
Eastern Asia	1596.2	1812.4	2025.8	2214.2	2496.5	Asie orientale
Southern Asia	90.5	100.8	123.7	129.2	175.3	Asie méridionale
South-Eastern Asia	1334.7	1669.1	2059.3	2330.3	2684.5	Asie du Sud-Est
Western Asia	538.0	595.3	608.2	467.7	536.4	Asie occidentale
Oceania	6.4	2.7	2.3	2.4	2.4	Océanie
United States	3383.3	3734.5	4104.3	4550.1	4668.4	Etats-Unis d'Amérique
Germany	2142.4	2457.0	2941.3	3262.8	3898.3	Allemagne
Netherlands	2160.3	2681.5	2736.3	2833.0	3405.5	Pays-Bas
France-Monaco	1568.9	1844.8	1972.5	2101.2	2611.8	France-Monaco
Ireland	1505.0	1641.1	1735.5	2043.2	2410.6	Irlande
Italy	1201.2	1442.5	1509.1	1688.3	1995.1	Italie
United Kingdom	1000.0	1172.8	1226.0	1313.5	1473.7	Royaume-Uni
Belgium	963.6	1231.4	1253.9	1276.7	1390.3	Belgique
Denmark	908.9	1030.6	1160.2	1335.9	1614.4	Danemark
China	858.9	988.5	1145.0	1366.9	1572.3	Chine
Canada	775.4	1015.1	1168.2	1279.3	1341.8	Canada
Spain	613.1	768.4	828.8	880.4	1081.9	Espagne
Thailand	533.6	627.7	788.4	858.8	964.6	Thaïlande
Switzerland-Liechtenstein	602.3	693.1	717.5	774.2	926.3	Suisse-Liechtenstein
New Zealand	278.1	403.6	652.1	701.5	841.0	Nouvelle-Zélande
Singapore	303.8	472.2	586.7	666.8	735.7	Singapour
Japan	461.5	549.3	555.4	568.1	619.3	Japon
Mexico	365.9	468.1	561.2	643.6	693.1	Mexique
Austria	352.5	397.4	458.5	565.4	704.1	Autriche
Poland	237.3	334.4	482.4	546.4	743.3	Pologne
Korea, Republic of	368.2	462.5	464.3	460.2	506.3	République de Corée
Sweden	327.8	394.5	445.3	462.1	535.5	Suède
Malaysia	276.1	298.4	329.3	403.8	496.4	Malaisie
Brazil	181.3	228.5	265.9	318.7	474.9	Brésil
Australia	264.8	293.9	287.7	281.1	296.0	Australie

Value as percentages of World total

Valeur en pourcentage du total mondial

Regions of the world	1998	1999	2000	2001	2002	2003	2004	2005	2006	2007	Régions du monde
World	100.0	100.0	100.0	100.0	100.0	100.0	100.0	100.0	100.0	100.0	Monde
Developed Economies	80.5	80.0	77.4	77.2	78.8	78.7	78.5	77.8	78.3	77.5	Economies Développés
- Asia-Pacific	3.0	3.8	4.3	4.1	4.1	4.1	4.3	4.6	4.4	4.2	- Asie-Pacifique
- Europe	60.1	57.4	53.8	53.6	56.5	57.9	58.0	57.0	57.4	58.8	- Europe
- North America	17.3	18.8	19.3	19.5	18.2	16.8	16.2	16.2	16.5	14.5	- Amérique du Nord
South-Eastern Europe	0.2	0.1	0.1	0.2	0.2	0.2	0.4	0.4	0.4	0.4	Europe du Sud-Est
Commonwealth of Independent States	0.2	0.2	0.3	0.4	0.4	0.8	1.0	1.0	1.1	1.3	Communauté d'Etats indépendants
- Asia	0.0	0.0	0.0	0.0	0.0	0.0	0.0	0.0	0.0	0.0	- Asie
- Europe	0.2	0.1	0.3	0.4	0.4	0.8	1.0	1.0	1.0	1.2	- Europe
Northern Africa	0.2	0.2	0.2	0.2	0.2	0.2	0.1	0.2	0.2	0.2	Afrique septentrionale
Sub-Saharan Africa	0.6	0.6	1.2	1.3	0.8	0.9	0.8	0.7	0.8	1.0	Afrique subsaharienne
Latin America & the Caribbean	5.2	5.5	6.5	6.5	5.3	4.8	4.9	5.1	4.8	5.5	Amérique latine et Caraïbes
- Caribbean	0.3	0.3	0.4	0.4	0.3	0.2	0.1	0.1	0.2	0.1	- Caraïbes
- Latin America	4.9	5.2	6.1	6.2	5.0	4.6	4.7	5.0	4.7	5.3	- Amérique latine
Eastern Asia	6.8	6.8	6.9	6.8	7.0	6.5	6.2	6.2	6.3	6.0	Asie orientale
Southern Asia	0.3	0.4	0.4	0.5	0.5	0.4	0.3	0.4	0.4	0.4	Asie méridionale
South-Eastern Asia	4.3	4.7	5.2	5.3	5.2	5.4	5.7	6.3	6.6	6.5	Asie du Sud-Est
Western Asia	1.8	1.6	1.8	1.6	1.7	2.2	2.0	1.9	1.3	1.3	Asie occidentale
Oceania	0.0	0.0	0.0	0.0	0.0	0.0	0.0	0.0	0.0	0.0	Océanie

111 Non-alcoholic beverages, nes

Trade by commodity

Imports by principal countries or areas

Value in million US dollars

Commerce par produit

Importations selon les principaux pays ou zones

Valeur en millions de dollars EU

Country or area	2003	2004	2005	2006	2007	Pays ou zone
World	7885.5	9134.9	10384.2	11962.5	14523.3	Monde
Developed Economies	5992.2	7020.0	7850.1	9184.6	10913.3	Economies Développés
- Asia-Pacific	445.5	566.9	599.7	709.9	786.2	- Asie-Pacifique
- Europe	4244.2	4914.3	5466.4	6179.1	7474.3	- Europe
- North America	1302.6	1538.8	1783.9	2295.6	2652.8	- Amérique du Nord
South-Eastern Europe	73.1	95.5	115.6	193.9	325.7	Europe du Sud-Est
Commonwealth of Independent States	98.6	137.5	210.0	274.6	380.0	Communauté d'Etats indépendants
- Asia	19.2	31.4	49.0	64.5	99.8	- Asie
- Europe	79.3	106.0	161.0	210.1	280.2	- Europe
Northern Africa	8.0	6.9	9.5	14.4	33.2	Afrique septentrionale
Sub-Saharan Africa	284.9	185.8	208.6	264.4	376.2	Afrique subsaharienne
Latin America & the Caribbean	310.2	384.8	470.7	442.3	695.5	Amérique latine et Caraïbes
- Caribbean	98.5	134.4	146.2	182.8	230.6	- Caraïbes
- Latin America	211.7	250.4	324.6	259.4	464.9	- Amérique latine
Eastern Asia	516.3	578.9	608.9	549.9	632.5	Asie orientale
Southern Asia	32.9	52.2	62.9	65.5	62.3	Asie méridionale
South-Eastern Asia	161.7	185.7	216.6	256.0	337.9	Asie du Sud-Est
Western Asia	379.1	455.0	596.2	678.4	712.5	Asie occidentale
Oceania	28.5	32.6	35.1	38.5	54.3	Océanie
United States	1056.1	1281.7	1478.1	1944.0	2218.7	Etats-Unis d'Amérique
United Kingdom	666.3	831.6	954.1	1056.9	1184.9	Royaume-Uni
Germany	578.2	636.9	759.0	859.9	984.5	Allemagne
Belgium	519.0	592.4	615.1	732.6	870.6	Belgique
France-Monaco	474.1	540.9	562.2	635.2	799.1	France-Monaco
Netherlands	452.1	516.3	520.1	685.3	774.7	Pays-Bas
Japan	352.8	446.9	456.8	548.7	563.9	Japon
China, Hong Kong SAR	421.4	464.2	471.1	398.4	446.7	Chine - RAS de Hong-Kong
Canada	235.4	244.9	291.9	337.4	418.5	Canada
Spain	162.8	228.9	246.5	241.6	372.1	Espagne
Ireland	174.2	189.6	221.9	262.3	343.9	Irlande
Italy	202.7	215.9	214.4	218.3	290.6	Italie
Switzerland-Liechtenstein	178.1	190.6	214.2	206.3	220.6	Suisse-Liechtenstein
Sweden	100.5	121.3	125.9	135.9	145.8	Suède
Austria	104.9	109.4	115.4	114.8	127.8	Autriche
Singapore	97.7	99.6	108.1	110.5	129.9	Singapour
Australia	63.8	83.9	98.9	116.6	172.4	Australie
Luxembourg	101.3	100.9	102.2	98.5	107.6	Luxembourg
Portugal	85.7	84.2	93.0	102.6	123.0	Portugal
Russian Federation	52.0	67.4	97.8	106.3	153.3	Fédération de Russie
Saudi Arabia	70.7	76.4	95.2	109.1	124.0	Arabie saoudite
Czech Republic	50.9	62.9	87.2	113.4	156.5	République tchèque
Greece	67.3	82.8	101.6	78.3	86.7	Grèce
Angola	e175.1	e54.0	e29.8	e50.7	e89.1	Angola
Mexico	61.0	64.3	66.2	86.3	114.1	Mexique

Value as percentages of World total

Valeur en pourcentage du total mondial

Regions of the world	1998	1999	2000	2001	2002	2003	2004	2005	2006	2007	Régions du monde
World	100.0	100.0	100.0	100.0	100.0	100.0	100.0	100.0	100.0	100.0	Monde
Developed Economies	71.8	75.0	72.6	72.7	74.7	76.0	76.8	75.6	76.8	75.1	Economies Développés
- Asia-Pacific	4.1	4.6	5.7	5.4	4.9	5.6	6.2	5.8	5.9	5.4	- Asie-Pacifique
- Europe	49.6	53.0	48.8	49.8	53.2	53.8	53.8	52.6	51.7	51.5	- Europe
- North America	18.2	17.4	18.1	17.5	16.6	16.5	16.8	17.2	19.2	18.3	- Amérique du Nord
South-Eastern Europe	1.5	1.3	1.2	1.2	1.3	0.9	1.0	1.1	1.6	2.2	Europe du Sud-Est
Commonwealth of Independent States	2.7	0.7	0.8	0.8	1.0	1.2	1.5	2.0	2.3	2.6	Communauté d'Etats indépendants
- Asia	0.4	0.3	0.2	0.2	0.2	0.2	0.3	0.5	0.5	0.7	- Asie
- Europe	2.2	0.4	0.6	0.6	0.8	1.0	1.2	1.6	1.8	1.9	- Europe
Northern Africa	0.2	0.2	0.4	0.5	0.4	0.1	0.1	0.1	0.1	0.2	Afrique septentrionale
Sub-Saharan Africa	1.6	1.8	2.6	3.1	2.7	3.6	2.0	2.0	2.2	2.6	Afrique subsaharienne
Latin America & the Caribbean	4.9	4.2	4.5	4.9	4.6	3.9	4.2	4.5	3.7	4.8	Amérique latine et Caraïbes
- Caribbean	2.1	1.8	1.9	1.8	1.7	1.2	1.5	1.4	1.5	1.6	- Caraïbes
- Latin America	2.8	2.4	2.7	3.1	2.9	2.7	2.7	3.1	2.2	3.2	- Amérique latine
Eastern Asia	10.2	9.6	8.8	8.7	7.7	6.5	6.3	5.9	4.6	4.4	Asie orientale
Southern Asia	0.2	0.2	0.2	0.2	0.4	0.4	0.6	0.6	0.5	0.4	Asie méridionale
South-Eastern Asia	2.9	2.7	2.8	2.6	2.2	2.1	2.0	2.1	2.1	2.3	Asie du Sud-Est
Western Asia	3.3	3.5	5.4	4.9	4.7	4.8	5.0	5.7	5.7	4.9	Asie occidentale
Oceania	0.8	0.7	0.6	0.4	0.4	0.4	0.4	0.3	0.3	0.4	Océanie

Trade by commodity
Exports by principal countries or areas
Value in million US dollars

Commerce par produit
Exportations selon les principaux pays ou zones
Valeur en millions de dollars EU

Country or area	2003	2004	2005	2006	2007	Pays ou zone
World	8353.4	9760.6	10820.1	12681.0	14866.7	Monde
Developed Economies	6716.2	7747.1	8496.0	10322.6	11879.8	Economies Développés
- Asia-Pacific	100.1	119.5	130.5	143.8	174.1	- Asie-Pacifique
- Europe	5911.3	6920.3	7610.3	9377.2	10861.3	- Europe
- North America	704.7	707.3	755.2	801.6	844.3	- Amérique du Nord
South-Eastern Europe	44.6	60.5	67.6	103.9	173.4	Europe du Sud-Est
Commonwealth of Independent States	73.0	95.1	152.0	180.7	248.0	Communauté d'Etats indépendants
- Asia	35.9	41.6	66.2	57.0	69.4	- Asie
- Europe	37.1	53.5	85.8	123.7	178.6	- Europe
Northern Africa	27.1	37.0	59.3	48.0	43.7	Afrique septentrionale
Sub-Saharan Africa	195.0	111.8	87.8	92.5	100.8	Afrique subsaharienne
Latin America & the Caribbean	340.1	394.1	513.8	474.3	655.0	Amérique latine et Caraïbes
- Caribbean	54.6	58.9	76.8	85.2	83.9	- Caraïbes
- Latin America	285.5	335.2	437.0	389.1	571.1	- Amérique latine
Eastern Asia	454.4	623.7	586.9	551.6	633.1	Asie orientale
Southern Asia	45.6	58.5	87.0	137.2	153.4	Asie méridionale
South-Eastern Asia	215.7	259.5	285.6	323.2	407.9	Asie du Sud-Est
Western Asia	216.6	339.7	430.0	387.1	495.5	Asie occidentale
Oceania	25.2	33.6	54.1	59.8	76.0	Océanie
Austria	1065.4	1467.5	1641.2	1844.5	2033.1	Autriche
France-Monaco	1180.9	1367.6	1373.0	1648.5	1682.5	France-Monaco
Germany	837.6	963.7	1070.3	1384.4	1546.9	Allemagne
Netherlands	589.4	700.7	706.7	940.1	1396.2	Pays-Bas
Belgium	605.6	675.9	731.4	851.8	977.6	Belgique
United States	400.6	414.5	482.0	557.9	651.0	Etats-Unis d'Amérique
Italy	426.9	454.3	471.9	481.6	571.8	Italie
China	320.9	472.3	414.5	367.4	423.3	Chine
United Kingdom	282.3	289.5	356.0	424.7	401.5	Royaume-Uni
Switzerland-Liechtenstein	58.4	80.6	154.1	504.6	721.6	Suisse-Liechtenstein
Canada	304.1	292.7	273.2	243.7	193.3	Canada
Mexico	166.8	188.0	243.3	281.2	308.0	Mexique
Spain	243.3	213.3	239.1	239.4	195.8	Espagne
Poland	27.0	88.8	148.9	174.4	198.9	Pologne
Thailand	72.0	100.0	112.5	127.1	165.3	Thaïlande
Denmark	75.4	87.1	97.2	148.1	164.2	Danemark
Ireland	88.2	95.7	121.7	134.4	131.1	Irlande
Saudi Arabia	56.5	87.4	106.0	117.1	193.5	Arabie saoudite
Czech Republic	65.7	59.0	90.1	130.7	191.3	République tchèque
Malaysia	76.4	75.8	80.1	85.6	107.3	Malaisie
Korea, Republic of	44.3	58.0	70.3	71.7	83.1	République de Corée
United Arab Emirates	45.6	58.2	57.5	77.9	e84.2	Emirates arabes unis
Singapore	47.2	55.1	63.3	69.1	78.4	Singapour
Portugal	38.1	41.8	40.4	65.6	110.2	Portugal
Iran (Islamic Republic of)	17.6	33.9	55.5	81.5	e106.9	Iran (République islamique d')

Value as percentages of World total

Valeur en pourcentage du total mondial

Regions of the world	1998	1999	2000	2001	2002	2003	2004	2005	2006	2007	Régions du monde
World	100.0	100.0	100.0	100.0	100.0	100.0	100.0	100.0	100.0	100.0	Monde
Developed Economies	78.4	80.4	78.1	78.6	79.0	80.4	79.4	78.5	81.4	79.9	Economies Développés
- Asia-Pacific	0.8	1.0	1.5	1.2	1.3	1.2	1.2	1.2	1.1	1.2	- Asie-Pacifique
- Europe	64.0	66.8	65.5	67.5	68.1	70.8	70.9	70.3	73.9	73.1	- Europe
- North America	13.7	12.6	11.1	9.9	9.6	8.4	7.2	7.0	6.3	5.7	- Amérique du Nord
South-Eastern Europe	0.7	0.6	0.6	0.5	0.5	0.5	0.6	0.6	0.8	1.2	Europe du Sud-Est
Commonwealth of Independent States	0.9	0.4	0.6	0.6	0.7	0.9	1.0	1.4	1.4	1.7	Communauté d'Etats indépendants
- Asia	0.3	0.1	0.3	0.3	0.3	0.4	0.4	0.6	0.4	0.5	- Asie
- Europe	0.6	0.3	0.3	0.3	0.4	0.4	0.5	0.8	1.0	1.2	- Europe
Northern Africa	0.2	0.2	0.3	0.2	0.3	0.3	0.4	0.5	0.4	0.3	Afrique septentrionale
Sub-Saharan Africa	0.7	0.6	1.4	1.5	1.5	2.3	1.1	0.8	0.7	0.7	Afrique subsaharienne
Latin America & the Caribbean	4.7	4.4	5.0	5.0	5.6	4.1	4.0	4.7	3.7	4.4	Amérique latine et Caraïbes
- Caribbean	1.2	0.9	1.0	1.1	0.9	0.7	0.6	0.7	0.7	0.6	- Caraïbes
- Latin America	3.5	3.5	4.0	4.0	4.7	3.4	3.4	4.0	3.1	3.8	- Amérique latine
Eastern Asia	9.3	8.4	8.3	8.3	7.3	5.4	6.4	5.4	4.3	4.3	Asie orientale
Southern Asia	0.1	0.1	0.1	0.1	0.2	0.5	0.6	0.8	1.1	1.0	Asie méridionale
South-Eastern Asia	2.9	3.2	3.2	3.3	2.7	2.6	2.7	2.6	2.5	2.7	Asie du Sud-Est
Western Asia	2.0	1.5	2.2	1.7	1.8	2.6	3.5	4.0	3.1	3.3	Asie occidentale
Oceania	0.2	0.2	0.2	0.2	0.2	0.3	0.3	0.5	0.5	0.5	Océanie

112 Alcoholic beverages

Trade by commodity
Imports by principal countries or areas
Value in million US dollars

Commerce par produit
Importations selon les principaux pays ou zones
Valeur en millions de dollars EU

Country or area	2003	2004	2005	2006	2007	Pays ou zone
World	38716.4	43840.1	47230.3	51956.7	61204.6	Monde
Developed Economies	33344.3	37403.4	39612.3	43142.5	49775.2	Economies Développés
- Asia-Pacific	2293.4	2557.8	2547.3	2807.0	3067.5	- Asie-Pacifique
- Europe	19390.9	22367.7	23237.9	24631.2	29458.4	- Europe
- North America	11660.1	12477.9	13827.1	15704.3	17249.3	- Amérique du Nord
South-Eastern Europe	129.4	231.6	256.2	355.7	480.1	Europe du Sud-Est
Commonwealth of Independent States	1100.4	1316.5	1779.8	1911.6	2785.5	Communauté d'Etats indépendants
- Asia	68.4	106.6	154.1	218.4	309.3	- Asie
- Europe	1032.0	1210.0	1625.8	1693.2	2476.3	- Europe
Northern Africa	43.1	33.4	43.9	45.7	64.2	Afrique septentrionale
Sub-Saharan Africa	662.3	744.2	833.1	1038.9	1264.0	Afrique subsaharienne
Latin America & the Caribbean	991.9	1231.4	1278.4	1512.4	1773.6	Amérique latine et Caraïbes
- Caribbean	210.3	228.6	234.8	260.1	306.7	- Caraïbes
- Latin America	781.6	1002.8	1043.6	1252.4	1466.9	- Amérique latine
Eastern Asia	1266.9	1382.4	1669.8	1922.5	2481.5	Asie orientale
Southern Asia	55.5	70.2	83.5	107.9	123.5	Asie méridionale
South-Eastern Asia	813.6	1046.8	1232.7	1475.4	1889.6	Asie du Sud-Est
Western Asia	250.1	316.9	368.5	373.6	482.7	Asie occidentale
Oceania	59.2	63.4	72.2	70.5	84.6	Océanie
United States	10188.3	10803.3	11877.8	13391.8	14560.0	Etats-Unis d'Amérique
United Kingdom	4757.6	5708.3	5809.2	5894.6	6889.3	Royaume-Uni
Germany	3192.1	3387.7	3840.5	4163.7	4542.0	Allemagne
Canada	1426.9	1622.1	1892.9	2258.9	2630.9	Canada
France-Monaco	1591.2	1912.0	1941.0	1992.6	2378.2	France-Monaco
Japan	1722.5	1861.8	1774.5	1912.0	1978.8	Japon
Spain	1530.6	1738.1	1634.0	1830.7	2074.1	Espagne
Belgium	1200.5	1372.1	1430.7	1514.7	2169.3	Belgique
Netherlands	1115.7	1324.3	1347.2	1459.3	1811.5	Pays-Bas
Russian Federation	847.9	1063.4	1409.7	1401.9	2091.0	Fédération de Russie
Italy	1047.1	1161.8	1242.5	1261.8	1502.6	Italie
Switzerland-Liechtenstein	960.9	992.8	957.4	1036.5	1246.6	Suisse-Liechtenstein
Singapore	460.4	638.5	805.9	976.0	1258.5	Singapour
Denmark	656.8	743.3	767.5	844.4	952.5	Danemark
Sweden	564.4	641.3	659.1	694.4	858.6	Suède
Ireland	483.5	579.0	630.0	653.6	782.9	Irlande
Australia	393.8	493.3	549.6	672.1	829.5	Australie
China	177.3	246.9	380.6	547.7	812.5	Chine
China, Hong Kong SAR	316.7	371.1	403.8	453.3	587.1	Chine - RAS de Hong-Kong
Greece	302.0	368.8	390.5	434.9	478.5	Grèce
Norway	307.5	330.4	363.6	398.5	507.6	Norvège
Korea, Republic of	345.0	312.0	343.7	368.1	492.3	République de Corée
Mexico	268.0	297.5	352.6	405.4	479.7	Mexique
Austria	306.2	348.6	358.4	361.5	423.7	Autriche
Finland	255.2	299.9	326.3	356.1	424.2	Finlande

Value as percentages of World total

Regions of the world	1998	1999	2000	2001	2002	2003	2004	2005	2006	2007	Régions du monde
World	100.0	100.0	100.0	100.0	100.0	100.0	100.0	100.0	100.0	100.0	Monde
Developed Economies	85.4	87.3	86.0	85.7	86.0	86.1	85.3	83.9	83.0	81.3	Economies Développés
- Asia-Pacific	8.9	7.5	7.5	6.9	6.3	5.9	5.8	5.4	5.4	5.0	- Asie-Pacifique
- Europe	52.4	53.2	48.6	48.8	49.4	50.1	51.0	49.2	47.4	48.1	- Europe
- North America	24.0	26.6	29.8	30.0	30.4	30.1	28.5	29.3	30.2	28.2	- Amérique du Nord
South-Eastern Europe	0.3	0.4	0.3	0.4	0.4	0.3	0.5	0.5	0.7	0.8	Europe du Sud-Est
Commonwealth of Independent States	2.9	1.3	1.7	2.1	2.3	2.8	3.0	3.8	3.7	4.6	Communauté d'Etats indépendants
- Asia	0.1	0.1	0.1	0.1	0.1	0.2	0.2	0.3	0.4	0.5	- Asie
- Europe	2.8	1.2	1.6	2.0	2.1	2.7	2.8	3.4	3.3	4.0	- Europe
Northern Africa	0.1	0.1	0.1	0.1	0.1	0.1	0.1	0.1	0.1	0.1	Afrique septentrionale
Sub-Saharan Africa	1.2	1.2	1.4	1.3	1.5	1.7	1.7	1.8	2.0	2.1	Afrique subsaharienne
Latin America & the Caribbean	3.7	3.4	3.3	3.6	2.9	2.6	2.8	2.7	2.9	2.9	Amérique latine et Caraïbes
- Caribbean	0.8	0.9	0.7	0.8	0.6	0.5	0.5	0.5	0.5	0.5	- Caraïbes
- Latin America	2.8	2.4	2.6	2.9	2.2	2.0	2.3	2.2	2.4	2.4	- Amérique latine
Eastern Asia	3.7	3.6	4.1	3.8	3.7	3.3	3.2	3.5	3.7	4.1	Asie orientale
Southern Asia	0.1	0.1	0.1	0.1	0.1	0.1	0.2	0.2	0.2	0.2	Asie méridionale
South-Eastern Asia	1.7	2.0	2.2	2.0	2.1	2.1	2.4	2.6	2.8	3.1	Asie du Sud-Est
Western Asia	0.6	0.6	0.7	0.7	0.8	0.6	0.7	0.8	0.7	0.8	Asie occidentale
Oceania	0.2	0.2	0.2	0.2	0.1	0.2	0.1	0.2	0.1	0.1	Océanie

Trade by commodity

Exports by principal countries or areas

Value in million US dollars

Commerce par produit

Exportations selon les principaux pays ou zones

Valeur en millions de dollars EU

Country or area	2003	2004	2005	2006	2007	Pays ou zone
World	38869.0	43396.6	45682.6	50610.4	60439.9	Monde
Developed Economies	32940.7	36594.4	37834.7	42047.5	50242.0	Economies Développés
- Asia-Pacific	1917.5	2454.9	2656.1	2713.4	3289.5	- Asie-Pacifique
- Europe	28922.0	31735.6	32889.3	36623.2	43898.8	- Europe
- North America	2101.1	2403.9	2289.3	2710.9	3053.7	- Amérique du Nord
South-Eastern Europe	172.2	235.3	261.2	284.9	362.0	Europe du Sud-Est
Commonwealth of Independent States	656.0	794.1	1083.4	939.0	1113.0	Communauté d'Etats indépendants
- Asia	127.9	134.0	214.1	180.4	255.5	- Asie
- Europe	528.1	660.1	869.3	758.6	857.4	- Europe
Northern Africa	34.3	30.1	45.9	27.8	34.8	Afrique septentrionale
Sub-Saharan Africa	637.3	740.5	809.1	748.9	973.0	Afrique subsaharienne
Latin America & the Caribbean	3056.5	3336.5	3781.9	4343.8	4895.1	Amérique latine et Caraïbes
- Caribbean	244.0	175.5	185.8	213.7	269.1	- Caraïbes
- Latin America	2812.4	3161.0	3596.1	4130.2	4626.0	- Amérique latine
Eastern Asia	582.8	666.3	693.6	823.2	979.4	Asie orientale
Southern Asia	23.9	29.3	39.1	43.4	58.8	Asie méridionale
South-Eastern Asia	642.3	850.6	990.0	1276.3	1692.8	Asie du Sud-Est
Western Asia	119.7	113.7	137.9	72.5	85.8	Asie occidentale
Oceania	3.5	5.8	5.7	3.0	3.2	Océanie
France-Monaco	9199.8	9815.8	10033.5	11374.6	13281.7	France-Monaco
United Kingdom	5438.9	5889.6	6004.0	6433.1	7791.1	Royaume-Uni
Italy	3810.3	4442.3	4594.3	4962.7	5771.9	Italie
Germany	1986.2	2184.6	2555.6	2849.4	3414.9	Allemagne
Spain	2114.6	2386.4	2440.0	2514.9	3170.3	Espagne
Mexico	1805.4	1925.4	2195.5	2563.5	2605.6	Mexique
Netherlands	1925.0	1958.7	2006.0	2396.7	2633.2	Pays-Bas
Australia	1627.3	2070.0	2177.6	2155.7	2543.1	Australie
United States	1463.1	1715.4	1652.6	2017.8	2351.7	Etats-Unis d'Amérique
Ireland	1054.5	1092.3	1149.8	1476.1	1679.4	Irlande
Belgium	659.1	844.2	894.0	962.9	1579.6	Belgique
Chile	674.0	849.8	889.9	975.2	1272.3	Chili
Portugal	733.6	785.2	783.5	854.1	1028.4	Portugal
Singapore	429.8	608.7	707.4	938.9	1268.7	Singapour
Sweden	596.8	669.0	655.8	701.4	843.2	Suède
Canada	636.2	686.7	630.4	692.3	701.4	Canada
South Africa	505.3	608.7	650.2	582.7	746.5	Afrique du Sud
Denmark	466.9	539.5	535.9	592.0	631.1	Danemark
New Zealand	195.4	288.0	372.0	437.2	612.6	Nouvelle-Zélande
Argentina	189.3	242.8	330.8	411.5	530.6	Argentine
China, Hong Kong SAR	204.4	232.5	273.3	358.7	441.2	Chine - RAS de Hong-Kong
Ukraine	124.3	215.8	347.5	314.9	399.4	Ukraine
China	205.0	228.0	231.3	260.4	334.7	Chine
Republic of Moldova	241.9	277.7	314.3	186.2	134.0	République de Moldova
Czech Republic	129.5	181.9	203.0	229.5	284.3	République tchèque

Value as percentages of World total

Valeur en pourcentage du total mondial

Regions of the world	1998	1999	2000	2001	2002	2003	2004	2005	2006	2007	Régions du monde
World	100.0	100.0	100.0	100.0	100.0	100.0	100.0	100.0	100.0	100.0	Monde
Developed Economies	86.8	87.3	84.7	84.1	84.4	84.7	84.3	82.8	83.1	83.1	Economies Développés
- Asia-Pacific	3.1	3.6	4.2	4.4	4.9	4.9	5.7	5.8	5.4	5.4	- Asie-Pacifique
- Europe	77.5	77.4	73.8	72.9	73.7	74.4	73.1	72.0	72.4	72.6	- Europe
- North America	6.2	6.3	6.7	6.8	5.8	5.4	5.5	5.0	5.4	5.1	- Amérique du Nord
South-Eastern Europe	0.8	0.5	0.4	0.4	0.4	0.4	0.5	0.6	0.6	0.6	Europe du Sud-Est
Commonwealth of Independent States	1.3	0.8	1.0	1.3	1.5	1.7	1.8	2.4	1.9	1.8	Communauté d'Etats indépendants
- Asia	0.2	0.1	0.2	0.2	0.3	0.3	0.3	0.5	0.4	0.4	- Asie
- Europe	1.1	0.7	0.8	1.1	1.2	1.4	1.5	1.9	1.5	1.4	- Europe
Northern Africa	0.1	0.1	0.1	0.1	0.1	0.1	0.1	0.1	0.1	0.1	Afrique septentrionale
Sub-Saharan Africa	0.9	0.9	1.2	1.3	1.4	1.6	1.7	1.8	1.5	1.6	Afrique subsaharienne
Latin America & the Caribbean	6.4	6.7	8.6	9.0	8.5	7.9	7.7	8.3	8.6	8.1	Amérique latine et Caraïbes
- Caribbean	0.5	0.6	0.7	0.7	0.7	0.6	0.4	0.4	0.4	0.4	- Caraïbes
- Latin America	5.9	6.1	7.9	8.4	7.9	7.2	7.3	7.9	8.2	7.7	- Amérique latine
Eastern Asia	1.9	1.8	1.9	1.9	1.9	1.5	1.5	1.5	1.6	1.6	Asie orientale
Southern Asia	0.1	0.1	0.1	0.1	0.1	0.1	0.1	0.1	0.1	0.1	Asie méridionale
South-Eastern Asia	1.4	1.6	1.7	1.5	1.5	1.7	2.0	2.2	2.5	2.8	Asie du Sud-Est
Western Asia	0.3	0.3	0.2	0.2	0.2	0.3	0.3	0.3	0.1	0.1	Asie occidentale
Oceania	0.0	0.0	0.0	0.0	0.0	0.0	0.0	0.0	0.0	0.0	Océanie

121 Tobacco, unmanufactured; tobacco refuse

Trade by commodity
Imports by principal countries or areas
Value in million US dollars

Commerce par produit
Importations selon les principaux pays ou zones
Valeur en millions de dollars EU

Country or area	2003	2004	2005	2006	2007	Pays ou zone
World	7381.3	7689.3	7720.3	7705.7	9132.9	Monde
Developed Economies	4537.3	4440.0	4127.3	4084.4	4713.5	Economies Développés
- Asia-Pacific	582.9	524.5	210.4	299.9	378.9	- Asie-Pacifique
- Europe	3209.1	3167.5	3093.6	3014.8	3476.5	- Europe
- North America	745.3	748.0	823.3	769.6	858.1	- Amérique du Nord
South-Eastern Europe	124.1	168.9	163.9	158.7	244.6	Europe du Sud-Est
Commonwealth of Independent States	811.0	894.2	1015.5	1015.3	1292.7	Communauté d'Etats indépendants
- Asia	44.5	59.8	64.6	70.2	92.3	- Asie
- Europe	766.4	834.4	951.0	945.1	1200.3	- Europe
Northern Africa	212.5	244.6	227.4	242.6	261.7	Afrique septentrionale
Sub-Saharan Africa	280.9	401.8	475.5	410.3	447.5	Afrique subsaharienne
Latin America & the Caribbean	234.3	300.7	265.6	298.6	425.7	Amérique latine et Caraïbes
- Caribbean	67.2	72.0	77.8	100.5	120.3	- Caraïbes
- Latin America	167.1	228.7	187.8	198.1	305.5	- Amérique latine
Eastern Asia	450.5	431.8	509.9	639.2	771.1	Asie orientale
Southern Asia	88.7	76.4	86.9	94.2	101.3	Asie méridionale
South-Eastern Asia	388.7	513.4	610.9	604.1	709.4	Asie du Sud-Est
Western Asia	251.4	215.3	235.3	154.1	162.2	Asie occidentale
Oceania	1.8	2.1	2.1	4.2	3.1	Océanie
Germany	894.5	840.1	790.4	810.6	921.3	Allemagne
United States	727.8	730.2	795.4	752.4	833.2	Etats-Unis d'Amérique
Russian Federation	591.0	605.5	687.7	681.1	865.2	Fédération de Russie
Netherlands	460.2	437.3	511.5	500.5	530.1	Pays-Bas
China	261.6	232.2	324.1	409.0	472.3	Chine
Japan	480.1	473.7	155.3	212.3	291.0	Japon
Belgium	283.9	324.1	233.4	255.2	326.8	Belgique
United Kingdom	275.7	213.0	207.1	217.8	216.5	Royaume-Uni
Ukraine	154.0	204.2	234.5	236.3	296.2	Ukraine
Poland	57.5	141.7	181.6	209.3	291.2	Pologne
Switzerland-Liechtenstein	150.1	169.5	187.1	163.2	206.5	Suisse-Liechtenstein
Philippines	94.5	180.1	197.6	175.1	181.3	Philippines
Egypt	151.1	171.7	155.3	166.2	171.7	Egypte
Spain	168.1	157.3	161.5	145.2	139.3	Espagne
France-Monaco	126.3	148.9	174.7	134.8	144.7	France-Monaco
Turkey	176.9	165.9	182.0	86.4	114.8	Turquie
Indonesia	95.2	120.9	142.2	150.2	217.2	Indonésie
Greece	109.0	125.6	148.7	137.6	149.8	Grèce
Korea, Republic of	116.0	115.0	102.2	131.4	154.8	République de Corée
Malaysia	86.3	87.0	94.5	106.2	130.7	Malaisie
Denmark	106.8	103.0	80.0	80.3	106.0	Danemark
Romania	67.7	74.6	77.3	80.9	134.1	Roumanie
South Africa	77.6	114.8	77.4	81.9	81.4	Afrique du Sud
Austria	97.4	86.7	71.8	67.9	90.3	Autriche
Italy	166.4	104.0	51.1	31.3	54.0	Italie

Value as percentages of World total

Valeur en pourcentage du total mondial

Regions of the world	1998	1999	2000	2001	2002	2003	2004	2005	2006	2007	Régions du monde
World	100.0	100.0	100.0	100.0	100.0	100.0	100.0	100.0	100.0	100.0	Monde
Developed Economies	66.5	66.5	62.2	53.4	63.3	61.5	57.7	53.5	53.0	51.6	Economies Développés
- Asia-Pacific	8.4	8.3	8.4	7.0	8.5	7.9	6.8	2.7	3.9	4.1	- Asie-Pacifique
- Europe	46.9	47.7	44.8	37.0	44.3	43.5	41.2	40.1	39.1	38.1	- Europe
- North America	11.2	10.5	9.0	9.4	10.5	10.1	9.7	10.7	10.0	9.4	- Amérique du Nord
South-Eastern Europe	1.7	2.2	1.9	1.5	1.7	1.7	2.2	2.1	2.1	2.7	Europe du Sud-Est
Commonwealth of Independent States	7.9	9.1	10.2	9.5	10.9	11.0	11.6	13.2	13.2	14.2	Communauté d'Etats indépendants
- Asia	0.5	0.4	0.6	0.7	0.7	0.6	0.8	0.8	0.9	1.0	- Asie
- Europe	7.4	8.6	9.5	8.8	10.2	10.4	10.9	12.3	12.3	13.1	- Europe
Northern Africa	3.3	3.4	3.3	2.9	3.2	2.9	3.2	2.9	3.1	2.9	Afrique septentrionale
Sub-Saharan Africa	1.8	2.4	2.4	15.8	2.7	3.8	5.2	6.2	5.3	4.9	Afrique subsaharienne
Latin America & the Caribbean	5.0	2.4	2.5	2.1	2.5	3.2	3.9	3.4	3.9	4.7	Amérique latine et Caraïbes
- Caribbean	1.6	0.3	0.3	0.2	0.2	0.9	0.9	1.0	1.3	1.3	- Caraïbes
- Latin America	3.4	2.1	2.2	1.9	2.3	2.3	3.0	2.4	2.6	3.3	- Amérique latine
Eastern Asia	3.4	2.7	4.2	4.4	5.2	6.1	5.6	6.6	8.3	8.4	Asie orientale
Southern Asia	1.3	1.1	1.4	0.9	1.1	1.2	1.0	1.1	1.2	1.1	Asie méridionale
South-Eastern Asia	5.3	6.2	6.5	5.7	6.2	5.3	6.7	7.9	7.8	7.8	Asie du Sud-Est
Western Asia	3.8	4.0	5.4	3.7	3.2	3.4	2.8	3.0	2.0	1.8	Asie occidentale
Oceania	0.0	0.0	0.0	0.0	0.0	0.0	0.0	0.0	0.1	0.0	Océanie

Trade by commodity
Exports by principal countries or areas
Value in million US dollars

Commerce par produit
Exportations selon les principaux pays ou zones
Valeur en millions de dollars EU

Country or area	2003	2004	2005	2006	2007	Pays ou zone
World	5858.0	6708.0	6893.8	7430.1	8589.0	Monde
Developed Economies	2552.0	2718.3	2519.9	2631.4	2985.2	Economies Développés
- Asia-Pacific	9.4	26.7	14.8	12.8	12.3	- Asie-Pacifique
- Europe	1434.1	1567.2	1453.0	1415.6	1617.9	- Europe
- North America	1108.5	1124.5	1052.1	1203.0	1355.0	- Amérique du Nord
South-Eastern Europe	137.0	190.8	204.9	201.3	257.6	Europe du Sud-Est
Commonwealth of Independent States	53.1	53.1	59.6	52.6	57.5	Communauté d'Etats indépendants
- Asia	39.2	39.3	46.3	40.0	41.5	- Asie
- Europe	13.9	13.8	13.3	12.6	16.0	- Europe
Northern Africa	0.8	0.9	1.2	1.2	0.5	Afrique septentrionale
Sub-Saharan Africa	792.4	880.9	812.2	1086.4	1042.9	Afrique subsaharienne
Latin America & the Caribbean	1315.1	1682.4	2006.0	2047.3	2618.3	Amérique latine et Caraïbes
- Caribbean	22.4	18.3	18.6	13.0	18.2	- Caraïbes
- Latin America	1292.7	1664.1	1987.3	2034.4	2600.1	- Amérique latine
Eastern Asia	237.9	277.0	287.5	306.8	391.0	Asie orientale
Southern Asia	225.3	276.2	292.6	341.4	404.4	Asie méridionale
South-Eastern Asia	176.0	198.6	210.0	237.9	345.3	Asie du Sud-Est
Western Asia	368.4	428.7	500.1	523.7	486.4	Asie occidentale
Oceania	0.1	1.1	0.0	0.1		Océanie
Brazil	1052.5	1380.5	1660.5	1694.2	2194.1	Brésil
United States	1040.4	1054.9	987.3	1144.9	1213.0	Etats-Unis d'Amérique
Turkey	329.0	399.8	468.3	484.0	429.1	Turquie
Greece	319.4	282.6	365.3	302.7	300.2	Grèce
Malawi	246.0	204.8	264.6	409.3	422.7	Malawi
Zimbabwe	e346.9	400.1	188.5	264.3	210.5	Zimbabwe
China	229.5	264.1	266.8	287.9	355.1	Chine
Italy	294.9	256.1	231.1	218.9	312.7	Italie
Germany	184.5	239.8	247.6	262.8	296.6	Allemagne
India	172.3	207.0	231.6	276.0	328.9	Inde
Belgium	236.5	304.7	177.7	172.6	196.6	Belgique
Argentina	151.1	184.1	211.8	238.7	259.1	Argentine
France-Monaco	100.6	155.3	142.8	170.1	169.8	France-Monaco
Bulgaria	56.1	114.7	98.1	93.3	140.2	Bulgarie
Indonesia	62.9	90.6	107.3	102.5	120.3	Indonésie
United Republic of Tanzania	45.9	61.5	132.5	102.3	94.8	République-Unie de Tanzanie
Spain	90.2	75.2	81.5	80.1	91.1	Espagne
Canada	68.1	69.6	64.7	58.1	141.9	Canada
The former Yugoslav Republic of Macedonia	70.2	61.7	90.9	92.5	87.0	Ex-République yougoslave de Macédoine
Thailand	68.3	70.7	63.2	73.2	98.2	Thaïlande
Netherlands	60.1	67.9	62.2	61.2	70.5	Pays-Bas
Zambia	22.2	60.7	61.7	75.7	61.3	Zambie
Mozambique	21.5	40.8	43.2	110.3	50.5	Mozambique
Uganda	42.4	40.7	31.4	27.0	66.0	Ouganda
Sri Lanka	37.2	39.7	35.1	e39.2	e44.1	Sri Lanka

Value as percentages of World total

Regions of the world	1998	1999	2000	2001	2002	2003	2004	2005	2006	2007	Régions du monde
World	100.0	100.0	100.0	100.0	100.0	100.0	100.0	100.0	100.0	100.0	Monde
Developed Economies	41.7	40.6	42.4	41.1	43.6	43.6	40.5	36.6	35.4	34.8	Economies Développés
- Asia-Pacific	0.0	0.1	0.0	0.0	0.1	0.2	0.4	0.2	0.2	0.1	- Asie-Pacifique
- Europe	17.4	18.7	18.9	18.0	21.8	24.5	23.4	21.1	19.1	18.8	- Europe
- North America	24.2	21.8	23.4	23.1	21.7	18.9	16.8	15.3	16.2	15.8	- Amérique du Nord
South-Eastern Europe	1.8	2.4	1.9	1.7	2.2	2.3	2.8	3.0	2.7	3.0	Europe du Sud-Est
Commonwealth of Independent States	1.7	2.5	2.4	1.6	1.4	0.9	0.8	0.9	0.7	0.7	Communauté d'Etats indépendants
- Asia	1.2	1.9	1.8	1.1	1.1	0.7	0.6	0.7	0.5	0.5	- Asie
- Europe	0.4	0.6	0.6	0.5	0.3	0.2	0.2	0.2	0.2	0.2	- Europe
Northern Africa	0.0	0.0	0.0	0.0	0.0	0.0	0.0	0.0	0.0	0.0	Afrique septentrionale
Sub-Saharan Africa	16.3	16.6	16.8	17.3	11.5	13.5	13.1	11.8	14.6	12.1	Afrique subsaharienne
Latin America & the Caribbean	19.7	19.4	19.8	22.0	24.1	22.4	25.1	29.1	27.6	30.5	Amérique latine et Caraïbes
- Caribbean	0.8	0.6	0.6	0.6	0.6	0.4	0.3	0.3	0.2	0.2	- Caraïbes
- Latin America	18.9	18.8	19.1	21.4	23.4	22.1	24.8	28.8	27.4	30.3	- Amérique latine
Eastern Asia	3.6	3.7	3.2	3.5	4.4	4.1	4.1	4.2	4.1	4.6	Asie orientale
Southern Asia	2.9	3.7	3.7	2.9	3.8	3.8	4.1	4.2	4.6	4.7	Asie méridionale
South-Eastern Asia	4.0	3.0	2.8	3.0	3.3	3.0	3.0	3.0	3.2	4.0	Asie du Sud-Est
Western Asia	8.4	8.1	7.1	6.7	5.8	6.3	6.4	7.3	7.0	5.7	Asie occidentale
Oceania	0.0	0.0	0.0	0.0	0.0	0.0	0.0	0.0	0.0		Océanie

122 Tobacco, manufactured (whether or not containing tobacco substitutes)

Trade by commodity
Imports by principal countries or areas
Value in million US dollars

Commerce par produit
Importations selon les principaux pays ou zones
Valeur en millions de dollars EU

Country or area	2003	2004	2005	2006	2007	Pays ou zone
World	16899.6	19520.4	20992.6	20882.9	22676.7	Monde
Developed Economies	11457.5	13353.9	14703.0	14893.9	16297.8	Economies Développés
- Asia-Pacific	2227.2	2489.6	3238.7	3343.4	3169.4	- Asie-Pacifique
- Europe	8527.8	10173.6	10807.1	10705.9	12123.0	- Europe
- North America	702.5	690.8	657.1	844.6	1005.4	- Amérique du Nord
South-Eastern Europe	295.9	535.1	525.7	484.8	387.8	Europe du Sud-Est
Commonwealth of Independent States	512.5	477.5	647.7	679.9	828.6	Communauté d'Etats indépendants
- Asia	153.2	136.2	213.5	250.2	395.7	- Asie
- Europe	359.3	341.2	434.2	429.7	432.9	- Europe
Northern Africa	123.8	152.3	161.0	203.6	255.2	Afrique septentrionale
Sub-Saharan Africa	418.0	503.0	420.1	498.4	532.2	Afrique subsaharienne
Latin America & the Caribbean	217.4	295.3	229.6	311.2	330.9	Amérique latine et Caraïbes
- Caribbean	59.0	71.6	62.6	71.2	73.2	- Caraïbes
- Latin America	158.5	223.7	166.9	240.0	257.7	- Amérique latine
Eastern Asia	1190.7	1279.5	1250.8	1269.6	1292.5	Asie orientale
Southern Asia	335.9	380.6	389.9	72.0	111.2	Asie méridionale
South-Eastern Asia	931.2	895.0	889.2	867.8	814.8	Asie du Sud-Est
Western Asia	1392.7	1622.3	1747.6	1573.9	1789.2	Asie occidentale
Oceania	23.8	26.0	27.9	27.7	36.7	Océanie
Japan	2135.9	2394.0	3132.4	3217.1	3018.2	Japon
Italy	1449.1	1897.3	2214.7	2408.8	2803.8	Italie
France-Monaco	2082.3	2000.2	2087.4	2160.6	2365.6	France-Monaco
Spain	1362.5	1784.8	1968.9	1400.9	1731.3	Espagne
Germany	789.0	919.5	889.7	1004.8	1019.7	Allemagne
United States	627.7	613.7	573.3	616.4	653.4	Etats-Unis d'Amérique
Netherlands	489.3	737.2	617.3	638.6	479.0	Pays-Bas
Belgium	493.9	601.8	562.5	580.9	574.5	Belgique
China, Hong Kong SAR	427.8	483.1	408.8	443.1	465.1	Chine - RAS de Hong-Kong
Saudi Arabia	367.4	416.1	450.2	460.6	491.9	Arabie saoudite
United Kingdom	366.9	406.2	419.8	457.2	474.2	Royaume-Uni
United Arab Emirates	356.9	386.3	433.4	295.7	e365.9	Emirates arabes unis
Singapore	392.9	381.8	348.1	325.3	328.0	Singapour
Greece	207.2	233.7	220.0	252.4	297.1	Grèce
Luxembourg	213.3	263.8	221.3	179.4	211.8	Luxembourg
Sweden	260.6	252.8	238.5	156.9	162.7	Suède
Iran (Islamic Republic of)	252.2	325.3	359.0	15.3	e16.9	Iran (République islamique d')
Russian Federation	155.4	151.7	202.7	218.9	175.7	Fédération de Russie
Romania	118.9	189.8	234.7	245.3	76.8	Roumanie
Austria	112.6	149.7	147.6	152.9	207.8	Autriche
Canada	66.0	66.5	72.3	212.9	344.0	Canada
Czech Republic	50.8	93.4	131.8	161.2	251.1	République tchèque
Finland	67.9	125.3	142.4	147.4	175.2	Finlande
Lebanon	114.3	122.9	e126.2	e126.3	e142.2	Liban
Cambodia	69.9	81.4	e155.0	e187.5	e126.8	Cambodge

Value as percentages of World total

Valeur en pourcentage du total mondial

Regions of the world	1998	1999	2000	2001	2002	2003	2004	2005	2006	2007	Régions du monde
World	100.0	100.0	100.0	100.0	100.0	100.0	100.0	100.0	100.0	100.0	Monde
Developed Economies	57.7	64.1	61.8	61.6	65.0	67.8	68.4	70.0	71.3	71.9	Economies Développés
- Asia-Pacific	13.5	15.9	17.6	14.3	13.9	13.2	12.8	15.4	16.0	14.0	- Asie-Pacifique
- Europe	40.4	44.4	39.7	43.2	46.6	50.5	52.1	51.5	51.3	53.5	- Europe
- North America	3.8	3.7	4.4	4.0	4.5	4.2	3.5	3.1	4.0	4.4	- Amérique du Nord
South-Eastern Europe	0.4	0.7	1.0	1.6	1.6	1.8	2.7	2.5	2.3	1.7	Europe du Sud-Est
Commonwealth of Independent States	7.3	4.3	3.3	2.9	2.8	3.0	2.4	3.1	3.3	3.7	Communauté d'Etats indépendants
- Asia	0.6	1.3	0.7	0.7	0.7	0.9	0.7	1.0	1.2	1.7	- Asie
- Europe	6.7	3.0	2.5	2.2	2.1	2.1	1.7	2.1	2.1	1.9	- Europe
Northern Africa	1.3	1.3	1.3	1.1	1.0	0.7	0.8	0.8	1.0	1.1	Afrique septentrionale
Sub-Saharan Africa	1.7	1.5	2.1	3.1	2.5	2.5	2.6	2.0	2.4	2.3	Afrique subsaharienne
Latin America & the Caribbean	4.1	2.2	1.9	1.6	1.4	1.3	1.5	1.1	1.5	1.5	Amérique latine et Caraïbes
- Caribbean	1.1	0.3	0.3	0.3	0.3	0.3	0.4	0.3	0.3	0.3	- Caraïbes
- Latin America	3.0	1.9	1.6	1.4	1.2	0.9	1.1	0.8	1.1	1.1	- Amérique latine
Eastern Asia	8.6	8.8	9.6	8.9	7.8	7.0	6.6	6.0	6.1	5.7	Asie orientale
Southern Asia	0.3	0.3	0.5	0.5	1.2	2.0	1.9	1.9	0.3	0.5	Asie méridionale
South-Eastern Asia	8.5	6.9	7.1	7.4	6.6	5.5	4.6	4.2	4.2	3.6	Asie du Sud-Est
Western Asia	9.9	9.9	11.3	11.1	10.0	8.2	8.3	8.3	7.5	7.9	Asie occidentale
Oceania	0.2	0.2	0.2	0.1	0.1	0.1	0.1	0.1	0.1	0.2	Océanie

Tabacs fabriques (même contenant des succédanés de tabac) 122

Exports by principal countries or areas

Exportations selon les principaux pays ou zones

Value in million US dollars

Valeur en millions de dollars EU

Country or area	2003	2004	2005	2006	2007	Pays ou zone
World	15837.6	16680.0	17930.9	18589.3	20964.8	Monde
Developed Economies	12084.5	12650.2	13489.1	13878.2	15243.6	Economies Développés
- Asia-Pacific	290.0	326.2	316.8	324.8	378.7	- Asie-Pacifique
- Europe	9853.0	10658.3	11763.3	12035.0	13572.6	- Europe
- North America	1941.6	1665.6	1409.0	1518.3	1292.3	- Amérique du Nord
South-Eastern Europe	47.8	56.6	49.0	63.0	266.8	Europe du Sud-Est
Commonwealth of Independent States	197.5	237.0	385.4	431.0	560.4	Communauté d'Etats indépendants
- Asia	20.1	29.6	47.6	46.2	47.0	- Asie
- Europe	177.4	207.4	337.8	384.8	513.3	- Europe
Northern Africa	37.3	23.0	58.7	44.6	39.8	Afrique septentrionale
Sub-Saharan Africa	205.7	254.0	338.6	418.1	445.7	Afrique subsaharienne
Latin America & the Caribbean	529.0	569.8	555.4	783.4	1100.8	Amérique latine et Caraïbes
- Caribbean	274.9	294.8	336.5	356.5	472.3	- Caraïbes
- Latin America	254.1	275.0	218.9	426.9	628.5	- Amérique latine
Eastern Asia	1068.7	1127.8	1142.1	1262.6	1369.6	Asie orientale
Southern Asia	78.6	100.4	101.9	129.8	157.8	Asie méridionale
South-Eastern Asia	960.6	1083.3	1127.6	1096.4	1217.8	Asie du Sud-Est
Western Asia	626.8	577.8	682.8	482.0	562.2	Asie occidentale
Oceania	1.2	0.3	0.3	0.2	0.2	Océanie
Netherlands	3555.3	3823.4	3868.6	3957.6	4403.3	Pays-Bas
Germany	1972.6	2216.3	3226.1	3368.1	3830.9	Allemagne
United States	1883.2	1600.0	1336.4	1362.6	1156.5	Etats-Unis d'Amérique
United Kingdom	1467.7	1353.9	1094.3	914.7	575.3	Royaume-Uni
China, Hong Kong SAR	545.5	620.5	583.1	598.5	636.9	Chine - RAS de Hong-Kong
France-Monaco	477.0	556.3	551.3	504.3	505.8	France-Monaco
Belgium	463.9	493.5	421.0	451.0	581.8	Belgique
Singapore	432.1	454.5	441.1	395.4	395.7	Singapour
Switzerland-Liechtenstein	344.0	397.9	366.5	399.2	493.1	Suisse-Liechtenstein
Austria	293.2	355.8	374.2	383.0	362.8	Autriche
United Arab Emirates	323.8	306.4	398.9	285.0	e308.0	Emirates arabes unis
Poland	71.2	144.2	239.7	433.1	700.2	Pologne
Korea, Republic of	232.2	225.7	255.8	336.3	397.9	République de Corée
China	263.5	249.5	270.4	277.7	283.4	Chine
Portugal	85.2	109.2	274.6	340.7	471.9	Portugal
Denmark	268.8	235.8	233.8	239.3	272.2	Danemark
Japan	224.0	244.1	245.4	227.8	249.2	Japon
Malaysia	220.9	222.0	216.5	239.8	261.7	Malaisie
Cuba	197.0	206.3	232.6	216.1	e289.9	Cuba
Indonesia	147.0	166.6	216.5	237.2	304.5	Indonésie
Russian Federation	107.6	117.8	220.8	243.2	300.5	Fédération de Russie
Greece	161.7	163.4	164.8	166.5	185.4	Grèce
Luxembourg	107.8	146.5	185.7	145.3	166.9	Luxembourg
Spain	92.0	142.0	156.1	137.9	157.4	Espagne
Czech Republic	95.2	94.8	140.3	98.4	224.3	République tchèque

Value as percentages of World total

Valeur en pourcentage du total mondial

Regions of the world	1998	1999	2000	2001	2002	2003	2004	2005	2006	2007	Régions du monde
World	100.0	100.0	100.0	100.0	100.0	100.0	100.0	100.0	100.0	100.0	Monde
Developed Economies	70.6	77.0	75.7	72.0	73.9	76.3	75.8	75.2	74.7	72.7	Economies Développés
- Asia-Pacific	1.3	1.8	1.2	1.8	1.8	1.8	2.0	1.8	1.7	1.8	- Asie-Pacifique
- Europe	42.4	50.8	49.1	51.8	59.2	62.2	63.9	65.6	64.7	64.7	- Europe
- North America	26.9	24.3	25.3	18.3	12.9	12.3	10.0	7.9	8.2	6.2	- Amérique du Nord
South-Eastern Europe	0.6	0.5	0.5	0.4	0.3	0.3	0.3	0.3	0.3	1.3	Europe du Sud-Est
Commonwealth of Independent States	0.4	0.6	0.8	0.9	1.0	1.2	1.4	2.1	2.3	2.7	Communauté d'Etats indépendants
- Asia	0.2	0.2	0.2	0.2	0.2	0.1	0.2	0.3	0.2	0.2	- Asie
- Europe	0.2	0.4	0.7	0.7	0.8	1.1	1.2	1.9	2.1	2.4	- Europe
Northern Africa	0.3	0.2	0.2	0.2	0.2	0.2	0.1	0.3	0.2	0.2	Afrique septentrionale
Sub-Saharan Africa	0.9	1.0	1.3	1.3	1.5	1.3	1.5	1.9	2.2	2.1	Afrique subsaharienne
Latin America & the Caribbean	7.2	3.6	3.3	3.7	2.7	3.3	3.4	3.1	4.2	5.3	Amérique latine et Caraïbes
- Caribbean	1.9	1.4	1.2	1.9	1.1	1.7	1.8	1.9	1.9	2.3	- Caraïbes
- Latin America	5.3	2.2	2.0	1.8	1.7	1.6	1.6	1.2	2.3	3.0	- Amérique latine
Eastern Asia	7.0	5.2	5.0	5.4	5.9	6.7	6.8	6.4	6.8	6.5	Asie orientale
Southern Asia	0.3	0.3	0.3	0.3	0.4	0.5	0.6	0.6	0.7	0.8	Asie méridionale
South-Eastern Asia	8.3	6.7	6.8	7.4	6.9	6.1	6.5	6.3	5.9	5.8	Asie du Sud-Est
Western Asia	4.5	4.9	6.1	8.4	7.1	4.0	3.5	3.8	2.6	2.7	Asie occidentale
Oceania	0.0	0.0	0.0	0.0	0.0	0.0	0.0	0.0	0.0	0.0	Océanie

211 Hides and skins (except furskins), raw

Trade by commodity | Commerce par produit
Imports by principal countries or areas | Importations selon les principaux pays ou zones
Value in million US dollars | Valeur en millions de dollars EU

Country or area	2003	2004	2005	2006	2007	Pays ou zone
World	5511.6	5561.6	5550.1	5841.6	6220.9	Monde
Developed Economies	2373.4	2124.5	2162.2	2401.8	2454.4	Economies Développés
- Asia-Pacific	204.0	210.0	158.0	160.7	170.2	- Asie-Pacifique
- Europe	2058.2	1806.9	1907.3	2170.5	2220.4	- Europe
- North America	111.2	107.7	96.9	70.6	63.8	- Amérique du Nord
South-Eastern Europe	25.8	36.0	40.7	58.5	50.0	Europe du Sud-Est
Commonwealth of Independent States	70.6	93.4	97.7	42.7	27.6	Communauté d'Etats indépendants
- Asia	3.1	8.2	3.5	1.9	2.0	- Asie
- Europe	67.4	85.2	94.3	40.8	25.5	- Europe
Northern Africa	23.5	26.5	21.0	12.1	9.3	Afrique septentrionale
Sub-Saharan Africa	33.1	29.4	16.4	10.7	16.5	Afrique subsaharienne
Latin America & the Caribbean	189.7	179.7	197.7	211.5	207.1	Amérique latine et Caraïbes
- Caribbean	3.6	3.1	5.7	4.1	1.1	- Caraïbes
- Latin America	186.1	176.6	192.0	207.3	206.0	- Amérique latine
Eastern Asia	2062.9	2362.9	2352.6	2411.8	2669.6	Asie orientale
Southern Asia	67.3	75.9	102.5	104.0	121.8	Asie méridionale
South-Eastern Asia	214.7	226.3	253.9	280.9	361.5	Asie du Sud-Est
Western Asia	450.4	406.8	305.2	307.2	303.2	Asie occidentale
Oceania	0.1	0.1	0.2	0.3	0.0	Océanie
China	905.6	1250.1	1325.5	1438.8	1621.0	Chine
Italy	1040.2	912.2	1014.4	1148.6	1140.2	Italie
Korea, Republic of	516.1	459.2	433.9	386.3	403.3	République de Corée
China, Hong Kong SAR	364.7	376.9	334.7	313.0	349.2	Chine - RAS de Hong-Kong
Turkey	440.5	396.6	293.1	291.5	283.2	Turquie
Japan	185.7	185.4	145.8	155.4	165.6	Japon
Germany	168.7	135.7	152.9	184.5	193.5	Allemagne
Thailand	164.7	163.4	155.3	144.9	200.6	Thaïlande
Mexico	148.5	136.2	155.7	159.8	153.3	Mexique
Austria	138.6	99.9	125.6	142.3	145.6	Autriche
Spain	141.0	102.1	83.7	95.0	105.9	Espagne
France-Monaco	98.9	97.4	94.5	108.3	111.6	France-Monaco
Netherlands	94.0	101.0	88.5	106.5	109.5	Pays-Bas
United Kingdom	90.1	93.0	81.3	80.1	84.9	Royaume-Uni
United States	77.3	83.0	83.9	65.6	58.3	Etats-Unis d'Amérique
India	51.0	48.5	60.4	71.3	85.4	Inde
Slovakia	38.9	41.8	58.8	62.1	82.5	Slovaquie
Viet Nam	11.8	18.8	48.1	77.9	e99.4	Viet Nam
Belgium	40.1	42.3	36.7	40.0	37.0	Belgique
Singapore	29.5	33.1	37.9	46.3	47.1	Singapour
Poland	43.7	44.3	31.1	35.1	33.8	Pologne
Pakistan	15.1	26.3	40.3	30.9	34.5	Pakistan
Republic of Moldova	29.5	52.5	54.7	0.8	0.8	République de Moldova
Sweden	27.5	28.9	19.9	23.1	32.8	Suède
Portugal	28.3	23.5	20.8	25.4	33.7	Portugal

Value as percentages of World total | Valeur en pourcentage du total mondial

Regions of the world	1998	1999	2000	2001	2002	2003	2004	2005	2006	2007	Régions du monde
World	100.0	100.0	100.0	100.0	100.0	100.0	100.0	100.0	100.0	100.0	Monde
Developed Economies	53.0	53.0	51.3	47.9	46.2	43.1	38.2	39.0	41.1	39.5	Economies Développés
- Asia-Pacific	4.8	5.6	4.6	4.3	3.3	3.7	3.8	2.8	2.8	2.7	- Asie-Pacifique
- Europe	44.7	43.7	43.5	41.1	40.5	37.3	32.5	34.4	37.2	35.7	- Europe
- North America	3.5	3.6	3.2	2.5	2.4	2.0	1.9	1.7	1.2	1.0	- Amérique du Nord
South-Eastern Europe	0.4	0.2	0.2	0.2	0.3	0.5	0.6	0.7	1.0	0.8	Europe du Sud-Est
Commonwealth of Independent States	0.4	0.3	0.3	0.5	1.1	1.3	1.7	1.8	0.7	0.4	Communauté d'Etats indépendants
- Asia	0.0	0.0	0.0	0.1	0.1	0.1	0.1	0.1	0.0	0.0	- Asie
- Europe	0.4	0.3	0.3	0.4	1.1	1.2	1.5	1.7	0.7	0.4	- Europe
Northern Africa	0.2	0.3	0.1	0.1	0.3	0.4	0.5	0.4	0.2	0.1	Afrique septentrionale
Sub-Saharan Africa	0.6	0.6	0.6	0.5	0.3	0.6	0.5	0.3	0.2	0.3	Afrique subsaharienne
Latin America & the Caribbean	4.8	5.0	3.7	3.5	3.2	3.4	3.2	3.6	3.6	3.3	Amérique latine et Caraïbes
- Caribbean	0.1	0.0	0.0	0.0	0.0	0.1	0.1	0.1	0.1	0.0	- Caraïbes
- Latin America	4.7	5.0	3.7	3.5	3.2	3.4	3.2	3.5	3.5	3.3	- Amérique latine
Eastern Asia	28.2	32.5	34.4	36.7	34.9	37.4	42.5	42.4	41.3	42.9	Asie orientale
Southern Asia	1.4	1.5	1.4	1.5	1.5	1.2	1.4	1.8	1.8	2.0	Asie méridionale
South-Eastern Asia	3.3	4.0	3.8	4.1	3.7	3.9	4.1	4.6	4.8	5.8	Asie du Sud-Est
Western Asia	7.8	2.6	4.3	4.9	8.4	8.2	7.3	5.5	5.3	4.9	Asie occidentale
Oceania	0.0	0.0	0.0	0.0	0.0	0.0	0.0	0.0	0.0	0.0	Océanie

Cuirs et peaux (a l'exception des pelleteries), bruts 211

Trade by commodity
Exports by principal countries or areas
Value in million US dollars

Commerce par produit
Exportations selon les principaux pays ou zones
Valeur en millions de dollars EU

Country or area	2003	2004	2005	2006	2007	Pays ou zone
World	5586.0	5765.7	5713.6	6020.3	6254.3	Monde
Developed Economies	4481.2	4551.5	4532.0	4998.5	5262.6	Economies Développés
- Asia-Pacific	646.4	746.3	706.7	706.6	844.5	- Asie-Pacifique
- Europe	1958.5	1960.0	1885.9	2172.7	2198.3	- Europe
- North America	1876.4	1845.2	1939.4	2119.2	2219.9	- Amérique du Nord
South-Eastern Europe	87.1	111.1	115.7	119.9	136.4	Europe du Sud-Est
Commonwealth of Independent States	165.4	173.6	147.8	55.9	46.2	Communauté d'Etats indépendants
- Asia	28.5	29.4	24.1	31.0	27.8	- Asie
- Europe	136.9	144.2	123.7	24.9	18.4	- Europe
Northern Africa	15.4	10.7	6.6	5.8	11.0	Afrique septentrionale
Sub-Saharan Africa	152.7	188.5	187.3	178.7	210.0	Afrique subsaharienne
Latin America & the Caribbean	189.5	179.5	198.7	214.4	126.3	Amérique latine et Caraïbes
- Caribbean	1.1	1.0	1.2	2.1	3.4	- Caraïbes
- Latin America	188.4	178.4	197.5	212.4	122.9	- Amérique latine
Eastern Asia	334.0	398.6	335.6	265.5	263.9	Asie orientale
Southern Asia	23.6	13.3	15.7	33.5	43.0	Asie méridionale
South-Eastern Asia	36.7	44.3	87.3	80.1	78.4	Asie du Sud-Est
Western Asia	99.2	92.8	85.5	66.2	72.0	Asie occidentale
Oceania	1.2	1.8	1.4	1.8	4.5	Océanie
United States	1668.8	1595.1	1636.8	1836.8	1924.1	Etats-Unis d'Amérique
Australia	413.8	504.3	474.8	499.7	607.7	Australie
France-Monaco	357.2	347.8	348.7	392.1	419.5	France-Monaco
China, Hong Kong SAR	308.9	323.2	280.5	225.5	226.5	Chine - RAS de Hong-Kong
Canada	207.4	249.5	302.5	282.4	295.7	Canada
Germany	232.4	220.7	259.7	302.5	271.9	Allemagne
United Kingdom	242.5	256.8	204.3	223.1	230.5	Royaume-Uni
Spain	212.6	201.8	206.9	248.4	246.8	Espagne
Netherlands	175.8	185.3	174.0	202.1	203.5	Pays-Bas
Italy	144.1	163.8	143.2	178.3	165.5	Italie
New Zealand	162.8	170.8	144.3	124.8	155.0	Nouvelle-Zélande
Mexico	134.0	122.4	147.8	148.4	43.5	Mexique
Ireland	93.7	99.7	89.9	112.0	122.3	Irlande
South Africa	88.0	98.7	86.5	77.7	93.5	Afrique du Sud
Japan	69.7	71.3	87.5	82.1	81.8	Japon
Belgium	79.2	84.1	69.6	66.0	69.8	Belgique
Austria	56.3	56.2	50.0	62.0	62.1	Autriche
Switzerland-Liechtenstein	41.3	43.0	42.8	45.9	49.0	Suisse-Liechtenstein
Denmark	40.9	48.9	44.5	42.6	44.1	Danemark
Ukraine	56.8	62.6	54.3	12.8	8.3	Ukraine
Bosnia and Herzegovina	26.6	31.8	39.0	43.6	43.2	Bosnie-Herzégovine
Poland	33.8	33.6	36.0	38.3	35.1	Pologne
Sweden	34.4	35.9	29.3	37.0	39.6	Suède
Czech Republic	28.3	25.8	27.5	41.0	48.3	République tchèque
Republic of Moldova	34.8	54.1	56.6	4.5	6.2	République de Moldova

Value as percentages of World total

Valeur en pourcentage du total mondial

Regions of the world	1998	1999	2000	2001	2002	2003	2004	2005	2006	2007	Régions du monde
World	100.0	100.0	100.0	100.0	100.0	100.0	100.0	100.0	100.0	100.0	Monde
Developed Economies	79.3	80.6	79.5	76.5	79.8	80.2	78.9	79.3	83.0	84.1	Economies Développés
- Asia-Pacific	12.3	10.4	10.5	11.4	10.6	11.6	12.9	12.4	11.7	13.5	- Asie-Pacifique
- Europe	38.6	39.6	35.7	31.1	36.2	35.1	34.0	33.0	36.1	35.1	- Europe
- North America	28.4	30.7	33.3	34.0	33.0	33.6	32.0	33.9	35.2	35.5	- Amérique du Nord
South-Eastern Europe	0.6	0.9	1.5	1.4	1.5	1.6	1.9	2.0	2.0	2.2	Europe du Sud-Est
Commonwealth of Independent States	8.0	4.9	3.7	2.7	3.5	3.0	3.0	2.6	0.9	0.7	Communauté d'Etats indépendants
- Asia	1.0	0.8	0.7	0.6	0.8	0.5	0.5	0.4	0.5	0.4	- Asie
- Europe	7.0	4.0	3.0	2.1	2.7	2.5	2.5	2.2	0.4	0.3	- Europe
Northern Africa	0.2	0.2	0.2	0.2	0.2	0.3	0.2	0.1	0.1	0.2	Afrique septentrionale
Sub-Saharan Africa	2.5	2.0	2.8	7.3	3.1	2.7	3.3	3.3	3.0	3.4	Afrique subsaharienne
Latin America & the Caribbean	3.0	3.6	3.4	3.3	2.8	3.4	3.1	3.5	3.6	2.0	Amérique latine et Caraïbes
- Caribbean	0.0	0.1	0.1	0.1	0.1	0.0	0.0	0.0	0.0	0.1	- Caraïbes
- Latin America	3.0	3.5	3.3	3.2	2.7	3.4	3.1	3.5	3.5	2.0	- Amérique latine
Eastern Asia	3.6	4.5	5.2	5.7	6.0	6.0	6.9	5.9	4.4	4.2	Asie orientale
Southern Asia	1.0	1.2	0.9	0.8	0.6	0.4	0.2	0.3	0.6	0.7	Asie méridionale
South-Eastern Asia	0.6	1.0	1.2	0.8	0.8	0.7	0.8	1.5	1.3	1.3	Asie du Sud-Est
Western Asia	1.1	1.0	1.5	1.2	1.7	1.8	1.6	1.5	1.1	1.2	Asie occidentale
Oceania	0.0	0.0	0.0	0.0	0.0	0.0	0.0	0.0	0.0	0.1	Océanie

212 Furskins, raw (including heads, tails, paws, etc), other than those of 211

Trade by commodity
Imports by principal countries or areas
Value in million US dollars

Commerce par produit
Importations selon les principaux pays ou zones
Valeur en millions de dollars EU

Country or area	2003	2004	2005	2006	2007	Pays ou zone
World	1320.4	1572.6	1703.2	2078.1	1897.6	Monde
Developed Economies	668.4	722.6	761.1	997.7	1000.6	Economies Développés
- Asia-Pacific	9.7	9.3	8.6	12.7	9.2	- Asie-Pacifique
- Europe	529.9	566.4	606.6	788.7	750.6	- Europe
- North America	128.8	146.9	145.8	196.3	240.8	- Amérique du Nord
South-Eastern Europe	0.9	0.4	0.5	0.4	0.2	Europe du Sud-Est
Commonwealth of Independent States	17.5	8.5	11.8	8.8	12.0	Communauté d'Etats indépendants
- Asia	0.0	0.1	0.1	0.0	0.0	- Asie
- Europe	17.5	8.4	11.7	8.8	12.0	- Europe
Northern Africa	0.0	0.0	0.1	0.1	0.0	Afrique septentrionale
Sub-Saharan Africa	0.2	0.2	0.2	0.3	0.2	Afrique subsaharienne
Latin America & the Caribbean	0.2	0.4	0.8	2.3	0.8	Amérique latine et Caraïbes
- Caribbean	0.0	0.3	0.2	1.6	0.1	- Caraïbes
- Latin America	0.1	0.1	0.7	0.7	0.7	- Amérique latine
Eastern Asia	632.4	839.0	927.9	1066.4	882.1	Asie orientale
Southern Asia	0.2	0.2	0.3	0.6	1.0	Asie méridionale
South-Eastern Asia	0.4	0.9	0.0	0.1	0.2	Asie du Sud-Est
Western Asia	0.2	0.4	0.6	1.2	0.4	Asie occidentale
Oceania	0.0	0.0	0.0	0.0	0.0	Océanie
China, Hong Kong SAR	487.3	640.2	685.0	796.2	592.0	Chine - RAS de Hong-Kong
Finland	91.5	116.5	164.5	183.6	210.9	Finlande
China	89.8	144.5	159.4	166.5	201.3	Chine
Denmark	129.4	133.6	88.4	156.5	141.8	Danemark
Italy	68.4	85.3	94.7	139.7	101.5	Italie
Canada	66.7	68.7	75.2	108.7	144.3	Canada
Greece	62.5	74.9	86.7	115.0	103.3	Grèce
United States	59.0	75.4	67.0	87.5	96.4	Etats-Unis d'Amérique
Korea, Republic of	54.7	53.4	83.1	100.8	86.1	République de Corée
Poland	62.5	64.8	65.7	71.6	76.3	Pologne
France-Monaco	17.0	18.3	25.9	32.6	31.8	France-Monaco
Germany	25.2	20.6	21.9	27.8	24.6	Allemagne
Estonia	27.7	11.5	18.9	10.0	17.1	Estonie
Japan	9.3	9.0	8.2	11.9	8.5	Japon
Spain	8.9	7.9	8.4	12.1	7.2	Espagne
Belgium	5.5	5.6	8.1	11.6	9.8	Belgique
United Kingdom	9.4	7.9	6.5	8.7	6.1	Royaume-Uni
Ukraine	8.7	5.4	7.7	6.7	5.4	Ukraine
Norway	6.0	6.5	7.1	7.7	0.2	Norvège
Lithuania	3.4	3.2	4.7	5.7	10.3	Lituanie
Belarus	8.0	2.5	1.9	1.3	4.5	Bélarus
Netherlands	7.6	4.1	0.2	0.2	e0.2	Pays-Bas
Portugal	1.3	1.4	2.1	2.9	2.5	Portugal
Greenland	3.1	2.8	3.6	0.1	0.0	Groenland
Czech Republic	1.3	0.9	1.0	1.3	2.4	République tchèque

Value as percentages of World total

Valeur en pourcentage du total mondial

Regions of the world	1998	1999	2000	2001	2002	2003	2004	2005	2006	2007	Régions du monde
World	100.0	100.0	100.0	100.0	100.0	100.0	100.0	100.0	100.0	100.0	Monde
Developed Economies	62.7	54.6	47.8	50.5	50.7	50.6	46.0	44.7	48.0	52.7	Economies Développés
- Asia-Pacific	0.9	1.5	1.3	1.5	1.1	0.7	0.6	0.5	0.6	0.5	- Asie-Pacifique
- Europe	51.0	40.9	36.3	38.5	39.4	40.1	36.0	35.6	38.0	39.6	- Europe
- North America	10.8	12.2	10.2	10.5	10.2	9.8	9.3	8.6	9.4	12.7	- Amérique du Nord
South-Eastern Europe	0.0	0.0	0.0	0.1	0.1	0.1	0.0	0.0	0.0	0.0	Europe du Sud-Est
Commonwealth of Independent States	1.1	0.9	1.2	1.5	1.5	1.3	0.5	0.7	0.4	0.6	Communauté d'Etats indépendants
- Asia	0.0	0.2	0.0	0.0	0.0	0.0	0.0	0.0	0.0	0.0	- Asie
- Europe	1.1	0.7	1.2	1.5	1.4	1.3	0.5	0.7	0.4	0.6	- Europe
Northern Africa	0.2	0.1	0.0	0.0	0.1	0.0	0.0	0.0	0.0	0.0	Afrique septentrionale
Sub-Saharan Africa	0.0	0.0	0.1	0.0	0.0	0.0	0.0	0.0	0.0	0.0	Afrique subsaharienne
Latin America & the Caribbean	0.5	0.1	0.1	0.1	0.1	0.0	0.0	0.0	0.1	0.0	Amérique latine et Caraïbes
- Caribbean	0.0	0.0	0.0	0.0	0.1	0.0	0.0	0.0	0.1	0.0	- Caraïbes
- Latin America	0.4	0.1	0.1	0.1	0.0	0.0	0.0	0.0	0.0	0.0	- Amérique latine
Eastern Asia	35.1	44.0	50.6	47.6	47.5	47.9	53.4	54.5	51.3	46.5	Asie orientale
Southern Asia	0.0	0.0	0.0	0.0	0.0	0.0	0.0	0.0	0.0	0.1	Asie méridionale
South-Eastern Asia	0.0	0.0	0.0	0.1	0.0	0.0	0.1	0.0	0.0	0.0	Asie du Sud-Est
Western Asia	0.3	0.2	0.2	0.1	0.0	0.0	0.0	0.0	0.1	0.0	Asie occidentale
Oceania	0.0	0.0	0.0	0.0	0.0	0.0	0.0	0.0	0.0	0.0	Océanie

Pelleteries brutes, autres que les peaux et cuirs du groupe 211 212

Trade by commodity

Exports by principal countries or areas

Value in million US dollars

Commerce par produit

Exportations selon les principaux pays ou zones

Valeur en millions de dollars EU

Country or area	2003	2004	2005	2006	2007	Pays ou zone
World	1833.6	2230.3	2297.3	3116.1	2528.7	Monde
Developed Economies	1311.1	1567.0	1696.4	2392.5	1910.6	Economies Développés
- Asia-Pacific	1.0	0.6	0.8	0.2	1.5	- Asie-Pacifique
- Europe	1013.9	1218.9	1309.7	1859.5	1358.8	- Europe
- North America	296.3	347.5	385.8	532.7	550.3	- Amérique du Nord
South-Eastern Europe	0.2	0.3	0.6	1.8	0.7	Europe du Sud-Est
Commonwealth of Independent States	61.5	69.0	89.8	131.1	86.3	Communauté d'Etats indépendants
- Asia	0.1	0.2	0.2	1.1	0.4	- Asie
- Europe	61.4	68.8	89.6	130.0	85.8	- Europe
Northern Africa		0.0	0.1			Afrique septentrionale
Sub-Saharan Africa	3.1	2.9	4.9	6.8	9.4	Afrique subsaharienne
Latin America & the Caribbean	1.1	1.3	2.2	2.3	3.5	Amérique latine et Caraïbes
- Caribbean					0.0	- Caraïbes
- Latin America	1.1	1.3	2.2	2.3	3.5	- Amérique latine
Eastern Asia	449.3	576.5	482.6	533.1	495.3	Asie orientale
Southern Asia	6.9	12.9	20.6	47.8	22.6	Asie méridionale
South-Eastern Asia	0.1	0.2	0.0	0.1	0.1	Asie du Sud-Est
Western Asia	0.3	0.1	0.2	0.5	0.2	Asie occidentale
Oceania			0.0	0.0		Océanie
Denmark	490.8	603.9	670.0	1031.2	675.2	Danemark
China, Hong Kong SAR	444.0	568.4	472.9	515.7	470.9	Chine - RAS de Hong-Kong
Finland	277.2	352.5	361.2	495.7	351.4	Finlande
Canada	151.0	179.1	211.8	309.9	289.2	Canada
United States	142.5	168.3	173.9	222.8	261.1	Etats-Unis d'Amérique
Netherlands	61.8	55.3	83.7	87.6	82.1	Pays-Bas
Russian Federation	45.7	56.2	73.6	104.9	61.4	Fédération de Russie
Norway	35.1	39.2	35.5	51.0	48.6	Norvège
Germany	43.4	34.7	31.4	41.5	40.1	Allemagne
Poland	31.6	41.8	30.0	24.8	44.2	Pologne
Sweden	24.5	30.9	26.6	30.0	22.8	Suède
Afghanistan	e6.8	e12.9	e20.5	e47.8	e22.5	Afghanistan
Belarus	14.7	11.8	15.6	20.0	19.1	Bélarus
China	4.6	7.7	9.0	15.2	22.4	Chine
Spain	4.9	7.1	8.5	10.7	8.2	Espagne
Italy	4.5	7.7	8.1	11.1	7.9	Italie
Belgium	5.3	5.2	8.9	11.0	8.6	Belgique
France-Monaco	5.4	6.2	8.2	8.7	9.2	France-Monaco
Iceland	4.6	6.2	7.1	8.6	9.6	Islande
Lithuania	2.8	5.3	5.6	10.8	10.5	Lituanie
Estonia	5.8	4.4	6.7	8.0	7.4	Estonie
United Kingdom	6.0	6.1	5.8	7.0	6.2	Royaume-Uni
Latvia	3.6	3.7	5.8	7.8	8.4	Lettonie
Namibia	1.9	1.6	3.0	5.3	7.8	Namibie
Greece	0.9	2.0	1.4	5.8	9.1	Grèce

Value as percentages of World total

Valeur en pourcentage du total mondial

Regions of the world	1998	1999	2000	2001	2002	2003	2004	2005	2006	2007	Régions du monde
World	100.0	100.0	100.0	100.0	100.0	100.0	100.0	100.0	100.0	100.0	Monde
Developed Economies	80.4	75.2	73.9	77.0	76.8	71.5	70.3	73.8	76.8	75.6	Economies Développés
- Asia-Pacific	0.1	0.0	0.1	0.0	0.2	0.1	0.0	0.0	0.0	0.1	- Asie-Pacifique
- Europe	62.3	56.3	55.2	57.4	58.6	55.3	54.7	57.0	59.7	53.7	- Europe
- North America	18.1	18.8	18.7	19.5	18.0	16.2	15.6	16.8	17.1	21.8	- Amérique du Nord
South-Eastern Europe	0.0	0.0	0.0	0.0	0.0	0.0	0.0	0.0	0.1	0.0	Europe du Sud-Est
Commonwealth of Independent States	2.4	2.3	2.7	2.6	2.9	3.4	3.1	3.9	4.2	3.4	Communauté d'Etats indépendants
- Asia	0.0	0.0	0.0	0.0	0.1	0.0	0.0	0.0	0.0	0.0	- Asie
- Europe	2.4	2.3	2.7	2.6	2.8	3.3	3.1	3.9	4.2	3.4	- Europe
Northern Africa	0.0	0.0	0.0	0.0	0.0		0.0	0.0			Afrique septentrionale
Sub-Saharan Africa	0.1	0.0	0.0	0.1	0.2	0.2	0.1	0.2	0.2	0.4	Afrique subsaharienne
Latin America & the Caribbean	0.2	0.2	0.1	0.1	0.1	0.1	0.1	0.1	0.1	0.1	Amérique latine et Caraïbes
- Caribbean	0.0				0.0						- Caraïbes
- Latin America	0.2	0.2	0.1	0.1	0.1	0.1	0.1	0.1	0.1	0.1	- Amérique latine
Eastern Asia	15.9	21.1	22.4	19.6	19.4	24.5	25.8	21.0	17.1	19.6	Asie orientale
Southern Asia	1.0	1.1	0.8	0.6	0.6	0.4	0.6	0.9	1.5	0.9	Asie méridionale
South-Eastern Asia	0.0	0.0	0.0	0.0	0.0	0.0	0.0	0.0	0.0	0.0	Asie du Sud-Est
Western Asia	0.0	0.0	0.0	0.0	0.0	0.0	0.0	0.0	0.0	0.0	Asie occidentale
Oceania								0.0	0.0		Océanie

222 Oil-seeds and oleaginous fruits used for extraction of 'soft' fixed oils

Trade by commodity
Imports by principal countries or areas
Value in million US dollars

Commerce par produit
Importations selon les principaux pays ou zones
Valeur en millions de dollars EU

Country or area	2003	2004	2005	2006	2007	Pays ou zone
World	22382.2	26260.9	25448.6	24894.5	35763.3	Monde
Developed Economies	10380.6	11480.4	10047.7	10154.7	13962.4	Economies Développés
- Asia-Pacific	2460.3	2896.5	2403.6	2273.0	2922.9	- Asie-Pacifique
- Europe	7420.5	7971.4	7115.4	7304.2	10280.8	- Europe
- North America	499.8	612.5	528.7	577.5	758.6	- Amérique du Nord
South-Eastern Europe	59.1	114.1	106.8	116.0	203.2	Europe du Sud-Est
Commonwealth of Independent States	103.9	124.8	176.2	228.7	374.4	Communauté d'Etats indépendants
- Asia	20.6	10.9	21.7	27.5	52.4	- Asie
- Europe	83.4	113.9	154.5	201.2	322.0	- Europe
Northern Africa	224.4	333.9	465.5	398.9	681.7	Afrique septentrionale
Sub-Saharan Africa	56.5	57.5	53.0	77.2	141.3	Afrique subsaharienne
Latin America & the Caribbean	2296.6	2541.4	2276.5	2180.2	3241.5	Amérique latine et Caraïbes
- Caribbean	205.7	295.0	314.6	208.0	210.6	- Caraïbes
- Latin America	2090.9	2246.4	1962.0	1972.2	3030.9	- Amérique latine
Eastern Asia	6716.0	8578.4	9224.4	9042.9	13428.7	Asie orientale
Southern Asia	556.3	671.1	683.2	564.1	659.2	Asie méridionale
South-Eastern Asia	1157.1	1346.9	1115.1	1022.4	1478.3	Asie du Sud-Est
Western Asia	831.1	1011.9	1297.4	1108.8	1591.9	Asie occidentale
Oceania	0.5	0.5	2.9	0.5	0.6	Océanie
China	5514.2	7195.6	7993.6	7925.1	12014.0	Chine
Japan	2413.3	2867.9	2381.1	2230.5	2877.1	Japon
Germany	1773.7	1831.9	1692.8	1752.2	2429.2	Allemagne
Netherlands	1647.9	1835.8	1503.7	1422.7	2163.7	Pays-Bas
Mexico	1446.9	1641.5	1404.7	1446.2	1870.8	Mexique
Spain	988.1	1085.8	1039.8	874.7	1258.7	Espagne
Belgium	604.2	547.2	508.3	723.1	992.8	Belgique
Italy	498.4	660.2	577.5	555.6	745.2	Italie
Turkey	424.2	468.1	621.0	455.4	840.8	Turquie
Korea, Republic of	490.9	589.2	471.0	435.8	514.7	République de Corée
Thailand	460.2	492.4	487.0	394.0	579.6	Thaïlande
United Kingdom	409.2	423.6	407.9	394.3	498.1	Royaume-Uni
Indonesia	376.5	448.0	349.5	359.3	546.2	Indonésie
Portugal	306.6	353.4	273.0	296.7	524.0	Portugal
United States	190.0	310.5	302.0	366.5	510.8	Etats-Unis d'Amérique
France-Monaco	360.0	265.1	242.9	259.1	421.4	France-Monaco
Pakistan	214.1	231.0	299.4	353.0	419.6	Pakistan
Canada	309.7	301.8	226.6	210.7	247.7	Canada
Argentina	76.9	159.2	159.7	163.9	661.2	Argentine
Israel	200.0	252.0	221.5	208.2	263.6	Israël
Malaysia	197.2	264.9	200.2	188.0	245.5	Malaisie
Egypt	59.8	95.0	204.3	175.8	434.3	Egypte
Iran (Islamic Republic of)	234.5	310.6	252.4	70.1	e77.5	Iran (République islamique d')
Greece	167.0	188.0	162.6	162.3	211.7	Grèce
Cayman Islands	e142.0	e212.4	e218.1	e155.4	e153.1	Iles Caïmans

Value as percentages of World total

Valeur en pourcentage du total mondial

Regions of the world	1998	1999	2000	2001	2002	2003	2004	2005	2006	2007	Régions du monde
World	100.0	100.0	100.0	100.0	100.0	100.0	100.0	100.0	100.0	100.0	Monde
Developed Economies	63.2	57.8	50.2	52.0	52.9	46.4	43.7	39.5	40.8	39.0	Economies Développés
- Asia-Pacific	15.5	14.4	12.8	11.5	12.0	11.0	11.0	9.4	9.1	8.2	- Asie-Pacifique
- Europe	44.7	40.1	34.0	37.3	37.8	33.2	30.4	28.0	29.3	28.7	- Europe
- North America	3.1	3.3	3.4	3.2	3.0	2.2	2.3	2.1	2.3	2.1	- Amérique du Nord
South-Eastern Europe	0.4	0.3	0.2	0.3	0.4	0.3	0.4	0.4	0.5	0.6	Europe du Sud-Est
Commonwealth of Independent States	0.6	0.9	0.5	0.5	0.6	0.5	0.5	0.7	0.9	1.0	Communauté d'Etats indépendants
- Asia	0.2	0.1	0.1	0.2	0.1	0.1	0.0	0.1	0.1	0.1	- Asie
- Europe	0.4	0.7	0.4	0.4	0.5	0.4	0.4	0.6	0.8	0.9	- Europe
Northern Africa	1.1	1.1	1.2	1.4	1.3	1.0	1.3	1.8	1.6	1.9	Afrique septentrionale
Sub-Saharan Africa	0.3	0.2	0.3	0.2	0.2	0.3	0.2	0.2	0.3	0.4	Afrique subsaharienne
Latin America & the Caribbean	11.1	10.1	10.6	10.7	11.6	10.3	9.7	8.9	8.8	9.1	Amérique latine et Caraïbes
- Caribbean	0.3	0.2	0.2	0.7	1.0	0.9	1.1	1.2	0.8	0.6	- Caraïbes
- Latin America	10.8	9.9	10.3	10.0	10.6	9.3	8.6	7.7	7.9	8.5	- Amérique latine
Eastern Asia	14.7	17.4	25.1	24.8	21.6	30.0	32.7	36.2	36.3	37.5	Asie orientale
Southern Asia	1.0	2.0	2.3	2.0	1.9	2.5	2.6	2.7	2.3	1.8	Asie méridionale
South-Eastern Asia	3.8	6.4	5.8	5.3	6.2	5.2	5.1	4.4	4.1	4.1	Asie du Sud-Est
Western Asia	4.0	3.9	3.6	2.7	3.4	3.7	3.9	5.1	4.5	4.5	Asie occidentale
Oceania	0.0	0.0	0.0	0.0	0.0	0.0	0.0	0.0	0.0	0.0	Océanie

Graines et fruits oléagineux servant a l'extraction d'huiles végétales fixes douces 222

Trade by commodity

Exports by principal countries or areas

Value in million US dollars

Commerce par produit

Exportations selon les principaux pays ou zones

Valeur en millions de dollars EU

Country or area	2003	2004	2005	2006	2007	Pays ou zone
World	20502.8	21336.8	21439.0	22742.9	32167.6	Monde
Developed Economies	11648.6	11384.3	10609.8	11991.3	17140.9	Economies Développés
- Asia-Pacific	236.7	457.7	300.3	267.0	121.3	- Asie-Pacifique
- Europe	1853.8	2288.0	2110.7	2290.7	3492.5	- Europe
- North America	9558.2	8638.6	8198.8	9433.5	13527.1	- Amérique du Nord
South-Eastern Europe	179.6	194.6	276.6	385.0	446.8	Europe du Sud-Est
Commonwealth of Independent States	340.2	234.3	231.7	398.7	760.9	Communauté d'Etats indépendants
- Asia	10.7	23.3	19.5	30.8	39.8	- Asie
- Europe	329.5	211.0	212.3	367.8	721.0	- Europe
Northern Africa	8.5	17.6	15.7	12.5	11.8	Afrique septentrionale
Sub-Saharan Africa	228.6	339.4	403.3	445.4	566.0	Afrique subsaharienne
Latin America & the Caribbean	7025.3	8129.2	8730.1	8395.8	11755.5	Amérique latine et Caraïbes
- Caribbean	1.6	0.0	0.6	0.1	0.1	- Caraïbes
- Latin America	7023.7	8129.2	8729.5	8395.7	11755.4	- Amérique latine
Eastern Asia	542.5	561.8	669.0	542.0	650.3	Asie orientale
Southern Asia	356.7	303.1	318.9	426.4	614.0	Asie méridionale
South-Eastern Asia	119.0	100.0	102.7	73.5	133.2	Asie du Sud-Est
Western Asia	53.7	72.5	81.2	72.4	88.2	Asie occidentale
Oceania	0.0	0.0	0.0	0.0	0.0	Océanie
United States	8302.8	7173.1	6712.8	7383.9	10621.3	Etats-Unis d'Amérique
Brazil	4301.9	5434.3	5383.1	5690.0	6739.1	Brésil
Argentina	1983.6	1820.7	2426.0	1938.4	3660.2	Argentine
Canada	1255.4	1465.5	1486.0	2049.6	2905.8	Canada
France-Monaco	636.5	719.5	603.5	750.4	930.0	France-Monaco
Paraguay	525.4	605.9	598.2	481.3	955.0	Paraguay
China	533.9	553.1	662.6	533.0	641.8	Chine
Netherlands	440.2	532.5	443.4	451.7	610.8	Pays-Bas
India	348.7	269.0	296.3	396.0	579.5	Inde
Ukraine	237.5	141.4	108.8	270.5	613.0	Ukraine
Australia	234.4	454.4	295.5	263.3	112.7	Australie
Hungary	172.4	241.4	254.0	220.3	375.3	Hongrie
Germany	164.7	224.8	144.3	187.2	264.1	Allemagne
Romania	92.0	93.3	96.9	219.0	259.3	Roumanie
Uruguay	88.1	116.0	134.8	150.3	215.9	Uruguay
Bulgaria	82.9	88.7	164.2	155.7	176.5	Bulgarie
Sudan	74.5	135.5	102.6	143.9	e183.7	Soudan
Ethiopia	48.4	65.3	178.1	163.7	135.4	Ethiopie
Belgium	78.6	84.1	89.9	127.1	140.4	Belgique
Czech Republic	33.4	54.2	89.2	42.1	202.8	République tchèque
Poland	2.8	76.8	48.6	48.9	186.9	Pologne
Austria	42.3	51.0	63.2	83.8	115.5	Autriche
United Kingdom	79.9	40.2	43.8	69.4	118.8	Royaume-Uni
Russian Federation	78.5	46.9	78.3	75.0	61.8	Fédération de Russie
Slovakia	23.0	72.1	61.8	59.7	107.7	Slovaquie

Value as percentages of World total

Valeur en pourcentage du total mondial

Regions of the world	1998	1999	2000	2001	2002	2003	2004	2005	2006	2007	Régions du monde
World	100.0	100.0	100.0	100.0	100.0	100.0	100.0	100.0	100.0	100.0	Monde
Developed Economies	63.5	66.5	62.5	34.8	60.3	56.8	53.4	49.5	52.7	53.3	Economies Développés
- Asia-Pacific	1.9	3.9	3.0	1.5	2.7	1.2	2.1	1.4	1.2	0.4	- Asie-Pacifique
- Europe	13.8	13.7	9.8	5.9	11.1	9.0	10.7	9.8	10.1	10.9	- Europe
- North America	47.8	48.9	49.7	27.4	46.5	46.6	40.5	38.2	41.5	42.1	- Amérique du Nord
South-Eastern Europe	0.4	1.3	0.4	0.3	0.7	0.9	0.9	1.3	1.7	1.4	Europe du Sud-Est
Commonwealth of Independent States	3.3	1.5	2.7	0.8	0.5	1.7	1.1	1.1	1.8	2.4	Communauté d'Etats indépendants
- Asia	0.0	0.0	0.1	0.1	0.0	0.1	0.1	0.1	0.1	0.1	- Asie
- Europe	3.3	1.5	2.6	0.7	0.4	1.6	1.0	1.0	1.6	2.2	- Europe
Northern Africa	0.1	0.1	0.1	0.0	0.1	0.0	0.1	0.1	0.1	0.0	Afrique septentrionale
Sub-Saharan Africa	1.8	1.3	2.0	42.7	1.2	1.1	1.6	1.9	2.0	1.8	Afrique subsaharienne
Latin America & the Caribbean	27.0	23.8	26.9	18.4	32.5	34.3	38.1	40.7	36.9	36.5	Amérique latine et Caraïbes
- Caribbean	0.0	0.0	0.0	0.0	0.0	0.0	0.0	0.0	0.0	0.0	- Caraïbes
- Latin America	27.0	23.8	26.9	18.4	32.5	34.3	38.1	40.7	36.9	36.5	- Amérique latine
Eastern Asia	2.1	3.0	3.0	1.7	2.9	2.6	2.6	3.1	2.4	2.0	Asie orientale
Southern Asia	0.8	1.4	1.5	0.8	0.9	1.7	1.4	1.5	1.9	1.9	Asie méridionale
South-Eastern Asia	0.8	0.7	0.7	0.3	0.6	0.6	0.5	0.5	0.3	0.4	Asie du Sud-Est
Western Asia	0.3	0.4	0.3	0.2	0.3	0.3	0.3	0.4	0.3	0.3	Asie occidentale
Oceania	0.0	0.0	0.0	0.0	0.0	0.0	0.0	0.0	0.0	0.0	Océanie

223 Oil seeds and oleaginous fruits used for the extraction of other fixed oils

Trade by commodity
Imports by principal countries or areas
Value in million US dollars

Commerce par produit
Importations selon les principaux pays ou zones
Valeur en millions de dollars EU

Country or area	2003	2004	2005	2006	2007	Pays ou zone
World	963.5	1194.9	1259.2	1312.6	1785.3	Monde
Developed Economies	678.4	792.6	862.1	810.7	1130.8	Economies Développés
- Asia-Pacific	23.6	51.1	54.6	52.9	33.6	- Asie-Pacifique
- Europe	538.4	607.5	633.1	628.3	902.1	- Europe
- North America	116.4	134.0	174.4	129.5	195.2	- Amérique du Nord
South-Eastern Europe	4.3	7.9	10.4	10.4	14.8	Europe du Sud-Est
Commonwealth of Independent States	15.1	18.7	24.5	33.6	42.4	Communauté d'Etats indépendants
- Asia	3.2	3.4	4.0	1.5	2.1	- Asie
- Europe	11.9	15.3	20.4	32.1	40.3	- Europe
Northern Africa	18.7	9.8	16.9	17.1	15.1	Afrique septentrionale
Sub-Saharan Africa	36.2	48.6	29.1	28.8	36.2	Afrique subsaharienne
Latin America & the Caribbean	108.0	163.4	157.5	222.3	272.1	Amérique latine et Caraïbes
- Caribbean	44.1	51.5	24.5	49.8	51.4	- Caraïbes
- Latin America	63.9	111.9	133.0	172.5	220.7	- Amérique latine
Eastern Asia	35.2	34.5	35.4	55.6	80.6	Asie orientale
Southern Asia	34.0	31.0	35.2	54.6	60.5	Asie méridionale
South-Eastern Asia	22.6	61.4	66.0	60.5	104.1	Asie du Sud-Est
Western Asia	8.9	23.7	18.2	13.5	26.7	Asie occidentale
Oceania	2.1	3.4	3.9	5.2	2.2	Océanie
Belgium	169.1	221.6	244.4	172.1	275.1	Belgique
United States	88.5	103.5	137.4	102.1	164.2	Etats-Unis d'Amérique
Germany	112.8	107.7	112.1	115.1	136.3	Allemagne
Mexico	29.5	72.1	82.5	123.3	162.2	Mexique
Netherlands	34.2	42.0	44.1	43.8	77.7	Pays-Bas
Cuba	41.6	42.7	23.4	46.2	e49.4	Cuba
United Kingdom	29.9	34.1	33.7	37.6	48.2	Royaume-Uni
Spain	39.3	39.6	22.8	27.0	36.1	Espagne
Denmark	7.1	10.5	8.8	38.6	89.2	Danemark
Canada	27.8	30.4	36.9	27.4	30.9	Canada
France-Monaco	29.0	23.3	28.8	30.2	38.0	France-Monaco
Malaysia	7.9	20.2	29.8	35.3	55.8	Malaisie
Korea, Republic of	25.4	20.5	23.4	28.8	43.0	République de Corée
Austria	27.9	21.8	22.6	26.7	41.2	Autriche
India	12.6	11.9	14.1	33.0	37.0	Inde
Australia	5.2	25.7	33.7	27.4	8.7	Australie
Sweden	21.3	17.2	21.5	20.5	18.9	Suède
Peru	13.3	15.7	19.0	21.8	26.9	Pérou
Poland	12.0	14.1	15.8	26.5	25.9	Pologne
Russian Federation	9.3	12.7	14.1	25.6	30.9	Fédération de Russie
Philippines	4.3	21.9	17.2	10.9	35.4	Philippines
China	6.2	9.0	6.3	20.8	31.0	Chine
Pakistan	13.5	13.1	15.9	13.4	14.6	Pakistan
Italy	10.0	11.9	13.8	13.5	13.4	Italie
New Zealand	7.9	14.1	7.5	15.9	15.1	Nouvelle-Zélande

Value as percentages of World total

Valeur en pourcentage du total mondial

Regions of the world	1998	1999	2000	2001	2002	2003	2004	2005	2006	2007	Régions du monde
World	100.0	100.0	100.0	100.0	100.0	100.0	100.0	100.0	100.0	100.0	Monde
Developed Economies	73.7	65.4	63.2	60.0	61.6	70.4	66.3	68.5	61.8	63.3	Economies Développés
- Asia-Pacific	7.4	7.7	10.0	4.9	3.0	2.5	4.3	4.3	4.0	1.9	- Asie-Pacifique
- Europe	55.3	46.3	43.1	47.2	49.9	55.9	50.8	50.3	47.9	50.5	- Europe
- North America	11.0	11.4	10.1	8.0	8.6	12.1	11.2	13.8	9.9	10.9	- Amérique du Nord
South-Eastern Europe	0.3	0.4	0.5	0.3	0.5	0.4	0.7	0.8	0.8	0.8	Europe du Sud-Est
Commonwealth of Independent States	4.3	2.6	1.5	2.3	1.7	1.6	1.6	1.9	2.6	2.4	Communauté d'Etats indépendants
- Asia	0.1	0.2	0.1	0.1	0.2	0.3	0.3	0.3	0.1	0.1	- Asie
- Europe	4.2	2.4	1.4	2.2	1.5	1.2	1.3	1.6	2.4	2.3	- Europe
Northern Africa	0.9	1.1	2.0	1.1	1.8	1.9	0.8	1.3	1.3	0.8	Afrique septentrionale
Sub-Saharan Africa	0.2	0.5	0.6	7.3	3.1	3.8	4.1	2.3	2.2	2.0	Afrique subsaharienne
Latin America & the Caribbean	8.4	15.0	18.6	17.5	20.0	11.2	13.7	12.5	16.9	15.2	Amérique latine et Caraïbes
- Caribbean	0.5	8.4	11.0	9.3	11.7	4.6	4.3	1.9	3.8	2.9	- Caraïbes
- Latin America	7.9	6.6	7.5	8.2	8.3	6.6	9.4	10.6	13.1	12.4	- Amérique latine
Eastern Asia	1.9	2.2	1.9	4.6	3.6	3.7	2.9	2.8	4.2	4.5	Asie orientale
Southern Asia	3.9	5.5	4.3	2.6	2.8	3.5	2.6	2.8	4.2	3.4	Asie méridionale
South-Eastern Asia	4.0	5.3	4.9	2.4	3.8	2.3	5.1	5.2	4.6	5.8	Asie du Sud-Est
Western Asia	2.0	1.9	2.3	1.6	0.8	0.9	2.0	1.4	1.0	1.5	Asie occidentale
Oceania	0.3	0.2	0.2	0.2	0.3	0.2	0.3	0.3	0.4	0.1	Océanie

Trade by commodity

Exports by principal countries or areas

Value in million US dollars

Country or area	2003	2004	2005	2006	2007	Pays ou zone
World	891.8	1187.4	1472.9	1412.6	1918.1	Monde
Developed Economies	603.2	782.6	1009.2	976.3	1405.1	Economies Développés
- Asia-Pacific	9.6	14.3	11.2	11.9	16.4	- Asie-Pacifique
- Europe	257.1	313.3	368.3	357.5	597.6	- Europe
- North America	336.5	455.0	629.7	606.9	791.2	- Amérique du Nord
South-Eastern Europe	13.5	19.6	18.8	19.1	17.8	Europe du Sud-Est
Commonwealth of Independent States	9.0	14.5	19.6	25.9	34.7	Communauté d'Etats indépendants
- Asia	2.5	2.8	4.6	1.1	2.1	- Asie
- Europe	6.4	11.7	15.0	24.8	32.7	- Europe
Northern Africa	0.8	1.2	1.0	1.4	1.1	Afrique septentrionale
Sub-Saharan Africa	78.6	64.4	90.9	66.5	98.1	Afrique subsaharienne
Latin America & the Caribbean	27.2	36.5	49.9	62.0	65.5	Amérique latine et Caraïbes
- Caribbean	0.1	0.0	0.0	0.1	0.3	- Caraïbes
- Latin America	27.1	36.5	49.9	62.0	65.2	- Amérique latine
Eastern Asia	50.5	41.7	45.9	45.0	70.2	Asie orientale
Southern Asia	29.3	37.5	45.2	44.5	58.3	Asie méridionale
South-Eastern Asia	32.7	86.0	77.8	91.7	69.6	Asie du Sud-Est
Western Asia	35.3	84.8	100.4	55.0	63.9	Asie occidentale
Oceania	11.7	18.6	14.3	25.1	33.8	Océanie
United States	124.3	263.2	406.3	404.7	498.1	Etats-Unis d'Amérique
Canada	212.3	191.8	223.4	202.2	293.1	Canada
Netherlands	51.1	82.5	97.7	106.2	185.7	Pays-Bas
Belgium	76.3	70.1	73.3	76.2	163.5	Belgique
China	42.6	36.0	41.7	41.6	68.1	Chine
Czech Republic	14.3	25.3	34.3	46.3	91.8	République tchèque
Turkey	32.5	31.1	28.7	39.1	46.0	Turquie
United Arab Emirates	0.5	49.3	67.9	13.4	e14.4	Emirates arabes unis
Indonesia	10.6	24.2	38.3	35.3	26.7	Indonésie
Austria	20.1	21.4	24.3	24.8	36.9	Autriche
India	14.9	17.2	22.9	21.0	29.6	Inde
Ghana	14.7	6.6	26.8	26.5	30.2	Ghana
United Kingdom	10.0	21.4	29.6	17.6	19.5	Royaume-Uni
Bolivia	14.6	15.5	18.5	20.6	24.6	Bolivie
Thailand	2.1	44.2	2.0	32.4	10.5	Thaïlande
Ethiopia	12.6	21.7	19.3	8.1	22.1	Ethiopie
France-Monaco	16.4	18.2	19.3	14.1	14.2	France-Monaco
Viet Nam	6.0	12.7	28.6	14.4	e16.8	Viet Nam
Spain	19.9	10.0	22.1	11.8	14.2	Espagne
Germany	13.2	14.5	15.0	12.9	18.7	Allemagne
Sri Lanka	11.6	10.4	14.0	e15.6	e17.6	Sri Lanka
Hungary	17.5	15.4	11.2	9.6	9.2	Hongrie
Bulgaria	9.3	11.1	10.4	13.9	11.8	Bulgarie
Australia	8.0	12.2	10.0	11.0	12.8	Australie
Ukraine	4.1	7.8	8.4	11.8	16.2	Ukraine

Value as percentages of World total

Valeur en pourcentage du total mondial

Regions of the world	1998	1999	2000	2001	2002	2003	2004	2005	2006	2007	Régions du monde
World	100.0	100.0	100.0	100.0	100.0	100.0	100.0	100.0	100.0	100.0	Monde
Developed Economies	66.2	63.7	53.5	18.9	68.5	67.6	65.9	68.5	69.1	73.3	Economies Développés
- Asia-Pacific	2.4	2.2	1.5	0.3	1.2	1.1	1.2	0.8	0.8	0.9	- Asie-Pacifique
- Europe	24.6	27.6	25.0	7.4	26.6	28.8	26.4	25.0	25.3	31.2	- Europe
- North America	39.1	33.9	27.0	11.2	40.7	37.7	38.3	42.7	43.0	41.2	- Amérique du Nord
South-Eastern Europe	0.7	0.9	1.4	0.3	1.4	1.5	1.6	1.3	1.3	0.9	Europe du Sud-Est
Commonwealth of Independent States	3.1	4.1	5.9	1.4	0.8	1.0	1.2	1.3	1.8	1.8	Communauté d'Etats indépendants
- Asia	0.2	0.7	0.5	0.1	0.2	0.3	0.2	0.3	0.1	0.1	- Asie
- Europe	2.8	3.4	5.4	1.4	0.6	0.7	1.0	1.0	1.8	1.7	- Europe
Northern Africa	0.1	0.1	0.2	0.0	0.1	0.1	0.1	0.1	0.1	0.1	Afrique septentrionale
Sub-Saharan Africa	3.7	4.1	8.0	70.2	6.4	8.8	5.4	6.2	4.7	5.1	Afrique subsaharienne
Latin America & the Caribbean	7.7	6.8	10.1	2.0	4.8	3.0	3.1	3.4	4.4	3.4	Amérique latine et Caraïbes
- Caribbean	0.0	0.0	0.0	0.0	0.0	0.0	0.0	0.0	0.0	0.0	- Caraïbes
- Latin America	7.7	6.8	10.0	2.0	4.8	3.0	3.1	3.4	4.4	3.4	- Amérique latine
Eastern Asia	2.4	2.6	3.0	2.7	4.9	5.7	3.5	3.1	3.2	3.7	Asie orientale
Southern Asia	4.7	5.0	7.8	1.4	4.5	3.3	3.2	3.1	3.2	3.0	Asie méridionale
South-Eastern Asia	4.7	5.2	5.2	1.2	4.4	3.7	7.2	5.3	6.5	3.6	Asie du Sud-Est
Western Asia	3.1	4.1	2.4	0.9	2.1	4.0	7.1	6.8	3.9	3.3	Asie occidentale
Oceania	3.8	3.3	2.5	0.9	2.2	1.3	1.6	1.0	1.8	1.8	Océanie

231 Natural rubber, balata, gutta-percha, chicle, etc, in primary forms

Trade by commodity
Imports by principal countries or areas
Value in million US dollars

Commerce par produit
Importations selon les principaux pays ou zones
Valeur en millions de dollars EU

Country or area	2003	2004	2005	2006	2007	Pays ou zone
World	6809.9	8987.6	9916.2	14484.0	15878.6	Monde
Developed Economies	3700.7	4839.6	5199.5	7452.2	7951.7	Economies Développés
- Asia-Pacific	835.7	1104.1	1243.5	1901.5	1861.8	- Asie-Pacifique
- Europe	1569.9	1960.7	2067.6	3146.1	3574.7	- Europe
- North America	1295.1	1774.8	1888.3	2404.6	2515.2	- Amérique du Nord
South-Eastern Europe	21.5	41.2	45.4	58.1	102.4	Europe du Sud-Est
Commonwealth of Independent States	35.3	45.1	75.5	140.0	164.1	Communauté d'Etats indépendants
- Asia	0.1	0.2	1.8	0.2	0.1	- Asie
- Europe	35.2	45.0	73.7	139.8	163.9	- Europe
Northern Africa	23.5	33.3	31.1	40.4	47.8	Afrique septentrionale
Sub-Saharan Africa	84.3	112.5	113.9	160.2	169.8	Afrique subsaharienne
Latin America & the Caribbean	357.6	525.3	572.2	798.2	901.7	Amérique latine et Caraïbes
- Caribbean	9.3	9.8	5.5	9.7	10.5	- Caraïbes
- Latin America	348.3	515.5	566.7	788.5	891.2	- Amérique latine
Eastern Asia	1676.3	2178.8	2572.1	4058.0	4357.0	Asie orientale
Southern Asia	168.2	258.3	221.6	351.0	429.0	Asie méridionale
South-Eastern Asia	603.3	750.5	861.3	1218.3	1503.8	Asie du Sud-Est
Western Asia	139.0	202.7	223.0	207.6	251.2	Asie occidentale
Oceania	0.2	0.1	0.6	0.1	0.1	Océanie
China	1155.1	1524.5	1854.9	3029.6	3258.5	Chine
United States	1143.7	1572.4	1665.4	2100.1	2205.0	Etats-Unis d'Amérique
Japan	798.4	1055.3	1194.5	1835.7	1801.6	Japon
Korea, Republic of	338.7	455.6	509.1	733.6	789.1	République de Corée
Germany	302.2	356.0	412.3	678.3	793.0	Allemagne
Malaysia	339.5	380.1	423.2	560.4	800.3	Malaisie
France-Monaco	327.7	340.0	351.5	503.1	547.5	France-Monaco
Spain	200.6	272.2	277.6	416.0	448.3	Espagne
Brazil	156.7	238.6	269.2	385.5	483.7	Brésil
Singapore	197.0	273.2	303.6	359.7	327.4	Singapour
Italy	174.1	237.3	246.0	366.2	379.2	Italie
Canada	151.4	202.5	222.9	304.4	310.0	Canada
Viet Nam	50.2	82.0	116.6	263.8	e336.6	Viet Nam
United Kingdom	111.4	147.4	156.8	188.3	235.9	Royaume-Uni
Turkey	117.2	167.6	192.6	161.2	196.8	Turquie
Poland	78.7	115.4	120.0	173.8	191.6	Pologne
Mexico	82.2	110.1	119.9	165.0	162.9	Mexique
India	47.3	90.5	62.2	172.2	238.4	Inde
Czech Republic	52.1	79.1	91.1	149.9	157.1	République tchèque
South Africa	65.3	88.5	88.7	122.8	136.1	Afrique du Sud
Belgium	62.6	60.4	48.9	106.5	195.7	Belgique
Iran (Islamic Republic of)	68.6	100.1	86.6	88.2	e97.5	Iran (République islamique d')
Slovakia	46.6	62.0	60.3	92.5	103.8	Slovaquie
Finland	26.8	47.1	53.0	95.5	110.8	Finlande
Argentina	35.3	49.0	58.6	84.6	84.9	Argentine

Value as percentages of World total

Valeur en pourcentage du total mondial

Regions of the world	1998	1999	2000	2001	2002	2003	2004	2005	2006	2007	Régions du monde
World	100.0	100.0	100.0	100.0	100.0	100.0	100.0	100.0	100.0	100.0	Monde
Developed Economies	61.8	60.9	57.7	56.1	56.0	54.3	53.8	52.4	51.5	50.1	Economies Développés
- Asia-Pacific	12.9	14.1	12.8	12.7	12.6	12.3	12.3	12.5	13.1	11.7	- Asie-Pacifique
- Europe	23.9	23.6	22.9	24.2	22.6	23.1	21.8	20.9	21.7	22.5	- Europe
- North America	25.0	23.2	22.1	19.3	20.8	19.0	19.7	19.0	16.6	15.8	- Amérique du Nord
South-Eastern Europe	0.7	0.5	0.4	0.4	0.3	0.3	0.5	0.5	0.4	0.6	Europe du Sud-Est
Commonwealth of Independent States	1.0	0.8	1.0	1.0	0.6	0.5	0.5	0.8	1.0	1.0	Communauté d'Etats indépendants
- Asia	0.0	0.0	0.0	0.0	0.0	0.0	0.0	0.0	0.0	0.0	- Asie
- Europe	0.9	0.8	1.0	1.0	0.6	0.5	0.5	0.7	1.0	1.0	- Europe
Northern Africa	0.6	0.5	0.4	0.4	0.3	0.3	0.4	0.3	0.3	0.3	Afrique septentrionale
Sub-Saharan Africa	1.4	1.1	1.1	1.9	1.4	1.2	1.3	1.1	1.1	1.1	Afrique subsaharienne
Latin America & the Caribbean	6.4	5.5	5.7	5.3	5.3	5.3	5.8	5.8	5.5	5.7	Amérique latine et Caraïbes
- Caribbean	0.1	0.1	0.2	0.2	0.2	0.1	0.1	0.1	0.1	0.1	- Caraïbes
- Latin America	6.3	5.4	5.5	5.1	5.1	5.1	5.7	5.7	5.4	5.6	- Amérique latine
Eastern Asia	14.1	16.7	19.6	21.3	22.4	24.6	24.2	25.9	28.0	27.4	Asie orientale
Southern Asia	1.8	1.8	1.5	2.6	2.1	2.5	2.9	2.2	2.4	2.7	Asie méridionale
South-Eastern Asia	10.3	10.5	10.7	9.3	9.5	8.9	8.4	8.7	8.4	9.5	Asie du Sud-Est
Western Asia	2.0	1.7	1.8	1.7	2.0	2.0	2.3	2.2	1.4	1.6	Asie occidentale
Oceania	0.0	0.0	0.0	0.0	0.0	0.0	0.0	0.0	0.0	0.0	Océanie

Trade by commodity
Exports by principal countries or areas
Value in million US dollars

Commerce par produit
Exportations selon les principaux pays ou zones
Valeur en millions de dollars EU

Country or area	2003	2004	2005	2006	2007	Pays ou zone
World	6532.9	8561.7	9822.0	14879.3	15973.3	Monde
Developed Economies	265.3	239.5	233.5	364.4	610.7	Economies Développés
- Asia-Pacific	13.1	4.8	2.4	3.4	4.0	- Asie-Pacifique
- Europe	151.0	161.5	166.8	283.8	512.9	- Europe
- North America	101.2	73.2	64.3	77.2	93.8	- Amérique du Nord
South-Eastern Europe	0.2	0.4	0.3	1.2	1.0	Europe du Sud-Est
Commonwealth of Independent States	1.4	0.2	0.3	0.5	0.5	Communauté d'Etats indépendants
- Asia		0.0	0.1	0.5	0.3	- Asie
- Europe	1.4	0.2	0.2	0.0	0.1	- Europe
Northern Africa	0.9	1.6	2.2	1.7	1.7	Afrique septentrionale
Sub-Saharan Africa	200.4	277.0	338.6	482.6	556.2	Afrique subsaharienne
Latin America & the Caribbean	41.2	65.1	85.9	100.1	166.2	Amérique latine et Caraïbes
- Caribbean	0.1	0.2	0.3	0.2	0.3	- Caraïbes
- Latin America	41.1	64.9	85.6	99.9	165.9	- Amérique latine
Eastern Asia	29.9	32.5	43.8	56.7	47.0	Asie orientale
Southern Asia	93.8	97.3	139.8	157.7	110.1	Asie méridionale
South-Eastern Asia	5887.5	7827.5	8947.9	13676.3	14460.3	Asie du Sud-Est
Western Asia	8.9	15.8	24.0	30.8	5.8	Asie occidentale
Oceania	3.5	4.8	5.8	7.4	13.9	Océanie
Thailand	2796.8	3414.6	3694.6	5430.4	5640.5	Thaïlande
Indonesia	1494.6	2181.3	2584.0	4322.3	4870.5	Indonésie
Malaysia	942.8	1371.3	1528.5	2246.6	2135.9	Malaisie
Viet Nam	377.7	480.7	714.5	1137.2	e1326.6	Viet Nam
Singapore	194.8	288.3	299.9	395.1	324.1	Singapour
Côte d'Ivoire	122.6	164.5	199.7	315.4	359.9	Côte d'Ivoire
Guatemala	36.7	58.7	81.3	93.7	152.9	Guatemala
Belgium	45.6	36.8	25.7	91.8	170.8	Belgique
United States	93.6	61.8	58.0	70.1	79.8	Etats-Unis d'Amérique
India	55.2	46.1	92.8	105.1	50.6	Inde
Germany	28.8	43.2	38.7	58.5	117.6	Allemagne
Cameroon	32.5	42.5	44.4	65.3	e68.8	Cameroun
Sri Lanka	38.5	50.9	46.9	e52.4	e58.9	Sri Lanka
France-Monaco	24.3	23.7	28.9	43.9	80.8	France-Monaco
Cambodia	33.6	36.9	e42.2	e50.2	e29.3	Cambodge
Philippines	32.8	34.5	36.5	46.5	41.1	Philippines
Myanmar	e12.2	e18.5	e43.2	e36.9	e78.3	Myanmar
China, Hong Kong SAR	27.2	30.1	34.0	42.9	34.0	Chine - RAS de Hong-Kong
Liberia	e14.2	e34.1	e37.8	e26.3	e47.8	Libéria
Italy	14.5	21.7	13.4	18.0	33.3	Italie
Spain	6.0	5.1	16.2	14.0	22.2	Espagne
Ghana	9.0	9.9	14.1	12.2	17.7	Ghana
Kuwait	e6.8	e12.6	e15.6	e24.1		Koweït
Gabon	0.7	1.7	10.4	21.7	e21.5	Gabon
Nigeria	1.5	e1.9	e15.9	17.1	e18.8	Nigéria

Value as percentages of World total

Valeur en pourcentage du total mondial

Regions of the world	1998	1999	2000	2001	2002	2003	2004	2005	2006	2007	Régions du monde
World	100.0	100.0	100.0	100.0	100.0	100.0	100.0	100.0	100.0	100.0	Monde
Developed Economies	4.8	4.8	4.0	4.5	3.7	4.1	2.8	2.4	2.4	3.8	Economies Développés
- Asia-Pacific	0.0	0.1	0.1	0.2	0.2	0.2	0.1	0.0	0.0	0.0	- Asie-Pacifique
- Europe	3.1	3.1	2.3	2.5	2.2	2.3	1.9	1.7	1.9	3.2	- Europe
- North America	1.6	1.6	1.6	1.9	1.3	1.5	0.9	0.7	0.5	0.6	- Amérique du Nord
South-Eastern Europe	0.0	0.0	0.0	0.0	0.0	0.0	0.0	0.0	0.0	0.0	Europe du Sud-Est
Commonwealth of Independent States	0.0	0.0	0.0	0.0	0.0	0.0	0.0	0.0	0.0	0.0	Communauté d'Etats indépendants
- Asia		0.0	0.0	0.0	0.0		0.0	0.0	0.0	0.0	- Asie
- Europe	0.0	0.0	0.0	0.0	0.0	0.0	0.0	0.0	0.0	0.0	- Europe
Northern Africa	0.0	0.0	0.0	0.0	0.0	0.0	0.0	0.0	0.0	0.0	Afrique septentrionale
Sub-Saharan Africa	2.9	3.0	2.9	3.4	3.0	3.1	3.2	3.4	3.2	3.5	Afrique subsaharienne
Latin America & the Caribbean	0.7	0.8	0.8	0.8	0.5	0.6	0.8	0.9	0.7	1.0	Amérique latine et Caraïbes
- Caribbean	0.0	0.0	0.0	0.0	0.0	0.0	0.0	0.0	0.0	0.0	- Caraïbes
- Latin America	0.7	0.8	0.8	0.8	0.5	0.6	0.8	0.9	0.7	1.0	- Amérique latine
Eastern Asia	2.0	1.4	0.8	0.6	0.6	0.5	0.4	0.4	0.4	0.3	Asie orientale
Southern Asia	0.9	1.0	1.1	0.8	1.3	1.4	1.1	1.4	1.1	0.7	Asie méridionale
South-Eastern Asia	88.5	88.8	90.2	89.6	90.7	90.1	91.4	91.1	91.9	90.5	Asie du Sud-Est
Western Asia	0.0	0.1	0.0	0.0	0.0	0.1	0.2	0.2	0.2	0.0	Asie occidentale
Oceania	0.1	0.1	0.1	0.1	0.0	0.1	0.1	0.1	0.0	0.1	Océanie

232 Synthetic and reclaimed rubber; waste, scrap of unhardened rubber

Trade by commodity
Imports by principal countries or areas
Value in million US dollars

Commerce par produit
Importations selon les principaux pays ou zones
Valeur en millions de dollars EU

Country or area	2003	2004	2005	2006	2007	Pays ou zone
World	9124.2	10987.7	13364.9	15133.1	17297.4	Monde
Developed Economies	5337.0	6219.2	7517.8	8242.9	9286.7	Economies Développés
- Asia-Pacific	339.2	368.6	473.5	504.9	543.9	- Asie-Pacifique
- Europe	3748.4	4466.2	5170.0	5888.2	6947.8	- Europe
- North America	1249.4	1384.5	1874.3	1849.8	1795.0	- Amérique du Nord
South-Eastern Europe	50.6	84.6	101.1	90.0	137.8	Europe du Sud-Est
Commonwealth of Independent States	154.1	226.4	292.7	337.4	383.9	Communauté d'Etats indépendants
- Asia	6.9	12.8	20.2	17.5	14.6	- Asie
- Europe	147.1	213.5	272.4	320.0	369.3	- Europe
Northern Africa	34.7	35.4	39.1	38.9	50.5	Afrique septentrionale
Sub-Saharan Africa	58.7	62.8	72.3	79.9	109.1	Afrique subsaharienne
Latin America & the Caribbean	535.4	654.4	826.5	937.4	1105.7	Amérique latine et Caraïbes
- Caribbean	7.0	4.5	4.2	3.6	5.1	- Caraïbes
- Latin America	528.3	649.9	822.3	933.8	1100.5	- Amérique latine
Eastern Asia	1850.4	2209.9	2665.2	3326.9	3816.7	Asie orientale
Southern Asia	322.7	434.7	508.1	564.5	647.0	Asie méridionale
South-Eastern Asia	584.1	810.3	989.8	1216.9	1416.3	Asie du Sud-Est
Western Asia	196.2	249.5	351.9	297.9	343.4	Asie occidentale
Oceania	0.4	0.4	0.3	0.3	0.4	Océanie
China	1188.0	1426.2	1808.6	2388.7	2854.9	Chine
United States	833.7	919.7	1302.6	1281.3	1234.3	Etats-Unis d'Amérique
Germany	653.5	816.3	1042.6	1085.7	1301.0	Allemagne
Belgium	504.0	596.1	645.2	725.6	864.5	Belgique
France-Monaco	505.3	579.7	655.2	674.8	762.8	France-Monaco
Italy	469.1	557.3	611.7	684.7	800.9	Italie
Canada	415.7	464.7	571.7	568.4	560.6	Canada
Spain	215.5	261.5	301.3	513.4	618.7	Espagne
India	230.4	303.9	355.0	461.6	524.0	Inde
Netherlands	248.9	310.8	343.1	396.1	460.1	Pays-Bas
Thailand	202.1	260.6	349.5	426.8	471.3	Thaïlande
Japan	257.1	273.8	361.7	383.0	429.6	Japon
Korea, Republic of	251.3	297.7	349.0	377.6	394.2	République de Corée
United Kingdom	265.1	302.5	330.3	371.3	359.6	Royaume-Uni
Brazil	170.5	229.5	294.5	347.8	445.4	Brésil
Malaysia	129.9	180.0	217.2	298.8	366.1	Malaisie
Poland	130.4	168.7	224.5	286.8	368.0	Pologne
China, Hong Kong SAR	205.3	227.9	242.1	258.3	239.6	Chine - RAS de Hong-Kong
Indonesia	117.0	197.2	231.7	226.5	250.5	Indonésie
Mexico	142.3	155.0	185.2	210.3	235.1	Mexique
Turkey	139.2	176.2	253.2	167.8	183.9	Turquie
Czech Republic	119.4	150.0	176.1	209.5	249.4	République tchèque
Austria	92.4	107.8	128.3	141.5	153.3	Autriche
Viet Nam	64.4	90.4	104.5	141.3	e180.3	Viet Nam
Ukraine	59.9	91.7	124.8	133.5	141.0	Ukraine

Value as percentages of World total

Valeur en pourcentage du total mondial

Regions of the world	1998	1999	2000	2001	2002	2003	2004	2005	2006	2007	Régions du monde
World	100.0	100.0	100.0	100.0	100.0	100.0	100.0	100.0	100.0	100.0	Monde
Developed Economies	65.4	64.0	61.9	59.6	59.1	58.5	56.6	56.3	54.5	53.7	Economies Développés
- Asia-Pacific	2.9	3.5	4.0	3.7	3.7	3.7	3.4	3.5	3.3	3.1	- Asie-Pacifique
- Europe	47.1	44.2	40.8	39.3	39.5	41.1	40.6	38.7	38.9	40.2	- Europe
- North America	15.4	16.3	17.1	16.5	15.9	13.7	12.6	14.0	12.2	10.4	- Amérique du Nord
South-Eastern Europe	0.6	0.4	0.5	0.5	0.5	0.6	0.8	0.8	0.6	0.8	Europe du Sud-Est
Commonwealth of Independent States	2.9	1.9	1.7	1.7	1.3	1.7	2.1	2.2	2.2	2.2	Communauté d'Etats indépendants
- Asia	0.1	0.0	0.0	0.1	0.0	0.1	0.1	0.2	0.1	0.1	- Asie
- Europe	2.8	1.9	1.6	1.7	1.3	1.6	1.9	2.0	2.1	2.1	- Europe
Northern Africa	0.5	0.5	0.3	0.3	0.4	0.4	0.3	0.3	0.3	0.3	Afrique septentrionale
Sub-Saharan Africa	0.7	0.6	0.6	3.3	0.7	0.6	0.6	0.5	0.5	0.6	Afrique subsaharienne
Latin America & the Caribbean	6.7	6.2	6.6	6.2	5.8	5.9	6.0	6.2	6.2	6.4	Amérique latine et Caraïbes
- Caribbean	0.1	0.1	0.1	0.2	0.1	0.1	0.0	0.0	0.0	0.0	- Caraïbes
- Latin America	6.6	6.2	6.5	6.1	5.7	5.8	5.9	6.2	6.2	6.4	- Amérique latine
Eastern Asia	13.6	16.1	17.5	17.7	20.4	20.3	20.1	19.9	22.0	22.1	Asie orientale
Southern Asia	2.5	2.7	2.7	2.7	2.9	3.5	4.0	3.8	3.7	3.7	Asie méridionale
South-Eastern Asia	5.3	6.0	6.5	6.3	6.9	6.4	7.4	7.4	8.0	8.2	Asie du Sud-Est
Western Asia	1.8	1.7	1.7	1.6	1.9	2.2	2.3	2.6	2.0	2.0	Asie occidentale
Oceania	0.0	0.0	0.0	0.0	0.0	0.0	0.0	0.0	0.0	0.0	Océanie

Caoutchouc synthétique ou régénéré; déchets et rognures de caoutchouc non durci 232

Trade by commodity

Exports by principal countries or areas

Value in million US dollars

Commerce par produit

Exportations selon les principaux pays ou zones

Valeur en millions de dollars EU

Country or area	2003	2004	2005	2006	2007	Pays ou zone
World	7509.2	9459.0	11984.8	14039.8	15883.3	Monde
Developed Economies	5125.5	6445.7	7848.6	9347.3	10355.5	Economies Développés
- Asia-Pacific	954.9	1124.2	1212.2	1370.4	1621.0	- Asie-Pacifique
- Europe	2391.9	3167.3	4034.5	4938.9	5302.2	- Europe
- North America	1778.6	2154.2	2601.8	3038.0	3432.3	- Amérique du Nord
South-Eastern Europe	42.5	79.9	95.8	70.4	76.3	Europe du Sud-Est
Commonwealth of Independent States	525.0	726.1	977.7	1202.1	1341.6	Communauté d'Etats indépendants
- Asia	3.6	9.2	8.1	24.2	23.7	- Asie
- Europe	521.5	716.9	969.6	1177.9	1317.9	- Europe
Northern Africa	0.5	0.7	1.8	1.5	1.6	Afrique septentrionale
Sub-Saharan Africa	35.3	39.4	51.8	50.4	71.8	Afrique subsaharienne
Latin America & the Caribbean	368.4	403.7	579.3	601.1	668.1	Amérique latine et Caraïbes
- Caribbean	0.1	0.1	0.1	0.0	0.3	- Caraïbes
- Latin America	368.3	403.6	579.2	601.1	667.8	- Amérique latine
Eastern Asia	1180.0	1465.5	1978.1	2143.0	2642.7	Asie orientale
Southern Asia	38.6	37.8	63.8	68.7	76.2	Asie méridionale
South-Eastern Asia	184.0	247.3	374.9	542.5	631.3	Asie du Sud-Est
Western Asia	9.4	13.0	13.2	12.6	17.7	Asie occidentale
Oceania	0.0	0.0	0.0	0.0	0.5	Océanie
United States	1522.4	1824.8	2243.4	2668.0	3031.7	Etats-Unis d'Amérique
Japan	946.4	1112.2	1206.0	1367.7	1615.5	Japon
Russian Federation	517.2	715.4	966.0	1163.3	1312.6	Fédération de Russie
Belgium	511.9	611.1	977.2	1122.4	1234.3	Belgique
Korea, Republic of	473.2	612.7	883.3	990.0	1335.6	République de Corée
Germany	584.8	724.9	828.9	971.1	1118.9	Allemagne
France-Monaco	474.7	652.3	764.3	862.5	890.5	France-Monaco
Netherlands	291.1	575.2	685.6	829.3	616.2	Pays-Bas
Canada	256.2	329.4	358.5	369.9	400.6	Canada
United Kingdom	222.4	243.9	264.3	291.3	348.3	Royaume-Uni
Brazil	180.7	179.8	296.5	305.4	303.2	Brésil
Mexico	154.8	185.9	241.4	250.2	315.0	Mexique
Thailand	101.7	152.6	228.2	261.5	301.4	Thaïlande
Italy	91.1	110.0	123.6	287.0	334.2	Italie
China, Hong Kong SAR	161.8	186.0	198.0	188.6	195.5	Chine - RAS de Hong-Kong
China	91.3	124.5	178.7	173.2	211.4	Chine
Poland	59.6	90.7	134.1	169.9	211.4	Pologne
Spain	28.1	39.4	43.2	240.4	252.6	Espagne
Viet Nam	1.4	4.2	47.7	149.4	e174.3	Viet Nam
Malaysia	35.6	38.7	55.1	63.4	75.6	Malaisie
Finland	19.7	47.4	63.9	55.0	82.1	Finlande
South Africa	33.1	38.6	50.5	49.3	69.9	Afrique du Sud
Czech Republic	58.0	25.0	59.4	35.2	59.7	République tchèque
Indonesia	25.6	31.4	30.1	53.3	61.5	Indonésie
Argentina	31.4	35.9	39.8	44.4	46.6	Argentine

Value as percentages of World total

Valeur en pourcentage du total mondial

Regions of the world	1998	1999	2000	2001	2002	2003	2004	2005	2006	2007	Régions du monde
World	100.0	100.0	100.0	100.0	100.0	100.0	100.0	100.0	100.0	100.0	Monde
Developed Economies	75.1	74.2	71.8	72.0	70.7	68.3	68.1	65.5	66.6	65.2	Economies Développés
- Asia-Pacific	13.8	15.5	14.1	13.1	13.8	12.7	11.9	10.1	9.8	10.2	- Asie-Pacifique
- Europe	35.3	32.1	29.5	31.4	30.6	31.9	33.5	33.7	35.2	33.4	- Europe
- North America	25.9	26.6	28.2	27.5	26.3	23.7	22.8	21.7	21.6	21.6	- Amérique du Nord
South-Eastern Europe	0.7	0.4	0.4	0.5	0.6	0.6	0.8	0.8	0.5	0.5	Europe du Sud-Est
Commonwealth of Independent States	5.5	5.0	5.1	5.2	5.8	7.0	7.7	8.2	8.6	8.4	Communauté d'Etats indépendants
- Asia	0.1	0.1	0.1	0.2	0.1	0.1	0.1	0.1	0.2	0.1	- Asie
- Europe	5.3	4.9	5.0	5.0	5.7	6.9	7.6	8.1	8.4	8.3	- Europe
Northern Africa	0.0	0.0	0.0	0.0	0.0	0.0	0.0	0.0	0.0	0.0	Afrique septentrionale
Sub-Saharan Africa	0.3	0.3	0.3	0.8	0.4	0.5	0.4	0.4	0.4	0.5	Afrique subsaharienne
Latin America & the Caribbean	4.1	4.2	4.7	4.7	4.9	4.9	4.3	4.8	4.3	4.2	Amérique latine et Caraïbes
- Caribbean	0.0	0.1	0.0	0.0	0.0	0.0	0.0	0.0	0.0	0.0	- Caraïbes
- Latin America	4.1	4.1	4.7	4.7	4.9	4.9	4.3	4.8	4.3	4.2	- Amérique latine
Eastern Asia	12.5	13.4	14.9	14.4	15.1	15.7	15.5	16.5	15.3	16.6	Asie orientale
Southern Asia	0.5	0.4	0.3	0.3	0.4	0.5	0.4	0.5	0.5	0.5	Asie méridionale
South-Eastern Asia	1.3	1.9	2.2	1.8	1.9	2.5	2.6	3.1	3.9	4.0	Asie du Sud-Est
Western Asia	0.2	0.2	0.2	0.2	0.2	0.1	0.1	0.1	0.1	0.1	Asie occidentale
Oceania	0.0	0.0	0.0	0.0	0.0	0.0	0.0	0.0	0.0	0.0	Océanie

244 Cork, natural, raw, and waste (including natural cork in blocks or sheets)

Trade by commodity
Imports by principal countries or areas
Value in million US dollars

Commerce par produit
Importations selon les principaux pays ou zones
Valeur en millions de dollars EU

Country or area	2003	2004	2005	2006	2007	Pays ou zone
World	265.0	241.2	230.9	225.4	255.1	Monde
Developed Economies	246.5	213.8	206.3	200.4	228.8	Economies Développés
- Asia-Pacific	2.5	3.1	3.1	3.4	3.6	- Asie-Pacifique
- Europe	241.5	207.4	200.8	194.5	222.4	- Europe
- North America	2.5	3.3	2.4	2.5	2.8	- Amérique du Nord
South-Eastern Europe	0.2	0.2	0.4	0.6	0.5	Europe du Sud-Est
Commonwealth of Independent States	0.7	0.7	0.4	0.8	0.8	Communauté d'Etats indépendants
- Asia	0.0	0.0	0.0	0.1	0.2	- Asie
- Europe	0.6	0.7	0.4	0.6	0.6	- Europe
Northern Africa	0.6	0.5	1.6	0.6	2.8	Afrique septentrionale
Sub-Saharan Africa	0.8	0.9	1.3	0.3	0.2	Afrique subsaharienne
Latin America & the Caribbean	3.5	5.4	5.4	5.8	5.9	Amérique latine et Caraïbes
- Caribbean	0.1	0.1	0.2	0.1	0.1	- Caraïbes
- Latin America	3.5	5.3	5.2	5.7	5.9	- Amérique latine
Eastern Asia	9.2	15.5	11.2	11.8	10.5	Asie orientale
Southern Asia	1.2	1.4	2.1	2.3	2.4	Asie méridionale
South-Eastern Asia	0.8	1.0	1.0	1.2	0.6	Asie du Sud-Est
Western Asia	1.5	1.8	1.1	1.8	2.4	Asie occidentale
Oceania	0.0	0.0	0.0	0.0	0.0	Océanie
Portugal	144.7	112.3	120.4	111.0	131.2	Portugal
Spain	46.7	42.8	31.3	37.8	41.8	Espagne
Italy	20.7	25.7	27.6	21.6	21.0	Italie
France-Monaco	16.5	10.9	7.1	7.9	9.3	France-Monaco
China	7.1	9.3	7.4	8.6	7.9	Chine
Belgium	2.4	2.9	2.8	3.2	3.3	Belgique
Japan	2.5	3.0	3.0	3.2	3.1	Japon
Germany	2.3	3.6	2.7	2.8	3.0	Allemagne
Netherlands	2.6	2.3	2.6	2.6	2.8	Pays-Bas
United Kingdom	2.3	2.5	2.0	2.5	3.5	Royaume-Uni
China, Hong Kong SAR	1.0	4.8	2.5	2.2	0.9	Chine - RAS de Hong-Kong
Ireland	1.0	1.7	2.3	2.6	2.2	Irlande
United States	1.7	2.4	1.7	2.0	2.1	Etats-Unis d'Amérique
Argentina	1.6	2.3	1.9	2.0	1.8	Argentine
Brazil	1.0	1.7	1.8	2.2	2.9	Brésil
India	1.1	1.2	1.9	2.2	2.0	Inde
Morocco	0.4	0.2	1.5	0.5	2.7	Maroc
Saudi Arabia	0.6	0.5	0.6	0.9	1.3	Arabie saoudite
Canada	0.8	1.0	0.8	0.5	0.6	Canada
Korea, Republic of	0.6	0.7	0.7	0.4	0.6	République de Corée
Mexico	0.4	0.6	0.7	0.6	0.4	Mexique
Greece	0.5	0.4	0.3	0.5	0.7	Grèce
Russian Federation	0.5	0.5	0.2	0.5	0.4	Fédération de Russie
Austria	0.3	0.5	0.3	0.4	0.6	Autriche
Switzerland-Liechtenstein	0.3	0.4	0.3	0.3	0.8	Suisse-Liechtenstein

Value as percentages of World total

Valeur en pourcentage du total mondial

Regions of the world	1998	1999	2000	2001	2002	2003	2004	2005	2006	2007	Régions du monde
World	100.0	100.0	100.0	100.0	100.0	100.0	100.0	100.0	100.0	100.0	Monde
Developed Economies	88.1	89.2	90.5	90.8	91.9	93.0	88.6	89.4	88.9	89.7	Economies Développés
- Asia-Pacific	2.1	2.0	1.6	1.7	1.1	1.0	1.3	1.4	1.5	1.4	- Asie-Pacifique
- Europe	82.1	84.4	86.9	87.4	89.6	91.1	86.0	87.0	86.3	87.2	- Europe
- North America	3.9	2.8	2.0	1.7	1.2	0.9	1.4	1.1	1.1	1.1	- Amérique du Nord
South-Eastern Europe	0.1	0.0	0.0	0.1	0.1	0.1	0.1	0.2	0.3	0.2	Europe du Sud-Est
Commonwealth of Independent States	0.4	0.7	0.4	0.3	0.4	0.2	0.3	0.2	0.3	0.3	Communauté d'Etats indépendants
- Asia	0.0	0.0	0.0	0.0	0.0	0.0	0.0	0.0	0.1	0.1	- Asie
- Europe	0.4	0.7	0.4	0.3	0.4	0.2	0.3	0.2	0.3	0.2	- Europe
Northern Africa	0.1	0.0	0.0	0.1	0.1	0.2	0.2	0.7	0.3	1.1	Afrique septentrionale
Sub-Saharan Africa	0.6	0.4	0.4	1.0	0.3	0.3	0.4	0.6	0.1	0.1	Afrique subsaharienne
Latin America & the Caribbean	4.9	2.8	3.1	2.5	1.7	1.3	2.2	2.3	2.6	2.3	Amérique latine et Caraïbes
- Caribbean	0.0	0.0	0.0	0.1	0.0	0.0	0.0	0.1	0.0	0.0	- Caraïbes
- Latin America	4.9	2.7	3.0	2.4	1.7	1.3	2.2	2.2	2.5	2.3	- Amérique latine
Eastern Asia	3.7	5.2	4.1	3.8	3.7	3.5	6.4	4.9	5.2	4.1	Asie orientale
Southern Asia	1.0	0.9	0.6	0.6	0.7	0.4	0.6	0.9	1.0	0.9	Asie méridionale
South-Eastern Asia	0.5	0.4	0.3	0.4	0.4	0.3	0.4	0.4	0.5	0.2	Asie du Sud-Est
Western Asia	0.7	0.4	0.6	0.6	0.7	0.6	0.7	0.5	0.8	1.0	Asie occidentale
Oceania	0.0	0.0	0.0	0.0	0.0	0.0	0.0	0.0	0.0	0.0	Océanie

Liège naturel brut et déchets (y compris le liège naturel en blocs ou en feuilles) 244

Trade by commodity						Commerce par produit
Exports by principal countries or areas						Exportations selon les principaux pays ou zones
Value in million US dollars						Valeur en millions de dollars EU

Country or area	2003	2004	2005	2006	2007	Pays ou zone
World	258.9	224.8	230.5	234.7	246.7	Monde
Developed Economies	231.8	198.3	211.4	216.1	231.6	Economies Développés
- Asia-Pacific	0.9	0.3	0.5	0.6	0.3	- Asie-Pacifique
- Europe	228.9	195.2	204.9	210.8	227.6	- Europe
- North America	2.0	2.8	6.0	4.7	3.7	- Amérique du Nord
South-Eastern Europe	0.0	0.0	0.0	0.0	0.0	Europe du Sud-Est
Commonwealth of Independent States	0.0	0.0	0.0	0.0	0.0	Communauté d'Etats indépendants
- Asia					0.0	- Asie
- Europe	0.0	0.0	0.0	0.0	0.0	- Europe
Northern Africa	22.2	18.1	13.5	13.4	10.9	Afrique septentrionale
Sub-Saharan Africa	0.2	0.5	0.9	0.0	0.0	Afrique subsaharienne
Latin America & the Caribbean	0.0	0.0	0.1	0.0	0.0	Amérique latine et Caraïbes
- Caribbean	0.0		0.0	0.0	0.0	- Caraïbes
- Latin America	0.0	0.0	0.1	0.0	0.0	- Amérique latine
Eastern Asia	2.7	6.7	3.4	3.9	2.7	Asie orientale
Southern Asia	0.2	0.5	0.6	0.9	1.0	Asie méridionale
South-Eastern Asia	1.7	0.4	0.2	0.1	0.1	Asie du Sud-Est
Western Asia	0.1	0.4	0.4	0.2	0.3	Asie occidentale
Oceania			0.0	0.0		Océanie
Spain	147.9	114.8	127.6	118.4	131.1	Espagne
Portugal	70.5	70.9	69.5	84.7	88.0	Portugal
Morocco	17.0	12.6	7.9	8.6	8.0	Maroc
Tunisia	4.7	5.4	5.3	4.9	2.9	Tunisie
United States	1.4	1.6	5.5	4.3	3.2	Etats-Unis d'Amérique
France-Monaco	3.9	2.4	2.8	2.9	2.5	France-Monaco
Italy	4.7	2.9	2.1	2.1	2.3	Italie
China, Hong Kong SAR	0.9	4.7	2.3	2.2	0.5	Chine - RAS de Hong-Kong
China	1.4	1.6	0.9	1.6	2.0	Chine
Germany	0.4	2.6	1.2	0.4	0.5	Allemagne
United Kingdom	0.5	0.8	0.4	0.5	1.3	Royaume-Uni
Canada	0.6	1.2	0.5	0.4	0.5	Canada
Netherlands	0.4	0.4	0.6	0.6	0.6	Pays-Bas
Poland	0.1	0.2	0.2	0.7	0.6	Pologne
India	0.2	0.3	0.5	0.4	0.4	Inde
Singapore	1.3	0.1	0.0	0.0	0.0	Singapour
South Africa	0.1	0.5	0.9	0.0	0.0	Afrique du Sud
Australia	0.8	0.0	0.3	0.3	0.0	Australie
Japan	0.2	0.2	0.2	0.2	0.3	Japon
Iran (Islamic Republic of)			0.1	0.4	e0.6	Iran (République islamique d')
Saudi Arabia	0.1	0.3	0.3	0.1	0.3	Arabie saoudite
Algeria	0.5	0.2	0.2	0.0	e0.0	Algérie
Indonesia	0.4	0.2	0.2	0.0	0.0	Indonésie
Austria	0.0	0.0	0.1	0.1	0.2	Autriche
Ireland	0.1	0.0	0.1	0.0	0.1	Irlande

Value as percentages of World total											Valeur en pourcentage du total mondial
Regions of the world	1998	1999	2000	2001	2002	2003	2004	2005	2006	2007	Régions du monde
World	100.0	100.0	100.0	100.0	100.0	100.0	100.0	100.0	100.0	100.0	Monde
Developed Economies	87.8	87.9	83.0	87.1	90.5	89.5	88.2	91.7	92.1	93.9	Economies Développés
- Asia-Pacific	0.2	0.3	0.1	0.1	0.2	0.4	0.1	0.2	0.2	0.1	- Asie-Pacifique
- Europe	84.9	83.5	81.7	85.8	89.3	88.4	86.8	88.9	89.8	92.2	- Europe
- North America	2.7	4.1	1.2	1.1	0.9	0.8	1.3	2.6	2.0	1.5	- Amérique du Nord
South-Eastern Europe	0.0	0.0	0.0	0.0	0.0	0.0	0.0	0.0	0.0	0.0	Europe du Sud-Est
Commonwealth of Independent States	0.0		0.0	0.0	0.0	0.0	0.0	0.0	0.0	0.0	Communauté d'Etats indépendants
- Asia										0.0	- Asie
- Europe	0.0		0.0	0.0	0.0	0.0	0.0	0.0	0.0	0.0	- Europe
Northern Africa	11.7	11.4	14.4	9.2	6.9	8.6	8.1	5.9	5.7	4.4	Afrique septentrionale
Sub-Saharan Africa	0.0	0.0	0.0	0.0	0.1	0.1	0.2	0.4	0.0	0.0	Afrique subsaharienne
Latin America & the Caribbean	0.0	0.0	0.1	0.1	0.0	0.0	0.0	0.0	0.0	0.0	Amérique latine et Caraïbes
- Caribbean	0.0	0.0	0.0			0.0		0.0	0.0	0.0	- Caraïbes
- Latin America	0.0	0.0	0.1	0.1	0.0	0.0	0.0	0.0	0.0	0.0	- Amérique latine
Eastern Asia	0.2	0.5	2.0	2.4	1.3	1.1	3.0	1.5	1.7	1.1	Asie orientale
Southern Asia	0.0	0.0	0.2	0.0	0.1	0.1	0.2	0.3	0.4	0.4	Asie méridionale
South-Eastern Asia	0.2	0.1	0.2	0.3	0.5	0.7	0.2	0.1	0.0	0.0	Asie du Sud-Est
Western Asia	0.0	0.1	0.0	0.8	0.6	0.0	0.2	0.2	0.1	0.1	Asie occidentale
Oceania				0.0				0.0	0.0		Océanie

245 Fuel wood (excluding wood waste) and wood charcoal

Trade by commodity
Imports by principal countries or areas
Value in million US dollars

Commerce par produit
Importations selon les principaux pays ou zones
Valeur en millions de dollars EU

Country or area	2003	2004	2005	2006	2007	Pays ou zone
World	530.9	596.0	670.5	772.1	869.5	Monde
Developed Economies	431.3	479.5	525.7	607.3	679.1	Economies Développés
- Asia-Pacific	85.6	85.1	81.0	82.4	87.7	- Asie-Pacifique
- Europe	315.6	356.8	403.6	480.6	543.4	- Europe
- North America	30.1	37.6	41.2	44.4	48.0	- Amérique du Nord
South-Eastern Europe	0.8	2.3	2.1	2.4	3.0	Europe du Sud-Est
Commonwealth of Independent States	0.4	0.9	0.8	2.3	3.0	Communauté d'Etats indépendants
- Asia	0.1	0.4	0.2	0.6	0.8	- Asie
- Europe	0.3	0.5	0.6	1.7	2.2	- Europe
Northern Africa	0.4	1.0	1.0	1.1	1.9	Afrique septentrionale
Sub-Saharan Africa	3.4	3.9	3.9	3.4	2.0	Afrique subsaharienne
Latin America & the Caribbean	3.6	4.4	7.1	8.7	16.6	Amérique latine et Caraïbes
- Caribbean	1.5	1.2	0.9	1.0	4.4	- Caraïbes
- Latin America	2.1	3.2	6.2	7.7	12.1	- Amérique latine
Eastern Asia	43.8	44.1	55.1	67.1	78.5	Asie orientale
Southern Asia	2.6	2.5	7.5	6.1	8.5	Asie méridionale
South-Eastern Asia	8.1	8.4	7.6	10.6	13.4	Asie du Sud-Est
Western Asia	36.4	48.8	59.0	62.9	63.4	Asie occidentale
Oceania	0.2	0.3	0.5	0.2	0.3	Océanie
Japan	84.9	84.1	79.8	81.4	85.3	Japon
Germany	48.6	52.2	70.3	84.8	85.0	Allemagne
Italy	45.0	60.1	66.5	93.5	75.6	Italie
Korea, Republic of	31.6	30.6	37.7	49.7	56.9	République de Corée
United States	24.1	29.6	31.3	32.7	35.5	Etats-Unis d'Amérique
United Kingdom	22.8	30.5	29.9	31.2	37.1	Royaume-Uni
Norway	32.9	23.5	35.3	28.8	28.4	Norvège
Greece	17.0	30.8	19.3	25.5	55.6	Grèce
France-Monaco	20.9	25.2	26.1	26.9	40.0	France-Monaco
Belgium	23.4	24.1	23.7	27.1	35.7	Belgique
Denmark	23.9	20.2	23.9	27.6	25.1	Danemark
Austria	14.4	20.0	22.1	30.9	31.9	Autriche
Sweden	25.5	16.2	14.0	18.7	18.3	Suède
Netherlands	8.4	11.0	19.5	20.3	22.2	Pays-Bas
Turkey	12.2	16.4	16.5	14.6	12.0	Turquie
Spain	8.4	11.9	15.4	14.0	18.2	Espagne
Canada	5.9	7.8	9.7	11.6	12.4	Canada
Saudi Arabia	8.2	7.4	9.4	12.8	9.1	Arabie saoudite
Portugal	5.5	8.4	5.9	6.7	10.8	Portugal
Qatar	1.1	3.7	5.6	11.4	e15.2	Qatar
Switzerland-Liechtenstein	6.3	6.6	7.5	7.4	8.9	Suisse-Liechtenstein
United Arab Emirates	4.7	6.6	10.2	6.6	e8.1	Emirates arabes unis
Poland	1.7	3.2	6.3	7.2	12.8	Pologne
China	2.2	3.2	6.6	6.4	10.8	Chine
Israel	3.2	4.4	5.2	5.5	6.5	Israël

Value as percentages of World total

Valeur en pourcentage du total mondial

Regions of the world	1998	1999	2000	2001	2002	2003	2004	2005	2006	2007	Régions du monde
World	100.0	100.0	100.0	100.0	100.0	100.0	100.0	100.0	100.0	100.0	Monde
Developed Economies	76.6	77.8	66.4	75.0	76.8	81.2	80.5	78.4	78.7	78.1	Economies Développés
- Asia-Pacific	17.1	19.8	18.9	20.6	18.9	16.1	14.3	12.1	10.7	10.1	- Asie-Pacifique
- Europe	54.5	53.2	43.8	49.8	52.8	59.4	59.9	60.2	62.2	62.5	- Europe
- North America	5.0	4.7	3.7	4.6	5.1	5.7	6.3	6.1	5.7	5.5	- Amérique du Nord
South-Eastern Europe	0.1	0.5	0.3	0.2	0.4	0.1	0.4	0.3	0.3	0.3	Europe du Sud-Est
Commonwealth of Independent States	0.5	0.4	0.2	0.3	0.2	0.1	0.1	0.1	0.3	0.3	Communauté d'Etats indépendants
- Asia	0.3	0.2	0.2	0.2	0.2	0.0	0.1	0.0	0.1	0.1	- Asie
- Europe	0.3	0.1	0.0	0.1	0.0	0.1	0.1	0.1	0.2	0.2	- Europe
Northern Africa	0.3	0.6	0.0	0.1	1.1	0.1	0.2	0.2	0.1	0.2	Afrique septentrionale
Sub-Saharan Africa	0.1	0.3	0.8	1.3	0.5	0.6	0.7	0.6	0.4	0.2	Afrique subsaharienne
Latin America & the Caribbean	0.6	0.5	10.4	0.8	0.8	0.7	0.7	1.1	1.1	1.9	Amérique latine et Caraïbes
- Caribbean	0.2	0.2	0.3	0.3	0.3	0.3	0.2	0.1	0.1	0.5	- Caraïbes
- Latin America	0.5	0.3	10.1	0.5	0.5	0.4	0.5	0.9	1.0	1.4	- Amérique latine
Eastern Asia	8.0	10.0	10.7	11.7	10.8	8.2	7.4	8.2	8.7	9.0	Asie orientale
Southern Asia	1.1	1.0	1.2	0.7	0.4	0.5	0.4	1.1	0.8	1.0	Asie méridionale
South-Eastern Asia	2.0	1.1	0.9	0.8	0.7	1.5	1.4	1.1	1.4	1.5	Asie du Sud-Est
Western Asia	10.7	7.7	9.1	9.0	8.1	6.9	8.2	8.8	8.1	7.3	Asie occidentale
Oceania	0.1	0.1	0.1	0.1	0.0	0.0	0.0	0.1	0.0	0.0	Océanie

Bois de chauffage (a l'exclusion des déchets de bois) et charbon de bois 245

Trade by commodity
Exports by principal countries or areas
Value in million US dollars

Commerce par produit
Exportations selon les principaux pays ou zones
Valeur en millions de dollars EU

Country or area	2003	2004	2005	2006	2007	Pays ou zone
World	475.1	518.5	553.2	633.8	726.1	Monde
Developed Economies	234.3	245.6	264.3	303.3	336.0	Economies Développés
- Asia-Pacific	5.4	4.7	5.5	6.5	3.5	- Asie-Pacifique
- Europe	211.7	223.3	233.2	273.6	303.1	- Europe
- North America	17.2	17.6	25.7	23.2	29.4	- Amérique du Nord
South-Eastern Europe	24.1	34.0	44.8	58.7	52.8	Europe du Sud-Est
Commonwealth of Independent States	15.9	22.3	28.3	40.2	57.3	Communauté d'Etats indépendants
- Asia	0.0	0.0	0.0	0.0	0.0	- Asie
- Europe	15.9	22.3	28.3	40.2	57.2	- Europe
Northern Africa	1.1	1.4	2.8	5.2	8.9	Afrique septentrionale
Sub-Saharan Africa	51.3	65.2	67.6	57.2	53.7	Afrique subsaharienne
Latin America & the Caribbean	26.5	38.9	43.5	56.7	76.4	Amérique latine et Caraïbes
- Caribbean	0.2	0.3	1.1	1.6	2.2	- Caraïbes
- Latin America	26.3	38.6	42.4	55.1	74.3	- Amérique latine
Eastern Asia	65.1	41.1	23.9	27.4	21.7	Asie orientale
Southern Asia	4.0	3.9	4.8	5.9	6.2	Asie méridionale
South-Eastern Asia	48.4	61.6	69.3	75.8	110.6	Asie du Sud-Est
Western Asia	4.4	4.5	3.9	3.4	2.5	Asie occidentale
Oceania	0.1	0.0	0.0	0.0	0.0	Océanie
Poland	28.7	32.1	34.4	40.9	43.1	Pologne
China	63.7	39.4	22.8	26.5	20.3	Chine
Indonesia	18.3	23.2	24.9	30.7	51.3	Indonésie
Belgium	21.8	25.5	24.5	26.8	33.3	Belgique
Ukraine	10.4	13.8	22.5	32.7	49.5	Ukraine
Argentina	13.1	18.6	21.5	28.9	35.8	Argentine
Somalia	e18.8	e25.3	e26.6	e19.5	e25.3	Somalie
France-Monaco	15.1	17.9	19.4	24.5	26.6	France-Monaco
Spain	17.7	18.4	17.3	26.5	23.1	Espagne
Bosnia and Herzegovina	5.8	11.5	17.6	28.6	30.4	Bosnie-Herzégovine
Latvia	18.7	14.3	13.5	20.3	23.7	Lettonie
Hungary	23.1	24.8	14.8	13.7	12.7	Hongrie
South Africa	18.2	22.6	23.2	13.5	7.7	Afrique du Sud
Netherlands	9.1	10.6	19.8	10.4	31.5	Pays-Bas
Bulgaria	8.9	12.2	14.9	16.7	12.9	Bulgarie
United States	10.1	10.9	12.7	14.9	15.5	Etats-Unis d'Amérique
Malaysia	10.1	11.6	12.3	12.8	16.4	Malaisie
Croatia	6.9	9.8	11.0	16.3	18.7	Croatie
Slovakia	10.1	13.1	14.6	15.5	5.3	Slovaquie
Paraguay	3.5	7.0	8.1	13.5	23.9	Paraguay
Estonia	16.0	10.0	9.3	9.0	11.0	Estonie
Czech Republic	10.1	9.9	9.6	15.4	9.6	République tchèque
United Kingdom	11.9	10.5	10.0	10.6	11.1	Royaume-Uni
Swaziland	8.1	8.7	9.0	12.2	12.3	Swaziland
Canada	7.1	6.7	12.9	8.4	13.9	Canada

Value as percentages of World total

Valeur en pourcentage du total mondial

Regions of the world	1998	1999	2000	2001	2002	2003	2004	2005	2006	2007	Régions du monde
World	100.0	100.0	100.0	100.0	100.0	100.0	100.0	100.0	100.0	100.0	Monde
Developed Economies	45.2	46.2	34.4	34.5	42.1	49.3	47.4	47.8	47.8	46.3	Economies Développés
- Asia-Pacific	0.3	0.5	0.8	0.5	1.0	1.1	0.9	1.0	1.0	0.5	- Asie-Pacifique
- Europe	39.8	40.7	29.2	30.0	36.5	44.6	43.1	42.1	43.2	41.7	- Europe
- North America	5.0	5.1	4.4	3.9	4.6	3.6	3.4	4.6	3.7	4.1	- Amérique du Nord
South-Eastern Europe	2.3	3.4	3.3	4.0	5.2	5.1	6.6	8.1	9.3	7.3	Europe du Sud-Est
Commonwealth of Independent States	1.2	1.7	1.3	1.3	2.2	3.3	4.3	5.1	6.3	7.9	Communauté d'Etats indépendants
- Asia	0.0	0.1	0.0	0.0	0.2	0.0	0.0	0.0	0.0	0.0	- Asie
- Europe	1.2	1.7	1.3	1.3	2.0	3.3	4.3	5.1	6.3	7.9	- Europe
Northern Africa	0.5	0.3	0.6	0.5	0.3	0.2	0.3	0.5	0.8	1.2	Afrique septentrionale
Sub-Saharan Africa	16.9	10.1	14.3	18.6	9.6	10.8	12.6	12.2	9.0	7.4	Afrique subsaharienne
Latin America & the Caribbean	6.7	5.9	5.6	7.0	6.7	5.6	7.5	7.9	8.9	10.5	Amérique latine et Caraïbes
- Caribbean	0.0	0.0	0.1	0.0	0.1	0.0	0.0	0.2	0.2	0.3	- Caraïbes
- Latin America	6.7	5.9	5.6	6.9	6.7	5.5	7.4	7.7	8.7	10.2	- Amérique latine
Eastern Asia	9.1	11.6	14.1	17.1	17.7	13.7	7.9	4.3	4.3	3.0	Asie orientale
Southern Asia	0.5	0.8	1.0	1.0	0.9	0.8	0.8	0.9	0.9	0.9	Asie méridionale
South-Eastern Asia	17.2	19.6	24.8	14.8	14.2	10.2	11.9	12.5	12.0	15.2	Asie du Sud-Est
Western Asia	0.3	0.2	0.6	1.3	1.1	0.9	0.9	0.7	0.5	0.3	Asie occidentale
Oceania	0.0	0.0	0.0	0.0	0.0	0.0	0.0	0.0	0.0	0.0	Océanie

246 Wood in chips or particles and wood waste

Trade by commodity
·Imports by principal countries or areas
Value in million US dollars

Commerce par produit
Importations selon les principaux pays ou zones
Valeur en millions de dollars EU

Country or area	2003	2004	2005	2006	2007	Pays ou zone
World	2757.4	3272.9	3713.8	4115.6	4952.9	Monde
Developed Economies	2519.3	2973.1	3298.3	3714.7	4488.9	Economies Développés
- Asia-Pacific	1718.0	1946.5	2059.0	2118.0	2456.3	- Asie-Pacifique
- Europe	614.5	803.4	1003.1	1337.3	1725.3	- Europe
- North America	186.9	223.1	236.2	259.4	307.2	- Amérique du Nord
South-Eastern Europe	0.6	0.9	1.2	1.2	1.7	Europe du Sud-Est
Commonwealth of Independent States	1.2	1.4	1.7	2.1	3.4	Communauté d'Etats indépendants
- Asia	0.1	0.1	0.2	0.2	0.3	- Asie
- Europe	1.1	1.3	1.5	1.9	3.0	- Europe
Northern Africa	2.2	0.6	0.6	0.7	0.3	Afrique septentrionale
Sub-Saharan Africa	2.3	1.8	1.8	1.6	2.4	Afrique subsaharienne
Latin America & the Caribbean	5.1	7.4	10.2	10.9	11.8	Amérique latine et Caraïbes
- Caribbean	0.4	0.8	1.1	1.3	1.7	- Caraïbes
- Latin America	4.7	6.6	9.1	9.5	10.1	- Amérique latine
Eastern Asia	200.0	238.2	334.0	303.0	362.9	Asie orientale
Southern Asia	0.4	0.8	1.3	1.2	1.9	Asie méridionale
South-Eastern Asia	3.1	2.5	1.9	8.0	5.1	Asie du Sud-Est
Western Asia	23.2	46.0	62.9	72.1	74.7	Asie occidentale
Oceania	0.0	0.0	0.0	0.1	0.0	Océanie
Japan	1716.5	1945.2	2056.5	2115.5	2454.5	Japon
Sweden	125.1	137.5	153.8	171.7	216.6	Suède
United States	120.4	144.2	156.6	170.4	154.0	Etats-Unis d'Amérique
Italy	80.6	107.4	103.6	171.3	162.6	Italie
Finland	62.3	101.6	110.6	122.7	178.9	Finlande
Denmark	57.0	68.6	98.3	153.0	150.2	Danemark
China	33.5	43.1	124.4	121.1	160.4	Chine
Belgium	34.4	50.4	60.7	117.9	208.6	Belgique
Canada	66.3	78.7	79.4	88.8	153.0	Canada
Korea, Republic of	73.9	93.1	95.4	97.7	89.8	République de Corée
Netherlands	41.0	46.2	82.9	92.0	125.8	Pays-Bas
Austria	31.1	31.1	43.2	120.1	136.6	Autriche
Germany	29.5	33.9	47.5	81.5	130.4	Allemagne
France-Monaco	33.6	46.1	47.6	58.2	83.3	France-Monaco
Turkey	14.9	40.3	57.5	64.3	64.2	Turquie
Norway	36.0	53.1	52.0	36.9	58.5	Norvège
Spain	17.6	45.5	53.7	59.6	51.6	Espagne
United Kingdom	15.7	18.9	52.4	32.9	50.5	Royaume-Uni
Switzerland-Liechtenstein	16.9	19.5	18.6	25.7	37.2	Suisse-Liechtenstein
Hungary	2.7	7.2	10.6	12.0	16.2	Hongrie
Luxembourg	6.4	4.6	5.6	14.2	14.0	Luxembourg
Greece	3.9	7.1	13.1	16.5	2.7	Grèce
Poland	1.5	4.2	11.7	8.5	14.1	Pologne
Slovenia	6.0	5.8	7.3	8.2	10.5	Slovénie
Lithuania	0.2	1.1	4.7	8.9	21.8	Lituanie

Value as percentages of World total

Valeur en pourcentage du total mondial

Regions of the world	1998	1999	2000	2001	2002	2003	2004	2005	2006	2007	Régions du monde
World	100.0	100.0	100.0	100.0	100.0	100.0	100.0	100.0	100.0	100.0	Monde
Developed Economies	94.2	92.4	92.8	93.2	93.3	91.4	90.8	88.8	90.3	90.6	Economies Développés
- Asia-Pacific	76.0	72.6	73.6	71.8	69.3	62.3	59.5	55.4	51.5	49.6	- Asie-Pacifique
- Europe	13.5	14.8	13.1	15.1	18.0	22.3	24.5	27.0	32.5	34.8	- Europe
- North America	4.8	5.0	6.1	6.3	6.1	6.8	6.8	6.4	6.3	6.2	- Amérique du Nord
South-Eastern Europe	0.0	0.0	0.0	0.0	0.0	0.0	0.0	0.0	0.0	0.0	Europe du Sud-Est
Commonwealth of Independent States	0.0	0.0	0.0	0.0	0.0	0.0	0.0	0.0	0.1	0.1	Communauté d'Etats indépendants
- Asia	0.0	0.0	0.0	0.0	0.0	0.0	0.0	0.0	0.0	0.0	- Asie
- Europe	0.0	0.0	0.0	0.0	0.0	0.0	0.0	0.0	0.0	0.1	- Europe
Northern Africa	0.0	0.0	0.0	0.0	0.0	0.1	0.0	0.0	0.0	0.0	Afrique septentrionale
Sub-Saharan Africa	0.0	0.0	0.1	0.1	0.1	0.1	0.1	0.0	0.0	0.0	Afrique subsaharienne
Latin America & the Caribbean	0.1	0.1	0.2	0.2	0.2	0.2	0.2	0.3	0.3	0.2	Amérique latine et Caraïbes
- Caribbean	0.0	0.0	0.0	0.0	0.0	0.0	0.0	0.0	0.0	0.0	- Caraïbes
- Latin America	0.1	0.1	0.2	0.2	0.2	0.2	0.2	0.2	0.2	0.2	- Amérique latine
Eastern Asia	4.6	6.8	6.4	6.1	5.9	7.3	7.3	9.0	7.4	7.3	Asie orientale
Southern Asia	0.0	0.0	0.0	0.0	0.0	0.0	0.0	0.0	0.0	0.0	Asie méridionale
South-Eastern Asia	0.3	0.1	0.2	0.1	0.1	0.1	0.1	0.1	0.2	0.1	Asie du Sud-Est
Western Asia	0.6	0.4	0.3	0.2	0.3	0.8	1.4	1.7	1.8	1.5	Asie occidentale
Oceania	0.0	0.0	0.0	0.0	0.0	0.0	0.0	0.0	0.0	0.0	Océanie

Trade by commodity

Exports by principal countries or areas

Value in million US dollars

Country or area	2003	2004	2005	2006	2007	Pays ou zone
World	2065.9	2480.2	2901.7	3271.5	3897.5	Monde
Developed Economies	1359.6	1620.4	1848.2	2189.1	2773.5	Economies Développés
- Asia-Pacific	534.8	645.1	659.5	705.5	872.5	- Asie-Pacifique
- Europe	506.8	623.7	781.4	1035.4	1345.6	- Europe
- North America	318.0	351.6	407.3	448.2	555.5	- Amérique du Nord
South-Eastern Europe	2.6	4.6	6.2	17.3	28.8	Europe du Sud-Est
Commonwealth of Independent States	24.7	41.2	60.0	77.9	106.3	Communauté d'Etats indépendants
- Asia	0.0	0.0	0.0	0.0		- Asie
- Europe	24.7	41.2	59.9	77.9	106.3	- Europe
Northern Africa	0.0	0.0	0.1	0.4	0.1	Afrique septentrionale
Sub-Saharan Africa	247.8	270.1	334.1	298.5	273.5	Afrique subsaharienne
Latin America & the Caribbean	205.3	260.0	328.5	375.7	409.2	Amérique latine et Caraïbes
- Caribbean	0.0	0.0	0.0	0.0	0.1	- Caraïbes
- Latin America	205.3	260.0	328.5	375.6	409.1	- Amérique latine
Eastern Asia	100.9	107.0	99.0	71.0	33.3	Asie orientale
Southern Asia	0.2	0.2	0.2	0.2	0.2	Asie méridionale
South-Eastern Asia	109.9	162.0	207.2	226.9	249.9	Asie du Sud-Est
Western Asia	0.3	0.3	0.3	1.6	0.7	Asie occidentale
Oceania	14.6	14.4	17.9	12.8	22.2	Océanie
Australia	505.8	622.1	631.2	678.9	827.0	Australie
South Africa	247.1	269.1	333.6	297.2	272.6	Afrique du Sud
United States	174.1	180.1	211.9	202.0	285.6	Etats-Unis d'Amérique
Canada	143.9	171.5	195.4	246.3	269.9	Canada
Chile	128.3	137.7	161.0	190.0	219.0	Chili
Germany	66.3	84.9	116.7	185.1	280.4	Allemagne
Latvia	72.0	91.0	104.6	133.0	174.1	Lettonie
Austria	57.1	65.6	91.2	120.6	145.3	Autriche
Brazil	61.2	86.3	102.4	110.4	116.7	Brésil
Viet Nam	28.2	44.0	104.7	127.8	e149.0	Viet Nam
China	96.6	103.0	95.5	67.6	30.0	Chine
Estonia	51.0	53.1	68.6	85.7	110.4	Estonie
France-Monaco	56.3	59.1	58.2	70.3	95.4	France-Monaco
Russian Federation	24.4	40.4	57.5	71.4	94.9	Fédération de Russie
Belgium	41.2	54.8	63.1	59.2	67.3	Belgique
Uruguay	10.9	32.6	62.3	69.3	65.4	Uruguay
Sweden	19.8	30.1	40.8	52.1	58.1	Suède
Indonesia	24.8	52.3	33.7	40.3	33.2	Indonésie
Thailand	42.5	46.9	38.4	20.2	29.9	Thaïlande
Netherlands	27.7	30.9	31.5	37.5	44.7	Pays-Bas
Poland	13.8	19.6	24.6	46.8	60.5	Pologne
Finland	16.4	26.7	34.8	35.8	42.3	Finlande
New Zealand	28.6	22.5	27.5	25.8	44.6	Nouvelle-Zélande
Malaysia	13.2	17.6	29.5	35.9	36.7	Malaisie
Lithuania	10.5	15.7	22.6	37.4	40.0	Lituanie

Value as percentages of World total

Regions of the world	1998	1999	2000	2001	2002	2003	2004	2005	2006	2007	Régions du monde
World	100.0	100.0	100.0	100.0	100.0	100.0	100.0	100.0	100.0	100.0	Monde
Developed Economies	70.7	70.4	68.6	63.8	65.6	65.8	65.3	63.7	66.9	71.2	Economies Développés
- Asia-Pacific	23.1	22.4	24.3	22.6	25.9	25.9	26.0	22.7	21.6	22.4	- Asie-Pacifique
- Europe	15.9	17.1	15.0	16.2	20.7	24.5	25.1	26.9	31.6	34.5	- Europe
- North America	31.8	30.9	29.3	25.0	19.1	15.4	14.2	14.0	13.7	14.3	- Amérique du Nord
South-Eastern Europe	0.0	0.0	0.0	0.0	0.1	0.1	0.2	0.2	0.5	0.7	Europe du Sud-Est
Commonwealth of Independent States	1.1	1.0	0.9	1.0	1.0	1.2	1.7	2.1	2.4	2.7	Communauté d'Etats indépendants
- Asia	0.0	0.0	0.0	0.0	0.0	0.0	0.0	0.0	0.0		- Asie
- Europe	1.1	1.0	0.9	1.0	1.0	1.2	1.7	2.1	2.4	2.7	- Europe
Northern Africa	0.0	0.0	0.0	0.0	0.0	0.0	0.0	0.0	0.0	0.0	Afrique septentrionale
Sub-Saharan Africa	7.7	7.8	8.2	9.8	10.6	12.0	10.9	11.5	9.1	7.0	Afrique subsaharienne
Latin America & the Caribbean	10.4	10.5	11.1	12.7	10.2	9.9	10.5	11.3	11.5	10.5	Amérique latine et Caraïbes
- Caribbean	0.0	0.0	0.0	0.0	0.0	0.0	0.0	0.0	0.0	0.0	- Caraïbes
- Latin America	10.4	10.5	11.1	12.7	10.2	9.9	10.5	11.3	11.5	10.5	- Amérique latine
Eastern Asia	6.7	6.6	6.7	6.1	5.3	4.9	4.3	3.4	2.2	0.9	Asie orientale
Southern Asia	0.0	0.0	0.0	0.0	0.0	0.0	0.0	0.0	0.0	0.0	Asie méridionale
South-Eastern Asia	2.4	2.6	3.5	5.4	6.2	5.3	6.5	7.1	6.9	6.4	Asie du Sud-Est
Western Asia	0.0	0.0	0.0	0.0	0.0	0.0	0.0	0.0	0.0	0.0	Asie occidentale
Oceania	0.9	1.0	0.9	1.0	0.9	0.7	0.6	0.6	0.4	0.6	Océanie

247 Wood in the rough or roughly squared

Trade by commodity

Imports by principal countries or areas

Value in million US dollars

Importations selon les principaux pays ou zones

Valeur en millions de dollars EU

Country or area	2003	2004	2005	2006	2007	Pays ou zone
World	10668.9	12445.9	13157.9	14291.1	17490.7	Monde
Developed Economies	5983.2	6890.5	7071.6	7299.7	8542.6	Economies Développés
- Asia-Pacific	1657.9	1962.5	1702.2	1839.7	1764.7	- Asie-Pacifique
- Europe	3707.2	4253.8	4571.7	4664.4	6144.6	- Europe
- North America	618.1	674.2	797.7	795.7	633.3	- Amérique du Nord
South-Eastern Europe	9.1	22.7	34.7	46.2	55.2	Europe du Sud-Est
Commonwealth of Independent States	28.4	34.6	39.5	51.2	61.2	Communauté d'Etats indépendants
- Asia	12.4	16.0	23.7	32.5	39.0	- Asie
- Europe	16.0	18.5	15.9	18.7	22.2	- Europe
Northern Africa	75.2	110.7	96.9	129.9	127.1	Afrique septentrionale
Sub-Saharan Africa	41.5	76.7	65.0	92.7	108.8	Afrique subsaharienne
Latin America & the Caribbean	40.9	75.2	63.1	71.1	65.2	Amérique latine et Caraïbes
- Caribbean	18.9	30.3	19.4	44.3	44.0	- Caraïbes
- Latin America	22.0	45.0	43.7	26.8	21.2	- Amérique latine
Eastern Asia	3272.2	3754.6	4201.7	4928.9	6568.5	Asie orientale
Southern Asia	727.4	873.7	893.5	970.6	1187.2	Asie méridionale
South-Eastern Asia	327.2	385.5	414.4	398.3	426.5	Asie du Sud-Est
Western Asia	161.3	218.9	274.5	300.1	345.7	Asie occidentale
Oceania	2.3	2.8	2.9	2.5	2.6	Océanie
China	2447.1	2804.3	3243.5	3929.3	5355.8	Chine
Japan	1655.6	1960.3	1698.4	1836.0	1761.4	Japon
India	659.7	813.3	834.9	907.5	1115.0	Inde
Finland	580.0	675.1	804.5	752.6	1046.4	Finlande
Korea, Republic of	610.4	704.2	707.9	755.7	910.3	République de Corée
Austria	471.0	556.7	599.3	708.2	796.9	Autriche
Sweden	455.9	541.9	527.2	407.8	686.9	Suède
Italy	478.0	525.0	485.0	527.1	571.6	Italie
Canada	379.2	413.2	429.7	413.7	351.7	Canada
Germany	246.8	235.6	313.2	378.9	470.4	Allemagne
France-Monaco	276.1	289.6	293.3	313.7	430.1	France-Monaco
United States	238.0	259.8	366.9	379.4	279.6	Etats-Unis d'Amérique
Spain	257.4	265.6	255.5	260.6	310.4	Espagne
Viet Nam	135.6	198.5	201.4	204.8	e261.3	Viet Nam
Turkey	100.7	172.8	208.3	213.0	236.5	Turquie
Norway	141.5	172.0	203.1	155.0	216.7	Norvège
Belgium	113.3	142.1	145.7	169.9	275.7	Belgique
United Kingdom	129.7	138.7	150.2	160.2	237.2	Royaume-Uni
Portugal	108.2	120.7	100.7	92.8	120.1	Portugal
Thailand	100.0	107.8	116.7	111.2	90.9	Thaïlande
Estonia	50.4	87.4	107.7	112.6	136.9	Estonie
Ireland	69.1	95.1	93.2	104.0	104.8	Irlande
Poland	31.7	59.2	99.5	96.4	155.0	Pologne
Latvia	24.9	53.1	65.9	72.1	159.2	Lettonie
Morocco	47.3	62.9	53.7	88.7	79.4	Maroc

Value as percentages of World total

Valeur en pourcentage du total mondial

Regions of the world	1998	1999	2000	2001	2002	2003	2004	2005	2006	2007	Régions du monde
World	100.0	100.0	100.0	100.0	100.0	100.0	100.0	100.0	100.0	100.0	Monde
Developed Economies	73.0	65.0	62.2	60.4	57.6	56.1	55.4	53.7	51.1	48.8	Economies Développés
- Asia-Pacific	24.8	24.7	22.3	19.9	16.8	15.5	15.8	12.9	12.9	10.1	- Asie-Pacifique
- Europe	42.3	34.6	33.6	33.9	34.0	34.7	34.2	34.7	32.6	35.1	- Europe
- North America	5.9	5.8	6.3	6.7	6.7	5.8	5.4	6.1	5.6	3.6	- Amérique du Nord
South-Eastern Europe	0.1	0.1	0.1	0.1	0.1	0.1	0.2	0.3	0.3	0.3	Europe du Sud-Est
Commonwealth of Independent States	0.3	0.2	0.2	0.2	0.2	0.3	0.3	0.3	0.4	0.3	Communauté d'Etats indépendants
- Asia	0.1	0.0	0.0	0.1	0.1	0.1	0.1	0.2	0.2	0.2	- Asie
- Europe	0.2	0.1	0.1	0.1	0.2	0.1	0.1	0.1	0.1	0.1	- Europe
Northern Africa	1.0	1.1	0.9	0.8	0.8	0.7	0.9	0.7	0.9	0.7	Afrique septentrionale
Sub-Saharan Africa	0.4	0.3	0.4	0.3	0.3	0.4	0.6	0.5	0.6	0.6	Afrique subsaharienne
Latin America & the Caribbean	0.6	0.5	0.6	0.6	0.4	0.4	0.6	0.5	0.5	0.4	Amérique latine et Caraïbes
- Caribbean	0.2	0.2	0.2	0.3	0.2	0.2	0.2	0.1	0.3	0.3	- Caraïbes
- Latin America	0.4	0.3	0.4	0.3	0.2	0.2	0.4	0.3	0.2	0.1	- Amérique latine
Eastern Asia	15.9	23.1	24.9	26.5	31.1	30.7	30.2	31.9	34.5	37.6	Asie orientale
Southern Asia	4.3	4.9	4.9	6.1	4.5	6.8	7.0	6.8	6.8	6.8	Asie méridionale
South-Eastern Asia	2.1	3.1	3.7	3.5	3.3	3.1	3.1	3.1	2.8	2.4	Asie du Sud-Est
Western Asia	2.2	1.7	2.1	1.6	1.7	1.5	1.8	2.1	2.1	2.0	Asie occidentale
Oceania	0.0	0.0	0.0	0.0	0.0	0.0	0.0	0.0	0.0	0.0	Océanie

Trade by commodity
Exports by principal countries or areas
Value in million US dollars

Commerce par produit
Exportations selon les principaux pays ou zones
Valeur en millions de dollars EU

Country or area	2003	2004	2005	2006	2007	Pays ou zone
World	7699.6	9198.8	10634.5	11344.5	14353.2	Monde
Developed Economies	4017.3	4485.8	4950.3	5112.4	6364.6	Economies Développés
- Asia-Pacific	429.0	380.9	368.9	443.3	551.2	- Asie-Pacifique
- Europe	1879.3	2160.8	2507.0	2599.9	3596.5	- Europe
- North America	1709.0	1944.1	2074.3	2069.1	2216.9	- Amérique du Nord
South-Eastern Europe	37.4	63.7	61.6	66.4	82.2	Europe du Sud-Est
Commonwealth of Independent States	1925.6	2513.6	3057.5	3467.5	4430.2	Communauté d'Etats indépendants
- Asia	0.9	1.0	3.0	8.4	1.6	- Asie
- Europe	1924.7	2512.6	3054.5	3459.1	4428.6	- Europe
Northern Africa	0.6	0.4	0.3	1.2	0.7	Afrique septentrionale
Sub-Saharan Africa	501.7	724.4	814.8	868.9	1004.5	Afrique subsaharienne
Latin America & the Caribbean	117.3	143.2	123.3	134.1	187.1	Amérique latine et Caraïbes
- Caribbean	0.2	0.2	0.1	0.3	0.5	- Caraïbes
- Latin America	117.1	142.9	123.2	133.8	186.6	- Amérique latine
Eastern Asia	76.4	69.1	58.2	78.9	110.5	Asie orientale
Southern Asia	8.4	11.1	12.8	30.5	42.7	Asie méridionale
South-Eastern Asia	924.1	972.1	1289.5	1254.1	1516.4	Asie du Sud-Est
Western Asia	6.1	4.6	5.0	3.7	4.4	Asie occidentale
Oceania	84.7	210.8	261.3	326.7	610.0	Océanie
Russian Federation	1801.2	2333.6	2855.9	3258.6	4138.2	Fédération de Russie
United States	1275.1	1504.7	1508.5	1518.4	1760.1	Etats-Unis d'Amérique
Malaysia	531.7	565.0	653.2	616.8	615.0	Malaisie
Myanmar	e354.0	e361.8	e593.6	e576.5	e819.6	Myanmar
Germany	309.5	365.9	507.8	616.3	704.3	Allemagne
Canada	433.8	439.4	565.8	550.8	456.8	Canada
New Zealand	358.0	310.2	312.5	364.9	449.2	Nouvelle-Zélande
France-Monaco	239.1	261.3	262.1	288.3	372.8	France-Monaco
Gabon	117.7	222.5	304.6	304.2	e300.5	Gabon
Papua New Guinea	37.6	152.2	e183.0	e233.0	e487.0	Papouasie-Nouvelle-Guinée
Czech Republic	178.3	172.3	181.3	215.3	259.2	République tchèque
Latvia	126.6	182.7	180.8	152.1	330.0	Lettonie
Sweden	103.4	129.3	190.0	184.3	329.2	Suède
Congo	e105.1	e193.1	e165.4	e141.1	e162.6	Congo
Ukraine	88.2	130.2	136.8	141.8	165.8	Ukraine
Switzerland-Liechtenstein	105.6	124.0	116.5	146.4	142.9	Suisse-Liechtenstein
Equatorial Guinea	e116.2	e95.8	e99.6	e110.8	e165.9	Guinée équatoriale
Estonia	117.8	104.5	96.4	79.0	130.4	Estonie
Belgium	85.7	101.6	104.1	88.4	126.2	Belgique
Portugal	72.9	78.5	95.1	107.1	136.1	Portugal
Slovakia	53.5	73.1	164.5	87.3	99.0	Slovaquie
Finland	66.7	75.2	95.7	98.2	116.3	Finlande
Austria	74.1	88.7	80.9	79.0	108.1	Autriche
Democratic Republic of the Congo	e25.0	e63.1	e77.6	e116.2	e137.0	République démocratique du Congo
Solomon Islands	e46.4	e57.7	e76.3	e92.6	e121.4	Iles Salomon

Value as percentages of World total

Valeur en pourcentage du total mondial

Regions of the world	1998	1999	2000	2001	2002	2003	2004	2005	2006	2007	Régions du monde
World	100.0	100.0	100.0	100.0	100.0	100.0	100.0	100.0	100.0	100.0	Monde
Developed Economies	57.0	53.4	53.9	53.1	52.9	52.2	48.8	46.5	45.1	44.3	Economies Développés
- Asia-Pacific	3.7	4.5	4.8	4.8	5.6	5.6	4.1	3.5	3.9	3.8	- Asie-Pacifique
- Europe	28.6	26.1	25.1	24.5	24.6	24.4	23.5	23.6	22.9	25.1	- Europe
- North America	24.8	22.9	23.9	23.7	22.7	22.2	21.1	19.5	18.2	15.4	- Amérique du Nord
South-Eastern Europe	0.4	0.9	0.9	0.6	0.5	0.5	0.7	0.6	0.6	0.6	Europe du Sud-Est
Commonwealth of Independent States	15.5	17.8	18.5	21.4	23.4	25.0	27.3	28.8	30.6	30.9	Communauté d'Etats indépendants
- Asia	0.1	0.1	0.1	0.1	0.0	0.0	0.0	0.0	0.1	0.0	- Asie
- Europe	15.5	17.7	18.4	21.3	23.4	25.0	27.3	28.7	30.5	30.9	- Europe
Northern Africa	0.0	0.0	0.0	0.0	0.0	0.0	0.0	0.0	0.0	0.0	Afrique septentrionale
Sub-Saharan Africa	7.8	6.9	7.3	7.8	7.3	6.5	7.9	7.7	7.7	7.0	Afrique subsaharienne
Latin America & the Caribbean	2.3	2.0	1.8	1.8	1.7	1.5	1.6	1.2	1.2	1.3	Amérique latine et Caraïbes
- Caribbean	0.0	0.0	0.0	0.0	0.0	0.0	0.0	0.0	0.0	0.0	- Caraïbes
- Latin America	2.3	2.0	1.8	1.8	1.7	1.5	1.6	1.2	1.2	1.3	- Amérique latine
Eastern Asia	3.8	3.1	2.7	2.2	1.3	1.0	0.8	0.5	0.7	0.8	Asie orientale
Southern Asia	0.2	0.3	0.1	0.1	0.2	0.1	0.1	0.1	0.3	0.3	Asie méridionale
South-Eastern Asia	11.2	14.0	13.7	11.6	11.2	12.0	10.6	12.1	11.1	10.6	Asie du Sud-Est
Western Asia	0.2	0.1	0.1	0.1	0.1	0.1	0.0	0.0	0.0	0.0	Asie occidentale
Oceania	1.5	1.4	1.1	1.3	1.5	1.1	2.3	2.5	2.9	4.2	Océanie

248 Wood, simply worked, and railway sleepers of wood

Trade by commodity
Imports by principal countries or areas
Value in million US dollars

Commerce par produit
Importations selon les principaux pays ou zones
Valeur en millions de dollars EU

Country or area	2003	2004	2005	2006	2007	Pays ou zone
World	30042.5	36712.0	38449.5	40353.5	43403.7	Monde
Developed Economies	24104.9	29628.4	30426.5	31787.6	33378.9	Economies Développés
- Asia-Pacific	3415.1	3708.0	3423.1	3534.3	3566.3	- Asie-Pacifique
- Europe	12340.5	13932.4	14563.2	16347.6	20287.7	- Europe
- North America	8349.3	11988.0	12440.1	11905.7	9524.9	- Amérique du Nord
South-Eastern Europe	83.9	177.2	185.6	163.8	232.9	Europe du Sud-Est
Commonwealth of Independent States	149.1	196.5	286.9	378.9	545.8	Communauté d'Etats indépendants
- Asia	99.9	151.3	237.7	319.6	463.5	- Asie
- Europe	49.2	45.2	49.1	59.3	82.3	- Europe
Northern Africa	899.5	958.8	1144.0	1303.8	1711.0	Afrique septentrionale
Sub-Saharan Africa	198.3	266.2	343.8	326.6	367.2	Afrique subsaharienne
Latin America & the Caribbean	663.1	825.7	1008.8	1094.8	1192.4	Amérique latine et Caraïbes
- Caribbean	159.2	211.8	272.8	300.9	310.3	- Caraïbes
- Latin America	504.0	613.9	735.9	793.9	882.1	- Amérique latine
Eastern Asia	2194.3	2420.1	2434.8	2644.1	2762.8	Asie orientale
Southern Asia	93.3	134.8	169.2	139.7	176.7	Asie méridionale
South-Eastern Asia	868.2	1147.5	1312.4	1325.6	1456.4	Asie du Sud-Est
Western Asia	752.6	914.7	1093.7	1140.6	1529.5	Asie occidentale
Oceania	35.3	42.3	43.8	48.0	50.1	Océanie
United States	7521.9	11036.3	11395.8	10835.4	8447.9	Etats-Unis d'Amérique
Japan	2990.9	3217.3	2927.1	3068.7	2971.5	Japon
United Kingdom	2207.2	2427.2	2380.5	2584.2	3455.0	Royaume-Uni
Italy	2087.2	2273.3	2266.6	2560.7	2825.9	Italie
China	1220.1	1402.2	1542.0	1725.4	1796.5	Chine
Germany	1165.7	1258.5	1415.7	1750.7	1764.1	Allemagne
France-Monaco	1032.6	1253.4	1393.1	1474.3	2010.9	France-Monaco
Netherlands	910.5	1022.0	1028.3	1309.8	1654.8	Pays-Bas
Spain	1029.3	1110.2	1167.4	1161.1	1391.7	Espagne
Canada	815.9	937.5	1031.8	1059.5	1064.1	Canada
Belgium	687.3	772.6	835.0	961.0	1196.3	Belgique
Denmark	589.0	634.2	623.1	734.8	871.8	Danemark
Mexico	419.7	503.2	600.9	645.1	690.2	Mexique
Egypt	363.8	381.6	541.6	556.5	717.4	Egypte
Austria	356.3	418.7	454.3	573.2	647.8	Autriche
Australia	387.5	441.0	439.5	411.5	527.2	Australie
Norway	307.3	351.3	403.3	421.4	614.2	Norvège
Thailand	328.8	435.2	489.9	386.8	367.8	Thaïlande
Ireland	290.6	334.9	389.9	404.1	449.9	Irlande
Viet Nam	150.8	231.6	296.5	368.3	e470.0	Viet Nam
Algeria	241.7	256.2	252.0	351.6	e414.0	Algérie
Korea, Republic of	243.9	257.2	276.7	312.5	393.3	République de Corée
Greece	232.2	252.5	251.5	299.6	389.3	Grèce
China, Hong Kong SAR	409.7	349.9	231.6	208.2	175.8	Chine - RAS de Hong-Kong
Switzerland-Liechtenstein	203.7	232.6	247.2	269.2	317.3	Suisse-Liechtenstein

Value as percentages of World total

Valeur en pourcentage du total mondial

Regions of the world	1998	1999	2000	2001	2002	2003	2004	2005	2006	2007	Régions du monde
World	100.0	100.0	100.0	100.0	100.0	100.0	100.0	100.0	100.0	100.0	Monde
Developed Economies	82.8	82.8	81.3	76.9	79.5	80.2	80.7	79.1	78.8	76.9	Economies Développés
- Asia-Pacific	10.9	12.3	13.7	11.5	10.9	11.4	10.1	8.9	8.8	8.2	- Asie-Pacifique
- Europe	40.3	37.1	36.4	34.1	36.8	41.1	38.0	37.9	40.5	46.7	- Europe
- North America	31.7	33.5	31.2	31.3	31.8	27.8	32.7	32.4	29.5	21.9	- Amérique du Nord
South-Eastern Europe	0.3	0.3	0.3	0.2	0.3	0.3	0.5	0.5	0.4	0.5	Europe du Sud-Est
Commonwealth of Independent States	0.5	0.2	0.3	0.4	0.4	0.5	0.5	0.7	0.9	1.3	Communauté d'Etats indépendants
- Asia	0.3	0.2	0.2	0.2	0.2	0.3	0.4	0.6	0.8	1.1	- Asie
- Europe	0.2	0.1	0.1	0.1	0.1	0.2	0.1	0.1	0.1	0.2	- Europe
Northern Africa	3.5	2.9	3.0	2.9	3.0	3.0	2.6	3.0	3.2	3.9	Afrique septentrionale
Sub-Saharan Africa	0.5	0.5	0.5	5.1	0.6	0.7	0.7	0.9	0.8	0.8	Afrique subsaharienne
Latin America & the Caribbean	2.3	2.3	2.5	2.5	2.5	2.2	2.2	2.6	2.7	2.7	Amérique latine et Caraïbes
- Caribbean	0.8	0.9	0.9	0.8	0.9	0.5	0.6	0.7	0.7	0.7	- Caraïbes
- Latin America	1.5	1.4	1.6	1.7	1.7	1.7	1.7	1.9	2.0	2.0	- Amérique latine
Eastern Asia	5.7	6.7	7.7	7.2	8.1	7.3	6.6	6.3	6.6	6.4	Asie orientale
Southern Asia	0.2	0.2	0.2	0.2	0.3	0.3	0.4	0.4	0.3	0.4	Asie méridionale
South-Eastern Asia	1.8	2.0	2.1	2.2	2.7	2.9	3.1	3.4	3.3	3.4	Asie du Sud-Est
Western Asia	2.2	2.0	2.1	2.3	2.5	2.5	2.5	2.8	2.8	3.5	Asie occidentale
Oceania	0.1	0.1	0.1	0.1	0.1	0.1	0.1	0.1	0.1	0.1	Océanie

Trade by commodity
Exports by principal countries or areas
Value in million US dollars

Commerce par produit
Exportations selon les principaux pays ou zones
Valeur en millions de dollars EU

Country or area	2003	2004	2005	2006	2007	Pays ou zone
World	27546.1	33705.5	35139.4	38227.1	41598.1	Monde
Developed Economies	20265.7	24700.4	25037.8	26585.2	28359.7	Economies Développés
- Asia-Pacific	533.0	700.1	691.9	718.7	766.0	- Asie-Pacifique
- Europe	10908.7	12435.8	12890.1	14704.0	17873.8	- Europe
- North America	8824.1	11564.5	11455.9	11162.5	9719.9	- Amérique du Nord
South-Eastern Europe	640.7	875.2	855.8	891.2	1024.4	Europe du Sud-Est
Commonwealth of Independent States	1584.3	1997.1	2359.4	2744.3	3770.7	Communauté d'Etats indépendants
- Asia	11.5	13.2	16.1	18.2	22.1	- Asie
- Europe	1572.8	1983.9	2343.4	2726.1	3748.5	- Europe
Northern Africa	0.7	0.8	2.0	1.8	1.7	Afrique septentrionale
Sub-Saharan Africa	490.4	626.2	753.9	967.7	1132.1	Afrique subsaharienne
Latin America & the Caribbean	1850.0	2632.0	2857.5	3234.9	3304.7	Amérique latine et Caraïbes
- Caribbean	0.6	1.4	1.7	0.7	0.7	- Caraïbes
- Latin America	1849.3	2630.6	2855.9	3234.2	3304.0	- Amérique latine
Eastern Asia	839.1	848.8	1080.9	1302.7	1376.9	Asie orientale
Southern Asia	4.3	10.6	11.5	27.4	33.1	Asie méridionale
South-Eastern Asia	1806.1	1934.2	2077.3	2360.6	2483.1	Asie du Sud-Est
Western Asia	47.4	58.4	77.7	80.1	74.0	Asie occidentale
Oceania	17.4	21.5	25.5	31.2	37.8	Océanie
Canada	6804.5	9312.3	9050.3	8510.9	7247.1	Canada
Sweden	2593.8	2808.8	2899.4	3429.2	3991.4	Suède
United States	2019.5	2251.2	2405.1	2651.6	2472.6	Etats-Unis d'Amérique
Russian Federation	1211.3	1541.2	1953.4	2372.7	3308.8	Fédération de Russie
Germany	1064.5	1394.3	1854.6	2358.6	2870.5	Allemagne
Finland	1712.0	1838.1	1681.0	1889.8	2331.4	Finlande
Austria	1421.0	1680.8	1635.0	1765.3	2303.6	Autriche
Brazil	800.9	1121.1	1310.3	1452.8	1531.5	Brésil
Malaysia	832.0	931.7	1031.9	1182.0	1192.8	Malaisie
Chile	642.5	967.2	976.5	1076.8	1049.8	Chili
China	424.7	498.1	838.6	1087.3	1182.3	Chine
Latvia	543.0	605.5	590.7	573.1	657.7	Lettonie
New Zealand	474.5	613.9	588.7	603.0	635.3	Nouvelle-Zélande
Belgium	410.3	516.5	545.7	636.5	804.3	Belgique
Romania	453.6	551.3	535.4	585.9	650.3	Roumanie
France-Monaco	440.1	520.1	506.9	545.6	616.2	France-Monaco
Indonesia	415.9	394.4	340.8	428.8	487.3	Indonésie
Czech Republic	276.3	347.7	361.9	408.8	533.6	République tchèque
Italy	325.9	362.6	350.3	387.5	447.9	Italie
Poland	277.9	310.3	315.2	349.1	443.3	Pologne
Thailand	222.0	296.4	281.1	346.0	365.0	Thaïlande
Estonia	262.0	275.2	309.5	301.6	329.0	Estonie
Netherlands	188.4	223.4	262.9	326.0	384.4	Pays-Bas
Ukraine	225.8	263.0	243.4	254.9	341.1	Ukraine
China, Hong Kong SAR	350.4	276.5	178.5	154.4	133.1	Chine - RAS de Hong-Kong

Value as percentages of World total

Valeur en pourcentage du total mondial

Regions of the world	1998	1999	2000	2001	2002	2003	2004	2005	2006	2007	Régions du monde
World	100.0	100.0	100.0	100.0	100.0	100.0	100.0	100.0	100.0	100.0	Monde
Developed Economies	80.3	78.0	76.7	75.5	74.5	73.6	73.3	71.3	69.5	68.2	Economies Développés
- Asia-Pacific	1.4	1.7	1.7	1.7	2.1	1.9	2.1	2.0	1.9	1.8	- Asie-Pacifique
- Europe	36.1	30.0	33.3	33.4	35.9	39.6	36.9	36.7	38.5	43.0	- Europe
- North America	42.7	46.3	41.7	40.3	36.5	32.0	34.3	32.6	29.2	23.4	- Amérique du Nord
South-Eastern Europe	1.9	2.2	2.4	2.2	2.3	2.3	2.6	2.4	2.3	2.5	Europe du Sud-Est
Commonwealth of Independent States	2.8	3.1	3.6	3.8	4.5	5.8	5.9	6.7	7.2	9.1	Communauté d'Etats indépendants
- Asia	0.0	0.0	0.0	0.0	0.0	0.0	0.0	0.0	0.0	0.1	- Asie
- Europe	2.8	3.1	3.6	3.8	4.5	5.7	5.9	6.7	7.1	9.0	- Europe
Northern Africa	0.0	0.0	0.0	0.0	0.0	0.0	0.0	0.0	0.0	0.0	Afrique septentrionale
Sub-Saharan Africa	1.9	1.8	1.8	2.5	2.0	1.8	1.9	2.1	2.5	2.7	Afrique subsaharienne
Latin America & the Caribbean	5.0	5.6	5.5	6.6	6.7	6.7	7.8	8.1	8.5	7.9	Amérique latine et Caraïbes
- Caribbean	0.0	0.0	0.0	0.0	0.0	0.0	0.0	0.0	0.0	0.0	- Caraïbes
- Latin America	5.0	5.6	5.5	6.6	6.7	6.7	7.8	8.1	8.5	7.9	- Amérique latine
Eastern Asia	2.6	3.0	3.1	3.0	3.0	3.0	2.5	3.1	3.4	3.3	Asie orientale
Southern Asia	0.0	0.0	0.0	0.0	0.0	0.0	0.0	0.0	0.1	0.1	Asie méridionale
South-Eastern Asia	5.3	6.2	6.7	6.2	6.7	6.6	5.7	5.9	6.2	6.0	Asie du Sud-Est
Western Asia	0.1	0.1	0.1	0.2	0.2	0.2	0.2	0.2	0.2	0.2	Asie occidentale
Oceania	0.1	0.1	0.1	0.1	0.1	0.1	0.1	0.1	0.1	0.1	Océanie

251 Pulp and waste paper

Trade by commodity
Imports by principal countries or areas
Value in million US dollars

Commerce par produit
Importations selon les principaux pays ou zones
Valeur en millions de dollars EU

Country or area	2003	2004	2005	2006	2007	Pays ou zone
World	24012.9	28260.6	30066.4	33041.8	40054.6	Monde
Developed Economies	14737.5	16599.9	17301.4	18789.4	21883.2	Economies Développés
- Asia-Pacific	1403.7	1557.8	1481.9	1642.7	1705.3	- Asie-Pacifique
- Europe	10235.2	11529.0	12167.6	13422.6	15812.6	- Europe
- North America	3098.6	3513.1	3651.9	3724.1	4365.3	- Amérique du Nord
South-Eastern Europe	35.2	56.1	64.3	58.9	87.6	Europe du Sud-Est
Commonwealth of Independent States	129.6	113.6	121.0	146.2	220.8	Communauté d'Etats indépendants
- Asia	3.0	2.2	5.8	6.1	7.6	- Asie
- Europe	126.7	111.5	115.3	140.2	213.1	- Europe
Northern Africa	67.7	77.9	112.1	100.7	124.2	Afrique septentrionale
Sub-Saharan Africa	67.9	70.4	60.5	93.5	103.8	Afrique subsaharienne
Latin America & the Caribbean	1053.5	1308.6	1364.1	1428.4	1696.9	Amérique latine et Caraïbes
- Caribbean	10.2	11.9	13.2	19.3	26.8	- Caraïbes
- Latin America	1043.3	1296.7	1350.9	1409.1	1670.0	- Amérique latine
Eastern Asia	5805.5	7471.8	8315.7	9425.5	12366.8	Asie orientale
Southern Asia	526.4	617.2	731.4	750.4	878.3	Asie méridionale
South-Eastern Asia	1223.0	1499.4	1473.6	1690.5	2036.8	Asie du Sud-Est
Western Asia	366.3	445.1	521.9	558.0	656.2	Asie occidentale
Oceania	0.4	0.4	0.4	0.4	0.1	Océanie
China	3891.9	5294.7	6182.6	7140.3	9589.6	Chine
Germany	2617.0	2971.4	3180.9	3621.8	4301.4	Allemagne
United States	2708.8	3066.4	3196.5	3336.0	3902.7	Etats-Unis d'Amérique
Italy	1804.7	1888.1	2028.4	2217.2	2559.7	Italie
Korea, Republic of	1311.0	1507.4	1478.3	1548.7	1892.3	République de Corée
Japan	1249.4	1378.1	1298.5	1453.6	1452.1	Japon
France-Monaco	1198.8	1314.3	1322.0	1365.0	1594.9	France-Monaco
Netherlands	822.7	983.6	1076.2	1053.5	1232.1	Pays-Bas
United Kingdom	806.8	882.7	959.3	1022.2	1069.4	Royaume-Uni
Indonesia	636.4	824.8	785.1	852.7	1022.5	Indonésie
Belgium	556.2	658.7	697.9	935.4	1224.0	Belgique
Mexico	591.9	714.1	742.7	803.9	936.7	Mexique
Spain	490.6	529.5	579.7	671.4	869.1	Espagne
Austria	444.7	568.9	566.7	656.6	729.5	Autriche
India	404.2	471.3	575.3	638.1	745.6	Inde
Canada	389.8	446.7	455.4	388.0	462.5	Canada
Thailand	380.0	383.1	376.9	429.3	540.6	Thaïlande
Sweden	276.0	312.3	335.0	355.2	390.2	Suède
Switzerland-Liechtenstein	254.5	290.9	295.7	328.7	385.6	Suisse-Liechtenstein
Poland	199.5	244.5	266.2	300.9	354.1	Pologne
Turkey	187.3	221.4	278.1	279.1	308.5	Turquie
Brazil	158.7	194.7	210.4	212.8	232.4	Brésil
Australia	151.0	176.3	179.7	184.3	235.6	Australie
Finland	105.9	137.6	162.5	201.5	276.2	Finlande
Slovenia	124.6	150.9	145.9	162.6	220.2	Slovénie

Value as percentages of World total

Regions of the world	1998	1999	2000	2001	2002	2003	2004	2005	2006	2007	Régions du monde
World	100.0	100.0	100.0	100.0	100.0	100.0	100.0	100.0	100.0	100.0	Monde
Developed Economies	70.9	66.9	66.1	64.3	62.8	61.4	58.7	57.5	56.9	54.6	Economies Développés
- Asia-Pacific	9.3	8.4	8.1	6.9	6.1	5.8	5.5	4.9	5.0	4.3	- Asie-Pacifique
- Europe	45.9	42.8	43.3	43.0	43.2	42.6	40.8	40.5	40.6	39.5	- Europe
- North America	15.7	15.7	14.7	14.3	13.5	12.9	12.4	12.1	11.3	10.9	- Amérique du Nord
South-Eastern Europe	0.2	0.2	0.1	0.1	0.2	0.1	0.2	0.2	0.2	0.2	Europe du Sud-Est
Commonwealth of Independent States	0.5	0.5	0.4	0.4	0.5	0.5	0.4	0.4	0.4	0.6	Communauté d'Etats indépendants
- Asia	0.0	0.0	0.0	0.0	0.0	0.0	0.0	0.0	0.0	0.0	- Asie
- Europe	0.5	0.5	0.4	0.4	0.5	0.5	0.4	0.4	0.4	0.5	- Europe
Northern Africa	0.5	0.4	0.3	0.3	0.4	0.3	0.3	0.4	0.3	0.3	Afrique septentrionale
Sub-Saharan Africa	0.3	0.3	0.3	0.4	0.3	0.3	0.2	0.2	0.3	0.3	Afrique subsaharienne
Latin America & the Caribbean	4.9	5.0	4.5	4.7	4.9	4.4	4.6	4.5	4.3	4.2	Amérique latine et Caraïbes
- Caribbean	0.0	0.1	0.1	0.1	0.0	0.0	0.0	0.0	0.1	0.1	- Caraïbes
- Latin America	4.8	4.9	4.4	4.7	4.8	4.3	4.6	4.5	4.3	4.2	- Amérique latine
Eastern Asia	14.1	17.6	18.9	20.7	21.9	24.2	26.4	27.7	28.5	30.9	Asie orientale
Southern Asia	1.6	1.6	1.4	1.8	2.1	2.2	2.2	2.4	2.3	2.2	Asie méridionale
South-Eastern Asia	5.6	6.0	6.5	5.8	5.4	5.1	5.3	4.9	5.1	5.1	Asie du Sud-Est
Western Asia	1.5	1.5	1.5	1.5	1.6	1.5	1.6	1.7	1.7	1.6	Asie occidentale
Oceania	0.0	0.0	0.0	0.0	0.0	0.0	0.0	0.0	0.0	0.0	Océanie

Trade by commodity
Exports by principal countries or areas
Value in million US dollars

Commerce par produit
Exportations selon les principaux pays ou zones
Valeur en millions de dollars EU

Country or area	2003	2004	2005	2006	2007	Pays ou zone
World	21885.1	24766.1	25879.8	29694.1	36624.5	Monde
Developed Economies	16660.4	19303.6	19676.6	22432.7	27342.2	Economies Développés
- Asia-Pacific	589.1	829.7	972.6	1101.5	1420.7	- Asie-Pacifique
- Europe	6856.0	8183.1	8159.0	9605.1	12034.6	- Europe
- North America	9215.2	10290.9	10545.0	11726.1	13886.9	- Amérique du Nord
South-Eastern Europe	44.6	55.6	42.3	34.6	45.9	Europe du Sud-Est
Commonwealth of Independent States	626.1	699.2	767.2	856.7	1068.9	Communauté d'Etats indépendants
- Asia	1.1	1.5	1.8	2.4	4.8	- Asie
- Europe	625.0	697.6	765.4	854.3	1064.1	- Europe
Northern Africa	58.1	60.1	74.3	70.9	84.1	Afrique septentrionale
Sub-Saharan Africa	499.6	505.4	475.8	521.8	533.9	Afrique subsaharienne
Latin America & the Caribbean	2769.6	3122.5	3394.7	4001.5	5584.8	Amérique latine et Caraïbes
- Caribbean	4.1	3.0	3.4	2.8	5.1	- Caraïbes
- Latin America	2765.5	3119.6	3391.3	3998.8	5579.7	- Amérique latine
Eastern Asia	126.1	127.4	165.9	222.1	361.9	Asie orientale
Southern Asia	22.3	20.6	24.7	32.3	39.6	Asie méridionale
South-Eastern Asia	1017.1	793.7	1171.6	1430.3	1450.3	Asie du Sud-Est
Western Asia	58.6	76.8	85.7	90.0	112.1	Asie occidentale
Oceania	2.7	1.3	1.0	1.2	0.8	Océanie
Canada	4998.9	5669.1	5364.9	5865.0	6824.4	Canada
United States	4216.3	4621.8	5180.1	5861.1	7062.5	Etats-Unis d'Amérique
Brazil	1744.5	1722.4	2033.9	2484.0	3024.2	Brésil
Sweden	1694.6	2025.1	1922.0	1970.5	2424.8	Suède
Chile	863.7	1212.2	1205.5	1341.1	2349.2	Chili
Finland	1096.4	1202.0	1055.1	1575.2	1686.7	Finlande
Indonesia	793.6	591.0	934.2	1126.4	1068.1	Indonésie
Germany	575.9	721.0	887.3	1037.5	1228.6	Allemagne
Russian Federation	623.7	695.7	763.5	850.7	1058.7	Fédération de Russie
Belgium	480.5	602.4	637.5	943.8	1281.5	Belgique
Netherlands	487.9	582.5	650.3	719.3	901.4	Pays-Bas
Spain	450.0	591.9	632.5	671.7	849.2	Espagne
United Kingdom	294.0	447.3	516.9	618.3	819.4	Royaume-Uni
France-Monaco	388.0	459.8	486.0	556.6	770.5	France-Monaco
Japan	298.5	418.4	527.4	577.1	743.7	Japon
South Africa	376.5	383.4	409.5	427.0	500.6	Afrique du Sud
New Zealand	253.9	359.0	345.8	404.6	490.0	Nouvelle-Zélande
Portugal	452.3	461.1	206.2	212.5	201.9	Portugal
Norway	201.1	226.2	231.5	252.0	286.1	Norvège
Czech Republic	158.8	190.4	205.7	232.5	306.3	République tchèque
Austria	183.2	181.9	172.3	192.7	295.7	Autriche
Switzerland-Liechtenstein	93.7	115.3	131.3	127.9	188.8	Suisse-Liechtenstein
Argentina	115.1	138.3	103.6	118.5	130.0	Argentine
Italy	78.8	85.7	99.4	121.5	207.2	Italie
Thailand	109.0	75.9	91.1	119.4	173.0	Thaïlande

Value as percentages of World total

Valeur en pourcentage du total mondial

Regions of the world	1998	1999	2000	2001	2002	2003	2004	2005	2006	2007	Régions du monde
World	100.0	100.0	100.0	100.0	100.0	100.0	100.0	100.0	100.0	100.0	Monde
Developed Economies	78.1	77.6	77.9	76.9	78.0	76.1	77.9	76.0	75.5	74.7	Economies Développés
- Asia-Pacific	1.7	1.7	1.9	2.2	2.5	2.7	3.3	3.8	3.7	3.9	- Asie-Pacifique
- Europe	28.3	24.1	28.7	29.4	30.5	31.3	33.0	31.5	32.3	32.9	- Europe
- North America	48.1	51.8	47.3	45.3	45.0	42.1	41.6	40.7	39.5	37.9	- Amérique du Nord
South-Eastern Europe	0.1	0.1	0.2	0.2	0.2	0.2	0.2	0.2	0.1	0.1	Europe du Sud-Est
Commonwealth of Independent States	2.1	2.2	2.4	2.8	3.0	2.9	2.8	3.0	2.9	2.9	Communauté d'Etats indépendants
- Asia	0.0	0.0	0.0	0.0	0.0	0.0	0.0	0.0	0.0	0.0	- Asie
- Europe	2.1	2.2	2.4	2.8	3.0	2.9	2.8	3.0	2.9	2.9	- Europe
Northern Africa	0.2	0.4	0.3	0.2	0.3	0.3	0.2	0.3	0.2	0.2	Afrique septentrionale
Sub-Saharan Africa	2.0	2.1	2.3	2.0	2.0	2.3	2.0	1.8	1.8	1.5	Afrique subsaharienne
Latin America & the Caribbean	11.2	12.8	12.1	13.1	11.3	12.7	12.6	13.1	13.5	15.2	Amérique latine et Caraïbes
- Caribbean	0.0	0.0	0.0	0.0	0.0	0.0	0.0	0.0	0.0	0.0	- Caraïbes
- Latin America	11.2	12.8	12.1	13.0	11.3	12.6	12.6	13.1	13.5	15.2	- Amérique latine
Eastern Asia	0.3	0.4	0.5	0.4	0.5	0.6	0.5	0.6	0.7	1.0	Asie orientale
Southern Asia	0.0	0.0	0.0	0.0	0.1	0.1	0.1	0.1	0.1	0.1	Asie méridionale
South-Eastern Asia	5.7	4.2	4.1	4.2	4.5	4.6	3.2	4.5	4.8	4.0	Asie du Sud-Est
Western Asia	0.1	0.2	0.1	0.2	0.3	0.3	0.3	0.3	0.3	0.3	Asie occidentale
Oceania	0.0	0.0	0.0	0.0	0.0	0.0	0.0	0.0	0.0	0.0	Océanie

261 Silk

Trade by commodity
Imports by principal countries or areas
Value in million US dollars

Commerce par produit
Importations selon les principaux pays ou zones
Valeur en millions de dollars EU

Country or area	2003	2004	2005	2006	2007	Pays ou zone
World	361.6	379.6	455.2	481.7	468.6	Monde
Developed Economies	130.4	124.8	131.0	171.0	130.8	Economies Développés
- Asia-Pacific	43.6	43.5	41.7	51.9	30.7	- Asie-Pacifique
- Europe	86.0	80.8	88.7	118.1	99.1	- Europe
- North America	0.9	0.5	0.6	1.0	1.0	- Amérique du Nord
South-Eastern Europe	9.1	15.8	25.7	41.9	41.2	Europe du Sud-Est
Commonwealth of Independent States	1.1	0.1	0.5	1.3	2.4	Communauté d'Etats indépendants
- Asia	1.1	0.1	0.5	1.3	2.4	- Asie
- Europe	0.0			0.0	0.0	- Europe
Northern Africa	1.8	1.8	2.4	2.0	3.6	Afrique septentrionale
Sub-Saharan Africa	0.4	0.9	1.0	0.9	0.3	Afrique subsaharienne
Latin America & the Caribbean	2.6	3.1	3.9	5.6	3.9	Amérique latine et Caraïbes
- Caribbean	0.0	0.0	0.0	0.1	0.0	- Caraïbes
- Latin America	2.6	3.1	3.8	5.5	3.9	- Amérique latine
Eastern Asia	38.7	43.4	42.8	47.1	38.0	Asie orientale
Southern Asia	149.6	148.8	195.2	164.1	198.3	Asie méridionale
South-Eastern Asia	22.1	32.3	46.1	41.4	43.6	Asie du Sud-Est
Western Asia	5.9	8.6	6.5	6.4	6.5	Asie occidentale
Oceania	0.0	0.0	0.0	0.0	0.0	Océanie
India	138.4	135.9	180.9	151.2	183.1	Inde
Italy	59.2	56.6	66.0	88.9	69.9	Italie
Japan	43.4	43.4	41.6	51.7	30.4	Japon
Korea, Republic of	27.0	27.3	33.5	36.5	29.2	République de Corée
Viet Nam	16.5	24.5	36.0	28.2	e36.0	Viet Nam
Romania	7.7	14.9	23.8	40.9	40.0	Roumanie
Germany	15.8	10.6	9.3	13.2	13.1	Allemagne
China	9.7	15.5	8.1	9.7	8.3	Chine
France-Monaco	5.3	6.7	6.8	7.6	6.6	France-Monaco
Thailand	2.6	3.8	6.4	8.1	5.4	Thaïlande
Bangladesh	5.3	4.9	4.2	e5.2	e6.0	Bangladesh
Nepal	4.9	e5.3	e6.3	e1.1	e0.7	Népal
United Arab Emirates	2.5	3.9	3.4	3.3	e4.1	Emirates arabes unis
Pakistan	0.8	0.9	2.0	5.7	7.5	Pakistan
Turkey	3.0	3.9	3.0	1.4	2.3	Turquie
United Kingdom	1.5	2.2	2.1	2.6	3.3	Royaume-Uni
Switzerland-Liechtenstein	2.2	2.2	2.2	2.5	2.5	Suisse-Liechtenstein
Uruguay	2.0	1.9	1.9	1.9	1.8	Uruguay
Tunisia	1.3	1.2	1.9	1.7	3.4	Tunisie
Bulgaria	1.5	0.8	1.9	1.0	1.2	Bulgarie
Iran (Islamic Republic of)	0.2	1.7	1.8	0.9	e0.9	Iran (République islamique d')
Azerbaijan	1.1	0.1	0.5	1.3	2.4	Azerbaïdjan
Myanmar	e0.7	e1.1	e1.0	e1.2	e0.9	Myanmar
Singapore	1.1	1.1	0.8	1.0	0.8	Singapour
Spain	0.9	1.2	0.8	0.7	0.4	Espagne

Value as percentages of World total

Valeur en pourcentage du total mondial

Regions of the world	1998	1999	2000	2001	2002	2003	2004	2005	2006	2007	Régions du monde
World	100.0	100.0	100.0	100.0	100.0	100.0	100.0	100.0	100.0	100.0	Monde
Developed Economies	46.5	42.0	49.3	44.0	36.8	36.1	32.9	28.8	35.5	27.9	Economies Développés
- Asia-Pacific	14.5	14.7	17.1	13.6	12.6	12.0	11.5	9.2	10.8	6.6	- Asie-Pacifique
- Europe	31.8	27.0	32.0	30.2	24.1	23.8	21.3	19.5	24.5	21.1	- Europe
- North America	0.2	0.2	0.2	0.2	0.2	0.2	0.1	0.1	0.2	0.2	- Amérique du Nord
South-Eastern Europe	0.0	0.0	0.2	0.6	2.4	2.5	4.2	5.7	8.7	8.8	Europe du Sud-Est
Commonwealth of Independent States	0.3	0.0	0.0	0.0	0.0	0.3	0.0	0.1	0.3	0.5	Communauté d'Etats indépendants
- Asia	0.3	0.0	0.0	0.0	0.0	0.3	0.0	0.1	0.3	0.5	- Asie
- Europe	0.0	0.0	0.0	0.0	0.0	0.0			0.0	0.0	- Europe
Northern Africa	0.3	0.4	0.4	0.4	0.5	0.5	0.5	0.5	0.4	0.8	Afrique septentrionale
Sub-Saharan Africa	0.1	0.1	0.0	0.0	1.6	0.1	0.2	0.2	0.2	0.1	Afrique subsaharienne
Latin America & the Caribbean	0.2	0.3	0.3	0.5	0.8	0.7	0.8	0.8	1.2	0.8	Amérique latine et Caraïbes
- Caribbean	0.0	0.0	0.0	0.0	0.0	0.0	0.0	0.0	0.0	0.0	- Caraïbes
- Latin America	0.1	0.3	0.3	0.5	0.8	0.7	0.8	0.8	1.1	0.8	- Amérique latine
Eastern Asia	17.1	15.6	14.3	11.3	11.2	10.7	11.4	9.4	9.8	8.1	Asie orientale
Southern Asia	29.5	34.9	27.9	34.5	38.8	41.4	39.2	42.9	34.1	42.3	Asie méridionale
South-Eastern Asia	5.5	6.0	6.3	7.3	6.1	6.1	8.5	10.1	8.6	9.3	Asie du Sud-Est
Western Asia	0.7	0.6	1.2	1.4	1.8	1.6	2.3	1.4	1.3	1.4	Asie occidentale
Oceania	0.0	0.0	0.0	0.0	0.0	0.0	0.0	0.0	0.0	0.0	Océanie

Trade by commodity
Exports by principal countries or areas
Value in million US dollars

Commerce par produit
Exportations selon les principaux pays ou zones
Valeur en millions de dollars EU

Country or area	2003	2004	2005	2006	2007	Pays ou zone
World	303.6	317.5	352.7	340.4	453.2	Monde
Developed Economies	31.9	41.3	32.7	59.3	42.6	Economies Développés
- Asia-Pacific	4.1	12.3	5.5	2.2	3.2	- Asie-Pacifique
- Europe	25.2	26.3	24.7	55.6	37.4	- Europe
- North America	2.7	2.7	2.6	1.5	2.0	- Amérique du Nord
South-Eastern Europe	3.6	8.7	11.8	8.5	5.2	Europe du Sud-Est
Commonwealth of Independent States	11.4	18.9	10.2	11.8	7.2	Communauté d'Etats indépendants
- Asia	11.4	18.9	10.2	11.8	7.2	- Asie
- Europe				0.0		- Europe
Northern Africa	0.0	0.0				Afrique septentrionale
Sub-Saharan Africa	0.0	0.4	0.1	0.1	0.0	Afrique subsaharienne
Latin America & the Caribbean	2.4	1.8	2.2	1.8	2.4	Amérique latine et Caraïbes
- Caribbean					0.0	- Caraïbes
- Latin America	2.4	1.8	2.2	1.8	2.4	- Amérique latine
Eastern Asia	242.9	238.6	278.0	237.9	380.8	Asie orientale
Southern Asia	3.6	2.3	9.6	7.8	6.3	Asie méridionale
South-Eastern Asia	3.6	·3.0	4.0	4.5	3.6	Asie du Sud-Est
Western Asia	4.1	2.4	4.2	8.7	5.2	Asie occidentale
Oceania	0.0				0.0	Océanie
China	238.5	236.1	276.0	235.3	378.5	Chine
Italy	9.1	14.6	11.7	39.9	23.0	Italie
Germany	13.6	9.3	10.3	12.0	11.2	Allemagne
Uzbekistan	e8.3	e13.8	e7.1	e8.0	e6.7	Ouzbékistan
Romania	3.6	8.7	11.7	8.4	5.2	Roumanie
India	2.9	2.2	9.3	7.0	5.2	Inde
Japan	3.2	12.1	5.4	2.0	2.9	Japon
United Arab Emirates	3.5	1.8	3.8	4.7	e5.1	Emirates arabes unis
Tajikistan	e2.6	e4.0	e2.6	e3.1	e0.2	Tadjikistan
United States	2.7	2.7	2.6	1.5	2.0	Etats-Unis d'Amérique
Brazil	2.3	1.7	2.2	1.3	2.0	Brésil
Viet Nam	2.0	0.6	1.6	2.1	e2.5	Viet Nam
Korea, Democratic People's Republic of	e2.4	e1.7	e1.4	e1.2	e1.8	Rép. démocratique populaire de Corée
United Kingdom	1.3	1.2	1.4	2.4	2.0	Royaume-Uni
Saudi Arabia	0.3	0.4	0.1	3.6		Arabie saoudite
Singapore	0.8	0.7	0.7	1.0	0.4	Singapour
Switzerland-Liechtenstein	0.8	0.6	0.9	0.8	0.0	Suisse-Liechtenstein
Thailand	0.4	0.3	0.6	1.2	0.6	Thaïlande
China, Hong Kong SAR	0.9	0.6	0.5	0.7	0.0	Chine - RAS de Hong-Kong
Iran (Islamic Republic of)	0.7	0.1	0.2	0.7	e0.9	Iran (République islamique d')
Lao People's Democratic Republic	e0.0	e1.0	e1.1	e0.0		République populaire démocratique lao
Turkmenistan	e0.4	e0.4	e0.3	e0.5	e0.1	Turkménistan
Netherlands	0.3	0.0	0.0	0.1	1.0	Pays-Bas
Australia	0.8	0.2	0.0	0.1	0.3	Australie
Korea, Republic of	0.0	0.3	0.0	0.6	0.3	République de Corée

Value as percentages of World total

Valeur en pourcentage du total mondial

Regions of the world	1998	1999	2000	2001	2002	2003	2004	2005	2006	2007	Régions du monde
World	100.0	100.0	100.0	100.0	100.0	100.0	100.0	100.0	100.0	100.0	Monde
Developed Economies	11.4	9.6	9.6	9.1	8.8	10.5	13.0	9.3	17.4	9.4	Economies Développés
- Asia-Pacific	0.7	1.4	1.3	0.4	0.5	1.3	3.9	1.5	0.6	0.7	- Asie-Pacifique
- Europe	10.3	7.8	7.8	8.1	7.5	8.3	8.3	7.0	16.3	8.3	- Europe
- North America	0.3	0.4	0.5	0.7	0.7	0.9	0.8	0.7	0.4	0.4	- Amérique du Nord
South-Eastern Europe	0.0	0.0		0.0	0.1	1.2	2.7	3.3	2.5	1.1	Europe du Sud-Est
Commonwealth of Independent States	3.0	4.7	3.4	4.7	4.4	3.8	6.0	2.9	3.5	1.6	Communauté d'Etats indépendants
- Asia	2.9	4.6	3.4	·4.7	4.4	3.8	6.0	2.9	3.5	1.6	- Asie
- Europe	0.1	0.1		0.0	0.0				0.0		- Europe
Northern Africa	0.0	0.0				0.0	0.0				Afrique septentrionale
Sub-Saharan Africa	0.1	0.0	0.0	0.0	0.0	0.0	0.1	0.0	0.0	0.0	Afrique subsaharienne
Latin America & the Caribbean	2.0	0.6	0.5	0.6	0.8	0.8	0.6	0.6	0.5	0.5	Amérique latine et Caraïbes
- Caribbean										0.0	- Caraïbes
- Latin America	2.0	0.6	0.5	0.6	0.8	0.8	0.6	0.6	0.5	0.5	- Amérique latine
Eastern Asia	74.7	79.0	80.5	79.8	80.9	80.0	75.2	78.8	69.9	84.0	Asie orientale
Southern Asia	3.1	2.3	2.7	3.4	1.3	1.2	0.7	2.7	2.3	1.4	Asie méridionale
South-Eastern Asia	5.0	2.9	2.4	1.9	2.1	1.2	1.0	1.1	1.3	0.8	Asie du Sud-Est
Western Asia	0.8	0.9	0.9	0.4	1.6	1.4	0.8	1.2	2.6	1.1	Asie occidentale
Oceania				0.0		0.0				0.0	Océanie

263 Cotton

Trade by commodity
Imports by principal countries or areas
Value in million US dollars

Commerce par produit
Importations selon les principaux pays ou zones
Valeur en millions de dollars EU

Country or area	2003	2004	2005	2006	2007	Pays ou zone
World	8734.3	12008.7	10766.0	12545.6	12532.8	Monde
Developed Economies	1784.4	1895.9	1416.7	1233.7	1243.2	Economies Développés
- Asia-Pacific	279.7	296.9	241.9	216.0	217.2	- Asie-Pacifique
- Europe	1355.0	1453.9	1078.4	942.5	952.0	- Europe
- North America	149.8	145.0	96.4	75.1	74.0	- Amérique du Nord
South-Eastern Europe	62.2	81.2	59.9	57.4	47.0	Europe du Sud-Est
Commonwealth of Independent States	263.1	319.7	339.0	362.2	353.9	Communauté d'Etats indépendants
- Asia	2.6	1.1	28.6	51.6	53.4	- Asie
- Europe	260.6	318.7	310.4	310.6	300.5	- Europe
Northern Africa	102.3	194.4	135.3	156.4	170.3	Afrique septentrionale
Sub-Saharan Africa	138.2	204.2	162.5	114.8	264.6	Afrique subsaharienne
Latin America & the Caribbean	1010.8	1044.9	773.0	895.1	954.5	Amérique latine et Caraïbes
- Caribbean	9.7	13.1	8.6	9.3	7.6	- Caraïbes
- Latin America	1001.1	1031.8	764.4	885.9	946.9	- Amérique latine
Eastern Asia	2035.9	4141.7	4046.6	5806.3	4412.0	Asie orientale
Southern Asia	1208.1	1626.9	1375.1	1420.7	2086.5	Asie méridionale
South-Eastern Asia	1419.1	1619.2	1513.2	1520.2	1720.0	Asie du Sud-Est
Western Asia	709.5	879.7	944.2	978.8	1280.5	Asie occidentale
Oceania	0.6	0.8	0.5	0.2	0.3	Océanie
China	1218.2	3242.1	3246.2	4974.6	3579.8	Chine
Turkey	675.5	844.1	911.1	949.7	1260.4	Turquie
Bangladesh	563.6	757.9	686.7	e858.8	e990.7	Bangladesh
Indonesia	649.4	690.1	580.6	623.5	803.0	Indonésie
Thailand	534.5	561.9	621.3	575.0	544.6	Thaïlande
Pakistan	293.4	591.1	482.7	400.7	885.5	Pakistan
Mexico	543.6	578.0	467.3	497.4	469.5	Mexique
Korea, Republic of	400.3	433.0	360.6	302.1	308.7	République de Corée
Italy	390.9	405.3	305.4	279.3	269.2	Italie
Russian Federation	231.6	276.3	277.7	277.8	261.6	Fédération de Russie
Japan	278.8	296.3	241.8	215.9	217.0	Japon
India	337.5	243.4	159.6	146.3	193.6	Inde
Viet Nam	105.4	191.6	170.1	221.8	e283.1	Viet Nam
Germany	177.3	193.8	147.3	128.8	134.6	Allemagne
China, Hong Kong SAR	116.6	105.6	108.7	168.4	176.5	Chine - RAS de Hong-Kong
Brazil	135.1	163.2	42.6	101.8	127.4	Brésil
Portugal	130.8	130.3	90.8	89.9	93.7	Portugal
France-Monaco	110.3	115.1	87.9	73.5	84.4	France-Monaco
Canada	113.4	109.2	64.5	49.6	36.2	Canada
South Africa	76.9	117.8	68.2	53.5	55.8	Afrique du Sud
Colombia	83.9	58.2	48.0	80.1	72.7	Colombie
Malaysia	57.3	96.7	82.8	48.1	56.6	Malaisie
Czech Republic	73.6	86.4	64.0	54.2	52.1	République tchèque
Peru	58.4	61.4	65.0	51.1	88.8	Pérou
Egypt	16.8	97.3	53.9	73.9	72.6	Egypte

Value as percentages of World total

Valeur en pourcentage du total mondial

Regions of the world	1998	1999	2000	2001	2002	2003	2004	2005	2006	2007	Régions du monde
World	100.0	100.0	100.0	100.0	100.0	100.0	100.0	100.0	100.0	100.0	Monde
Developed Economies	33.0	31.3	28.3	25.9	25.9	20.4	15.8	13.2	9.8	9.9	Economies Développés
- Asia-Pacific	5.8	5.5	4.7	4.2	3.9	3.2	2.5	2.2	1.7	1.7	- Asie-Pacifique
- Europe	25.3	22.4	21.7	20.0	20.3	15.5	12.1	10.0	7.5	7.6	- Europe
- North America	1.9	3.4	1.9	1.7	1.7	1.7	1.2	0.9	0.6	0.6	- Amérique du Nord
South-Eastern Europe	1.2	0.9	0.8	1.0	0.9	0.7	0.7	0.6	0.5	0.4	Europe du Sud-Est
Commonwealth of Independent States	2.5	4.5	5.2	4.6	3.8	3.0	2.7	3.1	2.9	2.8	Communauté d'Etats indépendants
- Asia	0.0	0.0	0.0	0.0	0.0	0.0	0.0	0.3	0.4	0.4	- Asie
- Europe	2.5	4.5	5.2	4.6	3.8	3.0	2.7	2.9	2.5	2.4	- Europe
Northern Africa	1.3	1.2	1.6	1.5	1.2	1.2	1.6	1.3	1.2	1.4	Afrique septentrionale
Sub-Saharan Africa	1.3	0.9	1.1	3.0	1.8	1.6	1.7	1.5	0.9	2.1	Afrique subsaharienne
Latin America & the Caribbean	15.7	13.1	14.4	10.7	11.0	11.6	8.7	7.2	7.1	7.6	Amérique latine et Caraïbes
- Caribbean	0.0	0.1	0.1	0.1	0.1	0.1	0.1	0.1	0.1	0.1	- Caraïbes
- Latin America	15.7	13.0	14.3	10.6	10.9	11.5	8.6	7.1	7.1	7.6	- Amérique latine
Eastern Asia	17.2	14.4	12.6	12.3	14.7	23.3	34.5	37.6	46.3	35.2	Asie orientale
Southern Asia	4.9	11.4	8.8	12.2	12.4	13.8	13.5	12.8	11.3	16.6	Asie méridionale
South-Eastern Asia	16.1	17.4	18.3	22.3	20.5	16.2	13.5	14.1	12.1	13.7	Asie du Sud-Est
Western Asia	6.7	5.0	8.9	6.6	7.8	8.1	7.3	8.8	7.8	10.2	Asie occidentale
Oceania	0.0	0.0	0.0	0.0	0.0	0.0	0.0	0.0	0.0	0.0	Océanie

Trade by commodity
Exports by principal countries or areas
Value in million US dollars

Commerce par produit
Exportations selon les principaux pays ou zones
Valeur en millions de dollars EU

Country or area	2003	2004	2005	2006	2007	Pays ou zone
World	9957.9	11791.2	10927.1	11979.1	12006.4	Monde
Developed Economies	4704.1	5807.4	5408.1	6112.4	5684.4	Economies Développés
- Asia-Pacific	598.1	717.8	772.9	768.0	464.3	- Asie-Pacifique
- Europe	651.9	726.8	607.5	689.9	480.9	- Europe
- North America	3454.1	4362.8	4027.7	4654.5	4739.2	- Amérique du Nord
South-Eastern Europe	1.4	2.3	2.4	2.8	2.7	Europe du Sud-Est
Commonwealth of Independent States	1626.7	2098.3	1777.0	1448.2	1412.3	Communauté d'Etats indépendants
- Asia	1625.8	2097.6	1775.5	1447.3	1411.6	- Asie
- Europe	0.9	0.7	1.5	0.9	0.8	- Europe
Northern Africa	368.2	485.9	182.4	135.1	155.1	Afrique septentrionale
Sub-Saharan Africa	2057.6	2029.6	1639.2	1802.0	1752.8	Afrique subsaharienne
Latin America & the Caribbean	299.9	629.0	646.8	480.6	664.7	Amérique latine et Caraïbes
- Caribbean	1.4	1.2	0.6	2.5	0.7	- Caraïbes
- Latin America	298.5	627.8	646.1	478.1	664.0	- Amérique latine
Eastern Asia	183.9	78.1	64.0	103.3	107.1	Asie orientale
Southern Asia	304.3	235.4	800.5	1495.3	1797.4	Asie méridionale
South-Eastern Asia	54.2	54.3	57.4	57.0	68.1	Asie du Sud-Est
Western Asia	356.9	368.9	349.1	340.7	361.7	Asie occidentale
Oceania	0.7	1.9	0.3	1.8	0.0	Océanie
United States	3453.7	4357.3	4026.5	4653.5	4733.8	Etats-Unis d'Amérique
Uzbekistan	e1149.6	e1482.7	e1295.8	e914.6	e928.9	Ouzbékistan
India	206.1	84.6	663.8	1351.5	1663.3	Inde
Australia	595.2	713.9	770.2	765.3	461.6	Australie
Brazil	194.8	412.5	457.8	351.5	512.2	Brésil
Greece	392.0	388.7	345.2	414.3	245.2	Grèce
Burkina Faso	224.3	283.3	e333.9	e420.2	e465.1	Burkina Faso
Mali	350.2	354.0	262.7	254.1	198.7	Mali
Egypt	365.9	482.9	180.7	132.9	152.4	Egypte
Benin	185.1	203.3	167.3	e333.0	e344.2	Bénin
Tajikistan	e203.7	e272.4	e172.3	e218.9	e176.7	Tadjikistan
Syrian Arab Republic	152.3	178.4	197.1	204.1	e219.4	République arabe syrienne
Kazakhstan	144.7	175.4	168.8	184.8	183.7	Kazakhstan
Chad	e380.6	e128.7	e92.8	e97.1	e77.7	Tchad
Côte d'Ivoire	177.9	156.3	140.7	113.5	98.6	Côte d'Ivoire
Zimbabwe	e207.5	239.3	50.3	89.8	94.9	Zimbabwe
Cameroon	108.5	144.5	132.6	103.7	e109.3	Cameroun
Turkey	157.7	136.0	104.7	85.9	105.7	Turquie
Pakistan	85.1	131.9	130.0	116.9	104.3	Pakistan
Sudan	106.4	87.7	103.6	71.1	e90.8	Soudan
Spain	46.6	102.8	69.9	97.9	56.0	Espagne
United Republic of Tanzania	48.0	75.2	109.8	69.4	59.4	République-Unie de Tanzanie
Paraguay	58.7	126.0	80.8	42.1	48.7	Paraguay
Zambia	30.9	122.5	57.5	62.6	41.5	Zambie
Turkmenistan	e51.1	e88.7	e56.7	e53.4	e61.3	Turkménistan

Value as percentages of World total

Valeur en pourcentage du total mondial

Regions of the world	1998	1999	2000	2001	2002	2003	2004	2005	2006	2007	Régions du monde
World	100.0	100.0	100.0	100.0	100.0	100.0	100.0	100.0	100.0	100.0	Monde
Developed Economies	46.7	35.2	45.0	31.3	46.5	47.2	49.3	49.5	51.0	47.3	Economies Développés
- Asia-Pacific	11.1	12.8	11.7	8.6	9.9	6.0	6.1	7.1	6.4	3.9	- Asie-Pacifique
- Europe	6.4	8.3	7.4	4.4	6.2	6.5	6.2	5.6	5.8	4.0	- Europe
- North America	29.3	14.2	26.0	18.4	30.4	34.7	37.0	36.9	38.9	39.5	- Amérique du Nord
South-Eastern Europe	0.1	0.0	0.0	0.0	0.0	0.0	0.0	0.0	0.0	0.0	Europe du Sud-Est
Commonwealth of Independent States	24.0	27.4	20.7	12.0	20.8	16.3	17.8	16.3	12.1	11.8	Communauté d'Etats indépendants
- Asia	23.9	27.4	20.7	12.0	20.7	16.3	17.8	16.2	12.1	11.8	- Asie
- Europe	0.1	0.0	0.0	0.0	0.0	0.0	0.0	0.0	0.0	0.0	- Europe
Northern Africa	1.8	3.3	2.6	1.6	4.8	3.7	4.1	1.7	1.1	1.3	Afrique septentrionale
Sub-Saharan Africa	15.9	18.5	15.4	46.9	15.8	20.7	17.2	15.0	15.0	14.6	Afrique subsaharienne
Latin America & the Caribbean	4.7	4.8	3.1	3.1	2.6	3.0	5.3	5.9	4.0	5.5	Amérique latine et Caraïbes
- Caribbean	0.0	0.0	0.0	0.0	0.0	0.0	0.0	0.0	0.0	0.0	- Caraïbes
- Latin America	4.6	4.8	3.1	3.1	2.6	3.0	5.3	5.9	4.0	5.5	- Amérique latine
Eastern Asia	1.3	4.8	4.7	1.2	3.0	1.8	0.7	0.6	0.9	0.9	Asie orientale
Southern Asia	1.6	1.0	3.5	1.0	1.5	3.1	2.0	7.3	12.5	15.0	Asie méridionale
South-Eastern Asia	0.5	0.5	0.5	0.3	0.5	0.5	0.5	0.5	0.5	0.6	Asie du Sud-Est
Western Asia	3.4	4.5	4.4	2.6	4.5	3.6	3.1	3.2	2.8	3.0	Asie occidentale
Oceania	0.0	0.0	0.0	0.0	0.0	0.0	0.0	0.0	0.0	0.0	Océanie

264 Jute, other textile bast fibres, nes, not spun; tow and waste

Trade by commodity
Imports by principal countries or areas
Value in million US dollars

Commerce par produit
Importations selon les principaux pays ou zones
Valeur en millions de dollars EU

Country or area	2003	2004	2005	2006	2007	Pays ou zone
World	101.2	92.2	134.4	149.5	184.2	Monde
Developed Economies	9.8	9.7	11.0	9.3	21.1	Economies Développés
- Asia-Pacific	0.9	0.8	0.8	0.7	0.6	- Asie-Pacifique
- Europe	8.3	8.0	7.9	7.1	17.2	- Europe
- North America	0.6	1.0	2.3	1.4	3.4	- Amérique du Nord
South-Eastern Europe	0.1	0.5	0.2	0.1	0.2	Europe du Sud-Est
Commonwealth of Independent States	1.1	1.6	1.9	1.9	4.5	Communauté d'Etats indépendants
- Asia	0.3	0.2	0.3	0.3	0.0	- Asie
- Europe	0.8	1.4	1.6	1.6	4.5	- Europe
Northern Africa	1.2	1.8	1.9	2.1	1.3	Afrique septentrionale
Sub-Saharan Africa	6.9	5.2	9.5	9.7	6.4	Afrique subsaharienne
Latin America & the Caribbean	4.9	2.3	0.8	3.8	3.0	Amérique latine et Caraïbes
- Caribbean	0.0	1.5	0.1	2.2	2.4	- Caraïbes
- Latin America	4.9	0.9	0.7	1.7	0.6	- Amérique latine
Eastern Asia	9.1	17.2	28.9	36.0	43.6	Asie orientale
Southern Asia	56.8	46.1	70.8	74.3	89.3	Asie méridionale
South-Eastern Asia	9.7	5.7	7.0	10.9	12.2	Asie du Sud-Est
Western Asia	1.6	2.1	2.3	1.2	2.4	Asie occidentale
Oceania	0.1	0.1	0.1	0.2	0.2	Océanie
Pakistan	28.6	30.0	38.8	46.2	46.3	Pakistan
China	7.2	15.0	26.3	32.3	40.3	Chine
India	20.3	7.2	22.4	25.7	33.5	Inde
Nepal	6.7	e7.2	e8.5	e1.6	e8.7	Népal
Thailand	7.2	3.7	1.9	5.8	6.0	Thaïlande
Côte d'Ivoire	4.4	2.6	6.6	6.4	3.9	Côte d'Ivoire
United Kingdom	1.4	0.5	0.7	1.8	5.8	Royaume-Uni
Korea, Republic of	1.0	1.4	2.1	2.6	2.7	République de Corée
Russian Federation	0.8	1.4	1.6	1.6	4.4	Fédération de Russie
Viet Nam	0.6	0.3	1.9	2.9	e3.7	Viet Nam
Ethiopia	1.5	1.5	2.0	2.5	1.4	Ethiopie
United States	0.4	0.9	2.2	1.4	3.1	Etats-Unis d'Amérique
Saudi Arabia	1.2	1.8	1.8	0.6	1.0	Arabie saoudite
Cuba	0.0	1.4		2.1	e2.2	Cuba
Brazil	4.2	0.4	0.1	0.9	0.1	Brésil
Spain	2.0	1.4	0.6	0.5	1.2	Espagne
Germany	0.7	1.1	1.3	0.8	1.6	Allemagne
Egypt	0.8	1.3	1.3	1.4	0.4	Egypte
France-Monaco	0.9	0.9	1.1	0.9	1.1	France-Monaco
Belgium	1.1	1.1	0.9	0.5	1.3	Belgique
Malaysia	0.2	0.4	1.0	1.2	1.6	Malaisie
Indonesia	0.6	0.7	1.0	1.0	0.9	Indonésie
Afghanistan	e0.5	e1.0	e0.6	e0.8	e0.6	Afghanistan
Italy	0.2	0.3	0.7	0.8	0.9	Italie
Japan	0.6	0.7	0.5	0.6	0.4	Japon

Value as percentages of World total

Valeur en pourcentage du total mondial

Regions of the world	1998	1999	2000	2001	2002	2003	2004	2005	2006	2007	Régions du monde
World	100.0	100.0	100.0	100.0	100.0	100.0	100.0	100.0	100.0	100.0	Monde
Developed Economies	13.8	15.3	13.0	12.6	9.8	9.6	10.6	8.2	6.2	11.5	Economies Développés
- Asia-Pacific	2.0	2.1	2.4	1.8	1.2	0.9	0.9	0.6	0.5	0.3	- Asie-Pacifique
- Europe	10.3	11.1	9.6	10.0	8.2	8.2	8.6	5.9	4.8	9.3	- Europe
- North America	1.4	2.0	1.0	0.8	0.4	0.6	1.0	1.7	1.0	1.8	- Amérique du Nord
South-Eastern Europe	2.3	0.5	1.7	1.2	0.9	0.1	0.5	0.2	0.1	0.1	Europe du Sud-Est
Commonwealth of Independent States	1.0	0.2	3.2	3.3	0.4	1.1	1.7	1.4	1.2	2.4	Communauté d'Etats indépendants
- Asia	0.4	0.2	0.2	0.7	0.2	0.3	0.2	0.2	0.2	0.0	- Asie
- Europe	0.6	0.0	3.0	2.6	0.2	0.8	1.5	1.2	1.1	2.4	- Europe
Northern Africa	5.6	2.5	0.5	1.6	1.4	1.2	1.9	1.4	1.4	0.7	Afrique septentrionale
Sub-Saharan Africa	7.3	4.9	8.9	6.9	10.4	6.8	5.7	7.1	6.5	3.5	Afrique subsaharienne
Latin America & the Caribbean	4.0	3.3	7.1	5.7	2.6	4.9	2.5	0.6	2.6	1.6	Amérique latine et Caraïbes
- Caribbean	0.0	0.2	1.7	0.2	1.2	0.0	1.6	0.1	1.4	1.3	- Caraïbes
- Latin America	4.0	3.1	5.4	5.5	1.4	4.8	0.9	0.5	1.1	0.3	- Amérique latine
Eastern Asia	17.8	3.4	2.2	2.7	8.6	9.0	18.7	21.5	24.1	23.7	Asie orientale
Southern Asia	45.5	64.8	49.4	51.7	62.8	56.1	49.9	52.7	49.7	48.5	Asie méridionale
South-Eastern Asia	1.7	2.4	13.0	12.3	1.7	9.6	6.1	5.2	7.3	6.6	Asie du Sud-Est
Western Asia	1.0	2.7	0.9	1.9	1.4	1.6	2.3	1.7	0.8	1.3	Asie occidentale
Oceania	0.1	0.1	0.1	0.0	0.0	0.1	0.1	0.1	0.1	0.1	Océanie

Jute et autres fibres textiles libériennes, n.d.a., bruts, décortiques ou autrement traites 264

Trade by commodity
Exports by principal countries or areas
Value in million US dollars

Commerce par produit
Exportations selon les principaux pays ou zones
Valeur en millions de dollars EU

Country or area	2003	2004	2005	2006	2007	Pays ou zone
World	59.5	103.7	105.6	111.5	140.7	Monde
Developed Economies	4.9	4.8	5.7	4.4	5.6	Economies Développés
- Asia-Pacific	0.0	0.0	0.0	0.0	0.0	- Asie-Pacifique
- Europe	4.3	4.5	5.2	3.8	4.2	- Europe
- North America	0.6	0.3	0.5	0.6	1.4	- Amérique du Nord
South-Eastern Europe	0.0	0.0	0.0	0.0	0.0	Europe du Sud-Est
Commonwealth of Independent States	0.0	0.0	0.0	0.0	0.0	Communauté d'Etats indépendants
- Asia	0.0					- Asie
- Europe	0.0	0.0	0.0	0.0	0.0	- Europe
Northern Africa	0.0	0.0	0.0		0.0	Afrique septentrionale
Sub-Saharan Africa	0.0	0.0	1.4	1.5	14.3	Afrique subsaharienne
Latin America & the Caribbean	0.0	0.1	0.0	0.1	0.2	Amérique latine et Caraïbes
- Caribbean	0.0	0.0	0.0	0.1	0.1	- Caraïbes
- Latin America	0.0	0.1	0.0	0.0	0.0	- Amérique latine
Eastern Asia	0.5	0.3	0.4	0.3	0.7	Asie orientale
Southern Asia	52.2	94.6	92.8	100.0	116.9	Asie méridionale
South-Eastern Asia	1.4	2.9	3.3	4.7	2.6	Asie du Sud-Est
Western Asia	0.4	0.7	1.9	0.4	0.3	Asie occidentale
Oceania			0.0			Océanie
Bangladesh	50.0	90.9	88.7	e97.5	e109.6	Bangladesh
India	1.4	2.4	2.5	1.2	6.3	Inde
Belgium	2.9	3.0	2.4	1.9	2.1	Belgique
Kenya	0.0	0.0	0.0	0.0	10.6	Kenya
Myanmar	e0.8	e1.2	e2.7	e2.4	e0.2	Myanmar
Pakistan	0.8	1.3	1.6	1.2	0.9	Pakistan
Viet Nam	0.1	0.0	0.2	1.8	e2.1	Viet Nam
Mozambique			1.0	1.3	1.4	Mozambique
United States	0.6	0.3	0.5	0.6	1.0	Etats-Unis d'Amérique
Israel	0.0	0.7	1.8		0.1	Israël
France-Monaco	0.1	0.1	0.8	0.7	0.6	France-Monaco
Indonesia	0.4	1.4	0.1	0.1	0.1	Indonésie
Madagascar					1.7	Madagascar
Italy	0.0	0.2	0.3	0.4	0.7	Italie
United Kingdom	0.6	0.2	0.4	0.2	0.2	Royaume-Uni
Germany	0.3	0.4	0.5	0.2	0.1	Allemagne
Lao People's Democratic Republic	e0.1	e0.2	e0.3	e0.3	e0.1	République populaire démocratique lao
China	0.5	0.3	0.1	0.1	0.2	Chine
Spain	0.3	0.3	0.2	0.2	0.1	Espagne
Netherlands	0.2	0.2	0.3	0.1	0.2	Pays-Bas
United Republic of Tanzania		0.0	0.2	0.1	0.3	République-Unie de Tanzanie
Canada	0.0	0.0	0.0	0.1	0.4	Canada
United Arab Emirates	0.1	0.0	0.0	0.2	e0.2	Emirates arabes unis
South Africa	0.0	0.0	0.2	0.0	0.3	Afrique du Sud
Saudi Arabia	0.2	0.1	0.1	0.1	0.1	Arabie saoudite

Value as percentages of World total

Valeur en pourcentage du total mondial

Regions of the world	1998	1999	2000	2001	2002	2003	2004	2005	2006	2007	Régions du monde
World	100.0	100.0	100.0	100.0	100.0	100.0	100.0	100.0	100.0	100.0	Monde
Developed Economies	5.6	8.0	6.1	11.0	7.8	8.3	4.6	5.4	4.0	4.0	Economies Développés
- Asia-Pacific	0.2	0.1	0.1	0.1	0.0	0.0	0.0	0.0	0.0	0.0	- Asie-Pacifique
- Europe	4.5	6.6	5.1	7.8	5.8	7.3	4.3	4.9	3.4	3.0	- Europe
- North America	0.9	1.3	0.9	3.1	2.0	1.0	0.3	0.5	0.6	1.0	- Amérique du Nord
South-Eastern Europe	0.0	0.0	0.0	0.0	0.0	0.0	0.0	0.0	0.0	0.0	Europe du Sud-Est
Commonwealth of Independent States	0.5	0.0	0.1	0.2	0.1	0.0	0.0	0.0	0.0	0.0	Communauté d'Etats indépendants
- Asia	0.4	0.0	0.0	0.1	0.0	0.0					- Asie
- Europe	0.1	0.0	0.1	0.0	0.1	0.0	0.0	0.0	0.0	0.0	- Europe
Northern Africa	0.0	0.0	0.0	0.0	0.1	0.0	0.0	0.0	0.0	0.0	Afrique septentrionale
Sub-Saharan Africa	0.8	0.5	0.1	0.4	0.3	0.1	0.0	1.4	1.4	10.2	Afrique subsaharienne
Latin America & the Caribbean	0.0	0.1	0.1	0.1	0.1	0.1	0.1	0.0	0.1	0.1	Amérique latine et Caraïbes
- Caribbean		0.0	0.0	0.1	0.0	0.0	0.0	0.0	0.1	0.1	- Caraïbes
- Latin America	0.0	0.1	0.1	0.0	0.1	0.1	0.1	0.0	0.0	0.0	- Amérique latine
Eastern Asia	3.0	0.9	2.0	2.1	1.6	0.8	0.3	0.3	0.3	0.5	Asie orientale
Southern Asia	86.9	88.5	89.0	79.0	84.0	87.7	91.3	87.9	89.7	83.1	Asie méridionale
South-Eastern Asia	3.0	1.7	2.0	6.1	5.9	2.4	2.8	3.1	4.2	1.8	Asie du Sud-Est
Western Asia	0.1	0.1	0.6	1.0	0.1	0.7	0.7	1.8	0.4	0.2	Asie occidentale
Oceania	0.0	0.0	0.0					0.0			Océanie

265 Vegetable textile fibres (other than cotton or jute) not spun; waste

Trade by commodity
Imports by principal countries or areas
Value in million US dollars

Commerce par produit
Importations selon les principaux pays ou zones
Valeur en millions de dollars EU

Country or area	2003	2004	2005	2006	2007	Pays ou zone
World	722.8	821.8	722.9	713.0	775.1	Monde
Developed Economies	430.0	473.1	374.6	356.2	381.3	Economies Développés
- Asia-Pacific	23.1	25.2	24.2	21.3	22.7	- Asie-Pacifique
- Europe	382.7	421.0	319.9	304.0	325.3	- Europe
- North America	24.2	27.0	30.5	30.9	33.4	- Amérique du Nord
South-Eastern Europe	2.3	3.9	3.5	2.2	1.6	Europe du Sud-Est
Commonwealth of Independent States	29.0	23.7	10.6	7.3	5.1	Communauté d'Etats indépendants
- Asia	0.2	0.1	0.2	0.5	0.4	- Asie
- Europe	28.8	23.5	10.4	6.7	4.7	- Europe
Northern Africa	10.0	13.1	12.7	11.6	13.3	Afrique septentrionale
Sub-Saharan Africa	8.9	12.8	7.6	5.9	5.3	Afrique subsaharienne
Latin America & the Caribbean	14.2	16.7	17.0	14.2	9.3	Amérique latine et Caraïbes
- Caribbean	1.8	1.1	1.2	0.9	1.0	- Caraïbes
- Latin America	12.3	15.6	15.8	13.3	8.3	- Amérique latine
Eastern Asia	208.3	254.6	273.2	290.2	325.8	Asie orientale
Southern Asia	8.1	10.3	10.5	11.5	14.8	Asie méridionale
South-Eastern Asia	4.5	4.3	3.4	5.0	7.8	Asie du Sud-Est
Western Asia	7.4	9.2	9.6	8.8	10.7	Asie occidentale
Oceania	0.1	0.1	0.1	0.2	0.1	Océanie
China	202.9	248.3	268.5	285.9	322.6	Chine
Belgium	116.5	134.3	95.7	89.2	93.9	Belgique
Italy	50.7	50.8	38.7	33.8	32.1	Italie
Spain	29.7	34.5	30.5	28.2	35.3	Espagne
France-Monaco	30.3	28.6	22.5	23.4	21.2	France-Monaco
United States	21.6	23.4	26.6	25.8	28.4	Etats-Unis d'Amérique
Lithuania	23.7	30.2	22.7	21.7	23.5	Lituanie
Japan	22.2	24.6	23.5	20.3	21.5	Japon
United Kingdom	26.7	22.6	19.9	18.8	18.2	Royaume-Uni
Poland	16.2	22.9	20.2	20.9	24.0	Pologne
Netherlands	12.1	16.8	18.2	22.0	28.5	Pays-Bas
Germany	17.0	14.7	14.5	13.4	14.8	Allemagne
Russian Federation	20.5	21.8	9.8	6.5	2.8	Fédération de Russie
Czech Republic	10.4	13.1	9.2	6.6	7.5	République tchèque
India	7.0	9.0	8.7	9.5	12.4	Inde
Tunisia	6.7	8.1	6.9	5.8	5.0	Tunisie
Estonia	9.7	8.7	5.6	4.9	3.2	Estonie
Hungary	8.1	12.1	3.4	3.4	4.5	Hongrie
Austria	13.0	10.7	4.4	1.0	1.9	Autriche
Mexico	6.2	6.6	9.0	6.1	1.9	Mexique
Portugal	8.5	8.9	2.8	4.1	2.8	Portugal
South Africa	5.0	8.4	2.5	2.9	1.9	Afrique du Sud
Canada	2.5	3.5	3.8	5.0	4.9	Canada
Morocco	2.4	2.9	3.3	4.0	5.3	Maroc
Brazil	3.2	5.7	3.2	3.4	2.3	Brésil

Regions of the world	1998	1999	2000	2001	2002	2003	2004	2005	2006	2007	Régions du monde
World	100.0	100.0	100.0	100.0	100.0	100.0	100.0	100.0	100.0	100.0	Monde
Developed Economies	75.3	71.1	68.3	67.9	66.3	59.5	57.6	51.8	50.0	49.2	Economies Développés
- Asia-Pacific	6.4	5.5	4.5	4.0	4.3	3.2	3.1	3.3	3.0	2.9	- Asie-Pacifique
- Europe	59.7	57.7	57.7	58.1	57.6	52.9	51.2	44.3	42.6	42.0	- Europe
- North America	9.2	7.9	6.2	5.9	4.3	3.4	3.3	4.2	4.3	4.3	- Amérique du Nord
South-Eastern Europe	0.7	0.4	0.4	0.4	0.5	0.3	0.5	0.5	0.3	0.2	Europe du Sud-Est
Commonwealth of Independent States	2.3	4.4	4.2	2.2	2.1	4.0	2.9	1.5	1.0	0.7	Communauté d'Etats indépendants
- Asia	0.0	0.0	0.0	0.0	0.0	0.0	0.0	0.0	0.1	0.0	- Asie
- Europe	2.3	4.4	4.2	2.2	2.1	4.0	2.9	1.4	0.9	0.6	- Europe
Northern Africa	1.8	1.8	1.1	1.5	1.4	1.4	1.6	1.8	1.6	1.7	Afrique septentrionale
Sub-Saharan Africa	0.7	0.6	0.5	0.6	0.8	1.2	1.6	1.0	0.8	0.7	Afrique subsaharienne
Latin America & the Caribbean	3.6	3.7	2.0	2.1	2.1	2.0	2.0	2.4	2.0	1.2	Amérique latine et Caraïbes
- Caribbean	0.3	0.4	0.3	0.4	0.2	0.3	0.1	0.2	0.1	0.1	- Caraïbes
- Latin America	3.3	3.4	1.7	1.7	1.9	1.7	1.9	2.2	1.9	1.1	- Amérique latine
Eastern Asia	11.5	14.5	20.4	22.2	23.0	28.8	31.0	37.8	40.7	42.0	Asie orientale
Southern Asia	1.0	1.1	1.3	1.1	1.5	1.1	1.3	1.5	1.6	1.9	Asie méridionale
South-Eastern Asia	1.6	0.9	0.6	0.8	0.6	0.6	0.5	0.5	0.7	1.0	Asie du Sud-Est
Western Asia	1.5	1.3	1.1	1.2	1.7	1.0	1.1	1.3	1.2	1.4	Asie occidentale
Oceania	0.1	0.1	0.1	0.0	0.0	0.0	0.0	0.0	0.0	0.0	Océanie

Trade by commodity
Exports by principal countries or areas
Value in million US dollars

Commerce par produit
Exportations selon les principaux pays ou zones
Valeur en millions de dollars EU

Country or area	2003	2004	2005	2006	2007	Pays ou zone
World	716.3	784.8	694.0	737.3	758.2	Monde
Developed Economies	545.8	592.5	493.7	500.2	510.2	Economies Développés
- Asia-Pacific	0.1	0.2	0.2	0.2	0.1	- Asie-Pacifique
- Europe	529.8	577.5	475.7	474.1	490.3	- Europe
- North America	15.8	14.8	17.9	25.9	19.8	- Amérique du Nord
South-Eastern Europe	0.5	0.3	0.1	0.1	0.0	Europe du Sud-Est
Commonwealth of Independent States	16.3	17.9	17.4	19.9	16.2	Communauté d'Etats indépendants
- Asia		0.1	0.0	0.0	0.0	- Asie
- Europe	16.3	17.8	17.4	19.9	16.2	- Europe
Northern Africa	19.3	17.8	14.4	14.6	17.9	Afrique septentrionale
Sub-Saharan Africa	24.5	25.7	29.0	33.4	22.3	Afrique subsaharienne
Latin America & the Caribbean	31.5	38.2	39.4	40.4	41.2	Amérique latine et Caraïbes
- Caribbean	0.2	0.1	0.1	0.1	0.2	- Caraïbes
- Latin America	31.3	38.1	39.3	40.2	41.0	- Amérique latine
Eastern Asia	9.9	10.1	9.9	9.7	10.2	Asie orientale
Southern Asia	39.3	47.0	58.5	72.2	83.5	Asie méridionale
South-Eastern Asia	27.2	35.0	31.1	46.5	56.3	Asie du Sud-Est
Western Asia	2.0	0.4	0.4	0.4	0.3	Asie occidentale
Oceania	0.0		0.0	0.0	0.0	Océanie
France-Monaco	247.2	265.8	238.8	251.1	274.1	France-Monaco
Belgium	208.4	224.7	163.7	149.6	158.8	Belgique
Sri Lanka	31.6	37.8	45.9	e51.4	e57.7	Sri Lanka
Brazil	22.1	27.6	31.2	32.2	34.7	Brésil
Netherlands	22.3	19.2	19.6	24.1	10.4	Pays-Bas
Lithuania	17.6	24.2	16.2	15.2	13.9	Lituanie
Viet Nam	10.9	10.4	11.9	23.3	e27.2	Viet Nam
Egypt	19.1	17.6	14.1	14.3	17.5	Egypte
Canada	11.9	11.2	15.3	21.3	16.5	Canada
India	7.2	8.8	11.7	20.5	25.5	Inde
Philippines	11.3	16.4	13.6	15.4	16.8	Philippines
Italy	17.6	20.8	12.4	10.9	9.2	Italie
Kenya	13.6	14.3	15.3	17.3	10.1	Kenya
Belarus	9.4	11.8	9.2	11.8	9.4	Bélarus
Poland	5.0	10.5	9.2	10.4	9.0	Pologne
China	8.5	8.7	8.1	8.3	8.6	Chine
Ecuador	8.2	9.4	7.8	7.9	6.2	Equateur
United Republic of Tanzania	6.8	7.0	8.1	7.7	6.2	République-Unie de Tanzanie
Ukraine	5.9	4.0	6.6	6.8	5.7	Ukraine
Thailand	3.9	7.1	4.5	4.8	7.4	Thaïlande
Madagascar	1.8	2.4	3.8	7.3	3.6	Madagascar
Germany	2.9	2.2	4.9	4.5	3.6	Allemagne
United States	3.9	3.6	2.6	4.6	3.2	Etats-Unis d'Amérique
United Kingdom	1.7	3.1	2.4	1.7	1.0	Royaume-Uni
Spain	0.6	0.5	0.7	1.4	4.2	Espagne

Value as percentages of World total

Valeur en pourcentage du total mondial

Regions of the world	1998	1999	2000	2001	2002	2003	2004	2005	2006	2007	Régions du monde
World	100.0	100.0	100.0	100.0	100.0	100.0	100.0	100.0	100.0	100.0	Monde
Developed Economies	66.9	73.9	77.0	77.2	72.8	76.2	75.5	71.1	67.8	67.3	Economies Développés
- Asia-Pacific	0.0	0.0	0.0	0.0	0.0	0.0	0.0	0.0	0.0	0.0	- Asie-Pacifique
- Europe	61.7	69.7	73.7	73.0	70.0	74.0	73.6	68.5	64.3	64.7	- Europe
- North America	5.2	4.2	3.3	4.1	2.9	2.2	1.9	2.6	3.5	2.6	- Amérique du Nord
South-Eastern Europe	0.1	0.1	0.1	0.1	0.1	0.1	0.0	0.0	0.0	0.0	Europe du Sud-Est
Commonwealth of Independent States	1.8	1.4	1.0	1.7	3.2	2.3	2.3	2.5	2.7	2.1	Communauté d'Etats indépendants
- Asia	0.2	0.1	0.1	0.0	0.0	0.0	0.0	0.0	0.0	0.0	- Asie
- Europe	1.6	1.3	1.0	1.7	3.2	2.3	2.3	2.5	2.7	2.1	- Europe
Northern Africa	1.1	1.2	1.5	2.1	2.7	2.7	2.3	2.1	2.0	2.4	Afrique septentrionale
Sub-Saharan Africa	5.0	4.0	2.7	4.1	3.4	3.4	3.3	4.2	4.5	2.9	Afrique subsaharienne
Latin America & the Caribbean	6.7	4.2	2.9	3.2	4.0	4.4	4.9	5.7	5.5	5.4	Amérique latine et Caraïbes
- Caribbean	0.0	0.0	0.0	0.0	0.0	0.0	0.0	0.0	0.0	0.0	- Caraïbes
- Latin America	6.7	4.2	2.9	3.2	4.0	4.4	4.9	5.7	5.5	5.4	- Amérique latine
Eastern Asia	4.2	3.0	2.9	2.5	2.1	1.4	1.3	1.4	1.3	1.3	Asie orientale
Southern Asia	8.7	7.2	7.2	6.3	6.8	5.5	6.0	8.4	9.8	11.0	Asie méridionale
South-Eastern Asia	5.3	4.9	4.4	2.6	4.7	3.8	4.5	4.5	6.3	7.4	Asie du Sud-Est
Western Asia	0.2	0.2	0.1	0.1	0.2	0.3	0.1	0.1	0.0	0.0	Asie occidentale
Oceania	0.0	0.0	0.0	0.0	0.0	0.0			0.0	0.0	Océanie

266 Synthetic fibres suitable for spinning

Trade by commodity · Imports by principal countries or areas · Value in million US dollars

Commerce par produit · Importations selon les principaux pays ou zones · Valeur en millions de dollars EU

Country or area	2003	2004	2005	2006	2007	Pays ou zone
World	6286.1	7270.4	7766.7	7393.9	8087.2	Monde
Developed Economies	2665.4	3063.0	3409.9	3493.9	3938.5	Economies Développés
- Asia-Pacific	107.5	126.8	136.0	151.9	158.6	- Asie-Pacifique
- Europe	1899.5	2221.8	2356.1	2360.4	2732.5	- Europe
- North America	658.5	714.4	917.9	981.5	1047.3	- Amérique du Nord
South-Eastern Europe	78.7	113.2	116.6	123.5	145.6	Europe du Sud-Est
Commonwealth of Independent States	53.3	95.3	84.6	99.1	100.2	Communauté d'Etats indépendants
- Asia	1.8	3.2	3.6	8.9	2.9	- Asie
- Europe	51.5	92.1	81.0	90.2	97.3	- Europe
Northern Africa	148.2	190.9	184.0	177.8	186.5	Afrique septentrionale
Sub-Saharan Africa	98.0	104.7	139.6	158.6	199.8	Afrique subsaharienne
Latin America & the Caribbean	363.5	450.3	530.8	571.2	618.9	Amérique latine et Caraïbes
- Caribbean	20.1	15.6	6.1	7.6	7.4	- Caraïbes
- Latin America	343.3	434.7	524.7	563.6	611.5	- Amérique latine
Eastern Asia	1614.4	1664.5	1617.2	1307.2	1203.0	Asie orientale
Southern Asia	379.5	493.9	541.0	391.5	414.8	Asie méridionale
South-Eastern Asia	459.8	602.3	586.8	531.2	645.7	Asie du Sud-Est
Western Asia	425.0	491.8	555.5	539.6	634.0	Asie occidentale
Oceania	0.2	0.5	0.7	0.3	0.2	Océanie
China	1240.4	1377.6	1382.8	1124.7	1046.8	Chine
United States	483.0	534.9	733.4	811.7	866.8	Etats-Unis d'Amérique
Germany	393.3	465.3	539.5	549.5	669.8	Allemagne
Italy	443.0	506.4	480.4	502.5	516.1	Italie
Turkey	265.1	287.2	321.4	319.6	343.0	Turquie
United Kingdom	231.8	261.9	253.9	230.9	280.8	Royaume-Uni
France-Monaco	184.8	229.4	251.3	247.1	274.2	France-Monaco
Mexico	132.4	147.9	199.3	255.2	257.0	Mexique
Iran (Islamic Republic of)	229.1	290.5	267.6	90.5	e100.1	Iran (République islamique d')
Indonesia	154.7	238.1	200.5	149.3	215.8	Indonésie
Viet Nam	139.1	174.9	195.5	182.4	e232.7	Viet Nam
Canada	175.4	179.5	184.4	169.8	180.5	Canada
Spain	128.2	139.3	176.8	164.9	206.2	Espagne
Belgium	108.8	131.8	152.7	142.0	165.7	Belgique
China, Hong Kong SAR	249.6	171.1	113.1	83.5	56.7	Chine - RAS de Hong-Kong
Syrian Arab Republic	63.5	98.7	96.6	91.0	e118.9	République arabe syrienne
Brazil	57.0	85.3	97.3	84.3	89.5	Brésil
Pakistan	33.0	41.5	86.8	127.0	122.2	Pakistan
Morocco	69.2	73.5	78.8	86.0	87.2	Maroc
Thailand	68.8	76.1	77.6	78.9	89.5	Thaïlande
Poland	50.2	71.2	74.8	78.0	102.2	Pologne
Netherlands	62.8	70.2	78.7	84.6	77.6	Pays-Bas
Bangladesh	31.5	60.8	76.1	e95.2	e109.8	Bangladesh
Czech Republic	41.4	59.0	74.1	79.7	102.8	République tchèque
Romania	53.6	69.7	68.3	75.1	81.6	Roumanie

Value as percentages of World total · Valeur en pourcentage du total mondial

Regions of the world	1998	1999	2000	2001	2002	2003	2004	2005	2006	2007	Régions du monde
World	100.0	100.0	100.0	100.0	100.0	100.0	100.0	100.0	100.0	100.0	Monde
Developed Economies	45.9	49.2	44.2	45.4	44.8	42.4	42.1	43.9	47.3	48.7	Economies Développés
- Asia-Pacific	1.7	1.9	1.7	1.7	1.6	1.7	1.7	1.8	2.1	2.0	- Asie-Pacifique
- Europe	33.3	36.0	31.8	32.2	31.7	30.2	30.6	30.3	31.9	33.8	- Europe
- North America	10.9	11.3	10.7	11.5	11.5	10.5	9.8	11.8	13.3	13.0	- Amérique du Nord
South-Eastern Europe	0.7	0.6	0.8	1.1	1.2	1.3	1.6	1.5	1.7	1.8	Europe du Sud-Est
Commonwealth of Independent States	0.3	0.3	0.4	0.4	0.5	0.8	1.3	1.1	1.3	1.2	Communauté d'Etats indépendants
- Asia	0.0	0.0	0.0	0.0	0.0	0.0	0.0	0.0	0.1	0.0	- Asie
- Europe	0.3	0.2	0.4	0.4	0.5	0.8	1.3	1.0	1.2	1.2	- Europe
Northern Africa	2.8	2.9	2.3	2.3	2.4	2.4	2.6	2.4	2.4	2.3	Afrique septentrionale
Sub-Saharan Africa	1.4	1.3	1.4	1.6	1.7	1.6	1.4	1.8	2.1	2.5	Afrique subsaharienne
Latin America & the Caribbean	5.7	5.7	6.6	6.6	5.9	5.8	6.2	6.8	7.7	7.7	Amérique latine et Caraïbes
- Caribbean	0.0	0.1	0.1	0.2	0.2	0.3	0.2	0.1	0.1	0.1	- Caraïbes
- Latin America	5.6	5.6	6.5	6.4	5.7	5.5	6.0	6.8	7.6	7.6	- Amérique latine
Eastern Asia	26.1	23.4	25.9	24.1	24.2	25.7	22.9	20.8	17.7	14.9	Asie orientale
Southern Asia	5.4	5.3	4.9	4.9	5.1	6.0	6.8	7.0	5.3	5.1	Asie méridionale
South-Eastern Asia	6.9	7.4	8.6	9.3	8.1	7.3	8.3	7.6	7.2	8.0	Asie du Sud-Est
Western Asia	4.7	3.9	4.9	4.3	6.1	6.8	6.8	7.2	7.3	7.8	Asie occidentale
Oceania	0.0	0.0	0.0	0.0	0.0	0.0	0.0	0.0	0.0	0.0	Océanie

Fibres synthétiques de longueur suffisante pour pouvoir être filées 266

Trade by commodity

Exports by principal countries or areas

Value in million US dollars

Commerce par produit

Exportations selon les principaux pays ou zones

Valeur en millions de dollars EU

Country or area	2003	2004	2005	2006	2007	Pays ou zone
World	4822.7	5488.9	5885.7	6069.2	6838.8	Monde
Developed Economies	2025.4	2105.9	2407.6	2525.5	2881.3	Economies Développés
- Asia-Pacific	661.9	676.5	738.2	782.2	867.2	- Asie-Pacifique
- Europe	886.1	955.6	1198.7	1246.4	1489.9	- Europe
- North America	477.4	473.8	470.8	496.9	524.2	- Amérique du Nord
South-Eastern Europe	13.4	16.1	12.6	17.1	48.6	Europe du Sud-Est
Commonwealth of Independent States	141.4	164.5	163.6	182.8	215.1	Communauté d'Etats indépendants
- Asia	7.1	4.5	2.2	4.5	4.9	- Asie
- Europe	134.3	160.0	161.3	178.3	210.2	- Europe
Northern Africa	0.8	1.4	0.3	6.7	19.8	Afrique septentrionale
Sub-Saharan Africa	13.8	12.7	19.2	15.9	18.7	Afrique subsaharienne
Latin America & the Caribbean	223.0	278.1	267.5	166.4	175.3	Amérique latine et Caraïbes
- Caribbean	0.1	0.0	0.0	0.1	0.1	- Caraïbes
- Latin America	222.9	278.1	267.5	166.4	175.2	- Amérique latine
Eastern Asia	1927.2	2204.8	2253.2	2284.2	2589.0	Asie orientale
Southern Asia	95.3	147.4	112.5	190.9	225.0	Asie méridionale
South-Eastern Asia	347.6	469.9	537.7	596.6	592.8	Asie du Sud-Est
Western Asia	34.8	88.2	111.4	83.3	73.3	Asie occidentale
Oceania	0.0	0.0	0.0	0.0	0.0	Océanie
Korea, Republic of	756.3	884.9	887.5	850.5	1007.5	République de Corée
Japan	661.0	676.1	737.3	781.1	865.9	Japon
United States	472.5	466.4	464.2	489.6	513.3	Etats-Unis d'Amérique
China	162.8	205.0	326.7	430.3	637.2	Chine
Thailand	233.2	352.3	370.5	377.7	382.0	Thaïlande
Belgium	138.8	172.6	191.2	219.6	266.3	Belgique
Spain	157.4	94.6	232.0	87.7	196.2	Espagne
Belarus	126.6	146.7	141.6	155.9	190.1	Bélarus
Germany	111.8	141.4	147.3	157.0	158.9	Allemagne
China, Hong Kong SAR	203.4	145.0	105.8	80.1	58.8	Chine - RAS de Hong-Kong
Mexico	153.7	183.3	173.7	41.3	39.1	Mexique
India	51.2	85.3	63.6	159.6	186.7	Inde
Ireland	107.7	109.8	105.7	101.8	120.7	Irlande
France-Monaco	80.1	95.8	111.8	120.7	130.1	France-Monaco
United Kingdom	87.5	106.8	87.8	59.6	60.3	Royaume-Uni
Indonesia	60.5	54.6	75.4	99.5	96.4	Indonésie
Portugal	6.1	9.6	96.4	120.0	136.7	Portugal
Italy	58.6	66.0	61.0	74.2	88.6	Italie
Malaysia	49.9	60.9	69.9	79.4	70.1	Malaisie
Denmark	0.6	1.5	0.9	131.8	124.3	Danemark
Turkey	25.3	59.6	71.3	47.0	52.0	Turquie
Peru	32.0	44.4	43.6	50.0	53.9	Pérou
Netherlands	32.6	31.1	35.2	42.7	64.3	Pays-Bas
Czech Republic	32.1	38.7	38.7	42.8	52.1	République tchèque
Brazil	17.6	29.5	25.2	50.0	61.0	Brésil

Value as percentages of World total

Valeur en pourcentage du total mondial

Regions of the world	1998	1999	2000	2001	2002	2003	2004	2005	2006	2007	Régions du monde
World	100.0	100.0	100.0	100.0	100.0	100.0	100.0	100.0	100.0	100.0	Monde
Developed Economies	47.0	48.0	44.3	46.7	45.2	42.0	38.4	40.9	41.6	42.1	Economies Développés
- Asia-Pacific	16.3	15.8	15.7	16.4	15.1	13.7	12.3	12.5	12.9	12.7	- Asie-Pacifique
- Europe	20.7	22.2	18.7	21.0	19.8	18.4	17.4	20.4	20.5	21.8	- Europe
- North America	10.0	10.0	9.8	9.3	10.3	9.9	8.6	8.0	8.2	7.7	- Amérique du Nord
South-Eastern Europe	0.8	0.4	0.4	0.3	0.2	0.3	0.3	0.2	0.3	0.7	Europe du Sud-Est
Commonwealth of Independent States	2.6	2.5	3.3	3.5	3.1	2.9	3.0	2.8	3.0	3.1	Communauté d'Etats indépendants
- Asia	0.2	0.3	0.2	0.2	0.2	0.1	0.1	0.0	0.1	0.1	- Asie
- Europe	2.4	2.2	3.1	3.3	2.9	2.8	2.9	2.7	2.9	3.1	- Europe
Northern Africa	0.0	0.0	0.0	0.0	0.0	0.0	0.0	0.0	0.1	0.3	Afrique septentrionale
Sub-Saharan Africa	0.7	0.8	0.7	0.8	0.5	0.3	0.2	0.3	0.3	0.3	Afrique subsaharienne
Latin America & the Caribbean	5.2	4.3	5.0	5.2	5.3	4.6	5.1	4.5	2.7	2.6	Amérique latine et Caraïbes
- Caribbean	0.0	0.0	0.0	0.0	0.0	0.0	0.0	0.0	0.0	0.0	- Caraïbes
- Latin America	5.2	4.3	5.0	5.2	5.3	4.6	5.1	4.5	2.7	2.6	- Amérique latine
Eastern Asia	36.3	35.1	37.0	35.3	36.3	40.0	40.2	38.3	37.6	37.9	Asie orientale
Southern Asia	0.4	1.1	0.8	0.5	1.1	2.0	2.7	1.9	3.1	3.3	Asie méridionale
South-Eastern Asia	4.7	5.4	6.0	6.4	7.2	7.2	8.6	9.1	9.8	8.7	Asie du Sud-Est
Western Asia	2.3	2.4	2.5	1.2	1.0	0.7	1.6	1.9	1.4	1.1	Asie occidentale
Oceania	0.0	0.0	0.0	0.0	0.0	0.0	0.0	0.0	0.0	0.0	Océanie

267 Other man-made fibres suitable for spinning; waste of man-made fibres

Trade by commodity

Imports by principal countries or areas

Value in million US dollars

Commerce par produit

Importations selon les principaux pays ou zones

Valeur en millions de dollars EU

Country or area	2003	2004	2005	2006	2007	Pays ou zone
World	2539.5	2975.6	2990.0	3115.3	4003.6	Monde
Developed Economies	1051.8	1173.7	1139.8	1220.1	1592.5	Economies Développés
- Asia-Pacific	71.1	70.0	60.7	66.0	77.5	- Asie-Pacifique
- Europe	902.8	994.6	939.0	974.9	1202.8	- Europe
- North America	77.9	109.1	140.1	179.1	312.1	- Amérique du Nord
South-Eastern Europe	41.9	57.2	57.0	53.4	69.7	Europe du Sud-Est
Commonwealth of Independent States	130.0	154.5	149.4	158.6	193.2	Communauté d'Etats indépendants
- Asia	18.0	20.4	19.5	28.9	25.1	- Asie
- Europe	112.0	134.0	129.9	129.7	168.0	- Europe
Northern Africa	24.4	30.2	37.1	32.1	51.4	Afrique septentrionale
Sub-Saharan Africa	38.9	42.1	58.5	64.7	94.0	Afrique subsaharienne
Latin America & the Caribbean	107.5	118.4	120.9	154.0	183.4	Amérique latine et Caraïbes
- Caribbean	3.7	3.3	3.1	2.4	2.8	- Caraïbes
- Latin America	103.9	115.1	117.7	151.6	180.6	- Amérique latine
Eastern Asia	621.7	728.3	743.1	632.9	754.9	Asie orientale
Southern Asia	151.8	184.4	217.0	225.8	234.2	Asie méridionale
South-Eastern Asia	113.7	140.8	134.7	196.7	259.3	Asie du Sud-Est
Western Asia	257.7	345.9	332.3	376.8	570.8	Asie occidentale
Oceania	0.0	0.0	0.0	0.2	0.3	Océanie
China	443.2	523.8	516.3	383.3	465.2	Chine
Turkey	192.1	273.2	251.0	288.3	463.6	Turquie
Germany	141.9	155.4	159.8	173.3	233.4	Allemagne
Italy	149.5	155.5	148.3	150.3	176.8	Italie
United States	54.3	82.7	108.3	148.0	283.0	Etats-Unis d'Amérique
Korea, Republic of	114.1	123.9	129.1	132.1	156.5	République de Corée
Pakistan	66.5	92.0	106.2	128.5	121.6	Pakistan
Netherlands	81.8	106.6	82.8	88.6	99.7	Pays-Bas
France-Monaco	90.2	95.9	75.6	82.3	107.6	France-Monaco
Spain	69.1	83.9	78.0	83.7	105.2	Espagne
Russian Federation	70.7	84.0	80.0	85.6	93.7	Fédération de Russie
Poland	45.3	54.0	63.4	65.3	86.1	Pologne
China, Hong Kong SAR	34.7	44.6	59.2	76.7	79.8	Chine - RAS de Hong-Kong
United Kingdom	51.9	51.3	48.5	55.1	58.8	Royaume-Uni
Belgium	41.1	47.5	51.6	50.8	60.3	Belgique
Japan	53.0	51.0	43.3	46.6	55.5	Japon
Israel	37.6	40.0	43.7	49.4	62.2	Israël
Ukraine	36.2	44.5	44.8	38.6	66.1	Ukraine
Philippines	32.8	46.8	44.4	42.6	47.4	Philippines
Indonesia	21.2	15.7	11.8	55.5	102.5	Indonésie
India	25.2	30.0	33.2	47.5	52.6	Inde
Switzerland-Liechtenstein	30.3	34.6	31.9	31.4	32.5	Suisse-Liechtenstein
Czech Republic	29.0	30.6	27.4	28.8	31.6	République tchèque
Portugal	19.4	25.9	29.0	31.2	39.6	Portugal
Mexico	22.2	23.5	26.4	31.8	41.1	Mexique

Value as percentages of World total

Valeur en pourcentage du total mondial

Regions of the world	1998	1999	2000	2001	2002	2003	2004	2005	2006	2007	Régions du monde
World	100.0	100.0	100.0	100.0	100.0	100.0	100.0	100.0	100.0	100.0	Monde
Developed Economies	45.8	45.5	42.3	42.1	41.7	41.4	39.4	38.1	39.2	39.8	Economies Développés
- Asia-Pacific	1.7	2.2	2.6	2.2	2.2	2.8	2.4	2.0	2.1	1.9	- Asie-Pacifique
- Europe	40.7	39.3	36.5	37.1	36.0	35.6	33.4	31.4	31.3	30.0	- Europe
- North America	3.4	3.9	3.2	2.8	3.6	3.1	3.7	4.7	5.7	7.8	- Amérique du Nord
South-Eastern Europe	1.4	1.6	1.5	1.8	1.5	1.7	1.9	1.9	1.7	1.7	Europe du Sud-Est
Commonwealth of Independent States	2.0	2.8	3.5	4.0	4.9	5.1	5.2	5.0	5.1	4.8	Communauté d'Etats indépendants
- Asia	0.5	0.5	0.5	0.6	0.7	0.7	0.7	0.7	0.9	0.6	- Asie
- Europe	1.5	2.3	3.1	3.4	4.2	4.4	4.5	4.3	4.2	4.2	- Europe
Northern Africa	1.7	1.3	1.1	1.2	1.0	1.0	1.0	1.2	1.0	1.3	Afrique septentrionale
Sub-Saharan Africa	1.3	1.9	1.7	2.2	1.4	1.5	1.4	2.0	2.1	2.3	Afrique subsaharienne
Latin America & the Caribbean	6.1	5.7	5.3	4.8	4.3	4.2	4.0	4.0	4.9	4.6	Amérique latine et Caraïbes
- Caribbean	0.2	0.1	0.1	0.1	0.1	0.1	0.1	0.1	0.1	0.1	- Caraïbes
- Latin America	5.9	5.5	5.2	4.7	4.2	4.1	3.9	3.9	4.9	4.5	- Amérique latine
Eastern Asia	23.5	22.5	24.9	25.0	24.6	24.5	24.5	24.9	20.3	18.9	Asie orientale
Southern Asia	4.7	5.0	4.6	4.6	5.0	6.0	6.2	7.3	7.2	5.8	Asie méridionale
South-Eastern Asia	5.1	5.5	6.0	5.6	4.7	4.5	4.7	4.5	6.3	6.5	Asie du Sud-Est
Western Asia	8.3	8.3	9.1	8.7	10.7	10.1	11.6	11.1	12.1	14.3	Asie occidentale
Oceania	0.0	0.0	0.0	0.0	0.0	0.0	0.0	0.0	0.0	0.0	Océanie

Trade by commodity

Commerce par produit

Exports by principal countries or areas

Exportations selon les principaux pays ou zones

Value in million US dollars

Valeur en millions de dollars EU

Country or area	2003	2004	2005	2006	2007	Pays ou zone
World	2743.5	3269.9	3204.6	3466.4	4386.0	Monde
Developed Economies	2233.2	2606.4	2531.9	2644.1	3181.0	Economies Développés
- Asia-Pacific	221.9	230.1	228.9	236.0	306.8	- Asie-Pacifique
- Europe	1467.0	1738.5	1675.1	1765.8	2107.2	- Europe
- North America	544.3	637.7	627.8	642.3	767.0	- Amérique du Nord
South-Eastern Europe	13.6	36.2	25.0	3.3	4.6	Europe du Sud-Est
Commonwealth of Independent States	42.4	54.9	37.4	40.7	43.3	Communauté d'Etats indépendants
- Asia	0.1	0.1	0.2	0.2	0.3	- Asie
- Europe	42.3	54.8	37.2	40.5	42.9	- Europe
Northern Africa	3.5	3.7	5.7	6.1	7.1	Afrique septentrionale
Sub-Saharan Africa	7.3	6.3	4.5	3.5	2.7	Afrique subsaharienne
Latin America & the Caribbean	112.3	130.2	137.3	116.3	138.8	Amérique latine et Caraïbes
- Caribbean	0.0	0.0	0.0	0.6	0.0	- Caraïbes
- Latin America	112.3	130.1	137.3	115.7	138.7	- Amérique latine
Eastern Asia	187.3	225.9	205.3	352.7	558.3	Asie orientale
Southern Asia	20.4	19.2	31.0	45.3	72.4	Asie méridionale
South-Eastern Asia	120.3	180.8	220.7	252.8	375.4	Asie du Sud-Est
Western Asia	3.2	6.3	5.8	1.6	2.5	Asie occidentale
Oceania	0.0	0.0			0.0	Océanie
Germany	1057.7	1185.8	1168.5	1259.1	1366.1	Allemagne
United States	449.1	535.5	585.0	624.8	763.5	Etats-Unis d'Amérique
Japan	221.5	229.8	228.6	235.2	305.8	Japon
Belgium	166.7	198.9	222.3	212.8	256.8	Belgique
Indonesia	49.8	104.6	130.2	148.5	208.5	Indonésie
United Kingdom	24.6	123.2	111.4	117.7	241.9	Royaume-Uni
Finland	74.4	91.1	82.9	89.6	115.6	Finlande
China	6.5	24.7	30.9	101.9	285.8	Chine
Thailand	53.3	56.1	66.9	72.8	133.3	Thaïlande
Mexico	44.5	65.2	78.3	68.4	71.6	Mexique
Canada	95.2	102.2	42.8	17.5	3.5	Canada
Brazil	45.2	47.3	43.9	38.2	56.7	Brésil
Russian Federation	40.3	52.9	32.7	34.7	38.5	Fédération de Russie
India	18.8	16.5	29.3	44.7	70.3	Inde
Korea, Republic of	25.6	31.4	34.7	32.7	28.9	République de Corée
Netherlands	38.2	37.4	33.1	17.4	12.7	Pays-Bas
China, Hong Kong SAR	28.1	26.5	24.9	24.0	31.6	Chine - RAS de Hong-Kong
Spain	39.5	48.6	6.1	5.3	34.8	Espagne
Singapore	13.5	16.2	20.8	29.0	31.4	Singapour
France-Monaco	19.2	15.4	13.1	19.4	18.7	France-Monaco
Venezuela	22.2	16.5	13.7	7.9	e8.9	Venezuela
Italy	11.9	12.9	10.0	12.3	17.9	Italie
Serbia and Montenegro	e11.9	17.1	e20.0	—	—	Serbie-et-Monténégro
Austria	4.8	8.3	8.4	9.0	11.9	Autriche
Portugal	0.6	5.6	6.6	6.7	12.4	Portugal

Value as percentages of World total

Valeur en pourcentage du total mondial

Regions of the world	1998	1999	2000	2001	2002	2003	2004	2005	2006	2007	Régions du monde
World	100.0	100.0	100.0	100.0	100.0	100.0	100.0	100.0	100.0	100.0	Monde
Developed Economies	81.3	82.5	79.9	82.5	80.3	81.4	79.7	79.0	76.3	72.5	Economies Développés
- Asia-Pacific	8.7	9.7	9.9	10.2	8.6	8.1	7.0	7.1	6.8	7.0	- Asie-Pacifique
- Europe	46.6	47.1	44.8	47.0	50.3	53.5	53.2	52.3	50.9	48.0	- Europe
- North America	26.0	25.7	25.2	25.3	21.4	19.8	19.5	19.6	18.5	17.5	- Amérique du Nord
South-Eastern Europe	0.7	0.1	0.3	0.1	0.1	0.5	1.1	0.8	0.1	0.1	Europe du Sud-Est
Commonwealth of Independent States	1.3	1.1	1.3	1.0	1.2	1.5	1.7	1.2	1.2	1.0	Communauté d'Etats indépendants
- Asia	0.0	0.0	0.0	0.0	0.0	0.0	0.0	0.0	0.0	0.0	- Asie
- Europe	1.3	1.1	1.3	0.9	1.2	1.5	1.7	1.2	1.2	1.0	- Europe
Northern Africa	0.1	0.1	0.1	0.1	0.1	0.1	0.1	0.2	0.2	0.2	Afrique septentrionale
Sub-Saharan Africa	0.1	0.1	0.9	0.5	0.4	0.3	0.2	0.1	0.1	0.1	Afrique subsaharienne
Latin America & the Caribbean	4.0	4.1	4.3	4.8	4.5	4.1	4.0	4.3	3.4	3.2	Amérique latine et Caraïbes
- Caribbean	0.0	0.0	0.0	0.0	0.0	0.0	0.0	0.0	0.0	0.0	- Caraïbes
- Latin America	4.0	4.1	4.3	4.8	4.5	4.1	4.0	4.3	3.3	3.2	- Amérique latine
Eastern Asia	6.4	6.5	6.5	5.5	7.0	6.8	6.9	6.4	10.2	12.7	Asie orientale
Southern Asia	0.2	0.2	0.3	0.3	0.6	0.7	0.6	1.0	1.3	1.7	Asie méridionale
South-Eastern Asia	5.9	5.2	6.0	5.1	5.7	4.4	5.5	6.9	7.3	8.6	Asie du Sud-Est
Western Asia	0.1	0.1	0.2	0.3	0.2	0.1	0.2	0.2	0.0	0.1	Asie occidentale
Oceania					0.0	0.0	0.0		0.0	0.0	Océanie

268 Wool and other animal hair (including wool tops)

Trade by commodity
Imports by principal countries or areas
Value in million US dollars

Commerce par produit
Importations selon les principaux pays ou zones
Valeur en millions de dollars EU

Country or area	2003	2004	2005	2006	2007	Pays ou zone
World	4967.1	5254.5	5114.4	5157.3	5897.4	Monde
Developed Economies	2806.5	2787.8	2483.9	2538.3	2573.6	Economies Développés
- Asia-Pacific	274.1	241.9	202.0	216.4	220.7	- Asie-Pacifique
- Europe	2447.0	2452.5	2204.0	2235.6	2280.2	- Europe
- North America	85.4	93.5	77.8	86.3	72.7	- Amérique du Nord
South-Eastern Europe	97.0	108.1	139.5	167.6	195.9	Europe du Sud-Est
Commonwealth of Independent States	33.8	41.4	33.0	33.4	40.3	Communauté d'Etats indépendants
- Asia	1.1	1.3	1.9	1.6	2.3	- Asie
- Europe	32.7	40.1	31.1	31.7	38.0	- Europe
Northern Africa	12.3	16.1	13.0	14.1	18.9	Afrique septentrionale
Sub-Saharan Africa	23.0	22.6	28.8	30.9	33.1	Afrique subsaharienne
Latin America & the Caribbean	130.8	126.2	123.3	129.2	134.8	Amérique latine et Caraïbes
- Caribbean	4.7	2.3	0.6	0.1	0.2	- Caraïbes
- Latin America	126.1	123.8	122.7	129.1	134.6	- Amérique latine
Eastern Asia	1341.8	1606.5	1728.3	1721.9	2317.3	Asie orientale
Southern Asia	263.5	266.7	292.4	305.4	333.0	Asie méridionale
South-Eastern Asia	100.3	113.5	105.5	97.4	100.1	Asie du Sud-Est
Western Asia	158.0	165.4	166.5	119.0	150.5	Asie occidentale
Oceania	0.1	0.1	0.1	0.0	0.0	Océanie
China	956.9	1263.1	1396.8	1424.5	1969.7	Chine
Italy	990.7	1033.3	979.3	984.1	1031.8	Italie
Germany	363.9	347.4	298.6	371.4	423.2	Allemagne
India	200.7	192.0	219.0	247.4	279.3	Inde
United Kingdom	230.1	253.0	228.0	209.3	121.9	Royaume-Uni
Korea, Republic of	204.1	182.5	192.1	185.8	202.5	République de Corée
Japan	224.2	200.9	165.5	184.9	188.8	Japon
Czech Republic	146.0	148.0	169.7	169.2	197.0	République tchèque
Turkey	145.6	151.4	151.7	106.7	136.7	Turquie
France-Monaco	227.9	156.3	99.4	55.8	44.1	France-Monaco
Belgium	104.4	113.1	92.3	96.2	94.6	Belgique
Poland	72.4	91.7	82.9	92.0	128.8	Pologne
Bulgaria	56.5	58.4	86.8	99.3	102.6	Bulgarie
United States	63.9	75.3	67.0	71.0	60.2	Etats-Unis d'Amérique
Portugal	66.3	71.8	53.5	52.6	62.1	Portugal
Mexico	56.0	50.2	54.1	62.1	62.1	Mexique
Thailand	63.5	70.9	59.2	44.3	40.0	Thaïlande
Romania	37.1	42.3	46.4	63.0	87.7	Roumanie
Spain	60.0	57.2	44.0	36.2	32.1	Espagne
Malaysia	24.4	29.5	33.6	42.4	49.2	Malaisie
Australia	45.6	37.6	32.8	28.6	27.0	Australie
China, Hong Kong SAR	38.8	33.8	28.1	27.9	35.9	Chine - RAS de Hong-Kong
Lithuania	20.2	27.1	29.1	32.8	35.9	Lituanie
Iran (Islamic Republic of)	30.3	38.0	33.2	18.0	e19.9	Iran (République islamique d')
Uruguay	33.0	31.0	25.0	24.3	21.8	Uruguay

Regions of the world	1998	1999	2000	2001	2002	2003	2004	2005	2006	2007	Régions du monde
World	100.0	100.0	100.0	100.0	100.0	100.0	100.0	100.0	100.0	100.0	Monde
Developed Economies	66.9	62.1	57.7	56.4	53.9	56.5	53.1	48.6	49.2	43.6	Economies Développés
- Asia-Pacific	7.3	8.6	6.7	5.8	5.9	5.5	4.6	4.0	4.2	3.7	- Asie-Pacifique
- Europe	55.8	51.1	48.6	48.4	46.2	49.3	46.7	43.1	43.3	38.7	- Europe
- North America	3.7	2.4	2.4	2.1	1.7	1.7	1.8	1.5	1.7	1.2	- Amérique du Nord
South-Eastern Europe	0.6	0.4	0.5	0.6	1.0	2.0	2.1	2.7	3.2	3.3	Europe du Sud-Est
Commonwealth of Independent States	0.7	1.0	0.9	0.8	0.6	0.7	0.8	0.6	0.6	0.7	Communauté d'Etats indépendants
- Asia	0.0	0.0	0.0	0.0	0.0	0.0	0.0	0.0	0.0	0.0	- Asie
- Europe	0.7	0.9	0.9	0.8	0.6	0.7	0.8	0.6	0.6	0.6	- Europe
Northern Africa	0.5	0.5	0.3	0.3	0.3	0.2	0.3	0.3	0.3	0.3	Afrique septentrionale
Sub-Saharan Africa	0.5	0.6	0.5	0.4	0.7	0.5	0.4	0.6	0.6	0.6	Afrique subsaharienne
Latin America & the Caribbean	2.2	1.8	2.1	2.0	2.0	2.6	2.4	2.4	2.5	2.3	Amérique latine et Caraïbes
- Caribbean	0.0	0.0	0.0	0.0	0.0	0.1	0.0	0.0	0.0	0.0	- Caraïbes
- Latin America	2.2	1.8	2.1	1.9	2.0	2.5	2.4	2.4	2.5	2.3	- Amérique latine
Eastern Asia	20.4	25.2	30.8	31.6	32.0	27.0	30.6	33.8	33.4	39.3	Asie orientale
Southern Asia	3.7	4.3	3.5	4.2	4.8	5.3	5.1	5.7	5.9	5.6	Asie méridionale
South-Eastern Asia	1.5	1.7	1.7	1.9	2.1	2.0	2.2	2.1	1.9	1.7	Asie du Sud-Est
Western Asia	2.9	2.4	2.2	1.9	2.5	3.2	3.1	3.3	2.3	2.6	Asie occidentale
Oceania	0.0	0.0	0.0	0.0	0.0	0.0	0.0	0.0	0.0	0.0	Océanie

Trade by commodity

Commerce par produit

Exports by principal countries or areas

Exportations selon les principaux pays ou zones

Value in million US dollars

Valeur en millions de dollars EU

Country or area	2003	2004	2005	2006	2007	Pays ou zone
World	4690.2	5039.2	4907.4	5192.4	6047.5	Monde
Developed Economies	3324.5	3597.2	3372.0	3400.0	3880.1	Economies Développés
- Asia-Pacific	2116.8	2385.6	2251.4	2247.6	2760.1	- Asie-Pacifique
- Europe	1144.8	1156.8	1063.7	1093.8	1068.8	- Europe
- North America	62.9	54.8	56.9	58.7	51.2	- Amérique du Nord
South-Eastern Europe	27.1	38.7	37.0	62.5	90.7	Europe du Sud-Est
Commonwealth of Independent States	33.3	25.6	46.3	71.2	121.7	Communauté d'Etats indépendants
- Asia	12.6	13.9	35.5	56.2	94.6	- Asie
- Europe	20.7	11.6	10.8	15.0	27.0	- Europe
Northern Africa	3.5	4.1	3.5	2.4	4.9	Afrique septentrionale
Sub-Saharan Africa	198.8	185.8	180.5	208.6	262.2	Afrique subsaharienne
Latin America & the Caribbean	385.9	377.1	369.2	419.9	530.3	Amérique latine et Caraïbes
- Caribbean	0.1	0.0	0.0	0.0	0.2	- Caraïbes
- Latin America	385.8	377.1	369.2	419.9	530.1	- Amérique latine
Eastern Asia	598.7	650.1	753.8	890.4	1016.6	Asie orientale
Southern Asia	35.8	54.6	46.1	57.8	70.2	Asie méridionale
South-Eastern Asia	42.6	43.7	44.4	36.6	25.0	Asie du Sud-Est
Western Asia	40.0	62.3	54.6	43.0	45.9	Asie occidentale
Oceania	0.0	0.1	0.1	0.0	0.0	Océanie
Australia	1664.7	1898.3	1770.7	1786.4	2277.2	Australie
China	392.4	445.1	530.2	624.0	687.2	Chine
New Zealand	448.2	484.6	478.1	459.6	480.0	Nouvelle-Zélande
Germany	255.3	274.7	258.6	282.5	318.3	Allemagne
South Africa	192.8	176.4	172.8	200.9	256.6	Afrique du Sud
Argentina	162.6	177.1	167.8	177.1	233.5	Argentine
Italy	167.3	172.0	160.2	175.1	212.0	Italie
United Kingdom	168.1	197.3	184.2	208.7	118.7	Royaume-Uni
France-Monaco	256.1	216.6	157.5	100.6	59.3	France-Monaco
Uruguay	146.5	132.1	135.6	168.3	203.9	Uruguay
Czech Republic	92.5	99.2	122.2	139.8	157.4	République tchèque
Mongolia	47.2	55.7	87.7	157.3	192.3	Mongolie
Belgium	59.8	60.3	53.3	55.4	58.4	Belgique
Spain	66.6	52.8	47.7	48.3	55.9	Espagne
United States	58.9	49.4	53.9	55.9	48.7	Etats-Unis d'Amérique
Bulgaria	12.4	21.9	21.1	46.3	70.9	Bulgarie
China, Hong Kong SAR	29.1	34.5	33.0	25.5	48.9	Chine - RAS de Hong-Kong
Kazakhstan	4.8	5.4	26.7	48.4	84.8	Kazakhstan
Peru	31.9	29.1	27.0	35.0	44.3	Pérou
Thailand	33.8	35.8	29.8	13.9	3.7	Thaïlande
India	14.4	19.0	18.9	26.2	31.7	Inde
Brazil	22.5	16.6	15.7	19.6	23.8	Brésil
Turkey	19.2	29.9	23.0	9.9	12.8	Turquie
Chile	18.3	18.3	16.1	14.4	16.1	Chili
Iran (Islamic Republic of)	12.2	16.6	10.1	16.4	e21.5	Iran (République islamique d')

Value as percentages of World total

Valeur en pourcentage du total mondial

Regions of the world	1998	1999	2000	2001	2002	2003	2004	2005	2006	2007	Régions du monde
World	100.0	100.0	100.0	100.0	100.0	100.0	100.0	100.0	100.0	100.0	Monde
Developed Economies	74.4	71.4	72.6	73.3	73.8	70.9	71.4	68.7	65.5	64.2	Economies Développés
- Asia-Pacific	48.8	47.2	49.4	50.8	50.6	45.1	47.3	45.9	43.3	45.6	- Asie-Pacifique
- Europe	24.5	23.0	22.1	21.6	22.1	24.4	23.0	21.7	21.1	17.7	- Europe
- North America	1.1	1.2	1.0	0.9	1.1	1.3	1.1	1.2	1.1	0.8	- Amérique du Nord
South-Eastern Europe	0.3	0.2	0.2	0.2	0.3	0.6	0.8	0.8	1.2	1.5	Europe du Sud-Est
Commonwealth of Independent States	0.8	0.6	0.5	0.5	0.7	0.7	0.5	0.9	1.4	2.0	Communauté d'Etats indépendants
- Asia	0.3	0.4	0.3	0.3	0.3	0.3	0.3	0.7	1.1	1.6	- Asie
- Europe	0.5	0.2	0.2	0.2	0.3	0.4	0.2	0.2	0.3	0.4	- Europe
Northern Africa	0.0	0.0	0.0	0.0	0.0	0.1	0.1	0.1	0.0	0.1	Afrique septentrionale
Sub-Saharan Africa	3.6	3.9	3.3	3.4	3.4	4.2	3.7	3.7	4.0	4.3	Afrique subsaharienne
Latin America & the Caribbean	7.2	7.3	7.4	8.0	7.8	8.2	7.5	7.5	8.1	8.8	Amérique latine et Caraïbes
- Caribbean	0.0	0.0	0.0	0.0	0.0	0.0	0.0	0.0	0.0	0.0	- Caraïbes
- Latin America	7.2	7.3	7.4	8.0	7.8	8.2	7.5	7.5	8.1	8.8	- Amérique latine
Eastern Asia	11.1	14.5	14.0	13.0	11.9	12.8	12.9	15.4	17.1	16.8	Asie orientale
Southern Asia	0.5	0.7	1.2	0.6	0.6	0.8	1.1	0.9	1.1	1.2	Asie méridionale
South-Eastern Asia	1.4	0.8	0.4	0.5	0.7	0.9	0.9	0.9	0.7	0.4	Asie du Sud-Est
Western Asia	0.7	0.7	0.5	0.5	0.7	0.9	1.2	1.1	0.8	0.8	Asie occidentale
Oceania	0.0	0.0	0.0	0.0	0.0	0.0	0.0	0.0	0.0	0.0	Océanie

269 Worn clothing and other worn textile articles; rags

Trade by commodity
Imports by principal countries or areas
Value in million US dollars

Commerce par produit
Importations selon les principaux pays ou zones
Valeur en millions de dollars EU

Country or area	2003	2004	2005	2006	2007	Pays ou zone
World	1572.5	1647.2	1870.9	1989.8	2225.3	Monde
Developed Economies	567.2	598.2	642.1	661.0	747.6	Economies Développés
- Asia-Pacific	73.2	85.9	87.7	70.7	48.7	- Asie-Pacifique
- Europe	389.8	393.4	402.7	427.6	519.8	- Europe
- North America	104.1	118.9	151.8	162.7	179.1	- Amérique du Nord
South-Eastern Europe	37.8	45.0	47.5	52.6	51.9	Europe du Sud-Est
Commonwealth of Independent States	81.2	100.7	124.3	126.7	143.6	Communauté d'Etats indépendants
- Asia	20.0	18.0	18.4	22.9	29.4	- Asie
- Europe	61.2	82.7	105.9	103.8	114.2	- Europe
Northern Africa	51.2	59.7	61.1	63.2	77.8	Afrique septentrionale
Sub-Saharan Africa	390.0	393.7	451.8	523.6	634.0	Afrique subsaharienne
Latin America & the Caribbean	123.5	118.8	143.4	138.4	141.0	Amérique latine et Caraïbes
- Caribbean	23.0	30.3	38.3	30.3	29.1	- Caraïbes
- Latin America	100.5	88.6	105.1	108.1	112.0	- Amérique latine
Eastern Asia	25.2	33.0	38.1	46.0	60.3	Asie orientale
Southern Asia	134.4	101.9	107.0	102.6	110.4	Asie méridionale
South-Eastern Asia	122.3	135.8	188.5	193.4	166.3	Asie du Sud-Est
Western Asia	28.6	47.8	52.7	64.8	76.0	Asie occidentale
Oceania	11.2	12.6	14.6	17.5	16.4	Océanie
United States	50.5	64.0	92.6	103.9	108.9	Etats-Unis d'Amérique
Japan	70.6	82.0	83.2	65.3	42.1	Japon
Canada	53.5	54.8	59.0	58.3	70.0	Canada
India	88.8	57.1	56.8	44.2	42.2	Inde
Cambodia	38.0	39.1	e74.4	e90.0	e46.8	Cambodge
Malaysia	44.5	57.8	66.9	55.1	60.2	Malaisie
Poland	38.3	44.3	46.7	52.4	76.2	Pologne
Tunisia	43.2	49.1	48.9	51.4	59.2	Tunisie
Pakistan	37.6	36.9	44.1	51.4	60.4	Pakistan
Ghana	45.0	41.8	43.7	45.2	54.4	Ghana
Netherlands	43.5	38.9	37.6	52.0	57.3	Pays-Bas
Germany	44.5	37.3	48.9	42.6	53.5	Allemagne
Ukraine	31.8	41.7	45.7	48.0	46.7	Ukraine
Spain	38.3	40.4	36.6	45.4	45.4	Espagne
Italy	43.5	41.5	34.9	39.8	42.8	Italie
Cameroon	27.7	31.8	40.8	44.2	e53.0	Cameroun
Angola	e27.7	e18.5	e42.0	e52.4	e55.9	Angola
Benin	34.1	31.8	36.9	e40.6	e45.6	Bénin
Kenya	26.4	32.2	28.7	39.2	48.0	Kenya
Russian Federation	13.0	18.7	24.5	44.6	55.1	Fédération de Russie
Democratic Republic of the Congo	e26.4	e30.4	e31.6	e27.4	e34.5	République démocratique du Congo
United Republic of Tanzania	30.9	31.9	26.2	27.7	33.0	République-Unie de Tanzanie
Niger	20.9	16.5	26.2	34.7	40.6	Niger
United Kingdom	20.0	19.4	24.7	28.7	43.3	Royaume-Uni
Guatemala	23.7	25.1	29.4	29.8	26.8	Guatemala

Value as percentages of World total

Valeur en pourcentage du total mondial

Regions of the world	1998	1999	2000	2001	2002	2003	2004	2005	2006	2007	Régions du monde
World	100.0	100.0	100.0	100.0	100.0	100.0	100.0	100.0	100.0	100.0	Monde
Developed Economies	39.1	32.7	31.0	28.7	38.9	36.1	36.3	34.3	33.2	33.6	Economies Développés
- Asia-Pacific	3.9	4.1	4.9	3.9	4.0	4.7	5.2	4.7	3.6	2.2	- Asie-Pacifique
- Europe	31.4	24.9	21.6	20.9	29.4	24.8	23.9	21.5	21.5	23.4	- Europe
- North America	3.8	3.7	4.5	3.9	5.5	6.6	7.2	8.1	8.2	8.0	- Amérique du Nord
South-Eastern Europe	2.2	5.1	3.1	2.3	2.2	2.4	2.7	2.5	2.6	2.3	Europe du Sud-Est
Commonwealth of Independent States	2.4	2.2	2.6	3.3	5.4	5.2	6.1	6.6	6.4	6.5	Communauté d'Etats indépendants
- Asia	0.8	0.7	0.8	1.0	2.7	1.3	1.1	1.0	1.2	1.3	- Asie
- Europe	1.6	1.5	1.8	2.3	2.7	3.9	5.0	5.7	5.2	5.1	- Europe
Northern Africa	3.6	3.9	3.5	3.1	3.1	3.3	3.6	3.3	3.2	3.5	Afrique septentrionale
Sub-Saharan Africa	27.1	25.4	24.4	34.7	23.3	24.8	23.9	24.1	26.3	28.5	Afrique subsaharienne
Latin America & the Caribbean	7.1	7.4	8.9	7.8	8.0	7.9	7.2	7.7	7.0	6.3	Amérique latine et Caraïbes
- Caribbean	1.4	2.0	2.4	2.1	2.2	1.5	1.8	2.0	1.5	1.3	- Caraïbes
- Latin America	5.8	5.5	6.5	5.7	5.9	6.4	5.4	5.6	5.4	5.0	- Amérique latine
Eastern Asia	2.7	2.3	3.1	2.2	1.3	1.6	2.0	2.0	2.3	2.7	Asie orientale
Southern Asia	4.7	5.1	5.0	4.3	5.2	8.5	6.2	5.7	5.2	5.0	Asie méridionale
South-Eastern Asia	7.3	12.5	14.9	9.8	9.8	7.8	8.2	10.1	9.7	7.5	Asie du Sud-Est
Western Asia	3.1	2.6	3.0	3.0	2.0	1.8	2.9	2.8	3.3	3.4	Asie occidentale
Oceania	0.7	0.7	0.7	0.6	0.6	0.7	0.8	0.8	0.9	0.7	Océanie

Trade by commodity

Exports by principal countries or areas

Value in million US dollars

Country or area	2003	2004	2005	2006	2007	Pays ou zone
World	1703.2	1894.2	2093.4	2354.1	2754.5	Monde
Developed Economies	1319.5	1395.3	1557.0	1733.9	2018.5	Economies Développés
- Asia-Pacific	62.2	72.0	77.3	79.3	91.3	- Asie-Pacifique
- Europe	890.1	938.9	1024.8	1147.4	1329.0	- Europe
- North America	367.3	384.4	454.9	507.3	598.2	- Amérique du Nord
South-Eastern Europe	4.3	5.6	7.8	9.3	13.4	Europe du Sud-Est
Commonwealth of Independent States	8.6	10.4	13.6	6.6	8.1	Communauté d'Etats indépendants
- Asia	1.9	1.6	2.0	1.5	3.0	- Asie
- Europe	6.7	8.8	11.6	5.1	5.2	- Europe
Northern Africa	18.4	13.7	12.6	17.0	22.7	Afrique septentrionale
Sub-Saharan Africa	22.9	21.4	29.7	74.7	113.2	Afrique subsaharienne
Latin America & the Caribbean	57.9	57.1	57.9	51.5	45.8	Amérique latine et Caraïbes
- Caribbean	1.5	4.0	5.0	5.9	6.6	- Caraïbes
- Latin America	56.4	53.1	52.9	45.6	39.2	- Amérique latine
Eastern Asia	110.4	141.4	155.4	172.1	228.5	Asie orientale
Southern Asia	21.3	23.6	20.8	20.2	23.4	Asie méridionale
South-Eastern Asia	72.2	74.3	82.5	99.7	116.8	Asie du Sud-Est
Western Asia	64.6	148.1	152.7	168.4	163.8	Asie occidentale
Oceania	3.2	3.2	3.3	0.8	0.3	Océanie
United States	287.9	307.4	318.9	336.5	411.6	Etats-Unis d'Amérique
United Kingdom	176.4	208.9	259.3	292.6	360.5	Royaume-Uni
Germany	209.0	187.7	226.9	265.8	270.4	Allemagne
Korea, Republic of	90.1	115.9	133.5	144.9	195.9	République de Corée
Netherlands	116.5	123.3	110.8	143.1	157.6	Pays-Bas
Canada	79.4	77.1	134.8	170.7	186.6	Canada
Belgium	81.2	84.9	87.0	90.0	106.9	Belgique
Italy	64.9	71.9	75.4	84.0	104.9	Italie
United Arab Emirates	3.3	71.5	87.9	107.2	e115.8	Emirates arabes unis
Japan	42.2	45.9	49.9	51.5	58.4	Japon
France-Monaco	56.2	50.5	45.6	43.7	51.8	France-Monaco
Mexico	54.2	49.1	49.0	41.5	35.1	Mexique
Poland	36.5	34.3	31.3	41.3	54.7	Pologne
Saudi Arabia	42.8	56.6	35.3	31.9	17.4	Arabie saoudite
Switzerland-Liechtenstein	26.7	31.4	32.1	34.2	41.8	Suisse-Liechtenstein
Singapore	30.4	29.3	29.3	29.0	39.0	Singapour
Malaysia	27.2	21.1	21.5	32.5	33.5	Malaisie
Australia	17.6	22.4	23.3	23.4	27.9	Australie
Ireland	12.1	19.6	23.0	21.7	34.3	Irlande
Slovakia	17.7	26.0	28.5	15.1	7.7	Slovaquie
Zimbabwe	e3.3	3.8	2.2	42.3	37.3	Zimbabwe
Lithuania	9.1	11.9	16.9	17.1	23.1	Lituanie
Tunisia	17.8	13.6	12.5	15.7	18.0	Tunisie
Austria	11.6	15.1	11.9	14.3	17.4	Autriche
Philippines	6.7	11.2	16.4	16.7	12.6	Philippines

Value as percentages of World total

Valeur en pourcentage du total mondial

Regions of the world	1998	1999	2000	2001	2002	2003	2004	2005	2006	2007	Régions du monde
World	100.0	100.0	100.0	100.0	100.0	100.0	100.0	100.0	100.0	100.0	Monde
Developed Economies	80.4	75.7	73.3	74.1	73.8	77.5	73.7	74.4	73.7	73.3	Economies Développés
- Asia-Pacific	3.6	4.6	4.8	4.2	3.6	3.7	3.8	3.7	3.4	3.3	- Asie-Pacifique
- Europe	53.2	48.3	45.3	48.5	50.3	52.3	49.6	49.0	48.7	48.2	- Europe
- North America	23.6	22.8	23.2	21.4	20.0	21.6	20.3	21.7	21.5	21.7	- Amérique du Nord
South-Eastern Europe	0.1	0.2	0.2	0.2	0.2	0.3	0.3	0.4	0.4	0.5	Europe du Sud-Est
Commonwealth of Independent States	0.2	0.2	0.2	0.2	0.5	0.5	0.6	0.6	0.3	0.3	Communauté d'Etats indépendants
- Asia	0.1	0.1	0.1	0.1	0.1	0.1	0.1	0.1	0.1	0.1	- Asie
- Europe	0.1	0.1	0.2	0.1	0.3	0.4	0.5	0.6	0.2	0.2	- Europe
Northern Africa	0.8	1.0	1.1	1.0	1.0	1.1	0.7	0.6	0.7	0.8	Afrique septentrionale
Sub-Saharan Africa	1.9	4.0	1.3	1.0	2.7	1.3	1.1	1.4	3.2	4.1	Afrique subsaharienne
Latin America & the Caribbean	4.1	3.5	4.3	2.6	4.0	3.4	3.0	2.8	2.2	1.7	Amérique latine et Caraïbes
- Caribbean	0.3	0.6	0.7	0.3	0.3	0.3	0.2	0.2	0.3	0.2	- Caraïbes
- Latin America	3.8	2.9	3.7	2.3	3.6	3.3	2.8	2.5	1.9	1.4	- Amérique latine
Eastern Asia	6.0	7.7	10.1	8.6	7.4	6.5	7.5	7.4	7.3	8.3	Asie orientale
Southern Asia	0.5	0.5	1.2	1.1	1.0	1.2	1.2	1.0	0.9	0.8	Asie méridionale
South-Eastern Asia	2.5	4.2	5.2	4.1	3.4	4.2	3.9	3.9	4.2	4.2	Asie du Sud-Est
Western Asia	3.6	2.9	3.2	7.1	6.0	3.8	7.8	7.3	7.2	5.9	Asie occidentale
Oceania	0.0	0.1	0.0	0.0	0.1	0.2	0.2	0.2	0.0	0.0	Océanie

272 Fertilizers crude, other than those of division 56

Trade by commodity
Imports by principal countries or areas
Value in million US dollars

Commerce par produit
Importations selon les principaux pays ou zones
Valeur en millions de dollars EU

Country or area	2003	2004	2005	2006	2007	Pays ou zone
World	1587.2	1904.4	2167.8	2209.4	2692.9	Monde
Developed Economies	920.0	1033.5	1124.8	1143.9	1400.5	Economies Développés
- Asia-Pacific	181.0	214.3	224.7	198.7	252.9	- Asie-Pacifique
- Europe	645.4	714.9	771.3	814.5	983.8	- Europe
- North America	93.6	104.2	128.8	130.7	163.8	- Amérique du Nord
South-Eastern Europe	45.2	62.6	73.1	50.9	67.4	Europe du Sud-Est
Commonwealth of Independent States	34.0	57.3	65.1	70.4	93.4	Communauté d'Etats indépendants
- Asia	5.3	13.2	6.9	8.1	9.2	- Asie
- Europe	28.7	44.2	58.2	62.3	84.2	- Europe
Northern Africa	1.8	2.1	4.2	3.9	7.2	Afrique septentrionale
Sub-Saharan Africa	34.0	32.1	9.6	16.0	19.0	Afrique subsaharienne
Latin America & the Caribbean	119.1	165.2	149.1	159.8	245.8	Amérique latine et Caraïbes
- Caribbean	1.2	15.8	2.1	2.3	2.9	- Caraïbes
- Latin America	117.9	149.5	147.1	157.4	242.9	- Amérique latine
Eastern Asia	84.3	101.8	142.4	139.7	147.3	Asie orientale
Southern Asia	177.3	268.2	389.3	413.5	504.8	Asie méridionale
South-Eastern Asia	113.0	123.1	130.9	159.9	171.2	Asie du Sud-Est
Western Asia	58.0	57.7	78.6	50.7	29.5	Asie occidentale
Oceania	0.4	0.7	0.8	0.9	6.9	Océanie
India	132.2	219.9	319.0	360.5	428.5	Inde
Belgium	110.9	121.3	148.0	129.2	159.0	Belgique
United States	85.2	97.3	122.3	121.5	144.5	Etats-Unis d'Amérique
Spain	91.5	100.5	106.4	101.7	123.3	Espagne
Japan	86.0	97.0	106.7	114.2	119.0	Japon
Korea, Republic of	65.6	79.5	108.2	103.0	120.1	République de Corée
Poland	63.7	87.3	91.4	99.9	118.5	Pologne
Lithuania	64.3	66.9	72.7	95.4	104.3	Lituanie
Brazil	54.9	79.0	64.4	72.1	111.3	Brésil
New Zealand	64.6	83.6	75.1	54.0	90.8	Nouvelle-Zélande
Netherlands	72.8	64.9	64.9	71.7	93.7	Pays-Bas
Indonesia	47.8	47.9	61.4	73.9	82.3	Indonésie
Norway	43.9	46.0	62.4	60.0	64.3	Norvège
France-Monaco	53.7	51.2	45.5	43.9	65.6	France-Monaco
Mexico	43.6	43.2	54.0	52.8	64.6	Mexique
Italy	35.1	49.1	49.1	44.2	45.8	Italie
Malaysia	25.7	37.9	30.2	35.7	57.1	Malaisie
Australia	30.5	33.8	43.0	30.5	43.1	Australie
Bulgaria	23.6	30.4	42.1	35.6	41.1	Bulgarie
Belarus	19.6	25.8	29.2	36.1	41.9	Bélarus
Pakistan	14.8	23.9	30.8	18.4	37.1	Pakistan
United Kingdom	7.5	13.0	17.0	39.9	43.2	Royaume-Uni
Ukraine	8.0	16.6	21.3	20.6	37.9	Ukraine
Germany	15.7	16.9	20.7	23.1	25.1	Allemagne
Lebanon	18.8	26.0	e26.7	e26.7	e2.0	Liban

Value as percentages of World total

Valeur en pourcentage du total mondial

Regions of the world	1998	1999	2000	2001	2002	2003	2004	2005	2006	2007	Régions du monde
World	100.0	100.0	100.0	100.0	100.0	100.0	100.0	100.0	100.0	100.0	Monde
Developed Economies	53.4	53.6	51.7	52.7	55.9	58.0	54.3	51.9	51.8	52.0	Economies Développés
- Asia-Pacific	10.5	9.9	12.1	12.4	11.7	11.4	11.3	10.4	9.0	9.4	- Asie-Pacifique
- Europe	36.7	38.1	35.1	35.4	38.6	40.7	37.5	35.6	36.9	36.5	- Europe
- North America	6.2	5.6	4.5	5.0	5.5	5.9	5.5	5.9	5.9	6.1	- Amérique du Nord
South-Eastern Europe	2.3	2.1	2.8	2.7	2.8	2.8	3.3	3.4	2.3	2.5	Europe du Sud-Est
Commonwealth of Independent States	5.3	6.4	3.1	3.5	2.6	2.1	3.0	3.0	3.2	3.5	Communauté d'Etats indépendants
- Asia	1.3	2.2	1.1	1.4	1.0	0.3	0.7	0.3	0.4	0.3	- Asie
- Europe	4.0	4.2	2.0	2.1	1.6	1.8	2.3	2.7	2.8	3.1	- Europe
Northern Africa	0.1	0.1	0.1	0.1	0.1	0.1	0.1	0.2	0.2	0.3	Afrique septentrionale
Sub-Saharan Africa	1.6	0.9	1.4	1.1	1.3	2.1	1.7	0.4	0.7	0.7	Afrique subsaharienne
Latin America & the Caribbean	8.9	7.5	8.6	8.5	7.5	7.5	8.7	6.9	7.2	9.1	Amérique latine et Caraïbes
- Caribbean	0.2	0.1	0.1	0.1	0.1	0.1	0.8	0.1	0.1	0.1	- Caraïbes
- Latin America	8.7	7.5	8.4	8.4	7.4	7.4	7.8	6.8	7.1	9.0	- Amérique latine
Eastern Asia	5.4	5.7	6.0	5.4	5.3	5.3	5.3	6.6	6.3	5.5	Asie orientale
Southern Asia	12.3	13.4	16.2	13.6	14.2	11.2	14.1	18.0	18.7	18.7	Asie méridionale
South-Eastern Asia	7.3	7.0	5.0	8.6	6.2	7.1	6.5	6.0	7.2	6.4	Asie du Sud-Est
Western Asia	3.4	3.2	5.1	3.8	4.2	3.7	3.0	3.6	2.3	1.1	Asie occidentale
Oceania	0.0	0.0	0.0	0.0	0.0	0.0	0.0	0.0	0.0	0.3	Océanie

Engrais bruts, autres que ceux de la division 56 272

Trade by commodity
Exports by principal countries or areas
Value in million US dollars

Commerce par produit
Exportations selon les principaux pays ou zones
Valeur en millions de dollars EU

Country or area	2003	2004	2005	2006	2007	Pays ou zone
World	1433.4	1689.6	1842.7	1834.1	1929.2	Monde
Developed Economies	189.5	234.4	265.9	295.0	381.2	Economies Développés
- Asia-Pacific	4.1	4.8	7.2	9.2	9.0	- Asie-Pacifique
- Europe	155.4	199.3	232.9	255.1	333.2	- Europe
- North America	30.0	30.3	25.8	30.7	39.1	- Amérique du Nord
South-Eastern Europe	1.2	1.6	2.2	1.7	2.1	Europe du Sud-Est
Commonwealth of Independent States	125.7	137.8	182.9	172.1	186.7	Communauté d'Etats indépendants
- Asia	1.8	7.0	4.5	3.1	8.4	- Asie
- Europe	123.9	130.9	178.4	169.0	178.3	- Europe
Northern Africa	408.6	472.4	582.2	635.2	827.5	Afrique septentrionale
Sub-Saharan Africa	49.4	59.7	41.2	65.4	42.8	Afrique subsaharienne
Latin America & the Caribbean	40.3	39.6	46.3	44.4	57.3	Amérique latine et Caraïbes
- Caribbean	1.0	0.0	0.9	0.5	0.2	- Caraïbes
- Latin America	39.2	39.6	45.3	44.0	57.1	- Amérique latine
Eastern Asia	141.8	145.7	142.9	101.6	124.1	Asie orientale
Southern Asia	0.8	1.8	2.4	1.6	1.4	Asie méridionale
South-Eastern Asia	12.4	12.6	11.0	11.6	16.3	Asie du Sud-Est
Western Asia	463.3	583.8	565.8	505.4	289.7	Asie occidentale
Oceania	0.4	0.0	0.0	0.0	0.1	Océanie
Morocco	362.9	421.0	517.5	545.3	712.0	Maroc
Jordan	332.4	399.4	444.5	414.7	195.1	Jordanie
Russian Federation	122.0	128.5	175.1	164.8	173.6	Fédération de Russie
China	140.4	143.6	140.3	98.7	120.9	Chine
Israel	74.8	130.2	55.0	24.2	23.2	Israël
Netherlands	38.4	48.1	57.7	66.1	85.1	Pays-Bas
Syrian Arab Republic	40.1	45.9	59.7	64.8	e69.7	République arabe syrienne
Belgium	35.6	43.1	51.8	49.3	66.0	Belgique
Togo	35.0	48.2	34.9	e60.0	31.4	Togo
Italy	20.9	30.6	28.7	49.3	67.8	Italie
Chile	32.6	32.5	37.7	33.6	34.8	Chili
Tunisia	25.7	19.7	26.6	26.7	55.5	Tunisie
Algeria	10.9	18.3	20.9	37.9	e40.7	Algérie
Germany	13.8	17.4	19.6	24.5	27.1	Allemagne
United States	e23.6	e20.7	e16.3	e17.8	e22.7	Etats-Unis d'Amérique
Egypt	9.2	13.4	17.2	25.3	19.4	Egypte
France-Monaco	10.3	14.1	12.4	13.1	17.0	France-Monaco
Spain	7.9	9.2	17.0	12.6	18.8	Espagne
Canada	6.4	9.6	9.5	12.9	16.4	Canada
United Kingdom	7.3	7.6	9.5	11.9	12.0	Royaume-Uni
Austria	7.1	8.1	8.4	9.1	11.4	Autriche
Ireland	3.5	8.7	12.6	5.6	8.1	Irlande
Indonesia	6.2	5.1	7.3	5.5	6.8	Indonésie
Norway	5.2	5.6	6.5	5.7	6.6	Norvège
Kazakhstan	1.8	7.0	4.5	3.0	8.3	Kazakhstan

Regions of the world	1998	1999	2000	2001	2002	2003	2004	2005	2006	2007	Régions du monde
World	100.0	100.0	100.0	100.0	100.0	100.0	100.0	100.0	100.0	100.0	Monde
Developed Economies	10.4	10.4	12.8	9.3	11.2	13.2	13.9	14.4	16.1	19.8	Economies Développés
- Asia-Pacific	0.4	0.4	0.5	0.2	0.2	0.3	0.3	0.4	0.5	0.5	- Asie-Pacifique
- Europe	7.7	7.5	9.1	7.4	8.8	10.8	11.8	12.6	13.9	17.3	- Europe
- North America	2.3	2.6	3.1	1.7	2.3	2.1	1.8	1.4	1.7	2.0	- Amérique du Nord
South-Eastern Europe	0.1	0.1	0.0	0.0	0.0	0.1	0.1	0.1	0.1	0.1	Europe du Sud-Est
Commonwealth of Independent States	13.1	12.2	12.8	9.1	9.0	8.8	8.2	9.9	9.4	9.7	Communauté d'Etats indépendants
- Asia	1.1	1.3	0.8	0.6	0.4	0.1	0.4	0.2	0.2	0.4	- Asie
- Europe	12.0	11.0	11.9	8.5	8.6	8.6	7.7	9.7	9.2	9.2	- Europe
Northern Africa	30.9	32.3	37.0	30.3	30.2	28.5	28.0	31.6	34.6	42.9	Afrique septentrionale
Sub-Saharan Africa	8.8	6.4	5.5	6.4	4.8	3.4	3.5	2.2	3.6	2.2	Afrique subsaharienne
Latin America & the Caribbean	2.8	3.4	3.3	2.7	4.5	2.8	2.3	2.5	2.4	3.0	Amérique latine et Caraïbes
- Caribbean	0.0	0.0	0.0	0.1	0.1	0.1	0.0	0.1	0.0	0.0	- Caraïbes
- Latin America	2.8	3.4	3.3	2.6	4.4	2.7	2.3	2.5	2.4	3.0	- Amérique latine
Eastern Asia	6.2	7.1	11.4	12.3	9.9	9.9	8.6	7.8	5.5	6.4	Asie orientale
Southern Asia	0.0	0.0	0.1	0.2	0.1	0.1	0.1	0.1	0.1	0.1	Asie méridionale
South-Eastern Asia	0.2	0.4	0.4	0.5	0.7	0.9	0.7	0.6	0.6	0.8	Asie du Sud-Est
Western Asia	27.5	27.6	16.7	29.1	29.5	32.3	34.6	30.7	27.6	15.0	Asie occidentale
Oceania	0.0	0.0	0.0	0.0	0.0	0.0	0.0	0.0	0.0	0.0	Océanie

273 Stone, sand and gravel

Trade by commodity
Imports by principal countries or areas
Value in million US dollars

Commerce par produit
Importations selon les principaux pays ou zones
Valeur en millions de dollars EU

Country or area	2003	2004	2005	2006	2007	Pays ou zone
World	5969.4	6952.0	7719.4	9299.3	10481.1	Monde
Developed Economies	3831.5	4515.9	4867.7	5327.2	6106.8	Economies Développés
- Asia-Pacific	241.8	289.9	301.4	298.6	308.0	- Asie-Pacifique
- Europe	3072.8	3645.7	3916.2	4288.3	5099.6	- Europe
- North America	516.9	580.3	650.1	740.4	699.3	- Amérique du Nord
South-Eastern Europe	43.9	77.1	90.3	90.6	113.1	Europe du Sud-Est
Commonwealth of Independent States	128.3	152.5	189.7	285.4	411.6	Communauté d'Etats indépendants
- Asia	26.5	34.9	41.1	54.2	76.0	- Asie
- Europe	101.8	117.5	148.6	231.2	335.6	- Europe
Northern Africa	38.0	54.0	61.9	65.3	87.0	Afrique septentrionale
Sub-Saharan Africa	63.5	72.3	98.7	113.3	139.6	Afrique subsaharienne
Latin America & the Caribbean	126.2	147.2	164.0	190.1	228.9	Amérique latine et Caraïbes
- Caribbean	21.2	25.6	33.4	48.6	58.8	- Caraïbes
- Latin America	105.0	121.6	130.6	141.5	170.1	- Amérique latine
Eastern Asia	979.1	1228.6	1368.8	1756.6	1949.8	Asie orientale
Southern Asia	91.2	109.6	142.7	195.0	267.2	Asie méridionale
South-Eastern Asia	237.4	265.7	284.5	326.1	645.6	Asie du Sud-Est
Western Asia	425.7	323.4	445.8	942.3	525.5	Asie occidentale
Oceania	4.5	5.8	5.3	7.5	5.9	Océanie
China	583.0	741.6	818.6	1053.9	1280.4	Chine
Italy	567.9	669.2	680.1	761.3	791.2	Italie
Germany	421.8	501.5	564.3	491.3	577.7	Allemagne
United States	384.0	439.5	506.6	578.9	536.6	Etats-Unis d'Amérique
Netherlands	360.5	423.0	429.0	516.9	638.0	Pays-Bas
Belgium	286.4	336.7	339.3	361.5	417.4	Belgique
United Kingdom	186.1	249.7	305.0	338.8	413.0	Royaume-Uni
France-Monaco	222.7	265.3	269.7	287.6	364.8	France-Monaco
Spain	222.3	255.0	274.1	300.7	328.6	Espagne
Japan	211.2	257.1	265.0	264.9	275.2	Japon
Singapore	113.8	111.1	111.3	137.7	400.0	Singapour
Switzerland-Liechtenstein	133.8	153.3	156.7	175.5	206.6	Suisse-Liechtenstein
Kuwait	e75.4	e58.4	e76.9	e520.4	e16.6	Koweït
Canada	130.6	138.3	140.9	158.8	160.4	Canada
Poland	93.6	107.4	105.3	136.2	215.8	Pologne
Russian Federation	71.2	81.5	97.9	160.0	242.9	Fédération de Russie
Korea, Republic of	80.3	103.1	112.9	128.3	115.4	République de Corée
India	52.4	65.0	93.8	135.6	186.8	Inde
Qatar	32.0	25.9	83.4	158.3	e212.2	Qatar
Ireland	51.2	72.4	96.4	129.9	154.2	Irlande
Denmark	67.1	79.0	79.1	95.2	117.1	Danemark
United Arab Emirates	106.5	46.4	56.3	74.5	e92.2	Emirates arabes unis
Sweden	45.6	56.3	69.0	86.0	103.2	Suède
China, Hong Kong SAR	81.3	65.9	67.0	69.4	64.1	Chine - RAS de Hong-Kong
Portugal	60.6	66.4	66.4	67.7	85.9	Portugal

Value as percentages of World total

Valeur en pourcentage du total mondial

Regions of the world	1998	1999	2000	2001	2002	2003	2004	2005	2006	2007	Régions du monde
World	100.0	100.0	100.0	100.0	100.0	100.0	100.0	100.0	100.0	100.0	Monde
Developed Economies	71.6	70.7	66.1	65.0	66.4	64.2	65.0	63.1	57.3	58.3	Economies Développés
- Asia-Pacific	6.4	5.6	6.3	5.2	4.3	4.1	4.2	3.9	3.2	2.9	- Asie-Pacifique
- Europe	56.4	55.8	50.3	50.5	52.5	51.5	52.4	50.7	46.1	48.7	- Europe
- North America	8.8	9.4	9.5	9.3	9.6	8.7	8.3	8.4	8.0	6.7	- Amérique du Nord
South-Eastern Europe	0.5	0.5	0.6	0.6	0.7	0.7	1.1	1.2	1.0	1.1	Europe du Sud-Est
Commonwealth of Independent States	2.0	1.0	1.2	1.5	2.0	2.1	2.2	2.5	3.1	3.9	Communauté d'Etats indépendants
- Asia	0.3	0.2	0.2	0.3	0.3	0.4	0.5	0.5	0.6	0.7	- Asie
- Europe	1.7	0.8	1.0	1.3	1.7	1.7	1.7	1.9	2.5	3.2	- Europe
Northern Africa	0.8	0.8	0.7	0.8	0.8	0.6	0.8	0.8	0.7	0.8	Afrique septentrionale
Sub-Saharan Africa	0.8	0.8	0.9	2.7	1.0	1.1	1.0	1.3	1.2	1.3	Afrique subsaharienne
Latin America & the Caribbean	2.7	2.6	2.3	2.3	2.1	2.1	2.1	2.1	2.0	2.2	Amérique latine et Caraïbes
- Caribbean	0.4	0.4	0.4	0.4	0.4	0.4	0.4	0.4	0.5	0.6	- Caraïbes
- Latin America	2.3	2.2	1.9	1.9	1.7	1.8	1.7	1.7	1.5	1.6	- Amérique latine
Eastern Asia	10.6	12.8	14.9	15.5	15.6	16.4	17.7	17.7	18.9	18.6	Asie orientale
Southern Asia	1.2	1.4	1.4	1.4	1.4	1.5	1.6	1.8	2.1	2.5	Asie méridionale
South-Eastern Asia	5.0	5.0	7.1	4.3	3.9	4.0	3.8	3.7	3.5	6.2	Asie du Sud-Est
Western Asia	4.7	4.1	4.8	5.7	6.1	7.1	4.7	5.8	10.1	5.0	Asie occidentale
Oceania	0.1	0.1	0.1	0.1	0.1	0.1	0.1	0.1	0.1	0.1	Océanie

Trade by commodity

Exports by principal countries or areas

Value in million US dollars

Commerce par produit

Exportations selon les principaux pays ou zones

Valeur en millions de dollars EU

Country or area	2003	2004	2005	2006	2007	Pays ou zone
World	4732.5	5453.0	5941.3	7486.6	8608.4	Monde
Developed Economies	3105.5	3650.3	3815.0	4261.8	4850.7	Economies Développés
- Asia-Pacific	110.2	118.5	137.7	145.4	153.4	- Asie-Pacifique
- Europe	2532.7	3019.4	3151.1	3536.7	4018.7	- Europe
- North America	462.6	512.4	526.1	579.7	678.6	- Amérique du Nord
South-Eastern Europe	31.6	41.3	54.1	63.8	76.2	Europe du Sud-Est
Commonwealth of Independent States	80.9	100.9	130.5	185.8	321.0	Communauté d'Etats indépendants
- Asia	7.1	10.6	13.5	17.1	22.1	- Asie
- Europe	73.8	90.3	117.0	168.7	298.9	- Europe
Northern Africa	83.0	139.6	130.5	142.6	158.9	Afrique septentrionale
Sub-Saharan Africa	79.9	72.5	85.0	86.8	130.6	Afrique subsaharienne
Latin America & the Caribbean	209.8	227.6	271.4	330.7	381.0	Amérique latine et Caraïbes
- Caribbean	14.6	9.7	10.7	14.0	49.3	- Caraïbes
- Latin America	195.3	217.9	260.7	316.8	331.6	- Amérique latine
Eastern Asia	209.2	243.9	300.5	350.6	265.4	Asie orientale
Southern Asia	389.7	497.6	551.1	772.2	899.9	Asie méridionale
South-Eastern Asia	159.5	177.7	196.9	229.5	302.6	Asie du Sud-Est
Western Asia	383.3	301.5	405.6	1062.1	1221.0	Asie occidentale
Oceania	0.2	0.0	0.8	0.7	1.0	Océanie
India	334.8	428.0	475.7	667.4	760.3	Inde
Germany	373.1	437.4	485.7	586.3	660.4	Allemagne
Spain	339.2	414.1	475.6	491.6	544.2	Espagne
Italy	292.5	352.1	359.5	391.8	436.9	Italie
Belgium	288.9	369.2	335.6	368.0	459.0	Belgique
United States	323.5	338.4	326.3	365.7	448.0	Etats-Unis d'Amérique
United Arab Emirates	170.9	46.3	73.9	652.6	e705.3	Emirates arabes unis
France-Monaco	258.7	280.8	272.6	266.9	291.3	France-Monaco
Norway	216.8	259.3	269.6	274.8	314.0	Norvège
Turkey	143.6	188.1	239.2	286.0	390.4	Turquie
China	172.0	201.2	246.4	306.1	217.4	Chine
Canada	139.0	174.0	198.1	212.7	224.7	Canada
United Kingdom	117.4	155.2	170.2	185.3	230.8	Royaume-Uni
Austria	145.1	160.5	162.6	171.1	208.9	Autriche
Brazil	117.2	131.1	162.5	207.5	201.6	Brésil
Netherlands	99.6	131.4	127.7	141.7	158.9	Pays-Bas
Ukraine	42.2	50.6	72.3	118.5	209.4	Ukraine
Egypt	58.4	101.0	96.8	104.3	112.9	Egypte
Thailand	75.6	80.6	95.0	100.2	121.7	Thaïlande
Portugal	63.2	66.6	74.2	88.6	124.6	Portugal
Sweden	72.9	79.7	74.5	78.3	91.0	Suède
Mexico	61.6	70.4	79.4	87.7	85.7	Mexique
Australia	67.8	65.6	75.2	78.6	89.5	Australie
Iran (Islamic Republic of)	39.9	52.7	58.1	73.9	e97.0	Iran (République islamique d')
Greece	48.9	52.6	45.9	74.4	65.5	Grèce

Value as percentages of World total

Valeur en pourcentage du total mondial

Regions of the world	1998	1999	2000	2001	2002	2003	2004	2005	2006	2007	Régions du monde
World	100.0	100.0	100.0	100.0	100.0	100.0	100.0	100.0	100.0	100.0	Monde
Developed Economies	75.2	72.3	70.3	68.6	67.2	65.6	66.9	64.2	56.9	56.3	Economies Développés
- Asia-Pacific	2.6	2.5	2.6	2.5	2.1	2.3	2.2	2.3	1.9	1.8	- Asie-Pacifique
- Europe	60.1	58.1	54.4	54.1	54.4	53.5	55.4	53.0	47.2	46.7	- Europe
- North America	12.4	11.7	13.4	12.0	10.7	9.8	9.4	8.9	7.7	7.9	- Amérique du Nord
South-Eastern Europe	0.4	0.5	0.4	0.5	0.5	0.7	0.8	0.9	0.9	0.9	Europe du Sud-Est
Commonwealth of Independent States	1.7	0.7	0.9	1.4	1.5	1.7	1.9	2.2	2.5	3.7	Communauté d'Etats indépendants
- Asia	0.3	0.1	0.1	0.2	0.1	0.1	0.2	0.2	0.2	0.3	- Asie
- Europe	1.4	0.6	0.8	1.2	1.4	1.6	1.7	2.0	2.3	3.5	- Europe
Northern Africa	1.2	1.1	1.3	1.4	1.9	1.8	2.6	2.2	1.9	1.8	Afrique septentrionale
Sub-Saharan Africa	1.6	1.6	1.7	1.3	2.4	1.7	1.3	1.4	1.2	1.5	Afrique subsaharienne
Latin America & the Caribbean	3.0	3.1	3.8	3.8	3.5	4.4	4.2	4.6	4.4	4.4	Amérique latine et Caraïbes
- Caribbean	0.5	0.4	0.5	0.5	0.6	0.3	0.2	0.2	0.2	0.6	- Caraïbes
- Latin America	2.5	2.7	3.3	3.3	2.9	4.1	4.0	4.4	4.2	3.9	- Amérique latine
Eastern Asia	4.5	4.9	5.9	5.0	4.7	4.4	4.5	5.1	4.7	3.1	Asie orientale
Southern Asia	4.3	7.1	8.1	8.5	8.7	8.2	9.1	9.3	10.3	10.5	Asie méridionale
South-Eastern Asia	3.8	4.3	4.4	5.4	4.2	3.4	3.3	3.3	3.1	3.5	Asie du Sud-Est
Western Asia	4.3	4.2	3.1	4.3	5.4	8.1	5.5	6.8	14.2	14.2	Asie occidentale
Oceania	0.0	0.0	0.0	0.0	0.0	0.0	0.0	0.0	0.0	0.0	Océanie

274 Sulphur and unroasted iron pyrites

Trade by commodity
Imports by principal countries or areas
Value in million US dollars

Commerce par produit
Importations selon les principaux pays ou zones
Valeur en millions de dollars EU

Country or area	2003	2004	2005	2006	2007	Pays ou zone
World	1509.4	1956.9	2226.7	1948.0	2964.2	Monde
Developed Economies	315.9	357.6	354.4	339.8	383.7	Economies Développés
- Asia-Pacific	51.1	55.8	53.9	50.8	55.6	- Asie-Pacifique
- Europe	166.1	194.4	198.2	184.6	215.3	- Europe
- North America	98.7	107.4	102.4	104.4	112.7	- Amérique du Nord
South-Eastern Europe	1.1	1.6	1.7	1.9	3.1	Europe du Sud-Est
Commonwealth of Independent States	21.4	28.8	34.6	31.5	40.9	Communauté d'Etats indépendants
- Asia	0.7	0.7	1.1	1.4	4.2	- Asie
- Europe	20.7	28.1	33.5	30.2	36.7	- Europe
Northern Africa	294.3	367.9	440.2	369.8	468.2	Afrique septentrionale
Sub-Saharan Africa	114.6	129.2	129.8	78.2	122.7	Afrique subsaharienne
Latin America & the Caribbean	140.7	178.4	159.5	159.4	245.5	Amérique latine et Caraïbes
- Caribbean	14.7	15.6	17.8	15.2	16.2	- Caraïbes
- Latin America	126.0	162.8	141.8	144.3	229.3	- Amérique latine
Eastern Asia	401.4	618.6	810.9	721.1	1286.8	Asie orientale
Southern Asia	92.5	118.0	149.7	122.7	243.5	Asie méridionale
South-Eastern Asia	45.5	66.9	59.5	46.6	61.8	Asie du Sud-Est
Western Asia	81.3	89.0	85.1	75.7	107.4	Asie occidentale
Oceania	0.8	0.9	1.1	1.1	0.5	Océanie
China	392.6	606.7	797.7	710.1	1277.3	Chine
Morocco	189.7	237.2	298.1	241.7	336.4	Maroc
India	85.1	106.6	136.5	109.1	229.1	Inde
Brazil	103.8	131.1	108.7	103.6	172.3	Brésil
Tunisia	102.0	121.6	138.2	119.9	120.7	Tunisie
United States	93.2	101.2	94.0	97.1	106.4	Etats-Unis d'Amérique
Israel	43.3	53.7	48.2	53.5	98.6	Israël
South Africa	36.9	39.2	36.3	43.6	52.1	Afrique du Sud
Australia	34.1	37.1	32.9	34.6	34.0	Australie
Senegal	36.8	45.5	51.5	4.6	24.1	Sénégal
Belgium	21.7	27.2	29.5	35.9	34.8	Belgique
Spain	24.8	31.8	36.6	21.4	22.9	Espagne
Zambia	22.4	24.9	23.5	20.2	29.8	Zambie
Indonesia	13.6	27.9	23.3	20.6	34.4	Indonésie
Ukraine	8.7	16.8	19.2	20.1	22.8	Ukraine
Italy	13.0	15.6	17.6	17.7	20.3	Italie
Cuba	14.6	15.6	17.7	15.1	e16.2	Cuba
New Zealand	15.5	16.8	16.9	10.7	17.2	Nouvelle-Zélande
Lithuania	14.3	11.9	14.5	19.0	14.3	Lituanie
Germany	8.1	11.1	14.7	14.2	23.1	Allemagne
Argentina	7.8	9.7	10.5	15.4	15.6	Argentine
France-Monaco	11.5	10.8	10.2	10.0	11.1	France-Monaco
Thailand	9.8	7.8	18.0	7.4	10.6	Thaïlande
Lebanon	8.7	13.9	e14.3	e14.3	e0.5	Liban
Korea, Republic of	7.4	10.8	11.4	9.8	7.9	République de Corée

Value as percentages of World total

Valeur en pourcentage du total mondial

Regions of the world	1998	1999	2000	2001	2002	2003	2004	2005	2006	2007	Régions du monde
World	100.0	100.0	100.0	100.0	100.0	100.0	100.0	100.0	100.0	100.0	Monde
Developed Economies	26.7	21.1	21.1	20.9	20.5	20.9	18.3	15.9	17.4	12.9	Economies Développés
- Asia-Pacific	2.6	2.2	3.5	3.4	3.8	3.4	2.9	2.4	2.6	1.9	- Asie-Pacifique
- Europe	14.8	11.1	11.8	12.9	11.7	11.0	9.9	8.9	9.5	7.3	- Europe
- North America	9.3	7.9	5.8	4.6	4.9	6.5	5.5	4.6	5.4	3.8	- Amérique du Nord
South-Eastern Europe	0.3	0.1	0.2	0.2	0.1	0.1	0.1	0.1	0.1	0.1	Europe du Sud-Est
Commonwealth of Independent States	3.5	2.7	2.0	2.1	1.5	1.4	1.5	1.6	1.6	1.4	Communauté d'Etats indépendants
- Asia	0.1	0.2	0.1	0.1	0.1	0.0	0.0	0.0	0.1	0.1	- Asie
- Europe	3.4	2.5	1.8	1.9	1.4	1.4	1.4	1.5	1.5	1.2	- Europe
Northern Africa	22.3	18.8	20.1	19.9	18.9	19.5	18.8	19.8	19.0	15.8	Afrique septentrionale
Sub-Saharan Africa	6.0	5.2	5.2	5.7	4.6	7.6	6.6	5.8	4.0	4.1	Afrique subsaharienne
Latin America & the Caribbean	11.5	12.2	12.8	10.5	8.7	9.3	9.1	7.2	8.2	8.3	Amérique latine et Caraïbes
- Caribbean	0.6	1.2	1.1	1.6	1.0	1.0	0.8	0.8	0.8	0.5	- Caraïbes
- Latin America	10.9	11.1	11.7	8.9	7.7	8.3	8.3	6.4	7.4	7.7	- Amérique latine
Eastern Asia	6.5	11.3	15.7	18.0	21.0	26.6	31.6	36.4	37.0	43.4	Asie orientale
Southern Asia	8.5	13.3	9.4	8.1	9.4	6.1	6.0	6.7	6.3	8.2	Asie méridionale
South-Eastern Asia	6.9	7.4	5.9	5.9	6.2	3.0	3.4	2.7	2.4	2.1	Asie du Sud-Est
Western Asia	7.6	7.8	7.5	8.7	9.2	5.4	4.5	3.8	3.9	3.6	Asie occidentale
Oceania	0.1	0.1	0.0	0.1	0.0	0.1	0.0	0.0	0.1	0.0	Océanie

Trade by commodity
Exports by principal countries or areas
Value in million US dollars

Commerce par produit
Exportations selon les principaux pays ou zones
Valeur en millions de dollars EU

Country or area	2003	2004	2005	2006	2007	Pays ou zone
World	728.7	936.2	1149.3	1120.4	1452.4	Monde
Developed Economies	456.1	577.9	744.6	694.3	866.7	Economies Développés
- Asia-Pacific	43.5	50.0	63.9	61.9	76.8	- Asie-Pacifique
- Europe	190.9	240.2	233.3	237.8	271.8	- Europe
- North America	221.7	287.7	447.4	394.6	518.2	- Amérique du Nord
South-Eastern Europe	1.4	1.8	4.0	4.7	3.7	Europe du Sud-Est
Commonwealth of Independent States	100.7	128.1	112.2	101.4	204.4	Communauté d'Etats indépendants
- Asia	14.6	41.5	38.7	40.6	69.9	- Asie
- Europe	86.1	86.6	73.6	60.8	134.5	- Europe
Northern Africa	1.1	0.3	0.0	2.0	9.0	Afrique septentrionale
Sub-Saharan Africa	6.8	8.3	9.9	16.0	20.0	Afrique subsaharienne
Latin America & the Caribbean	34.7	36.7	51.0	44.8	43.3	Amérique latine et Caraïbes
- Caribbean	3.0	1.5	1.1	1.0	2.2	- Caraïbes
- Latin America	31.7	35.1	49.8	43.8	41.1	- Amérique latine
Eastern Asia	26.9	38.8	49.3	50.9	78.6	Asie orientale
Southern Asia	1.7	1.6	6.7	54.3	32.5	Asie méridionale
South-Eastern Asia	36.7	51.5	57.9	62.3	66.9	Asie du Sud-Est
Western Asia	62.6	91.4	113.7	89.7	127.3	Asie occidentale
Oceania					0.0	Océanie
Canada	175.4	233.5	402.2	355.1	443.3	Canada
Germany	82.5	98.6	98.5	88.7	89.4	Allemagne
Russian Federation	84.4	85.6	72.4	59.7	133.5	Fédération de Russie
Kuwait	e41.7	e58.1	e79.4	e57.1	e88.8	Koweït
Japan	43.1	49.6	63.2	61.0	76.1	Japon
United States	46.4	54.2	45.2	39.5	74.8	Etats-Unis d'Amérique
France-Monaco	35.3	47.0	35.6	48.8	45.7	France-Monaco
Kazakhstan	13.5	40.6	37.9	40.6	69.8	Kazakhstan
Malaysia	26.1	36.7	40.2	44.7	47.2	Malaisie
Poland	21.5	28.4	29.8	28.0	39.9	Pologne
Netherlands	15.9	21.4	24.9	21.1	26.7	Pays-Bas
Mexico	26.2	27.7	19.4	20.7	15.3	Mexique
Korea, Republic of	12.5	19.4	21.3	23.3	25.2	République de Corée
Italy	13.2	16.9	19.9	21.2	24.9	Italie
Qatar	7.7	16.8	22.0	18.5	e20.1	Qatar
Venezuela	4.1	6.2	27.5	20.9	e23.5	Venezuela
Singapore	8.8	13.8	16.7	16.7	18.0	Singapour
Iran (Islamic Republic of)	0.9	0.6	3.8	23.7	e31.1	Iran (République islamique d')
South Africa	4.1	4.3	9.4	15.9	19.6	Afrique du Sud
Saudi Arabia	6.6	11.5	7.9	5.9	14.5	Arabie saoudite
India	0.8	0.9	2.9	30.6	1.4	Inde
Spain	4.7	6.4	6.5	8.2	8.9	Espagne
China	3.7	2.9	5.5	7.7	5.2	Chine
Finland	7.0	8.6	0.7	3.4	4.8	Finlande
Jordan	5.7	3.9	2.8	6.7	0.1	Jordanie

Value as percentages of World total

Regions of the world	1998	1999	2000	2001	2002	2003	2004	2005	2006	2007	Régions du monde
World	100.0	100.0	100.0	100.0	100.0	100.0	100.0	100.0	100.0	100.0	Monde
Developed Economies	76.6	74.5	73.1	79.4	67.1	62.6	61.7	64.8	62.0	59.7	Economies Développés
- Asia-Pacific	4.5	4.2	4.3	6.6	5.5	6.0	5.3	5.6	5.5	5.3	- Asie-Pacifique
- Europe	30.1	27.4	26.7	32.4	29.3	26.2	25.7	20.3	21.2	18.7	- Europe
- North America	42.0	42.9	42.1	40.4	32.2	30.4	30.7	38.9	35.2	35.7	- Amérique du Nord
South-Eastern Europe	0.1	0.1	0.1	0.1	0.2	0.2	0.2	0.3	0.4	0.3	Europe du Sud-Est
Commonwealth of Independent States	5.2	6.3	11.1	6.4	13.1	13.8	13.7	9.8	9.1	14.1	Communauté d'Etats indépendants
- Asia	0.5	0.5	0.1	0.1	0.1	2.0	4.4	3.4	3.6	4.8	- Asie
- Europe	4.8	5.9	11.0	6.3	13.0	11.8	9.2	6.4	5.4	9.3	- Europe
Northern Africa	0.1	0.0	0.1	0.1	0.0	0.2	0.0	0.0	0.2	0.6	Afrique septentrionale
Sub-Saharan Africa	0.9	1.7	1.1	0.6	0.9	0.9	0.9	0.9	1.4	1.4	Afrique subsaharienne
Latin America & the Caribbean	6.3	6.1	3.8	2.8	4.5	4.8	3.9	4.4	4.0	3.0	Amérique latine et Caraïbes
- Caribbean	0.5	0.5	0.4	0.7	0.8	0.4	0.2	0.1	0.1	0.2	- Caraïbes
- Latin America	5.8	5.4	3.4	2.2	3.6	4.4	3.8	4.3	3.9	2.8	- Amérique latine
Eastern Asia	2.2	2.2	2.4	2.0	2.1	3.7	4.1	4.3	4.5	5.4	Asie orientale
Southern Asia	0.4	0.6	0.9	1.1	1.0	0.2	0.2	0.6	4.8	2.2	Asie méridionale
South-Eastern Asia	0.7	0.6	0.8	0.7	2.0	5.0	5.5	5.0	5.6	4.6	Asie du Sud-Est
Western Asia	7.6	7.9	6.6	6.8	9.1	8.6	9.8	9.9	8.0	8.8	Asie occidentale
Oceania										0.0	Océanie

277 Natural abrasives, nes (including industrial diamonds)

Trade by commodity
Imports by principal countries or areas
Value in million US dollars

Commerce par produit
Importations selon les principaux pays ou zones
Valeur en millions de dollars EU

Country or area	2003	2004	2005	2006	2007	Pays ou zone
World	1214.8	1202.2	1250.2	1397.9	1247.8	Monde
Developed Economies	853.0	771.9	783.0	933.2	769.5	Economies Développés
- Asia-Pacific	66.8	75.2	69.8	82.6	82.5	- Asie-Pacifique
- Europe	653.2	557.2	531.0	661.5	489.1	- Europe
- North America	133.1	139.4	182.2	189.1	197.9	- Amérique du Nord
South-Eastern Europe	0.7	1.1	1.4	2.3	1.2	Europe du Sud-Est
Commonwealth of Independent States	2.3	3.2	5.2	6.0	7.3	Communauté d'Etats indépendants
- Asia	1.0	1.3	1.6	1.3	1.4	- Asie
- Europe	1.4	1.9	3.6	4.6	5.9	- Europe
Northern Africa	2.3	3.6	3.3	2.5	2.2	Afrique septentrionale
Sub-Saharan Africa	19.1	33.2	27.1	51.7	48.0	Afrique subsaharienne
Latin America & the Caribbean	20.8	24.0	25.2	22.9	25.9	Amérique latine et Caraïbes
- Caribbean	3.1	4.5	3.9	3.7	6.9	- Caraïbes
- Latin America	17.7	19.5	21.3	19.1	19.0	- Amérique latine
Eastern Asia	119.8	128.6	127.0	130.5	152.2	Asie orientale
Southern Asia	18.6	17.0	18.6	19.1	23.7	Asie méridionale
South-Eastern Asia	83.3	115.5	116.8	131.3	132.7	Asie du Sud-Est
Western Asia	94.6	103.7	142.4	98.1	84.6	Asie occidentale
Oceania	0.3	0.3	0.2	0.3	0.5	Océanie
United States	121.3	126.5	168.4	170.7	173.0	Etats-Unis d'Amérique
Belgium	206.4	116.8	102.6	97.6	91.1	Belgique
Ireland	75.3	69.1	93.1	138.6	133.3	Irlande
United Kingdom	78.0	80.1	44.2	156.6	54.0	Royaume-Uni
Singapore	46.8	81.2	78.2	91.0	83.7	Singapour
Italy	68.9	71.7	71.5	72.7	64.0	Italie
Japan	60.7	68.7	63.9	74.9	73.8	Japon
Switzerland-Liechtenstein	82.5	78.8	81.4	67.4	23.9	Suisse-Liechtenstein
Israel	69.2	68.4	84.9	38.2	26.5	Israël
Germany	57.4	56.8	49.4	38.8	33.3	Allemagne
Korea, Republic of	45.1	42.7	41.1	39.3	45.4	République de Corée
China, Hong Kong SAR	28.4	32.7	32.7	38.6	51.6	Chine - RAS de Hong-Kong
China	30.6	37.5	35.9	36.4	37.7	Chine
Spain	26.6	20.6	21.7	23.0	15.4	Espagne
Malaysia	15.1	17.9	19.9	12.9	18.0	Malaisie
Canada	11.7	12.8	13.8	18.4	24.8	Canada
Botswana	1.8	12.1	9.0	29.2	29.0	Botswana
India	15.2	13.4	14.5	15.2	19.5	Inde
France-Monaco	16.1	14.3	13.2	13.7	13.7	France-Monaco
United Arab Emirates	4.9	6.1	20.5	15.5	e19.2	Emirates arabes unis
South Africa	9.1	14.2	11.9	15.5	14.4	Afrique du Sud
Thailand	14.2	9.2	8.8	12.0	19.5	Thaïlande
Lebanon	10.6	16.5	e16.9	e16.9	e0.6	Liban
Austria	7.1	10.6	10.5	9.9	10.8	Autriche
Netherlands	6.4	8.0	11.2	11.8	10.7	Pays-Bas

Value as percentages of World total

Valeur en pourcentage du total mondial

Regions of the world	1998	1999	2000	2001	2002	2003	2004	2005	2006	2007	Régions du monde
World	100.0	100.0	100.0	100.0	100.0	100.0	100.0	100.0	100.0	100.0	Monde
Developed Economies	80.7	81.8	70.0	70.8	71.9	70.2	64.2	62.6	66.8	61.7	Economies Développés
- Asia-Pacific	7.1	5.0	7.3	7.4	7.5	5.5	6.3	5.6	5.9	6.6	- Asie-Pacifique
- Europe	59.8	67.7	47.5	48.7	50.5	53.8	46.4	42.5	47.3	39.2	- Europe
- North America	13.8	9.0	15.3	14.7	14.0	11.0	11.6	14.6	13.5	15.9	- Amérique du Nord
South-Eastern Europe	0.0	0.0	0.1	0.1	0.1	0.1	0.1	0.1	0.2	0.1	Europe du Sud-Est
Commonwealth of Independent States	0.1	0.0	0.2	0.2	0.4	0.2	0.3	0.4	0.4	0.6	Communauté d'Etats indépendants
- Asia	0.0	0.0	0.1	0.1	0.3	0.1	0.1	0.1	0.1	0.1	- Asie
- Europe	0.1	0.0	0.1	0.1	0.1	0.1	0.2	0.3	0.3	0.5	- Europe
Northern Africa	0.2	0.1	0.2	0.2	0.2	0.2	0.3	0.3	0.2	0.2	Afrique septentrionale
Sub-Saharan Africa	1.7	1.2	2.5	3.2	2.2	1.6	2.8	2.2	3.7	3.8	Afrique subsaharienne
Latin America & the Caribbean	1.6	1.2	2.3	2.1	1.9	1.7	2.0	2.0	1.6	2.1	Amérique latine et Caraïbes
- Caribbean	0.1	0.1	0.3	0.2	0.3	0.3	0.4	0.3	0.3	0.6	- Caraïbes
- Latin America	1.5	1.2	2.0	1.9	1.6	1.5	1.6	1.7	1.4	1.5	- Amérique latine
Eastern Asia	7.8	8.6	9.1	9.1	9.9	9.9	10.7	10.2	9.3	12.2	Asie orientale
Southern Asia	0.8	0.7	1.5	1.5	1.2	1.5	1.4	1.5	1.4	1.9	Asie méridionale
South-Eastern Asia	3.3	2.8	4.3	5.2	6.1	6.9	9.6	9.3	9.4	10.6	Asie du Sud-Est
Western Asia	3.8	3.5	9.8	7.5	6.0	7.8	8.6	11.4	7.0	6.8	Asie occidentale
Oceania	0.0	0.0	0.1	0.0	0.0	0.0	0.0	0.0	0.0	0.0	Océanie

Trade by commodity

Commerce par produit

Exports by principal countries or areas

Exportations selon les principaux pays ou zones

Value in million US dollars

Valeur en millions de dollars EU

Country or area	2003	2004	2005	2006	2007	Pays ou zone
World	1166.4	1076.6	1174.2	1081.7	1087.8	Monde
Developed Economies	403.7	420.4	409.6	434.0	404.8	Economies Développés
- Asia-Pacific	30.1	33.4	41.0	39.6	51.6	- Asie-Pacifique
- Europe	263.7	268.5	241.4	262.0	207.5	- Europe
- North America	110.0	118.5	127.2	132.5	145.8	- Amérique du Nord
South-Eastern Europe	0.0	0.2	0.1	1.4	0.1	Europe du Sud-Est
Commonwealth of Independent States	10.9	11.0	20.3	21.9	19.0	Communauté d'Etats indépendants
- Asia	0.1	0.0	0.1	0.0	0.0	- Asie
- Europe	10.7	11.0	20.2	21.9	19.0	- Europe
Northern Africa	0.2	0.2	0.2	0.4	0.2	Afrique septentrionale
Sub-Saharan Africa	279.2	205.2	306.0	290.4	309.4	Afrique subsaharienne
Latin America & the Caribbean	5.0	9.4	8.3	14.0	2.5	Amérique latine et Caraïbes
- Caribbean	0.0	0.0	0.0	0.1	0.0	- Caraïbes
- Latin America	5.0	9.4	8.3	14.0	2.5	- Amérique latine
Eastern Asia	83.5	91.8	101.2	130.4	166.2	Asie orientale
Southern Asia	24.2	52.1	43.2	49.4	66.7	Asie méridionale
South-Eastern Asia	243.7	262.6	249.3	114.3	100.0	Asie du Sud-Est
Western Asia	116.0	23.6	36.0	25.5	18.7	Asie occidentale
Oceania	0.0	0.0	0.0	0.0	0.0	Océanie
United States	108.0	116.2	125.0	127.2	142.4	Etats-Unis d'Amérique
Thailand	174.1	172.2	133.7	4.2	4.1	Thaïlande
Democratic Republic of the Congo	e185.4	e67.1	e75.5	e81.0	e51.1	République démocratique du Congo
United Kingdom	87.8	84.5	61.5	56.9	63.1	Royaume-Uni
Singapore	50.7	71.4	75.0	77.8	72.0	Singapour
Belgium	60.2	64.5	66.2	61.8	66.3	Belgique
South Africa	28.8	43.9	126.9	47.4	54.8	Afrique du Sud
China	19.0	36.4	44.6	70.8	84.6	Chine
Namibia	0.4	9.5	45.5	78.2	101.8	Namibie
India	24.1	52.0	43.1	49.2	66.6	Inde
Switzerland-Liechtenstein	41.1	45.7	44.8	59.6	20.8	Suisse-Liechtenstein
Botswana	24.1	16.7	24.2	52.4	61.2	Botswana
China, Hong Kong SAR	31.5	27.8	29.9	29.6	49.0	Chine - RAS de Hong-Kong
Central African Republic	23.7	39.2	19.7	e26.9	e33.2	République centrafricaine
Israel	101.6	3.1	14.4	14.6	7.2	Israël
Korea, Republic of	28.4	25.8	25.0	27.0	28.9	République de Corée
Australia	14.0	13.8	21.6	19.4	30.1	Australie
Germany	20.9	20.5	19.5	18.0	16.7	Allemagne
Japan	15.9	18.7	19.3	20.0	21.4	Japon
Indonesia	18.4	16.9	23.6	17.5	8.8	Indonésie
Ireland	16.7	19.1	14.0	27.6	6.5	Irlande
Italy	13.3	13.8	13.1	11.6	8.3	Italie
Russian Federation	10.7	11.0	12.8	14.4	10.2	Fédération de Russie
Turkey	10.8	16.1	17.5	7.9	6.5	Turquie
Viet Nam	0.1	0.3	14.6	12.5	e14.6	Viet Nam

Value as percentages of World total

Valeur en pourcentage du total mondial

Regions of the world	1998	1999	2000	2001	2002	2003	2004	2005	2006	2007	Régions du monde
World	100.0	100.0	100.0	100.0	100.0	100.0	100.0	100.0	100.0	100.0	Monde
Developed Economies	56.7	51.0	47.8	44.9	37.7	34.6	39.1	34.9	40.1	37.2	Economies Développés
- Asia-Pacific	2.9	3.1	3.1	3.1	2.5	2.6	3.1	3.5	3.7	4.7	- Asie-Pacifique
- Europe	36.5	32.9	30.0	28.0	23.4	22.6	24.9	20.6	24.2	19.1	- Europe
- North America	17.3	15.0	14.7	13.8	11.8	9.4	11.0	10.8	12.2	13.4	- Amérique du Nord
South-Eastern Europe	0.5	0.0	0.0	0.0	0.0	0.0	0.0	0.0	0.1	0.0	Europe du Sud-Est
Commonwealth of Independent States	11.0	0.1	0.1	2.1	1.3	0.9	1.0	1.7	2.0	1.7	Communauté d'Etats indépendants
- Asia	0.0	0.0	0.0	0.0	0.0	0.0	0.0	0.0	0.0	0.0	- Asie
- Europe	11.0	0.0	0.1	2.1	1.3	0.9	1.0	1.7	2.0	1.7	- Europe
Northern Africa	0.0	0.0	0.0	0.0	0.0	0.0	0.0	0.0	0.0	0.0	Afrique septentrionale
Sub-Saharan Africa	7.8	6.9	8.5	8.3	9.2	23.9	19.1	26.1	26.8	28.4	Afrique subsaharienne
Latin America & the Caribbean	0.2	0.2	0.3	0.2	0.1	0.4	0.9	0.7	1.3	0.2	Amérique latine et Caraïbes
- Caribbean	0.0	0.0	0.0	0.0	0.0	0.0	0.0	0.0	0.0	0.0	- Caraïbes
- Latin America	0.2	0.2	0.3	0.2	0.1	0.4	0.9	0.7	1.3	0.2	- Amérique latine
Eastern Asia	9.3	14.7	8.0	7.6	7.2	7.2	8.5	8.6	12.1	15.3	Asie orientale
Southern Asia	1.3	1.6	3.9	3.5	2.8	2.1	4.8	3.7	4.6	6.1	Asie méridionale
South-Eastern Asia	10.9	19.2	20.9	19.6	28.1	20.9	24.4	21.2	10.6	9.2	Asie du Sud-Est
Western Asia	2.2	6.2	10.4	13.7	13.4	9.9	2.2	3.1	2.4	1.7	Asie occidentale
Oceania	0.0	0.0	0.0	0.0	0.0	0.0	0.0	0.0	0.0	0.0	Océanie

278 Other crude minerals

Trade by commodity
Imports by principal countries or areas
Value in million US dollars

Commerce par produit
Importations selon les principaux pays ou zones
Valeur en millions de dollars EU

Country or area	2003	2004	2005	2006	2007	Pays ou zone
World	10435.1	13235.6	13720.7	14848.4	16502.1	Monde
Developed Economies	7262.6	8269.0	8932.9	9612.7	10495.0	Economies Développés
- Asia-Pacific	1078.4	1201.0	1364.0	1435.0	1508.7	- Asie-Pacifique
- Europe	4823.4	5538.4	5876.2	6420.9	7145.9	- Europe
- North America	1360.7	1529.5	1692.7	1756.8	1840.4	- Amérique du Nord
South-Eastern Europe	82.3	126.2	148.9	145.5	163.9	Europe du Sud-Est
Commonwealth of Independent States	319.1	372.3	443.3	542.2	641.3	Communauté d'Etats indépendants
- Asia	46.4	58.4	63.9	79.5	85.3	- Asie
- Europe	272.7	313.8	379.4	462.7	556.0	- Europe
Northern Africa	88.8	90.0	120.0	123.4	166.3	Afrique septentrionale
Sub-Saharan Africa	254.1	272.1	282.3	302.8	404.6	Afrique subsaharienne
Latin America & the Caribbean	443.8	549.8	606.2	648.7	749.1	Amérique latine et Caraïbes
- Caribbean	33.1	48.0	54.6	64.6	67.1	- Caraïbes
- Latin America	410.7	501.8	551.6	584.1	682.0	- Amérique latine
Eastern Asia	867.7	1125.0	1534.8	1444.1	1581.0	Asie orientale
Southern Asia	249.3	300.3	380.6	367.4	429.0	Asie méridionale
South-Eastern Asia	543.0	667.8	741.6	878.4	885.7	Asie du Sud-Est
Western Asia	315.7	1453.8	519.2	768.5	970.2	Asie occidentale
Oceania	8.7	9.4	10.8	14.5	16.0	Océanie
Japan	1019.0	1138.3	1294.4	1363.5	1427.0	Japon
United States	991.4	1109.8	1247.5	1305.7	1376.7	Etats-Unis d'Amérique
Germany	729.8	830.4	1003.5	1119.9	1330.4	Allemagne
Italy	690.1	723.1	772.0	781.9	848.1	Italie
China	283.3	415.2	725.2	634.6	704.9	Chine
France-Monaco	467.1	523.0	551.2	563.9	639.0	France-Monaco
Netherlands	424.8	545.5	520.9	549.4	578.8	Pays-Bas
Belgium	433.5	477.9	522.5	558.6	608.7	Belgique
United Arab Emirates	107.4	1174.0	172.3	409.7	e506.9	Emirates arabes unis
Canada	366.2	416.4	441.3	448.3	460.4	Canada
Korea, Republic of	325.8	390.0	432.3	400.5	458.7	République de Corée
United Kingdom	336.7	366.9	363.6	398.4	476.8	Royaume-Uni
Spain	255.7	312.0	353.3	386.8	465.4	Espagne
Finland	247.8	257.9	244.0	288.9	294.5	Finlande
Sweden	232.3	255.3	243.9	254.9	290.7	Suède
Austria	147.8	180.4	200.1	237.3	286.9	Autriche
Russian Federation	143.3	158.4	187.9	248.1	297.7	Fédération de Russie
India	127.0	145.6	211.3	242.0	288.6	Inde
Mexico	169.7	185.5	205.4	216.4	236.9	Mexique
Indonesia	135.1	192.1	197.9	221.4	244.6	Indonésie
Norway	133.2	145.7	203.3	208.2	199.7	Norvège
Poland	115.0	140.7	149.8	177.1	216.9	Pologne
Ukraine	104.6	123.8	152.9	170.6	195.7	Ukraine
Thailand	119.0	134.4	148.9	150.8	141.3	Thaïlande
Malaysia	96.3	140.0	120.5	131.1	154.9	Malaisie

Value as percentages of World total · Valeur en pourcentage du total mondial

Regions of the world	1998	1999	2000	2001	2002	2003	2004	2005	2006	2007	Régions du monde
World	100.0	100.0	100.0	100.0	100.0	100.0	100.0	100.0	100.0	100.0	Monde
Developed Economies	72.1	72.0	71.3	68.5	69.1	69.6	62.5	65.1	64.7	63.6	Economies Développés
- Asia-Pacific	12.7	12.7	13.0	12.3	11.0	10.3	9.1	9.9	9.7	9.1	- Asie-Pacifique
- Europe	45.3	45.5	43.3	41.5	44.4	46.2	41.8	42.8	43.2	43.3	- Europe
- North America	14.1	13.8	15.0	14.7	13.7	13.0	11.6	12.3	11.8	11.2	- Amérique du Nord
South-Eastern Europe	0.7	0.7	0.7	0.7	0.8	0.9	1.0	1.1	1.0	1.0	Europe du Sud-Est
Commonwealth of Independent States	2.9	2.6	2.7	2.9	2.7	3.1	2.8	3.2	3.7	3.9	Communauté d'Etats indépendants
- Asia	0.5	0.4	0.4	0.4	0.4	0.4	0.4	0.5	0.5	0.5	- Asie
- Europe	2.4	2.3	2.3	2.4	2.4	2.6	2.4	2.8	3.1	3.4	- Europe
Northern Africa	1.1	1.1	0.7	0.8	0.9	0.9	0.7	0.9	0.8	1.0	Afrique septentrionale
Sub-Saharan Africa	2.6	2.2	2.0	5.1	2.3	2.4	2.1	2.1	2.0	2.5	Afrique subsaharienne
Latin America & the Caribbean	5.3	4.7	5.0	5.0	5.0	4.3	4.2	4.4	4.4	4.5	Amérique latine et Caraïbes
- Caribbean	0.3	0.4	0.4	0.4	0.5	0.3	0.4	0.4	0.4	0.4	- Caraïbes
- Latin America	5.0	4.3	4.5	4.6	4.5	3.9	3.8	4.0	3.9	4.1	- Amérique latine
Eastern Asia	6.7	7.3	7.7	7.5	8.1	8.3	8.5	11.2	9.7	9.6	Asie orientale
Southern Asia	1.9	2.0	1.9	2.1	2.1	2.4	2.3	2.8	2.5	2.6	Asie méridionale
South-Eastern Asia	4.4	5.2	5.3	5.2	6.0	5.2	5.0	5.4	5.9	5.4	Asie du Sud-Est
Western Asia	2.3	2.2	2.6	2.2	2.9	3.0	11.0	3.8	5.2	5.9	Asie occidentale
Oceania	0.1	0.1	0.1	0.1	0.1	0.1	0.1	0.1	0.1	0.1	Océanie

Trade by commodity

Commerce par produit

Exports by principal countries or areas

Exportations selon les principaux pays ou zones

Value in million US dollars

Valeur en millions de dollars EU

Country or area	2003	2004	2005	2006	2007	Pays ou zone
World	8196.0	9697.5	10153.5	11195.4	11831.9	Monde
Developed Economies	5399.8	6223.2	6489.6	7285.0	7393.5	Economies Développés
- Asia-Pacific	334.2	394.4	484.2	510.2	556.3	- Asie-Pacifique
- Europe	3558.2	4214.6	4362.8	4871.5	4944.6	- Europe
- North America	1507.4	1614.2	1642.6	1903.2	1892.6	- Amérique du Nord
South-Eastern Europe	49.4	54.1	66.7	71.3	82.3	Europe du Sud-Est
Commonwealth of Independent States	328.8	412.1	492.1	552.0	674.3	Communauté d'Etats indépendants
- Asia	41.8	53.4	57.3	75.2	87.9	- Asie
- Europe	287.1	358.8	434.8	476.8	586.4	- Europe
Northern Africa	75.1	89.6	110.2	138.7	141.6	Afrique septentrionale
Sub-Saharan Africa	315.9	619.2	405.4	370.8	476.5	Afrique subsaharienne
Latin America & the Caribbean	571.6	658.1	675.4	770.3	896.8	Amérique latine et Caraïbes
- Caribbean	29.2	25.4	29.0	41.8	41.6	- Caraïbes
- Latin America	542.4	632.7	646.4	728.5	855.2	- Amérique latine
Eastern Asia	993.1	1080.2	1259.2	1339.5	1443.1	Asie orientale
Southern Asia	151.8	196.4	235.1	275.3	296.5	Asie méridionale
South-Eastern Asia	105.2	107.6	128.2	142.3	167.7	Asie du Sud-Est
Western Asia	205.0	256.4	290.4	248.5	259.1	Asie occidentale
Oceania	0.4	0.7	1.1	1.6	0.4	Océanie
United States	1155.9	1263.2	1266.1	1486.3	1439.5	Etats-Unis d'Amérique
China	903.8	968.6	1119.1	1137.3	1253.9	Chine
Germany	625.3	741.1	802.8	912.6	978.3	Allemagne
Netherlands	532.5	662.6	654.8	659.1	615.9	Pays-Bas
United Kingdom	558.4	596.7	597.4	588.5	654.9	Royaume-Uni
Belgium	391.8	465.7	475.9	518.4	550.9	Belgique
France-Monaco	319.4	375.4	389.6	415.8	515.7	France-Monaco
Canada	351.2	350.6	376.5	417.0	453.1	Canada
Brazil	277.1	319.8	327.8	386.3	442.6	Brésil
Spain	267.3	365.5	354.2	352.7	373.6	Espagne
Australia	209.6	226.1	285.5	306.6	327.4	Australie
South Africa	161.8	183.6	226.9	218.5	319.0	Afrique du Sud
Italy	159.5	196.6	231.6	235.8	235.4	Italie
Ukraine	142.5	164.2	195.6	221.2	276.5	Ukraine
Russian Federation	124.6	164.6	206.4	216.4	268.2	Fédération de Russie
Mexico	146.1	187.6	182.2	199.8	252.1	Mexique
India	93.9	138.3	186.5	219.6	226.5	Inde
Japan	115.2	145.2	155.8	180.7	207.5	Japon
Turkey	153.5	204.5	228.2	103.0	100.7	Turquie
Austria	111.3	128.4	134.2	140.9	164.3	Autriche
Greece	66.6	71.9	89.9	332.7	92.1	Grèce
Slovakia	74.8	92.8	97.5	108.9	147.8	Slovaquie
Denmark	80.2	80.8	87.0	136.1	122.0	Danemark
Norway	93.1	112.4	112.7	93.7	90.1	Norvège
Czech Republic	69.8	90.9	77.7	78.5	85.4	République tchèque

Value as percentages of World total

Valeur en pourcentage du total mondial

Regions of the world	1998	1999	2000	2001	2002	2003	2004	2005	2006	2007	Régions du monde
World	100.0	100.0	100.0	100.0	100.0	100.0	100.0	100.0	100.0	100.0	Monde
Developed Economies	68.4	67.6	65.5	64.7	66.3	65.9	64.2	63.9	65.1	62.5	Economies Développés
- Asia-Pacific	4.6	4.4	4.3	4.3	4.5	4.1	4.1	4.8	4.6	4.7	- Asie-Pacifique
- Europe	42.0	41.5	37.6	37.8	41.7	43.4	43.5	43.0	43.5	41.8	- Europe
- North America	21.9	21.7	23.5	22.6	20.1	18.4	16.6	16.2	17.0	16.0	- Amérique du Nord
South-Eastern Europe	0.6	0.6	0.6	0.6	0.6	0.6	0.6	0.7	0.6	0.7	Europe du Sud-Est
Commonwealth of Independent States	3.7	3.1	3.3	3.6	3.8	4.0	4.2	4.8	4.9	5.7	Communauté d'Etats indépendants
- Asia	0.7	0.5	0.5	0.6	0.5	0.5	0.6	0.6	0.7	0.7	- Asie
- Europe	3.1	2.6	2.8	3.0	3.3	3.5	3.7	4.3	4.3	5.0	- Europe
Northern Africa	0.8	0.6	0.7	0.9	1.0	0.9	0.9	1.1	1.2	1.2	Afrique septentrionale
Sub-Saharan Africa	3.5	3.4	4.1	4.2	4.0	3.9	6.4	4.0	3.3	4.0	Afrique subsaharienne
Latin America & the Caribbean	6.3	6.6	7.6	7.3	6.9	7.0	6.8	6.7	6.9	7.6	Amérique latine et Caraïbes
- Caribbean	0.6	0.4	0.6	0.7	0.6	0.4	0.3	0.3	0.4	0.4	- Caraïbes
- Latin America	5.8	6.2	7.0	6.7	6.3	6.6	6.5	6.4	6.5	7.2	- Amérique latine
Eastern Asia	12.4	11.8	13.5	13.7	12.2	12.1	11.1	12.4	12.0	12.2	Asie orientale
Southern Asia	0.8	0.8	1.2	1.4	1.3	1.9	2.0	2.3	2.5	2.5	Asie méridionale
South-Eastern Asia	1.4	1.5	1.5	1.6	1.4	1.3	1.1	1.3	1.3	1.4	Asie du Sud-Est
Western Asia	2.1	3.8	2.1	2.1	2.4	2.5	2.6	2.9	2.2	2.2	Asie occidentale
Oceania	0.1	0.1	0.0	0.0	0.0	0.0	0.0	0.0	0.0	0.0	Océanie

281 Iron ore and concentrates

Trade by commodity
Imports by principal countries or areas
Value in million US dollars

Commerce par produit
Importations selon les principaux pays ou zones
Valeur en millions de dollars EU

Country or area	2003	2004	2005	2006	2007	Pays ou zone
World	16890.5	29588.7	40815.4	47383.3	65490.4	Monde
Developed Economies	8423.8	11651.4	15442.1	18751.2	22159.6	Economies Développés
- Asia-Pacific	3393.7	4083.4	5715.0	7399.4	9096.4	- Asie-Pacifique
- Europe	4396.9	6808.9	8574.3	10088.3	11838.0	- Europe
- North America	633.2	759.1	1152.8	1263.5	1225.3	- Amérique du Nord
South-Eastern Europe	316.1	555.4	718.5	650.7	784.9	Europe du Sud-Est
Commonwealth of Independent States	543.0	877.1	791.2	561.7	1034.1	Communauté d'Etats indépendants
- Asia	0.7	2.6	2.2	13.9	76.6	- Asie
- Europe	542.3	874.5	789.0	547.8	957.5	- Europe
Northern Africa	14.5	27.8	59.6	53.4	242.0	Afrique septentrionale
Sub-Saharan Africa	1.4	6.7	11.6	50.3	50.9	Afrique subsaharienne
Latin America & the Caribbean	407.4	504.0	867.4	1058.4	1224.1	Amérique latine et Caraïbes
- Caribbean	109.9	81.3	204.8	258.5	478.3	- Caraïbes
- Latin America	297.5	422.8	662.6	799.9	745.8	- Amérique latine
Eastern Asia	6431.3	14741.0	21141.0	24398.6	38080.3	Asie orientale
Southern Asia	158.1	120.8	194.5	176.9	189.0	Asie méridionale
South-Eastern Asia	244.6	407.7	481.0	544.1	514.2	Asie du Sud-Est
Western Asia	350.3	696.9	1108.2	1137.9	1211.3	Asie occidentale
Oceania	0.0	0.1	0.4	0.0	0.0	Océanie
China	4856.2	12699.1	18379.5	20913.2	33796.8	Chine
Japan	3311.3	3990.5	5577.7	7170.4	8827.0	Japon
Germany	1080.3	1666.3	2181.6	2741.5	3234.2	Allemagne
Korea, Republic of	1084.6	1377.5	1928.3	2377.2	2856.1	République de Corée
Italy	489.4	744.2	1054.4	1168.2	1307.3	Italie
France-Monaco	564.8	676.6	864.3	1122.2	1270.3	France-Monaco
United Kingdom	399.6	588.8	834.5	994.4	1301.3	Royaume-Uni
Russian Federation	349.6	747.5	647.5	462.0	732.2	Fédération de Russie
Netherlands	222.4	459.9	642.5	667.9	914.8	Pays-Bas
United States	402.9	451.6	611.3	677.9	646.7	Etats-Unis d'Amérique
Czech Republic	289.3	523.2	533.6	609.7	601.3	République tchèque
Austria	260.4	333.2	546.5	639.2	769.8	Autriche
Poland	252.9	604.1	409.3	459.0	629.6	Pologne
Belgium	301.4	364.2	435.6	629.1	613.6	Belgique
Canada	230.3	307.5	541.5	585.6	578.5	Canada
Saudi Arabia	64.9	217.0	536.7	527.0	581.3	Arabie saoudite
Argentina	204.6	251.9	426.7	502.6	472.5	Argentine
Slovakia	158.1	340.7	365.1	365.9	428.6	Slovaquie
Romania	194.1	285.3	369.9	348.9	445.6	Roumanie
Turkey	161.2	205.2	315.1	e373.9	e458.8	Turquie
Spain	155.9	237.2	308.0	336.3	398.0	Espagne
Finland	134.1	162.3	272.8	251.0	243.7	Finlande
Trinidad and Tobago	101.3	50.4	195.6	228.1	478.2	Trinité-et-Tobago
Malaysia	98.5	162.7	192.7	258.2	317.7	Malaisie
Mexico	86.7	161.6	226.1	231.8	214.7	Mexique

Value as percentages of World total

Valeur en pourcentage du total mondial

Regions of the world	1998	1999	2000	2001	2002	2003	2004	2005	2006	2007	Régions du monde
World	100.0	100.0	100.0	100.0	100.0	100.0	100.0	100.0	100.0	100.0	Monde
Developed Economies	65.0	64.3	61.1	55.6	56.4	49.9	39.4	37.8	39.6	33.8	Economies Développés
- Asia-Pacific	24.0	25.8	25.3	24.1	23.7	20.1	13.8	14.0	15.6	13.9	- Asie-Pacifique
- Europe	34.3	32.1	30.3	27.1	28.0	26.0	23.0	21.0	21.3	18.1	- Europe
- North America	6.7	6.4	5.5	4.3	4.6	3.7	2.6	2.8	2.7	1.9	- Amérique du Nord
South-Eastern Europe	1.8	1.4	1.5	1.3	1.5	1.9	1.9	1.8	1.4	1.2	Europe du Sud-Est
Commonwealth of Independent States	2.4	1.4	3.3	2.7	2.5	3.2	3.0	1.9	1.2	1.6	Communauté d'Etats indépendants
- Asia	0.1	0.0	0.0	0.0	0.0	0.0	0.0	0.0	0.0	0.1	- Asie
- Europe	2.4	1.4	3.3	2.7	2.5	3.2	3.0	1.9	1.2	1.5	- Europe
Northern Africa	1.6	1.4	0.7	0.6	0.5	0.1	0.1	0.1	0.1	0.4	Afrique septentrionale
Sub-Saharan Africa	0.0	0.0	0.0	1.4	0.0	0.0	0.0	0.0	0.1	0.1	Afrique subsaharienne
Latin America & the Caribbean	2.7	1.8	2.1	1.7	2.3	2.4	1.7	2.1	2.2	1.9	Amérique latine et Caraïbes
- Caribbean	0.5	0.0	0.2	0.1	0.5	0.7	0.3	0.5	0.5	0.7	- Caraïbes
- Latin America	2.3	1.8	1.9	1.6	1.7	1.8	1.4	1.6	1.7	1.1	- Amérique latine
Eastern Asia	21.1	23.1	24.8	31.2	31.9	38.1	49.8	51.8	51.5	58.1	Asie orientale
Southern Asia	0.8	1.2	1.1	0.9	1.0	0.9	0.4	0.5	0.4	0.3	Asie méridionale
South-Eastern Asia	1.5	2.1	2.3	1.8	1.4	1.4	1.4	1.2	1.1	0.8	Asie du Sud-Est
Western Asia	3.0	3.2	3.1	3.0	2.5	2.1	2.4	2.7	2.4	1.8	Asie occidentale
Oceania	0.0	0.0	0.0	0.0	0.0	0.0	0.0	0.0	0.0	0.0	Océanie

Trade by commodity
Exports by principal countries or areas
Value in million US dollars

Commerce par produit
Exportations selon les principaux pays ou zones
Valeur en millions de dollars EU

Country or area	2003	2004	2005	2006	2007	Pays ou zone
World	11710.9	17263.5	27664.7	32798.5	39617.5	Monde
Developed Economies	4851.5	6331.1	11577.7	14790.1	17598.4	Economies Développés
- Asia-Pacific	3318.0	4481.3	8399.0	10907.9	13290.6	- Asie-Pacifique
- Europe	526.9	784.7	1264.6	1565.7	1775.3	- Europe
- North America	1006.7	1065.1	1914.1	2316.5	2532.5	- Amérique du Nord
South-Eastern Europe	1.8	3.6	72.9	83.0	80.2	Europe du Sud-Est
Commonwealth of Independent States	893.2	1527.8	2445.0	2361.8	3058.7	Communauté d'Etats indépendants
- Asia	179.1	435.3	637.8	674.9	795.7	- Asie
- Europe	714.1	1092.5	1807.3	1686.9	2263.0	- Europe
Northern Africa	3.4	26.0	6.5	11.7	18.0	Afrique septentrionale
Sub-Saharan Africa	660.2	838.0	1332.3	1469.4	1917.6	Afrique subsaharienne
Latin America & the Caribbean	3799.8	5082.2	7926.5	9625.3	11687.6	Amérique latine et Caraïbes
- Caribbean	3.5	2.4	23.4	17.6	355.9	- Caraïbes
- Latin America	3796.4	5079.8	7903.1	9607.8	11331.6	- Amérique latine
Eastern Asia	5.7	28.9	43.1	59.3	70.5	Asie orientale
Southern Asia	1126.5	3103.2	3911.0	3994.7	4738.4	Asie méridionale
South-Eastern Asia	79.3	119.9	158.2	254.1	241.7	Asie du Sud-Est
Western Asia	247.6	202.8	191.4	149.0	206.4	Asie occidentale
Oceania	41.7	0.0	0.0	0.0	0.0	Océanie
Australia	3310.2	4471.1	8386.7	10895.4	13280.6	Australie
Brazil	3455.9	4758.9	7296.6	8948.9	10557.9	Brésil
India	1112.0	3078.9	3815.7	3894.9	4607.2	Inde
Canada	758.5	727.3	1326.7	1680.6	1813.2	Canada
Sweden	495.6	667.1	1123.8	1349.7	1495.2	Suède
South Africa	474.2	571.7	943.0	1163.7	1599.6	Afrique du Sud
Russian Federation	268.2	510.7	869.8	883.4	1302.8	Fédération de Russie
Ukraine	445.9	581.8	937.4	803.4	960.2	Ukraine
Kazakhstan	179.1	435.3	637.8	674.9	795.7	Kazakhstan
United States	248.2	337.8	584.1	635.9	719.4	Etats-Unis d'Amérique
Mauritania	185.8	260.4	381.6	e303.6	e311.4	Mauritanie
Chile	140.1	160.0	305.1	324.9	402.1	Chili
Peru	94.1	129.1	216.1	256.0	285.4	Pérou
Bahrain	241.5	198.2	189.6	142.7	195.8	Bahreïn
Netherlands	3.1	80.3	94.3	160.8	216.1	Pays-Bas
Philippines	63.3	82.8	113.3	158.7	6.4	Philippines
Trinidad and Tobago	0.0	2.3	23.4	17.6	343.2	Trinité-et-Tobago
Iran (Islamic Republic of)	13.6	24.3	95.3	99.8	e131.0	Iran (République islamique d')
Mexico	28.4	31.5	85.3	76.5	79.8	Mexique
Bosnia and Herzegovina	e1.7	2.2	69.5	78.6	71.9	Bosnie-Herzégovine
Indonesia	0.1	2.4	15.8	43.2	102.1	Indonésie
Korea, Democratic People's Republic of	e5.5	e28.0	e38.0	e34.0	e44.0	Rép. démocratique populaire de Corée
Norway	12.2	18.2	25.8	27.5	34.5	Norvège
Viet Nam	10.1	25.1	16.5	26.9	e31.3	Viet Nam
Venezuela	77.1	0.0	0.0	e0.0	e0.0	Venezuela

Value as percentages of World total

Valeur en pourcentage du total mondial

Regions of the world	1998	1999	2000	2001	2002	2003	2004	2005	2006	2007	Régions du monde
World	100.0	100.0	100.0	100.0	100.0	100.0	100.0	100.0	100.0	100.0	Monde
Developed Economies	42.2	44.6	42.4	42.5	41.9	41.4	36.7	41.9	45.1	44.4	Economies Développés
- Asia-Pacific	25.3	28.3	27.6	29.5	28.3	28.3	26.0	30.4	33.3	33.5	- Asie-Pacifique
- Europe	5.6	4.6	4.4	3.8	4.1	4.5	4.5	4.6	4.8	4.5	- Europe
- North America	11.3	11.7	10.3	9.2	9.5	8.6	6.2	6.9	7.1	6.4	- Amérique du Nord
South-Eastern Europe	0.0	0.1	0.0	0.0	0.0	0.0	0.0	0.3	0.3	0.2	Europe du Sud-Est
Commonwealth of Independent States	8.8	6.0	8.2	7.0	6.6	7.6	8.8	8.8	7.2	7.7	Communauté d'Etats indépendants
- Asia	1.6	0.5	0.6	0.9	1.1	1.5	2.5	2.3	2.1	2.0	- Asie
- Europe	7.2	5.5	7.6	6.1	5.5	6.1	6.3	6.5	5.1	5.7	- Europe
Northern Africa	0.0	0.0	0.0	0.0	0.0	0.0	0.2	0.0	0.0	0.0	Afrique septentrionale
Sub-Saharan Africa	5.7	6.1	5.8	6.8	6.1	5.6	4.9	4.8	4.5	4.8	Afrique subsaharienne
Latin America & the Caribbean	37.4	37.0	36.2	35.4	33.7	32.4	29.4	28.7	29.3	29.5	Amérique latine et Caraïbes
- Caribbean	0.0	0.0	0.0	0.0	0.0	0.0	0.0	0.1	0.1	0.9	- Caraïbes
- Latin America	37.4	37.0	36.2	35.4	33.7	32.4	29.4	28.6	29.3	28.6	- Amérique latine
Eastern Asia	0.0	0.0	0.0	0.0	0.0	0.0	0.2	0.2	0.2	0.2	Asie orientale
Southern Asia	3.9	3.4	4.0	4.8	8.7	9.6	18.0	14.1	12.2	12.0	Asie méridionale
South-Eastern Asia	0.7	1.0	0.9	0.7	0.7	0.7	0.7	0.6	0.8	0.6	Asie du Sud-Est
Western Asia	1.1	1.6	2.2	2.6	2.0	2.1	1.2	0.7	0.5	0.5	Asie occidentale
Oceania	0.2	0.3	0.3	0.2	0.2	0.4	0.0	0.0	0.0	0.0	Océanie

282 Ferrous waste and scrap; remelting scrap ingots of iron or steel

Trade by commodity

Imports by principal countries or areas

Value in million US dollars

Commerce par produit

Importations selon les principaux pays ou zones

Valeur en millions de dollars EU

Country or area	2003	2004	2005	2006	2007	Pays ou zone
World	14935.4	27265.6	26883.9	32276.5	43624.2	Monde
Developed Economies	7556.9	14101.3	12993.5	18173.9	22771.2	Economies Développés
- Asia-Pacific	190.6	292.5	263.3	425.3	861.2	- Asie-Pacifique
- Europe	6665.1	12277.4	11519.4	16165.5	20494.4	- Europe
- North America	701.2	1531.5	1210.8	1583.1	1415.6	- Amérique du Nord
South-Eastern Europe	22.8	47.6	96.4	164.7	336.2	Europe du Sud-Est
Commonwealth of Independent States	153.4	223.9	221.2	339.9	392.3	Communauté d'Etats indépendants
- Asia	1.4	10.0	6.4	11.5	12.4	- Asie
- Europe	152.0	213.9	214.7	328.4	379.9	- Europe
Northern Africa	51.4	144.6	201.8	312.2	365.4	Afrique septentrionale
Sub-Saharan Africa	17.9	11.9	10.6	11.1	24.9	Afrique subsaharienne
Latin America & the Caribbean	278.3	554.6	388.0	436.5	494.9	Amérique latine et Caraïbes
- Caribbean	1.0	1.1	2.4	5.9	7.1	- Caraïbes
- Latin America	277.3	553.5	385.6	430.6	487.9	- Amérique latine
Eastern Asia	3503.6	6174.3	6222.6	5813.2	9037.1	Asie orientale
Southern Asia	621.5	1277.8	2001.6	1852.5	2527.9	Asie méridionale
South-Eastern Asia	812.1	1651.1	1492.9	1764.4	2698.6	Asie du Sud-Est
Western Asia	1906.9	3078.5	3255.3	3408.0	4975.4	Asie occidentale
Oceania	10.5	0.1	0.1	0.1	0.1	Océanie
Turkey	1855.8	3013.7	3143.3	3311.4	4859.5	Turquie
Korea, Republic of	1257.1	2535.6	2274.6	2193.5	3553.4	République de Corée
Spain	1281.5	2097.1	1966.0	2503.9	3100.0	Espagne
China	1405.3	2230.4	2610.8	1861.7	2498.7	Chine
Belgium	879.8	1777.8	1554.2	2474.6	3027.3	Belgique
Germany	795.6	1557.1	1633.4	2140.1	2737.6	Allemagne
Italy	787.8	1549.4	1465.8	1672.6	2055.1	Italie
Netherlands	511.2	1030.6	995.2	1719.3	2195.6	Pays-Bas
India	531.2	1044.8	1589.6	1419.1	1859.7	Inde
Finland	442.6	897.9	862.4	1604.2	2081.7	Finlande
United States	550.4	1298.8	954.9	1307.7	1074.2	Etats-Unis d'Amérique
France-Monaco	516.3	918.7	727.1	921.6	1152.1	France-Monaco
Malaysia	368.7	633.3	566.0	834.7	1236.8	Malaisie
Luxembourg	396.8	704.3	522.0	795.5	926.7	Luxembourg
Thailand	239.8	526.9	485.3	390.7	680.7	Thaïlande
Japan	187.9	287.0	257.5	417.0	847.9	Japon
Greece	168.9	276.3	356.3	383.2	530.9	Grèce
Mexico	233.9	460.9	294.0	324.7	368.5	Mexique
Sweden	186.0	256.9	240.6	346.9	455.9	Suède
Austria	150.0	241.7	267.9	299.1	478.6	Autriche
Pakistan	74.3	134.9	318.1	333.4	553.5	Pakistan
Indonesia	111.2	326.6	283.3	275.8	415.4	Indonésie
Canada	150.8	232.7	256.0	275.4	341.3	Canada
Belarus	129.8	199.5	198.3	302.2	350.9	Bélarus
Egypt	51.2	144.4	187.7	293.8	301.2	Egypte

Value as percentages of World total

Valeur en pourcentage du total mondial

Regions of the world	1998	1999	2000	2001	2002	2003	2004	2005	2006	2007	Régions du monde
World	100.0	100.0	100.0	100.0	100.0	100.0	100.0	100.0	100.0	100.0	Monde
Developed Economies	60.5	56.2	54.8	48.9	49.5	50.6	51.7	48.3	56.3	52.2	Economies Développés
- Asia-Pacific	1.3	2.0	2.5	1.3	1.2	1.3	1.1	1.0	1.3	2.0	- Asie-Pacifique
- Europe	51.3	45.7	45.9	42.7	42.6	44.6	45.0	42.8	50.1	47.0	- Europe
- North America	7.8	8.5	6.4	4.9	5.7	4.7	5.6	4.5	4.9	3.2	- Amérique du Nord
South-Eastern Europe	0.2	0.2	0.1	0.1	0.2	0.2	0.2	0.4	0.5	0.8	Europe du Sud-Est
Commonwealth of Independent States	0.9	0.8	1.1	0.7	0.7	1.0	0.8	0.8	1.1	0.9	Communauté d'Etats indépendants
- Asia	0.0	0.0	0.0	0.0	0.0	0.0	0.0	0.0	0.0	0.0	- Asie
- Europe	0.9	0.8	1.0	0.7	0.7	1.0	0.8	0.8	1.0	0.9	- Europe
Northern Africa	0.4	0.7	0.7	0.6	0.8	0.3	0.5	0.8	1.0	0.8	Afrique septentrionale
Sub-Saharan Africa	0.1	0.1	0.1	0.1	0.1	0.1	0.0	0.0	0.0	0.1	Afrique subsaharienne
Latin America & the Caribbean	2.6	2.3	2.6	2.0	2.2	1.9	2.0	1.4	1.4	1.1	Amérique latine et Caraïbes
- Caribbean	0.0	0.0	0.0	0.0	0.0	0.0	0.0	0.0	0.0	0.0	- Caraïbes
- Latin America	2.6	2.3	2.6	2.0	2.2	1.9	2.0	1.4	1.3	1.1	- Amérique latine
Eastern Asia	18.1	20.2	23.4	29.0	25.2	23.5	22.6	23.1	18.0	20.7	Asie orientale
Southern Asia	3.9	5.2	3.8	5.9	4.2	4.2	4.7	7.4	5.7	5.8	Asie méridionale
South-Eastern Asia	2.4	4.4	5.5	6.8	6.5	5.4	6.1	5.6	5.5	6.2	Asie du Sud-Est
Western Asia	10.9	9.9	8.0	5.9	10.6	12.8	11.3	12.1	10.6	11.4	Asie occidentale
Oceania	0.0	0.0	0.0	0.0	0.0	0.1	0.0	0.0	0.0	0.0	Océanie

Déchets et débris de fonte, de fer ou d'acier (ferrailles), déchets ligotés en fer ou en acier 282

Trade by commodity
Exports by principal countries or areas
Value in million US dollars

Commerce par produit
Exportations selon les principaux pays ou zones
Valeur en millions de dollars EU

Country or area	2003	2004	2005	2006	2007	Pays ou zone
World	12849.8	23161.0	24051.8	30972.0	41468.2	Monde
Developed Economies	9864.7	17384.6	18164.5	24261.5	32756.3	Economies Développés
- Asia-Pacific	1238.8	2202.4	2503.1	3191.5	3734.6	- Asie-Pacifique
- Europe	6287.4	11466.8	11360.7	15650.5	20760.0	- Europe
- North America	2338.5	3715.3	4300.7	5419.6	8261.7	- Amérique du Nord
South-Eastern Europe	430.3	757.0	635.6	822.1	1153.0	Europe du Sud-Est
Commonwealth of Independent States	1221.9	2885.8	2885.0	2628.8	2815.8	Communauté d'Etats indépendants
- Asia	162.1	306.9	352.1	359.1	454.8	- Asie
- Europe	1059.8	2578.8	2533.0	2269.7	2361.0	- Europe
Northern Africa	85.0	159.8	178.7	195.7	220.2	Afrique septentrionale
Sub-Saharan Africa	116.9	201.4	265.4	253.5	446.2	Afrique subsaharienne
Latin America & the Caribbean	177.0	308.8	328.4	607.8	809.1	Amérique latine et Caraïbes
- Caribbean	13.7	46.0	32.1	125.9	142.9	- Caraïbes
- Latin America	163.3	262.8	296.3	482.0	666.2	- Amérique latine
Eastern Asia	418.6	486.3	524.6	739.6	1098.0	Asie orientale
Southern Asia	23.0	70.3	85.6	113.6	169.7	Asie méridionale
South-Eastern Asia	264.1	464.0	483.0	704.2	991.1	Asie du Sud-Est
Western Asia	242.4	435.6	492.4	625.7	978.5	Asie occidentale
Oceania	5.9	7.4	8.6	19.3	30.3	Océanie
United States	1945.0	2956.9	3467.0	4248.9	6964.1	Etats-Unis d'Amérique
Germany	1361.9	2279.8	2617.0	3524.5	4918.9	Allemagne
Netherlands	809.6	1704.0	1855.8	2876.3	3765.4	Pays-Bas
Japan	1039.7	1871.8	2169.1	2690.2	3047.9	Japon
United Kingdom	1170.5	1843.3	1705.9	2189.8	2675.0	Royaume-Uni
Russian Federation	823.4	2083.5	2245.0	2036.5	2080.3	Fédération de Russie
France-Monaco	832.7	1558.0	1433.1	2143.5	2765.0	France-Monaco
Canada	393.4	753.6	833.7	1164.7	1297.5	Canada
Belgium	371.6	741.8	699.1	900.4	1124.9	Belgique
Romania	318.6	498.3	374.5	511.6	706.7	Roumanie
Poland	268.3	509.7	391.5	439.5	572.6	Pologne
Denmark	233.2	387.5	365.2	473.0	660.2	Danemark
Czech Republic	171.5	412.0	310.1	430.9	597.4	République tchèque
Australia	168.2	281.0	275.5	419.1	561.3	Australie
Austria	153.9	293.0	261.1	367.1	472.7	Autriche
Ukraine	227.0	478.6	269.6	211.3	253.6	Ukraine
China, Hong Kong SAR	188.6	234.1	254.9	282.8	396.3	Chine - RAS de Hong-Kong
Sweden	105.9	212.1	247.4	276.8	487.6	Suède
Singapore	122.1	222.9	206.6	314.5	455.1	Singapour
Korea, Republic of	167.3	163.1	177.0	288.1	462.5	République de Corée
Mexico	117.6	163.9	186.2	309.1	393.8	Mexique
Kazakhstan	86.5	180.8	249.2	271.7	338.7	Kazakhstan
Hungary	84.2	205.0	185.2	253.3	312.6	Hongrie
Switzerland-Liechtenstein	84.8	165.5	170.7	231.4	304.9	Suisse-Liechtenstein
Italy	118.1	168.8	118.3	170.8	292.9	Italie

Value as percentages of World total

Valeur en pourcentage du total mondial

Regions of the world	1998	1999	2000	2001	2002	2003	2004	2005	2006	2007	Régions du monde
World	100.0	100.0	100.0	100.0	100.0	100.0	100.0	100.0	100.0	100.0	Monde
Developed Economies	70.1	70.7	72.1	74.3	76.0	76.8	75.1	75.5	78.3	79.0	Economies Développés
- Asia-Pacific	8.3	9.6	7.5	11.0	9.7	9.6	9.5	10.4	10.3	9.0	- Asie-Pacifique
- Europe	45.2	45.2	48.1	45.3	48.4	48.9	49.5	47.2	50.5	50.1	- Europe
- North America	16.5	15.9	16.5	18.0	17.9	18.2	16.0	17.9	17.5	19.9	- Amérique du Nord
South-Eastern Europe	1.3	1.9	3.3	2.2	2.8	3.3	3.3	2.6	2.7	2.8	Europe du Sud-Est
Commonwealth of Independent States	18.3	16.9	14.5	11.9	10.7	9.5	12.5	12.0	8.5	6.8	Communauté d'Etats indépendants
- Asia	0.5	1.3	1.9	1.7	1.3	1.3	1.3	1.5	1.2	1.1	- Asie
- Europe	17.8	15.6	12.7	10.1	9.3	8.2	11.1	10.5	7.3	5.7	- Europe
Northern Africa	0.5	0.3	0.3	0.4	0.6	0.7	0.7	0.7	0.6	0.5	Afrique septentrionale
Sub-Saharan Africa	0.9	0.9	0.6	1.9	0.9	0.9	0.9	1.1	0.8	1.1	Afrique subsaharienne
Latin America & the Caribbean	2.5	3.2	2.6	2.7	1.7	1.4	1.3	1.4	2.0	2.0	Amérique latine et Caraïbes
- Caribbean	0.3	0.2	0.1	0.1	0.2	0.1	0.2	0.1	0.4	0.3	- Caraïbes
- Latin America	2.2	3.0	2.5	2.6	1.6	1.3	1.1	1.2	1.6	1.6	- Amérique latine
Eastern Asia	2.7	2.4	2.8	2.7	3.4	3.3	2.1	2.2	2.4	2.6	Asie orientale
Southern Asia	0.1	0.1	0.1	0.2	0.2	0.2	0.3	0.4	0.4	0.4	Asie méridionale
South-Eastern Asia	2.2	1.6	2.3	2.1	2.0	2.1	2.0	2.0	2.3	2.4	Asie du Sud-Est
Western Asia	1.5	1.8	1.4	1.6	1.7	1.9	1.9	2.0	2.0	2.4	Asie occidentale
Oceania	0.0	0.0	0.0	0.0	0.0	0.0	0.0	0.0	0.1	0.1	Océanie

283 Copper ores and concentrates; copper mattes, cement copper

Trade by commodity
Imports by principal countries or areas
Value in million US dollars

Commerce par produit
Importations selon les principaux pays ou zones
Valeur en millions de dollars EU

Country or area	2003	2004	2005	2006	2007	Pays ou zone
World	7336.0	12216.2	16843.0	33703.0	37885.9	Monde
Developed Economies	3898.5	6314.2	7876.6	15316.3	17408.4	Economies Développés
- Asia-Pacific	2376.4	3789.8	4830.4	9189.5	10889.2	- Asie-Pacifique
- Europe	1357.2	2264.4	2686.1	5371.4	5980.8	- Europe
- North America	164.9	259.9	360.1	755.4	538.4	- Amérique du Nord
South-Eastern Europe	240.7	386.2	597.0	1059.1	1136.6	Europe du Sud-Est
Commonwealth of Independent States	10.7	105.9	188.9	133.8	54.2	Communauté d'Etats indépendants
- Asia	6.7	34.2	69.2	2.0	4.9	- Asie
- Europe	4.0	71.7	119.7	131.8	49.3	- Europe
Northern Africa	3.3	0.2	1.1	2.7	0.0	Afrique septentrionale
Sub-Saharan Africa	128.6	145.9	253.6	232.2	339.5	Afrique subsaharienne
Latin America & the Caribbean	229.6	518.5	554.5	1457.3	1261.7	Amérique latine et Caraïbes
- Caribbean	0.0	0.0	0.0	0.1	3.0	- Caraïbes
- Latin America	229.6	518.5	554.4	1457.2	1258.7	- Amérique latine
Eastern Asia	2159.4	3412.8	5496.6	9640.5	12658.4	Asie orientale
Southern Asia	339.2	817.6	1182.2	5259.6	4370.0	Asie méridionale
South-Eastern Asia	280.1	444.6	581.2	458.7	543.7	Asie du Sud-Est
Western Asia	46.0	70.4	111.2	142.7	113.4	Asie occidentale
Oceania	0.0	0.0	0.0	0.0	0.0	Océanie
Japan	2360.9	3782.1	4821.4	9174.2	10864.7	Japon
China	1296.5	2235.6	3733.4	6273.9	9298.4	Chine
India	288.6	694.9	1180.2	5259.4	4369.8	Inde
Korea, Republic of	852.8	1176.6	1749.3	3351.4	3358.8	République de Corée
Germany	472.8	1065.6	1038.7	2044.6	2505.8	Allemagne
Spain	399.1	470.2	800.4	1505.3	1609.9	Espagne
Brazil	217.6	473.0	462.3	1058.7	1078.6	Brésil
Bulgaria	237.3	376.6	515.5	906.6	1055.4	Bulgarie
Finland	293.5	389.5	441.6	918.8	771.9	Finlande
Sweden	185.6	325.0	351.4	562.5	779.0	Suède
Canada	146.0	234.7	359.4	753.2	520.1	Canada
Philippines	276.3	379.3	460.4	382.9	410.6	Philippines
Zimbabwe	e67.9	87.4	178.8	153.3	104.4	Zimbabwe
Chile	8.8	43.4	78.0	222.1	174.7	Chili
Poland		0.0	35.7	228.7	188.5	Pologne
Russian Federation	4.0	71.7	119.7	131.8	49.3	Fédération de Russie
Serbia	—	—	—	152.5	79.3	Serbie
Thailand	0.0	64.1	75.2	37.8	130.4	Thaïlande
South Africa	27.9	42.3	58.1	49.9	103.8	Afrique du Sud
Oman	e19.5	25.2	59.1	93.9	53.6	Oman
Belgium	2.5	8.2	14.1	104.7	114.6	Belgique
Mexico	1.9	1.6	13.9	175.8	0.3	Mexique
Zambia	2.3	6.9	16.0	27.2	130.1	Zambie
Iran (Islamic Republic of)	50.5	122.6	1.8	0.2	e0.2	Iran (République islamique d')
Turkey	9.4	4.6	37.1	e44.0	e54.0	Turquie

Value as percentages of World total

Valeur en pourcentage du total mondial

Regions of the world	1998	1999	2000	2001	2002	2003	2004	2005	2006	2007	Régions du monde
World	100.0	100.0	100.0	100.0	100.0	100.0	100.0	100.0	100.0	100.0	Monde
Developed Economies	63.8	61.9	59.4	56.2	58.1	53.1	51.7	46.8	45.4	45.9	Economies Développés
- Asia-Pacific	38.3	40.0	38.2	31.9	34.7	32.4	31.0	28.7	27.3	28.7	- Asie-Pacifique
- Europe	16.7	15.8	15.9	18.1	18.2	18.5	18.5	15.9	15.9	15.8	- Europe
- North America	8.8	6.1	5.3	6.2	5.3	2.2	2.1	2.1	2.2	1.4	- Amérique du Nord
South-Eastern Europe	2.8	1.5	2.1	2.7	2.2	3.3	3.2	3.5	3.1	3.0	Europe du Sud-Est
Commonwealth of Independent States	0.5	0.2	0.7	0.8	0.8	0.1	0.9	1.1	0.4	0.1	Communauté d'Etats indépendants
- Asia	0.1	0.0	0.1	0.1	0.1	0.1	0.3	0.4	0.0	0.0	- Asie
- Europe	0.4	0.2	0.6	0.7	0.7	0.1	0.6	0.7	0.4	0.1	- Europe
Northern Africa	0.0	0.0	0.0	0.0	0.0	0.0	0.0	0.0	0.0	0.0	Afrique septentrionale
Sub-Saharan Africa	0.6	0.3	0.2	0.6	0.7	1.8	1.2	1.5	0.7	0.9	Afrique subsaharienne
Latin America & the Caribbean	4.7	5.4	5.7	4.1	3.5	3.1	4.2	3.3	4.3	3.3	Amérique latine et Caraïbes
- Caribbean	0.0	0.0	0.0	0.0	0.0	0.0	0.0	0.0	0.0	0.0	- Caraïbes
- Latin America	4.7	5.4	5.7	4.1	3.5	3.1	4.2	3.3	4.3	3.3	- Amérique latine
Eastern Asia	19.3	20.7	23.1	24.4	24.5	29.4	27.9	32.6	28.6	33.4	Asie orientale
Southern Asia	2.8	3.8	3.4	5.8	5.8	4.6	6.7	7.0	15.6	11.5	Asie méridionale
South-Eastern Asia	4.7	5.4	3.9	4.7	3.9	3.8	3.6	3.5	1.4	1.4	Asie du Sud-Est
Western Asia	0.8	0.7	1.3	0.7	0.7	0.6	0.6	0.7	0.4	0.3	Asie occidentale
Oceania	0.0	0.0	0.0	0.0	0.0	0.0	0.0	0.0	0.0	0.0	Océanie

Minerais de cuivre et leurs concentres; mattes de cuivre, cuivre de cément 283

Trade by commodity
Exports by principal countries or areas
Value in million US dollars

Commerce par produit
Exportations selon les principaux pays ou zones
Valeur en millions de dollars EU

Country or area	2003	2004	2005	2006	2007	Pays ou zone
World	7975.0	12814.4	17696.6	31392.7	36050.3	Monde
Developed Economies	1344.9	1960.8	3548.6	6327.2	6507.8	Economies Développés
- Asia-Pacific	758.2	1009.2	1863.6	3146.4	3136.8	- Asie-Pacifique
- Europe	129.0	270.9	320.9	584.2	641.0	- Europe
- North America	457.7	680.6	1364.1	2596.6	2730.0	- Amérique du Nord
South-Eastern Europe	43.0	66.6	126.1	332.4	350.6	Europe du Sud-Est
Commonwealth of Independent States	114.7	225.0	179.8	278.0	436.0	Communauté d'Etats indépendants
- Asia	112.5	206.4	153.1	277.4	427.6	- Asie
- Europe	2.3	18.7	26.7	0.6	8.4	- Europe
Northern Africa	9.0	7.8	11.3	30.8	44.6	Afrique septentrionale
Sub-Saharan Africa	461.3	535.6	813.4	1524.8	1266.1	Afrique subsaharienne
Latin America & the Caribbean	3495.9	7303.4	8645.1	16586.3	20847.7	Amérique latine et Caraïbes
- Caribbean		0.2		0.0	0.0	- Caraïbes
- Latin America	3495.9	7303.2	8645.1	16586.2	20847.6	- Amérique latine
Eastern Asia	173.2	293.1	336.8	655.9	837.7	Asie orientale
Southern Asia	1.6	4.9	11.2	16.3	60.4	Asie méridionale
South-Eastern Asia	1877.6	1821.2	3354.3	4766.4	4477.3	Asie du Sud-Est
Western Asia	56.9	116.3	93.1	140.3	172.1	Asie occidentale
Oceania	396.8	479.8	576.9	734.2	1049.8	Océanie
Chile	2410.4	4965.2	6067.8	11642.3	13560.1	Chili
Indonesia	1862.8	1803.7	3311.0	4646.1	4212.9	Indonésie
Peru	422.0	1098.7	1411.1	2868.8	4601.9	Pérou
Australia	756.1	1009.2	1862.9	3144.3	3134.1	Australie
Canada	369.5	538.3	975.5	1702.9	1616.3	Canada
Argentina	467.4	904.3	762.0	1335.0	1358.1	Argentine
Papua New Guinea	396.8	479.8	e576.9	e734.2	e1049.8	Papouasie-Nouvelle-Guinée
United States	88.2	142.4	388.7	893.7	1113.7	Etats-Unis d'Amérique
Mongolia	163.7	284.3	326.2	635.4	811.4	Mongolie
Brazil	e129.9	171.5	303.7	544.4	1051.2	Brésil
Botswana	380.1	355.7	456.9	675.0	292.4	Botswana
Portugal	91.4	202.2	262.3	469.2	556.1	Portugal
Zambia	11.2	26.0	78.6	424.4	258.0	Zambie
Mexico	63.0	159.7	97.1	182.0	270.3	Mexique
Kazakhstan	71.9	145.6	100.1	124.9	260.4	Kazakhstan
Bulgaria	23.1	36.3	79.4	254.6	263.9	Bulgarie
Democratic Republic of the Congo	e5.1	e17.4	e106.2	e227.4	e267.5	République démocratique du Congo
South Africa	8.0	36.0	117.0	134.6	277.1	Afrique du Sud
Turkey	44.6	81.6	85.3	e134.6	168.7	Turquie
Philippines	12.4	14.3	36.9	85.0	139.3	Philippines
Georgia	23.5	31.8	36.4	79.5	79.2	Géorgie
Armenia	17.0	28.9	16.6	72.8	88.1	Arménie
Congo	e7.4	e13.6	e19.3	e40.2	e131.0	Congo
Romania	18.8	29.5	31.5	55.9	46.7	Roumanie
Guinea	e40.7	e70.2	e33.6	e21.1	e7.2	Guinée

Value as percentages of World total

Valeur en pourcentage du total mondial

Regions of the world	1998	1999	2000	2001	2002	2003	2004	2005	2006	2007	Régions du monde
World	100.0	100.0	100.0	100.0	100.0	100.0	100.0	100.0	100.0	100.0	Monde
Developed Economies	22.5	19.2	17.9	17.5	16.4	16.9	15.3	20.1	20.2	18.1	Economies Développés
- Asia-Pacific	12.4	10.3	8.0	8.5	8.4	9.5	7.9	10.5	10.0	8.7	- Asie-Pacifique
- Europe	3.3	3.5	2.5	2.1	2.4	1.6	2.1	1.8	1.9	1.8	- Europe
- North America	6.9	5.5	7.4	6.8	5.7	5.7	5.3	7.7	8.3	7.6	- Amérique du Nord
South-Eastern Europe	0.7	1.2	0.7	0.7	0.6	0.5	0.5	0.7	1.1	1.0	Europe du Sud-Est
Commonwealth of Independent States	0.3	0.3	0.9	1.0	1.1	1.4	1.8	1.0	0.9	1.2	Communauté d'Etats indépendants
- Asia	0.2	0.2	0.8	0.9	1.0	1.4	1.6	0.9	0.9	1.2	- Asie
- Europe	0.1	0.1	0.1	0.0	0.0	0.0	0.1	0.2	0.0	0.0	- Europe
Northern Africa	0.2	0.2	0.2	0.1	0.1	0.1	0.1	0.1	0.1	0.1	Afrique septentrionale
Sub-Saharan Africa	0.9	0.5	2.6	2.1	3.4	5.8	4.2	4.6	4.9	3.5	Afrique subsaharienne
Latin America & the Caribbean	40.4	46.5	45.5	44.5	43.7	43.8	57.0	48.9	52.8	57.8	Amérique latine et Caraïbes
- Caribbean	0.0	0.0	0.0	0.0	0.0		0.0		0.0	0.0	- Caraïbes
- Latin America	40.3	46.5	45.4	44.5	43.7	43.8	57.0	48.9	52.8	57.8	- Amérique latine
Eastern Asia	2.6	2.5	2.5	2.4	2.3	2.2	2.3	1.9	2.1	2.3	Asie orientale
Southern Asia	0.1	0.1	0.2	0.1	0.1	0.0	0.0	0.1	0.1	0.2	Asie méridionale
South-Eastern Asia	27.7	25.6	25.3	27.1	27.9	23.5	14.2	19.0	15.2	12.4	Asie du Sud-Est
Western Asia	0.7	1.0	0.8	0.5	0.8	0.7	0.9	0.5	0.4	0.5	Asie occidentale
Oceania	3.9	2.9	3.3	4.0	3.4	5.0	3.7	3.3	2.3	2.9	Océanie

284 Nickel ores and concentrates; nickel mattes, nickel oxide sinters

Trade by commodity
Imports by principal countries or areas
Value in million US dollars

Commerce par produit
Importations selon les principaux pays ou zones
Valeur en millions de dollars EU

Country or area	2003	2004	2005	2006	2007	Pays ou zone
World	3181.9	5291.7	6066.6	8907.8	18496.4	Monde
Developed Economies	2544.2	4194.8	4415.5	6065.4	11471.3	Economies Développés
- Asia-Pacific	853.5	1419.3	1377.3	2003.5	3620.8	- Asie-Pacifique
- Europe	1533.2	2439.6	2720.6	3856.0	7400.4	- Europe
- North America	157.5	335.8	317.6	205.9	450.1	- Amérique du Nord
South-Eastern Europe	0.7	1.6	17.3	37.8	127.3	Europe du Sud-Est
Commonwealth of Independent States	3.1	28.5	31.8	56.3	74.3	Communauté d'Etats indépendants
- Asia	1.0	0.6		0.3	0.0	- Asie
- Europe	2.1	27.9	31.8	56.0	74.3	- Europe
Northern Africa	0.2	0.5	0.1	0.3	0.2	Afrique septentrionale
Sub-Saharan Africa	157.3	189.2	281.0	410.1	537.6	Afrique subsaharienne
Latin America & the Caribbean	9.9	28.7	26.4	3.3	2.4	Amérique latine et Caraïbes
- Caribbean	0.6	0.1	1.2	0.0	1.1	- Caraïbes
- Latin America	9.3	28.6	25.2	3.3	1.3	- Amérique latine
Eastern Asia	464.7	846.0	1284.5	2327.3	6278.8	Asie orientale
Southern Asia	0.6	0.1	3.4	1.5	1.8	Asie méridionale
South-Eastern Asia	1.1	1.7	6.4	5.6	2.3	Asie du Sud-Est
Western Asia	0.1	0.5	0.2	0.2	0.5	Asie occidentale
Oceania	0.0	0.0	0.0			Océanie
Japan	853.5	1419.3	1375.6	2003.5	3619.7	Japon
Norway	779.5	1108.7	1497.7	1834.5	3587.4	Norvège
China	42.7	128.1	587.8	1289.5	4316.7	Chine
Finland	297.2	492.6	406.6	836.3	1741.8	Finlande
United Kingdom	218.0	435.0	461.6	680.7	1493.9	Royaume-Uni
Korea, Republic of	273.2	418.9	434.7	684.9	1123.6	République de Corée
Canada	156.2	318.2	293.0	180.4	431.1	Canada
South Africa	132.0	181.6	221.1	343.2	440.5	Afrique du Sud
France-Monaco	91.8	140.6	149.7	221.0	320.1	France-Monaco
Germany	32.8	93.8	88.6	128.7	65.6	Allemagne
Sweden	31.0	50.1	55.6	81.3	148.3	Suède
Netherlands	69.2	103.8	45.3	25.4	0.1	Pays-Bas
Ukraine	1.6	27.7	31.7	55.9	74.3	Ukraine
Botswana	25.2	7.5	59.7	60.9	34.1	Botswana
The former Yugoslav Republic of Macedonia	0.7	1.6	17.2	37.7	127.1	Ex-République yougoslave de Macédoine
United States	1.3	17.6	24.6	25.5	19.0	Etats-Unis d'Amérique
Zimbabwe	e0.0	0.0		5.9	62.9	Zimbabwe
Brazil	8.7	27.7	24.0	1.9	0.0	Brésil
Korea, Democratic People's Republic of		e62.3				Rép. démocratique populaire de Corée
Austria	2.6	5.6	7.2	15.9	23.6	Autriche
Italy	3.4	4.0	0.8	25.7	0.0	Italie
Belgium	1.3	2.9	2.5	5.1	12.3	Belgique
Thailand	0.0	0.0	5.1	3.8	0.5	Thaïlande
Spain	0.1	0.2	1.3	0.6	5.2	Espagne
India	0.3	0.1	3.3	1.5	1.8	Inde

Value as percentages of World total

Valeur en pourcentage du total mondial

Regions of the world	1998	1999	2000	2001	2002	2003	2004	2005	2006	2007	Régions du monde
World	100.0	100.0	100.0	100.0	100.0	100.0	100.0	100.0	100.0	100.0	Monde
Developed Economies	91.6	88.1	85.3	87.6	81.6	80.0	79.3	72.8	68.1	62.0	Economies Développés
- Asia-Pacific	21.9	25.4	30.5	28.6	25.3	26.8	26.8	22.7	22.5	19.6	- Asie-Pacifique
- Europe	59.9	60.3	52.4	56.9	52.0	48.2	46.1	44.8	43.3	40.0	- Europe
- North America	9.8	2.4	2.4	2.1	4.3	5.0	6.3	5.2	2.3	2.4	- Amérique du Nord
South-Eastern Europe	0.0	0.0	0.0	0.0	0.0	0.0	0.0	0.3	0.4	0.7	Europe du Sud-Est
Commonwealth of Independent States	0.3	0.3	0.4	0.8	0.3	0.1	0.5	0.5	0.6	0.4	Communauté d'Etats indépendants
- Asia					0.0	0.0	0.0				- Asie
- Europe	0.3	0.3	0.4	0.8	0.3	0.1	0.5	0.5	0.6	0.4	- Europe
Northern Africa	0.0	0.0	0.0	0.0	0.0	0.0	0.0	0.0	0.0	0.0	Afrique septentrionale
Sub-Saharan Africa	0.3	0.3	1.1	0.5	3.3	4.9	3.6	4.6	4.6	2.9	Afrique subsaharienne
Latin America & the Caribbean	0.1	0.2	0.3	0.3	0.4	0.3	0.5	0.4	0.0	0.0	Amérique latine et Caraïbes
- Caribbean	0.0	0.0	0.0	0.0	0.0	0.0	0.0	0.0	0.0	0.0	- Caraïbes
- Latin America	0.1	0.2	0.3	0.3	0.4	0.3	0.5	0.4	0.0	0.0	- Amérique latine
Eastern Asia	7.3	10.8	12.6	10.6	14.2	14.6	16.0	21.2	26.1	33.9	Asie orientale
Southern Asia	0.3	0.1	0.1	0.1	0.2	0.0	0.0	0.1	0.0	0.0	Asie méridionale
South-Eastern Asia	0.1	0.1	0.1	0.1	0.0	0.0	0.0	0.1	0.1	0.0	Asie du Sud-Est
Western Asia	0.0	0.0	0.0	0.0	0.0	0.0	0.0	0.0			Asie occidentale
Oceania	0.0	0.0	0.0	0.0	0.0	0.0	0.0	0.0			Océanie

Minerais de nickel et leurs concentres; mattes de nickel, "sinters" d'oxydes de nickel 284

Trade by commodity
Exports by principal countries or areas
Value in million US dollars

Commerce par produit
Exportations selon les principaux pays ou zones
Valeur en millions de dollars EU

Country or area	2003	2004	2005	2006	2007	Pays ou zone
World	2791.7	5470.2	5904.0	7901.3	14023.3	Monde
Developed Economies	1490.7	2857.9	3077.0	4019.5	6469.2	Economies Développés
- Asia-Pacific	634.6	967.7	1035.0	1117.9	1325.1	- Asie-Pacifique
- Europe	39.8	498.3	651.0	752.7	347.6	- Europe
- North America	816.3	1391.9	1391.0	2148.9	4796.4	- Amérique du Nord
South-Eastern Europe	0.2	0.2	0.0	0.0	0.7	Europe du Sud-Est
Commonwealth of Independent States	7.2	2.4	0.3	0.0	0.4	Communauté d'Etats indépendants
- Asia		0.2	0.1	0.0	0.0	- Asie
- Europe	7.2	2.1	0.2	0.0	0.4	- Europe
Northern Africa	0.0	0.0	0.0	0.0	0.0	Afrique septentrionale
Sub-Saharan Africa	176.1	291.0	237.7	395.9	1435.0	Afrique subsaharienne
Latin America & the Caribbean	655.7	1127.6	1144.5	1474.4	2025.9	Amérique latine et Caraïbes
- Caribbean	617.7	1062.3	1073.0	1379.1	1853.2	- Caraïbes
- Latin America	38.0	65.4	71.6	95.2	172.7	- Amérique latine
Eastern Asia	4.1	4.0	2.0	22.1	59.5	Asie orientale
Southern Asia	0.0	0.3	0.1	0.2	0.2	Asie méridionale
South-Eastern Asia	278.0	883.1	1134.6	1588.8	3394.5	Asie du Sud-Est
Western Asia	0.7	0.1	1.3	1.4	3.0	Asie occidentale
Oceania	179.0	303.6	306.5	399.0	634.9	Océanie
Canada	805.9	1381.1	1375.7	2127.3	4739.7	Canada
Indonesia	249.6	831.4	1065.4	1442.2	2955.3	Indonésie
Cuba	617.0	1062.3	1073.0	e1379.1	e1849.9	Cuba
Australia	422.9	576.4	600.0	1027.4	1323.3	Australie
New Caledonia	179.0	303.6	306.5	399.0	634.9	Nouvelle-Calédonie
Netherlands	0.1	444.5	545.9	564.2	0.3	Pays-Bas
Zimbabwe	e168.5	194.3	167.3	290.9	409.1	Zimbabwe
Japan	211.7	391.3	435.0	90.5	1.9	Japon
Botswana	e1.7	1.6	0.0	0.0	799.9	Botswana
Philippines	28.3	51.6	68.8	146.1	436.0	Philippines
South Africa	5.9	93.7	70.4	96.3	225.0	Afrique du Sud
Brazil	36.8	65.4	71.2	94.5	171.4	Brésil
Spain	0.0	0.0	59.3	95.5	192.4	Espagne
Germany	12.3	20.1	25.6	48.4	98.5	Allemagne
United States	10.4	10.8	15.4	21.6	56.8	Etats-Unis d'Amérique
China	0.0	0.2	0.3	14.0	43.1	Chine
United Kingdom	12.5	16.5	12.1	10.4	3.1	Royaume-Uni
Estonia	0.9		e1.3	e22.6	e16.1	Estonie
Belgium	10.3	11.4	3.8	6.6	5.2	Belgique
Denmark	0.0	0.0			e23.7	Danemark
Norway	1.1	2.4	2.3	3.2	3.8	Norvège
Congo		e1.4		e8.6	e0.0	Congo
Russian Federation	7.2	2.1	e0.2	0.0	0.4	Fédération de Russie
France-Monaco	1.0	1.5	0.4	0.7	3.5	France-Monaco
Korea, Republic of	0.9	2.1	1.2	1.0	0.3	République de Corée

Value as percentages of World total

Valeur en pourcentage du total mondial

Regions of the world	1998	1999	2000	2001	2002	2003	2004	2005	2006	2007	Régions du monde
World	100.0	100.0	100.0	100.0	100.0	100.0	100.0	100.0	100.0	100.0	Monde
Developed Economies	52.5	51.7	48.5	54.3	60.2	53.4	52.2	52.1	50.9	46.1	Economies Développés
- Asia-Pacific	12.9	11.9	19.5	19.0	21.3	22.7	17.7	17.5	14.1	9.4	- Asie-Pacifique
- Europe	6.9	8.0	1.9	2.1	1.7	1.4	9.1	11.0	9.5	2.5	- Europe
- North America	32.8	31.8	27.1	33.2	37.2	29.2	25.4	23.6	27.2	34.2	- Amérique du Nord
South-Eastern Europe	0.0	0.0	0.0	0.0	0.0	0.0	0.0	0.0	0.0	0.0	Europe du Sud-Est
Commonwealth of Independent States	0.0	0.1	0.1	0.5	0.6	0.3	0.0	0.0	0.0	0.0	Communauté d'Etats indépendants
- Asia		0.0	0.0				0.0	0.0	0.0	0.0	- Asie
- Europe	0.0	0.1	0.0	0.5	0.6	0.3	0.0	0.0	0.0	0.0	- Europe
Northern Africa	0.1	0.1	0.0	0.0	0.0	0.0	0.0	0.0	0.0	0.0	Afrique septentrionale
Sub-Saharan Africa	1.6	1.3	0.9	0.6	6.8	6.3	5.3	4.0	5.0	10.2	Afrique subsaharienne
Latin America & the Caribbean	31.3	26.2	27.0	26.1	23.6	23.5	20.6	19.4	18.7	14.4	Amérique latine et Caraïbes
- Caribbean	30.7	23.7	24.6	23.4	21.9	22.1	19.4	18.2	17.5	13.2	- Caraïbes
- Latin America	0.7	2.5	2.4	2.7	1.7	1.4	1.2	1.2	1.2	1.2	- Amérique latine
Eastern Asia	0.2	0.4	0.3	0.0	0.0	0.1	0.1	0.0	0.3	0.4	Asie orientale
Southern Asia	0.0	0.0	0.0	0.0	0.0	0.0	0.0	0.0	0.0	0.0	Asie méridionale
South-Eastern Asia	8.2	13.4	14.3	12.2	3.7	10.0	16.1	19.2	20.1	24.2	Asie du Sud-Est
Western Asia	0.0	0.0	0.0	0.0	0.0	0.0	0.0	0.0	0.0	0.0	Asie occidentale
Oceania	6.0	6.9	9.0	6.2	5.0	6.4	5.6	5.2	5.1	4.5	Océanie

285 Aluminium ores and concentrates (including alumina)

Trade by commodity

Imports by principal countries or areas

Value in million US dollars

Commerce par produit

Importations selon les principaux pays ou zones

Valeur en millions de dollars EU

Country or area	2003	2004	2005	2006	2007	Pays ou zone
World	7689.2	9817.5	12453.9	15003.2	16470.7	Monde
Developed Economies	3855.1	4558.3	5636.2	6724.2	7694.1	Economies Développés
- Asia-Pacific	219.6	283.8	295.3	353.8	389.1	- Asie-Pacifique
- Europe	1993.1	2602.7	3123.1	3660.8	4229.8	- Europe
- North America	1642.5	1671.8	2217.8	2709.6	3075.2	- Amérique du Nord
South-Eastern Europe	111.8	156.6	178.1	187.9	265.0	Europe du Sud-Est
Commonwealth of Independent States	1017.3	1246.7	1702.3	2092.1	2254.9	Communauté d'Etats indépendants
- Asia	166.4	179.5	233.7	289.4	211.1	- Asie
- Europe	850.9	1067.1	1468.7	1802.7	2043.8	- Europe
Northern Africa	125.4	200.5	191.1	247.9	209.5	Afrique septentrionale
Sub-Saharan Africa	306.9	489.6	519.1	691.4	757.3	Afrique subsaharienne
Latin America & the Caribbean	166.8	191.5	259.8	287.6	308.5	Amérique latine et Caraïbes
- Caribbean	0.9	1.1	42.9	3.6	2.9	- Caraïbes
- Latin America	165.9	190.4	216.9	284.0	305.6	- Amérique latine
Eastern Asia	1470.6	2173.0	2788.4	3480.6	3135.5	Asie orientale
Southern Asia	62.4	127.2	179.5	173.4	195.2	Asie méridionale
South-Eastern Asia	113.3	145.8	199.5	268.1	261.7	Asie du Sud-Est
Western Asia	459.4	528.4	799.8	850.0	1389.1	Asie occidentale
Oceania	0.0	0.0	0.0	0.0	0.0	Océanie
China	1391.4	2069.4	2666.4	3343.6	2997.2	Chine
Russian Federation	730.2	917.7	1221.9	1585.3	1863.2	Fédération de Russie
Canada	814.8	876.7	1198.5	1562.8	1594.2	Canada
United States	827.7	795.1	1019.4	1146.8	1481.0	Etats-Unis d'Amérique
Norway	431.5	614.7	729.5	901.8	938.8	Norvège
South Africa	258.5	429.9	436.5	607.5	670.9	Afrique du Sud
Germany	307.1	390.9	457.8	473.8	576.1	Allemagne
United Arab Emirates	224.7	350.5	379.5	505.7	e625.8	Emirates arabes unis
Bahrain	208.6	150.4	372.5	295.6	664.2	Bahreïn
France-Monaco	227.8	265.1	331.5	355.7	398.5	France-Monaco
United Kingdom	e76.9	91.5	252.4	323.9	344.6	Royaume-Uni
Italy	141.2	209.8	218.4	222.9	266.5	Italie
Netherlands	155.9	199.4	205.2	194.5	276.3	Pays-Bas
Egypt	122.8	195.0	185.9	244.2	204.3	Egypte
New Zealand	127.8	164.1	168.1	226.5	224.6	Nouvelle-Zélande
Ukraine	118.7	147.1	244.2	215.1	177.0	Ukraine
Spain	116.9	156.9	179.5	197.9	240.6	Espagne
Iceland	93.8	121.1	110.0	225.3	321.8	Islande
Tajikistan	e137.0	e125.9	e165.5	e211.5	e147.2	Tadjikistan
Argentina	105.8	131.6	138.6	189.0	193.9	Argentine
Indonesia	75.6	92.3	135.4	190.3	191.3	Indonésie
Ireland	102.6	122.9	133.0	122.8	151.8	Irlande
Slovenia	57.2	74.0	125.6	168.2	169.0	Slovénie
Japan	85.0	111.5	117.9	117.9	152.9	Japon
Slovakia	65.3	102.8	101.4	133.0	146.2	Slovaquie

Value as percentages of World total

Valeur en pourcentage du total mondial

Regions of the world	1998	1999	2000	2001	2002	2003	2004	2005	2006	2007	Régions du monde
World	100.0	100.0	100.0	100.0	100.0	100.0	100.0	100.0	100.0	100.0	Monde
Developed Economies	62.7	61.0	54.1	55.5	53.9	50.1	46.4	45.3	44.8	46.7	Economies Développés
- Asia-Pacific	3.4	3.5	3.1	3.1	3.1	2.9	2.9	2.4	2.4	2.4	- Asie-Pacifique
- Europe	28.0	27.3	24.4	27.1	27.2	25.9	26.5	25.1	24.4	25.7	- Europe
- North America	31.3	30.2	26.6	25.3	23.6	21.4	17.0	17.8	18.1	18.7	- Amérique du Nord
South-Eastern Europe	0.6	0.9	1.4	1.0	0.6	1.5	1.6	1.4	1.3	1.6	Europe du Sud-Est
Commonwealth of Independent States	17.2	17.4	18.5	18.1	15.2	13.2	12.7	13.7	13.9	13.7	Communauté d'Etats indépendants
- Asia	1.9	2.3	2.3	2.0	1.9	2.2	1.8	1.9	1.9	1.3	- Asie
- Europe	15.3	15.0	16.2	16.2	13.3	11.1	10.9	11.8	12.0	12.4	- Europe
Northern Africa	1.5	1.8	2.0	2.3	2.6	1.6	2.0	1.5	1.7	1.3	Afrique septentrionale
Sub-Saharan Africa	4.3	4.6	5.5	5.2	4.9	4.0	5.0	4.2	4.6	4.6	Afrique subsaharienne
Latin America & the Caribbean	2.4	2.5	2.6	2.3	2.5	2.2	2.0	2.1	1.9	1.9	Amérique latine et Caraïbes
- Caribbean	0.1	0.1	0.0	0.0	0.0	0.0	0.0	0.3	0.0	0.0	- Caraïbes
- Latin America	2.3	2.5	2.5	2.3	2.5	2.2	1.9	1.7	1.9	1.9	- Amérique latine
Eastern Asia	6.5	6.8	9.8	10.0	12.4	19.1	22.1	22.4	23.2	19.0	Asie orientale
Southern Asia	0.9	0.8	0.5	0.4	0.5	0.8	1.3	1.4	1.2	1.2	Asie méridionale
South-Eastern Asia	1.0	1.0	1.7	1.9	1.5	1.5	1.5	1.6	1.8	1.6	Asie du Sud-Est
Western Asia	2.8	3.3	3.9	3.3	6.0	6.0	5.4	6.4	5.7	8.4	Asie occidentale
Oceania	0.0	0.0	0.0	0.0	0.0	0.0	0.0	0.0	0.0	0.0	Océanie

Trade by commodity
Exports by principal countries or areas
Value in million US dollars

Commerce par produit
Exportations selon les principaux pays ou zones
Valeur en millions de dollars EU

Country or area	2003	2004	2005	2006	2007	Pays ou zone
World	6878.0	8564.1	10331.6	13017.7	13849.4	Monde
Developed Economies	3964.4	4863.4	6021.0	7608.4	8077.8	Economies Développés
- Asia-Pacific	2424.2	3092.8	3690.3	4718.8	5134.5	- Asie-Pacifique
- Europe	1131.3	1273.0	1506.5	1933.7	2140.6	- Europe
- North America	408.9	497.5	824.2	956.0	802.8	- Amérique du Nord
South-Eastern Europe	34.7	130.9	202.3	196.7	102.3	Europe du Sud-Est
Commonwealth of Independent States	412.4	560.1	744.7	1015.1	952.4	Communauté d'Etats indépendants
- Asia	220.1	321.3	474.0	677.4	585.7	- Asie
- Europe	192.3	238.8	270.7	337.6	366.6	- Europe
Northern Africa	0.0		2.2		0.0	Afrique septentrionale
Sub-Saharan Africa	473.2	463.2	314.1	173.5	108.6	Afrique subsaharienne
Latin America & the Caribbean	1708.1	2179.1	2505.9	3310.7	3872.1	Amérique latine et Caraïbes
- Caribbean	779.0	895.1	1023.5	1154.6	1307.0	- Caraïbes
- Latin America	929.1	1284.0	1482.4	2156.1	2565.1	- Amérique latine
Eastern Asia	33.4	23.0	29.0	47.4	37.2	Asie orientale
Southern Asia	211.7	304.8	475.0	580.3	543.2	Asie méridionale
South-Eastern Asia	21.1	26.4	26.7	65.3	113.9	Asie du Sud-Est
Western Asia	19.1	13.4	10.7	20.2	41.8	Asie occidentale
Oceania				0.0		Océanie
Australia	2342.5	2989.5	3553.6	4578.5	5006.3	Australie
Jamaica	779.0	895.0	1018.7	1154.1	1306.1	Jamaïque
Brazil	441.8	606.8	792.9	1282.4	1523.9	Brésil
United States	344.1	418.3	723.3	835.4	704.1	Etats-Unis d'Amérique
Suriname	e369.7	e518.3	e485.5	e656.9	e737.3	Suriname
India	207.7	304.8	471.1	576.3	537.8	Inde
Ireland	422.6	275.2	334.1	498.4	522.2	Irlande
Kazakhstan	187.0	271.3	375.2	522.5	522.5	Kazakhstan
Guinea	e461.9	e454.0	e295.6	e128.5	e61.2	Guinée
Ukraine	181.7	219.5	257.2	325.1	366.4	Ukraine
Germany	195.4	231.8	251.0	295.0	302.4	Allemagne
Italy	145.7	156.8	190.9	254.2	258.8	Italie
Greece	95.6	140.6	152.1	204.8	263.9	Grèce
France-Monaco	113.8	148.2	168.7	183.1	239.7	France-Monaco
Venezuela	92.9	131.0	167.4	184.0	e207.3	Venezuela
Spain	68.6	104.3	137.6	137.8	156.7	Espagne
Japan	81.7	103.3	136.7	140.3	128.1	Japon
Netherlands	9.1	124.2	125.4	160.9	157.5	Pays-Bas
Canada	64.8	79.2	99.6	117.8	98.5	Canada
Bosnia and Herzegovina	1.1	77.2	115.5	135.4	100.7	Bosnie-Herzégovine
Azerbaijan	33.1	50.0	98.7	154.9	63.2	Azerbaïdjan
Hungary	41.9	47.0	54.5	68.7	83.4	Hongrie
Slovenia	6.4	11.1	62.8	93.1	107.7	Slovénie
Romania	32.6	52.3	85.1	61.3	1.5	Roumanie
Indonesia	18.9	17.2	23.7	58.1	105.6	Indonésie

Value as percentages of World total

Valeur en pourcentage du total mondial

Regions of the world	1998	1999	2000	2001	2002	2003	2004	2005	2006	2007	Régions du monde
World	100.0	100.0	100.0	100.0	100.0	100.0	100.0	100.0	100.0	100.0	Monde
Developed Economies	63.6	61.0	59.9	60.8	58.0	57.6	56.8	58.3	58.4	58.3	Economies Développés
- Asia-Pacific	37.3	36.9	38.2	38.6	37.0	35.2	36.1	35.7	36.2	37.1	- Asie-Pacifique
- Europe	16.7	15.8	14.4	14.9	14.6	16.4	14.9	14.6	14.9	15.5	- Europe
- North America	9.6	8.3	7.3	7.3	6.5	5.9	5.8	8.0	7.3	5.8	- Amérique du Nord
South-Eastern Europe	0.1	0.4	1.6	0.9	0.1	0.5	1.5	2.0	1.5	0.7	Europe du Sud-Est
Commonwealth of Independent States	5.4	4.2	8.0	6.7	6.5	6.0	6.5	7.2	7.8	6.9	Communauté d'Etats indépendants
- Asia	0.0	0.2	2.8	3.2	3.4	3.2	3.8	4.6	5.2	4.2	- Asie
- Europe	5.4	4.0	5.2	3.6	3.2	2.8	2.8	2.6	2.6	2.6	- Europe
Northern Africa	0.0		0.0	0.1	0.0			0.0		0.0	Afrique septentrionale
Sub-Saharan Africa	7.0	5.9	4.4	5.4	4.9	6.9	5.4	3.0	1.3	0.8	Afrique subsaharienne
Latin America & the Caribbean	22.3	27.3	24.2	24.4	25.7	24.8	25.4	24.3	25.4	28.0	Amérique latine et Caraïbes
- Caribbean	13.2	13.6	11.4	12.4	12.6	11.3	10.5	9.9	8.9	9.4	- Caraïbes
- Latin America	9.1	13.7	12.8	12.0	13.2	13.5	15.0	14.3	16.6	18.5	- Amérique latine
Eastern Asia	0.4	0.2	0.2	0.2	0.2	0.5	0.3	0.3	0.4	0.3	Asie orientale
Southern Asia	0.9	0.6	1.1	1.0	3.9	3.1	3.6	4.6	4.5	3.9	Asie méridionale
South-Eastern Asia	0.2	0.3	0.2	0.3	0.4	0.3	0.3	0.3	0.5	0.8	Asie du Sud-Est
Western Asia	0.1	0.1	0.4	0.2	0.1	0.3	0.2	0.1	0.2	0.3	Asie occidentale
Oceania	0.0	0.0			0.0				0.0		Océanie

287 Ores and concentrates of base metals, nes

Trade by commodity
Imports by principal countries or areas
Value in million US dollars

Commerce par produit
Importations selon les principaux pays ou zones
Valeur en millions de dollars EU

Country or area	2003	2004	2005	2006	2007	Pays ou zone
World	7466.7	13288.5	20758.6	25007.8	33573.6	Monde
Developed Economies	4429.3	7769.3	12399.9	14704.6	17667.3	Economies Développés
- Asia-Pacific	813.0	1442.5	2697.7	3100.8	3610.5	- Asie-Pacifique
- Europe	2825.0	5210.9	7988.5	9757.7	11580.8	- Europe
- North America	791.3	1115.9	1713.8	1846.2	2476.0	- Amérique du Nord
South-Eastern Europe	119.1	158.2	213.9	391.4	616.1	Europe du Sud-Est
Commonwealth of Independent States	433.5	565.4	645.6	665.5	1240.8	Communauté d'Etats indépendants
- Asia	73.0	126.9	133.6	187.2	286.4	- Asie
- Europe	360.4	438.6	512.0	478.3	954.3	- Europe
Northern Africa	22.9	31.5	42.6	34.7	85.1	Afrique septentrionale
Sub-Saharan Africa	30.0	65.5	91.4	109.4	196.4	Afrique subsaharienne
Latin America & the Caribbean	358.3	840.0	1491.1	1535.4	2063.7	Amérique latine et Caraïbes
- Caribbean	0.6	1.0	6.8	0.9	1.9	- Caraïbes
- Latin America	357.8	839.1	1484.2	1534.6	2061.8	- Amérique latine
Eastern Asia	1669.9	3214.8	5099.0	6717.5	10541.3	Asie orientale
Southern Asia	103.7	217.9	252.6	371.3	463.0	Asie méridionale
South-Eastern Asia	258.6	370.7	383.2	373.3	598.4	Asie du Sud-Est
Western Asia	41.3	55.2	139.4	104.7	101.5	Asie occidentale
Oceania	0.0	0.0	0.0	0.0	0.0	Océanie
China	990.1	2215.7	3519.7	4200.5	7393.0	Chine
Japan	759.1	1391.9	2632.8	2978.1	3444.0	Japon
Belgium	622.9	1325.5	2001.7	2073.0	2426.2	Belgique
Korea, Republic of	577.8	878.7	1445.8	2379.3	2962.3	République de Corée
Netherlands	282.5	787.8	1408.9	1486.0	1573.4	Pays-Bas
Spain	392.0	499.3	846.3	1582.1	1856.3	Espagne
United States	506.3	792.0	1300.7	1023.7	1272.0	Etats-Unis d'Amérique
Germany	404.4	706.9	1057.3	1241.2	1474.7	Allemagne
Canada	285.0	323.9	413.1	822.4	1204.0	Canada
Finland	188.1	443.6	504.7	805.4	955.5	Finlande
Chile	81.8	266.3	725.3	567.5	1000.0	Chili
Italy	224.0	358.4	520.7	636.0	843.6	Italie
United Kingdom	182.8	290.1	497.3	577.1	726.5	Royaume-Uni
France-Monaco	248.9	294.1	399.1	429.1	520.9	France-Monaco
Mexico	134.4	325.5	382.6	486.3	464.0	Mexique
Brazil	113.2	200.8	320.8	415.2	486.8	Brésil
Russian Federation	190.0	238.3	248.8	293.2	454.1	Fédération de Russie
Norway	113.1	182.2	242.5	366.7	505.7	Norvège
India	90.9	198.0	235.0	358.1	445.5	Inde
Ukraine	167.9	196.9	260.3	181.5	496.5	Ukraine
Thailand	124.3	179.4	205.0	218.9	325.6	Thaïlande
Sweden	49.9	144.2	256.8	261.5	289.2	Suède
Bulgaria	60.0	77.1	102.1	253.0	378.3	Bulgarie
Malaysia	71.0	99.7	101.1	92.4	185.5	Malaisie
Romania	55.2	72.7	94.8	118.1	206.3	Roumanie

Value as percentages of World total

Valeur en pourcentage du total mondial

Regions of the world	1998	1999	2000	2001	2002	2003	2004	2005	2006	2007	Régions du monde
World	100.0	100.0	100.0	100.0	100.0	100.0	100.0	100.0	100.0	100.0	Monde
Developed Economies	71.0	68.2	66.5	60.8	62.8	59.3	58.5	59.7	58.8	52.6	Economies Développés
- Asia-Pacific	12.4	12.6	12.1	11.6	11.1	10.9	10.9	13.0	12.4	10.8	- Asie-Pacifique
- Europe	47.4	44.3	43.1	39.1	40.6	37.8	39.2	38.5	39.0	34.5	- Europe
- North America	11.2	11.3	11.3	10.1	11.1	10.6	8.4	8.3	7.4	7.4	- Amérique du Nord
South-Eastern Europe	1.6	1.6	2.1	1.6	1.4	1.6	1.2	1.0	1.6	1.8	Europe du Sud-Est
Commonwealth of Independent States	4.0	4.9	5.5	5.6	4.9	5.8	4.3	3.1	2.7	3.7	Communauté d'Etats indépendants
- Asia	1.2	1.2	1.6	1.7	1.0	1.0	1.0	0.6	0.7	0.9	- Asie
- Europe	2.8	3.7	3.9	3.9	3.8	4.8	3.3	2.5	1.9	2.8	- Europe
Northern Africa	0.2	0.2	0.2	0.3	0.3	0.3	0.2	0.2	0.1	0.3	Afrique septentrionale
Sub-Saharan Africa	0.3	0.3	0.5	0.5	0.5	0.4	0.5	0.4	0.4	0.6	Afrique subsaharienne
Latin America & the Caribbean	3.8	3.4	3.4	3.1	3.9	4.8	6.3	7.2	6.1	6.1	Amérique latine et Caraïbes
- Caribbean	0.0	0.0	0.0	0.0	0.0	0.0	0.0	0.0	0.0	0.0	- Caraïbes
- Latin America	3.8	3.4	3.4	3.0	3.9	4.8	6.3	7.1	6.1	6.1	- Amérique latine
Eastern Asia	12.8	14.0	15.4	19.8	20.1	22.4	24.2	24.6	26.9	31.4	Asie orientale
Southern Asia	0.9	0.8	0.7	0.8	0.9	1.4	1.6	1.2	1.5	1.4	Asie méridionale
South-Eastern Asia	4.3	5.3	5.0	6.2	4.5	3.5	2.8	1.8	1.5	1.8	Asie du Sud-Est
Western Asia	1.1	1.1	0.6	1.3	0.8	0.6	0.4	0.7	0.4	0.3	Asie occidentale
Oceania	0.0	0.0	0.0	0.0	0.0	0.0	0.0	0.0	0.0	0.0	Océanie

Trade by commodity

Exports by principal countries or areas

Value in million US dollars

Commerce par produit

Exportations selon les principaux pays ou zones

Valeur en millions de dollars EU

Country or area	2003	2004	2005	2006	2007	Pays ou zone
World	5674.0	10737.7	17864.4	22824.1	29175.2	Monde
Developed Economies	2605.8	4463.8	7406.8	10567.2	12815.8	Economies Développés
- Asia-Pacific	773.0	1247.5	1752.7	2856.4	3782.8	- Asie-Pacifique
- Europe	793.8	1674.7	2618.5	3885.0	4458.6	- Europe
- North America	1039.1	1541.7	3035.6	3825.8	4574.4	- Amérique du Nord
South-Eastern Europe	24.7	34.0	47.0	61.8	146.2	Europe du Sud-Est
Commonwealth of Independent States	247.9	353.5	436.3	547.9	881.2	Communauté d'Etats indépendants
- Asia	118.5	184.2	210.8	334.6	596.2	- Asie
- Europe	129.4	169.4	225.6	213.3	285.0	- Europe
Northern Africa	55.6	71.0	97.0	138.9	159.0	Afrique septentrionale
Sub-Saharan Africa	829.0	1437.6	1667.4	2234.3	2777.6	Afrique subsaharienne
Latin America & the Caribbean	1350.9	3075.7	6120.6	6865.4	9193.4	Amérique latine et Caraïbes
- Caribbean	1.7	2.3	2.1	2.5	7.7	- Caraïbes
- Latin America	1349.2	3073.4	6118.6	6862.9	9185.7	- Amérique latine
Eastern Asia	262.3	630.9	1245.7	1113.4	1330.7	Asie orientale
Southern Asia	119.9	405.2	513.9	944.2	1264.0	Asie méridionale
South-Eastern Asia	111.0	155.6	158.6	180.9	271.8	Asie du Sud-Est
Western Asia	66.8	110.5	170.9	170.2	335.6	Asie occidentale
Oceania	0.0	0.0	0.0	0.0	0.0	Océanie
Peru	662.5	1106.0	2145.0	3061.2	3962.0	Pérou
United States	761.7	1123.9	2331.2	3076.8	3641.9	Etats-Unis d'Amérique
Australia	767.0	1235.2	1733.1	2847.5	3771.4	Australie
Chile	314.3	1226.8	2828.0	2294.7	3151.2	Chili
South Africa	653.5	722.6	885.0	1406.2	1736.4	Afrique du Sud
Belgium	278.5	547.3	955.6	1428.2	1545.7	Belgique
China	220.3	550.1	1105.7	895.7	889.6	Chine
Netherlands	124.6	509.8	803.5	801.3	962.7	Pays-Bas
Canada	277.4	417.7	704.4	749.1	932.4	Canada
Mexico	162.4	407.8	683.7	734.6	974.4	Mexique
India	85.8	326.8	413.2	705.5	901.6	Inde
Bolivia	148.4	197.6	249.4	620.7	823.5	Bolivie
Ireland	133.9	217.3	269.3	553.6	575.8	Irlande
Democratic Republic of the Congo	e78.4	e405.4	e376.7	e435.3	e395.3	République démocratique du Congo
Sweden	97.9	157.0	194.7	467.7	529.8	Suède
Kazakhstan	85.9	128.2	173.8	303.4	531.9	Kazakhstan
Turkey	55.0	104.9	161.1	159.0	279.0	Turquie
Gabon	25.4	151.1	178.8	186.7	e184.5	Gabon
Brazil	49.2	114.1	178.2	87.6	175.5	Brésil
Russian Federation	55.1	84.7	141.7	130.9	188.1	Fédération de Russie
Iran (Islamic Republic of)	25.4	50.8	52.9	188.6	e247.5	Iran (République islamique d')
Italy	32.3	61.4	82.7	168.9	180.1	Italie
Mongolia	15.3	20.3	57.3	141.1	258.0	Mongolie
Morocco	41.8	56.0	81.0	138.6	158.5	Maroc
Poland	36.2	50.9	73.4	108.0	168.3	Pologne

Value as percentages of World total

Valeur en pourcentage du total mondial

Regions of the world	1998	1999	2000	2001	2002	2003	2004	2005	2006	2007	Régions du monde
World	100.0	100.0	100.0	100.0	100.0	100.0	100.0	100.0	100.0	100.0	Monde
Developed Economies	51.0	51.1	50.3	48.4	45.3	45.9	41.6	41.5	46.3	43.9	Economies Développés
- Asia-Pacific	17.5	17.6	17.9	17.2	14.2	13.6	11.6	9.8	12.5	13.0	- Asie-Pacifique
- Europe	14.3	15.0	15.5	12.8	11.6	14.0	15.6	14.7	17.0	15.3	- Europe
- North America	19.1	18.5	16.9	18.4	19.5	18.3	14.4	17.0	16.8	15.7	- Amérique du Nord
South-Eastern Europe	0.6	0.3	0.5	0.5	0.4	0.4	0.3	0.3	0.3	0.5	Europe du Sud-Est
Commonwealth of Independent States	3.7	3.7	4.3	4.3	4.7	4.4	3.3	2.4	2.4	3.0	Communauté d'Etats indépendants
- Asia	1.0	1.5	2.3	2.2	2.4	2.1	1.7	1.2	1.5	2.0	- Asie
- Europe	2.6	2.1	2.0	2.1	2.3	2.3	1.6	1.3	0.9	1.0	- Europe
Northern Africa	1.6	1.9	1.6	1.2	1.5	1.0	0.7	0.5	0.6	0.5	Afrique septentrionale
Sub-Saharan Africa	12.3	16.2	15.3	14.6	15.1	14.6	13.4	9.3	9.8	9.5	Afrique subsaharienne
Latin America & the Caribbean	24.7	19.9	20.7	19.8	21.5	23.8	28.6	34.3	30.1	31.5	Amérique latine et Caraïbes
- Caribbean	0.1	0.0	0.1	0.0	0.0	0.0	0.0	0.0	0.0	0.0	- Caraïbes
- Latin America	24.7	19.8	20.6	19.8	21.4	23.8	28.6	34.3	30.1	31.5	- Amérique latine
Eastern Asia	1.7	1.9	1.9	2.4	4.0	4.6	5.9	7.0	4.9	4.6	Asie orientale
Southern Asia	1.5	1.8	1.9	3.1	3.2	2.1	3.8	2.9	4.1	4.3	Asie méridionale
South-Eastern Asia	1.4	1.7	1.9	4.4	3.1	2.0	1.4	0.9	0.8	0.9	Asie du Sud-Est
Western Asia	1.6	1.5	1.6	1.1	1.2	1.2	1.0	1.0	0.7	1.2	Asie occidentale
Oceania	0.0	0.0	0.0	0.1	0.0	0.0	0.0	0.0	0.0	0.0	Océanie

288 Non-ferrous base metal waste and scrap, nes

Trade by commodity

Commerce par produit

Imports by principal countries or areas

Importations selon les principaux pays ou zones

Value in million US dollars

Valeur en millions de dollars EU

Country or area	2003	2004	2005	2006	2007	Pays ou zone
World	11032.7	16263.5	19199.5	32133.0	40422.2	Monde
Developed Economies	7486.2	10011.6	11086.8	19944.4	23878.8	Economies Développés
- Asia-Pacific	999.3	1103.4	1290.8	1937.7	2645.1	- Asie-Pacifique
- Europe	5082.0	7110.9	7944.9	15360.3	18089.8	- Europe
- North America	1404.9	1797.3	1851.0	2646.4	3143.9	- Amérique du Nord
South-Eastern Europe	8.0	25.0	32.3	83.9	148.2	Europe du Sud-Est
Commonwealth of Independent States	27.6	20.6	19.3	36.5	82.9	Communauté d'Etats indépendants
- Asia	9.4	11.6	10.9	20.3	67.5	- Asie
- Europe	18.2	9.1	8.3	16.2	15.4	- Europe
Northern Africa	8.3	2.9	2.2	4.6	4.5	Afrique septentrionale
Sub-Saharan Africa	19.1	21.1	21.9	30.2	34.7	Afrique subsaharienne
Latin America & the Caribbean	150.1	215.0	303.3	682.5	920.4	Amérique latine et Caraïbes
- Caribbean	38.2	9.4	10.6	15.9	15.9	- Caraïbes
- Latin America	111.8	205.6	292.6	666.6	904.5	- Amérique latine
Eastern Asia	2661.5	5049.7	6457.7	9458.9	13147.8	Asie orientale
Southern Asia	397.1	515.5	882.5	1229.9	1388.5	Asie méridionale
South-Eastern Asia	173.6	253.9	282.8	553.0	682.3	Asie du Sud-Est
Western Asia	101.2	147.9	110.4	108.6	133.2	Asie occidentale
Oceania	0.1	0.1	0.4	0.5	0.9	Océanie
China	1807.3	3597.7	4664.1	6095.2	8989.3	Chine
Germany	1224.1	1714.7	2110.4	4310.0	5113.6	Allemagne
Japan	984.4	1085.5	1265.6	1899.3	2556.0	Japon
United States	853.2	1188.5	1436.6	2046.4	2199.6	Etats-Unis d'Amérique
Belgium	579.0	868.4	1029.7	2150.6	2468.7	Belgique
Korea, Republic of	455.9	798.7	1066.7	1900.3	2405.4	République de Corée
Italy	709.1	832.7	889.7	1939.2	2079.0	Italie
United Kingdom	700.8	910.7	834.3	1456.6	1763.1	Royaume-Uni
India	269.2	365.3	715.2	1070.4	1204.6	Inde
Netherlands	331.8	478.7	525.5	943.0	1183.0	Pays-Bas
France-Monaco	331.4	419.2	456.5	977.4	1036.2	France-Monaco
Canada	551.7	608.8	414.3	600.0	944.2	Canada
Austria	309.7	403.9	495.1	759.1	883.7	Autriche
Spain	161.7	324.7	394.5	777.0	736.7	Espagne
Sweden	158.1	315.2	276.8	450.1	647.0	Suède
Mexico	99.2	168.6	217.5	552.6	664.7	Mexique
China, Hong Kong SAR	114.8	146.7	181.7	343.5	600.7	Chine - RAS de Hong-Kong
Luxembourg	129.3	195.7	244.7	396.2	409.4	Luxembourg
Norway	188.5	187.5	128.6	193.8	230.9	Norvège
Malaysia	64.2	71.2	87.1	171.7	321.0	Malaisie
Poland	25.3	84.9	76.3	142.4	280.0	Pologne
Slovenia	20.5	52.2	100.5	161.9	190.8	Slovénie
Thailand	39.4	63.9	70.0	153.1	166.6	Thaïlande
Czech Republic	31.3	48.5	64.4	140.3	203.9	République tchèque
Sri Lanka	47.9	85.3	93.9	e116.0	e127.7	Sri Lanka

Value as percentages of World total

Valeur en pourcentage du total mondial

Regions of the world	1998	1999	2000	2001	2002	2003	2004	2005	2006	2007	Régions du monde
World	100.0	100.0	100.0	100.0	100.0	100.0	100.0	100.0	100.0	100.0	Monde
Developed Economies	80.0	75.3	70.8	70.9	69.5	67.9	61.6	57.7	62.1	59.1	Economies Développés
- Asia-Pacific	6.6	7.8	7.3	7.4	8.0	9.1	6.8	6.7	6.0	6.5	- Asie-Pacifique
- Europe	56.1	49.4	46.7	48.3	47.8	46.1	43.7	41.4	47.8	44.8	- Europe
- North America	17.4	18.1	16.9	15.2	13.7	12.7	11.1	9.6	8.2	7.8	- Amérique du Nord
South-Eastern Europe	0.1	0.1	0.1	0.1	0.1	0.1	0.2	0.2	0.3	0.4	Europe du Sud-Est
Commonwealth of Independent States	0.5	0.4	0.5	0.5	0.6	0.2	0.1	0.1	0.1	0.2	Communauté d'Etats indépendants
- Asia	0.2	0.2	0.1	0.2	0.1	0.1	0.1	0.1	0.1	0.2	- Asie
- Europe	0.3	0.2	0.3	0.3	0.5	0.2	0.1	0.0	0.1	0.0	- Europe
Northern Africa	0.0	0.0	0.1	0.1	0.1	0.1	0.0	0.0	0.0	0.0	Afrique septentrionale
Sub-Saharan Africa	0.2	0.2	0.2	0.2	0.2	0.2	0.1	0.1	0.1	0.1	Afrique subsaharienne
Latin America & the Caribbean	1.1	1.4	1.4	1.3	1.3	1.4	1.3	1.6	2.1	2.3	Amérique latine et Caraïbes
- Caribbean	0.1	0.1	0.1	0.1	0.1	0.3	0.1	0.1	0.0	0.0	- Caraïbes
- Latin America	1.0	1.3	1.3	1.2	1.3	1.0	1.3	1.5	2.1	2.2	- Amérique latine
Eastern Asia	12.9	17.0	22.0	21.5	22.3	24.1	31.0	33.6	29.4	32.5	Asie orientale
Southern Asia	3.3	3.5	2.6	3.6	3.7	3.6	3.2	4.6	3.8	3.4	Asie méridionale
South-Eastern Asia	1.1	1.3	1.3	1.2	1.5	1.6	1.6	1.5	1.7	1.7	Asie du Sud-Est
Western Asia	0.8	0.9	1.1	0.7	0.6	0.9	0.9	0.6	0.3	0.3	Asie occidentale
Oceania	0.0	0.0	0.0	0.0	0.0	0.0	0.0	0.0	0.0	0.0	Océanie

Trade by commodity
Exports by principal countries or areas
Value in million US dollars

Commerce par produit
Exportations selon les principaux pays ou zones
Valeur en millions de dollars EU

Country or area	2003	2004	2005	2006	2007	Pays ou zone
World	9502.0	12918.6	17954.7	29642.4	35739.7	Monde
Developed Economies	7453.7	10131.6	13207.5	22912.7	27680.9	Economies Développés
- Asia-Pacific	505.9	668.9	972.5	1518.3	1923.3	- Asie-Pacifique
- Europe	4919.7	6813.6	8650.9	14716.6	17641.3	- Europe
- North America	2028.2	2649.1	3584.0	6677.8	8116.3	- Amérique du Nord
South-Eastern Europe	100.5	139.6	203.4	549.3	550.1	Europe du Sud-Est
Commonwealth of Independent States	88.1	77.3	99.2	157.1	241.1	Communauté d'Etats indépendants
- Asia	47.7	38.7	44.3	82.7	123.3	- Asie
- Europe	40.4	38.6	54.9	74.4	117.7	- Europe
Northern Africa	77.2	102.6	162.3	322.4	352.5	Afrique septentrionale
Sub-Saharan Africa	175.7	172.3	1295.7	570.8	758.8	Afrique subsaharienne
Latin America & the Caribbean	604.2	869.7	1066.6	2005.4	2580.8	Amérique latine et Caraïbes
- Caribbean	30.9	45.2	53.3	70.5	104.4	- Caraïbes
- Latin America	573.3	824.5	1013.3	1934.9	2476.4	- Amérique latine
Eastern Asia	280.1	460.8	553.9	1012.4	1166.9	Asie orientale
Southern Asia	66.1	102.3	157.3	109.5	99.0	Asie méridionale
South-Eastern Asia	351.4	486.6	614.1	1139.2	1276.4	Asie du Sud-Est
Western Asia	302.8	372.5	590.0	857.2	1018.0	Asie occidentale
Oceania	2.1	3.2	4.7	6.5	15.3	Océanie
United States	1525.1	1959.1	2732.4	5364.8	6670.2	Etats-Unis d'Amérique
Germany	1188.3	1427.1	1933.8	3352.0	3942.0	Allemagne
United Kingdom	693.7	967.3	1256.7	1993.5	2809.6	Royaume-Uni
France-Monaco	562.9	906.0	1123.9	1995.5	2210.2	France-Monaco
Netherlands	426.4	616.1	799.9	1499.5	1730.1	Pays-Bas
Canada	502.9	689.5	851.5	1312.6	1446.0	Canada
Belgium	295.8	554.4	535.9	967.0	1083.4	Belgique
Japan	215.9	314.2	533.5	877.1	1131.7	Japon
Mexico	258.5	383.0	501.2	881.3	965.1	Mexique
Spain	438.8	337.2	499.1	700.2	859.9	Espagne
Australia	260.3	309.5	378.9	545.4	672.2	Australie
Italy	127.0	293.6	379.0	594.6	765.8	Italie
Chile	121.0	186.3	245.9	502.9	861.4	Chili
Switzerland-Liechtenstein	176.1	256.7	317.6	519.2	602.2	Suisse-Liechtenstein
Poland	142.7	177.8	223.2	448.0	558.9	Pologne
South Africa	106.5	115.7	200.2	438.6	529.3	Afrique du Sud
Thailand	76.5	134.7	224.9	430.8	509.0	Thaïlande
Sweden	140.9	176.1	218.0	355.6	421.6	Suède
Czech Republic	97.0	156.7	193.5	380.3	457.2	République tchèque
Singapore	145.8	194.4	219.3	347.6	347.9	Singapour
Korea, Republic of	61.2	176.9	200.6	343.5	395.8	République de Corée
Mozambique	0.6	0.9	1022.0	4.8	2.4	Mozambique
Austria	90.7	145.2	162.6	298.0	319.3	Autriche
China, Hong Kong SAR	110.4	160.6	151.8	234.6	279.3	Chine - RAS de Hong-Kong
Colombia	42.1	64.3	105.8	309.4	357.1	Colombie

Value as percentages of World total

Valeur en pourcentage du total mondial

Regions of the world	1998	1999	2000	2001	2002	2003	2004	2005	2006	2007	Régions du monde
World	100.0	100.0	100.0	100.0	100.0	100.0	100.0	100.0	100.0	100.0	Monde
Developed Economies	65.7	69.5	75.1	77.0	79.3	78.4	78.4	73.6	77.3	77.5	Economies Développés
- Asia-Pacific	2.6	2.9	3.2	3.9	4.8	5.3	5.2	5.4	5.1	5.4	- Asie-Pacifique
- Europe	43.9	47.4	50.5	51.5	53.1	51.8	52.7	48.2	49.6	49.4	- Europe
- North America	19.1	19.2	21.4	21.6	21.3	21.3	20.5	20.0	22.5	22.7	- Amérique du Nord
South-Eastern Europe	0.7	1.2	1.8	1.1	1.3	1.1	1.1	1.1	1.9	1.5	Europe du Sud-Est
Commonwealth of Independent States	15.3	9.9	4.0	1.6	1.4	0.9	0.6	0.6	0.5	0.7	Communauté d'Etats indépendants
- Asia	0.8	1.1	1.6	0.9	0.6	0.5	0.3	0.2	0.3	0.3	- Asie
- Europe	14.4	8.8	2.4	0.6	0.8	0.4	0.3	0.3	0.3	0.3	- Europe
Northern Africa	0.3	0.4	0.6	0.7	0.9	0.8	0.8	0.9	1.1	1.0	Afrique septentrionale
Sub-Saharan Africa	1.2	1.1	1.5	3.9	1.6	1.8	1.3	7.2	1.9	2.1	Afrique subsaharienne
Latin America & the Caribbean	5.3	6.7	6.3	6.1	5.8	6.4	6.7	5.9	6.8	7.2	Amérique latine et Caraïbes
- Caribbean	0.2	0.2	0.2	0.2	0.3	0.3	0.3	0.3	0.2	0.3	- Caraïbes
- Latin America	5.1	6.6	6.1	5.9	5.5	6.0	6.4	5.6	6.5	6.9	- Amérique latine
Eastern Asia	5.0	4.3	3.9	2.9	2.3	2.9	3.6	3.1	3.4	3.3	Asie orientale
Southern Asia	0.1	0.2	0.1	0.2	0.3	0.7	0.8	0.9	0.4	0.3	Asie méridionale
South-Eastern Asia	4.1	3.9	3.9	3.9	4.0	3.7	3.8	3.4	3.8	3.6	Asie du Sud-Est
Western Asia	2.2	2.6	2.7	2.7	3.0	3.2	2.9	3.3	2.9	2.8	Asie occidentale
Oceania	0.2	0.2	0.1	0.0	0.0	0.0	0.0	0.0	0.0	0.0	Océanie

289 Ores, concentrates precious metals; waste, scrap and sweepings (no gold)

Trade by commodity
Imports by principal countries or areas
Value in million US dollars

Commerce par produit
Importations selon les principaux pays ou zones
Valeur en millions de dollars EU

Country or area	2003	2004	2005	2006	2007	Pays ou zone
World	3519.8	3478.8	4646.3	7246.1	10028.9	Monde
Developed Economies	3164.0	3136.3	4214.1	6735.8	8988.0	Economies Développés
- Asia-Pacific	387.0	350.6	384.3	644.1	867.3	- Asie-Pacifique
- Europe	2382.5	2294.0	3350.7	5243.9	6708.4	- Europe
- North America	394.6	491.6	479.1	847.8	1412.3	- Amérique du Nord
South-Eastern Europe	1.4	5.2	2.2	0.3	0.2	Europe du Sud-Est
Commonwealth of Independent States	13.0	13.0	12.8	15.3	25.1	Communauté d'Etats indépendants
- Asia	0.1	0.0	0.0	0.4	0.2	- Asie
- Europe	12.8	13.0	12.8	14.9	24.8	- Europe
Northern Africa	0.0	0.0	0.0	0.0	1.9	Afrique septentrionale
Sub-Saharan Africa	30.2	28.5	39.6	47.0	84.0	Afrique subsaharienne
Latin America & the Caribbean	244.4	213.6	263.6	276.4	245.6	Amérique latine et Caraïbes
- Caribbean	4.1	6.0	16.7	8.3	5.8	- Caraïbes
- Latin America	240.3	207.5	246.9	268.1	239.8	- Amérique latine
Eastern Asia	51.6	64.9	90.8	147.9	642.2	Asie orientale
Southern Asia	4.1	2.3	2.3	4.5	5.4	Asie méridionale
South-Eastern Asia	9.2	13.6	19.5	16.2	33.7	Asie du Sud-Est
Western Asia	1.9	1.3	1.5	2.7	2.8	Asie occidentale
Oceania	0.0	0.0	0.0	0.0	0.0	Océanie
Germany	786.2	958.3	1623.4	2812.7	3331.8	Allemagne
United Kingdom	808.2	715.6	856.6	1202.0	2219.3	Royaume-Uni
Japan	383.1	343.5	381.0	639.2	858.8	Japon
United States	221.1	319.4	317.2	582.1	999.3	Etats-Unis d'Amérique
Spain	335.7	149.7	316.0	435.2	486.6	Espagne
Switzerland-Liechtenstein	262.0	273.8	303.9	354.0	223.9	Suisse-Liechtenstein
Canada	173.4	172.2	162.0	265.7	413.0	Canada
Mexico	233.7	195.1	234.0	246.6	215.2	Mexique
Italy	40.9	62.1	98.7	169.8	153.4	Italie
Sweden	43.4	58.1	85.3	125.4	118.9	Suède
China	3.7	12.5	19.4	39.6	314.5	Chine
China, Hong Kong SAR	31.9	41.1	44.4	76.7	105.5	Chine - RAS de Hong-Kong
France-Monaco	80.1	47.5	24.8	53.6	47.0	France-Monaco
Korea, Republic of	8.2	8.0	24.8	25.0	184.6	République de Corée
South Africa	29.8	28.4	39.5	46.9	83.7	Afrique du Sud
Norway	8.2	9.3	25.3	41.0	38.8	Norvège
Russian Federation	12.8	13.0	12.8	14.9	24.8	Fédération de Russie
Singapore	3.4	8.3	14.1	12.9	14.3	Singapour
Brazil	2.7	5.5	4.6	9.9	12.9	Brésil
Malaysia	5.6	4.0	4.0	2.4	17.9	Malaisie
Czech Republic	4.2	5.3	5.5	6.3	8.9	République tchèque
Poland	0.5	0.5	0.9	4.1	24.2	Pologne
Austria	2.4	2.0	1.0	18.5	5.8	Autriche
Dominican Republic	e4.0	e5.9	e8.5	e4.4	e5.4	République dominicaine
Lithuania	0.1	0.9	1.7	6.6	17.9	Lituanie

Value as percentages of World total

Valeur en pourcentage du total mondial

Regions of the world	1998	1999	2000	2001	2002	2003	2004	2005	2006	2007	Régions du monde
World	100.0	100.0	100.0	100.0	100.0	100.0	100.0	100.0	100.0	100.0	Monde
Developed Economies	97.7	96.3	96.4	95.5	91.3	89.9	90.2	90.7	93.0	89.6	Economies Développés
- Asia-Pacific	13.4	11.8	9.4	9.7	10.4	11.0	10.1	8.3	8.9	8.6	- Asie-Pacifique
- Europe	73.9	73.2	77.8	74.7	69.2	67.7	65.9	72.1	72.4	66.9	- Europe
- North America	10.3	11.2	9.2	11.1	11.8	11.2	14.1	10.3	11.7	14.1	- Amérique du Nord
South-Eastern Europe	0.0	0.0	0.0	0.1	0.1	0.0	0.2	0.0	0.0	0.0	Europe du Sud-Est
Commonwealth of Independent States	0.5	1.3	0.3	0.0	0.1	0.4	0.4	0.3	0.2	0.2	Communauté d'Etats indépendants
- Asia	0.0	0.1	0.1	0.0	0.0	0.0	0.0	0.0	0.0	0.0	- Asie
- Europe	0.4	1.2	0.3	0.0	0.1	0.4	0.4	0.3	0.2	0.2	- Europe
Northern Africa	0.0	0.0	0.0	0.0	0.0	0.0	0.0	0.0	0.0	0.0	Afrique septentrionale
Sub-Saharan Africa	0.8	0.2	0.2	0.2	0.7	0.9	0.8	0.9	0.6	0.8	Afrique subsaharienne
Latin America & the Caribbean	0.4	1.4	2.0	3.5	6.6	6.9	6.1	5.7	3.8	2.4	Amérique latine et Caraïbes
- Caribbean	0.0	0.0	0.0	0.0	0.0	0.1	0.2	0.4	0.1	0.1	- Caraïbes
- Latin America	0.4	1.4	2.0	3.5	6.6	6.8	6.0	5.3	3.7	2.4	- Amérique latine
Eastern Asia	0.6	0.8	0.9	0.5	1.0	1.5	1.9	2.0	2.0	6.4	Asie orientale
Southern Asia	0.0	0.0	0.0	0.0	0.0	0.1	0.1	0.0	0.1	0.1	Asie méridionale
South-Eastern Asia	0.1	0.1	0.1	0.1	0.2	0.3	0.4	0.4	0.2	0.3	Asie du Sud-Est
Western Asia	0.0	0.0	0.0	0.0	0.0	0.1	0.0	0.0	0.0	0.0	Asie occidentale
Oceania	0.0	0.0	0.0	0.0	0.0	0.0	0.0	0.0	0.0	0.0	Océanie

Minerais de métaux précieux et leurs concentres; déchets de métaux précieux 289

Trade by commodity

Exports by principal countries or areas

Value in million US dollars

Commerce par produit

Exportations selon les principaux pays ou zones

Valeur en millions de dollars EU

Country or area	2003	2004	2005	2006	2007	Pays ou zone
World	2992.7	3284.6	3891.1	6551.9	9621.1	Monde
Developed Economies	1706.4	2308.9	2555.3	4287.1	6766.8	Economies Développés
- Asia-Pacific	65.8	121.9	154.8	358.3	383.4	- Asie-Pacifique
- Europe	629.4	1082.2	1105.5	1877.0	2623.0	- Europe
- North America	1011.2	1104.7	1295.1	2051.8	3760.4	- Amérique du Nord
South-Eastern Europe	1.8	3.0	34.7	51.9	56.1	Europe du Sud-Est
Commonwealth of Independent States	76.9	83.7	79.8	83.7	147.8	Communauté d'Etats indépendants
- Asia	47.8	52.8	53.1	34.6	81.1	- Asie
- Europe	29.1	30.9	26.6	49.1	66.7	- Europe
Northern Africa	18.0	23.3	9.3	6.9	3.4	Afrique septentrionale
Sub-Saharan Africa	106.3	140.1	384.3	702.0	880.4	Afrique subsaharienne
Latin America & the Caribbean	259.7	449.1	405.3	698.4	936.6	Amérique latine et Caraïbes
- Caribbean	2.9	3.5	2.8	3.1	3.2	- Caraïbes
- Latin America	256.8	445.6	402.5	695.3	933.4	- Amérique latine
Eastern Asia	100.9	111.5	110.1	266.9	289.8	Asie orientale
Southern Asia	4.9	4.1	62.9	126.4	217.2	Asie méridionale
South-Eastern Asia	59.5	56.2	109.1	167.9	235.3	Asie du Sud-Est
Western Asia	13.4	13.3	30.4	20.9	40.0	Asie occidentale
Oceania	645.0	91.4	109.9	139.8	47.8	Océanie
United States	825.8	999.2	1098.1	1807.6	3420.7	Etats-Unis d'Amérique
Germany	174.2	373.8	470.6	885.5	1493.5	Allemagne
South Africa	38.7	30.7	277.4	497.7	643.4	Afrique du Sud
Papua New Guinea	645.0	91.3	e109.8	e139.8	e47.7	Papouasie-Nouvelle-Guinée
Canada	185.4	83.8	173.2	215.7	307.7	Canada
Japan	61.0	114.3	138.2	326.7	311.6	Japon
Switzerland-Liechtenstein	88.3	115.3	116.0	191.7	255.4	Suisse-Liechtenstein
France-Monaco	111.9	168.5	135.2	160.4	137.4	France-Monaco
United Republic of Tanzania	61.8	105.4	102.1	178.0	201.0	République-Unie de Tanzanie
Bolivia	71.1	89.2	88.3	163.8	216.5	Bolivie
United Kingdom	62.9	66.5	97.9	175.5	199.4	Royaume-Uni
China, Hong Kong SAR	51.1	67.7	67.5	114.7	117.2	Chine - RAS de Hong-Kong
Peru	34.0	87.9	62.7	114.2	96.5	Pérou
Chile	45.2	74.6	71.9	99.7	99.5	Chili
India	4.8	3.9	62.8	124.9	180.0	Inde
Sweden	38.1	41.9	47.4	90.4	125.2	Suède
Korea, Republic of	31.4	33.2	29.4	115.3	109.5	République de Corée
Belgium	16.3	103.0	42.3	86.6	62.8	Belgique
Guatemala	0.0	0.0	8.8	e94.4	203.7	Guatemala
Brazil	36.0	31.9	45.3	58.4	86.7	Brésil
Honduras	40.6	43.9	43.0	47.7	54.5	Honduras
Malaysia	33.3	33.2	51.7	56.7	50.9	Malaisie
Philippines	15.4	10.2	25.7	52.3	95.0	Philippines
Colombia	4.4	32.1	39.3	47.9	70.4	Colombie
Ukraine	e17.9	e25.3	26.5	41.2	62.0	Ukraine

Valeur en pourcentage du total mondial

Value as percentages of World total

Regions of the world	1998	1999	2000	2001	2002	2003	2004	2005	2006	2007	Régions du monde
World	100.0	100.0	100.0	100.0	100.0	100.0	100.0	100.0	100.0	100.0	Monde
Developed Economies	42.4	49.2	47.9	67.8	66.3	57.0	70.3	65.7	65.4	70.3	Economies Développés
- Asia-Pacific	2.6	1.9	2.1	3.2	1.6	2.2	3.7	4.0	5.5	4.0	- Asie-Pacifique
- Europe	17.3	19.1	19.4	26.3	23.9	21.0	32.9	28.4	28.6	27.3	- Europe
- North America	22.6	28.2	26.4	38.3	40.7	33.8	33.6	33.3	31.3	39.1	- Amérique du Nord
South-Eastern Europe	0.1	0.2	0.1	0.1	0.2	0.1	0.1	0.9	0.8	0.6	Europe du Sud-Est
Commonwealth of Independent States	2.0	2.5	2.1	2.5	2.0	2.6	2.5	2.0	1.3	1.5	Communauté d'Etats indépendants
- Asia	0.5	1.6	1.0	1.8	1.2	1.6	1.6	1.4	0.5	0.8	- Asie
- Europe	1.4	0.9	1.2	0.7	0.8	1.0	0.9	0.7	0.7	0.7	- Europe
Northern Africa	0.2	0.1	0.1	0.3	0.5	0.6	0.7	0.2	0.1	0.0	Afrique septentrionale
Sub-Saharan Africa	8.1	9.7	11.3	10.4	8.7	3.6	4.3	9.9	10.7	9.2	Afrique subsaharienne
Latin America & the Caribbean	4.8	5.6	5.2	5.8	8.3	8.7	13.7	10.4	10.7	9.7	Amérique latine et Caraïbes
- Caribbean	0.4	0.3	0.2	0.4	0.1	0.1	0.1	0.1	0.0	0.0	- Caraïbes
- Latin America	4.3	5.3	5.0	5.4	8.2	8.6	13.6	10.3	10.6	9.7	- Amérique latine
Eastern Asia	4.8	4.7	2.3	2.4	2.1	3.4	3.4	2.8	4.1	3.0	Asie orientale
Southern Asia	0.1	0.4	0.1	0.1	0.3	0.2	0.1	1.6	1.9	2.3	Asie méridionale
South-Eastern Asia	1.9	2.2	2.1	2.3	1.6	2.0	1.7	2.8	2.6	2.4	Asie du Sud-Est
Western Asia	0.4	0.2	0.3	0.6	0.3	0.4	0.4	0.8	0.3	0.4	Asie occidentale
Oceania	35.2	25.4	28.4	7.7	9.7	21.6	2.8	2.8	2.1	0.5	Océanie

291 Crude animal materials, nes

Trade by commodity | Commerce par produit
Imports by principal countries or areas | Importations selon les principaux pays ou zones
Value in million US dollars | Valeur en millions de dollars EU

Country or area	2003	2004	2005	2006	2007	Pays ou zone
World	4308.5	4989.4	5269.4	5414.8	5954.9	Monde
Developed Economies	3226.0	3799.6	3951.3	4017.7	4286.7	Economies Développés
- Asia-Pacific	541.5	675.7	681.3	683.8	643.9	- Asie-Pacifique
- Europe	2039.4	2393.4	2503.6	2559.0	2817.5	- Europe
- North America	645.1	730.6	766.4	774.9	825.4	- Amérique du Nord
South-Eastern Europe	22.2	34.5	48.0	58.8	75.8	Europe du Sud-Est
Commonwealth of Independent States	33.3	38.8	53.2	69.7	74.2	Communauté d'Etats indépendants
- Asia	1.5	1.8	1.4	1.8	2.8	- Asie
- Europe	31.8	37.0	51.9	67.9	71.4	- Europe
Northern Africa	39.1	61.2	72.9	53.0	42.3	Afrique septentrionale
Sub-Saharan Africa	66.2	83.5	105.0	120.9	170.7	Afrique subsaharienne
Latin America & the Caribbean	228.4	248.1	289.5	359.9	445.3	Amérique latine et Caraïbes
- Caribbean	3.4	4.5	4.3	4.3	4.2	- Caraïbes
- Latin America	225.0	243.6	285.2	355.6	441.1	- Amérique latine
Eastern Asia	496.2	545.4	548.9	554.2	645.7	Asie orientale
Southern Asia	24.0	17.7	26.0	31.3	33.6	Asie méridionale
South-Eastern Asia	123.9	110.8	123.4	118.0	133.3	Asie du Sud-Est
Western Asia	46.5	46.5	48.8	29.0	44.2	Asie occidentale
Oceania	2.6	3.2	2.3	2.4	3.0	Océanie
United States	568.9	659.7	688.7	705.0	754.3	Etats-Unis d'Amérique
Germany	507.1	596.4	630.3	619.7	656.3	Allemagne
Japan	474.3	600.9	600.3	594.1	569.1	Japon
France-Monaco	259.4	314.9	335.0	302.0	316.3	France-Monaco
China	215.3	250.8	220.6	191.7	235.1	Chine
Italy	160.7	182.3	188.8	212.3	228.2	Italie
Poland	130.0	182.3	188.1	205.3	206.5	Pologne
Denmark	163.5	165.3	139.3	184.1	238.8	Danemark
Netherlands	113.3	110.4	147.6	193.1	232.8	Pays-Bas
Mexico	112.8	107.2	125.7	148.3	162.5	Mexique
United Kingdom	101.3	119.7	131.4	139.4	145.9	Royaume-Uni
Spain	96.9	121.8	132.4	134.2	151.0	Espagne
Korea, Republic of	101.1	78.7	105.4	122.7	142.0	République de Corée
Belgium	92.2	141.2	139.8	81.8	79.7	Belgique
China, Hong Kong SAR	76.3	87.6	86.7	92.5	97.3	Chine - RAS de Hong-Kong
Austria	63.9	73.5	80.0	74.1	82.9	Autriche
Canada	75.7	70.7	77.4	69.7	70.7	Canada
Brazil	44.2	59.1	64.4	73.0	103.9	Brésil
Switzerland-Liechtenstein	45.6	51.9	51.3	50.9	60.8	Suisse-Liechtenstein
Australia	45.3	47.2	51.4	57.6	56.8	Australie
Sweden	42.2	50.6	52.6	46.3	50.9	Suède
Czech Republic	45.8	38.5	38.0	44.9	56.4	République tchèque
South Africa	25.1	36.7	46.6	49.6	60.2	Afrique du Sud
Portugal	42.1	45.7	39.5	38.6	47.7	Portugal
Russian Federation	25.8	28.9	39.3	49.4	53.0	Fédération de Russie

Value as percentages of World total | Valeur en pourcentage du total mondial

Regions of the world	1998	1999	2000	2001	2002	2003	2004	2005	2006	2007	Régions du monde
World	100.0	100.0	100.0	100.0	100.0	100.0	100.0	100.0	100.0	100.0	Monde
Developed Economies	80.8	79.6	77.0	76.7	75.1	74.9	76.2	75.0	74.2	72.0	Economies Développés
- Asia-Pacific	15.7	18.1	18.6	16.4	13.4	12.6	13.5	12.9	12.6	10.8	- Asie-Pacifique
- Europe	52.3	47.5	43.0	43.9	44.5	47.3	48.0	47.5	47.3	47.3	- Europe
- North America	12.8	14.0	15.5	16.4	17.1	15.0	14.6	14.5	14.3	13.9	- Amérique du Nord
South-Eastern Europe	0.3	0.3	0.4	0.4	0.4	0.5	0.7	0.9	1.1	1.3	Europe du Sud-Est
Commonwealth of Independent States	0.5	0.8	0.8	0.6	0.7	0.8	0.8	1.0	1.3	1.2	Communauté d'Etats indépendants
- Asia	0.0	0.0	0.0	0.0	0.0	0.0	0.0	0.0	0.0	0.0	- Asie
- Europe	0.5	0.8	0.7	0.6	0.7	0.7	0.7	1.0	1.3	1.2	- Europe
Northern Africa	0.1	0.2	0.2	0.3	0.5	0.9	1.2	1.4	1.0	0.7	Afrique septentrionale
Sub-Saharan Africa	2.4	1.5	0.9	1.1	1.2	1.5	1.7	2.0	2.2	2.9	Afrique subsaharienne
Latin America & the Caribbean	5.3	5.1	5.5	5.8	5.3	5.3	5.0	5.5	6.6	7.5	Amérique latine et Caraïbes
- Caribbean	0.4	0.1	0.3	0.1	0.1	0.1	0.1	0.1	0.1	0.1	- Caraïbes
- Latin America	4.9	5.0	5.3	5.7	5.3	5.2	4.9	5.4	6.6	7.4	- Amérique latine
Eastern Asia	8.0	9.6	11.5	10.9	12.5	11.5	10.9	10.4	10.2	10.8	Asie orientale
Southern Asia	0.3	0.5	0.5	0.6	0.7	0.6	0.4	0.5	0.6	0.6	Asie méridionale
South-Eastern Asia	1.4	1.7	2.2	2.8	2.4	2.9	2.2	2.3	2.2	2.2	Asie du Sud-Est
Western Asia	0.7	0.8	0.9	0.8	1.0	1.1	0.9	0.9	0.5	0.7	Asie occidentale
Oceania	0.1	0.1	0.1	0.1	0.1	0.1	0.1	0.0	0.0	0.1	Océanie

Trade by commodity
Exports by principal countries or areas
Value in million US dollars

Commerce par produit
Exportations selon les principaux pays ou zones
Valeur en millions de dollars EU

Country or area	2003	2004	2005	2006	2007	Pays ou zone
World	3974.1	4689.2	5083.2	5276.6	5990.5	Monde
Developed Economies	2481.3	2832.4	3093.9	3231.7	3625.0	Economies Développés
- Asia-Pacific	241.8	309.9	316.2	295.9	287.5	- Asie-Pacifique
- Europe	1490.1	1841.3	1957.8	2022.1	2297.8	- Europe
- North America	749.5	681.2	819.9	913.7	1039.7	- Amérique du Nord
South-Eastern Europe	9.5	16.6	17.3	18.3	18.5	Europe du Sud-Est
Commonwealth of Independent States	29.4	37.3	42.2	45.0	41.7	Communauté d'Etats indépendants
- Asia	7.7	12.0	12.9	10.1	9.1	- Asie
- Europe	21.6	25.3	29.3	34.9	32.6	- Europe
Northern Africa	44.2	55.0	63.7	71.6	54.9	Afrique septentrionale
Sub-Saharan Africa	25.3	28.9	31.3	37.0	34.7	Afrique subsaharienne
Latin America & the Caribbean	211.9	260.4	309.1	368.5	539.9	Amérique latine et Caraïbes
- Caribbean	2.3	3.1	4.6	3.0	2.6	- Caraïbes
- Latin America	209.5	257.4	304.5	365.5	537.3	- Amérique latine
Eastern Asia	930.7	1192.4	1251.6	1253.6	1351.5	Asie orientale
Southern Asia	98.4	110.3	123.1	130.8	168.0	Asie méridionale
South-Eastern Asia	68.8	82.9	83.1	72.6	74.9	Asie du Sud-Est
Western Asia	64.1	63.3	55.7	34.1	68.8	Asie occidentale
Oceania	10.5	9.7	12.3	13.4	12.6	Océanie
China	729.5	968.0	1004.7	986.0	1077.4	Chine
United States	634.0	564.6	666.9	742.9	868.1	Etats-Unis d'Amérique
Germany	365.9	454.4	496.8	545.9	570.5	Allemagne
Netherlands	148.1	218.1	244.9	255.0	335.5	Pays-Bas
France-Monaco	157.4	190.9	194.7	190.0	212.7	France-Monaco
New Zealand	148.6	195.1	195.7	183.0	195.3	Nouvelle-Zélande
Brazil	129.2	150.0	172.5	187.8	273.3	Brésil
Canada	115.3	116.5	153.0	170.7	171.6	Canada
Spain	85.9	118.3	143.9	151.9	191.7	Espagne
Poland	103.6	110.0	130.3	160.1	164.5	Pologne
Denmark	111.3	131.6	128.5	133.1	149.0	Danemark
Belgium	90.1	130.3	136.9	90.6	97.8	Belgique
United Kingdom	62.6	88.9	92.2	88.9	95.8	Royaume-Uni
Australia	75.1	99.8	102.5	80.1	64.3	Australie
Hungary	80.1	92.0	84.6	82.2	61.4	Hongrie
Italy	57.5	72.5	73.6	83.2	105.1	Italie
Iran (Islamic Republic of)	45.2	51.7	61.2	73.7	e96.7	Iran (République islamique d')
China, Hong Kong SAR	54.9	53.7	62.1	59.9	65.2	Chine - RAS de Hong-Kong
Norway	46.1	41.3	39.6	41.8	63.8	Norvège
Argentina	24.1	33.3	40.5	46.2	68.0	Argentine
India	37.1	35.0	41.2	37.8	50.2	Inde
Morocco	25.6	35.9	41.5	48.1	34.7	Maroc
Turkey	48.7	47.5	40.6	19.6	23.1	Turquie
Austria	21.1	29.2	39.7	35.4	40.5	Autriche
Uruguay	21.9	27.0	27.0	32.5	44.8	Uruguay

Value as percentages of World total

Valeur en pourcentage du total mondial

Regions of the world	1998	1999	2000	2001	2002	2003	2004	2005	2006	2007	Régions du monde
World	100.0	100.0	100.0	100.0	100.0	100.0	100.0	100.0	100.0	100.0	Monde
Developed Economies	60.9	60.2	57.4	60.2	61.2	62.4	60.4	60.9	61.2	60.5	Economies Développés
- Asia-Pacific	6.6	7.0	6.2	6.0	6.1	6.1	6.6	6.2	5.6	4.8	- Asie-Pacifique
- Europe	40.7	38.6	35.1	32.9	35.0	37.5	39.3	38.5	38.3	38.4	- Europe
- North America	13.7	14.6	16.1	21.3	20.1	18.9	14.5	16.1	17.3	17.4	- Amérique du Nord
South-Eastern Europe	0.3	0.3	0.3	0.3	0.3	0.2	0.4	0.3	0.3	0.3	Europe du Sud-Est
Commonwealth of Independent States	0.4	0.5	0.7	0.9	0.8	0.7	0.8	0.8	0.9	0.7	Communauté d'Etats indépendants
- Asia	0.2	0.2	0.2	0.3	0.3	0.2	0.3	0.3	0.2	0.2	- Asie
- Europe	0.2	0.3	0.5	0.6	0.4	0.5	0.5	0.6	0.7	0.5	- Europe
Northern Africa	0.4	0.4	0.4	0.8	0.8	1.1	1.2	1.3	1.4	0.9	Afrique septentrionale
Sub-Saharan Africa	0.7	2.0	0.9	1.6	2.2	0.6	0.6	0.6	0.7	0.6	Afrique subsaharienne
Latin America & the Caribbean	6.5	4.7	5.0	4.7	4.8	5.3	5.6	6.1	7.0	9.0	Amérique latine et Caraïbes
- Caribbean	0.1	0.1	0.1	0.1	0.1	0.1	0.1	0.1	0.1	0.0	- Caraïbes
- Latin America	6.3	4.5	4.9	4.6	4.7	5.3	5.5	6.0	6.9	9.0	- Amérique latine
Eastern Asia	24.8	25.4	28.9	25.0	23.9	23.4	25.4	24.6	23.8	22.6	Asie orientale
Southern Asia	2.7	2.8	2.7	2.6	2.3	2.5	2.4	2.4	2.5	2.8	Asie méridionale
South-Eastern Asia	1.5	1.8	1.9	2.4	2.1	1.7	1.8	1.6	1.4	1.3	Asie du Sud-Est
Western Asia	1.6	1.7	1.5	1.1	1.4	1.6	1.3	1.1	0.6	1.1	Asie occidentale
Oceania	0.2	0.2	0.2	0.2	0.2	0.3	0.2	0.2	0.3	0.2	Océanie

292 Crude vegetable materials, nes

Imports by principal countries or areas

Importations selon les principaux pays ou zones

Value in million US dollars

Valeur en millions de dollars EU

Country or area	2003	2004	2005	2006	2007	Pays ou zone
World	19422.3	21907.6	23350.3	24677.0	28071.5	Monde
Developed Economies	16239.0	18180.7	19162.3	19999.1	22342.5	Economies Développés
- Asia-Pacific	1260.4	1405.5	1455.2	1449.6	1477.9	- Asie-Pacifique
- Europe	12014.2	13549.4	14247.8	14790.1	16901.8	- Europe
- North America	2964.4	3225.7	3459.3	3759.4	3962.9	- Amérique du Nord
South-Eastern Europe	84.1	148.7	175.5	182.8	247.8	Europe du Sud-Est
Commonwealth of Independent States	297.7	411.1	514.0	723.6	1139.3	Communauté d'Etats indépendants
- Asia	27.8	34.6	37.0	38.7	57.2	- Asie
- Europe	270.0	376.5	477.0	684.9	1082.1	- Europe
Northern Africa	116.8	135.3	149.4	148.0	189.1	Afrique septentrionale
Sub-Saharan Africa	179.3	163.1	236.6	292.1	344.8	Afrique subsaharienne
Latin America & the Caribbean	722.9	818.9	899.8	1021.9	1121.0	Amérique latine et Caraïbes
- Caribbean	35.1	45.9	50.9	70.0	73.0	- Caraïbes
- Latin America	687.8	772.9	848.9	951.8	1048.0	- Amérique latine
Eastern Asia	886.3	1026.6	1056.5	1106.7	1211.2	Asie orientale
Southern Asia	151.8	194.3	259.3	244.2	294.0	Asie méridionale
South-Eastern Asia	363.6	385.2	416.4	454.8	553.9	Asie du Sud-Est
Western Asia	373.9	437.3	472.6	495.4	618.9	Asie occidentale
Oceania	7.0	6.3	7.9	8.5	8.9	Océanie
Germany	2566.5	2876.4	3212.4	3212.1	3413.2	Allemagne
United States	2502.7	2717.1	2904.7	3181.1	3340.4	Etats-Unis d'Amérique
United Kingdom	1759.9	1949.9	1994.0	2066.5	2350.8	Royaume-Uni
France-Monaco	1581.5	1794.0	1822.4	1875.2	2090.4	France-Monaco
Netherlands	1410.4	1579.9	1588.1	1737.6	2059.5	Pays-Bas
Japan	1095.4	1222.3	1270.2	1247.6	1243.0	Japon
Italy	819.9	934.5	972.7	973.7	1053.2	Italie
Belgium	557.2	663.7	670.6	711.8	851.6	Belgique
Spain	509.0	576.0	630.3	661.4	755.7	Espagne
Switzerland-Liechtenstein	533.2	570.7	577.1	611.4	677.1	Suisse-Liechtenstein
Canada	459.2	505.6	551.4	575.2	619.2	Canada
Denmark	392.0	432.7	443.0	474.7	573.8	Danemark
Russian Federation	200.6	285.6	357.2	527.0	885.4	Fédération de Russie
Austria	381.8	380.4	408.1	414.9	559.8	Autriche
Mexico	341.5	365.0	396.0	449.6	466.4	Mexique
Sweden	290.1	322.0	331.1	368.0	416.5	Suède
China	271.7	309.3	318.8	344.3	400.2	Chine
Poland	195.8	261.1	314.2	329.7	427.5	Pologne
Korea, Republic of	215.1	293.0	307.7	339.5	337.1	République de Corée
China, Hong Kong SAR	274.9	286.8	257.5	264.1	291.3	Chine - RAS de Hong-Kong
Norway	159.0	182.5	209.1	216.0	264.5	Norvège
Czech Republic	131.4	151.9	159.8	165.1	216.1	République tchèque
Australia	132.1	144.8	147.5	162.1	188.4	Australie
Ireland	104.1	127.2	145.2	155.8	190.8	Irlande
Singapore	124.3	121.3	134.1	149.4	182.9	Singapour

Value as percentages of World total

Valeur en pourcentage du total mondial

Regions of the world	1998	1999	2000	2001	2002	2003	2004	2005	2006	2007	Régions du monde
World	100.0	100.0	100.0	100.0	100.0	100.0	100.0	100.0	100.0	100.0	Monde
Developed Economies	83.7	83.3	81.6	81.3	83.0	83.6	83.0	82.1	81.0	79.6	Economies Développés
- Asia-Pacific	6.8	7.5	7.6	7.2	6.8	6.5	6.4	6.2	5.9	5.3	- Asie-Pacifique
- Europe	60.2	59.3	56.3	56.9	60.4	61.9	61.8	61.0	59.9	60.2	- Europe
- North America	16.8	16.5	17.8	17.3	15.8	15.3	14.7	14.8	15.2	14.1	- Amérique du Nord
South-Eastern Europe	0.2	0.3	0.3	0.4	0.4	0.4	0.7	0.8	0.7	0.9	Europe du Sud-Est
Commonwealth of Independent States	0.9	0.7	1.0	1.3	1.4	1.5	1.9	2.2	2.9	4.1	Communauté d'Etats indépendants
- Asia	0.1	0.1	0.1	0.1	0.1	0.1	0.2	0.2	0.2	0.2	- Asie
- Europe	0.9	0.6	0.9	1.2	1.3	1.4	1.7	2.0	2.8	3.9	- Europe
Northern Africa	0.5	0.6	0.6	0.6	0.6	0.6	0.6	0.6	0.6	0.7	Afrique septentrionale
Sub-Saharan Africa	0.9	0.8	0.9	2.1	0.8	0.9	0.7	1.0	1.2	1.2	Afrique subsaharienne
Latin America & the Caribbean	4.3	4.4	4.6	4.5	4.0	3.7	3.7	3.9	4.1	4.0	Amérique latine et Caraïbes
- Caribbean	0.2	0.2	0.3	0.3	0.3	0.2	0.2	0.2	0.3	0.3	- Caraïbes
- Latin America	4.1	4.1	4.3	4.2	3.7	3.5	3.5	3.6	3.9	3.7	- Amérique latine
Eastern Asia	5.0	5.3	6.1	5.3	5.2	4.6	4.7	4.5	4.5	4.3	Asie orientale
Southern Asia	0.8	0.8	0.8	0.8	0.8	0.8	0.9	1.1	1.0	1.0	Asie méridionale
South-Eastern Asia	1.7	1.9	2.0	1.9	1.9	1.9	1.8	1.8	1.8	2.0	Asie du Sud-Est
Western Asia	1.8	1.9	2.0	1.8	1.9	1.9	2.0	2.0	2.0	2.2	Asie occidentale
Oceania	0.0	0.0	0.0	0.0	0.0	0.0	0.0	0.0	0.0	0.0	Océanie

Trade by commodity

Exports by principal countries or areas

Value in million US dollars

Country or area	2003	2004	2005	2006	2007	Pays ou zone
World	19176.2	21358.0	22621.9	25135.5	28248.3	Monde
Developed Economies	14254.6	15942.3	16304.5	17457.3	20307.9	Economies Développés
- Asia-Pacific	326.3	391.3	407.2	414.6	458.2	- Asie-Pacifique
- Europe	12184.9	13685.1	13977.6	14985.3	17573.1	- Europe
- North America	1743.4	1865.9	1919.7	2057.4	2276.5	- Amérique du Nord
South-Eastern Europe	59.2	82.0	88.3	79.4	92.8	Europe du Sud-Est
Commonwealth of Independent States	45.0	41.7	39.1	55.7	75.8	Communauté d'Etats indépendants
- Asia	15.3	16.0	14.0	13.6	19.3	- Asie
- Europe	29.7	25.7	25.2	42.2	56.5	- Europe
Northern Africa	99.9	124.5	143.0	146.2	163.5	Afrique septentrionale
Sub-Saharan Africa	658.0	625.1	996.8	1804.1	1393.7	Afrique subsaharienne
Latin America & the Caribbean	1707.1	1851.1	2177.4	2421.1	2595.8	Amérique latine et Caraïbes
- Caribbean	9.2	8.5	8.2	9.2	10.9	- Caraïbes
- Latin America	1697.9	1842.6	2169.2	2411.9	2584.9	- Amérique latine
Eastern Asia	1032.5	1148.6	1219.5	1353.3	1570.2	Asie orientale
Southern Asia	474.4	556.9	713.2	823.7	882.8	Asie méridionale
South-Eastern Asia	477.4	551.2	579.8	644.6	748.8	Asie du Sud-Est
Western Asia	366.5	430.6	358.5	347.5	412.9	Asie occidentale
Oceania	1.6	4.1	1.7	2.6	4.0	Océanie
Netherlands	6709.7	7474.6	7555.7	8197.8	9790.6	Pays-Bas
United States	1248.1	1347.2	1413.2	1497.5	1676.0	Etats-Unis d'Amérique
Germany	1026.9	1158.2	1308.3	1411.6	1614.9	Allemagne
Denmark	1003.1	1081.0	1030.5	1154.0	1240.3	Danemark
Italy	819.0	936.6	953.5	992.5	1162.8	Italie
Colombia	686.8	710.0	916.9	980.1	1129.2	Colombie
Belgium	701.6	819.3	823.8	810.4	953.7	Belgique
France-Monaco	709.7	811.4	808.3	854.4	923.7	France-Monaco
China	525.4	600.5	692.0	819.3	1010.3	Chine
India	385.6	458.1	588.8	667.1	704.3	Inde
Canada	495.2	518.7	506.5	559.9	600.5	Canada
Spain	454.1	494.8	520.6	531.5	621.7	Espagne
Ecuador	299.3	345.5	373.6	440.6	408.8	Equateur
Kenya	241.2	289.3	305.6	382.8	452.3	Kenya
Israel	276.1	317.8	246.7	243.4	302.3	Israël
United Kingdom	196.7	238.3	248.5	291.1	334.6	Royaume-Uni
Korea, Republic of	228.6	264.6	264.4	262.4	266.4	République de Corée
Chile	184.7	208.7	242.5	264.1	289.7	Chili
Zimbabwe	e22.0	25.4	37.8	766.5	202.6	Zimbabwe
Mexico	157.8	178.4	178.5	231.4	218.3	Mexique
Costa Rica	162.4	180.2	189.2	196.7	169.8	Costa Rica
Japan	145.9	171.0	169.7	178.9	207.5	Japon
Thailand	121.1	136.6	147.6	175.3	180.7	Thaïlande
Poland	104.1	140.4	156.6	149.0	202.5	Pologne
Indonesia	99.7	114.2	126.5	153.4	191.4	Indonésie

Value as percentages of World total

Regions of the world	1998	1999	2000	2001	2002	2003	2004	2005	2006	2007	Régions du monde
World	100.0	100.0	100.0	100.0	100.0	100.0	100.0	100.0	100.0	100.0	Monde
Developed Economies	71.0	71.6	69.9	62.1	71.7	74.3	74.6	72.1	69.5	71.9	Economies Développés
- Asia-Pacific	2.0	2.1	2.1	1.7	1.8	1.7	1.8	1.8	1.6	1.6	- Asie-Pacifique
- Europe	58.7	59.6	57.0	50.8	59.5	63.5	64.1	61.8	59.6	62.2	- Europe
- North America	10.3	10.0	10.8	9.6	10.4	9.1	8.7	8.5	8.2	8.1	- Amérique du Nord
South-Eastern Europe	0.5	0.3	0.3	0.2	0.3	0.3	0.4	0.4	0.3	0.3	Europe du Sud-Est
Commonwealth of Independent States	0.3	0.2	0.3	0.3	0.3	0.2	0.2	0.2	0.2	0.3	Communauté d'Etats indépendants
- Asia	0.1	0.1	0.1	0.1	0.1	0.1	0.1	0.1	0.1	0.1	- Asie
- Europe	0.2	0.1	0.2	0.2	0.2	0.2	0.1	0.1	0.2	0.2	- Europe
Northern Africa	0.6	0.6	0.6	0.5	0.6	0.5	0.6	0.6	0.6	0.6	Afrique septentrionale
Sub-Saharan Africa	2.7	2.5	2.8	14.2	2.9	3.4	2.9	4.4	7.2	4.9	Afrique subsaharienne
Latin America & the Caribbean	9.4	9.2	9.9	9.3	10.2	8.9	8.7	9.6	9.6	9.2	Amérique latine et Caraïbes
- Caribbean	0.1	0.1	0.1	0.1	0.1	0.0	0.0	0.0	0.0	0.0	- Caraïbes
- Latin America	9.4	9.1	9.8	9.3	10.2	8.9	8.6	9.6	9.6	9.2	- Amérique latine
Eastern Asia	7.1	6.9	7.4	6.0	6.3	5.4	5.4	5.4	5.4	5.6	Asie orientale
Southern Asia	3.3	3.2	3.1	2.5	2.8	2.5	2.6	3.2	3.3	3.1	Asie méridionale
South-Eastern Asia	2.6	2.8	3.3	2.8	2.9	2.5	2.6	2.6	2.6	2.7	Asie du Sud-Est
Western Asia	2.6	2.5	2.3	1.8	2.1	1.9	2.0	1.6	1.4	1.5	Asie occidentale
Oceania	0.0	0.0	0.0	0.0	0.0	0.0	0.0	0.0	0.0	0.0	Océanie

321 Coal, whether or not pulverized, but not agglomerated

Trade by commodity
Imports by principal countries or areas
Value in million US dollars

Commerce par produit
Importations selon les principaux pays ou zones
Valeur en millions de dollars EU

Country or area	2003	2004	2005	2006	2007	Pays ou zone
World	27948.9	44472.4	58312.5	60523.3	69885.4	Monde
Developed Economies	17032.2	26806.0	34495.0	36681.6	40060.4	Economies Développés
- Asia-Pacific	6450.5	10158.0	13757.8	13917.8	14851.7	- Asie-Pacifique
- Europe	9025.8	14721.7	18049.6	19621.8	22178.7	- Europe
- North America	1555.9	1926.4	2687.6	3142.0	3030.0	- Amérique du Nord
South-Eastern Europe	403.2	646.7	912.4	847.3	1084.2	Europe du Sud-Est
Commonwealth of Independent States	720.8	1197.1	1154.2	1209.6	1789.7	Communauté d'Etats indépendants
- Asia	33.1	37.4	46.8	36.8	51.8	- Asie
- Europe	687.7	1159.7	1107.4	1172.8	1737.9	- Europe
Northern Africa	232.1	439.8	594.2	427.1	657.5	Afrique septentrionale
Sub-Saharan Africa	166.1	202.5	250.4	345.0	356.5	Afrique subsaharienne
Latin America & the Caribbean	1185.4	1649.7	2522.5	2685.4	2733.2	Amérique latine et Caraïbes
- Caribbean	20.1	29.3	26.6	41.1	38.7	- Caraïbes
- Latin America	1165.3	1620.4	2495.9	2644.3	2694.5	- Amérique latine
Eastern Asia	4995.8	8512.1	11098.0	11055.7	13718.3	Asie orientale
Southern Asia	1267.0	2250.3	3713.5	3873.2	5086.0	Asie méridionale
South-Eastern Asia	530.9	827.1	1091.6	1334.5	1623.1	Asie du Sud-Est
Western Asia	1404.3	1924.4	2458.7	2041.9	2759.4	Asie occidentale
Oceania	11.1	16.6	21.9	22.0	17.1	Océanie
Japan	6430.1	10177.4	13703.7	13860.2	14807.9	Japon
Korea, Republic of	2490.7	4218.8	5346.7	5251.1	6277.2	République de Corée
United Kingdom	1510.0	2438.2	3414.5	3880.7	3923.1	Royaume-Uni
India	1076.6	2017.2	3380.8	3681.1	4694.0	Inde
Germany	1126.9	2085.5	2763.5	3285.5	3928.7	Allemagne
Italy	1019.3	1769.5	2152.1	2222.6	2547.8	Italie
Spain	858.3	1462.5	1765.2	1735.1	2050.2	Espagne
United States	913.3	1168.7	1642.7	2003.9	2006.0	Etats-Unis d'Amérique
Netherlands	902.7	1371.1	1662.8	1626.2	2098.6	Pays-Bas
France-Monaco	834.4	1350.3	1697.6	1838.9	1764.3	France-Monaco
China	363.4	891.8	1383.5	1617.8	2421.8	Chine
Turkey	926.4	1217.5	1573.1	1219.8	1720.8	Turquie
Brazil	644.9	889.1	1304.9	1486.6	1525.6	Brésil
Belgium	578.2	1042.7	1140.2	1278.8	1304.8	Belgique
Canada	642.6	757.7	1044.9	1138.1	1023.9	Canada
Ukraine	449.5	900.1	713.9	760.6	1251.0	Ukraine
Israel	469.3	683.9	833.7	776.1	967.1	Israël
Finland	436.3	537.8	408.5	520.8	598.8	Finlande
Denmark	359.4	440.8	375.4	585.7	624.9	Danemark
Mexico	296.0	308.2	651.6	578.6	403.0	Mexique
China, Hong Kong SAR	280.3	367.9	497.5	484.9	577.8	Chine - RAS de Hong-Kong
Slovakia	243.8	438.1	499.5	458.0	567.6	Slovaquie
Thailand	214.9	279.0	362.2	481.9	738.2	Thaïlande
Malaysia	172.5	349.3	464.0	508.1	538.9	Malaisie
Austria	264.2	307.8	474.7	368.3	504.5	Autriche

Value as percentages of World total

Valeur en pourcentage du total mondial

Regions of the world	1998	1999	2000	2001	2002	2003	2004	2005	2006	2007	Régions du monde
World	100.0	100.0	100.0	100.0	100.0	100.0	100.0	100.0	100.0	100.0	Monde
Developed Economies	62.6	63.4	62.2	65.3	61.7	60.9	60.3	59.2	60.6	57.3	Economies Développés
- Asia-Pacific	27.1	27.5	25.7	24.8	24.7	23.1	22.8	23.6	23.0	21.3	- Asie-Pacifique
- Europe	31.2	31.1	31.4	34.7	31.6	32.3	33.1	31.0	32.4	31.7	- Europe
- North America	4.2	4.8	5.1	5.7	5.4	5.6	4.3	4.6	5.2	4.3	- Amérique du Nord
South-Eastern Europe	1.7	1.1	1.3	1.4	1.3	1.4	1.5	1.6	1.4	1.6	Europe du Sud-Est
Commonwealth of Independent States	2.9	1.9	2.1	2.0	1.6	2.6	2.7	2.0	2.0	2.6	Communauté d'Etats indépendants
- Asia	0.2	0.2	0.1	0.0	0.1	0.1	0.1	0.1	0.1	0.1	- Asie
- Europe	2.7	1.7	1.9	1.9	1.5	2.5	2.6	1.9	1.9	2.5	- Europe
Northern Africa	1.0	1.0	0.7	0.8	1.0	0.8	1.0	1.0	0.7	0.9	Afrique septentrionale
Sub-Saharan Africa	0.5	0.4	0.4	0.8	0.5	0.6	0.5	0.4	0.6	0.5	Afrique subsaharienne
Latin America & the Caribbean	4.6	4.8	4.2	3.8	4.3	4.2	3.7	4.3	4.4	3.9	Amérique latine et Caraïbes
- Caribbean	0.0	0.0	0.0	0.2	0.0	0.1	0.1	0.0	0.1	0.1	- Caraïbes
- Latin America	4.6	4.8	4.1	3.7	4.3	4.2	3.6	4.3	4.4	3.9	- Amérique latine
Eastern Asia	17.5	17.8	18.2	16.9	18.6	17.9	19.1	19.0	18.3	19.6	Asie orientale
Southern Asia	4.1	4.8	4.8	4.2	4.4	4.5	5.1	6.4	6.4	7.3	Asie méridionale
South-Eastern Asia	1.4	1.7	1.7	1.8	1.9	1.9	1.9	1.9	2.2	2.3	Asie du Sud-Est
Western Asia	3.7	3.2	4.5	3.0	4.5	5.0	4.3	4.2	3.4	3.9	Asie occidentale
Oceania	0.0	0.0	0.0	0.0	0.1	0.0	0.0	0.0	0.0	0.0	Océanie

Trade by commodity

Exports by principal countries or areas

Value in million US dollars

Commerce par produit

Exportations selon les principaux pays ou zones

Valeur en millions de dollars EU

Country or area	2003	2004	2005	2006	2007	Pays ou zone
World	21932.6	31480.1	46140.3	49685.7	52715.1	Monde
Developed Economies	11407.7	16760.0	26086.4	27448.8	28251.0	Economies Développés
- Asia-Pacific	7078.0	9827.6	16644.9	17558.3	17210.0	- Asie-Pacifique
- Europe	1676.7	3013.9	3443.0	3530.5	4154.8	- Europe
- North America	2653.1	3918.5	5998.5	6360.0	6886.2	- Amérique du Nord
South-Eastern Europe	0.8	2.1	0.7	1.3	12.6	Europe du Sud-Est
Commonwealth of Independent States	2061.9	3272.6	4461.1	5025.1	6135.9	Communauté d'Etats indépendants
- Asia	250.0	267.1	446.2	480.3	523.9	- Asie
- Europe	1811.9	3005.5	4014.9	4544.8	5612.0	- Europe
Northern Africa	0.9	6.6	5.9	5.0	10.2	Afrique septentrionale
Sub-Saharan Africa	1825.5	2464.3	3296.1	3355.9	3390.9	Afrique subsaharienne
Latin America & the Caribbean	1602.5	1914.5	2799.6	2999.5	3538.1	Amérique latine et Caraïbes
- Caribbean	2.4	1.6	4.7	3.1	0.5	- Caraïbes
- Latin America	1600.0	1913.0	2795.0	2996.3	3537.6	- Amérique latine
Eastern Asia	2778.0	3867.6	4370.6	3762.3	3493.3	Asie orientale
Southern Asia	66.0	69.1	67.5	74.1	71.3	Asie méridionale
South-Eastern Asia	2187.1	3115.5	5041.3	7012.0	7806.3	Asie du Sud-Est
Western Asia	2.2	7.8	10.6	1.8	5.4	Asie occidentale
Oceania		0.0	0.5			Océanie
Australia	7077.6	9827.1	16643.6	17557.4	17209.0	Australie
Indonesia	1980.1	2748.8	4354.1	6082.2	6681.4	Indonésie
Russian Federation	1721.7	2755.6	3755.7	4342.3	5354.6	Fédération de Russie
China	2750.3	3811.2	4272.1	3669.8	3286.1	Chine
United States	1548.7	2596.8	3345.6	3528.9	4157.2	Etats-Unis d'Amérique
South Africa	1803.4	2432.0	3269.0	3130.2	3364.3	Afrique du Sud
Colombia	1390.1	1765.0	2440.0	2807.2	3323.8	Colombie
Canada	1104.3	1321.7	2652.9	2831.1	2729.0	Canada
Poland	745.4	1380.4	1511.3	1272.0	1090.0	Pologne
Netherlands	282.9	583.0	658.3	865.0	1173.1	Pays-Bas
Viet Nam	188.3	354.0	669.9	914.6	e1066.9	Viet Nam
Czech Republic	309.1	451.4	547.6	621.7	764.3	République tchèque
Kazakhstan	249.7	266.8	446.0	479.9	521.8	Kazakhstan
Belgium	155.3	314.1	391.6	431.3	548.0	Belgique
Venezuela	207.5	144.5	335.0	186.0	e209.5	Venezuela
Ukraine	90.2	249.8	259.2	202.5	257.4	Ukraine
Norway	e84.8	e137.4	e175.9	e143.9	e289.0	Norvège
United Kingdom	52.6	68.2	72.1	63.7	82.1	Royaume-Uni
India	62.8	53.5	60.5	69.0	64.9	Inde
Korea, Democratic People's Republic of	e20.7	e37.8	e70.3	e46.9	e90.5	Rép. démocratique populaire de Corée
Germany	29.0	31.8	46.7	55.0	63.3	Allemagne
Zimbabwe	e4.9	5.6	0.0	202.9	1.8	Zimbabwe
Mongolia	5.8	16.5	26.6	45.1	115.8	Mongolie
Spain	4.7	7.2	8.2	27.7	86.9	Espagne
Swaziland	10.5	15.2	7.0	13.6	13.4	Swaziland

Value as percentages of World total

Valeur en pourcentage du total mondial

Regions of the world	1998	1999	2000	2001	2002	2003	2004	2005	2006	2007	Régions du monde
World	100.0	100.0	100.0	100.0	100.0	100.0	100.0	100.0	100.0	100.0	Monde
Developed Economies	67.6	65.3	60.5	55.6	55.8	52.0	53.2	56.5	55.2	53.6	Economies Développés
- Asia-Pacific	33.4	34.2	32.4	31.2	34.5	32.3	31.2	36.1	35.3	32.6	- Asie-Pacifique
- Europe	9.5	9.6	9.3	10.0	8.4	7.6	9.6	7.5	7.1	7.9	- Europe
- North America	24.7	21.4	18.8	14.4	13.0	12.1	12.4	13.0	12.8	13.1	- Amérique du Nord
South-Eastern Europe	0.0	0.0	0.0	0.0	0.0	0.0	0.0	0.0	0.0	0.0	Europe du Sud-Est
Commonwealth of Independent States	5.4	4.1	8.2	7.4	6.9	9.4	10.4	9.7	10.1	11.6	Communauté d'Etats indépendants
- Asia	1.7	1.0	1.0	1.1	0.8	1.1	0.8	1.0	1.0	1.0	- Asie
- Europe	3.7	3.2	7.2	6.3	6.1	8.3	9.5	8.7	9.1	10.6	- Europe
Northern Africa	0.0	0.0	0.0	0.0	0.0	0.0	0.0	0.0	0.0	0.0	Afrique septentrionale
Sub-Saharan Africa	7.6	8.7	7.9	8.6	9.0	8.3	7.8	7.1	6.8	6.4	Afrique subsaharienne
Latin America & the Caribbean	5.7	6.0	6.2	6.8	6.1	7.3	6.1	6.1	6.0	6.7	Amérique latine et Caraïbes
- Caribbean	0.0	0.0	0.0	0.0	0.0	0.0	0.0	0.0	0.0	0.0	- Caraïbes
- Latin America	5.7	6.0	6.1	6.8	6.1	7.3	6.1	6.1	6.0	6.7	- Amérique latine
Eastern Asia	5.8	6.8	8.7	12.9	12.4	12.7	12.3	9.5	7.6	6.6	Asie orientale
Southern Asia	0.2	0.2	0.3	0.3	0.3	0.3	0.2	0.1	0.1	0.1	Asie méridionale
South-Eastern Asia	7.8	8.8	8.2	8.4	9.4	10.0	9.9	10.9	14.1	14.8	Asie du Sud-Est
Western Asia	0.0	0.0	0.0	0.0	0.0	0.0	0.0	0.0	0.0	0.0	Asie occidentale
Oceania	0.0				0.0		0.0	0.0			Océanie

322 Briquettes, lignite and peat

Trade by commodity

Imports by principal countries or areas

Value in million US dollars

Commerce par produit

Importations selon les principaux pays ou zones

Valeur en millions de dollars EU

Country or area	2003	2004	2005	2006	2007	Pays ou zone
World	916.3	1026.0	1078.4	1195.3	1420.1	Monde
Developed Economies	819.1	873.9	921.3	1037.5	1087.5	Economies Développés
- Asia-Pacific	39.1	41.2	46.4	44.0	48.2	- Asie-Pacifique
- Europe	612.0	648.3	655.5	737.2	766.1	- Europe
- North America	167.9	184.4	219.3	256.4	273.1	- Amérique du Nord
South-Eastern Europe	28.1	47.6	55.4	53.9	74.3	Europe du Sud-Est
Commonwealth of Independent States	2.0	9.2	9.1	9.5	19.3	Communauté d'Etats indépendants
- Asia	0.3	2.4	4.2	2.8	4.7	- Asie
- Europe	1.7	6.9	4.9	6.6	14.6	- Europe
Northern Africa	5.4	16.8	11.8	11.1	23.7	Afrique septentrionale
Sub-Saharan Africa	2.7	4.3	5.4	8.3	7.1	Afrique subsaharienne
Latin America & the Caribbean	15.3	19.4	22.5	24.1	28.5	Amérique latine et Caraïbes
- Caribbean	0.9	1.1	1.3	1.6	2.0	- Caraïbes
- Latin America	14.4	18.3	21.2	22.5	26.5	- Amérique latine
Eastern Asia	21.7	27.7	18.0	20.8	47.7	Asie orientale
Southern Asia	1.2	1.3	2.4	1.2	1.7	Asie méridionale
South-Eastern Asia	2.9	3.8	4.1	3.4	97.0	Asie du Sud-Est
Western Asia	17.3	21.3	27.6	24.9	32.6	Asie occidentale
Oceania	0.5	0.6	0.7	0.6	0.6	Océanie
United States	166.6	182.3	216.7	253.4	269.5	Etats-Unis d'Amérique
France-Monaco	83.9	95.0	100.5	107.2	122.2	France-Monaco
Italy	69.9	64.9	68.3	66.3	74.4	Italie
Netherlands	80.1	78.2	72.9	77.3	32.2	Pays-Bas
Germany	58.3	40.8	42.3	73.6	78.0	Allemagne
Belgium	45.2	47.2	51.0	55.3	63.9	Belgique
United Kingdom	48.7	57.7	54.2	43.1	52.6	Royaume-Uni
Japan	34.8	35.8	39.9	37.8	41.8	Japon
Austria	38.1	42.6	33.8	38.2	32.4	Autriche
Spain	32.4	33.4	36.1	38.8	41.6	Espagne
Slovakia	21.5	27.2	28.3	43.8	52.5	Slovaquie
Hungary	19.4	24.9	34.8	35.9	36.6	Hongrie
Slovenia	23.3	26.3	27.3	33.7	34.4	Slovénie
Sweden	21.2	24.3	21.6	25.6	24.4	Suède
Switzerland-Liechtenstein	16.2	18.2	21.7	24.8	29.6	Suisse-Liechtenstein
Thailand	0.7	1.0	0.6	0.8	94.6	Thaïlande
Denmark	10.3	15.1	11.6	14.0	16.0	Danemark
Serbia	—	—	—	19.8	17.0	Serbie
Romania	1.1	1.8	9.2	21.6	31.3	Roumanie
Greece	8.7	10.5	10.7	10.8	15.6	Grèce
The former Yugoslav Republic of Macedonia	12.1	13.3	13.7	9.4	7.0	Ex-République yougoslave de Macédoine
China	4.9	8.9	3.6	7.0	29.8	Chine
Croatia	8.6	9.4	10.1	11.4	12.5	Croatie
Korea, Republic of	5.3	7.9	10.6	9.9	13.2	République de Corée
Mexico	6.6	8.1	8.7	9.6	11.0	Mexique

Regions of the world	1998	1999	2000	2001	2002	2003	2004	2005	2006	2007	Régions du monde
World	100.0	100.0	100.0	100.0	100.0	100.0	100.0	100.0	100.0	100.0	Monde
Developed Economies	89.7	90.2	90.1	91.2	88.1	89.4	85.2	85.4	86.8	76.6	Economies Développés
- Asia-Pacific	4.9	5.1	5.7	5.1	4.4	4.3	4.0	4.3	3.7	3.4	- Asie-Pacifique
- Europe	65.5	64.0	60.4	61.6	62.5	66.8	63.2	60.8	61.7	54.0	- Europe
- North America	19.3	21.0	24.1	24.5	21.2	18.3	18.0	20.3	21.4	19.2	- Amérique du Nord
South-Eastern Europe	1.3	0.7	2.3	0.8	2.5	3.1	4.6	5.1	4.5	5.2	Europe du Sud-Est
Commonwealth of Independent States	0.9	0.8	0.7	0.7	0.1	0.2	0.9	0.8	0.8	1.4	Communauté d'Etats indépendants
- Asia	0.1	0.1	0.2	0.1	0.0	0.0	0.2	0.4	0.2	0.3	- Asie
- Europe	0.9	0.7	0.5	0.6	0.1	0.2	0.7	0.5	0.6	1.0	- Europe
Northern Africa	0.7	0.6	0.8	0.6	0.6	0.6	1.6	1.1	0.9	1.7	Afrique septentrionale
Sub-Saharan Africa	0.1	0.1	0.2	0.3	0.5	0.3	0.4	0.5	0.7	0.5	Afrique subsaharienne
Latin America & the Caribbean	2.9	3.6	2.0	1.6	1.5	1.7	1.9	2.1	2.0	2.0	Amérique latine et Caraïbes
- Caribbean	0.1	0.1	0.2	0.1	0.1	0.1	0.1	0.1	0.1	0.1	- Caraïbes
- Latin America	2.8	3.5	1.8	1.5	1.4	1.6	1.8	2.0	1.9	1.9	- Amérique latine
Eastern Asia	0.5	0.7	0.8	1.4	3.6	2.4	2.7	1.7	1.7	3.4	Asie orientale
Southern Asia	0.5	0.0	0.0	0.0	0.1	0.1	0.1	0.2	0.1	0.1	Asie méridionale
South-Eastern Asia	0.1	0.1	0.2	0.3	0.3	0.3	0.4	0.4	0.3	6.8	Asie du Sud-Est
Western Asia	3.1	3.2	2.9	3.0	2.6	1.9	2.1	2.6	2.1	2.3	Asie occidentale
Oceania	0.1	0.1	0.1	0.1	0.1	0.1	0.1	0.1	0.0	0.0	Océanie

Trade by commodity
Exports by principal countries or areas
Value in million US dollars

Commerce par produit
Exportations selon les principaux pays ou zones
Valeur en millions de dollars EU

Country or area	2003	2004	2005	2006	2007	Pays ou zone
World	834.9	920.1	1007.0	1110.3	1254.5	Monde
Developed Economies	766.1	851.2	924.4	1008.1	1125.7	Economies Développés
- Asia-Pacific	2.8	2.9	2.7	1.7	1.1	- Asie-Pacifique
- Europe	565.0	624.1	663.2	724.7	809.5	- Europe
- North America	198.3	224.2	258.4	281.7	315.1	- Amérique du Nord
South-Eastern Europe	17.0	24.7	31.0	30.5	32.2	Europe du Sud-Est
Commonwealth of Independent States	12.0	21.9	34.5	38.3	50.5	Communauté d'Etats indépendants
- Asia	1.1	2.5	7.9	7.1	8.5	- Asie
- Europe	10.8	19.4	26.6	31.2	42.0	- Europe
Northern Africa	0.0	0.5	0.9	0.5	0.3	Afrique septentrionale
Sub-Saharan Africa	0.9	0.5	0.8	8.7	4.8	Afrique subsaharienne
Latin America & the Caribbean	0.1	0.4	0.3	2.3	3.0	Amérique latine et Caraïbes
- Caribbean	0.0	0.0	0.0	0.0	0.0	- Caraïbes
- Latin America	0.1	0.4	0.3	2.3	3.0	- Amérique latine
Eastern Asia	7.5	9.0	11.9	13.3	14.0	Asie orientale
Southern Asia	0.4	0.7	0.3	2.5	6.9	Asie méridionale
South-Eastern Asia	30.0	9.9	0.5	4.5	11.0	Asie du Sud-Est
Western Asia	0.7	1.2	2.5	1.6	6.2	Asie occidentale
Oceania			0.0			Océanie
Canada	188.2	200.2	242.1	266.1	289.2	Canada
Germany	193.0	215.6	214.3	248.9	257.8	Allemagne
Netherlands	84.5	87.4	90.5	104.1	101.4	Pays-Bas
Ireland	64.9	71.2	73.5	67.4	74.8	Irlande
Czech Republic	45.7	51.3	61.2	78.6	70.9	République tchèque
Latvia	34.9	44.0	50.5	55.6	82.7	Lettonie
Estonia	36.8	35.1	30.6	38.7	61.5	Estonie
Belgium	19.3	21.8	38.3	36.4	47.2	Belgique
Lithuania	21.1	26.5	30.2	32.3	38.7	Lituanie
United States	10.1	24.0	16.3	15.5	25.9	Etats-Unis d'Amérique
Bosnia and Herzegovina	13.0	13.5	18.0	20.0	16.3	Bosnie-Herzégovine
Russian Federation	5.5	11.2	17.6	18.7	22.6	Fédération de Russie
Sweden	11.8	16.7	14.8	14.8	16.2	Suède
Finland	15.0	12.8	14.5	12.7	13.4	Finlande
United Kingdom	15.5	14.5	11.1	10.1	15.3	Royaume-Uni
China	7.4	9.0	11.9	13.1	13.6	Chine
Indonesia	29.7	9.3	0.0	3.9	10.0	Indonésie
Belarus	4.9	7.8	8.0	7.6	10.2	Bélarus
Denmark	7.4	7.4	7.3	6.0	5.3	Danemark
Serbia	—	—	—	4.6	11.7	Serbie
Kazakhstan	1.1	2.5	7.9	7.0	8.3	Kazakhstan
Hungary	1.5	3.2	9.2	2.1	2.9	Hongrie
Poland	3.6	4.0	2.4	2.8	5.2	Pologne
France-Monaco	1.9	3.1	3.7	3.2	5.8	France-Monaco
Serbia and Montenegro	e3.9	5.6	e6.5	—	—	Serbie-et-Monténégro

Value as percentages of World total

Valeur en pourcentage du total mondial

Regions of the world	1998	1999	2000	2001	2002	2003	2004	2005	2006	2007	Régions du monde
World	100.0	100.0	100.0	100.0	100.0	100.0	100.0	100.0	100.0	100.0	Monde
Developed Economies	96.5	96.9	93.6	94.8	94.1	91.8	92.5	91.8	90.8	89.7	Economies Développés
- Asia-Pacific	0.1	0.1	0.6	0.3	0.3	0.3	0.3	0.3	0.2	0.1	- Asie-Pacifique
- Europe	69.8	68.8	62.3	63.9	67.0	67.7	67.8	65.9	65.3	64.5	- Europe
- North America	26.6	28.0	30.8	30.6	26.7	23.7	24.4	25.7	25.4	25.1	- Amérique du Nord
South-Eastern Europe	1.0	0.9	1.1	1.5	2.2	2.0	2.7	3.1	2.7	2.6	Europe du Sud-Est
Commonwealth of Independent States	1.5	1.3	1.4	1.3	1.0	1.4	2.4	3.4	3.4	4.0	Communauté d'Etats indépendants
- Asia	0.2	0.2	0.2	0.3	0.1	0.1	0.3	0.8	0.6	0.7	- Asie
- Europe	1.4	1.1	1.3	1.1	0.9	1.3	2.1	2.6	2.8	3.3	- Europe
Northern Africa	0.0	0.1	0.0	0.0	0.3	0.0	0.1	0.1	0.0	0.0	Afrique septentrionale
Sub-Saharan Africa	0.0	0.2	0.0	0.0	0.0	0.1	0.1	0.1	0.8	0.4	Afrique subsaharienne
Latin America & the Caribbean	0.1	0.2	0.1	0.3	0.3	0.0	0.0	0.0	0.2	0.2	Amérique latine et Caraïbes
- Caribbean	0.0	0.0	0.0	0.0	0.0	0.0	0.0	0.0	0.0	0.0	- Caraïbes
- Latin America	0.1	0.2	0.1	0.3	0.3	0.0	0.0	0.0	0.2	0.2	- Amérique latine
Eastern Asia	0.1	0.1	0.3	0.3	0.6	0.9	1.0	1.2	1.2	1.1	Asie orientale
Southern Asia	0.2	0.2	0.2	0.1	0.1	0.1	0.1	0.0	0.2	0.5	Asie méridionale
South-Eastern Asia	0.4	0.3	3.2	1.6	1.3	3.6	1.1	0.1	0.4	0.9	Asie du Sud-Est
Western Asia	0.0	0.0	0.0	0.0	0.1	0.1	0.1	0.2	0.1	0.5	Asie occidentale
Oceania	0.0		0.0	0.0	0.0			0.0			Océanie

325 Coke, semi-coke of coal, lignite or peat, agglomerated or not; retort carbon

Trade by commodity
Imports by principal countries or areas
Value in million US dollars

Commerce par produit
Importations selon les principaux pays ou zones
Valeur en millions de dollars EU

Country or area	2003	2004	2005	2006	2007	Pays ou zone
World	4236.9	10027.3	7494.3	6798.9	7919.4	Monde
Developed Economies	2647.4	6393.0	4767.8	3684.8	4348.8	Economies Développés
- Asia-Pacific	338.2	948.1	637.8	336.1	584.8	- Asie-Pacifique
- Europe	1958.9	3940.5	3141.7	2549.4	3090.2	- Europe
- North America	350.3	1504.5	988.3	799.3	673.8	- Amérique du Nord
South-Eastern Europe	278.6	735.5	596.9	326.8	478.1	Europe du Sud-Est
Commonwealth of Independent States	192.1	494.0	434.4	378.4	654.1	Communauté d'Etats indépendants
- Asia	65.2	189.2	199.8	126.5	150.3	- Asie
- Europe	126.8	304.8	234.6	251.9	503.9	- Europe
Northern Africa	14.3	16.0	46.6	40.8	31.8	Afrique septentrionale
Sub-Saharan Africa	83.7	141.0	65.6	712.3	114.5	Afrique subsaharienne
Latin America & the Caribbean	423.6	811.0	597.1	421.4	518.5	Amérique latine et Caraïbes
- Caribbean	7.1	7.8	11.5	5.7	15.7	- Caraïbes
- Latin America	416.4	803.3	585.5	415.7	502.9	- Amérique latine
Eastern Asia	112.3	278.1	129.5	113.7	297.3	Asie orientale
Southern Asia	384.7	975.7	682.2	1044.5	1379.1	Asie méridionale
South-Eastern Asia	38.8	83.4	57.0	45.6	62.0	Asie du Sud-Est
Western Asia	61.5	99.4	117.1	30.5	35.2	Asie occidentale
Oceania	0.0	0.1	0.0	0.0	0.0	Océanie
Germany	686.9	1572.4	1206.4	1050.1	1108.9	Allemagne
United States	274.5	1353.2	864.4	700.5	541.1	Etats-Unis d'Amérique
India	316.9	822.0	503.1	887.0	1204.3	Inde
Japan	337.1	945.3	635.3	329.6	580.1	Japon
Brazil	304.7	534.7	342.7	258.6	311.3	Brésil
France-Monaco	210.4	398.2	320.1	270.8	300.5	France-Monaco
Italy	240.6	395.6	233.1	175.6	150.7	Italie
Austria	146.5	127.3	368.5	244.2	301.0	Autriche
Ukraine	116.2	232.3	184.0	220.0	424.4	Ukraine
Romania	114.5	330.6	198.3	111.3	195.2	Roumanie
United Kingdom	114.4	274.1	154.6	93.4	240.2	Royaume-Uni
Serbia	—	—	—	182.3	208.0	Serbie
Belgium	107.7	272.9	97.0	89.7	154.6	Belgique
Democratic Republic of the Congo		e2.2	e0.4	e641.4	e22.7	République démocratique du Congo
Kazakhstan	58.7	173.3	180.8	113.0	130.0	Kazakhstan
Czech Republic	65.8	168.2	96.3	124.2	148.8	République tchèque
Canada	75.7	151.2	123.8	98.7	132.5	Canada
Korea, Republic of	56.4	211.7	85.6	56.7	154.7	République de Corée
Finland	61.0	124.2	134.8	101.4	138.3	Finlande
Serbia and Montenegro	e130.1	185.9	e187.2	—	—	Serbie-et-Monténégro
Netherlands	86.7	97.5	86.8	83.2	132.9	Pays-Bas
Sweden	68.0	168.7	117.7	43.7	71.9	Suède
Mexico	65.5	145.2	101.1	70.6	67.9	Mexique
Norway	43.2	96.4	87.1	74.3	103.7	Norvège
South Africa	76.7	130.6	53.1	37.4	80.1	Afrique du Sud

Value as percentages of World total

Valeur en pourcentage du total mondial

Regions of the world	1998	1999	2000	2001	2002	2003	2004	2005	2006	2007	Régions du monde
World	100.0	100.0	100.0	100.0	100.0	100.0	100.0	100.0	100.0	100.0	Monde
Developed Economies	69.5	63.2	66.5	67.3	68.2	62.5	63.8	63.6	54.2	54.9	Economies Développés
- Asia-Pacific	3.9	5.1	8.3	6.2	6.5	8.0	9.5	8.5	4.9	7.4	- Asie-Pacifique
- Europe	47.9	41.2	42.6	49.4	49.8	46.2	39.3	41.9	37.5	39.0	- Europe
- North America	17.7	16.8	15.7	11.7	12.0	8.3	15.0	13.2	11.8	8.5	- Amérique du Nord
South-Eastern Europe	2.2	5.3	2.8	3.5	2.6	6.6	7.3	8.0	4.8	6.0	Europe du Sud-Est
Commonwealth of Independent States	3.2	3.8	2.9	3.8	4.8	4.5	4.9	5.8	5.6	8.3	Communauté d'Etats indépendants
- Asia	1.9	2.1	1.8	2.1	1.8	1.5	1.9	2.7	1.9	1.9	- Asie
- Europe	1.3	1.7	1.1	1.7	3.1	3.0	3.0	3.1	3.7	6.4	- Europe
Northern Africa	0.4	1.5	0.8	1.2	0.5	0.3	0.2	0.6	0.6	0.4	Afrique septentrionale
Sub-Saharan Africa	2.3	2.4	1.5	1.5	1.3	2.0	1.4	0.9	10.5	1.4	Afrique subsaharienne
Latin America & the Caribbean	10.6	7.1	9.1	8.4	8.8	10.0	8.1	8.0	6.2	6.5	Amérique latine et Caraïbes
- Caribbean	0.3	0.3	0.7	0.3	0.3	0.2	0.1	0.2	0.1	0.2	- Caraïbes
- Latin America	10.2	6.7	8.4	8.1	8.5	9.8	8.0	7.8	6.1	6.3	- Amérique latine
Eastern Asia	2.0	2.2	2.2	2.0	2.3	2.7	2.8	1.7	1.7	3.8	Asie orientale
Southern Asia	6.2	11.0	9.9	9.2	8.1	9.1	9.7	9.1	15.4	17.4	Asie méridionale
South-Eastern Asia	1.0	1.7	1.6	1.1	1.1	0.9	0.8	0.8	0.7	0.8	Asie du Sud-Est
Western Asia	2.6	1.9	2.5	1.9	2.2	1.5	1.0	1.6	0.4	0.4	Asie occidentale
Oceania	0.0	0.0	0.0	0.0	0.0	0.0	0.0	0.0	0.0	0.0	Océanie

Cokes et semi-cokes de houille, de lignite ou de tourbe; charbon de cornue 325

Trade by commodity — Commerce par produit
Exports by principal countries or areas — Exportations selon les principaux pays ou zones
Value in million US dollars — Valeur en millions de dollars EU

Country or area	2003	2004	2005	2006	2007	Pays ou zone
World	3695.4	8319.7	6150.7	7576.9	7403.8	Monde
Developed Economies	1425.2	2843.9	2739.9	2780.4	3235.2	Economies Développés
- Asia-Pacific	281.2	397.4	426.4	395.1	357.9	- Asie-Pacifique
- Europe	1063.7	2287.5	2070.4	2234.5	2705.3	- Europe
- North America	80.3	159.1	243.1	150.7	171.9	- Amérique du Nord
South-Eastern Europe	32.7	56.8	99.9	78.3	134.6	Europe du Sud-Est
Commonwealth of Independent States	441.3	1179.5	703.1	291.6	605.8	Communauté d'Etats indépendants
- Asia	0.0	0.2	0.1	1.3	10.8	- Asie
- Europe	441.3	1179.2	703.1	290.3	595.0	- Europe
Northern Africa	56.2	136.9	52.9	43.5	119.0	Afrique septentrionale
Sub-Saharan Africa	21.1	27.1	6.4	2237.5	33.2	Afrique subsaharienne
Latin America & the Caribbean	36.9	98.1	164.7	111.0	177.5	Amérique latine et Caraïbes
- Caribbean	0.1	0.0	0.0	0.0	0.0	- Caraïbes
- Latin America	36.8	98.1	164.7	111.0	177.5	- Amérique latine
Eastern Asia	1676.1	3955.9	2361.8	2016.5	3089.1	Asie orientale
Southern Asia	3.7	20.5	18.8	7.9	6.8	Asie méridionale
South-Eastern Asia	0.1	0.7	0.6	0.8	2.4	Asie du Sud-Est
Western Asia	2.0	0.3	2.4	9.5	0.1	Asie occidentale
Oceania					0.0	Océanie
China	1675.3	3955.6	2354.6	2013.9	3057.7	Chine
Poland	534.9	1337.7	1116.5	1119.9	1381.1	Pologne
Zimbabwe	e20.3	23.5	2.5	2229.6	14.9	Zimbabwe
Russian Federation	235.5	536.8	484.1	229.7	492.1	Fédération de Russie
Japan	248.6	328.8	375.2	328.8	263.4	Japon
Ukraine	205.8	642.4	218.9	60.6	102.9	Ukraine
Czech Republic	114.6	208.7	250.9	201.8	224.0	République tchèque
Spain	122.4	183.5	145.9	238.1	253.9	Espagne
France-Monaco	69.6	187.1	164.1	190.6	231.0	France-Monaco
Belgium	55.3	136.1	118.9	159.2	181.7	Belgique
United States	70.3	108.3	153.9	128.4	131.0	Etats-Unis d'Amérique
Colombia	32.3	88.7	158.2	105.8	170.7	Colombie
Netherlands	64.9	61.2	72.6	147.9	166.6	Pays-Bas
Egypt	56.2	118.5	52.9	43.5	119.0	Egypte
Bosnia and Herzegovina	e26.6	36.0	86.8	72.6	131.4	Bosnie-Herzégovine
Italy	32.2	64.9	86.1	67.3	80.7	Italie
Australia	32.6	68.6	51.1	66.3	94.5	Australie
Canada	10.0	50.8	89.2	22.3	40.9	Canada
United Kingdom	25.6	34.4	45.3	23.2	57.6	Royaume-Uni
Germany	24.9	30.0	31.6	28.6	44.1	Allemagne
Hungary	8.0	12.9	9.9	35.3	54.8	Hongrie
Slovakia	7.0	13.6	19.6	17.6	17.6	Slovaquie
India	2.2	18.6	17.9	7.6	5.8	Inde
South Africa	0.6	3.6	3.8	7.6	17.4	Afrique du Sud
China, Hong Kong SAR	e0.0	0.0	e0.0	e0.0	e29.2	Chine - RAS de Hong-Kong

Value as percentages of World total — Valeur en pourcentage du total mondial

Regions of the world	1998	1999	2000	2001	2002	2003	2004	2005	2006	2007	Régions du monde
World	100.0	100.0	100.0	100.0	100.0	100.0	100.0	100.0	100.0	100.0	Monde
Developed Economies	54.2	55.5	47.6	47.8	46.7	38.6	34.2	44.5	36.7	43.7	Economies Développés
- Asia-Pacific	13.1	13.0	9.3	8.7	9.4	7.6	4.8	6.9	5.2	4.8	- Asie-Pacifique
- Europe	33.2	34.9	31.6	34.0	34.0	28.8	27.5	33.7	29.5	36.5	- Europe
- North America	7.9	7.7	6.7	5.2	3.3	2.2	1.9	4.0	2.0	2.3	- Amérique du Nord
South-Eastern Europe	0.5	0.6	0.7	0.1	0.1	0.9	0.7	1.6	1.0	1.8	Europe du Sud-Est
Commonwealth of Independent States	4.5	7.9	5.8	8.1	9.8	11.9	14.2	11.4	3.8	8.2	Communauté d'Etats indépendants
- Asia	0.1	0.0	0.0	0.0	0.0	0.0	0.0	0.0	0.0	0.1	- Asie
- Europe	4.5	7.9	5.8	8.1	9.8	11.9	14.2	11.4	3.8	8.0	- Europe
Northern Africa	1.5	1.8	2.1	2.6	1.7	1.5	1.6	0.9	0.6	1.6	Afrique septentrionale
Sub-Saharan Africa	1.2	1.4	0.5	0.3	0.7	0.6	0.3	0.1	29.5	0.4	Afrique subsaharienne
Latin America & the Caribbean	0.6	0.8	1.1	0.9	1.0	1.0	1.2	2.7	1.5	2.4	Amérique latine et Caraïbes
- Caribbean		0.0	0.0	0.0		0.0		0.0	0.0	0.0	- Caraïbes
- Latin America	0.6	0.8	1.1	0.9	1.0	1.0	1.2	2.7	1.5	2.4	- Amérique latine
Eastern Asia	37.3	31.9	42.1	40.1	39.9	45.4	47.5	38.4	26.6	41.7	Asie orientale
Southern Asia	0.0	0.0	0.0	0.0	0.0	0.1	0.2	0.3	0.1	0.1	Asie méridionale
South-Eastern Asia	0.2	0.0	0.0	0.0	0.0	0.0	0.0	0.0	0.0	0.0	Asie du Sud-Est
Western Asia	0.1	0.1	0.1	0.1	0.0	0.1	0.0	0.0	0.1	0.0	Asie occidentale
Oceania										0.0	Océanie

157

333 Petroleum oils and oils obtained from bituminous minerals, crude

Trade by commodity
Imports by principal countries or areas
Value in million US dollars

Commerce par produit
Importations selon les principaux pays ou zones
Valeur en millions de dollars EU

Country or area	2003	2004	2005	2006	2007	Pays ou zone
World	431650.6	581810.7	808737.7	997424.6	1089003.1	Monde
Developed Economies	296946.6	389823.5	537165.2	656106.3	701971.1	Economies Développés
- Asia-Pacific	51426.8	63345.2	89415.1	111085.9	118138.5	- Asie-Pacifique
- Europe	128653.6	170936.9	239267.1	291252.6	308249.5	- Europe
- North America	116866.3	155541.4	208483.0	253767.8	275583.0	- Amérique du Nord
South-Eastern Europe	2077.1	4883.9	7385.2	8436.5	10302.8	Europe du Sud-Est
Commonwealth of Independent States	6518.2	8786.1	10143.0	12227.2	14484.7	Communauté d'Etats indépendants
- Asia	368.9	655.3	874.7	1668.6	2041.9	- Asie
- Europe	6149.3	8130.7	9268.3	10558.6	12442.9	- Europe
Northern Africa	1232.2	1958.4	3932.4	4446.0	4987.0	Afrique septentrionale
Sub-Saharan Africa	5621.5	9081.3	10569.0	14077.4	15357.5	Afrique subsaharienne
Latin America & the Caribbean	12275.2	14740.9	19926.1	23289.4	26284.0	Amérique latine et Caraïbes
- Caribbean	4427.7	2427.4	4987.1	4922.1	4224.9	- Caraïbes
- Latin America	7847.6	12313.5	14939.0	18367.3	22059.1	- Amérique latine
Eastern Asia	52528.9	77098.4	108828.6	146296.6	165047.3	Asie orientale
Southern Asia	20759.4	29198.7	42744.2	51824.9	60433.4	Asie méridionale
South-Eastern Asia	23863.5	33576.6	49500.1	58436.1	62986.4	Asie du Sud-Est
Western Asia	9827.9	12662.9	18543.9	22284.1	26699.2	Asie occidentale
Oceania	0.1	0.1	0.1	0.1	449.6	Océanie
United States	106989.1	143180.2	190390.3	233198.7	253048.3	Etats-Unis d'Amérique
Japan	45933.8	55993.0	79772.9	98972.1	103830.2	Japon
China	19782.4	33911.7	47722.8	66411.9	79857.5	Chine
Korea, Republic of	23081.6	29917.2	42605.8	55864.9	60322.9	République de Corée
Germany	23346.3	30970.6	43597.8	52181.8	54918.0	Allemagne
India	18600.6	26245.7	39100.9	47003.5	54059.5	Inde
Italy	18099.4	23592.2	33576.9	39912.7	45465.3	Italie
France-Monaco	18359.3	24594.2	33359.8	39872.9	42818.8	France-Monaco
Netherlands	12198.4	16611.6	23583.6	28764.5	29508.1	Pays-Bas
Spain	11789.4	15909.8	22239.4	27334.8	29515.5	Espagne
United Kingdom	9737.3	15561.8	20943.3	26509.8	23371.8	Royaume-Uni
Canada	9877.2	12361.2	18092.7	20569.1	22534.7	Canada
Singapore	8323.5	12490.7	18504.4	20413.8	22482.4	Singapour
Thailand	7216.2	10550.7	16899.0	20119.8	20134.2	Thaïlande
Belgium	8369.2	9306.3	12847.3	15189.3	17424.2	Belgique
Turkey	4776.5	6091.5	8649.5	e10264.7	e12596.2	Turquie
Australia	4479.4	6123.9	8033.0	10021.2	12116.6	Australie
Brazil	3801.6	6771.6	7666.8	9062.6	11975.8	Brésil
South Africa	3597.9	5913.8	6474.2	9487.5	10917.9	Afrique du Sud
Sweden	4420.0	5627.2	7547.2	8861.4	9105.7	Suède
Indonesia	4027.4	5831.4	6797.0	7852.6	9056.9	Indonésie
Greece	4140.5	4650.8	6889.9	8349.5	8326.4	Grèce
Poland	3426.1	4224.8	6154.7	8491.0	10046.2	Pologne
Portugal	2721.3	3717.0	4928.9	6333.9	6462.7	Portugal
Belarus	1983.0	3232.2	4222.2	5607.8	7234.3	Bélarus

Value as percentages of World total

Valeur en pourcentage du total mondial

Regions of the world	1998	1999	2000	2001	2002	2003	2004	2005	2006	2007	Régions du monde
World	100.0	100.0	100.0	100.0	100.0	100.0	100.0	100.0	100.0	100.0	Monde
Developed Economies	70.8	69.8	69.6	68.9	68.7	68.8	67.0	66.4	65.8	64.5	Economies Développés
- Asia-Pacific	13.8	13.3	12.8	12.7	11.9	11.9	10.9	11.1	11.1	10.8	- Asie-Pacifique
- Europe	31.8	30.7	30.4	30.8	30.6	29.8	29.4	29.6	29.2	28.3	- Europe
- North America	25.2	25.8	26.4	25.4	26.2	27.1	26.7	25.8	25.4	25.3	- Amérique du Nord
South-Eastern Europe	0.7	0.5	0.5	0.7	0.8	0.5	0.8	0.9	0.8	0.9	Europe du Sud-Est
Commonwealth of Independent States	1.4	0.8	0.9	0.9	1.3	1.5	1.5	1.3	1.2	1.3	Communauté d'Etats indépendants
- Asia	0.1	0.0	0.0	0.1	0.1	0.1	0.1	0.1	0.2	0.2	- Asie
- Europe	1.3	0.8	0.9	1.1	1.3	1.4	1.4	1.1	1.1	1.1	- Europe
Northern Africa	0.6	0.7	0.4	0.4	0.4	0.3	0.3	0.5	0.4	0.5	Afrique septentrionale
Sub-Saharan Africa	1.7	1.5	1.4	1.4	1.2	1.3	1.6	1.3	1.4	1.4	Afrique subsaharienne
Latin America & the Caribbean	3.2	3.0	2.9	3.0	2.8	2.8	2.5	2.5	2.3	2.4	Amérique latine et Caraïbes
- Caribbean	0.9	0.9	0.9	0.9	1.0	1.0	0.4	0.6	0.5	0.4	- Caraïbes
- Latin America	2.4	2.1	2.0	2.1	1.9	1.8	2.1	1.8	1.8	2.0	- Amérique latine
Eastern Asia	10.1	10.6	12.3	11.6	11.3	12.2	13.3	13.5	14.7	15.2	Asie orientale
Southern Asia	2.5	4.5	4.1	4.3	5.2	4.8	5.0	5.3	5.2	5.5	Asie méridionale
South-Eastern Asia	6.1	5.9	5.6	6.1	5.8	5.5	5.8	6.1	5.9	5.8	Asie du Sud-Est
Western Asia	2.9	2.6	2.2	2.3	2.4	2.3	2.2	2.3	2.2	2.5	Asie occidentale
Oceania	0.0	0.0	0.0	0.0	0.0	0.0	0.0	0.0	0.0	0.0	Océanie

Trade by commodity

Exports by principal countries or areas

Value in million US dollars

Commerce par produit

Exportations selon les principaux pays ou zones

Valeur en millions de dollars EU

Country or area	2003	2004	2005	2006	2007	Pays ou zone
World	402820.5	549700.7	788756.7	952198.9	1079338.9	Monde
Developed Economies	66692.5	83603.3	105232.7	121909.4	135554.4	Economies Développés
- Asia-Pacific	3500.6	3929.9	5085.9	5375.5	7625.2	- Asie-Pacifique
- Europe	48431.2	59986.8	74712.0	82216.2	87813.8	- Europe
- North America	14760.6	19686.6	25434.8	34317.7	40115.3	- Amérique du Nord
South-Eastern Europe	27.3	0.2	10.2	18.1	59.4	Europe du Sud-Est
Commonwealth of Independent States	46227.5	69155.8	99861.8	124803.7	146194.6	Communauté d'Etats indépendants
- Asia	8906.8	13739.2	19775.0	27561.4	31440.0	- Asie
- Europe	37320.6	55416.6	80086.8	97242.3	114754.6	- Europe
Northern Africa	24188.0	36175.6	52605.8	66299.2	74744.4	Afrique septentrionale
Sub-Saharan Africa	39646.5	58514.7	96869.5	115092.1	126148.4	Afrique subsaharienne
Latin America & the Caribbean	47358.2	66900.0	93755.9	114995.9	127530.1	Amérique latine et Caraïbes
- Caribbean	479.6	837.7	1471.3	2148.1	1805.7	- Caraïbes
- Latin America	46878.6	66062.3	92284.6	112847.8	125724.4	- Amérique latine
Eastern Asia	1666.1	1331.0	2705.9	2772.3	2613.9	Asie orientale
Southern Asia	26216.8	34335.2	48330.0	50295.7	65938.6	Asie méridionale
South-Eastern Asia	16303.2	21427.5	29520.8	32371.1	38178.8	Asie du Sud-Est
Western Asia	134034.2	177741.1	259246.8	322855.7	361166.6	Asie occidentale
Oceania	460.2	516.3	617.3	785.6	1209.7	Océanie
Saudi Arabia	70641.4	92856.0	137175.9	162218.8	180030.4	Arabie saoudite
Russian Federation	36914.2	55074.1	79583.9	96676.8	114268.5	Fédération de Russie
Iran (Islamic Republic of)	26124.0	·34289.0	48286.0	50223.9	e65909.6	Iran (République islamique d')
Nigeria	23211.2	e30026.2	e51140.7	54915.8	e60404.0	Nigéria
Venezuela	20235.8	32636.9	47094.8	56228.5	e63354.7	Venezuela
Norway	29019.9	36978.4	47190.1	51000.0	54340.4	Norvège
United Arab Emirates	21010.2	28580.1	40579.9	53963.7	e58316.6	Emirates arabes unis
Mexico	16832.1	21257.8	28329.5	34707.1	37937.2	Mexique
Kuwait	e11745.3	e16456.2	e29400.6	e38258.1	e42173.8	Koweït
Canada	14605.8	19370.4	24789.1	33454.1	39019.8	Canada
Libyan Arab Jamahiriya	e12003.9	e17449.8	e26439.0	e33853.7	e38984.3	Jamahiriya arabe libyenne
Algeria	11346.3	17570.5	24518.8	30383.6	e32657.5	Algérie
Iraq	e8927.1	e15717.1	e17346.2	28610.0	39530.6	Iraq
Angola	e8981.8	e13017.5	e22946.8	e29918.8	e31764.4	Angola
United Kingdom	15125.3	17176.9	19950.0	23169.4	25357.7	Royaume-Uni
Kazakhstan	7012.5	11417.1	17395.3	23612.0	28125.9	Kazakhstan
Qatar	6716.8	8529.1	12843.5	. 15981.2	e17351.0	Qatar
Oman	8289.5	9079.1	13188.8	14377.9	14443.4	Oman
Indonesia	5621.0	6241.4	8145.8	8168.8	9226.0	Indonésie
Malaysia	4183.5	6019.1	8060.0	8886.0	9761.8	Malaisie
Viet Nam	3821.0	5670.6	7373.5	8312.0	e9696.1	Viet Nam
Equatorial Guinea	e2505.4	e4277.7	e6488.9	e7576.2	e8717.1	Guinée équatoriale
Ecuador	2372.3	3898.5	5396.8	6934.0	7428.4	Equateur
Brazil	2121.9	2527.7	4164.8	6894.5	8905.1	Brésil
Australia	3279.0	3688.3	4807.1	5061.9	6619.4	Australie

Value as percentages of World total

Valeur en pourcentage du total mondial

Regions of the world	1998	1999	2000	2001	2002	2003	2004	2005	2006	2007	Régions du monde
World	100.0	100.0	100.0	100.0	100.0	100.0	100.0	100.0	100.0	100.0	Monde
Developed Economies	17.0	16.1	17.9	18.1	18.3	16.6	15.2	13.3	12.8	12.6	Economies Développés
- Asia-Pacific	0.8	0.7	1.2	1.1	1.1	0.9	0.7	0.6	0.6	0.7	- Asie-Pacifique
- Europe	12.2	12.2	13.0	13.7	13.6	12.0	10.9	9.5	8.6	8.1	- Europe
- North America	4.0	3.3	3.6	3.3	3.6	3.7	3.6	3.2	3.6	3.7	- Amérique du Nord
South-Eastern Europe	0.0	0.0	0.0	0.0	0.0	0.0	0.0	0.0	0.0	0.0	Europe du Sud-Est
Commonwealth of Independent States	6.8	7.1	7.9	9.2	10.7	11.5	12.6	12.7	13.1	13.5	Communauté d'Etats indépendants
- Asia	1.0	1.2	1.5	1.9	2.1	2.2	2.5	2.5	2.9	2.9	- Asie
- Europe	5.8	5.8	6.4	7.3	8.6	9.3	10.1	10.2	10.2	10.6	- Europe
Northern Africa	5.8	5.1	5.0	5.1	5.2	6.0	6.6	6.7	7.0	6.9	Afrique septentrionale
Sub-Saharan Africa	8.6	10.6	10.7	12.5	9.5	9.8	10.6	12.3	12.1	11.7	Afrique subsaharienne
Latin America & the Caribbean	11.6	11.4	11.7	10.6	12.6	11.8	12.2	11.9	12.1	11.8	Amérique latine et Caraïbes
- Caribbean	0.2	0.2	0.2	0.2	0.2	0.1	0.2	0.2	0.2	0.2	- Caraïbes
- Latin America	11.4	11.2	11.5	10.5	12.4	11.6	12.0	11.7	11.9	11.6	- Amérique latine
Eastern Asia	0.9	0.3	0.6	0.4	0.4	0.4	0.2	0.3	0.3	0.2	Asie orientale
Southern Asia	6.2	7.2	6.7	6.1	6.0	6.5	6.2	6.1	5.3	6.1	Asie méridionale
South-Eastern Asia	4.6	4.4	4.3	4.2	4.3	4.0	3.9	3.7	3.4	3.5	Asie du Sud-Est
Western Asia	38.3	37.7	35.2	33.5	32.9	33.3	32.3	32.9	33.9	33.5	Asie occidentale
Oceania	0.2	0.1	0.2	0.2	0.1	0.1	0.1	0.1	0.1	0.1	Océanie

334 Petroleum oils and oils obtained from bituminous minerals, (not crude)

Trade by commodity
Imports by principal countries or areas
Value in million US dollars

Commerce par produit
Importations selon les principaux pays ou zones
Valeur en millions de dollars EU

Country or area	2003	2004	2005	2006	2007	Pays ou zone
World	172517.5	238786.3	341247.9	425957.3	494851.2	Monde
Developed Economies	100380.7	138052.5	205175.7	246222.9	271481.1	Economies Développés
- Asia-Pacific	10898.8	14422.2	19180.0	23966.5	25790.7	- Asie-Pacifique
- Europe	59001.2	80326.1	118275.7	147012.1	161797.6	- Europe
- North America	30480.7	43304.1	67720.0	75244.3	83892.7	- Amérique du Nord
South-Eastern Europe	991.8	1517.4	2256.2	2900.2	3383.2	Europe du Sud-Est
Commonwealth of Independent States	1399.2	2307.6	3482.8	5790.2	7407.0	Communauté d'Etats indépendants
- Asia	584.7	1223.9	1637.6	2123.8	2899.5	- Asie
- Europe	814.5	1083.7	1845.3	3666.4	4507.5	- Europe
Northern Africa	1560.1	1839.8	2675.0	3500.0	5001.7	Afrique septentrionale
Sub-Saharan Africa	6532.1	7902.9	8848.5	13864.4	15953.8	Afrique subsaharienne
Latin America & the Caribbean	11274.6	14737.1	23885.3	31344.7	44274.9	Amérique latine et Caraïbes
- Caribbean	2513.5	3286.2	4673.1	5077.9	6823.0	- Caraïbes
- Latin America	8761.2	11450.9	19212.1	26266.7	37451.9	- Amérique latine
Eastern Asia	17495.4	24121.3	27816.2	38809.4	47438.5	Asie orientale
Southern Asia	5986.4	8841.8	12278.1	13638.3	16749.4	Asie méridionale
South-Eastern Asia	20502.7	29832.4	41773.9	52841.7	62770.3	Asie du Sud-Est
Western Asia	5616.9	8643.0	11561.9	15245.0	18688.0	Asie occidentale
Oceania	777.7	990.4	1494.2	1800.6	1703.3	Océanie
United States	28354.9	40316.5	62680.4	69058.9	77071.0	Etats-Unis d'Amérique
Singapore	9929.2	13223.6	16826.3	24210.7	29888.7	Singapour
Germany	8355.4	10826.9	16184.3	18948.8	17417.8	Allemagne
France-Monaco	6672.4	9878.6	15123.6	18629.8	18708.5	France-Monaco
Japan	8422.1	10669.5	13033.6	15736.4	16863.2	Japon
United Kingdom	5698.7	8548.5	13062.7	16970.0	18965.8	Royaume-Uni
Netherlands	5854.3	8057.4	11764.9	15975.9	20328.6	Pays-Bas
China	5863.5	9239.3	10425.5	15548.8	16447.9	Chine
Belgium	5523.6	7588.2	11352.1	14236.0	15736.5	Belgique
Spain	4367.4	6156.6	8508.0	11755.6	14919.5	Espagne
Indonesia	3528.9	5832.2	10580.8	10963.1	12619.5	Indonésie
Korea, Republic of	5867.5	6605.8	7496.1	9281.9	11664.9	République de Corée
Mexico	2293.1	3322.2	7257.0	9453.3	13886.1	Mexique
China, Hong Kong SAR	3388.3	4993.2	6366.9	8053.5	9425.1	Chine - RAS de Hong-Kong
Italy	4043.3	4260.1	5466.4	6930.9	7411.4	Italie
Viet Nam	2539.5	3717.8	5024.6	6219.6	e7935.7	Viet Nam
India	1721.8	3345.9	5036.7	6414.1	8618.1	Inde
Australia	1835.1	3016.0	4719.1	6544.4	6820.4	Australie
Malaysia	2289.7	3575.2	4677.7	5732.0	6090.4	Malaisie
Canada	1998.0	2830.2	4842.0	5967.6	6660.8	Canada
Austria	2161.2	3544.9	4387.6	5394.4	5474.5	Autriche
Switzerland-Liechtenstein	2429.1	2934.8	4386.8	4831.2	4734.9	Suisse-Liechtenstein
Sweden	1935.7	2444.6	3678.8	4350.8	5376.4	Suède
Turkey	1721.4	2419.3	3606.8	4186.8	5353.1	Turquie
Brazil	1815.7	2105.7	2892.9	4294.2	5993.4	Brésil

Value as percentages of World total

Valeur en pourcentage du total mondial

Regions of the world	1998	1999	2000	2001	2002	2003	2004	2005	2006	2007	Régions du monde
World	100.0	100.0	100.0	100.0	100.0	100.0	100.0	100.0	100.0	100.0	Monde
Developed Economies	54.6	55.6	58.4	56.9	57.6	58.2	57.8	60.1	57.8	54.9	Economies Développés
- Asia-Pacific	5.7	6.7	6.5	5.9	5.7	6.3	6.0	5.6	5.6	5.2	- Asie-Pacifique
- Europe	32.7	31.9	33.0	32.0	35.1	34.2	33.6	34.7	34.5	32.7	- Europe
- North America	16.2	17.0	18.9	19.1	16.8	17.7	18.1	19.8	17.7	17.0	- Amérique du Nord
South-Eastern Europe	0.8	0.7	0.8	0.8	0.7	0.6	0.6	0.7	0.7	0.7	Europe du Sud-Est
Commonwealth of Independent States	2.7	1.6	1.4	1.0	0.9	0.8	1.0	1.0	1.4	1.5	Communauté d'Etats indépendants
- Asia	0.8	0.4	0.4	0.4	0.4	0.3	0.5	0.5	0.5	0.6	- Asie
- Europe	1.9	1.1	1.1	0.5	0.5	0.5	0.5	0.5	0.9	0.9	- Europe
Northern Africa	0.9	0.9	1.1	1.0	0.8	0.9	0.8	0.8	0.8	1.0	Afrique septentrionale
Sub-Saharan Africa	4.1	2.9	2.7	5.8	3.0	3.8	3.3	2.6	3.3	3.2	Afrique subsaharienne
Latin America & the Caribbean	9.9	9.6	8.9	9.0	7.8	6.5	6.2	7.0	7.4	8.9	Amérique latine et Caraïbes
- Caribbean	1.7	2.4	1.9	2.0	2.0	1.5	1.4	1.4	1.2	1.4	- Caraïbes
- Latin America	8.2	7.2	6.9	7.0	5.8	5.1	4.8	5.6	6.2	7.6	- Amérique latine
Eastern Asia	9.8	9.7	9.1	9.1	9.8	10.1	10.1	8.2	9.1	9.6	Asie orientale
Southern Asia	5.3	5.6	3.0	2.6	3.6	3.5	3.7	3.6	3.2	3.4	Asie méridionale
South-Eastern Asia	9.5	10.5	11.1	10.2	12.3	11.9	12.5	12.2	12.4	12.7	Asie du Sud-Est
Western Asia	2.1	2.7	2.9	2.9	3.1	3.3	3.6	3.4	3.6	3.8	Asie occidentale
Oceania	0.3	0.3	0.5	0.5	0.5	0.5	0.4	0.4	0.4	0.3	Océanie

Trade by commodity
Exports by principal countries or areas
Value in million US dollars

Commerce par produit
Exportations selon les principaux pays ou zones
Valeur en millions de dollars EU

Country or area	2003	2004	2005	2006	2007	Pays ou zone
World	179055.3	249233.9	367244.3	463028.5	532279.7	Monde
Developed Economies	76697.8	103304.5	150228.6	191460.3	220665.9	Economies Développés
- Asia-Pacific	2356.4	3008.7	5624.2	7050.4	10568.6	- Asie-Pacifique
- Europe	61092.0	83413.2	120212.0	151465.9	170992.8	- Europe
- North America	13249.5	16882.5	24392.4	32944.0	39104.5	- Amérique du Nord
South-Eastern Europe	1578.4	2416.4	4236.0	5215.6	5331.5	Europe du Sud-Est
Commonwealth of Independent States	18348.0	25801.0	43285.1	56251.5	64841.9	Communauté d'Etats indépendants
- Asia	964.3	1657.3	2558.8	3243.5	3865.6	- Asie
- Europe	17383.7	24143.7	40726.3	53008.1	60976.3	- Europe
Northern Africa	6540.2	7434.2	9909.3	11104.8	12976.6	Afrique septentrionale
Sub-Saharan Africa	4937.4	6581.2	12421.0	13073.0	14300.9	Afrique subsaharienne
Latin America & the Caribbean	9856.9	10089.1	17008.3	20646.9	21098.3	Amérique latine et Caraïbes
- Caribbean	2785.5	1684.0	4239.2	5407.3	3786.1	- Caraïbes
- Latin America	7071.4	8405.1	12769.1	15239.7	17312.2	- Amérique latine
Eastern Asia	13593.7	19615.5	30645.9	38151.4	46543.0	Asie orientale
Southern Asia	3803.3	7243.6	12468.8	19493.4	24272.4	Asie méridionale
South-Eastern Asia	18200.9	25915.0	35993.8	47285.4	53702.2	Asie du Sud-Est
Western Asia	25370.2	40692.0	50864.6	60168.2	68232.5	Asie occidentale
Oceania	128.5	141.3	183.1	177.8	314.4	Océanie
Russian Federation	13933.8	19163.0	33836.4	44607.5	51785.5	Fédération de Russie
Singapore	12746.9	18632.4	26560.6	33849.1	39696.7	Singapour
Netherlands	12642.1	16763.0	24353.4	31959.9	38034.4	Pays-Bas
United States	7350.3	9924.6	14718.3	22170.6	26733.3	Etats-Unis d'Amérique
Korea, Republic of	6439.5	9994.5	15109.2	19934.5	23342.3	République de Corée
Saudi Arabia	7261.4	12958.7	18327.4	17971.9	17611.6	Arabie saoudite
Belgium	8386.3	10096.9	12893.5	16228.7	18743.6	Belgique
Germany	5461.5	8590.3	13476.7	16736.9	19239.7	Allemagne
India	3444.1	6662.2	11439.9	18315.5	22846.2	Inde
United Kingdom	6714.6	9924.8	12876.7	15389.8	16146.7	Royaume-Uni
United Arab Emirates	4316.0	9704.2	9368.2	16175.4	e17480.2	Emirates arabes unis
Kuwait	e6374.4	e8741.9	e11678.0	e12978.4	e15259.8	Koweït
Italy	5757.7	7358.5	11575.7	13480.0	16751.0	Italie
France-Monaco	4778.1	6165.8	9995.3	12419.7	12800.1	France-Monaco
Canada	5898.5	6945.7	9673.0	10773.3	12370.4	Canada
Bahrain	4680.7	5552.5	7786.6	9219.0	10804.9	Bahreïn
Spain	3468.9	4939.1	6748.8	8377.3	9917.2	Espagne
China	3726.8	3960.2	6411.5	7048.2	9151.4	Chine
Sweden	2432.7	3646.0	5095.9	6935.5	7116.2	Suède
Belarus	1960.6	3295.7	4851.1	6731.4	7626.2	Bélarus
Norway	2307.1	2852.2	4270.1	5642.2	6516.8	Norvège
Malaysia	2207.5	3184.4	4011.7	5233.0	5765.5	Malaisie
Sudan	1938.2	2779.8	3738.5	4790.4	e6116.8	Soudan
Japan	913.6	1439.6	3469.2	4630.2	7866.9	Japon
Algeria	2557.0	2671.7	3400.1	3914.7	e4207.7	Algérie

Value as percentages of World total

Regions of the world	1998	1999	2000	2001	2002	2003	2004	2005	2006	2007	Régions du monde
World	100.0	100.0	100.0	100.0	100.0	100.0	100.0	100.0	100.0	100.0	Monde
Developed Economies	42.6	41.0	41.7	21.2	41.2	42.8	41.4	40.9	41.3	41.5	Economies Développés
- Asia-Pacific	2.1	2.0	1.7	0.8	1.5	1.3	1.2	1.5	1.5	2.0	- Asie-Pacifique
- Europe	33.8	32.4	33.4	16.6	32.5	34.1	33.5	32.7	32.7	32.1	- Europe
- North America	6.8	6.6	6.6	3.7	7.2	7.4	6.8	6.6	7.1	7.3	- Amérique du Nord
South-Eastern Europe	0.7	0.6	0.8	0.4	0.9	0.9	1.0	1.2	1.1	1.0	Europe du Sud-Est
Commonwealth of Independent States	6.3	6.5	8.3	4.2	10.1	10.2	10.4	11.8	12.1	12.2	Communauté d'Etats indépendants
- Asia	0.7	0.6	0.7	0.4	0.8	0.5	0.7	0.7	0.7	0.7	- Asie
- Europe	5.6	5.9	7.6	3.8	9.3	9.7	9.7	11.1	11.4	11.5	- Europe
Northern Africa	3.6	4.0	3.8	2.0	3.5	3.7	3.0	2.7	2.4	2.4	Afrique septentrionale
Sub-Saharan Africa	1.8	1.7	2.3	50.7	2.4	2.8	2.6	3.4	2.8	2.7	Afrique subsaharienne
Latin America & the Caribbean	8.8	10.1	9.9	5.0	5.7	5.5	4.0	4.6	4.5	4.0	Amérique latine et Caraïbes
- Caribbean	1.7	2.0	2.1	1.2	1.8	1.6	0.7	1.2	1.2	0.7	- Caraïbes
- Latin America	7.1	8.1	7.8	3.8	3.9	3.9	3.4	3.5	3.3	3.3	- Amérique latine
Eastern Asia	8.2	7.7	8.0	4.1	7.3	7.6	7.9	8.3	8.2	8.7	Asie orientale
Southern Asia	0.5	0.4	1.3	0.8	1.8	2.1	2.9	3.4	4.2	4.6	Asie méridionale
South-Eastern Asia	11.6	11.4	9.3	4.6	9.2	10.2	10.4	9.8	10.2	10.1	Asie du Sud-Est
Western Asia	16.0	16.5	14.7	7.1	17.8	14.2	16.3	13.9	13.0	12.8	Asie occidentale
Oceania	0.0	0.0	0.0	0.0	0.1	0.1	0.1	0.0	0.0	0.1	Océanie

335 Residual petroleum products, nes, and related materials

Trade by commodity
Imports by principal countries or areas
Value in million US dollars

Commerce par produit
Importations selon les principaux pays ou zones
Valeur en millions de dollars EU

Country or area	2003	2004	2005	2006	2007	Pays ou zone
World	12928.6	18751.7	21289.2	27137.9	37044.8	Monde
Developed Economies	7991.3	12135.6	14166.4	17280.1	23450.4	Economies Développés
- Asia-Pacific	888.8	1569.5	2062.5	2181.7	1960.9	- Asie-Pacifique
- Europe	5541.0	8380.5	9427.7	11519.6	17625.4	- Europe
- North America	1561.5	2185.6	2676.2	3578.8	3864.1	- Amérique du Nord
South-Eastern Europe	106.0	177.3	204.6	275.6	418.4	Europe du Sud-Est
Commonwealth of Independent States	276.3	332.4	415.2	520.9	739.5	Communauté d'Etats indépendants
- Asia	65.0	76.3	94.2	136.0	200.9	- Asie
- Europe	211.3	256.1	321.0	384.9	538.6	- Europe
Northern Africa	133.8	162.6	183.1	223.6	310.3	Afrique septentrionale
Sub-Saharan Africa	317.8	323.3	477.6	566.2	702.5	Afrique subsaharienne
Latin America & the Caribbean	969.3	1121.6	1356.3	1765.0	2329.9	Amérique latine et Caraïbes
- Caribbean	23.3	23.6	30.3	36.7	79.6	- Caraïbes
- Latin America	946.0	1098.0	1326.0	1728.3	2250.3	- Amérique latine
Eastern Asia	1796.9	2617.5	2645.7	3814.6	5885.8	Asie orientale
Southern Asia	233.9	428.7	308.8	901.8	955.5	Asie méridionale
South-Eastern Asia	607.9	810.8	895.8	1169.5	1440.6	Asie du Sud-Est
Western Asia	486.8	632.1	623.7	606.3	794.3	Asie occidentale
Oceania	8.5	9.7	12.0	14.2	17.7	Océanie
Netherlands	1211.1	2013.1	2631.8	2968.9	3813.2	Pays-Bas
United States	1265.9	1871.3	2157.7	2866.2	3143.8	Etats-Unis d'Amérique
China	1033.7	1349.8	1314.2	2106.1	2845.0	Chine
United Kingdom	487.1	642.7	767.8	853.1	5434.6	Royaume-Uni
Japan	656.3	1227.0	1685.5	1799.9	1505.3	Japon
Korea, Republic of	659.5	1133.2	1201.9	1542.4	2071.5	République de Corée
Germany	666.9	1008.2	1303.4	1732.0	1784.1	Allemagne
Belgium	536.9	1399.6	986.9	1075.7	947.2	Belgique
France-Monaco	482.2	606.2	728.6	1148.0	1090.4	France-Monaco
Italy	541.9	593.7	522.1	716.0	883.7	Italie
Spain	363.3	448.8	476.6	638.4	795.7	Espagne
Canada	294.2	312.8	515.5	711.1	718.9	Canada
Ecuador	251.6	245.2	435.6	566.0	844.8	Equateur
India	175.6	325.5	192.4	789.8	838.8	Inde
Mexico	289.6	325.0	350.7	503.9	600.4	Mexique
Thailand	122.4	184.0	218.7	426.5	542.0	Thaïlande
Australia	170.1	250.9	301.0	330.1	392.4	Australie
Malaysia	271.9	328.4	287.9	208.6	227.5	Malaisie
Portugal	119.3	134.1	337.7	268.2	378.8	Portugal
Norway	167.8	196.3	229.3	257.1	333.6	Norvège
Poland	155.1	182.0	229.6	272.9	338.5	Pologne
Brazil	147.5	162.0	194.0	262.9	371.7	Brésil
Russian Federation	141.4	146.7	220.0	268.1	350.3	Fédération de Russie
Czech Republic	119.4	164.6	188.5	250.7	293.0	République tchèque
United Arab Emirates	80.9	100.1	124.0	198.4	e245.5	Emirates arabes unis

Valeur en pourcentage du total mondial

Regions of the world	1998	1999	2000	2001	2002	2003	2004	2005	2006	2007	Régions du monde
World	100.0	100.0	100.0	100.0	100.0	100.0	100.0	100.0	100.0	100.0	Monde
Developed Economies	64.7	60.9	62.7	58.2	61.9	61.8	64.7	66.5	63.7	63.3	Economies Développés
- Asia-Pacific	9.5	8.6	8.3	6.8	7.5	6.9	8.4	9.7	8.0	5.3	- Asie-Pacifique
- Europe	42.6	38.9	40.6	39.5	40.3	42.9	44.7	44.3	42.4	47.6	- Europe
- North America	12.5	13.4	13.8	11.9	14.1	12.1	11.7	12.6	13.2	10.4	- Amérique du Nord
South-Eastern Europe	0.5	0.6	0.7	0.9	0.8	0.8	0.9	1.0	1.0	1.1	Europe du Sud-Est
Commonwealth of Independent States	3.8	3.6	2.2	2.7	2.2	2.1	1.8	2.0	1.9	2.0	Communauté d'Etats indépendants
- Asia	0.9	1.1	0.6	0.7	0.8	0.5	0.4	0.4	0.5	0.5	- Asie
- Europe	2.9	2.4	1.6	2.0	1.5	1.6	1.4	1.5	1.4	1.5	- Europe
Northern Africa	0.9	0.8	0.7	0.9	0.9	1.0	0.9	0.9	0.8	0.8	Afrique septentrionale
Sub-Saharan Africa	3.5	3.5	2.4	6.0	2.3	2.5	1.7	2.2	2.1	1.9	Afrique subsaharienne
Latin America & the Caribbean	7.4	7.2	6.3	7.6	6.5	7.5	6.0	6.4	6.5	6.3	Amérique latine et Caraïbes
- Caribbean	0.2	0.2	0.2	0.2	0.2	0.2	0.1	0.1	0.1	0.2	- Caraïbes
- Latin America	7.2	7.0	6.1	7.4	6.3	7.3	5.9	6.2	6.4	6.1	- Amérique latine
Eastern Asia	6.8	10.5	10.2	10.2	11.9	13.9	14.0	12.4	14.1	15.9	Asie orientale
Southern Asia	5.8	4.8	6.4	4.9	5.2	1.8	2.3	1.5	3.3	2.6	Asie méridionale
South-Eastern Asia	3.3	4.8	4.5	4.8	4.6	4.7	4.3	4.2	4.3	3.9	Asie du Sud-Est
Western Asia	3.2	3.2	3.8	3.7	3.5	3.8	3.4	2.9	2.2	2.1	Asie occidentale
Oceania	0.1	0.1	0.1	0.1	0.1	0.1	0.1	0.1	0.1	0.0	Océanie

Trade by commodity

Exports by principal countries or areas

Value in million US dollars

Country or area	2003	2004	2005	2006	2007	Pays ou zone
World	11730.6	15242.1	17734.8	22630.6	27499.4	Monde
Developed Economies	7582.7	10105.6	11313.1	14495.7	16570.0	Economies Développés
- Asia-Pacific	350.5	446.7	539.0	836.3	1048.8	- Asie-Pacifique
- Europe	4701.1	6745.9	7542.5	9074.1	10405.6	- Europe
- North America	2531.0	2913.0	3231.6	4585.3	5115.6	- Amérique du Nord
South-Eastern Europe	26.5	50.4	68.3	82.6	85.4	Europe du Sud-Est
Commonwealth of Independent States	290.7	372.9	436.0	611.3	1095.7	Communauté d'Etats indépendants
- Asia	29.9	45.0	61.0	78.3	325.2	- Asie
- Europe	260.8	327.9	375.0	532.9	770.5	- Europe
Northern Africa	389.2	558.0	565.6	511.5	549.7	Afrique septentrionale
Sub-Saharan Africa	176.5	211.2	219.6	303.1	433.2	Afrique subsaharienne
Latin America & the Caribbean	621.5	405.6	540.6	503.7	577.7	Amérique latine et Caraïbes
- Caribbean	348.2	13.3	19.4	6.8	13.2	- Caraïbes
- Latin America	273.3	392.3	521.2	496.9	564.5	- Amérique latine
Eastern Asia	982.3	1272.6	1674.5	2362.1	2778.9	Asie orientale
Southern Asia	399.5	470.8	782.7	916.1	1398.6	Asie méridionale
South-Eastern Asia	806.0	1522.6	1588.7	2368.1	3216.9	Asie du Sud-Est
Western Asia	455.5	245.3	513.3	435.0	793.1	Asie occidentale
Oceania	0.2	27.0	32.5	41.5	0.2	Océanie
United States	2128.5	2282.6	2575.1	3729.3	4206.8	Etats-Unis d'Amérique
Germany	873.2	1189.1	1592.5	2097.1	2128.0	Allemagne
Netherlands	750.3	1061.6	1289.1	1483.9	1481.5	Pays-Bas
Belgium	696.8	1357.2	1053.6	1166.0	1393.3	Belgique
Singapore	445.9	806.9	977.0	1254.9	1062.3	Singapour
China	441.9	607.1	925.6	1227.4	1340.7	Chine
France-Monaco	557.6	698.0	886.6	1060.3	1128.0	France-Monaco
Spain	519.5	679.1	670.9	749.0	1022.8	Espagne
Canada	402.5	630.4	656.5	856.0	908.9	Canada
Korea, Republic of	359.7	459.9	512.9	854.3	1156.2	République de Corée
Japan	341.7	436.6	525.3	821.5	1031.7	Japon
Iran (Islamic Republic of)	258.1	357.8	532.8	590.0	e774.3	Iran (République islamique d')
United Kingdom	279.8	406.2	440.0	483.0	613.9	Royaume-Uni
Indonesia	70.8	181.0	159.0	351.6	1413.0	Indonésie
Thailand	220.6	410.4	340.5	616.5	581.0	Thaïlande
Sweden	264.2	343.9	418.0	435.0	458.5	Suède
Italy	150.4	204.7	254.8	410.5	553.6	Italie
Saudi Arabia	249.4	139.5	312.7	329.4	515.3	Arabie saoudite
India	134.1	80.7	234.9	308.4	599.3	Inde
Morocco	136.6	247.5	301.4	243.2	231.9	Maroc
Poland	112.8	149.5	155.5	244.7	377.7	Pologne
Russian Federation	126.6	155.5	175.5	237.9	335.7	Fédération de Russie
South Africa	147.1	168.6	167.8	237.2	308.6	Afrique du Sud
Czech Republic	108.2	154.1	165.0	157.5	207.3	République tchèque
Ukraine	88.1	114.4	133.4	202.4	247.7	Ukraine

Value as percentages of World total

Valeur en pourcentage du total mondial

Regions of the world	1998	1999	2000	2001	2002	2003	2004	2005	2006	2007	Régions du monde
World	100.0	100.0	100.0	100.0	100.0	100.0	100.0	100.0	100.0	100.0	Monde
Developed Economies	61.0	56.8	69.0	67.2	66.6	64.6	66.3	63.8	64.1	60.3	Economies Développés
- Asia-Pacific	2.8	2.8	3.9	3.0	2.9	3.0	2.9	3.0	3.7	3.8	- Asie-Pacifique
- Europe	34.6	32.9	40.0	39.8	40.3	40.1	44.3	42.5	40.1	37.8	- Europe
- North America	23.6	21.1	25.1	24.4	23.4	21.6	19.1	18.2	20.3	18.6	- Amérique du Nord
South-Eastern Europe	0.3	0.2	0.3	0.2	0.2	0.2	0.3	0.4	0.4	0.3	Europe du Sud-Est
Commonwealth of Independent States	2.1	2.0	2.6	2.6	2.5	2.5	2.4	2.5	2.7	4.0	Communauté d'Etats indépendants
- Asia	0.4	0.3	0.3	0.3	0.3	0.3	0.3	0.3	0.3	1.2	- Asie
- Europe	1.7	1.7	2.3	2.3	2.2	2.2	2.2	2.1	2.4	2.8	- Europe
Northern Africa	1.7	1.5	2.9	2.8	2.5	3.3	3.7	3.2	2.3	2.0	Afrique septentrionale
Sub-Saharan Africa	1.7	1.9	5.7	4.3	4.2	1.5	1.4	1.2	1.3	1.6	Afrique subsaharienne
Latin America & the Caribbean	3.1	4.1	3.6	5.2	3.1	5.3	2.7	3.0	2.2	2.1	Amérique latine et Caraïbes
- Caribbean	0.3	0.5	0.5	2.4	0.1	3.0	0.1	0.1	0.0	0.0	- Caraïbes
- Latin America	2.8	3.6	3.1	2.8	3.0	2.3	2.6	2.9	2.2	2.1	- Amérique latine
Eastern Asia	7.9	7.3	7.8	7.6	8.5	8.4	8.3	9.4	10.4	10.1	Asie orientale
Southern Asia	1.2	1.0	1.7	2.4	3.5	3.4	3.1	4.4	4.0	5.1	Asie méridionale
South-Eastern Asia	6.8	5.5	6.1	6.8	7.9	6.9	10.0	9.0	10.5	11.7	Asie du Sud-Est
Western Asia	14.2	19.6	0.4	1.0	0.9	3.9	1.6	2.9	1.9	2.9	Asie occidentale
Oceania	0.0	0.0	0.0	0.0	0.0	0.0	0.2	0.2	0.2	0.0	Océanie

342 Liquefied propane and butane

Trade by commodity
Imports by principal countries or areas
Value in million US dollars

Commerce par produit
Importations selon les principaux pays ou zones
Valeur en millions de dollars EU

Country or area	2003	2004	2005	2006	2007	Pays ou zone
World	17627.8	21841.5	27707.5	33729.2	37798.2	Monde
Developed Economies	10717.7	13106.8	16949.7	20869.5	22085.4	Economies Développés
- Asia-Pacific	4754.6	5311.3	6320.4	8291.7	8715.7	- Asie-Pacifique
- Europe	3360.6	4664.3	6098.2	7811.3	8997.6	- Europe
- North America	2602.5	3131.2	4531.1	4766.6	4372.1	- Amérique du Nord
South-Eastern Europe	111.2	147.6	211.0	365.8	461.5	Europe du Sud-Est
Commonwealth of Independent States	52.8	66.1	74.2	105.6	91.8	Communauté d'Etats indépendants
- Asia	12.1	14.0	14.0	15.9	28.5	- Asie
- Europe	40.7	52.1	60.2	89.7	63.3	- Europe
Northern Africa	737.1	1002.0	1413.0	1817.3	2359.7	Afrique septentrionale
Sub-Saharan Africa	343.4	366.2	227.3	303.2	323.8	Afrique subsaharienne
Latin America & the Caribbean	1220.8	1422.3	1584.0	1950.5	2899.1	Amérique latine et Caraïbes
- Caribbean	108.8	131.3	159.7	172.3	426.9	- Caraïbes
- Latin America	1112.0	1291.0	1424.3	1778.2	2472.1	- Amérique latine
Eastern Asia	3599.7	4332.8	5224.6	6295.5	6557.8	Asie orientale
Southern Asia	445.4	853.3	1396.6	1274.6	1786.4	Asie méridionale
South-Eastern Asia	243.7	309.7	359.3	423.8	845.5	Asie du Sud-Est
Western Asia	138.8	208.8	236.9	293.5	347.3	Asie occidentale
Oceania	17.2	25.5	30.8	29.9	40.0	Océanie
Japan	4689.0	5198.9	6198.8	8065.9	8421.1	Japon
United States	2528.5	3029.7	4431.5	4613.1	4167.3	Etats-Unis d'Amérique
China	1919.6	2396.6	2801.0	2896.1	2479.3	Chine
Korea, Republic of	1338.4	1509.2	1932.7	2559.9	3097.1	République de Corée
India	436.5	838.7	1375.2	1245.3	1726.9	Inde
France-Monaco	525.5	727.9	937.8	1244.3	1522.0	France-Monaco
Netherlands	329.6	565.7	837.5	1276.8	1344.7	Pays-Bas
Italy	622.7	692.3	873.8	1026.6	1064.6	Italie
Egypt	362.8	550.1	806.9	1044.0	1290.4	Egypte
Morocco	365.7	440.4	595.7	761.2	1061.8	Maroc
Spain	404.7	535.4	694.5	719.4	863.9	Espagne
Mexico	373.5	428.0	444.7	532.0	708.0	Mexique
Sweden	214.4	395.0	368.1	538.9	589.7	Suède
Poland	210.2	322.6	370.9	511.2	629.7	Pologne
Belgium	131.8	196.9	315.1	561.5	702.1	Belgique
Brazil	219.5	268.5	221.7	440.6	610.2	Brésil
Germany	197.8	248.4	382.4	443.0	479.6	Allemagne
United Kingdom	128.6	242.9	369.8	397.7	587.7	Royaume-Uni
Portugal	202.6	258.4	335.2	379.3	379.1	Portugal
Chile	149.5	207.9	273.9	329.9	527.7	Chili
Philippines	127.3	154.6	182.5	221.4	509.8	Philippines
China, Hong Kong SAR	112.0	134.2	167.8	247.9	256.4	Chine - RAS de Hong-Kong
Guatemala	98.0	114.8	166.0	158.7	220.7	Guatemala
Australia	61.2	107.6	114.3	200.6	239.3	Australie
Canada	72.9	101.3	99.0	150.5	200.8	Canada

Value as percentages of World total

Valeur en pourcentage du total mondial

Regions of the world	1998	1999	2000	2001	2002	2003	2004	2005	2006	2007	Régions du monde
World	100.0	100.0	100.0	100.0	100.0	100.0	100.0	100.0	100.0	100.0	Monde
Developed Economies	64.1	58.7	61.7	63.5	61.0	60.8	60.0	61.2	61.9	58.4	Economies Développés
- Asia-Pacific	30.5	29.8	30.7	30.9	29.5	27.0	24.3	22.8	24.6	23.1	- Asie-Pacifique
- Europe	21.0	20.1	21.2	18.5	21.2	19.1	21.4	22.0	23.2	23.8	- Europe
- North America	12.6	8.8	9.8	14.0	10.3	14.8	14.3	16.4	14.1	11.6	- Amérique du Nord
South-Eastern Europe	0.2	0.3	0.3	0.4	0.4	0.6	0.7	0.8	1.1	1.2	Europe du Sud-Est
Commonwealth of Independent States	0.3	0.2	0.2	0.3	0.3	0.3	0.3	0.3	0.3	0.2	Communauté d'Etats indépendants
- Asia	0.2	0.1	0.1	0.1	0.1	0.1	0.1	0.1	0.0	0.1	- Asie
- Europe	0.2	0.1	0.1	0.2	0.2	0.2	0.2	0.2	0.3	0.2	- Europe
Northern Africa	2.7	3.3	3.4	3.3	4.2	4.2	4.6	5.1	5.4	6.2	Afrique septentrionale
Sub-Saharan Africa	0.5	0.5	0.5	0.8	0.8	1.9	1.7	0.8	0.9	0.9	Afrique subsaharienne
Latin America & the Caribbean	10.7	11.4	12.4	10.7	9.2	6.9	6.5	5.7	5.8	7.7	Amérique latine et Caraïbes
- Caribbean	0.6	1.6	1.3	1.3	1.6	0.6	0.6	0.6	0.5	1.1	- Caraïbes
- Latin America	10.1	9.7	11.1	9.4	7.6	6.3	5.9	5.1	5.3	6.5	- Amérique latine
Eastern Asia	13.0	18.1	16.7	17.6	19.7	20.4	19.8	18.9	18.7	17.3	Asie orientale
Southern Asia	3.9	3.4	1.3	1.0	2.1	2.5	3.9	5.0	3.8	4.7	Asie méridionale
South-Eastern Asia	3.7	2.9	2.2	1.3	1.2	1.4	1.4	1.3	1.3	2.2	Asie du Sud-Est
Western Asia	0.8	1.1	1.1	1.1	1.1	0.8	1.0	0.9	0.9	0.9	Asie occidentale
Oceania	0.2	0.1	0.1	0.1	0.1	0.1	0.1	0.1	0.1	0.1	Océanie

Trade by commodity

Exports by principal countries or areas

Value in million US dollars

Commerce par produit

Exportations selon les principaux pays ou zones

Valeur en millions de dollars EU

Country or area	2003	2004	2005	2006	2007	Pays ou zone
World	15107.2	19293.9	24707.7	28581.6	33341.9	Monde
Developed Economies	5865.8	6774.6	8517.1	9644.4	11070.9	Economies Développés
- Asia-Pacific	518.6	509.5	711.6	799.0	878.3	- Asie-Pacifique
- Europe	3434.1	4198.5	5256.6	6005.4	7000.3	- Europe
- North America	1913.1	2066.5	2548.9	2840.0	3192.3	- Amérique du Nord
South-Eastern Europe	14.5	18.4	29.6	63.7	63.3	Europe du Sud-Est
Commonwealth of Independent States	334.5	539.1	749.6	883.0	1090.9	Communauté d'Etats indépendants
- Asia	111.4	199.9	276.2	342.0	473.9	- Asie
- Europe	223.0	339.2	473.4	541.0	617.0	- Europe
Northern Africa	2545.0	2987.6	3939.5	4370.9	5101.9	Afrique septentrionale
Sub-Saharan Africa	107.2	123.7	270.4	653.6	1146.6	Afrique subsaharienne
Latin America & the Caribbean	619.3	826.4	1117.8	1151.0	1479.9	Amérique latine et Caraïbes
- Caribbean	115.0	170.6	263.3	230.8	474.4	- Caraïbes
- Latin America	504.3	655.8	854.5	920.2	1005.5	- Amérique latine
Eastern Asia	106.1	80.9	95.0	170.9	307.6	Asie orientale
Southern Asia	349.5	365.0	453.8	1032.1	1354.3	Asie méridionale
South-Eastern Asia	817.7	1065.7	1307.8	948.3	1139.9	Asie du Sud-Est
Western Asia	4347.1	6512.0	8226.6	9661.4	10584.1	Asie occidentale
Oceania	0.4	0.4	0.5	2.3	2.5	Océanie
Saudi Arabia	2995.8	4599.6	5635.3	6414.1	6986.0	Arabie saoudite
Algeria	2393.7	2805.8	3654.9	4042.1	e4344.6	Algérie
Norway	1086.8	1286.3	1899.2	2347.1	2664.6	Norvège
Canada	1441.3	1642.2	1962.8	2034.8	2141.5	Canada
Kuwait	e823.0	e1224.2	e1663.8	e2034.6	e2287.2	Koweït
United Kingdom	988.9	1166.7	1216.2	971.0	1226.0	Royaume-Uni
Qatar	413.3	563.4	770.9	1156.1	e1255.2	Qatar
Iran (Islamic Republic of)	349.5	364.9	453.4	1031.8	e1354.0	Iran (République islamique d')
France-Monaco	450.8	501.6	717.7	874.9	930.8	France-Monaco
Australia	511.9	504.6	707.0	794.6	875.0	Australie
United States	473.0	424.4	586.1	805.2	1050.1	Etats-Unis d'Amérique
Argentina	400.2	524.4	615.6	719.3	668.8	Argentine
Malaysia	144.4	328.1	479.8	535.3	684.4	Malaisie
Netherlands	232.3	287.2	320.0	507.4	456.0	Pays-Bas
Singapore	339.9	388.7	350.9	297.6	332.6	Singapour
Russian Federation	191.2	266.7	345.7	363.6	431.3	Fédération de Russie
Kazakhstan	106.7	193.9	271.5	332.6	460.8	Kazakhstan
Indonesia	328.4	343.8	470.9	112.8	91.9	Indonésie
Germany	150.6	199.2	275.7	253.4	386.0	Allemagne
Trinidad and Tobago	93.4	170.5	261.7	230.1	470.2	Trinité-et-Tobago
Belgium	153.8	203.5	209.9	284.1	346.6	Belgique
Libyan Arab Jamahiriya	e57.4	e76.1	e188.8	e278.1	e384.2	Jamahiriya arabe libyenne
Nigeria	23.3	e30.1	e53.3	e57.2	e741.8	Nigéria
Italy	77.2	125.4	143.8	183.0	213.1	Italie
Egypt	93.8	105.5	95.9	50.6	373.1	Egypte

Value as percentages of World total

Valeur en pourcentage du total mondial

Regions of the world	1998	1999	2000	2001	2002	2003	2004	2005	2006	2007	Régions du monde
World	100.0	100.0	100.0	100.0	100.0	100.0	100.0	100.0	100.0	100.0	Monde
Developed Economies	30.5	29.1	31.4	31.5	32.9	38.8	35.1	34.5	33.7	33.2	Economies Développés
- Asia-Pacific	2.5	2.6	2.8	2.8	3.1	3.4	2.6	2.9	2.8	2.6	- Asie-Pacifique
- Europe	18.2	17.4	17.4	17.8	18.8	22.7	21.8	21.3	21.0	21.0	- Europe
- North America	9.8	9.1	11.2	11.0	10.9	12.7	10.7	10.3	9.9	9.6	- Amérique du Nord
South-Eastern Europe	0.0	0.1	0.1	0.1	0.1	0.1	0.1	0.1	0.2	0.2	Europe du Sud-Est
Commonwealth of Independent States	1.4	0.8	1.2	1.1	1.5	2.2	2.8	3.0	3.1	3.3	Communauté d'Etats indépendants
- Asia	0.0	0.0	0.0	0.3	0.5	0.7	1.0	1.1	1.2	1.4	- Asie
- Europe	1.4	0.8	1.1	0.8	1.0	1.5	1.8	1.9	1.9	1.9	- Europe
Northern Africa	9.7	10.1	14.3	13.6	13.4	16.8	15.5	15.9	15.3	15.3	Afrique septentrionale
Sub-Saharan Africa	0.9	2.6	0.8	14.6	0.9	0.7	0.6	1.1	2.3	3.4	Afrique subsaharienne
Latin America & the Caribbean	1.0	1.4	1.8	2.8	3.0	4.1	4.3	4.5	4.0	4.4	Amérique latine et Caraïbes
- Caribbean	0.4	0.5	0.7	1.0	0.8	0.8	0.9	1.1	0.8	1.4	- Caraïbes
- Latin America	0.6	0.9	1.2	1.8	2.2	3.3	3.4	3.5	3.2	3.0	- Amérique latine
Eastern Asia	2.2	2.4	1.3	0.8	0.5	0.7	0.4	0.4	0.6	0.9	Asie orientale
Southern Asia	1.4	0.7	0.8	1.6	1.5	2.3	1.9	1.8	3.6	4.1	Asie méridionale
South-Eastern Asia	6.9	6.1	5.6	5.2	4.9	5.4	5.5	5.3	3.3	3.4	Asie du Sud-Est
Western Asia	46.0	46.8	42.6	28.6	41.4	28.8	33.8	33.3	33.8	31.7	Asie occidentale
Oceania	0.0	0.0	0.0	0.0	0.0	0.0	0.0	0.0	0.0	0.0	Océanie

343 Natural gas, whether or not liquefied

Trade by commodity
Imports by principal countries or areas
Value in million US dollars

Commerce par produit
Importations selon les principaux pays ou zones
Valeur en millions de dollars EU

Country or area	2003	2004	2005	2006	2007	Pays ou zone
World	106532.3	123013.2	162017.7	203280.5	200574.7	Monde
Developed Economies	86883.8	100444.7	133940.1	166512.8	160296.3	Economies Développés
- Asia-Pacific	14654.0	15260.8	17984.1	23271.9	27308.5	- Asie-Pacifique
- Europe	49944.3	59648.3	80721.5	112349.6	101631.0	- Europe
- North America	22285.5	25535.6	35234.4	30891.3	31356.8	- Amérique du Nord
South-Eastern Europe	1072.1	1593.6	2009.0	2394.4	2193.1	Europe du Sud-Est
Commonwealth of Independent States	4756.6	5571.1	5979.1	7405.2	10119.1	Communauté d'Etats indépendants
- Asia	626.2	802.5	865.9	1341.1	1014.7	- Asie
- Europe	4130.4	4768.6	5113.2	6064.1	9104.4	- Europe
Northern Africa	0.1	0.1	57.0	118.1	116.8	Afrique septentrionale
Sub-Saharan Africa	37.7	37.0	132.2	149.9	153.5	Afrique subsaharienne
Latin America & the Caribbean	2705.5	3649.4	4365.3	4639.1	5072.7	Amérique latine et Caraïbes
- Caribbean	1.7	58.2	100.1	19.6	105.8	- Caraïbes
- Latin America	2703.8	3591.2	4265.2	4619.6	4966.9	- Amérique latine
Eastern Asia	6794.1	9064.7	11716.8	16125.6	17956.9	Asie orientale
Southern Asia	25.5	344.3	730.0	1502.3	1876.6	Asie méridionale
South-Eastern Asia	814.3	1247.0	1735.2	2282.3	2369.9	Asie du Sud-Est
Western Asia	3442.6	1061.3	1353.0	2150.7	419.6	Asie occidentale
Oceania	0.1	0.0	0.0	0.0	0.0	Océanie
United States	20980.4	23546.5	32274.9	28812.0	28466.4	Etats-Unis d'Amérique
Germany	16556.6	17979.3	21851.0	30760.7	29130.3	Allemagne
Japan	14653.8	15260.6	17983.8	22867.7	26717.5	Japon
France-Monaco	7023.8	8266.4	11049.8	14344.7	14559.9	France-Monaco
Korea, Republic of	5081.9	6551.6	8646.5	11924.9	12653.3	République de Corée
Italy	e5968.9	e8185.0	e10652.0	e14849.3	e5136.8	Italie
Belgium	4462.0	6700.3	11371.2	13015.8	8920.9	Belgique
Spain	3427.2	4011.3	6306.2	9219.5	9776.7	Espagne
Netherlands	2648.5	3220.6	3800.3	6280.0	e7982.5	Pays-Bas
Ukraine	3190.0	3648.5	3946.0	4769.4	6511.4	Ukraine
United Kingdom	219.7	1226.7	3148.0	4629.0	5772.7	Royaume-Uni
Hungary	1690.0	1759.0	2438.1	3303.3	3071.4	Hongrie
Mexico	1860.7	2441.8	2696.6	2479.2	2749.7	Mexique
Canada	1303.3	1986.9	2957.3	2076.0	2887.9	Canada
Austria	1255.9	1423.5	2102.1	3062.6	2779.7	Autriche
Poland	1144.1	1324.2	1801.0	e2228.5	e2911.9	Pologne
Thailand	710.1	1079.7	1493.2	2018.7	2070.6	Thaïlande
Slovakia	992.9	1018.5	1323.1	1919.3	1550.9	Slovaquie
Czech Republic	1278.5	909.0	1.1	2156.6	2232.9	République tchèque
Romania	799.3	755.1	1129.7	1722.6	1441.3	Roumanie
Belarus	674.7	937.7	949.5	990.1	2088.7	Bélarus
Turkey	e973.5	e839.6	e1093.0	e1790.4	e31.1	Turquie
Brazil	427.9	586.9	809.6	1313.7	1497.1	Brésil
Switzerland-Liechtenstein	618.6	731.0	813.7	1136.7	1222.3	Suisse-Liechtenstein
India	24.9	343.8	727.7	1481.4	1824.8	Inde

Valeur en pourcentage du total mondial

Value as percentages of World total

Regions of the world	1998	1999	2000	2001	2002	2003	2004	2005	2006	2007	Régions du monde
World	100.0	100.0	100.0	100.0	100.0	100.0	100.0	100.0	100.0	100.0	Monde
Developed Economies	76.2	77.2	79.4	82.8	81.7	81.6	81.7	82.7	81.9	79.9	Economies Développés
- Asia-Pacific	18.9	20.7	20.8	17.7	15.6	13.8	12.4	11.1	11.4	13.6	- Asie-Pacifique
- Europe	44.2	40.7	40.5	42.7	49.5	46.9	48.5	49.8	55.3	50.7	- Europe
- North America	13.2	15.9	18.0	22.4	16.7	20.9	20.8	21.7	15.2	15.6	- Amérique du Nord
South-Eastern Europe	2.6	1.6	0.9	0.8	0.8	1.0	1.3	1.2	1.2	1.1	Europe du Sud-Est
Commonwealth of Independent States	11.9	10.5	7.5	6.0	6.4	4.5	4.5	3.7	3.6	5.0	Communauté d'Etats indépendants
- Asia	0.9	0.8	0.5	0.7	0.8	0.6	0.7	0.5	0.7	0.5	- Asie
- Europe	11.0	9.7	7.0	5.3	5.6	3.9	3.9	3.2	3.0	4.5	- Europe
Northern Africa	0.0	0.0	0.0	0.0	0.0	0.0	0.0	0.0	0.1	0.1	Afrique septentrionale
Sub-Saharan Africa	0.0	0.0	0.0	0.0	0.1	0.0	0.0	0.1	0.1	0.1	Afrique subsaharienne
Latin America & the Caribbean	0.8	1.0	1.2	1.7	2.0	2.5	3.0	2.7	2.3	2.5	Amérique latine et Caraïbes
- Caribbean	0.0	0.0	0.0	0.0	0.0	0.0	0.0	0.1	0.0	0.1	- Caraïbes
- Latin America	0.8	1.0	1.2	1.7	2.0	2.5	2.9	2.6	2.3	2.5	- Amérique latine
Eastern Asia	5.9	7.3	8.6	7.4	7.4	6.4	7.4	7.2	7.9	9.0	Asie orientale
Southern Asia	0.0	0.0	0.0	0.0	0.0	0.0	0.3	0.5	0.7	0.9	Asie méridionale
South-Eastern Asia	0.0	0.0	0.2	0.9	1.0	0.8	1.0	1.1	1.1	1.2	Asie du Sud-Est
Western Asia	2.7	2.4	2.2	0.4	0.5	3.2	0.9	0.8	1.1	0.2	Asie occidentale
Oceania	0.0	0.0	0.0	0.0	0.0	0.0	0.0	0.0	0.0	0.0	Océanie

Trade by commodity
Exports by principal countries or areas
Value in million US dollars

Commerce par produit
Exportations selon les principaux pays ou zones
Valeur en millions de dollars EU

Country or area	2003	2004	2005	2006	2007	Pays ou zone
World	93538.2	111214.7	156376.0	195438.6	211744.3	Monde
Developed Economies	42523.3	50740.6	72195.7	82671.8	87866.9	Economies Développés
- Asia-Pacific	1573.4	1925.9	2786.3	3769.9	4199.2	- Asie-Pacifique
- Europe	21012.8	25909.8	36745.7	52148.1	54178.0	- Europe
- North America	19937.1	22904.9	32663.7	26753.9	29489.6	- Amérique du Nord
South-Eastern Europe	0.0	0.0	0.1	0.7	0.3	Europe du Sud-Est
Commonwealth of Independent States	22557.8	24608.3	34313.9	47004.6	47970.4	Communauté d'Etats indépendants
- Asia	2805.2	3287.5	3522.8	4118.7	4737.9	- Asie
- Europe	19752.6	21320.8	30791.1	42886.0	43232.5	- Europe
Northern Africa	7871.7	8432.4	15396.3	18315.3	19262.4	Afrique septentrionale
Sub-Saharan Africa	281.0	382.4	718.3	763.9	4910.9	Afrique subsaharienne
Latin America & the Caribbean	1698.8	3015.8	3570.9	6764.7	6927.0	Amérique latine et Caraïbes
- Caribbean	958.5	1981.5	2046.9	4368.7	4143.3	- Caraïbes
- Latin America	740.3	1034.3	1524.1	2396.1	2783.8	- Amérique latine
Eastern Asia	159.7	187.0	216.0	251.2	333.3	Asie orientale
Southern Asia	11.5	12.2	314.2	249.8	346.5	Asie méridionale
South-Eastern Asia	11896.6	14590.4	17568.4	20601.1	23704.0	Asie du Sud-Est
Western Asia	6537.8	9245.5	12082.2	18814.4	20422.6	Asie occidentale
Oceania	0.0	0.0	0.0	0.0	0.0	Océanie
Russian Federation	19307.9	20912.6	30405.9	42885.1	43231.5	Fédération de Russie
Canada	18637.0	20805.4	29679.5	24510.6	26436.4	Canada
Norway	8755.8	11002.7	15997.7	22924.7	23107.3	Norvège
Algeria	7641.4	8189.0	13520.7	15126.7	e16258.8	Algérie
Netherlands	e6436.4	8223.8	10491.5	14213.5	e18338.2	Pays-Bas
Qatar	4243.7	5897.6	7939.3	11846.6	e12862.0	Qatar
Indonesia	6145.6	7289.4	8603.8	9993.4	9773.1	Indonésie
Malaysia	3515.2	4530.4	5636.3	6352.5	7616.6	Malaisie
Belgium	3057.9	4101.6	6370.6	7593.5	4922.0	Belgique
Australia	1572.8	1925.4	2786.0	3769.8	4199.0	Australie
Trinidad and Tobago	957.7	1981.5	2045.7	4368.7	4132.4	Trinité-et-Tobago
Turkmenistan	e2245.2	e2383.3	e2369.4	e2479.8	e2643.6	Turkménistan
United States	1300.1	2099.5	2984.2	2243.3	3053.2	Etats-Unis d'Amérique
Brunei Darussalam	1594.7	e1950.5	e1818.1	2214.6	e3482.7	Brunéi Darussalam
Oman	920.4	1648.9	2310.5	2976.9	3070.0	Oman
United Arab Emirates	1224.1	1491.2	1496.9	2438.5	e2635.2	Emirates arabes unis
United Kingdom	1545.3	1181.6	1206.6	2283.8	1994.9	Royaume-Uni
Myanmar	e636.9	e820.0	e1510.0	e2041.1	e2830.6	Myanmar
France-Monaco	368.0	531.7	1761.5	2217.9	2424.1	France-Monaco
Egypt	17.0	77.3	1540.9	2923.2	2666.5	Egypte
Nigeria	264.7	e342.4	e606.1	e650.9	e4460.6	Nigéria
Bolivia	381.8	619.7	983.9	1669.1	1988.7	Bolivie
Uzbekistan	e328.5	e407.6	e743.0	e1091.6	e1418.2	Ouzbékistan
Saudi Arabia	87.4	131.2	252.2	1463.7	1853.0	Arabie saoudite
Denmark	0.0	1.2	0.0	1554.2	1591.3	Danemark

Value as percentages of World total

Valeur en pourcentage du total mondial

Regions of the world	1998	1999	2000	2001	2002	2003	2004	2005	2006	2007	Régions du monde
World	100.0	100.0	100.0	100.0	100.0	100.0	100.0	100.0	100.0	100.0	Monde
Developed Economies	35.8	35.1	38.7	43.1	41.7	45.5	45.6	46.2	42.3	41.5	Economies Développés
- Asia-Pacific	2.4	2.2	2.0	1.9	1.9	1.7	1.7	1.8	1.9	2.0	- Asie-Pacifique
- Europe	17.9	15.3	17.0	19.4	21.8	22.5	23.3	23.5	26.7	25.6	- Europe
- North America	15.5	17.6	19.7	21.8	18.0	21.3	20.6	20.9	13.7	13.9	- Amérique du Nord
South-Eastern Europe	0.0	0.0	0.0	0.0	0.0	0.0	0.0	0.0	0.0	0.0	Europe du Sud-Est
Commonwealth of Independent States	33.5	28.2	25.2	24.4	24.6	24.1	22.1	21.9	24.1	22.7	Communauté d'Etats indépendants
- Asia	0.8	1.6	2.3	2.3	2.6	3.0	3.0	2.3	2.1	2.2	- Asie
- Europe	32.7	26.6	23.0	22.1	21.9	21.1	19.2	19.7	21.9	20.4	- Europe
Northern Africa	8.3	9.9	9.7	8.7	8.8	8.4	7.6	9.8	9.4	9.1	Afrique septentrionale
Sub-Saharan Africa	0.1	0.1	0.1	0.4	0.9	0.3	0.3	0.5	0.4	2.3	Afrique subsaharienne
Latin America & the Caribbean	0.4	0.9	1.0	1.2	1.4	1.8	2.7	2.3	3.5	3.3	Amérique latine et Caraïbes
- Caribbean	0.0	0.3	0.5	0.4	0.5	1.0	1.8	1.3	2.2	2.0	- Caraïbes
- Latin America	0.4	0.6	0.5	0.8	0.9	0.8	0.9	1.0	1.2	1.3	- Amérique latine
Eastern Asia	0.3	0.5	0.3	0.3	0.4	0.2	0.2	0.1	0.1	0.2	Asie orientale
Southern Asia	0.0	0.0	0.0	0.0	0.1	0.0	0.0	0.2	0.1	0.2	Asie méridionale
South-Eastern Asia	15.6	16.4	15.6	13.3	14.3	12.7	13.1	11.2	10.5	11.2	Asie du Sud-Est
Western Asia	6.1	8.9	9.4	8.6	8.0	7.0	8.3	7.7	9.6	9.6	Asie occidentale
Oceania		0.0	0.0	0.0	0.0	0.0	0.0	0.0	0.0	0.0	Océanie

344 Petroleum gases and other gaseous hydrocarbons, nes

Trade by commodity
Imports by principal countries or areas
Value in million US dollars

Commerce par produit
Importations selon les principaux pays ou zones
Valeur en millions de dollars EU

Country or area	2003	2004	2005	2006	2007	Pays ou zone
World	4948.0	5719.6	7389.9	8035.1	9675.0	Monde
Developed Economies	1552.6	2150.4	3158.1	3768.9	4303.5	Economies Développés
- Asia-Pacific	9.3	22.3	16.9	24.9	19.0	- Asie-Pacifique
- Europe	1053.3	1608.0	2099.3	2561.3	3211.6	- Europe
- North America	490.0	520.1	1041.9	1182.7	1072.9	- Amérique du Nord
South-Eastern Europe	40.0	84.6	117.4	57.1	96.1	Europe du Sud-Est
Commonwealth of Independent States	27.5	16.4	34.2	46.4	68.1	Communauté d'Etats indépendants
- Asia	1.1	1.7	0.9	0.6	1.4	- Asie
- Europe	26.4	14.7	33.3	45.7	66.7	- Europe
Northern Africa	177.7	143.4	260.9	349.0	441.6	Afrique septentrionale
Sub-Saharan Africa	374.3	332.3	15.7	10.0	22.6	Afrique subsaharienne
Latin America & the Caribbean	870.9	1038.3	1165.9	1396.1	1794.2	Amérique latine et Caraïbes
- Caribbean	35.5	46.2	65.8	27.1	79.5	- Caraïbes
- Latin America	835.3	992.1	1100.1	1369.0	1714.8	- Amérique latine
Eastern Asia	119.9	146.5	217.8	247.0	284.4	Asie orientale
Southern Asia	152.0	315.0	314.1	431.1	464.4	Asie méridionale
South-Eastern Asia	253.6	310.9	362.0	442.3	628.4	Asie du Sud-Est
Western Asia	1376.9	1179.5	1741.4	1284.0	1571.7	Asie occidentale
Oceania	2.8	2.2	2.4	3.3	0.2	Océanie
Turkey	922.6	1091.8	1559.1	1201.9	1452.9	Turquie
United States	397.0	467.2	899.2	1033.7	823.4	Etats-Unis d'Amérique
Mexico	491.1	550.4	642.2	797.4	944.3	Mexique
Belgium	335.8	415.3	597.6	783.3	1100.5	Belgique
Poland	301.6	441.6	598.3	642.7	739.5	Pologne
Ecuador	214.0	278.0	358.4	483.6	624.2	Equateur
Germany	218.9	264.3	320.5	508.0	567.3	Allemagne
Tunisia	176.3	141.1	258.6	346.3	441.5	Tunisie
India	70.6	201.9	186.5	229.6	268.1	Inde
Philippines	127.8	144.1	154.1	170.7	240.9	Philippines
Korea, Republic of	48.4	123.3	175.0	215.0	248.2	République de Corée
Netherlands	65.9	121.7	168.1	180.0	151.4	Pays-Bas
Canada	92.6	52.1	141.2	148.7	249.3	Canada
Sweden	19.7	88.3	161.5	189.0	217.4	Suède
Nigeria	333.6	e317.3	e0.2	0.2	e0.3	Nigéria
Malaysia	64.6	99.1	122.6	108.4	152.3	Malaisie
Viet Nam	48.0	58.8	72.8	155.0	e197.7	Viet Nam
Oman	381.9	0.1	0.1	0.3	0.9	Oman
Sri Lanka	49.0	59.5	72.4	e89.5	e98.5	Sri Lanka
United Kingdom	18.5	57.7	51.3	44.6	173.0	Royaume-Uni
Iraq	e42.7	e80.9	e144.6	e26.4	e0.0	Iraq
France-Monaco	26.5	55.2	59.6	59.3	78.1	France-Monaco
Brazil	98.0	129.3	30.8	1.9	0.6	Brésil
Israel	6.6	5.0	36.4	47.2	112.1	Israël
Nepal	21.7	e23.3	e27.4	e73.7	e49.3	Népal

Value as percentages of World total

Valeur en pourcentage du total mondial

Regions of the world	1998	1999	2000	2001	2002	2003	2004	2005	2006	2007	Régions du monde
World	100.0	100.0	100.0	100.0	100.0	100.0	100.0	100.0	100.0	100.0	Monde
Developed Economies	26.2	21.8	26.6	26.0	27.4	31.4	37.6	42.7	46.9	44.5	Economies Développés
- Asia-Pacific	0.3	0.2	0.1	0.1	0.1	0.2	0.4	0.2	0.3	0.2	- Asie-Pacifique
- Europe	13.9	13.0	13.5	15.4	16.8	21.3	28.1	28.4	31.9	33.2	- Europe
- North America	12.0	8.5	12.9	10.6	10.6	9.9	9.1	14.1	14.7	11.1	- Amérique du Nord
South-Eastern Europe	9.5	12.3	10.9	12.6	14.2	0.8	1.5	1.6	0.7	1.0	Europe du Sud-Est
Commonwealth of Independent States	0.7	1.0	0.8	0.5	0.3	0.6	0.3	0.5	0.6	0.7	Communauté d'Etats indépendants
- Asia	0.0	0.0	0.0	0.0	0.0	0.0	0.0	0.0	0.0	0.0	- Asie
- Europe	0.6	1.0	0.8	0.5	0.3	0.5	0.3	0.5	0.6	0.7	- Europe
Northern Africa	3.0	3.6	3.3	2.8	3.0	3.6	2.5	3.5	4.3	4.6	Afrique septentrionale
Sub-Saharan Africa	0.4	0.2	0.2	0.3	0.5	7.6	5.8	0.2	0.1	0.2	Afrique subsaharienne
Latin America & the Caribbean	13.8	16.3	16.8	17.4	15.5	17.6	18.2	15.8	17.4	18.5	Amérique latine et Caraïbes
- Caribbean	0.5	0.3	0.5	1.0	0.6	0.7	0.8	0.9	0.3	0.8	- Caraïbes
- Latin America	13.3	16.0	16.3	16.4	14.9	16.9	17.3	14.9	17.0	17.7	- Amérique latine
Eastern Asia	21.8	17.2	13.5	10.2	14.2	2.4	2.6	2.9	3.1	2.9	Asie orientale
Southern Asia	4.3	3.7	1.3	1.4	1.8	3.1	5.5	4.3	5.4	4.8	Asie méridionale
South-Eastern Asia	1.3	1.6	2.5	3.9	5.2	5.1	5.4	4.9	5.5	6.5	Asie du Sud-Est
Western Asia	19.1	22.4	24.2	24.7	17.7	27.8	20.6	23.6	16.0	16.2	Asie occidentale
Oceania	0.0	0.0	0.0	0.1	0.0	0.1	0.0	0.0	0.0	0.0	Océanie

Trade by commodity

Exports by principal countries or areas

Value in million US dollars

Country or area	2003	2004	2005	2006	2007	Pays ou zone
World	7686.4	9365.5	9536.1	10746.9	11671.3	Monde
Developed Economies	5130.2	7316.2	6771.3	7283.0	7455.7	Economies Développés
- Asia-Pacific	41.5	81.9	85.8	115.8	114.7	- Asie-Pacifique
- Europe	4520.8	6566.9	5902.3	6224.8	6162.8	- Europe
- North America	567.8	667.5	783.1	942.4	1178.3	- Amérique du Nord
South-Eastern Europe	17.9	32.4	58.4	57.3	55.1	Europe du Sud-Est
Commonwealth of Independent States	55.2	103.0	133.7	140.3	167.2	Communauté d'Etats indépendants
- Asia	1.2	8.8	8.6	24.3	34.0	- Asie
- Europe	54.0	94.2	125.1	116.0	133.2	- Europe
Northern Africa	87.8	95.7	233.9	254.2	212.5	Afrique septentrionale
Sub-Saharan Africa	83.6	104.3	223.7	259.5	364.5	Afrique subsaharienne
Latin America & the Caribbean	215.3	244.2	227.4	362.1	567.8	Amérique latine et Caraïbes
- Caribbean	53.2	55.9	48.9	187.1	361.9	- Caraïbes
- Latin America	162.1	188.4	178.5	175.0	205.9	- Amérique latine
Eastern Asia	113.6	126.1	152.7	212.3	212.5	Asie orientale
Southern Asia	23.3	47.6	67.6	349.1	385.0	Asie méridionale
South-Eastern Asia	741.2	943.4	1172.3	1391.8	1595.6	Asie du Sud-Est
Western Asia	1217.8	351.9	495.1	437.2	655.1	Asie occidentale
Oceania	0.4	0.3	0.0	0.2	0.3	Océanie
Germany	3475.3	5122.5	4221.6	4233.2	4024.7	Allemagne
Malaysia	457.3	459.2	609.5	784.4	988.2	Malaisie
Canada	274.3	353.9	465.7	586.9	667.6	Canada
United States	293.5	312.7	317.5	355.5	510.7	Etats-Unis d'Amérique
United Kingdom	260.1	348.7	347.6	360.7	292.3	Royaume-Uni
Netherlands	187.7	269.7	285.2	371.4	429.2	Pays-Bas
Norway	128.1	183.6	270.4	387.5	500.3	Norvège
Thailand	226.0	313.7	398.9	296.4	160.2	Thaïlande
Saudi Arabia	1031.0	0.1	0.1	0.0	0.0	Arabie saoudite
Turkey	133.1	245.6	493.7	52.3	e65.6	Turquie
Belgium	120.2	150.0	193.2	268.2	247.7	Belgique
Oman		0.5	0.9	381.9	589.1	Oman
Libyan Arab Jamahiriya	e87.8	e95.7	e233.9	e254.1	e212.4	Jamahiriya arabe libyenne
Argentina	117.6	169.0	145.9	157.6	172.7	Argentine
Trinidad and Tobago	53.2	55.9	48.5	187.1	361.9	Trinité-et-Tobago
Nigeria	70.0	e90.6	e160.4	e172.2	e183.2	Nigéria
Iran (Islamic Republic of)	11.6	30.6	12.3	266.9	e350.3	Iran (République islamique d')
Italy	66.4	96.6	113.6	107.1	160.9	Italie
Sweden	72.7	108.1	143.8	115.1	78.4	Suède
Singapore	29.9	37.3	58.0	176.1	194.2	Singapour
Japan	40.8	81.0	82.6	114.2	113.5	Japon
Indonesia	2.8	116.4	79.0	90.9	118.8	Indonésie
Lithuania	53.4	83.7	99.0	91.6	76.4	Lituanie
Croatia	49.7	66.9	73.6	63.9	88.4	Croatie
Philippines	25.1	16.7	25.5	42.9	133.0	Philippines

Value as percentages of World total

Regions of the world	1998	1999	2000	2001	2002	2003	2004	2005	2006	2007	Régions du monde
World	100.0	100.0	100.0	100.0	100.0	100.0	100.0	100.0	100.0	100.0	Monde
Developed Economies	67.1	70.0	66.3	69.1	67.3	66.7	78.1	71.0	67.8	63.9	Economies Développés
- Asia-Pacific	0.1	0.3	0.3	0.3	0.4	0.5	0.9	0.9	1.1	1.0	- Asie-Pacifique
- Europe	58.3	58.5	52.3	59.8	58.1	58.8	70.1	61.9	57.9	52.8	- Europe
- North America	8.8	11.2	13.8	8.9	8.8	7.4	7.1	8.2	8.8	10.1	- Amérique du Nord
South-Eastern Europe	0.2	0.3	0.3	0.5	0.5	0.2	0.3	0.6	0.5	0.5	Europe du Sud-Est
Commonwealth of Independent States	1.9	0.4	0.4	0.5	0.6	0.7	1.1	1.4	1.3	1.4	Communauté d'Etats indépendants
- Asia	0.0	0.0	0.0	0.0	0.0	0.0	0.1	0.1	0.2	0.3	- Asie
- Europe	1.9	0.4	0.4	0.5	0.6	0.7	1.0	1.3	1.1	1.1	- Europe
Northern Africa	1.1	1.2	1.8	1.2	11.3	1.1	1.0	2.5	2.4	1.8	Afrique septentrionale
Sub-Saharan Africa	1.3	0.7	1.3	4.4	0.6	1.1	1.1	2.3	2.4	3.1	Afrique subsaharienne
Latin America & the Caribbean	3.1	5.6	6.5	4.3	3.4	2.8	2.6	2.4	3.4	4.9	Amérique latine et Caraïbes
- Caribbean	1.0	2.1	2.1	1.7	1.3	0.7	0.6	0.5	1.7	3.1	- Caraïbes
- Latin America	2.1	3.5	4.4	2.6	2.1	2.1	2.0	1.9	1.6	1.8	- Amérique latine
Eastern Asia	1.9	0.5	1.3	2.2	1.9	1.5	1.3	1.6	2.0	1.8	Asie orientale
Southern Asia	2.3	3.0	1.4	3.5	1.6	0.3	0.5	0.7	3.2	3.3	Asie méridionale
South-Eastern Asia	6.6	12.9	15.1	11.1	11.0	9.6	10.1	12.3	13.0	13.7	Asie du Sud-Est
Western Asia	14.5	5.3	5.6	3.4	1.8	15.8	3.8	5.2	4.1	5.6	Asie occidentale
Oceania	0.0	0.0	0.0	0.0	0.0	0.0	0.0	0.0	0.0	0.0	Océanie

351 Electric current

Trade by commodity
Imports by principal countries or areas
Value in million US dollars

Commerce par produit
Importations selon les principaux pays ou zones
Valeur en millions de dollars EU

Country or area	2003	2004	2005	2006	2007	Pays ou zone
World	15279.2	17848.6	24902.5	31100.2	27877.3	Monde
Developed Economies	13143.8	15331.4	21905.2	27510.8	23773.2	Economies Développés
- Asia-Pacific					0.0	- Asie-Pacifique
- Europe	10982.6	13237.4	18386.1	23954.2	20079.5	- Europe
- North America	2161.3	2093.9	3519.0	3556.6	3693.7	- Amérique du Nord
South-Eastern Europe	132.7	230.1	318.0	384.3	969.6	Europe du Sud-Est
Commonwealth of Independent States	424.4	444.8	442.0	440.5	488.6	Communauté d'Etats indépendants
- Asia	146.6	170.5	167.3	164.6	158.6	- Asie
- Europe	277.8	274.3	274.6	275.9	329.9	- Europe
Northern Africa	6.6	6.5	7.7	113.6	212.5	Afrique septentrionale
Sub-Saharan Africa	170.4	188.3	304.0	329.2	433.4	Afrique subsaharienne
Latin America & the Caribbean	364.3	540.5	570.6	728.3	733.4	Amérique latine et Caraïbes
- Caribbean	0.0	0.0			0.0	- Caraïbes
- Latin America	364.3	540.5	570.6	728.3	733.4	- Amérique latine
Eastern Asia	834.0	816.5	904.3	975.5	959.0	Asie orientale
Southern Asia	9.7	9.5	24.7	28.2	12.4	Asie méridionale
South-Eastern Asia	0.6	2.9	117.9	305.9	234.0	Asie du Sud-Est
Western Asia	192.6	278.0	308.1	283.7	61.3	Asie occidentale
Oceania					0.0	Océanie
Austria	1564.0	2422.6	3992.0	5343.4	1635.6	Autriche
Italy	2030.4	2235.3	2706.2	2735.1	2815.4	Italie
United States	1381.7	1261.4	2479.4	2518.4	2713.3	Etats-Unis d'Amérique
Switzerland-Liechtenstein	1008.7	1038.3	1754.2	2324.3	2255.9	Suisse-Liechtenstein
Germany	755.7	991.1	1897.7	2346.6	2293.5	Allemagne
Netherlands	697.2	646.7	1143.7	1725.2	e2192.9	Pays-Bas
Canada	779.6	832.5	1039.6	1038.2	980.4	Canada
Belgium	380.5	632.1	968.4	1436.9	982.9	Belgique
Sweden	944.6	489.7	504.5	1125.9	722.6	Suède
France-Monaco	605.6	857.7	381.7	684.8	851.7	France-Monaco
China, Hong Kong SAR	658.3	623.6	623.9	613.4	637.4	Chine - RAS de Hong-Kong
United Kingdom	279.5	634.1	803.8	819.2	477.7	Royaume-Uni
Finland	345.5	321.8	568.7	879.3	515.2	Finlande
Hungary	256.9	347.0	454.2	692.5	843.8	Hongrie
Spain	284.3	452.5	624.0	336.0	413.0	Espagne
Norway	563.6	546.3	133.8	582.6	222.5	Norvège
Slovakia	122.3	254.7	e296.0	e383.8	e831.5	Slovaquie
Portugal	152.6	217.8	429.7	391.9	529.7	Portugal
Denmark	252.4	260.1	466.0	299.4	324.6	Danemark
Slovenia	131.8	184.0	314.8	488.4	433.5	Slovénie
Argentina	192.1	232.7	262.7	266.7	460.2	Argentine
Croatia	135.6	170.0	293.2	327.3	436.9	Croatie
Czech Republic	132.1	131.0	193.4	352.4	542.5	République tchèque
China	152.7	172.7	259.7	278.4	236.5	Chine
Occupied Palestinian Territory	146.6	205.1	192.0	219.5	e13.6	Territoire palestinien occupé

Value as percentages of World total

Valeur en pourcentage du total mondial

Regions of the world	1998	1999	2000	2001	2002	2003	2004	2005	2006	2007	Régions du monde
World	100.0	100.0	100.0	100.0	100.0	100.0	100.0	100.0	100.0	100.0	Monde
Developed Economies	75.9	73.5	76.4	79.1	80.1	86.0	85.9	88.0	88.5	85.3	Economies Développés
- Asia-Pacific			0.0	0.0							- Asie-Pacifique
- Europe	59.9	55.9	49.2	50.2	68.0	71.9	74.2	73.8	77.0	72.0	- Europe
- North America	16.0	17.6	27.1	28.9	12.1	14.1	11.7	14.1	11.4	13.2	- Amérique du Nord
South-Eastern Europe	0.5	1.8	0.9	1.5	2.6	0.9	1.3	1.3	1.2	3.5	Europe du Sud-Est
Commonwealth of Independent States	10.5	6.1	4.8	3.6	4.1	2.8	2.5	1.8	1.4	1.8	Communauté d'Etats indépendants
- Asia	4.3	3.5	3.1	2.1	2.3	1.0	1.0	0.7	0.5	0.6	- Asie
- Europe	6.3	2.6	1.6	1.5	1.8	1.8	1.5	1.1	0.9	1.2	- Europe
Northern Africa	0.5	0.6	0.6	0.2	0.1	0.0	0.0	0.0	0.4	0.8	Afrique septentrionale
Sub-Saharan Africa	1.3	7.4	5.0	4.0	1.4	1.1	1.1	1.2	1.1	1.6	Afrique subsaharienne
Latin America & the Caribbean	3.9	3.0	4.0	3.6	2.8	2.4	3.0	2.3	2.3	2.6	Amérique latine et Caraïbes
- Caribbean	0.0	0.0	0.0		0.0	0.0	0.0			0.0	- Caraïbes
- Latin America	3.9	3.0	4.0	3.6	2.8	2.4	3.0	2.3	2.3	2.6	- Amérique latine
Eastern Asia	6.1	6.7	6.1	5.7	6.4	5.5	4.6	3.6	3.1	3.4	Asie orientale
Southern Asia	0.0	0.0	0.0	0.0	0.2	0.1	0.1	0.1	0.1	0.0	Asie méridionale
South-Eastern Asia	0.0	0.0	0.0	0.0	0.0	0.0	0.0	0.5	1.0	0.8	Asie du Sud-Est
Western Asia	1.4	0.9	2.4	2.2	2.2	1.3	1.6	1.2	0.9	0.2	Asie occidentale
Oceania						0.0			0.0		Océanie

170

Trade by commodity

Exports by principal countries or areas

Value in million US dollars

Country or area	2003	2004	2005	2006	2007	Pays ou zone
World	16202.8	19547.3	25134.6	31841.5	27784.4	Monde
Developed Economies	13675.5	16618.5	20970.0	27283.2	23490.3	Economies Développés
- Asia-Pacific					0.0	- Asie-Pacifique
- Europe	11636.4	14244.6	17312.6	24033.5	19566.6	- Europe
- North America	2039.0	2373.9	3657.3	3249.7	3923.7	- Amérique du Nord
South-Eastern Europe	268.8	387.2	562.2	803.4	586.8	Europe du Sud-Est
Commonwealth of Independent States	640.3	726.6	864.8	1088.1	1048.7	Communauté d'Etats indépendants
- Asia	95.2	126.7	115.2	106.5	118.8	- Asie
- Europe	545.2	599.9	749.6	981.7	929.9	- Europe
Northern Africa	4.1	28.7	39.2	28.0	15.9	Afrique septentrionale
Sub-Saharan Africa	148.2	135.2	173.2	214.9	395.0	Afrique subsaharienne
Latin America & the Caribbean	429.1	541.7	1098.0	809.9	770.0	Amérique latine et Caraïbes
- Caribbean					0.0	- Caraïbes
- Latin America	429.1	541.7	1098.0	809.9	770.0	- Amérique latine
Eastern Asia	854.0	795.0	969.9	979.0	1090.8	Asie orientale
Southern Asia	0.0	0.0	0.0	0.0	0.1	Asie méridionale
South-Eastern Asia	11.5	42.7	139.7	280.9	232.6	Asie du Sud-Est
Western Asia	171.4	271.5	317.5	354.0	154.2	Asie occidentale
Oceania					0.0	Océanie
France-Monaco	3107.7	3727.0	4349.1	3905.1	3158.4	France-Monaco
Austria	1656.6	2554.5	3834.4	5152.3	1263.3	Autriche
Switzerland-Liechtenstein	1793.6	1921.5	2327.4	3155.6	3446.3	Suisse-Liechtenstein
Germany	795.1	1323.6	912.2	4522.5	4070.7	Allemagne
Canada	1323.0	1544.9	2618.3	2197.7	2932.7	Canada
United States	716.0	829.0	1039.1	1052.0	991.0	Etats-Unis d'Amérique
Czech Republic	444.6	622.2	728.7	949.1	1348.9	République tchèque
China	683.4	609.8	716.7	723.0	858.7	Chine
Sweden	331.1	518.4	719.5	619.2	525.7	Suède
Poland	406.4	429.2	504.4	720.7	632.8	Pologne
Russian Federation	415.9	451.2	549.9	668.3	543.5	Fédération de Russie
Denmark	406.2	385.9	503.5	751.6	490.4	Danemark
Belgium	287.6	288.2	478.8	655.8	528.8	Belgique
Spain	283.0	637.7	518.8	278.9	484.8	Espagne
Norway	227.7	140.7	573.0	543.7	527.2	Norvège
Netherlands	728.7	157.9	272.7	445.3	397.1	Pays-Bas
Slovakia	184.7	313.0	e357.8	e468.7	e570.5	Slovaquie
Slovenia	159.7	229.2	311.0	478.8	356.3	Slovénie
Mexico	88.8	79.3	552.8	255.1	257.4	Mexique
Hungary	23.3	38.7	162.7	280.9	716.3	Hongrie
Paraguay	e200.6	e206.2	e254.4	e216.7	e275.2	Paraguay
United Kingdom	272.9	276.3	183.6	168.2	216.7	Royaume-Uni
China, Hong Kong SAR	169.9	184.0	251.9	254.3	229.3	Chine - RAS de Hong-Kong
Ukraine	111.3	117.2	178.2	281.7	386.4	Ukraine
Bulgaria	e129.1	e173.0	e240.4	e262.2	e103.8	Bulgarie

Value as percentages of World total

Regions of the world	1998	1999	2000	2001	2002	2003	2004	2005	2006	2007	Régions du monde
World	100.0	100.0	100.0	100.0	100.0	100.0	100.0	100.0	100.0	100.0	Monde
Developed Economies	79.6	79.6	80.5	83.1	81.0	84.4	85.0	83.4	85.7	84.5	Economies Développés
- Asia-Pacific										0.0	- Asie-Pacifique
- Europe	65.3	63.0	54.5	54.2	69.7	71.8	72.9	68.9	75.5	70.4	- Europe
- North America	14.3	16.6	25.9	29.0	11.3	12.6	12.1	14.6	10.2	14.1	- Amérique du Nord
South-Eastern Europe	1.7	2.3	1.9	2.0	3.2	1.7	2.0	2.2	2.5	2.1	Europe du Sud-Est
Commonwealth of Independent States	8.3	5.3	4.9	3.5	4.2	4.0	3.7	3.4	3.4	3.8	Communauté d'Etats indépendants
- Asia	2.2	2.3	3.0	1.6	1.6	0.6	0.6	0.5	0.3	0.4	- Asie
- Europe	6.1	3.0	1.9	1.9	2.6	3.4	3.1	3.0	3.1	3.3	- Europe
Northern Africa			0.0	0.0	0.0	0.0	0.1	0.2	0.1	0.1	Afrique septentrionale
Sub-Saharan Africa	1.4	1.7	1.3	1.4	1.5	0.9	0.7	0.7	0.7	1.4	Afrique subsaharienne
Latin America & the Caribbean	2.6	2.9	3.6	3.0	2.7	2.6	2.8	4.4	2.5	2.8	Amérique latine et Caraïbes
- Caribbean					0.0						- Caraïbes
- Latin America	2.6	2.9	3.6	3.0	2.7	2.6	2.8	4.4	2.5	2.8	- Amérique latine
Eastern Asia	5.6	6.6	5.5	5.5	5.8	5.3	4.1	3.9	3.1	3.9	Asie orientale
Southern Asia	0.6	1.3	0.8	0.4	0.3	0.0	0.0	0.0	0.0	0.0	Asie méridionale
South-Eastern Asia	0.0	0.0	0.0	0.0	0.0	0.1	0.2	0.6	0.9	0.8	Asie du Sud-Est
Western Asia	0.2	0.2	1.4	1.1	1.2	1.1	1.4	1.3	1.1	0.6	Asie occidentale
Oceania										0.0	Océanie

411 Animal oils and fats

Trade by commodity
Imports by principal countries or areas
Value in million US dollars

Commerce par produit
Importations selon les principaux pays ou zones
Valeur en millions de dollars EU

Country or area	2003	2004	2005	2006	2007	Pays ou zone
World	2190.9	2689.2	2643.9	2798.0	3594.5	Monde
Developed Economies	1096.7	1381.6	1387.1	1472.2	1850.3	Economies Développés
- Asia-Pacific	121.2	125.4	148.1	127.0	153.7	- Asie-Pacifique
- Europe	864.8	1129.4	1097.1	1178.9	1491.9	- Europe
- North America	110.6	126.8	141.8	166.4	204.7	- Amérique du Nord
South-Eastern Europe	14.7	33.7	46.8	44.4	44.2	Europe du Sud-Est
Commonwealth of Independent States	115.7	148.5	184.6	210.8	224.8	Communauté d'Etats indépendants
- Asia	6.6	8.0	9.9	11.1	12.1	- Asie
- Europe	109.1	140.5	174.7	199.7	212.8	- Europe
Northern Africa	7.5	4.3	3.6	8.0	15.2	Afrique septentrionale
Sub-Saharan Africa	121.0	130.1	114.7	107.7	124.0	Afrique subsaharienne
Latin America & the Caribbean	413.0	491.3	426.7	443.1	642.3	Amérique latine et Caraïbes
- Caribbean	35.9	30.3	30.8	34.8	44.7	- Caraïbes
- Latin America	377.1	461.0	395.9	408.4	597.6	- Amérique latine
Eastern Asia	231.9	289.8	262.5	294.1	446.9	Asie orientale
Southern Asia	69.8	76.6	59.9	47.9	51.0	Asie méridionale
South-Eastern Asia	45.0	54.6	66.8	75.0	71.7	Asie du Sud-Est
Western Asia	73.0	76.1	88.5	91.4	120.7	Asie occidentale
Oceania	2.6	2.7	2.6	3.4	3.2	Océanie
Mexico	192.5	263.2	228.9	228.2	358.2	Mexique
China	139.5	174.8	147.9	172.8	282.8	Chine
Norway	121.5	150.6	159.1	164.7	223.6	Norvège
Russian Federation	96.2	120.2	142.5	176.3	203.8	Fédération de Russie
Belgium	99.6	155.2	130.7	141.8	167.7	Belgique
United Kingdom	109.4	135.8	123.1	111.7	137.8	Royaume-Uni
Japan	103.5	110.8	130.6	108.7	123.0	Japon
Spain	99.0	106.1	94.5	113.0	150.0	Espagne
Netherlands	84.3	98.8	91.6	107.7	131.6	Pays-Bas
Denmark	49.2	67.5	84.4	131.0	170.0	Danemark
United States	66.6	79.8	87.9	104.1	130.8	Etats-Unis d'Amérique
Germany	65.6	75.5	94.8	102.1	113.3	Allemagne
France-Monaco	63.0	87.5	84.2	81.4	99.5	France-Monaco
Turkey	63.7	60.7	73.1	79.0	106.6	Turquie
Italy	59.3	69.5	63.9	53.9	81.9	Italie
Korea, Republic of	35.4	48.8	53.7	70.7	90.4	République de Corée
Chile	50.3	54.3	42.2	58.0	78.0	Chili
Canada	43.9	46.8	53.8	62.1	73.6	Canada
Nigeria	57.9	e55.0	e43.5	46.8	e76.8	Nigéria
Pakistan	49.4	62.1	43.8	39.9	42.6	Pakistan
Guatemala	24.5	29.4	33.4	27.8	28.7	Guatemala
Sweden	20.8	28.0	23.2	26.0	34.9	Suède
Sudan	25.8	27.8	32.8	29.1	2.4	Soudan
Philippines	14.5	20.2	21.0	22.3	25.3	Philippines
Romania	7.3	18.1	26.9	25.0	23.0	Roumanie

Value as percentages of World total

Valeur en pourcentage du total mondial

Regions of the world	1998	1999	2000	2001	2002	2003	2004	2005	2006	2007	Régions du monde
World	100.0	100.0	100.0	100.0	100.0	100.0	100.0	100.0	100.0	100.0	Monde
Developed Economies	47.7	43.4	44.7	24.1	51.2	50.1	51.4	52.5	52.6	51.5	Economies Développés
- Asia-Pacific	4.1	4.2	5.5	3.5	5.9	5.5	4.7	5.6	4.5	4.3	- Asie-Pacifique
- Europe	39.1	34.6	34.2	17.9	39.5	39.5	42.0	41.5	42.1	41.5	- Europe
- North America	4.5	4.6	5.0	2.7	5.7	5.0	4.7	5.4	5.9	5.7	- Amérique du Nord
South-Eastern Europe	0.6	0.3	0.7	0.5	1.2	0.7	1.3	1.8	1.6	1.2	Europe du Sud-Est
Commonwealth of Independent States	3.6	4.0	3.8	2.3	6.1	5.3	5.5	7.0	7.5	6.3	Communauté d'Etats indépendants
- Asia	0.2	0.1	0.2	0.1	0.3	0.3	0.3	0.4	0.4	0.3	- Asie
- Europe	3.4	3.9	3.6	2.1	5.8	5.0	5.2	6.6	7.1	5.9	- Europe
Northern Africa	3.2	1.9	1.0	0.5	0.5	0.3	0.2	0.1	0.3	0.4	Afrique septentrionale
Sub-Saharan Africa	5.3	4.7	4.8	57.2	5.0	5.5	4.8	4.3	3.8	3.5	Afrique subsaharienne
Latin America & the Caribbean	19.4	18.5	17.5	7.9	16.0	18.8	18.3	16.1	15.8	17.9	Amérique latine et Caraïbes
- Caribbean	1.2	1.2	1.4	0.8	1.4	1.6	1.1	1.2	1.2	1.2	- Caraïbes
- Latin America	18.2	17.3	16.1	7.1	14.6	17.2	17.1	15.0	14.6	16.6	- Amérique latine
Eastern Asia	8.2	13.4	14.4	4.8	11.9	10.6	10.8	9.9	10.5	12.4	Asie orientale
Southern Asia	3.5	4.3	3.6	1.0	2.6	3.2	2.8	2.3	1.7	1.4	Asie méridionale
South-Eastern Asia	1.2	2.2	2.1	1.0	2.1	2.1	2.0	2.5	2.7	2.0	Asie du Sud-Est
Western Asia	7.2	7.2	7.3	1.2	3.3	3.3	2.8	3.3	3.3	3.4	Asie occidentale
Oceania	0.1	0.1	0.1	0.0	0.1	0.1	0.1	0.1	0.1	0.1	Océanie

Trade by commodity

Exports by principal countries or areas

Value in million US dollars

Commerce par produit

Exportations selon les principaux pays ou zones

Valeur en millions de dollars EU

Country or area	2003	2004	2005	2006	2007	Pays ou zone
World	2049.4	2644.8	2472.4	2739.0	3587.4	Monde
Developed Economies	1835.8	2287.5	2106.3	2296.8	3055.0	Economies Développés
- Asia-Pacific	233.7	271.6	235.7	243.6	348.3	- Asie-Pacifique
- Europe	963.2	1288.4	1219.1	1346.0	1634.9	- Europe
- North America	638.9	727.5	651.5	707.2	1071.8	- Amérique du Nord
South-Eastern Europe	1.5	4.6	5.8	7.7	3.8	Europe du Sud-Est
Commonwealth of Independent States	2.6	4.6	5.3	5.5	5.5	Communauté d'Etats indépendants
- Asia	0.0	0.0	0.2	0.0	0.3	- Asie
- Europe	2.6	4.6	5.1	5.5	5.2	- Europe
Northern Africa	11.7	19.0	16.2	17.9	23.7	Afrique septentrionale
Sub-Saharan Africa	13.2	9.1	6.0	5.6	11.2	Afrique subsaharienne
Latin America & the Caribbean	131.9	242.9	260.3	327.5	402.1	Amérique latine et Caraïbes
- Caribbean	0.5	0.1	0.1	0.1	0.2	- Caraïbes
- Latin America	131.3	242.8	260.2	327.4	401.9	- Amérique latine
Eastern Asia	25.0	34.3	31.6	40.8	49.4	Asie orientale
Southern Asia	5.0	16.9	14.5	16.3	12.2	Asie méridionale
South-Eastern Asia	15.5	21.4	23.5	18.5	22.0	Asie du Sud-Est
Western Asia	6.7	4.4	2.8	2.2	2.3	Asie occidentale
Oceania	0.5	0.3	0.3	0.3	0.0	Océanie
United States	548.3	575.4	495.3	530.1	862.9	Etats-Unis d'Amérique
Germany	146.6	195.7	198.7	223.4	246.9	Allemagne
France-Monaco	148.9	204.5	172.5	193.5	255.9	France-Monaco
Australia	154.9	176.6	156.1	156.5	234.4	Australie
Peru	80.1	150.3	156.1	196.4	249.3	Pérou
Denmark	114.5	151.8	160.4	179.8	205.0	Danemark
Canada	90.5	152.1	156.2	177.0	208.9	Canada
Netherlands	87.4	131.8	114.3	122.1	143.3	Pays-Bas
Belgium	70.6	116.2	106.9	112.6	133.9	Belgique
Spain	45.7	78.3	81.1	104.6	116.7	Espagne
United Kingdom	63.9	81.9	74.4	84.1	97.7	Royaume-Uni
Italy	51.8	86.9	71.1	75.2	94.1	Italie
New Zealand	58.9	71.4	55.5	63.1	92.0	Nouvelle-Zélande
Norway	50.4	50.8	54.3	71.3	104.3	Norvège
Iceland	74.3	47.3	42.2	40.8	65.5	Islande
Chile	13.2	24.9	32.9	49.4	60.7	Chili
Sweden	22.2	31.4	28.7	28.0	35.9	Suède
Poland	12.4	19.7	39.5	33.2	28.8	Pologne
Ireland	28.2	24.4	18.9	18.4	31.2	Irlande
Uruguay	16.1	17.5	19.8	29.5	34.5	Uruguay
Japan	19.9	23.6	24.1	24.1	22.0	Japon
Brazil	10.6	28.3	27.0	15.3	22.6	Brésil
China	7.5	15.4	15.5	24.5	29.4	Chine
Morocco	11.6	18.9	16.2	17.5	22.3	Maroc
Austria	12.1	20.4	13.3	15.7	21.5	Autriche

Value as percentages of World total

Valeur en pourcentage du total mondial

Regions of the world	1998	1999	2000	2001	2002	2003	2004	2005	2006	2007	Régions du monde
World	100.0	100.0	100.0	100.0	100.0	100.0	100.0	100.0	100.0	100.0	Monde
Developed Economies	93.9	89.2	86.1	86.5	88.9	89.6	86.5	85.2	83.9	85.2	Economies Développés
- Asia-Pacific	12.0	12.7	12.5	11.3	9.9	11.4	10.3	9.5	8.9	9.7	- Asie-Pacifique
- Europe	41.3	39.0	41.2	43.6	43.5	47.0	48.7	49.3	49.1	45.6	- Europe
- North America	40.6	37.5	32.4	31.6	35.5	31.2	27.5	26.4	25.8	29.9	- Amérique du Nord
South-Eastern Europe	0.0	0.1	0.1	0.0	0.0	0.1	0.2	0.2	0.3	0.1	Europe du Sud-Est
Commonwealth of Independent States	0.2	0.2	0.1	0.2	0.2	0.1	0.2	0.2	0.2	0.2	Communauté d'Etats indépendants
- Asia	0.0	0.2	0.0	0.0	0.0	0.0	0.0	0.0	0.0	0.0	- Asie
- Europe	0.2	0.1	0.1	0.1	0.2	0.1	0.2	0.2	0.2	0.1	- Europe
Northern Africa	0.1	0.1	0.2	0.7	0.4	0.6	0.7	0.7	0.7	0.7	Afrique septentrionale
Sub-Saharan Africa	0.3	0.2	0.6	0.3	0.6	0.6	0.3	0.2	0.2	0.3	Afrique subsaharienne
Latin America & the Caribbean	3.1	7.0	8.8	9.0	7.0	6.4	9.2	10.5	12.0	11.2	Amérique latine et Caraïbes
- Caribbean	0.0	0.0	0.0	0.0	0.0	0.0	0.0	0.0	0.0	0.0	- Caraïbes
- Latin America	3.1	7.0	8.8	9.0	7.0	6.4	9.2	10.5	12.0	11.2	- Amérique latine
Eastern Asia	1.5	2.3	2.8	1.9	1.5	1.2	1.3	1.3	1.5	1.4	Asie orientale
Southern Asia	0.1	0.1	0.3	0.2	0.2	0.2	0.6	0.6	0.6	0.3	Asie méridionale
South-Eastern Asia	0.4	0.5	0.8	0.8	0.7	0.8	0.8	1.0	0.7	0.6	Asie du Sud-Est
Western Asia	0.2	0.3	0.3	0.2	0.3	0.3	0.2	0.1	0.1	0.1	Asie occidentale
Oceania	0.0	0.0	0.0	0.0	0.0	0.0	0.0	0.0	0.0	0.0	Océanie

421 Fixed vegetable fats and oils, 'soft', crude, refined or fractionated

Trade by commodity
Imports by principal countries or areas
Value in million US dollars

Commerce par produit
Importations selon les principaux pays ou zones
Valeur en millions de dollars EU

Country or area	2003	2004	2005	2006	2007	Pays ou zone
World	13812.6	16308.6	17101.0	19878.8	23829.0	Monde
Developed Economies	6775.4	8355.2	9562.0	12508.7	13644.7	Economies Développés
- Asia-Pacific	371.8	461.1	534.5	580.3	621.8	- Asie-Pacifique
- Europe	5258.4	6271.7	7396.6	9942.5	10729.1	- Europe
- North America	1145.3	1622.5	1631.0	1985.8	2293.8	- Amérique du Nord
South-Eastern Europe	109.7	121.4	133.0	178.7	293.1	Europe du Sud-Est
Commonwealth of Independent States	426.0	370.8	391.4	381.2	551.1	Communauté d'Etats indépendants
- Asia	111.6	111.0	124.1	149.1	194.2	- Asie
- Europe	314.4	259.8	267.3	232.0	356.9	- Europe
Northern Africa	832.8	849.5	846.9	917.6	1069.9	Afrique septentrionale
Sub-Saharan Africa	560.2	601.8	509.3	777.9	915.5	Afrique subsaharienne
Latin America & the Caribbean	1103.4	1274.2	1264.3	1297.7	1748.7	Amérique latine et Caraïbes
- Caribbean	145.3	172.6	196.4	140.2	243.0	- Caraïbes
- Latin America	958.1	1101.6	1068.0	1157.5	1505.7	- Amérique latine
Eastern Asia	1472.6	2271.4	1547.4	1327.2	3150.1	Asie orientale
Southern Asia	1691.5	1544.9	1593.8	1021.6	1103.2	Asie méridionale
South-Eastern Asia	215.4	294.4	278.5	324.3	368.5	Asie du Sud-Est
Western Asia	604.4	604.2	952.3	1121.3	959.6	Asie occidentale
Oceania	21.3	20.9	22.0	22.7	24.5	Océanie
Italy	1588.1	2012.4	2131.0	2475.7	2410.4	Italie
China	1135.5	1797.4	1032.9	876.8	2553.0	Chine
United States	930.3	1361.4	1361.3	1660.5	1883.4	Etats-Unis d'Amérique
Germany	453.1	604.1	862.5	1870.5	1956.8	Allemagne
France-Monaco	561.1	618.3	792.9	1072.4	1209.7	France-Monaco
India	635.0	654.7	931.8	783.6	798.8	Inde
Netherlands	556.2	596.7	721.1	835.9	888.7	Pays-Bas
United Kingdom	383.5	442.3	510.0	693.3	864.1	Royaume-Uni
Belgium	424.5	474.2	509.2	597.0	818.7	Belgique
Spain	187.0	315.6	521.6	655.4	537.4	Espagne
Iran (Islamic Republic of)	605.7	554.9	444.2	23.5	e26.0	Iran (République islamique d')
Canada	214.2	260.1	268.5	324.1	409.1	Canada
Japan	208.4	264.1	317.8	298.7	280.4	Japon
Turkey	203.3	167.7	339.6	429.1	229.7	Turquie
Portugal	183.5	209.2	258.6	319.9	302.4	Portugal
Korea, Republic of	134.5	233.0	285.9	262.8	345.7	République de Corée
Mexico	212.1	260.8	265.5	211.2	301.5	Mexique
Morocco	205.4	205.8	197.3	237.9	348.2	Maroc
Algeria	214.1	235.6	216.7	231.4	e272.5	Algérie
Bangladesh	353.4	240.7	129.4	e161.9	e186.8	Bangladesh
South Africa	103.8	175.0	154.4	219.2	367.6	Afrique du Sud
Russian Federation	258.0	191.3	194.8	140.7	225.2	Fédération de Russie
Venezuela	175.8	201.8	158.2	193.3	228.1	Venezuela
Australia	120.3	154.9	154.6	221.0	262.1	Australie
Peru	131.6	152.6	151.2	175.7	242.0	Pérou

Value as percentages of World total

Valeur en pourcentage du total mondial

Regions of the world	1998	1999	2000	2001	2002	2003	2004	2005	2006	2007	Régions du monde
World	100.0	100.0	100.0	100.0	100.0	100.0	100.0	100.0	100.0	100.0	Monde
Developed Economies	41.3	45.5	46.5	49.8	51.0	49.1	51.2	55.9	62.9	57.3	Economies Développés
- Asia-Pacific	2.4	2.5	3.0	2.8	2.8	2.7	2.8	3.1	2.9	2.6	- Asie-Pacifique
- Europe	32.1	35.5	33.4	37.8	39.4	38.1	38.5	43.3	50.0	45.0	- Europe
- North America	6.8	7.5	10.1	9.2	8.7	8.3	9.9	9.5	10.0	9.6	- Amérique du Nord
South-Eastern Europe	0.7	0.7	0.8	0.9	1.2	0.8	0.7	0.8	0.9	1.2	Europe du Sud-Est
Commonwealth of Independent States	3.3	4.2	3.6	4.5	4.4	3.1	2.3	2.3	1.9	2.3	Communauté d'Etats indépendants
- Asia	0.6	0.6	0.8	0.8	0.7	0.8	0.7	0.7	0.8	0.8	- Asie
- Europe	2.7	3.6	2.9	3.7	3.6	2.3	1.6	1.6	1.2	1.5	- Europe
Northern Africa	7.2	7.1	6.8	5.8	5.4	6.0	5.2	5.0	4.6	4.5	Afrique septentrionale
Sub-Saharan Africa	3.1	3.5	4.1	3.9	3.3	4.1	3.7	3.0	3.9	3.8	Afrique subsaharienne
Latin America & the Caribbean	11.3	10.0	10.1	8.9	8.9	8.0	7.8	7.4	6.5	7.3	Amérique latine et Caraïbes
- Caribbean	1.2	1.5	1.5	1.4	1.2	1.1	1.1	1.1	0.7	1.0	- Caraïbes
- Latin America	10.2	8.5	8.6	7.5	7.7	6.9	6.8	6.2	5.8	6.3	- Amérique latine
Eastern Asia	13.8	8.2	7.0	5.1	7.7	10.7	13.9	9.0	6.7	13.2	Asie orientale
Southern Asia	12.6	13.1	14.0	14.2	11.8	12.2	9.5	9.3	5.1	4.6	Asie méridionale
South-Eastern Asia	2.0	2.6	2.0	2.0	1.9	1.6	1.8	1.6	1.6	1.5	Asie du Sud-Est
Western Asia	4.6	4.9	5.0	4.8	4.4	4.4	3.7	5.6	5.6	4.0	Asie occidentale
Oceania	0.1	0.1	0.2	0.2	0.1	0.2	0.1	0.1	0.1	0.1	Océanie

Graisses et huiles végétales fixes, douces, brutes, raffinées ou fractionnées 421

Trade by commodity

Exports by principal countries or areas

Value in million US dollars

Commerce par produit

Exportations selon les principaux pays ou zones

Valeur en millions de dollars EU

Country or area	2003	2004	2005	2006	2007	Pays ou zone
World	13361.5	15627.2	16685.3	19751.2	24527.7	Monde
Developed Economies	7408.3	8416.9	9080.0	10626.1	12527.9	Economies Développés
- Asia-Pacific	42.8	64.0	63.4	77.7	80.7	- Asie-Pacifique
- Europe	5908.2	6798.1	7692.9	8818.4	9926.9	- Europe
- North America	1457.3	1554.8	1323.7	1730.0	2520.3	- Amérique du Nord
South-Eastern Europe	80.5	218.8	222.7	136.7	240.2	Europe du Sud-Est
Commonwealth of Independent States	651.9	721.6	830.5	1448.5	2168.7	Communauté d'Etats indépendants
- Asia	17.0	39.0	21.7	39.6	49.9	- Asie
- Europe	634.9	682.6	808.8	1408.9	2118.8	- Europe
Northern Africa	159.3	666.2	556.9	892.1	724.0	Afrique septentrionale
Sub-Saharan Africa	84.1	72.4	74.5	102.3	130.8	Afrique subsaharienne
Latin America & the Caribbean	4285.9	4780.9	4781.1	5283.3	7503.7	Amérique latine et Caraïbes
- Caribbean	8.0	8.9	9.0	4.9	7.9	- Caraïbes
- Latin America	4277.9	4772.0	4772.2	5278.4	7495.8	- Amérique latine
Eastern Asia	110.2	117.0	224.1	311.8	231.6	Asie orientale
Southern Asia	60.5	79.0	52.5	84.5	125.5	Asie méridionale
South-Eastern Asia	168.9	215.7	193.5	224.4	279.1	Asie du Sud-Est
Western Asia	349.3	334.4	668.0	634.2	587.2	Asie occidentale
Oceania	2.5	4.3	1.4	7.3	9.1	Océanie
Argentina	2715.9	2983.5	3111.3	3638.9	5191.5	Argentine
Spain	1648.6	2271.1	2211.1	2406.6	2859.9	Espagne
Italy	1084.0	1321.8	1590.3	1773.9	1619.8	Italie
Brazil	1271.3	1444.4	1344.5	1278.1	1776.3	Brésil
United States	1002.5	812.7	764.0	942.3	1407.7	Etats-Unis d'Amérique
Netherlands	688.8	688.0	788.4	963.8	1293.8	Pays-Bas
Ukraine	551.4	533.3	563.9	934.2	1550.9	Ukraine
Canada	454.8	742.1	559.8	787.7	1112.7	Canada
Germany	647.9	746.9	664.2	656.5	614.3	Allemagne
France-Monaco	401.9	467.6	597.9	706.7	787.3	France-Monaco
Belgium	444.9	457.2	463.5	578.3	739.9	Belgique
Tunisia	141.1	581.4	423.0	767.0	664.3	Tunisie
Greece	346.0	187.8	480.7	585.4	440.0	Grèce
Russian Federation	49.8	99.1	196.2	419.7	494.1	Fédération de Russie
United Kingdom	223.4	115.4	166.2	248.8	377.1	Royaume-Uni
Turkey	219.0	171.0	356.5	210.7	123.3	Turquie
Portugal	122.6	157.4	173.5	185.2	243.4	Portugal
Malaysia	95.7	143.9	134.0	164.5	206.7	Malaisie
Bolivia	123.5	138.4	128.3	152.1	194.1	Bolivie
China	59.7	63.0	171.4	269.4	168.7	Chine
Paraguay	88.9	126.1	97.2	111.6	203.2	Paraguay
Syrian Arab Republic	57.5	39.6	107.4	195.7	e210.4	République arabe syrienne
Hungary	69.5	86.2	116.6	121.3	156.4	Hongrie
Poland	0.6	25.3	81.0	158.6	235.4	Pologne
Denmark	51.4	52.1	69.8	90.9	116.8	Danemark

Value as percentages of World total

Valeur en pourcentage du total mondial

Regions of the world	1998	1999	2000	2001	2002	2003	2004	2005	2006	2007	Régions du monde
World	100.0	100.0	100.0	100.0	100.0	100.0	100.0	100.0	100.0	100.0	Monde
Developed Economies	59.8	59.3	60.3	54.7	60.9	55.4	53.9	54.4	53.8	51.1	Economies Développés
- Asia-Pacific	0.4	0.4	0.5	0.4	0.4	0.3	0.4	0.4	0.4	0.3	- Asie-Pacifique
- Europe	42.4	45.5	48.0	43.9	49.0	44.2	43.5	46.1	44.6	40.5	- Europe
- North America	17.1	13.3	11.8	10.4	11.5	10.9	9.9	7.9	8.8	10.3	- Amérique du Nord
South-Eastern Europe	0.8	0.7	0.5	0.5	0.4	0.6	1.4	1.3	0.7	1.0	Europe du Sud-Est
Commonwealth of Independent States	1.3	1.2	3.9	3.1	3.9	4.9	4.6	5.0	7.3	8.8	Communauté d'Etats indépendants
- Asia	0.1	0.1	0.1	0.1	0.1	0.1	0.2	0.1	0.2	0.2	- Asie
- Europe	1.2	1.2	3.8	3.0	3.8	4.8	4.4	4.8	7.1	8.6	- Europe
Northern Africa	1.6	3.3	2.6	1.6	0.8	1.2	4.3	3.3	4.5	3.0	Afrique septentrionale
Sub-Saharan Africa	0.8	0.5	1.4	10.5	1.0	0.6	0.5	0.4	0.5	0.5	Afrique subsaharienne
Latin America & the Caribbean	28.0	28.6	25.6	23.9	28.4	32.1	30.6	28.7	26.7	30.6	Amérique latine et Caraïbes
- Caribbean	0.1	0.0	0.1	0.0	0.1	0.1	0.1	0.1	0.0	0.0	- Caraïbes
- Latin America	28.0	28.6	25.6	23.8	28.4	32.0	30.5	28.6	26.7	30.6	- Amérique latine
Eastern Asia	4.3	1.8	1.7	1.4	1.2	0.8	0.7	1.3	1.6	0.9	Asie orientale
Southern Asia	0.0	0.0	0.2	0.3	0.4	0.5	0.5	0.3	0.4	0.5	Asie méridionale
South-Eastern Asia	1.7	1.9	2.0	1.7	1.6	1.3	1.4	1.2	1.1	1.1	Asie du Sud-Est
Western Asia	1.6	2.6	1.7	2.4	1.5	2.6	2.1	4.0	3.2	2.4	Asie occidentale
Oceania	0.0	0.0	0.0	0.0	0.0	0.0	0.0	0.0	0.0	0.0	Océanie

422 Fixed vegetable fats and oils, crude, refined or fractionated, not 'soft'

Trade by commodity
Imports by principal countries or areas
Value in million US dollars

Commerce par produit
Importations selon les principaux pays ou zones
Valeur en millions de dollars EU

Country or area	2003	2004	2005	2006	2007	Pays ou zone
World	12159.2	14942.0	14701.2	16551.3	22770.4	Monde
Developed Economies	4192.7	5298.7	5682.2	6153.7	8546.8	Economies Développés
- Asia-Pacific	411.8	507.4	489.6	503.1	739.9	- Asie-Pacifique
- Europe	3261.2	4029.9	4322.8	4626.5	6387.9	- Europe
- North America	519.6	761.4	869.8	1024.1	1418.9	- Amérique du Nord
South-Eastern Europe	47.5	69.6	70.3	65.9	95.0	Europe du Sud-Est
Commonwealth of Independent States	320.8	394.7	570.2	539.9	915.2	Communauté d'Etats indépendants
- Asia	20.8	25.2	34.4	23.0	43.9	- Asie
- Europe	300.0	369.4	535.8	516.9	871.3	- Europe
Northern Africa	103.9	321.4	348.1	473.6	305.1	Afrique septentrionale
Sub-Saharan Africa	758.3	763.6	921.5	1172.3	1568.7	Afrique subsaharienne
Latin America & the Caribbean	321.8	417.8	416.8	476.9	721.6	Amérique latine et Caraïbes
- Caribbean	31.6	55.9	56.3	71.2	70.2	- Caraïbes
- Latin America	290.2	361.9	360.5	405.7	651.5	- Amérique latine
Eastern Asia	1959.0	2479.6	2402.7	2959.1	4743.6	Asie orientale
Southern Asia	3153.2	3160.8	2607.4	2719.9	3445.0	Asie méridionale
South-Eastern Asia	676.4	1178.2	849.8	1021.9	1291.8	Asie du Sud-Est
Western Asia	618.2	852.7	826.0	960.7	1125.2	Asie occidentale
Oceania	7.4	4.9	6.1	7.4	12.4	Océanie
China	1600.6	2093.5	2062.6	2598.6	4186.7	Chine
India	1881.4	1755.9	1109.7	1329.7	1596.4	Inde
Netherlands	739.5	924.7	1094.1	1129.8	1769.4	Pays-Bas
Germany	698.1	890.0	938.9	989.2	1373.0	Allemagne
United States	485.8	711.8	803.1	943.4	1301.6	Etats-Unis d'Amérique
Pakistan	621.4	654.7	761.8	777.8	1164.1	Pakistan
Malaysia	259.6	596.4	391.9	533.3	718.9	Malaisie
United Kingdom	405.5	450.9	417.4	431.9	479.1	Royaume-Uni
Japan	328.8	405.5	391.8	392.7	595.1	Japon
Bangladesh	402.1	457.2	282.9	e353.7	e408.1	Bangladesh
Russian Federation	235.9	270.2	398.1	387.5	582.5	Fédération de Russie
Italy	254.0	316.3	356.3	371.2	501.7	Italie
France-Monaco	294.2	324.1	341.9	357.0	465.7	France-Monaco
Belgium	253.4	331.7	349.2	343.2	435.6	Belgique
Turkey	205.9	257.2	286.5	311.6	320.7	Turquie
Spain	165.3	200.8	205.0	235.2	324.0	Espagne
Egypt	8.5	215.7	289.2	353.6	146.1	Egypte
Korea, Republic of	146.6	177.0	189.0	206.0	274.9	République de Corée
Mexico	128.3	155.0	178.2	224.8	280.5	Mexique
Kenya	145.4	104.6	173.4	221.5	321.7	Kenya
Saudi Arabia	83.0	131.6	142.0	183.6	251.2	Arabie saoudite
South Africa	120.8	150.1	136.6	144.8	232.5	Afrique du Sud
Viet Nam	97.7	150.5	121.7	168.9	e215.5	Viet Nam
United Arab Emirates	71.4	118.6	114.1	176.4	e218.2	Emirates arabes unis
United Republic of Tanzania	76.6	76.5	88.8	210.9	229.7	République-Unie de Tanzanie

Value as percentages of World total

Valeur en pourcentage du total mondial

Regions of the world	1998	1999	2000	2001	2002	2003	2004	2005	2006	2007	Régions du monde
World	100.0	100.0	100.0	100.0	100.0	100.0	100.0	100.0	100.0	100.0	Monde
Developed Economies	44.4	43.2	43.1	33.6	36.9	34.5	35.5	38.7	37.2	37.5	Economies Développés
- Asia-Pacific	4.8	4.8	4.6	3.3	3.8	3.4	3.4	3.3	3.0	3.2	- Asie-Pacifique
- Europe	32.5	31.2	30.6	25.3	28.0	26.8	27.0	29.4	28.0	28.1	- Europe
- North America	7.2	7.2	7.9	5.1	5.1	4.3	5.1	5.9	6.2	6.2	- Amérique du Nord
South-Eastern Europe	0.2	0.2	0.2	0.3	0.5	0.4	0.5	0.5	0.4	0.4	Europe du Sud-Est
Commonwealth of Independent States	1.4	1.6	1.7	2.1	2.7	2.6	2.6	3.9	3.3	4.0	Communauté d'Etats indépendants
- Asia	0.1	0.2	0.2	0.2	0.2	0.2	0.2	0.2	0.1	0.2	- Asie
- Europe	1.3	1.4	1.5	1.9	2.5	2.5	2.5	3.6	3.1	3.8	- Europe
Northern Africa	2.7	2.0	1.9	1.1	1.4	0.9	2.2	2.4	2.9	1.3	Afrique septentrionale
Sub-Saharan Africa	4.7	5.4	5.3	23.9	6.3	6.2	5.1	6.3	7.1	6.9	Afrique subsaharienne
Latin America & the Caribbean	3.0	2.6	3.0	2.3	2.6	2.6	2.8	2.8	2.9	3.2	Amérique latine et Caraïbes
- Caribbean	0.2	0.2	0.1	0.2	0.2	0.3	0.4	0.4	0.4	0.3	- Caraïbes
- Latin America	2.8	2.4	2.8	2.1	2.4	2.4	2.4	2.5	2.5	2.9	- Amérique latine
Eastern Asia	10.3	11.2	11.3	10.1	14.7	16.1	16.6	16.3	17.9	20.8	Asie orientale
Southern Asia	22.1	22.1	21.1	17.9	24.0	25.9	21.2	17.7	16.4	15.1	Asie méridionale
South-Eastern Asia	5.3	5.8	5.3	4.5	6.1	5.6	7.9	5.8	6.2	5.7	Asie du Sud-Est
Western Asia	5.8	5.8	7.0	4.1	4.8	5.1	5.7	5.6	5.8	4.9	Asie occidentale
Oceania	0.1	0.1	0.1	0.1	0.1	0.1	0.0	0.0	0.0	0.1	Océanie

Graisses et huiles végétales fixes, brutes, raffinées ou fractionnées, autres que douces 422

Trade by commodity
Exports by principal countries or areas
Value in million US dollars

Commerce par produit
Exportations selon les principaux pays ou zones
Valeur en millions de dollars EU

Country or area	2003	2004	2005	2006	2007	Pays ou zone
World	10704.5	13035.7	13323.7	15496.0	24483.4	Monde
Developed Economies	1238.2	1646.1	1784.3	2091.0	2552.5	Economies Développés
- Asia-Pacific	17.8	20.9	14.7	10.2	12.6	- Asie-Pacifique
- Europe	1040.7	1336.6	1444.8	1751.2	2215.0	- Europe
- North America	179.8	288.6	324.7	329.6	324.8	- Amérique du Nord
South-Eastern Europe	0.4	1.5	3.0	1.9	3.7	Europe du Sud-Est
Commonwealth of Independent States	6.5	7.6	13.5	13.6	140.2	Communauté d'Etats indépendants
- Asia	3.8	3.8	10.2	6.7	3.2	- Asie
- Europe	2.8	3.7	3.3	6.9	137.0	- Europe
Northern Africa	6.9	7.4	8.7	6.1	8.5	Afrique septentrionale
Sub-Saharan Africa	142.4	148.5	155.3	145.8	483.6	Afrique subsaharienne
Latin America & the Caribbean	261.8	392.0	403.9	373.3	778.8	Amérique latine et Caraïbes
- Caribbean	1.3	1.4	2.2	1.7	2.2	- Caraïbes
- Latin America	260.5	390.6	401.6	371.7	776.6	- Amérique latine
Eastern Asia	60.1	61.3	52.4	43.2	52.2	Asie orientale
Southern Asia	140.2	236.7	233.1	325.4	426.5	Asie méridionale
South-Eastern Asia	8616.7	10312.0	10402.4	12143.4	19503.3	Asie du Sud-Est
Western Asia	73.1	67.8	88.4	121.9	149.4	Asie occidentale
Oceania	158.1	154.8	178.6	230.5	384.8	Océanie
Malaysia	4984.2	5210.5	4753.6	5587.8	8856.2	Malaisie
Indonesia	2875.4	4210.2	4762.1	5708.4	9438.6	Indonésie
Netherlands	489.6	655.2	658.2	960.5	1277.3	Pays-Bas
Philippines	505.2	578.0	658.6	579.2	734.0	Philippines
United States	165.1	265.5	284.7	294.9	283.2	Etats-Unis d'Amérique
India	127.0	218.1	207.6	236.6	304.0	Inde
Germany	166.7	213.2	237.9	211.1	246.8	Allemagne
Papua New Guinea	146.2	139.9	e168.2	e214.0	e356.2	Papouasie-Nouvelle-Guinée
Thailand	90.2	129.8	97.1	134.6	291.3	Thaïlande
Singapore	141.9	152.6	124.0	126.4	174.2	Singapour
Colombia	57.8	116.4	108.6	112.5	243.4	Colombie
Belgium	90.3	113.4	172.5	128.4	127.9	Belgique
Italy	77.5	98.3	110.9	132.8	134.8	Italie
Costa Rica	56.1	98.5	70.9	45.3	132.7	Costa Rica
Côte d'Ivoire	54.6	77.0	72.5	68.2	91.6	Côte d'Ivoire
Honduras	55.9	57.1	61.0	50.2	115.8	Honduras
United Arab Emirates	50.9	48.5	57.2	83.2	e89.9	Emirates arabes unis
Spain	38.0	44.5	62.4	80.6	101.0	Espagne
Ghana	3.6	4.7	18.0	2.1	291.9	Ghana
Ecuador	33.2	38.4	52.6	62.7	126.4	Equateur
France-Monaco	41.9	39.0	45.0	62.0	76.4	France-Monaco
United Kingdom	49.2	59.9	53.6	47.8	49.7	Royaume-Uni
Denmark	30.9	41.8	38.7	54.9	89.4	Danemark
Guatemala	31.4	41.1	35.4	41.1	95.0	Guatemala
China	28.2	35.6	41.1	30.6	36.3	Chine

Value as percentages of World total

Valeur en pourcentage du total mondial

Regions of the world	1998	1999	2000	2001	2002	2003	2004	2005	2006	2007	Régions du monde
World	100.0	100.0	100.0	100.0	100.0	100.0	100.0	100.0	100.0	100.0	Monde
Developed Economies	11.3	12.3	11.8	13.3	11.1	11.6	12.6	13.4	13.5	10.4	Economies Développés
- Asia-Pacific	0.1	0.1	0.2	0.2	0.2	0.2	0.2	0.1	0.1	0.1	- Asie-Pacifique
- Europe	10.1	10.7	9.8	11.1	9.2	9.7	10.3	10.8	11.3	9.0	- Europe
- North America	1.1	1.5	1.9	2.1	1.7	1.7	2.2	2.4	2.1	1.3	- Amérique du Nord
South-Eastern Europe	0.0	0.0	0.0	0.0	0.0	0.0	0.0	0.0	0.0	0.0	Europe du Sud-Est
Commonwealth of Independent States	0.0	0.0	0.0	0.0	0.0	0.1	0.1	0.1	0.1	0.6	Communauté d'Etats indépendants
- Asia	0.0	0.0	0.0	0.0	0.0	0.0	0.0	0.1	0.0	0.0	- Asie
- Europe	0.0	0.0	0.0	0.0	0.0	0.0	0.0	0.0	0.0	0.6	- Europe
Northern Africa	0.0	0.0	0.0	0.0	0.1	0.1	0.1	0.1	0.0	0.0	Afrique septentrionale
Sub-Saharan Africa	2.0	1.8	1.3	1.4	1.1	1.3	1.1	1.2	0.9	2.0	Afrique subsaharienne
Latin America & the Caribbean	2.4	2.7	2.9	3.0	2.1	2.4	3.0	3.0	2.4	3.2	Amérique latine et Caraïbes
- Caribbean	0.0	0.0	0.0	0.0	0.0	0.0	0.0	0.0	0.0	0.0	- Caraïbes
- Latin America	2.4	2.6	2.9	3.0	2.1	2.4	3.0	3.0	2.4	3.2	- Amérique latine
Eastern Asia	1.6	1.1	1.0	0.9	0.7	0.6	0.5	0.4	0.3	0.2	Asie orientale
Southern Asia	1.8	2.9	3.2	2.6	1.4	1.3	1.8	1.7	2.1	1.7	Asie méridionale
South-Eastern Asia	75.8	74.8	76.3	76.3	81.5	80.5	79.1	78.1	78.4	79.7	Asie du Sud-Est
Western Asia	0.6	0.7	1.0	0.7	0.7	0.7	0.5	0.7	0.8	0.6	Asie occidentale
Oceania	4.5	3.7	2.4	1.6	1.4	1.5	1.2	1.3	1.5	1.6	Océanie

431 Animal or vegetable fats and oils, processed; waxes of; inedible

Trade by commodity
Imports by principal countries or areas
Value in million US dollars

Commerce par produit
Importations selon les principaux pays ou zones
Valeur en millions de dollars EU

Country or area	2003	2004	2005	2006	2007	Pays ou zone
World	4103.0	4811.9	5145.3	5610.5	7152.0	Monde
Developed Economies	2461.5	2896.3	2948.8	3192.4	3954.8	Economies Développés
- Asia-Pacific	133.1	163.9	179.3	186.6	231.5	- Asie-Pacifique
- Europe	2043.9	2384.3	2390.2	2631.2	3310.3	- Europe
- North America	284.6	348.0	379.3	374.5	413.0	- Amérique du Nord
South-Eastern Europe	42.0	54.0	57.3	55.2	69.4	Europe du Sud-Est
Commonwealth of Independent States	104.0	102.0	113.9	112.1	146.5	Communauté d'Etats indépendants
- Asia	30.1	28.2	32.8	28.6	30.5	- Asie
- Europe	73.9	73.9	81.1	83.5	116.0	- Europe
Northern Africa	86.0	108.5	114.1	110.0	134.2	Afrique septentrionale
Sub-Saharan Africa	185.2	197.2	205.8	224.9	295.7	Afrique subsaharienne
Latin America & the Caribbean	306.1	366.5	343.5	356.8	437.0	Amérique latine et Caraïbes
- Caribbean	34.6	36.8	36.3	32.9	37.9	- Caraïbes
- Latin America	271.5	329.7	307.2	323.9	399.1	- Amérique latine
Eastern Asia	265.4	304.6	273.7	442.1	663.3	Asie orientale
Southern Asia	281.5	291.3	518.8	405.8	496.1	Asie méridionale
South-Eastern Asia	168.2	232.1	295.9	415.3	638.1	Asie du Sud-Est
Western Asia	194.5	251.4	264.6	284.5	315.0	Asie occidentale
Oceania	8.4	7.9	8.7	11.4	1.9	Océanie
Germany	359.9	396.7	451.4	470.1	533.4	Allemagne
Netherlands	266.7	369.2	366.6	321.6	424.8	Pays-Bas
United Kingdom	195.0	204.3	200.1	291.5	406.8	Royaume-Uni
United States	193.5	244.1	261.2	272.1	287.0	Etats-Unis d'Amérique
India	147.1	149.0	360.3	259.1	334.7	Inde
France-Monaco	221.4	238.6	226.5	229.8	293.2	France-Monaco
China	124.6	148.4	126.9	288.2	453.8	Chine
Belgium	166.1	202.2	193.1	221.9	299.9	Belgique
Spain	147.6	180.7	157.9	178.6	250.9	Espagne
Italy	124.6	159.0	139.8	149.6	180.5	Italie
Singapore	30.0	46.7	110.1	183.5	277.7	Singapour
Japan	97.9	119.9	131.1	127.2	165.1	Japon
Poland	106.9	117.3	108.0	119.2	162.8	Pologne
Mexico	103.3	128.8	113.1	116.0	137.0	Mexique
Sweden	85.0	90.3	96.9	141.0	146.3	Suède
Canada	91.0	103.8	117.9	102.3	125.7	Canada
Denmark	68.9	84.7	98.2	119.9	143.9	Danemark
Korea, Republic of	72.9	84.8	90.3	89.7	133.2	République de Corée
Algeria	49.9	69.1	71.7	71.3	e84.0	Algérie
Austria	51.4	61.8	65.4	70.2	93.1	Autriche
Thailand	49.8	59.2	58.9	71.2	95.3	Thaïlande
Afghanistan	e40.9	e51.4	e63.3	e65.5	e78.1	Afghanistan
South Africa	39.0	49.5	46.1	57.4	78.7	Afrique du Sud
Ireland	47.9	45.5	51.5	64.5	55.9	Irlande
Malaysia	28.1	49.5	54.3	66.6	66.0	Malaisie

Value as percentages of World total

Valeur en pourcentage du total mondial

Regions of the world	1998	1999	2000	2001	2002	2003	2004	2005	2006	2007	Régions du monde
World	100.0	100.0	100.0	100.0	100.0	100.0	100.0	100.0	100.0	100.0	Monde
Developed Economies	60.2	55.8	56.4	53.1	58.0	60.0	60.2	57.3	56.9	55.3	Economies Développés
- Asia-Pacific	3.8	4.2	4.2	3.3	3.3	3.2	3.4	3.5	3.3	3.2	- Asie-Pacifique
- Europe	49.1	45.6	44.8	43.6	48.1	49.8	49.6	46.5	46.9	46.3	- Europe
- North America	7.3	6.0	7.4	6.3	6.6	6.9	7.2	7.4	6.7	5.8	- Amérique du Nord
South-Eastern Europe	1.0	0.9	0.9	1.0	1.0	1.0	1.1	1.1	1.0	1.0	Europe du Sud-Est
Commonwealth of Independent States	1.9	2.4	3.1	2.9	3.3	2.5	2.1	2.2	2.0	2.0	Communauté d'Etats indépendants
- Asia	0.4	0.4	0.5	0.6	0.8	0.7	0.6	0.6	0.5	0.4	- Asie
- Europe	1.5	2.0	2.6	2.3	2.5	1.8	1.5	1.6	1.5	1.6	- Europe
Northern Africa	2.2	2.4	2.2	2.0	2.2	2.1	2.3	2.2	2.0	1.9	Afrique septentrionale
Sub-Saharan Africa	3.4	3.6	3.9	10.4	4.0	4.5	4.1	4.0	4.0	4.1	Afrique subsaharienne
Latin America & the Caribbean	6.0	6.4	7.7	6.8	7.4	7.5	7.6	6.7	6.4	6.1	Amérique latine et Caraïbes
- Caribbean	0.8	1.1	1.4	1.2	1.1	0.8	0.8	0.7	0.6	0.5	- Caraïbes
- Latin America	5.2	5.3	6.3	5.6	6.3	6.6	6.9	6.0	5.8	5.6	- Amérique latine
Eastern Asia	4.4	5.8	6.6	5.3	6.5	6.5	6.3	5.3	7.9	9.3	Asie orientale
Southern Asia	6.8	8.5	7.2	8.8	7.1	6.9	6.1	10.1	7.2	6.9	Asie méridionale
South-Eastern Asia	5.0	5.3	4.7	4.2	4.6	4.1	4.8	5.8	7.4	8.9	Asie du Sud-Est
Western Asia	8.9	8.7	7.2	5.4	5.7	4.7	5.2	5.1	5.1	4.4	Asie occidentale
Oceania	0.2	0.2	0.1	0.1	0.2	0.2	0.2	0.2	0.2	0.0	Océanie

Trade by commodity

Exports by principal countries or areas
Value in million US dollars

Exportations selon les principaux pays ou zones
Valeur en millions de dollars EU

Country or area	2003	2004	2005	2006	2007	Pays ou zone
World	5096.3	5614.5	5584.4	6200.7	8065.3	Monde
Developed Economies	2362.6	2767.9	2566.4	2721.4	3289.0	Economies Développés
- Asia-Pacific	81.9	86.1	70.9	73.4	89.6	- Asie-Pacifique
- Europe	1906.1	2220.2	2104.1	2262.8	2717.0	- Europe
- North America	374.6	461.6	391.4	385.1	482.4	- Amérique du Nord
South-Eastern Europe	7.4	14.5	15.2	10.1	13.7	Europe du Sud-Est
Commonwealth of Independent States	31.2	25.0	47.9	44.4	64.9	Communauté d'Etats indépendants
- Asia	21.5	10.5	34.3	31.0	40.9	- Asie
- Europe	9.7	14.4	13.6	13.4	24.1	- Europe
Northern Africa	19.0	20.8	15.3	11.0	15.4	Afrique septentrionale
Sub-Saharan Africa	22.5	24.3	28.4	35.2	78.1	Afrique subsaharienne
Latin America & the Caribbean	167.4	204.4	226.9	247.3	347.2	Amérique latine et Caraïbes
- Caribbean	0.5	0.5	1.6	1.2	1.4	- Caraïbes
- Latin America	166.9	203.9	225.3	246.1	345.8	- Amérique latine
Eastern Asia	70.8	83.6	83.1	99.4	134.8	Asie orientale
Southern Asia	193.7	202.8	373.5	385.5	415.1	Asie méridionale
South-Eastern Asia	1579.3	2080.0	2067.5	2436.0	3590.1	Asie du Sud-Est
Western Asia	642.3	190.9	160.0	209.8	115.5	Asie occidentale
Oceania	0.1	0.2	0.3	0.6	1.4	Océanie
Malaysia	1294.9	1628.5	1633.5	1745.1	2439.5	Malaisie
Netherlands	464.6	542.1	505.9	627.6	840.1	Pays-Bas
Germany	502.5	564.6	569.7	611.4	731.4	Allemagne
Indonesia	126.5	274.5	257.5	475.0	870.6	Indonésie
United States	296.5	351.5	290.4	307.2	414.5	Etats-Unis d'Amérique
Belgium	258.8	290.4	246.5	231.4	264.2	Belgique
Sweden	164.8	184.8	110.7	108.1	127.9	Suède
United Kingdom	91.7	106.3	135.5	120.2	109.9	Royaume-Uni
Israel	560.5	0.0	0.1	0.1	0.1	Israël
Denmark	75.3	120.9	149.8	135.2	68.3	Danemark
Italy	85.1	100.4	102.0	106.5	132.8	Italie
Brazil	65.4	86.4	94.3	94.7	130.1	Brésil
Singapore	72.5	69.0	74.4	104.7	142.8	Singapour
France-Monaco	76.3	84.5	80.5	90.6	115.8	France-Monaco
Canada	78.1	110.0	101.1	77.9	67.9	Canada
Sri Lanka	1.4	10.8	125.0	e139.8	e157.1	Sri Lanka
Pakistan	43.8	55.4	97.0	99.5	106.3	Pakistan
Argentina	45.5	55.6	61.6	83.0	125.8	Argentine
Spain	70.5	73.1	59.1	73.9	90.9	Espagne
Jordan	49.1	146.7	85.9	67.9	12.4	Jordanie
Thailand	54.4	76.8	64.2	69.9	95.5	Thaïlande
India	81.0	61.5	58.4	71.9	85.1	Inde
Turkey	24.2	30.2	46.3	108.6	71.5	Turquie
Nepal	51.0	e60.3	e67.4	e54.3	e42.6	Népal
Finland	32.0	45.3	39.0	54.0	68.0	Finlande

Value as percentages of World total

Valeur en pourcentage du total mondial

Regions of the world	1998	1999	2000	2001	2002	2003	2004	2005	2006	2007	Régions du monde
World	100.0	100.0	100.0	100.0	100.0	100.0	100.0	100.0	100.0	100.0	Monde
Developed Economies	52.3	52.5	53.3	54.9	47.8	46.4	49.3	46.0	43.9	40.8	Economies Développés
- Asia-Pacific	2.5	2.8	3.0	3.0	2.0	1.6	1.5	1.3	1.2	1.1	- Asie-Pacifique
- Europe	40.6	40.6	40.6	42.6	36.9	37.4	39.5	37.7	36.5	33.7	- Europe
- North America	9.2	9.0	9.7	9.4	9.0	7.3	8.2	7.0	6.2	6.0	- Amérique du Nord
South-Eastern Europe	0.2	0.2	0.2	0.2	0.2	0.1	0.3	0.3	0.2	0.2	Europe du Sud-Est
Commonwealth of Independent States	0.3	0.3	0.3	0.3	0.2	0.6	0.4	0.9	0.7	0.8	Communauté d'Etats indépendants
- Asia	0.0	0.1	0.0	0.0	0.1	0.4	0.2	0.6	0.5	0.5	- Asie
- Europe	0.3	0.3	0.3	0.3	0.2	0.2	0.3	0.2	0.2	0.3	- Europe
Northern Africa	0.2	0.9	0.8	0.4	0.3	0.4	0.4	0.3	0.2	0.2	Afrique septentrionale
Sub-Saharan Africa	0.7	0.7	0.6	0.6	0.4	0.4	0.4	0.5	0.6	1.0	Afrique subsaharienne
Latin America & the Caribbean	4.0	4.0	5.1	6.5	4.3	3.3	3.6	4.1	4.0	4.3	Amérique latine et Caraïbes
- Caribbean	0.0	0.0	0.1	0.1	0.0	0.0	0.0	0.0	0.0	0.0	- Caraïbes
- Latin America	4.0	3.9	5.0	6.4	4.3	3.3	3.6	4.0	4.0	4.3	- Amérique latine
Eastern Asia	1.5	1.7	1.8	1.5	1.1	1.4	1.5	1.5	1.6	1.7	Asie orientale
Southern Asia	1.0	3.1	4.3	4.3	3.0	3.8	3.6	6.7	6.2	5.1	Asie méridionale
South-Eastern Asia	35.1	33.3	31.4	28.5	28.0	31.0	37.0	37.0	39.3	44.5	Asie du Sud-Est
Western Asia	4.7	3.4	2.0	2.8	14.7	12.6	3.4	2.9	3.4	1.4	Asie occidentale
Oceania	0.0	0.0	0.2	0.0	0.0	0.0	0.0	0.0	0.0	0.0	Océanie

511 Hydrocarbons, nes, and their derivatives

Trade by commodity
Imports by principal countries or areas
Value in million US dollars

Commerce par produit
Importations selon les principaux pays ou zones
Valeur en millions de dollars EU

Country or area	2003	2004	2005	2006	2007	Pays ou zone
World	31579.5	46445.0	53288.9	61242.2	72640.8	Monde
Developed Economies	16055.1	22893.3	26680.5	32081.2	37358.5	Economies Développés
- Asia-Pacific	732.9	1058.9	1112.2	1289.7	1116.3	- Asie-Pacifique
- Europe	12730.0	17898.7	20519.1	24200.5	28876.7	- Europe
- North America	2592.2	3935.7	5049.2	6591.1	7365.5	- Amérique du Nord
South-Eastern Europe	69.9	154.2	160.1	194.7	333.6	Europe du Sud-Est
Commonwealth of Independent States	170.7	236.1	271.6	369.0	400.0	Communauté d'Etats indépendants
- Asia	9.2	7.0	12.5	9.0	13.2	- Asie
- Europe	161.5	229.2	259.1	360.1	386.8	- Europe
Northern Africa	91.7	159.2	172.1	266.1	323.9	Afrique septentrionale
Sub-Saharan Africa	213.4	242.6	316.7	326.3	367.4	Afrique subsaharienne
Latin America & the Caribbean	2181.4	3038.3	3426.7	3885.3	4407.8	Amérique latine et Caraïbes
- Caribbean	36.9	30.1	39.9	43.0	44.5	- Caraïbes
- Latin America	2144.5	3008.1	3386.8	3842.3	4363.3	- Amérique latine
Eastern Asia	8544.4	12958.3	15115.8	16653.0	20398.2	Asie orientale
Southern Asia	1119.0	1711.1	1791.1	1866.7	2426.5	Asie méridionale
South-Eastern Asia	2732.2	4285.7	4331.5	4728.9	5500.6	Asie du Sud-Est
Western Asia	399.6	764.2	1020.6	868.2	1121.8	Asie occidentale
Oceania	1.9	2.0	2.2	2.6	2.3	Océanie
China	4123.6	6299.7	7306.2	7836.1	11583.3	Chine
Belgium	3482.3	4772.4	6339.3	7602.3	8641.7	Belgique
United States	2113.7	3145.9	4095.9	5364.8	6162.0	Etats-Unis d'Amérique
Germany	1959.4	3245.5	3271.6	4131.4	5552.9	Allemagne
Netherlands	1912.4	2817.8	3022.6	3561.2	3907.2	Pays-Bas
Korea, Republic of	1529.1	2352.2	3000.3	3227.8	3346.3	République de Corée
France-Monaco	1162.9	1666.7	1922.5	2229.2	2773.6	France-Monaco
Mexico	1251.3	1657.9	1760.7	2017.4	2446.6	Mexique
Indonesia	984.1	1603.2	1452.9	1665.7	1795.0	Indonésie
India	788.9	1243.1	1337.1	1428.2	1820.5	Inde
Spain	966.7	1134.5	1250.2	1329.1	1878.1	Espagne
United Kingdom	827.1	1097.4	1083.7	1109.6	1088.1	Royaume-Uni
Japan	656.5	974.4	1037.1	1193.8	1015.3	Japon
Canada	478.3	789.6	953.1	1226.2	1203.4	Canada
Malaysia	493.2	870.8	943.6	828.6	1109.1	Malaisie
Italy	577.7	762.2	864.6	941.8	1087.8	Italie
Thailand	476.5	707.0	808.9	1017.6	1161.4	Thaïlande
Singapore	480.3	743.5	727.5	787.0	826.1	Singapour
Colombia	362.8	573.4	674.2	796.3	848.3	Colombie
Finland	298.8	407.8	465.5	518.5	666.6	Finlande
Brazil	281.8	375.5	474.5	506.9	563.9	Brésil
China, Hong Kong SAR	290.3	351.6	377.2	425.2	544.7	Chine - RAS de Hong-Kong
Pakistan	248.5	381.2	344.5	360.8	520.4	Pakistan
Poland	221.3	296.5	387.8	412.5	527.5	Pologne
Saudi Arabia	87.6	250.1	311.9	392.8	568.0	Arabie saoudite

Value as percentages of World total

Valeur en pourcentage du total mondial

Regions of the world	1998	1999	2000	2001	2002	2003	2004	2005	2006	2007	Régions du monde
World	100.0	100.0	100.0	100.0	100.0	100.0	100.0	100.0	100.0	100.0	Monde
Developed Economies	57.9	53.3	53.7	50.7	52.9	50.8	49.3	50.1	52.4	51.4	Economies Développés
- Asia-Pacific	2.9	2.9	2.5	2.3	2.5	2.3	2.3	2.1	2.1	1.5	- Asie-Pacifique
- Europe	46.2	41.3	41.7	38.9	41.5	40.3	38.5	38.5	39.5	39.8	- Europe
- North America	8.9	9.0	9.5	9.5	8.9	8.2	8.5	9.5	10.8	10.1	- Amérique du Nord
South-Eastern Europe	0.3	0.2	0.2	0.2	0.2	0.2	0.3	0.3	0.3	0.5	Europe du Sud-Est
Commonwealth of Independent States	0.9	0.8	0.5	0.7	0.5	0.5	0.5	0.5	0.6	0.6	Communauté d'Etats indépendants
- Asia	0.1	0.0	0.0	0.0	0.0	0.0	0.0	0.0	0.0	0.0	- Asie
- Europe	0.8	0.8	0.5	0.7	0.5	0.5	0.5	0.5	0.6	0.5	- Europe
Northern Africa	0.4	0.5	0.5	0.4	0.3	0.3	0.3	0.3	0.4	0.4	Afrique septentrionale
Sub-Saharan Africa	0.9	0.6	0.6	6.9	0.7	0.7	0.5	0.6	0.5	0.5	Afrique subsaharienne
Latin America & the Caribbean	7.7	7.7	8.0	7.4	7.4	6.9	6.5	6.4	6.3	6.1	Amérique latine et Caraïbes
- Caribbean	0.2	0.2	0.1	0.2	0.1	0.1	0.1	0.1	0.1	0.1	- Caraïbes
- Latin America	7.5	7.5	7.9	7.2	7.2	6.8	6.5	6.4	6.3	6.0	- Amérique latine
Eastern Asia	19.2	21.6	22.5	20.1	23.9	27.1	27.9	28.4	27.2	28.1	Asie orientale
Southern Asia	3.1	3.7	2.8	3.0	3.0	3.5	3.7	3.4	3.0	3.3	Asie méridionale
South-Eastern Asia	7.4	9.6	9.4	8.9	9.4	8.7	9.2	8.1	7.7	7.6	Asie du Sud-Est
Western Asia	2.0	2.0	2.0	1.6	1.6	1.3	1.6	1.9	1.4	1.5	Asie occidentale
Oceania	0.0	0.0	0.0	0.0	0.0	0.0	0.0	0.0	0.0	0.0	Océanie

Hydrocarbures, n.d.a. Et leurs dérives halogènes, sulfones nitres ou nitrosés 511

Trade by commodity
Exports by principal countries or areas
Value in million US dollars

Commerce par produit
Exportations selon les principaux pays ou zones
Valeur en millions de dollars EU

Country or area	2003	2004	2005	2006	2007	Pays ou zone
World	29525.3	43771.7	48753.5	56784.3	68128.9	Monde
Developed Economies	19853.0	29213.8	31583.9	36369.3	42553.1	Economies Développés
- Asia-Pacific	3502.7	5113.9	6049.7	6838.7	7958.3	- Asie-Pacifique
- Europe	10807.1	15169.6	17014.8	20226.5	23299.8	- Europe
- North America	5543.2	8930.4	8519.5	9304.1	11295.0	- Amérique du Nord
South-Eastern Europe	64.9	151.0	211.1	264.7	376.3	Europe du Sud-Est
Commonwealth of Independent States	597.0	967.7	1141.6	1343.1	1529.6	Communauté d'Etats indépendants
- Asia	5.5	5.9	6.6	6.0	8.5	- Asie
- Europe	591.5	961.8	1135.0	1337.0	1521.1	- Europe
Northern Africa	139.8	138.9	200.5	303.8	393.9	Afrique septentrionale
Sub-Saharan Africa	150.2	158.4	209.6	299.3	301.9	Afrique subsaharienne
Latin America & the Caribbean	634.7	924.8	1264.1	1252.3	1421.6	Amérique latine et Caraïbes
- Caribbean	7.4	6.4	5.7	10.5	9.2	- Caraïbes
- Latin America	627.3	918.4	1258.3	1241.8	1412.5	- Amérique latine
Eastern Asia	3704.8	5494.5	6388.5	8111.3	11116.4	Asie orientale
Southern Asia	657.2	940.4	1524.6	1978.8	2168.0	Asie méridionale
South-Eastern Asia	2306.7	3688.3	4218.7	4645.1	5546.6	Asie du Sud-Est
Western Asia	1416.9	2093.7	2010.8	2216.6	2721.3	Asie occidentale
Oceania	0.0	0.0	0.0	0.0	0.0	Océanie
United States	4393.8	7210.7	6572.8	6829.2	8462.5	Etats-Unis d'Amérique
Japan	3498.9	5109.8	6045.5	6833.8	7954.4	Japon
Netherlands	3560.1	4968.7	5536.8	6858.5	8507.1	Pays-Bas
Korea, Republic of	2750.6	4253.3	4647.4	5927.9	7669.3	République de Corée
Germany	1786.3	2503.8	2993.6	3799.3	4123.4	Allemagne
United Kingdom	1639.0	2197.5	2223.7	2874.4	3076.2	Royaume-Uni
Singapore	1148.9	1985.1	2173.9	2466.5	2750.6	Singapour
Belgium	1296.2	1939.4	2206.9	2357.6	2543.9	Belgique
Canada	1149.2	1719.4	1946.6	2474.9	2832.5	Canada
Saudi Arabia	1061.4	1331.5	1418.6	1479.8	1953.9	Arabie saoudite
India	465.5	723.8	1123.8	1635.5	1717.7	Inde
China	519.6	614.5	999.7	1414.6	1539.0	Chine
Italy	550.5	770.8	980.2	1053.1	1093.0	Italie
Spain	503.6	701.1	814.1	970.4	1249.1	Espagne
Thailand	570.8	847.1	1093.2	909.4	795.2	Thaïlande
France-Monaco	623.3	871.0	729.3	898.7	898.3	France-Monaco
Russian Federation	387.3	663.4	843.4	962.6	1117.8	Fédération de Russie
Malaysia	370.6	570.0	727.2	782.7	847.4	Malaisie
Brazil	294.4	437.6	590.4	660.8	852.8	Brésil
Portugal	277.7	383.8	531.0	557.7	707.9	Portugal
Indonesia	214.8	283.7	222.3	483.9	1148.6	Indonésie
Israel	257.8	314.9	355.6	412.4	451.8	Israël
Iran (Islamic Republic of)	191.7	216.3	399.8	343.1	e450.3	Iran (République islamique d')
Ukraine	197.1	285.7	284.7	363.7	400.0	Ukraine
Argentina	159.6	200.1	259.3	274.8	211.6	Argentine

Value as percentages of World total

Valeur en pourcentage du total mondial

Regions of the world	1998	1999	2000	2001	2002	2003	2004	2005	2006	2007	Régions du monde
World	100.0	100.0	100.0	100.0	100.0	100.0	100.0	100.0	100.0	100.0	Monde
Developed Economies	73.2	72.4	69.5	71.1	69.7	67.2	66.7	64.8	64.0	62.5	Economies Développés
- Asia-Pacific	11.0	12.3	11.6	12.2	11.7	11.9	11.7	12.4	12.0	11.7	- Asie-Pacifique
- Europe	42.0	38.0	35.8	39.8	39.0	36.6	34.7	34.9	35.6	34.2	- Europe
- North America	20.3	22.1	22.0	19.1	19.1	18.8	20.4	17.5	16.4	16.6	- Amérique du Nord
South-Eastern Europe	0.4	0.2	0.2	0.2	0.2	0.2	0.3	0.4	0.5	0.6	Europe du Sud-Est
Commonwealth of Independent States	2.0	1.7	2.0	2.1	2.1	2.0	2.2	2.3	2.4	2.2	Communauté d'Etats indépendants
- Asia	0.2	0.0	0.1	0.0	0.0	0.0	0.0	0.0	0.0	0.0	- Asie
- Europe	1.9	1.7	2.0	2.1	2.1	2.0	2.2	2.3	2.4	2.2	- Europe
Northern Africa	0.9	0.6	0.8	0.8	0.4	0.5	0.3	0.4	0.5	0.6	Afrique septentrionale
Sub-Saharan Africa	0.4	0.6	0.7	0.6	0.5	0.5	0.4	0.4	0.5	0.4	Afrique subsaharienne
Latin America & the Caribbean	2.7	2.7	2.9	2.2	2.1	2.1	2.1	2.6	2.2	2.1	Amérique latine et Caraïbes
- Caribbean	0.1	0.0	0.0	0.0	0.0	0.0	0.0	0.0	0.0	0.0	- Caraïbes
- Latin America	2.6	2.6	2.9	2.1	2.1	2.1	2.1	2.6	2.2	2.1	- Amérique latine
Eastern Asia	10.3	11.3	12.4	11.3	12.0	12.5	12.6	13.1	14.3	16.3	Asie orientale
Southern Asia	1.1	1.4	1.1	1.2	1.5	2.2	2.1	3.1	3.5	3.2	Asie méridionale
South-Eastern Asia	3.9	4.7	5.8	5.1	6.2	7.8	8.4	8.7	8.2	8.1	Asie du Sud-Est
Western Asia	5.0	4.6	4.5	5.4	5.4	4.8	4.8	4.1	3.9	4.0	Asie occidentale
Oceania	0.0	0.0	0.0	0.0	0.0	0.0	0.0	0.0	0.0	0.0	Océanie

512 Alcohols, Phenols, phenol-alcohols and their derivatives

Trade by commodity
Imports by principal countries or areas
Value in million US dollars

Commerce par produit
Importations selon les principaux pays ou zones
Valeur en millions de dollars EU

Country or area	2003	2004	2005	2006	2007	Pays ou zone
World	22096.0	28500.8	33765.9	38117.6	45752.4	Monde
Developed Economies	11624.6	13590.1	16636.3	20485.8	23242.6	Economies Développés
- Asia-Pacific	1346.7	1514.8	1793.9	1966.6	2256.6	- Asie-Pacifique
- Europe	7631.1	8878.5	10765.5	12935.2	15304.5	- Europe
- North America	2646.8	3196.9	4076.9	5584.0	5681.5	- Amérique du Nord
South-Eastern Europe	42.5	59.5	65.0	63.9	78.9	Europe du Sud-Est
Commonwealth of Independent States	133.7	173.5	219.8	235.9	316.6	Communauté d'Etats indépendants
- Asia	24.0	23.0	33.8	31.1	40.2	- Asie
- Europe	109.7	150.5	186.0	204.8	276.4	- Europe
Northern Africa	56.2	71.9	89.4	96.2	112.8	Afrique septentrionale
Sub-Saharan Africa	200.5	257.7	342.3	389.2	483.5	Afrique subsaharienne
Latin America & the Caribbean	1089.5	1423.6	1727.6	2068.5	2447.8	Amérique latine et Caraïbes
- Caribbean	74.7	91.3	166.9	274.0	347.5	- Caraïbes
- Latin America	1014.8	1332.4	1560.7	1794.5	2100.3	- Amérique latine
Eastern Asia	5955.4	8621.0	9733.1	9823.8	13151.7	Asie orientale
Southern Asia	666.5	1035.2	1132.2	1187.8	1608.5	Asie méridionale
South-Eastern Asia	1860.4	2582.0	3033.2	2987.5	3364.0	Asie du Sud-Est
Western Asia	465.2	684.5	784.9	776.3	943.5	Asie occidentale
Oceania	1.5	1.9	2.0	2.7	2.6	Océanie
China	3532.5	5558.0	6605.1	6628.0	9518.9	Chine
United States	2206.9	2637.5	3430.8	4894.3	4609.8	Etats-Unis d'Amérique
Germany	1328.5	1657.6	1957.9	2403.4	2901.8	Allemagne
Korea, Republic of	1363.4	1726.9	1830.2	1791.0	2058.2	République de Corée
Netherlands	1023.6	1112.0	1693.9	2133.4	2492.5	Pays-Bas
Japan	1238.3	1388.8	1658.8	1824.0	2092.1	Japon
Belgium	952.6	1073.0	1276.8	1400.3	1735.2	Belgique
Italy	968.3	1094.7	1195.8	1361.2	1602.9	Italie
France-Monaco	778.6	868.1	987.9	1143.4	1330.3	France-Monaco
Thailand	648.3	981.1	1106.2	1123.0	1192.2	Thaïlande
United Kingdom	649.7	731.0	878.1	1104.3	1113.7	Royaume-Uni
Singapore	541.2	713.7	887.1	838.4	930.2	Singapour
India	410.7	639.1	760.8	896.0	1188.1	Inde
Spain	544.1	631.3	708.5	823.8	910.8	Espagne
Canada	439.8	559.3	645.9	689.6	1071.4	Canada
Mexico	381.9	510.7	613.6	642.0	754.7	Mexique
Indonesia	328.0	422.4	490.7	464.7	516.9	Indonésie
Brazil	309.1	393.2	422.8	455.3	598.1	Brésil
Malaysia	244.6	346.0	397.8	406.5	533.8	Malaisie
Turkey	237.9	362.5	419.4	373.8	433.1	Turquie
Switzerland-Liechtenstein	266.0	320.8	358.2	395.7	444.4	Suisse-Liechtenstein
Poland	174.0	229.6	310.3	368.8	475.2	Pologne
Pakistan	181.4	301.4	264.5	226.0	343.5	Pakistan
Sweden	141.8	184.6	227.7	270.7	372.1	Suède
Finland	107.6	143.4	184.0	284.1	230.7	Finlande

Value as percentages of World total

Valeur en pourcentage du total mondial

Regions of the world	1998	1999	2000	2001	2002	2003	2004	2005	2006	2007	Régions du monde
World	100.0	100.0	100.0	100.0	100.0	100.0	100.0	100.0	100.0	100.0	Monde
Developed Economies	62.2	58.6	55.6	55.0	54.0	52.6	47.7	49.3	53.7	50.8	Economies Développés
- Asia-Pacific	7.5	7.2	7.0	6.9	6.4	6.1	5.3	5.3	5.2	4.9	- Asie-Pacifique
- Europe	42.4	39.1	35.7	33.8	34.6	34.5	31.2	31.9	33.9	33.5	- Europe
- North America	12.4	12.3	13.0	14.4	13.0	12.0	11.2	12.1	14.6	12.4	- Amérique du Nord
South-Eastern Europe	0.3	0.3	0.3	0.2	0.2	0.2	0.2	0.2	0.2	0.2	Europe du Sud-Est
Commonwealth of Independent States	0.9	0.7	0.6	0.7	0.6	0.6	0.6	0.7	0.6	0.7	Communauté d'Etats indépendants
- Asia	0.2	0.1	0.1	0.1	0.1	0.1	0.1	0.1	0.1	0.1	- Asie
- Europe	0.7	0.5	0.5	0.5	0.5	0.5	0.5	0.6	0.5	0.6	- Europe
Northern Africa	0.3	0.3	0.2	0.2	0.3	0.3	0.3	0.3	0.3	0.2	Afrique septentrionale
Sub-Saharan Africa	1.1	1.0	0.9	2.5	1.1	0.9	0.9	1.0	1.0	1.1	Afrique subsaharienne
Latin America & the Caribbean	6.0	5.9	6.4	6.2	5.8	4.9	5.0	5.1	5.4	5.4	Amérique latine et Caraïbes
- Caribbean	0.2	0.3	0.6	0.6	0.7	0.3	0.3	0.5	0.7	0.8	- Caraïbes
- Latin America	5.8	5.6	5.8	5.6	5.2	4.6	4.7	4.6	4.7	4.6	- Amérique latine
Eastern Asia	17.7	20.8	22.5	22.1	24.9	27.0	30.2	28.8	25.8	28.7	Asie orientale
Southern Asia	2.1	2.6	2.0	2.2	2.6	3.0	3.6	3.4	3.1	3.5	Asie méridionale
South-Eastern Asia	7.3	7.9	9.3	9.1	8.6	8.4	9.1	9.0	7.8	7.4	Asie du Sud-Est
Western Asia	2.0	1.9	2.0	1.7	1.8	2.1	2.4	2.3	2.0	2.1	Asie occidentale
Oceania	0.0	0.0	0.0	0.0	0.0	0.0	0.0	0.0	0.0	0.0	Océanie

Alcools, phénols, phénols-alcools, et leurs dérives halogènes, sulfones, nitres ou nitrosés 512

Trade by commodity

Exports by principal countries or areas

Value in million US dollars

Commerce par produit

Exportations selon les principaux pays ou zones

Valeur en millions de dollars EU

Country or area	2003	2004	2005	2006	2007	Pays ou zone
World	19235.8	25242.4	29641.8	33016.1	39156.9	Monde
Developed Economies	10933.1	13957.5	15520.6	16552.7	19839.9	Economies Développés
- Asia-Pacific	1074.6	1360.0	1557.1	1570.0	1845.7	- Asie-Pacifique
- Europe	6771.3	8341.3	9498.5	10299.9	12195.1	- Europe
- North America	3087.2	4256.2	4465.0	4682.9	5799.0	- Amérique du Nord
South-Eastern Europe	110.7	215.8	208.0	221.0	213.7	Europe du Sud-Est
Commonwealth of Independent States	578.0	747.9	760.9	925.8	1159.1	Communauté d'Etats indépendants
- Asia	9.6	13.5	14.2	17.5	14.6	- Asie
- Europe	568.4	734.4	746.7	908.3	1144.6	- Europe
Northern Africa	181.5	181.0	179.0	244.1	222.6	Afrique septentrionale
Sub-Saharan Africa	347.2	482.2	709.6	725.5	999.8	Afrique subsaharienne
Latin America & the Caribbean	1591.9	2183.2	2990.0	4318.8	4189.5	Amérique latine et Caraïbes
- Caribbean	374.9	585.9	815.2	1008.1	1112.3	- Caraïbes
- Latin America	1217.1	1597.3	2174.8	3310.7	3077.3	- Amérique latine
Eastern Asia	1308.9	2066.9	2843.7	3493.7	4648.7	Asie orientale
Southern Asia	175.6	378.7	745.2	705.5	944.7	Asie méridionale
South-Eastern Asia	1837.4	2339.3	2761.9	2758.6	3617.6	Asie du Sud-Est
Western Asia	2171.2	2689.6	2922.6	3070.0	3320.9	Asie occidentale
Oceania	0.3	0.2	0.3	0.4	0.5	Océanie
United States	2397.5	3112.6	3151.1	3480.6	4394.7	Etats-Unis d'Amérique
Germany	2041.2	2691.3	3116.6	3259.1	3728.5	Allemagne
Saudi Arabia	1355.3	1492.4	2235.5	2337.3	2604.9	Arabie saoudite
Netherlands	1266.2	1502.2	1941.4	1991.0	2387.1	Pays-Bas
Belgium	1100.5	1359.1	1514.9	1762.5	1989.6	Belgique
Japan	1046.1	1328.2	1528.7	1547.1	1827.1	Japon
Canada	689.4	1143.3	1313.9	1202.3	1404.2	Canada
Singapore	736.7	1034.7	1211.7	1168.9	1377.8	Singapour
Brazil	302.1	659.9	933.0	1795.9	1722.6	Brésil
Malaysia	663.8	832.0	976.5	887.4	1213.3	Malaisie
China	406.1	498.3	671.5	1227.7	1219.1	Chine
Russian Federation	508.1	664.0	680.4	819.5	1062.5	Fédération de Russie
Trinidad and Tobago	311.4	501.4	728.5	918.0	997.9	Trinité-et-Tobago
Korea, Republic of	328.4	458.5	634.8	866.6	1008.5	République de Corée
Chile	465.0	520.5	626.5	789.3	569.8	Chili
Spain	349.6	533.5	584.8	618.6	826.5	Espagne
United Kingdom	529.0	546.5	553.0	583.8	657.3	Royaume-Uni
France-Monaco	528.5	551.1	521.9	539.2	721.2	France-Monaco
Indonesia	308.2	354.9	443.7	516.9	676.6	Indonésie
South Africa	198.7	313.5	427.2	468.2	582.9	Afrique du Sud
India	147.4	306.1	486.0	433.7	564.6	Inde
Italy	283.1	375.0	372.3	413.5	474.8	Italie
Kuwait	e262.6	e442.4	e374.8	e360.8	e445.6	Koweït
Equatorial Guinea	e127.2	e145.0	e252.4	e216.3	e384.3	Guinée équatoriale
Finland	128.4	170.5	169.6	267.0	291.5	Finlande

Value as percentages of World total

Valeur en pourcentage du total mondial

Regions of the world	1998	1999	2000	2001	2002	2003	2004	2005	2006	2007	Régions du monde
World	100.0	100.0	100.0	100.0	100.0	100.0	100.0	100.0	100.0	100.0	Monde
Developed Economies	68.8	68.4	61.8	59.5	59.4	56.8	55.3	52.4	50.1	50.7	Economies Développés
- Asia-Pacific	8.5	9.0	7.0	6.2	6.4	5.6	5.4	5.3	4.8	4.7	- Asie-Pacifique
- Europe	43.4	42.0	37.2	36.4	36.6	35.2	33.0	32.0	31.2	31.1	- Europe
- North America	16.9	17.5	17.6	16.8	16.4	16.0	16.9	15.1	14.2	14.8	- Amérique du Nord
South-Eastern Europe	0.4	0.3	0.5	0.4	0.5	0.6	0.9	0.7	0.7	0.5	Europe du Sud-Est
Commonwealth of Independent States	1.6	1.9	2.5	2.4	2.6	3.0	3.0	2.6	2.8	3.0	Communauté d'Etats indépendants
- Asia	0.1	0.1	0.1	0.1	0.1	0.1	0.1	0.0	0.1	0.0	- Asie
- Europe	1.5	1.8	2.4	2.4	2.5	3.0	2.9	2.5	2.8	2.9	- Europe
Northern Africa	0.7	0.6	0.6	0.8	0.7	0.9	0.7	0.6	0.7	0.6	Afrique septentrionale
Sub-Saharan Africa	0.8	0.9	0.9	1.3	1.5	1.8	1.9	2.4	2.2	2.6	Afrique subsaharienne
Latin America & the Caribbean	6.7	6.2	7.8	8.5	7.8	8.3	8.6	10.1	13.1	10.7	Amérique latine et Caraïbes
- Caribbean	1.4	1.6	2.3	2.5	1.9	1.9	2.3	2.8	3.1	2.8	- Caraïbes
- Latin America	5.3	4.7	5.4	6.0	5.9	6.3	6.3	7.3	10.0	7.9	- Amérique latine
Eastern Asia	4.8	4.9	6.1	7.2	6.7	6.8	8.2	9.6	10.6	11.9	Asie orientale
Southern Asia	0.8	1.1	1.3	1.3	1.1	0.9	1.5	2.5	2.1	2.4	Asie méridionale
South-Eastern Asia	6.8	7.5	7.6	8.1	8.9	9.6	9.3	9.3	8.4	9.2	Asie du Sud-Est
Western Asia	8.5	8.3	10.9	10.4	10.7	11.3	10.7	9.9	9.3	8.5	Asie occidentale
Oceania	0.0	0.0	0.0	0.0	0.0	0.0	0.0	0.0	0.0	0.0	Océanie

513 Carboxylic acids, and their derivatives

Trade by commodity
Imports by principal countries or areas
Value in million US dollars

Commerce par produit
Importations selon les principaux pays ou zones
Valeur en millions de dollars EU

Country or area	2003	2004	2005	2006	2007	Pays ou zone
World	25736.8	32449.9	36928.9	39868.2	43101.4	Monde
Developed Economies	15534.4	18335.9	20061.7	21487.9	22645.5	Economies Développés
- Asia-Pacific	957.6	1105.2	1286.7	1296.3	1399.9	- Asie-Pacifique
- Europe	11186.7	13298.0	14499.4	16154.6	17808.8	- Europe
- North America	3390.1	3932.7	4275.6	4037.0	3436.7	- Amérique du Nord
South-Eastern Europe	81.4	121.1	128.9	124.5	163.8	Europe du Sud-Est
Commonwealth of Independent States	134.4	171.7	236.2	269.3	352.0	Communauté d'Etats indépendants
- Asia	10.5	9.9	14.5	20.6	25.4	- Asie
- Europe	123.9	161.8	221.7	248.7	326.6	- Europe
Northern Africa	119.6	146.1	185.0	203.3	245.6	Afrique septentrionale
Sub-Saharan Africa	293.9	332.8	394.3	436.0	541.8	Afrique subsaharienne
Latin America & the Caribbean	1484.1	1985.5	2369.5	2559.7	3053.4	Amérique latine et Caraïbes
- Caribbean	16.9	26.8	30.7	38.0	45.7	- Caraïbes
- Latin America	1467.2	1958.7	2338.8	2521.6	3007.6	- Amérique latine
Eastern Asia	5520.0	7907.0	9264.3	10454.5	11344.2	Asie orientale
Southern Asia	611.7	817.5	1079.3	1174.5	1276.4	Asie méridionale
South-Eastern Asia	1180.2	1642.1	1978.1	2081.7	2328.3	Asie du Sud-Est
Western Asia	776.0	989.0	1230.6	1075.5	1149.4	Asie occidentale
Oceania	1.1	1.0	1.1	1.3	1.2	Océanie
China	4356.7	6537.4	7676.0	8715.2	9194.1	Chine
United States	2833.2	3302.9	3512.1	3250.9	2712.2	Etats-Unis d'Amérique
Belgium	2071.0	2614.0	2815.1	2985.2	2728.9	Belgique
Germany	1804.9	2173.4	2408.2	2965.3	3348.9	Allemagne
Italy	1313.5	1577.9	1798.7	1940.3	2124.3	Italie
France-Monaco	1314.8	1472.1	1688.5	1578.4	1676.3	France-Monaco
Netherlands	929.6	991.2	1128.0	1426.1	1594.2	Pays-Bas
United Kingdom	897.8	1053.1	1150.1	1220.3	1391.9	Royaume-Uni
Spain	755.7	821.8	872.5	1051.4	1176.8	Espagne
Japan	736.8	830.8	962.4	1002.5	1090.4	Japon
Mexico	534.8	752.6	865.9	847.8	898.7	Mexique
Korea, Republic of	473.5	558.5	709.0	812.5	1027.3	République de Corée
Canada	556.8	629.7	763.4	785.8	724.5	Canada
India	327.0	448.1	695.9	885.5	972.1	Inde
Switzerland-Liechtenstein	486.7	523.9	583.7	677.6	803.7	Suisse-Liechtenstein
Brazil	328.5	427.0	533.8	621.5	1005.8	Brésil
Turkey	513.3	622.9	785.6	393.6	502.3	Turquie
Singapore	286.9	427.8	566.4	523.8	512.8	Singapour
Thailand	342.5	430.5	495.1	496.4	516.1	Thaïlande
Argentina	255.0	329.3	369.0	437.3	408.1	Argentine
Indonesia	201.7	329.7	336.2	353.0	410.0	Indonésie
Malaysia	193.1	266.5	296.0	353.5	444.0	Malaisie
Ireland	327.4	524.6	281.7	156.8	139.0	Irlande
South Africa	194.2	229.9	257.3	280.6	326.3	Afrique du Sud
Poland	122.8	165.6	275.6	324.1	396.6	Pologne

Value as percentages of World total

Valeur en pourcentage du total mondial

Regions of the world	1998	1999	2000	2001	2002	2003	2004	2005	2006	2007	Régions du monde
World	100.0	100.0	100.0	100.0	100.0	100.0	100.0	100.0	100.0	100.0	Monde
Developed Economies	66.7	65.0	61.9	62.4	61.1	60.4	56.5	54.3	53.9	52.5	Economies Développés
- Asia-Pacific	4.6	5.0	5.0	4.3	3.9	3.7	3.4	3.5	3.3	3.2	- Asie-Pacifique
- Europe	48.9	46.2	42.7	43.1	43.1	43.5	41.0	39.3	40.5	41.3	- Europe
- North America	13.2	13.8	14.3	15.0	14.1	13.2	12.1	11.6	10.1	8.0	- Amérique du Nord
South-Eastern Europe	0.4	0.3	0.3	0.3	0.3	0.3	0.4	0.3	0.3	0.4	Europe du Sud-Est
Commonwealth of Independent States	0.6	0.5	0.5	0.5	0.4	0.5	0.5	0.6	0.7	0.8	Communauté d'Etats indépendants
- Asia	0.1	0.1	0.1	0.1	0.0	0.0	0.0	0.0	0.1	0.1	- Asie
- Europe	0.5	0.4	0.5	0.4	0.4	0.5	0.5	0.6	0.6	0.8	- Europe
Northern Africa	0.6	0.6	0.5	0.5	0.5	0.5	0.5	0.5	0.5	0.6	Afrique septentrionale
Sub-Saharan Africa	1.2	1.0	1.0	2.1	1.1	1.1	1.0	1.1	1.1	1.3	Afrique subsaharienne
Latin America & the Caribbean	7.4	7.2	7.0	6.9	6.0	5.8	6.1	6.4	6.4	7.1	Amérique latine et Caraïbes
- Caribbean	0.1	0.1	0.1	0.1	0.1	0.1	0.1	0.1	0.1	0.1	- Caraïbes
- Latin America	7.3	7.1	6.9	6.8	5.9	5.7	6.0	6.3	6.3	7.0	- Amérique latine
Eastern Asia	11.4	14.8	18.2	17.5	20.8	21.4	24.4	25.1	26.2	26.3	Asie orientale
Southern Asia	2.5	2.0	1.7	2.0	2.0	2.4	2.5	2.9	2.9	3.0	Asie méridionale
South-Eastern Asia	6.3	5.7	6.0	5.5	4.9	4.6	5.1	5.4	5.2	5.4	Asie du Sud-Est
Western Asia	2.9	2.9	2.9	2.4	2.8	3.0	3.0	3.3	2.7	2.7	Asie occidentale
Oceania	0.0	0.0	0.0	0.0	0.0	0.0	0.0	0.0	0.0	0.0	Océanie

Trade by commodity

Exports by principal countries or areas

Value in million US dollars

Commerce par produit

Exportations selon les principaux pays ou zones

Valeur en millions de dollars EU

Country or area	2003	2004	2005	2006	2007	Pays ou zone
World	22212.5	28365.5	32883.3	37230.1	40196.2	Monde
Developed Economies	14813.7	17841.4	19751.9	22005.6	22649.9	Economies Développés
- Asia-Pacific	2299.2	2542.3	2385.5	2051.3	2024.7	- Asie-Pacifique
- Europe	9483.0	11229.6	12988.7	15115.6	15741.7	- Europe
- North America	3031.5	4069.6	4377.6	4838.7	4883.5	- Amérique du Nord
South-Eastern Europe	44.5	119.0	144.1	122.3	171.8	Europe du Sud-Est
Commonwealth of Independent States	218.7	300.2	399.8	502.5	555.7	Communauté d'Etats indépendants
- Asia	1.5	1.6	2.9	0.6	1.1	- Asie
- Europe	217.2	298.6	396.9	501.8	554.6	- Europe
Northern Africa	1.7	2.4	4.9	4.2	4.6	Afrique septentrionale
Sub-Saharan Africa	49.4	107.1	178.3	216.0	229.0	Afrique subsaharienne
Latin America & the Caribbean	816.4	999.6	1091.1	1161.9	1425.9	Amérique latine et Caraïbes
- Caribbean	0.9	0.2	0.7	0.5	0.3	- Caraïbes
- Latin America	815.4	999.4	1090.4	1161.4	1425.6	- Amérique latine
Eastern Asia	3891.1	5899.3	7678.9	8889.8	10280.4	Asie orientale
Southern Asia	271.6	246.1	367.3	452.0	473.6	Asie méridionale
South-Eastern Asia	1933.2	2578.9	2960.7	3614.4	4099.7	Asie du Sud-Est
Western Asia	172.0	271.4	306.3	261.4	305.3	Asie occidentale
Oceania	0.0	0.1		0.0	0.2	Océanie
United States	2855.0	3628.5	3835.9	4267.1	4331.3	Etats-Unis d'Amérique
Belgium	2117.2	2377.7	2990.0	3782.5	3849.9	Belgique
Korea, Republic of	1574.5	2449.5	3153.3	3651.3	3890.7	République de Corée
Germany	2028.7	2497.7	2907.4	3405.6	3856.7	Allemagne
Japan	2271.9	2503.8	2338.7	2002.0	1975.2	Japon
China	956.5	1383.0	1801.0	2294.3	2992.2	Chine
Netherlands	1323.1	1524.4	1878.7	2038.3	2225.8	Pays-Bas
United Kingdom	987.4	1152.9	1380.5	1397.6	1378.1	Royaume-Uni
Singapore	649.0	824.6	1016.2	1067.9	1211.8	Singapour
Malaysia	631.2	894.7	889.0	819.1	1074.7	Malaisie
Ireland	513.7	868.6	837.4	1086.1	642.0	Irlande
Thailand	291.6	311.6	497.1	1197.9	1430.1	Thaïlande
France-Monaco	650.9	663.8	714.5	748.8	835.2	France-Monaco
Mexico	544.6	647.2	661.1	711.2	885.1	Mexique
Italy	475.8	579.1	603.1	639.3	688.5	Italie
Spain	400.9	449.4	480.7	616.0	813.0	Espagne
Indonesia	357.0	544.0	556.4	527.4	382.1	Indonésie
Canada	176.5	441.2	541.7	571.6	552.0	Canada
Switzerland-Liechtenstein	434.7	386.4	370.9	382.9	479.4	Suisse-Liechtenstein
India	211.3	216.8	247.6	345.3	414.6	Inde
Brazil	148.0	197.2	246.7	268.8	331.3	Brésil
Russian Federation	115.5	159.1	247.7	307.4	318.6	Fédération de Russie
Czech Republic	111.8	162.1	198.9	211.1	200.7	République tchèque
China, Hong Kong SAR	143.9	151.4	177.4	181.2	176.5	Chine - RAS de Hong-Kong
Ukraine	92.0	126.1	137.7	168.7	216.1	Ukraine

Value as percentages of World total

Valeur en pourcentage du total mondial

Regions of the world	1998	1999	2000	2001	2002	2003	2004	2005	2006	2007	Régions du monde
World	100.0	100.0	100.0	100.0	100.0	100.0	100.0	100.0	100.0	100.0	Monde
Developed Economies	77.7	74.0	69.8	68.0	66.0	66.7	62.9	60.1	59.1	56.3	Economies Développés
- Asia-Pacific	13.9	12.6	11.8	10.9	11.0	10.4	9.0	7.3	5.5	5.0	- Asie-Pacifique
- Europe	47.2	44.8	41.4	41.7	39.8	42.7	39.6	39.5	40.6	39.2	- Europe
- North America	16.7	16.7	16.6	15.4	15.2	13.6	14.3	13.3	13.0	12.1	- Amérique du Nord
South-Eastern Europe	0.4	0.2	0.2	0.2	0.1	0.2	0.4	0.4	0.3	0.4	Europe du Sud-Est
Commonwealth of Independent States	0.7	0.7	1.0	1.0	0.9	1.0	1.1	1.2	1.3	1.4	Communauté d'Etats indépendants
- Asia	0.0	0.0	0.0	0.0	0.0	0.0	0.0	0.0	0.0	0.0	- Asie
- Europe	0.7	0.7	1.0	1.0	0.9	1.0	1.1	1.2	1.3	1.4	- Europe
Northern Africa	0.0	0.0	0.0	0.0	0.0	0.0	0.0	0.0	0.0	0.0	Afrique septentrionale
Sub-Saharan Africa	0.1	0.2	0.1	0.1	0.1	0.2	0.4	0.5	0.6	0.6	Afrique subsaharienne
Latin America & the Caribbean	3.9	4.1	4.3	4.0	3.8	3.7	3.5	3.3	3.1	3.5	Amérique latine et Caraïbes
- Caribbean	0.0	0.0	0.0	0.0	0.0	0.0	0.0	0.0	0.0	0.0	- Caraïbes
- Latin America	3.9	4.0	4.3	4.0	3.8	3.7	3.5	3.3	3.1	3.5	- Amérique latine
Eastern Asia	11.4	13.4	15.5	16.0	17.0	17.5	20.8	23.4	23.9	25.6	Asie orientale
Southern Asia	0.5	0.8	1.5	1.4	1.8	1.2	0.9	1.1	1.2	1.2	Asie méridionale
South-Eastern Asia	4.7	6.1	7.0	8.5	9.2	8.7	9.1	9.0	9.7	10.2	Asie du Sud-Est
Western Asia	0.6	0.6	0.6	0.8	0.9	0.8	1.0	0.9	0.7	0.8	Asie occidentale
Oceania	0.0	0.0	0.0	0.0	0.0	0.0	0.0		0.0	0.0	Océanie

514 Nitrogen-function compounds

Trade by commodity
Imports by principal countries or areas
Value in million US dollars

Commerce par produit
Importations selon les principaux pays ou zones
Valeur en millions de dollars EU

Country or area	2003	2004	2005	2006	2007	Pays ou zone
World	26711.1	31517.4	35088.7	37000.0	45243.6	Monde
Developed Economies	18931.9	22118.2	24321.6	25353.0	31300.6	Economies Développés
- Asia-Pacific	1654.2	1935.8	1976.5	2019.7	2193.4	- Asie-Pacifique
- Europe	13657.3	15965.2	18552.3	19005.1	24376.1	- Europe
- North America	3620.4	4217.2	3792.8	4328.2	4731.1	- Amérique du Nord
South-Eastern Europe	72.7	120.7	121.4	117.9	146.2	Europe du Sud-Est
Commonwealth of Independent States	197.2	235.2	310.8	374.1	530.5	Communauté d'Etats indépendants
- Asia	13.7	14.7	31.9	34.1	36.9	- Asie
- Europe	183.5	220.5	278.9	340.0	493.5	- Europe
Northern Africa	141.5	149.6	171.8	191.3	253.2	Afrique septentrionale
Sub-Saharan Africa	343.7	369.2	460.1	515.2	715.4	Afrique subsaharienne
Latin America & the Caribbean	1524.6	1846.0	1996.5	2238.4	2635.8	Amérique latine et Caraïbes
- Caribbean	17.7	21.6	27.3	30.5	39.0	- Caraïbes
- Latin America	1506.9	1824.5	1969.2	2207.9	2596.7	- Amérique latine
Eastern Asia	3114.4	3748.7	4243.2	4589.1	5494.2	Asie orientale
Southern Asia	695.3	841.0	1035.7	1058.4	1291.2	Asie méridionale
South-Eastern Asia	1046.3	1301.5	1529.8	1750.6	1987.4	Asie du Sud-Est
Western Asia	641.8	785.1	895.8	809.4	885.3	Asie occidentale
Oceania	1.9	2.0	2.0	2.4	3.9	Océanie
Germany	2586.6	2963.3	3268.5	4020.4	5396.9	Allemagne
United States	2983.2	3448.0	3037.4	3583.0	3929.1	Etats-Unis d'Amérique
United Kingdom	1567.7	1834.8	2575.5	2319.3	3580.5	Royaume-Uni
France-Monaco	1757.3	1883.6	2537.1	2176.1	3174.1	France-Monaco
Belgium	1435.1	1953.3	2174.2	2246.9	3167.3	Belgique
China	1569.2	1979.1	2235.7	2316.2	2862.7	Chine
Japan	1387.3	1596.3	1652.4	1724.6	1835.2	Japon
Spain	1294.3	1475.0	1475.5	1458.8	1330.0	Espagne
Italy	1168.6	1232.8	1395.8	1407.2	1677.6	Italie
Switzerland-Liechtenstein	957.7	1121.2	1210.3	1242.7	1430.2	Suisse-Liechtenstein
Netherlands	889.6	973.5	1156.9	1197.0	1433.8	Pays-Bas
Ireland	636.1	1000.8	1089.2	948.1	1056.2	Irlande
Korea, Republic of	586.1	696.8	845.6	889.2	1068.9	République de Corée
Canada	637.1	769.1	755.4	744.8	801.6	Canada
Brazil	497.1	584.3	659.0	772.9	989.0	Brésil
India	422.8	467.0	654.0	817.2	982.8	Inde
Mexico	469.8	573.0	593.8	680.5	720.1	Mexique
China, Hong Kong SAR	457.9	487.4	494.9	612.5	745.8	Chine - RAS de Hong-Kong
Thailand	289.9	355.6	418.1	491.7	556.8	Thaïlande
Singapore	255.2	289.4	369.2	453.7	482.2	Singapour
Israel	192.3	253.4	285.2	346.9	362.5	Israël
Turkey	312.9	355.7	368.6	211.3	187.2	Turquie
Poland	207.5	251.0	262.2	327.3	355.7	Pologne
Australia	238.2	306.6	281.7	255.1	310.1	Australie
Indonesia	168.6	239.8	273.7	278.4	332.3	Indonésie

Value as percentages of World total

Valeur en pourcentage du total mondial

Regions of the world	1998	1999	2000	2001	2002	2003	2004	2005	2006	2007	Régions du monde
World	100.0	100.0	100.0	100.0	100.0	100.0	100.0	100.0	100.0	100.0	Monde
Developed Economies	73.1	72.6	68.5	69.7	70.5	70.9	70.2	69.3	68.5	69.2	Economies Développés
- Asia-Pacific	6.6	6.9	7.3	7.0	6.6	6.2	6.1	5.6	5.5	4.8	- Asie-Pacifique
- Europe	50.8	49.1	44.4	45.7	49.2	51.1	50.7	52.9	51.4	53.9	- Europe
- North America	15.7	16.7	16.8	17.0	14.6	13.6	13.4	10.8	11.7	10.5	- Amérique du Nord
South-Eastern Europe	0.3	0.2	0.2	0.3	0.3	0.3	0.4	0.3	0.3	0.3	Europe du Sud-Est
Commonwealth of Independent States	0.6	0.6	0.6	0.6	0.6	0.7	0.7	0.9	1.0	1.2	Communauté d'Etats indépendants
- Asia	0.0	0.1	0.1	0.1	0.1	0.1	0.0	0.1	0.1	0.1	- Asie
- Europe	0.6	0.6	0.5	0.6	0.6	0.7	0.7	0.8	0.9	1.1	- Europe
Northern Africa	0.5	0.5	0.5	0.5	0.5	0.5	0.5	0.5	0.5	0.6	Afrique septentrionale
Sub-Saharan Africa	1.3	1.2	1.3	1.9	1.4	1.3	1.2	1.3	1.4	1.6	Afrique subsaharienne
Latin America & the Caribbean	7.3	6.6	6.9	7.1	6.3	5.7	5.9	5.7	6.0	5.8	Amérique latine et Caraïbes
- Caribbean	0.1	0.1	0.1	0.1	0.1	0.1	0.1	0.1	0.1	0.1	- Caraïbes
- Latin America	7.3	6.5	6.8	7.0	6.2	5.6	5.8	5.6	6.0	5.7	- Amérique latine
Eastern Asia	9.0	9.9	12.5	11.2	11.6	11.7	11.9	12.1	12.4	12.1	Asie orientale
Southern Asia	1.6	1.8	1.8	2.1	2.3	2.6	2.7	3.0	2.9	2.9	Asie méridionale
South-Eastern Asia	3.6	4.2	4.7	4.3	4.1	3.9	4.1	4.4	4.7	4.4	Asie du Sud-Est
Western Asia	2.5	2.3	3.0	2.2	2.4	2.4	2.5	2.6	2.2	2.0	Asie occidentale
Oceania	0.0	0.0	0.0	0.0	0.0	0.0	0.0	0.0	0.0	0.0	Océanie

Trade by commodity

Exports by principal countries or areas

Value in million US dollars

Commerce par produit

Exportations selon les principaux pays ou zones

Valeur en millions de dollars EU

Country or area	2003	2004	2005	2006	2007	Pays ou zone
World	26059.9	31180.0	33942.4	35064.1	41892.5	Monde
Developed Economies	20931.7	24513.6	25385.6	25595.2	28629.1	Economies Développés
- Asia-Pacific	1813.7	2020.8	2127.4	2153.3	2408.9	- Asie-Pacifique
- Europe	15250.8	18019.2	19166.4	18874.6	21057.0	- Europe
- North America	3867.3	4473.6	4091.8	4567.2	5163.2	- Amérique du Nord
South-Eastern Europe	80.8	97.8	138.2	116.5	59.7	Europe du Sud-Est
Commonwealth of Independent States	103.8	124.0	171.9	205.8	263.8	Communauté d'Etats indépendants
- Asia	0.1	0.1	0.3	0.5	0.2	- Asie
- Europe	103.7	123.9	171.6	205.3	263.6	- Europe
Northern Africa	3.7	1.4	1.8	1.8	2.0	Afrique septentrionale
Sub-Saharan Africa	41.7	46.3	43.0	42.6	42.9	Afrique subsaharienne
Latin America & the Caribbean	410.4	445.4	518.0	554.7	783.2	Amérique latine et Caraïbes
- Caribbean	4.3	0.5	1.1	0.3	0.8	- Caraïbes
- Latin America	406.1	444.9	516.9	554.4	782.4	- Amérique latine
Eastern Asia	2329.8	3101.8	4024.9	4963.9	6020.6	Asie orientale
Southern Asia	301.7	305.3	439.4	517.0	569.3	Asie méridionale
South-Eastern Asia	1660.4	2203.7	3001.4	2906.8	5359.7	Asie du Sud-Est
Western Asia	195.8	340.7	218.3	159.6	163.5	Asie occidentale
Oceania	0.0				0.0	Océanie
United States	3681.4	4322.0	3996.6	4459.9	5057.5	Etats-Unis d'Amérique
Germany	2588.2	2971.9	3306.8	3603.0	4087.1	Allemagne
Belgium	1941.2	2636.9	2910.2	2819.4	3511.2	Belgique
Switzerland-Liechtenstein	1957.0	2604.4	2780.6	2990.1	3062.3	Suisse-Liechtenstein
Singapore	1123.9	1583.3	2417.1	2289.1	4664.3	Singapour
China	1144.4	1567.3	2148.3	2793.1	3530.5	Chine
Japan	1804.9	2008.2	2115.1	2137.8	2394.3	Japon
Ireland	2266.5	2333.1	2292.5	1369.3	1563.4	Irlande
United Kingdom	1327.2	1350.1	1413.4	1802.0	1876.4	Royaume-Uni
Netherlands	1124.6	1470.4	1509.4	1728.1	1605.0	Pays-Bas
Korea, Republic of	695.0	989.4	1262.4	1453.2	1576.3	République de Corée
France-Monaco	1114.7	1161.7	1111.0	1011.7	1113.4	France-Monaco
Italy	892.7	1041.0	1027.3	1039.2	1085.8	Italie
Norway	365.5	485.9	487.7	502.1	649.5	Norvège
Denmark	431.0	403.2	682.8	214.7	485.3	Danemark
India	283.4	289.9	420.7	491.7	536.3	Inde
Spain	377.4	402.4	391.1	427.1	407.1	Espagne
Brazil	253.1	313.6	348.6	386.6	538.8	Brésil
Hungary	224.5	328.4	372.5	372.6	415.9	Hongrie
Indonesia	303.2	344.1	308.8	313.8	354.7	Indonésie
China, Hong Kong SAR	249.3	277.8	226.9	266.7	340.4	Chine - RAS de Hong-Kong
Czech Republic	145.9	211.7	236.5	258.9	304.0	République tchèque
Sweden	171.6	211.8	227.3	251.5	294.0	Suède
Israel	165.1	305.6	118.8	102.7	97.3	Israël
Russian Federation	87.8	110.2	156.1	177.3	216.1	Fédération de Russie

Value as percentages of World total

Valeur en pourcentage du total mondial

Regions of the world	1998	1999	2000	2001	2002	2003	2004	2005	2006	2007	Régions du monde
World	100.0	100.0	100.0	100.0	100.0	100.0	100.0	100.0	100.0	100.0	Monde
Developed Economies	83.1	83.6	82.5	82.7	82.0	80.3	78.6	74.8	73.0	68.3	Economies Développés
- Asia-Pacific	7.9	8.2	8.8	7.3	7.5	7.0	6.5	6.3	6.1	5.8	- Asie-Pacifique
- Europe	60.1	60.5	56.0	58.2	58.6	58.5	57.8	56.5	53.8	50.3	- Europe
- North America	15.1	14.9	17.8	17.1	15.9	14.8	14.3	12.1	13.0	12.3	- Amérique du Nord
South-Eastern Europe	0.3	0.2	0.4	0.3	0.4	0.3	0.3	0.4	0.3	0.1	Europe du Sud-Est
Commonwealth of Independent States	0.2	0.2	0.4	0.3	0.4	0.4	0.4	0.5	0.6	0.6	Communauté d'Etats indépendants
- Asia	0.0	0.0	0.0	0.0	0.0	0.0	0.0	0.0	0.0	0.0	- Asie
- Europe	0.2	0.2	0.4	0.3	0.4	0.4	0.4	0.5	0.6	0.6	- Europe
Northern Africa	0.0	0.0	0.0	0.0	0.0	0.0	0.0	0.0	0.0	0.0	Afrique septentrionale
Sub-Saharan Africa	0.3	0.2	0.1	0.2	0.2	0.2	0.1	0.1	0.1	0.1	Afrique subsaharienne
Latin America & the Caribbean	2.4	2.0	2.1	1.8	1.9	1.6	1.4	1.5	1.6	1.9	Amérique latine et Caraïbes
- Caribbean	0.0	0.0	0.0	0.0	0.0	0.0	0.0	0.0	0.0	0.0	- Caraïbes
- Latin America	2.4	2.0	2.1	1.8	1.9	1.6	1.4	1.5	1.6	1.9	- Amérique latine
Eastern Asia	8.4	7.7	8.8	8.4	9.1	8.9	9.9	11.9	14.2	14.4	Asie orientale
Southern Asia	1.0	1.0	1.2	1.1	1.3	1.2	1.0	1.3	1.5	1.4	Asie méridionale
South-Eastern Asia	3.7	4.6	3.8	4.6	4.2	6.4	7.1	8.8	8.3	12.8	Asie du Sud-Est
Western Asia	0.5	0.5	0.6	0.6	0.7	0.8	1.1	0.6	0.5	0.4	Asie occidentale
Oceania	0.0	0.0	0.0	0.0	0.0	0.0	0.0				Océanie

515 Organo-inorganic and heterocyclic compounds, nucleic acids; salts

Trade by commodity
Imports by principal countries or areas
Value in million US dollars

Commerce par produit
Importations selon les principaux pays ou zones
Valeur en millions de dollars EU

Country or area	2003	2004	2005	2006	2007	Pays ou zone
World	68335.3	77671.4	86047.6	94558.7	108053.1	Monde
Developed Economies	58961.4	65761.3	73033.4	81020.5	91699.6	Economies Développés
- Asia-Pacific	4900.5	5623.1	5968.3	6504.4	7343.3	- Asie-Pacifique
- Europe	31734.2	37594.9	43479.2	48262.6	57602.7	- Europe
- North America	22326.7	22543.2	23585.9	26253.5	26753.6	- Amérique du Nord
South-Eastern Europe	75.9	135.1	140.6	115.8	129.0	Europe du Sud-Est
Commonwealth of Independent States	153.4	185.2	226.2	279.3	365.4	Communauté d'Etats indépendants
- Asia	14.7	13.6	14.7	21.8	20.0	- Asie
- Europe	138.7	171.5	211.5	257.5	345.4	- Europe
Northern Africa	127.5	178.8	263.6	231.8	291.8	Afrique septentrionale
Sub-Saharan Africa	192.9	227.7	268.0	287.2	324.0	Afrique subsaharienne
Latin America & the Caribbean	3132.1	3843.2	3679.6	4059.5	5063.7	Amérique latine et Caraïbes
- Caribbean	13.9	28.9	28.4	31.3	47.2	- Caraïbes
- Latin America	3118.1	3814.4	3651.2	4028.3	5016.5	- Amérique latine
Eastern Asia	3117.8	3957.2	4848.6	5102.5	6117.0	Asie orientale
Southern Asia	483.2	615.9	776.8	781.3	929.3	Asie méridionale
South-Eastern Asia	1111.7	1570.1	1542.0	1893.8	2060.2	Asie du Sud-Est
Western Asia	977.1	1195.3	1267.1	784.6	1069.9	Asie occidentale
Oceania	2.2	1.6	1.7	2.2	3.1	Océanie
United States	21151.4	21010.2	21971.5	23781.6	23617.0	Etats-Unis d'Amérique
Belgium	3884.8	4392.5	7976.1	11149.9	12215.7	Belgique
United Kingdom	5141.5	6440.7	6151.3	7085.3	8557.4	Royaume-Uni
Germany	4601.5	5862.7	6853.2	7181.4	8829.1	Allemagne
France-Monaco	5066.2	5372.0	5744.0	4988.0	5461.0	France-Monaco
Japan	4151.7	4728.7	4818.7	5148.8	5719.7	Japon
Italy	3775.5	4620.4	4727.7	5149.9	6198.0	Italie
Switzerland-Liechtenstein	3126.8	3518.8	4132.2	3656.9	5876.3	Suisse-Liechtenstein
Spain	1897.8	2316.7	2882.3	3156.5	3324.9	Espagne
China	1256.3	1753.1	2314.1	2425.2	2956.7	Chine
Canada	1173.8	1531.2	1612.6	2469.0	3134.1	Canada
Brazil	1208.7	1740.3	1640.8	1775.8	2428.0	Brésil
Netherlands	800.0	1302.6	1101.8	1271.3	2104.0	Pays-Bas
Korea, Republic of	1040.9	1149.2	1218.0	1218.4	1378.8	République de Corée
Australia	692.8	834.4	1090.8	1318.1	1585.3	Australie
Ireland	904.6	1005.5	967.0	1309.9	1188.9	Irlande
Sweden	825.3	949.5	982.6	1141.8	1279.3	Suède
Mexico	994.3	970.7	875.5	1001.1	996.2	Mexique
Singapore	357.8	614.7	527.4	851.3	871.2	Singapour
Argentina	452.8	555.0	547.1	604.5	835.7	Argentine
Turkey	589.8	753.1	800.1	265.4	311.7	Turquie
India	223.0	301.8	472.6	549.1	645.8	Inde
Austria	535.3	335.0	309.8	292.3	492.8	Autriche
Israel	309.4	350.5	350.5	397.9	552.1	Israël
Indonesia	283.4	395.5	420.1	391.3	456.5	Indonésie

Value as percentages of World total

Valeur en pourcentage du total mondial

Regions of the world	1998	1999	2000	2001	2002	2003	2004	2005	2006	2007	Régions du monde
World	100.0	100.0	100.0	100.0	100.0	100.0	100.0	100.0	100.0	100.0	Monde
Developed Economies	82.2	84.7	84.5	86.0	86.7	86.3	84.7	84.9	85.7	84.9	Economies Développés
- Asia-Pacific	7.1	7.7	8.0	7.0	7.0	7.2	7.2	6.9	6.9	6.8	- Asie-Pacifique
- Europe	52.3	51.1	43.5	48.0	46.1	46.4	48.4	50.5	51.0	53.3	- Europe
- North America	22.8	25.9	33.0	31.1	33.6	32.7	29.0	27.4	27.8	24.8	- Amérique du Nord
South-Eastern Europe	0.2	0.1	0.1	0.1	0.1	0.1	0.2	0.2	0.1	0.1	Europe du Sud-Est
Commonwealth of Independent States	0.2	0.2	0.2	0.2	0.2	0.2	0.2	0.3	0.3	0.3	Communauté d'Etats indépendants
- Asia	0.0	0.0	0.0	0.0	0.0	0.0	0.0	0.0	0.0	0.0	- Asie
- Europe	0.2	0.1	0.2	0.2	0.2	0.2	0.2	0.2	0.3	0.3	- Europe
Northern Africa	0.3	0.2	0.2	0.2	0.2	0.2	0.2	0.3	0.2	0.3	Afrique septentrionale
Sub-Saharan Africa	0.4	0.4	0.3	0.6	0.3	0.3	0.3	0.3	0.3	0.3	Afrique subsaharienne
Latin America & the Caribbean	7.5	6.1	5.7	5.4	4.7	4.6	4.9	4.3	4.3	4.7	Amérique latine et Caraïbes
- Caribbean	0.0	0.0	0.0	0.0	0.0	0.0	0.0	0.0	0.0	0.0	- Caraïbes
- Latin America	7.5	6.1	5.6	5.4	4.6	4.6	4.9	4.2	4.3	4.6	- Amérique latine
Eastern Asia	4.5	4.4	5.1	4.1	4.3	4.6	5.1	5.6	5.4	5.7	Asie orientale
Southern Asia	0.8	0.8	0.7	0.6	0.7	0.7	0.8	0.9	0.8	0.9	Asie méridionale
South-Eastern Asia	2.4	1.9	1.9	1.7	1.6	1.6	2.0	1.8	2.0	1.9	Asie du Sud-Est
Western Asia	1.5	1.2	1.3	1.1	1.3	1.4	1.5	1.5	0.8	1.0	Asie occidentale
Oceania	0.0	0.0	0.0	0.0	0.0	0.0	0.0	0.0	0.0	0.0	Océanie

Trade by commodity

Commerce par produit

Exports by principal countries or areas

Exportations selon les principaux pays ou zones

Value in million US dollars

Valeur en millions de dollars EU

Country or area	2003	2004	2005	2006	2007	Pays ou zone
World	62899.7	71841.6	79540.4	86418.8	96169.4	Monde
Developed Economies	53501.4	61048.5	68984.0	73801.8	83917.8	Economies Développés
- Asia-Pacific	3282.8	3726.4	3843.2	4125.4	4658.9	- Asie-Pacifique
- Europe	45301.4	51793.0	58943.3	62554.3	71436.1	- Europe
- North America	4917.2	5529.1	6197.4	7122.1	7822.9	- Amérique du Nord
South-Eastern Europe	23.2	28.0	28.8	25.9	33.9	Europe du Sud-Est
Commonwealth of Independent States	347.7	506.9	591.2	648.2	769.9	Communauté d'Etats indépendants
- Asia	0.5	0.3	0.5	2.5	2.1	- Asie
- Europe	347.2	506.6	590.7	645.7	767.8	- Europe
Northern Africa	3.1	0.5	1.1	0.7	1.1	Afrique septentrionale
Sub-Saharan Africa	27.4	35.1	49.4	69.6	70.4	Afrique subsaharienne
Latin America & the Caribbean	427.8	528.2	632.5	688.8	733.3	Amérique latine et Caraïbes
- Caribbean	4.5	46.3	54.5	55.1	89.4	- Caraïbes
- Latin America	423.3	481.9	578.0	633.7	644.0	- Amérique latine
Eastern Asia	2090.1	2549.4	3512.6	4637.7	6726.6	Asie orientale
Southern Asia	217.8	282.2	397.7	502.7	610.0	Asie méridionale
South-Eastern Asia	5683.1	6316.1	5045.3	5754.5	2965.8	Asie du Sud-Est
Western Asia	577.3	546.2	297.4	288.9	340.6	Asie occidentale
Oceania	0.8	0.4	0.5	0.0	0.0	Océanie
Ireland	14425.8	14897.9	18875.7	18781.0	24471.6	Irlande
Belgium	9153.1	11490.6	12676.7	12671.4	14232.3	Belgique
Germany	5316.1	6915.9	6850.9	8373.7	8467.8	Allemagne
United States	4818.5	5407.1	6029.7	6951.9	7636.1	Etats-Unis d'Amérique
Switzerland-Liechtenstein	4473.0	5190.8	6032.7	6099.8	6692.2	Suisse-Liechtenstein
United Kingdom	3794.4	4173.7	5085.0	6649.8	6671.1	Royaume-Uni
Singapore	5524.6	6080.7	4747.8	5419.1	2613.0	Singapour
Japan	3247.8	3705.3	3827.1	4116.0	4640.6	Japon
France-Monaco	3584.1	3905.0	3961.0	3969.6	3889.6	France-Monaco
China	1554.2	1926.4	2717.8	3922.0	5776.2	Chine
Netherlands	1064.5	1637.8	1376.2	1773.8	2330.0	Pays-Bas
Italy	1360.0	1355.9	1581.9	1562.9	1835.5	Italie
Spain	898.1	834.3	933.3	853.6	985.2	Espagne
Russian Federation	233.4	349.2	399.3	449.6	526.7	Fédération de Russie
Israel	554.2	499.0	268.6	257.8	298.0	Israël
Korea, Republic of	270.1	296.3	434.0	373.4	461.5	République de Corée
Austria	335.7	312.0	347.3	421.9	367.6	Autriche
India	208.2	258.4	345.4	432.3	518.1	Inde
Poland	171.8	243.9	297.4	320.8	406.3	Pologne
Hungary	234.0	255.4	265.2	282.6	271.8	Hongrie
Mexico	182.7	234.2	258.1	277.2	273.6	Mexique
Brazil	194.1	178.9	231.8	264.5	274.4	Brésil
China, Hong Kong SAR	178.6	198.4	210.7	155.3	252.5	Chine - RAS de Hong-Kong
Sweden	94.8	203.5	196.8	209.1	244.5	Suède
Canada	96.5	121.5	164.9	170.0	186.6	Canada

Value as percentages of World total

Valeur en pourcentage du total mondial

Regions of the world	1998	1999	2000	2001	2002	2003	2004	2005	2006	2007	Régions du monde
World	100.0	100.0	100.0	100.0	100.0	100.0	100.0	100.0	100.0	100.0	Monde
Developed Economies	90.9	90.1	91.6	90.4	89.4	85.1	85.0	86.7	85.4	87.3	Economies Développés
- Asia-Pacific	7.1	6.9	6.4	6.2	5.3	5.2	5.2	4.8	4.8	4.8	- Asie-Pacifique
- Europe	72.9	73.0	75.1	74.7	77.4	72.0	72.1	74.1	72.4	74.3	- Europe
- North America	10.9	10.2	10.1	9.5	6.7	7.8	7.7	7.8	8.2	8.1	- Amérique du Nord
South-Eastern Europe	0.1	0.0	0.1	0.0	0.0	0.0	0.0	0.0	0.0	0.0	Europe du Sud-Est
Commonwealth of Independent States	0.6	0.6	0.6	0.6	0.6	0.6	0.7	0.7	0.8	0.8	Communauté d'Etats indépendants
- Asia	0.0	0.0	0.0	0.0	0.0	0.0	0.0	0.0	0.0	0.0	- Asie
- Europe	0.6	0.6	0.6	0.6	0.6	0.6	0.7	0.7	0.7	0.8	- Europe
Northern Africa	0.0	0.0	0.0	0.0	0.0	0.0	0.0	0.0	0.0	0.0	Afrique septentrionale
Sub-Saharan Africa	0.1	0.1	0.1	0.1	0.0	0.0	0.0	0.1	0.1	0.1	Afrique subsaharienne
Latin America & the Caribbean	1.0	1.0	0.7	0.7	0.8	0.7	0.7	0.8	0.8	0.8	Amérique latine et Caraïbes
- Caribbean	0.0	0.2	0.1	0.1	0.0	0.0	0.1	0.1	0.1	0.1	- Caraïbes
- Latin America	0.9	0.8	0.6	0.6	0.8	0.7	0.7	0.7	0.7	0.7	- Amérique latine
Eastern Asia	3.4	2.9	2.8	3.0	2.9	3.3	3.5	4.4	5.4	7.0	Asie orientale
Southern Asia	0.3	0.3	0.4	0.4	0.4	0.3	0.4	0.5	0.6	0.6	Asie méridionale
South-Eastern Asia	2.9	4.2	3.0	3.9	5.0	9.0	8.8	6.3	6.7	3.1	Asie du Sud-Est
Western Asia	0.8	0.8	0.8	0.9	0.9	0.9	0.8	0.4	0.3	0.4	Asie occidentale
Oceania		0.0	0.0	0.0	0.0	0.0	0.0	0.0	0.0	0.0	Océanie

516 Other organic chemicals

Trade by commodity
Imports by principal countries or areas
Value in million US dollars

Commerce par produit
Importations selon les principaux pays ou zones
Valeur en millions de dollars EU

Country or area	2003	2004	2005	2006	2007	Pays ou zone
World	16529.6	20153.3	24708.9	26540.6	29688.9	Monde
Developed Economies	11242.2	13320.6	16266.1	17505.6	19257.6	Economies Développés
- Asia-Pacific	657.6	764.3	911.1	1005.7	1037.6	- Asie-Pacifique
- Europe	7719.1	9404.7	11474.4	13546.2	15697.7	- Europe
- North America	2865.5	3151.6	3880.5	2953.8	2522.3	- Amérique du Nord
South-Eastern Europe	98.1	128.5	153.6	151.7	212.5	Europe du Sud-Est
Commonwealth of Independent States	138.6	187.5	245.5	260.0	354.3	Communauté d'Etats indépendants
- Asia	13.0	18.8	41.1	43.4	56.3	- Asie
- Europe	125.6	168.6	204.5	216.6	298.1	- Europe
Northern Africa	71.9	73.8	103.9	82.8	112.2	Afrique septentrionale
Sub-Saharan Africa	126.2	142.5	188.4	207.2	247.5	Afrique subsaharienne
Latin America & the Caribbean	892.9	1147.4	1432.5	1866.7	2116.0	Amérique latine et Caraïbes
- Caribbean	25.6	53.5	75.0	108.6	120.0	- Caraïbes
- Latin America	867.3	1093.9	1357.5	1758.1	1996.0	- Amérique latine
Eastern Asia	1894.2	2718.9	3184.0	3289.0	3748.9	Asie orientale
Southern Asia	789.3	811.8	969.2	962.9	1116.5	Asie méridionale
South-Eastern Asia	866.3	1137.9	1576.3	1623.6	1841.5	Asie du Sud-Est
Western Asia	407.2	482.0	586.5	588.2	678.2	Asie occidentale
Oceania	2.7	2.5	2.9	3.0	3.7	Océanie
United States	2329.0	2474.9	3022.6	2443.6	2054.3	Etats-Unis d'Amérique
Germany	1165.9	1374.0	1807.2	2316.7	2891.1	Allemagne
China	1011.5	1591.5	1789.4	1884.2	2172.4	Chine
Netherlands	1054.7	1208.7	1514.3	2118.9	2217.3	Pays-Bas
Belgium	886.2	1103.3	1464.7	1639.0	1855.7	Belgique
United Kingdom	807.7	1123.4	1305.9	1388.0	1551.8	Royaume-Uni
Italy	709.7	995.5	1315.1	1385.9	1529.6	Italie
France-Monaco	840.0	953.8	994.3	1081.8	1612.9	France-Monaco
India	556.2	677.0	839.6	868.6	1006.6	Inde
Japan	545.8	648.5	790.9	886.8	900.6	Japon
Spain	557.0	653.4	701.6	803.0	909.1	Espagne
Switzerland-Liechtenstein	543.8	637.5	688.2	769.6	895.2	Suisse-Liechtenstein
Korea, Republic of	415.1	561.2	718.2	723.7	804.5	République de Corée
Singapore	329.1	455.9	708.9	737.1	821.7	Singapour
Canada	536.4	676.5	857.7	509.5	467.8	Canada
Mexico	363.6	457.4	617.3	622.8	873.8	Mexique
Brazil	222.7	287.8	313.2	332.8	410.2	Brésil
Thailand	226.9	266.0	362.5	311.4	386.9	Thaïlande
Poland	115.8	139.5	198.6	242.4	291.0	Pologne
Finland	133.0	159.7	233.8	240.0	218.2	Finlande
Indonesia	113.1	175.5	188.9	192.2	224.1	Indonésie
Norway	94.8	136.4	193.9	223.1	226.7	Norvège
Argentina	95.9	132.7	161.4	208.4	276.0	Argentine
Denmark	111.5	142.7	153.9	193.4	222.1	Danemark
Malaysia	96.7	127.6	150.9	206.2	200.5	Malaisie

Value as percentages of World total

Valeur en pourcentage du total mondial

Regions of the world	1998	1999	2000	2001	2002	2003	2004	2005	2006	2007	Régions du monde
World	100.0	100.0	100.0	100.0	100.0	100.0	100.0	100.0	100.0	100.0	Monde
Developed Economies	71.6	71.8	70.3	69.8	70.0	68.0	66.1	65.8	66.0	64.9	Economies Développés
- Asia-Pacific	4.2	4.6	4.2	3.8	4.1	4.0	3.8	3.7	3.8	3.5	- Asie-Pacifique
- Europe	46.7	46.0	43.2	43.2	44.8	46.7	46.7	46.4	51.0	52.9	- Europe
- North America	20.8	21.2	22.9	22.8	21.1	17.3	15.6	15.7	11.1	8.5	- Amérique du Nord
South-Eastern Europe	0.3	0.3	0.4	0.3	0.7	0.6	0.6	0.6	0.6	0.7	Europe du Sud-Est
Commonwealth of Independent States	0.8	0.7	0.6	0.7	0.7	0.8	0.9	1.0	1.0	1.2	Communauté d'Etats indépendants
- Asia	0.1	0.1	0.1	0.1	0.1	0.1	0.1	0.2	0.2	0.2	- Asie
- Europe	0.7	0.6	0.5	0.6	0.6	0.8	0.8	0.8	0.8	1.0	- Europe
Northern Africa	0.5	0.5	0.3	0.4	0.4	0.4	0.4	0.4	0.3	0.4	Afrique septentrionale
Sub-Saharan Africa	0.8	0.8	0.6	2.4	0.8	0.8	0.7	0.8	0.8	0.8	Afrique subsaharienne
Latin America & the Caribbean	8.0	7.6	7.2	6.9	6.0	5.4	5.7	5.8	7.0	7.1	Amérique latine et Caraïbes
- Caribbean	0.2	0.2	0.2	0.2	0.2	0.2	0.3	0.3	0.4	0.4	- Caraïbes
- Latin America	7.8	7.4	6.9	6.8	5.8	5.2	5.4	5.5	6.6	6.7	- Amérique latine
Eastern Asia	8.7	8.8	10.3	9.3	10.0	11.5	13.5	12.9	12.4	12.6	Asie orientale
Southern Asia	2.7	2.6	2.6	3.0	3.8	4.8	4.0	3.9	3.6	3.8	Asie méridionale
South-Eastern Asia	4.3	4.8	5.6	5.1	5.0	5.2	5.6	6.4	6.1	6.2	Asie du Sud-Est
Western Asia	2.3	2.1	2.1	2.1	2.6	2.5	2.4	2.4	2.2	2.3	Asie occidentale
Oceania	0.0	0.0	0.0	0.0	0.0	0.0	0.0	0.0	0.0	0.0	Océanie

Trade by commodity

Exports by principal countries or areas

Value in million US dollars

Commerce par produit

Exportations selon les principaux pays ou zones

Valeur en millions de dollars EU

Country or area	2003	2004	2005	2006	2007	Pays ou zone
World	16844.7	19680.3	23747.4	26167.5	29108.8	Monde
Developed Economies	12126.6	13953.2	16102.0	18471.4	20638.2	Economies Développés
- Asia-Pacific	1043.2	1220.6	1411.5	1434.3	1484.6	- Asie-Pacifique
- Europe	8660.3	9883.3	11275.3	12445.3	14516.9	- Europe
- North America	2423.1	2849.4	3415.3	4591.8	4636.7	- Amérique du Nord
South-Eastern Europe	9.1	19.8	19.2	17.6	21.2	Europe du Sud-Est
Commonwealth of Independent States	179.5	272.0	357.5	365.8	454.8	Communauté d'Etats indépendants
- Asia	2.7	5.0	6.6	7.2	5.4	- Asie
- Europe	176.7	266.9	350.9	358.6	449.4	- Europe
Northern Africa	2.2	4.2	2.5	5.4	2.8	Afrique septentrionale
Sub-Saharan Africa	117.9	173.1	206.1	159.7	206.2	Afrique subsaharienne
Latin America & the Caribbean	476.4	498.6	623.8	613.1	711.1	Amérique latine et Caraïbes
- Caribbean	4.2	2.5	0.8	2.0	3.8	- Caraïbes
- Latin America	472.2	496.1	623.0	611.0	707.2	- Amérique latine
Eastern Asia	1239.2	1731.4	2487.1	2501.3	3047.8	Asie orientale
Southern Asia	1122.5	1364.8	1940.5	2043.5	2245.8	Asie méridionale
South-Eastern Asia	696.7	810.9	956.4	896.6	801.3	Asie du Sud-Est
Western Asia	874.6	852.3	1052.3	1093.2	979.6	Asie occidentale
Oceania	0.0	0.0	0.0	0.0	0.0	Océanie
United States	2303.5	2696.3	3249.8	4412.1	4407.6	Etats-Unis d'Amérique
Germany	2131.7	2605.1	2953.9	3418.6	3909.8	Allemagne
Netherlands	1537.0	1778.5	2242.4	2580.5	3436.5	Pays-Bas
India	1089.0	1340.0	1912.2	2028.3	2226.8	Inde
Belgium	1015.7	1188.5	1587.6	1740.4	1837.9	Belgique
China	744.9	1076.0	1557.3	1514.2	1782.1	Chine
Japan	1025.2	1200.2	1388.1	1414.7	1466.9	Japon
France-Monaco	915.9	1101.8	1240.3	1426.2	1632.2	France-Monaco
Saudi Arabia	757.6	691.0	906.8	990.6	852.7	Arabie saoudite
Denmark	620.4	676.4	680.9	631.1	690.4	Danemark
Singapore	503.1	612.0	678.2	719.0	548.6	Singapour
United Kingdom	736.7	572.3	612.3	524.1	528.7	Royaume-Uni
Switzerland-Liechtenstein	385.4	407.7	409.1	369.7	448.9	Suisse-Liechtenstein
Italy	329.8	378.1	399.4	384.9	421.9	Italie
Spain	259.2	361.8	377.4	382.2	505.9	Espagne
Russian Federation	172.3	257.3	339.4	348.1	434.3	Fédération de Russie
Brazil	249.8	223.0	310.1	328.0	381.4	Brésil
Finland	224.9	271.7	277.7	327.3	368.8	Finlande
Korea, Republic of	123.5	148.1	256.3	277.1	357.3	République de Corée
Austria	126.9	169.8	159.9	211.7	267.4	Autriche
Canada	119.5	153.1	165.4	179.7	229.1	Canada
South Africa	114.7	170.8	201.4	156.2	184.1	Afrique du Sud
Malaysia	161.7	154.9	240.4	93.0	123.6	Malaisie
Venezuela	109.6	160.8	180.4	135.6	e152.8	Venezuela
Ireland	180.3	115.0	70.7	129.2	59.9	Irlande

Value as percentages of World total

Valeur en pourcentage du total mondial

Regions of the world	1998	1999	2000	2001	2002	2003	2004	2005	2006	2007	Régions du monde
World	100.0	100.0	100.0	100.0	100.0	100.0	100.0	100.0	100.0	100.0	Monde
Developed Economies	77.6	78.3	75.2	74.7	74.4	72.0	70.9	67.8	70.6	70.9	Economies Développés
- Asia-Pacific	6.5	7.5	7.0	6.4	6.4	6.2	6.2	5.9	5.5	5.1	- Asie-Pacifique
- Europe	53.5	52.5	48.1	48.0	49.6	51.4	50.2	47.5	47.6	49.9	- Europe
- North America	17.6	18.3	20.1	20.3	18.5	14.4	14.5	14.4	17.5	15.9	- Amérique du Nord
South-Eastern Europe	0.2	0.1	0.1	0.1	0.0	0.1	0.1	0.1	0.1	0.1	Europe du Sud-Est
Commonwealth of Independent States	0.7	0.7	1.0	1.1	0.9	1.1	1.4	1.5	1.4	1.6	Communauté d'Etats indépendants
- Asia	0.0	0.0	0.0	0.0	0.0	0.0	0.0	0.0	0.0	0.0	- Asie
- Europe	0.7	0.6	1.0	1.1	0.9	1.0	1.4	1.5	1.4	1.5	- Europe
Northern Africa	0.1	0.0	0.0	0.0	0.0	0.0	0.0	0.0	0.0	0.0	Afrique septentrionale
Sub-Saharan Africa	0.8	0.8	0.6	0.7	0.7	0.7	0.9	0.9	0.6	0.7	Afrique subsaharienne
Latin America & the Caribbean	3.1	2.7	3.6	3.6	3.3	2.8	2.5	2.6	2.3	2.4	Amérique latine et Caraïbes
- Caribbean	0.2	0.0	0.0	0.1	0.0	0.0	0.0	0.0	0.0	0.0	- Caraïbes
- Latin America	3.0	2.7	3.5	3.6	3.3	2.8	2.5	2.6	2.3	2.4	- Amérique latine
Eastern Asia	6.8	5.7	6.1	6.6	7.0	7.4	8.8	10.5	9.6	10.5	Asie orientale
Southern Asia	3.7	4.0	4.1	4.2	5.0	6.7	6.9	8.2	7.8	7.7	Asie méridionale
South-Eastern Asia	2.3	2.4	3.5	3.2	3.1	4.1	4.1	4.0	3.4	2.8	Asie du Sud-Est
Western Asia	4.7	5.3	5.8	5.7	5.5	5.2	4.3	4.4	4.2	3.4	Asie occidentale
Oceania	0.0	0.0	0.0	0.0	0.0	0.0	0.0	0.0	0.0	0.0	Océanie

522 Inorganic chemical elements, oxides and halogen salts

Trade by commodity
Imports by principal countries or areas
Value in million US dollars

Commerce par produit
Importations selon les principaux pays ou zones
Valeur en millions de dollars EU

Country or area	2003	2004	2005	2006	2007	Pays ou zone
World	21896.4	27204.9	32938.2	37109.2	43884.4	Monde
Developed Economies	14139.6	17095.7	20592.4	23254.8	26742.5	Economies Développés
- Asia-Pacific	1778.6	2381.8	3041.6	3567.3	4379.9	- Asie-Pacifique
- Europe	8310.8	9803.7	11367.9	13212.5	15172.2	- Europe
- North America	4050.1	4910.2	6183.0	6475.0	7190.4	- Amérique du Nord
South-Eastern Europe	97.3	164.7	183.2	200.4	256.2	Europe du Sud-Est
Commonwealth of Independent States	280.2	351.3	493.7	609.4	710.6	Communauté d'Etats indépendants
- Asia	51.1	55.4	73.7	87.8	96.2	- Asie
- Europe	229.0	295.9	420.1	521.6	614.5	- Europe
Northern Africa	274.5	325.6	357.3	370.1	390.8	Afrique septentrionale
Sub-Saharan Africa	413.1	426.2	520.9	556.0	686.0	Afrique subsaharienne
Latin America & the Caribbean	1214.5	1477.7	1914.1	1960.2	2452.5	Amérique latine et Caraïbes
- Caribbean	124.5	168.0	236.8	138.0	306.5	- Caraïbes
- Latin America	1090.1	1309.6	1677.2	1822.2	2146.0	- Amérique latine
Eastern Asia	2429.3	3320.2	3855.6	5013.5	6879.1	Asie orientale
Southern Asia	1280.5	1682.5	2335.1	2272.1	2468.8	Asie méridionale
South-Eastern Asia	1130.8	1491.0	1622.0	1919.7	2085.3	Asie du Sud-Est
Western Asia	627.0	860.9	1054.1	941.3	1200.2	Asie occidentale
Oceania	9.7	9.2	9.8	11.7	12.3	Océanie
United States	3496.2	4297.7	5495.9	5733.0	6296.7	Etats-Unis d'Amérique
Japan	1443.0	1985.5	2414.2	2910.1	3717.4	Japon
Germany	1341.9	1549.2	1863.0	2410.0	2822.4	Allemagne
India	1098.3	1408.4	1984.3	1969.0	2144.0	Inde
China	779.9	1126.9	1359.2	2023.2	3000.5	Chine
France-Monaco	1103.6	1291.2	1468.4	1690.2	1939.0	France-Monaco
Korea, Republic of	818.9	1128.3	1402.4	1642.4	2153.7	République de Corée
Belgium	977.1	1136.5	1212.4	1384.1	1791.4	Belgique
Netherlands	765.5	873.3	1170.7	1228.0	1165.0	Pays-Bas
Italy	725.3	824.7	815.1	924.2	1062.2	Italie
United Kingdom	691.7	816.3	857.3	938.2	985.4	Royaume-Uni
Spain	578.4	709.3	830.6	940.0	1072.7	Espagne
Canada	552.9	611.2	685.9	740.5	892.5	Canada
Brazil	394.3	457.7	603.8	659.5	805.1	Brésil
Australia	285.5	335.9	556.8	591.1	598.7	Australie
Turkey	338.5	448.9	467.9	352.7	414.6	Turquie
Mexico	291.0	352.4	397.8	458.7	473.3	Mexique
Singapore	266.4	333.3	355.7	412.4	488.5	Singapour
Thailand	234.5	379.3	384.1	423.8	433.3	Thaïlande
Sweden	213.4	270.6	342.2	420.2	545.3	Suède
Norway	188.2	222.0	325.0	452.4	545.5	Norvège
Malaysia	240.1	304.1	335.3	399.8	415.3	Malaisie
Austria	222.1	274.6	334.4	346.2	438.7	Autriche
Czech Republic	194.0	280.4	328.3	380.2	421.2	République tchèque
Finland	205.8	245.0	313.7	372.3	410.7	Finlande

Value as percentages of World total

Valeur en pourcentage du total mondial

Regions of the world	1998	1999	2000	2001	2002	2003	2004	2005	2006	2007	Régions du monde
World	100.0	100.0	100.0	100.0	100.0	100.0	100.0	100.0	100.0	100.0	Monde
Developed Economies	64.4	62.0	62.3	58.5	62.2	64.6	62.8	62.5	62.7	60.9	Economies Développés
- Asia-Pacific	8.6	8.4	9.2	8.0	7.7	8.1	8.8	9.2	9.6	10.0	- Asie-Pacifique
- Europe	39.4	37.1	35.3	33.5	37.0	38.0	36.0	34.5	35.6	34.6	- Europe
- North America	16.4	16.6	17.9	17.0	17.5	18.5	18.0	18.8	17.4	16.4	- Amérique du Nord
South-Eastern Europe	0.5	0.4	0.5	0.4	0.5	0.4	0.6	0.6	0.5	0.6	Europe du Sud-Est
Commonwealth of Independent States	2.5	2.4	2.4	2.3	2.6	1.3	1.3	1.5	1.6	1.6	Communauté d'Etats indépendants
- Asia	1.4	1.4	1.3	1.3	1.5	0.2	0.2	0.2	0.2	0.2	- Asie
- Europe	1.1	1.0	1.1	1.0	1.1	1.0	1.1	1.3	1.4	1.4	- Europe
Northern Africa	1.2	1.3	1.5	1.1	1.1	1.3	1.2	1.1	1.0	0.9	Afrique septentrionale
Sub-Saharan Africa	2.0	1.7	1.5	7.8	1.8	1.9	1.6	1.6	1.5	1.6	Afrique subsaharienne
Latin America & the Caribbean	6.0	5.8	6.1	6.4	6.0	5.5	5.4	5.8	5.3	5.6	Amérique latine et Caraïbes
- Caribbean	0.6	0.7	0.7	0.9	0.7	0.6	0.6	0.7	0.4	0.7	- Caraïbes
- Latin America	5.4	5.2	5.4	5.5	5.3	5.0	4.8	5.1	4.9	4.9	- Amérique latine
Eastern Asia	7.8	8.9	10.3	9.0	10.7	11.1	12.2	11.7	13.5	15.7	Asie orientale
Southern Asia	7.0	8.1	6.2	6.1	6.3	5.8	6.2	7.1	6.1	5.6	Asie méridionale
South-Eastern Asia	4.7	5.1	5.4	4.8	5.9	5.2	5.5	4.9	5.2	4.8	Asie du Sud-Est
Western Asia	3.8	4.0	3.7	3.5	2.9	2.9	3.2	3.2	2.5	2.7	Asie occidentale
Oceania	0.0	0.0	0.0	0.0	0.0	0.0	0.0	0.0	0.0	0.0	Océanie

Produits chimiques inorganiques, oxydes, sels halogènes et peroxydes métalliques 522

Trade by commodity
Exports by principal countries or areas
Value in million US dollars

Commerce par produit
Exportations selon les principaux pays ou zones
Valeur en millions de dollars EU

Country or area	2003	2004	2005	2006	2007	Pays ou zone
World	18692.9	24148.9	28867.2	32781.7	38949.1	Monde
Developed Economies	10765.1	13253.1	15535.7	17879.9	21507.4	Economies Développés
- Asia-Pacific	1636.0	1957.6	2104.7	2354.2	2788.1	- Asie-Pacifique
- Europe	6175.6	7667.8	8437.3	9852.4	12039.5	- Europe
- North America	2953.5	3627.7	4993.8	5673.4	6679.8	- Amérique du Nord
South-Eastern Europe	77.0	121.3	182.9	178.6	242.7	Europe du Sud-Est
Commonwealth of Independent States	1167.6	1568.9	1966.3	2195.5	2192.5	Communauté d'Etats indépendants
- Asia	95.4	145.9	218.7	196.3	214.6	- Asie
- Europe	1072.3	1423.0	1747.5	1999.2	1977.9	- Europe
Northern Africa	916.0	1122.2	1358.1	1533.1	1651.5	Afrique septentrionale
Sub-Saharan Africa	543.5	857.7	1040.7	790.0	762.0	Afrique subsaharienne
Latin America & the Caribbean	1399.8	2158.1	2515.3	2689.2	3261.2	Amérique latine et Caraïbes
- Caribbean	462.2	921.0	895.8	909.0	1199.4	- Caraïbes
- Latin America	937.6	1237.1	1619.5	1780.2	2061.8	- Amérique latine
Eastern Asia	2413.6	3210.7	4161.0	5075.6	6685.8	Asie orientale
Southern Asia	239.6	335.1	429.4	489.0	637.3	Asie méridionale
South-Eastern Asia	580.9	680.0	863.9	1076.2	1128.1	Asie du Sud-Est
Western Asia	589.5	841.2	813.3	874.3	880.4	Asie occidentale
Oceania	0.3	0.4	0.6	0.4	0.3	Océanie
United States	2169.3	2584.2	3622.8	4259.1	5199.4	Etats-Unis d'Amérique
China	1755.4	2355.6	3120.5	3747.3	4883.7	Chine
Germany	2162.0	2528.0	2884.4	3281.9	3832.0	Allemagne
Japan	1423.7	1732.0	1862.2	2082.0	2363.1	Japon
Netherlands	780.6	1143.1	1333.2	1535.6	1557.1	Pays-Bas
Canada	782.5	1041.9	1370.8	1414.3	1480.3	Canada
Russian Federation	681.7	906.6	1219.6	1406.9	1423.3	Fédération de Russie
Belgium	573.2	790.0	765.8	992.3	1590.1	Belgique
Trinidad and Tobago	460.6	917.0	887.7	905.4	1192.6	Trinité-et-Tobago
Morocco	519.4	731.5	870.2	1022.8	1101.3	Maroc
South Africa	381.5	651.4	829.4	645.8	630.7	Afrique du Sud
France-Monaco	482.0	570.1	587.2	684.2	782.2	France-Monaco
United Kingdom	451.9	534.2	526.2	530.2	669.2	Royaume-Uni
Korea, Republic of	332.2	403.5	501.7	624.6	808.4	République de Corée
Ukraine	372.1	497.3	510.9	570.0	534.0	Ukraine
Chile	201.7	316.7	516.2	582.3	640.6	Chili
Italy	270.5	334.5	384.3	511.2	725.2	Italie
Brazil	294.8	375.6	422.2	441.1	530.5	Brésil
Norway	311.1	350.7	345.6	360.2	453.4	Norvège
Indonesia	242.4	233.9	387.6	452.0	373.6	Indonésie
Spain	220.0	271.6	316.8	384.0	461.5	Espagne
Mexico	195.3	262.8	296.9	388.3	444.8	Mexique
Australia	211.0	224.2	240.7	270.3	422.7	Australie
Poland	139.4	186.8	233.8	282.2	315.7	Pologne
Israel	181.8	224.3	226.9	244.3	266.8	Israël

Value as percentages of World total

Valeur en pourcentage du total mondial

Regions of the world	1998	1999	2000	2001	2002	2003	2004	2005	2006	2007	Régions du monde
World	100.0	100.0	100.0	100.0	100.0	100.0	100.0	100.0	100.0	100.0	Monde
Developed Economies	59.5	59.3	59.1	58.4	58.2	57.6	54.9	53.8	54.5	55.2	Economies Développés
- Asia-Pacific	7.6	8.8	9.3	8.3	8.9	8.8	8.1	7.3	7.2	7.2	- Asie-Pacifique
- Europe	35.6	33.7	31.8	32.9	32.6	33.0	31.8	29.2	30.1	30.9	- Europe
- North America	16.3	16.8	17.9	17.2	16.7	15.8	15.0	17.3	17.3	17.1	- Amérique du Nord
South-Eastern Europe	0.4	0.3	0.4	0.5	0.3	0.4	0.5	0.6	0.5	0.6	Europe du Sud-Est
Commonwealth of Independent States	6.2	5.5	5.6	5.3	4.6	6.2	6.5	6.8	6.7	5.6	Communauté d'Etats indépendants
- Asia	1.5	1.3	0.4	0.4	0.4	0.5	0.6	0.8	0.6	0.6	- Asie
- Europe	4.8	4.3	5.2	5.0	4.2	5.7	5.9	6.1	6.1	5.1	- Europe
Northern Africa	5.6	6.3	5.3	4.8	5.4	4.9	4.6	4.7	4.7	4.2	Afrique septentrionale
Sub-Saharan Africa	3.1	3.6	3.5	3.6	4.5	2.9	3.6	3.6	2.4	2.0	Afrique subsaharienne
Latin America & the Caribbean	7.2	7.1	7.9	7.8	7.5	7.5	8.9	8.7	8.2	8.4	Amérique latine et Caraïbes
- Caribbean	1.6	2.0	2.3	2.7	2.1	2.5	3.8	3.1	2.8	3.1	- Caraïbes
- Latin America	5.6	5.1	5.6	5.1	5.3	5.0	5.1	5.6	5.4	5.3	- Amérique latine
Eastern Asia	10.1	9.9	11.5	11.4	12.1	12.9	13.3	14.4	15.5	17.2	Asie orientale
Southern Asia	0.6	0.6	0.9	0.9	1.1	1.3	1.4	1.5	1.5	1.6	Asie méridionale
South-Eastern Asia	2.1	2.0	2.4	2.5	2.6	3.1	2.8	3.0	3.3	2.9	Asie du Sud-Est
Western Asia	5.0	5.2	3.5	4.8	3.6	3.2	3.5	2.8	2.7	2.3	Asie occidentale
Oceania	0.0	0.0	0.0	0.0	0.0	0.0	0.0	0.0	0.0	0.0	Océanie

523 Metal salts and peroxysalts, of inorganic acids

Trade by commodity
Imports by principal countries or areas
Value in million US dollars

Commerce par produit
Importations selon les principaux pays ou zones
Valeur en millions de dollars EU

Country or area	2003	2004	2005	2006	2007	Pays ou zone
World	10704.0	12558.1	14194.3	15587.3	18329.0	Monde
Developed Economies	6114.0	6941.6	7473.4	8328.9	9702.1	Economies Développés
- Asia-Pacific	624.7	805.1	848.4	976.9	1166.8	- Asie-Pacifique
- Europe	4065.6	4546.1	4883.4	5401.1	6419.7	- Europe
- North America	1423.7	1590.4	1741.6	1950.9	2115.6	- Amérique du Nord
South-Eastern Europe	91.3	139.4	147.2	140.8	159.5	Europe du Sud-Est
Commonwealth of Independent States	266.8	367.8	426.5	495.4	642.3	Communauté d'Etats indépendants
- Asia	86.9	118.7	129.6	152.5	189.6	- Asie
- Europe	179.9	249.1	297.0	342.9	452.6	- Europe
Northern Africa	187.9	201.5	256.0	271.6	321.8	Afrique septentrionale
Sub-Saharan Africa	346.3	394.7	517.4	604.7	760.7	Afrique subsaharienne
Latin America & the Caribbean	1091.7	1249.9	1439.6	1660.2	1965.9	Amérique latine et Caraïbes
- Caribbean	51.9	59.5	68.0	83.1	92.5	- Caraïbes
- Latin America	1039.8	1190.3	1371.6	1577.1	1873.4	- Amérique latine
Eastern Asia	861.4	1045.2	1182.7	1350.4	1599.0	Asie orientale
Southern Asia	288.8	343.5	465.4	476.5	560.7	Asie méridionale
South-Eastern Asia	901.9	1191.5	1367.2	1452.3	1661.0	Asie du Sud-Est
Western Asia	540.5	645.6	877.8	754.0	933.2	Asie occidentale
Oceania	13.6	37.5	41.1	52.5	22.9	Océanie
United States	1060.6	1200.7	1296.0	1448.4	1562.8	Etats-Unis d'Amérique
Germany	546.4	545.2	657.5	743.1	901.9	Allemagne
Japan	457.3	594.7	608.5	737.0	890.9	Japon
France-Monaco	481.4	517.3	549.8	635.3	825.8	France-Monaco
Belgium	383.8	538.6	530.5	559.8	699.4	Belgique
Netherlands	401.1	450.2	477.5	549.2	582.8	Pays-Bas
Italy	368.3	433.2	502.3	517.6	608.8	Italie
Canada	362.9	389.0	445.0	501.8	551.9	Canada
Korea, Republic of	328.0	394.4	451.4	487.4	573.4	République de Corée
China	276.1	338.3	404.1	504.5	600.2	Chine
United Kingdom	355.6	393.6	416.7	410.6	476.1	Royaume-Uni
Spain	287.8	310.2	316.4	362.4	386.1	Espagne
Brazil	232.0	253.1	302.0	358.9	494.2	Brésil
Malaysia	210.5	299.1	308.5	371.0	420.0	Malaisie
Indonesia	195.4	270.5	336.4	329.5	395.6	Indonésie
Mexico	237.3	278.3	297.2	333.0	376.6	Mexique
Thailand	199.7	245.9	316.7	337.8	359.0	Thaïlande
Russian Federation	117.9	172.2	205.1	234.9	322.3	Fédération de Russie
Saudi Arabia	129.3	136.6	214.0	214.6	280.6	Arabie saoudite
Turkey	182.9	219.0	264.6	115.2	126.5	Turquie
India	95.7	111.9	166.2	229.5	280.5	Inde
Czech Republic	131.4	151.0	169.2	179.2	210.8	République tchèque
Australia	117.7	149.6	174.0	168.9	198.3	Australie
Finland	142.2	155.4	144.9	156.5	179.9	Finlande
Chile	96.0	113.2	142.2	194.7	228.4	Chili

Value as percentages of World total

Valeur en pourcentage du total mondial

Regions of the world	1998	1999	2000	2001	2002	2003	2004	2005	2006	2007	Régions du monde
World	100.0	100.0	100.0	100.0	100.0	100.0	100.0	100.0	100.0	100.0	Monde
Developed Economies	57.5	57.1	55.9	49.5	53.8	57.1	55.3	52.7	53.4	52.9	Economies Développés
- Asia-Pacific	5.8	6.5	7.3	6.5	6.0	5.8	6.4	6.0	6.3	6.4	- Asie-Pacifique
- Europe	39.1	37.3	34.1	29.9	34.2	38.0	36.2	34.4	34.7	35.0	- Europe
- North America	12.6	13.3	14.5	13.1	13.5	13.3	12.7	12.3	12.5	11.5	- Amérique du Nord
South-Eastern Europe	0.9	0.9	0.8	0.7	0.8	0.9	1.1	1.0	0.9	0.9	Europe du Sud-Est
Commonwealth of Independent States	2.3	2.0	2.1	2.1	2.4	2.5	2.9	3.0	3.2	3.5	Communauté d'Etats indépendants
- Asia	0.8	0.7	0.9	0.8	0.9	0.8	0.9	0.9	1.0	1.0	- Asie
- Europe	1.5	1.3	1.2	1.2	1.5	1.7	2.0	2.1	2.2	2.5	- Europe
Northern Africa	2.0	1.9	1.4	1.4	1.7	1.8	1.6	1.8	1.7	1.8	Afrique septentrionale
Sub-Saharan Africa	3.5	3.1	3.3	14.8	3.2	3.2	3.1	3.6	3.9	4.2	Afrique subsaharienne
Latin America & the Caribbean	11.8	11.9	11.6	10.2	15.0	10.2	10.0	10.1	10.7	10.7	Amérique latine et Caraïbes
- Caribbean	0.5	0.5	0.8	0.8	0.7	0.5	0.5	0.5	0.5	0.5	- Caraïbes
- Latin America	11.3	11.2	10.8	9.5	14.3	9.7	9.5	9.7	10.1	10.2	- Amérique latine
Eastern Asia	6.4	7.2	8.2	6.8	7.4	8.0	8.3	8.3	8.7	8.7	Asie orientale
Southern Asia	2.7	2.4	2.4	2.3	2.4	2.7	2.7	3.3	3.1	3.1	Asie méridionale
South-Eastern Asia	7.8	8.8	9.2	8.0	8.6	8.4	9.5	9.6	9.3	9.1	Asie du Sud-Est
Western Asia	4.9	4.6	5.0	4.1	4.6	5.0	5.1	6.2	4.8	5.1	Asie occidentale
Oceania	0.1	0.1	0.1	0.1	0.1	0.1	0.3	0.3	0.3	0.1	Océanie

Trade by commodity

Exports by principal countries or areas

Value in million US dollars

Commerce par produit

Exportations selon les principaux pays ou zones

Valeur en millions de dollars EU

Country or area	2003	2004	2005	2006	2007	Pays ou zone
World	8987.9	10721.2	12396.9	14147.6	16330.7	Monde
Developed Economies	5879.5	6765.2	7273.6	8142.6	9050.8	Economies Développés
- Asia-Pacific	449.9	508.7	531.0	607.5	736.7	- Asie-Pacifique
- Europe	3515.2	4220.6	4502.2	5073.8	5790.9	- Europe
- North America	1914.3	2035.9	2240.4	2461.4	2523.3	- Amérique du Nord
South-Eastern Europe	54.0	68.6	195.2	218.3	292.0	Europe du Sud-Est
Commonwealth of Independent States	212.1	265.5	366.8	432.4	545.9	Communauté d'Etats indépendants
- Asia	32.8	36.2	37.8	51.6	70.9	- Asie
- Europe	179.3	229.3	329.0	380.8	475.0	- Europe
Northern Africa	100.4	134.3	178.2	188.6	219.4	Afrique septentrionale
Sub-Saharan Africa	102.9	109.5	213.3	226.9	270.6	Afrique subsaharienne
Latin America & the Caribbean	572.7	633.5	814.3	945.2	1106.9	Amérique latine et Caraïbes
- Caribbean	3.4	3.4	3.2	3.9	5.2	- Caraïbes
- Latin America	569.3	630.1	811.1	941.4	1101.7	- Amérique latine
Eastern Asia	1507.2	1893.8	2456.6	2903.4	3528.7	Asie orientale
Southern Asia	124.8	156.9	180.1	198.1	217.5	Asie méridionale
South-Eastern Asia	189.0	179.8	234.7	410.3	566.7	Asie du Sud-Est
Western Asia	245.3	513.9	484.0	481.9	531.8	Asie occidentale
Oceania	0.1	0.1	0.1	0.1	0.4	Océanie
China	1234.4	1578.6	2107.1	2469.4	3015.8	Chine
United States	1550.1	1632.3	1840.6	2039.2	2067.8	Etats-Unis d'Amérique
Germany	1095.5	1198.9	1319.3	1473.9	1706.0	Allemagne
Netherlands	386.6	579.5	589.0	634.2	427.1	Pays-Bas
Belgium	328.2	408.3	426.5	482.9	912.4	Belgique
Canada	360.6	401.0	399.8	422.2	455.5	Canada
Japan	323.1	353.7	358.5	396.6	486.8	Japon
France-Monaco	196.8	232.4	339.4	411.4	472.2	France-Monaco
Chile	229.7	236.0	295.8	329.7	428.4	Chili
Finland	183.4	262.4	235.5	301.0	442.9	Finlande
United Kingdom	252.2	272.2	264.9	272.8	328.6	Royaume-Uni
Spain	186.5	221.3	243.2	320.0	386.0	Espagne
Israel	143.1	251.5	283.7	307.3	327.5	Israël
Mexico	182.6	182.8	247.8	284.1	305.4	Mexique
Norway	248.6	303.2	284.1	282.2	21.0	Norvège
Russian Federation	132.6	168.8	223.2	262.7	326.7	Fédération de Russie
Italy	181.8	184.4	194.2	215.5	290.1	Italie
Korea, Republic of	145.8	155.4	167.3	228.4	272.2	République de Corée
Poland	122.4	158.2	181.0	193.9	221.8	Pologne
Australia	122.0	149.2	163.2	199.2	239.2	Australie
India	111.2	142.6	162.7	176.8	186.5	Inde
Tunisia	91.6	113.4	158.6	168.3	200.3	Tunisie
Sweden	111.6	125.8	126.5	135.8	156.0	Suède
Argentina	62.3	81.1	111.6	134.7	133.3	Argentine
Philippines	6.9	11.6	36.7	168.7	292.3	Philippines

Value as percentages of World total

Valeur en pourcentage du total mondial

Regions of the world	1998	1999	2000	2001	2002	2003	2004	2005	2006	2007	Régions du monde
World	100.0	100.0	100.0	100.0	100.0	100.0	100.0	100.0	100.0	100.0	Monde
Developed Economies	70.1	67.1	66.9	65.2	65.4	65.4	63.1	58.7	57.6	55.4	Economies Développés
- Asia-Pacific	4.0	4.9	5.2	4.4	4.8	5.0	4.7	4.3	4.3	4.5	- Asie-Pacifique
- Europe	42.1	38.0	36.3	36.0	37.4	39.1	39.4	36.3	35.9	35.5	- Europe
- North America	24.0	24.2	25.4	24.8	23.2	21.3	19.0	18.1	17.4	15.5	- Amérique du Nord
South-Eastern Europe	1.8	0.8	0.7	0.8	0.6	0.6	0.6	1.6	1.5	1.8	Europe du Sud-Est
Commonwealth of Independent States	2.2	2.4	2.5	3.1	2.7	2.4	2.5	3.0	3.1	3.3	Communauté d'Etats indépendants
- Asia	0.2	0.3	0.4	0.5	0.5	0.4	0.3	0.3	0.4	0.4	- Asie
- Europe	2.0	2.0	2.2	2.7	2.2	2.0	2.1	2.7	2.7	2.9	- Europe
Northern Africa	1.3	1.2	1.2	1.4	1.3	1.1	1.3	1.4	1.3	1.3	Afrique septentrionale
Sub-Saharan Africa	2.1	1.9	2.0	1.5	1.3	1.1	1.0	1.7	1.6	1.7	Afrique subsaharienne
Latin America & the Caribbean	6.3	6.4	6.8	6.5	6.4	6.4	5.9	6.6	6.7	6.8	Amérique latine et Caraïbes
- Caribbean	0.0	0.1	0.1	0.0	0.1	0.0	0.0	0.0	0.0	0.0	- Caraïbes
- Latin America	6.3	6.4	6.7	6.5	6.4	6.3	5.9	6.5	6.7	6.7	- Amérique latine
Eastern Asia	11.1	12.9	14.5	16.0	17.0	16.8	17.7	19.8	20.5	21.6	Asie orientale
Southern Asia	0.6	0.8	1.0	0.9	1.1	1.4	1.5	1.5	1.4	1.3	Asie méridionale
South-Eastern Asia	1.3	1.5	1.7	1.5	1.6	2.1	1.7	1.9	2.9	3.5	Asie du Sud-Est
Western Asia	3.3	4.8	2.6	3.1	2.5	2.7	4.8	3.9	3.4	3.3	Asie occidentale
Oceania	0.0	0.0	0.0	0.0	0.0	0.0	0.0	0.0	0.0	0.0	Océanie

524 Other inorganic chemicals; organic, inorganic compounds precious metals

Trade by commodity

Imports by principal countries or areas

Value in million US dollars

Commerce par produit

Importations selon les principaux pays ou zones

Valeur en millions de dollars EU

Country or area	2003	2004	2005	2006	2007	Pays ou zone
World	4059.7	5514.3	6734.5	7983.2	9664.1	Monde
Developed Economies	2646.4	3494.6	4151.7	5164.6	6188.0	Economies Développés
- Asia-Pacific	273.4	339.0	543.1	661.4	832.1	- Asie-Pacifique
- Europe	1939.1	2505.9	2760.9	3497.5	4379.9	- Europe
- North America	433.8	649.7	847.7	1005.7	976.0	- Amérique du Nord
South-Eastern Europe	9.0	14.8	17.8	17.8	34.0	Europe du Sud-Est
Commonwealth of Independent States	31.0	41.3	60.6	76.6	83.2	Communauté d'Etats indépendants
- Asia	6.5	6.0	11.2	9.3	9.4	- Asie
- Europe	24.5	35.3	49.4	67.2	73.8	- Europe
Northern Africa	14.3	21.6	21.3	25.7	27.0	Afrique septentrionale
Sub-Saharan Africa	46.8	60.2	102.9	80.6	126.8	Afrique subsaharienne
Latin America & the Caribbean	229.6	284.0	319.2	471.8	566.9	Amérique latine et Caraïbes
- Caribbean	9.0	11.5	9.5	10.5	8.7	- Caraïbes
- Latin America	220.6	272.6	309.7	461.4	558.2	- Amérique latine
Eastern Asia	661.0	1067.2	1397.1	1321.4	1614.4	Asie orientale
Southern Asia	92.5	110.7	163.8	223.7	261.9	Asie méridionale
South-Eastern Asia	257.9	318.0	372.6	479.1	637.6	Asie du Sud-Est
Western Asia	69.0	99.6	124.6	118.6	122.1	Asie occidentale
Oceania	2.1	2.3	2.9	3.3	2.2	Océanie
United States	334.8	525.3	668.9	778.9	747.7	Etats-Unis d'Amérique
Germany	461.6	583.8	560.2	678.1	753.9	Allemagne
France-Monaco	364.7	555.2	562.0	547.6	766.2	France-Monaco
Japan	231.2	295.4	494.1	603.9	752.7	Japon
Belgium	263.8	367.2	355.3	483.9	531.5	Belgique
China, Hong Kong SAR	178.2	340.6	660.0	275.1	379.3	Chine - RAS de Hong-Kong
China	202.1	328.0	323.8	464.0	510.3	Chine
Switzerland-Liechtenstein	93.9	132.1	210.1	462.1	663.9	Suisse-Liechtenstein
Korea, Republic of	136.1	208.5	206.3	295.8	396.8	République de Corée
United Kingdom	149.6	181.7	223.9	260.9	317.6	Royaume-Uni
Mexico	121.1	150.7	165.0	279.6	353.8	Mexique
Italy	145.8	160.1	166.5	185.2	209.8	Italie
Singapore	116.6	144.5	154.0	215.6	236.7	Singapour
Canada	98.7	124.0	178.5	226.4	228.2	Canada
Thailand	65.6	89.8	108.0	136.7	262.8	Thaïlande
India	61.1	71.4	111.4	173.4	201.9	Inde
Netherlands	81.3	97.0	124.6	143.1	157.3	Pays-Bas
Sweden	66.9	77.9	103.9	113.4	161.0	Suède
Austria	47.3	45.6	75.7	107.1	165.9	Autriche
Finland	51.5	51.8	59.6	84.9	81.8	Finlande
Spain	38.8	50.7	62.5	69.3	95.6	Espagne
South Africa	21.0	31.0	69.1	44.4	76.5	Afrique du Sud
Australia	39.0	38.1	39.3	52.2	71.1	Australie
Poland	18.8	28.4	41.8	60.1	90.5	Pologne
Brazil	33.7	41.6	45.2	43.7	52.8	Brésil

Value as percentages of World total

Valeur en pourcentage du total mondial

Regions of the world	1998	1999	2000	2001	2002	2003	2004	2005	2006	2007	Régions du monde
World	100.0	100.0	100.0	100.0	100.0	100.0	100.0	100.0	100.0	100.0	Monde
Developed Economies	70.2	68.4	71.0	70.0	65.0	65.2	63.4	61.6	64.7	64.0	Economies Développés
- Asia-Pacific	6.2	5.7	5.4	5.4	5.7	6.7	6.1	8.1	8.3	8.6	- Asie-Pacifique
- Europe	48.0	49.6	53.0	54.3	47.6	47.8	45.4	41.0	43.8	45.3	- Europe
- North America	16.0	13.0	12.6	10.4	11.7	10.7	11.8	12.6	12.6	10.1	- Amérique du Nord
South-Eastern Europe	0.3	0.2	0.1	0.1	0.2	0.2	0.3	0.3	0.2	0.4	Europe du Sud-Est
Commonwealth of Independent States	0.8	0.7	0.7	0.6	0.8	0.8	0.7	0.9	1.0	0.9	Communauté d'Etats indépendants
- Asia	0.2	0.3	0.3	0.2	0.2	0.2	0.1	0.2	0.1	0.1	- Asie
- Europe	0.7	0.4	0.4	0.5	0.6	0.6	0.6	0.7	0.8	0.8	- Europe
Northern Africa	0.4	0.4	0.3	0.3	0.3	0.4	0.4	0.3	0.3	0.3	Afrique septentrionale
Sub-Saharan Africa	1.5	1.4	1.3	2.3	1.1	1.2	1.1	1.5	1.0	1.3	Afrique subsaharienne
Latin America & the Caribbean	5.7	6.1	6.4	7.2	7.3	5.7	5.2	4.7	5.9	5.9	Amérique latine et Caraïbes
- Caribbean	0.3	0.3	0.2	0.2	0.3	0.2	0.2	0.1	0.1	0.1	- Caraïbes
- Latin America	5.5	5.8	6.2	7.0	7.1	5.4	4.9	4.6	5.8	5.8	- Amérique latine
Eastern Asia	12.8	13.7	13.0	11.8	16.4	16.3	19.4	20.7	16.6	16.7	Asie orientale
Southern Asia	1.4	1.6	1.3	1.6	1.8	2.3	2.0	2.4	2.8	2.7	Asie méridionale
South-Eastern Asia	3.3	4.3	4.4	4.6	5.3	6.4	5.8	5.5	6.0	6.6	Asie du Sud-Est
Western Asia	3.6	3.3	1.4	1.4	1.7	1.7	1.8	1.9	1.5	1.3	Asie occidentale
Oceania	0.1	0.1	0.0	0.0	0.1	0.1	0.0	0.0	0.0	0.0	Océanie

Autres produits chimiques inorganiques, de métaux précieux 524

Trade by commodity

Exports by principal countries or areas

Value in million US dollars

Commerce par produit

Exportations selon les principaux pays ou zones

Valeur en millions de dollars EU

Country or area	2003	2004	2005	2006	2007	Pays ou zone
World	3900.3	5308.0	6695.3	8134.1	10300.4	Monde
Developed Economies	2801.8	3683.0	3947.1	5307.7	6846.8	Economies Développés
- Asia-Pacific	307.4	438.5	467.0	560.3	754.6	- Asie-Pacifique
- Europe	1975.7	2607.1	2599.7	3564.9	4725.2	- Europe
- North America	518.7	637.3	880.5	1182.5	1367.0	- Amérique du Nord
South-Eastern Europe	22.5	49.0	49.9	50.1	47.6	Europe du Sud-Est
Commonwealth of Independent States	156.6	279.4	368.5	647.9	828.2	Communauté d'Etats indépendants
- Asia	23.5	31.3	39.0	66.9	45.0	- Asie
- Europe	133.1	248.1	329.5	581.1	783.1	- Europe
Northern Africa	0.5	0.5	0.2	0.3	0.5	Afrique septentrionale
Sub-Saharan Africa	67.6	142.7	249.8	237.2	293.6	Afrique subsaharienne
Latin America & the Caribbean	128.9	166.1	208.4	230.5	296.0	Amérique latine et Caraïbes
- Caribbean	0.1	0.2	0.1	0.2	0.5	- Caraïbes
- Latin America	128.8	165.9	208.3	230.3	295.5	- Amérique latine
Eastern Asia	537.4	867.7	1734.8	1514.3	1800.6	Asie orientale
Southern Asia	45.0	45.6	43.7	42.2	51.3	Asie méridionale
South-Eastern Asia	42.5	59.4	67.7	92.3	122.5	Asie du Sud-Est
Western Asia	97.2	14.5	25.1	11.5	13.3	Asie occidentale
Oceania	0.2	0.0	0.0	0.0	0.0	Océanie
Germany	507.7	753.7	878.2	1360.0	1783.6	Allemagne
China	341.7	608.3	1425.3	1050.7	1278.6	Chine
United States	429.2	555.5	781.4	1053.6	1234.4	Etats-Unis d'Amérique
United Kingdom	465.9	637.5	610.2	793.5	975.9	Royaume-Uni
Japan	301.8	431.0	459.6	552.0	746.1	Japon
Russian Federation	122.0	234.2	314.6	563.4	760.0	Fédération de Russie
Switzerland-Liechtenstein	170.8	298.8	287.2	415.5	507.2	Suisse-Liechtenstein
Italy	194.7	168.9	65.9	54.4	438.4	Italie
Netherlands	91.1	182.4	193.5	229.4	219.2	Pays-Bas
South Africa	63.2	125.4	212.8	211.9	249.6	Afrique du Sud
Belgium	114.0	122.3	143.4	228.0	182.5	Belgique
China, Hong Kong SAR	89.9	121.2	138.0	194.3	184.9	Chine - RAS de Hong-Kong
Brazil	65.6	81.5	98.6	118.9	171.0	Brésil
Canada	89.4	81.8	99.0	128.9	132.6	Canada
Ireland	95.5	138.8	77.7	84.1	112.6	Irlande
France-Monaco	138.3	67.9	72.5	87.9	127.8	France-Monaco
Korea, Republic of	59.8	77.5	83.5	101.8	142.1	République de Corée
Sweden	58.8	68.0	75.6	86.6	118.9	Suède
Singapore	28.5	38.3	44.8	63.6	87.1	Singapour
Romania	20.4	43.1	42.7	42.9	38.3	Roumanie
Kazakhstan	17.0	28.8	37.1	64.1	39.9	Kazakhstan
Czech Republic	25.6	25.1	35.2	41.2	53.2	République tchèque
Chile	14.7	24.7	43.1	42.1	37.9	Chili
Spain	25.3	30.1	32.9	34.4	36.3	Espagne
Slovakia	14.9	24.6	27.8	33.4	49.2	Slovaquie

Value as percentages of World total

Valeur en pourcentage du total mondial

Regions of the world	1998	1999	2000	2001	2002	2003	2004	2005	2006	2007	Régions du monde
World	100.0	100.0	100.0	100.0	100.0	100.0	100.0	100.0	100.0	100.0	Monde
Developed Economies	75.4	77.0	81.2	79.1	76.1	71.8	69.4	59.0	65.3	66.5	Economies Développés
- Asia-Pacific	6.1	7.2	7.5	6.0	7.5	7.9	8.3	7.0	6.9	7.3	- Asie-Pacifique
- Europe	54.1	56.0	60.0	57.6	51.8	50.7	49.1	38.8	43.8	45.9	- Europe
- North America	15.2	13.8	13.7	15.5	16.8	13.3	12.0	13.2	14.5	13.3	- Amérique du Nord
South-Eastern Europe	0.7	0.5	0.3	0.3	0.4	0.6	0.9	0.7	0.6	0.5	Europe du Sud-Est
Commonwealth of Independent States	2.2	2.2	2.0	2.7	3.0	4.0	5.3	5.5	8.0	8.0	Communauté d'Etats indépendants
- Asia	0.7	0.8	0.7	0.5	0.5	0.6	0.6	0.6	0.8	0.4	- Asie
- Europe	1.4	1.5	1.3	2.1	2.5	3.4	4.7	4.9	7.1	7.6	- Europe
Northern Africa	0.0	0.0	0.0	0.0	0.0	0.0	0.0	0.0	0.0	0.0	Afrique septentrionale
Sub-Saharan Africa	2.1	1.5	1.1	1.2	1.3	1.7	2.7	3.7	2.9	2.9	Afrique subsaharienne
Latin America & the Caribbean	2.9	2.8	2.6	3.0	3.5	3.3	3.1	3.1	2.8	2.9	Amérique latine et Caraïbes
- Caribbean	0.0	0.0	0.0	0.0	0.0	0.0	0.0	0.0	0.0	0.0	- Caraïbes
- Latin America	2.9	2.7	2.6	3.0	3.4	3.3	3.1	3.1	2.8	2.9	- Amérique latine
Eastern Asia	13.5	11.7	9.8	9.5	11.1	13.8	16.3	25.9	18.6	17.5	Asie orientale
Southern Asia	0.8	0.9	0.6	1.6	1.6	1.2	0.9	0.7	0.5	0.5	Asie méridionale
South-Eastern Asia	0.9	0.9	0.7	0.5	0.8	1.1	1.1	1.0	1.1	1.2	Asie du Sud-Est
Western Asia	1.5	2.7	1.6	2.0	2.2	2.5	0.3	0.4	0.1	0.1	Asie occidentale
Oceania	0.0	0.0	0.0	0.0	0.0	0.0	0.0	0.0	0.0	0.0	Océanie

525 Radioactive and associated materials

Trade by commodity
Imports by principal countries or areas
Value in million US dollars

Commerce par produit
Importations selon les principaux pays ou zones
Valeur en millions de dollars EU

Country or area	2003	2004	2005	2006	2007	Pays ou zone
World	9265.6	9955.7	11230.1	13622.1	17775.2	Monde
Developed Economies	8246.5	9098.8	10168.6	12235.6	16012.5	Economies Développés
- Asia-Pacific	1311.4	1438.6	1212.6	1235.0	1574.7	- Asie-Pacifique
- Europe	3779.1	4689.2	5331.5	6573.4	8465.5	- Europe
- North America	3156.0	2971.0	3624.5	4427.2	5972.3	- Amérique du Nord
South-Eastern Europe	2.3	4.2	3.9	3.7	4.5	Europe du Sud-Est
Commonwealth of Independent States	376.6	105.4	286.4	341.1	344.1	Communauté d'Etats indépendants
- Asia	169.8	9.6	78.1	87.3	88.4	- Asie
- Europe	206.8	95.9	208.3	253.9	255.7	- Europe
Northern Africa	4.1	4.5	4.9	4.5	5.4	Afrique septentrionale
Sub-Saharan Africa	8.1	9.7	18.0	22.9	23.7	Afrique subsaharienne
Latin America & the Caribbean	59.7	86.6	81.8	121.6	86.7	Amérique latine et Caraïbes
- Caribbean	2.2	2.1	2.3	2.3	2.7	- Caraïbes
- Latin America	57.5	84.5	79.6	119.3	84.0	- Amérique latine
Eastern Asia	460.3	556.9	505.2	696.2	918.5	Asie orientale
Southern Asia	5.7	6.9	10.0	7.7	8.2	Asie méridionale
South-Eastern Asia	72.5	52.7	94.3	157.3	338.4	Asie du Sud-Est
Western Asia	29.6	30.0	56.8	30.9	33.2	Asie occidentale
Oceania	0.1	0.1	0.2	0.4	0.1	Océanie
United States	2991.4	2735.2	3281.9	4022.3	5412.9	Etats-Unis d'Amérique
France-Monaco	1119.9	1268.3	1557.4	1744.2	2245.8	France-Monaco
Japan	1300.5	1426.1	1194.8	1220.1	1550.0	Japon
Germany	609.0	577.5	767.9	1387.6	1777.8	Allemagne
Belgium	868.7	792.4	868.5	876.1	815.6	Belgique
United Kingdom	350.5	773.1	732.6	1075.3	789.4	Royaume-Uni
Netherlands	255.7	356.8	491.8	672.6	1346.4	Pays-Bas
Sweden	254.4	458.2	461.3	344.7	907.4	Suède
Korea, Republic of	326.6	397.0	341.5	392.0	543.1	République de Corée
Canada	164.5	235.8	342.0	404.9	559.4	Canada
Spain	180.7	316.5	298.0	313.5	387.0	Espagne
Russian Federation	206.4	95.4	204.9	251.7	252.7	Fédération de Russie
China	94.6	123.8	130.0	271.6	338.8	Chine
Thailand	8.1	7.9	50.9	106.6	266.8	Thaïlande
Kazakhstan	163.1	0.3	77.5	86.0	86.0	Kazakhstan
Italy	42.8	45.5	48.0	53.3	59.1	Italie
Brazil	26.9	50.8	49.3	66.0	46.7	Brésil
Austria	26.2	26.8	25.3	28.0	45.0	Autriche
Malaysia	37.0	29.0	23.7	25.4	30.9	Malaisie
Singapore	22.3	8.9	11.5	19.0	31.2	Singapour
Switzerland-Liechtenstein	15.7	16.3	17.9	18.1	19.6	Suisse-Liechtenstein
Mexico	16.7	17.3	15.1	16.1	14.8	Mexique
Argentina	8.8	10.3	8.5	30.0	11.7	Argentine
Australia	8.6	10.3	15.2	11.9	20.9	Australie
South Africa	6.1	6.3	8.5	14.1	11.6	Afrique du Sud

Value as percentages of World total

Regions of the world	1998	1999	2000	2001	2002	2003	2004	2005	2006	2007	Régions du monde
World	100.0	100.0	100.0	100.0	100.0	100.0	100.0	100.0	100.0	100.0	Monde
Developed Economies	88.5	89.1	88.2	83.5	86.3	89.0	91.4	90.5	89.8	90.1	Economies Développés
- Asia-Pacific	18.8	16.6	20.8	14.2	15.3	14.2	14.4	10.8	9.1	8.9	- Asie-Pacifique
- Europe	42.5	41.4	34.0	35.5	38.2	40.8	47.1	47.5	48.3	47.6	- Europe
- North America	27.3	31.1	33.5	33.8	32.8	34.1	29.8	32.3	32.5	33.6	- Amérique du Nord
South-Eastern Europe	1.8	0.0	0.0	0.0	0.0	0.0	0.0	0.0	0.0	0.0	Europe du Sud-Est
Commonwealth of Independent States	1.2	1.1	3.7	6.7	4.0	4.1	1.1	2.6	2.5	1.9	Communauté d'Etats indépendants
- Asia	0.9	0.5	0.0	2.1	0.0	1.8	0.1	0.7	0.6	0.5	- Asie
- Europe	0.3	0.6	3.7	4.6	4.0	2.2	1.0	1.9	1.9	1.4	- Europe
Northern Africa	0.1	0.1	0.0	0.0	0.1	0.0	0.0	0.0	0.0	0.0	Afrique septentrionale
Sub-Saharan Africa	0.3	0.2	0.2	0.3	0.2	0.1	0.1	0.2	0.2	0.1	Afrique subsaharienne
Latin America & the Caribbean	0.8	0.8	0.7	0.9	0.9	0.6	0.9	0.7	0.9	0.5	Amérique latine et Caraïbes
- Caribbean	0.0	0.0	0.0	0.0	0.0	0.0	0.0	0.0	0.0	0.0	- Caraïbes
- Latin America	0.8	0.8	0.7	0.8	0.9	0.6	0.8	0.7	0.9	0.5	- Amérique latine
Eastern Asia	6.6	7.6	5.9	7.1	7.1	5.0	5.6	4.5	5.1	5.2	Asie orientale
Southern Asia	0.1	0.1	0.1	0.1	0.1	0.1	0.1	0.1	0.1	0.0	Asie méridionale
South-Eastern Asia	0.4	0.6	0.7	0.8	1.2	0.8	0.5	0.8	1.2	1.9	Asie du Sud-Est
Western Asia	0.3	0.4	0.3	0.5	0.3	0.3	0.3	0.5	0.2	0.2	Asie occidentale
Oceania	0.0	0.0	0.0	0.0	0.0	0.0	0.0	0.0	0.0	0.0	Océanie

Trade by commodity
Exports by principal countries or areas
Value in million US dollars

Commerce par produit
Exportations selon les principaux pays ou zones
Valeur en millions de dollars EU

Country or area	2003	2004	2005	2006	2007	Pays ou zone
World	5982.2	6250.2	7637.1	9662.3	15267.7	Monde
Developed Economies	5229.5	5484.2	6342.0	7895.4	12429.5	Economies Développés
- Asia-Pacific	171.5	92.0	144.1	277.9	386.3	- Asie-Pacifique
- Europe	2832.2	2997.9	3123.3	3813.1	5773.2	- Europe
- North America	2225.8	2394.4	3074.5	3804.4	6270.0	- Amérique du Nord
South-Eastern Europe	0.1	0.3	0.3	0.2	0.6	Europe du Sud-Est
Commonwealth of Independent States	275.2	196.4	545.0	995.0	1688.6	Communauté d'Etats indépendants
- Asia	180.1	110.4	414.4	860.3	1495.5	- Asie
- Europe	95.1	86.0	130.7	134.8	193.1	- Europe
Northern Africa	0.3	0.2	0.1	0.2	0.1	Afrique septentrionale
Sub-Saharan Africa	182.4	232.5	419.3	371.4	621.3	Afrique subsaharienne
Latin America & the Caribbean	3.3	5.1	10.2	8.1	7.1	Amérique latine et Caraïbes
- Caribbean	0.3	0.1	0.0	0.0	0.0	- Caraïbes
- Latin America	3.1	5.0	10.2	8.1	7.1	- Amérique latine
Eastern Asia	249.7	297.3	283.3	351.3	477.5	Asie orientale
Southern Asia	1.9	0.6	2.2	1.8	0.9	Asie méridionale
South-Eastern Asia	20.7	14.6	11.3	17.5	27.2	Asie du Sud-Est
Western Asia	19.0	18.9	23.4	21.3	14.7	Asie occidentale
Oceania	0.0	0.0	0.0	0.0	0.0	Océanie
France-Monaco	1642.5	1547.8	1611.8	1738.1	2874.3	France-Monaco
United States	1605.7	1667.6	1608.7	1867.2	2456.1	Etats-Unis d'Amérique
Canada	620.1	726.7	1465.8	1937.2	3813.9	Canada
Netherlands	471.3	589.2	713.3	955.8	1340.4	Pays-Bas
Germany	326.5	470.3	375.2	738.4	1066.0	Allemagne
Kazakhstan	104.3	1.7	255.0	574.3	861.3	Kazakhstan
China	242.4	286.7	277.4	344.6	464.3	Chine
Uzbekistan	e63.4	e93.1	e155.6	e265.1	e626.6	Ouzbékistan
Japan	168.7	88.3	140.4	272.6	376.5	Japon
Niger	e139.9	e126.3	e196.6	e182.5	e401.2	Niger
United Kingdom	146.5	141.3	136.2	117.1	110.7	Royaume-Uni
Belgium	92.7	107.6	157.9	124.1	140.6	Belgique
Russian Federation	94.8	85.9	80.7	70.2	98.4	Fédération de Russie
South Africa	42.4	52.3	76.5	101.2	143.2	Afrique du Sud
Namibia	0.0	53.6	146.1	87.6	68.7	Namibie
Sweden	26.4	56.0	7.0	32.9	89.7	Suède
Ukraine	0.3	0.1	50.0	64.6	94.7	Ukraine
Czech Republic	31.8	24.6	55.8	37.2	41.0	République tchèque
Austria	18.9	20.4	26.5	26.0	47.8	Autriche
Singapore	17.7	8.0	7.6	12.7	22.8	Singapour
Israel	16.8	13.7	14.2	11.1	8.0	Israël
Switzerland-Liechtenstein	10.1	10.4	11.0	11.6	14.2	Suisse-Liechtenstein
Spain	38.0	2.0	1.8	3.5	5.7	Espagne
Kyrgyzstan	e11.8	14.6		e16.2	e2.9	Kirghizistan
Italy	9.3	8.6	7.6	7.2	7.4	Italie

Value as percentages of World total

Valeur en pourcentage du total mondial

Regions of the world	1998	1999	2000	2001	2002	2003	2004	2005	2006	2007	Régions du monde
World	100.0	100.0	100.0	100.0	100.0	100.0	100.0	100.0	100.0	100.0	Monde
Developed Economies	83.3	84.8	67.3	85.0	90.2	87.4	87.7	83.0	81.7	81.4	Economies Développés
- Asia-Pacific	0.6	1.2	1.1	1.1	1.1	2.9	1.5	1.9	2.9	2.5	- Asie-Pacifique
- Europe	44.6	49.2	33.4	41.8	45.2	47.3	48.0	40.9	39.5	37.8	- Europe
- North America	38.2	34.4	32.8	42.2	43.9	37.2	38.3	40.3	39.4	41.1	- Amérique du Nord
South-Eastern Europe	0.0	0.0	0.0	0.1	0.0	0.0	0.0	0.0	0.0	0.0	Europe du Sud-Est
Commonwealth of Independent States	7.0	6.7	27.3	8.0	3.0	4.6	3.1	7.1	10.3	11.1	Communauté d'Etats indépendants
- Asia	3.3	3.1	0.5	4.6	0.6	3.0	1.8	5.4	8.9	9.8	- Asie
- Europe	3.7	3.7	26.7	3.4	2.4	1.6	1.4	1.7	1.4	1.3	- Europe
Northern Africa	0.0	0.0	0.0	0.0	0.0	0.0	0.0	0.0	0.0	0.0	Afrique septentrionale
Sub-Saharan Africa	1.6	1.0	0.6	0.7	0.7	3.0	3.7	5.5	3.8	4.1	Afrique subsaharienne
Latin America & the Caribbean	2.0	1.4	0.3	0.1	0.1	0.1	0.1	0.1	0.1	0.0	Amérique latine et Caraïbes
- Caribbean	0.0	0.0	0.0	0.0	0.0	0.0	0.0	0.0	0.0	0.0	- Caraïbes
- Latin America	2.0	1.4	0.3	0.1	0.1	0.1	0.1	0.1	0.1	0.0	- Amérique latine
Eastern Asia	6.0	5.8	3.9	5.3	5.3	4.2	4.8	3.7	3.6	3.1	Asie orientale
Southern Asia	0.0	0.0	0.1	0.1	0.0	0.0	0.0	0.0	0.0	0.0	Asie méridionale
South-Eastern Asia	0.1	0.2	0.4	0.4	0.4	0.3	0.2	0.1	0.2	0.2	Asie du Sud-Est
Western Asia	0.1	0.1	0.1	0.3	0.3	0.3	0.3	0.3	0.2	0.1	Asie occidentale
Oceania	0.0		0.0	0.0	0.0	0.0	0.0	0.0	0.0	0.0	Océanie

531 Synthetic organic colouring matter and preparations based thereon

Trade by commodity

Imports by principal countries or areas

Value in million US dollars

Commerce par produit

Importations selon les principaux pays ou zones

Valeur en millions de dollars EU

Country or area	2003	2004	2005	2006	2007	Pays ou zone
World	9857.4	10515.3	10344.2	11048.5	11936.0	Monde
Developed Economies	5926.7	6208.6	5994.6	6325.0	6772.7	Economies Développés
- Asia-Pacific	454.4	482.7	502.5	504.3	526.7	- Asie-Pacifique
- Europe	4525.6	4700.8	4445.6	4794.9	5239.6	- Europe
- North America	946.7	1025.2	1046.5	1025.8	1006.5	- Amérique du Nord
South-Eastern Europe	50.4	71.6	73.0	70.3	88.2	Europe du Sud-Est
Commonwealth of Independent States	93.2	95.1	93.6	96.3	119.6	Communauté d'Etats indépendants
- Asia	12.3	10.9	11.5	11.8	16.0	- Asie
- Europe	80.8	84.2	82.2	84.4	103.6	- Europe
Northern Africa	70.3	72.7	75.9	77.5	96.9	Afrique septentrionale
Sub-Saharan Africa	186.1	191.8	177.9	197.1	242.6	Afrique subsaharienne
Latin America & the Caribbean	666.5	761.8	766.5	829.6	913.1	Amérique latine et Caraïbes
- Caribbean	8.6	9.6	10.7	13.0	17.7	- Caraïbes
- Latin America	658.0	752.2	755.8	816.6	895.4	- Amérique latine
Eastern Asia	1478.5	1563.9	1517.7	1621.8	1701.1	Asie orientale
Southern Asia	290.8	313.7	370.0	393.0	441.2	Asie méridionale
South-Eastern Asia	682.2	762.2	778.1	901.6	929.0	Asie du Sud-Est
Western Asia	411.2	472.1	494.7	534.1	629.4	Asie occidentale
Oceania	1.5	1.9	2.2	2.3	2.1	Océanie
Germany	859.3	877.4	857.7	980.5	1150.9	Allemagne
United States	752.5	813.0	837.3	837.1	824.3	Etats-Unis d'Amérique
Italy	588.5	607.7	578.4	584.5	648.4	Italie
China	490.1	542.2	581.2	658.1	701.6	Chine
France-Monaco	521.8	516.6	512.3	546.2	578.0	France-Monaco
Switzerland-Liechtenstein	422.9	432.1	394.1	401.8	383.7	Suisse-Liechtenstein
Japan	353.0	382.9	407.4	409.1	435.7	Japon
United Kingdom	378.5	400.6	357.9	366.3	361.8	Royaume-Uni
Belgium	324.5	360.7	340.3	401.8	409.5	Belgique
Turkey	323.9	350.3	353.2	368.8	429.0	Turquie
China, Hong Kong SAR	383.4	374.4	329.5	330.6	310.9	Chine - RAS de Hong-Kong
Korea, Republic of	282.8	319.8	331.5	365.3	427.7	République de Corée
Netherlands	269.6	294.2	301.8	345.6	398.3	Pays-Bas
Singapore	217.7	224.9	243.2	320.4	270.2	Singapour
Spain	233.3	234.7	215.3	240.6	273.1	Espagne
Mexico	212.9	233.7	232.0	233.4	251.7	Mexique
Canada	194.1	212.0	209.1	187.0	181.9	Canada
Indonesia	155.7	190.6	184.8	205.9	231.2	Indonésie
Brazil	133.6	166.1	160.5	190.7	240.0	Brésil
Thailand	155.4	163.3	159.2	164.0	186.4	Thaïlande
Austria	118.6	117.3	104.1	118.1	134.7	Autriche
India	77.9	85.1	126.5	144.6	155.8	Inde
Sweden	113.9	116.0	108.0	104.7	112.4	Suède
Pakistan	82.0	93.5	108.0	123.2	143.6	Pakistan
Chile	105.0	111.8	106.7	121.7	99.5	Chili

Value as percentages of World total

Valeur en pourcentage du total mondial

Regions of the world	1998	1999	2000	2001	2002	2003	2004	2005	2006	2007	Régions du monde
World	100.0	100.0	100.0	100.0	100.0	100.0	100.0	100.0	100.0	100.0	Monde
Developed Economies	66.4	64.3	62.0	60.0	58.9	60.1	59.0	58.0	57.2	56.7	Economies Développés
- Asia-Pacific	4.2	4.5	4.5	4.3	4.3	4.6	4.6	4.9	4.6	4.4	- Asie-Pacifique
- Europe	50.7	47.8	46.1	45.6	44.4	45.9	44.7	43.0	43.4	43.9	- Europe
- North America	11.5	12.1	11.4	10.2	10.2	9.6	9.7	10.1	9.3	8.4	- Amérique du Nord
South-Eastern Europe	0.4	0.3	0.4	0.4	0.5	0.5	0.7	0.7	0.6	0.7	Europe du Sud-Est
Commonwealth of Independent States	0.6	0.6	0.7	0.8	0.9	0.9	0.9	0.9	0.9	1.0	Communauté d'Etats indépendants
- Asia	0.1	0.1	0.1	0.1	0.1	0.1	0.1	0.1	0.1	0.1	- Asie
- Europe	0.5	0.5	0.6	0.7	0.8	0.8	0.8	0.8	0.8	0.9	- Europe
Northern Africa	0.9	0.8	0.6	0.7	0.7	0.7	0.7	0.7	0.7	0.8	Afrique septentrionale
Sub-Saharan Africa	2.0	1.8	1.8	3.2	2.1	1.9	1.8	1.7	1.8	2.0	Afrique subsaharienne
Latin America & the Caribbean	6.8	6.8	7.5	7.8	7.3	6.8	7.2	7.4	7.5	7.7	Amérique latine et Caraïbes
- Caribbean	0.1	0.1	0.1	0.1	0.1	0.1	0.1	0.1	0.1	0.1	- Caraïbes
- Latin America	6.7	6.7	7.4	7.7	7.2	6.7	7.2	7.3	7.4	7.5	- Amérique latine
Eastern Asia	11.7	13.4	14.0	14.2	15.6	15.0	14.9	14.7	14.7	14.3	Asie orientale
Southern Asia	2.3	2.3	2.2	2.6	2.8	2.9	3.0	3.6	3.6	3.7	Asie méridionale
South-Eastern Asia	5.0	6.1	7.4	7.6	7.4	6.9	7.2	7.5	8.2	7.8	Asie du Sud-Est
Western Asia	3.9	3.6	3.4	3.2	3.9	4.2	4.5	4.8	4.8	5.3	Asie occidentale
Oceania	0.0	0.0	0.0	0.0	0.0	0.0	0.0	0.0	0.0	0.0	Océanie

Matières colorantes organiques synthétiques et préparations a base de ces produits 531

Trade by commodity
Exports by principal countries or areas
Value in million US dollars

Commerce par produit
Exportations selon les principaux pays ou zones
Valeur en millions de dollars EU

Country or area	2003	2004	2005	2006	2007	Pays ou zone
World	9842.1	10358.7	10385.1	11065.8	11995.5	Monde
Developed Economies	6801.2	7145.3	6859.4	7069.6	7313.0	Economies Développés
- Asia-Pacific	397.6	423.6	384.0	381.6	408.9	- Asie-Pacifique
- Europe	5816.6	6030.7	5766.4	5962.3	6174.4	- Europe
- North America	586.9	691.0	709.1	725.8	729.7	- Amérique du Nord
South-Eastern Europe	4.5	6.7	8.3	7.7	12.6	Europe du Sud-Est
Commonwealth of Independent States	51.5	9.9	7.5	8.0	11.8	Communauté d'Etats indépendants
- Asia	0.2	0.1	0.2	0.1	2.0	- Asie
- Europe	51.4	9.8	7.3	8.0	9.8	- Europe
Northern Africa	1.1	0.8	1.0	1.3	1.9	Afrique septentrionale
Sub-Saharan Africa	13.6	16.4	16.1	16.6	17.2	Afrique subsaharienne
Latin America & the Caribbean	182.7	195.0	201.2	243.6	246.1	Amérique latine et Caraïbes
- Caribbean	0.3	0.1	0.1	0.1	0.1	- Caraïbes
- Latin America	182.4	194.9	201.1	243.5	246.0	- Amérique latine
Eastern Asia	1761.4	2011.2	2163.6	2389.5	2863.7	Asie orientale
Southern Asia	553.4	494.7	670.8	827.7	979.8	Asie méridionale
South-Eastern Asia	426.5	431.2	408.6	462.9	512.8	Asie du Sud-Est
Western Asia	46.3	47.4	48.2	38.7	36.5	Asie occidentale
Oceania	0.1	0.0	0.4	0.1	0.0	Océanie
Germany	2027.0	2079.7	1978.4	1995.2	2097.9	Allemagne
China	925.0	1125.6	1303.6	1498.1	1925.6	Chine
Switzerland-Liechtenstein	1214.8	1232.5	1129.5	1112.0	1088.6	Suisse-Liechtenstein
India	549.1	488.3	664.3	797.8	940.4	Inde
United States	565.1	666.2	677.0	690.1	697.5	Etats-Unis d'Amérique
United Kingdom	496.2	519.4	521.7	483.0	469.9	Royaume-Uni
Belgium	404.5	430.4	407.7	483.2	504.0	Belgique
France-Monaco	409.6	408.4	438.3	462.6	458.5	France-Monaco
Netherlands	379.0	367.2	361.8	423.7	445.7	Pays-Bas
Japan	380.4	400.8	358.3	360.4	386.9	Japon
China, Hong Kong SAR	333.0	346.3	318.5	329.2	313.9	Chine - RAS de Hong-Kong
Korea, Republic of	251.0	276.3	286.9	297.4	336.5	République de Corée
Singapore	259.5	261.8	230.1	242.1	268.3	Singapour
Italy	203.8	244.3	214.0	239.1	290.7	Italie
Spain	200.5	225.7	223.3	258.8	266.1	Espagne
Denmark	208.5	218.0	210.6	200.4	207.5	Danemark
Indonesia	99.7	92.9	95.4	126.4	128.3	Indonésie
Mexico	75.2	87.8	84.5	97.8	103.7	Mexique
Thailand	55.4	63.7	70.9	81.2	94.2	Thaïlande
Brazil	56.7	58.9	61.0	79.8	76.2	Brésil
Austria	55.8	48.6	37.4	41.0	53.0	Autriche
Sweden	44.6	45.9	38.3	44.2	50.9	Suède
Czech Republic	41.3	46.1	36.5	39.1	37.9	République tchèque
Greece	30.4	36.5	39.3	43.1	48.1	Grèce
Hungary	18.2	35.7	47.2	47.5	44.5	Hongrie

Value as percentages of World total

Valeur en pourcentage du total mondial

Regions of the world	1998	1999	2000	2001	2002	2003	2004	2005	2006	2007	Régions du monde
World	100.0	100.0	100.0	100.0	100.0	100.0	100.0	100.0	100.0	100.0	Monde
Developed Economies	76.0	73.9	70.3	69.4	68.8	69.1	69.0	66.1	63.9	61.0	Economies Développés
- Asia-Pacific	5.8	5.9	5.5	4.1	3.6	4.0	4.1	3.7	3.4	3.4	- Asie-Pacifique
- Europe	62.7	60.3	56.4	57.6	58.5	59.1	58.2	55.5	53.9	51.5	- Europe
- North America	7.5	7.7	8.4	7.7	6.7	6.0	6.7	6.8	6.6	6.1	- Amérique du Nord
South-Eastern Europe	0.0	0.0	0.0	0.0	0.0	0.0	0.1	0.1	0.1	0.1	Europe du Sud-Est
Commonwealth of Independent States	0.2	0.9	0.7	0.6	0.2	0.5	0.1	0.1	0.1	0.1	Communauté d'Etats indépendants
- Asia	0.0	0.0	0.0	0.0	0.0	0.0	0.0	0.0	0.0	0.0	- Asie
- Europe	0.2	0.9	0.7	0.6	0.2	0.5	0.1	0.1	0.1	0.1	- Europe
Northern Africa	0.0	0.0	0.0	0.0	0.0	0.0	0.0	0.0	0.0	0.0	Afrique septentrionale
Sub-Saharan Africa	0.1	0.1	0.1	0.2	0.1	0.1	0.2	0.2	0.1	0.1	Afrique subsaharienne
Latin America & the Caribbean	2.3	2.1	2.2	2.3	1.9	1.9	1.9	1.9	2.2	2.1	Amérique latine et Caraïbes
- Caribbean	0.0	0.0	0.0	0.0	0.0	0.0	0.0	0.0	0.0	0.0	- Caraïbes
- Latin America	2.2	2.1	2.2	2.3	1.9	1.9	1.9	1.9	2.2	2.1	- Amérique latine
Eastern Asia	15.2	15.8	17.8	18.5	18.9	17.9	19.4	20.8	21.6	23.9	Asie orientale
Southern Asia	3.7	4.5	5.3	5.1	5.5	5.6	4.8	6.5	7.5	8.2	Asie méridionale
South-Eastern Asia	2.3	2.5	3.3	3.6	4.1	4.3	4.2	3.9	4.2	4.3	Asie du Sud-Est
Western Asia	0.2	0.2	0.2	0.3	0.4	0.5	0.5	0.5	0.4	0.3	Asie occidentale
Oceania	0.0	0.0	0.0	0.0	0.0	0.0	0.0	0.0	0.0	0.0	Océanie

532 Dyeing and tanning extracts, and synthetic tanning materials

Trade by commodity
Imports by principal countries or areas
Value in million US dollars

Commerce par produit
Importations selon les principaux pays ou zones
Valeur en millions de dollars EU

Country or area	2003	2004	2005	2006	2007	Pays ou zone
World	1284.0	1389.5	1512.4	1600.3	1731.3	Monde
Developed Economies	600.7	637.6	693.0	739.0	803.6	Economies Développés
- Asia-Pacific	91.2	100.0	109.4	124.9	124.0	- Asie-Pacifique
- Europe	428.9	451.7	488.1	517.1	569.2	- Europe
- North America	80.6	85.9	95.5	97.0	110.3	- Amérique du Nord
South-Eastern Europe	10.1	13.1	13.1	13.1	13.0	Europe du Sud-Est
Commonwealth of Independent States	16.2	18.6	23.1	27.9	29.3	Communauté d'Etats indépendants
- Asia	0.6	0.9	1.2	1.6	2.4	- Asie
- Europe	15.6	17.7	21.9	26.3	26.9	- Europe
Northern Africa	10.6	10.8	12.2	12.6	14.8	Afrique septentrionale
Sub-Saharan Africa	27.2	29.9	50.6	51.8	72.7	Afrique subsaharienne
Latin America & the Caribbean	137.4	142.7	162.1	198.6	215.7	Amérique latine et Caraïbes
- Caribbean	11.7	10.3	12.2	14.2	13.6	- Caraïbes
- Latin America	125.7	132.3	149.9	184.4	202.1	- Amérique latine
Eastern Asia	296.8	340.0	351.6	344.8	338.8	Asie orientale
Southern Asia	84.8	90.2	94.9	100.4	112.0	Asie méridionale
South-Eastern Asia	50.1	50.1	52.9	54.6	67.1	Asie du Sud-Est
Western Asia	49.6	55.5	57.9	56.6	63.8	Asie occidentale
Oceania	0.5	1.0	0.8	1.1	0.3	Océanie
China	118.7	153.7	168.4	185.0	196.7	Chine
Italy	99.5	92.1	101.9	114.0	124.3	Italie
Japan	71.5	77.5	85.8	102.2	101.3	Japon
United States	73.5	79.7	84.6	85.7	95.9	Etats-Unis d'Amérique
China, Hong Kong SAR	90.8	96.0	88.9	67.3	56.4	Chine - RAS de Hong-Kong
Germany	48.9	62.9	69.0	77.4	78.4	Allemagne
India	48.5	49.0	55.6	58.8	66.2	Inde
Mexico	51.1	44.2	43.1	64.7	72.7	Mexique
Spain	43.1	41.5	47.1	50.4	61.5	Espagne
France-Monaco	42.6	46.9	49.0	47.9	57.1	France-Monaco
Korea, Republic of	46.9	46.8	48.5	47.6	45.5	République de Corée
United Kingdom	29.9	30.9	33.0	40.5	44.4	Royaume-Uni
Switzerland-Liechtenstein	33.8	27.4	35.2	35.7	29.4	Suisse-Liechtenstein
Brazil	22.1	24.7	27.9	34.7	45.3	Brésil
Turkey	27.9	31.7	29.7	28.9	32.5	Turquie
Netherlands	20.3	27.5	29.8	29.3	38.8	Pays-Bas
Pakistan	18.5	22.1	24.7	27.8	29.6	Pakistan
Nigeria	7.8	e7.5	e27.6	29.7	e48.7	Nigéria
Denmark	19.4	23.6	20.8	21.3	26.1	Danemark
Argentina	16.3	20.1	21.0	22.2	24.1	Argentine
Belgium	16.9	18.3	22.2	17.1	18.6	Belgique
Thailand	14.5	15.9	16.0	16.7	21.3	Thaïlande
Poland	14.4	17.3	15.6	16.4	19.1	Pologne
Australia	14.4	16.2	17.4	16.3	15.1	Australie
Austria	12.4	13.2	16.0	16.9	14.9	Autriche

Value as percentages of World total

Valeur en pourcentage du total mondial

Regions of the world	1998	1999	2000	2001	2002	2003	2004	2005	2006	2007	Régions du monde
World	100.0	100.0	100.0	100.0	100.0	100.0	100.0	100.0	100.0	100.0	Monde
Developed Economies	52.6	50.9	49.6	46.9	46.8	46.8	45.9	45.8	46.2	46.4	Economies Développés
- Asia-Pacific	7.7	8.0	7.9	7.6	7.3	7.1	7.2	7.2	7.8	7.2	- Asie-Pacifique
- Europe	37.0	34.1	33.3	32.1	33.5	33.4	32.5	32.3	32.3	32.9	- Europe
- North America	7.9	8.7	8.5	7.2	6.0	6.3	6.2	6.3	6.1	6.4	- Amérique du Nord
South-Eastern Europe	0.7	0.7	0.6	0.7	0.8	0.8	0.9	0.9	0.8	0.8	Europe du Sud-Est
Commonwealth of Independent States	1.4	1.3	1.1	1.1	1.3	1.3	1.3	1.5	1.7	1.7	Communauté d'Etats indépendants
- Asia	0.1	0.1	0.1	0.1	0.1	0.0	0.1	0.1	0.1	0.1	- Asie
- Europe	1.3	1.3	1.1	1.0	1.2	1.2	1.3	1.4	1.6	1.6	- Europe
Northern Africa	1.2	1.2	1.3	0.9	1.1	0.8	0.8	0.8	0.8	0.9	Afrique septentrionale
Sub-Saharan Africa	2.0	2.0	2.2	5.4	2.1	2.1	2.2	3.3	3.2	4.2	Afrique subsaharienne
Latin America & the Caribbean	11.3	11.6	10.7	10.6	10.0	10.7	10.3	10.7	12.4	12.5	Amérique latine et Caraïbes
- Caribbean	0.3	0.3	0.8	0.9	0.8	0.9	0.7	0.8	0.9	0.8	- Caraïbes
- Latin America	11.0	11.3	10.0	9.7	9.2	9.8	9.5	9.9	11.5	11.7	- Amérique latine
Eastern Asia	17.8	19.7	20.8	21.1	24.4	23.1	24.5	23.3	21.5	19.6	Asie orientale
Southern Asia	7.1	6.7	7.2	7.3	6.3	6.6	6.5	6.3	6.3	6.5	Asie méridionale
South-Eastern Asia	3.1	3.6	3.7	3.7	4.0	3.9	3.6	3.5	3.4	3.9	Asie du Sud-Est
Western Asia	2.9	2.3	2.6	2.2	3.2	3.9	4.0	3.8	3.5	3.7	Asie occidentale
Oceania	0.0	0.0	0.0	0.0	0.0	0.0	0.1	0.1	0.1	0.0	Océanie

Extraits utilises pour la teinture et le tannage et produits tannants synthétiques 532

Trade by commodity

Exports by principal countries or areas

Value in million US dollars

Commerce par produit

Exportations selon les principaux pays ou zones

Valeur en millions de dollars EU

Country or area	2003	2004	2005	2006	2007	Pays ou zone
World	1130.6	1313.8	1413.1	1430.6	1536.8	Monde
Developed Economies	707.9	836.8	858.1	873.1	970.8	Economies Développés
- Asia-Pacific	19.9	25.7	23.3	19.6	29.0	- Asie-Pacifique
- Europe	623.8	727.2	722.0	748.7	835.4	- Europe
- North America	64.2	83.9	112.8	104.7	106.4	- Amérique du Nord
South-Eastern Europe	0.4	0.5	1.1	0.7	0.3	Europe du Sud-Est
Commonwealth of Independent States	1.7	2.4	2.5	2.1	2.1	Communauté d'Etats indépendants
- Asia	0.1	0.1	0.1	0.1	0.0	- Asie
- Europe	1.6	2.3	2.4	2.0	2.1	- Europe
Northern Africa	0.1	0.3	0.7	0.4	0.4	Afrique septentrionale
Sub-Saharan Africa	52.6	60.5	67.9	78.6	83.8	Afrique subsaharienne
Latin America & the Caribbean	139.8	151.2	156.5	178.1	196.6	Amérique latine et Caraïbes
- Caribbean	0.2	0.2	0.6	0.6	0.5	- Caraïbes
- Latin America	139.6	151.0	155.9	177.5	196.1	- Amérique latine
Eastern Asia	158.3	175.5	196.2	192.4	159.2	Asie orientale
Southern Asia	26.4	30.4	34.2	46.1	49.8	Asie méridionale
South-Eastern Asia	22.7	30.9	55.2	53.3	64.0	Asie du Sud-Est
Western Asia	20.6	25.5	40.8	5.9	9.7	Asie occidentale
Oceania	0.1	0.0	0.0	0.0	0.0	Océanie
Italy	138.8	169.6	158.6	173.8	192.9	Italie
Germany	128.3	138.9	146.2	159.2	163.7	Allemagne
France-Monaco	90.4	108.3	100.4	101.0	113.7	France-Monaco
Spain	81.8	90.5	96.6	97.7	105.9	Espagne
United States	60.8	80.8	110.4	102.3	104.6	Etats-Unis d'Amérique
China, Hong Kong SAR	87.9	95.0	86.8	68.3	53.4	Chine - RAS de Hong-Kong
China	51.8	58.6	86.2	102.1	85.5	Chine
United Kingdom	50.3	59.5	60.6	63.1	80.4	Royaume-Uni
Netherlands	46.0	67.2	64.2	60.5	71.8	Pays-Bas
Argentina	46.2	50.6	55.9	70.8	77.6	Argentine
South Africa	45.6	51.2	60.5	68.8	70.1	Afrique du Sud
Brazil	30.6	35.2	39.4	44.2	51.1	Brésil
Denmark	29.3	32.9	35.4	42.3	44.6	Danemark
Peru	31.1	36.9	36.0	34.5	39.8	Pérou
India	23.6	26.8	29.7	37.3	34.9	Inde
Singapore	13.1	13.0	28.7	29.3	31.8	Singapour
Japan	18.3	20.7	19.2	18.2	20.0	Japon
Mexico	19.9	16.7	15.0	15.4	16.3	Mexique
Indonesia	5.8	13.1	17.5	16.6	23.6	Indonésie
Turkey	17.0	21.7	33.4	1.6	2.6	Turquie
Switzerland-Liechtenstein	12.3	15.5	17.3	15.0	13.4	Suisse-Liechtenstein
Ireland	20.2	16.4	8.9	5.8	13.3	Irlande
Slovenia	8.5	10.8	11.5	11.4	14.5	Slovénie
Korea, Republic of	10.2	11.6	12.0	10.6	10.3	République de Corée
Belgium	9.4	8.7	12.1	8.3	9.4	Belgique

Value as percentages of World total

Valeur en pourcentage du total mondial

Regions of the world	1998	1999	2000	2001	2002	2003	2004	2005	2006	2007	Régions du monde
World	100.0	100.0	100.0	100.0	100.0	100.0	100.0	100.0	100.0	100.0	Monde
Developed Economies	65.5	63.1	63.2	62.8	63.2	62.6	63.7	60.7	61.0	63.2	Economies Développés
- Asia-Pacific	3.1	2.2	2.3	2.0	2.1	1.8	2.0	1.6	1.4	1.9	- Asie-Pacifique
- Europe	57.9	57.1	56.3	55.6	55.9	55.2	55.3	51.1	52.3	54.4	- Europe
- North America	4.5	3.9	4.6	5.1	5.2	5.7	6.4	8.0	7.3	6.9	- Amérique du Nord
South-Eastern Europe	0.0	0.0	0.0	0.0	0.1	0.0	0.0	0.1	0.0	0.0	Europe du Sud-Est
Commonwealth of Independent States	0.3	0.2	0.2	0.1	0.5	0.2	0.2	0.2	0.1	0.1	Communauté d'Etats indépendants
- Asia	0.2	0.0	0.0	0.0	0.0	0.0	0.0	0.0	0.0	0.0	- Asie
- Europe	0.2	0.2	0.1	0.1	0.5	0.1	0.2	0.2	0.1	0.1	- Europe
Northern Africa	0.1	0.1	0.2	0.1	0.0	0.0	0.0	0.0	0.0	0.0	Afrique septentrionale
Sub-Saharan Africa	4.9	6.2	5.5	5.4	5.5	4.7	4.6	4.8	5.5	5.5	Afrique subsaharienne
Latin America & the Caribbean	17.3	16.2	15.9	15.7	13.4	12.4	11.5	11.1	12.5	12.8	Amérique latine et Caraïbes
- Caribbean	0.0	0.0	0.0	0.0	0.0	0.0	0.0	0.0	0.0	0.0	- Caraïbes
- Latin America	17.3	16.2	15.9	15.7	13.4	12.3	11.5	11.0	12.4	12.8	- Amérique latine
Eastern Asia	6.7	8.5	9.3	10.0	11.4	14.0	13.4	13.9	13.4	10.4	Asie orientale
Southern Asia	1.2	1.4	1.5	1.6	1.7	2.3	2.3	2.4	3.2	3.2	Asie méridionale
South-Eastern Asia	2.2	2.1	2.3	2.4	2.3	2.0	2.3	3.9	3.7	4.2	Asie du Sud-Est
Western Asia	1.7	2.1	2.0	1.9	2.0	1.8	1.9	2.9	0.4	0.6	Asie occidentale
Oceania	0.0	0.0	0.0	0.0	0.0	0.0	0.0	0.0	0.0	0.0	Océanie

533 Pigments, paints, varnishes and related materials

Trade by commodity
Imports by principal countries or areas
Value in million US dollars

Commerce par produit
Importations selon les principaux pays ou zones
Valeur en millions de dollars EU

Country or area	2003	2004	2005	2006	2007	Pays ou zone
World	30042.5	35139.0	38249.6	42222.5	47587.2	Monde
Developed Economies	18284.5	21151.8	22810.5	24924.9	27973.4	Economies Développés
- Asia-Pacific	933.3	1034.2	1084.4	1196.9	1359.9	- Asie-Pacifique
- Europe	14304.5	16870.8	18132.6	19900.0	22678.3	- Europe
- North America	3046.7	3246.7	3593.5	3828.0	3935.2	- Amérique du Nord
South-Eastern Europe	372.5	576.1	668.1	735.0	929.2	Europe du Sud-Est
Commonwealth of Independent States	947.1	1241.3	1465.7	1911.3	2499.5	Communauté d'Etats indépendants
- Asia	138.1	176.7	213.1	276.6	290.1	- Asie
- Europe	809.0	1064.6	1252.6	1634.7	2209.4	- Europe
Northern Africa	311.1	355.0	376.8	409.5	512.6	Afrique septentrionale
Sub-Saharan Africa	471.1	509.3	619.7	932.4	869.3	Afrique subsaharienne
Latin America & the Caribbean	1918.0	2198.3	2613.3	2856.3	3168.0	Amérique latine et Caraïbes
- Caribbean	142.7	173.2	201.6	228.4	253.8	- Caraïbes
- Latin America	1775.3	2025.0	2411.7	2628.0	2914.2	- Amérique latine
Eastern Asia	4256.3	4834.0	5016.3	5638.4	5978.7	Asie orientale
Southern Asia	480.6	582.1	713.2	646.3	731.3	Asie méridionale
South-Eastern Asia	1753.0	2102.8	2173.2	2317.3	2639.0	Asie du Sud-Est
Western Asia	1210.0	1552.0	1753.2	1807.3	2242.2	Asie occidentale
Oceania	38.3	36.4	39.7	43.8	44.0	Océanie
Germany	1828.2	2210.4	2531.6	2897.0	3277.5	Allemagne
China	1996.1	2280.3	2340.8	2682.1	2911.7	Chine
United States	1750.3	1881.9	2172.4	2252.8	2313.2	Etats-Unis d'Amérique
France-Monaco	1655.8	1835.0	1924.3	2094.7	2379.8	France-Monaco
Belgium	1324.7	1604.0	1690.6	1814.1	1725.0	Belgique
United Kingdom	1277.2	1562.8	1612.4	1683.8	1976.7	Royaume-Uni
Italy	1240.1	1451.0	1525.5	1642.2	1840.0	Italie
Canada	1288.2	1354.6	1411.5	1564.3	1609.1	Canada
Spain	978.4	1180.9	1251.7	1315.4	1560.1	Espagne
Korea, Republic of	832.5	944.3	1067.8	1217.6	1246.5	République de Corée
Poland	787.0	948.4	1014.4	1128.7	1406.1	Pologne
Netherlands	784.3	917.5	1019.0	1137.5	1293.9	Pays-Bas
Russian Federation	552.0	706.0	889.4	1199.6	1646.0	Fédération de Russie
Mexico	761.8	802.5	1019.4	1062.4	1121.3	Mexique
China, Hong Kong SAR	779.7	843.8	820.8	855.1	875.4	Chine - RAS de Hong-Kong
Austria	542.1	589.5	692.5	738.8	857.0	Autriche
Turkey	495.6	644.9	738.3	691.9	840.2	Turquie
Japan	541.6	593.8	608.9	674.0	750.2	Japon
Thailand	529.3	610.5	617.7	628.9	717.6	Thaïlande
Switzerland-Liechtenstein	484.5	558.3	586.6	648.4	743.8	Suisse-Liechtenstein
Sweden	426.1	523.9	555.5	611.9	695.1	Suède
Czech Republic	417.8	497.7	529.5	616.9	748.2	République tchèque
Singapore	402.4	443.1	465.3	485.5	555.5	Singapour
Denmark	315.8	372.6	430.9	480.1	545.3	Danemark
Portugal	357.7	400.3	397.7	409.8	474.3	Portugal

Value as percentages of World total

Valeur en pourcentage du total mondial

Regions of the world	1998	1999	2000	2001	2002	2003	2004	2005	2006	2007	Régions du monde
World	100.0	100.0	100.0	100.0	100.0	100.0	100.0	100.0	100.0	100.0	Monde
Developed Economies	64.2	63.4	60.0	60.0	60.0	60.9	60.2	59.6	59.0	58.8	Economies Développés
- Asia-Pacific	3.2	3.4	3.5	3.2	3.0	3.1	2.9	2.8	2.8	2.9	- Asie-Pacifique
- Europe	49.8	47.9	44.4	44.9	46.1	47.6	48.0	47.4	47.1	47.7	- Europe
- North America	11.2	12.1	12.2	11.9	10.9	10.1	9.2	9.4	9.1	8.3	- Amérique du Nord
South-Eastern Europe	0.9	0.9	0.9	1.0	1.2	1.2	1.6	1.7	1.7	2.0	Europe du Sud-Est
Commonwealth of Independent States	2.9	2.2	2.3	2.6	2.8	3.2	3.5	3.8	4.5	5.3	Communauté d'Etats indépendants
- Asia	0.3	0.4	0.4	0.4	0.4	0.5	0.5	0.6	0.7	0.6	- Asie
- Europe	2.5	1.8	1.9	2.2	2.4	2.7	3.0	3.3	3.9	4.6	- Europe
Northern Africa	1.4	1.5	1.0	1.2	1.2	1.0	1.0	1.0	1.0	1.1	Afrique septentrionale
Sub-Saharan Africa	1.4	1.3	1.4	2.7	1.5	1.6	1.4	1.6	2.2	1.8	Afrique subsaharienne
Latin America & the Caribbean	7.6	7.5	7.7	7.5	6.9	6.4	6.3	6.8	6.8	6.7	Amérique latine et Caraïbes
- Caribbean	0.5	0.6	0.7	0.7	0.6	0.5	0.5	0.5	0.5	0.5	- Caraïbes
- Latin America	7.1	6.9	7.0	6.9	6.3	5.9	5.8	6.3	6.2	6.1	- Amérique latine
Eastern Asia	11.1	12.3	13.9	13.3	14.1	14.2	13.8	13.1	13.4	12.6	Asie orientale
Southern Asia	1.2	1.2	1.1	1.3	1.5	1.6	1.7	1.9	1.5	1.5	Asie méridionale
South-Eastern Asia	5.2	6.0	7.6	6.5	6.8	5.8	6.0	5.7	5.5	5.5	Asie du Sud-Est
Western Asia	4.0	3.6	3.8	3.7	4.0	4.0	4.4	4.6	4.3	4.7	Asie occidentale
Oceania	0.1	0.1	0.1	0.1	0.1	0.1	0.1	0.1	0.1	0.1	Océanie

Trade by commodity / Commerce par produit
Exports by principal countries or areas / Exportations selon les principaux pays ou zones
Value in million US dollars / Valeur en millions de dollars EU

Country or area	2003	2004	2005	2006	2007	Pays ou zone
World	30544.0	35914.0	39106.6	43658.6	49234.5	Monde
Developed Economies	25542.9	29971.9	32034.7	35441.3	40597.2	Economies Développés
- Asia-Pacific	2369.7	2958.6	3160.9	3412.4	3635.9	- Asie-Pacifique
- Europe	18888.3	22373.1	23864.5	26491.5	30960.2	- Europe
- North America	4285.0	4640.2	5009.3	5537.4	6001.2	- Amérique du Nord
South-Eastern Europe	38.3	69.9	93.3	90.8	136.0	Europe du Sud-Est
Commonwealth of Independent States	221.5	285.9	350.4	459.9	518.0	Communauté d'Etats indépendants
- Asia	2.3	3.0	9.8	17.4	59.6	- Asie
- Europe	219.2	283.0	340.7	442.4	458.3	- Europe
Northern Africa	30.3	32.4	34.0	41.0	46.4	Afrique septentrionale
Sub-Saharan Africa	142.8	162.4	178.8	414.7	250.7	Afrique subsaharienne
Latin America & the Caribbean	576.5	702.3	872.9	961.8	1099.8	Amérique latine et Caraïbes
- Caribbean	14.7	15.1	18.7	18.3	20.7	- Caraïbes
- Latin America	561.9	687.2	854.2	943.5	1079.1	- Amérique latine
Eastern Asia	2267.3	2617.2	3103.4	3711.0	3998.4	Asie orientale
Southern Asia	179.8	218.4	340.6	333.9	423.3	Asie méridionale
South-Eastern Asia	1121.7	1305.5	1385.7	1296.5	1447.0	Asie du Sud-Est
Western Asia	420.7	545.8	710.2	905.0	715.1	Asie occidentale
Oceania	2.2	2.3	2.5	2.7	2.6	Océanie
Germany	5413.8	6415.2	7003.0	7814.0	8885.5	Allemagne
United States	3656.3	3943.2	4230.2	4668.0	5104.0	Etats-Unis d'Amérique
Belgium	2090.1	2436.9	2538.0	2941.2	3512.1	Belgique
Japan	1958.6	2493.1	2674.4	2912.9	3097.3	Japon
United Kingdom	1968.9	2259.3	2251.3	2269.8	2608.2	Royaume-Uni
France-Monaco	1657.4	1920.6	1973.6	2210.1	2591.9	France-Monaco
Netherlands	1465.9	1829.6	2027.2	2284.7	2386.2	Pays-Bas
Italy	1423.6	1715.6	1804.8	1985.6	2473.2	Italie
Spain	1200.2	1401.2	1417.0	1513.3	1948.6	Espagne
Switzerland-Liechtenstein	847.1	1001.7	1041.9	1205.1	1347.2	Suisse-Liechtenstein
China	546.2	732.2	1076.8	1372.0	1523.1	Chine
Sweden	588.2	687.4	754.7	905.1	1075.2	Suède
Canada	628.6	696.9	779.1	869.3	897.2	Canada
Singapore	747.3	825.4	815.2	689.5	760.7	Singapour
Korea, Republic of	503.7	607.3	700.4	836.2	875.9	République de Corée
China, Hong Kong SAR	550.6	578.7	582.7	642.1	701.5	Chine - RAS de Hong-Kong
Finland	485.3	581.1	592.6	554.6	720.8	Finlande
Austria	388.9	461.1	520.4	560.9	677.0	Autriche
Australia	384.8	438.4	453.2	462.3	493.3	Australie
Mexico	292.6	338.9	440.2	468.6	499.9	Mexique
Denmark	258.6	320.2	367.1	414.6	448.4	Danemark
Poland	203.3	264.1	331.2	424.5	570.0	Pologne
Malaysia	228.1	302.0	362.5	349.9	377.7	Malaisie
Saudi Arabia	165.2	221.8	262.5	487.4	332.8	Arabie saoudite
Slovenia	210.9	253.3	272.0	311.3	381.5	Slovénie

Value as percentages of World total / Valeur en pourcentage du total mondial

Regions of the world	1998	1999	2000	2001	2002	2003	2004	2005	2006	2007	Régions du monde
World	100.0	100.0	100.0	100.0	100.0	100.0	100.0	100.0	100.0	100.0	Monde
Developed Economies	84.9	84.5	82.1	81.6	82.5	83.6	83.5	81.9	81.2	82.5	Economies Développés
- Asia-Pacific	7.8	9.0	9.4	7.8	7.8	7.8	8.2	8.1	7.8	7.4	- Asie-Pacifique
- Europe	62.4	60.2	56.5	58.3	59.7	61.8	62.3	61.0	60.7	62.9	- Europe
- North America	14.7	15.2	16.2	15.5	15.0	14.0	12.9	12.8	12.7	12.2	- Amérique du Nord
South-Eastern Europe	0.1	0.1	0.1	0.1	0.1	0.1	0.2	0.2	0.2	0.3	Europe du Sud-Est
Commonwealth of Independent States	0.9	0.7	0.9	1.0	0.7	0.7	0.8	0.9	1.1	1.1	Communauté d'Etats indépendants
- Asia	0.0	0.0	0.0	0.0	0.0	0.0	0.0	0.0	0.0	0.1	- Asie
- Europe	0.9	0.7	0.8	1.0	0.7	0.7	0.8	0.9	1.0	0.9	- Europe
Northern Africa	0.1	0.1	0.1	0.1	0.1	0.1	0.1	0.1	0.1	0.1	Afrique septentrionale
Sub-Saharan Africa	0.4	0.4	0.4	0.4	0.5	0.5	0.5	0.5	0.9	0.5	Afrique subsaharienne
Latin America & the Caribbean	3.1	3.3	3.9	4.0	3.1	1.9	2.0	2.2	2.2	2.2	Amérique latine et Caraïbes
- Caribbean	0.1	0.1	0.1	0.1	0.1	0.0	0.0	0.0	0.0	0.0	- Caraïbes
- Latin America	3.0	3.2	3.8	3.9	3.1	1.8	1.9	2.2	2.2	2.2	- Amérique latine
Eastern Asia	6.7	6.8	7.7	7.7	7.8	7.4	7.3	7.9	8.5	8.1	Asie orientale
Southern Asia	0.2	0.2	0.3	0.5	0.5	0.6	0.6	0.9	0.8	0.9	Asie méridionale
South-Eastern Asia	2.4	3.0	3.7	3.5	3.5	3.7	3.6	3.5	3.0	2.9	Asie du Sud-Est
Western Asia	1.2	1.0	0.9	1.0	1.2	1.4	1.5	1.8	2.1	1.5	Asie occidentale
Oceania	0.0	0.0	0.0	0.0	0.0	0.0	0.0	0.0	0.0	0.0	Océanie

541 Medicinal and pharmaceutical products, other than medicament of 542

Trade by commodity
Imports by principal countries or areas
Value in million US dollars

Commerce par produit
Importations selon les principaux pays ou zones
Valeur en millions de dollars EU

Country or area	2003	2004	2005	2006	2007	Pays ou zone
World	52467.1	60580.0	67100.8	74788.6	94949.9	Monde
Developed Economies	43253.7	50279.5	54599.9	61348.4	77819.5	Economies Développés
- Asia-Pacific	3038.9	3272.9	3558.5	3713.2	4155.5	- Asie-Pacifique
- Europe	31026.7	37102.4	40139.0	45394.9	58552.4	- Europe
- North America	9188.1	9904.3	10902.3	12240.3	15111.6	- Amérique du Nord
South-Eastern Europe	202.7	345.1	383.2	457.2	561.2	Europe du Sud-Est
Commonwealth of Independent States	571.4	701.0	953.6	1512.9	1918.3	Communauté d'Etats indépendants
- Asia	64.5	88.1	133.6	155.8	193.2	- Asie
- Europe	506.9	612.8	820.1	1357.1	1725.1	- Europe
Northern Africa	333.6	367.4	395.2	342.3	489.3	Afrique septentrionale
Sub-Saharan Africa	543.9	632.1	754.2	855.6	1016.8	Afrique subsaharienne
Latin America & the Caribbean	2624.9	2953.6	3336.3	3922.3	5141.9	Amérique latine et Caraïbes
- Caribbean	89.7	110.4	112.2	118.5	164.5	- Caraïbes
- Latin America	2535.2	2843.1	3224.2	3803.7	4977.4	- Amérique latine
Eastern Asia	1493.2	1605.4	1825.9	2109.1	2748.4	Asie orientale
Southern Asia	969.5	1060.6	1347.4	1327.9	1741.5	Asie méridionale
South-Eastern Asia	1176.4	1209.5	1811.9	1791.5	2129.7	Asie du Sud-Est
Western Asia	1275.0	1402.2	1665.5	1090.4	1352.5	Asie occidentale
Oceania	22.8	23.6	27.6	31.1	30.8	Océanie
United States	7925.8	8557.3	9324.8	10384.6	12861.5	Etats-Unis d'Amérique
Germany	6513.0	8575.1	9175.0	10328.4	13838.9	Allemagne
Italy	3379.1	4438.1	4695.4	5572.6	6585.7	Italie
France-Monaco	4110.7	4833.6	4914.3	4816.4	5251.0	France-Monaco
Switzerland-Liechtenstein	3495.5	3687.9	3537.7	3859.1	5159.2	Suisse-Liechtenstein
Belgium	2905.4	3137.8	3787.9	3980.9	5543.9	Belgique
Netherlands	1927.9	2530.4	2873.6	3888.6	6188.3	Pays-Bas
United Kingdom	2270.6	2834.6	3183.8	3628.4	4694.4	Royaume-Uni
Japan	2219.4	2343.1	2512.9	2668.2	2723.7	Japon
Spain	1633.6	1497.2	1737.9	2075.1	2734.7	Espagne
Austria	1342.8	1494.1	1694.5	2124.0	2246.4	Autriche
Canada	1258.4	1342.8	1572.8	1852.0	2245.5	Canada
Brazil	815.3	940.5	1034.4	1237.3	1683.5	Brésil
Mexico	759.5	797.3	911.5	1093.3	1375.3	Mexique
Australia	729.9	817.4	906.2	915.0	1285.9	Australie
Korea, Republic of	550.0	627.8	737.0	870.7	1100.3	République de Corée
Ireland	583.2	671.1	753.0	782.5	912.9	Irlande
Russian Federation	327.5	405.3	566.6	1023.8	1292.8	Fédération de Russie
India	498.7	476.0	707.9	829.5	1101.2	Inde
Singapore	431.2	405.7	965.4	759.6	848.7	Singapour
China	497.8	549.0	623.6	660.8	930.0	Chine
Sweden	458.2	499.6	558.1	654.1	823.9	Suède
Turkey	626.9	777.1	826.7	316.3	326.6	Turquie
Poland	366.7	428.6	476.3	555.7	720.9	Pologne
Greece	282.2	382.5	478.1	595.7	705.0	Grèce

Value as percentages of World total

Valeur en pourcentage du total mondial

Regions of the world	1998	1999	2000	2001	2002	2003	2004	2005	2006	2007	Régions du monde
World	100.0	100.0	100.0	100.0	100.0	100.0	100.0	100.0	100.0	100.0	Monde
Developed Economies	77.5	77.8	78.5	78.2	81.2	82.4	83.0	81.4	82.0	82.0	Economies Développés
- Asia-Pacific	7.5	7.9	7.5	6.9	6.4	5.8	5.4	5.3	5.0	4.4	- Asie-Pacifique
- Europe	55.9	53.9	54.0	54.6	58.0	59.1	61.2	59.8	60.7	61.7	- Europe
- North America	14.1	16.0	17.0	16.7	16.7	17.5	16.3	16.2	16.4	15.9	- Amérique du Nord
South-Eastern Europe	0.5	0.4	0.3	0.4	0.4	0.4	0.6	0.6	0.6	0.6	Europe du Sud-Est
Commonwealth of Independent States	0.9	0.8	1.0	1.2	1.0	1.1	1.2	1.4	2.0	2.0	Communauté d'Etats indépendants
- Asia	0.1	0.1	0.1	0.1	0.1	0.1	0.1	0.2	0.2	0.2	- Asie
- Europe	0.8	0.7	0.9	1.1	0.9	1.0	1.0	1.2	1.8	1.8	- Europe
Northern Africa	1.0	0.8	0.8	0.8	0.8	0.6	0.6	0.6	0.5	0.5	Afrique septentrionale
Sub-Saharan Africa	1.2	1.1	1.0	2.9	1.2	1.0	1.0	1.1	1.1	1.1	Afrique subsaharienne
Latin America & the Caribbean	7.4	7.3	7.2	6.6	5.7	5.0	4.9	5.0	5.2	5.4	Amérique latine et Caraïbes
- Caribbean	0.2	0.2	0.3	0.3	0.3	0.2	0.2	0.2	0.2	0.2	- Caraïbes
- Latin America	7.2	7.1	6.9	6.3	5.4	4.8	4.7	4.8	5.1	5.2	- Amérique latine
Eastern Asia	3.5	3.8	3.5	3.2	3.3	2.8	2.7	2.7	2.8	2.9	Asie orientale
Southern Asia	2.2	2.0	1.9	1.7	1.8	1.8	1.8	2.0	1.8	1.8	Asie méridionale
South-Eastern Asia	2.8	3.1	3.0	2.8	2.5	2.2	2.0	2.7	2.4	2.2	Asie du Sud-Est
Western Asia	3.0	2.9	2.8	2.3	2.2	2.4	2.3	2.5	1.5	1.4	Asie occidentale
Oceania	0.1	0.0	0.0	0.0	0.0	0.0	0.0	0.0	0.0	0.0	Océanie

Produits médicinaux et pharmaceutiques, autres que les médicaments du groupe 542 541

Trade by commodity
Exports by principal countries or areas
Value in million US dollars

Commerce par produit
Exportations selon les principaux pays ou zones
Valeur en millions de dollars EU

Country or area	2003	2004	2005	2006	2007	Pays ou zone
World	50396.9	60183.4	66563.5	74401.3	93852.6	Monde
Developed Economies	45016.8	54318.4	59713.0	66141.7	83691.3	Economies Développés
- Asia-Pacific	1265.2	1416.7	1484.6	1491.2	1591.9	- Asie-Pacifique
- Europe	35112.9	41985.9	46240.4	51911.7	65759.9	- Europe
- North America	8638.7	10915.8	11988.0	12738.8	16339.6	- Amérique du Nord
South-Eastern Europe	45.0	51.0	56.9	56.4	76.6	Europe du Sud-Est
Commonwealth of Independent States	120.3	72.8	73.5	93.3	117.9	Communauté d'Etats indépendants
- Asia	1.8	3.0	2.3	4.5	12.2	- Asie
- Europe	118.5	69.8	71.2	88.8	105.7	- Europe
Northern Africa	14.6	16.5	20.3	21.0	22.3	Afrique septentrionale
Sub-Saharan Africa	83.0	80.9	81.9	86.4	93.7	Afrique subsaharienne
Latin America & the Caribbean	654.0	669.7	751.6	835.4	1028.9	Amérique latine et Caraïbes
- Caribbean	39.3	30.7	52.8	79.7	101.3	- Caraïbes
- Latin America	614.7	639.0	698.8	755.7	927.6	- Amérique latine
Eastern Asia	2936.7	3300.0	3738.8	4545.0	5941.8	Asie orientale
Southern Asia	548.8	493.7	629.1	759.0	993.5	Asie méridionale
South-Eastern Asia	769.2	901.8	1271.2	1639.9	1650.9	Asie du Sud-Est
Western Asia	207.9	278.1	225.6	222.2	235.1	Asie occidentale
Oceania	0.4	0.8	1.6	1.2	0.7	Océanie
United States	8180.3	10449.0	11339.6	11934.1	15223.2	Etats-Unis d'Amérique
Germany	7093.5	9071.9	9142.4	11267.0	14762.2	Allemagne
Switzerland-Liechtenstein	7028.9	8719.8	9436.4	11417.6	14367.5	Suisse-Liechtenstein
Belgium	4155.7	4383.5	5365.6	5608.7	7859.5	Belgique
Netherlands	2236.8	3294.0	3540.7	4113.0	5386.9	Pays-Bas
France-Monaco	2897.9	3144.4	3585.0	3961.0	4378.7	France-Monaco
China	2516.5	2830.4	3280.5	3904.2	5172.1	Chine
United Kingdom	2621.9	2848.6	3041.7	3366.9	4123.4	Royaume-Uni
Ireland	2080.8	2310.6	3174.5	2878.9	4114.5	Irlande
Italy	1942.8	1984.3	2333.7	2350.6	2565.6	Italie
Denmark	1452.4	1720.9	1948.0	1894.0	1777.4	Danemark
Austria	1198.6	1362.0	1422.3	1761.3	2385.7	Autriche
Spain	1030.1	1196.9	1312.9	1338.5	1614.8	Espagne
Japan	1029.8	1139.8	1175.3	1142.8	1188.9	Japon
Singapore	631.3	754.7	1104.8	1433.9	1401.0	Singapour
Sweden	477.4	850.9	734.7	684.8	973.2	Suède
Canada	458.2	466.6	647.9	804.5	1116.3	Canada
India	537.2	465.1	563.8	688.7	900.8	Inde
Mexico	366.5	321.1	322.2	320.9	407.3	Mexique
Korea, Republic of	212.9	263.9	273.2	336.2	430.0	République de Corée
Australia	177.1	214.8	234.6	276.6	324.7	Australie
Czech Republic	157.9	205.3	223.7	264.6	348.6	République tchèque
Hungary	100.4	188.3	234.2	246.7	273.7	Hongrie
China, Hong Kong SAR	163.3	160.6	140.0	257.2	272.7	Chine - RAS de Hong-Kong
Brazil	112.0	157.3	199.1	225.4	298.3	Brésil

Value as percentages of World total

Valeur en pourcentage du total mondial

Regions of the world	1998	1999	2000	2001	2002	2003	2004	2005	2006	2007	Régions du monde
World	100.0	100.0	100.0	100.0	100.0	100.0	100.0	100.0	100.0	100.0	Monde
Developed Economies	87.7	86.8	86.9	88.1	88.8	89.3	90.3	89.7	88.9	89.2	Economies Développés
- Asia-Pacific	4.5	4.2	4.2	3.6	3.1	2.5	2.4	2.2	2.0	1.7	- Asie-Pacifique
- Europe	64.2	63.9	62.7	65.2	67.7	69.7	69.8	69.5	69.8	70.1	- Europe
- North America	19.0	18.7	20.0	19.2	18.0	17.1	18.1	18.0	17.1	17.4	- Amérique du Nord
South-Eastern Europe	0.1	0.1	0.1	0.1	0.1	0.1	0.1	0.1	0.1	0.1	Europe du Sud-Est
Commonwealth of Independent States	0.3	0.3	0.2	0.2	0.2	0.2	0.1	0.1	0.1	0.1	Communauté d'Etats indépendants
- Asia	0.0	0.0	0.0	0.0	0.0	0.0	0.0	0.0	0.0	0.0	- Asie
- Europe	0.3	0.2	0.2	0.2	0.2	0.2	0.1	0.1	0.1	0.1	- Europe
Northern Africa	0.0	0.0	0.0	0.0	0.0	0.0	0.0	0.0	0.0	0.0	Afrique septentrionale
Sub-Saharan Africa	0.1	0.1	0.2	0.1	0.2	0.2	0.1	0.1	0.1	0.1	Afrique subsaharienne
Latin America & the Caribbean	2.1	1.9	1.9	1.9	1.5	1.3	1.1	1.1	1.1	1.1	Amérique latine et Caraïbes
- Caribbean	0.2	0.1	0.1	0.1	0.1	0.1	0.1	0.1	0.1	0.1	- Caraïbes
- Latin America	1.9	1.8	1.8	1.8	1.3	1.2	1.1	1.0	1.0	1.0	- Amérique latine
Eastern Asia	6.6	6.2	6.2	5.9	5.9	5.8	5.5	5.6	6.1	6.3	Asie orientale
Southern Asia	0.9	0.9	1.2	1.1	1.2	1.1	0.8	0.9	1.0	1.1	Asie méridionale
South-Eastern Asia	1.7	3.4	2.7	2.3	1.8	1.5	1.5	1.9	2.2	1.8	Asie du Sud-Est
Western Asia	0.4	0.4	0.4	0.4	0.4	0.4	0.5	0.3	0.3	0.3	Asie occidentale
Oceania	0.0	0.0	0.0	0.0	0.0	0.0	0.0	0.0	0.0	0.0	Océanie

542 Medicaments (including veterinary medicaments)

Trade by commodity

Imports by principal countries or areas

Value in million US dollars

Commerce par produit

Importations selon les principaux pays ou zones

Valeur en millions de dollars EU

Country or area	2003	2004	2005	2006	2007	Pays ou zone
World	161212.1	195632.8	219740.5	243723.9	281615.4	Monde
Developed Economies	136250.4	165292.5	184156.3	202914.2	232055.8	Economies Développés
- Asia-Pacific	7216.5	9187.2	10800.5	10945.6	12388.2	- Asie-Pacifique
- Europe	100273.8	123622.5	137039.3	148560.4	170489.9	- Europe
- North America	28760.2	32482.8	36316.5	43408.2	49177.8	- Amérique du Nord
South-Eastern Europe	1055.8	1835.3	2067.0	2412.0	3145.7	Europe du Sud-Est
Commonwealth of Independent States	3198.2	3941.3	5694.6	7672.0	8685.0	Communauté d'Etats indépendants
- Asia	454.1	553.1	687.5	851.2	1101.8	- Asie
- Europe	2744.0	3388.2	5007.1	6820.7	7583.2	- Europe
Northern Africa	1336.7	1614.8	1758.9	1854.8	2276.7	Afrique septentrionale
Sub-Saharan Africa	2090.0	2525.5	2961.9	3322.3	4927.1	Afrique subsaharienne
Latin America & the Caribbean	5655.6	6578.0	7527.2	8768.0	10420.8	Amérique latine et Caraïbes
- Caribbean	341.0	368.9	451.2	459.5	523.7	- Caraïbes
- Latin America	5314.6	6209.1	7076.0	8308.5	9897.1	- Amérique latine
Eastern Asia	3533.8	4250.1	4854.0	5936.4	7565.0	Asie orientale
Southern Asia	903.5	974.4	1150.1	1130.2	1227.5	Asie méridionale
South-Eastern Asia	2054.3	2407.6	2862.4	3514.4	3952.0	Asie du Sud-Est
Western Asia	5008.8	6065.4	6544.6	6026.6	7188.7	Asie occidentale
Oceania	124.9	148.0	163.6	173.2	170.9	Océanie
United States	23813.5	26813.9	29997.7	35837.2	41092.5	Etats-Unis d'Amérique
Belgium	22595.0	28933.4	32160.8	31485.1	36038.4	Belgique
Germany	14187.6	17671.4	21418.4	24301.8	27095.2	Allemagne
United Kingdom	11422.4	12979.1	12752.8	13735.0	15724.3	Royaume-Uni
France-Monaco	9006.4	11120.6	12202.6	13800.0	16817.5	France-Monaco
Italy	7440.6	8549.5	9141.6	10128.7	11286.1	Italie
Switzerland-Liechtenstein	6306.9	7985.1	9483.0	10926.5	11534.2	Suisse-Liechtenstein
Netherlands	5043.5	7367.8	8290.5	9048.9	10165.2	Pays-Bas
Spain	5660.0	6851.9	7247.5	7553.9	9436.6	Espagne
Canada	4907.1	5623.0	6265.5	7519.1	8029.2	Canada
Japan	3973.7	4771.1	5691.8	5849.6	6422.3	Japon
Australia	2868.0	3978.0	4549.5	4571.4	5330.2	Australie
Russian Federation	2042.6	2525.8	3833.9	5301.8	5515.6	Fédération de Russie
Greece	1899.5	2414.2	2927.5	3112.8	3863.9	Grèce
Poland	2054.4	2412.3	2684.5	3161.8	3873.3	Pologne
Austria	1960.2	2209.2	2490.5	2764.0	3265.8	Autriche
Sweden	1760.4	1982.6	2172.0	2530.7	2813.7	Suède
Mexico	1414.2	1754.3	1916.4	2352.6	2473.4	Mexique
Denmark	1411.3	1767.3	1937.9	2157.8	2465.2	Danemark
Ireland	1843.6	1725.7	1674.4	2000.6	2368.1	Irlande
China	1207.8	1350.3	1685.2	2054.4	2958.6	Chine
Turkey	1675.2	2258.3	2357.0	1255.6	1477.4	Turquie
Portugal	1346.3	1640.2	1677.4	1881.5	2086.9	Portugal
Czech Republic	1179.7	1517.7	1646.4	1801.4	2382.3	République tchèque
Saudi Arabia	1255.1	1372.6	1571.0	1766.6	2022.1	Arabie saoudite

Value as percentages of World total

Valeur en pourcentage du total mondial

Regions of the world	1998	1999	2000	2001	2002	2003	2004	2005	2006	2007	Régions du monde
World	100.0	100.0	100.0	100.0	100.0	100.0	100.0	100.0	100.0	100.0	Monde
Developed Economies	76.8	78.7	78.0	75.6	83.9	84.5	84.5	83.8	83.3	82.4	Economies Développés
- Asia-Pacific	5.5	5.9	6.3	5.0	4.4	4.5	4.7	4.9	4.5	4.4	- Asie-Pacifique
- Europe	57.1	57.3	55.4	54.2	62.6	62.2	63.2	62.4	61.0	60.5	- Europe
- North America	14.2	15.5	16.4	16.4	16.9	17.8	16.6	16.5	17.8	17.5	- Amérique du Nord
South-Eastern Europe	0.7	0.7	0.7	0.7	0.7	0.7	0.9	0.9	1.0	1.1	Europe du Sud-Est
Commonwealth of Independent States	2.9	1.8	2.3	2.3	1.7	2.0	2.0	2.6	3.1	3.1	Communauté d'Etats indépendants
- Asia	0.3	0.3	0.4	0.3	0.3	0.3	0.3	0.3	0.3	0.4	- Asie
- Europe	2.5	1.5	2.0	2.0	1.4	1.7	1.7	2.3	2.8	2.7	- Europe
Northern Africa	1.6	1.3	1.2	1.1	1.0	0.8	0.8	0.8	0.8	0.8	Afrique septentrionale
Sub-Saharan Africa	2.2	1.8	1.9	6.5	1.3	1.3	1.3	1.3	1.4	1.7	Afrique subsaharienne
Latin America & the Caribbean	5.9	5.9	5.9	5.2	4.0	3.5	3.4	3.4	3.6	3.7	Amérique latine et Caraïbes
- Caribbean	0.4	0.5	0.5	0.4	0.3	0.2	0.2	0.2	0.2	0.2	- Caraïbes
- Latin America	5.6	5.4	5.4	4.8	3.7	3.3	3.2	3.2	3.4	3.5	- Amérique latine
Eastern Asia	2.7	2.9	3.0	2.8	2.3	2.2	2.2	2.2	2.4	2.7	Asie orientale
Southern Asia	0.8	0.8	0.9	0.8	0.6	0.6	0.5	0.5	0.5	0.4	Asie méridionale
South-Eastern Asia	2.0	2.0	2.0	1.7	1.4	1.3	1.2	1.3	1.4	1.4	Asie du Sud-Est
Western Asia	4.2	3.9	4.0	3.4	3.1	3.1	3.1	3.0	2.5	2.6	Asie occidentale
Oceania	0.2	0.1	0.1	0.1	0.1	0.1	0.1	0.1	0.1	0.1	Océanie

Trade by commodity

Exports by principal countries or areas

Value in million US dollars

Commerce par produit

Exportations selon les principaux pays ou zones

Valeur en millions de dollars EU

Country or area	2003	2004	2005	2006	2007	Pays ou zone
World	150990.3	186562.3	206719.7	236488.5	273608.3	Monde
Developed Economies	143705.8	177440.6	194154.5	220018.1	253001.8	Economies Développés
- Asia-Pacific	3499.1	4181.6	4467.2	4457.0	5050.6	- Asie-Pacifique
- Europe	127301.2	157201.5	172228.5	194519.8	224730.9	- Europe
- North America	12905.4	16057.5	17458.7	21041.3	23220.4	- Amérique du Nord
South-Eastern Europe	175.2	285.3	339.2	357.6	587.4	Europe du Sud-Est
Commonwealth of Independent States	211.7	247.5	282.0	333.6	454.7	Communauté d'Etats indépendants
- Asia	11.1	9.8	11.2	22.7	38.3	- Asie
- Europe	200.6	237.7	270.8	310.9	416.4	- Europe
Northern Africa	66.1	73.2	95.0	101.2	147.1	Afrique septentrionale
Sub-Saharan Africa	96.6	127.5	141.8	148.2	223.6	Afrique subsaharienne
Latin America & the Caribbean	2126.4	2653.3	2860.0	2791.5	3409.7	Amérique latine et Caraïbes
- Caribbean	57.5	170.3	264.1	262.3	333.8	- Caraïbes
- Latin America	2069.0	2483.0	2595.8	2529.2	3075.9	- Amérique latine
Eastern Asia	1057.4	1153.3	1388.8	1713.1	2331.9	Asie orientale
Southern Asia	1560.4	1929.0	2445.6	3062.5	3741.4	Asie méridionale
South-Eastern Asia	596.2	732.6	2143.3	4165.6	5333.7	Asie du Sud-Est
Western Asia	1390.8	1916.7	2865.8	3792.3	4369.7	Asie occidentale
Oceania	3.8	3.3	3.9	4.8	7.2	Océanie
Belgium	21319.0	26382.4	29440.8	32765.4	39502.0	Belgique
Germany	16491.6	24958.7	29008.6	33690.3	40758.6	Allemagne
United Kingdom	16740.7	19573.2	19196.1	21864.4	24852.2	Royaume-Uni
France-Monaco	15144.6	17710.4	19170.5	20625.1	23912.6	France-Monaco
Switzerland-Liechtenstein	11764.9	14374.2	16470.5	19759.8	21865.4	Suisse-Liechtenstein
Ireland	13004.4	16478.3	14772.8	14978.6	15975.2	Irlande
United States	11018.5	13530.8	14606.8	17170.5	18156.6	Etats-Unis d'Amérique
Italy	8309.6	9275.9	10812.3	11700.5	12981.5	Italie
Netherlands	5606.6	7237.4	7740.5	8943.3	9974.1	Pays-Bas
Sweden	6108.9	6355.4	6454.9	8028.0	7661.8	Suède
Spain	3492.9	3746.8	5409.3	6257.2	8204.7	Espagne
Denmark	3395.8	3850.5	4379.3	4614.9	5459.7	Danemark
Canada	1881.7	2523.0	2837.2	3870.1	5063.4	Canada
Austria	2143.2	2178.9	3061.0	3551.5	3858.1	Autriche
India	1484.4	1825.3	2318.1	2922.8	3576.0	Inde
Singapore	345.8	429.0	1839.1	3830.8	4887.2	Singapour
Japan	2159.1	2400.2	2152.1	2049.8	1997.7	Japon
Israel	843.7	1208.9	1979.4	3040.3	3392.7	Israël
Australia	1274.3	1696.0	2228.6	2323.6	2934.4	Australie
Hungary	603.1	901.5	1155.8	1544.1	1994.9	Hongrie
Slovenia	868.4	1018.6	1077.8	1374.9	1788.4	Slovénie
Mexico	888.1	1109.5	1081.0	1020.5	1068.8	Mexique
Greece	616.8	835.1	1154.0	1112.5	1260.1	Grèce
Finland	398.9	517.5	670.8	835.7	746.9	Finlande
China, Hong Kong SAR	494.6	482.0	539.8	703.0	930.6	Chine - RAS de Hong-Kong

Value as percentages of World total

Valeur en pourcentage du total mondial

Regions of the world	1998	1999	2000	2001	2002	2003	2004	2005	2006	2007	Régions du monde
World	100.0	100.0	100.0	100.0	100.0	100.0	100.0	100.0	100.0	100.0	Monde
Developed Economies	92.9	93.6	93.3	93.7	94.7	95.2	95.1	93.9	93.0	92.5	Economies Développés
- Asia-Pacific	2.2	2.9	3.5	2.9	2.1	2.3	2.2	2.2	1.9	1.8	- Asie-Pacifique
- Europe	82.8	81.8	79.2	80.5	84.3	84.3	84.3	83.3	82.3	82.1	- Europe
- North America	7.9	8.9	10.6	10.3	8.2	8.5	8.6	8.4	8.9	8.5	- Amérique du Nord
South-Eastern Europe	0.3	0.2	0.2	0.1	0.1	0.1	0.2	0.2	0.2	0.2	Europe du Sud-Est
Commonwealth of Independent States	0.3	0.2	0.2	0.2	0.1	0.1	0.1	0.1	0.1	0.2	Communauté d'Etats indépendants
- Asia	0.0	0.0	0.0	0.0	0.0	0.0	0.0	0.0	0.0	0.0	- Asie
- Europe	0.3	0.2	0.2	0.2	0.1	0.1	0.1	0.1	0.1	0.2	- Europe
Northern Africa	0.1	0.1	0.1	0.1	0.1	0.0	0.0	0.0	0.0	0.1	Afrique septentrionale
Sub-Saharan Africa	0.2	0.1	0.2	0.1	0.1	0.1	0.1	0.1	0.1	0.1	Afrique subsaharienne
Latin America & the Caribbean	2.1	2.0	2.1	1.9	1.6	1.4	1.4	1.4	1.2	1.2	Amérique latine et Caraïbes
- Caribbean	0.0	0.0	0.0	0.0	0.0	0.0	0.1	0.1	0.1	0.1	- Caraïbes
- Latin America	2.1	1.9	2.1	1.9	1.6	1.4	1.3	1.3	1.1	1.1	- Amérique latine
Eastern Asia	1.5	1.3	1.3	1.1	0.8	0.7	0.6	0.7	0.7	0.9	Asie orientale
Southern Asia	1.1	1.1	1.2	1.1	1.1	1.0	1.0	1.2	1.3	1.4	Asie méridionale
South-Eastern Asia	0.5	0.6	0.6	0.7	0.4	0.4	0.4	1.0	1.8	1.9	Asie du Sud-Est
Western Asia	1.0	0.9	0.9	1.0	1.0	0.9	1.0	1.4	1.6	1.6	Asie occidentale
Oceania	0.0	0.0	0.0	0.0	0.0	0.0	0.0	0.0	0.0	0.0	Océanie

551 Essential oils, perfume and flavour materials

Trade by commodity

Imports by principal countries or areas

Value in million US dollars

Commerce par produit

Importations selon les principaux pays ou zones

Valeur en millions de dollars EU

Country or area	2003	2004	2005	2006	2007	Pays ou zone
World	11649.1	13555.9	14842.9	15601.6	17512.7	Monde
Developed Economies	8087.5	9531.0	10353.8	10714.7	11806.5	Economies Développés
- Asia-Pacific	483.8	552.6	570.3	491.4	538.9	- Asie-Pacifique
- Europe	5852.7	6471.6	6871.8	7251.7	8272.2	- Europe
- North America	1751.0	2506.9	2911.6	2971.6	2995.5	- Amérique du Nord
South-Eastern Europe	134.0	179.8	195.1	217.4	260.4	Europe du Sud-Est
Commonwealth of Independent States	249.5	278.2	330.3	374.6	485.2	Communauté d'Etats indépendants
- Asia	44.6	28.3	36.9	46.0	56.6	- Asie
- Europe	204.8	249.8	293.4	328.7	428.6	- Europe
Northern Africa	87.9	92.2	98.3	114.9	148.5	Afrique septentrionale
Sub-Saharan Africa	424.3	468.2	571.3	643.5	797.0	Afrique subsaharienne
Latin America & the Caribbean	929.5	1041.7	1183.7	1347.0	1501.8	Amérique latine et Caraïbes
- Caribbean	37.8	41.1	43.9	50.4	51.4	- Caraïbes
- Latin America	891.7	1000.6	1139.8	1296.6	1450.4	- Amérique latine
Eastern Asia	515.0	545.8	538.8	551.8	634.0	Asie orientale
Southern Asia	137.2	141.0	163.6	165.2	183.5	Asie méridionale
South-Eastern Asia	707.2	816.6	873.1	953.3	1089.4	Asie du Sud-Est
Western Asia	370.5	452.7	525.4	508.6	592.8	Asie occidentale
Oceania	6.4	8.9	9.4	10.6	13.6	Océanie
United States	1406.7	2122.0	2548.0	2607.8	2581.4	Etats-Unis d'Amérique
France-Monaco	1355.3	1488.5	1561.7	1764.2	2073.4	France-Monaco
United Kingdom	820.2	991.5	1033.0	1053.4	1145.3	Royaume-Uni
Germany	590.2	653.1	764.5	767.4	919.6	Allemagne
Italy	617.6	702.7	760.0	703.6	830.9	Italie
Spain	596.3	616.0	632.5	691.4	743.4	Espagne
Mexico	395.5	434.0	524.0	632.0	684.8	Mexique
Japan	382.3	434.6	443.8	381.9	430.3	Japon
Canada	342.0	363.1	363.3	363.3	412.8	Canada
Netherlands	319.8	326.9	303.6	311.5	367.0	Pays-Bas
Belgium	258.9	275.2	298.7	306.5	324.7	Belgique
Ireland	176.5	205.7	263.1	278.5	318.6	Irlande
Russian Federation	166.6	196.7	235.0	267.9	355.1	Fédération de Russie
Switzerland-Liechtenstein	194.2	215.0	225.4	236.7	296.7	Suisse-Liechtenstein
China	155.7	194.3	228.3	250.5	316.3	Chine
Poland	163.1	224.4	212.1	231.2	286.3	Pologne
Thailand	176.8	194.2	196.9	221.3	255.4	Thaïlande
Indonesia	145.5	190.8	197.4	224.5	252.1	Indonésie
Singapore	152.4	157.3	179.5	192.5	230.7	Singapour
Turkey	145.6	194.9	208.4	147.5	157.1	Turquie
Korea, Republic of	141.6	146.4	145.8	144.0	156.5	République de Corée
Nigeria	58.3	e55.5	e141.2	151.8	e249.0	Nigéria
Austria	123.8	111.5	149.0	154.2	110.0	Autriche
Greece	91.4	106.4	110.3	115.7	143.2	Grèce
Philippines	97.4	110.3	122.2	117.4	111.2	Philippines

Value as percentages of World total

Valeur en pourcentage du total mondial

Regions of the world	1998	1999	2000	2001	2002	2003	2004	2005	2006	2007	Régions du monde
World	100.0	100.0	100.0	100.0	100.0	100.0	100.0	100.0	100.0	100.0	Monde
Developed Economies	66.4	66.8	67.6	64.9	66.7	69.4	70.3	69.8	68.7	67.4	Economies Développés
- Asia-Pacific	5.3	6.0	4.9	5.2	4.8	4.2	4.1	3.8	3.1	3.1	- Asie-Pacifique
- Europe	51.6	51.8	54.0	51.8	53.1	50.2	47.7	46.3	46.5	47.2	- Europe
- North America	9.5	9.0	8.7	7.9	8.7	15.0	18.5	19.6	19.0	17.1	- Amérique du Nord
South-Eastern Europe	1.4	1.3	1.3	1.2	1.2	1.2	1.3	1.3	1.4	1.5	Europe du Sud-Est
Commonwealth of Independent States	1.7	1.5	1.7	1.8	2.0	2.1	2.1	2.2	2.4	2.8	Communauté d'Etats indépendants
- Asia	0.1	0.2	0.2	0.1	0.2	0.4	0.2	0.2	0.3	0.3	- Asie
- Europe	1.6	1.3	1.5	1.7	1.9	1.8	1.8	2.0	2.1	2.4	- Europe
Northern Africa	0.9	0.8	0.7	0.7	0.8	0.8	0.7	0.7	0.7	0.8	Afrique septentrionale
Sub-Saharan Africa	3.8	3.3	3.4	5.8	4.0	3.6	3.5	3.8	4.1	4.6	Afrique subsaharienne
Latin America & the Caribbean	7.3	7.5	7.5	8.6	9.0	8.0	7.7	8.0	8.6	8.6	Amérique latine et Caraïbes
- Caribbean	0.4	0.5	0.5	0.5	0.4	0.3	0.3	0.3	0.3	0.3	- Caraïbes
- Latin America	6.9	7.0	7.0	8.1	8.6	7.7	7.4	7.7	8.3	8.3	- Amérique latine
Eastern Asia	6.2	6.6	5.9	5.7	5.4	4.4	4.0	3.6	3.5	3.6	Asie orientale
Southern Asia	1.1	1.2	1.1	1.3	1.3	1.2	1.0	1.1	1.1	1.0	Asie méridionale
South-Eastern Asia	6.9	7.1	7.2	6.8	6.4	6.1	6.0	5.9	6.1	6.2	Asie du Sud-Est
Western Asia	4.3	3.9	3.6	3.2	3.3	3.2	3.3	3.5	3.3	3.4	Asie occidentale
Oceania	0.0	0.1	0.1	0.1	0.1	0.1	0.1	0.1	0.1	0.1	Océanie

Trade by commodity
Exports by principal countries or areas
Value in million US dollars

Commerce par produit
Exportations selon les principaux pays ou zones
Valeur en millions de dollars EU

Country or area	2003	2004	2005	2006	2007	Pays ou zone
World	12993.0	15253.7	15814.2	16649.4	18618.1	Monde
Developed Economies	10871.6	12690.7	13372.4	14183.3	15895.3	Economies Développés
- Asia-Pacific	221.6	226.3	231.3	243.7	263.4	- Asie-Pacifique
- Europe	9360.7	11095.0	11829.9	12538.2	14047.5	- Europe
- North America	1289.3	1369.4	1311.2	1401.3	1584.4	- Amérique du Nord
South-Eastern Europe	12.6	20.7	22.8	20.8	29.7	Europe du Sud-Est
Commonwealth of Independent States	11.7	18.1	16.5	18.7	19.2	Communauté d'Etats indépendants
- Asia	0.5	0.6	0.5	0.4	0.3	- Asie
- Europe	11.2	17.5	16.0	18.3	19.0	- Europe
Northern Africa	32.0	37.4	30.2	40.2	51.4	Afrique septentrionale
Sub-Saharan Africa	678.6	1031.3	668.7	475.1	391.9	Afrique subsaharienne
Latin America & the Caribbean	400.2	431.5	502.2	549.8	627.6	Amérique latine et Caraïbes
- Caribbean	13.6	16.0	16.3	18.9	21.9	- Caraïbes
- Latin America	386.6	415.5	486.0	530.9	605.7	- Amérique latine
Eastern Asia	239.1	262.4	257.2	282.8	334.5	Asie orientale
Southern Asia	155.0	133.9	235.2	295.2	334.8	Asie méridionale
South-Eastern Asia	467.5	505.0	573.8	663.0	797.6	Asie du Sud-Est
Western Asia	123.8	121.3	133.6	119.0	134.6	Asie occidentale
Oceania	0.9	1.5	1.5	1.6	1.4	Océanie
Ireland	4015.3	5222.9	5780.7	5922.1	6534.4	Irlande
France-Monaco	1417.2	1555.8	1467.0	1603.9	1864.2	France-Monaco
United States	1252.9	1333.7	1268.8	1356.6	1539.0	Etats-Unis d'Amérique
Switzerland-Liechtenstein	1086.3	1172.3	1254.0	1420.5	1591.6	Suisse-Liechtenstein
Germany	941.3	1123.2	1227.5	1350.4	1559.0	Allemagne
United Kingdom	719.1	740.6	744.0	823.2	891.4	Royaume-Uni
Swaziland	637.6	987.2	603.3	409.4	318.0	Swaziland
Netherlands	484.3	530.1	575.7	578.7	601.6	Pays-Bas
Singapore	332.3	366.0	408.0	478.6	556.5	Singapour
Spain	266.6	298.7	311.8	348.2	433.1	Espagne
India	122.5	124.2	224.8	282.3	321.0	Inde
Japan	178.9	188.8	186.9	188.0	193.1	Japon
China	125.4	149.5	160.9	190.0	229.0	Chine
Brazil	138.4	127.2	135.2	163.4	182.6	Brésil
Mexico	106.1	131.0	141.4	151.9	165.8	Mexique
Italy	103.7	123.9	132.6	143.2	180.9	Italie
Belgium	120.2	123.2	127.1	130.7	140.6	Belgique
Argentina	76.2	85.5	131.8	139.4	163.1	Argentine
Indonesia	66.4	78.6	103.7	109.4	148.6	Indonésie
Israel	79.2	79.9	73.2	72.3	87.2	Israël
China, Hong Kong SAR	80.3	79.2	64.8	69.1	77.8	Chine - RAS de Hong-Kong
Austria	72.7	52.8	50.9	50.9	60.7	Autriche
Thailand	51.5	37.0	41.5	48.5	60.3	Thaïlande
Australia	37.3	32.4	38.2	50.0	58.9	Australie
Canada	36.4	35.8	42.3	44.7	45.4	Canada

Value as percentages of World total

Valeur en pourcentage du total mondial

Regions of the world	1998	1999	2000	2001	2002	2003	2004	2005	2006	2007	Régions du monde
World	100.0	100.0	100.0	100.0	100.0	100.0	100.0	100.0	100.0	100.0	Monde
Developed Economies	86.7	87.0	83.5	85.2	82.4	83.7	83.2	84.6	85.2	85.4	Economies Développés
- Asia-Pacific	2.0	2.3	2.4	2.2	2.2	1.7	1.5	1.5	1.5	1.4	- Asie-Pacifique
- Europe	73.6	74.2	68.9	71.1	69.0	72.0	72.7	74.8	75.3	75.5	- Europe
- North America	11.1	10.5	12.2	11.9	11.1	9.9	9.0	8.3	8.4	8.5	- Amérique du Nord
South-Eastern Europe	0.2	0.1	0.1	0.1	0.2	0.1	0.1	0.1	0.1	0.2	Europe du Sud-Est
Commonwealth of Independent States	0.1	0.1	0.3	0.1	0.2	0.1	0.1	0.1	0.1	0.1	Communauté d'Etats indépendants
- Asia	0.0	0.0	0.0	0.0	0.0	0.0	0.0	0.0	0.0	0.0	- Asie
- Europe	0.1	0.1	0.3	0.1	0.2	0.1	0.1	0.1	0.1	0.1	- Europe
Northern Africa	0.4	0.4	0.4	0.3	0.3	0.2	0.2	0.2	0.2	0.3	Afrique septentrionale
Sub-Saharan Africa	0.4	0.4	2.6	2.0	5.1	5.2	6.8	4.2	2.9	2.1	Afrique subsaharienne
Latin America & the Caribbean	3.2	3.2	3.8	3.6	3.7	3.1	2.8	3.2	3.3	3.4	Amérique latine et Caraïbes
- Caribbean	0.2	0.2	0.1	0.1	0.2	0.1	0.1	0.1	0.1	0.1	- Caraïbes
- Latin America	2.9	3.0	3.6	3.5	3.6	3.0	2.7	3.1	3.2	3.3	- Amérique latine
Eastern Asia	3.6	3.3	3.1	2.7	2.3	1.8	1.7	1.6	1.7	1.8	Asie orientale
Southern Asia	0.9	0.9	1.1	1.0	1.0	1.2	0.9	1.5	1.8	1.8	Asie méridionale
South-Eastern Asia	3.7	3.7	3.7	3.6	3.6	3.6	3.3	3.6	4.0	4.3	Asie du Sud-Est
Western Asia	0.8	1.1	1.4	1.3	1.2	1.0	0.8	0.8	0.7	0.7	Asie occidentale
Oceania	0.0	0.0	0.0	0.0	0.0	0.0	0.0	0.0	0.0	0.0	Océanie

553 Perfumery, cosmetic or toilet preparations (excluding soaps)

Trade by commodity
Imports by principal countries or areas
Value in million US dollars

Commerce par produit
Importations selon les principaux pays ou zones
Valeur en millions de dollars EU

Country or area	2003	2004	2005	2006	2007	Pays ou zone
World	32921.9	38908.3	42822.7	47126.4	55307.6	Monde
Developed Economies	23628.8	27514.4	29727.6	32208.8	36952.7	Economies Développés
- Asia-Pacific	2181.5	2548.4	2657.1	2653.5	2945.9	- Asie-Pacifique
- Europe	16830.7	19654.6	21166.6	23219.8	26918.9	- Europe
- North America	4616.6	5311.3	5903.8	6335.6	7087.9	- Amérique du Nord
South-Eastern Europe	377.1	587.6	658.0	674.4	897.3	Europe du Sud-Est
Commonwealth of Independent States	1166.2	1507.4	1870.1	2395.6	3352.3	Communauté d'Etats indépendants
- Asia	152.8	188.7	238.5	297.5	422.9	- Asie
- Europe	1013.5	1318.7	1631.6	2098.1	2929.4	- Europe
Northern Africa	98.7	123.7	141.3	169.4	263.9	Afrique septentrionale
Sub-Saharan Africa	417.7	487.3	543.2	594.9	739.8	Afrique subsaharienne
Latin America & the Caribbean	1739.8	1997.8	2331.9	2732.3	3264.8	Amérique latine et Caraïbes
- Caribbean	179.7	201.7	211.9	228.5	280.3	- Caraïbes
- Latin America	1560.1	1796.0	2119.9	2503.8	2984.5	- Amérique latine
Eastern Asia	2148.8	2525.1	2840.6	3198.5	3720.5	Asie orientale
Southern Asia	108.1	162.0	189.2	215.5	251.3	Asie méridionale
South-Eastern Asia	1284.0	1701.4	1901.6	2139.5	2507.8	Asie du Sud-Est
Western Asia	1907.1	2250.9	2564.4	2738.5	3295.5	Asie occidentale
Oceania	45.6	50.6	54.8	59.0	61.7	Océanie
United States	3349.3	3867.0	4327.4	4553.4	5110.3	Etats-Unis d'Amérique
United Kingdom	2703.6	3231.1	3344.7	3703.1	4224.0	Royaume-Uni
Germany	2465.5	2826.1	3386.6	3584.3	4015.2	Allemagne
France-Monaco	1549.6	1844.4	1955.9	2146.3	2437.1	France-Monaco
Italy	1428.1	1613.7	1720.3	1841.2	2061.3	Italie
Spain	1305.1	1596.4	1667.3	1686.6	1963.7	Espagne
Japan	1427.8	1685.5	1677.2	1619.1	1731.7	Japon
Canada	1254.5	1429.8	1561.2	1765.6	1960.6	Canada
Netherlands	1115.8	1214.2	1257.0	1487.4	1692.3	Pays-Bas
Russian Federation	766.7	1009.6	1183.7	1516.5	2141.2	Fédération de Russie
Belgium	878.2	1024.7	1074.2	1204.8	1584.7	Belgique
China, Hong Kong SAR	833.9	1006.7	1058.4	1186.2	1420.1	Chine - RAS de Hong-Kong
Singapore	669.7	868.1	982.6	1110.8	1312.5	Singapour
United Arab Emirates	688.5	749.0	853.4	961.7	e1190.0	Emirates arabes unis
Ireland	580.1	645.9	694.7	889.1	975.2	Irlande
Australia	563.2	647.6	736.5	803.3	933.0	Australie
Korea, Republic of	585.4	579.6	645.1	753.8	834.8	République de Corée
Mexico	550.8	594.0	638.5	705.7	789.4	Mexique
Switzerland-Liechtenstein	583.5	670.5	651.5	642.9	719.6	Suisse-Liechtenstein
Poland	401.7	532.7	573.2	692.7	1064.0	Pologne
Austria	545.4	583.4	629.4	700.4	752.0	Autriche
Saudi Arabia	418.6	486.8	568.2	673.4	767.9	Arabie saoudite
Greece	433.4	488.8	542.5	545.8	660.8	Grèce
Sweden	385.7	496.5	519.5	578.3	639.9	Suède
Denmark	424.8	464.4	510.1	559.4	586.3	Danemark

Value as percentages of World total

Valeur en pourcentage du total mondial

Regions of the world	1998	1999	2000	2001	2002	2003	2004	2005	2006	2007	Régions du monde
World	100.0	100.0	100.0	100.0	100.0	100.0	100.0	100.0	100.0	100.0	Monde
Developed Economies	72.8	73.6	71.1	67.9	70.8	71.8	70.7	69.4	68.3	66.8	Economies Développés
- Asia-Pacific	6.2	6.9	7.1	6.3	6.4	6.6	6.5	6.2	5.6	5.3	- Asie-Pacifique
- Europe	53.6	52.8	49.1	47.2	49.8	51.1	50.5	49.4	49.3	48.7	- Europe
- North America	13.0	13.8	14.8	14.4	14.6	14.0	13.7	13.8	13.4	12.8	- Amérique du Nord
South-Eastern Europe	0.7	0.7	0.8	0.9	1.1	1.1	1.5	1.5	1.4	1.6	Europe du Sud-Est
Commonwealth of Independent States	2.7	1.4	1.8	2.4	3.0	3.5	3.9	4.4	5.1	6.1	Communauté d'Etats indépendants
- Asia	0.3	0.3	0.3	0.3	0.4	0.5	0.5	0.6	0.6	0.8	- Asie
- Europe	2.4	1.1	1.5	2.0	2.6	3.1	3.4	3.8	4.5	5.3	- Europe
Northern Africa	0.4	0.4	0.4	0.3	0.4	0.3	0.3	0.3	0.4	0.5	Afrique septentrionale
Sub-Saharan Africa	1.0	0.9	1.2	4.9	1.1	1.3	1.3	1.3	1.3	1.3	Afrique subsaharienne
Latin America & the Caribbean	6.5	6.2	6.6	6.8	6.2	5.3	5.1	5.4	5.8	5.9	Amérique latine et Caraïbes
- Caribbean	0.7	0.7	0.8	0.7	0.7	0.5	0.5	0.5	0.5	0.5	- Caraïbes
- Latin America	5.8	5.5	5.9	6.1	5.5	4.7	4.6	5.0	5.3	5.4	- Amérique latine
Eastern Asia	6.0	6.3	7.2	6.8	6.9	6.5	6.5	6.6	6.8	6.7	Asie orientale
Southern Asia	0.3	0.4	0.5	0.4	0.4	0.3	0.4	0.4	0.5	0.5	Asie méridionale
South-Eastern Asia	3.7	4.1	4.4	4.1	4.0	3.9	4.4	4.4	4.5	4.5	Asie du Sud-Est
Western Asia	5.8	5.7	5.9	5.5	5.9	5.8	5.8	6.0	5.8	6.0	Asie occidentale
Oceania	0.3	0.3	0.2	0.1	0.1	0.1	0.1	0.1	0.1	0.1	Océanie

Produits de parfumerie et préparations cosmétiques (a l'exclusion des savons) 553

Trade by commodity   Commerce par produit

Exports by principal countries or areas   Exportations selon les principaux pays ou zones

Value in million US dollars   Valeur en millions de dollars EU

Country or area	2003	2004	2005	2006	2007	Pays ou zone
World	34309.4	40035.1	43952.3	48865.4	57647.0	Monde
Developed Economies	29099.5	33740.0	36459.0	40216.0	46879.1	Economies Développés
- Asia-Pacific	811.8	975.8	1058.2	1114.1	1238.6	- Asie-Pacifique
- Europe	23803.1	27624.2	29560.3	32578.8	38281.9	- Europe
- North America	4484.6	5140.0	5840.5	6523.1	7358.3	- Amérique du Nord
South-Eastern Europe	107.3	124.5	135.6	127.8	232.4	Europe du Sud-Est
Commonwealth of Independent States	191.7	370.8	240.1	324.2	465.1	Communauté d'Etats indépendants
- Asia	5.3	8.6	12.8	13.8	18.9	- Asie
- Europe	186.4	362.1	227.3	310.5	446.2	- Europe
Northern Africa	37.9	36.9	91.6	87.4	87.9	Afrique septentrionale
Sub-Saharan Africa	267.6	314.9	394.1	434.8	535.4	Afrique subsaharienne
Latin America & the Caribbean	933.7	1130.2	1424.2	1732.5	2292.6	Amérique latine et Caraïbes
- Caribbean	18.5	26.3	30.5	30.8	32.2	- Caraïbes
- Latin America	915.2	1103.9	1393.8	1701.7	2260.5	- Amérique latine
Eastern Asia	1357.6	1676.4	1941.7	2276.6	2739.9	Asie orientale
Southern Asia	240.0	217.0	279.0	314.7	351.8	Asie méridionale
South-Eastern Asia	1259.9	1581.5	1933.2	2235.1	2775.5	Asie du Sud-Est
Western Asia	812.3	840.6	1050.0	1110.5	1281.7	Asie occidentale
Oceania	1.8	2.3	3.6	5.7	5.5	Océanie
France-Monaco	8196.9	9528.2	10052.6	10842.3	12695.1	France-Monaco
Germany	4031.1	4524.2	4935.9	5680.2	6922.3	Allemagne
United States	3687.7	4182.8	4747.0	5361.0	6074.5	Etats-Unis d'Amérique
United Kingdom	3128.1	3484.8	3620.9	4043.7	4595.4	Royaume-Uni
Italy	1968.6	2395.1	2599.1	2763.8	3023.6	Italie
Spain	1233.6	1467.8	1714.7	1882.8	2218.8	Espagne
Belgium	1038.9	1161.6	1206.0	1303.2	1728.8	Belgique
Netherlands	1015.3	1169.7	1234.7	1300.0	1457.3	Pays-Bas
Canada	796.9	957.0	1093.4	1162.0	1283.8	Canada
China	635.8	780.1	1039.7	1276.8	1560.5	Chine
Singapore	584.9	785.0	1010.1	1191.6	1469.1	Singapour
Poland	557.0	806.4	933.2	1126.8	1504.4	Pologne
Japan	603.8	739.1	788.2	836.9	920.1	Japon
Switzerland-Liechtenstein	521.6	590.2	611.7	688.3	803.2	Suisse-Liechtenstein
Mexico	392.4	405.2	535.1	765.6	1087.2	Mexique
Thailand	414.6	495.4	614.5	683.4	870.4	Thaïlande
Ireland	579.9	611.1	601.1	602.3	607.2	Irlande
United Arab Emirates	444.8	361.6	496.8	551.0	e595.5	Emirates arabes unis
China, Hong Kong SAR	369.0	445.1	452.9	493.1	627.2	Chine - RAS de Hong-Kong
Sweden	231.2	311.0	305.1	341.1	403.6	Suède
Denmark	247.6	260.7	276.3	311.2	349.2	Danemark
Korea, Republic of	191.5	275.9	290.7	309.1	335.4	République de Corée
Brazil	139.1	190.9	244.4	299.1	341.6	Brésil
Austria	202.0	221.4	214.2	239.2	290.2	Autriche
Hungary	116.3	237.7	259.8	291.3	243.0	Hongrie

Value as percentages of World total   Valeur en pourcentage du total mondial

Regions of the world	1998	1999	2000	2001	2002	2003	2004	2005	2006	2007	Régions du monde
World	100.0	100.0	100.0	100.0	100.0	100.0	100.0	100.0	100.0	100.0	Monde
Developed Economies	87.9	87.5	85.8	84.8	84.7	84.8	84.3	83.0	82.3	81.3	Economies Développés
- Asia-Pacific	2.4	2.8	3.0	2.6	2.6	2.4	2.4	2.4	2.3	2.1	- Asie-Pacifique
- Europe	71.3	70.6	67.4	66.6	67.9	69.4	69.0	67.3	66.7	66.4	- Europe
- North America	14.2	14.2	15.4	15.6	14.2	13.1	12.8	13.3	13.3	12.8	- Amérique du Nord
South-Eastern Europe	0.4	0.4	0.4	0.3	0.3	0.3	0.3	0.3	0.3	0.4	Europe du Sud-Est
Commonwealth of Independent States	0.3	0.3	0.4	0.4	0.4	0.6	0.9	0.5	0.7	0.8	Communauté d'Etats indépendants
- Asia	0.0	0.0	0.0	0.0	0.0	0.0	0.0	0.0	0.0	0.0	- Asie
- Europe	0.2	0.3	0.4	0.4	0.4	0.5	0.9	0.5	0.6	0.8	- Europe
Northern Africa	0.2	0.1	0.1	0.1	0.1	0.1	0.1	0.2	0.2	0.2	Afrique septentrionale
Sub-Saharan Africa	0.7	0.7	0.7	0.7	0.9	0.8	0.8	0.9	0.9	0.9	Afrique subsaharienne
Latin America & the Caribbean	2.5	2.7	3.0	3.5	3.5	2.7	2.8	3.2	3.5	4.0	Amérique latine et Caraïbes
- Caribbean	0.1	0.2	0.1	0.2	0.1	0.1	0.1	0.1	0.1	0.1	- Caraïbes
- Latin America	2.3	2.5	2.9	3.3	3.4	2.7	2.8	3.2	3.5	3.9	- Amérique latine
Eastern Asia	3.1	2.9	3.6	3.6	3.7	4.0	4.2	4.4	4.7	4.8	Asie orientale
Southern Asia	0.5	0.6	0.8	0.8	0.7	0.7	0.5	0.6	0.6	0.6	Asie méridionale
South-Eastern Asia	2.8	3.2	3.5	3.5	3.4	3.7	4.0	4.4	4.6	4.8	Asie du Sud-Est
Western Asia	1.6	1.6	1.7	2.2	2.4	2.4	2.1	2.4	2.3	2.2	Asie occidentale
Oceania	0.0	0.0	0.0	0.0	0.0	0.0	0.0	0.0	0.0	0.0	Océanie

554 Soap, cleansing and polishing preparations

Trade by commodity
Imports by principal countries or areas
Value in million US dollars

Commerce par produit
Importations selon les principaux pays ou zones
Valeur en millions de dollars EU

Country or area	2003	2004	2005	2006	2007	Pays ou zone
World	17955.7	20367.9	22300.2	24639.2	28107.8	Monde
Developed Economies	12399.9	13779.8	14759.5	16311.6	18266.0	Economies Développés
- Asia-Pacific	690.6	787.7	862.6	927.5	1043.8	- Asie-Pacifique
- Europe	9826.7	10830.0	11551.0	12754.0	14482.7	- Europe
- North America	1882.6	2162.0	2345.9	2630.1	2739.4	- Amérique du Nord
South-Eastern Europe	324.1	493.4	559.5	575.6	727.0	Europe du Sud-Est
Commonwealth of Independent States	456.5	556.1	729.4	958.5	1237.7	Communauté d'Etats indépendants
- Asia	148.4	167.2	199.0	244.4	288.0	- Asie
- Europe	308.1	389.0	530.4	714.1	949.7	- Europe
Northern Africa	111.0	128.9	138.7	152.4	212.0	Afrique septentrionale
Sub-Saharan Africa	514.8	547.7	681.9	749.4	873.0	Afrique subsaharienne
Latin America & the Caribbean	1138.9	1335.4	1478.9	1454.0	1832.8	Amérique latine et Caraïbes
- Caribbean	124.4	156.2	155.2	184.8	220.7	- Caraïbes
- Latin America	1014.5	1179.2	1323.7	1269.2	1612.1	- Amérique latine
Eastern Asia	1186.2	1446.0	1610.2	1768.0	2056.6	Asie orientale
Southern Asia	197.9	233.9	260.3	276.7	300.0	Asie méridionale
South-Eastern Asia	779.8	917.2	974.7	1088.7	1228.5	Asie du Sud-Est
Western Asia	810.3	889.0	1066.0	1260.2	1316.4	Asie occidentale
Oceania	36.3	40.5	41.2	44.3	57.9	Océanie
Germany	1372.8	1508.5	1780.3	1886.4	2074.6	Allemagne
France-Monaco	1497.2	1549.1	1635.9	1785.5	1938.4	France-Monaco
United Kingdom	1088.1	1204.2	1304.0	1507.0	1705.9	Royaume-Uni
United States	1025.5	1151.3	1263.4	1393.5	1411.2	Etats-Unis d'Amérique
Belgium	975.1	1049.7	1081.2	1112.3	1237.0	Belgique
Canada	845.1	996.6	1066.7	1221.3	1312.0	Canada
Italy	644.2	710.9	726.4	795.6	890.2	Italie
Netherlands	593.8	672.3	681.5	766.7	873.9	Pays-Bas
China	420.3	577.8	679.1	779.1	959.5	Chine
Spain	527.0	582.6	574.9	677.3	814.2	Espagne
Japan	420.9	482.6	514.2	547.0	598.5	Japon
Poland	315.5	368.2	396.1	452.9	557.6	Pologne
Austria	290.2	322.5	369.8	403.2	477.2	Autriche
Russian Federation	212.1	259.3	331.3	422.8	565.7	Fédération de Russie
Mexico	281.7	305.7	358.0	374.3	382.1	Mexique
Sweden	272.4	299.4	326.9	370.7	395.8	Suède
Greece	277.9	307.7	305.2	331.6	361.6	Grèce
Switzerland-Liechtenstein	258.5	273.5	284.0	316.3	380.6	Suisse-Liechtenstein
Portugal	242.3	256.3	264.6	284.4	307.6	Portugal
Korea, Republic of	188.4	219.1	254.6	308.6	371.1	République de Corée
Ireland	218.4	245.3	255.6	282.6	322.9	Irlande
Thailand	212.1	237.6	258.4	279.5	315.8	Thaïlande
Czech Republic	176.4	229.2	239.3	284.0	354.9	République tchèque
Australia	198.0	222.7	259.0	281.0	322.4	Australie
China, Hong Kong SAR	236.5	260.1	266.9	260.3	254.3	Chine - RAS de Hong-Kong

Value as percentages of World total

Valeur en pourcentage du total mondial

Regions of the world	1998	1999	2000	2001	2002	2003	2004	2005	2006	2007	Régions du monde
World	100.0	100.0	100.0	100.0	100.0	100.0	100.0	100.0	100.0	100.0	Monde
Developed Economies	68.1	68.1	66.6	65.1	68.3	69.1	67.7	66.2	66.2	65.0	Economies Développés
- Asia-Pacific	4.2	4.7	4.8	4.0	3.8	3.8	3.9	3.9	3.8	3.7	- Asie-Pacifique
- Europe	54.0	53.4	50.6	50.1	53.1	54.7	53.2	51.8	51.8	51.5	- Europe
- North America	9.8	10.1	11.2	11.0	11.3	10.5	10.6	10.5	10.7	9.7	- Amérique du Nord
South-Eastern Europe	1.3	1.5	1.5	1.5	1.8	1.8	2.4	2.5	2.3	2.6	Europe du Sud-Est
Commonwealth of Independent States	2.6	1.7	1.9	2.2	2.4	2.5	2.7	3.3	3.9	4.4	Communauté d'Etats indépendants
- Asia	0.6	0.7	0.8	0.8	0.7	0.8	0.8	0.9	1.0	1.0	- Asie
- Europe	2.0	1.1	1.1	1.4	1.6	1.7	1.9	2.4	2.9	3.4	- Europe
Northern Africa	1.0	0.9	0.8	0.7	0.8	0.6	0.6	0.6	0.6	0.8	Afrique septentrionale
Sub-Saharan Africa	2.4	2.2	2.5	5.1	2.6	2.9	2.7	3.1	3.0	3.1	Afrique subsaharienne
Latin America & the Caribbean	8.6	8.7	8.7	8.6	7.2	6.3	6.6	6.6	5.9	6.5	Amérique latine et Caraïbes
- Caribbean	1.1	1.2	1.1	1.0	0.9	0.7	0.8	0.7	0.8	0.8	- Caraïbes
- Latin America	7.5	7.6	7.5	7.6	6.3	5.6	5.8	5.9	5.2	5.7	- Amérique latine
Eastern Asia	5.8	6.3	6.7	6.0	6.4	6.6	7.1	7.2	7.2	7.3	Asie orientale
Southern Asia	1.1	1.1	1.2	1.1	1.1	1.1	1.1	1.2	1.1	1.1	Asie méridionale
South-Eastern Asia	3.9	4.2	4.8	4.6	4.5	4.3	4.5	4.4	4.4	4.4	Asie du Sud-Est
Western Asia	5.0	5.0	5.2	4.9	4.8	4.5	4.4	4.8	5.1	4.7	Asie occidentale
Oceania	0.3	0.2	0.3	0.2	0.2	0.2	0.2	0.2	0.2	0.2	Océanie

Trade by commodity

Exports by principal countries or areas

Value in million US dollars

Commerce par produit

Exportations selon les principaux pays ou zones

Valeur en millions de dollars EU

Country or area	2003	2004	2005	2006	2007	Pays ou zone
World	18283.8	20775.3	22352.6	24709.9	28702.0	Monde
Developed Economies	14621.3	16515.0	17511.7	19178.5	22062.1	Economies Développés
- Asia-Pacific	667.0	805.9	823.6	864.1	974.3	- Asie-Pacifique
- Europe	11711.3	13102.7	13904.5	15095.4	17641.7	- Europe
- North America	2242.9	2606.3	2783.6	3219.0	3446.1	- Amérique du Nord
South-Eastern Europe	67.8	117.4	121.5	122.4	161.0	Europe du Sud-Est
Commonwealth of Independent States	166.2	239.1	312.0	416.7	487.7	Communauté d'Etats indépendants
- Asia	7.3	8.7	10.3	10.2	15.6	- Asie
- Europe	159.0	230.4	301.7	406.5	472.1	- Europe
Northern Africa	84.5	79.8	83.3	88.4	85.8	Afrique septentrionale
Sub-Saharan Africa	199.0	210.2	248.2	253.4	306.7	Afrique subsaharienne
Latin America & the Caribbean	843.2	902.2	1017.6	1039.8	1332.5	Amérique latine et Caraïbes
- Caribbean	35.3	37.0	36.1	42.0	45.8	- Caraïbes
- Latin America	807.9	865.2	981.5	997.7	1286.6	- Amérique latine
Eastern Asia	631.1	742.9	837.9	964.6	1227.2	Asie orientale
Southern Asia	122.8	121.2	168.7	216.8	268.9	Asie méridionale
South-Eastern Asia	855.6	1036.3	1149.0	1349.2	1640.3	Asie du Sud-Est
Western Asia	690.4	809.1	900.0	1077.6	1126.7	Asie occidentale
Oceania	1.8	2.0	2.7	2.5	3.2	Océanie
Germany	2597.7	2922.5	3171.0	3500.4	4075.5	Allemagne
United States	1916.0	2229.0	2392.8	2777.0	3031.5	Etats-Unis d'Amérique
Belgium	1396.6	1575.8	1614.6	1673.0	1943.6	Belgique
United Kingdom	1242.7	1465.2	1503.3	1508.4	1878.2	Royaume-Uni
France-Monaco	1278.1	1289.2	1405.8	1536.2	1866.6	France-Monaco
Italy	1173.4	1326.8	1357.0	1452.6	1637.5	Italie
Netherlands	925.0	1023.6	1089.1	1197.5	1375.0	Pays-Bas
Spain	931.3	947.5	919.8	948.1	918.1	Espagne
Japan	544.7	667.8	674.2	731.7	799.2	Japon
Czech Republic	334.7	387.9	481.8	550.3	697.6	République tchèque
Poland	240.1	360.1	416.3	495.7	655.9	Pologne
Mexico	384.3	358.8	388.2	466.8	510.4	Mexique
Canada	327.0	377.3	390.8	442.0	414.6	Canada
China	206.0	269.7	328.8	424.0	627.5	Chine
Malaysia	258.4	301.0	325.9	388.3	478.4	Malaisie
Indonesia	249.5	309.0	329.7	356.1	421.1	Indonésie
Turkey	311.1	368.7	401.3	227.4	210.9	Turquie
Austria	221.6	250.4	291.3	348.3	392.5	Autriche
Denmark	252.9	268.5	279.5	295.8	361.1	Danemark
Sweden	203.9	260.6	263.9	306.6	340.3	Suède
Russian Federation	138.4	202.6	265.8	332.9	413.9	Fédération de Russie
Singapore	182.1	225.1	237.3	278.4	319.7	Singapour
Switzerland-Liechtenstein	216.6	222.1	230.2	243.2	273.5	Suisse-Liechtenstein
Korea, Republic of	157.6	193.7	214.8	224.3	264.4	République de Corée
Hungary	159.6	208.1	190.8	200.8	255.6	Hongrie

Value as percentages of World total

Valeur en pourcentage du total mondial

Regions of the world	1998	1999	2000	2001	2002	2003	2004	2005	2006	2007	Régions du monde
World	100.0	100.0	100.0	100.0	100.0	100.0	100.0	100.0	100.0	100.0	Monde
Developed Economies	80.1	80.1	78.1	78.5	79.2	80.0	79.5	78.3	77.6	76.9	Economies Développés
- Asia-Pacific	3.4	3.9	4.6	3.8	3.7	3.6	3.9	3.7	3.5	3.4	- Asie-Pacifique
- Europe	63.4	62.7	59.4	60.3	62.4	64.1	63.1	62.2	61.1	61.5	- Europe
- North America	13.3	13.5	14.1	14.4	13.1	12.3	12.5	12.5	13.0	12.0	- Amérique du Nord
South-Eastern Europe	0.2	0.3	0.3	0.2	0.3	0.4	0.6	0.5	0.5	0.6	Europe du Sud-Est
Commonwealth of Independent States	0.4	0.4	0.7	0.8	0.7	0.9	1.2	1.4	1.7	1.7	Communauté d'Etats indépendants
- Asia	0.0	0.0	0.0	0.0	0.0	0.0	0.0	0.0	0.0	0.1	- Asie
- Europe	0.4	0.4	0.7	0.7	0.7	0.9	1.1	1.3	1.6	1.6	- Europe
Northern Africa	0.4	0.3	0.5	0.4	0.5	0.5	0.4	0.4	0.4	0.3	Afrique septentrionale
Sub-Saharan Africa	1.1	1.0	0.8	1.0	1.2	1.1	1.0	1.1	1.0	1.1	Afrique subsaharienne
Latin America & the Caribbean	5.5	5.5	6.7	6.4	5.3	4.6	4.3	4.6	4.2	4.6	Amérique latine et Caraïbes
- Caribbean	0.4	0.5	0.4	0.4	0.3	0.2	0.2	0.2	0.2	0.2	- Caraïbes
- Latin America	5.1	5.1	6.3	6.0	5.0	4.4	4.2	4.4	4.2	4.5	- Amérique latine
Eastern Asia	3.7	3.4	3.8	3.5	3.5	3.5	3.6	3.7	3.9	4.3	Asie orientale
Southern Asia	0.5	0.5	0.6	0.7	0.8	0.7	0.6	0.8	0.9	0.9	Asie méridionale
South-Eastern Asia	3.9	4.5	4.7	4.6	4.5	4.7	5.0	5.1	5.5	5.7	Asie du Sud-Est
Western Asia	4.2	4.0	3.7	3.9	4.0	3.8	3.9	4.0	4.4	3.9	Asie occidentale
Oceania	0.0	0.0	0.0	0.0	0.0	0.0	0.0	0.0	0.0	0.0	Océanie

562 Fertilizers (other than those of group 272)

Trade by commodity   Commerce par produit
Imports by principal countries or areas   Importations selon les principaux pays ou zones
Value in million US dollars   Valeur en millions de dollars EU

Country or area	2003	2004	2005	2006	2007	Pays ou zone
World	21504.7	28039.4	33026.0	33374.7	46105.9	Monde
Developed Economies	10316.4	12035.3	14023.7	13884.8	18609.2	Economies Développés
- Asia-Pacific	1208.9	1537.0	1755.9	1556.1	1847.6	- Asie-Pacifique
- Europe	6331.9	7308.7	7758.2	8156.9	10728.1	- Europe
- North America	2775.6	3189.7	4509.7	4171.8	6033.5	- Amérique du Nord
South-Eastern Europe	130.5	281.1	346.6	291.4	474.0	Europe du Sud-Est
Commonwealth of Independent States	143.6	178.5	229.7	401.5	492.6	Communauté d'Etats indépendants
- Asia	57.8	70.9	73.0	88.5	100.6	- Asie
- Europe	85.8	107.6	156.7	313.0	392.0	- Europe
Northern Africa	176.6	271.2	402.5	255.3	325.0	Afrique septentrionale
Sub-Saharan Africa	805.9	1309.8	1812.0	1887.3	2362.0	Afrique subsaharienne
Latin America & the Caribbean	3681.8	5360.5	5411.0	5785.8	9579.2	Amérique latine et Caraïbes
- Caribbean	71.7	87.5	114.1	135.0	154.3	- Caraïbes
- Latin America	3610.1	5272.9	5296.9	5650.7	9424.9	- Amérique latine
Eastern Asia	2123.2	2748.7	3637.8	2964.4	3508.2	Asie orientale
Southern Asia	1130.1	1983.8	3134.4	3696.7	5292.9	Asie méridionale
South-Eastern Asia	2114.1	2910.7	2915.6	3174.4	4213.1	Asie du Sud-Est
Western Asia	857.7	925.2	1080.0	992.3	1217.0	Asie occidentale
Oceania	24.7	34.6	32.5	40.9	32.4	Océanie
United States	2355.1	2796.1	4048.7	3730.6	5403.3	Etats-Unis d'Amérique
Brazil	1707.2	2581.2	2260.7	2350.3	4521.7	Brésil
China	1758.1	2282.5	3033.5	2467.1	2901.5	Chine
India	494.8	915.3	1679.9	2668.6	3897.7	Inde
France-Monaco	1205.5	1410.7	1453.5	1497.2	2137.2	France-Monaco
Thailand	635.8	823.6	891.7	932.0	1317.1	Thaïlande
Germany	782.6	837.4	933.8	923.5	1099.7	Allemagne
Mexico	536.4	707.2	846.9	839.0	1120.4	Mexique
Viet Nam	629.9	823.7	648.8	682.6	e871.0	Viet Nam
Belgium	556.8	594.4	662.2	783.4	941.1	Belgique
Italy	587.0	661.8	638.1	703.7	946.9	Italie
Turkey	392.6	637.6	751.1	709.2	866.6	Turquie
Japan	517.6	628.1	691.5	714.0	775.0	Japon
United Kingdom	557.8	606.7	639.6	655.5	844.7	Royaume-Uni
Australia	500.2	650.2	776.0	587.9	766.1	Australie
Malaysia	362.5	635.3	643.2	666.6	944.0	Malaisie
Spain	518.1	576.2	568.7	618.8	793.0	Espagne
Argentina	245.4	428.9	431.7	542.1	1104.4	Argentine
Pakistan	227.8	351.4	644.5	451.4	743.9	Pakistan
Canada	419.7	392.6	460.1	440.2	629.5	Canada
Indonesia	226.3	377.3	454.8	561.2	714.7	Indonésie
Netherlands	362.1	406.7	486.1	439.0	595.9	Pays-Bas
Nigeria	68.6	e65.2	e428.7	460.7	e755.8	Nigéria
Colombia	224.6	291.6	348.6	374.6	482.3	Colombie
Ireland	261.7	308.2	363.4	372.0	413.1	Irlande

Value as percentages of World total   Valeur en pourcentage du total mondial

Regions of the world	1998	1999	2000	2001	2002	2003	2004	2005	2006	2007	Régions du monde
World	100.0	100.0	100.0	100.0	100.0	100.0	100.0	100.0	100.0	100.0	Monde
Developed Economies	46.4	44.2	46.5	44.1	44.1	48.0	42.9	42.5	41.6	40.4	Economies Développés
- Asia-Pacific	5.9	6.1	6.4	5.6	6.2	5.6	5.5	5.3	4.7	4.0	- Asie-Pacifique
- Europe	29.6	27.2	27.5	25.6	26.4	29.4	26.1	23.5	24.4	23.3	- Europe
- North America	10.9	11.0	12.6	12.9	11.5	12.9	11.4	13.7	12.5	13.1	- Amérique du Nord
South-Eastern Europe	0.5	0.5	0.5	0.8	0.6	0.6	1.0	1.0	0.9	1.0	Europe du Sud-Est
Commonwealth of Independent States	0.5	0.5	0.5	0.6	0.8	0.7	0.6	0.7	1.2	1.1	Communauté d'Etats indépendants
- Asia	0.3	0.3	0.3	0.4	0.4	0.3	0.3	0.2	0.3	0.2	- Asie
- Europe	0.2	0.2	0.2	0.3	0.5	0.4	0.4	0.5	0.9	0.9	- Europe
Northern Africa	1.0	1.1	0.9	0.8	0.9	0.8	1.0	1.2	0.8	0.7	Afrique septentrionale
Sub-Saharan Africa	3.4	3.1	4.2	11.5	4.8	3.7	4.7	5.5	5.7	5.1	Afrique subsaharienne
Latin America & the Caribbean	14.3	14.2	17.3	16.1	15.9	17.1	19.1	16.4	17.3	20.8	Amérique latine et Caraïbes
- Caribbean	0.5	0.8	0.8	0.8	0.8	0.3	0.3	0.3	0.4	0.3	- Caraïbes
- Latin America	13.9	13.4	16.6	15.3	15.1	16.8	18.8	16.0	16.9	20.4	- Amérique latine
Eastern Asia	15.0	14.3	11.4	9.7	15.0	9.9	9.8	11.0	8.9	7.6	Asie orientale
Southern Asia	7.5	9.8	5.9	5.4	5.3	5.3	7.1	9.5	11.1	11.5	Asie méridionale
South-Eastern Asia	8.4	9.7	9.7	8.5	9.9	9.8	10.4	8.8	9.5	9.1	Asie du Sud-Est
Western Asia	2.8	2.4	3.1	2.3	2.5	4.0	3.3	3.3	3.0	2.6	Asie occidentale
Oceania	0.1	0.1	0.1	0.1	0.1	0.1	0.1	0.1	0.1	0.1	Océanie

Trade by commodity
Exports by principal countries or areas
Value in million US dollars

Commerce par produit
Exportations selon les principaux pays ou zones
Valeur en millions de dollars EU

Country or area	2003	2004	2005	2006	2007	Pays ou zone
World	18016.8	22254.1	27048.5	28135.0	39307.6	Monde
Developed Economies	9630.6	11264.7	13254.3	13987.8	17062.6	Economies Développés
- Asia-Pacific	186.5	205.6	251.2	215.1	343.1	- Asie-Pacifique
- Europe	5058.6	5896.6	6756.2	7155.0	9380.0	- Europe
- North America	4385.5	5162.5	6246.9	6617.6	7339.5	- Amérique du Nord
South-Eastern Europe	328.6	359.7	545.3	498.7	668.3	Europe du Sud-Est
Commonwealth of Independent States	3260.4	4550.7	6096.4	6304.6	8769.4	Communauté d'Etats indépendants
- Asia	63.2	98.3	130.2	101.1	225.1	- Asie
- Europe	3197.2	4452.4	5966.2	6203.5	8544.3	- Europe
Northern Africa	924.7	1052.7	1098.0	1215.2	1774.7	Afrique septentrionale
Sub-Saharan Africa	255.4	309.3	305.7	275.1	302.0	Afrique subsaharienne
Latin America & the Caribbean	534.0	624.4	899.4	847.0	1107.6	Amérique latine et Caraïbes
- Caribbean	85.6	109.5	152.3	158.4	240.1	- Caraïbes
- Latin America	448.4	514.9	747.1	688.6	867.5	- Amérique latine
Eastern Asia	947.3	1549.1	1235.1	1427.3	4093.3	Asie orientale
Southern Asia	87.9	102.4	105.7	103.9	119.2	Asie méridionale
South-Eastern Asia	464.7	435.0	603.4	479.4	733.8	Asie du Sud-Est
Western Asia	1583.2	2006.2	2905.0	2995.9	4676.7	Asie occidentale
Oceania	0.0	0.1	0.1	0.1	0.1	Océanie
Russian Federation	1963.0	2839.6	3878.8	4077.2	5696.2	Fédération de Russie
United States	2551.8	2846.1	e3146.8	e3608.6	e3480.5	Etats-Unis d'Amérique
Canada	1833.7	2316.4	3100.1	3009.1	3859.0	Canada
Germany	1129.8	1371.6	1729.7	1789.1	2214.4	Allemagne
China	783.0	1286.6	985.0	1140.3	3702.4	Chine
Netherlands	961.6	1124.5	1214.9	1407.5	1616.1	Pays-Bas
Belgium	952.8	1081.7	1179.6	1239.6	1822.0	Belgique
Belarus	643.4	863.4	1118.0	1131.7	1527.1	Bélarus
Ukraine	590.0	748.7	968.0	994.4	1320.7	Ukraine
Israel	495.3	586.9	761.9	681.2	1136.8	Israël
Saudi Arabia	441.8	460.6	635.3	669.8	1137.0	Arabie saoudite
Qatar	278.6	394.4	685.2	673.9	e731.7	Qatar
Morocco	371.9	431.5	443.8	514.8	869.6	Maroc
Lithuania	305.7	408.9	523.9	519.5	848.3	Lituanie
Tunisia	346.5	437.5	419.9	457.0	661.7	Tunisie
Poland	307.5	322.7	449.2	408.3	562.5	Pologne
Romania	227.8	262.9	405.1	409.1	513.4	Roumanie
Spain	225.4	286.8	317.7	330.6	438.7	Espagne
Jordan	104.1	178.6	181.7	213.7	630.7	Jordanie
Malaysia	171.9	212.8	243.7	284.5	364.8	Malaisie
France-Monaco	189.2	217.3	246.0	259.8	335.4	France-Monaco
Korea, Republic of	135.2	220.3	195.6	236.9	330.3	République de Corée
Kuwait	e114.1	e195.3	e236.2	e239.9	e304.6	Koweït
Brazil	110.1	158.5	171.6	163.5	269.2	Brésil
Finland	119.9	129.3	178.0	181.6	232.5	Finlande

Value as percentages of World total

Valeur en pourcentage du total mondial

Regions of the world	1998	1999	2000	2001	2002	2003	2004	2005	2006	2007	Régions du monde
World	100.0	100.0	100.0	100.0	100.0	100.0	100.0	100.0	100.0	100.0	Monde
Developed Economies	61.8	62.4	58.7	55.1	56.5	53.5	50.6	49.0	49.7	43.4	Economies Développés
- Asia-Pacific	0.7	0.8	0.9	1.1	1.0	1.0	0.9	0.9	0.8	0.9	- Asie-Pacifique
- Europe	29.1	27.9	26.6	25.9	26.4	28.1	26.5	25.0	25.4	23.9	- Europe
- North America	32.1	33.7	31.2	28.1	29.1	24.3	23.2	23.1	23.5	18.7	- Amérique du Nord
South-Eastern Europe	0.9	0.8	1.7	1.8	1.4	1.8	1.6	2.0	1.8	1.7	Europe du Sud-Est
Commonwealth of Independent States	15.2	15.3	17.1	17.8	17.8	18.1	20.4	22.5	22.4	22.3	Communauté d'Etats indépendants
- Asia	0.5	0.4	0.4	0.2	0.2	0.4	0.4	0.5	0.4	0.6	- Asie
- Europe	14.7	14.9	16.7	17.6	17.6	17.7	20.0	22.1	22.0	21.7	- Europe
Northern Africa	4.8	4.8	5.0	6.7	5.1	5.1	4.7	4.1	4.3	4.5	Afrique septentrionale
Sub-Saharan Africa	1.7	1.6	1.2	1.3	1.7	1.4	1.4	1.1	1.0	0.8	Afrique subsaharienne
Latin America & the Caribbean	3.1	2.9	2.7	3.1	2.9	3.0	2.8	3.3	3.0	2.8	Amérique latine et Caraïbes
- Caribbean	0.3	0.4	0.5	0.5	0.5	0.5	0.5	0.6	0.6	0.6	- Caraïbes
- Latin America	2.7	2.6	2.2	2.6	2.4	2.5	2.3	2.8	2.4	2.2	- Amérique latine
Eastern Asia	2.2	2.5	3.1	3.6	3.3	5.3	7.0	4.6	5.1	10.4	Asie orientale
Southern Asia	0.5	0.3	0.6	0.4	0.5	0.5	0.5	0.4	0.4	0.3	Asie méridionale
South-Eastern Asia	2.5	2.4	2.8	2.3	2.6	2.6	2.0	2.2	1.7	1.9	Asie du Sud-Est
Western Asia	7.2	6.9	7.1	7.9	8.2	8.8	9.0	10.7	10.6	11.9	Asie occidentale
Oceania	0.0	0.0	0.0	0.0	0.0	0.0	0.0	0.0	0.0	0.0	Océanie

571 Polymers of ethylene, in primary forms

Trade by commodity
Imports by principal countries or areas
Value in million US dollars

Commerce par produit
Importations selon les principaux pays ou zones
Valeur en millions de dollars EU

Country or area	2003	2004	2005	2006	2007	Pays ou zone
World	24336.8	32897.8	41141.9	47378.9	55127.1	Monde
Developed Economies	13633.2	17643.9	21696.0	25836.5	29567.2	Economies Développés
- Asia-Pacific	471.3	595.8	708.5	783.9	1020.5	- Asie-Pacifique
- Europe	10187.0	13571.5	16548.8	19908.4	23778.8	- Europe
- North America	2974.9	3476.7	4438.7	5144.1	4767.9	- Amérique du Nord
South-Eastern Europe	154.3	301.8	372.8	409.4	548.9	Europe du Sud-Est
Commonwealth of Independent States	306.4	430.9	629.1	1032.2	1502.3	Communauté d'Etats indépendants
- Asia	31.8	57.4	69.7	101.2	152.7	- Asie
- Europe	274.6	373.5	559.4	931.0	1349.6	- Europe
Northern Africa	347.9	512.8	629.4	675.0	974.1	Afrique septentrionale
Sub-Saharan Africa	592.7	857.9	1254.7	1462.6	1984.3	Afrique subsaharienne
Latin America & the Caribbean	2083.7	2801.3	3599.1	4088.3	4673.9	Amérique latine et Caraïbes
- Caribbean	63.0	78.3	111.1	113.4	136.0	- Caraïbes
- Latin America	2020.6	2722.9	3488.0	3974.8	4538.0	- Amérique latine
Eastern Asia	4318.5	6087.9	7506.9	7974.4	8388.7	Asie orientale
Southern Asia	633.8	885.7	1237.4	1123.9	1453.9	Asie méridionale
South-Eastern Asia	1168.7	1728.6	1964.3	2334.2	2895.6	Asie du Sud-Est
Western Asia	1091.4	1637.2	2240.1	2430.7	3123.3	Asie occidentale
Oceania	6.3	9.8	12.0	11.9	14.9	Océanie
China	3422.6	4879.9	6086.8	6391.7	6873.3	Chine
United States	2241.0	2614.4	3375.4	3872.0	3631.9	Etats-Unis d'Amérique
Germany	1573.3	2144.6	2743.1	3411.1	3981.2	Allemagne
Italy	1257.6	1889.1	2239.6	2764.3	3240.3	Italie
Belgium	1414.1	1688.5	2224.4	2703.5	3188.3	Belgique
France-Monaco	985.5	1341.2	1692.3	2046.4	2657.3	France-Monaco
United Kingdom	1093.7	1370.3	1576.1	1693.6	1891.7	Royaume-Uni
Mexico	866.4	1121.6	1432.4	1697.8	1741.5	Mexique
Spain	901.2	1163.1	1321.8	1602.8	1745.7	Espagne
Canada	733.8	862.2	1063.0	1272.0	1134.5	Canada
Turkey	379.1	627.2	863.3	929.5	1310.0	Turquie
China, Hong Kong SAR	520.2	718.1	910.5	1005.3	895.2	Chine - RAS de Hong-Kong
Netherlands	441.8	613.2	706.9	765.3	922.9	Pays-Bas
Poland	336.9	509.9	627.4	791.6	1064.5	Pologne
Sweden	343.5	468.1	555.2	676.1	821.7	Suède
Malaysia	254.0	479.2	554.6	643.9	811.2	Malaisie
Viet Nam	255.7	411.0	505.7	651.8	e831.6	Viet Nam
Nigeria	200.0	e190.2	e500.4	537.7	e882.2	Nigéria
India	195.6	265.2	451.3	564.9	809.8	Inde
Greece	284.8	329.3	389.7	478.6	648.5	Grèce
Brazil	211.5	302.6	385.1	429.3	527.8	Brésil
Switzerland-Liechtenstein	222.9	283.1	330.0	382.6	423.7	Suisse-Liechtenstein
Russian Federation	94.9	124.3	227.0	470.5	711.1	Fédération de Russie
Thailand	191.9	268.4	318.3	368.6	456.1	Thaïlande
Indonesia	198.0	289.6	329.0	356.5	428.9	Indonésie

Value as percentages of World total

Valeur en pourcentage du total mondial

Regions of the world	1998	1999	2000	2001	2002	2003	2004	2005	2006	2007	Régions du monde
World	100.0	100.0	100.0	100.0	100.0	100.0	100.0	100.0	100.0	100.0	Monde
Developed Economies	59.2	59.7	58.4	54.7	55.2	56.0	53.6	52.7	54.5	53.6	Economies Développés
- Asia-Pacific	1.8	2.4	2.2	2.1	1.9	1.9	1.8	1.7	1.7	1.9	- Asie-Pacifique
- Europe	47.9	46.5	44.9	41.0	41.9	41.9	41.3	40.2	42.0	43.1	- Europe
- North America	9.6	10.8	11.3	11.6	11.5	12.2	10.6	10.8	10.9	8.6	- Amérique du Nord
South-Eastern Europe	0.3	0.4	0.4	0.4	0.5	0.6	0.9	0.9	0.9	1.0	Europe du Sud-Est
Commonwealth of Independent States	0.6	0.6	0.7	0.8	0.9	1.3	1.3	1.5	2.2	2.7	Communauté d'Etats indépendants
- Asia	0.2	0.1	0.1	0.1	0.1	0.1	0.2	0.2	0.2	0.3	- Asie
- Europe	0.4	0.5	0.6	0.7	0.8	1.1	1.1	1.4	2.0	2.4	- Europe
Northern Africa	2.1	2.0	1.8	1.6	1.7	1.4	1.6	1.5	1.4	1.8	Afrique septentrionale
Sub-Saharan Africa	2.3	1.7	1.7	5.0	2.2	2.4	2.6	3.0	3.1	3.6	Afrique subsaharienne
Latin America & the Caribbean	8.9	9.0	9.7	9.3	8.6	8.6	8.5	8.7	8.6	8.5	Amérique latine et Caraïbes
- Caribbean	0.3	0.4	0.4	0.4	0.4	0.3	0.2	0.3	0.2	0.2	- Caraïbes
- Latin America	8.6	8.6	9.3	8.9	8.2	8.3	8.3	8.5	8.4	8.2	- Amérique latine
Eastern Asia	15.9	16.0	16.6	17.9	19.2	17.7	18.5	18.2	16.8	15.2	Asie orientale
Southern Asia	2.3	2.3	2.0	2.0	2.4	2.6	2.7	3.0	2.4	2.6	Asie méridionale
South-Eastern Asia	4.3	4.7	5.0	4.5	5.0	4.8	5.3	4.8	4.9	5.3	Asie du Sud-Est
Western Asia	3.9	3.6	3.7	3.6	4.3	4.5	5.0	5.4	5.1	5.7	Asie occidentale
Oceania	0.0	0.0	0.0	0.0	0.0	0.0	0.0	0.0	0.0	0.0	Océanie

Trade by commodity

Exports by principal countries or areas

Value in million US dollars

Country or area	2003	2004	2005	2006	2007	Pays ou zone
World	22382.1	31031.9	39361.8	45862.0	54239.5	Monde
Developed Economies	14741.7	19610.0	24246.5	28871.7	34707.6	Economies Développés
- Asia-Pacific	575.2	716.1	811.5	949.1	1109.4	- Asie-Pacifique
- Europe	9159.5	12499.1	15659.9	18846.8	23258.4	- Europe
- North America	5006.9	6394.8	7775.2	9075.9	10339.8	- Amérique du Nord
South-Eastern Europe	105.2	251.9	278.6	219.9	328.1	Europe du Sud-Est
Commonwealth of Independent States	341.1	511.0	515.3	624.0	752.2	Communauté d'Etats indépendants
- Asia	42.4	130.1	145.7	174.2	174.4	- Asie
- Europe	298.8	380.9	369.7	449.8	577.8	- Europe
Northern Africa	149.3	227.4	282.7	402.2	394.2	Afrique septentrionale
Sub-Saharan Africa	37.1	41.3	60.5	45.7	88.4	Afrique subsaharienne
Latin America & the Caribbean	631.4	878.2	1214.5	1572.0	1668.5	Amérique latine et Caraïbes
- Caribbean	0.9	0.3	0.2	0.4	0.1	- Caraïbes
- Latin America	630.6	877.9	1214.4	1571.6	1668.3	- Amérique latine
Eastern Asia	2282.5	3137.5	3988.0	4291.2	5002.6	Asie orientale
Southern Asia	191.7	439.1	401.2	501.6	409.5	Asie méridionale
South-Eastern Asia	1635.4	2440.0	3066.0	3512.3	4121.3	Asie du Sud-Est
Western Asia	2266.3	3495.6	5308.2	5820.5	6767.1	Asie occidentale
Oceania	0.2		0.0	0.7	0.1	Océanie
Belgium	2972.9	3981.9	4709.8	5679.5	6565.3	Belgique
United States	2844.8	3752.8	4520.0	5195.0	6443.5	Etats-Unis d'Amérique
Canada	2162.1	2642.0	3255.2	3880.8	3896.4	Canada
Saudi Arabia	1323.1	2466.1	3335.7	3471.7	4149.3	Arabie saoudite
Germany	1610.1	2154.5	2804.5	3151.9	3607.5	Allemagne
Netherlands	1343.5	1960.7	2332.2	2797.3	3345.8	Pays-Bas
Korea, Republic of	1312.1	1780.3	2234.0	2445.4	2817.0	République de Corée
France-Monaco	1065.8	1415.0	1714.6	1994.3	2921.4	France-Monaco
Singapore	842.1	1246.0	1474.4	1663.6	1903.5	Singapour
Thailand	433.1	628.7	904.8	1103.6	1321.6	Thaïlande
Japan	561.4	702.6	776.3	925.5	1062.4	Japon
Sweden	453.3	677.0	788.1	913.7	1059.3	Suède
Brazil	382.7	487.6	696.2	1018.3	1143.7	Brésil
Qatar	259.7	396.2	614.7	1110.1	e1205.3	Qatar
China, Hong Kong SAR	469.1	628.0	756.8	816.0	774.5	Chine - RAS de Hong-Kong
Italy	405.7	541.7	650.5	798.2	944.4	Italie
Spain	398.4	458.7	576.4	670.8	999.0	Espagne
Malaysia	321.7	533.5	629.7	687.2	788.0	Malaisie
Kuwait	e333.4	e448.4	e640.6	e529.6	e544.0	Koweït
Hungary	162.0	235.2	442.2	535.1	711.0	Hongrie
United Arab Emirates	249.2	62.1	529.7	575.7	e622.1	Emirates arabes unis
India	166.5	417.2	339.3	379.7	250.6	Inde
Argentina	196.8	292.5	361.4	372.4	325.7	Argentine
Austria	8.0	5.2	264.9	482.8	775.9	Autriche
Czech Republic	124.1	241.9	302.1	356.5	393.7	République tchèque

Value as percentages of World total

Regions of the world	1998	1999	2000	2001	2002	2003	2004	2005	2006	2007	Régions du monde
World	100.0	100.0	100.0	100.0	100.0	100.0	100.0	100.0	100.0	100.0	Monde
Developed Economies	69.7	70.6	69.3	66.7	65.4	65.9	63.2	61.6	63.0	64.0	Economies Développés
- Asia-Pacific	3.1	3.5	3.2	2.8	3.0	2.6	2.3	2.1	2.1	2.0	- Asie-Pacifique
- Europe	45.9	45.2	42.8	41.5	39.3	40.9	40.3	39.8	41.1	42.9	- Europe
- North America	20.7	22.0	23.4	22.4	23.2	22.4	20.6	19.8	19.8	19.1	- Amérique du Nord
South-Eastern Europe	0.6	0.4	0.4	0.4	0.5	0.5	0.8	0.7	0.5	0.6	Europe du Sud-Est
Commonwealth of Independent States	1.3	1.3	1.6	1.7	1.6	1.5	1.6	1.3	1.4	1.4	Communauté d'Etats indépendants
- Asia	0.0	0.1	0.1	0.1	0.1	0.2	0.4	0.4	0.4	0.3	- Asie
- Europe	1.3	1.3	1.6	1.6	1.4	1.3	1.2	0.9	1.0	1.1	- Europe
Northern Africa	0.0	0.2	0.3	0.2	0.3	0.7	0.7	0.7	0.9	0.7	Afrique septentrionale
Sub-Saharan Africa	0.2	0.2	0.2	0.2	0.2	0.2	0.1	0.2	0.1	0.2	Afrique subsaharienne
Latin America & the Caribbean	2.3	2.5	2.9	3.2	3.0	2.8	2.8	3.1	3.4	3.1	Amérique latine et Caraïbes
- Caribbean	0.0	0.0	0.0	0.0	0.0	0.0	0.0	0.0	0.0	0.0	- Caraïbes
- Latin America	2.3	2.5	2.9	3.2	3.0	2.8	2.8	3.1	3.4	3.1	- Amérique latine
Eastern Asia	11.3	11.2	10.8	10.6	10.2	10.2	10.1	10.1	9.4	9.2	Asie orientale
Southern Asia	0.1	0.1	0.3	0.5	1.0	0.9	1.4	1.0	1.1	0.8	Asie méridionale
South-Eastern Asia	5.3	4.6	5.7	5.0	6.7	7.3	7.9	7.8	7.7	7.6	Asie du Sud-Est
Western Asia	9.2	8.8	8.3	11.6	11.2	10.1	11.3	13.5	12.7	12.5	Asie occidentale
Oceania	0.0	0.0	0.0	0.0	0.0	0.0		0.0	0.0	0.0	Océanie

572 Polymers of styrene, in primary forms

Trade by commodity · Commerce par produit

Imports by principal countries or areas · Importations selon les principaux pays ou zones

Value in million US dollars · Valeur en millions de dollars EU

Country or area	2003	2004	2005	2006	2007	Pays ou zone
World	13268.9	16692.2	18742.8	20326.0	23467.3	Monde
Developed Economies	5453.5	6695.3	7468.4	8247.3	9310.8	Economies Développés
- Asia-Pacific	170.0	212.8	241.4	281.9	319.9	- Asie-Pacifique
- Europe	4265.0	5181.7	5540.1	6320.2	7496.2	- Europe
- North America	1018.4	1300.8	1686.9	1645.3	1494.8	- Amérique du Nord
South-Eastern Europe	74.6	149.1	185.5	230.6	317.2	Europe du Sud-Est
Commonwealth of Independent States	177.9	199.9	271.3	373.5	527.0	Communauté d'Etats indépendants
- Asia	6.0	8.0	8.7	13.4	20.6	- Asie
- Europe	171.8	191.9	262.5	360.1	506.4	- Europe
Northern Africa	96.9	134.9	152.0	140.3	214.3	Afrique septentrionale
Sub-Saharan Africa	85.1	118.2	141.0	157.1	199.8	Afrique subsaharienne
Latin America & the Caribbean	662.6	917.2	1089.0	1243.0	1330.5	Amérique latine et Caraïbes
- Caribbean	20.5	39.6	53.8	62.4	73.6	- Caraïbes
- Latin America	642.1	877.6	1035.2	1180.7	1256.9	- Amérique latine
Eastern Asia	5438.6	6675.7	7367.0	7831.8	9095.7	Asie orientale
Southern Asia	151.3	169.7	189.6	128.8	159.9	Asie méridionale
South-Eastern Asia	680.7	945.7	1066.7	1169.9	1304.6	Asie du Sud-Est
Western Asia	445.9	683.9	805.1	793.9	986.5	Asie occidentale
Oceania	1.7	2.7	7.2	9.8	20.9	Océanie
China	3432.6	4033.3	4387.0	4807.6	5909.7	Chine
China, Hong Kong SAR	1865.0	2477.2	2791.8	2803.0	2909.7	Chine - RAS de Hong-Kong
Italy	768.7	935.3	1005.3	1127.9	1265.4	Italie
United States	670.4	888.0	1216.9	1169.8	959.6	Etats-Unis d'Amérique
Germany	639.6	812.7	895.8	1024.8	1192.1	Allemagne
Mexico	431.7	561.3	635.8	727.3	694.7	Mexique
France-Monaco	406.5	473.0	513.9	595.6	690.0	France-Monaco
Turkey	296.4	482.3	541.9	541.2	660.1	Turquie
Canada	348.0	412.8	469.9	475.3	535.0	Canada
Poland	249.8	353.3	356.0	455.8	573.1	Pologne
United Kingdom	317.6	359.2	382.2	398.7	482.6	Royaume-Uni
Belgium	307.5	358.7	349.0	405.6	402.7	Belgique
Malaysia	227.1	307.0	345.7	407.4	450.7	Malaisie
Spain	274.8	313.0	338.2	351.2	429.0	Espagne
Thailand	187.8	275.5	290.4	306.8	327.4	Thaïlande
Netherlands	210.0	241.4	220.0	254.2	298.5	Pays-Bas
Austria	166.6	148.5	203.8	217.4	301.6	Autriche
Russian Federation	106.1	103.5	153.1	230.4	311.0	Fédération de Russie
Switzerland-Liechtenstein	141.0	172.9	180.5	184.5	202.6	Suisse-Liechtenstein
Denmark	103.4	132.2	154.8	164.5	206.5	Danemark
Brazil	77.3	123.6	134.5	170.1	204.7	Brésil
Viet Nam	65.6	98.6	121.1	178.5	e227.7	Viet Nam
Czech Republic	79.2	120.9	124.6	146.1	182.2	République tchèque
Japan	87.2	105.4	131.2	161.9	163.5	Japon
Singapore	96.7	132.9	138.1	143.3	135.8	Singapour

Value as percentages of World total · Valeur en pourcentage du total mondial

Regions of the world	1998	1999	2000	2001	2002	2003	2004	2005	2006	2007	Régions du monde
World	100.0	100.0	100.0	100.0	100.0	100.0	100.0	100.0	100.0	100.0	Monde
Developed Economies	46.9	42.8	40.4	41.9	40.4	41.1	40.1	39.8	40.6	39.7	Economies Développés
- Asia-Pacific	1.3	1.5	1.4	1.3	1.3	1.3	1.3	1.3	1.4	1.4	- Asie-Pacifique
- Europe	38.3	33.8	31.4	32.1	31.1	32.1	31.0	29.6	31.1	31.9	- Europe
- North America	7.3	7.6	7.5	8.5	8.0	7.7	7.8	9.0	8.1	6.4	- Amérique du Nord
South-Eastern Europe	0.2	0.2	0.2	0.3	0.4	0.6	0.9	1.0	1.1	1.4	Europe du Sud-Est
Commonwealth of Independent States	0.9	0.9	0.8	1.1	1.1	1.3	1.2	1.4	1.8	2.2	Communauté d'Etats indépendants
- Asia	0.0	0.0	0.0	0.0	0.0	0.0	0.0	0.0	0.1	0.1	- Asie
- Europe	0.9	0.9	0.8	1.1	1.1	1.3	1.1	1.4	1.8	2.2	- Europe
Northern Africa	0.7	0.8	0.7	0.8	0.7	0.7	0.8	0.8	0.7	0.9	Afrique septentrionale
Sub-Saharan Africa	0.6	0.6	0.6	1.0	0.6	0.6	0.7	0.8	0.8	0.9	Afrique subsaharienne
Latin America & the Caribbean	6.1	6.4	6.7	6.0	5.5	5.0	5.5	5.8	6.1	5.7	Amérique latine et Caraïbes
- Caribbean	0.2	0.3	0.2	0.2	0.2	0.2	0.2	0.3	0.3	0.3	- Caraïbes
- Latin America	6.0	6.1	6.4	5.8	5.3	4.8	5.3	5.5	5.8	5.4	- Amérique latine
Eastern Asia	36.7	39.7	41.3	40.7	42.6	41.0	40.0	39.3	38.5	38.8	Asie orientale
Southern Asia	0.8	0.8	0.7	0.8	0.7	1.1	1.0	1.0	0.6	0.7	Asie méridionale
South-Eastern Asia	4.7	5.4	6.3	5.1	5.1	5.1	5.7	5.7	5.8	5.6	Asie du Sud-Est
Western Asia	2.2	2.3	2.3	2.4	2.7	3.4	4.1	4.3	3.9	4.2	Asie occidentale
Oceania	0.0	0.0	0.0	0.0	0.0	0.0	0.0	0.0	0.0	0.1	Océanie

Trade by commodity
Exports by principal countries or areas
Value in million US dollars

Commerce par produit
Exportations selon les principaux pays ou zones
Valeur en millions de dollars EU

Country or area	2003	2004	2005	2006	2007	Pays ou zone
World	12940.3	16968.2	19183.0	20986.3	24534.4	Monde
Developed Economies	6192.3	7926.2	8603.8	9714.6	11141.4	Economies Développés
- Asia-Pacific	700.3	809.4	899.8	905.8	1051.6	- Asie-Pacifique
- Europe	4488.7	5867.2	6312.5	7221.0	8529.8	- Europe
- North America	1003.4	1249.7	1391.6	1587.9	1560.0	- Amérique du Nord
South-Eastern Europe	6.0	4.9	16.2	16.2	29.2	Europe du Sud-Est
Commonwealth of Independent States	18.5	51.1	54.1	94.7	79.1	Communauté d'Etats indépendants
- Asia	2.7	0.0	0.9	4.8	2.9	- Asie
- Europe	15.7	51.1	53.2	89.9	76.2	- Europe
Northern Africa	0.2	0.6	1.2	1.2	2.1	Afrique septentrionale
Sub-Saharan Africa	8.9	8.2	3.8	4.9	5.9	Afrique subsaharienne
Latin America & the Caribbean	338.4	582.2	734.9	739.9	777.8	Amérique latine et Caraïbes
- Caribbean	24.7	130.5	153.8	139.5	142.7	- Caraïbes
- Latin America	313.7	451.7	581.2	600.4	635.0	- Amérique latine
Eastern Asia	5313.0	7014.8	8119.4	8664.6	10349.0	Asie orientale
Southern Asia	73.8	113.5	205.6	190.3	195.1	Asie méridionale
South-Eastern Asia	913.8	1190.3	1351.0	1498.1	1844.9	Asie du Sud-Est
Western Asia	75.4	76.3	92.9	61.7	110.0	Asie occidentale
Oceania	0.0	0.0	0.0	0.0		Océanie
Korea, Republic of	1657.2	2291.6	2685.0	2889.0	3461.4	République de Corée
China, Hong Kong SAR	1972.5	2416.4	2633.5	2703.0	3002.9	Chine - RAS de Hong-Kong
Belgium	1068.7	1344.4	1517.2	1938.1	2321.5	Belgique
Germany	1021.5	1318.7	1263.9	1463.8	1899.3	Allemagne
United States	859.4	1031.2	1150.0	1353.2	1433.4	Etats-Unis d'Amérique
Netherlands	636.5	860.1	886.0	1062.3	1193.4	Pays-Bas
Japan	697.1	804.7	896.2	901.5	1047.0	Japon
France-Monaco	458.9	694.9	828.7	877.9	1040.7	France-Monaco
Thailand	307.3	417.9	471.8	531.0	586.9	Thaïlande
Malaysia	294.0	398.9	439.6	453.0	566.7	Malaisie
Singapore	292.9	342.9	391.9	459.0	644.8	Singapour
Spain	313.8	373.7	375.9	355.2	451.5	Espagne
Mexico	206.6	282.4	382.9	402.7	434.0	Mexique
United Kingdom	296.5	371.8	408.3	305.8	212.2	Royaume-Uni
China	76.5	116.9	186.4	313.7	561.8	Chine
Italy	152.6	195.2	269.4	269.9	309.4	Italie
Canada	143.9	218.5	241.6	234.7	126.6	Canada
Hungary	92.6	130.2	124.0	154.2	159.7	Hongrie
Czech Republic	90.0	127.7	136.6	141.3	164.2	République tchèque
Sweden	94.8	108.8	105.3	129.1	168.8	Suède
India	65.3	86.2	151.5	149.8	140.9	Inde
Bahamas	e24.2	e130.4	e153.7	139.3	142.2	Bahamas
Finland	73.2	104.3	103.4	144.8	118.7	Finlande
Greece	34.6	53.5	66.8	102.6	111.7	Grèce
Ireland	65.0	69.1	64.0	57.3	76.9	Irlande

Value as percentages of World total

Valeur en pourcentage du total mondial

Regions of the world	1998	1999	2000	2001	2002	2003	2004	2005	2006	2007	Régions du monde
World	100.0	100.0	100.0	100.0	100.0	100.0	100.0	100.0	100.0	100.0	Monde
Developed Economies	54.8	52.4	47.6	48.9	47.3	47.9	46.7	44.9	46.3	45.4	Economies Développés
- Asia-Pacific	6.0	6.5	6.3	5.8	5.8	5.4	4.8	4.7	4.3	4.3	- Asie-Pacifique
- Europe	38.7	36.5	32.7	34.4	33.3	34.7	34.6	32.9	34.4	34.8	- Europe
- North America	10.0	9.5	8.5	8.7	8.2	7.8	7.4	7.3	7.6	6.4	- Amérique du Nord
South-Eastern Europe	0.0	0.0	0.0	0.0	0.0	0.0	0.0	0.1	0.1	0.1	Europe du Sud-Est
Commonwealth of Independent States	0.1	0.2	0.2	0.2	0.1	0.1	0.3	0.3	0.5	0.3	Communauté d'Etats indépendants
- Asia	0.0	0.0	0.0	0.0	0.0	0.0	0.0	0.0	0.0	0.0	- Asie
- Europe	0.1	0.2	0.2	0.2	0.1	0.1	0.3	0.3	0.4	0.3	- Europe
Northern Africa	0.0	0.0	0.0	0.0	0.0	0.0	0.0	0.0	0.0	0.0	Afrique septentrionale
Sub-Saharan Africa	0.0	0.0	0.0	0.0	0.0	0.1	0.0	0.0	0.0	0.0	Afrique subsaharienne
Latin America & the Caribbean	2.3	2.4	3.2	3.9	3.6	2.6	3.4	3.8	3.5	3.2	Amérique latine et Caraïbes
- Caribbean	0.3	0.4	0.4	0.7	0.7	0.2	0.8	0.8	0.7	0.6	- Caraïbes
- Latin America	2.1	2.0	2.7	3.2	2.9	2.4	2.7	3.0	2.9	2.6	- Amérique latine
Eastern Asia	35.6	37.6	40.6	39.0	40.6	41.1	41.3	42.3	41.3	42.2	Asie orientale
Southern Asia	0.1	0.2	0.3	0.5	0.6	0.6	0.7	1.1	0.9	0.8	Asie méridionale
South-Eastern Asia	6.4	6.6	7.6	6.9	7.1	7.1	7.0	7.0	7.1	7.5	Asie du Sud-Est
Western Asia	0.6	0.6	0.5	0.6	0.6	0.6	0.4	0.5	0.3	0.4	Asie occidentale
Oceania	0.0	0.0	0.0	0.0	0.0	0.0	0.0	0.0	0.0		Océanie

573 Polymers of vinyl choride or of other halogenated olefins

Trade by commodity
Imports by principal countries or areas
Value in million US dollars

Commerce par produit
Importations selon les principaux pays ou zones
Valeur en millions de dollars EU

Country or area	2003	2004	2005	2006	2007	Pays ou zone
World	9278.8	11717.3	12689.4	13770.7	15752.4	Monde
Developed Economies	5009.8	6313.3	6794.5	7632.2	8415.6	Economies Développés
- Asia-Pacific	170.2	249.0	253.4	263.4	316.5	- Asie-Pacifique
- Europe	3857.1	4840.3	4969.7	5726.9	6697.7	- Europe
- North America	982.5	1224.0	1571.5	1641.9	1401.4	- Amérique du Nord
South-Eastern Europe	74.3	144.6	157.5	159.9	221.4	Europe du Sud-Est
Commonwealth of Independent States	154.5	232.5	297.8	524.7	782.7	Communauté d'Etats indépendants
- Asia	17.0	28.3	40.9	57.0	84.3	- Asie
- Europe	137.5	204.1	256.9	467.7	698.4	- Europe
Northern Africa	95.1	129.8	150.4	146.7	249.1	Afrique septentrionale
Sub-Saharan Africa	172.7	197.1	237.6	272.1	373.9	Afrique subsaharienne
Latin America & the Caribbean	572.1	732.7	881.8	1015.4	1192.2	Amérique latine et Caraïbes
- Caribbean	27.1	54.5	41.2	50.0	65.2	- Caraïbes
- Latin America	545.0	678.1	840.6	965.4	1126.9	- Amérique latine
Eastern Asia	2203.7	2484.6	2239.5	2094.7	2137.8	Asie orientale
Southern Asia	206.3	249.5	510.6	428.3	600.5	Asie méridionale
South-Eastern Asia	298.0	405.9	409.0	457.8	478.9	Asie du Sud-Est
Western Asia	487.7	819.7	1002.4	1032.6	1293.8	Asie occidentale
Oceania	4.5	7.8	8.4	6.4	6.5	Océanie
China	1668.5	1905.0	1656.0	1523.0	1574.9	Chine
Germany	637.3	806.7	884.1	1151.3	1226.8	Allemagne
Italy	588.0	783.6	780.8	921.5	1041.9	Italie
United States	551.5	716.0	973.7	978.9	777.9	Etats-Unis d'Amérique
Canada	431.0	508.0	597.7	663.0	623.3	Canada
Turkey	267.5	460.9	570.3	608.5	748.5	Turquie
France-Monaco	384.5	457.9	448.4	519.1	647.5	France-Monaco
United Kingdom	390.0	547.4	483.2	491.5	511.1	Royaume-Uni
Belgium	415.9	400.9	477.0	451.1	564.9	Belgique
Spain	231.1	311.7	313.2	334.6	423.7	Espagne
Poland	178.9	260.2	295.2	379.3	475.9	Pologne
China, Hong Kong SAR	285.9	320.3	301.1	280.6	272.0	Chine - RAS de Hong-Kong
Netherlands	235.0	277.9	256.7	270.9	328.7	Pays-Bas
India	110.0	123.5	319.3	291.0	457.0	Inde
Mexico	179.2	184.2	228.9	295.3	306.4	Mexique
Russian Federation	68.9	100.0	132.0	301.6	499.5	Fédération de Russie
Korea, Republic of	146.8	156.2	184.5	184.5	178.4	République de Corée
Brazil	99.6	122.0	157.1	167.6	241.9	Brésil
Ireland	107.6	126.6	132.4	149.9	160.8	Irlande
Austria	92.8	116.0	129.0	157.9	174.7	Autriche
Switzerland-Liechtenstein	81.8	115.0	115.1	136.7	172.1	Suisse-Liechtenstein
Japan	73.6	119.2	123.9	139.5	157.4	Japon
United Arab Emirates	69.3	116.2	125.0	133.3	e165.0	Emirates arabes unis
Singapore	78.7	93.4	92.3	105.8	121.1	Singapour
Czech Republic	66.9	78.9	83.3	99.0	151.0	République tchèque

Value as percentages of World total

Valeur en pourcentage du total mondial

Regions of the world	1998	1999	2000	2001	2002	2003	2004	2005	2006	2007	Régions du monde
World	100.0	100.0	100.0	100.0	100.0	100.0	100.0	100.0	100.0	100.0	Monde
Developed Economies	58.2	58.0	56.0	53.9	54.2	54.0	53.9	53.5	55.4	53.4	Economies Développés
- Asia-Pacific	1.6	1.7	1.7	1.6	1.9	1.8	2.1	2.0	1.9	2.0	- Asie-Pacifique
- Europe	45.3	44.0	41.9	40.0	41.5	41.6	41.3	39.2	41.6	42.5	- Europe
- North America	11.3	12.4	12.4	12.3	10.8	10.6	10.4	12.4	11.9	8.9	- Amérique du Nord
South-Eastern Europe	0.5	0.5	0.5	0.6	0.7	0.8	1.2	1.2	1.2	1.4	Europe du Sud-Est
Commonwealth of Independent States	0.5	0.5	0.6	0.9	1.2	1.7	2.0	2.3	3.8	5.0	Communauté d'Etats indépendants
- Asia	0.1	0.1	0.1	0.1	0.1	0.2	0.2	0.3	0.4	0.5	- Asie
- Europe	0.4	0.4	0.5	0.8	1.0	1.5	1.7	2.0	3.4	4.4	- Europe
Northern Africa	1.4	1.2	1.2	1.2	1.2	1.0	1.1	1.2	1.1	1.6	Afrique septentrionale
Sub-Saharan Africa	1.9	1.5	1.7	2.4	1.9	1.9	1.7	1.9	2.0	2.4	Afrique subsaharienne
Latin America & the Caribbean	7.1	6.1	6.8	6.8	6.9	6.2	6.3	6.9	7.4	7.6	Amérique latine et Caraïbes
- Caribbean	0.3	0.3	0.4	0.4	0.4	0.3	0.5	0.3	0.4	0.4	- Caraïbes
- Latin America	6.8	5.7	6.5	6.4	6.6	5.9	5.8	6.6	7.0	7.2	- Amérique latine
Eastern Asia	21.2	23.2	23.3	25.8	24.3	23.7	21.2	17.6	15.2	13.6	Asie orientale
Southern Asia	1.7	1.8	1.3	1.6	1.8	2.2	2.1	4.0	3.1	3.8	Asie méridionale
South-Eastern Asia	3.6	3.6	3.8	3.0	3.2	3.2	3.5	3.2	3.3	3.0	Asie du Sud-Est
Western Asia	3.8	3.6	4.7	3.8	4.6	5.3	7.0	7.9	7.5	8.2	Asie occidentale
Oceania	0.0	0.0	0.0	0.0	0.0	0.0	0.1	0.1	0.0	0.0	Océanie

Polymères du chlorure de vinyle ou d'autres oléfines halogènes, sous formes primaires 573

Trade by commodity

Exports by principal countries or areas

Value in million US dollars

Commerce par produit

Exportations selon les principaux pays ou zones

Valeur en millions de dollars EU

Country or area	2003	2004	2005	2006	2007	Pays ou zone
World	8950.6	11544.0	12273.1	13446.5	16021.6	Monde
Developed Economies	6570.6	8456.2	8905.3	9725.5	11390.9	Economies Développés
- Asia-Pacific	786.9	965.8	1040.2	1100.6	1298.2	- Asie-Pacifique
- Europe	4398.8	5792.2	6052.0	6655.0	7785.6	- Europe
- North America	1384.9	1698.2	1813.1	1969.9	2307.1	- Amérique du Nord
South-Eastern Europe	89.8	167.8	146.5	189.2	221.7	Europe du Sud-Est
Commonwealth of Independent States	173.1	177.3	151.6	104.4	123.3	Communauté d'Etats indépendants
- Asia	0.0	0.1	0.1	0.3	0.0	- Asie
- Europe	173.1	177.2	151.5	104.2	123.3	- Europe
Northern Africa	39.5	29.9	34.2	94.6	86.8	Afrique septentrionale
Sub-Saharan Africa	40.8	41.4	42.9	29.2	23.7	Afrique subsaharienne
Latin America & the Caribbean	366.9	494.4	565.9	530.1	632.2	Amérique latine et Caraïbes
- Caribbean	0.4	0.8	1.1	1.5	2.3	- Caraïbes
- Latin America	366.5	493.6	564.8	528.6	630.0	- Amérique latine
Eastern Asia	1083.1	1436.1	1624.4	1844.2	2399.2	Asie orientale
Southern Asia	62.0	56.0	64.2	45.4	56.1	Asie méridionale
South-Eastern Asia	422.9	548.4	621.2	762.8	957.1	Asie du Sud-Est
Western Asia	101.8	136.4	116.9	120.9	130.5	Asie occidentale
Oceania	0.0	0.0	0.0	0.0	0.0	Océanie
Germany	1200.0	1669.8	1800.4	1833.9	2046.0	Allemagne
United States	1169.8	1426.8	1495.8	1733.8	2113.3	Etats-Unis d'Amérique
Japan	782.7	960.0	1035.4	1096.8	1289.4	Japon
France-Monaco	702.7	982.8	941.9	1102.5	1269.0	France-Monaco
Netherlands	578.4	749.2	727.1	859.0	1148.0	Pays-Bas
Belgium	568.2	623.9	727.7	776.6	893.9	Belgique
Italy	314.2	396.0	426.2	465.1	530.4	Italie
Korea, Republic of	245.4	345.8	452.5	476.1	496.4	République de Corée
China	66.4	84.0	186.6	467.5	784.3	Chine
China, Hong Kong SAR	297.8	336.1	317.6	300.3	286.5	Chine - RAS de Hong-Kong
Thailand	225.2	275.9	278.3	283.4	404.5	Thaïlande
United Kingdom	217.5	276.3	290.1	323.0	347.4	Royaume-Uni
Canada	215.0	271.4	317.3	236.1	193.7	Canada
Hungary	152.8	195.9	229.1	259.8	337.7	Hongrie
Colombia	124.4	197.5	216.0	234.0	278.2	Colombie
Sweden	141.9	169.1	176.2	217.5	269.4	Suède
Spain	129.8	168.6	182.0	209.1	233.7	Espagne
Romania	85.9	161.8	141.0	185.3	216.7	Roumanie
Indonesia	84.1	120.7	138.7	185.7	211.7	Indonésie
Portugal	90.2	130.1	111.3	137.5	180.7	Portugal
Russian Federation	166.3	167.3	138.4	79.4	87.5	Fédération de Russie
Mexico	108.3	131.1	116.7	120.4	162.1	Mexique
Poland	87.5	119.5	110.2	153.0	165.0	Pologne
Singapore	61.4	83.2	114.4	130.5	137.0	Singapour
Czech Republic	54.7	93.2	99.9	109.2	155.7	République tchèque

Value as percentages of World total

Valeur en pourcentage du total mondial

Regions of the world	1998	1999	2000	2001	2002	2003	2004	2005	2006	2007	Régions du monde
World	100.0	100.0	100.0	100.0	100.0	100.0	100.0	100.0	100.0	100.0	Monde
Developed Economies	73.9	71.2	68.8	73.6	73.4	73.4	73.3	72.6	72.3	71.1	Economies Développés
- Asia-Pacific	9.6	10.7	10.6	8.7	9.1	8.8	8.4	8.5	8.2	8.1	- Asie-Pacifique
- Europe	49.2	46.4	44.0	44.8	48.3	49.1	50.2	49.3	49.5	48.6	- Europe
- North America	15.1	14.2	14.2	20.1	16.0	15.5	14.7	14.8	14.6	14.4	- Amérique du Nord
South-Eastern Europe	0.9	0.8	0.8	0.7	0.9	1.0	1.5	1.2	1.4	1.4	Europe du Sud-Est
Commonwealth of Independent States	2.1	2.7	2.9	2.8	2.4	1.9	1.5	1.2	0.8	0.8	Communauté d'Etats indépendants
- Asia	0.0	0.0	0.0	0.0	0.0	0.0	0.0	0.0	0.0	0.0	- Asie
- Europe	2.1	2.7	2.9	2.8	2.4	1.9	1.5	1.2	0.8	0.8	- Europe
Northern Africa	0.3	0.3	0.3	0.4	0.3	0.4	0.3	0.3	0.7	0.5	Afrique septentrionale
Sub-Saharan Africa	0.3	0.7	0.4	0.5	0.4	0.5	0.4	0.3	0.2	0.1	Afrique subsaharienne
Latin America & the Caribbean	3.5	4.1	4.5	3.8	4.1	4.1	4.3	4.6	3.9	3.9	Amérique latine et Caraïbes
- Caribbean	0.0	0.0	0.0	0.0	0.0	0.0	0.0	0.0	0.0	0.0	- Caraïbes
- Latin America	3.5	4.1	4.5	3.8	4.1	4.1	4.3	4.6	3.9	3.9	- Amérique latine
Eastern Asia	12.8	12.6	13.3	11.0	11.7	12.1	12.4	13.2	13.7	15.0	Asie orientale
Southern Asia	0.7	0.5	0.9	0.6	0.6	0.7	0.5	0.5	0.3	0.4	Asie méridionale
South-Eastern Asia	3.7	5.2	5.6	4.8	4.6	4.7	4.8	5.1	5.7	6.0	Asie du Sud-Est
Western Asia	1.6	1.8	2.3	1.8	1.5	1.1	1.2	1.0	0.9	0.8	Asie occidentale
Oceania	0.0	0.0	0.0	0.0	0.0	0.0	0.0	0.0	0.0	0.0	Océanie

574 Polyacetals, epoxide resins, etc, and other polyethers in primary forms

Trade by commodity
Imports by principal countries or areas
Value in million US dollars

Commerce par produit
Importations selon les principaux pays ou zones
Valeur en millions de dollars EU

Country or area	2003	2004	2005	2006	2007	Pays ou zone
World	24431.3	30480.5	36961.2	41020.8	47000.1	Monde
Developed Economies	13823.5	16454.5	19271.2	21141.2	24319.3	Economies Dévelopés
- Asia-Pacific	1041.6	1248.5	1564.1	1689.5	1889.6	- Asie-Pacifique
- Europe	10704.2	12898.8	14514.9	15986.2	18847.8	- Europe
- North America	2077.7	2307.2	3192.2	3465.5	3581.9	- Amérique du Nord
South-Eastern Europe	220.9	379.4	433.5	459.2	573.7	Europe du Sud-Est
Commonwealth of Independent States	464.9	559.0	928.4	1174.4	1521.2	Communauté d'Etats indépendants
- Asia	42.9	62.4	81.7	116.4	194.6	- Asie
- Europe	422.0	496.6	846.7	1058.0	1326.6	- Europe
Northern Africa	211.2	289.4	340.9	344.8	492.4	Afrique septentrionale
Sub-Saharan Africa	285.4	333.0	500.3	552.2	719.1	Afrique subsaharienne
Latin America & the Caribbean	1706.5	1954.6	2636.3	2915.0	3236.1	Amérique latine et Caraïbes
- Caribbean	45.3	47.3	66.4	73.7	95.4	- Caraïbes
- Latin America	1661.2	1907.4	2569.9	2841.3	3140.7	- Amérique latine
Eastern Asia	4895.3	6682.1	8175.2	9488.4	10648.9	Asie orientale
Southern Asia	413.0	582.7	879.6	743.0	763.3	Asie méridionale
South-Eastern Asia	1638.7	2149.5	2449.5	2799.1	3032.0	Asie du Sud-Est
Western Asia	762.9	1086.8	1334.1	1391.4	1681.4	Asie occidentale
Oceania	8.9	9.5	12.2	12.1	12.7	Océanie
China	2835.9	4043.7	4781.0	5674.6	6713.5	Chine
Germany	1628.9	1960.3	2485.6	2937.8	3446.0	Allemagne
United States	1402.4	1574.4	2315.8	2507.8	2570.2	Etats-Unis d'Amérique
Italy	1497.4	1712.0	1879.9	2118.7	2338.5	Italie
France-Monaco	1346.2	1529.8	1733.6	1857.7	2241.0	France-Monaco
China, Hong Kong SAR	1011.0	1270.3	1698.0	2073.3	2174.1	Chine - RAS de Hong-Kong
Belgium	1061.0	1462.8	1370.0	1537.5	1762.1	Belgique
Japan	800.6	1008.2	1268.5	1367.5	1546.8	Japon
United Kingdom	877.7	1032.6	1032.0	1065.3	1302.0	Royaume-Uni
Mexico	773.0	746.3	975.4	1129.5	1137.9	Mexique
Spain	729.5	884.5	941.3	984.6	1108.2	Espagne
Netherlands	642.4	711.0	903.8	953.1	1263.3	Pays-Bas
Canada	675.2	732.6	876.3	957.5	1011.6	Canada
Singapore	488.6	613.3	689.9	828.2	858.5	Singapour
Korea, Republic of	415.5	519.9	670.6	771.8	791.0	République de Corée
Malaysia	419.7	558.8	598.2	717.6	772.9	Malaisie
Austria	406.6	486.0	586.4	593.0	683.8	Autriche
Poland	320.9	428.9	515.7	591.9	767.8	Pologne
Russian Federation	302.5	335.9	542.6	633.5	798.2	Fédération de Russie
Brazil	313.8	393.9	540.1	618.5	635.8	Brésil
Thailand	313.6	407.6	558.5	580.7	640.5	Thaïlande
Turkey	340.4	477.2	598.3	499.6	555.3	Turquie
Czech Republic	316.5	433.7	501.3	549.0	639.1	République tchèque
Switzerland-Liechtenstein	352.6	410.3	447.1	518.4	619.3	Suisse-Liechtenstein
India	209.8	289.4	502.3	530.3	515.5	Inde

Value as percentages of World total

Valeur en pourcentage du total mondial

Regions of the world	1998	1999	2000	2001	2002	2003	2004	2005	2006	2007	Régions du monde
World	100.0	100.0	100.0	100.0	100.0	100.0	100.0	100.0	100.0	100.0	Monde
Developed Economies	63.5	60.4	56.6	57.8	56.1	56.6	54.0	52.1	51.5	51.7	Economies Dévelopés
- Asia-Pacific	4.0	4.4	4.6	4.5	4.4	4.3	4.1	4.2	4.1	4.0	- Asie-Pacifique
- Europe	50.0	46.3	42.2	44.1	42.5	43.8	42.3	39.3	39.0	40.1	- Europe
- North America	9.5	9.8	9.8	9.2	9.2	8.5	7.6	8.6	8.4	7.6	- Amérique du Nord
South-Eastern Europe	0.5	0.5	0.6	0.7	0.8	0.9	1.2	1.2	1.1	1.2	Europe du Sud-Est
Commonwealth of Independent States	0.8	0.7	0.9	1.3	1.8	1.9	1.8	2.5	2.9	3.2	Communauté d'Etats indépendants
- Asia	0.0	0.1	0.1	0.1	0.1	0.2	0.2	0.2	0.3	0.4	- Asie
- Europe	0.7	0.6	0.8	1.1	1.6	1.7	1.6	2.3	2.6	2.8	- Europe
Northern Africa	0.8	0.9	0.8	0.9	0.9	0.9	0.9	0.9	0.8	1.0	Afrique septentrionale
Sub-Saharan Africa	1.1	1.0	1.0	1.8	1.2	1.2	1.1	1.4	1.3	1.5	Afrique subsaharienne
Latin America & the Caribbean	7.4	7.1	6.9	8.0	7.2	7.0	6.4	7.1	7.1	6.9	Amérique latine et Caraïbes
- Caribbean	0.2	0.2	0.2	0.2	0.2	0.2	0.2	0.2	0.2	0.2	- Caraïbes
- Latin America	7.2	6.9	6.7	7.8	7.0	6.8	6.3	7.0	6.9	6.7	- Amérique latine
Eastern Asia	15.4	18.0	20.5	18.2	20.4	20.0	21.9	22.1	23.1	22.7	Asie orientale
Southern Asia	1.0	1.0	1.0	1.2	1.4	1.7	1.9	2.4	1.8	1.6	Asie méridionale
South-Eastern Asia	6.3	7.4	8.7	7.4	7.4	6.7	7.1	6.6	6.8	6.5	Asie du Sud-Est
Western Asia	3.0	2.8	2.8	2.7	2.9	3.1	3.6	3.6	3.4	3.6	Asie occidentale
Oceania	0.0	0.0	0.0	0.0	0.0	0.0	0.0	0.0	0.0	0.0	Océanie

Polyacetals, autres polyéthers, polycarbonates et autres polyesters, sous formes primaires 574

Trade by commodity
Exports by principal countries or areas
Value in million US dollars

Commerce par produit
Exportations selon les principaux pays ou zones
Valeur en millions de dollars EU

Country or area	2003	2004	2005	2006	2007	Pays ou zone
World	23417.7	29849.9	35958.1	39907.3	45457.7	Monde
Developed Economies	15829.3	19464.3	22374.0	24479.9	27434.0	Economies Développés
- Asia-Pacific	1647.6	1931.5	2133.2	2292.1	2425.8	- Asie-Pacifique
- Europe	10670.0	13348.9	15396.0	16713.6	19104.5	- Europe
- North America	3511.7	4183.9	4844.7	5474.2	5903.7	- Amérique du Nord
South-Eastern Europe	43.5	79.1	113.3	150.8	178.5	Europe du Sud-Est
Commonwealth of Independent States	64.9	79.0	93.6	151.7	183.9	Communauté d'Etats indépendants
- Asia	4.4	8.7	9.1	13.7	6.5	- Asie
- Europe	60.5	70.3	84.4	138.0	177.4	- Europe
Northern Africa	3.3	6.1	7.3	6.6	15.0	Afrique septentrionale
Sub-Saharan Africa	35.6	54.5	89.6	89.9	92.2	Afrique subsaharienne
Latin America & the Caribbean	521.5	827.2	879.4	954.2	1011.7	Amérique latine et Caraïbes
- Caribbean	3.3	6.4	4.0	5.2	5.8	- Caraïbes
- Latin America	518.2	820.7	875.4	949.0	1005.9	- Amérique latine
Eastern Asia	4372.5	5691.4	7629.0	8808.5	10735.9	Asie orientale
Southern Asia	226.5	404.0	527.9	768.7	841.6	Asie méridionale
South-Eastern Asia	2195.2	3045.1	4010.1	4309.5	4703.0	Asie du Sud-Est
Western Asia	125.4	199.1	233.8	186.7	261.8	Asie occidentale
Oceania	0.0	0.0	0.0	0.7	0.0	Océanie
United States	3100.4	3693.6	4221.5	4775.2	5152.3	Etats-Unis d'Amérique
Germany	2365.8	3016.3	3827.5	3965.0	4339.4	Allemagne
Netherlands	2673.5	3489.4	3627.5	3609.2	4064.5	Pays-Bas
Korea, Republic of	1724.2	2178.1	2677.9	2709.5	3059.1	République de Corée
Japan	1609.9	1897.1	2102.4	2257.5	2384.8	Japon
Belgium	1354.8	1650.0	1911.3	2003.4	2262.1	Belgique
China	541.3	666.0	1496.4	2084.6	2986.7	Chine
Italy	1102.2	1446.4	1501.4	1662.1	1871.2	Italie
Singapore	914.5	1244.4	1632.1	1726.7	1733.9	Singapour
Spain	900.2	1095.3	1394.1	1751.3	1823.1	Espagne
China, Hong Kong SAR	769.5	1045.7	1292.4	1584.8	1745.0	Chine - RAS de Hong-Kong
Thailand	644.1	1027.1	1484.4	1531.2	1742.0	Thaïlande
France-Monaco	636.3	757.3	870.9	954.7	1079.6	France-Monaco
United Kingdom	529.5	532.4	596.6	671.1	755.8	Royaume-Uni
Canada	411.1	490.3	623.3	699.0	751.4	Canada
Mexico	290.5	505.1	547.1	636.9	646.7	Mexique
Malaysia	335.9	398.8	424.6	511.5	661.1	Malaisie
Switzerland-Liechtenstein	356.1	409.0	417.7	472.7	537.7	Suisse-Liechtenstein
Indonesia	292.0	357.2	418.8	435.7	439.3	Indonésie
India	124.1	301.8	395.2	427.0	415.1	Inde
Austria	224.2	250.6	292.4	315.7	392.0	Autriche
Poland	67.9	104.8	240.3	292.3	323.4	Pologne
Lithuania	1.6	1.9	11.6	166.8	620.8	Lituanie
Brazil	97.6	142.0	141.7	152.6	194.7	Brésil
Czech Republic	47.1	75.8	126.4	174.4	264.4	République tchèque

Value as percentages of World total

Valeur en pourcentage du total mondial

Regions of the world	1998	1999	2000	2001	2002	2003	2004	2005	2006	2007	Régions du monde
World	100.0	100.0	100.0	100.0	100.0	100.0	100.0	100.0	100.0	100.0	Monde
Developed Economies	77.1	75.5	71.6	71.8	70.0	67.6	65.2	62.2	61.3	60.4	Economies Développés
- Asia-Pacific	8.7	9.9	9.4	7.8	8.0	7.0	6.5	5.9	5.7	5.3	- Asie-Pacifique
- Europe	51.1	47.8	43.3	45.5	44.9	45.6	44.7	42.8	41.9	42.0	- Europe
- North America	17.3	17.8	18.8	18.6	17.1	15.0	14.0	13.5	13.7	13.0	- Amérique du Nord
South-Eastern Europe	0.1	0.1	0.1	0.1	0.1	0.2	0.3	0.3	0.4	0.4	Europe du Sud-Est
Commonwealth of Independent States	0.3	0.3	0.3	0.3	0.3	0.3	0.3	0.3	0.4	0.4	Communauté d'Etats indépendants
- Asia	0.0	0.0	0.0	0.0	0.0	0.0	0.0	0.0	0.0	0.0	- Asie
- Europe	0.3	0.3	0.3	0.3	0.3	0.3	0.2	0.2	0.3	0.4	- Europe
Northern Africa	0.0	0.0	0.0	0.0	0.0	0.0	0.0	0.0	0.0	0.0	Afrique septentrionale
Sub-Saharan Africa	0.1	0.2	0.2	0.2	0.2	0.2	0.2	0.2	0.2	0.2	Afrique subsaharienne
Latin America & the Caribbean	2.6	2.4	2.5	2.5	2.0	2.2	2.8	2.4	2.4	2.2	Amérique latine et Caraïbes
- Caribbean	0.0	0.0	0.0	0.0	0.0	0.0	0.0	0.0	0.0	0.0	- Caraïbes
- Latin America	2.6	2.4	2.4	2.4	2.0	2.2	2.7	2.4	2.4	2.2	- Amérique latine
Eastern Asia	13.4	14.1	16.0	15.3	17.7	18.7	19.1	21.2	22.1	23.6	Asie orientale
Southern Asia	0.1	0.2	0.4	0.4	0.5	1.0	1.4	1.5	1.9	1.9	Asie méridionale
South-Eastern Asia	5.7	6.8	8.7	8.9	8.7	9.4	10.2	11.2	10.8	10.3	Asie du Sud-Est
Western Asia	0.5	0.5	0.4	0.5	0.5	0.5	0.7	0.7	0.5	0.6	Asie occidentale
Oceania	0.0	0.0	0.0	0.0	0.0	0.0	0.0	0.0	0.0	0.0	Océanie

575 Other plastics, in primary forms

Trade by commodity
Imports by principal countries or areas
Value in million US dollars

Commerce par produit
Importations selon les principaux pays ou zones
Valeur en millions de dollars EU

Country or area	2003	2004	2005	2006	2007	Pays ou zone
World	44826.2	55531.6	64868.8	73660.9	86597.7	Monde
Developed Economies	27257.8	32823.3	37317.0	42245.0	48464.2	Economies Développés
- Asia-Pacific	1462.2	1680.4	1892.9	2108.5	2389.0	- Asie-Pacifique
- Europe	21396.2	26087.2	29651.9	34234.5	40006.2	- Europe
- North America	4399.4	5055.7	5772.2	5902.0	6069.1	- Amérique du Nord
South-Eastern Europe	227.4	370.4	466.0	524.8	684.1	Europe du Sud-Est
Commonwealth of Independent States	464.2	598.6	859.6	1188.4	1462.6	Communauté d'Etats indépendants
- Asia	71.6	81.2	98.3	153.1	191.9	- Asie
- Europe	392.6	517.4	761.2	1035.4	1270.7	- Europe
Northern Africa	343.2	422.4	513.1	586.4	772.2	Afrique septentrionale
Sub-Saharan Africa	704.9	790.4	1175.8	1316.3	1823.0	Afrique subsaharienne
Latin America & the Caribbean	2867.2	3476.6	4152.2	4854.6	5688.2	Amérique latine et Caraïbes
- Caribbean	93.8	93.9	118.0	125.9	148.7	- Caraïbes
- Latin America	2773.5	3382.7	4034.2	4728.7	5539.5	- Amérique latine
Eastern Asia	7600.6	9854.4	12066.9	13788.5	16568.0	Asie orientale
Southern Asia	954.7	1268.3	1543.5	1325.6	1597.3	Asie méridionale
South-Eastern Asia	2588.6	3408.5	3701.3	4241.7	5054.5	Asie du Sud-Est
Western Asia	1809.6	2510.0	3062.6	3577.2	4464.1	Asie occidentale
Oceania	8.1	8.7	10.8	12.3	19.3	Océanie
China	4363.1	5808.2	7332.2	8672.2	11285.8	Chine
Germany	3694.4	4782.7	5562.8	6639.6	7335.7	Allemagne
Italy	2842.6	3502.0	3866.9	4528.0	5276.4	Italie
France-Monaco	2500.3	2953.8	3575.8	4084.4	4865.4	France-Monaco
Belgium	2654.0	3169.7	3414.5	3929.3	4540.4	Belgique
United States	2677.4	3088.5	3479.2	3582.0	3728.4	Etats-Unis d'Amérique
United Kingdom	1738.1	2084.1	2195.8	2439.4	2837.5	Royaume-Uni
China, Hong Kong SAR	1504.5	1884.3	2283.9	2520.8	2574.3	Chine - RAS de Hong-Kong
Canada	1721.3	1966.2	2292.0	2319.2	2339.7	Canada
Mexico	1408.8	1680.0	1954.0	2281.1	2483.0	Mexique
Spain	1439.7	1712.4	1925.4	2148.9	2557.7	Espagne
Turkey	1070.3	1543.5	1888.9	2148.8	2729.8	Turquie
Netherlands	1244.2	1473.8	1697.6	1975.2	2238.9	Pays-Bas
Japan	1049.1	1218.3	1380.5	1553.9	1786.0	Japon
Korea, Republic of	908.6	1128.9	1354.6	1484.6	1607.7	République de Corée
Poland	617.0	799.4	968.1	1165.9	1499.0	Pologne
Austria	676.4	814.6	941.3	1042.9	1237.0	Autriche
Thailand	607.2	770.8	881.2	959.5	1127.7	Thaïlande
Sweden	570.2	684.8	805.1	911.4	1154.9	Suède
Brazil	515.5	633.3	747.7	943.3	1228.9	Brésil
Switzerland-Liechtenstein	604.4	711.7	801.5	883.8	1054.3	Suisse-Liechtenstein
Czech Republic	415.6	535.6	698.0	819.1	1008.2	République tchèque
Indonesia	464.2	648.9	682.8	736.9	883.9	Indonésie
Malaysia	422.3	584.2	657.7	806.9	941.2	Malaisie
Viet Nam	347.9	496.6	607.5	734.9	e937.7	Viet Nam

Value as percentages of World total

Valeur en pourcentage du total mondial

Regions of the world	1998	1999	2000	2001	2002	2003	2004	2005	2006	2007	Régions du monde
World	100.0	100.0	100.0	100.0	100.0	100.0	100.0	100.0	100.0	100.0	Monde
Developed Economies	66.5	64.6	61.8	58.1	60.6	60.8	59.1	57.5	57.4	56.0	Economies Développés
- Asia-Pacific	3.2	3.9	3.9	3.3	3.3	3.3	3.0	2.9	2.9	2.8	- Asie-Pacifique
- Europe	53.1	49.8	46.9	44.7	46.4	47.7	47.0	45.7	46.5	46.2	- Europe
- North America	10.1	10.9	11.1	10.1	11.0	9.8	9.1	8.9	8.0	7.0	- Amérique du Nord
South-Eastern Europe	0.3	0.3	0.4	0.4	0.5	0.5	0.7	0.7	0.7	0.8	Europe du Sud-Est
Commonwealth of Independent States	0.6	0.7	0.8	0.9	0.9	1.0	1.1	1.3	1.6	1.7	Communauté d'Etats indépendants
- Asia	0.1	0.1	0.1	0.1	0.1	0.2	0.1	0.2	0.2	0.2	- Asie
- Europe	0.5	0.6	0.7	0.7	0.8	0.9	0.9	1.2	1.4	1.5	- Europe
Northern Africa	1.1	1.1	0.9	0.9	0.8	0.8	0.8	0.8	0.8	0.9	Afrique septentrionale
Sub-Saharan Africa	1.5	1.4	1.5	7.4	1.6	1.6	1.4	1.8	1.8	2.1	Afrique subsaharienne
Latin America & the Caribbean	7.0	7.0	7.3	6.9	7.0	6.4	6.3	6.4	6.6	6.6	Amérique latine et Caraïbes
- Caribbean	0.2	0.2	0.2	0.2	0.2	0.2	0.2	0.2	0.2	0.2	- Caraïbes
- Latin America	6.8	6.8	7.1	6.7	6.7	6.2	6.1	6.2	6.4	6.4	- Amérique latine
Eastern Asia	12.7	14.0	15.3	14.3	16.7	17.0	17.7	18.6	18.7	19.1	Asie orientale
Southern Asia	1.8	1.9	1.7	1.8	2.0	2.1	2.3	2.4	1.8	1.8	Asie méridionale
South-Eastern Asia	5.2	5.8	6.7	6.0	6.2	5.8	6.1	5.7	5.8	5.8	Asie du Sud-Est
Western Asia	3.4	3.2	3.5	3.1	3.7	4.0	4.5	4.7	4.9	5.2	Asie occidentale
Oceania	0.0	0.0	0.0	0.0	0.0	0.0	0.0	0.0	0.0	0.0	Océanie

Trade by commodity

Exports by principal countries or areas

Value in million US dollars

Commerce par produit

Exportations selon les principaux pays ou zones

Valeur en millions de dollars EU

Country or area	2003	2004	2005	2006	2007	Pays ou zone
World	44482.0	55463.8	65402.7	75086.8	87814.4	Monde
Developed Economies	36066.8	44087.3	51189.4	58172.1	68010.1	Economies Développés
- Asia-Pacific	3055.2	3719.2	4168.0	4595.4	5259.8	- Asie-Pacifique
- Europe	25454.9	31303.7	36469.8	41764.9	49076.4	- Europe
- North America	7556.7	9064.3	10551.6	11811.8	13673.9	- Amérique du Nord
South-Eastern Europe	106.1	157.2	197.1	228.9	270.4	Europe du Sud-Est
Commonwealth of Independent States	177.1	256.1	308.1	355.7	510.1	Communauté d'Etats indépendants
- Asia	47.2	53.9	68.0	71.5	75.9	- Asie
- Europe	129.9	202.2	240.1	284.2	434.2	- Europe
Northern Africa	9.6	11.7	27.2	25.4	45.7	Afrique septentrionale
Sub-Saharan Africa	140.8	178.7	224.6	242.8	221.9	Afrique subsaharienne
Latin America & the Caribbean	699.5	948.7	1142.5	1355.3	1530.0	Amérique latine et Caraïbes
- Caribbean	5.2	4.6	6.1	5.2	7.3	- Caraïbes
- Latin America	694.3	944.1	1136.4	1350.2	1522.7	- Amérique latine
Eastern Asia	4375.0	5975.4	7526.8	8928.1	10730.0	Asie orientale
Southern Asia	418.2	557.5	400.0	731.1	731.4	Asie méridionale
South-Eastern Asia	2097.0	2673.2	3228.1	3727.7	4129.2	Asie du Sud-Est
Western Asia	391.8	618.1	1158.6	1317.7	1635.0	Asie occidentale
Oceania	0.1	0.0	0.3	1.9	0.7	Océanie
Germany	8490.1	10607.1	11763.7	12902.4	15191.6	Allemagne
United States	6859.1	8260.7	9618.6	10805.1	12571.5	Etats-Unis d'Amérique
Belgium	4906.1	5771.1	7045.4	8549.4	9855.3	Belgique
Japan	2962.0	3612.0	4015.1	4474.0	5063.3	Japon
Netherlands	2644.2	3361.3	3795.3	4304.7	4732.8	Pays-Bas
France-Monaco	2215.4	2766.0	3577.3	3812.5	4648.7	France-Monaco
Korea, Republic of	1485.4	2055.8	2557.7	3002.2	3611.1	République de Corée
United Kingdom	1626.2	2005.9	2595.1	2825.6	3174.2	Royaume-Uni
Italy	1607.1	1968.0	2185.6	2536.2	2954.1	Italie
China, Hong Kong SAR	1311.1	1682.3	1936.1	2116.1	2305.4	Chine - RAS de Hong-Kong
Singapore	1220.6	1513.6	1705.3	2058.4	2374.0	Singapour
Spain	937.3	1184.0	1298.3	1502.1	1796.2	Espagne
China	448.8	742.3	1069.6	1321.0	1736.5	Chine
Canada	697.5	803.4	933.0	1006.6	1102.4	Canada
Switzerland-Liechtenstein	648.8	775.3	839.1	946.7	1134.6	Suisse-Liechtenstein
Thailand	527.7	714.8	976.7	1021.3	1064.0	Thaïlande
Sweden	578.5	657.9	764.7	758.0	1008.2	Suède
Austria	468.9	519.1	584.7	759.7	993.0	Autriche
Saudi Arabia	141.0	291.1	712.7	903.5	963.1	Arabie saoudite
India	404.3	527.7	351.9	680.2	666.2	Inde
Brazil	215.9	303.1	448.0	517.7	616.8	Brésil
Malaysia	264.5	340.7	433.6	512.4	529.2	Malaisie
Finland	289.7	343.6	386.2	434.2	509.0	Finlande
Hungary	175.3	237.6	288.5	435.3	579.7	Hongrie
Poland	154.1	194.9	241.3	480.7	587.7	Pologne

Value as percentages of World total

Valeur en pourcentage du total mondial

Regions of the world	1998	1999	2000	2001	2002	2003	2004	2005	2006	2007	Régions du monde
World	100.0	100.0	100.0	100.0	100.0	100.0	100.0	100.0	100.0	100.0	Monde
Developed Economies	86.0	85.0	82.8	82.8	81.8	81.1	79.5	78.3	77.5	77.4	Economies Développés
- Asia-Pacific	7.4	8.1	7.9	7.1	7.2	6.9	6.7	6.4	6.1	6.0	- Asie-Pacifique
- Europe	59.7	57.7	55.0	56.2	55.7	57.2	56.4	55.8	55.6	55.9	- Europe
- North America	18.9	19.2	20.0	19.5	18.9	17.0	16.3	16.1	15.7	15.6	- Amérique du Nord
South-Eastern Europe	0.2	0.1	0.2	0.2	0.2	0.2	0.3	0.3	0.3	0.3	Europe du Sud-Est
Commonwealth of Independent States	0.3	0.3	0.3	0.3	0.4	0.4	0.5	0.5	0.5	0.6	Communauté d'Etats indépendants
- Asia	0.0	0.0	0.0	0.0	0.1	0.1	0.1	0.1	0.1	0.1	- Asie
- Europe	0.3	0.3	0.3	0.3	0.3	0.3	0.4	0.4	0.4	0.5	- Europe
Northern Africa	0.0	0.0	0.0	0.0	0.0	0.0	0.0	0.0	0.0	0.1	Afrique septentrionale
Sub-Saharan Africa	0.2	0.3	0.2	0.3	0.3	0.3	0.3	0.3	0.3	0.3	Afrique subsaharienne
Latin America & the Caribbean	1.5	1.4	1.6	1.4	1.4	1.6	1.7	1.7	1.8	1.7	Amérique latine et Caraïbes
- Caribbean	0.0	0.0	0.0	0.0	0.0	0.0	0.0	0.0	0.0	0.0	- Caraïbes
- Latin America	1.4	1.4	1.6	1.4	1.4	1.6	1.7	1.7	1.8	1.7	- Amérique latine
Eastern Asia	7.8	8.4	9.2	8.9	9.5	9.8	10.8	11.5	11.9	12.2	Asie orientale
Southern Asia	0.1	0.2	0.6	0.7	0.8	0.9	1.0	0.6	1.0	0.8	Asie méridionale
South-Eastern Asia	2.9	3.6	4.4	4.2	4.6	4.7	4.8	4.9	5.0	4.7	Asie du Sud-Est
Western Asia	0.9	0.8	0.7	1.1	1.0	0.9	1.1	1.8	1.8	1.9	Asie occidentale
Oceania	0.0	0.0	0.0	0.0	0.0	0.0	0.0	0.0	0.0	0.0	Océanie

579 Waste, parings and scrap, of plastics

Trade by commodity | Commerce par produit
Imports by principal countries or areas | Importations selon les principaux pays ou zones
Value in million US dollars | Valeur en millions de dollars EU

Country or area	2003	2004	2005	2006	2007	Pays ou zone
World	2039.4	3104.4	4456.0	5584.4	6324.2	Monde
Developed Economies	516.6	631.7	881.4	1257.0	1218.2	Economies Développés
- Asia-Pacific	5.1	5.3	5.9	10.0	8.8	- Asie-Pacifique
- Europe	275.5	357.7	511.5	702.2	868.8	- Europe
- North America	235.9	268.7	364.0	544.9	340.6	- Amérique du Nord
South-Eastern Europe	1.8	2.8	4.1	3.6	6.0	Europe du Sud-Est
Commonwealth of Independent States	1.8	5.1	4.2	5.8	11.3	Communauté d'Etats indépendants
- Asia	0.2	0.1	0.3	0.8	0.3	- Asie
- Europe	1.6	4.9	4.0	5.1	11.1	- Europe
Northern Africa	1.6	2.9	3.8	3.9	5.6	Afrique septentrionale
Sub-Saharan Africa	5.3	5.8	8.3	9.1	9.4	Afrique subsaharienne
Latin America & the Caribbean	16.1	31.2	46.9	40.4	45.4	Amérique latine et Caraïbes
- Caribbean	1.3	8.2	10.5	11.8	18.1	- Caraïbes
- Latin America	14.8	23.0	36.4	28.6	27.3	- Amérique latine
Eastern Asia	1427.7	2322.3	3365.5	4138.6	4864.9	Asie orientale
Southern Asia	31.3	41.9	46.1	40.3	57.0	Asie méridionale
South-Eastern Asia	23.8	40.7	52.9	56.3	65.3	Asie du Sud-Est
Western Asia	13.3	20.0	42.8	29.2	40.9	Asie occidentale
Oceania	0.1	0.1	0.0	0.0	0.1	Océanie
China	774.5	1379.3	1928.4	2406.8	3202.6	Chine
China, Hong Kong SAR	635.7	904.3	1385.5	1681.7	1598.3	Chine - RAS de Hong-Kong
United States	171.0	186.8	253.7	424.9	245.9	Etats-Unis d'Amérique
Canada	64.9	81.8	110.2	119.9	94.7	Canada
Italy	51.2	68.3	90.6	117.9	132.2	Italie
Belgium	34.4	47.9	61.6	116.4	139.4	Belgique
Germany	36.5	48.0	73.7	103.4	123.1	Allemagne
Netherlands	37.2	44.4	73.9	88.7	106.6	Pays-Bas
Ireland	21.5	32.9	51.9	69.3	78.2	Irlande
India	24.0	29.3	32.0	26.8	42.4	Inde
United Kingdom	8.3	13.4	21.0	34.6	62.7	Royaume-Uni
Spain	15.8	19.4	22.2	28.8	41.8	Espagne
Malaysia	9.9	19.9	29.2	28.4	33.1	Malaisie
France-Monaco	18.3	16.7	21.7	26.4	32.2	France-Monaco
Austria	7.8	9.5	16.3	27.4	38.8	Autriche
Denmark	8.6	12.8	16.8	16.1	20.3	Danemark
Mexico	7.5	10.8	20.2	11.3	10.5	Mexique
Viet Nam	3.4	4.7	9.6	18.1	e23.1	Viet Nam
Pakistan	6.8	11.8	12.7	9.8	11.2	Pakistan
Luxembourg	9.4	9.6	9.5	11.1	8.9	Luxembourg
United Arab Emirates	2.9	9.5	11.4	10.2	e12.6	Emirates arabes unis
Korea, Republic of	2.3	8.3	13.0	9.4	13.2	République de Corée
Bahamas	e0.0	e6.2	e7.2	9.7	15.2	Bahamas
Switzerland-Liechtenstein	3.8	4.4	8.1	8.9	10.1	Suisse-Liechtenstein
Saudi Arabia	8.3	5.3	12.2	4.2	4.7	Arabie saoudite

Value as percentages of World total | Valeur en pourcentage du total mondial

Regions of the world	1998	1999	2000	2001	2002	2003	2004	2005	2006	2007	Régions du monde
World	100.0	100.0	100.0	100.0	100.0	100.0	100.0	100.0	100.0	100.0	Monde
Developed Economies	37.3	35.1	28.9	29.2	29.0	25.3	20.3	19.8	22.5	19.3	Economies Développés
- Asia-Pacific	0.2	0.4	0.4	0.3	0.3	0.3	0.2	0.1	0.2	0.1	- Asie-Pacifique
- Europe	19.7	16.1	14.1	14.7	13.6	13.5	11.5	11.5	12.6	13.7	- Europe
- North America	17.3	18.6	14.4	14.3	15.0	11.6	8.7	8.2	9.8	5.4	- Amérique du Nord
South-Eastern Europe	0.1	0.1	0.2	0.2	0.2	0.1	0.1	0.1	0.1	0.1	Europe du Sud-Est
Commonwealth of Independent States	0.1	0.1	0.1	0.1	0.1	0.1	0.2	0.1	0.1	0.2	Communauté d'Etats indépendants
- Asia	0.0	0.0	0.0	0.0	0.0	0.0	0.0	0.0	0.0	0.0	- Asie
- Europe	0.1	0.1	0.1	0.1	0.1	0.1	0.2	0.1	0.1	0.2	- Europe
Northern Africa	0.1	0.1	0.1	0.1	0.1	0.1	0.1	0.1	0.1	0.1	Afrique septentrionale
Sub-Saharan Africa	0.2	0.3	0.4	0.5	0.2	0.3	0.2	0.2	0.2	0.1	Afrique subsaharienne
Latin America & the Caribbean	2.4	2.8	2.2	1.3	1.1	0.8	1.0	1.1	0.7	0.7	Amérique latine et Caraïbes
- Caribbean	0.1	0.1	0.1	0.1	0.1	0.1	0.3	0.2	0.2	0.3	- Caraïbes
- Latin America	2.4	2.7	2.1	1.3	1.1	0.7	0.7	0.8	0.5	0.4	- Amérique latine
Eastern Asia	56.6	58.3	65.4	65.4	66.4	70.0	74.8	75.5	74.1	76.9	Asie orientale
Southern Asia	1.9	2.0	1.6	2.0	1.5	1.5	1.3	1.0	0.7	0.9	Asie méridionale
South-Eastern Asia	0.8	0.8	0.9	0.8	1.0	1.2	1.3	1.2	1.0	1.0	Asie du Sud-Est
Western Asia	0.4	0.4	0.4	0.5	0.5	0.7	0.6	1.0	0.5	0.6	Asie occidentale
Oceania	0.0	0.0	0.0	0.0	0.0	0.0	0.0	0.0	0.0	0.0	Océanie

Trade by commodity

Exports by principal countries or areas

Value in million US dollars

Commerce par produit

Exportations selon les principaux pays ou zones

Valeur en millions de dollars EU

Country or area	2003	2004	2005	2006	2007	Pays ou zone
World	1862.1	2615.7	3568.3	4380.0	5217.4	Monde
Developed Economies	1016.9	1507.8	2039.9	2579.5	3169.3	Economies Développés
- Asia-Pacific	190.3	298.9	433.2	567.9	722.6	- Asie-Pacifique
- Europe	479.3	797.1	1049.5	1317.7	1584.4	- Europe
- North America	347.2	411.8	557.1	693.9	862.4	- Amérique du Nord
South-Eastern Europe	1.9	4.9	16.5	12.5	15.3	Europe du Sud-Est
Commonwealth of Independent States	1.2	2.5	6.4	7.5	10.5	Communauté d'Etats indépendants
- Asia	0.2	0.6	0.8	0.7	1.4	- Asie
- Europe	1.0	1.9	5.6	6.8	9.2	- Europe
Northern Africa	1.0	3.5	6.7	9.7	15.0	Afrique septentrionale
Sub-Saharan Africa	2.9	2.0	4.0	4.7	7.5	Afrique subsaharienne
Latin America & the Caribbean	201.5	190.1	234.6	299.4	359.0	Amérique latine et Caraïbes
- Caribbean	0.5	0.6	0.8	1.3	1.6	- Caraïbes
- Latin America	201.0	189.5	233.8	298.0	357.4	- Amérique latine
Eastern Asia	529.5	737.5	1017.3	1204.2	1292.3	Asie orientale
Southern Asia	15.9	22.4	23.7	29.9	43.6	Asie méridionale
South-Eastern Asia	72.8	120.6	181.2	198.3	270.4	Asie du Sud-Est
Western Asia	18.3	24.1	37.4	33.9	34.2	Asie occidentale
Oceania	0.2	0.2	0.5	0.4	0.3	Océanie
China, Hong Kong SAR	448.5	613.5	859.4	1000.3	1101.3	Chine - RAS de Hong-Kong
United States	293.6	347.0	451.9	581.3	744.5	Etats-Unis d'Amérique
Japan	172.9	274.3	396.6	521.3	668.8	Japon
Germany	68.4	182.9	245.9	302.3	365.8	Allemagne
Mexico	192.5	166.8	201.0	247.6	293.3	Mexique
France-Monaco	88.8	128.2	167.8	183.5	225.6	France-Monaco
Netherlands	76.4	109.6	150.1	199.6	197.2	Pays-Bas
United Kingdom	55.3	107.1	132.7	174.2	229.3	Royaume-Uni
Belgium	74.7	103.7	124.8	163.8	190.9	Belgique
Canada	53.5	64.5	105.1	112.6	117.9	Canada
Korea, Republic of	22.8	43.2	66.5	88.7	96.2	République de Corée
Thailand	17.1	35.7	56.8	63.9	94.6	Thaïlande
Malaysia	21.6	36.2	57.1	51.3	65.7	Malaisie
Italy	24.3	35.8	39.8	46.6	52.9	Italie
Spain	15.3	25.0	40.5	44.6	56.0	Espagne
Australia	13.6	18.8	29.4	36.6	41.4	Australie
Austria	10.4	16.0	21.5	29.5	38.8	Autriche
Philippines	6.9	12.2	24.1	32.7	39.4	Philippines
Singapore	15.4	17.6	19.3	23.9	35.8	Singapour
Sweden	11.8	12.0	14.0	25.2	37.9	Suède
Poland	5.1	10.5	20.7	29.2	34.5	Pologne
Switzerland-Liechtenstein	14.2	15.1	17.7	25.3	26.9	Suisse-Liechtenstein
Indonesia	11.4	17.8	16.2	18.0	25.5	Indonésie
Denmark	8.2	13.2	17.9	19.5	24.0	Danemark
Argentina	0.6	5.0	12.1	19.7	27.8	Argentine

Value as percentages of World total

Valeur en pourcentage du total mondial

Regions of the world	1998	1999	2000	2001	2002	2003	2004	2005	2006	2007	Régions du monde
World	100.0	100.0	100.0	100.0	100.0	100.0	100.0	100.0	100.0	100.0	Monde
Developed Economies	43.5	46.0	49.1	54.4	53.6	54.6	57.6	57.2	58.9	60.7	Economies Développés
- Asia-Pacific	4.5	5.4	7.5	8.2	9.1	10.2	11.4	12.1	13.0	13.8	- Asie-Pacifique
- Europe	23.1	23.2	22.8	23.5	24.2	25.7	30.5	29.4	30.1	30.4	- Europe
- North America	15.9	17.4	18.8	22.7	20.3	18.6	15.7	15.6	15.8	16.5	- Amérique du Nord
South-Eastern Europe	0.1	0.1	0.1	0.1	0.1	0.1	0.2	0.5	0.3	0.3	Europe du Sud-Est
Commonwealth of Independent States	0.1	0.1	0.1	0.1	0.1	0.1	0.1	0.2	0.2	0.2	Communauté d'Etats indépendants
- Asia	0.0	0.0	0.0	0.0	0.0	0.0	0.0	0.0	0.0	0.0	- Asie
- Europe	0.1	0.1	0.1	0.1	0.0	0.1	0.1	0.2	0.2	0.2	- Europe
Northern Africa	0.2	0.0	0.0	0.0	0.1	0.1	0.1	0.2	0.2	0.3	Afrique septentrionale
Sub-Saharan Africa	0.1	0.1	0.1	0.1	0.3	0.2	0.1	0.1	0.1	0.1	Afrique subsaharienne
Latin America & the Caribbean	16.2	17.3	15.8	14.1	14.3	10.8	7.3	6.6	6.8	6.9	Amérique latine et Caraïbes
- Caribbean	0.0	0.0	0.0	0.0	0.0	0.0	0.0	0.0	0.0	0.0	- Caraïbes
- Latin America	16.1	17.3	15.7	14.1	14.3	10.8	7.2	6.6	6.8	6.8	- Amérique latine
Eastern Asia	37.2	33.1	31.0	27.6	27.5	28.4	28.2	28.5	27.5	24.8	Asie orientale
Southern Asia	0.0	0.0	0.1	0.1	0.1	0.9	0.9	0.7	0.7	0.8	Asie méridionale
South-Eastern Asia	2.1	2.6	3.0	2.9	3.4	3.9	4.6	5.1	4.5	5.2	Asie du Sud-Est
Western Asia	0.5	0.8	0.8	0.7	0.7	1.0	0.9	1.0	0.8	0.7	Asie occidentale
Oceania	0.0	0.0	0.0	0.0	0.0	0.0	0.0	0.0	0.0	0.0	Océanie

581 Tubes, pipes and hoses, and fittings therefore of plastics

Trade by commodity
Imports by principal countries or areas
Value in million US dollars

Commerce par produit
Importations selon les principaux pays ou zones
Valeur en millions de dollars EU

Country or area	2003	2004	2005	2006	2007	Pays ou zone
World	8893.6	10792.0	11862.5	13984.8	16687.3	Monde
Developed Economies	6066.0	7341.2	7870.5	9230.6	10749.8	Economies Développés
- Asia-Pacific	332.2	410.9	432.4	491.7	564.3	- Asie-Pacifique
- Europe	4609.3	5655.9	5970.9	7091.3	8512.7	- Europe
- North America	1124.5	1274.5	1467.2	1647.6	1672.7	- Amérique du Nord
South-Eastern Europe	159.7	246.1	299.2	333.6	446.0	Europe du Sud-Est
Commonwealth of Independent States	243.6	317.3	409.9	573.5	790.7	Communauté d'Etats indépendants
- Asia	76.7	79.7	102.0	123.4	167.7	- Asie
- Europe	166.9	237.7	308.0	450.1	623.1	- Europe
Northern Africa	87.1	101.0	117.3	146.9	241.8	Afrique septentrionale
Sub-Saharan Africa	209.4	233.8	286.8	326.5	483.4	Afrique subsaharienne
Latin America & the Caribbean	1031.7	1162.9	1353.3	1596.8	1722.4	Amérique latine et Caraïbes
- Caribbean	69.7	95.3	114.8	146.3	145.7	- Caraïbes
- Latin America	961.9	1067.6	1238.6	1450.5	1576.7	- Amérique latine
Eastern Asia	383.1	519.4	563.7	687.1	821.9	Asie orientale
Southern Asia	75.2	90.1	108.1	106.0	152.8	Asie méridionale
South-Eastern Asia	235.9	285.6	296.5	330.7	433.1	Asie du Sud-Est
Western Asia	381.4	471.4	520.8	618.8	814.4	Asie occidentale
Oceania	20.4	23.0	36.5	34.2	31.1	Océanie
Germany	824.1	970.6	1015.6	1241.3	1385.0	Allemagne
United States	770.4	886.8	1027.5	1154.8	1179.1	Etats-Unis d'Amérique
Mexico	643.9	724.1	818.7	953.0	985.4	Mexique
France-Monaco	540.6	657.5	676.5	779.3	918.1	France-Monaco
Italy	337.7	402.9	421.5	489.7	552.5	Italie
Canada	349.0	381.3	433.3	484.6	485.7	Canada
United Kingdom	280.0	371.4	376.3	465.9	575.9	Royaume-Uni
Spain	263.5	331.6	370.0	439.2	537.6	Espagne
Belgium	254.6	312.3	327.3	387.6	487.4	Belgique
Czech Republic	251.4	297.8	329.1	399.5	491.1	République tchèque
China	183.9	260.5	308.8	391.4	465.6	Chine
Switzerland-Liechtenstein	206.8	260.8	279.2	331.8	388.3	Suisse-Liechtenstein
Poland	195.3	228.6	242.2	329.9	445.3	Pologne
Netherlands	189.3	250.4	257.2	312.0	386.1	Pays-Bas
Austria	201.7	248.2	256.8	285.2	337.7	Autriche
Japan	184.5	225.9	229.6	256.3	266.2	Japon
Russian Federation	84.5	112.1	169.4	259.2	382.9	Fédération de Russie
Sweden	140.3	171.6	191.6	220.5	277.0	Suède
Denmark	111.7	135.8	163.2	212.8	271.6	Danemark
Ireland	131.9	159.5	174.8	183.8	200.5	Irlande
Hungary	134.3	152.0	152.4	165.3	196.1	Hongrie
Australia	106.0	133.8	143.8	176.2	228.8	Australie
Romania	88.3	116.8	144.6	178.1	234.2	Roumanie
United Arab Emirates	113.0	105.0	119.6	173.0	e214.1	Emirates arabes unis
Norway	78.8	95.2	109.3	127.0	168.7	Norvège

Value as percentages of World total

Valeur en pourcentage du total mondial

Regions of the world	1998	1999	2000	2001	2002	2003	2004	2005	2006	2007	Régions du monde
World	100.0	100.0	100.0	100.0	100.0	100.0	100.0	100.0	100.0	100.0	Monde
Developed Economies	70.2	70.2	67.3	63.2	67.1	68.2	68.0	66.3	66.0	64.4	Economies Développés
- Asia-Pacific	3.3	3.7	4.1	3.6	3.6	3.7	3.8	3.6	3.5	3.4	- Asie-Pacifique
- Europe	54.9	52.5	48.6	46.2	50.1	51.8	52.4	50.3	50.7	51.0	- Europe
- North America	12.0	14.0	14.6	13.4	13.4	12.6	11.8	12.4	11.8	10.0	- Amérique du Nord
South-Eastern Europe	1.1	1.3	1.2	1.6	1.9	1.8	2.3	2.5	2.4	2.7	Europe du Sud-Est
Commonwealth of Independent States	2.1	1.9	2.3	2.1	2.2	2.7	2.9	3.5	4.1	4.7	Communauté d'Etats indépendants
- Asia	0.3	0.3	0.5	0.5	0.5	0.9	0.7	0.9	0.9	1.0	- Asie
- Europe	1.8	1.6	1.8	1.6	1.7	1.9	2.2	2.6	3.2	3.7	- Europe
Northern Africa	1.4	1.3	1.0	1.1	1.3	1.0	0.9	1.0	1.1	1.4	Afrique septentrionale
Sub-Saharan Africa	2.0	1.4	1.8	7.3	2.5	2.4	2.2	2.4	2.3	2.9	Afrique subsaharienne
Latin America & the Caribbean	13.0	13.8	13.9	13.3	12.8	11.6	10.8	11.4	11.4	10.3	Amérique latine et Caraïbes
- Caribbean	0.8	1.0	1.1	1.5	1.1	0.8	0.9	1.0	1.0	0.9	- Caraïbes
- Latin America	12.2	12.8	12.8	11.8	11.7	10.8	9.9	10.4	10.4	9.4	- Amérique latine
Eastern Asia	3.4	3.7	4.6	4.1	4.3	4.3	4.8	4.8	4.9	4.9	Asie orientale
Southern Asia	0.4	0.3	0.6	0.5	0.6	0.8	0.8	0.9	0.8	0.9	Asie méridionale
South-Eastern Asia	2.6	2.7	3.2	2.7	2.8	2.7	2.6	2.5	2.4	2.6	Asie du Sud-Est
Western Asia	3.7	3.2	3.8	3.9	4.4	4.3	4.4	4.4	4.4	4.9	Asie occidentale
Oceania	0.2	0.2	0.2	0.2	0.3	0.2	0.2	0.3	0.2	0.2	Océanie

Trade by commodity

Commerce par produit

Exports by principal countries or areas

Exportations selon les principaux pays ou zones

Value in million US dollars

Valeur en millions de dollars EU

Country or area	2003	2004	2005	2006	2007	Pays ou zone
World	8467.8	10416.1	11931.0	13896.8	17127.1	Monde
Developed Economies	7112.3	8624.9	9529.7	11124.0	13624.3	Economies Développés
- Asia-Pacific	294.7	400.5	433.8	492.9	560.8	- Asie-Pacifique
- Europe	5440.6	6698.6	7314.6	8581.1	10802.6	- Europe
- North America	1376.9	1525.8	1781.3	2050.0	2260.9	- Amérique du Nord
South-Eastern Europe	33.4	71.5	90.7	82.8	107.7	Europe du Sud-Est
Commonwealth of Independent States	57.4	84.9	118.9	155.7	231.4	Communauté d'Etats indépendants
- Asia	3.7	5.0	5.0	3.8	10.1	- Asie
- Europe	53.7	79.9	113.9	151.9	221.3	- Europe
Northern Africa	26.1	60.4	46.4	37.8	87.7	Afrique septentrionale
Sub-Saharan Africa	32.9	45.3	49.3	95.3	92.1	Afrique subsaharienne
Latin America & the Caribbean	291.9	303.8	499.5	502.7	575.5	Amérique latine et Caraïbes
- Caribbean	7.4	7.5	10.8	14.4	14.2	- Caraïbes
- Latin America	284.5	296.2	488.7	488.3	561.3	- Amérique latine
Eastern Asia	362.9	480.3	670.7	846.6	1074.7	Asie orientale
Southern Asia	38.1	72.9	94.5	165.5	209.1	Asie méridionale
South-Eastern Asia	137.9	175.1	208.5	241.6	260.2	Asie du Sud-Est
Western Asia	374.5	496.6	621.8	644.1	863.0	Asie occidentale
Oceania	0.4	0.4	0.9	0.8	1.3	Océanie
Germany	1679.2	2150.2	2218.1	2613.1	3234.3	Allemagne
United States	1087.7	1191.9	1368.7	1609.7	1836.0	Etats-Unis d'Amérique
Italy	592.2	742.9	825.9	963.6	1253.9	Italie
United Kingdom	551.7	643.9	688.8	763.7	1048.5	Royaume-Uni
Switzerland-Liechtenstein	327.8	400.1	425.5	510.4	592.7	Suisse-Liechtenstein
China	146.9	236.4	419.2	577.6	768.5	Chine
Czech Republic	243.9	320.3	422.7	469.5	598.0	République tchèque
France-Monaco	311.4	352.1	377.9	422.7	504.2	France-Monaco
Netherlands	294.4	302.1	385.3	438.0	498.5	Pays-Bas
Canada	289.2	333.9	412.6	440.3	424.9	Canada
Spain	262.1	322.8	321.2	369.0	488.8	Espagne
Japan	234.2	320.9	334.3	383.1	433.9	Japon
Poland	158.8	223.4	280.8	396.5	562.8	Pologne
Austria	200.7	252.1	302.4	352.2	420.4	Autriche
Sweden	165.9	209.9	227.1	260.9	299.7	Suède
Belgium	169.2	201.7	204.1	256.8	328.7	Belgique
Turkey	114.7	179.5	250.3	232.6	332.4	Turquie
Mexico	131.7	129.2	294.7	234.5	261.6	Mexique
Israel	165.7	173.2	157.7	183.7	203.4	Israël
Denmark	145.1	156.2	159.8	183.6	235.9	Danemark
Korea, Republic of	101.0	115.7	128.3	133.5	152.5	République de Corée
Finland	64.1	79.3	91.9	103.5	134.3	Finlande
Portugal	61.6	79.4	68.1	101.2	159.4	Portugal
Saudi Arabia	36.3	53.7	84.5	96.6	184.2	Arabie saoudite
Singapore	68.5	88.3	85.4	84.9	100.7	Singapour

Value as percentages of World total

Valeur en pourcentage du total mondial

Regions of the world	1998	1999	2000	2001	2002	2003	2004	2005	2006	2007	Régions du monde
World	100.0	100.0	100.0	100.0	100.0	100.0	100.0	100.0	100.0	100.0	Monde
Developed Economies	86.3	84.9	84.0	83.3	84.6	84.0	82.8	79.9	80.0	79.5	Economies Développés
- Asia-Pacific	3.7	4.0	4.2	3.6	3.7	3.5	3.8	3.6	3.5	3.3	- Asie-Pacifique
- Europe	65.3	64.1	60.4	61.0	63.5	64.3	64.3	61.3	61.7	63.1	- Europe
- North America	17.3	16.9	19.4	18.6	17.3	16.3	14.6	14.9	14.8	13.2	- Amérique du Nord
South-Eastern Europe	0.1	0.2	0.2	0.2	0.3	0.4	0.7	0.8	0.6	0.6	Europe du Sud-Est
Commonwealth of Independent States	0.2	0.3	0.5	0.5	0.5	0.7	0.8	1.0	1.1	1.4	Communauté d'Etats indépendants
- Asia	0.0	0.0	0.0	0.0	0.0	0.0	0.0	0.0	0.0	0.1	- Asie
- Europe	0.2	0.2	0.5	0.4	0.4	0.6	0.8	1.0	1.1	1.3	- Europe
Northern Africa	0.1	0.2	0.2	0.2	0.3	0.3	0.6	0.4	0.3	0.5	Afrique septentrionale
Sub-Saharan Africa	1.1	0.4	0.4	0.4	0.4	0.4	0.4	0.4	0.7	0.5	Afrique subsaharienne
Latin America & the Caribbean	2.7	3.3	3.7	3.9	3.4	3.4	2.9	4.2	3.6	3.4	Amérique latine et Caraïbes
- Caribbean	0.1	0.1	0.1	0.1	0.1	0.1	0.1	0.1	0.1	0.1	- Caraïbes
- Latin America	2.6	3.2	3.6	3.8	3.3	3.4	2.8	4.1	3.5	3.3	- Amérique latine
Eastern Asia	3.1	3.3	3.6	3.6	4.1	4.3	4.6	5.6	6.1	6.3	Asie orientale
Southern Asia	0.3	0.3	0.3	0.3	0.4	0.5	0.7	0.8	1.2	1.2	Asie méridionale
South-Eastern Asia	1.4	1.6	1.9	1.7	1.3	1.6	1.7	1.7	1.7	1.5	Asie du Sud-Est
Western Asia	4.8	5.6	5.2	5.9	4.6	4.4	4.8	5.2	4.6	5.0	Asie occidentale
Oceania	0.0	0.0	0.0	0.0	0.0	0.0	0.0	0.0	0.0	0.0	Océanie

582 Plates, sheets, film, foil and strip, of plastics

Trade by commodity
Imports by principal countries or areas
Value in million US dollars

Commerce par produit
Importations selon les principaux pays ou zones
Valeur en millions de dollars EU

Country or area	2003	2004	2005	2006	2007	Pays ou zone
World	42002.4	50568.1	57278.6	64077.2	73431.0	Monde
Developed Economies	27457.1	32193.6	35550.1	39470.7	44780.3	Economies Développés
- Asia-Pacific	1737.6	1992.7	2206.9	2382.6	2633.4	- Asie-Pacifique
- Europe	20167.2	23747.6	26089.3	29228.7	34266.0	- Europe
- North America	5552.4	6453.2	7253.9	7859.3	7880.9	- Amérique du Nord
South-Eastern Europe	381.2	594.1	710.9	796.7	997.8	Europe du Sud-Est
Commonwealth of Independent States	791.4	1045.3	1297.6	1640.2	2160.3	Communauté d'Etats indépendants
- Asia	84.6	98.9	123.3	159.9	186.7	- Asie
- Europe	706.9	946.5	1174.3	1480.3	1973.6	- Europe
Northern Africa	227.4	265.6	327.6	359.0	465.8	Afrique septentrionale
Sub-Saharan Africa	448.6	505.8	657.6	727.8	902.2	Afrique subsaharienne
Latin America & the Caribbean	3241.5	3632.2	4341.1	4731.0	5248.7	Amérique latine et Caraïbes
- Caribbean	154.9	113.5	150.8	174.0	197.6	- Caraïbes
- Latin America	3086.6	3518.8	4190.3	4557.1	5051.1	- Amérique latine
Eastern Asia	5933.2	8007.3	9521.2	11138.7	13000.3	Asie orientale
Southern Asia	423.4	529.4	687.5	667.0	723.5	Asie méridionale
South-Eastern Asia	1961.1	2386.1	2553.1	2825.4	3070.4	Asie du Sud-Est
Western Asia	1113.3	1381.5	1600.5	1680.0	2041.6	Asie occidentale
Oceania	24.1	27.2	31.4	40.7	40.0	Océanie
United States	3858.6	4562.2	5203.6	5649.6	5662.8	Etats-Unis d'Amérique
China	2648.3	3568.8	4294.6	5091.2	6095.2	Chine
Germany	2830.4	3363.9	3918.7	4582.3	5179.9	Allemagne
France-Monaco	2794.2	3249.4	3508.2	3760.3	4387.5	France-Monaco
United Kingdom	2524.4	2936.1	3116.1	3356.0	3804.4	Royaume-Uni
Mexico	1985.3	2125.5	2499.1	2630.6	2769.6	Mexique
Italy	1649.2	1938.9	2089.1	2293.8	2593.4	Italie
Canada	1691.0	1888.0	2047.0	2195.0	2205.3	Canada
Belgium	1417.7	1662.3	1885.8	2098.4	2458.3	Belgique
Korea, Republic of	1139.0	1581.4	1888.4	2182.5	2676.2	République de Corée
Spain	1338.1	1590.7	1740.3	1943.4	2318.4	Espagne
China, Hong Kong SAR	1183.3	1444.8	1526.4	1704.3	1790.6	Chine - RAS de Hong-Kong
Netherlands	1228.4	1381.9	1440.5	1596.4	1898.6	Pays-Bas
Poland	890.0	1143.4	1244.8	1432.5	1838.1	Pologne
Japan	1013.1	1181.7	1307.0	1451.7	1558.7	Japon
Switzerland-Liechtenstein	749.6	878.0	922.5	1028.0	1227.9	Suisse-Liechtenstein
Austria	628.2	766.3	884.8	999.9	1192.1	Autriche
Czech Republic	564.8	710.8	792.3	955.0	1178.7	République tchèque
Russian Federation	404.9	541.5	772.4	968.3	1327.9	Fédération de Russie
Thailand	593.0	661.0	742.5	779.2	859.2	Thaïlande
Denmark	518.3	620.9	714.0	815.2	925.1	Danemark
Australia	559.1	634.9	689.2	726.6	837.0	Australie
Sweden	538.0	594.2	648.3	719.8	825.8	Suède
Singapore	461.8	542.8	568.6	627.8	680.7	Singapour
Malaysia	370.8	491.3	512.8	599.7	656.8	Malaisie

Value as percentages of World total

Valeur en pourcentage du total mondial

Regions of the world	1998	1999	2000	2001	2002	2003	2004	2005	2006	2007	Régions du monde
World	100.0	100.0	100.0	100.0	100.0	100.0	100.0	100.0	100.0	100.0	Monde
Developed Economies	69.5	68.8	66.3	63.4	65.8	65.4	63.7	62.1	61.6	61.0	Economies Développés
- Asia-Pacific	3.6	4.4	4.7	4.2	4.2	4.1	3.9	3.9	3.7	3.6	- Asie-Pacifique
- Europe	52.4	50.3	46.9	45.5	47.4	48.0	47.0	45.5	45.6	46.7	- Europe
- North America	13.5	14.2	14.7	13.6	14.2	13.2	12.8	12.7	12.3	10.7	- Amérique du Nord
South-Eastern Europe	0.5	0.5	0.6	0.7	0.8	0.9	1.2	1.2	1.2	1.4	Europe du Sud-Est
Commonwealth of Independent States	1.7	1.2	1.3	1.5	1.7	1.9	2.1	2.3	2.6	2.9	Communauté d'Etats indépendants
- Asia	0.2	0.1	0.1	0.2	0.2	0.2	0.2	0.2	0.2	0.3	- Asie
- Europe	1.5	1.0	1.1	1.3	1.5	1.7	1.9	2.1	2.3	2.7	- Europe
Northern Africa	0.6	0.6	0.5	0.6	0.7	0.5	0.5	0.6	0.6	0.6	Afrique septentrionale
Sub-Saharan Africa	0.9	0.9	0.9	5.6	1.0	1.1	1.0	1.1	1.1	1.2	Afrique subsaharienne
Latin America & the Caribbean	7.9	8.2	8.8	8.6	8.2	7.7	7.2	7.6	7.4	7.1	Amérique latine et Caraïbes
- Caribbean	0.3	0.3	0.3	0.3	0.3	0.4	0.2	0.3	0.3	0.3	- Caraïbes
- Latin America	7.7	7.9	8.5	8.3	8.0	7.3	7.0	7.3	7.1	6.9	- Amérique latine
Eastern Asia	11.1	11.7	12.9	12.0	13.4	14.1	15.8	16.6	17.4	17.7	Asie orientale
Southern Asia	0.9	0.9	0.9	0.9	0.9	1.0	1.0	1.2	1.0	1.0	Asie méridionale
South-Eastern Asia	4.1	4.7	5.4	4.7	4.9	4.7	4.7	4.5	4.4	4.2	Asie du Sud-Est
Western Asia	2.6	2.4	2.4	2.2	2.5	2.7	2.7	2.8	2.6	2.8	Asie occidentale
Oceania	0.1	0.0	0.1	0.1	0.1	0.1	0.1	0.1	0.1	0.1	Océanie

Plaques, feuilles, bandes, rubans et pellicules en matières plastiques 582

Trade by commodity

Exports by principal countries or areas

Value in million US dollars

Commerce par produit

Exportations selon les principaux pays ou zones

Valeur en millions de dollars EU

Country or area	2003	2004	2005	2006	2007	Pays ou zone
World	42107.8	50817.6	57416.4	65605.2	75621.5	Monde
Developed Economies	34129.9	40459.7	44651.1	50822.6	57993.2	Economies Développés
- Asia-Pacific	3899.9	5243.5	6169.1	7157.2	8120.3	- Asie-Pacifique
- Europe	23776.5	27844.6	30402.9	34897.5	40765.7	- Europe
- North America	6453.5	7371.6	8079.1	8767.9	9107.2	- Amérique du Nord
South-Eastern Europe	56.4	86.7	117.3	160.9	221.7	Europe du Sud-Est
Commonwealth of Independent States	101.7	138.3	173.3	256.3	358.1	Communauté d'Etats indépendants
- Asia	3.6	6.2	7.0	4.9	6.6	- Asie
- Europe	98.1	132.1	166.3	251.4	351.5	- Europe
Northern Africa	15.9	15.5	24.1	38.8	55.9	Afrique septentrionale
Sub-Saharan Africa	50.2	55.3	67.6	67.2	87.4	Afrique subsaharienne
Latin America & the Caribbean	909.9	1141.3	1443.1	1659.7	2154.1	Amérique latine et Caraïbes
- Caribbean	12.1	11.7	15.5	20.3	286.4	- Caraïbes
- Latin America	897.7	1129.6	1427.6	1639.4	1867.7	- Amérique latine
Eastern Asia	4394.5	5814.4	7167.7	8462.4	9950.3	Asie orientale
Southern Asia	238.6	300.2	425.2	535.1	576.1	Asie méridionale
South-Eastern Asia	1436.7	1785.5	2169.4	2446.1	2798.0	Asie du Sud-Est
Western Asia	773.8	1020.5	1177.4	1155.1	1424.7	Asie occidentale
Oceania	0.3	0.3	0.2	1.0	1.9	Océanie
Germany	6819.8	7870.6	8929.3	10760.0	12096.3	Allemagne
United States	5133.8	5792.8	6344.0	6871.5	7220.1	Etats-Unis d'Amérique
Japan	3745.4	5038.3	5931.9	6933.5	7888.6	Japon
Italy	3571.3	4176.7	4485.5	5056.1	5803.7	Italie
Belgium	2376.5	2680.6	2829.8	3235.0	3754.0	Belgique
France-Monaco	1720.9	2060.2	2186.5	2489.8	2961.5	France-Monaco
United Kingdom	1823.7	2031.3	2178.2	2255.4	2526.0	Royaume-Uni
Netherlands	1638.5	2040.4	2049.7	2250.4	2585.2	Pays-Bas
China	763.1	1292.0	2013.5	2774.9	3499.6	Chine
Korea, Republic of	1434.2	1806.8	2092.4	2202.5	2506.5	République de Corée
Canada	1319.6	1578.7	1735.0	1896.4	1886.9	Canada
Austria	866.5	1088.2	1179.5	1430.7	1798.1	Autriche
Spain	912.3	1065.8	1208.2	1308.2	1778.9	Espagne
China, Hong Kong SAR	867.9	1058.6	1150.3	1305.2	1331.3	Chine - RAS de Hong-Kong
Switzerland-Liechtenstein	827.7	961.2	993.5	1114.6	1358.0	Suisse-Liechtenstein
Malaysia	406.4	505.4	632.2	748.0	860.6	Malaisie
Finland	468.6	563.9	593.2	659.0	785.0	Finlande
Sweden	491.8	549.2	592.0	642.1	746.8	Suède
Denmark	410.7	470.6	550.2	633.5	692.2	Danemark
Thailand	354.6	441.5	535.4	562.4	713.1	Thaïlande
Singapore	335.6	403.8	470.4	514.3	563.8	Singapour
Israel	365.2	427.2	407.3	470.5	565.7	Israël
Poland	235.1	333.8	381.8	495.0	693.7	Pologne
Mexico	306.9	355.9	432.4	489.1	535.5	Mexique
Indonesia	255.3	330.2	404.0	458.8	494.8	Indonésie

Value as percentages of World total

Valeur en pourcentage du total mondial

Regions of the world	1998	1999	2000	2001	2002	2003	2004	2005	2006	2007	Régions du monde
World	100.0	100.0	100.0	100.0	100.0	100.0	100.0	100.0	100.0	100.0	Monde
Developed Economies	83.2	82.6	80.8	81.1	80.9	81.1	79.6	77.8	77.5	76.7	Economies Développés
- Asia-Pacific	6.8	8.0	9.0	7.9	8.5	9.3	10.3	10.7	10.9	10.7	- Asie-Pacifique
- Europe	59.0	56.9	53.5	55.4	55.4	56.5	54.8	53.0	53.2	53.9	- Europe
- North America	17.4	17.6	18.3	17.8	17.0	15.3	14.5	14.1	13.4	12.0	- Amérique du Nord
South-Eastern Europe	0.1	0.1	0.1	0.1	0.1	0.1	0.2	0.2	0.2	0.3	Europe du Sud-Est
Commonwealth of Independent States	0.1	0.2	0.2	0.2	0.3	0.2	0.3	0.3	0.4	0.5	Communauté d'Etats indépendants
- Asia	0.0	0.0	0.0	0.0	0.0	0.0	0.0	0.0	0.0	0.0	- Asie
- Europe	0.1	0.2	0.2	0.2	0.3	0.2	0.3	0.3	0.4	0.5	- Europe
Northern Africa	0.0	0.1	0.0	0.1	0.1	0.0	0.0	0.0	0.1	0.1	Afrique septentrionale
Sub-Saharan Africa	0.1	0.1	0.1	0.1	0.1	0.1	0.1	0.1	0.1	0.1	Afrique subsaharienne
Latin America & the Caribbean	2.0	1.9	2.0	2.2	2.1	2.2	2.2	2.5	2.5	2.8	Amérique latine et Caraïbes
- Caribbean	0.0	0.0	0.0	0.0	0.0	0.0	0.0	0.0	0.0	0.4	- Caraïbes
- Latin America	2.0	1.9	2.0	2.2	2.1	2.1	2.2	2.5	2.5	2.5	- Amérique latine
Eastern Asia	10.4	10.4	11.4	11.0	10.9	10.4	11.4	12.5	12.9	13.2	Asie orientale
Southern Asia	0.3	0.4	0.4	0.5	0.6	0.6	0.6	0.7	0.8	0.8	Asie méridionale
South-Eastern Asia	2.3	2.8	3.5	3.2	3.3	3.4	3.5	3.8	3.7	3.7	Asie du Sud-Est
Western Asia	1.4	1.4	1.4	1.5	1.7	1.8	2.0	2.1	1.8	1.9	Asie occidentale
Oceania	0.0	0.0	0.0	0.0	0.0	0.0	0.0	0.0	0.0	0.0	Océanie

583 Monofilament of any cross-sectional dimension exceed 1 mm, of plastics

Trade by commodity
Imports by principal countries or areas
Value in million US dollars

Commerce par produit
Importations selon les principaux pays ou zones
Valeur en millions de dollars EU

Country or area	2003	2004	2005	2006	2007	Pays ou zone
World	2747.7	3201.3	3585.3	4174.5	4751.7	Monde
Developed Economies	2168.0	2508.8	2665.0	2965.9	3267.9	Economies Développés
- Asia-Pacific	39.9	52.1	54.4	65.3	65.5	- Asie-Pacifique
- Europe	1676.4	1993.7	2151.4	2451.9	2789.4	- Europe
- North America	451.7	462.9	459.1	448.7	413.0	- Amérique du Nord
South-Eastern Europe	100.6	173.7	223.7	274.3	382.5	Europe du Sud-Est
Commonwealth of Independent States	155.7	204.1	330.2	521.5	650.5	Communauté d'Etats indépendants
- Asia	16.4	28.5	45.5	79.4	107.1	- Asie
- Europe	139.3	175.6	284.7	442.2	543.3	- Europe
Northern Africa	5.1	6.6	8.5	9.3	15.0	Afrique septentrionale
Sub-Saharan Africa	12.4	14.2	17.4	20.2	25.6	Afrique subsaharienne
Latin America & the Caribbean	109.9	114.6	136.9	142.5	130.3	Amérique latine et Caraïbes
- Caribbean	42.5	28.6	36.8	30.9	7.2	- Caraïbes
- Latin America	67.4	86.0	100.1	111.6	123.1	- Amérique latine
Eastern Asia	49.0	51.1	59.1	68.5	86.1	Asie orientale
Southern Asia	13.5	14.2	20.3	16.4	17.5	Asie méridionale
South-Eastern Asia	32.5	43.3	56.5	72.0	76.0	Asie du Sud-Est
Western Asia	97.3	67.2	64.6	80.6	96.6	Asie occidentale
Oceania	3.6	3.6	3.2	3.3	3.5	Océanie
United States	399.2	400.1	385.7	363.0	312.1	Etats-Unis d'Amérique
France-Monaco	209.9	264.4	270.2	288.2	338.9	France-Monaco
Poland	232.5	214.5	227.7	242.2	297.1	Pologne
Czech Republic	150.3	188.9	195.6	252.5	293.0	République tchèque
Germany	127.2	149.6	206.2	240.9	265.9	Allemagne
Russian Federation	87.3	101.1	202.1	287.7	293.8	Fédération de Russie
United Kingdom	140.2	154.8	173.3	193.7	191.7	Royaume-Uni
Belgium	89.5	128.5	129.9	126.2	148.2	Belgique
Romania	46.6	71.6	104.3	153.4	224.3	Roumanie
Spain	79.8	102.7	110.0	143.5	139.8	Espagne
Austria	89.5	102.7	97.3	103.5	121.7	Autriche
Italy	66.8	80.6	86.7	109.4	130.9	Italie
Switzerland-Liechtenstein	66.8	80.3	87.8	89.6	104.7	Suisse-Liechtenstein
Ukraine	29.5	36.9	55.7	102.6	169.6	Ukraine
Netherlands	55.9	68.8	76.0	81.9	100.1	Pays-Bas
Canada	52.5	62.7	73.3	85.6	100.7	Canada
Hungary	52.6	65.5	63.7	75.0	77.9	Hongrie
Slovakia	36.0	45.5	54.2	77.4	89.0	Slovaquie
Lithuania	42.4	50.6	54.4	70.5	79.0	Lituanie
Mexico	37.9	49.8	54.9	57.2	59.2	Mexique
Slovenia	37.2	44.5	51.5	58.1	59.8	Slovénie
Croatia	31.4	37.8	45.2	53.9	65.6	Croatie
Bulgaria	19.1	34.1	45.9	56.3	68.8	Bulgarie
Greece	25.1	34.1	37.2	43.5	50.2	Grèce
Denmark	27.7	29.8	35.7	41.3	46.5	Danemark

Value as percentages of World total

Valeur en pourcentage du total mondial

Regions of the world	1998	1999	2000	2001	2002	2003	2004	2005	2006	2007	Régions du monde
World	100.0	100.0	100.0	100.0	100.0	100.0	100.0	100.0	100.0	100.0	Monde
Developed Economies	86.7	86.7	84.9	81.5	82.2	78.9	78.4	74.3	71.0	68.8	Economies Développés
- Asia-Pacific	1.6	1.8	2.2	1.6	1.5	1.5	1.6	1.5	1.6	1.4	- Asie-Pacifique
- Europe	68.6	67.8	62.6	59.1	61.0	61.0	62.3	60.0	58.7	58.7	- Europe
- North America	16.5	17.1	20.1	20.8	19.8	16.4	14.5	12.8	10.7	8.7	- Amérique du Nord
South-Eastern Europe	1.1	1.4	1.8	2.2	3.2	3.7	5.4	6.2	6.6	8.0	Europe du Sud-Est
Commonwealth of Independent States	2.9	2.2	2.7	3.7	4.8	5.7	6.4	9.2	12.5	13.7	Communauté d'Etats indépendants
- Asia	0.3	0.2	0.4	0.4	0.4	0.6	0.9	1.3	1.9	2.3	- Asie
- Europe	2.6	2.0	2.3	3.3	4.3	5.1	5.5	7.9	10.6	11.4	- Europe
Northern Africa	0.2	0.2	0.2	0.2	0.2	0.2	0.2	0.2	0.2	0.3	Afrique septentrionale
Sub-Saharan Africa	0.4	0.6	0.6	2.7	0.4	0.5	0.4	0.5	0.5	0.5	Afrique subsaharienne
Latin America & the Caribbean	3.0	2.9	3.6	3.5	2.9	4.0	3.6	3.8	3.4	2.7	Amérique latine et Caraïbes
- Caribbean	0.2	0.1	0.1	0.1	0.2	1.5	0.9	1.0	0.7	0.2	- Caraïbes
- Latin America	2.8	2.8	3.5	3.4	2.7	2.5	2.7	2.8	2.7	2.6	- Amérique latine
Eastern Asia	1.3	1.3	1.8	1.7	2.0	1.8	1.6	1.6	1.6	1.8	Asie orientale
Southern Asia	0.9	1.0	0.8	1.1	0.6	0.5	0.4	0.6	0.4	0.4	Asie méridionale
South-Eastern Asia	1.6	2.0	1.7	1.4	1.5	1.2	1.4	1.6	1.7	1.6	Asie du Sud-Est
Western Asia	1.6	1.5	1.8	1.5	2.0	3.5	2.1	1.8	1.9	2.0	Asie occidentale
Oceania	0.3	0.2	0.3	0.4	0.2	0.1	0.1	0.1	0.1	0.1	Océanie

Mono filaments avec coupe transversale excède 1 mm, en matières plastiques 583

Trade by commodity

Exports by principal countries or areas

Value in million US dollars

Commerce par produit

Exportations selon les principaux pays ou zones

Valeur en millions de dollars EU

Country or area	2003	2004	2005	2006	2007	Pays ou zone
World	2702.3	3293.9	3660.0	4254.6	4797.1	Monde
Developed Economies	2528.1	3061.0	3313.4	3767.3	4133.0	Economies Développés
- Asia-Pacific	24.8	27.9	26.4	27.0	26.8	- Asie-Pacifique
- Europe	1927.4	2432.4	2693.3	3202.2	3658.5	- Europe
- North America	575.9	600.7	593.8	538.1	447.8	- Amérique du Nord
South-Eastern Europe	11.9	15.1	20.8	30.5	44.7	Europe du Sud-Est
Commonwealth of Independent States	10.0	13.2	17.5	31.1	50.2	Communauté d'Etats indépendants
- Asia	0.1	0.1	0.5	1.4	1.1	- Asie
- Europe	9.9	13.1	17.0	29.7	49.2	- Europe
Northern Africa	1.8	1.5	0.8	0.9	1.5	Afrique septentrionale
Sub-Saharan Africa	2.6	2.7	1.5	1.6	1.6	Afrique subsaharienne
Latin America & the Caribbean	16.2	18.8	25.9	32.4	32.9	Amérique latine et Caraïbes
- Caribbean	0.0	0.0	0.0	0.1	0.1	- Caraïbes
- Latin America	16.2	18.8	25.9	32.3	32.8	- Amérique latine
Eastern Asia	49.5	73.3	104.6	154.1	229.1	Asie orientale
Southern Asia	7.2	4.8	4.8	10.1	8.4	Asie méridionale
South-Eastern Asia	21.8	14.6	25.4	33.4	35.6	Asie du Sud-Est
Western Asia	53.1	88.8	145.4	193.3	259.6	Asie occidentale
Oceania	0.0	0.0	0.0	0.1	0.4	Océanie
Germany	984.4	1261.1	1373.8	1637.2	1808.4	Allemagne
Belgium	263.6	334.9	344.6	367.4	391.4	Belgique
Canada	293.6	332.8	314.0	275.6	226.1	Canada
United States	282.3	267.8	279.8	262.5	221.7	Etats-Unis d'Amérique
Poland	68.8	107.5	162.4	252.6	299.4	Pologne
Austria	107.1	121.8	149.1	173.0	192.2	Autriche
Turkey	48.9	84.4	135.3	189.9	253.3	Turquie
Italy	80.0	105.5	104.0	136.0	164.4	Italie
United Kingdom	75.1	94.8	102.9	123.4	160.6	Royaume-Uni
France-Monaco	83.9	97.6	103.3	111.9	141.5	France-Monaco
China	23.9	39.7	59.6	93.9	148.4	Chine
Netherlands	46.1	61.6	66.0	77.1	93.8	Pays-Bas
Spain	43.7	51.4	35.5	40.3	49.7	Espagne
Czech Republic	24.5	26.3	28.6	41.8	59.9	République tchèque
Denmark	23.9	29.5	38.4	40.0	47.2	Danemark
Hungary	22.1	29.4	31.3	36.5	44.0	Hongrie
Korea, Republic of	15.3	18.6	24.2	39.1	54.9	République de Corée
Lithuania	19.8	20.8	26.6	36.2	44.1	Lituanie
Slovakia	14.0	16.4	33.1	27.0	34.0	Slovaquie
Switzerland-Liechtenstein	20.7	18.9	22.0	24.8	32.4	Suisse-Liechtenstein
Japan	19.7	22.5	19.0	20.1	18.3	Japon
Sweden	15.6	15.1	16.1	21.2	29.8	Suède
Russian Federation	7.0	9.2	12.4	22.6	39.2	Fédération de Russie
Bulgaria	8.3	8.8	13.7	21.0	33.9	Bulgarie
Finland	2.8	3.1	22.1	21.1	20.6	Finlande

Value as percentages of World total
Valeur en pourcentage du total mondial

Regions of the world	1998	1999	2000	2001	2002	2003	2004	2005	2006	2007	Régions du monde
World	100.0	100.0	100.0	100.0	100.0	100.0	100.0	100.0	100.0	100.0	Monde
Developed Economies	96.6	96.1	94.8	95.4	94.6	93.6	92.9	90.5	88.5	86.2	Economies Développés
- Asia-Pacific	0.7	1.0	1.3	0.9	0.8	0.9	0.8	0.7	0.6	0.6	- Asie-Pacifique
- Europe	80.2	77.6	71.1	73.3	72.2	71.3	73.8	73.6	75.3	76.3	- Europe
- North America	15.8	17.5	22.4	21.2	21.6	21.3	18.2	16.2	12.6	9.3	- Amérique du Nord
South-Eastern Europe	0.0	0.1	0.1	0.1	0.3	0.4	0.5	0.6	0.7	0.9	Europe du Sud-Est
Commonwealth of Independent States	0.1	0.1	0.2	0.2	0.2	0.4	0.4	0.5	0.7	1.0	Communauté d'Etats indépendants
- Asia	0.0	0.0	0.0	0.0	0.0	0.0	0.0	0.0	0.0	0.0	- Asie
- Europe	0.1	0.1	0.2	0.2	0.2	0.4	0.4	0.5	0.7	1.0	- Europe
Northern Africa	0.0	0.0	0.0	0.0	0.1	0.1	0.0	0.0	0.0	0.0	Afrique septentrionale
Sub-Saharan Africa	0.0	0.1	0.1	0.1	0.1	0.1	0.1	0.0	0.0	0.0	Afrique subsaharienne
Latin America & the Caribbean	0.7	0.7	0.8	0.8	0.6	0.6	0.6	0.7	0.8	0.7	Amérique latine et Caraïbes
- Caribbean	0.0	0.0	0.0	0.0	0.0	0.0	0.0	0.0	0.0	0.0	- Caraïbes
- Latin America	0.7	0.7	0.8	0.8	0.6	0.6	0.6	0.7	0.8	0.7	- Amérique latine
Eastern Asia	1.1	1.3	1.9	1.7	1.9	1.8	2.2	2.9	3.6	4.8	Asie orientale
Southern Asia	0.1	0.1	0.2	0.1	0.2	0.3	0.1	0.1	0.2	0.2	Asie méridionale
South-Eastern Asia	0.4	0.8	1.0	0.7	0.7	0.8	0.4	0.7	0.8	0.7	Asie du Sud-Est
Western Asia	0.8	0.7	0.9	0.9	1.3	2.0	2.7	4.0	4.5	5.4	Asie occidentale
Oceania	0.0	0.0	0.0	0.0	0.0	0.0	0.0	0.0	0.0	0.0	Océanie

591 Pesticides, disinfectant, put up in preparation, articles or packings for retail

Trade by commodity
Imports by principal countries or areas
Value in million US dollars

Commerce par produit
Importations selon les principaux pays ou zones
Valeur en millions de dollars EU

Country or area	2003	2004	2005	2006	2007	Pays ou zone
World	13121.5	15753.0	16544.1	16495.6	19832.7	Monde
Developed Economies	8034.3	9406.9	9803.1	9734.4	11541.4	Economies Développés
- Asia-Pacific	511.5	621.4	687.5	726.4	769.1	- Asie-Pacifique
- Europe	6276.5	7339.2	7650.5	7490.0	9111.3	- Europe
- North America	1246.3	1446.3	1465.1	1518.0	1661.0	- Amérique du Nord
South-Eastern Europe	161.4	264.7	314.9	285.0	341.9	Europe du Sud-Est
Commonwealth of Independent States	409.3	483.4	599.4	634.7	920.9	Communauté d'Etats indépendants
- Asia	79.9	87.3	94.2	105.3	139.8	- Asie
- Europe	329.3	396.0	505.2	529.4	781.2	- Europe
Northern Africa	166.0	245.7	248.7	203.2	209.7	Afrique septentrionale
Sub-Saharan Africa	535.0	625.6	649.7	742.2	859.2	Afrique subsaharienne
Latin America & the Caribbean	1938.4	2476.7	2482.3	2433.2	3092.1	Amérique latine et Caraïbes
- Caribbean	100.6	116.7	129.2	130.4	133.9	- Caraïbes
- Latin America	1837.8	2360.0	2353.1	2302.8	2958.2	- Amérique latine
Eastern Asia	383.6	401.7	494.2	548.7	606.0	Asie orientale
Southern Asia	360.8	506.2	490.5	406.1	438.1	Asie méridionale
South-Eastern Asia	744.3	889.5	960.4	1076.6	1310.0	Asie du Sud-Est
Western Asia	369.2	432.8	479.7	410.3	490.7	Asie occidentale
Oceania	19.1	19.8	21.4	21.3	22.8	Océanie
France-Monaco	1423.4	1632.1	1732.8	1459.6	1733.9	France-Monaco
Germany	706.9	829.4	1040.2	977.6	1193.8	Allemagne
Canada	607.8	695.8	738.7	860.2	928.5	Canada
United States	637.2	749.0	724.5	655.4	730.7	Etats-Unis d'Amérique
United Kingdom	539.1	716.8	672.4	642.1	835.6	Royaume-Uni
Brazil	486.0	777.4	654.8	568.6	833.6	Brésil
Italy	480.1	576.3	584.5	609.2	745.2	Italie
Belgium	433.0	524.3	498.1	539.3	738.8	Belgique
Spain	525.7	560.3	474.1	450.2	585.2	Espagne
Netherlands	322.9	370.7	400.4	507.9	590.2	Pays-Bas
Poland	314.8	349.6	432.4	473.5	517.6	Pologne
Mexico	296.6	316.1	341.0	365.9	406.6	Mexique
Thailand	242.4	257.6	262.9	344.3	419.9	Thaïlande
Japan	243.0	266.2	296.1	314.5	338.0	Japon
Viet Nam	187.2	227.5	254.5	319.2	e407.3	Viet Nam
Australia	196.3	264.7	275.0	284.5	290.8	Australie
Hungary	215.3	200.5	263.5	224.3	281.2	Hongrie
Argentina	142.0	227.1	225.7	222.7	360.3	Argentine
Switzerland-Liechtenstein	203.0	249.3	213.0	192.8	204.8	Suisse-Liechtenstein
Russian Federation	143.4	160.5	194.3	178.8	336.7	Fédération de Russie
Greece	171.4	199.9	213.8	190.9	200.1	Grèce
Czech Republic	146.6	180.2	179.1	189.4	219.2	République tchèque
Ukraine	114.1	134.4	173.7	201.9	290.0	Ukraine
China	134.0	146.8	182.0	212.8	231.5	Chine
Denmark	115.0	162.1	146.5	160.8	223.6	Danemark

Value as percentages of World total

Valeur en pourcentage du total mondial

Regions of the world	1998	1999	2000	2001	2002	2003	2004	2005	2006	2007	Régions du monde
World	100.0	100.0	100.0	100.0	100.0	100.0	100.0	100.0	100.0	100.0	Monde
Developed Economies	60.7	60.9	59.5	55.9	60.5	61.2	59.7	59.3	59.0	58.2	Economies Développés
- Asia-Pacific	3.7	4.3	4.9	4.4	4.3	3.9	3.9	4.2	4.4	3.9	- Asie-Pacifique
- Europe	46.8	47.2	45.4	41.7	46.6	47.8	46.6	46.2	45.4	45.9	- Europe
- North America	10.2	9.4	9.2	9.8	9.6	9.5	9.2	8.9	9.2	8.4	- Amérique du Nord
South-Eastern Europe	0.9	1.2	1.1	1.2	1.3	1.2	1.7	1.9	1.7	1.7	Europe du Sud-Est
Commonwealth of Independent States	3.6	1.8	2.5	3.3	3.3	3.1	3.1	3.6	3.8	4.6	Communauté d'Etats indépendants
- Asia	0.4	0.3	0.5	0.6	0.6	0.6	0.6	0.6	0.6	0.7	- Asie
- Europe	3.2	1.5	2.0	2.7	2.7	2.5	2.5	3.1	3.2	3.9	- Europe
Northern Africa	1.4	1.2	1.2	1.2	1.1	1.3	1.6	1.5	1.2	1.1	Afrique septentrionale
Sub-Saharan Africa	4.0	3.8	4.1	8.4	4.7	4.1	4.0	3.9	4.5	4.3	Afrique subsaharienne
Latin America & the Caribbean	15.1	14.6	14.8	14.8	14.2	14.8	15.7	15.0	14.8	15.6	Amérique latine et Caraïbes
- Caribbean	0.9	1.6	1.6	1.5	1.5	0.8	0.7	0.8	0.8	0.7	- Caraïbes
- Latin America	14.2	13.0	13.2	13.3	12.7	14.0	15.0	14.2	14.0	14.9	- Amérique latine
Eastern Asia	4.1	4.8	4.8	4.0	3.3	2.9	2.5	3.0	3.3	3.1	Asie orientale
Southern Asia	2.3	2.9	2.7	2.7	2.6	2.7	3.2	3.0	2.5	2.2	Asie méridionale
South-Eastern Asia	4.3	5.4	5.9	5.8	5.8	5.7	5.6	5.8	6.5	6.6	Asie du Sud-Est
Western Asia	3.3	3.1	3.3	2.6	3.0	2.8	2.7	2.9	2.5	2.5	Asie occidentale
Oceania	0.1	0.1	0.1	0.1	0.1	0.1	0.1	0.1	0.1	0.1	Océanie

Trade by commodity

Commerce par produit

Exports by principal countries or areas

Exportations selon les principaux pays ou zones

Value in million US dollars

Valeur en millions de dollars EU

Country or area	2003	2004	2005	2006	2007	Pays ou zone
World	12725.8	14981.5	16188.4	16338.3	18725.1	Monde
Developed Economies	9844.7	11051.5	11761.1	12295.3	13784.0	Economies Développés
- Asia-Pacific	387.6	433.4	437.6	437.0	497.2	- Asie-Pacifique
- Europe	7884.0	8778.0	9589.7	9836.1	10970.3	- Europe
- North America	1573.1	1840.2	1733.8	2022.3	2316.6	- Amérique du Nord
South-Eastern Europe	11.3	23.6	25.4	22.3	24.9	Europe du Sud-Est
Commonwealth of Independent States	27.5	22.7	25.0	36.9	62.3	Communauté d'Etats indépendants
- Asia	0.5	0.8	0.6	1.8	4.7	- Asie
- Europe	27.0	21.9	24.4	35.0	57.7	- Europe
Northern Africa	3.6	3.0	2.8	2.0	2.0	Afrique septentrionale
Sub-Saharan Africa	165.1	201.5	187.8	172.3	179.5	Afrique subsaharienne
Latin America & the Caribbean	781.8	1008.2	1035.6	942.7	1203.1	Amérique latine et Caraïbes
- Caribbean	22.0	22.6	29.4	21.1	20.1	- Caraïbes
- Latin America	759.8	985.6	1006.1	921.6	1182.9	- Amérique latine
Eastern Asia	849.3	1322.7	1550.3	1211.3	1546.7	Asie orientale
Southern Asia	380.7	421.0	640.4	637.7	714.1	Asie méridionale
South-Eastern Asia	325.0	400.3	395.2	451.6	558.7	Asie du Sud-Est
Western Asia	336.7	526.8	564.7	566.1	649.6	Asie occidentale
Oceania	0.2	0.2	0.1	0.0	0.1	Océanie
France-Monaco	1861.0	2388.7	2388.7	2347.7	2579.5	France-Monaco
Germany	1795.7	1766.7	1894.1	2281.6	2153.0	Allemagne
United States	1457.5	1721.8	1621.2	1906.3	2211.7	Etats-Unis d'Amérique
China	729.6	1185.1	1400.1	1039.6	1349.2	Chine
United Kingdom	1098.3	1153.7	1135.6	1020.6	1147.0	Royaume-Uni
Belgium	478.3	562.7	1092.5	1201.5	1512.7	Belgique
Switzerland-Liechtenstein	701.8	681.9	758.0	644.7	838.0	Suisse-Liechtenstein
Netherlands	448.9	502.0	656.4	657.1	661.2	Pays-Bas
India	375.2	417.3	632.8	634.5	709.7	Inde
Spain	555.1	536.2	514.1	443.9	522.6	Espagne
Italy	412.5	546.5	501.4	494.6	595.4	Italie
Israel	274.4	449.4	474.3	494.0	e571.1	Israël
Japan	269.0	297.7	309.3	314.7	372.9	Japon
Argentina	179.5	292.4	248.9	229.7	316.0	Argentine
Brazil	173.6	223.7	234.0	242.3	340.5	Brésil
Colombia	180.7	207.0	195.6	178.3	204.1	Colombie
Singapore	139.0	192.0	176.4	136.5	147.9	Singapour
Denmark	96.4	137.4	123.9	182.7	219.0	Danemark
South Africa	133.5	154.2	142.7	129.8	137.4	Afrique du Sud
Austria	76.7	92.3	123.7	122.7	175.4	Autriche
Canada	115.6	118.4	112.6	116.0	104.9	Canada
Malaysia	73.1	89.7	89.9	128.5	182.6	Malaisie
Mexico	71.1	70.9	101.6	107.9	122.0	Mexique
Hungary	87.6	91.9	63.2	58.9	131.3	Hongrie
Indonesia	48.8	64.6	67.0	89.9	110.2	Indonésie

Value as percentages of World total

Valeur en pourcentage du total mondial

Regions of the world	1998	1999	2000	2001	2002	2003	2004	2005	2006	2007	Régions du monde
World	100.0	100.0	100.0	100.0	100.0	100.0	100.0	100.0	100.0	100.0	Monde
Developed Economies	82.8	80.4	78.8	77.6	78.0	77.4	73.8	72.7	75.3	73.6	Economies Développés
- Asia-Pacific	3.2	3.4	3.6	3.4	3.2	3.0	2.9	2.7	2.7	2.7	- Asie-Pacifique
- Europe	63.4	62.2	60.1	58.5	59.8	62.0	58.6	59.2	60.2	58.6	- Europe
- North America	16.1	14.9	15.1	15.7	15.0	12.4	12.3	10.7	12.4	12.4	- Amérique du Nord
South-Eastern Europe	0.1	0.1	0.1	0.1	0.2	0.1	0.2	0.2	0.1	0.1	Europe du Sud-Est
Commonwealth of Independent States	0.2	0.2	0.2	0.1	0.2	0.2	0.2	0.2	0.2	0.3	Communauté d'Etats indépendants
- Asia	0.0	0.0	0.0	0.0	0.0	0.0	0.0	0.0	0.0	0.0	- Asie
- Europe	0.2	0.2	0.1	0.1	0.2	0.2	0.1	0.2	0.2	0.3	- Europe
Northern Africa	0.0	0.0	0.0	0.0	0.0	0.0	0.0	0.0	0.0	0.0	Afrique septentrionale
Sub-Saharan Africa	1.3	1.3	1.3	1.4	1.3	1.3	1.3	1.2	1.1	1.0	Afrique subsaharienne
Latin America & the Caribbean	6.3	6.0	6.1	6.5	6.4	6.1	6.7	6.4	5.8	6.4	Amérique latine et Caraïbes
- Caribbean	0.2	0.2	0.2	0.2	0.2	0.2	0.2	0.2	0.1	0.1	- Caraïbes
- Latin America	6.1	5.8	5.9	6.3	6.2	6.0	6.6	6.2	5.6	6.3	- Amérique latine
Eastern Asia	4.3	5.6	6.0	6.6	6.4	6.7	8.8	9.6	7.4	8.3	Asie orientale
Southern Asia	1.8	2.1	2.5	2.8	2.8	3.0	2.8	4.0	3.9	3.8	Asie méridionale
South-Eastern Asia	2.0	2.9	3.2	2.6	2.4	2.6	2.7	2.4	2.8	3.0	Asie du Sud-Est
Western Asia	1.3	1.4	1.8	2.2	2.4	2.6	3.5	3.5	3.5	3.5	Asie occidentale
Oceania	0.0	0.0	0.0	0.0	0.0	0.0	0.0	0.0	0.0	0.0	Océanie

592 Starches, insulin and wheat gluten; albuminoidal substances; glues

Trade by commodity

Imports by principal countries or areas

Value in million US dollars

Commerce par produit

Importations selon les principaux pays ou zones

Valeur en millions de dollars EU

Country or area	2003	2004	2005	2006	2007	Pays ou zone
World	11774.6	13955.0	15131.0	16294.4	19319.8	Monde
Developed Economies	7999.4	9377.2	9933.0	10334.6	12369.9	Economies Développés
- Asia-Pacific	779.0	908.2	970.9	959.8	1130.5	- Asie-Pacifique
- Europe	5437.2	6440.0	6817.3	7246.3	8768.7	- Europe
- North America	1783.1	2029.0	2144.8	2128.5	2470.7	- Amérique du Nord
South-Eastern Europe	104.7	158.2	174.8	179.3	230.3	Europe du Sud-Est
Commonwealth of Independent States	224.2	272.7	355.3	413.2	513.4	Communauté d'Etats indépendants
- Asia	28.2	33.2	48.2	62.1	71.7	- Asie
- Europe	196.0	239.5	307.1	351.1	441.7	- Europe
Northern Africa	70.3	89.8	98.9	115.8	137.8	Afrique septentrionale
Sub-Saharan Africa	155.0	183.0	222.9	242.4	310.9	Afrique subsaharienne
Latin America & the Caribbean	743.0	877.6	1010.9	1070.3	1302.6	Amérique latine et Caraïbes
- Caribbean	38.0	38.1	45.8	55.5	60.0	- Caraïbes
- Latin America	705.0	839.5	965.1	1014.9	1242.6	- Amérique latine
Eastern Asia	1439.9	1782.4	1939.7	2264.2	2646.9	Asie orientale
Southern Asia	97.3	120.7	138.2	145.8	163.0	Asie méridionale
South-Eastern Asia	624.0	702.5	784.2	1044.1	1055.3	Asie du Sud-Est
Western Asia	308.1	381.7	463.4	473.6	577.7	Asie occidentale
Oceania	8.7	9.2	9.8	10.9	12.0	Océanie
United States	1270.9	1474.2	1550.6	1502.1	1750.0	Etats-Unis d'Amérique
Germany	1015.0	1255.8	1379.5	1453.6	1750.3	Allemagne
China	663.4	873.5	950.0	1165.4	1401.3	Chine
Japan	618.7	726.4	790.3	769.7	893.1	Japon
France-Monaco	610.7	691.1	717.0	700.8	900.2	France-Monaco
United Kingdom	521.8	603.1	667.6	692.4	824.0	Royaume-Uni
Canada	510.4	552.9	592.6	625.2	718.9	Canada
Netherlands	400.7	494.2	529.7	573.3	745.9	Pays-Bas
Belgium	430.2	523.5	509.8	579.0	632.9	Belgique
Italy	448.5	519.7	534.9	532.6	604.1	Italie
Mexico	360.1	441.6	530.8	517.5	617.7	Mexique
Spain	322.7	391.5	422.7	476.8	542.3	Espagne
Korea, Republic of	284.2	314.4	360.8	421.6	477.3	République de Corée
Poland	236.5	303.1	352.3	386.8	471.4	Pologne
China, Hong Kong SAR	239.3	279.3	247.8	272.7	305.7	Chine - RAS de Hong-Kong
Sweden	183.9	214.6	220.2	236.4	278.4	Suède
Russian Federation	140.7	171.6	218.3	251.1	317.3	Fédération de Russie
Austria	162.9	208.5	189.4	201.9	247.5	Autriche
Indonesia	143.6	128.7	163.1	218.3	265.8	Indonésie
Switzerland-Liechtenstein	149.3	167.5	167.6	184.7	223.8	Suisse-Liechtenstein
Singapore	109.1	132.0	142.3	292.9	182.0	Singapour
Denmark	127.4	144.3	167.4	181.1	231.7	Danemark
Finland	144.8	168.4	148.9	159.9	217.2	Finlande
Turkey	112.6	149.9	183.7	161.0	208.6	Turquie
Australia	119.6	137.2	134.0	143.9	180.3	Australie

Value as percentages of World total

Valeur en pourcentage du total mondial

Regions of the world	1998	1999	2000	2001	2002	2003	2004	2005	2006	2007	Régions du monde
World	100.0	100.0	100.0	100.0	100.0	100.0	100.0	100.0	100.0	100.0	Monde
Developed Economies	70.9	69.7	67.7	66.6	67.2	67.9	67.2	65.6	63.4	64.0	Economies Développés
- Asia-Pacific	6.7	7.3	7.2	7.0	7.0	6.6	6.5	6.4	5.9	5.9	- Asie-Pacifique
- Europe	48.5	47.0	43.8	44.3	45.2	46.2	46.1	45.1	44.5	45.4	- Europe
- North America	15.7	15.4	16.8	15.3	15.1	15.1	14.5	14.2	13.1	12.8	- Amérique du Nord
South-Eastern Europe	0.6	0.6	0.6	0.7	0.9	0.9	1.1	1.2	1.1	1.2	Europe du Sud-Est
Commonwealth of Independent States	1.9	1.8	1.8	1.6	1.8	1.9	2.0	2.3	2.5	2.7	Communauté d'Etats indépendants
- Asia	0.2	0.1	0.2	0.2	0.2	0.2	0.2	0.3	0.4	0.4	- Asie
- Europe	1.7	1.7	1.6	1.4	1.6	1.7	1.7	2.0	2.2	2.3	- Europe
Northern Africa	0.6	0.6	0.5	0.6	0.6	0.6	0.6	0.7	0.7	0.7	Afrique septentrionale
Sub-Saharan Africa	1.4	1.1	1.3	4.5	1.3	1.3	1.3	1.5	1.5	1.6	Afrique subsaharienne
Latin America & the Caribbean	7.2	7.3	7.5	7.3	7.1	6.3	6.3	6.7	6.6	6.7	Amérique latine et Caraïbes
- Caribbean	0.3	0.4	0.4	0.4	0.3	0.3	0.3	0.3	0.3	0.3	- Caraïbes
- Latin America	6.9	6.9	7.1	6.9	6.7	6.0	6.0	6.4	6.2	6.4	- Amérique latine
Eastern Asia	9.7	11.0	11.7	10.6	12.0	12.2	12.8	12.8	13.9	13.7	Asie orientale
Southern Asia	0.5	0.5	0.6	0.6	0.7	0.8	0.9	0.9	0.9	0.8	Asie méridionale
South-Eastern Asia	4.7	4.9	5.8	5.4	5.8	5.3	5.0	5.2	6.4	5.5	Asie du Sud-Est
Western Asia	2.3	2.4	2.4	2.2	2.6	2.6	2.7	3.1	2.9	3.0	Asie occidentale
Oceania	0.1	0.1	0.1	0.1	0.1	0.1	0.1	0.1	0.1	0.1	Océanie

Amidons et fécules, inuline et gluten de froment; matières albuminoïdes; colles 592

Trade by commodity

Exports by principal countries or areas

Value in million US dollars

Commerce par produit

Exportations selon les principaux pays ou zones

Valeur en millions de dollars EU

Country or area	2003	2004	2005	2006	2007	Pays ou zone
World	10993.4	13117.4	14027.9	15465.2	17889.5	Monde
Developed Economies	8762.1	10356.8	10926.0	11926.0	13414.1	Economies Développés
- Asia-Pacific	1182.4	1261.3	1327.3	1405.5	1702.6	- Asie-Pacifique
- Europe	6073.5	7423.1	7738.8	8517.8	9405.9	- Europe
- North America	1506.2	1672.5	1859.8	2002.7	2305.6	- Amérique du Nord
South-Eastern Europe	13.8	17.9	21.3	23.5	38.3	Europe du Sud-Est
Commonwealth of Independent States	129.1	211.4	213.0	155.4	201.2	Communauté d'Etats indépendants
- Asia	0.6	1.8	2.9	3.4	2.8	- Asie
- Europe	128.5	209.6	210.1	152.0	198.4	- Europe
Northern Africa	5.0	6.4	8.5	8.8	9.4	Afrique septentrionale
Sub-Saharan Africa	26.9	30.2	31.8	30.3	28.6	Afrique subsaharienne
Latin America & the Caribbean	354.5	390.9	439.0	487.9	614.3	Amérique latine et Caraïbes
- Caribbean	1.9	1.8	1.9	2.6	2.1	- Caraïbes
- Latin America	352.6	389.2	437.0	485.3	612.3	- Amérique latine
Eastern Asia	939.2	1151.1	1295.9	1486.3	1911.8	Asie orientale
Southern Asia	78.4	118.1	177.6	159.6	257.0	Asie méridionale
South-Eastern Asia	636.5	772.2	831.5	1092.5	1298.4	Asie du Sud-Est
Western Asia	47.8	62.1	83.3	94.7	116.1	Asie occidentale
Oceania	0.1	0.1	0.1	0.2	0.1	Océanie
Germany	1562.1	1829.2	1963.7	2191.4	2567.2	Allemagne
United States	1303.6	1469.5	1636.5	1787.0	2073.5	Etats-Unis d'Amérique
Netherlands	890.5	1308.7	1307.6	1571.8	1278.6	Pays-Bas
France-Monaco	992.2	1188.0	1229.6	1291.2	1557.5	France-Monaco
New Zealand	586.3	576.9	586.5	604.7	774.4	Nouvelle-Zélande
China	285.3	434.2	540.8	687.6	1054.1	Chine
Thailand	400.1	485.7	535.8	710.0	844.5	Thaïlande
Belgium	450.6	531.0	528.2	553.8	653.4	Belgique
Italy	416.8	480.7	516.7	554.4	654.8	Italie
Japan	396.8	480.6	520.6	533.3	586.4	Japon
United Kingdom	401.7	438.1	426.3	413.4	469.5	Royaume-Uni
Ireland	308.6	393.7	422.2	386.3	482.6	Irlande
Denmark	143.7	168.9	187.1	385.7	435.2	Danemark
Switzerland-Liechtenstein	208.4	233.3	265.0	257.3	294.2	Suisse-Liechtenstein
Australia	199.3	203.8	220.2	267.6	341.9	Australie
Sweden	209.0	243.6	262.7	262.3	186.2	Suède
China, Hong Kong SAR	209.6	220.1	205.8	230.8	244.6	Chine - RAS de Hong-Kong
Canada	202.6	202.9	223.4	215.7	232.2	Canada
Korea, Republic of	161.0	181.4	204.4	222.3	228.2	République de Corée
Brazil	147.2	172.6	186.6	202.9	218.9	Brésil
Poland	105.0	153.0	140.8	155.8	214.4	Pologne
Spain	108.8	137.4	159.2	160.3	184.1	Espagne
Viet Nam	89.4	87.2	100.2	170.9	e199.3	Viet Nam
India	56.0	90.2	133.2	121.8	207.9	Inde
Argentina	74.8	82.4	98.6	126.5	165.9	Argentine

Regions of the world	1998	1999	2000	2001	2002	2003	2004	2005	2006	2007	Régions du monde
World	100.0	100.0	100.0	100.0	100.0	100.0	100.0	100.0	100.0	100.0	Monde
Developed Economies	80.8	82.3	79.9	80.8	80.0	79.7	79.0	77.9	77.1	75.0	Economies Développés
- Asia-Pacific	9.7	10.3	11.4	11.2	10.5	10.8	9.6	9.5	9.1	9.5	- Asie-Pacifique
- Europe	57.3	55.1	50.9	50.8	52.2	55.2	56.6	55.2	55.1	52.6	- Europe
- North America	13.9	16.9	17.7	18.8	17.3	13.7	12.7	13.3	12.9	12.9	- Amérique du Nord
South-Eastern Europe	0.1	0.1	0.1	0.1	0.1	0.1	0.1	0.2	0.2	0.2	Europe du Sud-Est
Commonwealth of Independent States	4.0	1.5	2.2	2.2	1.4	1.2	1.6	1.5	1.0	1.1	Communauté d'Etats indépendants
- Asia	0.0	0.0	0.0	0.0	0.0	0.0	0.0	0.0	0.0	0.0	- Asie
- Europe	4.0	1.5	2.2	2.1	1.4	1.2	1.6	1.5	1.0	1.1	- Europe
Northern Africa	0.0	0.0	0.0	0.0	0.0	0.0	0.0	0.1	0.1	0.1	Afrique septentrionale
Sub-Saharan Africa	0.3	0.2	0.2	0.3	0.2	0.2	0.2	0.2	0.2	0.2	Afrique subsaharienne
Latin America & the Caribbean	3.3	3.1	3.2	3.1	3.2	3.2	3.0	3.1	3.2	3.4	Amérique latine et Caraïbes
- Caribbean	0.0	0.0	0.1	0.1	0.0	0.0	0.0	0.0	0.0	0.0	- Caraïbes
- Latin America	3.2	3.1	3.2	3.0	3.2	3.2	3.0	3.1	3.1	3.4	- Amérique latine
Eastern Asia	6.6	7.2	8.0	7.7	8.5	8.5	8.8	9.2	9.6	10.7	Asie orientale
Southern Asia	0.4	0.5	0.7	0.6	0.7	0.7	0.9	1.3	1.0	1.4	Asie méridionale
South-Eastern Asia	4.2	4.7	5.0	4.9	5.2	5.8	5.9	5.9	7.1	7.3	Asie du Sud-Est
Western Asia	0.4	0.3	0.5	0.4	0.5	0.4	0.5	0.6	0.6	0.6	Asie occidentale
Oceania	0.0	0.0	0.0	0.0	0.0	0.0	0.0	0.0	0.0	0.0	Océanie

593 Explosives and pyrotechnic products

Trade by commodity | Commerce par produit
Imports by principal countries or areas | Importations selon les principaux pays ou zones
Value in million US dollars | Valeur en millions de dollars EU

Country or area	2003	2004	2005	2006	2007	Pays ou zone
World	1772.3	2062.2	2230.1	2564.9	2964.2	Monde
Developed Economies	1194.8	1372.0	1452.8	1558.9	1778.7	Economies Développés
- Asia-Pacific	146.3	154.7	178.2	164.2	179.3	- Asie-Pacifique
- Europe	581.8	664.4	635.4	679.6	823.1	- Europe
- North America	466.8	552.8	639.2	715.1	776.4	- Amérique du Nord
South-Eastern Europe	9.0	19.7	15.7	38.8	50.8	Europe du Sud-Est
Commonwealth of Independent States	59.3	66.7	70.5	87.2	103.3	Communauté d'Etats indépendants
- Asia	46.6	45.4	41.6	49.0	57.4	- Asie
- Europe	12.7	21.3	28.8	38.2	45.8	- Europe
Northern Africa	6.8	7.7	9.9	11.2	15.1	Afrique septentrionale
Sub-Saharan Africa	84.5	106.5	111.9	174.1	202.6	Afrique subsaharienne
Latin America & the Caribbean	211.4	281.6	320.6	353.0	395.8	Amérique latine et Caraïbes
- Caribbean	6.3	6.5	7.4	8.3	8.4	- Caraïbes
- Latin America	205.0	275.2	313.2	344.7	387.4	- Amérique latine
Eastern Asia	25.4	30.5	40.6	62.2	76.0	Asie orientale
Southern Asia	8.6	11.5	12.0	17.3	15.1	Asie méridionale
South-Eastern Asia	80.6	97.9	100.9	117.2	117.3	Asie du Sud-Est
Western Asia	81.5	58.2	85.5	135.6	200.4	Asie occidentale
Oceania	10.3	9.9	9.7	9.4	9.2	Océanie
United States	380.5	430.9	494.5	565.9	605.2	Etats-Unis d'Amérique
Mexico	149.1	199.9	223.2	245.0	271.7	Mexique
Germany	124.6	159.6	162.4	184.8	199.5	Allemagne
Canada	84.7	119.6	141.8	146.9	169.6	Canada
Japan	73.5	74.8	77.9	81.6	98.2	Japon
Australia	66.2	72.4	89.6	72.1	70.1	Australie
Italy	67.1	75.2	68.8	65.1	82.5	Italie
France-Monaco	61.6	75.9	60.5	56.3	66.2	France-Monaco
Saudi Arabia	51.0	8.4	8.5	89.6	129.0	Arabie saoudite
Norway	30.5	37.6	38.3	44.0	60.0	Norvège
United Kingdom	44.2	33.4	37.0	33.7	34.6	Royaume-Uni
Netherlands	29.0	26.1	34.3	34.8	54.4	Pays-Bas
Indonesia	18.6	29.3	40.1	38.0	35.3	Indonésie
Kazakhstan	26.7	27.8	28.2	31.4	40.6	Kazakhstan
Austria	27.2	27.2	21.9	32.2	27.6	Autriche
South Africa	13.9	18.5	20.3	28.6	51.1	Afrique du Sud
Switzerland-Liechtenstein	23.0	25.3	24.7	26.0	30.1	Suisse-Liechtenstein
Sweden	20.3	24.3	23.1	25.0	31.5	Suède
Singapore	28.0	27.3	21.5	22.9	23.8	Singapour
Belgium	25.2	22.1	23.9	22.2	27.2	Belgique
Korea, Republic of	9.5	16.2	23.8	29.7	33.0	République de Corée
Denmark	16.4	22.6	15.2	19.3	36.0	Danemark
Czech Republic	14.8	22.8	19.8	19.0	23.9	République tchèque
Russian Federation	6.8	11.3	16.8	22.3	27.1	Fédération de Russie
Poland	9.1	13.8	12.7	17.3	29.8	Pologne

Value as percentages of World total | Valeur en pourcentage du total mondial

Regions of the world	1998	1999	2000	2001	2002	2003	2004	2005	2006	2007	Régions du monde
World	100.0	100.0	100.0	100.0	100.0	100.0	100.0	100.0	100.0	100.0	Monde
Developed Economies	70.9	72.7	70.1	56.3	64.3	67.4	66.5	65.1	60.8	60.0	Economies Développés
- Asia-Pacific	6.8	5.7	6.3	7.0	7.4	8.3	7.5	8.0	6.4	6.0	- Asie-Pacifique
- Europe	37.6	40.7	36.8	25.6	31.0	32.8	32.2	28.5	26.5	27.8	- Europe
- North America	26.6	26.3	27.0	23.7	25.8	26.3	26.8	28.7	27.9	26.2	- Amérique du Nord
South-Eastern Europe	0.2	0.2	0.3	0.3	0.4	0.5	1.0	0.7	1.5	1.7	Europe du Sud-Est
Commonwealth of Independent States	4.7	3.7	4.5	3.8	4.1	3.3	3.2	3.2	3.4	3.5	Communauté d'Etats indépendants
- Asia	3.7	3.3	4.1	3.4	3.5	2.6	2.2	1.9	1.9	1.9	- Asie
- Europe	0.9	0.4	0.4	0.4	0.6	0.7	1.0	1.3	1.5	1.5	- Europe
Northern Africa	0.5	0.3	0.5	0.4	0.4	0.4	0.4	0.4	0.4	0.5	Afrique septentrionale
Sub-Saharan Africa	5.1	5.1	4.3	21.3	7.0	4.8	5.2	5.0	6.8	6.8	Afrique subsaharienne
Latin America & the Caribbean	8.1	8.3	10.6	8.7	12.5	11.9	13.7	14.4	13.8	13.4	Amérique latine et Caraïbes
- Caribbean	0.5	0.5	0.5	0.5	0.5	0.4	0.3	0.3	0.3	0.3	- Caraïbes
- Latin America	7.7	7.7	10.1	8.2	12.0	11.6	13.3	14.0	13.4	13.1	- Amérique latine
Eastern Asia	2.3	2.4	2.0	1.4	1.8	1.4	1.5	1.8	2.4	2.6	Asie orientale
Southern Asia	0.6	0.5	0.6	0.7	0.8	0.5	0.6	0.5	0.7	0.5	Asie méridionale
South-Eastern Asia	4.3	4.1	4.5	4.9	5.8	4.5	4.7	4.5	4.6	4.0	Asie du Sud-Est
Western Asia	2.8	2.2	2.3	1.9	2.5	4.6	2.8	3.8	5.3	6.8	Asie occidentale
Oceania	0.5	0.5	0.4	0.4	0.5	0.6	0.5	0.4	0.4	0.3	Océanie

Trade by commodity

Commerce par produit

Exports by principal countries or areas

Exportations selon les principaux pays ou zones

Value in million US dollars

Valeur en millions de dollars EU

Country or area	2003	2004	2005	2006	2007	Pays ou zone
World	1534.1	1816.2	1925.6	2257.2	2486.4	Monde
Developed Economies	925.7	1124.0	1190.4	1341.7	1504.9	Economies Développés
- Asia-Pacific	21.9	26.8	33.3	35.5	42.6	- Asie-Pacifique
- Europe	433.4	531.6	574.5	632.6	736.8	- Europe
- North America	470.4	565.6	582.6	673.6	725.6	- Amérique du Nord
South-Eastern Europe	7.4	11.4	10.7	11.7	15.1	Europe du Sud-Est
Commonwealth of Independent States	47.0	48.0	40.3	83.6	55.3	Communauté d'Etats indépendants
- Asia	1.3	1.7	1.4	2.9	2.4	- Asie
- Europe	45.6	46.2	38.9	80.7	52.9	- Europe
Northern Africa	5.0	1.0	4.0	2.2	4.1	Afrique septentrionale
Sub-Saharan Africa	50.4	81.3	59.3	62.7	80.0	Afrique subsaharienne
Latin America & the Caribbean	83.6	85.4	107.2	177.5	193.1	Amérique latine et Caraïbes
- Caribbean	0.6	0.9	1.1	1.1	1.5	- Caraïbes
- Latin America	83.0	84.4	106.1	176.4	191.5	- Amérique latine
Eastern Asia	363.8	406.9	458.8	519.4	565.2	Asie orientale
Southern Asia	8.7	13.9	10.4	10.8	13.8	Asie méridionale
South-Eastern Asia	31.2	35.7	33.7	38.0	37.7	Asie du Sud-Est
Western Asia	11.2	8.5	10.5	9.5	17.0	Asie occidentale
Oceania	0.0	0.1	0.2	0.1	0.2	Océanie
United States	394.1	461.7	469.1	539.9	593.4	Etats-Unis d'Amérique
China	345.0	389.1	441.0	504.8	556.4	Chine
Germany	118.2	185.3	202.3	223.1	259.6	Allemagne
Canada	76.3	103.9	113.5	133.7	132.1	Canada
France-Monaco	80.2	75.2	97.8	116.4	116.1	France-Monaco
Czech Republic	37.7	51.4	66.6	90.3	113.1	République tchèque
Mexico	38.2	30.0	36.5	96.7	110.1	Mexique
Switzerland-Liechtenstein	61.0	67.3	64.5	54.8	57.9	Suisse-Liechtenstein
South Africa	47.6	75.9	53.0	56.7	68.7	Afrique du Sud
Russian Federation	40.2	41.7	34.0	71.2	46.5	Fédération de Russie
Netherlands	18.5	22.7	22.0	22.4	36.0	Pays-Bas
Chile	15.5	15.7	22.2	26.0	31.1	Chili
Australia	16.3	18.9	23.0	23.7	27.2	Australie
Belgium	24.8	21.5	20.6	15.8	25.7	Belgique
Singapore	19.1	23.3	23.4	21.3	20.2	Singapour
Italy	15.1	18.6	18.7	24.1	28.9	Italie
Spain	18.6	18.8	20.3	18.4	18.1	Espagne
Brazil	15.9	19.8	20.4	21.2	15.3	Brésil
Poland	10.3	14.9	15.5	15.7	23.9	Pologne
Peru	5.7	8.3	13.6	18.2	19.4	Pérou
Finland	11.5	13.2	12.3	12.2	13.4	Finlande
India	7.0	10.5	9.7	10.8	12.7	Inde
China, Hong Kong SAR	13.9	13.2	13.8	2.3	2.0	Chine - RAS de Hong-Kong
Japan	1.6	3.9	6.7	9.2	13.8	Japon
Sweden	4.9	6.0	6.7	7.6	8.4	Suède

Value as percentages of World total

Valeur en pourcentage du total mondial

Regions of the world	1998	1999	2000	2001	2002	2003	2004	2005	2006	2007	Régions du monde
World	100.0	100.0	100.0	100.0	100.0	100.0	100.0	100.0	100.0	100.0	Monde
Developed Economies	60.2	56.7	58.4	58.3	58.0	60.3	61.9	61.8	59.4	60.5	Economies Développés
- Asia-Pacific	1.8	2.0	1.9	1.7	1.8	1.4	1.5	1.7	1.6	1.7	- Asie-Pacifique
- Europe	28.0	27.4	23.7	27.1	27.9	28.3	29.3	29.8	28.0	29.6	- Europe
- North America	30.5	27.3	32.7	29.5	28.4	30.7	31.1	30.3	29.8	29.2	- Amérique du Nord
South-Eastern Europe	0.3	0.3	0.2	0.3	0.4	0.5	0.6	0.6	0.5	0.6	Europe du Sud-Est
Commonwealth of Independent States	4.6	5.1	5.0	5.5	4.9	3.1	2.6	2.1	3.7	2.2	Communauté d'Etats indépendants
- Asia	0.6	0.7	0.7	1.2	1.2	0.1	0.1	0.1	0.1	0.1	- Asie
- Europe	4.0	4.4	4.3	4.3	3.8	3.0	2.5	2.0	3.6	2.1	- Europe
Northern Africa	0.4	0.1	0.3	0.2	0.2	0.3	0.1	0.2	0.1	0.2	Afrique septentrionale
Sub-Saharan Africa	3.5	2.4	5.4	2.5	2.6	3.3	4.5	3.1	2.8	3.2	Afrique subsaharienne
Latin America & the Caribbean	4.9	3.9	4.2	5.0	4.6	5.4	4.7	5.6	7.9	7.8	Amérique latine et Caraïbes
- Caribbean	0.2	0.2	0.2	0.0	0.1	0.0	0.1	0.1	0.0	0.1	- Caraïbes
- Latin America	4.7	3.7	4.1	5.0	4.5	5.4	4.6	5.5	7.8	7.7	- Amérique latine
Eastern Asia	24.2	29.5	24.0	25.5	26.6	23.7	22.4	23.8	23.0	22.7	Asie orientale
Southern Asia	0.4	0.5	0.8	0.7	0.7	0.6	0.8	0.5	0.5	0.6	Asie méridionale
South-Eastern Asia	1.1	1.3	1.4	1.5	1.5	2.0	2.0	1.8	1.7	1.5	Asie du Sud-Est
Western Asia	0.3	0.2	0.2	0.3	0.5	0.7	0.5	0.5	0.4	0.7	Asie occidentale
Oceania	0.0	0.0	0.0	0.0	0.0	0.0	0.0	0.0	0.0	0.0	Océanie

597 Prepared additives, de-icing and liquid for transmissions; lubricant, etc

Trade by commodity
Imports by principal countries or areas
Value in million US dollars

Commerce par produit
Importations selon les principaux pays ou zones
Valeur en millions de dollars EU

Country or area	2003	2004	2005	2006	2007	Pays ou zone
World	8778.2	10447.6	11979.8	13799.8	15880.5	Monde
Developed Economies	4570.7	5319.0	6085.2	7325.9	8356.2	Economies Développés
- Asia-Pacific	530.8	588.6	598.6	676.4	757.1	- Asie-Pacifique
- Europe	3325.4	3926.7	4553.7	5636.2	6466.5	- Europe
- North America	714.5	803.7	932.9	1013.3	1132.6	- Amérique du Nord
South-Eastern Europe	79.1	138.1	146.6	135.7	177.6	Europe du Sud-Est
Commonwealth of Independent States	263.1	355.5	430.0	587.2	786.0	Communauté d'Etats indépendants
- Asia	73.5	94.7	111.8	156.0	198.7	- Asie
- Europe	189.6	260.8	318.3	431.3	587.3	- Europe
Northern Africa	116.7	141.4	135.0	137.1	162.5	Afrique septentrionale
Sub-Saharan Africa	274.8	296.6	377.5	396.3	488.1	Afrique subsaharienne
Latin America & the Caribbean	786.2	914.4	1085.8	1166.0	1282.1	Amérique latine et Caraïbes
- Caribbean	60.1	58.5	78.2	92.9	120.0	- Caraïbes
- Latin America	726.0	855.9	1007.5	1073.1	1162.1	- Amérique latine
Eastern Asia	1119.7	1388.5	1586.9	1823.3	2071.1	Asie orientale
Southern Asia	305.9	297.9	325.9	300.5	328.3	Asie méridionale
South-Eastern Asia	874.0	1070.9	1249.8	1303.1	1421.6	Asie du Sud-Est
Western Asia	382.7	519.9	550.7	617.6	789.8	Asie occidentale
Oceania	5.4	5.3	6.3	7.1	17.3	Océanie
China	533.8	718.7	888.2	1078.3	1263.4	Chine
Germany	380.7	490.7	672.4	883.3	918.4	Allemagne
Belgium	452.1	548.8	583.3	732.7	840.6	Belgique
France-Monaco	445.1	504.1	557.9	694.2	866.6	France-Monaco
Singapore	343.1	420.0	559.1	598.5	618.4	Singapour
Italy	451.9	470.4	462.9	513.5	570.6	Italie
Canada	392.4	439.8	497.3	538.1	600.1	Canada
Japan	348.2	382.4	414.0	465.5	521.5	Japon
United States	321.1	362.9	434.6	474.0	531.5	Etats-Unis d'Amérique
Mexico	313.0	360.5	496.5	461.7	436.4	Mexique
Netherlands	212.3	233.9	270.3	508.5	611.5	Pays-Bas
Korea, Republic of	287.9	316.6	329.6	363.6	413.7	République de Corée
United Kingdom	143.3	253.5	357.1	375.1	466.2	Royaume-Uni
Spain	215.5	261.5	319.7	357.3	401.8	Espagne
Russian Federation	133.2	183.1	243.8	341.1	476.1	Fédération de Russie
Indonesia	220.5	289.5	302.6	242.8	280.8	Indonésie
Austria	130.6	140.3	176.4	217.6	259.2	Autriche
Turkey	135.1	175.3	188.8	166.5	228.5	Turquie
Australia	157.8	181.5	158.3	183.4	206.6	Australie
Thailand	137.5	156.8	170.5	186.1	192.5	Thaïlande
Poland	120.5	144.8	151.7	200.5	225.4	Pologne
South Africa	143.6	160.0	171.2	164.6	184.1	Afrique du Sud
Sweden	121.6	142.1	153.5	171.6	206.1	Suède
Brazil	110.3	135.5	137.9	173.0	221.7	Brésil
India	97.8	108.8	145.0	183.3	199.0	Inde

Value as percentages of World total

Valeur en pourcentage du total mondial

Regions of the world	1998	1999	2000	2001	2002	2003	2004	2005	2006	2007	Régions du monde
World	100.0	100.0	100.0	100.0	100.0	100.0	100.0	100.0	100.0	100.0	Monde
Developed Economies	56.4	56.3	52.6	44.0	50.3	52.1	50.9	50.8	53.1	52.6	Economies Développés
- Asia-Pacific	6.6	7.1	6.9	5.7	6.2	6.0	5.6	5.0	4.9	4.8	- Asie-Pacifique
- Europe	41.7	40.8	36.6	30.6	35.5	37.9	37.6	38.0	40.8	40.7	- Europe
- North America	8.1	8.4	9.1	7.8	8.7	8.1	7.7	7.8	7.3	7.1	- Amérique du Nord
South-Eastern Europe	0.8	0.7	0.7	0.7	0.9	0.9	1.3	1.2	1.0	1.1	Europe du Sud-Est
Commonwealth of Independent States	2.3	1.9	2.3	2.2	2.6	3.0	3.4	3.6	4.3	4.9	Communauté d'Etats indépendants
- Asia	0.5	0.4	0.8	0.6	0.6	0.8	0.9	0.9	1.1	1.3	- Asie
- Europe	1.8	1.5	1.5	1.6	2.0	2.2	2.5	2.7	3.1	3.7	- Europe
Northern Africa	1.6	1.5	1.4	1.0	1.3	1.3	1.4	1.1	1.0	1.0	Afrique septentrionale
Sub-Saharan Africa	3.7	3.0	3.2	16.6	3.6	3.1	2.8	3.2	2.9	3.1	Afrique subsaharienne
Latin America & the Caribbean	8.5	7.8	8.5	8.5	9.8	9.0	8.8	9.1	8.4	8.1	Amérique latine et Caraïbes
- Caribbean	0.6	0.6	0.8	0.7	0.8	0.7	0.6	0.7	0.7	0.8	- Caraïbes
- Latin America	7.9	7.2	7.7	7.8	9.0	8.3	8.2	8.4	7.8	7.3	- Amérique latine
Eastern Asia	9.3	10.9	12.1	10.4	12.4	12.8	13.3	13.2	13.2	13.0	Asie orientale
Southern Asia	3.5	3.5	3.6	3.0	3.7	3.5	2.9	2.7	2.2	2.1	Asie méridionale
South-Eastern Asia	9.6	10.5	11.2	9.8	11.4	10.0	10.3	10.4	9.4	9.0	Asie du Sud-Est
Western Asia	4.4	3.8	4.4	3.8	4.0	4.4	5.0	4.6	4.5	5.0	Asie occidentale
Oceania	0.0	0.0	0.0	0.0	0.1	0.1	0.1	0.1	0.1	0.1	Océanie

Liquides pour transmissions hydrauliques; préparations antigel et liquides pour dégivrage 597

Trade by commodity   Commerce par produit

Exports by principal countries or areas   Exportations selon les principaux pays ou zones

Value in million US dollars   Valeur en millions de dollars EU

Country or area	2003	2004	2005	2006	2007	Pays ou zone
World	8180.3	9817.5	11193.4	13083.9	15309.7	Monde
Developed Economies	7083.0	8532.4	9689.4	11328.5	13281.5	Economies Développés
- Asia-Pacific	458.9	542.9	566.2	639.0	751.6	- Asie-Pacifique
- Europe	4614.7	5635.9	6326.3	7608.8	8992.4	- Europe
- North America	2009.4	2353.6	2796.8	3080.7	3537.6	- Amérique du Nord
South-Eastern Europe	3.6	6.9	6.4	5.7	7.5	Europe du Sud-Est
Commonwealth of Independent States	66.2	86.1	71.6	143.0	163.6	Communauté d'Etats indépendants
- Asia	1.0	0.6	0.7	61.8	22.0	- Asie
- Europe	65.2	85.5	70.9	81.2	141.6	- Europe
Northern Africa	7.2	2.7	8.2	3.9	5.1	Afrique septentrionale
Sub-Saharan Africa	22.5	25.8	25.1	28.9	39.9	Afrique subsaharienne
Latin America & the Caribbean	115.3	124.1	161.9	191.2	210.7	Amérique latine et Caraïbes
- Caribbean	0.8	1.3	1.6	1.9	1.2	- Caraïbes
- Latin America	114.4	122.7	160.4	189.3	209.5	- Amérique latine
Eastern Asia	223.9	271.4	336.5	367.9	419.4	Asie orientale
Southern Asia	16.0	18.6	41.4	50.5	55.4	Asie méridionale
South-Eastern Asia	606.2	701.7	794.2	913.8	1036.4	Asie du Sud-Est
Western Asia	36.5	47.8	58.6	50.5	88.1	Asie occidentale
Oceania	0.0	0.1	0.0	0.0	2.2	Océanie
United States	1879.5	2192.4	2610.0	2872.5	3301.3	Etats-Unis d'Amérique
France-Monaco	1316.4	1550.4	1770.8	2043.7	2430.6	France-Monaco
Germany	1209.6	1468.1	1608.5	1915.8	2277.2	Allemagne
Singapore	566.1	653.8	727.0	843.9	961.5	Singapour
Belgium	390.4	626.7	733.5	849.3	1000.8	Belgique
Italy	437.2	493.4	553.7	697.0	838.3	Italie
United Kingdom	460.2	512.9	546.1	597.8	664.5	Royaume-Uni
Japan	430.0	513.9	527.9	595.2	698.7	Japon
Netherlands	326.4	413.3	451.7	642.7	737.3	Pays-Bas
Canada	129.9	161.2	186.8	208.2	236.2	Canada
Spain	93.2	119.2	121.5	136.6	167.2	Espagne
Austria	64.2	78.5	124.5	150.6	167.5	Autriche
Switzerland-Liechtenstein	90.0	101.9	104.2	118.6	155.0	Suisse-Liechtenstein
Sweden	88.7	81.9	96.3	132.0	133.4	Suède
China, Hong Kong SAR	72.4	91.0	104.1	90.1	90.0	Chine - RAS de Hong-Kong
Finland	49.9	62.4	80.0	109.2	134.6	Finlande
Mexico	48.2	49.4	70.9	86.0	93.2	Mexique
China	28.5	44.0	61.4	82.4	124.3	Chine
Russian Federation	50.5	52.0	56.2	64.0	101.7	Fédération de Russie
Korea, Republic of	54.5	53.3	62.9	73.0	79.6	République de Corée
Brazil	42.4	47.4	57.4	67.4	77.3	Brésil
Denmark	8.4	10.5	12.0	68.1	123.6	Danemark
Australia	27.2	27.0	35.8	41.8	50.5	Australie
India	13.6	14.0	36.8	40.3	48.7	Inde
Slovakia	17.8	24.8	24.0	25.2	27.8	Slovaquie

Value as percentages of World total   Valeur en pourcentage du total mondial

Regions of the world	1998	1999	2000	2001	2002	2003	2004	2005	2006	2007	Régions du monde
World	100.0	100.0	100.0	100.0	100.0	100.0	100.0	100.0	100.0	100.0	Monde
Developed Economies	91.1	89.3	88.1	87.2	87.1	86.6	86.9	86.6	86.6	86.8	Economies Développés
- Asia-Pacific	4.2	5.3	5.7	5.1	5.6	5.6	5.5	5.1	4.9	4.9	- Asie-Pacifique
- Europe	61.9	59.0	54.8	55.2	54.3	56.4	57.4	56.5	58.2	58.7	- Europe
- North America	25.0	25.0	27.6	26.9	27.2	24.6	24.0	25.0	23.5	23.1	- Amérique du Nord
South-Eastern Europe	0.0	0.0	0.1	0.0	0.0	0.1	0.1	0.1	0.0	0.0	Europe du Sud-Est
Commonwealth of Independent States	0.7	0.7	0.9	1.1	0.6	0.8	0.9	0.6	1.1	1.1	Communauté d'Etats indépendants
- Asia	0.0	0.0	0.0	0.0	0.0	0.0	0.0	0.0	0.5	0.1	- Asie
- Europe	0.7	0.7	0.9	1.1	0.6	0.8	0.9	0.6	0.6	0.9	- Europe
Northern Africa	0.0	0.0	0.0	0.0	0.0	0.1	0.0	0.1	0.0	0.0	Afrique septentrionale
Sub-Saharan Africa	0.2	0.3	0.2	0.2	0.2	0.3	0.3	0.2	0.2	0.3	Afrique subsaharienne
Latin America & the Caribbean	1.5	1.3	1.4	1.4	1.5	1.4	1.3	1.4	1.5	1.4	Amérique latine et Caraïbes
- Caribbean	0.0	0.1	0.1	0.0	0.0	0.0	0.0	0.0	0.0	0.0	- Caraïbes
- Latin America	1.5	1.2	1.3	1.3	1.5	1.4	1.3	1.4	1.4	1.4	- Amérique latine
Eastern Asia	1.7	2.1	2.5	2.6	2.8	2.7	2.8	3.0	2.8	2.7	Asie orientale
Southern Asia	0.1	0.1	0.2	0.4	0.4	0.2	0.2	0.4	0.4	0.4	Asie méridionale
South-Eastern Asia	4.3	5.8	6.3	6.7	6.8	7.4	7.1	7.1	7.0	6.8	Asie du Sud-Est
Western Asia	0.2	0.3	0.3	0.4	0.4	0.4	0.5	0.5	0.4	0.6	Asie occidentale
Oceania	0.0	0.0	0.0	0.0	0.0	0.0	0.0	0.0	0.0	0.0	Océanie

598 Miscellaneous chemical products, nes

Trade by commodity
Imports by principal countries or areas
Value in million US dollars

Commerce par produit
Importations selon les principaux pays ou zones
Valeur en millions de dollars EU

Country or area	2003	2004	2005	2006	2007	Pays ou zone
World	51614.2	60140.6	68082.3	78857.6	93053.5	Monde
Developed Economies	31347.8	36750.6	40499.5	45639.3	53416.8	Economies Développés
- Asia-Pacific	3204.1	3533.4	3937.9	4468.1	5194.9	- Asie-Pacifique
- Europe	22149.9	26284.3	28614.6	32531.2	38519.3	- Europe
- North America	5993.9	6932.9	7946.9	8639.9	9702.5	- Amérique du Nord
South-Eastern Europe	300.8	464.2	525.1	545.4	735.2	Europe du Sud-Est
Commonwealth of Independent States	611.7	791.6	1071.4	1278.4	1693.0	Communauté d'Etats indépendants
- Asia	97.8	133.9	166.2	226.3	282.8	- Asie
- Europe	513.9	657.7	905.2	1052.1	1410.2	- Europe
Northern Africa	319.6	362.3	466.6	556.2	658.9	Afrique septentrionale
Sub-Saharan Africa	580.8	632.5	888.6	1055.9	1415.2	Afrique subsaharienne
Latin America & the Caribbean	2683.9	3188.1	3710.6	4308.8	5014.9	Amérique latine et Caraïbes
- Caribbean	117.9	157.9	183.7	196.4	231.8	- Caraïbes
- Latin America	2566.0	3030.2	3526.8	4112.4	4783.2	- Amérique latine
Eastern Asia	10156.2	11358.3	13555.6	16777.4	19891.3	Asie orientale
Southern Asia	813.8	933.9	1256.1	1368.6	1527.9	Asie méridionale
South-Eastern Asia	3157.7	3591.2	3679.8	4763.6	5604.4	Asie du Sud-Est
Western Asia	1616.6	2037.1	2395.8	2528.3	3056.1	Asie occidentale
Oceania	25.2	30.9	33.3	35.8	39.7	Océanie
Germany	4037.8	5228.5	5926.4	7429.4	8700.2	Allemagne
United States	4542.1	5305.2	6134.9	6692.6	7678.7	Etats-Unis d'Amérique
China	4308.4	4059.9	5146.6	6430.6	7238.4	Chine
Korea, Republic of	2271.6	2784.6	3574.4	4344.3	5444.9	République de Corée
France-Monaco	2671.6	3192.7	3519.5	4038.4	4959.5	France-Monaco
Japan	2678.3	2940.7	3229.3	3693.2	4281.6	Japon
Italy	2534.4	2939.8	2972.7	3172.9	3425.4	Italie
United Kingdom	2448.9	2768.7	2920.4	3056.0	3247.1	Royaume-Uni
Belgium	1779.6	2082.2	2185.7	2640.8	3053.3	Belgique
Netherlands	1604.8	1871.8	2104.5	2168.3	2768.8	Pays-Bas
Spain	1550.1	1721.4	1811.4	1948.5	2530.0	Espagne
Canada	1447.0	1599.1	1807.3	1942.3	2018.9	Canada
Mexico	1213.6	1319.0	1596.3	1895.9	2145.8	Mexique
Singapore	1246.4	1248.3	1191.3	1767.4	2167.9	Singapour
China, Hong Kong SAR	995.9	1099.0	1046.4	1174.9	1251.9	Chine - RAS de Hong-Kong
Thailand	676.0	873.8	960.8	1100.8	1217.6	Thaïlande
Switzerland-Liechtenstein	748.4	885.6	915.5	997.9	1208.4	Suisse-Liechtenstein
Austria	697.4	770.3	906.5	1084.5	1222.1	Autriche
Sweden	637.6	732.4	753.7	739.9	1012.8	Suède
Poland	530.9	638.2	729.6	850.7	1013.3	Pologne
India	429.9	527.7	745.5	959.0	1087.5	Inde
Turkey	532.0	686.5	835.1	695.3	804.0	Turquie
Russian Federation	371.2	463.0	659.1	781.6	1014.9	Fédération de Russie
Malaysia	488.3	558.2	525.6	703.3	886.4	Malaisie
Brazil	414.2	545.5	582.1	624.9	823.6	Brésil

Value as percentages of World total

Valeur en pourcentage du total mondial

Regions of the world	1998	1999	2000	2001	2002	2003	2004	2005	2006	2007	Régions du monde
World	100.0	100.0	100.0	100.0	100.0	100.0	100.0	100.0	100.0	100.0	Monde
Developed Economies	64.3	63.8	61.4	62.0	61.4	60.7	61.1	59.5	57.9	57.4	Economies Développés
- Asia-Pacific	6.2	6.3	7.6	6.9	6.3	6.2	5.9	5.8	5.7	5.6	- Asie-Pacifique
- Europe	46.2	45.1	41.1	42.3	42.5	42.9	43.7	42.0	41.3	41.4	- Europe
- North America	11.9	12.4	12.7	12.8	12.7	11.6	11.5	11.7	11.0	10.4	- Amérique du Nord
South-Eastern Europe	0.5	0.8	0.4	0.5	0.5	0.6	0.8	0.8	0.7	0.8	Europe du Sud-Est
Commonwealth of Independent States	1.2	1.1	1.0	1.2	1.3	1.2	1.3	1.6	1.6	1.8	Communauté d'Etats indépendants
- Asia	0.1	0.1	0.2	0.2	0.2	0.2	0.2	0.2	0.3	0.3	- Asie
- Europe	1.1	1.0	0.9	1.0	1.1	1.0	1.1	1.3	1.3	1.5	- Europe
Northern Africa	0.9	0.8	0.7	0.7	0.7	0.6	0.6	0.7	0.7	0.7	Afrique septentrionale
Sub-Saharan Africa	1.3	1.1	1.0	2.3	1.2	1.1	1.1	1.3	1.3	1.5	Afrique subsaharienne
Latin America & the Caribbean	6.8	6.6	6.6	6.7	5.8	5.2	5.3	5.5	5.5	5.4	Amérique latine et Caraïbes
- Caribbean	0.3	0.3	0.3	0.3	0.3	0.2	0.3	0.3	0.2	0.2	- Caraïbes
- Latin America	6.5	6.3	6.4	6.4	5.5	5.0	5.0	5.2	5.2	5.1	- Amérique latine
Eastern Asia	13.4	15.4	17.7	15.9	18.4	19.7	18.9	19.9	21.3	21.4	Asie orientale
Southern Asia	1.8	1.4	1.5	1.6	1.4	1.6	1.6	1.8	1.7	1.6	Asie méridionale
South-Eastern Asia	6.5	5.9	6.2	5.7	6.0	6.1	6.0	5.4	6.0	6.0	Asie du Sud-Est
Western Asia	3.2	3.3	3.3	3.4	3.2	3.1	3.4	3.5	3.2	3.3	Asie occidentale
Oceania	0.1	0.0	0.0	0.1	0.0	0.0	0.1	0.0	0.0	0.0	Océanie

Trade by commodity

Exports by principal countries or areas

Value in million US dollars

Commerce par produit

Exportations selon les principaux pays ou zones

Valeur en millions de dollars EU

Country or area	2003	2004	2005	2006	2007	Pays ou zone
World	48343.8	57924.6	63612.7	75508.8	89222.0	Monde
Developed Economies	41484.9	48397.6	53326.0	61884.3	72877.7	Economies Développés
- Asia-Pacific	5123.0	6616.8	7746.8	9391.2	10947.5	- Asie-Pacifique
- Europe	27223.9	31622.8	34446.6	39924.8	47396.3	- Europe
- North America	9138.0	10158.1	11132.7	12568.3	14533.9	- Amérique du Nord
South-Eastern Europe	20.8	28.8	35.5	38.5	53.3	Europe du Sud-Est
Commonwealth of Independent States	232.6	338.8	319.3	482.4	461.4	Communauté d'Etats indépendants
- Asia	2.1	1.3	4.5	81.4	34.6	- Asie
- Europe	230.5	337.5	314.8	401.1	426.9	- Europe
Northern Africa	32.8	45.8	38.7	39.3	27.0	Afrique septentrionale
Sub-Saharan Africa	144.2	161.4	329.0	449.6	478.9	Afrique subsaharienne
Latin America & the Caribbean	606.9	744.8	814.8	1053.2	1237.1	Amérique latine et Caraïbes
- Caribbean	10.6	11.5	14.0	16.5	19.5	- Caraïbes
- Latin America	596.3	733.3	800.8	1036.7	1217.6	- Amérique latine
Eastern Asia	3659.6	4635.1	5707.7	7690.0	9385.4	Asie orientale
Southern Asia	197.0	242.8	430.3	531.6	639.0	Asie méridionale
South-Eastern Asia	1794.0	2237.4	2296.3	3000.1	3558.6	Asie du Sud-Est
Western Asia	170.7	1091.9	314.8	339.3	503.4	Asie occidentale
Oceania	0.3	0.2	0.4	0.5	0.2	Océanie
Germany	7941.0	9206.8	10039.1	11907.6	14131.4	Allemagne
United States	8380.4	9170.9	10061.3	11431.6	13170.8	Etats-Unis d'Amérique
Japan	5002.1	6469.8	7574.1	9188.8	10704.0	Japon
United Kingdom	3192.4	3696.3	4031.0	4454.5	5188.6	Royaume-Uni
France-Monaco	2719.5	3289.6	3645.1	4339.5	4811.2	France-Monaco
Netherlands	2505.8	3024.1	3389.0	3966.9	4485.9	Pays-Bas
Belgium	2227.5	2902.0	3149.4	3481.4	4180.4	Belgique
Ireland	2319.0	2414.6	2418.8	2614.5	3090.6	Irlande
China	1055.8	1530.8	2172.0	3130.0	4352.7	Chine
Italy	1693.0	1966.9	2220.8	2773.7	3118.3	Italie
Singapore	871.3	1072.7	1028.6	1435.6	1637.3	Singapour
Korea, Republic of	767.6	914.0	1139.9	1403.9	1718.9	République de Corée
China, Hong Kong SAR	939.3	1047.5	1003.3	1193.6	1263.7	Chine - RAS de Hong-Kong
Canada	757.6	987.2	1071.2	1136.7	1363.0	Canada
Spain	821.9	866.8	914.8	968.3	1261.4	Espagne
Switzerland-Liechtenstein	855.6	858.0	909.1	988.6	1154.4	Suisse-Liechtenstein
Sweden	780.6	884.9	961.0	953.0	1103.8	Suède
Malaysia	607.0	805.0	849.5	952.9	1158.2	Malaisie
Austria	461.9	553.4	599.5	686.1	893.2	Autriche
Norway	312.2	395.4	504.8	560.1	1329.0	Norvège
Denmark	349.4	404.8	422.2	693.9	835.0	Danemark
Mexico	275.4	328.0	372.2	431.3	437.0	Mexique
Finland	289.9	321.8	311.1	419.4	488.5	Finlande
India	136.6	195.0	340.4	406.3	490.8	Inde
Israel	29.9	882.6	45.4	69.6	81.1	Israël

Value as percentages of World total

Valeur en pourcentage du total mondial

Regions of the world	1998	1999	2000	2001	2002	2003	2004	2005	2006	2007	Régions du monde
World	100.0	100.0	100.0	100.0	100.0	100.0	100.0	100.0	100.0	100.0	Monde
Developed Economies	86.1	86.2	84.3	85.1	86.2	85.8	83.6	83.8	82.0	81.7	Economies Développés
- Asia-Pacific	9.5	10.7	12.5	10.5	10.9	10.6	11.4	12.2	12.4	12.3	- Asie-Pacifique
- Europe	56.6	55.5	50.4	53.0	55.4	56.3	54.6	54.2	52.9	53.1	- Europe
- North America	20.0	20.0	21.4	21.6	19.9	18.9	17.5	17.5	16.6	16.3	- Amérique du Nord
South-Eastern Europe	0.1	0.1	0.0	0.0	0.0	0.1	0.0	0.1	0.1	0.1	Europe du Sud-Est
Commonwealth of Independent States	0.4	0.4	0.4	0.4	0.5	0.5	0.6	0.5	0.6	0.5	Communauté d'Etats indépendants
- Asia	0.0	0.0	0.0	0.0	0.0	0.0	0.0	0.0	0.1	0.0	- Asie
- Europe	0.4	0.4	0.4	0.4	0.5	0.5	0.6	0.5	0.5	0.5	- Europe
Northern Africa	0.1	0.1	0.1	0.1	0.0	0.1	0.1	0.1	0.1	0.0	Afrique septentrionale
Sub-Saharan Africa	0.2	0.2	0.3	0.3	0.3	0.3	0.3	0.5	0.6	0.5	Afrique subsaharienne
Latin America & the Caribbean	1.8	1.7	1.5	1.5	1.3	1.3	1.3	1.3	1.4	1.4	Amérique latine et Caraïbes
- Caribbean	0.0	0.0	0.0	0.0	0.0	0.0	0.0	0.0	0.0	0.0	- Caraïbes
- Latin America	1.8	1.6	1.5	1.5	1.3	1.2	1.3	1.3	1.4	1.4	- Amérique latine
Eastern Asia	6.1	6.3	7.2	7.2	7.4	7.6	8.0	9.0	10.2	10.5	Asie orientale
Southern Asia	0.4	0.5	0.5	0.4	0.4	0.4	0.4	0.7	0.7	0.7	Asie méridionale
South-Eastern Asia	3.7	3.4	3.7	3.1	3.4	3.7	3.9	3.6	4.0	4.0	Asie du Sud-Est
Western Asia	1.1	1.2	2.0	1.8	0.4	0.4	1.9	0.5	0.4	0.6	Asie occidentale
Oceania	0.0	0.0	0.0	0.0	0.0	0.0	0.0	0.0	0.0	0.0	Océanie

611 Leather

Trade by commodity
Imports by principal countries or areas
Value in million US dollars

Commerce par produit
Importations selon les principaux pays ou zones
Valeur en millions de dollars EU

Country or area	2003	2004	2005	2006	2007	Pays ou zone
World	18099.4	19871.6	20000.6	21707.1	23071.4	Monde
Developed Economies	7805.5	7950.4	7818.2	8387.2	9296.1	Economies Développés
- Asia-Pacific	249.2	264.2	258.0	254.1	289.4	- Asie-Pacifique
- Europe	6578.3	6635.9	6528.0	7152.9	8088.2	- Europe
- North America	978.0	1050.4	1032.2	980.2	918.6	- Amérique du Nord
South-Eastern Europe	922.0	1070.8	1166.4	1223.3	1305.8	Europe du Sud-Est
Commonwealth of Independent States	122.7	133.9	136.5	175.2	219.9	Communauté d'Etats indépendants
- Asia	3.8	2.5	2.5	3.8	5.2	- Asie
- Europe	118.9	131.4	134.0	171.5	214.7	- Europe
Northern Africa	213.1	228.5	237.9	292.1	367.2	Afrique septentrionale
Sub-Saharan Africa	76.2	105.3	86.1	101.1	130.8	Afrique subsaharienne
Latin America & the Caribbean	998.1	1266.2	1182.8	1095.7	1082.8	Amérique latine et Caraïbes
- Caribbean	36.3	42.5	80.0	72.7	88.5	- Caraïbes
- Latin America	961.7	1223.7	1102.8	1022.9	994.4	- Amérique latine
Eastern Asia	6394.5	7323.0	7481.0	8409.1	8324.7	Asie orientale
Southern Asia	230.4	256.3	293.4	360.6	386.8	Asie méridionale
South-Eastern Asia	1124.5	1314.1	1374.5	1429.0	1695.6	Asie du Sud-Est
Western Asia	207.9	217.7	221.9	232.1	261.0	Asie occidentale
Oceania	4.6	5.2	2.0	1.6	0.7	Océanie
China	2860.3	3350.4	3501.2	4128.4	4343.7	Chine
China, Hong Kong SAR	2778.1	3235.7	3286.0	3559.7	3218.9	Chine - RAS de Hong-Kong
Italy	2205.5	2177.7	2172.2	2615.7	2995.3	Italie
United States	772.9	840.7	856.8	821.3	790.4	Etats-Unis d'Amérique
Romania	688.6	733.6	775.8	813.7	843.5	Roumanie
Germany	649.8	635.5	733.0	805.0	852.7	Allemagne
Mexico	698.2	878.0	781.0	687.3	590.8	Mexique
Viet Nam	492.6	655.4	686.2	698.8	e891.6	Viet Nam
Spain	657.3	593.2	538.8	567.0	676.7	Espagne
Poland	445.3	514.2	493.7	538.4	586.5	Pologne
Korea, Republic of	468.1	458.4	434.1	471.8	500.0	République de Corée
France-Monaco	423.4	424.7	387.5	384.3	458.5	France-Monaco
Portugal	373.3	386.9	337.8	339.0	426.8	Portugal
Thailand	306.4	302.6	333.2	332.6	368.6	Thaïlande
Hungary	282.0	263.5	238.0	248.9	280.2	Hongrie
India	175.1	214.4	239.6	298.5	328.6	Inde
United Kingdom	232.8	244.8	220.3	218.8	237.9	Royaume-Uni
Austria	219.9	206.5	182.1	226.3	280.8	Autriche
Slovenia	157.2	192.8	230.9	191.8	170.6	Slovénie
Turkey	174.6	178.7	180.2	188.4	209.1	Turquie
Japan	160.5	175.0	181.9	179.4	191.5	Japon
Canada	205.1	209.6	175.3	158.8	128.1	Canada
Tunisia	135.8	149.1	149.3	187.9	253.6	Tunisie
Slovakia	152.5	160.7	155.9	163.6	191.1	Slovaquie
Czech Republic	139.8	143.7	144.3	146.0	179.7	République tchèque

Regions of the world	1998	1999	2000	2001	2002	2003	2004	2005	2006	2007	Régions du monde
World	100.0	100.0	100.0	100.0	100.0	100.0	100.0	100.0	100.0	100.0	Monde
Developed Economies	50.6	46.9	46.0	46.9	45.8	43.1	40.0	39.1	38.6	40.3	Economies Développés
- Asia-Pacific	1.6	1.9	1.8	1.7	1.4	1.4	1.3	1.3	1.2	1.3	- Asie-Pacifique
- Europe	39.9	35.9	35.2	37.9	37.5	36.3	33.4	32.6	33.0	35.1	- Europe
- North America	9.1	9.0	8.9	7.3	6.8	5.4	5.3	5.2	4.5	4.0	- Amérique du Nord
South-Eastern Europe	2.6	2.8	2.9	3.8	4.5	5.1	5.4	5.8	5.6	5.7	Europe du Sud-Est
Commonwealth of Independent States	0.6	0.5	0.6	0.6	0.4	0.7	0.7	0.7	0.8	1.0	Communauté d'Etats indépendants
- Asia	0.1	0.0	0.0	0.0	0.0	0.0	0.0	0.0	0.0	0.0	- Asie
- Europe	0.6	0.5	0.6	0.6	0.3	0.7	0.7	0.7	0.8	0.9	- Europe
Northern Africa	1.4	1.4	1.2	1.3	1.0	1.2	1.2	1.2	1.3	1.6	Afrique septentrionale
Sub-Saharan Africa	0.6	0.6	0.6	0.5	0.4	0.4	0.5	0.4	0.5	0.6	Afrique subsaharienne
Latin America & the Caribbean	5.9	6.4	6.5	6.0	4.8	5.5	6.4	5.9	5.0	4.7	Amérique latine et Caraïbes
- Caribbean	0.3	0.0	0.0	0.0	0.0	0.2	0.2	0.4	0.3	0.4	- Caraïbes
- Latin America	5.6	6.4	6.5	6.0	4.8	5.3	6.2	5.5	4.7	4.3	- Amérique latine
Eastern Asia	31.1	33.4	34.5	33.3	34.5	35.3	36.9	37.4	38.7	36.1	Asie orientale
Southern Asia	0.9	1.0	1.2	1.2	1.1	1.3	1.3	1.5	1.7	1.7	Asie méridionale
South-Eastern Asia	4.9	6.0	5.2	5.0	6.2	6.2	6.6	6.9	6.6	7.3	Asie du Sud-Est
Western Asia	1.3	1.0	1.3	1.4	1.3	1.1	1.1	1.1	1.1	1.1	Asie occidentale
Oceania	0.0	0.1	0.0	0.0	0.0	0.0	0.0	0.0	0.0	0.0	Océanie

Trade by commodity

Exports by principal countries or areas

Value in million US dollars

Commerce par produit

Exportations selon les principaux pays ou zones

Valeur en millions de dollars EU

Country or area	2003	2004	2005	2006	2007	Pays ou zone
World	18511.0	20432.7	20555.3	22806.4	24246.5	Monde
Developed Economies	8601.9	9232.4	8731.3	9470.8	10285.3	Economies Développés
- Asia-Pacific	620.2	627.4	588.1	615.9	633.3	- Asie-Pacifique
- Europe	7088.0	7402.2	7031.4	7779.4	8497.2	- Europe
- North America	893.8	1202.9	1111.8	1075.4	1154.9	- Amérique du Nord
South-Eastern Europe	76.9	90.9	91.7	103.0	140.7	Europe du Sud-Est
Commonwealth of Independent States	342.5	440.2	578.5	718.4	928.5	Communauté d'Etats indépendants
- Asia	63.9	125.6	249.9	233.6	362.5	- Asie
- Europe	278.7	314.6	328.6	484.8	566.1	- Europe
Northern Africa	74.4	69.9	71.9	79.7	103.0	Afrique septentrionale
Sub-Saharan Africa	168.3	154.7	251.5	299.5	405.2	Afrique subsaharienne
Latin America & the Caribbean	2285.4	2709.5	2834.8	3509.5	4150.0	Amérique latine et Caraïbes
- Caribbean	6.2	5.4	17.5	22.8	25.4	- Caraïbes
- Latin America	2279.3	2704.1	2817.3	3486.7	4124.6	- Amérique latine
Eastern Asia	5306.5	5858.6	5998.1	6388.7	5593.4	Asie orientale
Southern Asia	1014.1	1186.6	1252.4	1389.5	1580.3	Asie méridionale
South-Eastern Asia	517.5	546.0	576.1	652.7	829.4	Asie du Sud-Est
Western Asia	123.1	143.4	168.5	194.2	229.2	Asie occidentale
Oceania	0.2	0.6	0.4	0.5	1.4	Océanie
Italy	3924.7	4217.1	4082.3	4585.3	4811.2	Italie
China, Hong Kong SAR	2310.4	2690.9	2773.5	2994.3	2720.4	Chine - RAS de Hong-Kong
Brazil	1057.0	1290.2	1394.3	1872.0	2185.3	Brésil
China	1144.1	1399.1	1562.3	1755.1	1174.6	Chine
United States	877.6	1190.8	1082.5	1038.3	1140.7	Etats-Unis d'Amérique
Korea, Republic of	1012.9	983.5	855.7	827.5	846.1	République de Corée
Argentina	707.3	811.9	810.4	882.1	962.4	Argentine
Germany	823.8	814.3	710.8	833.0	950.2	Allemagne
India	548.8	582.7	638.2	722.4	776.7	Inde
Spain	386.6	391.3	378.7	420.7	476.2	Espagne
Austria	371.2	321.8	310.8	335.8	527.1	Autriche
Thailand	301.8	333.1	335.6	333.4	424.9	Thaïlande
France-Monaco	310.8	334.9	298.6	295.3	355.9	France-Monaco
Australia	328.4	326.6	295.1	305.6	306.7	Australie
Pakistan	236.4	285.0	306.7	317.6	391.4	Pakistan
United Kingdom	312.4	333.3	294.9	259.3	278.9	Royaume-Uni
Uruguay	223.7	234.0	243.8	296.1	298.6	Uruguay
Bangladesh	167.8	224.3	211.6	e232.7	e261.6	Bangladesh
Kazakhstan	59.5	121.5	245.4	228.4	345.7	Kazakhstan
Ukraine	100.1	115.3	125.8	256.3	333.9	Ukraine
Netherlands	172.4	187.9	173.5	188.9	205.5	Pays-Bas
New Zealand	183.1	171.4	163.8	174.8	181.8	Nouvelle-Zélande
Russian Federation	125.9	136.1	148.9	167.5	178.0	Fédération de Russie
Mexico	107.4	111.8	140.0	144.1	234.2	Mexique
Poland	108.7	119.0	143.0	162.6	168.3	Pologne

Value as percentages of World total

Valeur en pourcentage du total mondial

Regions of the world	1998	1999	2000	2001	2002	2003	2004	2005	2006	2007	Régions du monde
World	100.0	100.0	100.0	100.0	100.0	100.0	100.0	100.0	100.0	100.0	Monde
Developed Economies	49.9	49.8	47.3	42.1	47.9	46.5	45.2	42.5	41.5	42.4	Economies Développés
- Asia-Pacific	3.8	3.6	3.4	2.9	3.6	3.4	3.1	2.9	2.7	2.6	- Asie-Pacifique
- Europe	40.0	39.5	38.0	34.4	39.0	38.3	36.2	34.2	34.1	35.0	- Europe
- North America	6.1	6.7	5.9	4.8	5.2	4.8	5.9	5.4	4.7	4.8	- Amérique du Nord
South-Eastern Europe	0.3	0.3	0.3	0.3	0.4	0.4	0.4	0.4	0.5	0.6	Europe du Sud-Est
Commonwealth of Independent States	1.0	0.6	1.0	0.8	1.2	1.9	2.2	2.8	3.1	3.8	Communauté d'Etats indépendants
- Asia	0.0	0.0	0.0	0.1	0.1	0.3	0.6	1.2	1.0	1.5	- Asie
- Europe	0.9	0.6	1.0	0.8	1.1	1.5	1.5	1.6	2.1	2.3	- Europe
Northern Africa	0.4	0.3	0.7	0.5	0.5	0.4	0.3	0.3	0.3	0.4	Afrique septentrionale
Sub-Saharan Africa	1.2	1.5	1.7	11.4	1.2	0.9	0.8	1.2	1.3	1.7	Afrique subsaharienne
Latin America & the Caribbean	12.9	12.9	13.3	11.8	11.9	12.3	13.3	13.8	15.4	17.1	Amérique latine et Caraïbes
- Caribbean	0.0	0.0	0.0	0.0	0.0	0.0	0.0	0.1	0.1	0.1	- Caraïbes
- Latin America	12.9	12.9	13.3	11.8	11.9	12.3	13.2	13.7	15.3	17.0	- Amérique latine
Eastern Asia	26.8	27.8	27.6	25.0	28.3	28.7	28.7	29.2	28.0	23.1	Asie orientale
Southern Asia	4.0	3.6	4.9	5.1	5.3	5.5	5.8	6.1	6.1	6.5	Asie méridionale
South-Eastern Asia	3.1	2.6	2.6	2.4	2.7	2.8	2.7	2.8	2.9	3.4	Asie du Sud-Est
Western Asia	0.6	0.5	0.6	0.5	0.7	0.7	0.7	0.8	0.9	0.9	Asie occidentale
Oceania	0.0	0.0	0.0	0.0	0.0	0.0	0.0	0.0	0.0	0.0	Océanie

612 Manufactures of leather or of composition leather, nes; saddlery, harness

Trade by commodity
Imports by principal countries or areas
Value in million US dollars

Commerce par produit
Importations selon les principaux pays ou zones
Valeur en millions de dollars EU

Country or area	2003	2004	2005	2006	2007	Pays ou zone
World	1958.7	2420.9	2428.5	2490.9	2756.3	Monde
Developed Economies	1521.7	1801.0	1692.8	1790.0	2096.7	Economies Développés
- Asia-Pacific	101.8	118.5	127.2	135.1	144.3	- Asie-Pacifique
- Europe	979.9	1183.9	1021.3	1072.5	1331.1	- Europe
- North America	440.1	498.6	544.3	582.3	621.4	- Amérique du Nord
South-Eastern Europe	20.8	26.9	30.5	38.8	40.6	Europe du Sud-Est
Commonwealth of Independent States	12.6	19.3	30.0	30.2	31.1	Communauté d'Etats indépendants
- Asia	0.4	0.6	0.8	1.9	1.4	- Asie
- Europe	12.2	18.7	29.2	28.3	29.7	- Europe
Northern Africa	7.6	12.6	12.0	18.0	23.9	Afrique septentrionale
Sub-Saharan Africa	10.8	13.8	12.6	12.8	15.0	Afrique subsaharienne
Latin America & the Caribbean	205.0	293.7	405.6	297.0	174.2	Amérique latine et Caraïbes
- Caribbean	2.1	2.1	2.3	3.2	2.9	- Caraïbes
- Latin America	202.9	291.6	403.3	293.7	171.3	- Amérique latine
Eastern Asia	103.8	135.2	121.4	141.3	180.1	Asie orientale
Southern Asia	2.9	3.8	3.8	5.1	5.2	Asie méridionale
South-Eastern Asia	46.7	55.1	61.6	77.9	86.4	Asie du Sud-Est
Western Asia	25.6	58.6	55.6	78.4	100.5	Asie occidentale
Oceania	1.1	0.9	1.1	1.4	2.4	Océanie
United States	368.4	408.7	434.5	489.7	530.9	Etats-Unis d'Amérique
Mexico	194.8	281.6	387.4	275.9	152.1	Mexique
United Kingdom	130.9	152.7	138.3	130.5	157.5	Royaume-Uni
Germany	127.6	118.4	133.4	128.3	157.6	Allemagne
Czech Republic	84.9	99.9	98.5	105.4	114.0	République tchèque
France-Monaco	84.5	92.7	102.1	96.1	126.4	France-Monaco
Slovenia	110.6	132.4	74.9	85.5	91.8	Slovénie
Canada	71.5	89.7	109.6	92.3	90.2	Canada
Japan	72.5	81.4	87.8	93.9	95.6	Japon
China	51.6	46.6	61.8	83.3	92.5	Chine
Hungary	46.8	78.0	52.7	58.7	73.8	Hongrie
Poland	41.1	46.6	45.6	51.5	72.6	Pologne
Italy	43.0	40.6	42.1	48.2	75.7	Italie
Belgium	48.3	50.1	49.5	40.4	49.2	Belgique
Spain	28.7	37.6	50.5	54.9	61.5	Espagne
China, Hong Kong SAR	26.0	40.0	47.6	45.5	72.7	Chine - RAS de Hong-Kong
Austria	39.4	126.2	19.6	15.1	30.8	Autriche
Singapore	27.6	34.6	36.8	52.4	62.0	Singapour
United Arab Emirates	4.5	35.5	28.4	57.9	e71.6	Emirates arabes unis
Netherlands	32.1	36.4	35.5	38.7	46.7	Pays-Bas
Sweden	32.5	36.9	32.5	36.0	47.1	Suède
Australia	24.5	30.9	32.6	34.0	39.7	Australie
Switzerland-Liechtenstein	26.5	29.6	30.7	31.0	34.5	Suisse-Liechtenstein
Romania	19.8	25.4	28.0	36.1	36.9	Roumanie
Portugal	41.3	25.4	13.6	18.2	29.8	Portugal

Value as percentages of World total

Valeur en pourcentage du total mondial

Regions of the world	1998	1999	2000	2001	2002	2003	2004	2005	2006	2007	Régions du monde
World	100.0	100.0	100.0	100.0	100.0	100.0	100.0	100.0	100.0	100.0	Monde
Developed Economies	71.8	77.3	71.4	74.4	76.7	77.7	74.4	69.7	71.9	76.1	Economies Développés
- Asia-Pacific	5.1	5.4	4.9	5.2	5.1	5.2	4.9	5.2	5.4	5.2	- Asie-Pacifique
- Europe	44.9	49.7	44.2	47.4	49.5	50.0	48.9	42.1	43.1	48.3	- Europe
- North America	21.7	22.3	22.2	21.7	22.1	22.5	20.6	22.4	23.4	22.5	- Amérique du Nord
South-Eastern Europe	0.1	0.2	0.3	0.9	1.9	1.1	1.1	1.3	1.6	1.5	Europe du Sud-Est
Commonwealth of Independent States	0.3	0.2	0.2	0.8	0.6	0.6	0.8	1.2	1.2	1.1	Communauté d'Etats indépendants
- Asia	0.0	0.0	0.0	0.0	0.0	0.0	0.0	0.0	0.1	0.1	- Asie
- Europe	0.2	0.1	0.2	0.8	0.5	0.6	0.8	1.2	1.1	1.1	- Europe
Northern Africa	0.3	0.4	0.2	0.3	0.3	0.4	0.5	0.5	0.7	0.9	Afrique septentrionale
Sub-Saharan Africa	0.4	0.3	0.5	0.5	0.5	0.6	0.6	0.5	0.5	0.5	Afrique subsaharienne
Latin America & the Caribbean	20.5	14.5	18.7	13.7	11.6	10.5	12.1	16.7	11.9	6.3	Amérique latine et Caraïbes
- Caribbean	0.2	0.3	0.1	0.1	0.1	0.1	0.1	0.1	0.1	0.1	- Caraïbes
- Latin America	20.3	14.2	18.6	13.6	11.5	10.4	12.0	16.6	11.8	6.2	- Amérique latine
Eastern Asia	3.3	3.5	4.1	5.7	4.7	5.3	5.6	5.0	5.7	6.5	Asie orientale
Southern Asia	0.1	0.2	0.1	0.1	0.2	0.1	0.2	0.2	0.2	0.2	Asie méridionale
South-Eastern Asia	1.5	2.2	3.1	2.2	2.4	2.4	2.3	2.5	3.1	3.1	Asie du Sud-Est
Western Asia	1.5	1.2	1.4	1.4	1.2	1.3	2.4	2.3	3.1	3.6	Asie occidentale
Oceania	0.0	0.0	0.0	0.0	0.0	0.1	0.0	0.0	0.1	0.1	Océanie

Trade by commodity

Exports by principal countries or areas

Value in million US dollars

Commerce par produit

Exportations selon les principaux pays ou zones

Valeur en millions de dollars EU

Country or area	2003	2004	2005	2006	2007	Pays ou zone
World	2277.5	2918.8	3124.7	3406.3	3519.9	Monde
Developed Economies	1205.9	1504.6	1554.3	1660.1	1692.9	Economies Développés
- Asia-Pacific	13.8	15.4	15.0	16.7	18.7	- Asie-Pacifique
- Europe	1051.4	1275.5	1213.5	1327.3	1457.9	- Europe
- North America	140.7	213.7	325.8	316.1	216.3	- Amérique du Nord
South-Eastern Europe	14.7	15.5	16.0	23.8	27.6	Europe du Sud-Est
Commonwealth of Independent States	13.7	18.8	27.6	28.6	34.2	Communauté d'Etats indépendants
- Asia	0.0	0.0	0.1	0.0	0.2	- Asie
- Europe	13.6	18.8	27.6	28.6	34.1	- Europe
Northern Africa	12.4	15.2	18.3	21.5	24.4	Afrique septentrionale
Sub-Saharan Africa	9.0	9.8	14.2	15.7	16.6	Afrique subsaharienne
Latin America & the Caribbean	252.4	361.0	394.7	406.2	436.1	Amérique latine et Caraïbes
- Caribbean	0.3	0.2	0.1	0.4	1.3	- Caraïbes
- Latin America	252.1	360.8	394.5	405.9	434.9	- Amérique latine
Eastern Asia	516.4	718.6	756.6	925.8	989.7	Asie orientale
Southern Asia	124.9	129.5	199.8	191.7	163.1	Asie méridionale
South-Eastern Asia	115.3	131.1	124.5	125.5	128.7	Asie du Sud-Est
Western Asia	12.6	14.4	18.0	6.8	6.2	Asie occidentale
Oceania	0.4	0.3	0.6	0.5	0.3	Océanie
China	424.0	602.1	644.6	807.3	844.9	Chine
France-Monaco	191.0	256.5	308.4	327.7	298.4	France-Monaco
United States	121.6	190.4	303.2	291.2	193.7	Etats-Unis d'Amérique
Germany	105.7	126.9	133.4	159.3	174.6	Allemagne
Austria	180.1	200.8	90.6	93.4	92.7	Autriche
Poland	134.5	137.2	117.0	95.1	143.3	Pologne
India	92.1	109.4	135.1	136.2	150.9	Inde
Italy	102.1	125.1	121.9	134.4	131.0	Italie
Mexico	71.0	94.4	115.1	144.8	164.7	Mexique
Hungary	71.0	77.7	91.1	121.1	148.9	Hongrie
Brazil	88.9	106.8	110.0	98.8	87.4	Brésil
Argentina	37.3	69.5	72.8	77.1	101.8	Argentine
Slovenia	38.5	70.4	77.6	74.7	67.3	Slovénie
United Kingdom	79.0	62.6	60.7	52.8	65.3	Royaume-Uni
Thailand	72.1	73.3	61.2	56.7	52.3	Thaïlande
China, Hong Kong SAR	37.1	50.8	63.5	67.6	89.4	Chine - RAS de Hong-Kong
Costa Rica	30.6	58.5	63.4	51.7	46.2	Costa Rica
Croatia	0.1	64.0	37.7	47.4	63.4	Croatie
Pakistan	32.4	19.3	64.0	54.8	11.4	Pakistan
Spain	24.5	26.4	25.9	20.2	24.6	Espagne
Belgium	17.8	20.3	24.1	26.9	29.2	Belgique
Malaysia	18.3	22.0	20.5	25.8	27.5	Malaisie
Netherlands	17.1	16.3	20.6	27.8	31.8	Pays-Bas
Canada	19.2	23.3	22.6	25.0	22.6	Canada
Slovakia	13.5	10.5	18.3	31.0	37.5	Slovaquie

Value as percentages of World total

Valeur en pourcentage du total mondial

Regions of the world	1998	1999	2000	2001	2002	2003	2004	2005	2006	2007	Régions du monde
World	100.0	100.0	100.0	100.0	100.0	100.0	100.0	100.0	100.0	100.0	Monde
Developed Economies	52.9	53.7	50.2	49.3	48.9	52.9	51.5	49.7	48.7	48.1	Economies Développés
- Asia-Pacific	0.9	0.8	0.7	0.7	0.7	0.6	0.5	0.5	0.5	0.5	- Asie-Pacifique
- Europe	42.2	42.7	37.8	40.7	41.8	46.2	43.7	38.8	39.0	41.4	- Europe
- North America	9.8	10.3	11.6	7.9	6.5	6.2	7.3	10.4	9.3	6.1	- Amérique du Nord
South-Eastern Europe	0.2	0.2	0.2	0.3	0.3	0.6	0.5	0.5	0.7	0.8	Europe du Sud-Est
Commonwealth of Independent States	0.1	0.1	0.2	0.3	0.4	0.6	0.6	0.9	0.8	1.0	Communauté d'Etats indépendants
- Asia	0.0	0.0	0.0	0.0	0.0	0.0	0.0	0.0	0.0	0.0	- Asie
- Europe	0.1	0.1	0.1	0.3	0.4	0.6	0.6	0.9	0.8	1.0	- Europe
Northern Africa	0.8	0.7	0.5	0.6	0.5	0.5	0.5	0.6	0.6	0.7	Afrique septentrionale
Sub-Saharan Africa	1.8	0.6	0.3	0.4	0.4	0.4	0.3	0.5	0.5	0.5	Afrique subsaharienne
Latin America & the Caribbean	10.2	9.9	11.5	9.7	9.7	11.1	12.4	12.6	11.9	12.4	Amérique latine et Caraïbes
- Caribbean	0.0	0.0	0.0	0.0	0.0	0.0	0.0	0.0	0.0	0.0	- Caraïbes
- Latin America	10.2	9.9	11.5	9.7	9.7	11.1	12.4	12.6	11.9	12.4	- Amérique latine
Eastern Asia	13.3	13.0	14.2	20.7	21.8	22.7	24.6	24.2	27.2	28.1	Asie orientale
Southern Asia	10.6	9.0	10.3	9.5	11.7	5.5	4.4	6.4	5.6	4.6	Asie méridionale
South-Eastern Asia	9.6	12.3	12.2	8.6	6.0	5.1	4.5	4.0	3.7	3.7	Asie du Sud-Est
Western Asia	0.3	0.2	0.3	0.6	0.4	0.6	0.5	0.6	0.2	0.2	Asie occidentale
Oceania	0.1	0.2	0.1	0.0	0.0	0.0	0.0	0.0	0.0	0.0	Océanie

613 Furskins, tanned or dressed, other than those of heading 848.31

Trade by commodity
Imports by principal countries or areas
Value in million US dollars

Commerce par produit
Importations selon les principaux pays ou zones
Valeur en millions de dollars EU

Country or area	2003	2004	2005	2006	2007	Pays ou zone
World	1420.7	1577.8	1685.4	1848.3	1861.5	Monde
Developed Economies	654.5	617.1	625.6	763.3	742.6	Economies Développés
- Asia-Pacific	21.2	22.2	22.9	19.1	19.1	- Asie-Pacifique
- Europe	588.9	546.0	556.4	700.4	682.2	- Europe
- North America	44.4	48.9	46.4	43.8	41.3	- Amérique du Nord
South-Eastern Europe	3.9	5.1	11.0	12.4	11.3	Europe du Sud-Est
Commonwealth of Independent States	16.2	24.6	28.0	37.2	51.0	Communauté d'Etats indépendants
- Asia	0.5	0.0	0.0	0.1	0.2	- Asie
- Europe	15.7	24.6	28.0	37.2	50.9	- Europe
Northern Africa	0.4	0.4	0.4	0.7	0.7	Afrique septentrionale
Sub-Saharan Africa	0.1	0.3	0.6	0.9	1.1	Afrique subsaharienne
Latin America & the Caribbean	4.6	4.5	6.9	5.2	12.1	Amérique latine et Caraïbes
- Caribbean	1.2	0.5	0.6	0.0	0.2	- Caraïbes
- Latin America	3.4	4.0	6.3	5.2	11.9	- Amérique latine
Eastern Asia	617.5	819.4	904.4	917.4	926.4	Asie orientale
Southern Asia	1.2	2.0	2.9	4.2	1.9	Asie méridionale
South-Eastern Asia	13.3	19.7	27.3	11.7	11.3	Asie du Sud-Est
Western Asia	108.9	84.7	78.4	95.3	103.1	Asie occidentale
Oceania	0.0	0.0	0.0	0.0	0.0	Océanie
China, Hong Kong SAR	459.8	606.1	686.4	691.4	704.1	Chine - RAS de Hong-Kong
China	115.2	174.9	169.3	167.0	172.5	Chine
Greece	188.4	128.0	138.4	164.9	160.0	Grèce
Italy	131.6	127.4	130.4	190.2	169.2	Italie
Turkey	107.8	83.6	76.2	92.5	100.6	Turquie
Germany	68.6	65.1	60.0	76.3	63.1	Allemagne
United Kingdom	37.2	48.2	49.3	58.5	55.5	Royaume-Uni
Korea, Republic of	40.3	37.3	48.0	58.4	49.5	République de Corée
France-Monaco	38.4	34.0	35.9	41.3	41.0	France-Monaco
Netherlands	29.7	34.7	32.2	30.3	35.0	Pays-Bas
United States	30.0	32.9	31.1	30.0	29.4	Etats-Unis d'Amérique
Spain	14.5	21.4	20.7	27.1	27.7	Espagne
Russian Federation	4.9	7.0	15.2	24.8	39.8	Fédération de Russie
Denmark	6.6	9.6	14.1	24.0	20.7	Danemark
Poland	15.7	15.4	15.1	16.2	10.9	Pologne
Canada	14.1	15.4	15.1	13.6	11.9	Canada
Japan	14.0	15.2	11.8	12.0	9.0	Japon
Belarus	9.7	16.2	11.2	10.9	9.8	Bélarus
Sweden	7.4	9.5	10.8	10.5	12.9	Suède
Viet Nam	5.1	10.9	15.1	7.0	e8.9	Viet Nam
Finland	6.7	8.5	8.1	9.2	10.8	Finlande
Belgium	5.7	6.1	7.9	5.8	9.9	Belgique
Lithuania	3.2	3.7	1.6	5.4	18.9	Lituanie
Australia	5.7	6.1	4.8	6.1	8.6	Australie
Czech Republic	6.0	5.6	5.2	7.3	6.4	République tchèque

Value as percentages of World total

Valeur en pourcentage du total mondial

Regions of the world	1998	1999	2000	2001	2002	2003	2004	2005	2006	2007	Régions du monde
World	100.0	100.0	100.0	100.0	100.0	100.0	100.0	100.0	100.0	100.0	Monde
Developed Economies	62.2	49.2	46.0	48.3	47.4	46.1	39.1	37.1	41.3	39.9	Economies Développés
- Asia-Pacific	1.3	2.6	2.3	2.0	2.5	1.5	1.4	1.4	1.0	1.0	- Asie-Pacifique
- Europe	57.7	42.6	39.7	42.1	41.3	41.5	34.6	33.0	37.9	36.6	- Europe
- North America	3.1	4.0	4.0	4.3	3.7	3.1	3.1	2.8	2.4	2.2	- Amérique du Nord
South-Eastern Europe	0.5	0.3	0.2	0.3	0.3	0.3	0.3	0.7	0.7	0.6	Europe du Sud-Est
Commonwealth of Independent States	1.1	1.1	1.1	1.0	1.2	1.1	1.6	1.7	2.0	2.7	Communauté d'Etats indépendants
- Asia	0.0	0.2	0.2	0.0	0.0	0.0	0.0	0.0	0.0	0.0	- Asie
- Europe	1.1	0.9	1.0	1.0	1.2	1.1	1.6	1.7	2.0	2.7	- Europe
Northern Africa	0.0	0.0	0.0	0.0	0.0	0.0	0.0	0.0	0.0	0.0	Afrique septentrionale
Sub-Saharan Africa	0.1	0.1	0.1	0.0	0.2	0.0	0.0	0.0	0.0	0.1	Afrique subsaharienne
Latin America & the Caribbean	0.4	1.2	0.7	0.6	0.3	0.3	0.3	0.4	0.3	0.7	Amérique latine et Caraïbes
- Caribbean	0.0	0.0	0.0	0.0	0.1	0.1	0.0	0.0	0.0	0.0	- Caraïbes
- Latin America	0.4	1.2	0.7	0.6	0.2	0.2	0.3	0.4	0.3	0.6	- Amérique latine
Eastern Asia	29.0	43.0	44.3	40.0	39.2	43.5	51.9	53.7	49.6	49.8	Asie orientale
Southern Asia	0.1	0.1	0.1	0.2	0.2	0.1	0.1	0.2	0.2	0.1	Asie méridionale
South-Eastern Asia	1.7	1.6	1.1	1.1	1.0	0.9	1.3	1.6	0.6	0.6	Asie du Sud-Est
Western Asia	4.9	3.5	6.5	8.4	10.3	7.7	5.4	4.7	5.2	5.5	Asie occidentale
Oceania	0.0	0.0	0.0	0.0	0.0	0.0	0.0	0.0	0.0	0.0	Océanie

Pelleteries tannées ou apprêtées, autres que celles du sous-groupe 848.31 613

Trade by commodity   Commerce par produit
Exports by principal countries or areas   Exportations selon les principaux pays ou zones
Value in million US dollars   Valeur en millions de dollars EU

Country or area	2003	2004	2005	2006	2007	Pays ou zone
World	1295.4	1524.6	1727.5	1798.2	1710.1	Monde
Developed Economies	788.8	778.1	789.4	915.8	848.1	Economies Développés
- Asia-Pacific	32.3	34.9	37.0	21.1	21.4	- Asie-Pacifique
- Europe	715.7	683.8	694.7	822.2	775.7	- Europe
- North America	40.9	59.5	57.7	72.6	51.0	- Amérique du Nord
South-Eastern Europe	6.5	6.0	9.8	8.8	4.5	Europe du Sud-Est
Commonwealth of Independent States	17.5	14.3	12.7	14.8	13.3	Communauté d'Etats indépendants
- Asia	0.3	0.2	0.3	0.7	1.5	- Asie
- Europe	17.2	14.1	12.4	14.1	11.8	- Europe
Northern Africa	0.0	0.0	0.0	0.1	0.1	Afrique septentrionale
Sub-Saharan Africa	3.6	4.5	2.8	4.9	6.3	Afrique subsaharienne
Latin America & the Caribbean	32.7	41.1	50.1	69.9	85.1	Amérique latine et Caraïbes
- Caribbean	0.0		0.0	0.1	0.1	- Caraïbes
- Latin America	32.7	41.1	50.1	69.8	84.9	- Amérique latine
Eastern Asia	430.0	653.5	825.1	741.9	718.2	Asie orientale
Southern Asia	0.6	0.2	0.0	0.1	0.2	Asie méridionale
South-Eastern Asia	2.6	5.1	7.2	6.5	6.0	Asie du Sud-Est
Western Asia	13.0	21.8	30.3	35.2	28.2	Asie occidentale
Oceania	0.0	0.0	0.0	0.0	0.0	Océanie
China, Hong Kong SAR	250.5	369.1	538.0	411.3	450.9	Chine - RAS de Hong-Kong
China	168.0	277.5	278.9	322.3	262.2	Chine
Spain	187.7	148.2	125.0	150.6	139.1	Espagne
Italy	120.0	108.6	110.5	136.6	147.1	Italie
Germany	60.7	58.2	58.5	93.2	81.7	Allemagne
Poland	73.9	64.5	78.5	36.0	36.3	Pologne
France-Monaco	40.3	49.4	49.1	60.6	62.9	France-Monaco
United Kingdom	32.0	42.0	44.4	52.8	46.7	Royaume-Uni
Greece	44.4	39.0	43.2	49.9	40.9	Grèce
Netherlands	26.5	34.4	41.0	57.1	54.6	Pays-Bas
Estonia	26.7	26.7	28.5	38.2	28.3	Estonie
Finland	23.0	26.9	24.6	28.8	41.6	Finlande
Canada	22.8	28.7	25.2	31.8	24.5	Canada
United States	18.0	27.1	27.7	34.6	25.1	Etats-Unis d'Amérique
New Zealand	28.1	32.1	33.0	17.2	16.5	Nouvelle-Zélande
Turkey	12.5	21.6	29.7	33.9	26.9	Turquie
Argentina	14.2	17.2	20.5	30.5	33.6	Argentine
Denmark	11.3	13.7	22.7	38.0	24.0	Danemark
Brazil	8.0	12.4	16.1	24.9	33.5	Brésil
Portugal	15.9	14.7	13.9	17.7	13.1	Portugal
Norway	11.0	13.0	14.8	17.0	10.9	Norvège
Uruguay	9.2	9.6	9.9	10.4	13.4	Uruguay
Belgium	7.4	9.4	8.0	11.0	10.3	Belgique
Lithuania	5.9	6.0	7.4	10.4	14.8	Lituanie
Korea, Republic of	9.1	6.4	7.5	8.2	5.0	République de Corée

Value as percentages of World total   Valeur en pourcentage du total mondial

Regions of the world	1998	1999	2000	2001	2002	2003	2004	2005	2006	2007	Régions du monde
World	100.0	100.0	100.0	100.0	100.0	100.0	100.0	100.0	100.0	100.0	Monde
Developed Economies	70.6	65.3	61.1	62.0	63.9	60.9	51.0	45.7	50.9	49.6	Economies Développés
- Asia-Pacific	3.5	3.4	2.7	3.3	2.8	2.5	2.3	2.1	1.2	1.3	- Asie-Pacifique
- Europe	61.2	58.6	55.7	56.1	58.2	55.2	44.8	40.2	45.7	45.4	- Europe
- North America	5.8	3.2	2.7	2.5	2.8	3.2	3.9	3.3	4.0	3.0	- Amérique du Nord
South-Eastern Europe	0.3	0.4	0.3	0.4	0.5	0.5	0.4	0.6	0.5	0.3	Europe du Sud-Est
Commonwealth of Independent States	0.7	0.6	0.7	0.8	1.3	1.4	0.9	0.7	0.8	0.8	Communauté d'Etats indépendants
- Asia	0.0	0.1	0.1	0.0	0.0	0.0	0.0	0.0	0.0	0.1	- Asie
- Europe	0.7	0.5	0.6	0.8	1.3	1.3	0.9	0.7	0.8	0.7	- Europe
Northern Africa	0.0	0.0	0.0	0.0		0.0	0.0	0.0	0.0	0.0	Afrique septentrionale
Sub-Saharan Africa	0.4	0.7	0.8	0.2	0.6	0.3	0.3	0.2	0.3	0.4	Afrique subsaharienne
Latin America & the Caribbean	4.5	4.2	3.8	2.9	2.6	2.5	2.7	2.9	3.9	5.0	Amérique latine et Caraïbes
- Caribbean	0.0	0.0	0.0	0.0	0.0	0.0					- Caraïbes
- Latin America	4.5	4.2	3.8	2.9	2.6	2.5	2.7	2.9	3.9	5.0	- Amérique latine
Eastern Asia	22.0	27.8	32.5	32.2	30.3	33.2	42.9	47.8	41.3	42.0	Asie orientale
Southern Asia	0.0	0.0	0.0	0.1	0.1	0.0	0.0	0.0	0.0	0.0	Asie méridionale
South-Eastern Asia	0.1	0.1	0.1	0.9	0.1	0.2	0.3	0.4	0.4	0.4	Asie du Sud-Est
Western Asia	0.9	0.9	0.7	0.5	0.6	1.0	1.4	1.8	2.0	1.6	Asie occidentale
Oceania	0.4			0.0	0.0	0.0	0.0	0.0	0.0	0.0	Océanie

621 Materials of rubber (e.g., pastes, plates, rods, threads, tubes of rubber)

Trade by commodity
Imports by principal countries or areas
Value in million US dollars

Commerce par produit
Importations selon les principaux pays ou zones
Valeur en millions de dollars EU

Country or area	2003	2004	2005	2006	2007	Pays ou zone
World	9838.4	11768.9	12872.7	15178.3	17864.7	Monde
Developed Economies	7015.4	8306.8	9048.6	10115.0	11934.1	Economies Développés
- Asia-Pacific	330.3	400.6	408.6	423.8	485.8	- Asie-Pacifique
- Europe	5141.8	6090.2	6592.8	7519.9	9094.7	- Europe
- North America	1543.3	1816.0	2047.2	2171.3	2353.6	- Amérique du Nord
South-Eastern Europe	167.8	250.7	301.3	361.4	480.9	Europe du Sud-Est
Commonwealth of Independent States	155.4	200.5	267.7	343.4	450.7	Communauté d'Etats indépendants
- Asia	24.6	32.9	43.8	58.3	70.0	- Asie
- Europe	130.9	167.6	223.9	285.1	380.7	- Europe
Northern Africa	63.1	102.2	69.2	74.7	94.3	Afrique septentrionale
Sub-Saharan Africa	120.2	131.2	160.0	196.9	259.7	Afrique subsaharienne
Latin America & the Caribbean	724.2	792.5	888.2	1060.0	1241.1	Amérique latine et Caraïbes
- Caribbean	17.0	25.2	29.2	37.2	40.6	- Caraïbes
- Latin America	707.2	767.3	859.0	1022.8	1200.5	- Amérique latine
Eastern Asia	976.6	1204.4	1209.2	2034.1	2240.4	Asie orientale
Southern Asia	76.7	109.3	119.8	137.3	162.6	Asie méridionale
South-Eastern Asia	283.6	326.0	407.1	470.9	531.6	Asie du Sud-Est
Western Asia	244.8	328.4	383.5	363.2	457.5	Asie occidentale
Oceania	10.6	16.9	18.2	21.4	11.8	Océanie
United States	958.9	1185.4	1390.2	1487.4	1648.5	Etats-Unis d'Amérique
Germany	1000.3	1093.5	1337.0	1491.4	1710.7	Allemagne
China	655.3	830.3	824.0	1566.0	1757.3	Chine
France-Monaco	580.3	746.7	824.1	942.8	1153.7	France-Monaco
Canada	583.5	629.8	656.2	683.1	704.4	Canada
Spain	600.4	633.8	578.7	668.6	760.8	Espagne
United Kingdom	493.9	599.4	625.6	667.6	830.4	Royaume-Uni
Mexico	388.1	428.8	467.5	542.9	612.4	Mexique
Belgium	372.9	458.8	442.4	471.0	572.0	Belgique
Italy	341.6	418.1	440.2	517.6	594.5	Italie
Poland	171.7	254.3	295.6	407.8	542.9	Pologne
Czech Republic	201.6	241.7	277.5	314.8	386.7	République tchèque
Netherlands	192.1	230.7	256.3	284.1	326.6	Pays-Bas
Romania	132.2	178.6	219.4	288.6	383.6	Roumanie
Japan	177.2	241.8	220.5	237.0	258.7	Japon
Austria	173.0	201.4	217.4	227.2	271.6	Autriche
Brazil	186.7	159.8	182.1	230.3	276.3	Brésil
Sweden	152.1	183.0	186.0	223.2	265.7	Suède
China, Hong Kong SAR	167.1	179.3	157.3	228.4	214.1	Chine - RAS de Hong-Kong
Hungary	128.4	142.6	146.7	168.4	302.8	Hongrie
Slovakia	100.3	137.2	154.7	207.4	272.2	Slovaquie
Russian Federation	76.4	103.3	154.0	198.0	263.7	Fédération de Russie
Australia	128.0	142.7	154.0	155.1	187.1	Australie
Turkey	111.5	167.0	185.7	110.2	148.3	Turquie
Korea, Republic of	82.3	102.4	119.4	137.1	169.3	République de Corée

Value as percentages of World total

Valeur en pourcentage du total mondial

Regions of the world	1998	1999	2000	2001	2002	2003	2004	2005	2006	2007	Régions du monde
World	100.0	100.0	100.0	100.0	100.0	100.0	100.0	100.0	100.0	100.0	Monde
Developed Economies	76.6	76.7	74.2	70.8	72.7	71.3	70.6	70.3	66.6	66.8	Economies Développés
- Asia-Pacific	3.0	3.3	3.3	3.2	3.4	3.4	3.4	3.2	2.8	2.7	- Asie-Pacifique
- Europe	55.5	54.9	50.9	49.3	51.8	52.3	51.7	51.2	49.5	50.9	- Europe
- North America	18.0	18.5	20.0	18.3	17.5	15.7	15.4	15.9	14.3	13.2	- Amérique du Nord
South-Eastern Europe	0.4	0.4	0.4	0.6	1.2	1.7	2.1	2.3	2.4	2.7	Europe du Sud-Est
Commonwealth of Independent States	1.6	1.0	1.3	1.3	1.3	1.6	1.7	2.1	2.3	2.5	Communauté d'Etats indépendants
- Asia	0.3	0.2	0.2	0.3	0.2	0.2	0.3	0.3	0.4	0.4	- Asie
- Europe	1.3	0.8	1.1	1.1	1.1	1.3	1.4	1.7	1.9	2.1	- Europe
Northern Africa	1.0	0.9	0.7	0.7	0.6	0.6	0.9	0.5	0.5	0.5	Afrique septentrionale
Sub-Saharan Africa	1.2	1.1	1.2	4.3	1.1	1.2	1.1	1.2	1.3	1.5	Afrique subsaharienne
Latin America & the Caribbean	8.9	8.6	9.5	9.3	8.3	7.4	6.7	6.9	7.0	6.9	Amérique latine et Caraïbes
- Caribbean	0.2	0.3	0.3	0.3	0.2	0.2	0.2	0.2	0.2	0.2	- Caraïbes
- Latin America	8.6	8.3	9.2	9.0	8.1	7.2	6.5	6.7	6.7	6.7	- Amérique latine
Eastern Asia	4.8	5.6	6.7	6.8	8.2	9.9	10.2	9.4	13.4	12.5	Asie orientale
Southern Asia	0.7	0.7	0.7	0.7	0.8	0.8	0.9	0.9	0.9	0.9	Asie méridionale
South-Eastern Asia	2.4	2.7	2.9	3.0	3.3	2.9	2.8	3.2	3.1	3.0	Asie du Sud-Est
Western Asia	2.4	2.1	2.3	2.3	2.5	2.5	2.8	3.0	2.4	2.6	Asie occidentale
Oceania	0.1	0.1	0.1	0.1	0.1	0.1	0.1	0.1	0.1	0.1	Océanie

Trade by commodity

Exports by principal countries or areas

Value in million US dollars

Commerce par produit

Exportations selon les principaux pays ou zones

Valeur en millions de dollars EU

Country or area	2003	2004	2005	2006	2007	Pays ou zone
World	9533.5	12013.8	13027.9	15239.7	17932.1	Monde
Developed Economies	8015.4	9970.3	10696.0	12004.0	14152.8	Economies Développés
- Asia-Pacific	581.8	693.9	715.9	744.0	858.6	- Asie-Pacifique
- Europe	6060.8	7669.3	8198.0	9340.6	11189.3	- Europe
- North America	1372.8	1607.1	1782.1	1919.4	2104.9	- Amérique du Nord
South-Eastern Europe	46.0	77.4	94.9	117.9	206.2	Europe du Sud-Est
Commonwealth of Independent States	51.6	65.8	76.6	105.4	130.7	Communauté d'Etats indépendants
- Asia	0.7	0.5	0.6	1.1	0.7	- Asie
- Europe	50.9	65.4	76.0	104.3	130.0	- Europe
Northern Africa	3.8	5.1	5.0	4.2	2.8	Afrique septentrionale
Sub-Saharan Africa	27.0	31.0	31.6	29.9	35.9	Afrique subsaharienne
Latin America & the Caribbean	280.3	357.0	412.9	490.6	587.7	Amérique latine et Caraïbes
- Caribbean	0.5	0.3	0.4	0.4	0.6	- Caraïbes
- Latin America	279.8	356.6	412.5	490.3	587.1	- Amérique latine
Eastern Asia	363.2	462.8	565.1	718.1	872.5	Asie orientale
Southern Asia	59.6	65.9	98.4	118.2	136.1	Asie méridionale
South-Eastern Asia	571.8	811.0	852.5	1514.4	1726.7	Asie du Sud-Est
Western Asia	114.8	167.5	194.8	136.4	80.5	Asie occidentale
Oceania	0.1	0.1	0.2	0.4	0.1	Océanie
Germany	1769.4	2231.9	2491.1	2873.6	3447.0	Allemagne
United States	1052.5	1240.2	1353.1	1462.1	1591.0	Etats-Unis d'Amérique
Italy	843.4	1064.9	1130.5	1276.7	1491.3	Italie
France-Monaco	778.4	986.9	990.2	1108.5	1309.2	France-Monaco
United Kingdom	555.0	708.7	711.9	762.3	907.4	Royaume-Uni
Japan	556.2	662.6	681.2	714.2	821.3	Japon
Belgium	427.7	569.0	579.8	606.8	704.0	Belgique
Spain	374.2	441.9	451.1	531.7	595.8	Espagne
Malaysia	230.9	270.0	316.9	688.6	837.6	Malaisie
Thailand	204.9	304.0	336.8	655.8	691.2	Thaïlande
Canada	320.3	366.9	429.0	457.3	513.9	Canada
Czech Republic	223.8	287.2	334.9	397.5	508.5	République tchèque
Austria	227.7	307.0	326.5	371.7	478.5	Autriche
China	118.0	175.4	245.2	365.2	504.5	Chine
Mexico	162.0	211.3	232.2	272.9	339.0	Mexique
Netherlands	162.0	177.7	193.5	243.5	300.7	Pays-Bas
Sweden	135.0	156.8	163.8	201.1	254.5	Suède
Poland	97.2	140.0	160.6	199.6	248.4	Pologne
Hungary	84.5	132.7	159.9	185.6	237.9	Hongrie
Korea, Republic of	80.1	109.9	155.8	173.2	184.6	République de Corée
China, Hong Kong SAR	117.9	119.0	103.4	108.1	96.0	Chine - RAS de Hong-Kong
Brazil	66.6	85.0	108.0	123.4	142.4	Brésil
Singapore	59.4	69.4	109.3	107.6	121.7	Singapour
Turkey	84.5	110.5	148.2	71.2	35.8	Turquie
Slovakia	50.8	77.6	81.6	80.7	101.9	Slovaquie

Value as percentages of World total

Valeur en pourcentage du total mondial

Regions of the world	1998	1999	2000	2001	2002	2003	2004	2005	2006	2007	Régions du monde
World	100.0	100.0	100.0	100.0	100.0	100.0	100.0	100.0	100.0	100.0	Monde
Developed Economies	86.2	86.4	85.3	85.2	84.7	84.1	83.0	82.1	78.8	78.9	Economies Développés
- Asia-Pacific	6.0	6.4	7.1	6.1	6.5	6.1	5.8	5.5	4.9	4.8	- Asie-Pacifique
- Europe	63.2	62.3	58.9	61.1	61.2	63.6	63.8	62.9	61.3	62.4	- Europe
- North America	16.9	17.6	19.3	18.0	17.0	14.4	13.4	13.7	12.6	11.7	- Amérique du Nord
South-Eastern Europe	0.3	0.3	0.2	0.3	0.4	0.5	0.6	0.7	0.8	1.1	Europe du Sud-Est
Commonwealth of Independent States	0.6	0.4	0.5	0.6	0.6	0.5	0.5	0.6	0.7	0.7	Communauté d'Etats indépendants
- Asia	0.0	0.0	0.0	0.0	0.0	0.0	0.0	0.0	0.0	0.0	- Asie
- Europe	0.6	0.4	0.5	0.6	0.6	0.5	0.5	0.6	0.7	0.7	- Europe
Northern Africa	0.0	0.0	0.0	0.0	0.0	0.0	0.0	0.0	0.0	0.0	Afrique septentrionale
Sub-Saharan Africa	2.4	0.2	0.2	0.2	0.2	0.3	0.3	0.2	0.2	0.2	Afrique subsaharienne
Latin America & the Caribbean	2.6	3.0	3.8	3.4	2.9	2.9	3.0	3.2	3.2	3.3	Amérique latine et Caraïbes
- Caribbean	0.0	0.0	0.0	0.0	0.0	0.0	0.0	0.0	0.0	0.0	- Caraïbes
- Latin America	2.6	3.0	3.8	3.4	2.9	2.9	3.0	3.2	3.2	3.3	- Amérique latine
Eastern Asia	2.7	3.4	3.6	3.5	4.3	3.8	3.9	4.3	4.7	4.9	Asie orientale
Southern Asia	0.2	0.3	0.4	0.7	0.6	0.6	0.5	0.8	0.8	0.8	Asie méridionale
South-Eastern Asia	4.2	5.2	5.1	4.9	5.2	6.0	6.8	6.5	9.9	9.6	Asie du Sud-Est
Western Asia	0.8	0.9	1.0	1.1	1.1	1.2	1.4	1.5	0.9	0.4	Asie occidentale
Oceania	0.0	0.0	0.0	0.0	0.0	0.0	0.0	0.0	0.0	0.0	Océanie

625 Rubber tyres, interchangeable tyre treads, tyre flaps and inner tubes

Trade by commodity
Imports by principal countries or areas
Value in million US dollars

Commerce par produit
Importations selon les principaux pays ou zones
Valeur en millions de dollars EU

Country or area	2003	2004	2005	2006	2007	Pays ou zone
World	31744.4	38334.4	44117.0	49524.9	59763.6	Monde
Developed Economies	24034.2	28931.9	32563.3	36646.4	43722.2	Economies Développés
- Asia-Pacific	1339.3	1579.7	1862.5	2224.4	2519.8	- Asie-Pacifique
- Europe	15556.9	18768.4	20320.8	22876.5	28712.5	- Europe
- North America	7138.0	8583.8	10380.0	11545.5	12490.0	- Amérique du Nord
South-Eastern Europe	247.3	371.0	419.6	465.3	715.0	Europe du Sud-Est
Commonwealth of Independent States	511.7	779.0	1009.1	1329.3	1922.0	Communauté d'Etats indépendants
- Asia	213.6	273.7	322.6	388.4	534.3	- Asie
- Europe	298.1	505.3	686.5	941.0	1387.7	- Europe
Northern Africa	279.8	319.5	362.6	371.3	511.7	Afrique septentrionale
Sub-Saharan Africa	875.9	989.0	1292.7	1430.3	2041.2	Afrique subsaharienne
Latin America & the Caribbean	2360.0	2785.7	3583.6	4147.7	4882.9	Amérique latine et Caraïbes
- Caribbean	144.5	171.1	219.0	238.4	263.9	- Caraïbes
- Latin America	2215.5	2614.7	3364.7	3909.2	4619.1	- Amérique latine
Eastern Asia	834.9	985.1	997.9	1100.3	1152.6	Asie orientale
Southern Asia	353.1	417.5	502.0	482.7	579.6	Asie méridionale
South-Eastern Asia	631.7	742.0	863.1	1231.1	1435.1	Asie du Sud-Est
Western Asia	1561.0	1949.6	2451.3	2242.2	2714.5	Asie occidentale
Oceania	54.9	64.2	71.7	78.2	86.7	Océanie
United States	5639.5	6788.8	8303.9	9260.6	10033.7	Etats-Unis d'Amérique
Germany	2959.5	3434.9	4100.7	4799.5	5766.9	Allemagne
United Kingdom	1740.7	2125.0	2209.2	2411.8	3060.4	Royaume-Uni
France-Monaco	1718.5	2025.2	2154.7	2413.9	3102.1	France-Monaco
Canada	1495.1	1791.0	2071.6	2278.8	2451.7	Canada
Italy	1436.1	1781.0	1800.9	1968.3	2389.5	Italie
Belgium	1228.7	1552.7	1706.5	1745.6	2388.6	Belgique
Netherlands	1279.1	1627.5	1575.4	1773.0	2159.8	Pays-Bas
Spain	1129.9	1330.4	1193.8	1431.3	1841.2	Espagne
Mexico	973.3	1049.9	1265.6	1536.9	1712.9	Mexique
Australia	752.4	865.7	1002.9	1252.0	1457.6	Australie
Sweden	641.3	679.2	874.9	1004.8	1192.2	Suède
Japan	476.0	599.3	710.7	829.0	876.7	Japon
United Arab Emirates	414.2	579.5	711.5	715.6	e885.5	Emirates arabes unis
Austria	491.8	576.7	635.3	684.9	803.5	Autriche
Saudi Arabia	447.9	496.9	741.7	706.3	786.4	Arabie saoudite
Russian Federation	187.6	357.1	508.7	697.1	1013.6	Fédération de Russie
Poland	265.6	354.5	468.5	650.9	936.0	Pologne
Czech Republic	228.2	431.7	425.1	499.4	718.6	République tchèque
Switzerland-Liechtenstein	355.9	418.6	447.9	462.9	533.8	Suisse-Liechtenstein
Brazil	177.3	257.7	421.5	460.8	641.3	Brésil
Portugal	301.7	341.2	344.4	341.8	416.1	Portugal
China, Hong Kong SAR	354.3	385.9	330.4	310.1	316.5	Chine - RAS de Hong-Kong
Singapore	255.1	286.8	300.2	426.9	421.0	Singapour
Denmark	215.1	249.8	334.2	397.7	442.8	Danemark

Value as percentages of World total

Valeur en pourcentage du total mondial

Regions of the world	1998	1999	2000	2001	2002	2003	2004	2005	2006	2007	Régions du monde
World	100.0	100.0	100.0	100.0	100.0	100.0	100.0	100.0	100.0	100.0	Monde
Developed Economies	75.4	77.1	73.7	65.7	74.3	75.7	75.5	73.8	74.0	73.2	Economies Développés
- Asia-Pacific	4.2	4.2	4.2	3.8	4.3	4.2	4.1	4.2	4.5	4.2	- Asie-Pacifique
- Europe	49.4	48.5	43.9	40.7	45.7	49.0	49.0	46.1	46.2	48.0	- Europe
- North America	21.8	24.5	25.6	21.2	24.3	22.5	22.4	23.5	23.3	20.9	- Amérique du Nord
South-Eastern Europe	0.6	0.5	0.5	0.6	0.7	0.8	1.0	1.0	0.9	1.2	Europe du Sud-Est
Commonwealth of Independent States	1.9	1.3	1.6	1.8	1.7	1.6	2.0	2.3	2.7	3.2	Communauté d'Etats indépendants
- Asia	0.6	0.4	0.6	0.7	0.7	0.7	0.7	0.7	0.8	0.9	- Asie
- Europe	1.3	0.9	1.1	1.1	1.0	0.9	1.3	1.6	1.9	2.3	- Europe
Northern Africa	1.1	1.1	1.1	0.9	1.0	0.9	0.8	0.8	0.7	0.9	Afrique septentrionale
Sub-Saharan Africa	2.4	2.1	2.3	12.4	2.7	2.8	2.6	2.9	2.9	3.4	Afrique subsaharienne
Latin America & the Caribbean	9.0	8.4	9.6	9.0	8.5	7.4	7.3	8.1	8.4	8.2	Amérique latine et Caraïbes
- Caribbean	0.6	0.7	0.7	0.7	0.6	0.5	0.4	0.5	0.5	0.4	- Caraïbes
- Latin America	8.4	7.7	8.9	8.4	7.8	7.0	6.8	7.6	7.9	7.7	- Amérique latine
Eastern Asia	2.3	1.9	2.1	1.9	2.5	2.6	2.6	2.3	2.2	1.9	Asie orientale
Southern Asia	1.1	1.3	1.6	1.2	1.4	1.1	1.1	1.1	1.0	1.0	Asie méridionale
South-Eastern Asia	1.6	2.1	2.2	1.8	2.1	2.0	1.9	2.0	2.5	2.4	Asie du Sud-Est
Western Asia	4.5	4.0	5.1	4.5	4.9	4.9	5.1	5.6	4.5	4.5	Asie occidentale
Oceania	0.2	0.2	0.2	0.2	0.2	0.2	0.2	0.2	0.2	0.1	Océanie

Trade by commodity
Exports by principal countries or areas
Value in million US dollars

Commerce par produit
Exportations selon les principaux pays ou zones
Valeur en millions de dollars EU

Country or area	2003	2004	2005	2006	2007	Pays ou zone
World	30956.5	37934.8	43665.2	49243.1	58834.3	Monde
Developed Economies	21974.1	26105.1	28503.9	31728.8	36740.5	Economies Développés
- Asia-Pacific	4101.1	4621.9	5147.4	5518.9	6223.3	- Asie-Pacifique
- Europe	14199.7	17262.8	18681.4	21116.2	25055.3	- Europe
- North America	3673.3	4220.3	4675.1	5093.7	5461.9	- Amérique du Nord
South-Eastern Europe	344.5	605.2	705.9	665.2	966.6	Europe du Sud-Est
Commonwealth of Independent States	436.0	566.9	762.3	1145.9	1406.4	Communauté d'Etats indépendants
- Asia	1.2	3.0	3.4	7.4	7.0	- Asie
- Europe	434.8	563.8	758.9	1138.5	1399.4	- Europe
Northern Africa	49.7	72.1	83.9	53.0	91.2	Afrique septentrionale
Sub-Saharan Africa	237.6	271.7	243.4	246.9	257.7	Afrique subsaharienne
Latin America & the Caribbean	1233.7	1482.3	1837.2	2017.0	2560.8	Amérique latine et Caraïbes
- Caribbean	3.6	6.1	5.9	4.7	5.6	- Caraïbes
- Latin America	1230.1	1476.1	1831.3	2012.3	2555.2	- Amérique latine
Eastern Asia	4081.4	5517.5	7277.5	8861.8	11347.1	Asie orientale
Southern Asia	519.5	616.4	875.1	995.5	1111.0	Asie méridionale
South-Eastern Asia	1279.7	1690.5	2058.4	2762.8	3493.1	Asie du Sud-Est
Western Asia	799.7	1006.7	1317.0	765.3	859.4	Asie occidentale
Oceania	0.6	0.4	0.7	0.8	0.5	Océanie
Japan	4024.8	4522.5	5047.8	5418.4	6107.4	Japon
China	1729.0	2654.0	4001.4	5434.9	7533.7	Chine
Germany	2931.8	3569.1	4013.2	4403.3	4817.3	Allemagne
France-Monaco	2584.1	3050.5	3106.4	3395.8	4005.9	France-Monaco
United States	2320.3	2709.4	2999.1	3337.5	3767.2	Etats-Unis d'Amérique
Korea, Republic of	1715.1	2093.9	2439.3	2562.4	2853.5	République de Corée
Spain	1517.7	1705.7	1796.7	2370.2	2496.8	Espagne
Canada	1351.7	1510.2	1675.7	1756.3	1694.7	Canada
Italy	1207.3	1488.8	1449.2	1520.7	1725.7	Italie
Netherlands	952.7	1236.0	1262.1	1427.8	1692.8	Pays-Bas
Czech Republic	675.6	959.1	1108.8	1307.9	1739.3	République tchèque
Belgium	723.1	962.1	1087.4	1179.0	1597.7	Belgique
United Kingdom	890.6	974.5	974.6	1071.5	1238.1	Royaume-Uni
Poland	584.5	762.1	987.0	1153.2	1606.3	Pologne
Thailand	476.9	677.9	899.3	1206.0	1623.5	Thaïlande
Brazil	625.9	702.2	842.8	1031.7	1396.0	Brésil
Indonesia	414.9	549.7	650.1	796.3	922.4	Indonésie
India	380.7	434.8	592.3	685.0	759.8	Inde
Slovakia	365.2	473.2	565.6	659.3	773.3	Slovaquie
Portugal	385.1	463.5	503.3	599.6	700.8	Portugal
Russian Federation	270.7	326.5	427.4	533.6	679.0	Fédération de Russie
United Arab Emirates	237.4	344.0	521.2	511.8	e553.0	Emirates arabes unis
Luxembourg	289.1	364.4	429.0	479.1	569.8	Luxembourg
Romania	242.5	319.5	397.1	455.9	707.3	Roumanie
Turkey	465.9	538.2	641.3	89.4	81.7	Turquie

Value as percentages of World total

Valeur en pourcentage du total mondial

Regions of the world	1998	1999	2000	2001	2002	2003	2004	2005	2006	2007	Régions du monde
World	100.0	100.0	100.0	100.0	100.0	100.0	100.0	100.0	100.0	100.0	Monde
Developed Economies	75.3	75.8	73.4	72.7	71.8	71.0	68.8	65.3	64.4	62.4	Economies Développés
- Asia-Pacific	13.8	14.2	13.5	12.6	13.1	13.2	12.2	11.8	11.2	10.6	- Asie-Pacifique
- Europe	46.7	47.1	44.4	44.9	44.7	45.9	45.5	42.8	42.9	42.6	- Europe
- North America	14.8	14.5	15.4	15.2	14.1	11.9	11.1	10.7	10.3	9.3	- Amérique du Nord
South-Eastern Europe	0.4	0.4	0.4	0.5	0.7	1.1	1.6	1.6	1.4	1.6	Europe du Sud-Est
Commonwealth of Independent States	2.3	1.4	1.7	1.7	1.3	1.4	1.5	1.7	2.3	2.4	Communauté d'Etats indépendants
- Asia	0.0	0.0	0.0	0.0	0.0	0.0	0.0	0.0	0.0	0.0	- Asie
- Europe	2.2	1.4	1.7	1.7	1.3	1.4	1.5	1.7	2.3	2.4	- Europe
Northern Africa	0.2	0.2	0.3	0.2	0.3	0.2	0.2	0.2	0.1	0.2	Afrique septentrionale
Sub-Saharan Africa	0.5	0.6	0.6	0.6	0.8	0.8	0.7	0.6	0.5	0.4	Afrique subsaharienne
Latin America & the Caribbean	4.3	4.5	4.7	4.2	4.0	4.0	3.9	4.2	4.1	4.4	Amérique latine et Caraïbes
- Caribbean	0.0	0.0	0.0	0.1	0.0	0.0	0.0	0.0	0.0	0.0	- Caraïbes
- Latin America	4.3	4.5	4.7	4.1	3.9	4.0	3.9	4.2	4.1	4.3	- Amérique latine
Eastern Asia	10.7	10.7	11.9	12.2	13.0	13.2	14.5	16.7	18.0	19.3	Asie orientale
Southern Asia	1.1	1.1	1.4	1.5	1.6	1.7	1.6	2.0	2.0	1.9	Asie méridionale
South-Eastern Asia	3.1	3.3	3.5	3.7	4.0	4.1	4.5	4.7	5.6	5.9	Asie du Sud-Est
Western Asia	2.0	2.0	2.1	2.7	2.6	2.6	2.7	3.0	1.6	1.5	Asie occidentale
Oceania	0.0	0.0	0.0	0.0	0.0	0.0	0.0	0.0	0.0	0.0	Océanie

629 Articles of rubber, nes

Trade by commodity
Imports by principal countries or areas
Value in million US dollars

Commerce par produit
Importations selon les principaux pays ou zones
Valeur en millions de dollars EU

Country or area	2003	2004	2005	2006	2007	Pays ou zone
World	15759.6	18510.7	20029.6	21925.4	25658.3	Monde
Developed Economies	11032.5	12857.6	13607.0	14735.5	17116.4	Economies Développés
- Asia-Pacific	737.2	873.7	960.3	1057.7	1187.1	- Asie-Pacifique
- Europe	7031.1	8247.8	8653.1	9517.9	11533.5	- Europe
- North America	3264.2	3736.1	3993.6	4159.9	4395.8	- Amérique du Nord
South-Eastern Europe	141.6	227.8	273.1	302.6	351.1	Europe du Sud-Est
Commonwealth of Independent States	267.7	358.3	423.2	531.4	775.9	Communauté d'Etats indépendants
- Asia	46.9	63.3	74.2	97.5	140.4	- Asie
- Europe	220.8	295.0	349.0	433.9	635.4	- Europe
Northern Africa	124.9	153.9	186.5	175.8	207.7	Afrique septentrionale
Sub-Saharan Africa	282.6	305.3	401.6	399.4	509.2	Afrique subsaharienne
Latin America & the Caribbean	1444.4	1651.4	1846.7	2024.4	2317.5	Amérique latine et Caraïbes
- Caribbean	49.1	60.0	75.1	79.2	84.4	- Caraïbes
- Latin America	1395.3	1591.3	1771.6	1945.2	2233.1	- Amérique latine
Eastern Asia	1066.4	1353.2	1489.9	1776.7	2084.5	Asie orientale
Southern Asia	224.5	238.8	297.2	321.5	391.9	Asie méridionale
South-Eastern Asia	777.3	875.3	961.6	1097.0	1225.6	Asie du Sud-Est
Western Asia	377.0	466.8	520.0	533.9	655.1	Asie occidentale
Oceania	20.9	22.3	23.0	27.1	23.2	Océanie
United States	2457.2	2855.6	3062.7	3180.7	3361.1	Etats-Unis d'Amérique
Germany	1719.6	2017.7	2147.0	2271.4	2749.1	Allemagne
France-Monaco	847.8	995.6	1026.5	1164.8	1431.1	France-Monaco
Mexico	891.3	961.1	1025.0	1107.1	1169.9	Mexique
China	592.5	787.5	895.9	1152.6	1387.8	Chine
Canada	806.1	879.3	928.3	973.7	1027.2	Canada
United Kingdom	621.2	744.9	785.6	821.4	962.7	Royaume-Uni
Italy	475.5	579.4	593.3	655.1	758.3	Italie
Japan	437.1	532.5	584.1	650.4	721.2	Japon
Belgium	483.9	525.0	547.3	603.3	726.9	Belgique
Spain	430.2	496.6	507.1	546.3	644.9	Espagne
Poland	315.1	403.9	432.5	503.7	628.0	Pologne
Czech Republic	287.0	334.6	379.6	424.7	526.7	République tchèque
Netherlands	267.2	309.9	322.2	407.3	475.4	Pays-Bas
Austria	268.6	327.8	342.7	373.0	460.1	Autriche
Sweden	270.1	313.0	314.4	358.6	447.4	Suède
Thailand	294.7	288.4	299.4	344.6	378.7	Thaïlande
Australia	248.7	291.4	313.6	345.3	396.2	Australie
Brazil	214.5	262.6	299.2	338.7	434.5	Brésil
Korea, Republic of	172.3	216.3	254.3	298.3	372.5	République de Corée
Singapore	182.6	227.1	250.6	277.0	294.6	Singapour
Hungary	186.7	212.3	219.9	230.6	291.8	Hongrie
Russian Federation	110.4	143.4	185.5	252.0	376.5	Fédération de Russie
India	135.1	155.0	191.5	235.1	288.7	Inde
Switzerland-Liechtenstein	149.9	179.3	190.0	212.6	261.8	Suisse-Liechtenstein

Value as percentages of World total

Valeur en pourcentage du total mondial

Regions of the world	1998	1999	2000	2001	2002	2003	2004	2005	2006	2007	Régions du monde
World	100.0	100.0	100.0	100.0	100.0	100.0	100.0	100.0	100.0	100.0	Monde
Developed Economies	71.4	71.1	68.6	68.7	70.2	70.0	69.5	67.9	67.2	66.7	Economies Développés
- Asia-Pacific	4.3	4.4	4.6	4.5	4.5	4.7	4.7	4.8	4.8	4.6	- Asie-Pacifique
- Europe	45.8	44.0	40.9	41.8	43.2	44.6	44.6	43.2	43.4	45.0	- Europe
- North America	21.2	22.6	23.2	22.5	22.5	20.7	20.2	19.9	19.0	17.1	- Amérique du Nord
South-Eastern Europe	0.4	0.4	0.4	0.6	0.8	0.9	1.2	1.4	1.4	1.4	Europe du Sud-Est
Commonwealth of Independent States	2.2	1.4	1.6	1.8	1.5	1.7	1.9	2.1	2.4	3.0	Communauté d'Etats indépendants
- Asia	0.3	0.2	0.3	0.4	0.3	0.3	0.3	0.4	0.4	0.5	- Asie
- Europe	1.9	1.2	1.3	1.5	1.2	1.4	1.6	1.7	2.0	2.5	- Europe
Northern Africa	1.0	0.9	0.8	0.8	0.8	0.8	0.8	0.9	0.8	0.8	Afrique septentrionale
Sub-Saharan Africa	1.7	1.5	1.6	2.7	1.8	1.8	1.6	2.0	1.8	2.0	Afrique subsaharienne
Latin America & the Caribbean	11.1	10.4	12.0	11.1	10.2	9.2	8.9	9.2	9.2	9.0	Amérique latine et Caraïbes
- Caribbean	0.4	0.4	0.4	0.4	0.4	0.3	0.3	0.4	0.4	0.3	- Caraïbes
- Latin America	10.7	10.0	11.6	10.7	9.8	8.9	8.6	8.8	8.9	8.7	- Amérique latine
Eastern Asia	4.3	6.0	6.1	5.6	5.8	6.8	7.3	7.4	8.1	8.1	Asie orientale
Southern Asia	1.2	1.1	1.1	1.2	1.3	1.4	1.3	1.5	1.5	1.5	Asie méridionale
South-Eastern Asia	4.5	5.2	5.6	5.3	5.2	4.9	4.7	4.8	5.0	4.8	Asie du Sud-Est
Western Asia	2.1	1.9	2.2	2.0	2.2	2.4	2.5	2.6	2.4	2.6	Asie occidentale
Oceania	0.1	0.1	0.1	0.1	0.1	0.1	0.1	0.1	0.1	0.1	Océanie

Trade by commodity

Exports by principal countries or areas

Value in million US dollars

Country or area	2003	2004	2005	2006	2007	Pays ou zone
World	14545.0	17048.3	18303.2	20271.4	23804.9	Monde
Developed Economies	11748.3	13626.6	14284.9	15635.9	18405.3	Economies Développés
- Asia-Pacific	1412.2	1640.6	1718.3	1816.9	2012.4	- Asie-Pacifique
- Europe	8080.8	9527.2	9984.9	11096.5	13425.9	- Europe
- North America	2255.3	2458.8	2581.8	2722.4	2967.0	- Amérique du Nord
South-Eastern Europe	46.3	83.8	108.5	128.4	202.1	Europe du Sud-Est
Commonwealth of Independent States	88.2	108.5	102.9	144.6	180.2	Communauté d'Etats indépendants
- Asia	6.1	9.9	14.2	17.4	22.1	- Asie
- Europe	82.1	98.6	88.7	127.2	158.1	- Europe
Northern Africa	9.9	14.6	29.9	53.9	28.2	Afrique septentrionale
Sub-Saharan Africa	31.7	39.4	37.1	47.5	50.6	Afrique subsaharienne
Latin America & the Caribbean	388.0	477.7	537.2	609.9	671.7	Amérique latine et Caraïbes
- Caribbean	1.1	0.8	1.1	1.9	2.1	- Caraïbes
- Latin America	387.0	476.8	536.2	608.0	669.7	- Amérique latine
Eastern Asia	1016.5	1275.1	1530.8	1878.0	2240.2	Asie orientale
Southern Asia	180.5	200.3	258.1	291.4	293.4	Asie méridionale
South-Eastern Asia	881.1	996.8	1151.0	1371.3	1562.1	Asie du Sud-Est
Western Asia	154.2	225.4	262.6	110.0	170.8	Asie occidentale
Oceania	0.1	0.1	0.1	0.4	0.2	Océanie
Germany	2297.2	2672.4	2763.5	3096.7	3750.6	Allemagne
United States	1539.6	1653.2	1749.5	1935.8	2118.2	Etats-Unis d'Amérique
Japan	1355.2	1569.8	1634.6	1733.2	1914.1	Japon
France-Monaco	1115.0	1269.3	1271.6	1372.0	1712.7	France-Monaco
Italy	801.4	1005.9	1068.0	1141.7	1366.0	Italie
China	476.6	658.9	854.7	1163.5	1513.0	Chine
Canada	715.6	805.6	832.3	786.6	848.8	Canada
United Kingdom	668.6	712.4	721.8	701.2	809.7	Royaume-Uni
Spain	562.7	682.5	674.9	669.2	767.8	Espagne
Poland	361.7	482.1	583.1	810.1	938.4	Pologne
Belgium	438.0	512.0	573.3	632.2	817.5	Belgique
Thailand	397.7	451.6	545.8	646.2	746.4	Thaïlande
Sweden	318.9	362.5	394.9	442.8	555.9	Suède
Czech Republic	232.3	292.4	331.0	381.4	513.4	République tchèque
Netherlands	286.7	339.1	318.5	364.5	399.5	Pays-Bas
Mexico	218.5	256.3	290.3	334.1	355.4	Mexique
Singapore	215.8	243.7	245.3	295.4	334.6	Singapour
Austria	190.0	228.2	251.1	274.5	327.3	Autriche
Hungary	152.4	207.6	211.2	271.9	333.1	Hongrie
Korea, Republic of	170.0	193.3	212.4	235.6	242.3	République de Corée
India	147.4	158.4	212.9	232.9	233.5	Inde
Slovakia	117.4	150.0	171.5	193.9	259.4	Slovaquie
Switzerland-Liechtenstein	136.6	157.8	166.9	184.0	214.3	Suisse-Liechtenstein
Malaysia	117.5	139.0	155.8	177.3	197.7	Malaisie
Brazil	84.2	117.8	136.7	153.5	190.6	Brésil

Value as percentages of World total

Valeur en pourcentage du total mondial

Regions of the world	1998	1999	2000	2001	2002	2003	2004	2005	2006	2007	Régions du monde
World	100.0	100.0	100.0	100.0	100.0	100.0	100.0	100.0	100.0	100.0	Monde
Developed Economies	83.2	82.7	81.3	81.8	81.2	80.8	79.9	78.0	77.1	77.3	Economies Développés
- Asia-Pacific	11.0	11.9	12.7	11.1	10.6	9.7	9.6	9.4	9.0	8.5	- Asie-Pacifique
- Europe	54.9	52.3	48.0	50.4	52.7	55.6	55.9	54.6	54.7	56.4	- Europe
- North America	17.4	18.6	20.5	20.3	17.9	15.5	14.4	14.1	13.4	12.5	- Amérique du Nord
South-Eastern Europe	0.3	0.3	0.2	0.3	0.4	0.3	0.5	0.6	0.6	0.8	Europe du Sud-Est
Commonwealth of Independent States	1.0	0.5	0.6	0.7	0.6	0.6	0.6	0.6	0.7	0.8	Communauté d'Etats indépendants
- Asia	0.0	0.0	0.0	0.0	0.0	0.0	0.1	0.1	0.1	0.1	- Asie
- Europe	0.9	0.5	0.6	0.7	0.6	0.6	0.6	0.5	0.6	0.7	- Europe
Northern Africa	0.0	0.0	0.0	0.0	0.1	0.1	0.1	0.2	0.3	0.1	Afrique septentrionale
Sub-Saharan Africa	0.2	0.3	0.3	0.2	0.3	0.2	0.2	0.2	0.2	0.2	Afrique subsaharienne
Latin America & the Caribbean	2.3	2.6	3.1	2.8	2.8	2.7	2.8	2.9	3.0	2.8	Amérique latine et Caraïbes
- Caribbean	0.0	0.0	0.0	0.0	0.0	0.0	0.0	0.0	0.0	0.0	- Caraïbes
- Latin America	2.3	2.6	3.1	2.8	2.8	2.7	2.8	2.9	3.0	2.8	- Amérique latine
Eastern Asia	6.7	7.2	7.6	7.2	7.1	7.0	7.5	8.4	9.3	9.4	Asie orientale
Southern Asia	0.8	0.8	1.1	0.9	1.1	1.2	1.2	1.4	1.4	1.2	Asie méridionale
South-Eastern Asia	4.6	4.7	5.1	5.2	5.6	6.1	5.8	6.3	6.8	6.6	Asie du Sud-Est
Western Asia	0.7	0.8	0.7	0.8	0.9	1.1	1.3	1.4	0.5	0.7	Asie occidentale
Oceania	0.0	0.0	0.0	0.0	0.0	0.0	0.0	0.0	0.0	0.0	Océanie

633 Cork manufacture

Trade by commodity
Imports by principal countries or areas
Value in million US dollars

Commerce par produit
Importations selon les principaux pays ou zones
Valeur en millions de dollars EU

Country or area	2003	2004	2005	2006	2007	Pays ou zone
World	1399.5	1514.5	1503.6	1545.9	1688.9	Monde
Developed Economies	1210.1	1287.9	1243.6	1268.3	1351.3	Economies Développés
- Asia-Pacific	119.3	119.2	90.0	71.5	65.6	- Asie-Pacifique
- Europe	855.7	921.0	906.7	936.6	999.9	- Europe
- North America	235.1	247.7	246.9	260.1	285.9	- Amérique du Nord
South-Eastern Europe	12.1	14.2	16.3	16.5	18.9	Europe du Sud-Est
Commonwealth of Independent States	20.3	26.1	29.0	33.3	42.5	Communauté d'Etats indépendants
- Asia	4.7	6.0	7.1	7.1	12.0	- Asie
- Europe	15.6	20.1	21.9	26.3	30.6	- Europe
Northern Africa	1.6	2.0	2.2	2.0	6.2	Afrique septentrionale
Sub-Saharan Africa	31.1	33.2	30.9	28.0	28.0	Afrique subsaharienne
Latin America & the Caribbean	83.1	101.2	100.2	103.8	131.0	Amérique latine et Caraïbes
- Caribbean	1.6	2.4	2.3	4.6	3.3	- Caraïbes
- Latin America	81.5	98.8	98.0	99.3	127.7	- Amérique latine
Eastern Asia	22.1	24.8	27.7	26.3	31.2	Asie orientale
Southern Asia	1.5	1.9	2.0	2.6	2.5	Asie méridionale
South-Eastern Asia	4.3	5.0	5.1	5.1	4.8	Asie du Sud-Est
Western Asia	13.1	18.0	46.3	59.5	72.2	Asie occidentale
Oceania	0.2	0.2	0.2	0.4	0.3	Océanie
France-Monaco	307.4	335.9	313.8	302.1	341.7	France-Monaco
United States	210.1	219.0	217.5	230.5	248.9	Etats-Unis d'Amérique
Germany	137.6	142.0	156.4	137.8	136.8	Allemagne
Italy	99.5	118.1	115.3	132.4	149.4	Italie
Spain	106.2	109.1	107.0	146.6	137.1	Espagne
Australia	86.3	84.8	61.6	44.3	37.7	Australie
Portugal	47.2	48.0	46.0	43.4	40.4	Portugal
Argentina	32.0	42.7	36.9	38.1	47.4	Argentine
Chile	33.0	36.4	39.7	35.3	48.8	Chili
Canada	24.9	28.6	29.4	29.5	36.9	Canada
Switzerland-Liechtenstein	27.9	28.9	29.0	30.0	31.9	Suisse-Liechtenstein
Austria	30.1	28.7	30.2	27.2	31.3	Autriche
South Africa	28.5	30.6	27.9	24.2	25.1	Afrique du Sud
United Arab Emirates	1.6	3.7	23.2	42.3	e52.4	Emirates arabes unis
Japan	24.5	26.5	23.2	23.1	24.1	Japon
United Kingdom	16.7	21.3	21.2	23.5	30.0	Royaume-Uni
China	11.7	15.4	18.7	18.1	23.4	Chine
Mexico	10.6	12.3	12.7	17.1	21.2	Mexique
Belgium	11.2	12.9	13.4	13.1	13.9	Belgique
Netherlands	9.7	13.7	12.9	14.5	13.3	Pays-Bas
Russian Federation	4.3	6.0	6.1	15.3	15.3	Fédération de Russie
Poland	6.8	7.6	8.3	10.3	13.9	Pologne
Greece	8.7	8.9	8.6	9.0	9.5	Grèce
Hungary	8.5	9.7	8.4	7.9	8.8	Hongrie
Denmark	9.9	7.9	7.7	7.4	5.7	Danemark

Value as percentages of World total

Valeur en pourcentage du total mondial

Regions of the world	1998	1999	2000	2001	2002	2003	2004	2005	2006	2007	Régions du monde
World	100.0	100.0	100.0	100.0	100.0	100.0	100.0	100.0	100.0	100.0	Monde
Developed Economies	85.5	86.5	85.4	85.6	86.5	86.5	85.0	82.7	82.0	80.0	Economies Développés
- Asia-Pacific	6.8	8.3	8.5	7.8	9.9	8.5	7.9	6.0	4.6	3.9	- Asie-Pacifique
- Europe	62.1	62.5	60.2	59.7	58.8	61.1	60.8	60.3	60.6	59.2	- Europe
- North America	16.6	15.7	16.6	18.1	17.8	16.8	16.4	16.4	16.8	16.9	- Amérique du Nord
South-Eastern Europe	1.2	0.9	0.9	0.9	1.0	0.9	0.9	1.1	1.1	1.1	Europe du Sud-Est
Commonwealth of Independent States	1.2	0.7	1.1	1.5	1.2	1.5	1.7	1.9	2.2	2.5	Communauté d'Etats indépendants
- Asia	0.2	0.1	0.2	0.3	0.3	0.3	0.4	0.5	0.5	0.7	- Asie
- Europe	1.0	0.6	0.9	1.3	0.9	1.1	1.3	1.5	1.7	1.8	- Europe
Northern Africa	0.1	0.1	0.2	0.1	0.2	0.1	0.1	0.1	0.1	0.4	Afrique septentrionale
Sub-Saharan Africa	1.9	2.1	2.3	1.9	2.3	2.2	2.2	2.1	1.8	1.7	Afrique subsaharienne
Latin America & the Caribbean	6.9	6.8	6.8	6.7	5.4	5.9	6.7	6.7	6.7	7.8	Amérique latine et Caraïbes
- Caribbean	0.9	1.0	0.8	0.5	0.1	0.1	0.2	0.2	0.3	0.2	- Caraïbes
- Latin America	6.0	5.8	6.0	6.2	5.4	5.8	6.5	6.5	6.4	7.6	- Amérique latine
Eastern Asia	1.7	1.5	1.8	1.6	1.9	1.6	1.6	1.8	1.7	1.8	Asie orientale
Southern Asia	0.2	0.1	0.1	0.1	0.1	0.1	0.1	0.1	0.2	0.1	Asie méridionale
South-Eastern Asia	0.4	0.4	0.4	0.4	0.3	0.3	0.3	0.3	0.3	0.3	Asie du Sud-Est
Western Asia	0.9	0.9	1.1	1.1	1.0	0.9	1.2	3.1	3.8	4.3	Asie occidentale
Oceania	0.0	0.0	0.0	0.0	0.0	0.0	0.0	0.0	0.0	0.0	Océanie

Trade by commodity

Exports by principal countries or areas

Value in million US dollars

Commerce par produit

Exportations selon les principaux pays ou zones

Valeur en millions de dollars EU

Country or area	2003	2004	2005	2006	2007	Pays ou zone
World	1488.1	1612.9	1491.1	1550.7	1672.3	Monde
Developed Economies	1406.0	1505.6	1380.7	1440.2	1566.4	Economies Développés
- Asia-Pacific	12.2	12.1	9.2	7.3	7.7	- Asie-Pacifique
- Europe	1340.3	1443.6	1319.7	1361.2	1510.7	- Europe
- North America	53.4	49.8	51.8	71.7	48.0	- Amérique du Nord
South-Eastern Europe	1.8	1.5	2.1	1.1	0.7	Europe du Sud-Est
Commonwealth of Independent States	0.8	0.7	1.3	1.9	3.8	Communauté d'Etats indépendants
- Asia	0.0	0.3	0.8	1.1	2.8	- Asie
- Europe	0.7	0.4	0.4	0.8	1.0	- Europe
Northern Africa	38.1	42.9	32.2	26.6	28.8	Afrique septentrionale
Sub-Saharan Africa	2.4	2.4	1.2	1.3	1.1	Afrique subsaharienne
Latin America & the Caribbean	11.8	24.8	28.3	27.7	19.2	Amérique latine et Caraïbes
- Caribbean	0.0	0.0	0.0	0.0	0.0	- Caraïbes
- Latin America	11.8	24.8	28.3	27.6	19.1	- Amérique latine
Eastern Asia	17.6	19.6	25.1	28.9	24.9	Asie orientale
Southern Asia	0.5	0.7	0.8	0.8	1.0	Asie méridionale
South-Eastern Asia	1.2	1.2	0.8	0.8	1.5	Asie du Sud-Est
Western Asia	7.9	13.6	18.5	21.4	24.9	Asie occidentale
Oceania	0.0	0.0	0.0	0.0	0.0	Océanie
Portugal	944.8	1014.3	917.4	931.4	1039.2	Portugal
Spain	184.3	210.9	188.3	197.6	219.0	Espagne
France-Monaco	57.9	61.9	55.4	52.1	60.6	France-Monaco
Italy	58.6	52.3	50.4	50.4	54.7	Italie
United States	48.9	43.5	45.4	65.8	41.1	Etats-Unis d'Amérique
Germany	37.5	39.8	42.2	44.5	51.5	Allemagne
Switzerland-Liechtenstein	18.0	20.6	19.8	20.7	25.3	Suisse-Liechtenstein
Austria	14.3	16.2	15.5	14.6	18.5	Autriche
China	9.5	12.2	15.4	20.9	16.8	Chine
Mexico	6.8	16.9	20.8	20.4	9.5	Mexique
Belgium	8.3	7.2	7.4	24.5	15.1	Belgique
United Arab Emirates	1.4	2.4	12.4	20.2	e21.8	Emirates arabes unis
Morocco	13.7	13.2	11.5	9.0	10.1	Maroc
Algeria	9.3	11.8	11.4	11.5	e12.3	Algérie
Tunisia	15.0	17.9	9.3	6.2	6.4	Tunisie
Netherlands	6.0	6.1	7.7	7.6	8.3	Pays-Bas
China, Hong Kong SAR	6.6	5.7	7.8	6.2	4.8	Chine - RAS de Hong-Kong
Canada	4.5	6.3	6.4	5.9	6.9	Canada
United Kingdom	3.7	5.8	5.9	7.3	5.2	Royaume-Uni
Saudi Arabia	6.4	11.0	5.7	0.6	2.6	Arabie saoudite
Australia	7.5	7.1	5.3	2.6	2.3	Australie
New Zealand	3.8	3.4	2.1	2.8	2.9	Nouvelle-Zélande
Chile	1.5	2.7	2.6	3.2	4.9	Chili
Poland	0.9	2.5	2.7	3.2	5.2	Pologne
Denmark	2.4	2.3	2.3	2.7	2.5	Danemark

Value as percentages of World total

Valeur en pourcentage du total mondial

Regions of the world	1998	1999	2000	2001	2002	2003	2004	2005	2006	2007	Régions du monde
World	100.0	100.0	100.0	100.0	100.0	100.0	100.0	100.0	100.0	100.0	Monde
Developed Economies	96.6	95.7	95.6	95.3	95.4	94.5	93.3	92.6	92.9	93.7	Economies Développés
- Asia-Pacific	0.5	0.5	0.4	0.3	0.7	0.8	0.8	0.6	0.5	0.5	- Asie-Pacifique
- Europe	90.4	89.6	89.6	91.3	90.8	90.1	89.5	88.5	87.8	90.3	- Europe
- North America	5.7	5.7	5.5	3.6	3.9	3.6	3.1	3.5	4.6	2.9	- Amérique du Nord
South-Eastern Europe	0.3	0.2	0.2	0.2	0.2	0.1	0.1	0.1	0.1	0.0	Europe du Sud-Est
Commonwealth of Independent States	0.0	0.0	0.0	0.1	0.0	0.1	0.0	0.1	0.1	0.2	Communauté d'Etats indépendants
- Asia		0.0	0.0	0.0	0.0	0.0	0.0	0.1	0.1	0.2	- Asie
- Europe	0.0	0.0	0.0	0.1	0.0	0.0	0.0	0.0	0.0	0.1	- Europe
Northern Africa	1.5	1.9	2.0	2.0	1.9	2.6	2.7	2.2	1.7	1.7	Afrique septentrionale
Sub-Saharan Africa	0.1	0.2	0.1	0.1	0.2	0.2	0.1	0.1	0.1	0.1	Afrique subsaharienne
Latin America & the Caribbean	0.4	0.7	0.6	0.7	0.7	0.8	1.5	1.9	1.8	1.1	Amérique latine et Caraïbes
- Caribbean	0.0	0.0	0.0	0.0	0.0	0.0	0.0	0.0	0.0	0.0	- Caraïbes
- Latin America	0.4	0.7	0.6	0.7	0.7	0.8	1.5	1.9	1.8	1.1	- Amérique latine
Eastern Asia	0.7	0.9	1.1	1.2	1.4	1.2	1.2	1.7	1.9	1.5	Asie orientale
Southern Asia	0.0	0.2	0.1	0.0	0.0	0.0	0.0	0.1	0.1	0.1	Asie méridionale
South-Eastern Asia	0.2	0.1	0.1	0.2	0.1	0.1	0.1	0.1	0.1	0.1	Asie du Sud-Est
Western Asia	0.1	0.1	0.0	0.1	0.0	0.5	0.8	1.2	1.4	1.5	Asie occidentale
Oceania	0.0	0.0	0.0	0.0	0.0	0.0	0.0	0.0	0.0	0.0	Océanie

634 Veneers, plywood, particle board, and other wood, worked, nes

<table>
<tr><td>Trade by commodity</td><td>Commerce par produit</td></tr>
<tr><td>Imports by principal countries or areas</td><td>Importations selon les principaux pays ou zones</td></tr>
<tr><td>Value in million US dollars</td><td>Valeur en millions de dollars EU</td></tr>
</table>

Country or area	2003	2004	2005	2006	2007	Pays ou zone
World	22654.5	29025.7	30236.8	31946.3	34572.4	Monde
Developed Economies	17166.3	22273.7	22840.2	24170.9	25248.0	Economies Développés
- Asia-Pacific	2277.1	2812.3	2564.8	3088.7	2931.0	- Asie-Pacifique
- Europe	8936.7	10973.4	11579.4	12918.4	15744.1	- Europe
- North America	5952.6	8488.0	8695.9	8163.8	6572.9	- Amérique du Nord
South-Eastern Europe	309.1	540.7	649.1	673.7	1006.3	Europe du Sud-Est
Commonwealth of Independent States	366.2	511.2	675.1	896.2	1267.3	Communauté d'Etats indépendants
- Asia	99.7	162.5	219.5	294.6	418.3	- Asie
- Europe	266.6	348.6	455.6	601.6	849.0	- Europe
Northern Africa	204.3	211.7	263.4	209.0	282.6	Afrique septentrionale
Sub-Saharan Africa	296.5	307.1	251.5	287.0	340.4	Afrique subsaharienne
Latin America & the Caribbean	687.2	875.6	993.0	1128.3	1094.4	Amérique latine et Caraïbes
- Caribbean	87.3	131.0	142.8	140.2	153.9	- Caraïbes
- Latin America	599.9	744.6	850.2	988.1	940.5	- Amérique latine
Eastern Asia	2145.3	2216.0	2080.0	2144.1	2228.7	Asie orientale
Southern Asia	137.8	305.3	254.0	198.9	235.5	Asie méridionale
South-Eastern Asia	396.1	556.0	620.3	741.9	879.0	Asie du Sud-Est
Western Asia	924.9	1205.6	1585.7	1469.8	1963.1	Asie occidentale
Oceania	20.7	22.8	24.6	26.4	27.0	Océanie
United States	5288.0	7685.7	7860.9	7209.8	5574.3	Etats-Unis d'Amérique
Japan	2127.2	2640.7	2379.1	2869.4	2654.8	Japon
Germany	1294.9	1503.2	1672.7	1961.1	2299.5	Allemagne
United Kingdom	1283.9	1621.2	1573.0	1608.4	1919.9	Royaume-Uni
Italy	811.9	960.9	1016.4	1117.6	1355.3	Italie
France-Monaco	785.1	914.3	1008.2	1079.1	1402.1	France-Monaco
Canada	655.9	789.4	825.1	944.8	990.4	Canada
Netherlands	617.9	831.5	714.7	854.0	1068.8	Pays-Bas
Korea, Republic of	708.0	688.6	727.4	882.2	993.9	République de Corée
Spain	596.1	730.2	755.4	849.6	959.9	Espagne
Belgium	591.5	725.1	769.9	793.6	945.3	Belgique
China	906.7	901.4	749.6	619.3	589.9	Chine
Poland	306.0	433.5	515.7	628.6	769.7	Pologne
Mexico	405.7	492.4	527.2	579.5	477.4	Mexique
Sweden	299.7	393.4	427.0	471.4	573.7	Suède
Denmark	317.6	398.8	423.1	473.4	533.4	Danemark
Austria	308.8	367.1	387.3	419.3	506.5	Autriche
Switzerland-Liechtenstein	304.6	352.3	370.1	383.2	438.6	Suisse-Liechtenstein
Romania	162.5	232.1	300.8	341.2	523.0	Roumanie
United Arab Emirates	175.8	238.6	298.5	350.7	e433.9	Emirates arabes unis
Russian Federation	148.3	189.6	255.0	335.8	479.9	Fédération de Russie
Turkey	145.1	241.4	386.4	173.4	309.7	Turquie
Saudi Arabia	165.7	178.5	234.3	254.2	343.0	Arabie saoudite
Czech Republic	161.9	189.0	202.5	244.3	340.5	République tchèque
Norway	147.7	176.5	200.9	243.1	313.3	Norvège

<table>
<tr><td>Value as percentages of World total</td><td>Valeur en pourcentage du total mondial</td></tr>
</table>

Regions of the world	1998	1999	2000	2001	2002	2003	2004	2005	2006	2007	Régions du monde
World	100.0	100.0	100.0	100.0	100.0	100.0	100.0	100.0	100.0	100.0	Monde
Developed Economies	75.1	77.5	74.7	73.6	74.9	75.8	76.7	75.5	75.7	73.0	Economies Développés
- Asia-Pacific	10.0	13.4	13.2	12.2	11.5	10.1	9.7	8.5	9.7	8.5	- Asie-Pacifique
- Europe	44.9	40.3	38.2	38.8	39.0	39.4	37.8	38.3	40.4	45.5	- Europe
- North America	20.2	23.7	23.2	22.6	24.3	26.3	29.2	28.8	25.6	19.0	- Amérique du Nord
South-Eastern Europe	0.5	0.6	0.7	0.9	1.2	1.4	1.9	2.1	2.1	2.9	Europe du Sud-Est
Commonwealth of Independent States	1.1	0.6	0.8	1.1	1.3	1.6	1.8	2.2	2.8	3.7	Communauté d'Etats indépendants
- Asia	0.3	0.2	0.2	0.3	0.3	0.4	0.6	0.7	0.9	1.2	- Asie
- Europe	0.8	0.4	0.6	0.8	1.0	1.2	1.2	1.5	1.9	2.5	- Europe
Northern Africa	1.1	0.9	0.9	1.1	1.2	0.9	0.7	0.9	0.7	0.8	Afrique septentrionale
Sub-Saharan Africa	0.5	0.5	0.6	3.0	0.7	1.3	1.1	0.8	0.9	1.0	Afrique subsaharienne
Latin America & the Caribbean	3.2	3.1	3.8	3.9	3.5	3.0	3.0	3.3	3.5	3.2	Amérique latine et Caraïbes
- Caribbean	0.7	0.6	0.6	0.6	0.5	0.4	0.5	0.5	0.4	0.4	- Caraïbes
- Latin America	2.6	2.5	3.2	3.3	3.0	2.6	2.6	2.8	3.1	2.7	- Amérique latine
Eastern Asia	12.1	11.2	12.2	10.3	10.9	9.5	7.6	6.9	6.7	6.4	Asie orientale
Southern Asia	0.5	0.4	0.4	0.4	0.5	0.6	1.1	0.8	0.6	0.7	Asie méridionale
South-Eastern Asia	1.5	1.7	1.8	1.7	1.7	1.7	1.9	2.1	2.3	2.5	Asie du Sud-Est
Western Asia	4.0	3.3	4.0	4.0	4.1	4.1	4.2	5.2	4.6	5.7	Asie occidentale
Oceania	0.2	0.1	0.1	0.1	0.1	0.1	0.1	0.1	0.1	0.1	Océanie

Placages, contre-plaqués, panneaux de particules de bois et autres bois travailles, n.d.a. 634

Trade by commodity
Exports by principal countries or areas
Value in million US dollars

Commerce par produit
Exportations selon les principaux pays ou zones
Valeur en millions de dollars EU

Country or area	2003	2004	2005	2006	2007	Pays ou zone
World	21941.9	28009.1	29957.5	32425.5	35828.5	Monde
Developed Economies	14692.4	18321.6	18870.4	19417.9	21098.4	Economies Développés
- Asia-Pacific	437.8	547.5	546.5	454.0	458.1	- Asie-Pacifique
- Europe	9889.2	12018.1	12800.8	14156.8	16776.1	- Europe
- North America	4365.4	5756.0	5523.1	4807.2	3864.2	- Amérique du Nord
South-Eastern Europe	232.9	369.6	393.5	446.6	599.7	Europe du Sud-Est
Commonwealth of Independent States	503.7	704.5	883.8	980.3	1371.5	Communauté d'Etats indépendants
- Asia	1.1	1.0	1.4	2.1	2.4	- Asie
- Europe	502.6	703.5	882.4	978.2	1369.1	- Europe
Northern Africa	28.0	45.7	38.4	47.3	50.0	Afrique septentrionale
Sub-Saharan Africa	289.1	359.8	797.7	467.4	504.3	Afrique subsaharienne
Latin America & the Caribbean	1334.4	1843.3	1863.5	1796.7	1846.9	Amérique latine et Caraïbes
- Caribbean	0.7	1.0	1.8	1.0	0.9	- Caraïbes
- Latin America	1333.7	1842.2	1861.7	1795.7	1846.0	- Amérique latine
Eastern Asia	916.2	1790.6	2637.7	3945.1	5074.3	Asie orientale
Southern Asia	58.7	82.4	93.8	113.9	125.3	Asie méridionale
South-Eastern Asia	3709.0	4271.5	4110.1	4962.3	4809.7	Asie du Sud-Est
Western Asia	161.9	212.9	263.6	241.7	332.9	Asie occidentale
Oceania	15.5	7.2	5.1	6.2	15.5	Océanie
Canada	3337.2	4567.9	4354.9	3540.4	2546.0	Canada
Germany	2402.4	2990.1	3234.3	3366.4	3987.1	Allemagne
China	677.4	1558.6	2447.0	3761.8	4917.4	Chine
Malaysia	1475.3	1907.9	1937.3	2439.1	2401.2	Malaisie
Indonesia	1945.2	1954.9	1724.2	1960.7	1737.4	Indonésie
Belgium	1234.5	1430.9	1444.7	1570.5	1745.5	Belgique
Austria	981.6	1077.8	1158.1	1321.4	1705.6	Autriche
United States	1028.2	1188.1	1168.1	1266.8	1318.3	Etats-Unis d'Amérique
France-Monaco	844.4	999.1	1091.3	1244.3	1453.6	France-Monaco
Brazil	755.8	1116.2	1040.0	904.8	893.3	Brésil
Finland	741.4	858.6	876.1	955.7	1068.3	Finlande
Poland	540.0	700.3	810.2	905.6	995.3	Pologne
Spain	470.3	623.3	679.5	787.5	859.2	Espagne
Russian Federation	373.3	527.2	684.4	750.1	1034.3	Fédération de Russie
Italy	493.1	593.1	590.5	662.2	808.0	Italie
Chile	308.4	403.4	470.3	522.8	571.8	Chili
New Zealand	300.7	380.9	366.4	306.2	327.2	Nouvelle-Zélande
Switzerland-Liechtenstein	257.1	315.1	308.1	358.5	418.2	Suisse-Liechtenstein
Thailand	166.6	248.0	296.3	400.9	488.9	Thaïlande
Czech Republic	172.6	226.3	258.7	347.5	479.5	République tchèque
Ireland	221.4	255.5	293.2	301.0	356.8	Irlande
Portugal	191.9	248.1	264.3	291.8	368.3	Portugal
Romania	144.7	231.9	249.9	296.2	376.9	Roumanie
Sweden	211.4	236.1	252.5	265.6	295.3	Suède
United Kingdom	150.6	186.4	198.1	245.4	255.3	Royaume-Uni

Value as percentages of World total

Valeur en pourcentage du total mondial

Regions of the world	1998	1999	2000	2001	2002	2003	2004	2005	2006	2007	Régions du monde
World	100.0	100.0	100.0	100.0	100.0	100.0	100.0	100.0	100.0	100.0	Monde
Developed Economies	63.9	62.5	62.8	63.7	64.4	67.0	65.4	63.0	59.9	58.9	Economies Développés
- Asia-Pacific	1.4	1.7	1.9	2.0	2.0	2.0	2.0	1.8	1.4	1.3	- Asie-Pacifique
- Europe	43.8	39.6	39.8	42.2	43.9	45.1	42.9	42.7	43.7	46.8	- Europe
- North America	18.7	21.2	21.1	19.5	18.5	19.9	20.6	18.4	14.8	10.8	- Amérique du Nord
South-Eastern Europe	0.5	0.5	0.5	0.7	0.9	1.1	1.3	1.3	1.4	1.7	Europe du Sud-Est
Commonwealth of Independent States	2.2	2.0	2.1	2.3	2.3	2.3	2.5	3.0	3.0	3.8	Communauté d'Etats indépendants
- Asia	0.0	0.0	0.0	0.0	0.0	0.0	0.0	0.0	0.0	0.0	- Asie
- Europe	2.2	2.0	2.1	2.3	2.3	2.3	2.5	2.9	3.0	3.8	- Europe
Northern Africa	0.2	0.1	0.2	0.2	0.2	0.1	0.2	0.1	0.1	0.1	Afrique septentrionale
Sub-Saharan Africa	1.8	1.5	1.3	1.5	1.6	1.3	1.3	2.7	1.4	1.4	Afrique subsaharienne
Latin America & the Caribbean	4.3	4.9	5.3	5.4	5.6	6.1	6.6	6.2	5.5	5.2	Amérique latine et Caraïbes
- Caribbean	0.0	0.0	0.0	0.0	0.0	0.0	0.0	0.0	0.0	0.0	- Caraïbes
- Latin America	4.3	4.9	5.3	5.4	5.6	6.1	6.6	6.2	5.5	5.2	- Amérique latine
Eastern Asia	3.8	3.2	3.6	3.7	4.4	4.2	6.4	8.8	12.2	14.2	Asie orientale
Southern Asia	0.2	0.2	0.2	0.2	0.2	0.3	0.3	0.3	0.4	0.3	Asie méridionale
South-Eastern Asia	22.9	24.7	23.6	21.8	19.9	16.9	15.3	13.7	15.3	13.4	Asie du Sud-Est
Western Asia	0.3	0.3	0.3	0.5	0.6	0.7	0.8	0.9	0.7	0.9	Asie occidentale
Oceania	0.0	0.0	0.1	0.0	0.1	0.1	0.0	0.0	0.0	0.0	Océanie

635 Wood manufactures, nes

Trade by commodity
Imports by principal countries or areas
Value in million US dollars

Commerce par produit
Importations selon les principaux pays ou zones
Valeur en millions de dollars EU

Country or area	2003	2004	2005	2006	2007	Pays ou zone
World	16765.3	19607.9	20773.4	23116.5	26109.6	Monde
Developed Economies	15154.6	17672.5	18638.9	20678.3	23044.6	Economies Développés
- Asia-Pacific	1584.8	2023.0	2007.4	2150.4	2242.8	- Asie-Pacifique
- Europe	8586.5	9762.7	10311.7	11879.2	14522.4	- Europe
- North America	4983.3	5886.8	6319.8	6648.8	6279.3	- Amérique du Nord
South-Eastern Europe	69.1	113.4	137.9	170.0	301.5	Europe du Sud-Est
Commonwealth of Independent States	153.5	212.9	250.7	363.1	550.1	Communauté d'Etats indépendants
- Asia	29.8	47.2	70.6	103.3	150.0	- Asie
- Europe	123.7	165.7	180.1	259.8	400.1	- Europe
Northern Africa	32.0	44.7	41.8	48.5	62.4	Afrique septentrionale
Sub-Saharan Africa	141.6	160.6	180.8	198.7	238.3	Afrique subsaharienne
Latin America & the Caribbean	302.5	358.6	436.9	475.0	567.3	Amérique latine et Caraïbes
- Caribbean	54.0	85.2	112.2	117.5	149.1	- Caraïbes
- Latin America	248.5	273.4	324.7	357.5	418.2	- Amérique latine
Eastern Asia	506.9	523.1	502.5	532.2	548.7	Asie orientale
Southern Asia	12.9	33.2	43.5	58.2	66.5	Asie méridionale
South-Eastern Asia	168.3	185.0	176.6	207.3	229.1	Asie du Sud-Est
Western Asia	209.7	287.2	343.7	363.3	481.4	Asie occidentale
Oceania	14.2	16.9	20.0	21.8	19.6	Océanie
United States	4526.3	5341.8	5760.9	6008.0	5571.4	Etats-Unis d'Amérique
Germany	1859.5	1836.2	1911.9	2109.0	2375.8	Allemagne
Japan	1346.0	1731.8	1738.6	1874.9	1936.5	Japon
United Kingdom	1184.3	1376.3	1217.3	1355.2	1623.6	Royaume-Uni
France-Monaco	792.9	939.4	1034.2	1195.5	1534.2	France-Monaco
Italy	662.5	800.6	851.8	1023.5	1203.3	Italie
Spain	478.8	534.9	602.7	705.4	870.7	Espagne
Switzerland-Liechtenstein	435.5	521.2	576.0	672.4	811.8	Suisse-Liechtenstein
Belgium	481.3	548.0	568.1	623.4	787.0	Belgique
Canada	443.7	526.0	544.1	623.9	690.0	Canada
Netherlands	379.5	450.5	461.3	576.8	721.9	Pays-Bas
Denmark	349.5	416.8	485.9	588.2	703.2	Danemark
Austria	356.7	421.0	444.7	501.3	618.9	Autriche
Norway	298.6	348.3	416.1	470.7	638.9	Norvège
Sweden	238.3	279.5	318.2	366.5	473.0	Suède
China, Hong Kong SAR	307.0	303.1	271.8	262.3	256.8	Chine - RAS de Hong-Kong
Ireland	172.6	208.3	248.9	297.1	298.5	Irlande
Australia	209.6	254.4	228.7	237.4	258.9	Australie
Poland	101.6	127.2	162.0	195.6	282.6	Pologne
Mexico	146.2	143.3	166.9	162.2	182.7	Mexique
Czech Republic	115.1	150.3	144.0	173.2	217.9	République tchèque
Portugal	108.5	127.0	118.4	120.8	161.4	Portugal
Russian Federation	77.0	93.0	99.1	140.3	220.3	Fédération de Russie
Hungary	100.3	118.6	116.2	124.2	166.3	Hongrie
Korea, Republic of	101.9	93.6	104.3	123.5	139.5	République de Corée

Value as percentages of World total

Valeur en pourcentage du total mondial

Regions of the world	1998	1999	2000	2001	2002	2003	2004	2005	2006	2007	Régions du monde
World	100.0	100.0	100.0	100.0	100.0	100.0	100.0	100.0	100.0	100.0	Monde
Developed Economies	88.1	89.3	88.8	88.9	89.7	90.4	90.1	89.7	89.5	88.3	Economies Développés
- Asia-Pacific	7.8	8.5	9.6	9.1	8.9	9.5	10.3	9.7	9.3	8.6	- Asie-Pacifique
- Europe	53.3	50.6	47.8	48.3	48.6	51.2	49.8	49.6	51.4	55.6	- Europe
- North America	27.0	30.2	31.4	31.4	32.2	29.7	30.0	30.4	28.8	24.0	- Amérique du Nord
South-Eastern Europe	0.3	0.3	0.3	0.3	0.4	0.4	0.6	0.7	0.7	1.2	Europe du Sud-Est
Commonwealth of Independent States	1.0	0.6	0.5	0.8	0.8	0.9	1.1	1.2	1.6	2.1	Communauté d'Etats indépendants
- Asia	0.2	0.1	0.1	0.2	0.2	0.2	0.2	0.3	0.4	0.6	- Asie
- Europe	0.8	0.5	0.4	0.6	0.6	0.7	0.8	0.9	1.1	1.5	- Europe
Northern Africa	0.3	0.3	0.2	0.2	0.2	0.2	0.2	0.2	0.2	0.2	Afrique septentrionale
Sub-Saharan Africa	0.5	0.4	0.6	1.3	0.7	0.8	0.8	0.9	0.9	0.9	Afrique subsaharienne
Latin America & the Caribbean	2.5	2.3	2.3	2.2	2.1	1.8	1.8	2.1	2.1	2.2	Amérique latine et Caraïbes
- Caribbean	0.7	0.6	0.6	0.5	0.5	0.3	0.4	0.5	0.5	0.6	- Caraïbes
- Latin America	1.8	1.7	1.7	1.7	1.6	1.5	1.4	1.6	1.5	1.6	- Amérique latine
Eastern Asia	4.7	4.4	4.5	4.0	3.6	3.0	2.7	2.4	2.3	2.1	Asie orientale
Southern Asia	0.1	0.1	0.1	0.1	0.1	0.1	0.2	0.2	0.3	0.3	Asie méridionale
South-Eastern Asia	1.1	1.0	1.1	1.0	0.9	1.0	0.9	0.9	0.9	0.9	Asie du Sud-Est
Western Asia	1.3	1.1	1.5	1.2	1.5	1.3	1.5	1.7	1.6	1.8	Asie occidentale
Oceania	0.1	0.1	0.1	0.1	0.1	0.1	0.1	0.1	0.1	0.1	Océanie

Trade by commodity
Exports by principal countries or areas
Value in million US dollars

Commerce par produit
Exportations selon les principaux pays ou zones
Valeur en millions de dollars EU

Country or area	2003	2004	2005	2006	2007	Pays ou zone
World	16787.8	20004.3	21039.6	23919.7	26125.1	Monde
Developed Economies	10984.6	12936.3	13588.1	15140.7	17123.4	Economies Développés
- Asia-Pacific	97.2	130.8	123.1	148.5	161.8	- Asie-Pacifique
- Europe	8307.5	9657.6	10099.0	11624.6	13912.5	- Europe
- North America	2579.9	3147.9	3365.9	3367.6	3049.0	- Amérique du Nord
South-Eastern Europe	210.7	303.8	319.2	353.6	439.6	Europe du Sud-Est
Commonwealth of Independent States	129.9	174.5	245.5	323.7	468.4	Communauté d'Etats indépendants
- Asia	0.9	0.9	1.2	1.8	2.8	- Asie
- Europe	129.0	173.6	244.3	321.9	465.6	- Europe
Northern Africa	13.1	15.9	17.8	16.4	23.8	Afrique septentrionale
Sub-Saharan Africa	120.8	144.7	154.3	176.9	90.7	Afrique subsaharienne
Latin America & the Caribbean	889.7	1206.6	1125.0	1273.4	1251.7	Amérique latine et Caraïbes
- Caribbean	10.7	9.2	9.3	8.5	9.5	- Caraïbes
- Latin America	878.9	1197.4	1115.7	1264.8	1242.2	- Amérique latine
Eastern Asia	2720.0	3299.0	3444.4	4046.2	4027.0	Asie orientale
Southern Asia	41.2	47.1	62.7	72.5	87.7	Asie méridionale
South-Eastern Asia	1590.0	1760.9	1932.5	2361.7	2451.1	Asie du Sud-Est
Western Asia	87.0	114.2	147.6	153.1	156.9	Asie occidentale
Oceania	0.8	1.2	2.4	1.4	4.7	Océanie
China	2200.8	2813.6	3002.8	3628.0	3621.8	Chine
Canada	1905.7	2415.8	2579.6	2483.8	2077.8	Canada
Germany	1087.1	1268.9	1523.7	1787.7	2106.3	Allemagne
Poland	847.4	1131.1	1186.3	1360.3	1798.9	Pologne
Austria	701.3	844.8	1022.0	1253.5	1537.6	Autriche
Indonesia	775.4	845.9	987.5	895.1	819.0	Indonésie
United States	674.2	732.1	786.3	883.8	971.2	Etats-Unis d'Amérique
France-Monaco	665.8	722.6	756.8	852.4	991.9	France-Monaco
Denmark	623.5	720.1	685.6	795.7	849.4	Danemark
Italy	580.0	670.0	667.5	745.6	910.4	Italie
Sweden	629.2	661.5	643.9	764.8	864.1	Suède
Brazil	458.0	710.9	574.6	689.3	658.5	Brésil
Belgium	387.5	459.6	479.8	492.4	574.2	Belgique
Czech Republic	282.3	364.1	370.3	416.0	508.3	République tchèque
Philippines	136.6	123.5	138.4	652.1	770.2	Philippines
Malaysia	277.3	364.2	384.4	369.6	403.1	Malaisie
Finland	286.4	319.4	313.6	378.0	414.4	Finlande
Netherlands	258.1	299.5	311.5	370.2	411.4	Pays-Bas
Spain	281.9	302.1	302.6	329.2	398.9	Espagne
Thailand	288.5	306.3	296.7	301.6	302.9	Thaïlande
United Kingdom	359.6	346.3	224.1	244.4	264.2	Royaume-Uni
China, Hong Kong SAR	328.8	296.5	270.1	258.3	259.3	Chine - RAS de Hong-Kong
Mexico	218.7	226.3	273.6	314.8	289.1	Mexique
Hungary	188.6	220.0	206.6	238.0	280.0	Hongrie
Romania	172.3	216.0	227.9	240.3	264.5	Roumanie

Value as percentages of World total

Valeur en pourcentage du total mondial

Regions of the world	1998	1999	2000	2001	2002	2003	2004	2005	2006	2007	Régions du monde
World	100.0	100.0	100.0	100.0	100.0	100.0	100.0	100.0	100.0	100.0	Monde
Developed Economies	69.1	66.8	64.0	64.5	63.8	65.4	64.7	64.6	63.3	65.5	Economies Développés
- Asia-Pacific	0.6	0.6	0.5	0.5	0.5	0.6	0.7	0.6	0.6	0.6	- Asie-Pacifique
- Europe	51.1	47.3	44.9	46.6	46.9	49.5	48.3	48.0	48.6	53.3	- Europe
- North America	17.4	19.0	18.5	17.4	16.4	15.4	15.7	16.0	14.1	11.7	- Amérique du Nord
South-Eastern Europe	0.7	0.8	0.8	1.0	1.1	1.3	1.5	1.5	1.5	1.7	Europe du Sud-Est
Commonwealth of Independent States	0.4	0.4	0.5	0.6	0.7	0.8	0.9	1.2	1.4	1.8	Communauté d'Etats indépendants
- Asia	0.0	0.0	0.0	0.0	0.0	0.0	0.0	0.0	0.0	0.0	- Asie
- Europe	0.4	0.4	0.5	0.6	0.7	0.8	0.9	1.2	1.3	1.8	- Europe
Northern Africa	0.1	0.1	0.1	0.1	0.1	0.1	0.1	0.1	0.1	0.1	Afrique septentrionale
Sub-Saharan Africa	0.6	1.0	0.8	0.8	0.9	0.7	0.7	0.7	0.7	0.3	Afrique subsaharienne
Latin America & the Caribbean	5.5	5.9	6.0	5.9	5.9	5.3	6.0	5.3	5.3	4.8	Amérique latine et Caraïbes
- Caribbean	0.1	0.1	0.1	0.1	0.1	0.1	0.0	0.0	0.0	0.0	- Caraïbes
- Latin America	5.4	5.8	5.9	5.8	5.8	5.2	6.0	5.3	5.3	4.8	- Amérique latine
Eastern Asia	13.0	13.0	14.4	15.2	16.0	16.2	16.5	16.4	16.9	15.4	Asie orientale
Southern Asia	0.2	0.1	0.2	0.2	0.2	0.2	0.2	0.3	0.3	0.3	Asie méridionale
South-Eastern Asia	10.2	11.6	12.9	11.4	10.8	9.5	8.8	9.2	9.9	9.4	Asie du Sud-Est
Western Asia	0.3	0.2	0.3	0.3	0.5	0.5	0.6	0.7	0.6	0.6	Asie occidentale
Oceania	0.0	0.0	0.0	0.0	0.0	0.0	0.0	0.0	0.0	0.0	Océanie

641 Paper and paperboard

Trade by commodity
Imports by principal countries or areas
Value in million US dollars

Commerce par produit
Importations selon les principaux pays ou zones
Valeur en millions de dollars EU

Country or area	2003	2004	2005	2006	2007	Pays ou zone
World	85375.4	95798.4	100158.0	105748.2	115073.1	Monde
Developed Economies	62930.5	69584.7	70929.9	75026.3	80317.4	Economies Développés
- Asia-Pacific	3620.6	3768.3	3986.2	3885.5	3809.9	- Asie-Pacifique
- Europe	44330.1	49313.5	49664.8	52950.8	59802.3	- Europe
- North America	14979.8	16502.9	17278.9	18190.0	16705.2	- Amérique du Nord
South-Eastern Europe	640.0	1042.7	1128.5	1094.7	1416.6	Europe du Sud-Est
Commonwealth of Independent States	1690.6	1899.1	2361.6	2817.4	3530.2	Communauté d'Etats indépendants
- Asia	172.5	235.1	301.2	383.7	464.1	- Asie
- Europe	1518.2	1664.0	2060.4	2433.7	3066.0	- Europe
Northern Africa	699.8	906.2	944.8	1015.9	1228.1	Afrique septentrionale
Sub-Saharan Africa	1154.4	1257.3	1672.5	1887.4	2372.3	Afrique subsaharienne
Latin America & the Caribbean	4478.1	5403.2	6330.4	7198.8	8059.4	Amérique latine et Caraïbes
- Caribbean	292.5	330.6	366.6	404.7	424.7	- Caraïbes
- Latin America	4185.6	5072.5	5963.8	6794.0	7634.7	- Amérique latine
Eastern Asia	6821.9	7251.8	7003.1	6786.6	6798.6	Asie orientale
Southern Asia	1475.1	1617.4	2065.8	1825.9	1951.3	Asie méridionale
South-Eastern Asia	2728.4	3408.9	3688.2	4016.5	4550.2	Asie du Sud-Est
Western Asia	2698.0	3360.1	3964.5	3996.5	4771.8	Asie occidentale
Oceania	58.6	67.1	68.6	82.2	77.1	Océanie
United States	12257.1	13626.3	14235.9	14823.1	13317.3	Etats-Unis d'Amérique
Germany	8594.4	9341.7	9613.1	10426.4	11475.5	Allemagne
United Kingdom	6299.7	7108.9	6873.2	7134.9	8026.6	Royaume-Uni
France-Monaco	5596.6	6073.0	5901.5	6185.4	7070.2	France-Monaco
Italy	3785.9	4309.3	4412.9	4660.5	5172.6	Italie
China	3835.3	3976.4	3679.0	3485.4	3479.9	Chine
Spain	3095.5	3544.5	3498.8	3729.1	4269.6	Espagne
Belgium	3108.9	3400.6	3393.7	3583.5	4120.0	Belgique
Netherlands	2834.3	3006.7	3080.0	3253.1	3529.7	Pays-Bas
Canada	2714.7	2867.3	3031.0	3356.9	3378.1	Canada
Mexico	1752.9	1988.5	2277.8	2634.6	2799.0	Mexique
Poland	1471.8	1777.3	1892.9	2240.4	2810.6	Pologne
Japan	1898.8	2089.6	1944.1	1862.8	1605.5	Japon
Australia	1335.7	1519.5	1561.6	1550.5	1693.1	Australie
Austria	1322.8	1385.9	1325.5	1393.3	1564.6	Autriche
Turkey	1010.7	1332.8	1557.5	1376.2	1615.7	Turquie
China, Hong Kong SAR	1407.8	1486.1	1403.0	1344.2	1212.2	Chine - RAS de Hong-Kong
Russian Federation	813.1	1001.7	1270.5	1499.3	1870.5	Fédération de Russie
Switzerland-Liechtenstein	1147.0	1260.1	1252.6	1278.0	1375.1	Suisse-Liechtenstein
Denmark	1016.0	1162.5	1161.4	1275.7	1387.4	Danemark
Malaysia	766.8	1065.5	1089.4	1166.5	1381.2	Malaisie
Sweden	719.4	877.9	947.3	1044.1	1191.0	Suède
Czech Republic	714.9	874.4	923.1	1013.7	1220.5	République tchèque
India	579.8	615.3	832.5	1069.5	1119.9	Inde
Korea, Republic of	704.5	690.2	763.3	823.2	956.8	République de Corée

Regions of the world	1998	1999	2000	2001	2002	2003	2004	2005	2006	2007	Régions du monde
World	100.0	100.0	100.0	100.0	100.0	100.0	100.0	100.0	100.0	100.0	Monde
Developed Economies	73.6	73.4	71.6	71.0	73.5	73.7	72.6	70.8	70.9	69.8	Economies Développés
- Asia-Pacific	3.4	3.8	4.3	3.6	3.9	4.2	3.9	4.0	3.7	3.3	- Asie-Pacifique
- Europe	51.9	50.5	47.1	47.9	50.5	51.9	51.5	49.6	50.1	52.0	- Europe
- North America	18.3	19.1	20.2	19.5	19.1	17.5	17.2	17.3	17.2	14.5	- Amérique du Nord
South-Eastern Europe	0.5	0.5	0.5	0.6	0.7	0.7	1.1	1.1	1.0	1.2	Europe du Sud-Est
Commonwealth of Independent States	1.0	0.9	1.0	1.4	1.7	2.0	2.0	2.4	2.7	3.1	Communauté d'Etats indépendants
- Asia	0.1	0.1	0.2	0.2	0.2	0.2	0.2	0.3	0.4	0.4	- Asie
- Europe	0.8	0.7	0.9	1.2	1.6	1.8	1.7	2.1	2.3	2.7	- Europe
Northern Africa	1.2	1.2	0.9	1.0	0.9	0.8	0.9	0.9	1.0	1.1	Afrique septentrionale
Sub-Saharan Africa	1.3	1.1	1.3	3.7	1.3	1.4	1.3	1.7	1.8	2.1	Afrique subsaharienne
Latin America & the Caribbean	6.6	6.1	6.6	6.4	5.5	5.2	5.6	6.3	6.8	7.0	Amérique latine et Caraïbes
- Caribbean	0.4	0.4	0.5	0.5	0.4	0.3	0.3	0.4	0.4	0.4	- Caraïbes
- Latin America	6.2	5.7	6.1	5.9	5.1	4.9	5.3	6.0	6.4	6.6	- Amérique latine
Eastern Asia	8.9	9.5	9.4	8.2	8.6	8.0	7.6	7.0	6.4	5.9	Asie orientale
Southern Asia	1.5	1.5	1.7	1.6	1.5	1.7	1.7	2.1	1.7	1.7	Asie méridionale
South-Eastern Asia	2.6	3.0	3.6	3.3	3.4	3.2	3.6	3.7	3.8	4.0	Asie du Sud-Est
Western Asia	2.9	2.8	3.3	2.8	2.9	3.2	3.5	4.0	3.8	4.1	Asie occidentale
Oceania	0.1	0.1	0.1	0.1	0.1	0.1	0.1	0.1	0.1	0.1	Océanie

Trade by commodity
Exports by principal countries or areas
Value in million US dollars

Commerce par produit
Exportations selon les principaux pays ou zones
Valeur en millions de dollars EU

Country or area	2003	2004	2005	2006	2007	Pays ou zone
World	82932.3	92971.7	95851.8	103190.1	112796.4	Monde
Developed Economies	72457.2	80739.0	81998.5	87428.0	94713.5	Economies Développés
- Asia-Pacific	2491.6	2859.8	2701.0	2776.1	2830.0	- Asie-Pacifique
- Europe	53661.1	60118.7	60165.6	65172.3	72340.2	- Europe
- North America	16304.5	17760.5	19131.8	19479.6	19543.3	- Amérique du Nord
South-Eastern Europe	197.4	314.0	315.7	291.0	404.5	Europe du Sud-Est
Commonwealth of Independent States	1243.7	1508.9	1698.1	1858.8	2150.2	Communauté d'Etats indépendants
- Asia	5.7	8.2	10.3	11.3	10.5	- Asie
- Europe	1238.0	1500.7	1687.8	1847.5	2139.6	- Europe
Northern Africa	48.8	64.0	49.5	40.1	48.1	Afrique septentrionale
Sub-Saharan Africa	434.1	461.4	458.2	545.2	761.6	Afrique subsaharienne
Latin America & the Caribbean	1734.5	2000.4	2283.4	2490.8	2752.4	Amérique latine et Caraïbes
- Caribbean	14.7	13.4	8.8	11.6	13.5	- Caraïbes
- Latin America	1719.8	1987.0	2274.6	2479.2	2739.0	- Amérique latine
Eastern Asia	4016.4	4474.6	5040.6	5931.2	6495.6	Asie orientale
Southern Asia	208.1	252.5	310.4	360.4	344.7	Asie méridionale
South-Eastern Asia	2194.2	2721.9	3244.1	3936.7	4687.9	Asie du Sud-Est
Western Asia	396.8	432.9	452.4	307.0	433.1	Asie occidentale
Oceania	1.0	2.1	1.1	1.1	4.7	Océanie
Germany	10847.9	12402.8	13566.6	14885.4	16443.7	Allemagne
Canada	9219.5	10131.3	10795.8	10579.6	9802.0	Canada
Finland	8852.4	9969.5	8764.7	10238.4	11008.6	Finlande
Sweden	7409.1	8163.9	8286.8	8848.5	9716.3	Suède
United States	7084.8	7629.2	8336.1	8899.9	9741.2	Etats-Unis d'Amérique
France-Monaco	4896.0	5475.5	5495.6	5579.4	6200.1	France-Monaco
Austria	3040.6	3379.5	3137.5	3428.7	3866.1	Autriche
Italy	2722.6	3118.4	3367.7	3602.2	4039.0	Italie
Netherlands	3012.9	3113.2	3229.2	3322.4	3603.8	Pays-Bas
Belgium	2400.9	3009.8	2966.4	3163.9	3439.6	Belgique
United Kingdom	2167.4	2303.4	2322.2	2269.4	2616.3	Royaume-Uni
Spain	1773.7	2020.6	2031.8	2453.2	2926.8	Espagne
Japan	2000.2	2244.7	2087.9	2126.0	2116.9	Japon
Indonesia	1197.2	1632.9	1975.1	2490.5	2991.1	Indonésie
China	1026.2	1077.6	1704.3	2631.4	3142.7	Chine
Korea, Republic of	1522.0	1828.8	1849.9	1878.7	1941.6	République de Corée
Switzerland-Liechtenstein	1427.4	1494.7	1491.5	1436.3	1526.4	Suisse-Liechtenstein
Poland	936.2	1077.2	1235.7	1372.9	1659.9	Pologne
Russian Federation	922.9	1132.1	1271.8	1354.7	1485.3	Fédération de Russie
Brazil	897.3	986.0	1205.2	1284.8	1466.3	Brésil
Norway	743.2	825.6	850.9	799.0	785.9	Norvège
China, Hong Kong SAR	941.8	901.1	805.9	701.0	568.8	Chine - RAS de Hong-Kong
Czech Republic	445.9	513.0	570.4	649.6	804.0	République tchèque
Slovakia	393.0	518.8	541.4	659.2	817.2	Slovaquie
Portugal	941.4	852.0	293.0	360.5	464.1	Portugal

Value as percentages of World total

Valeur en pourcentage du total mondial

Regions of the world	1998	1999	2000	2001	2002	2003	2004	2005	2006	2007	Régions du monde
World	100.0	100.0	100.0	100.0	100.0	100.0	100.0	100.0	100.0	100.0	Monde
Developed Economies	88.2	87.9	86.7	87.2	87.5	87.4	86.8	85.5	84.7	84.0	Economies Développés
- Asia-Pacific	2.7	3.1	3.1	2.8	3.3	3.0	3.1	2.8	2.7	2.5	- Asie-Pacifique
- Europe	62.4	61.4	59.2	60.1	62.3	64.7	64.7	62.8	63.2	64.1	- Europe
- North America	23.2	23.3	24.4	24.3	21.9	19.7	19.1	20.0	18.9	17.3	- Amérique du Nord
South-Eastern Europe	0.1	0.1	0.1	0.2	0.2	0.2	0.3	0.3	0.3	0.4	Europe du Sud-Est
Commonwealth of Independent States	1.3	1.3	1.5	1.7	1.5	1.5	1.6	1.8	1.8	1.9	Communauté d'Etats indépendants
- Asia	0.0	0.0	0.0	0.0	0.0	0.0	0.0	0.0	0.0	0.0	- Asie
- Europe	1.3	1.3	1.5	1.7	1.5	1.5	1.6	1.8	1.8	1.9	- Europe
Northern Africa	0.0	0.0	0.0	0.0	0.0	0.1	0.1	0.1	0.0	0.0	Afrique septentrionale
Sub-Saharan Africa	0.5	0.5	0.5	0.6	0.4	0.5	0.5	0.5	0.5	0.7	Afrique subsaharienne
Latin America & the Caribbean	1.7	1.7	1.6	1.8	2.1	2.1	2.2	2.4	2.4	2.4	Amérique latine et Caraïbes
- Caribbean	0.0	0.0	0.0	0.0	0.0	0.0	0.0	0.0	0.0	0.0	- Caraïbes
- Latin America	1.7	1.7	1.6	1.8	2.1	2.1	2.4	2.4	2.4	2.4	- Amérique latine
Eastern Asia	5.0	4.8	5.4	4.8	4.8	4.8	4.8	5.3	5.7	5.8	Asie orientale
Southern Asia	0.1	0.1	0.2	0.2	0.2	0.3	0.3	0.3	0.3	0.3	Asie méridionale
South-Eastern Asia	2.8	3.4	3.6	3.1	2.8	2.6	2.9	3.4	3.8	4.2	Asie du Sud-Est
Western Asia	0.2	0.2	0.2	0.3	0.4	0.5	0.5	0.5	0.3	0.4	Asie occidentale
Oceania	0.0	0.0	0.0	0.0	0.0	0.0	0.0	0.0	0.0	0.0	Océanie

642 Paper and paperboard, cut to size or shape; articles of paper or paperboard

Trade by commodity
Imports by principal countries or areas
Value in million US dollars

Commerce par produit
Importations selon les principaux pays ou zones
Valeur en millions de dollars EU

Country or area	2003	2004	2005	2006	2007	Pays ou zone
World	30979.1	34806.2	37056.1	39757.6	48037.4	Monde
Developed Economies	22861.6	25679.8	27006.1	28819.6	34943.9	Economies Développés
- Asia-Pacific	890.4	1123.6	1192.2	1240.3	1607.9	- Asie-Pacifique
- Europe	16855.0	18774.6	19486.7	20673.2	25356.2	- Europe
- North America	5116.1	5781.6	6327.3	6906.1	7979.8	- Amérique du Nord
South-Eastern Europe	394.6	576.2	659.5	657.3	834.6	Europe du Sud-Est
Commonwealth of Independent States	1016.4	1174.3	1345.8	1644.5	2171.0	Communauté d'Etats indépendants
- Asia	121.4	149.5	176.1	215.5	286.9	- Asie
- Europe	894.9	1024.8	1169.8	1429.0	1884.2	- Europe
Northern Africa	126.1	168.4	203.3	214.1	312.5	Afrique septentrionale
Sub-Saharan Africa	609.7	683.3	678.5	799.7	961.9	Afrique subsaharienne
Latin America & the Caribbean	2429.5	2667.9	2917.5	3116.4	3609.2	Amérique latine et Caraïbes
- Caribbean	276.5	275.5	323.9	391.9	385.4	- Caraïbes
- Latin America	2153.0	2392.4	2593.6	2724.5	3223.8	- Amérique latine
Eastern Asia	1586.0	1676.6	1761.1	1888.6	2107.3	Asie orientale
Southern Asia	140.2	157.2	194.4	192.4	234.4	Asie méridionale
South-Eastern Asia	845.1	897.3	985.7	1119.5	1273.8	Asie du Sud-Est
Western Asia	909.4	1055.9	1229.9	1226.0	1501.2	Asie occidentale
Oceania	60.6	69.2	74.4	79.4	87.5	Océanie
United States	3524.7	4049.8	4459.9	4864.8	5700.5	Etats-Unis d'Amérique
Germany	2697.2	2790.6	2995.2	3201.4	3650.0	Allemagne
France-Monaco	2502.9	2785.9	2903.7	3001.1	3659.0	France-Monaco
United Kingdom	1761.9	2102.3	2207.6	2349.6	2810.0	Royaume-Uni
Canada	1567.5	1708.4	1840.7	2015.2	2254.0	Canada
Belgium	1288.4	1481.8	1462.5	1518.9	1809.1	Belgique
Netherlands	1366.8	1472.2	1354.9	1481.0	1879.1	Pays-Bas
Mexico	1278.6	1374.5	1417.9	1572.7	1598.4	Mexique
Spain	718.6	846.7	915.1	945.7	1210.4	Espagne
Russian Federation	649.8	735.3	817.3	1006.9	1327.0	Fédération de Russie
Switzerland-Liechtenstein	709.0	779.6	794.0	849.9	1074.8	Suisse-Liechtenstein
China, Hong Kong SAR	738.9	787.3	794.4	823.8	931.9	Chine - RAS de Hong-Kong
Italy	610.5	656.8	717.5	761.2	980.3	Italie
Austria	575.0	655.7	652.5	661.6	933.1	Autriche
Japan	473.3	633.0	625.4	650.5	822.6	Japon
Denmark	523.4	624.2	615.3	660.7	776.6	Danemark
Sweden	511.4	561.6	630.5	628.1	740.4	Suède
Poland	442.3	494.7	559.5	627.5	824.9	Pologne
Czech Republic	372.6	442.1	499.3	551.8	749.0	République tchèque
Norway	417.2	477.6	498.1	521.8	641.6	Norvège
Ireland	392.3	390.2	405.2	464.7	581.0	Irlande
Greece	356.5	409.5	415.3	424.4	524.4	Grèce
China	332.9	385.1	385.1	439.5	472.2	Chine
Australia	276.8	324.7	394.1	431.3	588.4	Australie
Portugal	336.6	352.3	371.5	405.9	496.7	Portugal

Value as percentages of World total

Valeur en pourcentage du total mondial

Regions of the world	1998	1999	2000	2001	2002	2003	2004	2005	2006	2007	Régions du monde
World	100.0	100.0	100.0	100.0	100.0	100.0	100.0	100.0	100.0	100.0	Monde
Developed Economies	71.7	72.6	71.3	68.6	71.9	73.8	73.8	72.9	72.5	72.7	Economies Développés
- Asia-Pacific	2.6	3.3	3.6	3.2	2.6	2.9	3.2	3.2	3.1	3.3	- Asie-Pacifique
- Europe	53.8	53.0	49.3	47.9	51.6	54.4	53.9	52.6	52.0	52.8	- Europe
- North America	15.3	16.3	18.4	17.5	17.7	16.5	16.6	17.1	17.4	16.6	- Amérique du Nord
South-Eastern Europe	0.9	0.8	0.8	0.9	1.2	1.3	1.7	1.8	1.7	1.7	Europe du Sud-Est
Commonwealth of Independent States	2.8	2.0	2.3	2.8	3.4	3.3	3.4	3.6	4.1	4.5	Communauté d'Etats indépendants
- Asia	0.3	0.3	0.4	0.4	0.5	0.4	0.4	0.5	0.5	0.6	- Asie
- Europe	2.5	1.7	1.9	2.4	2.9	2.9	2.9	3.2	3.6	3.9	- Europe
Northern Africa	0.6	0.5	0.5	0.4	0.5	0.4	0.5	0.5	0.5	0.7	Afrique septentrionale
Sub-Saharan Africa	1.4	1.2	1.4	6.2	1.8	2.0	2.0	1.8	2.0	2.0	Afrique subsaharienne
Latin America & the Caribbean	10.4	10.5	10.9	9.5	9.3	7.8	7.7	7.9	7.8	7.5	Amérique latine et Caraïbes
- Caribbean	0.9	0.9	0.9	0.9	1.1	0.9	0.8	0.9	1.0	0.8	- Caraïbes
- Latin America	9.5	9.6	10.0	8.6	8.2	6.9	6.9	7.0	6.9	6.7	- Amérique latine
Eastern Asia	6.0	6.0	6.1	5.2	5.4	5.1	4.8	4.8	4.8	4.4	Asie orientale
Southern Asia	0.5	0.5	0.4	0.4	0.5	0.5	0.5	0.5	0.5	0.5	Asie méridionale
South-Eastern Asia	2.8	2.9	3.0	2.7	2.7	2.7	2.6	2.7	2.8	2.7	Asie du Sud-Est
Western Asia	2.8	2.7	3.1	2.9	3.2	2.9	3.0	3.3	3.1	3.1	Asie occidentale
Oceania	0.2	0.2	0.2	0.2	0.2	0.2	0.2	0.2	0.2	0.2	Océanie

Papiers et cartons découpés en vue d'un usage déterminé; ouvrages en papier ou carton 642

Trade by commodity
Exports by principal countries or areas
Value in million US dollars

Commerce par produit
Exportations selon les principaux pays ou zones
Valeur en millions de dollars EU

Country or area	2003	2004	2005	2006	2007	Pays ou zone
World	30610.7	34194.4	36186.2	39028.1	46590.2	Monde
Developed Economies	23572.1	26401.7	27544.7	29568.3	34637.8	Economies Développés
- Asia-Pacific	442.6	523.9	561.6	536.7	765.5	- Asie-Pacifique
- Europe	18569.7	20885.4	21772.4	23387.0	27721.9	- Europe
- North America	4559.8	4992.5	5210.8	5644.6	6150.3	- Amérique du Nord
South-Eastern Europe	64.2	113.9	144.3	141.5	199.9	Europe du Sud-Est
Commonwealth of Independent States	133.1	162.7	193.4	248.2	357.1	Communauté d'Etats indépendants
- Asia	7.5	12.0	12.7	14.7	21.7	- Asie
- Europe	125.5	150.7	180.7	233.5	335.4	- Europe
Northern Africa	91.3	94.8	149.0	155.7	208.5	Afrique septentrionale
Sub-Saharan Africa	204.2	218.7	189.1	204.4	353.4	Afrique subsaharienne
Latin America & the Caribbean	1603.3	1734.0	1987.0	2097.6	2439.9	Amérique latine et Caraïbes
- Caribbean	146.5	93.5	81.5	65.6	83.4	- Caraïbes
- Latin America	1456.8	1640.6	1905.5	2032.0	2356.5	- Amérique latine
Eastern Asia	2570.3	3081.9	3521.1	3995.6	5300.4	Asie orientale
Southern Asia	102.9	122.5	147.5	148.6	180.1	Asie méridionale
South-Eastern Asia	1525.4	1411.1	1234.3	1436.3	1641.1	Asie du Sud-Est
Western Asia	719.1	844.7	1067.4	1022.4	1263.1	Asie occidentale
Oceania	24.8	8.3	8.4	9.6	9.1	Océanie
Germany	4502.6	4968.0	5600.0	6020.0	7143.6	Allemagne
United States	3119.6	3389.6	3473.5	3787.9	4083.8	Etats-Unis d'Amérique
Italy	2178.2	2543.8	2554.0	2612.9	3052.2	Italie
China	1191.2	1645.2	2072.2	2553.7	3645.2	Chine
France-Monaco	1833.0	1939.0	1965.1	2056.2	2213.8	France-Monaco
Belgium	1575.5	1913.9	1812.3	1796.6	2063.0	Belgique
Canada	1440.1	1602.9	1737.3	1856.7	2066.5	Canada
Netherlands	1417.7	1552.0	1484.2	1847.6	2109.9	Pays-Bas
United Kingdom	1263.0	1364.7	1401.7	1441.9	1612.7	Royaume-Uni
Poland	757.5	884.9	1003.9	1181.3	1607.0	Pologne
Spain	875.7	991.9	999.7	1043.9	1259.2	Espagne
Sweden	836.4	909.3	959.6	1004.4	1113.3	Suède
Mexico	689.8	747.2	918.5	993.6	938.7	Mexique
Austria	688.7	792.7	799.5	828.7	1017.7	Autriche
China, Hong Kong SAR	719.5	782.4	801.3	794.7	908.4	Chine - RAS de Hong-Kong
Czech Republic	390.8	466.3	568.0	681.6	965.5	République tchèque
Denmark	469.2	503.8	499.6	544.0	622.4	Danemark
Switzerland-Liechtenstein	464.7	517.1	488.1	503.1	567.8	Suisse-Liechtenstein
Indonesia	771.5	548.7	302.6	311.2	326.0	Indonésie
Saudi Arabia	241.9	273.2	339.8	427.4	553.2	Arabie saoudite
Japan	268.8	330.5	354.6	338.4	527.6	Japon
Thailand	281.7	300.9	324.9	377.4	427.8	Thaïlande
Slovakia	225.6	268.0	310.9	395.4	478.8	Slovaquie
Hungary	220.8	292.3	312.2	350.1	412.6	Hongrie
Finland	248.8	280.8	271.9	286.8	485.3	Finlande

Value as percentages of World total

Valeur en pourcentage du total mondial

Regions of the world	1998	1999	2000	2001	2002	2003	2004	2005	2006	2007	Régions du monde
World	100.0	100.0	100.0	100.0	100.0	100.0	100.0	100.0	100.0	100.0	Monde
Developed Economies	80.4	78.8	77.5	77.6	76.5	77.0	77.2	76.1	75.8	74.3	Economies Développés
- Asia-Pacific	2.5	2.8	3.0	2.1	1.5	1.4	1.5	1.6	1.4	1.6	- Asie-Pacifique
- Europe	60.0	57.9	55.0	56.1	57.9	60.7	61.1	60.2	59.9	59.5	- Europe
- North America	17.9	18.2	19.5	19.3	17.1	14.9	14.6	14.4	14.5	13.2	- Amérique du Nord
South-Eastern Europe	0.1	0.1	0.1	0.1	0.2	0.2	0.3	0.4	0.4	0.4	Europe du Sud-Est
Commonwealth of Independent States	0.3	0.3	0.5	0.6	0.4	0.4	0.5	0.5	0.6	0.8	Communauté d'Etats indépendants
- Asia	0.0	0.0	0.0	0.0	0.0	0.0	0.0	0.0	0.0	0.0	- Asie
- Europe	0.3	0.3	0.5	0.6	0.4	0.4	0.4	0.5	0.6	0.7	- Europe
Northern Africa	0.1	0.2	0.2	0.2	0.3	0.3	0.3	0.4	0.4	0.4	Afrique septentrionale
Sub-Saharan Africa	0.5	0.6	0.6	0.6	0.6	0.7	0.6	0.5	0.5	0.8	Afrique subsaharienne
Latin America & the Caribbean	5.9	6.2	6.3	6.3	5.2	5.2	5.1	5.5	5.4	5.2	Amérique latine et Caraïbes
- Caribbean	0.3	0.3	0.3	0.3	0.3	0.5	0.3	0.2	0.2	0.2	- Caraïbes
- Latin America	5.6	6.0	6.1	6.0	5.0	4.8	4.8	5.3	5.2	5.1	- Amérique latine
Eastern Asia	8.1	8.0	8.6	7.8	8.5	8.4	9.0	9.7	10.2	11.4	Asie orientale
Southern Asia	0.2	0.2	0.2	0.2	0.3	0.3	0.4	0.4	0.4	0.4	Asie méridionale
South-Eastern Asia	3.0	4.2	4.4	4.8	5.6	5.0	4.1	3.4	3.7	3.5	Asie du Sud-Est
Western Asia	1.4	1.4	1.5	1.7	2.3	2.3	2.5	2.9	2.6	2.7	Asie occidentale
Oceania	0.0	0.0	0.0	0.0	0.0	0.1	0.0	0.0	0.0	0.0	Océanie

651 Textile yarn

Trade by commodity

Imports by principal countries or areas

Value in million US dollars

Commerce par produit

Importations selon les principaux pays ou zones

Valeur en millions de dollars EU

Country or area	2003	2004	2005	2006	2007	Pays ou zone
World	35637.5	39214.0	39199.2	41495.4	44699.4	Monde
Developed Economies	18121.0	19661.7	18852.9	19973.9	20915.4	Economies Développés
- Asia-Pacific	1508.6	1601.4	1436.1	1507.9	1597.1	- Asie-Pacifique
- Europe	13840.4	14880.3	14003.6	15114.8	16180.3	- Europe
- North America	2772.1	3179.9	3413.2	3351.2	3137.9	- Amérique du Nord
South-Eastern Europe	438.5	592.1	607.7	617.5	761.3	Europe du Sud-Est
Commonwealth of Independent States	240.9	334.3	349.3	451.8	613.1	Communauté d'Etats indépendants
- Asia	35.5	40.1	51.8	67.2	73.3	- Asie
- Europe	205.4	294.2	297.5	384.5	539.8	- Europe
Northern Africa	476.6	556.5	599.1	616.6	723.5	Afrique septentrionale
Sub-Saharan Africa	500.8	530.8	497.0	558.2	675.2	Afrique subsaharienne
Latin America & the Caribbean	1536.5	1885.5	2280.5	2589.8	3308.6	Amérique latine et Caraïbes
- Caribbean	46.9	48.7	67.5	147.1	221.0	- Caraïbes
- Latin America	1489.5	1836.8	2213.0	2442.7	3087.6	- Amérique latine
Eastern Asia	9899.7	10516.6	10392.5	10898.9	10826.1	Asie orientale
Southern Asia	1113.1	1269.9	1492.1	1616.8	1760.5	Asie méridionale
South-Eastern Asia	1447.2	1700.7	1785.5	1915.4	1932.5	Asie du Sud-Est
Western Asia	1837.8	2143.6	2325.2	2239.5	3167.3	Asie occidentale
Oceania	25.4	22.4	17.4	17.0	15.9	Océanie
China	3937.4	4071.2	4198.6	4502.7	4434.6	Chine
China, Hong Kong SAR	3917.6	4233.0	4056.0	4097.7	4004.6	Chine - RAS de Hong-Kong
Italy	2629.7	2703.3	2514.1	2878.0	3209.9	Italie
United States	2139.8	2502.9	2696.5	2693.4	2533.8	Etats-Unis d'Amérique
Germany	2084.8	2197.1	2251.8	2453.5	2716.0	Allemagne
Turkey	1215.8	1412.1	1529.9	1501.0	2341.6	Turquie
France-Monaco	1560.8	1641.7	1516.0	1520.8	1631.5	France-Monaco
Korea, Republic of	1365.7	1486.5	1488.7	1701.9	1770.7	République de Corée
Belgium	1101.0	1215.4	1151.2	1270.6	1450.6	Belgique
Japan	1103.2	1190.3	1080.9	1164.7	1215.5	Japon
United Kingdom	1150.5	1169.9	1090.6	1042.4	1082.2	Royaume-Uni
Spain	992.8	1010.8	909.9	968.3	1019.9	Espagne
Netherlands	516.7	794.0	758.2	803.9	537.6	Pays-Bas
Canada	631.8	676.5	716.2	656.4	602.4	Canada
Portugal	652.9	668.4	572.8	634.0	688.2	Portugal
Brazil	322.6	487.0	512.3	767.2	1086.9	Brésil
Mexico	560.3	524.1	580.1	643.1	637.3	Mexique
Poland	419.6	547.5	504.8	585.8	669.5	Pologne
Czech Republic	386.6	470.3	497.8	573.6	633.7	République tchèque
India	317.2	417.8	501.9	548.2	538.0	Inde
Bangladesh	376.2	339.2	400.8	e501.3	e578.3	Bangladesh
Thailand	354.2	411.1	419.5	446.7	457.7	Thaïlande
Viet Nam	308.9	376.6	393.5	434.2	e554.0	Viet Nam
Austria	407.4	408.9	354.0	341.1	386.0	Autriche
Romania	270.7	321.3	331.7	365.8	462.0	Roumanie

Value as percentages of World total

Valeur en pourcentage du total mondial

Regions of the world	1998	1999	2000	2001	2002	2003	2004	2005	2006	2007	Régions du monde
World	100.0	100.0	100.0	100.0	100.0	100.0	100.0	100.0	100.0	100.0	Monde
Developed Economies	58.3	56.2	52.9	51.8	50.6	50.8	50.1	48.1	48.1	46.8	Economies Développés
- Asia-Pacific	4.2	4.5	4.1	4.0	4.0	4.2	4.1	3.7	3.6	3.6	- Asie-Pacifique
- Europe	46.2	42.9	39.7	39.4	38.2	38.8	37.9	35.7	36.4	36.2	- Europe
- North America	7.9	8.9	9.0	8.4	8.5	7.8	8.1	8.7	8.1	7.0	- Amérique du Nord
South-Eastern Europe	0.6	0.6	0.7	0.8	1.0	1.2	1.5	1.6	1.5	1.7	Europe du Sud-Est
Commonwealth of Independent States	0.4	0.4	0.6	0.7	0.5	0.7	0.9	0.9	1.1	1.4	Communauté d'Etats indépendants
- Asia	0.1	0.1	0.1	0.1	0.1	0.1	0.1	0.1	0.2	0.2	- Asie
- Europe	0.4	0.4	0.5	0.6	0.5	0.6	0.8	0.8	0.9	1.2	- Europe
Northern Africa	1.8	1.7	1.2	1.3	1.3	1.3	1.4	1.5	1.5	1.6	Afrique septentrionale
Sub-Saharan Africa	1.1	1.1	1.3	1.8	1.2	1.4	1.4	1.3	1.3	1.5	Afrique subsaharienne
Latin America & the Caribbean	4.3	4.6	5.3	4.8	4.4	4.3	4.8	5.8	6.2	7.4	Amérique latine et Caraïbes
- Caribbean	0.2	0.1	0.1	0.1	0.1	0.1	0.1	0.2	0.4	0.5	- Caraïbes
- Latin America	4.2	4.5	5.2	4.8	4.3	4.2	4.7	5.6	5.9	6.9	- Amérique latine
Eastern Asia	23.0	24.1	26.3	27.0	28.2	27.8	26.8	26.5	26.3	24.2	Asie orientale
Southern Asia	2.4	3.0	2.6	3.1	3.5	3.1	3.2	3.8	3.9	3.9	Asie méridionale
South-Eastern Asia	3.4	4.0	4.6	4.6	4.4	4.1	4.3	4.6	4.6	4.3	Asie du Sud-Est
Western Asia	4.5	4.2	4.5	4.1	4.7	5.2	5.5	5.9	5.4	7.1	Asie occidentale
Oceania	0.1	0.1	0.1	0.1	0.1	0.1	0.1	0.0	0.0	0.0	Océanie

Trade by commodity

Exports by principal countries or areas

Value in million US dollars

Commerce par produit

Exportations selon les principaux pays ou zones

Valeur en millions de dollars EU

Country or area	2003	2004	2005	2006	2007	Pays ou zone
World	35535.9	40381.5	40907.2	43823.5	46637.4	Monde
Developed Economies	15399.8	17916.6	17153.9	18104.0	18885.9	Economies Développés
- Asia-Pacific	1105.3	1205.8	1180.0	1223.7	1270.2	- Asie-Pacifique
- Europe	11863.0	13983.2	13178.5	13740.3	14398.8	- Europe
- North America	2431.5	2727.6	2795.3	3139.9	3216.9	- Amérique du Nord
South-Eastern Europe	244.5	338.7	380.6	459.9	524.8	Europe du Sud-Est
Commonwealth of Independent States	550.2	578.4	536.6	535.1	648.1	Communauté d'Etats indépendants
- Asia	296.3	294.6	246.6	268.5	359.0	- Asie
- Europe	253.9	283.8	290.0	266.7	289.1	- Europe
Northern Africa	178.6	175.6	154.4	152.6	161.8	Afrique septentrionale
Sub-Saharan Africa	192.3	192.3	180.9	185.4	216.5	Afrique subsaharienne
Latin America & the Caribbean	917.3	1047.7	1053.4	1069.8	1063.8	Amérique latine et Caraïbes
- Caribbean	0.6	0.8	1.3	0.9	0.6	- Caraïbes
- Latin America	916.8	1046.9	1052.1	1068.9	1063.2	- Amérique latine
Eastern Asia	11021.2	12267.5	12635.7	14006.0	15367.9	Asie orientale
Southern Asia	3140.6	3272.2	3835.0	4440.0	4820.4	Asie méridionale
South-Eastern Asia	2760.5	3271.8	3604.5	3834.9	4107.6	Asie du Sud-Est
Western Asia	1130.6	1320.4	1371.8	1035.5	840.2	Asie occidentale
Oceania	0.4	0.4	0.6	0.5	0.4	Océanie
China	3830.3	4422.3	5218.6	6604.5	7957.5	Chine
China, Hong Kong SAR	3596.9	3850.4	3535.9	3621.6	3519.8	Chine - RAS de Hong-Kong
Italy	2756.4	3135.4	3000.1	3098.4	3267.0	Italie
Germany	2172.0	2828.9	2728.3	2872.2	3220.7	Allemagne
India	1941.9	1889.5	2279.4	2642.1	2989.2	Inde
United States	1852.1	2082.8	2144.9	2484.7	2578.1	Etats-Unis d'Amérique
Indonesia	1238.1	1480.9	1621.6	1793.1	1905.7	Indonésie
Korea, Republic of	1599.7	1639.9	1485.6	1389.3	1505.5	République de Corée
Pakistan	1024.7	1114.9	1256.9	1500.2	1466.5	Pakistan
France-Monaco	1147.2	1189.1	1085.5	1127.4	1188.0	France-Monaco
Japan	997.9	1101.3	1070.5	1109.0	1145.2	Japon
Netherlands	711.9	1301.2	1163.5	1242.2	941.6	Pays-Bas
Belgium	862.9	1000.2	960.1	994.2	1116.2	Belgique
Turkey	775.1	1004.9	1010.1	604.3	541.8	Turquie
Thailand	605.6	747.0	817.7	797.1	919.7	Thaïlande
Spain	758.1	793.7	791.1	751.3	769.2	Espagne
Canada	579.5	644.8	650.4	655.2	638.7	Canada
United Kingdom	600.2	635.2	560.5	680.8	628.3	Royaume-Uni
Malaysia	482.5	560.4	669.0	662.4	619.2	Malaisie
Mexico	421.2	495.3	494.9	523.1	484.1	Mexique
Czech Republic	305.8	383.3	393.8	416.5	453.8	République tchèque
Austria	386.7	398.3	357.2	352.0	370.9	Autriche
Slovakia	277.0	342.7	339.6	396.6	380.4	Slovaquie
Poland	243.8	287.7	322.8	347.0	415.8	Pologne
Switzerland-Liechtenstein	313.5	321.1	271.8	260.2	284.9	Suisse-Liechtenstein

Value as percentages of World total

Valeur en pourcentage du total mondial

Regions of the world	1998	1999	2000	2001	2002	2003	2004	2005	2006	2007	Régions du monde
World	100.0	100.0	100.0	100.0	100.0	100.0	100.0	100.0	100.0	100.0	Monde
Developed Economies	51.0	47.8	44.6	44.4	43.2	43.3	44.4	41.9	41.3	40.5	Economies Développés
- Asia-Pacific	3.4	4.0	3.8	3.5	3.4	3.1	3.0	2.9	2.8	2.7	- Asie-Pacifique
- Europe	40.0	35.7	32.6	33.6	32.7	33.4	34.6	32.2	31.4	30.9	- Europe
- North America	7.6	8.1	8.2	7.3	7.1	6.8	6.8	6.8	7.2	6.9	- Amérique du Nord
South-Eastern Europe	0.4	0.3	0.4	0.5	0.6	0.7	0.8	0.9	1.0	1.1	Europe du Sud-Est
Commonwealth of Independent States	1.4	1.6	1.4	1.5	1.6	1.5	1.4	1.3	1.2	1.4	Communauté d'Etats indépendants
- Asia	0.6	0.7	0.5	0.7	0.8	0.8	0.7	0.6	0.6	0.8	- Asie
- Europe	0.9	0.9	0.9	0.9	0.8	0.7	0.7	0.7	0.6	0.6	- Europe
Northern Africa	0.8	0.6	0.6	0.6	0.5	0.5	0.4	0.4	0.3	0.3	Afrique septentrionale
Sub-Saharan Africa	0.6	0.6	0.6	0.9	1.0	0.5	0.5	0.4	0.4	0.5	Afrique subsaharienne
Latin America & the Caribbean	2.7	2.8	3.0	2.8	2.6	2.6	2.6	2.6	2.4	2.3	Amérique latine et Caraïbes
- Caribbean	0.0	0.0	0.0	0.0	0.0	0.0	0.0	0.0	0.0	0.0	- Caraïbes
- Latin America	2.7	2.8	3.0	2.8	2.6	2.6	2.6	2.6	2.4	2.3	- Amérique latine
Eastern Asia	25.6	25.6	27.8	28.6	29.9	31.0	30.4	30.9	32.0	33.0	Asie orientale
Southern Asia	8.2	9.3	10.0	9.1	9.3	8.8	8.1	9.4	10.1	10.3	Asie méridionale
South-Eastern Asia	6.3	8.1	8.4	8.2	8.3	7.8	8.1	8.8	8.8	8.8	Asie du Sud-Est
Western Asia	2.9	3.2	3.2	3.5	3.0	3.2	3.3	3.4	2.4	1.8	Asie occidentale
Oceania	0.0	0.0	0.0	0.0	0.0	0.0	0.0	0.0	0.0	0.0	Océanie

652 Cotton fabrics, woven (not including narrow or special fabrics)

Trade by commodity
Imports by principal countries or areas
Value in million US dollars

Commerce par produit
Importations selon les principaux pays ou zones
Valeur en millions de dollars EU

Country or area	2003	2004	2005	2006	2007	Pays ou zone
World	22818.8	25112.9	25168.3	24580.9	25526.6	Monde
Developed Economies	8877.5	9227.7	8544.4	8234.5	8395.4	Economies Développés
- Asia-Pacific	539.7	553.8	491.0	477.5	431.3	- Asie-Pacifique
- Europe	6499.0	6859.0	6469.8	6334.8	6633.1	- Europe
- North America	1838.8	1814.8	1583.6	1422.2	1331.1	- Amérique du Nord
South-Eastern Europe	1008.5	1253.3	1333.9	1305.0	1351.0	Europe du Sud-Est
Commonwealth of Independent States	257.1	286.4	291.0	312.7	377.9	Communauté d'Etats indépendants
- Asia	13.0	13.0	16.0	21.4	24.4	- Asie
- Europe	244.1	273.4	275.0	291.2	353.6	- Europe
Northern Africa	1383.1	1464.5	1448.8	1388.6	1675.7	Afrique septentrionale
Sub-Saharan Africa	680.7	716.2	663.4	694.5	924.3	Afrique subsaharienne
Latin America & the Caribbean	1715.4	2002.8	2174.2	1893.0	1603.2	Amérique latine et Caraïbes
- Caribbean	240.2	253.3	223.2	224.3	130.5	- Caraïbes
- Latin America	1475.2	1749.4	1951.0	1668.8	1472.6	- Amérique latine
Eastern Asia	5127.9	5805.8	5898.4	5718.0	5571.9	Asie orientale
Southern Asia	1124.5	1389.6	1741.2	2073.3	2306.3	Asie méridionale
South-Eastern Asia	1230.5	1323.6	1487.5	1639.0	1920.7	Asie du Sud-Est
Western Asia	1374.5	1596.4	1542.0	1284.2	1356.4	Asie occidentale
Oceania	39.1	46.8	43.4	38.1	44.0	Océanie
China, Hong Kong SAR	2455.8	2830.9	2867.4	2799.5	2728.2	Chine - RAS de Hong-Kong
China	2037.1	2254.4	2246.5	2259.6	2218.2	Chine
United States	1573.6	1577.0	1390.3	1261.4	1178.9	Etats-Unis d'Amérique
Italy	1005.2	1136.2	1108.5	1138.8	1238.4	Italie
Germany	922.2	932.5	936.2	943.5	968.6	Allemagne
Bangladesh	519.7	627.7	915.2	e1144.6	e1320.5	Bangladesh
Turkey	832.2	982.5	1013.9	803.4	860.4	Turquie
Mexico	936.8	1003.5	1050.8	855.2	586.9	Mexique
Tunisia	814.2	845.3	823.9	766.1	959.0	Tunisie
Romania	733.8	856.8	837.3	809.0	775.7	Roumanie
France-Monaco	700.7	686.3	678.8	659.6	672.9	France-Monaco
Morocco	557.5	607.8	611.0	606.9	696.2	Maroc
Poland	533.5	601.0	581.0	529.7	542.2	Pologne
Spain	528.3	600.2	558.8	539.1	559.5	Espagne
Sri Lanka	366.6	456.3	455.5	e562.6	e619.7	Sri Lanka
Viet Nam	286.9	351.6	421.5	542.1	e691.7	Viet Nam
United Kingdom	517.4	484.0	388.6	375.2	381.3	Royaume-Uni
Belgium	421.3	405.6	393.3	390.5	429.7	Belgique
Korea, Republic of	361.1	406.5	462.0	420.7	384.7	République de Corée
Japan	363.8	382.6	356.9	355.6	301.4	Japon
Thailand	255.9	273.9	305.8	283.1	282.3	Thaïlande
Portugal	280.5	287.3	263.4	261.0	286.8	Portugal
India	135.6	182.9	273.8	305.1	307.7	Inde
Bulgaria	207.1	225.6	230.2	252.8	257.9	Bulgarie
Philippines	224.6	223.8	245.0	243.0	189.4	Philippines

Value as percentages of World total

Valeur en pourcentage du total mondial

Regions of the world	1998	1999	2000	2001	2002	2003	2004	2005	2006	2007	Régions du monde
World	100.0	100.0	100.0	100.0	100.0	100.0	100.0	100.0	100.0	100.0	Monde
Developed Economies	47.7	44.9	42.4	42.8	41.0	38.9	36.7	33.9	33.5	32.9	Economies Développés
- Asia-Pacific	3.0	3.4	3.1	2.7	2.4	2.4	2.2	2.0	1.9	1.7	- Asie-Pacifique
- Europe	34.3	31.1	28.4	30.5	28.9	28.5	27.3	25.7	25.8	26.0	- Europe
- North America	10.5	10.4	11.0	9.6	9.7	8.1	7.2	6.3	5.8	5.2	- Amérique du Nord
South-Eastern Europe	3.7	2.6	2.4	3.2	3.8	4.4	5.0	5.3	5.3	5.3	Europe du Sud-Est
Commonwealth of Independent States	0.7	0.7	0.8	1.1	0.9	1.1	1.1	1.2	1.3	1.5	Communauté d'Etats indépendants
- Asia	0.1	0.1	0.1	0.1	0.1	0.1	0.1	0.1	0.1	0.1	- Asie
- Europe	0.6	0.6	0.8	1.0	0.9	1.1	1.1	1.1	1.2	1.4	- Europe
Northern Africa	5.6	5.5	4.9	6.0	5.7	6.1	5.8	5.8	5.6	6.6	Afrique septentrionale
Sub-Saharan Africa	2.3	2.2	2.6	3.1	2.2	3.0	2.9	2.6	2.8	3.6	Afrique subsaharienne
Latin America & the Caribbean	4.9	6.4	7.8	7.0	7.3	7.5	8.0	8.6	7.7	6.3	Amérique latine et Caraïbes
- Caribbean	0.5	0.3	0.3	0.3	0.3	1.1	1.0	0.9	0.9	0.5	- Caraïbes
- Latin America	4.3	6.1	7.4	6.7	7.0	6.5	7.0	7.8	6.8	5.8	- Amérique latine
Eastern Asia	21.7	23.5	24.3	22.6	23.0	22.5	23.1	23.4	23.3	21.8	Asie orientale
Southern Asia	4.8	5.1	4.8	4.8	4.3	4.9	5.5	6.9	8.4	9.0	Asie méridionale
South-Eastern Asia	4.8	5.5	6.0	5.2	5.7	5.4	5.3	5.9	6.7	7.5	Asie du Sud-Est
Western Asia	3.5	3.4	3.8	4.1	6.0	6.0	6.4	6.1	5.2	5.3	Asie occidentale
Oceania	0.2	0.2	0.2	0.1	0.1	0.2	0.2	0.2	0.2	0.2	Océanie

Tissus de coton (a l'exception des tissus en petite largeur et des tissus spéciaux) 652

Trade by commodity

Exports by principal countries or areas

Value in million US dollars

Commerce par produit

Exportations selon les principaux pays ou zones

Valeur en millions de dollars EU

Country or area	2003	2004	2005	2006	2007	Pays ou zone
World	26464.1	28741.0	28812.1	28835.3	29119.3	Monde
Developed Economies	11233.2	11871.1	10855.2	10414.0	10162.3	Economies Développés
- Asia-Pacific	1063.9	1230.9	1106.8	1037.8	953.9	- Asie-Pacifique
- Europe	8727.0	9074.2	8431.3	8276.6	8402.7	- Europe
- North America	1442.3	1566.1	1317.1	1099.6	805.6	- Amérique du Nord
South-Eastern Europe	79.4	81.5	83.4	71.4	98.2	Europe du Sud-Est
Commonwealth of Independent States	314.6	354.7	260.1	244.1	223.1	Communauté d'Etats indépendants
- Asia	139.9	163.5	95.9	87.5	85.7	- Asie
- Europe	174.7	191.3	164.2	156.6	137.4	- Europe
Northern Africa	89.2	113.2	107.3	111.0	137.0	Afrique septentrionale
Sub-Saharan Africa	130.3	133.8	107.0	341.2	155.1	Afrique subsaharienne
Latin America & the Caribbean	472.2	552.4	625.9	559.9	725.3	Amérique latine et Caraïbes
- Caribbean	1.1	0.7	1.1	1.2	1.3	- Caraïbes
- Latin America	471.1	551.7	624.7	558.7	723.9	- Amérique latine
Eastern Asia	9788.6	10874.4	11658.3	12297.8	12628.6	Asie orientale
Southern Asia	2496.0	2729.5	3038.2	3052.2	3003.5	Asie méridionale
South-Eastern Asia	927.6	978.9	1015.0	1033.4	1015.8	Asie du Sud-Est
Western Asia	930.6	1049.0	1059.7	708.5	968.9	Asie occidentale
Oceania	2.4	2.3	2.1	1.9	1.5	Océanie
China	5463.1	6044.7	6997.8	7912.4	8521.4	Chine
China, Hong Kong SAR	3080.5	3461.1	3404.1	3194.3	3025.9	Chine - RAS de Hong-Kong
Italy	2785.3	3060.4	2862.0	2838.5	2864.5	Italie
Pakistan	1477.8	1769.7	2089.4	2054.1	1950.7	Pakistan
Germany	1365.7	1414.5	1335.6	1352.1	1299.2	Allemagne
United States	1350.0	1495.0	1287.7	1077.8	785.8	Etats-Unis d'Amérique
Japan	1026.7	1189.4	1069.2	1007.5	926.5	Japon
France-Monaco	1095.6	1000.9	896.6	851.7	798.3	France-Monaco
India	949.7	861.3	860.9	901.8	943.5	Inde
Spain	695.7	753.2	712.7	717.2	778.3	Espagne
Turkey	645.9	830.6	871.1	484.0	714.8	Turquie
Korea, Republic of	669.3	712.8	691.4	636.2	584.3	République de Corée
Belgium	690.2	652.5	597.6	577.3	554.9	Belgique
Indonesia	361.2	369.4	412.2	398.5	360.3	Indonésie
Thailand	301.9	347.7	347.0	386.1	422.8	Thaïlande
Netherlands	346.2	314.8	295.1	286.0	321.9	Pays-Bas
United Kingdom	313.7	337.2	273.1	295.9	278.0	Royaume-Uni
Brazil	253.3	287.2	278.8	308.6	357.5	Brésil
Austria	289.4	279.7	247.1	246.4	269.3	Autriche
Czech Republic	238.2	253.1	259.1	261.7	305.8	République tchèque
Switzerland-Liechtenstein	198.7	215.6	205.9	205.5	229.7	Suisse-Liechtenstein
Portugal	198.7	186.5	146.0	151.0	176.0	Portugal
Russian Federation	138.9	151.3	128.7	120.3	96.9	Fédération de Russie
Malaysia	109.3	116.1	113.5	136.6	131.8	Malaisie
United Arab Emirates	182.6	118.6	109.0	88.2	e95.3	Emirates arabes unis

Value as percentages of World total

Valeur en pourcentage du total mondial

Regions of the world	1998	1999	2000	2001	2002	2003	2004	2005	2006	2007	Régions du monde
World	100.0	100.0	100.0	100.0	100.0	100.0	100.0	100.0	100.0	100.0	Monde
Developed Economies	46.0	44.4	42.8	45.2	43.3	42.4	41.3	37.7	36.1	34.9	Economies Développés
- Asia-Pacific	3.6	4.4	4.6	4.3	4.2	4.0	4.3	3.8	3.6	3.3	- Asie-Pacifique
- Europe	37.4	34.1	31.1	33.5	32.1	33.0	31.6	29.3	28.7	28.9	- Europe
- North America	5.1	5.9	7.1	7.4	7.1	5.5	5.4	4.6	3.8	2.8	- Amérique du Nord
South-Eastern Europe	0.7	0.2	0.2	0.2	0.2	0.3	0.3	0.3	0.2	0.3	Europe du Sud-Est
Commonwealth of Independent States	1.0	1.0	1.1	1.1	1.2	1.2	1.2	0.9	0.8	0.8	Communauté d'Etats indépendants
- Asia	0.4	0.5	0.4	0.5	0.6	0.5	0.6	0.3	0.3	0.3	- Asie
- Europe	0.6	0.5	0.7	0.6	0.6	0.7	0.7	0.6	0.5	0.5	- Europe
Northern Africa	0.6	0.4	0.6	0.6	0.5	0.3	0.4	0.4	0.4	0.5	Afrique septentrionale
Sub-Saharan Africa	0.9	0.9	0.9	0.7	0.7	0.5	0.5	0.4	1.2	0.5	Afrique subsaharienne
Latin America & the Caribbean	3.4	2.6	2.7	2.5	2.0	1.8	1.9	2.2	1.9	2.5	Amérique latine et Caraïbes
- Caribbean	0.0	0.0	0.0	0.0	0.0	0.0	0.0	0.0	0.0	0.0	- Caraïbes
- Latin America	3.4	2.6	2.7	2.5	2.0	1.8	1.9	2.2	1.9	2.5	- Amérique latine
Eastern Asia	31.2	33.4	34.5	33.0	35.3	37.0	37.8	40.5	42.6	43.4	Asie orientale
Southern Asia	10.2	10.7	10.3	9.5	9.4	9.4	9.5	10.5	10.6	10.3	Asie méridionale
South-Eastern Asia	3.6	4.2	4.6	4.2	3.6	3.5	3.4	3.5	3.6	3.5	Asie du Sud-Est
Western Asia	2.4	2.2	2.4	2.9	3.9	3.5	3.6	3.7	2.5	3.3	Asie occidentale
Oceania	0.0	0.0	0.0	0.0	0.0	0.0	0.0	0.0	0.0	0.0	Océanie

653 Fabrics, woven, of man-made textile materials (not narrow or special fabrics)

Trade by commodity
Imports by principal countries or areas
Value in million US dollars

Commerce par produit
Importations selon les principaux pays ou zones
Valeur en millions de dollars EU

Country or area	2003	2004	2005	2006	2007	Pays ou zone
World	26853.2	28863.3	28627.1	28653.1	30179.1	Monde
Developed Economies	10007.7	10810.0	10067.7	10235.4	11019.1	Economies Développés
- Asia-Pacific	509.2	560.3	556.4	554.2	616.0	- Asie-Pacifique
- Europe	7793.5	8509.9	7744.6	7945.8	8611.8	- Europe
- North America	1705.0	1739.8	1766.6	1735.4	1791.4	- Amérique du Nord
South-Eastern Europe	1193.3	1382.5	1388.2	1333.1	1397.5	Europe du Sud-Est
Commonwealth of Independent States	480.5	551.1	586.9	663.6	756.5	Communauté d'Etats indépendants
- Asia	60.3	50.1	61.8	96.5	86.0	- Asie
- Europe	420.2	500.9	525.0	567.1	670.5	- Europe
Northern Africa	819.3	844.6	761.8	795.5	1022.0	Afrique septentrionale
Sub-Saharan Africa	534.9	665.2	727.9	745.0	756.0	Afrique subsaharienne
Latin America & the Caribbean	2114.8	2257.6	2495.2	2142.9	2370.6	Amérique latine et Caraïbes
- Caribbean	167.7	158.5	167.8	154.3	168.1	- Caraïbes
- Latin America	1947.2	2099.2	2327.4	1988.6	2202.5	- Amérique latine
Eastern Asia	5558.6	5761.2	5375.2	5264.8	5186.2	Asie orientale
Southern Asia	1081.7	982.6	1191.5	1266.0	1395.3	Asie méridionale
South-Eastern Asia	2342.5	2592.1	3033.9	3376.5	3046.7	Asie du Sud-Est
Western Asia	2643.7	2918.5	2888.4	2764.4	3155.9	Asie occidentale
Oceania	76.4	98.1	110.4	65.8	73.1	Océanie
China	3209.0	3282.4	3123.5	3087.2	3122.4	Chine
China, Hong Kong SAR	1738.1	1840.5	1651.0	1630.6	1463.1	Chine - RAS de Hong-Kong
Viet Nam	943.9	1098.5	1329.1	1483.8	e1893.2	Viet Nam
United States	1242.5	1281.7	1334.6	1339.2	1424.1	Etats-Unis d'Amérique
Germany	1112.1	1235.0	1226.0	1254.0	1325.8	Allemagne
United Arab Emirates	1126.4	1209.9	1139.2	1143.9	e1415.5	Emirates arabes unis
Mexico	1289.1	1271.1	1269.1	1078.6	941.8	Mexique
United Kingdom	1100.5	1133.2	930.8	897.2	957.2	Royaume-Uni
Romania	863.6	921.2	865.1	819.5	815.8	Roumanie
France-Monaco	792.2	834.0	740.4	719.9	829.3	France-Monaco
Poland	638.3	801.7	707.4	764.3	817.5	Pologne
Italy	691.8	719.9	674.6	754.2	834.0	Italie
Spain	626.0	655.4	565.3	613.1	698.5	Espagne
Turkey	510.4	628.1	611.4	538.1	645.1	Turquie
Bangladesh	486.4	342.2	478.5	e598.4	e690.3	Bangladesh
Saudi Arabia	486.8	459.0	513.3	491.9	492.8	Arabie saoudite
Cambodia	316.7	373.9	e711.8	e860.8	e140.4	Cambodge
Belgium	450.2	503.4	460.2	456.4	522.1	Belgique
Morocco	431.3	426.5	381.3	403.4	475.9	Maroc
Canada	462.2	457.7	431.7	395.9	366.9	Canada
Korea, Republic of	397.5	396.3	364.4	380.8	433.7	République de Corée
Tunisia	356.0	374.3	325.7	323.6	433.2	Tunisie
Netherlands	278.9	330.1	321.4	321.0	350.0	Pays-Bas
Sri Lanka	311.5	301.4	272.8	e336.9	e371.0	Sri Lanka
Thailand	316.2	323.9	308.0	319.0	312.3	Thaïlande

Value as percentages of World total

Valeur en pourcentage du total mondial

Regions of the world	1998	1999	2000	2001	2002	2003	2004	2005	2006	2007	Régions du monde
World	100.0	100.0	100.0	100.0	100.0	100.0	100.0	100.0	100.0	100.0	Monde
Developed Economies	41.8	39.2	35.9	31.8	36.7	37.3	37.5	35.2	35.7	36.5	Economies Développés
- Asia-Pacific	2.0	2.0	1.9	1.5	1.7	1.9	1.9	1.9	1.9	2.0	- Asie-Pacifique
- Europe	32.9	30.6	27.1	24.7	28.2	29.0	29.5	27.1	27.7	28.5	- Europe
- North America	6.9	6.6	6.9	5.5	6.8	6.3	6.0	6.2	6.1	5.9	- Amérique du Nord
South-Eastern Europe	2.5	2.9	3.0	3.1	4.1	4.4	4.8	4.8	4.7	4.6	Europe du Sud-Est
Commonwealth of Independent States	1.3	1.3	1.4	1.5	1.6	1.8	1.9	2.1	2.3	2.5	Communauté d'Etats indépendants
- Asia	0.1	0.2	0.2	0.2	0.2	0.2	0.2	0.2	0.3	0.3	- Asie
- Europe	1.2	1.1	1.2	1.4	1.4	1.6	1.7	1.8	2.0	2.2	- Europe
Northern Africa	3.1	3.2	2.8	2.7	3.0	3.1	2.9	2.7	2.8	3.4	Afrique septentrionale
Sub-Saharan Africa	1.5	1.6	1.5	13.5	1.8	2.0	2.3	2.5	2.6	2.5	Afrique subsaharienne
Latin America & the Caribbean	6.1	6.8	7.9	7.2	8.3	7.9	7.8	8.7	7.5	7.9	Amérique latine et Caraïbes
- Caribbean	0.4	0.4	0.4	0.4	0.4	0.6	0.5	0.6	0.5	0.6	- Caraïbes
- Latin America	5.6	6.4	7.4	6.8	7.9	7.3	7.3	8.1	6.9	7.3	- Amérique latine
Eastern Asia	23.9	24.2	25.5	20.7	21.3	20.7	20.0	18.8	18.4	17.2	Asie orientale
Southern Asia	3.3	3.5	4.0	3.7	3.6	4.0	3.4	4.2	4.4	4.6	Asie méridionale
South-Eastern Asia	5.9	6.7	8.2	7.0	9.2	8.7	9.0	10.6	11.8	10.1	Asie du Sud-Est
Western Asia	9.6	9.5	9.0	8.3	10.2	9.8	10.1	10.1	9.6	10.5	Asie occidentale
Oceania	0.9	1.0	0.8	0.4	0.2	0.3	0.3	0.4	0.2	0.2	Océanie

Trade by commodity

Exports by principal countries or areas

Value in million US dollars

Country or area	2003	2004	2005	2006	2007	Pays ou zone
World	29857.5	32446.3	32136.9	32853.1	35134.6	Monde
Developed Economies	12584.4	13229.4	12225.9	12180.9	12859.6	Economies Développés
- Asia-Pacific	1871.7	1954.6	1817.5	1800.5	1859.0	- Asie-Pacifique
- Europe	9169.4	9661.8	8855.1	8972.5	9660.6	- Europe
- North America	1543.3	1613.0	1553.3	1407.9	1340.0	- Amérique du Nord
South-Eastern Europe	72.5	96.4	115.2	133.3	156.2	Europe du Sud-Est
Commonwealth of Independent States	87.5	70.4	57.4	58.1	62.1	Communauté d'Etats indépendants
- Asia	10.1	9.1	8.8	9.0	8.2	- Asie
- Europe	77.4	61.3	48.6	49.1	53.9	- Europe
Northern Africa	67.1	51.8	58.7	59.5	64.9	Afrique septentrionale
Sub-Saharan Africa	55.0	52.2	42.7	41.0	39.2	Afrique subsaharienne
Latin America & the Caribbean	289.9	279.9	309.3	284.6	364.2	Amérique latine et Caraïbes
- Caribbean	6.4	5.7	5.2	3.8	4.1	- Caraïbes
- Latin America	283.5	274.2	304.1	280.9	360.2	- Amérique latine
Eastern Asia	11540.5	13398.2	13979.5	14707.3	15514.3	Asie orientale
Southern Asia	1593.6	1361.8	1262.9	1375.4	1688.9	Asie méridionale
South-Eastern Asia	1842.9	1878.6	1916.3	1932.6	2075.6	Asie du Sud-Est
Western Asia	1722.5	2025.6	2168.1	2078.7	2309.0	Asie occidentale
Oceania	1.4	1.9	0.7	1.6	0.5	Océanie
China	5142.6	7031.5	8045.2	9059.4	10024.2	Chine
Korea, Republic of	2662.7	2539.9	2349.5	2092.9	2087.5	République de Corée
Italy	1996.2	2127.5	1943.9	1967.2	2093.8	Italie
Japan	1826.1	1900.3	1762.5	1748.2	1804.0	Japon
Germany	1662.0	1872.8	1775.9	1805.2	1862.7	Allemagne
China, Hong Kong SAR	1511.1	1557.3	1414.0	1360.3	1221.8	Chine - RAS de Hong-Kong
United States	1320.7	1380.6	1323.9	1199.5	1105.7	Etats-Unis d'Amérique
France-Monaco	1321.0	1229.2	1045.1	1002.1	1093.5	France-Monaco
Belgium	1033.9	1106.5	978.2	1003.6	1070.3	Belgique
India	952.9	990.0	981.1	1018.9	1208.5	Inde
Turkey	833.7	966.6	1096.9	739.0	895.3	Turquie
United Arab Emirates	740.5	892.1	913.8	907.7	e980.9	Emirates arabes unis
Indonesia	871.4	762.8	832.0	817.7	934.3	Indonésie
Spain	749.6	746.7	666.6	707.3	805.1	Espagne
United Kingdom	777.3	814.0	713.6	651.6	673.2	Royaume-Uni
Thailand	447.9	511.4	540.0	527.9	547.6	Thaïlande
Pakistan	612.8	341.0	244.1	317.7	445.4	Pakistan
Netherlands	341.8	338.5	324.9	368.0	387.3	Pays-Bas
Malaysia	199.2	265.9	250.0	266.4	269.3	Malaisie
Czech Republic	170.8	216.5	236.3	245.1	279.4	République tchèque
Canada	222.4	232.4	229.1	208.5	234.3	Canada
Portugal	205.3	206.5	158.9	166.9	216.4	Portugal
Singapore	206.8	203.9	171.0	161.6	161.0	Singapour
Austria	169.3	195.1	164.5	166.2	200.8	Autriche
Switzerland-Liechtenstein	129.0	146.5	171.9	212.8	234.7	Suisse-Liechtenstein

Value as percentages of World total

Valeur en pourcentage du total mondial

Regions of the world	1998	1999	2000	2001	2002	2003	2004	2005	2006	2007	Régions du monde
World	100.0	100.0	100.0	100.0	100.0	100.0	100.0	100.0	100.0	100.0	Monde
Developed Economies	46.0	45.1	41.4	43.1	43.1	42.1	40.8	38.0	37.1	36.6	Economies Développés
- Asia-Pacific	6.7	7.5	7.3	7.1	6.5	6.3	6.0	5.7	5.5	5.3	- Asie-Pacifique
- Europe	34.8	32.5	28.0	29.8	30.5	30.7	29.8	27.6	27.3	27.5	- Europe
- North America	4.4	5.1	6.1	6.2	6.1	5.2	5.0	4.8	4.3	3.8	- Amérique du Nord
South-Eastern Europe	0.2	0.1	0.1	0.2	0.2	0.2	0.3	0.4	0.4	0.4	Europe du Sud-Est
Commonwealth of Independent States	0.2	0.1	0.2	0.2	0.2	0.3	0.2	0.2	0.2	0.2	Communauté d'Etats indépendants
- Asia	0.0	0.0	0.0	0.0	0.0	0.0	0.0	0.0	0.0	0.0	- Asie
- Europe	0.2	0.1	0.2	0.2	0.2	0.3	0.2	0.2	0.1	0.2	- Europe
Northern Africa	0.1	0.2	0.3	0.2	0.2	0.2	0.2	0.2	0.2	0.2	Afrique septentrionale
Sub-Saharan Africa	0.1	0.1	0.1	0.2	0.1	0.2	0.2	0.1	0.1	0.1	Afrique subsaharienne
Latin America & the Caribbean	0.9	1.2	1.6	1.2	1.0	1.0	0.9	1.0	0.9	1.0	Amérique latine et Caraïbes
- Caribbean	0.0	0.0	0.0	0.0	0.0	0.0	0.0	0.0	0.0	0.0	- Caraïbes
- Latin America	0.9	1.2	1.6	1.2	0.9	0.9	0.8	0.9	0.9	1.0	- Amérique latine
Eastern Asia	38.8	38.8	41.2	39.5	38.9	38.7	41.3	43.5	44.8	44.2	Asie orientale
Southern Asia	3.1	2.9	3.3	4.1	4.4	5.3	4.2	3.9	4.2	4.8	Asie méridionale
South-Eastern Asia	6.5	7.3	7.4	7.0	6.2	6.2	5.8	6.0	5.9	5.9	Asie du Sud-Est
Western Asia	4.1	4.2	4.2	4.4	5.5	5.8	6.2	6.7	6.3	6.6	Asie occidentale
Oceania	0.0	0.0	0.1	0.0	0.0	0.0	0.0	0.0	0.0	0.0	Océanie

654 Other textile fabrics, woven

Trade by commodity
Imports by principal countries or areas
Value in million US dollars

Commerce par produit
Importations selon les principaux pays ou zones
Valeur en millions de dollars EU

Country or area	2003	2004	2005	2006	2007	Pays ou zone
World	8579.1	10140.5	10417.6	10538.9	11199.0	Monde
Developed Economies	4589.3	5383.9	5551.7	5673.9	6014.9	Economies Développés
- Asia-Pacific	449.9	539.2	558.1	562.3	548.8	- Asie-Pacifique
- Europe	3266.6	3847.8	3993.5	4111.0	4405.9	- Europe
- North America	872.7	996.8	1000.1	1000.6	1060.2	- Amérique du Nord
South-Eastern Europe	423.4	581.2	592.7	563.3	632.0	Europe du Sud-Est
Commonwealth of Independent States	200.8	228.1	223.3	227.0	238.4	Communauté d'Etats indépendants
- Asia	9.8	13.5	12.9	14.4	13.9	- Asie
- Europe	191.0	214.5	210.3	212.6	224.5	- Europe
Northern Africa	165.7	188.2	207.0	233.4	236.4	Afrique septentrionale
Sub-Saharan Africa	62.1	68.8	89.3	84.4	108.5	Afrique subsaharienne
Latin America & the Caribbean	259.2	279.3	330.0	299.7	334.0	Amérique latine et Caraïbes
- Caribbean	43.8	46.5	38.4	30.0	29.3	- Caraïbes
- Latin America	215.4	232.8	291.6	269.7	304.7	- Amérique latine
Eastern Asia	2013.3	2287.1	2132.9	2225.7	2216.2	Asie orientale
Southern Asia	210.0	272.8	373.4	326.0	370.5	Asie méridionale
South-Eastern Asia	275.1	335.0	367.2	398.4	462.2	Asie du Sud-Est
Western Asia	365.9	498.0	526.9	499.3	580.6	Asie occidentale
Oceania	14.2	18.2	23.3	7.8	5.3	Océanie
China	1018.0	1178.7	1078.2	1078.0	1055.2	Chine
United States	672.4	782.2	793.7	803.2	854.5	Etats-Unis d'Amérique
Germany	581.8	688.7	723.1	744.3	750.8	Allemagne
China, Hong Kong SAR	616.6	702.4	670.2	700.7	702.0	Chine - RAS de Hong-Kong
Italy	405.6	494.3	539.5	613.3	625.7	Italie
Japan	361.0	444.1	458.8	472.1	457.7	Japon
France-Monaco	352.6	414.2	420.2	435.3	471.5	France-Monaco
Korea, Republic of	312.9	340.2	327.0	387.4	394.0	République de Corée
Romania	280.5	360.2	343.8	326.7	364.7	Roumanie
Spain	252.1	313.8	327.3	341.5	364.1	Espagne
United Kingdom	283.8	307.6	301.4	296.4	385.2	Royaume-Uni
Turkey	221.9	332.2	337.8	272.9	297.8	Turquie
India	154.1	201.1	281.4	241.6	283.8	Inde
Poland	181.1	228.9	229.6	244.7	230.4	Pologne
Canada	200.1	214.4	206.2	194.9	203.8	Canada
Bulgaria	116.0	156.6	154.8	163.8	182.3	Bulgarie
Morocco	111.2	123.9	151.7	178.4	171.6	Maroc
Belgium	126.5	141.7	143.6	143.7	152.6	Belgique
Denmark	94.8	105.1	138.9	161.1	195.7	Danemark
Mexico	116.7	124.0	141.0	156.7	155.7	Mexique
Viet Nam	57.1	88.7	143.5	171.0	e218.1	Viet Nam
Switzerland-Liechtenstein	106.0	114.3	124.5	132.1	159.1	Suisse-Liechtenstein
Austria	93.1	112.6	132.0	137.7	136.0	Autriche
Portugal	109.9	111.1	121.1	114.6	139.4	Portugal
Netherlands	113.6	118.5	96.1	90.5	107.0	Pays-Bas

Value as percentages of World total

Valeur en pourcentage du total mondial

Regions of the world	1998	1999	2000	2001	2002	2003	2004	2005	2006	2007	Régions du monde
World	100.0	100.0	100.0	100.0	100.0	100.0	100.0	100.0	100.0	100.0	Monde
Developed Economies	61.1	60.7	57.1	56.5	54.5	53.5	53.1	53.3	53.8	53.7	Economies Développés
- Asia-Pacific	5.6	5.8	6.0	5.8	5.3	5.2	5.3	5.4	5.3	4.9	- Asie-Pacifique
- Europe	44.0	43.1	39.2	39.8	38.5	38.1	37.9	38.3	39.0	39.3	- Europe
- North America	11.6	11.8	11.9	10.8	10.7	10.2	9.8	9.6	9.5	9.5	- Amérique du Nord
South-Eastern Europe	3.3	3.7	3.5	4.3	4.6	4.9	5.7	5.7	5.3	5.6	Europe du Sud-Est
Commonwealth of Independent States	2.1	2.0	2.1	2.3	2.5	2.3	2.2	2.1	2.2	2.1	Communauté d'Etats indépendants
- Asia	0.1	0.2	0.2	0.1	0.2	0.1	0.1	0.1	0.1	0.1	- Asie
- Europe	2.0	1.8	1.9	2.2	2.3	2.2	2.1	2.0	2.0	2.0	- Europe
Northern Africa	1.6	2.0	1.7	1.9	2.0	1.9	1.9	2.0	2.2	2.1	Afrique septentrionale
Sub-Saharan Africa	0.5	0.4	0.6	0.7	0.5	0.7	0.7	0.9	0.8	1.0	Afrique subsaharienne
Latin America & the Caribbean	3.1	2.7	2.9	3.1	2.5	3.0	2.8	3.2	2.8	3.0	Amérique latine et Caraïbes
- Caribbean	0.4	0.1	0.1	0.1	0.1	0.5	0.5	0.4	0.3	0.3	- Caraïbes
- Latin America	2.8	2.6	2.8	3.1	2.4	2.5	2.3	2.8	2.6	2.7	- Amérique latine
Eastern Asia	20.3	20.6	23.8	22.8	23.7	23.5	22.6	20.5	21.1	19.8	Asie orientale
Southern Asia	1.0	0.9	1.0	1.3	2.0	2.4	2.7	3.6	3.1	3.3	Asie méridionale
South-Eastern Asia	2.6	2.8	3.1	3.1	3.8	3.2	3.3	3.5	3.8	4.1	Asie du Sud-Est
Western Asia	3.7	3.6	3.7	3.8	3.7	4.3	4.9	5.1	4.7	5.2	Asie occidentale
Oceania	0.6	0.5	0.4	0.3	0.2	0.2	0.2	0.2	0.1	0.0	Océanie

Trade by commodity

Exports by principal countries or areas

Value in million US dollars

Country or area	2003	2004	2005	2006	2007	Pays ou zone
World	9342.3	11052.7	11079.8	11320.1	11779.7	Monde
Developed Economies	5990.8	6832.4	6661.3	6833.8	7179.1	Economies Développés
- Asia-Pacific	572.6	631.8	599.0	573.0	553.6	- Asie-Pacifique
- Europe	5133.0	5904.6	5789.7	5927.8	6302.2	- Europe
- North America	285.2	295.9	272.6	333.0	323.3	- Amérique du Nord
South-Eastern Europe	34.0	52.2	56.5	69.2	94.5	Europe du Sud-Est
Commonwealth of Independent States	188.4	219.4	201.5	199.3	180.4	Communauté d'Etats indépendants
- Asia	1.3	1.5	1.3	2.2	1.6	- Asie
- Europe	187.2	217.9	200.2	197.1	178.8	- Europe
Northern Africa	2.8	7.0	6.4	5.6	6.8	Afrique septentrionale
Sub-Saharan Africa	8.7	12.5	15.3	12.4	10.2	Afrique subsaharienne
Latin America & the Caribbean	144.8	156.1	186.8	178.5	165.3	Amérique latine et Caraïbes
- Caribbean	0.8	0.5	1.0	1.4	1.3	- Caraïbes
- Latin America	144.0	155.5	185.8	177.1	164.0	- Amérique latine
Eastern Asia	2266.4	2918.7	3077.9	3276.0	3361.4	Asie orientale
Southern Asia	477.6	559.0	582.8	574.3	561.2	Asie méridionale
South-Eastern Asia	67.2	93.4	88.5	84.6	87.5	Asie du Sud-Est
Western Asia	161.8	201.8	202.5	86.2	133.2	Asie occidentale
Oceania	0.0	0.3	0.1	0.2	0.0	Océanie
Italy	2245.1	2622.2	2608.8	2655.3	2819.8	Italie
China	1298.4	1739.2	1983.0	2214.7	2344.7	Chine
Germany	651.9	777.9	768.1	785.2	799.5	Allemagne
Japan	557.9	614.0	579.7	552.0	529.6	Japon
China, Hong Kong SAR	535.5	607.6	567.7	547.7	532.2	Chine - RAS de Hong-Kong
United Kingdom	493.0	557.4	528.9	543.4	560.8	Royaume-Uni
France-Monaco	428.9	494.4	465.5	454.5	506.2	France-Monaco
India	420.2	437.7	495.2	479.0	466.7	Inde
Korea, Republic of	215.9	265.2	272.7	243.5	224.0	République de Corée
United States	214.2	227.5	214.0	283.1	274.5	Etats-Unis d'Amérique
Belgium	217.8	230.0	215.3	233.2	244.1	Belgique
Spain	184.4	229.6	208.0	249.5	250.7	Espagne
Czech Republic	177.1	206.1	219.8	248.6	262.3	République tchèque
Netherlands	123.0	116.0	102.1	99.5	108.8	Pays-Bas
Turkey	114.3	134.6	152.2	28.9	78.9	Turquie
Belarus	79.8	92.9	88.7	100.5	107.2	Bélarus
Austria	80.0	97.7	100.9	91.3	95.0	Autriche
Russian Federation	95.6	106.6	93.6	82.8	58.7	Fédération de Russie
Mexico	69.8	76.8	89.7	94.9	77.2	Mexique
Switzerland-Liechtenstein	63.1	74.1	78.8	80.9	91.4	Suisse-Liechtenstein
Lithuania	46.0	63.4	63.2	56.6	68.8	Lituanie
Canada	70.9	68.4	58.6	49.9	48.7	Canada
Portugal	70.4	69.9	48.6	48.5	58.6	Portugal
Sweden	55.7	58.6	56.3	53.8	63.8	Suède
Bangladesh	48.5	53.6	52.3	e57.5	e64.7	Bangladesh

Value as percentages of World total

Regions of the world	1998	1999	2000	2001	2002	2003	2004	2005	2006	2007	Régions du monde
World	100.0	100.0	100.0	100.0	100.0	100.0	100.0	100.0	100.0	100.0	Monde
Developed Economies	69.1	68.4	62.5	66.9	65.9	64.1	61.8	60.1	60.4	60.9	Economies Développés
- Asia-Pacific	4.8	6.2	6.5	6.6	6.5	6.1	5.7	5.4	5.1	4.7	- Asie-Pacifique
- Europe	61.0	59.0	52.7	56.9	55.9	54.9	53.4	52.3	52.4	53.5	- Europe
- North America	3.2	3.2	3.3	3.3	3.5	3.1	2.7	2.5	2.9	2.7	- Amérique du Nord
South-Eastern Europe	0.3	0.2	0.2	0.3	0.3	0.4	0.5	0.5	0.6	0.8	Europe du Sud-Est
Commonwealth of Independent States	1.4	1.8	1.6	1.5	1.8	2.0	2.0	1.8	1.8	1.5	Communauté d'Etats indépendants
- Asia	0.0	0.0	0.0	0.0	0.0	0.0	0.0	0.0	0.0	0.0	- Asie
- Europe	1.4	1.7	1.6	1.5	1.8	2.0	2.0	1.8	1.7	1.5	- Europe
Northern Africa	0.0	0.1	0.1	0.0	0.1	0.0	0.1	0.1	0.0	0.1	Afrique septentrionale
Sub-Saharan Africa	0.1	0.2	0.3	0.1	0.1	0.1	0.1	0.1	0.1	0.1	Afrique subsaharienne
Latin America & the Caribbean	1.6	1.5	1.7	1.7	1.5	1.6	1.4	1.7	1.6	1.4	Amérique latine et Caraïbes
- Caribbean	0.0	0.0	0.0	0.0	0.0	0.0	0.0	0.0	0.0	0.0	- Caraïbes
- Latin America	1.6	1.5	1.6	1.7	1.5	1.5	1.4	1.7	1.6	1.4	- Amérique latine
Eastern Asia	20.3	19.8	22.1	21.1	23.2	24.3	26.4	27.8	28.9	28.5	Asie orientale
Southern Asia	3.2	3.5	4.5	4.2	4.9	5.1	5.1	5.3	5.1	4.8	Asie méridionale
South-Eastern Asia	0.4	0.4	0.5	0.6	0.7	0.7	0.8	0.8	0.7	0.7	Asie du Sud-Est
Western Asia	3.5	3.9	6.5	3.5	1.5	1.7	1.8	1.8	0.8	1.1	Asie occidentale
Oceania	0.0	0.0	0.0	0.0	0.0	0.0	0.0	0.0	0.0	0.0	Océanie

655 Knitted or crocheted fabrics, nes,

Trade by commodity — Commerce par produit
Imports by principal countries or areas — Importations selon les principaux pays ou zones
Value in million US dollars — Valeur en millions de dollars EU

Country or area	2003	2004	2005	2006	2007	Pays ou zone
World	14308.3	15637.6	16565.0	17408.5	19859.9	Monde
Developed Economies	4822.6	4835.6	4647.3	4766.2	5218.1	Economies Développés
- Asia-Pacific	193.9	186.7	201.0	205.8	219.8	- Asie-Pacifique
- Europe	3256.3	3336.8	3109.2	3301.9	3852.6	- Europe
- North America	1372.4	1312.1	1337.1	1258.6	1145.7	- Amérique du Nord
South-Eastern Europe	329.1	425.0	464.9	479.7	632.9	Europe du Sud-Est
Commonwealth of Independent States	240.3	226.6	243.6	326.0	397.9	Communauté d'Etats indépendants
- Asia	14.4	11.1	15.8	32.5	30.0	- Asie
- Europe	225.9	215.5	227.8	293.5	367.9	- Europe
Northern Africa	285.9	301.4	287.7	313.8	442.1	Afrique septentrionale
Sub-Saharan Africa	186.2	268.4	265.1	295.4	799.8	Afrique subsaharienne
Latin America & the Caribbean	910.0	1244.5	1760.6	1468.1	2089.5	Amérique latine et Caraïbes
- Caribbean	145.2	178.5	216.4	161.5	153.1	- Caraïbes
- Latin America	764.8	1065.9	1544.2	1306.6	1936.4	- Amérique latine
Eastern Asia	4545.9	4967.6	5049.9	5383.4	5511.2	Asie orientale
Southern Asia	482.0	556.1	682.5	766.8	872.3	Asie méridionale
South-Eastern Asia	1478.6	1572.3	2000.0	2423.4	2652.9	Asie du Sud-Est
Western Asia	647.4	869.8	848.8	826.3	853.8	Asie occidentale
Oceania	380.3	370.4	314.6	359.4	389.5	Océanie
China, Hong Kong SAR	2467.8	2738.8	2726.7	2848.0	2788.7	Chine - RAS de Hong-Kong
China	1640.3	1812.0	1878.3	2153.0	2328.6	Chine
United States	1099.3	1048.1	1091.2	1028.9	935.9	Etats-Unis d'Amérique
Mexico	619.9	831.6	925.3	962.9	1000.0	Mexique
Cambodia	233.4	304.0	e578.8	e699.9	e920.4	Cambodge
Germany	462.2	457.9	461.5	497.1	542.6	Allemagne
France-Monaco	434.0	436.8	389.9	419.1	529.6	France-Monaco
Italy	378.3	396.3	375.7	450.3	598.7	Italie
Sri Lanka	314.3	343.8	388.3	e479.6	e528.2	Sri Lanka
Jordan	224.5	382.1	413.1	461.9	396.6	Jordanie
Viet Nam	240.7	271.5	325.1	415.8	e530.5	Viet Nam
Thailand	273.5	308.9	358.0	378.6	413.5	Thaïlande
Northern Mariana Islands	e341.5	e332.2	e305.0	e353.5	e383.2	Iles Mariannes septentrionales
Philippines	247.0	233.5	295.4	437.5	272.4	Philippines
China, Macao SAR	302.3	286.9	e322.8	254.5	e260.8	Chine - RAS de Macao
Poland	283.1	284.4	249.6	264.5	276.4	Pologne
Canada	273.0	264.0	245.8	229.6	209.6	Canada
Morocco	206.6	220.2	204.7	229.9	336.4	Maroc
Romania	171.5	194.9	202.5	200.0	276.9	Roumanie
United Kingdom	220.8	202.1	162.2	168.8	201.7	Royaume-Uni
Spain	183.5	183.1	171.5	187.5	229.5	Espagne
Lesotho	41.4	78.1	e78.7	e81.8	e588.4	Lesotho
Belgium	157.9	170.3	174.7	162.6	202.1	Belgique
Singapore	167.5	157.4	154.8	177.2	200.3	Singapour
Malaysia	154.8	148.3	159.5	176.9	185.8	Malaisie

Value as percentages of World total — Valeur en pourcentage du total mondial

Regions of the world	1998	1999	2000	2001	2002	2003	2004	2005	2006	2007	Régions du monde
World	100.0	100.0	100.0	100.0	100.0	100.0	100.0	100.0	100.0	100.0	Monde
Developed Economies	41.8	39.7	35.1	35.4	34.7	33.7	30.9	28.1	27.4	26.3	Economies Développés
- Asia-Pacific	2.7	2.3	1.7	1.4	1.3	1.4	1.2	1.2	1.2	1.1	- Asie-Pacifique
- Europe	29.6	26.9	23.1	23.2	22.5	22.8	21.3	18.8	19.0	19.4	- Europe
- North America	9.5	10.6	10.2	10.8	10.9	9.6	8.4	8.1	7.2	5.8	- Amérique du Nord
South-Eastern Europe	1.0	1.2	1.3	1.7	2.0	2.3	2.7	2.8	2.8	3.2	Europe du Sud-Est
Commonwealth of Independent States	1.0	1.0	1.3	1.3	1.4	1.7	1.4	1.5	1.9	2.0	Communauté d'Etats indépendants
- Asia	0.0	0.1	0.1	0.1	0.1	0.1	0.1	0.1	0.2	0.2	- Asie
- Europe	0.9	0.9	1.2	1.2	1.3	1.6	1.4	1.4	1.7	1.9	- Europe
Northern Africa	1.9	1.9	1.8	1.9	1.8	2.0	1.9	1.7	1.8	2.2	Afrique septentrionale
Sub-Saharan Africa	0.9	0.9	1.1	1.0	1.0	1.3	1.7	1.6	1.7	4.0	Afrique subsaharienne
Latin America & the Caribbean	4.0	5.3	6.2	6.1	4.6	6.4	8.0	10.6	8.4	10.5	Amérique latine et Caraïbes
- Caribbean	0.6	0.2	0.2	0.2	0.2	1.0	1.1	1.3	0.9	0.8	- Caraïbes
- Latin America	3.5	5.1	6.0	5.9	4.4	5.3	6.8	9.3	7.5	9.8	- Amérique latine
Eastern Asia	28.2	28.2	29.9	30.0	31.9	31.8	31.8	30.5	30.9	27.8	Asie orientale
Southern Asia	3.4	3.5	3.7	3.8	3.5	3.4	3.6	4.1	4.4	4.4	Asie méridionale
South-Eastern Asia	9.7	10.1	11.1	11.5	11.8	10.3	10.1	12.1	13.9	13.4	Asie du Sud-Est
Western Asia	3.8	3.2	4.1	4.6	4.5	4.5	5.6	5.1	4.7	4.3	Asie occidentale
Oceania	4.3	5.0	4.4	2.6	2.9	2.7	2.4	1.9	2.1	2.0	Océanie

Etoffes de bonneterie (en pièces, plates ou tubulaires, n.d.a.) 655

Trade by commodity

Exports by principal countries or areas

Value in million US dollars

Commerce par produit

Exportations selon les principaux pays ou zones

Valeur en millions de dollars EU

Country or area	2003	2004	2005	2006	2007	Pays ou zone
World	17740.2	19457.9	19831.9	21604.4	24008.5	Monde
Developed Economies	6568.7	7061.1	6963.3	6978.8	7499.7	Economies Développés
- Asia-Pacific	526.4	630.1	653.4	668.3	710.8	- Asie-Pacifique
- Europe	4358.8	4541.1	4256.8	4458.3	4984.3	- Europe
- North America	1683.4	1890.0	2053.1	1852.2	1804.7	- Amérique du Nord
South-Eastern Europe	32.2	30.3	29.3	47.7	94.4	Europe du Sud-Est
Commonwealth of Independent States	36.2	45.2	42.0	42.9	47.8	Communauté d'Etats indépendants
- Asia	15.9	17.3	13.9	9.8	12.4	- Asie
- Europe	20.4	27.9	28.1	33.0	35.4	- Europe
Northern Africa	11.6	14.0	13.9	31.5	46.6	Afrique septentrionale
Sub-Saharan Africa	21.8	26.0	21.1	21.5	26.6	Afrique subsaharienne
Latin America & the Caribbean	193.6	246.6	298.3	294.0	401.4	Amérique latine et Caraïbes
- Caribbean	0.4	0.3	0.4	0.2	0.6	- Caraïbes
- Latin America	193.2	246.3	297.9	293.8	400.7	- Amérique latine
Eastern Asia	9864.6	10714.4	11189.0	12681.3	14086.4	Asie orientale
Southern Asia	134.0	249.0	141.2	161.0	179.4	Asie méridionale
South-Eastern Asia	432.9	499.4	482.1	541.1	593.0	Asie du Sud-Est
Western Asia	431.4	564.8	643.0	792.9	1015.6	Asie occidentale
Oceania	13.1	7.2	8.7	11.7	17.5	Océanie
China	2508.3	2993.7	3652.2	4640.0	5734.5	Chine
China, Hong Kong SAR	2548.5	2896.9	2902.4	3086.9	3075.6	Chine - RAS de Hong-Kong
Korea, Republic of	2758.3	2761.3	2688.7	2899.1	3160.6	République de Corée
United States	1418.9	1658.6	1808.2	1638.5	1678.5	Etats-Unis d'Amérique
Italy	1095.7	1099.8	1108.7	1216.5	1364.9	Italie
Germany	1053.2	1121.1	1052.3	1076.6	1154.1	Allemagne
France-Monaco	572.7	639.0	548.1	557.5	658.3	France-Monaco
Japan	484.9	573.4	602.0	631.7	658.5	Japon
Turkey	343.6	441.8	571.1	607.0	819.2	Turquie
Spain	349.8	332.3	293.1	307.8	307.6	Espagne
United Kingdom	229.2	268.5	265.7	207.6	193.8	Royaume-Uni
Canada	264.6	231.4	244.9	213.7	126.2	Canada
Austria	206.7	204.2	168.4	179.2	198.8	Autriche
Belgium	153.1	167.8	177.2	191.2	244.3	Belgique
Thailand	105.0	143.9	156.0	159.4	153.3	Thaïlande
Singapore	132.4	124.1	115.6	125.8	142.8	Singapour
Malaysia	98.6	102.6	107.0	109.6	142.9	Malaisie
Greece	86.4	106.1	85.9	108.9	120.7	Grèce
Denmark	140.0	116.0	84.9	69.0	70.1	Danemark
Mexico	90.3	89.5	92.5	110.2	85.0	Mexique
Pakistan	53.3	178.8	66.8	54.1	66.7	Pakistan
Netherlands	117.8	92.0	66.7	62.8	71.1	Pays-Bas
Indonesia	59.9	100.4	74.5	88.9	85.6	Indonésie
China, Macao SAR	76.7	86.9	e76.5	83.5	e83.0	Chine - RAS de Macao
United Arab Emirates	50.7	80.3	44.6	97.3	e105.2	Emirates arabes unis

Value as percentages of World total

Valeur en pourcentage du total mondial

Regions of the world	1998	1999	2000	2001	2002	2003	2004	2005	2006	2007	Régions du monde
World	100.0	100.0	100.0	100.0	100.0	100.0	100.0	100.0	100.0	100.0	Monde
Developed Economies	39.8	38.5	35.3	36.3	34.7	37.0	36.3	35.1	32.3	31.2	Economies Développés
- Asia-Pacific	3.0	3.3	3.0	2.8	2.8	3.0	3.2	3.3	3.1	3.0	- Asie-Pacifique
- Europe	31.1	29.1	25.1	24.9	23.4	24.6	23.3	21.5	20.6	20.8	- Europe
- North America	5.7	6.2	7.1	8.6	8.6	9.5	9.7	10.4	8.6	7.5	- Amérique du Nord
South-Eastern Europe	0.1	0.1	0.1	0.1	0.1	0.2	0.2	0.1	0.2	0.4	Europe du Sud-Est
Commonwealth of Independent States	0.2	0.2	0.2	0.2	0.2	0.2	0.2	0.2	0.2	0.2	Communauté d'Etats indépendants
- Asia	0.1	0.1	0.1	0.1	0.1	0.1	0.1	0.1	0.0	0.1	- Asie
- Europe	0.1	0.1	0.1	0.1	0.1	0.1	0.1	0.1	0.2	0.1	- Europe
Northern Africa	0.1	0.1	0.0	0.1	0.1	0.1	0.1	0.1	0.1	0.2	Afrique septentrionale
Sub-Saharan Africa	0.2	0.3	0.2	0.3	0.1	0.1	0.1	0.1	0.1	0.1	Afrique subsaharienne
Latin America & the Caribbean	1.0	1.0	1.2	1.4	1.0	1.1	1.3	1.5	1.4	1.7	Amérique latine et Caraïbes
- Caribbean	0.0	0.0	0.0	0.0	0.0	0.0	0.0	0.0	0.0	0.0	- Caraïbes
- Latin America	1.0	1.0	1.2	1.4	1.0	1.1	1.3	1.5	1.4	1.7	- Amérique latine
Eastern Asia	53.3	54.6	57.1	55.6	58.2	55.6	55.1	56.4	58.7	58.7	Asie orientale
Southern Asia	1.0	0.8	0.8	0.9	0.8	0.8	1.3	0.7	0.7	0.7	Asie méridionale
South-Eastern Asia	2.8	2.5	3.0	3.0	2.5	2.4	2.6	2.4	2.5	2.5	Asie du Sud-Est
Western Asia	1.6	1.8	1.8	2.2	2.2	2.4	2.9	3.2	3.7	4.2	Asie occidentale
Oceania	0.0	0.1	0.2	0.0	0.1	0.1	0.0	0.0	0.1	0.1	Océanie

656 Tulles, lace, embroidery, ribbons, trimmings and other smallwares

Trade by commodity
Imports by principal countries or areas
Value in million US dollars

Commerce par produit
Importations selon les principaux pays ou zones
Valeur en millions de dollars EU

Country or area	2003	2004	2005	2006	2007	Pays ou zone
World	6017.0	6679.1	7142.1	7311.1	7495.8	Monde
Developed Economies	2683.7	2973.2	3132.5	3095.7	3163.2	Economies Développés
- Asia-Pacific	142.5	158.5	161.2	171.8	168.5	- Asie-Pacifique
- Europe	1889.6	2035.8	2133.4	2219.6	2336.6	- Europe
- North America	651.6	778.9	838.0	704.3	658.1	- Amérique du Nord
South-Eastern Europe	233.5	288.1	311.0	312.9	328.8	Europe du Sud-Est
Commonwealth of Independent States	100.8	110.2	112.7	114.3	113.8	Communauté d'Etats indépendants
- Asia	18.2	22.4	17.1	12.1	5.5	- Asie
- Europe	82.7	87.8	95.6	102.2	108.3	- Europe
Northern Africa	201.7	203.8	224.4	215.9	261.7	Afrique septentrionale
Sub-Saharan Africa	86.9	99.7	108.7	118.9	139.1	Afrique subsaharienne
Latin America & the Caribbean	566.7	581.7	653.5	637.5	653.6	Amérique latine et Caraïbes
- Caribbean	82.3	78.4	74.4	73.1	56.7	- Caraïbes
- Latin America	484.4	503.3	579.1	564.5	596.9	- Amérique latine
Eastern Asia	1074.3	1187.3	1250.9	1324.4	1253.6	Asie orientale
Southern Asia	231.1	258.2	270.4	290.2	310.1	Asie méridionale
South-Eastern Asia	461.3	571.8	644.9	727.2	787.3	Asie du Sud-Est
Western Asia	350.2	378.0	396.2	428.8	447.3	Asie occidentale
Oceania	26.7	27.2	36.4	45.3	37.4	Océanie
United States	558.4	677.6	732.9	611.4	566.6	Etats-Unis d'Amérique
China	511.1	587.6	624.3	646.5	611.9	Chine
China, Hong Kong SAR	446.4	475.8	497.2	544.9	525.5	Chine - RAS de Hong-Kong
Mexico	378.3	386.2	392.1	401.4	396.1	Mexique
Viet Nam	161.3	247.4	277.4	313.2	e399.7	Viet Nam
France-Monaco	236.2	260.9	304.6	284.8	279.5	France-Monaco
Italy	220.5	268.8	283.5	291.9	291.0	Italie
Germany	192.2	216.1	237.6	262.0	284.8	Allemagne
Romania	173.9	203.2	206.0	201.1	198.6	Roumanie
United Kingdom	196.5	192.5	198.5	193.3	199.4	Royaume-Uni
Spain	146.2	155.1	187.0	205.5	203.3	Espagne
United Arab Emirates	136.2	142.5	144.4	171.1	e211.8	Emirates arabes unis
Poland	122.3	145.4	137.4	160.7	195.2	Pologne
Sri Lanka	109.7	122.6	124.4	e153.6	e169.2	Sri Lanka
Morocco	121.3	122.8	123.7	124.6	148.0	Maroc
Belgium	122.0	120.7	122.0	133.1	128.3	Belgique
Japan	97.6	106.7	109.0	122.7	119.2	Japon
Thailand	75.3	92.0	107.1	118.3	112.8	Thaïlande
Hungary	103.6	104.5	96.7	98.5	98.9	Hongrie
Canada	93.0	101.0	104.8	92.5	91.1	Canada
Tunisia	74.2	74.1	85.3	84.1	100.1	Tunisie
Turkey	63.9	74.6	91.0	90.7	95.7	Turquie
Austria	79.2	82.4	76.7	70.3	92.1	Autriche
Singapore	72.1	78.6	80.1	80.7	78.7	Singapour
India	49.1	53.5	76.9	73.5	78.3	Inde

Value as percentages of World total

Valeur en pourcentage du total mondial

Regions of the world	1998	1999	2000	2001	2002	2003	2004	2005	2006	2007	Régions du monde
World	100.0	100.0	100.0	100.0	100.0	100.0	100.0	100.0	100.0	100.0	Monde
Developed Economies	50.0	48.1	45.9	44.6	44.8	44.6	44.5	43.9	42.3	42.2	Economies Développés
- Asia-Pacific	2.7	2.8	2.8	2.5	2.5	2.4	2.4	2.3	2.4	2.2	- Asie-Pacifique
- Europe	35.9	33.7	31.3	30.5	30.5	31.4	30.5	29.9	30.4	31.2	- Europe
- North America	11.4	11.6	11.8	11.6	11.8	10.8	11.7	11.7	9.6	8.8	- Amérique du Nord
South-Eastern Europe	1.4	1.7	2.0	2.5	3.5	3.9	4.3	4.4	4.3	4.4	Europe du Sud-Est
Commonwealth of Independent States	0.7	0.7	0.8	1.0	1.2	1.7	1.7	1.6	1.6	1.5	Communauté d'Etats indépendants
- Asia	0.1	0.1	0.1	0.2	0.2	0.3	0.3	0.2	0.2	0.1	- Asie
- Europe	0.7	0.6	0.7	0.9	1.0	1.4	1.3	1.3	1.4	1.4	- Europe
Northern Africa	2.6	2.7	2.4	3.0	3.2	3.4	3.1	3.1	3.0	3.5	Afrique septentrionale
Sub-Saharan Africa	1.1	1.0	1.1	5.4	1.4	1.4	1.5	1.5	1.6	1.9	Afrique subsaharienne
Latin America & the Caribbean	12.2	11.6	11.4	10.2	10.0	9.4	8.7	9.1	8.7	8.7	Amérique latine et Caraïbes
- Caribbean	1.3	0.4	0.4	0.4	0.3	1.4	1.2	1.0	1.0	0.8	- Caraïbes
- Latin America	10.9	11.2	11.1	9.8	9.7	8.1	7.5	8.1	7.7	8.0	- Amérique latine
Eastern Asia	17.7	18.8	20.2	18.3	18.5	17.9	17.8	17.5	18.1	16.7	Asie orientale
Southern Asia	3.1	3.0	3.4	3.3	3.4	3.8	3.9	3.8	4.0	4.1	Asie méridionale
South-Eastern Asia	6.3	7.5	7.9	7.5	8.3	7.7	8.6	9.0	9.9	10.5	Asie du Sud-Est
Western Asia	4.1	4.1	4.2	4.0	5.4	5.8	5.7	5.5	5.9	6.0	Asie occidentale
Oceania	0.7	0.8	0.7	0.3	0.5	0.4	0.4	0.5	0.6	0.5	Océanie

Tulles, dentelles, broderies, rubans, passementerie et autres articles de mercerie 656

Trade by commodity   Commerce par produit

Exports by principal countries or areas   Exportations selon les principaux pays ou zones

Value in million US dollars   Valeur en millions de dollars EU

Country or area	2003	2004	2005	2006	2007	Pays ou zone
World	6781.5	7553.8	8169.4	8825.4	9370.6	Monde
Developed Economies	3318.5	3594.3	3514.0	3494.2	3605.4	Economies Développés
- Asia-Pacific	228.4	235.8	231.9	226.8	215.5	- Asie-Pacifique
- Europe	2455.7	2614.6	2591.4	2639.2	2829.4	- Europe
- North America	634.5	744.0	690.8	628.1	560.5	- Amérique du Nord
South-Eastern Europe	28.5	35.6	42.5	67.3	92.6	Europe du Sud-Est
Commonwealth of Independent States	7.8	8.6	7.9	11.2	15.3	Communauté d'Etats indépendants
- Asia	0.7	0.4	0.3	0.3	0.5	- Asie
- Europe	7.1	8.2	7.6	10.9	14.9	- Europe
Northern Africa	14.3	15.0	17.7	21.3	28.6	Afrique septentrionale
Sub-Saharan Africa	29.6	34.0	27.6	25.9	24.2	Afrique subsaharienne
Latin America & the Caribbean	197.0	178.2	183.6	179.3	261.0	Amérique latine et Caraïbes
- Caribbean	1.8	2.3	1.9	2.2	3.2	- Caraïbes
- Latin America	195.1	175.9	181.7	177.1	257.8	- Amérique latine
Eastern Asia	2403.9	2793.0	3396.5	4116.3	4382.0	Asie orientale
Southern Asia	171.3	168.3	173.9	184.2	226.4	Asie méridionale
South-Eastern Asia	264.4	286.7	345.7	371.7	346.1	Asie du Sud-Est
Western Asia	345.8	439.3	458.7	352.1	388.4	Asie occidentale
Oceania	0.5	0.7	1.3	1.8	0.4	Océanie
China	568.2	871.4	1374.6	2047.2	2485.3	Chine
China, Hong Kong SAR	619.8	697.8	754.1	832.7	785.7	Chine - RAS de Hong-Kong
Korea, Republic of	682.0	659.8	666.0	620.2	531.1	République de Corée
France-Monaco	534.3	574.9	608.0	615.0	652.8	France-Monaco
United States	573.8	651.9	590.1	560.4	509.1	Etats-Unis d'Amérique
Italy	409.6	443.7	468.8	471.1	477.8	Italie
Germany	391.1	419.7	411.1	437.0	452.1	Allemagne
Turkey	299.8	379.3	407.3	228.2	253.4	Turquie
Japan	220.8	228.9	225.5	220.2	208.6	Japon
Austria	227.8	213.8	191.4	190.5	205.3	Autriche
United Kingdom	185.5	207.4	173.2	160.8	182.1	Royaume-Uni
Switzerland-Liechtenstein	189.0	184.5	163.0	159.3	162.9	Suisse-Liechtenstein
Thailand	125.4	124.0	143.3	172.7	166.9	Thaïlande
Spain	116.6	111.2	110.2	127.0	142.1	Espagne
India	90.8	89.4	118.9	133.4	162.7	Inde
Netherlands	102.1	120.3	115.6	111.0	117.8	Pays-Bas
Belgium	100.1	105.0	113.1	109.9	124.6	Belgique
Mexico	127.4	98.7	97.4	81.9	135.0	Mexique
Canada	60.7	92.1	100.7	67.7	51.3	Canada
Singapore	50.7	60.9	82.1	76.2	64.7	Singapour
Romania	26.5	32.3	39.0	63.4	86.7	Roumanie
Indonesia	40.6	40.4	41.8	42.6	51.1	Indonésie
Colombia	36.4	42.4	40.2	43.0	48.4	Colombie
Syrian Arab Republic	15.1	14.2	12.7	76.6	e82.3	République arabe syrienne
Czech Republic	37.6	38.4	36.8	36.6	40.5	République tchèque

Value as percentages of World total   Valeur en pourcentage du total mondial

Regions of the world	1998	1999	2000	2001	2002	2003	2004	2005	2006	2007	Régions du monde
World	100.0	100.0	100.0	100.0	100.0	100.0	100.0	100.0	100.0	100.0	Monde
Developed Economies	56.8	53.9	49.9	51.4	50.7	48.9	47.6	43.0	39.6	38.5	Economies Développés
- Asia-Pacific	4.0	4.5	4.4	3.7	3.4	3.4	3.1	2.8	2.6	2.3	- Asie-Pacifique
- Europe	41.5	37.1	33.8	34.3	34.9	36.2	34.6	31.7	29.9	30.2	- Europe
- North America	11.3	12.3	11.7	13.4	12.4	9.4	9.8	8.5	7.1	6.0	- Amérique du Nord
South-Eastern Europe	0.1	0.1	0.1	0.3	0.3	0.4	0.5	0.5	0.8	1.0	Europe du Sud-Est
Commonwealth of Independent States	0.1	0.1	0.1	0.1	0.1	0.1	0.1	0.1	0.1	0.2	Communauté d'Etats indépendants
- Asia	0.0	0.0	0.0	0.0	0.0	0.0	0.0	0.0	0.0	0.0	- Asie
- Europe	0.1	0.1	0.1	0.1	0.1	0.1	0.1	0.1	0.1	0.2	- Europe
Northern Africa	0.3	0.2	0.2	0.2	0.3	0.2	0.2	0.2	0.2	0.3	Afrique septentrionale
Sub-Saharan Africa	0.4	0.4	0.6	0.3	0.4	0.4	0.4	0.3	0.3	0.3	Afrique subsaharienne
Latin America & the Caribbean	2.9	3.0	2.7	2.7	3.0	2.9	2.4	2.2	2.0	2.8	Amérique latine et Caraïbes
- Caribbean	0.0	0.0	0.0	0.0	0.0	0.0	0.0	0.0	0.0	0.0	- Caraïbes
- Latin America	2.8	3.0	2.7	2.6	2.9	2.9	2.3	2.2	2.0	2.8	- Amérique latine
Eastern Asia	32.4	33.4	36.7	34.2	34.4	35.4	37.0	41.6	46.6	46.8	Asie orientale
Southern Asia	1.5	2.2	2.0	2.3	2.3	2.5	2.2	2.1	2.1	2.4	Asie méridionale
South-Eastern Asia	3.3	3.7	4.3	4.2	3.7	3.9	3.8	4.2	4.2	3.7	Asie du Sud-Est
Western Asia	2.3	3.0	3.3	4.4	4.9	5.1	5.8	5.6	4.0	4.1	Asie occidentale
Oceania	0.0	0.0	0.0	0.0	0.0	0.0	0.0	0.0	0.0	0.0	Océanie

657 Special yarns, special textile fabrics and related products

Trade by commodity
Imports by principal countries or areas
Value in million US dollars

Commerce par produit
Importations selon les principaux pays ou zones
Valeur en millions de dollars EU

Country or area	2003	2004	2005	2006	2007	Pays ou zone
World	22622.0	25586.2	27610.6	29730.1	33248.6	Monde
Developed Economies	13526.4	15437.8	16349.1	17648.6	19641.6	Economies Développés
- Asia-Pacific	907.8	1010.7	1087.8	1170.2	1255.6	- Asie-Pacifique
- Europe	9762.3	11131.2	11623.6	12570.2	14197.7	- Europe
- North America	2856.2	3295.8	3637.7	3908.2	4188.3	- Amérique du Nord
South-Eastern Europe	448.7	595.1	635.0	657.4	781.1	Europe du Sud-Est
Commonwealth of Independent States	419.2	502.8	637.9	824.2	1069.1	Communauté d'États indépendants
- Asia	42.1	52.0	65.3	85.3	108.3	- Asie
- Europe	377.1	450.8	572.7	739.0	960.8	- Europe
Northern Africa	233.9	273.8	306.7	365.2	439.5	Afrique septentrionale
Sub-Saharan Africa	331.2	365.5	356.0	389.8	447.5	Afrique subsaharienne
Latin America & the Caribbean	1889.7	2039.1	2244.4	2457.3	2630.9	Amérique latine et Caraïbes
- Caribbean	73.9	79.1	94.5	92.6	91.7	- Caraïbes
- Latin America	1815.9	1960.0	2149.8	2364.6	2539.2	- Amérique latine
Eastern Asia	3210.2	3513.4	3808.2	4127.1	4474.6	Asie orientale
Southern Asia	547.5	611.8	772.5	770.5	858.7	Asie méridionale
South-Eastern Asia	1234.4	1367.3	1516.4	1681.7	1948.3	Asie du Sud-Est
Western Asia	762.8	860.8	961.9	784.1	936.1	Asie occidentale
Oceania	18.0	18.8	22.4	24.2	21.3	Océanie
United States	2117.7	2487.8	2762.3	2978.4	3235.3	Etats-Unis d'Amérique
Germany	1710.0	1931.8	2267.7	2482.1	2685.8	Allemagne
China	1757.2	1980.4	2180.1	2427.8	2630.3	Chine
France-Monaco	1140.1	1276.7	1303.6	1339.7	1475.4	France-Monaco
Mexico	1203.3	1237.3	1279.8	1372.4	1378.4	Mexique
United Kingdom	877.3	1012.9	1045.7	1122.0	1303.2	Royaume-Uni
Italy	754.8	849.5	853.1	933.4	1074.9	Italie
China, Hong Kong SAR	810.9	824.1	855.8	904.9	937.1	Chine - RAS de Hong-Kong
Canada	733.9	803.4	871.7	926.3	950.0	Canada
Spain	724.0	786.3	760.7	809.5	893.7	Espagne
Poland	579.1	721.6	767.5	843.1	1029.2	Pologne
Japan	609.1	684.8	756.3	817.5	878.2	Japon
Belgium	475.6	591.8	618.5	676.5	771.3	Belgique
Czech Republic	456.0	530.4	550.4	630.3	734.6	République tchèque
Viet Nam	429.3	490.9	525.0	608.1	e775.9	Viet Nam
Netherlands	425.5	463.4	520.8	620.7	684.6	Pays-Bas
Korea, Republic of	366.3	404.6	468.0	511.0	595.7	République de Corée
Romania	303.4	365.8	385.0	426.7	514.8	Roumanie
India	226.6	303.4	443.6	470.6	529.6	Inde
Russian Federation	224.2	262.9	335.2	444.0	604.2	Fédération de Russie
Turkey	349.3	402.4	477.2	264.3	321.3	Turquie
Austria	293.3	354.8	340.9	334.3	379.2	Autriche
Thailand	237.1	280.9	335.8	355.1	399.3	Thaïlande
Switzerland-Liechtenstein	254.6	296.0	306.9	330.0	369.6	Suisse-Liechtenstein
Sweden	247.2	273.3	288.1	314.4	355.3	Suède

Value as percentages of World total — Valeur en pourcentage du total mondial

Regions of the world	1998	1999	2000	2001	2002	2003	2004	2005	2006	2007	Régions du monde
World	100.0	100.0	100.0	100.0	100.0	100.0	100.0	100.0	100.0	100.0	Monde
Developed Economies	60.1	59.8	56.9	54.0	58.2	59.8	60.3	59.2	59.4	59.1	Economies Développés
- Asia-Pacific	4.0	4.5	4.5	3.9	4.0	4.0	4.0	3.9	3.9	3.8	- Asie-Pacifique
- Europe	44.8	43.8	40.1	38.4	41.3	43.2	43.5	42.1	42.3	42.7	- Europe
- North America	11.3	11.5	12.3	11.7	12.9	12.6	12.9	13.2	13.1	12.6	- Amérique du Nord
South-Eastern Europe	1.4	1.4	1.5	1.7	1.9	2.0	2.3	2.3	2.2	2.3	Europe du Sud-Est
Commonwealth of Independent States	1.9	1.4	1.7	1.6	1.6	1.9	2.0	2.3	2.8	3.2	Communauté d'Etats indépendants
- Asia	0.2	0.1	0.1	0.1	0.2	0.2	0.2	0.2	0.3	0.3	- Asie
- Europe	1.7	1.3	1.5	1.5	1.5	1.7	1.8	2.1	2.5	2.9	- Europe
Northern Africa	1.4	1.2	1.0	1.0	1.1	1.0	1.1	1.1	1.2	1.3	Afrique septentrionale
Sub-Saharan Africa	1.4	1.2	1.3	7.4	1.3	1.5	1.4	1.3	1.3	1.3	Afrique subsaharienne
Latin America & the Caribbean	7.9	8.6	9.3	8.8	8.9	8.4	8.0	8.1	8.3	7.9	Amérique latine et Caraïbes
- Caribbean	0.3	0.3	0.3	0.3	0.3	0.3	0.3	0.3	0.3	0.3	- Caraïbes
- Latin America	7.6	8.2	9.0	8.5	8.6	8.0	7.7	7.8	8.0	7.6	- Amérique latine
Eastern Asia	15.0	15.4	16.3	14.5	15.2	14.2	13.7	13.8	13.9	13.5	Asie orientale
Southern Asia	2.5	2.4	2.6	2.6	2.5	2.4	2.4	2.8	2.6	2.6	Asie méridionale
South-Eastern Asia	5.2	5.6	6.4	5.6	5.8	5.5	5.3	5.5	5.7	5.9	Asie du Sud-Est
Western Asia	3.1	2.8	2.9	2.7	3.4	3.4	3.4	3.5	2.6	2.8	Asie occidentale
Oceania	0.1	0.1	0.1	0.1	0.1	0.1	0.1	0.1	0.1	0.1	Océanie

Trade by commodity

Exports by principal countries or areas

Value in million US dollars

Commerce par produit

Exportations selon les principaux pays ou zones

Valeur en millions de dollars EU

Country or area	2003	2004	2005	2006	2007	Pays ou zone
World	25526.6	27977.6	29721.1	31934.8	35643.6	Monde
Developed Economies	17585.2	18962.5	19717.7	21365.4	23517.8	Economies Développés
- Asia-Pacific	1303.3	1495.6	1572.8	1657.0	1830.6	- Asie-Pacifique
- Europe	12971.1	13885.4	14282.7	15562.1	17541.4	- Europe
- North America	3310.8	3581.5	3862.3	4146.3	4145.8	- Amérique du Nord
South-Eastern Europe	27.5	40.9	61.6	84.0	122.1	Europe du Sud-Est
Commonwealth of Independent States	194.1	218.1	227.4	249.8	299.8	Communauté d'Etats indépendants
- Asia	27.7	25.0	17.4	14.8	19.0	- Asie
- Europe	166.5	193.2	210.0	235.0	280.7	- Europe
Northern Africa	18.0	25.3	72.7	102.1	183.1	Afrique septentrionale
Sub-Saharan Africa	73.1	85.9	84.0	89.8	103.7	Afrique subsaharienne
Latin America & the Caribbean	570.3	635.3	746.8	846.8	947.1	Amérique latine et Caraïbes
- Caribbean	4.6	2.8	3.9	4.0	3.9	- Caraïbes
- Latin America	565.7	632.6	742.9	842.8	943.2	- Amérique latine
Eastern Asia	5606.6	6331.8	7043.9	7568.3	8642.7	Asie orientale
Southern Asia	235.0	240.4	303.1	315.3	366.8	Asie méridionale
South-Eastern Asia	732.7	855.7	979.0	1103.6	1169.7	Asie du Sud-Est
Western Asia	482.9	580.5	483.1	208.7	290.3	Asie occidentale
Oceania	1.1	1.1	1.5	0.9	0.5	Océanie
Germany	3829.5	3430.5	3682.2	4103.3	4431.2	Allemagne
United States	2739.6	2939.2	3179.3	3448.4	3397.6	Etats-Unis d'Amérique
China	1307.2	1811.2	2582.6	3169.2	4148.1	Chine
Italy	1827.5	2002.4	2041.2	2298.3	2603.9	Italie
Korea, Republic of	1745.2	1840.3	1816.3	1827.8	1871.7	République de Corée
Japan	1208.5	1394.7	1464.3	1536.5	1692.3	Japon
France-Monaco	1154.2	1281.7	1302.0	1390.9	1546.9	France-Monaco
United Kingdom	990.2	1076.5	1050.8	1133.6	1178.3	Royaume-Uni
Belgium	884.5	1080.3	1092.4	1065.5	1237.7	Belgique
China, Hong Kong SAR	747.2	751.9	790.5	834.3	869.1	Chine - RAS de Hong-Kong
Netherlands	647.9	751.3	774.6	848.6	932.6	Pays-Bas
Canada	571.1	642.2	682.8	697.8	748.2	Canada
Spain	475.0	551.9	569.9	673.7	786.1	Espagne
Luxembourg	415.4	470.4	497.1	517.2	473.3	Luxembourg
Czech Republic	286.3	335.0	419.9	508.3	628.6	République tchèque
Switzerland-Liechtenstein	412.3	465.3	418.4	396.0	453.7	Suisse-Liechtenstein
Austria	347.5	420.1	384.0	380.0	475.3	Autriche
Sweden	369.6	399.8	387.2	390.2	458.8	Suède
Thailand	289.1	341.9	399.5	390.5	424.9	Thaïlande
Mexico	286.1	274.3	313.4	356.2	393.2	Mexique
Denmark	225.8	246.1	265.1	278.2	356.2	Danemark
Poland	174.7	233.8	257.9	296.5	398.9	Pologne
Portugal	243.6	269.7	227.1	259.0	321.3	Portugal
Finland	217.5	237.1	238.4	258.1	308.1	Finlande
Brazil	125.4	174.9	221.4	272.9	297.4	Brésil

Value as percentages of World total

Valeur en pourcentage du total mondial

Regions of the world	1998	1999	2000	2001	2002	2003	2004	2005	2006	2007	Régions du monde
World	100.0	100.0	100.0	100.0	100.0	100.0	100.0	100.0	100.0	100.0	Monde
Developed Economies	67.4	66.4	63.9	66.3	67.3	68.9	67.8	66.3	66.9	66.0	Economies Développés
- Asia-Pacific	5.2	5.6	5.8	5.2	5.0	5.1	5.3	5.3	5.2	5.1	- Asie-Pacifique
- Europe	50.5	48.9	45.4	47.9	49.3	50.8	49.6	48.1	48.7	49.2	- Europe
- North America	11.8	11.9	12.6	13.1	13.0	13.0	12.8	13.0	13.0	11.6	- Amérique du Nord
South-Eastern Europe	0.1	0.1	0.1	0.1	0.1	0.1	0.1	0.2	0.3	0.3	Europe du Sud-Est
Commonwealth of Independent States	0.9	0.6	0.8	0.8	0.9	0.8	0.8	0.8	0.8	0.8	Communauté d'Etats indépendants
- Asia	0.2	0.2	0.2	0.2	0.1	0.1	0.1	0.1	0.0	0.1	- Asie
- Europe	0.7	0.5	0.6	0.7	0.7	0.7	0.7	0.7	0.7	0.8	- Europe
Northern Africa	0.1	0.1	0.1	0.1	0.1	0.1	0.1	0.2	0.3	0.5	Afrique septentrionale
Sub-Saharan Africa	0.2	0.2	0.2	0.2	0.3	0.3	0.3	0.3	0.3	0.3	Afrique subsaharienne
Latin America & the Caribbean	2.7	2.7	2.8	2.4	2.2	2.2	2.3	2.5	2.7	2.7	Amérique latine et Caraïbes
- Caribbean	0.0	0.0	0.0	0.0	0.0	0.0	0.0	0.0	0.0	0.0	- Caraïbes
- Latin America	2.6	2.6	2.8	2.4	2.1	2.2	2.3	2.5	2.6	2.6	- Amérique latine
Eastern Asia	24.3	25.3	27.3	24.9	23.9	22.0	22.6	23.7	23.7	24.2	Asie orientale
Southern Asia	0.9	0.9	0.9	0.9	0.9	0.9	0.9	1.0	1.0	1.0	Asie méridionale
South-Eastern Asia	1.9	2.4	2.5	2.6	2.6	2.9	3.1	3.3	3.5	3.3	Asie du Sud-Est
Western Asia	1.5	1.4	1.5	1.7	1.8	1.9	2.1	1.6	0.7	0.8	Asie occidentale
Oceania	0.0	0.0	0.0	0.0	0.0	0.0	0.0	0.0	0.0	0.0	Océanie

658 Made-up articles, wholly or chiefly of textile materials, nes

Trade by commodity
Imports by principal countries or areas
Value in million US dollars

Commerce par produit
Importations selon les principaux pays ou zones
Valeur en millions de dollars EU

Country or area	2003	2004	2005	2006	2007	Pays ou zone
World	23046.9	26894.9	29751.4	32971.7	36797.3	Monde
Developed Economies	19895.0	23426.6	25609.6	28134.9	31088.7	Economies Développés
- Asia-Pacific	2272.0	2570.8	2822.7	3066.7	3214.2	- Asie-Pacifique
- Europe	9892.7	11756.3	12334.4	13631.4	15743.0	- Europe
- North America	7730.3	9099.4	10452.5	11436.7	12131.5	- Amérique du Nord
South-Eastern Europe	80.7	127.9	156.4	178.4	296.0	Europe du Sud-Est
Commonwealth of Independent States	301.8	347.4	377.2	508.2	652.6	Communauté d'Etats indépendants
- Asia	62.5	65.4	67.8	86.1	93.7	- Asie
- Europe	239.3	282.0	309.5	422.2	558.9	- Europe
Northern Africa	64.8	72.4	80.9	89.5	143.4	Afrique septentrionale
Sub-Saharan Africa	377.4	411.1	535.8	705.8	745.6	Afrique subsaharienne
Latin America & the Caribbean	509.7	653.2	828.5	1000.6	1255.0	Amérique latine et Caraïbes
- Caribbean	82.5	113.8	118.8	128.5	153.2	- Caraïbes
- Latin America	427.2	539.4	709.7	872.1	1101.9	- Amérique latine
Eastern Asia	763.1	740.6	846.2	926.3	945.2	Asie orientale
Southern Asia	105.5	85.6	127.6	157.3	169.4	Asie méridionale
South-Eastern Asia	249.8	269.7	313.1	373.6	417.4	Asie du Sud-Est
Western Asia	671.6	729.1	840.4	856.9	1047.3	Asie occidentale
Oceania	27.6	31.3	35.7	40.2	36.6	Océanie
United States	7065.9	8338.0	9594.4	10496.1	11087.3	Etats-Unis d'Amérique
Germany	2126.2	2380.8	2511.4	2688.4	2922.4	Allemagne
Japan	1758.6	1935.7	2136.2	2304.6	2342.3	Japon
United Kingdom	1460.1	1876.3	1761.0	2011.2	2252.1	Royaume-Uni
France-Monaco	1397.9	1620.8	1729.9	1888.9	2193.9	France-Monaco
Canada	655.3	750.5	846.6	929.1	1031.9	Canada
Spain	572.9	686.5	815.0	899.0	1121.8	Espagne
Italy	558.5	686.4	804.2	892.2	1020.5	Italie
Belgium	617.6	743.1	742.1	855.5	985.3	Belgique
Netherlands	590.6	701.3	697.4	734.1	850.5	Pays-Bas
Australia	407.9	505.6	536.8	605.8	704.0	Australie
Switzerland-Liechtenstein	355.2	402.7	419.2	464.5	523.4	Suisse-Liechtenstein
Sweden	337.4	394.5	412.2	466.1	539.5	Suède
Austria	329.8	385.7	416.7	421.9	486.6	Autriche
China, Hong Kong SAR	411.4	386.4	387.5	374.2	335.2	Chine - RAS de Hong-Kong
Denmark	232.2	251.5	280.5	333.2	384.7	Danemark
Russian Federation	175.3	210.6	226.6	342.9	481.3	Fédération de Russie
Poland	182.9	221.2	261.0	309.4	427.2	Pologne
Norway	207.1	244.9	267.3	274.4	329.2	Norvège
Mexico	183.8	206.8	233.5	279.9	348.6	Mexique
United Arab Emirates	185.9	222.7	233.9	247.0	e305.7	Emirates arabes unis
Korea, Republic of	138.3	165.9	230.1	286.5	318.5	République de Corée
Greece	151.8	203.4	203.1	207.9	268.6	Grèce
Saudi Arabia	153.9	168.0	210.9	206.4	261.1	Arabie saoudite
Ireland	144.4	176.6	188.8	220.3	266.0	Irlande

Value as percentages of World total

Valeur en pourcentage du total mondial

Regions of the world	1998	1999	2000	2001	2002	2003	2004	2005	2006	2007	Régions du monde
World	100.0	100.0	100.0	100.0	100.0	100.0	100.0	100.0	100.0	100.0	Monde
Developed Economies	83.9	84.9	84.9	76.6	86.1	86.3	87.1	86.1	85.3	84.5	Economies Développés
- Asia-Pacific	10.0	10.6	11.9	10.3	10.7	9.9	9.6	9.5	9.3	8.7	- Asie-Pacifique
- Europe	46.9	45.3	41.8	37.2	41.2	42.9	43.7	41.5	41.3	42.8	- Europe
- North America	27.0	29.0	31.3	29.0	34.2	33.5	33.8	35.1	34.7	33.0	- Amérique du Nord
South-Eastern Europe	0.3	0.5	0.2	0.2	0.3	0.4	0.5	0.5	0.5	0.8	Europe du Sud-Est
Commonwealth of Independent States	0.9	0.8	0.8	0.8	1.2	1.3	1.3	1.3	1.5	1.8	Communauté d'Etats indépendants
- Asia	0.2	0.2	0.1	0.2	0.2	0.3	0.2	0.2	0.3	0.3	- Asie
- Europe	0.8	0.6	0.6	0.6	0.9	1.0	1.0	1.0	1.3	1.5	- Europe
Northern Africa	0.5	0.5	0.3	0.2	0.4	0.3	0.3	0.3	0.3	0.4	Afrique septentrionale
Sub-Saharan Africa	1.8	1.5	1.5	12.1	1.4	1.6	1.5	1.8	2.1	2.0	Afrique subsaharienne
Latin America & the Caribbean	3.9	3.6	4.0	3.3	2.7	2.2	2.4	2.8	3.0	3.4	Amérique latine et Caraïbes
- Caribbean	0.5	0.5	0.5	0.4	0.4	0.4	0.4	0.4	0.4	0.4	- Caraïbes
- Latin America	3.4	3.1	3.5	2.8	2.3	1.9	2.0	2.4	2.6	3.0	- Amérique latine
Eastern Asia	4.1	3.8	3.8	3.0	3.3	3.3	2.8	2.8	2.8	2.6	Asie orientale
Southern Asia	0.2	0.3	0.4	0.3	0.5	0.5	0.3	0.4	0.5	0.5	Asie méridionale
South-Eastern Asia	1.1	1.3	1.2	1.0	1.1	1.1	1.0	1.1	1.1	1.1	Asie du Sud-Est
Western Asia	3.1	2.7	2.7	2.3	2.9	2.9	2.7	2.8	2.6	2.8	Asie occidentale
Oceania	0.1	0.1	0.2	0.1	0.1	0.1	0.1	0.1	0.1	0.1	Océanie

Articles confectionnes entièrement ou principalement en matières textiles, n.d.a. 658

Trade by commodity

Exports by principal countries or areas

Value in million US dollars

Commerce par produit

Exportations selon les principaux pays ou zones

Valeur en millions de dollars EU

Country or area	2003	2004	2005	2006	2007	Pays ou zone
World	23603.9	26985.3	31359.8	33497.4	36703.5	Monde
Developed Economies	7585.4	8440.4	8711.3	9278.5	10443.3	Economies Développés
- Asia-Pacific	148.7	169.3	159.4	163.4	185.5	- Asie-Pacifique
- Europe	6543.5	7312.8	7429.6	7931.8	8995.2	- Europe
- North America	893.3	958.4	1122.2	1183.4	1262.6	- Amérique du Nord
South-Eastern Europe	212.1	302.3	342.5	360.3	361.6	Europe du Sud-Est
Commonwealth of Independent States	150.3	182.4	162.9	170.8	212.9	Communauté d'Etats indépendants
- Asia	33.4	44.8	38.9	36.9	43.5	- Asie
- Europe	117.0	137.7	124.0	133.9	169.4	- Europe
Northern Africa	272.8	317.9	332.1	333.1	455.0	Afrique septentrionale
Sub-Saharan Africa	111.2	142.9	156.2	170.0	229.1	Afrique subsaharienne
Latin America & the Caribbean	1262.0	1327.2	1378.0	1375.8	1489.0	Amérique latine et Caraïbes
- Caribbean	24.2	31.9	36.3	38.6	51.1	- Caraïbes
- Latin America	1237.8	1295.3	1341.7	1337.3	1437.9	- Amérique latine
Eastern Asia	7179.7	8777.8	11277.1	12929.0	14372.5	Asie orientale
Southern Asia	4230.5	4486.6	5806.4	5935.6	5973.4	Asie méridionale
South-Eastern Asia	678.3	817.6	877.3	1054.5	1175.7	Asie du Sud-Est
Western Asia	1918.4	2186.9	2309.8	1884.6	1985.5	Asie occidentale
Oceania	3.2	3.2	6.3	5.2	5.4	Océanie
China	6143.7	7739.8	10262.4	11966.1	13435.0	Chine
Pakistan	2349.4	2345.1	3057.0	3228.4	3161.1	Pakistan
India	1590.5	1809.4	2381.4	2293.8	2327.1	Inde
Turkey	1618.1	1839.4	1951.6	1461.8	1541.0	Turquie
Germany	931.7	1079.5	1256.9	1413.1	1568.3	Allemagne
United States	698.8	740.6	896.9	954.3	1013.0	Etats-Unis d'Amérique
Portugal	822.2	841.5	751.8	729.8	773.8	Portugal
Belgium	642.5	737.9	735.2	818.6	944.4	Belgique
Mexico	769.4	758.2	757.7	806.2	779.1	Mexique
France-Monaco	539.1	619.7	650.3	662.0	714.5	France-Monaco
Italy	543.8	632.7	610.2	657.3	694.7	Italie
Poland	487.7	563.7	603.0	576.2	677.5	Pologne
United Kingdom	367.5	432.0	429.4	503.8	560.8	Royaume-Uni
China, Hong Kong SAR	408.0	430.5	422.2	391.0	348.0	Chine - RAS de Hong-Kong
Korea, Republic of	414.9	389.4	390.3	364.1	374.2	République de Corée
Netherlands	333.5	372.1	385.0	390.9	448.8	Pays-Bas
Spain	303.4	358.6	358.6	378.6	511.5	Espagne
Brazil	334.6	378.7	405.6	340.5	362.6	Brésil
Czech Republic	341.4	354.1	340.7	364.8	407.0	République tchèque
Viet Nam	161.8	245.3	268.9	371.5	e433.3	Viet Nam
Bangladesh	208.2	255.5	256.6	e282.1	e317.1	Bangladesh
Thailand	203.6	240.0	240.6	288.3	295.5	Thaïlande
Denmark	207.8	211.6	212.0	249.8	288.1	Danemark
Sweden	194.2	209.0	225.7	257.6	275.1	Suède
Romania	150.2	207.9	250.8	272.8	246.0	Roumanie

Value as percentages of World total

Valeur en pourcentage du total mondial

Regions of the world	1998	1999	2000	2001	2002	2003	2004	2005	2006	2007	Régions du monde
World	100.0	100.0	100.0	100.0	100.0	100.0	100.0	100.0	100.0	100.0	Monde
Developed Economies	41.5	39.2	35.7	35.3	33.5	32.1	31.3	27.8	27.7	28.5	Economies Développés
- Asia-Pacific	0.8	0.9	0.8	0.7	0.7	0.6	0.6	0.5	0.5	0.5	- Asie-Pacifique
- Europe	35.0	32.9	29.2	29.4	28.3	27.7	27.1	23.7	23.7	24.5	- Europe
- North America	5.6	5.4	5.6	5.2	4.6	3.8	3.6	3.6	3.5	3.4	- Amérique du Nord
South-Eastern Europe	0.7	0.6	0.7	0.8	0.9	0.9	1.1	1.1	1.1	1.0	Europe du Sud-Est
Commonwealth of Independent States	0.5	0.5	0.5	0.6	0.5	0.6	0.7	0.5	0.5	0.6	Communauté d'Etats indépendants
- Asia	0.1	0.1	0.1	0.1	0.1	0.1	0.2	0.1	0.1	0.1	- Asie
- Europe	0.4	0.4	0.4	0.5	0.5	0.5	0.5	0.4	0.4	0.5	- Europe
Northern Africa	1.0	1.1	1.2	1.2	1.2	1.2	1.2	1.1	1.0	1.2	Afrique septentrionale
Sub-Saharan Africa	0.5	0.5	0.5	0.5	0.5	0.5	0.5	0.5	0.5	0.6	Afrique subsaharienne
Latin America & the Caribbean	7.2	7.8	7.4	6.4	6.5	5.3	4.9	4.4	4.1	4.1	Amérique latine et Caraïbes
- Caribbean	0.1	0.1	0.1	0.1	0.1	0.1	0.1	0.1	0.1	0.1	- Caraïbes
- Latin America	7.2	7.8	7.3	6.3	6.4	5.2	4.8	4.3	4.0	3.9	- Amérique latine
Eastern Asia	24.6	25.0	27.2	27.6	28.3	30.4	32.5	36.0	38.6	39.2	Asie orientale
Southern Asia	13.9	14.3	16.2	16.6	17.5	17.9	16.6	18.5	17.7	16.3	Asie méridionale
South-Eastern Asia	3.0	4.0	4.0	3.9	3.5	2.9	3.0	2.8	3.1	3.2	Asie du Sud-Est
Western Asia	7.0	6.8	6.7	7.0	7.7	8.1	8.1	7.4	5.6	5.4	Asie occidentale
Oceania	0.1	0.1	0.1	0.0	0.0	0.0	0.0	0.0	0.0	0.0	Océanie

659 Floor coverings, etc

Trade by commodity

Imports by principal countries or areas

Value in million US dollars

Commerce par produit

Importations selon les principaux pays ou zones

Valeur en millions de dollars EU

Country or area	2003	2004	2005	2006	2007	Pays ou zone
World	9118.0	10456.8	11118.5	11992.6	13141.8	Monde
Developed Economies	7815.5	8937.8	9312.7	9985.3	10806.4	Economies Développés
- Asia-Pacific	599.5	717.9	780.1	805.8	865.0	- Asie-Pacifique
- Europe	4896.6	5642.3	5688.8	6095.9	6832.0	- Europe
- North America	2319.4	2577.6	2843.9	3083.6	3109.4	- Amérique du Nord
South-Eastern Europe	69.3	103.2	121.7	132.9	172.6	Europe du Sud-Est
Commonwealth of Independent States	175.1	196.0	208.1	263.3	341.9	Communauté d'Etats indépendants
- Asia	95.7	97.4	89.9	97.5	102.8	- Asie
- Europe	79.4	98.6	118.2	165.9	239.2	- Europe
Northern Africa	16.6	20.0	21.7	26.4	45.5	Afrique septentrionale
Sub-Saharan Africa	58.3	73.3	87.1	105.9	111.5	Afrique subsaharienne
Latin America & the Caribbean	261.2	278.6	309.8	358.0	387.2	Amérique latine et Caraïbes
- Caribbean	19.3	23.3	26.2	26.7	31.1	- Caraïbes
- Latin America	241.9	255.3	283.5	331.3	356.1	- Amérique latine
Eastern Asia	179.8	208.2	235.8	249.5	292.5	Asie orientale
Southern Asia	52.5	68.5	98.3	112.8	98.2	Asie méridionale
South-Eastern Asia	98.3	103.1	132.9	145.1	197.6	Asie du Sud-Est
Western Asia	387.3	463.8	585.3	608.8	682.5	Asie occidentale
Oceania	4.0	4.2	5.1	4.7	5.7	Océanie
United States	1781.4	1967.2	2142.3	2286.1	2272.1	Etats-Unis d'Amérique
United Kingdom	1209.4	1523.0	1421.1	1505.8	1705.9	Royaume-Uni
Germany	1109.4	1208.8	1249.9	1274.5	1289.0	Allemagne
Canada	533.4	605.1	696.3	791.7	832.6	Canada
Japan	395.6	465.6	506.8	523.4	520.8	Japon
France-Monaco	410.7	452.9	441.4	475.5	555.6	France-Monaco
Netherlands	277.6	341.2	359.3	433.2	440.0	Pays-Bas
Italy	223.7	260.0	274.2	286.4	313.4	Italie
Belgium	229.3	249.2	256.3	268.9	299.7	Belgique
Australia	161.1	195.6	211.9	222.7	271.1	Australie
Spain	157.9	180.3	188.5	207.6	266.4	Espagne
Switzerland-Liechtenstein	174.8	192.2	190.3	197.8	217.1	Suisse-Liechtenstein
Mexico	169.1	167.4	170.9	201.3	195.0	Mexique
Czech Republic	116.2	139.5	176.4	180.9	209.4	République tchèque
Sweden	139.9	149.4	156.1	170.9	200.6	Suède
Austria	142.1	162.8	156.6	156.6	185.1	Autriche
Poland	99.8	121.9	139.5	182.3	234.3	Pologne
Turkey	70.8	114.5	145.1	141.6	159.0	Turquie
Ireland	78.4	98.9	102.8	122.3	136.5	Irlande
Greece	93.7	94.9	107.6	110.3	129.4	Grèce
United Arab Emirates	71.4	91.3	102.2	120.6	e149.2	Emirates arabes unis
Saudi Arabia	80.4	89.4	105.1	117.3	131.0	Arabie saoudite
Denmark	93.4	94.3	93.8	97.9	109.4	Danemark
Russian Federation	51.6	62.5	75.0	115.8	182.1	Fédération de Russie
Norway	68.7	77.4	80.9	91.3	112.5	Norvège

Value as percentages of World total

Valeur en pourcentage du total mondial

Regions of the world	1998	1999	2000	2001	2002	2003	2004	2005	2006	2007	Régions du monde
World	100.0	100.0	100.0	100.0	100.0	100.0	100.0	100.0	100.0	100.0	Monde
Developed Economies	86.2	86.6	84.7	84.0	85.0	85.7	85.5	83.8	83.3	82.2	Economies Développés
- Asia-Pacific	5.6	6.1	6.8	6.2	6.4	6.6	6.9	7.0	6.7	6.6	- Asie-Pacifique
- Europe	60.8	58.3	52.7	52.9	52.7	53.7	54.0	51.2	50.8	52.0	- Europe
- North America	19.7	22.3	25.2	24.9	26.0	25.4	24.6	25.6	25.7	23.7	- Amérique du Nord
South-Eastern Europe	0.4	0.5	0.5	0.5	0.7	0.8	1.0	1.1	1.1	1.3	Europe du Sud-Est
Commonwealth of Independent States	1.2	0.8	1.1	1.4	1.5	1.9	1.9	1.9	2.2	2.6	Communauté d'Etats indépendants
- Asia	0.5	0.4	0.7	0.8	0.8	1.0	0.9	0.8	0.8	0.8	- Asie
- Europe	0.7	0.4	0.5	0.7	0.8	0.9	0.9	1.1	1.4	1.8	- Europe
Northern Africa	0.2	0.2	0.2	0.3	0.3	0.2	0.2	0.2	0.2	0.3	Afrique septentrionale
Sub-Saharan Africa	0.5	0.5	0.7	1.3	0.6	0.6	0.7	0.8	0.9	0.8	Afrique subsaharienne
Latin America & the Caribbean	3.5	3.5	4.0	3.7	3.3	2.9	2.7	2.8	3.0	2.9	Amérique latine et Caraïbes
- Caribbean	0.2	0.3	0.3	0.3	0.3	0.2	0.2	0.2	0.2	0.2	- Caraïbes
- Latin America	3.3	3.3	3.8	3.4	3.0	2.7	2.4	2.5	2.8	2.7	- Amérique latine
Eastern Asia	1.9	1.9	2.2	2.2	2.0	2.0	2.0	2.1	2.1	2.2	Asie orientale
Southern Asia	0.2	0.2	0.3	0.3	0.6	0.6	0.7	0.9	0.9	0.7	Asie méridionale
South-Eastern Asia	1.0	1.2	1.4	1.3	1.1	1.1	1.0	1.2	1.2	1.5	Asie du Sud-Est
Western Asia	4.8	4.4	4.8	5.0	4.8	4.2	4.4	5.3	5.1	5.2	Asie occidentale
Oceania	0.0	0.0	0.0	0.0	0.0	0.0	0.0	0.0	0.0	0.0	Océanie

Trade by commodity
Exports by principal countries or areas
Value in million US dollars

Commerce par produit
Exportations selon les principaux pays ou zones
Valeur en millions de dollars EU

Country or area	2003	2004	2005	2006	2007	Pays ou zone
World	9573.5	10777.8	11736.9	12733.0	14121.6	Monde
Developed Economies	6225.1	7033.3	7175.5	7835.9	8539.6	Economies Développés
- Asia-Pacific	141.7	162.6	170.1	157.4	172.8	- Asie-Pacifique
- Europe	5157.1	5825.0	5828.2	6434.9	7124.4	- Europe
- North America	926.3	1045.7	1177.2	1243.6	1242.4	- Amérique du Nord
South-Eastern Europe	40.5	56.6	57.8	47.5	53.0	Europe du Sud-Est
Commonwealth of Independent States	60.2	82.4	76.7	88.5	108.1	Communauté d'Etats indépendants
- Asia	9.6	9.6	6.6	4.1	3.6	- Asie
- Europe	50.6	72.8	70.0	84.3	104.5	- Europe
Northern Africa	24.3	27.9	28.4	26.0	24.1	Afrique septentrionale
Sub-Saharan Africa	29.4	31.9	36.7	34.0	43.1	Afrique subsaharienne
Latin America & the Caribbean	88.3	87.9	95.1	96.9	104.3	Amérique latine et Caraïbes
- Caribbean	0.5	0.3	0.4	0.3	0.4	- Caraïbes
- Latin America	87.9	87.6	94.7	96.6	103.9	- Amérique latine
Eastern Asia	725.8	864.6	1020.4	1164.4	1409.4	Asie orientale
Southern Asia	1672.2	1723.1	2123.6	2227.5	2386.2	Asie méridionale
South-Eastern Asia	137.8	170.1	204.9	221.2	287.6	Asie du Sud-Est
Western Asia	570.0	699.9	917.7	991.0	1166.2	Asie occidentale
Oceania	0.0	0.1	0.0	0.1	0.0	Océanie
Belgium	2276.2	2482.6	2319.4	2585.2	2846.8	Belgique
Netherlands	812.9	1009.3	1078.0	1214.7	1252.9	Pays-Bas
India	727.0	771.2	1125.6	1205.5	1220.8	Inde
China	638.4	774.1	933.8	1069.6	1317.0	Chine
United States	718.0	813.0	934.4	1018.5	1043.2	Etats-Unis d'Amérique
Iran (Islamic Republic of)	666.1	629.7	638.0	597.7	e784.4	Iran (République islamique d')
Turkey	381.1	517.8	670.1	652.6	869.0	Turquie
Germany	505.2	566.4	620.8	670.0	699.5	Allemagne
United Kingdom	358.1	401.4	396.6	436.4	498.9	Royaume-Uni
France-Monaco	293.2	325.1	326.8	335.0	401.8	France-Monaco
Pakistan	224.2	252.4	287.6	246.1	222.2	Pakistan
Canada	208.3	232.7	242.7	225.1	199.1	Canada
Italy	155.8	175.2	183.3	199.7	218.8	Italie
Denmark	145.3	155.5	175.7	199.8	235.5	Danemark
Saudi Arabia	121.2	114.7	154.6	201.4	168.7	Arabie saoudite
Switzerland-Liechtenstein	98.7	116.3	114.9	123.4	136.0	Suisse-Liechtenstein
Thailand	67.4	89.8	100.2	126.7	154.6	Thaïlande
Poland	57.6	72.1	94.0	116.5	174.6	Pologne
Austria	90.4	105.8	95.9	102.4	117.4	Autriche
Nepal	41.1	e48.7	e54.4	e150.5	e133.9	Népal
Portugal	68.2	78.5	76.2	90.0	106.3	Portugal
Spain	62.5	71.0	71.2	78.4	114.3	Espagne
New Zealand	74.8	79.8	80.2	79.9	76.0	Nouvelle-Zélande
Czech Republic	50.7	66.0	77.6	80.7	89.5	République tchèque
Sweden	57.6	66.5	63.2	76.7	83.7	Suède

Value as percentages of World total

Valeur en pourcentage du total mondial

Regions of the world	1998	1999	2000	2001	2002	2003	2004	2005	2006	2007	Régions du monde
World	100.0	100.0	100.0	100.0	100.0	100.0	100.0	100.0	100.0	100.0	Monde
Developed Economies	67.1	65.1	63.5	64.7	64.4	65.0	65.3	61.1	61.5	60.5	Economies Développés
- Asia-Pacific	1.2	1.2	1.1	1.1	1.4	1.5	1.5	1.4	1.2	1.2	- Asie-Pacifique
- Europe	54.7	52.8	50.5	52.2	52.3	53.9	54.0	49.7	50.5	50.5	- Europe
- North America	11.3	11.0	11.9	11.4	10.8	9.7	9.7	10.0	9.8	8.8	- Amérique du Nord
South-Eastern Europe	0.3	0.3	0.5	0.4	0.5	0.4	0.5	0.5	0.4	0.4	Europe du Sud-Est
Commonwealth of Independent States	0.6	0.5	0.7	0.6	0.6	0.6	0.8	0.7	0.7	0.8	Communauté d'Etats indépendants
- Asia	0.1	0.1	0.0	0.1	0.1	0.1	0.1	0.1	0.0	0.0	- Asie
- Europe	0.5	0.4	0.6	0.6	0.6	0.5	0.7	0.6	0.7	0.7	- Europe
Northern Africa	0.9	1.0	0.5	0.3	0.3	0.3	0.3	0.2	0.2	0.2	Afrique septentrionale
Sub-Saharan Africa	0.3	0.3	0.4	0.4	0.3	0.3	0.3	0.3	0.3	0.3	Afrique subsaharienne
Latin America & the Caribbean	1.4	1.3	1.1	1.0	1.0	0.9	0.8	0.8	0.8	0.7	Amérique latine et Caraïbes
- Caribbean	0.0	0.0	0.0	0.0	0.0	0.0	0.0	0.0	0.0	0.0	- Caraïbes
- Latin America	1.4	1.3	1.1	1.0	1.0	0.9	0.8	0.8	0.8	0.7	- Amérique latine
Eastern Asia	5.9	5.7	6.7	7.1	7.6	7.6	8.0	8.7	9.1	10.0	Asie orientale
Southern Asia	17.2	20.2	20.6	19.5	18.9	17.5	16.0	18.1	17.5	16.9	Asie méridionale
South-Eastern Asia	1.1	1.3	1.5	1.4	1.3	1.4	1.6	1.7	1.7	2.0	Asie du Sud-Est
Western Asia	5.1	4.3	4.6	4.5	5.1	6.0	6.5	7.8	7.8	8.3	Asie occidentale
Oceania	0.0	0.0	0.0	0.0	0.0	0.0	0.0	0.0	0.0	0.0	Océanie

661 Lime, cement, and fabricated construction materials (except glass and clay)

Trade by commodity
Imports by principal countries or areas
Value in million US dollars

Commerce par produit
Importations selon les principaux pays ou zones
Valeur en millions de dollars EU

Country or area	2003	2004	2005	2006	2007	Pays ou zone
World	15049.6	17986.4	21852.4	24915.2	28461.3	Monde
Developed Economies	9780.0	11748.4	13990.5	15856.2	17013.7	Economies Développés
- Asia-Pacific	1036.2	1081.1	1153.0	1129.5	1177.1	- Asie-Pacifique
- Europe	5073.8	5948.8	6731.0	7669.5	9406.2	- Europe
- North America	3670.0	4718.6	6106.5	7057.1	6430.4	- Amérique du Nord
South-Eastern Europe	219.7	306.8	359.5	398.3	528.1	Europe du Sud-Est
Commonwealth of Independent States	288.3	432.9	583.7	825.9	1448.1	Communauté d'Etats indépendants
- Asia	112.4	189.9	289.4	442.3	709.8	- Asie
- Europe	175.9	243.0	294.3	383.6	738.3	- Europe
Northern Africa	244.3	212.8	215.2	216.8	268.0	Afrique septentrionale
Sub-Saharan Africa	1170.3	1401.8	1648.8	1883.0	2503.7	Afrique subsaharienne
Latin America & the Caribbean	470.5	546.2	670.5	778.5	951.0	Amérique latine et Caraïbes
- Caribbean	133.4	152.6	197.4	242.3	215.0	- Caraïbes
- Latin America	337.0	393.6	473.1	536.2	736.0	- Amérique latine
Eastern Asia	930.2	1063.1	1130.0	1235.6	1461.0	Asie orientale
Southern Asia	358.8	410.7	566.7	697.7	822.0	Asie méridionale
South-Eastern Asia	409.3	463.6	602.5	679.1	827.8	Asie du Sud-Est
Western Asia	1137.4	1345.2	2024.2	2281.2	2571.4	Asie occidentale
Oceania	40.9	54.9	60.7	62.9	66.6	Océanie
United States	3405.8	4386.6	5681.1	6551.3	5823.2	Etats-Unis d'Amérique
France-Monaco	692.7	783.7	866.3	976.3	1229.6	France-Monaco
Japan	876.3	874.2	935.7	917.1	917.4	Japon
Germany	704.5	762.8	865.8	990.2	1037.5	Allemagne
Spain	479.6	583.1	782.8	976.0	1325.1	Espagne
Korea, Republic of	472.4	567.0	632.3	737.9	942.2	République de Corée
United Kingdom	420.6	529.0	568.6	655.8	865.9	Royaume-Uni
Netherlands	453.0	504.6	531.0	580.7	658.3	Pays-Bas
Italy	362.4	464.7	536.2	562.1	623.6	Italie
United Arab Emirates	235.8	358.9	465.8	597.2	e738.9	Emirates arabes unis
Belgium	318.0	406.4	428.1	474.4	612.0	Belgique
Canada	254.8	320.1	412.5	491.5	593.8	Canada
Nigeria	331.5	e315.3	e284.2	305.4	e501.1	Nigéria
Switzerland-Liechtenstein	226.1	258.9	272.0	304.8	330.3	Suisse-Liechtenstein
Russian Federation	92.6	131.1	181.8	252.7	547.5	Fédération de Russie
Austria	188.9	200.7	232.4	230.4	271.1	Autriche
Bangladesh	149.2	166.3	187.8	e234.9	e270.9	Bangladesh
Denmark	122.1	158.3	205.7	222.6	275.2	Danemark
Kazakhstan	38.9	86.5	143.2	241.4	464.8	Kazakhstan
Saudi Arabia	164.5	168.5	229.9	214.9	188.3	Arabie saoudite
Ireland	94.8	124.4	172.6	239.7	314.8	Irlande
China, Hong Kong SAR	211.8	202.1	206.4	165.1	159.5	Chine - RAS de Hong-Kong
Qatar	33.0	65.5	242.1	238.7	e320.1	Qatar
Singapore	148.7	155.5	170.5	175.0	248.1	Singapour
Kuwait	e130.7	e153.8	e246.6	e198.4	e159.4	Koweït

Value as percentages of World total

Valeur en pourcentage du total mondial

Regions of the world	1998	1999	2000	2001	2002	2003	2004	2005	2006	2007	Régions du monde
World	100.0	100.0	100.0	100.0	100.0	100.0	100.0	100.0	100.0	100.0	Monde
Developed Economies	62.7	66.0	65.0	45.4	64.8	65.0	65.3	64.0	63.6	59.8	Economies Développés
- Asia-Pacific	7.0	7.3	7.9	5.3	7.5	6.9	6.0	5.3	4.5	4.1	- Asie-Pacifique
- Europe	35.0	34.8	31.6	22.5	32.6	33.7	33.1	30.8	30.8	33.0	- Europe
- North America	20.7	23.8	25.5	17.6	24.7	24.4	26.2	27.9	28.3	22.6	- Amérique du Nord
South-Eastern Europe	1.1	1.1	1.4	1.0	1.6	1.5	1.7	1.6	1.6	1.9	Europe du Sud-Est
Commonwealth of Independent States	1.7	1.1	1.2	1.1	1.6	1.9	2.4	2.7	3.3	5.1	Communauté d'Etats indépendants
- Asia	0.7	0.6	0.6	0.4	0.6	0.7	1.1	1.3	1.8	2.5	- Asie
- Europe	1.0	0.6	0.7	0.7	1.0	1.2	1.4	1.3	1.5	2.6	- Europe
Northern Africa	2.0	2.6	1.6	0.9	1.4	1.6	1.2	1.0	0.9	0.9	Afrique septentrionale
Sub-Saharan Africa	5.4	6.0	6.5	34.7	8.3	7.8	7.8	7.5	7.6	8.8	Afrique subsaharienne
Latin America & the Caribbean	4.5	4.4	5.1	3.0	3.8	3.1	3.0	3.1	3.1	3.3	Amérique latine et Caraïbes
- Caribbean	1.0	1.7	2.0	1.2	1.6	0.9	0.8	0.9	1.0	0.8	- Caraïbes
- Latin America	3.5	2.8	3.1	1.9	2.2	2.2	2.2	2.2	2.2	2.6	- Amérique latine
Eastern Asia	8.2	6.4	6.2	4.3	6.4	6.2	5.9	5.2	5.0	5.1	Asie orientale
Southern Asia	3.0	3.2	2.7	1.7	2.3	2.4	2.3	2.6	2.8	2.9	Asie méridionale
South-Eastern Asia	4.5	3.0	3.3	2.7	3.1	2.7	2.6	2.8	2.7	2.9	Asie du Sud-Est
Western Asia	6.6	5.8	6.8	5.0	6.5	7.6	7.5	9.3	9.2	9.0	Asie occidentale
Oceania	0.3	0.3	0.3	0.2	0.3	0.3	0.3	0.3	0.3	0.2	Océanie

Chaux, ciment et matériaux de construction fabriques (a l'exception de l'argile et du verre) 661

Trade by commodity
Exports by principal countries or areas
Value in million US dollars

Commerce par produit
Exportations selon les principaux pays ou zones
Valeur en millions de dollars EU

Country or area	2003	2004	2005	2006	2007	Pays ou zone
World	13325.4	15667.3	19119.8	22622.5	25563.6	Monde
Developed Economies	7272.3	8190.3	8855.9	9845.7	11207.0	Economies Développés
- Asia-Pacific	228.1	253.9	279.9	305.2	317.2	- Asie-Pacifique
- Europe	6217.6	7009.3	7557.1	8393.3	9584.1	- Europe
- North America	826.6	927.1	1018.9	1147.2	1305.7	- Amérique du Nord
South-Eastern Europe	112.7	122.0	132.6	171.3	176.1	Europe du Sud-Est
Commonwealth of Independent States	222.4	316.8	481.3	639.9	873.9	Communauté d'Etats indépendants
- Asia	21.1	44.0	81.1	126.4	302.8	- Asie
- Europe	201.3	272.7	400.2	513.4	571.1	- Europe
Northern Africa	264.6	393.7	442.2	440.0	397.6	Afrique septentrionale
Sub-Saharan Africa	358.5	383.2	419.1	624.6	632.8	Afrique subsaharienne
Latin America & the Caribbean	902.4	1127.9	1480.9	1715.9	1888.3	Amérique latine et Caraïbes
- Caribbean	59.6	65.6	72.3	81.5	104.1	- Caraïbes
- Latin America	842.9	1062.3	1408.6	1634.4	1784.2	- Amérique latine
Eastern Asia	1778.7	2230.6	3368.2	4532.2	5129.9	Asie orientale
Southern Asia	678.5	732.2	1135.9	1252.2	1450.2	Asie méridionale
South-Eastern Asia	598.6	673.2	883.7	1168.1	1320.9	Asie du Sud-Est
Western Asia	1132.3	1494.2	1915.9	2226.7	2482.9	Asie occidentale
Oceania	4.3	3.2	3.9	6.0	3.9	Océanie
China	1477.5	1840.7	2841.8	3975.9	4558.5	Chine
Italy	2062.2	2273.9	2314.8	2530.6	2788.8	Italie
Spain	900.6	933.8	953.0	1022.3	1191.8	Espagne
Turkey	674.7	919.4	1185.6	966.8	1246.5	Turquie
Germany	584.8	754.1	852.3	965.8	1164.4	Allemagne
India	560.3	574.7	831.9	983.8	1017.1	Inde
Belgium	623.3	728.7	763.1	820.6	945.8	Belgique
Brazil	326.5	492.1	667.6	893.4	1004.0	Brésil
Canada	525.7	571.7	593.9	611.5	712.2	Canada
Thailand	321.2	333.2	482.3	552.4	657.3	Thaïlande
France-Monaco	365.1	419.1	444.0	485.6	529.6	France-Monaco
United States	301.0	355.3	425.0	535.7	593.5	Etats-Unis d'Amérique
Portugal	201.0	228.7	291.6	358.9	473.5	Portugal
Egypt	211.4	335.1	367.1	337.2	253.1	Egypte
Mexico	205.4	247.3	311.2	344.4	332.6	Mexique
Greece	238.7	215.6	290.9	297.5	331.8	Grèce
United Arab Emirates	82.7	63.2	112.8	522.3	e564.4	Emirates arabes unis
Japan	196.6	225.5	253.1	279.9	284.7	Japon
Russian Federation	107.9	162.0	244.1	340.4	368.6	Fédération de Russie
Saudi Arabia	138.9	156.8	194.0	241.7	380.7	Arabie saoudite
United Kingdom	180.0	193.4	208.6	251.8	258.2	Royaume-Uni
Indonesia	119.8	134.7	154.6	268.7	258.2	Indonésie
Korea, Republic of	105.3	139.6	211.0	225.2	237.0	République de Corée
Czech Republic	102.1	132.1	160.9	173.4	231.3	République tchèque
Malaysia	88.9	115.6	132.4	197.8	246.5	Malaisie

Value as percentages of World total

Valeur en pourcentage du total mondial

Regions of the world	1998	1999	2000	2001	2002	2003	2004	2005	2006	2007	Régions du monde
World	100.0	100.0	100.0	100.0	100.0	100.0	100.0	100.0	100.0	100.0	Monde
Developed Economies	62.7	61.1	58.0	56.5	52.5	54.6	52.3	46.3	43.5	43.8	Economies Développés
- Asia-Pacific	2.3	1.8	1.7	1.6	1.5	1.7	1.6	1.5	1.3	1.2	- Asie-Pacifique
- Europe	54.7	53.1	49.8	48.3	44.7	46.7	44.7	39.5	37.1	37.5	- Europe
- North America	5.7	6.2	6.5	6.6	6.3	6.2	5.9	5.3	5.1	5.1	- Amérique du Nord
South-Eastern Europe	1.2	1.0	1.0	0.9	0.9	0.8	0.8	0.7	0.8	0.7	Europe du Sud-Est
Commonwealth of Independent States	1.7	1.1	1.2	1.2	1.2	1.7	2.0	2.5	2.8	3.4	Communauté d'Etats indépendants
- Asia	0.4	0.1	0.2	0.1	0.1	0.2	0.3	0.4	0.6	1.2	- Asie
- Europe	1.3	1.0	1.0	1.0	1.1	1.5	1.7	2.1	2.3	2.2	- Europe
Northern Africa	0.6	0.6	0.5	0.5	2.1	2.0	2.5	2.3	1.9	1.6	Afrique septentrionale
Sub-Saharan Africa	2.3	2.1	2.2	2.3	2.6	2.7	2.4	2.2	2.8	2.5	Afrique subsaharienne
Latin America & the Caribbean	7.6	7.9	7.9	8.0	7.1	6.8	7.2	7.7	7.6	7.4	Amérique latine et Caraïbes
- Caribbean	0.7	0.6	0.5	0.6	0.6	0.4	0.4	0.4	0.4	0.4	- Caraïbes
- Latin America	6.8	7.2	7.4	7.4	6.5	6.3	6.8	7.4	7.2	7.0	- Amérique latine
Eastern Asia	13.0	12.1	12.1	12.7	12.4	13.3	14.2	17.6	20.0	20.1	Asie orientale
Southern Asia	2.4	3.2	4.4	4.0	4.2	5.1	4.7	5.9	5.5	5.7	Asie méridionale
South-Eastern Asia	3.8	5.8	5.7	6.2	5.2	4.5	4.3	4.6	5.2	5.2	Asie du Sud-Est
Western Asia	4.7	5.1	7.0	7.6	11.8	8.5	9.5	10.0	9.8	9.7	Asie occidentale
Oceania	0.0	0.0	0.0	0.0	0.0	0.0	0.0	0.0	0.0	0.0	Océanie

662 Clay construction materials and refractory construction materials

Trade by commodity
Imports by principal countries or areas
Value in million US dollars

Commerce par produit
Importations selon les principaux pays ou zones
Valeur en millions de dollars EU

Country or area	2003	2004	2005	2006	2007	Pays ou zone
World	13262.0	15667.3	17243.1	19137.3	22048.5	Monde
Developed Economies	9006.3	10256.7	10778.9	11664.9	12857.9	Economies Développés
- Asia-Pacific	592.4	668.7	714.1	754.0	811.8	- Asie-Pacifique
- Europe	6063.9	6925.9	7087.0	7717.2	9191.9	- Europe
- North America	2350.0	2662.1	2977.9	3193.7	2854.1	- Amérique du Nord
South-Eastern Europe	343.6	495.1	662.1	712.7	972.6	Europe du Sud-Est
Commonwealth of Independent States	491.8	669.0	784.6	1002.8	1351.4	Communauté d'Etats indépendants
- Asia	115.6	176.0	203.1	278.2	369.6	- Asie
- Europe	376.2	493.0	581.5	724.7	981.7	- Europe
Northern Africa	145.2	182.1	195.5	232.9	316.2	Afrique septentrionale
Sub-Saharan Africa	393.8	475.3	660.7	842.7	987.0	Afrique subsaharienne
Latin America & the Caribbean	697.1	818.0	988.0	1214.0	1492.7	Amérique latine et Caraïbes
- Caribbean	130.2	161.1	174.5	210.2	254.4	- Caraïbes
- Latin America	566.9	656.9	813.5	1003.8	1238.3	- Amérique latine
Eastern Asia	612.1	807.5	855.7	900.3	1142.9	Asie orientale
Southern Asia	179.0	276.9	380.4	398.0	473.0	Asie méridionale
South-Eastern Asia	351.5	469.1	508.3	571.7	665.9	Asie du Sud-Est
Western Asia	1018.4	1184.4	1393.4	1559.7	1762.4	Asie occidentale
Oceania	23.3	33.3	35.4	37.5	26.6	Océanie
United States	2037.5	2303.6	2593.5	2787.3	2394.5	Etats-Unis d'Amérique
France-Monaco	1079.9	1272.0	1322.8	1407.5	1665.9	France-Monaco
Germany	975.8	1009.3	982.0	1060.3	1024.5	Allemagne
United Kingdom	711.2	845.4	843.2	835.5	1010.2	Royaume-Uni
Belgium	362.8	433.9	452.7	510.8	602.3	Belgique
Saudi Arabia	338.4	393.8	422.9	432.9	472.5	Arabie saoudite
Canada	309.9	355.5	381.2	402.5	454.6	Canada
Japan	270.1	322.4	381.1	413.1	429.1	Japon
Korea, Republic of	226.1	267.7	318.8	391.9	510.8	République de Corée
Italy	247.9	308.5	331.5	359.2	442.5	Italie
Russian Federation	204.7	262.6	314.1	390.4	511.6	Fédération de Russie
Greece	209.5	250.0	294.9	322.5	427.0	Grèce
Austria	258.9	286.2	288.0	286.4	335.0	Autriche
Netherlands	228.0	258.6	256.2	323.5	379.3	Pays-Bas
Australia	270.9	287.8	268.8	282.7	314.7	Australie
Romania	133.7	197.8	279.1	316.4	423.7	Roumanie
Poland	242.6	250.1	215.1	233.6	398.9	Pologne
Switzerland-Liechtenstein	205.9	240.2	260.8	274.4	301.9	Suisse-Liechtenstein
Spain	190.7	209.1	234.9	284.2	360.0	Espagne
Mexico	215.1	205.4	216.3	282.6	316.7	Mexique
Ukraine	125.6	167.1	208.2	258.4	363.5	Ukraine
India	79.5	137.0	194.4	262.5	326.6	Inde
United Arab Emirates	158.5	154.6	185.1	223.9	e277.0	Emirates arabes unis
Czech Republic	140.4	186.5	171.7	201.6	297.8	République tchèque
South Africa	104.5	154.5	189.7	225.7	250.8	Afrique du Sud

Value as percentages of World total

Valeur en pourcentage du total mondial

Regions of the world	1998	1999	2000	2001	2002	2003	2004	2005	2006	2007	Régions du monde
World	100.0	100.0	100.0	100.0	100.0	100.0	100.0	100.0	100.0	100.0	Monde
Developed Economies	69.9	72.1	68.5	62.6	66.7	67.9	65.5	62.5	61.0	58.3	Economies Développés
- Asia-Pacific	3.6	3.9	4.3	3.6	4.1	4.5	4.3	4.1	3.9	3.7	- Asie-Pacifique
- Europe	52.0	50.8	44.5	42.4	44.1	45.7	44.2	41.1	40.3	41.7	- Europe
- North America	14.3	17.3	19.7	16.7	18.5	17.7	17.0	17.3	16.7	12.9	- Amérique du Nord
South-Eastern Europe	1.2	1.7	2.0	2.3	2.8	2.6	3.2	3.8	3.7	4.4	Europe du Sud-Est
Commonwealth of Independent States	2.8	2.3	2.9	3.0	3.4	3.7	4.3	4.6	5.2	6.1	Communauté d'Etats indépendants
- Asia	0.7	0.6	0.8	0.8	0.9	0.9	1.1	1.2	1.5	1.7	- Asie
- Europe	2.1	1.7	2.1	2.2	2.5	2.8	3.1	3.4	3.8	4.5	- Europe
Northern Africa	1.3	1.2	1.8	1.2	1.3	1.1	1.2	1.1	1.2	1.4	Afrique septentrionale
Sub-Saharan Africa	3.1	2.7	3.0	9.1	3.1	3.0	3.0	3.8	4.4	4.5	Afrique subsaharienne
Latin America & the Caribbean	6.8	6.4	6.8	6.4	6.1	5.3	5.2	5.7	6.3	6.8	Amérique latine et Caraïbes
- Caribbean	1.0	1.3	1.5	1.4	1.3	1.0	1.0	1.0	1.1	1.2	- Caraïbes
- Latin America	5.7	5.1	5.4	5.0	4.8	4.3	4.2	4.7	5.2	5.6	- Amérique latine
Eastern Asia	4.5	4.1	4.8	4.9	5.1	4.6	5.2	5.0	4.7	5.2	Asie orientale
Southern Asia	1.2	1.1	1.0	1.1	1.3	1.3	1.8	2.2	2.1	2.1	Asie méridionale
South-Eastern Asia	3.9	3.1	3.4	3.0	2.7	2.7	3.0	2.9	3.0	3.0	Asie du Sud-Est
Western Asia	5.2	5.1	5.7	6.4	7.5	7.7	7.6	8.1	8.2	8.0	Asie occidentale
Oceania	0.2	0.1	0.1	0.1	0.1	0.2	0.2	0.2	0.2	0.1	Océanie

Matériaux de construction en argile et matériaux de construction réfractaires 662

Trade by commodity
Exports by principal countries or areas
Value in million US dollars

Commerce par produit
Exportations selon les principaux pays ou zones
Valeur en millions de dollars EU

Country or area	2003	2004	2005	2006	2007	Pays ou zone
World	13288.4	16018.7	16900.0	18992.9	21649.8	Monde
Developed Economies	10404.0	11978.4	12146.1	13474.7	15360.2	Economies Développés
- Asia-Pacific	179.0	230.1	223.9	220.2	244.2	- Asie-Pacifique
- Europe	9813.7	11257.2	11375.3	12683.4	14465.4	- Europe
- North America	411.3	491.1	546.8	571.0	650.6	- Amérique du Nord
South-Eastern Europe	53.4	103.7	124.3	137.5	177.5	Europe du Sud-Est
Commonwealth of Independent States	166.7	230.0	250.1	306.6	418.0	Communauté d'Etats indépendants
- Asia	3.1	11.4	7.0	10.3	18.8	- Asie
- Europe	163.6	218.7	243.1	296.2	399.2	- Europe
Northern Africa	51.9	80.1	83.5	90.6	99.3	Afrique septentrionale
Sub-Saharan Africa	31.0	34.8	30.9	36.9	47.1	Afrique subsaharienne
Latin America & the Caribbean	634.8	822.7	954.1	1100.9	1140.5	Amérique latine et Caraïbes
- Caribbean	1.6	2.0	2.1	2.2	2.7	- Caraïbes
- Latin America	633.2	820.7	952.0	1098.7	1137.8	- Amérique latine
Eastern Asia	966.8	1446.6	2022.8	2748.3	3238.8	Asie orientale
Southern Asia	96.0	99.6	149.0	209.8	246.7	Asie méridionale
South-Eastern Asia	306.1	394.2	451.8	455.6	469.7	Asie du Sud-Est
Western Asia	577.3	827.8	687.3	431.1	451.3	Asie occidentale
Oceania	0.4	0.8	0.7	0.6	0.8	Océanie
Italy	4011.7	4609.5	4496.6	4890.6	5373.2	Italie
Spain	2360.9	2625.4	2707.3	2949.3	3357.4	Espagne
China	906.1	1384.7	1959.2	2679.3	3166.7	Chine
Germany	1275.5	1509.3	1530.1	1759.8	2070.7	Allemagne
France-Monaco	546.7	593.4	604.2	615.4	657.0	France-Monaco
United States	321.6	387.2	436.3	453.5	534.7	Etats-Unis d'Amérique
Brazil	287.5	383.0	424.7	489.1	461.6	Brésil
Mexico	214.0	254.4	331.7	402.2	381.9	Mexique
Turkey	346.7	435.4	464.3	145.6	153.6	Turquie
United Kingdom	228.4	257.9	274.5	285.1	336.4	Royaume-Uni
Belgium	212.4	260.7	241.2	296.9	329.2	Belgique
Portugal	170.3	209.8	259.0	301.0	379.4	Portugal
Austria	158.8	192.8	169.8	268.8	451.3	Autriche
Netherlands	179.7	237.1	233.8	276.4	283.5	Pays-Bas
United Arab Emirates	193.7	324.3	141.3	175.7	e189.9	Emirates arabes unis
Poland	104.5	147.1	186.6	255.9	330.5	Pologne
Czech Republic	159.4	171.3	157.0	226.9	280.8	République tchèque
Japan	128.0	167.8	160.1	164.9	192.3	Japon
Thailand	89.1	110.2	134.7	139.1	152.1	Thaïlande
Indonesia	102.6	125.2	120.9	117.8	105.1	Indonésie
Russian Federation	58.8	77.0	104.2	141.4	190.0	Fédération de Russie
Malaysia	87.2	104.4	114.3	125.8	130.8	Malaisie
Canada	89.7	104.0	110.5	117.6	115.9	Canada
Belarus	79.6	99.8	91.7	102.2	127.9	Bélarus
Slovakia	80.0	90.1	86.6	91.6	109.1	Slovaquie

Value as percentages of World total

Valeur en pourcentage du total mondial

Regions of the world	1998	1999	2000	2001	2002	2003	2004	2005	2006	2007	Régions du monde
World	100.0	100.0	100.0	100.0	100.0	100.0	100.0	100.0	100.0	100.0	Monde
Developed Economies	86.0	84.9	82.8	81.5	79.2	78.3	74.8	71.9	70.9	70.9	Economies Développés
- Asia-Pacific	2.1	2.2	2.2	1.9	1.5	1.3	1.4	1.3	1.2	1.1	- Asie-Pacifique
- Europe	79.6	78.3	76.1	75.6	74.3	73.9	70.3	67.3	66.8	66.8	- Europe
- North America	4.3	4.4	4.5	4.1	3.5	3.1	3.1	3.2	3.0	3.0	- Amérique du Nord
South-Eastern Europe	0.4	0.6	0.6	0.5	0.5	0.4	0.6	0.7	0.7	0.8	Europe du Sud-Est
Commonwealth of Independent States	1.0	0.8	1.3	1.4	1.2	1.3	1.4	1.5	1.6	1.9	Communauté d'Etats indépendants
- Asia	0.0	0.0	0.0	0.0	0.0	0.0	0.1	0.0	0.1	0.1	- Asie
- Europe	1.0	0.8	1.3	1.4	1.2	1.2	1.4	1.4	1.6	1.8	- Europe
Northern Africa	0.3	0.4	0.3	0.6	0.5	0.4	0.5	0.5	0.5	0.5	Afrique septentrionale
Sub-Saharan Africa	0.2	0.3	0.2	0.2	0.3	0.2	0.2	0.2	0.2	0.2	Afrique subsaharienne
Latin America & the Caribbean	4.7	5.1	5.4	5.3	5.2	4.8	5.1	5.6	5.8	5.3	Amérique latine et Caraïbes
- Caribbean	0.0	0.0	0.0	0.0	0.0	0.0	0.0	0.0	0.0	0.0	- Caraïbes
- Latin America	4.7	5.1	5.3	5.2	5.2	4.8	5.1	5.6	5.8	5.3	- Amérique latine
Eastern Asia	3.1	2.7	3.4	4.4	6.1	7.3	9.0	12.0	14.5	15.0	Asie orientale
Southern Asia	0.5	0.5	0.7	0.7	0.8	0.7	0.6	0.9	1.1	1.1	Asie méridionale
South-Eastern Asia	1.5	2.1	2.3	2.3	2.5	2.3	2.5	2.7	2.4	2.2	Asie du Sud-Est
Western Asia	2.4	2.7	3.0	3.1	3.6	4.3	5.2	4.1	2.3	2.1	Asie occidentale
Oceania	0.0	0.0	0.0	0.0	0.0	0.0	0.0	0.0	0.0	0.0	Océanie

663 Mineral manufactures, nes

Trade by commodity
Imports by principal countries or areas
Value in million US dollars

Commerce par produit
Importations selon les principaux pays ou zones
Valeur en millions de dollars EU

Country or area	2003	2004	2005	2006	2007	Pays ou zone
World	15828.4	19014.2	21159.3	24243.4	28554.5	Monde
Developed Economies	11627.6	13716.8	14921.5	17020.3	19580.5	Economies Développés
- Asia-Pacific	725.5	829.4	900.1	1011.1	1114.2	- Asie-Pacifique
- Europe	7628.5	9098.7	9865.4	11476.0	13933.5	- Europe
- North America	3273.5	3788.7	4156.0	4533.2	4532.8	- Amérique du Nord
South-Eastern Europe	181.2	303.1	359.8	393.5	557.6	Europe du Sud-Est
Commonwealth of Independent States	365.0	540.7	662.7	843.9	1156.9	Communauté d'Etats indépendants
- Asia	56.8	99.8	113.7	164.9	224.9	- Asie
- Europe	308.2	440.9	549.0	679.1	932.0	- Europe
Northern Africa	85.3	97.7	115.6	136.1	165.0	Afrique septentrionale
Sub-Saharan Africa	273.6	319.6	373.6	475.2	666.5	Afrique subsaharienne
Latin America & the Caribbean	808.4	971.7	1159.1	1320.0	1528.2	Amérique latine et Caraïbes
- Caribbean	51.6	72.1	127.3	133.7	113.2	- Caraïbes
- Latin America	756.8	899.6	1031.8	1186.3	1415.1	- Amérique latine
Eastern Asia	1261.3	1597.4	1815.4	2079.8	2454.8	Asie orientale
Southern Asia	170.8	204.5	266.8	261.0	305.1	Asie méridionale
South-Eastern Asia	616.8	747.1	844.0	1034.0	1323.7	Asie du Sud-Est
Western Asia	411.4	496.4	614.3	646.5	798.1	Asie occidentale
Oceania	27.0	19.1	26.5	33.2	18.0	Océanie
United States	2713.8	3130.1	3441.7	3764.1	3688.7	Etats-Unis d'Amérique
Germany	1470.3	1586.6	1765.0	2064.3	2359.2	Allemagne
France-Monaco	893.7	1094.2	1124.7	1274.3	1577.1	France-Monaco
United Kingdom	685.0	902.5	971.9	1139.3	1340.5	Royaume-Uni
Italy	654.9	773.1	838.1	942.3	1116.2	Italie
Canada	547.3	645.0	695.9	750.2	830.9	Canada
China	382.9	527.6	607.1	764.8	914.2	Chine
Japan	479.4	536.8	594.0	677.8	726.0	Japon
Netherlands	430.9	522.9	560.6	674.5	786.0	Pays-Bas
Spain	409.1	507.9	540.5	687.5	805.0	Espagne
Belgium	380.8	488.2	538.6	532.7	816.6	Belgique
Korea, Republic of	372.0	469.1	557.6	608.7	719.2	République de Corée
Mexico	373.3	435.6	484.6	555.6	661.7	Mexique
Switzerland-Liechtenstein	357.2	423.8	463.8	488.6	585.1	Suisse-Liechtenstein
Austria	342.6	372.7	408.5	453.9	573.1	Autriche
Russian Federation	183.2	282.4	373.8	440.0	577.1	Fédération de Russie
China, Hong Kong SAR	269.1	312.1	343.2	331.6	346.0	Chine - RAS de Hong-Kong
Sweden	219.7	252.1	292.9	343.8	410.3	Suède
Poland	198.9	252.3	251.1	317.0	427.9	Pologne
Thailand	223.7	265.6	291.7	295.2	343.9	Thaïlande
South Africa	161.3	197.5	238.9	290.2	487.2	Afrique du Sud
Czech Republic	187.1	229.9	244.5	279.6	381.2	République tchèque
Denmark	173.9	212.9	240.0	333.3	349.0	Danemark
Ireland	156.3	220.5	263.4	318.7	317.3	Irlande
Australia	196.0	229.2	239.2	264.6	311.9	Australie

Value as percentages of World total

Valeur en pourcentage du total mondial

Regions of the world	1998	1999	2000	2001	2002	2003	2004	2005	2006	2007	Régions du monde
World	100.0	100.0	100.0	100.0	100.0	100.0	100.0	100.0	100.0	100.0	Monde
Developed Economies	75.6	76.3	73.5	72.7	73.5	73.5	72.1	70.5	70.2	68.6	Economies Développés
- Asia-Pacific	4.0	4.0	4.2	4.1	4.3	4.6	4.4	4.3	4.2	3.9	- Asie-Pacifique
- Europe	51.5	49.5	45.3	45.6	46.5	48.2	47.9	46.6	47.3	48.8	- Europe
- North America	20.1	22.8	24.0	23.0	22.7	20.7	19.9	19.6	18.7	15.9	- Amérique du Nord
South-Eastern Europe	0.6	0.7	0.7	0.8	1.0	1.1	1.6	1.7	1.6	2.0	Europe du Sud-Est
Commonwealth of Independent States	1.9	1.4	1.6	1.8	2.0	2.3	2.8	3.1	3.5	4.1	Communauté d'Etats indépendants
- Asia	0.3	0.2	0.3	0.3	0.3	0.4	0.5	0.5	0.7	0.8	- Asie
- Europe	1.6	1.2	1.3	1.5	1.7	1.9	2.3	2.6	2.8	3.3	- Europe
Northern Africa	0.6	0.5	0.5	0.5	0.6	0.5	0.5	0.5	0.6	0.6	Afrique septentrionale
Sub-Saharan Africa	1.4	1.4	1.7	3.1	1.7	1.7	1.7	1.8	2.0	2.3	Afrique subsaharienne
Latin America & the Caribbean	6.3	5.9	6.7	6.0	5.5	5.1	5.1	5.5	5.4	5.4	Amérique latine et Caraïbes
- Caribbean	0.6	0.4	0.6	0.4	0.4	0.3	0.4	0.6	0.6	0.4	- Caraïbes
- Latin America	5.7	5.4	6.1	5.5	5.2	4.8	4.7	4.9	4.9	5.0	- Amérique latine
Eastern Asia	6.0	6.3	7.4	7.3	7.8	8.0	8.4	8.6	8.6	8.6	Asie orientale
Southern Asia	1.0	0.8	0.8	0.9	0.9	1.1	1.1	1.3	1.1	1.1	Asie méridionale
South-Eastern Asia	4.0	4.1	4.5	4.2	4.3	3.9	3.9	4.0	4.3	4.6	Asie du Sud-Est
Western Asia	2.5	2.3	2.6	2.6	2.6	2.6	2.6	2.9	2.7	2.8	Asie occidentale
Oceania	0.1	0.1	0.1	0.1	0.1	0.2	0.1	0.1	0.1	0.1	Océanie

Trade by commodity

Exports by principal countries or areas

Value in million US dollars

Commerce par produit

Exportations selon les principaux pays ou zones

Valeur en millions de dollars EU

Country or area	2003	2004	2005	2006	2007	Pays ou zone
World	15745.1	19229.3	21456.8	25018.8	29437.6	Monde
Developed Economies	13163.0	15831.7	17438.9	20171.9	23667.8	Economies Développés
- Asia-Pacific	1768.8	2153.5	2422.6	2708.8	3124.2	- Asie-Pacifique
- Europe	9145.8	11146.7	12151.7	14078.3	16886.2	- Europe
- North America	2248.4	2531.4	2864.6	3384.8	3657.4	- Amérique du Nord
South-Eastern Europe	48.7	76.0	93.3	95.0	138.4	Europe du Sud-Est
Commonwealth of Independent States	154.9	214.0	231.9	307.9	425.7	Communauté d'Etats indépendants
- Asia	2.2	2.8	7.2	16.3	16.1	- Asie
- Europe	152.7	211.1	224.7	291.6	409.6	- Europe
Northern Africa	27.9	105.1	36.1	80.0	69.7	Afrique septentrionale
Sub-Saharan Africa	48.4	105.1	114.5	122.0	129.6	Afrique subsaharienne
Latin America & the Caribbean	521.1	655.2	756.5	878.3	837.4	Amérique latine et Caraïbes
- Caribbean	5.0	9.4	16.8	18.8	10.0	- Caraïbes
- Latin America	516.1	645.8	739.7	859.5	827.4	- Amérique latine
Eastern Asia	925.5	1209.8	1532.2	1955.7	2358.0	Asie orientale
Southern Asia	91.8	102.5	143.6	194.7	238.7	Asie méridionale
South-Eastern Asia	606.9	694.4	794.8	940.8	1240.6	Asie du Sud-Est
Western Asia	156.6	235.3	314.9	272.2	331.7	Asie occidentale
Oceania	0.2	0.3	0.1	0.4	0.1	Océanie
Germany	2484.2	3019.8	3475.5	4101.7	4906.6	Allemagne
Japan	1715.8	2096.2	2360.7	2644.2	3056.3	Japon
United States	1640.9	1851.0	2147.0	2591.3	2869.7	Etats-Unis d'Amérique
United Kingdom	912.8	1146.2	1266.0	1426.1	1564.2	Royaume-Uni
Italy	927.5	1109.8	1102.5	1148.5	1371.4	Italie
France-Monaco	791.0	906.6	953.7	1009.1	1125.4	France-Monaco
China	467.6	638.1	878.6	1183.0	1523.1	Chine
Belgium	673.8	845.6	861.7	902.9	1214.9	Belgique
Canada	607.5	680.4	717.6	793.4	787.7	Canada
Austria	522.3	612.0	632.1	715.3	892.9	Autriche
Poland	270.1	396.7	535.8	763.5	1004.3	Pologne
Spain	398.1	514.3	551.7	670.5	787.2	Espagne
Netherlands	436.7	530.5	546.7	573.2	634.6	Pays-Bas
Mexico	291.9	358.9	416.4	479.6	458.5	Mexique
Switzerland-Liechtenstein	321.9	374.0	361.5	388.9	474.3	Suisse-Liechtenstein
Czech Republic	265.4	333.0	335.4	417.9	505.1	République tchèque
Korea, Republic of	233.3	285.2	343.1	435.8	477.2	République de Corée
Thailand	176.5	201.4	279.5	351.8	532.3	Thaïlande
Sweden	216.3	255.4	295.6	325.8	382.9	Suède
Denmark	189.3	193.7	199.2	313.8	352.1	Danemark
Brazil	161.2	204.1	233.8	269.8	258.7	Brésil
Hungary	113.7	136.7	181.8	228.2	386.7	Hongrie
Finland	141.2	180.2	181.0	223.8	245.7	Finlande
Viet Nam	142.8	167.3	173.1	179.7	e209.7	Viet Nam
Slovenia	126.5	151.8	164.3	175.8	221.8	Slovénie

Value as percentages of World total

Valeur en pourcentage du total mondial

Regions of the world	1998	1999	2000	2001	2002	2003	2004	2005	2006	2007	Régions du monde
World	100.0	100.0	100.0	100.0	100.0	100.0	100.0	100.0	100.0	100.0	Monde
Developed Economies	88.1	86.9	84.9	84.2	84.0	83.6	82.3	81.3	80.6	80.4	Economies Développés
- Asia-Pacific	13.1	12.8	14.7	12.9	11.3	11.2	11.2	11.3	10.8	10.6	- Asie-Pacifique
- Europe	59.2	57.6	53.1	54.4	56.5	58.1	58.0	56.6	56.3	57.4	- Europe
- North America	15.8	16.5	17.1	16.9	16.1	14.3	13.2	13.4	13.5	12.4	- Amérique du Nord
South-Eastern Europe	0.1	0.1	0.2	0.2	0.2	0.3	0.4	0.4	0.4	0.5	Europe du Sud-Est
Commonwealth of Independent States	0.8	0.6	1.0	0.8	0.9	1.0	1.1	1.1	1.2	1.4	Communauté d'Etats indépendants
- Asia	0.0	0.0	0.0	0.0	0.0	0.0	0.0	0.0	0.1	0.1	- Asie
- Europe	0.7	0.6	1.0	0.8	0.8	1.0	1.1	1.0	1.2	1.4	- Europe
Northern Africa	0.1	0.1	0.1	0.1	0.1	0.2	0.5	0.2	0.3	0.2	Afrique septentrionale
Sub-Saharan Africa	0.2	0.2	0.2	0.2	0.3	0.3	0.5	0.5	0.5	0.4	Afrique subsaharienne
Latin America & the Caribbean	2.7	3.0	3.2	3.8	3.3	3.3	3.4	3.5	3.5	2.8	Amérique latine et Caraïbes
- Caribbean	0.0	0.0	0.0	0.0	0.0	0.0	0.0	0.1	0.1	0.0	- Caraïbes
- Latin America	2.6	3.0	3.2	3.8	3.3	3.3	3.4	3.4	3.4	2.8	- Amérique latine
Eastern Asia	4.8	4.8	5.1	5.3	5.6	5.9	6.3	7.1	7.8	8.0	Asie orientale
Southern Asia	0.3	0.3	0.4	0.5	0.5	0.6	0.5	0.7	0.8	0.8	Asie méridionale
South-Eastern Asia	2.2	3.3	4.2	4.2	4.3	3.9	3.6	3.7	3.8	4.2	Asie du Sud-Est
Western Asia	0.7	0.7	0.7	0.7	0.8	1.0	1.2	1.5	1.1	1.1	Asie occidentale
Oceania	0.0	0.0	0.0	0.0	0.0	0.0	0.0	0.0	0.0	0.0	Océanie

664 Glass

Trade by commodity
Imports by principal countries or areas
Value in million US dollars

Commerce par produit
Importations selon les principaux pays ou zones
Valeur en millions de dollars EU

Country or area	2003	2004	2005	2006	2007	Pays ou zone
World	20953.5	24626.1	26591.7	29303.3	33415.7	Monde
Developed Economies	14179.9	16344.5	17253.3	18839.3	21799.4	Economies Développés
- Asia-Pacific	979.6	1288.1	1366.7	1606.8	1604.2	- Asie-Pacifique
- Europe	9600.2	10957.1	11677.8	12821.9	15828.1	- Europe
- North America	3600.1	4099.2	4208.8	4410.7	4367.1	- Amérique du Nord
South-Eastern Europe	158.9	260.1	329.9	373.3	479.0	Europe du Sud-Est
Commonwealth of Independent States	277.6	413.5	512.2	761.5	1070.7	Communauté d'Etats indépendants
- Asia	43.8	64.7	86.6	132.3	196.3	- Asie
- Europe	233.9	348.7	425.6	629.3	874.4	- Europe
Northern Africa	113.7	137.6	146.1	153.9	205.6	Afrique septentrionale
Sub-Saharan Africa	197.1	216.5	256.6	274.0	331.5	Afrique subsaharienne
Latin America & the Caribbean	1360.3	1493.3	1607.1	1637.6	1677.3	Amérique latine et Caraïbes
- Caribbean	45.2	58.3	62.1	76.8	88.5	- Caraïbes
- Latin America	1315.2	1435.0	1545.0	1560.8	1588.8	- Amérique latine
Eastern Asia	3067.1	3635.0	4205.3	4728.8	5034.0	Asie orientale
Southern Asia	245.4	291.8	336.7	300.9	349.3	Asie méridionale
South-Eastern Asia	815.7	1092.9	1088.0	1127.6	1126.1	Asie du Sud-Est
Western Asia	525.0	727.8	841.6	1090.4	1327.3	Asie occidentale
Oceania	12.8	13.2	15.0	15.9	15.5	Océanie
United States	2471.8	2879.5	2966.6	3135.3	3055.2	Etats-Unis d'Amérique
Germany	1576.3	1820.3	2180.1	2448.9	2781.5	Allemagne
France-Monaco	1330.2	1573.0	1627.1	1730.9	2085.0	France-Monaco
Korea, Republic of	886.0	1103.3	1375.9	1684.8	1933.8	République de Corée
China	1290.7	1356.7	1306.6	1404.2	1351.3	Chine
Canada	1123.8	1212.5	1236.0	1269.8	1306.5	Canada
United Kingdom	1050.6	1177.3	1081.7	1097.6	1367.1	Royaume-Uni
Japan	753.7	1020.9	1081.7	1318.7	1273.3	Japon
Belgium	816.1	935.7	1004.0	1057.2	1244.4	Belgique
Mexico	915.8	965.2	995.9	947.1	819.8	Mexique
Italy	738.6	804.5	764.6	835.0	1021.1	Italie
Spain	591.0	674.8	647.4	707.3	994.8	Espagne
Poland	377.2	435.1	479.8	611.4	805.5	Pologne
Netherlands	437.0	444.5	475.2	582.6	733.1	Pays-Bas
Czech Republic	323.1	435.7	397.6	464.9	539.2	République tchèque
Sweden	297.1	345.0	375.6	409.9	548.8	Suède
Austria	298.8	365.2	373.3	408.9	505.0	Autriche
Singapore	261.6	345.7	368.4	434.6	378.7	Singapour
Switzerland-Liechtenstein	263.8	305.8	323.5	358.6	448.4	Suisse-Liechtenstein
Denmark	267.9	267.3	322.2	345.8	457.9	Danemark
Russian Federation	157.2	227.7	281.1	389.4	565.8	Fédération de Russie
United Arab Emirates	124.0	202.7	196.1	463.7	e573.8	Emirates arabes unis
China, Hong Kong SAR	329.2	254.7	267.8	280.3	262.2	Chine - RAS de Hong-Kong
Malaysia	241.5	344.4	289.3	245.4	243.0	Malaisie
Hungary	221.0	220.9	292.5	243.3	347.0	Hongrie

Value as percentages of World total

Valeur en pourcentage du total mondial

Regions of the world	1998	1999	2000	2001	2002	2003	2004	2005	2006	2007	Régions du monde
World	100.0	100.0	100.0	100.0	100.0	100.0	100.0	100.0	100.0	100.0	Monde
Developed Economies	71.7	71.8	68.6	67.3	67.9	67.7	66.4	64.9	64.3	65.2	Economies Développés
- Asia-Pacific	5.1	5.0	6.3	5.0	4.6	4.7	5.2	5.1	5.5	4.8	- Asie-Pacifique
- Europe	47.7	46.1	41.7	42.9	44.8	45.8	44.5	43.9	43.8	47.4	- Europe
- North America	18.9	20.7	20.6	19.4	18.5	17.2	16.6	15.8	15.1	13.1	- Amérique du Nord
South-Eastern Europe	0.5	0.4	0.5	0.6	0.7	0.8	1.1	1.2	1.3	1.4	Europe du Sud-Est
Commonwealth of Independent States	0.9	0.6	0.7	1.0	1.2	1.3	1.7	1.9	2.6	3.2	Communauté d'Etats indépendants
- Asia	0.2	0.1	0.1	0.2	0.2	0.2	0.3	0.3	0.5	0.6	- Asie
- Europe	0.7	0.5	0.5	0.8	1.0	1.1	1.4	1.6	2.1	2.6	- Europe
Northern Africa	0.8	0.7	0.6	0.6	0.6	0.5	0.6	0.5	0.5	0.6	Afrique septentrionale
Sub-Saharan Africa	0.8	0.7	0.8	3.0	0.8	0.9	0.9	1.0	0.9	1.0	Afrique subsaharienne
Latin America & the Caribbean	7.2	6.7	7.3	7.2	7.0	6.5	6.1	6.0	5.6	5.0	Amérique latine et Caraïbes
- Caribbean	0.3	0.3	0.3	0.4	0.3	0.2	0.2	0.2	0.3	0.3	- Caraïbes
- Latin America	6.9	6.3	7.0	6.8	6.7	6.3	5.8	5.8	5.3	4.8	- Amérique latine
Eastern Asia	10.4	11.7	13.5	12.8	13.8	14.6	14.8	15.8	16.1	15.1	Asie orientale
Southern Asia	1.1	1.1	1.0	1.1	1.0	1.2	1.2	1.3	1.0	1.0	Asie méridionale
South-Eastern Asia	4.3	4.2	4.9	4.1	4.3	3.9	4.4	4.1	3.8	3.4	Asie du Sud-Est
Western Asia	2.4	2.0	2.2	2.2	2.7	2.5	3.0	3.2	3.7	4.0	Asie occidentale
Oceania	0.1	0.1	0.1	0.0	0.1	0.1	0.1	0.1	0.1	0.0	Océanie

Trade by commodity
Exports by principal countries or areas
Value in million US dollars

Commerce par produit
Exportations selon les principaux pays ou zones
Valeur en millions de dollars EU

Country or area	2003	2004	2005	2006	2007	Pays ou zone
World	20522.9	24082.8	25225.4	27768.0	31977.3	Monde
Developed Economies	15690.6	18216.0	18497.3	20158.3	23567.3	Economies Développés
- Asia-Pacific	2023.9	2511.6	2472.2	1926.3	2338.5	- Asie-Pacifique
- Europe	10507.8	12362.6	12598.2	14397.1	17205.6	- Europe
- North America	3158.8	3341.8	3426.8	3835.0	4023.2	- Amérique du Nord
South-Eastern Europe	46.1	53.1	48.9	85.5	194.3	Europe du Sud-Est
Commonwealth of Independent States	138.8	165.1	207.0	279.4	354.8	Communauté d'Etats indépendants
- Asia	16.1	26.0	33.7	29.0	40.9	- Asie
- Europe	122.7	139.1	173.3	250.4	313.9	- Europe
Northern Africa	5.8	8.3	10.1	13.5	20.3	Afrique septentrionale
Sub-Saharan Africa	77.0	90.8	90.5	80.1	90.3	Afrique subsaharienne
Latin America & the Caribbean	839.4	982.8	1110.2	1121.2	1169.5	Amérique latine et Caraïbes
- Caribbean	0.7	1.0	0.8	0.9	1.1	- Caraïbes
- Latin America	838.8	981.8	1109.4	1120.2	1168.4	- Amérique latine
Eastern Asia	2141.2	2729.3	3279.7	3832.0	4686.0	Asie orientale
Southern Asia	122.7	128.8	128.2	209.2	248.4	Asie méridionale
South-Eastern Asia	1125.7	1260.3	1345.7	1661.6	1274.1	Asie du Sud-Est
Western Asia	335.4	448.0	507.5	326.9	372.2	Asie occidentale
Oceania	0.1	0.1	0.2	0.2	0.1	Océanie
Germany	2571.1	2951.6	2955.1	3523.4	3979.5	Allemagne
United States	2564.5	2702.4	2770.1	3115.7	3409.0	Etats-Unis d'Amérique
China	1128.9	1584.8	2116.6	2610.4	3415.4	Chine
Japan	1916.4	2397.1	2350.9	1810.7	2215.5	Japon
Belgium	1712.2	1924.9	1907.8	2044.7	2451.9	Belgique
France-Monaco	1039.0	1290.3	1238.2	1412.3	1649.6	France-Monaco
Italy	1001.8	1139.7	1078.9	1235.7	1422.5	Italie
United Kingdom	640.5	794.7	703.9	698.1	858.2	Royaume-Uni
Mexico	577.1	679.0	778.8	772.7	790.5	Mexique
Spain	553.0	588.4	633.4	697.8	881.8	Espagne
Czech Republic	462.6	566.0	608.6	741.3	897.2	République tchèque
Canada	594.4	639.4	656.7	719.2	614.2	Canada
Poland	323.7	418.9	514.7	653.8	852.3	Pologne
Denmark	197.1	320.8	479.9	643.6	907.0	Danemark
Korea, Republic of	466.6	570.2	494.0	412.8	488.2	République de Corée
Netherlands	354.0	437.8	445.0	497.9	581.9	Pays-Bas
Finland	327.5	364.9	351.4	395.8	434.7	Finlande
Thailand	299.4	359.1	361.6	394.7	393.7	Thaïlande
Luxembourg	250.1	327.6	285.6	314.1	375.8	Luxembourg
Sweden	226.4	252.3	287.8	310.6	390.8	Suède
Hungary	194.2	219.2	261.8	303.3	398.7	Hongrie
Singapore	257.6	306.7	263.2	275.8	234.2	Singapour
China, Hong Kong SAR	279.9	247.8	264.4	281.1	251.4	Chine - RAS de Hong-Kong
Indonesia	228.9	264.2	257.4	241.1	241.4	Indonésie
Malaysia	243.5	236.8	184.0	236.4	246.5	Malaisie

Value as percentages of World total

Valeur en pourcentage du total mondial

Regions of the world	1998	1999	2000	2001	2002	2003	2004	2005	2006	2007	Régions du monde
World	100.0	100.0	100.0	100.0	100.0	100.0	100.0	100.0	100.0	100.0	Monde
Developed Economies	80.4	79.4	77.1	77.2	75.5	76.5	75.6	73.3	72.6	73.7	Economies Développés
- Asia-Pacific	10.0	10.7	12.6	11.2	10.2	9.9	10.4	9.8	6.9	7.3	- Asie-Pacifique
- Europe	53.1	51.2	45.9	47.7	49.0	51.2	51.3	49.9	51.8	53.8	- Europe
- North America	17.2	17.5	18.6	18.3	16.4	15.4	13.9	13.6	13.8	12.6	- Amérique du Nord
South-Eastern Europe	0.2	0.2	0.2	0.2	0.2	0.2	0.2	0.2	0.3	0.6	Europe du Sud-Est
Commonwealth of Independent States	0.6	0.5	0.5	0.6	0.6	0.7	0.7	0.8	1.0	1.1	Communauté d'Etats indépendants
- Asia	0.0	0.0	0.0	0.0	0.0	0.1	0.1	0.1	0.1	0.1	- Asie
- Europe	0.6	0.5	0.5	0.6	0.6	0.6	0.6	0.7	0.9	1.0	- Europe
Northern Africa	0.0	0.0	0.0	0.0	0.0	0.0	0.0	0.0	0.0	0.1	Afrique septentrionale
Sub-Saharan Africa	0.4	0.4	0.4	0.3	0.4	0.4	0.4	0.4	0.3	0.3	Afrique subsaharienne
Latin America & the Caribbean	5.3	5.3	5.2	4.9	4.8	4.1	4.1	4.4	4.0	3.7	Amérique latine et Caraïbes
- Caribbean	0.0	0.0	0.0	0.0	0.0	0.0	0.0	0.0	0.0	0.0	- Caraïbes
- Latin America	5.3	5.3	5.2	4.9	4.8	4.1	4.1	4.4	4.0	3.7	- Amérique latine
Eastern Asia	7.6	7.8	9.4	9.6	10.2	10.4	11.3	13.0	13.8	14.7	Asie orientale
Southern Asia	0.2	0.3	0.4	0.4	0.5	0.6	0.5	0.5	0.8	0.8	Asie méridionale
South-Eastern Asia	3.8	4.7	5.2	4.9	6.0	5.5	5.2	5.3	6.0	4.0	Asie du Sud-Est
Western Asia	1.5	1.4	1.6	1.7	1.7	1.6	1.9	2.0	1.2	1.2	Asie occidentale
Oceania	0.0	0.0	0.0	0.0	0.0	0.0	0.0	0.0	0.0	0.0	Océanie

665 Glassware

Trade by commodity

Imports by principal countries or areas

Value in million US dollars

Commerce par produit

Importations selon les principaux pays ou zones

Valeur en millions de dollars EU

Country or area	2003	2004	2005	2006	2007	Pays ou zone
World	13255.0	15625.8	16754.3	18034.9	21238.4	Monde
Developed Economies	9291.1	10588.5	10921.0	11670.1	13472.0	Economies Développés
- Asia-Pacific	730.3	852.7	906.6	1032.3	1100.0	- Asie-Pacifique
- Europe	6068.6	7020.1	7177.5	7543.5	9011.1	- Europe
- North America	2492.2	2715.7	2836.8	3094.3	3360.8	- Amérique du Nord
South-Eastern Europe	134.0	223.5	256.9	236.1	318.0	Europe du Sud-Est
Commonwealth of Independent States	315.8	381.5	449.4	571.6	723.1	Communauté d'Etats indépendants
- Asia	50.3	64.8	119.3	160.5	242.0	- Asie
- Europe	265.5	316.7	330.0	411.1	481.1	- Europe
Northern Africa	101.9	140.5	142.3	135.4	170.4	Afrique septentrionale
Sub-Saharan Africa	266.4	277.5	280.4	316.6	425.1	Afrique subsaharienne
Latin America & the Caribbean	498.4	560.7	672.8	839.0	1082.5	Amérique latine et Caraïbes
- Caribbean	113.5	127.1	137.6	142.1	165.6	- Caraïbes
- Latin America	384.9	433.5	535.2	697.0	916.9	- Amérique latine
Eastern Asia	1478.5	2066.6	2503.4	2703.9	3165.4	Asie orientale
Southern Asia	132.6	182.3	220.3	185.6	206.4	Asie méridionale
South-Eastern Asia	444.1	501.3	542.4	583.5	725.9	Asie du Sud-Est
Western Asia	579.1	686.1	747.0	772.8	928.8	Asie occidentale
Oceania	13.2	17.4	18.4	20.0	20.8	Océanie
United States	2063.3	2236.7	2341.5	2571.3	2762.6	Etats-Unis d'Amérique
France-Monaco	905.4	1055.2	1057.6	1054.9	1403.6	France-Monaco
Germany	786.2	870.1	930.2	987.3	1155.0	Allemagne
China, Hong Kong SAR	575.0	824.9	1159.7	1052.4	1057.7	Chine - RAS de Hong-Kong
China	454.4	737.6	843.4	1100.3	1429.7	Chine
Italy	610.6	711.1	725.2	789.1	885.2	Italie
United Kingdom	618.8	767.2	696.5	726.4	827.7	Royaume-Uni
Spain	487.8	561.9	694.7	666.2	824.2	Espagne
Japan	496.5	581.7	632.0	734.2	734.4	Japon
Belgium	455.0	523.2	528.3	543.3	600.6	Belgique
Canada	426.3	475.7	492.2	518.9	594.4	Canada
Switzerland-Liechtenstein	333.1	420.3	364.1	397.8	453.9	Suisse-Liechtenstein
Netherlands	305.9	315.4	321.2	350.9	401.4	Pays-Bas
Korea, Republic of	293.6	316.4	319.4	331.0	382.2	République de Corée
United Arab Emirates	222.1	272.5	260.9	298.3	e369.1	Emirats arabes unis
Russian Federation	185.4	221.6	232.5	273.4	329.3	Fédération de Russie
Austria	195.2	239.1	257.7	245.8	283.3	Autriche
Poland	148.5	186.6	189.1	220.9	325.6	Pologne
Australia	174.6	206.0	198.6	211.0	248.5	Australie
Mexico	121.3	122.9	158.9	224.5	358.1	Mexique
Singapore	150.8	125.2	164.0	172.9	211.2	Singapour
Greece	118.8	141.7	152.8	177.8	224.7	Grèce
Sweden	147.6	160.6	148.5	156.4	183.2	Suède
Denmark	135.3	142.5	144.3	167.7	191.2	Danemark
Czech Republic	121.4	139.5	155.9	160.9	190.6	République tchèque

Value as percentages of World total

Valeur en pourcentage du total mondial

Regions of the world	1998	1999	2000	2001	2002	2003	2004	2005	2006	2007	Régions du monde
World	100.0	100.0	100.0	100.0	100.0	100.0	100.0	100.0	100.0	100.0	Monde
Developed Economies	73.5	74.1	70.9	63.5	69.9	70.1	67.8	65.2	64.7	63.4	Economies Développés
- Asia-Pacific	5.0	5.0	5.8	5.0	5.6	5.5	5.5	5.4	5.7	5.2	- Asie-Pacifique
- Europe	48.1	46.7	42.2	39.1	43.3	45.8	44.9	42.8	41.8	42.4	- Europe
- North America	20.4	22.3	22.9	19.4	21.0	18.8	17.4	16.9	17.2	15.8	- Amérique du Nord
South-Eastern Europe	0.5	0.6	0.6	0.7	1.0	1.0	1.4	1.5	1.3	1.5	Europe du Sud-Est
Commonwealth of Independent States	2.2	1.3	1.6	1.8	2.1	2.4	2.4	2.7	3.2	3.4	Communauté d'Etats indépendants
- Asia	0.4	0.3	0.4	0.3	0.4	0.4	0.4	0.7	0.9	1.1	- Asie
- Europe	1.8	1.0	1.3	1.6	1.7	2.0	2.0	2.0	2.3	2.3	- Europe
Northern Africa	0.9	0.9	0.8	0.7	0.8	0.8	0.9	0.8	0.8	0.8	Afrique septentrionale
Sub-Saharan Africa	2.0	1.6	1.6	11.3	1.7	2.0	1.8	1.7	1.8	2.0	Afrique subsaharienne
Latin America & the Caribbean	6.0	5.1	5.3	4.7	4.6	3.8	3.6	4.0	4.7	5.1	Amérique latine et Caraïbes
- Caribbean	0.9	1.0	1.1	1.1	1.1	0.9	0.8	0.8	0.8	0.8	- Caraïbes
- Latin America	5.1	4.1	4.2	3.6	3.5	2.9	2.8	3.2	3.9	4.3	- Amérique latine
Eastern Asia	6.4	7.9	10.0	8.8	10.8	11.2	13.2	14.9	15.0	14.9	Asie orientale
Southern Asia	0.6	0.7	0.9	1.0	1.1	1.0	1.2	1.3	1.0	1.0	Asie méridionale
South-Eastern Asia	3.2	3.6	4.1	3.3	3.6	3.4	3.2	3.2	3.2	3.4	Asie du Sud-Est
Western Asia	4.5	4.0	4.0	4.0	4.4	4.4	4.4	4.5	4.3	4.4	Asie occidentale
Oceania	0.1	0.1	0.1	0.1	0.1	0.1	0.1	0.1	0.1	0.1	Océanie

Trade by commodity

Exports by principal countries or areas

Value in million US dollars

Commerce par produit

Exportations selon les principaux pays ou zones

Valeur en millions de dollars EU

Country or area	2003	2004	2005	2006	2007	Pays ou zone
World	13626.7	16065.0	17223.8	19332.6	21400.2	Monde
Developed Economies	10143.7	11718.6	12304.9	13713.8	14709.9	Economies Développés
- Asia-Pacific	682.9	833.3	1229.0	1929.4	1700.8	- Asie-Pacifique
- Europe	8594.7	9861.0	10057.5	10628.4	11778.7	- Europe
- North America	866.0	1024.3	1018.3	1156.0	1230.4	- Amérique du Nord
South-Eastern Europe	130.7	161.0	169.3	212.0	250.8	Europe du Sud-Est
Commonwealth of Independent States	186.1	222.5	147.7	243.5	349.0	Communauté d'Etats indépendants
- Asia	6.2	10.5	10.4	29.3	55.8	- Asie
- Europe	179.9	212.0	137.3	214.2	293.2	- Europe
Northern Africa	28.6	88.5	34.9	17.8	23.4	Afrique septentrionale
Sub-Saharan Africa	48.6	47.6	54.4	50.7	57.9	Afrique subsaharienne
Latin America & the Caribbean	569.9	572.0	593.5	696.6	790.1	Amérique latine et Caraïbes
- Caribbean	11.3	7.7	13.2	11.8	11.4	- Caraïbes
- Latin America	558.6	564.3	580.3	684.8	778.7	- Amérique latine
Eastern Asia	1453.4	2034.6	2571.5	3131.6	3649.8	Asie orientale
Southern Asia	128.2	145.9	205.0	230.8	271.5	Asie méridionale
South-Eastern Asia	400.7	410.4	450.9	517.2	728.0	Asie du Sud-Est
Western Asia	536.6	663.9	691.4	518.5	569.9	Asie occidentale
Oceania	0.2	0.1	0.1	0.1	0.1	Océanie
France-Monaco	1761.5	1994.5	1881.4	1943.3	2181.5	France-Monaco
Germany	1520.7	1785.0	1843.4	1975.7	2194.1	Allemagne
China	974.5	1435.8	1829.0	2293.5	2782.0	Chine
Japan	656.1	793.9	1183.0	1881.4	1654.7	Japon
Italy	1019.1	1189.8	1164.5	1243.5	1411.5	Italie
Austria	726.9	815.8	944.6	1006.9	1076.4	Autriche
Czech Republic	718.0	861.2	971.7	937.3	966.7	République tchèque
United States	731.1	869.2	843.6	962.2	1006.9	Etats-Unis d'Amérique
Poland	329.1	391.3	400.3	453.6	551.8	Pologne
Spain	344.0	349.7	346.5	424.4	512.6	Espagne
United Kingdom	348.0	382.8	343.0	365.8	429.8	Royaume-Uni
Mexico	335.9	343.4	350.0	401.8	423.9	Mexique
Belgium	328.1	339.2	382.7	381.5	421.8	Belgique
Portugal	268.5	302.1	302.9	317.6	395.0	Portugal
Netherlands	253.2	316.0	305.6	360.8	334.4	Pays-Bas
Switzerland-Liechtenstein	259.2	304.7	299.8	297.2	338.2	Suisse-Liechtenstein
China, Hong Kong SAR	175.9	248.4	316.8	365.1	384.0	Chine - RAS de Hong-Kong
United Arab Emirates	179.2	267.7	273.7	343.9	e371.6	Emirats arabes unis
Turkey	311.0	348.8	336.0	78.1	106.9	Turquie
Korea, Republic of	112.8	154.4	246.7	288.6	260.6	République de Corée
Canada	134.9	155.1	174.8	193.8	223.5	Canada
Malaysia	123.3	132.7	137.2	179.8	238.0	Malaisie
Slovakia	106.9	138.5	157.4	159.2	174.7	Slovaquie
India	99.7	109.6	160.6	165.9	186.8	Inde
Indonesia	110.1	118.5	138.9	143.6	187.9	Indonésie

Value as percentages of World total

Valeur en pourcentage du total mondial

Regions of the world	1998	1999	2000	2001	2002	2003	2004	2005	2006	2007	Régions du monde
World	100.0	100.0	100.0	100.0	100.0	100.0	100.0	100.0	100.0	100.0	Monde
Developed Economies	79.3	77.9	75.1	75.0	74.5	74.4	72.9	71.4	70.9	68.7	Economies Développés
- Asia-Pacific	2.7	3.5	4.6	3.7	4.2	5.0	5.2	7.1	10.0	7.9	- Asie-Pacifique
- Europe	68.0	65.3	60.4	61.1	62.6	63.1	61.4	58.4	55.0	55.0	- Europe
- North America	8.6	9.1	10.1	10.1	7.8	6.4	6.4	5.9	6.0	5.7	- Amérique du Nord
South-Eastern Europe	1.0	0.8	0.8	0.9	0.9	1.0	1.0	1.0	1.1	1.2	Europe du Sud-Est
Commonwealth of Independent States	0.7	1.0	1.3	1.3	0.9	1.4	1.4	0.9	1.3	1.6	Communauté d'Etats indépendants
- Asia	0.0	0.0	0.0	0.0	0.0	0.0	0.1	0.1	0.2	0.3	- Asie
- Europe	0.6	0.9	1.2	1.3	0.9	1.3	1.3	0.8	1.1	1.4	- Europe
Northern Africa	0.3	0.2	0.2	0.3	0.4	0.2	0.6	0.2	0.1	0.1	Afrique septentrionale
Sub-Saharan Africa	0.3	0.2	0.3	0.3	0.3	0.4	0.3	0.3	0.3	0.3	Afrique subsaharienne
Latin America & the Caribbean	4.7	4.7	5.0	4.7	4.8	4.2	3.6	3.4	3.6	3.7	Amérique latine et Caraïbes
- Caribbean	0.2	0.1	0.1	0.2	0.1	0.1	0.0	0.1	0.1	0.1	- Caraïbes
- Latin America	4.5	4.6	4.8	4.5	4.6	4.1	3.5	3.4	3.5	3.6	- Amérique latine
Eastern Asia	7.9	8.6	9.7	9.4	10.2	10.7	12.7	14.9	16.2	17.1	Asie orientale
Southern Asia	0.3	0.5	0.7	0.7	0.8	0.9	0.9	1.2	1.2	1.3	Asie méridionale
South-Eastern Asia	2.2	3.0	3.7	3.4	3.1	2.9	2.6	2.6	2.7	3.4	Asie du Sud-Est
Western Asia	3.3	3.2	3.3	4.0	4.0	3.9	4.1	4.0	2.7	2.7	Asie occidentale
Oceania	0.0	0.0	0.0	0.0	0.0	0.0	0.0	0.0	0.0	0.0	Océanie

666 Pottery

Trade by commodity
Imports by principal countries or areas
Value in million US dollars

Commerce par produit
Importations selon les principaux pays ou zones
Valeur en millions de dollars EU

Country or area	2003	2004	2005	2006	2007	Pays ou zone
World	6380.0	6872.5	7220.5	7343.1	8146.1	Monde
Developed Economies	5300.8	5608.9	5925.3	5905.7	6432.8	Economies Développés
- Asia-Pacific	432.8	481.7	473.5	462.5	477.4	- Asie-Pacifique
- Europe	2648.9	2981.2	3289.6	3203.3	3714.9	- Europe
- North America	2219.2	2146.0	2162.2	2239.9	2240.5	- Amérique du Nord
South-Eastern Europe	25.7	47.9	55.5	49.5	74.7	Europe du Sud-Est
Commonwealth of Independent States	97.0	127.0	147.3	192.8	259.7	Communauté d'Etats indépendants
- Asia	20.7	29.8	31.4	41.1	39.0	- Asie
- Europe	76.3	97.2	115.9	151.7	220.7	- Europe
Northern Africa	29.8	44.9	40.3	32.9	55.0	Afrique septentrionale
Sub-Saharan Africa	66.4	86.9	103.4	128.2	137.7	Afrique subsaharienne
Latin America & the Caribbean	152.0	179.6	200.6	243.4	287.5	Amérique latine et Caraïbes
- Caribbean	22.7	26.6	30.8	35.1	40.1	- Caraïbes
- Latin America	129.3	153.0	169.9	208.3	247.4	- Amérique latine
Eastern Asia	311.9	279.6	266.4	264.5	288.1	Asie orientale
Southern Asia	47.4	39.5	39.5	44.3	50.8	Asie méridionale
South-Eastern Asia	113.8	147.9	84.4	83.5	91.6	Asie du Sud-Est
Western Asia	230.1	304.3	351.7	392.5	461.9	Asie occidentale
Oceania	5.1	6.1	6.1	5.8	6.3	Océanie
United States	1991.6	1919.3	1925.4	1983.5	1954.8	Etats-Unis d'Amérique
Germany	442.5	462.7	515.5	475.4	553.9	Allemagne
United Kingdom	378.0	421.5	441.2	435.6	514.9	Royaume-Uni
France-Monaco	321.2	357.3	391.2	400.5	482.1	France-Monaco
Italy	269.8	298.7	340.7	353.4	392.3	Italie
Japan	301.9	326.8	326.3	322.1	318.0	Japon
Canada	224.9	223.8	233.5	252.6	282.5	Canada
Spain	181.1	224.8	249.6	221.1	254.4	Espagne
Netherlands	158.4	166.7	174.4	176.8	203.4	Pays-Bas
Belgium	124.9	141.2	185.7	174.0	192.6	Belgique
China, Hong Kong SAR	232.1	189.8	147.5	125.2	108.9	Chine - RAS de Hong-Kong
Australia	105.9	127.8	120.2	114.3	129.5	Australie
Switzerland-Liechtenstein	102.2	111.5	128.5	117.8	132.2	Suisse-Liechtenstein
Austria	98.4	108.5	118.9	114.1	132.6	Autriche
Russian Federation	69.1	83.9	98.7	125.7	184.9	Fédération de Russie
Sweden	75.5	127.9	121.8	110.6	125.3	Suède
United Arab Emirates	85.9	117.6	106.5	106.5	e131.7	Emirates arabes unis
Denmark	71.6	77.9	102.0	87.9	89.8	Danemark
Turkey	36.5	42.1	80.1	113.2	152.0	Turquie
Korea, Republic of	46.7	51.7	77.2	99.5	131.5	République de Corée
Norway	70.1	85.1	79.7	73.2	85.1	Norvège
Greece	56.6	66.4	77.2	69.9	84.1	Grèce
Poland	47.0	51.7	62.2	68.7	93.9	Pologne
Czech Republic	55.2	55.5	59.0	58.2	69.1	République tchèque
Ireland	43.9	52.9	55.8	63.8	73.5	Irlande

Value as percentages of World total

Valeur en pourcentage du total mondial

Regions of the world	1998	1999	2000	2001	2002	2003	2004	2005	2006	2007	Régions du monde
World	100.0	100.0	100.0	100.0	100.0	100.0	100.0	100.0	100.0	100.0	Monde
Developed Economies	83.8	84.1	82.9	75.8	82.0	83.1	81.6	82.1	80.4	79.0	Economies Développés
- Asia-Pacific	6.3	6.7	7.2	6.2	6.7	6.8	7.0	6.6	6.3	5.9	- Asie-Pacifique
- Europe	42.9	42.8	39.4	37.1	38.9	41.5	43.4	45.6	43.6	45.6	- Europe
- North America	34.6	34.7	36.3	32.6	36.4	34.8	31.2	29.9	30.5	27.5	- Amérique du Nord
South-Eastern Europe	0.1	0.2	0.2	0.2	0.4	0.4	0.7	0.8	0.7	0.9	Europe du Sud-Est
Commonwealth of Independent States	0.6	0.4	0.6	0.9	1.3	1.5	1.8	2.0	2.6	3.2	Communauté d'Etats indépendants
- Asia	0.1	0.1	0.1	0.1	0.3	0.3	0.4	0.4	0.6	0.5	- Asie
- Europe	0.5	0.3	0.5	0.7	1.0	1.2	1.4	1.6	2.1	2.7	- Europe
Northern Africa	0.5	0.7	0.6	0.6	0.9	0.5	0.7	0.6	0.4	0.7	Afrique septentrionale
Sub-Saharan Africa	0.8	0.8	0.8	9.1	0.9	1.0	1.3	1.4	1.7	1.7	Afrique subsaharienne
Latin America & the Caribbean	3.0	2.7	2.9	3.0	3.0	2.4	2.6	2.8	3.3	3.5	Amérique latine et Caraïbes
- Caribbean	0.4	0.5	0.5	0.5	0.5	0.4	0.4	0.4	0.5	0.5	- Caraïbes
- Latin America	2.5	2.2	2.4	2.5	2.6	2.0	2.2	2.4	2.8	3.0	- Amérique latine
Eastern Asia	6.8	6.7	7.0	5.8	5.7	4.9	4.1	3.7	3.6	3.5	Asie orientale
Southern Asia	0.2	0.2	0.3	0.3	0.5	0.7	0.6	0.5	0.6	0.6	Asie méridionale
South-Eastern Asia	0.9	1.1	1.2	1.1	1.5	1.8	2.2	1.2	1.1	1.1	Asie du Sud-Est
Western Asia	3.3	3.1	3.4	3.1	3.7	3.6	4.4	4.9	5.3	5.7	Asie occidentale
Oceania	0.1	0.1	0.1	0.1	0.1	0.1	0.1	0.1	0.1	0.1	Océanie

Trade by commodity

Exports by principal countries or areas

Value in million US dollars

Commerce par produit

Exportations selon les principaux pays ou zones

Valeur en millions de dollars EU

Country or area	2003	2004	2005	2006	2007	Pays ou zone
World	5689.7	6215.1	6333.2	6596.4	6757.2	Monde
Developed Economies	2811.3	2987.3	2819.8	2805.4	3167.6	Economies Développés
- Asia-Pacific	111.1	102.2	98.5	97.4	102.3	- Asie-Pacifique
- Europe	2560.9	2728.4	2561.9	2551.2	2881.0	- Europe
- North America	139.3	156.7	159.4	156.8	184.3	- Amérique du Nord
South-Eastern Europe	61.5	70.9	71.0	61.5	62.4	Europe du Sud-Est
Commonwealth of Independent States	31.1	36.6	34.4	31.2	29.6	Communauté d'Etats indépendants
- Asia	0.4	0.6	0.3	0.6	0.3	- Asie
- Europe	30.7	36.0	34.1	30.6	29.3	- Europe
Northern Africa	20.7	17.5	18.9	19.1	22.4	Afrique septentrionale
Sub-Saharan Africa	6.7	7.4	8.6	8.8	11.9	Afrique subsaharienne
Latin America & the Caribbean	115.3	107.3	105.5	113.8	109.0	Amérique latine et Caraïbes
- Caribbean	0.9	1.0	1.3	1.7	1.3	- Caraïbes
- Latin America	114.5	106.3	104.2	112.1	107.6	- Amérique latine
Eastern Asia	2011.9	2252.5	2583.8	2892.1	2599.6	Asie orientale
Southern Asia	62.4	79.6	84.4	87.8	103.3	Asie méridionale
South-Eastern Asia	412.4	460.2	411.3	388.2	443.1	Asie du Sud-Est
Western Asia	156.3	195.6	195.4	188.4	208.2	Asie occidentale
Oceania	0.1	0.1	0.2	0.1	0.1	Océanie
China	1704.2	2004.1	2386.6	2715.1	2447.7	Chine
Germany	490.9	528.6	516.9	552.3	661.2	Allemagne
United Kingdom	407.1	393.4	362.6	364.3	377.9	Royaume-Uni
Portugal	283.7	301.4	253.5	233.7	268.0	Portugal
France-Monaco	227.4	258.7	237.8	245.4	292.3	France-Monaco
Italy	290.5	288.8	228.9	221.5	214.0	Italie
Thailand	232.4	226.6	221.7	209.0	243.1	Thaïlande
China, Hong Kong SAR	269.2	203.2	150.6	131.0	107.0	Chine - RAS de Hong-Kong
Spain	173.2	170.1	152.8	141.9	155.2	Espagne
United Arab Emirates	112.1	139.6	135.1	160.0	e172.9	Emirates arabes unis
United States	120.4	139.0	139.5	137.8	164.0	Etats-Unis d'Amérique
Czech Republic	117.6	116.2	123.8	130.2	184.6	République tchèque
Netherlands	111.6	117.8	126.2	127.6	152.1	Pays-Bas
Poland	114.4	126.0	119.2	106.2	123.0	Pologne
Belgium	79.6	99.5	109.9	125.6	153.5	Belgique
Japan	104.4	94.1	89.8	88.0	93.0	Japon
Indonesia	78.2	87.7	87.3	88.1	89.8	Indonésie
Denmark	82.5	91.0	99.4	67.5	76.4	Danemark
Sweden	60.6	99.4	83.1	82.4	59.6	Suède
Romania	59.3	67.4	68.1	58.2	58.8	Roumanie
Mexico	69.6	54.1	52.6	57.0	49.3	Mexique
Malaysia	52.9	84.4	32.0	25.5	34.5	Malaisie
Sri Lanka	30.7	35.0	36.2	e40.4	e45.5	Sri Lanka
Hungary	36.3	37.8	35.8	34.1	39.2	Hongrie
Turkey	37.7	47.7	48.4	19.1	28.8	Turquie

Value as percentages of World total

Valeur en pourcentage du total mondial

Regions of the world	1998	1999	2000	2001	2002	2003	2004	2005	2006	2007	Régions du monde
World	100.0	100.0	100.0	100.0	100.0	100.0	100.0	100.0	100.0	100.0	Monde
Developed Economies	55.3	53.0	49.8	53.1	49.4	49.4	48.1	44.5	42.5	46.9	Economies Développés
- Asia-Pacific	3.3	3.2	3.2	2.5	2.3	2.0	1.6	1.6	1.5	1.5	- Asie-Pacifique
- Europe	49.4	47.0	43.8	47.7	44.6	45.0	43.9	40.5	38.7	42.6	- Europe
- North America	2.6	2.9	2.9	2.9	2.5	2.4	2.5	2.5	2.4	2.7	- Amérique du Nord
South-Eastern Europe	0.9	0.9	0.9	1.0	1.0	1.1	1.1	1.1	0.9	0.9	Europe du Sud-Est
Commonwealth of Independent States	0.4	0.6	0.4	0.6	0.5	0.5	0.6	0.5	0.5	0.4	Communauté d'Etats indépendants
- Asia	0.0	0.0	0.0	0.0	0.0	0.0	0.0	0.0	0.0	0.0	- Asie
- Europe	0.3	0.6	0.4	0.6	0.5	0.5	0.6	0.5	0.5	0.4	- Europe
Northern Africa	0.5	0.4	0.4	0.5	1.5	0.4	0.3	0.3	0.3	0.3	Afrique septentrionale
Sub-Saharan Africa	0.1	0.1	0.1	0.1	0.1	0.1	0.1	0.1	0.1	0.2	Afrique subsaharienne
Latin America & the Caribbean	2.2	2.7	2.7	2.4	2.2	2.0	1.7	1.7	1.7	1.6	Amérique latine et Caraïbes
- Caribbean	0.0	0.0	0.0	0.0	0.0	0.0	0.0	0.0	0.0	0.0	- Caraïbes
- Latin America	2.2	2.6	2.7	2.4	2.1	2.0	1.7	1.6	1.7	1.6	- Amérique latine
Eastern Asia	32.5	33.7	36.4	32.9	35.0	35.4	36.2	40.8	43.8	38.5	Asie orientale
Southern Asia	1.0	1.0	1.2	1.2	1.2	1.1	1.3	1.3	1.3	1.5	Asie méridionale
South-Eastern Asia	6.1	6.5	6.8	6.9	7.1	7.2	7.4	6.5	5.9	6.6	Asie du Sud-Est
Western Asia	1.1	1.1	1.2	1.4	2.0	2.7	3.1	3.1	2.9	3.1	Asie occidentale
Oceania	0.0	0.0	0.0	0.0	0.0	0.0	0.0	0.0	0.0	0.0	Océanie

667 Pearls and precious or semiprecious stones, unworked or worked

Trade by commodity
Imports by principal countries or areas
Value in million US dollars

Commerce par produit
Importations selon les principaux pays ou zones
Valeur en millions de dollars EU

Country or area	2003	2004	2005	2006	2007	Pays ou zone
World	62927.3	77145.3	88192.6	84689.4	94482.4	Monde
Developed Economies	36504.6	43403.3	48527.0	48767.5	53038.2	Economies Développés
- Asia-Pacific	1683.7	2071.0	2158.6	2104.3	2081.1	- Asie-Pacifique
- Europe	20678.1	25280.5	28576.0	27622.5	30142.2	- Europe
- North America	14142.8	16051.7	17792.4	19040.7	20815.0	- Amérique du Nord
South-Eastern Europe	25.0	32.5	36.0	38.4	48.0	Europe du Sud-Est
Commonwealth of Independent States	331.5	318.9	358.7	286.6	223.7	Communauté d'Etats indépendants
- Asia	282.7	218.3	273.0	229.2	166.8	- Asie
- Europe	48.8	100.6	85.8	57.4	56.9	- Europe
Northern Africa	3.4	8.1	7.7	8.8	2.4	Afrique septentrionale
Sub-Saharan Africa	704.7	774.0	1029.5	1035.2	1222.5	Afrique subsaharienne
Latin America & the Caribbean	251.8	329.0	363.3	353.9	390.0	Amérique latine et Caraïbes
- Caribbean	78.2	111.1	108.2	115.1	143.3	- Caraïbes
- Latin America	173.6	217.8	255.1	238.8	246.7	- Amérique latine
Eastern Asia	7240.8	8945.9	11261.5	12280.3	14274.7	Asie orientale
Southern Asia	7264.4	9572.7	9429.1	7790.5	9019.7	Asie méridionale
South-Eastern Asia	1646.5	2119.1	3611.7	2267.1	2626.1	Asie du Sud-Est
Western Asia	8952.8	11640.3	13566.3	11858.9	13635.0	Asie occidentale
Oceania	1.8	1.5	1.8	2.3	2.1	Océanie
United States	13880.9	15714.1	17375.6	18477.8	20268.2	Etats-Unis d'Amérique
Belgium	11190.3	13479.8	15192.9	13972.1	16119.7	Belgique
Israel	7760.4	9224.8	9633.4	9062.9	10054.4	Israël
United Kingdom	6709.3	8051.3	9093.5	9272.8	8938.8	Royaume-Uni
China, Hong Kong SAR	5709.2	6915.7	8932.6	9482.2	10999.1	Chine - RAS de Hong-Kong
India	7038.0	9342.4	9170.2	7471.1	8666.9	Inde
United Arab Emirates	1092.2	2265.4	3755.9	2636.4	e3262.3	Emirates arabes unis
China	1362.2	1830.4	2132.0	2610.5	3053.5	Chine
Switzerland-Liechtenstein	1466.0	1910.1	2316.4	2273.6	2652.7	Suisse-Liechtenstein
Japan	1441.1	1640.1	1692.5	1606.0	1522.0	Japon
Thailand	1111.8	1334.9	1509.1	1513.2	1695.4	Thaïlande
Singapore	443.3	658.9	1965.5	593.8	693.1	Singapour
South Africa	634.7	701.5	941.2	934.4	1044.5	Afrique du Sud
Italy	407.3	527.1	590.1	720.1	804.7	Italie
France-Monaco	304.5	593.8	676.0	624.2	778.6	France-Monaco
Canada	261.4	337.1	416.1	562.7	546.5	Canada
Australia	211.1	392.1	426.2	456.8	517.5	Australie
Germany	323.0	371.3	392.6	429.1	457.5	Allemagne
Sri Lanka	226.0	229.6	257.4	e317.9	e350.2	Sri Lanka
Armenia	282.3	218.0	271.5	224.4	164.4	Arménie
Mexico	164.5	203.4	226.2	217.4	219.1	Mexique
Lebanon	78.7	118.2	e121.3	e121.5	e265.2	Liban
Spain	78.0	123.2	117.6	132.1	160.6	Espagne
Korea, Republic of	75.2	69.6	80.3	87.6	96.9	République de Corée
Malaysia	51.1	68.2	66.5	74.9	98.8	Malaisie

Value as percentages of World total

Valeur en pourcentage du total mondial

Regions of the world	1998	1999	2000	2001	2002	2003	2004	2005	2006	2007	Régions du monde
World	100.0	100.0	100.0	100.0	100.0	100.0	100.0	100.0	100.0	100.0	Monde
Developed Economies	70.3	66.0	66.5	61.4	61.6	58.0	56.3	55.0	57.6	56.1	Economies Développés
- Asia-Pacific	3.9	3.8	3.3	3.4	2.7	2.7	2.7	2.4	2.5	2.2	- Asie-Pacifique
- Europe	44.0	40.8	40.7	33.0	36.6	32.9	32.8	32.4	32.6	31.9	- Europe
- North America	22.3	21.4	22.5	25.0	22.3	22.5	20.8	20.2	22.5	22.0	- Amérique du Nord
South-Eastern Europe	0.0	0.0	0.0	0.0	0.0	0.0	0.0	0.0	0.0	0.1	Europe du Sud-Est
Commonwealth of Independent States	0.3	0.5	0.4	0.4	0.5	0.5	0.4	0.4	0.3	0.2	Communauté d'Etats indépendants
- Asia	0.2	0.2	0.2	0.2	0.3	0.4	0.3	0.3	0.3	0.2	- Asie
- Europe	0.1	0.3	0.3	0.2	0.2	0.1	0.1	0.1	0.1	0.1	- Europe
Northern Africa	0.0	0.0	0.0	0.0	0.0	0.0	0.0	0.0	0.0	0.0	Afrique septentrionale
Sub-Saharan Africa	0.8	0.9	0.9	1.0	0.9	1.1	1.0	1.2	1.2	1.3	Afrique subsaharienne
Latin America & the Caribbean	0.2	0.2	0.3	0.4	0.3	0.4	0.4	0.4	0.4	0.4	Amérique latine et Caraïbes
- Caribbean	0.0	0.0	0.1	0.1	0.1	0.1	0.1	0.1	0.1	0.2	- Caraïbes
- Latin America	0.1	0.2	0.2	0.3	0.2	0.3	0.3	0.3	0.3	0.3	- Amérique latine
Eastern Asia	6.8	7.8	8.9	10.7	10.3	11.5	11.6	12.8	14.5	15.1	Asie orientale
Southern Asia	9.1	10.6	8.5	10.2	10.4	11.5	12.4	10.7	9.2	9.5	Asie méridionale
South-Eastern Asia	1.9	2.2	2.4	2.8	2.6	2.6	2.7	4.1	2.7	2.8	Asie du Sud-Est
Western Asia	10.6	11.8	12.1	13.1	13.4	14.2	15.1	15.4	14.0	14.4	Asie occidentale
Oceania	0.0	0.0	0.0	0.0	0.0	0.0	0.0	0.0	0.0	0.0	Océanie

Perles fines ou de culture, pierres gemmes et similaires, brutes ou travaillées 667

Trade by commodity

Exports by principal countries or areas

Value in million US dollars

Commerce par produit

Exportations selon les principaux pays ou zones

Valeur en millions de dollars EU

Country or area	2003	2004	2005	2006	2007	Pays ou zone
World	62953.1	77363.8	91947.9	89548.2	102624.3	Monde
Developed Economies	29098.2	35345.3	39658.5	39492.9	45161.3	Economies Développés
- Asia-Pacific	657.1	733.6	786.3	827.1	826.7	- Asie-Pacifique
- Europe	21732.3	25603.4	28352.6	27039.9	30047.2	- Europe
- North America	6708.8	9008.3	10519.6	11625.9	14287.4	- Amérique du Nord
South-Eastern Europe	18.7	28.8	38.4	40.9	49.7	Europe du Sud-Est
Commonwealth of Independent States	1195.1	1572.1	1977.2	2000.5	1904.3	Communauté d'Etats indépendants
- Asia	288.0	223.8	264.0	247.8	161.6	- Asie
- Europe	907.1	1348.3	1713.1	1752.7	1742.7	- Europe
Northern Africa	1.6	0.6	0.0	0.7	0.2	Afrique septentrionale
Sub-Saharan Africa	6231.5	6737.7	8615.7	8388.7	7969.8	Afrique subsaharienne
Latin America & the Caribbean	216.0	291.4	283.0	333.7	389.0	Amérique latine et Caraïbes
- Caribbean	7.9	5.6	4.1	7.9	6.8	- Caraïbes
- Latin America	208.1	285.8	278.9	325.9	382.2	- Amérique latine
Eastern Asia	4300.6	5400.7	6971.5	8171.0	10045.3	Asie orientale
Southern Asia	8620.6	10760.7	12241.7	11201.4	14038.7	Asie méridionale
South-Eastern Asia	1013.6	1341.2	2806.0	1742.5	2171.5	Asie du Sud-Est
Western Asia	12157.6	15767.6	19225.6	18062.8	20786.6	Asie occidentale
Oceania	99.6	117.6	130.3	113.0	108.0	Océanie
Belgium	11835.9	14384.5	16196.3	15615.0	18287.8	Belgique
Israel	11524.2	13993.2	16057.0	16178.6	18478.9	Israël
India	8415.0	10533.7	11928.9	10840.6	13644.4	Inde
United States	5518.5	7385.3	8973.6	10028.7	12384.9	Etats-Unis d'Amérique
United Kingdom	7926.2	8592.9	9379.1	8619.1	8667.7	Royaume-Uni
China, Hong Kong SAR	3250.6	3959.9	5287.9	6179.6	7824.2	Chine - RAS de Hong-Kong
Botswana	2954.4	2635.5	3298.4	3262.3	3172.5	Botswana
South Africa	1764.0	2011.0	2584.6	2460.3	2533.8	Afrique du Sud
United Arab Emirates	612.7	1739.5	3123.7	1820.3	e1967.1	Emirates arabes unis
Switzerland-Liechtenstein	1335.6	1711.2	1889.2	1786.5	1998.1	Suisse-Liechtenstein
China	1031.8	1417.6	1659.9	1952.9	2173.7	Chine
Canada	1189.0	1621.0	1545.8	1597.2	1902.5	Canada
Russian Federation	857.1	1298.3	1660.7	1718.4	1719.4	Fédération de Russie
Thailand	680.2	841.8	989.9	1188.7	1436.9	Thaïlande
Democratic Republic of the Congo	e714.0	e797.8	e850.0	e725.7	e634.8	République démocratique du Congo
Singapore	235.7	374.3	1682.3	386.6	515.5	Singapour
Namibia	141.3	684.7	709.5	900.8	705.0	Namibie
Angola	e283.1	e159.1	e733.4	e597.9	e293.4	Angola
Japan	306.1	378.7	403.8	418.3	462.3	Japon
Australia	343.5	343.7	370.5	398.6	355.1	Australie
Germany	250.0	305.9	313.9	361.3	399.4	Allemagne
Sri Lanka	203.0	221.6	306.1	e342.2	e384.6	Sri Lanka
France-Monaco	152.5	329.6	330.0	335.9	282.8	France-Monaco
Armenia	288.0	221.4	263.7	247.0	161.2	Arménie
Italy	76.0	95.3	112.8	186.1	222.1	Italie

Value as percentages of World total

Valeur en pourcentage du total mondial

Regions of the world	1998	1999	2000	2001	2002	2003	2004	2005	2006	2007	Régions du monde
World	100.0	100.0	100.0	100.0	100.0	100.0	100.0	100.0	100.0	100.0	Monde
Developed Economies	51.7	51.9	49.6	44.6	48.3	46.2	45.7	43.1	44.1	44.0	Economies Développés
- Asia-Pacific	1.8	1.9	1.6	1.4	1.1	1.0	0.9	0.9	0.9	0.8	- Asie-Pacifique
- Europe	42.1	41.5	39.0	32.8	37.9	34.5	33.1	30.8	30.2	29.3	- Europe
- North America	7.7	8.4	8.9	10.4	9.3	10.7	11.6	11.4	13.0	13.9	- Amérique du Nord
South-Eastern Europe	0.0	0.0	0.0	0.0	0.0	0.0	0.0	0.0	0.0	0.0	Europe du Sud-Est
Commonwealth of Independent States	4.2	3.6	1.8	2.7	1.8	1.9	2.0	2.2	2.2	1.9	Communauté d'Etats indépendants
- Asia	0.2	0.2	0.2	0.2	0.3	0.5	0.3	0.3	0.3	0.2	- Asie
- Europe	4.0	3.4	1.6	2.5	1.5	1.4	1.7	1.9	2.0	1.7	- Europe
Northern Africa	0.0	0.0	0.0	0.0	0.0	0.0	0.0	0.0	0.0	0.0	Afrique septentrionale
Sub-Saharan Africa	6.5	6.2	10.7	11.6	9.6	9.9	8.7	9.4	9.4	7.8	Afrique subsaharienne
Latin America & the Caribbean	0.6	0.5	0.4	0.5	0.4	0.3	0.4	0.3	0.4	0.4	Amérique latine et Caraïbes
- Caribbean	0.1	0.1	0.1	0.0	0.0	0.0	0.0	0.0	0.0	0.0	- Caraïbes
- Latin America	0.4	0.4	0.4	0.5	0.4	0.3	0.4	0.3	0.4	0.4	- Amérique latine
Eastern Asia	4.8	4.8	5.7	6.3	6.4	6.8	7.0	7.6	9.1	9.8	Asie orientale
Southern Asia	13.2	14.2	12.0	13.2	13.4	13.7	13.9	13.3	12.5	13.7	Asie méridionale
South-Eastern Asia	1.9	1.7	1.6	1.8	1.5	1.6	1.7	3.1	1.9	2.1	Asie du Sud-Est
Western Asia	16.8	16.7	17.8	19.0	18.3	19.3	20.4	20.9	20.2	20.3	Asie occidentale
Oceania	0.4	0.3	0.3	0.3	0.2	0.2	0.2	0.1	0.1	0.1	Océanie

671 Pig iron, spiegeleisen, sponge iron, iron or steel granules and powders

Trade by commodity
Imports by principal countries or areas
Value in million US dollars

Commerce par produit
Importations selon les principaux pays ou zones
Valeur en millions de dollars EU

Country or area	2003	2004	2005	2006	2007	Pays ou zone
World	14123.4	26048.9	30693.3	31113.2	43026.8	Monde
Developed Economies	9329.2	17011.5	21122.5	21956.7	29404.9	Economies Développés
- Asia-Pacific	1503.1	2486.0	3099.7	2966.6	3905.0	- Asie-Pacifique
- Europe	5628.9	9940.2	13211.3	13961.3	19538.3	- Europe
- North America	2197.2	4585.4	4811.6	5028.8	5961.6	- Amérique du Nord
South-Eastern Europe	88.1	184.9	211.5	155.9	272.3	Europe du Sud-Est
Commonwealth of Independent States	459.4	883.2	951.4	891.9	1252.2	Communauté d'Etats indépendants
- Asia	26.6	64.9	58.5	54.3	80.5	- Asie
- Europe	432.8	818.2	892.9	837.7	1171.7	- Europe
Northern Africa	84.1	96.5	118.9	123.3	69.4	Afrique septentrionale
Sub-Saharan Africa	106.8	179.1	215.7	224.5	449.9	Afrique subsaharienne
Latin America & the Caribbean	397.6	772.0	1144.8	1041.6	1053.9	Amérique latine et Caraïbes
- Caribbean	20.1	29.5	42.6	15.1	22.4	- Caraïbes
- Latin America	377.4	742.5	1102.2	1026.5	1031.5	- Amérique latine
Eastern Asia	2688.4	4937.0	4775.9	4754.6	7579.6	Asie orientale
Southern Asia	160.5	268.6	352.1	489.4	541.3	Asie méridionale
South-Eastern Asia	468.4	1004.9	994.0	772.2	1252.3	Asie du Sud-Est
Western Asia	340.4	710.7	804.2	699.1	1146.2	Asie occidentale
Oceania	0.5	0.6	2.3	4.0	4.8	Océanie
United States	1962.6	4196.8	4316.4	4593.7	5525.1	Etats-Unis d'Amérique
Germany	1106.6	1906.2	3084.3	3133.0	4399.4	Allemagne
Japan	1450.3	2359.3	2866.5	2793.6	3761.6	Japon
Italy	991.0	1855.2	2550.2	2577.4	3472.5	Italie
Korea, Republic of	1258.9	2348.2	2269.2	1917.8	2458.9	République de Corée
China	539.7	1100.1	1002.1	1189.2	2900.2	Chine
Spain	630.0	1077.4	1252.3	1467.9	1951.2	Espagne
Belgium	481.7	927.0	1126.1	1480.8	2284.2	Belgique
Netherlands	326.6	800.6	1159.2	1184.0	1775.8	Pays-Bas
France-Monaco	548.6	829.4	1033.0	891.8	1084.5	France-Monaco
Finland	337.7	491.2	466.0	673.7	991.3	Finlande
Sweden	230.5	356.1	627.4	588.9	758.4	Suède
Turkey	232.2	439.1	479.3	390.4	674.4	Turquie
United Kingdom	264.2	430.6	433.7	430.8	594.2	Royaume-Uni
Canada	234.5	388.6	495.2	435.0	435.9	Canada
Mexico	210.2	390.2	514.9	477.8	310.1	Mexique
Russian Federation	212.7	384.6	326.5	337.4	568.2	Fédération de Russie
Malaysia	226.4	449.4	380.9	298.4	443.2	Malaisie
Ukraine	159.3	321.6	464.1	400.1	448.9	Ukraine
Thailand	122.0	290.5	371.1	280.3	483.0	Thaïlande
Czech Republic	114.4	238.6	321.5	296.9	390.0	République tchèque
Poland	117.0	277.3	277.6	273.2	411.4	Pologne
Austria	149.7	221.6	263.6	263.2	401.7	Autriche
India	92.1	170.3	187.8	380.4	416.5	Inde
South Africa	83.9	146.2	177.4	172.6	378.6	Afrique du Sud

Value as percentages of World total

Valeur en pourcentage du total mondial

Regions of the world	1998	1999	2000	2001	2002	2003	2004	2005	2006	2007	Régions du monde
World	100.0	100.0	100.0	100.0	100.0	100.0	100.0	100.0	100.0	100.0	Monde
Developed Economies	75.1	71.3	69.8	70.8	69.6	66.1	65.3	68.8	70.6	68.3	Economies Développés
- Asia-Pacific	10.5	10.5	11.2	10.7	9.9	10.6	9.5	10.1	9.5	9.1	- Asie-Pacifique
- Europe	43.3	39.4	37.9	42.5	41.9	39.9	38.2	43.0	44.9	45.4	- Europe
- North America	21.3	21.5	20.6	17.6	17.8	15.6	17.6	15.7	16.2	13.9	- Amérique du Nord
South-Eastern Europe	0.7	0.5	0.5	0.6	0.5	0.6	0.7	0.7	0.5	0.6	Europe du Sud-Est
Commonwealth of Independent States	2.6	2.3	2.6	2.9	2.7	3.3	3.4	3.1	2.9	2.9	Communauté d'Etats indépendants
- Asia	0.2	0.2	0.2	0.3	0.2	0.2	0.2	0.2	0.2	0.2	- Asie
- Europe	2.5	2.0	2.4	2.6	2.4	3.1	3.1	2.9	2.7	2.7	- Europe
Northern Africa	0.3	0.3	0.2	0.3	0.3	0.6	0.4	0.4	0.4	0.2	Afrique septentrionale
Sub-Saharan Africa	0.4	0.5	0.5	0.7	0.6	0.8	0.7	0.7	0.7	1.0	Afrique subsaharienne
Latin America & the Caribbean	3.2	2.8	3.9	3.7	3.6	2.8	3.0	3.7	3.3	2.4	Amérique latine et Caraïbes
- Caribbean	0.1	0.1	0.2	0.2	0.1	0.1	0.1	0.1	0.0	0.1	- Caraïbes
- Latin America	3.1	2.7	3.7	3.5	3.5	2.7	2.9	3.6	3.3	2.4	- Amérique latine
Eastern Asia	13.6	15.9	16.0	15.5	17.0	19.0	19.0	15.6	15.3	17.6	Asie orientale
Southern Asia	1.0	1.6	1.2	1.1	1.0	1.1	1.0	1.1	1.6	1.3	Asie méridionale
South-Eastern Asia	1.5	3.0	3.5	2.8	2.2	3.3	3.9	3.2	2.5	2.9	Asie du Sud-Est
Western Asia	1.6	1.8	1.7	1.6	2.5	2.4	2.7	2.6	2.2	2.7	Asie occidentale
Oceania	0.0	0.0	0.0	0.0	0.0	0.0	0.0	0.0	0.0	0.0	Océanie

Fonte, fonte spiegel, fer spongieux, grenailles et poudres de fer et d'acier et ferroalliages 671

Trade by commodity
Exports by principal countries or areas
Value in million US dollars

Commerce par produit
Exportations selon les principaux pays ou zones
Valeur en millions de dollars EU

Country or area	2003	2004	2005	2006	2007	Pays ou zone
World	11696.5	21216.1	25509.7	25359.9	35309.0	Monde
Developed Economies	2746.0	4819.0	6626.6	6515.4	8234.8	Economies Développés
- Asia-Pacific	498.9	519.7	470.3	702.6	914.2	- Asie-Pacifique
- Europe	1939.4	3801.1	5466.8	5143.4	6513.7	- Europe
- North America	307.7	498.3	689.5	669.3	806.9	- Amérique du Nord
South-Eastern Europe	174.5	284.7	321.2	339.6	744.2	Europe du Sud-Est
Commonwealth of Independent States	2224.2	4368.3	5143.9	5081.0	6956.6	Communauté d'Etats indépendants
- Asia	496.9	953.9	1297.2	1202.2	1827.8	- Asie
- Europe	1727.2	3414.4	3846.6	3878.8	5128.8	- Europe
Northern Africa	88.7	164.1	112.3	131.5	131.4	Afrique septentrionale
Sub-Saharan Africa	1852.2	2932.3	3045.5	2851.5	4301.2	Afrique subsaharienne
Latin America & the Caribbean	2231.2	3800.1	5077.1	5544.6	7499.7	Amérique latine et Caraïbes
- Caribbean	182.1	250.1	189.6	386.9	628.0	- Caraïbes
- Latin America	2049.1	3550.0	4887.6	5157.7	6871.6	- Amérique latine
Eastern Asia	1413.0	3389.6	3697.5	3110.8	4889.3	Asie orientale
Southern Asia	245.0	465.6	515.5	677.5	1255.0	Asie méridionale
South-Eastern Asia	182.6	224.1	140.1	390.4	277.7	Asie du Sud-Est
Western Asia	59.9	156.0	123.4	57.8	71.5	Asie occidentale
Oceania	479.1	612.3	706.5	659.8	947.6	Océanie
China	1325.8	3199.3	3464.0	2864.6	4441.0	Chine
South Africa	1722.4	2780.5	2913.4	2512.9	3889.1	Afrique du Sud
Russian Federation	1001.2	2232.7	2835.5	2726.7	3376.0	Fédération de Russie
Brazil	1062.7	1784.5	2530.1	2484.8	3340.9	Brésil
Ukraine	722.4	1176.7	1007.4	1147.3	1747.7	Ukraine
Belgium	168.3	704.5	1399.7	1234.0	1485.5	Belgique
Kazakhstan	455.3	828.0	967.8	949.8	1420.8	Kazakhstan
Colombia	414.9	629.3	738.6	1107.6	1681.2	Colombie
Venezuela	492.3	929.5	1060.4	934.1	e1052.5	Venezuela
New Caledonia	478.4	612.1	704.6	659.5	947.2	Nouvelle-Calédonie
United Kingdom	241.2	494.0	899.7	791.3	814.0	Royaume-Uni
Netherlands	158.1	343.4	731.3	811.6	1168.6	Pays-Bas
Germany	277.9	459.1	720.2	695.3	785.1	Allemagne
India	191.7	402.4	393.2	586.8	1126.8	Inde
Japan	280.8	396.6	465.9	682.7	873.1	Japon
Norway	360.1	584.5	482.9	412.7	602.8	Norvège
Chile	34.3	142.0	457.2	548.3	694.6	Chili
United States	159.4	263.7	382.6	362.7	469.2	Etats-Unis d'Amérique
Canada	148.3	234.5	306.9	306.7	337.7	Canada
France-Monaco	167.8	227.3	274.6	263.5	334.3	France-Monaco
The former Yugoslav Republic of Macedonia	76.2	118.6	159.5	254.8	621.5	Ex-République yougoslave de Macédoine
Zimbabwe	e124.4	143.5	126.5	333.3	402.8	Zimbabwe
Trinidad and Tobago	138.3	161.6	109.3	218.6	255.1	Trinité-et-Tobago
Korea, Republic of	40.4	128.5	157.6	182.5	367.0	République de Corée
Spain	92.6	175.3	178.9	160.8	233.2	Espagne

Value as percentages of World total

Valeur en pourcentage du total mondial

Regions of the world	1998	1999	2000	2001	2002	2003	2004	2005	2006	2007	Régions du monde
World	100.0	100.0	100.0	100.0	100.0	100.0	100.0	100.0	100.0	100.0	Monde
Developed Economies	37.9	32.4	27.5	29.7	26.7	23.5	22.7	26.0	25.7	23.3	Economies Développés
- Asia-Pacific	6.2	5.6	4.1	4.9	4.7	4.3	2.4	1.8	2.8	2.6	- Asie-Pacifique
- Europe	25.9	21.6	18.7	20.7	18.6	16.6	17.9	21.4	20.3	18.4	- Europe
- North America	5.9	5.2	4.7	4.0	3.4	2.6	2.3	2.7	2.6	2.3	- Amérique du Nord
South-Eastern Europe	1.5	0.8	0.8	1.0	0.9	1.5	1.3	1.3	1.3	2.1	Europe du Sud-Est
Commonwealth of Independent States	17.8	14.4	15.3	16.9	18.4	19.0	20.6	20.2	20.0	19.7	Communauté d'Etats indépendants
- Asia	3.2	3.2	3.3	4.3	4.2	4.2	4.5	5.1	4.7	5.2	- Asie
- Europe	14.6	11.2	12.0	12.6	14.3	14.8	16.1	15.1	15.3	14.5	- Europe
Northern Africa	0.8	0.6	0.6	0.6	0.6	0.8	0.8	0.4	0.5	0.4	Afrique septentrionale
Sub-Saharan Africa	2.9	16.7	15.6	13.1	14.6	15.8	13.8	11.9	11.2	12.2	Afrique subsaharienne
Latin America & the Caribbean	18.3	17.7	18.9	21.6	21.6	19.1	17.9	19.9	21.9	21.2	Amérique latine et Caraïbes
- Caribbean	0.7	0.2	2.6	3.1	3.2	1.6	1.2	0.7	1.5	1.8	- Caraïbes
- Latin America	17.6	15.5	16.3	18.5	18.4	17.5	16.7	19.2	20.3	19.5	- Amérique latine
Eastern Asia	14.1	10.9	13.5	10.6	10.2	12.1	16.0	14.5	12.3	13.8	Asie orientale
Southern Asia	1.8	1.3	1.7	1.7	2.2	2.1	2.2	2.0	2.7	3.6	Asie méridionale
South-Eastern Asia	1.5	1.4	1.6	1.3	1.2	1.6	1.1	0.5	1.5	0.8	Asie du Sud-Est
Western Asia	0.8	0.9	0.5	0.4	0.4	0.5	0.7	0.5	0.2	0.2	Asie occidentale
Oceania	2.7	2.8	4.0	3.2	3.2	4.1	2.9	2.8	2.6	2.7	Océanie

672 Ingots and other primary forms, of iron or steel; semi-finished products

Trade by commodity
Imports by principal countries or areas
Value in million US dollars

Commerce par produit
Importations selon les principaux pays ou zones
Valeur en millions de dollars EU

Country or area	2003	2004	2005	2006	2007	Pays ou zone
World	17536.5	29365.0	31898.2	32025.8	38068.4	Monde
Developed Economies	7437.3	12687.8	13926.6	16026.4	18636.9	Economies Développés
- Asia-Pacific	23.2	75.9	211.3	116.3	173.0	- Asie-Pacifique
- Europe	5861.6	9080.1	9775.9	11016.9	14390.9	- Europe
- North America	1552.6	3531.8	3939.5	4893.2	4073.0	- Amérique du Nord
South-Eastern Europe	229.4	491.6	584.2	729.5	1206.7	Europe du Sud-Est
Commonwealth of Independent States	96.8	135.6	175.9	214.1	345.4	Communauté d'Etats indépendants
- Asia	9.3	21.9	11.1	17.6	39.2	- Asie
- Europe	87.5	113.7	164.8	196.5	306.3	- Europe
Northern Africa	548.1	850.7	1339.9	1133.2	1323.2	Afrique septentrionale
Sub-Saharan Africa	175.2	198.7	227.2	269.6	293.4	Afrique subsaharienne
Latin America & the Caribbean	382.5	772.8	1018.6	1680.8	1558.0	Amérique latine et Caraïbes
- Caribbean	51.1	105.8	174.2	234.7	241.1	- Caraïbes
- Latin America	331.4	667.0	844.3	1446.1	1316.9	- Amérique latine
Eastern Asia	4683.7	7094.6	6272.3	5636.9	6669.6	Asie orientale
Southern Asia	648.4	1174.9	1709.5	619.0	572.0	Asie méridionale
South-Eastern Asia	2348.2	4101.5	4609.5	3614.6	4851.1	Asie du Sud-Est
Western Asia	979.8	1848.0	2026.6	2089.8	2605.9	Asie occidentale
Oceania	6.9	8.9	7.8	12.1	6.4	Océanie
United States	1383.3	3243.5	3516.5	4474.5	3887.0	Etats-Unis d'Amérique
Italy	781.6	1826.1	2122.3	2882.8	3718.4	Italie
Korea, Republic of	1200.7	1891.9	2287.6	2274.2	3367.4	République de Corée
Thailand	1115.5	1967.8	2369.6	1522.9	2251.4	Thaïlande
Germany	623.2	1246.5	1718.3	1835.3	2498.0	Allemagne
Belgium	1591.0	1330.3	1396.4	1270.6	1402.1	Belgique
France-Monaco	564.0	880.6	1030.0	1244.4	1684.6	France-Monaco
China	1577.8	1502.1	731.3	602.5	689.7	Chine
Viet Nam	511.2	889.8	855.5	780.3	e995.6	Viet Nam
Spain	435.4	694.8	630.4	831.3	1126.5	Espagne
Indonesia	266.0	718.0	766.0	805.7	1089.5	Indonésie
Turkey	397.3	636.6	796.6	483.0	857.4	Turquie
Sweden	716.8	1068.7	721.1	170.2	392.0	Suède
Iran (Islamic Republic of)	536.0	865.6	1005.7	104.1	e115.2	Iran (République islamique d')
Saudi Arabia	245.6	391.6	344.3	748.9	824.3	Arabie saoudite
Egypt	242.0	374.0	774.9	507.0	602.2	Egypte
United Kingdom	212.8	414.0	469.4	630.0	706.2	Royaume-Uni
Mexico	140.4	235.9	398.6	579.6	582.9	Mexique
Luxembourg	257.8	368.6	336.1	427.5	464.4	Luxembourg
Morocco	222.5	366.1	393.7	443.8	398.0	Maroc
Philippines	323.9	305.1	393.7	270.7	216.6	Philippines
Canada	169.1	288.2	422.8	418.5	186.1	Canada
Denmark	153.8	264.0	279.0	293.9	487.8	Danemark
Romania	148.8	242.5	232.7	286.6	507.7	Roumanie
United Arab Emirates	79.3	346.9	321.9	284.6	e352.1	Emirates arabes unis

Value as percentages of World total

Valeur en pourcentage du total mondial

Regions of the world	1998	1999	2000	2001	2002	2003	2004	2005	2006	2007	Régions du monde
World	100.0	100.0	100.0	100.0	100.0	100.0	100.0	100.0	100.0	100.0	Monde
Developed Economies	55.5	52.5	50.3	47.2	48.5	42.4	43.2	43.7	50.0	49.0	Economies Développés
- Asia-Pacific	0.2	0.1	0.1	0.1	0.1	0.1	0.3	0.7	0.4	0.5	- Asie-Pacifique
- Europe	37.7	35.0	32.5	34.3	32.1	33.4	30.9	30.6	34.4	37.8	- Europe
- North America	17.6	17.4	17.7	12.8	16.2	8.9	12.0	12.4	15.3	10.7	- Amérique du Nord
South-Eastern Europe	1.1	1.2	1.1	1.5	1.4	1.3	1.7	1.8	2.3	3.2	Europe du Sud-Est
Commonwealth of Independent States	0.4	0.3	0.3	0.6	0.5	0.6	0.5	0.6	0.7	0.9	Communauté d'Etats indépendants
- Asia	0.1	0.1	0.1	0.1	0.0	0.1	0.1	0.0	0.1	0.1	- Asie
- Europe	0.3	0.2	0.3	0.5	0.4	0.5	0.4	0.5	0.6	0.8	- Europe
Northern Africa	4.6	3.2	2.3	3.3	2.8	3.1	2.9	4.2	3.5	3.5	Afrique septentrionale
Sub-Saharan Africa	0.5	0.5	0.6	1.3	0.8	1.0	0.7	0.7	0.8	0.8	Afrique subsaharienne
Latin America & the Caribbean	4.7	2.6	2.6	3.2	2.1	2.2	2.6	3.2	5.2	4.1	Amérique latine et Caraïbes
- Caribbean	0.1	0.4	0.4	0.5	0.4	0.3	0.4	0.5	0.7	0.6	- Caraïbes
- Latin America	4.6	2.2	2.3	2.7	1.7	1.9	2.3	2.6	4.5	3.5	- Amérique latine
Eastern Asia	19.3	23.3	27.6	26.9	23.2	26.7	24.2	19.7	17.6	17.5	Asie orientale
Southern Asia	1.8	1.8	1.3	1.6	2.2	3.7	4.0	5.4	1.9	1.5	Asie méridionale
South-Eastern Asia	7.2	10.7	9.7	10.8	14.9	13.4	14.0	14.5	11.3	12.7	Asie du Sud-Est
Western Asia	4.9	4.0	4.1	3.6	3.6	5.6	6.3	6.4	6.5	6.8	Asie occidentale
Oceania	0.0	0.0	0.0	0.0	0.0	0.0	0.0	0.0	0.0	0.0	Océanie

Lingots et autres formes primaires en fer ou en acier; demi-produits en fer ou en acier 672

Trade by commodity   Commerce par produit
Exports by principal countries or areas   Exportations selon les principaux pays ou zones
Value in million US dollars   Valeur en millions de dollars EU

Country or area	2003	2004	2005	2006	2007	Pays ou zone
World	15341.8	25966.7	28514.3	30556.1	38425.6	Monde
Developed Economies	6250.5	9355.9	10865.2	11218.9	16232.4	Economies Développés
- Asia-Pacific	743.5	1006.4	1600.8	1643.3	2169.0	- Asie-Pacifique
- Europe	5139.6	8005.4	8729.1	9106.1	13105.4	- Europe
- North America	367.4	344.2	535.4	469.5	958.0	- Amérique du Nord
South-Eastern Europe	115.0	163.2	74.8	125.2	200.6	Europe du Sud-Est
Commonwealth of Independent States	4455.8	8159.5	8462.5	10217.9	12570.4	Communauté d'Etats indépendants
- Asia	77.8	143.5	129.4	165.9	340.3	- Asie
- Europe	4377.9	8016.0	8333.2	10051.9	12230.1	- Europe
Northern Africa	29.8	54.7	59.4	61.6	32.2	Afrique septentrionale
Sub-Saharan Africa	280.7	308.0	317.9	135.1	116.2	Afrique subsaharienne
Latin America & the Caribbean	2409.7	3441.9	3993.2	3859.1	4205.9	Amérique latine et Caraïbes
- Caribbean	47.8	45.7	86.6	84.3	79.1	- Caraïbes
- Latin America	2361.8	3396.2	3906.5	3774.8	4126.9	- Amérique latine
Eastern Asia	565.5	2522.7	3068.5	3832.9	3525.7	Asie orientale
Southern Asia	234.7	320.8	586.7	788.6	712.9	Asie méridionale
South-Eastern Asia	226.0	283.2	246.6	182.9	663.1	Asie du Sud-Est
Western Asia	773.9	1356.6	839.3	133.8	166.0	Asie occidentale
Oceania	0.2	0.2	0.2		0.2	Océanie
Russian Federation	2210.3	4744.3	4953.8	5435.1	6785.2	Fédération de Russie
Ukraine	2089.7	3112.9	3226.7	4363.8	5142.0	Ukraine
China	382.4	2344.5	2736.1	3425.0	2938.2	Chine
Brazil	1627.4	2135.7	2318.1	2280.3	2340.8	Brésil
France-Monaco	1539.9	1843.3	1947.4	1744.1	1816.6	France-Monaco
United Kingdom	771.9	1420.3	1754.2	1798.5	2904.6	Royaume-Uni
Japan	728.8	996.4	1585.5	1635.6	2156.9	Japon
Germany	910.2	1116.4	1247.6	1459.5	1764.9	Allemagne
Mexico	599.4	983.8	1070.8	1236.1	1543.5	Mexique
Italy	231.7	380.5	645.4	787.2	1053.4	Italie
Turkey	764.8	1334.8	819.0	78.5	77.3	Turquie
Poland	208.7	576.6	492.5	420.7	858.9	Pologne
Sweden	172.0	340.7	332.8	341.6	1132.6	Suède
Belgium	181.1	250.0	399.4	569.8	798.3	Belgique
Finland	401.2	775.2	547.1	306.4	123.3	Finlande
Austria	115.7	229.7	428.7	368.4	496.2	Autriche
United States	189.7	244.7	276.2	280.6	545.6	Etats-Unis d'Amérique
India	169.8	78.2	190.5	553.6	411.8	Inde
Spain	140.1	260.6	252.5	254.3	319.7	Espagne
Czech Republic	92.4	152.2	193.1	249.5	495.9	République tchèque
Malaysia	157.2	200.2	181.8	121.6	496.7	Malaisie
Iran (Islamic Republic of)	60.8	217.7	371.0	214.9	e282.0	Iran (République islamique d')
Netherlands	85.8	153.5	107.6	217.0	574.6	Pays-Bas
Canada	177.7	99.4	259.1	188.9	412.5	Canada
South Africa	262.7	284.9	301.9	125.9	105.9	Afrique du Sud

Value as percentages of World total   Valeur en pourcentage du total mondial

Regions of the world	1998	1999	2000	2001	2002	2003	2004	2005	2006	2007	Régions du monde
World	100.0	100.0	100.0	100.0	100.0	100.0	100.0	100.0	100.0	100.0	Monde
Developed Economies	43.6	42.8	36.7	37.9	39.9	40.7	36.0	38.1	36.7	42.2	Economies Développés
- Asia-Pacific	6.6	6.6	4.1	5.1	6.0	4.8	3.9	5.6	5.4	5.6	- Asie-Pacifique
- Europe	33.5	33.4	30.0	30.4	31.7	33.5	30.8	30.6	29.8	34.1	- Europe
- North America	3.5	2.8	2.6	2.3	2.2	2.4	1.3	1.9	1.5	2.5	- Amérique du Nord
South-Eastern Europe	0.4	0.6	0.2	1.0	0.4	0.7	0.6	0.3	0.4	0.5	Europe du Sud-Est
Commonwealth of Independent States	23.5	29.7	30.4	33.3	31.0	29.0	31.4	29.7	33.4	32.7	Communauté d'Etats indépendants
- Asia	0.1	0.1	0.2	0.2	0.1	0.5	0.6	0.5	0.5	0.9	- Asie
- Europe	23.5	29.4	30.2	33.1	30.8	28.5	30.9	29.2	32.9	31.8	- Europe
Northern Africa	0.1	0.3	0.3	0.4	0.6	0.2	0.2	0.2	0.2	0.1	Afrique septentrionale
Sub-Saharan Africa	1.3	0.8	1.2	1.2	1.2	1.8	1.2	1.1	0.4	0.3	Afrique subsaharienne
Latin America & the Caribbean	20.3	17.2	18.1	14.5	16.8	15.7	13.3	14.0	12.6	10.9	Amérique latine et Caraïbes
- Caribbean	0.4	0.3	0.4	0.3	0.3	0.3	0.2	0.3	0.3	0.2	- Caraïbes
- Latin America	19.9	16.9	17.7	14.2	16.5	15.4	13.1	13.7	12.4	10.7	- Amérique latine
Eastern Asia	7.3	5.2	9.1	5.8	3.3	3.7	9.7	10.8	12.5	9.2	Asie orientale
Southern Asia	1.0	1.8	1.6	1.7	2.0	1.5	1.2	2.1	2.6	1.9	Asie méridionale
South-Eastern Asia	0.7	0.3	0.2	0.1	0.2	1.5	1.1	0.9	0.6	1.7	Asie du Sud-Est
Western Asia	1.7	1.3	2.1	4.1	4.8	5.0	5.2	2.9	0.4	0.4	Asie occidentale
Oceania	0.0	0.0	0.0	0.0	0.0	0.0	0.0	0.0	0.0	0.0	Océanie

673 Flat-rolled products of iron or non-alloy steel, not clad, plated or coated

Trade by commodity   Commerce par produit
Imports by principal countries or areas   Importations selon les principaux pays ou zones
Value in million US dollars   Valeur en millions de dollars EU

Country or area	2003	2004	2005	2006	2007	Pays ou zone
World	40031.7	58225.4	69895.5	73902.9	89381.6	Monde
Developed Economies	17686.8	29084.3	32383.2	40526.5	46001.4	Economies Développés
- Asia-Pacific	986.0	1542.0	2315.2	1718.0	1944.1	- Asie-Pacifique
- Europe	14405.1	21521.6	24531.1	30638.1	38932.3	- Europe
- North America	2295.8	6020.7	5536.9	8170.4	5125.0	- Amérique du Nord
South-Eastern Europe	245.7	542.3	713.5	904.1	1236.0	Europe du Sud-Est
Commonwealth of Independent States	618.9	925.9	1298.4	1636.2	2076.0	Communauté d'Etats indépendants
- Asia	122.6	154.5	295.7	194.9	285.1	- Asie
- Europe	496.3	771.4	1002.6	1441.2	1790.9	- Europe
Northern Africa	335.4	467.8	559.5	617.8	799.1	Afrique septentrionale
Sub-Saharan Africa	629.9	817.4	1159.9	1339.7	1680.5	Afrique subsaharienne
Latin America & the Caribbean	1582.9	2300.0	2793.1	3334.8	3932.7	Amérique latine et Caraïbes
- Caribbean	51.3	78.3	125.3	94.9	72.9	- Caraïbes
- Latin America	1531.5	2221.7	2667.8	3240.0	3859.8	- Amérique latine
Eastern Asia	11433.7	12595.1	14869.0	11125.3	13215.9	Asie orientale
Southern Asia	1826.1	2748.5	4149.0	3260.7	4471.0	Asie méridionale
South-Eastern Asia	3426.5	5026.8	6803.5	5776.8	9072.5	Asie du Sud-Est
Western Asia	2238.1	3708.0	5153.6	5368.0	6880.4	Asie occidentale
Oceania	7.6	11.2	12.9	13.0	16.2	Océanie
China	8044.9	6792.4	7753.0	4099.9	4325.3	Chine
Korea, Republic of	2160.9	3944.8	5378.8	5857.6	7538.5	République de Corée
Germany	1970.6	2815.2	4046.0	4849.9	6337.3	Allemagne
Italy	2656.5	3450.0	3513.6	4613.6	4827.4	Italie
United States	1476.5	4281.0	3567.3	5942.7	3309.5	Etats-Unis d'Amérique
France-Monaco	1880.6	2804.2	3118.7	3640.6	4574.3	France-Monaco
Turkey	1223.9	2301.7	2909.1	2801.5	3411.7	Turquie
Belgium	887.4	1819.5	2022.2	3207.9	4538.9	Belgique
Spain	1485.6	1996.7	2151.5	2701.5	3395.0	Espagne
Thailand	1026.0	1423.9	2091.6	1654.3	3626.3	Thaïlande
India	519.9	850.0	1756.2	2196.0	3332.6	Inde
Canada	819.1	1739.5	1969.5	2227.1	1815.3	Canada
Japan	799.5	1334.2	1930.5	1407.9	1577.1	Japon
Viet Nam	754.6	1063.6	1413.1	1363.8	e1740.1	Viet Nam
Poland	529.2	860.5	1208.5	1415.0	1906.0	Pologne
Netherlands	621.8	992.4	1071.8	1319.7	1763.5	Pays-Bas
United Kingdom	691.9	1008.5	998.9	1148.9	1603.3	Royaume-Uni
Mexico	630.1	846.1	960.4	1273.6	1162.4	Mexique
Malaysia	534.3	830.9	941.0	933.2	1215.9	Malaisie
Iran (Islamic Republic of)	810.0	1297.1	1626.5	334.1	e369.5	Iran (République islamique d')
Czech Republic	400.0	666.7	848.1	1044.7	1408.5	République tchèque
Saudi Arabia	325.2	443.9	937.8	1002.5	1367.0	Arabie saoudite
Indonesia	410.1	718.9	1047.0	711.9	1112.2	Indonésie
Singapore	310.9	547.4	849.1	728.7	987.2	Singapour
Portugal	433.5	678.6	633.9	782.7	892.8	Portugal

Value as percentages of World total   Valeur en pourcentage du total mondial

Regions of the world	1998	1999	2000	2001	2002	2003	2004	2005	2006	2007	Régions du monde
World	100.0	100.0	100.0	100.0	100.0	100.0	100.0	100.0	100.0	100.0	Monde
Developed Economies	65.1	57.9	56.4	51.3	51.4	44.2	50.0	46.3	54.8	51.5	Economies Développés
- Asia-Pacific	3.9	4.5	4.2	2.9	2.5	2.5	2.6	3.3	2.3	2.2	- Asie-Pacifique
- Europe	42.5	40.0	38.4	39.2	38.5	36.0	37.0	35.1	41.5	43.6	- Europe
- North America	18.7	13.4	13.8	9.3	10.4	5.7	10.3	7.9	11.1	5.7	- Amérique du Nord
South-Eastern Europe	0.2	0.2	0.4	0.5	0.5	0.6	0.9	1.0	1.2	1.4	Europe du Sud-Est
Commonwealth of Independent States	1.4	1.0	1.1	1.2	1.1	1.5	1.6	1.9	2.2	2.3	Communauté d'Etats indépendants
- Asia	0.2	0.1	0.1	0.1	0.2	0.3	0.3	0.4	0.3	0.3	- Asie
- Europe	1.2	0.9	1.0	1.1	0.9	1.2	1.3	1.4	2.0	2.0	- Europe
Northern Africa	1.3	1.2	0.8	1.0	0.9	0.8	0.8	0.8	0.8	0.9	Afrique septentrionale
Sub-Saharan Africa	1.4	1.3	1.5	8.1	1.8	1.6	1.4	1.7	1.8	1.9	Afrique subsaharienne
Latin America & the Caribbean	6.0	4.7	5.3	5.5	5.1	4.0	4.0	4.0	4.5	4.4	Amérique latine et Caraïbes
- Caribbean	0.2	0.3	0.2	0.2	0.2	0.1	0.1	0.2	0.1	0.1	- Caraïbes
- Latin America	5.8	4.4	5.1	5.2	4.9	3.8	3.8	3.8	4.4	4.3	- Amérique latine
Eastern Asia	10.2	16.3	17.8	16.6	22.6	28.6	21.6	21.3	15.1	14.8	Asie orientale
Southern Asia	2.9	3.7	3.3	3.7	2.7	4.6	4.7	5.9	4.4	5.0	Asie méridionale
South-Eastern Asia	6.7	9.9	8.7	7.9	9.1	8.6	8.6	9.7	7.8	10.2	Asie du Sud-Est
Western Asia	4.8	3.9	4.7	4.1	4.6	5.6	6.4	7.4	7.3	7.7	Asie occidentale
Oceania	0.0	0.0	0.0	0.0	0.0	0.0	0.0	0.0	0.0	0.0	Océanie

Produits lamines plats, en fer ou en aciers non allies, non plaques ni revêtus 673

Trade by commodity

Exports by principal countries or areas

Value in million US dollars

Commerce par produit

Exportations selon les principaux pays ou zones

Valeur en millions de dollars EU

Country or area	2003	2004	2005	2006	2007	Pays ou zone
World	37132.4	55889.8	65926.6	71924.4	88572.5	Monde
Developed Economies	21040.5	29695.3	34971.0	38184.1	45756.5	Economies Développés
- Asia-Pacific	4984.2	6963.2	8160.2	8068.2	8992.0	- Asie-Pacifique
- Europe	14055.0	20368.7	23525.4	26900.1	33005.1	- Europe
- North America	2001.3	2363.3	3285.4	3215.8	3759.4	- Amérique du Nord
South-Eastern Europe	1456.6	2566.0	3035.8	2818.1	3689.4	Europe du Sud-Est
Commonwealth of Independent States	5071.6	8300.8	9202.2	8101.2	9963.6	Communauté d'Etats indépendants
- Asia	568.6	625.8	519.8	534.6	1031.0	- Asie
- Europe	4503.1	7675.0	8682.4	7566.6	8932.7	- Europe
Northern Africa	167.1	284.0	402.1	372.2	489.2	Afrique septentrionale
Sub-Saharan Africa	670.7	804.2	935.2	703.6	795.7	Afrique subsaharienne
Latin America & the Caribbean	1537.0	2184.3	2526.8	2404.7	2149.0	Amérique latine et Caraïbes
- Caribbean	0.9	1.4	3.5	0.7	1.6	- Caraïbes
- Latin America	1536.1	2182.9	2523.3	2404.1	2147.4	- Amérique latine
Eastern Asia	5314.3	8640.3	11354.3	14836.5	19769.6	Asie orientale
Southern Asia	694.5	1441.7	1269.6	1824.2	1974.6	Asie méridionale
South-Eastern Asia	763.3	1465.1	1665.0	2109.3	3357.0	Asie du Sud-Est
Western Asia	416.7	508.1	564.3	570.4	627.7	Asie occidentale
Oceania	0.0	0.1	0.3	0.1	0.2	Océanie
Japan	4781.8	6616.2	7795.1	7535.2	8365.5	Japon
China	443.6	2372.7	3840.9	7583.2	11774.5	Chine
Belgium	2838.5	4191.5	4852.7	5713.3	7100.5	Belgique
Germany	2693.4	3767.9	4418.8	5231.0	6447.4	Allemagne
Russian Federation	2653.5	4370.8	4685.6	4010.4	4390.4	Fédération de Russie
Korea, Republic of	2570.5	3395.5	4264.4	4359.6	4807.5	République de Corée
Ukraine	1847.1	3302.0	3996.3	3555.4	4541.9	Ukraine
Italy	935.0	1903.9	2265.8	2578.1	3461.7	Italie
Netherlands	1354.8	1925.9	2119.1	2547.1	2905.1	Pays-Bas
United States	1509.5	1654.6	2362.2	2136.6	2504.8	Etats-Unis d'Amérique
France-Monaco	1166.7	1681.8	1757.0	2270.7	2531.1	France-Monaco
Slovakia	1061.8	1268.0	1405.6	1581.5	1844.4	Slovaquie
Austria	942.8	1095.4	1406.2	1474.4	1842.2	Autriche
Romania	756.5	1138.8	1379.3	1299.7	1723.3	Roumanie
Brazil	713.8	1091.5	1257.5	1527.9	1115.3	Brésil
India	628.1	1073.9	887.8	1218.2	1182.7	Inde
United Kingdom	559.0	859.6	1088.0	1029.0	1124.5	Royaume-Uni
Canada	490.8	708.6	923.2	1079.1	1254.6	Canada
Thailand	332.9	544.3	659.1	587.6	1674.5	Thaïlande
South Africa	630.7	751.3	896.0	681.1	773.7	Afrique du Sud
Sweden	540.0	687.1	722.6	660.2	710.0	Suède
Czech Republic	355.1	586.9	706.5	740.2	903.0	République tchèque
Kazakhstan	567.7	624.2	517.6	533.5	1030.0	Kazakhstan
Spain	343.1	474.4	641.5	723.0	1023.0	Espagne
China, Hong Kong SAR	641.1	706.0	719.5	433.6	447.7	Chine - RAS de Hong-Kong

Value as percentages of World total

Valeur en pourcentage du total mondial

Regions of the world	1998	1999	2000	2001	2002	2003	2004	2005	2006	2007	Régions du monde
World	100.0	100.0	100.0	100.0	100.0	100.0	100.0	100.0	100.0	100.0	Monde
Developed Economies	60.4	60.3	58.3	62.4	58.4	56.7	53.1	53.0	53.1	51.7	Economies Développés
- Asia-Pacific	11.9	13.3	14.4	14.2	14.9	13.4	12.5	12.4	11.2	10.2	- Asie-Pacifique
- Europe	45.0	42.7	39.5	43.3	38.4	37.9	36.4	35.7	37.4	37.3	- Europe
- North America	3.4	3.5	4.4	4.9	5.0	5.4	4.2	5.0	4.5	4.2	- Amérique du Nord
South-Eastern Europe	3.4	2.5	3.4	2.9	3.4	3.9	4.6	4.6	3.9	4.2	Europe du Sud-Est
Commonwealth of Independent States	12.4	12.2	13.1	12.1	14.1	13.7	14.9	14.0	11.3	11.2	Communauté d'Etats indépendants
- Asia	1.4	1.9	1.8	1.5	1.7	1.5	1.1	0.8	0.7	1.2	- Asie
- Europe	11.0	10.3	11.3	10.5	12.4	12.1	13.7	13.2	10.5	10.1	- Europe
Northern Africa	0.2	0.3	0.2	0.3	0.6	0.5	0.5	0.6	0.5	0.6	Afrique septentrionale
Sub-Saharan Africa	1.1	1.2	1.2	1.5	1.1	1.8	1.4	1.4	1.0	0.9	Afrique subsaharienne
Latin America & the Caribbean	3.8	4.4	3.6	3.2	4.5	4.1	3.9	3.8	3.3	2.4	Amérique latine et Caraïbes
- Caribbean	0.0	0.0	0.0	0.0	0.0	0.0	0.0	0.0	0.0	0.0	- Caraïbes
- Latin America	3.8	4.4	3.6	3.2	4.5	4.1	3.9	3.8	3.3	2.4	- Amérique latine
Eastern Asia	15.6	15.6	16.1	14.3	13.4	14.3	15.5	17.2	20.6	22.3	Asie orientale
Southern Asia	0.5	1.0	1.2	0.8	1.7	1.9	2.6	1.9	2.5	2.2	Asie méridionale
South-Eastern Asia	1.8	1.8	1.8	1.2	1.7	2.1	2.6	2.5	2.9	3.8	Asie du Sud-Est
Western Asia	0.7	0.7	0.9	1.5	1.2	1.1	0.9	0.9	0.8	0.7	Asie occidentale
Oceania	0.0	0.0	0.0	0.0	0.0	0.0	0.0	0.0	0.0	0.0	Océanie

674 Flat-rolled products of iron or non-alloy steel, clad, plated or coated

Trade by commodity
Imports by principal countries or areas
Value in million US dollars

Commerce par produit
Importations selon les principaux pays ou zones
Valeur en millions de dollars EU

Country or area	2003	2004	2005	2006	2007	Pays ou zone
World	24930.5	32744.8	36280.8	41066.5	49893.6	Monde
Developed Economies	13529.7	19523.5	20551.1	25074.3	30788.2	Economies Développés
- Asia-Pacific	466.0	581.5	953.0	754.5	928.9	- Asie-Pacifique
- Europe	11400.6	15617.8	16263.6	19691.3	26214.3	- Europe
- North America	1663.0	3324.1	3334.5	4628.5	3645.0	- Amérique du Nord
South-Eastern Europe	146.3	245.6	320.1	410.3	681.3	Europe du Sud-Est
Commonwealth of Independent States	554.1	687.3	923.9	1425.7	2088.2	Communauté d'Etats indépendants
- Asia	69.2	80.3	122.0	181.3	279.4	- Asie
- Europe	484.9	607.0	801.9	1244.4	1808.7	- Europe
Northern Africa	191.2	231.3	231.3	245.8	302.3	Afrique septentrionale
Sub-Saharan Africa	502.5	561.1	667.2	773.8	969.2	Afrique subsaharienne
Latin America & the Caribbean	1292.3	1506.3	1945.0	2389.7	2702.3	Amérique latine et Caraïbes
- Caribbean	81.6	100.4	156.2	157.0	184.8	- Caraïbes
- Latin America	1210.6	1405.9	1788.8	2232.7	2517.5	- Amérique latine
Eastern Asia	5450.1	5521.1	6100.0	5364.3	5518.1	Asie orientale
Southern Asia	713.2	925.6	1014.3	937.7	1142.8	Asie méridionale
South-Eastern Asia	1482.4	2111.4	2690.4	2684.0	3489.4	Asie du Sud-Est
Western Asia	1035.9	1394.9	1788.5	1714.7	2144.1	Asie occidentale
Oceania	32.8	36.7	48.9	46.0	67.6	Océanie
China	4250.2	3864.1	4314.8	3767.7	3946.9	Chine
Germany	1916.5	2654.0	2776.0	3205.4	4165.9	Allemagne
United States	1197.4	2700.8	2517.4	3749.5	2752.5	Etats-Unis d'Amérique
France-Monaco	1564.4	2012.7	1942.1	2210.8	2854.6	France-Monaco
Italy	1280.8	1668.7	1762.7	2071.2	2502.0	Italie
Spain	1208.8	1517.6	1497.3	1680.3	2146.4	Espagne
Belgium	817.9	1241.0	1223.2	1712.5	2564.3	Belgique
United Kingdom	934.6	1336.8	1273.4	1536.0	1836.4	Royaume-Uni
Thailand	509.4	768.0	1191.8	1211.7	1711.0	Thaïlande
Poland	440.1	709.5	867.2	1243.2	1935.3	Pologne
Mexico	688.6	758.0	1032.6	1298.2	1177.1	Mexique
Sweden	443.9	626.4	851.9	963.9	1260.3	Suède
Czech Republic	355.2	558.0	693.7	939.9	1209.3	République tchèque
Canada	465.3	623.2	816.8	878.7	892.0	Canada
Netherlands	501.3	642.7	649.4	744.6	981.0	Pays-Bas
China, Hong Kong SAR	547.2	648.0	690.3	615.1	589.1	Chine - RAS de Hong-Kong
Russian Federation	297.9	354.4	496.0	753.8	1139.9	Fédération de Russie
Korea, Republic of	385.7	620.1	628.3	552.9	549.8	République de Corée
Malaysia	294.0	440.2	470.6	535.7	624.6	Malaisie
Austria	266.4	349.5	407.3	504.0	744.4	Autriche
Turkey	328.6	438.7	531.3	401.7	494.8	Turquie
Denmark	254.3	365.0	374.8	367.2	446.9	Danemark
Australia	210.8	249.9	437.3	328.9	459.8	Australie
Saudi Arabia	221.6	242.1	382.1	368.9	431.8	Arabie saoudite
Portugal	226.7	322.7	258.5	353.4	475.1	Portugal

Value as percentages of World total

Valeur en pourcentage du total mondial

Regions of the world	1998	1999	2000	2001	2002	2003	2004	2005	2006	2007	Régions du monde
World	100.0	100.0	100.0	100.0	100.0	100.0	100.0	100.0	100.0	100.0	Monde
Developed Economies	65.4	63.8	61.5	58.2	58.4	54.3	59.6	56.6	61.1	61.7	Economies Développés
- Asia-Pacific	2.1	2.4	2.3	1.9	1.8	1.9	1.8	2.6	1.8	1.9	- Asie-Pacifique
- Europe	54.4	50.1	49.9	48.1	47.5	45.7	47.7	44.8	47.9	52.5	- Europe
- North America	8.9	11.3	9.3	8.2	9.1	6.7	10.2	9.2	11.3	7.3	- Amérique du Nord
South-Eastern Europe	0.2	0.2	0.3	0.4	0.5	0.6	0.8	0.9	1.0	1.4	Europe du Sud-Est
Commonwealth of Independent States	1.2	1.1	1.6	1.9	1.7	2.2	2.1	2.5	3.5	4.2	Communauté d'Etats indépendants
- Asia	0.2	0.1	0.2	0.2	0.2	0.3	0.2	0.3	0.4	0.6	- Asie
- Europe	1.0	0.9	1.4	1.7	1.5	1.9	1.9	2.2	3.0	3.6	- Europe
Northern Africa	1.2	1.1	0.8	0.9	0.8	0.8	0.7	0.6	0.6	0.6	Afrique septentrionale
Sub-Saharan Africa	2.2	1.7	1.7	4.8	2.1	2.0	1.7	1.8	1.9	1.9	Afrique subsaharienne
Latin America & the Caribbean	5.9	5.9	6.9	7.3	6.2	5.2	4.6	5.4	5.8	5.4	Amérique latine et Caraïbes
- Caribbean	0.5	0.5	0.5	0.4	0.4	0.3	0.3	0.4	0.4	0.4	- Caraïbes
- Latin America	5.4	5.4	6.4	7.0	5.8	4.9	4.3	4.9	5.4	5.0	- Amérique latine
Eastern Asia	11.6	12.7	14.1	13.5	17.4	21.9	16.9	16.8	13.1	11.1	Asie orientale
Southern Asia	2.6	2.6	2.3	2.9	2.5	2.9	2.8	2.8	2.3	2.3	Asie méridionale
South-Eastern Asia	5.7	7.2	7.3	6.6	6.8	5.9	6.4	7.4	6.5	7.0	Asie du Sud-Est
Western Asia	3.8	3.5	3.3	3.3	3.4	4.2	4.3	4.9	4.2	4.3	Asie occidentale
Oceania	0.2	0.2	0.1	0.1	0.1	0.1	0.1	0.1	0.1	0.1	Océanie

Produits lamines plats, en fer ou en aciers non allies, plaques ou revêtus 674

Trade by commodity

Exports by principal countries or areas

Value in million US dollars

Commerce par produit

Exportations selon les principaux pays ou zones

Valeur en millions de dollars EU

Country or area	2003	2004	2005	2006	2007	Pays ou zone
World	23370.9	31151.9	34370.7	40100.7	47977.6	Monde
Developed Economies	16624.7	21055.8	23004.3	26129.5	30574.6	Economies Développés
- Asia-Pacific	2865.2	3549.5	4041.4	4030.6	4544.3	- Asie-Pacifique
- Europe	12619.1	16204.2	17152.3	20166.6	23954.0	- Europe
- North America	1140.4	1302.0	1810.5	1932.3	2076.4	- Amérique du Nord
South-Eastern Europe	186.5	340.5	432.2	358.3	417.1	Europe du Sud-Est
Commonwealth of Independent States	743.8	882.1	824.9	870.1	1103.3	Communauté d'Etats indépendants
- Asia	364.1	423.1	383.7	399.6	578.1	- Asie
- Europe	379.6	459.0	441.2	470.5	525.2	- Europe
Northern Africa	38.1	120.4	108.8	296.7	302.7	Afrique septentrionale
Sub-Saharan Africa	211.5	299.5	366.6	333.9	438.8	Afrique subsaharienne
Latin America & the Caribbean	943.0	1199.3	1307.2	1164.5	1360.2	Amérique latine et Caraïbes
- Caribbean	3.5	7.7	12.1	7.3	6.1	- Caraïbes
- Latin America	939.6	1191.6	1295.1	1157.3	1354.1	- Amérique latine
Eastern Asia	3737.9	5096.4	6064.6	8403.4	11078.5	Asie orientale
Southern Asia	297.5	1300.3	1349.3	1759.9	1571.5	Asie méridionale
South-Eastern Asia	408.8	536.5	560.4	600.6	883.7	Asie du Sud-Est
Western Asia	177.7	318.7	350.1	182.0	245.9	Asie occidentale
Oceania	1.4	2.5	2.4	1.8	1.4	Océanie
Germany	2688.9	3401.6	3665.8	4522.4	5073.9	Allemagne
Belgium	2718.4	3501.6	3591.3	4219.9	5282.5	Belgique
Japan	2771.4	3466.2	3959.7	3909.9	4401.6	Japon
Korea, Republic of	1738.6	2334.6	2921.2	3369.4	4157.0	République de Corée
France-Monaco	1741.6	2024.9	2163.5	2369.3	2819.1	France-Monaco
China	149.1	493.4	734.7	2614.3	4316.6	Chine
Netherlands	1248.1	1398.9	1480.1	1749.4	1898.2	Pays-Bas
India	265.5	1252.3	1295.7	1706.1	1482.0	Inde
Austria	689.3	1026.9	1116.8	1312.2	1654.3	Autriche
Italy	609.9	958.6	1068.4	1343.5	1676.8	Italie
United States	639.7	783.8	1140.8	1223.7	1361.3	Etats-Unis d'Amérique
United Kingdom	622.9	769.1	857.4	828.3	985.3	Royaume-Uni
Luxembourg	489.8	672.7	592.9	717.3	715.3	Luxembourg
Canada	499.8	516.2	669.8	708.6	715.1	Canada
Slovakia	275.5	468.9	568.7	658.1	977.5	Slovaquie
China, Hong Kong SAR	475.5	576.6	596.9	553.7	545.8	Chine - RAS de Hong-Kong
Spain	406.9	535.5	417.0	587.3	629.5	Espagne
Brazil	393.6	472.4	515.3	508.5	626.6	Brésil
Kazakhstan	363.5	422.2	383.2	399.1	577.9	Kazakhstan
Finland	299.5	360.2	372.0	428.0	444.0	Finlande
Russian Federation	283.4	324.7	304.7	345.3	378.6	Fédération de Russie
Mexico	227.4	347.6	317.1	280.0	264.0	Mexique
Sweden	185.8	226.5	224.3	286.4	359.4	Suède
South Africa	140.7	204.6	258.8	203.2	306.4	Afrique du Sud
Portugal	153.7	227.4	205.8	206.9	249.4	Portugal

Value as percentages of World total

Valeur en pourcentage du total mondial

Regions of the world	1998	1999	2000	2001	2002	2003	2004	2005	2006	2007	Régions du monde
World	100.0	100.0	100.0	100.0	100.0	100.0	100.0	100.0	100.0	100.0	Monde
Developed Economies	76.3	75.6	73.5	73.4	70.7	71.1	67.6	66.9	65.2	63.7	Economies Développés
- Asia-Pacific	13.9	14.8	13.7	11.9	12.4	12.3	11.4	11.8	10.1	9.5	- Asie-Pacifique
- Europe	57.3	55.0	53.8	55.7	52.6	54.0	52.0	49.9	50.3	49.9	- Europe
- North America	5.0	5.8	6.0	5.8	5.7	4.9	4.2	5.3	4.8	4.3	- Amérique du Nord
South-Eastern Europe	0.8	0.4	0.5	0.5	0.6	0.8	1.1	1.3	0.9	0.9	Europe du Sud-Est
Commonwealth of Independent States	1.8	1.5	2.8	2.4	2.5	3.2	2.8	2.4	2.2	2.3	Communauté d'Etats indépendants
- Asia	0.0	0.0	1.2	1.2	1.3	1.6	1.4	1.1	1.0	1.2	- Asie
- Europe	1.8	1.5	1.6	1.3	1.2	1.6	1.5	1.3	1.2	1.1	- Europe
Northern Africa	0.4	0.3	0.2	0.1	0.2	0.2	0.4	0.3	0.7	0.6	Afrique septentrionale
Sub-Saharan Africa	0.9	0.8	0.8	1.0	0.8	0.9	1.0	1.1	0.8	0.9	Afrique subsaharienne
Latin America & the Caribbean	4.3	4.2	3.6	3.6	4.3	4.0	3.8	3.8	2.9	2.8	Amérique latine et Caraïbes
- Caribbean	0.0	0.0	0.0	0.0	0.0	0.0	0.0	0.0	0.0	0.0	- Caraïbes
- Latin America	4.2	4.1	3.6	3.5	4.2	4.0	3.8	3.8	2.9	2.8	- Amérique latine
Eastern Asia	13.2	13.9	14.9	15.3	15.6	16.0	16.4	17.6	21.0	23.1	Asie orientale
Southern Asia	0.9	1.2	1.6	1.6	3.2	1.3	4.2	3.9	4.4	3.3	Asie méridionale
South-Eastern Asia	1.3	1.8	1.8	1.5	1.5	1.7	1.7	1.6	1.5	1.8	Asie du Sud-Est
Western Asia	0.2	0.2	0.3	0.4	0.7	0.8	1.0	1.0	0.5	0.5	Asie occidentale
Oceania	0.0	0.0	0.0	0.0	0.0	0.0	0.0	0.0	0.0	0.0	Océanie

675 Flat-rolled products of alloy steel

Trade by commodity
Imports by principal countries or areas
Value in million US dollars

Commerce par produit
Importations selon les principaux pays ou zones
Valeur en millions de dollars EU

Country or area	2003	2004	2005	2006	2007	Pays ou zone
World	26475.3	37948.3	43555.3	53626.0	69115.1	Monde
Developed Economies	14426.3	21539.1	23236.4	32818.6	42904.2	Economies Développés
- Asia-Pacific	427.7	856.1	923.5	971.1	1520.4	- Asie-Pacifique
- Europe	12028.9	17487.2	18485.5	26967.2	35645.0	- Europe
- North America	1969.6	3195.8	3827.5	4880.3	5738.9	- Amérique du Nord
South-Eastern Europe	170.8	283.4	331.4	437.7	578.2	Europe du Sud-Est
Commonwealth of Independent States	319.6	477.6	747.5	1118.4	2030.8	Communauté d'Etats indépendants
- Asia	15.3	36.0	49.5	59.7	89.6	- Asie
- Europe	304.3	441.6	698.0	1058.7	1941.2	- Europe
Northern Africa	77.4	105.3	112.3	110.5	171.0	Afrique septentrionale
Sub-Saharan Africa	105.0	138.1	194.3	294.4	362.8	Afrique subsaharienne
Latin America & the Caribbean	1159.0	1703.1	2065.1	2556.9	3463.4	Amérique latine et Caraïbes
- Caribbean	14.2	16.7	22.8	24.5	34.4	- Caraïbes
- Latin America	1144.8	1686.4	2042.3	2532.4	3429.0	- Amérique latine
Eastern Asia	7754.5	9993.6	11919.5	10845.3	11858.2	Asie orientale
Southern Asia	482.2	652.3	996.9	1194.2	1488.6	Asie méridionale
South-Eastern Asia	1389.3	2082.3	2660.1	3067.1	4466.6	Asie du Sud-Est
Western Asia	588.9	968.8	1286.0	1177.0	1783.5	Asie occidentale
Oceania	2.4	4.6	5.8	5.9	7.7	Océanie
China	5127.1	6530.2	8046.6	6792.1	6688.6	Chine
Italy	2180.1	3148.1	3184.7	5079.4	7249.6	Italie
Germany	1874.2	2636.5	3188.1	5020.3	6234.4	Allemagne
United States	1282.6	2183.9	2652.9	3475.5	4171.3	Etats-Unis d'Amérique
France-Monaco	1677.8	2313.8	2299.4	3383.4	3932.5	France-Monaco
Netherlands	735.1	1277.4	1273.9	2256.4	2867.0	Pays-Bas
United Kingdom	1000.0	1486.6	1452.9	1408.8	1781.3	Royaume-Uni
Mexico	851.7	1210.6	1346.8	1660.7	2009.1	Mexique
Korea, Republic of	773.2	1143.9	1491.1	1517.6	2071.5	République de Corée
China, Hong Kong SAR	1180.8	1411.8	1288.3	1430.7	1630.4	Chine - RAS de Hong-Kong
Spain	996.9	1166.5	1140.8	1496.7	2022.6	Espagne
Canada	687.0	1011.8	1174.5	1404.6	1567.4	Canada
Belgium	468.7	709.8	731.3	1297.2	1935.6	Belgique
Thailand	527.6	713.4	938.6	986.6	1701.1	Thaïlande
Sweden	400.2	589.3	711.9	1003.8	1442.2	Suède
Poland	403.3	606.9	692.4	947.5	1304.5	Pologne
India	258.2	405.6	667.4	992.5	1295.4	Inde
Turkey	396.0	637.7	874.8	603.5	887.5	Turquie
Malaysia	263.7	461.6	591.6	806.1	1139.0	Malaisie
Czech Republic	259.4	442.7	558.8	774.1	1144.0	République tchèque
Switzerland-Liechtenstein	359.1	499.9	530.3	677.1	898.5	Suisse-Liechtenstein
Russian Federation	171.7	234.2	440.6	691.5	1345.4	Fédération de Russie
Austria	297.2	434.6	462.5	615.4	905.8	Autriche
Japan	167.3	520.5	499.6	472.7	897.7	Japon
Singapore	271.8	415.7	445.1	578.4	710.7	Singapour

Value as percentages of World total

Valeur en pourcentage du total mondial

Regions of the world	1998	1999	2000	2001	2002	2003	2004	2005	2006	2007	Régions du monde
World	100.0	100.0	100.0	100.0	100.0	100.0	100.0	100.0	100.0	100.0	Monde
Developed Economies	64.7	60.0	59.2	56.5	55.6	54.5	56.8	53.3	61.2	62.1	Economies Développés
- Asia-Pacific	1.7	2.0	2.2	2.0	1.7	1.6	2.3	2.1	1.8	2.2	- Asie-Pacifique
- Europe	47.9	44.3	44.0	44.8	44.8	45.4	46.1	42.4	50.3	51.6	- Europe
- North America	15.1	13.7	13.1	9.7	9.1	7.4	8.4	8.8	9.1	8.3	- Amérique du Nord
South-Eastern Europe	0.5	0.5	0.6	0.5	0.6	0.6	0.7	0.8	0.8	0.8	Europe du Sud-Est
Commonwealth of Independent States	0.9	0.7	1.0	1.2	0.9	1.2	1.3	1.7	2.1	2.9	Communauté d'Etats indépendants
- Asia	0.1	0.1	0.1	0.1	0.1	0.1	0.1	0.1	0.1	0.1	- Asie
- Europe	0.8	0.7	0.9	1.1	0.8	1.1	1.2	1.6	2.0	2.8	- Europe
Northern Africa	0.5	0.4	0.4	0.4	0.3	0.3	0.3	0.3	0.2	0.2	Afrique septentrionale
Sub-Saharan Africa	0.5	0.5	0.3	1.4	0.3	0.4	0.4	0.4	0.5	0.5	Afrique subsaharienne
Latin America & the Caribbean	5.0	4.4	5.4	5.4	4.9	4.4	4.5	4.7	4.8	5.0	Amérique latine et Caraïbes
- Caribbean	0.0	0.1	0.1	0.1	0.0	0.1	0.0	0.1	0.0	0.0	- Caraïbes
- Latin America	5.0	4.4	5.3	5.3	4.8	4.3	4.4	4.7	4.7	5.0	- Amérique latine
Eastern Asia	19.2	24.6	23.8	25.0	27.5	29.3	26.3	27.4	20.2	17.2	Asie orientale
Southern Asia	1.8	1.7	1.2	1.6	1.8	1.8	1.7	2.3	2.2	2.2	Asie méridionale
South-Eastern Asia	4.6	5.4	6.2	6.1	6.0	5.2	5.5	6.1	5.7	6.5	Asie du Sud-Est
Western Asia	2.2	1.8	1.8	1.8	2.0	2.2	2.6	3.0	2.2	2.6	Asie occidentale
Oceania	0.0	0.0	0.0	0.0	0.0	0.0	0.0	0.0	0.0	0.0	Océanie

Trade by commodity
Exports by principal countries or areas
Value in million US dollars

Commerce par produit
Exportations selon les principaux pays ou zones
Valeur en millions de dollars EU

Country or area	2003	2004	2005	2006	2007	Pays ou zone
World	28127.8	39569.8	44063.8	56928.4	72229.3	Monde
Developed Economies	21010.0	28849.6	32597.3	41551.5	52588.7	Economies Développés
- Asia-Pacific	3965.8	5005.6	5227.0	6307.9	7427.9	- Asie-Pacifique
- Europe	15632.4	22113.6	25116.8	32758.1	42172.3	- Europe
- North America	1411.8	1730.4	2253.6	2485.5	2988.4	- Amérique du Nord
South-Eastern Europe	93.6	162.5	136.5	189.0	291.1	Europe du Sud-Est
Commonwealth of Independent States	486.3	853.2	1312.1	1768.2	2231.4	Communauté d'Etats indépendants
- Asia	0.1	0.8	0.6	5.7	39.8	- Asie
- Europe	486.2	852.4	1311.5	1762.4	2191.6	- Europe
Northern Africa	109.4	159.6	81.0	208.1	100.9	Afrique septentrionale
Sub-Saharan Africa	624.7	972.9	760.0	1477.8	1635.4	Afrique subsaharienne
Latin America & the Caribbean	500.2	760.8	945.2	1098.0	1286.1	Amérique latine et Caraïbes
- Caribbean	0.3	0.2	0.3	0.3	0.9	- Caraïbes
- Latin America	500.0	760.5	944.9	1097.7	1285.2	- Amérique latine
Eastern Asia	4069.7	6504.0	7097.3	9099.8	12013.9	Asie orientale
Southern Asia	858.1	675.4	393.5	550.8	462.4	Asie méridionale
South-Eastern Asia	304.5	473.6	588.1	898.7	1526.1	Asie du Sud-Est
Western Asia	71.3	158.1	152.4	86.3	93.2	Asie occidentale
Oceania	0.0	0.1	0.3	0.1	0.1	Océanie
Japan	3950.9	4975.2	5184.1	6256.1	7368.1	Japon
Germany	2955.0	4094.9	4834.9	5953.4	7669.2	Allemagne
Belgium	2419.5	3269.5	3676.9	5286.8	7154.3	Belgique
France-Monaco	2744.9	3398.4	3765.1	4723.6	6036.5	France-Monaco
Sweden	2222.7	3180.6	3532.0	3679.5	4889.6	Suède
Korea, Republic of	1531.5	2796.8	3029.4	3268.2	3411.0	République de Corée
Finland	1261.0	2088.5	2366.8	3582.0	4554.8	Finlande
Italy	1106.9	1684.6	1873.7	2482.4	2844.8	Italie
Netherlands	611.7	1342.0	1423.6	2563.9	3032.9	Pays-Bas
United States	1080.3	1319.3	1785.5	2024.5	2454.1	Etats-Unis d'Amérique
Spain	923.7	1164.2	1274.3	1829.2	2359.5	Espagne
China	150.8	479.4	647.5	1900.2	4139.3	Chine
South Africa	623.0	970.5	758.2	1473.6	1632.0	Afrique du Sud
Russian Federation	369.6	631.2	967.0	1310.8	1596.8	Fédération de Russie
China, Hong Kong SAR	780.6	1026.3	990.0	864.8	982.2	Chine - RAS de Hong-Kong
United Kingdom	568.1	755.9	808.9	612.1	738.0	Royaume-Uni
Austria	345.6	416.3	557.3	679.8	1014.8	Autriche
India	857.0	674.4	390.2	549.1	461.1	Inde
Brazil	302.7	443.3	610.6	681.7	789.9	Brésil
Canada	331.4	411.1	459.1	459.6	534.3	Canada
Ukraine	112.9	216.6	343.7	450.9	593.8	Ukraine
Mexico	187.0	305.9	313.5	386.4	455.3	Mexique
Slovenia	149.0	218.1	250.9	360.9	505.5	Slovénie
Thailand	142.1	206.3	182.9	246.9	630.7	Thaïlande
Singapore	107.2	165.7	196.9	272.2	291.7	Singapour

Value as percentages of World total

Valeur en pourcentage du total mondial

Regions of the world	1998	1999	2000	2001	2002	2003	2004	2005	2006	2007	Régions du monde
World	100.0	100.0	100.0	100.0	100.0	100.0	100.0	100.0	100.0	100.0	Monde
Developed Economies	79.0	78.0	76.1	77.4	76.9	74.7	72.9	74.0	73.0	72.8	Economies Développés
- Asia-Pacific	16.2	16.7	16.5	14.8	15.7	14.1	12.7	11.9	11.1	10.3	- Asie-Pacifique
- Europe	57.6	55.9	54.2	56.8	55.7	55.6	55.9	57.0	57.5	58.4	- Europe
- North America	5.1	5.4	5.4	5.8	5.5	5.0	4.4	5.1	4.4	4.1	- Amérique du Nord
South-Eastern Europe	0.3	0.3	0.4	0.5	0.3	0.3	0.4	0.3	0.3	0.4	Europe du Sud-Est
Commonwealth of Independent States	1.4	0.9	1.3	2.0	1.8	1.7	2.2	3.0	3.1	3.1	Communauté d'Etats indépendants
- Asia	0.0	0.0	0.0	0.0	0.0	0.0	0.0	0.0	0.0	0.1	- Asie
- Europe	1.4	0.9	1.3	2.0	1.8	1.7	2.2	3.0	3.1	3.1	- Europe
Northern Africa	0.0	0.0	0.2	0.2	0.3	0.4	0.4	0.2	0.4	0.1	Afrique septentrionale
Sub-Saharan Africa	1.5	1.8	2.1	1.7	1.8	2.2	2.5	1.7	2.6	2.3	Afrique subsaharienne
Latin America & the Caribbean	1.7	1.7	2.1	1.7	1.5	1.8	1.9	2.1	1.9	1.8	Amérique latine et Caraïbes
- Caribbean	0.0	0.0	0.0	0.0	0.0	0.0	0.0	0.0	0.0	0.0	- Caraïbes
- Latin America	1.7	1.7	2.0	1.7	1.5	1.8	1.9	2.1	1.9	1.8	- Amérique latine
Eastern Asia	14.7	15.1	15.9	14.5	14.4	14.5	16.4	16.1	16.0	16.6	Asie orientale
Southern Asia	0.4	1.1	0.7	0.8	1.7	3.1	1.7	0.9	1.0	0.6	Asie méridionale
South-Eastern Asia	0.8	1.0	1.2	1.1	1.0	1.1	1.2	1.3	1.6	2.1	Asie du Sud-Est
Western Asia	0.1	0.1	0.1	0.1	0.2	0.3	0.4	0.3	0.2	0.1	Asie occidentale
Oceania	0.0	0.0	0.0	0.0	0.0	0.0	0.0	0.0	0.0	0.0	Océanie

676 Iron and steel bars, rods, angles, shapes and sections

Trade by commodity
Imports by principal countries or areas
Value in million US dollars

Commerce par produit
Importations selon les principaux pays ou zones
Valeur en millions de dollars EU

Country or area	2003	2004	2005	2006	2007	Pays ou zone
World	30039.9	46785.2	52815.5	63364.0	83155.0	Monde
Developed Economies	18097.0	28723.2	31544.1	38851.7	49472.4	Economies Développés
- Asia-Pacific	380.5	658.9	943.6	894.1	1094.5	- Asie-Pacifique
- Europe	14289.3	21376.8	23664.0	29698.5	40681.4	- Europe
- North America	3427.1	6687.5	6936.5	8259.0	7696.6	- Amérique du Nord
South-Eastern Europe	431.1	931.3	1114.9	1316.5	2196.2	Europe du Sud-Est
Commonwealth of Independent States	679.7	1284.9	1516.1	2117.2	3822.9	Communauté d'Etats indépendants
- Asia	258.6	457.3	534.5	779.2	1430.3	- Asie
- Europe	421.1	827.6	981.6	1338.0	2392.6	- Europe
Northern Africa	732.4	1051.4	1127.9	1508.1	2042.8	Afrique septentrionale
Sub-Saharan Africa	753.7	1013.2	1350.2	1431.8	1979.2	Afrique subsaharienne
Latin America & the Caribbean	1423.4	2245.6	2515.4	3187.7	3593.4	Amérique latine et Caraïbes
- Caribbean	138.6	231.2	256.9	297.8	340.9	- Caraïbes
- Latin America	1284.8	2014.4	2258.5	2890.0	3252.6	- Amérique latine
Eastern Asia	3146.4	4367.3	4781.2	5531.4	7189.6	Asie orientale
Southern Asia	822.6	1177.1	1536.1	809.2	1066.1	Asie méridionale
South-Eastern Asia	1621.6	2453.9	2901.2	3248.9	4588.3	Asie du Sud-Est
Western Asia	2294.0	3485.2	4382.2	5311.6	7126.4	Asie occidentale
Oceania	38.1	52.2	46.3	49.9	77.1	Océanie
Germany	2603.4	3736.5	4694.0	5834.8	7961.9	Allemagne
United States	2566.1	5236.2	5205.3	6196.4	5430.8	Etats-Unis d'Amérique
Italy	1508.2	2281.2	2571.6	3104.1	4356.8	Italie
France-Monaco	1615.4	2408.1	2523.1	3025.9	4092.0	France-Monaco
Korea, Republic of	1130.8	1537.3	1946.3	2458.6	3445.0	République de Corée
Spain	977.6	1410.3	1613.9	2279.2	2796.1	Espagne
United Kingdom	1015.2	1484.9	1597.8	1858.8	2642.1	Royaume-Uni
Canada	855.8	1447.4	1727.8	2053.3	2257.2	Canada
United Arab Emirates	747.5	1149.1	1434.8	2040.6	e2525.1	Emirates arabes unis
Belgium	799.6	1286.7	1477.6	1651.6	2562.5	Belgique
Netherlands	894.4	1342.9	1345.2	1782.3	2294.2	Pays-Bas
China	942.3	1278.4	1347.1	1329.0	1533.9	Chine
Mexico	542.8	869.9	954.5	1223.9	1136.5	Mexique
Switzerland-Liechtenstein	499.3	724.7	800.8	965.4	1318.1	Suisse-Liechtenstein
Thailand	435.0	607.0	865.7	904.3	1457.6	Thaïlande
Sweden	492.8	711.6	802.9	952.2	1302.4	Suède
Poland	315.1	515.0	734.1	975.5	1670.1	Pologne
Austria	466.5	675.3	738.7	946.9	1302.2	Autriche
Algeria	454.1	597.2	770.9	1052.7	e1239.8	Algérie
Portugal	498.8	781.7	692.2	861.6	1051.2	Portugal
Czech Republic	339.1	571.5	640.7	857.1	1247.9	République tchèque
China, Hong Kong SAR	580.4	708.5	651.5	730.4	963.8	Chine - RAS de Hong-Kong
Russian Federation	197.0	447.7	615.8	802.3	1570.6	Fédération de Russie
Singapore	454.1	644.2	644.0	712.1	1062.9	Singapour
Saudi Arabia	401.0	473.8	478.2	684.0	888.5	Arabie saoudite

Value as percentages of World total

Valeur en pourcentage du total mondial

Regions of the world	1998	1999	2000	2001	2002	2003	2004	2005	2006	2007	Régions du monde
World	100.0	100.0	100.0	100.0	100.0	100.0	100.0	100.0	100.0	100.0	Monde
Developed Economies	66.0	66.8	66.7	59.3	63.3	60.2	61.4	59.7	61.3	59.5	Economies Développés
- Asia-Pacific	1.1	1.2	1.2	1.0	1.1	1.3	1.4	1.8	1.4	1.3	- Asie-Pacifique
- Europe	46.7	48.0	45.4	43.2	46.5	47.6	45.7	44.8	46.9	48.9	- Europe
- North America	18.3	17.6	20.0	15.1	15.6	11.4	14.3	13.1	13.0	9.3	- Amérique du Nord
South-Eastern Europe	0.7	0.7	0.8	0.9	1.1	1.4	2.0	2.1	2.1	2.6	Europe du Sud-Est
Commonwealth of Independent States	2.2	1.3	2.1	2.2	1.9	2.3	2.7	2.9	3.3	4.6	Communauté d'Etats indépendants
- Asia	0.5	0.3	0.5	0.6	0.7	0.9	1.0	1.0	1.2	1.7	- Asie
- Europe	1.7	1.0	1.6	1.5	1.2	1.4	1.8	1.9	2.1	2.9	- Europe
Northern Africa	2.6	2.5	1.8	2.1	2.0	2.4	2.2	2.1	2.4	2.5	Afrique septentrionale
Sub-Saharan Africa	1.8	1.6	1.7	10.1	2.1	2.5	2.2	2.6	2.3	2.4	Afrique subsaharienne
Latin America & the Caribbean	5.9	6.2	5.7	5.2	5.1	4.7	4.8	4.8	5.0	4.3	Amérique latine et Caraïbes
- Caribbean	0.5	0.6	0.5	0.5	0.5	0.5	0.5	0.5	0.5	0.4	- Caraïbes
- Latin America	5.4	5.6	5.1	4.7	4.6	4.3	4.3	4.3	4.6	3.9	- Amérique latine
Eastern Asia	8.9	8.6	8.1	7.0	9.4	10.5	9.3	9.1	8.7	8.6	Asie orientale
Southern Asia	1.3	1.8	2.1	2.5	2.1	2.7	2.5	2.9	1.3	1.3	Asie méridionale
South-Eastern Asia	5.2	5.2	5.4	4.8	5.8	5.4	5.2	5.5	5.1	5.5	Asie du Sud-Est
Western Asia	5.4	5.1	5.5	5.7	7.0	7.6	7.4	8.3	8.4	8.6	Asie occidentale
Oceania	0.1	0.1	0.1	0.1	0.1	0.1	0.1	0.1	0.1	0.1	Océanie

Trade by commodity

Exports by principal countries or areas

Value in million US dollars

Commerce par produit

Exportations selon les principaux pays ou zones

Valeur en millions de dollars EU

Country or area	2003	2004	2005	2006	2007	Pays ou zone
World	29728.2	46457.5	51845.7	63048.7	86333.1	Monde
Developed Economies	19575.7	29590.1	32292.7	38350.6	50753.8	Economies Développés
- Asia-Pacific	2015.2	2651.3	2958.2	3004.6	3743.6	- Asie-Pacifique
- Europe	15872.7	24428.1	26481.7	31892.0	43103.0	- Europe
- North America	1687.8	2510.7	2852.9	3454.0	3907.3	- Amérique du Nord
South-Eastern Europe	145.7	359.9	467.1	640.7	798.8	Europe du Sud-Est
Commonwealth of Independent States	2822.6	4173.7	4584.6	5391.8	7222.1	Communauté d'Etats indépendants
- Asia	45.2	97.6	94.0	90.5	164.5	- Asie
- Europe	2777.4	4076.1	4490.6	5301.3	7057.5	- Europe
Northern Africa	155.9	252.7	237.3	425.2	451.3	Afrique septentrionale
Sub-Saharan Africa	358.2	497.6	572.5	442.7	549.8	Afrique subsaharienne
Latin America & the Caribbean	1245.4	1791.2	2311.6	2229.9	2455.5	Amérique latine et Caraïbes
- Caribbean	190.2	296.9	185.8	266.2	272.4	- Caraïbes
- Latin America	1055.3	1494.2	2125.8	1963.8	2183.1	- Amérique latine
Eastern Asia	2147.7	4353.0	5965.5	9315.3	15992.7	Asie orientale
Southern Asia	384.5	509.7	660.1	952.2	1277.1	Asie méridionale
South-Eastern Asia	597.9	976.3	998.5	1200.8	1623.9	Asie du Sud-Est
Western Asia	2294.0	3952.8	3755.0	4099.1	5207.5	Asie occidentale
Oceania	0.6	0.6	0.6	0.5	0.6	Océanie
Germany	3091.6	4785.2	5448.8	6386.7	8170.4	Allemagne
China	786.5	2220.9	3215.3	6020.3	11296.1	Chine
Italy	2157.8	3435.1	3589.1	4776.6	6580.5	Italie
Turkey	1686.6	3103.6	3198.4	3362.2	4412.9	Turquie
Spain	1530.8	2365.2	2663.8	3041.3	4569.2	Espagne
Japan	1947.6	2562.8	2856.1	2883.8	3550.7	Japon
Ukraine	1586.6	2246.0	2377.0	3077.5	4166.1	Ukraine
France-Monaco	1646.6	2293.2	2418.9	2749.4	3564.9	France-Monaco
United Kingdom	1197.6	1821.4	2008.2	2046.0	2797.3	Royaume-Uni
Luxembourg	1129.8	1695.6	1649.0	2184.6	2742.8	Luxembourg
United States	923.3	1395.8	1735.3	2115.0	2591.7	Etats-Unis d'Amérique
Russian Federation	958.5	1451.4	1721.7	1794.5	2271.7	Fédération de Russie
Korea, Republic of	637.0	1208.4	1593.0	1748.5	2382.5	République de Corée
Belgium	660.4	1071.0	1154.9	1527.5	2265.2	Belgique
Czech Republic	766.9	1163.7	1167.3	1402.0	1713.8	République tchèque
Sweden	736.2	981.0	1120.4	1282.2	1674.0	Suède
Canada	764.5	1114.9	1117.5	1338.9	1315.5	Canada
Poland	576.6	1090.5	988.7	1149.0	1725.6	Pologne
Brazil	559.3	709.7	1229.1	1205.3	1201.9	Brésil
Austria	492.8	707.6	869.8	997.9	1695.0	Autriche
Netherlands	355.3	564.4	611.1	721.8	959.6	Pays-Bas
India	349.5	438.8	527.1	747.0	1004.7	Inde
Switzerland-Liechtenstein	352.7	493.7	553.5	655.0	829.2	Suisse-Liechtenstein
Portugal	229.3	311.0	396.7	605.6	787.1	Portugal
Finland	252.0	380.3	445.7	457.3	551.9	Finlande

Value as percentages of World total

Valeur en pourcentage du total mondial

Regions of the world	1998	1999	2000	2001	2002	2003	2004	2005	2006	2007	Régions du monde
World	100.0	100.0	100.0	100.0	100.0	100.0	100.0	100.0	100.0	100.0	Monde
Developed Economies	71.4	70.7	70.3	68.5	68.4	65.8	63.7	62.3	60.8	58.8	Economies Développés
- Asia-Pacific	8.0	7.4	7.1	6.4	7.1	6.8	5.7	5.7	4.8	4.3	- Asie-Pacifique
- Europe	56.4	55.8	55.3	54.8	54.3	53.4	52.6	51.1	50.6	49.9	- Europe
- North America	7.0	7.4	7.9	7.3	7.0	5.7	5.4	5.5	5.5	4.5	- Amérique du Nord
South-Eastern Europe	0.9	0.6	0.4	0.5	0.5	0.5	0.8	0.9	1.0	0.9	Europe du Sud-Est
Commonwealth of Independent States	7.7	7.1	8.5	9.9	8.8	9.5	9.0	8.8	8.6	8.4	Communauté d'Etats indépendants
- Asia	0.1	0.1	0.1	0.1	0.1	0.2	0.2	0.2	0.1	0.2	- Asie
- Europe	7.6	6.9	8.4	9.7	8.7	9.3	8.8	8.7	8.4	8.2	- Europe
Northern Africa	0.4	0.3	0.2	0.3	0.6	0.5	0.5	0.5	0.7	0.5	Afrique septentrionale
Sub-Saharan Africa	1.3	1.5	1.4	1.1	1.1	1.2	1.1	1.1	0.7	0.6	Afrique subsaharienne
Latin America & the Caribbean	3.3	3.9	3.8	3.9	4.0	4.2	3.9	4.5	3.5	2.8	Amérique latine et Caraïbes
- Caribbean	0.9	0.9	0.8	0.8	0.9	0.6	0.6	0.4	0.4	0.3	- Caraïbes
- Latin America	2.4	3.0	3.0	3.1	3.2	3.5	3.2	4.1	3.1	2.5	- Amérique latine
Eastern Asia	6.7	6.6	7.0	6.3	6.7	7.2	9.4	11.5	14.8	18.5	Asie orientale
Southern Asia	0.5	0.7	0.9	0.9	1.1	1.3	1.1	1.3	1.5	1.5	Asie méridionale
South-Eastern Asia	1.9	1.7	1.7	1.7	1.6	2.0	2.1	1.9	1.9	1.9	Asie du Sud-Est
Western Asia	5.9	7.1	5.8	7.0	7.2	7.7	8.5	7.2	6.5	6.0	Asie occidentale
Oceania	0.0	0.0	0.0	0.0	0.0	0.0	0.0	0.0	0.0	0.0	Océanie

677 Rails or railway track construction material, of iron or steel

Trade by commodity
Imports by principal countries or areas
Value in million US dollars

Commerce par produit
Importations selon les principaux pays ou zones
Valeur en millions de dollars EU

Country or area	2003	2004	2005	2006	2007	Pays ou zone
World	1794.8	2087.9	2603.9	2905.5	3707.8	Monde
Developed Economies	1111.2	1307.4	1525.3	1677.3	2135.5	Economies Développés
- Asia-Pacific	18.6	32.2	44.4	52.6	87.7	- Asie-Pacifique
- Europe	832.7	910.4	1018.2	1030.8	1413.0	- Europe
- North America	260.0	364.7	462.7	593.9	634.7	- Amérique du Nord
South-Eastern Europe	21.1	29.0	42.5	39.1	111.5	Europe du Sud-Est
Commonwealth of Independent States	113.8	119.2	155.5	185.2	207.7	Communauté d'Etats indépendants
- Asia	85.8	78.8	115.6	137.3	131.0	- Asie
- Europe	27.9	40.4	39.9	47.8	76.7	- Europe
Northern Africa	52.1	23.2	45.2	79.2	72.2	Afrique septentrionale
Sub-Saharan Africa	35.9	56.4	59.1	100.9	102.2	Afrique subsaharienne
Latin America & the Caribbean	116.8	134.7	231.2	265.9	364.1	Amérique latine et Caraïbes
- Caribbean	32.0	23.3	38.7	49.0	52.8	- Caraïbes
- Latin America	84.8	111.4	192.5	216.9	311.3	- Amérique latine
Eastern Asia	148.8	148.5	139.6	127.2	190.9	Asie orientale
Southern Asia	91.6	88.9	83.6	17.0	35.0	Asie méridionale
South-Eastern Asia	52.7	112.5	133.3	143.7	128.9	Asie du Sud-Est
Western Asia	47.9	63.9	186.6	267.6	359.4	Asie occidentale
Oceania	2.8	4.3	1.9	2.4	0.3	Océanie
United States	178.5	237.2	307.7	407.1	426.0	Etats-Unis d'Amérique
Germany	197.3	194.1	261.9	260.8	345.7	Allemagne
Canada	81.3	127.3	154.8	186.7	208.4	Canada
Qatar	0.3		96.7	193.0	e258.8	Qatar
United Kingdom	104.3	81.9	88.4	89.3	148.9	Royaume-Uni
Belgium	37.1	93.9	77.9	96.3	130.5	Belgique
Switzerland-Liechtenstein	74.9	75.3	78.7	84.6	97.6	Suisse-Liechtenstein
Kazakhstan	59.4	31.1	70.3	109.6	93.4	Kazakhstan
Mexico	24.5	35.9	48.2	68.9	145.5	Mexique
France-Monaco	42.8	62.1	63.1	63.2	78.6	France-Monaco
Brazil	20.3	36.4	71.0	77.3	97.2	Brésil
China	37.7	41.5	52.1	58.6	97.2	Chine
Italy	30.7	37.0	45.9	62.9	67.5	Italie
Netherlands	26.0	58.4	71.1	52.0	35.9	Pays-Bas
Sweden	27.5	33.9	47.3	47.8	74.6	Suède
Spain	48.3	34.7	32.9	31.4	49.8	Espagne
Iran (Islamic Republic of)	54.3	45.4	75.8	8.5	e9.4	Iran (République islamique d')
Singapore	12.6	23.3	50.4	64.0	38.1	Singapour
Aruba	30.6	21.7	e36.6	38.9	39.6	Aruba
Australia	6.2	20.8	31.8	31.5	71.9	Australie
Romania	14.5	17.0	23.1	25.8	70.3	Roumanie
South Africa	12.2	22.7	32.9	23.6	57.1	Afrique du Sud
Indonesia	10.5	61.8	43.9	12.6	13.2	Indonésie
Finland	19.9	18.5	33.0	20.2	43.3	Finlande
Belarus	19.3	20.1	24.6	32.6	34.9	Bélarus

Value as percentages of World total

Valeur en pourcentage du total mondial

Regions of the world	1998	1999	2000	2001	2002	2003	2004	2005	2006	2007	Régions du monde
World	100.0	100.0	100.0	100.0	100.0	100.0	100.0	100.0	100.0	100.0	Monde
Developed Economies	52.6	57.3	57.6	52.0	63.3	61.9	62.6	58.6	57.7	57.6	Economies Développés
- Asia-Pacific	1.1	1.1	1.2	1.0	1.1	1.0	1.5	1.7	1.8	2.4	- Asie-Pacifique
- Europe	29.8	34.9	34.3	35.5	44.7	46.4	43.6	39.1	35.5	38.1	- Europe
- North America	21.7	21.2	22.0	15.5	17.5	14.5	17.5	17.8	20.4	17.1	- Amérique du Nord
South-Eastern Europe	2.3	2.3	0.6	1.5	1.1	1.2	1.4	1.6	1.3	3.0	Europe du Sud-Est
Commonwealth of Independent States	9.9	4.7	5.4	5.7	6.4	6.3	5.7	6.0	6.4	5.6	Communauté d'Etats indépendants
- Asia	6.5	3.0	3.5	3.7	3.9	4.8	3.8	4.4	4.7	3.5	- Asie
- Europe	3.4	1.7	2.0	2.0	2.5	1.6	1.9	1.5	1.6	2.1	- Europe
Northern Africa	1.9	1.5	2.0	0.6	1.1	2.9	1.1	1.7	2.7	1.9	Afrique septentrionale
Sub-Saharan Africa	1.7	1.6	2.7	10.8	2.2	2.0	2.7	2.3	3.5	2.8	Afrique subsaharienne
Latin America & the Caribbean	10.3	7.9	11.8	11.3	8.2	6.5	6.5	8.9	9.2	9.8	Amérique latine et Caraïbes
- Caribbean	0.2	0.4	2.3	2.3	2.1	1.8	1.1	1.5	1.7	1.4	- Caraïbes
- Latin America	10.1	7.5	9.5	9.1	6.1	4.7	5.3	7.4	7.5	8.4	- Amérique latine
Eastern Asia	3.6	4.2	3.3	6.3	5.6	8.3	7.1	5.4	4.4	5.1	Asie orientale
Southern Asia	10.0	10.6	5.4	4.3	2.6	5.1	4.3	3.2	0.6	0.9	Asie méridionale
South-Eastern Asia	4.7	6.2	6.8	5.3	5.4	2.9	5.4	5.1	4.9	3.5	Asie du Sud-Est
Western Asia	3.1	3.8	4.3	2.3	3.9	2.7	3.1	7.2	9.2	9.7	Asie occidentale
Oceania	0.0	0.0	0.1	0.1	0.2	0.2	0.2	0.1	0.1	0.0	Océanie

Trade by commodity

Exports by principal countries or areas

Value in million US dollars

Commerce par produit

Exportations selon les principaux pays ou zones

Valeur en millions de dollars EU

Country or area	2003	2004	2005	2006	2007	Pays ou zone
World	1592.4	1950.1	2227.7	2464.0	3286.9	Monde
Developed Economies	1326.3	1684.2	1895.0	2009.0	2676.0	Economies Développés
- Asia-Pacific	168.4	246.9	232.2	280.6	334.1	- Asie-Pacifique
- Europe	1040.5	1259.1	1452.3	1470.3	2022.3	- Europe
- North America	117.3	178.2	210.5	258.1	319.6	- Amérique du Nord
South-Eastern Europe	10.2	12.2	9.4	9.4	12.3	Europe du Sud-Est
Commonwealth of Independent States	174.7	154.1	190.3	215.6	222.6	Communauté d'Etats indépendants
- Asia	6.2	8.3	6.0	12.8	9.2	- Asie
- Europe	168.5	145.7	184.3	202.8	213.4	- Europe
Northern Africa	0.7	2.6	0.7	1.1	0.0	Afrique septentrionale
Sub-Saharan Africa	4.8	5.0	7.0	6.9	15.2	Afrique subsaharienne
Latin America & the Caribbean	8.0	8.0	15.8	29.1	29.1	Amérique latine et Caraïbes
- Caribbean	0.7	3.1	0.0	2.7	3.7	- Caraïbes
- Latin America	7.3	4.9	15.8	26.4	25.4	- Amérique latine
Eastern Asia	46.1	56.6	73.9	157.7	267.4	Asie orientale
Southern Asia	4.7	4.6	7.1	6.4	11.0	Asie méridionale
South-Eastern Asia	11.5	18.3	22.1	16.5	30.7	Asie du Sud-Est
Western Asia	5.4	4.5	6.4	12.2	22.5	Asie occidentale
Oceania		0.0	0.0		0.0	Océanie
Germany	201.7	305.7	308.9	301.6	372.5	Allemagne
Austria	211.0	247.7	298.4	271.4	418.1	Autriche
Japan	151.3	219.2	191.1	240.5	294.1	Japon
Czech Republic	90.0	111.4	151.1	179.0	208.9	République tchèque
United States	68.6	107.8	139.7	174.9	226.3	Etats-Unis d'Amérique
Russian Federation	138.9	117.0	130.6	158.2	153.7	Fédération de Russie
France-Monaco	145.0	128.6	151.6	118.3	131.9	France-Monaco
Spain	73.9	73.7	124.7	91.2	175.0	Espagne
China	33.1	40.7	49.0	135.8	240.1	Chine
Italy	67.4	57.0	70.0	100.3	191.6	Italie
Poland	54.3	77.2	68.0	98.4	137.8	Pologne
Luxembourg	55.5	75.7	93.3	93.0	113.0	Luxembourg
United Kingdom	69.1	63.1	73.2	84.6	76.6	Royaume-Uni
Canada	48.7	70.4	70.7	83.1	93.3	Canada
Belgium	15.5	49.1	40.1	61.7	101.5	Belgique
Ukraine	27.5	25.2	50.9	43.5	58.7	Ukraine
Australia	17.0	27.3	41.1	40.1	40.0	Australie
Switzerland-Liechtenstein	23.6	26.6	26.8	32.9	40.4	Suisse-Liechtenstein
Korea, Republic of	12.2	14.2	23.6	20.3	25.5	République de Corée
Sweden	6.7	3.5	10.3	13.4	30.0	Suède
Singapore	6.8	8.3	8.1	7.9	22.6	Singapour
Netherlands	6.3	7.8	8.7	11.0	9.7	Pays-Bas
Kazakhstan	5.8	7.8	5.2	12.3	8.8	Kazakhstan
Lithuania	8.3	12.8	12.4	2.2	2.8	Lituanie
Brazil	5.3	3.1	11.8	7.0	9.8	Brésil

Value as percentages of World total

Valeur en pourcentage du total mondial

Regions of the world	1998	1999	2000	2001	2002	2003	2004	2005	2006	2007	Régions du monde
World	100.0	100.0	100.0	100.0	100.0	100.0	100.0	100.0	100.0	100.0	Monde
Developed Economies	77.7	83.0	82.3	85.1	85.5	83.3	86.4	85.1	81.5	81.4	Economies Développés
- Asia-Pacific	12.6	12.7	16.5	10.7	11.0	10.6	12.7	10.4	11.4	10.2	- Asie-Pacifique
- Europe	53.6	61.8	54.1	65.5	66.0	65.3	64.6	65.2	59.7	61.5	- Europe
- North America	11.5	8.6	11.7	9.0	8.5	7.4	9.1	9.4	10.5	9.7	- Amérique du Nord
South-Eastern Europe	0.6	0.5	0.4	0.2	0.2	0.6	0.6	0.4	0.4	0.4	Europe du Sud-Est
Commonwealth of Independent States	16.3	11.3	9.9	8.3	8.2	11.0	7.9	8.5	8.7	6.8	Communauté d'Etats indépendants
- Asia	0.2	0.4	0.5	0.4	0.2	0.4	0.4	0.3	0.5	0.3	- Asie
- Europe	16.1	11.0	9.4	8.0	8.0	10.6	7.5	8.3	8.2	6.5	- Europe
Northern Africa	0.0	0.0	0.1	0.1	0.0	0.0	0.1	0.0	0.0	0.0	Afrique septentrionale
Sub-Saharan Africa	0.4	0.5	0.5	0.4	0.3	0.3	0.3	0.3	0.3	0.5	Afrique subsaharienne
Latin America & the Caribbean	0.4	0.4	0.5	0.7	0.7	0.5	0.4	0.7	1.2	0.9	Amérique latine et Caraïbes
- Caribbean	0.0	0.0	0.0	0.1	0.2	0.0	0.2	0.0	0.1	0.1	- Caraïbes
- Latin America	0.4	0.4	0.5	0.6	0.6	0.5	0.3	0.7	1.1	0.8	- Amérique latine
Eastern Asia	3.7	3.4	5.0	4.2	2.7	2.9	2.9	3.3	6.4	8.1	Asie orientale
Southern Asia	0.3	0.1	0.2	0.2	0.2	0.3	0.2	0.3	0.3	0.3	Asie méridionale
South-Eastern Asia	0.5	0.4	0.6	0.5	0.9	0.7	0.9	1.0	0.7	0.9	Asie du Sud-Est
Western Asia	0.1	0.3	0.5	0.3	1.2	0.3	0.2	0.3	0.5	0.7	Asie occidentale
Oceania	0.0	0.0	0.1	0.0	0.0		0.0	0.0		0.0	Océanie

678 Wire of iron or steel

Trade by commodity
Imports by principal countries or areas
Value in million US dollars

Commerce par produit
Importations selon les principaux pays ou zones
Valeur en millions de dollars EU

Country or area	2003	2004	2005	2006	2007	Pays ou zone
World	4973.2	7074.9	7896.6	8622.3	10741.2	Monde
Developed Economies	3260.5	4832.1	5282.1	5863.9	7205.7	Economies Développés
- Asia-Pacific	266.8	363.0	422.9	412.9	478.8	- Asie-Pacifique
- Europe	2236.4	3333.8	3661.1	4163.5	5442.9	- Europe
- North America	757.2	1135.2	1198.1	1287.5	1284.0	- Amérique du Nord
South-Eastern Europe	64.8	122.0	128.4	139.9	216.0	Europe du Sud-Est
Commonwealth of Independent States	88.5	147.2	175.6	224.3	322.5	Communauté d'Etats indépendants
- Asia	37.6	53.2	66.3	79.8	99.4	- Asie
- Europe	51.0	94.0	109.3	144.5	223.1	- Europe
Northern Africa	61.6	74.4	77.6	78.3	109.3	Afrique septentrionale
Sub-Saharan Africa	84.1	105.0	128.5	149.8	187.0	Afrique subsaharienne
Latin America & the Caribbean	235.9	293.5	358.0	428.4	523.9	Amérique latine et Caraïbes
- Caribbean	10.8	20.3	18.5	22.3	25.9	- Caraïbes
- Latin America	225.2	273.2	339.5	406.2	498.0	- Amérique latine
Eastern Asia	524.7	670.9	722.8	802.2	896.2	Asie orientale
Southern Asia	94.5	128.7	163.7	160.4	202.8	Asie méridionale
South-Eastern Asia	258.3	384.8	431.2	507.5	715.2	Asie du Sud-Est
Western Asia	295.2	306.5	421.0	258.5	352.6	Asie occidentale
Oceania	5.2	9.8	7.8	9.2	9.9	Océanie
United States	614.3	949.2	992.6	1076.4	1067.0	Etats-Unis d'Amérique
Germany	512.0	650.2	810.9	934.0	1180.2	Allemagne
France-Monaco	342.4	553.5	549.2	536.7	674.6	France-Monaco
China	340.5	403.2	419.7	442.3	472.9	Chine
Italy	201.1	288.0	310.6	346.7	438.1	Italie
Japan	188.5	257.4	309.6	305.9	352.1	Japon
Spain	124.4	201.4	220.7	268.7	331.7	Espagne
United Kingdom	134.8	194.1	218.8	210.2	288.2	Royaume-Uni
Canada	142.4	185.3	204.7	209.8	216.0	Canada
Poland	76.1	140.9	165.3	202.1	314.9	Pologne
Netherlands	98.7	142.7	143.8	192.8	262.9	Pays-Bas
Belgium	88.0	151.5	150.3	178.1	263.9	Belgique
Switzerland-Liechtenstein	98.0	150.5	159.3	179.1	226.6	Suisse-Liechtenstein
Thailand	61.0	87.1	120.6	127.4	246.5	Thaïlande
Mexico	108.4	110.6	130.6	147.6	144.9	Mexique
Czech Republic	59.1	95.1	120.6	156.1	208.7	République tchèque
Austria	76.1	115.4	103.5	118.8	182.7	Autriche
Sweden	60.4	93.5	96.3	127.9	178.2	Suède
Korea, Republic of	43.5	65.4	97.8	136.1	192.6	République de Corée
China, Hong Kong SAR	83.7	107.8	106.5	105.8	107.3	Chine - RAS de Hong-Kong
Slovakia	31.6	74.2	90.4	107.9	136.2	Slovaquie
Viet Nam	39.2	75.7	78.6	106.1	e135.4	Viet Nam
Brazil	37.6	50.7	75.8	95.0	150.4	Brésil
Australia	57.2	76.0	84.7	80.5	95.2	Australie
Syrian Arab Republic	93.2	113.6	147.5	15.5	e20.3	République arabe syrienne

Value as percentages of World total

Valeur en pourcentage du total mondial

Regions of the world	1998	1999	2000	2001	2002	2003	2004	2005	2006	2007	Régions du monde
World	100.0	100.0	100.0	100.0	100.0	100.0	100.0	100.0	100.0	100.0	Monde
Developed Economies	70.5	69.2	67.2	66.4	66.5	65.6	68.3	66.9	68.0	67.1	Economies Développés
- Asia-Pacific	4.6	5.4	5.8	5.1	4.8	5.4	5.1	5.4	4.8	4.5	- Asie-Pacifique
- Europe	47.6	44.8	42.3	43.4	43.9	45.0	47.1	46.4	48.3	50.7	- Europe
- North America	18.2	19.0	19.1	17.9	17.7	15.2	16.0	15.2	14.9	12.0	- Amérique du Nord
South-Eastern Europe	0.6	0.5	0.6	0.8	0.9	1.3	1.7	1.6	1.6	2.0	Europe du Sud-Est
Commonwealth of Independent States	1.4	1.0	1.5	1.3	1.4	1.8	2.1	2.2	2.6	3.0	Communauté d'Etats indépendants
- Asia	0.5	0.4	0.7	0.5	0.6	0.8	0.8	0.8	0.9	0.9	- Asie
- Europe	0.9	0.5	0.8	0.8	0.8	1.0	1.3	1.4	1.7	2.1	- Europe
Northern Africa	1.0	1.1	0.8	0.9	1.1	1.2	1.1	1.0	0.9	1.0	Afrique septentrionale
Sub-Saharan Africa	1.3	1.4	1.3	2.3	1.5	1.7	1.5	1.6	1.7	1.7	Afrique subsaharienne
Latin America & the Caribbean	5.3	5.2	5.7	6.0	5.3	4.7	4.1	4.5	5.0	4.9	Amérique latine et Caraïbes
- Caribbean	0.3	0.4	0.2	0.3	0.2	0.2	0.3	0.2	0.3	0.2	- Caraïbes
- Latin America	5.0	4.9	5.5	5.7	5.1	4.5	3.9	4.3	4.7	4.6	- Amérique latine
Eastern Asia	7.8	9.1	10.6	10.3	11.2	10.6	9.5	9.2	9.3	8.3	Asie orientale
Southern Asia	2.0	1.5	1.5	1.6	1.8	1.9	1.8	2.1	1.9	1.9	Asie méridionale
South-Eastern Asia	4.2	5.2	5.5	5.0	5.4	5.2	5.4	5.5	5.9	6.7	Asie du Sud-Est
Western Asia	5.9	5.7	5.2	5.4	4.8	5.9	4.3	5.3	3.0	3.3	Asie occidentale
Oceania	0.1	0.1	0.1	0.1	0.1	0.1	0.1	0.1	0.1	0.1	Océanie

Trade by commodity

Exports by principal countries or areas

Value in million US dollars

Commerce par produit

Exportations selon les principaux pays ou zones

Valeur en millions de dollars EU

Country or area	2003	2004	2005	2006	2007	Pays ou zone
World	4546.2	6633.9	7142.4	8239.0	10232.6	Monde
Developed Economies	3048.6	4288.6	4509.4	5063.0	6109.3	Economies Développés
- Asia-Pacific	309.6	398.1	450.8	486.9	586.5	- Asie-Pacifique
- Europe	2320.4	3265.5	3508.4	4003.0	4933.3	- Europe
- North America	418.5	625.1	550.3	573.1	589.6	- Amérique du Nord
South-Eastern Europe	37.0	78.7	70.3	68.1	76.8	Europe du Sud-Est
Commonwealth of Independent States	178.0	316.1	345.9	431.6	564.9	Communauté d'Etats indépendants
- Asia	0.5	0.0	0.3	0.7	2.1	- Asie
- Europe	177.5	316.0	345.6	430.9	562.8	- Europe
Northern Africa	18.1	20.7	32.8	61.1	45.8	Afrique septentrionale
Sub-Saharan Africa	79.1	103.5	101.1	91.4	103.9	Afrique subsaharienne
Latin America & the Caribbean	123.3	228.1	267.4	264.3	298.2	Amérique latine et Caraïbes
- Caribbean	1.0	1.1	1.5	3.2	3.8	- Caraïbes
- Latin America	122.3	226.9	265.9	261.1	294.4	- Amérique latine
Eastern Asia	792.4	1187.6	1351.8	1710.3	2242.1	Asie orientale
Southern Asia	99.4	123.2	156.8	242.2	328.3	Asie méridionale
South-Eastern Asia	119.1	189.9	204.6	254.5	416.3	Asie du Sud-Est
Western Asia	51.1	97.2	102.0	52.4	46.9	Asie occidentale
Oceania	0.1	0.2	0.2	0.1	0.1	Océanie
Germany	465.6	612.9	734.3	845.9	1055.1	Allemagne
China	197.6	399.2	503.0	787.5	1137.4	Chine
Korea, Republic of	398.7	520.3	575.0	609.2	746.9	République de Corée
Italy	320.5	479.5	498.3	545.5	638.0	Italie
Japan	290.0	363.7	415.3	451.9	543.1	Japon
France-Monaco	293.9	400.6	390.7	427.5	492.8	France-Monaco
Czech Republic	167.6	296.7	320.0	348.2	423.4	République tchèque
United States	241.0	351.3	292.1	312.4	327.9	Etats-Unis d'Amérique
Sweden	211.4	267.8	294.7	307.9	377.3	Suède
Canada	177.5	273.9	258.1	260.8	261.7	Canada
Spain	169.2	229.2	224.3	242.0	311.6	Espagne
Austria	122.9	123.0	177.5	222.8	287.4	Autriche
United Kingdom	143.6	202.8	187.4	177.8	216.1	Royaume-Uni
India	98.5	122.0	151.3	234.5	313.5	Inde
Russian Federation	76.5	136.2	159.5	195.2	240.2	Fédération de Russie
Belgium	77.2	125.3	114.3	134.1	252.3	Belgique
Luxembourg	79.0	106.2	110.2	161.3	205.1	Luxembourg
Netherlands	79.4	116.7	136.0	168.7	143.4	Pays-Bas
Ukraine	58.1	114.1	104.5	139.8	177.0	Ukraine
Mexico	48.1	100.7	120.2	130.8	149.8	Mexique
Malaysia	48.5	88.1	84.8	99.9	174.4	Malaisie
Belarus	42.8	65.7	81.5	96.0	145.6	Bélarus
South Africa	70.2	87.6	89.6	81.7	95.8	Afrique du Sud
Switzerland-Liechtenstein	56.3	72.9	73.5	84.1	115.4	Suisse-Liechtenstein
China, Hong Kong SAR	63.9	81.5	83.7	83.8	89.2	Chine - RAS de Hong-Kong

Value as percentages of World total

Valeur en pourcentage du total mondial

Regions of the world	1998	1999	2000	2001	2002	2003	2004	2005	2006	2007	Régions du monde
World	100.0	100.0	100.0	100.0	100.0	100.0	100.0	100.0	100.0	100.0	Monde
Developed Economies	75.1	71.7	69.7	70.6	69.1	67.1	64.6	63.1	61.5	59.7	Economies Développés
- Asia-Pacific	7.9	9.2	9.3	7.4	7.4	6.8	6.0	6.3	5.9	5.7	- Asie-Pacifique
- Europe	55.5	49.6	48.5	50.8	50.6	51.0	49.2	49.1	48.6	48.2	- Europe
- North America	11.7	12.9	11.8	12.5	11.0	9.2	9.4	7.7	7.0	5.8	- Amérique du Nord
South-Eastern Europe	1.0	0.8	0.9	0.8	0.8	0.8	1.2	1.0	0.8	0.8	Europe du Sud-Est
Commonwealth of Independent States	2.5	2.1	3.0	3.0	3.3	3.9	4.8	4.8	5.2	5.5	Communauté d'Etats indépendants
- Asia	0.0	0.0	0.0	0.0	0.0	0.0	0.0	0.0	0.0	0.0	- Asie
- Europe	2.5	2.1	3.0	3.0	3.3	3.9	4.8	4.8	5.2	5.5	- Europe
Northern Africa	0.3	0.4	0.2	0.2	0.2	0.4	0.3	0.5	0.7	0.4	Afrique septentrionale
Sub-Saharan Africa	1.4	1.6	1.4	1.5	1.6	1.7	1.6	1.4	1.1	1.0	Afrique subsaharienne
Latin America & the Caribbean	3.2	3.4	3.3	3.0	2.8	2.7	3.4	3.7	3.2	2.9	Amérique latine et Caraïbes
- Caribbean	0.0	0.1	0.1	0.1	0.1	0.0	0.0	0.0	0.0	0.0	- Caraïbes
- Latin America	3.2	3.2	3.2	2.9	2.7	2.7	3.4	3.7	3.2	2.9	- Amérique latine
Eastern Asia	13.2	15.7	16.6	16.6	17.3	17.4	17.9	18.9	20.8	21.9	Asie orientale
Southern Asia	1.0	1.0	1.6	1.6	2.3	2.2	1.9	2.2	2.9	3.2	Asie méridionale
South-Eastern Asia	1.3	2.0	1.9	1.9	1.8	2.6	2.9	2.9	3.1	4.1	Asie du Sud-Est
Western Asia	0.9	1.3	1.3	0.8	0.8	1.1	1.5	1.4	0.6	0.5	Asie occidentale
Oceania	0.0	0.0	0.0	0.0	0.1	0.0	0.0	0.0	0.0	0.0	Océanie

679 Tubes, pipes and hollow profiles, and tube or pipe fittings of iron or steel

Trade by commodity
Imports by principal countries or areas
Value in million US dollars

Commerce par produit
Importations selon les principaux pays ou zones
Valeur en millions de dollars EU

Country or area	2003	2004	2005	2006	2007	Pays ou zone
World	30309.0	41243.4	54659.8	70183.9	86921.9	Monde
Developed Economies	17417.8	24345.9	30198.7	36712.0	45802.6	Economies Développés
- Asia-Pacific	897.7	1303.0	1525.4	1691.2	2052.3	- Asie-Pacifique
- Europe	11970.7	16185.0	18733.7	22201.3	29107.9	- Europe
- North America	4549.3	6858.0	9939.6	12819.5	14642.4	- Amérique du Nord
South-Eastern Europe	275.2	462.5	553.0	621.5	907.4	Europe du Sud-Est
Commonwealth of Independent States	1891.4	2504.9	2942.1	4114.1	5693.2	Communauté d'Etats indépendants
- Asia	994.1	1274.2	1489.3	1827.2	2514.9	- Asie
- Europe	897.3	1230.7	1452.8	2286.9	3178.3	- Europe
Northern Africa	787.5	1307.5	1495.5	2499.1	2718.7	Afrique septentrionale
Sub-Saharan Africa	946.5	1107.6	1893.1	2122.6	2553.4	Afrique subsaharienne
Latin America & the Caribbean	1526.0	1987.5	2942.2	3261.4	4115.8	Amérique latine et Caraïbes
- Caribbean	226.9	263.0	274.3	310.9	388.5	- Caraïbes
- Latin America	1299.1	1724.5	2667.8	2950.5	3727.3	- Amérique latine
Eastern Asia	1948.7	3071.1	4388.9	5177.4	6101.0	Asie orientale
Southern Asia	835.3	1084.0	1791.7	2549.2	2657.8	Asie méridionale
South-Eastern Asia	2029.1	2644.2	4232.2	5411.1	5951.1	Asie du Sud-Est
Western Asia	2606.5	2675.1	4162.7	7650.3	10321.1	Asie occidentale
Oceania	45.1	52.9	59.8	65.2	99.7	Océanie
United States	3197.7	5093.7	7404.1	9695.6	11677.9	Etats-Unis d'Amérique
Germany	1963.5	2607.3	3068.2	3815.1	4943.8	Allemagne
China	1173.7	1874.8	2674.4	3337.1	3489.6	Chine
Canada	1347.5	1760.0	2531.0	3118.0	2959.8	Canada
France-Monaco	1360.5	1812.4	1972.6	2213.0	2812.5	France-Monaco
United Kingdom	1103.7	1439.2	1719.4	2016.3	2593.5	Royaume-Uni
Italy	1118.1	1428.8	1544.5	1916.8	2857.3	Italie
Saudi Arabia	498.1	351.6	829.0	2533.7	3505.2	Arabie saoudite
Russian Federation	676.2	892.4	1125.4	1843.8	2615.6	Fédération de Russie
Singapore	513.3	781.6	1186.9	1741.4	2148.0	Singapour
Spain	804.6	969.1	1104.3	1370.3	1804.2	Espagne
Netherlands	646.3	914.3	1074.4	1525.7	1856.5	Pays-Bas
Belgium	619.5	907.6	973.0	1299.4	1747.0	Belgique
United Arab Emirates	767.4	563.5	804.2	1452.6	e1797.5	Emirats arabes unis
Malaysia	678.8	747.8	1154.0	1217.9	1470.8	Malaisie
Norway	527.1	986.1	1396.9	1117.9	1091.8	Norvège
Qatar	311.6	346.8	818.9	1542.0	e2067.7	Qatar
Korea, Republic of	395.2	619.5	918.4	1149.1	1778.9	République de Corée
Algeria	398.3	517.3	651.5	1464.3	e1724.4	Algérie
India	254.1	355.6	671.9	1675.0	1727.3	Inde
Mexico	524.5	700.2	871.4	1037.0	1206.5	Mexique
Kazakhstan	333.5	551.4	971.4	1050.6	1186.4	Kazakhstan
Poland	407.5	609.8	694.9	860.6	1232.9	Pologne
Austria	442.6	581.3	683.9	825.0	1118.1	Autriche
Thailand	277.1	454.5	741.6	1175.6	969.5	Thaïlande

Value as percentages of World total

Valeur en pourcentage du total mondial

Regions of the world	1998	1999	2000	2001	2002	2003	2004	2005	2006	2007	Régions du monde
World	100.0	100.0	100.0	100.0	100.0	100.0	100.0	100.0	100.0	100.0	Monde
Developed Economies	59.6	60.9	61.4	50.6	55.2	57.5	59.0	55.2	52.3	52.7	Economies Développés
- Asia-Pacific	2.6	2.8	3.1	2.4	2.7	3.0	3.2	2.8	2.4	2.4	- Asie-Pacifique
- Europe	41.0	41.8	37.8	31.7	36.1	39.5	39.2	34.3	31.6	33.5	- Europe
- North America	16.0	16.2	20.5	16.6	16.3	15.0	16.6	18.2	18.3	16.8	- Amérique du Nord
South-Eastern Europe	0.5	0.6	0.7	0.6	0.8	0.9	1.1	1.0	0.9	1.0	Europe du Sud-Est
Commonwealth of Independent States	4.2	4.8	5.2	5.2	4.8	6.2	6.1	5.4	5.9	6.5	Communauté d'Etats indépendants
- Asia	1.3	1.3	2.0	2.5	2.3	3.3	3.1	2.7	2.6	2.9	- Asie
- Europe	2.9	3.5	3.2	2.7	2.5	3.0	3.0	2.7	3.3	3.7	- Europe
Northern Africa	2.2	3.0	2.1	2.4	3.4	2.6	3.2	2.7	3.6	3.1	Afrique septentrionale
Sub-Saharan Africa	2.4	1.8	1.6	13.6	2.9	3.1	2.7	3.5	3.0	2.9	Afrique subsaharienne
Latin America & the Caribbean	9.0	7.7	6.9	6.5	7.2	5.0	4.8	5.4	4.6	4.7	Amérique latine et Caraïbes
- Caribbean	0.7	0.7	0.7	0.8	0.7	0.7	0.6	0.5	0.4	0.4	- Caraïbes
- Latin America	8.3	7.0	6.2	5.8	6.5	4.3	4.2	4.9	4.2	4.3	- Amérique latine
Eastern Asia	6.2	6.5	6.5	5.3	7.4	6.4	7.4	8.0	7.4	7.0	Asie orientale
Southern Asia	2.2	2.0	2.5	1.9	2.4	2.8	2.6	3.3	3.6	3.1	Asie méridionale
South-Eastern Asia	6.9	7.2	6.3	6.8	7.2	6.7	6.4	7.7	7.7	6.8	Asie du Sud-Est
Western Asia	6.9	5.3	6.5	6.9	8.7	8.6	6.5	7.6	10.9	11.9	Asie occidentale
Oceania	0.1	0.2	0.2	0.1	0.1	0.1	0.1	0.1	0.1	0.1	Océanie

Tubes, tuyaux, profiles creux et accessoires de tuyauterie, en fonte, fer ou acier 679

Trade by commodity

Exports by principal countries or areas

Value in million US dollars

Commerce par produit

Exportations selon les principaux pays ou zones

Valeur en millions de dollars EU

Country or area	2003	2004	2005	2006	2007	Pays ou zone
World	29540.1	41402.8	54232.8	69214.8	85364.4	Monde
Developed Economies	21397.0	28613.6	35913.3	44258.0	53297.8	Economies Développés
- Asia-Pacific	3072.4	3851.4	5208.7	6478.4	7005.2	- Asie-Pacifique
- Europe	15575.7	20930.7	25800.5	31841.2	39451.9	- Europe
- North America	2748.9	3831.5	4904.2	5938.5	6840.7	- Amérique du Nord
South-Eastern Europe	277.9	545.6	719.6	837.2	1094.0	Europe du Sud-Est
Commonwealth of Independent States	1436.9	2033.3	2746.6	3315.2	3968.1	Communauté d'Etats indépendants
- Asia	18.9	25.6	33.0	46.4	120.6	- Asie
- Europe	1418.0	2007.7	2713.6	3268.8	3847.5	- Europe
Northern Africa	37.9	48.1	52.3	61.4	92.2	Afrique septentrionale
Sub-Saharan Africa	149.4	208.5	253.9	303.6	308.7	Afrique subsaharienne
Latin America & the Caribbean	1342.0	1903.6	2884.8	3568.3	3609.3	Amérique latine et Caraïbes
- Caribbean	6.6	5.7	16.6	10.5	11.9	- Caraïbes
- Latin America	1335.4	1897.9	2868.3	3557.8	3597.4	- Amérique latine
Eastern Asia	2601.9	4221.6	6569.1	10360.1	15434.7	Asie orientale
Southern Asia	326.7	819.1	1221.0	1620.2	2421.8	Asie méridionale
South-Eastern Asia	1258.4	1830.1	2319.9	3446.3	3620.6	Asie du Sud-Est
Western Asia	710.8	1179.0	1538.9	1444.0	1516.3	Asie occidentale
Oceania	1.0	0.3	13.4	0.4	0.8	Océanie
Germany	3738.6	5034.0	6735.4	8392.7	10058.2	Allemagne
Italy	3168.9	4686.1	5567.8	7141.9	9047.0	Italie
China	1344.5	2327.6	4087.7	7188.3	11227.4	Chine
Japan	2966.8	3695.5	5052.5	6341.9	6842.1	Japon
United States	1963.0	2590.7	3374.2	4142.9	4656.1	Etats-Unis d'Amérique
France-Monaco	1710.1	1968.1	2422.6	2986.7	3943.8	France-Monaco
United Kingdom	1251.1	1398.5	1787.1	2065.5	2381.5	Royaume-Uni
Korea, Republic of	781.9	1179.9	1663.0	2089.0	2763.2	République de Corée
Ukraine	877.5	1081.3	1428.7	1901.8	2268.2	Ukraine
Canada	786.0	1240.8	1529.8	1795.6	2184.7	Canada
Austria	804.8	1091.8	1400.1	1721.5	2050.7	Autriche
Spain	749.5	1057.3	1268.6	1450.9	1824.1	Espagne
India	293.6	730.7	1119.2	1467.7	2202.7	Inde
Netherlands	644.2	916.6	1061.3	1297.3	1775.5	Pays-Bas
Russian Federation	497.1	860.5	1206.6	1275.0	1455.6	Fédération de Russie
Mexico	462.3	699.4	1111.3	1451.1	1410.8	Mexique
Sweden	695.4	860.3	936.2	1122.7	1398.9	Suède
Singapore	354.8	572.6	876.3	1294.0	1611.8	Singapour
Argentina	447.5	543.9	915.9	1133.7	1285.1	Argentine
Belgium	480.3	661.1	723.3	961.3	1307.7	Belgique
Malaysia	495.1	705.9	732.0	1142.1	757.8	Malaisie
Czech Republic	332.2	542.3	766.3	939.0	1245.8	République tchèque
Turkey	406.6	756.6	920.2	597.2	623.5	Turquie
Switzerland-Liechtenstein	440.7	556.2	601.3	629.4	755.5	Suisse-Liechtenstein
Finland	353.4	501.2	496.3	589.4	688.3	Finlande

Value as percentages of World total

Valeur en pourcentage du total mondial

Regions of the world	1998	1999	2000	2001	2002	2003	2004	2005	2006	2007	Régions du monde
World	100.0	100.0	100.0	100.0	100.0	100.0	100.0	100.0	100.0	100.0	Monde
Developed Economies	78.1	79.2	74.2	73.3	73.2	72.4	69.1	66.2	63.9	62.4	Economies Développés
- Asia-Pacific	12.3	11.7	9.9	12.2	11.3	10.4	9.3	9.6	9.4	8.2	- Asie-Pacifique
- Europe	54.4	55.8	51.7	50.2	51.7	52.7	50.6	47.6	46.0	46.2	- Europe
- North America	11.4	11.8	12.6	10.9	10.2	9.3	9.3	9.0	8.6	8.0	- Amérique du Nord
South-Eastern Europe	1.1	0.9	0.9	1.1	1.1	0.9	1.3	1.3	1.2	1.3	Europe du Sud-Est
Commonwealth of Independent States	2.5	2.3	3.9	3.8	3.1	4.9	4.9	5.1	4.8	4.6	Communauté d'Etats indépendants
- Asia	0.1	0.0	0.0	0.1	0.1	0.1	0.1	0.1	0.1	0.1	- Asie
- Europe	2.4	2.2	3.8	3.7	3.1	4.8	4.8	5.0	4.7	4.5	- Europe
Northern Africa	0.1	0.1	0.1	0.1	0.1	0.1	0.1	0.1	0.1	0.1	Afrique septentrionale
Sub-Saharan Africa	0.4	0.5	0.5	0.4	0.5	0.5	0.5	0.5	0.4	0.4	Afrique subsaharienne
Latin America & the Caribbean	5.8	4.3	5.0	5.5	5.7	4.5	4.6	5.3	5.2	4.2	Amérique latine et Caraïbes
- Caribbean	0.0	0.0	0.0	0.0	0.0	0.0	0.0	0.0	0.0	0.0	- Caraïbes
- Latin America	5.8	4.2	5.0	5.5	5.7	4.5	4.6	5.3	5.1	4.2	- Amérique latine
Eastern Asia	7.0	7.4	8.8	7.8	7.9	8.8	10.2	12.1	15.0	18.1	Asie orientale
Southern Asia	0.5	0.6	0.8	0.9	1.0	1.1	2.0	2.3	2.3	2.8	Asie méridionale
South-Eastern Asia	3.2	3.1	3.8	4.3	4.0	4.3	4.4	4.3	5.0	4.2	Asie du Sud-Est
Western Asia	1.4	1.6	2.0	2.7	3.4	2.4	2.8	2.8	2.1	1.8	Asie occidentale
Oceania	0.0	0.0	0.0	0.0	0.0	0.0	0.0	0.0	0.0	0.0	Océanie

681 Silver, platinum and other metals of the platinum group

Trade by commodity | Commerce par produit
Imports by principal countries or areas | Importations selon les principaux pays ou zones
Value in million US dollars | Valeur en millions de dollars EU

Country or area	2003	2004	2005	2006	2007	Pays ou zone
World	15122.7	19553.8	22734.6	36537.6	43527.5	Monde
Developed Economies	11628.6	14923.7	16737.0	27716.3	31499.2	Economies Développés
- Asia-Pacific	1945.3	2944.0	3245.8	5486.2	6617.7	- Asie-Pacifique
- Europe	6087.1	7160.8	8169.2	14111.8	14306.5	- Europe
- North America	3596.2	4818.9	5322.0	8118.4	10575.0	- Amérique du Nord
South-Eastern Europe	4.1	8.1	9.0	10.6	15.3	Europe du Sud-Est
Commonwealth of Independent States	12.3	13.9	34.5	22.6	52.0	Communauté d'Etats indépendants
- Asia	0.9	0.5	11.0	1.9	2.4	- Asie
- Europe	11.5	13.4	23.5	20.8	49.7	- Europe
Northern Africa	10.3	10.2	9.9	10.1	12.8	Afrique septentrionale
Sub-Saharan Africa	39.7	38.0	38.7	21.9	21.2	Afrique subsaharienne
Latin America & the Caribbean	155.6	202.4	260.3	413.4	532.3	Amérique latine et Caraïbes
- Caribbean	1.7	2.6	1.4	1.5	1.5	- Caraïbes
- Latin America	153.9	199.8	259.0	411.9	530.7	- Amérique latine
Eastern Asia	2316.3	2937.0	3292.1	6265.2	7674.3	Asie orientale
Southern Asia	382.0	654.8	545.6	273.2	1218.3	Asie méridionale
South-Eastern Asia	479.7	546.6	682.0	980.3	1499.9	Asie du Sud-Est
Western Asia	94.0	218.3	1124.7	822.8	1002.1	Asie occidentale
Oceania	0.1	0.8	0.9	1.1	0.1	Océanie
United States	3430.4	4524.6	5069.9	7746.0	10130.0	Etats-Unis d'Amérique
Japan	1863.4	2850.0	3170.7	5346.6	6405.8	Japon
Germany	1507.1	1555.4	2702.4	3590.3	4799.2	Allemagne
Switzerland-Liechtenstein	1851.8	2028.2	1830.0	4049.9	2336.5	Suisse-Liechtenstein
United Kingdom	1198.5	1459.3	1482.1	3340.5	3198.4	Royaume-Uni
China, Hong Kong SAR	1428.7	1441.4	1408.7	2790.8	2910.5	Chine - RAS de Hong-Kong
China	348.3	622.8	1054.0	1644.9	2671.1	Chine
Italy	608.4	887.4	1020.3	1518.0	1958.3	Italie
Korea, Republic of	396.9	623.8	551.1	1173.2	1269.7	République de Corée
India	370.3	642.0	531.6	269.7	1213.4	Inde
United Arab Emirates	23.0	120.7	1017.6	722.8	e894.4	Emirats arabes unis
Thailand	215.8	307.0	355.5	395.8	532.6	Thaïlande
Singapore	178.7	175.9	236.2	428.9	749.1	Singapour
France-Monaco	271.5	288.1	288.3	381.6	428.8	France-Monaco
Belgium	170.3	255.7	276.4	376.4	550.5	Belgique
Canada	165.7	294.2	252.0	372.2	445.1	Canada
Brazil	119.9	148.7	194.7	286.6	377.0	Brésil
Spain	82.0	114.3	102.3	155.8	244.8	Espagne
Australia	78.8	89.8	71.0	133.1	205.0	Australie
Austria	66.8	76.8	81.5	157.3	179.5	Autriche
Malaysia	78.9	52.5	78.9	138.5	196.6	Malaisie
Netherlands	61.8	87.2	75.2	153.5	164.7	Pays-Bas
Ireland	107.6	135.6	86.0	89.2	120.7	Irlande
Czech Republic	39.2	47.6	17.7	62.0	68.1	République tchèque
Denmark	14.0	42.6	62.6	66.0	41.3	Danemark

Value as percentages of World total | Valeur en pourcentage du total mondial

Regions of the world	1998	1999	2000	2001	2002	2003	2004	2005	2006	2007	Régions du monde
World	100.0	100.0	100.0	100.0	100.0	100.0	100.0	100.0	100.0	100.0	Monde
Developed Economies	86.1	83.7	86.3	84.8	79.2	76.9	76.3	73.6	75.9	72.4	Economies Développés
- Asia-Pacific	13.5	15.9	15.6	11.6	12.3	12.9	15.1	14.3	15.0	15.2	- Asie-Pacifique
- Europe	43.9	37.5	40.0	43.3	41.8	40.3	36.6	35.9	38.6	32.9	- Europe
- North America	28.6	30.3	30.7	29.8	25.0	23.8	24.6	23.4	22.2	24.3	- Amérique du Nord
South-Eastern Europe	0.0	0.0	0.0	0.0	0.0	0.0	0.0	0.0	0.0	0.0	Europe du Sud-Est
Commonwealth of Independent States	0.2	0.1	0.3	0.0	0.1	0.1	0.1	0.2	0.1	0.1	Communauté d'Etats indépendants
- Asia	0.1	0.1	0.0	0.0	0.0	0.0	0.0	0.0	0.0	0.0	- Asie
- Europe	0.1	0.1	0.3	0.0	0.1	0.1	0.1	0.1	0.1	0.1	- Europe
Northern Africa	0.1	0.1	0.0	0.0	0.1	0.1	0.1	0.0	0.0	0.0	Afrique septentrionale
Sub-Saharan Africa	0.5	0.7	0.0	0.2	0.0	0.3	0.2	0.2	0.1	0.0	Afrique subsaharienne
Latin America & the Caribbean	0.9	1.1	1.0	1.3	1.3	1.0	1.0	1.1	1.1	1.2	Amérique latine et Caraïbes
- Caribbean	0.0	0.0	0.0	0.0	0.0	0.0	0.0	0.0	0.0	0.0	- Caraïbes
- Latin America	0.8	1.1	1.0	1.3	1.3	1.0	1.0	1.1	1.1	1.2	- Amérique latine
Eastern Asia	4.5	7.0	7.3	9.3	12.8	15.3	15.0	14.5	17.1	17.6	Asie orientale
Southern Asia	4.8	4.4	2.9	2.3	3.3	2.5	3.3	2.4	0.7	2.8	Asie méridionale
South-Eastern Asia	1.7	1.6	1.7	1.6	2.4	3.2	2.8	3.0	2.7	3.4	Asie du Sud-Est
Western Asia	1.2	1.2	0.4	0.4	0.7	0.6	1.1	4.9	2.3	2.3	Asie occidentale
Oceania	0.1	0.1	0.0	0.0	0.0	0.0	0.0	0.0	0.0	0.0	Océanie

Trade by commodity

Exports by principal countries or areas

Value in million US dollars

Commerce par produit

Exportations selon les principaux pays ou zones

Valeur en millions de dollars EU

Country or area	2003	2004	2005	2006	2007	Pays ou zone
World	15352.5	19443.2	23477.8	37125.5	43987.5	Monde
Developed Economies	7892.8	10448.4	11883.8	19770.2	23678.6	Economies Développés
- Asia-Pacific	401.8	517.5	735.4	1197.1	1643.1	- Asie-Pacifique
- Europe	5983.4	7929.5	8801.3	12830.0	16606.8	- Europe
- North America	1507.6	2001.4	2347.1	5743.0	5428.7	- Amérique du Nord
South-Eastern Europe	5.9	9.6	13.8	13.3	20.0	Europe du Sud-Est
Commonwealth of Independent States	2227.2	1535.2	1998.3	2497.3	2300.0	Communauté d'Etats indépendants
- Asia	154.5	204.6	228.0	285.9	333.4	- Asie
- Europe	2072.7	1330.7	1770.3	2211.3	1966.6	- Europe
Northern Africa	32.1	38.6	51.2	80.4	87.1	Afrique septentrionale
Sub-Saharan Africa	3212.1	4656.6	5387.3	8029.5	9870.0	Afrique subsaharienne
Latin America & the Caribbean	858.0	1100.7	1161.3	2072.6	2507.4	Amérique latine et Caraïbes
- Caribbean	2.2	0.1	0.1	0.1	0.4	- Caraïbes
- Latin America	855.7	1100.6	1161.2	2072.5	2507.0	- Amérique latine
Eastern Asia	907.7	1384.6	1827.2	3612.1	4193.1	Asie orientale
Southern Asia	4.7	9.6	15.7	34.3	27.5	Asie méridionale
South-Eastern Asia	173.9	138.2	135.4	238.7	450.9	Asie du Sud-Est
Western Asia	35.2	118.6	1001.5	774.4	852.8	Asie occidentale
Oceania	3.0	3.0	2.3	2.3	0.2	Océanie
South Africa	3206.7	4647.8	5385.0	8026.1	9842.1	Afrique du Sud
United States	1230.3	1633.9	1945.5	5060.6	4716.5	Etats-Unis d'Amérique
United Kingdom	1470.7	2276.6	2658.2	3075.0	4939.2	Royaume-Uni
Germany	1424.0	1892.9	2503.7	3669.6	4052.3	Allemagne
Switzerland-Liechtenstein	1767.9	2061.7	1675.8	2692.0	2993.2	Suisse-Liechtenstein
Russian Federation	e2057.5	e1321.2	e1756.6	2191.6	1940.2	Fédération de Russie
China	474.5	737.7	1005.7	1650.6	2025.7	Chine
Belgium	314.1	473.6	728.8	1380.0	2249.1	Belgique
Mexico	513.5	682.5	713.1	1226.7	1421.6	Mexique
Japan	329.8	406.0	602.9	1034.6	1460.7	Japon
China, Hong Kong SAR	237.6	305.3	499.4	1353.9	1371.5	Chine - RAS de Hong-Kong
United Arab Emirates	6.3	106.6	993.4	765.7	e827.5	Emirates arabes unis
Canada	277.3	367.6	401.5	682.4	712.2	Canada
Italy	212.0	257.7	311.6	618.3	806.0	Italie
Korea, Republic of	182.7	322.3	292.6	452.9	597.1	République de Corée
Peru	191.7	261.3	282.6	482.6	548.5	Pérou
Poland	202.3	270.9	292.9	463.7	492.5	Pologne
Kazakhstan	110.3	151.1	189.1	283.0	323.2	Kazakhstan
Chile	92.9	113.4	116.7	248.8	457.9	Chili
Norway	109.2	158.1	140.6	215.5	288.1	Norvège
France-Monaco	173.4	202.7	154.6	174.8	195.9	France-Monaco
Singapore	130.2	82.7	105.0	177.8	278.3	Singapour
Australia	71.7	111.2	132.4	162.4	182.3	Australie
Sweden	72.0	96.5	101.4	144.8	159.1	Suède
Spain	87.8	65.8	76.5	118.6	127.8	Espagne

Value as percentages of World total

Valeur en pourcentage du total mondial

Regions of the world	1998	1999	2000	2001	2002	2003	2004	2005	2006	2007	Régions du monde
World	100.0	100.0	100.0	100.0	100.0	100.0	100.0	100.0	100.0	100.0	Monde
Developed Economies	64.5	53.9	86.0	65.2	80.7	51.4	53.7	50.6	53.3	53.8	Economies Développés
- Asia-Pacific	3.3	2.7	4.2	3.6	4.0	2.6	2.7	3.1	3.2	3.7	- Asie-Pacifique
- Europe	43.1	39.3	64.4	46.6	58.3	39.0	40.8	37.5	34.6	37.8	- Europe
- North America	18.1	11.9	17.4	14.9	18.4	9.8	10.3	10.0	15.5	12.3	- Amérique du Nord
South-Eastern Europe	0.2	0.1	0.2	0.1	0.2	0.0	0.0	0.1	0.0	0.0	Europe du Sud-Est
Commonwealth of Independent States	21.9	17.8	1.9	1.1	1.7	14.5	7.9	8.5	6.7	5.2	Communauté d'Etats indépendants
- Asia	1.2	1.2	1.7	1.0	1.5	1.0	1.1	1.0	0.8	0.8	- Asie
- Europe	20.7	16.9	0.3	0.0	0.2	13.5	6.8	7.5	6.0	4.5	- Europe
Northern Africa	0.5	0.3	0.4	0.3	0.5	0.2	0.2	0.2	0.2	0.2	Afrique septentrionale
Sub-Saharan Africa	0.3	17.0	0.4	23.5	0.3	20.9	23.9	22.9	21.6	22.4	Afrique subsaharienne
Latin America & the Caribbean	8.1	5.8	5.9	4.6	8.2	5.6	5.7	4.9	5.6	5.7	Amérique latine et Caraïbes
- Caribbean	0.0	0.0	0.0	0.0	0.0	0.0	0.0	0.0	0.0	0.0	- Caraïbes
- Latin America	8.0	5.8	5.9	4.6	8.2	5.6	5.7	4.9	5.6	5.7	- Amérique latine
Eastern Asia	2.1	3.2	3.8	3.9	6.8	5.9	7.1	7.8	9.7	9.5	Asie orientale
Southern Asia	0.0	0.1	0.1	0.0	0.0	0.0	0.0	0.1	0.1	0.1	Asie méridionale
South-Eastern Asia	1.8	1.3	1.2	1.2	1.4	1.1	0.7	0.6	0.6	1.0	Asie du Sud-Est
Western Asia	0.6	0.4	0.1	0.1	0.2	0.2	0.6	4.3	2.1	1.9	Asie occidentale
Oceania	0.0	0.0	0.0	0.0	0.0	0.0	0.0	0.0	0.0	0.0	Océanie

682 Copper

Trade by commodity
Imports by principal countries or areas
Value in million US dollars

Commerce par produit
Importations selon les principaux pays ou zones
Valeur en millions de dollars EU

Country or area	2003	2004	2005	2006	2007	Pays ou zone
World	33511.8	50865.7	62544.0	105725.4	119864.3	Monde
Developed Economies	17263.4	25980.6	32022.3	59109.8	61272.0	Economies Développés
- Asia-Pacific	699.3	948.6	1078.5	1838.1	2405.9	- Asie-Pacifique
- Europe	12701.7	19061.6	22311.0	42259.9	45333.2	- Europe
- North America	3862.4	5970.4	8632.8	15011.9	13532.9	- Amérique du Nord
South-Eastern Europe	247.6	517.8	623.0	839.3	1210.6	Europe du Sud-Est
Commonwealth of Independent States	211.3	336.4	374.6	709.4	920.4	Communauté d'Etats indépendants
- Asia	13.7	27.9	23.8	50.3	75.1	- Asie
- Europe	197.7	308.5	350.8	659.1	845.3	- Europe
Northern Africa	256.6	380.7	541.2	771.3	962.9	Afrique septentrionale
Sub-Saharan Africa	130.1	238.5	760.2	478.5	619.1	Afrique subsaharienne
Latin America & the Caribbean	1397.0	2239.1	2857.1	5196.8	5722.6	Amérique latine et Caraïbes
- Caribbean	29.2	39.9	68.6	116.9	134.7	- Caraïbes
- Latin America	1367.8	2199.2	2788.5	5080.0	5587.9	- Amérique latine
Eastern Asia	9866.2	14392.0	16848.1	24758.8	33243.0	Asie orientale
Southern Asia	485.4	648.1	919.0	902.8	1108.6	Asie méridionale
South-Eastern Asia	2321.5	3762.4	4492.2	8380.7	9046.2	Asie du Sud-Est
Western Asia	1328.2	2363.8	3096.3	4565.9	5743.7	Asie occidentale
Oceania	4.5	6.4	9.9	12.2	15.3	Océanie
China	5601.6	7719.4	9328.5	12412.1	19676.7	Chine
United States	3235.3	4842.6	7145.3	12998.8	11627.4	Etats-Unis d'Amérique
Germany	2240.0	3418.2	4642.2	9559.7	10290.0	Allemagne
Italy	2305.2	3582.2	4062.1	8028.7	8506.9	Italie
France-Monaco	1884.3	2932.7	3182.2	5690.5	5912.9	France-Monaco
Korea, Republic of	1473.2	2360.8	2633.4	4398.3	5148.6	République de Corée
United Kingdom	1125.5	1573.5	1670.0	2819.9	2730.4	Royaume-Uni
China, Hong Kong SAR	1142.8	1534.2	1766.5	2622.0	2727.1	Chine - RAS de Hong-Kong
Thailand	757.1	1224.7	1516.4	2785.1	3050.0	Thaïlande
Belgium	994.0	1239.0	1351.9	2753.5	2669.7	Belgique
Malaysia	701.3	1252.5	1447.8	2468.5	2900.3	Malaisie
Mexico	760.1	1154.1	1355.6	2432.7	2341.8	Mexique
Spain	683.7	1113.5	1234.1	2087.4	2397.2	Espagne
Canada	625.9	1126.5	1486.1	2010.0	1903.8	Canada
Netherlands	509.9	783.2	987.6	1806.5	2030.5	Pays-Bas
Turkey	521.2	967.9	1404.8	1270.7	1742.1	Turquie
Brazil	365.7	606.6	823.3	1598.0	2043.4	Brésil
Saudi Arabia	325.0	612.2	805.0	1583.5	1810.8	Arabie saoudite
Singapore	411.4	639.5	750.7	1702.8	1452.0	Singapour
Japan	437.0	714.0	780.0	1325.5	1690.3	Japon
Austria	420.3	594.3	694.8	1272.8	1339.1	Autriche
Switzerland-Liechtenstein	366.1	528.2	583.9	1041.7	1230.2	Suisse-Liechtenstein
Czech Republic	288.4	454.8	552.5	1037.3	1313.7	République tchèque
Greece	253.7	472.7	510.5	998.7	1042.1	Grèce
Poland	212.5	341.6	455.8	1001.1	1242.6	Pologne

Value as percentages of World total

Valeur en pourcentage du total mondial

Regions of the world	1998	1999	2000	2001	2002	2003	2004	2005	2006	2007	Régions du monde
World	100.0	100.0	100.0	100.0	100.0	100.0	100.0	100.0	100.0	100.0	Monde
Developed Economies	58.9	58.5	57.9	57.2	53.5	51.5	51.1	51.2	55.9	51.1	Economies Développés
- Asia-Pacific	3.1	3.2	2.9	2.5	2.3	2.1	1.9	1.7	1.7	2.0	- Asie-Pacifique
- Europe	43.2	40.7	39.7	39.1	37.3	37.9	37.5	35.7	40.0	37.8	- Europe
- North America	12.6	14.7	15.3	15.7	13.9	11.5	11.7	13.8	14.2	11.3	- Amérique du Nord
South-Eastern Europe	0.3	0.3	0.4	0.6	0.5	0.7	1.0	1.0	0.8	1.0	Europe du Sud-Est
Commonwealth of Independent States	0.7	0.6	0.6	0.7	0.6	0.6	0.7	0.6	0.7	0.8	Communauté d'Etats indépendants
- Asia	0.1	0.0	0.0	0.1	0.0	0.0	0.1	0.0	0.0	0.1	- Asie
- Europe	0.7	0.6	0.5	0.6	0.6	0.6	0.6	0.6	0.6	0.7	- Europe
Northern Africa	1.0	0.8	0.6	0.8	0.8	0.8	0.7	0.9	0.7	0.8	Afrique septentrionale
Sub-Saharan Africa	0.3	0.3	0.3	0.9	0.4	0.4	0.5	1.2	0.5	0.5	Afrique subsaharienne
Latin America & the Caribbean	5.2	4.8	5.1	5.3	4.2	4.2	4.4	4.6	4.9	4.8	Amérique latine et Caraïbes
- Caribbean	0.1	0.1	0.1	0.1	0.1	0.1	0.1	0.1	0.1	0.1	- Caraïbes
- Latin America	5.1	4.7	5.0	5.2	4.1	4.1	4.3	4.5	4.8	4.7	- Amérique latine
Eastern Asia	21.9	23.4	24.0	23.5	28.0	29.4	28.3	26.9	23.4	27.7	Asie orientale
Southern Asia	1.0	0.9	0.7	0.9	1.0	1.4	1.3	1.5	0.9	0.9	Asie méridionale
South-Eastern Asia	7.3	7.5	7.2	7.0	7.3	6.9	7.4	7.2	7.9	7.5	Asie du Sud-Est
Western Asia	3.3	2.9	3.3	3.2	3.8	4.0	4.6	5.0	4.3	4.8	Asie occidentale
Oceania	0.0	0.0	0.0	0.0	0.0	0.0	0.0	0.0	0.0	0.0	Océanie

Trade by commodity

Exports by principal countries or areas

Value in million US dollars

Commerce par produit

Exportations selon les principaux pays ou zones

Valeur en millions de dollars EU

Country or area	2003	2004	2005	2006	2007	Pays ou zone
World	32610.2	51128.7	63354.3	110922.9	122886.9	Monde
Developed Economies	16292.3	23486.0	27582.2	46682.3	51853.7	Economies Développés
- Asia-Pacific	2953.0	4017.3	4723.1	7911.9	9611.8	- Asie-Pacifique
- Europe	10976.7	15902.8	18584.7	31896.3	34783.1	- Europe
- North America	2362.7	3565.8	4274.4	6874.2	7458.8	- Amérique du Nord
South-Eastern Europe	529.4	960.5	1398.3	2319.8	2277.5	Europe du Sud-Est
Commonwealth of Independent States	2106.1	3681.7	4606.9	7859.1	8521.6	Communauté d'Etats indépendants
- Asia	950.6	1500.5	1920.1	3147.9	3533.8	- Asie
- Europe	1155.5	2181.3	2686.8	4711.2	4987.8	- Europe
Northern Africa	10.3	13.0	35.6	45.1	71.5	Afrique septentrionale
Sub-Saharan Africa	595.5	857.3	1296.9	3168.2	4231.0	Afrique subsaharienne
Latin America & the Caribbean	6402.0	11867.4	15048.5	26292.7	29668.8	Amérique latine et Caraïbes
- Caribbean	2.2	5.4	2.4	3.6	4.4	- Caraïbes
- Latin America	6399.8	11862.1	15046.1	26289.1	29664.4	- Amérique latine
Eastern Asia	3970.5	6492.4	8127.0	14162.7	14478.7	Asie orientale
Southern Asia	680.7	1002.9	1607.9	3640.0	3757.4	Asie méridionale
South-Eastern Asia	1783.2	2416.2	3178.9	6337.3	7649.0	Asie du Sud-Est
Western Asia	240.1	351.1	472.1	415.5	375.7	Asie occidentale
Oceania	0.0	0.0	0.0	0.1	2.1	Océanie
Chile	5001.1	9521.6	11590.4	20413.0	23930.0	Chili
Germany	3233.8	4880.1	5639.9	9878.6	11274.0	Allemagne
Japan	2124.2	2833.2	3266.8	5531.2	6899.0	Japon
China	808.8	1841.6	2623.6	5190.8	4746.8	Chine
Russian Federation	1082.8	2063.2	2518.3	4411.8	4642.5	Fédération de Russie
France-Monaco	1272.2	1908.4	2094.0	3597.1	3910.2	France-Monaco
United States	1348.7	1981.2	2231.4	3403.5	3549.8	Etats-Unis d'Amérique
Canada	1013.9	1584.7	2043.0	3470.6	3909.1	Canada
Korea, Republic of	1070.7	1687.9	1982.5	3543.2	3711.0	République de Corée
Belgium	1120.7	1391.7	1791.9	3212.1	3516.9	Belgique
Peru	910.9	1473.4	2130.1	3540.4	2947.1	Pérou
Italy	999.8	1451.9	1530.3	2908.9	3499.3	Italie
Poland	797.9	1312.9	1756.9	2970.0	2915.0	Pologne
Kazakhstan	738.6	1178.3	1504.8	2620.9	2774.8	Kazakhstan
China, Hong Kong SAR	1026.1	1281.4	1543.0	2257.7	2439.3	Chine - RAS de Hong-Kong
Australia	805.7	1163.1	1433.6	2335.5	2658.0	Australie
Zambia	486.2	680.1	1003.6	2610.4	3283.3	Zambie
India	435.1	736.1	1286.2	2789.8	2636.8	Inde
Indonesia	630.8	754.4	1183.5	1732.1	2531.3	Indonésie
Spain	579.2	800.6	1000.8	1599.8	1830.7	Espagne
Bulgaria	441.0	706.5	1015.2	1857.6	1753.7	Bulgarie
Sweden	560.3	794.7	952.2	1533.8	1558.6	Suède
Mexico	320.4	549.5	855.2	1364.2	1668.2	Mexique
Finland	451.1	614.6	743.6	1278.1	989.3	Finlande
Malaysia	384.1	541.5	620.6	1069.5	1343.0	Malaisie

Value as percentages of World total

Valeur en pourcentage du total mondial

Regions of the world	1998	1999	2000	2001	2002	2003	2004	2005	2006	2007	Régions du monde
World	100.0	100.0	100.0	100.0	100.0	100.0	100.0	100.0	100.0	100.0	Monde
Developed Economies	53.4	52.2	51.1	51.4	50.1	50.0	45.9	43.5	42.1	42.2	Economies Développés
- Asia-Pacific	8.3	9.8	10.0	10.0	9.9	9.1	7.9	7.5	7.1	7.8	- Asie-Pacifique
- Europe	36.4	34.5	33.0	33.6	32.9	33.7	31.1	29.3	28.8	28.3	- Europe
- North America	8.7	7.9	8.1	7.7	7.2	7.2	7.0	6.7	6.2	6.1	- Amérique du Nord
South-Eastern Europe	1.3	0.9	1.4	1.4	1.4	1.6	1.9	2.2	2.1	1.9	Europe du Sud-Est
Commonwealth of Independent States	5.6	6.2	6.5	6.7	6.6	6.5	7.2	7.3	7.1	6.9	Communauté d'Etats indépendants
- Asia	2.3	2.2	2.3	2.7	2.9	2.9	2.9	3.0	2.8	2.9	- Asie
- Europe	3.3	4.0	4.2	4.0	3.7	3.5	4.3	4.2	4.2	4.1	- Europe
Northern Africa	0.0	0.0	0.0	0.0	0.0	0.0	0.0	0.1	0.0	0.1	Afrique septentrionale
Sub-Saharan Africa	3.0	2.3	2.0	2.2	2.1	1.8	1.7	2.0	2.9	3.4	Afrique subsaharienne
Latin America & the Caribbean	19.7	20.2	20.6	21.4	20.9	19.6	23.2	23.8	23.7	24.1	Amérique latine et Caraïbes
- Caribbean	0.0	0.0	0.0	0.0	0.0	0.0	0.0	0.0	0.0	0.0	- Caraïbes
- Latin America	19.7	20.2	20.5	21.4	20.9	19.6	23.2	23.7	23.7	24.1	- Amérique latine
Eastern Asia	12.1	11.4	11.9	10.3	11.6	12.2	12.7	12.8	12.8	11.8	Asie orientale
Southern Asia	0.2	0.4	0.5	0.7	1.4	2.1	2.0	2.5	3.3	3.1	Asie méridionale
South-Eastern Asia	3.7	5.5	5.2	5.0	5.1	5.5	4.7	5.0	5.7	6.2	Asie du Sud-Est
Western Asia	0.9	0.8	0.7	0.9	0.7	0.7	0.7	0.7	0.4	0.3	Asie occidentale
Oceania	0.0	0.0	0.0	0.0	0.0	0.0	0.0	0.0	0.0	0.0	Océanie

683 Nickel

Trade by commodity

Imports by principal countries or areas

Value in million US dollars

Commerce par produit

Importations selon les principaux pays ou zones

Valeur en millions de dollars EU

Country or area	2003	2004	2005	2006	2007	Pays ou zone
World	9067.1	13713.7	15620.9	23041.7	32592.9	Monde
Developed Economies	6224.5	9527.1	10802.7	15675.8	22042.7	Economies Développés
- Asia-Pacific	642.2	972.5	1034.6	1396.2	2482.8	- Asie-Pacifique
- Europe	4325.4	6547.4	7393.7	10728.4	14374.0	- Europe
- North America	1256.8	2007.2	2374.4	3551.2	5185.8	- Amérique du Nord
South-Eastern Europe	15.7	28.5	32.8	46.6	71.0	Europe du Sud-Est
Commonwealth of Independent States	58.4	112.8	142.5	141.5	257.3	Communauté d'Etats indépendants
- Asia	5.0	3.0	7.8	26.4	41.9	- Asie
- Europe	53.4	109.8	134.7	115.1	215.4	- Europe
Northern Africa	4.8	11.5	11.7	11.0	13.9	Afrique septentrionale
Sub-Saharan Africa	166.2	178.5	126.0	356.1	368.6	Afrique subsaharienne
Latin America & the Caribbean	209.6	291.4	294.2	337.6	608.0	Amérique latine et Caraïbes
- Caribbean	1.5	2.2	5.0	4.8	15.6	- Caraïbes
- Latin America	208.1	289.1	289.3	332.7	592.4	- Amérique latine
Eastern Asia	1946.8	2918.3	3449.7	5424.2	7635.8	Asie orientale
Southern Asia	237.5	279.0	326.2	577.2	733.3	Asie méridionale
South-Eastern Asia	140.4	239.8	298.0	352.4	625.1	Asie du Sud-Est
Western Asia	63.2	126.7	137.0	119.2	236.2	Asie occidentale
Oceania	0.0	0.1	0.0	0.1	1.0	Océanie
United States	1180.5	1910.3	2193.2	3358.7	4924.2	Etats-Unis d'Amérique
China	801.9	1155.8	1676.7	2610.7	4440.3	Chine
Germany	817.4	1312.9	1641.6	2353.0	3793.7	Allemagne
Japan	623.5	948.2	1003.1	1353.9	2403.4	Japon
Italy	534.7	710.5	741.6	1353.0	1995.0	Italie
France-Monaco	464.6	670.7	751.7	961.9	1697.6	France-Monaco
Belgium	426.5	673.0	673.0	1073.3	1523.3	Belgique
United Kingdom	438.3	674.3	646.4	882.6	1345.1	Royaume-Uni
Korea, Republic of	434.6	745.8	791.1	943.0	1065.2	République de Corée
Netherlands	600.3	850.1	1135.3	1264.4	70.4	Pays-Bas
Sweden	277.0	448.5	475.5	735.0	1111.0	Suède
Spain	282.6	437.0	479.1	766.4	1027.6	Espagne
China, Hong Kong SAR	237.8	384.8	383.0	524.1	781.4	Chine - RAS de Hong-Kong
Finland	221.3	345.0	345.8	607.6	630.4	Finlande
India	220.8	253.0	285.7	558.3	714.0	Inde
South Africa	163.5	176.1	123.1	350.4	354.0	Afrique du Sud
Austria	77.8	152.8	181.7	261.7	475.5	Autriche
Singapore	87.8	143.0	174.4	214.6	401.3	Singapour
Brazil	137.0	165.3	133.2	137.1	238.5	Brésil
Canada	76.4	96.8	181.2	192.4	261.3	Canada
Mexico	52.1	89.7	111.8	143.2	257.4	Mexique
Switzerland-Liechtenstein	49.9	62.8	76.6	104.7	173.8	Suisse-Liechtenstein
Czech Republic	27.0	49.0	72.1	127.6	176.8	République tchèque
Ukraine	41.6	65.3	65.6	78.9	158.3	Ukraine
Thailand	23.5	43.7	55.3	67.9	111.6	Thaïlande

Value as percentages of World total
Valeur en pourcentage du total mondial

Regions of the world	1998	1999	2000	2001	2002	2003	2004	2005	2006	2007	Régions du monde
World	100.0	100.0	100.0	100.0	100.0	100.0	100.0	100.0	100.0	100.0	Monde
Developed Economies	80.9	77.3	76.2	74.0	73.1	68.6	69.5	69.2	68.0	67.6	Economies Développés
- Asia-Pacific	8.3	8.6	8.9	5.7	6.5	7.1	7.1	6.6	6.1	7.6	- Asie-Pacifique
- Europe	53.2	51.3	48.3	49.1	51.3	47.7	47.7	47.3	46.6	44.1	- Europe
- North America	19.4	17.5	19.0	19.2	15.4	13.9	14.6	15.2	15.4	15.9	- Amérique du Nord
South-Eastern Europe	0.2	0.1	0.1	0.2	0.2	0.2	0.2	0.2	0.2	0.2	Europe du Sud-Est
Commonwealth of Independent States	0.6	0.4	1.0	1.2	0.9	0.6	0.8	0.9	0.6	0.8	Communauté d'Etats indépendants
- Asia	0.0	0.0	0.2	0.1	0.0	0.1	0.0	0.1	0.1	0.1	- Asie
- Europe	0.6	0.4	0.8	1.1	0.6	0.6	0.8	0.9	0.5	0.7	- Europe
Northern Africa	0.1	0.1	0.0	0.1	0.1	0.1	0.1	0.1	0.0	0.0	Afrique septentrionale
Sub-Saharan Africa	0.1	0.7	1.3	0.5	1.3	1.8	1.3	0.8	1.5	1.1	Afrique subsaharienne
Latin America & the Caribbean	2.1	1.9	2.3	2.2	2.2	2.3	2.1	1.9	1.5	1.9	Amérique latine et Caraïbes
- Caribbean	0.0	0.0	0.0	0.0	0.0	0.0	0.0	0.0	0.0	0.0	- Caraïbes
- Latin America	2.1	1.9	2.3	2.2	2.1	2.3	2.1	1.9	1.4	1.8	- Amérique latine
Eastern Asia	11.2	14.6	14.4	15.1	16.1	21.5	21.3	22.1	23.5	23.4	Asie orientale
Southern Asia	2.1	1.7	1.6	2.9	3.1	2.6	2.0	2.1	2.5	2.2	Asie méridionale
South-Eastern Asia	1.7	2.5	2.4	3.1	2.4	1.5	1.7	1.9	1.5	1.9	Asie du Sud-Est
Western Asia	1.0	0.7	0.6	0.8	0.8	0.7	0.9	0.9	0.5	0.7	Asie occidentale
Oceania	0.0	0.0	0.0	0.0	0.0	0.0	0.0	0.0	0.0	0.0	Océanie

Trade by commodity

Exports by principal countries or areas

Value in million US dollars

Commerce par produit

Exportations selon les principaux pays ou zones

Valeur en millions de dollars EU

Country or area	2003	2004	2005	2006	2007	Pays ou zone
World	7973.2	12585.7	13444.4	22278.8	31312.0	Monde
Developed Economies	4918.8	7600.3	8619.7	13774.0	19637.3	Economies Développés
- Asia-Pacific	550.1	747.8	762.4	1179.8	1761.8	- Asie-Pacifique
- Europe	2965.8	4385.1	5084.7	8506.2	11253.5	- Europe
- North America	1402.9	2467.4	2772.6	4088.0	6622.0	- Amérique du Nord
South-Eastern Europe	0.5	1.0	1.4	1.2	2.6	Europe du Sud-Est
Commonwealth of Independent States	2265.7	3242.1	3596.6	6363.3	8831.8	Communauté d'Etats indépendants
- Asia	0.7	.0.1	0.2	0.1	0.2	- Asie
- Europe	2265.0	3242.0	3596.4	6363.2	8831.6	- Europe
Northern Africa	0.0	0.0	0.0	0.1	0.2	Afrique septentrionale
Sub-Saharan Africa	240.4	872.7	310.7	408.6	632.7	Afrique subsaharienne
Latin America & the Caribbean	101.1	177.5	183.0	226.4	406.3	Amérique latine et Caraïbes
- Caribbean	0.4	0.2	0.4	0.0	0.2	- Caraïbes
- Latin America	100.7	177.3	182.6	226.4	406.1	- Amérique latine
Eastern Asia	273.6	545.1	558.0	1149.3	1410.0	Asie orientale
Southern Asia	8.2	5.3	17.6	27.1	26.7	Asie méridionale
South-Eastern Asia	154.5	136.8	147.4	294.5	354.7	Asie du Sud-Est
Western Asia	6.3	4.9	5.9	7.2	4.7	Asie occidentale
Oceania	4.0	0.0	4.2	27.2	5.1	Océanie
Russian Federation	2254.9	3239.0	3593.1	6358.4	8815.2	Fédération de Russie
Canada	966.5	1929.8	1978.7	3006.1	5187.9	Canada
Norway	731.1	1014.6	1262.5	1867.7	3317.1	Norvège
Germany	474.0	736.8	1014.4	1337.5	1894.2	Allemagne
United Kingdom	494.3	827.6	950.4	1214.6	1779.5	Royaume-Uni
United States	436.5	537.5	793.9	1081.9	1434.1	Etats-Unis d'Amérique
Finland	355.3	507.0	449.8	926.4	1650.9	Finlande
Australia	334.2	391.2	377.9	747.8	1026.8	Australie
France-Monaco	209.3	341.5	430.5	668.6	1082.9	France-Monaco
Netherlands	333.0	360.1	316.1	1534.9	47.8	Pays-Bas
Japan	215.9	356.6	384.5	431.9	735.0	Japon
Belgium	159.6	338.3	318.3	502.1	770.1	Belgique
South Africa	99.0	708.4	247.7	297.8	435.7	Afrique du Sud
China	99.3	217.7	258.6	444.1	599.3	Chine
China, Hong Kong SAR	151.0	244.8	214.2	333.9	389.1	Chine - RAS de Hong-Kong
Brazil	100.4	176.5	182.1	225.4	396.5	Brésil
Singapore	152.5	133.0	138.6	252.2	342.8	Singapour
Zimbabwe	e141.3	163.0	62.0	110.8	196.1	Zimbabwe
Korea, Republic of	11.9	36.5	24.8	292.8	231.6	République de Corée
Sweden	67.9	78.4	101.7	123.1	209.0	Suède
Italy	67.7	69.4	90.0	110.9	173.3	Italie
Austria	29.8	54.5	55.0	73.4	157.9	Autriche
Switzerland-Liechtenstein	21.0	26.2	30.2	32.4	49.1	Suisse-Liechtenstein
Czech Republic	1.1	3.1	17.0	45.9	16.1	République tchèque
India	5.5	5.2	17.6	23.7	25.6	Inde

Value as percentages of World total

Valeur en pourcentage du total mondial

Regions of the world	1998	1999	2000	2001	2002	2003	2004	2005	2006	2007	Régions du monde
World	100.0	100.0	100.0	100.0	100.0	100.0	100.0	100.0	100.0	100.0	Monde
Developed Economies	68.8	67.9	67.9	73.0	64.0	61.7	60.4	64.1	61.8	62.7	Economies Développés
- Asia-Pacific	8.6	11.4	14.8	14.6	14.3	6.9	5.9	5.7	5.3	5.6	- Asie-Pacifique
- Europe	38.6	38.9	34.1	36.9	32.5	37.2	34.8	37.8	38.2	35.9	- Europe
- North America	21.6	17.6	19.0	21.5	17.3	17.6	19.6	20.6	18.3	21.1	- Amérique du Nord
South-Eastern Europe	0.0	0.0	0.0	0.0	0.0	0.0	0.0	0.0	0.0	0.0	Europe du Sud-Est
Commonwealth of Independent States	23.5	23.6	23.4	18.1	27.5	28.4	25.8	26.8	28.6	28.2	Communauté d'Etats indépendants
- Asia	0.0	0.0	0.0	0.0	0.0	0.0	0.0	0.0	0.0	0.0	- Asie
- Europe	23.5	23.6	23.4	18.1	27.5	28.4	25.8	26.8	28.6	28.2	- Europe
Northern Africa	0.0	0.0	0.0	0.0	0.0	0.0	0.0	0.0	0.0	0.0	Afrique septentrionale
Sub-Saharan Africa	2.5	3.3	2.5	3.3	3.5	3.0	6.9	2.3	1.8	2.0	Afrique subsaharienne
Latin America & the Caribbean	1.7	1.4	1.4	1.0	1.1	1.3	1.4	1.4	1.0	1.3	Amérique latine et Caraïbes
- Caribbean	0.1	0.0	0.0	0.0	0.0	0.0	0.0	0.0	0.0	0.0	- Caraïbes
- Latin America	1.6	1.4	1.4	1.0	1.1	1.3	1.4	1.4	1.0	1.3	- Amérique latine
Eastern Asia	2.6	2.4	3.0	2.9	2.3	3.4	4.3	4.2	5.2	4.5	Asie orientale
Southern Asia	0.0	0.0	0.0	0.1	0.0	0.1	0.0	0.1	0.1	0.1	Asie méridionale
South-Eastern Asia	0.9	1.3	1.7	1.5	1.5	1.9	1.1	1.1	1.3	1.1	Asie du Sud-Est
Western Asia	0.1	0.1	0.0	0.0	0.0	0.1	0.0	0.0	0.0	0.0	Asie occidentale
Oceania			0.0	0.0	0.0	0.1	0.0	0.0	0.1	0.0	Océanie

684 Aluminium

Trade by commodity

Imports by principal countries or areas

Value in million US dollars

Commerce par produit

Importations selon les principaux pays ou zones

Valeur en millions de dollars EU

Country or area	2003	2004	2005	2006	2007	Pays ou zone
World	56721.0	70363.6	78527.3	103406.5	116564.7	Monde
Developed Economies	41171.9	49772.0	55395.1	74481.5	83749.2	Economies Développés
- Asia-Pacific	5150.8	6219.4	6737.0	8795.7	9434.3	- Asie-Pacifique
- Europe	26892.0	31609.1	34080.6	47681.2	57335.1	- Europe
- North America	9129.1	11943.5	14577.5	18004.6	16979.8	- Amérique du Nord
South-Eastern Europe	375.5	772.8	790.6	1088.4	1616.9	Europe du Sud-Est
Commonwealth of Independent States	606.5	717.0	755.7	1035.7	1399.9	Communauté d'Etats indépendants
- Asia	109.9	96.8	122.4	212.6	309.3	- Asie
- Europe	496.6	620.3	633.3	823.0	1090.6	- Europe
Northern Africa	195.1	262.5	305.2	403.3	508.7	Afrique septentrionale
Sub-Saharan Africa	383.7	435.9	786.2	888.5	1265.4	Afrique subsaharienne
Latin America & the Caribbean	2272.1	2882.0	3327.6	4299.5	4872.2	Amérique latine et Caraïbes
- Caribbean	73.4	107.8	128.6	121.6	135.9	- Caraïbes
- Latin America	2198.7	2774.2	3199.0	4177.9	4736.3	- Amérique latine
Eastern Asia	6640.3	8588.9	8619.7	10452.9	10622.8	Asie orientale
Southern Asia	586.1	746.2	1117.2	1013.4	1284.9	Asie méridionale
South-Eastern Asia	2518.8	3565.6	4080.9	5667.2	6180.8	Asie du Sud-Est
Western Asia	1948.3	2593.9	3319.8	4010.9	5029.8	Asie occidentale
Oceania	22.6	26.8	29.3	65.1	34.2	Océanie
United States	7417.7	9760.6	12193.1	15175.2	14213.2	Etats-Unis d'Amérique
Germany	6439.7	7292.8	8017.5	11392.9	13194.6	Allemagne
Japan	4691.1	5684.2	6121.3	8127.8	8629.4	Japon
Italy	2824.9	3283.1	3422.5	4834.7	5866.7	Italie
France-Monaco	2705.9	3170.3	3447.9	4639.0	5363.2	France-Monaco
China	2717.8	3514.9	3269.5	3781.1	3815.4	Chine
Korea, Republic of	2097.3	2734.7	3098.9	3921.1	4074.8	République de Corée
Netherlands	1677.7	1955.8	2182.4	3692.1	4117.4	Pays-Bas
United Kingdom	2148.0	2179.3	2371.9	3119.7	3656.3	Royaume-Uni
Belgium	1706.0	2254.1	2504.5	3115.4	3686.0	Belgique
Canada	1710.5	2181.9	2383.4	2827.7	2764.9	Canada
Mexico	1432.7	1849.3	2133.6	2837.2	3087.1	Mexique
Spain	1309.9	1548.1	1660.0	2343.5	3068.6	Espagne
Austria	1121.4	1292.9	1310.1	1819.0	2342.0	Autriche
Poland	889.0	1081.4	1272.4	1852.5	2400.8	Pologne
Thailand	823.2	1117.3	1286.5	1707.3	1884.8	Thaïlande
Switzerland-Liechtenstein	791.9	937.2	988.4	1459.8	1802.3	Suisse-Liechtenstein
Turkey	649.9	884.2	1133.4	1269.7	1718.2	Turquie
Norway	602.1	796.2	927.2	1286.3	1729.1	Norvège
Czech Republic	650.5	809.6	897.9	1252.7	1596.3	République tchèque
Malaysia	569.1	831.8	891.8	1164.8	1527.7	Malaisie
Hungary	649.1	1011.1	708.8	1066.3	1362.0	Hongrie
Sweden	725.2	795.5	777.5	1041.2	1455.3	Suède
Singapore	405.4	654.4	854.4	1481.8	1162.9	Singapour
Portugal	519.7	623.9	725.1	969.8	1076.3	Portugal

Value as percentages of World total

Valeur en pourcentage du total mondial

Regions of the world	1998	1999	2000	2001	2002	2003	2004	2005	2006	2007	Régions du monde
World	100.0	100.0	100.0	100.0	100.0	100.0	100.0	100.0	100.0	100.0	Monde
Developed Economies	75.3	73.6	72.5	73.0	73.1	72.6	70.7	70.5	72.0	71.8	Economies Développés
- Asia-Pacific	10.1	9.8	10.4	9.4	8.5	9.1	8.8	8.6	8.5	8.1	- Asie-Pacifique
- Europe	47.8	45.2	44.2	46.7	47.2	47.4	44.9	43.4	46.1	49.2	- Europe
- North America	17.4	18.6	17.9	16.9	17.4	16.1	17.0	18.6	17.4	14.6	- Amérique du Nord
South-Eastern Europe	0.4	0.4	0.4	0.5	0.6	0.7	1.1	1.0	1.1	1.4	Europe du Sud-Est
Commonwealth of Independent States	0.7	0.8	1.0	1.0	0.9	1.1	1.0	1.0	1.0	1.2	Communauté d'Etats indépendants
- Asia	0.1	0.1	0.1	0.1	0.2	0.2	0.1	0.2	0.2	0.3	- Asie
- Europe	0.6	0.7	0.9	0.8	0.8	0.9	0.9	0.8	0.8	0.9	- Europe
Northern Africa	0.4	0.4	0.3	0.4	0.4	0.3	0.4	0.4	0.4	0.4	Afrique septentrionale
Sub-Saharan Africa	0.7	0.5	0.5	1.6	0.6	0.7	0.6	1.0	0.9	1.1	Afrique subsaharienne
Latin America & the Caribbean	5.2	4.9	4.5	4.7	4.4	4.0	4.1	4.2	4.2	4.2	Amérique latine et Caraïbes
- Caribbean	0.2	0.2	0.2	0.2	0.2	0.1	0.2	0.2	0.1	0.1	- Caraïbes
- Latin America	5.0	4.7	4.3	4.5	4.3	3.9	3.9	4.1	4.0	4.1	- Amérique latine
Eastern Asia	10.1	11.7	12.9	10.4	10.9	11.7	12.2	11.0	10.1	9.1	Asie orientale
Southern Asia	0.7	0.7	0.6	0.8	0.9	1.0	1.1	1.4	1.0	1.1	Asie méridionale
South-Eastern Asia	3.8	4.3	4.6	5.0	5.0	4.4	5.1	5.2	5.5	5.3	Asie du Sud-Est
Western Asia	2.7	2.7	2.6	2.7	3.2	3.4	3.7	4.2	3.9	4.3	Asie occidentale
Oceania	0.0	0.0	0.0	0.0	0.0	0.0	0.0	0.0	0.1	0.0	Océanie

Trade by commodity
Exports by principal countries or areas
Value in million US dollars

Commerce par produit
Exportations selon les principaux pays ou zones
Valeur en millions de dollars EU

Country or area	2003	2004	2005	2006	2007	Pays ou zone
World	55184.8	67642.1	75325.7	99604.1	112959.7	Monde
Developed Economies	37413.9	44666.0	50095.2	65291.8	74091.1	Economies Développés
- Asia-Pacific	4340.2	5138.4	5704.7	7222.3	8045.7	- Asie-Pacifique
- Europe	25117.0	29980.2	33125.6	43157.9	50487.4	- Europe
- North America	7956.7	9547.4	11264.9	14911.6	15557.9	- Amérique du Nord
South-Eastern Europe	676.3	1007.1	1237.7	1858.0	2156.9	Europe du Sud-Est
Commonwealth of Independent States	4761.0	5590.1	6296.5	8355.3	9674.8	Communauté d'Etats indépendants
- Asia	525.8	512.8	609.1	1026.7	1197.3	- Asie
- Europe	4235.2	5077.3	5687.5	7328.6	8477.5	- Europe
Northern Africa	104.1	137.1	143.2	126.5	259.8	Afrique septentrionale
Sub-Saharan Africa	1648.7	2442.3	1808.8	3688.1	3950.1	Afrique subsaharienne
Latin America & the Caribbean	2738.1	3347.7	3609.9	4635.7	5121.0	Amérique latine et Caraïbes
- Caribbean	3.0	2.1	2.2	4.1	6.4	- Caraïbes
- Latin America	2735.1	3345.6	3607.7	4631.6	5114.7	- Amérique latine
Eastern Asia	4377.1	6411.5	6990.1	9858.5	10788.4	Asie orientale
Southern Asia	418.6	563.3	741.6	905.5	1140.3	Asie méridionale
South-Eastern Asia	1001.3	1247.1	1503.2	1951.0	2831.4	Asie du Sud-Est
Western Asia	2045.6	2229.8	2899.5	2933.5	2944.0	Asie occidentale
Oceania	0.1	0.1	0.1	0.1	1.9	Océanie
Germany	6016.1	7018.8	7754.4	9922.6	11644.4	Allemagne
Canada	4911.6	5639.3	6634.5	9105.1	9561.2	Canada
Russian Federation	3939.5	4775.0	5405.9	6962.2	8032.2	Fédération de Russie
China	2453.8	3919.2	4330.1	6700.9	7281.9	Chine
United States	3045.1	3908.1	4630.4	5806.5	5996.7	Etats-Unis d'Amérique
Norway	2906.6	3533.5	3829.0	5103.0	6033.5	Norvège
Australia	2456.4	2941.6	3385.0	4467.5	4877.4	Australie
France-Monaco	1871.1	2413.9	2538.6	3310.8	3577.1	France-Monaco
Netherlands	1987.5	2144.0	2262.1	3117.0	3657.9	Pays-Bas
Belgium	1653.2	2184.8	2257.5	2783.8	3137.6	Belgique
Italy	1607.3	1913.9	2093.3	2768.7	3371.9	Italie
United Kingdom	1311.4	1678.3	2091.7	2741.3	2934.6	Royaume-Uni
Brazil	1437.5	1798.8	1845.7	2694.1	2872.4	Brésil
Japan	1398.3	1587.4	1643.1	1901.7	2185.1	Japon
Austria	1205.1	1422.9	1582.4	1987.4	2361.2	Autriche
South Africa	956.5	1388.3	1609.7	2055.7	2201.4	Afrique du Sud
Spain	936.6	945.9	1380.2	1910.8	2295.7	Espagne
Korea, Republic of	837.1	1133.8	1323.0	1624.6	1838.5	République de Corée
Bahrain	859.5	909.4	1299.2	1415.0	1224.3	Bahreïn
Switzerland-Liechtenstein	809.2	880.4	921.5	1096.4	1327.1	Suisse-Liechtenstein
Venezuela	718.4	917.9	1004.1	1056.8	e1190.7	Venezuela
Sweden	641.4	833.0	811.0	1072.6	1211.0	Suède
Mozambique	567.6	915.0	0.0	1401.6	1516.1	Mozambique
Greece	709.1	766.7	763.5	913.4	1018.3	Grèce
Hungary	522.8	618.7	689.7	878.6	989.1	Hongrie

Value as percentages of World total

Valeur en pourcentage du total mondial

Regions of the world	1998	1999	2000	2001	2002	2003	2004	2005	2006	2007	Régions du monde
World	100.0	100.0	100.0	100.0	100.0	100.0	100.0	100.0	100.0	100.0	Monde
Developed Economies	71.9	69.9	67.5	68.3	68.4	67.8	66.0	66.5	65.6	65.6	Economies Développés
- Asia-Pacific	8.9	9.1	9.0	8.5	8.3	7.9	7.6	7.6	7.3	7.1	- Asie-Pacifique
- Europe	45.3	43.2	41.6	43.5	44.4	45.5	44.3	44.0	43.3	44.7	- Europe
- North America	17.8	17.6	16.9	16.3	15.7	14.4	14.1	15.0	15.0	13.8	- Amérique du Nord
South-Eastern Europe	0.9	1.0	1.3	1.3	1.3	1.2	1.5	1.6	1.9	1.9	Europe du Sud-Est
Commonwealth of Independent States	11.1	11.4	11.6	10.7	8.8	8.6	8.3	8.4	8.4	8.6	Communauté d'Etats indépendants
- Asia	0.9	1.0	0.9	0.8	0.9	1.0	0.8	0.8	1.0	1.1	- Asie
- Europe	10.3	10.4	10.7	9.8	7.9	7.7	7.5	7.6	7.4	7.5	- Europe
Northern Africa	0.3	0.3	0.3	0.3	0.3	0.2	0.2	0.2	0.1	0.2	Afrique septentrionale
Sub-Saharan Africa	0.4	2.3	2.4	3.0	3.1	3.0	3.6	2.4	3.7	3.5	Afrique subsaharienne
Latin America & the Caribbean	5.0	5.3	5.8	5.0	5.2	5.0	4.9	4.8	4.7	4.5	Amérique latine et Caraïbes
- Caribbean	0.0	0.0	0.0	0.0	0.0	0.0	0.0	0.0	0.0	0.0	- Caraïbes
- Latin America	5.0	5.3	5.8	5.0	5.2	5.0	4.9	4.8	4.7	4.5	- Amérique latine
Eastern Asia	5.2	4.4	4.5	4.8	6.4	7.9	9.5	9.3	9.9	9.6	Asie orientale
Southern Asia	0.3	0.5	0.7	0.6	0.8	0.8	0.8	1.0	0.9	1.0	Asie méridionale
South-Eastern Asia	1.5	1.4	1.8	1.7	1.8	1.8	1.8	2.0	2.0	2.5	Asie du Sud-Est
Western Asia	3.3	3.5	4.2	4.2	3.9	3.7	3.3	3.8	2.9	2.6	Asie occidentale
Oceania	0.0	0.0	0.0	0.0	0.0	0.0	0.0	0.0	0.0	0.0	Océanie

685 Lead

Trade by commodity
Imports by principal countries or areas
Value in million US dollars

Commerce par produit
Importations selon les principaux pays ou zones
Valeur en millions de dollars EU

Country or area	2003	2004	2005	2006	2007	Pays ou zone
World	1559.7	2569.6	2955.2	3914.6	6223.7	Monde
Developed Economies	886.8	1388.3	1682.0	2223.7	3517.5	Economies Développés
- Asia-Pacific	20.5	28.6	52.6	97.4	136.1	- Asie-Pacifique
- Europe	755.8	1173.0	1322.0	1675.8	2775.8	- Europe
- North America	110.5	186.7	307.3	450.5	605.7	- Amérique du Nord
South-Eastern Europe	7.2	20.5	25.4	22.0	49.2	Europe du Sud-Est
Commonwealth of Independent States	30.9	28.5	40.9	52.1	96.3	Communauté d'Etats indépendants
- Asia	2.5	5.4	4.0	4.3	11.2	- Asie
- Europe	28.4	23.2	36.9	47.8	85.1	- Europe
Northern Africa	14.3	20.2	21.9	17.5	26.9	Afrique septentrionale
Sub-Saharan Africa	16.1	24.5	29.7	36.3	55.1	Afrique subsaharienne
Latin America & the Caribbean	72.9	118.6	165.6	210.6	301.9	Amérique latine et Caraïbes
- Caribbean	5.7	3.4	4.9	10.0	6.2	- Caraïbes
- Latin America	67.3	115.2	160.7	200.6	295.7	- Amérique latine
Eastern Asia	205.0	392.5	391.6	438.2	750.6	Asie orientale
Southern Asia	98.7	166.6	185.6	245.1	387.6	Asie méridionale
South-Eastern Asia	167.6	311.0	300.1	525.8	739.4	Asie du Sud-Est
Western Asia	59.7	97.9	111.4	141.9	297.5	Asie occidentale
Oceania	0.6	0.9	1.0	1.5	1.6	Océanie
United States	105.9	178.7	302.2	441.2	593.6	Etats-Unis d'Amérique
United Kingdom	172.0	243.1	333.1	342.4	529.3	Royaume-Uni
Spain	75.1	153.2	196.5	221.4	382.9	Espagne
Germany	104.8	117.7	158.1	248.3	355.2	Allemagne
India	80.9	141.4	149.6	212.9	336.9	Inde
France-Monaco	85.4	132.9	152.8	193.1	330.5	France-Monaco
Korea, Republic of	85.9	154.0	172.3	168.8	302.1	République de Corée
Italy	59.0	114.4	89.0	169.5	279.7	Italie
Thailand	48.0	84.3	85.9	122.1	201.7	Thaïlande
Czech Republic	37.1	71.5	85.8	117.0	199.5	République tchèque
Singapore	14.0	45.6	57.1	180.4	169.3	Singapour
Turkey	42.9	65.9	79.7	81.2	175.7	Turquie
Brazil	29.1	62.3	77.2	99.2	147.2	Brésil
Indonesia	31.0	65.4	61.0	83.6	160.3	Indonésie
China	40.4	83.4	72.2	80.5	96.3	Chine
Poland	33.8	54.2	60.3	82.3	123.7	Pologne
Malaysia	49.8	69.6	46.4	74.8	110.7	Malaisie
Netherlands	60.3	95.1	55.7	52.9	84.2	Pays-Bas
Mexico	25.5	26.0	50.8	64.6	91.1	Mexique
Japan	16.2	23.9	38.3	74.2	98.5	Japon
Belgium	22.3	37.3	33.2	40.7	116.0	Belgique
Viet Nam	17.4	34.5	43.4	57.6	e73.4	Viet Nam
Ireland	21.6	31.6	37.2	42.5	89.9	Irlande
Austria	26.1	40.5	26.5	38.8	64.1	Autriche
Russian Federation	25.0	19.4	24.5	33.9	52.0	Fédération de Russie

Value as percentages of World total

Valeur en pourcentage du total mondial

Regions of the world	1998	1999	2000	2001	2002	2003	2004	2005	2006	2007	Régions du monde
World	100.0	100.0	100.0	100.0	100.0	100.0	100.0	100.0	100.0	100.0	Monde
Developed Economies	61.1	54.8	56.6	58.5	57.1	56.9	54.0	56.9	56.8	56.5	Economies Développés
- Asia-Pacific	2.9	1.9	2.3	2.6	1.5	1.3	1.1	1.8	2.5	2.2	- Asie-Pacifique
- Europe	43.1	39.8	39.2	45.2	46.4	48.5	45.6	44.7	42.8	44.6	- Europe
- North America	15.1	13.1	15.1	10.7	9.2	7.1	7.3	10.4	11.5	9.7	- Amérique du Nord
South-Eastern Europe	0.4	0.5	0.5	0.4	0.5	0.5	0.8	0.9	0.6	0.8	Europe du Sud-Est
Commonwealth of Independent States	1.4	1.5	2.6	2.1	1.9	2.0	1.1	1.4	1.3	1.5	Communauté d'Etats indépendants
- Asia	0.1	0.0	0.1	0.1	0.1	0.2	0.2	0.1	0.1	0.2	- Asie
- Europe	1.3	1.5	2.5	2.0	1.8	1.8	0.9	1.2	1.2	1.4	- Europe
Northern Africa	1.2	1.0	1.0	0.9	1.1	0.9	0.8	0.7	0.4	0.4	Afrique septentrionale
Sub-Saharan Africa	0.9	0.6	0.7	1.1	1.0	1.0	1.0	1.0	0.9	0.9	Afrique subsaharienne
Latin America & the Caribbean	9.0	12.8	10.3	7.2	6.2	4.7	4.6	5.6	5.4	4.9	Amérique latine et Caraïbes
- Caribbean	0.8	1.6	0.9	0.9	1.0	0.4	0.1	0.2	0.3	0.1	- Caraïbes
- Latin America	8.2	11.1	9.4	6.3	5.2	4.3	4.5	5.4	5.1	4.8	- Amérique latine
Eastern Asia	10.7	10.2	10.1	11.8	12.2	13.1	15.3	13.3	11.2	12.1	Asie orientale
Southern Asia	3.8	3.1	2.9	3.7	4.4	6.3	6.5	6.3	6.3	6.2	Asie méridionale
South-Eastern Asia	8.6	13.0	12.5	11.7	12.1	10.7	12.1	10.2	13.4	11.9	Asie du Sud-Est
Western Asia	3.0	2.5	2.9	2.4	3.4	3.8	3.8	3.8	3.6	4.8	Asie occidentale
Oceania	0.0	0.1	0.0	0.1	0.1	0.0	0.0	0.0	0.0	0.0	Océanie

Trade by commodity
Exports by principal countries or areas
Value in million US dollars

Commerce par produit
Exportations selon les principaux pays ou zones
Valeur en millions de dollars EU

Country or area	2003	2004	2005	2006	2007	Pays ou zone
World	1475.9	2324.7	2852.0	3797.8	6232.4	Monde
Developed Economies	867.2	1325.7	1640.4	2046.6	3477.7	Economies Développés
- Asia-Pacific	239.0	362.9	460.3	506.3	1022.9	- Asie-Pacifique
- Europe	444.6	702.2	885.1	1145.9	1880.9	- Europe
- North America	183.6	260.5	295.0	394.4	573.9	- Amérique du Nord
South-Eastern Europe	50.5	75.1	99.8	114.1	268.0	Europe du Sud-Est
Commonwealth of Independent States	58.1	109.1	112.7	177.7	446.6	Communauté d'Etats indépendants
- Asia	48.6	83.6	89.5	109.4	248.6	- Asie
- Europe	9.5	25.5	23.2	68.4	198.1	- Europe
Northern Africa	30.2	21.8	58.8	58.4	129.7	Afrique septentrionale
Sub-Saharan Africa	3.1	3.6	10.8	18.1	30.9	Afrique subsaharienne
Latin America & the Caribbean	88.8	161.3	192.1	235.0	513.4	Amérique latine et Caraïbes
- Caribbean	0.0	0.5	0.4	0.1	0.6	- Caraïbes
- Latin America	88.8	160.8	191.7	235.0	512.8	- Amérique latine
Eastern Asia	298.6	521.7	592.6	850.0	918.0	Asie orientale
Southern Asia	7.4	14.2	25.5	58.2	103.9	Asie méridionale
South-Eastern Asia	57.4	55.6	88.2	191.2	268.1	Asie du Sud-Est
Western Asia	14.6	36.6	31.0	48.1	76.0	Asie occidentale
Oceania	0.0	0.0	0.1	0.1	0.0	Océanie
China	238.5	423.9	480.3	721.3	676.6	Chine
Australia	222.7	337.5	435.1	473.2	914.2	Australie
Canada	103.5	178.2	214.4	301.7	483.6	Canada
Germany	121.7	164.5	223.3	293.2	467.3	Allemagne
Belgium	62.7	149.9	218.7	209.3	327.3	Belgique
United Kingdom	82.6	93.3	132.0	229.5	348.3	Royaume-Uni
Peru	56.0	106.7	125.1	159.0	307.8	Pérou
Kazakhstan	46.9	83.5	89.2	108.4	244.9	Kazakhstan
Sweden	45.5	70.8	80.0	112.0	174.9	Suède
Singapore	38.9	24.1	57.3	138.7	202.0	Singapour
United States	80.1	82.3	80.6	92.7	90.3	Etats-Unis d'Amérique
Bulgaria	32.2	51.7	72.8	87.4	180.9	Bulgarie
Korea, Republic of	33.4	49.5	59.8	55.4	99.9	République de Corée
Poland	21.8	36.8	49.9	62.8	91.5	Pologne
Morocco	29.4	17.5	51.5	50.8	104.8	Maroc
Russian Federation	2.2	14.6	11.4	53.6	162.4	Fédération de Russie
Ireland	15.8	29.2	34.0	42.3	96.7	Irlande
Netherlands	24.3	46.0	34.8	30.2	60.9	Pays-Bas
Mexico	7.6	10.5	20.7	31.9	102.9	Mexique
France-Monaco	17.2	17.3	21.8	55.7	61.1	France-Monaco
Malaysia	15.4	28.9	29.3	44.5	54.8	Malaisie
Japan	12.6	18.9	17.2	21.1	81.1	Japon
Argentina	9.1	22.5	24.1	22.8	59.4	Argentine
China, Hong Kong SAR	11.6	19.8	24.3	30.6	49.2	Chine - RAS de Hong-Kong
Romania	11.9	16.9	21.0	20.9	62.7	Roumanie

Value as percentages of World total

Valeur en pourcentage du total mondial

Regions of the world	1998	1999	2000	2001	2002	2003	2004	2005	2006	2007	Régions du monde
World	100.0	100.0	100.0	100.0	100.0	100.0	100.0	100.0	100.0	100.0	Monde
Developed Economies	65.0	62.1	59.3	55.1	57.9	58.8	57.0	57.5	53.9	55.8	Economies Développés
- Asia-Pacific	14.5	17.2	12.5	14.8	16.4	16.2	15.6	16.1	13.3	16.4	- Asie-Pacifique
- Europe	33.4	28.4	28.7	30.5	31.4	30.1	30.2	31.0	30.2	30.2	- Europe
- North America	17.1	16.4	18.1	9.8	10.2	12.4	11.2	10.3	10.4	9.2	- Amérique du Nord
South-Eastern Europe	4.0	3.3	3.9	4.0	3.2	3.4	3.2	3.5	3.0	4.3	Europe du Sud-Est
Commonwealth of Independent States	3.3	3.7	4.6	4.6	4.2	3.9	4.7	4.0	4.7	7.2	Communauté d'Etats indépendants
- Asia	2.8	3.3	4.2	4.1	3.8	3.3	3.6	3.1	2.9	4.0	- Asie
- Europe	0.5	0.4	0.3	0.5	0.4	0.6	1.1	0.8	1.8	3.2	- Europe
Northern Africa	2.3	1.9	1.6	2.0	2.8	2.0	0.9	2.1	1.5	2.1	Afrique septentrionale
Sub-Saharan Africa	0.1	0.1	0.1	0.4	0.1	0.2	0.2	0.4	0.5	0.5	Afrique subsaharienne
Latin America & the Caribbean	8.1	6.5	6.1	6.4	5.8	6.0	6.9	6.7	6.2	8.2	Amérique latine et Caraïbes
- Caribbean	0.0	0.0	0.0	0.0	0.0	0.0	0.0	0.0	0.0	0.0	- Caraïbes
- Latin America	8.1	6.5	6.1	6.4	5.8	6.0	6.9	6.7	6.2	8.2	- Amérique latine
Eastern Asia	13.1	18.6	19.4	21.0	21.2	20.2	22.4	20.8	22.4	14.7	Asie orientale
Southern Asia	0.0	0.0	0.0	0.1	0.3	0.5	0.6	0.9	1.5	1.7	Asie méridionale
South-Eastern Asia	3.2	3.1	4.4	5.6	3.6	3.9	2.4	3.1	5.0	4.3	Asie du Sud-Est
Western Asia	0.9	0.6	0.5	0.9	0.8	1.0	1.6	1.1	1.3	1.2	Asie occidentale
Oceania	0.0	0.0	0.0	0.0	0.0	0.0	0.0	0.0	0.0	0.0	Océanie

686 Zinc

Trade by commodity
Imports by principal countries or areas
Value in million US dollars

Commerce par produit
Importations selon les principaux pays ou zones
Valeur en millions de dollars EU

Country or area	2003	2004	2005	2006	2007	Pays ou zone
World	5037.4	6446.9	7718.8	15610.3	18540.4	Monde
Developed Economies	3018.7	3707.6	4081.6	8964.5	11710.9	Economies Développés
- Asia-Pacific	66.5	83.9	114.1	201.2	287.5	- Asie-Pacifique
- Europe	2075.2	2562.7	2912.9	6606.1	8785.0	- Europe
- North America	876.9	1061.1	1054.6	2157.2	2638.3	- Amérique du Nord
South-Eastern Europe	28.6	56.3	53.9	96.0	134.0	Europe du Sud-Est
Commonwealth of Independent States	44.7	72.4	63.5	190.6	253.9	Communauté d'Etats indépendants
- Asia	0.9	3.0	2.8	2.2	21.7	- Asie
- Europe	43.7	69.4	60.7	188.4	232.2	- Europe
Northern Africa	33.2	51.6	66.4	113.2	165.1	Afrique septentrionale
Sub-Saharan Africa	82.2	74.2	135.2	218.8	287.2	Afrique subsaharienne
Latin America & the Caribbean	138.7	190.7	219.3	481.4	580.5	Amérique latine et Caraïbes
- Caribbean	12.1	2.4	6.1	6.0	7.4	- Caraïbes
- Latin America	126.6	188.3	213.2	475.4	573.1	- Amérique latine
Eastern Asia	978.6	1383.9	1831.7	3229.0	2815.3	Asie orientale
Southern Asia	196.3	226.6	356.5	569.9	427.2	Asie méridionale
South-Eastern Asia	345.7	411.3	549.8	1088.9	1277.4	Asie du Sud-Est
Western Asia	169.5	271.4	360.0	656.4	887.7	Asie occidentale
Oceania	1.3	0.8	0.9	1.5	1.3	Océanie
United States	849.5	1021.2	1021.1	2095.5	2564.8	Etats-Unis d'Amérique
Germany	414.2	467.3	595.1	1508.8	1750.6	Allemagne
China	374.0	587.5	920.1	1462.8	1126.8	Chine
Italy	283.7	383.0	442.3	915.0	1425.6	Italie
France-Monaco	203.2	258.1	366.7	831.5	999.0	France-Monaco
Belgium	328.0	408.5	251.9	399.0	907.0	Belgique
Netherlands	172.2	224.0	239.4	688.1	830.3	Pays-Bas
China, Hong Kong SAR	195.2	294.3	342.5	619.6	587.4	Chine - RAS de Hong-Kong
United Kingdom	187.7	194.6	221.8	478.5	542.2	Royaume-Uni
India	105.8	127.1	247.9	464.3	284.0	Inde
Turkey	106.8	165.7	221.4	319.9	405.4	Turquie
Austria	103.9	117.8	154.1	353.0	424.8	Autriche
Malaysia	81.6	97.9	214.1	220.1	346.1	Malaisie
Indonesia	78.0	112.8	138.9	264.8	344.7	Indonésie
Korea, Republic of	96.4	86.0	91.8	204.9	202.9	République de Corée
Singapore	69.8	32.5	36.8	280.5	242.7	Singapour
Saudi Arabia	32.3	44.7	61.9	173.0	279.3	Arabie saoudite
Japan	47.5	58.8	83.6	145.6	227.4	Japon
Slovakia	33.0	45.8	66.1	185.5	205.3	Slovaquie
Czech Republic	40.1	55.8	74.2	148.2	212.7	République tchèque
Sweden	41.3	63.8	71.0	138.8	191.7	Suède
Viet Nam	44.9	66.8	66.0	143.5	e183.1	Viet Nam
Poland	26.2	42.6	50.4	165.4	197.4	Pologne
Spain	35.2	37.0	63.3	125.2	203.3	Espagne
Greece	24.6	28.9	32.0	65.3	223.4	Grèce

Regions of the world	1998	1999	2000	2001	2002	2003	2004	2005	2006	2007	Régions du monde
World	100.0	100.0	100.0	100.0	100.0	100.0	100.0	100.0	100.0	100.0	Monde
Developed Economies	65.6	64.6	62.7	56.1	60.3	59.9	57.5	52.9	57.4	63.2	Economies Développés
- Asia-Pacific	3.3	2.0	2.3	1.8	1.0	1.3	1.3	1.5	1.3	1.6	- Asie-Pacifique
- Europe	41.8	39.3	39.2	35.8	37.6	41.2	39.8	37.7	42.3	47.4	- Europe
- North America	20.6	23.3	21.2	18.5	21.7	17.4	16.5	13.7	13.8	14.2	- Amérique du Nord
South-Eastern Europe	0.3	0.2	0.3	0.4	0.5	0.6	0.9	0.7	0.6	0.7	Europe du Sud-Est
Commonwealth of Independent States	1.3	0.6	0.7	0.7	0.6	0.9	1.1	0.8	1.2	1.4	Communauté d'Etats indépendants
- Asia	0.0	0.0	0.0	0.0	0.0	0.0	0.0	0.0	0.0	0.1	- Asie
- Europe	1.2	0.5	0.7	0.7	0.6	0.9	1.1	0.8	1.2	1.3	- Europe
Northern Africa	0.8	0.8	0.6	0.6	0.7	0.7	0.8	0.9	0.7	0.9	Afrique septentrionale
Sub-Saharan Africa	1.0	1.1	1.3	9.8	1.6	1.6	1.2	1.8	1.4	1.5	Afrique subsaharienne
Latin America & the Caribbean	3.4	3.6	3.6	2.9	3.1	2.8	3.0	2.8	3.1	3.1	Amérique latine et Caraïbes
- Caribbean	0.1	0.2	0.1	0.2	0.4	0.2	0.0	0.1	0.0	0.0	- Caraïbes
- Latin America	3.3	3.5	3.4	2.7	2.7	2.5	2.9	2.8	3.0	3.1	- Amérique latine
Eastern Asia	13.0	14.6	15.6	14.2	17.7	19.4	21.5	23.7	20.7	15.2	Asie orientale
Southern Asia	3.2	2.8	2.9	3.4	3.5	3.9	3.5	4.6	3.7	2.3	Asie méridionale
South-Eastern Asia	8.9	9.2	9.4	9.3	8.8	6.9	6.4	7.1	7.0	6.9	Asie du Sud-Est
Western Asia	2.6	2.5	2.9	2.4	3.1	3.4	4.2	4.7	4.2	4.8	Asie occidentale
Oceania	0.0	0.0	0.0	0.0	0.0	0.0	0.0	0.0	0.0	0.0	Océanie

Trade by commodity
Exports by principal countries or areas
Value in million US dollars

Commerce par produit
Exportations selon les principaux pays ou zones
Valeur en millions de dollars EU

Country or area	2003	2004	2005	2006	2007	Pays ou zone
World	4878.4	5870.9	6764.2	15819.4	17933.3	Monde
Developed Economies	2898.1	3385.6	4020.2	8607.1	9807.2	Economies Développés
- Asia-Pacific	515.0	457.6	717.6	1382.9	1751.1	- Asie-Pacifique
- Europe	1778.0	2142.8	2472.9	5457.9	5878.6	- Europe
- North America	605.1	785.2	829.7	1766.3	2177.5	- Amérique du Nord
South-Eastern Europe	123.8	148.5	183.2	336.4	494.5	Europe du Sud-Est
Commonwealth of Independent States	239.8	328.1	407.2	1126.1	1512.7	Communauté d'Etats indépandants
- Asia	185.4	261.8	346.8	906.7	1217.5	- Asie
- Europe	54.4	66.3	60.4	219.4	295.2	- Europe
Northern Africa	19.7	25.7	38.9	85.5	91.2	Afrique septentrionale
Sub-Saharan Africa	53.6	133.3	125.0	447.1	664.4	Afrique subsaharienne
Latin America & the Caribbean	403.2	487.5	620.6	1283.3	1411.2	Amérique latine et Caraïbes
- Caribbean	0.1	0.1	0.3	0.2	0.1	- Caraïbes
- Latin America	403.1	487.4	620.3	1283.2	1411.0	- Amérique latine
Eastern Asia	989.6	1071.9	1088.8	2799.7	2898.0	Asie orientale
Southern Asia	41.5	56.5	111.2	862.6	629.1	Asie méridionale
South-Eastern Asia	103.7	220.7	158.1	254.1	404.8	Asie du Sud-Est
Western Asia	5.5	12.9	11.0	17.4	20.2	Asie occidentale
Oceania	0.0	0.1	0.0	0.2	0.1	Océanie
Canada	546.5	703.7	754.2	1617.4	2010.9	Canada
Australia	434.2	359.2	610.2	1078.7	1413.7	Australie
Netherlands	318.1	361.3	450.1	1175.7	1114.4	Pays-Bas
Korea, Republic of	323.2	423.0	455.9	964.9	1211.3	République de Corée
Spain	298.6	374.1	521.3	1106.3	1052.9	Espagne
China	417.0	301.5	244.0	1243.9	1095.5	Chine
Finland	199.0	275.5	352.7	811.3	965.5	Finlande
Kazakhstan	144.9	216.9	312.9	803.7	1009.0	Kazakhstan
Germany	257.0	283.9	320.5	549.8	689.1	Allemagne
Mexico	172.8	226.0	297.4	555.0	743.7	Mexique
China, Hong Kong SAR	205.7	273.7	319.1	493.6	501.3	Chine - RAS de Hong-Kong
Norway	118.4	148.6	200.8	506.3	526.6	Norvège
Peru	159.0	184.7	208.9	443.6	436.3	Pérou
Belgium	264.9	273.9	140.0	275.7	343.5	Belgique
Namibia	26.0	105.8	96.2	404.1	624.2	Namibie
India	23.1	29.4	37.1	672.8	381.5	Inde
Japan	80.4	97.2	105.3	300.8	336.1	Japon
Bulgaria	64.1	97.0	115.0	255.5	327.9	Bulgarie
Poland	63.8	86.6	119.0	239.5	281.0	Pologne
Singapore	56.6	175.8	92.6	165.4	275.0	Singapour
France-Monaco	133.5	169.7	164.1	146.1	136.4	France-Monaco
Russian Federation	54.2	66.2	60.4	219.3	294.4	Fédération de Russie
Brazil	55.9	62.2	96.5	215.2	160.4	Brésil
United States	56.9	81.5	75.5	148.9	166.6	Etats-Unis d'Amérique
Iran (Islamic Republic of)	15.6	19.6	65.8	183.7	e241.0	Iran (République islamique d')

Value as percentages of World total

Regions of the world	1998	1999	2000	2001	2002	2003	2004	2005	2006	2007	Régions du monde
World	100.0	100.0	100.0	100.0	100.0	100.0	100.0	100.0	100.0	100.0	Monde
Developed Economies	58.2	58.5	57.1	55.6	59.2	59.4	57.7	59.4	54.4	54.7	Economies Développés
- Asia-Pacific	7.1	7.8	10.4	11.0	12.2	10.6	7.8	10.6	8.7	9.8	- Asie-Pacifique
- Europe	35.5	34.5	31.5	31.8	33.2	36.4	36.5	36.6	34.5	32.8	- Europe
- North America	15.6	16.1	15.3	12.8	13.8	12.4	13.4	12.3	11.2	12.1	- Amérique du Nord
South-Eastern Europe	3.1	2.5	3.4	3.7	2.9	2.5	2.5	2.7	2.1	2.8	Europe du Sud-Est
Commonwealth of Independent States	7.6	6.6	6.3	6.7	6.7	4.9	5.6	6.0	7.1	8.4	Communauté d'Etats indépendants
- Asia	4.9	4.0	4.2	4.4	4.6	3.8	4.5	5.1	5.7	6.8	- Asie
- Europe	2.7	2.5	2.1	2.2	2.2	1.1	1.1	0.9	1.4	1.6	- Europe
Northern Africa	0.7	0.5	0.4	0.3	0.4	0.4	0.4	0.5	0.5	0.5	Afrique septentrionale
Sub-Saharan Africa	0.6	0.8	0.4	0.5	0.6	1.1	2.3	1.8	2.8	3.7	Afrique subsaharienne
Latin America & the Caribbean	8.0	8.5	8.1	8.4	7.9	8.3	8.3	9.2	8.1	7.9	Amérique latine et Caraïbes
- Caribbean	0.0	0.0	0.0	0.0	0.1	0.0	0.0	0.0	0.0	0.0	- Caraïbes
- Latin America	8.0	8.5	8.1	8.3	7.9	8.3	8.3	9.2	8.1	7.9	- Amérique latine
Eastern Asia	16.1	18.4	20.3	21.5	19.8	20.3	18.3	16.1	17.7	16.2	Asie orientale
Southern Asia	0.1	0.1	0.3	0.4	0.6	0.8	1.0	1.6	5.5	3.5	Asie méridionale
South-Eastern Asia	4.9	4.0	3.5	2.7	1.8	2.1	3.8	2.3	1.6	2.3	Asie du Sud-Est
Western Asia	0.6	0.2	0.1	0.2	0.2	0.1	0.2	0.2	0.1	0.1	Asie occidentale
Oceania	0.0	0.0	0.0	0.0	0.0	0.0	0.0	0.0	0.0	0.0	Océanie

687 Tin

Trade by commodity
Imports by principal countries or areas
Value in million US dollars

Commerce par produit
Importations selon les principaux pays ou zones
Valeur en millions de dollars EU

Country or area	2003	2004	2005	2006	2007	Pays ou zone
World	1620.0	3269.9	3380.0	3659.0	5030.0	Monde
Developed Economies	826.1	1501.8	1384.7	1670.0	2375.2	Economies Développés
- Asia-Pacific	166.0	313.0	300.6	352.4	517.0	- Asie-Pacifique
- Europe	447.8	716.1	709.1	840.0	1268.2	- Europe
- North America	212.2	472.6	375.0	477.6	590.1	- Amérique du Nord
South-Eastern Europe	9.4	21.8	26.6	24.8	28.9	Europe du Sud-Est
Commonwealth of Independent States	20.7	29.0	28.5	21.2	42.9	Communauté d'Etats indépendants
- Asia	10.0	15.6	14.8	11.6	18.7	- Asie
- Europe	10.6	13.3	13.6	9.6	24.2	- Europe
Northern Africa	3.7	5.7	7.6	6.9	7.9	Afrique septentrionale
Sub-Saharan Africa	24.1	32.5	30.2	55.1	41.4	Afrique subsaharienne
Latin America & the Caribbean	50.1	91.7	105.4	109.4	152.6	Amérique latine et Caraïbes
- Caribbean	2.8	3.9	9.0	7.2	5.2	- Caraïbes
- Latin America	47.3	87.9	96.5	102.2	147.4	- Amérique latine
Eastern Asia	324.7	633.8	776.7	796.7	990.7	Asie orientale
Southern Asia	34.6	52.4	70.0	71.9	101.8	Asie méridionale
South-Eastern Asia	307.4	868.2	915.2	867.1	1227.1	Asie du Sud-Est
Western Asia	18.8	32.5	34.6	35.6	61.3	Asie occidentale
Oceania	0.4	0.3	0.4	0.5	0.3	Océanie
Singapore	253.9	530.8	535.0	516.3	702.0	Singapour
United States	192.6	438.8	340.8	437.7	539.8	Etats-Unis d'Amérique
Japan	152.2	291.2	279.7	338.6	507.1	Japon
China	122.2	241.6	387.0	358.0	400.9	Chine
Germany	114.5	188.8	189.8	212.9	358.1	Allemagne
Malaysia	33.4	230.7	231.2	148.0	265.2	Malaisie
Korea, Republic of	81.6	151.3	151.3	159.2	255.4	République de Corée
Thailand	12.9	88.5	133.0	184.0	241.6	Thaïlande
Netherlands	54.2	89.9	105.4	158.7	181.2	Pays-Bas
China, Hong Kong SAR	53.4	101.9	106.8	105.9	111.0	Chine - RAS de Hong-Kong
France-Monaco	52.4	76.0	76.1	93.4	119.8	France-Monaco
United Kingdom	57.0	72.5	65.9	60.4	143.1	Royaume-Uni
Spain	43.3	73.8	60.8	70.1	107.3	Espagne
Italy	40.0	59.5	57.1	63.8	79.8	Italie
Mexico	28.6	44.0	46.1	52.0	83.9	Mexique
India	20.5	33.3	41.0	54.5	82.9	Inde
Canada	19.6	33.8	34.1	39.8	50.3	Canada
Belgium	12.4	34.5	20.1	23.8	48.1	Belgique
Slovakia	7.7	23.5	29.7	29.4	45.9	Slovaquie
Austria	12.5	17.3	18.7	24.7	40.0	Autriche
Turkey	10.8	21.5	24.5	12.7	31.8	Turquie
Poland	7.6	15.4	17.1	22.8	32.5	Pologne
South Africa	10.2	18.2	19.7	19.0	26.9	Afrique du Sud
Brazil	5.0	15.8	20.1	19.3	21.6	Brésil
Australia	12.2	20.3	19.1	12.4	7.9	Australie

Regions of the world	1998	1999	2000	2001	2002	2003	2004	2005	2006	2007	Régions du monde
World	100.0	100.0	100.0	100.0	100.0	100.0	100.0	100.0	100.0	100.0	Monde
Developed Economies	65.8	63.9	59.8	60.4	54.6	51.0	45.9	41.0	45.6	47.2	Economies Développés
- Asia-Pacific	11.2	12.1	11.8	9.5	9.7	10.2	9.6	8.9	9.6	10.3	- Asie-Pacifique
- Europe	34.3	29.7	28.2	31.7	29.4	27.6	21.9	21.0	23.0	25.2	- Europe
- North America	20.3	22.2	19.7	19.1	15.5	13.1	14.5	11.1	13.1	11.7	- Amérique du Nord
South-Eastern Europe	0.3	0.2	0.2	0.3	0.3	0.6	0.7	0.8	0.7	0.6	Europe du Sud-Est
Commonwealth of Independent States	0.6	0.8	1.2	1.3	1.1	1.3	0.9	0.8	0.6	0.9	Communauté d'Etats indépendants
- Asia	0.5	0.5	0.7	0.8	0.6	0.6	0.5	0.4	0.3	0.4	- Asie
- Europe	0.2	0.3	0.5	0.5	0.5	0.7	0.4	0.4	0.3	0.5	- Europe
Northern Africa	0.3	0.2	0.2	0.2	0.2	0.2	0.2	0.2	0.2	0.2	Afrique septentrionale
Sub-Saharan Africa	1.3	1.1	1.4	1.4	2.7	1.5	1.0	0.9	1.5	0.8	Afrique subsaharienne
Latin America & the Caribbean	3.9	4.2	4.3	3.7	3.4	3.1	2.8	3.1	3.0	3.0	Amérique latine et Caraïbes
- Caribbean	0.3	0.4	0.3	0.3	0.3	0.2	0.1	0.3	0.2	0.1	- Caraïbes
- Latin America	3.6	3.8	4.1	3.5	3.1	2.9	2.7	2.9	2.8	2.9	- Amérique latine
Eastern Asia	20.5	20.0	21.6	20.2	22.4	20.0	19.4	23.0	21.8	19.7	Asie orientale
Southern Asia	1.9	2.1	2.0	2.3	2.0	2.1	1.6	2.1	2.0	2.0	Asie méridionale
South-Eastern Asia	4.0	6.3	7.4	8.6	12.0	19.0	26.6	27.1	23.7	24.4	Asie du Sud-Est
Western Asia	1.4	1.2	1.9	1.5	1.2	1.2	1.0	1.0	1.0	1.2	Asie occidentale
Oceania	0.0	0.0	0.0	0.0	0.0	0.0	0.0	0.0	0.0	0.0	Océanie

Trade by commodity
Exports by principal countries or areas
Value in million US dollars

Commerce par produit
Exportations selon les principaux pays ou zones
Valeur en millions de dollars EU

Country or area	2003	2004	2005	2006	2007	Pays ou zone
World	1360.0	2867.8	3170.6	3404.0	4478.5	Monde
Developed Economies	254.9	383.8	429.5	650.9	711.2	Economies Développés
- Asia-Pacific	44.6	58.5	67.7	91.1	57.9	- Asie-Pacifique
- Europe	160.7	251.4	273.6	445.0	532.1	- Europe
- North America	49.7	73.9	88.3	114.8	121.1	- Amérique du Nord
South-Eastern Europe	1.8	5.3	7.5	4.6	7.0	Europe du Sud-Est
Commonwealth of Independent States	3.2	6.6	11.2	3.9	12.0	Communauté d'Etats indépendants
- Asia	0.0	0.0	0.0			- Asie
- Europe	3.2	6.6	11.2	3.9	12.0	- Europe
Northern Africa	0.3	0.6	1.1	1.7	3.2	Afrique septentrionale
Sub-Saharan Africa	0.8	3.0	4.7	2.3	7.6	Afrique subsaharienne
Latin America & the Caribbean	90.5	398.8	361.2	445.8	644.3	Amérique latine et Caraïbes
- Caribbean	0.1	0.0	0.0	0.0	0.0	- Caraïbes
- Latin America	90.5	398.8	361.2	445.8	644.3	- Amérique latine
Eastern Asia	257.3	463.9	369.3	417.3	654.1	Asie orientale
Southern Asia	10.0	7.6	24.8	16.2	16.2	Asie méridionale
South-Eastern Asia	733.4	1594.1	1958.2	1848.0	2419.1	Asie du Sud-Est
Western Asia	7.7	4.0	3.1	13.2	3.7	Asie occidentale
Oceania				0.0	0.0	Océanie
Indonesia	295.1	616.4	918.7	924.4	1031.2	Indonésie
Singapore	281.5	545.6	527.9	502.0	744.0	Singapour
China	183.7	326.4	208.8	205.5	338.2	Chine
Malaysia	95.2	291.6	290.9	202.0	310.0	Malaisie
Peru	13.6	234.7	208.5	268.6	348.6	Pérou
Thailand	52.3	124.2	205.9	194.8	295.6	Thaïlande
Bolivia	59.3	116.4	101.9	117.3	178.5	Bolivie
Belgium	40.1	78.7	58.7	81.5	143.0	Belgique
China, Hong Kong SAR	40.8	65.8	73.3	79.3	122.7	Chine - RAS de Hong-Kong
United States	45.1	61.8	78.3	98.3	96.5	Etats-Unis d'Amérique
United Kingdom	21.6	26.1	37.5	138.9	80.7	Royaume-Uni
Netherlands	30.0	48.0	54.0	70.9	90.4	Pays-Bas
Japan	32.6	52.8	60.8	78.8	53.0	Japon
Germany	27.0	36.9	49.4	62.7	91.6	Allemagne
Brazil	17.4	46.6	42.2	41.3	82.4	Brésil
France-Monaco	22.4	24.3	32.0	41.3	25.2	France-Monaco
Korea, Republic of	8.0	20.2	22.4	25.9	36.1	République de Corée
Viet Nam	8.6	14.0	13.3	20.5	e23.9	Viet Nam
Canada	4.6	12.1	10.0	16.5	24.2	Canada
India	8.5	5.4	22.8	15.2	15.2	Inde
Mexico	0.1	0.8	8.4	18.4	34.4	Mexique
Poland	0.8	3.2	4.0	9.6	41.4	Pologne
Slovakia	0.5	5.1	12.4	11.1	15.1	Slovaquie
Italy	7.9	9.6	5.8	6.9	11.1	Italie
Australia	11.3	5.7	6.9	12.2	5.0	Australie

Value as percentages of World total

Valeur en pourcentage du total mondial

Regions of the world	1998	1999	2000	2001	2002	2003	2004	2005	2006	2007	Régions du monde
World	100.0	100.0	100.0	100.0	100.0	100.0	100.0	100.0	100.0	100.0	Monde
Developed Economies	18.3	19.0	15.8	16.6	19.9	18.7	13.4	13.5	19.1	15.9	Economies Développés
- Asia-Pacific	1.6	2.9	2.4	2.4	3.4	3.3	2.0	2.1	2.7	1.3	- Asie-Pacifique
- Europe	11.8	10.7	8.7	10.0	12.6	11.8	8.8	8.6	13.1	11.9	- Europe
- North America	4.8	5.4	4.8	4.2	3.9	3.7	2.6	2.8	3.4	2.7	- Amérique du Nord
South-Eastern Europe	0.0	0.0	0.0	0.0	0.0	0.1	0.2	0.2	0.1	0.2	Europe du Sud-Est
Commonwealth of Independent States	0.8	0.3	0.8	0.8	1.0	0.2	0.2	0.4	0.1	0.3	Communauté d'Etats indépendants
- Asia	0.0		0.0	0.0	0.0	0.0	0.0	0.0			- Asie
- Europe	0.8	0.3	0.8	0.8	0.9	0.2	0.2	0.4	0.1	0.3	- Europe
Northern Africa	0.0	0.0	0.0	0.0	0.0	0.0	0.0	0.0	0.0	0.1	Afrique septentrionale
Sub-Saharan Africa	0.0	0.0	0.0	0.0	1.1	0.1	0.1	0.1	0.1	0.2	Afrique subsaharienne
Latin America & the Caribbean	8.2	7.3	12.7	6.5	7.1	6.7	13.9	11.4	13.1	14.4	Amérique latine et Caraïbes
- Caribbean	0.0	0.0	0.0	0.0	0.0	0.0	0.0	0.0	0.0	0.0	- Caraïbes
- Latin America	8.2	7.3	12.7	6.4	7.1	6.7	13.9	11.4	13.1	14.4	- Amérique latine
Eastern Asia	26.2	27.6	32.0	28.2	18.6	18.9	16.2	11.6	12.3	14.6	Asie orientale
Southern Asia	0.2	0.4	0.8	0.4	1.0	0.7	0.3	0.8	0.5	0.4	Asie méridionale
South-Eastern Asia	46.0	45.1	37.3	47.4	51.0	53.9	55.6	61.8	54.3	54.0	Asie du Sud-Est
Western Asia	0.1	0.1	0.5	0.2	0.2	0.6	0.1	0.1	0.4	0.1	Asie occidentale
Oceania				0.0					0.0	0.0	Océanie

689 Miscellaneous non-ferrous base metals employed in metallurgy and cermets

Trade by commodity

Imports by principal countries or areas

Value in million US dollars

Commerce par produit

Importations selon les principaux pays ou zones

Valeur en millions de dollars EU

Country or area	2003	2004	2005	2006	2007	Pays ou zone
World	3932.2	6555.1	7977.4	8567.0	10304.5	Monde
Developed Economies	3064.3	5238.5	6151.7	6626.3	8028.1	Economies Développés
- Asia-Pacific	659.2	1460.1	1453.0	1463.4	1839.9	- Asie-Pacifique
- Europe	1585.7	2399.9	2939.2	3247.5	3967.0	- Europe
- North America	819.4	1378.6	1759.5	1915.4	2221.2	- Amérique du Nord
South-Eastern Europe	9.9	16.8	21.6	27.2	44.2	Europe du Sud-Est
Commonwealth of Independent States	37.9	54.1	108.4	109.5	152.8	Communauté d'Etats indépendants
- Asia	1.6	2.6	9.7	10.2	14.9	- Asie
- Europe	36.3	51.5	98.7	99.3	137.9	- Europe
Northern Africa	1.3	1.5	2.6	2.3	3.5	Afrique septentrionale
Sub-Saharan Africa	25.5	40.8	150.7	30.2	31.8	Afrique subsaharienne
Latin America & the Caribbean	88.1	124.9	140.5	170.7	262.0	Amérique latine et Caraïbes
- Caribbean	0.4	0.7	0.4	1.6	1.7	- Caraïbes
- Latin America	87.7	124.2	140.1	169.1	260.2	- Amérique latine
Eastern Asia	427.7	772.3	1043.0	1251.4	1373.9	Asie orientale
Southern Asia	44.1	60.1	73.4	88.1	114.8	Asie méridionale
South-Eastern Asia	82.0	90.9	100.8	128.8	160.1	Asie du Sud-Est
Western Asia	151.3	155.1	184.5	132.3	133.2	Asie occidentale
Oceania	0.1	0.0	0.0	0.0	0.2	Océanie
United States	712.8	1189.8	1586.5	1728.7	1992.3	Etats-Unis d'Amérique
Japan	636.8	1430.8	1408.4	1423.6	1791.0	Japon
Germany	385.0	586.9	817.8	967.7	1081.9	Allemagne
United Kingdom	339.3	476.9	638.4	665.1	661.2	Royaume-Uni
China	137.2	239.0	379.5	447.6	538.3	Chine
Korea, Republic of	155.1	277.9	375.8	396.4	499.8	République de Corée
France-Monaco	121.1	185.7	265.5	277.1	332.9	France-Monaco
Netherlands	101.0	153.7	208.8	251.1	351.1	Pays-Bas
Canada	106.6	188.8	173.0	186.6	228.9	Canada
Italy	95.9	116.0	134.1	159.0	233.6	Italie
Austria	78.1	116.5	116.3	125.1	271.7	Autriche
Belgium	74.8	86.3	131.1	181.1	207.7	Belgique
Czech Republic	89.2	146.2	135.4	79.2	115.7	République tchèque
Norway	78.5	134.0	118.0	89.1	118.7	Norvège
Israel	117.3	108.0	133.9	89.9	62.6	Israël
Finland	33.1	118.6	47.1	103.9	164.6	Finlande
China, Hong Kong SAR	17.1	41.1	77.8	183.2	115.5	Chine - RAS de Hong-Kong
Sweden	38.8	69.2	82.0	93.6	106.4	Suède
Brazil	40.1	52.9	70.5	85.4	122.3	Brésil
India	39.9	55.0	66.2	83.1	109.7	Inde
Mexico	35.1	54.1	49.9	63.8	110.5	Mexique
Spain	31.0	47.7	63.5	71.9	97.3	Espagne
Russian Federation	23.1	31.2	60.1	63.8	89.9	Fédération de Russie
Thailand	19.9	34.9	39.3	52.2	66.3	Thaïlande
Switzerland-Liechtenstein	26.2	37.3	41.0	41.6	57.5	Suisse-Liechtenstein

Value as percentages of World total

Valeur en pourcentage du total mondial

Regions of the world	1998	1999	2000	2001	2002	2003	2004	2005	2006	2007	Régions du monde
World	100.0	100.0	100.0	100.0	100.0	100.0	100.0	100.0	100.0	100.0	Monde
Developed Economies	86.6	83.8	80.9	82.8	79.5	77.9	79.9	77.1	77.3	77.9	Economies Développés
- Asia-Pacific	15.9	14.3	16.2	15.0	13.7	16.8	22.3	18.2	17.1	17.9	- Asie-Pacifique
- Europe	41.9	42.0	38.7	41.6	42.2	40.3	36.6	36.8	37.9	38.5	- Europe
- North America	28.7	27.4	26.0	26.3	23.5	20.8	21.0	22.1	22.4	21.6	- Amérique du Nord
South-Eastern Europe	0.2	0.2	0.1	0.1	0.2	0.3	0.3	0.3	0.3	0.4	Europe du Sud-Est
Commonwealth of Independent States	0.9	0.7	0.7	0.8	1.1	1.0	0.8	1.4	1.3	1.5	Communauté d'Etats indépendants
- Asia	0.2	0.0	0.1	0.1	0.1	0.0	0.0	0.1	0.1	0.1	- Asie
- Europe	0.7	0.7	0.6	0.7	1.0	0.9	0.8	1.2	1.2	1.3	- Europe
Northern Africa	0.1	0.0	0.0	0.0	0.0	0.0	0.0	0.0	0.0	0.0	Afrique septentrionale
Sub-Saharan Africa	0.1	0.3	0.3	0.4	0.4	0.6	0.6	1.9	0.4	0.3	Afrique subsaharienne
Latin America & the Caribbean	3.0	1.7	1.8	1.9	2.3	2.2	1.9	1.8	2.0	2.5	Amérique latine et Caraïbes
- Caribbean	0.0	0.0	0.0	0.0	0.0	0.0	0.0	0.0	0.0	0.0	- Caraïbes
- Latin America	3.0	1.7	1.8	1.8	2.3	2.2	1.9	1.8	2.0	2.5	- Amérique latine
Eastern Asia	5.6	8.3	10.7	8.4	10.3	10.9	11.8	13.1	14.6	13.3	Asie orientale
Southern Asia	0.8	0.8	0.7	0.8	1.0	1.1	0.9	0.9	1.0	1.1	Asie méridionale
South-Eastern Asia	1.2	2.0	2.2	1.7	2.5	2.1	1.4	1.3	1.5	1.6	Asie du Sud-Est
Western Asia	1.6	2.2	2.5	2.9	2.7	3.8	2.4	2.3	1.5	1.3	Asie occidentale
Oceania	0.0	0.0	0.0	0.0	0.0	0.0	0.0	0.0	0.0	0.0	Océanie

Autres métaux communs non ferreux utilisés en métallurgie, et cermets 689

Trade by commodity

Exports by principal countries or areas

Value in million US dollars

Commerce par produit

Exportations selon les principaux pays ou zones

Valeur en millions de dollars EU

Country or area	2003	2004	2005	2006	2007	Pays ou zone
World	3875.5	6418.0	7208.4	8448.4	9789.0	Monde
Developed Economies	2316.4	3350.3	4096.5	4606.2	5004.1	Economies Développés
- Asia-Pacific	326.1	554.2	682.4	802.3	780.5	- Asie-Pacifique
- Europe	1196.1	1669.9	1869.8	2146.8	2741.6	- Europe
- North America	794.2	1126.1	1544.3	1657.1	1482.0	- Amérique du Nord
South-Eastern Europe	1.5	3.4	3.9	6.5	15.2	Europe du Sud-Est
Commonwealth of Independent States	328.9	571.8	547.8	678.9	817.0	Communauté d'Etats indépendants
- Asia	76.9	132.1	143.0	176.6	208.6	- Asie
- Europe	252.1	439.7	404.8	502.3	608.4	- Europe
Northern Africa	28.3	71.2	46.1	43.7	89.3	Afrique septentrionale
Sub-Saharan Africa	177.1	406.8	163.5	363.8	483.1	Afrique subsaharienne
Latin America & the Caribbean	39.4	79.5	79.7	84.3	162.6	Amérique latine et Caraïbes
- Caribbean	0.5	0.0	1.3	0.0	0.7	- Caraïbes
- Latin America	38.9	79.5	78.4	84.3	161.9	- Amérique latine
Eastern Asia	843.6	1639.4	2034.2	2446.2	2942.7	Asie orientale
Southern Asia	1.1	3.4	14.7	25.2	20.3	Asie méridionale
South-Eastern Asia	85.8	202.9	131.0	108.0	133.2	Asie du Sud-Est
Western Asia	53.2	89.3	90.5	85.7	121.2	Asie occidentale
Oceania	0.1	0.1	0.5	0.0	0.3	Océanie
China	774.4	1508.2	1789.1	2073.1	2462.6	Chine
United States	529.6	602.1	1078.9	1201.8	783.5	Etats-Unis d'Amérique
Germany	332.4	450.4	644.7	775.1	845.9	Allemagne
Japan	243.0	363.2	578.3	680.7	547.5	Japon
Canada	264.6	523.5	465.4	455.3	687.3	Canada
Russian Federation	217.0	406.3	323.8	372.7	509.7	Fédération de Russie
United Kingdom	217.0	246.0	338.9	294.6	343.7	Royaume-Uni
Finland	116.0	286.5	239.8	218.2	345.5	Finlande
Netherlands	97.4	130.0	125.0	150.2	247.8	Pays-Bas
Australia	82.8	189.7	101.2	118.9	230.6	Australie
Democratic Republic of the Congo	e42.1	e167.5	e73.3	e172.9	e260.3	République démocratique du Congo
France-Monaco	73.6	108.8	160.1	167.6	189.0	France-Monaco
Belgium	22.7	25.9	43.0	204.2	319.0	Belgique
Kazakhstan	74.8	101.1	125.9	144.2	156.7	Kazakhstan
Korea, Republic of	9.9	22.4	89.6	145.1	249.4	République de Corée
Austria	54.1	56.9	63.9	82.7	159.1	Autriche
South Africa	40.9	71.6	61.2	142.3	99.8	Afrique du Sud
Israel	52.4	82.2	86.8	81.2	101.0	Israël
Ukraine	34.6	32.7	80.5	128.8	97.8	Ukraine
China, Hong Kong SAR	19.6	54.2	66.5	125.2	108.7	Chine - RAS de Hong-Kong
Philippines	35.6	105.5	67.8	35.6	35.1	Philippines
Morocco	28.3	67.8	44.3	43.2	89.1	Maroc
Czech Republic	52.1	53.1	60.8	54.1	51.7	République tchèque
Switzerland-Liechtenstein	32.6	42.0	50.6	55.6	62.2	Suisse-Liechtenstein
Norway	92.0	139.1	1.2	2.2	2.2	Norvège

Value as percentages of World total

Valeur en pourcentage du total mondial

Regions of the world	1998	1999	2000	2001	2002	2003	2004	2005	2006	2007	Régions du monde
World	100.0	100.0	100.0	100.0	100.0	100.0	100.0	100.0	100.0	100.0	Monde
Developed Economies	61.1	59.9	60.9	61.4	61.8	59.8	52.2	56.8	54.5	51.1	Economies Développés
- Asia-Pacific	6.7	7.5	9.0	9.7	7.0	8.4	8.6	9.5	9.5	8.0	- Asie-Pacifique
- Europe	29.9	31.4	32.1	32.9	33.4	30.9	26.0	25.9	25.4	28.0	- Europe
- North America	24.5	21.1	19.7	18.7	21.4	20.5	17.5	21.4	19.6	15.1	- Amérique du Nord
South-Eastern Europe	0.2	0.1	0.1	0.1	0.1	0.0	0.1	0.1	0.1	0.2	Europe du Sud-Est
Commonwealth of Independent States	13.6	11.1	10.1	11.1	10.3	8.5	8.9	7.6	8.0	8.3	Communauté d'Etats indépendants
- Asia	3.6	2.5	1.2	2.5	3.1	2.0	2.1	2.0	2.1	2.1	- Asie
- Europe	10.0	8.6	8.9	8.6	7.1	6.5	6.9	5.6	5.9	6.2	- Europe
Northern Africa	0.2	0.4	0.9	0.7	0.7	0.7	1.1	0.6	0.5	0.9	Afrique septentrionale
Sub-Saharan Africa	8.2	7.6	5.1	4.0	4.2	4.6	6.3	2.3	4.3	4.9	Afrique subsaharienne
Latin America & the Caribbean	0.8	1.0	1.1	0.9	1.2	1.0	1.2	1.1	1.0	1.7	Amérique latine et Caraïbes
- Caribbean	0.0	0.0	0.0	0.0	0.0	0.0	0.0	0.0	0.0	0.0	- Caraïbes
- Latin America	0.8	1.0	1.1	0.9	1.2	1.0	1.2	1.1	1.0	1.7	- Amérique latine
Eastern Asia	12.9	15.6	16.6	16.2	16.8	21.8	25.5	28.2	29.0	30.1	Asie orientale
Southern Asia	0.1	0.1	0.1	0.1	0.1	0.0	0.1	0.2	0.3	0.2	Asie méridionale
South-Eastern Asia	1.0	1.8	3.2	3.6	2.9	2.2	3.2	1.8	1.3	1.4	Asie du Sud-Est
Western Asia	1.7	2.4	2.0	2.0	2.0	1.4	1.4	1.3	1.0	1.2	Asie occidentale
Oceania	0.0	0.0	0.0	0.0	0.0	0.0	0.0	0.0	0.0	0.0	Océanie

691 Structures and parts of structures, nes, of iron, steel or aluminium

Trade by commodity
Imports by principal countries or areas
Value in million US dollars

Commerce par produit
Importations selon les principaux pays ou zones
Valeur en millions de dollars EU

Country or area	2003	2004	2005	2006	2007	Pays ou zone
World	16396.6	20250.6	24194.2	31053.2	40421.9	Monde
Developed Economies	12074.2	14325.6	16673.5	20791.3	26448.4	Economies Développés
- Asia-Pacific	838.8	1111.3	1644.3	2128.5	2393.3	- Asie-Pacifique
- Europe	9102.6	10674.6	11896.7	14470.2	18718.7	- Europe
- North America	2132.8	2539.6	3132.5	4192.6	5336.4	- Amérique du Nord
South-Eastern Europe	252.9	480.9	582.8	782.4	1114.7	Europe du Sud-Est
Commonwealth of Independent States	464.6	797.0	1114.3	1475.1	2019.4	Communauté d'Etats indépendants
- Asia	166.1	319.6	331.5	555.1	589.7	- Asie
- Europe	298.5	477.4	782.8	920.0	1429.8	- Europe
Northern Africa	332.6	436.4	408.1	598.7	666.8	Afrique septentrionale
Sub-Saharan Africa	447.2	582.6	1070.8	1288.0	1869.3	Afrique subsaharienne
Latin America & the Caribbean	508.3	588.4	836.5	1078.8	1314.9	Amérique latine et Caraïbes
- Caribbean	161.4	173.3	239.1	329.4	372.3	- Caraïbes
- Latin America	346.9	415.1	597.4	749.4	942.6	- Amérique latine
Eastern Asia	859.9	1051.9	943.5	1302.2	1619.7	Asie orientale
Southern Asia	148.7	196.1	243.6	339.7	758.9	Asie méridionale
South-Eastern Asia	535.4	661.7	879.5	1115.6	1404.9	Asie du Sud-Est
Western Asia	724.4	1072.9	1380.5	2208.1	3109.9	Asie occidentale
Oceania	48.5	57.0	61.1	73.3	94.9	Océanie
United States	1780.3	2087.3	2565.0	3386.6	4417.7	Etats-Unis d'Amérique
Germany	1632.1	1644.7	1928.5	2343.8	2780.2	Allemagne
France-Monaco	1028.5	1279.7	1435.2	1700.1	2177.0	France-Monaco
Japan	691.0	862.7	1265.2	1772.9	1965.5	Japon
United Kingdom	846.9	946.0	1040.5	1147.2	1709.5	Royaume-Uni
Austria	595.1	685.3	790.2	937.9	1128.9	Autriche
Switzerland-Liechtenstein	559.4	683.8	765.9	877.9	1074.7	Suisse-Liechtenstein
Norway	374.4	577.5	535.8	864.5	1097.9	Norvège
Netherlands	475.1	551.0	592.6	740.3	996.3	Pays-Bas
Spain	367.8	523.2	636.0	739.2	1069.1	Espagne
Belgium	495.8	559.4	594.6	698.9	979.0	Belgique
Canada	318.4	427.1	537.9	773.0	888.9	Canada
Russian Federation	212.3	333.0	558.6	571.3	933.4	Fédération de Russie
Denmark	342.1	366.9	436.1	571.7	762.5	Danemark
Italy	325.0	422.1	428.2	478.3	573.3	Italie
Poland	247.8	309.3	334.0	500.8	742.1	Pologne
Saudi Arabia	103.8	186.8	265.2	593.7	870.0	Arabie saoudite
United Arab Emirates	171.7	259.8	352.7	539.4	e667.4	Emirates arabes unis
Singapore	163.0	281.3	361.5	392.3	586.1	Singapour
Korea, Republic of	154.6	235.8	217.3	448.6	618.7	République de Corée
China, Hong Kong SAR	332.7	324.4	300.6	339.5	366.1	Chine - RAS de Hong-Kong
Czech Republic	202.6	265.3	283.0	379.9	504.5	République tchèque
China	246.1	359.3	298.9	317.4	387.7	Chine
Romania	115.5	193.5	256.7	429.4	556.5	Roumanie
Ireland	236.2	267.1	311.8	350.6	364.8	Irlande

Value as percentages of World total

Valeur en pourcentage du total mondial

Regions of the world	1998	1999	2000	2001	2002	2003	2004	2005	2006	2007	Régions du monde
World	100.0	100.0	100.0	100.0	100.0	100.0	100.0	100.0	100.0	100.0	Monde
Developed Economies	65.2	68.1	71.8	69.3	73.2	73.6	70.7	68.9	67.0	65.4	Economies Développés
- Asia-Pacific	3.6	3.7	4.3	4.6	4.8	5.1	5.5	6.8	6.9	5.9	- Asie-Pacifique
- Europe	52.8	53.7	53.2	50.0	53.3	55.5	52.7	49.2	46.6	46.3	- Europe
- North America	8.9	10.7	14.3	14.7	15.1	13.0	12.5	12.9	13.5	13.2	- Amérique du Nord
South-Eastern Europe	0.9	0.8	0.9	0.9	1.2	1.5	2.4	2.4	2.5	2.8	Europe du Sud-Est
Commonwealth of Independent States	2.7	2.6	1.5	1.9	2.5	2.8	3.9	4.6	4.8	5.0	Communauté d'Etats indépendants
- Asia	0.7	1.5	0.7	0.7	0.9	1.0	1.6	1.4	1.8	1.5	- Asie
- Europe	2.0	1.1	0.8	1.2	1.6	1.8	2.4	3.2	3.0	3.5	- Europe
Northern Africa	1.9	1.4	1.4	1.5	1.7	2.0	2.2	1.7	1.9	1.6	Afrique septentrionale
Sub-Saharan Africa	1.9	4.3	2.4	6.9	2.9	2.7	2.9	4.4	4.1	4.6	Afrique subsaharienne
Latin America & the Caribbean	5.4	5.6	5.9	4.5	3.8	3.1	2.9	3.5	3.5	3.3	Amérique latine et Caraïbes
- Caribbean	1.1	1.3	1.6	1.5	1.2	1.0	0.9	1.0	1.1	0.9	- Caraïbes
- Latin America	4.3	4.3	4.3	3.1	2.6	2.1	2.0	2.5	2.4	2.3	- Amérique latine
Eastern Asia	7.7	6.5	5.4	5.1	5.6	5.2	5.2	3.9	4.2	4.0	Asie orientale
Southern Asia	1.2	0.9	0.9	0.8	0.7	0.9	1.0	1.0	1.1	1.9	Asie méridionale
South-Eastern Asia	6.5	4.9	4.2	3.8	3.5	3.3	3.3	3.6	3.6	3.5	Asie du Sud-Est
Western Asia	6.0	4.5	5.4	5.1	4.6	4.4	5.3	5.7	7.1	7.7	Asie occidentale
Oceania	0.5	0.5	0.2	0.2	0.5	0.3	0.3	0.3	0.2	0.2	Océanie

Constructions et parties de construction, n.d.a., en fonte, fer, acier ou aluminium 691

Trade by commodity · Commerce par produit
Exports by principal countries or areas · Exportations selon les principaux pays ou zones
Value in million US dollars · Valeur en millions de dollars EU

Country or area	2003	2004	2005	2006	2007	Pays ou zone
World	17813.8	22441.6	27082.8	34290.2	45144.4	Monde
Developed Economies	13629.2	16707.8	19006.3	22893.3	29483.6	Economies Développés
- Asia-Pacific	277.8	327.6	348.9	417.7	498.7	- Asie-Pacifique
- Europe	11691.7	14378.3	16315.5	19604.8	25687.3	- Europe
- North America	1659.7	2001.9	2341.9	2870.8	3297.7	- Amérique du Nord
South-Eastern Europe	89.8	177.9	228.8	290.0	444.0	Europe du Sud-Est
Commonwealth of Independent States	322.3	380.7	467.6	561.6	620.5	Communauté d'Etats indépendants
- Asia	2.7	5.5	7.7	19.2	12.6	- Asie
- Europe	319.6	375.2	459.9	542.4	607.8	- Europe
Northern Africa	38.3	82.7	61.8	76.0	146.4	Afrique septentrionale
Sub-Saharan Africa	183.2	279.3	334.7	362.1	499.3	Afrique subsaharienne
Latin America & the Caribbean	384.2	501.1	685.0	800.2	949.5	Amérique latine et Caraïbes
- Caribbean	11.3	11.8	19.6	24.3	26.4	- Caraïbes
- Latin America	372.9	489.3	665.5	775.9	923.0	- Amérique latine
Eastern Asia	1935.6	2560.4	3870.9	6207.3	9330.2	Asie orientale
Southern Asia	129.4	203.7	294.0	397.0	452.8	Asie méridionale
South-Eastern Asia	557.3	764.5	1023.6	1410.9	1602.1	Asie du Sud-Est
Western Asia	542.4	782.9	1109.6	1291.2	1614.1	Asie occidentale
Oceania	2.2	0.7	0.5	0.5	1.9	Océanie
Germany	2875.0	3524.2	4187.2	5222.9	6528.7	Allemagne
China	1349.4	1954.3	3049.8	4748.4	7828.2	Chine
Italy	1076.9	1490.6	1406.6	1676.7	2182.4	Italie
Canada	947.8	1128.6	1318.9	1525.3	1850.2	Canada
Poland	785.8	1001.5	1218.8	1583.5	2105.9	Pologne
Belgium	780.4	935.3	1051.5	1284.6	1626.7	Belgique
Netherlands	761.0	970.2	1048.5	1145.4	1511.6	Pays-Bas
United States	711.9	873.3	1023.0	1345.6	1447.4	Etats-Unis d'Amérique
Austria	670.0	792.6	943.2	1240.8	1536.2	Autriche
United Kingdom	801.4	874.8	953.6	1067.0	1292.1	Royaume-Uni
Korea, Republic of	477.7	489.4	690.8	1310.8	1346.1	République de Corée
France-Monaco	638.2	736.2	829.6	888.1	1099.5	France-Monaco
Czech Republic	498.8	619.1	753.1	913.9	1208.0	République tchèque
Denmark	457.8	552.9	623.8	687.9	919.1	Danemark
Spain	372.8	467.3	513.1	561.5	916.0	Espagne
Sweden	391.8	492.2	537.8	584.8	751.6	Suède
Thailand	242.9	355.7	489.7	749.9	694.8	Thaïlande
Turkey	244.6	409.0	550.7	472.6	687.7	Turquie
Mexico	241.3	263.7	372.2	488.2	577.8	Mexique
Finland	265.8	301.0	344.5	362.0	449.3	Finlande
Switzerland-Liechtenstein	266.0	293.4	280.8	297.9	425.6	Suisse-Liechtenstein
Norway	132.6	206.9	313.2	284.6	604.5	Norvège
Hungary	177.2	256.3	262.0	349.4	494.8	Hongrie
South Africa	146.9	247.5	299.1	319.8	406.8	Afrique du Sud
Japan	210.4	246.3	250.1	309.4	375.8	Japon

Value as percentages of World total · Valeur en pourcentage du total mondial

Regions of the world	1998	1999	2000	2001	2002	2003	2004	2005	2006	2007	Régions du monde
World	100.0	100.0	100.0	100.0	100.0	100.0	100.0	100.0	100.0	100.0	Monde
Developed Economies	82.2	80.5	77.4	78.3	76.7	76.5	74.4	70.2	66.8	65.3	Economies Développés
- Asia-Pacific	2.6	2.3	1.6	1.4	1.4	1.6	1.5	1.3	1.2	1.1	- Asie-Pacifique
- Europe	68.6	66.8	62.7	64.3	63.9	65.6	64.1	60.2	57.2	56.9	- Europe
- North America	11.0	11.4	13.1	12.6	11.4	9.3	8.9	8.6	8.4	7.3	- Amérique du Nord
South-Eastern Europe	0.5	0.4	0.4	0.4	0.4	0.5	0.8	0.8	0.8	1.0	Europe du Sud-Est
Commonwealth of Independent States	0.5	1.1	2.3	1.7	1.9	1.8	1.7	1.7	1.6	1.4	Communauté d'Etats indépendants
- Asia	0.0	0.0	0.0	0.1	0.0	0.0	0.0	0.0	0.1	0.0	- Asie
- Europe	0.5	1.0	2.3	1.6	1.8	1.8	1.7	1.7	1.6	1.3	- Europe
Northern Africa	0.1	0.0	0.1	0.1	0.1	0.2	0.4	0.2	0.2	0.3	Afrique septentrionale
Sub-Saharan Africa	0.8	1.1	1.3	0.9	1.0	1.0	1.2	1.2	1.1	1.1	Afrique subsaharienne
Latin America & the Caribbean	2.4	2.3	3.1	2.8	2.6	2.2	2.2	2.5	2.3	2.1	Amérique latine et Caraïbes
- Caribbean	0.2	0.1	0.2	0.1	0.1	0.1	0.1	0.1	0.1	0.1	- Caraïbes
- Latin America	2.2	2.2	2.9	2.7	2.5	2.1	2.2	2.5	2.3	2.0	- Amérique latine
Eastern Asia	7.5	8.9	9.3	9.6	11.0	10.9	11.4	14.3	18.1	20.7	Asie orientale
Southern Asia	0.7	0.7	0.7	0.5	0.6	0.7	0.9	1.1	1.2	1.0	Asie méridionale
South-Eastern Asia	2.8	2.7	2.9	3.1	2.9	3.1	3.4	3.8	4.1	3.5	Asie du Sud-Est
Western Asia	2.5	2.2	2.5	2.7	2.9	3.0	3.5	4.1	3.8	3.6	Asie occidentale
Oceania	0.0	0.0	0.0	0.0	0.0	0.0	0.0	0.0	0.0	0.0	Océanie

692 Metal containers for storage or transport

Trade by commodity

Commerce par produit

Imports by principal countries or areas

Importations selon les principaux pays ou zones

Value in million US dollars

Valeur en millions de dollars EU

Country or area	2003	2004	2005	2006	2007	Pays ou zone
World	8150.8	9415.1	10611.4	12226.3	14792.9	Monde
Developed Economies	5693.2	6416.3	6924.0	7978.4	9551.5	Economies Développés
- Asia-Pacific	266.1	310.6	322.6	341.0	400.2	- Asie-Pacifique
- Europe	4407.6	4946.8	5335.2	6184.4	7440.9	- Europe
- North America	1019.5	1158.9	1266.2	1453.1	1710.3	- Amérique du Nord
South-Eastern Europe	118.4	174.1	182.3	204.8	269.2	Europe du Sud-Est
Commonwealth of Independent States	180.5	202.9	290.6	331.1	445.0	Communauté d'Etats indépendants
- Asia	41.0	53.1	106.2	87.3	135.4	- Asie
- Europe	139.6	149.8	184.4	243.8	309.6	- Europe
Northern Africa	218.2	269.9	266.2	271.6	302.0	Afrique septentrionale
Sub-Saharan Africa	282.9	312.4	402.1	448.2	507.8	Afrique subsaharienne
Latin America & the Caribbean	511.4	618.9	718.6	818.6	918.6	Amérique latine et Caraïbes
- Caribbean	68.8	89.6	115.0	106.2	124.1	- Caraïbes
- Latin America	442.6	529.3	603.5	712.5	794.5	- Amérique latine
Eastern Asia	389.2	446.4	525.1	586.4	723.1	Asie orientale
Southern Asia	94.6	145.9	211.3	240.9	253.2	Asie méridionale
South-Eastern Asia	290.1	346.6	427.0	529.3	637.7	Asie du Sud-Est
Western Asia	332.2	433.2	608.8	749.6	1133.7	Asie occidentale
Oceania	40.1	48.4	55.5	67.5	51.0	Océanie
United States	699.6	801.7	875.5	940.1	1090.5	Etats-Unis d'Amérique
Germany	561.4	583.7	730.3	826.7	947.6	Allemagne
France-Monaco	534.7	625.6	667.7	737.6	924.5	France-Monaco
Belgium	448.6	550.9	604.0	670.5	816.6	Belgique
United Kingdom	431.1	479.9	517.1	582.9	658.5	Royaume-Uni
Netherlands	494.4	486.8	475.4	536.8	602.5	Pays-Bas
Canada	317.1	354.4	388.0	510.5	616.6	Canada
Spain	284.4	327.8	331.8	547.5	462.7	Espagne
Mexico	151.9	230.0	232.6	281.8	307.5	Mexique
Austria	227.9	215.4	206.3	224.4	285.2	Autriche
Korea, Republic of	134.4	143.1	197.0	261.4	349.8	République de Corée
Denmark	159.8	191.2	213.8	238.4	279.9	Danemark
Switzerland-Liechtenstein	130.5	159.3	180.0	238.5	321.3	Suisse-Liechtenstein
Poland	121.9	153.1	175.1	211.3	348.4	Pologne
Japan	182.3	206.7	199.9	192.1	210.4	Japon
Italy	156.4	181.1	160.7	175.8	231.2	Italie
China	101.9	159.7	157.0	155.1	209.2	Chine
Norway	107.1	155.7	132.3	153.2	198.1	Norvège
Russian Federation	88.8	95.4	127.8	162.2	200.3	Fédération de Russie
Saudi Arabia	47.4	55.4	105.6	163.4	274.7	Arabie saoudite
Hungary	102.0	112.8	133.2	116.6	166.3	Hongrie
Portugal	80.4	101.5	100.0	136.0	181.3	Portugal
Sweden	96.8	94.0	105.3	134.1	159.9	Suède
Czech Republic	71.7	88.7	93.2	117.4	169.9	République tchèque
Australia	66.2	85.4	97.6	124.5	159.9	Australie

Value as percentages of World total

Valeur en pourcentage du total mondial

Regions of the world	1998	1999	2000	2001	2002	2003	2004	2005	2006	2007	Régions du monde
World	100.0	100.0	100.0	100.0	100.0	100.0	100.0	100.0	100.0	100.0	Monde
Developed Economies	67.5	69.8	69.0	57.5	68.1	69.8	68.1	65.3	65.3	64.6	Economies Développés
- Asia-Pacific	2.8	2.9	3.6	2.6	3.0	3.3	3.3	3.0	2.8	2.7	- Asie-Pacifique
- Europe	52.0	52.8	50.8	43.0	51.1	54.1	52.5	50.3	50.6	50.3	- Europe
- North America	12.7	14.1	14.6	11.9	14.0	12.5	12.3	11.9	11.9	11.6	- Amérique du Nord
South-Eastern Europe	1.2	1.2	1.2	1.0	1.4	1.5	1.8	1.7	1.7	1.8	Europe du Sud-Est
Commonwealth of Independent States	2.6	1.3	1.6	1.8	2.5	2.2	2.2	2.7	2.7	3.0	Communauté d'Etats indépendants
- Asia	0.3	0.5	0.7	0.6	0.5	0.5	0.6	1.0	0.7	0.9	- Asie
- Europe	2.3	0.8	1.0	1.2	2.0	1.7	1.6	1.7	2.0	2.1	- Europe
Northern Africa	1.9	2.1	1.5	1.6	2.0	2.7	2.9	2.5	2.2	2.0	Afrique septentrionale
Sub-Saharan Africa	2.2	2.6	2.6	16.4	3.7	3.5	3.3	3.8	3.7	3.4	Afrique subsaharienne
Latin America & the Caribbean	9.2	8.8	8.2	8.5	6.9	6.3	6.6	6.8	6.7	6.2	Amérique latine et Caraïbes
- Caribbean	1.0	1.1	1.1	1.0	1.0	0.8	1.0	1.1	0.9	0.8	- Caraïbes
- Latin America	8.2	7.7	7.1	7.6	5.9	5.4	5.6	5.7	5.8	5.4	- Amérique latine
Eastern Asia	4.3	4.5	4.8	4.2	4.9	4.8	4.7	4.9	4.8	4.9	Asie orientale
Southern Asia	0.9	0.9	0.7	1.0	0.9	1.2	1.5	2.0	2.0	1.7	Asie méridionale
South-Eastern Asia	4.6	3.7	4.3	3.5	3.8	3.6	3.7	4.0	4.3	4.3	Asie du Sud-Est
Western Asia	5.1	4.5	5.5	3.8	5.1	4.1	4.6	5.7	6.1	7.7	Asie occidentale
Oceania	0.7	0.6	0.6	0.5	0.6	0.5	0.5	0.5	0.6	0.3	Océanie

Trade by commodity
Exports by principal countries or areas
Value in million US dollars

Commerce par produit
Exportations selon les principaux pays ou zones
Valeur en millions de dollars EU

Country or area	2003	2004	2005	2006	2007	Pays ou zone
World	8491.1	9855.8	11305.9	13472.0	16655.5	Monde
Developed Economies	6607.4	7566.7	8485.3	9762.2	12089.3	Economies Développés
- Asia-Pacific	194.1	220.1	214.9	218.2	233.4	- Asie-Pacifique
- Europe	5446.4	6229.1	6947.0	8022.3	10121.8	- Europe
- North America	966.9	1117.5	1323.5	1521.6	1734.1	- Amérique du Nord
South-Eastern Europe	53.1	71.2	99.1	127.0	196.9	Europe du Sud-Est
Commonwealth of Independent States	69.1	121.7	130.8	144.8	204.3	Communauté d'Etats indépendants
- Asia	6.9	5.4	4.5	5.3	6.2	- Asie
- Europe	62.2	116.3	126.3	139.5	198.1	- Europe
Northern Africa	21.3	17.8	21.5	24.6	50.0	Afrique septentrionale
Sub-Saharan Africa	53.4	76.1	114.4	117.8	130.7	Afrique subsaharienne
Latin America & the Caribbean	362.8	407.6	475.3	549.0	619.2	Amérique latine et Caraïbes
- Caribbean	13.7	11.3	13.9	16.9	17.3	- Caraïbes
- Latin America	349.1	396.3	461.4	532.1	601.9	- Amérique latine
Eastern Asia	626.8	776.1	1111.5	1748.0	2171.5	Asie orientale
Southern Asia	52.1	45.0	71.4	98.0	114.1	Asie méridionale
South-Eastern Asia	374.4	410.0	437.4	552.0	609.9	Asie du Sud-Est
Western Asia	267.2	360.5	355.9	342.8	461.8	Asie occidentale
Oceania	3.6	3.1	3.3	6.0	7.8	Océanie
Germany	1001.6	1108.0	1361.5	1759.9	2099.5	Allemagne
United States	661.3	778.0	948.5	1131.3	1334.4	Etats-Unis d'Amérique
Italy	589.4	706.9	766.9	941.0	1295.6	Italie
France-Monaco	623.4	678.5	720.0	804.1	1002.7	France-Monaco
China	304.9	401.3	510.1	754.2	1039.3	Chine
Spain	433.6	487.1	577.1	633.4	868.4	Espagne
United Kingdom	433.9	500.4	517.9	558.3	673.5	Royaume-Uni
Korea, Republic of	151.9	199.2	399.1	777.9	914.1	République de Corée
Netherlands	366.7	381.0	433.6	426.2	538.4	Pays-Bas
Czech Republic	240.9	307.1	353.2	409.2	583.6	République tchèque
Belgium	317.1	360.4	367.4	388.9	443.0	Belgique
Poland	224.6	302.8	353.7	418.2	540.6	Pologne
Canada	305.5	339.3	374.9	390.3	399.7	Canada
Austria	216.1	213.5	254.4	338.1	426.5	Autriche
Mexico	186.0	221.1	237.0	254.0	255.4	Mexique
Sweden	194.7	232.0	218.6	216.6	273.8	Suède
Denmark	173.7	197.3	199.9	208.2	235.6	Danemark
Portugal	151.8	178.1	203.5	215.7	240.3	Portugal
Thailand	94.8	132.2	156.8	194.4	221.9	Thaïlande
Saudi Arabia	132.4	150.2	111.0	144.4	225.3	Arabie saoudite
Switzerland-Liechtenstein	123.5	134.4	136.8	156.4	177.1	Suisse-Liechtenstein
Japan	115.8	124.6	129.7	146.4	160.3	Japon
Hungary	85.7	97.9	102.8	136.0	171.6	Hongrie
Malaysia	82.4	104.6	108.9	132.0	146.8	Malaisie
China, Hong Kong SAR	105.6	111.7	114.6	115.7	106.9	Chine - RAS de Hong-Kong

Value as percentages of World total

Valeur en pourcentage du total mondial

Regions of the world	1998	1999	2000	2001	2002	2003	2004	2005	2006	2007	Régions du monde
World	100.0	100.0	100.0	100.0	100.0	100.0	100.0	100.0	100.0	100.0	Monde
Developed Economies	81.4	80.8	79.0	78.9	79.1	77.8	76.8	75.1	72.5	72.6	Economies Développés
- Asia-Pacific	2.2	2.3	2.8	2.4	2.3	2.3	2.2	1.9	1.6	1.4	- Asie-Pacifique
- Europe	64.2	64.1	61.1	61.7	63.0	64.1	63.2	61.4	59.5	60.8	- Europe
- North America	15.0	14.4	15.2	14.8	13.8	11.4	11.3	11.7	11.3	10.4	- Amérique du Nord
South-Eastern Europe	0.4	0.4	0.4	0.4	0.4	0.6	0.7	0.9	0.9	1.2	Europe du Sud-Est
Commonwealth of Independent States	0.5	0.5	0.6	0.9	1.0	0.8	1.2	1.2	1.1	1.2	Communauté d'Etats indépendants
- Asia	0.0	0.0	0.1	0.1	0.1	0.1	0.1	0.0	0.0	0.0	- Asie
- Europe	0.5	0.5	0.6	0.8	0.8	0.7	1.2	1.1	1.0	1.2	- Europe
Northern Africa	0.1	0.1	0.1	0.1	0.2	0.3	0.2	0.2	0.2	0.3	Afrique septentrionale
Sub-Saharan Africa	1.0	1.1	0.6	0.7	0.5	0.6	0.8	1.0	0.9	0.8	Afrique subsaharienne
Latin America & the Caribbean	4.5	4.4	4.9	4.8	4.6	4.3	4.1	4.2	4.1	3.7	Amérique latine et Caraïbes
- Caribbean	0.2	0.2	0.3	0.2	0.2	0.2	0.1	0.1	0.1	0.1	- Caraïbes
- Latin America	4.3	4.2	4.6	4.5	4.4	4.1	4.0	4.1	3.9	3.6	- Amérique latine
Eastern Asia	7.3	7.1	7.6	7.1	7.3	7.4	7.9	9.8	13.0	13.0	Asie orientale
Southern Asia	0.2	0.3	0.4	0.8	0.7	0.6	0.5	0.6	0.7	0.7	Asie méridionale
South-Eastern Asia	2.9	3.5	4.6	4.3	4.2	4.4	4.2	3.9	4.1	3.7	Asie du Sud-Est
Western Asia	1.5	1.7	1.7	2.0	2.0	3.1	3.7	3.1	2.5	2.8	Asie occidentale
Oceania	0.0	0.0	0.0	0.0	0.0	0.0	0.0	0.0	0.0	0.0	Océanie

693 Wire products (excluding insulated electrical wiring) and fencing grills

Trade by commodity

Imports by principal countries or areas

Value in million US dollars

Commerce par produit

Importations selon les principaux pays ou zones

Valeur en millions de dollars EU

Country or area	2003	2004	2005	2006	2007	Pays ou zone
World	5704.0	7592.0	8781.2	10486.9	12609.6	Monde
Developed Economies	3940.2	5470.1	6183.0	7392.2	8522.4	Economies Développés
- Asia-Pacific	184.0	259.0	326.1	367.0	429.3	- Asie-Pacifique
- Europe	2736.8	3842.8	4236.9	5209.4	6197.6	- Europe
- North America	1019.4	1368.3	1619.9	1815.7	1895.5	- Amérique du Nord
South-Eastern Europe	47.0	79.1	98.1	109.9	210.7	Europe du Sud-Est
Commonwealth of Independent States	98.7	149.5	157.7	202.4	293.1	Communauté d'Etats indépendants
- Asia	41.3	49.6	60.5	76.1	116.8	- Asie
- Europe	57.4	100.0	97.1	126.3	176.4	- Europe
Northern Africa	83.2	103.3	96.1	128.8	205.5	Afrique septentrionale
Sub-Saharan Africa	195.5	223.7	283.4	312.5	389.5	Afrique subsaharienne
Latin America & the Caribbean	406.0	447.3	535.5	657.7	829.5	Amérique latine et Caraïbes
- Caribbean	38.0	51.6	56.6	101.6	112.9	- Caraïbes
- Latin America	368.0	395.8	479.0	556.1	716.5	- Amérique latine
Eastern Asia	365.6	441.0	522.0	613.0	724.8	Asie orientale
Southern Asia	66.2	98.6	107.8	141.5	128.7	Asie méridionale
South-Eastern Asia	228.2	263.6	372.1	424.3	570.1	Asie du Sud-Est
Western Asia	260.3	291.3	393.9	473.0	694.1	Asie occidentale
Oceania	13.2	24.3	31.7	31.6	41.2	Océanie
United States	810.3	1131.3	1346.8	1504.9	1576.9	Etats-Unis d'Amérique
France-Monaco	376.8	577.9	603.8	752.2	922.7	France-Monaco
Germany	406.2	554.2	588.2	757.8	821.3	Allemagne
Spain	244.6	353.7	382.4	420.6	474.4	Espagne
United Kingdom	236.2	310.4	325.4	369.1	437.3	Royaume-Uni
Belgium	159.9	296.5	315.7	319.4	417.6	Belgique
Italy	190.3	239.3	265.0	351.0	418.5	Italie
China	207.7	249.1	274.1	346.6	381.8	Chine
Canada	207.2	235.0	270.9	307.8	315.4	Canada
Mexico	154.9	154.4	212.0	218.9	270.2	Mexique
Austria	135.5	176.3	173.3	214.7	250.2	Autriche
Netherlands	107.0	142.4	150.0	227.8	304.7	Pays-Bas
Japan	100.8	134.2	176.9	196.3	209.2	Japon
Czech Republic	80.3	112.2	134.2	187.4	206.7	République tchèque
Poland	85.4	114.4	141.2	153.6	203.2	Pologne
Australia	71.4	110.1	133.3	154.9	203.2	Australie
Denmark	85.3	110.8	121.4	168.5	186.4	Danemark
Singapore	87.8	90.5	125.1	150.7	213.7	Singapour
Hungary	62.2	93.5	138.3	151.2	152.2	Hongrie
United Arab Emirates	72.5	92.0	133.2	133.3	e165.0	Emirates arabes unis
Switzerland-Liechtenstein	60.9	85.2	96.9	156.7	178.6	Suisse-Liechtenstein
Korea, Republic of	64.9	70.8	113.3	127.6	199.6	République de Corée
Sweden	56.2	78.3	95.8	152.0	183.2	Suède
Norway	54.3	85.3	103.6	134.6	167.9	Norvège
Slovakia	48.1	81.6	95.5	114.5	153.6	Slovaquie

Value as percentages of World total

Valeur en pourcentage du total mondial

Regions of the world	1998	1999	2000	2001	2002	2003	2004	2005	2006	2007	Régions du monde
World	100.0	100.0	100.0	100.0	100.0	100.0	100.0	100.0	100.0	100.0	Monde
Developed Economies	70.1	71.5	70.4	66.6	69.4	69.1	72.1	70.4	70.5	67.6	Economies Développés
- Asia-Pacific	2.9	3.1	3.5	2.9	3.2	3.2	3.4	3.7	3.5	3.4	- Asie-Pacifique
- Europe	48.1	47.4	44.9	42.5	46.3	48.0	50.6	48.3	49.7	49.2	- Europe
- North America	19.1	21.0	22.0	21.1	19.9	17.9	18.0	18.4	17.3	15.0	- Amérique du Nord
South-Eastern Europe	0.6	0.8	0.7	0.7	0.7	0.8	1.0	1.1	1.0	1.7	Europe du Sud-Est
Commonwealth of Independent States	2.1	1.7	2.2	2.1	1.8	1.7	2.0	1.8	1.9	2.3	Communauté d'Etats indépendants
- Asia	0.7	0.6	0.6	0.7	0.6	0.7	0.7	0.7	0.7	0.9	- Asie
- Europe	1.4	1.1	1.5	1.4	1.2	1.0	1.3	1.1	1.2	1.4	- Europe
Northern Africa	1.9	1.5	1.1	1.0	1.5	1.5	1.4	1.1	1.2	1.6	Afrique septentrionale
Sub-Saharan Africa	2.1	2.8	2.9	6.1	3.4	3.4	2.9	3.2	3.0	3.1	Afrique subsaharienne
Latin America & the Caribbean	9.5	8.7	8.2	8.1	8.1	7.1	5.9	6.1	6.3	6.6	Amérique latine et Caraïbes
- Caribbean	0.9	1.1	1.0	1.0	1.0	0.7	0.7	0.6	1.0	0.9	- Caraïbes
- Latin America	8.6	7.6	7.1	7.0	7.1	6.5	5.2	5.5	5.3	5.7	- Amérique latine
Eastern Asia	3.7	4.1	4.8	4.7	5.2	6.4	5.8	5.9	5.8	5.7	Asie orientale
Southern Asia	1.1	0.9	0.8	1.0	1.2	1.2	1.3	1.2	1.3	1.0	Asie méridionale
South-Eastern Asia	5.2	4.5	4.5	4.5	4.4	4.0	3.5	4.2	4.0	4.5	Asie du Sud-Est
Western Asia	3.4	3.3	4.2	4.9	4.1	4.6	3.8	4.5	4.5	5.5	Asie occidentale
Oceania	0.2	0.2	0.3	0.2	0.2	0.2	0.3	0.4	0.3	0.3	Océanie

Trade by commodity

Commerce par produit

Exports by principal countries or areas

Exportations selon les principaux pays ou zones

Value in million US dollars

Valeur en millions de dollars EU

Country or area	2003	2004	2005	2006	2007	Pays ou zone
World	5729.7	7926.2	8977.2	10411.0	12638.5	Monde
Developed Economies	3728.2	5138.1	5501.7	6629.0	7764.7	Economies Développés
- Asia-Pacific	248.2	309.6	302.0	321.5	348.7	- Asie-Pacifique
- Europe	2892.6	4139.3	4392.4	5399.5	6447.1	- Europe
- North America	587.4	689.2	807.4	908.0	969.0	- Amérique du Nord
South-Eastern Europe	42.7	62.3	112.9	174.8	274.1	Europe du Sud-Est
Commonwealth of Independent States	162.3	206.1	220.5	256.3	302.6	Communauté d'Etats indépendants
- Asia	1.4	1.1	2.6	4.1	5.4	- Asie
- Europe	161.0	205.0	217.9	252.2	297.2	- Europe
Northern Africa	8.1	9.4	8.9	11.5	18.6	Afrique septentrionale
Sub-Saharan Africa	66.2	87.8	82.0	81.2	102.1	Afrique subsaharienne
Latin America & the Caribbean	281.3	384.0	421.4	423.3	479.3	Amérique latine et Caraïbes
- Caribbean	3.9	4.1	5.0	5.9	6.1	- Caraïbes
- Latin America	277.4	379.9	416.4	417.4	473.2	- Amérique latine
Eastern Asia	881.3	1299.3	1654.7	1989.9	2668.1	Asie orientale
Southern Asia	74.5	105.3	153.3	177.7	228.5	Asie méridionale
South-Eastern Asia	226.3	283.7	403.1	470.3	555.4	Asie du Sud-Est
Western Asia	257.9	349.0	417.1	195.2	244.0	Asie occidentale
Oceania	0.9	1.3	1.5	2.0	1.1	Océanie
Germany	654.8	957.6	1098.8	1423.6	1671.2	Allemagne
China	443.8	725.3	1013.5	1382.5	1998.9	Chine
Italy	382.5	585.0	605.2	790.0	973.4	Italie
United States	430.0	496.6	565.6	669.6	717.9	Etats-Unis d'Amérique
Korea, Republic of	384.4	497.0	559.7	532.9	585.5	République de Corée
France-Monaco	313.6	386.4	461.2	452.9	532.9	France-Monaco
Belgium	227.4	326.0	335.9	378.5	469.9	Belgique
Netherlands	205.3	296.4	279.1	381.5	468.3	Pays-Bas
Spain	204.6	306.7	317.8	352.0	417.7	Espagne
United Kingdom	207.1	292.7	296.0	368.5	428.3	Royaume-Uni
Japan	223.6	281.1	273.4	281.0	288.1	Japon
Canada	157.2	192.6	241.7	238.4	251.1	Canada
Mexico	119.5	185.9	217.2	223.2	222.2	Mexique
Turkey	168.5	248.0	306.8	70.4	48.9	Turquie
Poland	89.1	152.5	139.0	192.7	222.6	Pologne
Belarus	105.3	132.9	137.5	155.6	171.8	Bélarus
Malaysia	61.8	91.5	132.8	152.6	159.1	Malaisie
Czech Republic	81.5	137.9	102.9	121.0	152.9	République tchèque
India	62.8	84.8	114.7	141.5	188.1	Inde
Thailand	81.6	98.5	129.2	121.2	160.5	Thaïlande
Austria	71.6	88.5	85.3	118.3	171.7	Autriche
Portugal	63.6	115.8	94.7	113.5	137.5	Portugal
Slovakia	37.6	68.9	85.0	118.5	164.8	Slovaquie
Singapore	60.3	67.4	82.6	107.3	151.2	Singapour
Switzerland-Liechtenstein	62.7	78.3	80.2	110.5	132.5	Suisse-Liechtenstein

Value as percentages of World total

Valeur en pourcentage du total mondial

Regions of the world	1998	1999	2000	2001	2002	2003	2004	2005	2006	2007	Régions du monde
World	100.0	100.0	100.0	100.0	100.0	100.0	100.0	100.0	100.0	100.0	Monde
Developed Economies	69.4	66.8	67.4	66.1	66.0	65.1	64.8	61.3	63.7	61.4	Economies Développés
- Asia-Pacific	5.8	5.5	5.3	5.0	4.7	4.3	3.9	3.4	3.1	2.8	- Asie-Pacifique
- Europe	52.5	50.2	47.3	48.7	49.3	50.5	52.2	48.9	51.9	51.0	- Europe
- North America	11.1	11.1	14.8	12.4	12.1	10.3	8.7	9.0	8.7	7.7	- Amérique du Nord
South-Eastern Europe	0.6	0.5	0.5	0.6	0.6	0.7	0.8	1.3	1.7	2.2	Europe du Sud-Est
Commonwealth of Independent States	3.0	4.6	3.3	3.1	2.7	2.8	2.6	2.5	2.5	2.4	Communauté d'Etats indépendants
- Asia	0.1	0.1	0.1	0.0	0.0	0.0	0.0	0.0	0.0	0.0	- Asie
- Europe	2.9	4.6	3.2	3.0	2.6	2.8	2.6	2.4	2.4	2.4	- Europe
Northern Africa	0.1	0.2	0.1	0.1	0.2	0.1	0.1	0.1	0.1	0.1	Afrique septentrionale
Sub-Saharan Africa	1.2	1.1	1.1	0.9	1.2	1.2	1.1	0.9	0.8	0.8	Afrique subsaharienne
Latin America & the Caribbean	6.3	5.9	5.9	5.6	5.4	4.9	4.8	4.7	4.1	3.8	Amérique latine et Caraïbes
- Caribbean	0.1	0.1	0.1	0.1	0.1	0.1	0.1	0.1	0.1	0.0	- Caraïbes
- Latin America	6.2	5.8	5.9	5.5	5.4	4.8	4.8	4.6	4.0	3.7	- Amérique latine
Eastern Asia	12.9	12.7	13.3	14.6	14.7	15.4	16.4	18.4	19.1	21.1	Asie orientale
Southern Asia	1.2	1.1	1.2	1.2	1.3	1.3	1.3	1.7	1.7	1.8	Asie méridionale
South-Eastern Asia	2.7	3.4	3.4	4.1	4.0	3.9	3.6	4.5	4.5	4.4	Asie du Sud-Est
Western Asia	2.7	3.5	3.8	3.8	3.8	4.5	4.4	4.6	1.9	1.9	Asie occidentale
Oceania	0.0	0.0	0.0	0.0	0.0	0.0	0.0	0.0	0.0	0.0	Océanie

694 Nails, screws, nuts, bolts, and the like of iron, steel, copper, aluminium

Trade by commodity
Imports by principal countries or areas
Value in million US dollars

Commerce par produit
Importations selon les principaux pays ou zones
Valeur en millions de dollars EU

Country or area	2003	2004	2005	2006	2007	Pays ou zone
World	17336.7	22053.7	24880.4	28016.6	33530.3	Monde
Developed Economies	12380.4	15709.6	17381.4	19362.8	22940.7	Economies Développés
- Asia-Pacific	687.9	857.0	992.4	1110.9	1383.7	- Asie-Pacifique
- Europe	7503.1	9510.3	10403.5	11950.4	15214.6	- Europe
- North America	4189.4	5342.2	5985.5	6301.5	6342.3	- Amérique du Nord
South-Eastern Europe	112.9	187.5	249.1	285.4	428.7	Europe du Sud-Est
Commonwealth of Independent States	157.7	251.8	334.4	441.2	636.0	Communauté d'Etats indépendants
- Asia	42.3	55.5	80.5	95.2	123.7	- Asie
- Europe	115.4	196.3	254.0	345.9	512.3	- Europe
Northern Africa	91.0	112.9	132.2	142.4	165.8	Afrique septentrionale
Sub-Saharan Africa	210.9	264.5	331.1	365.8	464.3	Afrique subsaharienne
Latin America & the Caribbean	1598.1	1923.4	2307.9	2671.7	3019.3	Amérique latine et Caraïbes
- Caribbean	45.5	68.1	80.0	89.7	104.6	- Caraïbes
- Latin America	1552.6	1855.3	2227.9	2582.0	2914.7	- Amérique latine
Eastern Asia	1236.9	1648.9	1828.7	2279.8	2821.2	Asie orientale
Southern Asia	166.0	222.4	236.1	256.1	325.7	Asie méridionale
South-Eastern Asia	970.4	1179.7	1380.6	1448.3	1710.6	Asie du Sud-Est
Western Asia	391.8	530.0	672.8	731.2	992.2	Asie occidentale
Oceania	20.7	23.0	26.2	32.0	25.8	Océanie
United States	3180.4	4195.3	4701.8	4938.3	4909.4	Etats-Unis d'Amérique
Germany	1490.2	1860.5	2039.4	2501.6	3211.3	Allemagne
Mexico	1137.9	1268.0	1506.4	1733.4	1806.4	Mexique
China	841.7	1129.0	1292.1	1672.2	2069.7	Chine
France-Monaco	959.3	1210.0	1288.1	1417.0	1702.8	France-Monaco
Canada	1005.5	1143.0	1280.1	1359.0	1430.2	Canada
United Kingdom	806.8	1052.0	1078.3	1105.4	1470.0	Royaume-Uni
Spain	478.4	585.9	808.3	802.2	979.1	Espagne
Japan	409.6	516.6	614.9	735.6	924.3	Japon
Belgium	453.7	566.1	565.5	590.0	735.1	Belgique
Italy	380.3	479.0	526.0	600.7	860.1	Italie
Netherlands	367.3	492.1	542.4	613.6	774.0	Pays-Bas
Austria	363.7	462.4	486.3	547.3	712.7	Autriche
Czech Republic	310.9	420.0	478.1	579.6	748.5	République tchèque
Thailand	300.4	396.9	509.5	552.7	653.6	Thaïlande
Sweden	305.5	385.2	416.6	469.0	579.7	Suède
Poland	240.4	348.8	394.6	511.8	653.9	Pologne
Brazil	205.5	286.0	339.3	407.1	553.3	Brésil
Switzerland-Liechtenstein	233.4	284.5	315.5	381.8	477.6	Suisse-Liechtenstein
Hungary	216.4	265.7	282.2	379.4	427.7	Hongrie
Australia	235.0	284.7	310.7	312.9	380.8	Australie
Singapore	201.4	227.9	249.3	282.4	319.6	Singapour
Malaysia	201.2	217.2	223.7	252.5	278.1	Malaisie
Denmark	149.5	182.3	191.0	273.8	367.6	Danemark
Korea, Republic of	128.5	170.2	197.9	251.7	366.3	République de Corée

Value as percentages of World total

Valeur en pourcentage du total mondial

Regions of the world	1998	1999	2000	2001	2002	2003	2004	2005	2006	2007	Régions du monde
World	100.0	100.0	100.0	100.0	100.0	100.0	100.0	100.0	100.0	100.0	Monde
Developed Economies	74.4	73.7	71.3	67.9	71.1	71.4	71.2	69.9	69.1	68.4	Economies Développés
- Asia-Pacific	3.5	3.6	3.7	3.7	3.9	4.0	3.9	4.0	4.0	4.1	- Asie-Pacifique
- Europe	44.7	42.9	40.2	40.1	41.5	43.3	43.1	41.8	42.7	45.4	- Europe
- North America	26.1	27.1	27.4	24.2	25.7	24.2	24.2	24.1	22.5	18.9	- Amérique du Nord
South-Eastern Europe	0.3	0.3	0.3	0.4	0.5	0.7	0.9	1.0	1.0	1.3	Europe du Sud-Est
Commonwealth of Independent States	0.7	0.5	0.5	0.6	0.7	0.9	1.1	1.3	1.6	1.9	Communauté d'Etats indépendants
- Asia	0.2	0.1	0.1	0.2	0.2	0.2	0.3	0.3	0.3	0.4	- Asie
- Europe	0.5	0.3	0.4	0.5	0.5	0.7	0.9	1.0	1.2	1.5	- Europe
Northern Africa	0.6	0.6	0.6	0.7	0.6	0.5	0.5	0.5	0.5	0.5	Afrique septentrionale
Sub-Saharan Africa	1.2	1.0	1.1	4.3	1.2	1.2	1.2	1.3	1.3	1.4	Afrique subsaharienne
Latin America & the Caribbean	11.0	11.4	12.7	12.1	10.6	9.2	8.7	9.3	9.5	9.0	Amérique latine et Caraïbes
- Caribbean	0.3	0.5	0.4	0.4	0.4	0.3	0.3	0.3	0.3	0.3	- Caraïbes
- Latin America	10.7	11.0	12.3	11.7	10.2	9.0	8.4	9.0	9.2	8.7	- Amérique latine
Eastern Asia	3.9	4.6	5.3	5.3	6.3	7.1	7.5	7.4	8.1	8.4	Asie orientale
Southern Asia	0.8	0.7	0.6	0.8	0.8	1.0	1.0	0.9	0.9	1.0	Asie méridionale
South-Eastern Asia	4.5	5.1	5.5	5.4	6.0	5.6	5.3	5.5	5.2	5.1	Asie du Sud-Est
Western Asia	2.5	2.0	2.1	2.3	2.2	2.3	2.4	2.7	2.6	3.0	Asie occidentale
Oceania	0.1	0.1	0.1	0.1	0.1	0.1	0.1	0.1	0.1	0.1	Océanie

Pointes, clous, vis, écrous et articles similaires, en fer, en acier, en cuivre ou en aluminium 694

Trade by commodity   Commerce par produit
Exports by principal countries or areas   Exportations selon les principaux pays ou zones
Value in million US dollars   Valeur en millions de dollars EU

Country or area	2003	2004	2005	2006	2007	Pays ou zone
World	14757.2	18873.6	21291.2	24402.6	29072.0	Monde
Developed Economies	10247.2	12629.4	13939.4	16006.1	18781.5	Economies Développés
- Asia-Pacific	1396.2	1688.1	1859.0	1997.1	2285.5	- Asie-Pacifique
- Europe	6760.2	8535.1	9410.4	10960.6	13390.1	- Europe
- North America	2090.8	2406.2	2670.0	3048.4	3106.0	- Amérique du Nord
South-Eastern Europe	44.8	73.4	68.4	70.0	96.5	Europe du Sud-Est
Commonwealth of Independent States	108.0	143.8	158.1	207.7	221.3	Communauté d'Etats indépendants
- Asia	0.4	0.8	1.0	1.8	2.4	- Asie
- Europe	107.6	143.1	157.1	206.0	218.9	- Europe
Northern Africa	2.2	3.7	5.6	12.4	17.7	Afrique septentrionale
Sub-Saharan Africa	29.7	45.4	50.0	51.7	67.6	Afrique subsaharienne
Latin America & the Caribbean	213.7	250.4	277.6	274.5	287.8	Amérique latine et Caraïbes
- Caribbean	2.9	3.9	4.9	6.9	7.1	- Caraïbes
- Latin America	210.8	246.5	272.7	267.5	280.8	- Amérique latine
Eastern Asia	3326.3	4699.0	5555.3	6402.0	7887.7	Asie orientale
Southern Asia	146.4	202.1	221.5	223.7	262.7	Asie méridionale
South-Eastern Asia	525.8	679.9	837.8	1015.1	1289.4	Asie du Sud-Est
Western Asia	112.0	145.2	176.0	137.9	158.7	Asie occidentale
Oceania	0.9	1.3	1.2	1.4	1.1	Océanie
Germany	2174.2	2753.5	3160.3	3804.1	4571.8	Allemagne
China	1116.2	1848.5	2541.2	3307.8	4416.6	Chine
United States	1700.5	1904.6	2159.0	2527.6	2641.1	Etats-Unis d'Amérique
Japan	1359.7	1642.3	1792.8	1937.9	2214.5	Japon
Italy	908.5	1162.7	1273.4	1485.6	1836.4	Italie
France-Monaco	697.5	818.3	923.9	1081.5	1331.3	France-Monaco
Switzerland-Liechtenstein	653.1	807.1	854.5	935.9	1118.6	Suisse-Liechtenstein
United Kingdom	461.1	560.3	566.2	600.6	727.9	Royaume-Uni
Canada	390.3	501.6	511.0	520.8	464.9	Canada
Netherlands	245.8	344.4	387.6	465.1	552.6	Pays-Bas
Spain	288.6	364.9	370.3	396.2	489.3	Espagne
Belgium	281.3	368.1	360.8	397.7	479.6	Belgique
Korea, Republic of	252.5	315.2	334.4	302.9	300.2	République de Corée
Sweden	203.7	260.8	268.2	308.6	367.6	Suède
Malaysia	157.5	217.1	233.1	319.8	451.6	Malaisie
Austria	193.4	227.8	240.4	297.1	371.8	Autriche
Poland	139.9	209.9	243.3	268.8	344.7	Pologne
Singapore	169.7	198.2	239.1	258.3	256.3	Singapour
Thailand	130.2	177.8	214.2	248.1	330.8	Thaïlande
Czech Republic	127.7	174.6	197.5	234.9	320.3	République tchèque
India	137.7	192.5	210.6	213.2	250.0	Inde
China, Hong Kong SAR	142.0	161.4	187.1	224.4	281.3	Chine - RAS de Hong-Kong
Denmark	124.5	150.6	149.9	178.2	219.0	Danemark
Mexico	116.7	119.1	130.6	111.5	98.3	Mexique
Brazil	54.5	81.5	94.9	108.2	126.7	Brésil

Value as percentages of World total   Valeur en pourcentage du total mondial

Regions of the world	1998	1999	2000	2001	2002	2003	2004	2005	2006	2007	Régions du monde
World	100.0	100.0	100.0	100.0	100.0	100.0	100.0	100.0	100.0	100.0	Monde
Developed Economies	72.9	72.9	70.9	71.1	70.4	69.4	66.9	65.5	65.6	64.6	Economies Développés
- Asia-Pacific	8.9	9.8	10.7	9.9	10.0	9.5	8.9	8.7	8.2	7.9	- Asie-Pacifique
- Europe	47.1	45.3	41.9	44.1	44.1	45.8	45.2	44.2	44.9	46.1	- Europe
- North America	17.0	17.7	18.2	17.1	16.2	14.2	12.7	12.5	12.5	10.7	- Amérique du Nord
South-Eastern Europe	0.4	0.3	0.3	0.3	0.3	0.3	0.4	0.3	0.3	0.3	Europe du Sud-Est
Commonwealth of Independent States	0.6	0.4	0.4	0.6	0.5	0.7	0.8	0.7	0.9	0.8	Communauté d'Etats indépendants
- Asia	0.0	0.0	0.0	0.0	0.0	0.0	0.0	0.0	0.0	0.0	- Asie
- Europe	0.6	0.4	0.4	0.5	0.5	0.7	0.8	0.7	0.8	0.8	- Europe
Northern Africa	0.0	0.0	0.0	0.0	0.0	0.0	0.0	0.0	0.1	0.1	Afrique septentrionale
Sub-Saharan Africa	0.4	0.2	0.1	0.2	0.2	0.2	0.2	0.2	0.2	0.2	Afrique subsaharienne
Latin America & the Caribbean	1.6	1.5	1.6	1.8	1.5	1.4	1.3	1.3	1.1	1.0	Amérique latine et Caraïbes
- Caribbean	0.0	0.0	0.0	0.0	0.0	0.0	0.0	0.0	0.0	0.0	- Caraïbes
- Latin America	1.6	1.5	1.6	1.8	1.5	1.4	1.3	1.3	1.1	1.0	- Amérique latine
Eastern Asia	20.1	20.1	21.7	21.0	21.7	22.5	24.9	26.1	26.2	27.1	Asie orientale
Southern Asia	0.5	0.6	0.8	0.8	0.9	1.0	1.1	1.0	0.9	0.9	Asie méridionale
South-Eastern Asia	2.8	3.3	3.5	3.6	3.8	3.6	3.6	3.9	4.2	4.4	Asie du Sud-Est
Western Asia	0.6	0.6	0.6	0.7	0.7	0.8	0.8	0.8	0.6	0.5	Asie occidentale
Oceania	0.0	0.0	0.0	0.0	0.0	0.0	0.0	0.0	0.0	0.0	Océanie

695 Tools for use in the hand or in machines

Trade by commodity
Imports by principal countries or areas
Value in million US dollars

Commerce par produit
Importations selon les principaux pays ou zones
Valeur en millions de dollars EU

Country or area	2003	2004	2005	2006	2007	Pays ou zone
World	23470.2	28401.3	30931.3	34441.7	39646.0	Monde
Developed Economies	17212.2	20071.9	21400.6	23598.6	26975.1	Economies Développés
- Asia-Pacific	1022.7	1261.9	1397.6	1481.0	1633.0	- Asie-Pacifique
- Europe	10892.1	12795.8	13749.2	15166.0	18265.4	- Europe
- North America	5297.5	6014.1	6253.7	6951.7	7076.7	- Amérique du Nord
South-Eastern Europe	153.6	229.5	293.3	292.3	427.6	Europe du Sud-Est
Commonwealth of Independent States	374.1	537.3	518.5	687.1	1018.6	Communauté d'Etats indépendants
- Asia	88.0	114.0	119.7	158.1	236.6	- Asie
- Europe	286.1	423.2	398.7	529.0	782.0	- Europe
Northern Africa	175.6	207.5	252.9	276.9	356.1	Afrique septentrionale
Sub-Saharan Africa	412.0	507.9	653.0	648.8	840.8	Afrique subsaharienne
Latin America & the Caribbean	1239.2	1741.5	1802.7	2280.4	2330.8	Amérique latine et Caraïbes
- Caribbean	66.4	221.0	95.1	116.7	124.4	- Caraïbes
- Latin America	1172.8	1520.5	1707.6	2163.6	2206.4	- Amérique latine
Eastern Asia	1796.4	2377.1	2748.8	3112.8	3531.8	Asie orientale
Southern Asia	284.4	402.6	489.9	465.0	597.9	Asie méridionale
South-Eastern Asia	1287.2	1639.5	1910.6	2105.5	2338.5	Asie du Sud-Est
Western Asia	508.4	657.9	829.9	939.3	1181.3	Asie occidentale
Oceania	27.0	28.6	31.2	35.0	47.5	Océanie
United States	4026.4	4547.5	4694.0	5248.0	5417.0	Etats-Unis d'Amérique
Germany	2140.9	2479.5	2811.3	3184.4	3709.4	Allemagne
Canada	1262.7	1457.8	1551.1	1694.2	1650.2	Canada
China	826.6	1222.8	1496.5	1754.0	2035.4	Chine
France-Monaco	1137.5	1413.2	1413.9	1498.0	1743.3	France-Monaco
United Kingdom	1141.8	1289.9	1382.7	1484.2	1619.2	Royaume-Uni
Italy	1051.8	1179.3	1256.7	1360.6	1517.1	Italie
Belgium	756.4	876.4	1010.7	1098.9	1324.7	Belgique
Spain	627.5	782.8	791.1	918.5	1346.7	Espagne
Mexico	633.2	815.0	862.3	1043.3	973.4	Mexique
Japan	605.0	760.4	865.4	923.8	990.2	Japon
Singapore	491.9	615.4	722.0	834.9	952.1	Singapour
Netherlands	565.7	633.6	642.0	699.6	904.0	Pays-Bas
Switzerland-Liechtenstein	507.6	648.4	631.2	711.1	846.3	Suisse-Liechtenstein
Austria	477.1	551.6	594.4	651.0	785.3	Autriche
Thailand	419.7	516.0	636.3	614.8	592.7	Thaïlande
Sweden	419.7	440.8	509.5	531.2	629.8	Suède
Korea, Republic of	345.5	416.1	478.8	492.8	546.9	République de Corée
Australia	343.0	410.6	438.0	460.9	532.0	Australie
China, Hong Kong SAR	344.2	379.5	416.6	488.3	502.3	Chine - RAS de Hong-Kong
Poland	288.8	346.8	386.2	460.4	646.6	Pologne
Czech Republic	282.0	403.8	414.1	381.2	486.5	République tchèque
Russian Federation	197.5	243.4	279.9	371.7	569.7	Fédération de Russie
Denmark	239.9	268.0	298.1	355.5	400.1	Danemark
Malaysia	168.5	249.3	296.1	345.6	411.3	Malaisie

Value as percentages of World total

Valeur en pourcentage du total mondial

Regions of the world	1998	1999	2000	2001	2002	2003	2004	2005	2006	2007	Régions du monde
World	100.0	100.0	100.0	100.0	100.0	100.0	100.0	100.0	100.0	100.0	Monde
Developed Economies	74.5	74.5	73.3	71.7	72.5	73.3	70.7	69.2	68.5	68.0	Economies Développés
- Asia-Pacific	4.3	4.2	4.4	4.2	4.3	4.4	4.4	4.5	4.3	4.1	- Asie-Pacifique
- Europe	47.7	48.2	45.2	46.0	44.7	46.4	45.1	44.5	44.0	46.1	- Europe
- North America	22.5	22.1	23.7	21.5	23.4	22.6	21.2	20.2	20.2	17.8	- Amérique du Nord
South-Eastern Europe	0.3	0.3	0.3	0.4	0.5	0.7	0.8	0.9	0.8	1.1	Europe du Sud-Est
Commonwealth of Independent States	1.1	0.9	1.0	1.5	1.5	1.6	1.9	1.7	2.0	2.6	Communauté d'Etats indépendants
- Asia	0.2	0.2	0.2	0.5	0.4	0.4	0.4	0.4	0.5	0.6	- Asie
- Europe	0.9	0.8	0.8	1.1	1.1	1.2	1.5	1.3	1.5	2.0	- Europe
Northern Africa	1.0	0.8	0.8	0.8	0.8	0.7	0.7	0.8	0.8	0.9	Afrique septentrionale
Sub-Saharan Africa	1.8	1.5	1.5	3.6	1.9	1.8	1.8	2.1	1.9	2.1	Afrique subsaharienne
Latin America & the Caribbean	7.6	7.8	7.2	7.2	6.4	5.3	6.1	5.8	6.6	5.9	Amérique latine et Caraïbes
- Caribbean	0.3	0.4	0.4	0.4	0.3	0.3	0.8	0.3	0.3	0.3	- Caraïbes
- Latin America	7.3	7.5	6.8	6.9	6.1	5.0	5.4	5.5	6.3	5.6	- Amérique latine
Eastern Asia	5.2	5.7	6.5	5.9	7.0	7.7	8.4	8.9	9.0	8.9	Asie orientale
Southern Asia	1.2	1.4	1.1	0.9	1.2	1.2	1.4	1.6	1.4	1.5	Asie méridionale
South-Eastern Asia	5.0	4.9	5.8	5.7	5.8	5.5	5.8	6.2	6.1	5.9	Asie du Sud-Est
Western Asia	2.2	2.1	2.4	2.1	2.3	2.2	2.3	2.7	2.7	3.0	Asie occidentale
Oceania	0.1	0.1	0.1	0.1	0.1	0.1	0.1	0.1	0.1	0.1	Océanie

Trade by commodity
Exports by principal countries or areas
Value in million US dollars

Commerce par produit
Exportations selon les principaux pays ou zones
Valeur en millions de dollars EU

Country or area	2003	2004	2005	2006	2007	Pays ou zone
World	23458.9	27807.6	30341.1	34273.9	39047.9	Monde
Developed Economies	17173.5	20100.7	21117.2	23765.7	26804.9	Economies Développés
- Asia-Pacific	2310.0	2877.2	2853.4	3051.6	3094.7	- Asie-Pacifique
- Europe	11967.7	14027.1	14852.0	16738.9	19308.5	- Europe
- North America	2895.9	3196.4	3411.8	3975.1	4401.7	- Amérique du Nord
South-Eastern Europe	35.2	75.7	81.5	79.2	106.7	Europe du Sud-Est
Commonwealth of Independent States	149.7	163.4	194.1	199.4	252.9	Communauté d'Etats indépendants
- Asia	8.5	10.2	13.3	9.1	7.5	- Asie
- Europe	141.2	153.2	180.8	190.4	245.4	- Europe
Northern Africa	14.5	14.8	15.0	15.1	18.8	Afrique septentrionale
Sub-Saharan Africa	134.6	113.7	137.0	134.8	218.2	Afrique subsaharienne
Latin America & the Caribbean	360.9	466.7	622.2	600.3	719.4	Amérique latine et Caraïbes
- Caribbean	5.0	5.4	6.5	10.0	11.2	- Caraïbes
- Latin America	355.9	461.3	615.7	590.3	708.2	- Amérique latine
Eastern Asia	4055.8	5014.3	5999.5	6966.4	8126.5	Asie orientale
Southern Asia	253.6	304.2	423.7	430.9	417.4	Asie méridionale
South-Eastern Asia	706.5	858.9	960.7	1281.7	1465.9	Asie du Sud-Est
Western Asia	571.8	693.9	788.3	798.5	916.3	Asie occidentale
Oceania	2.6	1.3	1.8	1.8	0.8	Océanie
Germany	3800.9	4664.1	5173.1	5940.2	6847.2	Allemagne
China	1761.2	2344.5	3017.9	3617.3	4413.5	Chine
United States	2415.5	2736.8	2934.5	3335.6	3688.8	Etats-Unis d'Amérique
Japan	2205.9	2760.1	2716.3	2891.4	2900.3	Japon
Italy	1070.7	1279.6	1372.0	1490.1	1619.6	Italie
United Kingdom	1042.8	1212.7	1229.2	1297.3	1373.8	Royaume-Uni
Switzerland-Liechtenstein	966.0	1091.7	1111.2	1225.6	1429.4	Suisse-Liechtenstein
Belgium	767.4	914.9	1006.3	1144.5	1392.4	Belgique
Sweden	889.0	1000.5	968.2	1080.5	1238.6	Suède
France-Monaco	833.1	944.9	969.4	1052.6	1173.3	France-Monaco
Korea, Republic of	509.7	694.6	853.6	1006.7	1230.2	République de Corée
Austria	714.0	780.5	770.4	878.1	1041.4	Autriche
Singapore	482.7	570.2	666.8	920.9	1033.2	Singapour
Spain	598.4	586.4	577.9	604.9	718.6	Espagne
Israel	451.4	555.8	614.0	668.5	771.8	Israël
Canada	480.3	459.6	477.3	639.5	712.6	Canada
China, Hong Kong SAR	352.4	372.4	431.1	477.1	477.6	Chine - RAS de Hong-Kong
Netherlands	300.4	344.9	391.2	432.3	575.4	Pays-Bas
India	243.7	290.0	404.6	413.9	394.0	Inde
Czech Republic	220.0	287.6	297.6	328.4	418.1	République tchèque
Brazil	138.7	174.7	255.7	238.4	307.7	Brésil
Mexico	149.2	182.8	250.9	240.4	277.2	Mexique
Poland	104.0	144.7	182.5	219.6	263.3	Pologne
Denmark	119.9	131.6	145.4	202.9	215.0	Danemark
Slovenia	105.0	108.2	110.9	224.3	260.2	Slovénie

Value as percentages of World total

Regions of the world	1998	1999	2000	2001	2002	2003	2004	2005	2006	2007	Régions du monde
World	100.0	100.0	100.0	100.0	100.0	100.0	100.0	100.0	100.0	100.0	Monde
Developed Economies	76.1	74.6	72.1	70.8	70.3	73.2	72.3	69.6	69.3	68.6	Economies Développés
- Asia-Pacific	9.9	10.3	10.4	10.2	9.9	9.8	10.3	9.4	8.9	7.9	- Asie-Pacifique
- Europe	51.9	50.8	47.2	47.1	47.4	51.0	50.4	49.0	48.8	49.4	- Europe
- North America	14.4	13.5	14.5	13.5	13.0	12.3	11.5	11.2	11.6	11.3	- Amérique du Nord
South-Eastern Europe	0.3	0.3	0.2	0.2	0.2	0.2	0.3	0.3	0.2	0.3	Europe du Sud-Est
Commonwealth of Independent States	1.0	3.4	4.3	3.6	3.4	0.6	0.6	0.6	0.6	0.6	Communauté d'Etats indépendants
- Asia	0.0	0.0	0.0	0.0	0.0	0.0	0.0	0.0	0.0	0.0	- Asie
- Europe	1.0	3.4	4.3	3.6	3.3	0.6	0.6	0.6	0.6	0.6	- Europe
Northern Africa	0.0	0.0	0.0	0.0	0.0	0.1	0.1	0.0	0.0	0.0	Afrique septentrionale
Sub-Saharan Africa	0.4	0.5	0.5	0.4	0.5	0.6	0.4	0.5	0.4	0.6	Afrique subsaharienne
Latin America & the Caribbean	2.1	2.2	2.0	4.1	3.1	1.5	1.7	2.1	1.8	1.8	Amérique latine et Caraïbes
- Caribbean	0.1	0.0	0.1	0.0	0.0	0.0	0.0	0.0	0.0	0.0	- Caraïbes
- Latin America	2.0	2.1	2.0	4.0	3.1	1.5	1.7	2.0	1.7	1.8	- Amérique latine
Eastern Asia	14.5	14.3	15.5	15.3	16.7	17.3	18.0	19.8	20.3	20.8	Asie orientale
Southern Asia	0.6	0.6	0.9	0.9	0.9	1.1	1.1	1.4	1.3	1.1	Asie méridionale
South-Eastern Asia	2.0	1.6	1.9	2.2	2.4	3.0	3.1	3.2	3.7	3.8	Asie du Sud-Est
Western Asia	2.9	2.3	2.5	2.5	2.5	2.4	2.5	2.6	2.3	2.3	Asie occidentale
Oceania	0.0	0.0	0.0	0.0	0.0	0.0	0.0	0.0	0.0	0.0	Océanie

696 Cutlery

Trade by commodity
Imports by principal countries or areas
Value in million US dollars

Commerce par produit
Importations selon les principaux pays ou zones
Valeur en millions de dollars EU

Country or area	2003	2004	2005	2006	2007	Pays ou zone
World	6223.5	6955.8	7492.2	7867.3	8820.1	Monde
Developed Economies	4688.6	5205.2	5456.3	5790.8	6331.9	Economies Développés
- Asia-Pacific	357.2	423.5	411.6	383.1	423.2	- Asie-Pacifique
- Europe	2772.3	3127.0	3258.6	3480.5	3899.0	- Europe
- North America	1559.1	1654.7	1786.1	1927.1	2009.8	- Amérique du Nord
South-Eastern Europe	39.6	61.2	71.9	75.6	101.7	Europe du Sud-Est
Commonwealth of Independent States	108.9	148.7	186.2	226.7	329.0	Communauté d'Etats indépendants
- Asia	16.5	24.5	29.0	33.6	42.1	- Asie
- Europe	92.4	124.2	157.2	193.1	286.9	- Europe
Northern Africa	33.2	35.9	36.7	40.8	55.9	Afrique septentrionale
Sub-Saharan Africa	84.3	99.3	119.5	125.1	154.4	Afrique subsaharienne
Latin America & the Caribbean	339.6	386.9	451.2	506.6	608.1	Amérique latine et Caraïbes
- Caribbean	16.5	19.6	22.4	26.2	30.0	- Caraïbes
- Latin America	323.1	367.3	428.8	480.4	578.1	- Amérique latine
Eastern Asia	519.5	475.0	559.8	533.0	559.9	Asie orientale
Southern Asia	35.2	41.6	67.6	46.9	59.0	Asie méridionale
South-Eastern Asia	143.0	166.7	189.0	190.3	226.7	Asie du Sud-Est
Western Asia	224.4	326.9	345.6	322.7	384.3	Asie occidentale
Oceania	7.3	8.4	8.3	8.7	9.1	Océanie
United States	1301.8	1373.1	1473.5	1613.0	1718.9	Etats-Unis d'Amérique
United Kingdom	552.3	669.8	676.2	621.7	602.6	Royaume-Uni
Germany	436.1	439.8	443.2	460.6	597.9	Allemagne
France-Monaco	299.0	306.0	323.0	338.8	408.5	France-Monaco
China, Hong Kong SAR	312.8	281.0	362.5	306.6	284.6	Chine - RAS de Hong-Kong
Canada	255.8	279.8	310.6	312.3	289.0	Canada
Italy	217.8	231.6	221.4	213.8	250.6	Italie
Japan	198.3	229.3	224.7	212.3	241.3	Japon
Spain	177.8	195.2	218.5	227.4	271.2	Espagne
Belgium	118.8	144.5	160.9	250.0	275.4	Belgique
Poland	131.2	126.2	136.7	211.6	323.8	Pologne
Netherlands	135.0	152.0	173.2	185.9	207.2	Pays-Bas
Australia	130.9	162.5	154.5	140.1	145.1	Australie
Mexico	120.0	124.9	134.4	140.2	143.6	Mexique
Russian Federation	69.2	94.7	113.4	138.5	208.2	Fédération de Russie
United Arab Emirates	81.3	142.4	125.9	115.4	e142.7	Emirates arabes unis
China	125.1	105.9	101.6	112.1	144.0	Chine
Switzerland-Liechtenstein	92.2	142.0	98.3	112.5	100.9	Suisse-Liechtenstein
Austria	85.8	94.8	104.3	120.9	100.6	Autriche
Sweden	80.3	91.6	97.5	100.8	95.2	Suède
Greece	71.5	81.5	86.9	85.1	92.5	Grèce
Denmark	62.5	62.6	71.4	87.8	81.0	Danemark
Korea, Republic of	56.7	56.4	62.4	75.6	92.3	République de Corée
Ireland	51.1	57.8	62.9	70.3	90.0	Irlande
Norway	57.6	62.2	66.3	69.2	76.6	Norvège

Value as percentages of World total

Valeur en pourcentage du total mondial

Regions of the world	1998	1999	2000	2001	2002	2003	2004	2005	2006	2007	Régions du monde
World	100.0	100.0	100.0	100.0	100.0	100.0	100.0	100.0	100.0	100.0	Monde
Developed Economies	75.6	75.7	75.6	72.8	76.6	75.3	74.8	72.8	73.6	71.8	Economies Développés
- Asia-Pacific	5.3	5.7	5.8	5.2	5.7	5.7	6.1	5.5	4.9	4.8	- Asie-Pacifique
- Europe	48.6	46.6	44.6	44.2	46.9	44.5	45.0	43.5	44.2	44.2	- Europe
- North America	21.7	23.4	25.2	23.3	24.1	25.1	23.8	23.8	24.5	22.8	- Amérique du Nord
South-Eastern Europe	0.4	0.4	0.4	0.4	0.6	0.6	0.9	1.0	1.0	1.2	Europe du Sud-Est
Commonwealth of Independent States	0.9	0.8	0.8	1.2	1.5	1.8	2.1	2.5	2.9	3.7	Communauté d'Etats indépendants
- Asia	0.1	0.1	0.1	0.2	0.2	0.3	0.4	0.4	0.4	0.5	- Asie
- Europe	0.8	0.7	0.6	0.9	1.3	1.5	1.8	2.1	2.5	3.3	- Europe
Northern Africa	0.6	0.6	0.6	0.6	0.6	0.5	0.5	0.5	0.5	0.6	Afrique septentrionale
Sub-Saharan Africa	1.3	1.3	1.2	5.6	1.2	1.4	1.4	1.6	1.6	1.8	Afrique subsaharienne
Latin America & the Caribbean	6.4	6.7	7.0	6.8	6.1	5.5	5.6	6.0	6.4	6.9	Amérique latine et Caraïbes
- Caribbean	0.3	0.4	0.4	0.4	0.4	0.3	0.3	0.3	0.3	0.3	- Caraïbes
- Latin America	6.1	6.3	6.6	6.4	5.7	5.2	5.3	5.7	6.1	6.6	- Amérique latine
Eastern Asia	7.4	7.3	8.4	7.2	7.4	8.3	6.8	7.5	6.8	6.3	Asie orientale
Southern Asia	0.3	0.4	0.4	0.4	0.4	0.6	0.6	0.9	0.6	0.7	Asie méridionale
South-Eastern Asia	3.1	3.4	2.1	1.5	1.9	2.3	2.4	2.5	2.4	2.6	Asie du Sud-Est
Western Asia	3.8	3.3	3.5	3.4	3.5	3.6	4.7	4.6	4.1	4.4	Asie occidentale
Oceania	0.1	0.1	0.1	0.1	0.1	0.1	0.1	0.1	0.1	0.1	Océanie

Trade by commodity

Exports by principal countries or areas

Value in million US dollars

Commerce par produit

Exportations selon les principaux pays ou zones

Valeur en millions de dollars EU

Country or area	2003	2004	2005	2006	2007	Pays ou zone
World	6069.2	6631.9	7210.6	7879.8	8306.1	Monde
Developed Economies	3235.5	3456.3	3618.1	4055.1	3951.0	Economies Développés
- Asia-Pacific	165.8	179.7	172.6	177.8	193.0	- Asie-Pacifique
- Europe	2569.6	2783.7	2901.7	3328.9	3221.1	- Europe
- North America	500.1	492.9	543.8	548.4	537.0	- Amérique du Nord
South-Eastern Europe	4.3	5.0	4.4	5.3	30.5	Europe du Sud-Est
Commonwealth of Independent States	22.3	29.4	50.8	48.0	58.2	Communauté d'Etats indépendants
- Asia	0.1	0.1	0.1	0.3	1.4	- Asie
- Europe	22.2	29.3	50.7	47.7	56.8	- Europe
Northern Africa	2.4	2.4	1.3	1.9	2.6	Afrique septentrionale
Sub-Saharan Africa	9.7	7.0	7.7	7.8	11.7	Afrique subsaharienne
Latin America & the Caribbean	278.8	292.8	347.0	378.5	427.7	Amérique latine et Caraïbes
- Caribbean	0.3	0.2	0.3	0.4	1.1	- Caraïbes
- Latin America	278.5	292.6	346.7	378.1	426.5	- Amérique latine
Eastern Asia	2215.2	2494.6	2768.2	2933.5	3299.6	Asie orientale
Southern Asia	84.3	100.2	124.9	144.6	155.5	Asie méridionale
South-Eastern Asia	152.8	160.3	199.1	213.0	265.6	Asie du Sud-Est
Western Asia	63.8	83.7	89.1	91.9	103.2	Asie occidentale
Oceania	0.1	0.2	0.1	0.1	0.1	Océanie
China	1489.4	1829.8	2095.4	2339.8	2679.8	Chine
Germany	822.7	990.7	933.8	974.7	976.4	Allemagne
United Kingdom	776.8	723.1	635.2	827.5	290.1	Royaume-Uni
United States	446.9	451.9	502.6	510.2	494.9	Etats-Unis d'Amérique
China, Hong Kong SAR	474.3	411.3	436.4	380.3	411.5	Chine - RAS de Hong-Kong
Poland	97.9	87.9	254.3	339.9	465.3	Pologne
France-Monaco	162.0	190.4	177.7	211.3	235.3	France-Monaco
Mexico	160.4	148.9	188.4	209.5	240.2	Mexique
Japan	144.2	155.7	151.2	155.0	169.5	Japon
Italy	127.0	134.8	144.1	151.3	195.3	Italie
Korea, Republic of	166.2	162.0	152.4	129.8	124.6	République de Corée
Belgium	70.8	96.2	114.7	177.6	271.2	Belgique
Switzerland-Liechtenstein	121.8	131.9	131.6	135.7	159.4	Suisse-Liechtenstein
Brazil	101.2	119.2	127.7	147.5	155.7	Brésil
Netherlands	56.0	76.2	93.3	96.8	141.7	Pays-Bas
Spain	70.5	70.5	121.8	86.2	103.4	Espagne
Denmark	81.6	90.5	92.8	103.7	55.4	Danemark
India	50.2	63.9	85.3	106.2	99.3	Inde
Viet Nam	27.4	47.7	66.7	76.5	e89.2	Viet Nam
United Arab Emirates	37.3	51.5	48.1	55.7	e60.2	Emirates arabes unis
Singapore	23.1	31.4	52.9	54.3	67.6	Singapour
Czech Republic	40.1	39.8	34.3	40.6	73.9	République tchèque
Sweden	29.3	36.0	33.6	45.4	83.1	Suède
Canada	53.2	41.0	41.2	38.2	42.0	Canada
Portugal	43.2	41.0	37.4	41.4	42.1	Portugal

Value as percentages of World total

Valeur en pourcentage du total mondial

Regions of the world	1998	1999	2000	2001	2002	2003	2004	2005	2006	2007	Régions du monde
World	100.0	100.0	100.0	100.0	100.0	100.0	100.0	100.0	100.0	100.0	Monde
Developed Economies	55.2	58.7	53.5	57.1	56.3	53.3	52.1	50.2	51.5	47.6	Economies Développés
- Asia-Pacific	4.3	3.8	4.0	3.1	2.8	2.7	2.7	2.4	2.3	2.3	- Asie-Pacifique
- Europe	41.2	44.0	40.7	44.7	44.6	42.3	42.0	40.2	42.2	38.8	- Europe
- North America	9.6	11.0	8.7	9.3	8.9	8.2	7.4	7.5	7.0	6.5	- Amérique du Nord
South-Eastern Europe	0.1	0.1	0.1	0.1	0.1	0.1	0.1	0.1	0.1	0.4	Europe du Sud-Est
Commonwealth of Independent States	0.4	0.7	0.4	0.4	0.4	0.4	0.4	0.7	0.6	0.7	Communauté d'Etats indépendants
- Asia	0.0	0.0	0.0	0.0	0.0	0.0	0.0	0.0	0.0	0.0	- Asie
- Europe	0.4	0.7	0.4	0.3	0.4	0.4	0.4	0.7	0.6	0.7	- Europe
Northern Africa	0.2	0.2	0.3	0.2	0.1	0.0	0.0	0.0	0.0	0.0	Afrique septentrionale
Sub-Saharan Africa	0.1	0.1	0.2	0.2	0.2	0.2	0.1	0.1	0.1	0.1	Afrique subsaharienne
Latin America & the Caribbean	5.1	4.5	4.9	4.8	5.2	4.6	4.4	4.8	4.8	5.1	Amérique latine et Caraïbes
- Caribbean	0.0	0.0	0.0	0.0	0.0	0.0	0.0	0.0	0.0	0.0	- Caraïbes
- Latin America	5.1	4.5	4.9	4.8	5.1	4.6	4.4	4.8	4.8	5.1	- Amérique latine
Eastern Asia	31.0	29.0	34.4	32.5	33.2	36.5	37.6	38.4	37.2	39.7	Asie orientale
Southern Asia	1.3	1.1	1.4	1.3	1.3	1.4	1.5	1.7	1.8	1.9	Asie méridionale
South-Eastern Asia	5.6	4.6	3.9	2.6	2.2	2.5	2.4	2.8	2.7	3.2	Asie du Sud-Est
Western Asia	1.0	0.9	0.8	1.0	1.2	1.1	1.3	1.2	1.2	1.2	Asie occidentale
Oceania	0.0	0.0	0.0	0.0	0.0	0.0	0.0	0.0	0.0	0.0	Océanie

697 Household equipment of base metal, nes

Trade by commodity   Commerce par produit
Imports by principal countries or areas   Importations selon les principaux pays ou zones
Value in million US dollars   Valeur en millions de dollars EU

Country or area	2003	2004	2005	2006	2007	Pays ou zone
World	15929.7	18577.4	20139.5	22254.8	25175.4	Monde
Developed Economies	12697.4	14733.1	15850.6	17501.4	19500.6	Economies Développés
- Asia-Pacific	952.2	1140.9	1162.6	1272.7	1401.4	- Asie-Pacifique
- Europe	6468.0	7533.7	8030.0	8887.7	10377.8	- Europe
- North America	5277.2	6058.5	6658.1	7341.1	7721.4	- Amérique du Nord
South-Eastern Europe	131.0	200.8	246.9	273.2	337.4	Europe du Sud-Est
Commonwealth of Independent States	287.1	383.4	501.3	644.1	880.3	Communauté d'Etats indépendants
- Asia	50.5	67.0	97.9	128.1	157.2	- Asie
- Europe	236.7	316.4	403.5	516.0	723.1	- Europe
Northern Africa	86.0	124.2	137.0	139.7	191.6	Afrique septentrionale
Sub-Saharan Africa	254.8	326.3	376.3	427.0	499.7	Afrique subsaharienne
Latin America & the Caribbean	518.0	633.7	737.8	945.5	1124.0	Amérique latine et Caraïbes
- Caribbean	70.9	86.3	113.4	166.3	191.6	- Caraïbes
- Latin America	447.1	547.5	624.3	779.2	932.4	- Amérique latine
Eastern Asia	1028.2	1025.1	1012.6	983.9	1093.5	Asie orientale
Southern Asia	57.8	76.7	107.7	104.5	114.0	Asie méridionale
South-Eastern Asia	270.7	301.7	294.9	316.2	391.3	Asie du Sud-Est
Western Asia	579.6	751.6	850.2	896.8	1019.6	Asie occidentale
Oceania	19.1	20.9	24.2	22.5	23.4	Océanie
United States	4713.6	5435.2	5933.1	6527.4	6788.4	Etats-Unis d'Amérique
Germany	1096.5	1173.0	1388.9	1576.6	1671.0	Allemagne
United Kingdom	1020.9	1183.6	1184.8	1225.5	1450.1	Royaume-Uni
France-Monaco	735.2	880.4	922.6	1046.7	1237.6	France-Monaco
Canada	556.1	614.8	717.0	804.4	923.0	Canada
Japan	599.1	666.4	685.0	768.0	803.0	Japon
China, Hong Kong SAR	780.8	756.5	713.0	629.3	639.8	Chine - RAS de Hong-Kong
Spain	384.7	463.1	505.5	539.3	672.5	Espagne
Italy	337.5	428.3	477.1	568.6	683.6	Italie
Netherlands	406.6	450.6	450.2	485.1	601.9	Pays-Bas
Belgium	323.5	395.1	443.8	489.4	534.8	Belgique
Australia	281.1	382.0	380.5	411.0	486.9	Australie
Switzerland-Liechtenstein	309.2	326.2	333.5	371.6	402.1	Suisse-Liechtenstein
Austria	269.2	366.5	328.1	352.0	376.6	Autriche
Russian Federation	183.5	246.3	302.6	386.3	566.3	Fédération de Russie
Poland	169.5	226.8	244.6	283.3	392.2	Pologne
Denmark	184.7	213.8	240.3	263.7	306.2	Danemark
United Arab Emirates	148.3	182.5	211.5	248.6	e307.6	Emirates arabes unis
Sweden	163.6	205.2	212.8	231.3	274.9	Suède
Mexico	176.3	194.7	195.7	244.2	275.4	Mexique
Norway	180.9	195.1	200.8	224.5	268.3	Norvège
Saudi Arabia	145.9	173.4	200.6	204.4	202.8	Arabie saoudite
Korea, Republic of	135.9	139.6	156.4	191.7	250.8	République de Corée
Greece	118.8	139.7	150.2	161.1	200.4	Grèce
Ireland	104.0	132.0	151.4	165.4	213.1	Irlande

Value as percentages of World total   Valeur en pourcentage du total mondial

Regions of the world	1998	1999	2000	2001	2002	2003	2004	2005	2006	2007	Régions du monde
World	100.0	100.0	100.0	100.0	100.0	100.0	100.0	100.0	100.0	100.0	Monde
Developed Economies	76.7	78.4	76.5	69.8	77.6	79.7	79.3	78.7	78.6	77.5	Economies Développés
- Asia-Pacific	5.4	5.6	6.2	5.3	5.8	6.0	6.1	5.8	5.7	5.6	- Asie-Pacifique
- Europe	43.2	41.8	37.7	34.6	37.7	40.6	40.6	39.9	39.9	41.2	- Europe
- North America	28.1	31.0	32.7	29.9	34.1	33.1	32.6	33.1	33.0	30.7	- Amérique du Nord
South-Eastern Europe	0.5	0.6	0.6	0.6	0.8	0.8	1.1	1.2	1.2	1.3	Europe du Sud-Est
Commonwealth of Independent States	1.4	0.7	0.8	1.2	1.5	1.8	2.1	2.5	2.9	3.5	Communauté d'Etats indépendants
- Asia	0.2	0.2	0.2	0.2	0.2	0.3	0.4	0.5	0.6	0.6	- Asie
- Europe	1.1	0.6	0.6	1.0	1.3	1.5	1.7	2.0	2.3	2.9	- Europe
Northern Africa	0.9	0.9	0.8	0.8	0.7	0.5	0.7	0.7	0.6	0.8	Afrique septentrionale
Sub-Saharan Africa	1.5	1.2	1.6	10.4	1.5	1.6	1.8	1.9	1.9	2.0	Afrique subsaharienne
Latin America & the Caribbean	4.8	4.5	4.5	4.2	3.9	3.3	3.4	3.7	4.2	4.5	Amérique latine et Caraïbes
- Caribbean	0.8	0.8	0.8	0.7	0.7	0.4	0.5	0.6	0.7	0.8	- Caraïbes
- Latin America	4.0	3.7	3.7	3.5	3.2	2.8	2.9	3.1	3.5	3.7	- Amérique latine
Eastern Asia	7.3	7.5	8.7	7.5	7.9	6.5	5.5	5.0	4.4	4.3	Asie orientale
Southern Asia	0.2	0.2	0.3	0.2	0.3	0.4	0.4	0.5	0.5	0.5	Asie méridionale
South-Eastern Asia	1.8	1.9	1.9	1.6	1.7	1.7	1.6	1.5	1.4	1.6	Asie du Sud-Est
Western Asia	4.8	4.1	4.3	3.7	4.1	3.6	4.0	4.2	4.0	4.0	Asie occidentale
Oceania	0.2	0.2	0.1	0.1	0.1	0.1	0.1	0.1	0.1	0.1	Océanie

Articles de ménage et d'économie domestique en métaux communs, n.d.a. 697

Trade by commodity

Exports by principal countries or areas

Value in million US dollars

Commerce par produit

Exportations selon les principaux pays ou zones

Valeur en millions de dollars EU

Country or area	2003	2004	2005	2006	2007	Pays ou zone
World	14907.4	17351.7	18650.7	21048.9	23243.6	Monde
Developed Economies	7194.2	8300.0	8754.3	9897.1	10755.6	Economies Développés
- Asia-Pacific	189.2	214.5	212.4	204.3	197.0	- Asie-Pacifique
- Europe	6067.6	7063.3	7398.2	8455.4	9275.5	- Europe
- North America	937.4	1022.2	1143.7	1237.5	1283.1	- Amérique du Nord
South-Eastern Europe	87.3	156.6	201.8	190.0	207.0	Europe du Sud-Est
Commonwealth of Independent States	125.1	163.4	203.8	243.4	285.8	Communauté d'Etats indépendants
- Asia	1.5	1.7	4.2	5.3	6.5	- Asie
- Europe	123.6	161.7	199.6	238.0	279.3	- Europe
Northern Africa	25.7	24.3	28.5	31.1	32.4	Afrique septentrionale
Sub-Saharan Africa	69.1	59.8	63.4	63.2	70.6	Afrique subsaharienne
Latin America & the Caribbean	670.4	781.3	589.9	654.8	719.5	Amérique latine et Caraïbes
- Caribbean	3.2	3.1	3.6	4.4	4.9	- Caraïbes
- Latin America	667.1	778.2	586.3	650.4	714.6	- Amérique latine
Eastern Asia	5163.5	6098.0	6853.4	7944.9	8951.5	Asie orientale
Southern Asia	575.7	545.1	651.4	644.8	713.7	Asie méridionale
South-Eastern Asia	503.1	596.5	632.8	734.1	794.3	Asie du Sud-Est
Western Asia	492.8	625.7	670.8	644.5	712.4	Asie occidentale
Oceania	0.5	0.7	0.6	1.0	0.7	Océanie
China	3262.6	4225.9	5118.8	6307.3	7283.1	Chine
Italy	1831.4	2092.7	2024.6	2250.5	2328.8	Italie
Germany	891.0	1030.8	1191.0	1388.9	1554.1	Allemagne
France-Monaco	663.8	739.5	761.4	846.0	941.1	France-Monaco
China, Hong Kong SAR	848.0	826.6	774.9	728.1	717.3	Chine - RAS de Hong-Kong
United States	573.5	604.1	665.6	753.2	878.8	Etats-Unis d'Amérique
India	515.8	485.1	556.3	557.0	603.9	Inde
Spain	410.8	473.2	484.3	493.0	579.6	Espagne
Canada	363.9	418.1	478.1	484.3	404.3	Canada
Belgium	312.5	362.6	403.5	471.0	492.1	Belgique
Turkey	349.8	418.9	441.2	317.3	359.2	Turquie
Netherlands	301.2	324.3	297.9	350.3	395.4	Pays-Bas
Mexico	432.7	475.6	231.3	257.6	248.9	Mexique
Thailand	239.1	266.6	307.4	379.3	420.0	Thaïlande
Poland	145.2	231.9	291.1	338.6	438.5	Pologne
Korea, Republic of	330.3	334.2	278.8	206.0	228.8	République de Corée
United Kingdom	211.5	257.3	266.5	291.1	340.2	Royaume-Uni
Denmark	195.7	227.1	238.6	280.6	302.1	Danemark
Switzerland-Liechtenstein	175.8	211.1	223.8	204.7	234.2	Suisse-Liechtenstein
Czech Republic	127.9	165.0	186.3	238.8	264.7	République tchèque
Brazil	142.4	183.1	199.5	208.9	232.6	Brésil
Austria	140.1	162.6	184.2	235.3	238.0	Autriche
Hungary	107.3	145.3	167.3	234.7	222.4	Hongrie
United Arab Emirates	101.8	156.5	164.8	208.7	e225.6	Emirates arabes unis
Sweden	118.4	148.5	143.8	185.0	176.7	Suède

Value as percentages of World total

Valeur en pourcentage du total mondial

Regions of the world	1998	1999	2000	2001	2002	2003	2004	2005	2006	2007	Régions du monde
World	100.0	100.0	100.0	100.0	100.0	100.0	100.0	100.0	100.0	100.0	Monde
Developed Economies	55.7	53.7	48.0	49.2	47.7	48.3	47.8	46.9	47.0	46.3	Economies Développés
- Asia-Pacific	2.3	2.4	2.2	1.6	1.3	1.3	1.2	1.1	1.0	0.8	- Asie-Pacifique
- Europe	45.5	43.6	38.1	39.8	39.5	40.7	40.7	39.7	40.2	39.9	- Europe
- North America	7.9	7.7	7.7	7.8	6.9	6.3	5.9	6.1	5.9	5.5	- Amérique du Nord
South-Eastern Europe	0.4	0.5	0.5	0.5	0.6	0.6	0.9	1.1	0.9	0.9	Europe du Sud-Est
Commonwealth of Independent States	0.5	0.9	0.7	0.7	0.7	0.8	0.9	1.1	1.2	1.2	Communauté d'Etats indépendants
- Asia	0.0	0.0	0.0	0.0	0.0	0.0	0.0	0.0	0.0	0.0	- Asie
- Europe	0.5	0.9	0.7	0.7	0.7	0.8	0.9	1.1	1.1	1.2	- Europe
Northern Africa	0.2	0.2	0.2	0.2	0.2	0.2	0.1	0.2	0.1	0.1	Afrique septentrionale
Sub-Saharan Africa	0.4	0.6	0.4	0.4	0.4	0.5	0.3	0.3	0.3	0.3	Afrique subsaharienne
Latin America & the Caribbean	6.1	4.0	6.0	5.9	5.3	4.5	4.5	3.2	3.1	3.1	Amérique latine et Caraïbes
- Caribbean	0.0	0.0	0.1	0.0	0.0	0.0	0.0	0.0	0.0	0.0	- Caraïbes
- Latin America	6.1	3.9	5.9	5.8	5.3	4.5	4.5	3.1	3.1	3.1	- Amérique latine
Eastern Asia	28.7	31.7	34.6	33.2	35.2	34.6	35.1	36.7	37.7	38.5	Asie orientale
Southern Asia	1.6	2.3	3.3	3.4	3.3	3.9	3.1	3.5	3.1	3.1	Asie méridionale
South-Eastern Asia	4.6	4.5	4.5	4.2	3.8	3.4	3.4	3.4	3.5	3.4	Asie du Sud-Est
Western Asia	1.8	1.8	1.9	2.3	2.8	3.3	3.6	3.6	3.1	3.1	Asie occidentale
Oceania	0.0	0.0	0.0	0.0	0.0	0.0	0.0	0.0	0.0	0.0	Océanie

699 Manufactures of base metal, nes

Trade by commodity
Imports by principal countries or areas
Value in million US dollars

Commerce par produit
Importations selon les principaux pays ou zones
Valeur en millions de dollars EU

Country or area	2003	2004	2005	2006	2007	Pays ou zone
World	64604.7	77769.2	89284.5	103201.3	122828.7	Monde
Developed Economies	45865.4	54692.5	62126.8	71579.0	84822.4	Economies Développés
- Asia-Pacific	2864.0	3547.3	4203.6	4776.2	5508.0	- Asie-Pacifique
- Europe	29750.0	35726.7	40025.1	46972.8	58258.6	- Europe
- North America	13251.4	15418.5	17898.1	19830.1	21055.8	- Amérique du Nord
South-Eastern Europe	599.0	932.6	1153.1	1428.0	2062.7	Europe du Sud-Est
Commonwealth of Independent States	890.7	1217.0	1574.9	2289.3	3467.9	Communauté d'Etats indépendants
- Asia	180.8	236.3	351.7	439.9	578.4	- Asie
- Europe	710.0	980.7	1223.3	1849.4	2889.5	- Europe
Northern Africa	478.4	579.4	566.8	595.6	853.7	Afrique septentrionale
Sub-Saharan Africa	926.0	1017.4	1216.6	1456.9	1887.7	Afrique subsaharienne
Latin America & the Caribbean	5689.2	6725.8	7527.0	8306.4	9403.8	Amérique latine et Caraïbes
- Caribbean	209.2	267.7	304.8	377.8	420.7	- Caraïbes
- Latin America	5480.0	6458.1	7222.3	7928.7	8983.0	- Amérique latine
Eastern Asia	4414.6	5604.9	6764.0	8055.9	9324.6	Asie orientale
Southern Asia	527.5	674.2	837.4	977.5	1159.3	Asie méridionale
South-Eastern Asia	3561.5	4165.9	4850.8	5770.4	6258.9	Asie du Sud-Est
Western Asia	1579.5	2073.0	2581.2	2635.4	3466.7	Asie occidentale
Oceania	72.8	86.3	85.7	106.8	120.9	Océanie
United States	9953.4	12147.8	14171.7	15783.0	16710.9	Etats-Unis d'Amérique
Germany	5643.5	6591.0	8040.3	9463.3	11301.3	Allemagne
Mexico	4395.6	4945.4	5350.4	5646.9	5944.3	Mexique
France-Monaco	3790.3	4605.8	5021.6	5678.0	7016.1	France-Monaco
United Kingdom	3076.1	3562.7	3910.4	4410.8	5615.4	Royaume-Uni
Canada	3276.9	3247.0	3700.3	4020.2	4320.4	Canada
China	1862.2	2380.5	2838.5	3592.3	4245.8	Chine
Japan	1931.1	2401.1	2825.4	3239.7	3607.5	Japon
Italy	1842.1	2214.9	2439.6	3090.7	3827.8	Italie
Spain	1906.5	2254.4	2446.6	2913.5	3679.8	Espagne
Belgium	1764.7	2118.9	2204.5	2463.8	3047.7	Belgique
Poland	1438.0	1806.0	2119.1	2522.0	3130.8	Pologne
Austria	1382.3	1729.5	1934.2	2254.1	2807.9	Autriche
Thailand	1422.6	1640.3	1962.8	2101.2	2424.4	Thaïlande
Czech Republic	1191.5	1530.8	1703.7	2085.1	2666.5	République tchèque
Netherlands	1405.6	1632.6	1663.7	1964.6	2429.6	Pays-Bas
Korea, Republic of	976.2	1233.3	1631.2	1926.1	2479.0	République de Corée
Sweden	952.9	1131.5	1236.4	1407.5	1810.2	Suède
China, Hong Kong SAR	1052.3	1127.7	1202.6	1351.4	1467.7	Chine - RAS de Hong-Kong
Switzerland-Liechtenstein	802.6	973.8	1106.4	1328.3	1637.3	Suisse-Liechtenstein
Australia	775.6	947.7	1157.8	1291.5	1619.8	Australie
Hungary	828.1	1021.0	1076.5	1282.4	1583.1	Hongrie
Singapore	872.7	954.8	1080.2	1389.6	1355.1	Singapour
Malaysia	674.1	884.9	987.3	1312.7	1292.9	Malaisie
Russian Federation	436.3	604.2	779.2	1235.8	1995.4	Fédération de Russie

Value as percentages of World total

Valeur en pourcentage du total mondial

Regions of the world	1998	1999	2000	2001	2002	2003	2004	2005	2006	2007	Régions du monde
World	100.0	100.0	100.0	100.0	100.0	100.0	100.0	100.0	100.0	100.0	Monde
Developed Economies	69.0	68.5	68.3	67.6	70.2	71.0	70.3	69.6	69.4	69.1	Economies Développés
- Asia-Pacific	4.0	4.0	4.2	4.1	4.2	4.4	4.6	4.7	4.6	4.5	- Asie-Pacifique
- Europe	44.5	42.8	39.6	41.7	43.6	46.0	45.9	44.8	45.5	47.4	- Europe
- North America	20.4	21.7	24.5	21.8	22.4	20.5	19.8	20.0	19.2	17.1	- Amérique du Nord
South-Eastern Europe	0.4	0.4	0.5	0.6	0.7	0.9	1.2	1.3	1.4	1.7	Europe du Sud-Est
Commonwealth of Independent States	1.0	0.7	0.8	1.0	1.2	1.4	1.6	1.8	2.2	2.8	Communauté d'Etats indépendants
- Asia	0.3	0.2	0.2	0.2	0.3	0.3	0.3	0.4	0.4	0.5	- Asie
- Europe	0.8	0.5	0.6	0.8	0.9	1.1	1.3	1.4	1.8	2.4	- Europe
Northern Africa	0.8	0.8	0.9	0.9	0.8	0.7	0.7	0.6	0.6	0.7	Afrique septentrionale
Sub-Saharan Africa	1.1	1.1	1.0	3.5	1.3	1.4	1.3	1.4	1.4	1.5	Afrique subsaharienne
Latin America & the Caribbean	11.6	12.5	13.1	11.6	10.5	8.8	8.6	8.4	8.0	7.7	Amérique latine et Caraïbes
- Caribbean	0.4	0.4	0.5	0.5	0.4	0.3	0.3	0.3	0.4	0.3	- Caraïbes
- Latin America	11.2	12.0	12.7	11.1	10.1	8.5	8.3	8.1	7.7	7.3	- Amérique latine
Eastern Asia	5.9	6.0	6.3	6.1	6.4	6.8	7.2	7.6	7.8	7.6	Asie orientale
Southern Asia	0.7	0.6	0.7	0.6	0.7	0.8	0.9	0.9	0.9	0.9	Asie méridionale
South-Eastern Asia	6.8	7.0	6.0	5.4	5.4	5.5	5.4	5.4	5.6	5.1	Asie du Sud-Est
Western Asia	2.6	2.3	2.4	2.4	2.6	2.4	2.7	2.9	2.6	2.8	Asie occidentale
Oceania	0.1	0.1	0.1	0.1	0.1	0.1	0.1	0.1	0.1	0.1	Océanie

Trade by commodity
Exports by principal countries or areas
Value in million US dollars

Commerce par produit
Exportations selon les principaux pays ou zones
Valeur en millions de dollars EU

Country or area	2003	2004	2005	2006	2007	Pays ou zone
World	64392.8	78977.5	90754.9	106579.0	126738.2	Monde
Developed Economies	47189.7	56208.3	63140.2	72905.2	86721.2	Economies Développés
- Asia-Pacific	2707.5	3317.2	3744.1	4099.9	4524.5	- Asie-Pacifique
- Europe	35125.1	42919.0	48212.5	56021.2	68311.3	- Europe
- North America	9357.1	9972.1	11183.6	12784.1	13885.4	- Amérique du Nord
South-Eastern Europe	244.4	394.9	511.0	697.7	1035.8	Europe du Sud-Est
Commonwealth of Independent States	745.6	1021.7	972.9	1334.5	1694.1	Communauté d'Etats indépendants
- Asia	32.2	53.0	89.8	65.8	74.0	- Asie
- Europe	713.4	968.7	883.1	1268.7	1620.1	- Europe
Northern Africa	90.2	126.4	217.4	221.7	273.0	Afrique septentrionale
Sub-Saharan Africa	222.3	469.2	400.4	399.9	573.6	Afrique subsaharienne
Latin America & the Caribbean	2912.3	3519.6	4290.4	4917.9	5452.6	Amérique latine et Caraïbes
- Caribbean	11.7	20.9	25.0	36.6	42.5	- Caraïbes
- Latin America	2900.6	3498.7	4265.4	4881.3	5410.1	- Amérique latine
Eastern Asia	9819.4	13069.7	16169.3	20183.3	24100.4	Asie orientale
Southern Asia	765.9	942.9	1168.3	1362.0	1578.5	Asie méridionale
South-Eastern Asia	1664.3	2188.4	2625.0	3329.8	3697.4	Asie du Sud-Est
Western Asia	736.7	1034.0	1257.8	1225.7	1609.0	Asie occidentale
Oceania	1.9	2.6	2.2	1.3	2.6	Océanie
Germany	9373.5	11113.7	13024.5	15142.4	17585.3	Allemagne
China	5272.2	7554.9	10004.8	13072.0	16268.6	Chine
United States	7232.2	7595.9	8538.0	10046.1	11031.8	Etats-Unis d'Amérique
Italy	5821.7	7295.7	7960.0	9505.8	11138.0	Italie
France-Monaco	3790.7	4191.0	4741.6	5161.6	6438.9	France-Monaco
Mexico	2415.3	2877.7	3432.6	3867.4	4144.6	Mexique
Japan	2347.3	2880.8	3253.7	3577.7	3904.0	Japon
United Kingdom	2221.2	2635.5	2945.6	3280.7	4166.9	Royaume-Uni
Austria	1804.4	2273.8	2562.3	3012.7	3939.6	Autriche
Czech Republic	1602.2	2229.2	2577.1	2936.6	3654.4	République tchèque
Canada	2124.7	2376.2	2645.5	2737.9	2853.5	Canada
Spain	1872.7	2220.2	2392.3	2703.3	3303.6	Espagne
Poland	1314.3	1753.2	1971.4	2518.3	3309.5	Pologne
Netherlands	1250.2	1515.1	1636.7	2060.1	2553.4	Pays-Bas
Belgium	1203.3	1537.7	1626.4	1857.9	2209.0	Belgique
China, Hong Kong SAR	1220.8	1377.2	1520.8	1750.8	1904.6	Chine - RAS de Hong-Kong
Korea, Republic of	957.5	1241.3	1523.0	1812.6	2168.8	République de Corée
Sweden	911.9	1085.4	1121.9	1329.2	1623.5	Suède
Switzerland-Liechtenstein	832.8	968.3	1057.0	1214.4	1492.8	Suisse-Liechtenstein
India	713.7	895.7	1093.9	1293.9	1495.5	Inde
Thailand	451.3	673.7	818.7	1045.8	1278.1	Thaïlande
Denmark	640.7	776.5	787.5	923.7	1135.0	Danemark
Singapore	560.0	701.2	818.6	1072.4	888.4	Singapour
Russian Federation	360.4	460.2	628.7	947.6	1191.7	Fédération de Russie
Hungary	412.8	592.7	660.0	731.4	976.2	Hongrie

Value as percentages of World total

Valeur en pourcentage du total mondial

Regions of the world	1998	1999	2000	2001	2002	2003	2004	2005	2006	2007	Régions du monde
World	100.0	100.0	100.0	100.0	100.0	100.0	100.0	100.0	100.0	100.0	Monde
Developed Economies	76.3	75.3	73.5	73.4	72.8	73.3	71.2	69.6	68.4	68.4	Economies Développés
- Asia-Pacific	4.3	4.3	4.6	4.0	4.1	4.2	4.2	4.1	3.8	3.6	- Asie-Pacifique
- Europe	55.1	53.1	48.1	51.6	52.0	54.5	54.3	53.1	52.6	53.9	- Europe
- North America	17.0	17.9	20.8	17.8	16.7	14.5	12.6	12.3	12.0	11.0	- Amérique du Nord
South-Eastern Europe	0.2	0.2	0.2	0.3	0.3	0.4	0.5	0.6	0.7	0.8	Europe du Sud-Est
Commonwealth of Independent States	1.0	1.1	1.2	1.2	1.0	1.2	1.3	1.1	1.3	1.3	Communauté d'Etats indépendants
- Asia	0.0	0.0	0.0	0.1	0.1	0.1	0.1	0.1	0.1	0.1	- Asie
- Europe	1.0	1.1	1.2	1.1	1.0	1.1	1.2	1.0	1.2	1.3	- Europe
Northern Africa	0.1	0.1	0.1	0.1	0.1	0.1	0.2	0.2	0.2	0.2	Afrique septentrionale
Sub-Saharan Africa	0.3	0.3	0.5	0.4	0.3	0.3	0.6	0.4	0.4	0.5	Afrique subsaharienne
Latin America & the Caribbean	4.4	4.5	5.4	5.8	5.7	4.5	4.5	4.7	4.6	4.3	Amérique latine et Caraïbes
- Caribbean	0.0	0.0	0.0	0.0	0.0	0.0	0.0	0.0	0.0	0.0	- Caraïbes
- Latin America	4.4	4.5	5.4	5.7	5.6	4.5	4.4	4.7	4.6	4.3	- Amérique latine
Eastern Asia	14.0	14.3	14.9	14.7	15.4	15.2	16.5	17.8	18.9	19.0	Asie orientale
Southern Asia	0.7	0.9	1.0	1.0	1.0	1.2	1.2	1.3	1.3	1.2	Asie méridionale
South-Eastern Asia	2.1	2.3	2.4	2.3	2.3	2.6	2.8	2.9	3.1	2.9	Asie du Sud-Est
Western Asia	0.9	0.9	0.9	0.9	1.1	1.1	1.3	1.4	1.2	1.3	Asie occidentale
Oceania	0.0	0.0	0.0	0.0	0.0	0.0	0.0	0.0	0.0	0.0	Océanie

711 Steam boilers, superheated water boiler; auxiliary plants; parts thereof

Trade by commodity
Imports by principal countries or areas
Value in million US dollars

Commerce par produit
Importations selon les principaux pays ou zones
Valeur en millions de dollars EU

Country or area	2003	2004	2005	2006	2007	Pays ou zone
World	2607.5	2908.6	3644.3	3574.2	4833.1	Monde
Developed Economies	1189.0	1208.8	1362.9	1434.7	2279.5	Economies Développés
- Asia-Pacific	63.9	55.2	101.8	109.1	189.0	- Asie-Pacifique
- Europe	753.5	765.4	746.7	847.0	1269.4	- Europe
- North America	371.6	388.1	514.5	478.6	821.2	- Amérique du Nord
South-Eastern Europe	36.7	103.7	106.2	43.9	106.9	Europe du Sud-Est
Commonwealth of Independent States	129.4	72.5	151.5	184.9	214.1	Communauté d'Etats indépendants
- Asia	29.0	25.1	71.3	91.6	68.2	- Asie
- Europe	100.4	47.5	80.2	93.3	145.9	- Europe
Northern Africa	27.8	135.2	126.5	106.3	69.5	Afrique septentrionale
Sub-Saharan Africa	40.7	54.1	64.7	84.4	108.6	Afrique subsaharienne
Latin America & the Caribbean	230.4	175.4	334.2	228.9	375.9	Amérique latine et Caraïbes
- Caribbean	23.5	26.1	33.8	30.2	34.0	- Caraïbes
- Latin America	207.0	149.3	300.4	198.8	341.8	- Amérique latine
Eastern Asia	449.1	565.9	608.1	547.6	462.6	Asie orientale
Southern Asia	45.4	148.2	110.6	67.2	270.9	Asie méridionale
South-Eastern Asia	180.3	155.3	319.2	286.9	432.0	Asie du Sud-Est
Western Asia	274.5	285.5	440.1	569.7	504.3	Asie occidentale
Oceania	4.0	3.9	20.3	19.7	8.9	Océanie
United States	268.3	322.0	413.4	371.8	708.9	Etats-Unis d'Amérique
China	265.1	344.7	331.5	246.0	196.3	Chine
Korea, Republic of	128.0	158.4	174.8	230.5	193.6	République de Corée
Spain	165.6	168.7	104.5	103.2	120.1	Espagne
Saudi Arabia	49.5	38.0	179.2	213.3	153.9	Arabie saoudite
Germany	79.3	105.6	87.9	74.3	162.5	Allemagne
Canada	103.0	65.8	100.5	106.5	111.8	Canada
Italy	88.2	54.5	48.7	97.7	92.3	Italie
Indonesia	37.1	45.0	93.2	85.8	110.6	Indonésie
United Arab Emirates	80.0	122.2	21.7	60.6	e75.0	Emirates arabes unis
United Kingdom	33.7	44.5	69.0	67.2	137.2	Royaume-Uni
Malaysia	32.6	46.6	47.7	42.4	166.2	Malaisie
India	4.2	23.5	49.6	28.0	224.7	Inde
Japan	47.1	29.8	57.0	61.5	121.2	Japon
Chile	102.4	27.1	115.1	29.1	33.7	Chili
Brazil	25.5	54.0	32.3	33.5	150.0	Brésil
France-Monaco	55.1	34.6	61.1	61.9	76.7	France-Monaco
Turkey	98.7	46.6	61.9	26.3	33.0	Turquie
Mexico	46.6	31.3	67.0	60.2	56.8	Mexique
Belgium	16.8	25.8	49.0	53.1	110.6	Belgique
Thailand	34.1	18.5	86.1	57.1	55.3	Thaïlande
Russian Federation	36.3	23.4	37.5	58.6	85.2	Fédération de Russie
Poland	46.3	50.1	28.9	44.9	48.5	Pologne
Oman	e4.7	6.0	79.6	52.3	72.8	Oman
Singapore	39.2	23.2	44.0	60.6	42.8	Singapour

Value as percentages of World total

Valeur en pourcentage du total mondial

Regions of the world	1998	1999	2000	2001	2002	2003	2004	2005	2006	2007	Régions du monde
World	100.0	100.0	100.0	100.0	100.0	100.0	100.0	100.0	100.0	100.0	Monde
Developed Economies	22.8	30.0	39.9	32.6	48.4	45.6	41.6	37.4	40.1	47.2	Economies Développés
- Asia-Pacific	2.1	2.5	4.2	1.9	1.6	2.5	1.9	2.8	3.1	3.9	- Asie-Pacifique
- Europe	14.2	19.0	18.5	12.2	16.1	28.9	26.3	20.5	23.7	26.3	- Europe
- North America	6.5	8.5	17.2	18.5	30.7	14.3	13.3	14.1	13.4	17.0	- Amérique du Nord
South-Eastern Europe	0.5	1.0	1.0	1.4	1.2	1.4	3.6	2.9	1.2	2.2	Europe du Sud-Est
Commonwealth of Independent States	4.1	3.6	3.2	2.4	3.0	5.0	2.5	4.2	5.2	4.4	Communauté d'Etats indépendants
- Asia	1.0	1.3	1.1	0.8	1.2	1.1	0.9	2.0	2.6	1.4	- Asie
- Europe	3.1	2.3	2.1	1.6	1.7	3.9	1.6	2.2	2.6	3.0	- Europe
Northern Africa	5.1	9.3	3.5	1.4	1.2	1.1	4.6	3.5	3.0	1.4	Afrique septentrionale
Sub-Saharan Africa	1.4	1.7	1.4	18.7	2.6	1.6	1.9	1.8	2.4	2.2	Afrique subsaharienne
Latin America & the Caribbean	9.1	8.7	7.6	5.5	6.3	8.8	6.0	9.2	6.4	7.8	Amérique latine et Caraïbes
- Caribbean	0.7	1.5	1.6	1.3	1.0	0.9	0.9	0.9	0.8	0.7	- Caraïbes
- Latin America	8.4	7.2	6.0	4.1	5.3	7.9	5.1	8.2	5.6	7.1	- Amérique latine
Eastern Asia	34.1	25.7	21.0	14.6	14.0	17.2	19.5	16.7	15.3	9.6	Asie orientale
Southern Asia	3.0	1.5	1.5	3.2	1.6	1.7	5.1	3.0	1.9	5.6	Asie méridionale
South-Eastern Asia	10.8	7.1	9.1	8.0	4.5	6.9	5.3	8.8	8.0	8.9	Asie du Sud-Est
Western Asia	9.0	11.3	11.6	12.1	17.2	10.5	9.8	12.1	15.9	10.4	Asie occidentale
Oceania	0.0	0.0	0.1	0.0	0.1	0.2	0.1	0.6	0.6	0.2	Océanie

Chaudières a vapeur (générateurs de vapeur), et leurs appareils auxiliaires 711

Trade by commodity

Exports by principal countries or areas

Value in million US dollars

Commerce par produit

Exportations selon les principaux pays ou zones

Valeur en millions de dollars EU

Country or area	2003	2004	2005	2006	2007	Pays ou zone
World	2705.2	3125.9	3869.0	4095.1	5767.7	Monde
Developed Economies	2090.5	2277.9	2844.6	2626.1	3592.4	Economies Développés
- Asia-Pacific	238.6	390.6	662.4	462.2	657.1	- Asie-Pacifique
- Europe	1330.4	1484.2	1729.0	1668.6	2406.6	- Europe
- North America	521.5	403.1	453.1	495.3	528.7	- Amérique du Nord
South-Eastern Europe	18.0	30.5	25.2	24.3	55.2	Europe du Sud-Est
Commonwealth of Independent States	43.0	95.8	105.5	109.9	110.5	Communauté d'Etats indépendants
- Asia	2.7	6.0	1.7	1.7	3.3	- Asie
- Europe	40.2	89.8	103.8	108.2	107.2	- Europe
Northern Africa	2.0	0.8	0.9	3.3	4.7	Afrique septentrionale
Sub-Saharan Africa	7.6	9.8	6.1	3.9	8.3	Afrique subsaharienne
Latin America & the Caribbean	41.0	46.3	57.5	87.5	135.2	Amérique latine et Caraïbes
- Caribbean	0.2	0.8	0.2	2.1	2.6	- Caraïbes
- Latin America	40.7	45.5	57.3	85.4	132.7	- Amérique latine
Eastern Asia	357.3	517.4	646.9	836.4	1327.4	Asie orientale
Southern Asia	34.2	50.4	57.5	100.4	168.0	Asie méridionale
South-Eastern Asia	86.3	74.6	90.7	197.0	241.3	Asie du Sud-Est
Western Asia	25.3	22.5	33.4	106.2	124.8	Asie occidentale
Oceania	0.0	0.0	0.8	0.0	0.0	Océanie
Japan	232.7	384.2	650.5	449.1	632.3	Japon
China	103.8	175.2	244.8	431.1	962.7	Chine
United States	336.5	249.5	362.3	367.7	388.3	Etats-Unis d'Amérique
Korea, Republic of	187.5	237.7	309.6	333.3	322.1	République de Corée
Germany	218.6	187.7	234.7	300.4	388.8	Allemagne
Italy	149.2	226.9	223.5	231.0	352.2	Italie
Finland	151.1	161.3	208.3	199.2	211.8	Finlande
Poland	111.6	103.7	135.4	143.3	204.9	Pologne
Canada	185.0	153.6	90.8	127.5	140.4	Canada
France-Monaco	60.5	112.4	134.0	59.8	205.0	France-Monaco
United Kingdom	118.3	148.6	109.8	87.7	103.6	Royaume-Uni
Spain	91.5	103.0	78.7	139.6	140.6	Espagne
Denmark	28.7	91.9	138.9	101.0	130.5	Danemark
Belgium	75.3	60.4	100.0	73.8	100.0	Belgique
India	33.0	47.5	56.5	98.9	166.2	Inde
Russian Federation	34.6	82.4	96.8	98.0	85.2	Fédération de Russie
Czech Republic	74.1	41.0	81.1	48.4	100.7	République tchèque
Slovakia	84.3	42.5	43.8	35.5	107.6	Slovaquie
Netherlands	38.4	59.2	59.6	74.5	73.0	Pays-Bas
Austria	26.5	44.1	52.8	57.4	96.4	Autriche
Indonesia	38.7	24.2	23.2	47.6	87.3	Indonésie
United Arab Emirates	2.2	1.6	1.0	100.9	e109.1	Emirates arabes unis
Mexico	19.0	21.3	14.0	30.0	80.6	Mexique
Brazil	15.0	19.9	33.9	49.2	45.6	Brésil
Croatia	14.6	18.5	30.8	27.3	56.5	Croatie

Value as percentages of World total

Valeur en pourcentage du total mondial

Regions of the world	1998	1999	2000	2001	2002	2003	2004	2005	2006	2007	Régions du monde
World	100.0	100.0	100.0	100.0	100.0	100.0	100.0	100.0	100.0	100.0	Monde
Developed Economies	84.2	81.9	74.7	68.5	68.7	77.3	72.9	73.5	64.1	62.3	Economies Développés
- Asia-Pacific	22.5	14.3	13.0	10.6	9.4	8.8	12.5	17.1	11.3	11.4	- Asie-Pacifique
- Europe	41.5	46.4	41.6	40.5	44.0	49.2	47.5	44.7	40.7	41.7	- Europe
- North America	20.3	21.1	20.1	17.4	15.3	19.3	12.9	11.7	12.1	9.2	- Amérique du Nord
South-Eastern Europe	0.3	0.4	0.6	0.4	0.9	0.7	1.0	0.7	0.6	1.0	Europe du Sud-Est
Commonwealth of Independent States	4.8	3.5	3.4	5.0	1.9	1.6	3.1	2.7	2.7	1.9	Communauté d'Etats indépendants
- Asia	0.0	0.0	0.0	0.0	0.1	0.1	0.2	0.0	0.0	0.1	- Asie
- Europe	4.8	3.4	3.3	5.0	1.9	1.5	2.9	2.7	2.6	1.9	- Europe
Northern Africa	0.0	0.0	0.0	0.0	0.0	0.1	0.0	0.0	0.1	0.1	Afrique septentrionale
Sub-Saharan Africa	0.2	0.2	0.5	1.0	0.3	0.3	0.3	0.2	0.1	0.1	Afrique subsaharienne
Latin America & the Caribbean	1.3	1.7	2.0	1.8	1.6	1.5	1.5	1.5	2.1	2.3	Amérique latine et Caraïbes
- Caribbean	0.1	0.0	0.0	0.0	0.0	0.0	0.0	0.0	0.1	0.0	- Caraïbes
- Latin America	1.2	1.7	2.0	1.8	1.6	1.5	1.5	1.5	2.1	2.3	- Amérique latine
Eastern Asia	7.3	9.9	16.5	20.0	22.5	13.2	16.6	16.7	20.4	23.0	Asie orientale
Southern Asia	0.4	0.4	0.5	0.7	0.8	1.3	1.6	1.5	2.5	2.9	Asie méridionale
South-Eastern Asia	0.8	1.0	1.4	2.3	1.8	3.2	2.4	2.3	4.8	4.2	Asie du Sud-Est
Western Asia	0.7	0.9	0.5	0.4	1.4	0.9	0.7	0.9	2.6	2.2	Asie occidentale
Oceania	0.0	0.0	0.0	0.0	0.0	0.0	0.0	0.0	0.0	0.0	Océanie

712 Steam turbines and other vapour turbines and parts thereof, nes

Trade by commodity
Imports by principal countries or areas
Value in million US dollars

Commerce par produit
Importations selon les principaux pays ou zones
Valeur en millions de dollars EU

Country or area	2003	2004	2005	2006	2007	Pays ou zone
World	2711.3	3299.9	4532.3	4672.0	4725.6	Monde
Developed Economies	1310.3	1556.5	1999.9	2075.7	2196.4	Economies Développés
- Asia-Pacific	120.6	151.1	230.3	253.8	189.4	- Asie-Pacifique
- Europe	719.2	990.3	1302.6	1370.4	1580.9	- Europe
- North America	470.5	415.1	467.0	451.5	426.1	- Amérique du Nord
South-Eastern Europe	51.9	34.2	29.6	42.6	60.3	Europe du Sud-Est
Commonwealth of Independent States	42.4	32.2	91.9	80.8	131.3	Communauté d'Etats indépendants
- Asia	26.1	10.2	60.4	40.5	33.7	- Asie
- Europe	16.3	22.0	31.5	40.3	97.7	- Europe
Northern Africa	11.2	52.3	58.2	49.6	18.2	Afrique septentrionale
Sub-Saharan Africa	37.7	45.3	42.5	63.7	80.1	Afrique subsaharienne
Latin America & the Caribbean	160.4	129.3	152.9	195.4	214.0	Amérique latine et Caraïbes
- Caribbean	17.1	33.5	31.1	23.9	18.4	- Caraïbes
- Latin America	143.3	95.8	121.8	171.5	195.7	- Amérique latine
Eastern Asia	523.5	671.9	957.5	1045.4	770.8	Asie orientale
Southern Asia	164.2	202.4	489.9	311.8	297.5	Asie méridionale
South-Eastern Asia	208.5	316.9	377.8	493.6	547.5	Asie du Sud-Est
Western Asia	199.1	251.1	316.0	293.4	404.5	Asie occidentale
Oceania	2.1	7.8	16.0	19.8	5.2	Océanie
China	226.2	430.3	688.9	711.2	582.1	Chine
United States	405.9	339.5	332.6	334.5	357.0	Etats-Unis d'Amérique
Spain	145.3	290.8	361.1	333.7	341.2	Espagne
Germany	135.3	135.1	202.5	261.4	311.3	Allemagne
Korea, Republic of	163.3	198.5	205.3	244.7	114.1	République de Corée
India	60.8	74.3	153.6	164.3	201.6	Inde
Japan	72.6	90.4	157.0	161.4	136.1	Japon
Italy	78.8	109.2	75.4	105.0	157.6	Italie
Iran (Islamic Republic of)	82.6	87.3	290.3	26.4	e29.2	Iran (République islamique d')
Canada	64.5	75.5	134.3	116.9	68.8	Canada
Singapore	31.7	168.4	52.0	89.1	98.0	Singapour
Malaysia	74.7	58.9	87.1	121.9	93.1	Malaisie
United Kingdom	49.0	61.2	99.1	84.6	96.5	Royaume-Uni
Indonesia	43.2	29.0	71.5	131.9	107.7	Indonésie
Switzerland-Liechtenstein	34.0	45.3	98.7	91.5	110.8	Suisse-Liechtenstein
Saudi Arabia	27.9	21.5	69.9	114.8	101.1	Arabie saoudite
France-Monaco	55.8	39.1	57.9	68.8	104.6	France-Monaco
Qatar	25.0	1.2	77.1	90.7	e121.6	Qatar
Thailand	14.8	18.3	47.0	64.1	138.3	Thaïlande
Australia	47.4	50.8	53.5	91.7	38.2	Australie
Mexico	37.6	45.6	42.6	66.4	51.1	Mexique
Poland	26.4	47.3	35.2	42.3	88.2	Pologne
United Arab Emirates	52.4	100.9	43.3	13.0	e16.1	Emirates arabes unis
Sweden	6.5	87.4	26.1	43.0	47.2	Suède
Viet Nam	14.4	19.3	58.5	47.0	e59.9	Viet Nam

Value as percentages of World total

Valeur en pourcentage du total mondial

Regions of the world	1998	1999	2000	2001	2002	2003	2004	2005	2006	2007	Régions du monde
World	100.0	100.0	100.0	100.0	100.0	100.0	100.0	100.0	100.0	100.0	Monde
Developed Economies	32.3	35.8	35.7	49.1	49.5	48.3	47.2	44.1	44.4	46.5	Economies Développés
- Asia-Pacific	3.5	2.5	4.2	5.6	5.8	4.4	4.6	5.1	5.4	4.0	- Asie-Pacifique
- Europe	22.8	23.7	19.2	27.6	23.2	26.5	30.0	28.7	29.3	33.5	- Europe
- North America	6.1	9.6	12.3	16.0	20.5	17.4	12.6	10.3	9.7	9.0	- Amérique du Nord
South-Eastern Europe	0.1	0.3	0.3	0.8	0.4	1.9	1.0	0.7	0.9	1.3	Europe du Sud-Est
Commonwealth of Independent States	1.2	1.2	1.5	1.0	1.0	1.6	1.0	2.0	1.7	2.8	Communauté d'Etats indépendants
- Asia	0.5	0.5	0.6	0.4	0.4	1.0	0.3	1.3	0.9	0.7	- Asie
- Europe	0.7	0.7	0.9	0.6	0.5	0.6	0.7	0.7	0.9	2.1	- Europe
Northern Africa	1.0	0.4	0.3	0.4	0.6	0.4	1.6	1.3	1.1	0.4	Afrique septentrionale
Sub-Saharan Africa	0.8	1.3	1.1	11.8	1.1	1.4	1.4	0.9	1.4	1.7	Afrique subsaharienne
Latin America & the Caribbean	8.9	9.0	5.9	5.2	6.1	5.9	3.9	3.4	4.2	4.5	Amérique latine et Caraïbes
- Caribbean	1.1	2.1	1.9	1.7	1.8	0.6	1.0	0.7	0.5	0.4	- Caraïbes
- Latin America	7.8	6.9	4.0	3.5	4.3	5.3	2.9	2.7	3.7	4.1	- Amérique latine
Eastern Asia	20.5	22.9	24.0	10.6	20.4	19.3	20.4	21.1	22.4	16.3	Asie orientale
Southern Asia	14.6	17.3	14.1	6.3	5.1	6.1	6.1	10.8	6.7	6.3	Asie méridionale
South-Eastern Asia	14.1	6.6	6.7	6.8	5.4	7.7	9.6	8.3	10.6	11.6	Asie du Sud-Est
Western Asia	6.3	5.3	10.4	7.9	10.4	7.3	7.6	7.0	6.3	8.6	Asie occidentale
Oceania	0.1	0.1	0.0	0.0	0.0	0.1	0.2	0.4	0.4	0.1	Océanie

Turbines a vapeur et leurs parties et pièces détachées, n.d.a. 712

Trade by commodity
Exports by principal countries or areas
Value in million US dollars

Commerce par produit
Exportations selon les principaux pays ou zones
Valeur en millions de dollars EU

Country or area	2003	2004	2005	2006	2007	Pays ou zone
World	2655.1	3198.4	4165.1	4258.8	5043.9	Monde
Developed Economies	2298.2	2740.3	3546.1	3567.0	4176.8	Economies Développés
- Asia-Pacific	767.4	961.7	1263.1	1252.6	1362.6	- Asie-Pacifique
- Europe	1232.5	1367.3	1687.3	1862.6	2253.6	- Europe
- North America	298.3	411.3	595.7	451.8	560.6	- Amérique du Nord
South-Eastern Europe	17.2	22.0	29.3	24.9	24.4	Europe du Sud-Est
Commonwealth of Independent States	112.1	104.0	140.5	82.8	148.2	Communauté d'Etats indépendants
- Asia	0.3	0.2	0.7	2.5	3.0	- Asie
- Europe	111.7	103.7	139.8	80.3	145.2	- Europe
Northern Africa	0.9	0.0	2.7	2.3	0.4	Afrique septentrionale
Sub-Saharan Africa	2.7	2.5	5.0	6.0	30.8	Afrique subsaharienne
Latin America & the Caribbean	72.1	99.5	113.5	113.1	112.5	Amérique latine et Caraïbes
- Caribbean	1.2	2.3	1.8	5.0	6.6	- Caraïbes
- Latin America	70.9	97.2	111.7	108.1	105.9	- Amérique latine
Eastern Asia	73.0	102.5	197.6	253.0	356.4	Asie orientale
Southern Asia	8.3	14.4	30.0	49.6	38.1	Asie méridionale
South-Eastern Asia	61.6	64.0	73.0	140.5	137.9	Asie du Sud-Est
Western Asia	8.9	49.3	27.3	19.6	18.2	Asie occidentale
Oceania	0.0	0.0	0.1	0.0	0.0	Océanie
Japan	760.4	954.7	1255.6	1248.0	1357.1	Japon
Germany	385.6	462.3	602.6	749.8	744.3	Allemagne
United States	278.8	383.0	566.9	427.6	527.8	Etats-Unis d'Amérique
Italy	249.9	156.9	200.4	190.6	218.0	Italie
United Kingdom	139.5	147.2	191.6	184.4	211.0	Royaume-Uni
France-Monaco	122.8	153.4	121.0	139.7	211.3	France-Monaco
China	40.5	61.8	117.7	173.5	312.8	Chine
Czech Republic	79.1	131.6	145.3	131.8	178.9	République tchèque
Austria	62.5	59.8	102.8	123.8	156.1	Autriche
Poland	58.0	62.3	100.5	99.6	163.0	Pologne
Russian Federation	98.9	78.0	104.2	62.2	98.2	Fédération de Russie
Mexico	60.4	72.5	88.0	62.9	58.6	Mexique
Sweden	32.0	48.1	39.5	45.5	125.7	Suède
Singapore	24.0	32.4	44.5	77.1	88.9	Singapour
Korea, Republic of	29.8	37.7	76.8	77.1	43.0	République de Corée
Switzerland-Liechtenstein	29.8	33.2	48.5	42.9	61.1	Suisse-Liechtenstein
Brazil	9.6	18.6	20.6	43.8	44.4	Brésil
Canada	19.3	28.3	28.8	24.2	32.8	Canada
Hungary	17.3	25.0	e23.0	31.8	34.9	Hongrie
Ukraine	8.9	24.4	32.1	18.0	47.0	Ukraine
India	7.2	13.0	25.9	47.8	36.4	Inde
Netherlands	16.3	30.6	13.6	30.5	34.4	Pays-Bas
Spain	11.5	24.7	21.7	25.7	20.7	Espagne
Romania	13.8	18.5	25.6	21.7	20.2	Roumanie
Slovenia	10.8	7.5	14.1	30.7	35.9	Slovénie

Value as percentages of World total

Valeur en pourcentage du total mondial

Regions of the world	1998	1999	2000	2001	2002	2003	2004	2005	2006	2007	Régions du monde
World	100.0	100.0	100.0	100.0	100.0	100.0	100.0	100.0	100.0	100.0	Monde
Developed Economies	91.8	92.0	89.7	90.1	86.0	86.6	85.7	85.1	83.8	82.8	Economies Développés
- Asia-Pacific	30.7	24.9	28.5	30.6	29.3	28.9	30.1	30.3	29.4	27.0	- Asie-Pacifique
- Europe	39.8	45.7	41.0	42.3	44.0	46.4	42.7	40.5	43.7	44.7	- Europe
- North America	21.2	21.4	20.2	17.2	12.7	11.2	12.9	14.3	10.6	11.1	- Amérique du Nord
South-Eastern Europe	0.1	0.3	0.5	0.4	0.3	0.6	0.7	0.7	0.6	0.5	Europe du Sud-Est
Commonwealth of Independent States	2.6	2.6	3.2	1.2	4.8	4.2	3.3	3.4	1.9	2.9	Communauté d'Etats indépendants
- Asia	0.0	0.1	0.0	0.0	0.0	0.0	0.0	0.0	0.1	0.1	- Asie
- Europe	2.6	2.5	3.2	1.2	4.8	4.2	3.2	3.4	1.9	2.9	- Europe
Northern Africa	0.1	0.0	0.1	0.0	0.0	0.0	0.0	0.1	0.1	0.0	Afrique septentrionale
Sub-Saharan Africa	0.1	0.1	0.0	0.2	0.6	0.1	0.1	0.1	0.1	0.6	Afrique subsaharienne
Latin America & the Caribbean	0.8	1.8	2.8	3.7	3.0	2.7	3.1	2.7	2.7	2.2	Amérique latine et Caraïbes
- Caribbean	0.1	0.1	0.2	0.2	0.1	0.0	0.1	0.0	0.1	0.1	- Caraïbes
- Latin America	0.7	1.7	2.7	3.5	2.9	2.7	3.0	2.7	2.5	2.1	- Amérique latine
Eastern Asia	2.2	1.9	1.7	2.3	2.8	2.8	3.2	4.7	5.9	7.1	Asie orientale
Southern Asia	0.8	0.1	0.1	0.5	1.0	0.3	0.4	0.7	1.2	0.8	Asie méridionale
South-Eastern Asia	1.4	1.2	1.7	1.2	1.4	2.3	2.0	1.8	3.3	2.7	Asie du Sud-Est
Western Asia	0.1	0.1	0.1	0.2	0.1	0.3	1.5	0.7	0.5	0.4	Asie occidentale
Oceania	0.0	0.0	0.0	0.0	0.0	0.0	0.0	0.0	0.0	0.0	Océanie

713 Internal combustion piston engines and parts thereof, nes

Trade by commodity

Imports by principal countries or areas

Value in million US dollars

Commerce par produit

Importations selon les principaux pays ou zones

Valeur en millions de dollars EU

Country or area	2003	2004	2005	2006	2007	Pays ou zone
World	85013.1	101272.8	113454.6	120228.3	140600.5	Monde
Developed Economies	65877.1	77551.7	85225.1	90810.2	104486.9	Economies Développés
- Asia-Pacific	2451.6	2669.9	2935.8	3332.9	4336.5	- Asie-Pacifique
- Europe	39959.1	47967.6	52416.3	57479.3	69709.7	- Europe
- North America	23466.4	26914.2	29872.9	29998.0	30440.7	- Amérique du Nord
South-Eastern Europe	203.8	359.2	494.3	647.5	903.4	Europe du Sud-Est
Commonwealth of Independent States	603.1	1000.0	1234.6	1840.2	2819.5	Communauté d'Etats indépendants
- Asia	112.2	203.6	244.6	421.1	433.8	- Asie
- Europe	490.8	796.3	990.0	1419.2	2385.8	- Europe
Northern Africa	349.7	409.8	439.2	469.8	545.5	Afrique septentrionale
Sub-Saharan Africa	683.4	841.8	1152.6	1216.2	1733.8	Afrique subsaharienne
Latin America & the Caribbean	5783.8	6832.9	7826.0	8525.6	9343.1	Amérique latine et Caraïbes
- Caribbean	161.9	186.6	182.9	246.8	303.9	- Caraïbes
- Latin America	5622.0	6646.3	7643.0	8278.8	9039.2	- Amérique latine
Eastern Asia	4691.8	6063.1	6273.3	7690.7	9664.4	Asie orientale
Southern Asia	1426.2	1228.3	1671.3	1402.2	1710.4	Asie méridionale
South-Eastern Asia	2936.1	3586.6	4788.6	5120.3	6394.6	Asie du Sud-Est
Western Asia	2394.8	3327.3	4274.0	2424.8	2902.8	Asie occidentale
Oceania	63.4	72.2	75.8	80.8	96.1	Océanie
United States	16200.8	18760.3	20874.3	20605.9	21080.9	Etats-Unis d'Amérique
Germany	10054.4	12139.2	13928.0	14636.9	17263.8	Allemagne
Canada	7250.2	8137.0	8982.4	9378.9	9345.3	Canada
France-Monaco	4675.8	5134.0	5729.5	6071.7	7524.1	France-Monaco
United Kingdom	3968.6	4737.8	5507.3	5756.1	7518.3	Royaume-Uni
Mexico	3954.3	4345.4	4728.8	5056.8	5024.8	Mexique
Spain	3877.6	4655.2	3669.6	4481.8	5792.6	Espagne
China	2788.6	3737.2	3651.2	4569.9	5926.5	Chine
Belgium	3576.8	4179.4	4001.0	4137.4	4735.8	Belgique
Italy	2590.1	3197.2	3484.2	3998.7	5018.7	Italie
Hungary	2036.0	2873.5	3604.2	3860.3	4337.0	Hongrie
Austria	1813.4	2255.2	2587.5	2769.3	3286.5	Autriche
Poland	1264.3	1884.7	2150.1	2513.0	2741.7	Pologne
Japan	1277.9	1373.1	1675.7	2120.8	2893.0	Japon
Korea, Republic of	1149.2	1350.1	1454.2	1799.3	2470.6	République de Corée
Netherlands	1273.1	1334.2	1416.5	1727.2	2170.2	Pays-Bas
Sweden	1161.3	1359.8	1531.9	1647.0	2218.6	Suède
Turkey	1273.3	2070.4	2564.4	687.0	578.7	Turquie
Singapore	799.7	899.0	1416.5	1711.5	2230.0	Singapour
Brazil	871.1	1133.7	1369.0	1450.4	1824.3	Brésil
Czech Republic	696.7	852.2	1182.5	1574.4	1935.5	République tchèque
Thailand	820.9	901.4	1224.9	1441.7	1667.0	Thaïlande
Australia	1058.7	1163.5	1129.3	1088.6	1312.5	Australie
Slovakia	628.6	738.1	710.6	1017.0	1382.4	Slovaquie
Indonesia	549.1	754.8	984.3	776.0	963.5	Indonésie

Value as percentages of World total

Valeur en pourcentage du total mondial

Regions of the world	1998	1999	2000	2001	2002	2003	2004	2005	2006	2007	Régions du monde
World	100.0	100.0	100.0	100.0	100.0	100.0	100.0	100.0	100.0	100.0	Monde
Developed Economies	80.2	80.6	78.3	73.2	77.9	77.5	76.6	75.1	75.5	74.3	Economies Développés
- Asia-Pacific	2.3	2.4	2.6	2.4	2.8	2.9	2.6	2.6	2.8	3.1	- Asie-Pacifique
- Europe	46.0	43.4	41.1	41.5	45.2	47.0	47.4	46.2	47.8	49.6	- Europe
- North America	31.9	34.9	34.6	29.4	29.9	27.6	26.6	26.3	25.0	21.7	- Amérique du Nord
South-Eastern Europe	0.2	0.2	0.2	0.1	0.2	0.2	0.4	0.4	0.5	0.6	Europe du Sud-Est
Commonwealth of Independent States	0.9	0.6	0.6	0.7	0.6	0.7	1.0	1.1	1.5	2.0	Communauté d'Etats indépendants
- Asia	0.2	0.2	0.2	0.2	0.1	0.1	0.2	0.2	0.4	0.3	- Asie
- Europe	0.6	0.4	0.5	0.5	0.5	0.6	0.8	0.9	1.2	1.7	- Europe
Northern Africa	0.5	0.4	0.4	0.4	0.5	0.4	0.4	0.4	0.4	0.4	Afrique septentrionale
Sub-Saharan Africa	1.0	0.8	0.7	7.4	0.8	0.8	0.8	1.0	1.0	1.2	Afrique subsaharienne
Latin America & the Caribbean	8.2	7.8	8.6	7.7	7.9	6.8	6.7	6.9	7.1	6.6	Amérique latine et Caraïbes
- Caribbean	0.2	0.3	0.3	0.3	0.3	0.2	0.2	0.2	0.2	0.2	- Caraïbes
- Latin America	7.9	7.6	8.3	7.4	7.6	6.6	6.6	6.7	6.9	6.4	- Amérique latine
Eastern Asia	4.0	4.2	4.3	4.0	4.9	5.5	6.0	5.5	6.4	6.9	Asie orientale
Southern Asia	0.7	0.8	0.7	0.8	1.1	1.7	1.2	1.5	1.2	1.2	Asie méridionale
South-Eastern Asia	2.5	2.8	3.5	3.4	3.8	3.5	3.5	4.2	4.3	4.5	Asie du Sud-Est
Western Asia	1.9	1.7	2.6	2.1	2.3	2.8	3.3	3.8	2.0	2.1	Asie occidentale
Oceania	0.1	0.1	0.1	0.1	0.1	0.1	0.1	0.1	0.1	0.1	Océanie

Moteurs a explosion, a pistons, et leurs parties et pièces détachées, n.d.a. 713

Trade by commodity

Exports by principal countries or areas

Value in million US dollars

Commerce par produit

Exportations selon les principaux pays ou zones

Valeur en millions de dollars EU

Country or area	2003	2004	2005	2006	2007	Pays ou zone
World	83653.1	101102.7	113245.4	123306.0	143478.6	Monde
Developed Economies	73293.3	86714.3	96197.2	104026.2	121210.8	Economies Développés
- Asia-Pacific	12301.6	14169.6	15391.8	15371.3	16921.5	- Asie-Pacifique
- Europe	44418.4	54779.1	61247.9	68648.2	82781.0	- Europe
- North America	16573.3	17765.6	19557.6	20006.7	21508.3	- Amérique du Nord
South-Eastern Europe	126.2	221.4	374.8	512.5	660.4	Europe du Sud-Est
Commonwealth of Independent States	288.6	345.3	410.2	484.0	620.3	Communauté d'Etats indépendants
- Asia	7.4	10.2	10.2	8.9	7.9	- Asie
- Europe	281.1	335.1	399.9	475.1	612.4	- Europe
Northern Africa	16.7	33.5	29.3	31.6	66.3	Afrique septentrionale
Sub-Saharan Africa	272.1	489.1	528.4	579.2	656.6	Afrique subsaharienne
Latin America & the Caribbean	5422.4	6848.1	7642.5	8262.7	8089.8	Amérique latine et Caraïbes
- Caribbean	12.5	11.9	15.0	21.0	9.8	- Caraïbes
- Latin America	5409.9	6836.2	7627.5	8241.7	8080.0	- Amérique latine
Eastern Asia	1658.3	2564.2	3338.3	4551.9	6267.3	Asie orientale
Southern Asia	260.3	422.4	544.2	652.8	858.5	Asie méridionale
South-Eastern Asia	1639.2	2461.8	3075.6	3830.6	4295.8	Asie du Sud-Est
Western Asia	668.4	995.8	1096.3	362.5	747.9	Asie occidentale
Oceania	7.5	6.5	8.4	11.9	4.8	Océanie
Germany	13343.6	17413.3	20261.2	22399.4	26556.0	Allemagne
United States	12618.5	13223.2	14895.5	15661.3	16786.1	Etats-Unis d'Amérique
Japan	11979.2	13747.7	14843.6	14735.0	16263.6	Japon
France-Monaco	5355.9	6408.9	6721.6	7446.3	8850.1	France-Monaco
United Kingdom	4929.0	5360.4	5705.6	6563.1	8225.0	Royaume-Uni
Hungary	4071.4	5101.0	5860.5	6825.0	7649.8	Hongrie
Mexico	3525.2	4546.4	4844.6	4913.0	5012.9	Mexique
Canada	3954.7	4542.3	4661.9	4345.4	4721.9	Canada
Austria	3398.9	3862.5	4246.1	4441.1	5701.0	Autriche
Italy	2648.4	3715.3	4255.0	4715.3	5851.2	Italie
Poland	2531.2	3388.1	3798.7	4337.4	5144.6	Pologne
Spain	1825.5	2245.9	2555.1	2994.4	3432.0	Espagne
Sweden	1992.1	2359.6	2418.3	2440.4	2964.9	Suède
Brazil	1701.1	2028.4	2465.9	2977.9	2689.2	Brésil
China	814.0	1315.8	1799.0	2492.9	3708.4	Chine
Belgium	1184.7	1381.6	1366.7	1529.3	2129.7	Belgique
Thailand	548.8	1238.8	1367.4	1580.8	1732.2	Thaïlande
Netherlands	832.4	994.8	1084.5	1394.5	1908.7	Pays-Bas
Korea, Republic of	599.5	941.1	1161.5	1489.2	2012.5	République de Corée
Singapore	697.1	809.0	1036.6	1444.8	1748.7	Singapour
Czech Republic	579.0	699.6	729.9	1030.2	1271.3	République tchèque
Finland	480.8	493.1	597.1	691.5	846.2	Finlande
India	245.4	408.2	525.1	632.9	806.7	Inde
Turkey	548.7	734.8	875.5	85.7	264.5	Turquie
Australia	305.4	402.3	524.6	615.5	626.8	Australie

Value as percentages of World total

Valeur en pourcentage du total mondial

Regions of the world	1998	1999	2000	2001	2002	2003	2004	2005	2006	2007	Régions du monde
World	100.0	100.0	100.0	100.0	100.0	100.0	100.0	100.0	100.0	100.0	Monde
Developed Economies	88.0	88.4	88.1	88.1	87.6	87.6	85.8	84.9	84.4	84.5	Economies Développés
- Asia-Pacific	15.4	16.9	17.7	15.8	15.4	14.7	14.0	13.6	12.5	11.8	- Asie-Pacifique
- Europe	50.0	46.8	44.6	47.9	49.3	53.1	54.2	54.1	55.7	57.7	- Europe
- North America	22.6	24.7	25.8	24.4	22.9	19.8	17.6	17.3	16.2	15.0	- Amérique du Nord
South-Eastern Europe	0.1	0.1	0.1	0.1	0.1	0.2	0.2	0.3	0.4	0.5	Europe du Sud-Est
Commonwealth of Independent States	0.5	0.4	0.4	0.4	0.3	0.3	0.3	0.4	0.4	0.4	Communauté d'Etats indépendants
- Asia	0.0	0.0	0.0	0.0	0.0	0.0	0.0	0.0	0.0	0.0	- Asie
- Europe	0.5	0.3	0.4	0.4	0.3	0.3	0.3	0.4	0.4	0.4	- Europe
Northern Africa	0.0	0.0	0.0	0.0	0.0	0.0	0.0	0.0	0.0	0.0	Afrique septentrionale
Sub-Saharan Africa	0.4	0.2	0.2	0.3	0.4	0.3	0.5	0.5	0.5	0.5	Afrique subsaharienne
Latin America & the Caribbean	7.1	7.1	7.1	6.9	6.8	6.5	6.8	6.7	6.7	5.6	Amérique latine et Caraïbes
- Caribbean	0.0	0.0	0.0	0.0	0.0	0.0	0.0	0.0	0.0	0.0	- Caraïbes
- Latin America	7.1	7.1	7.1	6.9	6.8	6.5	6.8	6.7	6.7	5.6	- Amérique latine
Eastern Asia	1.9	1.9	1.9	1.9	2.0	2.0	2.5	2.9	3.7	4.4	Asie orientale
Southern Asia	0.2	0.2	0.3	0.2	0.3	0.3	0.4	0.5	0.5	0.6	Asie méridionale
South-Eastern Asia	1.2	1.3	1.5	1.3	1.7	2.0	2.4	2.7	3.1	3.0	Asie du Sud-Est
Western Asia	0.5	0.5	0.5	0.7	0.9	0.8	1.0	1.0	0.3	0.5	Asie occidentale
Oceania	0.0	0.0	0.0	0.0	0.0	0.0	0.0	0.0	0.0	0.0	Océanie

714 Engines and motors, non-electric; parts, nes (not those of 712, 713 and 718)

Trade by commodity   Commerce par produit
Imports by principal countries or areas   Importations selon les principaux pays ou zones
Value in million US dollars   Valeur en millions de dollars EU

Country or area	2003	2004	2005	2006	2007	Pays ou zone
World	47918.3	54074.5	60236.5	68030.9	75885.9	Monde
Developed Economies	38186.2	40962.4	45235.4	50607.6	55207.6	Economies Développés
- Asia-Pacific	3140.5	3591.9	4161.2	4901.0	5315.7	- Asie-Pacifique
- Europe	24042.5	25325.2	27172.8	30244.2	31795.2	- Europe
- North America	11003.2	12045.3	13901.3	15462.4	18096.6	- Amérique du Nord
South-Eastern Europe	25.1	29.1	50.3	84.0	78.5	Europe du Sud-Est
Commonwealth of Independent States	434.7	520.3	648.5	612.7	644.7	Communauté d'Etats indépendants
- Asia	159.5	220.4	282.0	219.1	165.8	- Asie
- Europe	275.2	299.8	366.5	393.6	478.9	- Europe
Northern Africa	364.7	699.8	238.1	379.4	672.8	Afrique septentrionale
Sub-Saharan Africa	430.4	518.4	770.5	1451.4	1399.7	Afrique subsaharienne
Latin America & the Caribbean	1744.2	2089.4	2230.4	2969.7	3440.5	Amérique latine et Caraïbes
- Caribbean	49.4	89.1	47.6	122.8	120.4	- Caraïbes
- Latin America	1694.7	2000.3	2182.9	2846.9	3320.1	- Amérique latine
Eastern Asia	2594.4	3322.6	4184.9	4881.1	5244.8	Asie orientale
Southern Asia	604.2	1016.6	1060.7	456.9	505.9	Asie méridionale
South-Eastern Asia	2032.6	2553.0	3365.1	3996.1	4446.2	Asie du Sud-Est
Western Asia	1473.1	2353.5	2440.7	2578.4	4216.1	Asie occidentale
Oceania	28.8	9.5	11.8	13.4	28.9	Océanie
United States	8773.3	9482.4	11029.7	12501.1	14537.0	Etats-Unis d'Amérique
United Kingdom	6672.1	7280.4	7759.3	7775.4	9631.6	Royaume-Uni
Germany	6398.9	6956.2	7167.0	8892.0	6258.2	Allemagne
France-Monaco	4017.1	4195.7	4965.2	5188.1	7114.8	France-Monaco
Japan	2807.3	3277.0	3503.7	4203.4	4535.9	Japon
Canada	2228.1	2559.9	2868.0	2959.5	3558.6	Canada
Singapore	992.1	1526.0	1968.4	2589.5	2659.2	Singapour
China, Hong Kong SAR	1508.6	1644.4	1608.8	2128.6	2449.2	Chine - RAS de Hong-Kong
Italy	1534.9	1275.5	1313.9	1353.2	1676.1	Italie
Spain	1048.6	1174.6	1361.3	1497.8	1305.1	Espagne
Netherlands	964.5	1032.9	978.2	1434.4	1644.5	Pays-Bas
China	522.2	792.2	1484.5	1615.1	1536.8	Chine
Brazil	777.6	872.2	1041.7	1264.8	1644.0	Brésil
United Arab Emirates	314.9	782.8	554.6	1184.3	e1465.5	Emirates arabes unis
Mexico	585.7	679.9	592.7	814.2	977.6	Mexique
Korea, Republic of	481.2	678.8	778.4	761.6	797.9	République de Corée
Sweden	704.7	629.6	798.4	685.2	457.5	Suède
Switzerland-Liechtenstein	525.6	513.8	612.2	631.4	900.9	Suisse-Liechtenstein
Saudi Arabia	298.6	566.1	744.0	465.3	995.0	Arabie saoudite
Malaysia	341.1	453.1	626.5	598.3	845.4	Malaisie
South Africa	301.0	381.5	276.7	1016.2	562.4	Afrique du Sud
Australia	290.3	264.6	525.0	631.4	723.2	Australie
Ireland	385.6	370.5	538.1	506.1	575.3	Irlande
Belgium	503.4	428.7	215.1	476.1	443.0	Belgique
Norway	267.8	302.5	347.6	538.8	496.7	Norvège

Value as percentages of World total   Valeur en pourcentage du total mondial

Regions of the world	1998	1999	2000	2001	2002	2003	2004	2005	2006	2007	Régions du monde
World	100.0	100.0	100.0	100.0	100.0	100.0	100.0	100.0	100.0	100.0	Monde
Developed Economies	84.9	85.7	85.6	83.3	80.4	79.7	75.8	75.1	74.4	72.8	Economies Développés
- Asia-Pacific	6.0	5.9	6.6	6.3	6.9	6.6	6.6	6.9	7.2	7.0	- Asie-Pacifique
- Europe	48.6	49.8	49.6	44.7	46.0	50.2	46.8	45.1	44.5	41.9	- Europe
- North America	30.3	29.9	29.4	32.3	27.6	23.0	22.3	23.1	22.7	23.8	- Amérique du Nord
South-Eastern Europe	0.0	0.0	0.0	0.1	0.0	0.1	0.1	0.1	0.1	0.1	Europe du Sud-Est
Commonwealth of Independent States	0.9	0.6	0.6	0.8	0.9	0.9	1.0	1.1	0.9	0.8	Communauté d'Etats indépendants
- Asia	0.1	0.2	0.2	0.4	0.3	0.3	0.4	0.5	0.3	0.2	- Asie
- Europe	0.8	0.5	0.4	0.4	0.6	0.6	0.6	0.6	0.6	0.6	- Europe
Northern Africa	0.5	0.5	0.5	0.4	0.5	0.8	1.3	0.4	0.6	0.9	Afrique septentrionale
Sub-Saharan Africa	0.8	0.5	0.6	0.5	0.7	0.9	1.0	1.3	2.1	1.8	Afrique subsaharienne
Latin America & the Caribbean	3.9	3.6	3.3	4.1	4.1	3.6	3.9	3.7	4.4	4.5	Amérique latine et Caraïbes
- Caribbean	0.1	0.2	0.1	0.1	0.1	0.1	0.2	0.1	0.2	0.2	- Caraïbes
- Latin America	3.8	3.4	3.3	4.0	4.0	3.5	3.7	3.6	4.2	4.4	- Amérique latine
Eastern Asia	3.1	3.9	3.9	4.2	5.3	5.4	6.1	6.9	7.2	6.9	Asie orientale
Southern Asia	0.5	0.5	0.5	0.9	1.0	1.3	1.9	1.8	0.7	0.7	Asie méridionale
South-Eastern Asia	1.3	1.9	2.5	2.5	3.7	4.2	4.7	5.6	5.9	5.9	Asie du Sud-Est
Western Asia	3.8	2.8	2.5	3.3	3.3	3.1	4.4	4.1	3.8	5.6	Asie occidentale
Oceania	0.0	0.0	0.0	0.0	0.0	0.1	0.0	0.0	0.0	0.0	Océanie

Moteurs, non électriques (autres que ceux des groupes 712, 713 et 718) 714

Trade by commodity

Exports by principal countries or areas

Value in million US dollars

Commerce par produit

Exportations selon les principaux pays ou zones

Valeur en millions de dollars EU

Country or area	2003	2004	2005	2006	2007	Pays ou zone
World	53840.8	61594.9	68010.4	77733.5	82922.1	Monde
Developed Economies	49928.2	57169.3	62405.2	70452.2	75165.1	Economies Développés
- Asia-Pacific	1517.3	2039.3	2467.3	2769.3	2920.9	- Asie-Pacifique
- Europe	30684.3	33668.1	35245.9	41799.9	40971.7	- Europe
- North America	17726.5	21461.8	24692.0	25883.0	31272.4	- Amérique du Nord
South-Eastern Europe	28.7	41.9	63.5	64.4	83.0	Europe du Sud-Est
Commonwealth of Independent States	887.9	726.7	968.1	1383.3	1466.6	Communauté d'Etats indépendants
- Asia	13.5	12.6	8.2	35.3	15.3	- Asie
- Europe	874.4	714.0	959.9	1348.0	1451.3	- Europe
Northern Africa	13.0	17.3	15.7	8.2	13.6	Afrique septentrionale
Sub-Saharan Africa	53.0	75.6	69.7	48.9	50.6	Afrique subsaharienne
Latin America & the Caribbean	796.4	873.5	1305.3	1473.5	1485.2	Amérique latine et Caraïbes
- Caribbean	3.5	11.2	2.8	5.3	17.2	- Caraïbes
- Latin America	792.9	862.3	1302.4	1468.2	1468.0	- Amérique latine
Eastern Asia	1352.8	1684.1	1856.7	2323.8	2584.4	Asie orientale
Southern Asia	16.6	86.8	36.7	32.4	68.1	Asie méridionale
South-Eastern Asia	408.8	548.1	776.3	1534.3	1482.7	Asie du Sud-Est
Western Asia	348.1	369.6	507.4	408.7	520.1	Asie occidentale
Oceania	7.4	2.0	5.7	3.8	2.9	Océanie
United States	15587.6	18857.0	21782.0	22708.4	27171.8	Etats-Unis d'Amérique
United Kingdom	12233.0	12379.3	13373.6	15461.6	14898.5	Royaume-Uni
Germany	6801.7	7940.6	7873.9	9245.4	5935.0	Allemagne
France-Monaco	4167.5	4951.4	5478.8	6592.6	7978.7	France-Monaco
Canada	2138.9	2604.8	2909.8	3174.7	4100.5	Canada
Italy	1664.6	2281.0	2032.7	2513.4	3206.5	Italie
Japan	1422.9	1885.7	2306.7	2597.0	2789.7	Japon
Netherlands	1190.4	1213.5	1161.0	1773.1	2191.7	Pays-Bas
Switzerland-Liechtenstein	1138.0	1366.6	1416.2	1480.1	1920.9	Suisse-Liechtenstein
China, Hong Kong SAR	1003.3	1152.4	1141.1	1218.7	1503.1	Chine - RAS de Hong-Kong
Mexico	713.1	718.1	852.7	1115.6	1277.4	Mexique
Sweden	953.1	851.8	843.9	969.4	975.7	Suède
Russian Federation	631.7	518.0	606.8	1037.3	1098.4	Fédération de Russie
Spain	698.1	432.3	628.2	896.4	960.8	Espagne
Singapore	204.9	245.7	511.3	1274.3	1225.8	Singapour
Belgium	578.7	620.8	440.1	596.7	678.1	Belgique
China	161.2	265.7	336.3	693.3	654.9	Chine
Ireland	147.9	336.7	468.4	555.1	505.7	Irlande
Hungary	252.8	311.8	445.9	405.9	380.7	Hongrie
Ukraine	239.8	194.2	347.6	308.9	345.5	Ukraine
Korea, Republic of	177.5	220.2	335.4	302.9	321.9	République de Corée
Norway	208.2	206.7	246.7	283.2	356.2	Norvège
Poland	69.7	158.9	184.6	341.7	391.3	Pologne
Israel	136.6	153.8	198.4	259.9	318.9	Israël
Brazil	55.0	108.6	396.2	298.5	139.0	Brésil

Value as percentages of World total

Valeur en pourcentage du total mondial

Regions of the world	1998	1999	2000	2001	2002	2003	2004	2005	2006	2007	Régions du monde
World	100.0	100.0	100.0	100.0	100.0	100.0	100.0	100.0	100.0	100.0	Monde
Developed Economies	95.3	95.3	95.4	94.3	93.5	92.7	92.8	91.8	90.6	90.6	Economies Développés
- Asia-Pacific	3.4	2.5	3.8	4.3	3.3	2.8	3.3	3.6	3.6	3.5	- Asie-Pacifique
- Europe	54.6	54.9	53.2	52.6	53.2	57.0	54.7	51.8	53.8	49.4	- Europe
- North America	37.3	38.0	38.3	37.3	37.0	32.9	34.8	36.3	33.3	37.7	- Amérique du Nord
South-Eastern Europe	0.0	0.0	0.1	0.0	0.1	0.1	0.1	0.1	0.1	0.1	Europe du Sud-Est
Commonwealth of Independent States	1.5	1.0	1.0	1.3	1.5	1.6	1.2	1.4	1.8	1.8	Communauté d'Etats indépendants
- Asia	0.0	0.0	0.0	0.0	0.0	0.0	0.0	0.0	0.0	0.0	- Asie
- Europe	1.4	1.0	1.0	1.3	1.5	1.6	1.2	1.4	1.7	1.8	- Europe
Northern Africa	0.0	0.0	0.0	0.0	0.0	0.0	0.0	0.0	0.0	0.0	Afrique septentrionale
Sub-Saharan Africa	0.1	0.1	0.1	0.1	0.0	0.1	0.1	0.1	0.1	0.1	Afrique subsaharienne
Latin America & the Caribbean	1.3	1.1	1.4	1.6	1.5	1.5	1.4	1.9	1.9	1.8	Amérique latine et Caraïbes
- Caribbean	0.0	0.0	0.0	0.1	0.0	0.0	0.0	0.0	0.0	0.0	- Caraïbes
- Latin America	1.3	1.1	1.4	1.6	1.5	1.5	1.4	1.9	1.9	1.8	- Amérique latine
Eastern Asia	0.9	1.3	1.2	1.3	2.0	2.5	2.7	2.7	3.0	3.1	Asie orientale
Southern Asia	0.0	0.1	0.0	0.0	0.0	0.0	0.1	0.1	0.0	0.1	Asie méridionale
South-Eastern Asia	0.2	0.5	0.4	0.7	0.7	0.8	0.9	1.1	2.0	1.8	Asie du Sud-Est
Western Asia	0.6	0.5	0.4	0.6	0.6	0.6	0.6	0.7	0.5	0.6	Asie occidentale
Oceania	0.0	0.0	0.0	0.0	0.0	0.0	0.0	0.0	0.0	0.0	Océanie

716 Rotating electric plant and parts thereof, nes

Trade by commodity
Imports by principal countries or areas
Value in million US dollars

Commerce par produit
Importations selon les principaux pays ou zones
Valeur en millions de dollars EU

Country or area	2003	2004	2005	2006	2007	Pays ou zone
World	40003.2	45371.4	53211.5	62080.5	75080.9	Monde
Developed Economies	22805.0	25697.8	29572.9	36231.4	43017.9	Economies Développés
- Asia-Pacific	2129.9	2618.6	2580.0	3004.5	3201.4	- Asie-Pacifique
- Europe	13018.8	15058.3	17203.0	20971.7	25675.6	- Europe
- North America	7656.3	8021.0	9790.0	12255.2	14140.8	- Amérique du Nord
South-Eastern Europe	143.3	219.4	289.1	340.8	582.2	Europe du Sud-Est
Commonwealth of Independent States	430.8	681.2	947.1	1438.1	2475.8	Communauté d'Etats indépendants
- Asia	104.2	188.8	234.0	393.1	600.3	- Asie
- Europe	326.7	492.5	713.1	1044.9	1875.5	- Europe
Northern Africa	273.9	287.3	254.5	393.0	426.8	Afrique septentrionale
Sub-Saharan Africa	716.2	926.8	1382.4	1971.8	2755.0	Afrique subsaharienne
Latin America & the Caribbean	3397.3	2904.4	3692.5	4726.5	4886.5	Amérique latine et Caraïbes
- Caribbean	131.3	218.1	402.0	792.6	845.8	- Caraïbes
- Latin America	3266.0	2686.3	3290.5	3933.8	4040.7	- Amérique latine
Eastern Asia	6468.4	8273.7	8966.9	9215.1	10771.0	Asie orientale
Southern Asia	771.1	1180.0	1452.4	1393.6	1828.6	Asie méridionale
South-Eastern Asia	3143.0	3157.9	4112.3	3983.3	4784.4	Asie du Sud-Est
Western Asia	1813.9	1989.1	2480.9	2318.5	3482.1	Asie occidentale
Oceania	40.3	53.7	60.5	68.5	70.7	Océanie
United States	6346.8	6495.6	8037.9	9867.7	11850.8	Etats-Unis d'Amérique
Germany	3384.4	3715.8	4405.8	5516.5	6127.1	Allemagne
China	2950.3	4351.3	4677.3	4691.4	5617.6	Chine
China, Hong Kong SAR	1984.3	2204.8	2348.9	2397.4	2638.8	Chine - RAS de Hong-Kong
France-Monaco	1427.3	1592.8	1812.7	2262.7	2770.0	France-Monaco
Mexico	1829.9	1492.7	2110.6	2143.5	1850.6	Mexique
Japan	1584.2	1771.6	1724.7	2119.0	2116.3	Japon
Canada	1304.4	1518.3	1744.3	2379.9	2279.9	Canada
Italy	1214.2	1427.8	1670.4	2029.1	2559.3	Italie
United Kingdom	1170.5	1421.8	1720.1	1675.6	1928.9	Royaume-Uni
Singapore	1444.5	1371.4	1383.5	1534.3	1506.9	Singapour
Spain	988.7	1197.3	1125.2	1436.2	2099.7	Espagne
Korea, Republic of	944.5	1160.0	1345.7	1528.3	1806.5	République de Corée
Thailand	512.1	614.5	1193.7	939.2	1492.7	Thaïlande
Denmark	520.4	523.2	668.8	978.9	1442.0	Danemark
Malaysia	546.2	690.5	791.2	904.5	1001.0	Malaisie
Australia	440.6	690.3	762.0	756.9	968.4	Australie
Czech Republic	443.2	579.8	660.4	897.2	1025.0	République tchèque
Russian Federation	227.9	312.8	524.5	803.5	1527.9	Fédération de Russie
India	297.3	494.2	751.0	784.0	1028.1	Inde
Netherlands	491.7	516.0	603.1	747.0	968.2	Pays-Bas
Switzerland-Liechtenstein	471.3	592.3	615.6	722.6	831.6	Suisse-Liechtenstein
Austria	417.6	450.9	645.6	746.7	809.4	Autriche
Belgium	403.9	451.9	483.8	636.3	823.5	Belgique
Nigeria	190.8	e181.5	e619.6	665.8	e1092.4	Nigéria

Value as percentages of World total

Regions of the world	1998	1999	2000	2001	2002	2003	2004	2005	2006	2007	Régions du monde
World	100.0	100.0	100.0	100.0	100.0	100.0	100.0	100.0	100.0	100.0	Monde
Developed Economies	54.3	57.8	55.8	54.4	56.3	57.0	56.6	55.6	58.4	57.3	Economies Développés
- Asia-Pacific	5.5	5.4	5.7	4.9	4.8	5.3	5.8	4.8	4.8	4.3	- Asie-Pacifique
- Europe	30.8	30.6	28.8	26.9	29.8	32.5	33.2	32.3	33.8	34.2	- Europe
- North America	17.9	21.8	21.3	22.6	21.7	19.1	17.7	18.4	19.7	18.8	- Amérique du Nord
South-Eastern Europe	0.2	0.2	0.2	0.2	0.2	0.4	0.5	0.5	0.5	0.8	Europe du Sud-Est
Commonwealth of Independent States	1.1	0.8	0.8	0.9	0.9	1.1	1.5	1.8	2.3	3.3	Communauté d'Etats indépendants
- Asia	0.3	0.4	0.2	0.2	0.2	0.3	0.4	0.4	0.6	0.8	- Asie
- Europe	0.9	0.5	0.5	0.6	0.7	0.8	1.1	1.3	1.7	2.5	- Europe
Northern Africa	1.2	0.8	0.7	0.6	0.6	0.7	0.6	0.5	0.6	0.6	Afrique septentrionale
Sub-Saharan Africa	2.2	1.7	1.8	9.7	1.6	1.8	2.0	2.6	3.2	3.7	Afrique subsaharienne
Latin America & the Caribbean	10.1	10.5	10.4	9.9	11.3	8.5	6.4	6.9	7.6	6.5	Amérique latine et Caraïbes
- Caribbean	0.4	0.6	0.7	0.5	0.6	0.3	0.5	0.8	1.3	1.1	- Caraïbes
- Latin America	9.7	10.0	9.7	9.3	10.7	8.2	5.9	6.2	6.3	5.4	- Amérique latine
Eastern Asia	14.3	14.4	16.4	13.5	16.9	16.2	18.2	16.9	14.8	14.3	Asie orientale
Southern Asia	1.4	1.4	1.3	1.3	1.8	1.9	2.6	2.7	2.2	2.4	Asie méridionale
South-Eastern Asia	12.2	9.2	9.1	6.9	7.1	7.9	7.0	7.7	6.4	6.4	Asie du Sud-Est
Western Asia	2.9	2.9	3.5	2.6	3.2	4.5	4.4	4.7	3.7	4.6	Asie occidentale
Oceania	0.2	0.3	0.1	0.1	0.1	0.1	0.1	0.1	0.1	0.1	Océanie

Machines et appareils électriques rotatifs, et leurs parties et pièces détachées, n.d.a. 716

Trade by commodity

Exports by principal countries or areas

Value in million US dollars

Commerce par produit

Exportations selon les principaux pays ou zones

Valeur en millions de dollars EU

Country or area	2003	2004	2005	2006	2007	Pays ou zone
World	37636.5	44616.3	51601.0	60961.6	72865.0	Monde
Developed Economies	24739.4	30015.9	34495.7	40813.4	48913.9	Economies Développés
- Asia-Pacific	2914.7	3520.7	3927.7	4312.1	4700.3	- Asie-Pacifique
- Europe	17360.3	21328.6	24852.1	29607.3	36535.1	- Europe
- North America	4464.4	5166.6	5715.9	6894.0	7678.6	- Amérique du Nord
South-Eastern Europe	162.9	233.4	278.1	388.4	525.3	Europe du Sud-Est
Commonwealth of Independent States	228.3	320.5	333.9	407.0	509.2	Communauté d'Etats indépendants
- Asia	7.2	11.6	9.1	8.3	9.6	- Asie
- Europe	221.1	308.9	324.8	398.7	499.5	- Europe
Northern Africa	12.8	6.7	6.4	12.3	19.2	Afrique septentrionale
Sub-Saharan Africa	67.9	102.0	107.6	218.0	275.7	Afrique subsaharienne
Latin America & the Caribbean	2914.3	2982.3	3468.8	3919.2	4249.1	Amérique latine et Caraïbes
- Caribbean	5.8	6.8	8.8	17.9	39.3	- Caraïbes
- Latin America	2908.5	2975.5	3460.0	3901.3	4209.8	- Amérique latine
Eastern Asia	6220.2	7420.9	8885.3	10507.8	12986.1	Asie orientale
Southern Asia	144.7	175.9	264.9	644.9	709.2	Asie méridionale
South-Eastern Asia	2781.5	2852.6	3054.8	3248.1	3873.3	Asie du Sud-Est
Western Asia	363.2	505.2	704.9	799.8	799.9	Asie occidentale
Oceania	1.3	0.8	0.6	2.9	4.0	Océanie
Germany	4438.4	5447.1	6831.2	8057.6	9529.5	Allemagne
China	3134.4	3996.1	5094.6	6528.9	8743.8	Chine
United States	3919.5	4567.4	5013.8	6018.1	6677.3	Etats-Unis d'Amérique
Japan	2836.1	3393.5	3776.4	4141.8	4546.5	Japon
Mexico	2463.3	2470.7	2647.8	2767.7	2831.8	Mexique
France-Monaco	2030.9	2185.1	2342.1	2848.0	3414.7	France-Monaco
Denmark	1786.1	1990.0	2617.7	2941.3	3363.6	Danemark
United Kingdom	1664.8	2134.7	2363.9	2774.5	3231.1	Royaume-Uni
Italy	1616.9	2002.5	2464.9	2684.0	3286.4	Italie
China, Hong Kong SAR	1951.0	2135.7	2469.9	2526.6	2595.4	Chine - RAS de Hong-Kong
Singapore	1193.9	1268.4	1313.5	1416.5	1622.8	Singapour
Spain	628.8	804.7	1058.3	1441.9	2407.1	Espagne
Switzerland-Liechtenstein	828.0	1004.2	1105.0	1147.3	1384.9	Suisse-Liechtenstein
Czech Republic	625.4	830.9	937.7	1276.4	1768.5	République tchèque
Finland	688.7	987.9	978.8	1238.9	1403.0	Finlande
Austria	663.9	928.7	927.0	1133.7	1513.0	Autriche
Thailand	759.9	785.5	878.0	852.5	1284.0	Thaïlande
Korea, Republic of	658.4	761.3	786.0	861.3	975.1	République de Corée
Brazil	410.6	457.2	717.7	1060.9	1296.8	Brésil
Canada	544.8	599.2	701.9	875.9	1001.3	Canada
Sweden	430.4	636.5	577.4	847.9	894.9	Suède
Hungary	394.1	502.9	532.8	669.6	801.3	Hongrie
Netherlands	357.7	438.1	472.7	542.8	816.0	Pays-Bas
India	139.2	163.5	256.1	637.4	670.5	Inde
Slovakia	199.8	250.9	352.7	473.4	575.1	Slovaquie

Value as percentages of World total

Valeur en pourcentage du total mondial

Regions of the world	1998	1999	2000	2001	2002	2003	2004	2005	2006	2007	Régions du monde
World	100.0	100.0	100.0	100.0	100.0	100.0	100.0	100.0	100.0	100.0	Monde
Developed Economies	69.7	68.0	64.8	68.4	65.4	65.7	67.3	66.9	66.9	67.1	Economies Développés
- Asia-Pacific	10.3	11.0	10.4	9.0	8.4	7.7	7.9	7.6	7.1	6.5	- Asie-Pacifique
- Europe	44.7	43.6	41.4	43.9	44.1	46.1	47.8	48.2	48.6	50.1	- Europe
- North America	14.7	13.4	13.0	15.5	13.0	11.9	11.6	11.1	11.3	10.5	- Amérique du Nord
South-Eastern Europe	0.4	0.3	0.4	0.3	0.4	0.4	0.5	0.5	0.6	0.7	Europe du Sud-Est
Commonwealth of Independent States	0.7	0.6	0.7	0.9	0.6	0.6	0.7	0.6	0.7	0.7	Communauté d'Etats indépendants
- Asia	0.1	0.1	0.1	0.1	0.0	0.0	0.0	0.0	0.0	0.0	- Asie
- Europe	0.6	0.6	0.7	0.8	0.6	0.6	0.7	0.6	0.7	0.7	- Europe
Northern Africa	0.0	0.0	0.0	0.1	0.0	0.0	0.0	0.0	0.0	0.0	Afrique septentrionale
Sub-Saharan Africa	0.1	0.2	0.1	0.1	0.2	0.2	0.2	0.2	0.4	0.4	Afrique subsaharienne
Latin America & the Caribbean	6.7	7.4	7.3	7.2	7.5	7.7	6.7	6.7	6.4	5.8	Amérique latine et Caraïbes
- Caribbean	0.2	0.2	0.1	0.0	0.0	0.0	0.0	0.0	0.0	0.1	- Caraïbes
- Latin America	6.5	7.4	7.2	7.2	7.5	7.7	6.7	6.7	6.4	5.8	- Amérique latine
Eastern Asia	13.8	14.8	17.1	14.8	16.9	16.5	16.6	17.2	17.2	17.8	Asie orientale
Southern Asia	0.2	0.2	0.3	0.4	0.3	0.4	0.4	0.5	1.1	1.0	Asie méridionale
South-Eastern Asia	7.9	8.0	8.8	7.1	7.8	7.4	6.4	5.9	5.3	5.3	Asie du Sud-Est
Western Asia	0.5	0.5	0.5	0.6	0.8	1.0	1.1	1.4	1.3	1.1	Asie occidentale
Oceania	0.0	0.0	0.0	0.0	0.0	0.0	0.0	0.0	0.0	0.0	Océanie

718 Power generating machinery and parts thereof, nes

Trade by commodity
Imports by principal countries or areas
Value in million US dollars

Commerce par produit
Importations selon les principaux pays ou zones
Valeur en millions de dollars EU

Country or area	2003	2004	2005	2006	2007	Pays ou zone
World	9248.8	10613.2	11846.2	13293.1	16766.2	Monde
Developed Economies	5824.9	7209.4	8260.5	9260.4	11221.7	Economies Développés
- Asia-Pacific	301.1	462.1	537.4	529.1	626.4	- Asie-Pacifique
- Europe	4168.5	5158.6	5597.4	6436.0	7517.7	- Europe
- North America	1355.2	1588.8	2125.7	2295.2	3077.5	- Amérique du Nord
South-Eastern Europe	116.5	57.2	62.4	56.9	144.0	Europe du Sud-Est
Commonwealth of Independent States	432.0	595.4	534.2	637.1	1000.5	Communauté d'Etats indépendants
- Asia	27.3	26.7	38.4	46.3	90.6	- Asie
- Europe	404.7	568.7	495.8	590.8	909.9	- Europe
Northern Africa	40.9	80.5	54.2	56.1	38.9	Afrique septentrionale
Sub-Saharan Africa	144.5	196.2	206.2	227.1	323.1	Afrique subsaharienne
Latin America & the Caribbean	376.7	401.1	459.8	550.9	732.9	Amérique latine et Caraïbes
- Caribbean	25.7	31.3	31.3	43.4	46.3	- Caraïbes
- Latin America	350.9	369.9	428.5	507.5	686.6	- Amérique latine
Eastern Asia	1779.5	1453.5	1380.9	1642.7	2236.5	Asie orientale
Southern Asia	152.8	204.9	416.6	162.9	183.9	Asie méridionale
South-Eastern Asia	267.4	244.9	278.1	399.2	523.9	Asie du Sud-Est
Western Asia	109.1	162.3	186.0	286.8	340.0	Asie occidentale
Oceania	4.4	7.8	7.3	13.1	20.7	Océanie
United States	1033.5	1216.9	1664.9	1817.9	2587.9	Etats-Unis d'Amérique
Germany	1028.7	1410.6	1492.8	1762.4	1931.9	Allemagne
China	1197.6	846.3	954.3	1150.9	1628.5	Chine
France-Monaco	726.7	892.0	1036.4	997.9	1233.7	France-Monaco
United Kingdom	342.8	420.2	424.6	534.1	613.4	Royaume-Uni
Canada	321.2	371.1	460.2	476.9	487.7	Canada
Ukraine	312.1	439.4	346.7	398.6	562.5	Ukraine
Sweden	323.6	334.8	369.5	416.4	430.6	Suède
Japan	179.6	309.8	337.6	320.3	400.2	Japon
Italy	214.7	256.9	271.7	323.9	412.3	Italie
Belgium	152.8	229.6	260.8	301.3	357.2	Belgique
Netherlands	162.9	165.1	184.0	235.9	415.4	Pays-Bas
Switzerland-Liechtenstein	157.1	189.6	196.3	324.6	211.1	Suisse-Liechtenstein
Austria	127.9	167.3	211.5	247.2	317.2	Autriche
Czech Republic	178.1	187.6	218.7	217.5	266.8	République tchèque
Korea, Republic of	133.7	162.0	168.6	185.4	248.4	République de Corée
Spain	114.5	145.1	185.1	207.0	233.1	Espagne
Finland	117.3	139.3	148.7	176.8	214.7	Finlande
Mexico	102.9	143.0	139.6	162.0	233.9	Mexique
Norway	75.1	127.1	171.0	187.3	179.7	Norvège
Brazil	88.1	122.7	135.0	170.0	223.2	Brésil
Russian Federation	72.6	95.1	118.7	148.3	289.6	Fédération de Russie
Australia	105.4	115.1	172.3	146.9	175.6	Australie
South Africa	71.0	124.4	125.7	117.5	152.3	Afrique du Sud
Denmark	54.0	69.2	108.4	138.1	198.6	Danemark

Value as percentages of World total

Regions of the world	1998	1999	2000	2001	2002	2003	2004	2005	2006	2007	Régions du monde
World	100.0	100.0	100.0	100.0	100.0	100.0	100.0	100.0	100.0	100.0	Monde
Developed Economies	68.6	67.1	58.8	65.3	61.1	63.0	67.9	69.7	69.7	66.9	Economies Développés
- Asia-Pacific	4.1	6.3	4.1	5.2	4.8	3.3	4.4	4.5	4.0	3.7	- Asie-Pacifique
- Europe	49.3	46.1	38.9	43.7	42.0	45.1	48.6	47.3	48.4	44.8	- Europe
- North America	15.1	14.7	15.8	16.4	14.3	14.7	15.0	17.9	17.3	18.4	- Amérique du Nord
South-Eastern Europe	0.2	1.4	1.4	0.9	1.4	1.3	0.5	0.5	0.4	0.9	Europe du Sud-Est
Commonwealth of Independent States	2.3	2.1	4.1	4.8	4.8	4.7	5.6	4.5	4.8	6.0	Communauté d'Etats indépendants
- Asia	0.3	0.3	0.2	0.3	0.3	0.3	0.3	0.3	0.3	0.5	- Asie
- Europe	2.0	1.8	3.8	4.6	4.5	4.4	5.4	4.2	4.4	5.4	- Europe
Northern Africa	0.4	0.3	0.3	0.2	0.3	0.4	0.8	0.5	0.4	0.2	Afrique septentrionale
Sub-Saharan Africa	1.7	1.5	1.7	1.6	1.4	1.6	1.8	1.7	1.7	1.9	Afrique subsaharienne
Latin America & the Caribbean	5.9	4.3	4.2	5.4	4.1	4.1	3.8	3.9	4.1	4.4	Amérique latine et Caraïbes
- Caribbean	0.1	0.1	0.4	0.5	0.4	0.3	0.3	0.3	0.3	0.3	- Caraïbes
- Latin America	5.9	4.2	3.8	4.9	3.6	3.8	3.5	3.6	3.8	4.1	- Amérique latine
Eastern Asia	8.7	13.6	21.3	15.5	19.0	19.2	13.7	11.7	12.4	13.3	Asie orientale
Southern Asia	2.3	2.4	1.7	2.9	3.7	1.7	1.9	3.5	1.2	1.1	Asie méridionale
South-Eastern Asia	2.5	1.9	4.7	2.4	2.4	2.9	2.3	2.3	3.0	3.1	Asie du Sud-Est
Western Asia	7.3	5.5	1.9	1.0	1.7	1.2	1.5	1.6	2.2	2.0	Asie occidentale
Oceania	0.0	0.0	0.0	0.0	0.0	0.0	0.1	0.1	0.1	0.1	Océanie

Moteurs et machines motrices et leurs parties et pièces détachées, n.d.a. 718

Trade by commodity
Exports by principal countries or areas
Value in million US dollars

Commerce par produit
Exportations selon les principaux pays ou zones
Valeur en millions de dollars EU

Country or area	2003	2004	2005	2006	2007	Pays ou zone
World	8126.5	9701.8	11381.8	13046.5	16100.8	Monde
Developed Economies	6629.3	7989.3	9394.0	10844.0	13014.6	Economies Développés
- Asia-Pacific	611.6	830.1	816.7	974.4	1147.8	- Asie-Pacifique
- Europe	4843.3	5872.5	7074.2	7917.7	9728.8	- Europe
- North America	1174.4	1286.8	1503.1	1952.0	2138.0	- Amérique du Nord
South-Eastern Europe	60.3	92.3	134.4	177.9	234.7	Europe du Sud-Est
Commonwealth of Independent States	928.1	995.8	940.1	929.4	1236.4	Communauté d'Etats indépendants
- Asia	5.4	4.3	4.6	5.0	11.3	- Asie
- Europe	922.7	991.6	935.5	924.3	1225.1	- Europe
Northern Africa	6.0	0.5	0.5	0.7	0.6	Afrique septentrionale
Sub-Saharan Africa	11.8	11.9	30.8	18.0	28.2	Afrique subsaharienne
Latin America & the Caribbean	80.3	91.3	164.4	229.7	279.4	Amérique latine et Caraïbes
- Caribbean	0.6	0.7	2.6	4.4	3.3	- Caraïbes
- Latin America	79.8	90.6	161.8	225.2	276.1	- Amérique latine
Eastern Asia	248.3	334.0	479.5	618.5	968.6	Asie orientale
Southern Asia	31.2	36.7	29.6	44.0	48.2	Asie méridionale
South-Eastern Asia	97.0	110.4	155.0	165.8	262.2	Asie du Sud-Est
Western Asia	34.2	39.2	53.2	18.4	27.2	Asie occidentale
Oceania	0.1	0.3	0.3	0.2	0.7	Océanie
Germany	1377.4	1772.7	2267.2	2707.8	3011.9	Allemagne
United States	879.3	959.8	1079.9	1455.6	1530.9	Etats-Unis d'Amérique
Russian Federation	848.5	899.4	866.9	842.2	1108.0	Fédération de Russie
Sweden	491.7	749.5	656.1	929.1	1477.5	Suède
Belgium	670.3	770.3	842.9	990.4	865.1	Belgique
Japan	570.3	785.0	756.0	905.7	1023.4	Japon
France-Monaco	432.3	462.6	609.7	482.4	582.1	France-Monaco
United Kingdom	379.6	370.3	504.5	442.7	512.9	Royaume-Uni
Canada	295.1	326.9	423.2	496.3	607.0	Canada
Italy	267.0	294.5	346.4	398.8	525.6	Italie
China	102.5	149.4	240.7	374.9	676.5	Chine
Spain	135.3	247.1	321.8	288.3	473.6	Espagne
Netherlands	219.2	197.5	269.1	257.4	381.9	Pays-Bas
Denmark	169.9	225.8	258.9	274.5	394.4	Danemark
Austria	148.5	172.7	237.4	254.8	315.6	Autriche
Switzerland-Liechtenstein	144.7	147.5	161.6	185.9	202.5	Suisse-Liechtenstein
Czech Republic	87.0	125.5	133.8	160.2	177.5	République tchèque
Korea, Republic of	65.8	79.3	116.3	141.7	175.9	République de Corée
Finland	76.7	86.9	105.4	129.5	152.7	Finlande
Norway	56.2	38.3	110.9	112.7	187.1	Norvège
Singapore	66.5	72.5	108.1	96.6	143.9	Singapour
Bulgaria	42.8	67.1	89.3	104.5	154.8	Bulgarie
Brazil	30.5	40.3	71.5	110.3	138.6	Brésil
Slovakia	43.7	62.3	68.3	75.7	100.4	Slovaquie
Poland	27.2	37.7	65.5	77.1	131.8	Pologne

Value as percentages of World total

Valeur en pourcentage du total mondial

Regions of the world	1998	1999	2000	2001	2002	2003	2004	2005	2006	2007	Régions du monde
World	100.0	100.0	100.0	100.0	100.0	100.0	100.0	100.0	100.0	100.0	Monde
Developed Economies	85.6	83.8	83.8	82.0	80.2	81.6	82.3	82.5	83.1	80.8	Economies Développés
- Asia-Pacific	7.8	7.9	9.0	7.2	6.8	7.5	8.6	7.2	7.5	7.1	- Asie-Pacifique
- Europe	62.5	61.3	59.4	57.1	58.0	59.6	60.5	62.2	60.7	60.4	- Europe
- North America	15.3	14.6	15.3	17.7	15.4	14.5	13.3	13.2	15.0	13.3	- Amérique du Nord
South-Eastern Europe	0.6	0.4	0.4	0.6	0.7	0.7	1.0	1.2	1.4	1.5	Europe du Sud-Est
Commonwealth of Independent States	8.1	10.7	8.9	10.8	12.8	11.4	10.3	8.3	7.1	7.7	Communauté d'Etats indépendants
- Asia	0.0	0.0	0.0	0.0	0.0	0.1	0.0	0.0	0.0	0.1	- Asie
- Europe	8.1	10.7	8.9	10.8	12.8	11.4	10.2	8.2	7.1	7.6	- Europe
Northern Africa	0.0	0.0	0.1	0.0	0.0	0.1	0.0	0.0	0.0	0.0	Afrique septentrionale
Sub-Saharan Africa	0.1	0.1	0.1	0.2	0.2	0.1	0.1	0.3	0.1	0.2	Afrique subsaharienne
Latin America & the Caribbean	1.7	1.4	2.0	2.1	1.6	1.0	0.9	1.4	1.8	1.7	Amérique latine et Caraïbes
- Caribbean	0.0	0.0	0.1	0.1	0.0	0.0	0.0	0.0	0.0	0.0	- Caraïbes
- Latin America	1.7	1.4	2.0	2.0	1.5	1.0	0.9	1.4	1.7	1.7	- Amérique latine
Eastern Asia	2.7	2.6	3.6	3.1	3.1	3.1	3.4	4.2	4.7	6.0	Asie orientale
Southern Asia	0.1	0.1	0.2	0.2	0.2	0.4	0.3	0.3	0.3	0.3	Asie méridionale
South-Eastern Asia	1.0	0.6	0.7	0.6	0.8	1.2	1.1	1.4	1.3	1.6	Asie du Sud-Est
Western Asia	0.2	0.1	0.2	0.4	0.3	0.4	0.4	0.5	0.1	0.2	Asie occidentale
Oceania	0.0	0.0	0.0	0.0	0.0	0.0	0.0	0.0	0.0	0.0	Océanie

721 Agricultural machinery (excluding tractors) and parts thereof

Trade by commodity
Imports by principal countries or areas
Value in million US dollars

Commerce par produit
Importations selon les principaux pays ou zones
Valeur en millions de dollars EU

Country or area	2003	2004	2005	2006	2007	Pays ou zone
World	14884.9	17601.8	20074.6	22114.3	26892.9	Monde
Developed Economies	11710.5	13321.4	15036.3	16020.3	19053.6	Economies Développés
- Asia-Pacific	707.5	914.6	955.0	964.6	975.2	- Asie-Pacifique
- Europe	8359.1	9281.6	10619.6	11578.5	14187.0	- Europe
- North America	2644.0	3125.2	3461.7	3477.2	3891.4	- Amérique du Nord
South-Eastern Europe	155.5	327.5	391.6	424.0	454.1	Europe du Sud-Est
Commonwealth of Independent States	797.3	1162.1	1509.2	2268.7	3225.8	Communauté d'Etats indépendants
- Asia	168.1	265.6	362.8	317.4	515.6	- Asie
- Europe	629.2	896.4	1146.5	1951.4	2710.1	- Europe
Northern Africa	128.5	135.3	141.1	163.4	195.3	Afrique septentrionale
Sub-Saharan Africa	243.7	334.3	422.4	474.3	660.3	Afrique subsaharienne
Latin America & the Caribbean	875.0	1122.8	1063.2	1167.3	1559.5	Amérique latine et Caraïbes
- Caribbean	37.8	31.8	35.8	50.4	52.4	- Caraïbes
- Latin America	837.2	1091.0	1027.4	1116.9	1507.2	- Amérique latine
Eastern Asia	352.3	389.5	494.9	510.6	587.6	Asie orientale
Southern Asia	156.8	249.1	313.2	257.1	262.7	Asie méridionale
South-Eastern Asia	224.3	221.5	263.1	333.9	353.4	Asie du Sud-Est
Western Asia	230.6	328.0	424.8	479.6	523.7	Asie occidentale
Oceania	10.4	10.3	14.8	15.1	16.9	Océanie
United States	1582.2	1977.3	2135.1	2119.0	2480.3	Etats-Unis d'Amérique
France-Monaco	1424.1	1517.0	1816.1	1879.0	2297.1	France-Monaco
Germany	1336.1	1312.2	1683.7	1964.2	1996.9	Allemagne
Canada	1060.5	1146.0	1324.7	1356.4	1408.9	Canada
United Kingdom	865.2	990.6	1062.0	1127.0	1395.9	Royaume-Uni
Russian Federation	359.7	509.5	692.0	1171.8	1873.9	Fédération de Russie
Belgium	610.1	736.7	804.9	820.8	1014.8	Belgique
Denmark	411.5	447.0	495.7	641.4	815.1	Danemark
Netherlands	378.2	472.7	512.8	609.2	814.7	Pays-Bas
Spain	454.7	548.5	520.0	549.3	682.0	Espagne
Australia	361.7	543.6	532.2	517.7	485.5	Australie
Italy	382.1	411.4	423.0	448.1	533.3	Italie
Austria	292.6	313.9	391.7	397.2	540.1	Autriche
Sweden	306.3	335.4	366.5	407.1	493.1	Suède
Poland	224.5	267.6	341.4	370.5	538.7	Pologne
Mexico	306.9	304.2	306.2	329.7	367.7	Mexique
Ukraine	119.3	184.8	261.3	401.8	500.8	Ukraine
Japan	250.4	253.1	287.2	312.3	320.7	Japon
Czech Republic	143.5	191.7	239.8	295.4	403.2	République tchèque
Ireland	200.9	238.8	228.7	261.2	342.7	Irlande
Argentina	176.2	286.4	211.4	231.8	349.2	Argentine
Norway	181.3	216.1	262.3	265.1	324.7	Norvège
Switzerland-Liechtenstein	215.6	232.9	247.2	234.4	273.9	Suisse-Liechtenstein
Belarus	134.2	189.9	175.0	366.7	312.9	Bélarus
China	207.6	208.4	254.7	239.7	252.6	Chine

Value as percentages of World total

Valeur en pourcentage du total mondial

Regions of the world	1998	1999	2000	2001	2002	2003	2004	2005	2006	2007	Régions du monde
World	100.0	100.0	100.0	100.0	100.0	100.0	100.0	100.0	100.0	100.0	Monde
Developed Economies	76.8	79.7	78.8	72.3	78.7	78.7	75.7	74.9	72.4	70.8	Economies Développés
- Asia-Pacific	4.6	4.8	5.6	4.4	5.1	4.8	5.2	4.8	4.4	3.6	- Asie-Pacifique
- Europe	53.9	57.9	54.0	50.1	55.9	56.2	52.7	52.9	52.4	52.8	- Europe
- North America	18.3	17.0	19.2	17.8	17.6	17.8	17.8	17.2	15.7	14.5	- Amérique du Nord
South-Eastern Europe	0.7	0.7	0.6	0.8	1.2	1.0	1.9	2.0	1.9	1.7	Europe du Sud-Est
Commonwealth of Independent States	5.9	4.9	4.8	5.1	5.1	5.4	6.6	7.5	10.3	12.0	Communauté d'Etats indépendants
- Asia	1.7	1.4	1.6	1.4	1.3	1.1	1.5	1.8	1.4	1.9	- Asie
- Europe	4.2	3.5	3.2	3.7	3.8	4.2	5.1	5.7	8.8	10.1	- Europe
Northern Africa	1.0	0.9	0.8	1.0	0.8	0.9	0.8	0.7	0.7	0.7	Afrique septentrionale
Sub-Saharan Africa	2.0	1.5	1.6	8.0	1.7	1.6	1.9	2.1	2.1	2.5	Afrique subsaharienne
Latin America & the Caribbean	8.0	6.2	6.0	6.1	5.6	5.9	6.4	5.3	5.3	5.8	Amérique latine et Caraïbes
- Caribbean	0.3	0.4	0.5	0.4	0.4	0.3	0.2	0.2	0.2	0.2	- Caraïbes
- Latin America	7.6	5.8	5.5	5.8	5.2	5.6	6.2	5.1	5.1	5.6	- Amérique latine
Eastern Asia	1.9	2.4	2.4	2.3	2.3	2.4	2.2	2.5	2.3	2.2	Asie orientale
Southern Asia	0.7	0.7	0.9	1.0	1.3	1.1	1.4	1.6	1.2	1.0	Asie méridionale
South-Eastern Asia	1.0	0.9	1.6	1.4	1.4	1.5	1.3	1.3	1.5	1.3	Asie du Sud-Est
Western Asia	1.9	2.1	2.4	1.9	1.8	1.5	1.9	2.1	2.2	1.9	Asie occidentale
Oceania	0.1	0.1	0.1	0.1	0.1	0.1	0.1	0.1	0.1	0.1	Océanie

Machines agricoles (a l'exclusion des tracteurs) et leurs parties et pièces détachées 721

Trade by commodity

Exports by principal countries or areas

Value in million US dollars

Commerce par produit

Exportations selon les principaux pays ou zones

Valeur en millions de dollars EU

Country or area	2003	2004	2005	2006	2007	Pays ou zone
World	14909.8	17914.3	20552.1	22489.6	27636.9	Monde
Developed Economies	13593.2	16052.1	18372.3	20171.8	24455.9	Economies Développés
- Asia-Pacific	383.5	493.7	561.5	564.6	665.1	- Asie-Pacifique
- Europe	10010.6	11847.3	13415.2	15236.1	18736.8	- Europe
- North America	3199.2	3711.1	4395.6	4371.0	5054.0	- Amérique du Nord
South-Eastern Europe	33.0	56.1	67.4	61.7	72.5	Europe du Sud-Est
Commonwealth of Independent States	157.7	236.8	311.9	306.4	477.2	Communauté d'Etats indépendants
- Asia	3.9	3.3	8.5	9.7	9.6	- Asie
- Europe	153.8	233.5	303.4	296.7	467.7	- Europe
Northern Africa	2.0	2.7	4.9	1.6	4.4	Afrique septentrionale
Sub-Saharan Africa	23.2	32.1	45.4	38.7	57.6	Afrique subsaharienne
Latin America & the Caribbean	465.1	771.5	730.2	786.1	963.2	Amérique latine et Caraïbes
- Caribbean	1.5	1.1	1.1	0.8	1.2	- Caraïbes
- Latin America	463.5	770.4	729.1	785.3	962.0	- Amérique latine
Eastern Asia	473.7	547.1	712.1	828.1	1296.6	Asie orientale
Southern Asia	28.8	34.3	53.7	66.9	69.3	Asie méridionale
South-Eastern Asia	50.8	63.1	99.6	110.8	110.9	Asie du Sud-Est
Western Asia	82.3	118.4	154.5	117.6	129.1	Asie occidentale
Oceania	0.0	0.1	0.1	0.0	0.1	Océanie
Germany	2545.3	3177.8	3877.3	4451.0	5236.1	Allemagne
United States	2545.1	2847.9	3433.9	3401.1	3961.5	Etats-Unis d'Amérique
Italy	1672.2	1907.8	2069.3	2281.0	2598.1	Italie
France-Monaco	1022.2	1205.4	1411.1	1438.6	1772.6	France-Monaco
Netherlands	799.2	901.5	1004.8	1357.4	1784.0	Pays-Bas
Belgium	913.8	1044.5	1110.8	1226.8	1500.2	Belgique
Canada	654.0	863.2	961.7	970.0	1092.5	Canada
Denmark	511.0	565.2	539.8	673.4	873.7	Danemark
China	320.3	368.7	502.0	600.2	1054.4	Chine
United Kingdom	434.5	453.8	496.2	556.1	675.5	Royaume-Uni
Sweden	432.4	459.2	429.6	426.4	524.4	Suède
Brazil	296.5	493.7	427.1	404.9	589.0	Brésil
Austria	319.9	355.5	431.1	472.9	620.2	Autriche
Finland	181.3	320.4	378.5	378.1	513.2	Finlande
Poland	174.8	245.0	317.5	415.4	553.7	Pologne
Hungary	215.8	257.8	333.3	381.4	456.5	Hongrie
Japan	218.3	299.0	360.4	356.5	405.4	Japon
Spain	243.7	280.7	271.6	322.2	455.9	Espagne
Mexico	137.9	235.8	257.3	292.1	257.3	Mexique
Czech Republic	131.5	176.3	219.0	235.6	325.2	République tchèque
Russian Federation	70.9	112.4	164.7	144.5	195.1	Fédération de Russie
Norway	128.5	125.6	124.5	136.3	166.1	Norvège
Ireland	97.2	122.2	115.2	129.1	159.7	Irlande
New Zealand	90.5	115.6	120.2	122.5	148.7	Nouvelle-Zélande
Australia	74.7	79.0	81.0	85.6	110.9	Australie

Value as percentages of World total

Valeur en pourcentage du total mondial

Regions of the world	1998	1999	2000	2001	2002	2003	2004	2005	2006	2007	Régions du monde
World	100.0	100.0	100.0	100.0	100.0	100.0	100.0	100.0	100.0	100.0	Monde
Developed Economies	93.7	93.7	93.0	93.1	93.0	91.2	89.6	89.4	89.7	88.5	Economies Développés
- Asia-Pacific	2.4	2.9	2.8	2.5	2.5	2.6	2.8	2.7	2.5	2.4	- Asie-Pacifique
- Europe	65.2	67.2	64.3	66.2	67.8	67.1	66.1	65.3	67.7	67.8	- Europe
- North America	26.1	23.6	25.9	24.4	22.8	21.5	20.7	21.4	19.4	18.3	- Amérique du Nord
South-Eastern Europe	0.2	0.1	0.2	0.2	0.2	0.2	0.3	0.3	0.3	0.3	Europe du Sud-Est
Commonwealth of Independent States	0.7	1.0	1.1	1.4	1.2	1.1	1.3	1.5	1.4	1.7	Communauté d'Etats indépendants
- Asia	0.0	0.1	0.1	0.0	0.0	0.0	0.0	0.0	0.0	0.0	- Asie
- Europe	0.7	0.9	1.0	1.4	1.2	1.0	1.3	1.5	1.3	1.7	- Europe
Northern Africa	0.0	0.1	0.0	0.1	0.1	0.0	0.0	0.0	0.0	0.0	Afrique septentrionale
Sub-Saharan Africa	0.2	0.2	0.2	0.2	0.2	0.2	0.2	0.2	0.2	0.2	Afrique subsaharienne
Latin America & the Caribbean	3.0	2.0	2.1	1.8	1.7	3.1	4.3	3.6	3.5	3.5	Amérique latine et Caraïbes
- Caribbean	0.0	0.0	0.0	0.0	0.0	0.0	0.0	0.0	0.0	0.0	- Caraïbes
- Latin America	2.9	2.0	2.1	1.7	1.7	3.1	4.3	3.5	3.5	3.5	- Amérique latine
Eastern Asia	1.3	1.8	2.2	2.0	2.4	3.2	3.1	3.5	3.7	4.7	Asie orientale
Southern Asia	0.1	0.2	0.2	0.2	0.2	0.2	0.2	0.3	0.3	0.3	Asie méridionale
South-Eastern Asia	0.2	0.3	0.4	0.3	0.4	0.3	0.4	0.5	0.5	0.4	Asie du Sud-Est
Western Asia	0.6	0.5	0.8	0.8	0.6	0.6	0.7	0.8	0.5	0.5	Asie occidentale
Oceania	0.0	0.0	0.0	0.0	0.0	0.0	0.0	0.0	0.0	0.0	Océanie

722 Tractors (other than those of headings 744.14 and 744.15)

Trade by commodity
Imports by principal countries or areas
Value in million US dollars

Commerce par produit
Importations selon les principaux pays ou zones
Valeur en millions de dollars EU

Country or area	2003	2004	2005	2006	2007	Pays ou zone
World	10206.0	12862.5	14697.2	15946.8	18649.8	Monde
Developed Economies	8535.5	10501.3	11200.0	11817.6	13416.6	Economies Développés
- Asia-Pacific	612.9	810.4	861.1	651.2	582.3	- Asie-Pacifique
- Europe	5000.2	5873.5	6109.3	7061.6	9041.6	- Europe
- North America	2922.4	3817.3	4229.6	4104.8	3792.7	- Amérique du Nord
South-Eastern Europe	77.2	165.8	176.5	204.0	271.5	Europe du Sud-Est
Commonwealth of Independent States	192.6	282.9	479.2	682.0	1046.1	Communauté d'Etats indépendants
- Asia	93.9	129.9	210.8	194.0	248.3	- Asie
- Europe	98.7	153.1	268.3	488.0	798.0	- Europe
Northern Africa	69.4	93.3	90.2	153.0	189.5	Afrique septentrionale
Sub-Saharan Africa	283.7	382.9	972.1	1186.9	1354.7	Afrique subsaharienne
Latin America & the Caribbean	359.0	515.6	791.6	688.4	904.0	Amérique latine et Caraïbes
- Caribbean	14.0	12.5	20.8	25.7	37.7	- Caraïbes
- Latin America	345.0	503.1	770.8	662.6	866.3	- Amérique latine
Eastern Asia	152.1	183.6	167.6	206.7	230.5	Asie orientale
Southern Asia	116.4	77.8	172.4	175.4	226.1	Asie méridionale
South-Eastern Asia	177.3	222.3	315.9	386.0	528.9	Asie du Sud-Est
Western Asia	237.1	431.0	322.4	436.1	467.3	Asie occidentale
Oceania	5.8	6.1	9.4	10.6	14.5	Océanie
United States	2226.9	3041.3	3412.8	3187.3	2829.4	Etats-Unis d'Amérique
France-Monaco	1086.6	1158.1	1114.3	1094.0	1330.1	France-Monaco
Canada	695.0	775.4	815.9	916.4	962.3	Canada
Spain	561.0	691.8	578.2	555.2	861.9	Espagne
United Kingdom	422.5	567.7	551.6	675.0	903.3	Royaume-Uni
Germany	348.8	415.8	506.4	837.0	914.4	Allemagne
Australia	349.9	493.9	489.8	402.5	346.8	Australie
Italy	403.3	468.5	363.2	384.6	427.6	Italie
Belgium	228.2	356.8	396.8	440.8	500.7	Belgique
Nigeria	30.5	e29.0	e419.4	450.6	e739.3	Nigéria
Poland	135.7	173.1	242.9	343.7	490.3	Pologne
Denmark	169.8	199.8	263.3	303.9	418.6	Danemark
Netherlands	193.3	203.1	218.3	275.7	392.3	Pays-Bas
Austria	171.3	171.5	227.1	240.0	316.4	Autriche
Norway	143.5	192.0	219.7	262.3	273.5	Norvège
Russian Federation	51.2	77.0	152.5	264.3	474.1	Fédération de Russie
Sweden	156.3	160.5	181.9	226.1	287.4	Suède
Thailand	106.2	122.3	180.7	248.9	325.8	Thaïlande
Ireland	109.9	146.7	170.9	219.3	288.9	Irlande
South Africa	130.4	184.0	118.6	185.9	252.2	Afrique du Sud
Argentina	102.9	153.8	180.3	168.5	239.8	Argentine
Switzerland-Liechtenstein	152.0	159.1	163.8	168.0	166.4	Suisse-Liechtenstein
Japan	147.3	165.4	185.2	141.5	109.8	Japon
Sudan	7.7	14.4	281.4	366.7	38.5	Soudan
New Zealand	115.7	151.1	186.1	107.2	125.7	Nouvelle-Zélande

Value as percentages of World total

Valeur en pourcentage du total mondial

Regions of the world	1998	1999	2000	2001	2002	2003	2004	2005	2006	2007	Régions du monde
World	100.0	100.0	100.0	100.0	100.0	100.0	100.0	100.0	100.0	100.0	Monde
Developed Economies	82.9	84.3	84.6	77.2	84.6	83.6	81.6	76.2	74.1	71.9	Economies Développés
- Asia-Pacific	5.7	5.4	6.1	5.5	6.8	6.0	6.3	5.9	4.1	3.1	- Asie-Pacifique
- Europe	46.0	51.8	47.0	43.1	47.9	49.0	45.7	41.6	44.3	48.5	- Europe
- North America	31.2	27.0	31.4	28.6	29.8	28.6	29.7	28.8	25.7	20.3	- Amérique du Nord
South-Eastern Europe	0.5	0.5	0.6	0.5	0.7	0.8	1.3	1.2	1.3	1.5	Europe du Sud-Est
Commonwealth of Independent States	3.5	1.7	2.0	1.7	1.7	1.9	2.2	3.3	4.3	5.6	Communauté d'Etats indépendants
- Asia	1.3	0.9	1.0	0.9	0.9	0.9	1.0	1.4	1.2	1.3	- Asie
- Europe	2.2	0.8	1.0	0.8	0.8	1.0	1.2	1.8	3.1	4.3	- Europe
Northern Africa	0.9	1.0	0.9	0.7	0.6	0.7	0.7	0.6	1.0	1.0	Afrique septentrionale
Sub-Saharan Africa	2.2	1.9	2.2	9.9	2.8	2.8	3.0	6.6	7.4	7.3	Afrique subsaharienne
Latin America & the Caribbean	5.5	4.5	3.2	3.3	3.1	3.5	4.0	5.4	4.3	4.8	Amérique latine et Caraïbes
- Caribbean	0.2	0.5	0.4	0.3	0.3	0.1	0.1	0.1	0.2	0.2	- Caraïbes
- Latin America	5.3	3.9	2.9	3.0	2.9	3.4	3.9	5.2	4.2	4.6	- Amérique latine
Eastern Asia	0.6	1.3	1.4	1.5	1.4	1.5	1.4	1.1	1.3	1.2	Asie orientale
Southern Asia	1.1	2.1	1.2	0.8	0.8	1.1	0.6	1.2	1.1	1.2	Asie méridionale
South-Eastern Asia	1.3	1.7	2.0	1.9	2.0	1.7	1.7	2.1	2.4	2.8	Asie du Sud-Est
Western Asia	1.5	1.1	1.8	2.4	2.4	2.3	3.4	2.2	2.7	2.5	Asie occidentale
Oceania	0.1	0.1	0.1	0.1	0.0	0.1	0.0	0.1	0.1	0.1	Océanie

Trade by commodity

Commerce par produit

Exports by principal countries or areas

Exportations selon les principaux pays ou zones

Value in million US dollars

Valeur en millions de dollars EU

Country or area	2003	2004	2005	2006	2007	Pays ou zone
World	10197.3	12716.0	14183.7	15509.6	18699.3	Monde
Developed Economies	8925.9	11005.2	12072.9	13296.7	15671.2	Economies Développés
- Asia-Pacific	1152.3	1580.7	1746.0	1854.1	1817.3	- Asie-Pacifique
- Europe	6229.2	7444.6	7983.8	8787.4	10666.9	- Europe
- North America	1544.4	1980.0	2343.1	2655.3	3187.0	- Amérique du Nord
South-Eastern Europe	20.2	35.8	45.0	36.6	22.2	Europe du Sud-Est
Commonwealth of Independent States	306.4	415.1	533.3	688.8	1028.6	Communauté d'Etats indépendants
- Asia	3.0	3.1	2.7	3.5	5.5	- Asie
- Europe	303.4	412.1	530.6	685.3	1023.1	- Europe
Northern Africa	1.0	0.7	1.0	0.6	5.8	Afrique septentrionale
Sub-Saharan Africa	24.0	28.0	34.5	33.1	106.3	Afrique subsaharienne
Latin America & the Caribbean	410.1	564.0	677.5	597.6	774.5	Amérique latine et Caraïbes
- Caribbean	0.6	0.6	0.9	4.3	2.6	- Caraïbes
- Latin America	409.5	563.4	676.6	593.3	771.9	- Amérique latine
Eastern Asia	219.5	286.3	361.0	416.2	518.6	Asie orientale
Southern Asia	88.8	140.3	240.6	324.0	398.6	Asie méridionale
South-Eastern Asia	35.9	45.8	72.9	68.2	120.9	Asie du Sud-Est
Western Asia	165.6	194.8	145.0	47.7	52.5	Asie occidentale
Oceania	0.0	0.1	0.2	0.0	0.0	Océanie
Germany	1927.6	2620.0	2583.7	2919.5	3607.1	Allemagne
United States	1371.1	1756.0	2125.5	2437.4	2974.2	Etats-Unis d'Amérique
Japan	1139.9	1569.3	1722.0	1832.6	1790.4	Japon
Italy	1285.5	1511.8	1658.9	1617.2	1854.6	Italie
United Kingdom	1168.6	1080.9	1365.9	1477.3	1655.2	Royaume-Uni
France-Monaco	572.2	845.3	913.2	1052.9	1231.1	France-Monaco
Belarus	243.5	339.3	432.6	586.5	894.3	Bélarus
Brazil	303.1	485.9	559.0	455.2	624.6	Brésil
Finland	446.1	372.6	391.2	444.7	533.7	Finlande
Austria	294.8	320.8	358.5	406.0	531.7	Autriche
Belgium	149.2	228.5	219.7	200.3	296.8	Belgique
Canada	173.3	223.9	217.5	217.9	212.8	Canada
India	78.6	111.1	213.4	275.9	342.0	Inde
Korea, Republic of	134.4	163.7	203.4	203.1	221.5	République de Corée
China	84.7	122.1	156.9	211.1	293.4	Chine
Czech Republic	79.3	95.8	124.0	168.0	208.8	République tchèque
Netherlands	78.0	87.7	72.1	143.1	178.5	Pays-Bas
Mexico	69.7	70.6	109.2	123.6	130.9	Mexique
Sweden	58.3	75.4	81.2	87.1	201.2	Suède
Turkey	156.8	147.8	126.8	e0.0	0.0	Turquie
Poland	31.4	48.3	55.9	83.5	87.3	Pologne
Ukraine	20.7	31.8	53.2	54.2	73.7	Ukraine
Denmark	30.9	34.8	42.0	47.1	65.2	Danemark
Russian Federation	35.9	38.3	43.1	42.1	52.3	Fédération de Russie
Thailand	15.9	23.4	28.8	34.5	62.8	Thaïlande

Value as percentages of World total

Valeur en pourcentage du total mondial

Regions of the world	1998	1999	2000	2001	2002	2003	2004	2005	2006	2007	Régions du monde
World	100.0	100.0	100.0	100.0	100.0	100.0	100.0	100.0	100.0	100.0	Monde
Developed Economies	92.2	91.6	90.9	90.3	90.1	87.5	86.5	85.1	85.7	83.8	Economies Développés
- Asia-Pacific	9.1	11.4	13.0	11.5	11.2	11.3	12.4	12.3	12.0	9.7	- Asie-Pacifique
- Europe	59.3	62.1	58.1	59.9	61.0	61.1	58.5	56.3	56.7	57.0	- Europe
- North America	23.8	18.1	19.8	18.9	17.9	15.1	15.6	16.5	17.1	17.0	- Amérique du Nord
South-Eastern Europe	0.6	0.4	0.3	0.2	0.2	0.2	0.3	0.3	0.2	0.1	Europe du Sud-Est
Commonwealth of Independent States	2.6	3.8	3.6	3.9	3.0	3.0	3.3	3.8	4.4	5.5	Communauté d'Etats indépendants
- Asia	0.1	0.1	0.1	0.1	0.0	0.0	0.0	0.0	0.0	0.0	- Asie
- Europe	2.5	3.7	3.5	3.8	3.0	3.0	3.2	3.7	4.4	5.5	- Europe
Northern Africa	0.1	0.1	0.1	0.2	0.1	0.0	0.0	0.0	0.0	0.0	Afrique septentrionale
Sub-Saharan Africa	0.1	0.2	0.2	0.2	0.3	0.2	0.2	0.2	0.2	0.6	Afrique subsaharienne
Latin America & the Caribbean	2.5	1.7	1.9	2.2	2.9	4.0	4.4	4.8	3.9	4.1	Amérique latine et Caraïbes
- Caribbean	0.0	0.1	0.1	0.0	0.0	0.0	0.0	0.0	0.0	0.0	- Caraïbes
- Latin America	2.4	1.6	1.8	2.2	2.9	4.0	4.4	4.8	3.8	4.1	- Amérique latine
Eastern Asia	0.9	1.1	1.5	1.8	1.7	2.2	2.3	2.5	2.7	2.8	Asie orientale
Southern Asia	0.3	0.3	0.4	0.5	0.8	0.9	1.1	1.7	2.1	2.1	Asie méridionale
South-Eastern Asia	0.6	0.4	0.4	0.3	0.3	0.4	0.4	0.5	0.4	0.6	Asie du Sud-Est
Western Asia	0.3	0.4	0.6	0.5	0.6	1.6	1.5	1.0	0.3	0.3	Asie occidentale
Oceania	0.0	0.0	0.0	0.0	0.0	0.0	0.0	0.0	0.0	0.0	Océanie

723 Civil engineering and contractors' plant and equipment; parts thereof

Trade by commodity
Imports by principal countries or areas
Value in million US dollars

Commerce par produit
Importations selon les principaux pays ou zones
Valeur en millions de dollars EU

Country or area	2003	2004	2005	2006	2007	Pays ou zone
World	40902.8	52186.6	66078.8	81285.2	103444.6	Monde
Developed Economies	23759.7	31451.0	39695.0	47043.5	56028.0	Economies Développés
- Asia-Pacific	1573.5	2177.1	2764.0	3246.8	4306.6	- Asie-Pacifique
- Europe	14849.4	18583.7	23044.9	27236.5	36283.7	- Europe
- North America	7336.9	10690.2	13886.0	16560.1	15437.6	- Amérique du Nord
South-Eastern Europe	235.0	487.1	574.8	803.4	1381.0	Europe du Sud-Est
Commonwealth of Independent States	1338.2	1706.9	2707.7	3876.2	6334.3	Communauté d'Etats indépendants
- Asia	638.8	789.4	1356.1	1164.6	1737.1	- Asie
- Europe	699.4	917.6	1351.6	2711.6	4597.2	- Europe
Northern Africa	479.6	570.8	734.3	1167.2	1578.5	Afrique septentrionale
Sub-Saharan Africa	2334.9	2719.8	4177.4	5168.7	7348.0	Afrique subsaharienne
Latin America & the Caribbean	2151.3	2914.7	3898.2	5431.8	7259.1	Amérique latine et Caraïbes
- Caribbean	224.2	225.0	368.5	478.6	532.5	- Caraïbes
- Latin America	1927.2	2689.8	3529.7	4953.1	6726.6	- Amérique latine
Eastern Asia	3824.0	3416.2	3160.7	4363.0	5533.9	Asie orientale
Southern Asia	971.8	1381.5	1323.0	1518.4	2090.4	Asie méridionale
South-Eastern Asia	2928.4	3982.3	4852.3	5289.4	7336.5	Asie du Sud-Est
Western Asia	2772.1	3408.3	4773.8	6399.9	8298.3	Asie occidentale
Oceania	107.7	148.0	181.5	223.7	256.6	Océanie
United States	5179.3	7872.2	10204.1	11819.8	10454.6	Etats-Unis d'Amérique
Canada	2145.0	2807.4	3667.3	4725.9	4966.4	Canada
Germany	1846.0	2144.5	2953.8	3651.9	4527.7	Allemagne
United Kingdom	1810.6	2211.4	3385.7	3290.3	3968.2	Royaume-Uni
France-Monaco	1862.8	2455.5	2779.1	3236.1	4184.1	France-Monaco
Singapore	1711.4	2132.7	2601.4	3139.8	4372.4	Singapour
China	2601.1	2292.1	2011.6	2851.1	3744.1	Chine
Netherlands	1256.1	1469.5	1499.2	2303.7	3425.4	Pays-Bas
Italy	1413.8	1717.3	1892.1	2151.5	2778.5	Italie
Belgium	890.6	1424.9	1886.0	2178.8	3198.4	Belgique
Spain	1205.3	1479.8	2028.0	1993.0	2753.2	Espagne
Australia	1012.6	1393.0	1759.1	2146.1	2861.1	Australie
Russian Federation	562.5	715.5	1042.7	2278.0	3891.1	Fédération de Russie
United Arab Emirates	790.1	899.3	1098.5	1681.7	e2081.0	Emirates arabes unis
Mexico	729.1	879.0	1066.9	1624.7	1996.6	Mexique
Saudi Arabia	448.8	592.6	985.2	1339.6	1869.3	Arabie saoudite
Austria	641.9	815.3	946.8	1181.5	1602.8	Autriche
South Africa	601.4	637.2	787.5	1031.9	1799.1	Afrique du Sud
Turkey	308.2	560.8	1055.3	1226.5	1364.8	Turquie
Indonesia	375.7	769.7	1169.1	886.6	1276.6	Indonésie
India	337.9	640.4	684.7	1131.0	1641.1	Inde
Norway	410.2	540.1	659.2	971.3	1287.4	Norvège
China, Hong Kong SAR	840.9	628.7	569.2	853.5	959.6	Chine - RAS de Hong-Kong
Sweden	462.7	528.7	700.9	785.8	1104.4	Suède
Japan	388.8	521.1	693.0	827.2	1053.9	Japon

Value as percentages of World total

Valeur en pourcentage du total mondial

Regions of the world	1998	1999	2000	2001	2002	2003	2004	2005	2006	2007	Régions du monde
World	100.0	100.0	100.0	100.0	100.0	100.0	100.0	100.0	100.0	100.0	Monde
Developed Economies	62.3	67.5	64.0	52.3	57.9	58.1	60.3	60.1	57.9	54.2	Economies Développés
- Asia-Pacific	3.8	3.8	3.5	2.8	3.7	3.8	4.2	4.2	4.0	4.2	- Asie-Pacifique
- Europe	33.8	39.4	37.2	32.0	35.9	36.3	35.6	34.9	33.5	35.1	- Europe
- North America	24.7	24.3	23.2	17.5	18.3	17.9	20.5	21.0	20.4	14.9	- Amérique du Nord
South-Eastern Europe	0.4	0.4	0.4	0.4	0.5	0.6	0.9	0.9	1.0	1.3	Europe du Sud-Est
Commonwealth of Independent States	2.4	1.7	2.8	3.2	3.2	3.3	3.3	4.1	4.8	6.1	Communauté d'Etats indépendants
- Asia	0.6	0.7	1.2	1.4	1.5	1.6	1.5	2.1	1.4	1.7	- Asie
- Europe	1.8	1.0	1.7	1.8	1.7	1.7	1.8	2.0	3.3	4.4	- Europe
Northern Africa	1.8	1.4	1.2	1.2	1.4	1.2	1.1	1.1	1.4	1.5	Afrique septentrionale
Sub-Saharan Africa	4.6	3.7	4.3	18.4	5.1	5.7	5.2	6.3	6.4	7.1	Afrique subsaharienne
Latin America & the Caribbean	8.6	6.9	7.2	6.0	6.2	5.3	5.6	5.9	6.7	7.0	Amérique latine et Caraïbes
- Caribbean	0.4	0.6	0.7	0.6	1.0	0.5	0.4	0.6	0.6	0.5	- Caraïbes
- Latin America	8.2	6.3	6.4	5.4	5.1	4.7	5.2	5.3	6.1	6.5	- Amérique latine
Eastern Asia	4.5	5.0	5.1	4.5	6.4	9.3	6.5	4.8	5.4	5.3	Asie orientale
Southern Asia	1.3	1.0	1.1	1.3	2.4	2.4	2.6	2.0	1.9	2.0	Asie méridionale
South-Eastern Asia	8.3	7.9	8.3	7.4	8.8	7.2	7.6	7.3	6.5	7.1	Asie du Sud-Est
Western Asia	5.5	4.3	5.4	5.0	7.8	6.8	6.5	7.2	7.9	8.0	Asie occidentale
Oceania	0.3	0.3	0.3	0.3	0.3	0.3	0.3	0.3	0.3	0.2	Océanie

Appareils et matériel de génie civil et de construction; leurs parties et pièces détachées 723

Trade by commodity

Commerce par produit

Exports by principal countries or areas

Exportations selon les principaux pays ou zones

Value in million US dollars

Valeur en millions de dollars EU

Country or area	2003	2004	2005	2006	2007	Pays ou zone
World	43639.6	56023.2	69398.2	84018.0	107734.0	Monde
Developed Economies	35531.9	45425.9	55199.5	65470.3	84421.2	Economies Développés
- Asia-Pacific	6320.9	8234.5	9417.8	11303.5	13512.0	- Asie-Pacifique
- Europe	19383.6	25145.5	30044.8	35766.9	47885.9	- Europe
- North America	9827.5	12046.0	15736.9	18399.9	23023.3	- Amérique du Nord
South-Eastern Europe	103.0	160.2	196.3	251.3	365.2	Europe du Sud-Est
Commonwealth of Independent States	317.2	450.6	555.5	719.2	912.4	Communauté d'Etats indépendants
- Asia	41.0	36.5	59.5	89.3	70.8	- Asie
- Europe	276.2	414.1	496.0	629.9	841.6	- Europe
Northern Africa	32.2	32.2	38.8	52.4	55.6	Afrique septentrionale
Sub-Saharan Africa	176.2	218.7	314.2	369.5	475.0	Afrique subsaharienne
Latin America & the Caribbean	1184.3	1857.1	2566.8	2948.0	3111.9	Amérique latine et Caraïbes
- Caribbean	32.8	32.7	39.0	69.0	120.3	- Caraïbes
- Latin America	1151.5	1824.5	2527.8	2879.1	2991.6	- Amérique latine
Eastern Asia	3099.5	3886.8	5263.7	8417.0	11492.4	Asie orientale
Southern Asia	128.0	164.0	148.4	231.0	271.9	Asie méridionale
South-Eastern Asia	2447.5	3030.9	3999.0	4538.0	5470.4	Asie du Sud-Est
Western Asia	612.8	793.2	1111.9	1013.8	1151.1	Asie occidentale
Oceania	7.1	3.5	4.3	7.5	6.9	Océanie
United States	8859.1	10840.1	14098.8	16549.3	20630.0	Etats-Unis d'Amérique
Japan	6095.8	7971.1	9088.4	10912.0	12901.6	Japon
Germany	4504.7	5661.8	7151.2	8207.3	10332.3	Allemagne
United Kingdom	2955.8	3870.3	4432.0	5146.8	6336.3	Royaume-Uni
France-Monaco	2407.1	2874.3	3297.0	4078.8	4675.1	France-Monaco
Belgium	2032.8	2876.3	3254.6	3584.0	4901.2	Belgique
Italy	1853.2	2444.4	2930.1	3736.2	5564.0	Italie
Singapore	2100.9	2499.3	3268.9	3624.0	4275.9	Singapour
Korea, Republic of	1597.6	2105.8	2745.9	3591.2	4664.6	République de Corée
China	760.1	1239.2	1967.4	4004.2	5879.3	Chine
Netherlands	1182.0	1801.6	2342.0	2662.3	4133.1	Pays-Bas
Canada	968.0	1205.3	1637.7	1850.4	2393.3	Canada
Austria	812.8	1082.6	1371.2	1772.9	2460.7	Autriche
Sweden	924.1	1121.9	1158.2	1405.2	1915.2	Suède
Brazil	522.9	1007.5	1385.9	1656.4	1767.8	Brésil
Finland	552.9	718.6	900.1	1188.3	1471.4	Finlande
Mexico	492.1	651.9	939.5	971.0	994.3	Mexique
China, Hong Kong SAR	718.2	512.6	512.2	755.6	861.4	Chine - RAS de Hong-Kong
Poland	274.0	457.3	583.2	728.3	978.7	Pologne
Czech Republic	257.3	416.4	536.8	706.7	982.7	République tchèque
United Arab Emirates	292.1	379.9	517.5	595.8	e643.9	Emirates arabes unis
Norway	294.0	266.3	349.3	407.8	863.0	Norvège
Denmark	303.4	344.5	291.6	330.1	560.9	Danemark
Spain	314.2	230.9	294.4	390.5	575.3	Espagne
Australia	205.4	235.9	296.1	347.7	567.9	Australie

Value as percentages of World total

Valeur en pourcentage du total mondial

Regions of the world	1998	1999	2000	2001	2002	2003	2004	2005	2006	2007	Régions du monde
World	100.0	100.0	100.0	100.0	100.0	100.0	100.0	100.0	100.0	100.0	Monde
Developed Economies	86.9	87.3	86.2	84.7	84.0	81.4	81.1	79.5	77.9	78.4	Economies Développés
- Asia-Pacific	11.3	12.9	12.6	11.2	12.8	14.5	14.7	13.6	13.5	12.5	- Asie-Pacifique
- Europe	44.2	46.6	44.8	44.2	44.0	44.4	44.9	43.3	42.6	44.4	- Europe
- North America	31.4	27.8	28.8	29.4	27.3	22.5	21.5	22.7	21.9	21.4	- Amérique du Nord
South-Eastern Europe	0.1	0.2	0.1	0.3	0.3	0.2	0.3	0.3	0.3	0.3	Europe du Sud-Est
Commonwealth of Independent States	0.6	0.8	0.7	1.2	0.8	0.7	0.8	0.8	0.9	0.8	Communauté d'Etats indépendants
- Asia	0.0	0.1	0.1	0.1	0.1	0.1	0.1	0.1	0.1	0.1	- Asie
- Europe	0.6	0.7	0.6	1.0	0.7	0.6	0.7	0.7	0.7	0.8	- Europe
Northern Africa	0.0	0.0	0.0	0.1	0.1	0.1	0.1	0.1	0.1	0.1	Afrique septentrionale
Sub-Saharan Africa	0.4	0.4	0.4	0.7	0.4	0.4	0.4	0.5	0.4	0.4	Afrique subsaharienne
Latin America & the Caribbean	2.8	2.8	2.9	3.0	2.7	2.7	3.3	3.7	3.5	2.9	Amérique latine et Caraïbes
- Caribbean	0.0	0.1	0.1	0.1	0.1	0.1	0.1	0.1	0.1	0.1	- Caraïbes
- Latin America	2.7	2.7	2.8	2.8	2.6	2.6	3.3	3.6	3.4	2.8	- Amérique latine
Eastern Asia	3.4	3.7	4.4	4.8	5.7	7.1	6.9	7.6	10.0	10.7	Asie orientale
Southern Asia	0.1	0.1	0.2	0.2	0.2	0.3	0.3	0.2	0.3	0.3	Asie méridionale
South-Eastern Asia	4.9	3.8	4.0	4.0	4.2	5.6	5.4	5.8	5.4	5.1	Asie du Sud-Est
Western Asia	0.6	0.8	0.9	1.1	1.5	1.4	1.4	1.6	1.2	1.1	Asie occidentale
Oceania	0.0	0.0	0.0	0.0	0.1	0.0	0.0	0.0	0.0	0.0	Océanie

724 Textile and leather machinery and parts thereof, nes

Trade by commodity
Imports by principal countries or areas
Value in million US dollars

Commerce par produit
Importations selon les principaux pays ou zones
Valeur en millions de dollars EU

Country or area	2003	2004	2005	2006	2007	Pays ou zone
World	23640.2	25338.9	26094.9	26708.1	30512.3	Monde
Developed Economies	7946.0	8537.9	8939.7	8828.1	10849.8	Economies Développés
- Asia-Pacific	659.2	706.2	769.0	825.8	946.6	- Asie-Pacifique
- Europe	5106.3	5406.4	5228.6	5635.1	6834.0	- Europe
- North America	2180.5	2425.3	2942.2	2367.2	3069.1	- Amérique du Nord
South-Eastern Europe	295.2	356.9	314.2	324.8	370.0	Europe du Sud-Est
Commonwealth of Independent States	296.1	383.6	474.4	494.7	666.9	Communauté d'Etats indépendants
- Asia	83.5	146.8	137.8	137.2	160.7	- Asie
- Europe	212.6	236.8	336.7	357.5	506.3	- Europe
Northern Africa	415.7	432.1	411.0	429.9	462.6	Afrique septentrionale
Sub-Saharan Africa	402.8	436.5	517.7	588.0	678.2	Afrique subsaharienne
Latin America & the Caribbean	1332.7	1514.7	1718.8	2026.8	2321.5	Amérique latine et Caraïbes
- Caribbean	44.3	59.6	65.3	82.3	73.4	- Caraïbes
- Latin America	1288.4	1455.2	1653.5	1944.5	2248.1	- Amérique latine
Eastern Asia	6662.6	6880.6	5900.3	6480.6	7268.5	Asie orientale
Southern Asia	1916.5	2710.8	3750.1	3794.3	3352.4	Asie méridionale
South-Eastern Asia	1639.9	1659.2	1875.7	1964.8	2313.5	Asie du Sud-Est
Western Asia	2723.2	2411.6	2183.4	1766.4	2220.1	Asie occidentale
Oceania	9.6	15.1	9.6	9.6	8.8	Océanie
China	4845.1	5110.6	4039.3	4592.7	5387.3	Chine
United States	1856.0	2067.3	2534.2	1944.5	2510.3	Etats-Unis d'Amérique
Turkey	2352.1	1930.2	1723.9	1180.5	1647.2	Turquie
India	638.3	877.3	1822.6	2308.9	2028.8	Inde
China, Hong Kong SAR	1097.2	1114.1	1206.9	1150.3	1055.2	Chine - RAS de Hong-Kong
Germany	1048.6	1100.9	1034.5	1119.7	1316.7	Allemagne
Italy	858.5	870.2	860.2	920.0	1104.9	Italie
Pakistan	582.5	824.1	948.6	736.4	470.0	Pakistan
Japan	515.7	547.0	616.2	665.1	750.1	Japon
Mexico	556.8	524.8	571.7	632.4	653.6	Mexique
Viet Nam	474.3	443.2	542.2	545.8	e696.5	Viet Nam
Bangladesh	308.5	406.1	467.6	e584.7	e674.6	Bangladesh
France-Monaco	431.6	432.0	438.7	429.2	538.4	France-Monaco
Thailand	466.1	455.2	457.5	461.2	428.8	Thaïlande
Canada	322.5	355.7	405.6	418.6	553.6	Canada
United Kingdom	306.1	352.2	443.7	392.0	526.7	Royaume-Uni
Belgium	338.9	385.9	370.5	407.8	473.0	Belgique
Brazil	224.3	308.7	330.6	473.6	518.4	Brésil
Singapore	278.2	299.2	348.8	386.5	504.3	Singapour
Spain	357.4	362.7	303.3	323.9	395.5	Espagne
Switzerland-Liechtenstein	289.3	311.4	281.9	339.3	423.6	Suisse-Liechtenstein
Korea, Republic of	362.3	245.4	272.7	369.2	361.0	République de Corée
Czech Republic	232.8	237.5	252.7	282.1	386.2	République tchèque
Indonesia	207.0	247.7	234.8	278.1	360.5	Indonésie
Poland	196.2	253.9	217.6	273.6	370.4	Pologne

Value as percentages of World total

Valeur en pourcentage du total mondial

Regions of the world	1998	1999	2000	2001	2002	2003	2004	2005	2006	2007	Régions du monde
World	100.0	100.0	100.0	100.0	100.0	100.0	100.0	100.0	100.0	100.0	Monde
Developed Economies	46.8	47.8	40.7	37.4	34.8	33.6	33.7	34.3	33.1	35.6	Economies Développés
- Asia-Pacific	2.9	3.2	2.9	2.7	2.5	2.8	2.8	2.9	3.1	3.1	- Asie-Pacifique
- Europe	29.5	30.2	25.8	25.1	23.1	21.6	21.3	20.0	21.1	22.4	- Europe
- North America	14.5	14.5	12.0	9.6	9.2	9.2	9.6	11.3	8.9	10.1	- Amérique du Nord
South-Eastern Europe	0.8	0.9	1.0	1.2	1.3	1.2	1.4	1.2	1.2	1.2	Europe du Sud-Est
Commonwealth of Independent States	1.2	1.1	1.4	2.1	1.8	1.3	1.5	1.8	1.9	2.2	Communauté d'Etats indépendants
- Asia	0.5	0.5	0.8	1.2	1.0	0.4	0.6	0.5	0.5	0.5	- Asie
- Europe	0.7	0.6	0.6	0.9	0.8	0.9	0.9	1.3	1.3	1.7	- Europe
Northern Africa	2.1	2.4	1.9	2.0	1.7	1.8	1.7	1.6	1.6	1.5	Afrique septentrionale
Sub-Saharan Africa	2.0	1.8	2.2	7.0	1.8	1.7	1.7	2.0	2.2	2.2	Afrique subsaharienne
Latin America & the Caribbean	10.0	10.0	9.9	8.2	6.2	5.6	6.0	6.6	7.6	7.6	Amérique latine et Caraïbes
- Caribbean	0.2	0.2	0.1	0.1	0.1	0.2	0.2	0.3	0.3	0.2	- Caraïbes
- Latin America	9.8	9.8	9.7	8.1	6.1	5.4	5.7	6.3	7.3	7.4	- Amérique latine
Eastern Asia	16.3	19.2	22.5	22.8	27.9	28.2	27.2	22.6	24.3	23.8	Asie orientale
Southern Asia	5.6	5.6	5.6	6.6	7.2	8.1	10.7	14.4	14.2	11.0	Asie méridionale
South-Eastern Asia	7.2	6.5	8.2	8.1	7.8	6.9	6.5	7.2	7.4	7.6	Asie du Sud-Est
Western Asia	8.0	5.0	6.6	4.6	9.5	11.5	9.5	8.4	6.6	7.3	Asie occidentale
Oceania	0.1	0.1	0.1	0.0	0.0	0.0	0.1	0.0	0.0	0.0	Océanie

Machines pour l'industrie textile et pour le travail des cuirs et peaux, et leurs parties 724

Trade by commodity

Exports by principal countries or areas

Value in million US dollars

Commerce par produit

Exportations selon les principaux pays ou zones

Valeur en millions de dollars EU

Country or area	2003	2004	2005	2006	2007	Pays ou zone
World	23479.0	25075.1	25297.6	27244.0	30277.5	Monde
Developed Economies	18050.4	18948.4	18176.8	19196.5	21223.9	Economies Développés
- Asia-Pacific	3263.4	3302.9	3077.2	3220.9	3525.3	- Asie-Pacifique
- Europe	13543.7	14243.0	13609.8	14428.7	16008.4	- Europe
- North America	1243.3	1402.5	1489.8	1546.8	1690.3	- Amérique du Nord
South-Eastern Europe	25.7	36.5	56.1	86.0	112.7	Europe du Sud-Est
Commonwealth of Independent States	38.4	42.3	30.9	29.2	30.2	Communauté d'Etats indépendants
- Asia	2.8	4.8	2.6	2.3	2.3	- Asie
- Europe	35.6	37.5	28.3	26.9	28.0	- Europe
Northern Africa	20.9	26.9	23.2	20.6	27.3	Afrique septentrionale
Sub-Saharan Africa	22.3	39.0	41.5	47.6	51.6	Afrique subsaharienne
Latin America & the Caribbean	190.4	241.4	227.4	229.0	270.2	Amérique latine et Caraïbes
- Caribbean	0.4	0.4	1.1	1.0	1.5	- Caraïbes
- Latin America	190.0	240.9	226.3	228.0	268.7	- Amérique latine
Eastern Asia	4270.0	4757.7	5525.7	6393.4	7016.2	Asie orientale
Southern Asia	155.2	127.5	146.8	146.4	201.0	Asie méridionale
South-Eastern Asia	534.5	628.2	803.7	880.7	1087.3	Asie du Sud-Est
Western Asia	171.0	225.2	251.2	206.8	233.7	Asie occidentale
Oceania	0.1	2.1	14.2	7.9	23.3	Océanie
Germany	5164.8	5370.6	5202.6	5614.3	6391.1	Allemagne
Italy	3146.8	3306.6	3040.8	3253.4	3408.6	Italie
Japan	3211.0	3239.8	3009.6	3134.4	3446.7	Japon
China	1271.3	1532.0	1952.2	2558.7	3058.9	Chine
Switzerland-Liechtenstein	1678.9	1827.9	1614.7	1748.3	1912.0	Suisse-Liechtenstein
Korea, Republic of	1032.2	1219.7	1460.6	1699.5	1865.2	République de Corée
United States	1163.7	1298.3	1376.9	1438.4	1582.8	Etats-Unis d'Amérique
France-Monaco	977.8	994.7	966.5	1006.8	1065.5	France-Monaco
China, Hong Kong SAR	826.5	833.1	938.4	964.2	952.6	Chine - RAS de Hong-Kong
Czech Republic	433.9	507.1	500.8	569.8	734.4	République tchèque
Singapore	323.4	399.4	520.1	511.3	583.4	Singapour
Belgium	373.6	387.8	472.5	400.1	399.5	Belgique
Spain	307.6	350.6	329.6	322.1	388.3	Espagne
United Kingdom	391.2	323.3	333.7	303.0	317.3	Royaume-Uni
Sweden	262.5	270.9	247.1	265.8	323.4	Suède
Austria	196.0	195.3	232.0	213.9	240.6	Autriche
Thailand	99.4	89.4	122.3	185.2	319.8	Thaïlande
Netherlands	136.2	123.8	135.2	150.0	188.1	Pays-Bas
Denmark	119.3	128.2	137.6	139.6	133.8	Danemark
India	127.9	108.6	126.7	123.3	159.1	Inde
Turkey	91.1	129.3	177.4	100.8	102.4	Turquie
Mexico	82.2	129.4	119.1	113.6	139.2	Mexique
Canada	79.6	104.1	112.9	108.4	107.4	Canada
Poland	60.6	81.2	90.3	112.4	143.5	Pologne
Brazil	88.8	78.3	74.0	85.7	88.1	Brésil

Value as percentages of World total

Valeur en pourcentage du total mondial

Regions of the world	1998	1999	2000	2001	2002	2003	2004	2005	2006	2007	Régions du monde
World	100.0	100.0	100.0	100.0	100.0	100.0	100.0	100.0	100.0	100.0	Monde
Developed Economies	84.1	81.6	78.2	78.6	76.8	76.9	75.6	71.9	70.5	70.1	Economies Développés
- Asia-Pacific	14.2	14.7	15.5	14.2	13.9	13.9	13.2	12.2	11.8	11.6	- Asie-Pacifique
- Europe	62.9	59.5	55.8	57.9	57.0	57.7	56.8	53.8	53.0	52.9	- Europe
- North America	6.9	7.3	6.8	6.5	5.9	5.3	5.6	5.9	5.7	5.6	- Amérique du Nord
South-Eastern Europe	0.1	0.1	0.0	0.1	0.1	0.1	0.1	0.2	0.3	0.4	Europe du Sud-Est
Commonwealth of Independent States	0.2	0.3	0.3	0.3	0.2	0.2	0.2	0.1	0.1	0.1	Communauté d'Etats indépendants
- Asia	0.0	0.0	0.0	0.0	0.0	0.0	0.0	0.0	0.0	0.0	- Asie
- Europe	0.2	0.3	0.2	0.3	0.2	0.2	0.1	0.1	0.1	0.1	- Europe
Northern Africa	0.1	0.1	0.1	0.1	0.1	0.1	0.1	0.1	0.1	0.1	Afrique septentrionale
Sub-Saharan Africa	0.1	0.1	0.1	0.1	0.1	0.1	0.2	0.2	0.2	0.2	Afrique subsaharienne
Latin America & the Caribbean	0.6	0.6	0.6	0.6	0.6	0.8	1.0	0.9	0.8	0.9	Amérique latine et Caraïbes
- Caribbean	0.0	0.0	0.0	0.0	0.0	0.0	0.0	0.0	0.0	0.0	- Caraïbes
- Latin America	0.6	0.5	0.6	0.6	0.6	0.8	1.0	0.9	0.8	0.9	- Amérique latine
Eastern Asia	12.5	14.4	17.5	16.8	18.8	18.2	19.0	21.8	23.5	23.2	Asie orientale
Southern Asia	0.3	0.4	0.6	0.6	0.5	0.7	0.5	0.6	0.5	0.7	Asie méridionale
South-Eastern Asia	1.7	2.1	2.1	2.2	2.0	2.3	2.5	3.2	3.2	3.6	Asie du Sud-Est
Western Asia	0.4	0.4	0.5	0.6	0.7	0.7	0.9	1.0	0.8	0.8	Asie occidentale
Oceania	0.0	0.0	0.0	0.0	0.0	0.0	0.0	0.1	0.0	0.1	Océanie

725 Paper and paper manufacture machinery, and parts thereof

Trade by commodity
Imports by principal countries or areas
Value in million US dollars

Commerce par produit
importations selon les principaux pays ou zones
Valeur en millions de dollars EU

Country or area	2003	2004	2005	2006	2007	Pays ou zone
World	7589.9	8291.0	9087.5	9054.5	11212.2	Monde
Developed Economies	4640.0	4684.7	5185.8	5398.3	6351.8	Economies Développés
- Asia-Pacific	233.1	256.3	346.8	405.7	676.5	- Asie-Pacifique
- Europe	3122.9	3227.1	3624.9	3714.2	4228.5	- Europe
- North America	1284.0	1201.3	1214.1	1278.3	1446.8	- Amérique du Nord
South-Eastern Europe	47.8	82.7	90.5	112.8	146.5	Europe du Sud-Est
Commonwealth of Independent States	187.6	196.1	268.2	320.4	402.0	Communauté d'Etats indépendants
- Asia	34.2	17.7	30.7	32.0	65.3	- Asie
- Europe	153.4	178.4	237.5	288.4	336.7	- Europe
Northern Africa	74.0	171.4	117.5	93.6	114.1	Afrique septentrionale
Sub-Saharan Africa	141.0	264.9	252.9	156.6	447.0	Afrique subsaharienne
Latin America & the Caribbean	597.9	467.9	939.4	537.0	829.8	Amérique latine et Caraïbes
- Caribbean	9.3	26.5	12.9	13.9	14.1	- Caraïbes
- Latin America	588.7	441.4	926.6	523.2	815.7	- Amérique latine
Eastern Asia	1162.0	1573.7	1076.0	1088.8	1356.2	Asie orientale
Southern Asia	122.5	145.4	244.0	360.1	361.7	Asie méridionale
South-Eastern Asia	355.9	447.7	549.3	680.6	809.6	Asie du Sud-Est
Western Asia	260.1	254.1	362.0	304.3	391.2	Asie occidentale
Oceania	1.2	2.4	1.9	2.1	2.4	Océanie
China	980.3	1389.8	832.8	872.9	1097.8	Chine
United States	826.1	871.9	876.6	995.0	1141.8	Etats-Unis d'Amérique
Germany	529.9	649.2	742.3	790.7	1038.3	Allemagne
France-Monaco	411.0	387.2	384.1	373.1	453.5	France-Monaco
Canada	456.7	328.5	336.7	282.7	303.5	Canada
Italy	277.6	297.3	311.7	325.4	306.0	Italie
United Kingdom	285.0	280.0	279.6	315.6	336.0	Royaume-Uni
Spain	228.0	195.2	366.5	339.5	317.3	Espagne
Indonesia	95.9	145.1	248.7	358.3	392.8	Indonésie
Japan	93.8	133.7	148.3	226.5	492.9	Japon
Sweden	182.4	161.1	279.7	187.6	245.7	Suède
Russian Federation	124.9	139.0	186.6	211.2	264.1	Fédération de Russie
Mexico	140.5	134.9	216.7	180.3	215.6	Mexique
South Africa	83.3	192.7	186.0	94.3	329.1	Afrique du Sud
Chile	239.4	53.3	419.9	84.9	71.8	Chili
Austria	156.8	160.8	144.6	162.6	174.2	Autriche
Brazil	95.8	127.7	144.9	120.2	309.7	Brésil
Finland	182.1	128.5	140.7	175.9	163.1	Finlande
Poland	118.7	106.7	174.9	171.1	189.1	Pologne
Belgium	122.4	209.4	123.6	148.7	143.9	Belgique
Netherlands	108.8	142.4	130.9	126.7	145.9	Pays-Bas
India	48.3	54.0	78.9	228.8	232.1	Inde
Switzerland-Liechtenstein	108.8	113.3	126.2	130.2	160.6	Suisse-Liechtenstein
Australia	106.0	99.8	147.1	136.8	146.8	Australie
Thailand	78.2	101.7	116.7	129.8	141.0	Thaïlande

Value as percentages of World total

Regions of the world	1998	1999	2000	2001	2002	2003	2004	2005	2006	2007	Régions du monde
World	100.0	100.0	100.0	100.0	100.0	100.0	100.0	100.0	100.0	100.0	Monde
Developed Economies	59.4	68.6	69.0	66.5	63.3	61.1	56.5	57.1	59.6	56.7	Economies Développés
- Asia-Pacific	3.4	3.6	4.4	4.2	3.5	3.1	3.1	3.8	4.5	6.0	- Asie-Pacifique
- Europe	38.5	44.9	41.6	42.0	44.3	41.1	38.9	39.9	41.0	37.7	- Europe
- North America	17.5	20.0	22.9	20.3	15.5	16.9	14.5	13.4	14.1	12.9	- Amérique du Nord
South-Eastern Europe	0.4	0.5	0.3	0.5	0.9	0.6	1.0	1.0	1.2	1.3	Europe du Sud-Est
Commonwealth of Independent States	1.2	1.4	2.1	2.0	2.3	2.5	2.4	3.0	3.5	3.6	Communauté d'Etats indépendants
- Asia	0.1	0.1	0.3	0.2	0.3	0.5	0.2	0.3	0.4	0.6	- Asie
- Europe	1.1	1.4	1.8	1.8	2.0	2.0	2.2	2.6	3.2	3.0	- Europe
Northern Africa	0.9	1.0	0.9	0.7	1.5	1.0	2.1	1.3	1.0	1.0	Afrique septentrionale
Sub-Saharan Africa	1.1	1.6	1.1	3.7	1.7	1.9	3.2	2.8	1.7	4.0	Afrique subsaharienne
Latin America & the Caribbean	7.1	7.3	6.6	9.3	6.6	7.9	5.6	10.3	5.9	7.4	Amérique latine et Caraïbes
- Caribbean	0.2	0.1	0.2	0.1	0.1	0.1	0.3	0.1	0.2	0.1	- Caraïbes
- Latin America	6.9	7.2	6.4	9.1	6.5	7.8	5.3	10.2	5.8	7.3	- Amérique latine
Eastern Asia	16.1	8.8	9.8	9.0	13.7	15.3	19.0	11.8	12.0	12.1	Asie orientale
Southern Asia	0.9	1.1	1.2	1.1	2.2	1.6	1.8	2.7	4.0	3.2	Asie méridionale
South-Eastern Asia	10.7	6.4	6.4	5.0	4.7	4.7	5.4	6.0	7.5	7.2	Asie du Sud-Est
Western Asia	2.3	3.3	2.6	2.2	3.2	3.4	3.1	4.0	3.4	3.5	Asie occidentale
Oceania	0.0	0.0	0.0	0.0	0.0	0.0	0.0	0.0	0.0	0.0	Océanie

Machines et appareils pour la fabrication de la pâte a papier et du papier 725

Trade by commodity

Exports by principal countries or areas

Value in million US dollars

Commerce par produit

Exportations selon les principaux pays ou zones

Valeur en millions de dollars EU

Country or area	2003	2004	2005	2006	2007	Pays ou zone
World	7751.6	8699.0	9328.7	9956.3	11684.8	Monde
Developed Economies	7087.0	7915.8	8355.0	8967.0	10332.8	Economies Développés
- Asia-Pacific	240.7	289.9	300.5	238.2	319.7	- Asie-Pacifique
- Europe	6065.6	6807.5	7242.3	7877.3	9045.0	- Europe
- North America	780.6	818.3	812.1	851.5	968.1	- Amérique du Nord
South-Eastern Europe	6.0	8.5	16.0	12.2	18.4	Europe du Sud-Est
Commonwealth of Independent States	7.8	18.2	14.7	15.3	20.5	Communauté d'Etats indépendants
- Asia	0.2	3.2	0.2	1.1	0.4	- Asie
- Europe	7.7	15.0	14.5	14.2	20.1	- Europe
Northern Africa	1.3	4.1	1.8	2.0	2.0	Afrique septentrionale
Sub-Saharan Africa	8.0	8.8	10.9	9.3	11.4	Afrique subsaharienne
Latin America & the Caribbean	108.9	135.3	220.3	153.4	126.5	Amérique latine et Caraïbes
- Caribbean	0.6	0.2	0.1	0.7	0.4	- Caraïbes
- Latin America	108.3	135.1	220.2	152.7	126.1	- Amérique latine
Eastern Asia	417.7	482.9	583.8	666.1	978.9	Asie orientale
Southern Asia	20.0	15.7	19.1	19.9	29.8	Asie méridionale
South-Eastern Asia	76.1	86.3	74.8	91.2	137.6	Asie du Sud-Est
Western Asia	18.8	23.4	32.3	19.4	26.9	Asie occidentale
Oceania	0.0	0.0	0.0	0.4	0.0	Océanie
Germany	1675.1	1884.9	2119.2	2353.9	2357.8	Allemagne
Italy	844.9	1029.6	1034.1	1141.7	1205.6	Italie
Finland	790.3	935.6	1029.7	939.8	1524.4	Finlande
United States	601.8	642.0	620.0	648.9	721.9	Etats-Unis d'Amérique
Sweden	508.4	485.4	573.5	636.1	700.7	Suède
Switzerland-Liechtenstein	519.0	621.3	554.0	587.7	621.0	Suisse-Liechtenstein
France-Monaco	455.1	508.4	479.7	557.9	652.4	France-Monaco
Austria	394.8	342.0	412.2	548.2	664.5	Autriche
United Kingdom	260.7	313.6	289.3	319.8	320.5	Royaume-Uni
Japan	227.0	268.5	274.3	218.0	289.9	Japon
Spain	225.5	218.6	251.1	226.4	259.7	Espagne
China	99.1	129.0	203.5	271.9	470.2	Chine
Canada	178.8	176.3	192.1	202.6	246.2	Canada
Netherlands	102.3	134.7	132.9	146.5	204.3	Pays-Bas
Brazil	85.9	112.5	192.4	123.6	90.1	Brésil
Korea, Republic of	88.0	113.5	94.8	123.9	180.9	République de Corée
Czech Republic	56.1	64.0	78.6	66.0	108.3	République tchèque
Norway	45.0	49.8	58.6	62.8	96.2	Norvège
Belgium	35.9	73.1	58.2	71.7	71.1	Belgique
Singapore	50.5	61.6	36.9	55.8	93.2	Singapour
Denmark	50.7	37.7	33.5	71.1	57.9	Danemark
China, Hong Kong SAR	42.8	44.9	51.3	43.3	53.7	Chine - RAS de Hong-Kong
Poland	27.5	28.6	31.5	45.7	53.7	Pologne
Croatia	9.6	14.9	28.5	27.8	41.7	Croatie
India	17.7	14.5	17.7	18.7	28.3	Inde

Value as percentages of World total

Valeur en pourcentage du total mondial

Regions of the world	1998	1999	2000	2001	2002	2003	2004	2005	2006	2007	Régions du monde
World	100.0	100.0	100.0	100.0	100.0	100.0	100.0	100.0	100.0	100.0	Monde
Developed Economies	94.4	93.6	92.6	92.4	92.8	91.4	91.0	89.6	90.1	88.4	Economies Développés
- Asia-Pacific	4.5	3.4	4.0	2.7	3.0	3.1	3.3	3.2	2.4	2.7	- Asie-Pacifique
- Europe	76.9	76.1	75.2	77.3	79.4	78.3	78.3	77.6	79.1	77.4	- Europe
- North America	13.0	14.1	13.4	12.3	10.4	10.1	9.4	8.7	8.6	8.3	- Amérique du Nord
South-Eastern Europe	0.0	0.0	0.1	0.0	0.1	0.1	0.1	0.2	0.1	0.2	Europe du Sud-Est
Commonwealth of Independent States	0.1	0.1	0.2	0.3	0.1	0.1	0.2	0.2	0.2	0.2	Communauté d'Etats indépendants
- Asia	0.0	0.0	0.0	0.0	0.0	0.0	0.0	0.0	0.0	0.0	- Asie
- Europe	0.1	0.1	0.2	0.2	0.1	0.1	0.2	0.2	0.1	0.2	- Europe
Northern Africa	0.0	0.0	0.0	0.0	0.0	0.0	0.0	0.0	0.0	0.0	Afrique septentrionale
Sub-Saharan Africa	0.1	0.0	0.1	0.1	0.1	0.1	0.1	0.1	0.1	0.1	Afrique subsaharienne
Latin America & the Caribbean	1.4	1.7	1.9	1.7	1.1	1.4	1.6	2.4	1.5	1.1	Amérique latine et Caraïbes
- Caribbean	0.0	0.0	0.0	0.0	0.0	0.0	0.0	0.0	0.0	0.0	- Caraïbes
- Latin America	1.4	1.7	1.9	1.7	1.1	1.4	1.6	2.4	1.5	1.1	- Amérique latine
Eastern Asia	3.0	3.5	4.1	4.5	5.0	5.4	5.6	6.3	6.7	8.4	Asie orientale
Southern Asia	0.1	0.1	0.2	0.2	0.1	0.3	0.2	0.2	0.2	0.3	Asie méridionale
South-Eastern Asia	0.6	0.6	0.6	0.6	0.5	1.0	1.0	0.8	0.9	1.2	Asie du Sud-Est
Western Asia	0.1	0.2	0.2	0.2	0.2	0.2	0.3	0.3	0.2	0.2	Asie occidentale
Oceania	0.0	0.0	0.0	0.0	0.0	0.0	0.0	0.0	0.0	0.0	Océanie

726 Printing and bookbinding machinery and parts thereof

Trade by commodity
Imports by principal countries or areas
Value in million US dollars

Commerce par produit
Importations selon les principaux pays ou zones
Valeur en millions de dollars EU

Country or area	2003	2004	2005	2006	2007	Pays ou zone
World	13975.9	16250.1	18432.2	19920.0	20152.7	Monde
Developed Economies	8552.8	9780.2	11095.0	12264.6	11267.2	Economies Développés
- Asia-Pacific	775.1	880.7	897.3	1007.4	760.6	- Asie-Pacifique
- Europe	5711.1	6615.1	7588.2	8363.2	8019.7	- Europe
- North America	2066.7	2284.3	2609.5	2894.0	2486.9	- Amérique du Nord
South-Eastern Europe	89.7	176.2	181.7	191.2	304.0	Europe du Sud-Est
Commonwealth of Independent States	374.3	372.7	428.3	504.8	615.6	Communauté d'Etats indépendants
- Asia	45.8	61.8	93.0	57.3	60.7	- Asie
- Europe	328.5	310.9	335.3	447.6	554.8	- Europe
Northern Africa	108.5	178.7	146.2	159.4	215.9	Afrique septentrionale
Sub-Saharan Africa	318.8	384.1	813.1	810.7	1269.0	Afrique subsaharienne
Latin America & the Caribbean	629.4	719.0	885.4	1067.4	1237.8	Amérique latine et Caraïbes
- Caribbean	28.4	25.5	31.3	37.5	53.6	- Caraïbes
- Latin America	601.0	693.5	854.0	1029.9	1184.2	- Amérique latine
Eastern Asia	2413.2	2730.4	2709.6	2765.5	2580.5	Asie orientale
Southern Asia	276.5	385.8	473.2	534.8	918.4	Asie méridionale
South-Eastern Asia	684.0	811.3	894.7	830.4	871.3	Asie du Sud-Est
Western Asia	523.1	699.7	795.9	781.5	861.8	Asie occidentale
Oceania	5.6	12.1	9.2	9.6	11.2	Océanie
United States	1640.0	1924.4	2165.9	2327.7	2061.7	Etats-Unis d'Amérique
China	1447.5	1582.7	1502.0	1504.8	1440.3	Chine
Germany	830.9	1009.4	1335.1	1527.7	1345.0	Allemagne
United Kingdom	717.9	797.6	1052.8	1006.5	1097.6	Royaume-Uni
France-Monaco	670.4	694.4	866.6	943.0	806.1	France-Monaco
Italy	579.0	686.1	726.0	828.8	775.3	Italie
Spain	413.3	540.5	571.9	663.8	641.2	Espagne
Netherlands	348.5	495.3	566.8	656.1	616.8	Pays-Bas
China, Hong Kong SAR	434.8	539.0	541.1	560.4	587.2	Chine - RAS de Hong-Kong
Belgium	435.5	503.9	463.5	498.8	492.2	Belgique
Canada	426.1	359.2	436.2	563.5	422.5	Canada
Japan	453.9	450.6	423.0	470.7	408.5	Japon
Korea, Republic of	331.5	376.1	451.3	451.1	376.0	République de Corée
Switzerland-Liechtenstein	360.6	368.6	362.6	431.2	342.4	Suisse-Liechtenstein
India	102.0	165.9	253.0	422.2	812.9	Inde
Australia	253.1	331.5	391.5	465.7	271.5	Australie
Nigeria	26.6	e25.3	e426.4	458.2	e751.7	Nigéria
Mexico	259.8	253.0	294.3	346.6	330.4	Mexique
Poland	190.8	238.9	352.3	345.4	313.8	Pologne
Turkey	197.9	286.8	331.6	230.1	265.1	Turquie
Russian Federation	204.3	206.5	241.6	287.6	347.2	Fédération de Russie
Malaysia	185.2	216.0	307.3	223.5	260.9	Malaisie
Brazil	111.2	144.2	195.8	314.5	403.6	Brésil
Austria	194.0	209.7	213.5	266.0	280.4	Autriche
South Africa	190.9	242.6	254.5	202.9	199.7	Afrique du Sud

Value as percentages of World total

Valeur en pourcentage du total mondial

Regions of the world	1998	1999	2000	2001	2002	2003	2004	2005	2006	2007	Régions du monde
World	100.0	100.0	100.0	100.0	100.0	100.0	100.0	100.0	100.0	100.0	Monde
Developed Economies	71.6	71.4	65.8	62.9	60.5	61.2	60.2	60.2	61.6	55.9	Economies Développés
- Asia-Pacific	5.1	4.7	4.8	5.0	4.7	5.5	5.4	4.9	5.1	3.8	- Asie-Pacifique
- Europe	46.9	46.7	42.1	41.6	41.1	40.9	40.7	41.2	42.0	39.8	- Europe
- North America	19.6	20.0	18.9	16.4	14.8	14.8	14.1	14.2	14.5	12.3	- Amérique du Nord
South-Eastern Europe	0.5	0.3	0.4	0.5	1.0	0.6	1.1	1.0	1.0	1.5	Europe du Sud-Est
Commonwealth of Independent States	1.5	0.8	1.2	1.6	2.3	2.7	2.3	2.3	2.5	3.1	Communauté d'Etats indépendants
- Asia	0.1	0.1	0.2	0.2	0.3	0.3	0.4	0.5	0.3	0.3	- Asie
- Europe	1.4	0.7	1.0	1.4	2.0	2.4	1.9	1.8	2.2	2.8	- Europe
Northern Africa	0.7	0.9	0.6	0.7	0.8	0.8	1.1	0.8	0.8	1.1	Afrique septentrionale
Sub-Saharan Africa	2.1	2.8	2.2	3.6	2.9	2.3	2.4	4.4	4.1	6.3	Afrique subsaharienne
Latin America & the Caribbean	7.4	6.7	6.2	6.4	6.0	4.5	4.4	4.8	5.4	6.1	Amérique latine et Caraïbes
- Caribbean	0.2	0.3	0.3	0.3	0.3	0.2	0.2	0.2	0.2	0.3	- Caraïbes
- Latin America	7.2	6.5	6.0	6.2	5.8	4.3	4.3	4.6	5.2	5.9	- Amérique latine
Eastern Asia	8.2	10.8	14.1	15.3	16.3	17.3	16.8	14.7	13.9	12.8	Asie orientale
Southern Asia	1.1	0.9	1.0	1.3	1.7	2.0	2.4	2.6	2.7	4.6	Asie méridionale
South-Eastern Asia	4.0	3.0	5.7	4.8	5.3	4.9	5.0	4.9	4.2	4.3	Asie du Sud-Est
Western Asia	3.0	2.3	2.7	2.8	3.1	3.7	4.3	4.3	3.9	4.3	Asie occidentale
Oceania	0.1	0.1	0.0	0.0	0.0	0.0	0.1	0.0	0.0	0.1	Océanie

Trade by commodity
Exports by principal countries or areas
Value in million US dollars

Commerce par produit
Exportations selon les principaux pays ou zones
Valeur en millions de dollars EU

Country or area	2003	2004	2005	2006	2007	Pays ou zone
World	14189.0	16647.3	18515.8	20423.2	19461.5	Monde
Developed Economies	12558.6	14705.5	16649.0	18152.4	17268.2	Economies Développés
- Asia-Pacific	1422.6	1719.4	1862.2	2035.9	1989.8	- Asie-Pacifique
- Europe	9792.8	11543.4	13103.2	14435.9	13743.4	- Europe
- North America	1343.2	1442.6	1683.6	1680.6	1535.0	- Amérique du Nord
South-Eastern Europe	5.2	10.8	12.9	14.0	19.7	Europe du Sud-Est
Commonwealth of Independent States	20.3	11.5	9.1	12.4	11.0	Communauté d'Etats indépendants
- Asia	0.5	1.0	0.5	0.9	1.1	- Asie
- Europe	19.7	10.5	8.6	11.4	9.9	- Europe
Northern Africa	1.8	4.3	1.8	2.4	1.4	Afrique septentrionale
Sub-Saharan Africa	20.3	24.1	21.2	40.3	19.4	Afrique subsaharienne
Latin America & the Caribbean	74.4	61.5	71.6	65.4	59.2	Amérique latine et Caraïbes
- Caribbean	1.0	1.4	0.7	2.2	1.9	- Caraïbes
- Latin America	73.4	60.1	70.9	63.2	57.3	- Amérique latine
Eastern Asia	706.3	926.3	1053.3	1157.4	1241.4	Asie orientale
Southern Asia	61.6	64.7	109.3	118.3	119.2	Asie méridionale
South-Eastern Asia	332.9	356.9	321.2	532.6	512.9	Asie du Sud-Est
Western Asia	407.4	481.6	266.1	327.8	208.6	Asie occidentale
Oceania	0.1	0.1	0.3	0.3	0.5	Océanie
Germany	4641.0	5930.9	6714.4	7286.5	7396.7	Allemagne
Japan	1362.6	1644.3	1779.5	1954.5	1911.2	Japon
Switzerland-Liechtenstein	1092.6	1181.6	1296.3	1609.1	1281.1	Suisse-Liechtenstein
United States	1089.8	1146.2	1315.8	1329.9	1281.1	Etats-Unis d'Amérique
United Kingdom	868.3	998.8	1039.0	1093.5	882.1	Royaume-Uni
Italy	666.4	736.5	903.8	887.6	661.6	Italie
Netherlands	492.9	560.2	770.3	872.1	902.6	Pays-Bas
France-Monaco	580.5	601.6	767.9	867.7	628.8	France-Monaco
Austria	286.6	352.9	379.7	433.7	513.6	Autriche
China, Hong Kong SAR	311.7	409.7	445.2	397.6	392.9	Chine - RAS de Hong-Kong
Belgium	378.2	318.5	330.8	327.4	391.7	Belgique
Israel	378.0	442.6	220.8	291.5	171.7	Israël
Canada	253.4	296.4	367.8	350.6	232.4	Canada
China	130.7	202.9	271.3	366.1	449.8	Chine
Denmark	230.2	204.3	177.6	204.6	273.3	Danemark
Spain	136.4	164.2	184.1	226.4	173.5	Espagne
Malaysia	133.5	173.7	83.9	241.3	247.7	Malaisie
Sweden	155.9	159.9	187.7	202.1	140.0	Suède
Singapore	94.7	125.2	136.7	155.6	160.5	Singapour
Czech Republic	72.7	94.4	117.8	144.0	174.1	République tchèque
India	60.4	62.3	95.8	110.1	112.4	Inde
Korea, Republic of	62.7	77.6	88.1	88.1	75.1	République de Corée
Thailand	99.0	49.2	73.5	102.1	53.4	Thaïlande
Portugal	54.3	57.7	59.2	61.5	82.5	Portugal
Australia	50.4	61.7	67.8	67.7	59.2	Australie

Value as percentages of World total

Valeur en pourcentage du total mondial

Regions of the world	1998	1999	2000	2001	2002	2003	2004	2005	2006	2007	Régions du monde
World	100.0	100.0	100.0	100.0	100.0	100.0	100.0	100.0	100.0	100.0	Monde
Developed Economies	93.1	92.6	91.4	89.1	88.9	88.5	88.3	89.9	88.9	88.7	Economies Développés
- Asia-Pacific	11.5	12.3	12.9	10.3	10.1	10.0	10.3	10.1	10.0	10.2	- Asie-Pacifique
- Europe	69.9	68.5	64.8	68.1	69.2	69.0	69.3	70.8	70.7	70.6	- Europe
- North America	11.8	11.8	13.7	10.7	9.6	9.5	8.7	9.1	8.2	7.9	- Amérique du Nord
South-Eastern Europe	0.0	0.0	0.0	0.0	0.0	0.0	0.1	0.1	0.1	0.1	Europe du Sud-Est
Commonwealth of Independent States	0.0	0.0	0.1	0.9	0.2	0.1	0.1	0.0	0.1	0.1	Communauté d'Etats indépendants
- Asia	0.0	0.0	0.0	0.0	0.0	0.0	0.0	0.0	0.0	0.0	- Asie
- Europe	0.0	0.0	0.1	0.9	0.2	0.1	0.1	0.0	0.1	0.1	- Europe
Northern Africa	0.0	0.0	0.0	0.0	0.0	0.0	0.0	0.0	0.0	0.0	Afrique septentrionale
Sub-Saharan Africa	0.1	0.1	0.1	0.1	0.1	0.1	0.1	0.1	0.2	0.1	Afrique subsaharienne
Latin America & the Caribbean	0.4	0.3	0.3	0.3	0.3	0.5	0.4	0.4	0.3	0.3	Amérique latine et Caraïbes
- Caribbean	0.0	0.0	0.0	0.0	0.0	0.0	0.0	0.0	0.0	0.0	- Caraïbes
- Latin America	0.4	0.3	0.3	0.3	0.3	0.5	0.4	0.4	0.3	0.3	- Amérique latine
Eastern Asia	2.7	3.1	3.5	3.7	4.8	5.0	5.6	5.7	5.7	6.4	Asie orientale
Southern Asia	0.2	0.2	0.2	0.2	0.3	0.4	0.4	0.6	0.6	0.6	Asie méridionale
South-Eastern Asia	0.9	0.9	1.4	2.6	2.3	2.3	2.1	1.7	2.6	2.6	Asie du Sud-Est
Western Asia	2.5	2.7	2.9	3.1	3.0	2.9	2.9	1.4	1.6	1.1	Asie occidentale
Oceania	0.0	0.0	0.0	0.0	0.0	0.0	0.0	0.0	0.0	0.0	Océanie

727 Food- processing machines (excluding domestic); parts thereof

Trade by commodity

Imports by principal countries or areas

Value in million US dollars

Country or area	2003	2004	2005	2006	2007	Pays ou zone
World	6874.3	8109.2	8818.5	9568.4	11723.8	Monde
Developed Economies	3865.8	4468.9	4697.0	5030.9	5786.0	Economies Développés
- Asia-Pacific	226.9	290.9	298.2	253.0	349.9	- Asie-Pacifique
- Europe	2753.3	3202.9	3353.2	3668.9	4254.5	- Europe
- North America	885.5	975.1	1045.5	1109.0	1181.6	- Amérique du Nord
South-Eastern Europe	168.8	244.5	252.3	296.2	401.6	Europe du Sud-Est
Commonwealth of Independent States	508.5	603.6	709.2	959.4	1424.6	Communauté d'Etats indépendants
- Asia	90.6	153.1	147.2	177.6	222.6	- Asie
- Europe	417.9	450.5	562.0	781.8	1202.0	- Europe
Northern Africa	220.0	223.9	217.4	196.9	290.9	Afrique septentrionale
Sub-Saharan Africa	342.6	447.9	645.9	678.8	915.7	Afrique subsaharienne
Latin America & the Caribbean	517.0	508.6	706.4	750.1	987.6	Amérique latine et Caraïbes
- Caribbean	47.7	45.6	58.1	73.4	86.0	- Caraïbes
- Latin America	469.3	463.0	648.3	676.7	901.6	- Amérique latine
Eastern Asia	438.2	495.8	418.3	433.4	434.6	Asie orientale
Southern Asia	231.7	324.9	281.5	233.8	259.4	Asie méridionale
South-Eastern Asia	334.9	434.2	521.4	517.9	634.8	Asie du Sud-Est
Western Asia	238.0	340.9	353.7	453.2	549.2	Asie occidentale
Oceania	8.9	16.0	15.5	17.7	39.5	Océanie
United States	670.5	746.8	816.7	815.5	914.2	Etats-Unis d'Amérique
Russian Federation	281.3	282.0	371.6	566.8	868.5	Fédération de Russie
France-Monaco	322.5	340.3	362.3	391.3	476.7	France-Monaco
United Kingdom	318.4	388.6	390.9	360.5	420.5	Royaume-Uni
Germany	239.5	290.8	400.5	413.1	470.3	Allemagne
Spain	223.0	328.4	325.3	458.0	415.2	Espagne
China	299.2	331.2	272.9	256.1	254.3	Chine
Canada	209.0	219.4	224.1	289.7	265.3	Canada
Belgium	166.7	172.3	207.1	214.6	293.8	Belgique
Mexico	226.0	160.2	168.6	199.4	235.8	Mexique
Nigeria	75.9	e72.2	e214.6	230.6	e378.4	Nigéria
Netherlands	168.7	198.4	173.1	196.2	233.7	Pays-Bas
Italy	156.0	188.6	179.5	203.5	240.3	Italie
Poland	144.8	171.4	180.0	213.8	224.5	Pologne
Austria	130.2	132.5	139.8	149.5	215.9	Autriche
Ukraine	91.6	106.4	142.6	156.4	251.1	Ukraine
Romania	80.9	81.6	106.0	182.4	243.5	Roumanie
Australia	92.1	144.1	138.8	127.9	176.3	Australie
Greece	108.2	124.9	133.6	153.1	157.6	Grèce
Switzerland-Liechtenstein	101.6	139.9	127.0	134.3	152.4	Suisse-Liechtenstein
Indonesia	62.8	117.0	144.5	145.9	175.2	Indonésie
Denmark	91.9	118.3	145.2	133.6	153.9	Danemark
Turkey	74.4	129.8	108.0	130.2	147.0	Turquie
Thailand	88.9	101.3	187.5	92.9	93.2	Thaïlande
Japan	101.8	113.9	118.9	97.1	120.0	Japon

Value as percentages of World total

Regions of the world	1998	1999	2000	2001	2002	2003	2004	2005	2006	2007	Régions du monde
World	100.0	100.0	100.0	100.0	100.0	100.0	100.0	100.0	100.0	100.0	Monde
Developed Economies	54.7	58.9	54.3	33.7	54.9	56.2	55.1	53.3	52.6	49.4	Economies Développés
- Asia-Pacific	3.2	3.4	3.7	2.3	3.4	3.3	3.6	3.4	2.6	3.0	- Asie-Pacifique
- Europe	39.4	41.6	37.7	23.5	38.0	40.1	39.5	38.0	38.3	36.3	- Europe
- North America	12.1	13.8	12.9	7.9	13.5	12.9	12.0	11.9	11.6	10.1	- Amérique du Nord
South-Eastern Europe	1.9	1.5	1.4	1.1	2.1	2.5	3.0	2.9	3.1	3.4	Europe du Sud-Est
Commonwealth of Independent States	9.2	6.6	6.3	4.2	7.9	7.4	7.4	8.0	10.0	12.2	Communauté d'Etats indépendants
- Asia	2.1	1.4	1.2	0.9	1.6	1.3	1.9	1.7	1.9	1.9	- Asie
- Europe	7.1	5.3	5.0	3.3	6.3	6.1	5.6	6.4	8.2	10.3	- Europe
Northern Africa	2.4	3.1	3.7	2.7	3.4	3.2	2.8	2.5	2.1	2.5	Afrique septentrionale
Sub-Saharan Africa	4.1	4.3	4.5	40.2	5.0	5.0	5.5	7.3	7.1	7.8	Afrique subsaharienne
Latin America & the Caribbean	9.6	9.9	9.7	5.8	8.5	7.5	6.3	8.0	7.8	8.4	Amérique latine et Caraïbes
- Caribbean	0.7	0.7	1.1	0.7	0.9	0.7	0.6	0.7	0.8	0.7	- Caraïbes
- Latin America	8.9	9.2	8.6	5.1	7.6	6.8	5.7	7.4	7.1	7.7	- Amérique latine
Eastern Asia	5.2	5.1	6.9	4.4	5.7	6.4	6.1	4.7	4.5	3.7	Asie orientale
Southern Asia	1.8	2.0	2.5	1.4	2.3	3.4	4.0	3.2	2.4	2.2	Asie méridionale
South-Eastern Asia	6.7	5.0	6.0	4.5	5.9	4.9	5.4	5.9	5.4	5.4	Asie du Sud-Est
Western Asia	4.0	3.3	4.3	2.0	4.2	3.5	4.2	4.0	4.7	4.7	Asie occidentale
Oceania	0.3	0.3	0.3	0.1	0.1	0.1	0.2	0.2	0.2	0.3	Océanie

Trade by commodity

Exports by principal countries or areas

Value in million US dollars

Commerce par produit

Exportations selon les principaux pays ou zones

Valeur en millions de dollars EU

Country or area	2003	2004	2005	2006	2007	Pays ou zone
World	7273.6	8569.0	9300.9	10389.8	12527.4	Monde
Developed Economies	6671.2	7751.1	8359.2	9276.8	11121.3	Economies Développés
- Asia-Pacific	230.7	246.7	250.6	265.5	275.8	- Asie-Pacifique
- Europe	5794.5	6809.8	7314.7	8302.2	9968.5	- Europe
- North America	646.0	694.5	793.9	709.0	876.9	- Amérique du Nord
South-Eastern Europe	12.0	18.9	21.7	20.8	55.0	Europe du Sud-Est
Commonwealth of Independent States	33.6	45.5	45.9	62.1	61.2	Communauté d'Etats indépendants
- Asia	1.4	1.2	1.2	0.7	2.2	- Asie
- Europe	32.3	44.4	44.7	61.4	59.1	- Europe
Northern Africa	2.7	1.9	1.2	6.1	6.3	Afrique septentrionale
Sub-Saharan Africa	47.2	40.3	46.1	48.4	47.2	Afrique subsaharienne
Latin America & the Caribbean	68.9	120.9	142.0	208.6	216.5	Amérique latine et Caraïbes
- Caribbean	3.0	3.2	8.3	10.0	12.8	- Caraïbes
- Latin America	65.9	117.7	133.7	198.6	203.7	- Amérique latine
Eastern Asia	207.5	258.2	283.5	383.2	506.8	Asie orientale
Southern Asia	37.1	51.7	76.5	83.2	96.0	Asie méridionale
South-Eastern Asia	120.6	171.5	170.9	199.8	295.0	Asie du Sud-Est
Western Asia	72.6	108.8	153.4	100.5	122.1	Asie occidentale
Oceania	0.0	0.2	0.5	0.3	0.1	Océanie
Germany	1414.7	1726.7	1919.0	2121.5	2688.6	Allemagne
Italy	1121.0	1237.6	1238.6	1489.8	1771.5	Italie
Netherlands	758.9	1004.9	1038.5	1282.8	1555.9	Pays-Bas
United States	572.3	609.7	687.2	612.0	772.3	Etats-Unis d'Amérique
France-Monaco	432.2	468.7	537.7	605.2	652.6	France-Monaco
Switzerland-Liechtenstein	438.8	481.7	508.3	546.9	657.3	Suisse-Liechtenstein
Denmark	444.9	474.6	505.2	529.2	619.6	Danemark
Austria	286.6	271.5	305.3	321.8	394.8	Autriche
United Kingdom	213.8	287.2	348.4	325.8	315.4	Royaume-Uni
Spain	189.9	226.2	201.9	260.7	309.6	Espagne
Belgium	168.6	202.7	232.9	219.5	289.5	Belgique
China	99.1	130.3	171.6	265.2	387.2	Chine
Japan	139.0	171.6	164.7	171.2	183.0	Japon
Poland	50.9	68.3	91.4	155.1	133.0	Pologne
Canada	73.3	84.4	106.4	96.6	104.4	Canada
Sweden	71.7	79.8	85.2	91.5	120.7	Suède
Malaysia	55.0	79.8	75.1	82.2	156.6	Malaisie
Czech Republic	53.0	66.8	72.7	89.7	114.9	République tchèque
Turkey	55.8	80.0	113.0	56.1	73.0	Turquie
Australia	78.0	54.4	67.9	74.1	75.2	Australie
Brazil	25.1	45.8	51.8	94.1	82.1	Brésil
India	32.5	44.5	69.2	69.7	77.7	Inde
Korea, Republic of	47.2	63.0	48.6	48.2	44.1	République de Corée
Singapore	26.4	51.2	49.9	59.9	49.5	Singapour
Mexico	15.1	26.6	40.5	61.9	57.2	Mexique

Value as percentages of World total

Valeur en pourcentage du total mondial

Regions of the world	1998	1999	2000	2001	2002	2003	2004	2005	2006	2007	Régions du monde
World	100.0	100.0	100.0	100.0	100.0	100.0	100.0	100.0	100.0	100.0	Monde
Developed Economies	91.0	92.2	90.2	90.3	91.3	91.7	90.5	89.9	89.3	88.8	Economies Développés
- Asia-Pacific	2.4	3.0	3.4	3.1	3.1	3.2	2.9	2.7	2.6	2.2	- Asie-Pacifique
- Europe	77.6	77.7	74.4	76.2	77.6	79.7	79.5	78.6	79.9	79.6	- Europe
- North America	11.1	11.5	12.4	11.0	10.6	8.9	8.1	8.5	6.8	7.0	- Amérique du Nord
South-Eastern Europe	0.1	0.1	0.1	0.1	0.2	0.2	0.2	0.2	0.2	0.4	Europe du Sud-Est
Commonwealth of Independent States	0.7	1.1	1.2	0.7	0.5	0.5	0.5	0.5	0.6	0.5	Communauté d'Etats indépendants
- Asia	0.1	0.2	0.2	0.1	0.0	0.0	0.0	0.0	0.0	0.0	- Asie
- Europe	0.6	1.0	1.1	0.7	0.5	0.4	0.5	0.5	0.6	0.5	- Europe
Northern Africa	0.0	0.0	0.0	0.0	0.0	0.0	0.0	0.0	0.1	0.0	Afrique septentrionale
Sub-Saharan Africa	0.7	0.7	0.7	0.8	0.6	0.6	0.5	0.5	0.5	0.4	Afrique subsaharienne
Latin America & the Caribbean	1.2	1.3	1.2	1.2	1.4	0.9	1.4	1.5	2.0	1.7	Amérique latine et Caraïbes
- Caribbean	0.0	0.0	0.0	0.0	0.0	0.0	0.0	0.1	0.1	0.1	- Caraïbes
- Latin America	1.1	1.2	1.1	1.2	1.3	0.9	1.4	1.4	1.9	1.6	- Amérique latine
Eastern Asia	3.2	2.2	3.0	3.2	2.9	2.9	3.0	3.0	3.7	4.0	Asie orientale
Southern Asia	0.6	0.5	0.5	0.5	0.4	0.5	0.6	0.8	0.8	0.8	Asie méridionale
South-Eastern Asia	1.1	1.0	1.9	1.9	1.5	1.7	2.0	1.8	1.9	2.4	Asie du Sud-Est
Western Asia	1.3	1.0	1.1	1.2	1.1	1.0	1.3	1.6	1.0	1.0	Asie occidentale
Oceania	0.0	0.0	0.0	0.0	0.0	0.0	0.0	0.0	0.0	0.0	Océanie

728 Other machinery, equipment, for specialized industries; parts nes

Trade by commodity
Imports by principal countries or areas
Value in million US dollars

Commerce par produit
Importations selon les principaux pays ou zones
Valeur en millions de dollars EU

Country or area	2003	2004	2005	2006	2007	Pays ou zone
World	73288.7	95398.5	99866.4	110038.0	141521.5	Monde
Developed Economies	33907.1	39562.4	43531.1	48171.8	63154.1	Economies Développés
- Asia-Pacific	2981.6	4139.4	4590.3	4850.1	7341.4	- Asie-Pacifique
- Europe	21306.9	24624.9	26629.9	29802.5	38427.5	- Europe
- North America	9618.6	10798.2	12310.9	13519.2	17385.3	- Amérique du Nord
South-Eastern Europe	651.9	1002.3	1160.8	1236.9	1757.8	Europe du Sud-Est
Commonwealth of Independent States	1626.0	2452.4	3108.1	3823.3	5575.8	Communauté d'Etats indépendants
- Asia	298.3	384.5	512.0	626.2	929.7	- Asie
- Europe	1327.7	2067.9	2596.0	3197.1	4646.1	- Europe
Northern Africa	866.2	1080.8	1225.1	1252.7	1690.3	Afrique septentrionale
Sub-Saharan Africa	1237.7	1357.2	1896.9	2554.2	3398.4	Afrique subsaharienne
Latin America & the Caribbean	3704.3	5012.5	5560.1	6460.7	7575.7	Amérique latine et Caraïbes
- Caribbean	108.9	142.5	171.7	342.9	254.2	- Caraïbes
- Latin America	3595.4	4870.0	5388.4	6117.8	7321.5	- Amérique latine
Eastern Asia	21114.5	30678.0	27914.8	30535.3	38971.4	Asie orientale
Southern Asia	1656.2	2554.5	3851.0	2606.0	3035.8	Asie méridionale
South-Eastern Asia	6342.3	8796.0	7994.4	9123.6	10256.9	Asie du Sud-Est
Western Asia	2131.1	2848.8	3563.3	4201.0	5995.5	Asie occidentale
Oceania	51.4	53.6	60.7	72.5	109.6	Océanie
China	10602.4	15334.0	12999.9	14524.9	18381.2	Chine
United States	7369.8	8738.0	9922.1	10797.2	14516.7	Etats-Unis d'Amérique
Korea, Republic of	3820.6	5535.2	5736.5	6653.7	11561.2	République de Corée
Germany	3443.0	4222.8	5238.0	6095.6	7857.6	Allemagne
Japan	2172.2	3035.0	3238.4	3486.9	5713.1	Japon
Singapore	1885.2	3352.8	2353.6	3252.2	3762.6	Singapour
Mexico	1989.4	2637.1	2913.9	3118.9	3532.6	Mexique
France-Monaco	2296.8	2624.3	2677.2	2875.5	3680.1	France-Monaco
United Kingdom	2061.5	2437.7	2413.1	2395.8	3046.6	Royaume-Uni
Canada	2244.5	2053.6	2379.6	2715.7	2861.2	Canada
Russian Federation	1015.4	1559.1	2061.2	2494.0	3624.6	Fédération de Russie
Italy	1671.1	1844.2	1975.1	2128.6	2495.6	Italie
Spain	1592.2	1941.0	1963.5	1859.6	2372.2	Espagne
Malaysia	1321.4	1807.4	1856.0	1877.2	2225.3	Malaisie
China, Hong Kong SAR	1548.2	1836.9	1722.8	1714.9	1843.2	Chine - RAS de Hong-Kong
Thailand	1439.4	1606.9	1585.3	1615.3	1583.0	Thaïlande
Poland	997.5	1184.1	1341.2	1886.2	2377.0	Pologne
Turkey	896.6	1266.5	1400.6	1382.7	1554.9	Turquie
Austria	961.2	1067.1	1122.7	1334.1	2006.8	Autriche
Netherlands	992.9	1108.1	1017.2	1254.1	2103.1	Pays-Bas
India	640.9	783.3	1208.7	1666.3	1996.9	Inde
Belgium	1022.1	1103.1	1104.4	1129.1	1548.6	Belgique
Switzerland-Liechtenstein	889.5	1041.3	1109.3	1231.8	1511.7	Suisse-Liechtenstein
Australia	669.4	925.1	1161.1	1202.6	1433.5	Australie
Iran (Islamic Republic of)	732.1	1397.7	2045.3	294.1	e325.3	Iran (République islamique d')

Value as percentages of World total | Valeur en pourcentage du total mondial

Regions of the world	1998	1999	2000	2001	2002	2003	2004	2005	2006	2007	Régions du monde
World	100.0	100.0	100.0	100.0	100.0	100.0	100.0	100.0	100.0	100.0	Monde
Developed Economies	53.1	52.4	47.4	48.9	47.0	46.3	41.5	43.6	43.8	44.6	Economies Développés
- Asia-Pacific	4.7	4.4	3.8	4.1	4.1	4.1	4.3	4.6	4.4	5.2	- Asie-Pacifique
- Europe	32.0	31.4	26.9	29.7	28.7	29.1	25.8	26.7	27.1	27.2	- Europe
- North America	16.4	16.6	16.7	15.1	14.2	13.1	11.3	12.3	12.3	12.3	- Amérique du Nord
South-Eastern Europe	0.6	0.5	0.5	0.6	0.7	0.9	1.1	1.2	1.1	1.2	Europe du Sud-Est
Commonwealth of Independent States	2.0	1.6	1.3	1.6	2.2	2.2	2.6	3.1	3.5	3.9	Communauté d'Etats indépendants
- Asia	0.2	0.2	0.3	0.3	0.4	0.4	0.4	0.5	0.6	0.7	- Asie
- Europe	1.8	1.3	1.1	1.3	1.7	1.8	2.2	2.6	2.9	3.3	- Europe
Northern Africa	1.9	1.5	1.3	1.3	1.4	1.2	1.1	1.2	1.1	1.2	Afrique septentrionale
Sub-Saharan Africa	1.5	1.2	1.0	3.4	1.5	1.7	1.4	1.9	2.3	2.4	Afrique subsaharienne
Latin America & the Caribbean	9.4	8.0	6.7	7.0	6.4	5.1	5.3	5.6	5.9	5.4	Amérique latine et Caraïbes
- Caribbean	0.3	0.3	0.2	0.2	0.2	0.1	0.1	0.2	0.3	0.2	- Caraïbes
- Latin America	9.2	7.6	6.5	6.8	6.2	4.9	5.1	5.4	5.6	5.2	- Amérique latine
Eastern Asia	16.9	21.3	26.2	23.0	25.9	28.8	32.2	28.0	27.7	27.5	Asie orientale
Southern Asia	1.6	1.6	1.2	1.7	2.0	2.3	2.7	3.9	2.4	2.1	Asie méridionale
South-Eastern Asia	9.6	9.0	12.0	10.1	10.0	8.7	9.2	8.0	8.3	7.2	Asie du Sud-Est
Western Asia	3.3	2.8	2.2	2.3	3.0	2.9	3.0	3.6	3.8	4.2	Asie occidentale
Oceania	0.1	0.1	0.0	0.1	0.1	0.1	0.1	0.1	0.1	0.1	Océanie

Autres machines spécialisés pour industries particulières, et leurs parties 728

Trade by commodity
Exports by principal countries or areas
Value in million US dollars

Commerce par produit
Exportations selon les principaux pays ou zones
Valeur en millions de dollars EU

Country or area	2003	2004	2005	2006	2007	Pays ou zone
World	73417.9	94294.9	97950.6	110343.2	147329.7	Monde
Developed Economies	62590.8	79570.9	81438.5	91071.3	122367.3	Economies Développés
- Asia-Pacific	13146.2	19437.1	18539.1	19843.3	26560.6	- Asie-Pacifique
- Europe	38922.6	46677.9	49108.9	55296.8	73662.0	- Europe
- North America	10522.0	13455.9	13790.5	15931.3	22144.7	- Amérique du Nord
South-Eastern Europe	106.4	161.6	231.9	242.7	341.9	Europe du Sud-Est
Commonwealth of Independent States	243.9	298.3	323.7	431.7	635.2	Communauté d'Etats indépendants
- Asia	20.8	18.5	21.3	31.7	53.2	- Asie
- Europe	223.2	279.8	302.4	400.0	582.0	- Europe
Northern Africa	13.6	19.6	22.4	20.6	31.6	Afrique septentrionale
Sub-Saharan Africa	244.0	264.7	303.3	371.8	452.0	Afrique subsaharienne
Latin America & the Caribbean	705.9	1000.5	1257.7	1571.3	1926.2	Amérique latine et Caraïbes
- Caribbean	4.4	11.2	13.8	6.0	9.4	- Caraïbes
- Latin America	701.6	989.3	1243.9	1565.3	1916.8	- Amérique latine
Eastern Asia	6775.5	9169.4	10351.1	12175.4	15979.0	Asie orientale
Southern Asia	248.7	369.5	510.3	650.0	798.7	Asie méridionale
South-Eastern Asia	2107.8	2823.7	2707.0	3018.4	3732.0	Asie du Sud-Est
Western Asia	379.8	615.1	802.6	786.6	1065.2	Asie occidentale
Oceania	1.4	1.6	2.0	3.4	0.7	Océanie
Japan	12773.2	18952.5	17908.1	19271.4	25915.6	Japon
Germany	12897.2	15871.3	17205.0	20207.4	23768.4	Allemagne
United States	8794.3	11539.2	11702.8	13612.5	19454.8	Etats-Unis d'Amérique
Italy	8776.8	10229.6	10649.5	11076.4	14166.9	Italie
Korea, Republic of	2079.9	3040.5	3369.7	3936.4	5286.7	République de Corée
United Kingdom	2513.9	2737.7	3023.1	3047.7	3989.7	Royaume-Uni
Austria	2201.4	2767.8	2750.4	3276.2	4026.9	Autriche
Switzerland-Liechtenstein	2435.7	2954.1	2751.7	3090.4	3718.4	Suisse-Liechtenstein
China	1261.2	1883.6	2698.4	3438.7	5466.8	Chine
France-Monaco	2342.2	2727.4	2728.1	3146.7	3713.4	France-Monaco
Netherlands	1328.7	1638.3	1618.8	1873.5	7560.9	Pays-Bas
Canada	1727.1	1915.8	2086.8	2318.7	2689.8	Canada
Singapore	1292.5	1765.8	1594.1	1760.2	2383.1	Singapour
China, Hong Kong SAR	1308.6	1601.0	1643.9	1678.3	1846.4	Chine - RAS de Hong-Kong
Sweden	1283.6	1426.7	1500.6	1645.1	1945.9	Suède
Finland	750.3	934.6	1088.5	1336.2	1870.5	Finlande
Belgium	872.2	1062.3	947.6	990.8	1258.2	Belgique
Spain	715.3	844.5	913.1	961.4	1443.2	Espagne
Denmark	683.8	874.9	932.8	900.4	1312.3	Danemark
Czech Republic	545.8	626.1	731.9	886.6	1190.3	République tchèque
Malaysia	494.7	653.0	678.7	768.2	794.3	Malaisie
Mexico	394.6	438.8	641.7	808.2	824.1	Mexique
Norway	370.8	337.9	451.7	698.4	870.2	Norvège
Poland	257.1	439.9	461.6	580.6	817.9	Pologne
Brazil	208.0	425.4	440.0	557.6	864.6	Brésil

Value as percentages of World total

Valeur en pourcentage du total mondial

Regions of the world	1998	1999	2000	2001	2002	2003	2004	2005	2006	2007	Régions du monde
World	100.0	100.0	100.0	100.0	100.0	100.0	100.0	100.0	100.0	100.0	Monde
Developed Economies	89.5	88.9	87.1	86.7	85.6	85.3	84.4	83.1	82.5	83.1	Economies Développés
- Asia-Pacific	15.1	17.4	21.2	16.0	15.9	17.9	20.6	18.9	18.0	18.0	- Asie-Pacifique
- Europe	55.2	51.5	42.2	50.4	52.6	53.0	49.5	50.1	50.1	50.0	- Europe
- North America	19.2	19.9	23.7	20.2	17.1	14.3	14.3	14.1	14.4	15.0	- Amérique du Nord
South-Eastern Europe	0.1	0.1	0.1	0.1	0.1	0.1	0.2	0.2	0.2	0.2	Europe du Sud-Est
Commonwealth of Independent States	0.3	0.3	0.4	0.3	0.3	0.3	0.3	0.3	0.4	0.4	Communauté d'Etats indépendants
- Asia	0.0	0.0	0.0	0.0	0.0	0.0	0.0	0.0	0.0	0.0	- Asie
- Europe	0.3	0.3	0.3	0.3	0.3	0.3	0.3	0.3	0.4	0.4	- Europe
Northern Africa	0.0	0.0	0.0	0.0	0.0	0.0	0.0	0.0	0.0	0.0	Afrique septentrionale
Sub-Saharan Africa	0.3	0.2	0.2	0.3	0.3	0.3	0.3	0.3	0.3	0.3	Afrique subsaharienne
Latin America & the Caribbean	0.9	1.0	1.0	1.3	1.1	1.0	1.1	1.3	1.4	1.3	Amérique latine et Caraïbes
- Caribbean	0.0	0.0	0.0	0.0	0.0	0.0	0.0	0.0	0.0	0.0	- Caraïbes
- Latin America	0.9	1.0	1.0	1.3	1.1	1.0	1.0	1.3	1.4	1.3	- Amérique latine
Eastern Asia	6.0	6.3	7.1	7.9	9.0	9.2	9.7	10.6	11.0	10.8	Asie orientale
Southern Asia	0.2	0.2	0.2	0.3	0.3	0.3	0.4	0.5	0.6	0.5	Asie méridionale
South-Eastern Asia	2.2	2.5	3.4	2.7	2.7	2.9	3.0	2.8	2.7	2.5	Asie du Sud-Est
Western Asia	0.4	0.4	0.4	0.5	0.5	0.5	0.7	0.8	0.7	0.7	Asie occidentale
Oceania	0.0	0.0	0.0	0.0	0.0	0.0	0.0	0.0	0.0	0.0	Océanie

731 Machine tools working by removing metal or other material

Trade by commodity
Imports by principal countries or areas
Value in million US dollars

Commerce par produit
Importations selon les principaux pays ou zones
Valeur en millions de dollars EU

Country or area	2003	2004	2005	2006	2007	Pays ou zone
World	18129.6	23911.5	27401.9	31807.3	33511.0	Monde
Developed Economies	9470.7	11280.9	13454.5	15356.9	16929.2	Economies Développés
- Asia-Pacific	735.5	1025.9	1218.2	1370.2	883.6	- Asie-Pacifique
- Europe	6087.7	6925.9	7995.9	9187.4	11722.6	- Europe
- North America	2647.5	3329.1	4240.4	4799.3	4323.0	- Amérique du Nord
South-Eastern Europe	84.4	136.9	202.5	200.5	380.3	Europe du Sud-Est
Commonwealth of Independent States	269.6	319.1	375.8	660.5	922.7	Communauté d'Etats indépendants
- Asia	13.8	24.1	22.0	184.0	111.0	- Asie
- Europe	255.8	295.0	353.8	476.5	811.6	- Europe
Northern Africa	45.5	56.8	65.3	73.7	98.6	Afrique septentrionale
Sub-Saharan Africa	152.7	181.4	234.4	262.4	328.8	Afrique subsaharienne
Latin America & the Caribbean	675.5	874.1	1229.3	1230.3	1639.0	Amérique latine et Caraïbes
- Caribbean	7.9	25.2	7.2	14.5	19.8	- Caraïbes
- Latin America	667.6	848.8	1222.1	1215.8	1619.2	- Amérique latine
Eastern Asia	5249.1	8042.2	8201.0	10102.5	9225.7	Asie orientale
Southern Asia	402.9	479.7	867.1	857.7	1128.2	Asie méridionale
South-Eastern Asia	1315.5	1853.9	1941.0	2211.2	1891.1	Asie du Sud-Est
Western Asia	456.4	682.3	826.0	846.0	962.9	Asie occidentale
Oceania	7.3	4.3	4.9	5.5	4.4	Océanie
China	2904.4	4366.2	4615.7	5473.2	5241.4	Chine
United States	2200.2	2803.9	3626.1	4107.2	3645.9	Etats-Unis d'Amérique
Germany	1397.5	1581.5	1872.5	2363.3	3066.1	Allemagne
Korea, Republic of	1241.0	1467.3	1835.7	2333.7	1037.8	République de Corée
Italy	757.0	847.5	987.8	1175.5	1565.1	Italie
Japan	459.5	816.3	973.3	1166.4	617.7	Japon
France-Monaco	615.8	734.8	875.1	804.6	977.9	France-Monaco
Thailand	528.5	624.7	741.0	776.8	600.4	Thaïlande
United Kingdom	522.4	556.4	584.4	689.4	768.9	Royaume-Uni
Mexico	363.8	473.2	685.9	659.0	917.4	Mexique
Belgium	376.6	456.7	553.1	712.9	978.7	Belgique
India	252.2	301.3	606.6	771.8	1030.9	Inde
Canada	446.8	524.5	613.6	691.4	676.4	Canada
Turkey	276.8	461.6	548.9	438.5	503.5	Turquie
Singapore	243.8	571.3	430.6	560.9	327.0	Singapour
Switzerland-Liechtenstein	278.4	348.1	389.1	459.2	609.6	Suisse-Liechtenstein
China, Hong Kong SAR	323.1	335.0	363.7	366.0	474.2	Chine - RAS de Hong-Kong
Spain	282.3	325.6	348.9	382.9	430.5	Espagne
Malaysia	215.0	303.4	310.5	432.7	443.8	Malaisie
Russian Federation	192.5	221.7	267.4	345.8	613.0	Fédération de Russie
Austria	313.5	317.0	253.1	348.1	405.3	Autriche
Poland	212.4	307.5	323.0	311.9	408.4	Pologne
Brazil	194.3	234.3	336.3	338.2	432.4	Brésil
Czech Republic	232.7	238.4	273.5	310.8	427.4	République tchèque
Sweden	152.2	204.9	265.0	267.7	389.8	Suède

Value as percentages of World total

Valeur en pourcentage du total mondial

Regions of the world	1998	1999	2000	2001	2002	2003	2004	2005	2006	2007	Régions du monde
World	100.0	100.0	100.0	100.0	100.0	100.0	100.0	100.0	100.0	100.0	Monde
Developed Economies	71.6	67.2	64.3	56.0	57.8	52.2	47.2	49.1	48.3	50.5	Economies Développés
- Asia-Pacific	3.7	4.0	4.8	3.3	3.6	4.1	4.3	4.4	4.3	2.6	- Asie-Pacifique
- Europe	40.6	39.5	35.9	34.5	36.9	33.6	29.0	29.2	28.9	35.0	- Europe
- North America	27.3	23.7	23.7	18.1	17.3	14.6	13.9	15.5	15.1	12.9	- Amérique du Nord
South-Eastern Europe	0.3	0.2	0.2	0.3	0.3	0.5	0.6	0.7	0.6	1.1	Europe du Sud-Est
Commonwealth of Independent States	0.8	1.0	0.7	0.9	1.4	1.5	1.3	1.4	2.1	2.8	Communauté d'Etats indépendants
- Asia	0.1	0.1	0.1	0.1	0.2	0.1	0.1	0.1	0.6	0.3	- Asie
- Europe	0.7	0.8	0.6	0.8	1.2	1.4	1.2	1.3	1.5	2.4	- Europe
Northern Africa	0.4	0.3	0.3	0.2	0.2	0.3	0.2	0.2	0.2	0.3	Afrique septentrionale
Sub-Saharan Africa	0.6	0.4	0.5	10.9	0.8	0.8	0.8	0.9	0.8	1.0	Afrique subsaharienne
Latin America & the Caribbean	5.7	6.7	3.9	5.7	4.7	3.7	3.7	4.5	3.9	4.9	Amérique latine et Caraïbes
- Caribbean	0.1	0.1	0.0	0.0	0.1	0.0	0.1	0.0	0.0	0.1	- Caraïbes
- Latin America	5.7	6.7	3.9	5.7	4.6	3.7	3.5	4.4	3.8	4.8	- Amérique latine
Eastern Asia	11.3	14.9	20.8	17.0	22.8	29.0	33.6	29.9	31.8	27.5	Asie orientale
Southern Asia	2.5	2.6	1.5	1.3	1.7	2.2	2.0	3.2	2.7	3.4	Asie méridionale
South-Eastern Asia	4.7	4.1	5.9	5.8	7.6	7.3	7.8	7.1	7.0	5.6	Asie du Sud-Est
Western Asia	2.2	2.4	1.9	1.8	2.5	2.5	2.9	3.0	2.7	2.9	Asie occidentale
Oceania	0.0	0.0	0.0	0.0	0.0	0.0	0.0	0.0	0.0	0.0	Océanie

Machines-outils travaillant par enlèvement de métal ou autres matières 731

Trade by commodity
Exports by principal countries or areas
Value in million US dollars

Commerce par produit
Exportations selon les principaux pays ou zones
Valeur en millions de dollars EU

Country or area	2003	2004	2005	2006	2007	Pays ou zone
World	18084.5	23664.5	27239.8	32046.4	32648.4	Monde
Developed Economies	15005.4	19525.2	22300.4	26010.3	25507.5	Economies Développés
- Asia-Pacific	4916.0	6362.4	7455.0	7992.5	7677.6	- Asie-Pacifique
- Europe	8313.4	9953.4	11452.0	13491.2	15873.2	- Europe
- North America	1776.1	3209.4	3393.5	4526.6	1956.7	- Amérique du Nord
South-Eastern Europe	50.2	74.7	86.4	101.2	106.7	Europe du Sud-Est
Commonwealth of Independent States	111.4	118.7	109.5	114.6	148.3	Communauté d'Etats indépendants
- Asia	7.3	5.7	1.8	1.4	1.9	- Asie
- Europe	104.1	113.0	107.7	113.2	146.3	- Europe
Northern Africa	0.6	0.5	6.0	2.1	1.5	Afrique septentrionale
Sub-Saharan Africa	7.9	13.9	27.5	13.4	28.0	Afrique subsaharienne
Latin America & the Caribbean	96.1	107.5	95.9	100.5	109.6	Amérique latine et Caraïbes
- Caribbean	0.8	0.8	2.4	0.7	1.6	- Caraïbes
- Latin America	95.3	106.7	93.6	99.8	107.9	- Amérique latine
Eastern Asia	2359.6	3199.2	3888.8	4892.6	5872.9	Asie orientale
Southern Asia	27.2	44.9	54.4	66.8	79.3	Asie méridionale
South-Eastern Asia	395.8	506.9	553.6	692.0	697.6	Asie du Sud-Est
Western Asia	29.0	72.8	116.8	52.6	97.1	Asie occidentale
Oceania	1.3	0.3	0.3	0.4	0.1	Océanie
Japan	4881.1	6317.7	7386.0	7919.7	7591.9	Japon
Germany	3453.3	4200.4	4963.0	5923.7	6689.3	Allemagne
United States	1692.2	3109.0	3241.7	4365.4	1803.3	Etats-Unis d'Amérique
Switzerland-Liechtenstein	1379.0	1690.5	1958.4	2238.7	2578.9	Suisse-Liechtenstein
Italy	1110.1	1359.5	1438.3	1770.0	2117.1	Italie
Korea, Republic of	516.0	719.9	864.9	1221.2	1375.0	République de Corée
China	317.8	444.5	657.2	916.7	1219.1	Chine
United Kingdom	510.5	583.4	637.9	687.4	708.2	Royaume-Uni
Belgium	302.3	389.6	479.2	591.6	765.4	Belgique
Spain	356.8	330.5	366.6	449.5	601.9	Espagne
Czech Republic	231.2	319.0	366.9	434.5	631.2	République tchèque
China, Hong Kong SAR	298.8	357.7	379.8	407.7	513.4	Chine - RAS de Hong-Kong
France-Monaco	329.2	338.6	356.2	358.9	458.8	France-Monaco
Singapore	213.8	290.2	299.7	387.4	325.1	Singapour
Austria	200.1	217.4	261.5	307.9	391.1	Autriche
Netherlands	122.7	165.0	197.5	232.4	320.8	Pays-Bas
Thailand	87.3	140.8	159.1	182.9	207.8	Thaïlande
Canada	83.9	100.4	151.8	161.2	153.4	Canada
Sweden	80.2	88.6	91.3	100.9	105.6	Suède
Malaysia	83.5	61.8	64.0	87.2	111.0	Malaisie
Poland	38.5	56.6	77.6	87.6	145.4	Pologne
Brazil	56.8	83.5	74.4	75.4	78.8	Brésil
Denmark	40.4	54.5	61.2	74.8	87.9	Danemark
Russian Federation	53.0	59.8	61.8	64.7	77.4	Fédération de Russie
Australia	30.8	41.1	64.3	58.7	79.0	Australie

Value as percentages of World total

Valeur en pourcentage du total mondial

Regions of the world	1998	1999	2000	2001	2002	2003	2004	2005	2006	2007	Régions du monde
World	100.0	100.0	100.0	100.0	100.0	100.0	100.0	100.0	100.0	100.0	Monde
Developed Economies	86.6	87.7	86.0	86.5	84.5	83.0	82.5	81.9	81.2	78.1	Economies Développés
- Asia-Pacific	29.0	28.2	31.3	26.4	24.6	27.2	26.9	27.4	24.9	23.5	- Asie-Pacifique
- Europe	46.2	46.4	40.6	47.2	48.0	46.0	42.1	42.0	42.1	48.6	- Europe
- North America	11.4	13.1	14.1	12.9	11.8	9.8	13.6	12.5	14.1	6.0	- Amérique du Nord
South-Eastern Europe	0.3	0.3	0.2	0.3	0.3	0.3	0.3	0.3	0.3	0.3	Europe du Sud-Est
Commonwealth of Independent States	0.5	0.7	0.5	0.6	0.6	0.6	0.5	0.4	0.4	0.5	Communauté d'Etats indépendants
- Asia	0.0	0.0	0.0	0.1	0.0	0.0	0.0	0.0	0.0	0.0	- Asie
- Europe	0.5	0.7	0.5	0.6	0.5	0.6	0.5	0.4	0.4	0.4	- Europe
Northern Africa	0.0	0.0	0.0	0.0	0.0	0.0	0.0	0.0	0.0	0.0	Afrique septentrionale
Sub-Saharan Africa	0.0	0.1	0.1	0.0	0.1	0.0	0.1	0.1	0.0	0.1	Afrique subsaharienne
Latin America & the Caribbean	0.4	0.4	0.4	0.3	0.5	0.5	0.5	0.4	0.3	0.3	Amérique latine et Caraïbes
- Caribbean	0.0	0.0	0.0	0.0	0.0	0.0	0.0	0.0	0.0	0.0	- Caraïbes
- Latin America	0.4	0.4	0.4	0.3	0.5	0.5	0.5	0.3	0.3	0.3	- Amérique latine
Eastern Asia	9.7	9.1	10.7	10.4	12.0	13.0	13.5	14.3	15.3	18.0	Asie orientale
Southern Asia	0.2	0.1	0.1	0.2	0.1	0.2	0.2	0.2	0.2	0.2	Asie méridionale
South-Eastern Asia	1.9	1.4	1.8	1.5	1.7	2.2	2.1	2.0	2.2	2.1	Asie du Sud-Est
Western Asia	0.2	0.2	0.2	0.2	0.2	0.2	0.3	0.4	0.2	0.3	Asie occidentale
Oceania	0.0	0.0	0.0	0.0	0.0	0.0	0.0	0.0	0.0	0.0	Océanie

733 Machine tools for working metal, sintered metal carbides or cermets

Trade by commodity
Imports by principal countries or areas
Value in million US dollars

Commerce par produit
Importations selon les principaux pays ou zones
Valeur en millions de dollars EU

Country or area	2003	2004	2005	2006	2007	Pays ou zone
World	6854.3	8347.8	9798.5	10684.2	12374.1	Monde
Developed Economies	3240.4	3665.3	4045.4	4385.1	5305.4	Economies Développés
- Asia-Pacific	190.9	233.4	281.1	285.5	323.9	- Asie-Pacifique
- Europe	2053.3	2486.3	2602.2	2846.2	3731.6	- Europe
- North America	996.2	945.6	1162.1	1253.4	1249.8	- Amérique du Nord
South-Eastern Europe	85.0	119.6	142.8	153.7	237.1	Europe du Sud-Est
Commonwealth of Independent States	207.7	231.3	396.7	863.5	829.5	Communauté d'Etats indépendants
- Asia	15.2	16.9	23.7	353.1	179.0	- Asie
- Europe	192.5	214.3	373.0	510.4	650.5	- Europe
Northern Africa	67.9	83.0	94.8	112.6	155.9	Afrique septentrionale
Sub-Saharan Africa	87.4	105.9	158.5	188.0	208.1	Afrique subsaharienne
Latin America & the Caribbean	427.2	567.7	744.4	833.3	1161.4	Amérique latine et Caraïbes
- Caribbean	7.2	15.4	9.8	17.3	22.6	- Caraïbes
- Latin America	420.0	552.3	734.6	816.1	1138.8	- Amérique latine
Eastern Asia	1590.7	1958.5	2332.8	2224.5	2340.7	Asie orientale
Southern Asia	230.5	325.6	405.6	362.7	505.2	Asie méridionale
South-Eastern Asia	656.9	924.8	1000.6	1071.4	1040.4	Asie du Sud-Est
Western Asia	258.9	362.9	472.8	486.2	586.3	Asie occidentale
Oceania	1.8	3.3	4.0	3.2	4.2	Océanie
China	1224.8	1549.2	1863.8	1765.9	1824.7	Chine
United States	732.1	748.4	906.6	1026.5	975.5	Etats-Unis d'Amérique
Mexico	293.1	380.6	441.4	495.1	637.7	Mexique
Germany	256.6	324.2	385.6	490.8	629.8	Allemagne
Thailand	236.7	319.7	379.7	438.4	351.9	Thaïlande
Russian Federation	129.5	163.5	305.4	390.9	514.5	Fédération de Russie
France-Monaco	243.9	269.4	319.9	296.1	329.9	France-Monaco
Italy	204.0	246.0	269.7	270.2	358.6	Italie
Spain	194.7	240.5	231.7	263.7	331.5	Espagne
Canada	263.7	197.0	255.3	226.7	274.2	Canada
Korea, Republic of	184.4	191.6	234.1	245.4	313.1	République de Corée
India	66.6	111.5	207.6	314.1	453.4	Inde
Malaysia	171.2	267.3	236.7	239.3	198.8	Malaisie
United Kingdom	130.6	174.3	168.0	243.6	391.9	Royaume-Uni
Czech Republic	145.2	248.0	141.4	175.2	210.9	République tchèque
Poland	129.0	161.1	179.3	175.1	246.7	Pologne
Turkey	121.7	193.2	262.5	154.0	154.6	Turquie
Viet Nam	87.4	128.4	139.2	176.1	e224.7	Viet Nam
Brazil	68.6	82.6	162.6	169.7	226.1	Brésil
Japan	88.5	118.7	135.7	159.0	159.3	Japon
Belgium	126.5	103.7	91.7	122.1	158.7	Belgique
Switzerland-Liechtenstein	96.8	112.6	112.4	121.2	158.4	Suisse-Liechtenstein
Australia	88.8	96.4	126.8	112.3	144.1	Australie
Kazakhstan	10.0	13.6	16.5	343.8	162.6	Kazakhstan
Iran (Islamic Republic of)	147.3	180.7	165.3	13.8	e15.3	Iran (République islamique d')

Value as percentages of World total

Valeur en pourcentage du total mondial

Regions of the world	1998	1999	2000	2001	2002	2003	2004	2005	2006	2007	Régions du monde
World	100.0	100.0	100.0	100.0	100.0	100.0	100.0	100.0	100.0	100.0	Monde
Developed Economies	58.8	58.1	55.8	53.3	48.9	47.3	43.9	41.3	41.0	42.9	Economies Développés
- Asia-Pacific	3.0	2.3	2.1	2.3	2.1	2.8	2.8	2.9	2.7	2.6	- Asie-Pacifique
- Europe	35.8	34.7	31.3	31.4	32.3	30.0	29.8	26.6	26.6	30.2	- Europe
- North America	20.0	21.1	22.4	19.5	14.5	14.5	11.3	11.9	11.7	10.1	- Amérique du Nord
South-Eastern Europe	0.4	0.5	0.4	0.6	0.7	1.2	1.4	1.5	1.4	1.9	Europe du Sud-Est
Commonwealth of Independent States	1.9	1.6	0.8	2.0	2.4	3.0	2.8	4.0	8.1	6.7	Communauté d'Etats indépendants
- Asia	0.2	0.1	0.1	0.6	0.3	0.2	0.2	0.2	3.3	1.4	- Asie
- Europe	1.7	1.6	0.7	1.4	2.0	2.8	2.6	3.8	4.8	5.3	- Europe
Northern Africa	0.9	0.9	1.0	0.9	1.0	1.0	1.0	1.0	1.1	1.3	Afrique septentrionale
Sub-Saharan Africa	1.0	0.8	0.9	4.1	1.1	1.3	1.3	1.6	1.8	1.7	Afrique subsaharienne
Latin America & the Caribbean	11.1	12.9	11.0	9.3	9.1	6.2	6.8	7.6	7.8	9.4	Amérique latine et Caraïbes
- Caribbean	0.1	0.2	0.2	0.1	0.3	0.1	0.2	0.1	0.2	0.2	- Caraïbes
- Latin America	11.0	12.7	10.9	9.2	8.9	6.1	6.6	7.5	7.6	9.2	- Amérique latine
Eastern Asia	12.5	13.4	16.0	16.7	22.9	23.2	23.5	23.8	20.8	18.9	Asie orientale
Southern Asia	2.0	2.2	2.2	1.7	1.7	3.4	3.9	4.1	3.4	4.1	Asie méridionale
South-Eastern Asia	7.9	6.4	9.2	8.7	9.0	9.6	11.1	10.2	10.0	8.4	Asie du Sud-Est
Western Asia	3.6	3.1	2.6	2.7	3.2	3.8	4.3	4.8	4.6	4.7	Asie occidentale
Oceania	0.0	0.0	0.0	0.1	0.1	0.0	0.0	0.0	0.0	0.0	Océanie

Machines-outils pour le travail des métaux, travaillant sans enlèvement de matière 733

Trade by commodity
Exports by principal countries or areas
Value in million US dollars

Commerce par produit
Exportations selon les principaux pays ou zones
Valeur en millions de dollars EU

Country or area	2003	2004	2005	2006	2007	Pays ou zone
World	6638.1	7861.9	9000.8	10056.6	11982.5	Monde
Developed Economies	5448.5	6304.1	7041.1	8049.0	9549.8	Economies Développés
- Asia-Pacific	1117.4	1240.0	1381.9	1340.2	1403.6	- Asie-Pacifique
- Europe	3743.6	4452.4	4920.5	5826.4	7295.4	- Europe
- North America	587.4	611.8	738.7	882.4	850.8	- Amérique du Nord
South-Eastern Europe	26.3	27.5	38.5	40.0	54.0	Europe du Sud-Est
Commonwealth of Independent States	51.4	65.3	70.7	68.8	94.0	Communauté d'Etats indépendants
- Asia	9.1	7.9	5.2	3.9	5.9	- Asie
- Europe	42.2	57.4	65.5	65.0	88.1	- Europe
Northern Africa	0.9	0.6	2.3	0.8	2.8	Afrique septentrionale
Sub-Saharan Africa	4.8	7.1	14.7	9.1	8.3	Afrique subsaharienne
Latin America & the Caribbean	94.4	100.7	145.7	79.3	72.5	Amérique latine et Caraïbes
- Caribbean	1.5	0.7	2.3	1.1	0.9	- Caraïbes
- Latin America	92.9	100.0	143.3	78.2	71.6	- Amérique latine
Eastern Asia	769.2	1041.3	1264.9	1456.9	1753.3	Asie orientale
Southern Asia	24.2	27.9	36.3	36.9	47.3	Asie méridionale
South-Eastern Asia	118.2	148.7	200.3	244.2	277.2	Asie du Sud-Est
Western Asia	100.2	138.5	185.7	71.5	122.9	Asie occidentale
Oceania	0.0	0.2	0.6	0.2	0.4	Océanie
Germany	1196.1	1472.1	1622.1	1865.9	2400.6	Allemagne
Italy	961.9	1124.5	1398.2	1656.6	1956.3	Italie
Japan	1078.9	1198.7	1320.0	1296.0	1334.1	Japon
United States	492.4	508.6	613.8	720.4	702.7	Etats-Unis d'Amérique
Switzerland-Liechtenstein	250.0	321.1	328.0	354.6	465.1	Suisse-Liechtenstein
Korea, Republic of	157.3	242.6	292.1	380.7	441.4	République de Corée
France-Monaco	224.9	234.9	254.8	314.4	392.3	France-Monaco
Spain	165.5	198.3	255.3	265.5	342.8	Espagne
Belgium	200.2	202.0	204.4	236.1	271.8	Belgique
Austria	125.4	187.8	175.3	230.1	390.1	Autriche
China	60.9	94.0	164.9	259.6	431.7	Chine
United Kingdom	167.9	174.7	175.6	199.8	270.3	Royaume-Uni
Finland	104.3	134.2	132.5	170.8	190.3	Finlande
Canada	95.0	103.1	124.9	162.0	148.1	Canada
China, Hong Kong SAR	97.6	129.1	133.2	143.2	126.1	Chine - RAS de Hong-Kong
Turkey	88.5	123.7	168.4	51.6	104.0	Turquie
Netherlands	76.9	82.7	86.4	130.9	133.5	Pays-Bas
Singapore	71.1	82.4	87.3	121.5	114.4	Singapour
Sweden	72.1	94.5	65.1	112.6	91.7	Suède
Malaysia	38.2	50.8	91.4	98.2	132.2	Malaisie
Brazil	56.4	76.7	117.6	52.8	41.4	Brésil
Denmark	38.3	49.3	38.6	56.5	52.9	Danemark
Russian Federation	18.4	36.1	46.2	49.0	54.2	Fédération de Russie
Czech Republic	27.2	33.0	37.9	38.9	63.9	République tchèque
Slovakia	31.4	35.2	26.5	42.1	55.8	Slovaquie

Value as percentages of World total

Valeur en pourcentage du total mondial

Regions of the world	1998	1999	2000	2001	2002	2003	2004	2005	2006	2007	Régions du monde
World	100.0	100.0	100.0	100.0	100.0	100.0	100.0	100.0	100.0	100.0	Monde
Developed Economies	88.2	86.4	83.0	84.4	82.7	82.1	80.2	78.2	80.0	79.7	Economies Développés
- Asia-Pacific	13.8	15.0	18.4	15.7	14.3	16.8	15.8	15.4	13.3	11.7	- Asie-Pacifique
- Europe	62.6	59.3	53.2	58.2	58.3	56.4	56.6	54.7	57.9	60.9	- Europe
- North America	11.7	12.1	11.4	10.5	10.1	8.8	7.8	8.2	8.8	7.1	- Amérique du Nord
South-Eastern Europe	0.2	0.3	0.4	0.4	0.4	0.4	0.3	0.4	0.4	0.5	Europe du Sud-Est
Commonwealth of Independent States	0.6	0.7	1.5	0.8	0.9	0.8	0.8	0.8	0.7	0.8	Communauté d'Etats indépendants
- Asia	0.0	0.1	0.1	0.1	0.1	0.1	0.1	0.1	0.0	0.0	- Asie
- Europe	0.6	0.7	1.4	0.7	0.9	0.6	0.7	0.7	0.6	0.7	- Europe
Northern Africa	0.0	0.0	0.0	0.0	0.0	0.0	0.0	0.0	0.0	0.0	Afrique septentrionale
Sub-Saharan Africa	0.2	0.1	0.1	0.2	0.1	0.1	0.1	0.2	0.1	0.1	Afrique subsaharienne
Latin America & the Caribbean	0.9	1.3	1.3	1.6	1.0	1.4	1.3	1.6	0.8	0.6	Amérique latine et Caraïbes
- Caribbean	0.0	0.0	0.0	0.0	0.0	0.0	0.0	0.0	0.0	0.0	- Caraïbes
- Latin America	0.9	1.3	1.3	1.5	1.0	1.4	1.3	1.6	0.8	0.6	- Amérique latine
Eastern Asia	7.7	8.5	10.5	9.7	11.5	11.6	13.2	14.1	14.5	14.6	Asie orientale
Southern Asia	0.2	0.2	0.2	0.3	0.3	0.4	0.4	0.4	0.4	0.4	Asie méridionale
South-Eastern Asia	1.1	1.5	2.2	1.6	1.7	1.8	1.9	2.2	2.4	2.3	Asie du Sud-Est
Western Asia	0.8	0.9	0.9	1.1	1.4	1.5	1.8	2.1	0.7	1.0	Asie occidentale
Oceania	0.0	0.0	0.0	0.0	0.0	0.0	0.0	0.0	0.0	0.0	Océanie

735 Parts, nes, accessories suitable for use with machines falling within 731&733

Trade by commodity
Imports by principal countries or areas
Value in million US dollars

Commerce par produit
Importations selon les principaux pays ou zones
Valeur en millions de dollars EU

Country or area	2003	2004	2005	2006	2007	Pays ou zone
World	8047.6	9965.5	11045.0	12409.5	13393.6	Monde
Developed Economies	5907.0	6996.5	7671.2	8483.0	8877.0	Economies Développés
- Asia-Pacific	395.8	539.2	779.7	798.4	773.0	- Asie-Pacifique
- Europe	4117.1	4687.0	5029.2	5639.5	6194.1	- Europe
- North America	1394.1	1770.3	1862.4	2045.1	1910.0	- Amérique du Nord
South-Eastern Europe	29.7	48.7	64.7	87.4	117.5	Europe du Sud-Est
Commonwealth of Independent States	36.5	78.4	70.3	111.6	161.4	Communauté d'Etats indépendants
- Asia	3.2	4.6	11.6	6.9	16.6	- Asie
- Europe	33.4	73.8	58.7	104.6	144.8	- Europe
Northern Africa	13.6	16.8	22.4	21.9	25.4	Afrique septentrionale
Sub-Saharan Africa	49.7	63.4	70.2	85.5	111.1	Afrique subsaharienne
Latin America & the Caribbean	323.1	434.0	510.1	541.4	697.1	Amérique latine et Caraïbes
- Caribbean	4.5	5.0	6.1	8.2	8.2	- Caraïbes
- Latin America	318.6	429.0	504.0	533.2	688.9	- Amérique latine
Eastern Asia	1001.4	1384.4	1605.2	1835.2	2001.3	Asie orientale
Southern Asia	106.7	145.7	212.1	281.9	316.2	Asie méridionale
South-Eastern Asia	455.9	641.7	652.5	746.6	820.9	Asie du Sud-Est
Western Asia	121.4	153.6	164.1	212.7	264.0	Asie occidentale
Oceania	2.6	2.3	2.2	2.4	1.7	Océanie
United States	1082.7	1432.3	1505.1	1678.7	1517.1	Etats-Unis d'Amérique
Germany	830.3	978.9	1099.2	1285.7	1358.4	Allemagne
China	430.8	613.3	798.2	835.2	1031.5	Chine
France-Monaco	573.0	704.7	622.2	650.1	638.2	France-Monaco
Japan	295.8	441.8	596.4	674.2	614.5	Japon
United Kingdom	369.2	406.9	487.3	529.8	549.0	Royaume-Uni
Switzerland-Liechtenstein	295.0	382.5	426.3	522.6	652.6	Suisse-Liechtenstein
Italy	353.5	387.2	392.2	435.4	526.8	Italie
Canada	310.8	337.7	357.1	366.1	392.8	Canada
Belgium	306.7	338.0	425.9	342.7	349.4	Belgique
Mexico	215.2	304.6	332.8	366.8	461.9	Mexique
Korea, Republic of	209.0	261.9	328.9	438.7	289.5	République de Corée
Austria	320.3	279.5	256.2	287.9	355.7	Autriche
Singapore	208.0	300.5	290.9	322.5	322.0	Singapour
Spain	264.9	241.2	259.1	318.9	322.8	Espagne
China, Hong Kong SAR	156.3	179.9	169.2	185.7	193.5	Chine - RAS de Hong-Kong
Czech Republic	110.0	150.7	141.6	207.9	246.7	République tchèque
India	74.4	97.6	159.8	232.7	266.7	Inde
Malaysia	110.4	139.6	119.4	192.2	214.1	Malaisie
Netherlands	132.7	137.3	160.9	174.9	153.9	Pays-Bas
Sweden	96.7	119.2	169.4	170.9	201.5	Suède
Poland	86.4	113.7	128.5	152.9	186.1	Pologne
Australia	89.5	85.7	168.8	113.7	141.5	Australie
Brazil	70.3	82.8	105.9	102.7	143.3	Brésil
Thailand	54.2	78.0	81.7	84.2	102.8	Thaïlande

Value as percentages of World total

Valeur en pourcentage du total mondial

Regions of the world	1998	1999	2000	2001	2002	2003	2004	2005	2006	2007	Régions du monde
World	100.0	100.0	100.0	100.0	100.0	100.0	100.0	100.0	100.0	100.0	Monde
Developed Economies	73.9	74.9	74.3	75.4	74.4	73.4	70.2	69.5	68.4	66.3	Economies Développés
- Asia-Pacific	5.3	4.9	5.7	4.7	4.1	4.9	5.4	7.1	6.4	5.8	- Asie-Pacifique
- Europe	45.8	47.8	44.6	48.4	51.4	51.2	47.0	45.5	45.4	46.2	- Europe
- North America	22.8	22.1	23.9	22.3	18.9	17.3	17.8	16.9	16.5	14.3	- Amérique du Nord
South-Eastern Europe	0.2	0.2	0.2	0.3	0.3	0.4	0.5	0.6	0.7	0.9	Europe du Sud-Est
Commonwealth of Independent States	0.6	0.3	0.3	0.4	0.5	0.5	0.8	0.6	0.9	1.2	Communauté d'Etats indépendants
- Asia	0.0	0.1	0.0	0.2	0.1	0.0	0.0	0.1	0.1	0.1	- Asie
- Europe	0.6	0.3	0.2	0.2	0.4	0.4	0.7	0.5	0.8	1.1	- Europe
Northern Africa	0.2	0.3	0.2	0.2	0.3	0.2	0.2	0.2	0.2	0.2	Afrique septentrionale
Sub-Saharan Africa	0.7	0.4	0.5	1.1	0.7	0.6	0.6	0.6	0.7	0.8	Afrique subsaharienne
Latin America & the Caribbean	4.6	5.2	4.5	4.7	4.4	4.0	4.4	4.6	4.4	5.2	Amérique latine et Caraïbes
- Caribbean	0.1	0.1	0.1	0.0	0.0	0.1	0.1	0.1	0.1	0.1	- Caraïbes
- Latin America	4.5	5.1	4.5	4.6	4.4	4.0	4.3	4.6	4.3	5.1	- Amérique latine
Eastern Asia	11.4	9.0	10.0	9.7	10.0	12.4	13.9	14.5	14.8	14.9	Asie orientale
Southern Asia	1.6	1.5	0.8	0.8	1.0	1.3	1.5	1.9	2.3	2.4	Asie méridionale
South-Eastern Asia	5.3	6.5	7.9	5.9	7.1	5.7	6.4	5.9	6.0	6.1	Asie du Sud-Est
Western Asia	1.5	1.7	1.4	1.5	1.3	1.5	1.5	1.5	1.7	2.0	Asie occidentale
Oceania	0.0	0.0	0.0	0.0	0.0	0.0	0.0	0.0	0.0	0.0	Océanie

Parties, pièces détachées et accessoires, destines aux machines des groupes 731 et 733 735

Trade by commodity

Exports by principal countries or areas

Value in million US dollars

Commerce par produit

Exportations selon les principaux pays ou zones

Valeur en millions de dollars EU

Country or area	2003	2004	2005	2006	2007	Pays ou zone
World	8569.6	10577.9	11756.5	13168.9	13643.7	Monde
Developed Economies	7440.0	9081.1	9788.0	10884.2	11056.3	Economies Développés
- Asia-Pacific	983.5	1289.8	1513.6	1696.0	1307.8	- Asie-Pacifique
- Europe	4904.3	6082.8	6388.4	7064.6	7937.0	- Europe
- North America	1552.2	1708.5	1886.0	2123.6	1811.5	- Amérique du Nord
South-Eastern Europe	60.5	88.6	122.3	164.4	172.1	Europe du Sud-Est
Commonwealth of Independent States	53.7	73.8	85.8	63.6	68.0	Communauté d'Etats indépendants
- Asia	0.8	0.7	0.7	1.1	1.2	- Asie
- Europe	52.9	73.2	85.0	62.5	66.8	- Europe
Northern Africa	3.3	6.4	8.1	7.9	5.9	Afrique septentrionale
Sub-Saharan Africa	7.8	7.7	13.5	8.1	16.3	Afrique subsaharienne
Latin America & the Caribbean	44.5	44.8	62.6	65.9	62.9	Amérique latine et Caraïbes
- Caribbean	0.4	0.3	0.2	0.1	0.5	- Caraïbes
- Latin America	44.1	44.5	62.4	65.8	62.4	- Amérique latine
Eastern Asia	666.7	858.5	1034.7	1257.8	1541.0	Asie orientale
Southern Asia	76.9	85.5	132.6	142.5	159.8	Asie méridionale
South-Eastern Asia	174.5	286.1	459.9	534.3	513.1	Asie du Sud-Est
Western Asia	41.0	45.3	49.1	40.1	48.2	Asie occidentale
Oceania	0.6	0.1	0.0	0.1	0.1	Océanie
Germany	1605.9	2040.8	2266.9	2495.1	2775.3	Allemagne
United States	1377.5	1502.9	1664.4	1898.6	1574.6	Etats-Unis d'Amérique
Japan	971.7	1276.6	1492.5	1676.2	1290.3	Japon
Switzerland-Liechtenstein	696.4	872.0	837.4	887.0	1038.0	Suisse-Liechtenstein
Italy	602.7	792.7	797.5	818.9	989.7	Italie
France-Monaco	428.3	453.8	519.4	565.6	576.9	France-Monaco
United Kingdom	365.0	447.7	426.9	512.3	391.5	Royaume-Uni
China	247.7	279.9	360.3	433.4	610.8	Chine
Singapore	110.5	194.8	348.1	371.2	351.3	Singapour
Sweden	148.7	190.4	245.6	288.1	418.5	Suède
Belgium	182.4	235.6	246.8	281.5	342.6	Belgique
Canada	174.6	205.6	221.6	225.0	236.9	Canada
Korea, Republic of	114.6	169.6	189.6	256.8	237.9	République de Corée
Spain	143.5	207.3	203.2	198.5	199.7	Espagne
Austria	125.2	153.9	161.3	208.5	247.9	Autriche
Czech Republic	126.1	134.9	154.4	194.3	246.2	République tchèque
Netherlands	161.0	162.5	122.5	136.6	169.1	Pays-Bas
China, Hong Kong SAR	91.6	103.8	121.9	123.6	158.4	Chine - RAS de Hong-Kong
India	74.7	79.0	123.5	132.0	147.8	Inde
Poland	74.3	91.0	102.4	110.3	137.5	Pologne
Romania	47.0	66.2	88.4	132.2	125.9	Roumanie
Slovakia	45.0	56.4	58.5	74.7	103.5	Slovaquie
Denmark	43.9	54.7	53.9	76.5	62.7	Danemark
Malaysia	27.4	30.2	41.7	81.1	88.5	Malaisie
Hungary	31.7	31.3	29.1	34.7	41.9	Hongrie

Value as percentages of World total

Valeur en pourcentage du total mondial

Regions of the world	1998	1999	2000	2001	2002	2003	2004	2005	2006	2007	Régions du monde
World	100.0	100.0	100.0	100.0	100.0	100.0	100.0	100.0	100.0	100.0	Monde
Developed Economies	90.5	90.8	89.4	89.1	88.3	86.8	85.8	83.3	82.7	81.0	Economies Développés
- Asia-Pacific	10.7	11.4	12.7	12.0	11.0	11.5	12.2	12.9	12.9	9.6	- Asie-Pacifique
- Europe	54.2	55.3	48.9	56.2	57.3	57.2	57.5	54.3	53.6	58.2	- Europe
- North America	25.6	24.1	27.9	20.9	20.0	18.1	16.2	16.0	16.1	13.3	- Amérique du Nord
South-Eastern Europe	0.4	0.5	0.5	0.6	0.7	0.7	0.8	1.0	1.2	1.3	Europe du Sud-Est
Commonwealth of Independent States	1.2	0.4	1.1	0.3	0.3	0.6	0.7	0.7	0.5	0.5	Communauté d'Etats indépendants
- Asia	0.0	0.0	0.0	0.0	0.0	0.0	0.0	0.0	0.0	0.0	- Asie
- Europe	1.2	0.4	1.0	0.3	0.3	0.6	0.7	0.7	0.5	0.5	- Europe
Northern Africa	0.0	0.0	0.0	0.0	0.0	0.0	0.1	0.1	0.1	0.0	Afrique septentrionale
Sub-Saharan Africa	0.1	0.1	0.1	0.1	0.2	0.1	0.1	0.1	0.1	0.1	Afrique subsaharienne
Latin America & the Caribbean	0.6	0.5	0.5	0.4	0.5	0.5	0.4	0.5	0.5	0.5	Amérique latine et Caraïbes
- Caribbean	0.0	0.0	0.0	0.0	0.0	0.0	0.0	0.0	0.0	0.0	- Caraïbes
- Latin America	0.6	0.5	0.5	0.4	0.5	0.5	0.4	0.5	0.5	0.5	- Amérique latine
Eastern Asia	4.4	4.7	5.6	6.4	6.5	7.8	8.1	8.8	9.6	11.3	Asie orientale
Southern Asia	0.4	0.4	0.6	0.7	0.9	0.9	0.8	1.1	1.1	1.2	Asie méridionale
South-Eastern Asia	1.7	1.7	1.8	1.9	2.1	2.0	2.7	3.9	4.1	3.8	Asie du Sud-Est
Western Asia	0.7	0.8	0.5	0.4	0.4	0.5	0.4	0.4	0.3	0.4	Asie occidentale
Oceania	0.0	0.0	0.0	0.0	0.0	0.0	0.0	0.0	0.0	0.0	Océanie

737 Metalworking machinery and parts thereof, nes

Trade by commodity
Imports by principal countries or areas
Value in million US dollars

Commerce par produit
Importations selon les principaux pays ou zones
Valeur en millions de dollars EU

Country or area	2003	2004	2005	2006	2007	Pays ou zone
World	11070.3	13952.4	15826.9	18187.5	19891.7	Monde
Developed Economies	5621.5	6331.2	6851.1	8447.8	8951.0	Economies Développés
- Asia-Pacific	294.8	377.7	484.5	596.0	527.0	- Asie-Pacifique
- Europe	3492.6	4086.5	4182.1	5108.1	5988.7	- Europe
- North America	1834.2	1867.0	2184.6	2743.8	2435.3	- Amérique du Nord
South-Eastern Europe	129.3	216.7	206.3	259.2	339.3	Europe du Sud-Est
Commonwealth of Independent States	258.0	588.1	806.5	775.7	1607.4	Communauté d'Etats indépendants
- Asia	42.2	175.5	214.6	110.0	94.7	- Asie
- Europe	215.7	412.6	591.9	665.7	1512.7	- Europe
Northern Africa	73.7	92.3	127.2	108.6	167.5	Afrique septentrionale
Sub-Saharan Africa	160.0	234.2	240.8	327.7	356.7	Afrique subsaharienne
Latin America & the Caribbean	542.2	885.8	890.7	1039.1	1201.0	Amérique latine et Caraïbes
- Caribbean	16.3	21.8	24.2	29.6	37.7	- Caraïbes
- Latin America	525.8	864.0	866.5	1009.6	1163.3	- Amérique latine
Eastern Asia	2810.0	3812.4	4188.0	4616.7	4242.5	Asie orientale
Southern Asia	570.7	457.9	846.0	732.8	858.8	Asie méridionale
South-Eastern Asia	594.7	890.6	1078.0	1130.9	1219.5	Asie du Sud-Est
Western Asia	305.2	438.4	587.5	742.5	941.9	Asie occidentale
Oceania	4.9	4.8	4.8	6.4	6.1	Océanie
China	1749.3	2450.0	2704.6	3020.8	2595.9	Chine
United States	1477.7	1453.2	1715.7	2112.2	1850.5	Etats-Unis d'Amérique
Germany	644.2	684.9	750.4	919.4	943.2	Allemagne
Korea, Republic of	449.8	549.4	652.0	711.3	576.5	République de Corée
Russian Federation	186.4	359.4	468.2	528.3	1067.4	Fédération de Russie
Canada	355.6	413.1	468.2	631.0	584.2	Canada
Mexico	299.3	571.4	471.8	551.8	521.0	Mexique
France-Monaco	318.9	366.1	404.0	396.2	674.7	France-Monaco
China, Hong Kong SAR	281.7	396.8	387.6	503.1	588.9	Chine - RAS de Hong-Kong
India	149.4	158.1	363.4	626.0	737.0	Inde
United Kingdom	327.8	330.2	437.1	497.6	440.3	Royaume-Uni
Italy	280.5	333.7	353.5	467.8	557.1	Italie
Spain	257.7	299.4	327.8	462.4	483.6	Espagne
Thailand	190.9	292.3	365.6	321.4	313.8	Thaïlande
Japan	170.0	233.8	293.3	418.4	337.2	Japon
Belgium	203.5	294.3	218.5	257.9	330.3	Belgique
Austria	142.5	189.9	234.9	317.2	344.2	Autriche
Iran (Islamic Republic of)	362.7	256.8	436.0	37.9	e41.9	Iran (République islamique d')
Poland	177.0	159.1	166.0	277.9	340.3	Pologne
Turkey	146.9	247.1	317.6	139.8	248.5	Turquie
Malaysia	129.6	186.4	234.3	259.9	265.4	Malaisie
Singapore	109.7	182.2	217.7	268.8	249.5	Singapour
Netherlands	140.9	203.5	156.6	206.9	293.5	Pays-Bas
Czech Republic	178.5	232.3	157.2	180.3	243.2	République tchèque
Brazil	104.4	137.5	186.1	193.8	239.7	Brésil

Value as percentages of World total

Valeur en pourcentage du total mondial

Regions of the world	1998	1999	2000	2001	2002	2003	2004	2005	2006	2007	Régions du monde
World	100.0	100.0	100.0	100.0	100.0	100.0	100.0	100.0	100.0	100.0	Monde
Developed Economies	55.2	52.4	52.6	54.9	52.4	50.8	45.4	43.3	46.4	45.0	Economies Développés
- Asia-Pacific	2.5	2.4	2.7	2.8	2.5	2.7	2.7	3.1	3.3	2.6	- Asie-Pacifique
- Europe	32.5	32.6	31.0	34.6	32.9	31.5	29.3	26.4	28.1	30.1	- Europe
- North America	20.2	17.3	18.9	17.5	17.0	16.6	13.4	13.8	15.1	12.2	- Amérique du Nord
South-Eastern Europe	0.4	0.5	0.4	1.1	0.9	1.2	1.6	1.3	1.4	1.7	Europe du Sud-Est
Commonwealth of Independent States	1.8	1.7	2.2	2.8	2.8	2.3	4.2	5.1	4.3	8.1	Communauté d'Etats indépendants
- Asia	0.3	0.3	0.5	0.8	0.6	0.4	1.3	1.4	0.6	0.5	- Asie
- Europe	1.5	1.4	1.7	1.9	2.2	1.9	3.0	3.7	3.7	7.6	- Europe
Northern Africa	0.8	0.8	0.8	1.0	1.0	0.7	0.7	0.8	0.6	0.8	Afrique septentrionale
Sub-Saharan Africa	3.0	1.5	1.4	1.9	1.4	1.4	1.7	1.5	1.8	1.8	Afrique subsaharienne
Latin America & the Caribbean	8.6	9.2	7.5	7.9	6.4	4.9	6.3	5.6	5.7	6.0	Amérique latine et Caraïbes
- Caribbean	0.2	0.2	0.2	0.3	0.2	0.1	0.2	0.2	0.2	0.2	- Caraïbes
- Latin America	8.4	9.0	7.3	7.6	6.2	4.7	6.2	5.5	5.6	5.8	- Amérique latine
Eastern Asia	14.7	19.1	22.6	18.3	22.6	25.4	27.3	26.5	25.4	21.3	Asie orientale
Southern Asia	4.7	6.3	3.2	2.9	3.4	5.2	3.3	5.3	4.0	4.3	Asie méridionale
South-Eastern Asia	8.7	6.5	7.1	6.8	6.9	5.4	6.4	6.8	6.2	6.1	Asie du Sud-Est
Western Asia	2.1	2.1	2.2	2.4	2.3	2.8	3.1	3.7	4.1	4.7	Asie occidentale
Oceania	0.0	0.0	0.0	0.0	0.0	0.0	0.0	0.0	0.0	0.0	Océanie

Machines et appareils pour le travail des métaux et leurs parties, n.d.a. 737

Trade by commodity

Exports by principal countries or areas

Value in million US dollars

Commerce par produit

Exportations selon les principaux pays ou zones

Valeur en millions de dollars EU

Country or area	2003	2004	2005	2006	2007	Pays ou zone
World	10871.3	14006.8	15945.4	18964.4	20672.0	Monde
Developed Economies	8941.9	11142.5	12644.5	14955.1	16012.8	Economies Développés
- Asia-Pacific	1551.3	1906.2	2156.4	2334.4	2185.4	- Asie-Pacifique
- Europe	6060.4	7452.8	8518.1	10277.9	11557.6	- Europe
- North America	1330.2	1783.4	1970.0	2342.8	2269.7	- Amérique du Nord
South-Eastern Europe	56.7	82.8	78.8	78.4	95.6	Europe du Sud-Est
Commonwealth of Independent States	175.2	173.2	181.9	205.5	309.1	Communauté d'Etats indépendants
- Asia	3.2	5.9	6.2	4.8	5.6	- Asie
- Europe	171.9	167.3	175.8	200.7	303.5	- Europe
Northern Africa	1.5	2.6	2.1	4.0	4.2	Afrique septentrionale
Sub-Saharan Africa	28.5	35.3	36.7	43.4	61.6	Afrique subsaharienne
Latin America & the Caribbean	153.1	187.2	258.8	306.1	364.9	Amérique latine et Caraïbes
- Caribbean	0.8	1.3	2.0	2.3	1.6	- Caraïbes
- Latin America	152.2	186.0	256.8	303.9	363.3	- Amérique latine
Eastern Asia	981.9	1470.2	1735.9	2331.3	2874.6	Asie orientale
Southern Asia	107.9	98.3	160.3	179.7	187.2	Asie méridionale
South-Eastern Asia	373.4	732.8	740.9	800.7	664.5	Asie du Sud-Est
Western Asia	51.2	81.7	105.1	59.4	97.5	Asie occidentale
Oceania	0.1	0.2	0.3	0.6	0.1	Océanie
Germany	1786.6	2182.5	2551.8	3197.6	3237.2	Allemagne
Italy	1164.9	1581.5	1775.3	2450.3	3078.6	Italie
Japan	1513.9	1858.4	2104.3	2280.6	2120.9	Japon
United States	1059.6	1419.4	1552.7	1905.3	1915.9	Etats-Unis d'Amérique
China	311.0	521.9	791.2	1192.5	1624.3	Chine
Switzerland-Liechtenstein	571.2	675.3	658.5	716.1	739.8	Suisse-Liechtenstein
Austria	312.4	474.6	642.1	746.9	695.7	Autriche
Sweden	466.7	498.6	623.0	570.4	606.7	Suède
France-Monaco	444.2	490.3	556.7	575.9	652.9	France-Monaco
Singapore	303.8	596.9	588.7	593.2	450.9	Singapour
China, Hong Kong SAR	311.4	451.2	456.1	562.0	621.2	Chine - RAS de Hong-Kong
United Kingdom	393.3	442.2	461.7	509.1	588.8	Royaume-Uni
Canada	270.6	364.0	417.3	437.4	353.8	Canada
Korea, Republic of	196.4	299.5	276.6	365.8	418.0	République de Corée
Netherlands	157.5	148.4	221.9	267.6	308.4	Pays-Bas
Spain	129.0	161.9	223.9	236.4	330.0	Espagne
Belgium	158.7	232.1	151.3	158.9	264.0	Belgique
Czech Republic	115.0	134.2	143.4	198.9	233.1	République tchèque
Ukraine	141.9	129.8	129.5	140.5	226.9	Ukraine
India	106.3	95.8	144.9	172.7	179.7	Inde
Finland	77.8	84.7	94.6	138.2	194.9	Finlande
Mexico	80.5	92.8	121.8	133.7	154.3	Mexique
Brazil	50.6	70.1	106.1	133.9	163.5	Brésil
Poland	39.9	80.1	91.3	92.1	133.4	Pologne
Slovenia	57.4	63.3	75.8	93.7	118.3	Slovénie

Value as percentages of World total

Valeur en pourcentage du total mondial

Regions of the world	1998	1999	2000	2001	2002	2003	2004	2005	2006	2007	Régions du monde
World	100.0	100.0	100.0	100.0	100.0	100.0	100.0	100.0	100.0	100.0	Monde
Developed Economies	90.6	89.6	85.0	86.5	85.1	82.3	79.6	79.3	78.9	77.5	Economies Développés
- Asia-Pacific	13.7	13.4	15.8	14.5	13.0	14.3	13.6	13.5	12.3	10.6	- Asie-Pacifique
- Europe	59.6	57.8	50.3	56.0	57.3	55.7	53.2	53.4	54.2	55.9	- Europe
- North America	17.3	18.5	18.9	15.9	14.7	12.2	12.7	12.4	12.4	11.0	- Amérique du Nord
South-Eastern Europe	0.2	0.2	0.2	0.3	0.2	0.5	0.6	0.5	0.4	0.5	Europe du Sud-Est
Commonwealth of Independent States	0.8	1.1	2.0	1.5	1.8	1.6	1.2	1.1	1.1	1.5	Communauté d'Etats indépendants
- Asia	0.0	0.0	0.0	0.0	0.0	0.0	0.0	0.0	0.0	0.0	- Asie
- Europe	0.8	1.1	1.9	1.4	1.8	1.6	1.2	1.1	1.1	1.5	- Europe
Northern Africa	0.0	0.0	0.0	0.0	0.0	0.0	0.0	0.0	0.0	0.0	Afrique septentrionale
Sub-Saharan Africa	0.2	0.3	0.3	0.3	0.3	0.3	0.3	0.2	0.2	0.3	Afrique subsaharienne
Latin America & the Caribbean	1.2	1.0	1.0	1.4	1.3	1.4	1.3	1.6	1.6	1.8	Amérique latine et Caraïbes
- Caribbean	0.0	0.0	0.0	0.0	0.0	0.0	0.0	0.0	0.0	0.0	- Caraïbes
- Latin America	1.2	0.9	1.0	1.3	1.3	1.4	1.3	1.6	1.6	1.8	- Amérique latine
Eastern Asia	5.2	5.7	9.3	7.7	8.3	9.0	10.5	10.9	12.3	13.9	Asie orientale
Southern Asia	0.2	0.3	0.4	0.4	0.7	1.0	0.7	1.0	0.9	0.9	Asie méridionale
South-Eastern Asia	1.2	1.5	1.4	1.5	1.8	3.4	5.2	4.6	4.2	3.2	Asie du Sud-Est
Western Asia	0.3	0.4	0.3	0.5	0.5	0.5	0.6	0.7	0.3	0.5	Asie occidentale
Oceania	0.0	0.0	0.0	0.0	0.0	0.0	0.0	0.0	0.0	0.0	Océanie

741 Heating and cooling equipment and parts thereof, nes

Trade by commodity
Imports by principal countries or areas
Value in million US dollars

Commerce par produit
Importations selon les principaux pays ou zones
Valeur en millions de dollars EU

Country or area	2003	2004	2005	2006	2007	Pays ou zone
World	51361.4	63992.4	71072.8	79918.5	96565.5	Monde
Developed Economies	31689.4	38143.6	41204.4	46005.1	54966.1	Economies Développés
- Asia-Pacific	3045.7	3885.8	4261.2	5050.5	5180.1	- Asie-Pacifique
- Europe	20768.7	25548.0	26900.1	29121.1	36690.0	- Europe
- North America	7875.1	8709.8	10043.1	11833.6	13096.0	- Amérique du Nord
South-Eastern Europe	582.9	856.4	967.3	1063.8	1575.5	Europe du Sud-Est
Commonwealth of Independent States	1560.5	1984.6	2816.0	3765.6	4489.4	Communauté d'Etats indépendants
- Asia	289.6	370.8	527.1	826.4	745.3	- Asie
- Europe	1271.0	1613.9	2288.9	2939.2	3744.1	- Europe
Northern Africa	715.2	956.6	875.3	940.6	1044.5	Afrique septentrionale
Sub-Saharan Africa	1043.4	1047.6	1371.7	1466.2	1848.8	Afrique subsaharienne
Latin America & the Caribbean	3153.6	3759.0	4564.7	5105.4	6440.0	Amérique latine et Caraïbes
- Caribbean	504.0	686.6	518.5	382.6	444.5	- Caraïbes
- Latin America	2649.6	3072.4	4046.2	4722.8	5995.5	- Amérique latine
Eastern Asia	6666.3	9407.0	9867.7	10826.2	11526.0	Asie orientale
Southern Asia	935.0	1369.5	1801.5	1631.5	2136.1	Asie méridionale
South-Eastern Asia	2349.2	3120.1	3410.0	3908.9	5026.2	Asie du Sud-Est
Western Asia	2600.8	3283.9	4121.5	5117.0	7376.3	Asie occidentale
Oceania	65.0	64.0	72.7	88.1	136.6	Océanie
United States	5581.2	6260.7	7333.2	8829.8	9869.7	Etats-Unis d'Amérique
China	3707.0	4822.1	4810.5	5252.1	5465.7	Chine
Germany	3261.8	3718.8	4434.4	5476.3	5997.9	Allemagne
France-Monaco	2181.1	2905.1	2789.8	3329.3	4153.2	France-Monaco
Spain	2035.5	2860.8	3151.2	2849.7	3636.5	Espagne
Italy	2157.8	3210.8	2671.0	2539.7	3603.7	Italie
Japan	1926.5	2411.4	2806.0	3299.5	3219.0	Japon
Canada	2277.7	2423.4	2687.2	2979.6	3199.1	Canada
United Kingdom	1929.0	2404.1	2467.1	2729.7	3307.0	Royaume-Uni
Mexico	1314.3	1464.1	1826.1	2258.2	2492.4	Mexique
Russian Federation	885.4	1118.6	1708.2	2241.4	2711.5	Fédération de Russie
Belgium	1282.5	1614.4	1720.8	1698.8	2265.7	Belgique
Korea, Republic of	937.5	1271.9	1361.2	1512.8	1998.1	République de Corée
Australia	997.0	1292.6	1275.0	1555.2	1698.1	Australie
Saudi Arabia	633.4	713.7	1017.5	1439.2	2442.2	Arabie saoudite
Netherlands	921.1	1041.6	1037.9	1158.8	1741.1	Pays-Bas
Singapore	766.4	978.7	932.7	1208.2	1469.7	Singapour
China, Hong Kong SAR	791.3	959.6	961.3	1148.0	1179.8	Chine - RAS de Hong-Kong
Austria	705.5	886.7	935.1	1094.4	1395.5	Autriche
Switzerland-Liechtenstein	766.7	825.9	865.4	962.5	1139.4	Suisse-Liechtenstein
United Arab Emirates	576.5	697.9	795.8	1095.5	e1355.6	Emirates arabes unis
Sweden	615.7	738.4	770.0	985.2	1400.2	Suède
Poland	582.0	783.3	755.7	893.4	1280.0	Pologne
India	326.0	483.1	742.0	924.0	1391.1	Inde
Turkey	532.3	683.1	833.4	656.1	898.9	Turquie

Value as percentages of World total

Valeur en pourcentage du total mondial

Regions of the world	1998	1999	2000	2001	2002	2003	2004	2005	2006	2007	Régions du monde
World	100.0	100.0	100.0	100.0	100.0	100.0	100.0	100.0	100.0	100.0	Monde
Developed Economies	55.5	59.5	59.1	54.8	61.2	61.7	59.6	58.0	57.6	56.9	Economies Développés
- Asia-Pacific	4.4	4.3	4.5	4.9	5.7	5.9	6.1	6.0	6.3	5.4	- Asie-Pacifique
- Europe	38.2	40.4	38.2	35.2	38.5	40.4	39.9	37.8	36.4	38.0	- Europe
- North America	13.0	14.9	16.4	14.7	16.9	15.3	13.6	14.1	14.8	13.6	- Amérique du Nord
South-Eastern Europe	0.6	0.6	0.7	0.8	1.0	1.1	1.3	1.4	1.3	1.6	Europe du Sud-Est
Commonwealth of Independent States	2.7	1.8	1.8	2.3	2.6	3.0	3.1	4.0	4.7	4.6	Communauté d'Etats indépendants
- Asia	0.3	0.4	0.5	0.5	0.5	0.6	0.6	0.7	1.0	0.8	- Asie
- Europe	2.3	1.4	1.3	1.8	2.1	2.5	2.5	3.2	3.7	3.9	- Europe
Northern Africa	1.5	1.6	1.4	1.3	1.5	1.4	1.5	1.2	1.2	1.1	Afrique septentrionale
Sub-Saharan Africa	1.6	1.4	1.5	8.5	1.5	2.0	1.6	1.9	1.8	1.9	Afrique subsaharienne
Latin America & the Caribbean	10.5	9.5	8.2	8.2	7.7	6.1	5.9	6.4	6.4	6.7	Amérique latine et Caraïbes
- Caribbean	1.6	0.7	0.6	1.4	1.1	1.0	1.1	0.7	0.5	0.5	- Caraïbes
- Latin America	8.9	8.8	7.6	6.8	6.6	5.2	4.8	5.7	5.9	6.2	- Amérique latine
Eastern Asia	13.6	12.7	14.3	12.2	12.5	13.0	14.7	13.9	13.5	11.9	Asie orientale
Southern Asia	1.5	1.2	1.3	1.3	1.6	1.8	2.1	2.5	2.0	2.2	Asie méridionale
South-Eastern Asia	6.7	6.1	6.1	5.1	4.8	4.6	4.9	4.8	4.9	5.2	Asie du Sud-Est
Western Asia	5.6	5.3	5.6	5.3	5.6	5.1	5.1	5.8	6.4	7.6	Asie occidentale
Oceania	0.1	0.1	0.1	0.1	0.1	0.1	0.1	0.1	0.1	0.1	Océanie

Machines et appareils de chauffage et de réfrigération et leurs parties, n.d.a. 741

Trade by commodity
Exports by principal countries or areas
Value in million US dollars

Commerce par produit
Exportations selon les principaux pays ou zones
Valeur en millions de dollars EU

Country or area	2003	2004	2005	2006	2007	Pays ou zone
World	50599.5	62930.6	68515.1	79687.6	98172.7	Monde
Developed Economies	37193.6	45046.4	48202.7	56156.7	66311.4	Economies Développés
- Asia-Pacific	4163.3	5612.6	5599.6	6074.0	5636.4	- Asie-Pacifique
- Europe	25960.3	31485.7	33852.5	40274.8	50472.8	- Europe
- North America	7069.9	7948.1	8750.6	9807.9	10202.2	- Amérique du Nord
South-Eastern Europe	72.7	105.3	193.8	265.8	498.2	Europe du Sud-Est
Commonwealth of Independent States	328.1	586.8	414.0	467.0	454.4	Communauté d'Etats indépendants
- Asia	4.5	7.5	17.0	17.0	11.6	- Asie
- Europe	323.6	579.3	397.1	450.0	442.7	- Europe
Northern Africa	24.0	19.6	24.4	25.4	65.5	Afrique septentrionale
Sub-Saharan Africa	126.3	148.3	133.2	133.2	155.4	Afrique subsaharienne
Latin America & the Caribbean	1891.4	2300.1	2765.0	3182.5	3618.8	Amérique latine et Caraïbes
- Caribbean	12.8	22.4	24.7	16.3	19.3	- Caraïbes
- Latin America	1878.6	2277.7	2740.2	3166.2	3599.6	- Amérique latine
Eastern Asia	6979.3	9600.5	10948.9	12989.6	17753.4	Asie orientale
Southern Asia	191.7	239.2	347.6	445.6	568.7	Asie méridionale
South-Eastern Asia	3035.2	3886.8	4378.1	4993.9	7450.1	Asie du Sud-Est
Western Asia	753.1	991.9	1101.1	1021.9	1292.1	Asie occidentale
Oceania	4.1	5.7	6.3	6.0	4.7	Océanie
Germany	5839.4	7108.2	8027.6	9686.8	11640.0	Allemagne
United States	6073.3	6833.7	7521.2	8423.7	8705.3	Etats-Unis d'Amérique
China	3611.1	5673.5	7022.5	8637.2	12541.4	Chine
Italy	5195.9	6292.0	6436.6	7700.9	9728.0	Italie
Japan	3900.5	5322.5	5263.6	5750.4	5296.8	Japon
France-Monaco	2908.0	3430.9	3551.3	3995.5	4705.9	France-Monaco
Thailand	1613.0	2193.6	2419.5	2689.0	4621.5	Thaïlande
Korea, Republic of	2093.6	2458.4	2428.7	2648.7	3397.0	République de Corée
Mexico	1539.7	1841.3	2154.7	2611.7	2854.8	Mexique
Belgium	1278.1	1681.4	1898.6	2137.5	2823.5	Belgique
United Kingdom	1650.1	1952.4	1853.9	1860.2	2207.4	Royaume-Uni
Sweden	1180.4	1388.1	1458.1	1785.1	2532.7	Suède
Netherlands	1201.3	1393.6	1430.6	1800.8	2197.2	Pays-Bas
Czech Republic	715.5	1008.6	1424.6	1984.8	2516.5	République tchèque
Spain	1080.7	1254.7	1240.1	1467.3	1956.1	Espagne
Denmark	1076.6	1244.6	1203.9	1324.5	1714.3	Danemark
Austria	854.4	1034.1	1114.6	1587.4	1941.6	Autriche
Canada	996.5	1114.4	1229.3	1383.9	1496.8	Canada
Switzerland-Liechtenstein	827.8	1102.9	1071.4	1180.8	1519.3	Suisse-Liechtenstein
Malaysia	630.7	847.6	1039.5	1131.8	1491.7	Malaisie
China, Hong Kong SAR	584.6	741.5	745.5	881.1	955.4	Chine - RAS de Hong-Kong
Singapore	573.6	612.2	648.9	775.5	907.4	Singapour
Poland	333.5	481.7	620.5	744.7	1070.2	Pologne
Ireland	351.1	411.0	487.3	508.9	706.5	Irlande
Finland	332.9	347.2	427.8	529.5	642.9	Finlande

Value as percentages of World total

Valeur en pourcentage du total mondial

Regions of the world	1998	1999	2000	2001	2002	2003	2004	2005	2006	2007	Régions du monde
World	100.0	100.0	100.0	100.0	100.0	100.0	100.0	100.0	100.0	100.0	Monde
Developed Economies	83.2	81.3	77.9	76.4	75.3	73.5	71.6	70.4	70.5	67.5	Economies Développés
- Asia-Pacific	10.1	10.0	10.9	8.5	7.8	8.2	8.9	8.2	7.6	5.7	- Asie-Pacifique
- Europe	54.0	52.7	47.3	49.3	50.7	51.3	50.0	49.4	50.5	51.4	- Europe
- North America	19.1	18.6	19.6	18.6	16.8	14.0	12.6	12.8	12.3	10.4	- Amérique du Nord
South-Eastern Europe	0.1	0.1	0.1	0.1	0.1	0.1	0.2	0.3	0.3	0.5	Europe du Sud-Est
Commonwealth of Independent States	0.3	0.3	0.6	0.8	0.6	0.6	0.9	0.6	0.6	0.5	Communauté d'Etats indépendants
- Asia	0.0	0.0	0.0	0.0	0.0	0.0	0.0	0.0	0.0	0.0	- Asie
- Europe	0.3	0.3	0.6	0.7	0.6	0.6	0.9	0.6	0.6	0.5	- Europe
Northern Africa	0.0	0.0	0.0	0.1	0.1	0.0	0.0	0.0	0.0	0.1	Afrique septentrionale
Sub-Saharan Africa	0.2	0.2	0.3	0.2	0.2	0.2	0.2	0.2	0.2	0.2	Afrique subsaharienne
Latin America & the Caribbean	3.2	3.7	3.8	3.8	4.0	3.7	3.7	4.0	4.0	3.7	Amérique latine et Caraïbes
- Caribbean	0.1	0.1	0.0	0.1	0.0	0.0	0.0	0.0	0.0	0.0	- Caraïbes
- Latin America	3.1	3.6	3.8	3.7	4.0	3.7	3.6	4.0	4.0	3.7	- Amérique latine
Eastern Asia	6.7	7.7	10.2	11.5	12.3	13.8	15.3	16.0	16.3	18.1	Asie orientale
Southern Asia	0.1	0.1	0.1	0.2	0.2	0.4	0.4	0.5	0.6	0.6	Asie méridionale
South-Eastern Asia	4.9	5.3	5.7	5.7	5.4	6.0	6.2	6.4	6.3	7.6	Asie du Sud-Est
Western Asia	1.3	1.3	1.3	1.3	1.8	1.5	1.6	1.6	1.3	1.3	Asie occidentale
Oceania	0.0	0.0	0.0	0.0	0.0	0.0	0.0	0.0	0.0	0.0	Océanie

742 Pumps for liquids; liquid elevators; parts for such pumps and liquid elevators

<table>
<tr><td>Trade by commodity</td><td style="text-align:right">Commerce par produit</td></tr>
<tr><td>Imports by principal countries or areas</td><td style="text-align:right">Importations selon les principaux pays ou zones</td></tr>
<tr><td>Value in million US dollars</td><td style="text-align:right">Valeur en millions de dollars EU</td></tr>
</table>

Country or area	2003	2004	2005	2006	2007	Pays ou zone
World	26165.5	30776.9	34202.5	38181.4	47291.6	Monde
Developed Economies	17698.5	20280.6	22352.9	24721.8	29780.9	Economies Développés
- Asia-Pacific	938.3	1211.3	1353.8	1459.5	1713.3	- Asie-Pacifique
- Europe	12116.1	13592.0	14476.5	15645.5	19633.8	- Europe
- North America	4644.1	5477.2	6522.6	7616.8	8433.8	- Amérique du Nord
South-Eastern Europe	163.8	265.7	318.9	351.9	496.5	Europe du Sud-Est
Commonwealth of Independent States	676.7	901.4	1008.7	1277.0	1816.1	Communauté d'Etats indépendants
- Asia	200.7	268.8	291.2	371.2	444.9	- Asie
- Europe	476.0	632.6	717.5	905.7	1371.2	- Europe
Northern Africa	355.9	436.3	466.7	462.7	567.6	Afrique septentrionale
Sub-Saharan Africa	504.0	611.9	795.5	961.2	1217.6	Afrique subsaharienne
Latin America & the Caribbean	1563.2	1873.7	2175.6	2615.6	3238.6	Amérique latine et Caraïbes
- Caribbean	85.7	127.9	133.6	169.6	188.8	- Caraïbes
- Latin America	1477.5	1745.8	2042.0	2446.0	3049.7	- Amérique latine
Eastern Asia	2372.8	3083.5	3176.8	3527.5	4434.8	Asie orientale
Southern Asia	419.2	562.8	674.4	613.6	747.1	Asie méridionale
South-Eastern Asia	1200.4	1416.7	1519.3	1548.7	1971.9	Asie du Sud-Est
Western Asia	1176.9	1308.1	1670.3	2047.9	2971.6	Asie occidentale
Oceania	34.2	36.1	43.3	53.6	48.9	Océanie
United States	3335.6	4008.3	4794.9	5622.4	6393.4	Etats-Unis d'Amérique
Germany	2186.6	2232.0	2533.9	2942.4	3513.7	Allemagne
France-Monaco	2049.6	2288.7	2242.3	2214.3	2919.1	France-Monaco
China	1151.1	1617.4	1668.9	1952.2	2494.2	Chine
Canada	1304.6	1465.0	1721.9	1988.2	2033.8	Canada
United Kingdom	1251.3	1461.9	1543.0	1660.7	2221.7	Royaume-Uni
Italy	1133.4	1283.3	1390.9	1470.5	1751.5	Italie
Korea, Republic of	819.4	973.5	938.7	1018.1	1365.0	République de Corée
Mexico	666.9	743.3	799.4	1019.5	1211.8	Mexique
Spain	681.6	746.1	780.6	804.8	1093.6	Espagne
Belgium	612.4	707.2	811.6	884.6	1069.8	Belgique
Japan	560.1	693.1	812.2	896.5	1005.4	Japon
Poland	649.6	843.4	866.0	662.2	838.0	Pologne
Netherlands	530.5	561.1	620.7	738.7	879.4	Pays-Bas
Russian Federation	347.9	471.7	519.8	663.3	1025.6	Fédération de Russie
Austria	399.3	504.9	592.4	644.2	824.8	Autriche
Sweden	420.8	457.0	492.4	568.3	686.6	Suède
Czech Republic	384.6	438.2	453.9	575.4	702.1	République tchèque
Saudi Arabia	270.0	265.6	375.0	490.7	972.8	Arabie saoudite
Australia	316.7	438.8	456.9	480.3	612.2	Australie
Singapore	342.3	410.9	385.4	474.4	559.7	Singapour
Thailand	354.1	379.1	412.0	394.9	473.1	Thaïlande
Brazil	264.6	336.9	389.9	432.0	581.4	Brésil
Turkey	275.7	375.4	421.2	408.3	485.5	Turquie
Denmark	251.9	306.1	344.9	426.0	578.7	Danemark

<table>
<tr><td>Value as percentages of World total</td><td style="text-align:right">Valeur en pourcentage du total mondial</td></tr>
</table>

Regions of the world	1998	1999	2000	2001	2002	2003	2004	2005	2006	2007	Régions du monde
World	100.0	100.0	100.0	100.0	100.0	100.0	100.0	100.0	100.0	100.0	Monde
Developed Economies	68.3	68.8	67.8	61.6	65.9	67.6	65.9	65.4	64.7	63.0	Economies Développés
- Asia-Pacific	3.4	3.4	3.6	3.3	3.5	3.6	3.9	4.0	3.8	3.6	- Asie-Pacifique
- Europe	47.4	46.8	44.0	40.6	43.7	46.3	44.2	42.3	41.0	41.5	- Europe
- North America	17.5	18.6	20.2	17.7	18.7	17.7	17.8	19.1	19.9	17.8	- Amérique du Nord
South-Eastern Europe	0.4	0.4	0.4	0.4	0.5	0.6	0.9	0.9	0.9	1.0	Europe du Sud-Est
Commonwealth of Independent States	2.2	1.8	2.2	2.4	2.5	2.6	2.9	2.9	3.3	3.8	Communauté d'Etats indépendants
- Asia	0.6	0.6	0.6	0.7	0.7	0.8	0.9	0.9	1.0	0.9	- Asie
- Europe	1.6	1.2	1.5	1.7	1.9	1.8	2.1	2.1	2.4	2.9	- Europe
Northern Africa	1.8	1.7	1.5	1.4	1.6	1.4	1.4	1.4	1.2	1.2	Afrique septentrionale
Sub-Saharan Africa	1.9	1.7	1.8	9.9	2.0	1.9	2.0	2.3	2.5	2.6	Afrique subsaharienne
Latin America & the Caribbean	8.2	7.7	7.7	7.0	7.3	6.0	6.1	6.4	6.9	6.8	Amérique latine et Caraïbes
- Caribbean	0.5	0.5	0.5	0.5	0.4	0.3	0.4	0.4	0.4	0.4	- Caraïbes
- Latin America	7.8	7.2	7.2	6.5	6.8	5.6	5.7	6.0	6.4	6.4	- Amérique latine
Eastern Asia	6.3	7.4	6.7	6.6	8.5	9.1	10.0	9.3	9.2	9.4	Asie orientale
Southern Asia	1.4	1.2	1.2	1.2	1.5	1.6	1.8	2.0	1.6	1.6	Asie méridionale
South-Eastern Asia	4.6	4.5	5.5	5.0	5.4	4.6	4.6	4.4	4.1	4.2	Asie du Sud-Est
Western Asia	4.8	4.6	5.2	4.4	4.6	4.5	4.3	4.9	5.4	6.3	Asie occidentale
Oceania	0.1	0.1	0.1	0.1	0.1	0.1	0.1	0.1	0.1	0.1	Océanie

Pompes pour liquides; élévateurs a liquides; parties de ces pompes et élévateurs 742

Trade by commodity
Exports by principal countries or areas
Value in million US dollars

Commerce par produit
Exportations selon les principaux pays ou zones
Valeur en millions de dollars EU

Country or area	2003	2004	2005	2006	2007	Pays ou zone
World	25614.1	31203.7	33826.9	37939.3	46825.8	Monde
Developed Economies	22681.4	27391.8	28949.6	31821.6	39013.5	Economies Développés
- Asia-Pacific	2316.3	2707.4	2883.5	3099.2	3764.8	- Asie-Pacifique
- Europe	16428.0	20220.6	21179.6	23003.2	28470.1	- Europe
- North America	3937.2	4463.8	4886.5	5719.2	6778.7	- Amérique du Nord
South-Eastern Europe	43.0	62.2	81.9	82.9	106.2	Europe du Sud-Est
Commonwealth of Independent States	233.9	304.4	322.9	435.8	519.9	Communauté d'Etats indépendants
- Asia	3.5	5.8	7.6	11.8	10.7	- Asie
- Europe	230.4	298.6	315.3	424.0	509.2	- Europe
Northern Africa	3.3	6.4	5.5	8.0	18.0	Afrique septentrionale
Sub-Saharan Africa	75.4	96.5	122.4	129.6	175.2	Afrique subsaharienne
Latin America & the Caribbean	704.5	903.3	1165.9	1314.6	1647.2	Amérique latine et Caraïbes
- Caribbean	2.0	3.6	5.4	4.2	4.6	- Caraïbes
- Latin America	702.5	899.8	1160.5	1310.4	1642.6	- Amérique latine
Eastern Asia	1081.1	1567.7	2102.8	2841.8	3623.5	Asie orientale
Southern Asia	122.5	142.9	186.7	254.2	309.6	Asie méridionale
South-Eastern Asia	493.9	542.0	668.9	786.8	984.8	Asie du Sud-Est
Western Asia	173.9	185.9	219.3	262.6	427.2	Asie occidentale
Oceania	1.2	0.6	0.8	1.2	0.9	Océanie
Germany	5928.6	7494.6	7788.9	8381.4	10206.5	Allemagne
United States	3317.7	3727.5	3989.7	4715.9	5548.9	Etats-Unis d'Amérique
Italy	2501.5	3027.1	3058.4	3378.3	4070.4	Italie
Japan	2199.7	2559.7	2694.9	2874.0	3506.2	Japon
France-Monaco	1745.6	2059.9	2035.7	2228.3	2625.0	France-Monaco
United Kingdom	1236.4	1382.1	1469.9	1486.1	1800.2	Royaume-Uni
China	639.7	961.7	1333.0	1873.7	2488.4	Chine
Czech Republic	791.0	1154.0	1378.6	1183.7	1388.9	République tchèque
Canada	619.4	736.3	896.8	1003.2	1229.8	Canada
Denmark	628.1	751.6	824.2	896.3	1156.9	Danemark
Netherlands	541.8	618.7	642.5	845.1	1210.6	Pays-Bas
Sweden	498.6	588.1	630.3	736.9	921.0	Suède
Mexico	408.4	455.4	582.5	713.6	899.0	Mexique
Austria	397.4	467.1	544.2	583.2	763.7	Autriche
Spain	453.7	541.6	501.7	520.5	686.5	Espagne
Belgium	360.4	413.6	455.2	524.7	653.8	Belgique
Norway	297.8	368.6	383.9	528.5	739.1	Norvège
Hungary	260.2	365.0	364.2	475.1	686.1	Hongrie
Brazil	213.7	356.8	465.6	476.6	568.6	Brésil
Singapore	341.2	339.9	367.1	457.1	564.8	Singapour
Switzerland-Liechtenstein	322.3	370.5	408.7	419.3	534.6	Suisse-Liechtenstein
Korea, Republic of	174.4	253.3	389.8	485.4	629.4	République de Corée
Finland	117.7	171.0	186.1	220.1	271.8	Finlande
India	119.0	132.2	178.0	237.9	289.7	Inde
Russian Federation	122.5	147.5	171.5	227.7	250.4	Fédération de Russie

Value as percentages of World total

Valeur en pourcentage du total mondial

Regions of the world	1998	1999	2000	2001	2002	2003	2004	2005	2006	2007	Régions du monde
World	100.0	100.0	100.0	100.0	100.0	100.0	100.0	100.0	100.0	100.0	Monde
Developed Economies	91.6	90.8	89.6	87.6	89.2	88.6	87.8	85.6	83.9	83.3	Economies Développés
- Asia-Pacific	8.6	9.6	10.2	9.1	9.2	9.0	8.7	8.5	8.2	8.0	- Asie-Pacifique
- Europe	65.4	63.5	60.0	59.2	61.9	64.1	64.8	62.6	60.6	60.8	- Europe
- North America	17.5	17.7	19.4	19.3	18.1	15.4	14.3	14.4	15.1	14.5	- Amérique du Nord
South-Eastern Europe	0.1	0.1	0.2	0.2	0.2	0.2	0.2	0.2	0.2	0.2	Europe du Sud-Est
Commonwealth of Independent States	1.2	1.5	1.1	1.0	1.0	0.9	1.0	1.0	1.1	1.1	Communauté d'Etats indépendants
- Asia	0.4	0.8	0.0	0.0	0.0	0.0	0.0	0.0	0.0	0.0	- Asie
- Europe	0.8	0.7	1.1	1.0	1.0	0.9	1.0	0.9	1.1	1.1	- Europe
Northern Africa	0.0	0.0	0.0	0.0	0.0	0.0	0.0	0.0	0.0	0.0	Afrique septentrionale
Sub-Saharan Africa	0.2	0.6	0.2	2.3	0.2	0.3	0.3	0.4	0.3	0.4	Afrique subsaharienne
Latin America & the Caribbean	2.5	2.5	2.9	2.8	2.7	2.8	2.9	3.4	3.5	3.5	Amérique latine et Caraïbes
- Caribbean	0.0	0.0	0.0	0.0	0.0	0.0	0.0	0.0	0.0	0.0	- Caraïbes
- Latin America	2.5	2.5	2.8	2.7	2.7	2.7	2.9	3.4	3.5	3.5	- Amérique latine
Eastern Asia	2.2	2.4	3.3	3.4	3.9	4.2	5.0	6.2	7.5	7.7	Asie orientale
Southern Asia	0.4	0.3	0.4	0.5	0.4	0.5	0.5	0.6	0.7	0.7	Asie méridionale
South-Eastern Asia	1.3	1.3	1.6	1.6	1.6	1.9	1.7	2.0	2.1	2.1	Asie du Sud-Est
Western Asia	0.4	0.5	0.6	0.7	0.8	0.7	0.6	0.6	0.7	0.9	Asie occidentale
Oceania	0.0	0.0	0.1	0.0	0.0	0.0	0.0	0.0	0.0	0.0	Océanie

743 Pumps (other than liquid), air or other gas compressors and fans, etc; parts

Trade by commodity
Imports by principal countries or areas
Value in million US dollars

Commerce par produit
Importations selon les principaux pays ou zones
Valeur en millions de dollars EU

Country or area	2003	2004	2005	2006	2007	Pays ou zone
World	54174.9	65962.2	72240.3	82088.9	97238.9	Monde
Developed Economies	35412.3	41811.9	44684.1	50937.3	60086.1	Economies Développés
- Asia-Pacific	2548.9	3128.2	3413.5	3752.3	4585.4	- Asie-Pacifique
- Europe	22045.5	26071.8	27589.7	31782.6	38659.0	- Europe
- North America	10818.0	12611.9	13680.9	15402.4	16841.8	- Amérique du Nord
South-Eastern Europe	395.4	748.6	873.5	992.0	1322.7	Europe du Sud-Est
Commonwealth of Independent States	1126.1	1360.9	2051.5	2792.4	3348.5	Communauté d'Etats indépendants
- Asia	287.5	382.3	402.7	514.9	833.1	- Asie
- Europe	838.6	978.6	1648.8	2277.5	2515.4	- Europe
Northern Africa	617.1	715.3	688.2	823.7	1036.3	Afrique septentrionale
Sub-Saharan Africa	827.2	921.4	1329.8	1305.6	1725.8	Afrique subsaharienne
Latin America & the Caribbean	3682.0	4261.0	5151.0	5842.5	6879.4	Amérique latine et Caraïbes
- Caribbean	158.9	191.6	244.6	271.4	303.8	- Caraïbes
- Latin America	3523.1	4069.4	4906.4	5571.1	6575.7	- Amérique latine
Eastern Asia	6649.5	9104.0	9348.9	10598.2	11136.3	Asie orientale
Southern Asia	994.8	1146.5	1510.6	1393.2	2089.8	Asie méridionale
South-Eastern Asia	2492.0	3273.2	3541.4	3977.3	4504.2	Asie du Sud-Est
Western Asia	1939.5	2572.4	3007.2	3357.1	5045.1	Asie occidentale
Oceania	38.9	47.2	54.4	69.6	64.6	Océanie
United States	8417.0	10033.8	10848.4	12158.6	13355.5	Etats-Unis d'Amérique
Germany	4075.0	4865.4	5282.0	6454.8	7060.5	Allemagne
China	3521.1	5220.7	5298.8	6105.7	6224.9	Chine
France-Monaco	2892.0	3416.8	3588.5	3832.8	4458.9	France-Monaco
Canada	2394.5	2571.0	2824.3	3232.9	3470.8	Canada
United Kingdom	2282.3	2554.3	2640.9	2783.8	3563.4	Royaume-Uni
Italy	2199.5	2531.1	2573.9	2895.5	3484.2	Italie
Mexico	1913.4	2107.5	2543.8	2894.2	3099.4	Mexique
Spain	1595.9	1898.9	2098.0	2342.8	2932.1	Espagne
Japan	1616.1	1952.7	2170.3	2343.5	2645.2	Japon
Belgium	1477.7	1743.9	1775.2	2048.1	2646.8	Belgique
Korea, Republic of	1314.0	1600.3	1795.6	2090.0	2635.1	République de Corée
Netherlands	1043.1	1260.6	1296.9	1637.0	2371.2	Pays-Bas
Russian Federation	617.8	673.4	1325.6	1837.3	1938.7	Fédération de Russie
Australia	796.7	1006.9	1069.2	1236.8	1748.5	Australie
Poland	703.7	993.7	1004.2	1285.6	1679.8	Pologne
Austria	828.8	991.3	1044.1	1122.6	1512.3	Autriche
Sweden	887.2	973.3	1017.2	1176.3	1361.6	Suède
Thailand	727.9	1011.0	1191.1	1163.6	1321.8	Thaïlande
China, Hong Kong SAR	910.9	1008.8	968.6	1084.4	989.3	Chine - RAS de Hong-Kong
Singapore	712.9	876.0	896.1	1101.7	1258.0	Singapour
Turkey	566.2	840.7	921.9	781.8	1122.3	Turquie
Czech Republic	502.8	664.8	709.5	966.8	1251.4	République tchèque
Saudi Arabia	452.1	532.4	700.2	823.6	1529.9	Arabie saoudite
Malaysia	528.9	743.9	761.2	863.7	923.0	Malaisie

Value as percentages of World total

Valeur en pourcentage du total mondial

Regions of the world	1998	1999	2000	2001	2002	2003	2004	2005	2006	2007	Régions du monde
World	100.0	100.0	100.0	100.0	100.0	100.0	100.0	100.0	100.0	100.0	Monde
Developed Economies	65.6	66.4	66.2	63.2	64.7	65.4	63.4	61.9	62.1	61.8	Economies Développés
- Asia-Pacific	5.2	5.0	4.8	4.4	4.7	4.7	4.7	4.7	4.6	4.7	- Asie-Pacifique
- Europe	40.7	39.8	38.5	38.1	38.6	40.7	39.5	38.2	38.7	39.8	- Europe
- North America	19.7	21.6	22.8	20.7	21.3	20.0	19.1	18.9	18.8	17.3	- Amérique du Nord
South-Eastern Europe	0.4	0.5	0.4	0.5	0.6	0.7	1.1	1.2	1.2	1.4	Europe du Sud-Est
Commonwealth of Independent States	1.8	1.3	1.5	1.8	2.0	2.1	2.1	2.8	3.4	3.4	Communauté d'Etats indépendants
- Asia	0.4	0.3	0.5	0.5	0.4	0.5	0.6	0.6	0.6	0.9	- Asie
- Europe	1.4	0.9	1.0	1.4	1.6	1.5	1.5	2.3	2.8	2.6	- Europe
Northern Africa	1.8	1.7	1.0	1.1	1.1	1.1	1.1	1.0	1.0	1.1	Afrique septentrionale
Sub-Saharan Africa	1.6	1.2	1.2	3.6	1.4	1.5	1.4	1.8	1.6	1.8	Afrique subsaharienne
Latin America & the Caribbean	8.9	9.3	8.7	9.4	7.7	6.8	6.5	7.1	7.1	7.1	Amérique latine et Caraïbes
- Caribbean	0.4	0.4	0.4	0.5	0.4	0.3	0.3	0.3	0.3	0.3	- Caraïbes
- Latin America	8.5	8.8	8.3	9.0	7.3	6.5	6.2	6.8	6.8	6.8	- Amérique latine
Eastern Asia	9.8	10.0	10.6	10.6	12.1	12.3	13.8	12.9	12.9	11.5	Asie orientale
Southern Asia	1.3	1.2	1.2	1.2	1.5	1.8	1.7	2.1	1.7	2.1	Asie méridionale
South-Eastern Asia	4.9	4.8	5.4	5.3	5.0	4.6	5.0	4.9	4.8	4.6	Asie du Sud-Est
Western Asia	3.9	3.6	3.6	3.0	3.9	3.6	3.9	4.2	4.1	5.2	Asie occidentale
Oceania	0.1	0.1	0.1	0.1	0.1	0.1	0.1	0.1	0.1	0.1	Océanie

Trade by commodity

Commerce par produit

Exports by principal countries or areas

Exportations selon les principaux pays ou zones

Value in million US dollars

Valeur en millions de dollars EU

Country or area	2003	2004	2005	2006	2007	Pays ou zone
World	53011.0	65151.1	69477.7	79548.2	96043.7	Monde
Developed Economies	41695.1	50523.2	52823.1	59995.5	71835.6	Economies Développés
- Asia-Pacific	5164.6	6183.2	6203.9	6458.4	7505.9	- Asie-Pacifique
- Europe	27921.9	34468.8	36004.4	41390.2	50730.4	- Europe
- North America	8608.6	9871.2	10614.8	12146.9	13599.2	- Amérique du Nord
South-Eastern Europe	145.8	514.0	305.2	402.8	745.3	Europe du Sud-Est
Commonwealth of Independent States	334.1	415.3	417.6	434.2	556.5	Communauté d'Etats indépendants
- Asia	7.4	8.9	7.7	14.9	15.8	- Asie
- Europe	326.8	406.4	409.9	419.3	540.7	- Europe
Northern Africa	22.8	26.1	55.1	46.2	72.9	Afrique septentrionale
Sub-Saharan Africa	1289.4	1521.7	1724.7	2463.7	3276.5	Afrique subsaharienne
Latin America & the Caribbean	2046.3	2496.6	2898.8	3415.7	4049.2	Amérique latine et Caraïbes
- Caribbean	5.9	7.5	8.9	11.4	15.3	- Caraïbes
- Latin America	2040.4	2489.1	2889.9	3404.3	4033.9	- Amérique latine
Eastern Asia	5129.0	6620.0	7640.5	8757.1	10826.0	Asie orientale
Southern Asia	167.3	199.1	324.4	447.1	550.8	Asie méridionale
South-Eastern Asia	1868.2	2388.7	2751.0	3144.1	3612.5	Asie du Sud-Est
Western Asia	312.5	444.8	535.1	438.5	517.9	Asie occidentale
Oceania	0.5	1.7	2.2	3.3	0.7	Océanie
Germany	8567.8	10838.8	12000.2	13884.7	16328.9	Allemagne
United States	7400.0	8381.4	9160.4	10268.0	11417.7	Etats-Unis d'Amérique
Japan	4996.2	5964.3	5962.3	6221.7	7198.3	Japon
Italy	4020.6	5188.1	4770.8	5721.3	7082.5	Italie
China	2359.2	3426.0	4487.3	5539.2	7284.0	Chine
France-Monaco	3624.3	4104.6	4295.0	4665.8	5250.2	France-Monaco
United Kingdom	2659.2	3070.5	3123.8	3284.5	3913.4	Royaume-Uni
Belgium	2323.5	2644.9	2345.8	2284.4	2995.3	Belgique
South Africa	1223.2	1439.1	1708.2	2449.9	3258.3	Afrique du Sud
Mexico	1289.0	1620.9	1885.7	2186.9	2650.5	Mexique
Netherlands	1004.3	1324.0	1429.1	1810.3	2663.8	Pays-Bas
Canada	1208.6	1489.8	1454.4	1878.8	2181.5	Canada
Switzerland-Liechtenstein	949.7	1138.0	1232.2	1442.4	1759.5	Suisse-Liechtenstein
Korea, Republic of	961.6	1162.2	1198.4	1333.4	1610.0	République de Corée
Austria	810.5	924.2	1055.8	1213.4	1544.5	Autriche
Singapore	740.0	803.5	936.3	1076.8	1235.1	Singapour
China, Hong Kong SAR	851.1	1002.0	948.6	918.5	964.5	Chine - RAS de Hong-Kong
Sweden	765.5	827.2	878.2	931.0	1179.7	Suède
Thailand	555.9	778.6	870.0	1075.1	1285.9	Thaïlande
Brazil	649.6	769.8	879.6	1064.2	1185.8	Brésil
Spain	714.1	851.2	838.1	935.0	1033.8	Espagne
Czech Republic	382.3	545.1	720.2	862.9	1176.4	République tchèque
Hungary	245.8	479.1	556.9	968.8	1271.4	Hongrie
Denmark	523.5	651.3	725.3	692.2	893.4	Danemark
Malaysia	365.5	525.9	600.1	639.0	690.7	Malaisie

Value as percentages of World total

Valeur en pourcentage du total mondial

Regions of the world	1998	1999	2000	2001	2002	2003	2004	2005	2006	2007	Régions du monde
World	100.0	100.0	100.0	100.0	100.0	100.0	100.0	100.0	100.0	100.0	Monde
Developed Economies	83.0	82.5	81.0	80.0	78.9	78.7	77.5	76.0	75.4	74.8	Economies Développés
- Asia-Pacific	10.6	10.9	11.6	10.0	10.0	9.7	9.5	8.9	8.1	7.8	- Asie-Pacifique
- Europe	52.8	51.9	48.6	49.3	49.8	52.7	52.9	51.8	52.0	52.8	- Europe
- North America	19.5	19.8	20.8	20.8	19.1	16.2	15.2	15.3	15.3	14.2	- Amérique du Nord
South-Eastern Europe	0.1	0.0	0.1	0.1	0.2	0.3	0.8	0.4	0.5	0.8	Europe du Sud-Est
Commonwealth of Independent States	0.4	0.4	0.6	0.8	0.6	0.6	0.6	0.6	0.5	0.6	Communauté d'Etats indépendants
- Asia	0.0	0.0	0.0	0.0	0.0	0.0	0.0	0.0	0.0	0.0	- Asie
- Europe	0.4	0.3	0.6	0.7	0.6	0.6	0.6	0.6	0.5	0.6	- Europe
Northern Africa	0.0	0.0	0.0	0.0	0.0	0.0	0.0	0.1	0.1	0.1	Afrique septentrionale
Sub-Saharan Africa	0.9	1.4	1.9	2.6	2.2	2.4	2.3	2.5	3.1	3.4	Afrique subsaharienne
Latin America & the Caribbean	3.3	3.5	3.9	3.8	4.3	3.9	3.8	4.2	4.3	4.2	Amérique latine et Caraïbes
- Caribbean	0.0	0.0	0.0	0.0	0.0	0.0	0.0	0.0	0.0	0.0	- Caraïbes
- Latin America	3.2	3.5	3.8	3.8	4.3	3.8	3.8	4.2	4.3	4.2	- Amérique latine
Eastern Asia	9.2	8.6	8.8	8.8	9.6	9.7	10.2	11.0	11.0	11.3	Asie orientale
Southern Asia	0.2	0.2	0.2	0.2	0.3	0.3	0.3	0.5	0.6	0.6	Asie méridionale
South-Eastern Asia	2.5	2.8	3.2	3.2	3.3	3.5	3.7	4.0	4.0	3.8	Asie du Sud-Est
Western Asia	0.5	0.5	0.4	0.5	0.6	0.6	0.7	0.8	0.6	0.5	Asie occidentale
Oceania	0.0	0.0	0.0	0.0	0.0	0.0	0.0	0.0	0.0	0.0	Océanie

744 Mechanical handling equipment and parts thereof, nes

Trade by commodity
Imports by principal countries or areas
Value in million US dollars

Commerce par produit
Importations selon les principaux pays ou zones
Valeur en millions de dollars EU

Country or area	2003	2004	2005	2006	2007	Pays ou zone
World	33677.1	42208.8	51428.7	60617.8	73615.6	Monde
Developed Economies	23565.0	28377.3	34182.7	39706.8	47761.1	Economies Développés
- Asia-Pacific	1314.4	1644.7	2027.1	2286.3	2617.6	- Asie-Pacifique
- Europe	15463.5	18769.0	22126.6	25882.9	33140.7	- Europe
- North America	6787.0	7963.6	10029.0	11537.6	12002.7	- Amérique du Nord
South-Eastern Europe	264.4	419.1	486.8	517.7	939.1	Europe du Sud-Est
Commonwealth of Independent States	880.8	1101.0	1687.3	2392.3	3457.3	Communauté d'Etats indépendants
- Asia	155.8	184.5	273.7	451.1	509.9	- Asie
- Europe	725.0	916.4	1413.7	1941.1	2947.4	- Europe
Northern Africa	345.2	410.9	438.7	494.5	691.0	Afrique septentrionale
Sub-Saharan Africa	718.8	869.0	1040.4	1469.2	1969.7	Afrique subsaharienne
Latin America & the Caribbean	1487.7	1869.0	2592.2	2995.0	3958.4	Amérique latine et Caraïbes
- Caribbean	168.4	150.3	195.9	227.0	275.7	- Caraïbes
- Latin America	1319.3	1718.7	2396.4	2768.0	3682.7	- Amérique latine
Eastern Asia	3235.8	4576.7	4806.4	5178.3	5329.9	Asie orientale
Southern Asia	460.9	658.1	951.8	1055.8	1147.9	Asie méridionale
South-Eastern Asia	1314.1	1833.1	2464.1	2896.3	3357.7	Asie du Sud-Est
Western Asia	1364.0	2020.4	2711.4	3812.9	4896.9	Asie occidentale
Oceania	40.4	74.3	66.9	99.1	106.5	Océanie
United States	5324.5	6441.5	8005.7	9187.3	9204.2	Etats-Unis d'Amérique
France-Monaco	2131.1	2602.3	2838.6	3224.2	4131.0	France-Monaco
Germany	1871.0	2235.7	2905.2	3492.1	4217.4	Allemagne
United Kingdom	2094.2	2613.6	2998.0	3030.6	3755.0	Royaume-Uni
China	1912.3	2549.3	2645.3	2806.0	2910.3	Chine
Spain	1419.0	1673.7	2020.8	2509.4	3197.0	Espagne
Canada	1451.6	1510.0	2008.6	2335.7	2781.5	Canada
Belgium	1136.5	1332.4	1731.9	1838.8	2362.7	Belgique
Italy	1174.4	1447.7	1606.3	1855.2	2283.9	Italie
Netherlands	952.0	1153.8	1408.1	1858.9	2533.6	Pays-Bas
Russian Federation	583.6	711.4	1118.3	1509.1	2408.7	Fédération de Russie
Australia	690.5	882.3	1152.5	1267.0	1511.6	Australie
Korea, Republic of	649.4	933.0	1071.7	1232.7	1307.4	République de Corée
Mexico	643.0	809.9	958.6	1152.7	1367.0	Mexique
Singapore	392.6	564.0	920.2	1180.1	1388.5	Singapour
Switzerland-Liechtenstein	607.0	713.0	815.0	940.7	1099.4	Suisse-Liechtenstein
United Arab Emirates	314.2	532.2	854.0	1081.9	e1338.8	Emirates arabes unis
Austria	610.4	720.6	758.0	866.9	1163.1	Autriche
Sweden	463.4	526.9	660.0	890.0	1110.5	Suède
Saudi Arabia	296.4	329.2	548.5	991.9	1342.9	Arabie saoudite
Japan	479.9	560.2	640.4	777.9	859.3	Japon
Poland	335.1	449.6	516.1	653.4	1093.5	Pologne
Denmark	335.1	436.0	526.8	668.9	896.4	Danemark
Norway	345.0	402.7	496.0	650.0	936.4	Norvège
India	168.3	243.0	472.3	789.8	880.5	Inde

Value as percentages of World total

Valeur en pourcentage du total mondial

Regions of the world	1998	1999	2000	2001	2002	2003	2004	2005	2006	2007	Régions du monde
World	100.0	100.0	100.0	100.0	100.0	100.0	100.0	100.0	100.0	100.0	Monde
Developed Economies	66.4	71.7	71.5	68.3	71.2	70.0	67.2	66.5	65.5	64.9	Economies Développés
- Asia-Pacific	3.4	3.2	3.1	3.1	3.3	3.9	3.9	3.9	3.8	3.6	- Asie-Pacifique
- Europe	43.2	46.1	43.8	43.7	45.9	45.9	44.5	43.0	42.7	45.0	- Europe
- North America	19.8	22.5	24.5	21.5	22.0	20.2	18.9	19.5	19.0	16.3	- Amérique du Nord
South-Eastern Europe	0.3	0.3	0.4	0.4	0.5	0.8	1.0	0.9	0.9	1.3	Europe du Sud-Est
Commonwealth of Independent States	2.2	1.5	1.2	1.7	2.1	2.6	2.6	3.3	3.9	4.7	Communauté d'Etats indépendants
- Asia	0.5	0.5	0.3	0.4	0.4	0.5	0.4	0.5	0.7	0.7	- Asie
- Europe	1.7	1.0	1.0	1.3	1.7	2.2	2.2	2.7	3.2	4.0	- Europe
Northern Africa	1.0	1.0	1.0	0.9	1.0	1.0	1.0	0.9	0.8	0.9	Afrique septentrionale
Sub-Saharan Africa	1.9	1.5	1.5	4.6	2.0	2.1	2.1	2.0	2.4	2.7	Afrique subsaharienne
Latin America & the Caribbean	7.8	6.9	6.5	6.4	5.1	4.4	4.4	5.0	4.9	5.4	Amérique latine et Caraïbes
- Caribbean	0.4	0.5	0.5	0.5	0.4	0.5	0.4	0.4	0.4	0.4	- Caraïbes
- Latin America	7.4	6.5	5.9	5.8	4.7	3.9	4.1	4.7	4.6	5.0	- Amérique latine
Eastern Asia	8.5	7.8	7.8	7.3	8.4	9.6	10.8	9.3	8.5	7.2	Asie orientale
Southern Asia	1.0	0.8	0.8	0.9	1.2	1.4	1.6	1.9	1.7	1.6	Asie méridionale
South-Eastern Asia	5.8	4.1	4.3	4.7	4.3	3.9	4.3	4.8	4.8	4.6	Asie du Sud-Est
Western Asia	4.9	4.3	4.9	4.7	4.0	4.1	4.8	5.3	6.3	6.7	Asie occidentale
Oceania	0.2	0.1	0.1	0.1	0.1	0.1	0.2	0.1	0.2	0.1	Océanie

Equipement mécanique de manutention et parties et pièces détachées, n.d.a. 744

Trade by commodity

Exports by principal countries or areas

Value in million US dollars

Commerce par produit

Exportations selon les principaux pays ou zones

Valeur en millions de dollars EU

Country or area	2003	2004	2005	2006	2007	Pays ou zone
World	34892.1	44130.1	52142.4	61961.1	76819.7	Monde
Developed Economies	30769.1	38268.0	44245.8	51862.4	63495.3	Economies Développés
- Asia-Pacific	3319.1	4610.6	4923.1	5221.4	5796.4	- Asie-Pacifique
- Europe	22205.2	27446.1	31685.6	37703.3	47088.5	- Europe
- North America	5244.8	6211.3	7637.0	8937.7	10610.3	- Amérique du Nord
South-Eastern Europe	110.8	167.8	185.0	220.8	343.2	Europe du Sud-Est
Commonwealth of Independent States	220.7	285.4	400.3	478.6	559.1	Communauté d'Etats indépendants
- Asia	11.8	13.8	18.8	29.2	29.4	- Asie
- Europe	208.9	271.6	381.5	449.4	529.6	- Europe
Northern Africa	5.4	20.7	17.4	32.3	15.2	Afrique septentrionale
Sub-Saharan Africa	78.9	109.6	118.0	139.1	185.8	Afrique subsaharienne
Latin America & the Caribbean	382.4	485.2	600.2	703.3	840.2	Amérique latine et Caraïbes
- Caribbean	6.6	10.6	22.9	25.5	29.5	- Caraïbes
- Latin America	375.8	474.6	577.4	677.8	810.7	- Amérique latine
Eastern Asia	2434.9	3601.0	4875.9	6519.6	9097.2	Asie orientale
Southern Asia	54.3	100.8	97.0	115.1	142.9	Asie méridionale
South-Eastern Asia	633.3	815.8	1183.2	1517.8	1692.9	Asie du Sud-Est
Western Asia	201.8	274.7	418.3	370.2	445.0	Asie occidentale
Oceania	0.6	1.1	1.4	1.8	3.0	Océanie
Germany	5864.3	7060.0	8541.0	10335.4	12559.7	Allemagne
United States	3668.9	4382.4	5410.3	6532.4	8006.2	Etats-Unis d'Amérique
Japan	3137.5	4360.6	4692.1	4971.4	5511.3	Japon
Italy	2755.6	3350.0	3781.6	4652.6	5829.6	Italie
China	1439.1	2331.6	3329.0	4616.4	6733.0	Chine
France-Monaco	2366.4	2910.1	3302.9	4032.3	5015.7	France-Monaco
United Kingdom	2084.2	2567.1	2874.8	3188.8	3706.3	Royaume-Uni
Netherlands	1415.3	2045.0	2197.6	2439.5	3015.0	Pays-Bas
Sweden	1541.7	1888.9	2126.6	2471.3	3011.8	Suède
Canada	1575.7	1828.7	2226.7	2405.2	2604.1	Canada
Austria	1212.1	1378.9	1610.8	1952.5	2575.9	Autriche
Belgium	786.8	1061.6	1277.4	1541.7	2205.5	Belgique
Spain	890.2	1017.1	1129.0	1387.4	1780.3	Espagne
Finland	727.9	1033.8	1163.8	1309.1	1651.9	Finlande
Korea, Republic of	571.0	808.0	1003.0	1246.8	1577.1	République de Corée
Denmark	553.4	706.0	682.5	851.5	1063.8	Danemark
Singapore	370.9	468.9	638.4	878.3	956.7	Singapour
Czech Republic	320.8	457.2	585.9	714.5	968.9	République tchèque
Switzerland-Liechtenstein	475.1	530.7	552.1	609.7	788.4	Suisse-Liechtenstein
Poland	197.5	267.6	361.3	450.1	641.4	Pologne
Mexico	244.5	295.9	382.6	425.7	504.8	Mexique
Norway	239.8	234.1	386.7	400.9	489.2	Norvège
Ireland	231.3	253.0	268.0	321.9	360.2	Irlande
Hungary	155.9	190.0	203.7	255.1	280.1	Hongrie
Thailand	112.3	123.5	197.5	246.8	370.2	Thaïlande

Regions of the world	1998	1999	2000	2001	2002	2003	2004	2005	2006	2007	Régions du monde
World	100.0	100.0	100.0	100.0	100.0	100.0	100.0	100.0	100.0	100.0	Monde
Developed Economies	89.5	90.1	89.4	88.6	89.2	88.2	86.7	84.9	83.7	82.7	Economies Développés
- Asia-Pacific	10.8	10.1	10.7	9.3	9.5	9.5	10.4	9.4	8.4	7.5	- Asie-Pacifique
- Europe	59.5	60.5	57.6	59.9	62.4	63.6	62.2	60.8	60.9	61.3	- Europe
- North America	19.1	19.5	21.0	19.4	17.4	15.0	14.1	14.6	14.4	13.8	- Amérique du Nord
South-Eastern Europe	0.3	0.2	0.2	0.3	0.3	0.3	0.4	0.4	0.4	0.4	Europe du Sud-Est
Commonwealth of Independent States	0.6	0.5	0.6	0.5	0.6	0.6	0.6	0.8	0.8	0.7	Communauté d'Etats indépendants
- Asia	0.1	0.1	0.0	0.0	0.0	0.0	0.0	0.0	0.0	0.0	- Asie
- Europe	0.5	0.4	0.5	0.5	0.5	0.6	0.6	0.7	0.7	0.7	- Europe
Northern Africa	0.0	0.0	0.0	0.0	0.0	0.0	0.0	0.0	0.1	0.0	Afrique septentrionale
Sub-Saharan Africa	0.3	0.3	0.2	0.9	0.2	0.2	0.2	0.2	0.2	0.2	Afrique subsaharienne
Latin America & the Caribbean	1.2	1.3	1.3	1.2	1.1	1.1	1.1	1.2	1.1	1.1	Amérique latine et Caraïbes
- Caribbean	0.1	0.0	0.1	0.1	0.1	0.0	0.0	0.0	0.0	0.0	- Caraïbes
- Latin America	1.2	1.2	1.2	1.1	1.0	1.1	1.1	1.1	1.1	1.1	- Amérique latine
Eastern Asia	5.4	5.3	5.7	5.7	6.6	7.0	8.2	9.4	10.5	11.8	Asie orientale
Southern Asia	0.1	0.1	0.1	0.1	0.1	0.2	0.2	0.2	0.2	0.2	Asie méridionale
South-Eastern Asia	2.0	1.7	1.5	1.4	1.4	1.8	1.8	2.3	2.4	2.2	Asie du Sud-Est
Western Asia	0.6	0.5	0.9	1.2	0.4	0.6	0.6	0.8	0.6	0.6	Asie occidentale
Oceania	0.0	0.0	0.0	0.0	0.0	0.0	0.0	0.0	0.0	0.0	Océanie

745 Non-electrical machinery, tools and mechanical apparatus and parts thereof, nes

Trade by commodity
Imports by principal countries or areas
Value in million US dollars

Commerce par produit
Importations selon les principaux pays ou zones
Valeur en millions de dollars EU

Country or area	2003	2004	2005	2006	2007	Pays ou zone
World	29560.1	34984.4	38269.8	42149.1	47615.6	Monde
Developed Economies	20380.7	23857.8	25196.6	27458.5	30196.4	Economies Développés
- Asia-Pacific	1357.6	1758.6	1756.8	1910.4	1984.1	- Asie-Pacifique
- Europe	13370.5	15432.7	16081.8	17544.7	19980.5	- Europe
- North America	5652.6	6666.5	7358.0	8003.3	8231.8	- Amérique du Nord
South-Eastern Europe	352.9	634.1	626.9	615.9	744.2	Europe du Sud-Est
Commonwealth of Independent States	852.7	1028.7	1135.4	1613.5	2369.9	Communauté d'Etats indépendants
- Asia	91.7	117.2	140.2	187.0	283.8	- Asie
- Europe	761.1	911.5	995.2	1426.5	2086.1	- Europe
Northern Africa	375.4	443.5	410.0	462.1	555.9	Afrique septentrionale
Sub-Saharan Africa	663.1	673.5	1066.6	1357.6	1628.7	Afrique subsaharienne
Latin America & the Caribbean	1971.8	2301.7	2801.1	3144.7	3824.8	Amérique latine et Caraïbes
- Caribbean	101.5	114.3	164.7	187.7	196.9	- Caraïbes
- Latin America	1870.3	2187.4	2636.5	2957.0	3627.9	- Amérique latine
Eastern Asia	2526.1	3059.4	3347.8	3604.6	3734.5	Asie orientale
Southern Asia	393.0	567.7	733.7	680.1	749.6	Asie méridionale
South-Eastern Asia	1120.4	1368.5	1572.4	1699.1	1986.3	Asie du Sud-Est
Western Asia	887.9	1010.2	1340.4	1473.2	1781.2	Asie occidentale
Oceania	36.2	39.2	39.0	39.9	44.2	Océanie
United States	4455.8	5368.5	5857.8	6511.6	6671.3	Etats-Unis d'Amérique
Germany	1832.4	2074.0	2342.9	2734.9	2841.3	Allemagne
France-Monaco	1782.9	2039.9	2099.5	2244.5	2579.6	France-Monaco
China	1440.6	1702.3	1832.8	1977.0	2208.3	Chine
United Kingdom	1639.5	1731.8	1821.4	1826.1	2081.4	Royaume-Uni
Canada	1193.2	1294.0	1496.8	1487.3	1556.0	Canada
Spain	984.9	1178.7	1330.4	1347.8	1590.3	Espagne
Mexico	1005.1	1173.4	1275.5	1407.7	1527.0	Mexique
Italy	1020.6	1300.8	1254.9	1336.4	1458.9	Italie
Belgium	1011.6	1114.6	1186.7	1255.0	1378.9	Belgique
Japan	686.9	919.1	848.4	933.4	1000.6	Japon
Russian Federation	509.7	620.1	703.5	1015.6	1448.7	Fédération de Russie
Switzerland-Liechtenstein	626.9	741.2	831.2	861.4	1008.2	Suisse-Liechtenstein
Netherlands	626.5	768.4	725.3	760.8	897.4	Pays-Bas
Australia	537.7	671.7	719.4	803.4	748.2	Australie
Austria	563.5	615.6	592.9	670.6	856.5	Autriche
Korea, Republic of	467.8	649.5	728.6	682.5	634.5	République de Corée
Poland	472.3	560.6	595.3	668.2	829.5	Pologne
Sweden	477.4	589.0	576.0	663.6	791.4	Suède
China, Hong Kong SAR	388.4	418.7	441.6	546.6	463.0	Chine - RAS de Hong-Kong
Turkey	296.0	389.8	508.9	509.3	501.7	Turquie
Denmark	311.4	351.2	397.9	516.9	520.1	Danemark
Thailand	296.0	367.3	416.8	486.7	437.5	Thaïlande
Singapore	273.8	329.6	349.8	443.7	527.1	Singapour
South Africa	221.8	271.8	355.6	546.3	493.9	Afrique du Sud

Value as percentages of World total

Valeur en pourcentage du total mondial

Regions of the world	1998	1999	2000	2001	2002	2003	2004	2005	2006	2007	Régions du monde
World	100.0	100.0	100.0	100.0	100.0	100.0	100.0	100.0	100.0	100.0	Monde
Developed Economies	68.6	71.3	69.6	68.0	69.6	68.9	68.2	65.8	65.1	63.4	Economies Développés
- Asia-Pacific	4.6	4.9	5.1	4.7	4.6	4.6	5.0	4.6	4.5	4.2	- Asie-Pacifique
- Europe	46.3	47.1	43.9	43.3	44.7	45.2	44.1	42.0	41.6	42.0	- Europe
- North America	17.7	19.4	20.6	20.0	20.2	19.1	19.1	19.2	19.0	17.3	- Amérique du Nord
South-Eastern Europe	0.9	0.7	0.7	0.8	1.0	1.2	1.8	1.6	1.5	1.6	Europe du Sud-Est
Commonwealth of Independent States	3.0	1.9	1.9	2.3	2.7	2.9	2.9	3.0	3.8	5.0	Communauté d'Etats indépendants
- Asia	0.3	0.2	0.3	0.3	0.2	0.3	0.3	0.4	0.4	0.6	- Asie
- Europe	2.8	1.7	1.6	2.0	2.4	2.6	2.6	2.6	3.4	4.4	- Europe
Northern Africa	1.1	1.4	1.2	1.1	1.2	1.3	1.3	1.1	1.1	1.2	Afrique septentrionale
Sub-Saharan Africa	2.2	2.0	2.0	4.0	2.0	2.2	1.9	2.8	3.2	3.4	Afrique subsaharienne
Latin America & the Caribbean	10.3	9.1	9.0	8.3	7.5	6.7	6.6	7.3	7.5	8.0	Amérique latine et Caraïbes
- Caribbean	0.3	0.4	0.4	0.5	0.4	0.3	0.3	0.4	0.4	0.4	- Caraïbes
- Latin America	10.0	8.7	8.6	7.9	7.1	6.3	6.3	6.9	7.0	7.6	- Amérique latine
Eastern Asia	6.0	6.2	7.6	7.6	7.9	8.5	8.7	8.7	8.6	7.8	Asie orientale
Southern Asia	1.0	0.9	0.9	0.9	1.2	1.3	1.6	1.9	1.6	1.6	Asie méridionale
South-Eastern Asia	3.7	3.4	4.0	4.3	4.1	3.8	3.9	4.1	4.0	4.2	Asie du Sud-Est
Western Asia	3.0	2.9	3.1	2.5	2.7	3.0	2.9	3.5	3.5	3.7	Asie occidentale
Oceania	0.1	0.1	0.1	0.1	0.1	0.1	0.1	0.1	0.1	0.1	Océanie

Machines, appareils et outils non électriques et leurs parties et pièces détachées, n.d.a. 745

Country or area	2003	2004	2005	2006	2007	Pays ou zone
World	30037.4	36867.3	39497.1	43957.5	50448.3	Monde
Developed Economies	26119.0	31768.9	33269.5	36731.0	41200.8	Economies Développés
- Asia-Pacific	1656.8	1971.7	2005.5	2133.9	1985.0	- Asie-Pacifique
- Europe	20364.0	24604.2	25424.9	28434.1	33188.6	- Europe
- North America	4098.2	5193.0	5839.1	6162.9	6027.3	- Amérique du Nord
South-Eastern Europe	48.6	56.9	68.7	89.4	100.2	Europe du Sud-Est
Commonwealth of Independent States	95.6	91.4	105.2	120.1	138.3	Communauté d'Etats indépendants
- Asia	2.1	9.0	9.2	7.1	7.5	- Asie
- Europe	93.5	82.5	96.0	112.9	130.8	- Europe
Northern Africa	22.2	8.9	7.7	8.4	16.3	Afrique septentrionale
Sub-Saharan Africa	71.4	84.7	120.1	95.2	116.8	Afrique subsaharienne
Latin America & the Caribbean	559.9	760.6	817.5	968.8	1119.7	Amérique latine et Caraïbes
- Caribbean	4.3	5.0	8.2	10.7	11.1	- Caraïbes
- Latin America	555.7	755.7	809.3	958.1	1108.5	- Amérique latine
Eastern Asia	2442.0	3299.4	4022.3	4883.4	5691.4	Asie orientale
Southern Asia	71.7	81.8	130.2	143.4	164.6	Asie méridionale
South-Eastern Asia	421.3	488.9	673.5	654.1	1489.2	Asie du Sud-Est
Western Asia	185.1	221.4	280.5	261.5	410.6	Asie occidentale
Oceania	0.5	4.3	2.2	2.4	0.5	Océanie
Germany	6898.2	8972.5	9377.8	10962.1	13064.4	Allemagne
Italy	5159.4	6013.5	6302.5	6767.1	7856.0	Italie
United States	3480.4	4442.9	4990.1	5238.4	5148.2	Etats-Unis d'Amérique
China	1088.3	1653.4	2142.9	2746.1	3649.9	Chine
Japan	1522.1	1804.7	1817.6	1930.4	1780.3	Japon
United Kingdom	1188.4	1305.8	1345.4	1421.7	1406.4	Royaume-Uni
Sweden	1023.9	1185.1	1135.5	1290.9	1405.9	Suède
France-Monaco	977.2	1178.2	1164.9	1205.7	1380.4	France-Monaco
Switzerland-Liechtenstein	1017.6	1095.1	1104.1	1222.0	1429.1	Suisse-Liechtenstein
Netherlands	812.2	970.4	970.9	1098.6	1263.0	Pays-Bas
Belgium	739.3	844.8	866.8	982.9	1065.6	Belgique
Canada	617.8	750.1	848.9	924.5	879.0	Canada
Spain	623.7	705.1	730.5	782.9	922.1	Espagne
Denmark	522.4	583.5	623.6	685.8	781.1	Danemark
China, Hong Kong SAR	458.4	514.1	583.6	718.1	594.3	Chine - RAS de Hong-Kong
Austria	426.1	533.5	481.8	571.9	699.3	Autriche
Mexico	277.2	426.7	445.1	548.1	589.2	Mexique
Singapore	270.3	304.9	442.3	376.4	455.8	Singapour
Korea, Republic of	193.1	265.8	341.5	395.8	368.0	République de Corée
Finland	178.5	253.3	300.8	271.7	351.4	Finlande
Brazil	183.0	231.2	253.4	282.0	361.9	Brésil
Czech Republic	188.6	214.8	201.1	228.4	273.5	République tchèque
Indonesia	29.9	26.0	45.7	53.3	764.8	Indonésie
Poland	89.9	140.6	162.7	166.5	270.2	Pologne
Norway	126.7	137.5	148.8	167.0	188.9	Norvège

Regions of the world	1998	1999	2000	2001	2002	2003	2004	2005	2006	2007	Régions du monde
World	100.0	100.0	100.0	100.0	100.0	100.0	100.0	100.0	100.0	100.0	Monde
Developed Economies	91.3	90.3	88.4	88.3	87.5	87.0	86.2	84.2	83.6	81.7	Economies Développés
- Asia-Pacific	5.7	6.6	6.8	5.5	5.1	5.5	5.3	5.1	4.9	3.9	- Asie-Pacifique
- Europe	69.3	67.0	62.9	65.0	67.0	67.8	66.7	64.4	64.7	65.8	- Europe
- North America	16.2	16.7	18.6	17.8	15.5	13.6	14.1	14.8	14.0	11.9	- Amérique du Nord
South-Eastern Europe	0.1	0.1	0.1	0.1	0.1	0.2	0.2	0.2	0.2	0.2	Europe du Sud-Est
Commonwealth of Independent States	0.2	0.3	0.3	0.3	0.2	0.3	0.2	0.3	0.3	0.3	Communauté d'Etats indépendants
- Asia	0.0	0.0	0.0	0.0	0.0	0.0	0.0	0.0	0.0	0.0	- Asie
- Europe	0.2	0.3	0.3	0.2	0.2	0.3	0.2	0.2	0.3	0.3	- Europe
Northern Africa	0.0	0.0	0.1	0.1	0.1	0.1	0.0	0.0	0.0	0.0	Afrique septentrionale
Sub-Saharan Africa	0.3	0.2	0.2	0.2	0.2	0.2	0.2	0.3	0.2	0.2	Afrique subsaharienne
Latin America & the Caribbean	1.7	2.2	2.6	2.5	2.1	1.9	2.1	2.1	2.2	2.2	Amérique latine et Caraïbes
- Caribbean	0.0	0.0	0.0	0.0	0.0	0.0	0.0	0.0	0.0	0.0	- Caraïbes
- Latin America	1.7	2.2	2.6	2.5	2.1	1.8	2.0	2.0	2.2	2.2	- Amérique latine
Eastern Asia	4.5	5.1	6.3	6.6	7.6	8.1	8.9	10.2	11.1	11.3	Asie orientale
Southern Asia	0.2	0.2	0.2	0.2	0.3	0.2	0.2	0.3	0.3	0.3	Asie méridionale
South-Eastern Asia	1.0	1.0	1.2	1.1	1.3	1.4	1.3	1.7	1.5	3.0	Asie du Sud-Est
Western Asia	0.8	0.5	0.5	0.7	0.6	0.6	0.6	0.7	0.6	0.8	Asie occidentale
Oceania	0.0	0.0	0.0	0.0	0.0	0.0	0.0	0.0	0.0	0.0	Océanie

746 Ball or roller bearings

Trade by commodity

Imports by principal countries or areas

Value in million US dollars

Commerce par produit

Importations selon les principaux pays ou zones

Valeur en millions de dollars EU

Country or area	2003	2004	2005	2006	2007	Pays ou zone
World	15493.9	18480.8	20716.2	22790.9	26613.7	Monde
Developed Economies	9999.3	11690.2	12836.6	14053.5	16440.0	Economies Développés
- Asia-Pacific	575.4	689.6	756.1	817.2	876.3	- Asie-Pacifique
- Europe	7342.5	8575.3	9264.6	10372.0	12613.3	- Europe
- North America	2081.5	2425.3	2815.8	2864.3	2950.4	- Amérique du Nord
South-Eastern Europe	80.3	134.5	174.9	190.1	291.8	Europe du Sud-Est
Commonwealth of Independent States	189.8	288.5	355.1	403.1	572.6	Communauté d'Etats indépendants
- Asia	26.9	32.1	42.7	50.0	61.8	- Asie
- Europe	162.9	256.5	312.4	353.0	510.8	- Europe
Northern Africa	70.7	81.2	87.4	92.3	102.2	Afrique septentrionale
Sub-Saharan Africa	210.1	228.4	271.4	284.6	357.1	Afrique subsaharienne
Latin America & the Caribbean	987.5	1222.4	1404.6	1541.2	1792.6	Amérique latine et Caraïbes
- Caribbean	23.6	25.9	28.9	35.5	38.9	- Caraïbes
- Latin America	963.9	1196.5	1375.7	1505.7	1753.6	- Amérique latine
Eastern Asia	1990.3	2426.9	2814.1	3250.1	3770.4	Asie orientale
Southern Asia	307.7	383.6	494.8	521.9	598.7	Asie méridionale
South-Eastern Asia	1336.6	1610.1	1790.8	1965.1	2113.9	Asie du Sud-Est
Western Asia	309.6	402.8	472.8	472.5	564.6	Asie occidentale
Oceania	12.0	12.1	13.8	16.4	9.9	Océanie
Germany	1996.9	2194.5	2659.0	3013.3	3518.5	Allemagne
United States	1458.3	1725.9	2031.8	2029.0	2051.0	Etats-Unis d'Amérique
China	864.2	1101.7	1341.0	1671.3	2112.0	Chine
France-Monaco	948.7	1202.7	1159.8	1201.0	1531.4	France-Monaco
Italy	864.3	990.0	996.9	1143.4	1377.3	Italie
Singapore	700.5	863.9	917.1	1034.3	1127.4	Singapour
Belgium	561.1	681.6	743.4	826.0	1076.7	Belgique
Canada	623.0	699.2	783.6	835.2	899.2	Canada
United Kingdom	491.0	614.5	598.3	611.9	713.2	Royaume-Uni
Korea, Republic of	448.6	541.7	617.5	678.5	716.9	République de Corée
Mexico	389.9	474.5	522.4	592.3	640.1	Mexique
China, Hong Kong SAR	410.0	457.9	531.0	581.9	630.1	Chine - RAS de Hong-Kong
Sweden	391.8	433.8	497.5	571.5	650.5	Suède
Japan	375.9	463.3	508.3	572.8	613.8	Japon
Netherlands	378.8	431.8	459.1	554.0	597.8	Pays-Bas
Spain	357.6	400.0	414.4	444.6	554.5	Espagne
Brazil	284.7	364.4	426.1	446.9	576.6	Brésil
Thailand	332.7	357.4	415.7	419.7	432.5	Thaïlande
Austria	267.8	326.9	368.5	402.2	515.8	Autriche
India	208.3	247.3	347.7	423.7	492.3	Inde
Czech Republic	147.2	175.3	205.6	252.2	335.7	République tchèque
Australia	176.2	199.7	218.7	216.8	233.3	Australie
Poland	127.4	168.0	191.8	236.2	294.5	Pologne
Switzerland-Liechtenstein	156.2	191.3	202.7	209.7	252.9	Suisse-Liechtenstein
Turkey	143.6	205.5	230.0	201.4	229.5	Turquie

Value as percentages of World total

Valeur en pourcentage du total mondial

Regions of the world	1998	1999	2000	2001	2002	2003	2004	2005	2006	2007	Régions du monde
World	100.0	100.0	100.0	100.0	100.0	100.0	100.0	100.0	100.0	100.0	Monde
Developed Economies	71.1	68.5	65.2	64.7	64.4	64.5	63.3	62.0	61.7	61.8	Economies Développés
- Asia-Pacific	4.4	4.8	4.6	4.2	4.0	3.7	3.7	3.6	3.6	3.3	- Asie-Pacifique
- Europe	48.6	46.6	43.6	45.1	45.2	47.4	46.4	44.7	45.5	47.4	- Europe
- North America	18.1	17.1	17.0	15.5	15.1	13.4	13.1	13.6	12.6	11.1	- Amérique du Nord
South-Eastern Europe	0.3	0.3	0.3	0.4	0.5	0.5	0.7	0.8	0.8	1.1	Europe du Sud-Est
Commonwealth of Independent States	1.3	0.8	1.0	1.3	1.2	1.2	1.6	1.7	1.8	2.2	Communauté d'Etats indépendants
- Asia	0.1	0.1	0.1	0.2	0.2	0.2	0.2	0.2	0.2	0.2	- Asie
- Europe	1.1	0.7	0.9	1.1	1.0	1.1	1.4	1.5	1.5	1.9	- Europe
Northern Africa	0.6	0.5	0.5	0.5	0.5	0.5	0.4	0.4	0.4	0.4	Afrique septentrionale
Sub-Saharan Africa	1.5	1.3	1.4	2.8	1.3	1.4	1.2	1.3	1.2	1.3	Afrique subsaharienne
Latin America & the Caribbean	7.9	7.1	7.5	7.3	6.8	6.4	6.6	6.8	6.8	6.7	Amérique latine et Caraïbes
- Caribbean	0.2	0.2	0.2	0.2	0.2	0.2	0.1	0.1	0.2	0.1	- Caraïbes
- Latin America	7.7	6.9	7.3	7.1	6.7	6.2	6.5	6.6	6.6	6.6	- Amérique latine
Eastern Asia	7.2	9.3	10.8	10.6	12.3	12.8	13.1	13.6	14.3	14.2	Asie orientale
Southern Asia	1.8	1.8	1.6	1.8	1.9	2.0	2.1	2.4	2.3	2.2	Asie méridionale
South-Eastern Asia	6.4	8.3	9.8	8.7	9.0	8.6	8.7	8.6	8.6	7.9	Asie du Sud-Est
Western Asia	2.0	2.0	1.9	1.9	2.0	2.0	2.2	2.3	2.1	2.1	Asie occidentale
Oceania	0.1	0.1	0.0	0.1	0.1	0.1	0.1	0.1	0.1	0.0	Océanie

Trade by commodity

Exports by principal countries or areas

Value in million US dollars

Country or area	2003	2004	2005	2006	2007	Pays ou zone
World	14778.5	17637.3	19668.1	21770.5	25879.8	Monde
Developed Economies	11491.8	13589.3	14913.8	16444.5	19423.0	Economies Développés
- Asia-Pacific	2313.7	2675.1	2896.3	3041.1	3272.1	- Asie-Pacifique
- Europe	7723.9	9307.7	10246.4	11446.2	14078.6	- Europe
- North America	1454.2	1606.5	1771.0	1957.2	2072.3	- Amérique du Nord
South-Eastern Europe	140.4	191.7	281.6	323.5	506.3	Europe du Sud-Est
Commonwealth of Independent States	193.5	254.0	265.6	289.3	356.7	Communauté d'Etats indépendants
- Asia	27.1	49.6	70.5	83.4	97.4	- Asie
- Europe	166.4	204.4	195.1	205.9	259.4	- Europe
Northern Africa	0.5	0.4	0.6	0.3	0.8	Afrique septentrionale
Sub-Saharan Africa	34.5	37.5	39.7	42.5	44.4	Afrique subsaharienne
Latin America & the Caribbean	182.3	226.3	275.3	301.5	355.7	Amérique latine et Caraïbes
- Caribbean	0.2	0.6	0.4	0.7	0.3	- Caraïbes
- Latin America	182.1	225.7	274.8	300.8	355.3	- Amérique latine
Eastern Asia	1388.5	1765.0	2139.9	2443.0	3100.3	Asie orientale
Southern Asia	89.1	136.5	184.4	185.3	218.6	Asie méridionale
South-Eastern Asia	1189.1	1348.2	1464.7	1689.1	1817.8	Asie du Sud-Est
Western Asia	68.3	88.1	102.6	51.1	56.2	Asie occidentale
Oceania	0.6	0.3	0.1	0.2	0.0	Océanie
Germany	2449.7	2994.8	3307.0	3636.1	4610.7	Allemagne
Japan	2297.0	2657.0	2874.6	3020.2	3239.5	Japon
France-Monaco	1171.4	1366.3	1477.7	1724.8	2166.8	France-Monaco
United States	1197.7	1339.2	1467.9	1622.9	1726.6	Etats-Unis d'Amérique
China	803.6	1090.1	1369.1	1583.6	2079.2	Chine
Italy	856.8	1061.9	1135.7	1200.6	1464.8	Italie
Singapore	801.1	942.3	1029.8	1153.2	1294.8	Singapour
Sweden	551.7	634.6	726.8	829.4	971.4	Suède
Belgium	465.9	567.9	602.3	638.5	768.3	Belgique
Netherlands	401.4	454.3	516.8	647.0	686.9	Pays-Bas
United Kingdom	425.5	471.1	533.3	572.5	689.1	Royaume-Uni
Austria	294.1	385.8	442.3	499.6	672.2	Autriche
Slovakia	290.3	352.5	450.7	534.4	648.2	Slovaquie
Poland	244.4	320.0	372.1	395.7	489.4	Pologne
China, Hong Kong SAR	244.1	300.8	342.4	396.5	501.7	Chine - RAS de Hong-Kong
Canada	256.5	267.3	303.0	334.3	345.7	Canada
Korea, Republic of	196.2	211.5	250.4	282.7	338.6	République de Corée
Romania	130.5	167.6	244.5	281.4	431.7	Roumanie
Spain	194.5	222.5	256.6	265.5	289.2	Espagne
Thailand	193.8	207.8	228.4	274.8	205.9	Thaïlande
India	88.0	135.5	183.5	184.3	217.5	Inde
Brazil	105.0	134.6	168.6	189.1	206.1	Brésil
Malaysia	98.7	112.7	126.7	163.3	207.1	Malaisie
Czech Republic	101.4	115.2	130.9	158.9	194.9	République tchèque
Hungary	81.9	110.2	112.7	123.8	136.2	Hongrie

Value as percentages of World total

Valeur en pourcentage du total mondial

Regions of the world	1998	1999	2000	2001	2002	2003	2004	2005	2006	2007	Régions du monde
World	100.0	100.0	100.0	100.0	100.0	100.0	100.0	100.0	100.0	100.0	Monde
Developed Economies	82.2	80.4	77.8	76.9	77.0	77.8	77.0	75.8	75.5	75.1	Economies Développés
- Asia-Pacific	17.5	19.0	20.3	17.3	16.0	15.7	15.2	14.7	14.0	12.6	- Asie-Pacifique
- Europe	54.2	50.5	46.6	48.7	49.9	52.3	52.8	52.1	52.6	54.4	- Europe
- North America	10.5	10.9	10.9	10.9	11.2	9.8	9.1	9.0	9.0	8.0	- Amérique du Nord
South-Eastern Europe	0.9	0.8	0.8	1.0	1.0	1.0	1.1	1.4	1.5	2.0	Europe du Sud-Est
Commonwealth of Independent States	1.5	1.3	1.7	2.4	1.5	1.3	1.4	1.4	1.3	1.4	Communauté d'Etats indépendants
- Asia	0.1	0.0	0.1	0.1	0.2	0.2	0.3	0.4	0.4	0.4	- Asie
- Europe	1.4	1.2	1.6	2.2	1.3	1.1	1.2	1.0	0.9	1.0	- Europe
Northern Africa	0.0	0.0	0.0	0.0	0.0	0.0	0.0	0.0	0.0	0.0	Afrique septentrionale
Sub-Saharan Africa	0.2	0.2	0.2	0.2	0.2	0.2	0.2	0.2	0.2	0.2	Afrique subsaharienne
Latin America & the Caribbean	1.3	1.3	1.3	1.2	1.3	1.2	1.3	1.4	1.4	1.4	Amérique latine et Caraïbes
- Caribbean	0.0	0.0	0.0	0.0	0.0	0.0	0.0	0.0	0.0	0.0	- Caraïbes
- Latin America	1.3	1.3	1.3	1.2	1.3	1.2	1.3	1.4	1.4	1.4	- Amérique latine
Eastern Asia	6.4	7.3	8.3	9.0	9.8	9.4	10.0	10.9	11.2	12.0	Asie orientale
Southern Asia	0.3	0.4	0.4	0.4	0.5	0.6	0.8	0.9	0.9	0.8	Asie méridionale
South-Eastern Asia	6.8	8.1	9.1	8.4	8.3	8.0	7.6	7.4	7.8	7.0	Asie du Sud-Est
Western Asia	0.2	0.3	0.3	0.4	0.4	0.5	0.5	0.5	0.2	0.2	Asie occidentale
Oceania	0.0	0.0	0.0	0.0	0.0	0.0	0.0	0.0	0.0	0.0	Océanie

747 Taps, cocks, valves, etc; pressure-reducing, thermostatically control valves

Trade by commodity

Imports by principal countries or areas

Value in million US dollars

Commerce par produit

Importations selon les principaux pays ou zones

Valeur en millions de dollars EU

Country or area	2003	2004	2005	2006	2007	Pays ou zone
World	32869.5	40310.7	43958.5	52438.2	63338.2	Monde
Developed Economies	22312.0	26919.7	29373.3	35008.1	41414.6	Economies Développés
- Asia-Pacific	1494.9	1854.8	2020.6	2357.2	2722.5	- Asie-Pacifique
- Europe	13453.2	16091.7	17284.3	20961.7	26167.4	- Europe
- North America	7364.0	8973.1	10068.4	11689.3	12524.7	- Amérique du Nord
South-Eastern Europe	249.9	369.1	409.8	454.5	599.0	Europe du Sud-Est
Commonwealth of Independent States	568.2	800.3	1026.8	1214.1	1712.0	Communauté d'Etats indépendants
- Asia	193.9	290.2	328.0	402.2	501.2	- Asie
- Europe	374.3	510.2	698.9	811.9	1210.8	- Europe
Northern Africa	337.6	482.4	520.1	571.9	686.0	Afrique septentrionale
Sub-Saharan Africa	1441.5	1404.0	628.5	789.4	1092.0	Afrique subsaharienne
Latin America & the Caribbean	2194.1	2511.8	2864.9	3468.8	3952.9	Amérique latine et Caraïbes
- Caribbean	133.6	122.2	139.6	172.1	203.7	- Caraïbes
- Latin America	2060.5	2389.6	2725.3	3296.7	3749.2	- Amérique latine
Eastern Asia	2893.3	4140.7	4810.2	5706.8	6466.9	Asie orientale
Southern Asia	473.6	647.9	710.8	590.6	795.2	Asie méridionale
South-Eastern Asia	1098.5	1377.1	1579.3	1959.3	2468.5	Asie du Sud-Est
Western Asia	1277.4	1630.6	2003.1	2630.7	4104.3	Asie occidentale
Oceania	23.3	27.1	31.5	44.1	46.7	Océanie
United States	5682.1	6993.9	7846.7	9209.0	9933.2	Etats-Unis d'Amérique
Germany	2471.9	2923.2	3242.3	4232.4	5045.5	Allemagne
China	1453.6	2254.2	2726.8	3418.8	3743.8	Chine
United Kingdom	1701.2	2051.7	2141.5	2510.6	3170.8	Royaume-Uni
France-Monaco	1664.6	2039.4	2109.9	2391.2	3070.7	France-Monaco
Canada	1675.3	1973.1	2215.9	2474.5	2586.3	Canada
Italy	1145.8	1323.2	1418.9	1675.6	2134.3	Italie
Mexico	1171.6	1312.0	1466.1	1757.3	1884.0	Mexique
Japan	946.7	1187.7	1282.7	1502.4	1729.8	Japon
Spain	863.1	1064.4	1121.9	1362.7	1695.6	Espagne
Korea, Republic of	757.6	1019.0	1116.1	1258.2	1678.9	République de Corée
Netherlands	614.2	752.6	793.7	965.4	1213.1	Pays-Bas
Belgium	657.3	762.8	775.9	880.3	1204.5	Belgique
Austria	499.8	605.2	645.8	728.7	926.9	Autriche
Poland	463.7	583.4	595.4	757.7	940.4	Pologne
Saudi Arabia	343.4	356.3	509.1	626.0	1451.0	Arabie saoudite
Australia	473.2	569.1	634.9	746.7	860.5	Australie
Switzerland-Liechtenstein	434.6	515.9	553.0	635.2	792.1	Suisse-Liechtenstein
Singapore	363.2	496.3	492.8	685.0	829.1	Singapour
Czech Republic	379.7	490.7	528.1	637.2	805.6	République tchèque
Denmark	353.0	415.7	487.4	692.2	848.4	Danemark
Sweden	389.8	480.2	508.1	607.1	771.4	Suède
Norway	389.9	428.6	502.0	603.2	753.4	Norvège
Brazil	378.9	427.4	457.3	557.7	731.6	Brésil
Russian Federation	252.2	324.2	478.7	551.9	857.4	Fédération de Russie

Value as percentages of World total

Valeur en pourcentage du total mondial

Regions of the world	1998	1999	2000	2001	2002	2003	2004	2005	2006	2007	Régions du monde
World	100.0	100.0	100.0	100.0	100.0	100.0	100.0	100.0	100.0	100.0	Monde
Developed Economies	71.1	71.9	71.4	69.4	69.0	67.9	66.8	66.8	66.8	65.4	Economies Développés
- Asia-Pacific	4.4	4.3	4.5	4.3	4.4	4.5	4.6	4.6	4.5	4.3	- Asie-Pacifique
- Europe	43.8	42.6	39.6	39.5	39.8	40.9	39.9	39.3	40.0	41.3	- Europe
- North America	22.9	24.9	27.4	25.6	24.8	22.4	22.3	22.9	22.3	19.8	- Amérique du Nord
South-Eastern Europe	0.5	0.5	0.5	0.7	0.7	0.8	0.9	0.9	0.9	0.9	Europe du Sud-Est
Commonwealth of Independent States	1.5	1.2	1.3	1.7	1.7	1.7	2.0	2.3	2.3	2.7	Communauté d'Etats indépendants
- Asia	0.2	0.4	0.5	0.6	0.5	0.6	0.7	0.7	0.8	0.8	- Asie
- Europe	1.2	0.8	0.9	1.1	1.2	1.1	1.3	1.6	1.5	1.9	- Europe
Northern Africa	1.3	1.4	1.2	1.2	1.2	1.0	1.2	1.2	1.1	1.1	Afrique septentrionale
Sub-Saharan Africa	1.3	1.1	1.3	2.4	1.7	4.4	3.5	1.4	1.5	1.7	Afrique subsaharienne
Latin America & the Caribbean	7.8	7.6	7.8	7.9	8.0	6.7	6.2	6.5	6.6	6.2	Amérique latine et Caraïbes
- Caribbean	0.3	0.4	0.4	0.4	0.5	0.4	0.3	0.3	0.3	0.3	- Caraïbes
- Latin America	7.4	7.2	7.4	7.5	7.5	6.3	5.9	6.2	6.3	5.9	- Amérique latine
Eastern Asia	6.4	7.2	7.4	7.3	8.3	8.8	10.3	10.9	10.9	10.2	Asie orientale
Southern Asia	1.8	1.3	1.2	1.4	1.5	1.4	1.6	1.6	1.1	1.3	Asie méridionale
South-Eastern Asia	4.3	4.0	3.8	4.0	3.7	3.3	3.4	3.6	3.7	3.9	Asie du Sud-Est
Western Asia	4.0	3.7	3.9	3.9	4.0	3.9	4.0	4.6	5.0	6.5	Asie occidentale
Oceania	0.1	0.1	0.1	0.1	0.1	0.1	0.1	0.1	0.1	0.1	Océanie

Articles de robinetterie pour tuyauteries, chaudières ou contenants similaires 747

Trade by commodity

Exports by principal countries or areas

Value in million US dollars

Commerce par produit

Exportations selon les principaux pays ou zones

Valeur en millions de dollars EU

Country or area	2003	2004	2005	2006	2007	Pays ou zone
World	29864.7	36403.0	40807.4	50074.9	61856.4	Monde
Developed Economies	23597.4	28716.7	31541.4	37699.9	46015.9	Economies Développés
- Asia-Pacific	2125.4	2738.1	2874.1	3158.8	3613.2	- Asie-Pacifique
- Europe	17128.3	21059.0	22999.5	27957.1	34828.9	- Europe
- North America	4343.7	4919.5	5667.8	6584.1	7573.8	- Amérique du Nord
South-Eastern Europe	141.1	167.3	200.9	250.1	369.7	Europe du Sud-Est
Commonwealth of Independent States	225.8	264.6	275.8	311.6	413.4	Communauté d'Etats indépendants
- Asia	12.2	14.2	16.4	13.0	20.8	- Asie
- Europe	213.6	250.4	259.4	298.6	392.6	- Europe
Northern Africa	9.1	14.5	16.6	22.2	33.0	Afrique septentrionale
Sub-Saharan Africa	44.0	52.4	52.5	57.7	74.3	Afrique subsaharienne
Latin America & the Caribbean	1405.1	1577.3	1778.6	2159.1	2221.8	Amérique latine et Caraïbes
- Caribbean	2.0	2.2	2.8	5.4	67.5	- Caraïbes
- Latin America	1403.1	1575.1	1775.8	2153.7	2154.4	- Amérique latine
Eastern Asia	3447.1	4392.0	5430.4	7698.4	10319.3	Asie orientale
Southern Asia	156.6	206.4	342.9	427.0	528.8	Asie méridionale
South-Eastern Asia	493.6	578.2	710.4	1006.6	1270.1	Asie du Sud-Est
Western Asia	344.3	433.0	457.1	440.9	609.3	Asie occidentale
Oceania	0.6	0.4	0.8	1.1	0.8	Océanie
Germany	4569.2	5757.7	6557.7	7926.2	9478.9	Allemagne
Italy	4016.9	4822.3	5132.0	6295.4	7869.1	Italie
United States	3664.6	4072.8	4673.2	5455.4	6281.8	Etats-Unis d'Amérique
China	2230.5	2937.8	3772.8	5712.7	8049.2	Chine
Japan	2026.7	2608.5	2728.6	2995.5	3411.7	Japon
France-Monaco	1642.8	1961.6	2125.6	2371.0	2945.4	France-Monaco
United Kingdom	1430.2	1664.0	1783.3	2109.1	2768.4	Royaume-Uni
Mexico	1140.1	1324.4	1468.6	1710.7	1703.0	Mexique
Denmark	705.5	865.4	872.3	1222.7	1541.7	Danemark
Spain	693.2	863.2	924.3	1128.7	1467.7	Espagne
Canada	679.0	846.0	994.5	1128.7	1292.0	Canada
Switzerland-Liechtenstein	682.5	894.8	923.5	1089.2	1283.6	Suisse-Liechtenstein
Netherlands	529.9	636.2	703.6	852.6	1073.0	Pays-Bas
Korea, Republic of	425.6	532.5	662.7	843.9	1031.3	République de Corée
Belgium	453.1	502.9	556.9	608.3	807.9	Belgique
Sweden	377.2	466.5	496.0	585.4	699.4	Suède
Poland	289.3	364.3	474.0	639.9	829.4	Pologne
Austria	382.6	459.6	484.2	553.2	711.3	Autriche
Czech Republic	273.2	369.2	417.5	565.8	745.2	République tchèque
Singapore	259.6	265.9	346.1	461.8	554.3	Singapour
Finland	230.3	275.8	304.1	367.3	501.6	Finlande
India	148.1	195.9	326.6	411.9	508.5	Inde
Hungary	157.0	244.5	264.7	342.1	438.4	Hongrie
Portugal	174.0	242.4	250.7	317.5	408.7	Portugal
China, Hong Kong SAR	215.7	231.1	288.6	271.4	286.4	Chine - RAS de Hong-Kong

Value as percentages of World total

Valeur en pourcentage du total mondial

Regions of the world	1998	1999	2000	2001	2002	2003	2004	2005	2006	2007	Régions du monde
World	100.0	100.0	100.0	100.0	100.0	100.0	100.0	100.0	100.0	100.0	Monde
Developed Economies	87.0	84.9	81.7	80.5	79.2	79.0	78.9	77.3	75.3	74.4	Economies Développés
- Asia-Pacific	7.5	8.4	9.1	7.5	7.3	7.1	7.5	7.0	6.3	5.8	- Asie-Pacifique
- Europe	63.6	60.0	54.8	55.1	56.0	57.4	57.8	56.4	55.8	56.3	- Europe
- North America	15.8	16.5	17.8	17.9	15.9	14.5	13.5	13.9	13.1	12.2	- Amérique du Nord
South-Eastern Europe	0.4	0.4	0.4	0.5	0.5	0.5	0.5	0.5	0.5	0.6	Europe du Sud-Est
Commonwealth of Independent States	0.5	0.4	0.9	1.6	0.7	0.8	0.7	0.7	0.6	0.7	Communauté d'Etats indépendants
- Asia	0.0	0.0	0.0	0.0	0.0	0.0	0.0	0.0	0.0	0.0	- Asie
- Europe	0.5	0.3	0.9	1.6	0.7	0.7	0.7	0.6	0.6	0.6	- Europe
Northern Africa	0.0	0.0	0.0	0.0	0.0	0.0	0.0	0.0	0.0	0.1	Afrique septentrionale
Sub-Saharan Africa	0.1	0.1	0.1	0.1	0.1	0.1	0.1	0.1	0.1	0.1	Afrique subsaharienne
Latin America & the Caribbean	4.6	5.6	6.2	5.5	6.1	4.7	4.3	4.4	4.3	3.6	Amérique latine et Caraïbes
- Caribbean	0.0	0.0	0.0	0.0	0.0	0.0	0.0	0.0	0.0	0.1	- Caraïbes
- Latin America	4.5	5.6	6.2	5.5	6.1	4.7	4.3	4.4	4.3	3.5	- Amérique latine
Eastern Asia	5.4	6.3	8.1	9.1	10.4	11.5	12.1	13.3	15.4	16.7	Asie orientale
Southern Asia	0.2	0.2	0.3	0.4	0.4	0.5	0.6	0.8	0.9	0.9	Asie méridionale
South-Eastern Asia	1.2	1.3	1.5	1.4	1.5	1.7	1.6	1.7	2.0	2.1	Asie du Sud-Est
Western Asia	0.6	0.7	0.7	0.8	1.0	1.2	1.2	1.1	0.9	1.0	Asie occidentale
Oceania	0.0	0.0	0.0	0.0	0.0	0.0	0.0	0.0	0.0	0.0	Océanie

748 Transmission shafts (camshafts, crankshafts) and cranks; parts thereof

Trade by commodity
Imports by principal countries or areas
Value in million US dollars

Commerce par produit
Importations selon les principaux pays ou zones
Valeur en millions de dollars EU

Country or area	2003	2004	2005	2006	2007	Pays ou zone
World	22205.8	27394.5	31072.1	34854.9	42772.6	Monde
Developed Economies	15723.4	18975.1	21162.3	23678.2	28806.4	Economies Développés
- Asia-Pacific	1118.9	1363.0	1554.4	1779.0	1989.4	- Asie-Pacifique
- Europe	9835.5	11830.0	12898.6	14623.3	18833.6	- Europe
- North America	4769.0	5782.1	6709.3	7275.9	7983.3	- Amérique du Nord
South-Eastern Europe	66.5	119.6	162.7	180.9	263.9	Europe du Sud-Est
Commonwealth of Independent States	234.0	342.4	387.4	529.0	705.5	Communauté d'Etats indépendants
- Asia	53.0	85.7	74.1	88.2	118.8	- Asie
- Europe	181.0	256.7	313.3	440.8	586.8	- Europe
Northern Africa	173.3	201.8	231.3	250.4	334.1	Afrique septentrionale
Sub-Saharan Africa	326.1	385.8	395.9	449.3	576.5	Afrique subsaharienne
Latin America & the Caribbean	1887.3	2365.7	2773.4	3078.4	3514.6	Amérique latine et Caraïbes
- Caribbean	33.1	40.0	43.7	44.0	56.2	- Caraïbes
- Latin America	1854.2	2325.6	2729.7	3034.4	3458.3	- Amérique latine
Eastern Asia	2014.7	2733.2	3175.1	3750.7	4846.3	Asie orientale
Southern Asia	357.2	405.0	566.7	668.9	893.9	Asie méridionale
South-Eastern Asia	1006.4	1329.3	1554.1	1589.0	1958.4	Asie du Sud-Est
Western Asia	397.9	516.7	641.1	652.8	854.9	Asie occidentale
Oceania	19.2	20.0	22.1	27.5	18.3	Océanie
United States	3672.5	4476.0	5247.4	5733.2	6294.4	Etats-Unis d'Amérique
Germany	2123.5	2375.9	2585.4	3052.8	3953.8	Allemagne
China	1100.0	1537.8	1887.1	2342.7	3183.4	Chine
France-Monaco	1127.6	1394.4	1510.7	1652.0	2065.6	France-Monaco
Canada	1094.6	1303.7	1460.0	1540.6	1688.5	Canada
Mexico	1009.7	1182.4	1350.6	1508.8	1520.2	Mexique
United Kingdom	932.8	1079.6	1074.5	1154.3	1598.2	Royaume-Uni
Italy	748.4	902.1	971.6	1121.3	1568.3	Italie
Japan	692.9	865.7	980.1	1179.8	1327.4	Japon
Belgium	624.4	821.7	931.0	876.5	1102.0	Belgique
Korea, Republic of	481.3	678.1	760.4	900.9	1092.2	République de Corée
Austria	599.3	716.2	754.1	808.3	986.3	Autriche
Spain	483.3	596.1	668.3	796.1	1093.1	Espagne
Brazil	431.1	595.6	740.3	785.9	1034.1	Brésil
Hungary	513.1	595.4	641.7	858.4	859.0	Hongrie
Sweden	496.7	584.1	617.2	650.1	824.7	Suède
Poland	334.4	451.7	522.6	687.8	856.1	Pologne
Czech Republic	329.9	437.7	552.2	654.6	822.0	République tchèque
Australia	386.8	447.1	521.8	550.7	604.6	Australie
Netherlands	362.8	429.9	433.0	514.4	660.1	Pays-Bas
India	237.5	271.5	409.3	574.4	754.8	Inde
Switzerland-Liechtenstein	304.5	389.1	419.6	468.8	559.9	Suisse-Liechtenstein
Indonesia	230.2	407.3	511.9	420.0	548.7	Indonésie
Thailand	318.4	362.7	444.3	444.2	500.6	Thaïlande
Denmark	273.8	353.8	405.9	363.3	612.6	Danemark

Value as percentages of World total

Valeur en pourcentage du total mondial

Regions of the world	1998	1999	2000	2001	2002	2003	2004	2005	2006	2007	Régions du monde
World	100.0	100.0	100.0	100.0	100.0	100.0	100.0	100.0	100.0	100.0	Monde
Developed Economies	73.6	74.2	71.7	70.5	71.6	70.8	69.3	68.1	67.9	67.3	Economies Développés
- Asia-Pacific	4.8	4.7	4.7	4.7	4.9	5.0	5.0	5.0	5.1	4.7	- Asie-Pacifique
- Europe	43.5	41.4	40.4	42.0	43.7	44.3	43.2	41.5	42.0	44.0	- Europe
- North America	25.3	28.1	26.6	23.8	23.0	21.5	21.1	21.6	20.9	18.7	- Amérique du Nord
South-Eastern Europe	0.2	0.2	0.2	0.2	0.3	0.3	0.4	0.5	0.5	0.6	Europe du Sud-Est
Commonwealth of Independent States	0.6	0.6	0.7	1.0	1.0	1.1	1.2	1.2	1.5	1.6	Communauté d'Etats indépendants
- Asia	0.1	0.1	0.1	0.2	0.2	0.2	0.3	0.2	0.3	0.3	- Asie
- Europe	0.5	0.4	0.6	0.8	0.9	0.8	0.9	1.0	1.3	1.4	- Europe
Northern Africa	1.1	1.1	0.9	0.8	0.8	0.8	0.7	0.7	0.7	0.8	Afrique septentrionale
Sub-Saharan Africa	1.8	1.5	1.3	2.5	1.4	1.5	1.4	1.3	1.3	1.3	Afrique subsaharienne
Latin America & the Caribbean	10.5	9.3	10.1	10.2	9.2	8.5	8.6	8.9	8.8	8.2	Amérique latine et Caraïbes
- Caribbean	0.2	0.3	0.2	0.2	0.2	0.1	0.1	0.1	0.1	0.1	- Caraïbes
- Latin America	10.2	9.0	9.9	9.9	9.0	8.4	8.5	8.8	8.7	8.1	- Amérique latine
Eastern Asia	4.9	5.7	7.1	6.9	7.9	9.1	10.0	10.2	10.8	11.3	Asie orientale
Southern Asia	1.7	1.4	1.4	1.6	1.5	1.6	1.5	1.8	1.9	2.1	Asie méridionale
South-Eastern Asia	3.6	4.4	4.7	4.8	4.4	4.5	4.9	5.0	4.6	4.6	Asie du Sud-Est
Western Asia	2.0	1.6	1.7	1.6	1.8	1.8	1.9	2.1	1.9	2.0	Asie occidentale
Oceania	0.1	0.1	0.1	0.1	0.1	0.1	0.1	0.1	0.1	0.0	Océanie

Arbres de transmission; paliers et coussinets; engrenages et roues de friction; 748

Trade by commodity

Exports by principal countries or areas

Value in million US dollars

Commerce par produit

Exportations selon les principaux pays ou zones

Valeur en millions de dollars EU

Country or area	2003	2004	2005	2006	2007	Pays ou zone
World	20716.6	25388.5	29598.5	33432.3	40267.2	Monde
Developed Economies	17854.5	21661.9	25040.7	28150.2	33759.8	Economies Développés
- Asia-Pacific	3350.6	3964.7	4358.5	4447.5	4735.1	- Asie-Pacifique
- Europe	11764.7	14685.8	17293.5	19833.3	24742.4	- Europe
- North America	2739.2	3011.5	3388.6	3869.4	4282.4	- Amérique du Nord
South-Eastern Europe	49.4	81.1	123.1	134.3	176.7	Europe du Sud-Est
Commonwealth of Independent States	150.0	171.2	212.3	256.4	337.6	Communauté d'Etats indépendants
- Asia	5.4	5.0	6.7	8.2	8.0	- Asie
- Europe	144.5	166.2	205.6	248.1	329.5	- Europe
Northern Africa	8.7	8.5	12.9	12.1	15.0	Afrique septentrionale
Sub-Saharan Africa	57.7	79.7	103.3	91.3	128.4	Afrique subsaharienne
Latin America & the Caribbean	683.6	945.6	1059.2	1216.5	1273.3	Amérique latine et Caraïbes
- Caribbean	0.8	1.2	1.3	1.3	1.7	- Caraïbes
- Latin America	682.8	944.3	1057.8	1215.2	1271.7	- Amérique latine
Eastern Asia	1434.2	1765.6	2174.3	2675.0	3480.1	Asie orientale
Southern Asia	79.2	119.8	186.1	257.7	296.8	Asie méridionale
South-Eastern Asia	311.2	429.9	529.2	565.2	702.3	Asie du Sud-Est
Western Asia	88.0	124.8	157.1	72.1	95.9	Asie occidentale
Oceania	0.2	0.4	0.4	1.6	1.3	Océanie
Germany	5206.6	6412.7	7657.8	8848.8	10946.3	Allemagne
Japan	3297.5	3888.5	4261.7	4346.2	4612.9	Japon
United States	1912.5	2234.6	2537.3	2926.3	3230.3	Etats-Unis d'Amérique
Italy	1432.4	1850.2	2192.8	2582.0	3315.8	Italie
China	852.5	1058.4	1345.7	1683.0	2269.4	Chine
France-Monaco	1005.0	1237.8	1332.2	1490.6	1851.6	France-Monaco
Belgium	736.9	930.0	1171.5	1327.6	1581.5	Belgique
Canada	826.7	776.8	851.3	943.0	1051.8	Canada
United Kingdom	691.9	863.3	937.2	855.6	1013.6	Royaume-Uni
Mexico	381.9	530.7	589.0	707.1	677.1	Mexique
Austria	409.0	526.8	531.4	578.1	728.9	Autriche
Spain	361.9	438.9	520.6	561.8	768.0	Espagne
Czech Republic	259.0	333.7	442.3	539.2	717.0	République tchèque
Switzerland-Liechtenstein	364.6	415.5	435.0	465.2	527.0	Suisse-Liechtenstein
Brazil	270.0	369.8	419.9	451.7	523.2	Brésil
Korea, Republic of	181.6	233.7	298.8	407.5	525.0	République de Corée
Slovakia	145.5	232.4	294.1	390.3	529.1	Slovaquie
Netherlands	235.2	226.9	281.1	352.5	435.8	Pays-Bas
Poland	124.7	185.4	273.9	389.4	544.8	Pologne
Sweden	203.4	238.7	268.2	319.6	443.5	Suède
Finland	153.1	227.2	257.5	316.4	444.9	Finlande
Hungary	153.5	224.0	277.9	387.1	271.1	Hongrie
Singapore	181.2	216.7	235.1	249.7	298.7	Singapour
India	75.4	116.8	174.7	254.8	293.0	Inde
Denmark	121.6	151.7	193.0	149.0	261.6	Danemark

Value as percentages of World total

Valeur en pourcentage du total mondial

Regions of the world	1998	1999	2000	2001	2002	2003	2004	2005	2006	2007	Régions du monde
World	100.0	100.0	100.0	100.0	100.0	100.0	100.0	100.0	100.0	100.0	Monde
Developed Economies	89.7	88.7	87.2	87.1	86.7	86.2	85.3	84.6	84.2	83.8	Economies Développés
- Asia-Pacific	16.5	18.2	20.0	17.9	17.4	16.2	15.6	14.7	13.3	11.8	- Asie-Pacifique
- Europe	58.4	55.5	51.2	53.8	54.9	56.8	57.8	58.4	59.3	61.4	- Europe
- North America	14.8	15.0	16.1	15.4	14.4	13.2	11.9	11.4	11.6	10.6	- Amérique du Nord
South-Eastern Europe	0.2	0.2	0.2	0.2	0.2	0.2	0.3	0.4	0.4	0.4	Europe du Sud-Est
Commonwealth of Independent States	0.5	0.5	0.6	0.7	0.6	0.7	0.7	0.7	0.8	0.8	Communauté d'Etats indépendants
- Asia	0.0	0.0	0.0	0.0	0.0	0.0	0.0	0.0	0.0	0.0	- Asie
- Europe	0.5	0.5	0.6	0.7	0.6	0.7	0.7	0.7	0.7	0.8	- Europe
Northern Africa	0.1	0.1	0.1	0.1	0.1	0.0	0.0	0.0	0.0	0.0	Afrique septentrionale
Sub-Saharan Africa	0.3	0.3	0.2	0.2	0.2	0.3	0.3	0.3	0.3	0.3	Afrique subsaharienne
Latin America & the Caribbean	3.1	3.6	3.6	3.8	3.9	3.3	3.7	3.6	3.6	3.2	Amérique latine et Caraïbes
- Caribbean	0.0	0.0	0.0	0.0	0.0	0.0	0.0	0.0	0.0	0.0	- Caraïbes
- Latin America	3.1	3.6	3.6	3.8	3.9	3.3	3.7	3.6	3.6	3.2	- Amérique latine
Eastern Asia	4.2	4.6	5.9	5.7	6.2	6.9	7.0	7.3	8.0	8.6	Asie orientale
Southern Asia	0.2	0.2	0.2	0.2	0.3	0.4	0.5	0.6	0.8	0.7	Asie méridionale
South-Eastern Asia	1.4	1.6	1.6	1.6	1.4	1.5	1.7	1.8	1.7	1.7	Asie du Sud-Est
Western Asia	0.3	0.3	0.4	0.3	0.4	0.4	0.5	0.5	0.2	0.2	Asie occidentale
Oceania	0.0	0.0	0.0	0.0	0.0	0.0	0.0	0.0	0.0	0.0	Océanie

749 Non-electric parts and accessories of machinery, nes

Trade by commodity
Imports by principal countries or areas
Value in million US dollars

Commerce par produit
Importations selon les principaux pays ou zones
Valeur en millions de dollars EU

Country or area	2003	2004	2005	2006	2007	Pays ou zone
World	16090.0	19000.6	20551.1	22146.2	23813.8	Monde
Developed Economies	9043.0	10328.6	10797.9	11796.5	12428.9	Economies Développés
- Asia-Pacific	677.1	878.4	1083.5	1116.3	1206.2	- Asie-Pacifique
- Europe	5987.9	6821.0	6893.0	7599.1	8280.0	- Europe
- North America	2378.1	2629.2	2821.4	3081.1	2942.6	- Amérique du Nord
South-Eastern Europe	85.7	122.9	141.6	161.7	277.8	Europe du Sud-Est
Commonwealth of Independent States	136.2	178.5	204.1	292.9	432.3	Communauté d'Etats indépendants
- Asia	37.0	40.9	40.3	63.8	83.9	- Asie
- Europe	99.2	137.6	163.8	229.1	348.4	- Europe
Northern Africa	245.3	315.3	364.0	455.8	347.0	Afrique septentrionale
Sub-Saharan Africa	244.8	293.5	397.1	477.3	561.4	Afrique subsaharienne
Latin America & the Caribbean	1400.5	1690.2	1949.9	2104.1	2230.8	Amérique latine et Caraïbes
- Caribbean	30.4	36.9	46.8	62.4	67.8	- Caraïbes
- Latin America	1370.1	1653.2	1903.1	2041.8	2163.1	- Amérique latine
Eastern Asia	2254.8	2906.1	3060.5	2994.7	3398.1	Asie orientale
Southern Asia	382.9	428.8	477.7	436.1	450.6	Asie méridionale
South-Eastern Asia	1583.1	1945.5	2165.3	2388.1	2487.5	Asie du Sud-Est
Western Asia	703.2	778.7	979.8	1020.2	1179.6	Asie occidentale
Oceania	10.4	12.5	13.4	18.8	19.8	Océanie
United States	1830.2	2021.7	2180.8	2428.2	2258.9	Etats-Unis d'Amérique
China	1416.8	1856.5	1966.9	1893.9	2169.7	Chine
Germany	1339.7	1426.4	1535.1	1671.8	1560.2	Allemagne
Mexico	946.4	1119.1	1292.4	1384.1	1354.7	Mexique
Japan	505.5	682.2	852.4	911.1	972.4	Japon
France-Monaco	522.0	650.6	696.7	795.1	924.8	France-Monaco
United Kingdom	565.7	642.3	695.7	815.6	792.3	Royaume-Uni
Italy	553.9	633.4	568.2	643.8	731.1	Italie
Canada	546.5	605.8	638.3	650.8	680.8	Canada
Singapore	361.5	483.0	685.9	767.4	821.1	Singapour
Thailand	511.9	613.5	631.1	658.6	611.5	Thaïlande
China, Hong Kong SAR	406.3	479.7	517.0	515.3	490.2	Chine - RAS de Hong-Kong
Malaysia	387.1	457.1	424.8	500.9	561.3	Malaisie
Belgium	318.0	362.5	368.6	359.0	526.6	Belgique
Austria	305.1	341.8	322.2	358.3	463.3	Autriche
Switzerland-Liechtenstein	283.5	308.8	328.9	385.7	463.7	Suisse-Liechtenstein
Spain	252.0	296.4	345.8	383.0	412.0	Espagne
Korea, Republic of	224.8	270.7	324.7	354.4	488.4	République de Corée
Czech Republic	283.5	368.3	317.9	281.4	302.8	République tchèque
Turkey	245.6	247.5	373.5	260.2	331.5	Turquie
Saudi Arabia	174.2	243.9	265.8	387.3	375.8	Arabie saoudite
Netherlands	252.4	297.1	280.5	282.0	288.0	Pays-Bas
India	190.6	215.1	246.1	322.4	320.4	Inde
Poland	213.8	238.6	229.1	253.8	313.3	Pologne
Sweden	168.5	209.6	206.9	209.4	259.2	Suède

Value as percentages of World total

Valeur en pourcentage du total mondial

Regions of the world	1998	1999	2000	2001	2002	2003	2004	2005	2006	2007	Régions du monde
World	100.0	100.0	100.0	100.0	100.0	100.0	100.0	100.0	100.0	100.0	Monde
Developed Economies	58.0	57.5	55.1	50.3	55.4	56.2	54.4	52.5	53.3	52.2	Economies Développés
- Asia-Pacific	4.5	4.3	4.3	3.9	4.2	4.2	4.6	5.3	5.0	5.1	- Asie-Pacifique
- Europe	35.8	34.9	32.8	32.1	35.1	37.2	35.9	33.5	34.3	34.8	- Europe
- North America	17.7	18.2	18.0	14.4	16.1	14.8	13.8	13.7	13.9	12.4	- Amérique du Nord
South-Eastern Europe	0.3	0.4	0.3	0.3	0.4	0.5	0.6	0.7	0.7	1.2	Europe du Sud-Est
Commonwealth of Independent States	0.5	0.5	0.5	0.6	0.6	0.8	0.9	1.0	1.3	1.8	Communauté d'Etats indépendants
- Asia	0.1	0.1	0.1	0.2	0.1	0.2	0.2	0.2	0.3	0.4	- Asie
- Europe	0.4	0.4	0.4	0.5	0.5	0.6	0.7	0.8	1.0	1.5	- Europe
Northern Africa	1.6	1.5	1.5	1.4	1.5	1.5	1.7	1.8	2.1	1.5	Afrique septentrionale
Sub-Saharan Africa	1.5	1.7	1.4	8.1	1.5	1.5	1.5	1.9	2.2	2.4	Afrique subsaharienne
Latin America & the Caribbean	10.1	10.4	10.2	9.8	9.5	8.7	8.9	9.5	9.5	9.4	Amérique latine et Caraïbes
- Caribbean	0.3	0.2	0.3	0.2	0.2	0.2	0.2	0.2	0.3	0.3	- Caraïbes
- Latin America	9.8	10.2	10.0	9.6	9.3	8.5	8.7	9.3	9.2	9.1	- Amérique latine
Eastern Asia	11.2	13.2	14.3	13.7	14.6	14.0	15.3	14.9	13.5	14.3	Asie orientale
Southern Asia	2.4	1.9	2.3	2.4	2.2	2.4	2.3	2.3	2.0	1.9	Asie méridionale
South-Eastern Asia	9.2	9.0	10.2	9.2	9.7	9.8	10.2	10.5	10.8	10.4	Asie du Sud-Est
Western Asia	5.1	4.0	4.2	4.1	4.5	4.4	4.1	4.8	4.6	5.0	Asie occidentale
Oceania	0.1	0.1	0.1	0.1	0.1	0.1	0.1	0.1	0.1	0.1	Océanie

Parties et accessoires, non électriques, d'appareils et d'engins mécaniques, n.d.a. 749

Trade by commodity
Exports by principal countries or areas
Value in million US dollars

Commerce par produit
Exportations selon les principaux pays ou zones
Valeur en millions de dollars EU

Country or area	2003	2004	2005	2006	2007	Pays ou zone
World	18227.0	21058.9	21872.8	24257.1	25698.5	Monde
Developed Economies	14040.5	15994.3	16110.4	17852.9	18414.3	Economies Développés
- Asia-Pacific	2366.5	2844.6	2743.4	2861.0	2866.0	- Asie-Pacifique
- Europe	9285.4	10663.1	10615.7	12071.9	12829.1	- Europe
- North America	2388.7	2486.6	2751.4	2920.0	2719.1	- Amérique du Nord
South-Eastern Europe	38.4	47.5	59.5	70.0	96.9	Europe du Sud-Est
Commonwealth of Independent States	101.8	87.0	56.2	57.5	73.4	Communauté d'Etats indépendants
- Asia	1.5	2.0	2.1	2.4	2.3	- Asie
- Europe	100.3	85.0	54.1	55.1	71.1	- Europe
Northern Africa	3.1	3.2	7.3	9.2	13.8	Afrique septentrionale
Sub-Saharan Africa	25.6	30.8	52.2	55.8	66.6	Afrique subsaharienne
Latin America & the Caribbean	328.5	380.3	442.0	450.5	472.5	Amérique latine et Caraïbes
- Caribbean	0.7	4.5	5.0	4.8	3.3	- Caraïbes
- Latin America	327.8	375.8	437.1	445.7	469.1	- Amérique latine
Eastern Asia	2364.5	2941.1	3394.9	3823.2	4299.0	Asie orientale
Southern Asia	73.6	92.2	154.0	187.3	249.4	Asie méridionale
South-Eastern Asia	968.7	1168.5	1342.6	1516.6	1769.6	Asie du Sud-Est
Western Asia	282.3	313.9	253.5	233.6	242.8	Asie occidentale
Oceania	0.1	0.1	0.1	0.5	0.2	Océanie
Germany	2709.1	3121.2	3392.1	4117.2	4269.6	Allemagne
Japan	2311.7	2779.2	2676.5	2782.7	2786.3	Japon
United States	1470.6	1603.1	1752.9	1903.3	1812.9	Etats-Unis d'Amérique
Italy	1428.4	1655.2	1494.8	1703.3	1878.2	Italie
China	524.3	731.0	985.2	1363.8	1831.3	Chine
France-Monaco	807.6	934.2	1086.7	1172.5	1203.1	France-Monaco
Korea, Republic of	696.7	932.2	1042.3	1067.5	1093.7	République de Corée
Singapore	710.7	825.3	990.9	1066.4	1234.9	Singapour
Canada	918.0	883.5	998.2	1016.7	906.2	Canada
United Kingdom	858.7	890.0	818.8	963.4	805.4	Royaume-Uni
Austria	426.8	475.0	459.7	501.5	617.4	Autriche
China, Hong Kong SAR	406.3	463.7	514.7	534.5	531.7	Chine - RAS de Hong-Kong
Switzerland-Liechtenstein	401.3	448.9	440.7	455.8	518.6	Suisse-Liechtenstein
Portugal	378.5	432.8	378.3	438.8	432.1	Portugal
Belgium	355.7	367.7	393.8	383.4	482.8	Belgique
Netherlands	288.3	393.4	338.5	307.6	301.6	Pays-Bas
Spain	256.5	304.8	281.4	353.6	332.1	Espagne
Mexico	240.3	253.6	296.4	303.1	305.3	Mexique
Luxembourg	241.2	263.3	261.0	279.4	313.6	Luxembourg
Czech Republic	250.3	299.3	238.2	249.1	293.2	République tchèque
Norway	139.8	166.5	215.4	233.3	291.6	Norvège
Sweden	159.8	257.6	149.9	172.8	218.6	Suède
Malaysia	130.0	165.3	158.4	170.8	230.4	Malaisie
Hungary	117.9	145.0	145.1	178.0	186.9	Hongrie
Poland	95.8	142.7	142.7	152.8	181.2	Pologne

Value as percentages of World total

Valeur en pourcentage du total mondial

Regions of the world	1998	1999	2000	2001	2002	2003	2004	2005	2006	2007	Régions du monde
World	100.0	100.0	100.0	100.0	100.0	100.0	100.0	100.0	100.0	100.0	Monde
Developed Economies	82.8	81.7	78.8	79.0	78.7	77.0	76.0	73.7	73.6	71.7	Economies Développés
- Asia-Pacific	14.0	15.0	15.9	14.8	13.7	13.0	13.5	12.5	11.8	11.2	- Asie-Pacifique
- Europe	53.1	51.0	46.8	49.8	50.4	50.9	50.6	48.5	49.8	49.9	- Europe
- North America	15.6	15.7	16.1	14.5	14.6	13.1	11.8	12.6	12.0	10.6	- Amérique du Nord
South-Eastern Europe	0.1	0.1	0.1	0.2	0.2	0.2	0.2	0.3	0.3	0.4	Europe du Sud-Est
Commonwealth of Independent States	0.2	0.2	0.5	0.8	0.4	0.6	0.4	0.3	0.2	0.3	Communauté d'Etats indépendants
- Asia	0.0	0.0	0.0	0.0	0.0	0.0	0.0	0.0	0.0	0.0	- Asie
- Europe	0.1	0.2	0.4	0.8	0.4	0.6	0.4	0.2	0.2	0.3	- Europe
Northern Africa	0.0	0.0	0.0	0.0	0.0	0.0	0.0	0.0	0.0	0.1	Afrique septentrionale
Sub-Saharan Africa	0.2	0.1	0.1	0.1	0.1	0.1	0.1	0.2	0.2	0.3	Afrique subsaharienne
Latin America & the Caribbean	1.8	1.8	2.1	2.2	2.6	1.8	1.8	2.0	1.9	1.8	Amérique latine et Caraïbes
- Caribbean	0.0	0.0	0.0	0.0	0.0	0.0	0.0	0.0	0.0	0.0	- Caraïbes
- Latin America	1.7	1.8	2.1	2.2	2.6	1.8	1.8	2.0	1.8	1.8	- Amérique latine
Eastern Asia	10.0	10.9	12.9	12.4	12.7	13.0	14.0	15.5	15.8	16.7	Asie orientale
Southern Asia	0.3	0.3	0.3	0.3	0.3	0.4	0.4	0.7	0.8	1.0	Asie méridionale
South-Eastern Asia	3.1	3.4	3.8	3.5	3.8	5.3	5.5	6.1	6.3	6.9	Asie du Sud-Est
Western Asia	1.5	1.5	1.3	1.5	1.2	1.5	1.5	1.2	1.0	0.9	Asie occidentale
Oceania	0.0	0.0	0.0	0.0	0.0	0.0	0.0	0.0	0.0	0.0	Océanie

751 Office machines

Trade by commodity

Imports by principal countries or areas

Value in million US dollars

Country or area	2003	2004	2005	2006	2007	Pays ou zone
World	14000.0	16048.7	17125.6	19321.8	49062.1	Monde
Developed Economies	10742.3	12477.1	13041.9	14654.3	37661.1	Economies Développés
- Asia-Pacific	786.9	948.3	950.7	1006.2	3666.5	- Asie-Pacifique
- Europe	5579.3	6643.3	7089.5	8562.3	21448.4	- Europe
- North America	4376.0	4885.6	5001.7	5085.8	12546.2	- Amérique du Nord
South-Eastern Europe	96.1	174.6	191.6	185.8	424.0	Europe du Sud-Est
Commonwealth of Independent States	94.7	126.2	220.5	399.7	1350.1	Communauté d'Etats indépendants
- Asia	21.6	27.0	51.7	60.3	188.6	- Asie
- Europe	73.1	99.2	168.8	339.5	1161.5	- Europe
Northern Africa	77.4	81.3	96.4	105.5	115.0	Afrique septentrionale
Sub-Saharan Africa	263.4	305.0	356.5	404.9	705.7	Afrique subsaharienne
Latin America & the Caribbean	367.6	443.0	575.4	733.8	1486.9	Amérique latine et Caraïbes
- Caribbean	30.4	31.6	46.4	46.7	60.7	- Caraïbes
- Latin America	337.1	411.4	529.0	687.1	1426.2	- Amérique latine
Eastern Asia	1384.2	1232.2	1341.8	1416.5	4374.7	Asie orientale
Southern Asia	149.9	128.3	162.2	145.0	126.6	Asie méridionale
South-Eastern Asia	442.1	536.1	550.0	622.9	1721.3	Asie du Sud-Est
Western Asia	371.2	532.9	576.1	639.9	1078.5	Asie occidentale
Oceania	11.2	11.9	13.3	13.5	18.2	Océanie
United States	3957.0	4415.4	4512.8	4502.3	11350.4	Etats-Unis d'Amérique
Germany	1192.3	1451.8	1338.8	1724.5	3877.7	Allemagne
Netherlands	682.4	761.0	1103.2	1396.5	4180.7	Pays-Bas
France-Monaco	818.1	988.5	987.6	1161.8	2636.1	France-Monaco
United Kingdom	690.5	834.9	841.8	1137.5	2370.7	Royaume-Uni
Japan	448.8	477.3	444.1	447.8	2603.5	Japon
China, Hong Kong SAR	757.7	622.7	565.4	534.9	1502.5	Chine - RAS de Hong-Kong
Italy	396.5	462.1	507.6	655.9	1582.1	Italie
China	270.1	255.7	439.6	507.8	1814.3	Chine
Canada	414.2	464.7	483.2	578.9	1192.8	Canada
Spain	356.9	419.3	456.9	462.8	1251.4	Espagne
Australia	286.9	397.0	434.9	479.5	896.8	Australie
Belgium	241.2	266.4	274.2	271.7	1097.8	Belgique
Singapore	159.6	195.0	206.0	208.7	1087.2	Singapour
Korea, Republic of	183.4	167.9	155.9	234.5	926.2	République de Corée
Russian Federation	49.3	67.7	132.0	283.5	1067.6	Fédération de Russie
Switzerland-Liechtenstein	160.4	199.9	209.2	247.7	550.4	Suisse-Liechtenstein
Sweden	149.0	190.7	196.9	202.7	597.9	Suède
Turkey	117.1	218.1	259.2	221.2	415.9	Turquie
South Africa	114.5	149.9	191.3	242.3	451.7	Afrique du Sud
Poland	81.2	101.9	132.1	177.9	487.9	Pologne
Austria	106.3	142.2	165.4	162.9	372.3	Autriche
Mexico	117.1	149.2	146.1	233.4	237.3	Mexique
Czech Republic	58.7	68.2	86.2	151.6	478.4	République tchèque
Norway	98.9	122.4	136.7	132.8	297.3	Norvège

Value as percentages of World total

Valeur en pourcentage du total mondial

Regions of the world	1998	1999	2000	2001	2002	2003	2004	2005	2006	2007	Régions du monde
World	100.0	100.0	100.0	100.0	100.0	100.0	100.0	100.0	100.0	100.0	Monde
Developed Economies	77.3	75.1	71.5	68.8	70.8	76.7	77.7	76.2	75.8	76.8	Economies Développés
- Asia-Pacific	5.3	5.7	6.3	5.5	5.7	5.6	5.9	5.6	5.2	7.5	- Asie-Pacifique
- Europe	39.4	42.0	40.1	42.5	43.3	39.9	41.4	41.4	44.3	43.7	- Europe
- North America	32.6	27.4	25.1	20.8	21.8	31.3	30.4	29.2	26.3	25.6	- Amérique du Nord
South-Eastern Europe	0.3	0.3	0.4	0.4	0.6	0.7	1.1	1.1	1.0	0.9	Europe du Sud-Est
Commonwealth of Independent States	0.7	0.5	0.5	0.8	0.7	0.7	0.8	1.3	2.1	2.8	Communauté d'Etats indépendants
- Asia	0.2	0.1	0.2	0.2	0.2	0.2	0.2	0.3	0.3	0.4	- Asie
- Europe	0.5	0.4	0.4	0.7	0.5	0.5	0.6	1.0	1.8	2.4	- Europe
Northern Africa	0.5	0.6	0.5	0.6	0.7	0.6	0.5	0.6	0.5	0.2	Afrique septentrionale
Sub-Saharan Africa	1.4	1.6	1.5	3.9	1.7	1.9	1.9	2.1	2.1	1.4	Afrique subsaharienne
Latin America & the Caribbean	5.2	4.3	4.1	4.2	3.5	2.6	2.8	3.4	3.8	3.0	Amérique latine et Caraïbes
- Caribbean	0.3	0.3	0.3	0.3	0.3	0.2	0.2	0.3	0.2	0.1	- Caraïbes
- Latin America	4.9	3.9	3.8	3.9	3.2	2.4	2.6	3.1	3.6	2.9	- Amérique latine
Eastern Asia	8.3	10.6	12.9	13.0	13.7	9.9	7.7	7.8	7.3	8.9	Asie orientale
Southern Asia	0.7	0.5	0.6	0.9	1.1	1.1	0.8	0.9	0.8	0.3	Asie méridionale
South-Eastern Asia	3.2	3.9	4.8	4.7	4.3	3.2	3.3	3.2	3.2	3.5	Asie du Sud-Est
Western Asia	2.4	2.6	3.1	2.5	2.9	2.7	3.3	3.4	3.3	2.2	Asie occidentale
Oceania	0.1	0.1	0.1	0.1	0.1	0.1	0.1	0.1	0.1	0.0	Océanie

Trade by commodity

Exports by principal countries or areas

Value in million US dollars

Commerce par produit

Exportations selon les principaux pays ou zones

Valeur en millions de dollars EU

Country or area	2003	2004	2005	2006	2007	Pays ou zone
World	11747.1	12743.7	15120.1	18269.5	44984.1	Monde
Developed Economies	6744.2	7750.0	7719.4	8809.0	23833.6	Economies Développés
- Asia-Pacific	663.6	784.7	570.3	623.1	3179.0	- Asie-Pacifique
- Europe	5032.7	5753.2	5813.5	6636.4	16895.3	- Europe
- North America	1047.9	1212.0	1335.6	1549.5	3759.3	- Amérique du Nord
South-Eastern Europe	9.0	11.7	13.4	24.0	81.2	Europe du Sud-Est
Commonwealth of Independent States	25.9	21.3	14.5	26.7	53.9	Communauté d'Etats indépendants
- Asia	0.4	0.3	0.5	0.8	0.7	- Asie
- Europe	25.6	21.0	14.0	25.9	53.2	- Europe
Northern Africa	4.0	7.4	2.0	2.8	17.8	Afrique septentrionale
Sub-Saharan Africa	11.7	10.8	8.4	10.3	30.9	Afrique subsaharienne
Latin America & the Caribbean	137.6	144.4	178.6	235.7	304.6	Amérique latine et Caraïbes
- Caribbean	0.4	0.5	0.8	0.8	1.1	- Caraïbes
- Latin America	137.2	143.9	177.8	234.9	303.4	- Amérique latine
Eastern Asia	4126.1	4084.1	6331.5	8268.8	17763.4	Asie orientale
Southern Asia	15.4	12.6	41.4	44.0	55.0	Asie méridionale
South-Eastern Asia	527.1	513.3	601.7	644.5	2741.6	Asie du Sud-Est
Western Asia	146.1	188.2	208.9	203.2	102.0	Asie occidentale
Oceania	0.1	0.1	0.4	0.6	0.1	Océanie
China	2360.2	2305.1	4693.2	6803.7	14970.4	Chine
Netherlands	1559.5	1693.6	1675.7	1856.7	5816.0	Pays-Bas
Germany	1293.3	1638.1	1670.4	1834.1	3690.0	Allemagne
United States	717.0	876.9	988.3	1244.1	3342.7	Etats-Unis d'Amérique
Japan	622.2	734.3	504.8	561.9	3083.2	Japon
France-Monaco	545.7	519.2	501.0	730.2	2581.8	France-Monaco
China, Hong Kong SAR	895.0	747.7	754.4	598.7	1538.3	Chine - RAS de Hong-Kong
United Kingdom	674.4	764.0	908.8	984.9	1075.1	Royaume-Uni
Singapore	193.6	189.6	202.6	210.4	1829.4	Singapour
Korea, Republic of	319.9	376.1	374.5	361.7	880.9	République de Corée
Belgium	205.8	194.1	191.4	199.4	1065.1	Belgique
Canada	331.0	335.1	347.2	305.4	416.5	Canada
Sweden	178.7	244.8	243.9	245.4	406.2	Suède
Italy	127.2	170.2	128.1	131.1	351.5	Italie
Malaysia	108.1	121.7	180.6	236.8	251.2	Malaisie
Hungary	5.8	6.4	16.7	186.7	551.8	Hongrie
Thailand	108.5	82.5	50.6	12.4	473.1	Thaïlande
Mexico	123.0	116.7	100.0	112.8	111.8	Mexique
Israel	102.9	132.2	155.7	138.9	26.2	Israël
Spain	91.3	125.2	104.1	43.2	168.6	Espagne
Czech Republic	15.6	29.7	35.3	73.0	375.3	République tchèque
Switzerland-Liechtenstein	73.9	79.1	76.4	88.9	175.5	Suisse-Liechtenstein
Austria	44.6	79.9	89.6	93.9	143.8	Autriche
Philippines	61.6	59.6	80.4	100.0	89.0	Philippines
Brazil	6.8	19.8	70.2	114.2	176.1	Brésil

Value as percentages of World total

Valeur en pourcentage du total mondial

Regions of the world	1998	1999	2000	2001	2002	2003	2004	2005	2006	2007	Régions du monde
World	100.0	100.0	100.0	100.0	100.0	100.0	100.0	100.0	100.0	100.0	Monde
Developed Economies	68.8	69.3	65.6	61.7	52.5	57.4	60.8	51.1	48.2	53.0	Economies Développés
- Asia-Pacific	22.1	26.4	24.8	19.9	5.6	5.6	6.2	3.8	3.4	7.1	- Asie-Pacifique
- Europe	37.3	34.2	31.1	31.6	38.2	42.8	45.1	38.4	36.3	37.6	- Europe
- North America	9.4	8.6	9.7	10.2	8.6	8.9	9.5	8.8	8.5	8.4	- Amérique du Nord
South-Eastern Europe	0.0	0.0	0.0	0.0	0.1	0.1	0.1	0.1	0.1	0.2	Europe du Sud-Est
Commonwealth of Independent States	0.1	0.1	0.0	0.1	0.1	0.2	0.2	0.1	0.1	0.1	Communauté d'Etats indépendants
- Asia	0.0	0.0	0.0	0.0	0.0	0.0	0.0	0.0	0.0	0.0	- Asie
- Europe	0.1	0.1	0.0	0.1	0.1	0.2	0.2	0.1	0.1	0.1	- Europe
Northern Africa	0.0	0.0	0.0	0.0	0.0	0.0	0.1	0.0	0.0	0.0	Afrique septentrionale
Sub-Saharan Africa	0.1	0.1	0.0	0.1	0.1	0.1	0.1	0.1	0.1	0.1	Afrique subsaharienne
Latin America & the Caribbean	2.9	2.3	2.2	2.8	2.1	1.2	1.1	1.2	1.3	0.7	Amérique latine et Caraïbes
- Caribbean	0.0	0.0	0.0	0.0	0.0	0.0	0.0	0.0	0.0	0.0	- Caraïbes
- Latin America	2.9	2.3	2.2	2.8	2.1	1.2	1.1	1.2	1.3	0.7	- Amérique latine
Eastern Asia	21.1	21.7	24.4	27.7	37.5	35.1	32.0	41.9	45.3	39.5	Asie orientale
Southern Asia	0.1	0.1	0.1	0.1	0.1	0.1	0.1	0.3	0.2	0.1	Asie méridionale
South-Eastern Asia	6.7	6.0	7.0	6.9	6.4	4.5	4.0	4.0	3.5	6.1	Asie du Sud-Est
Western Asia	0.2	0.4	0.5	0.7	1.2	1.2	1.5	1.4	1.1	0.2	Asie occidentale
Oceania	0.0	0.0	0.0	0.0	0.0	0.0	0.0	0.0	0.0	0.0	Océanie

752 Automatic data processing machines and units thereof

Trade by commodity
Imports by principal countries or areas
Value in million US dollars

Commerce par produit
Importations selon les principaux pays ou zones
Valeur en millions de dollars EU

Country or area	2003	2004	2005	2006	2007	Pays ou zone
World	224761.0	263448.2	286493.4	305413.2	291832.3	Monde
Developed Economies	173897.5	203514.0	216194.7	226852.3	208954.4	Economies Développés
- Asia-Pacific	19641.4	22360.6	24047.6	23690.7	19933.8	- Asie-Pacifique
- Europe	94717.6	112995.3	119068.0	125195.2	114505.5	- Europe
- North America	59538.6	68158.1	73079.1	77966.8	74515.1	- Amérique du Nord
South-Eastern Europe	836.0	1355.0	1550.8	1445.9	1745.4	Europe du Sud-Est
Commonwealth of Independent States	936.1	1371.3	1870.6	2681.5	4448.2	Communauté d'Etats indépendants
- Asia	167.7	226.8	258.0	317.9	441.0	- Asie
- Europe	768.4	1144.5	1612.6	2363.6	4007.1	- Europe
Northern Africa	533.1	640.8	812.8	831.2	932.7	Afrique septentrionale
Sub-Saharan Africa	1555.9	1973.0	2372.6	2762.3	3032.7	Afrique subsaharienne
Latin America & the Caribbean	8179.2	9913.9	11121.9	12857.9	13292.2	Amérique latine et Caraïbes
- Caribbean	266.8	305.1	351.2	377.6	369.4	- Caraïbes
- Latin America	7912.4	9608.8	10770.7	12480.3	12922.8	- Amérique latine
Eastern Asia	25879.2	28905.1	33547.5	37163.3	38180.5	Asie orientale
Southern Asia	1558.6	2087.5	2876.6	3189.9	3398.2	Asie méridionale
South-Eastern Asia	8650.3	10117.4	11400.3	12728.7	11907.7	Asie du Sud-Est
Western Asia	2666.2	3489.8	4659.2	4802.7	5844.7	Asie occidentale
Oceania	68.8	80.4	86.3	97.6	95.6	Océanie
United States	52984.5	60782.9	64624.9	68730.0	65797.9	Etats-Unis d'Amérique
Germany	17772.2	20392.6	23658.1	24986.1	22003.7	Allemagne
Netherlands	17062.9	21922.4	21234.8	23699.4	17905.9	Pays-Bas
China	11411.2	14456.1	18023.0	19924.6	21229.2	Chine
United Kingdom	15233.3	17918.8	17186.9	17489.0	16627.8	Royaume-Uni
Japan	15928.7	17617.4	18717.1	18073.7	13825.3	Japon
France-Monaco	9148.9	11514.7	11851.9	12325.2	11709.3	France-Monaco
China, Hong Kong SAR	7028.6	7441.6	8418.7	10177.1	9878.0	Chine - RAS de Hong-Kong
Canada	6526.0	7342.7	8420.5	9198.5	8691.5	Canada
Italy	5350.7	6301.4	6677.2	6504.7	6291.3	Italie
Mexico	5235.8	6240.1	6261.0	6513.5	6098.4	Mexique
Singapore	4934.8	5607.2	5810.2	6738.5	5326.9	Singapour
Spain	3789.0	4676.5	5626.3	5870.9	5461.2	Espagne
Belgium	4824.2	5394.0	5284.7	4403.8	4099.1	Belgique
Australia	3152.2	4057.7	4527.6	4834.8	5330.6	Australie
Ireland	3547.6	3559.5	4415.2	4492.3	3681.9	Irlande
Korea, Republic of	3178.9	3455.8	4070.5	4481.4	4451.5	République de Corée
Sweden	2587.6	3082.5	3448.0	3937.6	3707.8	Suède
Switzerland-Liechtenstein	3032.2	3273.3	3422.2	3213.9	2879.6	Suisse-Liechtenstein
Czech Republic	1765.3	2003.7	1974.9	2943.0	3713.9	République tchèque
Malaysia	1225.4	2185.0	2720.2	2854.7	2964.2	Malaisie
Denmark	1760.1	2033.7	2115.9	2214.6	2282.7	Danemark
India	1092.0	1470.8	2097.2	2659.9	2843.9	Inde
Austria	1886.4	2149.1	2193.1	1960.1	1938.0	Autriche
Thailand	1763.2	1493.5	1854.6	1920.8	1858.7	Thaïlande

Value as percentages of World total

Valeur en pourcentage du total mondial

Regions of the world	1998	1999	2000	2001	2002	2003	2004	2005	2006	2007	Régions du monde
World	100.0	100.0	100.0	100.0	100.0	100.0	100.0	100.0	100.0	100.0	Monde
Developed Economies	83.6	81.9	79.9	78.1	77.6	77.4	77.3	75.5	74.3	71.6	Economies Développés
- Asia-Pacific	7.3	8.1	9.6	8.9	8.7	8.7	8.5	8.4	7.8	6.8	- Asie-Pacifique
- Europe	47.5	44.9	40.8	42.0	40.4	42.1	42.9	41.6	41.0	39.2	- Europe
- North America	28.9	28.9	29.5	27.3	28.4	26.5	25.9	25.5	25.5	25.5	- Amérique du Nord
South-Eastern Europe	0.2	0.2	0.2	0.2	0.3	0.4	0.5	0.5	0.5	0.6	Europe du Sud-Est
Commonwealth of Independent States	0.2	0.2	0.2	0.3	0.4	0.4	0.5	0.7	0.9	1.5	Communauté d'Etats indépendants
- Asia	0.1	0.0	0.1	0.1	0.1	0.1	0.1	0.1	0.1	0.2	- Asie
- Europe	0.2	0.2	0.1	0.3	0.3	0.3	0.4	0.6	0.8	1.4	- Europe
Northern Africa	0.2	0.2	0.2	0.2	0.3	0.2	0.2	0.3	0.3	0.3	Afrique septentrionale
Sub-Saharan Africa	0.7	0.6	0.5	1.5	0.6	0.7	0.7	0.8	0.9	1.0	Afrique subsaharienne
Latin America & the Caribbean	3.1	3.1	3.2	3.9	3.6	3.6	3.8	3.9	4.2	4.6	Amérique latine et Caraïbes
- Caribbean	0.1	0.1	0.1	0.1	0.1	0.1	0.1	0.1	0.1	0.1	- Caraïbes
- Latin America	3.0	3.0	3.1	3.7	3.5	3.5	3.6	3.8	4.1	4.4	- Amérique latine
Eastern Asia	6.7	8.8	10.3	9.9	11.4	11.5	11.0	11.7	12.2	13.1	Asie orientale
Southern Asia	0.3	0.4	0.4	0.5	0.6	0.7	0.8	1.0	1.0	1.2	Asie méridionale
South-Eastern Asia	3.9	3.6	3.8	4.3	4.1	3.8	3.8	4.0	4.2	4.1	Asie du Sud-Est
Western Asia	1.0	1.1	1.2	1.0	1.1	1.2	1.3	1.6	1.6	2.0	Asie occidentale
Oceania	0.0	0.0	0.0	0.0	0.0	0.0	0.0	0.0	0.0	0.0	Océanie

Machines automatiques de traitement de l'information et leurs unités 752

Trade by commodity

Exports by principal countries or areas

Value in million US dollars

Commerce par produit

Exportations selon les principaux pays ou zones

Valeur en millions de dollars EU

Country or area	2003	2004	2005	2006	2007	Pays ou zone
World	209418.1	249196.4	271766.5	298536.8	298290.8	Monde
Developed Economies	98336.1	113511.0	117878.0	123915.2	109367.1	Economies Développés
- Asia-Pacific	8756.7	8902.7	7836.1	7599.8	5789.0	- Asie-Pacifique
- Europe	66445.7	78806.4	82772.5	87761.8	75950.7	- Europe
- North America	23133.6	25801.9	27269.4	28553.6	27627.5	- Amérique du Nord
South-Eastern Europe	31.1	55.6	57.6	91.7	213.9	Europe du Sud-Est
Commonwealth of Independent States	60.2	186.3	125.6	126.8	131.0	Communauté d'Etats indépendants
- Asia	3.9	4.7	4.4	4.0	4.6	- Asie
- Europe	56.3	181.6	121.2	122.8	126.4	- Europe
Northern Africa	5.2	24.0	32.4	57.8	97.8	Afrique septentrionale
Sub-Saharan Africa	74.9	79.7	100.2	202.7	141.7	Afrique subsaharienne
Latin America & the Caribbean	10263.7	11186.6	9632.6	9886.9	9239.6	Amérique latine et Caraïbes
- Caribbean	7.4	9.2	10.7	10.6	12.1	- Caraïbes
- Latin America	10256.3	11177.3	9621.9	9876.3	9227.5	- Amérique latine
Eastern Asia	66041.2	84402.1	99059.0	116276.4	133831.3	Asie orientale
Southern Asia	225.3	159.9	188.1	209.2	228.8	Asie méridionale
South-Eastern Asia	34035.0	39142.4	44269.3	47289.8	44530.5	Asie du Sud-Est
Western Asia	344.2	447.2	420.0	477.7	505.8	Asie occidentale
Oceania	1.3	1.7	3.7	2.5	3.3	Océanie
China	41017.3	59911.3	76299.3	93017.4	112243.7	Chine
United States	21591.2	24048.3	25371.5	26584.9	25346.8	Etats-Unis d'Amérique
Netherlands	17650.2	21180.1	21006.7	21777.0	17179.1	Pays-Bas
Germany	12452.9	16819.8	17415.8	17752.6	16386.0	Allemagne
Singapore	15995.6	16384.1	15558.7	12992.3	10083.6	Singapour
Malaysia	8421.7	11428.1	14021.3	16321.7	16168.2	Malaisie
Ireland	8764.7	9564.0	12310.9	12343.7	11784.6	Irlande
Mexico	10029.6	10882.6	9240.1	9500.2	8960.1	Mexique
Korea, Republic of	9345.3	10148.7	9240.5	8511.9	9486.3	République de Corée
United Kingdom	9555.6	9486.5	9429.9	11048.5	5979.4	Royaume-Uni
China, Hong Kong SAR	6477.3	6872.0	9025.5	11157.8	9213.2	Chine - RAS de Hong-Kong
Thailand	4498.5	5350.8	8343.4	10849.6	12575.0	Thaïlande
Japan	8344.1	8453.3	7259.4	7055.5	5230.2	Japon
France-Monaco	4372.3	5122.4	4649.5	5314.4	3846.6	France-Monaco
Czech Republic	2493.3	3305.2	3922.0	5743.7	6924.0	République tchèque
Philippines	4108.4	4238.5	4080.7	4666.1	3940.7	Philippines
Hungary	2456.7	3300.2	3209.2	3872.0	4617.2	Hongrie
Belgium	3507.2	3769.2	4001.5	3027.0	2133.4	Belgique
Canada	1541.5	1752.9	1897.6	1968.6	2280.4	Canada
Indonesia	858.5	1517.2	1850.4	1785.6	976.5	Indonésie
Sweden	659.7	938.4	1054.7	1312.4	1556.6	Suède
Austria	1057.6	1261.7	1032.0	763.9	802.1	Autriche
Italy	987.1	986.9	1014.3	910.6	829.5	Italie
Spain	774.8	766.7	822.7	746.8	564.1	Espagne
Slovakia	209.6	561.3	818.4	798.8	530.7	Slovaquie

Value as percentages of World total

Valeur en pourcentage du total mondial

Regions of the world	1998	1999	2000	2001	2002	2003	2004	2005	2006	2007	Régions du monde
World	100.0	100.0	100.0	100.0	100.0	100.0	100.0	100.0	100.0	100.0	Monde
Developed Economies	62.9	60.0	57.2	56.9	51.1	47.0	45.6	43.4	41.5	36.7	Economies Développés
- Asia-Pacific	9.4	8.1	7.6	7.0	6.3	4.2	3.6	2.9	2.5	1.9	- Asie-Pacifique
- Europe	37.1	36.1	33.0	34.3	32.2	31.7	31.6	30.5	29.4	25.5	- Europe
- North America	16.4	15.8	16.6	15.7	12.6	11.0	10.4	10.0	9.6	9.3	- Amérique du Nord
South-Eastern Europe	0.0	0.0	0.0	0.0	0.0	0.0	0.0	0.0	0.0	0.1	Europe du Sud-Est
Commonwealth of Independent States	0.0	0.0	0.0	0.0	0.0	0.0	0.1	0.0	0.0	0.0	Communauté d'Etats indépendants
- Asia	0.0	0.0	0.0	0.0	0.0	0.0	0.0	0.0	0.0	0.0	- Asie
- Europe	0.0	0.0	0.0	0.0	0.0	0.0	0.1	0.0	0.0	0.0	- Europe
Northern Africa	0.0	0.0	0.0	0.0	0.0	0.0	0.0	0.0	0.0	0.0	Afrique septentrionale
Sub-Saharan Africa	0.0	0.0	0.0	0.0	0.0	0.0	0.0	0.0	0.1	0.0	Afrique subsaharienne
Latin America & the Caribbean	2.8	3.8	4.3	5.4	5.2	4.9	4.5	3.5	3.3	3.1	Amérique latine et Caraïbes
- Caribbean	0.0	0.0	0.0	0.0	0.0	0.0	0.0	0.0	0.0	0.0	- Caraïbes
- Latin America	2.8	3.7	4.3	5.4	5.2	4.9	4.5	3.5	3.3	3.1	- Amérique latine
Eastern Asia	15.9	17.6	20.4	20.3	25.6	31.5	33.9	36.5	38.9	44.9	Asie orientale
Southern Asia	0.0	0.0	0.0	0.1	0.1	0.1	0.1	0.1	0.1	0.1	Asie méridionale
South-Eastern Asia	17.7	17.8	17.7	17.0	17.7	16.3	15.7	16.3	15.8	14.9	Asie du Sud-Est
Western Asia	0.6	0.7	0.2	0.2	0.2	0.2	0.2	0.2	0.2	0.2	Asie occidentale
Oceania	0.0	0.0	0.0	0.0	0.0	0.0	0.0	0.0	0.0	0.0	Océanie

759 Parts and accessories (not covers, carrying cases, etc) for machines of 751 and 752

Trade by commodity
Imports by principal countries or areas
Value in million US dollars

Commerce par produit
Importations selon les principaux pays ou zones
Valeur en millions de dollars EU

Country or area	2003	2004	2005	2006	2007	Pays ou zone
World	155572.2	180707.1	198995.6	220321.4	220461.4	Monde
Developed Economies	90278.0	103724.8	110348.0	124229.0	123348.5	Economies Développés
- Asia-Pacific	9577.2	10877.9	10467.1	9877.0	9347.7	- Asie-Pacifique
- Europe	52436.5	59272.8	65261.3	75993.6	77180.3	- Europe
- North America	28264.2	33574.1	34619.7	38358.4	36820.5	- Amérique du Nord
South-Eastern Europe	300.7	504.0	593.0	608.6	822.6	Europe du Sud-Est
Commonwealth of Independent States	280.4	320.8	441.3	597.3	747.9	Communauté d'Etats indépendants
- Asia	59.7	69.8	85.2	93.5	114.6	- Asie
- Europe	220.7	251.0	356.1	503.8	633.3	- Europe
Northern Africa	228.2	262.4	381.2	463.9	499.6	Afrique septentrionale
Sub-Saharan Africa	817.3	1150.6	1279.5	1344.1	1955.3	Afrique subsaharienne
Latin America & the Caribbean	6321.2	7453.2	7335.2	8167.7	7793.2	Amérique latine et Caraïbes
- Caribbean	110.5	112.4	132.9	158.4	137.0	- Caraïbes
- Latin America	6210.7	7340.8	7202.3	8009.3	7656.2	- Amérique latine
Eastern Asia	32648.2	38512.5	45801.3	52096.9	50407.9	Asie orientale
Southern Asia	1178.7	1387.4	1656.8	1583.0	1485.4	Asie méridionale
South-Eastern Asia	21754.8	25321.9	28480.6	28209.6	29862.8	Asie du Sud-Est
Western Asia	1720.3	2016.2	2619.2	2961.0	3463.1	Asie occidentale
Oceania	44.6	53.2	59.4	60.3	75.1	Océanie
United States	25491.4	30445.1	31396.2	35287.9	33483.4	Etats-Unis d'Amérique
China, Hong Kong SAR	15892.9	18786.8	23199.8	25977.7	21731.2	Chine - RAS de Hong-Kong
China	12542.1	14919.7	17327.3	20259.9	22414.6	Chine
Germany	11629.9	12822.3	13576.7	15719.1	16912.7	Allemagne
Netherlands	8546.2	10438.5	12919.1	16241.2	14525.3	Pays-Bas
Singapore	9966.7	11493.5	13613.6	12461.2	13299.4	Singapour
United Kingdom	8215.6	8797.5	9600.1	10615.6	9343.3	Royaume-Uni
Japan	7830.7	9009.0	8521.6	7860.1	7210.2	Japon
Ireland	5482.5	6217.3	6910.4	8607.7	9019.9	Irlande
Malaysia	4983.1	6341.1	6892.8	7257.9	7729.9	Malaisie
France-Monaco	4893.6	5300.6	4978.9	5230.7	5258.3	France-Monaco
Mexico	4828.6	5503.0	4830.8	4834.0	4065.8	Mexique
Thailand	2538.9	3215.5	3743.0	4327.6	4843.3	Thaïlande
Philippines	4022.2	3966.3	3794.3	3598.7	3200.3	Philippines
Canada	2750.1	3098.2	3189.3	3030.1	3295.8	Canada
Korea, Republic of	2071.3	2258.2	2820.7	3312.4	3503.5	République de Corée
Italy	2721.0	2885.7	2753.2	2760.7	2729.3	Italie
Czech Republic	647.2	1275.0	1586.7	2930.9	3835.5	République tchèque
Spain	1467.7	1690.5	1837.4	1984.2	2314.8	Espagne
Australia	1453.1	1580.5	1612.7	1707.0	1793.1	Australie
Belgium	1438.1	1548.5	1541.3	1641.0	1872.8	Belgique
Denmark	1053.8	1140.4	1467.4	1258.4	1212.1	Danemark
India	853.1	1124.7	1429.9	1383.2	1318.2	Inde
Hungary	947.0	963.2	974.1	1315.5	1856.9	Hongrie
Austria	891.7	975.6	1231.8	1292.0	1294.5	Autriche

Value as percentages of World total
Valeur en pourcentage du total mondial

Regions of the world	1998	1999	2000	2001	2002	2003	2004	2005	2006	2007	Régions du monde
World	100.0	100.0	100.0	100.0	100.0	100.0	100.0	100.0	100.0	100.0	Monde
Developed Economies	71.7	71.6	67.5	64.5	60.6	58.0	57.4	55.5	56.4	56.0	Economies Développés
- Asia-Pacific	6.8	6.7	7.3	6.8	6.4	6.2	6.0	5.3	4.5	4.2	- Asie-Pacifique
- Europe	38.9	38.7	35.4	36.2	33.9	33.7	32.8	32.8	34.5	35.0	- Europe
- North America	26.0	26.2	24.7	21.5	20.2	18.2	18.6	17.4	17.4	16.7	- Amérique du Nord
South-Eastern Europe	0.1	0.1	0.1	0.1	0.1	0.2	0.3	0.3	0.3	0.4	Europe du Sud-Est
Commonwealth of Independent States	0.2	0.1	0.1	0.1	0.1	0.2	0.2	0.2	0.3	0.3	Communauté d'Etats indépendants
- Asia	0.0	0.0	0.0	0.0	0.0	0.0	0.0	0.0	0.0	0.1	- Asie
- Europe	0.1	0.1	0.1	0.1	0.1	0.1	0.1	0.2	0.2	0.3	- Europe
Northern Africa	0.1	0.1	0.1	0.1	0.2	0.1	0.1	0.2	0.2	0.2	Afrique septentrionale
Sub-Saharan Africa	0.4	0.4	0.3	0.5	0.4	0.5	0.6	0.6	0.6	0.9	Afrique subsaharienne
Latin America & the Caribbean	2.3	2.5	2.8	4.0	4.2	4.1	4.1	3.7	3.7	3.5	Amérique latine et Caraïbes
- Caribbean	0.1	0.1	0.1	0.1	0.2	0.1	0.1	0.1	0.1	0.1	- Caraïbes
- Latin America	2.3	2.4	2.6	3.8	4.0	4.0	4.1	3.6	3.6	3.5	- Amérique latine
Eastern Asia	11.0	11.7	14.9	16.1	18.8	21.0	21.3	23.0	23.6	22.9	Asie orientale
Southern Asia	0.4	0.5	0.7	0.7	0.7	0.8	0.8	0.8	0.7	0.7	Asie méridionale
South-Eastern Asia	12.4	11.7	12.3	12.5	13.7	14.0	14.0	14.3	12.8	13.5	Asie du Sud-Est
Western Asia	1.3	1.3	1.3	1.3	1.2	1.1	1.1	1.3	1.3	1.6	Asie occidentale
Oceania	0.0	0.0	0.0	0.0	0.0	0.0	0.0	0.0	0.0	0.0	Océanie

Parties et accessoires destines aux machines et appareils des groupes 751 et 752 759

Trade by commodity

Exports by principal countries or areas

Value in million US dollars

Commerce par produit

Exportations selon les principaux pays ou zones

Valeur en millions de dollars EU

Country or area	2003	2004	2005	2006	2007	Pays ou zone
World	162144.4	182840.7	201300.2	221880.1	216887.0	Monde
Developed Economies	73982.7	79249.0	87656.1	94833.0	92155.7	Economies Développés
- Asia-Pacific	15707.4	17087.1	17030.1	16921.6	17039.3	- Asie-Pacifique
- Europe	38226.3	41675.8	48660.8	54957.6	54965.6	- Europe
- North America	20049.0	20486.1	21965.3	22953.8	20150.8	- Amérique du Nord
South-Eastern Europe	78.6	85.4	147.6	303.3	233.6	Europe du Sud-Est
Commonwealth of Independent States	48.0	43.8	29.7	33.9	44.6	Communauté d'Etats indépendants
- Asia	1.2	1.4	2.7	1.6	4.1	- Asie
- Europe	46.8	42.4	27.0	32.3	40.5	- Europe
Northern Africa	20.6	29.5	19.3	25.4	19.6	Afrique septentrionale
Sub-Saharan Africa	75.4	68.9	89.6	130.5	136.5	Afrique subsaharienne
Latin America & the Caribbean	4646.9	3904.2	3127.6	3449.1	3572.7	Amérique latine et Caraïbes
- Caribbean	2.6	8.3	57.3	45.6	40.5	- Caraïbes
- Latin America	4644.4	3896.0	3070.2	3403.5	3532.1	- Amérique latine
Eastern Asia	55695.3	67936.7	75150.6	83006.5	81485.7	Asie orientale
Southern Asia	251.0	289.9	301.7	267.5	258.8	Asie méridionale
South-Eastern Asia	26531.1	30308.4	33588.9	38722.4	37741.4	Asie du Sud-Est
Western Asia	810.6	922.8	1187.4	1106.3	1237.3	Asie occidentale
Oceania	4.2	1.9	1.7	2.1	1.2	Océanie
China	19128.7	24884.7	29702.6	34685.8	38666.2	Chine
China, Hong Kong SAR	16915.6	20667.1	27319.7	28826.1	23970.6	Chine - RAS de Hong-Kong
United States	18741.7	19022.6	20522.6	21314.9	18540.8	Etats-Unis d'Amérique
Japan	15191.0	16644.3	16653.5	16514.0	16562.3	Japon
Singapore	10476.6	13066.0	16471.2	18992.8	20392.1	Singapour
Netherlands	8651.2	9340.0	14350.8	16938.9	16493.3	Pays-Bas
Germany	5800.0	8450.7	9885.1	11897.1	13407.9	Allemagne
Malaysia	8325.4	8661.4	8816.0	11423.9	10699.9	Malaisie
Korea, Republic of	8404.0	11014.1	8141.8	9011.1	9343.0	République de Corée
United Kingdom	5716.7	6047.1	7598.6	8869.5	6427.4	Royaume-Uni
Ireland	7975.2	7153.0	5070.1	5271.7	5380.1	Irlande
Thailand	3684.7	3672.0	3166.7	3795.7	3562.1	Thaïlande
Philippines	2773.2	3321.7	3655.3	3411.5	1772.7	Philippines
Mexico	3170.6	2886.1	2283.6	2670.1	2395.6	Mexique
France-Monaco	2064.1	2127.3	1991.0	2086.9	2229.3	France-Monaco
Belgium	1569.1	1610.6	1963.6	2022.8	2173.1	Belgique
Canada	1307.0	1463.3	1441.7	1638.3	1609.6	Canada
Italy	1585.4	1406.8	1419.6	1108.0	1193.9	Italie
Czech Republic	571.6	756.2	960.3	1560.7	2074.2	République tchèque
Costa Rica	1372.4	898.3	678.3	633.3	1017.9	Costa Rica
Indonesia	954.3	1152.2	998.3	590.5	722.7	Indonésie
Denmark	777.1	873.8	832.5	795.8	633.2	Danemark
Spain	662.0	733.5	580.4	556.6	659.7	Espagne
Austria	469.6	533.0	628.7	664.0	783.2	Autriche
Hungary	569.0	489.1	904.0	569.6	498.8	Hongrie

Value as percentages of World total

Valeur en pourcentage du total mondial

Regions of the world	1998	1999	2000	2001	2002	2003	2004	2005	2006	2007	Régions du monde
World	100.0	100.0	100.0	100.0	100.0	100.0	100.0	100.0	100.0	100.0	Monde
Developed Economies	57.1	53.0	50.9	51.4	47.4	45.6	43.3	43.5	42.7	42.5	Economies Développés
- Asia-Pacific	12.7	11.5	10.5	9.3	9.7	9.7	9.3	8.5	7.6	7.9	- Asie-Pacifique
- Europe	24.7	24.2	23.1	26.2	25.0	23.6	22.8	24.2	24.8	25.3	- Europe
- North America	19.7	17.4	17.3	15.9	12.6	12.4	11.2	10.9	10.3	9.3	- Amérique du Nord
South-Eastern Europe	0.0	0.1	0.1	0.1	0.0	0.0	0.0	0.1	0.1	0.1	Europe du Sud-Est
Commonwealth of Independent States	0.0	0.0	0.0	0.0	0.0	0.0	0.0	0.0	0.0	0.0	Communauté d'Etats indépendants
- Asia	0.0	0.0	0.0	0.0	0.0	0.0	0.0	0.0	0.0	0.0	- Asie
- Europe	0.0	0.0	0.0	0.0	0.0	0.0	0.0	0.0	0.0	0.0	- Europe
Northern Africa	0.0	0.0	0.0	0.0	0.0	0.0	0.0	0.0	0.0	0.0	Afrique septentrionale
Sub-Saharan Africa	0.1	0.1	0.1	0.1	0.1	0.0	0.0	0.0	0.1	0.1	Afrique subsaharienne
Latin America & the Caribbean	2.8	4.2	3.1	2.8	2.5	2.9	2.1	1.6	1.6	1.6	Amérique latine et Caraïbes
- Caribbean	0.0	0.0	0.0	0.0	0.0	0.0	0.0	0.0	0.0	0.0	- Caraïbes
- Latin America	2.8	4.2	3.1	2.8	2.5	2.9	2.1	1.5	1.5	1.6	- Amérique latine
Eastern Asia	18.6	19.9	24.1	25.4	30.6	34.3	37.2	37.3	37.4	37.6	Asie orientale
Southern Asia	0.1	0.1	0.2	0.2	0.1	0.2	0.2	0.1	0.1	0.1	Asie méridionale
South-Eastern Asia	20.8	22.2	21.1	19.7	18.9	16.4	16.6	16.7	17.5	17.4	Asie du Sud-Est
Western Asia	0.4	0.4	0.4	0.5	0.5	0.5	0.5	0.6	0.5	0.6	Asie occidentale
Oceania	0.0	0.0	0.0	0.0	0.0	0.0	0.0	0.0	0.0	0.0	Océanie

761 Television receivers

Trade by commodity
Imports by principal countries or areas
Value in million US dollars

Commerce par produit
Importations selon les principaux pays ou zones
Valeur en millions de dollars EU

Country or area	2003	2004	2005	2006	2007	Pays ou zone
World	35824.1	48539.2	58882.0	77605.2	91914.9	Monde
Developed Economies	29657.6	40546.2	49891.5	66778.6	79059.0	Economies Développés
- Asia-Pacific	2318.9	2928.5	3058.6	2921.2	3196.2	- Asie-Pacifique
- Europe	14028.9	19938.4	23480.6	33501.3	40550.3	- Europe
- North America	13309.8	17679.4	23352.3	30356.1	35312.5	- Amérique du Nord
South-Eastern Europe	272.0	433.7	443.7	473.4	961.7	Europe du Sud-Est
Commonwealth of Independent States	184.4	318.8	644.2	998.5	1753.4	Communauté d'Etats indépendants
- Asia	68.4	85.3	94.7	121.6	137.5	- Asie
- Europe	116.0	233.6	549.5	876.9	1615.9	- Europe
Northern Africa	204.7	283.3	241.8	252.1	321.0	Afrique septentrionale
Sub-Saharan Africa	277.9	406.8	471.6	636.1	821.6	Afrique subsaharienne
Latin America & the Caribbean	1130.8	1453.5	1966.8	2753.1	2796.5	Amérique latine et Caraïbes
- Caribbean	74.2	73.2	61.7	72.2	94.5	- Caraïbes
- Latin America	1056.6	1380.3	1905.0	2680.9	2701.9	- Amérique latine
Eastern Asia	1740.1	2143.2	2045.3	2299.9	2179.6	Asie orientale
Southern Asia	227.0	358.3	452.3	503.5	839.3	Asie méridionale
South-Eastern Asia	1131.7	1295.0	1269.8	1370.1	1451.5	Asie du Sud-Est
Western Asia	982.5	1281.5	1431.1	1512.8	1708.8	Asie occidentale
Oceania	15.5	18.8	24.0	27.1	22.6	Océanie
United States	12175.4	16368.7	21527.5	27946.3	32498.6	Etats-Unis d'Amérique
United Kingdom	2238.3	3218.6	4082.2	5793.5	6439.2	Royaume-Uni
Germany	2454.6	3177.9	3606.4	5422.0	6266.9	Allemagne
Netherlands	1415.9	2358.4	2845.4	3832.3	5103.1	Pays-Bas
France-Monaco	1624.7	1991.8	2339.7	3482.5	4439.3	France-Monaco
Italy	1353.0	2025.5	2065.9	2501.7	2596.8	Italie
Spain	914.1	1426.2	1775.4	2631.8	2799.2	Espagne
Canada	1127.2	1302.5	1814.9	2396.1	2806.2	Canada
Japan	1448.8	1687.4	1619.2	1229.5	1111.9	Japon
China, Hong Kong SAR	1042.1	1430.9	1344.7	1553.9	1194.3	Chine - RAS de Hong-Kong
Australia	752.5	1091.9	1237.5	1495.0	1787.6	Australie
Belgium	729.6	982.2	1164.7	1434.6	1540.0	Belgique
Sweden	576.5	833.4	970.6	1517.9	1785.0	Suède
Singapore	623.0	735.4	613.9	678.1	763.6	Singapour
Mexico	444.1	533.9	685.9	928.4	672.2	Mexique
Denmark	263.1	382.5	456.5	876.3	1155.7	Danemark
Russian Federation	103.8	204.1	431.4	769.2	1523.9	Fédération de Russie
Switzerland-Liechtenstein	346.0	465.2	530.1	685.3	849.6	Suisse-Liechtenstein
Austria	301.4	441.4	500.4	643.7	853.8	Autriche
United Arab Emirates	341.0	408.1	418.9	472.8	e585.1	Emirates arabes unis
Finland	163.7	292.7	395.6	564.0	802.8	Finlande
Greece	233.9	347.6	351.9	524.9	743.3	Grèce
Norway	211.2	281.0	390.4	571.6	738.0	Norvège
Poland	242.0	286.9	328.7	507.0	782.5	Pologne
Czech Republic	166.9	294.5	305.9	481.1	830.7	République tchèque

Value as percentages of World total

Valeur en pourcentage du total mondial

Regions of the world	1998	1999	2000	2001	2002	2003	2004	2005	2006	2007	Régions du monde
World	100.0	100.0	100.0	100.0	100.0	100.0	100.0	100.0	100.0	100.0	Monde
Developed Economies	80.9	82.6	81.0	79.5	82.2	82.8	83.5	84.7	86.0	86.0	Economies Développés
- Asia-Pacific	6.7	8.4	9.1	8.4	7.1	6.5	6.0	5.2	3.8	3.5	- Asie-Pacifique
- Europe	43.0	42.7	40.2	39.0	39.1	39.2	41.1	39.9	43.2	44.1	- Europe
- North America	31.2	31.5	31.8	32.0	36.0	37.2	36.4	39.7	39.1	38.4	- Amérique du Nord
South-Eastern Europe	0.2	0.3	0.3	0.4	0.5	0.8	0.9	0.8	0.6	1.0	Europe du Sud-Est
Commonwealth of Independent States	0.5	0.5	0.4	0.8	0.7	0.5	0.7	1.1	1.3	1.9	Communauté d'Etats indépendants
- Asia	0.2	0.2	0.2	0.2	0.2	0.2	0.2	0.2	0.2	0.1	- Asie
- Europe	0.3	0.4	0.2	0.6	0.5	0.3	0.5	0.9	1.1	1.8	- Europe
Northern Africa	0.7	0.5	0.6	0.6	0.7	0.6	0.6	0.4	0.3	0.3	Afrique septentrionale
Sub-Saharan Africa	0.8	0.7	0.8	3.7	0.8	0.8	0.8	0.8	0.8	0.9	Afrique subsaharienne
Latin America & the Caribbean	5.1	4.7	4.9	4.9	4.0	3.2	3.0	3.3	3.5	3.0	Amérique latine et Caraïbes
- Caribbean	0.3	0.4	0.4	0.3	0.4	0.2	0.2	0.1	0.1	0.1	- Caraïbes
- Latin America	4.7	4.3	4.5	4.5	3.6	2.9	2.8	3.2	3.5	2.9	- Amérique latine
Eastern Asia	6.4	5.1	5.1	4.3	4.2	4.9	4.4	3.5	3.0	2.4	Asie orientale
Southern Asia	0.3	0.4	0.3	0.2	0.4	0.6	0.7	0.8	0.6	0.9	Asie méridionale
South-Eastern Asia	2.6	2.9	3.6	2.8	3.7	3.2	2.7	2.2	1.8	1.6	Asie du Sud-Est
Western Asia	2.4	2.4	3.0	2.7	2.8	2.7	2.6	2.4	1.9	1.9	Asie occidentale
Oceania	0.1	0.1	0.1	0.0	0.0	0.0	0.0	0.0	0.0	0.0	Océanie

Appareils récepteurs de télévision (y compris les moniteurs vidéo et les projecteurs vidéo) 761

Trade by commodity
Exports by principal countries or areas
Value in million US dollars

Commerce par produit
Exportations selon les principaux pays ou zones
Valeur en millions de dollars EU

Country or area	2003	2004	2005	2006	2007	Pays ou zone
World	37657.7	48825.4	57447.4	76402.5	88107.5	Monde
Developed Economies	16335.9	20977.0	23891.6	33683.5	39466.4	Economies Développés
- Asia-Pacific	4477.0	4927.6	3928.1	3367.0	2150.7	- Asie-Pacifique
- Europe	10503.1	14413.0	17990.8	27620.5	34496.0	- Europe
- North America	1355.8	1636.4	1972.7	2696.0	2819.6	- Amérique du Nord
South-Eastern Europe	204.0	231.9	117.9	108.2	135.3	Europe du Sud-Est
Commonwealth of Independent States	80.5	113.3	110.1	59.2	47.3	Communauté d'Etats indépendants
- Asia	14.0	16.0	9.7	2.1	0.6	- Asie
- Europe	66.4	97.3	100.4	57.0	46.7	- Europe
Northern Africa	2.1	7.3	10.2	5.9	20.6	Afrique septentrionale
Sub-Saharan Africa	45.7	80.3	63.4	95.1	104.6	Afrique subsaharienne
Latin America & the Caribbean	6547.8	7850.6	10453.9	16758.9	20426.4	Amérique latine et Caraïbes
- Caribbean	21.8	2.6	3.1	0.8	4.2	- Caraïbes
- Latin America	6526.0	7848.0	10450.8	16758.1	20422.2	- Amérique latine
Eastern Asia	8267.5	11681.0	15025.3	19364.3	23127.5	Asie orientale
Southern Asia	91.1	78.5	80.4	77.7	77.6	Asie méridionale
South-Eastern Asia	4001.7	4772.7	4428.9	4160.1	3469.1	Asie du Sud-Est
Western Asia	2081.4	3032.5	3265.8	2089.1	1230.3	Asie occidentale
Oceania	0.0	0.2	0.2	0.5	2.5	Océanie
Mexico	6413.3	7693.1	10318.4	16641.7	20277.0	Mexique
China	3471.3	5485.5	8419.6	12959.5	17881.9	Chine
Japan	4452.6	4898.8	3897.2	3335.0	2123.6	Japon
Korea, Republic of	2971.2	3452.0	2955.5	2277.2	1875.0	République de Corée
Netherlands	969.0	1638.3	2164.5	3178.5	4811.9	Pays-Bas
Poland	1105.8	1231.7	1792.0	3390.1	4336.7	Pologne
Slovakia	139.9	386.8	1116.9	3176.7	5955.4	Slovaquie
Spain	1418.1	1616.7	1936.4	2812.8	2911.6	Espagne
Turkey	1820.2	2680.5	2933.9	1591.0	751.7	Turquie
Hungary	817.6	1282.6	1806.2	2812.9	3038.7	Hongrie
Germany	1133.3	1411.1	1762.0	2577.6	2855.2	Allemagne
United States	1264.4	1556.8	1836.1	2473.1	2605.0	Etats-Unis d'Amérique
Malaysia	1797.9	2038.8	1861.4	1289.9	1365.1	Malaisie
Thailand	1137.6	1643.5	1657.9	1985.4	1322.8	Thaïlande
United Kingdom	953.6	1472.7	1453.5	1968.8	1700.7	Royaume-Uni
Czech Republic	332.0	1017.3	1206.6	1958.3	2898.4	République tchèque
France-Monaco	1168.6	1409.6	1641.6	1549.6	1409.5	France-Monaco
Belgium	1212.3	1247.7	1209.4	1451.6	1285.8	Belgique
China, Hong Kong SAR	678.2	1001.8	1196.9	1439.2	844.8	Chine - RAS de Hong-Kong
Sweden	275.6	379.4	482.5	796.7	979.3	Suède
Singapore	694.3	642.8	536.3	456.4	494.5	Singapour
Denmark	286.3	432.2	397.1	488.7	611.9	Danemark
Finland	111.4	180.6	281.6	491.4	578.6	Finlande
United Arab Emirates	212.6	227.9	201.4	374.8	e405.0	Emirates arabes unis
Indonesia	267.3	323.0	274.3	330.2	171.7	Indonésie

Value as percentages of World total

Valeur en pourcentage du total mondial

Regions of the world	1998	1999	2000	2001	2002	2003	2004	2005	2006	2007	Régions du monde
World	100.0	100.0	100.0	100.0	100.0	100.0	100.0	100.0	100.0	100.0	Monde
Developed Economies	49.4	48.0	47.2	46.3	42.4	43.4	43.0	41.6	44.1	44.8	Economies Développés
- Asia-Pacific	10.2	10.7	11.5	11.3	11.5	11.9	10.1	6.8	4.4	2.4	- Asie-Pacifique
- Europe	33.5	31.9	30.6	29.7	26.6	27.9	29.5	31.3	36.2	39.2	- Europe
- North America	5.8	5.4	5.2	5.3	4.3	3.6	3.4	3.4	3.5	3.2	- Amérique du Nord
South-Eastern Europe	0.0	0.0	0.0	0.0	0.2	0.5	0.5	0.2	0.1	0.2	Europe du Sud-Est
Commonwealth of Independent States	0.3	0.3	0.3	0.3	0.2	0.2	0.2	0.2	0.1	0.1	Communauté d'Etats indépendants
- Asia	0.1	0.1	0.1	0.1	0.0	0.0	0.0	0.0	0.0	0.0	- Asie
- Europe	0.2	0.2	0.2	0.3	0.2	0.2	0.2	0.2	0.1	0.1	- Europe
Northern Africa	0.0	0.0	0.0	0.0	0.0	0.0	0.0	0.0	0.0	0.0	Afrique septentrionale
Sub-Saharan Africa	0.1	0.1	0.2	0.2	0.1	0.1	0.2	0.1	0.1	0.1	Afrique subsaharienne
Latin America & the Caribbean	20.7	22.4	20.3	22.3	21.0	17.4	16.1	18.2	21.9	23.2	Amérique latine et Caraïbes
- Caribbean	0.0	0.0	0.0	0.0	0.0	0.1	0.0	0.0	0.0	0.0	- Caraïbes
- Latin America	20.7	22.4	20.3	22.3	21.0	17.3	16.1	18.2	21.9	23.2	- Amérique latine
Eastern Asia	13.1	14.0	14.5	14.1	17.3	22.0	23.9	26.2	25.3	26.2	Asie orientale
Southern Asia	0.1	0.1	0.1	0.1	0.1	0.2	0.2	0.1	0.1	0.1	Asie méridionale
South-Eastern Asia	12.8	11.8	14.1	13.1	13.4	10.6	9.8	7.7	5.4	3.9	Asie du Sud-Est
Western Asia	3.5	3.4	3.4	3.6	5.1	5.5	6.2	5.7	2.7	1.4	Asie occidentale
Oceania	0.0	0.0	0.0	0.0	0.0	0.0	0.0	0.0	0.0	0.0	Océanie

762 Radio-broadcast receivers

Trade by commodity

Imports by principal countries or areas

Value in million US dollars

Commerce par produit

Importations selon les principaux pays ou zones

Valeur en millions de dollars EU

Country or area	2003	2004	2005	2006	2007	Pays ou zone
World	20043.1	20853.1	21063.4	21024.3	21059.7	Monde
Developed Economies	15218.3	15659.4	15858.2	15538.1	15265.6	Economies Développés
- Asia-Pacific	1370.2	1485.4	1678.7	1532.1	1451.5	- Asie-Pacifique
- Europe	6939.7	7064.2	7075.8	7006.3	7411.8	- Europe
- North America	6908.4	7109.9	7103.7	6999.8	6402.3	- Amérique du Nord
South-Eastern Europe	75.1	91.6	93.5	79.4	112.5	Europe du Sud-Est
Commonwealth of Independent States	168.9	263.3	335.1	419.5	686.1	Communauté d'Etats indépendants
- Asia	9.8	13.4	16.9	26.1	20.2	- Asie
- Europe	159.1	249.9	318.2	393.4	666.0	- Europe
Northern Africa	40.6	32.2	30.5	24.5	25.6	Afrique septentrionale
Sub-Saharan Africa	259.2	377.5	333.6	358.4	408.3	Afrique subsaharienne
Latin America & the Caribbean	1075.5	1134.5	1311.0	1519.1	1763.4	Amérique latine et Caraïbes
- Caribbean	26.4	27.6	28.6	29.0	37.0	- Caraïbes
- Latin America	1049.2	1106.9	1282.4	1490.1	1726.4	- Amérique latine
Eastern Asia	1986.7	2036.6	1904.2	2047.8	1824.0	Asie orientale
Southern Asia	115.2	121.0	78.9	69.0	79.2	Asie méridionale
South-Eastern Asia	659.2	658.7	643.5	652.9	541.1	Asie du Sud-Est
Western Asia	431.7	466.1	463.1	304.7	342.9	Asie occidentale
Oceania	12.5	12.1	11.9	10.8	10.8	Océanie
United States	6095.9	6127.1	6086.2	6050.1	5348.9	Etats-Unis d'Amérique
Germany	1522.7	1530.8	1543.9	1551.7	1673.7	Allemagne
China, Hong Kong SAR	1626.2	1678.4	1407.0	1277.8	1135.0	Chine - RAS de Hong-Kong
Japan	983.9	1065.0	1266.3	1147.8	1040.5	Japon
Canada	810.5	980.7	1015.4	948.1	1050.6	Canada
United Kingdom	921.0	971.4	924.3	822.9	781.2	Royaume-Uni
France-Monaco	635.1	703.2	820.2	808.0	962.3	France-Monaco
Belgium	793.3	707.4	722.9	742.7	659.7	Belgique
Spain	603.3	601.0	588.0	665.3	629.6	Espagne
Mexico	567.5	505.1	528.8	578.6	510.3	Mexique
Italy	574.3	589.1	484.1	493.7	457.2	Italie
Netherlands	531.8	498.0	447.6	425.1	437.3	Pays-Bas
Singapore	464.0	425.7	427.0	422.3	304.2	Singapour
Australia	336.0	367.6	364.9	344.0	368.8	Australie
Russian Federation	148.7	240.0	294.4	362.6	644.8	Fédération de Russie
Sweden	248.6	259.5	228.9	212.6	252.6	Suède
China	75.0	87.4	157.4	482.4	383.0	Chine
Korea, Republic of	201.8	187.9	236.2	224.0	252.7	République de Corée
South Africa	126.5	221.6	184.8	193.5	166.6	Afrique du Sud
Poland	138.5	150.1	136.5	151.1	174.3	Pologne
Austria	117.1	141.0	149.6	138.0	156.5	Autriche
Czech Republic	110.8	122.0	109.3	113.0	215.1	République tchèque
Brazil	74.5	118.1	118.5	153.8	191.9	Brésil
Denmark	97.8	109.3	123.8	135.3	162.5	Danemark
United Arab Emirates	140.8	135.6	111.7	104.3	e129.0	Emirates arabes unis

Value as percentages of World total

Valeur en pourcentage du total mondial

Regions of the world	1998	1999	2000	2001	2002	2003	2004	2005	2006	2007	Régions du monde
World	100.0	100.0	100.0	100.0	100.0	100.0	100.0	100.0	100.0	100.0	Monde
Developed Economies	74.4	76.9	74.8	75.1	75.5	75.9	75.1	75.3	73.9	72.5	Economies Développés
- Asia-Pacific	5.5	6.4	7.3	7.6	6.9	6.8	7.1	8.0	7.3	6.9	- Asie-Pacifique
- Europe	33.9	34.2	29.3	30.9	32.2	34.6	33.9	33.6	33.3	35.2	- Europe
- North America	35.0	36.2	38.2	36.5	36.4	34.5	34.1	33.7	33.3	30.4	- Amérique du Nord
South-Eastern Europe	0.2	0.2	0.1	0.1	0.2	0.4	0.4	0.4	0.4	0.5	Europe du Sud-Est
Commonwealth of Independent States	0.1	0.1	0.1	0.4	0.7	0.8	1.3	1.6	2.0	3.3	Communauté d'Etats indépendants
- Asia	0.1	0.0	0.0	0.0	0.0	0.0	0.1	0.1	0.1	0.1	- Asie
- Europe	0.1	0.1	0.1	0.4	0.7	0.8	1.2	1.5	1.9	3.2	- Europe
Northern Africa	0.3	0.3	0.2	0.2	0.2	0.2	0.2	0.1	0.1	0.1	Afrique septentrionale
Sub-Saharan Africa	0.9	0.9	0.9	1.7	1.0	1.3	1.8	1.6	1.7	1.9	Afrique subsaharienne
Latin America & the Caribbean	6.0	5.0	5.7	7.0	6.2	5.4	5.4	6.2	7.2	8.4	Amérique latine et Caraïbes
- Caribbean	0.1	0.2	0.2	0.2	0.2	0.1	0.1	0.1	0.1	0.2	- Caraïbes
- Latin America	5.9	4.9	5.5	6.8	6.0	5.2	5.3	6.1	7.1	8.2	- Amérique latine
Eastern Asia	13.2	11.2	12.1	10.0	10.6	9.9	9.8	9.0	9.7	8.7	Asie orientale
Southern Asia	0.2	0.2	0.2	0.3	0.4	0.6	0.6	0.4	0.3	0.4	Asie méridionale
South-Eastern Asia	2.8	3.5	3.9	3.4	3.2	3.3	3.2	3.1	3.1	2.6	Asie du Sud-Est
Western Asia	1.9	1.7	2.0	1.7	1.9	2.2	2.2	2.2	1.4	1.6	Asie occidentale
Oceania	0.1	0.1	0.1	0.1	0.1	0.1	0.1	0.1	0.1	0.1	Océanie

Trade by commodity

Exports by principal countries or areas

Value in million US dollars

Commerce par produit

Exportations selon les principaux pays ou zones

Valeur en millions de dollars EU

Country or area	2003	2004	2005	2006	2007	Pays ou zone
World	16687.1	17569.7	18509.0	18805.2	19264.5	Monde
Developed Economies	5641.6	5888.2	6147.7	6194.6	6638.4	Economies Développés
- Asia-Pacific	617.5	581.0	543.7	417.2	374.9	- Asie-Pacifique
- Europe	4178.8	4301.3	4452.4	4715.6	4920.7	- Europe
- North America	845.3	1006.0	1151.6	1061.7	1342.8	- Amérique du Nord
South-Eastern Europe	0.3	0.5	3.1	3.2	12.3	Europe du Sud-Est
Commonwealth of Independent States	3.0	4.3	4.6	5.3	5.3	Communauté d'Etats indépendants
- Asia	0.3	0.3	0.1	0.1	0.1	- Asie
- Europe	2.7	4.0	4.5	5.2	5.2	- Europe
Northern Africa	0.2	0.6	0.1	0.1	0.8	Afrique septentrionale
Sub-Saharan Africa	53.9	52.9	53.8	67.0	101.4	Afrique subsaharienne
Latin America & the Caribbean	1630.3	1884.9	1635.9	1816.0	1672.2	Amérique latine et Caraïbes
- Caribbean	0.4	3.8	0.2	0.2	4.2	- Caraïbes
- Latin America	1629.9	1881.1	1635.7	1815.9	1668.0	- Amérique latine
Eastern Asia	5908.2	5904.8	6584.5	6666.0	6720.3	Asie orientale
Southern Asia	1.9	2.1	5.0	6.6	4.2	Asie méridionale
South-Eastern Asia	3062.3	3431.7	3716.8	3714.0	3637.3	Asie du Sud-Est
Western Asia	383.5	399.7	357.3	332.2	472.1	Asie occidentale
Oceania	2.0	0.0	0.2	0.2	0.1	Océanie
China	3263.0	3031.3	3817.5	4394.1	4893.0	Chine
China, Hong Kong SAR	2376.9	2605.9	2435.6	2070.3	1692.5	Chine - RAS de Hong-Kong
Malaysia	1499.3	1772.1	1914.4	1829.0	1826.5	Malaisie
Mexico	1462.5	1735.0	1535.5	1690.8	1503.3	Mexique
United States	819.9	976.1	1115.8	1034.5	1247.3	Etats-Unis d'Amérique
Portugal	769.8	794.1	953.8	1056.5	1161.3	Portugal
Germany	941.3	884.8	825.6	776.9	885.4	Allemagne
Thailand	482.7	567.9	702.3	803.2	901.1	Thaïlande
Belgium	799.1	674.7	664.6	681.4	594.0	Belgique
Singapore	637.8	647.6	651.9	678.0	480.3	Singapour
Japan	604.7	566.0	529.6	405.5	357.1	Japon
Netherlands	454.2	412.1	324.5	316.6	294.1	Pays-Bas
Indonesia	341.0	366.7	365.2	334.0	380.0	Indonésie
Hungary	358.2	416.8	329.9	305.5	319.8	Hongrie
France-Monaco	329.7	350.7	341.8	337.4	331.7	France-Monaco
Czech Republic	81.1	220.4	229.4	420.6	587.5	République tchèque
Israel	292.1	283.5	281.7	238.9	370.5	Israël
Korea, Republic of	222.7	227.1	288.5	160.2	102.1	République de Corée
United Kingdom	106.0	132.5	155.7	171.0	122.2	Royaume-Uni
Spain	98.2	133.2	103.6	110.1	160.1	Espagne
Denmark	102.8	114.9	110.1	131.5	132.1	Danemark
Ireland	3.7	4.5	243.9	192.8	20.8	Irlande
United Arab Emirates	85.4	111.6	70.3	89.5	e96.8	Emirates arabes unis
Brazil	130.8	94.9	49.4	51.3	54.2	Brésil
Philippines	100.5	75.8	81.8	68.3	47.1	Philippines

Value as percentages of World total

Valeur en pourcentage du total mondial

Regions of the world	1998	1999	2000	2001	2002	2003	2004	2005	2006	2007	Régions du monde
World	100.0	100.0	100.0	100.0	100.0	100.0	100.0	100.0	100.0	100.0	Monde
Developed Economies	31.1	34.1	29.0	29.2	30.7	33.8	33.5	33.2	32.9	34.5	Economies Développés
- Asia-Pacific	7.2	7.5	5.8	4.4	4.9	3.7	3.3	2.9	2.2	1.9	- Asie-Pacifique
- Europe	19.1	21.4	17.4	19.1	20.3	25.0	24.5	24.1	25.1	25.5	- Europe
- North America	4.7	5.2	5.7	5.6	5.6	5.1	5.7	6.2	5.6	7.0	- Amérique du Nord
South-Eastern Europe	0.0	0.0	0.0	0.0	0.0	0.0	0.0	0.0	0.0	0.1	Europe du Sud-Est
Commonwealth of Independent States	0.0	0.0	0.0	0.0	0.0	0.0	0.0	0.0	0.0	0.0	Communauté d'Etats indépendants
- Asia	0.0	0.0	0.0	0.0	0.0	0.0	0.0	0.0	0.0	0.0	- Asie
- Europe	0.0	0.0	0.0	0.0	0.0	0.0	0.0	0.0	0.0	0.0	- Europe
Northern Africa	0.0	0.0	0.0	0.0	0.0	0.0	0.0	0.0	0.0	0.0	Afrique septentrionale
Sub-Saharan Africa	0.1	0.1	0.1	0.1	0.2	0.3	0.3	0.3	0.4	0.5	Afrique subsaharienne
Latin America & the Caribbean	9.3	9.6	8.7	9.6	11.5	9.8	10.7	8.8	9.7	8.7	Amérique latine et Caraïbes
- Caribbean	0.0	0.0	0.0	0.0	0.0	0.0	0.0	0.0	0.0	0.0	- Caraïbes
- Latin America	9.3	9.6	8.7	9.6	11.5	9.8	10.7	8.8	9.7	8.7	- Amérique latine
Eastern Asia	36.6	32.2	36.2	34.2	36.9	35.4	33.6	35.6	35.4	34.9	Asie orientale
Southern Asia	0.0	0.0	0.0	0.0	0.0	0.0	0.0	0.0	0.0	0.0	Asie méridionale
South-Eastern Asia	21.8	22.7	24.4	24.5	18.4	18.4	19.5	20.1	19.8	18.9	Asie du Sud-Est
Western Asia	1.1	1.2	1.5	2.3	2.2	2.3	2.3	1.9	1.8	2.5	Asie occidentale
Oceania	0.0	0.0	0.0	0.0	0.0	0.0	0.0	0.0	0.0	0.0	Océanie

763 Sound recorders or reproducers; television image and sound recorders

Trade by commodity
Imports by principal countries or areas
Value in million US dollars

Commerce par produit
Importations selon les principaux pays ou zones
Valeur en millions de dollars EU

Country or area	2003	2004	2005	2006	2007	Pays ou zone
World	45952.5	60177.0	66464.7	66015.5	70560.6	Monde
Developed Economies	34509.0	44231.0	47874.7	47081.3	49182.2	Economies Développés
- Asia-Pacific	3315.4	4993.0	5125.4	4632.5	5112.6	- Asie-Pacifique
- Europe	17020.9	22231.3	24374.5	23763.9	25988.3	- Europe
- North America	14172.7	17006.6	18374.8	18684.9	18081.3	- Amérique du Nord
South-Eastern Europe	83.9	162.6	235.2	221.3	359.7	Europe du Sud-Est
Commonwealth of Independent States	105.8	278.2	505.1	676.1	1548.1	Communauté d'Etats indépendants
- Asia	13.8	24.0	36.6	50.2	69.0	- Asie
- Europe	92.0	254.1	468.5	625.9	1479.2	- Europe
Northern Africa	38.3	69.4	54.8	50.5	64.9	Afrique septentrionale
Sub-Saharan Africa	234.5	343.4	358.5	396.7	434.7	Afrique subsaharienne
Latin America & the Caribbean	1278.5	1728.0	2210.9	2857.8	2742.0	Amérique latine et Caraïbes
- Caribbean	44.3	57.9	53.1	52.2	82.2	- Caraïbes
- Latin America	1234.2	1670.1	2157.8	2805.6	2659.7	- Amérique latine
Eastern Asia	7499.8	10428.0	11392.8	11349.8	12411.8	Asie orientale
Southern Asia	168.8	227.1	308.5	296.5	335.8	Asie méridionale
South-Eastern Asia	1422.2	1957.2	2467.0	2229.9	2344.9	Asie du Sud-Est
Western Asia	596.3	731.6	1034.4	832.4	1117.5	Asie occidentale
Oceania	15.5	20.5	22.8	23.3	18.9	Océanie
United States	13070.5	15553.4	16728.2	16840.4	16035.6	Etats-Unis d'Amérique
China, Hong Kong SAR	5521.2	7743.2	8374.5	7761.0	7670.3	Chine - RAS de Hong-Kong
Germany	3750.2	4271.1	4607.7	4570.0	4838.8	Allemagne
United Kingdom	2948.5	3585.1	3641.8	3620.2	3884.4	Royaume-Uni
Japan	2413.9	3657.0	3813.4	3268.6	3613.2	Japon
Netherlands	1362.3	2640.5	3332.3	3269.0	3413.8	Pays-Bas
France-Monaco	2150.4	2711.3	2949.3	2695.2	2701.6	France-Monaco
China	814.7	1206.1	1599.4	2289.8	3267.8	Chine
Spain	1272.7	1682.0	1655.5	1628.7	1890.6	Espagne
Canada	1098.1	1449.4	1641.9	1840.7	2034.3	Canada
Italy	1328.2	1496.6	1470.9	1546.1	1729.2	Italie
Singapore	940.6	1259.1	1578.3	1320.9	1367.7	Singapour
Belgium	805.6	1119.0	1357.2	1087.2	1230.6	Belgique
Australia	781.0	1149.8	1117.6	1172.9	1304.6	Australie
Mexico	857.3	968.9	1057.4	1270.6	780.5	Mexique
Korea, Republic of	701.2	939.6	868.3	801.0	969.1	République de Corée
Sweden	572.3	682.1	786.8	794.0	950.7	Suède
Russian Federation	79.8	238.1	412.0	544.8	1429.9	Fédération de Russie
Switzerland-Liechtenstein	418.2	523.0	549.9	531.7	589.4	Suisse-Liechtenstein
Austria	331.7	492.7	567.4	533.0	482.7	Autriche
Czech Republic	219.8	414.8	439.4	456.2	604.1	République tchèque
Poland	200.3	312.1	448.5	499.5	668.9	Pologne
Denmark	273.8	361.8	429.0	395.8	528.4	Danemark
Thailand	215.3	314.7	420.7	417.7	481.2	Thaïlande
Norway	228.5	301.7	350.4	347.8	389.5	Norvège

Value as percentages of World total

Valeur en pourcentage du total mondial

Regions of the world	1998	1999	2000	2001	2002	2003	2004	2005	2006	2007	Régions du monde
World	100.0	100.0	100.0	100.0	100.0	100.0	100.0	100.0	100.0	100.0	Monde
Developed Economies	80.4	82.1	80.9	77.7	77.3	75.1	73.5	72.0	71.3	69.7	Economies Développés
- Asia-Pacific	6.1	6.4	7.0	8.2	7.0	7.2	8.3	7.7	7.0	7.2	- Asie-Pacifique
- Europe	34.0	33.4	30.7	32.0	33.5	37.0	36.9	36.7	36.0	36.8	- Europe
- North America	40.2	42.4	43.2	37.5	36.8	30.8	28.3	27.6	28.3	25.6	- Amérique du Nord
South-Eastern Europe	0.1	0.1	0.1	0.1	0.1	0.2	0.3	0.4	0.3	0.5	Europe du Sud-Est
Commonwealth of Independent States	0.3	0.2	0.2	0.3	0.3	0.2	0.5	0.8	1.0	2.2	Communauté d'Etats indépendants
- Asia	0.1	0.1	0.1	0.1	0.1	0.0	0.0	0.1	0.1	0.1	- Asie
- Europe	0.1	0.1	0.1	0.2	0.2	0.2	0.4	0.7	0.9	2.1	- Europe
Northern Africa	0.1	0.1	0.1	0.1	0.1	0.1	0.1	0.1	0.1	0.1	Afrique septentrionale
Sub-Saharan Africa	0.7	0.6	0.5	2.2	0.5	0.5	0.6	0.5	0.6	0.6	Afrique subsaharienne
Latin America & the Caribbean	4.5	3.4	3.2	3.3	3.5	2.8	2.9	3.3	4.3	3.9	Amérique latine et Caraïbes
- Caribbean	0.1	0.1	0.1	0.1	0.1	0.1	0.1	0.1	0.1	0.1	- Caraïbes
- Latin America	4.3	3.3	3.0	3.2	3.4	2.7	2.8	3.2	4.2	3.8	- Amérique latine
Eastern Asia	8.8	8.3	9.8	11.1	13.1	16.3	17.3	17.1	17.2	17.6	Asie orientale
Southern Asia	0.2	0.3	0.2	0.3	0.4	0.4	0.4	0.5	0.4	0.5	Asie méridionale
South-Eastern Asia	3.5	3.7	3.6	3.6	3.4	3.1	3.3	3.7	3.4	3.3	Asie du Sud-Est
Western Asia	1.5	1.3	1.4	1.3	1.4	1.3	1.2	1.6	1.3	1.6	Asie occidentale
Oceania	0.0	0.0	0.0	0.0	0.0	0.0	0.0	0.0	0.0	0.0	Océanie

Trade by commodity

Exports by principal countries or areas

Value in million US dollars

Commerce par produit

Exportations selon les principaux pays ou zones

Valeur en millions de dollars EU

Country or area	2003	2004	2005	2006	2007	Pays ou zone
World	42858.4	56271.5	62321.1	61883.3	64484.1	Monde
Developed Economies	19430.7	23998.4	25381.7	25472.8	29214.9	Economies Développés
- Asia-Pacific	11086.3	12529.0	11910.5	11191.3	12571.5	- Asie-Pacifique
- Europe	6956.5	9765.4	11309.5	11806.4	13420.6	- Europe
- North America	1387.9	1704.0	2161.7	2475.0	3222.8	- Amérique du Nord
South-Eastern Europe	5.7	5.7	3.8	5.4	30.7	Europe du Sud-Est
Commonwealth of Independent States	5.6	19.6	8.3	6.4	14.8	Communauté d'Etats indépendants
- Asia	0.7	2.4	0.7	0.2	1.3	- Asie
- Europe	4.8	17.3	7.6	6.1	13.5	- Europe
Northern Africa	0.1	0.4	0.3	0.2	0.4	Afrique septentrionale
Sub-Saharan Africa	10.8	14.1	15.0	13.1	20.7	Afrique subsaharienne
Latin America & the Caribbean	327.9	419.0	389.5	400.9	333.7	Amérique latine et Caraïbes
- Caribbean	9.1	8.1	1.8	3.6	6.3	- Caraïbes
- Latin America	318.8	410.9	387.7	397.3	327.4	- Amérique latine
Eastern Asia	18570.4	26276.3	30682.6	30735.8	30013.4	Asie orientale
Southern Asia	8.0	5.1	6.7	12.2	5.0	Asie méridionale
South-Eastern Asia	4352.3	5341.4	5581.6	5104.4	4712.0	Asie du Sud-Est
Western Asia	146.7	191.3	251.4	131.6	138.2	Asie occidentale
Oceania	0.3	0.2	0.2	0.7	0.4	Océanie
China	10526.5	15857.4	20426.0	21295.5	20716.6	Chine
Japan	11060.3	12463.4	11845.2	11125.4	12467.2	Japon
China, Hong Kong SAR	5607.7	8118.1	8771.7	8159.2	7662.3	Chine - RAS de Hong-Kong
Netherlands	1137.5	1893.5	2794.0	2777.4	3822.6	Pays-Bas
Germany	2047.7	2748.9	2351.9	2289.2	2880.4	Allemagne
Malaysia	1890.1	2046.8	2203.8	2091.5	1603.8	Malaisie
United States	1258.0	1525.3	1940.2	2245.3	2738.0	Etats-Unis d'Amérique
Korea, Republic of	1923.6	1821.7	1193.2	986.2	1283.7	République de Corée
Singapore	1023.1	1298.8	1405.2	987.9	913.4	Singapour
Indonesia	971.4	1315.1	1274.7	1014.8	901.5	Indonésie
Belgium	819.5	1208.3	1172.9	823.3	1029.5	Belgique
United Kingdom	567.9	702.4	1018.4	1870.5	868.4	Royaume-Uni
Hungary	775.3	845.1	767.8	733.3	901.0	Hongrie
Thailand	458.4	665.8	685.8	891.0	1160.1	Thaïlande
France-Monaco	353.6	413.6	687.5	751.2	510.4	France-Monaco
Sweden	235.3	306.6	382.1	448.3	681.3	Suède
Slovakia	109.7	207.9	367.2	411.7	758.7	Slovaquie
Mexico	303.8	388.9	350.0	364.3	265.8	Mexique
Spain	249.8	237.0	286.3	286.4	245.8	Espagne
Canada	129.9	178.6	221.5	229.6	484.8	Canada
Czech Republic	79.1	220.0	241.1	250.6	339.7	République tchèque
Ireland	143.3	165.5	211.4	291.7	227.0	Irlande
Austria	64.1	224.1	239.6	219.2	183.7	Autriche
Denmark	107.4	139.0	185.4	177.8	265.4	Danemark
United Arab Emirates	94.0	89.3	142.9	86.4	e93.4	Emirates arabes unis

Value as percentages of World total

Valeur en pourcentage du total mondial

Regions of the world	1998	1999	2000	2001	2002	2003	2004	2005	2006	2007	Régions du monde
World	100.0	100.0	100.0	100.0	100.0	100.0	100.0	100.0	100.0	100.0	Monde
Developed Economies	58.2	59.7	55.3	50.2	46.2	45.3	42.6	40.7	41.2	45.3	Economies Développés
- Asia-Pacific	33.0	36.0	36.1	30.2	28.5	25.9	22.3	19.1	18.1	19.5	- Asie-Pacifique
- Europe	19.1	18.0	14.2	15.5	14.0	16.2	17.4	18.1	19.1	20.8	- Europe
- North America	6.0	5.7	5.0	4.6	3.7	3.2	3.0	3.5	4.0	5.0	- Amérique du Nord
South-Eastern Europe	0.0	0.0	0.0	0.0	0.0	0.0	0.0	0.0	0.0	0.0	Europe du Sud-Est
Commonwealth of Independent States	0.1	0.0	0.0	0.0	0.0	0.0	0.0	0.0	0.0	0.0	Communauté d'Etats indépendants
- Asia	0.0	0.0	0.0	0.0	0.0	0.0	0.0	0.0	0.0	0.0	- Asie
- Europe	0.1	0.0	0.0	0.0	0.0	0.0	0.0	0.0	0.0	0.0	- Europe
Northern Africa	0.0	0.0	0.0	0.0	0.0	0.0	0.0	0.0	0.0	0.0	Afrique septentrionale
Sub-Saharan Africa	0.0	0.0	0.0	0.0	0.0	0.0	0.0	0.0	0.0	0.0	Afrique subsaharienne
Latin America & the Caribbean	2.5	3.3	2.6	1.8	1.2	0.8	0.7	0.6	0.6	0.5	Amérique latine et Caraïbes
- Caribbean	0.0	0.0	0.0	0.0	0.0	0.0	0.0	0.0	0.0	0.0	- Caraïbes
- Latin America	2.5	3.3	2.6	1.8	1.2	0.7	0.7	0.6	0.6	0.5	- Amérique latine
Eastern Asia	20.2	21.3	25.7	31.7	37.0	43.3	46.7	49.2	49.7	46.5	Asie orientale
Southern Asia	0.1	0.1	0.0	0.1	0.0	0.0	0.0	0.0	0.0	0.0	Asie méridionale
South-Eastern Asia	18.4	15.1	16.0	15.8	15.1	10.2	9.5	9.0	8.2	7.3	Asie du Sud-Est
Western Asia	0.5	0.4	0.3	0.4	0.4	0.3	0.3	0.4	0.2	0.2	Asie occidentale
Oceania	0.0	0.0	0.0	0.0	0.0	0.0	0.0	0.0	0.0	0.0	Océanie

764 Telecommunications equipment, nes, and parts, nes, and accessories of 76

Trade by commodity
Imports by principal countries or areas
Value in million US dollars

Commerce par produit
Importations selon les principaux pays ou zones
Valeur en millions de dollars EU

Country or area	2003	2004	2005	2006	2007	Pays ou zone
World	218921.8	286936.2	345350.1	404660.6	433991.6	Monde
Developed Economies	130718.0	170693.5	200123.4	232074.2	245488.9	Economies Développés
- Asia-Pacific	11205.7	13929.8	15924.8	17215.6	21860.5	- Asie-Pacifique
- Europe	72823.1	98862.3	115951.2	141041.2	144369.3	- Europe
- North America	46689.2	57901.4	68247.4	73817.5	79259.1	- Amérique du Nord
South-Eastern Europe	1019.8	1630.0	1930.6	2073.9	2855.0	Europe du Sud-Est
Commonwealth of Independent States	2606.5	3892.1	6170.0	9313.8	10479.4	Communauté d'Etats indépendants
- Asia	521.1	602.8	855.1	1166.7	1462.6	- Asie
- Europe	2085.5	3289.3	5315.0	8147.1	9016.8	- Europe
Northern Africa	1315.5	1850.0	2386.3	2175.8	2771.7	Afrique septentrionale
Sub-Saharan Africa	3224.9	4208.1	5903.3	7049.0	9204.3	Afrique subsaharienne
Latin America & the Caribbean	11448.2	16812.0	22346.8	30064.3	30811.7	Amérique latine et Caraïbes
- Caribbean	606.4	660.3	673.4	951.2	843.5	- Caraïbes
- Latin America	10841.8	16151.8	21673.4	29113.2	29968.2	- Amérique latine
Eastern Asia	44400.3	54522.4	63720.8	75403.5	80669.6	Asie orientale
Southern Asia	4116.6	5625.7	9713.3	10559.6	12388.1	Asie méridionale
South-Eastern Asia	14393.4	19158.7	20664.6	25103.6	25792.1	Asie du Sud-Est
Western Asia	5578.2	8439.0	12285.0	10720.0	13375.1	Asie occidentale
Oceania	100.4	104.6	106.0	122.8	155.9	Océanie
United States	41168.1	51393.0	61545.0	66217.7	70864.7	Etats-Unis d'Amérique
China, Hong Kong SAR	18735.7	23113.5	26895.1	32561.3	38269.1	Chine - RAS de Hong-Kong
China	18536.8	23185.7	27481.1	32575.0	31728.6	Chine
Germany	12533.5	18115.5	21830.9	24926.2	22122.6	Allemagne
United Kingdom	12231.4	16370.8	19832.8	31803.5	19144.0	Royaume-Uni
Mexico	6138.1	8655.5	10984.2	16113.1	15373.5	Mexique
Japan	8063.0	9672.3	11304.5	11926.0	16122.0	Japon
Singapore	6471.2	9607.0	10390.9	13787.9	13409.1	Singapour
France-Monaco	6567.6	8521.7	10125.0	14096.3	11224.9	France-Monaco
Netherlands	5311.2	8162.4	8856.9	9157.6	18518.5	Pays-Bas
Italy	5815.3	9027.3	8997.3	8936.3	8090.8	Italie
Spain	4636.7	6072.9	6987.3	8358.8	9771.1	Espagne
Canada	5494.5	6471.6	6664.1	7560.6	8351.0	Canada
India	3012.7	4040.3	5940.0	7054.1	8948.8	Inde
Korea, Republic of	4278.5	4948.7	5296.8	6231.3	6748.3	République de Corée
Hungary	2929.0	4506.7	4140.5	5445.6	8236.2	Hongrie
Russian Federation	1575.6	2478.1	4218.8	6947.0	7906.6	Fédération de Russie
Sweden	3004.0	4268.3	4397.4	4455.7	4818.4	Suède
Australia	2699.7	3650.9	3927.7	4645.9	5012.6	Australie
Malaysia	3067.5	3876.7	3859.0	3965.2	4314.1	Malaisie
Poland	1605.0	2121.2	3114.2	5099.4	6081.6	Pologne
Finland	1931.4	2362.6	3776.9	4297.8	4827.2	Finlande
Belgium	2443.7	2675.1	3589.7	3229.3	4290.9	Belgique
United Arab Emirates	1518.2	2442.9	3907.2	3202.2	e3962.5	Emirates arabes unis
Brazil	1474.1	2257.9	2938.0	3785.8	4461.0	Brésil

Value as percentages of World total

Valeur en pourcentage du total mondial

Regions of the world	1998	1999	2000	2001	2002	2003	2004	2005	2006	2007	Régions du monde
World	100.0	100.0	100.0	100.0	100.0	100.0	100.0	100.0	100.0	100.0	Monde
Developed Economies	61.3	64.9	64.7	61.4	61.3	59.7	59.5	57.9	57.4	56.6	Economies Développés
- Asia-Pacific	5.6	5.9	5.9	5.3	5.2	5.1	4.9	4.6	4.3	5.0	- Asie-Pacifique
- Europe	37.3	38.2	35.1	35.0	33.6	33.3	34.5	33.6	34.9	33.3	- Europe
- North America	18.5	20.7	23.7	21.1	22.5	21.3	20.2	19.8	18.2	18.3	- Amérique du Nord
South-Eastern Europe	0.5	0.4	0.4	0.5	0.5	0.5	0.6	0.6	0.5	0.7	Europe du Sud-Est
Commonwealth of Independent States	1.3	0.7	0.7	0.9	1.2	1.2	1.4	1.8	2.3	2.4	Communauté d'Etats indépendants
- Asia	0.3	0.2	0.2	0.2	0.2	0.2	0.2	0.2	0.3	0.3	- Asie
- Europe	1.0	0.6	0.5	0.7	1.0	1.0	1.1	1.5	2.0	2.1	- Europe
Northern Africa	0.6	0.6	0.6	0.4	0.5	0.6	0.6	0.7	0.5	0.6	Afrique septentrionale
Sub-Saharan Africa	2.0	1.4	1.2	3.8	1.3	1.5	1.5	1.7	1.7	2.1	Afrique subsaharienne
Latin America & the Caribbean	8.4	7.4	7.1	6.9	5.4	5.2	5.9	6.5	7.4	7.1	Amérique latine et Caraïbes
- Caribbean	0.2	0.3	0.2	0.3	0.4	0.3	0.2	0.2	0.2	0.2	- Caraïbes
- Latin America	8.1	7.2	6.9	6.6	5.0	5.0	5.6	6.3	7.2	6.9	- Amérique latine
Eastern Asia	16.1	15.5	16.6	17.0	19.4	20.3	19.0	18.5	18.6	18.6	Asie orientale
Southern Asia	0.9	0.7	0.6	0.8	1.5	1.9	2.0	2.8	2.6	2.9	Asie méridionale
South-Eastern Asia	5.9	5.2	5.5	6.0	6.5	6.6	6.7	6.0	6.2	5.9	Asie du Sud-Est
Western Asia	2.9	3.2	2.7	2.3	2.5	2.5	2.9	3.6	2.6	3.1	Asie occidentale
Oceania	0.1	0.0	0.0	0.0	0.0	0.0	0.0	0.0	0.0	0.0	Océanie

Trade by commodity
Exports by principal countries or areas
Value in million US dollars

Commerce par produit
Exportations selon les principaux pays ou zones
Valeur en millions de dollars EU

Country or area	2003	2004	2005	2006	2007	Pays ou zone
World	230527.6	296426.3	354668.6	424082.3	416643.4	Monde
Developed Economies	121744.7	146630.6	172198.2	207161.4	172972.4	Economies Développés
- Asia-Pacific	15110.3	18655.4	18083.1	19464.0	19479.4	- Asie-Pacifique
- Europe	81710.4	98331.3	121509.9	150691.5	114753.6	- Europe
- North America	24924.0	29643.8	32605.2	37005.9	38739.4	- Amérique du Nord
South-Eastern Europe	336.2	363.4	335.4	331.3	438.9	Europe du Sud-Est
Commonwealth of Independent States	475.8	606.6	563.7	954.1	1257.7	Communauté d'Etats indépendants
- Asia	8.2	9.1	9.4	16.0	30.0	- Asie
- Europe	467.6	597.6	554.3	938.1	1227.7	- Europe
Northern Africa	71.3	85.4	107.3	233.3	201.7	Afrique septentrionale
Sub-Saharan Africa	270.3	389.9	590.7	644.7	553.5	Afrique subsaharienne
Latin America & the Caribbean	9077.7	11532.0	15296.8	16979.6	14724.4	Amérique latine et Caraïbes
- Caribbean	21.4	33.5	63.0	81.2	94.2	- Caraïbes
- Latin America	9056.2	11498.6	15233.8	16898.4	14630.2	- Amérique latine
Eastern Asia	75827.8	108303.1	133823.7	162340.2	193384.9	Asie orientale
Southern Asia	166.1	200.5	320.3	562.5	653.2	Asie méridionale
South-Eastern Asia	18620.0	23610.7	25353.2	29944.6	29465.7	Asie du Sud-Est
Western Asia	3934.3	4699.6	6074.3	4926.0	2984.0	Asie occidentale
Oceania	3.3	4.5	5.0	4.7	7.0	Océanie
China	27771.6	44122.4	62192.9	84966.2	102776.0	Chine
Korea, Republic of	21516.9	31098.8	33308.7	33876.8	36973.2	République de Corée
China, Hong Kong SAR	19557.1	25098.3	29463.7	34541.5	44519.7	Chine - RAS de Hong-Kong
United States	20362.6	24014.6	25644.0	28809.1	30956.5	Etats-Unis d'Amérique
Germany	15973.5	22400.6	25448.6	26050.8	23357.6	Allemagne
United Kingdom	13167.8	10992.6	24161.5	51209.6	8460.0	Royaume-Uni
Japan	14519.9	17950.6	17375.7	18767.3	18752.1	Japon
Singapore	8255.7	11777.4	12990.8	15845.9	15820.5	Singapour
Mexico	7545.3	10005.9	11982.6	13448.4	12146.6	Mexique
Finland	9158.2	9095.2	11899.3	11568.6	12207.8	Finlande
Sweden	8014.6	10707.5	11370.0	10997.6	9449.2	Suède
France-Monaco	8309.8	9822.3	9481.0	12189.0	7889.5	France-Monaco
Netherlands	4664.9	6801.4	8194.6	8357.3	18124.6	Pays-Bas
Hungary	5417.8	8486.9	7782.3	8099.4	10435.6	Hongrie
Malaysia	5230.3	6691.7	7436.5	9172.2	8394.2	Malaisie
Canada	4558.6	5628.7	6960.4	8195.0	7782.4	Canada
Italy	3471.1	4508.9	5124.7	5247.4	5180.4	Italie
Thailand	2803.6	2910.5	2765.2	2706.0	2871.5	Thaïlande
Belgium	2167.6	2279.3	2624.2	2295.6	3150.4	Belgique
Denmark	2164.4	2188.7	3313.1	2488.3	1889.0	Danemark
Brazil	1412.8	1249.0	2908.0	3176.1	2289.8	Brésil
United Arab Emirates	1481.4	1625.3	3322.9	2007.1	e2169.0	Emirates arabes unis
Israel	2241.8	2714.1	2152.1	2500.6	253.8	Israël
Austria	1161.6	1469.2	2139.5	2205.5	2535.6	Autriche
Spain	1886.2	1865.8	1795.6	1671.9	1334.6	Espagne

Value as percentages of World total

Valeur en pourcentage du total mondial

Regions of the world	1998	1999	2000	2001	2002	2003	2004	2005	2006	2007	Régions du monde
World	100.0	100.0	100.0	100.0	100.0	100.0	100.0	100.0	100.0	100.0	Monde
Developed Economies	70.1	68.7	65.8	61.9	57.3	52.8	49.5	48.6	48.8	41.5	Economies Développés
- Asia-Pacific	8.8	8.1	7.6	6.2	5.4	6.6	6.3	5.1	4.6	4.7	- Asie-Pacifique
- Europe	43.2	42.6	40.2	40.3	39.2	35.4	33.2	34.3	35.5	27.5	- Europe
- North America	18.1	17.9	18.1	15.4	12.7	10.8	10.0	9.2	8.7	9.3	- Amérique du Nord
South-Eastern Europe	0.0	0.0	0.2	0.2	0.2	0.1	0.1	0.1	0.1	0.1	Europe du Sud-Est
Commonwealth of Independent States	0.2	0.2	0.1	0.1	0.1	0.2	0.2	0.2	0.2	0.3	Communauté d'Etats indépendants
- Asia	0.0	0.0	0.0	0.0	0.0	0.0	0.0	0.0	0.0	0.0	- Asie
- Europe	0.2	0.2	0.1	0.1	0.1	0.2	0.2	0.2	0.2	0.3	- Europe
Northern Africa	0.1	0.0	0.0	0.0	0.0	0.0	0.0	0.0	0.1	0.0	Afrique septentrionale
Sub-Saharan Africa	0.1	0.1	0.1	0.1	0.1	0.1	0.1	0.2	0.2	0.1	Afrique subsaharienne
Latin America & the Caribbean	3.8	4.4	5.6	6.1	5.2	3.9	3.9	4.3	4.0	3.5	Amérique latine et Caraïbes
- Caribbean	0.0	0.0	0.0	0.0	0.0	0.0	0.0	0.0	0.0	0.0	- Caraïbes
- Latin America	3.8	4.4	5.6	6.0	5.2	3.9	3.9	4.3	4.0	3.5	- Amérique latine
Eastern Asia	16.2	17.3	18.6	22.2	28.0	32.9	36.5	37.7	38.3	46.4	Asie orientale
Southern Asia	0.0	0.0	0.0	0.1	0.1	0.1	0.1	0.1	0.1	0.2	Asie méridionale
South-Eastern Asia	7.6	7.3	7.5	7.4	7.2	8.1	8.0	7.1	7.1	7.1	Asie du Sud-Est
Western Asia	1.9	1.9	2.0	2.0	1.7	1.7	1.6	1.7	1.2	0.7	Asie occidentale
Oceania	0.0	0.0	0.0	0.0	0.0	0.0	0.0	0.0	0.0	0.0	Océanie

771 Electric power machinery, and parts thereof

Trade by commodity
Imports by principal countries or areas
Value in million US dollars

Commerce par produit
Importations selon les principaux pays ou zones
Valeur en millions de dollars EU

Country or area	2003	2004	2005	2006	2007	Pays ou zone
World	38026.6	44952.1	49877.6	58258.4	70252.2	Monde
Developed Economies	21714.9	24927.4	26407.1	30416.8	36297.0	Economies Développés
- Asia-Pacific	2569.4	2836.3	2957.2	3190.0	3496.9	- Asie-Pacifique
- Europe	11654.6	13467.6	14051.4	16331.6	20571.9	- Europe
- North America	7490.9	8623.6	9398.5	10895.2	12228.2	- Amérique du Nord
South-Eastern Europe	201.9	269.0	351.1	406.1	548.1	Europe du Sud-Est
Commonwealth of Independent States	317.4	434.5	603.2	955.7	1468.7	Communauté d'Etats indépendants
- Asia	77.7	115.4	150.8	237.9	391.4	- Asie
- Europe	239.7	319.1	452.4	717.8	1077.3	- Europe
Northern Africa	226.0	417.5	421.0	389.9	454.0	Afrique septentrionale
Sub-Saharan Africa	350.0	452.3	556.8	890.0	1164.8	Afrique subsaharienne
Latin America & the Caribbean	2429.3	2832.2	3142.3	3800.2	4457.3	Amérique latine et Caraïbes
- Caribbean	77.7	96.2	134.6	203.5	260.3	- Caraïbes
- Latin America	2351.6	2736.0	3007.8	3596.8	4197.0	- Amérique latine
Eastern Asia	8804.2	10848.2	12743.7	15280.5	18313.6	Asie orientale
Southern Asia	375.2	452.3	657.3	767.2	1081.9	Asie méridionale
South-Eastern Asia	2578.9	3061.7	3481.0	3742.7	3975.2	Asie du Sud-Est
Western Asia	1014.3	1234.3	1495.9	1588.5	2461.9	Asie occidentale
Oceania	14.5	22.7	18.2	21.0	29.8	Océanie
United States	6628.5	7618.6	8311.9	9657.8	10845.4	Etats-Unis d'Amérique
China	3469.8	4482.8	5140.7	6607.7	8214.1	Chine
China, Hong Kong SAR	3317.0	3910.8	4780.3	5496.5	6535.0	Chine - RAS de Hong-Kong
Germany	2669.9	3097.2	3332.8	4005.4	4659.9	Allemagne
Japan	2247.2	2410.5	2449.5	2673.9	2852.5	Japon
Mexico	1686.5	1937.1	1983.1	2294.8	2542.4	Mexique
Korea, Republic of	1094.1	1376.6	1682.6	1934.1	2227.3	République de Corée
France-Monaco	1172.1	1410.9	1428.2	1564.1	1879.0	France-Monaco
United Kingdom	1231.2	1350.5	1329.4	1377.2	1716.8	Royaume-Uni
Netherlands	1038.7	1168.6	1180.3	1319.6	1602.8	Pays-Bas
Singapore	972.7	1117.8	1416.2	1353.6	1396.5	Singapour
Italy	911.6	1025.7	1112.0	1254.7	1444.7	Italie
Canada	860.7	1002.8	1084.5	1234.6	1379.9	Canada
Malaysia	713.7	818.7	824.8	983.4	1097.9	Malaisie
Spain	495.5	634.6	672.1	767.4	1297.1	Espagne
Thailand	484.4	595.8	678.6	801.1	851.6	Thaïlande
Switzerland-Liechtenstein	453.0	556.0	608.2	690.6	885.3	Suisse-Liechtenstein
Hungary	403.3	534.3	505.6	603.6	816.6	Hongrie
Austria	449.1	460.9	481.0	591.2	728.5	Autriche
Sweden	410.8	458.3	446.0	587.8	716.4	Suède
Czech Republic	332.2	407.9	448.3	550.5	826.3	République tchèque
Belgium	346.5	409.7	445.2	511.0	626.5	Belgique
India	198.4	282.0	407.4	556.4	788.4	Inde
Brazil	271.9	342.1	394.7	507.6	636.2	Brésil
Russian Federation	152.7	213.8	327.5	544.9	859.9	Fédération de Russie

Value as percentages of World total

Valeur en pourcentage du total mondial

Regions of the world	1998	1999	2000	2001	2002	2003	2004	2005	2006	2007	Régions du monde
World	100.0	100.0	100.0	100.0	100.0	100.0	100.0	100.0	100.0	100.0	Monde
Developed Economies	61.7	61.6	59.9	58.3	57.4	57.1	55.5	52.9	52.2	51.7	Economies Développés
- Asia-Pacific	6.1	6.5	6.8	6.7	6.6	6.8	6.3	5.9	5.5	5.0	- Asie-Pacifique
- Europe	32.5	30.8	28.1	29.0	29.1	30.6	30.0	28.2	28.0	29.3	- Europe
- North America	23.0	24.4	25.0	22.6	21.7	19.7	19.2	18.8	18.7	17.4	- Amérique du Nord
South-Eastern Europe	0.2	0.3	0.3	0.4	0.5	0.5	0.6	0.7	0.7	0.8	Europe du Sud-Est
Commonwealth of Independent States	0.5	0.4	0.5	0.7	0.7	0.8	1.0	1.2	1.6	2.1	Communauté d'Etats indépendants
- Asia	0.1	0.1	0.2	0.2	0.2	0.2	0.3	0.3	0.4	0.6	- Asie
- Europe	0.4	0.3	0.3	0.5	0.5	0.6	0.7	0.9	1.2	1.5	- Europe
Northern Africa	0.6	0.6	0.5	0.6	0.6	0.6	0.9	0.8	0.7	0.6	Afrique septentrionale
Sub-Saharan Africa	0.9	0.8	0.9	1.7	1.2	0.9	1.0	1.1	1.5	1.7	Afrique subsaharienne
Latin America & the Caribbean	8.3	8.5	8.2	8.3	7.5	6.4	6.3	6.3	6.5	6.3	Amérique latine et Caraïbes
- Caribbean	0.3	0.3	0.2	0.3	0.3	0.2	0.2	0.3	0.3	0.4	- Caraïbes
- Latin America	8.1	8.2	7.9	8.1	7.3	6.2	6.1	6.0	6.2	6.0	- Amérique latine
Eastern Asia	16.0	17.2	18.6	19.8	21.3	23.2	24.1	25.5	26.2	26.1	Asie orientale
Southern Asia	0.6	0.6	0.5	0.7	1.0	1.0	1.0	1.3	1.3	1.5	Asie méridionale
South-Eastern Asia	8.8	7.8	8.2	7.3	7.2	6.8	6.8	7.0	6.4	5.7	Asie du Sud-Est
Western Asia	2.4	2.2	2.3	2.2	2.5	2.7	2.7	3.0	2.7	3.5	Asie occidentale
Oceania	0.0	0.0	0.0	0.0	0.0	0.0	0.1	0.0	0.0	0.0	Océanie

Machines et appareils pour la production et la transformation de l'électricité 771

Trade by commodity
Exports by principal countries or areas
Value in million US dollars

Commerce par produit
Exportations selon les principaux pays ou zones
Valeur en millions de dollars EU

Country or area	2003	2004	2005	2006	2007	Pays ou zone
World	35546.2	41796.5	45708.4	55516.2	68510.9	Monde
Developed Economies	18235.2	20748.4	21784.5	25725.1	31403.1	Economies Développés
- Asia-Pacific	2021.2	2490.0	2445.5	2700.0	2985.2	- Asie-Pacifique
- Europe	12755.4	14439.9	15264.0	18101.2	23025.7	- Europe
- North America	3458.6	3818.5	4075.0	4923.9	5392.2	- Amérique du Nord
South-Eastern Europe	130.9	183.2	208.4	263.7	347.9	Europe du Sud-Est
Commonwealth of Independent States	168.9	227.1	319.2	491.0	815.0	Communauté d'Etats indépendants
- Asia	6.7	6.1	10.4	16.3	30.0	- Asie
- Europe	162.3	221.1	308.8	474.7	785.1	- Europe
Northern Africa	125.2	138.4	134.3	142.6	152.8	Afrique septentrionale
Sub-Saharan Africa	43.1	56.3	64.3	69.1	109.2	Afrique subsaharienne
Latin America & the Caribbean	2089.1	2083.7	2295.9	2683.2	3136.7	Amérique latine et Caraïbes
- Caribbean	17.7	22.4	29.0	45.6	56.0	- Caraïbes
- Latin America	2071.4	2061.3	2266.9	2637.6	3080.7	- Amérique latine
Eastern Asia	11686.3	14708.3	17065.0	21231.1	26376.2	Asie orientale
Southern Asia	208.3	240.3	415.9	695.3	769.4	Asie méridionale
South-Eastern Asia	2596.9	3025.0	2975.9	3908.0	4799.4	Asie du Sud-Est
Western Asia	262.0	385.3	444.8	305.8	600.7	Asie occidentale
Oceania	0.3	0.4	0.3	1.3	0.5	Océanie
China	5298.0	6992.1	8517.7	11005.7	14217.4	Chine
China, Hong Kong SAR	4084.0	4931.6	6028.5	7307.2	8824.4	Chine - RAS de Hong-Kong
Germany	3311.1	4049.2	4333.3	5272.6	6593.2	Allemagne
United States	2814.8	3040.8	3250.7	3991.0	4369.9	Etats-Unis d'Amérique
Japan	1925.0	2364.9	2319.5	2580.0	2846.8	Japon
Mexico	1934.3	1846.5	1975.7	2218.6	2460.6	Mexique
Italy	1002.1	1223.8	1357.8	1670.4	2155.8	Italie
France-Monaco	1213.8	1332.2	1320.0	1522.7	1880.7	France-Monaco
Korea, Republic of	774.2	940.8	1154.7	1489.6	1858.3	République de Corée
Singapore	950.6	1129.2	1221.9	1292.4	1473.7	Singapour
United Kingdom	1082.2	1057.2	1007.8	1153.7	1339.4	Royaume-Uni
Austria	798.1	925.5	1021.1	1248.9	1544.5	Autriche
Netherlands	914.3	996.9	983.1	1067.4	1386.4	Pays-Bas
Finland	663.6	698.8	793.9	973.5	1223.2	Finlande
Canada	643.8	777.7	824.3	932.8	1022.2	Canada
Thailand	781.7	809.4	745.2	852.0	932.8	Thaïlande
Switzerland-Liechtenstein	547.3	625.7	679.6	781.2	1054.7	Suisse-Liechtenstein
Sweden	555.1	486.7	490.3	516.1	792.8	Suède
Belgium	401.7	451.6	486.7	524.2	581.3	Belgique
Malaysia	424.7	496.7	448.3	513.2	550.6	Malaisie
Poland	286.2	373.8	435.9	578.6	737.5	Pologne
India	167.3	198.3	371.9	644.7	707.1	Inde
Denmark	300.6	337.7	362.4	442.0	638.2	Danemark
Philippines	71.1	103.1	106.7	604.9	1122.4	Philippines
Spain	328.4	336.5	376.2	406.0	525.9	Espagne

Value as percentages of World total

Valeur en pourcentage du total mondial

Regions of the world	1998	1999	2000	2001	2002	2003	2004	2005	2006	2007	Régions du monde
World	100.0	100.0	100.0	100.0	100.0	100.0	100.0	100.0	100.0	100.0	Monde
Developed Economies	57.2	54.3	51.6	52.6	51.2	51.3	49.6	47.7	46.3	45.8	Economies Développés
- Asia-Pacific	7.9	7.7	7.7	6.1	6.0	5.7	6.0	5.4	4.9	4.4	- Asie-Pacifique
- Europe	36.6	33.8	30.4	33.1	34.0	35.9	34.5	33.4	32.6	33.6	- Europe
- North America	12.6	12.8	13.4	13.4	11.2	9.7	9.1	8.9	8.9	7.9	- Amérique du Nord
South-Eastern Europe	0.2	0.2	0.2	0.2	0.2	0.4	0.4	0.5	0.5	0.5	Europe du Sud-Est
Commonwealth of Independent States	0.5	0.4	0.4	0.4	0.4	0.5	0.5	0.7	0.9	1.2	Communauté d'Etats indépendants
- Asia	0.0	0.0	0.0	0.0	0.0	0.0	0.0	0.0	0.0	0.0	- Asie
- Europe	0.5	0.3	0.3	0.4	0.4	0.5	0.5	0.7	0.9	1.1	- Europe
Northern Africa	0.2	0.3	0.2	0.3	0.3	0.4	0.3	0.3	0.3	0.2	Afrique septentrionale
Sub-Saharan Africa	0.1	0.1	0.2	0.1	0.1	0.1	0.1	0.1	0.1	0.2	Afrique subsaharienne
Latin America & the Caribbean	7.1	7.7	7.8	8.2	7.2	5.9	5.0	5.0	4.8	4.6	Amérique latine et Caraïbes
- Caribbean	0.0	0.0	0.0	0.0	0.0	0.0	0.1	0.1	0.1	0.1	- Caraïbes
- Latin America	7.1	7.6	7.8	8.2	7.2	5.8	4.9	5.0	4.8	4.5	- Amérique latine
Eastern Asia	26.6	28.8	30.6	29.3	31.3	32.9	35.2	37.3	38.2	38.5	Asie orientale
Southern Asia	0.4	0.3	0.4	0.5	0.5	0.6	0.6	0.9	1.3	1.1	Asie méridionale
South-Eastern Asia	7.0	7.3	8.2	7.6	7.8	7.3	7.2	6.5	7.0	7.0	Asie du Sud-Est
Western Asia	0.6	0.6	0.5	0.7	0.8	0.7	0.9	1.0	0.6	0.9	Asie occidentale
Oceania	0.0	0.0	0.0	0.0	0.0	0.0	0.0	0.0	0.0	0.0	Océanie

772 Electrical apparatus for switching, protecting or connecting electrical circuits

Trade by commodity
Imports by principal countries or areas
Value in million US dollars

Commerce par produit
Importations selon les principaux pays ou zones
Valeur en millions de dollars EU

Country or area	2003	2004	2005	2006	2007	Pays ou zone
World	103372.7	127609.2	142140.6	164812.5	188379.3	Monde
Developed Economies	55593.4	65906.9	70109.0	79462.9	89779.9	Economies Développés
- Asia-Pacific	4469.0	5542.7	5932.6	6626.9	7191.3	- Asie-Pacifique
- Europe	35413.5	42011.0	44100.9	50806.4	59245.3	- Europe
- North America	15711.0	18353.1	20075.6	22029.6	23343.3	- Amérique du Nord
South-Eastern Europe	715.1	1014.2	1265.9	1588.7	2063.5	Europe du Sud-Est
Commonwealth of Independent States	942.9	1386.1	1593.3	2097.0	3146.1	Communauté d'Etats indépendants
- Asia	212.9	317.7	369.3	438.5	599.5	- Asie
- Europe	730.0	1068.4	1224.1	1658.5	2546.6	- Europe
Northern Africa	1040.4	1455.4	1503.9	1671.0	1862.4	Afrique septentrionale
Sub-Saharan Africa	1122.9	1246.1	1189.4	1514.3	1884.5	Afrique subsaharienne
Latin America & the Caribbean	9029.8	10694.7	11880.6	13408.8	15125.7	Amérique latine et Caraïbes
- Caribbean	254.6	374.9	451.0	630.2	979.0	- Caraïbes
- Latin America	8775.2	10319.7	11429.5	12778.5	14146.8	- Amérique latine
Eastern Asia	21776.4	29197.8	35703.5	44331.7	51735.1	Asie orientale
Southern Asia	922.0	1178.3	1421.9	1623.5	1917.4	Asie méridionale
South-Eastern Asia	9780.6	12147.9	13744.3	14995.9	15113.0	Asie du Sud-Est
Western Asia	2400.8	3320.6	3669.0	4048.3	5668.4	Asie occidentale
Oceania	48.3	61.4	59.8	70.5	83.2	Océanie
China	11012.3	14932.6	18331.8	23384.1	28542.7	Chine
United States	12764.0	15070.5	16429.9	18095.3	19286.0	Etats-Unis d'Amérique
Germany	7429.1	8793.9	9608.9	11551.8	13096.2	Allemagne
China, Hong Kong SAR	5668.9	7728.5	9628.4	12460.9	14258.1	Chine - RAS de Hong-Kong
Mexico	7117.4	8237.1	8808.9	9669.4	10141.1	Mexique
Japan	3614.5	4483.4	4796.5	5412.7	5777.6	Japon
France-Monaco	3564.6	4215.3	4538.5	5298.7	6270.1	France-Monaco
Singapore	3210.9	3977.3	4422.0	4926.1	4853.6	Singapour
Korea, Republic of	2737.4	3539.8	4345.3	4984.5	5619.5	République de Corée
Malaysia	3077.4	3816.0	4254.4	4824.0	4724.8	Malaisie
United Kingdom	3431.6	3962.1	3925.3	4424.2	4914.1	Royaume-Uni
Italy	2899.2	3328.8	3395.8	3841.3	4367.3	Italie
Canada	2933.2	3266.6	3627.2	3914.2	4032.7	Canada
Thailand	1929.9	2438.7	3009.1	3217.2	3717.7	Thaïlande
Spain	1985.4	2301.3	2564.0	2821.7	3593.1	Espagne
Czech Republic	1550.7	2069.9	2201.3	2656.3	3196.9	République tchèque
Netherlands	1717.0	2087.1	2269.6	2550.0	2757.4	Pays-Bas
Hungary	1740.7	2214.4	2091.0	2246.9	2784.6	Hongrie
Belgium	1452.8	1810.9	1872.0	1970.1	2336.0	Belgique
Austria	1484.2	1716.5	1620.5	1820.8	2248.0	Autriche
Switzerland-Liechtenstein	1249.9	1512.0	1592.7	1832.4	2198.2	Suisse-Liechtenstein
Poland	999.2	1362.2	1417.7	1769.2	2153.0	Pologne
Sweden	1162.2	1386.9	1350.5	1503.9	1858.5	Suède
Brazil	853.7	1091.1	1228.1	1382.2	1717.4	Brésil
Philippines	990.1	1131.4	1239.4	1165.4	719.2	Philippines

Value as percentages of World total

Valeur en pourcentage du total mondial

Regions of the world	1998	1999	2000	2001	2002	2003	2004	2005	2006	2007	Régions du monde
World	100.0	100.0	100.0	100.0	100.0	100.0	100.0	100.0	100.0	100.0	Monde
Developed Economies	60.2	59.6	58.0	56.3	54.3	53.8	51.6	49.3	48.2	47.7	Economies Développés
- Asia-Pacific	3.6	3.8	4.0	3.8	4.0	4.3	4.3	4.2	4.0	3.8	- Asie-Pacifique
- Europe	37.9	36.0	33.4	34.7	33.2	34.3	32.9	31.0	30.8	31.4	- Europe
- North America	18.6	19.8	20.7	17.8	17.1	15.2	14.4	14.1	13.4	12.4	- Amérique du Nord
South-Eastern Europe	0.3	0.3	0.3	0.4	0.5	0.7	0.8	0.9	1.0	1.1	Europe du Sud-Est
Commonwealth of Independent States	0.7	0.5	0.5	0.7	0.8	0.9	1.1	1.1	1.3	1.7	Communauté d'Etats indépendants
- Asia	0.2	0.1	0.1	0.1	0.2	0.2	0.2	0.3	0.3	0.3	- Asie
- Europe	0.5	0.4	0.4	0.6	0.7	0.7	0.8	0.9	1.0	1.4	- Europe
Northern Africa	0.9	0.9	0.8	0.9	0.9	1.0	1.1	1.1	1.0	1.0	Afrique septentrionale
Sub-Saharan Africa	0.8	0.8	0.7	2.0	0.9	1.1	1.0	0.8	0.9	1.0	Afrique subsaharienne
Latin America & the Caribbean	10.4	10.5	10.5	10.8	10.2	8.7	8.4	8.4	8.1	8.0	Amérique latine et Caraïbes
- Caribbean	0.4	0.3	0.3	0.3	0.2	0.2	0.3	0.3	0.4	0.5	- Caraïbes
- Latin America	10.0	10.3	10.3	10.5	9.9	8.5	8.1	8.0	7.8	7.5	- Amérique latine
Eastern Asia	11.8	13.3	15.3	16.0	18.9	21.1	22.9	25.1	26.9	27.5	Asie orientale
Southern Asia	0.8	0.7	0.6	0.7	0.9	0.9	0.9	1.0	1.0	1.0	Asie méridionale
South-Eastern Asia	11.2	10.7	10.7	9.9	10.0	9.5	9.5	9.7	9.1	8.0	Asie du Sud-Est
Western Asia	2.9	2.7	2.4	2.3	2.5	2.3	2.6	2.6	2.5	3.0	Asie occidentale
Oceania	0.1	0.1	0.0	0.0	0.0	0.0	0.0	0.0	0.0	0.0	Océanie

Trade by commodity
Exports by principal countries or areas
Value in million US dollars

Commerce par produit
Exportations selon les principaux pays ou zones
Valeur en millions de dollars EU

Country or area	2003	2004	2005	2006	2007	Pays ou zone
World	104116.0	127892.9	142237.7	163616.4	184668.6	Monde
Developed Economies	68133.3	82151.6	86578.4	98053.1	110880.3	Economies Développés
- Asia-Pacific	12011.3	15305.0	15725.1	16955.5	17778.5	- Asie-Pacifique
- Europe	42991.6	51847.2	54962.3	62990.8	74195.9	- Europe
- North America	13130.4	14999.4	15890.9	18106.9	18905.9	- Amérique du Nord
South-Eastern Europe	229.2	378.8	486.6	696.9	997.9	Europe du Sud-Est
Commonwealth of Independent States	364.4	539.0	479.1	515.7	601.6	Communauté d'Etats indépendants
- Asia	7.2	9.9	11.0	16.0	22.1	- Asie
- Europe	357.2	529.1	468.1	499.7	579.5	- Europe
Northern Africa	453.1	621.5	710.9	825.5	1066.7	Afrique septentrionale
Sub-Saharan Africa	93.9	129.8	122.1	151.2	201.4	Afrique subsaharienne
Latin America & the Caribbean	5608.8	5895.2	6184.8	6905.2	7296.1	Amérique latine et Caraïbes
- Caribbean	84.8	86.5	101.5	133.9	190.4	- Caraïbes
- Latin America	5524.0	5808.7	6083.3	6771.3	7105.7	- Amérique latine
Eastern Asia	18276.7	24706.6	30649.8	40140.7	47034.3	Asie orientale
Southern Asia	295.4	345.9	520.3	739.3	893.9	Asie méridionale
South-Eastern Asia	10051.1	12337.0	15574.2	14678.4	14527.0	Asie du Sud-Est
Western Asia	609.7	787.0	930.6	909.2	1167.8	Asie occidentale
Oceania	0.5	0.5	0.8	1.2	1.6	Océanie
Germany	14451.0	17945.0	19733.4	23175.5	26944.4	Allemagne
Japan	11613.2	14898.7	15277.1	16480.2	17192.1	Japon
United States	11840.2	13481.1	14219.9	16412.9	17054.7	Etats-Unis d'Amérique
China	5578.5	8177.8	11171.8	15725.0	20259.8	Chine
China, Hong Kong SAR	6067.9	8202.6	10139.1	12775.0	14531.3	Chine - RAS de Hong-Kong
France-Monaco	5846.8	7134.9	7393.0	8215.7	9623.1	France-Monaco
Mexico	5159.9	5387.4	5577.8	6100.1	6322.7	Mexique
Singapore	3652.4	4281.0	4848.4	5808.2	6118.7	Singapour
Malaysia	3089.7	3707.0	5957.9	4292.8	4095.3	Malaisie
United Kingdom	3607.9	3945.7	3707.0	4008.6	4325.5	Royaume-Uni
Italy	2851.0	3594.0	3705.3	4269.4	5050.5	Italie
Korea, Republic of	1784.1	2407.4	2852.0	3574.1	4204.0	République de Corée
Switzerland-Liechtenstein	2211.4	2633.8	2771.5	3290.6	3851.2	Suisse-Liechtenstein
Thailand	1920.0	2820.1	2639.6	2464.2	2782.1	Thaïlande
Netherlands	1699.9	2097.1	2520.2	3074.4	3190.3	Pays-Bas
Czech Republic	1381.1	1949.9	2068.4	2475.9	3217.3	République tchèque
Austria	1953.1	2048.9	2032.6	2013.7	2578.1	Autriche
Hungary	1389.1	1628.1	1645.0	1818.5	2339.7	Hongrie
Canada	1290.2	1518.1	1670.7	1693.8	1850.8	Canada
Belgium	1211.8	1557.4	1578.5	1703.3	1875.4	Belgique
Spain	1266.9	1430.2	1474.5	1678.6	2023.2	Espagne
Sweden	1137.2	1275.8	1308.2	1451.8	1765.7	Suède
Poland	679.5	866.2	1004.8	1228.2	1617.9	Pologne
Ireland	863.0	785.9	876.6	960.7	1065.8	Irlande
Indonesia	648.3	645.4	1127.5	806.1	747.5	Indonésie

Value as percentages of World total

Valeur en pourcentage du total mondial

Regions of the world	1998	1999	2000	2001	2002	2003	2004	2005	2006	2007	Régions du monde
World	100.0	100.0	100.0	100.0	100.0	100.0	100.0	100.0	100.0	100.0	Monde
Developed Economies	72.6	70.9	67.1	67.7	65.8	65.4	64.2	60.9	59.9	60.0	Economies Développés
- Asia-Pacific	13.1	13.5	14.2	11.8	11.7	11.5	12.0	11.1	10.4	9.6	- Asie-Pacifique
- Europe	43.9	40.8	35.6	40.0	39.5	41.3	40.5	38.6	38.5	40.2	- Europe
- North America	15.6	16.7	17.3	16.0	14.5	12.6	11.7	11.2	11.1	10.2	- Amérique du Nord
South-Eastern Europe	0.1	0.1	0.1	0.1	0.2	0.2	0.3	0.3	0.4	0.5	Europe du Sud-Est
Commonwealth of Independent States	0.2	0.2	0.2	0.3	0.3	0.3	0.4	0.3	0.3	0.3	Communauté d'Etats indépendants
- Asia	0.0	0.0	0.0	0.0	0.0	0.0	0.0	0.0	0.0	0.0	- Asie
- Europe	0.2	0.2	0.2	0.3	0.3	0.3	0.4	0.3	0.3	0.3	- Europe
Northern Africa	0.2	0.2	0.3	0.3	0.3	0.4	0.5	0.5	0.5	0.6	Afrique septentrionale
Sub-Saharan Africa	0.1	0.1	0.1	0.1	0.1	0.1	0.1	0.1	0.1	0.1	Afrique subsaharienne
Latin America & the Caribbean	4.5	4.8	5.8	5.7	6.3	5.4	4.6	4.3	4.2	4.0	Amérique latine et Caraïbes
- Caribbean	0.1	0.1	0.1	0.1	0.0	0.1	0.1	0.1	0.1	0.1	- Caraïbes
- Latin America	4.4	4.7	5.7	5.7	6.3	5.3	4.5	4.3	4.1	3.8	- Amérique latine
Eastern Asia	12.0	12.8	15.3	15.2	16.4	17.6	19.3	21.5	24.5	25.5	Asie orientale
Southern Asia	0.1	0.2	0.2	0.2	0.3	0.3	0.3	0.4	0.5	0.5	Asie méridionale
South-Eastern Asia	9.4	10.0	10.3	9.5	9.8	9.7	9.6	10.9	9.0	7.9	Asie du Sud-Est
Western Asia	0.7	0.7	0.7	0.7	0.6	0.6	0.6	0.7	0.6	0.6	Asie occidentale
Oceania	0.0	0.0	0.0	0.0	0.0	0.0	0.0	0.0	0.0	0.0	Océanie

773 Equipment for distributing electricity, nes

Trade by commodity
Imports by principal countries or areas
Value in million US dollars

Commerce par produit
Importations selon les principaux pays ou zones
Valeur en millions de dollars EU

Country or area	2003	2004	2005	2006	2007	Pays ou zone
World	47296.1	55580.2	62657.8	77550.2	91561.3	Monde
Developed Economies	32643.3	37924.5	41922.8	51438.4	60029.5	Economies Développés
- Asia-Pacific	2984.7	3636.4	4298.7	5436.3	6302.4	- Asie-Pacifique
- Europe	18897.8	22186.7	24048.1	30266.0	36603.0	- Europe
- North America	10760.9	12101.3	13576.1	15736.1	17124.1	- Amérique du Nord
South-Eastern Europe	613.0	855.4	1067.6	1383.7	1817.8	Europe du Sud-Est
Commonwealth of Independent States	590.7	776.5	950.2	1297.1	1994.4	Communauté d'Etats indépendants
- Asia	164.4	208.4	276.9	382.9	568.2	- Asie
- Europe	426.3	568.1	673.4	914.2	1426.2	- Europe
Northern Africa	665.8	921.4	929.0	1092.9	1334.7	Afrique septentrionale
Sub-Saharan Africa	512.6	568.2	880.1	1077.6	1455.3	Afrique subsaharienne
Latin America & the Caribbean	3722.2	4337.2	4943.1	5995.9	6382.4	Amérique latine et Caraïbes
- Caribbean	114.5	162.9	185.9	276.1	319.2	- Caraïbes
- Latin America	3607.7	4174.4	4757.3	5719.8	6063.3	- Amérique latine
Eastern Asia	4668.8	5617.7	6526.8	8150.1	9395.3	Asie orientale
Southern Asia	426.3	599.6	629.3	789.0	1069.8	Asie méridionale
South-Eastern Asia	2233.8	2435.6	2899.3	3434.1	3916.8	Asie du Sud-Est
Western Asia	1193.1	1513.6	1870.7	2845.5	4092.9	Asie occidentale
Oceania	26.3	30.5	38.7	45.8	72.5	Océanie
United States	8950.4	9969.2	11231.5	13042.7	14101.9	Etats-Unis d'Amérique
Germany	4809.1	4912.9	5619.8	6975.8	8417.4	Allemagne
Japan	2613.3	3031.2	3503.7	4554.4	5252.5	Japon
Mexico	2910.9	3229.3	3505.7	4054.6	3874.5	Mexique
China	2077.4	2661.4	3082.7	3944.1	4618.9	Chine
France-Monaco	2061.2	2473.8	2799.9	3346.2	3911.3	France-Monaco
United Kingdom	1952.5	2458.8	2461.8	3149.6	4161.5	Royaume-Uni
Canada	1803.7	2122.6	2333.6	2681.7	3007.9	Canada
China, Hong Kong SAR	1491.6	1655.6	1790.1	2208.8	2300.0	Chine - RAS de Hong-Kong
Spain	1254.9	1692.8	1786.6	2088.5	2567.0	Espagne
Italy	1023.0	1107.5	1129.1	1480.3	1775.4	Italie
Austria	1021.2	1262.4	1322.9	1287.7	1464.9	Autriche
Czech Republic	666.1	973.2	1121.0	1487.0	1641.4	République tchèque
Korea, Republic of	642.4	810.2	1080.1	1439.0	1847.7	République de Corée
Belgium	862.3	1028.3	1051.7	1299.4	1474.9	Belgique
Hungary	721.1	826.4	910.7	1406.0	1779.0	Hongrie
Poland	522.7	746.8	856.3	1115.4	1359.5	Pologne
Sweden	665.5	759.5	784.1	922.1	1153.5	Suède
Singapore	551.2	628.0	795.9	977.3	1186.8	Singapour
Romania	434.7	615.0	791.7	1030.4	1266.6	Roumanie
Netherlands	631.6	739.8	715.6	913.6	1075.4	Pays-Bas
Thailand	650.3	624.5	783.4	876.4	950.1	Thaïlande
Slovakia	412.7	558.9	688.3	965.4	1166.4	Slovaquie
Australia	319.5	534.7	712.6	777.4	930.5	Australie
United Arab Emirates	246.5	420.0	479.1	726.9	e899.5	Emirates arabes unis

Value as percentages of World total

Valeur en pourcentage du total mondial

Regions of the world	1998	1999	2000	2001	2002	2003	2004	2005	2006	2007	Régions du monde
World	100.0	100.0	100.0	100.0	100.0	100.0	100.0	100.0	100.0	100.0	Monde
Developed Economies	66.5	68.1	67.5	64.3	68.4	69.0	68.2	66.9	66.3	65.6	Economies Développés
- Asia-Pacific	5.0	5.6	5.8	5.4	6.1	6.3	6.5	6.9	7.0	6.9	- Asie-Pacifique
- Europe	37.3	36.6	35.1	34.8	37.2	40.0	39.9	38.4	39.0	40.0	- Europe
- North America	24.1	25.9	26.6	24.0	25.1	22.8	21.8	21.7	20.3	18.7	- Amérique du Nord
South-Eastern Europe	0.6	0.7	0.7	0.8	1.1	1.3	1.5	1.7	1.8	2.0	Europe du Sud-Est
Commonwealth of Independent States	1.1	0.7	0.8	0.8	1.1	1.2	1.4	1.5	1.7	2.2	Communauté d'Etats indépendants
- Asia	0.3	0.2	0.3	0.3	0.3	0.3	0.4	0.4	0.5	0.6	- Asie
- Europe	0.8	0.5	0.5	0.6	0.8	0.9	1.0	1.1	1.2	1.6	- Europe
Northern Africa	1.3	1.3	1.0	1.1	1.3	1.4	1.7	1.5	1.4	1.5	Afrique septentrionale
Sub-Saharan Africa	1.0	0.9	0.9	5.2	1.0	1.1	1.0	1.4	1.4	1.6	Afrique subsaharienne
Latin America & the Caribbean	11.7	11.2	11.6	11.2	9.3	7.9	7.8	7.9	7.7	7.0	Amérique latine et Caraïbes
- Caribbean	0.3	0.3	0.4	0.4	0.3	0.2	0.3	0.3	0.4	0.3	- Caraïbes
- Latin America	11.3	10.8	11.2	10.8	9.0	7.6	7.5	7.6	7.4	6.6	- Amérique latine
Eastern Asia	8.1	8.7	9.3	8.5	9.7	9.9	10.1	10.4	10.5	10.3	Asie orientale
Southern Asia	0.7	0.5	0.7	0.8	0.9	0.9	1.1	1.0	1.0	1.2	Asie méridionale
South-Eastern Asia	6.6	5.7	5.2	5.0	4.9	4.7	4.4	4.6	4.4	4.3	Asie du Sud-Est
Western Asia	2.4	2.1	2.4	2.2	2.4	2.5	2.7	3.0	3.7	4.5	Asie occidentale
Oceania	0.1	0.1	0.0	0.0	0.1	0.1	0.1	0.1	0.1	0.1	Océanie

Trade by commodity

Exports by principal countries or areas

Value in million US dollars

Commerce par produit

Exportations selon les principaux pays ou zones

Valeur en millions de dollars EU

Country or area	2003	2004	2005	2006	2007	Pays ou zone
World	44736.7	54084.7	61312.3	76503.9	90190.3	Monde
Developed Economies	26692.1	31855.6	34752.7	42884.3	50098.8	Economies Dévoloppés
- Asia-Pacific	2034.1	2468.1	2843.7	2962.9	3340.5	- Asie-Pacifique
- Europe	19373.1	23470.0	25372.2	32037.8	38213.1	- Europe
- North America	5284.9	5917.5	6536.7	7883.6	8545.3	- Amérique du Nord
South-Eastern Europe	887.6	1274.6	1669.9	2220.2	2822.6	Europe du Sud-Est
Commonwealth of Independent States	310.6	470.0	550.0	796.6	1274.0	Communauté d'Etats indépendants
- Asia	11.3	26.2	25.3	27.0	64.3	- Asie
- Europe	299.4	443.7	524.7	769.6	1209.7	- Europe
Northern Africa	817.3	964.1	1315.6	1439.2	1575.9	Afrique septentrionale
Sub-Saharan Africa	147.9	141.9	145.6	170.7	255.3	Afrique subsaharienne
Latin America & the Caribbean	6436.4	7021.9	8129.7	9137.7	9127.3	Amérique latine et Caraïbes
- Caribbean	14.0	24.1	17.5	22.7	29.6	- Caraïbes
- Latin America	6422.4	6997.8	8112.2	9115.0	9097.7	- Amérique latine
Eastern Asia	5878.1	7574.8	9306.0	13013.1	16808.9	Asie orientale
Southern Asia	208.0	273.4	333.4	524.2	623.5	Asie méridionale
South-Eastern Asia	2513.1	3396.6	3668.1	4647.5	5245.9	Asie du Sud-Est
Western Asia	783.3	1050.0	1375.6	1659.3	2343.4	Asie occidentale
Oceania	62.4	61.7	65.8	11.2	14.6	Océanie
Mexico	6110.3	6534.3	7523.6	8036.8	7780.5	Mexique
China	2860.8	3937.3	5127.6	7632.1	10585.4	Chine
United States	4690.8	5227.3	5767.4	6899.2	7515.4	Etats-Unis d'Amérique
Germany	4278.8	4880.2	5594.6	6912.5	7909.8	Allemagne
Japan	1900.1	2320.0	2640.2	2723.4	3075.2	Japon
Italy	1283.7	1821.6	2088.1	2944.3	3616.7	Italie
France-Monaco	1742.1	1974.5	1990.7	2382.9	2895.3	France-Monaco
Poland	1217.7	1635.5	2010.1	2653.4	3315.2	Pologne
China, Hong Kong SAR	1538.5	1761.4	1847.7	2240.4	2471.4	Chine - RAS de Hong-Kong
Czech Republic	1050.1	1610.3	1765.0	2164.5	2556.0	République tchèque
Korea, Republic of	873.7	1176.8	1574.7	2140.6	2711.0	République de Corée
Hungary	1175.0	1215.5	1431.6	1994.8	2384.5	Hongrie
Romania	756.2	1090.7	1443.7	1948.7	2456.3	Roumanie
Spain	986.7	1307.3	1372.2	1735.0	2239.8	Espagne
United Kingdom	1099.8	1207.8	1117.2	1338.6	1581.1	Royaume-Uni
Austria	946.3	1227.5	1332.4	1320.9	1363.5	Autriche
Slovakia	647.9	828.8	945.3	1195.8	1387.9	Slovaquie
Belgium	743.9	868.5	893.8	1164.7	1276.6	Belgique
Sweden	603.0	745.5	791.1	1209.4	1432.7	Suède,
Netherlands	670.9	776.7	810.0	911.3	1144.3	Pays-Bas
Portugal	923.5	853.3	685.6	802.4	983.0	Portugal
Philippines	551.9	892.1	816.4	907.4	932.2	Philippines
Canada	594.0	690.2	769.3	984.4	1029.8	Canada
Thailand	542.5	675.7	704.0	883.2	922.0	Thaïlande
Morocco	421.8	429.0	719.3	843.4	993.3	Maroc

Value as percentages of World total

Valeur en pourcentage du total mondial

Regions of the world	1998	1999	2000	2001	2002	2003	2004	2005	2006	2007	Régions du monde
World	100.0	100.0	100.0	100.0	100.0	100.0	100.0	100.0	100.0	100.0	Monde
Developed Economies	64.6	62.7	61.5	61.6	59.7	59.7	58.9	56.7	56.1	55.5	Economies Développés
- Asia-Pacific	6.4	6.9	7.4	7.1	4.9	4.5	4.6	4.6	3.9	3.7	- Asie-Pacifique
- Europe	41.8	40.0	37.1	38.9	40.8	43.3	43.4	41.4	41.9	42.4	- Europe
- North America	16.4	15.7	17.0	15.7	13.9	11.8	10.9	10.7	10.3	9.5	- Amérique du Nord
South-Eastern Europe	0.6	0.6	0.6	0.9	1.6	2.0	2.4	2.7	2.9	3.1	Europe du Sud-Est
Commonwealth of Independent States	0.6	0.4	0.5	0.6	0.6	0.7	0.9	0.9	1.0	1.4	Communauté d'Etats indépendants
- Asia	0.0	0.0	0.0	0.0	0.0	0.0	0.0	0.0	0.0	0.1	- Asie
- Europe	0.5	0.4	0.5	0.5	0.6	0.7	0.8	0.9	1.0	1.3	- Europe
Northern Africa	1.1	1.2	1.1	1.4	1.6	1.8	1.8	2.1	1.9	1.7	Afrique septentrionale
Sub-Saharan Africa	0.2	0.3	0.3	0.3	0.3	0.3	0.3	0.2	0.2	0.3	Afrique subsaharienne
Latin America & the Caribbean	15.4	16.7	16.8	15.5	15.6	14.4	13.0	13.3	11.9	10.1	Amérique latine et Caraïbes
- Caribbean	0.0	0.0	0.1	0.0	0.0	0.0	0.0	0.0	0.0	0.0	- Caraïbes
- Latin America	15.4	16.6	16.7	15.5	15.6	14.4	12.9	13.2	11.9	10.1	- Amérique latine
Eastern Asia	10.1	10.5	11.5	11.7	12.6	13.1	14.0	15.2	17.0	18.6	Asie orientale
Southern Asia	0.2	0.3	0.3	0.4	0.5	0.5	0.5	0.5	0.7	0.7	Asie méridionale
South-Eastern Asia	5.5	6.0	5.9	5.7	5.6	5.6	6.3	6.0	6.1	5.8	Asie du Sud-Est
Western Asia	1.7	1.5	1.5	1.9	1.9	1.8	1.9	2.2	2.2	2.6	Asie occidentale
Oceania	0.0	0.0	0.0	0.1	0.1	0.1	0.1	0.1	0.0	0.0	Océanie

774 Electro-medical and radiological equipment

Trade by commodity   Commerce par produit
Imports by principal countries or areas   Importations selon les principaux pays ou zones
Value in million US dollars   Valeur en millions de dollars EU

Country or area	2003	2004	2005	2006	2007	Pays ou zone
World	19207.5	22128.2	25154.1	28820.9	32574.4	Monde
Developed Economies	13943.0	15718.5	17871.9	20034.0	21784.2	Economies Développés
- Asia-Pacific	1393.1	1719.4	2003.0	2204.7	2121.1	- Asie-Pacifique
- Europe	7106.1	7978.1	8921.7	10296.5	11705.8	- Europe
- North America	5443.8	6021.0	6947.2	7532.8	7957.4	- Amérique du Nord
South-Eastern Europe	102.5	143.4	159.4	133.7	224.3	Europe du Sud-Est
Commonwealth of Independent States	571.3	714.0	709.1	1254.1	2025.5	Communauté d'Etats indépendants
- Asia	41.3	76.5	101.0	146.4	232.9	- Asie
- Europe	530.0	637.5	608.2	1107.7	1792.6	- Europe
Northern Africa	129.6	151.1	145.0	177.8	224.2	Afrique septentrionale
Sub-Saharan Africa	179.5	233.1	304.8	357.4	492.4	Afrique subsaharienne
Latin America & the Caribbean	741.1	900.7	1072.2	1271.4	1447.6	Amérique latine et Caraïbes
- Caribbean	50.3	80.9	126.3	66.5	97.9	- Caraïbes
- Latin America	690.8	819.7	945.9	1204.9	1349.7	- Amérique latine
Eastern Asia	1968.9	2312.3	2669.1	2921.4	3378.1	Asie orientale
Southern Asia	418.8	504.0	624.9	629.3	695.6	Asie méridionale
South-Eastern Asia	396.7	513.5	645.2	770.6	980.4	Asie du Sud-Est
Western Asia	748.5	928.4	942.1	1257.6	1309.6	Asie occidentale
Oceania	7.6	9.0	10.5	13.5	12.5	Océanie
United States	4933.2	5491.8	6260.7	6815.1	7172.4	Etats-Unis d'Amérique
Germany	1577.4	1744.9	1905.2	2336.3	2684.2	Allemagne
China	1257.0	1486.7	1763.5	1757.3	2085.0	Chine
Netherlands	1027.7	1360.0	1620.9	1846.1	2212.6	Pays-Bas
Japan	1100.0	1354.6	1560.6	1724.5	1587.1	Japon
France-Monaco	1145.7	1087.0	1143.6	1417.3	1607.9	France-Monaco
United Kingdom	675.1	786.3	987.5	969.7	1096.7	Royaume-Uni
Russian Federation	465.4	457.1	489.0	948.1	1534.4	Fédération de Russie
Italy	612.4	695.8	722.0	752.1	733.4	Italie
Canada	503.8	521.1	676.8	707.5	775.6	Canada
Spain	422.1	470.5	522.5	647.8	715.7	Espagne
Korea, Republic of	401.4	467.2	499.2	644.8	743.5	République de Corée
Australia	256.6	322.4	390.4	431.2	453.9	Australie
Mexico	314.4	328.6	316.7	432.7	337.5	Mexique
India	237.9	265.2	339.2	396.3	453.3	Inde
Brazil	166.5	203.5	264.6	357.5	467.7	Brésil
Belgium	196.7	213.3	271.6	297.9	375.1	Belgique
Switzerland-Liechtenstein	207.4	243.7	258.2	276.7	300.4	Suisse-Liechtenstein
Israel	216.7	254.6	263.0	294.9	252.3	Israël
Turkey	131.4	216.0	289.9	282.0	284.9	Turquie
China, Hong Kong SAR	179.1	189.5	210.6	276.0	329.5	Chine - RAS de Hong-Kong
Austria	205.5	191.0	230.8	243.4	262.1	Autriche
Singapore	150.7	214.9	209.8	257.7	296.3	Singapour
United Arab Emirates	144.9	167.9	58.4	274.8	e340.1	Emirates arabes unis
Sweden	159.0	147.1	148.3	188.1	236.4	Suède

Value as percentages of World total   Valeur en pourcentage du total mondial

Regions of the world	1998	1999	2000	2001	2002	2003	2004	2005	2006	2007	Régions du monde
World	100.0	100.0	100.0	100.0	100.0	100.0	100.0	100.0	100.0	100.0	Monde
Developed Economies	70.2	73.3	71.3	68.4	73.5	72.6	71.0	71.0	69.5	66.9	Economies Développés
- Asia-Pacific	8.4	9.4	9.4	8.0	7.9	7.3	7.8	8.0	7.6	6.5	- Asie-Pacifique
- Europe	38.4	38.6	35.6	34.5	36.1	37.0	36.1	35.5	35.7	35.9	- Europe
- North America	23.4	25.2	26.2	25.8	29.5	28.3	27.2	27.6	26.1	24.4	- Amérique du Nord
South-Eastern Europe	0.7	0.6	0.8	1.0	0.6	0.5	0.6	0.6	0.5	0.7	Europe du Sud-Est
Commonwealth of Independent States	4.9	3.2	1.9	3.3	2.6	3.0	3.2	2.8	4.4	6.2	Communauté d'Etats indépendants
- Asia	0.5	0.4	0.2	0.3	0.2	0.2	0.3	0.4	0.5	0.7	- Asie
- Europe	4.5	2.8	1.7	3.1	2.4	2.8	2.9	2.4	3.8	5.5	- Europe
Northern Africa	0.6	0.6	0.5	0.5	0.6	0.7	0.7	0.6	0.6	0.7	Afrique septentrionale
Sub-Saharan Africa	0.8	0.9	0.9	3.1	0.9	0.9	1.1	1.2	1.2	1.5	Afrique subsaharienne
Latin America & the Caribbean	7.2	5.8	5.6	5.0	3.9	3.9	4.1	4.3	4.4	4.4	Amérique latine et Caraïbes
- Caribbean	0.2	0.2	0.2	0.2	0.1	0.3	0.4	0.5	0.2	0.3	- Caraïbes
- Latin America	7.0	5.6	5.4	4.8	3.8	3.6	3.7	3.8	4.2	4.1	- Amérique latine
Eastern Asia	7.4	8.4	9.9	10.8	9.7	10.3	10.4	10.6	10.1	10.4	Asie orientale
Southern Asia	2.2	1.9	2.0	2.0	2.6	2.2	2.3	2.5	2.2	2.1	Asie méridionale
South-Eastern Asia	2.3	1.9	3.0	2.0	2.1	2.1	2.3	2.6	2.7	3.0	Asie du Sud-Est
Western Asia	3.6	3.5	4.1	3.9	3.4	3.9	4.2	3.7	4.4	4.0	Asie occidentale
Oceania	0.1	0.1	0.1	0.0	0.1	0.0	0.0	0.0	0.0	0.0	Océanie

Trade by commodity

Exports by principal countries or areas

Value in million US dollars

Commerce par produit

Exportations selon les principaux pays ou zones

Valeur en millions de dollars EU

Country or area	2003	2004	2005	2006	2007	Pays ou zone
World	20247.4	23347.2	25872.4	29393.7	33277.9	Monde
Developed Economies	18304.2	20667.4	22909.5	25686.4	28982.6	Economies Développés
- Asia-Pacific	2277.5	2645.6	2899.3	3119.7	3398.3	- Asie-Pacifique
- Europe	10277.5	11846.5	12804.0	14501.2	17224.9	- Europe
- North America	5749.2	6175.4	7206.2	8065.5	8359.4	- Amérique du Nord
South-Eastern Europe	6.6	12.3	13.2	11.3	31.5	Europe du Sud-Est
Commonwealth of Independent States	46.8	42.7	36.9	39.5	54.4	Communauté d'Etats indépendants
- Asia	3.8	2.7	2.8	1.9	3.0	- Asie
- Europe	43.0	40.0	34.1	37.6	51.4	- Europe
Northern Africa	0.8	1.2	5.2	1.1	3.8	Afrique septentrionale
Sub-Saharan Africa	14.5	19.0	19.8	27.6	38.6	Afrique subsaharienne
Latin America & the Caribbean	269.2	362.1	511.2	515.9	429.5	Amérique latine et Caraïbes
- Caribbean	2.7	9.9	40.7	25.0	40.6	- Caraïbes
- Latin America	266.5	352.3	470.5	490.9	388.9	- Amérique latine
Eastern Asia	726.9	893.0	1168.3	1586.4	2076.3	Asie orientale
Southern Asia	197.0	220.7	250.4	275.6	257.5	Asie méridionale
South-Eastern Asia	179.0	256.4	263.3	396.4	442.8	Asie du Sud-Est
Western Asia	502.3	872.0	694.0	853.0	960.8	Asie occidentale
Oceania	0.2	0.2	0.5	0.3	0.2	Océanie
United States	5427.8	5797.3	6814.4	7558.2	7904.9	Etats-Unis d'Amérique
Germany	4251.5	4993.5	5451.0	6190.9	7367.4	Allemagne
Japan	2217.6	2586.3	2837.1	3054.6	3318.7	Japon
Netherlands	1736.6	2232.4	2500.1	2900.8	3605.9	Pays-Bas
France-Monaco	1184.6	1201.7	1348.4	1510.7	1739.4	France-Monaco
United Kingdom	721.4	898.1	952.0	1084.5	1245.6	Royaume-Uni
Israel	452.9	808.3	662.7	733.5	828.1	Israël
China	307.0	438.9	615.5	895.6	1217.8	Chine
Italy	339.9	449.2	470.2	563.7	650.2	Italie
Finland	405.0	397.2	479.4	517.2	542.6	Finlande
Canada	321.4	377.8	391.7	507.3	454.3	Canada
Korea, Republic of	254.8	288.6	372.1	465.8	544.1	République de Corée
Mexico	247.9	329.1	421.0	430.0	337.2	Mexique
Switzerland-Liechtenstein	256.5	288.4	307.0	371.1	394.0	Suisse-Liechtenstein
Austria	244.5	279.2	272.1	283.7	355.3	Autriche
India	196.2	218.5	249.7	273.6	253.6	Inde
Denmark	186.5	224.5	218.1	235.1	254.6	Danemark
Belgium	164.8	173.9	218.0	173.9	259.4	Belgique
China, Hong Kong SAR	161.5	161.3	173.8	201.6	291.6	Chine - RAS de Hong-Kong
Sweden	183.7	195.1	122.2	163.5	197.3	Suède
Singapore	84.0	115.3	136.4	242.2	223.0	Singapour
Spain	121.8	141.7	140.6	167.9	227.0	Espagne
Ireland	227.8	117.3	78.5	79.9	70.9	Irlande
Norway	98.0	86.9	103.0	115.7	130.3	Norvège
Malaysia	37.1	78.1	57.3	82.3	103.4	Malaisie

Value as percentages of World total

Valeur en pourcentage du total mondial

Regions of the world	1998	1999	2000	2001	2002	2003	2004	2005	2006	2007	Régions du monde
World	100.0	100.0	100.0	100.0	100.0	100.0	100.0	100.0	100.0	100.0	Monde
Developed Economies	91.3	91.5	89.4	89.0	89.5	90.4	88.5	88.5	87.4	87.1	Economies Développés
- Asia-Pacific	13.4	13.9	13.4	12.6	11.7	11.2	11.3	11.2	10.6	10.2	- Asie-Pacifique
- Europe	47.9	45.9	43.6	43.0	46.5	50.8	50.7	49.5	49.3	51.8	- Europe
- North America	29.9	31.7	32.4	33.4	31.3	28.4	26.5	27.9	27.4	25.1	- Amérique du Nord
South-Eastern Europe	0.0	0.0	0.0	0.0	0.0	0.0	0.1	0.1	0.0	0.1	Europe du Sud-Est
Commonwealth of Independent States	0.1	0.1	0.3	0.1	0.3	0.2	0.2	0.1	0.1	0.2	Communauté d'Etats indépendants
- Asia	0.0	0.0	0.0	0.0	0.0	0.0	0.0	0.0	0.0	0.0	- Asie
- Europe	0.1	0.0	0.3	0.1	0.3	0.2	0.2	0.1	0.1	0.2	- Europe
Northern Africa	0.0	0.0	0.0	0.0	0.0	0.0	0.0	0.0	0.0	0.0	Afrique septentrionale
Sub-Saharan Africa	0.2	0.1	0.1	0.1	0.1	0.1	0.1	0.1	0.1	0.1	Afrique subsaharienne
Latin America & the Caribbean	1.7	1.7	1.7	1.1	1.5	1.3	1.6	2.0	1.8	1.3	Amérique latine et Caraïbes
- Caribbean	0.0	0.0	0.0	0.0	0.0	0.0	0.0	0.2	0.1	0.1	- Caraïbes
- Latin America	1.7	1.7	1.7	1.0	1.4	1.3	1.5	1.8	1.7	1.2	- Amérique latine
Eastern Asia	2.7	2.7	3.4	3.8	3.6	3.6	3.8	4.5	5.4	6.2	Asie orientale
Southern Asia	0.2	0.6	0.6	0.9	1.0	1.0	0.9	1.0	0.9	0.8	Asie méridionale
South-Eastern Asia	0.6	0.6	0.8	0.7	0.8	0.9	1.1	1.0	1.3	1.3	Asie du Sud-Est
Western Asia	3.3	2.7	3.7	4.2	3.1	2.5	3.7	2.7	2.9	2.9	Asie occidentale
Oceania	0.0	0.0	0.0	0.0	0.0	0.0	0.0	0.0	0.0	0.0	Océanie

775 Household-type electrical and non-electrical equipment, nes

Trade by commodity
Imports by principal countries or areas
Value in million US dollars

Commerce par produit
Importations selon les principaux pays ou zones
Valeur en millions de dollars EU

Country or area	2003	2004	2005	2006	2007	Pays ou zone
World	49043.9	57372.6	63902.9	70713.5	81028.9	Monde
Developed Economies	38762.4	44912.3	49049.7	54505.1	61452.3	Economies Développés
- Asia-Pacific	3432.3	3952.0	4311.8	4833.5	5485.8	- Asie-Pacifique
- Europe	24614.2	28586.7	30601.4	33078.2	38632.5	- Europe
- North America	10715.9	12373.6	14136.5	16593.4	17333.9	- Amérique du Nord
South-Eastern Europe	637.6	970.4	1072.0	977.9	1391.9	Europe du Sud-Est
Commonwealth of Independent States	1274.3	1876.9	2588.5	3270.2	4422.5	Communauté d'Etats indépendants
- Asia	140.3	204.6	275.6	401.6	540.8	- Asie
- Europe	1134.0	1672.3	2312.9	2868.6	3881.6	- Europe
Northern Africa	193.2	275.0	300.9	301.3	422.0	Afrique septentrionale
Sub-Saharan Africa	483.6	670.3	785.1	897.5	1083.0	Afrique subsaharienne
Latin America & the Caribbean	1684.3	2048.2	2466.2	3229.2	3779.2	Amérique latine et Caraïbes
- Caribbean	149.1	182.8	307.5	622.6	706.8	- Caraïbes
- Latin America	1535.2	1865.4	2158.8	2606.6	3072.5	- Amérique latine
Eastern Asia	3187.1	3104.4	3472.5	3530.5	3845.9	Asie orientale
Southern Asia	324.1	412.0	454.3	396.4	459.9	Asie méridionale
South-Eastern Asia	1019.7	1235.4	1370.9	1483.3	1729.9	Asie du Sud-Est
Western Asia	1440.0	1825.1	2292.8	2077.5	2390.4	Asie occidentale
Oceania	37.6	42.6	50.0	44.6	51.9	Océanie
United States	9098.0	10487.1	11928.7	14086.6	14550.3	Etats-Unis d'Amérique
Germany	4166.4	4995.0	5379.3	5753.2	6281.3	Allemagne
United Kingdom	3657.5	4178.6	4313.1	4563.2	5120.0	Royaume-Uni
France-Monaco	3208.8	3647.1	3881.3	.4164.3	4696.5	France-Monaco
Japan	2287.6	2575.8	2916.0	3266.6	3665.6	Japon
Canada	1606.8	1873.9	2192.5	2491.1	2764.7	Canada
Spain	1654.3	1961.1	2130.5	2414.0	2759.0	Espagne
Italy	1584.0	1822.8	2082.6	2326.7	2892.4	Italie
China, Hong Kong SAR	2118.4	1906.2	2050.9	1929.8	2007.1	Chine - RAS de Hong-Kong
Russian Federation	948.5	1399.8	1837.9	2200.8	3055.5	Fédération de Russie
Netherlands	1539.6	1689.7	1741.6	1908.6	2212.5	Pays-Bas
Belgium	1120.3	1312.0	1397.6	1504.5	1720.5	Belgique
Sweden	948.2	1115.9	1192.7	1310.8	1771.9	Suède
Australia	956.5	1134.9	1139.8	1306.6	1524.5	Australie
Poland	592.4	839.1	986.1	1171.8	1573.6	Pologne
Austria	867.5	950.5	931.5	882.2	972.1	Autriche
Switzerland-Liechtenstein	647.7	769.3	832.9	885.4	1054.1	Suisse-Liechtenstein
Denmark	613.6	669.0	729.9	786.3	987.3	Danemark
Mexico	664.2	699.0	678.2	757.4	731.0	Mexique
Finland	554.7	583.6	649.0	608.2	683.5	Finlande
Greece	504.8	576.9	587.1	603.0	778.5	Grèce
Norway	437.0	508.9	568.9	643.3	770.1	Norvège
China	362.1	448.5	571.1	684.9	810.3	Chine
Czech Republic	436.7	554.3	563.6	552.9	748.6	République tchèque
Hungary	380.1	476.2	517.6	606.6	710.1	Hongrie

Value as percentages of World total

Valeur en pourcentage du total mondial

Regions of the world	1998	1999	2000	2001	2002	2003	2004	2005	2006	2007	Régions du monde
World	100.0	100.0	100.0	100.0	100.0	100.0	100.0	100.0	100.0	100.0	Monde
Developed Economies	77.4	78.3	76.1	75.6	78.4	79.0	78.3	76.8	77.1	75.8	Economies Développés
- Asia-Pacific	5.0	5.7	6.3	6.2	6.8	7.0	6.9	6.7	6.8	6.8	- Asie-Pacifique
- Europe	53.2	52.0	47.7	46.8	48.2	50.2	49.8	47.9	46.8	47.7	- Europe
- North America	19.2	20.6	22.1	22.7	23.4	21.8	21.6	22.1	23.5	21.4	- Amérique du Nord
South-Eastern Europe	0.6	0.6	0.6	0.7	0.9	1.3	1.7	1.7	1.4	1.7	Europe du Sud-Est
Commonwealth of Independent States	1.1	0.8	0.8	1.4	2.1	2.6	3.3	4.1	4.6	5.5	Communauté d'Etats indépendants
- Asia	0.3	0.3	0.2	0.2	0.2	0.3	0.4	0.4	0.6	0.7	- Asie
- Europe	0.8	0.5	0.6	1.2	1.8	2.3	2.9	3.6	4.1	4.8	- Europe
Northern Africa	0.4	0.4	0.5	0.5	0.5	0.4	0.5	0.5	0.4	0.5	Afrique septentrionale
Sub-Saharan Africa	1.1	0.9	1.1	2.6	0.9	1.0	1.2	1.2	1.3	1.3	Afrique subsaharienne
Latin America & the Caribbean	5.2	4.9	5.3	5.0	4.0	3.4	3.6	3.9	4.6	4.7	Amérique latine et Caraïbes
- Caribbean	0.5	0.5	0.5	0.5	0.4	0.3	0.3	0.5	0.9	0.9	- Caraïbes
- Latin America	4.8	4.4	4.8	4.5	3.5	3.1	3.3	3.4	3.7	3.8	- Amérique latine
Eastern Asia	7.5	7.8	8.5	8.0	7.5	6.5	5.4	5.4	5.0	4.7	Asie orientale
Southern Asia	0.4	0.5	0.5	0.4	0.5	0.7	0.7	0.7	0.6	0.6	Asie méridionale
South-Eastern Asia	1.6	1.9	2.1	1.9	2.1	2.1	2.2	2.1	2.1	2.1	Asie du Sud-Est
Western Asia	4.4	3.8	4.4	3.8	3.1	2.9	3.2	3.6	2.9	3.0	Asie occidentale
Oceania	0.1	0.1	0.1	0.1	0.1	0.1	0.1	0.1	0.1	0.1	Océanie

Machines et appareils, électriques ou non, a usage domestique, n.d.a. 775

Trade by commodity | Commerce par produit
Exports by principal countries or areas | Exportations selon les principaux pays ou zones
Value in million US dollars | Valeur en millions de dollars EU

Country or area	2003	2004	2005	2006	2007	Pays ou zone
World	48847.6	58108.5	63665.3	69727.5	78926.5	Monde
Developed Economies	28396.4	33295.8	35020.6	37210.3	41796.7	Economies Développés
- Asia-Pacific	803.9	974.0	947.1	1011.2	1095.1	- Asie-Pacifique
- Europe	24484.4	28892.3	30086.2	31912.3	36504.0	- Europe
- North America	3108.1	3429.4	3987.4	4286.9	4197.6	- Amérique du Nord
South-Eastern Europe	243.0	359.0	485.3	558.6	772.0	Europe du Sud-Est
Commonwealth of Independent States	422.9	513.7	541.8	647.9	798.4	Communauté d'Etats indépendants
- Asia	2.8	4.1	3.6	3.3	3.4	- Asie
- Europe	420.0	509.5	538.2	644.6	795.0	- Europe
Northern Africa	11.7	13.2	24.3	21.3	20.8	Afrique septentrionale
Sub-Saharan Africa	62.3	82.6	73.0	98.5	147.6	Afrique subsaharienne
Latin America & the Caribbean	2107.2	2650.9	2455.4	3439.0	3558.7	Amérique latine et Caraïbes
- Caribbean	1.8	1.4	1.5	1.5	1.9	- Caraïbes
- Latin America	2105.4	2649.5	2453.9	3437.5	3556.8	- Amérique latine
Eastern Asia	13929.5	16239.8	19288.8	22129.8	25605.1	Asie orientale
Southern Asia	87.1	103.4	129.4	151.1	160.2	Asie méridionale
South-Eastern Asia	2213.5	3133.2	3507.7	3927.0	4516.7	Asie du Sud-Est
Western Asia	1374.1	1716.8	2138.6	1543.7	1550.0	Asie occidentale
Oceania	0.1	0.1	0.3	0.3	0.2	Océanie
China	7759.5	10180.6	13059.5	16214.5	19683.4	Chine
Germany	6388.6	7951.5	8293.8	8939.8	10036.6	Allemagne
Italy	6297.8	6940.5	6733.1	6843.0	7517.7	Italie
Korea, Republic of	2968.3	3264.2	3367.1	3276.5	3322.6	République de Corée
United States	2477.3	2735.9	3242.6	3470.1	3519.9	Etats-Unis d'Amérique
China, Hong Kong SAR	2976.0	2594.9	2679.1	2442.6	2423.3	Chine - RAS de Hong-Kong
Mexico	1643.1	2011.4	1752.9	2699.1	2663.7	Mexique
France-Monaco	1895.7	2082.1	2030.6	2079.8	2337.1	France-Monaco
Poland	765.9	1230.2	1769.4	2323.0	3062.5	Pologne
Thailand	1058.8	1520.3	1755.8	2038.1	2245.7	Thaïlande
Spain	1441.7	1513.3	1549.7	1470.9	1558.0	Espagne
Sweden	1211.0	1246.1	1146.4	1240.2	1396.5	Suède
Turkey	1091.0	1393.6	1663.0	932.9	909.2	Turquie
United Kingdom	1047.1	1078.3	1060.4	1098.7	1189.7	Royaume-Uni
Slovenia	787.5	974.6	1018.9	1102.7	1297.0	Slovénie
Netherlands	592.0	994.4	1011.9	1086.8	1338.2	Pays-Bas
Hungary	611.4	658.0	887.8	997.1	1341.5	Hongrie
Singapore	563.0	764.1	840.8	898.0	1111.2	Singapour
Malaysia	493.3	714.8	747.1	865.4	1029.0	Malaisie
Canada	630.8	693.5	744.7	807.5	677.7	Canada
Austria	517.0	619.6	777.2	720.1	669.8	Autriche
Belgium	524.9	579.3	660.3	696.4	822.4	Belgique
Japan	524.4	613.1	601.4	673.8	691.7	Japon
Switzerland-Liechtenstein	352.2	428.7	525.8	565.5	719.7	Suisse-Liechtenstein
Czech Republic	217.1	379.0	509.2	607.7	815.0	République tchèque

Value as percentages of World total | Valeur en pourcentage du total mondial

Regions of the world	1998	1999	2000	2001	2002	2003	2004	2005	2006	2007	Régions du monde
World	100.0	100.0	100.0	100.0	100.0	100.0	100.0	100.0	100.0	100.0	Monde
Developed Economies	69.6	66.2	61.8	59.6	58.5	58.1	57.3	55.0	53.4	53.0	Economies Développés
- Asia-Pacific	2.4	2.4	2.3	1.9	1.7	1.6	1.7	1.5	1.5	1.4	- Asie-Pacifique
- Europe	57.8	54.7	50.7	49.4	49.6	50.1	49.7	47.3	45.8	46.3	- Europe
- North America	9.4	9.0	8.8	8.2	7.2	6.4	5.9	6.3	6.1	5.3	- Amérique du Nord
South-Eastern Europe	0.1	0.2	0.2	0.3	0.4	0.5	0.6	0.8	0.8	1.0	Europe du Sud-Est
Commonwealth of Independent States	0.6	0.6	0.6	0.7	0.7	0.9	0.9	0.9	0.9	1.0	Communauté d'Etats indépendants
- Asia	0.0	0.0	0.0	0.0	0.0	0.0	0.0	0.0	0.0	0.0	- Asie
- Europe	0.5	0.6	0.6	0.7	0.7	0.9	0.9	0.8	0.9	1.0	- Europe
Northern Africa	0.0	0.0	0.0	0.0	0.1	0.0	0.0	0.0	0.0	0.0	Afrique septentrionale
Sub-Saharan Africa	0.1	0.1	0.2	0.1	0.1	0.1	0.1	0.1	0.1	0.2	Afrique subsaharienne
Latin America & the Caribbean	4.6	5.2	5.6	6.1	5.7	4.3	4.6	3.9	4.9	4.5	Amérique latine et Caraïbes
- Caribbean	0.0	0.0	0.0	0.0	0.0	0.0	0.0	0.0	0.0	0.0	- Caraïbes
- Latin America	4.6	5.2	5.6	6.1	5.7	4.3	4.6	3.9	4.9	4.5	- Amérique latine
Eastern Asia	19.7	22.0	25.3	26.7	27.9	28.5	27.9	30.3	31.7	32.4	Asie orientale
Southern Asia	0.1	0.1	0.1	0.1	0.1	0.2	0.2	0.2	0.2	0.2	Asie méridionale
South-Eastern Asia	3.5	3.9	4.4	4.4	4.3	4.5	5.4	5.5	5.6	5.7	Asie du Sud-Est
Western Asia	1.7	1.8	1.7	1.9	2.1	2.8	3.0	3.4	2.2	2.0	Asie occidentale
Oceania	0.0	0.0	0.0	0.0	0.0	0.0	0.0	0.0	0.0	0.0	Océanie

776 Thermionic, microcircuits, transistors, valves, cathodes, diodes, etc

Trade by commodity
Imports by principal countries or areas
Value in million US dollars

Commerce par produit
Importations selon les principaux pays ou zones
Valeur en millions de dollars EU

Country or area	2003	2004	2005	2006	2007	Pays ou zone
World	321421.9	397589.7	429451.3	489200.2	516708.2	Monde
Developed Economies	104402.0	123171.6	119083.3	126016.4	128146.7	Economies Développés
- Asia-Pacific	18314.6	22079.9	22256.2	25648.8	25314.3	- Asie-Pacifique
- Europe	57630.2	69467.1	65735.1	68094.2	71722.4	- Europe
- North America	28457.1	31624.6	31092.0	32273.3	31109.9	- Amérique du Nord
South-Eastern Europe	514.8	618.3	550.2	697.1	828.2	Europe du Sud-Est
Commonwealth of Independent States	549.2	741.2	861.1	957.7	1039.0	Communauté d'Etats indépendants
- Asia	39.5	49.3	55.1	69.8	96.6	- Asie
- Europe	509.7	691.8	805.9	887.9	942.3	- Europe
Northern Africa	351.5	514.3	597.4	615.5	887.2	Afrique septentrionale
Sub-Saharan Africa	353.7	435.1	457.2	573.9	854.0	Afrique subsaharienne
Latin America & the Caribbean	13354.1	16289.4	17232.1	18549.6	12560.4	Amérique latine et Caraïbes
- Caribbean	54.0	69.5	100.1	120.9	122.3	- Caraïbes
- Latin America	13300.1	16219.9	17132.0	18428.7	12438.1	- Amérique latine
Eastern Asia	122640.8	160901.5	189640.3	228120.9	265655.3	Asie orientale
Southern Asia	1101.5	1218.5	1339.6	1448.2	1546.5	Asie méridionale
South-Eastern Asia	75847.9	90260.5	96666.5	109929.3	102718.5	Asie du Sud-Est
Western Asia	2292.1	3426.5	3011.1	2278.1	2456.4	Asie occidentale
Oceania	14.2	12.9	12.5	13.5	16.1	Océanie
China	52523.0	74455.2	95315.7	121721.8	145263.5	Chine
China, Hong Kong SAR	26820.3	36654.4	41912.9	49746.4	60813.1	Chine - RAS de Hong-Kong
Singapore	28444.3	37275.2	41724.7	49647.2	51795.1	Singapour
Malaysia	24736.2	27126.0	27931.9	31298.5	32479.8	Malaisie
United States	25605.1	27820.6	26721.2	28128.3	27202.8	Etats-Unis d'Amérique
Korea, Republic of	21104.8	23061.4	23870.9	24712.8	28494.9	République de Corée
Japan	17419.7	21092.1	21268.8	24703.0	24265.7	Japon
Germany	14080.4	17765.9	17758.5	20542.9	22203.6	Allemagne
Philippines	14663.2	16017.0	16652.1	18078.5	6340.0	Philippines
Mexico	9808.7	11796.4	11565.1	11946.3	6569.6	Mexique
Thailand	7565.5	9080.6	9520.5	10130.4	11080.0	Thaïlande
Netherlands	7785.5	8883.1	7711.0	5602.2	5370.1	Pays-Bas
United Kingdom	6696.0	8431.4	6741.2	5515.7	5315.9	Royaume-Uni
France-Monaco	5599.0	6505.3	6535.6	6840.1	6688.5	France-Monaco
Hungary	3241.7	4620.6	4145.5	4120.1	4193.1	Hongrie
Canada	2850.5	3802.6	4368.9	4143.9	3903.6	Canada
Italy	3131.1	3571.8	3490.3	3810.6	3946.7	Italie
Brazil	1999.2	2792.7	3356.2	3893.7	3799.9	Brésil
Spain	1379.2	1772.4	1675.5	2314.0	4653.0	Espagne
Ireland	2557.6	3067.1	2580.6	1762.9	1485.5	Irlande
Czech Republic	1925.1	2130.9	2050.1	2195.5	2353.4	République tchèque
Belgium	1546.1	1753.9	1919.3	1881.0	2184.3	Belgique
Portugal	1224.4	1353.9	1658.2	2125.8	2105.4	Portugal
Finland	1387.4	1470.1	1610.2	1781.0	1941.8	Finlande
Austria	1235.8	1251.8	1193.7	1761.2	1681.6	Autriche

Value as percentages of World total

Valeur en pourcentage du total mondial

Regions of the world	1998	1999	2000	2001	2002	2003	2004	2005	2006	2007	Régions du monde
World	100.0	100.0	100.0	100.0	100.0	100.0	100.0	100.0	100.0	100.0	Monde
Developed Economies	46.8	44.6	44.0	40.5	34.4	32.5	31.0	27.7	25.8	24.8	Economies Développés
- Asia-Pacific	5.5	5.9	6.4	6.3	5.7	5.7	5.6	5.2	5.2	4.9	- Asie-Pacifique
- Europe	21.7	19.8	19.9	20.5	17.8	17.9	17.5	15.3	13.9	13.9	- Europe
- North America	19.5	18.9	17.7	13.8	10.8	8.9	8.0	7.2	6.6	6.0	- Amérique du Nord
South-Eastern Europe	0.1	0.1	0.1	0.1	0.2	0.2	0.2	0.1	0.1	0.2	Europe du Sud-Est
Commonwealth of Independent States	0.1	0.1	0.1	0.1	0.1	0.2	0.2	0.2	0.2	0.2	Communauté d'Etats indépendants
- Asia	0.0	0.0	0.0	0.0	0.0	0.0	0.0	0.0	0.0	0.0	- Asie
- Europe	0.1	0.1	0.0	0.1	0.1	0.2	0.2	0.2	0.2	0.2	- Europe
Northern Africa	0.3	0.3	0.1	0.1	0.1	0.1	0.1	0.1	0.1	0.2	Afrique septentrionale
Sub-Saharan Africa	0.1	0.1	0.1	0.1	0.1	0.1	0.1	0.1	0.1	0.2	Afrique subsaharienne
Latin America & the Caribbean	5.0	5.2	5.4	6.1	4.9	4.2	4.1	4.0	3.8	2.4	Amérique latine et Caraïbes
- Caribbean	0.0	0.0	0.0	0.0	0.0	0.0	0.0	0.0	0.0	0.0	- Caraïbes
- Latin America	5.0	5.1	5.4	6.1	4.9	4.1	4.1	4.0	3.8	2.4	- Amérique latine
Eastern Asia	23.7	25.5	26.2	29.0	34.2	38.2	40.5	44.2	46.6	51.4	Asie orientale
Southern Asia	0.2	0.3	0.2	0.3	0.3	0.3	0.3	0.3	0.3	0.3	Asie méridionale
South-Eastern Asia	22.9	23.4	22.9	22.9	25.0	23.6	22.7	22.5	22.5	19.9	Asie du Sud-Est
Western Asia	0.7	0.7	0.8	0.7	0.7	0.7	0.9	0.7	0.5	0.5	Asie occidentale
Oceania	0.0	0.0	0.0	0.0	0.0	0.0	0.0	0.0	0.0	0.0	Océanie

Lampes, tubes et valves électroniques; diodes, transistors et dispositifs similaires 776

Trade by commodity
Exports by principal countries or areas
Value in million US dollars

Commerce par produit
Exportations selon les principaux pays ou zones
Valeur en millions de dollars EU

Country or area	2003	2004	2005	2006	2007	Pays ou zone
World	291519.0	347533.1	365663.2	424099.3	446543.3	Monde
Developed Economies	134729.0	153618.9	151965.3	158811.3	162546.7	Economies Développés
- Asia-Pacific	35454.9	40916.1	40174.7	42034.4	45002.1	- Asie-Pacifique
- Europe	49722.3	61353.4	60941.5	61567.6	64651.2	- Europe
- North America	49551.8	51349.4	50849.1	55209.3	52893.4	- Amérique du Nord
South-Eastern Europe	41.7	72.1	99.0	146.8	182.1	Europe du Sud-Est
Commonwealth of Independent States	185.7	194.8	178.0	215.4	236.9	Communauté d'Etats indépendants
- Asia	3.5	3.8	4.5	10.6	10.5	- Asie
- Europe	182.2	191.0	173.5	204.8	226.4	- Europe
Northern Africa	620.4	651.4	681.8	809.6	792.2	Afrique septentrionale
Sub-Saharan Africa	81.5	113.8	137.4	143.5	153.3	Afrique subsaharienne
Latin America & the Caribbean	2483.1	2952.6	3238.2	3575.8	2827.6	Amérique latine et Caraïbes
- Caribbean	4.0	6.6	9.4	16.5	23.2	- Caraïbes
- Latin America	2479.1	2945.9	3228.8	3559.3	2804.3	- Amérique latine
Eastern Asia	69638.0	93872.9	108599.4	140278.9	162914.4	Asie orientale
Southern Asia	180.8	230.2	203.6	230.5	325.6	Asie méridionale
South-Eastern Asia	82444.2	94484.1	100249.5	119562.0	116117.9	Asie du Sud-Est
Western Asia	1114.0	1341.0	310.6	325.0	440.2	Asie occidentale
Oceania	0.8	1.3	0.5	0.5	6.4	Océanie
Singapore	37038.7	48458.7	53866.2	67862.6	70320.4	Singapour
United States	47769.5	49274.0	48240.3	53044.3	50587.4	Etats-Unis d'Amérique
Japan	35255.6	40652.5	39885.1	41725.5	44619.2	Japon
China, Hong Kong SAR	19832.2	26276.9	30590.1	37880.6	46969.4	Chine - RAS de Hong-Kong
Korea, Republic of	19111.0	24445.9	27488.3	28486.4	32743.0	République de Corée
Malaysia	22405.6	23495.2	23859.8	25509.4	28091.0	Malaisie
China	10400.5	16183.9	20412.8	29209.4	35671.5	Chine
Germany	14136.2	16649.8	16372.7	17041.6	19956.5	Allemagne
Philippines	15899.7	15244.3	15005.3	16973.1	7416.6	Philippines
Netherlands	7907.5	11212.0	9334.3	7677.6	8930.6	Pays-Bas
France-Monaco	6390.2	7221.5	8080.3	8660.7	8450.5	France-Monaco
Thailand	6307.3	6321.7	6538.2	8310.5	9262.0	Thaïlande
United Kingdom	5504.6	7022.5	7617.1	7290.2	5300.7	Royaume-Uni
Ireland	3531.0	4625.6	5031.4	4348.4	4446.2	Irlande
Italy	3135.3	3642.6	3256.9	3279.7	3157.7	Italie
Canada	1782.3	2075.2	2608.0	2164.9	2305.9	Canada
Mexico	2163.9	2523.3	2233.4	2158.3	1325.9	Mexique
Austria	1427.3	1651.5	1707.7	2179.9	2382.5	Autriche
Belgium	1139.7	1291.2	1496.5	1644.9	2029.1	Belgique
Malta	1195.1	1282.8	1020.4	1319.1	1371.0	Malte
Portugal	844.4	760.2	803.0	1502.4	1850.0	Portugal
Spain	1039.3	1226.7	1274.5	920.3	664.0	Espagne
Czech Republic	537.9	833.0	899.2	1107.3	1204.8	République tchèque
Switzerland-Liechtenstein	564.2	767.2	830.1	829.1	1009.0	Suisse-Liechtenstein
Indonesia	720.9	762.5	738.0	704.1	791.4	Indonésie

Value as percentages of World total

Valeur en pourcentage du total mondial

Regions of the world	1998	1999	2000	2001	2002	2003	2004	2005	2006	2007	Régions du monde
World	100.0	100.0	100.0	100.0	100.0	100.0	100.0	100.0	100.0	100.0	Monde
Developed Economies	54.0	52.3	52.3	52.2	48.8	46.2	44.2	41.6	37.4	36.4	Economies Développés
- Asia-Pacific	13.9	13.6	13.7	12.6	12.2	12.2	11.8	11.0	9.9	10.1	- Asie-Pacifique
- Europe	19.0	17.1	17.3	18.8	18.5	17.1	17.7	16.7	14.5	14.5	- Europe
- North America	21.1	21.6	21.3	20.9	18.2	17.0	14.8	13.9	13.0	11.8	- Amérique du Nord
South-Eastern Europe	0.0	0.0	0.0	0.0	0.0	0.0	0.0	0.0	0.0	0.0	Europe du Sud-Est
Commonwealth of Independent States	0.1	0.1	0.1	0.1	0.1	0.1	0.1	0.0	0.1	0.1	Communauté d'Etats indépendants
- Asia	0.0	0.0	0.0	0.0	0.0	0.0	0.0	0.0	0.0	0.0	- Asie
- Europe	0.1	0.1	0.1	0.1	0.1	0.1	0.1	0.0	0.0	0.1	- Europe
Northern Africa	0.2	0.2	0.2	0.2	0.2	0.2	0.2	0.2	0.2	0.2	Afrique septentrionale
Sub-Saharan Africa	0.0	0.0	0.0	0.0	0.0	0.0	0.0	0.0	0.0	0.0	Afrique subsaharienne
Latin America & the Caribbean	1.3	1.1	1.1	1.0	0.8	0.9	0.8	0.9	0.8	0.6	Amérique latine et Caraïbes
- Caribbean	0.0	0.0	0.0	0.0	0.0	0.0	0.0	0.0	0.0	0.0	- Caraïbes
- Latin America	1.3	1.1	1.1	1.0	0.8	0.9	0.8	0.9	0.8	0.6	- Amérique latine
Eastern Asia	19.9	20.5	21.2	20.4	22.3	23.9	27.0	29.7	33.1	36.5	Asie orientale
Southern Asia	0.0	0.0	0.0	0.0	0.1	0.1	0.1	0.1	0.1	0.1	Asie méridionale
South-Eastern Asia	24.3	25.6	24.6	25.4	27.2	28.3	27.2	27.4	28.2	26.0	Asie du Sud-Est
Western Asia	0.2	0.2	0.6	0.7	0.5	0.4	0.4	0.1	0.1	0.1	Asie occidentale
Oceania	0.0	0.0	0.0	0.0	0.0	0.0	0.0	0.0	0.0	0.0	Océanie

778 Electrical machinery and apparatus, nes

Trade by commodity
Imports by principal countries or areas
Value in million US dollars

Commerce par produit
Importations selon les principaux pays ou zones
Valeur en millions de dollars EU

Country or area	2003	2004	2005	2006	2007	Pays ou zone
World	113276.4	139991.3	148929.9	161648.5	175252.7	Monde
Developed Economies	68099.5	82413.2	85748.2	91092.4	98574.8	Economies Développés
- Asia-Pacific	5602.1	6625.6	7108.9	7974.7	8099.5	- Asie-Pacifique
- Europe	42883.6	53145.2	54092.9	56409.0	62201.5	- Europe
- North America	19613.8	22642.4	24546.4	26708.7	28273.9	- Amérique du Nord
South-Eastern Europe	459.2	704.1	789.2	879.5	1210.7	Europe du Sud-Est
Commonwealth of Independent States	902.3	1278.4	1528.8	2022.7	2859.8	Communauté d'Etats indépendants
- Asia	159.7	227.2	248.4	308.0	421.7	- Asie
- Europe	742.6	1051.1	1280.4	1714.7	2438.1	- Europe
Northern Africa	465.8	488.4	522.5	620.6	751.0	Afrique septentrionale
Sub-Saharan Africa	1024.8	1051.9	1261.1	1549.1	1762.6	Afrique subsaharienne
Latin America & the Caribbean	6643.3	7878.8	8740.7	9721.2	10806.2	Amérique latine et Caraïbes
- Caribbean	265.9	280.9	303.4	577.4	638.6	- Caraïbes
- Latin America	6377.5	7597.8	8437.3	9143.8	10167.6	- Amérique latine
Eastern Asia	23146.2	31035.4	32667.0	37703.5	39861.4	Asie orientale
Southern Asia	913.1	1170.5	1472.1	1600.3	1925.9	Asie méridionale
South-Eastern Asia	8651.7	9981.0	11223.3	12416.7	13046.4	Asie du Sud-Est
Western Asia	2909.8	3913.3	4902.3	3953.1	4365.9	Asie occidentale
Oceania	60.7	76.2	74.6	89.6	88.2	Océanie
United States	16468.3	19121.1	20760.6	22633.7	23734.8	Etats-Unis d'Amérique
China	9097.6	12271.8	13451.9	16671.9	19690.1	Chine
Germany	9873.5	12283.6	12887.6	13107.2	13517.2	Allemagne
China, Hong Kong SAR	5491.0	6974.5	7796.8	8876.2	8809.2	Chine - RAS de Hong-Kong
Korea, Republic of	4879.9	7023.8	7137.0	7503.5	6604.2	République de Corée
France-Monaco	5064.8	6237.9	6422.2	5962.8	6897.7	France-Monaco
United Kingdom	4907.8	6227.0	5779.4	6192.8	6638.4	Royaume-Uni
Japan	4222.7	5059.1	5366.8	6123.5	5906.5	Japon
Mexico	4438.5	5042.6	5370.2	5699.0	5930.4	Mexique
Singapore	3200.7	3872.1	4213.2	4770.6	4256.5	Singapour
Canada	3135.5	3509.6	3772.4	4061.7	4520.7	Canada
Italy	2881.2	3411.3	3478.2	3785.1	4236.6	Italie
Belgium	2766.9	3358.6	3621.8	3789.2	4095.6	Belgique
Malaysia	2553.2	2633.7	3183.9	3725.4	4154.4	Malaisie
Spain	2803.0	3083.2	2881.8	3137.2	3719.7	Espagne
Netherlands	2279.2	3003.3	2918.0	3217.1	3688.1	Pays-Bas
Thailand	1835.0	2196.4	2407.6	2639.9	2943.9	Thaïlande
Hungary	1221.3	2021.2	2286.0	2470.5	2505.2	Hongrie
Austria	1511.0	1833.6	1643.5	1665.5	1896.5	Autriche
Sweden	1333.4	1571.1	1549.8	1648.5	1854.8	Suède
Poland	899.6	1223.9	1565.1	1695.1	2229.5	Pologne
Australia	1186.8	1367.1	1497.3	1589.4	1887.6	Australie
Czech Republic	1031.9	1486.6	1318.1	1525.4	1827.8	République tchèque
Turkey	780.0	1471.3	2182.6	1389.2	1021.8	Turquie
Brazil	830.6	1115.3	1204.0	1343.4	1691.6	Brésil

Value as percentages of World total

Valeur en pourcentage du total mondial

Regions of the world	1998	1999	2000	2001	2002	2003	2004	2005	2006	2007	Régions du monde
World	100.0	100.0	100.0	100.0	100.0	100.0	100.0	100.0	100.0	100.0	Monde
Developed Economies	67.0	66.6	63.7	61.7	60.7	60.1	58.9	57.6	56.4	56.2	Economies Développés
- Asia-Pacific	5.0	5.3	5.9	5.4	5.1	4.9	4.7	4.8	4.9	4.6	- Asie-Pacifique
- Europe	42.6	40.7	37.6	37.4	36.6	37.9	38.0	36.3	34.9	35.5	- Europe
- North America	19.4	20.6	20.1	19.0	19.0	17.3	16.2	16.5	16.5	16.1	- Amérique du Nord
South-Eastern Europe	0.3	0.3	0.3	0.3	0.4	0.4	0.5	0.5	0.5	0.7	Europe du Sud-Est
Commonwealth of Independent States	0.9	0.6	0.6	0.6	0.7	0.8	0.9	1.0	1.3	1.6	Communauté d'Etats indépendants
- Asia	0.1	0.1	0.1	0.1	0.1	0.1	0.2	0.2	0.2	0.2	- Asie
- Europe	0.8	0.5	0.4	0.5	0.6	0.7	0.8	0.9	1.1	1.4	- Europe
Northern Africa	0.6	0.5	0.4	0.5	0.5	0.4	0.3	0.4	0.4	0.4	Afrique septentrionale
Sub-Saharan Africa	0.9	0.8	0.7	2.5	0.7	0.9	0.8	0.8	1.0	1.0	Afrique subsaharienne
Latin America & the Caribbean	8.7	7.8	8.0	8.1	6.9	5.9	5.6	5.9	6.0	6.2	Amérique latine et Caraïbes
- Caribbean	0.3	0.3	0.3	0.3	0.3	0.2	0.2	0.2	0.4	0.4	- Caraïbes
- Latin America	8.4	7.6	7.7	7.8	6.7	5.6	5.4	5.7	5.7	5.8	- Amérique latine
Eastern Asia	11.6	13.5	15.4	15.6	19.2	20.4	22.2	21.9	23.3	22.7	Asie orientale
Southern Asia	0.7	0.7	0.6	0.7	0.8	0.8	0.8	1.0	1.0	1.1	Asie méridionale
South-Eastern Asia	7.1	7.2	8.3	7.2	7.3	7.6	7.1	7.5	7.7	7.4	Asie du Sud-Est
Western Asia	2.2	2.0	2.1	2.7	2.7	2.6	2.8	3.3	2.4	2.5	Asie occidentale
Oceania	0.1	0.1	0.0	0.0	0.1	0.1	0.1	0.1	0.1	0.1	Océanie

Trade by commodity

Commerce par produit

Exports by principal countries or areas

Exportations selon les principaux pays ou zones

Value in million US dollars

Valeur en millions de dollars EU

Country or area	2003	2004	2005	2006	2007	Pays ou zone
World	109194.6	135684.0	147868.1	166619.7	179272.8	Monde
Developed Economies	69265.4	83343.6	85829.9	93709.2	100115.7	Economies Développés
- Asia-Pacific	15676.0	18267.3	18929.2	20591.6	21661.7	- Asie-Pacifique
- Europe	41261.0	50384.4	51965.4	55758.0	62105.8	- Europe
- North America	12328.4	14691.9	14935.4	17359.7	16348.2	- Amérique du Nord
South-Eastern Europe	171.8	242.1	310.4	394.6	607.4	Europe du Sud-Est
Commonwealth of Independent States	522.6	638.5	629.2	715.0	834.7	Communauté d'Etats indépendants
- Asia	31.8	42.6	46.7	61.3	91.6	- Asie
- Europe	490.8	596.0	582.5	653.7	743.2	- Europe
Northern Africa	153.0	153.8	159.9	241.0	310.1	Afrique septentrionale
Sub-Saharan Africa	170.7	204.2	184.0	230.2	273.9	Afrique subsaharienne
Latin America & the Caribbean	6952.6	7459.8	8116.3	8603.5	8563.7	Amérique latine et Caraïbes
- Caribbean	38.6	40.4	51.3	65.5	75.1	- Caraïbes
- Latin America	6914.0	7419.4	8064.9	8538.0	8488.6	- Amérique latine
Eastern Asia	23480.7	31368.2	38451.9	48383.6	54234.7	Asie orientale
Southern Asia	358.6	340.7	494.8	525.7	594.9	Asie méridionale
South-Eastern Asia	7108.2	10813.9	12599.5	12851.7	12608.0	Asie du Sud-Est
Western Asia	1008.5	1116.5	1088.6	961.0	1127.4	Asie occidentale
Oceania	2.4	2.7	3.5	4.1	2.3	Océanie
Japan	15336.9	17839.4	18531.2	20170.6	21183.6	Japon
China	10110.1	13577.5	16598.0	21039.6	27168.5	Chine
Germany	11767.5	14901.7	16293.9	17342.0	18604.4	Allemagne
United States	10871.4	12984.3	13176.2	15380.6	14271.8	Etats-Unis d'Amérique
China, Hong Kong SAR	5652.9	7025.9	7816.6	8537.1	8052.2	Chine - RAS de Hong-Kong
Mexico	6170.2	6581.4	7079.4	7483.7	7301.0	Mexique
Korea, Republic of	2837.9	4135.4	6134.2	9112.9	5585.4	République de Corée
France-Monaco	4669.8	5227.6	4947.9	5126.5	6237.9	France-Monaco
United Kingdom	4737.5	5244.0	5003.7	5435.8	5365.5	Royaume-Uni
Singapore	3458.9	3866.9	4755.0	5310.1	5216.8	Singapour
Belgium	3304.0	3884.2	4477.9	4647.2	4895.6	Belgique
Netherlands	2147.3	3465.2	3160.7	3331.2	4025.3	Pays-Bas
Italy	2491.7	3016.4	3171.2	3426.1	3951.2	Italie
Spain	1917.7	2302.5	2532.2	2812.8	2844.2	Espagne
Thailand	1325.1	2053.2	2262.9	2280.7	2806.5	Thaïlande
Czech Republic	1499.4	2031.0	1913.8	2179.5	2875.5	République tchèque
Malaysia	1380.8	1847.6	1975.9	2300.4	2548.5	Malaisie
Canada	1456.9	1707.6	1759.0	1978.9	2076.3	Canada
Switzerland-Liechtenstein	1615.5	1800.4	1747.3	1753.5	1919.3	Suisse-Liechtenstein
Hungary	1271.8	1552.2	1598.6	1751.7	2024.3	Hongrie
Austria	1356.8	1637.8	1483.0	1632.6	1884.2	Autriche
Poland	808.8	1083.7	1376.7	1696.9	2295.7	Pologne
Philippines	204.0	2110.5	2404.6	1603.8	479.8	Philippines
Sweden	1095.8	1145.2	1123.8	1167.3	1241.4	Suède
Indonesia	679.0	865.8	1128.5	1240.5	1419.9	Indonésie

Value as percentages of World total

Valeur en pourcentage du total mondial

Regions of the world	1998	1999	2000	2001	2002	2003	2004	2005	2006	2007	Régions du monde
World	100.0	100.0	100.0	100.0	100.0	100.0	100.0	100.0	100.0	100.0	Monde
Developed Economies	74.3	72.4	69.8	68.2	65.2	63.4	61.4	58.0	56.2	55.8	Economies Développés
- Asia-Pacific	16.8	18.5	19.9	16.3	15.2	14.4	13.5	12.8	12.4	12.1	- Asie-Pacifique
- Europe	42.9	39.4	34.9	37.8	36.8	37.8	37.1	35.1	33.5	34.6	- Europe
- North America	14.6	14.4	15.1	14.0	13.2	11.3	10.8	10.1	10.4	9.1	- Amérique du Nord
South-Eastern Europe	0.1	0.1	0.1	0.1	0.2	0.2	0.2	0.2	0.2	0.3	Europe du Sud-Est
Commonwealth of Independent States	0.4	0.5	0.5	0.6	0.6	0.5	0.5	0.4	0.4	0.5	Communauté d'Etats indépendants
- Asia	0.0	0.0	0.0	0.0	0.0	0.0	0.0	0.0	0.0	0.1	- Asie
- Europe	0.4	0.5	0.4	0.5	0.6	0.4	0.4	0.4	0.4	0.4	- Europe
Northern Africa	0.1	0.1	0.1	0.1	0.1	0.1	0.1	0.1	0.1	0.2	Afrique septentrionale
Sub-Saharan Africa	0.1	0.1	0.1	0.2	0.2	0.2	0.2	0.1	0.1	0.2	Afrique subsaharienne
Latin America & the Caribbean	6.3	7.3	7.0	6.4	6.0	6.4	5.5	5.5	5.2	4.8	Amérique latine et Caraïbes
- Caribbean	0.0	0.0	0.0	0.0	0.0	0.0	0.0	0.0	0.0	0.0	- Caraïbes
- Latin America	6.2	7.3	7.0	6.4	6.0	6.3	5.5	5.5	5.1	4.7	- Amérique latine
Eastern Asia	12.7	13.4	15.0	17.0	20.3	21.5	23.1	26.0	29.0	30.3	Asie orientale
Southern Asia	0.2	0.2	0.1	0.3	0.3	0.3	0.3	0.3	0.3	0.3	Asie méridionale
South-Eastern Asia	5.2	5.4	6.3	6.4	6.1	6.5	8.0	8.5	7.7	7.0	Asie du Sud-Est
Western Asia	0.6	0.5	0.8	0.7	1.0	0.9	0.8	0.7	0.6	0.6	Asie occidentale
Oceania	0.0	0.0	0.0	0.0	0.0	0.0	0.0	0.0	0.0	0.0	Océanie

781 Cars, other motor vehicles principally designed for the transports of persons

Trade by commodity
Imports by principal countries or areas
Value in million US dollars

Commerce par produit
Importations selon les principaux pays ou zones
Valeur en millions de dollars EU

Country or area	2003	2004	2005	2006	2007	Pays ou zone
World	391981.4	455776.9	481214.5	530600.4	610948.6	Monde
Developed Economies	342800.0	389775.7	398024.7	431723.1	482395.1	Economies Développés
- Asia-Pacific	15917.1	18574.0	19774.5	19071.4	21539.7	- Asie-Pacifique
- Europe	192668.3	229143.7	232539.2	252151.0	299016.3	- Europe
- North America	134214.5	142058.0	145711.0	160500.8	161839.1	- Amérique du Nord
South-Eastern Europe	1559.7	3473.1	4421.1	5110.3	7214.7	Europe du Sud-Est
Commonwealth of Independent States	3974.8	7079.9	10378.5	17440.6	28842.2	Communauté d'Etats indépendants
- Asia	618.2	940.2	1315.5	2156.3	3387.1	- Asie
- Europe	3356.6	6139.7	9063.0	15284.3	25455.1	- Europe
Northern Africa	1465.3	2282.6	2689.8	3007.6	3682.3	Afrique septentrionale
Sub-Saharan Africa	3852.7	5401.3	7331.3	8645.4	10351.9	Afrique subsaharienne
Latin America & the Caribbean	10804.4	13715.3	17771.6	22107.9	26609.0	Amérique latine et Caraïbes
- Caribbean	650.7	883.4	1363.5	1236.7	1534.9	- Caraïbes
- Latin America	10153.7	12831.8	16408.1	20871.2	25074.1	- Amérique latine
Eastern Asia	8503.8	8838.7	9483.0	11991.2	15969.6	Asie orientale
Southern Asia	788.8	896.9	1519.2	1638.9	1715.2	Asie méridionale
South-Eastern Asia	3616.7	4463.2	4850.5	4601.7	5198.6	Asie du Sud-Est
Western Asia	14272.2	19476.0	24327.1	23906.1	28506.0	Asie occidentale
Oceania	343.2	374.2	417.7	427.6	463.9	Océanie
United States	116203.1	124263.9	125602.9	137487.3	136300.9	Etats-Unis d'Amérique
Germany	32808.0	37413.3	36684.4	42059.8	44190.9	Allemagne
United Kingdom	30987.7	35237.3	35350.1	36180.4	44008.5	Royaume-Uni
Italy	26045.3	30152.5	30574.2	31820.5	37655.5	Italie
France-Monaco	21162.8	25423.0	26580.5	28341.5	34735.7	France-Monaco
Spain	16354.4	21722.9	23024.8	24175.4	29105.9	Espagne
Belgium	17952.7	19951.6	19269.1	21498.8	26425.6	Belgique
Canada	17987.4	17765.7	20073.7	22968.5	25476.0	Canada
Russian Federation	2463.5	5162.9	7732.0	12719.7	21333.8	Fédération de Russie
Australia	6984.7	8157.5	9275.6	9479.0	11481.4	Australie
Netherlands	7570.0	8739.0	8580.9	9034.9	10384.4	Pays-Bas
Mexico	5757.9	6425.2	7840.2	9265.3	9436.3	Mexique
Japan	6985.9	8195.5	8105.4	7654.0	7692.7	Japon
Austria	5369.9	6596.7	6517.0	6817.5	7904.9	Autriche
Switzerland-Liechtenstein	5679.2	6252.9	6259.4	6348.0	7410.7	Suisse-Liechtenstein
China	4444.5	4601.9	4690.7	6951.0	9839.4	Chine
Saudi Arabia	3404.2	4493.4	6630.7	7466.3	7761.9	Arabie saoudite
Sweden	3768.3	4820.4	5264.6	6214.3	7176.4	Suède
United Arab Emirates	2647.0	3419.6	4262.1	5163.3	e6389.3	Emirats arabes unis
Poland	3352.8	3501.9	3031.1	4016.1	5733.0	Pologne
Portugal	2703.5	3474.7	3509.1	3545.9	4186.0	Portugal
Greece	2464.7	3618.9	3309.6	3510.9	4508.2	Grèce
Ireland	2118.8	2853.4	3313.2	3641.5	4373.9	Irlande
Finland	2115.0	2832.1	3311.5	3686.6	4276.7	Finlande
South Africa	1461.5	2566.7	3627.1	4153.7	4410.3	Afrique du Sud

Value as percentages of World total

Valeur en pourcentage du total mondial

Regions of the world	1998	1999	2000	2001	2002	2003	2004	2005	2006	2007	Régions du monde
World	100.0	100.0	100.0	100.0	100.0	100.0	100.0	100.0	100.0	100.0	Monde
Developed Economies	89.0	91.3	89.2	86.4	88.4	87.5	85.5	82.7	81.4	79.0	Economies Développés
- Asia-Pacific	3.9	4.0	4.2	3.7	3.8	4.1	4.1	4.1	3.6	3.5	- Asie-Pacifique
- Europe	50.4	49.2	44.0	44.5	45.9	49.2	50.3	48.3	47.5	48.9	- Europe
- North America	34.7	38.0	41.0	38.3	38.8	34.2	31.2	30.3	30.2	26.5	- Amérique du Nord
South-Eastern Europe	0.2	0.2	0.2	0.3	0.3	0.4	0.8	0.9	1.0	1.2	Europe du Sud-Est
Commonwealth of Independent States	0.5	0.3	0.3	0.5	0.6	1.0	1.6	2.2	3.3	4.7	Communauté d'Etats indépendants
- Asia	0.1	0.1	0.1	0.1	0.1	0.2	0.2	0.3	0.4	0.6	- Asie
- Europe	0.4	0.2	0.2	0.4	0.5	0.9	1.3	1.9	2.9	4.2	- Europe
Northern Africa	0.4	0.4	0.3	0.3	0.4	0.4	0.5	0.6	0.6	0.6	Afrique septentrionale
Sub-Saharan Africa	0.7	0.6	0.8	3.2	0.9	1.0	1.2	1.5	1.6	1.7	Afrique subsaharienne
Latin America & the Caribbean	4.3	2.9	3.5	3.7	3.4	2.8	3.0	3.7	4.2	4.4	Amérique latine et Caraïbes
- Caribbean	0.3	0.3	0.3	0.3	0.3	0.2	0.2	0.3	0.2	0.3	- Caraïbes
- Latin America	4.0	2.5	3.1	3.4	3.1	2.6	2.8	3.4	3.9	4.1	- Amérique latine
Eastern Asia	1.3	0.8	1.1	1.2	1.7	2.2	1.9	2.0	2.3	2.6	Asie orientale
Southern Asia	0.2	0.2	0.2	0.1	0.2	0.2	0.2	0.3	0.3	0.3	Asie méridionale
South-Eastern Asia	0.5	0.8	1.0	0.8	0.8	0.9	1.0	1.0	0.9	0.9	Asie du Sud-Est
Western Asia	2.9	2.5	3.3	3.3	3.2	3.6	4.3	5.1	4.5	4.7	Asie occidentale
Oceania	0.1	0.1	0.1	0.1	0.1	0.1	0.1	0.1	0.1	0.1	Océanie

Véhicules automobiles principalement conçus pour le transport de personnes 781

Trade by commodity

Exports by principal countries or areas

Value in million US dollars

Commerce par produit

Exportations selon les principaux pays ou zones

Valeur en millions de dollars EU

Country or area	2003	2004	2005	2006	2007	Pays ou zone
World	394119.9	455608.1	486849.4	531099.0	614613.4	Monde
Developed Economies	350425.6	400881.3	422901.7	459796.4	531662.7	Economies Développés
- Asia-Pacific	70198.8	76920.1	82188.5	96686.7	110577.2	- Asie-Pacifique
- Europe	226071.7	262027.8	272132.0	289899.1	338563.7	- Europe
- North America	54155.1	61933.5	68581.2	73210.6	82521.8	- Amérique du Nord
South-Eastern Europe	83.0	140.3	384.0	585.8	1128.2	Europe du Sud-Est
Commonwealth of Independent States	551.8	884.2	1082.1	1563.0	2426.9	Communauté d'Etats indépendants
- Asia	150.1	289.1	426.8	614.8	1126.9	- Asie
- Europe	401.7	595.1	655.3	948.1	1300.0	- Europe
Northern Africa	10.7	23.2	15.1	18.7	84.0	Afrique septentrionale
Sub-Saharan Africa	2354.3	2614.7	3002.2	2885.5	2934.6	Afrique subsaharienne
Latin America & the Caribbean	15917.4	16320.7	19238.1	24175.3	26457.0	Amérique latine et Caraïbes
- Caribbean	5.2	23.1	13.9	18.8	20.8	- Caraïbes
- Latin America	15912.2	16297.6	19224.2	24156.5	26436.2	- Amérique latine
Eastern Asia	19503.7	26621.3	29744.4	33457.4	38728.8	Asie orientale
Southern Asia	577.7	775.0	1030.1	1273.2	1460.7	Asie méridionale
South-Eastern Asia	1252.1	1876.6	3091.9	3982.4	5377.4	Asie du Sud-Est
Western Asia	3442.1	5468.9	6357.7	3359.9	4347.5	Asie occidentale
Oceania	1.6	1.9	2.1	1.4	5.6	Océanie
Germany	91510.3	99698.5	108685.5	115981.5	138802.7	Allemagne
Japan	68390.7	74822.9	79769.3	94485.3	108147.2	Japon
Canada	31378.3	36770.3	37303.9	37809.5	37729.1	Canada
France-Monaco	30151.7	35441.0	33888.5	30767.3	30988.1	France-Monaco
United States	22776.7	25163.1	31277.2	35401.1	44792.6	Etats-Unis d'Amérique
Belgium	24426.8	28747.6	28939.9	30080.7	32259.7	Belgique
Korea, Republic of	17535.7	24632.1	27256.1	30597.2	34482.8	République de Corée
Spain	22994.7	26295.4	24088.2	24385.9	29815.3	Espagne
United Kingdom	18588.8	22412.2	24124.8	23441.8	28917.2	Royaume-Uni
Mexico	12545.1	11840.7	13404.4	17407.5	18684.4	Mexique
Italy	8097.3	8400.9	7824.2	9613.8	11514.2	Italie
Sweden	6495.7	8092.5	8126.4	9240.6	10316.7	Suède
Austria	3732.7	7712.1	7780.3	8648.0	8485.9	Autriche
Czech Republic	3488.9	4592.0	6313.2	8429.7	10062.4	République tchèque
Slovakia	4027.5	4183.8	3822.2	6422.9	10354.5	Slovaquie
Poland	2243.4	4237.6	5379.8	7010.0	7766.3	Pologne
Brazil	2655.8	3351.5	4395.4	4597.3	4653.5	Brésil
Hungary	1513.3	1837.6	2221.9	3292.6	5786.7	Hongrie
Netherlands	2877.6	3508.1	2756.7	2524.2	1824.4	Pays-Bas
Portugal	2320.7	2658.9	2677.7	3027.7	2591.2	Portugal
South Africa	2099.6	2455.7	2860.2	2718.3	2635.5	Afrique du Sud
Turkey	2197.5	3933.7	4373.4	401.0	869.8	Turquie
Thailand	780.8	1128.6	2160.7	2921.7	3853.7	Thaïlande
Australia	1792.9	2071.1	2398.0	2171.6	2393.0	Australie
Slovenia	942.3	1296.6	1933.1	1922.4	3058.7	Slovénie

Value as percentages of World total

Valeur en pourcentage du total mondial

Regions of the world	1998	1999	2000	2001	2002	2003	2004	2005	2006	2007	Régions du monde
World	100.0	100.0	100.0	100.0	100.0	100.0	100.0	100.0	100.0	100.0	Monde
Developed Economies	90.6	90.5	88.4	88.2	89.2	88.9	88.0	86.9	86.6	86.5	Economies Développés
- Asia-Pacific	18.5	19.1	19.2	17.7	18.7	17.8	16.9	16.9	18.2	18.0	- Asie-Pacifique
- Europe	55.8	53.8	51.9	54.3	55.0	57.4	57.5	55.9	54.6	55.1	- Europe
- North America	16.3	17.7	17.2	16.2	15.5	13.7	13.6	14.1	13.8	13.4	- Amérique du Nord
South-Eastern Europe	0.0	0.0	0.0	0.0	0.0	0.0	0.0	0.1	0.1	0.2	Europe du Sud-Est
Commonwealth of Independent States	0.2	0.1	0.1	0.1	0.1	0.1	0.2	0.2	0.3	0.4	Communauté d'Etats indépendants
- Asia	0.1	0.0	0.0	0.0	0.0	0.0	0.1	0.1	0.1	0.2	- Asie
- Europe	0.1	0.1	0.0	0.1	0.1	0.1	0.1	0.1	0.2	0.2	- Europe
Northern Africa	0.0	0.0	0.0	0.0	0.0	0.0	0.0	0.0	0.0	0.0	Afrique septentrionale
Sub-Saharan Africa	0.1	0.3	0.4	0.5	0.5	0.6	0.6	0.6	0.5	0.5	Afrique subsaharienne
Latin America & the Caribbean	5.2	4.9	6.3	6.1	4.9	4.0	3.6	4.0	4.6	4.3	Amérique latine et Caraïbes
- Caribbean	0.0	0.0	0.0	0.0	0.0	0.0	0.0	0.0	0.0	0.0	- Caraïbes
- Latin America	5.2	4.9	6.3	6.1	4.9	4.0	3.6	3.9	4.5	4.3	- Amérique latine
Eastern Asia	3.3	3.5	4.1	4.2	4.3	4.9	5.8	6.1	6.3	6.3	Asie orientale
Southern Asia	0.0	0.0	0.0	0.0	0.1	0.1	0.2	0.2	0.2	0.2	Asie méridionale
South-Eastern Asia	0.1	0.1	0.1	0.3	0.2	0.3	0.4	0.6	0.7	0.9	Asie du Sud-Est
Western Asia	0.3	0.5	0.5	0.6	0.7	0.9	1.2	1.3	0.6	0.7	Asie occidentale
Oceania	0.0	0.0	0.0	0.0	0.0	0.0	0.0	0.0	0.0	0.0	Océanie

782 Motor vehicles for the transport of goods; special-purpose motor vehicles

Trade by commodity
Imports by principal countries or areas
Value in million US dollars

Commerce par produit
Importations selon les principaux pays ou zones
Valeur en millions de dollars EU

Country or area	2003	2004	2005	2006	2007	Pays ou zone
World	71399.8	83675.4	94796.9	106063.8	132233.4	Monde
Developed Economies	55529.7	62396.9	68014.3	75239.6	90121.1	Economies Développés
- Asia-Pacific	2532.3	3437.9	4084.6	4254.0	5661.2	- Asie-Pacifique
- Europe	29296.7	34267.0	37201.8	41943.2	52960.1	- Europe
- North America	23700.7	24691.9	26727.8	29042.4	31499.8	- Amérique du Nord
South-Eastern Europe	581.4	1221.0	1487.8	1776.7	2932.3	Europe du Sud-Est
Commonwealth of Independent States	1096.5	1343.7	2096.9	3017.6	6139.3	Communauté d'Etats indépendants
- Asia	395.7	474.4	783.9	1051.2	1755.0	- Asie
- Europe	700.8	869.2	1313.0	1966.5	4384.4	- Europe
Northern Africa	904.5	1075.0	1343.3	1530.0	2074.5	Afrique septentrionale
Sub-Saharan Africa	1886.9	2429.0	3240.5	4691.3	5934.1	Afrique subsaharienne
Latin America & the Caribbean	4171.8	5487.3	7837.1	9778.6	11740.1	Amérique latine et Caraïbes
- Caribbean	243.7	308.3	457.2	591.3	642.7	- Caraïbes
- Latin America	3928.1	5179.0	7379.8	9187.3	11097.4	- Amérique latine
Eastern Asia	1156.3	1201.9	785.2	1048.6	1690.7	Asie orientale
Southern Asia	431.1	886.3	1226.2	1334.0	1458.3	Asie méridionale
South-Eastern Asia	1453.9	1995.9	2425.0	1865.4	2354.4	Asie du Sud-Est
Western Asia	4045.4	5466.9	6161.1	5566.7	7495.6	Asie occidentale
Oceania	142.4	171.6	179.6	215.4	293.0	Océanie
United States	17403.3	17651.6	18694.0	19573.9	20213.0	Etats-Unis d'Amérique
Canada	6286.7	7028.0	8014.3	9457.0	11268.8	Canada
France-Monaco	4447.1	5648.9	6218.3	6713.0	7375.8	France-Monaco
United Kingdom	3940.5	4805.3	5130.8	5663.1	6958.8	Royaume-Uni
Germany	3992.7	3846.2	4107.9	5016.1	6464.0	Allemagne
Spain	2635.5	3063.7	3488.1	3413.6	4484.4	Espagne
Italy	2677.6	2993.6	3176.7	3592.6	4539.2	Italie
Australia	1883.8	2650.3	3186.5	3496.4	4743.5	Australie
Mexico	1700.4	1903.0	2408.4	2765.3	3146.2	Mexique
Belgium	1650.3	1821.5	1958.0	2483.3	3244.1	Belgique
Netherlands	1467.8	1807.0	1794.0	2201.1	2790.9	Pays-Bas
Saudi Arabia	1175.5	1065.9	1485.1	1462.2	2320.1	Arabie saoudite
Russian Federation	418.5	497.1	814.7	1292.1	3436.6	Fédération de Russie
Norway	772.6	1024.6	1282.3	1417.7	1760.4	Norvège
Austria	883.3	1099.4	1129.1	1091.8	1347.7	Autriche
Turkey	875.5	1936.6	1692.0	427.4	592.0	Turquie
Poland	734.7	894.6	894.1	1055.1	1931.9	Pologne
Chile	461.1	678.1	1067.5	1175.1	1473.6	Chili
Portugal	638.9	903.3	946.4	902.7	1121.9	Portugal
Denmark	588.5	655.0	811.6	1050.3	1346.9	Danemark
Switzerland-Liechtenstein	618.1	726.7	841.3	1004.0	1145.9	Suisse-Liechtenstein
Romania	230.5	477.1	655.1	962.4	1802.8	Roumanie
United Arab Emirates	509.3	565.1	693.2	949.4	e1174.8	Emirates arabes unis
Sweden	576.4	635.4	667.5	778.3	1150.9	Suède
Ireland	529.0	654.7	749.9	790.6	1077.6	Irlande

Value as percentages of World total

Valeur en pourcentage du total mondial

Regions of the world	1998	1999	2000	2001	2002	2003	2004	2005	2006	2007	Régions du monde
World	100.0	100.0	100.0	100.0	100.0	100.0	100.0	100.0	100.0	100.0	Monde
Developed Economies	75.3	81.3	77.8	68.2	77.8	77.8	74.6	71.7	70.9	68.2	Economies Développés
- Asia-Pacific	3.1	3.4	3.3	2.3	3.2	3.5	4.1	4.3	4.0	4.3	- Asie-Pacifique
- Europe	44.9	44.2	40.7	34.6	39.9	41.0	41.0	39.2	39.5	40.1	- Europe
- North America	27.2	33.7	33.9	31.3	34.8	33.2	29.5	28.2	27.4	23.8	- Amérique du Nord
South-Eastern Europe	0.4	0.4	0.5	0.5	0.7	0.8	1.5	1.6	1.7	2.2	Europe du Sud-Est
Commonwealth of Independent States	1.1	0.7	0.9	1.1	1.2	1.5	1.6	2.2	2.8	4.6	Communauté d'Etats indépendants
- Asia	0.3	0.3	0.4	0.4	0.4	0.6	0.6	0.8	1.0	1.3	- Asie
- Europe	0.8	0.4	0.5	0.7	0.8	1.0	1.0	1.4	1.9	3.3	- Europe
Northern Africa	1.1	1.0	1.1	0.8	1.3	1.3	1.3	1.4	1.4	1.6	Afrique septentrionale
Sub-Saharan Africa	2.8	2.3	2.4	15.3	3.0	2.6	2.9	3.4	4.4	4.5	Afrique subsaharienne
Latin America & the Caribbean	11.0	6.9	7.8	6.4	7.0	5.8	6.6	8.3	9.2	8.9	Amérique latine et Caraïbes
- Caribbean	0.6	0.7	0.8	0.6	0.6	0.3	0.4	0.5	0.6	0.5	- Caraïbes
- Latin America	10.4	6.2	7.1	5.8	6.4	5.5	6.2	7.8	8.7	8.4	- Amérique latine
Eastern Asia	1.2	1.1	1.2	1.0	1.4	1.6	1.4	0.8	1.0	1.3	Asie orientale
Southern Asia	0.5	0.5	0.6	0.4	0.6	0.6	1.1	1.3	1.3	1.1	Asie méridionale
South-Eastern Asia	1.7	1.6	2.2	1.9	2.0	2.0	2.4	2.6	1.8	1.8	Asie du Sud-Est
Western Asia	4.7	4.0	5.2	4.1	4.8	5.7	6.5	6.5	5.2	5.7	Asie occidentale
Oceania	0.3	0.3	0.2	0.2	0.2	0.2	0.2	0.2	0.2	0.2	Océanie

Véhicules automobiles pour le transport de marchandises 782

Trade by commodity
Exports by principal countries or areas
Value in million US dollars

Commerce par produit
Exportations selon les principaux pays ou zones
Valeur en millions de dollars EU

Country or area	2003	2004	2005	2006	2007	Pays ou zone
World	68264.4	80384.0	89775.2	99913.5	123299.0	Monde
Developed Economies	54348.8	62742.3	67912.8	75829.4	94017.1	Economies Développés
- Asia-Pacific	7143.4	8558.7	8096.1	8693.9	10630.9	- Asie-Pacifique
- Europe	30098.4	35725.8	38797.3	45420.4	58874.7	- Europe
- North America	17107.0	18457.8	21019.5	21715.2	24511.4	- Amérique du Nord
South-Eastern Europe	19.1	30.0	27.8	93.0	71.4	Europe du Sud-Est
Commonwealth of Independent States	841.7	1166.1	1440.9	1740.6	2464.9	Communauté d'Etats indépendants
- Asia	21.0	13.4	28.3	45.7	38.9	- Asie
- Europe	820.7	1152.6	1412.5	1694.9	2426.0	- Europe
Northern Africa	6.4	12.1	10.0	28.9	32.1	Afrique septentrionale
Sub-Saharan Africa	346.1	359.3	680.5	1257.8	1521.1	Afrique subsaharienne
Latin America & the Caribbean	7864.7	8590.1	10282.2	12366.5	13428.1	Amérique latine et Caraïbes
- Caribbean	8.5	11.2	8.8	7.6	20.8	- Caraïbes
- Latin America	7856.2	8578.9	10273.3	12358.9	13407.4	- Amérique latine
Eastern Asia	1129.0	1662.1	2390.0	3099.2	5554.2	Asie orientale
Southern Asia	65.0	190.1	235.9	283.6	297.7	Asie méridionale
South-Eastern Asia	2081.0	2811.5	3433.5	4053.9	4641.8	Asie du Sud-Est
Western Asia	1559.5	2817.9	3359.7	1156.2	1264.8	Asie occidentale
Oceania	3.0	2.6	2.0	4.3	5.7	Océanie
Germany	8957.8	10879.4	12614.0	13913.4	17493.2	Allemagne
United States	7869.2	9323.8	10872.2	12574.1	14994.7	Etats-Unis d'Amérique
Canada	9237.9	9134.0	10147.3	9141.0	9516.7	Canada
Japan	7020.9	8402.1	7873.0	8580.2	10397.6	Japon
Mexico	6642.8	6677.0	7146.6	8545.1	8994.6	Mexique
Spain	3716.5	4249.1	4903.1	6565.5	7976.8	Espagne
France-Monaco	3973.2	5542.4	5424.0	5197.2	6200.6	France-Monaco
Italy	3483.7	4123.4	4501.5	5354.9	7242.8	Italie
Thailand	1857.0	2522.7	3018.0	3690.3	4309.4	Thaïlande
United Kingdom	2021.0	2467.1	2359.9	2871.4	3906.5	Royaume-Uni
Netherlands	1651.3	1955.6	2280.0	2749.2	3646.4	Pays-Bas
Belgium	2758.5	1885.5	1324.0	1961.7	2664.6	Belgique
Austria	1280.3	1508.0	1553.4	1813.7	2452.7	Autriche
Brazil	673.3	1140.6	1687.0	1885.7	2088.9	Brésil
Korea, Republic of	840.8	1272.9	1535.2	1538.1	1790.1	République de Corée
China	238.8	361.3	804.9	1516.1	3690.5	Chine
Turkey	1172.6	2251.9	2499.6	52.6	128.5	Turquie
Poland	237.2	874.4	1097.9	1215.8	1751.2	Pologne
Argentina	370.2	547.3	1079.9	1413.7	1703.4	Argentine
Sweden	224.4	308.4	770.8	1107.1	1482.2	Suède
Russian Federation	397.5	518.2	654.5	851.6	1201.0	Fédération de Russie
South Africa	284.3	250.9	530.9	1079.4	1320.0	Afrique du Sud
Belarus	388.7	555.2	640.4	759.6	1037.1	Bélarus
Portugal	743.5	601.4	319.2	430.8	756.6	Portugal
Finland	220.8	399.3	499.9	541.3	725.4	Finlande

Value as percentages of World total

Valeur en pourcentage du total mondial

Regions of the world	1998	1999	2000	2001	2002	2003	2004	2005	2006	2007	Régions du monde
World	100.0	100.0	100.0	100.0	100.0	100.0	100.0	100.0	100.0	100.0	Monde
Developed Economies	84.0	84.0	82.4	79.3	79.5	79.6	78.1	75.6	75.9	76.3	Economies Développés
- Asia-Pacific	14.3	12.0	10.9	9.5	10.3	10.5	10.6	9.0	8.7	8.6	- Asie-Pacifique
- Europe	44.8	43.2	42.1	43.1	42.9	44.1	44.4	43.2	45.5	47.7	- Europe
- North America	24.9	28.8	29.3	26.8	26.3	25.1	23.0	23.4	21.7	19.9	- Amérique du Nord
South-Eastern Europe	0.0	0.0	0.0	0.0	0.0	0.0	0.0	0.0	0.1	0.1	Europe du Sud-Est
Commonwealth of Independent States	1.2	1.0	1.2	1.4	1.5	1.2	1.5	1.6	1.7	2.0	Communauté d'Etats indépendants
- Asia	0.0	0.0	0.0	0.0	0.0	0.0	0.0	0.0	0.0	0.0	- Asie
- Europe	1.2	1.0	1.2	1.3	1.5	1.2	1.4	1.6	1.7	2.0	- Europe
Northern Africa	0.0	0.0	0.0	0.0	0.1	0.0	0.0	0.0	0.0	0.0	Afrique septentrionale
Sub-Saharan Africa	0.4	0.4	0.4	0.4	0.5	0.5	0.4	0.8	1.3	1.2	Afrique subsaharienne
Latin America & the Caribbean	10.6	10.1	11.1	13.7	12.6	11.5	10.7	11.5	12.4	10.9	Amérique latine et Caraïbes
- Caribbean	0.0	0.1	0.0	0.0	0.0	0.0	0.0	0.0	0.0	0.0	- Caraïbes
- Latin America	10.6	10.1	11.0	13.7	12.6	11.5	10.7	11.4	12.4	10.9	- Amérique latine
Eastern Asia	1.7	1.6	1.6	1.5	1.4	1.7	2.1	2.7	3.1	4.5	Asie orientale
Southern Asia	0.1	0.1	0.1	0.1	0.1	0.1	0.2	0.3	0.3	0.2	Asie méridionale
South-Eastern Asia	1.5	2.4	2.6	2.3	2.5	3.0	3.5	3.8	4.1	3.8	Asie du Sud-Est
Western Asia	0.4	0.4	0.5	1.2	1.9	2.3	3.5	3.7	1.2	1.0	Asie occidentale
Oceania	0.0	0.0	0.0	0.0	0.0	0.0	0.0	0.0	0.0	0.0	Océanie

783 Road motor vehicles, nes

Trade by commodity

Imports by principal countries or areas

Value in million US dollars

Commerce par produit

Importations selon les principaux pays ou zones

Valeur en millions de dollars EU

Country or area	2003	2004	2005	2006	2007	Pays ou zone
World	17935.7	23993.9	26303.8	30647.4	37423.3	Monde
Developed Economies	12401.0	16797.0	17089.1	20180.1	22987.2	Economies Développés
- Asia-Pacific	320.3	432.4	443.9	437.7	597.1	- Asie-Pacifique
- Europe	8889.9	11715.8	11330.3	13328.2	18569.3	- Europe
- North America	3190.8	4648.8	5314.9	6414.2	3820.8	- Amérique du Nord
South-Eastern Europe	368.8	714.1	794.3	1035.9	1479.5	Europe du Sud-Est
Commonwealth of Independent States	683.5	1029.4	1179.2	1832.3	3232.5	Communauté d'Etats indépendants
- Asia	123.0	238.0	227.5	319.7	452.3	- Asie
- Europe	560.5	791.4	951.7	1512.6	2780.3	- Europe
Northern Africa	256.0	405.8	621.8	654.9	834.0	Afrique septentrionale
Sub-Saharan Africa	911.9	939.5	994.3	1121.7	1642.7	Afrique subsaharienne
Latin America & the Caribbean	1006.7	1397.0	2273.7	2481.1	3400.9	Amérique latine et Caraïbes
- Caribbean	143.2	138.9	205.2	232.2	261.4	- Caraïbes
- Latin America	863.5	1258.2	2068.5	2248.9	3139.4	- Amérique latine
Eastern Asia	389.4	398.1	366.1	328.7	346.7	Asie orientale
Southern Asia	160.5	158.4	181.6	373.9	381.4	Asie méridionale
South-Eastern Asia	575.4	506.4	674.7	730.6	937.2	Asie du Sud-Est
Western Asia	1162.0	1620.2	2099.4	1870.6	2125.7	Asie occidentale
Oceania	20.7	28.1	29.7	37.5	55.5	Océanie
United States	1848.8	2809.0	3143.9	4007.6	2075.3	Etats-Unis d'Amérique
Canada	1341.7	1838.9	2170.6	2401.3	1741.8	Canada
France-Monaco	1335.3	1609.7	1676.1	1481.9	2479.1	France-Monaco
Germany	1045.0	1351.2	1183.8	1594.5	2114.8	Allemagne
Italy	1078.6	1330.3	1388.5	1455.9	1851.1	Italie
Spain	794.8	1126.2	899.0	1341.4	1638.5	Espagne
Poland	529.5	816.1	729.5	1033.0	1868.6	Pologne
Russian Federation	312.8	476.1	696.7	1167.0	2201.3	Fédération de Russie
United Kingdom	714.5	835.6	926.0	855.7	964.0	Royaume-Uni
Belgium	586.9	687.6	653.1	863.0	1234.6	Belgique
Austria	539.6	759.2	531.2	597.6	806.2	Autriche
Netherlands	350.7	478.7	502.9	679.7	955.0	Pays-Bas
Czech Republic	235.7	401.4	442.8	556.7	806.3	République tchèque
Romania	175.7	334.3	370.9	681.1	860.5	Roumanie
Turkey	369.7	530.8	564.0	542.1	259.2	Turquie
Chile	179.9	282.1	581.5	434.6	476.3	Chili
Australia	259.5	329.6	362.4	370.7	535.8	Australie
Saudi Arabia	297.0	276.1	357.7	286.7	544.4	Arabie saoudite
Algeria	145.7	260.4	412.5	391.0	e460.4	Algérie
Slovakia	143.6	212.0	281.8	327.6	453.6	Slovaquie
Colombia	69.4	121.7	246.6	381.6	549.8	Colombie
Hungary	180.7	289.5	249.0	317.5	325.0	Hongrie
United Arab Emirates	147.4	153.3	314.4	318.1	e393.6	Emirates arabes unis
Venezuela	102.0	89.5	290.4	332.4	498.5	Venezuela
Argentina	67.3	196.9	305.7	311.4	381.1	Argentine

Value as percentages of World total

Valeur en pourcentage du total mondial

Regions of the world	1998	1999	2000	2001	2002	2003	2004	2005	2006	2007	Régions du monde
World	100.0	100.0	100.0	100.0	100.0	100.0	100.0	100.0	100.0	100.0	Monde
Developed Economies	70.1	78.8	70.5	52.5	68.5	69.1	70.0	65.0	65.8	61.4	Economies Développés
- Asia-Pacific	1.3	1.4	1.8	1.0	1.4	1.8	1.8	1.7	1.4	1.6	- Asie-Pacifique
- Europe	40.0	39.8	43.2	36.3	46.2	49.6	48.8	43.1	43.5	49.6	- Europe
- North America	28.7	37.6	25.6	15.2	20.8	17.8	19.4	20.2	20.9	10.2	- Amérique du Nord
South-Eastern Europe	0.7	0.6	1.3	1.5	1.9	2.1	3.0	3.0	3.4	4.0	Europe du Sud-Est
Commonwealth of Independent States	3.4	1.8	2.3	3.1	4.2	3.8	4.3	4.5	6.0	8.6	Communauté d'Etats indépendants
- Asia	0.6	0.5	0.7	0.8	1.0	0.7	1.0	0.9	1.0	1.2	- Asie
- Europe	2.8	1.3	1.6	2.3	3.3	3.1	3.3	3.6	4.9	7.4	- Europe
Northern Africa	1.4	1.9	1.4	1.1	1.5	1.4	1.7	2.4	2.1	2.2	Afrique septentrionale
Sub-Saharan Africa	3.0	2.6	3.2	25.9	3.9	5.1	3.9	3.8	3.7	4.4	Afrique subsaharienne
Latin America & the Caribbean	11.3	6.4	8.5	5.9	6.1	5.6	5.8	8.6	8.1	9.1	Amérique latine et Caraïbes
- Caribbean	0.9	0.7	1.2	0.8	0.9	0.8	0.6	0.8	0.8	0.7	- Caraïbes
- Latin America	10.4	5.7	7.3	5.1	5.3	4.8	5.2	7.9	7.3	8.4	- Amérique latine
Eastern Asia	3.6	1.9	2.4	1.7	2.4	2.2	1.7	1.4	1.1	0.9	Asie orientale
Southern Asia	0.5	0.5	0.6	0.6	1.7	0.9	0.7	0.7	1.2	1.0	Asie méridionale
South-Eastern Asia	1.3	1.8	3.5	3.4	4.4	3.2	2.1	2.6	2.4	2.5	Asie du Sud-Est
Western Asia	4.5	3.5	5.9	4.2	5.2	6.5	6.8	8.0	6.1	5.7	Asie occidentale
Oceania	0.2	0.2	0.3	0.2	0.1	0.1	0.1	0.1	0.1	0.1	Océanie

Trade by commodity
Exports by principal countries or areas
Value in million US dollars

Commerce par produit
Exportations selon les principaux pays ou zones
Valeur en millions de dollars EU

Country or area	2003	2004	2005	2006	2007	Pays ou zone
World	20955.2	27707.6	30240.0	33711.8	40467.7	Monde
Developed Economies	17905.9	23364.9	24891.2	28442.1	33199.3	Economies Développés
- Asia-Pacific	1273.1	1552.6	1835.4	2216.0	2793.0	- Asie-Pacifique
- Europe	13658.0	17935.2	18237.4	20363.0	26287.8	- Europe
- North America	2974.8	3877.1	4818.4	5863.1	4118.5	- Amérique du Nord
South-Eastern Europe	13.5	15.4	32.9	13.7	38.4	Europe du Sud-Est
Commonwealth of Independent States	296.7	400.8	442.2	548.5	767.7	Communauté d'Etats indépendants
- Asia	6.7	8.3	1.3	3.9	10.4	- Asie
- Europe	290.0	392.5	440.9	544.7	757.3	- Europe
Northern Africa	18.5	36.9	44.6	36.5	14.1	Afrique septentrionale
Sub-Saharan Africa	305.2	378.2	199.9	117.7	150.2	Afrique subsaharienne
Latin America & the Caribbean	1035.8	1944.9	2407.2	2486.8	2717.1	Amérique latine et Caraïbes
- Caribbean	4.1	2.0	3.4	2.5	3.0	- Caraïbes
- Latin America	1031.6	1942.9	2403.8	2484.3	2714.0	- Amérique latine
Eastern Asia	653.9	619.7	859.5	1204.2	2219.0	Asie orientale
Southern Asia	97.6	158.7	201.6	222.2	249.2	Asie méridionale
South-Eastern Asia	32.9	51.7	65.1	83.2	91.8	Asie du Sud-Est
Western Asia	595.1	736.3	1095.7	556.9	1020.9	Asie occidentale
Oceania	0.1	0.1	0.1	0.2	0.0	Océanie
Germany	4754.4	6040.1	6358.5	6729.4	8199.9	Allemagne
Netherlands	2550.1	3084.5	3537.3	4210.5	5661.8	Pays-Bas
Belgium	1946.6	2374.3	2317.4	2487.4	3226.4	Belgique
United States	1695.6	2149.5	2497.0	2862.7	2644.3	Etats-Unis d'Amérique
France-Monaco	1645.2	2143.7	1846.3	2415.3	3178.8	France-Monaco
Canada	1279.3	1727.6	2321.4	3000.4	1474.2	Canada
Japan	1249.2	1541.2	1800.6	2176.9	2726.6	Japon
Sweden	764.2	1706.0	1354.1	1268.2	1760.3	Suède
Mexico	677.8	1245.6	1099.0	1285.0	1186.6	Mexique
Brazil	281.2	545.2	1117.9	982.8	1232.4	Brésil
Turkey	519.6	601.7	892.4	406.1	848.1	Turquie
Poland	227.6	476.8	572.5	742.3	1028.1	Pologne
Korea, Republic of	582.3	491.0	495.3	557.9	766.2	République de Corée
Spain	480.7	562.9	495.9	510.4	706.4	Espagne
China	50.2	100.5	329.2	625.1	1425.3	Chine
United Kingdom	342.5	335.6	369.3	338.8	343.5	Royaume-Uni
Czech Republic	138.5	219.9	289.8	394.7	606.3	République tchèque
Austria	231.8	295.1	301.0	368.0	396.8	Autriche
Belarus	176.8	231.9	227.5	298.7	431.1	Bélarus
Italy	105.4	203.5	234.8	231.7	357.9	Italie
Russian Federation	98.9	141.6	189.0	209.5	262.6	Fédération de Russie
India	88.2	146.1	187.9	211.6	233.4	Inde
Argentina	62.4	130.1	156.2	184.0	223.5	Argentine
Côte d'Ivoire	145.2	244.0	75.5	71.1	61.2	Côte d'Ivoire
Finland	89.0	87.8	112.7	105.2	114.6	Finlande

Value as percentages of World total

Valeur en pourcentage du total mondial

Regions of the world	1998	1999	2000	2001	2002	2003	2004	2005	2006	2007	Régions du monde
World	100.0	100.0	100.0	100.0	100.0	100.0	100.0	100.0	100.0	100.0	Monde
Developed Economies	89.1	85.5	87.7	85.2	83.9	85.4	84.3	82.3	84.4	82.0	Economies Développés
- Asia-Pacific	5.9	5.1	6.5	6.5	7.1	6.1	5.6	6.1	6.6	6.9	- Asie-Pacifique
- Europe	57.7	51.8	58.4	62.0	61.4	65.2	64.7	60.3	60.4	65.0	- Europe
- North America	25.5	28.6	22.8	16.7	15.4	14.2	14.0	15.9	17.4	10.2	- Amérique du Nord
South-Eastern Europe	0.1	0.1	0.0	0.1	0.1	0.1	0.1	0.1	0.0	0.1	Europe du Sud-Est
Commonwealth of Independent States	0.8	0.7	1.3	1.5	1.6	1.4	1.4	1.5	1.6	1.9	Communauté d'Etats indépendants
- Asia	0.0	0.0	0.1	0.0	0.1	0.0	0.0	0.0	0.0	0.0	- Asie
- Europe	0.8	0.6	1.2	1.3	1.5	1.4	1.4	1.5	1.6	1.9	- Europe
Northern Africa	0.0	0.1	0.1	0.4	0.2	0.1	0.1	0.1	0.1	0.0	Afrique septentrionale
Sub-Saharan Africa	0.2	0.2	0.4	2.4	0.8	1.5	1.4	0.7	0.3	0.4	Afrique subsaharienne
Latin America & the Caribbean	4.4	8.5	4.6	3.1	6.2	4.9	7.0	8.0	7.4	6.7	Amérique latine et Caraïbes
- Caribbean	0.0	0.0	0.0	0.0	0.0	0.0	0.0	0.0	0.0	0.0	- Caraïbes
- Latin America	4.4	8.4	4.6	3.1	6.1	4.9	7.0	7.9	7.4	6.7	- Amérique latine
Eastern Asia	3.3	2.5	3.3	4.0	4.0	3.1	2.2	2.8	3.6	5.5	Asie orientale
Southern Asia	0.3	0.5	0.6	0.2	0.3	0.5	0.6	0.7	0.7	0.6	Asie méridionale
South-Eastern Asia	0.2	0.2	0.1	0.2	0.2	0.2	0.2	0.2	0.2	0.2	Asie du Sud-Est
Western Asia	1.6	1.9	1.9	2.8	2.7	2.8	2.7	3.6	1.7	2.5	Asie occidentale
Oceania	0.0	0.0	0.0	0.0	0.0	0.0	0.0	0.0	0.0	0.0	Océanie

784 Parts and accessories of the motor vehicles of 722, 781, 782 and 783

Trade by commodity
Imports by principal countries or areas
Value in million US dollars

Commerce par produit
Importations selon les principaux pays ou zones
Valeur en millions de dollars EU

Country or area	2003	2004	2005	2006	2007	Pays ou zone
World	182237.8	215091.5	231195.8	251655.1	289902.8	Monde
Developed Economies	145013.2	169930.8	181309.5	197189.4	224696.6	Economies Développés
- Asia-Pacific	4667.9	5286.7	5779.1	6517.2	7732.8	- Asie-Pacifique
- Europe	88586.2	105374.8	111397.1	124466.0	148429.7	- Europe
- North America	51759.1	59269.3	64133.2	66206.2	68534.1	- Amérique du Nord
South-Eastern Europe	408.2	705.5	982.0	1158.0	1795.1	Europe du Sud-Est
Commonwealth of Independent States	1353.1	2282.2	3125.8	5060.6	8469.2	Communauté d'Etats indépendants
- Asia	285.2	400.7	535.6	735.8	772.5	- Asie
- Europe	1068.0	1881.5	2590.3	4324.8	7696.7	- Europe
Northern Africa	657.8	734.4	877.0	949.4	1262.1	Afrique septentrionale
Sub-Saharan Africa	1120.6	1325.8	1675.9	2019.7	2287.9	Afrique subsaharienne
Latin America & the Caribbean	12003.0	13907.3	16385.3	18246.2	20604.2	Amérique latine et Caraïbes
- Caribbean	176.6	173.6	203.8	243.3	274.4	- Caraïbes
- Latin America	11826.4	13733.7	16181.5	18003.0	20329.9	- Amérique latine
Eastern Asia	9567.6	11163.2	10897.8	13223.6	15277.8	Asie orientale
Southern Asia	2538.9	2520.3	1596.1	1515.1	1858.4	Asie méridionale
South-Eastern Asia	5349.4	6145.4	7223.9	6899.8	7507.6	Asie du Sud-Est
Western Asia	4163.2	6307.0	7047.4	5311.9	6045.6	Asie occidentale
Oceania	62.7	69.5	75.1	81.4	98.3	Océanie
United States	33796.1	39113.0	43590.8	45496.6	47525.6	Etats-Unis d'Amérique
Germany	16171.8	18662.4	21634.7	23596.1	27915.2	Allemagne
Canada	17946.1	20135.4	20519.9	20692.1	20992.3	Canada
Spain	13521.2	15680.9	15229.0	16719.2	20038.3	Espagne
United Kingdom	12666.3	14445.3	14604.8	16643.3	19664.3	Royaume-Uni
France-Monaco	10356.1	12726.0	13040.9	13857.8	15882.5	France-Monaco
Mexico	8859.2	9531.8	10817.7	11928.7	12302.2	Mexique
Belgium	7907.6	9765.2	9810.7	10399.5	11589.8	Belgique
China	6266.7	7341.6	6737.3	9042.6	10676.9	Chine
Italy	4857.1	5349.0	5699.0	6733.7	8070.4	Italie
Sweden	3910.5	4642.0	5092.4	5419.0	6418.7	Suède
Austria	2917.2	4237.3	4773.8	5233.0	5233.8	Autriche
Netherlands	3313.6	3826.7	4012.0	4548.3	5746.2	Pays-Bas
Japan	3042.9	3503.0	3808.1	4513.8	5352.8	Japon
Czech Republic	2076.3	2504.4	3183.3	3974.1	5096.3	République tchèque
Poland	1642.7	2708.6	3039.5	4022.6	4808.6	Pologne
Slovakia	1933.9	2247.3	2202.0	3190.1	4971.0	Slovaquie
Thailand	2411.4	2838.1	3020.6	2849.5	3093.3	Thaïlande
Brazil	1505.4	2061.5	2546.5	2519.4	3638.3	Brésil
Turkey	1741.3	3126.6	3399.2	1657.0	1679.5	Turquie
Korea, Republic of	1772.9	1966.1	2197.4	2549.0	3079.2	République de Corée
Russian Federation	575.1	997.6	1467.0	2564.4	4855.9	Fédération de Russie
Portugal	1735.5	1965.9	1834.6	1887.3	2198.6	Portugal
Australia	1463.6	1596.9	1761.0	1801.0	2133.1	Australie
Hungary	1213.9	1277.3	1330.9	1664.5	3172.3	Hongrie

Value as percentages of World total

Valeur en pourcentage du total mondial

Regions of the world	1998	1999	2000	2001	2002	2003	2004	2005	2006	2007	Régions du monde
World	100.0	100.0	100.0	100.0	100.0	100.0	100.0	100.0	100.0	100.0	Monde
Developed Economies	81.8	83.0	79.3	78.0	79.6	79.6	79.0	78.4	78.4	77.5	Economies Développés
- Asia-Pacific	2.3	2.3	2.6	2.4	2.5	2.6	2.5	2.5	2.6	2.7	- Asie-Pacifique
- Europe	48.1	47.6	43.5	44.7	46.1	48.6	49.0	48.2	49.5	51.2	- Europe
- North America	31.4	33.2	33.2	30.9	31.0	28.4	27.6	27.7	26.3	23.6	- Amérique du Nord
South-Eastern Europe	0.2	0.1	0.1	0.2	0.2	0.2	0.3	0.4	0.5	0.6	Europe du Sud-Est
Commonwealth of Independent States	0.7	0.5	0.5	0.5	0.5	0.7	1.1	1.4	2.0	2.9	Communauté d'Etats indépendants
- Asia	0.2	0.3	0.2	0.2	0.1	0.2	0.2	0.2	0.3	0.3	- Asie
- Europe	0.5	0.3	0.3	0.3	0.4	0.6	0.9	1.1	1.7	2.7	- Europe
Northern Africa	0.5	0.4	0.4	0.4	0.4	0.4	0.3	0.4	0.4	0.4	Afrique septentrionale
Sub-Saharan Africa	0.6	0.5	0.5	2.3	0.5	0.6	0.6	0.7	0.8	0.8	Afrique subsaharienne
Latin America & the Caribbean	8.8	8.4	9.9	9.6	8.1	6.6	6.5	7.1	7.3	7.1	Amérique latine et Caraïbes
- Caribbean	0.1	0.1	0.1	0.1	0.1	0.1	0.1	0.1	0.1	0.1	- Caraïbes
- Latin America	8.7	8.3	9.8	9.4	8.0	6.5	6.4	7.0	7.2	7.0	- Amérique latine
Eastern Asia	2.8	2.7	3.5	3.5	3.8	5.3	5.2	4.7	5.3	5.3	Asie orientale
Southern Asia	1.1	0.8	0.8	1.0	2.1	1.4	1.2	0.7	0.6	0.6	Asie méridionale
South-Eastern Asia	1.1	1.5	2.7	2.6	2.6	2.9	2.9	3.1	2.7	2.6	Asie du Sud-Est
Western Asia	2.3	1.9	2.3	1.9	2.1	2.3	2.9	3.0	2.1	2.1	Asie occidentale
Oceania	0.0	0.0	0.0	0.0	0.0	0.0	0.0	0.0	0.0	0.0	Océanie

Parties et accessoires des Véhicules automobiles des groupes 722, 781, 782 et 783 784

Trade by commodity

Commerce par produit

Exports by principal countries or areas

Exportations selon les principaux pays ou zones

Value in million US dollars

Valeur en millions de dollars EU

Country or area	2003	2004	2005	2006	2007	Pays ou zone
World	179516.1	214178.1	234382.5	256918.3	294280.3	Monde
Developed Economies	154168.8	179641.1	189526.9	204906.8	231695.4	Economies Développés
- Asia-Pacific	20969.4	24861.2	26556.3	26997.1	29769.7	- Asie-Pacifique
- Europe	92731.1	111061.6	117550.2	130411.8	153099.2	- Europe
- North America	40468.3	43718.3	45420.4	47497.9	48826.5	- Amérique du Nord
South-Eastern Europe	424.8	698.8	1017.3	1407.4	2123.2	Europe du Sud-Est
Commonwealth of Independent States	459.5	729.1	814.7	979.0	1213.7	Communauté d'Etats indépendants
- Asia	21.0	23.3	29.2	28.0	37.6	- Asie
- Europe	438.5	705.8	785.5	951.1	1176.1	- Europe
Northern Africa	160.3	212.6	269.8	313.8	333.5	Afrique septentrionale
Sub-Saharan Africa	559.2	694.8	729.9	768.3	989.2	Afrique subsaharienne
Latin America & the Caribbean	9712.6	11922.5	14420.1	16866.5	17780.7	Amérique latine et Caraïbes
- Caribbean	4.9	9.7	8.6	8.8	11.0	- Caraïbes
- Latin America	9707.7	11912.8	14411.4	16857.6	17769.7	- Amérique latine
Eastern Asia	8463.1	12566.9	17241.0	21268.3	27110.4	Asie orientale
Southern Asia	573.5	806.5	1344.3	1493.3	1637.3	Asie méridionale
South-Eastern Asia	3457.7	4726.2	6194.8	7049.8	8841.6	Asie du Sud-Est
Western Asia	1535.9	2178.8	2820.8	1863.6	2554.3	Asie occidentale
Oceania	0.6	0.7	2.9	1.4	1.0	Océanie
Germany	25694.5	31708.4	34112.8	38360.7	44117.4	Allemagne
United States	28327.0	31006.3	31612.5	33950.1	35064.0	Etats-Unis d'Amérique
Japan	20204.3	24147.4	25899.2	26446.9	29132.4	Japon
France-Monaco	14100.8	15789.4	15721.0	17352.5	19794.0	France-Monaco
Canada	12141.2	12711.8	13807.8	13547.8	13762.5	Canada
Italy	9817.3	11950.6	12556.1	13475.7	15603.5	Italie
Spain	8979.5	10383.3	10782.5	11521.4	13243.2	Espagne
Mexico	6990.3	8310.0	9800.0	11591.7	11853.2	Mexique
United Kingdom	6984.7	7806.7	7698.4	7837.3	7887.9	Royaume-Uni
Korea, Republic of	3735.9	5329.0	7786.7	9498.9	11699.5	République de Corée
China	2437.4	4430.0	6631.5	8932.0	12370.3	Chine
Belgium	5073.4	6449.8	6864.2	7417.9	8733.8	Belgique
Czech Republic	3412.1	4620.7	5523.7	6503.5	8424.7	République tchèque
Sweden	4421.3	5255.3	5410.7	6136.4	6683.9	Suède
Poland	2190.2	3110.9	3767.9	4881.0	6958.1	Pologne
Austria	2588.9	2989.2	3223.1	3784.7	4527.7	Autriche
Brazil	1953.3	2586.7	3400.6	3993.1	4288.0	Brésil
Netherlands	1926.9	2127.3	2556.6	2796.8	3460.6	Pays-Bas
Hungary	1614.1	1985.5	2323.4	2915.8	3587.5	Hongrie
Slovakia	1914.3	2041.7	1796.3	1759.8	3061.4	Slovaquie
Thailand	968.3	1422.7	2130.4	2511.8	3412.8	Thaïlande
Portugal	1250.1	1475.6	1535.8	1639.3	2210.2	Portugal
Singapore	926.0	1256.4	1476.7	1526.3	1957.4	Singapour
Philippines	932.4	1172.5	1355.3	1400.4	1672.1	Philippines
Turkey	952.1	1222.5	1507.5	780.5	1191.3	Turquie

Value as percentages of World total

Valeur en pourcentage du total mondial

Regions of the world	1998	1999	2000	2001	2002	2003	2004	2005	2006	2007	Régions du monde
World	100.0	100.0	100.0	100.0	100.0	100.0	100.0	100.0	100.0	100.0	Monde
Developed Economies	89.4	88.7	87.9	87.4	86.7	85.9	83.9	80.9	79.8	78.7	Economies Développés
- Asia-Pacific	10.3	11.2	12.6	11.8	11.6	11.7	11.6	11.3	10.5	10.1	- Asie-Pacifique
- Europe	49.9	48.0	45.4	47.1	48.7	51.7	51.9	50.2	50.8	52.0	- Europe
- North America	29.1	29.5	29.9	28.5	26.4	22.5	20.4	19.4	18.5	16.6	- Amérique du Nord
South-Eastern Europe	0.1	0.1	0.1	0.1	0.2	0.2	0.3	0.4	0.5	0.7	Europe du Sud-Est
Commonwealth of Independent States	0.3	0.2	0.3	0.2	0.2	0.3	0.3	0.3	0.4	0.4	Communauté d'Etats indépendants
- Asia	0.0	0.0	0.0	0.0	0.0	0.0	0.0	0.0	0.0	0.0	- Asie
- Europe	0.3	0.2	0.3	0.2	0.2	0.2	0.3	0.3	0.4	0.4	- Europe
Northern Africa	0.0	0.0	0.0	0.1	0.1	0.1	0.1	0.1	0.1	0.1	Afrique septentrionale
Sub-Saharan Africa	0.3	0.3	0.3	0.3	0.3	0.3	0.3	0.3	0.3	0.3	Afrique subsaharienne
Latin America & the Caribbean	5.3	5.4	5.8	5.7	5.8	5.4	5.6	6.2	6.6	6.0	Amérique latine et Caraïbes
- Caribbean	0.0	0.0	0.0	0.0	0.0	0.0	0.0	0.0	0.0	0.0	- Caraïbes
- Latin America	5.3	5.4	5.8	5.7	5.8	5.4	5.6	6.1	6.6	6.0	- Amérique latine
Eastern Asia	2.9	3.1	3.3	3.6	4.0	4.7	5.9	7.4	8.3	9.2	Asie orientale
Southern Asia	0.2	0.2	0.3	0.3	0.3	0.3	0.4	0.6	0.6	0.6	Asie méridionale
South-Eastern Asia	0.9	1.1	1.3	1.4	1.6	1.9	2.2	2.6	2.7	3.0	Asie du Sud-Est
Western Asia	0.6	0.7	0.7	0.9	0.9	0.9	1.0	1.2	0.7	0.9	Asie occidentale
Oceania	0.0	0.0	0.0	0.0	0.0	0.0	0.0	0.0	0.0	0.0	Océanie

785 Motorcycles and cycles motorized and non-motorized; invalid carriages

Trade by commodity

Commerce par produit

Imports by principal countries or areas

Importations selon les principaux pays ou zones

Value in million US dollars

Valeur en millions de dollars EU

Country or area	2003	2004	2005	2006	2007	Pays ou zone
World	24429.7	28789.3	31847.9	34198.6	38947.1	Monde
Developed Economies	19558.7	22970.8	25282.8	26323.0	29673.6	Economies Développés
- Asia-Pacific	1779.5	2062.0	2231.5	2362.2	2722.5	- Asie-Pacifique
- Europe	12034.4	14495.3	15758.7	16499.8	19814.6	- Europe
- North America	5744.8	6413.5	7292.7	7460.9	7136.5	- Amérique du Nord
South-Eastern Europe	61.3	109.4	122.5	133.7	218.9	Europe du Sud-Est
Commonwealth of Independent States	69.3	100.9	135.7	204.6	331.1	Communauté d'Etats indépendants
- Asia	7.4	13.8	13.7	26.7	25.9	- Asie
- Europe	61.9	87.2	122.0	177.9	305.2	- Europe
Northern Africa	50.1	62.4	92.3	111.7	143.3	Afrique septentrionale
Sub-Saharan Africa	610.8	744.4	700.2	773.6	898.3	Afrique subsaharienne
Latin America & the Caribbean	678.8	882.8	1239.7	1758.1	2290.8	Amérique latine et Caraïbes
- Caribbean	45.0	43.9	74.3	90.9	120.6	- Caraïbes
- Latin America	633.8	838.9	1165.5	1667.2	2170.2	- Amérique latine
Eastern Asia	997.5	1217.9	1313.2	1388.2	1739.8	Asie orientale
Southern Asia	477.4	448.8	485.6	613.1	681.2	Asie méridionale
South-Eastern Asia	1595.7	1778.0	1827.7	2120.2	2380.0	Asie du Sud-Est
Western Asia	311.1	454.4	627.4	750.2	563.4	Asie occidentale
Oceania	18.8	19.4	20.7	22.3	26.6	Océanie
United States	4971.4	5634.1	6369.6	6459.7	6031.0	Etats-Unis d'Amérique
Germany	2045.5	2204.5	2565.5	2715.7	3145.0	Allemagne
France-Monaco	1840.9	2195.8	2251.6	2298.2	2755.9	France-Monaco
Italy	1515.8	1895.7	1990.3	2270.2	2581.7	Italie
Spain	819.8	1241.4	1604.1	1897.9	2229.2	Espagne
Belgium	1134.9	1450.3	1585.4	1432.0	1478.2	Belgique
United Kingdom	1191.5	1353.0	1418.7	1414.8	1626.1	Royaume-Uni
Japan	1214.8	1322.8	1349.8	1435.2	1625.3	Japon
Netherlands	896.9	1010.2	1018.3	1098.2	1603.0	Pays-Bas
Canada	765.0	769.6	912.8	992.7	1096.4	Canada
Australia	476.6	622.3	743.4	768.9	899.2	Australie
Switzerland-Liechtenstein	406.2	462.5	462.9	453.9	540.5	Suisse-Liechtenstein
Austria	371.5	421.9	395.6	403.0	596.9	Autriche
Singapore	275.9	370.0	351.5	410.9	541.7	Singapour
Indonesia	340.4	380.9	355.9	419.3	303.1	Indonésie
Viet Nam	413.7	332.5	319.5	275.8	e351.9	Viet Nam
Greece	218.7	320.0	450.8	297.8	401.7	Grèce
Mexico	252.2	279.8	331.6	388.9	420.5	Mexique
Sweden	270.7	310.3	322.0	342.3	411.3	Suède
Philippines	204.7	264.1	307.3	353.7	423.2	Philippines
China, Hong Kong SAR	301.2	313.8	289.9	306.8	340.2	Chine - RAS de Hong-Kong
Denmark	218.1	263.1	287.3	322.1	386.0	Danemark
Norway	200.7	221.7	225.1	233.0	309.9	Norvège
Brazil	113.5	141.6	208.9	286.7	425.8	Brésil
China	180.8	219.1	230.8	234.1	297.4	Chine

Value as percentages of World total

Valeur en pourcentage du total mondial

Regions of the world	1998	1999	2000	2001	2002	2003	2004	2005	2006	2007	Régions du monde
World	100.0	100.0	100.0	100.0	100.0	100.0	100.0	100.0	100.0	100.0	Monde
Developed Economies	76.2	79.3	76.8	71.4	78.7	80.1	79.8	79.4	77.0	76.2	Economies Développés
- Asia-Pacific	5.4	6.4	6.9	6.3	7.2	7.3	7.2	7.0	6.9	7.0	- Asie-Pacifique
- Europe	53.9	53.2	46.5	42.6	46.7	49.3	50.3	49.5	48.2	50.9	- Europe
- North America	16.9	19.7	23.4	22.5	24.9	23.5	22.3	22.9	21.8	18.3	- Amérique du Nord
South-Eastern Europe	0.1	0.1	0.1	0.1	0.2	0.3	0.4	0.4	0.4	0.6	Europe du Sud-Est
Commonwealth of Independent States	0.2	0.1	0.1	0.1	0.2	0.3	0.4	0.4	0.6	0.9	Communauté d'Etats indépendants
- Asia	0.0	0.0	0.0	0.0	0.0	0.0	0.0	0.0	0.1	0.1	- Asie
- Europe	0.1	0.1	0.1	0.1	0.2	0.3	0.3	0.4	0.5	0.8	- Europe
Northern Africa	0.4	0.4	0.3	0.3	0.3	0.2	0.2	0.3	0.3	0.4	Afrique septentrionale
Sub-Saharan Africa	1.7	1.4	1.6	10.0	2.1	2.5	2.6	2.2	2.3	2.3	Afrique subsaharienne
Latin America & the Caribbean	4.6	3.9	3.9	3.7	3.6	2.8	3.1	3.9	5.1	5.9	Amérique latine et Caraïbes
- Caribbean	0.4	0.3	0.3	0.3	0.3	0.2	0.2	0.2	0.3	0.3	- Caraïbes
- Latin America	4.2	3.6	3.5	3.4	3.3	2.6	2.9	3.7	4.9	5.6	- Amérique latine
Eastern Asia	7.9	5.9	5.7	4.0	4.6	4.1	4.2	4.1	4.1	4.5	Asie orientale
Southern Asia	1.2	1.3	1.2	1.0	1.5	2.0	1.6	1.5	1.8	1.7	Asie méridionale
South-Eastern Asia	6.6	6.6	9.3	8.3	7.5	6.5	6.2	5.7	6.2	6.1	Asie du Sud-Est
Western Asia	1.2	1.1	1.1	1.0	1.1	1.3	1.6	2.0	2.2	1.4	Asie occidentale
Oceania	0.1	0.1	0.1	0.1	0.1	0.1	0.1	0.1	0.1	0.1	Océanie

Motocycles et cycles; fauteuils roulants et autres Véhicules pour invalides 785

Trade by commodity | Commerce par produit
Exports by principal countries or areas | Exportations selon les principaux pays ou zones
Value in million US dollars | Valeur en millions de dollars EU

Country or area	2003	2004	2005	2006	2007	Pays ou zone
World	24973.3	29675.9	32504.4	35352.4	40475.3	Monde
Developed Economies	15852.6	18431.5	19813.3	21181.0	23722.3	Economies Développés
- Asia-Pacific	6207.3	7307.5	7854.3	7974.1	8025.6	- Asie-Pacifique
- Europe	8239.2	9618.4	10302.3	11282.4	13341.7	- Europe
- North America	1406.1	1505.7	1656.7	1924.6	2355.0	- Amérique du Nord
South-Eastern Europe	45.2	57.8	71.4	91.5	174.1	Europe du Sud-Est
Commonwealth of Independent States	48.6	59.3	40.6	33.4	33.2	Communauté d'Etats indépendants
- Asia	0.1	0.8	0.3	0.2	0.1	- Asie
- Europe	48.5	58.4	40.2	33.2	33.0	- Europe
Northern Africa	14.7	17.4	21.9	26.7	48.1	Afrique septentrionale
Sub-Saharan Africa	32.2	35.3	50.4	39.5	46.5	Afrique subsaharienne
Latin America & the Caribbean	241.9	318.3	427.8	432.2	433.7	Amérique latine et Caraïbes
- Caribbean	0.5	1.5	1.2	1.5	1.6	- Caraïbes
- Latin America	241.4	316.7	426.7	430.7	432.1	- Amérique latine
Eastern Asia	6886.4	8269.1	9419.5	10643.0	12640.1	Asie orientale
Southern Asia	406.1	523.8	571.8	631.1	582.8	Asie méridionale
South-Eastern Asia	1356.3	1856.3	1972.4	2189.4	2698.6	Asie du Sud-Est
Western Asia	89.1	106.9	115.1	84.5	95.7	Asie occidentale
Oceania	0.2	0.2	0.2	0.2	0.2	Océanie
Japan	6114.4	7226.3	7770.8	7899.5	7934.6	Japon
China	4183.2	5171.4	5940.7	7240.2	8806.6	Chine
Italy	2172.4	2539.5	2588.2	2883.8	3674.3	Italie
United States	1298.4	1387.1	1535.9	1801.4	2208.9	Etats-Unis d'Amérique
Germany	1134.9	1239.5	1568.5	1766.6	1953.6	Allemagne
Belgium	981.9	1172.4	1235.0	1271.9	1463.3	Belgique
France-Monaco	762.9	928.1	930.6	993.8	1091.7	France-Monaco
Spain	785.1	895.4	852.5	999.5	1063.2	Espagne
Netherlands	694.9	817.8	855.7	902.4	1320.3	Pays-Bas
Thailand	464.1	635.9	776.7	889.8	1148.4	Thaïlande
Austria	429.4	532.5	604.1	662.9	667.7	Autriche
United Kingdom	373.4	423.6	504.1	529.0	514.7	Royaume-Uni
Singapore	316.0	416.8	408.4	504.8	629.2	Singapour
India	374.7	442.0	473.6	521.4	453.8	Inde
China, Hong Kong SAR	286.9	281.8	270.7	268.2	304.1	Chine - RAS de Hong-Kong
Indonesia	185.3	237.5	268.4	323.4	300.9	Indonésie
Brazil	147.8	222.0	289.6	285.9	268.0	Brésil
Malaysia	150.5	214.5	229.2	245.0	303.5	Malaisie
Sweden	156.4	199.8	197.1	229.6	253.4	Suède
Viet Nam	176.6	278.7	213.6	165.9	e193.5	Viet Nam
Poland	109.8	138.7	173.3	181.8	219.4	Pologne
Portugal	108.6	135.8	149.9	168.3	259.9	Portugal
Korea, Republic of	138.1	149.8	161.6	158.2	152.1	République de Corée
Czech Republic	94.6	110.9	126.8	137.9	183.4	République tchèque
Denmark	111.4	114.1	118.4	141.1	163.9	Danemark

Value as percentages of World total | Valeur en pourcentage du total mondial

Regions of the world	1998	1999	2000	2001	2002	2003	2004	2005	2006	2007	Régions du monde
World	100.0	100.0	100.0	100.0	100.0	100.0	100.0	100.0	100.0	100.0	Monde
Developed Economies	67.1	66.0	63.1	66.3	66.0	63.5	62.1	61.0	59.9	58.6	Economies Développés
- Asia-Pacific	30.4	30.5	31.3	30.7	28.1	24.9	24.6	24.2	22.6	19.8	- Asie-Pacifique
- Europe	30.7	30.0	26.3	29.6	32.1	33.0	32.4	31.7	31.9	33.0	- Europe
- North America	6.0	5.5	5.5	6.0	5.9	5.6	5.1	5.1	5.4	5.8	- Amérique du Nord
South-Eastern Europe	0.0	0.0	0.0	0.1	0.1	0.2	0.2	0.2	0.3	0.4	Europe du Sud-Est
Commonwealth of Independent States	0.2	0.2	0.2	0.2	0.2	0.2	0.2	0.1	0.1	0.1	Communauté d'Etats indépendants
- Asia	0.0	0.0	0.0	0.0	0.0	0.0	0.0	0.0	0.0	0.0	- Asie
- Europe	0.2	0.2	0.2	0.2	0.2	0.2	0.2	0.1	0.1	0.1	- Europe
Northern Africa	0.1	0.0	0.0	0.0	0.1	0.1	0.1	0.1	0.1	0.1	Afrique septentrionale
Sub-Saharan Africa	0.1	0.1	0.1	0.1	0.1	0.1	0.1	0.2	0.1	0.1	Afrique subsaharienne
Latin America & the Caribbean	1.0	1.2	1.1	1.0	0.8	1.0	1.1	1.3	1.2	1.1	Amérique latine et Caraïbes
- Caribbean	0.0	0.0	0.0	0.0	0.0	0.0	0.0	0.0	0.0	0.0	- Caraïbes
- Latin America	1.0	1.2	1.1	1.0	0.8	1.0	1.1	1.3	1.2	1.1	- Amérique latine
Eastern Asia	24.9	24.9	28.0	25.1	25.2	27.6	27.9	29.0	30.1	31.2	Asie orientale
Southern Asia	1.1	1.2	1.5	1.6	1.7	1.6	1.8	1.8	1.8	1.4	Asie méridionale
South-Eastern Asia	5.2	6.1	5.7	5.3	5.4	5.4	6.3	6.1	6.2	6.7	Asie du Sud-Est
Western Asia	0.3	0.3	0.2	0.3	0.3	0.4	0.4	0.4	0.2	0.2	Asie occidentale
Oceania	0.0	0.0	0.0	0.0	0.0	0.0	0.0	0.0	0.0	0.0	Océanie

786 Trailers, semi-trailers; other vehicles, not mechanically propelled

Trade by commodity
Imports by principal countries or areas
Value in million US dollars

Commerce par produit
Importations selon les principaux pays ou zones
Valeur en millions de dollars EU

Country or area	2003	2004	2005	2006	2007	Pays ou zone
World	10965.6	14272.1	16858.3	20542.7	26521.9	Monde
Developed Economies	9144.9	11741.4	13669.3	16468.0	21087.5	Economies Développés
- Asia-Pacific	336.3	459.9	567.7	610.1	721.2	- Asie-Pacifique
- Europe	6742.8	8529.2	9428.8	11432.6	15816.3	- Europe
- North America	2065.8	2752.3	3672.8	4425.3	4550.0	- Amérique du Nord
South-Eastern Europe	175.9	319.8	331.5	418.1	730.0	Europe du Sud-Est
Commonwealth of Independent States	290.7	403.2	523.2	823.8	1486.9	Communauté d'Etats indépendants
- Asia	41.4	61.8	95.5	129.5	218.4	- Asie
- Europe	249.3	341.3	427.8	694.3	1268.5	- Europe
Northern Africa	54.7	75.3	97.2	115.8	159.5	Afrique septentrionale
Sub-Saharan Africa	232.3	298.4	433.8	676.3	587.7	Afrique subsaharienne
Latin America & the Caribbean	361.9	461.0	599.5	755.5	886.5	Amérique latine et Caraïbes
- Caribbean	26.6	39.5	51.6	86.6	88.0	- Caraïbes
- Latin America	335.3	421.6	548.0	668.8	798.5	- Amérique latine
Eastern Asia	147.4	209.3	235.7	271.1	264.4	Asie orientale
Southern Asia	53.1	96.7	143.8	84.9	73.8	Asie méridionale
South-Eastern Asia	95.3	121.6	149.9	231.1	276.6	Asie du Sud-Est
Western Asia	398.4	530.1	653.8	671.0	939.4	Asie occidentale
Oceania	11.0	15.3	20.7	27.1	29.5	Océanie
United States	1167.9	1503.9	2017.3	2244.7	2101.5	Etats-Unis d'Amérique
Germany	1015.7	1224.6	1623.7	2052.7	2683.8	Allemagne
Canada	892.4	1246.2	1653.1	2177.3	2445.5	Canada
France-Monaco	737.2	919.9	1055.2	1191.4	1653.8	France-Monaco
United Kingdom	639.5	807.9	900.7	858.6	1167.4	Royaume-Uni
Netherlands	542.2	618.0	632.2	816.1	1065.9	Pays-Bas
Denmark	398.8	560.1	649.9	762.3	916.6	Danemark
Belgium	382.5	506.7	555.9	711.6	912.7	Belgique
Poland	290.6	449.5	351.8	536.3	997.9	Pologne
Austria	346.9	440.7	395.6	473.4	680.3	Autriche
Spain	319.7	401.5	428.9	487.2	674.2	Espagne
Italy	346.1	402.3	405.1	491.3	659.0	Italie
Russian Federation	141.7	210.7	313.8	524.6	991.9	Fédération de Russie
Sweden	247.4	317.8	381.1	466.7	658.4	Suède
Norway	243.9	297.3	355.0	439.1	618.0	Norvège
Mexico	228.9	279.1	361.0	414.3	421.0	Mexique
Czech Republic	166.3	241.4	245.1	328.2	502.9	République tchèque
Switzerland-Liechtenstein	209.4	247.0	275.7	269.7	341.2	Suisse-Liechtenstein
Hungary	161.0	234.9	205.1	270.8	406.7	Hongrie
Japan	178.4	223.1	264.6	274.0	287.9	Japon
Australia	125.7	190.1	246.1	282.0	360.5	Australie
Romania	90.9	152.7	178.0	261.8	437.3	Roumanie
Finland	145.4	163.8	175.5	203.2	287.0	Finlande
Lithuania	68.9	101.0	120.1	199.8	344.3	Lituanie
Slovakia	70.8	98.2	109.6	158.9	221.9	Slovaquie

Value as percentages of World total

Valeur en pourcentage du total mondial

Regions of the world	1998	1999	2000	2001	2002	2003	2004	2005	2006	2007	Régions du monde
World	100.0	100.0	100.0	100.0	100.0	100.0	100.0	100.0	100.0	100.0	Monde
Developed Economies	83.8	84.5	83.6	68.0	82.3	83.4	82.3	81.1	80.2	79.5	Economies Développés
- Asia-Pacific	2.8	2.6	2.7	2.5	3.0	3.1	3.2	3.4	3.0	2.7	- Asie-Pacifique
- Europe	60.6	59.3	54.5	50.1	60.7	61.5	59.8	55.9	55.7	59.6	- Europe
- North America	20.3	22.7	26.4	15.5	18.6	18.8	19.3	21.8	21.5	17.2	- Amérique du Nord
South-Eastern Europe	0.5	0.6	1.1	1.4	1.5	1.6	2.2	2.0	2.0	2.8	Europe du Sud-Est
Commonwealth of Independent States	1.8	1.0	1.3	2.0	2.7	2.7	2.8	3.1	4.0	5.6	Communauté d'Etats indépendants
- Asia	0.2	0.2	0.3	0.4	0.4	0.4	0.4	0.6	0.6	0.8	- Asie
- Europe	1.6	0.8	1.0	1.6	2.2	2.3	2.4	2.5	3.4	4.8	- Europe
Northern Africa	0.7	0.8	0.6	0.6	0.6	0.5	0.5	0.6	0.6	0.6	Afrique septentrionale
Sub-Saharan Africa	1.7	1.8	1.4	18.9	2.2	2.1	2.1	2.6	3.3	2.2	Afrique subsaharienne
Latin America & the Caribbean	5.3	5.0	5.0	3.8	3.8	3.3	3.2	3.6	3.7	3.3	Amérique latine et Caraïbes
- Caribbean	0.3	0.4	0.3	0.3	0.3	0.2	0.3	0.3	0.4	0.3	- Caraïbes
- Latin America	5.0	4.7	4.7	3.5	3.5	3.1	3.0	3.3	3.3	3.0	- Amérique latine
Eastern Asia	2.6	2.9	3.3	1.8	1.9	1.3	1.5	1.4	1.3	1.0	Asie orientale
Southern Asia	0.2	0.2	0.2	0.2	0.7	0.5	0.7	0.9	0.4	0.3	Asie méridionale
South-Eastern Asia	1.0	1.0	1.4	1.2	1.0	0.9	0.9	0.9	1.1	1.0	Asie du Sud-Est
Western Asia	2.2	1.9	2.1	2.2	3.2	3.6	3.7	3.9	3.3	3.5	Asie occidentale
Oceania	0.1	0.1	0.1	0.1	0.1	0.1	0.1	0.1	0.1	0.1	Océanie

Remorques; autres Véhicules non automobiles; cadres et conteneurs pour le transport 786

Trade by commodity

Exports by principal countries or areas

Value in million US dollars

Commerce par produit

Exportations selon les principaux pays ou zones

Valeur en millions de dollars EU

Country or area	2003	2004	2005	2006	2007	Pays ou zone
World	14880.6	19964.5	23153.1	26628.6	34596.6	Monde
Developed Economies	9261.4	12347.5	14193.9	17062.9	21886.1	Economies Développés
- Asia-Pacific	151.5	262.9	360.8	357.3	229.8	- Asie-Pacifique
- Europe	7591.4	9952.2	11080.0	13366.4	17978.1	- Europe
- North America	1518.5	2132.4	2753.1	3339.2	3678.1	- Amérique du Nord
South-Eastern Europe	34.3	48.4	53.0	52.5	93.1	Europe du Sud-Est
Commonwealth of Independent States	118.7	150.4	172.3	195.7	278.4	Communauté d'Etats indépendants
- Asia	3.3	3.7	3.3	3.8	6.4	- Asie
- Europe	115.4	146.8	169.0	192.0	272.0	- Europe
Northern Africa	9.1	10.5	14.5	21.1	37.7	Afrique septentrionale
Sub-Saharan Africa	193.6	376.7	315.4	288.2	373.3	Afrique subsaharienne
Latin America & the Caribbean	376.1	482.7	606.9	715.4	708.4	Amérique latine et Caraïbes
- Caribbean	1.8	6.4	5.2	4.9	3.7	- Caraïbes
- Latin America	374.2	476.2	601.7	710.5	704.7	- Amérique latine
Eastern Asia	4548.4	6145.7	7332.9	7788.7	10544.5	Asie orientale
Southern Asia	17.9	22.1	32.3	49.3	54.1	Asie méridionale
South-Eastern Asia	170.2	154.3	183.5	240.4	361.7	Asie du Sud-Est
Western Asia	150.5	225.0	245.7	212.2	257.2	Asie occidentale
Oceania	0.4	1.0	2.8	2.2	2.2	Océanie
China	4388.5	5970.9	7165.9	7614.1	10371.4	Chine
Germany	2942.5	3948.9	4517.6	5558.1	7517.8	Allemagne
United States	1161.4	1683.9	2231.2	2757.7	3107.7	Etats-Unis d'Amérique
France-Monaco	716.8	886.8	921.4	1025.5	1391.5	France-Monaco
Netherlands	454.0	586.3	642.1	828.5	1139.5	Pays-Bas
Belgium	471.1	583.3	668.9	697.4	885.9	Belgique
United Kingdom	522.9	604.0	605.9	659.6	838.0	Royaume-Uni
Italy	372.7	450.8	497.2	604.9	818.1	Italie
Poland	227.9	364.2	473.6	613.4	829.4	Pologne
Canada	357.1	448.5	521.8	581.4	570.3	Canada
Austria	306.6	401.8	422.7	480.7	605.6	Autriche
Mexico	313.7	385.1	471.2	510.0	440.9	Mexique
Denmark	284.9	362.0	416.6	479.7	554.7	Danemark
Hungary	238.6	344.8	358.0	484.0	649.3	Hongrie
Czech Republic	161.2	218.8	221.9	313.8	522.8	République tchèque
Spain	168.4	223.1	213.3	262.8	373.4	Espagne
Sweden	178.4	220.4	216.0	260.3	322.0	Suède
Japan	114.9	210.9	296.9	292.1	128.9	Japon
Finland	133.5	168.7	208.4	193.8	259.0	Finlande
Slovakia	86.6	132.6	155.7	235.8	335.2	Slovaquie
South Africa	164.0	157.3	142.9	178.1	238.1	Afrique du Sud
Slovenia	95.2	130.4	138.0	158.9	197.0	Slovénie
Brazil	32.8	61.9	94.4	145.4	198.9	Brésil
Belarus	64.2	82.9	84.0	104.3	128.3	Bélarus
Luxembourg	30.7	57.1	65.1	84.4	159.4	Luxembourg

Value as percentages of World total

Valeur en pourcentage du total mondial

Regions of the world	1998	1999	2000	2001	2002	2003	2004	2005	2006	2007	Régions du monde
World	100.0	100.0	100.0	100.0	100.0	100.0	100.0	100.0	100.0	100.0	Monde
Developed Economies	69.3	69.3	61.9	66.7	68.7	62.2	61.8	61.3	64.1	63.3	Economies Développés
- Asia-Pacific	0.7	0.8	0.6	0.7	0.7	1.0	1.3	1.6	1.3	0.7	- Asie-Pacifique
- Europe	55.1	53.8	47.7	53.7	55.6	51.0	49.8	47.9	50.2	52.0	- Europe
- North America	13.6	14.6	13.7	12.3	12.3	10.2	10.7	11.9	12.5	10.6	- Amérique du Nord
South-Eastern Europe	0.3	0.3	0.2	0.2	0.2	0.2	0.2	0.2	0.2	0.3	Europe du Sud-Est
Commonwealth of Independent States	1.0	0.8	0.8	1.1	0.9	0.8	0.8	0.7	0.7	0.8	Communauté d'Etats indépendants
- Asia	0.0	0.0	0.0	0.1	0.0	0.0	0.0	0.0	0.0	0.0	- Asie
- Europe	0.9	0.8	0.8	1.0	0.9	0.8	0.7	0.7	0.7	0.8	- Europe
Northern Africa	0.0	0.1	0.0	0.2	0.1	0.1	0.1	0.1	0.1	0.1	Afrique septentrionale
Sub-Saharan Africa	2.5	2.2	2.0	1.1	1.2	1.3	1.9	1.4	1.1	1.1	Afrique subsaharienne
Latin America & the Caribbean	3.6	4.4	4.4	2.8	1.6	2.5	2.4	2.6	2.7	2.0	Amérique latine et Caraïbes
- Caribbean	0.0	0.0	0.1	0.0	0.0	0.0	0.0	0.0	0.0	0.0	- Caraïbes
- Latin America	3.6	4.4	4.3	2.8	1.6	2.5	2.4	2.6	2.7	2.0	- Amérique latine
Eastern Asia	21.1	21.3	29.0	25.9	24.7	30.6	30.8	31.7	29.2	30.5	Asie orientale
Southern Asia	0.1	0.1	0.1	0.1	0.1	0.1	0.1	0.1	0.2	0.2	Asie méridionale
South-Eastern Asia	1.2	0.9	0.7	1.1	1.5	1.1	0.8	0.8	0.9	1.0	Asie du Sud-Est
Western Asia	0.9	0.7	0.8	0.8	0.9	1.0	1.1	1.1	0.8	0.7	Asie occidentale
Oceania	0.0	0.0	0.0	0.0	0.0	0.0	0.0	0.0	0.0	0.0	Océanie

791 Railway vehicles (including hovertrains) and associated equipment

Trade by commodity
Imports by principal countries or areas
Value in million US dollars

Commerce par produit
Importations selon les principaux pays ou zones
Valeur en millions de dollars EU

Country or area	2003	2004	2005	2006	2007	Pays ou zone
World	11467.7	14312.4	15633.4	15980.2	18646.5	Monde
Developed Economies	8092.8	9892.6	9664.0	9752.1	10489.0	Economies Développés
- Asia-Pacific	291.3	279.6	319.2	309.1	411.3	- Asie-Pacifique
- Europe	6114.6	7648.5	7172.9	6811.6	7771.9	- Europe
- North America	1686.8	1964.5	2171.9	2631.3	2305.8	- Amérique du Nord
South-Eastern Europe	244.3	271.8	261.6	326.6	410.2	Europe du Sud-Est
Commonwealth of Independent States	878.8	1607.2	1555.7	1752.5	2575.1	Communauté d'Etats indépendants
- Asia	342.1	621.8	501.3	581.1	531.9	- Asie
- Europe	536.7	985.4	1054.3	1171.4	2043.2	- Europe
Northern Africa	52.3	23.1	44.0	67.2	256.7	Afrique septentrionale
Sub-Saharan Africa	83.6	108.6	237.2	297.8	391.6	Afrique subsaharienne
Latin America & the Caribbean	500.9	653.3	1273.6	1250.7	1835.3	Amérique latine et Caraïbes
- Caribbean	10.6	10.9	10.8	30.9	57.7	- Caraïbes
- Latin America	490.3	642.4	1262.8	1219.8	1777.5	- Amérique latine
Eastern Asia	843.9	946.8	1653.2	1707.3	1923.5	Asie orientale
Southern Asia	315.5	358.6	548.0	349.1	405.1	Asie méridionale
South-Eastern Asia	265.6	186.5	133.8	292.3	233.6	Asie du Sud-Est
Western Asia	189.1	263.2	261.6	183.7	125.0	Asie occidentale
Oceania	0.9	0.7	0.7	1.0	1.5	Océanie
Germany	1049.2	1204.7	1442.6	1613.0	1307.5	Allemagne
United States	961.7	1163.2	1298.2	1510.9	1446.6	Etats-Unis d'Amérique
Canada	724.6	800.7	873.0	1119.9	859.1	Canada
Russian Federation	350.6	722.5	771.1	836.7	1521.5	Fédération de Russie
China	439.4	338.9	477.3	1198.5	1414.2	Chine
Austria	473.5	565.2	620.7	593.5	1002.0	Autriche
Mexico	237.9	400.0	599.9	641.3	1026.6	Mexique
Switzerland-Liechtenstein	337.7	713.6	555.6	615.5	633.6	Suisse-Liechtenstein
United Kingdom	504.5	699.7	968.0	328.5	353.0	Royaume-Uni
Netherlands	437.5	672.4	543.6	396.9	229.9	Pays-Bas
Italy	358.3	437.3	414.1	520.1	478.7	Italie
Kazakhstan	267.3	516.5	444.3	435.9	393.0	Kazakhstan
Spain	396.7	346.1	348.6	323.6	615.2	Espagne
France-Monaco	318.5	257.4	371.7	463.6	592.2	France-Monaco
Sweden	147.3	237.4	301.6	404.6	315.8	Suède
Belgium	304.8	404.0	250.9	146.7	284.9	Belgique
Czech Republic	164.0	228.1	208.9	283.7	352.2	République tchèque
Denmark	262.1	336.8	281.1	204.5	149.4	Danemark
Australia	228.6	204.7	221.9	153.6	245.6	Australie
Ukraine	141.5	188.1	144.2	181.1	331.8	Ukraine
Romania	208.5	185.8	131.8	174.7	269.6	Roumanie
Poland	132.0	224.2	125.7	157.4	310.7	Pologne
Iran (Islamic Republic of)	126.1	196.7	309.0	142.3	e157.4	Iran (République islamique d')
Brazil	36.9	148.0	220.2	270.8	217.2	Brésil
Slovakia	135.7	174.5	114.2	111.0	202.8	Slovaquie

Value as percentages of World total

Valeur en pourcentage du total mondial

Regions of the world	1998	1999	2000	2001	2002	2003	2004	2005	2006	2007	Régions du monde
World	100.0	100.0	100.0	100.0	100.0	100.0	100.0	100.0	100.0	100.0	Monde
Developed Economies	68.1	71.0	73.3	71.2	67.9	70.6	69.1	61.8	61.0	56.3	Economies Développés
- Asia-Pacific	1.3	1.7	1.5	1.5	2.5	2.5	2.0	2.0	1.9	2.2	- Asie-Pacifique
- Europe	33.4	37.2	41.3	46.4	48.1	53.3	53.4	45.9	42.6	41.7	- Europe
- North America	33.4	32.1	30.5	23.3	17.3	14.7	13.7	13.9	16.5	12.4	- Amérique du Nord
South-Eastern Europe	0.9	0.6	1.1	0.6	1.2	2.1	1.9	1.7	2.0	2.2	Europe du Sud-Est
Commonwealth of Independent States	5.2	2.9	3.9	3.8	6.8	7.7	11.2	10.0	11.0	13.8	Communauté d'Etats indépendants
- Asia	1.9	1.2	2.2	1.3	1.8	3.0	4.3	3.2	3.6	2.9	- Asie
- Europe	3.3	1.8	1.7	2.6	5.0	4.7	6.9	6.7	7.3	11.0	- Europe
Northern Africa	0.4	1.4	0.3	0.9	0.3	0.5	0.2	0.3	0.4	1.4	Afrique septentrionale
Sub-Saharan Africa	1.1	1.2	1.1	3.1	0.9	0.7	0.8	1.5	1.9	2.1	Afrique subsaharienne
Latin America & the Caribbean	6.2	9.3	7.6	6.2	5.5	4.4	4.6	8.1	7.8	9.8	Amérique latine et Caraïbes
- Caribbean	0.1	0.1	0.2	0.4	0.2	0.1	0.1	0.1	0.2	0.3	- Caraïbes
- Latin America	6.1	9.2	7.4	5.9	5.3	4.3	4.5	8.1	7.6	9.5	- Amérique latine
Eastern Asia	9.6	7.2	7.9	7.4	10.2	7.4	6.6	10.6	10.7	10.3	Asie orientale
Southern Asia	2.5	2.2	1.4	1.1	1.8	2.8	2.5	3.5	2.2	2.2	Asie méridionale
South-Eastern Asia	4.4	3.0	1.4	3.3	2.9	2.3	1.3	0.9	1.8	1.3	Asie du Sud-Est
Western Asia	1.7	1.1	2.0	2.3	2.6	1.6	1.8	1.7	1.1	0.7	Asie occidentale
Oceania	0.0	0.0	0.0	0.0	0.0	0.0	0.0	0.0	0.0	0.0	Océanie

Véhicules et matériel pour chemins de fer (y compris les aérotrains) 791

Trade by commodity

Exports by principal countries or areas

Value in million US dollars

Commerce par produit

Exportations selon les principaux pays ou zones

Valeur en millions de dollars EU

Country or area	2003	2004	2005	2006	2007	Pays ou zone
World	12481.7	15848.5	16274.9	18290.0	21592.9	Monde
Developed Economies	10639.8	12359.1	12958.9	14196.5	15720.0	Economies Développés
- Asia-Pacific	351.8	686.1	1386.6	899.7	660.8	- Asie-Pacifique
- Europe	8184.5	9491.4	8874.8	9999.5	11713.4	- Europe
- North America	2103.5	2181.7	2697.4	3297.3	3345.8	- Amérique du Nord
South-Eastern Europe	174.0	276.6	293.8	299.9	574.6	Europe du Sud-Est
Commonwealth of Independent States	954.1	1992.1	1468.2	1677.1	2558.8	Communauté d'Etats indépendants
- Asia	15.7	23.9	26.4	23.3	33.1	- Asie
- Europe	938.4	1968.2	1441.8	1653.9	2525.8	- Europe
Northern Africa	0.6	17.6	5.8	0.6	0.5	Afrique septentrionale
Sub-Saharan Africa	24.0	28.1	42.7	68.5	69.3	Afrique subsaharienne
Latin America & the Caribbean	263.5	526.8	820.2	1016.8	1496.0	Amérique latine et Caraïbes
- Caribbean	0.1	0.2	0.1	0.0	0.2	- Caraïbes
- Latin America	263.4	526.6	820.1	1016.8	1495.8	- Amérique latine
Eastern Asia	338.0	588.5	610.0	916.6	1055.7	Asie orientale
Southern Asia	23.4	15.2	21.3	65.9	57.2	Asie méridionale
South-Eastern Asia	41.0	29.9	21.8	28.0	25.9	Asie du Sud-Est
Western Asia	23.1	14.4	32.0	20.0	34.9	Asie occidentale
Oceania	0.1	0.0	0.1	0.1	0.0	Océanie
Germany	2976.4	3490.6	3432.4	3759.6	3539.0	Allemagne
United States	1536.7	1658.6	2084.9	2578.6	2600.0	Etats-Unis d'Amérique
Austria	1140.7	1244.3	1071.8	1272.3	1555.9	Autriche
Ukraine	543.6	1479.8	949.1	1055.1	1824.1	Ukraine
France-Monaco	803.6	681.0	655.6	1068.1	1408.5	France-Monaco
Japan	330.7	650.2	1339.6	833.9	617.1	Japon
Italy	629.9	718.4	589.1	617.6	1058.2	Italie
Spain	553.5	575.5	775.7	546.5	730.5	Espagne
Canada	566.8	523.1	612.5	718.8	745.8	Canada
Mexico	207.4	455.4	541.5	760.7	1179.1	Mexique
Czech Republic	343.4	441.4	420.6	623.4	859.1	République tchèque
Russian Federation	385.1	474.7	485.3	588.2	675.1	Fédération de Russie
China	180.1	369.8	534.7	667.6	765.0	Chine
Switzerland-Liechtenstein	270.4	340.2	450.3	457.7	638.5	Suisse-Liechtenstein
Poland	330.8	357.6	260.9	293.0	359.1	Pologne
United Kingdom	249.9	283.6	202.4	264.1	246.9	Royaume-Uni
Romania	139.9	188.1	202.9	202.9	413.4	Roumanie
Slovakia	180.3	229.1	171.2	174.8	306.8	Slovaquie
Sweden	195.4	228.7	133.0	208.2	184.1	Suède
Brazil	50.1	64.1	269.0	243.8	305.8	Brésil
Korea, Republic of	152.5	213.9	69.7	214.6	279.3	République de Corée
Hungary	124.1	157.3	120.5	169.8	252.7	Hongrie
Belgium	69.8	249.4	144.8	82.7	107.1	Belgique
Netherlands	112.1	160.5	89.6	90.7	199.5	Pays-Bas
Denmark	61.6	134.5	203.3	146.5	29.9	Danemark

Value as percentages of World total

Valeur en pourcentage du total mondial

Regions of the world	1998	1999	2000	2001	2002	2003	2004	2005	2006	2007	Régions du monde
World	100.0	100.0	100.0	100.0	100.0	100.0	100.0	100.0	100.0	100.0	Monde
Developed Economies	87.6	87.7	84.8	86.4	83.0	85.2	78.0	79.6	77.6	72.8	Economies Développés
- Asia-Pacific	2.7	4.3	4.7	6.2	4.8	2.8	4.3	8.5	4.9	3.1	- Asie-Pacifique
- Europe	52.4	50.1	51.6	55.2	62.0	65.6	59.9	54.5	54.7	54.2	- Europe
- North America	32.5	33.3	28.5	24.9	16.3	16.9	13.8	16.6	18.0	15.5	- Amérique du Nord
South-Eastern Europe	1.0	0.7	1.0	1.0	1.4	1.4	1.7	1.8	1.6	2.7	Europe du Sud-Est
Commonwealth of Independent States	4.2	2.9	3.2	3.6	5.6	7.6	12.6	9.0	9.2	11.9	Communauté d'Etats indépendants
- Asia	0.2	0.1	0.1	0.1	0.1	0.1	0.2	0.2	0.1	0.2	- Asie
- Europe	4.0	2.8	3.1	3.5	5.4	7.5	12.4	8.9	9.0	11.7	- Europe
Northern Africa	0.0	0.0	0.0	0.0	0.0	0.0	0.1	0.0	0.0	0.0	Afrique septentrionale
Sub-Saharan Africa	0.4	0.3	0.3	0.3	0.3	0.2	0.2	0.3	0.4	0.3	Afrique subsaharienne
Latin America & the Caribbean	3.0	6.4	7.1	6.4	5.7	2.1	3.3	5.0	5.6	6.9	Amérique latine et Caraïbes
- Caribbean	0.0	0.0	0.0	0.0	0.0	0.0	0.0	0.0	0.0	0.0	- Caraïbes
- Latin America	2.9	6.3	7.1	6.4	5.7	2.1	3.3	5.0	5.6	6.9	- Amérique latine
Eastern Asia	3.5	1.8	3.3	1.9	3.4	2.7	3.7	3.7	5.0	4.9	Asie orientale
Southern Asia	0.2	0.1	0.1	0.3	0.2	0.2	0.1	0.1	0.4	0.3	Asie méridionale
South-Eastern Asia	0.2	0.1	0.1	0.1	0.3	0.3	0.2	0.1	0.2	0.1	Asie du Sud-Est
Western Asia	0.0	0.1	0.0	0.1	0.2	0.2	0.1	0.2	0.1	0.2	Asie occidentale
Oceania	0.0	0.0	0.0	0.0	0.0	0.0	0.0	0.0	0.0	0.0	Océanie

792 Aircraft and associated equipment; spacecraft and their launch vehicles; parts

Trade by commodity
Imports by principal countries or areas
Value in million US dollars

Commerce par produit
Importations selon les principaux pays ou zones
Valeur en millions de dollars EU

Country or area	2003	2004	2005	2006	2007	Pays ou zone
World	88401.9	104846.2	113631.5	131808.3	143988.6	Monde
Developed Economies	65096.8	74863.8	78312.9	86890.0	95499.9	Economies Développés
- Asia-Pacific	7842.0	7431.3	8476.0	8713.1	9133.8	- Asie-Pacifique
- Europe	36715.2	47114.2	47921.9	55258.6	57352.6	- Europe
- North America	20539.5	20318.3	21915.0	22918.2	29013.5	- Amérique du Nord
South-Eastern Europe	152.0	437.8	355.7	312.2	245.4	Europe du Sud-Est
Commonwealth of Independent States	766.2	914.4	874.2	1208.1	1992.2	Communauté d'Etats indépendants
- Asia	400.4	620.6	392.0	530.3	967.4	- Asie
- Europe	365.8	293.8	482.2	677.8	1024.9	- Europe
Northern Africa	380.1	289.0	1159.8	472.9	758.9	Afrique septentrionale
Sub-Saharan Africa	1892.5	2447.5	2852.3	3125.4	3466.8	Afrique subsaharienne
Latin America & the Caribbean	1875.0	2600.6	2670.6	3124.0	4800.4	Amérique latine et Caraïbes
- Caribbean	64.9	160.3	166.7	158.8	178.8	- Caraïbes
- Latin America	1810.2	2440.3	2503.9	2965.2	4621.6	- Amérique latine
Eastern Asia	6577.3	7805.7	10606.6	15466.3	15749.5	Asie orientale
Southern Asia	1472.5	2379.8	5368.7	6246.5	4092.6	Asie méridionale
South-Eastern Asia	5837.0	6797.9	7086.1	10077.8	11034.2	Asie du Sud-Est
Western Asia	3793.7	6147.4	4120.7	4703.8	6210.7	Asie occidentale
Oceania	558.8	162.3	224.0	181.5	138.1	Océanie
Germany	13082.7	16592.1	19557.0	25548.3	20038.1	Allemagne
United States	17057.9	16558.5	16568.7	17681.7	21973.2	Etats-Unis d'Amérique
France-Monaco	8152.0	10014.4	11109.9	12932.6	14934.2	France-Monaco
China	4460.6	4989.6	6561.2	10940.1	10467.5	Chine
Canada	3471.9	3751.7	5336.9	5231.0	7036.2	Canada
Japan	4409.7	4143.3	4822.4	5058.2	6021.6	Japon
Singapore	3879.7	3990.2	3751.2	5849.3	5986.7	Singapour
India	1154.7	1569.9	4998.9	5253.7	3076.2	Inde
Spain	1608.8	2583.4	3211.7	3197.8	3589.0	Espagne
Australia	2937.5	2628.6	2789.2	2557.4	2479.1	Australie
Italy	2873.6	2829.8	2844.9	2231.9	2229.1	Italie
Switzerland-Liechtenstein	2202.4	1845.6	1787.0	2232.3	2632.4	Suisse-Liechtenstein
Ireland	771.8	1766.6	2382.5	1695.5	3323.4	Irlande
United Arab Emirates	1482.5	1279.5	1323.1	1790.7	e2215.9	Emirates arabes unis
Korea, Republic of	611.5	937.9	1360.4	2598.1	2574.1	République de Corée
Austria	1495.9	3151.6	655.9	792.7	1805.6	Autriche
Saudi Arabia	1381.0	1313.6	1380.8	1498.3	1619.0	Arabie saoudite
Netherlands	1920.2	1906.9	964.4	1440.5	645.6	Pays-Bas
South Africa	1311.5	1852.8	1506.6	807.4	1155.3	Afrique du Sud
Brazil	599.0	893.8	967.4	1234.3	1917.5	Brésil
Malaysia	283.1	984.7	1078.1	1616.4	1514.1	Malaisie
Thailand	842.3	689.6	1193.3	1019.2	1231.4	Thaïlande
China, Hong Kong SAR	775.4	747.0	999.8	771.3	1206.4	Chine - RAS de Hong-Kong
Denmark	345.9	917.3	479.8	977.3	1414.0	Danemark
Greece	1166.2	1435.7	983.1	116.0	382.4	Grèce

Value as percentages of World total

Valeur en pourcentage du total mondial

Regions of the world	1998	1999	2000	2001	2002	2003	2004	2005	2006	2007	Régions du monde
World	100.0	100.0	100.0	100.0	100.0	100.0	100.0	100.0	100.0	100.0	Monde
Developed Economies	72.5	77.5	79.1	72.1	75.7	73.6	71.4	68.9	65.9	66.3	Economies Développés
- Asia-Pacific	8.1	8.9	6.8	4.0	8.2	8.9	7.1	7.5	6.6	6.3	- Asie-Pacifique
- Europe	45.4	47.5	45.0	38.7	40.4	41.5	44.9	42.2	41.9	39.8	- Europe
- North America	19.0	21.1	27.2	29.4	27.0	23.2	19.4	19.3	17.4	20.1	- Amérique du Nord
South-Eastern Europe	0.1	0.1	0.1	0.1	0.0	0.2	0.4	0.3	0.2	0.2	Europe du Sud-Est
Commonwealth of Independent States	1.3	0.4	0.8	0.4	0.5	0.9	0.9	0.8	0.9	1.4	Communauté d'Etats indépendants
- Asia	0.3	0.3	0.1	0.2	0.2	0.5	0.6	0.3	0.4	0.7	- Asie
- Europe	1.1	0.1	0.7	0.2	0.3	0.4	0.3	0.4	0.5	0.7	- Europe
Northern Africa	0.3	0.4	0.8	0.4	0.6	0.4	0.3	1.0	0.4	0.5	Afrique septentrionale
Sub-Saharan Africa	0.8	1.3	1.2	3.1	1.4	2.1	2.3	2.5	2.4	2.4	Afrique subsaharienne
Latin America & the Caribbean	3.4	3.1	3.3	2.5	2.8	2.1	2.5	2.4	2.4	3.3	Amérique latine et Caraïbes
- Caribbean	0.3	0.3	0.4	0.1	0.3	0.1	0.2	0.1	0.1	0.1	- Caraïbes
- Latin America	3.1	2.8	2.9	2.4	2.5	2.0	2.3	2.2	2.2	3.2	- Amérique latine
Eastern Asia	9.3	6.5	5.8	9.6	7.0	7.4	7.4	9.3	11.7	10.9	Asie orientale
Southern Asia	0.4	0.3	0.6	0.6	1.5	1.7	2.3	4.7	4.7	2.8	Asie méridionale
South-Eastern Asia	6.4	5.9	3.3	6.7	6.1	6.6	6.5	6.2	7.6	7.7	Asie du Sud-Est
Western Asia	5.2	4.3	5.0	4.4	4.0	4.3	5.9	3.6	3.6	4.3	Asie occidentale
Oceania	0.2	0.1	0.1	0.1	0.3	0.6	0.2	0.2	0.1	0.1	Océanie

Aéronefs et matériel connexe; Véhicules spatiaux, satellites et leurs Véhicules lanceurs 792

Trade by commodity
Exports by principal countries or areas
Value in million US dollars

Commerce par produit
Exportations selon les principaux pays ou zones
Valeur en millions de dollars EU

Country or area	2003	2004	2005	2006	2007	Pays ou zone
World	108425.5	120765.8	128852.9	162434.1	183612.5	Monde
Developed Economies	96891.1	107107.1	116015.6	145614.7	162574.1	Economies Développés
- Asia-Pacific	2092.1	1770.1	2099.6	2909.3	3426.1	- Asie-Pacifique
- Europe	47281.6	55965.9	56141.5	67137.7	73106.9	- Europe
- North America	47517.4	49371.1	57774.5	75567.7	86041.1	- Amérique du Nord
South-Eastern Europe	72.9	141.9	126.9	226.8	92.4	Europe du Sud-Est
Commonwealth of Independent States	3054.5	2935.4	1028.2	1486.1	1815.2	Communauté d'Etats indépendants
- Asia	74.2	123.5	155.8	337.0	498.6	- Asie
- Europe	2980.3	2811.8	872.4	1149.1	1316.6	- Europe
Northern Africa	10.5	15.7	18.8	47.1	49.4	Afrique septentrionale
Sub-Saharan Africa	242.1	421.7	898.2	1048.0	883.6	Afrique subsaharienne
Latin America & the Caribbean	2583.0	3663.9	3809.5	4414.5	6506.0	Amérique latine et Caraïbes
- Caribbean	9.4	15.2	16.1	107.4	159.0	- Caraïbes
- Latin America	2573.7	3648.7	3793.4	4307.2	6347.0	- Amérique latine
Eastern Asia	1129.4	1190.1	1456.9	2472.9	2514.1	Asie orientale
Southern Asia	184.1	222.4	146.6	163.7	541.0	Asie méridionale
South-Eastern Asia	2536.5	2904.8	3413.3	4658.5	5912.0	Asie du Sud-Est
Western Asia	1662.6	2048.0	1821.9	2162.9	2710.4	Asie occidentale
Oceania	58.9	115.0	117.1	139.0	14.3	Océanie
United States	39598.6	42095.1	49793.3	66720.1	75909.6	Etats-Unis d'Amérique
France-Monaco	19221.4	22106.3	24456.1	28962.3	31315.2	France-Monaco
Germany	16419.5	17904.0	19339.9	25130.5	25986.1	Allemagne
Canada	7908.7	7259.1	7979.6	8827.9	10118.8	Canada
Brazil	2050.4	3371.8	3303.3	3443.5	5066.9	Brésil
Italy	2701.4	3380.8	3274.0	3137.5	3994.8	Italie
Spain	1739.2	2704.7	2809.9	2473.5	3156.1	Espagne
Switzerland-Liechtenstein	2173.4	2231.1	1545.4	1740.8	1935.9	Suisse-Liechtenstein
Singapore	1191.5	1245.9	1505.2	2314.2	3107.8	Singapour
Japan	1497.9	1170.2	1411.4	2032.1	2704.7	Japon
Russian Federation	2802.7	2672.3	726.6	e906.6	e1060.1	Fédération de Russie
Austria	1195.0	3244.2	477.0	891.0	964.6	Autriche
Thailand	913.4	1078.9	1035.5	1317.7	1711.5	Thaïlande
Israel	987.9	1024.2	935.5	963.3	1503.9	Israël
Netherlands	789.1	983.5	1085.3	1195.6	1033.6	Pays-Bas
China	436.7	517.5	742.1	1288.8	1408.8	Chine
Belgium	596.8	579.2	602.5	689.8	978.3	Belgique
Sweden	566.1	657.9	508.8	565.6	408.2	Suède
Australia	513.6	438.5	477.3	463.5	527.1	Australie
Saudi Arabia	138.9	388.4	446.1	623.7	644.9	Arabie saoudite
Malaysia	290.7	272.6	374.1	446.1	840.8	Malaisie
Norway	463.5	429.4	321.2	489.0	507.7	Norvège
Korea, Republic of	388.9	289.9	315.3	583.2	622.4	République de Corée
South Africa	102.5	213.7	649.8	585.6	538.7	Afrique du Sud
Mexico	225.3	146.0	291.7	378.1	681.0	Mexique

Value as percentages of World total

Valeur en pourcentage du total mondial

Regions of the world	1998	1999	2000	2001	2002	2003	2004	2005	2006	2007	Régions du monde
World	100.0	100.0	100.0	100.0	100.0	100.0	100.0	100.0	100.0	100.0	Monde
Developed Economies	92.7	93.2	90.2	91.0	90.8	89.4	88.7	90.0	89.6	88.5	Economies Développés
- Asia-Pacific	2.0	2.2	2.0	2.0	2.1	1.9	1.5	1.6	1.8	1.9	- Asie-Pacifique
- Europe	39.7	41.2	40.8	39.9	41.8	43.6	46.3	43.6	41.3	39.8	- Europe
- North America	51.0	49.8	47.4	49.1	46.8	43.8	40.9	44.8	46.5	46.9	- Amérique du Nord
South-Eastern Europe	0.1	0.0	0.0	0.1	0.0	0.1	0.1	0.1	0.1	0.1	Europe du Sud-Est
Commonwealth of Independent States	0.7	0.3	0.7	0.5	2.2	2.8	2.4	0.8	0.9	1.0	Communauté d'Etats indépendants
- Asia	0.0	0.1	0.1	0.1	0.1	0.1	0.1	0.1	0.2	0.3	- Asie
- Europe	0.7	0.2	0.6	0.4	2.1	2.7	2.3	0.7	0.7	0.7	- Europe
Northern Africa	0.0	0.0	0.0	0.0	0.0	0.0	0.0	0.0	0.0	0.0	Afrique septentrionale
Sub-Saharan Africa	0.2	0.3	0.3	0.2	0.2	0.2	0.3	0.7	0.6	0.5	Afrique subsaharienne
Latin America & the Caribbean	2.2	2.5	4.4	3.9	3.1	2.4	3.0	3.0	2.7	3.5	Amérique latine et Caraïbes
- Caribbean	0.0	0.0	0.0	0.0	0.0	0.0	0.0	0.0	0.1	0.1	- Caraïbes
- Latin America	2.2	2.4	4.4	3.9	3.1	2.4	3.0	2.9	2.7	3.5	- Amérique latine
Eastern Asia	1.4	1.1	1.4	1.0	0.8	1.0	1.0	1.1	1.5	1.4	Asie orientale
Southern Asia	0.0	0.0	0.1	0.2	0.2	0.2	0.2	0.1	0.1	0.3	Asie méridionale
South-Eastern Asia	1.7	1.2	1.1	1.2	1.3	2.3	2.4	2.6	2.9	3.2	Asie du Sud-Est
Western Asia	0.9	1.4	1.8	1.8	1.4	1.5	1.7	1.4	1.3	1.5	Asie occidentale
Oceania	0.1	0.0	0.0	0.1	0.0	0.1	0.1	0.1	0.1	0.0	Océanie

793 Ships, boats (including hovercraft) and floating structures

Trade by commodity
Imports by principal countries or areas
Value in million US dollars

Commerce par produit
Importations selon les principaux pays ou zones
Valeur en millions de dollars EU

Country or area	2003	2004	2005	2006	2007	Pays ou zone
World	31831.2	36515.0	42447.6	50714.9	49266.6	Monde
Developed Economies	20338.0	21298.8	24667.3	33296.0	28491.2	Economies Développés
- Asia-Pacific	444.6	634.3	858.2	1284.5	1605.8	- Asie-Pacifique
- Europe	17598.0	17739.4	21210.0	29552.7	23878.5	- Europe
- North America	2295.4	2925.0	2599.1	2458.8	3006.9	- Amérique du Nord
South-Eastern Europe	33.3	60.9	215.1	105.3	127.7	Europe du Sud-Est
Commonwealth of Independent States	591.5	362.7	1244.5	1984.4	1301.2	Communauté d'Etats indépendants
- Asia	331.8	191.4	464.3	775.5	381.1	- Asie
- Europe	259.7	171.3	780.2	1208.9	920.1	- Europe
Northern Africa	196.0	796.5	686.1	694.5	207.0	Afrique septentrionale
Sub-Saharan Africa	2173.4	4188.4	3410.1	2150.4	1965.8	Afrique subsaharienne
Latin America & the Caribbean	1601.9	1199.7	1002.1	1607.4	1217.6	Amérique latine et Caraïbes
- Caribbean	1113.8	396.0	215.0	453.1	356.8	- Caraïbes
- Latin America	488.1	803.7	787.1	1154.3	860.9	- Amérique latine
Eastern Asia	1635.6	2488.0	2093.0	1901.9	3338.0	Asie orientale
Southern Asia	2431.7	2653.8	3745.1	3378.1	4176.7	Asie méridionale
South-Eastern Asia	1893.7	1986.3	2528.3	3503.0	5197.0	Asie du Sud-Est
Western Asia	735.2	1316.5	2723.3	1964.6	3101.4	Asie occidentale
Oceania	200.9	163.5	132.6	129.5	143.0	Océanie
Germany	1903.9	1777.2	3508.1	8792.6	3776.6	Allemagne
Greece	3675.6	2439.2	1702.6	3401.1	3628.0	Grèce
Spain	1310.0	1453.9	3880.8	4560.9	826.2	Espagne
India	1368.1	1746.4	2722.1	2685.7	2888.9	Inde
Norway	1171.3	1213.2	1696.2	2325.9	3019.7	Norvège
Poland	1744.0	2476.2	1585.0	1636.7	1664.4	Pologne
United States	1628.0	2139.2	1759.2	1593.6	1967.1	Etats-Unis d'Amérique
Italy	1744.4	1724.2	1521.4	1864.3	2136.4	Italie
France-Monaco	1076.5	1198.2	1548.8	1936.5	1486.4	France-Monaco
Korea, Republic of	504.3	1028.4	1137.4	1030.6	1886.9	République de Corée
Saudi Arabia	194.0	710.2	1109.0	1362.6	1970.4	Arabie saoudite
Angola	e446.9	e1763.9	e1628.0	e1039.1	e90.6	Angola
Malaysia	556.2	940.1	854.7	818.1	1639.1	Malaisie
Denmark	1208.6	1300.1	857.7	803.5	546.4	Danemark
Singapore	441.4	274.9	595.4	786.7	2476.1	Singapour
Sweden	687.4	556.5	805.8	1046.0	1179.3	Suède
Canada	617.7	726.5	805.7	843.2	1016.4	Canada
Belgium	189.1	757.9	1617.5	337.5	957.9	Belgique
China	812.1	1033.4	482.3	530.8	993.0	Chine
United Kingdom	488.5	511.4	692.4	553.0	1356.2	Royaume-Uni
Nigeria	954.4	e907.8	e405.0	435.2	e713.9	Nigéria
Russian Federation	246.4	155.1	764.5	1190.9	892.5	Fédération de Russie
Indonesia	439.9	322.0	328.6	1501.0	540.0	Indonésie
Australia	201.0	357.2	522.8	973.6	741.9	Australie
Croatia	455.7	458.1	497.2	577.6	781.7	Croatie

Value as percentages of World total

Valeur en pourcentage du total mondial

Regions of the world	1998	1999	2000	2001	2002	2003	2004	2005	2006	2007	Régions du monde
World	100.0	100.0	100.0	100.0	100.0	100.0	100.0	100.0	100.0	100.0	Monde
Developed Economies	53.4	56.9	68.8	63.4	66.3	63.9	58.3	58.1	65.7	57.8	Economies Développés
- Asia-Pacific	2.3	7.9	2.3	2.5	3.4	1.4	1.7	2.0	2.5	3.3	- Asie-Pacifique
- Europe	41.6	41.1	56.1	50.7	54.6	55.3	48.6	50.0	58.3	48.5	- Europe
- North America	9.6	7.9	10.4	10.2	8.3	7.2	8.0	6.1	4.8	6.1	- Amérique du Nord
South-Eastern Europe	0.1	0.1	0.2	0.2	0.2	0.1	0.2	0.5	0.2	0.3	Europe du Sud-Est
Commonwealth of Independent States	3.8	3.4	1.5	1.3	2.0	1.9	1.0	2.9	3.9	2.6	Communauté d'Etats indépendants
- Asia	0.2	1.0	0.2	0.1	0.5	1.0	0.5	1.1	1.5	0.8	- Asie
- Europe	3.6	2.4	1.3	1.2	1.5	0.8	0.5	1.8	2.4	1.9	- Europe
Northern Africa	0.9	1.1	0.7	0.3	0.6	0.6	2.2	1.6	1.4	0.4	Afrique septentrionale
Sub-Saharan Africa	3.0	3.9	2.6	5.2	4.3	6.8	11.5	8.0	4.2	4.0	Afrique subsaharienne
Latin America & the Caribbean	4.5	4.0	3.7	5.3	4.6	5.0	3.3	2.4	3.2	2.5	Amérique latine et Caraïbes
- Caribbean	2.4	1.8	2.2	3.3	1.4	3.5	1.1	0.5	0.9	0.7	- Caraïbes
- Latin America	2.1	2.2	1.5	1.9	3.2	1.5	2.2	1.9	2.3	1.7	- Amérique latine
Eastern Asia	5.6	4.8	5.3	7.2	6.5	5.1	6.8	4.9	3.8	6.8	Asie orientale
Southern Asia	3.0	5.2	2.9	4.6	4.1	7.6	7.3	8.8	6.7	8.5	Asie méridionale
South-Eastern Asia	18.7	14.5	10.8	7.5	7.5	5.9	5.4	6.0	6.9	10.5	Asie du Sud-Est
Western Asia	6.4	5.5	2.7	4.5	3.7	2.3	3.6	6.4	3.9	6.3	Asie occidentale
Oceania	0.5	0.7	0.6	0.5	0.3	0.6	0.4	0.3	0.3	0.3	Océanie

Trade by commodity
Exports by principal countries or areas
Value in million US dollars

Commerce par produit
Exportations selon les principaux pays ou zones
Valeur en millions de dollars EU

Country or area	2003	2004	2005	2006	2007	Pays ou zone
World	53233.3	63191.8	68626.7	84834.9	104054.4	Monde
Developed Economies	34508.0	37631.7	37386.9	45383.8	52922.0	Economies Développés
- Asia-Pacific	10415.6	12558.3	12296.0	14464.7	16028.2	- Asie-Pacifique
- Europe	22217.5	22582.5	22516.3	27560.1	33011.0	- Europe
- North America	1874.9	2490.9	2574.5	3359.0	3882.8	- Amérique du Nord
South-Eastern Europe	396.1	507.4	846.8	1014.2	1154.0	Europe du Sud-Est
Commonwealth of Independent States	489.5	780.8	1028.8	1566.4	1322.3	Communauté d'Etats indépendants
- Asia	23.8	143.2	284.0	316.8	164.1	- Asie
- Europe	465.6	637.7	744.7	1249.6	1158.1	- Europe
Northern Africa	9.6	26.5	23.8	74.4	77.0	Afrique septentrionale
Sub-Saharan Africa	620.4	528.3	878.8	755.4	757.5	Afrique subsaharienne
Latin America & the Caribbean	425.1	1627.3	656.8	595.9	1279.6	Amérique latine et Caraïbes
- Caribbean	77.0	98.0	86.2	89.2	109.6	- Caraïbes
- Latin America	348.2	1529.2	570.6	506.8	1170.0	- Amérique latine
Eastern Asia	14813.6	19008.7	22698.2	30455.9	39851.8	Asie orientale
Southern Asia	181.9	597.2	976.8	1048.5	1735.5	Asie méridionale
South-Eastern Asia	1028.4	1151.7	2231.8	2475.4	2249.8	Asie du Sud-Est
Western Asia	738.9	1317.4	1878.3	1456.7	2683.4	Asie occidentale
Oceania	21.8	14.8	19.8	8.3	21.7	Océanie
Korea, Republic of	11103.9	15321.3	17231.5	21492.9	26632.0	République de Corée
Japan	9808.1	12244.9	11802.1	14056.9	15522.9	Japon
China	3021.9	3159.8	4663.5	8109.7	12220.1	Chine
Italy	2726.9	3757.4	3763.3	3911.0	5923.3	Italie
Germany	2976.1	2954.1	2035.4	3725.8	4915.0	Allemagne
Spain	1934.7	2687.8	3611.7	5027.7	2829.7	Espagne
Poland	2568.7	2934.7	3004.3	3163.4	3587.1	Pologne
France-Monaco	3068.3	1771.3	1911.7	2335.2	2685.7	France-Monaco
United States	1335.1	1784.1	1994.3	2700.0	3160.4	Etats-Unis d'Amérique
Norway	1973.7	1123.9	1568.1	1786.9	1821.8	Norvège
Netherlands	1239.3	1323.3	1457.4	1213.4	2772.9	Pays-Bas
Finland	1781.3	1205.6	505.3	1614.4	2352.5	Finlande
United Kingdom	962.1	1134.5	1136.4	1195.0	1781.7	Royaume-Uni
Croatia	760.7	1079.3	905.4	1186.5	1404.1	Croatie
Denmark	500.9	773.9	964.2	981.1	724.9	Danemark
Turkey	440.5	686.3	1240.5	180.4	1207.5	Turquie
Singapore	427.7	316.6	1009.0	849.5	1117.6	Singapour
India	111.1	291.7	939.2	1028.0	1290.0	Inde
Russian Federation	349.4	481.1	565.0	1059.9	944.5	Fédération de Russie
Canada	529.8	694.4	572.1	654.7	718.5	Canada
Saudi Arabia	107.3	448.9	446.2	837.7	1222.0	Arabie saoudite
Romania	320.5	408.1	547.0	791.9	981.2	Roumanie
Malaysia	85.9	423.0	584.8	942.1	290.2	Malaisie
Brazil	8.3	1265.5	194.3	29.7	723.9	Brésil
Nigeria	358.2	e463.4	e412.4	442.8	e487.1	Nigéria

Value as percentages of World total

Regions of the world	1998	1999	2000	2001	2002	2003	2004	2005	2006	2007	Régions du monde
World	100.0	100.0	100.0	100.0	100.0	100.0	100.0	100.0	100.0	100.0	Monde
Developed Economies	64.7	68.7	65.3	64.4	63.8	64.8	59.6	54.5	53.5	50.9	Economies Développés
- Asia-Pacific	25.5	26.7	26.8	19.9	20.7	19.6	19.9	17.9	17.1	15.4	- Asie-Pacifique
- Europe	34.0	36.6	34.5	38.9	39.2	41.7	35.7	32.8	32.5	31.7	- Europe
- North America	5.3	5.5	4.0	5.6	3.9	3.5	3.9	3.8	4.0	3.7	- Amérique du Nord
South-Eastern Europe	0.6	0.7	0.6	0.6	0.8	0.7	0.8	1.2	1.2	1.1	Europe du Sud-Est
Commonwealth of Independent States	2.9	2.1	2.7	1.5	1.3	0.9	1.2	1.5	1.8	1.3	Communauté d'Etats indépendants
- Asia	0.0	0.0	0.1	0.1	0.1	0.0	0.2	0.4	0.4	0.2	- Asie
- Europe	2.9	2.0	2.6	1.4	1.2	0.9	1.0	1.1	1.5	1.1	- Europe
Northern Africa	0.1	0.0	0.0	0.0	0.0	0.0	0.0	0.0	0.1	0.1	Afrique septentrionale
Sub-Saharan Africa	0.6	0.6	0.3	0.4	2.3	1.2	0.8	1.3	0.9	0.7	Afrique subsaharienne
Latin America & the Caribbean	0.8	0.5	0.7	2.2	0.7	0.8	2.6	1.0	0.7	1.2	Amérique latine et Caraïbes
- Caribbean	0.1	0.2	0.2	1.9	0.3	0.1	0.2	0.1	0.1	0.1	- Caraïbes
- Latin America	0.7	0.4	0.5	0.3	0.4	0.7	2.4	0.8	0.6	1.1	- Amérique latine
Eastern Asia	25.4	24.1	26.8	27.5	28.5	27.8	30.1	33.1	35.9	38.3	Asie orientale
Southern Asia	0.2	0.2	0.2	0.2	0.3	0.3	0.9	1.4	1.2	1.7	Asie méridionale
South-Eastern Asia	4.1	2.4	2.6	2.0	1.6	1.9	1.8	3.3	2.9	2.2	Asie du Sud-Est
Western Asia	0.5	0.7	0.7	1.1	0.8	1.4	2.1	2.7	1.7	2.6	Asie occidentale
Oceania	0.1	0.0	0.1	0.0	0.0	0.0	0.0	0.0	0.0	0.0	Océanie

811 Prefabricated buildings

Trade by commodity   Commerce par produit

Imports by principal countries or areas   Importations selon les principaux pays ou zones

Value in million US dollars   Valeur en millions de dollars EU

Country or area	2003	2004	2005	2006	2007	Pays ou zone
World	3243.9	4006.9	4566.9	5516.1	6677.7	Monde
Developed Economies	2346.9	2682.0	2980.6	3505.8	4300.7	Economies Développés
- Asia-Pacific	235.3	251.4	237.6	218.1	222.1	- Asie-Pacifique
- Europe	1664.9	1882.2	2128.2	2614.6	3321.6	- Europe
- North America	446.6	548.4	614.8	673.2	757.0	- Amérique du Nord
South-Eastern Europe	53.8	90.9	112.3	156.4	170.6	Europe du Sud-Est
Commonwealth of Independent States	173.2	277.8	310.9	327.0	499.2	Communauté d'Etats indépendants
- Asia	88.3	194.6	202.8	150.7	138.3	- Asie
- Europe	84.9	83.3	108.0	176.3	361.0	- Europe
Northern Africa	101.0	148.6	147.5	117.5	110.2	Afrique septentrionale
Sub-Saharan Africa	138.4	186.6	236.7	359.9	437.3	Afrique subsaharienne
Latin America & the Caribbean	163.9	254.8	343.3	519.2	490.5	Amérique latine et Caraïbes
- Caribbean	48.1	37.3	51.9	61.5	77.8	- Caraïbes
- Latin America	115.7	217.5	291.4	457.6	412.7	- Amérique latine
Eastern Asia	59.9	71.2	74.9	74.5	83.9	Asie orientale
Southern Asia	29.6	74.3	101.2	117.9	126.3	Asie méridionale
South-Eastern Asia	27.1	33.2	34.5	53.7	75.0	Asie du Sud-Est
Western Asia	137.9	167.7	203.9	253.7	353.5	Asie occidentale
Oceania	12.3	19.8	21.1	30.5	30.6	Océanie
United States	363.3	427.1	449.3	441.6	427.7	Etats-Unis d'Amérique
Germany	418.2	319.0	341.5	427.1	381.8	Allemagne
France-Monaco	222.3	265.5	297.3	328.9	388.5	France-Monaco
Mexico	76.0	165.7	247.0	384.6	315.2	Mexique
Norway	120.9	210.3	183.7	263.4	398.1	Norvège
Japan	224.3	232.1	214.8	186.5	175.3	Japon
United Kingdom	132.9	120.0	192.4	240.6	331.0	Royaume-Uni
Canada	78.4	116.0	157.7	220.8	314.2	Canada
Switzerland-Liechtenstein	129.5	134.8	150.0	175.0	229.4	Suisse-Liechtenstein
Russian Federation	65.7	50.3	76.0	114.7	304.7	Fédération de Russie
Austria	79.0	95.9	96.9	94.6	144.6	Autriche
Spain	66.1	77.2	93.0	103.7	138.9	Espagne
Belgium	63.0	83.2	82.9	95.4	136.0	Belgique
Netherlands	53.5	49.5	64.0	97.4	127.0	Pays-Bas
Italy	39.7	55.7	57.9	77.7	159.9	Italie
Poland	28.3	59.5	67.8	96.8	126.7	Pologne
Denmark	33.8	55.4	73.4	100.1	96.8	Danemark
Ireland	38.2	50.6	68.7	82.3	110.7	Irlande
Algeria	83.2	80.8	91.1	42.7	e50.3	Algérie
Romania	24.8	38.1	56.4	107.6	105.5	Roumanie
Kazakhstan	45.2	36.4	63.4	82.4	101.5	Kazakhstan
Azerbaijan	24.7	110.3	121.0	48.3	6.7	Azerbaïdjan
Finland	38.3	51.4	57.3	62.7	78.2	Finlande
Angola	e16.4	e35.2	e35.5	e45.5	e138.3	Angola
Sweden	31.2	38.5	35.3	62.4	93.5	Suède

Value as percentages of World total   Valeur en pourcentage du total mondial

Regions of the world	1998	1999	2000	2001	2002	2003	2004	2005	2006	2007	Régions du monde
World	100.0	100.0	100.0	100.0	100.0	100.0	100.0	100.0	100.0	100.0	Monde
Developed Economies	71.0	75.6	76.8	62.3	74.3	72.3	66.9	65.3	63.6	64.4	Economies Développés
- Asia-Pacific	7.5	8.3	9.8	7.1	7.6	7.3	6.3	5.2	4.0	3.3	- Asie-Pacifique
- Europe	53.9	55.6	51.7	42.4	51.1	51.3	47.0	46.6	47.4	49.7	- Europe
- North America	9.5	11.7	15.3	12.8	15.6	13.8	13.7	13.5	12.2	11.3	- Amérique du Nord
South-Eastern Europe	1.3	1.3	1.6	1.3	1.8	1.7	2.3	2.5	2.8	2.6	Europe du Sud-Est
Commonwealth of Independent States	7.3	6.3	4.0	4.0	4.6	5.3	6.9	6.8	5.9	7.5	Communauté d'Etats indépendants
- Asia	2.7	2.0	1.9	1.5	1.5	2.7	4.9	4.4	2.7	2.1	- Asie
- Europe	4.5	4.3	2.1	2.5	3.1	2.6	2.1	2.4	3.2	5.4	- Europe
Northern Africa	2.1	1.2	1.0	0.8	2.6	3.1	3.7	3.2	2.1	1.7	Afrique septentrionale
Sub-Saharan Africa	3.1	2.1	2.7	19.7	5.3	4.3	4.7	5.2	6.5	6.5	Afrique subsaharienne
Latin America & the Caribbean	7.5	7.3	7.6	7.0	5.6	5.1	6.4	7.5	9.4	7.3	Amérique latine et Caraïbes
- Caribbean	1.1	1.1	1.8	1.4	1.4	1.5	0.9	1.1	1.1	1.2	- Caraïbes
- Latin America	6.5	6.2	5.8	5.6	4.2	3.6	5.4	6.4	8.3	6.2	- Amérique latine
Eastern Asia	1.6	1.4	1.5	1.1	1.4	1.8	1.8	1.6	1.4	1.3	Asie orientale
Southern Asia	0.5	0.5	1.0	0.7	1.0	0.9	1.9	2.2	2.1	1.9	Asie méridionale
South-Eastern Asia	1.9	1.4	1.2	0.8	1.0	0.8	0.8	0.8	1.0	1.1	Asie du Sud-Est
Western Asia	2.4	1.6	2.3	1.8	1.8	4.3	4.2	4.5	4.6	5.3	Asie occidentale
Oceania	1.4	1.4	0.3	0.4	0.6	0.4	0.5	0.5	0.6	0.5	Océanie

Trade by commodity
Exports by principal countries or areas
Value in million US dollars

Commerce par produit
Exportations selon les principaux pays ou zones
Valeur en millions de dollars EU

Country or area	2003	2004	2005	2006	2007	Pays ou zone
World	3792.9	4758.2	5379.6	6288.6	7919.6	Monde
Developed Economies	3292.0	4019.5	4417.4	4838.5	5830.2	Economies Développés
- Asia-Pacific	33.4	46.0	45.8	42.4	64.7	- Asie-Pacifique
- Europe	2552.0	3193.5	3452.7	3881.4	4836.8	- Europe
- North America	706.7	780.0	918.9	914.7	928.7	- Amérique du Nord
South-Eastern Europe	53.6	74.4	88.3	101.5	95.8	Europe du Sud-Est
Commonwealth of Independent States	30.1	50.6	59.6	79.9	94.3	Communauté d'Etats indépendants
- Asia	3.7	3.3	1.4	3.3	6.1	- Asie
- Europe	26.3	47.3	58.2	76.6	88.2	- Europe
Northern Africa	3.1	3.6	3.0	3.1	7.5	Afrique septentrionale
Sub-Saharan Africa	21.9	30.3	29.4	47.1	65.0	Afrique subsaharienne
Latin America & the Caribbean	50.0	75.3	98.1	134.7	225.7	Amérique latine et Caraïbes
- Caribbean	3.2	2.8	5.0	6.2	5.2	- Caraïbes
- Latin America	46.7	72.5	93.1	128.5	220.4	- Amérique latine
Eastern Asia	104.1	188.3	355.9	692.9	1147.8	Asie orientale
Southern Asia	3.0	3.2	4.4	9.7	16.7	Asie méridionale
South-Eastern Asia	36.1	41.7	61.1	133.7	126.0	Asie du Sud-Est
Western Asia	198.8	271.4	262.1	247.0	310.6	Asie occidentale
Oceania	0.2	0.2	0.2	0.5	0.0	Océanie
China	54.0	134.6	310.6	636.9	1091.1	Chine
United States	313.6	360.4	456.3	482.3	569.6	Etats-Unis d'Amérique
Canada	393.1	419.6	462.6	432.3	359.1	Canada
Sweden	341.4	488.3	346.2	368.8	384.0	Suède
Germany	201.1	230.7	308.8	389.1	584.2	Allemagne
Belgium	239.2	291.6	313.4	310.9	360.8	Belgique
Czech Republic	156.7	206.3	253.3	335.2	448.8	République tchèque
Finland	204.2	235.9	254.1	282.6	359.6	Finlande
Netherlands	163.2	219.0	227.2	321.0	379.1	Pays-Bas
Italy	184.5	188.0	242.2	230.1	317.6	Italie
Spain	149.3	215.1	257.2	237.5	240.9	Espagne
United Kingdom	158.7	193.4	232.3	215.2	212.0	Royaume-Uni
France-Monaco	149.5	184.7	199.3	193.7	247.3	France-Monaco
Estonia	79.9	96.8	124.3	145.2	190.0	Estonie
Turkey	103.2	144.9	113.3	96.4	159.7	Turquie
Slovenia	77.9	85.8	94.5	130.5	178.7	Slovénie
Poland	66.5	92.6	99.5	125.7	150.8	Pologne
Austria	79.2	81.7	89.0	85.4	111.0	Autriche
Lithuania	43.1	58.9	65.5	89.5	123.6	Lituanie
Hungary	49.7	67.9	78.0	74.7	80.9	Hongrie
Luxembourg	43.0	55.8	63.2	70.2	88.3	Luxembourg
Romania	41.4	55.8	67.9	80.2	60.1	Roumanie
Saudi Arabia	53.8	74.7	66.5	56.9	51.4	Arabie saoudite
Denmark	43.5	44.9	47.0	64.9	102.3	Danemark
Mexico	20.3	29.8	38.9	54.6	84.1	Mexique

Value as percentages of World total

Valeur en pourcentage du total mondial

Regions of the world	1998	1999	2000	2001	2002	2003	2004	2005	2006	2007	Régions du monde
World	100.0	100.0	100.0	100.0	100.0	100.0	100.0	100.0	100.0	100.0	Monde
Developed Economies	90.9	93.2	91.1	91.5	91.3	86.8	84.5	82.1	76.9	73.6	Economies Développés
- Asia-Pacific	1.6	1.3	1.7	1.4	1.6	0.9	1.0	0.9	0.7	0.8	- Asie-Pacifique
- Europe	67.7	71.0	65.5	66.9	67.8	67.3	67.1	64.2	61.7	61.1	- Europe
- North America	21.7	20.9	23.9	23.2	21.9	18.6	16.4	17.1	14.5	11.7	- Amérique du Nord
South-Eastern Europe	1.1	1.0	1.1	1.2	1.2	1.4	1.6	1.6	1.6	1.2	Europe du Sud-Est
Commonwealth of Independent States	1.2	0.8	1.0	1.4	0.8	0.8	1.1	1.1	1.3	1.2	Communauté d'Etats indépendants
- Asia	0.0	0.0	0.1	0.1	0.1	0.1	0.1	0.0	0.1	0.1	- Asie
- Europe	1.2	0.7	0.9	1.2	0.7	0.7	1.0	1.1	1.2	1.1	- Europe
Northern Africa	0.0	0.0	0.1	0.0	0.1	0.1	0.1	0.1	0.0	0.1	Afrique septentrionale
Sub-Saharan Africa	0.4	0.4	0.4	0.4	0.5	0.6	0.6	0.5	0.7	0.8	Afrique subsaharienne
Latin America & the Caribbean	1.9	1.4	1.7	1.2	1.1	1.3	1.6	1.8	2.1	2.8	Amérique latine et Caraïbes
- Caribbean	0.3	0.2	0.1	0.1	0.1	0.1	0.1	0.1	0.1	0.1	- Caraïbes
- Latin America	1.6	1.2	1.6	1.2	1.0	1.2	1.5	1.7	2.0	2.8	- Amérique latine
Eastern Asia	0.9	0.9	1.3	1.6	2.2	2.7	4.0	6.6	11.0	14.5	Asie orientale
Southern Asia	0.0	0.0	0.1	0.1	0.1	0.1	0.1	0.1	0.2	0.2	Asie méridionale
South-Eastern Asia	0.7	1.0	1.6	1.4	1.1	1.0	0.9	1.1	2.1	1.6	Asie du Sud-Est
Western Asia	2.7	1.4	1.8	1.3	1.5	5.2	5.7	4.9	3.9	3.9	Asie occidentale
Oceania	0.0	0.0	0.0	0.0	0.0	0.0	0.0	0.0	0.0	0.0	Océanie

812 Sanitary, plumbing and heating fixtures and fittings, nes

Trade by commodity
Imports by principal countries or areas
Value in million US dollars

Commerce par produit
Importations selon les principaux pays ou zones
Valeur en millions de dollars EU

Country or area	2003	2004	2005	2006	2007	Pays ou zone
World	8447.5	10167.4	11377.7	13119.3	14600.1	Monde
Developed Economies	7044.8	8476.3	9364.9	10862.7	11730.2	Economies Développés
- Asia-Pacific	149.4	177.0	185.5	195.2	231.4	- Asie-Pacifique
- Europe	5736.0	6917.6	7501.7	8801.1	9550.7	- Europe
- North America	1159.3	1381.7	1677.6	1866.3	1948.2	- Amérique du Nord
South-Eastern Europe	297.6	335.5	381.2	402.5	527.1	Europe du Sud-Est
Commonwealth of Independent States	222.1	297.0	373.2	571.3	818.3	Communauté d'Etats indépendants
- Asia	37.3	54.0	62.3	97.7	136.9	- Asie
- Europe	184.8	243.0	310.9	473.6	681.4	- Europe
Northern Africa	29.6	61.3	46.3	44.9	71.8	Afrique septentrionale
Sub-Saharan Africa	63.5	71.7	118.2	137.3	169.9	Afrique subsaharienne
Latin America & the Caribbean	116.7	149.1	167.1	213.5	250.5	Amérique latine et Caraïbes
- Caribbean	31.4	36.9	38.1	46.8	53.4	- Caraïbes
- Latin America	85.3	112.2	129.0	166.7	197.1	- Amérique latine
Eastern Asia	234.5	251.5	247.1	266.7	300.1	Asie orientale
Southern Asia	33.7	30.6	47.5	45.3	55.6	Asie méridionale
South-Eastern Asia	72.4	69.2	148.2	114.5	123.5	Asie du Sud-Est
Western Asia	328.0	419.6	477.6	453.9	542.5	Asie occidentale
Oceania	4.7	5.7	6.5	6.8	10.5	Océanie
United Kingdom	1083.2	1339.5	1399.2	1567.2	1780.9	Royaume-Uni
United States	844.7	1016.1	1243.0	1370.1	1440.3	Etats-Unis d'Amérique
Germany	843.3	1023.9	1164.7	1480.2	1269.8	Allemagne
France-Monaco	660.0	769.2	879.0	990.0	1073.7	France-Monaco
Spain	473.5	580.8	675.0	721.6	790.4	Espagne
Italy	401.5	478.1	527.5	643.9	752.3	Italie
Canada	311.1	361.6	430.1	490.3	501.9	Canada
Belgium	286.5	353.2	384.8	450.4	553.9	Belgique
Netherlands	332.9	361.6	345.5	407.5	520.5	Pays-Bas
Poland	217.3	270.7	250.7	329.7	373.6	Pologne
Russian Federation	127.3	167.1	214.9	334.2	498.5	Fédération de Russie
Romania	227.7	206.9	239.7	277.5	371.2	Roumanie
Austria	191.0	207.0	254.3	308.5	328.8	Autriche
Switzerland-Liechtenstein	144.5	177.4	192.4	216.9	221.1	Suisse-Liechtenstein
Greece	128.6	171.5	168.5	198.9	236.2	Grèce
Turkey	128.5	182.8	228.0	155.9	198.3	Turquie
Czech Republic	123.8	166.8	151.7	184.7	196.7	République tchèque
Denmark	124.3	135.0	146.3	189.3	206.8	Danemark
Ireland	103.5	141.4	139.3	149.6	178.2	Irlande
Hungary	115.2	135.6	134.2	141.5	141.9	Hongrie
Slovakia	52.7	81.5	111.7	135.3	161.6	Slovaquie
Sweden	67.8	90.3	103.7	134.8	143.0	Suède
China	110.1	103.0	92.6	102.4	116.2	Chine
Portugal	87.0	96.5	93.0	88.5	84.8	Portugal
Japan	70.1	82.4	83.8	90.8	100.6	Japon

Value as percentages of World total

Valeur en pourcentage du total mondial

Regions of the world	1998	1999	2000	2001	2002	2003	2004	2005	2006	2007	Régions du monde
World	100.0	100.0	100.0	100.0	100.0	100.0	100.0	100.0	100.0	100.0	Monde
Developed Economies	83.1	85.3	83.7	81.2	83.5	83.4	83.4	82.3	82.8	80.3	Economies Développés
- Asia-Pacific	1.4	1.4	1.8	1.7	1.5	1.8	1.7	1.6	1.5	1.6	- Asie-Pacifique
- Europe	71.0	72.3	68.6	65.9	67.3	67.9	68.0	65.9	67.1	65.4	- Europe
- North America	10.7	11.5	13.4	13.6	14.7	13.7	13.6	14.7	14.2	13.3	- Amérique du Nord
South-Eastern Europe	0.9	1.1	1.5	2.2	3.0	3.5	3.3	3.4	3.1	3.6	Europe du Sud-Est
Commonwealth of Independent States	2.7	1.5	1.5	2.1	2.3	2.6	2.9	3.3	4.4	5.6	Communauté d'Etats indépendants
- Asia	0.7	0.5	0.4	0.4	0.4	0.4	0.5	0.5	0.7	0.9	- Asie
- Europe	2.0	1.0	1.2	1.7	1.9	2.2	2.4	2.7	3.6	4.7	- Europe
Northern Africa	0.5	0.5	0.5	0.6	0.5	0.3	0.6	0.4	0.3	0.5	Afrique septentrionale
Sub-Saharan Africa	0.8	0.8	0.9	3.0	0.9	0.8	0.7	1.0	1.0	1.2	Afrique subsaharienne
Latin America & the Caribbean	2.0	1.8	2.4	2.2	1.7	1.4	1.5	1.5	1.6	1.7	Amérique latine et Caraïbes
- Caribbean	0.3	0.4	0.6	0.6	0.5	0.4	0.4	0.3	0.4	0.4	- Caraïbes
- Latin America	1.7	1.4	1.8	1.6	1.2	1.0	1.1	1.1	1.3	1.3	- Amérique latine
Eastern Asia	2.8	2.6	3.1	3.0	2.9	2.8	2.5	2.2	2.0	2.1	Asie orientale
Southern Asia	0.2	0.2	0.2	0.2	0.3	0.4	0.3	0.4	0.3	0.4	Asie méridionale
South-Eastern Asia	1.8	1.6	1.1	1.2	1.1	0.9	0.7	1.3	0.9	0.8	Asie du Sud-Est
Western Asia	5.1	4.6	5.0	4.1	3.8	3.9	4.1	4.2	3.5	3.7	Asie occidentale
Oceania	0.1	0.1	0.1	0.1	0.1	0.1	0.1	0.1	0.1	0.1	Océanie

Appareils sanitaires et appareillage de plomberie et de chauffage, n.d.a. 812

Trade by commodity
Exports by principal countries or areas
Value in million US dollars

Commerce par produit
Exportations selon les principaux pays ou zones
Valeur en millions de dollars EU

Country or area	2003	2004	2005	2006	2007	Pays ou zone
World	8487.5	10177.2	11302.5	13249.5	14504.1	Monde
Developed Economies	6816.5	8038.9	8762.7	10375.3	11260.1	Economies Développés
- Asia-Pacific	34.5	38.0	56.1	48.8	45.3	- Asie-Pacifique
- Europe	6303.4	7434.6	8068.2	9610.5	10498.2	- Europe
- North America	478.6	566.4	638.4	716.1	716.5	- Amérique du Nord
South-Eastern Europe	113.6	144.5	151.3	182.5	214.7	Europe du Sud-Est
Commonwealth of Independent States	72.5	86.8	96.0	127.2	165.2	Communauté d'Etats indépendants
- Asia	1.6	1.5	1.8	3.1	3.7	- Asie
- Europe	70.9	85.3	94.3	124.1	161.5	- Europe
Northern Africa	65.3	71.8	67.0	73.0	104.8	Afrique septentrionale
Sub-Saharan Africa	7.6	9.8	11.4	14.3	15.1	Afrique subsaharienne
Latin America & the Caribbean	443.7	556.8	624.0	658.4	688.9	Amérique latine et Caraïbes
- Caribbean	2.3	3.2	3.4	3.5	6.6	- Caraïbes
- Latin America	441.4	553.5	620.6	654.9	682.3	- Amérique latine
Eastern Asia	346.9	476.2	652.1	854.7	1014.2	Asie orientale
Southern Asia	34.0	45.7	54.0	62.1	75.9	Asie méridionale
South-Eastern Asia	187.1	183.6	222.0	400.5	328.0	Asie du Sud-Est
Western Asia	400.2	563.2	661.9	501.5	637.0	Asie occidentale
Oceania	0.1	0.1	0.1	0.1	0.1	Océanie
Germany	1537.9	1740.1	1987.9	2331.0	2538.6	Allemagne
Italy	1374.7	1651.7	1716.4	1954.0	2139.1	Italie
France-Monaco	532.7	676.9	675.8	778.5	840.6	France-Monaco
China	246.5	375.8	553.1	749.3	897.0	Chine
Netherlands	403.8	486.1	496.6	603.1	658.1	Pays-Bas
Turkey	349.5	494.8	590.2	415.9	556.1	Turquie
Belgium	389.0	416.9	415.0	467.3	533.2	Belgique
United States	331.6	397.6	439.5	504.9	521.8	Etats-Unis d'Amérique
Poland	218.6	275.9	349.2	453.1	566.8	Pologne
Mexico	268.3	330.9	367.9	411.2	431.7	Mexique
Czech Republic	239.1	314.6	337.0	417.3	427.8	République tchèque
Austria	210.8	241.1	316.3	499.6	364.8	Autriche
United Kingdom	178.9	226.7	249.4	286.4	334.6	Royaume-Uni
Slovakia	110.7	119.8	209.2	345.6	488.4	Slovaquie
Spain	212.6	294.6	248.5	223.7	253.9	Espagne
Portugal	155.8	167.5	187.5	231.9	244.4	Portugal
Canada	147.0	168.7	198.8	211.2	194.8	Canada
Switzerland-Liechtenstein	152.2	172.2	169.1	177.2	180.7	Suisse-Liechtenstein
Sweden	134.5	157.3	156.0	184.2	206.9	Suède
Finland	121.8	128.0	145.3	161.5	193.9	Finlande
Hungary	119.0	132.4	146.4	176.6	165.4	Hongrie
Thailand	104.5	96.9	115.5	131.4	166.1	Thaïlande
Denmark	77.7	75.1	80.1	103.6	101.5	Danemark
Ireland	62.5	74.7	75.0	81.9	99.3	Irlande
Brazil	45.1	76.8	93.7	80.8	75.8	Brésil

Value as percentages of World total

Valeur en pourcentage du total mondial

Regions of the world	1998	1999	2000	2001	2002	2003	2004	2005	2006	2007	Régions du monde
World	100.0	100.0	100.0	100.0	100.0	100.0	100.0	100.0	100.0	100.0	Monde
Developed Economies	86.8	85.7	78.6	82.0	80.8	80.3	79.0	77.5	78.3	77.6	Economies Développés
- Asia-Pacific	0.7	0.5	0.5	0.6	0.4	0.4	0.4	0.5	0.4	0.3	- Asie-Pacifique
- Europe	78.9	78.8	71.7	74.6	73.6	74.3	73.1	71.4	72.5	72.4	- Europe
- North America	7.3	6.4	6.4	6.8	6.7	5.6	5.6	5.6	5.4	4.9	- Amérique du Nord
South-Eastern Europe	0.6	0.8	1.0	1.2	1.4	1.3	1.4	1.3	1.4	1.5	Europe du Sud-Est
Commonwealth of Independent States	0.8	0.4	0.5	0.6	0.7	0.9	0.9	0.8	1.0	1.1	Communauté d'Etats indépendants
- Asia	0.1	0.0	0.0	0.0	0.0	0.0	0.0	0.0	0.0	0.0	- Asie
- Europe	0.8	0.4	0.4	0.6	0.7	0.8	0.8	0.8	0.9	1.1	- Europe
Northern Africa	0.8	1.0	6.1	0.8	0.7	0.8	0.7	0.6	0.6	0.7	Afrique septentrionale
Sub-Saharan Africa	0.1	0.1	0.1	0.1	0.1	0.1	0.1	0.1	0.1	0.1	Afrique subsaharienne
Latin America & the Caribbean	5.2	5.2	5.6	6.0	6.1	5.2	5.5	5.5	5.0	4.7	Amérique latine et Caraïbes
- Caribbean	0.0	0.1	0.1	0.1	0.1	0.0	0.0	0.0	0.0	0.0	- Caraïbes
- Latin America	5.2	5.1	5.5	6.0	6.1	5.2	5.4	5.5	4.9	4.7	- Amérique latine
Eastern Asia	1.7	1.8	2.1	2.7	3.5	4.1	4.7	5.8	6.5	7.0	Asie orientale
Southern Asia	0.3	0.3	0.4	0.5	0.5	0.4	0.4	0.5	0.5	0.5	Asie méridionale
South-Eastern Asia	1.7	2.6	3.4	3.3	2.6	2.2	1.8	2.0	3.0	2.3	Asie du Sud-Est
Western Asia	2.0	2.1	2.2	2.8	3.7	4.7	5.5	5.9	3.8	4.4	Asie occidentale
Oceania	0.0	0.0	0.0	0.0	0.0	0.0	0.0	0.0	0.0	0.0	Océanie

813 Lighting fixtures and fittings, nes

Trade by commodity
Imports by principal countries or areas
Value in million US dollars

Commerce par produit
Importations selon les principaux pays ou zones
Valeur en millions de dollars EU

Country or area	2003	2004	2005	2006	2007	Pays ou zone
World	17645.8	20282.8	22236.5	24250.8	27689.8	Monde
Developed Economies	14428.1	16641.1	18153.7	19717.0	22184.5	Economies Développés
- Asia-Pacific	778.1	932.2	1006.2	1052.9	1115.8	- Asie-Pacifique
- Europe	7671.8	8946.8	9646.7	10580.1	13059.2	- Europe
- North America	5978.1	6762.1	7500.8	8084.0	8009.6	- Amérique du Nord
South-Eastern Europe	100.6	153.5	191.2	231.7	327.6	Europe du Sud-Est
Commonwealth of Independent States	187.3	251.8	310.4	416.5	583.9	Communauté d'Etats indépendants
- Asia	42.1	65.4	70.4	100.0	141.1	- Asie
- Europe	145.2	186.4	240.0	316.6	442.9	- Europe
Northern Africa	73.2	91.0	92.7	101.3	137.2	Afrique septentrionale
Sub-Saharan Africa	173.9	207.7	257.7	315.4	411.3	Afrique subsaharienne
Latin America & the Caribbean	480.9	519.8	653.8	785.4	943.0	Amérique latine et Caraïbes
- Caribbean	58.3	76.7	99.0	106.2	133.5	- Caraïbes
- Latin America	422.6	443.1	554.8	679.2	809.5	- Amérique latine
Eastern Asia	1207.9	1203.2	1204.3	1121.6	1121.8	Asie orientale
Southern Asia	74.1	100.4	115.9	141.1	177.9	Asie méridionale
South-Eastern Asia	282.3	345.3	365.1	401.7	473.9	Asie du Sud-Est
Western Asia	620.2	751.5	870.9	994.5	1302.7	Asie occidentale
Oceania	17.3	17.5	20.6	24.5	25.8	Océanie
United States	5325.9	5998.2	6613.0	7047.8	6862.6	Etats-Unis d'Amérique
Germany	1382.8	1539.8	1703.9	1822.3	2077.4	Allemagne
United Kingdom	1034.3	1224.3	1176.6	1247.6	1595.9	Royaume-Uni
France-Monaco	823.3	984.1	1069.3	1148.1	1497.5	France-Monaco
Canada	644.7	755.0	878.6	1025.0	1136.3	Canada
China, Hong Kong SAR	948.8	887.5	833.8	723.5	635.7	Chine - RAS de Hong-Kong
Spain	475.1	544.3	641.7	729.4	928.2	Espagne
Belgium	501.0	607.9	634.8	662.0	800.2	Belgique
Japan	497.2	579.1	625.4	627.1	602.9	Japon
Netherlands	435.5	502.5	523.8	595.3	751.5	Pays-Bas
Italy	394.4	451.9	532.7	577.0	740.2	Italie
Austria	435.1	462.6	494.3	533.6	659.2	Autriche
Switzerland-Liechtenstein	334.5	378.5	404.0	432.9	506.8	Suisse-Liechtenstein
Sweden	301.7	359.0	394.6	439.6	515.7	Suède
Australia	227.2	280.1	301.9	345.1	415.0	Australie
United Arab Emirates	222.0	263.2	289.8	337.0	e417.0	Emirates arabes unis
Norway	192.9	249.3	279.2	316.5	403.3	Norvège
Denmark	217.5	247.8	279.3	319.5	364.6	Danemark
Mexico	247.7	228.2	271.9	314.2	355.7	Mexique
Poland	134.1	175.9	201.8	258.0	367.6	Pologne
Russian Federation	99.3	132.9	172.8	235.1	332.4	Fédération de Russie
Finland	129.0	156.8	189.4	219.2	258.5	Finlande
Singapore	137.6	162.7	158.7	176.0	216.9	Singapour
Czech Republic	121.3	143.7	154.7	166.3	214.7	République tchèque
Korea, Republic of	106.6	120.9	146.5	180.0	227.2	République de Corée

Value as percentages of World total

Valeur en pourcentage du total mondial

Regions of the world	1998	1999	2000	2001	2002	2003	2004	2005	2006	2007	Régions du monde
World	100.0	100.0	100.0	100.0	100.0	100.0	100.0	100.0	100.0	100.0	Monde
Developed Economies	77.5	79.5	79.1	78.7	80.6	81.8	82.0	81.6	81.3	80.1	Economies Développés
- Asia-Pacific	3.6	3.7	4.1	4.0	4.0	4.4	4.6	4.5	4.3	4.0	- Asie-Pacifique
- Europe	45.6	43.2	39.2	40.8	40.6	43.5	44.1	43.4	43.6	47.2	- Europe
- North America	28.3	32.6	35.8	33.9	35.9	33.9	33.3	33.7	33.3	28.9	- Amérique du Nord
South-Eastern Europe	0.4	0.3	0.4	0.4	0.5	0.6	0.8	0.9	1.0	1.2	Europe du Sud-Est
Commonwealth of Independent States	0.9	0.6	0.6	0.9	1.0	1.1	1.2	1.4	1.7	2.1	Communauté d'Etats indépendants
- Asia	0.3	0.2	0.2	0.2	0.2	0.2	0.3	0.3	0.4	0.5	- Asie
- Europe	0.7	0.4	0.4	0.7	0.7	0.8	0.9	1.1	1.3	1.6	- Europe
Northern Africa	0.7	0.6	0.5	0.5	0.4	0.4	0.4	0.4	0.4	0.5	Afrique septentrionale
Sub-Saharan Africa	1.0	0.8	0.8	2.2	0.9	1.0	1.0	1.2	1.3	1.5	Afrique subsaharienne
Latin America & the Caribbean	3.6	3.1	3.2	3.2	3.0	2.7	2.6	2.9	3.2	3.4	Amérique latine et Caraïbes
- Caribbean	0.4	0.4	0.5	0.5	0.4	0.3	0.4	0.4	0.4	0.5	- Caraïbes
- Latin America	3.2	2.6	2.7	2.8	2.6	2.4	2.2	2.5	2.8	2.9	- Amérique latine
Eastern Asia	9.3	9.3	9.6	8.5	8.0	6.8	5.9	5.4	4.6	4.1	Asie orientale
Southern Asia	0.3	0.2	0.2	0.3	0.4	0.4	0.5	0.5	0.6	0.6	Asie méridionale
South-Eastern Asia	2.0	2.0	1.8	1.6	1.6	1.6	1.7	1.6	1.7	1.7	Asie du Sud-Est
Western Asia	4.1	3.5	3.6	3.5	3.5	3.5	3.7	3.9	4.1	4.7	Asie occidentale
Oceania	0.1	0.1	0.1	0.1	0.1	0.1	0.1	0.1	0.1	0.1	Océanie

Trade by commodity

Exports by principal countries or areas

Value in million US dollars

Commerce par produit

Exportations selon les principaux pays ou zones

Valeur en millions de dollars EU

Country or area	2003	2004	2005	2006	2007	Pays ou zone
World	15233.3	17157.1	19053.0	21000.8	24613.9	Monde
Developed Economies	8328.5	9538.0	10266.6	11329.4	13407.6	Economies Développés
- Asia-Pacific	142.7	176.3	166.1	173.7	204.5	- Asie-Pacifique
- Europe	7051.6	8110.7	8696.8	9606.7	11523.6	- Europe
- North America	1134.2	1251.0	1403.7	1549.1	1679.4	- Amérique du Nord
South-Eastern Europe	35.4	52.3	62.0	64.4	97.6	Europe du Sud-Est
Commonwealth of Independent States	62.0	66.5	67.8	82.7	109.8	Communauté d'Etats indépendants
- Asia	0.5	0.5	0.7	0.9	0.8	- Asie
- Europe	61.5	66.0	67.1	81.8	109.0	- Europe
Northern Africa	21.7	25.1	53.3	34.5	48.0	Afrique septentrionale
Sub-Saharan Africa	22.7	24.7	29.0	29.5	33.6	Afrique subsaharienne
Latin America & the Caribbean	1061.5	972.4	1183.2	1208.9	1180.4	Amérique latine et Caraïbes
- Caribbean	4.4	6.3	8.3	12.1	13.6	- Caraïbes
- Latin America	1057.1	966.1	1174.9	1196.8	1166.8	- Amérique latine
Eastern Asia	5249.4	5926.5	6753.5	7638.9	9036.2	Asie orientale
Southern Asia	25.3	29.8	27.8	36.7	47.6	Asie méridionale
South-Eastern Asia	247.9	296.3	339.6	347.8	380.5	Asie du Sud-Est
Western Asia	178.6	225.1	270.0	227.7	272.4	Asie occidentale
Oceania	0.3	0.4	0.2	0.3	0.3	Océanie
China	3626.8	4331.1	5178.2	6205.5	7735.5	Chine
Germany	1405.6	1616.4	1872.9	2123.9	2582.2	Allemagne
Italy	1423.2	1587.2	1622.6	1820.5	2167.3	Italie
China, Hong Kong SAR	1291.3	1241.8	1236.0	1086.4	960.0	Chine - RAS de Hong-Kong
Mexico	1021.7	927.7	1125.9	1125.9	1095.0	Mexique
United States	843.4	898.8	1008.7	1126.2	1253.1	Etats-Unis d'Amérique
France-Monaco	646.0	711.3	703.1	758.8	874.8	France-Monaco
Belgium	497.0	607.8	662.1	706.3	854.8	Belgique
Austria	447.0	508.1	536.5	606.3	776.6	Autriche
United Kingdom	428.1	511.5	529.1	551.0	685.7	Royaume-Uni
Spain	457.7	494.4	506.4	507.8	639.7	Espagne
Canada	290.8	352.3	394.9	422.9	426.3	Canada
Netherlands	252.7	292.6	315.4	354.6	445.3	Pays-Bas
Sweden	224.9	275.1	302.7	334.6	386.5	Suède
Denmark	257.8	265.3	266.3	330.9	222.7	Danemark
Poland	153.5	206.2	236.3	276.3	350.4	Pologne
Czech Republic	167.7	195.3	207.0	236.8	298.7	République tchèque
Hungary	134.9	165.2	187.5	192.1	240.0	Hongrie
Finland	97.8	128.4	151.8	172.6	202.5	Finlande
Slovakia	69.7	94.3	126.8	152.4	195.7	Slovaquie
United Arab Emirates	78.3	91.9	107.0	124.6	e134.7	Emirates arabes unis
Japan	94.0	110.0	95.4	102.7	106.7	Japon
Norway	87.4	95.4	101.1	100.7	122.7	Norvège
Switzerland-Liechtenstein	85.7	92.1	96.9	101.9	120.5	Suisse-Liechtenstein
Singapore	78.5	97.0	102.4	94.1	113.0	Singapour

Value as percentages of World total

Valeur en pourcentage du total mondial

Regions of the world	1998	1999	2000	2001	2002	2003	2004	2005	2006	2007	Régions du monde
World	100.0	100.0	100.0	100.0	100.0	100.0	100.0	100.0	100.0	100.0	Monde
Developed Economies	63.4	60.1	55.9	55.6	54.3	54.7	55.6	53.9	53.9	54.5	Economies Développés
- Asia-Pacific	1.0	1.1	1.0	0.9	0.8	0.9	1.0	0.9	0.8	0.8	- Asie-Pacifique
- Europe	54.0	50.7	45.9	46.1	45.0	46.3	47.3	45.6	45.7	46.8	- Europe
- North America	8.4	8.3	9.0	8.7	8.4	7.4	7.3	7.4	7.4	6.8	- Amérique du Nord
South-Eastern Europe	0.2	0.2	0.2	0.1	0.2	0.2	0.3	0.3	0.3	0.4	Europe du Sud-Est
Commonwealth of Independent States	0.3	0.2	0.3	0.3	0.4	0.4	0.4	0.4	0.4	0.4	Communauté d'Etats indépendants
- Asia	0.0	0.0	0.0	0.0	0.0	0.0	0.0	0.0	0.0	0.0	- Asie
- Europe	0.3	0.2	0.3	0.3	0.4	0.4	0.4	0.4	0.4	0.4	- Europe
Northern Africa	0.2	0.2	0.1	0.2	0.1	0.1	0.1	0.3	0.2	0.2	Afrique septentrionale
Sub-Saharan Africa	0.1	0.2	0.1	1.1	1.1	0.1	0.1	0.2	0.1	0.1	Afrique subsaharienne
Latin America & the Caribbean	4.9	5.3	6.0	7.1	6.9	7.0	5.7	6.2	5.8	4.8	Amérique latine et Caraïbes
- Caribbean	0.0	0.0	0.1	0.1	0.0	0.0	0.0	0.0	0.1	0.1	- Caraïbes
- Latin America	4.8	5.3	5.9	7.1	6.8	6.9	5.6	6.2	5.7	4.7	- Amérique latine
Eastern Asia	28.0	31.0	34.5	32.6	34.3	34.5	34.5	35.4	36.4	36.7	Asie orientale
Southern Asia	0.2	0.2	0.1	0.1	0.1	0.2	0.2	0.1	0.2	0.2	Asie méridionale
South-Eastern Asia	1.9	1.9	1.9	1.9	1.6	1.6	1.7	1.8	1.7	1.5	Asie du Sud-Est
Western Asia	0.8	0.8	0.9	0.9	1.1	1.2	1.3	1.4	1.1	1.1	Asie occidentale
Oceania	0.0	0.0	0.0	0.0	0.0	0.0	0.0	0.0	0.0	0.0	Océanie

821 Furniture and parts thereof; stuffed furnishings

Trade by commodity
Imports by principal countries or areas
Value in million US dollars

Commerce par produit
Importations selon les principaux pays ou zones
Valeur en millions de dollars EU

Country or area	2003	2004	2005	2006	2007	Pays ou zone
World	82438.7	97039.4	106873.2	117110.9	134534.1	Monde
Developed Economies	73487.0	86356.9	94238.8	101826.3	114966.2	Economies Développés
- Asia-Pacific	5371.7	6198.7	6684.6	7060.8	7630.0	- Asie-Pacifique
- Europe	37997.3	45299.1	48861.9	53126.7	64039.4	- Europe
- North America	30117.9	34859.1	38692.3	41638.8	43296.7	- Amérique du Nord
South-Eastern Europe	342.7	536.3	693.5	813.4	1247.9	Europe du Sud-Est
Commonwealth of Independent States	688.2	899.2	1139.3	1596.9	2429.7	Communauté d'Etats indépendants
- Asia	190.3	241.6	324.7	434.3	605.0	- Asie
- Europe	497.9	657.6	814.6	1162.5	1824.7	- Europe
Northern Africa	181.5	210.9	246.5	289.0	461.1	Afrique septentrionale
Sub-Saharan Africa	646.1	760.2	996.7	1204.2	1444.4	Afrique subsaharienne
Latin America & the Caribbean	1950.3	2254.3	2651.2	3234.3	4100.2	Amérique latine et Caraïbes
- Caribbean	238.1	295.7	386.7	433.3	533.7	- Caraïbes
- Latin America	1712.2	1958.6	2264.5	2801.1	3566.5	- Amérique latine
Eastern Asia	2506.4	2726.0	2866.0	3324.8	3920.5	Asie orientale
Southern Asia	122.1	195.3	287.1	396.9	510.6	Asie méridionale
South-Eastern Asia	797.8	935.1	1125.9	1332.1	1565.3	Asie du Sud-Est
Western Asia	1656.7	2095.3	2543.8	3006.3	3797.6	Asie occidentale
Oceania	60.0	70.1	84.4	86.7	90.7	Océanie
United States	26756.9	30694.3	34017.7	36244.9	37269.7	Etats-Unis d'Amérique
Germany	8323.5	8978.8	9979.1	10602.4	11180.1	Allemagne
United Kingdom	5751.9	7265.6	7305.8	7829.6	9545.0	Royaume-Uni
France-Monaco	4912.2	6036.2	6556.8	6946.0	8315.1	France-Monaco
Japan	4207.2	4635.3	4901.6	5072.7	5257.0	Japon
Canada	3314.6	4109.1	4614.5	5320.9	5951.8	Canada
Belgium	2332.8	2710.2	3009.3	3169.8	3736.4	Belgique
Spain	1742.3	2379.6	2709.6	2952.5	4185.3	Espagne
Netherlands	2139.1	2443.9	2581.7	2787.9	3435.4	Pays-Bas
Switzerland-Liechtenstein	1911.5	2150.8	2309.7	2456.2	2953.8	Suisse-Liechtenstein
Austria	1695.5	1993.4	1975.7	1948.6	2508.0	Autriche
Italy	1334.4	1710.9	1929.5	2258.0	2729.3	Italie
Sweden	1390.8	1614.3	1660.6	1898.2	2376.9	Suède
Australia	987.2	1322.3	1499.5	1695.0	2020.2	Australie
Mexico	1118.4	1193.5	1273.6	1541.6	1874.3	Mexique
Norway	965.4	1162.4	1338.5	1494.9	1875.3	Norvège
Denmark	923.0	1012.9	1142.2	1374.8	1687.6	Danemark
Korea, Republic of	547.4	616.3	914.6	1315.2	1581.1	République de Corée
China, Hong Kong SAR	1157.2	1068.9	918.0	811.5	812.0	Chine - RAS de Hong-Kong
Poland	617.4	742.3	868.5	983.8	1345.9	Pologne
Czech Republic	529.2	716.3	856.9	988.1	1257.8	République tchèque
Russian Federation	405.2	529.6	651.7	918.8	1471.4	Fédération de Russie
China	526.4	667.6	615.5	762.1	1046.3	Chine
Ireland	408.2	525.8	617.3	775.5	914.4	Irlande
United Arab Emirates	359.5	512.5	623.6	778.5	e963.3	Emirates arabes unis

Value as percentages of World total

Valeur en pourcentage du total mondial

Regions of the world	1998	1999	2000	2001	2002	2003	2004	2005	2006	2007	Régions du monde
World	100.0	100.0	100.0	100.0	100.0	100.0	100.0	100.0	100.0	100.0	Monde
Developed Economies	87.9	88.7	87.9	87.0	88.4	89.1	89.0	88.2	86.9	85.5	Economies Développés
- Asia-Pacific	6.1	6.2	7.2	7.0	6.6	6.5	6.4	6.3	6.0	5.7	- Asie-Pacifique
- Europe	50.4	47.9	43.3	44.0	44.0	46.1	46.7	45.7	45.4	47.6	- Europe
- North America	31.5	34.6	37.5	36.1	37.8	36.5	35.9	36.2	35.6	32.2	- Amérique du Nord
South-Eastern Europe	0.3	0.4	0.3	0.4	0.4	0.4	0.6	0.6	0.7	0.9	Europe du Sud-Est
Commonwealth of Independent States	1.0	0.5	0.5	0.7	0.8	0.8	0.9	1.1	1.4	1.8	Communauté d'Etats indépendants
- Asia	0.3	0.2	0.2	0.2	0.2	0.2	0.2	0.3	0.4	0.4	- Asie
- Europe	0.7	0.3	0.4	0.5	0.6	0.6	0.7	0.8	1.0	1.4	- Europe
Northern Africa	0.2	0.3	0.2	0.3	0.3	0.2	0.2	0.2	0.2	0.3	Afrique septentrionale
Sub-Saharan Africa	0.5	0.5	0.7	1.5	0.7	0.8	0.8	0.9	1.0	1.1	Afrique subsaharienne
Latin America & the Caribbean	3.3	3.1	3.5	3.5	2.8	2.4	2.3	2.5	2.8	3.0	Amérique latine et Caraïbes
- Caribbean	0.4	0.4	0.5	0.5	0.4	0.3	0.3	0.4	0.4	0.4	- Caraïbes
- Latin America	2.9	2.7	3.0	3.0	2.4	2.1	2.0	2.1	2.4	2.7	- Amérique latine
Eastern Asia	3.0	3.0	3.3	3.1	3.2	3.0	2.8	2.7	2.8	2.9	Asie orientale
Southern Asia	0.1	0.1	0.1	0.1	0.1	0.1	0.2	0.3	0.3	0.4	Asie méridionale
South-Eastern Asia	1.1	1.1	1.1	1.0	1.0	1.0	1.0	1.1	1.1	1.2	Asie du Sud-Est
Western Asia	2.5	2.2	2.3	2.3	2.2	2.0	2.2	2.4	2.6	2.8	Asie occidentale
Oceania	0.1	0.1	0.1	0.1	0.1	0.1	0.1	0.1	0.1	0.1	Océanie

Trade by commodity
Exports by principal countries or areas
Value in million US dollars

Commerce par produit
Exportations selon les principaux pays ou zones
Valeur en millions de dollars EU

Country or area	2003	2004	2005	2006	2007	Pays ou zone
World	76046.8	89879.2	97540.8	107983.6	125763.0	Monde
Developed Economies	51265.1	58708.5	60965.7	65683.0	75559.9	Economies Développés
- Asia-Pacific	721.1	890.8	981.8	1053.3	1179.0	- Asie-Pacifique
- Europe	41371.6	47613.1	49151.5	53206.4	62878.3	- Europe
- North America	9172.4	10204.6	10832.4	11423.3	11502.7	- Amérique du Nord
South-Eastern Europe	1063.9	1450.7	1636.8	1822.4	2307.3	Europe du Sud-Est
Commonwealth of Independent States	436.6	596.2	660.8	808.1	1071.4	Communauté d'Etats indépendants
- Asia	2.4	4.2	9.1	11.6	17.9	- Asie
- Europe	434.2	592.0	651.6	796.6	1053.5	- Europe
Northern Africa	88.7	95.8	110.5	162.2	281.9	Afrique septentrionale
Sub-Saharan Africa	641.3	722.5	626.9	794.2	749.9	Afrique subsaharienne
Latin America & the Caribbean	4858.5	5602.8	6046.0	6144.8	6126.6	Amérique latine et Caraïbes
- Caribbean	15.7	14.4	17.8	20.1	24.7	- Caraïbes
- Latin America	4842.8	5588.4	6028.2	6124.8	6101.9	- Amérique latine
Eastern Asia	11435.9	14995.9	18831.2	23219.7	29289.0	Asie orientale
Southern Asia	188.4	450.8	348.4	496.6	563.2	Asie méridionale
South-Eastern Asia	5262.2	6185.1	7046.6	7617.9	8315.2	Asie du Sud-Est
Western Asia	799.9	1065.0	1264.3	1232.6	1496.8	Asie occidentale
Oceania	6.2	5.9	3.5	1.9	1.8	Océanie
China	9035.2	12618.5	16571.8	20891.1	26941.5	Chine
Italy	9894.9	11024.3	10694.0	11459.2	13009.8	Italie
Germany	6239.0	7279.1	8244.5	9423.6	11185.2	Allemagne
Poland	3871.7	4933.9	5551.0	6206.2	7662.3	Pologne
Canada	4906.4	5386.3	5641.7	5699.8	5310.0	Canada
United States	4265.2	4817.8	5190.4	5723.1	6192.5	Etats-Unis d'Amérique
Mexico	3722.9	4186.7	4559.8	4700.5	4545.4	Mexique
France-Monaco	2614.6	2955.4	2970.1	3195.1	3725.3	France-Monaco
Denmark	2398.6	2674.8	2650.6	2686.2	2928.0	Danemark
Belgium	2023.5	2172.9	2141.8	2160.9	2517.1	Belgique
Malaysia	1614.3	1894.2	2027.1	2256.2	2551.0	Malaisie
Spain	1728.4	1842.1	1874.5	1892.1	2309.2	Espagne
Sweden	1473.9	1734.0	1802.6	2038.0	2444.6	Suède
Austria	1671.6	1882.0	1792.5	1851.7	2286.8	Autriche
United Kingdom	1446.1	1786.6	1802.4	1978.9	2386.1	Royaume-Uni
Indonesia	1569.6	1669.3	1856.1	1876.0	1938.0	Indonésie
Czech Republic	1270.4	1572.4	1903.0	1894.5	2260.7	République tchèque
Viet Nam	643.8	996.0	1400.8	1782.9	e2079.8	Viet Nam
Netherlands	1023.0	1152.4	1240.9	1377.4	1672.2	Pays-Bas
Thailand	1043.8	1203.8	1279.6	1229.6	1292.3	Thaïlande
Romania	788.4	1034.6	1125.6	1217.3	1525.4	Roumanie
Slovenia	879.2	1098.8	1053.5	1075.6	1128.6	Slovénie
Portugal	773.4	982.3	905.3	932.9	1206.1	Portugal
Hungary	825.4	946.2	916.4	962.2	1132.5	Hongrie
Brazil	670.9	953.0	1004.2	965.3	1005.4	Brésil

Value as percentages of World total

Valeur en pourcentage du total mondial

Regions of the world	1998	1999	2000	2001	2002	2003	2004	2005	2006	2007	Régions du monde
World	100.0	100.0	100.0	100.0	100.0	100.0	100.0	100.0	100.0	100.0	Monde
Developed Economies	77.1	73.7	69.8	70.1	68.1	67.4	65.3	62.5	60.8	60.1	Economies Développés
- Asia-Pacific	0.8	0.8	0.9	0.9	0.9	0.9	1.0	1.0	1.0	0.9	- Asie-Pacifique
- Europe	59.5	56.5	51.9	53.7	53.2	54.4	53.0	50.4	49.3	50.0	- Europe
- North America	16.8	16.3	16.9	15.5	13.9	12.1	11.4	11.1	10.6	9.1	- Amérique du Nord
South-Eastern Europe	1.0	1.0	1.0	1.1	1.3	1.4	1.6	1.7	1.7	1.8	Europe du Sud-Est
Commonwealth of Independent States	0.5	0.4	0.4	0.5	0.5	0.6	0.7	0.7	0.7	0.9	Communauté d'Etats indépendants
- Asia	0.0	0.0	0.0	0.0	0.0	0.0	0.0	0.0	0.0	0.0	- Asie
- Europe	0.5	0.4	0.4	0.5	0.5	0.6	0.7	0.7	0.7	0.8	- Europe
Northern Africa	0.1	0.1	0.1	0.1	0.1	0.1	0.1	0.1	0.2	0.2	Afrique septentrionale
Sub-Saharan Africa	0.9	0.9	0.8	0.7	0.9	0.8	0.8	0.6	0.7	0.6	Afrique subsaharienne
Latin America & the Caribbean	4.7	5.3	6.9	7.0	6.7	6.4	6.2	6.2	5.7	4.9	Amérique latine et Caraïbes
- Caribbean	0.0	0.0	0.0	0.0	0.0	0.0	0.0	0.0	0.0	0.0	- Caraïbes
- Latin America	4.7	5.3	6.9	6.9	6.7	6.4	6.2	6.2	5.7	4.9	- Amérique latine
Eastern Asia	10.2	11.0	12.5	12.5	14.1	15.0	16.7	19.3	21.5	23.3	Asie orientale
Southern Asia	0.1	0.1	0.1	0.1	0.2	0.2	0.5	0.4	0.5	0.4	Asie méridionale
South-Eastern Asia	4.9	7.0	7.7	7.1	7.4	6.9	6.9	7.2	7.1	6.6	Asie du Sud-Est
Western Asia	0.6	0.6	0.7	0.7	0.9	1.1	1.2	1.3	1.1	1.2	Asie occidentale
Oceania	0.0	0.0	0.0	0.0	0.0	0.0	0.0	0.0	0.0	0.0	Océanie

831 Travel goods, handbags, etc, of leather, plastics, textile, others

Trade by commodity
Imports by principal countries or areas
Value in million US dollars

Commerce par produit
Importations selon les principaux pays ou zones
Valeur en millions de dollars EU

Country or area	2003	2004	2005	2006	2007	Pays ou zone
World	22065.5	26072.7	29082.5	32445.1	38164.3	Monde
Developed Economies	16689.4	19701.1	21855.3	24363.2	28328.4	Economies Développés
- Asia-Pacific	3485.6	3975.4	4332.4	4602.5	4978.2	- Asie-Pacifique
- Europe	7471.0	9022.2	10170.9	11608.1	14382.5	- Europe
- North America	5732.8	6703.5	7352.0	8152.6	8967.7	- Amérique du Nord
South-Eastern Europe	43.6	72.1	86.4	94.4	162.8	Europe du Sud-Est
Commonwealth of Independent States	115.6	114.7	145.0	230.7	428.1	Communauté d'Etats indépendants
- Asia	9.3	11.0	19.5	23.9	37.7	- Asie
- Europe	106.4	103.7	125.5	206.9	390.4	- Europe
Northern Africa	27.8	36.3	45.8	45.3	57.3	Afrique septentrionale
Sub-Saharan Africa	158.6	199.5	206.1	250.9	289.1	Afrique subsaharienne
Latin America & the Caribbean	456.9	551.0	713.3	878.4	1083.5	Amérique latine et Caraïbes
- Caribbean	31.9	41.3	51.9	59.6	71.7	- Caraïbes
- Latin America	425.0	509.7	661.4	818.8	1011.8	- Amérique latine
Eastern Asia	3829.7	4371.8	4624.7	4996.8	5752.4	Asie orientale
Southern Asia	27.6	38.6	57.9	66.6	89.7	Asie méridionale
South-Eastern Asia	275.2	402.5	511.7	575.8	744.1	Asie du Sud-Est
Western Asia	408.3	552.4	790.2	892.7	1156.5	Asie occidentale
Oceania	32.7	32.6	46.1	50.2	72.5	Océanie
United States	5327.4	6232.0	6796.6	7501.9	8182.5	Etats-Unis d'Amérique
Japan	3127.6	3525.5	3830.4	4075.8	4338.3	Japon
China, Hong Kong SAR	3254.2	3634.0	3695.2	3868.8	4277.1	Chine - RAS de Hong-Kong
France-Monaco	1223.4	1507.0	1631.3	1820.2	2332.5	France-Monaco
United Kingdom	1213.3	1467.6	1618.8	1822.6	2256.2	Royaume-Uni
Germany	1149.2	1347.5	1514.5	1689.8	1962.3	Allemagne
Italy	946.5	1206.3	1385.9	1705.2	2102.5	Italie
Spain	581.2	703.1	798.8	934.4	1142.4	Espagne
Belgium	535.1	614.7	701.0	724.7	860.9	Belgique
Canada	401.4	466.8	550.6	644.3	780.9	Canada
Switzerland-Liechtenstein	365.5	422.0	485.3	512.9	668.5	Suisse-Liechtenstein
Korea, Republic of	300.2	329.9	421.0	545.4	736.6	République de Corée
Netherlands	319.6	375.6	404.5	499.0	611.2	Pays-Bas
Australia	305.7	386.3	429.3	451.8	546.4	Australie
Singapore	170.3	260.9	329.1	352.2	435.6	Singapour
Mexico	223.5	236.8	266.9	313.4	363.2	Mexique
Austria	171.7	206.0	246.1	265.2	324.2	Autriche
Turkey	56.8	122.8	231.8	278.3	372.2	Turquie
United Arab Emirates	122.7	156.7	219.7	231.1	e285.9	Emirates arabes unis
China	63.6	113.7	164.0	235.3	354.9	Chine
Greece	122.5	159.9	178.1	197.4	261.8	Grèce
Sweden	119.4	140.3	168.3	198.4	234.7	Suède
Denmark	110.2	125.6	155.7	204.9	236.8	Danemark
Russian Federation	94.6	89.7	99.1	169.2	337.2	Fédération de Russie
Saudi Arabia	92.8	103.8	134.5	159.4	210.4	Arabie saoudite

Value as percentages of World total

Valeur en pourcentage du total mondial

Regions of the world	1998	1999	2000	2001	2002	2003	2004	2005	2006	2007	Régions du monde
World	100.0	100.0	100.0	100.0	100.0	100.0	100.0	100.0	100.0	100.0	Monde
Developed Economies	72.8	72.9	73.2	72.5	74.0	75.6	75.6	75.1	75.1	74.2	Economies Développés
- Asia-Pacific	14.8	15.9	16.9	16.8	15.8	15.8	15.2	14.9	14.2	13.0	- Asie-Pacifique
- Europe	31.9	31.1	30.1	30.6	32.0	33.9	34.6	35.0	35.8	37.7	- Europe
- North America	26.1	25.8	26.2	25.1	26.2	26.0	25.7	25.3	25.1	23.5	- Amérique du Nord
South-Eastern Europe	0.1	0.1	0.1	0.1	0.2	0.2	0.3	0.3	0.3	0.4	Europe du Sud-Est
Commonwealth of Independent States	0.2	0.1	0.2	0.6	0.5	0.5	0.4	0.5	0.7	1.1	Communauté d'Etats indépendants
- Asia	0.0	0.0	0.0	0.0	0.0	0.0	0.0	0.1	0.1	0.1	- Asie
- Europe	0.1	0.1	0.1	0.5	0.5	0.5	0.4	0.4	0.6	1.0	- Europe
Northern Africa	0.1	0.2	0.2	0.2	0.2	0.1	0.1	0.2	0.1	0.2	Afrique septentrionale
Sub-Saharan Africa	0.5	0.6	0.5	1.7	0.6	0.7	0.8	0.7	0.8	0.8	Afrique subsaharienne
Latin America & the Caribbean	2.3	2.2	2.1	2.4	2.2	2.1	2.1	2.5	2.7	2.8	Amérique latine et Caraïbes
- Caribbean	0.2	0.2	0.2	0.2	0.2	0.1	0.2	0.2	0.2	0.2	- Caraïbes
- Latin America	2.2	2.0	1.9	2.2	2.0	1.9	2.0	2.3	2.5	2.7	- Amérique latine
Eastern Asia	20.6	20.5	20.5	19.1	18.7	17.4	16.8	15.9	15.4	15.1	Asie orientale
Southern Asia	0.0	0.0	0.1	0.1	0.1	0.1	0.1	0.2	0.2	0.2	Asie méridionale
South-Eastern Asia	1.2	1.6	1.5	1.5	1.5	1.2	1.5	1.8	1.8	1.9	Asie du Sud-Est
Western Asia	2.0	1.9	1.7	1.8	2.0	1.9	2.1	2.7	2.8	3.0	Asie occidentale
Oceania	0.1	0.1	0.1	0.0	0.1	0.1	0.1	0.2	0.2	0.2	Océanie

Trade by commodity

Exports by principal countries or areas

Value in million US dollars

Commerce par produit

Exportations selon les principaux pays ou zones

Valeur en millions de dollars EU

Country or area	2003	2004	2005	2006	2007	Pays ou zone
World	17857.5	21192.6	23693.2	26845.9	31877.8	Monde
Developed Economies	6768.3	8265.6	9232.4	10611.5	12800.5	Economies Développés
- Asia-Pacific	59.1	65.4	60.6	61.0	70.6	- Asie-Pacifique
- Europe	6199.0	7638.3	8524.8	9804.8	11953.9	- Europe
- North America	510.2	561.9	647.0	745.7	776.0	- Amérique du Nord
South-Eastern Europe	117.7	151.2	154.2	165.1	182.3	Europe du Sud-Est
Commonwealth of Independent States	15.6	20.8	26.3	32.2	48.9	Communauté d'Etats indépendants
- Asia	0.2	0.3	0.4	0.6	0.8	- Asie
- Europe	15.4	20.5	25.9	31.6	48.1	- Europe
Northern Africa	45.7	49.4	55.9	58.9	63.8	Afrique septentrionale
Sub-Saharan Africa	16.9	19.4	47.3	22.4	27.0	Afrique subsaharienne
Latin America & the Caribbean	167.4	175.2	175.6	186.8	224.9	Amérique latine et Caraïbes
- Caribbean	3.3	3.0	3.1	3.9	4.2	- Caraïbes
- Latin America	164.1	172.1	172.5	182.9	220.7	- Amérique latine
Eastern Asia	9389.5	11066.8	12363.8	14043.8	16547.5	Asie orientale
Southern Asia	480.7	494.5	585.3	616.0	700.2	Asie méridionale
South-Eastern Asia	738.8	806.9	877.1	947.2	1083.2	Asie du Sud-Est
Western Asia	113.7	142.3	174.8	159.3	196.9	Asie occidentale
Oceania	3.2	0.5	0.6	2.7	2.4	Océanie
China	5110.7	6305.5	7388.1	8787.7	10938.6	Chine
China, Hong Kong SAR	4117.7	4597.9	4824.8	5111.5	5468.1	Chine - RAS de Hong-Kong
Italy	1837.2	2355.2	2610.2	3048.9	3856.8	Italie
France-Monaco	1968.9	2367.0	2649.6	3019.6	3447.3	France-Monaco
Belgium	680.3	791.1	849.7	949.5	1091.7	Belgique
Germany	448.5	532.8	661.2	809.9	976.8	Allemagne
United States	437.4	486.2	555.3	648.0	664.2	Etats-Unis d'Amérique
India	438.3	454.2	547.9	572.3	645.8	Inde
United Kingdom	271.9	347.6	384.1	449.8	550.2	Royaume-Uni
Spain	286.8	349.8	351.1	397.0	492.5	Espagne
Netherlands	200.0	276.4	316.7	347.2	477.0	Pays-Bas
Viet Nam	243.3	273.1	317.5	330.1	e385.1	Viet Nam
Switzerland-Liechtenstein	174.8	208.7	251.7	282.8	354.5	Suisse-Liechtenstein
Thailand	223.1	228.2	212.7	206.2	233.6	Thaïlande
Singapore	49.7	116.9	177.0	207.9	242.8	Singapour
Romania	76.2	104.0	110.8	119.1	123.6	Roumanie
Philippines	120.0	87.7	74.7	101.7	103.8	Philippines
Mexico	102.0	96.7	82.7	79.0	93.3	Mexique
Canada	72.8	75.7	91.7	97.7	111.7	Canada
Czech Republic	57.2	80.2	83.0	90.0	132.8	République tchèque
Korea, Republic of	100.1	100.2	91.0	74.5	71.7	République de Corée
Indonesia	88.0	84.3	74.3	78.2	89.0	Indonésie
United Arab Emirates	51.9	63.0	69.6	90.5	e97.8	Emirates arabes unis
Denmark	33.6	46.0	53.5	86.1	114.0	Danemark
Turkey	45.8	60.4	81.4	37.9	59.1	Turquie

Value as percentages of World total

Valeur en pourcentage du total mondial

Regions of the world	1998	1999	2000	2001	2002	2003	2004	2005	2006	2007	Régions du monde
World	100.0	100.0	100.0	100.0	100.0	100.0	100.0	100.0	100.0	100.0	Monde
Developed Economies	30.7	31.3	31.0	34.0	35.2	37.9	39.0	39.0	39.5	40.2	Economies Développés
- Asia-Pacific	0.3	0.3	0.3	0.3	0.3	0.3	0.3	0.3	0.2	0.2	- Asie-Pacifique
- Europe	27.8	28.1	27.7	30.8	32.1	34.7	36.0	36.0	36.5	37.5	- Europe
- North America	2.7	2.9	2.9	2.9	2.8	2.9	2.7	2.7	2.8	2.4	- Amérique du Nord
South-Eastern Europe	0.2	0.3	0.3	0.4	0.6	0.7	0.7	0.7	0.6	0.6	Europe du Sud-Est
Commonwealth of Independent States	0.1	0.1	0.1	0.1	0.1	0.1	0.1	0.1	0.1	0.2	Communauté d'Etats indépendants
- Asia	0.0	0.0	0.0	0.0	0.0	0.0	0.0	0.0	0.0	0.0	- Asie
- Europe	0.1	0.1	0.1	0.1	0.1	0.1	0.1	0.1	0.1	0.2	- Europe
Northern Africa	0.2	0.2	0.2	0.3	0.3	0.3	0.2	0.2	0.2	0.2	Afrique septentrionale
Sub-Saharan Africa	0.1	0.1	0.2	0.1	0.1	0.1	0.1	0.2	0.1	0.1	Afrique subsaharienne
Latin America & the Caribbean	2.2	2.1	2.0	1.4	1.1	0.9	0.8	0.7	0.7	0.7	Amérique latine et Caraïbes
- Caribbean	0.1	0.0	0.0	0.0	0.0	0.0	0.0	0.0	0.0	0.0	- Caraïbes
- Latin America	2.2	2.0	2.0	1.4	1.1	0.9	0.8	0.7	0.7	0.7	- Amérique latine
Eastern Asia	56.3	56.2	55.7	53.2	54.4	52.6	52.2	52.2	52.3	51.9	Asie orientale
Southern Asia	3.2	2.8	3.1	2.8	2.6	2.7	2.3	2.5	2.3	2.2	Asie méridionale
South-Eastern Asia	6.5	6.5	7.0	7.0	5.1	4.1	3.8	3.7	3.5	3.4	Asie du Sud-Est
Western Asia	0.5	0.4	0.5	0.6	0.6	0.6	0.7	0.7	0.6	0.6	Asie occidentale
Oceania	0.0	0.0	0.0	0.0	0.0	0.0	0.0	0.0	0.0	0.0	Océanie

841 Men's or boys' outerwear, of textile fabrics, not knitted or crocheted

Trade by commodity
Imports by principal countries or areas
Value in million US dollars

Commerce par produit
Importations selon les principaux pays ou zones
Valeur en millions de dollars EU

Country or area	2003	2004	2005	2006	2007	Pays ou zone
World	43611.9	47598.7	50523.5	53511.2	58170.9	Monde
Developed Economies	37994.4	41380.6	43660.7	45663.4	48999.9	Economies Développés
- Asia-Pacific	4130.4	4516.6	4605.2	4811.9	4941.6	- Asie-Pacifique
- Europe	20026.4	22475.3	23819.1	25563.7	28740.8	- Europe
- North America	13837.6	14388.7	15236.4	15287.8	15317.5	- Amérique du Nord
South-Eastern Europe	191.3	306.8	334.4	316.6	429.1	Europe du Sud-Est
Commonwealth of Independent States	174.0	219.4	316.5	483.6	778.6	Communauté d'Etats indépendants
- Asia	34.7	34.8	54.3	105.6	118.5	- Asie
- Europe	139.3	184.6	262.2	378.0	660.1	- Europe
Northern Africa	68.0	68.3	62.5	71.2	87.8	Afrique septentrionale
Sub-Saharan Africa	233.5	300.9	363.1	448.4	444.5	Afrique subsaharienne
Latin America & the Caribbean	926.7	895.4	1126.6	1188.3	1373.3	Amérique latine et Caraïbes
- Caribbean	154.6	103.3	94.8	103.6	91.7	- Caraïbes
- Latin America	772.1	792.1	1031.9	1084.7	1281.6	- Amérique latine
Eastern Asia	2664.3	2844.9	3098.8	3533.1	3923.7	Asie orientale
Southern Asia	135.5	90.7	58.1	129.4	173.1	Asie méridionale
South-Eastern Asia	306.6	303.1	278.2	371.0	379.6	Asie du Sud-Est
Western Asia	897.0	1164.8	1198.2	1279.6	1551.4	Asie occidentale
Oceania	20.7	23.9	26.4	26.6	30.0	Océanie
United States	13119.9	13559.4	14270.8	14229.9	14145.9	Etats-Unis d'Amérique
Germany	4325.4	4727.1	4960.2	5380.7	5899.2	Allemagne
Japan	3630.0	3940.9	3962.8	4162.8	4191.6	Japon
United Kingdom	2936.8	3294.6	3392.3	3560.0	3960.8	Royaume-Uni
France-Monaco	2520.5	2914.9	2966.1	3015.0	3376.6	France-Monaco
Italy	2272.8	2555.3	2800.9	3089.2	3218.4	Italie
China, Hong Kong SAR	1587.5	1672.2	1875.7	1969.0	2152.4	Chine - RAS de Hong-Kong
Spain	1270.5	1536.5	1769.6	2013.4	2449.6	Espagne
Belgium	1232.6	1322.6	1396.5	1419.9	1535.0	Belgique
Netherlands	1208.8	1233.6	1185.2	1372.1	1471.4	Pays-Bas
Switzerland-Liechtenstein	817.6	892.2	933.6	988.0	1095.4	Suisse-Liechtenstein
Canada	708.8	819.1	955.2	1046.3	1161.2	Canada
Korea, Republic of	669.3	702.3	677.7	861.6	1006.4	République de Corée
Austria	588.3	648.2	685.7	723.1	846.7	Autriche
Denmark	490.7	556.9	602.8	649.0	771.5	Danemark
Sweden	484.2	552.8	576.4	560.1	658.3	Suède
Australia	419.2	478.8	536.4	543.9	623.0	Australie
Mexico	411.4	340.2	376.3	376.5	393.2	Mexique
Greece	263.3	325.5	361.1	403.0	534.2	Grèce
Saudi Arabia	272.2	342.0	369.0	325.1	364.9	Arabie saoudite
United Arab Emirates	254.0	325.4	301.2	345.6	e427.7	Emirates arabes unis
China	232.6	272.7	314.5	343.4	419.9	Chine
Norway	251.8	288.6	320.3	334.1	379.9	Norvège
Ireland	245.0	282.4	321.8	330.9	386.4	Irlande
Portugal	221.8	246.9	268.4	284.6	344.7	Portugal

Value as percentages of World total

Valeur en pourcentage du total mondial

Regions of the world	1998	1999	2000	2001	2002	2003	2004	2005	2006	2007	Régions du monde
World	100.0	100.0	100.0	100.0	100.0	100.0	100.0	100.0	100.0	100.0	Monde
Developed Economies	85.4	86.7	86.3	86.0	86.2	87.1	86.9	86.4	85.3	84.2	Economies Développés
- Asia-Pacific	8.8	9.9	10.9	10.7	9.8	9.5	9.5	9.1	9.0	8.5	- Asie-Pacifique
- Europe	44.5	43.7	39.6	41.6	43.7	45.9	47.2	47.1	47.8	49.4	- Europe
- North America	32.1	33.1	35.7	33.8	32.7	31.7	30.2	30.2	28.6	26.3	- Amérique du Nord
South-Eastern Europe	0.2	0.2	0.2	0.3	0.4	0.4	0.6	0.7	0.6	0.7	Europe du Sud-Est
Commonwealth of Independent States	0.2	0.2	0.2	0.3	0.5	0.4	0.5	0.6	0.9	1.3	Communauté d'Etats indépendants
- Asia	0.1	0.1	0.0	0.0	0.1	0.1	0.1	0.1	0.2	0.2	- Asie
- Europe	0.2	0.1	0.1	0.2	0.4	0.3	0.4	0.5	0.7	1.1	- Europe
Northern Africa	0.4	0.3	0.3	0.2	0.3	0.2	0.1	0.1	0.1	0.2	Afrique septentrionale
Sub-Saharan Africa	0.3	0.4	0.5	0.6	0.5	0.5	0.6	0.7	0.8	0.8	Afrique subsaharienne
Latin America & the Caribbean	4.3	2.9	2.8	2.8	2.4	2.1	1.9	2.2	2.2	2.4	Amérique latine et Caraïbes
- Caribbean	0.9	0.3	0.3	0.3	0.2	0.4	0.2	0.2	0.2	0.2	- Caraïbes
- Latin America	3.5	2.7	2.5	2.5	2.2	1.8	1.7	2.0	2.0	2.2	- Amérique latine
Eastern Asia	6.2	6.4	7.2	7.0	6.6	6.1	6.0	6.1	6.6	6.7	Asie orientale
Southern Asia	0.0	0.1	0.1	0.1	0.2	0.3	0.2	0.1	0.2	0.3	Asie méridionale
South-Eastern Asia	0.6	0.7	0.8	0.7	0.6	0.7	0.6	0.6	0.7	0.7	Asie du Sud-Est
Western Asia	2.2	2.0	1.7	2.1	2.2	2.1	2.4	2.4	2.4	2.7	Asie occidentale
Oceania	0.1	0.1	0.1	0.0	0.0	0.0	0.1	0.1	0.0	0.1	Océanie

Vêtements pour hommes ou garçonnets, en matières textiles, autres que de bonneterie 841

Trade by commodity

Exports by principal countries or areas

Value in million US dollars

Commerce par produit

Exportations selon les principaux pays ou zones

Valeur en millions de dollars EU

Country or area	2003	2004	2005	2006	2007	Pays ou zone
World	44196.7	48198.0	51713.8	54694.0	59469.0	Monde
Developed Economies	14151.8	15534.9	16104.9	16753.7	19125.0	Economies Développés
- Asia-Pacific	70.3	79.2	77.2	77.8	93.7	- Asie-Pacifique
- Europe	12954.0	14494.4	15085.8	15819.6	18280.7	- Europe
- North America	1127.5	961.3	941.9	856.3	750.6	- Amérique du Nord
South-Eastern Europe	1882.1	2199.8	2274.2	2194.7	2214.9	Europe du Sud-Est
Commonwealth of Independent States	307.9	340.6	376.2	391.9	414.1	Communauté d'Etats indépendants
- Asia	46.6	41.6	30.3	40.4	39.8	- Asie
- Europe	261.3	299.0	345.9	351.4	374.3	- Europe
Northern Africa	1579.9	1733.6	1722.9	1601.6	1817.5	Afrique septentrionale
Sub-Saharan Africa	759.0	829.7	661.7	665.7	566.8	Afrique subsaharienne
Latin America & the Caribbean	2806.9	2963.6	3422.3	2968.9	2724.5	Amérique latine et Caraïbes
- Caribbean	206.5	200.3	198.0	209.7	203.3	- Caraïbes
- Latin America	2600.4	2763.3	3224.4	2759.2	2521.1	- Amérique latine
Eastern Asia	12603.7	13892.5	15867.0	18245.1	19536.6	Asie orientale
Southern Asia	4281.3	4479.8	4917.8	5173.2	5649.7	Asie méridionale
South-Eastern Asia	3769.9	4031.8	4132.2	4686.6	5139.8	Asie du Sud-Est
Western Asia	2029.7	2166.6	2209.7	1991.2	2257.0	Asie occidentale
Oceania	24.6	25.1	24.9	21.3	23.1	Océanie
China	8798.5	10059.2	12118.2	14456.9	15721.9	Chine
Italy	3198.1	3495.5	3610.7	3752.6	4384.2	Italie
China, Hong Kong SAR	2685.9	2785.1	3010.2	3204.1	3310.7	Chine - RAS de Hong-Kong
Germany	1982.4	2361.4	2678.5	2968.8	3505.8	Allemagne
Bangladesh	1940.7	2102.7	2043.3	e2246.4	e2525.4	Bangladesh
Mexico	2157.8	2204.7	2379.4	2207.5	1890.0	Mexique
Turkey	1370.0	1659.5	1828.7	1517.0	1811.4	Turquie
Viet Nam	1079.2	1308.2	1331.3	1704.1	e1987.8	Viet Nam
India	1155.5	1220.6	1501.2	1538.3	1582.5	Inde
Romania	1271.7	1449.7	1430.9	1315.0	1245.9	Roumanie
Belgium	1147.7	1264.7	1339.8	1296.4	1452.4	Belgique
Indonesia	1075.7	1124.7	1264.6	1409.6	1363.2	Indonésie
Tunisia	857.4	940.0	986.7	879.9	1023.1	Tunisie
Netherlands	800.2	871.0	772.0	910.0	1099.4	Pays-Bas
France-Monaco	702.7	859.9	862.5	914.9	1065.4	France-Monaco
Spain	546.1	654.7	688.3	772.2	984.7	Espagne
United Kingdom	576.4	682.5	670.7	788.0	907.9	Royaume-Uni
Pakistan	572.9	518.0	779.6	794.7	892.6	Pakistan
Morocco	624.4	709.2	683.2	673.8	739.8	Maroc
Portugal	683.1	657.8	598.5	551.5	610.4	Portugal
Poland	597.9	594.3	609.1	606.8	655.7	Pologne
Switzerland-Liechtenstein	493.6	558.0	581.3	620.6	680.3	Suisse-Liechtenstein
United States	707.3	556.5	570.5	487.3	436.7	Etats-Unis d'Amérique
Sri Lanka	517.0	538.7	488.7	e546.4	e614.2	Sri Lanka
Thailand	518.7	558.7	530.2	504.1	440.2	Thaïlande

Value as percentages of World total

Valeur en pourcentage du total mondial

Regions of the world	1998	1999	2000	2001	2002	2003	2004	2005	2006	2007	Régions du monde
World	100.0	100.0	100.0	100.0	100.0	100.0	100.0	100.0	100.0	100.0	Monde
Developed Economies	34.4	33.3	28.9	30.2	31.3	32.0	32.2	31.1	30.6	32.2	Economies Développés
- Asia-Pacific	0.2	0.2	0.2	0.1	0.2	0.2	0.2	0.1	0.1	0.2	- Asie-Pacifique
- Europe	29.2	28.6	24.4	26.8	28.2	29.3	30.1	29.2	28.9	30.7	- Europe
- North America	4.9	4.5	4.3	3.3	2.9	2.6	2.0	1.8	1.6	1.3	- Amérique du Nord
South-Eastern Europe	2.8	3.0	3.0	3.5	3.9	4.3	4.6	4.4	4.0	3.7	Europe du Sud-Est
Commonwealth of Independent States	0.7	0.6	0.6	0.7	0.7	0.7	0.7	0.7	0.7	0.7	Communauté d'Etats indépendants
- Asia	0.1	0.1	0.1	0.1	0.1	0.1	0.1	0.1	0.1	0.1	- Asie
- Europe	0.6	0.6	0.5	0.6	0.6	0.6	0.6	0.7	0.6	0.6	- Europe
Northern Africa	4.8	4.3	3.6	4.0	3.7	3.6	3.6	3.3	2.9	3.1	Afrique septentrionale
Sub-Saharan Africa	1.0	1.1	1.6	1.3	1.5	1.7	1.7	1.3	1.2	1.0	Afrique subsaharienne
Latin America & the Caribbean	5.6	5.9	6.7	6.3	6.3	6.4	6.1	6.6	5.4	4.6	Amérique latine et Caraïbes
- Caribbean	0.5	0.1	0.1	0.1	0.1	0.5	0.4	0.4	0.4	0.3	- Caraïbes
- Latin America	5.1	5.8	6.6	6.2	6.2	5.9	5.7	6.2	5.0	4.2	- Amérique latine
Eastern Asia	28.5	28.6	30.9	30.3	28.6	28.5	28.8	30.7	33.4	32.9	Asie orientale
Southern Asia	10.1	9.2	11.0	10.5	10.1	9.7	9.3	9.5	9.5	9.5	Asie méridionale
South-Eastern Asia	8.3	9.6	10.1	9.6	9.3	8.5	8.4	8.0	8.6	8.6	Asie du Sud-Est
Western Asia	3.4	3.4	3.2	3.6	4.6	4.6	4.5	4.3	3.6	3.8	Asie occidentale
Oceania	0.7	1.1	0.5	0.1	0.0	0.1	0.1	0.0	0.0	0.0	Océanie

842 Women's or girls' outerwear, of textile fabrics, not knitted or crocheted

Trade by commodity
Imports by principal countries or areas
Value in million US dollars

Commerce par produit
Importations selon les principaux pays ou zones
Valeur en millions de dollars EU

Country or area	2003	2004	2005	2006	2007	Pays ou zone
World	56310.6	62507.9	68010.0	72350.7	77198.8	Monde
Developed Economies	48404.5	53657.1	57634.9	60663.3	64332.1	Economies Développés
- Asia-Pacific	5447.4	5951.6	6112.6	6566.8	6369.9	- Asie-Pacifique
- Europe	25251.9	28659.9	30993.5	33414.6	37481.7	- Europe
- North America	17705.3	19045.6	20528.9	20681.9	20480.5	- Amérique du Nord
South-Eastern Europe	146.7	214.5	265.5	278.0	390.1	Europe du Sud-Est
Commonwealth of Independent States	149.1	218.8	321.8	558.7	1014.1	Communauté d'Etats indépendants
- Asia	24.1	31.9	40.1	51.0	55.6	- Asie
- Europe	125.0	187.0	281.7	507.7	958.5	- Europe
Northern Africa	92.2	88.2	97.9	110.1	138.3	Afrique septentrionale
Sub-Saharan Africa	188.5	258.0	340.9	399.3	348.5	Afrique subsaharienne
Latin America & the Caribbean	891.7	926.6	1145.6	1228.4	1444.0	Amérique latine et Caraïbes
- Caribbean	91.2	96.9	106.5	105.3	107.4	- Caraïbes
- Latin America	800.5	829.7	1039.0	1123.1	1336.7	- Amérique latine
Eastern Asia	4706.8	5231.7	6066.3	6677.7	6729.5	Asie orientale
Southern Asia	90.6	78.9	37.8	36.6	45.3	Asie méridionale
South-Eastern Asia	390.8	406.1	422.2	560.8	632.1	Asie du Sud-Est
Western Asia	1231.3	1408.1	1653.9	1813.6	2100.6	Asie occidentale
Oceania	18.3	20.1	23.2	24.2	24.2	Océanie
United States	16710.5	17889.5	19148.5	19165.1	18791.0	Etats-Unis d'Amérique
Germany	5578.4	6116.4	6229.5	6552.8	7054.7	Allemagne
United Kingdom	4587.6	5189.7	5532.4	5778.2	6368.4	Royaume-Uni
Japan	4814.1	5211.6	5223.3	5626.1	5348.7	Japon
France-Monaco	3439.4	3914.5	4174.6	4383.1	4842.3	France-Monaco
China, Hong Kong SAR	3491.6	3734.9	4426.4	4584.1	4427.9	Chine - RAS de Hong-Kong
Italy	1805.2	2087.4	2378.4	2801.2	3028.8	Italie
Spain	1447.6	1834.5	2346.5	2854.3	3459.9	Espagne
Belgium	1467.8	1611.8	1858.7	1935.4	2072.8	Belgique
Netherlands	1398.4	1522.9	1506.1	1672.5	1899.7	Pays-Bas
Canada	979.6	1138.3	1362.0	1497.9	1674.7	Canada
Switzerland-Liechtenstein	1063.5	1166.7	1168.4	1160.4	1282.3	Suisse-Liechtenstein
Austria	838.7	980.5	1059.8	1101.0	1259.6	Autriche
Korea, Republic of	620.1	747.5	873.7	1170.5	1340.7	République de Corée
Denmark	664.5	799.5	877.6	986.5	1145.2	Danemark
Australia	515.4	601.6	732.4	782.6	832.7	Australie
Sweden	521.1	575.5	594.5	606.2	678.9	Suède
Saudi Arabia	333.9	384.3	509.1	585.3	572.0	Arabie saoudite
Ireland	343.2	382.8	468.1	500.9	621.0	Irlande
Greece	320.2	355.4	453.3	506.8	636.5	Grèce
Mexico	462.9	397.9	389.2	421.9	450.6	Mexique
Norway	361.8	403.5	424.6	437.2	477.3	Norvège
Portugal	304.1	328.6	371.4	407.8	474.1	Portugal
United Arab Emirates	248.8	337.0	358.5	398.4	e493.0	Emirats arabes unis
Russian Federation	98.3	160.3	207.4	442.0	881.6	Fédération de Russie

Value as percentages of World total

Valeur en pourcentage du total mondial

Regions of the world	1998	1999	2000	2001	2002	2003	2004	2005	2006	2007	Régions du monde
World	100.0	100.0	100.0	100.0	100.0	100.0	100.0	100.0	100.0	100.0	Monde
Developed Economies	84.9	85.7	85.6	82.6	84.8	86.0	85.8	84.7	83.8	83.3	Economies Développés
- Asia-Pacific	7.9	9.2	10.5	10.1	9.7	9.7	9.5	9.0	9.1	8.3	- Asie-Pacifique
- Europe	44.9	44.0	39.6	39.2	42.8	44.8	45.9	45.6	46.2	48.6	- Europe
- North America	32.1	32.5	35.5	33.2	32.4	31.4	30.5	30.2	28.6	26.5	- Amérique du Nord
South-Eastern Europe	0.1	0.1	0.1	0.2	0.2	0.3	0.3	0.4	0.4	0.5	Europe du Sud-Est
Commonwealth of Independent States	0.2	0.1	0.1	0.2	0.4	0.3	0.4	0.5	0.8	1.3	Communauté d'Etats indépendants
- Asia	0.0	0.0	0.0	0.0	0.0	0.0	0.1	0.1	0.1	0.1	- Asie
- Europe	0.1	0.1	0.1	0.2	0.4	0.2	0.3	0.4	0.7	1.2	- Europe
Northern Africa	0.3	0.3	0.2	0.2	0.2	0.2	0.1	0.1	0.2	0.2	Afrique septentrionale
Sub-Saharan Africa	0.2	0.2	0.3	3.3	0.3	0.3	0.4	0.5	0.6	0.5	Afrique subsaharienne
Latin America & the Caribbean	3.3	2.4	2.3	2.0	1.9	1.6	1.5	1.7	1.7	1.9	Amérique latine et Caraïbes
- Caribbean	0.4	0.2	0.3	0.2	0.2	0.2	0.2	0.2	0.1	0.1	- Caraïbes
- Latin America	2.9	2.2	2.0	1.8	1.7	1.4	1.3	1.5	1.6	1.7	- Amérique latine
Eastern Asia	8.1	8.4	8.9	9.0	9.2	8.4	8.4	8.9	9.2	8.7	Asie orientale
Southern Asia	0.0	0.0	0.0	0.0	0.1	0.2	0.1	0.1	0.1	0.1	Asie méridionale
South-Eastern Asia	0.6	0.6	0.8	0.6	0.6	0.7	0.6	0.6	0.8	0.8	Asie du Sud-Est
Western Asia	2.3	2.1	1.7	2.0	2.3	2.2	2.3	2.4	2.5	2.7	Asie occidentale
Oceania	0.0	0.0	0.0	0.0	0.0	0.0	0.0	0.0	0.0	0.0	Océanie

Vêtements pour femmes et fillettes, en matières textiles, autres que de bonneterie 842

Trade by commodity

Exports by principal countries or areas

Value in million US dollars

Commerce par produit

Exportations selon les principaux pays ou zones

Valeur en millions de dollars EU

Country or area	2003	2004	2005	2006	2007	Pays ou zone
World	52511.7	58845.8	64747.4	68708.8	74761.9	Monde
Developed Economies	16660.6	18653.3	19630.5	21166.1	24388.6	Economies Développés
- Asia-Pacific	137.0	160.8	169.0	158.8	176.1	- Asie-Pacifique
- Europe	15756.0	17713.0	18746.6	20262.2	23489.0	- Europe
- North America	767.6	779.5	714.9	745.1	723.4	- Amérique du Nord
South-Eastern Europe	2202.7	2654.8	2633.7	2608.3	2772.7	Europe du Sud-Est
Commonwealth of Independent States	510.1	574.6	563.5	564.4	610.7	Communauté d'Etats indépendants
- Asia	36.2	27.3	32.8	58.3	81.0	- Asie
- Europe	474.0	547.3	530.6	506.0	529.7	- Europe
Northern Africa	1684.4	1783.6	1553.8	1744.4	1919.5	Afrique septentrionale
Sub-Saharan Africa	381.9	388.2	361.6	333.1	396.1	Afrique subsaharienne
Latin America & the Caribbean	1846.7	2181.5	2355.6	1452.8	1419.9	Amérique latine et Caraïbes
- Caribbean	56.3	53.8	43.0	36.4	29.4	- Caraïbes
- Latin America	1790.4	2127.7	2312.6	1416.5	1390.5	- Amérique latine
Eastern Asia	18375.9	20520.7	23800.1	26862.4	28429.5	Asie orientale
Southern Asia	3894.5	4203.0	5638.4	5654.5	5710.1	Asie méridionale
South-Eastern Asia	3708.6	4208.5	4390.3	4632.1	5073.2	Asie du Sud-Est
Western Asia	2920.8	3342.8	3516.2	3383.9	3724.1	Asie occidentale
Oceania	325.5	334.6	303.8	306.8	317.3	Océanie
China	11103.3	12833.0	15711.9	18748.0	20597.3	Chine
China, Hong Kong SAR	5893.3	6294.6	7074.1	7397.6	7144.6	Chine - RAS de Hong-Kong
Italy	3750.0	4099.5	4433.1	4819.8	5661.0	Italie
Germany	2914.5	3262.4	3378.2	3729.3	4241.2	Allemagne
Turkey	2274.8	2665.6	2816.5	2625.0	2981.8	Turquie
India	1893.2	2019.8	3324.1	3111.6	2971.6	Inde
Romania	1539.8	1826.7	1806.5	1746.3	1718.6	Roumanie
France-Monaco	1295.6	1494.3	1668.8	1845.4	2270.6	France-Monaco
Spain	1069.9	1286.9	1411.5	1743.2	2002.3	Espagne
Belgium	1170.0	1202.3	1328.3	1433.7	1644.3	Belgique
Indonesia	1160.4	1265.4	1347.5	1468.3	1475.9	Indonésie
Mexico	1448.3	1718.6	1592.8	1034.9	721.4	Mexique
Viet Nam	634.3	974.6	1194.0	1317.8	e1537.2	Viet Nam
Morocco	1020.6	1070.6	974.3	1212.4	1288.7	Maroc
United Kingdom	926.8	1026.0	1040.4	1124.3	1448.7	Royaume-Uni
Bangladesh	827.6	985.8	982.2	e1079.9	e1214.0	Bangladesh
Sri Lanka	850.7	892.4	865.8	e968.0	e1088.0	Sri Lanka
Netherlands	692.6	832.9	858.5	951.3	1203.5	Pays-Bas
Denmark	632.8	767.1	887.7	977.6	1043.7	Danemark
Poland	779.8	844.7	770.6	732.1	779.6	Pologne
Philippines	784.8	758.7	754.8	714.4	480.8	Philippines
Tunisia	630.3	676.6	558.0	505.9	590.6	Tunisie
Thailand	576.4	654.8	636.4	572.9	467.6	Thaïlande
Bulgaria	434.6	508.3	477.4	498.0	576.5	Bulgarie
United States	436.8	440.7	417.9	469.1	481.1	Etats-Unis d'Amérique

Value as percentages of World total

Valeur en pourcentage du total mondial

Regions of the world	1998	1999	2000	2001	2002	2003	2004	2005	2006	2007	Régions du monde
World	100.0	100.0	100.0	100.0	100.0	100.0	100.0	100.0	100.0	100.0	Monde
Developed Economies	37.2	35.5	30.4	31.2	31.1	31.7	31.7	30.3	30.8	32.6	Economies Développés
- Asia-Pacific	0.3	0.3	0.3	0.3	0.3	0.3	0.3	0.3	0.2	0.2	- Asie-Pacifique
- Europe	33.7	32.4	27.4	28.8	29.0	30.0	30.1	29.0	29.5	31.4	- Europe
- North America	3.3	2.8	2.8	2.2	1.8	1.5	1.3	1.1	1.1	1.0	- Amérique du Nord
South-Eastern Europe	2.7	2.7	2.9	3.7	3.8	4.2	4.5	4.1	3.8	3.7	Europe du Sud-Est
Commonwealth of Independent States	1.2	1.0	1.0	1.1	1.0	1.0	1.0	0.9	0.8	0.8	Communauté d'Etats indépendants
- Asia	0.0	0.0	0.0	0.0	0.0	0.1	0.0	0.1	0.1	0.1	- Asie
- Europe	1.1	1.0	0.9	1.1	0.9	0.9	0.9	0.8	0.7	0.7	- Europe
Northern Africa	3.5	3.5	3.1	3.2	3.1	3.2	3.0	2.4	2.5	2.6	Afrique septentrionale
Sub-Saharan Africa	0.3	0.3	0.5	0.5	0.5	0.7	0.7	0.6	0.5	0.5	Afrique subsaharienne
Latin America & the Caribbean	5.0	5.1	5.5	4.9	4.4	3.5	3.7	3.6	2.1	1.9	Amérique latine et Caraïbes
- Caribbean	0.3	0.0	0.0	0.0	0.0	0.1	0.1	0.1	0.1	0.0	- Caraïbes
- Latin America	4.8	5.1	5.5	4.9	4.4	3.4	3.6	3.6	2.1	1.9	- Amérique latine
Eastern Asia	30.7	31.7	33.6	33.9	34.4	35.0	34.9	36.8	39.1	38.0	Asie orientale
Southern Asia	8.5	8.1	9.3	8.1	7.9	7.4	7.1	8.7	8.2	7.6	Asie méridionale
South-Eastern Asia	6.3	7.2	8.3	7.6	7.4	7.1	7.2	6.8	6.7	6.8	Asie du Sud-Est
Western Asia	4.4	4.5	4.7	5.0	5.7	5.6	5.7	5.4	4.9	5.0	Asie occidentale
Oceania	0.3	0.3	0.5	0.8	0.7	0.6	0.6	0.5	0.4	0.4	Océanie

843 Men's or boys' outerwear, of textile fabrics, knitted or crocheted

Trade by commodity
Imports by principal countries or areas
Value in million US dollars

Commerce par produit
Importations selon les principaux pays ou zones
Valeur en millions de dollars EU

Country or area	2003	2004	2005	2006	2007	Pays ou zone
World	11007.1	11872.6	12843.4	14436.4	16493.9	Monde
Developed Economies	9011.0	9781.4	10615.6	12001.6	13736.3	Economies Développés
- Asia-Pacific	798.8	912.1	999.0	1125.0	1211.3	- Asie-Pacifique
- Europe	3919.0	4580.9	4875.5	5550.7	6554.4	- Europe
- North America	4293.1	4288.3	4741.1	5325.9	5970.5	- Amérique du Nord
South-Eastern Europe	57.0	70.7	68.9	67.8	110.5	Europe du Sud-Est
Commonwealth of Independent States	45.5	50.3	68.8	103.0	180.2	Communauté d'Etats indépendants
- Asia	16.3	19.7	22.4	30.6	63.4	- Asie
- Europe	29.2	30.7	46.4	72.4	116.8	- Europe
Northern Africa	25.6	26.6	26.7	28.8	44.9	Afrique septentrionale
Sub-Saharan Africa	68.5	95.0	114.1	156.3	147.7	Afrique subsaharienne
Latin America & the Caribbean	428.5	408.4	447.4	441.4	450.1	Amérique latine et Caraïbes
- Caribbean	145.1	156.1	157.4	121.3	81.4	- Caraïbes
- Latin America	283.4	252.3	290.0	320.2	368.7	- Amérique latine
Eastern Asia	883.7	942.0	1002.9	1103.6	1235.9	Asie orientale
Southern Asia	47.6	24.2	17.1	15.4	15.4	Asie méridionale
South-Eastern Asia	226.7	242.8	210.1	239.1	233.2	Asie du Sud-Est
Western Asia	207.5	225.4	266.5	273.7	330.4	Asie occidentale
Oceania	5.5	5.7	5.4	5.7	9.2	Océanie
United States	4089.2	4070.8	4477.6	4994.2	5591.1	Etats-Unis d'Amérique
United Kingdom	829.2	953.9	1011.6	1149.6	1208.2	Royaume-Uni
Japan	678.0	762.6	825.9	918.1	968.7	Japon
Germany	653.0	718.9	790.0	884.7	1021.7	Allemagne
China, Hong Kong SAR	683.8	719.3	763.6	816.5	912.6	Chine - RAS de Hong-Kong
Italy	379.1	512.8	554.4	668.5	813.0	Italie
France-Monaco	474.7	527.6	540.3	586.7	768.1	France-Monaco
Spain	297.4	387.8	407.0	486.6	579.5	Espagne
Belgium	209.7	261.0	283.8	303.6	357.0	Belgique
Canada	201.6	214.1	260.8	328.9	376.5	Canada
Netherlands	203.5	231.1	240.8	308.8	340.7	Pays-Bas
Singapore	200.6	216.1	179.3	199.3	176.4	Singapour
Austria	132.5	140.3	147.7	155.0	186.0	Autriche
Australia	97.4	122.8	141.1	170.4	200.1	Australie
Mexico	162.0	134.0	141.6	145.3	128.0	Mexique
Switzerland-Liechtenstein	108.5	112.2	109.6	124.4	149.9	Suisse-Liechtenstein
Sweden	98.9	94.3	96.6	117.0	140.0	Suède
Denmark	84.8	93.2	99.6	121.8	139.3	Danemark
Portugal	67.8	124.0	111.0	96.1	128.5	Portugal
Korea, Republic of	114.0	105.6	91.5	96.4	117.2	République de Corée
Ireland	71.9	63.1	84.4	94.7	103.9	Irlande
Greece	53.9	65.1	79.8	81.1	127.8	Grèce
United Arab Emirates	48.6	61.6	77.7	91.6	e113.4	Emirates arabes unis
Dominican Republic	e83.1	e79.9	e86.7	e56.5	e17.7	République dominicaine
Norway	55.7	54.0	56.3	64.4	80.8	Norvège

Value as percentages of World total

Valeur en pourcentage du total mondial

Regions of the world	1998	1999	2000	2001	2002	2003	2004	2005	2006	2007	Régions du monde
World	100.0	100.0	100.0	100.0	100.0	100.0	100.0	100.0	100.0	100.0	Monde
Developed Economies	82.1	82.2	79.5	80.5	81.7	81.9	82.4	82.7	83.1	83.3	Economies Développés
- Asia-Pacific	8.5	8.7	9.4	8.6	7.4	7.3	7.7	7.8	7.8	7.3	- Asie-Pacifique
- Europe	37.9	37.0	32.9	33.6	33.8	35.6	38.6	38.0	38.4	39.7	- Europe
- North America	35.7	36.5	37.2	38.3	40.5	39.0	36.1	36.9	36.9	36.2	- Amérique du Nord
South-Eastern Europe	0.2	0.4	0.4	0.5	0.5	0.5	0.6	0.5	0.5	0.7	Europe du Sud-Est
Commonwealth of Independent States	0.2	0.2	0.2	0.2	0.3	0.4	0.4	0.5	0.7	1.1	Communauté d'Etats indépendants
- Asia	0.1	0.1	0.1	0.1	0.1	0.1	0.2	0.2	0.2	0.4	- Asie
- Europe	0.1	0.1	0.1	0.1	0.2	0.3	0.3	0.4	0.5	0.7	- Europe
Northern Africa	0.4	0.3	0.3	0.3	0.3	0.2	0.2	0.2	0.2	0.3	Afrique septentrionale
Sub-Saharan Africa	0.4	0.4	0.6	0.6	0.5	0.6	0.8	0.9	1.1	0.9	Afrique subsaharienne
Latin America & the Caribbean	3.8	3.7	5.0	4.5	3.7	3.9	3.4	3.5	3.1	2.7	Amérique latine et Caraïbes
- Caribbean	0.8	0.3	0.6	0.6	0.6	1.3	1.3	1.2	0.8	0.5	- Caraïbes
- Latin America	2.9	3.4	4.4	3.9	3.0	2.6	2.1	2.3	2.2	2.2	- Amérique latine
Eastern Asia	9.0	8.9	9.7	9.3	9.0	8.0	7.9	7.8	7.6	7.5	Asie orientale
Southern Asia	0.0	0.0	0.1	0.1	0.3	0.4	0.2	0.1	0.1	0.1	Asie méridionale
South-Eastern Asia	2.2	2.3	2.4	2.1	2.0	2.1	2.0	1.6	1.7	1.4	Asie du Sud-Est
Western Asia	1.5	1.4	1.8	1.9	1.7	1.9	1.9	2.1	1.9	2.0	Asie occidentale
Oceania	0.1	0.1	0.1	0.1	0.1	0.1	0.0	0.0	0.0	0.1	Océanie

Trade by commodity
Exports by principal countries or areas
Value in million US dollars

Commerce par produit
Exportations selon les principaux pays ou zones
Valeur en millions de dollars EU

Country or area	2003	2004	2005	2006	2007	Pays ou zone
World	12843.0	14125.0	15027.4	18129.0	23479.4	Monde
Developed Economies	2598.3	2749.7	2756.3	3010.7	3510.1	Economies Développés
- Asia-Pacific	32.0	38.8	35.6	32.6	39.4	- Asie-Pacifique
- Europe	2081.1	2298.7	2333.2	2624.1	3211.3	- Europe
- North America	485.2	412.2	387.6	354.0	259.4	- Amérique du Nord
South-Eastern Europe	202.8	243.9	222.4	225.9	249.6	Europe du Sud-Est
Commonwealth of Independent States	28.1	28.8	30.4	33.3	48.8	Communauté d'Etats indépendants
- Asia	6.4	5.5	7.3	7.7	9.1	- Asie
- Europe	21.7	23.3	23.1	25.6	39.8	- Europe
Northern Africa	138.1	135.2	100.1	85.4	113.4	Afrique septentrionale
Sub-Saharan Africa	271.4	163.8	116.9	119.4	204.0	Afrique subsaharienne
Latin America & the Caribbean	672.5	749.8	894.4	683.3	907.0	Amérique latine et Caraïbes
- Caribbean	80.0	77.4	80.6	75.3	81.5	- Caraïbes
- Latin America	592.5	672.4	813.8	608.0	825.5	- Amérique latine
Eastern Asia	4278.2	4819.7	5207.6	7763.0	12314.0	Asie orientale
Southern Asia	1830.6	2200.8	2349.8	2460.4	2670.4	Asie méridionale
South-Eastern Asia	2028.3	2175.6	2481.8	2726.8	2336.2	Asie du Sud-Est
Western Asia	500.9	556.3	560.0	707.7	803.5	Asie occidentale
Oceania	293.7	301.4	307.7	313.1	322.2	Océanie
China	2855.0	3501.0	3959.3	6447.1	10891.2	Chine
China, Hong Kong SAR	913.8	887.1	949.4	1052.8	1201.4	Chine - RAS de Hong-Kong
Pakistan	647.4	748.8	796.4	901.8	865.7	Pakistan
India	736.7	731.0	787.7	733.3	873.7	Inde
Bangladesh	266.5	531.4	544.6	e598.8	e673.2	Bangladesh
Thailand	424.9	489.2	504.5	565.0	566.2	Thaïlande
Cambodia	447.6	488.9	e559.2	e664.1	e331.3	Cambodge
Italy	345.5	391.5	376.6	422.4	525.1	Italie
Viet Nam	320.0	358.9	416.5	418.3	e488.0	Viet Nam
Indonesia	213.1	258.5	434.1	454.8	445.1	Indonésie
Turkey	305.3	319.9	335.2	341.8	459.6	Turquie
Germany	201.9	239.5	303.8	358.9	428.5	Allemagne
United States	395.5	324.5	302.0	271.0	188.1	Etats-Unis d'Amérique
Northern Mariana Islands	e278.1	e286.4	e295.0	e303.9	e313.0	Iles Marianes septentrionales
France-Monaco	265.0	269.1	271.0	306.7	356.3	France-Monaco
Belgium	161.2	202.1	235.0	287.9	383.5	Belgique
Mexico	317.7	300.5	258.6	200.2	177.6	Mexique
Peru	152.4	192.0	229.3	256.2	289.6	Pérou
Portugal	216.1	237.4	208.6	203.4	251.0	Portugal
United Kingdom	175.8	202.4	195.5	235.5	276.0	Royaume-Uni
Philippines	206.2	183.1	206.1	249.1	156.3	Philippines
Netherlands	148.8	159.4	161.9	205.4	269.3	Pays-Bas
Singapore	184.7	193.5	168.3	204.8	162.8	Singapour
Sri Lanka	149.5	153.1	173.1	e193.5	e217.5	Sri Lanka
Malaysia	165.8	174.6	153.5	123.7	126.5	Malaisie

Value as percentages of World total

Valeur en pourcentage du total mondial

Regions of the world	1998	1999	2000	2001	2002	2003	2004	2005	2006	2007	Régions du monde
World	100.0	100.0	100.0	100.0	100.0	100.0	100.0	100.0	100.0	100.0	Monde
Developed Economies	25.9	24.8	21.6	22.1	20.4	20.2	19.5	18.3	16.6	14.9	Economies Développés
- Asia-Pacific	0.3	0.3	0.3	0.3	0.3	0.2	0.3	0.2	0.2	0.2	- Asie-Pacifique
- Europe	20.1	18.7	15.2	16.0	15.4	16.2	16.3	15.5	14.5	13.7	- Europe
- North America	5.6	5.8	6.1	5.9	4.7	3.8	2.9	2.6	2.0	1.1	- Amérique du Nord
South-Eastern Europe	0.8	0.9	1.1	1.4	1.6	1.6	1.7	1.5	1.2	1.1	Europe du Sud-Est
Commonwealth of Independent States	0.1	0.2	0.2	0.2	0.2	0.2	0.2	0.2	0.2	0.2	Communauté d'Etats indépendants
- Asia	0.0	0.0	0.1	0.1	0.1	0.0	0.0	0.0	0.0	0.0	- Asie
- Europe	0.1	0.1	0.1	0.2	0.2	0.2	0.2	0.2	0.1	0.2	- Europe
Northern Africa	1.2	1.5	1.2	1.2	1.3	1.1	1.0	0.7	0.5	0.5	Afrique septentrionale
Sub-Saharan Africa	0.8	0.9	1.1	1.1	1.2	2.1	1.2	0.8	0.7	0.9	Afrique subsaharienne
Latin America & the Caribbean	4.4	5.5	6.4	5.5	5.2	5.2	5.3	6.0	3.8	3.9	Amérique latine et Caraïbes
- Caribbean	0.5	0.3	0.3	0.2	0.2	0.6	0.5	0.5	0.4	0.3	- Caraïbes
- Latin America	3.9	5.2	6.1	5.3	5.0	4.6	4.8	5.4	3.4	3.5	- Amérique latine
Eastern Asia	33.8	32.4	32.9	31.1	32.0	33.3	34.1	34.7	42.8	52.4	Asie orientale
Southern Asia	11.1	11.8	14.1	14.0	14.5	14.3	15.6	15.6	13.6	11.4	Asie méridionale
South-Eastern Asia	15.0	16.4	16.9	16.5	16.3	15.8	15.4	16.5	15.0	10.0	Asie du Sud-Est
Western Asia	4.7	4.3	3.7	4.1	4.8	3.9	3.9	3.7	3.9	3.4	Asie occidentale
Oceania	2.1	1.3	0.7	2.7	2.5	2.3	2.1	2.0	1.7	1.4	Océanie

844 Women's or girls' outerwear, of textile fabrics, knitted or crocheted

Trade by commodity
Imports by principal countries or areas
Value in million US dollars

Commerce par produit
Importations selon les principaux pays ou zones
Valeur en millions de dollars EU

Country or area	2003	2004	2005	2006	2007	Pays ou zone
World	20483.4	22591.6	23785.2	26615.2	31911.5	Monde
Developed Economies	16702.3	18422.7	19465.6	22073.7	26618.4	Economies Développés
- Asia-Pacific	1738.3	2111.8	2505.5	2836.0	3252.1	- Asie-Pacifique
- Europe	8346.3	9327.6	9631.2	10998.5	13967.0	- Europe
- North America	6617.7	6983.3	7328.8	8239.1	9399.3	- Amérique du Nord
South-Eastern Europe	208.9	235.4	216.1	232.6	301.2	Europe du Sud-Est
Commonwealth of Independent States	73.9	68.6	104.1	169.2	318.8	Communauté d'Etats indépendants
- Asia	21.9	12.4	13.3	23.7	47.7	- Asie
- Europe	52.0	56.2	90.8	145.5	271.1	- Europe
Northern Africa	66.3	62.4	45.0	48.1	85.8	Afrique septentrionale
Sub-Saharan Africa	77.7	137.7	152.6	170.2	166.3	Afrique subsaharienne
Latin America & the Caribbean	500.8	548.2	592.8	615.5	749.0	Amérique latine et Caraïbes
- Caribbean	46.3	104.5	81.3	60.7	29.0	- Caraïbes
- Latin America	454.5	443.7	511.4	554.8	720.0	- Amérique latine
Eastern Asia	2170.8	2380.5	2416.4	2449.8	2635.7	Asie orientale
Southern Asia	45.2	12.5	13.6	15.6	14.7	Asie méridionale
South-Eastern Asia	337.0	338.9	354.4	376.9	397.1	Asie du Sud-Est
Western Asia	293.7	377.6	418.0	457.2	616.0	Asie occidentale
Oceania	6.8	7.0	6.7	6.4	8.4	Océanie
United States	6229.0	6554.8	6854.5	7645.8	8674.1	Etats-Unis d'Amérique
Japan	1500.7	1810.1	2155.6	2441.4	2767.5	Japon
Germany	1799.5	1892.7	1971.4	2230.0	2690.8	Allemagne
China, Hong Kong SAR	1901.3	2065.8	2081.3	1994.2	2119.1	Chine - RAS de Hong-Kong
United Kingdom	1510.5	1703.4	1711.4	1868.2	2226.7	Royaume-Uni
France-Monaco	1148.8	1274.2	1359.0	1480.1	1886.6	France-Monaco
Italy	566.9	722.2	717.9	890.4	1136.8	Italie
Spain	429.6	574.6	614.8	743.3	1022.0	Espagne
Belgium	446.9	476.0	491.1	542.9	699.2	Belgique
Canada	385.6	424.8	470.3	588.1	719.9	Canada
Netherlands	404.9	446.1	448.0	529.4	661.9	Pays-Bas
Austria	343.9	386.9	385.1	420.6	519.3	Autriche
Denmark	274.8	293.1	288.7	367.4	471.4	Danemark
Singapore	311.3	304.4	310.3	318.8	324.6	Singapour
Switzerland-Liechtenstein	262.7	280.8	280.5	308.8	383.9	Suisse-Liechtenstein
Australia	186.4	242.7	285.1	320.1	394.6	Australie
Sweden	209.7	212.7	220.5	273.0	342.7	Suède
Mexico	281.2	229.1	205.5	214.9	243.8	Mexique
Greece	109.8	153.4	165.1	200.2	445.9	Grèce
Ireland	170.5	166.7	183.8	216.9	286.9	Irlande
Norway	125.8	119.0	131.9	153.0	207.3	Norvège
Bulgaria	150.7	150.0	117.9	122.1	129.9	Bulgarie
Portugal	106.6	133.2	120.8	142.6	165.2	Portugal
United Arab Emirates	86.2	104.8	113.2	148.4	e183.6	Emirates arabes unis
Finland	98.2	109.5	114.2	137.1	161.3	Finlande

Value as percentages of World total

Valeur en pourcentage du total mondial

Regions of the world	1998	1999	2000	2001	2002	2003	2004	2005	2006	2007	Régions du monde
World	100.0	100.0	100.0	100.0	100.0	100.0	100.0	100.0	100.0	100.0	Monde
Developed Economies	82.5	81.8	80.9	73.1	80.0	81.5	81.5	81.8	82.9	83.4	Economies Développés
- Asia-Pacific	9.5	9.4	9.9	8.7	8.5	8.5	9.3	10.5	10.7	10.2	- Asie-Pacifique
- Europe	43.5	41.4	39.2	34.5	38.0	40.7	41.3	40.5	41.3	43.8	- Europe
- North America	29.5	31.1	31.9	29.9	33.5	32.3	30.9	30.8	31.0	29.5	- Amérique du Nord
South-Eastern Europe	0.2	0.4	0.5	0.6	0.8	1.0	1.0	0.9	0.9	0.9	Europe du Sud-Est
Commonwealth of Independent States	0.2	0.2	0.2	0.2	0.3	0.4	0.3	0.4	0.6	1.0	Communauté d'Etats indépendants
- Asia	0.0	0.1	0.0	0.0	0.1	0.1	0.1	0.1	0.1	0.1	- Asie
- Europe	0.2	0.1	0.1	0.2	0.2	0.3	0.2	0.4	0.5	0.8	- Europe
Northern Africa	0.4	0.4	0.3	0.3	0.4	0.3	0.3	0.2	0.2	0.3	Afrique septentrionale
Sub-Saharan Africa	0.2	0.2	0.3	8.7	0.3	0.4	0.6	0.6	0.6	0.5	Afrique subsaharienne
Latin America & the Caribbean	3.6	3.1	3.6	3.3	3.1	2.4	2.4	2.5	2.3	2.3	Amérique latine et Caraïbes
- Caribbean	0.4	0.2	0.3	0.2	0.3	0.2	0.5	0.3	0.2	0.1	- Caraïbes
- Latin America	3.2	2.9	3.3	3.1	2.9	2.2	2.0	2.2	2.1	2.3	- Amérique latine
Eastern Asia	10.2	11.6	11.5	11.2	12.1	10.6	10.5	10.2	9.2	8.3	Asie orientale
Southern Asia	0.0	0.0	0.0	0.0	0.1	0.2	0.1	0.1	0.1	0.0	Asie méridionale
South-Eastern Asia	1.2	1.3	1.7	1.4	1.5	1.6	1.5	1.5	1.4	1.2	Asie du Sud-Est
Western Asia	1.3	1.0	1.2	1.2	1.3	1.4	1.7	1.8	1.7	1.9	Asie occidentale
Oceania	0.1	0.1	0.1	0.0	0.0	0.0	0.0	0.0	0.0	0.0	Océanie

Trade by commodity

Commerce par produit

Exports by principal countries or areas

Exportations selon les principaux pays ou zones

Value in million US dollars

Valeur en millions de dollars EU

Country or area	2003	2004	2005	2006	2007	Pays ou zone
World	23062.8	25719.7	26155.8	31667.0	40185.7	Monde
Developed Economies	5973.2	6365.9	6244.6	6848.5	8363.1	Economies Développés
- Asia-Pacific	138.3	133.4	76.3	63.4	67.3	- Asie-Pacifique
- Europe	5257.6	5648.6	5574.4	6219.3	7800.2	- Europe
- North America	577.3	584.0	593.9	565.8	495.6	- Amérique du Nord
South-Eastern Europe	552.6	655.5	622.9	647.2	759.9	Europe du Sud-Est
Commonwealth of Independent States	87.7	89.7	89.2	105.9	140.4	Communauté d'Etats indépendants
- Asia	18.5	22.4	23.1	19.6	28.4	- Asie
- Europe	69.2	67.3	66.1	86.2	112.0	- Europe
Northern Africa	298.4	298.2	274.8	262.0	387.7	Afrique septentrionale
Sub-Saharan Africa	159.0	178.7	139.6	179.1	239.1	Afrique subsaharienne
Latin America & the Caribbean	1132.2	1175.1	1817.0	996.9	1662.0	Amérique latine et Caraïbes
- Caribbean	59.7	59.7	37.2	31.5	32.3	- Caraïbes
- Latin America	1072.5	1115.4	1779.8	965.3	1629.8	- Amérique latine
Eastern Asia	9089.7	10663.6	10100.6	14641.1	20329.7	Asie orientale
Southern Asia	1314.5	1374.1	1626.5	1810.2	2088.9	Asie méridionale
South-Eastern Asia	2511.5	2747.8	3108.4	3743.4	3475.5	Asie du Sud-Est
Western Asia	1661.0	1876.7	1832.2	2128.1	2426.1	Asie occidentale
Oceania	283.0	294.5	299.9	304.6	313.4	Océanie
China	5278.6	6659.5	6252.1	10998.2	16522.5	Chine
China, Hong Kong SAR	2759.6	3029.9	3032.3	2953.6	3191.5	Chine - RAS de Hong-Kong
Turkey	1322.5	1327.1	1304.5	1408.5	1817.1	Turquie
Germany	612.3	701.2	798.1	947.7	1221.7	Allemagne
Cambodia	616.1	739.0	e845.3	e1003.8	e673.7	Cambodge
Italy	623.0	707.6	717.8	770.2	984.0	Italie
India	613.4	581.2	745.6	793.1	939.6	Inde
Greece	738.5	760.1	624.3	585.5	577.4	Grèce
France-Monaco	509.8	552.6	586.1	650.3	849.5	France-Monaco
Viet Nam	431.7	527.1	605.2	634.9	e740.7	Viet Nam
Mexico	700.3	654.5	577.0	457.9	333.3	Mexique
Indonesia	300.2	347.0	470.8	637.9	733.6	Indonésie
Belgium	352.3	370.1	379.7	469.2	607.8	Belgique
United States	434.3	441.1	446.3	422.2	365.9	Etats-Unis d'Amérique
United Kingdom	371.1	403.4	353.1	420.0	503.7	Royaume-Uni
Sri Lanka	267.2	298.6	431.6	e482.5	e542.4	Sri Lanka
Denmark	301.9	286.1	311.1	408.9	475.5	Danemark
Thailand	263.8	302.9	352.3	382.3	386.6	Thaïlande
China, Macao SAR	380.3	396.8	e349.3	280.5	e279.0	Chine - RAS de Macao
Singapore	382.4	348.3	293.6	325.4	308.3	Singapour
Spain	242.0	264.6	290.6	359.4	494.4	Espagne
Austria	270.1	320.6	325.7	316.4	387.5	Autriche
Philippines	237.4	206.7	290.3	491.0	320.7	Philippines
Portugal	307.7	295.9	248.9	253.1	381.6	Portugal
Northern Mariana Islands	e278.1	e286.4	e295.0	e303.9	e313.0	Iles Mariannes septentrionales

Value as percentages of World total

Valeur en pourcentage du total mondial

Regions of the world	1998	1999	2000	2001	2002	2003	2004	2005	2006	2007	Régions du monde
World	100.0	100.0	100.0	100.0	100.0	100.0	100.0	100.0	100.0	100.0	Monde
Developed Economies	32.0	31.3	28.3	28.0	26.3	25.9	24.8	23.9	21.6	20.8	Economies Développés
- Asia-Pacific	0.3	0.3	0.3	0.3	0.5	0.6	0.5	0.3	0.2	0.2	- Asie-Pacifique
- Europe	27.2	26.7	23.5	23.1	22.2	22.8	22.0	21.3	19.6	19.4	- Europe
- North America	4.4	4.3	4.6	4.6	3.6	2.5	2.3	2.3	1.8	1.2	- Amérique du Nord
South-Eastern Europe	0.8	1.1	1.4	1.9	2.1	2.4	2.5	2.4	2.0	1.9	Europe du Sud-Est
Commonwealth of Independent States	0.4	0.5	0.5	0.4	0.4	0.4	0.3	0.3	0.3	0.3	Communauté d'Etats indépendants
- Asia	0.0	0.0	0.0	0.0	0.1	0.1	0.1	0.1	0.1	0.1	- Asie
- Europe	0.4	0.5	0.4	0.4	0.3	0.3	0.3	0.3	0.3	0.3	- Europe
Northern Africa	1.3	1.3	1.5	1.3	1.3	1.3	1.2	1.1	0.8	1.0	Afrique septentrionale
Sub-Saharan Africa	0.3	0.3	0.7	0.6	0.6	0.7	0.7	0.5	0.6	0.6	Afrique subsaharienne
Latin America & the Caribbean	4.6	5.4	5.9	6.5	5.8	4.9	4.6	6.9	3.1	4.1	Amérique latine et Caraïbes
- Caribbean	0.5	0.3	0.3	0.3	0.2	0.3	0.2	0.1	0.1	0.1	- Caraïbes
- Latin America	4.1	5.1	5.6	6.2	5.6	4.7	4.3	6.8	3.0	4.1	- Amérique latine
Eastern Asia	41.4	40.3	39.4	38.5	39.5	39.4	41.5	38.6	46.2	50.6	Asie orientale
Southern Asia	3.6	4.0	4.7	4.7	5.3	5.7	5.3	6.2	5.7	5.2	Asie méridionale
South-Eastern Asia	7.1	8.5	10.1	10.5	10.6	10.9	10.7	11.9	11.8	8.6	Asie du Sud-Est
Western Asia	7.8	6.9	7.1	6.1	6.7	7.2	7.3	7.0	6.7	6.0	Asie occidentale
Oceania	0.7	0.5	0.4	1.6	1.5	1.2	1.1	1.1	1.0	0.8	Océanie

845 Articles of apparel, of textile fabrics, whether or not knitted or crocheted, nes

Trade by commodity
Imports by principal countries or areas
Value in million US dollars

Commerce par produit
Importations selon les principaux pays ou zones
Valeur en millions de dollars EU

Country or area	2003	2004	2005	2006	2007	Pays ou zone
World	81804.7	91944.2	97877.4	106259.4	115432.3	Monde
Developed Economies	68560.5	77403.4	81976.0	88257.7	95455.1	Economies Développés
- Asia-Pacific	7383.6	8438.7	8841.3	9046.6	9241.4	- Asie-Pacifique
- Europe	36483.8	42223.0	44861.5	49171.2	55200.4	- Europe
- North America	24693.1	26741.7	28273.2	30039.8	31013.3	- Amérique du Nord
South-Eastern Europe	307.4	428.5	478.6	484.8	628.1	Europe du Sud-Est
Commonwealth of Independent States	231.9	282.8	461.6	651.1	1077.1	Communauté d'Etats indépendants
- Asia	57.4	75.3	83.8	91.8	141.1	- Asie
- Europe	174.5	207.5	377.8	559.3	935.9	- Europe
Northern Africa	418.2	459.0	391.7	388.2	452.3	Afrique septentrionale
Sub-Saharan Africa	318.5	432.2	541.1	687.2	796.0	Afrique subsaharienne
Latin America & the Caribbean	2022.8	1974.1	2138.3	2260.4	2288.8	Amérique latine et Caraïbes
- Caribbean	377.3	375.9	380.8	319.5	204.2	- Caraïbes
- Latin America	1645.4	1598.3	1758.0	1940.9	2084.6	- Amérique latine
Eastern Asia	7683.7	8250.3	8940.4	9952.9	10380.8	Asie orientale
Southern Asia	125.9	106.3	87.9	109.7	129.1	Asie méridionale
South-Eastern Asia	1015.8	1195.6	1119.1	1327.8	1397.9	Asie du Sud-Est
Western Asia	1083.5	1370.8	1701.4	2098.8	2778.7	Asie occidentale
Oceania	36.5	41.2	41.0	40.7	48.4	Océanie
United States	23160.4	24909.1	26262.0	27706.1	28446.5	Etats-Unis d'Amérique
Germany	7442.1	8134.6	8465.8	9259.8	9769.1	Allemagne
Japan	6532.6	7371.1	7579.6	7731.6	7761.2	Japon
United Kingdom	5797.3	6839.0	7313.0	7699.6	8585.2	Royaume-Uni
China, Hong Kong SAR	6073.6	6493.4	7075.4	7480.0	7702.3	Chine - RAS de Hong-Kong
France-Monaco	5554.1	6281.5	6629.0	7036.5	7733.4	France-Monaco
Italy	3340.4	4064.3	4380.5	5040.1	5702.8	Italie
Spain	2250.4	2929.2	3357.8	3947.8	4673.6	Espagne
Belgium	2287.3	2602.9	2883.6	3090.7	3428.2	Belgique
Netherlands	1846.5	2164.5	2117.6	2402.9	2634.8	Pays-Bas
Canada	1516.1	1812.7	1990.4	2312.8	2543.0	Canada
Austria	1229.7	1371.3	1451.5	1536.1	1772.7	Autriche
Switzerland-Liechtenstein	1240.4	1374.3	1380.8	1449.1	1585.4	Suisse-Liechtenstein
Denmark	919.7	1052.2	1087.8	1298.9	1461.7	Danemark
Sweden	845.9	946.0	976.8	1054.5	1187.2	Suède
Mexico	1197.1	1010.7	959.6	972.7	851.5	Mexique
Singapore	862.6	994.8	903.1	1049.2	994.6	Singapour
Korea, Republic of	786.3	812.4	837.4	1068.9	1272.9	République de Corée
Australia	666.1	850.0	1006.7	1042.9	1162.5	Australie
Ireland	486.8	571.3	675.2	736.5	881.9	Irlande
Norway	523.9	604.1	655.2	710.6	820.0	Norvège
Portugal	497.6	537.4	540.2	570.4	759.4	Portugal
China	470.7	519.5	541.5	560.8	587.1	Chine
Greece	319.9	438.5	481.3	561.7	791.6	Grèce
United Arab Emirates	266.5	361.0	466.3	595.6	e737.0	Emirates arabes unis

Value as percentages of World total

Valeur en pourcentage du total mondial

Regions of the world	1998	1999	2000	2001	2002	2003	2004	2005	2006	2007	Régions du monde
World	100.0	100.0	100.0	100.0	100.0	100.0	100.0	100.0	100.0	100.0	Monde
Developed Economies	83.9	84.1	83.4	81.3	83.1	83.8	84.2	83.8	83.1	82.7	Economies Développés
- Asia-Pacific	9.2	9.7	10.8	9.6	8.8	9.0	9.2	9.0	8.5	8.0	- Asie-Pacifique
- Europe	45.4	43.6	39.7	39.7	41.9	44.6	45.9	45.8	46.3	47.8	- Europe
- North America	29.4	30.8	32.9	31.9	32.3	30.2	29.1	28.9	28.3	26.9	- Amérique du Nord
South-Eastern Europe	0.2	0.2	0.2	0.3	0.3	0.4	0.5	0.5	0.5	0.5	Europe du Sud-Est
Commonwealth of Independent States	0.2	0.1	0.1	0.2	0.3	0.3	0.3	0.5	0.6	0.9	Communauté d'Etats indépendants
- Asia	0.1	0.1	0.0	0.0	0.1	0.1	0.1	0.1	0.1	0.1	- Asie
- Europe	0.2	0.1	0.1	0.2	0.2	0.2	0.2	0.4	0.5	0.8	- Europe
Northern Africa	0.6	0.6	0.5	0.5	0.5	0.5	0.5	0.4	0.4	0.4	Afrique septentrionale
Sub-Saharan Africa	0.3	0.3	0.3	2.4	0.3	0.4	0.5	0.6	0.6	0.7	Afrique subsaharienne
Latin America & the Caribbean	3.2	3.1	3.1	2.9	2.6	2.5	2.1	2.2	2.1	2.0	Amérique latine et Caraïbes
- Caribbean	0.5	0.4	0.4	0.3	0.3	0.5	0.4	0.4	0.3	0.2	- Caraïbes
- Latin America	2.7	2.7	2.7	2.7	2.4	2.0	1.7	1.8	1.8	1.8	- Amérique latine
Eastern Asia	9.3	9.3	9.9	9.9	10.1	9.4	9.0	9.1	9.4	9.0	Asie orientale
Southern Asia	0.0	0.0	0.1	0.1	0.1	0.2	0.1	0.1	0.1	0.1	Asie méridionale
South-Eastern Asia	0.9	1.1	1.2	1.2	1.3	1.2	1.3	1.1	1.2	1.2	Asie du Sud-Est
Western Asia	1.2	1.0	1.1	1.2	1.2	1.3	1.5	1.7	2.0	2.4	Asie occidentale
Oceania	0.1	0.1	0.1	0.0	0.0	0.0	0.0	0.0	0.0	0.0	Océanie

Vêtements en matières textiles, même en bonneterie, n.d.a. 845

Trade by commodity

Exports by principal countries or areas

Value in million US dollars

Commerce par produit

Exportations selon les principaux pays ou zones

Valeur en millions de dollars EU

Country or area	2003	2004	2005	2006	2007	Pays ou zone
World	74440.9	84148.4	91214.3	105400.5	117477.9	Monde
Developed Economies	26483.3	29250.2	29657.4	31553.6	35022.6	Economies Développés
- Asia-Pacific	240.5	311.3	256.8	242.9	255.6	- Asie-Pacifique
- Europe	23413.6	26332.7	26979.6	28976.8	32892.3	- Europe
- North America	2829.3	2606.2	2420.9	2333.9	1874.6	- Amérique du Nord
South-Eastern Europe	1223.6	1433.4	1410.5	1367.7	1346.6	Europe du Sud-Est
Commonwealth of Independent States	359.7	389.7	370.7	359.2	427.1	Communauté d'Etats indépendants
- Asia	65.5	63.6	54.9	56.9	86.8	- Asie
- Europe	294.2	326.1	315.7	302.3	340.2	- Europe
Northern Africa	2268.3	2458.5	2351.0	2564.1	2854.4	Afrique septentrionale
Sub-Saharan Africa	925.4	1298.0	1030.6	956.7	1245.2	Afrique subsaharienne
Latin America & the Caribbean	3426.6	3618.7	3781.7	3702.7	3710.1	Amérique latine et Caraïbes
- Caribbean	313.0	387.9	449.7	536.2	528.9	- Caraïbes
- Latin America	3113.6	3230.7	3332.0	3166.5	3181.2	- Amérique latine
Eastern Asia	25545.5	29514.1	35532.9	45675.0	51895.3	Asie orientale
Southern Asia	4266.9	5037.2	5543.4	6238.0	6799.7	Asie méridionale
South-Eastern Asia	5661.5	6232.3	6279.5	7369.7	7997.4	Asie du Sud-Est
Western Asia	4185.4	4785.1	5171.9	5545.5	6114.2	Asie occidentale
Oceania	94.8	131.2	84.7	68.2	65.4	Océanie
China	14975.1	18202.2	23497.2	32786.7	38757.6	Chine
China, Hong Kong SAR	8427.8	9292.4	10501.1	11345.9	11711.7	Chine - RAS de Hong-Kong
Italy	5284.8	5728.1	5680.8	6011.5	6704.1	Italie
Turkey	3689.1	4085.6	4386.6	4307.1	4703.3	Turquie
France-Monaco	3333.9	3722.9	3914.7	4280.2	4931.1	France-Monaco
Germany	2805.6	3343.9	3767.8	4189.6	4767.0	Allemagne
Belgium	1997.8	2296.5	2603.5	2928.5	3281.8	Belgique
Bangladesh	1820.4	2321.3	2334.5	e2566.6	e2885.4	Bangladesh
Mexico	2313.7	2197.9	2090.9	2017.7	1619.6	Mexique
India	1445.7	1265.9	1856.4	2284.3	2528.5	Inde
United States	2203.0	1949.9	1814.3	1725.7	1343.6	Etats-Unis d'Amérique
United Kingdom	1467.9	1774.1	1776.7	1785.6	2027.4	Royaume-Uni
Spain	1322.3	1424.1	1512.0	1777.9	2034.1	Espagne
Portugal	1601.5	1675.6	1417.5	1377.7	1557.4	Portugal
Netherlands	1156.9	1359.1	1431.9	1665.4	1994.0	Pays-Bas
Tunisia	1341.5	1482.6	1402.8	1474.1	1752.5	Tunisie
Thailand	1176.3	1308.3	1369.0	1484.0	1440.6	Thaïlande
Indonesia	1119.6	1169.9	1245.6	1431.1	1481.2	Indonésie
Viet Nam	824.1	888.7	933.3	1262.1	e1472.2	Viet Nam
Denmark	779.4	923.8	915.6	1054.3	1211.4	Danemark
Morocco	839.1	873.4	846.7	1023.4	1024.0	Maroc
Cambodia	459.1	657.5	e752.1	e893.1	e1716.8	Cambodge
Singapore	834.2	946.1	837.3	931.6	824.7	Singapour
Romania	754.6	840.3	800.3	750.3	694.3	Roumanie
Austria	532.9	645.6	742.2	758.9	910.2	Autriche

Value as percentages of World total

Valeur en pourcentage du total mondial

Regions of the world	1998	1999	2000	2001	2002	2003	2004	2005	2006	2007	Régions du monde
World	100.0	100.0	100.0	100.0	100.0	100.0	100.0	100.0	100.0	100.0	Monde
Developed Economies	39.1	38.3	34.6	35.0	35.4	35.6	34.8	32.5	29.9	29.8	Economies Développés
- Asia-Pacific	0.3	0.3	0.3	0.4	0.3	0.3	0.4	0.3	0.2	0.2	- Asie-Pacifique
- Europe	33.1	31.8	28.0	29.4	30.5	31.5	31.3	29.6	27.5	28.0	- Europe
- North America	5.7	6.3	6.3	5.2	4.6	3.8	3.1	2.7	2.2	1.6	- Amérique du Nord
South-Eastern Europe	1.0	1.0	1.1	1.3	1.5	1.6	1.7	1.5	1.3	1.1	Europe du Sud-Est
Commonwealth of Independent States	0.3	0.4	0.4	0.4	0.5	0.5	0.5	0.4	0.3	0.4	Communauté d'Etats indépendants
- Asia	0.0	0.0	0.0	0.1	0.1	0.1	0.1	0.1	0.1	0.1	- Asie
- Europe	0.3	0.4	0.3	0.4	0.4	0.4	0.4	0.3	0.3	0.3	- Europe
Northern Africa	2.8	2.8	2.6	2.8	2.9	3.0	2.9	2.6	2.4	2.4	Afrique septentrionale
Sub-Saharan Africa	1.0	0.8	1.3	1.2	1.2	1.2	1.5	1.1	0.9	1.1	Afrique subsaharienne
Latin America & the Caribbean	5.4	5.9	5.6	5.7	5.1	4.6	4.3	4.1	3.5	3.2	Amérique latine et Caraïbes
- Caribbean	0.6	0.4	0.3	0.3	0.2	0.4	0.5	0.5	0.5	0.5	- Caraïbes
- Latin America	4.8	5.5	5.3	5.4	4.9	4.2	3.8	3.7	3.0	2.7	- Amérique latine
Eastern Asia	33.2	33.5	35.8	35.1	34.5	34.3	35.1	39.0	43.3	44.2	Asie orientale
Southern Asia	4.2	4.1	4.8	4.9	5.2	5.7	6.0	6.1	5.9	5.8	Asie méridionale
South-Eastern Asia	6.8	7.6	8.5	8.8	8.4	7.6	7.4	6.9	7.0	6.8	Asie du Sud-Est
Western Asia	5.5	4.9	4.5	4.6	5.1	5.6	5.7	5.7	5.3	5.2	Asie occidentale
Oceania	0.7	0.7	0.7	0.2	0.1	0.1	0.2	0.1	0.1	0.1	Océanie

846 Clothing accessories, of textile fabrics, whether or not knitted or crocheted

Trade by commodity
Imports by principal countries or areas
Value in million US dollars

Commerce par produit
Importations selon les principaux pays ou zones
Valeur en millions de dollars EU

Country or area	2003	2004	2005	2006	2007	Pays ou zone
World	14194.7	16099.1	16935.9	17679.3	19478.6	Monde
Developed Economies	9909.8	11593.9	12436.2	13113.1	14383.5	Economies Développés
- Asia-Pacific	1357.1	1518.7	1590.4	1723.0	1767.6	- Asie-Pacifique
- Europe	5902.2	6819.5	7365.2	7871.2	8905.6	- Europe
- North America	2650.5	3255.8	3480.6	3518.9	3710.2	- Amérique du Nord
South-Eastern Europe	418.7	415.8	423.3	405.8	484.1	Europe du Sud-Est
Commonwealth of Independent States	145.6	154.4	194.9	270.8	412.5	Communauté d'Etats indépendants
- Asia	12.0	15.1	21.6	26.1	51.4	- Asie
- Europe	133.6	139.3	173.3	244.7	361.1	- Europe
Northern Africa	259.3	275.9	301.0	299.8	388.8	Afrique septentrionale
Sub-Saharan Africa	95.0	91.2	104.2	108.3	149.3	Afrique subsaharienne
Latin America & the Caribbean	610.2	569.8	585.0	595.1	708.1	Amérique latine et Caraïbes
- Caribbean	100.1	104.6	102.7	153.6	134.9	- Caraïbes
- Latin America	510.1	465.3	482.3	441.5	573.2	- Amérique latine
Eastern Asia	1707.3	1707.3	1453.6	1320.1	1280.1	Asie orientale
Southern Asia	226.3	278.9	379.5	463.7	539.3	Asie méridionale
South-Eastern Asia	533.7	643.7	629.3	584.9	543.7	Asie du Sud-Est
Western Asia	266.6	331.6	376.7	455.9	552.9	Asie occidentale
Oceania	22.2	36.5	52.0	61.9	36.4	Océanie
United States	2419.7	2979.4	3141.3	3139.4	3271.6	Etats-Unis d'Amérique
Japan	1226.2	1358.7	1419.4	1548.5	1559.8	Japon
Germany	1158.3	1228.1	1389.5	1438.6	1566.1	Allemagne
United Kingdom	842.0	1051.3	1118.8	1177.4	1270.2	Royaume-Uni
China, Hong Kong SAR	1226.5	1282.3	1032.4	886.2	822.4	Chine - RAS de Hong-Kong
France-Monaco	864.5	992.1	1051.7	1078.5	1256.5	France-Monaco
Italy	425.1	541.3	597.0	714.2	784.9	Italie
Spain	343.5	428.5	480.7	520.4	620.9	Espagne
Belgium	313.1	394.6	434.3	454.3	504.9	Belgique
Netherlands	354.7	374.7	396.4	424.5	459.9	Pays-Bas
Canada	228.3	273.4	335.3	373.2	432.8	Canada
Bangladesh	159.5	202.3	292.2	e365.5	e421.6	Bangladesh
Mexico	373.1	304.4	250.8	217.3	210.1	Mexique
Romania	326.2	266.9	245.8	229.5	238.5	Roumanie
Switzerland-Liechtenstein	221.8	242.5	270.3	273.8	296.9	Suisse-Liechtenstein
Tunisia	217.5	238.3	253.1	251.8	324.7	Tunisie
Viet Nam	283.2	362.5	246.2	144.6	e184.4	Viet Nam
Austria	190.1	216.5	242.1	268.9	284.9	Autriche
China	292.2	217.7	213.4	199.1	213.4	Chine
Sweden	162.1	164.9	167.1	186.5	221.0	Suède
Denmark	117.8	127.6	140.4	153.1	202.3	Danemark
Korea, Republic of	121.6	122.3	137.9	158.5	174.9	République de Corée
Australia	107.7	128.9	138.6	141.2	166.1	Australie
Singapore	83.8	95.7	145.4	181.6	173.6	Singapour
Norway	114.2	115.0	120.8	127.4	161.1	Norvège

Value as percentages of World total

Valeur en pourcentage du total mondial

Regions of the world	1998	1999	2000	2001	2002	2003	2004	2005	2006	2007	Régions du monde
World	100.0	100.0	100.0	100.0	100.0	100.0	100.0	100.0	100.0	100.0	Monde
Developed Economies	62.4	65.9	66.4	65.4	67.8	69.8	72.0	73.4	74.2	73.8	Economies Développés
- Asia-Pacific	7.7	8.8	11.0	10.3	9.7	9.6	9.4	9.4	9.7	9.1	- Asie-Pacifique
- Europe	39.3	40.0	36.3	36.3	38.8	41.6	42.4	43.5	44.5	45.7	- Europe
- North America	15.4	17.2	19.1	18.8	19.3	18.7	20.2	20.6	19.9	19.0	- Amérique du Nord
South-Eastern Europe	1.7	1.8	1.9	2.3	2.7	2.9	2.6	2.5	2.3	2.5	Europe du Sud-Est
Commonwealth of Independent States	0.7	0.5	0.5	0.6	0.8	1.0	1.0	1.2	1.5	2.1	Communauté d'Etats indépendants
- Asia	0.1	0.1	0.1	0.1	0.1	0.1	0.1	0.1	0.1	0.3	- Asie
- Europe	0.6	0.4	0.4	0.6	0.7	0.9	0.9	1.0	1.4	1.9	- Europe
Northern Africa	1.5	1.5	1.3	1.4	1.6	1.8	1.7	1.8	1.7	2.0	Afrique septentrionale
Sub-Saharan Africa	0.4	0.3	0.4	0.7	0.5	0.7	0.6	0.6	0.6	0.8	Afrique subsaharienne
Latin America & the Caribbean	10.1	7.4	6.8	6.5	5.4	4.3	3.5	3.5	3.4	3.6	Amérique latine et Caraïbes
- Caribbean	3.2	1.4	1.2	0.8	0.3	0.7	0.6	0.6	0.9	0.7	- Caraïbes
- Latin America	6.8	6.0	5.6	5.6	5.1	3.6	2.9	2.8	2.5	2.9	- Amérique latine
Eastern Asia	14.0	14.8	14.3	13.8	13.4	12.0	10.6	8.6	7.5	6.6	Asie orientale
Southern Asia	0.7	0.9	1.4	2.0	1.6	1.6	1.7	2.2	2.6	2.8	Asie méridionale
South-Eastern Asia	6.8	5.4	5.2	5.5	4.0	3.8	4.0	3.7	3.3	2.8	Asie du Sud-Est
Western Asia	1.7	1.5	1.6	1.7	1.9	1.9	2.1	2.2	2.6	2.8	Asie occidentale
Oceania	0.1	0.1	0.2	0.1	0.2	0.2	0.2	0.3	0.4	0.2	Océanie

Accessoires du vêtement en matières textiles (autres que ceux pour bébés) 846

Trade by commodity   Commerce par produit
Exports by principal countries or areas   Exportations selon les principaux pays ou zones
Value in million US dollars   Valeur en millions de dollars EU

Country or area	2003	2004	2005	2006	2007	Pays ou zone
World	14500.0	16260.3	17412.9	18349.1	19826.1	Monde
Developed Economies	6926.7	7489.9	7593.4	7922.0	8232.0	Economies Développés
- Asia-Pacific	105.2	113.8	97.7	84.2	85.9	- Asie-Pacifique
- Europe	5745.3	6395.4	6539.7	6880.4	7278.5	- Europe
- North America	1076.3	980.7	956.1	957.3	867.6	- Amérique du Nord
South-Eastern Europe	166.9	252.2	302.3	315.7	425.5	Europe du Sud-Est
Commonwealth of Independent States	36.7	43.5	43.8	49.1	61.2	Communauté d'Etats indépendants
- Asia	3.4	4.4	3.4	3.7	7.3	- Asie
- Europe	33.3	39.1	40.4	45.4	53.9	- Europe
Northern Africa	84.6	78.9	85.7	79.1	100.4	Afrique septentrionale
Sub-Saharan Africa	40.8	41.7	39.7	43.8	51.6	Afrique subsaharienne
Latin America & the Caribbean	385.8	409.6	438.3	444.6	438.9	Amérique latine et Caraïbes
- Caribbean	24.2	28.3	28.8	33.8	31.4	- Caraïbes
- Latin America	361.6	381.3	409.6	410.9	407.4	- Amérique latine
Eastern Asia	4792.0	5731.6	6476.4	7050.6	7869.1	Asie orientale
Southern Asia	851.1	814.5	956.1	959.2	1034.4	Asie méridionale
South-Eastern Asia	524.3	529.6	553.2	610.4	641.8	Asie du Sud-Est
Western Asia	685.6	865.6	921.8	871.0	969.7	Asie occidentale
Oceania	5.5	3.3	2.2	3.8	1.6	Océanie
China	2746.7	3528.5	4362.8	5183.8	6151.1	Chine
Italy	2247.7	2537.5	2452.8	2660.7	2670.7	Italie
China, Hong Kong SAR	1032.2	1149.1	1002.0	780.3	716.9	Chine - RAS de Hong-Kong
United States	937.3	863.1	851.8	869.3	782.9	Etats-Unis d'Amérique
Germany	611.3	689.3	793.1	862.5	891.4	Allemagne
Turkey	584.8	738.3	781.1	726.7	854.2	Turquie
Korea, Republic of	697.6	727.2	782.5	768.0	689.7	République de Corée
United Kingdom	623.2	572.5	540.4	496.2	479.2	Royaume-Uni
France-Monaco	462.0	523.0	521.9	561.4	633.8	France-Monaco
Belgium	337.8	404.8	452.4	493.7	538.5	Belgique
India	321.9	332.0	444.7	425.1	477.5	Inde
Pakistan	352.0	282.3	330.8	338.1	340.1	Pakistan
Netherlands	227.7	256.8	316.2	318.1	362.8	Pays-Bas
Mexico	253.4	259.1	264.7	274.7	257.1	Mexique
Portugal	224.0	240.8	206.2	196.8	201.9	Portugal
Spain	136.2	172.5	196.2	217.5	256.2	Espagne
Austria	109.7	120.7	137.0	150.9	175.9	Autriche
Romania	109.1	131.2	129.0	128.0	148.6	Roumanie
Indonesia	113.5	124.2	136.8	132.3	131.5	Indonésie
Sri Lanka	101.7	122.1	122.3	e136.8	e153.7	Sri Lanka
Poland	79.8	108.3	115.6	129.3	171.0	Pologne
Malaysia	102.6	111.2	117.3	131.1	135.8	Malaisie
Switzerland-Liechtenstein	96.3	98.7	117.8	125.8	138.4	Suisse-Liechtenstein
Canada	139.0	117.5	104.3	88.1	84.7	Canada
Czech Republic	80.1	97.4	102.3	104.9	119.3	République tchèque

Value as percentages of World total   Valeur en pourcentage du total mondial

Regions of the world	1998	1999	2000	2001	2002	2003	2004	2005	2006	2007	Régions du monde
World	100.0	100.0	100.0	100.0	100.0	100.0	100.0	100.0	100.0	100.0	Monde
Developed Economies	57.4	55.4	50.3	49.8	49.2	47.8	46.1	43.6	43.2	41.5	Economies Développés
- Asia-Pacific	1.1	1.1	1.0	0.9	1.0	0.7	0.7	0.6	0.5	0.4	- Asie-Pacifique
- Europe	40.9	41.0	36.7	38.5	39.1	39.6	39.3	37.6	37.5	36.7	- Europe
- North America	15.4	13.3	12.6	10.5	9.1	7.4	6.0	5.5	5.2	4.4	- Amérique du Nord
South-Eastern Europe	0.6	0.8	0.8	0.9	1.0	1.2	1.6	1.7	1.7	2.1	Europe du Sud-Est
Commonwealth of Independent States	0.3	0.2	0.2	0.3	0.3	0.3	0.3	0.3	0.3	0.3	Communauté d'Etats indépendants
- Asia	0.1	0.0	0.1	0.1	0.0	0.0	0.0	0.0	0.0	0.0	- Asie
- Europe	0.2	0.2	0.2	0.2	0.2	0.2	0.2	0.2	0.2	0.3	- Europe
Northern Africa	0.4	0.4	0.4	0.4	0.5	0.6	0.5	0.5	0.4	0.5	Afrique septentrionale
Sub-Saharan Africa	1.4	0.1	0.4	0.3	0.2	0.3	0.3	0.2	0.2	0.3	Afrique subsaharienne
Latin America & the Caribbean	3.5	3.9	4.0	3.6	3.3	2.7	2.5	2.5	2.4	2.2	Amérique latine et Caraïbes
- Caribbean	0.8	0.9	0.8	0.4	0.1	0.2	0.2	0.2	0.2	0.2	- Caraïbes
- Latin America	2.6	3.0	3.2	3.2	3.2	2.5	2.3	2.4	2.2	2.1	- Amérique latine
Eastern Asia	27.1	27.5	31.3	32.2	32.6	33.0	35.2	37.2	38.4	39.7	Asie orientale
Southern Asia	3.1	4.0	5.1	4.9	5.3	5.9	5.0	5.5	5.2	5.2	Asie méridionale
South-Eastern Asia	2.7	3.8	3.9	3.9	3.4	3.6	3.3	3.2	3.3	3.2	Asie du Sud-Est
Western Asia	3.5	3.7	3.6	3.7	4.1	4.7	5.3	5.3	4.7	4.9	Asie occidentale
Oceania	0.0	0.0	0.0	0.0	0.0	0.0	0.0	0.0	0.0	0.0	Océanie

848 Articles of apparel, and clothing accessories not textile fabrics; headgear

Trade by commodity

Commerce par produit

Imports by principal countries or areas

Importations selon les principaux pays ou zones

Value in million US dollars

Valeur en millions de dollars EU

Country or area	2003	2004	2005	2006	2007	Pays ou zone
World	16276.3	17837.9	19303.2	20736.7	22035.0	Monde
Developed Economies	13704.3	14787.3	15841.5	16971.8	17883.6	Economies Développés
- Asia-Pacific	1339.3	1522.4	1709.1	1780.3	1795.2	- Asie-Pacifique
- Europe	6329.6	6947.6	7612.0	8426.9	9447.4	- Europe
- North America	6035.4	6317.3	6520.5	6764.7	6641.0	- Amérique du Nord
South-Eastern Europe	74.3	101.1	119.0	133.5	181.0	Europe du Sud-Est
Commonwealth of Independent States	155.0	164.2	184.9	292.2	436.4	Communauté d'Etats indépendants
- Asia	13.1	19.5	22.3	26.4	35.8	- Asie
- Europe	141.9	144.7	162.5	265.8	400.6	- Europe
Northern Africa	41.5	40.5	43.6	44.9	68.1	Afrique septentrionale
Sub-Saharan Africa	111.0	154.7	193.6	219.3	232.3	Afrique subsaharienne
Latin America & the Caribbean	363.6	422.8	544.0	568.1	682.1	Amérique latine et Caraïbes
- Caribbean	34.6	33.9	41.3	44.8	49.0	- Caraïbes
- Latin America	329.0	388.9	502.7	523.3	633.1	- Amérique latine
Eastern Asia	1254.0	1481.7	1565.2	1587.1	1487.3	Asie orientale
Southern Asia	66.5	66.3	68.5	76.7	94.1	Asie méridionale
South-Eastern Asia	212.7	250.1	293.0	345.9	352.0	Asie du Sud-Est
Western Asia	285.0	359.6	439.1	485.0	605.0	Asie occidentale
Oceania	8.3	9.6	10.9	12.1	13.0	Océanie
United States	5548.7	5768.4	5916.0	6091.1	5933.1	Etats-Unis d'Amérique
Germany	1224.1	1245.7	1342.4	1509.9	1656.0	Allemagne
Japan	1103.0	1232.4	1374.0	1441.4	1401.4	Japon
China, Hong Kong SAR	985.2	1161.3	1181.9	1122.2	1012.1	Chine - RAS de Hong-Kong
France-Monaco	824.7	903.1	1014.3	1103.7	1250.9	France-Monaco
United Kingdom	837.3	931.0	1000.4	1019.8	1159.8	Royaume-Uni
Italy	638.8	706.8	770.4	913.9	995.2	Italie
Spain	446.9	552.7	620.8	680.4	763.4	Espagne
Canada	483.5	545.0	600.7	670.0	704.1	Canada
Belgium	370.5	390.6	422.3	457.2	505.9	Belgique
Netherlands	291.5	316.7	368.0	422.3	488.9	Pays-Bas
Switzerland-Liechtenstein	271.8	290.4	307.7	349.4	390.1	Suisse-Liechtenstein
Austria	250.6	237.9	252.7	280.1	314.9	Autriche
Australia	197.7	240.9	279.1	278.4	324.1	Australie
Sweden	184.1	205.1	225.0	246.3	268.7	Suède
Denmark	151.9	165.8	224.9	260.4	252.7	Danemark
Korea, Republic of	136.0	152.5	194.1	250.5	233.9	République de Corée
Russian Federation	112.9	114.2	128.3	220.8	341.1	Fédération de Russie
Mexico	145.7	154.1	203.8	168.1	182.2	Mexique
Greece	138.7	185.9	165.8	168.1	185.1	Grèce
Norway	108.9	119.2	138.7	150.1	160.1	Norvège
Finland	94.6	111.8	124.2	132.3	158.1	Finlande
China	81.0	107.5	118.1	138.3	163.8	Chine
Poland	71.5	90.3	100.3	133.0	182.9	Pologne
Saudi Arabia	89.5	89.7	108.4	114.6	135.3	Arabie saoudite

Value as percentages of World total

Valeur en pourcentage du total mondial

Regions of the world	1998	1999	2000	2001	2002	2003	2004	2005	2006	2007	Régions du monde
World	100.0	100.0	100.0	100.0	100.0	100.0	100.0	100.0	100.0	100.0	Monde
Developed Economies	84.3	84.8	84.9	84.3	84.8	84.2	82.9	82.1	81.8	81.2	Economies Développés
- Asia-Pacific	6.2	7.6	8.9	8.7	8.2	8.2	8.5	8.9	8.6	8.1	- Asie-Pacifique
- Europe	43.3	40.9	36.4	36.6	38.5	38.9	38.9	39.4	40.6	42.9	- Europe
- North America	34.8	36.2	39.6	39.0	38.0	37.1	35.4	33.8	32.6	30.1	- Amérique du Nord
South-Eastern Europe	0.3	0.3	0.3	0.3	0.4	0.5	0.6	0.6	0.6	0.8	Europe du Sud-Est
Commonwealth of Independent States	0.7	0.6	0.6	0.9	0.8	1.0	0.9	1.0	1.4	2.0	Communauté d'Etats indépendants
- Asia	0.1	0.2	0.1	0.1	0.1	0.1	0.1	0.1	0.1	0.2	- Asie
- Europe	0.6	0.5	0.5	0.8	0.7	0.9	0.8	0.8	1.3	1.8	- Europe
Northern Africa	0.3	0.3	0.2	0.2	0.3	0.3	0.2	0.2	0.2	0.3	Afrique septentrionale
Sub-Saharan Africa	0.6	0.5	0.5	0.9	0.6	0.7	0.9	1.0	1.1	1.1	Afrique subsaharienne
Latin America & the Caribbean	2.8	2.6	2.4	2.7	2.3	2.2	2.4	2.8	2.7	3.1	Amérique latine et Caraïbes
- Caribbean	0.2	0.2	0.2	0.2	0.2	0.2	0.2	0.2	0.2	0.2	- Caraïbes
- Latin America	2.6	2.4	2.2	2.5	2.1	2.0	2.2	2.6	2.5	2.9	- Amérique latine
Eastern Asia	7.9	7.9	8.4	7.7	7.6	7.7	8.3	8.1	7.7	6.7	Asie orientale
Southern Asia	0.3	0.3	0.2	0.2	0.3	0.4	0.4	0.4	0.4	0.4	Asie méridionale
South-Eastern Asia	1.2	1.1	1.0	1.3	1.2	1.3	1.4	1.5	1.7	1.6	Asie du Sud-Est
Western Asia	1.7	1.6	1.4	1.5	1.7	1.8	2.0	2.3	2.3	2.7	Asie occidentale
Oceania	0.1	0.0	0.0	0.0	0.0	0.1	0.1	0.1	0.1	0.1	Océanie

Vêtements et accessoires du vêtement en matières autres que les matières textiles 848

Trade by commodity
Exports by principal countries or areas
Value in million US dollars

Commerce par produit
Exportations selon les principaux pays ou zones
Valeur en millions de dollars EU

Country or area	2003	2004	2005	2006	2007	Pays ou zone
World	16980.3	18921.3	21039.0	20554.4	21349.2	Monde
Developed Economies	5043.7	5513.3	5941.4	6689.2	7546.8	Economies Développés
- Asia-Pacific	175.5	186.9	192.4	195.9	212.4	- Asie-Pacifique
- Europe	4227.2	4595.4	4905.0	5630.5	6421.8	- Europe
- North America	641.0	731.0	844.0	862.9	912.6	- Amérique du Nord
South-Eastern Europe	70.7	78.5	83.7	100.0	105.5	Europe du Sud-Est
Commonwealth of Independent States	45.5	56.0	57.9	45.8	50.8	Communauté d'Etats indépendants
- Asia	0.9	1.1	0.4	1.1	0.9	- Asie
- Europe	44.6	54.9	57.4	44.6	49.9	- Europe
Northern Africa	60.6	61.8	68.1	65.3	74.6	Afrique septentrionale
Sub-Saharan Africa	14.3	20.2	28.2	30.0	30.1	Afrique subsaharienne
Latin America & the Caribbean	219.7	257.0	268.8	242.4	258.9	Amérique latine et Caraïbes
- Caribbean	9.5	8.4	9.9	8.6	8.6	- Caraïbes
- Latin America	210.2	248.5	258.9	233.8	250.3	- Amérique latine
Eastern Asia	8311.0	9306.6	10486.7	8875.3	8490.0	Asie orientale
Southern Asia	967.2	1098.6	1369.1	1412.9	1415.5	Asie méridionale
South-Eastern Asia	1796.9	2065.5	2272.3	2649.2	2912.7	Asie du Sud-Est
Western Asia	449.5	463.6	462.6	444.1	463.9	Asie occidentale
Oceania	1.2	0.3	0.3	0.2	0.4	Océanie
China	6303.6	7073.0	8260.9	6767.0	6595.9	Chine
China, Hong Kong SAR	1445.3	1659.0	1723.2	1656.3	1487.8	Chine - RAS de Hong-Kong
Italy	1180.8	1307.2	1374.9	1611.5	1867.5	Italie
Malaysia	955.4	1132.5	1255.1	1533.9	1756.7	Malaisie
Germany	570.0	610.6	716.9	855.9	955.9	Allemagne
Thailand	562.1	569.9	597.8	646.4	673.2	Thaïlande
United States	423.2	483.5	595.2	631.3	698.9	Etats-Unis d'Amérique
France-Monaco	435.6	462.8	529.9	606.7	688.3	France-Monaco
Pakistan	359.1	427.3	618.8	656.4	610.8	Pakistan
India	459.0	480.2	552.5	534.6	556.5	Inde
Turkey	415.3	397.3	380.4	358.9	374.3	Turquie
United Kingdom	301.4	361.2	341.9	390.1	460.4	Royaume-Uni
Belgium	315.0	331.9	363.6	399.0	432.0	Belgique
Greece	268.5	258.7	274.2	324.7	331.9	Grèce
Netherlands	219.1	234.0	251.6	283.1	328.5	Pays-Bas
Korea, Republic of	271.3	278.7	240.9	211.1	183.1	République de Corée
Canada	217.2	246.8	248.2	230.1	213.6	Canada
Spain	170.0	178.6	179.4	198.3	251.7	Espagne
Indonesia	122.8	164.5	206.8	226.6	239.3	Indonésie
Austria	126.6	161.2	164.2	152.3	170.9	Autriche
Sweden	121.0	134.8	130.2	164.0	191.7	Suède
Mexico	124.8	154.3	142.3	130.5	123.3	Mexique
Viet Nam	78.3	114.0	122.6	162.0	e189.0	Viet Nam
Sri Lanka	112.8	119.2	127.7	e142.8	e160.5	Sri Lanka
Japan	109.4	120.5	126.2	135.8	157.1	Japon

Value as percentages of World total

Valeur en pourcentage du total mondial

Regions of the world	1998	1999	2000	2001	2002	2003	2004	2005	2006	2007	Régions du monde
World	100.0	100.0	100.0	100.0	100.0	100.0	100.0	100.0	100.0	100.0	Monde
Developed Economies	32.4	32.7	28.6	30.4	31.3	29.7	29.1	28.2	32.5	35.3	Economies Développés
- Asia-Pacific	1.2	1.4	1.4	1.2	1.0	1.0	1.0	0.9	1.0	1.0	- Asie-Pacifique
- Europe	26.1	25.8	22.1	23.9	25.5	24.9	24.3	23.3	27.4	30.1	- Europe
- North America	5.1	5.4	5.2	5.4	4.7	3.8	3.9	4.0	4.2	4.3	- Amérique du Nord
South-Eastern Europe	0.3	0.3	0.3	0.4	0.5	0.4	0.4	0.4	0.5	0.5	Europe du Sud-Est
Commonwealth of Independent States	0.2	0.3	0.3	0.3	0.2	0.3	0.3	0.3	0.2	0.2	Communauté d'Etats indépendants
- Asia	0.0	0.0	0.0	0.0	0.0	0.0	0.0	0.0	0.0	0.0	- Asie
- Europe	0.1	0.3	0.3	0.3	0.2	0.3	0.3	0.3	0.2	0.2	- Europe
Northern Africa	0.3	0.3	0.3	0.3	0.4	0.4	0.3	0.3	0.3	0.3	Afrique septentrionale
Sub-Saharan Africa	0.1	0.1	0.2	0.1	0.1	0.1	0.1	0.1	0.1	0.1	Afrique subsaharienne
Latin America & the Caribbean	2.8	2.7	2.3	2.1	1.5	1.3	1.4	1.3	1.2	1.2	Amérique latine et Caraïbes
- Caribbean	0.1	0.0	0.0	0.0	0.0	0.1	0.0	0.0	0.0	0.0	- Caraïbes
- Latin America	2.7	2.7	2.3	2.1	1.4	1.2	1.3	1.2	1.1	1.2	- Amérique latine
Eastern Asia	39.8	40.3	45.2	45.3	46.5	48.9	49.2	49.8	43.2	39.8	Asie orientale
Southern Asia	7.0	6.8	7.8	6.8	5.3	5.7	5.8	6.5	6.9	6.6	Asie méridionale
South-Eastern Asia	13.9	13.6	12.2	11.4	11.3	10.6	10.9	10.8	12.9	13.6	Asie du Sud-Est
Western Asia	3.1	2.9	2.6	2.8	2.9	2.6	2.5	2.2	2.2	2.2	Asie occidentale
Oceania	0.0	0.0	0.0	0.0	0.0	0.0	0.0	0.0	0.0	0.0	Océanie

851 Footwear

Trade by commodity
Imports by principal countries or areas
Value in million US dollars

Commerce par produit
Importations selon les principaux pays ou zones
Valeur en millions de dollars EU

Country or area	2003	2004	2005	2006	2007	Pays ou zone
World	60021.3	65969.9	72873.4	79294.5	86911.2	Monde
Developed Economies	48016.3	52796.1	57621.7	62373.0	67573.6	Economies Développés
- Asia-Pacific	3809.4	4119.8	4556.7	4882.7	5271.7	- Asie-Pacifique
- Europe	26667.6	30035.9	32778.9	35727.2	40162.8	- Europe
- North America	17539.4	18640.4	20286.1	21763.0	22139.1	- Amérique du Nord
South-Eastern Europe	634.4	881.5	959.5	998.7	1273.9	Europe du Sud-Est
Commonwealth of Independent States	510.4	474.2	1007.4	1642.7	2595.1	Communauté d'Etats indépendants
- Asia	86.2	82.8	126.7	157.5	173.5	- Asie
- Europe	424.2	391.4	880.8	1485.1	2421.6	- Europe
Northern Africa	273.6	200.0	226.3	260.9	322.9	Afrique septentrionale
Sub-Saharan Africa	744.0	903.0	998.1	1159.4	1279.8	Afrique subsaharienne
Latin America & the Caribbean	1491.1	1759.3	2183.5	2563.1	2960.8	Amérique latine et Caraïbes
- Caribbean	191.6	188.3	235.4	236.3	257.0	- Caraïbes
- Latin America	1299.5	1571.0	1948.1	2326.8	2703.9	- Amérique latine
Eastern Asia	6230.3	6423.3	7087.6	7133.3	7241.8	Asie orientale
Southern Asia	108.0	125.5	192.9	254.9	281.3	Asie méridionale
South-Eastern Asia	865.2	976.6	883.1	963.1	1217.7	Asie du Sud-Est
Western Asia	1115.3	1393.5	1675.7	1904.0	2121.0	Asie occidentale
Oceania	32.7	36.8	37.6	41.6	43.2	Océanie
United States	16412.7	17403.2	18906.9	20200.0	20404.5	Etats-Unis d'Amérique
Germany	4680.7	5020.4	5564.6	5962.2	6377.3	Allemagne
China, Hong Kong SAR	5008.3	4959.7	5384.6	5249.2	5136.1	Chine - RAS de Hong-Kong
France-Monaco	4065.1	4464.9	4734.9	5010.5	5719.7	France-Monaco
United Kingdom	3959.6	4574.5	4768.1	5033.2	5371.5	Royaume-Uni
Italy	3818.3	4206.0	4528.2	5051.0	5293.2	Italie
Japan	3078.0	3260.2	3582.4	3820.6	4096.8	Japon
Belgium	1604.1	1821.1	2011.5	2076.3	2570.1	Belgique
Spain	1226.7	1542.6	1854.6	2171.0	2520.3	Espagne
Netherlands	1259.8	1503.8	1815.0	2021.8	2350.9	Pays-Bas
Canada	1114.1	1224.6	1366.2	1551.7	1722.9	Canada
Austria	942.3	1082.0	1148.5	1203.0	1281.8	Autriche
Switzerland-Liechtenstein	791.9	859.7	871.3	945.8	1050.6	Suisse-Liechtenstein
Russian Federation	302.3	307.4	572.2	1170.1	2143.1	Fédération de Russie
Australia	597.9	706.9	802.3	876.9	969.5	Australie
Denmark	602.8	660.6	729.1	835.0	1016.6	Danemark
Korea, Republic of	515.7	553.2	670.9	835.7	958.6	République de Corée
Sweden	465.8	535.5	576.1	661.5	777.4	Suède
Greece	436.1	492.0	536.1	598.0	740.3	Grèce
China	373.6	474.8	541.7	608.2	726.5	Chine
Portugal	430.5	470.8	483.9	520.1	652.8	Portugal
South Africa	273.0	403.2	487.4	569.4	635.8	Afrique du Sud
Romania	348.0	387.8	430.1	490.4	642.4	Roumanie
Poland	322.2	387.1	429.2	496.8	655.7	Pologne
Norway	342.3	398.8	442.9	483.9	567.7	Norvège

Value as percentages of World total

Valeur en pourcentage du total mondial

Regions of the world	1998	1999	2000	2001	2002	2003	2004	2005	2006	2007	Régions du monde
World	100.0	100.0	100.0	100.0	100.0	100.0	100.0	100.0	100.0	100.0	Monde
Developed Economies	78.0	79.7	78.5	77.4	79.9	80.0	80.0	79.1	78.7	77.8	Economies Développés
- Asia-Pacific	6.1	6.8	7.1	6.7	6.6	6.3	6.2	6.3	6.2	6.1	- Asie-Pacifique
- Europe	41.0	41.5	38.9	39.2	42.0	44.4	45.5	45.0	45.1	46.2	- Europe
- North America	30.9	31.5	32.5	31.5	31.4	29.2	28.3	27.8	27.4	25.5	- Amérique du Nord
South-Eastern Europe	0.8	0.7	0.8	0.9	1.0	1.1	1.3	1.3	1.3	1.5	Europe du Sud-Est
Commonwealth of Independent States	0.6	0.4	0.5	0.7	0.7	0.9	0.7	1.4	2.1	3.0	Communauté d'Etats indépendants
- Asia	0.2	0.1	0.1	0.1	0.1	0.1	0.1	0.2	0.2	0.2	- Asie
- Europe	0.4	0.3	0.3	0.5	0.6	0.7	0.6	1.2	1.9	2.8	- Europe
Northern Africa	0.4	0.4	0.4	0.4	0.4	0.5	0.3	0.3	0.3	0.4	Afrique septentrionale
Sub-Saharan Africa	0.8	0.8	0.9	3.2	0.9	1.2	1.4	1.4	1.5	1.5	Afrique subsaharienne
Latin America & the Caribbean	2.6	2.3	2.5	2.7	2.5	2.5	2.7	3.0	3.2	3.4	Amérique latine et Caraïbes
- Caribbean	0.4	0.3	0.4	0.4	0.3	0.3	0.3	0.3	0.3	0.3	- Caraïbes
- Latin America	2.2	1.9	2.1	2.4	2.1	2.2	2.4	2.7	2.9	3.1	- Amérique latine
Eastern Asia	13.2	12.2	12.8	11.2	11.0	10.4	9.7	9.7	9.0	8.3	Asie orientale
Southern Asia	0.1	0.1	0.1	0.1	0.1	0.2	0.2	0.3	0.3	0.3	Asie méridionale
South-Eastern Asia	1.6	1.6	1.7	1.5	1.4	1.4	1.5	1.2	1.2	1.4	Asie du Sud-Est
Western Asia	2.0	1.8	1.8	1.9	1.9	1.9	2.1	2.3	2.4	2.4	Asie occidentale
Oceania	0.1	0.1	0.1	0.1	0.1	0.1	0.1	0.1	0.1	0.0	Océanie

Trade by commodity

Exports by principal countries or areas

Value in million US dollars

Commerce par produit

Exportations selon les principaux pays ou zones

Valeur en millions de dollars EU

Country or area	2003	2004	2005	2006	2007	Pays ou zone
World	53939.7	59493.1	65846.6	72408.3	81224.4	Monde
Developed Economies	23116.1	25044.4	26069.2	28558.1	32137.1	Economies Développés
- Asia-Pacific	99.7	116.8	121.6	125.8	145.9	- Asie-Pacifique
- Europe	22181.2	24117.9	25020.0	27387.3	30873.4	- Europe
- North America	835.2	809.8	927.5	1045.1	1117.8	- Amérique du Nord
South-Eastern Europe	1927.3	2162.4	2353.5	2583.9	2784.0	Europe du Sud-Est
Commonwealth of Independent States	182.1	232.0	210.2	244.0	283.1	Communauté d'Etats indépendants
- Asia	4.0	4.9	7.5	4.8	5.1	- Asie
- Europe	178.1	227.1	202.7	239.2	278.0	- Europe
Northern Africa	633.7	658.2	698.6	747.3	916.3	Afrique septentrionale
Sub-Saharan Africa	116.3	129.5	128.0	188.9	160.1	Afrique subsaharienne
Latin America & the Caribbean	2092.8	2376.7	2517.3	2553.3	2771.9	Amérique latine et Caraïbes
- Caribbean	31.8	38.5	43.0	53.2	66.0	- Caraïbes
- Latin America	2061.1	2338.2	2474.2	2500.1	2705.9	- Amérique latine
Eastern Asia	19704.2	21914.7	26137.0	28706.8	32110.1	Asie orientale
Southern Asia	1012.4	1106.1	1369.9	1569.9	1768.0	Asie méridionale
South-Eastern Asia	4702.0	5340.8	5817.2	6680.2	7668.3	Asie du Sud-Est
Western Asia	438.8	513.1	540.0	573.1	623.3	Asie occidentale
Oceania	13.9	15.2	5.7	2.8	2.1	Océanie
China	12954.8	15202.6	19052.5	21813.4	25305.6	Chine
Italy	8477.8	9096.3	8945.0	9637.1	10509.4	Italie
China, Hong Kong SAR	5746.6	5698.3	6144.5	6024.2	5962.4	Chine - RAS de Hong-Kong
Viet Nam	2299.2	2725.8	3078.6	3654.7	e4263.3	Viet Nam
Germany	1862.4	2249.0	2530.3	2856.4	3271.4	Allemagne
Belgium	1863.5	1941.0	2522.3	2974.3	3396.2	Belgique
Spain	2297.4	2321.9	2189.2	2309.0	2626.8	Espagne
Brazil	1625.5	1903.8	1984.5	1966.6	2037.6	Brésil
Portugal	1626.1	1651.8	1487.0	1529.7	1755.6	Portugal
Romania	1420.7	1512.5	1589.0	1703.2	1782.5	Roumanie
France-Monaco	1275.4	1475.7	1517.5	1677.7	1984.0	France-Monaco
Netherlands	1132.3	1365.9	1525.0	1607.2	1841.2	Pays-Bas
Indonesia	1182.2	1320.5	1428.5	1599.8	1638.0	Indonésie
India	758.3	850.0	1049.3	1234.7	1412.0	Inde
Thailand	802.3	760.2	892.2	932.9	976.4	Thaïlande
United Kingdom	690.9	773.4	844.7	946.2	1074.6	Royaume-Uni
United States	693.6	650.9	726.8	829.4	887.4	Etats-Unis d'Amérique
Austria	660.6	747.3	791.4	808.2	753.8	Autriche
Denmark	386.1	460.9	489.2	578.9	640.8	Danemark
Slovakia	405.1	452.7	463.3	497.2	685.5	Slovaquie
Korea, Republic of	509.2	499.6	482.1	466.6	462.6	République de Corée
Tunisia	410.4	427.1	443.8	470.4	575.8	Tunisie
Hungary	327.0	291.4	296.2	348.5	396.5	Hongrie
Poland	275.1	281.9	303.4	339.8	399.4	Pologne
Mexico	318.5	289.6	301.5	322.0	341.2	Mexique

Value as percentages of World total

Valeur en pourcentage du total mondial

Regions of the world	1998	1999	2000	2001	2002	2003	2004	2005	2006	2007	Régions du monde
World	100.0	100.0	100.0	100.0	100.0	100.0	100.0	100.0	100.0	100.0	Monde
Developed Economies	45.5	44.3	41.2	42.7	43.0	42.9	42.1	39.6	39.4	39.6	Economies Développés
- Asia-Pacific	0.3	0.3	0.2	0.2	0.2	0.2	0.2	0.2	0.2	0.2	- Asie-Pacifique
- Europe	43.0	41.9	38.7	40.5	41.0	41.1	40.5	38.0	37.8	38.0	- Europe
- North America	2.2	2.2	2.2	2.0	1.8	1.5	1.4	1.4	1.4	1.4	- Amérique du Nord
South-Eastern Europe	1.9	2.2	2.5	3.0	3.3	3.6	3.6	3.6	3.6	3.4	Europe du Sud-Est
Commonwealth of Independent States	0.6	0.5	0.4	0.4	0.3	0.3	0.4	0.3	0.3	0.3	Communauté d'Etats indépendants
- Asia	0.0	0.0	0.0	0.0	0.0	0.0	0.0	0.0	0.0	0.0	- Asie
- Europe	0.5	0.4	0.4	0.4	0.3	0.3	0.4	0.3	0.3	0.3	- Europe
Northern Africa	0.9	1.0	0.9	1.0	1.1	1.2	1.1	1.1	1.0	1.1	Afrique septentrionale
Sub-Saharan Africa	0.2	0.2	0.3	0.2	0.2	0.2	0.2	0.2	0.3	0.2	Afrique subsaharienne
Latin America & the Caribbean	4.6	4.2	4.7	4.6	4.1	3.9	4.0	3.8	3.5	3.4	Amérique latine et Caraïbes
- Caribbean	0.1	0.0	0.0	0.0	0.0	0.1	0.1	0.1	0.1	0.1	- Caraïbes
- Latin America	4.5	4.2	4.7	4.6	4.1	3.8	3.9	3.8	3.5	3.3	- Amérique latine
Eastern Asia	36.3	36.1	38.3	36.5	37.0	36.5	36.8	39.7	39.6	39.5	Asie orientale
Southern Asia	1.7	1.7	1.9	1.9	1.7	1.9	1.9	2.1	2.2	2.2	Asie méridionale
South-Eastern Asia	7.5	9.2	9.3	9.1	8.5	8.7	9.0	8.8	9.2	9.4	Asie du Sud-Est
Western Asia	0.8	0.6	0.6	0.5	0.7	0.8	0.9	0.8	0.8	0.8	Asie occidentale
Oceania	0.0	0.0	0.0	0.0	0.0	0.0	0.0	0.0	0.0	0.0	Océanie

871 Optical instruments and apparatus, nes

Trade by commodity
Imports by principal countries or areas
Value in million US dollars

Commerce par produit
Importations selon les principaux pays ou zones
Valeur en millions de dollars EU

Country or area	2003	2004	2005	2006	2007	Pays ou zone
World	25313.0	39927.9	49826.6	63071.6	75711.4	Monde
Developed Economies	6524.9	8340.0	9913.9	13540.1	12603.4	Economies Développés
- Asia-Pacific	1726.3	2154.3	2981.7	4814.5	3437.0	- Asie-Pacifique
- Europe	2954.0	3876.1	4580.4	6248.6	6197.9	- Europe
- North America	1844.6	2309.6	2351.7	2476.9	2968.5	- Amérique du Nord
South-Eastern Europe	29.6	30.0	24.4	46.4	41.9	Europe du Sud-Est
Commonwealth of Independent States	60.4	62.0	64.2	258.5	775.4	Communauté d'Etats indépendants
- Asia	9.7	7.1	7.9	14.1	32.9	- Asie
- Europe	50.7	54.8	56.3	244.4	742.5	- Europe
Northern Africa	12.3	24.5	37.2	37.5	31.4	Afrique septentrionale
Sub-Saharan Africa	41.9	56.4	65.6	70.9	106.3	Afrique subsaharienne
Latin America & the Caribbean	529.1	1162.5	1788.1	4412.4	7355.5	Amérique latine et Caraïbes
- Caribbean	5.7	6.9	10.7	9.4	9.3	- Caraïbes
- Latin America	523.4	1155.5	1777.4	4403.0	7346.2	- Amérique latine
Eastern Asia	17357.7	28997.1	36650.9	43338.6	53440.4	Asie orientale
Southern Asia	68.7	65.4	83.8	110.8	144.2	Asie méridionale
South-Eastern Asia	530.9	966.9	984.8	1030.7	915.2	Asie du Sud-Est
Western Asia	156.4	221.4	211.5	223.0	294.5	Asie occidentale
Oceania	1.1	1.9	2.1	2.6	3.2	Océanie
China	12860.3	23438.4	30884.6	36173.3	45642.1	Chine
Japan	1617.7	2007.5	2857.6	4647.1	3258.4	Japon
Mexico	265.1	751.9	1143.8	3507.7	6096.6	Mexique
China, Hong Kong SAR	1114.4	1299.7	2011.0	3242.1	3886.5	Chine - RAS de Hong-Kong
United States	1614.7	1993.0	1994.2	2102.7	2633.9	Etats-Unis d'Amérique
Korea, Republic of	1024.1	1511.2	1576.9	1650.2	1618.2	République de Corée
Germany	636.3	718.4	846.0	983.5	1219.7	Allemagne
Slovakia	34.9	352.4	774.8	1941.2	1083.4	Slovaquie
Brazil	217.7	361.9	577.6	830.5	1178.0	Brésil
Singapore	380.8	639.5	668.5	678.0	576.4	Singapour
Spain	250.6	425.4	745.8	899.0	166.3	Espagne
United Kingdom	496.2	458.6	434.7	473.2	510.9	Royaume-Uni
France-Monaco	360.6	535.9	296.0	319.2	387.5	France-Monaco
Canada	229.1	315.5	356.4	373.9	333.9	Canada
Netherlands	212.0	286.0	327.5	283.4	292.3	Pays-Bas
Italy	232.4	217.7	226.0	259.9	322.1	Italie
Switzerland-Liechtenstein	202.2	208.0	221.1	263.9	350.2	Suisse-Liechtenstein
Poland	17.6	28.9	60.7	51.3	954.7	Pologne
Russian Federation	44.6	45.1	46.2	222.4	706.3	Fédération de Russie
Malaysia	96.9	253.1	239.4	218.4	182.7	Malaisie
Belgium	84.7	119.5	125.2	140.1	183.3	Belgique
Czech Republic	64.8	127.3	105.0	142.7	183.1	République tchèque
Israel	83.5	123.2	102.4	132.3	175.0	Israël
Australia	85.4	119.0	107.1	146.0	152.9	Australie
Sweden	64.8	81.0	101.8	96.1	105.4	Suède

Value as percentages of World total

Valeur en pourcentage du total mondial

Regions of the world	1998	1999	2000	2001	2002	2003	2004	2005	2006	2007	Régions du monde
World	100.0	100.0	100.0	100.0	100.0	100.0	100.0	100.0	100.0	100.0	Monde
Developed Economies	59.1	55.8	58.1	53.9	39.1	25.8	20.9	19.9	21.5	16.6	Economies Développés
- Asia-Pacific	9.3	11.9	11.2	9.2	9.2	6.8	5.4	6.0	7.6	4.5	- Asie-Pacifique
- Europe	29.0	22.6	20.3	23.5	17.6	11.7	9.7	9.2	9.9	8.2	- Europe
- North America	20.8	21.3	26.6	21.1	12.3	7.3	5.8	4.7	3.9	3.9	- Amérique du Nord
South-Eastern Europe	0.2	0.1	0.1	0.2	0.1	0.1	0.1	0.0	0.1	0.1	Europe du Sud-Est
Commonwealth of Independent States	0.3	0.2	0.1	0.2	0.3	0.2	0.2	0.1	0.4	1.0	Communauté d'Etats indépendants
- Asia	0.0	0.0	0.0	0.1	0.0	0.0	0.0	0.0	0.0	0.0	- Asie
- Europe	0.3	0.2	0.1	0.2	0.2	0.2	0.1	0.1	0.4	1.0	- Europe
Northern Africa	0.1	0.1	0.1	0.1	0.1	0.1	0.1	0.1	0.1	0.0	Afrique septentrionale
Sub-Saharan Africa	0.4	0.3	0.2	1.3	0.2	0.2	0.1	0.1	0.1	0.1	Afrique subsaharienne
Latin America & the Caribbean	2.6	4.1	4.5	3.7	3.7	2.1	2.9	3.6	7.0	9.7	Amérique latine et Caraïbes
- Caribbean	0.0	0.0	0.0	0.0	0.0	0.0	0.0	0.0	0.0	0.0	- Caraïbes
- Latin America	2.6	4.1	4.5	3.7	3.7	2.1	2.9	3.6	7.0	9.7	- Amérique latine
Eastern Asia	27.1	31.7	31.3	35.0	51.7	68.6	72.6	73.6	68.7	70.6	Asie orientale
Southern Asia	0.5	0.3	0.2	0.3	0.3	0.3	0.2	0.2	0.2	0.2	Asie méridionale
South-Eastern Asia	7.3	5.7	3.9	3.9	3.1	2.1	2.4	2.0	1.6	1.2	Asie du Sud-Est
Western Asia	2.3	1.6	1.4	1.3	1.3	0.6	0.6	0.4	0.4	0.4	Asie occidentale
Oceania	0.0	0.0	0.0	0.0	0.0	0.0	0.0	0.0	0.0	0.0	Océanie

Trade by commodity
Exports by principal countries or areas
Value in million US dollars

Commerce par produit
Exportations selon les principaux pays ou zones
Valeur en millions de dollars EU

Country or area	2003	2004	2005	2006	2007	Pays ou zone
World	20249.7	32563.2	44742.8	57289.4	71764.8	Monde
Developed Economies	8281.4	10531.1	10523.7	11008.9	11709.5	Economies Développés
- Asia-Pacific	3462.7	4688.8	4355.4	4033.5	3933.2	- Asie-Pacifique
- Europe	2810.3	3459.0	3684.5	4228.1	5009.6	- Europe
- North America	2008.4	2383.4	2483.7	2747.2	2766.7	- Amérique du Nord
South-Eastern Europe	3.9	4.4	2.9	11.3	7.4	Europe du Sud-Est
Commonwealth of Independent States	135.2	99.6	122.9	156.6	163.4	Communauté d'Etats indépendants
- Asia	0.0	0.1	0.1	0.1	0.0	- Asie
- Europe	135.1	99.5	122.8	156.6	163.4	- Europe
Northern Africa	0.1	0.1	0.1	0.5	0.1	Afrique septentrionale
Sub-Saharan Africa	13.0	35.5	17.3	7.4	5.9	Afrique subsaharienne
Latin America & the Caribbean	45.9	43.2	51.2	66.7	61.8	Amérique latine et Caraïbes
- Caribbean	1.4	3.5	2.3	2.6	4.2	- Caraïbes
- Latin America	44.6	39.7	48.9	64.0	57.6	- Amérique latine
Eastern Asia	11152.2	20819.2	33093.1	45238.0	59076.3	Asie orientale
Southern Asia	7.7	9.3	11.7	11.9	11.0	Asie méridionale
South-Eastern Asia	508.8	879.5	730.7	646.8	605.6	Asie du Sud-Est
Western Asia	101.2	140.9	188.7	137.4	123.4	Asie occidentale
Oceania	0.3	0.5	0.6	3.9	0.3	Océanie
China	3429.6	7119.2	11753.8	14163.1	21065.2	Chine
Korea, Republic of	1162.2	3089.1	8518.4	14521.1	19659.7	République de Corée
Japan	3448.8	4667.0	4316.6	3982.0	3901.8	Japon
United States	1893.2	2239.5	2297.5	2523.4	2593.9	Etats-Unis d'Amérique
Germany	1360.3	1680.7	1856.4	2125.3	2617.7	Allemagne
China, Hong Kong SAR	1419.3	1554.6	1810.4	1931.7	2417.2	Chine - RAS de Hong-Kong
Singapore	436.1	800.8	569.0	434.1	424.1	Singapour
United Kingdom	343.9	393.6	371.7	420.6	486.0	Royaume-Uni
Netherlands	261.0	320.3	352.8	418.7	453.2	Pays-Bas
France-Monaco	238.7	255.1	243.3	294.5	299.3	France-Monaco
Switzerland-Liechtenstein	156.6	181.1	204.8	237.8	230.3	Suisse-Liechtenstein
Canada	115.2	143.9	186.2	223.8	172.8	Canada
Czech Republic	69.5	141.1	118.6	143.7	182.2	République tchèque
Israel	91.0	135.0	178.0	129.3	111.8	Israël
Austria	92.1	103.4	97.7	114.9	148.6	Autriche
Italy	88.1	94.8	112.5	100.7	153.4	Italie
Sweden	44.3	81.7	116.9	127.6	128.1	Suède
Thailand	5.8	17.0	113.6	150.9	127.4	Thaïlande
Russian Federation	68.7	58.0	79.6	95.8	89.2	Fédération de Russie
Belgium	50.9	91.0	86.8	80.9	81.3	Belgique
Belarus	59.9	35.2	34.8	50.4	63.3	Bélarus
Mexico	37.4	27.0	32.5	45.3	44.6	Mexique
Malaysia	43.9	44.5	30.6	36.0	30.2	Malaisie
Spain	23.7	25.8	34.4	39.6	31.6	Espagne
Australia	11.1	19.0	35.9	49.1	27.9	Australie

Value as percentages of World total

Valeur en pourcentage du total mondial

Regions of the world	1998	1999	2000	2001	2002	2003	2004	2005	2006	2007	Régions du monde
World	100.0	100.0	100.0	100.0	100.0	100.0	100.0	100.0	100.0	100.0	Monde
Developed Economies	56.8	52.2	61.2	61.4	56.8	40.9	32.3	23.5	19.2	16.3	Economies Développés
- Asia-Pacific	19.2	21.6	23.3	21.3	20.8	17.1	14.4	9.7	7.0	5.5	- Asie-Pacifique
- Europe	21.9	15.9	13.5	17.8	19.5	13.9	10.6	8.2	7.4	7.0	- Europe
- North America	15.7	14.7	24.4	22.2	16.6	9.9	7.3	5.6	4.8	3.9	- Amérique du Nord
South-Eastern Europe	0.0	0.0	0.0	0.0	0.0	0.0	0.0	0.0	0.0	0.0	Europe du Sud-Est
Commonwealth of Independent States	0.7	0.5	0.5	0.7	1.0	0.7	0.3	0.3	0.3	0.2	Communauté d'Etats indépendants
- Asia	0.0	0.0	0.0	0.0	0.0	0.0	0.0	0.0	0.0	0.0	- Asie
- Europe	0.7	0.5	0.5	0.7	1.0	0.7	0.3	0.3	0.3	0.2	- Europe
Northern Africa	0.0	0.0	0.0	0.0	0.0	0.0	0.0	0.0	0.0	0.0	Afrique septentrionale
Sub-Saharan Africa	0.0	0.0	0.0	0.0	0.0	0.1	0.1	0.0	0.0	0.0	Afrique subsaharienne
Latin America & the Caribbean	0.1	0.2	0.2	0.3	0.3	0.2	0.1	0.1	0.1	0.1	Amérique latine et Caraïbes
- Caribbean	0.0	0.0	0.0	0.0	0.0	0.0	0.0	0.0	0.0	0.0	- Caraïbes
- Latin America	0.1	0.2	0.2	0.3	0.3	0.2	0.1	0.1	0.1	0.1	- Amérique latine
Eastern Asia	39.0	43.9	35.6	33.8	38.7	55.1	63.9	74.0	79.0	82.3	Asie orientale
Southern Asia	0.1	0.0	0.0	0.0	0.0	0.0	0.0	0.0	0.0	0.0	Asie méridionale
South-Eastern Asia	2.3	2.2	1.8	3.0	2.5	2.5	2.7	1.6	1.1	0.8	Asie du Sud-Est
Western Asia	1.0	0.9	0.7	0.7	0.7	0.5	0.4	0.4	0.2	0.2	Asie occidentale
Oceania	0.0	0.0	0.0	0.0	0.0	0.0	0.0	0.0	0.0	0.0	Océanie

872 Instruments and appliances, nes, for medical and veterinary sciences

<table>
<tr><td>Trade by commodity</td><td>Commerce par produit</td></tr>
<tr><td>Imports by principal countries or areas</td><td>Importations selon les principaux pays ou zones</td></tr>
<tr><td>Value in million US dollars</td><td>Valeur en millions de dollars EU</td></tr>
</table>

Country or area	2003	2004	2005	2006	2007	Pays ou zone
World	39387.3	47429.7	54706.4	59863.3	66546.7	Monde
Developed Economies	31137.9	37615.2	42755.7	46708.8	51072.4	Economies Développés
- Asia-Pacific	3623.1	4244.0	4693.4	5030.8	5136.9	- Asie-Pacifique
- Europe	18456.3	21970.3	25508.2	28204.4	31675.4	- Europe
- North America	9058.5	11401.0	12554.2	13473.6	14260.0	- Amérique du Nord
South-Eastern Europe	205.3	305.7	311.9	278.8	415.2	Europe du Sud-Est
Commonwealth of Independent States	731.9	779.4	884.6	1269.5	1928.5	Communauté d'Etats indépendants
- Asia	92.4	104.0	127.7	179.3	251.9	- Asie
- Europe	639.5	675.4	756.9	1090.2	1676.6	- Europe
Northern Africa	244.5	490.1	484.0	562.2	427.7	Afrique septentrionale
Sub-Saharan Africa	498.7	586.3	755.5	922.8	1167.0	Afrique subsaharienne
Latin America & the Caribbean	1775.6	1963.9	2557.2	2947.8	3498.4	Amérique latine et Caraïbes
- Caribbean	187.4	201.9	298.2	386.1	484.1	- Caraïbes
- Latin America	1588.2	1762.0	2259.0	2561.7	3014.4	- Amérique latine
Eastern Asia	2291.1	2648.6	2963.5	2970.2	3307.9	Asie orientale
Southern Asia	434.4	527.3	725.8	788.8	890.5	Asie méridionale
South-Eastern Asia	997.5	1256.7	1614.8	1907.3	2096.3	Asie du Sud-Est
Western Asia	1039.9	1220.8	1615.2	1463.3	1696.7	Asie occidentale
Oceania	30.5	35.8	38.3	43.9	46.0	Océanie
United States	7811.6	9922.9	10881.1	11630.3	12198.6	Etats-Unis d'Amérique
Germany	2829.6	3351.6	3858.1	4494.3	5053.7	Allemagne
Netherlands	2696.0	2834.4	3811.3	4108.1	3890.0	Pays-Bas
Japan	2854.3	3231.4	3538.8	3742.4	3707.2	Japon
United Kingdom	2308.0	3113.7	3771.2	3867.8	3972.2	Royaume-Uni
France-Monaco	2122.5	2486.2	2704.5	2977.7	3526.3	France-Monaco
Belgium	1677.0	2122.1	2336.0	2504.1	3226.1	Belgique
Italy	1561.2	1894.5	2239.0	2413.2	2586.6	Italie
Canada	1243.9	1475.5	1670.0	1839.5	2057.1	Canada
Spain	1004.8	1168.5	1294.2	1546.0	1927.6	Espagne
Mexico	894.0	964.1	1258.5	1349.0	1449.5	Mexique
Australia	630.2	835.3	950.1	1074.2	1182.1	Australie
China	739.2	852.5	905.1	888.7	1032.7	Chine
Switzerland-Liechtenstein	662.1	732.2	824.9	947.8	1136.4	Suisse-Liechtenstein
Singapore	473.8	661.2	902.3	1031.4	1089.7	Singapour
Russian Federation	479.6	522.0	583.4	844.6	1344.8	Fédération de Russie
China, Hong Kong SAR	665.3	788.7	852.1	682.0	721.4	Chine - RAS de Hong-Kong
Korea, Republic of	473.6	540.0	690.5	838.9	965.3	République de Corée
Austria	486.0	547.6	617.6	655.1	780.2	Autriche
Sweden	480.7	573.7	595.4	654.8	764.2	Suède
Ireland	387.7	412.9	508.7	628.4	741.6	Irlande
Denmark	352.0	437.2	484.7	573.1	662.9	Danemark
India	265.2	327.2	464.0	568.4	659.2	Inde
Turkey	284.3	410.2	562.2	468.5	547.6	Turquie
Greece	317.9	468.8	388.4	450.0	520.8	Grèce

<table>
<tr><td>Value as percentages of World total</td><td>Valeur en pourcentage du total mondial</td></tr>
</table>

Regions of the world	1998	1999	2000	2001	2002	2003	2004	2005	2006	2007	Régions du monde
World	100.0	100.0	100.0	100.0	100.0	100.0	100.0	100.0	100.0	100.0	Monde
Developed Economies	78.5	80.4	79.2	78.1	79.7	79.1	79.3	78.2	78.0	76.7	Economies Développés
- Asia-Pacific	11.0	11.0	11.4	11.0	10.1	9.2	8.9	8.6	8.4	7.7	- Asie-Pacifique
- Europe	48.0	48.6	45.9	45.2	46.9	46.9	46.3	46.6	47.1	47.6	- Europe
- North America	19.5	20.8	21.9	22.0	22.7	23.0	24.0	22.9	22.5	21.4	- Amérique du Nord
South-Eastern Europe	0.6	0.5	0.5	0.5	0.6	0.5	0.6	0.6	0.5	0.6	Europe du Sud-Est
Commonwealth of Independent States	2.4	1.4	1.5	1.8	1.5	1.9	1.6	1.6	2.1	2.9	Communauté d'Etats indépendants
- Asia	0.1	0.2	0.3	0.2	0.2	0.2	0.2	0.2	0.3	0.4	- Asie
- Europe	2.3	1.2	1.2	1.7	1.3	1.6	1.4	1.4	1.8	2.5	- Europe
Northern Africa	1.0	0.8	0.8	0.8	0.8	0.6	1.0	0.9	0.9	0.6	Afrique septentrionale
Sub-Saharan Africa	1.4	1.5	1.2	2.5	1.3	1.3	1.2	1.4	1.5	1.8	Afrique subsaharienne
Latin America & the Caribbean	4.8	4.2	4.5	4.4	4.5	4.5	4.1	4.7	4.9	5.3	Amérique latine et Caraïbes
- Caribbean	0.6	0.2	0.3	0.3	0.3	0.5	0.4	0.5	0.6	0.7	- Caraïbes
- Latin America	4.2	4.0	4.2	4.1	4.2	4.0	3.7	4.1	4.3	4.5	- Amérique latine
Eastern Asia	4.4	5.1	5.6	5.8	5.9	5.8	5.6	5.4	5.0	5.0	Asie orientale
Southern Asia	1.1	1.0	1.2	1.2	1.1	1.1	1.1	1.3	1.3	1.3	Asie méridionale
South-Eastern Asia	2.4	2.2	2.7	2.3	2.2	2.5	2.6	3.0	3.2	3.2	Asie du Sud-Est
Western Asia	3.3	2.7	2.8	2.4	2.5	2.6	2.6	3.0	2.4	2.5	Asie occidentale
Oceania	0.1	0.1	0.1	0.1	0.1	0.1	0.1	0.1	0.1	0.1	Océanie

Instruments et appareils pour la médecine, la chirurgie, l'art dentaire ou l'art vétérinaire 872

Trade by commodity

Exports by principal countries or areas

Value in million US dollars

Commerce par produit

Exportations selon les principaux pays ou zones

Valeur en millions de dollars EU

Country or area	2003	2004	2005	2006	2007	Pays ou zone
World	39514.8	46119.0	52792.5	56197.5	63891.1	Monde
Developed Economies	32583.6	37839.0	42956.3	45258.8	50857.5	Economies Développés
- Asia-Pacific	2026.9	2401.6	2681.6	2830.7	3232.8	- Asie-Pacifique
- Europe	21270.0	24938.5	28241.5	28852.0	32506.6	- Europe
- North America	9286.7	10498.9	12033.2	13576.1	15118.1	- Amérique du Nord
South-Eastern Europe	25.7	43.0	46.4	42.2	75.8	Europe du Sud-Est
Commonwealth of Independent States	80.8	88.4	104.0	127.0	145.0	Communauté d'Etats indépendants
- Asia	1.5	2.1	1.4	1.5	1.1	- Asie
- Europe	79.3	86.3	102.6	125.6	143.8	- Europe
Northern Africa	45.2	55.8	51.1	64.0	75.0	Afrique septentrionale
Sub-Saharan Africa	31.4	36.7	45.6	72.9	56.3	Afrique subsaharienne
Latin America & the Caribbean	2893.2	3196.3	3889.7	4235.1	4988.6	Amérique latine et Caraïbes
- Caribbean	103.5	120.2	157.0	238.7	345.7	- Caraïbes
- Latin America	2789.7	3076.1	3732.7	3996.4	4642.9	- Amérique latine
Eastern Asia	2020.7	2527.7	3087.4	3473.8	4279.9	Asie orientale
Southern Asia	231.8	262.0	324.1	336.1	416.0	Asie méridionale
South-Eastern Asia	1309.8	1739.0	1809.6	2082.6	2399.9	Asie du Sud-Est
Western Asia	291.6	330.5	477.0	503.1	595.5	Asie occidentale
Oceania	0.8	0.7	1.4	1.7	1.6	Océanie
United States	8929.5	10072.1	11517.3	13016.8	14507.4	Etats-Unis d'Amérique
Germany	4529.7	5439.9	6364.9	7324.7	8601.0	Allemagne
Netherlands	2637.8	3048.1	3765.3	4005.2	4173.7	Pays-Bas
Ireland	3225.0	4040.9	4384.2	2107.2	2252.8	Irlande
Mexico	2201.8	2437.8	3023.1	3172.4	3724.7	Mexique
Belgium	1682.0	2021.9	2280.7	2555.5	3255.9	Belgique
France-Monaco	1866.3	2095.5	2262.8	2503.2	2990.3	France-Monaco
United Kingdom	1856.6	1989.2	2309.5	2487.9	2212.0	Royaume-Uni
Japan	1565.4	1879.1	2034.6	2046.3	2232.0	Japon
China	842.4	1178.1	1642.5	2113.0	2775.2	Chine
Switzerland-Liechtenstein	1167.7	1359.8	1524.9	1682.5	1950.8	Suisse-Liechtenstein
Italy	1224.5	1394.1	1502.6	1673.0	1856.8	Italie
Singapore	820.8	1004.8	1082.5	1323.1	1515.3	Singapour
Sweden	842.9	858.5	838.2	939.6	1020.4	Suède
Denmark	600.9	729.6	818.4	969.2	1034.7	Danemark
China, Hong Kong SAR	768.6	838.7	846.2	633.7	761.3	Chine - RAS de Hong-Kong
Australia	346.0	399.6	537.7	648.9	817.1	Australie
Costa Rica	467.0	479.2	501.3	590.6	650.0	Costa Rica
Spain	409.3	430.9	489.9	583.9	642.8	Espagne
Canada	357.0	426.7	515.7	559.2	610.5	Canada
Finland	300.6	362.2	392.3	480.5	533.1	Finlande
Austria	279.7	327.2	366.7	409.9	514.9	Autriche
Malaysia	231.1	431.0	361.6	354.5	419.3	Malaisie
Israel	207.6	247.7	293.6	412.5	492.3	Israël
Korea, Republic of	191.8	275.8	333.9	396.2	386.3	République de Corée

Value as percentages of World total

Valeur en pourcentage du total mondial

Regions of the world	1998	1999	2000	2001	2002	2003	2004	2005	2006	2007	Régions du monde
World	100.0	100.0	100.0	100.0	100.0	100.0	100.0	100.0	100.0	100.0	Monde
Developed Economies	85.8	85.5	83.8	83.3	82.5	82.5	82.0	81.4	80.5	79.6	Economies Développés
- Asia-Pacific	7.0	6.7	6.7	5.7	5.6	5.1	5.2	5.1	5.0	5.1	- Asie-Pacifique
- Europe	50.8	51.7	49.6	49.6	51.3	53.8	54.1	53.5	51.3	50.9	- Europe
- North America	27.9	27.1	27.5	28.0	25.6	23.5	22.8	22.8	24.2	23.7	- Amérique du Nord
South-Eastern Europe	0.1	0.0	0.1	0.1	0.1	0.1	0.1	0.1	0.1	0.1	Europe du Sud-Est
Commonwealth of Independent States	0.2	0.2	0.2	0.2	0.2	0.2	0.2	0.2	0.2	0.2	Communauté d'Etats indépendants
- Asia	0.0	0.0	0.0	0.0	0.0	0.0	0.0	0.0	0.0	0.0	- Asie
- Europe	0.2	0.2	0.2	0.2	0.2	0.2	0.2	0.2	0.2	0.2	- Europe
Northern Africa	0.0	0.1	0.0	0.0	0.0	0.1	0.1	0.1	0.1	0.1	Afrique septentrionale
Sub-Saharan Africa	0.1	0.1	0.1	0.1	0.1	0.1	0.1	0.1	0.1	0.1	Afrique subsaharienne
Latin America & the Caribbean	4.5	4.5	5.9	6.4	7.0	7.3	6.9	7.4	7.5	7.8	Amérique latine et Caraïbes
- Caribbean	0.3	0.0	0.0	0.0	0.0	0.3	0.3	0.3	0.4	0.5	- Caraïbes
- Latin America	4.3	4.5	5.9	6.4	7.0	7.1	6.7	7.1	7.1	7.3	- Amérique latine
Eastern Asia	3.7	3.8	4.7	5.1	5.3	5.1	5.5	5.8	6.2	6.7	Asie orientale
Southern Asia	0.6	0.6	0.7	0.6	0.7	0.6	0.6	0.6	0.6	0.7	Asie méridionale
South-Eastern Asia	3.8	3.7	3.8	3.6	3.5	3.3	3.8	3.4	3.7	3.8	Asie du Sud-Est
Western Asia	1.1	1.4	0.8	0.6	0.6	0.7	0.7	0.9	0.9	0.9	Asie occidentale
Oceania	0.0	0.0	0.0	0.0	0.0	0.0	0.0	0.0	0.0	0.0	Océanie

873 Meters and counters, nes.

Trade by commodity   Commerce par produit
Imports by principal countries or areas   Importations selon les principaux pays ou zones
Value in million US dollars   Valeur en millions de dollars EU

Country or area	2003	2004	2005	2006	2007	Pays ou zone
World	5975.7	6789.3	7142.9	7611.7	8955.4	Monde
Developed Economies	4473.8	4970.9	5152.0	5520.7	6461.1	Economies Développés
- Asia-Pacific	198.0	232.4	217.3	257.4	320.0	- Asie-Pacifique
- Europe	2560.4	2939.7	3163.5	3438.6	4108.5	- Europe
- North America	1715.4	1798.8	1771.1	1824.7	2032.5	- Amérique du Nord
South-Eastern Europe	59.8	98.7	74.2	71.4	97.8	Europe du Sud-Est
Commonwealth of Independent States	111.5	133.4	146.7	178.7	263.6	Communauté d'Etats indépendants
- Asia	43.9	54.4	56.9	67.1	98.9	- Asie
- Europe	67.6	79.0	89.9	111.7	164.7	- Europe
Northern Africa	68.4	70.1	72.9	89.8	109.1	Afrique septentrionale
Sub-Saharan Africa	100.8	121.7	144.7	143.1	176.1	Afrique subsaharienne
Latin America & the Caribbean	374.3	355.3	425.5	548.8	619.1	Amérique latine et Caraïbes
- Caribbean	12.3	13.2	18.7	22.2	28.4	- Caraïbes
- Latin America	362.0	342.0	406.8	526.7	590.7	- Amérique latine
Eastern Asia	338.9	422.8	482.7	478.6	542.5	Asie orientale
Southern Asia	92.7	130.4	135.5	122.5	145.0	Asie méridionale
South-Eastern Asia	208.4	287.6	306.0	300.8	351.2	Asie du Sud-Est
Western Asia	144.1	194.7	194.3	151.0	184.5	Asie occidentale
Oceania	3.1	3.6	8.4	6.2	5.6	Océanie
United States	1401.6	1434.3	1427.1	1414.5	1547.7	Etats-Unis d'Amérique
Germany	549.5	638.9	733.2	762.8	869.9	Allemagne
Canada	313.4	364.0	343.7	409.9	484.0	Canada
France-Monaco	253.7	304.7	386.2	426.7	485.3	France-Monaco
United Kingdom	251.7	288.2	291.0	302.6	399.5	Royaume-Uni
Italy	288.8	323.3	359.9	269.0	285.0	Italie
Belgium	166.8	227.8	233.9	257.0	286.7	Belgique
Mexico	207.0	160.4	186.3	252.1	267.4	Mexique
Spain	179.8	195.4	188.7	207.2	258.3	Espagne
China	128.6	157.3	203.4	218.8	227.0	Chine
Japan	140.4	158.1	140.2	183.1	225.3	Japon
Sweden	109.8	122.3	125.5	176.3	286.8	Suède
Austria	95.9	124.2	124.7	137.1	158.0	Autriche
Netherlands	90.6	105.4	125.2	153.3	152.7	Pays-Bas
Hungary	126.4	115.3	82.7	111.0	123.5	Hongrie
China, Hong Kong SAR	71.2	100.0	90.7	96.6	136.8	Chine - RAS de Hong-Kong
Poland	52.4	78.7	93.3	104.8	149.8	Pologne
Korea, Republic of	73.1	87.8	100.6	91.5	105.4	République de Corée
Thailand	48.6	66.5	73.9	73.9	101.4	Thaïlande
Slovakia	70.8	53.7	45.7	78.1	114.5	Slovaquie
Turkey	67.7	97.7	112.1	34.9	32.8	Turquie
Czech Republic	55.7	55.8	52.2	78.6	91.3	République tchèque
Indonesia	47.9	73.6	83.4	59.8	66.3	Indonésie
Brazil	49.4	49.3	59.1	64.3	92.9	Brésil
Australia	47.2	62.7	60.9	58.5	77.2	Australie

Value as percentages of World total   Valeur en pourcentage du total mondial

Regions of the world	1998	1999	2000	2001	2002	2003	2004	2005	2006	2007	Régions du monde
World	100.0	100.0	100.0	100.0	100.0	100.0	100.0	100.0	100.0	100.0	Monde
Developed Economies	73.6	75.7	72.7	70.4	73.9	74.9	73.2	72.1	72.5	72.1	Economies Développés
- Asia-Pacific	3.0	2.8	2.6	2.4	3.3	3.4	3.0	3.4	3.4	3.6	- Asie-Pacifique
- Europe	42.0	41.0	37.1	36.1	40.2	42.8	43.3	44.3	45.2	45.9	- Europe
- North America	28.7	31.9	33.0	31.9	30.6	28.7	26.5	24.8	24.0	22.7	- Amérique du Nord
South-Eastern Europe	0.6	0.6	0.8	0.9	1.0	1.0	1.5	1.0	0.9	1.1	Europe du Sud-Est
Commonwealth of Independent States	1.7	1.1	1.0	1.3	1.9	1.9	2.0	2.1	2.3	2.9	Communauté d'Etats indépendants
- Asia	0.5	0.3	0.3	0.4	0.8	0.7	0.8	0.8	0.9	1.1	- Asie
- Europe	1.2	0.8	0.7	0.9	1.1	1.1	1.2	1.3	1.5	1.8	- Europe
Northern Africa	1.0	1.1	0.9	0.9	1.0	1.1	1.0	1.0	1.2	1.2	Afrique septentrionale
Sub-Saharan Africa	1.6	1.4	1.4	7.0	1.6	1.7	1.8	2.0	1.9	2.0	Afrique subsaharienne
Latin America & the Caribbean	9.7	9.4	10.2	8.2	8.1	6.3	5.2	6.0	7.2	6.9	Amérique latine et Caraïbes
- Caribbean	0.3	0.6	0.6	0.5	0.5	0.2	0.2	0.3	0.3	0.3	- Caraïbes
- Latin America	9.4	8.8	9.5	7.7	7.6	6.1	5.0	5.7	6.9	6.6	- Amérique latine
Eastern Asia	5.1	4.6	5.3	4.9	5.1	5.7	6.2	6.8	6.3	6.1	Asie orientale
Southern Asia	1.3	1.4	1.8	1.6	1.8	1.6	1.9	1.9	1.6	1.6	Asie méridionale
South-Eastern Asia	3.2	3.0	3.8	3.2	3.6	3.5	4.2	4.3	4.0	3.9	Asie du Sud-Est
Western Asia	2.0	1.7	2.2	1.6	2.0	2.4	2.9	2.7	2.0	2.1	Asie occidentale
Oceania	0.1	0.1	0.1	0.0	0.1	0.1	0.1	0.1	0.1	0.1	Océanie

Trade by commodity
Exports by principal countries or areas
Value in million US dollars

Commerce par produit
Exportations selon les principaux pays ou zones
Valeur en millions de dollars EU

Country or area	2003	2004	2005	2006	2007	Pays ou zone
World	5401.3	6193.3	6576.6	7066.6	8602.6	Monde
Developed Economies	4279.3	4826.7	4816.1	5202.5	6151.9	Economies Développés
- Asia-Pacific	428.4	484.4	492.8	469.8	521.1	- Asie-Pacifique
- Europe	3042.0	3631.6	3563.0	3880.8	4724.1	- Europe
- North America	809.0	710.7	760.3	851.9	906.6	- Amérique du Nord
South-Eastern Europe	11.0	13.9	16.6	16.0	31.5	Europe du Sud-Est
Commonwealth of Independent States	39.7	49.7	47.9	60.1	69.1	Communauté d'Etats indépendants
- Asia	2.5	2.7	4.0	2.1	3.5	- Asie
- Europe	37.2	47.0	43.9	58.0	65.7	- Europe
Northern Africa	3.2	5.2	21.2	24.7	32.1	Afrique septentrionale
Sub-Saharan Africa	34.3	36.8	40.7	33.5	72.8	Afrique subsaharienne
Latin America & the Caribbean	353.0	402.5	499.7	622.5	746.7	Amérique latine et Caraïbes
- Caribbean	0.2	0.4	0.3	0.5	0.4	- Caraïbes
- Latin America	352.7	402.1	499.4	622.0	746.4	- Amérique latine
Eastern Asia	491.5	580.0	757.8	802.7	1109.3	Asie orientale
Southern Asia	10.3	13.5	18.3	18.9	29.3	Asie méridionale
South-Eastern Asia	137.3	188.1	292.9	231.3	296.4	Asie du Sud-Est
Western Asia	41.4	76.9	65.4	54.4	63.3	Asie occidentale
Oceania	0.3	0.1	0.0	0.1	0.0	Océanie
Germany	1021.2	1272.2	1354.3	1468.2	1608.0	Allemagne
United States	748.1	653.5	705.9	796.7	835.0	Etats-Unis d'Amérique
China	291.8	339.8	518.8	581.1	829.7	Chine
Japan	416.5	470.0	474.6	449.4	499.2	Japon
France-Monaco	391.1	406.6	393.5	402.4	572.8	France-Monaco
Mexico	287.1	325.2	413.3	474.9	599.3	Mexique
United Kingdom	291.7	302.4	286.2	284.8	298.9	Royaume-Uni
Spain	232.0	231.3	179.3	180.0	224.1	Espagne
Italy	160.1	161.0	165.7	186.4	226.8	Italie
Hungary	120.6	174.4	116.6	111.1	297.8	Hongrie
Czech Republic	69.5	179.6	126.4	154.0	183.0	République tchèque
Switzerland-Liechtenstein	105.0	129.9	132.4	162.1	178.8	Suisse-Liechtenstein
China, Hong Kong SAR	99.5	135.6	136.6	129.8	180.7	Chine - RAS de Hong-Kong
Netherlands	73.2	103.9	104.0	133.9	168.2	Pays-Bas
Slovenia	103.3	107.8	104.4	97.4	107.3	Slovénie
Belgium	69.4	102.3	96.9	117.2	132.9	Belgique
Slovakia	45.2	60.8	73.0	107.2	141.5	Slovaquie
Denmark	56.2	73.9	67.1	71.8	111.8	Danemark
Brazil	41.8	50.7	59.7	107.0	107.7	Brésil
Thailand	28.8	48.1	71.4	80.0	119.8	Thaïlande
Poland	23.0	37.3	71.2	94.1	120.5	Pologne
Greece	66.9	56.6	57.0	64.3	90.3	Grèce
Sweden	65.5	45.2	59.8	76.2	70.7	Suède
Canada	60.7	57.2	54.4	55.2	71.6	Canada
Finland	27.6	48.6	76.6	58.4	59.9	Finlande

Value as percentages of World total

Valeur en pourcentage du total mondial

Regions of the world	1998	1999	2000	2001	2002	2003	2004	2005	2006	2007	Régions du monde
World	100.0	100.0	100.0	100.0	100.0	100.0	100.0	100.0	100.0	100.0	Monde
Developed Economies	80.6	78.7	77.6	74.7	76.6	79.2	77.9	73.2	73.6	71.5	Economies Développés
- Asia-Pacific	9.0	9.2	10.6	8.2	7.8	7.9	7.8	7.5	6.6	6.1	- Asie-Pacifique
- Europe	55.3	52.8	48.7	48.7	51.7	56.3	58.6	54.2	54.9	54.9	- Europe
- North America	16.2	16.7	18.3	17.8	17.1	15.0	11.5	11.6	12.1	10.5	- Amérique du Nord
South-Eastern Europe	0.2	0.2	0.2	0.2	0.2	0.2	0.2	0.3	0.2	0.4	Europe du Sud-Est
Commonwealth of Independent States	0.3	0.3	0.6	0.7	0.5	0.7	0.8	0.7	0.9	0.8	Communauté d'Etats indépendants
- Asia	0.0	0.0	0.0	0.0	0.0	0.0	0.0	0.1	0.0	0.0	- Asie
- Europe	0.3	0.3	0.6	0.7	0.5	0.7	0.8	0.7	0.8	0.8	- Europe
Northern Africa	0.0	0.0	0.1	0.2	0.1	0.1	0.1	0.3	0.3	0.4	Afrique septentrionale
Sub-Saharan Africa	0.3	0.3	0.3	0.4	0.4	0.6	0.6	0.6	0.5	0.8	Afrique subsaharienne
Latin America & the Caribbean	9.9	13.0	11.8	13.3	7.9	6.5	6.5	7.6	8.8	8.7	Amérique latine et Caraïbes
- Caribbean	0.0	0.0	0.0	0.0	0.0	0.0	0.0	0.0	0.0	0.0	- Caraïbes
- Latin America	9.9	13.0	11.8	13.3	7.9	6.5	6.5	7.6	8.8	8.7	- Amérique latine
Eastern Asia	5.5	4.7	5.9	6.9	11.3	9.1	9.4	11.5	11.4	12.9	Asie orientale
Southern Asia	0.1	0.1	0.3	0.2	0.2	0.2	0.2	0.3	0.3	0.3	Asie méridionale
South-Eastern Asia	2.5	2.1	2.7	2.9	2.3	2.5	3.0	4.5	3.3	3.4	Asie du Sud-Est
Western Asia	0.6	0.6	0.6	0.7	0.6	0.8	1.2	1.0	0.8	0.7	Asie occidentale
Oceania	0.0	0.0	0.0	0.0	0.0	0.0	0.0	0.0	0.0	0.0	Océanie

874 Measuring, checking, analyzing and controlling instruments, apparatus nes

Trade by commodity
Imports by principal countries or areas
Value in million US dollars

Commerce par produit
Importations selon les principaux pays ou zones
Valeur en millions de dollars EU

Country or area	2003	2004	2005	2006	2007	Pays ou zone
World	86096.0	106417.1	112723.5	127133.8	142484.0	Monde
Developed Economies	55774.3	65729.3	68352.7	76516.4	84981.0	Economies Développés
- Asia-Pacific	6162.8	7666.0	8203.6	9259.9	9519.3	- Asie-Pacifique
- Europe	32329.8	37848.0	39005.5	44558.4	50520.4	- Europe
- North America	17281.8	20215.2	21143.6	22698.1	24941.4	- Amérique du Nord
South-Eastern Europe	439.7	675.6	728.7	825.8	974.0	Europe du Sud-Est
Commonwealth of Independent States	1102.0	1484.9	1553.7	2217.9	3018.5	Communauté d'Etats indépendants
- Asia	239.9	325.1	347.5	457.4	603.5	- Asie
- Europe	862.1	1159.8	1206.2	1760.5	2415.0	- Europe
Northern Africa	493.1	652.5	792.9	760.8	934.0	Afrique septentrionale
Sub-Saharan Africa	822.9	1072.1	1283.3	1540.2	2108.1	Afrique subsaharienne
Latin America & the Caribbean	4454.1	5194.0	6027.4	6674.9	7765.3	Amérique latine et Caraïbes
- Caribbean	148.1	165.7	229.1	240.0	299.2	- Caraïbes
- Latin America	4306.1	5028.3	5798.2	6434.9	7466.1	- Amérique latine
Eastern Asia	14978.3	20605.4	21379.4	24267.8	26376.4	Asie orientale
Southern Asia	1207.0	1492.7	2047.2	2087.7	2694.0	Asie méridionale
South-Eastern Asia	4857.1	6932.2	7374.6	8836.6	9209.4	Asie du Sud-Est
Western Asia	1919.1	2526.8	3127.3	3341.0	4354.6	Asie occidentale
Oceania	48.1	51.5	56.4	64.8	68.9	Océanie
United States	13199.2	15567.6	16475.6	17809.6	19875.4	Etats-Unis d'Amérique
China	6536.5	8853.8	9358.8	11289.7	12830.5	Chine
Germany	6786.2	8152.0	8717.9	10690.0	12088.2	Allemagne
Japan	4791.4	5919.2	6287.3	7249.6	7169.8	Japon
United Kingdom	5325.6	6031.0	5817.3	6271.0	6774.2	Royaume-Uni
France-Monaco	4261.3	4962.1	5111.1	5650.4	6108.0	France-Monaco
Korea, Republic of	3394.7	4635.6	5471.6	5864.2	5758.6	République de Corée
Canada	4073.6	4637.8	4657.4	4882.2	5056.8	Canada
Italy	2828.6	3307.3	3300.4	3563.1	3902.0	Italie
Singapore	2041.0	3111.3	3256.4	3761.3	4071.0	Singapour
Mexico	2545.7	2751.8	3147.9	3417.4	3697.3	Mexique
Netherlands	1798.7	2192.0	2279.4	2661.5	2961.8	Pays-Bas
China, Hong Kong SAR	1735.0	2045.7	2180.9	2433.9	2744.4	Chine - RAS de Hong-Kong
Spain	1766.8	1948.1	1861.8	2076.5	2362.4	Espagne
Malaysia	1303.7	1907.5	1815.8	2570.7	2319.2	Malaisie
Belgium	1360.8	1641.5	1751.4	2031.0	2371.8	Belgique
Australia	1212.3	1543.3	1699.8	1783.2	2089.7	Australie
Switzerland-Liechtenstein	1114.9	1341.0	1490.2	1690.7	1935.6	Suisse-Liechtenstein
Sweden	1137.3	1380.8	1402.1	1562.3	1777.1	Suède
Thailand	958.3	1163.6	1562.0	1675.7	1850.2	Thaïlande
India	778.1	1049.6	1495.5	1687.5	2184.3	Inde
Austria	1041.2	1290.5	1337.5	1421.9	1783.1	Autriche
Brazil	915.5	1212.5	1294.7	1410.7	1845.2	Brésil
Russian Federation	629.0	818.7	859.9	1308.3	1787.1	Fédération de Russie
Poland	537.4	746.2	791.2	948.8	1236.6	Pologne

Value as percentages of World total

Valeur en pourcentage du total mondial

Regions of the world	1998	1999	2000	2001	2002	2003	2004	2005	2006	2007	Régions du monde
World	100.0	100.0	100.0	100.0	100.0	100.0	100.0	100.0	100.0	100.0	Monde
Developed Economies	68.8	68.4	65.5	66.8	66.1	64.8	61.8	60.6	60.2	59.6	Economies Développés
- Asia-Pacific	7.7	7.7	7.6	7.5	7.1	7.2	7.2	7.3	7.3	6.7	- Asie-Pacifique
- Europe	40.6	39.1	35.6	37.2	37.5	37.6	35.6	34.6	35.0	35.5	- Europe
- North America	20.4	21.7	22.3	22.1	21.4	20.1	19.0	18.8	17.9	17.5	- Amérique du Nord
South-Eastern Europe	0.3	0.3	0.3	0.3	0.4	0.5	0.6	0.6	0.6	0.7	Europe du Sud-Est
Commonwealth of Independent States	1.2	1.0	1.0	1.1	1.1	1.3	1.4	1.4	1.7	2.1	Communauté d'Etats indépendants
- Asia	0.2	0.2	0.2	0.3	0.2	0.3	0.3	0.3	0.4	0.4	- Asie
- Europe	1.0	0.8	0.9	0.9	0.9	1.0	1.1	1.1	1.4	1.7	- Europe
Northern Africa	0.6	0.7	0.5	0.5	0.6	0.6	0.6	0.7	0.6	0.7	Afrique septentrionale
Sub-Saharan Africa	1.1	0.9	0.8	2.1	0.9	1.0	1.0	1.1	1.2	1.5	Afrique subsaharienne
Latin America & the Caribbean	6.5	6.0	5.5	5.9	5.7	5.2	4.9	5.3	5.3	5.4	Amérique latine et Caraïbes
- Caribbean	0.2	0.2	0.1	0.2	0.2	0.2	0.2	0.2	0.2	0.2	- Caraïbes
- Latin America	6.3	5.8	5.4	5.7	5.5	5.0	4.7	5.1	5.1	5.2	- Amérique latine
Eastern Asia	12.2	13.2	16.2	14.3	15.6	17.4	19.4	19.0	19.1	18.5	Asie orientale
Southern Asia	1.4	1.0	0.9	1.0	1.4	1.4	1.4	1.8	1.6	1.9	Asie méridionale
South-Eastern Asia	5.8	6.3	7.1	5.7	5.6	5.6	6.5	6.5	7.0	6.5	Asie du Sud-Est
Western Asia	2.1	2.3	2.2	2.2	2.4	2.2	2.4	2.8	2.6	3.1	Asie occidentale
Oceania	0.1	0.1	0.0	0.0	0.1	0.1	0.0	0.1	0.1	0.0	Océanie

Appareils et instruments de mesure, de vérification, d'analyse et de contrôle, n.d.a. 874

Trade by commodity

Exports by principal countries or areas

Value in million US dollars

Commerce par produit

Exportations selon les principaux pays ou zones

Valeur en millions de dollars EU

Country or area	2003	2004	2005	2006	2007	Pays ou zone
World	83609.3	103953.4	110938.3	125670.8	140201.1	Monde
Developed Economies	71302.4	87993.9	93123.2	103719.1	114904.6	Economies Développés
- Asia-Pacific	9709.1	13326.4	13510.6	13968.7	14570.0	- Asie-Pacifique
- Europe	40279.5	48783.5	52728.4	59084.1	67204.4	- Europe
- North America	21313.8	25884.0	26884.3	30666.3	33130.3	- Amérique du Nord
South-Eastern Europe	70.2	134.4	204.0	288.5	412.8	Europe du Sud-Est
Commonwealth of Independent States	736.6	1091.4	664.6	707.0	921.3	Communauté d'Etats indépendants
- Asia	15.2	38.6	26.4	34.8	45.4	- Asie
- Europe	721.3	1052.8	638.2	672.2	875.9	- Europe
Northern Africa	81.0	57.9	64.2	79.8	100.7	Afrique septentrionale
Sub-Saharan Africa	140.4	164.0	186.8	249.4	238.8	Afrique subsaharienne
Latin America & the Caribbean	2366.5	2702.7	3569.7	4204.8	3758.5	Amérique latine et Caraïbes
- Caribbean	16.8	18.9	27.8	31.1	34.5	- Caraïbes
- Latin America	2349.7	2683.8	3541.9	4173.7	3724.1	- Amérique latine
Eastern Asia	4659.1	6197.9	7306.0	9449.0	11868.6	Asie orientale
Southern Asia	129.2	164.2	212.5	254.4	330.6	Asie méridionale
South-Eastern Asia	3407.1	4203.9	4787.2	5721.6	6478.5	Asie du Sud-Est
Western Asia	709.7	1239.5	816.3	992.3	1180.1	Asie occidentale
Oceania	7.2	3.6	3.8	4.9	6.5	Océanie
United States	19405.0	23552.0	24128.9	27468.8	29670.0	Etats-Unis d'Amérique
Germany	13581.7	17215.1	19782.1	22606.6	24924.8	Allemagne
Japan	9214.8	12688.7	12846.3	13296.1	13766.0	Japon
United Kingdom	6708.1	7461.7	7339.8	7716.0	8441.5	Royaume-Uni
France-Monaco	4347.4	5243.1	5467.4	6437.8	7280.7	France-Monaco
China	1656.1	2419.3	3055.9	4037.3	5625.7	Chine
Switzerland-Liechtenstein	2456.3	2941.7	3142.4	3441.6	4202.4	Suisse-Liechtenstein
Italy	2371.4	2832.0	3060.3	3371.7	3861.6	Italie
Mexico	2100.9	2366.1	3174.0	3744.7	3234.0	Mexique
Netherlands	2515.6	2566.1	2719.6	3083.7	3409.0	Pays-Bas
Canada	1908.3	2331.6	2754.9	3196.6	3459.8	Canada
Singapore	1965.5	2322.3	2364.8	2666.2	3193.7	Singapour
China, Hong Kong SAR	1766.0	2175.7	2389.5	2734.0	3133.8	Chine - RAS de Hong-Kong
Malaysia	1160.0	1559.0	1989.8	2433.6	2574.7	Malaisie
Sweden	1426.9	1654.4	1712.6	1820.7	2172.9	Suède
Belgium	957.3	1308.5	1394.3	1428.7	1700.7	Belgique
Austria	878.9	1153.6	1220.4	1359.6	1721.0	Autriche
Denmark	881.8	1132.6	1283.8	1311.7	1659.7	Danemark
Korea, Republic of	583.9	823.6	1022.1	1260.3	1540.9	République de Corée
Hungary	432.4	677.7	931.6	1334.4	1788.2	Hongrie
Spain	878.6	914.4	870.8	865.0	1006.3	Espagne
Finland	696.0	803.0	849.0	905.2	982.2	Finlande
Norway	522.7	668.6	777.2	941.0	1324.7	Norvège
Israel	558.4	1023.1	521.9	791.0	928.4	Israël
Ireland	473.8	690.1	702.4	775.0	603.3	Irlande

Value as percentages of World total

Valeur en pourcentage du total mondial

Regions of the world	1998	1999	2000	2001	2002	2003	2004	2005	2006	2007	Régions du monde
World	100.0	100.0	100.0	100.0	100.0	100.0	100.0	100.0	100.0	100.0	Monde
Developed Economies	90.0	89.2	88.0	86.0	85.1	85.3	84.6	83.9	82.5	82.0	Economies Développés
- Asia-Pacific	10.9	11.8	13.8	11.0	10.5	11.6	12.8	12.2	11.1	10.4	- Asie-Pacifique
- Europe	48.6	46.6	41.7	44.5	46.7	48.2	46.9	47.5	47.0	47.9	- Europe
- North America	30.5	30.7	32.5	30.4	27.9	25.5	24.9	24.2	24.4	23.6	- Amérique du Nord
South-Eastern Europe	0.0	0.0	0.0	0.1	0.1	0.1	0.1	0.2	0.2	0.3	Europe du Sud-Est
Commonwealth of Independent States	0.7	0.9	0.8	1.4	0.9	0.9	1.0	0.6	0.6	0.7	Communauté d'Etats indépendants
- Asia	0.0	0.0	0.0	0.0	0.0	0.0	0.0	0.0	0.0	0.0	- Asie
- Europe	0.7	0.8	0.8	1.4	0.9	0.9	1.0	0.6	0.5	0.6	- Europe
Northern Africa	0.1	0.1	0.1	0.1	0.1	0.1	0.1	0.1	0.1	0.1	Afrique septentrionale
Sub-Saharan Africa	0.2	0.2	0.1	0.3	0.1	0.2	0.2	0.2	0.2	0.2	Afrique subsaharienne
Latin America & the Caribbean	2.1	2.3	2.6	3.1	3.3	2.8	2.6	3.2	3.3	2.7	Amérique latine et Caraïbes
- Caribbean	0.0	0.0	0.0	0.0	0.0	0.0	0.0	0.0	0.0	0.0	- Caraïbes
- Latin America	2.1	2.3	2.5	3.0	3.3	2.8	2.6	3.2	3.3	2.7	- Amérique latine
Eastern Asia	3.6	3.8	4.4	4.6	5.1	5.6	6.0	6.6	7.5	8.5	Asie orientale
Southern Asia	0.1	0.1	0.1	0.1	0.1	0.2	0.2	0.2	0.2	0.2	Asie méridionale
South-Eastern Asia	2.2	2.5	2.8	3.3	4.1	4.1	4.0	4.3	4.6	4.6	Asie du Sud-Est
Western Asia	0.8	0.9	1.0	1.1	0.9	0.8	1.2	0.7	0.8	0.8	Asie occidentale
Oceania	0.0	0.0	0.0	0.0	0.0	0.0	0.0	0.0	0.0	0.0	Océanie

881 Photographic apparatus and equipments, nes

Trade by commodity
Imports by principal countries or areas
Value in million US dollars

Commerce par produit
Importations selon les principaux pays ou zones
Valeur en millions de dollars EU

Country or area	2003	2004	2005	2006	2007	Pays ou zone
World	15312.4	17786.5	15902.2	15970.3	9933.9	Monde
Developed Economies	8103.2	7871.0	6995.4	7125.5	4060.1	Economies Développés
- Asia-Pacific	909.9	934.1	907.5	882.7	405.8	- Asie-Pacifique
- Europe	3799.1	3867.6	3311.9	3335.7	2368.5	- Europe
- North America	3394.2	3069.2	2776.1	2907.2	1285.8	- Amérique du Nord
South-Eastern Europe	37.8	57.1	48.1	24.2	28.1	Europe du Sud-Est
Commonwealth of Independent States	73.7	82.9	50.9	44.8	76.4	Communauté d'Etats indépendants
- Asia	6.0	7.6	7.4	8.7	13.8	- Asie
- Europe	67.7	75.3	43.4	36.1	62.7	- Europe
Northern Africa	31.9	42.8	41.5	39.8	46.7	Afrique septentrionale
Sub-Saharan Africa	92.8	140.7	94.4	79.6	100.5	Afrique subsaharienne
Latin America & the Caribbean	371.5	430.5	483.5	494.6	427.5	Amérique latine et Caraïbes
- Caribbean	31.3	43.0	32.6	38.6	55.6	- Caraïbes
- Latin America	340.1	387.5	450.9	456.0	371.9	- Amérique latine
Eastern Asia	4797.8	6723.6	6421.2	6626.7	3971.4	Asie orientale
Southern Asia	99.6	113.1	117.3	98.8	106.6	Asie méridionale
South-Eastern Asia	1416.1	1777.0	1362.5	1150.5	863.2	Asie du Sud-Est
Western Asia	282.3	538.7	280.6	281.0	249.5	Asie occidentale
Oceania	5.9	9.1	6.9	4.9	3.7	Océanie
United States	3155.2	2856.3	2582.8	2740.7	1114.9	Etats-Unis d'Amérique
Korea, Republic of	1041.6	1556.7	2225.5	2172.8	169.6	République de Corée
China, Hong Kong SAR	1569.5	1285.4	1259.8	856.9	789.4	Chine - RAS de Hong-Kong
China	1039.9	1448.4	964.5	1350.2	532.1	Chine
Japan	712.7	751.5	733.6	748.6	268.9	Japon
Germany	695.5	710.6	609.4	750.5	309.3	Allemagne
Singapore	504.7	729.1	564.5	440.1	401.2	Singapour
United Kingdom	591.7	556.4	565.1	433.7	304.3	Royaume-Uni
Netherlands	449.1	607.3	495.5	680.6	157.5	Pays-Bas
France-Monaco	474.3	471.2	333.4	283.4	275.0	France-Monaco
Malaysia	393.8	492.8	347.1	197.7	204.2	Malaisie
Philippines	367.7	396.1	304.0	350.2	64.9	Philippines
Italy	286.1	278.9	223.5	181.2	148.0	Italie
Spain	287.6	235.0	205.9	154.7	204.0	Espagne
Mexico	193.5	200.4	244.0	219.3	171.5	Mexique
Canada	236.9	210.8	191.1	164.3	169.9	Canada
Belgium	170.7	197.0	157.4	187.5	214.0	Belgique
Australia	145.2	140.2	139.5	103.6	102.2	Australie
Saudi Arabia	59.5	263.2	70.2	68.5	55.8	Arabie saoudite
Thailand	98.8	95.3	88.8	93.5	106.9	Thaïlande
Ireland	69.5	72.8	98.0	89.2	102.1	Irlande
Austria	98.7	96.3	79.1	79.1	68.9	Autriche
Sweden	94.0	93.1	81.4	67.9	72.0	Suède
Denmark	67.6	70.0	63.3	62.9	113.4	Danemark
United Arab Emirates	72.7	78.6	61.2	72.9	e90.3	Emirates arabes unis

Value as percentages of World total

Valeur en pourcentage du total mondial

Regions of the world	1998	1999	2000	2001	2002	2003	2004	2005	2006	2007	Régions du monde
World	100.0	100.0	100.0	100.0	100.0	100.0	100.0	100.0	100.0	100.0	Monde
Developed Economies	65.7	64.5	59.2	59.7	56.2	52.9	44.3	44.0	44.6	40.9	Economies Développés
- Asia-Pacific	8.2	7.6	6.9	7.0	6.7	5.9	5.3	5.7	5.5	4.1	- Asie-Pacifique
- Europe	31.1	29.8	25.9	28.1	25.4	24.8	21.7	20.8	20.9	23.8	- Europe
- North America	26.5	27.1	26.4	24.6	24.1	22.2	17.3	17.5	18.2	12.9	- Amérique du Nord
South-Eastern Europe	0.1	0.1	0.1	0.1	0.2	0.2	0.3	0.3	0.2	0.3	Europe du Sud-Est
Commonwealth of Independent States	0.3	0.1	0.1	0.2	0.3	0.5	0.5	0.3	0.3	0.8	Communauté d'Etats indépendants
- Asia	0.0	0.0	0.0	0.0	0.0	0.0	0.0	0.0	0.1	0.1	- Asie
- Europe	0.3	0.1	0.1	0.1	0.2	0.4	0.4	0.3	0.2	0.6	- Europe
Northern Africa	0.2	0.2	0.2	0.2	0.2	0.2	0.2	0.3	0.2	0.5	Afrique septentrionale
Sub-Saharan Africa	0.5	0.4	0.4	0.8	0.5	0.6	0.8	0.6	0.5	1.0	Afrique subsaharienne
Latin America & the Caribbean	3.2	2.4	2.3	3.1	3.2	2.4	2.4	3.0	3.1	4.3	Amérique latine et Caraïbes
- Caribbean	0.1	0.1	0.2	0.2	0.2	0.2	0.2	0.2	0.2	0.6	- Caraïbes
- Latin America	3.1	2.3	2.2	2.9	3.0	2.2	2.2	2.8	2.9	3.7	- Amérique latine
Eastern Asia	22.6	24.4	29.9	27.8	29.8	31.3	37.8	40.4	41.5	40.0	Asie orientale
Southern Asia	0.4	0.3	0.3	0.5	0.5	0.7	0.6	0.7	0.6	1.1	Asie méridionale
South-Eastern Asia	5.1	5.0	5.3	6.0	6.9	9.2	10.0	8.6	7.2	8.7	Asie du Sud-Est
Western Asia	1.8	2.5	2.1	1.7	2.1	1.8	3.0	1.8	1.8	2.5	Asie occidentale
Oceania	0.0	0.0	0.0	0.0	0.0	0.0	0.1	0.0	0.0	0.0	Océanie

Trade by commodity
Exports by principal countries or areas
Value in million US dollars

Commerce par produit
Exportations selon les principaux pays ou zones
Valeur en millions de dollars EU

Country or area	2003	2004	2005	2006	2007	Pays ou zone
World	15791.6	18567.4	16874.3	17415.9	7730.9	Monde
Developed Economies	9668.0	13137.2	12318.2	13253.5	4352.5	Economies Développés
- Asia-Pacific	3907.1	5499.1	4761.1	4342.9	920.2	- Asie-Pacifique
- Europe	4729.0	6322.2	6316.5	7754.9	2361.8	- Europe
- North America	1032.0	1315.9	1240.7	1155.7	1070.5	- Amérique du Nord
South-Eastern Europe	17.9	19.8	11.9	11.1	11.8	Europe du Sud-Est
Commonwealth of Independent States	49.7	42.0	6.0	3.4	2.2	Communauté d'Etats indépendants
- Asia	0.3	0.2	0.1	0.3	0.1	- Asie
- Europe	49.4	41.8	5.8	3.1	2.1	- Europe
Northern Africa	0.6	0.8	0.9	0.6	0.7	Afrique septentrionale
Sub-Saharan Africa	17.3	14.8	18.9	15.5	17.9	Afrique subsaharienne
Latin America & the Caribbean	374.7	333.5	270.9	340.1	234.6	Amérique latine et Caraïbes
- Caribbean	15.0	8.5	7.8	5.9	5.5	- Caraïbes
- Latin America	359.7	325.1	263.1	334.2	229.1	- Amérique latine
Eastern Asia	3819.0	3286.3	2785.2	2214.7	1900.4	Asie orientale
Southern Asia	15.1	18.2	18.4	10.4	9.9	Asie méridionale
South-Eastern Asia	1729.1	1656.8	1378.9	1506.0	1139.2	Asie du Sud-Est
Western Asia	99.7	57.4	64.8	60.0	61.4	Asie occidentale
Oceania	0.5	0.5	0.3	0.5	0.3	Océanie
Japan	3853.6	5442.7	4701.3	4271.1	872.0	Japon
Netherlands	2099.2	3591.9	3644.5	5166.1	201.5	Pays-Bas
China, Hong Kong SAR	2115.9	1811.4	1654.3	1165.2	1009.7	Chine - RAS de Hong-Kong
United States	973.1	1254.2	1154.4	1070.3	982.1	Etats-Unis d'Amérique
Germany	915.9	898.2	790.7	816.9	681.6	Allemagne
China	1047.5	929.4	690.7	574.9	552.8	Chine
Malaysia	638.1	644.1	451.6	394.2	396.0	Malaisie
Singapore	369.0	360.6	351.3	395.0	455.5	Singapour
United Kingdom	340.3	330.9	506.2	312.4	203.5	Royaume-Uni
Philippines	362.0	349.7	352.7	511.9	53.5	Philippines
Mexico	346.6	309.1	245.3	311.5	191.3	Mexique
France-Monaco	261.1	339.6	248.1	257.5	224.4	France-Monaco
Italy	217.2	262.3	262.8	252.9	244.1	Italie
Belgium	202.8	185.6	194.8	262.1	262.8	Belgique
Thailand	286.1	246.4	183.0	152.9	174.1	Thaïlande
Korea, Republic of	110.3	156.3	177.4	198.2	91.1	République de Corée
Sweden	123.1	133.1	183.1	212.8	68.0	Suède
Switzerland-Liechtenstein	124.2	141.1	145.3	113.2	113.7	Suisse-Liechtenstein
Denmark	93.9	115.0	120.9	130.2	84.9	Danemark
Austria	69.1	82.3	88.1	89.6	110.8	Autriche
Canada	58.9	61.7	86.2	85.4	88.4	Canada
Australia	42.3	43.7	50.0	60.3	34.9	Australie
Spain	58.5	42.6	36.9	38.9	37.4	Espagne
United Arab Emirates	50.4	32.9	35.8	33.8	e36.5	Emirates arabes unis
Hungary	88.5	68.7	1.9	5.6	3.7	Hongrie

Value as percentages of World total

Valeur en pourcentage du total mondial

Regions of the world	1998	1999	2000	2001	2002	2003	2004	2005	2006	2007	Régions du monde
World	100.0	100.0	100.0	100.0	100.0	100.0	100.0	100.0	100.0	100.0	Monde
Developed Economies	62.0	63.7	64.3	60.4	61.2	61.2	70.8	73.0	76.1	56.3	Economies Développés
- Asia-Pacific	26.3	27.4	30.7	26.8	22.8	24.7	29.6	28.2	24.9	11.9	- Asie-Pacifique
- Europe	26.7	27.0	26.4	25.9	30.4	29.9	34.0	37.4	44.5	30.5	- Europe
- North America	9.0	9.4	7.2	7.6	8.1	6.5	7.1	7.4	6.6	13.8	- Amérique du Nord
South-Eastern Europe	0.0	0.0	0.0	0.1	0.1	0.1	0.1	0.1	0.1	0.2	Europe du Sud-Est
Commonwealth of Independent States	0.1	0.1	0.0	0.1	0.1	0.3	0.2	0.0	0.0	0.0	Communauté d'Etats indépendants
- Asia	0.0	0.0	0.0	0.0	0.0	0.0	0.0	0.0	0.0	0.0	- Asie
- Europe	0.1	0.1	0.0	0.1	0.1	0.3	0.2	0.0	0.0	0.0	- Europe
Northern Africa	0.0	0.0	0.0	0.0	0.0	0.0	0.0	0.0	0.0	0.0	Afrique septentrionale
Sub-Saharan Africa	0.0	0.0	0.0	0.1	0.1	0.1	0.1	0.1	0.1	0.2	Afrique subsaharienne
Latin America & the Caribbean	1.8	2.0	2.2	2.6	2.6	2.4	1.8	1.6	2.0	3.0	Amérique latine et Caraïbes
- Caribbean	0.0	0.0	0.0	0.0	0.1	0.1	0.0	0.0	0.0	0.1	- Caraïbes
- Latin America	1.8	2.0	2.1	2.6	2.5	2.3	1.8	1.6	1.9	3.0	- Amérique latine
Eastern Asia	26.7	26.1	24.5	26.1	25.6	24.2	17.7	16.5	12.7	24.6	Asie orientale
Southern Asia	0.0	0.0	0.0	0.1	0.1	0.1	0.1	0.1	0.1	0.1	Asie méridionale
South-Eastern Asia	8.6	7.2	7.9	9.9	9.5	10.9	8.9	8.2	8.6	14.7	Asie du Sud-Est
Western Asia	0.7	0.8	0.9	0.8	0.7	0.6	0.3	0.4	0.3	0.8	Asie occidentale
Oceania	0.0	0.0	0.0	0.0	0.0	0.0	0.0	0.0	0.0	0.0	Océanie

882 Photographic and cinematographic supplies

Trade by commodity
Imports by principal countries or areas
Value in million US dollars

Commerce par produit
Importations selon les principaux pays ou zones
Valeur en millions de dollars EU

Country or area	2003	2004	2005	2006	2007	Pays ou zone
World	18147.0	19578.8	19433.8	19267.9	19495.1	Monde
Developed Economies	11563.3	12230.9	11819.2	11467.4	11393.4	Economies Développés
- Asia-Pacific	800.7	730.2	682.8	700.7	782.8	- Asie-Pacifique
- Europe	8079.6	8649.0	8402.8	8312.2	8319.5	- Europe
- North America	2683.0	2851.7	2733.5	2454.6	2291.0	- Amérique du Nord
South-Eastern Europe	78.8	126.5	125.0	107.8	129.7	Europe du Sud-Est
Commonwealth of Independent States	148.4	164.5	169.3	187.2	226.0	Communauté d'Etats indépendants
- Asia	13.6	14.8	17.2	19.5	25.3	- Asie
- Europe	134.8	149.7	152.1	167.7	200.6	- Europe
Northern Africa	97.4	108.5	98.3	92.4	106.7	Afrique septentrionale
Sub-Saharan Africa	210.1	220.6	213.9	219.2	251.5	Afrique subsaharienne
Latin America & the Caribbean	1286.7	1343.4	1369.7	1553.3	1446.3	Amérique latine et Caraïbes
- Caribbean	29.8	29.3	28.0	30.2	36.3	- Caraïbes
- Latin America	1256.9	1314.1	1341.7	1523.0	1410.1	- Amérique latine
Eastern Asia	2880.7	3398.7	3652.2	3699.6	3923.3	Asie orientale
Southern Asia	385.5	358.9	374.5	341.5	355.7	Asie méridionale
South-Eastern Asia	1025.2	1097.9	1053.6	1125.6	1122.1	Asie du Sud-Est
Western Asia	459.5	516.1	545.4	460.0	531.8	Asie occidentale
Oceania	11.3	12.7	12.7	14.1	8.5	Océanie
United States	1987.6	2152.7	2010.1	1847.2	1721.4	Etats-Unis d'Amérique
Germany	1199.4	1555.3	1396.0	1452.0	1329.9	Allemagne
France-Monaco	1179.5	1294.6	1038.3	1241.9	1271.4	France-Monaco
United Kingdom	1076.9	1063.3	1034.7	806.5	906.8	Royaume-Uni
China	719.5	894.0	978.4	1045.2	1220.6	Chine
Belgium	809.7	853.8	925.0	943.5	1073.8	Belgique
Italy	824.5	896.4	876.5	869.6	884.7	Italie
Korea, Republic of	748.3	868.9	946.4	845.8	885.9	République de Corée
Netherlands	687.1	715.2	916.0	679.7	590.3	Pays-Bas
Mexico	634.6	660.3	649.1	773.8	674.5	Mexique
Canada	693.9	697.3	721.8	606.1	568.0	Canada
China, Hong Kong SAR	750.0	718.9	584.2	492.5	439.1	Chine - RAS de Hong-Kong
Singapore	510.6	547.6	584.5	664.0	622.4	Singapour
Spain	497.3	518.8	529.9	600.3	624.8	Espagne
Japan	389.8	310.8	299.0	349.1	392.0	Japon
Australia	332.3	337.6	299.2	262.0	292.8	Australie
Brazil	232.0	233.9	249.4	288.4	284.6	Brésil
India	236.6	220.7	236.7	253.8	255.0	Inde
Sweden	258.0	244.8	211.0	227.1	175.8	Suède
Austria	218.3	196.1	178.7	178.6	190.2	Autriche
Thailand	192.6	207.7	160.9	169.3	177.3	Thaïlande
Switzerland-Liechtenstein	173.7	180.3	161.0	159.6	161.4	Suisse-Liechtenstein
Poland	140.1	158.6	175.5	182.0	172.7	Pologne
Turkey	156.7	191.0	205.4	106.1	131.9	Turquie
Denmark	145.1	135.3	134.3	134.3	106.1	Danemark

Value as percentages of World total

Valeur en pourcentage du total mondial

Regions of the world	1998	1999	2000	2001	2002	2003	2004	2005	2006	2007	Régions du monde
World	100.0	100.0	100.0	100.0	100.0	100.0	100.0	100.0	100.0	100.0	Monde
Developed Economies	70.2	67.8	65.2	63.1	63.5	63.7	62.5	60.8	59.5	58.4	Economies Développés
- Asia-Pacific	5.5	6.0	6.1	4.6	4.3	4.4	3.7	3.5	3.6	4.0	- Asie-Pacifique
- Europe	46.9	44.1	41.3	41.5	43.1	44.5	44.2	43.2	43.1	42.7	- Europe
- North America	17.8	17.7	17.9	17.0	16.1	14.8	14.6	14.1	12.7	11.8	- Amérique du Nord
South-Eastern Europe	0.3	0.3	0.3	0.3	0.4	0.4	0.6	0.6	0.6	0.7	Europe du Sud-Est
Commonwealth of Independent States	0.7	0.6	0.6	0.8	0.8	0.8	0.8	0.9	1.0	1.2	Communauté d'Etats indépendants
- Asia	0.0	0.0	0.0	0.1	0.1	0.1	0.1	0.1	0.1	0.1	- Asie
- Europe	0.6	0.6	0.6	0.7	0.7	0.7	0.8	0.8	0.9	1.0	- Europe
Northern Africa	0.6	0.6	0.6	0.5	0.6	0.5	0.6	0.5	0.5	0.5	Afrique septentrionale
Sub-Saharan Africa	1.0	0.9	0.9	1.7	1.0	1.2	1.1	1.1	1.1	1.3	Afrique subsaharienne
Latin America & the Caribbean	7.2	7.2	7.7	8.0	7.8	7.1	6.9	7.0	8.1	7.4	Amérique latine et Caraïbes
- Caribbean	0.2	0.2	0.2	0.2	0.2	0.2	0.1	0.1	0.2	0.2	- Caraïbes
- Latin America	7.1	7.0	7.5	7.8	7.6	6.9	6.7	6.9	7.9	7.2	- Amérique latine
Eastern Asia	11.0	12.3	13.9	14.3	15.1	15.9	17.4	18.8	19.2	20.1	Asie orientale
Southern Asia	1.5	1.6	1.7	2.0	1.9	2.1	1.8	1.9	1.8	1.8	Asie méridionale
South-Eastern Asia	5.0	6.2	6.6	6.7	6.4	5.6	5.6	5.4	5.8	5.8	Asie du Sud-Est
Western Asia	2.5	2.4	2.4	2.5	2.5	2.5	2.6	2.8	2.4	2.7	Asie occidentale
Oceania	0.1	0.1	0.0	0.1	0.1	0.1	0.1	0.1	0.1	0.0	Océanie

Trade by commodity

Exports by principal countries or areas

Value in million US dollars

Commerce par produit

Exportations selon les principaux pays ou zones

Valeur en millions de dollars EU

Country or area	2003	2004	2005	2006	2007	Pays ou zone
World	18771.6	20661.5	20053.5	19838.9	18619.0	Monde
Developed Economies	15711.5	16939.8	16427.2	16452.4	15553.3	Economies Développés
- Asia-Pacific	4348.5	4855.2	4739.0	4757.2	4761.3	- Asie-Pacifique
- Europe	8345.9	9153.4	8863.3	8660.7	7785.5	- Europe
- North America	3017.1	2931.2	2824.9	3034.5	3006.6	- Amérique du Nord
South-Eastern Europe	31.3	40.7	40.9	55.0	71.1	Europe du Sud-Est
Commonwealth of Independent States	6.8	7.4	13.3	7.9	6.8	Communauté d'Etats indépendants
- Asia	0.1	0.1	0.6	0.1	0.8	- Asie
- Europe	6.7	7.3	12.7	7.8	6.0	- Europe
Northern Africa	4.5	0.4	0.7	0.3	0.4	Afrique septentrionale
Sub-Saharan Africa	18.1	23.0	30.3	25.1	33.5	Afrique subsaharienne
Latin America & the Caribbean	460.8	693.3	760.6	678.9	652.3	Amérique latine et Caraïbes
- Caribbean	0.4	0.3	1.6	1.6	1.0	- Caraïbes
- Latin America	460.3	693.0	759.0	677.3	651.3	- Amérique latine
Eastern Asia	1444.4	1736.6	1874.8	1637.3	1653.0	Asie orientale
Southern Asia	10.7	13.5	13.4	12.3	11.0	Asie méridionale
South-Eastern Asia	1007.7	1124.3	819.4	889.3	546.8	Asie du Sud-Est
Western Asia	75.5	82.3	72.6	80.3	90.6	Asie occidentale
Oceania	0.2	0.2	0.1	0.0	0.1	Océanie
Japan	4105.8	4603.8	4674.3	4699.8	4684.4	Japon
United States	2897.0	2858.3	2783.6	2995.8	2967.5	Etats-Unis d'Amérique
Belgium	1813.4	1913.1	1912.3	2035.2	2067.5	Belgique
Germany	1853.5	1991.3	1792.8	1816.3	1914.8	Allemagne
France-Monaco	1233.6	1342.1	1229.9	1354.3	1342.8	France-Monaco
United Kingdom	1541.7	1380.7	1239.9	1041.3	947.2	Royaume-Uni
Netherlands	842.3	1464.7	1608.7	1376.9	481.9	Pays-Bas
China	738.1	946.8	1073.1	774.5	765.0	Chine
Singapore	901.4	1007.6	690.2	762.6	419.8	Singapour
Mexico	281.4	486.3	551.9	490.0	455.5	Mexique
China, Hong Kong SAR	485.4	502.3	428.0	358.8	340.5	Chine - RAS de Hong-Kong
Italy	322.9	326.2	306.8	276.9	297.0	Italie
Spain	208.4	199.2	254.1	245.3	256.6	Espagne
Korea, Republic of	131.5	152.6	164.3	234.0	253.9	République de Corée
Australia	234.4	246.6	60.0	49.0	65.4	Australie
Brazil	121.5	146.7	140.6	115.5	115.0	Brésil
Sweden	147.4	135.8	118.4	99.0	64.5	Suède
Malaysia	75.1	94.0	105.6	103.8	102.9	Malaisie
Switzerland-Liechtenstein	116.7	108.1	79.4	76.7	74.7	Suisse-Liechtenstein
Austria	84.6	76.6	74.3	79.6	73.8	Autriche
Canada	119.8	72.9	41.3	38.7	39.1	Canada
Argentina	50.9	52.3	58.1	65.3	72.6	Argentine
United Arab Emirates	56.3	61.8	47.8	60.8	e65.7	Emirates arabes unis
Bulgaria	28.8	37.4	36.8	51.6	62.8	Bulgarie
Ireland	27.0	35.6	39.9	38.3	55.2	Irlande

Value as percentages of World total

Valeur en pourcentage du total mondial

Regions of the world	1998	1999	2000	2001	2002	2003	2004	2005	2006	2007	Régions du monde
World	100.0	100.0	100.0	100.0	100.0	100.0	100.0	100.0	100.0	100.0	Monde
Developed Economies	86.7	85.5	84.9	84.1	84.0	83.7	82.0	81.9	82.9	83.5	Economies Développés
- Asia-Pacific	21.5	23.3	22.9	23.5	23.6	23.2	23.5	23.6	24.0	25.6	- Asie-Pacifique
- Europe	48.6	45.3	42.2	43.7	42.7	44.5	44.3	44.2	43.7	41.8	- Europe
- North America	16.6	16.9	19.8	17.0	17.7	16.1	14.2	14.1	15.3	16.1	- Amérique du Nord
South-Eastern Europe	0.1	0.1	0.1	0.1	0.2	0.2	0.2	0.2	0.3	0.4	Europe du Sud-Est
Commonwealth of Independent States	0.0	0.0	0.0	0.0	0.0	0.0	0.0	0.1	0.0	0.0	Communauté d'Etats indépendants
- Asia	0.0	0.0	0.0	0.0	0.0	0.0	0.0	0.0	0.0	0.0	- Asie
- Europe	0.0	0.0	0.0	0.0	0.0	0.0	0.0	0.1	0.0	0.0	- Europe
Northern Africa	0.0	0.0	0.0	0.0	0.1	0.0	0.0	0.0	0.0	0.0	Afrique septentrionale
Sub-Saharan Africa	0.0	0.0	0.1	0.1	0.1	0.1	0.1	0.2	0.1	0.2	Afrique subsaharienne
Latin America & the Caribbean	3.3	3.6	3.7	3.3	2.9	2.5	3.4	3.8	3.4	3.5	Amérique latine et Caraïbes
- Caribbean	0.0	0.0	0.0	0.0	0.0	0.0	0.0	0.0	0.0	0.0	- Caraïbes
- Latin America	3.3	3.6	3.7	3.3	2.9	2.5	3.4	3.8	3.4	3.5	- Amérique latine
Eastern Asia	5.1	4.8	6.0	6.5	7.1	7.7	8.4	9.3	8.3	8.9	Asie orientale
Southern Asia	0.1	0.1	0.1	0.1	0.1	0.1	0.1	0.1	0.1	0.1	Asie méridionale
South-Eastern Asia	3.3	4.4	4.8	5.3	5.1	5.4	5.4	4.1	4.5	2.9	Asie du Sud-Est
Western Asia	1.3	1.4	0.3	0.4	0.4	0.4	0.4	0.4	0.4	0.5	Asie occidentale
Oceania	0.0	0.0	0.0	0.0	0.0	0.0	0.0	0.0	0.0	0.0	Océanie

883 Cinematographic film, exposed and developed

Trade by commodity   Commerce par produit
Imports by principal countries or areas   Importations selon les principaux pays ou zones
Value in million US dollars   Valeur en millions de dollars EU

Country or area	2003	2004	2005	2006	2007	Pays ou zone
World	537.7	606.9	659.7	700.4	710.1	Monde
Developed Economies	426.8	470.7	524.5	548.3	524.8	Economies Développés
- Asia-Pacific	26.8	25.4	28.1	23.2	23.6	- Asie-Pacifique
- Europe	117.1	136.3	133.2	150.7	147.2	- Europe
- North America	282.9	309.0	363.2	374.3	354.0	- Amérique du Nord
South-Eastern Europe	1.2	2.9	3.1	2.3	2.5	Europe du Sud-Est
Commonwealth of Independent States	2.7	4.6	4.7	6.1	9.1	Communauté d'Etats indépendants
- Asia	0.1	0.1	0.2	0.9	1.0	- Asie
- Europe	2.6	4.5	4.5	5.1	8.1	- Europe
Northern Africa	0.8	1.6	0.5	0.6	0.3	Afrique septentrionale
Sub-Saharan Africa	4.2	4.7	4.4	4.6	3.7	Afrique subsaharienne
Latin America & the Caribbean	16.8	16.6	15.0	15.2	15.6	Amérique latine et Caraïbes
- Caribbean	1.3	1.6	0.6	0.8	0.9	- Caraïbes
- Latin America	15.5	14.9	14.5	14.4	14.7	- Amérique latine
Eastern Asia	56.4	70.9	67.5	85.1	106.9	Asie orientale
Southern Asia	2.7	4.4	4.4	4.1	5.8	Asie méridionale
South-Eastern Asia	10.0	12.7	11.8	13.5	17.2	Asie du Sud-Est
Western Asia	15.1	17.0	22.6	19.5	23.1	Asie occidentale
Oceania	0.9	1.0	1.2	1.2	1.1	Océanie
United States	275.6	302.2	358.1	368.8	347.6	Etats-Unis d'Amérique
Korea, Republic of	49.9	61.9	59.8	63.5	72.5	République de Corée
France-Monaco	40.1	38.0	32.9	39.8	45.0	France-Monaco
United Kingdom	9.8	21.6	20.9	28.4	24.8	Royaume-Uni
Spain	27.8	20.2	22.3	19.9	12.6	Espagne
Japan	14.0	13.7	18.9	15.1	14.8	Japon
Germany	1.8	13.5	14.0	18.0	11.6	Allemagne
Australia	12.7	11.5	9.0	8.1	8.7	Australie
China	1.0	2.1	1.7	15.1	27.1	Chine
Austria	5.9	7.2	8.4	6.9	8.2	Autriche
Switzerland-Liechtenstein	3.8	6.0	7.1	7.3	10.2	Suisse-Liechtenstein
Turkey	3.2	6.2	8.6	6.8	7.9	Turquie
Canada	7.3	6.7	5.1	5.5	6.3	Canada
Mexico	7.5	5.7	4.8	4.7	4.6	Mexique
Thailand	3.5	4.1	4.0	5.6	7.0	Thaïlande
United Arab Emirates	2.0	2.3	5.1	6.0	e7.4	Emirates arabes unis
Italy	3.5	4.5	1.8	4.8	5.6	Italie
India	2.4	4.2	4.2	3.8	5.5	Inde
Belgium	3.2	4.0	4.7	4.4	2.8	Belgique
Israel	4.3	4.2	3.1	3.1	3.3	Israël
South Africa	3.5	3.8	3.5	3.3	2.7	Afrique du Sud
Chile	2.7	3.3	3.2	3.6	3.8	Chili
Norway	2.2	3.1	3.4	3.2	4.5	Norvège
Indonesia	2.1	3.0	3.4	3.3	3.9	Indonésie
Ukraine	0.9	2.2	2.8	4.1	5.4	Ukraine

Value as percentages of World total   Valeur en pourcentage du total mondial

Regions of the world	1998	1999	2000	2001	2002	2003	2004	2005	2006	2007	Régions du monde
World	100.0	100.0	100.0	100.0	100.0	100.0	100.0	100.0	100.0	100.0	Monde
Developed Economies	76.6	78.6	73.0	76.5	74.8	79.4	77.6	79.5	78.3	73.9	Economies Développés
- Asia-Pacific	5.9	6.2	6.2	19.2	5.8	5.0	4.2	4.3	3.3	3.3	- Asie-Pacifique
- Europe	31.3	28.2	26.4	18.1	23.4	21.8	22.5	20.2	21.5	20.7	- Europe
- North America	39.4	44.3	40.3	39.2	45.6	52.6	50.9	55.1	53.4	49.9	- Amérique du Nord
South-Eastern Europe	0.3	0.2	0.1	0.3	0.4	0.2	0.5	0.5	0.3	0.3	Europe du Sud-Est
Commonwealth of Independent States	0.2	0.1	0.2	0.3	0.3	0.5	0.8	0.7	0.9	1.3	Communauté d'Etats indépendants
- Asia	0.1	0.0	0.0	0.0	0.0	0.0	0.0	0.0	0.1	0.1	- Asie
- Europe	0.1	0.1	0.2	0.2	0.3	0.5	0.7	0.7	0.7	1.1	- Europe
Northern Africa	0.1	0.1	0.1	0.2	0.2	0.1	0.3	0.1	0.1	0.0	Afrique septentrionale
Sub-Saharan Africa	2.0	1.4	1.0	1.1	0.8	0.8	0.8	0.7	0.7	0.5	Afrique subsaharienne
Latin America & the Caribbean	3.9	3.2	4.1	3.0	3.4	3.1	2.7	2.3	2.2	2.2	Amérique latine et Caraïbes
- Caribbean	0.3	0.1	0.1	0.1	0.1	0.2	0.3	0.1	0.1	0.1	- Caraïbes
- Latin America	3.7	3.1	3.9	2.9	3.4	2.9	2.5	2.2	2.1	2.1	- Amérique latine
Eastern Asia	9.4	9.8	13.7	11.9	13.7	10.5	11.7	10.2	12.2	15.0	Asie orientale
Southern Asia	0.4	0.3	0.6	0.2	0.7	0.5	0.7	0.7	0.6	0.8	Asie méridionale
South-Eastern Asia	3.1	2.9	3.0	4.0	2.4	1.9	2.1	1.8	1.9	2.4	Asie du Sud-Est
Western Asia	3.7	3.2	3.9	2.4	2.9	2.8	2.8	3.4	2.8	3.3	Asie occidentale
Oceania	0.2	0.2	0.2	0.2	0.3	0.2	0.2	0.2	0.2	0.2	Océanie

Trade by commodity
Exports by principal countries or areas
Value in million US dollars

Commerce par produit
Exportations selon les principaux pays ou zones
Valeur en millions de dollars EU

Country or area	2003	2004	2005	2006	2007	Pays ou zone
World	576.3	672.7	670.6	740.2	819.9	Monde
Developed Economies	519.2	605.2	593.2	665.5	718.9	Economies Développés
- Asia-Pacific	11.9	13.1	12.1	11.6	14.5	- Asie-Pacifique
- Europe	231.3	294.8	235.0	297.5	330.2	- Europe
- North America	276.1	297.4	346.1	356.5	374.2	- Amérique du Nord
South-Eastern Europe	4.3	8.6	14.9	15.7	19.8	Europe du Sud-Est
Commonwealth of Independent States	1.0	3.3	1.6	2.1	17.7	Communauté d'Etats indépendants
- Asia	0.1	0.0	0.0	0.0	0.0	- Asie
- Europe	0.9	3.3	1.5	2.0	17.6	- Europe
Northern Africa	0.2	0.2	0.0	0.1	0.4	Afrique septentrionale
Sub-Saharan Africa	0.3	0.2	0.6	2.7	4.0	Afrique subsaharienne
Latin America & the Caribbean	16.3	15.4	16.4	16.4	17.4	Amérique latine et Caraïbes
- Caribbean	0.2	0.3	0.1	0.0	0.0	- Caraïbes
- Latin America	16.1	15.1	16.3	16.4	17.4	- Amérique latine
Eastern Asia	9.7	7.5	12.6	3.1	4.9	Asie orientale
Southern Asia	15.1	22.9	20.3	21.0	20.7	Asie méridionale
South-Eastern Asia	2.9	7.2	8.2	11.0	13.0	Asie du Sud-Est
Western Asia	7.2	2.2	2.8	2.7	3.0	Asie occidentale
Oceania	0.0	0.0	0.0	0.0	0.0	Océanie
Canada	242.6	265.7	317.9	323.8	329.4	Canada
Italy	148.8	208.4	159.9	220.9	232.8	Italie
United Kingdom	37.9	37.7	29.0	28.8	44.8	Royaume-Uni
United States	33.4	31.6	28.2	32.8	44.8	Etats-Unis d'Amérique
France-Monaco	24.7	21.2	21.4	22.2	19.8	France-Monaco
India	13.8	17.7	16.4	18.4	15.5	Inde
Mexico	9.5	9.7	10.8	10.1	10.3	Mexique
Australia	8.2	9.8	9.7	9.1	11.9	Australie
Thailand	2.4	6.6	7.5	10.0	12.7	Thaïlande
Germany	. 4.3	5.0	8.4	7.6	11.7	Allemagne
Romania	2.2	6.6	8.5	4.5	9.6	Roumanie
Bulgaria	2.0	1.9	6.1	11.1	10.1	Bulgarie
Argentina	6.3	4.9	4.8	5.8	6.9	Argentine
Russian Federation	0.8	3.2	1.4	1.9	17.6	Fédération de Russie
Spain	2.7	3.4	2.2	4.3	8.7	Espagne
China, Hong Kong SAR	5.7	4.3	2.9	2.4	3.7	Chine - RAS de Hong-Kong
Bhutan	e1.3	e5.2	e3.8	e2.5	e5.2	Bhoutan
Korea, Republic of	3.9	3.2	9.7	0.4	0.9	République de Corée
Belgium	2.7	3.8	4.2	2.9	2.6	Belgique
Portugal	2.9	2.2	2.2	3.7	2.1	Portugal
Japan	1.8	2.1	2.1	2.2	2.1	Japon
Poland	1.0	5.5	0.5	1.1	1.0	Pologne
Israel	4.9	0.5	0.3	0.4	0.8	Israël
Switzerland-Liechtenstein	1.1	2.2	1.3	1.1	1.0	Suisse-Liechtenstein
South Africa	0.1	0.1	0.5	2.4	3.7	Afrique du Sud

Value as percentages of World total

Valeur en pourcentage du total mondial

Regions of the world	1998	1999	2000	2001	2002	2003	2004	2005	2006	2007	Régions du monde
World	100.0	100.0	100.0	100.0	100.0	100.0	100.0	100.0	100.0	100.0	Monde
Developed Economies	62.8	64.5	73.3	81.6	87.1	90.1	90.0	88.5	89.9	87.7	Economies Développés
- Asia-Pacific	2.2	2.5	5.9	3.4	2.5	2.1	1.9	1.8	1.6	1.8	- Asie-Pacifique
- Europe	35.7	32.7	31.5	38.2	44.9	40.1	43.8	35.0	40.2	40.3	- Europe
- North America	25.0	29.3	35.9	40.0	39.6	47.9	44.2	51.6	48.2	45.6	- Amérique du Nord
South-Eastern Europe	0.2	0.1	0.9	0.2	0.4	0.7	1.3	2.2	2.1	2.4	Europe du Sud-Est
Commonwealth of Independent States	0.2	0.2	0.2	0.1	0.2	0.2	0.5	0.2	0.3	2.2	Communauté d'Etats indépendants
- Asia	0.0	0.0	0.0	0.0	0.0	0.0	0.0	0.0	0.0	0.0	- Asie
- Europe	0.2	0.2	0.1	0.1	0.2	0.2	0.5	0.2	0.3	2.2	- Europe
Northern Africa	0.0	0.0	0.0	0.1	0.0	0.0	0.0	0.0	0.0	0.0	Afrique septentrionale
Sub-Saharan Africa	1.0	0.8	0.3	0.1	0.1	0.1	0.0	0.1	0.4	0.5	Afrique subsaharienne
Latin America & the Caribbean	3.0	2.9	5.3	5.3	4.1	2.8	2.3	2.4	2.2	2.1	Amérique latine et Caraïbes
- Caribbean	0.1	0.1	0.2	0.1	0.0	0.0	0.0	0.0	0.0	0.0	- Caraïbes
- Latin America	2.9	2.8	5.1	5.2	4.1	2.8	2.2	2.4	2.2	2.1	- Amérique latine
Eastern Asia	22.5	21.5	10.3	3.7	2.4	1.7	1.1	1.9	0.4	0.6	Asie orientale
Southern Asia	5.9	6.3	6.8	4.8	3.4	2.6	3.4	3.0	2.8	2.5	Asie méridionale
South-Eastern Asia	1.6	0.6	0.3	0.3	0.6	0.5	1.1	1.2	1.5	1.6	Asie du Sud-Est
Western Asia	2.9	3.2	2.5	3.8	1.8	1.3	0.3	0.4	0.4	0.4	Asie occidentale
Oceania	0.0	0.0	0.0	0.0	0.0	0.0	0.0	0.0	0.0	0.0	Océanie

884 Optical goods, nes

Trade by commodity
Imports by principal countries or areas
Value in million US dollars

Commerce par produit
Importations selon les principaux pays ou zones
Valeur en millions de dollars EU

Country or area	2003	2004	2005	2006	2007	Pays ou zone
World	19976.5	24963.6	28828.3	33977.9	39361.3	Monde
Developed Economies	12871.1	15046.2	16592.6	19081.0	21960.3	Economies Développés
- Asia-Pacific	2254.4	2843.4	3286.4	3429.5	3492.5	- Asie-Pacifique
- Europe	7069.1	8087.5	8845.1	10502.5	12903.1	- Europe
- North America	3547.6	4115.3	4461.1	5148.9	5564.8	- Amérique du Nord
South-Eastern Europe	31.3	57.3	61.6	59.5	93.7	Europe du Sud-Est
Commonwealth of Independent States	74.1	86.3	106.0	178.7	271.8	Communauté d'Etats indépendants
- Asia	7.0	7.4	9.9	12.3	16.3	- Asie
- Europe	67.0	78.9	96.1	166.4	255.5	- Europe
Northern Africa	32.5	37.4	43.2	47.0	60.8	Afrique septentrionale
Sub-Saharan Africa	109.7	130.6	132.9	160.1	203.8	Afrique subsaharienne
Latin America & the Caribbean	711.8	793.5	771.1	835.3	959.4	Amérique latine et Caraïbes
- Caribbean	27.5	34.6	49.4	40.6	51.6	- Caraïbes
- Latin America	684.3	758.9	721.7	794.7	907.8	- Amérique latine
Eastern Asia	5069.2	7421.8	9543.3	11683.9	13379.9	Asie orientale
Southern Asia	79.7	91.9	119.5	163.1	228.2	Asie méridionale
South-Eastern Asia	651.8	850.2	914.9	1220.9	1525.9	Asie du Sud-Est
Western Asia	338.1	439.4	533.6	537.8	665.3	Asie occidentale
Oceania	7.4	8.9	9.6	10.7	12.3	Océanie
China	1846.0	3096.3	4446.0	5465.8	6698.7	Chine
United States	3061.8	3610.1	3883.4	4482.6	4815.0	Etats-Unis d'Amérique
Japan	1982.7	2526.8	2915.7	3013.4	3006.4	Japon
China, Hong Kong SAR	1119.8	1546.3	1761.5	2188.3	2712.3	Chine - RAS de Hong-Kong
Korea, Republic of	1306.7	1658.1	1912.7	2244.1	2175.5	République de Corée
Germany	1225.7	1399.6	1611.7	1864.4	2182.3	Allemagne
Netherlands	928.7	1058.0	1173.4	1639.0	2222.1	Pays-Bas
United Kingdom	1050.8	1174.0	1084.5	1324.2	1476.5	Royaume-Uni
France-Monaco	896.8	991.9	1118.7	1226.0	1453.2	France-Monaco
Italy	668.2	785.9	846.5	1067.2	1235.5	Italie
Canada	484.0	503.2	575.5	664.1	748.2	Canada
Spain	408.1	502.5	550.7	607.2	733.7	Espagne
Singapore	328.9	458.5	522.3	640.7	807.6	Singapour
Mexico	497.8	540.7	456.8	456.0	453.4	Mexique
Switzerland-Liechtenstein	300.5	366.8	400.0	416.8	466.0	Suisse-Liechtenstein
Australia	227.0	265.8	311.5	353.6	413.7	Australie
Belgium	246.5	251.3	271.6	288.5	377.9	Belgique
Sweden	185.4	209.3	229.5	280.4	340.9	Suède
Austria	208.9	215.0	204.8	226.8	264.5	Autriche
Denmark	164.8	186.5	201.9	245.1	272.0	Danemark
Thailand	106.5	162.7	175.7	243.1	312.9	Thaïlande
Malaysia	175.6	173.6	149.0	220.2	272.5	Malaisie
Czech Republic	108.0	115.9	222.6	184.2	279.0	République tchèque
Poland	54.9	99.0	125.1	161.9	371.9	Pologne
Portugal	121.4	139.7	144.7	172.2	209.3	Portugal

Value as percentages of World total

Valeur en pourcentage du total mondial

Regions of the world	1998	1999	2000	2001	2002	2003	2004	2005	2006	2007	Régions du monde
World	100.0	100.0	100.0	100.0	100.0	100.0	100.0	100.0	100.0	100.0	Monde
Developed Economies	76.9	76.5	73.8	67.9	67.4	64.4	60.3	57.6	56.2	55.8	Economies Développés
- Asia-Pacific	9.1	8.8	9.4	9.9	10.7	11.3	11.4	11.4	10.1	8.9	- Asie-Pacifique
- Europe	40.5	40.6	36.1	35.6	36.3	35.4	32.4	30.7	30.9	32.8	- Europe
- North America	27.3	27.1	28.4	22.3	20.4	17.8	16.5	15.5	15.2	14.1	- Amérique du Nord
South-Eastern Europe	0.2	0.1	0.1	0.1	0.1	0.2	0.2	0.2	0.2	0.2	Europe du Sud-Est
Commonwealth of Independent States	0.4	0.3	0.3	0.3	0.4	0.4	0.3	0.4	0.5	0.7	Communauté d'Etats indépendants
- Asia	0.0	0.0	0.0	0.0	0.0	0.0	0.0	0.0	0.0	0.0	- Asie
- Europe	0.4	0.3	0.3	0.3	0.3	0.3	0.3	0.3	0.5	0.6	- Europe
Northern Africa	0.2	0.2	0.2	0.2	0.2	0.2	0.1	0.1	0.1	0.2	Afrique septentrionale
Sub-Saharan Africa	1.0	0.7	0.7	0.8	0.5	0.5	0.5	0.5	0.5	0.5	Afrique subsaharienne
Latin America & the Caribbean	3.7	3.4	3.0	3.4	3.8	3.6	3.2	2.7	2.5	2.4	Amérique latine et Caraïbes
- Caribbean	0.1	0.1	0.1	0.1	0.2	0.1	0.1	0.2	0.1	0.1	- Caraïbes
- Latin America	3.6	3.3	2.8	3.3	3.7	3.4	3.0	2.5	2.3	2.3	- Amérique latine
Eastern Asia	12.3	13.3	16.6	21.9	22.0	25.4	29.7	33.1	34.4	34.0	Asie orientale
Southern Asia	0.3	0.3	0.3	0.6	0.5	0.4	0.4	0.4	0.5	0.6	Asie méridionale
South-Eastern Asia	2.8	3.2	3.3	3.0	3.1	3.3	3.4	3.2	3.6	3.9	Asie du Sud-Est
Western Asia	2.1	1.9	1.7	1.8	1.9	1.7	1.8	1.9	1.6	1.7	Asie occidentale
Oceania	0.0	0.0	0.0	0.0	0.0	0.0	0.0	0.0	0.0	0.0	Océanie

Trade by commodity

Commerce par produit

Exports by principal countries or areas

Exportations selon les principaux pays ou zones

Value in million US dollars

Valeur en millions de dollars EU

Country or area	2003	2004	2005	2006	2007	Pays ou zone
World	21014.7	26700.4	30706.0	35194.8	40406.4	Monde
Developed Economies	15264.9	18627.8	20861.7	22920.9	25394.5	Economies Développés
- Asia-Pacific	5433.4	7057.4	7718.4	7766.6	8124.0	- Asie-Pacifique
- Europe	7193.2	8563.5	9561.4	11399.2	13411.3	- Europe
- North America	2638.4	3006.9	3581.9	3755.2	3859.2	- Amérique du Nord
South-Eastern Europe	10.7	14.9	17.2	27.4	25.6	Europe du Sud-Est
Commonwealth of Independent States	33.9	40.5	43.0	50.8	72.6	Communauté d'Etats indépendants
- Asia	0.2	0.4	0.3	0.7	0.5	- Asie
- Europe	33.6	40.2	42.7	50.1	72.1	- Europe
Northern Africa	10.2	4.1	3.6	2.5	3.0	Afrique septentrionale
Sub-Saharan Africa	14.7	18.9	66.1	70.3	76.2	Afrique subsaharienne
Latin America & the Caribbean	168.4	208.9	191.8	195.7	271.2	Amérique latine et Caraïbes
- Caribbean	1.6	23.5	13.2	9.2	5.9	- Caraïbes
- Latin America	166.9	185.4	178.6	186.5	265.3	- Amérique latine
Eastern Asia	4130.7	5951.1	7494.0	9449.1	11675.1	Asie orientale
Southern Asia	48.0	69.0	87.0	102.8	105.1	Asie méridionale
South-Eastern Asia	1247.0	1664.0	1840.9	2255.0	2656.9	Asie du Sud-Est
Western Asia	85.6	101.0	100.6	119.8	125.9	Asie occidentale
Oceania	0.6	0.1	0.1	0.4	0.2	Océanie
Japan	5362.1	6977.8	7627.3	7672.2	8020.7	Japon
United States	2478.6	2844.9	3395.6	3575.7	3667.0	Etats-Unis d'Amérique
China	1565.8	2311.3	3011.0	3807.2	4847.6	Chine
Germany	1686.6	2195.5	2521.9	3278.2	3927.4	Allemagne
China, Hong Kong SAR	1607.0	2282.1	2520.0	3040.0	3637.1	Chine - RAS de Hong-Kong
Italy	1779.1	1991.8	2265.8	2707.1	3284.2	Italie
Korea, Republic of	490.8	720.8	1103.9	1302.5	1783.6	République de Corée
United Kingdom	710.4	827.6	940.4	1115.3	1252.2	Royaume-Uni
Ireland	721.2	832.9	921.3	1052.6	1094.3	Irlande
Thailand	437.1	674.0	739.5	1016.2	1263.8	Thaïlande
France-Monaco	686.9	774.5	774.6	877.7	946.0	France-Monaco
Singapore	501.5	606.7	635.6	651.9	745.2	Singapour
Netherlands	366.7	516.1	558.7	657.9	857.2	Pays-Bas
Switzerland-Liechtenstein	248.7	341.5	350.3	348.9	364.3	Suisse-Liechtenstein
Austria	287.3	279.8	258.0	264.5	283.5	Autriche
Czech Republic	103.2	115.8	263.1	231.0	287.3	République tchèque
Canada	159.8	162.1	186.3	179.3	192.1	Canada
Malaysia	95.0	106.5	157.8	213.1	255.3	Malaisie
Belgium	139.7	138.9	150.3	154.1	215.1	Belgique
Mexico	134.7	151.5	134.6	142.0	194.7	Mexique
Philippines	123.1	167.7	156.0	146.4	132.5	Philippines
Indonesia	82.8	81.1	120.8	175.9	180.7	Indonésie
Sweden	87.2	104.0	99.1	140.7	179.1	Suède
Denmark	95.1	99.8	94.2	135.4	161.2	Danemark
Spain	72.8	81.6	90.3	103.6	142.2	Espagne

Value as percentages of World total

Valeur en pourcentage du total mondial

Regions of the world	1998	1999	2000	2001	2002	2003	2004	2005	2006	2007	Régions du monde
World	100.0	100.0	100.0	100.0	100.0	100.0	100.0	100.0	100.0	100.0	Monde
Developed Economies	77.3	77.9	78.5	75.3	73.9	72.6	69.8	67.9	65.1	62.8	Economies Développés
- Asia-Pacific	18.6	21.7	24.8	23.4	25.4	25.9	26.4	25.1	22.1	20.1	- Asie-Pacifique
- Europe	40.8	37.6	32.6	34.1	34.7	34.2	32.1	31.1	32.4	33.2	- Europe
- North America	17.9	18.6	21.0	17.9	13.9	12.6	11.3	11.7	10.7	9.6	- Amérique du Nord
South-Eastern Europe	0.0	0.0	0.0	0.1	0.0	0.1	0.1	0.1	0.1	0.1	Europe du Sud-Est
Commonwealth of Independent States	0.2	0.3	0.3	0.2	0.2	0.2	0.2	0.1	0.1	0.2	Communauté d'Etats indépendants
- Asia	0.0	0.0	0.0	0.0	0.0	0.0	0.0	0.0	0.0	0.0	- Asie
- Europe	0.2	0.3	0.3	0.2	0.2	0.2	0.2	0.1	0.1	0.2	- Europe
Northern Africa	0.1	0.0	0.1	0.1	0.1	0.0	0.0	0.0	0.0	0.0	Afrique septentrionale
Sub-Saharan Africa	0.1	0.1	0.1	0.1	0.1	0.1	0.1	0.2	0.2	0.2	Afrique subsaharienne
Latin America & the Caribbean	1.2	1.1	1.1	1.2	1.0	0.8	0.8	0.6	0.6	0.7	Amérique latine et Caraïbes
- Caribbean	0.0	0.0	0.0	0.0	0.0	0.0	0.1	0.0	0.0	0.0	- Caraïbes
- Latin America	1.2	1.1	1.1	1.2	1.0	0.8	0.7	0.6	0.5	0.7	- Amérique latine
Eastern Asia	16.1	15.5	15.1	17.9	18.4	19.7	22.3	24.4	26.8	28.9	Asie orientale
Southern Asia	0.2	0.2	0.3	0.2	0.2	0.2	0.3	0.3	0.3	0.3	Asie méridionale
South-Eastern Asia	4.5	4.5	4.2	4.4	5.7	5.9	6.2	6.0	6.4	6.6	Asie du Sud-Est
Western Asia	0.3	0.3	0.4	0.5	0.4	0.4	0.4	0.3	0.3	0.3	Asie occidentale
Oceania	0.0	0.0	0.0	0.0	0.0	0.0	0.0	0.0	0.0	0.0	Océanie

885 Watches and clocks

Trade by commodity
Imports by principal countries or areas
Value in million US dollars

Commerce par produit
Importations selon les principaux pays ou zones
Valeur en millions de dollars EU

Country or area	2003	2004	2005	2006	2007	Pays ou zone
World	21562.8	24315.9	25392.8	26870.8	31168.8	Monde
Developed Economies	12975.5	14497.6	15162.4	16508.0	18684.1	Economies Développés
- Asia-Pacific	2057.1	2337.6	2479.1	2622.0	2615.4	- Asie-Pacifique
- Europe	6964.8	7985.2	8357.5	9405.1	11172.5	- Europe
- North America	3953.6	4174.8	4325.8	4480.9	4896.2	- Amérique du Nord
South-Eastern Europe	23.7	38.8	46.7	47.4	88.1	Europe du Sud-Est
Commonwealth of Independent States	56.4	72.5	86.5	178.4	291.1	Communauté d'Etats indépendants
- Asia	16.1	14.4	20.9	27.2	35.0	- Asie
- Europe	40.3	58.0	65.5	151.2	256.1	- Europe
Northern Africa	56.8	48.8	56.5	57.1	71.4	Afrique septentrionale
Sub-Saharan Africa	87.9	108.8	131.9	126.5	153.5	Afrique subsaharienne
Latin America & the Caribbean	589.6	623.1	645.5	779.3	870.8	Amérique latine et Caraïbes
- Caribbean	115.5	137.0	131.9	143.2	174.1	- Caraïbes
- Latin America	474.1	486.1	513.7	636.1	696.7	- Amérique latine
Eastern Asia	5487.1	6108.6	6277.6	6072.4	7396.0	Asie orientale
Southern Asia	87.7	140.1	164.3	147.6	177.0	Asie méridionale
South-Eastern Asia	1340.4	1621.5	1690.3	1804.8	2026.4	Asie du Sud-Est
Western Asia	850.5	1046.4	1102.2	1137.8	1400.4	Asie occidentale
Oceania	7.3	9.8	9.7	11.5	10.3	Océanie
China, Hong Kong SAR	4105.8	4559.7	4627.1	4368.9	5281.7	Chine - RAS de Hong-Kong
United States	3709.4	3903.0	4038.9	4166.8	4543.6	Etats-Unis d'Amérique
Japan	1847.2	2076.3	2191.2	2319.2	2276.6	Japon
Switzerland-Liechtenstein	1382.9	1623.0	1637.7	1791.5	2116.2	Suisse-Liechtenstein
Germany	1057.5	1160.2	1224.7	1424.5	1483.9	Allemagne
Italy	994.9	1168.3	1236.7	1304.5	1524.4	Italie
France-Monaco	859.3	945.0	1068.4	1343.1	1759.0	France-Monaco
China	938.2	1063.6	1096.9	1105.7	1440.3	Chine
United Kingdom	851.0	1003.6	991.6	1051.4	1242.7	Royaume-Uni
Singapore	678.3	821.2	890.4	994.4	1160.9	Singapour
Spain	602.8	700.3	718.0	840.0	1008.2	Espagne
United Arab Emirates	329.7	402.5	406.2	407.9	e504.7	Emirates arabes unis
Thailand	277.6	338.4	350.8	356.6	415.5	Thaïlande
Malaysia	225.2	310.3	295.6	305.4	362.3	Malaisie
Canada	238.2	264.8	279.8	307.9	347.2	Canada
Austria	186.4	213.4	243.1	295.3	362.2	Autriche
Mexico	295.7	222.8	217.2	269.1	292.6	Mexique
Australia	179.8	227.6	250.9	266.3	299.0	Australie
Saudi Arabia	190.8	223.4	246.0	248.2	267.5	Arabie saoudite
Netherlands	201.8	219.1	218.9	231.5	283.1	Pays-Bas
Korea, Republic of	199.7	197.2	209.7	225.9	261.1	République de Corée
Belgium	161.2	191.1	176.9	171.1	220.0	Belgique
Turkey	94.4	134.5	145.9	129.9	159.5	Turquie
Greece	92.7	109.5	117.3	140.5	173.8	Grèce
Portugal	101.9	107.0	115.5	116.3	146.6	Portugal

Value as percentages of World total

Valeur en pourcentage du total mondial

Regions of the world	1998	1999	2000	2001	2002	2003	2004	2005	2006	2007	Régions du monde
World	100.0	100.0	100.0	100.0	100.0	100.0	100.0	100.0	100.0	100.0	Monde
Developed Economies	60.0	60.7	59.8	59.0	60.2	60.2	59.6	59.7	61.4	59.9	Economies Développés
- Asia-Pacific	9.4	10.1	10.1	10.0	9.8	9.5	9.6	9.8	9.8	8.4	- Asie-Pacifique
- Europe	32.9	32.1	30.3	31.2	32.3	32.3	32.8	32.9	35.0	35.8	- Europe
- North America	17.7	18.5	19.4	17.7	18.1	18.3	17.2	17.0	16.7	15.7	- Amérique du Nord
South-Eastern Europe	0.1	0.1	0.1	0.1	0.1	0.1	0.2	0.2	0.2	0.3	Europe du Sud-Est
Commonwealth of Independent States	0.2	0.1	0.2	0.3	0.3	0.3	0.3	0.3	0.7	0.9	Communauté d'Etats indépendants
- Asia	0.0	0.0	0.1	0.1	0.1	0.1	0.1	0.1	0.1	0.1	- Asie
- Europe	0.1	0.1	0.1	0.2	0.2	0.2	0.2	0.3	0.6	0.8	- Europe
Northern Africa	0.2	0.2	0.2	0.2	0.2	0.3	0.2	0.2	0.2	0.2	Afrique septentrionale
Sub-Saharan Africa	0.5	0.5	0.4	1.0	0.4	0.4	0.4	0.5	0.5	0.5	Afrique subsaharienne
Latin America & the Caribbean	2.6	2.3	2.6	2.7	2.6	2.7	2.6	2.5	2.9	2.8	Amérique latine et Caraïbes
- Caribbean	0.4	0.3	0.4	0.5	0.6	0.5	0.6	0.5	0.5	0.6	- Caraïbes
- Latin America	2.2	2.0	2.1	2.2	2.0	2.2	2.0	2.0	2.4	2.2	- Amérique latine
Eastern Asia	25.9	25.7	26.2	26.2	25.7	25.4	25.1	24.7	22.6	23.7	Asie orientale
Southern Asia	0.3	0.3	0.3	0.3	0.3	0.4	0.6	0.7	0.5	0.6	Asie méridionale
South-Eastern Asia	6.7	6.4	6.7	6.4	6.4	6.2	6.7	6.7	6.7	6.5	Asie du Sud-Est
Western Asia	3.5	3.5	3.5	3.6	3.8	3.9	4.3	4.3	4.2	4.5	Asie occidentale
Oceania	0.0	0.0	0.0	0.0	0.0	0.0	0.0	0.0	0.0	0.0	Océanie

Trade by commodity
Exports by principal countries or areas
Value in million US dollars

Commerce par produit
Exportations selon les principaux pays ou zones
Valeur en millions de dollars EU

Country or area	2003	2004	2005	2006	2007	Pays ou zone
World	21336.3	24217.3	25179.2	27181.8	31284.5	Monde
Developed Economies	12199.7	14224.3	15311.2	16989.7	20231.6	Economies Développés
- Asia-Pacific	1057.5	1102.5	1008.2	1015.7	971.0	- Asie-Pacifique
- Europe	10634.7	12524.5	13741.9	15265.9	18422.8	- Europe
- North America	507.5	597.3	561.0	708.1	837.9	- Amérique du Nord
South-Eastern Europe	5.1	4.6	4.6	6.5	6.6	Europe du Sud-Est
Commonwealth of Independent States	47.8	25.2	18.2	33.8	40.1	Communauté d'Etats indépendants
- Asia	29.7	5.0	5.7	19.6	27.0	- Asie
- Europe	18.0	20.2	12.5	14.2	13.1	- Europe
Northern Africa	16.9	22.9	26.0	25.5	31.8	Afrique septentrionale
Sub-Saharan Africa	26.0	28.1	29.1	26.8	32.2	Afrique subsaharienne
Latin America & the Caribbean	161.7	217.3	140.8	212.2	244.0	Amérique latine et Caraïbes
- Caribbean	4.4	2.6	3.4	14.6	5.7	- Caraïbes
- Latin America	157.3	214.7	137.4	197.6	238.3	- Amérique latine
Eastern Asia	7526.4	8122.5	8104.3	8263.1	9055.5	Asie orientale
Southern Asia	78.3	80.6	48.8	48.8	49.6	Asie méridionale
South-Eastern Asia	1114.2	1295.5	1272.2	1361.5	1369.6	Asie du Sud-Est
Western Asia	160.2	196.0	224.0	213.3	223.2	Asie occidentale
Oceania	0.1	0.2	0.2	0.4	0.2	Océanie
Switzerland-Liechtenstein	7597.8	8985.1	9953.0	10970.7	13331.5	Suisse-Liechtenstein
China, Hong Kong SAR	5380.4	5862.1	5933.2	6050.4	6403.8	Chine - RAS de Hong-Kong
China	1922.5	2058.3	1994.4	1994.1	2445.3	Chine
Germany	854.2	1014.8	1081.1	1244.9	1276.1	Allemagne
Japan	1026.0	1056.3	950.4	947.1	907.4	Japon
France-Monaco	654.9	723.7	821.9	1053.7	1338.0	France-Monaco
Italy	566.6	748.0	747.1	793.1	1000.1	Italie
Singapore	486.4	544.5	575.1	673.0	753.9	Singapour
United States	468.4	557.8	523.0	673.0	795.4	Etats-Unis d'Amérique
Thailand	332.6	433.1	388.2	390.2	440.4	Thaïlande
United Kingdom	274.5	307.8	337.8	313.2	381.5	Royaume-Uni
Spain	193.0	227.6	246.0	258.0	291.3	Espagne
Austria	113.9	142.7	160.8	216.3	263.6	Autriche
Mexico	137.1	203.6	121.7	182.5	214.9	Mexique
Malaysia	136.1	166.3	148.4	133.8	149.0	Malaisie
United Arab Emirates	119.1	127.0	151.8	132.0	e142.7	Emirates arabes unis
Belgium	154.1	112.6	104.3	92.7	121.3	Belgique
Korea, Republic of	145.1	127.9	110.0	103.9	94.0	République de Corée
Philippines	145.7	134.3	143.2	139.8	4.1	Philippines
Netherlands	70.2	79.9	89.2	87.6	129.4	Pays-Bas
India	74.5	65.0	45.0	44.3	45.9	Inde
Australia	27.6	42.0	52.2	63.5	58.7	Australie
Sweden	33.2	42.2	36.5	44.2	52.9	Suède
Canada	39.2	39.4	38.0	35.1	42.5	Canada
Denmark	25.0	24.9	31.8	39.9	49.6	Danemark

Value as percentages of World total

Valeur en pourcentage du total mondial

Regions of the world	1998	1999	2000	2001	2002	2003	2004	2005	2006	2007	Régions du monde
World	100.0	100.0	100.0	100.0	100.0	100.0	100.0	100.0	100.0	100.0	Monde
Developed Economies	51.4	53.9	52.7	54.7	56.6	57.2	58.7	60.8	62.5	64.7	Economies Développés
- Asia-Pacific	8.1	7.8	7.3	5.8	5.3	5.0	4.6	4.0	3.7	3.1	- Asie-Pacifique
- Europe	40.9	43.3	42.7	46.3	48.9	49.8	51.7	54.6	56.2	58.9	- Europe
- North America	2.3	2.8	2.7	2.5	2.3	2.4	2.5	2.2	2.6	2.7	- Amérique du Nord
South-Eastern Europe	0.0	0.0	0.0	0.0	0.0	0.0	0.0	0.0	0.0	0.0	Europe du Sud-Est
Commonwealth of Independent States	0.1	0.1	0.1	0.1	0.2	0.2	0.1	0.1	0.1	0.1	Communauté d'Etats indépendants
- Asia	0.0	0.0	0.0	0.0	0.1	0.1	0.0	0.0	0.1	0.1	- Asie
- Europe	0.1	0.1	0.1	0.1	0.1	0.1	0.1	0.0	0.1	0.0	- Europe
Northern Africa	0.1	0.1	0.1	0.1	0.1	0.1	0.1	0.1	0.1	0.1	Afrique septentrionale
Sub-Saharan Africa	0.1	0.2	0.1	0.1	0.1	0.1	0.1	0.1	0.1	0.1	Afrique subsaharienne
Latin America & the Caribbean	0.7	0.4	0.6	0.8	0.7	0.8	0.9	0.6	0.8	0.8	Amérique latine et Caraïbes
- Caribbean	0.0	0.0	0.1	0.0	0.0	0.0	0.0	0.0	0.1	0.0	- Caraïbes
- Latin America	0.7	0.4	0.5	0.7	0.6	0.7	0.9	0.5	0.7	0.8	- Amérique latine
Eastern Asia	40.2	38.9	39.0	37.5	35.3	35.3	33.5	32.2	30.4	28.9	Asie orientale
Southern Asia	0.1	0.2	0.3	0.3	0.3	0.4	0.3	0.2	0.2	0.2	Asie méridionale
South-Eastern Asia	6.9	5.8	6.5	5.9	6.2	5.2	5.3	5.1	5.0	4.4	Asie du Sud-Est
Western Asia	0.4	0.5	0.5	0.6	0.6	0.8	0.8	0.9	0.8	0.7	Asie occidentale
Oceania	0.0	0.0	0.0	0.0	0.0	0.0	0.0	0.0	0.0	0.0	Océanie

891 Arms and ammunition

Trade by commodity
Imports by principal countries or areas
Value in million US dollars

Commerce par produit
Importations selon les principaux pays ou zones
Valeur en millions de dollars EU

Country or area	2003	2004	2005	2006	2007	Pays ou zone
World	6490.4	7783.9	8204.3	9127.0	11383.6	Monde
Developed Economies	4024.2	4620.4	4663.7	5432.8	6635.2	Economies Développés
- Asia-Pacific	598.7	761.8	597.8	615.4	667.8	- Asie-Pacifique
- Europe	1642.1	1785.8	1950.0	2020.9	2317.6	- Europe
- North America	1783.4	2072.8	2115.9	2796.6	3649.8	- Amérique du Nord
South-Eastern Europe	18.2	33.1	38.4	40.6	24.3	Europe du Sud-Est
Commonwealth of Independent States	25.5	67.5	85.2	41.4	124.3	Communauté d'Etats indépendants
- Asia	10.3	46.1	63.2	8.9	72.6	- Asie
- Europe	15.2	21.4	22.0	32.5	51.7	- Europe
Northern Africa	15.3	21.8	13.6	18.8	22.2	Afrique septentrionale
Sub-Saharan Africa	527.1	652.6	1391.4	1297.2	1877.3	Afrique subsaharienne
Latin America & the Caribbean	203.7	180.6	229.5	247.1	296.6	Amérique latine et Caraïbes
- Caribbean	10.2	9.3	18.2	11.5	19.3	- Caraïbes
- Latin America	193.4	171.3	211.3	235.5	277.3	- Amérique latine
Eastern Asia	423.3	436.6	365.3	325.3	428.9	Asie orientale
Southern Asia	81.4	283.3	312.8	336.5	159.2	Asie méridionale
South-Eastern Asia	76.6	93.3	77.8	113.4	195.3	Asie du Sud-Est
Western Asia	1092.4	1390.8	1022.9	1270.9	1617.5	Asie occidentale
Oceania	2.8	3.8	3.7	3.0	2.9	Océanie
United States	1364.2	1667.6	1758.7	2290.8	3060.2	Etats-Unis d'Amérique
Nigeria	6.9	e6.5	e794.3	853.5	e1400.3	Nigéria
Canada	417.8	403.7	355.6	504.6	587.7	Canada
Saudi Arabia	398.4	549.0	431.7	329.6	487.1	Arabie saoudite
Korea, Republic of	414.6	427.2	354.1	309.7	416.7	République de Corée
Australia	328.5	366.9	352.3	378.4	465.1	Australie
Côte d'Ivoire	381.6	467.4	462.5	293.0	259.5	Côte d'Ivoire
Israel	e245.7	e336.1	e229.1	e450.7	e516.5	Israël
Switzerland-Liechtenstein	255.4	317.1	322.3	258.9	198.8	Suisse-Liechtenstein
United Arab Emirates	12.7	98.5	132.6	315.3	e390.2	Emirates arabes unis
Spain	233.4	138.8	192.3	190.9	183.9	Espagne
United Kingdom	140.2	187.0	186.7	164.0	258.6	Royaume-Uni
Japan	181.9	197.7	205.5	167.8	159.9	Japon
Poland	42.2	78.9	224.3	147.4	218.5	Pologne
France-Monaco	104.3	132.0	132.2	144.6	187.2	France-Monaco
Italy	156.0	104.2	101.0	97.3	186.9	Italie
Finland	140.4	104.5	92.3	134.9	170.6	Finlande
Norway	97.2	120.4	90.6	147.6	185.7	Norvège
Germany	104.2	118.3	128.6	124.4	160.9	Allemagne
Iran (Islamic Republic of)	2.1	166.1	e194.7	e204.8	e1.8	Iran (République islamique d')
Colombia	111.9	81.0	99.2	107.3	149.1	Colombie
Netherlands	5.9	133.8	122.5	178.7	10.1	Pays-Bas
Bangladesh	49.5	85.1	82.4	e103.0	e118.8	Bangladesh
New Zealand	88.4	197.2	40.0	69.2	42.8	Nouvelle-Zélande
Denmark	30.6	55.7	36.7	130.9	155.6	Danemark

Value as percentages of World total

Valeur en pourcentage du total mondial

Regions of the world	1998	1999	2000	2001	2002	2003	2004	2005	2006	2007	Régions du monde
World	100.0	100.0	100.0	100.0	100.0	100.0	100.0	100.0	100.0	100.0	Monde
Developed Economies	55.3	59.4	60.3	56.4	63.8	62.0	59.4	56.8	59.5	58.3	Economies Développés
- Asia-Pacific	5.7	5.7	8.3	8.5	8.5	9.2	9.8	7.3	6.7	5.9	- Asie-Pacifique
- Europe	30.4	33.7	23.1	21.1	23.0	25.3	22.9	23.8	22.1	20.4	- Europe
- North America	19.2	20.0	28.8	26.8	32.3	27.5	26.6	25.8	30.6	32.1	- Amérique du Nord
South-Eastern Europe	0.3	0.9	0.5	0.5	0.4	0.3	0.4	0.5	0.4	0.2	Europe du Sud-Est
Commonwealth of Independent States	0.3	0.5	1.9	0.3	0.3	0.4	0.9	1.0	0.5	1.1	Communauté d'Etats indépendants
- Asia	0.1	0.1	0.1	0.1	0.1	0.2	0.6	0.8	0.1	0.6	- Asie
- Europe	0.2	0.4	1.8	0.2	0.2	0.2	0.3	0.3	0.4	0.5	- Europe
Northern Africa	0.5	1.3	0.1	0.3	0.3	0.2	0.3	0.2	0.2	0.2	Afrique septentrionale
Sub-Saharan Africa	2.9	2.7	1.8	2.7	2.2	8.1	8.4	17.0	14.2	16.5	Afrique subsaharienne
Latin America & the Caribbean	3.6	3.5	5.2	3.8	3.1	3.1	2.3	2.8	2.7	2.6	Amérique latine et Caraïbes
- Caribbean	0.1	0.2	0.3	0.3	0.3	0.2	0.1	0.2	0.1	0.2	- Caraïbes
- Latin America	3.4	3.3	4.9	3.5	2.9	3.0	2.2	2.6	2.6	2.4	- Amérique latine
Eastern Asia	8.7	10.6	7.6	4.2	4.6	6.5	5.6	4.5	3.6	3.8	Asie orientale
Southern Asia	2.0	1.1	2.4	3.7	4.0	1.3	3.6	3.8	3.7	1.4	Asie méridionale
South-Eastern Asia	3.6	1.5	1.1	1.3	1.6	1.2	1.2	0.9	1.2	1.7	Asie du Sud-Est
Western Asia	22.7	18.5	19.0	26.8	19.7	16.8	17.9	12.5	13.9	14.2	Asie occidentale
Oceania	0.1	0.1	0.1	0.0	0.0	0.0	0.0	0.0	0.0	0.0	Océanie

Trade by commodity

Exports by principal countries or areas

Value in million US dollars

Country or area	2003	2004	2005	2006	2007	Pays ou zone
World	6373.3	7743.2	7591.4	8386.1	9700.9	Monde
Developed Economies	5471.0	6363.4	6381.5	7282.5	8522.6	Economies Développés
- Asia-Pacific	150.1	175.4	146.2	149.0	194.5	- Asie-Pacifique
- Europe	2180.8	2391.9	2660.3	2795.4	3379.3	- Europe
- North America	3140.1	3796.0	3574.9	4338.1	4948.8	- Amérique du Nord
South-Eastern Europe	44.9	97.4	122.4	95.8	62.1	Europe du Sud-Est
Commonwealth of Independent States	344.6	312.2	69.7	59.0	80.8	Communauté d'Etats indépendants
- Asia	3.0	14.2	3.4	0.5	7.5	- Asie
- Europe	341.5	298.0	66.4	58.5	73.3	- Europe
Northern Africa	0.0	0.0	0.0	0.0	0.0	Afrique septentrionale
Sub-Saharan Africa	116.4	495.5	546.9	436.4	374.3	Afrique subsaharienne
Latin America & the Caribbean	116.4	129.1	140.8	169.2	240.1	Amérique latine et Caraïbes
- Caribbean	0.4	0.3	0.4	0.3	0.1	- Caraïbes
- Latin America	116.0	128.8	140.5	168.9	240.0	- Amérique latine
Eastern Asia	140.8	126.9	139.8	172.9	250.3	Asie orientale
Southern Asia	23.4	47.1	47.4	57.0	6.7	Asie méridionale
South-Eastern Asia	26.8	78.7	46.5	37.3	52.6	Asie du Sud-Est
Western Asia	89.0	92.2	96.2	75.9	111.4	Asie occidentale
Oceania	0.0	0.6	0.0	0.0	0.0	Océanie
United States	2425.0	3055.9	3179.1	3791.0	4240.2	Etats-Unis d'Amérique
Canada	715.0	740.2	395.9	547.1	708.5	Canada
Italy	407.6	433.1	499.4	506.8	610.7	Italie
France-Monaco	353.1	431.9	439.7	396.5	441.3	France-Monaco
Germany	252.6	336.8	365.8	378.3	457.8	Allemagne
Côte d'Ivoire	57.1	438.1	459.5	352.1	319.2	Côte d'Ivoire
Norway	287.1	160.6	241.4	285.1	370.1	Norvège
Switzerland-Liechtenstein	221.4	273.9	162.1	245.6	294.8	Suisse-Liechtenstein
Spain	125.4	136.1	123.3	142.1	209.2	Espagne
Russian Federation	332.6	252.1	30.2	32.3	42.2	Fédération de Russie
United Kingdom	94.3	115.9	130.2	153.3	144.8	Royaume-Uni
Brazil	91.9	97.7	106.5	132.5	199.7	Brésil
Korea, Republic of	114.2	88.4	100.9	125.3	167.4	République de Corée
Czech Republic	78.6	84.5	103.2	112.6	150.4	République tchèque
Poland	62.5	25.7	130.2	153.9	151.5	Pologne
Japan	75.2	90.3	87.6	83.6	92.5	Japon
Finland	58.2	64.5	139.9	66.3	90.1	Finlande
Belgium	54.2	70.3	77.5	66.0	105.0	Belgique
Australia	72.2	81.6	56.2	62.0	97.4	Australie
Turkey	75.6	81.3	65.8	53.8	68.2	Turquie
Sweden	36.8	53.9	41.5	57.0	81.9	Suède
Portugal	47.7	51.5	51.0	40.4	46.0	Portugal
South Africa	34.0	41.9	e48.9	e54.8	e49.4	Afrique du Sud
Austria	40.0	41.9	33.0	38.5	64.9	Autriche
China	16.8	21.5	28.3	38.7	58.6	Chine

Value as percentages of World total

Regions of the world	1998	1999	2000	2001	2002	2003	2004	2005	2006	2007	Régions du monde
World	100.0	100.0	100.0	100.0	100.0	100.0	100.0	100.0	100.0	100.0	Monde
Developed Economies	89.2	82.9	84.8	92.2	84.3	85.8	82.2	84.1	86.8	87.9	Economies Développés
- Asia-Pacific	1.3	2.5	4.6	2.8	3.1	2.4	2.3	1.9	1.8	2.0	- Asie-Pacifique
- Europe	40.3	33.5	26.4	29.7	27.5	34.2	30.9	35.0	33.3	34.8	- Europe
- North America	47.6	47.0	53.7	59.8	53.7	49.3	49.0	47.1	51.7	51.0	- Amérique du Nord
South-Eastern Europe	0.4	0.5	0.3	0.3	0.3	0.7	1.3	1.6	1.1	0.6	Europe du Sud-Est
Commonwealth of Independent States	1.9	10.2	10.2	0.5	6.5	5.4	4.0	0.9	0.7	0.8	Communauté d'Etats indépendants
- Asia	0.3	0.2	0.1	0.1	0.0	0.0	0.2	0.0	0.0	0.1	- Asie
- Europe	1.6	10.0	10.1	0.5	6.5	5.4	3.8	0.9	0.7	0.8	- Europe
Northern Africa	0.0	0.0	0.0	0.0	0.0	0.0	0.0	0.0	0.0	0.0	Afrique septentrionale
Sub-Saharan Africa	1.7	2.3	0.2	0.3	0.4	1.8	6.4	7.2	5.2	3.9	Afrique subsaharienne
Latin America & the Caribbean	1.0	1.2	1.7	2.0	3.9	1.8	1.7	1.9	2.0	2.5	Amérique latine et Caraïbes
- Caribbean	0.0	0.0	0.0	0.0	0.0	0.0	0.0	0.0	0.0	0.0	- Caraïbes
- Latin America	1.0	1.2	1.7	2.0	3.9	1.8	1.7	1.9	2.0	2.5	- Amérique latine
Eastern Asia	5.1	1.6	1.1	2.0	1.4	2.2	1.6	1.8	2.1	2.6	Asie orientale
Southern Asia	0.0	0.1	0.6	0.6	0.5	0.4	0.6	0.6	0.7	0.1	Asie méridionale
South-Eastern Asia	0.1	0.2	0.3	0.5	0.3	0.4	1.0	0.6	0.4	0.5	Asie du Sud-Est
Western Asia	0.4	0.9	0.9	1.6	2.3	1.4	1.2	1.3	0.9	1.1	Asie occidentale
Oceania	0.0	0.0	0.1	0.0	0.0	0.0	0.0	0.0	0.0	0.0	Océanie

892 Printed matter

Trade by commodity | Commerce par produit
Imports by principal countries or areas | Importations selon les principaux pays ou zones
Value in million US dollars | Valeur en millions de dollars EU

Country or area	2003	2004	2005	2006	2007	Pays ou zone
World	32931.8	36772.9	39902.0	41875.2	48040.9	Monde
Developed Economies	24810.4	27490.4	28987.5	30319.8	33786.9	Economies Développés
- Asia-Pacific	1708.9	1897.6	1952.7	1926.5	2149.9	- Asie-Pacifique
- Europe	16152.3	18074.8	18866.6	19704.7	22297.1	- Europe
- North America	6949.2	7518.1	8168.3	8688.7	9339.9	- Amérique du Nord
South-Eastern Europe	214.6	317.1	369.6	398.0	453.4	Europe du Sud-Est
Commonwealth of Independent States	674.7	796.1	884.2	1059.1	1460.6	Communauté d'Etats indépendants
- Asia	83.5	106.3	161.1	210.4	252.8	- Asie
- Europe	591.2	689.8	723.0	848.7	1207.7	- Europe
Northern Africa	209.0	248.1	270.5	278.1	341.1	Afrique septentrionale
Sub-Saharan Africa	1031.7	1270.0	1500.3	1376.5	1708.1	Afrique subsaharienne
Latin America & the Caribbean	2088.7	2120.6	2698.3	2692.1	3477.5	Amérique latine et Caraïbes
- Caribbean	212.0	241.9	279.9	333.6	410.3	- Caraïbes
- Latin America	1876.6	1878.7	2418.4	2358.5	3067.2	- Amérique latine
Eastern Asia	1874.9	2118.9	2381.7	2755.4	3216.1	Asie orientale
Southern Asia	437.7	532.7	684.7	777.9	917.3	Asie méridionale
South-Eastern Asia	1015.0	1107.2	1178.5	1390.5	1676.9	Asie du Sud-Est
Western Asia	502.8	692.2	863.1	734.8	931.2	Asie occidentale
Oceania	72.5	79.6	83.7	93.0	71.8	Océanie
United States	4345.6	4722.5	5158.0	5383.0	5816.4	Etats-Unis d'Amérique
United Kingdom	2584.6	2977.2	3049.6	3045.5	3679.4	Royaume-Uni
Canada	2556.0	2741.1	2953.8	3241.2	3429.2	Canada
France-Monaco	2031.8	2327.7	2486.3	2487.8	2826.1	France-Monaco
Germany	2281.2	2279.2	2382.7	2377.3	2690.4	Allemagne
Switzerland-Liechtenstein	1419.3	1616.2	1714.3	1797.6	1896.2	Suisse-Liechtenstein
Belgium	1118.0	1248.8	1324.0	1378.5	1470.5	Belgique
China, Hong Kong SAR	838.1	983.8	1125.1	1305.1	1503.4	Chine - RAS de Hong-Kong
Mexico	1088.2	1050.1	1083.7	1124.5	1151.6	Mexique
Austria	848.3	951.5	985.1	1040.6	1245.8	Autriche
Netherlands	808.2	883.1	873.8	1030.6	1166.8	Pays-Bas
Japan	814.6	874.8	909.6	842.6	905.2	Japon
Italy	654.0	759.2	769.7	834.3	898.4	Italie
Australia	661.6	757.6	758.2	794.6	900.2	Australie
Czech Republic	554.2	727.6	760.6	875.7	936.2	République tchèque
China	569.4	649.6	725.9	827.6	984.7	Chine
Spain	605.6	688.6	731.8	780.4	914.5	Espagne
Russian Federation	476.6	565.6	586.7	670.0	991.7	Fédération de Russie
India	312.3	381.3	513.3	606.8	725.1	Inde
Norway	392.9	429.8	478.0	520.2	609.1	Norvège
Denmark	458.2	415.8	461.5	501.3	591.9	Danemark
Singapore	397.2	432.8	467.8	515.5	581.5	Singapour
Sweden	394.9	441.9	479.3	511.5	562.4	Suède
Ireland	368.9	416.8	454.8	548.6	515.3	Irlande
Poland	305.7	354.7	364.1	355.4	403.4	Pologne

Value as percentages of World total | Valeur en pourcentage du total mondial

Regions of the world	1998	1999	2000	2001	2002	2003	2004	2005	2006	2007	Régions du monde
World	100.0	100.0	100.0	100.0	100.0	100.0	100.0	100.0	100.0	100.0	Monde
Developed Economies	74.9	76.3	73.7	72.6	74.7	75.3	74.8	72.6	72.4	70.3	Economies Développés
- Asia-Pacific	5.6	5.8	5.8	5.3	5.1	5.2	5.2	4.9	4.6	4.5	- Asie-Pacifique
- Europe	49.2	49.4	45.5	45.4	47.4	49.0	49.2	47.3	47.1	46.4	- Europe
- North America	20.2	21.0	22.4	21.9	22.2	21.1	20.4	20.5	20.7	19.4	- Amérique du Nord
South-Eastern Europe	0.5	0.5	0.5	0.5	0.6	0.7	0.9	0.9	1.0	0.9	Europe du Sud-Est
Commonwealth of Independent States	2.6	1.4	1.6	1.9	2.0	2.0	2.2	2.2	2.5	3.0	Communauté d'Etats indépendants
- Asia	0.3	0.3	0.2	0.3	0.4	0.3	0.3	0.4	0.5	0.5	- Asie
- Europe	2.4	1.1	1.3	1.6	1.6	1.8	1.9	1.8	2.0	2.5	- Europe
Northern Africa	0.6	0.7	0.6	0.6	0.6	0.6	0.7	0.7	0.7	0.7	Afrique septentrionale
Sub-Saharan Africa	2.0	2.2	2.8	3.8	2.7	3.1	3.5	3.8	3.3	3.6	Afrique subsaharienne
Latin America & the Caribbean	8.5	8.1	8.5	8.1	7.2	6.3	5.8	6.8	6.4	7.2	Amérique latine et Caraïbes
- Caribbean	0.6	0.6	0.7	0.7	0.7	0.6	0.7	0.7	0.8	0.9	- Caraïbes
- Latin America	7.9	7.5	7.8	7.4	6.5	5.7	5.1	6.1	5.6	6.4	- Amérique latine
Eastern Asia	5.1	5.4	6.4	6.4	6.1	5.7	5.8	6.0	6.6	6.7	Asie orientale
Southern Asia	1.3	0.9	1.2	1.3	1.2	1.3	1.4	1.7	1.9	1.9	Asie méridionale
South-Eastern Asia	2.6	2.9	3.0	2.9	3.0	3.1	3.0	3.0	3.3	3.5	Asie du Sud-Est
Western Asia	1.7	1.5	1.5	1.6	1.7	1.5	1.9	2.2	1.8	1.9	Asie occidentale
Oceania	0.2	0.2	0.2	0.2	0.2	0.2	0.2	0.2	0.2	0.1	Océanie

Trade by commodity

Exports by principal countries or areas

Value in million US dollars

Commerce par produit

Exportations selon les principaux pays ou zones

Valeur en millions de dollars EU

Country or area	2003	2004	2005	2006	2007	Pays ou zone
World	32607.0	36702.3	39829.8	42237.8	47641.9	Monde
Developed Economies	26839.9	29541.2	31148.4	32421.3	35974.0	Economies Développés
- Asia-Pacific	749.9	867.7	934.3	976.1	1161.8	- Asie-Pacifique
- Europe	19598.5	21908.3	22747.0	23665.1	26656.5	- Europe
- North America	6491.5	6765.2	7467.1	7780.0	8155.7	- Amérique du Nord
South-Eastern Europe	50.1	90.2	107.7	99.1	146.8	Europe du Sud-Est
Commonwealth of Independent States	364.4	439.1	428.1	505.8	583.0	Communauté d'Etats indépendants
- Asia	3.0	2.9	13.7	9.1	11.7	- Asie
- Europe	361.4	436.2	414.4	496.7	571.3	- Europe
Northern Africa	16.1	17.4	14.1	24.1	35.5	Afrique septentrionale
Sub-Saharan Africa	401.8	405.2	626.7	660.7	1013.9	Afrique subsaharienne
Latin America & the Caribbean	721.4	865.6	1010.7	1097.0	1328.8	Amérique latine et Caraïbes
- Caribbean	25.5	77.5	40.9	43.5	47.7	- Caraïbes
- Latin America	695.9	788.1	969.8	1053.5	1281.1	- Amérique latine
Eastern Asia	2695.7	3319.9	3811.2	4445.5	5356.7	Asie orientale
Southern Asia	130.8	146.6	213.4	316.3	321.1	Asie méridionale
South-Eastern Asia	1209.5	1654.3	2086.7	2332.5	2448.9	Asie du Sud-Est
Western Asia	175.5	221.2	374.7	328.4	425.5	Asie occidentale
Oceania	1.7	1.6	8.1	7.2	7.6	Océanie
United States	4874.6	5131.2	5694.9	6021.9	6457.8	Etats-Unis d'Amérique
Germany	4472.6	5061.9	5700.8	6003.6	6850.1	Allemagne
United Kingdom	3738.3	4344.7	4254.0	4161.9	4759.6	Royaume-Uni
France-Monaco	1892.2	2103.4	2219.4	2147.1	2369.2	France-Monaco
China, Hong Kong SAR	1472.9	1763.6	1984.8	2251.9	2460.4	Chine - RAS de Hong-Kong
Italy	1677.6	1852.2	1822.5	1967.0	2121.2	Italie
Canada	1616.5	1633.4	1771.9	1757.7	1697.7	Canada
Belgium	1405.4	1527.2	1534.9	1499.0	1735.4	Belgique
China	790.2	1057.9	1300.8	1651.3	2312.9	Chine
Spain	1228.4	1354.4	1297.8	1278.4	1354.4	Espagne
Netherlands	970.6	1093.2	1124.2	1267.7	1421.6	Pays-Bas
Singapore	593.8	752.7	1007.0	1036.4	1066.7	Singapour
Czech Republic	651.0	723.5	756.9	861.9	1088.5	République tchèque
Japan	483.6	569.5	648.0	687.7	821.0	Japon
Switzerland-Liechtenstein	474.3	587.4	632.5	716.9	768.6	Suisse-Liechtenstein
Austria	488.2	556.4	546.4	579.0	675.3	Autriche
Cambodia	345.0	612.0	e700.0	e831.3	e0.4	Cambodge
Mexico	337.9	369.9	484.1	520.8	594.1	Mexique
Denmark	430.3	462.3	450.3	467.3	470.9	Danemark
Poland	266.4	364.6	420.4	529.8	675.8	Pologne
Finland	343.6	365.8	356.0	365.5	402.5	Finlande
Sweden	305.8	333.5	320.3	425.2	387.3	Suède
Russian Federation	294.4	337.2	325.3	360.8	426.3	Fédération de Russie
Ireland	508.0	275.5	305.0	324.1	290.0	Irlande
Korea, Republic of	234.8	275.5	284.7	288.6	308.3	République de Corée

Value as percentages of World total

Valeur en pourcentage du total mondial

Regions of the world	1998	1999	2000	2001	2002	2003	2004	2005	2006	2007	Régions du monde
World	100.0	100.0	100.0	100.0	100.0	100.0	100.0	100.0	100.0	100.0	Monde
Developed Economies	84.5	84.0	81.4	81.4	81.8	82.3	80.5	78.2	76.8	75.5	Economies Développés
- Asia-Pacific	2.4	2.7	2.6	2.2	2.2	2.3	2.4	2.3	2.3	2.4	- Asie-Pacifique
- Europe	60.0	59.1	55.3	55.6	57.9	60.1	59.7	57.1	56.0	56.0	- Europe
- North America	22.1	22.2	23.5	23.6	21.7	19.9	18.4	18.7	18.4	17.1	- Amérique du Nord
South-Eastern Europe	0.1	0.1	0.1	0.1	0.1	0.2	0.2	0.3	0.2	0.3	Europe du Sud-Est
Commonwealth of Independent States	2.0	1.4	1.4	1.4	1.3	1.1	1.2	1.1	1.2	1.2	Communauté d'Etats indépendants
- Asia	0.0	0.0	0.0	0.0	0.0	0.0	0.0	0.0	0.0	0.0	- Asie
- Europe	1.9	1.3	1.4	1.4	1.3	1.1	1.2	1.0	1.2	1.2	- Europe
Northern Africa	0.1	0.1	0.1	0.1	0.1	0.0	0.0	0.0	0.1	0.1	Afrique septentrionale
Sub-Saharan Africa	0.2	0.3	1.0	1.0	0.6	1.2	1.1	1.6	1.6	2.1	Afrique subsaharienne
Latin America & the Caribbean	3.0	2.7	3.0	2.9	2.4	2.2	2.4	2.5	2.6	2.8	Amérique latine et Caraïbes
- Caribbean	0.1	0.1	0.1	0.1	0.1	0.1	0.2	0.1	0.1	0.1	- Caraïbes
- Latin America	2.9	2.6	2.9	2.8	2.4	2.1	2.1	2.4	2.5	2.7	- Amérique latine
Eastern Asia	6.4	7.3	8.4	8.3	8.5	8.3	9.0	9.6	10.5	11.2	Asie orientale
Southern Asia	0.2	0.2	0.3	0.3	0.3	0.4	0.4	0.5	0.7	0.7	Asie méridionale
South-Eastern Asia	2.9	3.5	3.9	4.0	4.2	3.7	4.5	5.2	5.5	5.1	Asie du Sud-Est
Western Asia	0.5	0.5	0.5	0.6	0.6	0.5	0.6	0.9	0.8	0.9	Asie occidentale
Oceania	0.0	0.0	0.0	0.0	0.0	0.0	0.0	0.0	0.0	0.0	Océanie

893 Articles, nes, of plastics

Trade by commodity — Commerce par produit
Imports by principal countries or areas — Importations selon les principaux pays ou zones
Value in million US dollars — Valeur en millions de dollars EU

Country or area	2003	2004	2005	2006	2007	Pays ou zone
World	68287.2	78888.7	87610.8	97184.0	109937.0	Monde
Developed Economies	48914.5	56688.6	62514.7	68861.6	78272.3	Economies Développés
- Asia-Pacific	3765.1	4448.5	4957.1	5429.4	5905.0	- Asie-Pacifique
- Europe	31625.1	36735.8	39675.3	44008.5	51797.6	- Europe
- North America	13524.2	15504.3	17882.3	19423.7	20569.7	- Amérique du Nord
South-Eastern Europe	639.5	917.8	1102.1	1239.1	1559.4	Europe du Sud-Est
Commonwealth of Independent States	885.9	1176.8	1513.6	2025.5	2787.7	Communauté d'Etats indépendants
- Asia	147.8	178.7	247.8	366.6	450.2	- Asie
- Europe	738.0	998.1	1265.7	1658.9	2337.6	- Europe
Northern Africa	410.8	494.1	512.1	564.4	700.8	Afrique septentrionale
Sub-Saharan Africa	675.9	853.7	957.8	1104.0	1350.8	Afrique subsaharienne
Latin America & the Caribbean	6892.5	7360.5	8215.9	8817.0	9430.6	Amérique latine et Caraïbes
- Caribbean	349.5	396.8	483.1	527.3	594.8	- Caraïbes
- Latin America	6543.0	6963.7	7732.8	8289.7	8835.8	- Amérique latine
Eastern Asia	5135.0	5791.8	6330.7	6841.4	7391.5	Asie orientale
Southern Asia	329.4	412.8	604.9	681.9	737.3	Asie méridionale
South-Eastern Asia	2821.9	3281.9	3632.5	4639.0	4842.8	Asie du Sud-Est
Western Asia	1491.4	1800.5	2103.8	2285.4	2724.0	Asie occidentale
Oceania	90.4	110.2	122.7	124.7	139.7	Océanie
United States	10939.3	12691.0	14637.1	15852.5	16551.3	Etats-Unis d'Amérique
Germany	5028.2	5547.0	6559.0	7267.2	8346.8	Allemagne
Mexico	5201.4	5343.5	5702.5	6130.5	5989.2	Mexique
France-Monaco	4299.2	5072.2	5417.7	5872.8	6944.7	France-Monaco
United Kingdom	3827.3	4543.2	4780.0	5110.6	5861.6	Royaume-Uni
Japan	2758.6	3229.4	3561.7	3910.0	4113.7	Japon
Canada	2558.4	2779.8	3209.4	3534.3	3979.8	Canada
Belgium	2262.4	2701.1	2854.8	3251.6	3730.3	Belgique
Netherlands	2103.2	2275.6	2285.2	2552.1	3005.6	Pays-Bas
China	1649.2	2117.9	2469.2	2810.3	3135.0	Chine
China, Hong Kong SAR	2359.6	2311.0	2269.2	2276.2	2396.2	Chine - RAS de Hong-Kong
Spain	1672.2	1969.7	2154.1	2551.4	2856.9	Espagne
Italy	1719.1	1993.8	2150.7	2391.3	2772.3	Italie
Poland	1076.8	1306.7	1448.9	1723.7	2197.5	Pologne
Austria	1244.4	1451.3	1535.3	1596.5	1912.6	Autriche
Switzerland-Liechtenstein	1177.1	1374.2	1462.6	1580.8	1876.8	Suisse-Liechtenstein
Czech Republic	1017.6	1348.6	1480.5	1666.9	1952.6	République tchèque
Thailand	1017.6	1162.2	1266.3	1437.9	1534.9	Thaïlande
Sweden	892.9	1035.1	1110.8	1236.3	1410.2	Suède
Australia	816.5	992.6	1135.3	1241.9	1471.5	Australie
Hungary	800.6	943.6	901.9	986.8	1324.8	Hongrie
Russian Federation	485.6	622.6	854.2	1136.0	1613.2	Fédération de Russie
Denmark	723.7	820.6	899.9	1008.4	1250.1	Danemark
Singapore	654.9	780.2	898.1	1023.3	1247.6	Singapour
Malaysia	626.5	689.9	722.6	1281.5	1027.6	Malaisie

Value as percentages of World total — Valeur en pourcentage du total mondial

Regions of the world	1998	1999	2000	2001	2002	2003	2004	2005	2006	2007	Régions du monde
World	100.0	100.0	100.0	100.0	100.0	100.0	100.0	100.0	100.0	100.0	Monde
Developed Economies	70.3	70.1	68.2	67.9	70.2	71.6	71.9	71.4	70.9	71.2	Economies Développés
- Asia-Pacific	4.8	5.3	5.9	5.5	5.4	5.5	5.6	5.7	5.6	5.4	- Asie-Pacifique
- Europe	47.9	46.0	42.3	42.5	44.4	46.3	46.6	45.3	45.3	47.1	- Europe
- North America	17.6	18.8	20.0	20.0	20.4	19.8	19.7	20.4	20.0	18.7	- Amérique du Nord
South-Eastern Europe	0.5	0.5	0.5	0.7	0.8	0.9	1.2	1.3	1.3	1.4	Europe du Sud-Est
Commonwealth of Independent States	1.1	0.7	0.7	1.0	1.1	1.3	1.5	1.7	2.1	2.5	Communauté d'Etats indépendants
- Asia	0.2	0.1	0.2	0.2	0.2	0.2	0.2	0.3	0.4	0.4	- Asie
- Europe	0.9	0.5	0.5	0.8	0.9	1.1	1.3	1.4	1.7	2.1	- Europe
Northern Africa	0.6	0.6	0.6	0.6	0.6	0.6	0.6	0.6	0.6	0.6	Afrique septentrionale
Sub-Saharan Africa	0.7	0.7	0.8	3.3	1.0	1.0	1.1	1.1	1.1	1.2	Afrique subsaharienne
Latin America & the Caribbean	11.7	12.0	12.4	11.3	10.8	10.1	9.3	9.4	9.1	8.6	Amérique latine et Caraïbes
- Caribbean	0.5	0.7	0.7	0.7	0.7	0.5	0.5	0.6	0.5	0.5	- Caraïbes
- Latin America	11.2	11.3	11.7	10.6	10.2	9.6	8.8	8.8	8.5	8.0	- Amérique latine
Eastern Asia	8.4	8.5	9.3	8.4	8.2	7.5	7.3	7.2	7.0	6.7	Asie orientale
Southern Asia	0.4	0.5	0.5	0.4	0.4	0.5	0.5	0.7	0.7	0.7	Asie méridionale
South-Eastern Asia	3.8	4.2	4.7	4.2	4.6	4.1	4.2	4.1	4.8	4.4	Asie du Sud-Est
Western Asia	2.3	2.1	2.2	2.1	2.2	2.2	2.3	2.4	2.4	2.5	Asie occidentale
Oceania	0.1	0.1	0.1	0.1	0.1	0.1	0.1	0.1	0.1	0.1	Océanie

Trade by commodity

Exports by principal countries or areas

Value in million US dollars

Commerce par produit

Exportations selon les principaux pays ou zones

Valeur en millions de dollars EU

Country or area	2003	2004	2005	2006	2007	Pays ou zone
World	66071.2	77035.5	85602.1	95024.0	106947.4	Monde
Developed Economies	44647.1	51781.9	56180.3	61879.3	70723.7	Economies Développés
- Asia-Pacific	1719.6	2138.0	2360.0	2549.3	2725.2	- Asie-Pacifique
- Europe	32718.6	38463.8	41503.8	45943.5	54100.5	- Europe
- North America	10209.0	11180.0	12316.5	13386.5	13898.0	- Amérique du Nord
South-Eastern Europe	175.6	352.6	458.0	471.0	603.5	Europe du Sud-Est
Commonwealth of Independent States	215.1	245.1	269.9	403.5	599.2	Communauté d'Etats indépendants
- Asia	12.9	21.1	26.5	30.6	32.1	- Asie
- Europe	202.1	224.0	243.5	372.9	567.1	- Europe
Northern Africa	87.9	101.2	116.9	156.5	230.4	Afrique septentrionale
Sub-Saharan Africa	298.6	303.3	381.8	579.4	506.3	Afrique subsaharienne
Latin America & the Caribbean	2482.5	3021.4	3445.8	3636.2	4065.3	Amérique latine et Caraïbes
- Caribbean	41.7	48.4	58.8	88.2	121.0	- Caraïbes
- Latin America	2440.8	2973.0	3386.9	3548.0	3944.3	- Amérique latine
Eastern Asia	13499.7	15738.8	17989.7	20161.0	21617.4	Asie orientale
Southern Asia	414.2	481.2	761.3	889.9	1006.4	Asie méridionale
South-Eastern Asia	2872.5	3238.4	3852.6	4429.0	4905.7	Asie du Sud-Est
Western Asia	1375.3	1769.5	2143.8	2415.9	2686.3	Asie occidentale
Oceania	2.8	2.1	1.9	2.5	3.1	Océanie
China	7317.1	9176.9	11277.1	13301.2	14474.3	Chine
Germany	7803.7	9245.3	10388.6	11788.2	13756.8	Allemagne
United States	7212.7	7853.8	8562.8	9450.3	10100.2	Etats-Unis d'Amérique
France-Monaco	3938.4	4529.5	4745.8	5073.1	5843.1	France-Monaco
Italy	3690.9	4312.9	4459.9	4768.9	5405.3	Italie
Canada	2996.3	3326.2	3753.7	3936.0	3797.7	Canada
Belgium	2567.5	3095.3	3252.4	3535.8	4117.3	Belgique
China, Hong Kong SAR	3065.2	3020.4	3009.2	3049.1	3119.1	Chine - RAS de Hong-Kong
United Kingdom	2432.1	2791.4	2960.6	3100.1	3774.2	Royaume-Uni
Netherlands	1830.9	2248.3	2354.4	2521.1	2859.4	Pays-Bas
Mexico	1796.0	2155.7	2336.6	2500.0	2533.9	Mexique
Japan	1406.7	1747.7	1928.3	2117.3	2184.8	Japon
Spain	1351.9	1560.7	1691.7	1759.8	2058.9	Espagne
Poland	886.1	1159.6	1451.8	1886.5	2525.9	Pologne
Austria	1195.6	1356.5	1472.1	1610.6	1979.9	Autriche
Denmark	1274.9	1389.0	1401.4	1514.4	1665.5	Danemark
Switzerland-Liechtenstein	1161.8	1313.5	1299.1	1380.8	1582.2	Suisse-Liechtenstein
Sweden	1066.4	1273.9	1280.8	1430.7	1639.5	Suède
Korea, Republic of	954.2	1246.2	1326.3	1392.9	1467.4	République de Corée
Thailand	851.0	935.7	1214.4	1327.2	1547.1	Thaïlande
Czech Republic	763.6	974.5	1087.9	1334.3	1623.1	République tchèque
Malaysia	758.0	938.2	1083.2	1306.2	1497.6	Malaisie
Israel	640.4	762.8	804.3	891.5	1007.4	Israël
Singapore	656.8	723.9	773.3	909.9	894.6	Singapour
Hungary	465.7	606.1	741.5	862.0	1114.5	Hongrie

Value as percentages of World total

Valeur en pourcentage du total mondial

Regions of the world	1998	1999	2000	2001	2002	2003	2004	2005	2006	2007	Régions du monde
World	100.0	100.0	100.0	100.0	100.0	100.0	100.0	100.0	100.0	100.0	Monde
Developed Economies	68.9	68.2	65.5	66.5	66.9	67.6	67.2	65.6	65.1	66.1	Economies Développés
- Asia-Pacific	2.5	2.9	3.1	2.6	2.6	2.6	2.8	2.8	2.7	2.5	- Asie-Pacifique
- Europe	50.5	47.9	43.0	45.3	46.9	49.5	49.9	48.5	48.3	50.6	- Europe
- North America	15.9	17.4	19.4	18.6	17.3	15.5	14.5	14.4	14.1	13.0	- Amérique du Nord
South-Eastern Europe	0.1	0.1	0.1	0.2	0.2	0.3	0.5	0.5	0.5	0.6	Europe du Sud-Est
Commonwealth of Independent States	0.2	0.2	0.2	0.2	0.2	0.3	0.3	0.3	0.4	0.6	Communauté d'Etats indépendants
- Asia	0.0	0.0	0.0	0.0	0.0	0.0	0.0	0.0	0.0	0.0	- Asie
- Europe	0.1	0.2	0.2	0.2	0.2	0.3	0.3	0.3	0.4	0.5	- Europe
Northern Africa	0.1	0.2	0.1	0.2	0.1	0.1	0.1	0.1	0.2	0.2	Afrique septentrionale
Sub-Saharan Africa	0.5	0.4	0.4	0.4	0.4	0.5	0.4	0.4	0.6	0.5	Afrique subsaharienne
Latin America & the Caribbean	3.6	3.8	4.4	4.4	3.9	3.8	3.9	4.0	3.8	3.8	Amérique latine et Caraïbes
- Caribbean	0.1	0.1	0.1	0.1	0.1	0.1	0.1	0.1	0.1	0.1	- Caraïbes
- Latin America	3.5	3.7	4.3	4.4	3.9	3.7	3.9	4.0	3.7	3.7	- Amérique latine
Eastern Asia	21.5	21.2	22.7	21.4	21.5	20.4	20.4	21.0	21.2	20.2	Asie orientale
Southern Asia	0.5	0.5	0.6	0.6	0.6	0.6	0.6	0.9	0.9	0.9	Asie méridionale
South-Eastern Asia	3.2	3.8	4.3	4.3	4.1	4.3	4.2	4.5	4.7	4.6	Asie du Sud-Est
Western Asia	1.5	1.6	1.7	1.9	2.0	2.1	2.3	2.5	2.5	2.5	Asie occidentale
Oceania	0.0	0.0	0.0	0.0	0.0	0.0	0.0	0.0	0.0	0.0	Océanie

894 Baby carriages, toys, games and sporting goods

Trade by commodity
Imports by principal countries or areas
Value in million US dollars

Commerce par produit
Importations selon les principaux pays ou zones
Valeur en millions de dollars EU

Country or area	2003	2004	2005	2006	2007	Pays ou zone
World	67020.5	73379.6	83022.0	90762.7	112593.3	Monde
Developed Economies	53846.4	58173.4	65805.3	70325.5	86753.8	Economies Développés
- Asia-Pacific	4803.2	5342.6	6705.1	7630.5	9266.7	- Asie-Pacifique
- Europe	23130.0	25649.2	28831.6	30699.8	39421.0	- Europe
- North America	25913.1	27181.6	30268.6	31995.1	38066.1	- Amérique du Nord
South-Eastern Europe	157.5	263.9	325.2	331.9	562.7	Europe du Sud-Est
Commonwealth of Independent States	453.6	619.3	695.2	969.4	1352.0	Communauté d'Etats indépendants
- Asia	40.4	45.1	67.6	99.6	120.0	- Asie
- Europe	413.2	574.3	627.5	869.8	1232.0	- Europe
Northern Africa	96.8	107.6	113.2	113.0	137.5	Afrique septentrionale
Sub-Saharan Africa	276.2	381.5	473.5	557.1	643.0	Afrique subsaharienne
Latin America & the Caribbean	1674.8	1986.8	2453.1	3312.1	4395.3	Amérique latine et Caraïbes
- Caribbean	83.7	94.5	118.1	123.0	133.7	- Caraïbes
- Latin America	1591.1	1892.3	2335.0	3189.1	4261.5	- Amérique latine
Eastern Asia	8737.3	9807.2	10773.8	12431.2	15409.7	Asie orientale
Southern Asia	113.0	140.0	213.5	257.5	254.7	Asie méridionale
South-Eastern Asia	874.2	913.7	998.1	1163.8	1524.0	Asie du Sud-Est
Western Asia	751.3	946.7	1127.7	1255.6	1511.8	Asie occidentale
Oceania	39.5	39.5	43.5	45.6	48.7	Océanie
United States	23116.9	24245.6	26918.6	28312.6	33546.8	Etats-Unis d'Amérique
China, Hong Kong SAR	7170.7	8131.6	8802.2	10158.2	12260.9	Chine - RAS de Hong-Kong
United Kingdom	4302.8	4844.8	5302.7	5787.9	7562.6	Royaume-Uni
Germany	4287.5	4364.8	5228.5	5110.2	7527.7	Allemagne
Japan	3550.8	3922.5	5068.0	5804.0	7126.1	Japon
France-Monaco	3011.6	3357.5	3628.7	3848.3	4849.1	France-Monaco
Canada	2782.4	2920.8	3332.5	3664.8	4499.9	Canada
Spain	1629.1	1710.9	2077.6	2141.1	3091.4	Espagne
Italy	1567.3	1854.1	2051.3	2136.9	2531.0	Italie
Netherlands	1389.8	1502.3	1668.3	1920.1	2152.3	Pays-Bas
Belgium	1378.2	1502.6	1593.8	1679.5	2001.6	Belgique
Australia	1025.8	1188.6	1360.1	1560.0	1808.8	Australie
Mexico	816.4	900.6	1108.8	1637.5	2387.1	Mexique
Austria	820.7	1030.2	1113.8	1170.3	1241.1	Autriche
Korea, Republic of	811.0	789.1	855.3	930.8	1221.3	République de Corée
Switzerland-Liechtenstein	714.0	796.4	802.8	774.4	908.3	Suisse-Liechtenstein
Sweden	593.5	663.2	722.0	806.4	902.8	Suède
China	452.8	499.0	621.2	772.5	1314.8	Chine
Denmark	552.9	628.0	738.2	780.6	909.5	Danemark
Russian Federation	357.7	487.6	512.3	706.7	1006.1	Fédération de Russie
Czech Republic	297.7	420.5	521.4	810.9	968.0	République tchèque
Singapore	402.9	425.3	502.9	562.8	784.2	Singapour
Ireland	321.3	402.5	503.1	540.0	702.6	Irlande
Norway	419.8	419.2	489.0	504.7	634.3	Norvège
Poland	273.5	356.6	385.9	445.9	627.5	Pologne

Value as percentages of World total

Valeur en pourcentage du total mondial

Regions of the world	1998	1999	2000	2001	2002	2003	2004	2005	2006	2007	Régions du monde
World	100.0	100.0	100.0	100.0	100.0	100.0	100.0	100.0	100.0	100.0	Monde
Developed Economies	79.1	79.3	77.8	79.2	80.1	80.3	79.3	79.3	77.5	77.1	Economies Développés
- Asia-Pacific	7.4	7.6	8.1	7.2	7.2	7.2	7.3	8.1	8.4	8.2	- Asie-Pacifique
- Europe	31.5	31.3	30.1	30.2	31.2	34.5	35.0	34.7	33.8	35.0	- Europe
- North America	40.1	40.5	39.7	41.7	41.7	38.7	37.0	36.5	35.3	33.8	- Amérique du Nord
South-Eastern Europe	0.2	0.1	0.1	0.2	0.2	0.2	0.4	0.4	0.4	0.5	Europe du Sud-Est
Commonwealth of Independent States	0.3	0.3	0.3	0.5	0.5	0.7	0.8	0.8	1.1	1.2	Communauté d'Etats indépendants
- Asia	0.0	0.0	0.0	0.1	0.1	0.1	0.1	0.1	0.1	0.1	- Asie
- Europe	0.3	0.2	0.2	0.4	0.5	0.6	0.8	0.8	1.0	1.1	- Europe
Northern Africa	0.2	0.2	0.2	0.2	0.2	0.1	0.1	0.1	0.1	0.1	Afrique septentrionale
Sub-Saharan Africa	0.5	0.4	0.4	0.8	0.4	0.4	0.5	0.6	0.6	0.6	Afrique subsaharienne
Latin America & the Caribbean	3.4	2.9	3.0	3.1	2.9	2.5	2.7	3.0	3.6	3.9	Amérique latine et Caraïbes
- Caribbean	0.1	0.1	0.1	0.1	0.1	0.1	0.1	0.1	0.1	0.1	- Caraïbes
- Latin America	3.3	2.7	2.8	2.9	2.7	2.4	2.6	2.8	3.5	3.8	- Amérique latine
Eastern Asia	13.9	14.2	15.3	13.6	13.1	13.0	13.4	13.0	13.7	13.7	Asie orientale
Southern Asia	0.1	0.1	0.1	0.1	0.1	0.2	0.2	0.3	0.3	0.2	Asie méridionale
South-Eastern Asia	1.0	1.3	1.4	1.3	1.3	1.3	1.2	1.2	1.3	1.4	Asie du Sud-Est
Western Asia	1.2	1.1	1.3	1.1	1.1	1.1	1.3	1.4	1.4	1.3	Asie occidentale
Oceania	0.1	0.1	0.1	0.1	0.1	0.1	0.1	0.1	0.1	0.0	Océanie

Jouets, jeux et articles pour divertissements et pour sports 894

Trade by commodity

Exports by principal countries or areas

Value in million US dollars

Commerce par produit

Exportations selon les principaux pays ou zones

Valeur en millions de dollars EU

Country or area	2003	2004	2005	2006	2007	Pays ou zone
World	52186.8	56798.7	64273.1	71679.5	86759.0	Monde
Developed Economies	20928.3	22969.6	25681.7	29226.7	36152.6	Economies Développés
- Asia-Pacific	2104.7	2375.8	3816.2	3184.7	4258.6	- Asie-Pacifique
- Europe	13802.8	15328.3	16123.2	19448.3	23372.1	- Europe
- North America	5020.7	5265.6	5742.3	6593.7	8522.0	- Amérique du Nord
South-Eastern Europe	178.5	207.8	199.0	176.8	278.1	Europe du Sud-Est
Commonwealth of Independent States	78.7	105.7	135.8	161.4	173.2	Communauté d'Etats indépendants
- Asia	0.9	1.6	3.9	2.4	4.4	- Asie
- Europe	77.8	104.1	131.9	159.0	168.8	- Europe
Northern Africa	20.7	21.3	25.2	28.4	29.0	Afrique septentrionale
Sub-Saharan Africa	31.8	36.7	43.0	46.0	49.4	Afrique subsaharienne
Latin America & the Caribbean	752.7	735.9	782.5	931.6	1612.7	Amérique latine et Caraïbes
- Caribbean	5.0	7.0	5.0	5.1	4.6	- Caraïbes
- Latin America	747.7	728.9	777.4	926.5	1608.2	- Amérique latine
Eastern Asia	27873.9	30231.6	34807.7	38249.9	45421.9	Asie orientale
Southern Asia	486.1	480.0	522.4	540.6	480.4	Asie méridionale
South-Eastern Asia	1627.4	1772.2	1803.9	2077.9	2297.3	Asie du Sud-Est
Western Asia	208.1	237.4	269.8	238.2	262.5	Asie occidentale
Oceania	0.6	0.6	2.2	2.0	1.8	Océanie
China	14455.4	16360.2	20637.3	24303.8	29019.8	Chine
China, Hong Kong SAR	11206.0	11529.2	11911.4	11712.7	14090.4	Chine - RAS de Hong-Kong
United States	3988.3	4249.4	4716.2	5552.4	7334.7	Etats-Unis d'Amérique
Germany	3056.4	3163.6	3423.8	4962.4	6774.9	Allemagne
Japan	1826.4	2010.1	3378.9	2807.4	3862.8	Japon
Italy	1520.5	1573.8	1598.2	1747.0	1897.9	Italie
United Kingdom	1376.3	1488.8	1526.2	1590.4	2089.0	Royaume-Uni
France-Monaco	1382.5	1575.1	1614.0	1633.1	1665.6	France-Monaco
Netherlands	1192.0	1367.6	1374.0	1661.5	1865.0	Pays-Bas
Austria	1038.5	1191.3	1330.1	1429.6	1449.1	Autriche
Belgium	1056.3	1183.6	1292.4	1363.7	1528.7	Belgique
Canada	1032.3	1016.2	1026.1	1041.3	1187.2	Canada
Spain	867.4	914.1	885.3	850.6	993.1	Espagne
Mexico	651.4	612.8	646.0	792.2	1460.0	Mexique
Czech Republic	330.2	464.6	584.2	1009.8	1466.3	République tchèque
Thailand	596.3	642.2	645.9	717.9	730.1	Thaïlande
Denmark	297.1	311.9	366.6	1004.9	1016.3	Danemark
Korea, Republic of	448.6	460.6	428.1	401.4	391.7	République de Corée
Singapore	311.4	357.7	383.1	446.0	595.4	Singapour
Sweden	327.9	386.7	396.6	430.3	490.6	Suède
Australia	249.4	329.7	390.4	339.0	347.2	Australie
Pakistan	332.1	315.9	317.5	339.8	276.6	Pakistan
Switzerland-Liechtenstein	298.6	402.0	340.8	220.4	169.3	Suisse-Liechtenstein
Malaysia	249.4	264.3	252.1	305.0	327.2	Malaisie
Poland	185.5	243.3	254.9	292.9	361.9	Pologne

Value as percentages of World total

Valeur en pourcentage du total mondial

Regions of the world	1998	1999	2000	2001	2002	2003	2004	2005	2006	2007	Régions du monde
World	100.0	100.0	100.0	100.0	100.0	100.0	100.0	100.0	100.0	100.0	Monde
Developed Economies	40.2	42.9	38.1	41.4	39.4	40.1	40.4	40.0	40.8	41.7	Economies Développés
- Asia-Pacific	7.1	10.5	7.0	5.9	5.7	4.0	4.2	5.9	4.4	4.9	- Asie-Pacifique
- Europe	22.5	21.9	20.5	25.1	24.3	26.4	27.0	25.1	27.1	26.9	- Europe
- North America	10.6	10.4	10.5	10.5	9.4	9.6	9.3	8.9	9.2	9.8	- Amérique du Nord
South-Eastern Europe	0.1	0.1	0.2	0.2	0.2	0.3	0.4	0.3	0.2	0.3	Europe du Sud-Est
Commonwealth of Independent States	0.1	0.1	0.1	0.1	0.1	0.2	0.2	0.2	0.2	0.2	Communauté d'Etats indépendants
- Asia	0.0	0.0	0.0	0.0	0.0	0.0	0.0	0.0	0.0	0.0	- Asie
- Europe	0.1	0.1	0.1	0.1	0.1	0.1	0.2	0.2	0.2	0.2	- Europe
Northern Africa	0.0	0.0	0.0	0.0	0.0	0.0	0.0	0.0	0.0	0.0	Afrique septentrionale
Sub-Saharan Africa	0.0	0.1	0.1	0.1	0.1	0.1	0.1	0.1	0.1	0.1	Afrique subsaharienne
Latin America & the Caribbean	2.7	2.2	1.8	2.0	2.9	1.4	1.3	1.2	1.3	1.9	Amérique latine et Caraïbes
- Caribbean	0.0	0.0	0.0	0.0	0.0	0.0	0.0	0.0	0.0	0.0	- Caraïbes
- Latin America	2.6	2.2	1.8	2.0	2.9	1.4	1.3	1.2	1.3	1.9	- Amérique latine
Eastern Asia	52.2	50.0	54.9	51.6	52.8	53.4	53.2	54.2	53.4	52.4	Asie orientale
Southern Asia	1.1	0.9	0.9	0.9	0.9	0.9	0.8	0.8	0.8	0.6	Asie méridionale
South-Eastern Asia	3.1	3.3	3.7	3.3	3.1	3.1	3.1	2.8	2.9	2.6	Asie du Sud-Est
Western Asia	0.3	0.3	0.3	0.4	0.4	0.4	0.4	0.4	0.3	0.3	Asie occidentale
Oceania	0.0	0.0	0.0	0.0	0.0	0.0	0.0	0.0	0.0	0.0	Océanie

895 Office and stationery supplies, nes

Trade by commodity
Imports by principal countries or areas
Value in million US dollars

Commerce par produit
Importations selon les principaux pays ou zones
Valeur en millions de dollars EU

Country or area	2003	2004	2005	2006	2007	Pays ou zone
World	9726.2	11139.1	11667.6	12508.3	14043.4	Monde
Developed Economies	6947.2	7939.6	8287.2	9053.5	10013.8	Economies Développés
- Asia-Pacific	365.6	421.6	449.4	472.8	508.5	- Asie-Pacifique
- Europe	4706.5	5474.0	5691.7	6300.7	7133.5	- Europe
- North America	1875.1	2044.0	2146.1	2280.1	2371.8	- Amérique du Nord
South-Eastern Europe	47.8	72.5	80.0	79.5	122.3	Europe du Sud-Est
Commonwealth of Independent States	67.6	76.6	82.8	118.4	148.6	Communauté d'Etats indépendants
- Asia	10.0	11.4	13.5	20.4	27.0	- Asie
- Europe	57.6	65.2	69.4	98.0	121.5	- Europe
Northern Africa	40.7	56.7	66.4	62.0	88.9	Afrique septentrionale
Sub-Saharan Africa	156.9	169.4	182.7	209.0	253.2	Afrique subsaharienne
Latin America & the Caribbean	657.1	715.7	782.2	808.8	906.3	Amérique latine et Caraïbes
- Caribbean	38.8	44.8	50.3	52.5	62.2	- Caraïbes
- Latin America	618.3	670.9	731.9	756.3	844.1	- Amérique latine
Eastern Asia	898.2	978.9	963.7	906.6	1091.6	Asie orientale
Southern Asia	105.9	106.8	126.2	135.8	163.5	Asie méridionale
South-Eastern Asia	451.6	597.6	654.3	668.3	716.7	Asie du Sud-Est
Western Asia	340.3	410.2	426.7	449.7	523.9	Asie occidentale
Oceania	12.8	15.0	15.3	16.4	14.8	Océanie
United States	1618.2	1789.8	1857.2	1952.6	2020.6	Etats-Unis d'Amérique
France-Monaco	963.8	1134.6	1182.3	1203.2	1406.5	France-Monaco
United Kingdom	584.6	717.5	735.2	867.1	952.2	Royaume-Uni
Germany	646.0	711.2	752.7	785.7	888.6	Allemagne
Italy	472.1	535.3	537.9	543.4	573.8	Italie
Spain	356.6	442.8	534.3	609.3	576.2	Espagne
Netherlands	370.0	412.6	378.7	532.3	734.1	Pays-Bas
China, Hong Kong SAR	514.1	510.1	461.2	367.5	434.3	Chine - RAS de Hong-Kong
Mexico	362.8	374.9	401.8	386.9	422.1	Mexique
Canada	253.5	250.1	284.9	322.9	347.2	Canada
Japan	224.0	250.6	270.0	293.3	312.9	Japon
Belgium	208.6	249.5	266.5	270.2	288.5	Belgique
China	171.6	239.5	262.7	275.1	332.2	Chine
Singapore	145.9	173.6	223.4	219.5	239.9	Singapour
Malaysia	105.7	208.3	206.7	166.9	159.7	Malaisie
Switzerland-Liechtenstein	142.7	153.0	145.2	163.8	182.8	Suisse-Liechtenstein
Korea, Republic of	122.6	131.8	139.2	166.3	215.8	République de Corée
Austria	137.2	151.6	151.8	145.9	173.8	Autriche
Australia	114.3	138.9	146.9	150.1	163.7	Australie
Sweden	126.7	139.2	130.6	136.5	156.2	Suède
Poland	103.6	125.6	133.6	142.6	170.9	Pologne
United Arab Emirates	95.4	116.7	99.5	144.8	e179.2	Emirates arabes unis
Thailand	105.9	110.0	107.1	142.9	162.9	Thaïlande
Czech Republic	62.3	88.2	94.3	109.1	142.5	République tchèque
Ireland	74.5	82.5	105.5	99.4	112.6	Irlande

Value as percentages of World total

Valeur en pourcentage du total mondial

Regions of the world	1998	1999	2000	2001	2002	2003	2004	2005	2006	2007	Régions du monde
World	100.0	100.0	100.0	100.0	100.0	100.0	100.0	100.0	100.0	100.0	Monde
Developed Economies	70.6	70.3	68.0	67.2	70.6	71.4	71.3	71.0	72.4	71.3	Economies Développés
- Asia-Pacific	4.1	4.3	4.3	3.9	3.6	3.8	3.8	3.9	3.8	3.6	- Asie-Pacifique
- Europe	46.1	44.5	41.2	42.9	46.7	48.4	49.1	48.8	50.4	50.8	- Europe
- North America	20.4	21.5	22.5	20.5	20.3	19.3	18.4	18.4	18.2	16.9	- Amérique du Nord
South-Eastern Europe	0.4	0.3	0.3	0.4	0.5	0.5	0.7	0.7	0.6	0.9	Europe du Sud-Est
Commonwealth of Independent States	0.7	0.6	0.8	0.8	0.8	0.7	0.7	0.7	0.9	1.1	Communauté d'Etats indépendants
- Asia	0.1	0.1	0.1	0.1	0.1	0.1	0.1	0.1	0.2	0.2	- Asie
- Europe	0.6	0.5	0.7	0.7	0.6	0.6	0.6	0.6	0.8	0.9	- Europe
Northern Africa	0.7	0.7	0.5	0.5	0.8	0.4	0.5	0.6	0.5	0.6	Afrique septentrionale
Sub-Saharan Africa	1.5	1.3	1.4	4.8	1.5	1.6	1.5	1.6	1.7	1.8	Afrique subsaharienne
Latin America & the Caribbean	8.9	8.4	8.4	7.6	7.4	6.8	6.4	6.7	6.5	6.5	Amérique latine et Caraïbes
- Caribbean	0.3	0.4	0.5	0.4	0.4	0.4	0.4	0.4	0.4	0.4	- Caraïbes
- Latin America	8.6	8.0	8.0	7.2	7.0	6.4	6.0	6.3	6.0	6.0	- Amérique latine
Eastern Asia	8.0	8.8	10.0	9.1	9.2	9.2	8.8	8.3	7.2	7.8	Asie orientale
Southern Asia	0.8	0.8	0.8	0.8	1.0	1.1	1.0	1.1	1.1	1.2	Asie méridionale
South-Eastern Asia	4.8	5.5	6.3	5.7	4.8	4.6	5.4	5.6	5.3	5.1	Asie du Sud-Est
Western Asia	3.4	3.2	3.3	2.9	3.3	3.5	3.7	3.7	3.6	3.7	Asie occidentale
Oceania	0.2	0.2	0.1	0.1	0.1	0.1	0.1	0.1	0.1	0.1	Océanie

Trade by commodity

Exports by principal countries or areas

Value in million US dollars

Commerce par produit

Exportations selon les principaux pays ou zones

Valeur en millions de dollars EU

Country or area	2003	2004	2005	2006	2007	Pays ou zone
World	8929.8	9873.9	10465.8	11516.0	12810.6	Monde
Developed Economies	5806.7	6222.9	6579.2	7362.2	8061.7	Economies Développés
- Asia-Pacific	1186.4	1234.8	1193.9	1232.6	1299.9	- Asie-Pacifique
- Europe	3922.3	4287.5	4630.4	5294.4	5852.1	- Europe
- North America	698.0	700.6	754.8	835.2	909.7	- Amérique du Nord
South-Eastern Europe	6.2	9.4	12.7	14.7	32.5	Europe du Sud-Est
Commonwealth of Independent States	5.8	7.3	6.2	7.6	9.7	Communauté d'Etats indépendants
- Asia	0.2	0.1	0.2	0.2	0.1	- Asie
- Europe	5.6	7.2	6.0	7.4	9.6	- Europe
Northern Africa	12.7	13.6	21.5	37.9	41.8	Afrique septentrionale
Sub-Saharan Africa	20.4	23.5	26.4	29.5	33.1	Afrique subsaharienne
Latin America & the Caribbean	425.0	474.4	496.1	508.5	494.0	Amérique latine et Caraïbes
- Caribbean	0.8	1.7	2.1	1.0	1.0	- Caraïbes
- Latin America	424.2	472.7	494.0	507.4	493.0	- Amérique latine
Eastern Asia	1855.7	2209.4	2349.2	2563.5	3168.5	Asie orientale
Southern Asia	100.2	106.1	137.2	148.4	156.4	Asie méridionale
South-Eastern Asia	611.4	699.0	729.6	741.4	668.1	Asie du Sud-Est
Western Asia	85.3	108.0	107.4	101.8	144.5	Asie occidentale
Oceania	0.3	0.4	0.2	0.3	0.4	Océanie
China	930.1	1246.8	1472.8	1770.0	2316.5	Chine
Japan	1171.2	1218.7	1177.8	1210.5	1272.6	Japon
Germany	983.5	1058.3	1127.5	1229.9	1381.7	Allemagne
United States	666.1	668.1	723.0	797.6	866.2	Etats-Unis d'Amérique
France-Monaco	604.2	740.6	729.7	713.5	840.5	France-Monaco
United Kingdom	595.8	554.2	732.4	849.5	814.6	Royaume-Uni
Netherlands	362.7	341.9	357.4	540.4	758.5	Pays-Bas
China, Hong Kong SAR	510.8	545.5	471.2	384.4	431.6	Chine - RAS de Hong-Kong
Singapore	351.8	403.4	422.2	395.8	303.9	Singapour
Mexico	328.1	364.9	374.7	382.5	337.3	Mexique
Italy	299.1	328.2	320.7	328.2	368.4	Italie
Spain	189.1	257.6	285.4	298.4	258.9	Espagne
Switzerland-Liechtenstein	197.5	222.1	211.4	221.8	244.3	Suisse-Liechtenstein
Austria	194.2	194.8	203.2	218.2	238.9	Autriche
Korea, Republic of	183.7	178.3	178.9	184.5	206.6	République de Corée
Belgium	131.7	173.0	183.4	191.5	203.1	Belgique
Malaysia	113.4	136.5	147.4	154.6	160.3	Malaisie
Czech Republic	83.4	105.1	127.2	151.5	195.3	République tchèque
India	94.1	97.4	126.3	135.7	142.2	Inde
Sweden	78.4	83.4	77.4	85.7	99.2	Suède
Thailand	72.9	81.8	72.0	72.7	69.8	Thaïlande
Indonesia	58.2	57.5	67.1	75.1	85.4	Indonésie
Brazil	53.3	57.3	57.3	66.4	71.6	Brésil
Poland	29.2	39.6	48.4	107.5	63.4	Pologne
Slovakia	2.7	3.9	15.2	89.5	131.3	Slovaquie

Value as percentages of World total

Valeur en pourcentage du total mondial

Regions of the world	1998	1999	2000	2001	2002	2003	2004	2005	2006	2007	Régions du monde
World	100.0	100.0	100.0	100.0	100.0	100.0	100.0	100.0	100.0	100.0	Monde
Developed Economies	70.9	69.3	65.1	66.5	65.5	65.0	63.0	62.9	63.9	62.9	Economies Développés
- Asia-Pacific	17.0	17.8	18.2	16.2	14.7	13.3	12.5	11.4	10.7	10.1	- Asie-Pacifique
- Europe	42.6	40.8	37.1	40.6	41.9	43.9	43.4	44.2	46.0	45.7	- Europe
- North America	11.3	10.7	9.8	9.7	8.8	7.8	7.1	7.2	7.3	7.1	- Amérique du Nord
South-Eastern Europe	0.1	0.1	0.1	0.1	0.1	0.1	0.1	0.1	0.1	0.3	Europe du Sud-Est
Commonwealth of Independent States	0.0	0.0	0.1	0.1	0.1	0.1	0.1	0.1	0.1	0.1	Communauté d'Etats indépendants
- Asia	0.0	0.0	0.0	0.0	0.0	0.0	0.0	0.0	0.0	0.0	- Asie
- Europe	0.0	0.0	0.0	0.1	0.1	0.1	0.1	0.1	0.1	0.1	- Europe
Northern Africa	0.2	0.1	0.1	0.2	0.2	0.1	0.1	0.2	0.3	0.3	Afrique septentrionale
Sub-Saharan Africa	0.2	0.2	0.2	0.2	0.2	0.2	0.2	0.3	0.3	0.3	Afrique subsaharienne
Latin America & the Caribbean	4.5	4.4	4.3	5.0	5.3	4.8	4.8	4.7	4.4	3.9	Amérique latine et Caraïbes
- Caribbean	0.0	0.0	0.0	0.0	0.0	0.0	0.0	0.0	0.0	0.0	- Caraïbes
- Latin America	4.5	4.4	4.3	4.9	5.3	4.8	4.8	4.7	4.4	3.8	- Amérique latine
Eastern Asia	18.1	18.4	20.7	20.9	20.8	20.8	22.4	22.4	22.3	24.7	Asie orientale
Southern Asia	0.6	0.7	1.0	1.1	1.0	1.1	1.1	1.3	1.3	1.2	Asie méridionale
South-Eastern Asia	4.8	6.3	8.0	5.5	6.1	6.8	7.1	7.0	6.4	5.2	Asie du Sud-Est
Western Asia	0.6	0.5	0.4	0.6	0.8	1.0	1.1	1.0	0.9	1.1	Asie occidentale
Oceania	0.0	0.0	0.0	0.0	0.0	0.0	0.0	0.0	0.0	0.0	Océanie

896 Works of art, collectors' pieces and antiques

Trade by commodity

Imports by principal countries or areas

Value in million US dollars

Commerce par produit

Importations selon les principaux pays ou zones

Valeur en millions de dollars EU

Country or area	2003	2004	2005	2006	2007	Pays ou zone
World	10237.2	12597.7	14001.0	15982.3	22203.6	Monde
Developed Economies	9728.9	11980.2	13185.2	14801.6	20046.4	Economies Développés
- Asia-Pacific	274.5	406.8	451.9	475.7	498.0	- Asie-Pacifique
- Europe	4892.5	6107.5	6994.0	7454.6	10536.9	- Europe
- North America	4561.8	5465.9	5739.3	6871.2	9011.5	- Amérique du Nord
South-Eastern Europe	3.8	5.5	2.6	3.2	5.3	Europe du Sud-Est
Commonwealth of Independent States	5.7	9.9	18.9	11.6	23.3	Communauté d'Etats indépendants
- Asia	1.7	1.0	3.5	5.9	9.9	- Asie
- Europe	4.0	8.9	15.4	5.7	13.4	- Europe
Northern Africa	0.5	0.8	0.5	7.5	10.1	Afrique septentrionale
Sub-Saharan Africa	39.1	56.2	37.3	205.5	45.9	Afrique subsaharienne
Latin America & the Caribbean	66.4	48.6	98.8	55.8	78.7	Amérique latine et Caraïbes
- Caribbean	47.9	28.4	20.7	22.3	33.8	- Caraïbes
- Latin America	18.5	20.2	78.1	33.5	44.9	- Amérique latine
Eastern Asia	290.1	313.0	395.9	656.4	1498.8	Asie orientale
Southern Asia	4.7	26.2	115.1	36.9	65.0	Asie méridionale
South-Eastern Asia	35.7	95.0	72.1	125.6	314.9	Asie du Sud-Est
Western Asia	59.0	59.7	71.9	75.4	112.9	Asie occidentale
Oceania	3.5	2.6	2.6	2.8	2.3	Océanie
United States	4415.9	5338.2	5516.5	6692.0	8770.6	Etats-Unis d'Amérique
United Kingdom	2755.2	3302.9	3494.0	4365.4	5893.6	Royaume-Uni
Switzerland-Liechtenstein	883.4	1056.2	1567.1	1242.2	1945.0	Suisse-Liechtenstein
France-Monaco	285.6	394.9	367.6	442.9	550.7	France-Monaco
Germany	228.1	399.8	386.9	393.0	403.3	Allemagne
China, Hong Kong SAR	169.8	200.4	267.9	380.5	689.9	Chine - RAS de Hong-Kong
Spain	217.3	347.6	478.7	219.1	279.8	Espagne
Japan	205.4	302.0	308.0	325.3	319.6	Japon
Korea, Republic of	96.9	92.3	107.8	237.7	774.2	République de Corée
Austria	57.0	72.0	97.0	116.6	564.0	Autriche
Canada	142.8	124.1	219.1	176.1	235.9	Canada
Netherlands	116.0	164.7	170.5	203.3	226.5	Pays-Bas
Singapore	29.0	89.0	60.5	111.6	292.3	Singapour
Australia	56.7	87.0	122.7	130.7	152.0	Australie
Italy	52.3	78.9	111.8	96.8	164.1	Italie
Belgium	75.2	89.4	87.5	92.0	156.4	Belgique
South Africa	29.0	39.8	31.1	197.0	37.2	Afrique du Sud
Denmark	19.4	32.1	40.9	48.4	85.0	Danemark
Sweden	39.8	47.0	50.1	36.6	48.4	Suède
Portugal	4.8	6.1	53.7	66.8	34.1	Portugal
Czech Republic	78.3	32.0	7.3	5.9	5.2	République tchèque
Norway	10.7	15.1	25.2	30.9	41.5	Norvège
Israel	23.0	21.1	15.3	19.7	37.9	Israël
India	1.3	0.9	14.9	35.0	62.4	Inde
Iran (Islamic Republic of)	0.0	6.1	99.4	0.1	e0.1	Iran (République islamique d')

Value as percentages of World total

Valeur en pourcentage du total mondial

Regions of the world	1998	1999	2000	2001	2002	2003	2004	2005	2006	2007	Régions du monde
World	100.0	100.0	100.0	100.0	100.0	100.0	100.0	100.0	100.0	100.0	Monde
Developed Economies	96.8	96.6	95.8	96.4	96.4	95.0	95.1	94.2	92.6	90.3	Economies Développés
- Asia-Pacific	5.1	5.7	4.8	2.5	2.5	2.7	3.2	3.2	3.0	2.2	- Asie-Pacifique
- Europe	47.9	41.1	38.9	44.9	46.3	47.8	48.5	50.0	46.6	47.5	- Europe
- North America	43.8	49.8	52.1	48.9	47.6	44.6	43.4	41.0	43.0	40.6	- Amérique du Nord
South-Eastern Europe	0.0	0.0	0.0	0.0	0.0	0.0	0.0	0.0	0.0	0.0	Europe du Sud-Est
Commonwealth of Independent States	0.1	0.0	0.1	0.0	0.1	0.1	0.1	0.1	0.1	0.1	Communauté d'Etats indépendants
- Asia	0.0	0.0	0.0	0.0	0.1	0.0	0.0	0.0	0.0	0.0	- Asie
- Europe	0.1	0.0	0.0	0.0	0.0	0.0	0.1	0.1	0.0	0.1	- Europe
Northern Africa	0.0	0.0	0.0	0.2	0.0	0.0	0.0	0.0	0.0	0.0	Afrique septentrionale
Sub-Saharan Africa	0.2	0.2	0.3	0.2	0.3	0.4	0.4	0.3	1.3	0.2	Afrique subsaharienne
Latin America & the Caribbean	0.6	0.4	0.4	0.4	0.4	0.6	0.4	0.7	0.3	0.4	Amérique latine et Caraïbes
- Caribbean	0.1	0.1	0.2	0.2	0.2	0.5	0.2	0.1	0.1	0.2	- Caraïbes
- Latin America	0.5	0.3	0.2	0.2	0.2	0.2	0.2	0.6	0.2	0.2	- Amérique latine
Eastern Asia	1.6	1.6	1.6	1.7	2.1	2.8	2.5	2.8	4.1	6.8	Asie orientale
Southern Asia	0.0	0.0	0.0	0.0	0.0	0.0	0.2	0.8	0.2	0.3	Asie méridionale
South-Eastern Asia	0.3	0.6	0.5	0.3	0.3	0.3	0.8	0.5	0.8	1.4	Asie du Sud-Est
Western Asia	0.3	0.5	1.4	0.7	0.4	0.6	0.5	0.5	0.5	0.5	Asie occidentale
Oceania	0.1	0.0	0.0	0.0	0.0	0.0	0.0	0.0	0.0	0.0	Océanie

Trade by commodity

Exports by principal countries or areas

Value in million US dollars

Commerce par produit

Exportations selon les principaux pays ou zones

Valeur en millions de dollars EU

Country or area	2003	2004	2005	2006	2007	Pays ou zone
World	10389.2	12671.6	14668.3	17091.9	20637.2	Monde
Developed Economies	9532.3	11867.0	13486.8	15515.3	19060.2	Economies Développés
- Asia-Pacific	129.5	164.4	138.8	205.8	233.2	- Asie-Pacifique
- Europe	6497.6	7774.3	8531.9	9283.0	11249.5	- Europe
- North America	2905.3	3928.2	4816.1	6026.5	7577.5	- Amérique du Nord
South-Eastern Europe	7.3	7.9	13.6	4.1	5.1	Europe du Sud-Est
Commonwealth of Independent States	4.7	15.5	16.5	2.4	8.6	Communauté d'Etats indépendants
- Asia	3.4	12.4	14.7	0.7	3.1	- Asie
- Europe	1.3	3.0	1.9	1.7	5.5	- Europe
Northern Africa	2.0	2.1	7.2	1.4	1.7	Afrique septentrionale
Sub-Saharan Africa	49.5	49.5	54.0	79.0	129.8	Afrique subsaharienne
Latin America & the Caribbean	46.6	29.5	30.6	41.6	35.9	Amérique latine et Caraïbes
- Caribbean	22.0	3.1	5.7	6.0	5.9	- Caraïbes
- Latin America	24.6	26.4	25.0	35.6	30.0	- Amérique latine
Eastern Asia	165.9	226.0	435.5	646.2	605.9	Asie orientale
Southern Asia	498.4	370.3	467.1	444.4	521.8	Asie méridionale
South-Eastern Asia	30.9	63.5	112.3	248.7	170.8	Asie du Sud-Est
Western Asia	51.2	40.1	44.3	107.7	91.7	Asie occidentale
Oceania	0.3	0.3	0.3	1.0	5.8	Océanie
United Kingdom	3843.2	4576.6	5427.5	5169.3	6561.5	Royaume-Uni
United States	2735.4	3514.6	4347.9	5570.1	7024.3	Etats-Unis d'Amérique
Switzerland-Liechtenstein	865.2	1094.4	982.2	1270.9	1815.6	Suisse-Liechtenstein
France-Monaco	762.8	824.7	874.9	1142.7	1185.9	France-Monaco
Germany	494.7	647.5	551.4	586.5	637.6	Allemagne
India	489.0	362.0	459.4	430.5	511.9	Inde
Canada	167.9	411.1	465.8	453.2	551.8	Canada
China, Hong Kong SAR	107.7	124.9	213.9	229.5	363.3	Chine - RAS de Hong-Kong
Korea, Republic of	34.2	69.7	174.6	347.5	163.1	République de Corée
Austria	55.4	69.7	86.0	400.4	174.4	Autriche
Italy	87.2	117.6	168.0	158.9	224.9	Italie
Netherlands	62.1	76.8	80.2	100.4	199.2	Pays-Bas
Belgium	75.0	80.6	98.2	76.7	130.7	Belgique
Singapore	14.4	29.5	61.8	190.1	145.0	Singapour
Australia	71.1	78.6	64.4	95.2	87.7	Australie
Japan	40.4	66.4	56.8	85.9	124.9	Japon
Spain	68.9	66.1	62.7	70.1	90.6	Espagne
Denmark	42.9	54.5	54.6	56.7	49.9	Danemark
Israel	44.6	33.2	38.0	59.4	70.3	Israël
China	21.2	29.8	44.8	65.1	75.4	Chine
Sweden	21.3	28.6	43.7	42.7	68.4	Suède
Norway	42.6	33.0	38.1	35.6	30.5	Norvège
South Africa	21.8	20.7	30.1	25.6	31.9	Afrique du Sud
New Zealand	18.0	19.4	17.6	24.7	20.6	Nouvelle-Zélande
Ireland	18.4	32.1	11.8	24.6	11.4	Irlande

Value as percentages of World total

Valeur en pourcentage du total mondial

Regions of the world	1998	1999	2000	2001	2002	2003	2004	2005	2006	2007	Régions du monde
World	100.0	100.0	100.0	100.0	100.0	100.0	100.0	100.0	100.0	100.0	Monde
Developed Economies	95.7	95.9	96.2	96.9	96.0	91.8	93.7	91.9	90.8	92.4	Economies Développés
- Asia-Pacific	1.3	1.3	1.4	1.7	1.2	1.2	1.3	0.9	1.2	1.1	- Asie-Pacifique
- Europe	58.6	63.5	58.6	52.7	66.2	62.5	61.4	58.2	54.3	54.5	- Europe
- North America	35.8	31.2	36.3	42.5	28.6	28.0	31.0	32.8	35.3	36.7	- Amérique du Nord
South-Eastern Europe	0.0	0.0	0.2	0.1	0.0	0.1	0.1	0.1	0.0	0.0	Europe du Sud-Est
Commonwealth of Independent States	0.0	0.0	0.1	0.0	0.1	0.0	0.1	0.1	0.0	0.0	Communauté d'Etats indépendants
- Asia	0.0	0.0	0.0	0.0	0.1	0.0	0.1	0.1	0.0	0.0	- Asie
- Europe	0.0	0.0	0.0	0.0	0.1	0.0	0.0	0.0	0.0	0.0	- Europe
Northern Africa	0.0	0.0	0.0	0.0	0.0	0.0	0.0	0.0	0.0	0.0	Afrique septentrionale
Sub-Saharan Africa	0.5	0.5	0.4	0.3	0.6	0.5	0.4	0.4	0.5	0.6	Afrique subsaharienne
Latin America & the Caribbean	0.3	0.3	0.4	0.2	0.2	0.4	0.2	0.2	0.2	0.2	Amérique latine et Caraïbes
- Caribbean	0.1	0.1	0.0	0.0	0.1	0.2	0.0	0.0	0.0	0.0	- Caraïbes
- Latin America	0.2	0.3	0.4	0.2	0.1	0.2	0.2	0.2	0.2	0.1	- Amérique latine
Eastern Asia	2.0	1.9	1.6	1.6	2.2	1.6	1.8	3.0	3.8	2.9	Asie orientale
Southern Asia	0.1	0.2	0.1	0.1	0.1	4.8	2.9	3.2	2.6	2.5	Asie méridionale
South-Eastern Asia	0.4	0.4	0.2	0.2	0.2	0.3	0.5	0.8	1.5	0.8	Asie du Sud-Est
Western Asia	0.9	0.7	0.8	0.6	0.4	0.5	0.3	0.3	0.6	0.4	Asie occidentale
Oceania	0.0	0.0	0.0	0.0	0.0	0.0	0.0	0.0	0.0	0.0	Océanie

897 Gold, silverware, jewellery and articles of precious materials, nes

Trade by commodity

Imports by principal countries or areas

Value in million US dollars

Commerce par produit

Importations selon les principaux pays ou zones

Valeur en millions de dollars EU

Country or area	2003	2004	2005	2006	2007	Pays ou zone
World	26589.8	31822.1	36849.1	42557.1	48718.5	Monde
Developed Economies	19326.9	22678.1	25748.1	29861.4	32797.3	Economies Développés
- Asia-Pacific	1864.8	2289.9	2493.4	2663.7	2835.6	- Asie-Pacifique
- Europe	9404.4	11193.8	12771.9	15006.6	17578.8	- Europe
- North America	8057.7	9194.4	10482.8	12191.0	12382.9	- Amérique du Nord
South-Eastern Europe	29.6	56.2	70.2	82.8	125.6	Europe du Sud-Est
Commonwealth of Independent States	60.7	82.3	166.8	460.0	389.4	Communauté d'Etats indépendants
- Asia	19.9	31.1	90.1	368.3	243.4	- Asie
- Europe	40.8	51.2	76.7	91.7	146.0	- Europe
Northern Africa	8.1	17.4	15.3	92.0	133.6	Afrique septentrionale
Sub-Saharan Africa	64.3	94.3	117.9	144.2	156.4	Afrique subsaharienne
Latin America & the Caribbean	766.6	991.9	1021.8	1149.9	1400.9	Amérique latine et Caraïbes
- Caribbean	397.1	577.3	497.0	543.7	711.6	- Caraïbes
- Latin America	369.5	414.6	524.8	606.2	689.2	- Amérique latine
Eastern Asia	2460.5	2824.4	3422.8	4130.1	5389.3	Asie orientale
Southern Asia	113.2	159.6	194.5	366.4	411.1	Asie méridionale
South-Eastern Asia	1290.4	1437.1	1503.4	1451.0	2031.5	Asie du Sud-Est
Western Asia	2443.4	3450.4	4557.3	4791.5	5856.1	Asie occidentale
Oceania	26.0	30.3	31.0	27.9	27.4	Océanie
United States	7614.5	8677.5	9858.1	11373.0	11401.9	Etats-Unis d'Amérique
United Kingdom	2842.9	3116.8	3736.4	4491.1	4957.9	Royaume-Uni
United Arab Emirates	1908.5	2614.5	3240.1	3446.8	e4265.2	Emirats arabes unis
Switzerland-Liechtenstein	2146.4	2421.5	2710.7	3095.4	3726.6	Suisse-Liechtenstein
China, Hong Kong SAR	2023.2	2202.6	2641.6	3124.4	4063.7	Chine - RAS de Hong-Kong
Japan	1462.8	1747.5	1895.0	2033.0	1988.4	Japon
France-Monaco	1074.1	1288.9	1464.3	1724.9	2168.9	France-Monaco
Germany	928.0	1144.1	1267.5	1339.6	1488.8	Allemagne
Singapore	874.3	1070.1	1155.3	1089.6	1575.7	Singapour
Italy	549.8	716.8	839.1	1014.6	1344.9	Italie
Canada	431.1	502.5	610.0	802.8	968.9	Canada
Spain	404.2	532.6	575.4	649.9	793.8	Espagne
Australia	348.6	471.1	510.6	539.4	740.0	Australie
Belgium	257.8	382.6	407.2	516.5	447.8	Belgique
Mexico	294.7	313.6	379.8	441.8	479.4	Mexique
Austria	216.6	269.4	263.2	323.3	464.9	Autriche
China	111.0	192.0	268.9	347.8	511.4	Chine
Turkey	120.0	188.4	238.8	282.6	455.3	Turquie
India	101.7	148.5	177.3	345.6	380.0	Inde
Netherlands	140.4	185.2	214.4	247.9	302.8	Pays-Bas
Thailand	157.8	177.2	209.6	247.0	277.3	Thaïlande
Kuwait	e116.8	e156.1	e331.0	e305.4	e142.0	Koweït
Netherlands Antilles	e108.2	e322.0	e150.6	e151.1	e254.7	Antilles néerlandaises
Dominican Republic	e111.2	e119.8	e165.8	e242.1	e291.0	République dominicaine
Korea, Republic of	124.8	145.4	175.3	214.1	232.0	République de Corée

Value as percentages of World total

Valeur en pourcentage du total mondial

Regions of the world	1998	1999	2000	2001	2002	2003	2004	2005	2006	2007	Régions du monde
World	100.0	100.0	100.0	100.0	100.0	100.0	100.0	100.0	100.0	100.0	Monde
Developed Economies	77.0	76.2	74.4	74.5	74.8	72.7	71.3	69.9	70.2	67.3	Economies Développés
- Asia-Pacific	7.8	7.0	7.1	7.9	6.8	7.0	7.2	6.8	6.3	5.8	- Asie-Pacifique
- Europe	37.4	35.0	32.2	33.4	35.6	35.4	35.2	34.7	35.3	36.1	- Europe
- North America	31.7	34.2	35.1	33.2	32.4	30.3	28.9	28.4	28.6	25.4	- Amérique du Nord
South-Eastern Europe	0.1	0.1	0.1	0.1	0.1	0.1	0.2	0.2	0.2	0.3	Europe du Sud-Est
Commonwealth of Independent States	0.3	0.3	0.2	0.2	0.3	0.2	0.3	0.5	1.1	0.8	Communauté d'Etats indépendants
- Asia	0.1	0.1	0.0	0.1	0.1	0.1	0.1	0.2	0.9	0.5	- Asie
- Europe	0.2	0.2	0.2	0.1	0.2	0.2	0.2	0.2	0.2	0.3	- Europe
Northern Africa	0.3	0.4	0.4	0.4	0.3	0.0	0.1	0.0	0.2	0.3	Afrique septentrionale
Sub-Saharan Africa	0.3	0.3	0.3	0.4	0.3	0.2	0.3	0.3	0.3	0.3	Afrique subsaharienne
Latin America & the Caribbean	3.7	3.5	2.8	2.8	2.9	2.9	3.1	2.8	2.7	2.9	Amérique latine et Caraïbes
- Caribbean	1.5	1.5	1.4	1.3	1.5	1.5	1.8	1.3	1.3	1.5	- Caraïbes
- Latin America	2.2	2.0	1.4	1.4	1.4	1.4	1.3	1.4	1.4	1.4	- Amérique latine
Eastern Asia	6.8	7.7	8.6	8.1	7.9	9.3	8.9	9.3	9.7	11.1	Asie orientale
Southern Asia	0.2	0.2	0.3	0.2	0.3	0.4	0.5	0.5	0.9	0.8	Asie méridionale
South-Eastern Asia	4.1	4.3	4.3	3.8	3.7	4.9	4.5	4.1	3.4	4.2	Asie du Sud-Est
Western Asia	7.1	7.0	8.5	9.4	9.4	9.2	10.8	12.4	11.3	12.0	Asie occidentale
Oceania	0.1	0.1	0.1	0.1	0.1	0.1	0.1	0.1	0.1	0.1	Océanie

Articles de bijouterie et d'orfèvrerie en matières précieuses ou semi-précieuses 897

Exports by principal countries or areas

Exportations selon les principaux pays ou zones

Value in million US dollars

Valeur en millions de dollars EU

Country or area	2003	2004	2005	2006	2007	Pays ou zone
World	28831.8	35610.6	40579.0	48371.6	56333.7	Monde
Developed Economies	15440.5	18265.8	20757.6	25710.1	30047.0	Economies Développés
- Asia-Pacific	369.9	544.2	630.0	933.4	1202.2	- Asie-Pacifique
- Europe	12066.1	13932.0	15534.5	18828.4	22151.6	- Europe
- North America	3004.4	3789.5	4593.1	5948.4	6693.2	- Amérique du Nord
South-Eastern Europe	8.9	42.8	52.4	58.1	71.1	Europe du Sud-Est
Commonwealth of Independent States	45.2	62.0	76.9	91.6	62.8	Communauté d'Etats indépendants
- Asia	37.7	51.8	61.1	78.4	45.1	- Asie
- Europe	7.5	10.2	15.8	13.2	17.7	- Europe
Northern Africa	16.9	12.6	16.5	89.2	71.3	Afrique septentrionale
Sub-Saharan Africa	123.6	138.9	144.5	152.4	129.5	Afrique subsaharienne
Latin America & the Caribbean	691.7	953.9	1096.3	1178.2	1245.6	Amérique latine et Caraïbes
- Caribbean	47.0	61.3	76.2	116.3	147.1	- Caraïbes
- Latin America	644.7	892.6	1020.1	1061.9	1098.5	- Amérique latine
Eastern Asia	5847.9	6586.8	7787.3	8885.5	10315.3	Asie orientale
Southern Asia	2233.6	3742.9	3964.0	5253.7	5575.5	Asie méridionale
South-Eastern Asia	2659.9	3374.6	3917.9	3929.5	5078.6	Asie du Sud-Est
Western Asia	1759.6	2419.9	2748.8	3007.4	3712.2	Asie occidentale
Oceania	4.0	10.4	16.8	16.0	24.7	Océanie
Italy	4536.6	5009.4	5090.5	5710.9	6494.6	Italie
United States	2768.2	3546.8	4359.0	5672.9	6387.8	Etats-Unis d'Amérique
China, Hong Kong SAR	2854.4	3450.1	4275.0	4788.5	5480.2	Chine - RAS de Hong-Kong
India	2175.0	3658.2	3821.5	5058.8	5240.0	Inde
Switzerland-Liechtenstein	2313.9	2660.9	3010.7	3701.4	4556.0	Suisse-Liechtenstein
United Kingdom	1947.7	2121.7	2769.1	3586.8	4246.2	Royaume-Uni
China	1761.3	2271.4	2826.1	3213.8	3829.3	Chine
Thailand	1201.6	1400.0	1809.5	1898.0	2317.5	Thaïlande
Germany	1035.2	1377.1	1496.4	1937.2	2027.2	Allemagne
France-Monaco	1018.0	1171.0	1406.5	1784.3	2219.2	France-Monaco
Turkey	727.2	964.6	1170.3	1131.7	1540.6	Turquie
Malaysia	553.2	946.9	1170.8	1056.7	1457.9	Malaisie
Singapore	718.5	803.1	664.7	648.1	919.6	Singapour
Korea, Republic of	1139.9	744.2	548.5	476.9	408.2	République de Corée
United Arab Emirates	296.2	452.7	695.5	786.8	e850.3	Emirates arabes unis
Mexico	381.2	559.5	602.7	606.4	601.3	Mexique
Japan	245.1	375.9	437.2	686.3	914.4	Japon
Israel	367.1	403.7	402.2	421.4	442.7	Israël
Belgium	246.7	297.1	354.6	444.8	527.6	Belgique
Austria	245.3	324.3	328.0	365.6	499.1	Autriche
Spain	271.4	312.8	307.8	354.4	394.0	Espagne
Canada	235.6	238.9	233.3	275.2	305.4	Canada
Saudi Arabia	128.8	306.1	92.6	211.7	250.5	Arabie saoudite
Denmark	97.3	136.2	166.5	189.7	304.3	Danemark
Lebanon	66.4	76.2	e102.1	e123.0	e401.3	Liban

Value as percentages of World total

Valeur en pourcentage du total mondial

Regions of the world	1998	1999	2000	2001	2002	2003	2004	2005	2006	2007	Régions du monde
World	100.0	100.0	100.0	100.0	100.0	100.0	100.0	100.0	100.0	100.0	Monde
Developed Economies	54.5	58.7	58.1	59.3	58.8	53.6	51.3	51.2	53.2	53.3	Economies Développés
- Asia-Pacific	0.9	1.4	1.3	1.1	1.1	1.3	1.5	1.6	1.9	2.1	- Asie-Pacifique
- Europe	46.1	47.2	45.9	46.1	46.0	41.8	39.1	38.3	38.9	39.3	- Europe
- North America	7.4	10.1	10.9	12.1	11.6	10.4	10.6	11.3	12.3	11.9	- Amérique du Nord
South-Eastern Europe	0.0	0.0	0.0	0.0	0.0	0.0	0.1	0.1	0.1	0.1	Europe du Sud-Est
Commonwealth of Independent States	0.1	0.2	0.1	0.1	0.1	0.2	0.2	0.2	0.2	0.1	Communauté d'Etats indépendants
- Asia	0.0	0.0	0.1	0.1	0.1	0.1	0.1	0.2	0.2	0.1	- Asie
- Europe	0.1	0.1	0.0	0.0	0.1	0.0	0.0	0.0	0.0	0.0	- Europe
Northern Africa	0.0	0.0	0.0	0.1	0.5	0.1	0.0	0.0	0.2	0.1	Afrique septentrionale
Sub-Saharan Africa	0.3	0.3	0.5	0.3	0.6	0.4	0.4	0.4	0.3	0.2	Afrique subsaharienne
Latin America & the Caribbean	3.3	3.1	2.8	2.6	2.5	2.4	2.7	2.7	2.4	2.2	Amérique latine et Caraïbes
- Caribbean	0.2	0.1	0.1	0.1	0.0	0.2	0.2	0.2	0.2	0.3	- Caraïbes
- Latin America	3.1	3.0	2.7	2.5	2.4	2.2	2.5	2.5	2.2	1.9	- Amérique latine
Eastern Asia	16.7	20.4	20.7	18.5	18.6	20.3	18.5	19.2	18.4	18.3	Asie orientale
Southern Asia	4.4	4.2	4.7	5.4	5.9	7.7	10.5	9.8	10.9	9.9	Asie méridionale
South-Eastern Asia	16.9	8.9	8.6	8.7	7.8	9.2	9.5	9.7	8.1	9.0	Asie du Sud-Est
Western Asia	3.6	4.1	4.5	5.0	5.3	6.1	6.8	6.8	6.2	6.6	Asie occidentale
Oceania	0.0	0.1	0.0	0.0	0.0	0.0	0.0	0.0	0.0	0.0	Océanie

898 Musical instruments, parts/accessories; records, tapes and similar recordings

Trade by commodity

Imports by principal countries or areas

Value in million US dollars

Commerce par produit

Importations selon les principaux pays ou zones

Valeur en millions de dollars EU

Country or area	2003	2004	2005	2006	2007	Pays ou zone
World	39007.0	45441.9	51740.3	54456.7	63534.9	Monde
Developed Economies	28979.9	33271.4	36039.7	36889.2	40330.3	Economies Développés
- Asia-Pacific	2736.3	3248.4	3566.5	3513.8	3704.9	- Asie-Pacifique
- Europe	18431.9	21203.6	23181.2	24251.0	27468.8	- Europe
- North America	7811.7	8819.4	9292.0	9124.4	9156.6	- Amérique du Nord
South-Eastern Europe	197.6	374.0	361.6	297.4	371.8	Europe du Sud-Est
Commonwealth of Independent States	209.3	290.9	316.6	430.6	598.6	Communauté d'Etats indépendants
- Asia	65.1	107.8	121.8	129.7	181.3	- Asie
- Europe	144.2	183.1	194.8	300.9	417.3	- Europe
Northern Africa	192.6	231.1	329.3	298.8	370.0	Afrique septentrionale
Sub-Saharan Africa	321.9	398.9	509.9	589.6	658.8	Afrique subsaharienne
Latin America & the Caribbean	1320.2	1539.1	1778.5	1990.6	1612.3	Amérique latine et Caraïbes
- Caribbean	64.9	80.0	66.1	65.8	66.0	- Caraïbes
- Latin America	1255.4	1459.1	1712.5	1924.8	1546.3	- Amérique latine
Eastern Asia	4317.4	5387.4	6766.1	7906.7	12624.7	Asie orientale
Southern Asia	788.2	1053.3	1285.3	1427.7	1711.1	Asie méridionale
South-Eastern Asia	1984.9	2119.0	3403.1	3824.6	4271.8	Asie du Sud-Est
Western Asia	664.3	745.6	918.9	771.4	960.5	Asie occidentale
Oceania	30.6	31.3	31.3	30.1	25.1	Océanie
United States	6032.3	6998.2	7465.2	7262.2	7036.2	Etats-Unis d'Amérique
Germany	3079.3	3624.8	4645.3	4801.8	5075.7	Allemagne
United Kingdom	2970.6	3186.0	3840.6	3510.9	4281.7	Royaume-Uni
China	1892.6	2622.7	3372.0	3928.9	5584.0	Chine
France-Monaco	2209.6	2310.6	2408.5	2465.2	2874.7	France-Monaco
Japan	1876.4	2198.9	2446.7	2457.6	2430.7	Japon
Canada	1766.6	1806.3	1812.2	1847.9	2111.3	Canada
Netherlands	1480.8	1911.1	1845.2	1883.6	2024.1	Pays-Bas
Italy	1582.1	1813.9	1810.7	1916.8	1923.4	Italie
Korea, Republic of	933.5	1207.9	1667.7	2056.0	2366.9	République de Corée
Thailand	429.2	399.4	1534.7	1917.8	2428.7	Thaïlande
Singapore	1209.7	1296.7	1429.6	1345.2	1266.4	Singapour
China, Hong Kong SAR	833.4	785.8	770.1	836.8	3206.3	Chine - RAS de Hong-Kong
Belgium	1040.7	1226.9	1197.7	1321.1	1326.9	Belgique
Spain	849.0	1124.9	1019.1	1079.4	1268.8	Espagne
India	672.6	887.9	1066.8	1178.9	1442.1	Inde
Switzerland-Liechtenstein	1030.7	1010.3	960.5	875.4	1011.0	Suisse-Liechtenstein
Austria	654.1	789.4	808.2	951.3	1141.1	Autriche
Australia	699.5	845.1	894.9	845.2	1043.3	Australie
Sweden	615.8	723.0	768.4	792.9	909.1	Suède
Mexico	758.0	808.5	837.7	946.6	438.6	Mexique
Norway	365.0	426.4	479.3	520.7	618.1	Norvège
Czech Republic	188.5	268.9	310.1	632.2	881.5	République tchèque
Ireland	339.3	403.1	470.8	512.6	486.6	Irlande
Finland	297.1	360.8	450.5	492.3	547.5	Finlande

Value as percentages of World total

Valeur en pourcentage du total mondial

Regions of the world	1998	1999	2000	2001	2002	2003	2004	2005	2006	2007	Régions du monde
World	100.0	100.0	100.0	100.0	100.0	100.0	100.0	100.0	100.0	100.0	Monde
Developed Economies	76.2	76.2	74.5	73.7	74.2	74.3	73.2	69.7	67.7	63.5	Economies Développés
- Asia-Pacific	7.6	7.5	8.1	7.6	6.9	7.0	7.1	6.9	6.5	5.8	- Asie-Pacifique
- Europe	49.6	49.5	46.1	46.4	46.9	47.3	46.7	44.8	44.5	43.2	- Europe
- North America	19.0	19.1	20.3	19.7	20.3	20.0	19.4	18.0	16.8	14.4	- Amérique du Nord
South-Eastern Europe	0.1	0.2	0.2	0.2	0.4	0.5	0.8	0.7	0.5	0.6	Europe du Sud-Est
Commonwealth of Independent States	0.4	0.4	0.4	0.5	0.5	0.5	0.6	0.6	0.8	0.9	Communauté d'Etats indépendants
- Asia	0.1	0.1	0.1	0.1	0.1	0.2	0.2	0.2	0.2	0.3	- Asie
- Europe	0.4	0.3	0.3	0.4	0.3	0.4	0.4	0.4	0.6	0.7	- Europe
Northern Africa	0.3	0.2	0.2	0.3	0.3	0.5	0.5	0.6	0.5	0.6	Afrique septentrionale
Sub-Saharan Africa	1.0	0.9	0.8	1.8	0.9	0.8	0.9	1.0	1.1	1.0	Afrique subsaharienne
Latin America & the Caribbean	4.5	4.4	4.8	4.9	4.2	3.4	3.4	3.4	3.7	2.5	Amérique latine et Caraïbes
- Caribbean	0.1	0.1	0.1	0.2	0.2	0.2	0.2	0.1	0.1	0.1	- Caraïbes
- Latin America	4.4	4.3	4.7	4.7	4.1	3.2	3.2	3.3	3.5	2.4	- Amérique latine
Eastern Asia	6.9	7.7	9.7	10.3	10.6	11.1	11.9	13.1	14.5	19.9	Asie orientale
Southern Asia	0.9	1.1	1.3	1.6	2.4	2.0	2.3	2.5	2.6	2.7	Asie méridionale
South-Eastern Asia	7.9	7.0	5.9	4.5	4.6	5.1	4.7	6.6	7.0	6.7	Asie du Sud-Est
Western Asia	1.8	1.8	2.0	2.2	1.9	1.7	1.6	1.8	1.4	1.5	Asie occidentale
Oceania	0.1	0.1	0.1	0.1	0.1	0.1	0.1	0.1	0.1	0.0	Océanie

Trade by commodity

Exports by principal countries or areas

Value in million US dollars

Commerce par produit

Exportations selon les principaux pays ou zones

Valeur en millions de dollars EU

Country or area	2003	2004	2005	2006	2007	Pays ou zone
World	39154.2	44278.4	50666.9	52726.4	61564.7	Monde
Developed Economies	27365.2	30328.4	34668.6	34640.0	36658.0	Economies Développés
- Asia-Pacific	4159.8	4781.0	5284.8	5524.5	6040.2	- Asie-Pacifique
- Europe	17684.2	19460.3	22547.2	22546.9	23877.3	- Europe
- North America	5521.3	6087.1	6836.6	6568.5	6740.4	- Amérique du Nord
South-Eastern Europe	55.7	55.6	72.0	69.9	77.1	Europe du Sud-Est
Commonwealth of Independent States	82.6	95.4	76.5	86.6	112.6	Communauté d'Etats indépendants
- Asia	7.7	2.3	4.8	8.1	7.4	- Asie
- Europe	74.9	93.2	71.7	78.5	105.1	- Europe
Northern Africa	9.3	13.2	16.7	8.4	7.8	Afrique septentrionale
Sub-Saharan Africa	44.9	26.3	26.2	39.1	38.1	Afrique subsaharienne
Latin America & the Caribbean	745.5	867.6	841.5	752.9	425.6	Amérique latine et Caraïbes
- Caribbean	21.7	64.9	52.1	19.5	22.7	- Caraïbes
- Latin America	723.8	802.6	789.4	733.3	402.9	- Amérique latine
Eastern Asia	6484.7	8178.5	9571.0	10680.0	16838.9	Asie orientale
Southern Asia	382.6	307.1	404.4	515.0	624.3	Asie méridionale
South-Eastern Asia	3783.4	4190.4	4826.1	5790.6	6630.4	Asie du Sud-Est
Western Asia	199.7	215.5	163.7	143.4	151.7	Asie occidentale
Oceania	0.5	0.3	0.4	0.4	0.3	Océanie
United States	4990.8	5528.6	6246.9	6068.0	6203.2	Etats-Unis d'Amérique
Germany	4147.7	5063.0	6016.1	6458.6	7291.9	Allemagne
Japan	4000.6	4607.8	5097.3	5351.8	5860.0	Japon
China	1591.3	2331.0	2823.9	3172.7	7062.3	Chine
Singapore	2472.7	2688.7	3053.1	3767.6	4485.4	Singapour
United Kingdom	2140.3	2513.1	3743.2	3508.6	2726.6	Royaume-Uni
Netherlands	2466.0	2618.3	2975.4	2742.0	2829.6	Pays-Bas
Ireland	2276.1	2240.5	2260.7	2140.7	2490.0	Irlande
Austria	1505.3	1421.7	1564.0	1491.9	1669.6	Autriche
France-Monaco	1388.4	1495.2	1526.8	1509.3	1593.5	France-Monaco
China, Hong Kong SAR	1099.2	1094.4	966.3	947.9	2801.2	Chine - RAS de Hong-Kong
Korea, Republic of	1020.6	1386.5	1571.8	1376.2	1481.3	République de Corée
Malaysia	681.6	739.5	1007.1	1164.1	1098.7	Malaisie
Belgium	675.0	717.2	832.2	977.5	1036.9	Belgique
Sweden	577.8	649.1	640.0	746.9	776.5	Suède
Mexico	623.1	687.0	658.2	606.8	271.3	Mexique
Canada	530.3	558.4	589.6	500.4	537.2	Canada
Luxembourg	528.2	531.6	543.0	277.7	344.1	Luxembourg
Czech Republic	157.3	205.3	385.8	576.8	695.2	République tchèque
Italy	375.0	410.2	414.4	404.1	402.7	Italie
Thailand	234.8	331.5	385.5	452.5	486.4	Thaïlande
Indonesia	282.6	346.5	357.6	374.6	525.2	Indonésie
India	368.6	276.5	355.8	364.6	420.6	Inde
Switzerland-Liechtenstein	354.6	371.7	326.0	299.1	343.7	Suisse-Liechtenstein
Spain	375.7	357.3	343.2	280.1	326.7	Espagne

Value as percentages of World total

Valeur en pourcentage du total mondial

Regions of the world	1998	1999	2000	2001	2002	2003	2004	2005	2006	2007	Régions du monde
World	100.0	100.0	100.0	100.0	100.0	100.0	100.0	100.0	100.0	100.0	Monde
Developed Economies	79.8	77.2	72.8	71.4	72.4	69.9	68.5	68.4	65.7	59.5	Economies Développés
- Asia-Pacific	12.3	11.5	11.0	10.1	10.5	10.6	10.8	10.4	10.5	9.8	- Asie-Pacifique
- Europe	46.4	46.6	43.4	44.5	46.2	45.2	43.9	44.5	42.8	38.8	- Europe
- North America	21.1	19.1	18.4	16.8	15.7	14.1	13.7	13.5	12.5	10.9	- Amérique du Nord
South-Eastern Europe	0.1	0.0	0.1	0.1	0.1	0.1	0.1	0.1	0.1	0.1	Europe du Sud-Est
Commonwealth of Independent States	0.3	0.4	0.5	0.5	0.3	0.2	0.2	0.2	0.2	0.2	Communauté d'Etats indépendants
- Asia	0.0	0.0	0.0	0.0	0.0	0.0	0.0	0.0	0.0	0.0	- Asie
- Europe	0.3	0.4	0.5	0.5	0.3	0.2	0.2	0.1	0.1	0.2	- Europe
Northern Africa	0.0	0.0	0.0	0.0	0.0	0.0	0.0	0.0	0.0	0.0	Afrique septentrionale
Sub-Saharan Africa	0.1	0.1	0.0	0.1	0.1	0.1	0.1	0.1	0.1	0.1	Afrique subsaharienne
Latin America & the Caribbean	2.2	2.2	2.3	2.3	2.1	1.9	2.0	1.7	1.4	0.7	Amérique latine et Caraïbes
- Caribbean	0.0	0.0	0.0	0.0	0.0	0.1	0.1	0.1	0.0	0.0	- Caraïbes
- Latin America	2.2	2.1	2.3	2.3	2.0	1.8	1.8	1.6	1.4	0.7	- Amérique latine
Eastern Asia	10.1	11.5	13.3	14.8	14.7	16.6	18.5	18.9	20.3	27.4	Asie orientale
Southern Asia	0.7	0.6	1.1	0.7	0.8	1.0	0.7	0.8	1.0	1.0	Asie méridionale
South-Eastern Asia	6.3	7.6	9.5	9.6	9.1	9.7	9.5	9.5	11.0	10.8	Asie du Sud-Est
Western Asia	0.5	0.4	0.3	0.5	0.5	0.5	0.5	0.3	0.3	0.2	Asie occidentale
Oceania	0.0	0.0	0.0	0.0	0.0	0.0	0.0	0.0	0.0	0.0	Océanie

899 Miscellaneous manufactured articles , nes

Trade by commodity

Imports by principal countries or areas

Value in million US dollars

Commerce par produit

Importations selon les principaux pays ou zones

Valeur en millions de dollars EU

Country or area	2003	2004	2005	2006	2007	Pays ou zone
World	37062.0	42883.6	46893.1	50955.4	57759.6	Monde
Developed Economies	29615.6	34422.2	37330.1	40441.3	45627.8	Economies Développés
- Asia-Pacific	3207.9	3561.5	3893.8	4091.6	4590.2	- Asie-Pacifique
- Europe	17211.3	20909.1	23163.2	25460.9	28268.8	- Europe
- North America	9196.5	9951.6	10273.0	10888.8	12768.9	- Amérique du Nord
South-Eastern Europe	305.1	402.8	440.6	461.4	563.6	Europe du Sud-Est
Commonwealth of Independent States	311.0	378.9	435.9	600.1	870.9	Communauté d'Etats indépendants
- Asia	41.7	43.8	50.4	67.1	85.5	- Asie
- Europe	269.3	335.0	385.6	533.0	785.4	- Europe
Northern Africa	186.1	206.5	224.6	224.6	286.7	Afrique septentrionale
Sub-Saharan Africa	377.8	429.7	519.2	601.4	722.1	Afrique subsaharienne
Latin America & the Caribbean	1131.9	1352.5	1617.6	1860.8	2180.3	Amérique latine et Caraïbes
- Caribbean	70.1	84.3	99.6	122.8	134.9	- Caraïbes
- Latin America	1061.8	1268.2	1518.0	1738.0	2045.4	- Amérique latine
Eastern Asia	3081.5	3368.9	3549.9	3764.7	4120.5	Asie orientale
Southern Asia	395.3	378.3	470.5	538.6	589.6	Asie méridionale
South-Eastern Asia	761.6	899.9	1076.1	1222.3	1363.3	Asie du Sud-Est
Western Asia	864.4	1009.9	1191.5	1200.8	1393.9	Asie occidentale
Oceania	31.5	34.1	37.0	39.5	41.0	Océanie
United States	8238.1	8850.3	9023.0	9515.7	11238.8	Etats-Unis d'Amérique
Germany	2603.4	3048.2	3599.5	4110.8	4588.0	Allemagne
France-Monaco	1953.8	3066.5	3599.4	3784.0	3945.7	France-Monaco
Japan	2502.2	2685.0	2868.6	2974.2	3292.9	Japon
Netherlands	1973.4	2034.9	2539.0	2945.2	2874.0	Pays-Bas
United Kingdom	1772.2	2319.3	2320.9	2521.1	2919.9	Royaume-Uni
Italy	1516.9	1822.4	1984.3	2207.6	2252.8	Italie
China, Hong Kong SAR	1628.6	1610.6	1545.3	1524.6	1571.1	Chine - RAS de Hong-Kong
Ireland	1492.9	1576.8	1422.7	1143.7	1163.3	Irlande
Canada	944.9	1085.7	1234.0	1359.4	1520.6	Canada
Spain	913.7	1083.2	1166.4	1322.2	1587.0	Espagne
Switzerland-Liechtenstein	866.5	1094.5	1198.2	1325.0	1501.2	Suisse-Liechtenstein
Belgium	865.9	1048.1	1136.7	1268.0	1642.5	Belgique
China	746.0	959.8	1100.3	1205.0	1390.5	Chine
Australia	610.1	779.9	877.6	963.4	1124.4	Australie
Sweden	506.9	601.3	697.5	837.0	953.5	Suède
Korea, Republic of	481.2	527.6	586.9	706.8	807.7	République de Corée
Austria	457.7	522.2	556.2	599.0	699.7	Autriche
Mexico	457.9	505.4	550.8	603.4	616.6	Mexique
Denmark	382.8	391.4	421.8	544.6	643.9	Danemark
Greece	299.6	382.1	415.2	491.0	618.5	Grèce
Poland	283.5	358.4	424.7	493.8	637.1	Pologne
Turkey	283.3	368.7	454.7	375.1	433.4	Turquie
Norway	246.0	297.7	325.8	351.5	434.7	Norvège
Singapore	208.0	264.9	354.8	385.5	440.5	Singapour

Value as percentages of World total

Valeur en pourcentage du total mondial

Regions of the world	1998	1999	2000	2001	2002	2003	2004	2005	2006	2007	Régions du monde
World	100.0	100.0	100.0	100.0	100.0	100.0	100.0	100.0	100.0	100.0	Monde
Developed Economies	74.3	75.4	74.3	74.1	77.6	79.9	80.3	79.6	79.4	79.0	Economies Développés
- Asia-Pacific	9.8	9.6	9.9	9.3	9.1	8.7	8.3	8.3	8.0	7.9	- Asie-Pacifique
- Europe	43.6	43.9	41.6	41.3	43.1	46.4	48.8	49.4	50.0	48.9	- Europe
- North America	21.0	21.9	22.9	23.5	25.3	24.8	23.2	21.9	21.4	22.1	- Amérique du Nord
South-Eastern Europe	0.7	0.7	0.6	0.7	0.8	0.8	0.9	0.9	0.9	1.0	Europe du Sud-Est
Commonwealth of Independent States	0.7	0.5	0.7	0.9	0.8	0.8	0.9	0.9	1.2	1.5	Communauté d'Etats indépendants
- Asia	0.1	0.1	0.1	0.1	0.1	0.1	0.1	0.1	0.1	0.1	- Asie
- Europe	0.7	0.5	0.6	0.8	0.7	0.7	0.8	0.8	1.0	1.4	- Europe
Northern Africa	0.8	0.7	0.6	0.6	0.6	0.5	0.5	0.5	0.4	0.5	Afrique septentrionale
Sub-Saharan Africa	1.0	1.0	1.0	3.6	1.0	1.0	1.0	1.1	1.2	1.3	Afrique subsaharienne
Latin America & the Caribbean	4.3	3.8	4.1	3.8	3.5	3.1	3.2	3.4	3.7	3.8	Amérique latine et Caraïbes
- Caribbean	0.3	0.2	0.3	0.3	0.2	0.2	0.2	0.2	0.2	0.2	- Caraïbes
- Latin America	4.0	3.5	3.8	3.6	3.2	2.9	3.0	3.2	3.4	3.5	- Amérique latine
Eastern Asia	11.8	11.7	12.0	10.4	9.6	8.3	7.9	7.6	7.4	7.1	Asie orientale
Southern Asia	1.2	1.1	1.4	1.3	1.2	1.1	0.9	1.0	1.1	1.0	Asie méridionale
South-Eastern Asia	2.0	2.2	2.5	2.1	2.2	2.1	2.1	2.3	2.4	2.4	Asie du Sud-Est
Western Asia	3.0	2.8	2.7	2.6	2.7	2.3	2.4	2.5	2.4	2.4	Asie occidentale
Oceania	0.1	0.1	0.1	0.1	0.1	0.1	0.1	0.1	0.1	0.1	Océanie

Trade by commodity

Exports by principal countries or areas

Value in million US dollars

Commerce par produit

Exportations selon les principaux pays ou zones

Valeur en millions de dollars EU

Country or area	2003	2004	2005	2006	2007	Pays ou zone
World	33654.6	39980.3	44392.4	49508.8	56080.9	Monde
Developed Economies	22666.5	27596.6	30735.1	34189.1	38289.2	Economies Développés
- Asia-Pacific	753.7	905.6	905.5	962.9	1123.2	- Asie-Pacifique
- Europe	16678.3	20887.8	23402.7	26139.7	29124.1	- Europe
- North America	5234.5	5803.2	6426.9	7086.5	8042.0	- Amérique du Nord
South-Eastern Europe	36.0	59.0	68.3	72.8	90.1	Europe du Sud-Est
Commonwealth of Independent States	67.3	60.3	66.7	73.4	91.1	Communauté d'Etats indépendants
- Asia	3.7	4.2	4.4	7.8	8.5	- Asie
- Europe	63.5	56.2	62.2	65.6	82.6	- Europe
Northern Africa	26.6	32.8	32.2	46.5	65.5	Afrique septentrionale
Sub-Saharan Africa	115.7	124.8	128.4	132.8	142.2	Afrique subsaharienne
Latin America & the Caribbean	705.5	846.2	978.1	1043.0	1186.3	Amérique latine et Caraïbes
- Caribbean	6.7	6.6	10.6	19.5	18.5	- Caraïbes
- Latin America	698.8	839.7	967.6	1023.5	1167.8	- Amérique latine
Eastern Asia	7993.2	9181.0	10123.4	11328.4	13354.2	Asie orientale
Southern Asia	276.8	263.9	354.3	410.0	482.9	Asie méridionale
South-Eastern Asia	1300.2	1560.9	1624.1	1976.2	2090.9	Asie du Sud-Est
Western Asia	464.3	251.8	278.8	234.2	280.0	Asie occidentale
Oceania	2.4	2.7	3.0	2.4	8.6	Océanie
China	4622.2	5775.9	6815.3	7980.2	9936.9	Chine
United States	4958.3	5470.9	6069.4	6700.2	7635.7	Etats-Unis d'Amérique
Switzerland-Liechtenstein	3034.5	3186.4	3872.7	4469.8	4736.5	Suisse-Liechtenstein
Germany	2377.7	2963.4	3415.6	3773.5	4186.7	Allemagne
France-Monaco	1643.0	2681.1	3199.4	3359.6	3550.9	France-Monaco
Ireland	2176.8	2774.6	2928.5	2973.0	3106.2	Irlande
Netherlands	1916.1	2381.7	2403.1	2754.5	3052.9	Pays-Bas
China, Hong Kong SAR	2406.4	2423.1	2354.7	2326.8	2359.7	Chine - RAS de Hong-Kong
United Kingdom	1121.1	1696.0	1983.0	2370.6	2731.0	Royaume-Uni
Belgium	930.1	1163.6	1283.5	1434.4	1766.3	Belgique
Italy	945.0	1080.7	1212.0	1331.4	1544.3	Italie
Denmark	629.6	736.6	757.4	998.9	1253.1	Danemark
Sweden	554.3	643.4	644.8	769.0	889.4	Suède
Japan	568.3	682.9	640.1	649.2	698.9	Japon
Singapore	427.7	572.8	581.2	730.6	776.5	Singapour
Mexico	453.6	552.9	632.5	672.8	691.8	Mexique
Korea, Republic of	458.1	462.8	434.4	463.5	484.5	République de Corée
Spain	345.0	377.0	385.6	414.9	496.3	Espagne
Poland	246.2	313.2	361.4	401.1	515.9	Pologne
Canada	275.6	332.2	357.1	386.2	406.3	Canada
Austria	247.8	288.1	305.5	331.1	412.1	Autriche
Indonesia	245.6	295.2	281.9	338.9	393.2	Indonésie
Viet Nam	174.5	210.5	248.9	315.8	e368.4	Viet Nam
Australia	169.6	205.4	245.9	294.8	399.5	Australie
Thailand	222.5	244.7	250.0	280.4	296.3	Thaïlande

Value as percentages of World total

Valeur en pourcentage du total mondial

Regions of the world	1998	1999	2000	2001	2002	2003	2004	2005	2006	2007	Régions du monde
World	100.0	100.0	100.0	100.0	100.0	100.0	100.0	100.0	100.0	100.0	Monde
Developed Economies	56.4	58.3	58.5	62.0	63.6	67.4	69.0	69.2	69.1	68.3	Economies Développés
- Asia-Pacific	2.9	2.9	3.1	2.4	2.3	2.2	2.3	2.0	1.9	2.0	- Asie-Pacifique
- Europe	39.7	41.2	40.2	43.6	45.8	49.6	52.2	52.7	52.8	51.9	- Europe
- North America	13.9	14.2	15.2	16.0	15.6	15.6	14.5	14.5	14.3	14.3	- Amérique du Nord
South-Eastern Europe	0.1	0.1	0.1	0.1	0.1	0.1	0.1	0.2	0.1	0.2	Europe du Sud-Est
Commonwealth of Independent States	0.2	0.2	0.2	0.2	0.2	0.2	0.2	0.2	0.1	0.2	Communauté d'Etats indépendants
- Asia	0.0	0.0	0.0	0.0	0.0	0.0	0.0	0.0	0.0	0.0	- Asie
- Europe	0.1	0.1	0.1	0.1	0.2	0.2	0.1	0.1	0.1	0.1	- Europe
Northern Africa	0.1	0.1	0.1	0.1	0.1	0.1	0.1	0.1	0.1	0.1	Afrique septentrionale
Sub-Saharan Africa	0.3	0.3	0.4	0.4	0.4	0.3	0.3	0.3	0.3	0.3	Afrique subsaharienne
Latin America & the Caribbean	2.7	2.7	2.6	2.5	2.3	2.1	2.1	2.2	2.1	2.1	Amérique latine et Caraïbes
- Caribbean	0.0	0.0	0.0	0.0	0.0	0.0	0.0	0.0	0.0	0.0	- Caraïbes
- Latin America	2.6	2.7	2.6	2.5	2.3	2.1	2.1	2.2	2.1	2.1	- Amérique latine
Eastern Asia	34.4	32.2	31.5	28.8	27.0	23.8	23.0	22.8	22.9	23.8	Asie orientale
Southern Asia	0.8	0.9	0.9	0.9	0.9	0.8	0.7	0.8	0.8	0.9	Asie méridionale
South-Eastern Asia	4.0	4.3	4.4	4.0	3.8	3.9	3.9	3.7	4.0	3.7	Asie du Sud-Est
Western Asia	1.0	0.9	1.2	1.0	1.5	1.4	0.6	0.6	0.5	0.5	Asie occidentale
Oceania	0.0	0.0	0.0	0.0	0.0	0.0	0.0	0.0	0.0	0.0	Océanie

931 Special transactions and commodities not classified according to kind

Trade by commodity — Commerce par produit
Imports by principal countries or areas — Importations selon les principaux pays ou zones
Value in million US dollars — Valeur en millions de dollars EU

Country or area	2003	2004	2005	2006	2007	Pays ou zone
World	212078.4	241634.3	261592.6	440288.1	574765.9	Monde
Developed Economies	164904.8	190490.9	191719.9	260337.7	323910.3	Economies Développés
- Asia-Pacific	6014.7	7363.6	8413.7	9415.0	11088.1	- Asie-Pacifique
- Europe	106639.5	128142.3	123328.4	186511.5	244948.0	- Europe
- North America	52250.7	54985.0	59977.8	64411.2	67874.2	- Amérique du Nord
South-Eastern Europe	3772.9	3576.9	3223.5	4214.7	6893.8	Europe du Sud-Est
Commonwealth of Independent States	6431.4	8885.7	7620.4	11013.6	13235.6	Communauté d'Etats indépendants
- Asia	256.6	159.0	149.1	623.7	464.5	- Asie
- Europe	6174.8	8726.7	7471.2	10389.9	12771.1	- Europe
Northern Africa	1539.3	1474.6	2527.2	2925.2	4738.3	Afrique septentrionale
Sub-Saharan Africa	4325.5	5442.5	6715.9	7083.1	7810.6	Afrique subsaharienne
Latin America & the Caribbean	1748.2	2876.5	4152.3	14669.2	34684.1	Amérique latine et Caraïbes
- Caribbean	441.3	520.5	1227.0	4522.4	5063.9	- Caraïbes
- Latin America	1306.9	2356.0	2925.3	10146.9	29620.2	- Amérique latine
Eastern Asia	1412.0	1710.6	3895.5	3625.0	4109.4	Asie orientale
Southern Asia	735.2	2965.1	4935.5	33748.6	37687.7	Asie méridionale
South-Eastern Asia	4208.2	4676.6	5356.4	8600.5	25353.9	Asie du Sud-Est
Western Asia	21974.9	18467.9	30230.5	92775.3	114413.6	Asie occidentale
Oceania	1025.8	1067.2	1215.5	1295.2	1928.6	Océanie
Germany	53120.5	69598.1	33549.3	43230.9	98146.3	Allemagne
United States	48127.8	50515.9	55262.2	59014.0	61218.5	Etats-Unis d'Amérique
United Kingdom	23408.5	22532.4	37640.0	73861.8	27191.8	Royaume-Uni
Turkey	3422.6	3689.5	6214.9	60035.2	71573.7	Turquie
Italy	16393.6	19480.8	23400.5	32502.2	32425.6	Italie
United Arab Emirates	11866.1	6342.0	13861.1	18614.2	e23033.9	Emirates arabes unis
Iran (Islamic Republic of)	139.0	1957.3	3448.0	31256.9	e34571.3	Iran (République islamique d')
Netherlands	61.0	58.2	96.7	207.7	45585.3	Pays-Bas
Iraq	e3427.5	e6975.5	e8870.0	e11279.0	e14342.3	Iraq
Japan	5733.0	6949.1	7890.7	8854.8	10217.7	Japon
Russian Federation	5164.9	6998.8	6125.1	8813.7	11113.2	Fédération de Russie
Canada	4111.8	4458.0	4692.0	5373.4	6585.0	Canada
Mexico	1008.0	1832.4	2279.4	3182.6	16502.2	Mexique
South Africa	3242.1	4058.2	4799.4	5278.0	5819.3	Afrique du Sud
Ireland	3414.9	3996.8	4162.6	4453.1	5199.6	Irlande
Hungary	1505.0	597.1	3542.1	7834.5	6817.0	Hongrie
Venezuela			0.0	6152.7	11023.2	Venezuela
Sweden	2289.9	2634.8	3069.9	3824.0	5191.7	Suède
Singapore	1435.6	1544.9	1708.9	4724.1	6940.0	Singapour
Bulgaria	1702.8	2076.0	3013.0	4191.0	5198.9	Bulgarie
Philippines	0.4	1.1	0.7	1.1	14333.3	Philippines
Poland	875.7	10.9	2264.5	4752.0	6128.7	Pologne
Egypt	1529.7	1466.1	2515.8	2924.1	4357.7	Egypte
Belgium	1250.8	1889.9	2171.5	3222.5	4207.1	Belgique
Malaysia	1748.4	1997.9	2053.7	2327.8	2721.8	Malaisie

Value as percentages of World total — Valeur en pourcentage du total mondial

Regions of the world	1998	1999	2000	2001	2002	2003	2004	2005	2006	2007	Régions du monde
World	100.0	100.0	100.0	100.0	100.0	100.0	100.0	100.0	100.0	100.0	Monde
Developed Economies	73.8	79.7	86.4	84.7	75.4	77.8	78.8	73.3	59.1	56.4	Economies Développés
- Asia-Pacific	3.4	3.4	2.6	2.9	3.5	2.8	3.0	3.2	2.1	1.9	- Asie-Pacifique
- Europe	39.3	40.8	59.0	54.9	42.0	50.3	53.0	47.1	42.4	42.6	- Europe
- North America	31.1	35.6	24.9	26.9	29.8	24.6	22.8	22.9	14.6	11.8	- Amérique du Nord
South-Eastern Europe	0.9	0.5	0.4	0.9	1.1	1.8	1.5	1.2	1.0	1.2	Europe du Sud-Est
Commonwealth of Independent States	4.3	3.1	2.3	2.6	3.1	3.0	3.7	2.9	2.5	2.3	Communauté d'Etats indépendants
- Asia	0.1	0.1	0.1	0.1	0.2	0.1	0.1	0.1	0.1	0.1	- Asie
- Europe	4.2	3.0	2.1	2.4	2.9	2.9	3.6	2.9	2.4	2.2	- Europe
Northern Africa	0.9	0.6	0.3	0.5	0.8	0.7	0.6	1.0	0.7	0.8	Afrique septentrionale
Sub-Saharan Africa	1.6	1.7	1.3	1.8	1.9	2.0	2.3	2.6	1.6	1.4	Afrique subsaharienne
Latin America & the Caribbean	3.9	3.9	2.4	0.8	2.2	0.8	1.2	1.6	3.3	6.0	Amérique latine et Caraïbes
- Caribbean	0.3	0.2	0.1	0.1	0.2	0.2	0.2	0.5	1.0	0.9	- Caraïbes
- Latin America	3.6	3.7	2.3	0.7	2.0	0.6	1.0	1.1	2.3	5.2	- Amérique latine
Eastern Asia	4.6	2.6	1.6	1.6	2.0	0.7	0.7	1.5	0.8	0.7	Asie orientale
Southern Asia	2.3	0.8	0.6	0.5	1.3	0.3	1.2	1.9	7.7	6.6	Asie méridionale
South-Eastern Asia	3.1	2.6	1.6	1.6	2.2	2.0	1.9	2.0	2.0	4.4	Asie du Sud-Est
Western Asia	4.5	4.4	3.1	4.5	9.7	10.4	7.6	11.6	21.1	19.9	Asie occidentale
Oceania	0.1	0.1	0.0	0.4	0.5	0.5	0.4	0.5	0.3	0.3	Océanie

Trade by commodity
Exports by principal countries or areas
Value in million US dollars

Commerce par produit
Exportations selon les principaux pays ou zones
Valeur en millions de dollars EU

Country or area	2003	2004	2005	2006	2007	Pays ou zone
World	241179.7	275976.3	292753.0	371802.8	561779.7	Monde
Developed Economies	180373.3	211587.3	201930.8	224275.7	355311.2	Economies Développés
- Asia-Pacific	24967.5	30595.8	34058.8	39683.7	45545.0	- Asie-Pacifique
- Europe	117801.1	140930.6	121570.5	135591.8	255528.7	- Europe
- North America	37604.6	40060.9	46301.5	49000.2	54237.5	- Amérique du Nord
South-Eastern Europe	921.4	888.1	653.7	455.6	1445.4	Europe du Sud-Est
Commonwealth of Independent States	15956.4	20409.1	20968.7	25629.3	30288.8	Communauté d'Etats indépendants
- Asia	42.2	50.6	31.2	812.2	924.0	- Asie
- Europe	15914.2	20358.5	20937.5	24817.1	29364.8	- Europe
Northern Africa	387.8	457.2	1190.5	3601.3	3116.1	Afrique septentrionale
Sub-Saharan Africa	544.6	765.2	736.7	616.9	1291.5	Afrique subsaharienne
Latin America & the Caribbean	2789.0	3108.6	4482.8	7292.6	18555.3	Amérique latine et Caraïbes
- Caribbean	183.0	122.2	224.2	2002.7	2657.1	- Caraïbes
- Latin America	2606.0	2986.4	4258.6	5289.9	15898.2	- Amérique latine
Eastern Asia	1211.0	1428.1	2930.1	3711.0	3553.4	Asie orientale
Southern Asia	2790.4	4676.6	3340.9	1713.9	1971.9	Asie méridionale
South-Eastern Asia	8556.2	9358.3	12384.4	16025.1	39222.0	Asie du Sud-Est
Western Asia	27385.3	23018.2	43846.6	88161.8	106703.9	Asie occidentale
Oceania	264.2	279.4	287.9	319.9	320.1	Océanie
Germany	53516.7	66265.2	37399.3	45077.2	88477.0	Allemagne
United Arab Emirates	24181.5	20978.4	33651.9	36444.7	e39384.5	Emirates arabes unis
United States	22733.0	24644.6	30064.2	32474.9	37732.0	Etats-Unis d'Amérique
Japan	19245.2	23643.7	26158.2	30288.1	35597.2	Japon
Russian Federation	15285.6	19547.1	20352.5	24101.6	28471.8	Fédération de Russie
United Kingdom	17202.4	19742.6	18911.3	20506.6	25114.8	Royaume-Uni
Turkey	633.6	624.4	970.3	42480.5	52816.2	Turquie
Canada	14859.0	15400.5	16223.3	16508.0	16472.9	Canada
Netherlands	541.3	609.1	779.1	1061.1	59833.2	Pays-Bas
Italy	7872.1	9622.8	10365.3	10718.7	12332.2	Italie
Singapore	5375.8	6167.1	8697.6	11563.5	18338.7	Singapour
France-Monaco	7396.4	8367.1	8185.7	9691.7	12206.9	France-Monaco
Belgium	7380.0	7937.2	7861.5	8832.1	9248.0	Belgique
Sweden	5754.7	6613.5	7603.5	8259.8	11115.7	Suède
Australia	5126.1	6215.4	7181.9	8645.2	9179.7	Australie
Austria	3919.9	4516.6	4612.6	4386.6	5173.0	Autriche
Israel	44.0	171.5	5509.7	6186.7	10533.4	Israël
Ireland	4238.9	4643.8	4207.4	3826.9	3801.9	Irlande
Norway	2790.7	3514.0	3589.7	4158.6	4861.3	Norvège
Philippines	9.7	10.9	12.9	237.1	17509.7	Philippines
Spain	2361.6	2850.6	2971.0	3810.8	5222.7	Espagne
Hungary	695.1	344.0	2232.6	4088.8	6934.6	Hongrie
Mexico	79.4	171.1	511.9	696.9	9771.6	Mexique
Denmark	2415.2	2740.5	3110.7	1388.6	1412.1	Danemark
Brazil	1232.1	1472.8	2182.1	2615.6	3409.7	Brésil

Value as percentages of World total

Valeur en pourcentage du total mondial

Regions of the world	1998	1999	2000	2001	2002	2003	2004	2005	2006	2007	Régions du monde
World	100.0	100.0	100.0	100.0	100.0	100.0	100.0	100.0	100.0	100.0	Monde
Developed Economies	76.9	82.6	86.1	86.3	73.2	74.8	76.7	69.0	60.3	63.2	Economies Développés
- Asia-Pacific	12.1	11.8	8.4	8.2	11.9	10.4	11.1	11.6	10.7	8.1	- Asie-Pacifique
- Europe	37.0	41.8	59.7	59.6	40.6	48.8	51.1	41.5	36.5	45.5	- Europe
- North America	27.8	29.0	18.0	18.5	20.7	15.6	14.5	15.8	13.2	9.7	- Amérique du Nord
South-Eastern Europe	0.6	0.3	0.2	0.2	0.3	0.4	0.3	0.2	0.1	0.3	Europe du Sud-Est
Commonwealth of Independent States	6.8	9.3	6.0	6.0	7.0	6.6	7.4	7.2	6.9	5.4	Communauté d'Etats indépendants
- Asia	0.0	0.2	0.2	0.0	0.1	0.0	0.0	0.0	0.2	0.2	- Asie
- Europe	6.8	9.1	5.8	6.0	6.9	6.6	7.4	7.2	6.7	5.2	- Europe
Northern Africa	0.1	0.1	0.1	0.1	0.2	0.2	0.2	0.4	1.0	0.6	Afrique septentrionale
Sub-Saharan Africa	2.4	0.2	1.8	0.3	0.6	0.2	0.3	0.3	0.2	0.2	Afrique subsaharienne
Latin America & the Caribbean	1.2	1.5	1.0	1.1	1.5	1.2	1.1	1.5	2.0	3.3	Amérique latine et Caraïbes
- Caribbean	0.1	0.1	0.1	0.1	0.1	0.1	0.0	0.1	0.5	0.5	- Caraïbes
- Latin America	1.0	1.4	0.9	1.0	1.4	1.1	1.1	1.5	1.4	2.8	- Amérique latine
Eastern Asia	0.8	0.8	0.4	0.5	0.7	0.5	0.5	1.0	1.0	0.6	Asie orientale
Southern Asia	0.8	0.7	0.6	0.7	3.2	1.2	1.7	1.1	0.5	0.4	Asie méridionale
South-Eastern Asia	9.8	4.0	3.4	3.7	4.2	3.5	3.4	4.2	4.3	7.0	Asie du Sud-Est
Western Asia	0.5	0.5	0.4	1.0	8.9	11.4	8.3	15.0	23.7	19.0	Asie occidentale
Oceania	0.1	0.1	0.0	0.1	0.1	0.1	0.1	0.1	0.1	0.1	Océanie

961 Coin (other than gold coin), not being legal tender

Trade by commodity · Commerce par produit
Imports by principal countries or areas · Importations selon les principaux pays ou zones
Value in million US dollars · Valeur en millions de dollars EU

Country or area	2003	2004	2005	2006	2007	Pays ou zone
World	148.6	132.6	125.5	163.9	221.8	Monde
Developed Economies	76.2	110.7	81.3	83.4	81.3	Economies Développés
- Asia-Pacific	0.9	13.7	11.4	1.3	1.3	- Asie-Pacifique
- Europe	66.2	58.4	39.6	50.2	56.1	- Europe
- North America	9.1	38.6	30.2	31.9	23.9	- Amérique du Nord
South-Eastern Europe	0.0		0.3	1.6	2.8	Europe du Sud-Est
Commonwealth of Independent States	0.4	1.5	2.2	9.4	6.2	Communauté d'Etats indépendants
- Asia	0.4	1.1	1.5	4.9	3.4	- Asie
- Europe	0.0	0.3	0.7	4.5	2.8	- Europe
Northern Africa	0.0	0.4	0.4	0.1	0.1	Afrique septentrionale
Sub-Saharan Africa	6.0	4.4	4.2	26.8	32.6	Afrique subsaharienne
Latin America & the Caribbean	8.0	2.3	3.8	12.9	33.0	Amérique latine et Caraïbes
- Caribbean	1.3	1.3	2.6	7.1	11.7	- Caraïbes
- Latin America	6.7	1.0	1.2	5.8	21.3	- Amérique latine
Eastern Asia	23.8	9.5	11.0	2.6	5.4	Asie orientale
Southern Asia	14.1	1.3	6.2	9.1	10.7	Asie méridionale
South-Eastern Asia	17.1	0.3	2.9	1.1	28.1	Asie du Sud-Est
Western Asia	2.7	2.0	12.2	16.2	21.0	Asie occidentale
Oceania	0.2	0.2	1.1	0.6	0.7	Océanie
United States	8.2	34.0	25.9	23.6	19.7	Etats-Unis d'Amérique
Germany	14.8	10.8	8.1	14.0	15.8	Allemagne
Switzerland-Liechtenstein	e15.0	e18.1	e8.7	e13.7	e6.8	Suisse-Liechtenstein
Nigeria		e0.2		e13.7	e13.2	Nigéria
United Arab Emirates	1.7	0.3	2.4	9.6	e11.8	Emirates arabes unis
China	19.4	0.5	3.3	1.1	1.4	Chine
United Kingdom	3.3	3.5	4.5	6.0	7.4	Royaume-Uni
Mexico	4.8	0.0	0.1	0.1	17.0	Mexique
Singapore	0.1	0.1	0.8	0.5	20.3	Singapour
Canada	0.6	4.1	3.8	7.9	3.5	Canada
Sri Lanka	e1.1	1.3	4.0	e4.9	e5.4	Sri Lanka
Finland	4.5	7.0	3.3	1.5	0.2	Finlande
Australia	0.5	13.2	0.6	0.4	0.5	Australie
Italy	11.6	2.7	0.6	0.1	0.1	Italie
Trinidad and Tobago	0.0	e0.0	e0.0	e5.2	e8.3	Trinité-et-Tobago
India	12.6	0.0		0.0	0.7	Inde
Norway	6.2	2.7	1.3	0.9	1.1	Norvège
Korea, Republic of	2.7	7.4	0.1	0.3	1.4	République de Corée
Japan	0.4	0.3	10.7	0.2	0.2	Japon
Indonesia	8.1	0.0	1.7	0.1	1.9	Indonésie
Syrian Arab Republic		0.1	6.2	1.5	e1.9	République arabe syrienne
Spain	2.1	3.9	1.7	1.0	0.7	Espagne
Austria	3.7	2.7	1.1	0.6	1.0	Autriche
Luxembourg	0.7	1.3	1.4	2.0	3.0	Luxembourg
Viet Nam	e8.4	e0.0		0.0	e0.0	Viet Nam

Value as percentages of World total · Valeur en pourcentage du total mondial

Regions of the world	1998	1999	2000	2001	2002	2003	2004	2005	2006	2007	Régions du monde
World	100.0	100.0	100.0	100.0	100.0	100.0	100.0	100.0	100.0	100.0	Monde
Developed Economies	59.8	55.9	94.5	61.2	59.9	51.3	83.5	64.8	50.9	36.7	Economies Développés
- Asia-Pacific	2.9	5.0	0.2	0.5	1.2	0.6	10.3	9.1	0.8	0.6	- Asie-Pacifique
- Europe	35.2	37.8	3.7	52.5	45.6	44.5	44.0	31.5	30.6	25.3	- Europe
- North America	21.7	13.0	90.6	8.2	13.1	6.1	29.1	24.1	19.5	10.8	- Amérique du Nord
South-Eastern Europe			0.1	0.0	0.1	0.0	0.1	0.2	1.0	1.2	Europe du Sud-Est
Commonwealth of Independent States	0.1	0.1	0.0	0.5	0.0	0.3	1.1	1.8	5.7	2.8	Communauté d'Etats indépendants
- Asia	0.1	0.1	0.0	0.5	0.0	0.3	0.8	1.2	3.0	1.5	- Asie
- Europe	0.0		0.0			0.0	0.3	0.6	2.7	1.3	- Europe
Northern Africa	0.3	0.0	0.0	0.0	0.4	0.0	0.3	0.3	0.0	0.0	Afrique septentrionale
Sub-Saharan Africa	5.1	14.5	0.5	1.6	5.6	4.1	3.3	3.3	16.4	14.7	Afrique subsaharienne
Latin America & the Caribbean	2.2	3.9	0.4	2.8	3.4	5.4	1.7	3.0	7.9	14.9	Amérique latine et Caraïbes
- Caribbean	0.9	1.4	0.2	1.0	2.5	0.9	1.0	2.1	4.3	5.3	- Caraïbes
- Latin America	1.3	2.5	0.2	1.8	0.8	4.5	0.8	1.0	3.5	9.6	- Amérique latine
Eastern Asia	6.2	10.2	0.4	3.9	3.4	16.0	7.2	8.7	1.6	2.4	Asie orientale
Southern Asia	20.3	11.2	2.2	18.1	18.0	9.5	1.0	5.0	5.6	4.8	Asie méridionale
South-Eastern Asia	5.2	3.9	1.1	8.8	7.5	11.5	0.2	2.3	0.7	12.7	Asie du Sud-Est
Western Asia	0.6	0.2	0.6	2.9	1.6	1.8	1.5	9.7	9.9	9.5	Asie occidentale
Oceania	0.2	0.2	0.1	0.2	0.3	0.1	0.2	0.8	0.4	0.3	Océanie

Monnaies (autres que les pièces d'or) n'ayant pas cours légal 961

Trade by commodity

Exports by principal countries or areas

Value in million US dollars

Commerce par produit

Exportations selon les principaux pays ou zones

Valeur en millions de dollars EU

Country or area	2003	2004	2005	2006	2007	Pays ou zone
World	160.8	227.5	197.8	244.5	327.3	Monde
Developed Economies	149.2	217.0	186.2	217.0	302.7	Economies Développés
- Asia-Pacific	0.3	0.4	1.2	1.4	1.5	- Asie-Pacifique
- Europe	140.6	176.3	157.4	184.6	232.8	- Europe
- North America	8.3	40.3	27.6	30.9	68.4	- Amérique du Nord
South-Eastern Europe	0.0	0.0	0.0	0.5	0.0	Europe du Sud-Est
Commonwealth of Independent States	0.5	0.6	0.1	1.9	1.8	Communauté d'Etats indépendants
- Asia	0.1	0.0	0.0	0.4	0.0	- Asie
- Europe	0.4	0.6	0.0	1.5	1.8	- Europe
Northern Africa	0.0					Afrique septentrionale
Sub-Saharan Africa	0.7	0.2	0.8	1.8	0.7	Afrique subsaharienne
Latin America & the Caribbean	2.6	1.4	1.9	9.8	13.2	Amérique latine et Caraïbes
- Caribbean	0.4	0.3	0.8	0.4	0.5	- Caraïbes
- Latin America	2.2	1.1	1.1	9.4	12.7	- Amérique latine
Eastern Asia	5.3	4.1	2.0	3.6	3.9	Asie orientale
Southern Asia	0.0	0.0	4.8	0.4	1.0	Asie méridionale
South-Eastern Asia	1.8	3.5	1.5	1.8	3.0	Asie du Sud-Est
Western Asia	0.6	0.8	0.4	7.6	0.9	Asie occidentale
Oceania	0.0		0.0	0.0	0.0	Océanie
United Kingdom	31.9	48.6	65.8	52.6	76.1	Royaume-Uni
France-Monaco	49.8	15.6	16.0	29.4	53.2	France-Monaco
Finland	19.0	19.8	9.4	39.7	25.8	Finlande
Canada	3.6	28.9	18.5	14.7	33.8	Canada
United States	4.7	11.4	9.1	16.2	34.6	Etats-Unis d'Amérique
Slovakia	2.2	13.5	18.0	6.6	16.0	Slovaquie
Germany	7.5	8.5	8.5	16.3	15.1	Allemagne
Austria	3.5	18.9	7.0	11.1	6.1	Autriche
Netherlands	1.3	2.2	4.7	5.6	11.6	Pays-Bas
Greece	9.7	12.2	2.7	0.0	0.3	Grèce
Spain	2.3	11.7	3.2	2.7	4.9	Espagne
Switzerland-Liechtenstein	e4.0	e7.6	e3.6	e3.9	e2.1	Suisse-Liechtenstein
Poland	0.5	4.9	2.3	3.6	6.2	Pologne
Chile	1.6	0.1		3.9	9.9	Chili
Italy	0.4	2.4	7.0	3.5	1.7	Italie
China	3.6	3.3	0.9	2.1	3.0	Chine
Sweden	1.1	1.3	3.7	3.5	3.0	Suède
Luxembourg	0.7	2.0	1.8	2.4	3.2	Luxembourg
Mexico	0.2	0.4	0.8	5.1	2.8	Mexique
Denmark	0.4	1.8	0.5	1.3	4.2	Danemark
Jordan	e0.6	e0.5		e7.2		Jordanie
Norway	4.7	0.8	0.7	0.6	0.8	Norvège
India	0.0	0.0	4.8	0.4	1.0	Inde
Belgium	0.9	2.7	1.0	0.7	0.3	Belgique
Russian Federation	e0.4	0.6	0.0	e1.5	1.8	Fédération de Russie

Value as percentages of World total

Valeur en pourcentage du total mondial

Regions of the world	1998	1999	2000	2001	2002	2003	2004	2005	2006	2007	Régions du monde
World	100.0	100.0	100.0	100.0	100.0	100.0	100.0	100.0	100.0	100.0	Monde
Developed Economies	68.2	83.5	97.2	75.5	85.7	92.8	95.4	94.1	88.7	92.5	Economies Développés
- Asia-Pacific	2.8	5.8	0.6	1.0	0.3	0.2	0.2	0.6	0.6	0.5	- Asie-Pacifique
- Europe	57.3	70.7	7.7	68.3	77.1	87.4	77.5	79.5	75.5	71.1	- Europe
- North America	8.1	7.0	89.0	6.1	8.3	5.2	17.7	14.0	12.7	20.9	- Amérique du Nord
South-Eastern Europe	0.0	0.0	0.0		0.2	0.0	0.0	0.0	0.2	0.0	Europe du Sud-Est
Commonwealth of Independent States	2.2	0.2	0.0	0.3	0.3	0.3	0.3	0.0	0.8	0.6	Communauté d'Etats indépendants
- Asia	0.0	0.0	0.0	0.0	0.0	0.0	0.0	0.0	0.1	0.0	- Asie
- Europe	2.1	0.2	0.0	0.3	0.2	0.3	0.2	0.0	0.6	0.5	- Europe
Northern Africa	0.1	0.0	0.0	0.0	0.0	0.0					Afrique septentrionale
Sub-Saharan Africa	1.5	1.1	0.1	0.3	0.2	0.5	0.1	0.4	0.7	0.2	Afrique subsaharienne
Latin America & the Caribbean	13.1	11.3	2.0	9.7	8.4	1.6	0.6	1.0	4.0	4.0	Amérique latine et Caraïbes
- Caribbean	0.8	0.5	0.0	0.2	0.2	0.3	0.1	0.4	0.2	0.2	- Caraïbes
- Latin America	12.3	10.8	1.9	9.5	8.2	1.4	0.5	0.6	3.9	3.9	- Amérique latine
Eastern Asia	0.6	1.9	0.2	10.4	2.9	3.3	1.8	1.0	1.5	1.2	Asie orientale
Southern Asia	0.0		0.0	0.0	0.0	0.0	0.0	2.4	0.2	0.3	Asie méridionale
South-Eastern Asia	10.3	0.7	0.1	0.7	0.2	1.1	1.5	0.8	0.8	0.9	Asie du Sud-Est
Western Asia	4.1	1.3	0.4	3.0	2.1	0.4	0.3	0.2	3.1	0.3	Asie occidentale
Oceania		0.0	0.0	0.0		0.0		0.0	0.0	0.0	Océanie

971 Gold, non-monetary (excluding gold ores and concentrates)

Trade by commodity

Imports by principal countries or areas

Value in million US dollars

Commerce par produit

Importations selon les principaux pays ou zones

Valeur en millions de dollars EU

Country or area	2003	2004	2005	2006	2007	Pays ou zone
World	41500.3	53315.0	54033.5	76904.1	86999.1	Monde
Developed Economies	20361.5	21388.3	22336.8	36680.9	38213.8	Economies Développés
- Asia-Pacific	2599.5	3010.9	3487.7	5308.7	6066.0	- Asie-Pacifique
- Europe	14123.6	12967.7	12157.5	22458.1	23476.7	- Europe
- North America	3638.4	5409.8	6691.7	8914.1	8671.1	- Amérique du Nord
South-Eastern Europe	2.8	6.0	7.1	7.7	10.8	Europe du Sud-Est
Commonwealth of Independent States	131.6	169.6	202.3	148.3	226.6	Communauté d'Etats indépendants
- Asia	52.7	75.5	89.2	96.6	131.3	- Asie
- Europe	78.9	94.1	113.1	51.7	95.3	- Europe
Northern Africa	57.4	58.3	77.1	34.1	57.3	Afrique septentrionale
Sub-Saharan Africa	25.8	21.2	21.5	27.5	36.5	Afrique subsaharienne
Latin America & the Caribbean	319.0	264.3	198.4	331.9	443.9	Amérique latine et Caraïbes
- Caribbean	24.8	19.1	12.0	6.7	6.3	- Caraïbes
- Latin America	294.2	245.1	186.5	325.3	437.5	- Amérique latine
Eastern Asia	5211.7	6860.1	3349.7	4817.7	7393.5	Asie orientale
Southern Asia	6819.1	10764.4	11421.6	15012.1	17445.2	Asie méridionale
South-Eastern Asia	2575.2	3757.2	5235.9	7390.1	7651.6	Asie du Sud-Est
Western Asia	5994.4	10019.1	11181.9	12452.1	15518.6	Asie occidentale
Oceania	1.6	6.5	1.3	1.7	1.4	Océanie
India	6438.7	10260.7	10874.0	14435.0	17210.1	Inde
United Kingdom	e8349.3	e6600.2	e5152.3	e13706.2	e12952.9	Royaume-Uni
United Arab Emirates	2741.5	5361.0	5771.4	7478.0	e9253.6	Emirates arabes unis
United States	2933.7	3998.4	4434.8	5625.4	4632.4	Etats-Unis d'Amérique
Turkey	2598.4	3497.5	3894.8	3933.4	5261.5	Turquie
Italy	3236.7	3555.7	3454.6	3678.4	4459.5	Italie
Australia	1899.9	1802.1	2134.1	4364.1	5079.9	Australie
Canada	704.6	1411.2	2256.7	3288.5	4038.5	Canada
Korea, Republic of	2952.4	3566.9	944.5	1141.3	1690.0	République de Corée
China, Hong Kong SAR	1388.1	1888.5	649.0	1060.2	2502.2	Chine - RAS de Hong-Kong
Thailand	705.7	1143.7	1960.1	1893.6	1636.1	Thaïlande
Malaysia	778.1	1127.0	1310.6	1622.1	2146.1	Malaisie
Germany	644.6	889.1	1116.8	1623.6	1924.9	Allemagne
Viet Nam	181.1	567.0	819.9	1878.8	e2397.2	Viet Nam
Singapore	793.0	782.1	984.8	1729.3	1316.7	Singapour
Japan	686.1	1196.0	1341.3	929.4	964.4	Japon
China	e276.0	e591.4	e706.0	e1330.1	e1576.8	Chine
Switzerland-Liechtenstein	206.9	299.9	691.7	1383.5	851.0	Suisse-Liechtenstein
Saudi Arabia	318.5	559.4	800.5	431.6	671.1	Arabie saoudite
Spain	497.0	553.8	503.9	478.9	447.8	Espagne
France-Monaco	313.9	304.9	321.9	428.3	547.4	France-Monaco
Austria	317.7	206.0	328.7	190.1	677.5	Autriche
Pakistan	262.5	346.1	450.4	468.7	84.3	Pakistan
Netherlands	117.0	117.8	189.3	395.4	485.5	Pays-Bas
Mexico	261.3	206.3	124.0	271.9	386.5	Mexique

Value as percentages of World total

Valeur en pourcentage du total mondial

Regions of the world	1998	1999	2000	2001	2002	2003	2004	2005	2006	2007	Régions du monde
World	100.0	100.0	100.0	100.0	100.0	100.0	100.0	100.0	100.0	100.0	Monde
Developed Economies	48.0	44.1	42.6	39.2	49.0	49.1	40.1	41.3	47.7	43.9	Economies Développés
- Asia-Pacific	8.7	8.5	6.6	6.0	7.5	6.3	5.6	6.5	6.9	7.0	- Asie-Pacifique
- Europe	25.5	22.1	23.3	23.4	31.6	34.0	24.3	22.5	29.2	27.0	- Europe
- North America	13.8	13.5	12.6	9.8	9.9	8.8	10.1	12.4	11.6	10.0	- Amérique du Nord
South-Eastern Europe	0.0	0.0	0.0	0.0	0.0	0.0	0.0	0.0	0.0	0.0	Europe du Sud-Est
Commonwealth of Independent States	0.1	0.2	0.2	0.2	0.2	0.3	0.3	0.4	0.2	0.3	Communauté d'Etats indépendants
- Asia	0.1	0.1	0.1	0.1	0.1	0.1	0.1	0.2	0.1	0.2	- Asie
- Europe	0.0	0.1	0.1	0.1	0.1	0.2	0.2	0.2	0.1	0.1	- Europe
Northern Africa	0.3	0.3	0.1	0.2	0.3	0.1	0.1	0.1	0.0	0.1	Afrique septentrionale
Sub-Saharan Africa	0.0	0.0	0.2	0.0	0.0	0.1	0.0	0.0	0.0	0.0	Afrique subsaharienne
Latin America & the Caribbean	1.0	1.6	2.2	2.0	1.1	0.8	0.5	0.4	0.4	0.5	Amérique latine et Caraïbes
- Caribbean	0.0	0.0	0.0	0.0	0.0	0.1	0.0	0.0	0.0	0.0	- Caraïbes
- Latin America	1.0	1.6	2.2	2.0	1.1	0.7	0.5	0.3	0.4	0.5	- Amérique latine
Eastern Asia	24.6	22.9	21.7	12.9	9.7	12.6	12.9	6.2	6.3	8.5	Asie orientale
Southern Asia	15.1	17.0	18.1	17.8	17.9	16.4	20.2	21.1	19.5	20.1	Asie méridionale
South-Eastern Asia	3.4	6.3	8.0	8.6	6.7	6.2	7.0	9.7	9.6	8.8	Asie du Sud-Est
Western Asia	7.5	7.6	7.1	18.9	15.0	14.4	18.8	20.7	16.2	17.8	Asie occidentale
Oceania	0.0	0.0	0.0	0.0	0.0	0.0	0.0	0.0	0.0	0.0	Océanie

Or, a usage non monétaire (a l'exclusion des minerais et concentres d'or) 971

Trade by commodity
Exports by principal countries or areas
Value in million US dollars

Commerce par produit
Exportations selon les principaux pays ou zones
Valeur en millions de dollars EU

Country or area	2003	2004	2005	2006	2007	Pays ou zone
World	35000.8	41593.2	40482.7	64654.4	73816.7	Monde
Developed Economies	16441.2	18334.1	20692.7	31079.4	40720.4	Economies Développés
- Asia-Pacific	5148.3	5510.0	6037.6	10099.8	13228.7	- Asie-Pacifique
- Europe	4446.4	5513.7	5411.1	7052.7	8021.7	- Europe
- North America	6846.5	7310.4	9244.0	13926.9	19470.0	- Amérique du Nord
South-Eastern Europe	6.7	13.1	17.4	28.2	28.6	Europe du Sud-Est
Commonwealth of Independent States	729.4	845.9	930.6	1022.2	1064.0	Communauté d'Etats indépendants
- Asia	722.9	836.7	920.9	1001.4	1044.7	- Asie
- Europe	6.5	9.3	9.7	20.8	19.3	- Europe
Northern Africa	247.7	123.8	108.8	720.4	121.5	Afrique septentrionale
Sub-Saharan Africa	2321.8	1886.3	3166.0	4037.2	4184.9	Afrique subsaharienne
Latin America & the Caribbean	3977.2	4575.6	5724.9	8515.5	9575.7	Amérique latine et Caraïbes
- Caribbean	28.7	25.2	23.3	48.9	105.1	- Caraïbes
- Latin America	3948.5	4550.4	5701.6	8466.6	9470.6	- Amérique latine
Eastern Asia	7109.7	9596.3	3443.1	7302.8	6299.1	Asie orientale
Southern Asia	20.9	27.4	218.1	170.5	4.9	Asie méridionale
South-Eastern Asia	1665.8	1378.0	1492.3	3709.8	4623.2	Asie du Sud-Est
Western Asia	2295.6	3881.5	3590.6	6693.2	6248.9	Asie occidentale
Oceania	184.9	931.4	1098.2	1375.1	945.5	Océanie
United States	4832.4	4427.3	5542.7	8784.5	13441.5	Etats-Unis d'Amérique
Australia	3816.5	4146.0	4441.8	6902.5	9401.9	Australie
China, Hong Kong SAR	4979.5	6349.8	2802.6	5841.1	4892.0	Chine - RAS de Hong-Kong
Canada	2014.1	2883.0	3701.1	5142.4	6028.5	Canada
United Arab Emirates	1323.4	3254.3	2903.9	4872.7	e5265.8	Emirates arabes unis
Peru	2021.2	2360.9	3071.9	4002.8	4178.2	Pérou
United Kingdom	e1825.4	e2730.1	e2318.6	e2448.1	e2677.0	Royaume-Uni
Japan	1202.7	1206.0	1420.4	3008.5	3617.8	Japon
Korea, Republic of	1967.5	2983.6	265.2	832.3	704.6	République de Corée
Singapore	613.3	669.5	764.8	1679.3	1473.4	Singapour
Germany	682.7	679.2	848.7	1282.2	1528.4	Allemagne
Ghana	829.6	125.3	863.9	1130.7	1458.7	Ghana
Papua New Guinea	143.9	880.7	e1059.0	e1347.7	e943.3	Papouasie-Nouvelle-Guinée
Mali	566.4	505.0	693.4	1131.8	1082.5	Mali
Colombia	592.2	575.3	627.2	828.5	799.5	Colombie
Mexico	160.0	164.1	322.9	1082.3	1629.8	Mexique
Italy	310.0	446.1	633.2	864.5	975.1	Italie
Thailand	430.9	178.8	251.6	549.2	1548.6	Thaïlande
United Republic of Tanzania	443.7	525.9	551.3	610.7	553.8	République-Unie de Tanzanie
Brazil	327.1	412.8	458.9	658.7	791.9	Brésil
France-Monaco	437.8	449.0	305.3	483.0	552.2	France-Monaco
Chile	282.3	313.8	337.6	520.4	569.7	Chili
Indonesia	280.6	242.2	211.9	547.2	694.8	Indonésie
Belgium	300.6	340.3	331.1	421.1	555.9	Belgique
Malaysia	185.0	222.4	204.1	607.7	632.2	Malaisie

Value as percentages of World total

Valeur en pourcentage du total mondial

Regions of the world	1998	1999	2000	2001	2002	2003	2004	2005	2006	2007	Régions du monde
World	100.0	100.0	100.0	100.0	100.0	100.0	100.0	100.0	100.0	100.0	Monde
Developed Economies	50.3	58.5	60.7	46.4	51.1	47.0	44.1	51.1	48.1	55.2	Economies Développés
- Asia-Pacific	18.6	17.0	15.8	12.7	14.9	14.7	13.2	14.9	15.6	17.9	- Asie-Pacifique
- Europe	6.5	10.1	11.3	9.9	15.9	12.7	13.3	13.4	10.9	10.9	- Europe
- North America	25.1	31.4	33.6	23.8	20.2	19.6	17.6	22.8	21.5	26.4	- Amérique du Nord
South-Eastern Europe	0.0	0.0	0.0	0.1	0.0	0.0	0.0	0.0	0.0	0.0	Europe du Sud-Est
Commonwealth of Independent States	3.3	5.4	5.7	3.1	5.6	2.1	2.0	2.3	1.6	1.4	Communauté d'Etats indépendants
- Asia	1.6	3.1	2.6	2.2	2.9	2.1	2.0	2.3	1.5	1.4	- Asie
- Europe	1.7	2.3	3.1	1.0	2.6	0.0	0.0	0.0	0.0	0.0	- Europe
Northern Africa	0.0	0.2	0.0	0.1	0.4	0.7	0.3	0.3	1.1	0.2	Afrique septentrionale
Sub-Saharan Africa	1.9	2.7	5.9	24.4	9.2	6.6	4.5	7.8	6.2	5.7	Afrique subsaharienne
Latin America & the Caribbean	8.2	10.7	10.3	8.5	11.2	11.4	11.0	14.1	13.2	13.0	Amérique latine et Caraïbes
- Caribbean	0.1	0.0	0.0	0.0	0.0	0.1	0.1	0.1	0.1	0.1	- Caraïbes
- Latin America	8.1	10.7	10.3	8.5	11.1	11.3	10.9	14.1	13.1	12.8	- Amérique latine
Eastern Asia	27.1	16.0	10.5	8.5	11.5	20.3	23.1	8.5	11.3	8.5	Asie orientale
Southern Asia	0.0	0.0	0.0	0.0	0.1	0.1	0.1	0.5	0.3	0.0	Asie méridionale
South-Eastern Asia	8.8	5.6	4.4	4.6	5.1	4.8	3.3	3.7	5.7	6.3	Asie du Sud-Est
Western Asia	0.2	0.5	0.5	2.6	4.6	6.6	9.3	8.9	10.4	8.5	Asie occidentale
Oceania	0.2	0.3	1.9	1.6	1.2	0.5	2.2	2.7	2.1	1.3	Océanie

2007 INTERNATIONAL TRADE STATISTICS YEARBOOK

VOLUME II

SPECIAL TABLES

ANNUAIRE DE STATISTIQUE DU COMMERCE INTERNATIONAL 2007

VOLUME II

TABLEAUX SPECIAUX

Special Table A
Total imports and exports by regions and countries or areas
Imports CIF, exports FOB and balance: million U.S. dollars
Importations et exportations totales par régions et pays ou zones
Importations CIF, exportations FOB, et balance: en millions de dollars E.-U.

Country or Area - Pays ou Zone	IMP EXP BAL	G/ S	1985	1995	2000	2001	2002	2003	2004	2005	2006	2007
World[1,2,3]	IMP		2001097	4887281	6154831	5937624	6156456	7174499	8771067	9958064	11456676	13212623
Monde[1,2,3]	EXP		1939728	4852265	5980919	5755336	6026752	7015148	8543107	9746388	11276159	13081665
	BAL		-61369	-35016	-173912	-182288	-129703	-159351	-227960	-211676	-180517	-130959
Developed Countries[1,4,5]	IMP		1431528	3467540	4378010	4215839	4341556	5044293	6014449	6681920	7570436	8537448
Pays Developpés[1,4,5]	EXP		1340363	3490964	4009779	3897390	4037130	4652050	5483984	5957818	6723904	7703199
	BAL		-91166	23424	-368231	-318449	-304426	-392243	-530465	-724102	-846532	-834249
Asia-Pacific	IMP		159839	398898	444321	406243	402927	465383	557900	634374	707909	773795
Asie-Pacifique	EXP		202968	497687	535790	460591	474126	534726	643237	690417	758290	835441
	BAL		43129	98789	91469	54348	71199	69343	85337	56043	50381	61646
Australia	IMP	G	25900	61283	71537	63890	72693	89089	109383	125283	139279	165364
Australie	EXP	G	22613	53115	63878	63389	65036	71551	86420	105833	123316	141122
	BAL		-3287	-8167	-7659	-501	-7657	-17539	-22962	-19449	-15963	-24241
Japan	IMP	G	130515	335990	379491	349189	337209	383085	454592	514988	579609	619845
Japon	EXP	G	177202	443259	479227	403616	416730	471999	565743	594986	649948	709668
	BAL		46687	107269	99736	54427	79520	88914	111150	79998	70340	89823
New Zealand	IMP	G	5993	13957	13905	13308	15046	18559	23195	26234	26430	30885
Nouvelle-Zélande	EXP	G	5722	13645	13297	13730	14382	16527	20344	21729	22434	26949
	BAL		-271	-312	-608	422	-664	-2033	-2850	-4505	-3996	-3936
Europe[17]	IMP		846520	2180833	2518325	2487216	2594139	3123471	3763930	4112531	4726959	5512861
Europe[17]	EXP		836095	2263961	2499000	2527201	2696046	3207549	3824971	4122848	4672186	5436374
	BAL		-10425	83128	-19325	39986	101907	84078	61041	10317	-54773	-76487
Andorra	IMP	S	...	793	1021	1042	1200	1513	1762	1796	1780	1917
Andorre	EXP	S	...	37	45	52	63	89	123	142	150	127
	BAL		...	-756	-975	-990	-1136	-1424	-1639	-1654	-1630	-1790
Austria	IMP	S	20996	66400	68986	70492	72796	91595	113344	119950	130937	156107
Autriche	EXP	S	17247	57655	64167	66492	73113	89257	111720	117722	130361	156661
	BAL		-3749	-8745	-4819	-3999	316	-2339	-1623	-2228	-576	554
Belgium[7]	IMP	S	56211	159716	176992	178715	198125	234947	285596	318768	351908	413960
Belgique[7]	EXP	S	53762	175884	187876	190361	215877	255598	306816	335868	366938	432316
	BAL		-2449	16169	10884	11646	17752	20650	21220	17100	15030	18356
Croatia	IMP	G		7510	7887	9147	10722	14209	16589	18560	21488	25830
Croatie	EXP	G		4633	4432	4666	4904	6187	8024	8773	10376	12364
	BAL			-2877	-3455	-4481	-5818	-8022	-8565	-9788	-11112	-13465
Czech Rep	IMP	S		26385	33934	38308	42773	53807	71635	76343	93453	118508
République. tchèque	EXP	S		21686	29057	33399	38488	48715	67198	77988	95165	122790
	BAL			-4699	-4877	-4909	-4285	-5092	-4438	1645	1712	4282
Denmark	IMP	S	18252	45736	44364	44132	48890	56227	66845	74265	85102	98860
Danemark	EXP	S	17096	49769	50390	51077	56308	65280	75568	83569	91705	102863
	BAL		-1155	4032	6025	6945	7418	9052	8723	9303	6603	4003
Estonia[8,17]	IMP	S		2545	4236	4280	4810	6480	8334	10189	13154	15105
Estonie[8,17]	EXP	S		1838	3166	3298	3448	4539	5934	7676	9586	10952
	BAL			-707	-1070	-982	-1363	-1942	-2400	-2513	-3568	-4153
Faeroe Islands	IMP	G	256	314	532	498	...	...	...	...	...	...
Iles Féroé	EXP	G	184	362	472	514	...	...	...	...	...	...
	BAL		-72	48	-60	16	...	...	...	...	...	...
Finland	IMP	G	13234	28114	33900	32114	33642	41601	50677	58474	69447	81756
Finlande	EXP	G	13620	39574	45482	42802	44671	52514	60916	65240	77287	90091
	BAL		386	11460	11582	10688	11029	10913	10239	6765	7840	8335

Special Table A

Total imports and exports by regions and countries or areas
Imports CIF, exports FOB and balance: million U.S. dollars *[cont.]*

Importations et exportations totales par régions et pays ou zones
Importations CIF, exportations FOB et balance: en millions de dollars E.-U. *[suite]*

Country or Area - Pays ou Zone	IMP EXP BAL	G/S	1985	1995	2000	2001	2002	2003	2004	2005	2006	2007
Fm Czechoslovakia[6,9]	IMP	G	28001	.	.	.	.	.	.	.	.	.
L'ex-Tchécoslovaquie[6,9]	EXP	G	28881	.	.	.	.	.	.	.	.	.
	BAL		880	.	.	.	.	.	.	.	.	.
Fm German D.R.[6,10]	IMP	G	23433	.	.	.	.	.	.	.	.	.
L'ex-Allemagne rép. dem.	EXP	G	25268	.	.	.	.	.	.	.	.	.
	BAL		1835	.	.	.	.	.	.	.	.	.
France[11]	IMP	S	108379	281497	310998	302016	312164	370574	443056	484721	536996	61778
France[11]	EXP	S	101709	284914	300435	297278	312105	365761	425110	439131	483157	54200
	BAL		-6669	3417	-10564	-4739	-59	-4813	-17947	-45590	-53838	-7577
Germany[10,12]	IMP	S	158548	464366	495450	486055	490157	604729	718269	780514	922376	105964
Allemagne[10,12]	EXP	S	184003	523909	550222	571459	615705	751824	911858	977970	1122112	132905
	BAL		25455	59544	54772	85404	125548	147095	193589	197456	199736	26941
Gibraltar	IMP		91	408	480	435	385	468	535	550	...	
Gibraltar	EXP		14	116	126	120	148	147	199	199	...	
	BAL		-77	-292	-354	-315	-236	-320	-336	-351	...	
Greece	IMP	S	10140	22929	29221	29928	31164	44375	51559	49817	59121	7510
Grèce	EXP	S	4543	10961	10747	9483	10315	13195	14996	15511	20180	2347
	BAL		-5598	-11968	-18474	-20444	-20849	-31180	-36564	-34306	-38940	-5162
Hungary[8]	IMP	S	8224	15379	31955	33724	37787	47602	59636	65783	77206	9437
Hongrie[8]	EXP	S	8538	12801	28016	30530	34512	42532	54893	62179	74217	9337
	BAL		314	-2578	-3939	-3195	-3276	-5070	-4744	-3604	-2989	-99
Iceland	IMP	G	906	1756	2591	2253	2274	2788	3551	4554	5077	639
Islande	EXP	G	815	1804	1891	2021	2227	2385	2896	2944	3241	450
	BAL		-90	48	-700	-231	-47	-403	-654	-1610	-1835	-188
Ireland	IMP	G	10019	41987	51444	51305	51508	53315	61413	69177	83889	8562
Irlande	EXP	G	10362	56677	77097	83020	87497	92431	104204	109605	104639	12262
	BAL		343	14689	25653	31715	35990	39117	42791	40428	20750	3699
Italy	IMP	S	87720	206059	238071	236128	246613	297405	355269	384837	440770	50990
Italie	EXP	S	76742	234020	239934	244253	254219	299468	353544	372962	416145	49991
	BAL		-10978	27960	1863	8125	7606	2063	-1726	-11875	-24626	-999
Latvia[17]	IMP	S	.	1818	3187	3504	4053	5242	7048	8592	11430	1518
Lettonie[17]	EXP	S	.	1305	1867	2001	2284	2893	3983	5108	5896	789
	BAL		.	-513	-1320	-1504	-1769	-2350	-3066	-3483	-5535	-729
Lithuania[17]	IMP	G	.	3013	5219	6060	7524	9668	12386	15510	19413	2444
Lituanie[17]	EXP	G	.	2039	3548	4279	5231	6970	9307	11782	14153	1716
	BAL		.	-974	-1671	-1781	-2294	-2698	-3079	-3729	-5259	-728
Luxembourg[13]	IMP	S	.	.	10718	11153	11602	13694	16829	17565	19434	2215
Luxembourg[13]	EXP	S	.	.	7950	8239	8499	9980	12181	12699	14172	1609
	BAL		.	.	-2768	-2914	-3103	-3714	-4648	-4866	-5262	-605
Malta	IMP	G	759	2942	3400	2726	2840	3399	3824	3807	4073	450
Malte	EXP	G	400	1913	2443	1958	2223	2468	2628	2376	2705	298
	BAL		-359	-1029	-957	-768	-616	-931	-1196	-1432	-1368	-152
Netherlands	IMP	S	73151	176874	198926	195569	194130	234014	284020	310600	358510	42138
Pays-Bas	EXP	S	77894	196276	213425	216180	219857	264849	318066	349844	399635	47680
	BAL		4743	19402	14499	20611	25727	30835	34046	39244	41125	5542
Norway	IMP	G	15560	32972	34351	32954	34889	39284	48062	54786	63349	7977
Norvège	EXP	G	19989	41997	60063	59193	59576	67103	81709	101917	120550	13797
	BAL		4429	9024	25712	26239	24687	27818	33646	47131	57200	5819

Special Table A

Total imports and exports by regions and countries or areas
Imports CIF, exports FOB and balance: million U.S. dollars *[cont.]*

Importations et exportations totales par régions et pays ou zones
Importations CIF, exportations FOB et balance: en millions de dollars E.-U. *[suite]*

Country or Area - Pays ou Zone	IMP EXP BAL	G/ S	1985	1995	2000	2001	2002	2003	2004	2005	2006	2007
Poland	IMP	S	11136	29064	48970	50378	55141	68153	89094	100759	127260	162437
Pologne	EXP	S	11423	22890	31684	36159	41032	53699	74831	89214	110941	138756
	BAL		287	-6173	-17285	-14219	-14108	-14454	-14264	-11545	-16319	-23680
Portugal	IMP	S	7654	33315	38192	39422	38326	40843	49225	53407	65605	76367
Portugal	EXP	S	5686	23212	23279	24449	25536	30714	33023	32137	42890	50240
	BAL		-1968	-10103	-14913	-14973	-12791	-10129	-16201	-21270	-22716	-26127
Slovakia	IMP	S	.	9226	13413	15501	17460	23760	30469	36168	47250	62102
Slovaquie	EXP	S		8596	11889	12641	14478	21966	27605	31997	41939	57766
	BAL		.	-630	-1524	-2860	-2983	-1794	-2864	-4171	-5311	-4336
Slovenia	IMP	S	.	9492	10116	10148	10933	13853	17571	19626	23014	29481
Slovénie	EXP	S		8316	8732	9252	10357	12767	15879	17896	20985	26553
	BAL		.	-1175	-1384	-895	-576	-1086	-1692	-1730	-2029	-2928
Spain	IMP	S	29965	113316	152901	153634	163575	208553	257672	287610	326046	382651
Espagne	EXP	S	24249	91041	113348	115175	123563	156024	182156	191021	213350	246752
	BAL		-5716	-22275	-39553	-38459	-40012	-52529	-75516	-96589	-112697	-135899
Sweden	IMP	G	28553	64752	73331	64316	67667	84197	100792	111324	126609	148744
Suède	EXP	G	30467	79813	87759	78173	82965	102405	123306	130205	147235	166898
	BAL		1913	15061	14428	13857	15298	18208	22514	18881	20626	18153
Switzerland	IMP	S	30711	77006	76104	77086	82387	95600	110324	119784	132030	153181
Suisse	EXP	S	27446	78061	74867	78082	87370	100744	117820	126099	141679	164809
	BAL		-3266	1055	-1237	996	4983	5144	7496	6314	9649	11627
United Kingdom	IMP	G	109593	265322	334371	320956	335458	380821	451715	483064	547508	622743
Royaume-Uni	EXP	G	101414	242036	281525	267357	276317	304268	341621	371406	428357	435963
	BAL		-8179	-23286	-52846	-53599	-59142	-76553	-110094	-111658	-119151	-186780
North America	IMP		425169	**887809**	**1415365**	1322381	1344490	1455439	1692619	1935015	2135567	2250793
Amérique du Nord	EXP		301300	**729316**	**974990**	909599	866959	909775	1015776	1144552	1293428	1431384
	BAL		-123869	**-158493**	**-440375**	-412782	-477532	-545664	-676843	-790463	-842140	-819409
Bermuda	IMP	G	402	550	720	720	747	833	988	985	1094	1150
Bermudes	EXP	G	23	56	...	36	56	52	73	49	25	23
	BAL		-379	-494	...	-684	-691	-781	-915	-936	-1069	-1127
Canada[6]	IMP	G	80642	163952	238811	221757	221962	239085	273084	323365	348958	379794
Canada[6]	EXP	G	90953	192204	276641	259858	252407	272699	304623	359411	389513	416432
	BAL		10311	28251	37830	38101	30445	33614	31538	36046	40555	36637
Greenland	IMP	G	302	434	364	324	388	461	547	598	615	670
Groenland	EXP	G	177	373	271	268	305	348	380	403	397	430
	BAL		-125	-61	-93	-56	-82	-113	-166	-196	-219	-240
United States[14]	IMP	G	352463	770852	1259300	1179180	1200230	1303050	1525680	1732350	1919430	2017330
Etats-Unis[14]	EXP	G	218815	584743	781918	729100	693103	724771	818520	907158	1038270	1162980
	BAL		-133648	-186109	-477382	-450080	-507127	-578279	-707160	-825192	-881160	-854350
South-Eastern Europe	IMP		37150	**22109**	29344	33810	39318	51445	69210	**82504**	103035	139123
Europe du Sud-Est	EXP		36211	**16352**	19353	20680	24112	30658	40847	**48524**	60653	75738
	BAL		-940	**-5757**	-9992	-13129	-15206	-20787	-28363	**-33980**	-42382	-63385
Albania	IMP	G	64	713	1090	1327	1503	1864	2309	2618	3058	4196
Albanie	EXP	G	53	202	258	307	340	448	605	658	798	1073
	BAL		-10	-511	-832	-1020	-1164	-1416	-1703	-1960	-2261	-3124
Bosnia Herzegovina	IMP	S	.	...	3083	3354	3909	4769	5918	7073	7344	9772
Bosnie-Herzégovine	EXP	S	.	...	1067	1032	1015	1369	1794	2401	3324	4166
	BAL		.	...	-2017	-2322	-2894	-3399	-4124	-4673	-4020	-5606

Special Table A

Total imports and exports by regions and countries or areas
Imports CIF, exports FOB and balance: million U.S. dollars *[cont.]*

Importations et exportations totales par régions et pays ou zones
Importations CIF, exportations FOB et balance: en millions de dollars E.-U. *[suite]*

Country or Area - Pays ou Zone	IMP EXP BAL	G/S	1985	1995	2000	2001	2002	2003	2004	2005	2006	2007
Bulgaria	IMP	S	13656	5651	6505	7263	7987	10887	14467	18162	23270	3008
Bulgarie	EXP	S	13348	5353	4809	5115	5749	7540	9931	11739	15101	1857
	BAL		-308	-298	-1696	-2148	-2238	-3346	-4536	-6423	-8168	-1151
Fm Yugoslavia[15]	IMP	S	12164									
Fmr Yougoslavie[15]	EXP	S	10642									
	BAL		-1522									
Montenegro[16]	IMP	S									1848	295
Montenegro[16]	EXP	S									791	82
	BAL										-1057	-212
Romania	IMP	S	11267	10278	13055	15561	17862	24003	32664	40463	51106	6960
Roumanie	EXP	S	12167	7910	10367	11391	13876	17619	23485	27730	32336	4004
	BAL		900	-2368	-2688	-4170	-3986	-6384	-9179	-12733	-18770	-2956
Serbia[16]	IMP	S									13188	1840
Serbie[16]	EXP	S									6437	881
	BAL										-6752	-958
Serbia and Montenegro[16]	IMP	S		2666	3711	4837	6320	7952	11366			
Serbie et Monténégro[16]	EXP	S		1531	1723	1903	2275	2650	3801	...		
	BAL			-1135	-1988	-2934	-4045	-5302	-7565	...		
TFYR Macedonia	IMP	S		1719	2094	1694	1995	2306	2932	3228	3752	517
L'ex-Ry de Macédoine	EXP	S		1204	1323	1158	1116	1367	1676	2041	2398	330
	BAL			-515	-771	-536	-880	-939	-1256	-1187	-1355	-187
CIS[17]	IMP		83140	79176	70929	82436	88907	113258	149627	187533	253604	34982
CEI[17]	EXP		87281	109862	143152	142099	152352	191024	262649	338753	426183	50866
	BAL		4141	30685	72223	59663	63445	77766	113022	151220	172579	15884
Asia	IMP			10580	13807	15737	15771	20115	27055	33985	46054	5877
Asie	EXP			13071	17825	17985	19167	23752	33824	46278	66134	8357
	BAL			2491	4018	2248	3396	3637	6769	12293	20080	2480
Armenia	IMP	S		674	882	874	987	1280	1351	1768	2194	328
Arménie	EXP	S		271	294	343	505	686	715	950	1004	121
	BAL			-403	-588	-532	-482	-594	-636	-818	-1190	-206
Azerbaijan	IMP	G		668	1539	1431	1666	2626	3516	4211	5269	570
Azerbaïdjan	EXP	G		637	1858	2314	2167	2590	3615	7449	13015	2126
	BAL			-30	319	883	502	-36	99	3238	7745	1556
Georgia	IMP	G		489	709	753	796	1141	1846	2490	3678	521
Géorgie	EXP	G		155	323	318	346	461	647	865	993	124
	BAL			-333	-387	-436	-450	-680	-1199	-1624	-2685	-397
Kazakhstan	IMP	G		3807	5040	6446	6584	8409	12781	17353	24956	3294
Kazakhstan	EXP	G		5250	8812	8639	9670	12927	20093	27849	40470	4654
	BAL			1444	3772	2193	3086	4518	7312	10497	15515	1360
Kyrgyzstan	IMP	S		522	554	467	587	717	941	1102	1848	247
Kirghizistan	EXP	S		409	505	476	486	582	733	672	796	110
	BAL			-113	-50	9	-101	-135	-208	-431	-1052	-137
Tajikistan	IMP	G		810	675	688	721	881	1191	1354	1723	245
Tadjikistan	EXP	G		749	784	652	737	797	915	891	1399	146
	BAL			-61	109	-36	16	-84	-276	-464	-324	-98
Turkmenistan	IMP	G		777	...	...	2119	2512	...	...	...	
Turkménistan	EXP	G		1939	...	...	2856	2632	...	...	...	
	BAL			1162	...	...	736	120	...	...	...	

Special Table A

Total imports and exports by regions and countries or areas
Imports CIF, exports FOB and balance: million U.S. dollars *[cont.]*

Importations et exportations totales par régions et pays ou zones
Importations CIF, exportations FOB et balance: en millions de dollars E.-U. *[suite]*

Country or Area - Pays ou Zone	IMP EXP BAL	G/ S	1985	1995	2000	2001	2002	2003	2004	2005	2006	2007
Uzbekistan	IMP	G	.	2893	...	...	...	...	...	...	...	...
Ouzbékistan	EXP	G	.	3720	...	...	...	...	...	...	...	...
	BAL		.	827	...	...	...	...	...	...	...	...
Europe[17]	IMP		83140	68597	57122	66699	73136	93143	122572	153548	207550	291053
Europe[17]	EXP		87281	96791	125327	124114	133185	167273	228825	292475	360048	425091
	BAL		4141	28194	68205	57415	60049	74130	106253	138927	152499	134038
Belarus	IMP	G		5563	8646	8286	9092	11558	16491	16708	22351	28693
Bélarus	EXP	G		4707	7326	7451	8021	9946	13774	15979	19734	24275
	BAL			-856	-1320	-836	-1071	-1612	-2717	-729	-2618	-4418
Former USSR[17]	IMP	G	83140			.			.			.
L'ex-URSS[17]	EXP	G	87281			.						
	BAL		4141			.						
Republic of Moldova	IMP	G		841	776	893	1039	1403	1773	2293	2710	3690
République de Moldova	EXP	G		739	472	568	644	789	980	1091	1060	1342
	BAL			-102	-305	-325	-395	-614	-793	-1202	-1650	-2348
Russian Federation	IMP	G		46709	33880	41883	46177	57347	75569	98708	137807	199793
Fédération de Russie	EXP	G		78217	103093	99969	106712	133656	181663	241473	301244	351919
	BAL			31508	69213	58086	60535	76309	106093	142766	163437	152126
Ukraine	IMP.	G		15484	13956	15775	16977	23020	28997	36136	45039	60618
Ukraine	EXP	G		13128	14573	16265	17957	23067	32666	34228	38368	49296
	BAL			-2356	617	490	980	47	3669	-1908	-6671	-11322
Northern Africa	IMP		**31637**	**45265**	**46790**	**47433**	**50108**	**52778**	**67663**	**79835**	**87050**	**111014**
Afrique sdu nord	EXP		**32701**	**35370**	**52419**	**47760**	**47842**	**60632**	**78504**	**108798**	**129489**	**149013**
	BAL		**1064**	**-9895**	**5629**	**327**	**-2266**	**7854**	**10841**	**28963**	**42439**	**37998**
Algeria	IMP	S	9841	10788	9169	9941	11969	12392	18166	20356	20985	...
Algérie	EXP	S	12841	10448	22030	19139	18801	23206	31300	46000	52760	...
	BAL		3000	-340	12861	9198	6832	10814	13133	25644	31775	...
Egypt[18]	IMP	S	11104	11760	14010	12756	12552	11170	12859	19851	20784	27092
Egypte[18]	EXP	S	3714	3450	4691	4128	4708	6327	7530	10672	13736	16218
	BAL		-7390	-8310	-9319	-8628	-7844	-4842	-5329	-9179	-7048	-10874
Libyan Arab Jamah.	IMP	G	4101	5033	3704	4363	4412	4311	6333	6058	6965	8626
Jamahiriya arabe libyenne	EXP	G	12314	9364	12626	10931	9837	14557	20403	30869	39271	45075
	BAL		8213	4331	8922	6567	5425	10246	14069	24811	32306	36449
Morocco	IMP	S	3850	10024	11534	11038	11864	14250	17807	20805	23977	31715
Maroc	EXP	S	2165	6882	7423	7144	7849	8778	9917	11185	12744	14665
	BAL		-1685	-3142	-4111	-3893	-4014	-5472	-7890	-9621	-11233	-17050
Tunisia	IMP	G	2757	7903	8567	9529	9526	10910	12818	13177	14865	18980
Tunisie	EXP	G	1738	5475	5850	6621	6871	8027	9685	10494	11513	15029
	BAL		-1019	-2428	-2717	-2908	-2655	-2883	-3133	-2683	-3352	-3951
Sub-Saharan Africa	IMP		**40459**	**73576**	**80076**	**84871**	**83042**	**108724**	**136621**	**166490**	**192369**	**236829**
Afrique subsaharienne	EXP		**47212**	**70403**	**91912**	**87637**	**90333**	**110083**	**146681**	**196924**	**209640**	**248475**
	BAL		**6753**	**-3173**	**11837**	**2766**	**7291**	**1359**	**10060**	**30435**	**17271**	**11646**
Angola[6]	IMP	S	1401	1468	3040	3179	3760	5480	5832	8353	11600	...
Angola[6]	EXP	S	2260	3592	7703	6380	7516	9508	13475	24109	31084	...
	BAL		859	2124	4663	3201	3756	4028	7643	15756	19484	...
Benin	IMP	S	332	746	567	623	725	892	894	895	990	1110
Bénin	EXP	S	151	417	392	372	450	555	564	564	574	593
	BAL		-181	-329	-174	-251	-275	-337	-330	-330	-416	-517

Special Table A

Total imports and exports by regions and countries or areas
Imports CIF, exports FOB and balance: million U.S. dollars *[cont.]*

Importations et exportations totales par régions et pays ou zones
Importations CIF, exportations FOB et balance: en millions de dollars E.-U. *[suite]*

Country or Area - Pays ou Zone	IMP EXP BAL	G/S	1985	1995	2000	2001	2002	2003	2004	2005	2006	2007
Botswana	IMP	G	.	.	2079	1817	1865	2472	3236	3177	3045	405(
Botswana	EXP	G	.	.	2661	2544	2445	2809	3516	4464	4487	505:
	BAL		.	.	581	726	580	337	280	1287	1442	100:
Burkina Faso	IMP	G	333	455	608	655	746	932	1273	1374	1504	170
Burkina Faso	EXP	G	70	276	213	226	248	320	480	467	588	66(
	BAL		-263	-180	-395	-429	-498	-612	-793	-907	-916	-104;
Burundi	IMP	S	186	234	148	139	129	157	176	267	431	319
Burundi	EXP	S	112	106	50	39	30	38	47	56	58	6:
	BAL		-74	-129	-98	-101	-99	-119	-129	-211	-372	-25;
Cameroon	IMP	S	1151	1201	1483	1849	1876	2176	2411	2725	3161	377(
Cameroun	EXP	S	722	1654	1823	1746	1814	2297	2481	2785	3590	376!
	BAL		-429	453	341	-104	-62	122	70	60	430	-;
Cape Verde	IMP	G	81	252	237	234	276	352	432	438	543	755
Cap-Vert	EXP	G	5	9	11	10	11	13	15	18	21	1!
	BAL		-76	-243	-227	-224	-266	-339	-417	-420	-522	-73(
Cent. Afr. Rep.	IMP	S	114	174	118	108	122	119	152	175	203	231
Rép. centrafricaine	EXP	S	92	171	163	142	150	128	126	127	159	19(
	BAL		-21	-3	45	35	27	9	-26	-48	-44	-3
Chad	IMP	S	168	365	319	680	1638	788	953	954	1304	149!
Tchad	EXP	S	62	243	184	189	184	599	2192	3164	3398	343i
	BAL		-105	-122	-135	-491	-1454	-189	1239	2210	2093	194:
Comoros	IMP	S	36	63	43	51	53	70	86	98	116	12(
Comores	EXP	S	16	11	14	17	19	27	19	12	10	!
	BAL		-20	-51	-29	-34	-34	-43	-67	-86	-106	-112
Congo	IMP	S	598	669	480	703	695	856	905	1503	1909	298!
Congo	EXP	S	1088	1175	2482	2053	2290	2686	3435	4733	6315	611(
	BAL		490	505	2003	1350	1596	1830	2530	3230	4406	313(
Cote d'Ivoire	IMP	S	1749	2955	2783	2420	2462	3237	4299	5246	5222	611(
Côte d'Ivoire	EXP	S	2945	3834	3885	3955	5279	5803	6955	7693	8368	842:
	BAL		1196	878	1102	1535	2817	2566	2655	2447	3146	231:
Dem. Rep. of the Congo	IMP	S	792	871	697	807	1081	1594	1986	2270	2740	295(
Rép. dém. du Congo	EXP	S	950	1563	824	901	1132	1374	1850	2190	2320	260(
	BAL		158	692	126	94	51	-220	-137	-80	-420	-35(
Djibouti	IMP	G	201	177	...	196	197	238	261	277	336	410
Djibouti	EXP	G	14	14	...	32	36	37	38	40	55	6(
	BAL		-187	-163	...	-164	-161	-201	-223	-238	-281	-35(
Equatorial Guinea	IMP	G	20	50	451	812	508	1237	1563	2108	2624	3098
Guinée équatoriale	EXP	G	17	86	1097	1732	2121	2803	4588	6989	8227	10095
	BAL		-3	36	646	921	1613	1566	3024	4880	5602	699(
Ethiopia	IMP	G	993	1141	1261	1807	1622	2119	3087	4127	4805	5317
Ethiopie	EXP	G	333	422	486	456	480	496	678	903	1036	129:
	BAL		-660	-719	-775	-1351	-1142	-1623	-2409	-3224	-3768	-402
Gabon	IMP	S	863	884	996	858	943	1043	1213	1473	1726	2198
Gabon	EXP	S	1980	2718	2605	2519	2413	2827	3612	4863	5254	594:
	BAL		1117	1834	1610	1661	1470	1784	2398	3390	3528	374(
Gambia	IMP	G	93	182	187	134	159	156	229	237	259	306
Gambie	EXP	G	43	16	15	10	12	8	10	8	11	13
	BAL		-50	-166	-172	-124	-147	-148	-219	-229	-248	-294

Special Table A

Total imports and exports by regions and countries or areas

Imports CIF, exports FOB and balance: million U.S. dollars *[cont.]*

Importations et exportations totales par régions et pays ou zones

Importations CIF, exportations FOB et balance: en millions de dollars E.-U. *[suite]*

Country or Area - Pays ou Zone	IMP EXP BAL	G/S	1985	1995	2000	2001	2002	2003	2004	2005	2006	2007
Ghana	IMP	G	866	1897	2974	3156	2712	3210	4074	5754	6497	7976
Ghana	EXP	G	617	1755	1317	...	...	...	...	2802	3735	4321
	BAL		-249	-142	-1657	...	...	...	...	-2952	-2762	-3655
Guinea-Bissau	IMP	G	...	134	59	62	59	66	83	105	99	111
Guinée-Bissau	EXP	G	12	45	62	62	54	65	75	90	64	70
	BAL		...	-89	4	1	-5	-1	-8	-15	-35	-42
Kenya	IMP	G	1436	3006	3105	3189	3245	3725	4553	6149	7311	8989
Kenya	EXP	G	958	1890	1734	1943	2116	2411	2684	3293	3437	4080
	BAL		-479	-1116	-1372	-1246	-1129	-1314	-1869	-2856	-3874	-4910
Lesotho	IMP	G			809	748	815	1121	1440	1410	1466	1733
Lesotho	EXP	G			221	278	376	485	713	675	690	810
	BAL				-589	-470	-438	-636	-727	-735	-776	-922
Liberia	IMP	S	285	...	...	...	...	...	...	...	...	...
Libéria	EXP	S	436	...	...	...	...	...	...	...	...	...
	BAL		151	...	...	...	...	...	...	...	...	...
Madagascar	IMP	S	402	543	999	1119	629	1311	1616	1685	1796	2625
Madagascar	EXP	S	274	370	828	932	490	863	946	837	983	1214
	BAL		-128	-174	-171	-187	-139	-449	-670	-848	-814	-1411
Malawi	IMP	G	295	475	533	579	691	785	932	1163	1206	1380
Malawi	EXP	G	248	405	379	458	405	520	483	501	541	670
	BAL		-47	-69	-153	-121	-286	-265	-449	-662	-665	-710
Mali	IMP	S	303	774	807	989	927	1270	1365	1623	1843	1999
Mali	EXP	S	125	443	552	724	873	926	979	1092	1553	1631
	BAL		-178	-331	-255	-265	-54	-345	-386	-531	-290	-367
Mauritania	IMP	S	233	...	...	...	...	...	...	...	...	...
Mauritanie	EXP	S	374	...	...	...	...	...	...	...	...	...
	BAL		140	...	...	...	...	...	...	...	...	...
Mauritius	IMP	G	529	1976	2091	1987	2159	2364	2771	3157	3627	3896
Maurice	EXP	G	440	1538	1551	1628	1801	1899	1993	2138	2329	2231
	BAL		-88	-438	-540	-359	-358	-465	-778	-1018	-1298	-1665
Mozambique	IMP	S	424	704	1158	1063	1543	1753	2035	2408	2869	3210
Mozambique	EXP	S	77	168	364	703	810	1045	1504	1783	2381	2650
	BAL		-347	-536	-794	-360	-733	-708	-531	-625	-488	-560
Namibia	IMP	G			1539	1542	1484	1999	2432	2659	2904	3348
Namibie	EXP	G			1317	1180	1077	1269	1833	2067	2638	2992
	BAL				-222	-362	-407	-730	-600	-592	-266	-355
Niger	IMP	S	380	375	390	412	474	630	757	797	956	982
Niger	EXP	S	259	288	284	273	278	353	439	479	520	651
	BAL		-120	-87	-107	-139	-196	-277	-318	-319	-436	-331
Nigeria	IMP	G	8877	8222	8721	11586	7547	10853	14164	21314	22222	37576
Nigéria	EXP	G	12537	12342	20975	17261	15107	19887	31148	55145	45403	65133
	BAL		3660	4121	12254	5675	7560	9034	16984	33831	23181	27557
Réunion[11]	IMP	S	841	2625								
Réunion[11]	EXP	S	97	207								
	BAL		-744	-2418								
Rwanda	IMP	G	298	241	211	250	203	245	284	432	484	736
Rwanda	EXP	G	131	52	52	85	56	58	98	125	135	176
	BAL		-167	-189	-159	-165	-147	-187	-186	-306	-349	-559

Special Table A

Total imports and exports by regions and countries or areas

Imports CIF, exports FOB and balance: million U.S. dollars *[cont.]*

Importations et exportations totales par régions et pays ou zones

Importations CIF, exportations FOB et balance: en millions de dollars E.-U. *[suite]*

Country or Area - Pays ou Zone	IMP EXP BAL	G/S	1985	1995	2000	2001	2002	2003	2004	2005	2006	2007
Sao Tome and Principe	IMP	S	...	29	30	29	31	41	41	50	71	7
Sao Tomé-et-Principe	EXP	S	...	5	3	3	5	7	4	3	4	
	BAL		...	-24	-27	-26	-26	-34	-38	-46	-67	-7
Senegal	IMP	G	813	1413	1518	1727	2038	2395	2844	3193	3442	426
Sénégal	EXP	G	555	994	919	1002	1070	1259	1506	1576	1559	166
	BAL		-258	-419	-598	-726	-968	-1136	-1337	-1617	-1884	-259
Seychelles	IMP	G	99	233	343	478	421	412	497	676	758	77
Seychelles	EXP	G	28	53	193	217	227	274	291	340	380	35
	BAL		-71	-180	-150	-262	-194	-138	-206	-336	-378	-42
Sierra Leone	IMP	S	155	134	149	182	264	303	286	345	389	44
Sierra Leone	EXP	S	127	42	13	29	49	92	139	159	216	24
	BAL		-28	-91	-136	-153	-216	-211	-148	-186	-173	-20
Somalia	IMP	G	111	...	...	...	...	...	...	...	...	
Somalie	EXP	G	89	...	...	...	...	...	...	...	...	
	BAL		-22	...	...	...	...	...	...	...	...	
South Africa[19,20]	IMP	G	11448	30546	29700	28264	29281	41120	53518	62325	...	
Afrique du Sud[19,20]	EXP	G	16340	27856	29987	29283	29733	36503	46148	51640	58197	6978
	BAL		4893	-2690	287	1019	452	-4617	-7370	-10685	...	
Sudan[21]	IMP	G	771	1219	1553	2301	2446	2882	4075	6757	8074	845
Soudan[21]	EXP	G	374	556	1807	1699	1949	2542	3778	4824	5657	
	BAL		-397	-663	254	-602	-497	-340	-297	-1933	-2417	
Swaziland	IMP	G	.	.	1039	1042	1037	1654	1961	2138	2379	246
Swaziland	EXP	G	.	.	903	1122	964	1536	1938	2226	2479	265
	BAL		.	.	-137	80	-73	-118	-23	88	100	19
Togo	IMP	S	289	594	562	553	595	775	883	1194	1346	148
Togo	EXP	S	191	378	362	357	430	600	601	659	619	70
	BAL		-99	-215	-200	-196	-165	-176	-281	-535	-726	-778
Uganda	IMP	G	315	1056	1512	1594	1112	1251	2020	1895	2503	346
Ouganda	EXP	G	472	461	469	457	442	563	885	821	970	155
	BAL		157	-595	-1043	-1137	-670	-688	-1136	-1075	-1533	-190
United Rep. of Tanzania	IMP	G	860	1679	1523	1715	1661	2125	2515	2661	4254	533
Rép.-Unie de Tanzanie	EXP	G	246	685	663	777	902	1129	1336	1479	1655	202
	BAL		-614	-994	-860	-937	-758	-996	-1179	-1182	-2598	-331
Zambia	IMP	S	721	682	997	1309	1284	1576	2018	2567	2931	..
Zambie	EXP	S	482	1040	681	993	961	981	1576	1780	3828	491
	BAL		-239	358	-316	-316	-323	-595	-442	-786	896	..
Zimbabwe	IMP	G	868	2654	1863	1715	1751	1710	2204	2330	2250	242
Zimbabwe	EXP	G	1115	2123	1925	1207	2012	1670	1887	1840	2020	205
	BAL		248	-531	62	-508	261	-40	-317	-490	-230	-37
Latin America & The Caribbean	IMP		83879	246698	375416	367321	343463	355639	434427	514124	612810	732387
Amérique latine et les Caraïbes	EXP		108090	224744	353485	339673	343895	374904	461485	558366	674410	758969
	BAL		24211	-21954	-21931	-27647	432	19265	27058	44242	61600	26582
The Caribbean	IMP		19209	20880	25457	25408	26051	26712	29711	36998	42942	48775
Des Caraïbes	EXP		13113	8799	10397	10286	9894	11734	13938	17605	23930	26422
	BAL		-6095	-12081	-15060	-15122	-16157	-14978	-15773	-19393	-19012	-22353
Anguilla	IMP	S	...	32	99	82	74	80	105	133	143	
Anguilla	EXP	S	...	1	4	4	4	4	6	7	13	
	BAL		...	-32	-95	-79	-69	-76	-100	-126	-130	

Special Table A

Total imports and exports by regions and countries or areas
Imports CIF, exports FOB and balance: million U.S. dollars *[cont.]*

Importations et exportations totales par régions et pays ou zones
Importations CIF, exportations FOB et balance: en millions de dollars E.-U. *[suite]*

Country or Area - Pays ou Zone	IMP EXP BAL	G/S	1985	1995	2000	2001	2002	2003	2004	2005	2006	2007
Antigua and Barbuda	IMP	G	166	346	407	386	400	422	454	497	615	750
Antigua-et-Barbuda	EXP	G	17	53	52	41	39	45	57	82	72	77
	BAL		-150	-293	-354	-345	-360	-377	-397	-415	-543	-673
Aruba	IMP	S		567	835	841	841	848	875	1028	1041	1114
Aruba	EXP	S	.	15	173	149	128	83	80	102	109	98
	BAL		.	-552	-662	-693	-713	-764	-796	-927	-932	-1016
Bahamas[22]	IMP	G	3078	1243	2074	1912	1728	1762	1905	2230	2401	2449
Bahamas[22]	EXP	G	2728	176	576	423	446	425	477	562	674	485
	BAL		-349	-1067	-1498	-1489	-1282	-1337	-1428	-1668	-1726	-1965
Barbados	IMP	G	611	771	1156	1069	1071	1195	1413	1604	1586	1709
Barbade	EXP	G	357	239	272	259	242	250	278	359	385	419
	BAL		-254	-532	-884	-809	-829	-946	-1135	-1245	-1201	-1291
Cayman Islands	IMP	G	147	390	693	621	605	678	884	1214	1066	1058
Iles Caïmanes	EXP	G	2	4	4	4	3	24	24	59	25	26
	BAL		-145	-386	-689	-616	-602	-654	-860	-1155	-1041	-1032
Cuba	IMP	S	9536	2805	3363	3736	4151	4613	5562	8130	10174	10889
Cuba	EXP	S	7086	1625	1219	1354	1504	1672	2188	2159	2980	3998
	BAL		-2450	-1180	-2144	-2382	-2647	-2941	-3374	-5972	-7194	-6892
Dominica	IMP	S	55	117	148	131	116	128	144	165	167	190
Dominique	EXP	S	28	45	56	46	46	41	44	46	...	...
	BAL		-27	-72	-92	-85	-70	-87	-101	-119	...	...
Dominican Republic[6,23]	IMP	G	1487	3164	6416	5937	6037	5266	5368	7207	8745	11289
République dominicaine[6,23]	EXP	G	735	872	966	805	834	1041	1251	1398	1933	2674
	BAL		-752	-2292	-5450	-5132	-5204	-4225	-4117	-5809	-6812	-8615
Grenada	IMP	S	69	124	246	219	202	254	233	319	280	...
Grenade	EXP	S	22	22	71	60	58	42	30	39	20	...
	BAL		-47	-102	-175	-160	-144	-213	-203	-279	-260	...
Guadeloupe[11]	IMP	S	620	1890								
Guadeloupe[11]	EXP	S	72	159	.	.	.	.	.	.		
	BAL		-548	-1731	.	.	.	.	.	.		
Haiti	IMP	G	442	654	1040	1017	1122	1187	1317	1449	1880	1681
Haïti	EXP	G	168	112	313	275	279	346	394	470	480	522
	BAL		-273	-542	-727	-742	-842	-841	-923	-979	-1401	-1159
Jamaica	IMP	G	1111	2808	3302	3361	3533	3633	3772	4458	5314	6415
Jamaïque	EXP	G	566	1420	1295	1220	1114	1177	1390	1499	1874	2074
	BAL		-545	-1388	-2007	-2140	-2419	-2457	-2382	-2959	-3440	-4341
Martinique[11]	IMP	S	683	1963								
Martinique[11]	EXP	S	162	224								
	BAL		-520	-1739								
Montserrat	IMP	S	18	...	...	...	...	...	...	...	...	...
Montserrat	EXP	S	3	...	...	...	...	...	...	...	...	...
	BAL		-15	...	...	...	...	...	...	...	...	...
Neth. Antilles	IMP	S	1388	1841	...	...	...	...	...	...	...	...
Antilles néer.	EXP	S	1031	1522	...	...	...	...	...	...	...	...
	BAL		-357	-319	...	...	...	...	...	...	...	...
Saint Kitts-Nevis	IMP	S	51	133	196	189	201	205	182	210	250	275
Saint-Kitts-et-Nevis	EXP	S	18	17	33	31	27	48	42	34	40	40
	BAL		-33	-116	-163	-158	-174	-157	-140	-176	-210	-235

Special Table A

Total imports and exports by regions and countries or areas

Imports CIF, exports FOB and balance: million U.S. dollars *[cont.]*

Importations et exportations totales par régions et pays ou zones

Importations CIF, exportations FOB et balance: en millions de dollars E.-U. *[suite]*

Country or Area - Pays ou Zone	IMP EXP BAL	G/ S	1985	1995	2000	2001	2002	2003	2004	2005	2006	2007
Saint Lucia	IMP	S	125	306	355	355	309	403	437	479	592	63
Sainte-Lucie	EXP	S	57	124	47	51	49	85	63	64	65	
	BAL		-68	-182	-308	-304	-260	-318	-374	-415	-527	
Saint Vincent-Grenadines	IMP	S	79	136	163	186	174	201	226	240	271	31
St.Vincent-Grenadines	EXP	S	63	43	47	41	38	38	37	40	38	5
	BAL		-16	-93	-116	-144	-136	-163	-189	-201	-233	-26
Trinidad and Tobago	IMP	S	1538	1714	3308	3576	3644	3892	4858	5725	6484	748
Trinité-et-Tobago	EXP	S	2147	2456	4274	4275	3883	5178	6374	9611	14154	1474
	BAL		609	742	966	698	239	1286	1516	3887	7670	726
Latin America	IMP		**64671**	**225818**	**349959**	**341912**	**317412**	**328927**	**404716**	**477126**	**569869**	**68361**
Amérique latine	EXP		**94977**	**215945**	**343088**	**329387**	**334001**	**363170**	**447547**	**540761**	**650480**	**73254**
	BAL		**30306**	**-9873**	**-6871**	**-12525**	**16589**	**34243**	**42831**	**63635**	**80611**	**4893**
Argentina	IMP	S	3814	20122	25280	20320	8990	13834	22445	28688	34158	4470
Argentine	EXP	S	8396	20967	26341	26543	25650	29566	34576	40351	46569	5577
	BAL		4582	846	1061	6223	16660	15732	12131	11664	12411	1107
Belize	IMP	G	128	257	524	517	525	552	514	593	676	68
Belize	EXP	G	90	162	218	169	169	205	213	208	266	25
	BAL		-38	-96	-306	-348	-356	-347	-301	-385	-410	-43
Bolivia	IMP	G	691	1424	1830	1708	1770	1616	1844	2341	2814	345
Bolivie	EXP	G	623	1101	1230	1285	1299	1598	2146	2791	3875	445
	BAL		-68	-323	-600	-423	-471	-18	302	450	1060	100
Brazil	IMP	G	14332	54137	59066	58672	49723	50881	66433	77628	95845	12656
Brésil	EXP	G	25639	46506	55119	58287	60439	73203	96678	118529	137807	16064
	BAL		11307	-7631	-3947	-385	10716	22322	30244	40901	41962	3408
Chile	IMP	S	3072	15900	18507	17429	17092	19322	24794	32735	38405	4712
Chili	EXP	S	3804	16024	19210	18272	18180	21664	32520	41267	58486	6764
	BAL		733	124	703	843	1088	2342	7727	8532	20081	2051
Colombia	IMP	G	4141	13853	11539	12834	12711	13889	16746	21204	26046	3316
Colombie	EXP	G	3552	10056	13043	12290	11911	13080	16224	21146	24388	2978
	BAL		-589	-3797	1505	-544	-800	-809	-522	-59	-1658	-337
Costa Rica	IMP	S	1098	4036	6389	6569	7188	7663	8268	9812	11520	1295
Costa Rica	EXP	S	976	3453	5850	5021	5264	6102	6301	7026	8216	936
	BAL		-122	-583	-539	-1547	-1924	-1561	-1967	-2786	-3305	-359
Ecuador	IMP	G	1767	4153	3721	5363	6431	6703	8226	10287	12114	1356
Equateur	EXP	G	2905	4307	4927	4678	5042	6223	7753	10100	12728	1385
	BAL		1138	155	1206	-684	-1390	-480	-473	-187	615	28
El Salvador	IMP	S	961	3329	4948	5027	5184	5754	6329	6834	7628	867
El Salvador	EXP	S	679	1652	2941	2864	2995	3128	3305	3387	3513	397
	BAL		-282	-1677	-2006	-2163	-2189	-2626	-3024	-3448	-4115	-470
French Guiana[11]	IMP	S	257	752	.	.	.	.	.	.	.	
Guyane française[11]	EXP	S	38	131	.	.	.	.	.	.	.	
	BAL		-220	-622	.	.	.	.	.	.	.	
Guatemala	IMP	S	1175	3293	5171	5606	6304	6722	7812	8810	10157	1186
Guatemala	EXP	S	1057	1991	2711	2464	2473	2632	2939	3477	3665	446
	BAL		-118	-1302	-2460	-3143	-3831	-4090	-4873	-5333	-6492	-739
Guyana	IMP	S	226	528	582	583	576	576	652	788	889	105
Guyana	EXP	S	166	455	502	490	496	513	593	553	588	67
	BAL		-59	-73	-80	-93	-81	-63	-59	-235	-301	-38

Special Table A

Total imports and exports by regions and countries or areas

Imports CIF, exports FOB and balance: million U.S. dollars *[cont.]*

Importations et exportations totales par régions et pays ou zones

Importations CIF, exportations FOB et balance: en millions de dollars E.-U. *[suite]*

Country or Area - Pays ou Zone	IMP EXP BAL	G/S	1985	1995	2000	2001	2002	2003	2004	2005	2006	2007
Honduras	IMP	S	888	1643	2980	3069	3082	3448	4212	4853	5695	6762
Honduras	EXP	S	780	1220	1297	1264	1240	1359	1640	1892	2054	2120
	BAL		-108	-423	-1682	-1805	-1842	-2089	-2572	-2960	-3641	-4642
Mexico[6,24]	IMP	G	18359	72453	174500	168276	168679	170490	197347	221414	256130	283264
Mexique[6,24]	EXP	G	26757	79542	166367	158547	160682	165396	189084	213891	250441	272055
	BAL		8398	7089	-8133	-9729	-7997	-5094	-8263	-7523	-5689	-11209
Nicaragua	IMP	G	964	993	1805	1775	1754	1879	2212	2595	3000	3579
Nicaragua	EXP	G	302	457	643	589	561	605	756	858	1027	1194
	BAL		-663	-536	-1163	-1186	-1193	-1275	-1457	-1737	-1973	-2385
Panama[25]	IMP	S	1392	2511	3379	2964	2982	3086	3594	4180	4831	6872
Panama[25]	EXP	S	336	625	859	911	846	864	944	1018	1093	1164
	BAL		-1056	-1886	-2519	-2053	-2136	-2222	-2651	-3162	-3738	-5709
Paraguay	IMP	S	502	2782	2193	2182	1672	2228	3097	3790	6090	...
Paraguay	EXP	S	304	919	869	990	951	1242	1627	1688	1906	2785
	BAL		-198	-1863	-1324	-1192	-721	-986	-1470	-2102	-4184	...
Peru[6]	IMP	S	1529	7687	7407	7273	7440	8244	9812	12084	14897	19580
Pérou[6]	EXP	S	2979	5491	6955	7026	7714	9091	12617	16587	23749	27680
	BAL		1449	-2195	-452	-248	274	846	2805	4503	8852	8099
Suriname	IMP	G	299	583	583	461	492	704	742	770	820	940
Suriname	EXP	G	329	479	442	403	469	638	895	950	1200	1310
	BAL		30	-104	-141	-58	-23	-66	152	180	380	370
Uruguay	IMP	G	708	2867	3466	3061	1964	2190	3114	3879	4757	5667
Uruguay	EXP	G	909	2106	2295	2060	1861	2206	2931	3405	3953	4485
	BAL		201	-761	-1171	-1000	-103	16	-183	-474	-804	-1182
Venezuela (Bolivarian Rep.	IMP	G	8106	12650	16213	18323	12963	9256	16679	24027	33607	46097
Venezuela (Rép. bolivarienne	EXP	G	14438	18457	31413	25353	25890	23990	33994	51859	65210	69165
	BAL		6332	5807	15200	7030	12927	14734	17315	27832	31603	23068
Eastern Asia	**IMP**		**111614**	**423126**	**559236**	**522820**	**583412**	**740940**	**978656**	**1128323**	**1334891**	**1566229**
Asie Orientale	**EXP**		**106410**	**417259**	**591842**	**558102**	**633488**	**788880**	**1032705**	**1256278**	**1529464**	**1842965**
	BAL		**-5203**	**-5867**	**32606**	**35282**	**50076**	**47941**	**54049**	**127954**	**194573**	**276735**
China	IMP	S	42252	132084	225094	243553	295170	412760	561229	659953	791605	956284
Chine	EXP	S	27350	148780	249203	266098	325596	438228	593326	761953	969380	1217815
	BAL		-14902	16696	24109	22545	30426	25468	32097	102000	177775	261531
China, Hong Kong SAR	IMP	G	29703	192751	212805	201076	207644	231896	271074	299533	334681	367864
Chine, Hong Kong RAS	EXP	G	30187	173750	201860	189894	200092	223762	259260	289337	316816	344629
	BAL		484	-19001	-10945	-11182	-7552	-8134	-11814	-10196	-17865	-23235
China, Macao SAR	IMP	G	773	2042	2255	2386	2530	2755	3478	3913	4565	5366
Chine, Macao RAS	EXP	G	901	1997	2539	2300	2356	2581	2812	2476	2557	2543
	BAL		129	-44	284	-87	-174	-174	-666	-1438	-2008	-2823
Korea, Republic of	IMP	G	31136	135119	160481	141098	152126	178827	224463	261238	309383	356648
Corée, République de	EXP	G	30282	125058	172267	150439	162471	193817	253845	284419	325465	371554
	BAL		-854	-10061	11786	9341	10345	14990	29382	23181	16082	14906
Mongolia	IMP	G	1096	415	615	638	691	801	1021	1184	1486	2117
Mongolie	EXP	G	689	473	536	521	524	616	870	1065	1543	1889
	BAL		-406	58	-79	-116	-167	-185	-151	-119	57	-228
Southern Asia	IMP		39684	73444	94593	95234	106677	131001	175365	**235506**	**277116**	**328030**
Asie Méridionale	EXP		28243	64399	90957	88774	94697	115926	145417	**186938**	**232475**	**265798**
	BAL		-11441	-9045	-3636	-6460	-11980	-15075	-29948	**-48568**	**-44641**	**-62231**

Special Table A

Total imports and exports by regions and countries or areas
Imports CIF, exports FOB and balance: million U.S. dollars *[cont.]*

Importations et exportations totales par régions et pays ou zones
Importations CIF, exportations FOB et balance: en millions de dollars E.-U. *[suite]*

Country or Area - Pays ou Zone	IMP EXP BAL	G/S	1985	1995	2000	2001	2002	2003	2004	2005	2006	2007
Afghanistan	IMP	G	1194	50	1176	1696	2452	2101	2177	...	...	
Afghanistan	EXP	G	567	26	137	68	100	144	314	...	...	
	BAL		-627	-24	-1039	-1628	-2352	-1957	-1863	...	...	
Bangladesh	IMP	G	2505	6501	8358	8349	7913	9516	12611	12881	14964	172◄
Bangladesh	EXP	G	986	3173	4787	4826	4566	5263	6615	7233	9103	102◄
	BAL		-1519	-3328	-3572	-3523	-3348	-4253	-5996	-5648	-5861	-70◄
Bhutan	IMP	G	75	113	175	191	196	249	411	387	419	4◄
Bhoutan	EXP	G	22	103	103	106	113	133	183	258	414	6◄
	BAL		-53	-9	-72	-85	-84	-116	-228	-129	-5	1◄
India[26]	IMP	G	15935	34710	51563	50391	56496	72559	99757	142865	175243	2155◄
Inde[26]	EXP	G	9144	30628	42378	43352	50353	58964	76647	99618	120862	1454◄
	BAL		-6791	-4082	-9185	-7038	-6143	-13595	-23110	-43247	-54381	-700◄
Iran (Islamic Rep. of)[27,28]	IMP	S	11635	13882	14347	16709	20617	24798	31976	40041	40772	450◄
Iran (Rép. islamique d')[27,28]	EXP	S	13328	18360	28345	25689	24440	33750	41697	56252	77012	830◄
	BAL		1693	4478	13998	8980	3823	8952	9721	16211	36240	380◄
Maldives	IMP	G	53	268	389	393	392	471	642	745	927	10◄
Maldives	EXP	G	23	50	76	76	90	113	122	103	135	1◄
	BAL		-30	-218	-313	-317	-301	-358	-519	-641	-791	-9◄
Nepal	IMP	G	455	1333	1573	1475	1418	1755	1939	2284	2490	29◄
Népal	EXP	G	161	346	803	738	568	662	772	863	838	8◄
	BAL		-295	-988	-770	-737	-850	-1093	-1167	-1421	-1652	-20◄
Pakistan	IMP	G	5919	11517	10864	10192	11227	13038	17949	25356	29828	325◄
Pakistan	EXP	G	2753	8031	9028	9238	9908	11930	13379	16050	16932	178◄
	BAL		-3166	-3486	-1836	-953	-1319	-1107	-4570	-9306	-12896	-147◄
Sri Lanka	IMP	G	1987	5185	6281	5973	6105	6672	7973	8833	10259	113◄
Sri Lanka	EXP	G	1333	3798	5433	4815	4699	5125	5757	6347	6886	77◄
	BAL		-654	-1387	-848	-1158	-1406	-1547	-2216	-2487	-3373	-35◄
South-eastern Asia[2]	IMP		**54130**	**298763**	312923	287556	301858	**319859**	**400697**	**485700**	552285	6197◄
Asie du Sud-Est[2]	EXP		**60046**	**265049**	364590	327981	346840	**374241**	**468351**	**538906**	636400	7145◄
	BAL		**5916**	**-33714**	51666	40425	44982	**54382**	**67654**	**53206**	84115	948◄
Brunei Darussalam	IMP	S	613	2087	1107	1142	1556	1327	1427	...	...	
Brunéi Darussalam	EXP	S	2974	2389	3907	3642	3701	4424	5069	...	...	
	BAL		2361	302	2801	2499	2145	3097	3642	...	...	
Cambodia	IMP	S	...	...	1424	2094	2318	2560	3193	3927	4749	53◄
Cambodge	EXP	S	...	...	1123	1500	1923	2118	2798	3200	3800	44◄
	BAL		...	...	-302	-594	-395	-442	-395	-727	-949	-9◄
Indonesia	IMP	S	10259	40630	43594	37534	38340	42244	54877	75533	80333	930◄
Indonésie	EXP	S	18587	45417	65404	57360	59164	64107	70767	86996	103486	1187◄
	BAL		8328	4787	21810	19826	20824	21863	15890	11463	23153	256◄
Lao P.Dem.R.	IMP	S	193	589	535	510	447	462	713	882	1060	10◄
Rép. dém. populaire lao	EXP	S	54	311	330	320	301	335	363	553	882	8◄
	BAL		-139	-278	-205	-191	-146	-127	-349	-329	-177	-2◄
Malaysia	IMP	G	12253	77545	81963	73866	79869	81948	105298	114410	131079	1467◄
Malaisie	EXP	G	15316	73779	98230	88005	93265	99369	125745	140870	160574	1760◄
	BAL		3063	-3766	16266	14139	13396	17421	20446	26460	29495	292◄
Myanmar	IMP	G	286	1348	2401	2877	2348	2092	2196	1910	2564	32◄
Myanmar	EXP	G	306	860	1647	2382	3046	2485	2380	3778	4585	63◄
	BAL		20	-488	-755	-496	698	392	184	1869	2021	30◄

Special Table A

Total imports and exports by regions and countries or areas
Imports CIF, exports FOB and balance: million U.S. dollars *[cont.]*

Importations et exportations totales par régions et pays ou zones
Importations CIF, exportations FOB et balance: en millions de dollars E.-U. *[suite]*

Country or Area - Pays ou Zone	IMP EXP BAL	G/ S	1985	1995	2000	2001	2002	2003	2004	2005	2006	2007
Philippines	IMP	G	5456	28328	36887	34944	37202	39502	42345	46963	54077	57708
Philippines	EXP	G	4612	17492	39794	32664	36510	36231	39680	39879	47413	50270
	BAL		-844	-10836	2907	-2280	-692	-3271	-2664	-7084	-6665	-7438
Singapore	IMP	G	26288	124502	134546	116004	116448	127935	163851	200050	238711	263155
Singapour	EXP	G	22815	118263	137806	121755	125177	144183	198633	229652	271809	299270
	BAL		-3473	-6239	3259	5752	8729	16248	34782	29602	33098	36115
Thailand	IMP	S	9242	70787	61923	61961	64645	75824	94410	118158	128654	140812
Thaïlande	EXP	S	7121	56440	68963	64919	68108	80324	96248	110178	130795	153092
	BAL		-2121	-14347	7039	2959	3463	4499	1838	-7980	2142	12280
Viet Nam	IMP	G	1857	8155	15638	16218	19746	25256	31969	36978	44410	60869
Viet Nam	EXP	G	699	5449	14483	15029	16706	20149	26485	32442	39605	48302
	BAL		-1159	-2707	-1155	-1189	-3040	-5107	-5484	-4536	-4805	-12567
Western Asia	IMP		84409	**150866**	**200529**	**193273**	**210450**	**247297**	**334239**	**385182**	**460677**	**577710**
Asie Occidentale	EXP		**91301**	**152322**	**258368**	**240722**	**251640**	**311190**	**416188**	**548028**	**645401**	**804809**
	BAL		**6892**	**1456**	**57839**	**47450**	**41189**	**63893**	**81949**	**162846**	**184724**	**227100**
Bahrain	IMP	G	3107	3716	4634	4306	4988	5657	7385	8790	9022	11293
Bahreïn	EXP	G	2897	4113	6195	5578	5786	6624	7556	10160	11625	13394
	BAL		-210	397	1561	1272	798	966	171	1370	2603	2101
Cyprus	IMP	G	1247	3694	3846	3922	3863	4288	5659	6282	6951	8687
Chypre	EXP	G	476	1231	951	976	770	834	1081	1303	1153	1254
	BAL		-771	-2463	-2895	-2946	-3094	-3455	-4577	-4979	-5798	-7433
Fm Yemen A.R.[29]	IMP		1301									
Fmr Yémen A.R.[29]	EXP		13									
	BAL		-1287		.	.	.	.	.	.	.	.
Fm Yemen Dm[29]	IMP	S	698									
FMR Yémen Dm[29]	EXP	S	40									
	BAL		-658		.	.	.	.	.	.	.	.
Iraq	IMP		7619	...	...	...	...	...	...	...	...	...
Iraq	EXP		...	...	...	...	...	...	...	...	...	...
	BAL		...	...	...	...	...	...	...	...	...	...
Israel[30]	IMP	S	9875	29579	37686	35449	35517	36303	42864	47142	50334	59039
Israël[30]	EXP	S	6260	19046	31404	29081	29347	31784	38618	42770	46789	54065
	BAL		-3615	-10533	-6282	-6368	-6170	-4519	-4245	-4371	-3544	-4973
Jordan	IMP	G	2733	3696	4597	4871	5076	5743	8128	10506	11447	13511
Jordanie	EXP	G	789	1769	1899	2294	2770	3082	3922	4302	5175	5725
	BAL		-1944	-1928	-2698	-2577	-2306	-2662	-4206	-6204	-6272	-7786
Kuwait	IMP	S	6007	7792	7156	7869	9007	10992	12630	15534	15960	19417
Koweït	EXP	S	10600	12785	19434	16203	15363	20677	28599	45189	55719	62163
	BAL		4593	4992	12278	8334	6356	9685	15968	29655	39759	42747
Lebanon	IMP	G	2203	5480	6230	7380	6560	7315	9609	9633	9647	12251
Liban	EXP	G	482	656	715	1093	1238	1813	2199	2337	2814	3574
	BAL		-1721	-4825	-5515	-6287	-5322	-5502	-7410	-7296	-6833	-8677
Occupied Palestinian Territory	IMP	S	.	.	2383	...	1516	...	2373	2667	2835	...
Territoire palestinien occupé	EXP	S	.	.	401	273	241	...	322	335	339	...
	BAL		.	.	-1982	...	-1275	...	-2052	-2331	-2496	...
Oman	IMP	G	3153	4248	5040	5798	6005	6572	8865	8827	10915	15978
Oman	EXP	G	3938	6101	11319	11074	11172	11669	13341	18692	21585	24136
	BAL		785	1854	6279	5276	5166	5096	4476	9865	10670	8158

Special Table A

Total imports and exports by regions and countries or areas

Imports CIF, exports FOB and balance: million U.S. dollars *[cont.]*

Importations et exportations totales par régions et pays ou zones

Importations CIF, exportations FOB et balance: en millions de dollars E.-U. *[suite]*

Country or Area - Pays ou Zone	IMP EXP BAL	G/S	1985	1995	2000	2001	2002	2003	2004	2005	2006	2007
Qatar	IMP	S	1139	3398	3252	3758	4052	4897	6005	10061	16441	22045
Qatar	EXP	S	3419	3651	11594	10871	10978	13383	18684	25762	34052	36970
	BAL		2280	253	8342	7114	6926	8485	12680	15702	17610	14925
Saudi Arabia	IMP	S	23600	28091	30197	31181	32293	36915	44744	59458	69800	90218
Arabie saoudite	EXP	S	27491	50040	77480	67973	72453	93245	125997	180736	211306	...
	BAL		3891	21949	47283	36792	40160	56331	81253	121278	141506	...
Syrian Arab Rep.	IMP	S	3967	4709	4055	4773	5097	5119	8411	10862	...	
République arab syrienne	EXP	S	1637	3563	4674	5257	6520	5731	7485	9174	...	
	BAL		-2329	-1146	620	484	1423	611	-926	-1688	...	
Turkey	IMP	S	11343	35709	54503	41399	49663	65637	96368	98998	133584	168527
Turquie	EXP	S	7958	21637	27775	31334	34561	46576	61683	71928	81912	106851
	BAL		-3386	-14072	-26728	-10065	-15101	-19061	-34685	-27070	-51672	-61676
United Arab Emirates	IMP	G	6549	20984	35009	37293	42652	52074	72082	84654	97864	121100
Emirats arabes unis	EXP	G	14043	27753	49835	48414	52163	67135	90997	117287	142505	154000
	BAL		7494	6769	14827	11121	9511	15061	18915	32633	44641	32900
Yemen[29]	IMP	S	.	1817	2327	2473	2927	3680	3988	4885	5300	5892
Yémen[29]	EXP	S	.	1917	4078	3373	3683	3923	4676	6376	7315	7160
	BAL		.	101	1751	900	755	243	688	1491	2015	1268
Non Petrol. Export[32]	IMP		...	...	...	...	...	...	...	...	...	...
Pétrole N. Compris[32]	EXP		18757	96706	102397	100182	92853	86061	79766	73931	68523	63510
	BAL		...	...	...	...	...	...	...	...	...	
Oceania	IMP		3466	6718	6983	7031	7665	9265	10113	10947	12404	14324
Océanie	EXP		1870	5542	5062	4515	4423	5559	6296	7055	8141	9520
	BAL		-1596	-1176	-1921	-2516	-3241	-3706	-3818	-3892	-4263	-4804
American Samoa[31]	IMP	S	296	416	506	516	499	624	604	521	579	
Samoa américaines[31]	EXP	S	202	272	346	318	388	460	446	374	439	
	BAL		-94	-144	-160	-198	-111	-164	-158	-147	-141	
Cook Islands	IMP	G	25	49	50	47	47	71	76	81	100	175
Iles Cook	EXP	G	3	5	9	7	5	9	7	5	3	5
	BAL		-22	-44	-41	-40	-42	-62	-69	-76	-96	-170
Fiji	IMP	G	442	892	857	886	906	1208	1444	1607	1802	1801
Fidji	EXP	G	236	619	538	534	519	674	693	701	679	755
	BAL		-205	-273	-319	-352	-386	-533	-751	-906	-1123	-1046
French Polynesia	IMP	S	549	848	932	1017	1268	1560	1478	1702	1650	1859
Polynésie française	EXP	S	41	173	200	174	168	151	185	210	198	194
	BAL		-508	-675	-732	-842	-1100	-1410	-1293	-1492	-1451	-1665
Guam	IMP	G	...	...	...	...	...	...	...	...	501	
Guam	EXP	G	...	...	...	...	...	...	53	52	53	
	BAL		...	...	...	...	...	...	...	...	-448	
Kiribati[6]	IMP	G	15	35	39	41	...	...	...	...	...	...
Kiribati[6]	EXP	G	4	7	6	5	...	...	...	...	...	...
	BAL		-11	-28	-33	-36	...	...	...	...	...	...
Marshall Islands	IMP	G	.	75	68	...	...	...	...	...	...	
Iles Marshall	EXP	G	.	23	7	...	...	...	...	...	...	
	BAL		.	-52	-61	...	...	...	...	...	...	
Micronesia[6]	IMP	S	.	100	...	...	...	...	...	...	...	
Micronésie[6]	EXP	S	.	43	...	...	...	...	...	...	...	
	BAL		.	-56	...	...	...	...	...	...	...	

Special Table A

Total imports and exports by regions and countries or areas
Imports CIF, exports FOB and balance: million U.S. dollars *[cont.]*

Importations et exportations totales par régions et pays ou zones
Importations CIF, exportations FOB et balance: en millions de dollars E.-U. *[suite]*

Country or Area - Pays ou Zone	IMP EXP BAL	G/S	1985	1995	2000	2001	2002	2003	2004	2005	2006	2007
N.Mariana Is	IMP	G	.	628	...	...	...	...	...	...	...	...
Iles Mariannes septentrionales	EXP	G	.	941	...	...	...	...	...	...	...	...
	BAL		.	313	...	...	...	...	...	...	...	...
New Caledonia	IMP	S	348	967	924	932	1008	1541	1637	1774	2132	2825
Nouvelle-Calédonie	EXP	S	271	570	605	453	476	785	1034	1086	1208	1906
	BAL		-78	-397	-318	-479	-532	-756	-603	-688	-924	-919
Niue	IMP	G	2	...	2	2	2	2	8	...	...	...
Nuie	EXP	G	0	...	0	0	0	0	0	0	...	...
	BAL		-2	...	-2	-2	-2	-2	-8	...	...	...
Palau	IMP	S	.	60	123	...	...	...	...	...	...	...
Palaos	EXP	S	.	14	...	...	...	...	...	...	...	...
	BAL		.	-47	...	...	...	...	...	...	...	...
Papua New Guinea	IMP	G	1008	1452	1151	1071	1235	1368	1681	1728	2287	2945
Papouasie-Nouvelle-Guinée	EXP	G	928	2654	2095	1805	1641	2206	2552	3273	4166	4683
	BAL		-80	1202	944	734	406	838	871	1546	1879	1737
Samoa	IMP	S	51	95	106	120	127	128	155	187	219	227
Samoa	EXP	S	16	9	14	16	14	15	11	12	11	15
	BAL		-35	-86	-92	-104	-114	-113	-145	-175	-208	-212
Solomon Islands	IMP	S	83	154	98	88	67	83	85	185	210	250
Iles Salomon	EXP	S	70	168	65	46	58	74	97	105	120	166
	BAL		-13	14	-33	-42	-9	-9	12	-80	-90	-84
Tonga	IMP	G	41	77	69	72	89	94	105	120	130	143
Tonga	EXP	G	5	15	9	7	14	18	15	10	11	9
	BAL		-36	-63	-60	-66	-75	-76	-90	-110	-119	-134
Tuvalu	IMP	G	3	...	...	...	...	...	...	...	...	...
Tuvalu	EXP	G	0	...	...	...	...	...	...	...	...	...
	BAL		-3	...	...	...	...	...	...	...	...	...
Vanuatu	IMP	G	70	95	87	86	90	106	128	149	160	202
Vanuatu	EXP	G	31	28	26	19	20	27	38	38	37	30
	BAL		-39	-67	-61	-67	-70	-79	-90	-111	-123	-172
Wallis Fut.I	IMP	S	...	14	...	...	...	...	...	...	...	...
Wallis et Fut.	EXP	S	...	0	...	...	...	...	...	...	...	...
	BAL		...	-13	...	...	...	...	...	...	...	...
Additional Country Groupings												
ANCOM	IMP		16543	39723	40636	45442	41255	39652	53231	69837	89330	115658
ANCOM	EXP		24463	39370	57495	50573	51795	53926	72656	102376	129801	144736
	BAL		7920	-353	16859	5131	10540	14273	19426	32539	40471	29078
APEC	IMP		770257	2144802	2959221	2765551	2863833	3227877	3926257	**4536110**	**5163466**	**5743698**
CEA	EXP		702003	2086153	2759141	2535246	2608400	2931404	3569139	**4135705**	**4842647**	**5532839**
	BAL		-68255	-58648	-200080	-230304	-255433	-296473	-357118	**-400405**	**-320819**	**-210858**
ASEAN	IMP		**54130**	**298763**	312923	287556	301858	319638	400430	**485378**	551897	**619235**
ANASE	EXP		**60046**	**265049**	364590	327981	346840	374212	468319	**538872**	636363	**714471**
	BAL		**5916**	**-33714**	51666	40425	44982	54574	67889	**53494**	84466	**95236**
CACM	IMP		5087	13293	21293	22046	23512	25466	28833	32904	37999	43833
MCAC	EXP		3794	8773	13442	12202	12532	13825	14941	16640	18475	21118
	BAL		-1293	-4520	-7850	-9844	-10980	-11641	-13892	-16264	-19524	-22715

Special Table A

Total imports and exports by regions and countries or areas
Imports CIF, exports FOB and balance: million U.S. dollars *[cont.]*

Importations et exportations totales par régions et pays ou zones
Importations CIF, exportations FOB et balance: en millions de dollars E.-U. *[suite]*

Country or Area - Pays ou Zone	IMP EXP BAL	G/S	1985	1995	2000	2001	2002	2003	2004	2005	2006	2007
CARICOM	IMP		5819	9368	13460	13371	13453	14485	16165	18673	21335	24041
CARICOM	EXP		4582	5402	7555	7175	6694	8378	10180	13641	18981	19925
	BAL		-1237	-3966	-5905	-6196	-6759	-6107	-5985	-5032	-2353	-4116
COMESA	IMP		23056	31602	34277	35678	34749	37238	47392	61178	68615	82719
COMESA	EXP		21886	23294	28881	26880	27057	35450	46334	62256	77777	90859
	BAL		-1170	-8308	-5396	-8798	-7693	-1788	-1058	1078	9162	8139
ECOWAS	IMP		14885	18925	19823	22959	19190	25222	31619	42343	44999	64431
CEDEA	EXP		18422	21705	29304	26509	26340	32189	44922	70562	62857	83659
	BAL		3537	2780	9481	3550	7151	6967	13303	28219	17858	19228
EMCCA	IMP		2913	3344	3846	5010	5782	6218	7198	8939	10927	13783
CEMAC	EXP		3962	6046	8356	8382	8972	11340	16434	22661	26942	29556
	BAL		1049	2702	4509	3372	3190	5122	9236	13723	16015	15773
LAIA	IMP		66865	210790	327011	319117	293525	303210	376023	446101	534889	641168
ALAI	EXP		97359	207059	328914	316626	321062	348874	432260	523666	631943	712129
	BAL		30493	-3730	1904	-2491	27537	45664	56237	77564	97055	70961
LDCs[2]	IMP		17267	30859	40986	46107	48374	58248	70959	82933	99328	113183
PMA[2]	EXP		11346	21333	32383	33166	36525	43436	58244	78727	96609	109648
	BAL		-5921	-9526	-8603	-12941	-11849	-14812	-12715	-4206	-2719	-3534
MERCOSUR	IMP		19355	79908	90005	84234	62348	69133	95089	113985	140850	184233
MERCOSUR	EXP		35248	70499	84624	87880	88900	106217	135811	163973	190236	223697
	BAL		15893	-9410	-5381	3646	26552	37084	40722	49988	49385	39465
NAFTA	IMP		442807	959238	1588749	1489591	1511991	1624559	1888295	2154652	2389717	2531862
NAFTA	EXP		327868	808468	1141064	1067883	1027312	1074800	1204411	1357983	1543422	1702941
	BAL		-114939	-150769	-447685	-421708	-484679	-549759	-683885	-796669	-846294	-828922
OECD	IMP		1438444	3681089	4729666	4526952	4666997	5401189	6460465	7180266	8168857	9221879
OCDE	EXP		1350448	3696381	4350428	4210553	4364460	5019530	5939598	6470708	7313365	8370025
	BAL		-87996	15291	-379238	-316399	-302537	-381659	-520867	-709557	-855492	-851854
OPEC	IMP		100843	157479	181461	192683	199833	225860	301834	388530	444994	555455
OPEP	EXP		156093	217012	366103	321240	325906	398743	530831	747950	889970	1072323
	BAL		55250	59533	184642	128557	126073	172883	228998	359420	444977	516868
EU27	IMP		.	.	2418200	2389956	2491013	3007649	3634491	3975487	4581969	5351307
UE27	EXP		.	.	2372663	2399443	2561153	3055726	3647262	3921586	4442472	5173872
	BAL		.	.	-45536	9487	70141	48077	12771	-53901	-139497	-177435
Extra-EU27[33]	IMP		.	.	913313	876828	884628	1057654	1277883	1465464	1698154	1956917
Extra-UE27[33]	EXP		.	.	781269	791773	843095	984114	1185129	1307916	1457176	1703336
	BAL		.	.	-132043	-85055	-41534	-73540	-92753	-157548	-240978	-253581
EU25	IMP		.	.	2398640	2367132	2465164	2972759	3587360	3916861	4507593	5251619
UE25	EXP		.	.	2357488	2382937	2541529	3030567	3613845	3882117	4395034	5115255
	BAL		.	.	-41153	15805	76365	57808	26485	-34744	-112559	-136364
Extra-EU25[33]	IMP		.	.	916360	880948	889542	1063891	1283863	1470417	1702321	1955505
Extra-UE25[33]	EXP		.	.	788642	801722	854112	999614	1205484	1331083	1489696	1740937
	BAL		.	.	-127718	-79227	-35430	-64277	-78379	-139334	-212625	-214568
Memorandum Items												
World excluding intra-EU27 trade	IMP		.	.	4649944	4424496	4550072	5224504	6414458	7448041	8572861	9818233
Monde excl. le intra-UE27 com.	EXP		.	.	4389525	4147665	4308694	4943536	6080974	7132718	8290863	9611129
	BAL		.	.	-260419	-276830	-241378	-280968	-333484	-315323	-281998	-207104

Special Table A

Total imports and exports by regions and countries or areas
Imports CIF, exports FOB and balance: million U.S. dollars *[cont.]*

Importations et exportations totales par régions et pays ou zones
Importations CIF, exportations FOB et balance: en millions de dollars E.-U. *[suite]*

Country or Area - Pays ou Zone	IMP EXP BAL	G/ S	1985	1995	2000	2001	2002	2003	2004	2005	2006	2007
World excluding intra-EU27 trade	IMP		.	.	76	75	74	73	73	75	75	74
Monde excl. le intra-UE27	EXP		.	.	73	72	71	70	71	73	74	73

Special Table A
Total imports and exports by regions and countries or areas
Imports CIF, exports FOB and balance: million U.S. dollars *[cont.]*
Importations et exportations totales par régions et pays ou zones
Importations CIF, exportations FOB et balance: en millions de dollars E.-U. *[suite]*

General note: System: G=General trade; S=Special trade.

World imports and exports are the sum of imports and exports of Developed economies, Commonwealth of Independent States, South-Eastern Europe, Northern Africa, Sub-Saharan Africa, Latin America and the Carribean, Eastern Asia, Southern Asia, South-Eastern Asia, Western Asia, and Oceania. These regional groupings are in accordance with the regional groupings adopted by the Millenium Development Indicators (see http://unstats.un.org/unsd/mi/mi_worldmillennium_new.asp). The regional totals for exports and imports have been adjusted to exclude the re-exports of countries or areas comprising each region. Estimates for certain countries or areas not shown separately as well as for those shown separately but for which no data are yet available are included in the regional and world totals. Regional totals containing estimated data are printed in bold.

Export and import values in terms of U.S. dollars are derived by the United Nations Statistics Division (UNSD) from data published in national publications, or from data on the Monthly Bulletin of Statistics Questionnaires for the following countries: American Samoa,, Bermuda, Brunei Darussalam, Cayman Is., Cook Is, Cuba, Faeroe Is., Eritrea, French Guiana, French Polynesia, Greenland, Guinea, Iraq, Kiribati, Montserrat, Netherland Antilles, New Caledonia, Russian Federation (beginning 1994), St. Kitts-Nevis, St. Pierre Miquelon, Serbia and Montenegro, Tajikistan, Turkmenistan, and Uzbekistan. Export and import dollar values for all other countries are derived from data published by the International Monetary Fund (IMF) in the International Financial Statistics publication.

Les importations et les exportations du monde sont la somme les importations et les des économies développées, Commonwealth des états indépendants, sud-eastern l'Europe, Afrique nordique, Afrique Sous-saharien, Amérique latine et le Carribean, Asie orientale, Asie méridionale, sud-eastern Asie, Asie occidentale, et Océanie. Les totaux régionaux de pour des exportations et des importations ont été ajustés pour exclure les réexportations les pays ou les secteurs comportant chaque région. Des évaluations pour certains pays ou secteurs non montrés séparément comme pour ceux montrés séparément mais pour ce qui n'est aucune donnée pourtant disponible sont incluses dans les totaux régionaux et du monde. Des totaux régionaux contenant des données sont imprimés dans "bold". Des valeurs d'exportation et d'importation en termes de dollars des E.U.sont dérivées par la Division de statistiques des Nations Unies (DSMU) des données éditées en publications nationales, ou des données sur le bulletin mensuel des questionnaires de statistiques pour les pays suivants: Les Samoa Américaines, les Bermudes, Brunei Darussalam, Iles Caïmanes, Iles Cook, le Cuba, Erythée, la Fédération Russe (commençant 1994), Iles Féroé, la Guyane Française, Guinée, le Groenland, l'Irak, le Kiribati, le Montserrat, Netherland Antilles, Nouvelle Calédonie, la Polynésie Française, Serbie et Monténégro, St. Kitts-Nevis, St. Pierre Miquelon, Tadjikistan, Turkmenistan et Uzbekistan. Des valeurs du dollar d'exportation et d'importation pour tous autres pays sont dérivées des données éditées par le Fonds monétaire international (FMI) dans la publication "Statistiques Financière Internationales".

1   In November 2008, extrapolated figures for re-exports of Japan were replaced with actual data for the years 1999-2007 which lead to an increase of exports and imports on world level by 17 billion in 2004, 35 billion in 2005, 62 billion in 2006 and 103 billion in 2007.

2   In February 2008, the regional total for South-eastern Asia and the World total have been revised upwards very significantly for 2006 and the first three quarters of 2007 due to a correction of estimated data (re-exports) used in the calculation of these totals.

3   In April 2006, regional totals have been revised downwards due to the additional identification of re-exports, in particular for Singapore and Italy.

4   Developed Economies of America, Europe, and the Asia-Pacific region.

5   This classification is intended for statistical convenience and does not, necessarily, express a judgement about the stage reached by a particular country in the development process.

6   Imports FOB.

7   Economic Union of Belgium and Luxembourg. Intertrade between the two countries is excluded. Beginning January 1997, data refer to Belgium only and include trade between Belgium and Luxembourg.

8   Data exclude re-exports.

9   See explanatory notes pertaining to Czechoslovakia on page vi.

10   Prior to January 1991, excludes trade conducted in accordance with the supplementary protocol to the treaty on the basis of relations between the Federal Republic of

1   En novembre 2008, les statistiques de re-exportations du Japon, jusque la estimées ont été mises à jour avec des données actuelles pour 1999-2007. Ceci a conduit à une augmentation des exportations et importations mondiales de 17 milliards en 2004, 35 milliards en 2005, 62 milliards en 2006 and 103 milliards en 2007.

2   En février 2008, le total régional de l'asie du sud-est et le total du monde ont été révisés vers le haut très signicativement pour l'année 2006 et les premiers trois trimestres de l'année 2007 à cause d'une correction des données estimées (des ré-exportations) qui sont utilisées dans ces totaux.

3   En avril 2006, les totaux régionaux ont été diminués à cause d'une identification additionelle des re-exportations, en particulier celles du Singapour et de l'Italie.

4   Économies développées de l'Amérique, de l'Europe, et de la région Asie-Pacifique.

5   Cette classification est utilisée pour plus de commodité dans la présentation des statistiques et n'implique pas nécessairement un jugement quant au stade de développement auquel est parvenu un pays donné.

6   Importations FOB.

7   L'Union économique belgo-luxembourgeoise. Non compris le commerce entre ces pays. A partir de janvier 1997, les données se rapportent à Belgique seulement et recouvrent les échanges entre la Belgique et le Luxembourg.

8   Les données non compris les réexportations.

9   Voir les notes explicatives sur les données concernant Tchécoslovaquie à la page viii.

10   Avant janvier 1991, non compris le commerce effectué en accord avec le protocole additionnel au traité définissant la base des relations entre la République Fédérale

Special Table A
Total imports and exports by regions and countries or areas
Imports C.I.F., exports F.O.B. and balance: million U.S. dollars *[cont.]*
Importations et exportations totales par régions et pays ou zones
Importations C.I.F., exportations F.O.B., et balance: en millions de dollars E.-U. *[suite]*

Germany and the former German Democratic Republic.

d'Allemagne et l'ancienne République Démocratique Allemande.

11   Beginning 1997, trade data for France include the import and export values of French Guiana, Guadeloupe, Martinique, and Reunion.

11   A compter de 1997, les valeurs de commerce pour la France comprennent les valeurs des importations et des exportations de la Guyane française, la Guadeloupe, la Martinique, et la Réunion.

12   Prior to 1991, data refer to the Federal Republic of Germany. See explanatory notes pertaining to Germany on page v.

12   Avant 1991, les données se rapportent à la République Fédérale d'Allemagne. Voir les notes explicatives concerner l'Allemagne à la page vii.   .

13   Prior to 1997, included under Belgium. See also footnote for Belgium.

13   Avant 1997, inclus sous la Belgique. Voir également l'apostille pour la Belgique.

14   Including the trade of the U.S. Virgin Islands and Puerto Rico but excluding shipments of merchandise between the United States and its other possessions (Guam and American Samoa). Data include imports and exports of non-monetary gold.

14   Y compris le commerce des Iles Vierges américaines et de Porto Rico mais non compris les échanges de marchandise, entre les Etats-Unis et leurs autres possessions (Guam et Samoa americaines). Les données comprennent les importations et exportations d'or non-monétaire.

15   See explanatory notes on data pertaining to Yugoslavia on page x.

15   Voir les notes explicatives sur les données concernant Yougoslavie à la page x.

16   Beginning 2006, data for Serbia and Montenegro is reported separately.

16   Depuis début 2006, les données relatives à la Serbie et au Montenegro sont déclarées séparément.

17   The CIS regional total in 1985 includes Estonia, Latvia and Lithuania as members of the former USSR.

17   Le total régional en 1985 inclut l'Estonie, la Lettonie et la Lithuanie comme membres de l'ancienne URSS.

18   Imports exclude petroleum imported without stated value. Exports cover domestic exports.

18   Non compris le petrole brute dont la valeur des importations ne sont pas stipulée. Les exportations sont les exportations d'intérieur.

19   Exports include gold.

19   Les exportations comprennent l'or.

20   Beginning in January 1998, foreign trade data refer to South Africa only, excluding intra-trade of the Southern African Common Customs Area. Prior to January 1998, trade data refer to the Southern African Common Customs Area, which includes Botswana, Lesotho, Namibia, South Africa and Swaziland.

20   A compter de janvier 1998, les données sur le commerce extérieur ne se rapportent qu'à l'Afrique du Sud. et ne tiennent pas compte des échanges commerciaux entre les pays de l'Union douanière de l'Afrique du Sud. qui incluait l'Afrique du Sud, Botswana, Lesotho, Namibie, et Swaziland.

21   Year ending June 30 through 1994. Year ending December 31 thereafter.

21   Année finissant juin 30 à 1994. Année finissant décembre 31 ensuite.

22   Trade statistics exclude certain oil and chemical products.

22   Les statistiques commerciales font exclusion de certains produits pétroliers et chimiques.

23   Export and import values exclude trade in the processing zone.

23   Les valeurs à l'exportation et à l'importation excluent le commerce de la zone de transformation.

24   Trade data include maquiladoras and exclude goods from customs-bonded warehouses. Total exports include revaluation and exports of silver.

24   Les statistiques du commerce extérieur comprennent maquiladoras et ne comprennent pas les marchandises provenant des entrepôts en douane. Les exportations comprennent la réevaluation et les données sur les exportations d'argent.

25   Exports include re-exports and petroleum products.

25   Exportations comprennent re-exportations et produits pétroliers.

26   Excluding military goods, fissionable materials, bunkers, ships, and aircraft..

26   À l'exclusion des marchandises militaires, des matières fissibles, des soutes, des bateaux, et de l'avion.

27   Year ending 20 March of the year stated.

27   Année finissant le 20 mars de l'année indiquée.

28   Data include oil and gas.The value of oil exports and total exports are rough estimates based on information published in various petroleum industry journals.

28   Les données comprennent le pétrole et le gaz. La valeur des exportations de pétrole et des exportations totales sont des évaluations grossières basées sur l'information pubilée à divers journaux d'industrie de pétrole.

29   See explanatory notes on data pertaining to Yemen on page v.

29   Voir les notes explicatives sur les données concernant Yemen à la page vii.

30   Imports and exports net of returned goods. The figures also exclude Judea and Samaria and the Gaza area.

30   Importations et exportations nets, ne comprennant pas les marchandises retournées. Sont également exclues les données de la Judée et de Samaria et ainsi que la zone de Gaza.

31   Year ending 30 September of the years stated.

31   Année finissant le 30 septembre de l'année indiquée.

32   Data refer to total exports less petroleum exports of Asia Middle East countries where petroleum, in this case, is the sum of SITC groups 333, 334 and 335.

32   Les données se rapportent aux exportations totales moins les exportations pétrolières de moyen-orient d'Asie. Dans ce cas, le pétrole est la somme des groupes CTCI 333, 334 et 335.

33   Excluding intra-EU trade.

33   Non compris le commerce d'intra-UE.

Special Table B
Total imports and exports by countries and areas
Imports CIF, exports FOB and balance: million of national currency
Importations et exportations totales par pays ou zone
Importations CIF, exportations FOB et balance: en millions de monnaie nationale

Country or Area - Pays ou Zone	IMP EXP BAL	G/S	1985	1995	2000	2001	2002	2003	2004	2005	2006	2007
Albania	IMP	G	3176	66145	157109	190155	210368	225982	236073	262080	299134	376795
Albanie	EXP	G	2665	18712	37037	44095	47490	54487	62121	65766	78122	96712
leks	BAL		-511	-47433	-120072	-146060	-162878	-171495	-173952	-196314	-221012	-280083
Algeria	IMP	S	49491	513192	690208	767517	953737	958181	1309270	1491690	1525940	...
Algérie	EXP	S	64564	498451	1658050	1477350	1497940	1792700	2255790	3370810	3837340	...
dinars	BAL		15073	-14741	967842	709833	544203	834519	946520	1879120	2311400	...
Andorra	IMP	S	...	...	1111	1162	1269	1336	1411	1442	1417	1396
Andorre	EXP	S	...	...	49	58	67	79	98	114	120	93
euros	BAL		...	...	-1062	-1103	-1202	-1257	-1313	-1328	-1297	-1304
Anguilla[1]	IMP	S	...	87	269	223	199	217	285	360	386	...
Anguilla[1]	EXP	S	...	1	12	10	12	11	16	20	36	...
EC dollars	BAL		...	-86	-257	-213	-187	-206	-269	-340	-350	...
Australia	IMP	G	37054	82673	123461	123539	133424	136577	148744	164137	184750	196756
Australie	EXP	G	32408	71657	110464	122664	119483	109811	117577	138716	163551	168067
dollars	BAL		-4646	-11016	-12997	-875	-13941	-26766	-31167	-25421	-21199	-28689
Austria[2]	IMP	S	430969	668031	74935	78692	77104	80993	91094	96499	104201	113798
Autriche[2]	EXP	S	353965	580014	69692	74252	77400	78903	89848	94705	103742	114194
euros	BAL		-77004	-88017	-5243	-4440	296	-2091	-1247	-1794	-459	396
Bahamas[3]	IMP	G	3078	1243	2074	1912	1728	1762	1905	2230	2401	2449
Bahamas[3]	EXP	G	2728	176	576	423	446	425	477	562	674	485
dollars	BAL		-349	-1067	-1498	-1489	-1282	-1337	-1428	-1668	-1726	-1965
Bahrain	IMP	G	1168	1397	1742	1619	1875	2127	2777	3305	3392	4246
Bahreïn	EXP	G	1089	1546	2329	2098	2176	2491	2841	3820	4371	5036
dinars	BAL		-79	149	587	478	300	363	64	515	979	790
Bangladesh	IMP	G	70867	261878	436450	465607	458119	553235	750513	828667	1032510	1188832
Bangladesh	EXP	G	27997	127782	249860	269150	264295	306090	393862	465466	627999	704728
taka	BAL		-42870	-134096	-186590	-196457	-193824	-247145	-356651	-363201	-404511	-484104
Barbados	IMP	G	1222	1541	2312	2137	2142	2391	2826	3209	3172	3419
Barbade	EXP	G	713	478	545	519	483	500	557	719	770	837
dollars	BAL		-508	-1063	-1767	-1619	-1659	-1891	-2269	-2490	-2402	-2582
Belgium[2,4]	IMP	S	3317800	4701990	192180	199490	209730	207690	229610	256140	280320	301700
Belgique[2,4]	EXP	S	3167700	5177780	203940	212550	228580	225950	246710	269830	292240	315310
euros	BAL		-150100	475790	11760	13060	18850	18260	17100	13690	11920	13610
Belize	IMP	G	256	514	1049	1034	1049	1104	1028	1186	1352	1369
Belize	EXP	G	179	323	436	338	338	410	426	416	532	508
dollars	BAL		-77	-191	-613	-696	-711	-694	-602	-770	-819	-861
Benin[5]	IMP	S	148777	372200	400636	456510	502450	515050	470970	471930	517661	531986
Bénin[5]	EXP	S	67348	209600	279400	273900	312100	322800	300066	300129	298047	282767
CFA francs	BAL		-81429	-162600	-121236	-182610	-190350	-192250	-170904	-171801	-219614	-249219
Bhutan	IMP	G	927	3642	7874	9013	9554	11599	18625	17035	19012	19847
Bhoutan	EXP	G	272	3349	4629	5002	5479	6190	8293	11387	18772	24809
ngultrum	BAL		-655	-293	-3245	-4011	-4075	-5408	-10332	-5649	-240	4962
Bosnia Herzegovina	IMP	S	.	...	6583	7331	8048	8223	9306	11179	11389	13899
Bosnie-Herzégovine	EXP	S	.	...	2265	2256	2089	2363	2819	3783	5164	5937
marka	BAL		.	...	-4318	-5075	-5959	-5860	-6487	-7395	-6225	-7962
Botswana	IMP	G	.	.	10617	10567	11675	12117	15165	16161	17845	24806
Botswana	EXP	G	.	.	13647	14661	15345	13909	16487	22659	26318	31056
pula	BAL		.	.	3031	4095	3670	1792	1322	6498	8473	6250

Special Table B

Total imports and exports by countries and areas

Imports CIF, exports FOB and balance: million of national currency *[cont.]*

Importations et exportations totales par pays ou zone

Importations CIF, exportations FOB et balance: en millions de monnaie nationale *[suite]*

Country or Area - Pays ou Zone	IMP EXP BAL	G/S	1985	1995	2000	2001	2002	2003	2004	2005	2006	2007
Brunei Darussalam	IMP	S	1348	2960	1908	2046	2787	2312	2412	...	...	...
Brunéi Darussalam	EXP	S	6533	3388	6734	6522	6629	7704	8563	...	...	...
dollars	BAL		5185	429	4826	4476	3842	5393	6150	...	...	...
Bulgaria[6]	IMP	S	14	380	13857	15897	16451	18797	22726	28688	36142	42757
Bulgarie[6]	EXP	S	14	360	10247	11176	11858	13042	15617	18515	23493	26427
leva	BAL		0	-20	-3610	-4721	-4593	-5755	-7109	-10173	-12649	-16330
Burkina Faso[5]	IMP	G	146243	227000	435018	480873	515074	537610	670922	727906	784335	814754
Burkina Faso[5]	EXP	G	31157	138000	148803	163468	171976	186300	253200	246855	307459	316316
CFA francs	BAL		-115086	-89000	-286215	-317405	-343098	-351310	-417722	-481051	-476876	-498438
Burundi	IMP	S	22435	58186	106059	115249	121050	169742	194054	286960	442512	346099
Burundi	EXP	S	13522	25982	35223	31978	28867	40698	51706	61489	60536	67364
francs	BAL		-8913	-32204	-70836	-83271	-92183	-129044	-142348	-225472	-381976	-278735
Cameroon[5]	IMP	S	508756	598709	1060100	1357600	1300600	1257370	1271210	1442630	1647350	1802040
Cameroun[5]	EXP	S	321751	824276	1305100	1282100	1256000	1326620	1308440	1475690	1870070	1797250
CFA francs	BAL		-187005	225567	245000	-75500	-44600	69250	37230	33060	222720	-4790
Canada[7]	IMP	G	110130	224977	354728	343311	348198	334331	354859	391658	395550	406360
Canada[7]	EXP	G	124249	263697	410994	402172	396020	381655	395897	434874	441764	446418
dollars	BAL		14119	38720	56266	58861	47822	47324	41038	43216	46214	40058
Cape Verde	IMP	G	7445	19394	27517	28835	32338	34294	38304	38854	47654	60416
Cap-Vert	EXP	G	463	687	1271	1232	1235	1245	1340	1562	1815	1548
escudos	BAL		-6982	-18707	-26245	-27603	-31103	-33049	-36964	-37292	-45839	-58867
Cayman Islands	IMP	G	123	332	575	515	496	556	725	995	889	882
Iles Caïmanes	EXP	G	2	3	3	4	2	20	20	49	21	22
dollars	BAL		-121	-328	-572	-512	-494	-537	-705	-947	-868	-860
Cent. Afr. Rep.[5]	IMP	S	50686	86900	83301	78435	83639	68582	79900	92400	106147	110231
Rép. centrafricaine[5]	EXP	S	41217	85300	114628	104091	102457	74394	66564	67516	82617	93457
CFA francs	BAL		-9469	-1600	31327	25656	18818	5812	-13336	-24884	-23530	-16774
Chad[5]	IMP	S	74708	182400	225697	497733	1147240	459148	503455	501095	683940	718900
Tchad[5]	EXP	S	27781	121273	130200	138544	128943	349301	1157470	1661000	1782010	1653470
CFA francs	BAL		-46927	-61127	-95497	-359189	-1018297	-109847	654015	1159905	1098070	934570
Comoros	IMP	S	16481	23411	22961	28039	27705	30513	34074	39041	45189	43134
Comores	EXP	S	7048	4236	7476	9346	9932	11639	7409	4757	3893	3055
francs	BAL		-9433	-19175	-15485	-18692	-17773	-18875	-26665	-34284	-41296	-40079
Congo	IMP	S	268697	334183	341001	514930	484581	497467	478070	791821	998521	1431570
Congo	EXP	S	488515	585300	1772110	1506390	1589130	1555870	1813600	2502840	3294210	2923530
francs	BAL		219818	251117	1431109	991460	1104549	1058403	1335530	1711019	2295689	1491960
Cook Islands	IMP	G	50	74	112	112	102	121	114	115	154	237
Iles Cook	EXP	G	6	7	20	16	11	15	11	7	5	7
NZ dollars	BAL		-43	-67	-92	-95	-91	-106	-104	-108	-148	-230
Cote d'Ivoire[5,8]	IMP	S	772980	1463000	1982900	1772500	1711800	1877900	2266870	2769800	2728200	2923530
Côte d'Ivoire[5,8]	EXP	S	1318060	1899700	2768200	2892700	3676600	3364000	3655200	4060100	4375800	4025840
CFA francs	BAL		545080	436700	785300	1120200	1964800	1486100	1388330	1290300	1647600	1102310
Cuba	IMP	S	8758	2805	3363	3736	4151	4613	5562	7528	9420	10083
Cuba	EXP	S	6531	1625	1219	1354	1504	1672	2188	1999	2759	3701
pesos	BAL		-2227	-1180	-2144	-2382	-2647	-2941	-3374	-5529	-6661	-6381
Cyprus	IMP	G	762	1670	2402	2527	2353	2212	2646	2920	3185	3688
Chypre	EXP	G	291	556	590	629	470	430	506	606	530	535
pounds	BAL		-472	-1115	-1812	-1898	-1883	-1782	-2140	-2314	-2655	-3154

Special Table B

Total imports and exports by countries and areas

Imports CIF, exports FOB and balance: million of national currency *[cont.]*

Importations et exportations totales par pays ou zone

Importations CIF, exportations FOB et balance: en millions de monnaie nationale *[suite]*

Country or Area - Pays ou Zone	IMP EXP BAL	G/S	1985	1995	2000	2001	2002	2003	2004	2005	2006	2007
Czech Rep	IMP	S	.	699027	1309570	1456280	1392000	1512760	1836550	1829960	2104810	239132
République. tchèque	EXP	S	.	574722	1121100	1269630	1254390	1370930	1722660	1868590	2144570	247923
koruny	BAL		.	-124305	-188470	-186650	-137610	-141830	-113890	38630	39760	8791
Denmark	IMP	S	191562	256094	358871	367032	384710	369701	400124	445797	505379	53664
Danemark	EXP	S	179578	278515	408239	424669	442754	429272	452400	501552	544628	55840
kroner	BAL		-11984	22421	49368	57637	58044	59571	52276	55755	39249	2176
Djibouti	IMP	G	35670	31395	...	34833	35022	42339	46449	49286	59664	7286
Djibouti	EXP	G	2488	2414	...	5687	6331	6620	6750	7020	9805	1066
francs	BAL		-33182	-28981	...	-29146	-28691	-35719	-39699	-42266	-49859	-6220
Dominica	IMP	S	149	317	400	354	313	345	390	447	451	51
Dominique	EXP	S	77	122	150	124	125	112	118	125	...	
EC dollars	BAL		-73	-195	-249	-229	-188	-234	-272	-321	...	
Egypt[9]	IMP	S	7773	39892	48645	50660	56480	65082	79708	114687	119154	15255
Egypte[9]	EXP	S	2600	11704	16274	16343	21184	36823	46665	61618	78746	9137
pounds	BAL		-5173	-28188	-32371	-34317	-35297	-28259	-33043	-53069	-40408	-6117
Equatorial Guinea[5]	IMP	G	8947	24897	321101	595960	353373	718364	827822	1112430	1370490	148573
Guinée équatoriale[5]	EXP	G	7441	42683	781038	1271820	1475520	1627940	2429500	3687300	4296070	484059
CFA francs	BAL		-1506	17786	459937	675860	1122147	909576	1601678	2574870	2925580	335486
Estonia[10]	IMP	S	.	29101	72214	75080	79472	89426	104878	128435	163563	17228
Estonie[10]	EXP	S	.	21040	53900	57858	56991	62628	74614	96747	119285	12490
krooni	BAL		.	-8061	-18314	-17222	-22481	-26798	-30264	-31688	-44279	-4738
Ethiopia	IMP	G	2056	7053	10369	15297	13900	18223	26663	35768	41797	4761
Ethiopie	EXP	G	689	2603	3991	3850	4114	4269	5857	7826	9013	1154
birr	BAL		-1367	-4450	-6378	-11447	-9785	-13954	-20805	-27942	-32784	-3606
Extra-EU25[11]	IMP				995980	983748	942207	940757	1032373	1183780	1355091	142512
Extra-UE25[11]	EXP				857782	895843	903549	882887	969274	1071858	1185070	126829
euros	BAL				-138198	-87904	-38658	-57870	-63099	-111922	-170021	-15683
Extra-EU27[11]	IMP				992698	979145	936972	935246	1027536	1179850	1351745	142610
Extra-UE27[11]	EXP				849739	884707	891899	869236	952925	1053198	1159276	124098
euros	BAL				-142959	-94438	-45073	-66010	-74611	-126652	-192468	-18511
Faeroe Islands	IMP	G	2631	1759	4306	4147	...	...	...	...	...	
Iles Féroé	EXP	G	1899	2026	3821	4279	...	...	...	...	...	
D kroner	BAL		-732	267	-485	132	...	...	...	...	...	
Fiji	IMP	G	508	1254	1822	2017	1970	2285	2502	2723	3120	289
Fidji	EXP	G	271	870	1152	1218	1129	1266	1201	1187	1175	121
dollars	BAL		-237	-384	-671	-799	-841	-1019	-1301	-1536	-1945	-168
Finland[2]	IMP	G	81350	122428	36837	35845	35611	36775	40729	47028	55252	5961
Finlande[2]	EXP	G	83976	172380	49485	47768	47245	46378	48915	52454	61489	6568
euros	BAL		2626	49952	12647	11923	11634	9604	8186	5426	6237	607
Fm Czechoslovakia[7,12]	IMP	G	191137	.	.	.	.	.	.	.	.	
L'ex-Tchécoslovaquie[7,12]	EXP	G	197274	.	.	.	.	.	.	.	.	
koruny	BAL		6137	.	.	.	.	.	.	.	.	
Fm German D.R.[7,13]	IMP	G	86701	.	.	.	.	.	.	.	.	
L'ex-Allemagne rép. dem. du[7,13]	EXP	G	93490	.	.	.	.	.	.	.	.	
GDR marks	BAL		6789	.	.	.	.	.	.	.	.	
Fm Yemen A.R.[14]	IMP		9501	.	.	.	.	.	.	.	.	
Fmr Yémen A.R.[14]	EXP		97	.	.	.	.	.	.	.	.	
rials	BAL		-9404	.	.	.	.	.	.	.	.	

Special Table B

Total imports and exports by countries and areas

Imports CIF, exports FOB and balance: million of national currency *[cont.]*

Importations et exportations totales par pays ou zone

Importations CIF, exportations FOB et balance: en millions de monnaie nationale *[suite]*

Country or Area - Pays ou Zone	IMP EXP BAL	G/ S	1985	1995	2000	2001	2002	2003	2004	2005	2006	2007
Fm Yemen Dm[14]	IMP	S	241	.	.	.	.	.	.	.	.	.
FMR Yémen Dm[14]	EXP	S	14	.	.	.	.	.	.	.	.	.
dinars	BAL		-227	.	.	.	.	.	.	.	.	.
Former USSR[15]	IMP	G	69429	.	.	.	.	.	.	.	.	.
L'ex-URSS[15]	EXP	G	72664	.	.	.	.	.	.	.	.	.
roubles	BAL		3235	.	.	.	.	.	.	.	.	.
France[2,16]	IMP	S	967915	1403800	337680	337200	330800	327660	356170	389556	427730	450294
France[2,16]	EXP	S	906889	1420270	326090	332000	330590	323150	341820	352873	384894	395281
euros	BAL		-61026	16470	-11590	-5200	-210	-4510	-14350	-36683	-42836	-55013
French Guiana[16]	IMP	S	2287	3750	.	.	.	.	.	.	.	.
Guyane française[16]	EXP	S	337	654	.	.	.	.	.	.	.	.
francs	BAL		-1950	-3096	.	.	.	.	.	.	.	.
French Polynesia[17]	IMP	S	88940	76065	120757	135581	160158	164959	141788	163592	155462	160640
Polynésie française[17]	EXP	S	6564	15456	25950	23393	21075	15812	17736	20165	18651	16719
CFP francs	BAL		-82376	-60609	-94807	-112189	-139083	-149147	-124053	-143427	-136810	-143921
Gabon[5]	IMP	S	384000	440200	708000	629680	656563	606192	642394	776398	901909	1054390
Gabon[5]	EXP	S	876700	1354400	1852560	1848720	1680440	1642470	1912390	2563500	2745170	2851640
CFA francs	BAL		492700	914200	1144560	1219040	1023877	1036278	1269996	1787102	1843261	1797250
Gambia	IMP	G	362	1741	2391	2102	3199	4273	6873	6772	7277	7587
Gambie	EXP	G	173	155	192	157	239	218	300	229	322	323
dalasis	BAL		-189	-1586	-2199	-1945	-2960	-4054	-6573	-6544	-6955	-7264
Germany[2,13,18]	IMP	S	463810	664233	538311	542774	518532	534534	577375	628087	733990	772513
Allemagne[2,13,18]	EXP	S	537164	749538	597440	638268	651320	664455	733456	786265	893041	969050
euros	BAL		73354	85305	59129	95494	132788	129921	156081	158178	159051	196537
Ghana[19]	IMP	G	5	229	1617	2260	2157	2784	3666	5218	5960	7465
Ghana[19]	EXP	G	3	207	732	...	...	...	...	2541	3425	4041
cedis	BAL		-1	-22	-885	...	...	...	...	-2677	-2535	-3424
Gibraltar	IMP		71	259	318	303	256	286	292	303	...	...
Gibraltar	EXP		11	74	84	84	99	90	108	110	...	...
pounds	BAL		-60	-185	-234	-219	-158	-196	-184	-193	...	...
Greenland	IMP	G	3140	2431	2947	2693	3057	3031	3269	3591	3656	3643
Groenland	EXP	G	1842	2081	2205	2233	2389	2285	2282	2426	2348	2332
D kroner	BAL		-1298	-349	-742	-460	-668	-746	-987	-1166	-1308	-1310
Grenada[1]	IMP	S	187	334	664	592	545	687	630	860	757	...
Grenade[1]	EXP	S	60	59	191	161	157	113	82	106	54	...
EC dollars	BAL		-127	-275	-473	-431	-388	-574	-548	-754	-703	...
Guadeloupe[16]	IMP	S	5745	9401	.	.	.	.	.	.	.	.
Guadeloupe[16]	EXP	S	669	788	.	.	.	.	.	.	.	.
francs	BAL		-5076	-8613	.	.	.	.	.	.	.	.
Guinea-Bissau[5]	IMP	G	...	36990	42400	45400	40400	37800	43848	55800	51300	52719
Guinée-Bissau[5]	EXP	G	...	12310	44300	46100	37600	37900	40150	47200	33500	33549
CFA francs	BAL		...	-24680	1900	700	-2800	100	-3698	-8600	-17800	-19171
Guyana	IMP	S	960	74912	106113	109251	109865	111693	129268	157564	178065	214461
Guyana	EXP	S	706	64581	91521	91831	94479	99592	117706	110556	117758	137419
dollars	BAL		-254	-10330	-14593	-17420	-15386	-12101	-11562	-47008	-60307	-77042
Haiti	IMP	G	2208	9866	21936	24746	33061	50324	50088	58802	75779	61983
Haïti	EXP	G	842	1666	6725	6701	8203	14682	15007	19017	19226	19232
gourdes	BAL		-1366	-8200	-15211	-18045	-24858	-35642	-35081	-39785	-56553	-42750

Special Table B

Total imports and exports by countries and areas

Imports CIF, exports FOB and balance: million of national currency *[cont.]*

Importations et exportations totales par pays ou zone

Importations CIF, exportations FOB et balance: en millions de monnaie nationale *[suite]*

Country or Area - Pays ou Zone	IMP EXP BAL	G/ S	1985	1995	2000	2001	2002	2003	2004	2005	2006	2007
Hungary[10]	IMP	S	410130	1936380	9064020	9665060	9704100	10662800	12063700	13145500	16224700	1728084
Hongrie[10]	EXP	S	424610	1621980	7942780	8748170	8873970	9528610	11093900	12425500	15591100	1709574
forint	BAL		14480	-314400	-1121240	-916890	-830130	-1134190	-969800	-720000	-633600	-18510
Iceland	IMP	G	37600	113388	203847	218296	207632	213590	249063	287257	357965	40730
Islande	EXP	G	33826	116613	148516	196803	204078	182960	202824	185286	227785	28764
kronur	BAL		-3774	3225	-55331	-21493	-3554	-30630	-46239	-101971	-130180	-11966
India[20]	IMP	G	196768	1127480	2316550	2378120	2746720	3374760	4521180	6300170	7944530	888063
Inde[20]	EXP	G	113192	994546	1906530	2045160	2448390	2743190	3472670	4393450	5478830	600200
rupees	BAL		-83576	-132934	-410020	-332960	-298330	-631570	-1048510	-1906720	-2465700	-287863
Ireland[2]	IMP	G	9428	26181	55909	57230	54805	47107	49347	55586	66623	6244
Irlande[2]	EXP	G	9743	35330	83889	92730	92893	81639	83807	88091	83481	8951
euros	BAL		315	9149	27980	35500	38088	34532	34460	32505	16858	2706
Italy[2]	IMP	S	167095001	335661000	258507	263756	261226	262997	285633	309292	351034	37193
Italie[2]	EXP	S	145887998	381175000	260414	272990	269064	264615	284412	299923	331206	36452
euros	BAL		-21207003	45514000	1907	9234	7838	1618	-1221	-9369	-19828	-740
Jamaica	IMP	G	6147	99418	141987	154526	171201	209852	230964	277869	349303	44285
Jamaïque	EXP	G	3128	49916	55621	56061	53897	67931	85017	93441	123220	14285
dollars	BAL		-3018	-49502	-86366	-98465	-117304	-141921	-145947	-184428	-226083	-30000
Japan	IMP	G	31076000	31534000	40915000	42402000	42177000	44319300	49146800	56852400	67407600	7285400
Japon	EXP	G	41959000	41531600	51649000	49010000	52109000	54548500	61170200	65661500	75621200	8338400
yen	BAL		10883000	9997600	10734000	6608000	9932000	10229200	12023400	8809100	8213600	1053000
Jordan	IMP	G	1074	2590	3259	3454	3599	4072	5763	7449	8116	957
Jordanie	EXP	G	311	1241	1347	1627	1964	2185	2781	3050	3669	405
dinars	BAL		-764	-1349	-1913	-1827	-1635	-1887	-2982	-4399	-4447	-552
Kenya	IMP	G	23589	155168	236613	250782	255569	282616	360812	464495	526870	60512
Kenya	EXP	G	15725	97284	132183	152712	166635	183121	212602	248929	247900	27459
shillings	BAL		-7864	-57884	-104430	-98070	-88934	-99495	-148210	-215566	-278970	-33052
Kiribati[7]	IMP	G	22	48	68	79	...	...	...	...	...	
Kiribati[7]	EXP	G	6	10	11	9	...	...	...	...	...	
Aust. dollars	BAL		-16	-38	-57	-70	...	...	...	...	...	
Kuwait	IMP	S	1806	2323	2195	2413	2736	3274	3722	4536	4629	551
Koweït	EXP	S	3185	3815	5963	4970	4666	6162	8428	13195	16167	1761
dinars	BAL		1379	1491	3767	2556	1930	2888	4706	8659	11538	1210
Latvia	IMP	S	.	960	1934	2202	2497	2989	3805	4867	6378	778
Lettonie	EXP	S	.	688	1131	1256	1409	1651	2150	2888	3295	404
lati	BAL		.	-271	-803	-945	-1089	-1339	-1655	-1979	-3083	-374
Lesotho	IMP	G	.	.	5614	6397	8517	8420	9237	8967	9954	1218
Lesotho	EXP	G	.	.	1527	2411	3932	3631	4567	4293	4706	570
maloti	BAL		.	.	-4088	-3986	-4585	-4789	-4670	-4674	-5249	-648
Liberia	IMP	S	284	...	...	...	...	...	...	...	...	
Libéria	EXP	S	436	...	...	...	...	...	...	...	...	
dollars	BAL		151	...	...	...	...	...	...	...	...	
Libyan Arab Jamah.	IMP	G	1214	1729	1911	2660	5586	5598	8255	7954	9129	1085
Jamahiriya arabe libyenne	EXP	G	3646	3222	6503	6664	12457	18938	26634	40492	51492	5681
dinars	BAL		2432	1494	4592	4004	6871	13340	18379	32538	42363	4596
Lithuania	IMP	G	.	12052	20877	24241	27479	29438	34384	43152	53275	6150
Lituanie	EXP	G	.	8157	14193	17117	19117	21263	25819	32767	38888	4319
litai	BAL		.	-3895	-6684	-7124	-8362	-8175	-8564	-10385	-14386	-1831

544

Special Table B

Total imports and exports by countries and areas

Imports CIF, exports FOB and balance: million of national currency *[cont.]*

Importations et exportations totales par pays ou zone

Importations CIF, exportations FOB et balance: en millions de monnaie nationale *[suite]*

Country or Area - Pays ou Zone	IMP EXP BAL	G/S	1985	1995	2000	2001	2002	2003	2004	2005	2006	2007
Luxembourg[2,21]	IMP	S	.	.	11647	12470	12276	12109	13533	14124	15475	16165
Luxembourg[2,21]	EXP	S			8619	9207	9005	8834	9794	10201	11287	11750
euros	BAL		.		-3028	-3263	-3271	-3275	-3739	-3923	-4188	-4415
Madagascar	IMP	S	53183	466778	1349440	1473000	856321	1615290	3139690	3417820	3834660	4853340
Madagascar	EXP	S	36326	313879	1115280	1222820	664066	1060090	1853180	1716010	2087700	2229910
ariary	BAL		-16857	-152899	-234160	-250180	-192255	-555200	-1286510	-1701810	-1746960	-2623430
Malawi	IMP	G	506	7255	32283	40647	53302	76568	101549	137982	164463	193141
Malawi	EXP	G	422	6193	23625	32417	31221	51178	52621	59501	73800	93771
kwacha	BAL		-84	-1062	-8658	-8231	-22080	-25391	-48928	-78481	-90663	-99370
Malaysia	IMP	G	30438	194345	311459	280691	303502	311402	400133	433196	480506	504094
Malaisie	EXP	G	38017	184987	373270	334420	354407	377602	477829	533372	588588	604514
ringgit	BAL		7579	-9358	61811	53729	50905	66200	77696	100176	108082	100420
Mali[5]	IMP	S	134540	385400	573900	725700	646800	738706	720580	855553	964209	958534
Mali[5]	EXP	S	55560	220500	392300	531600	609000	539400	515835	580700	807460	776412
CFA francs	BAL		-78980	-164900	-181600	-194100	-37800	-199306	-204745	-274853	-156749	-182122
Malta	IMP	G	354	1038	1492	1226	1228	1280	1315	1318	1387	1400
Malte	EXP	G	187	675	1072	881	961	929	905	822	920	928
liri	BAL		-167	-363	-420	-346	-266	-351	-410	-496	-467	-472
Martinique[16]	IMP	S	6050	9769								.
Martinique[16]	EXP	S	1456	1112								
francs	BAL		-4593	-8658								
Mauritania	IMP	S	17806	...	...	...	...	...	...	...	...	...
Mauritanie	EXP	S	28887	...	...	...	...	...	...	...	...	...
ouguiyas	BAL		11081	...	...	...	...	...	...	...	...	...
Mauritius	IMP	G	8119	34363	54928	57940	64608	65942	76387	93282	115502	121081
Maurice	EXP	G	6729	26756	40882	47511	53893	53022	54905	63219	74037	69482
rupees	BAL		-1390	-7607	-14046	-10429	-10715	-12920	-21482	-30063	-41465	-51599
Montenegro[22]	IMP	S	.	.	.	.		.	.	.	1463	2134
Montenegro[22]	EXP	S	.	.	.	.		.	.	.	627	599
euros	BAL		.	.	.	.		.	.	.	-835	-1535
Montserrat[1]	IMP	S	50	...	...	...	...	...	...	...	...	...
Montserrat[1]	EXP	S	8	...	...	...	...	...	...	...	...	...
EC dollars	BAL		-42	...	...	...	...	...	...	...	...	...
Morocco	IMP	S	38675	85493	122527	124718	130409	136070	157921	184379	210554	258788
Maroc	EXP	S	21740	58673	78827	80667	86389	83887	87896	99265	111979	119949
dirhams	BAL		-16935	-26821	-43700	-44051	-44020	-52183	-70025	-85114	-98575	-138839
Myanmar	IMP	G	2402	7564	15426	19248	15373	12721	12637	11104	14773	18210
Myanmar	EXP	G	2576	4826	10601	15929	19980	15123	13687	21887	26487	35159
kyats	BAL		174	-2738	-4826	-3319	4607	2402	1050	10783	11714	16948
Namibia	IMP	G	.	.	10755	13319	15495	14978	15633	16979	19773	23532
Namibie	EXP	G	.	.	9164	10148	11296	9547	11802	13164	17922	21066
dollars	BAL		.	.	-1591	-3171	-4199	-5431	-3831	-3816	-1851	-2466
Nepal	IMP	G	8267	69028	111831	110400	110507	133552	142747	162951	181293	192893
Népal	EXP	G	2915	17895	57159	55238	44234	50406	56861	61608	60959	58956
rupees	BAL		-5352	-51133	-54672	-55162	-66273	-83146	-85886	-101343	-120334	-133937
Neth. Antilles	IMP	S	2498	3295	...	...	...	...	...	...	...	...
Antilles néer.	EXP	S	1856	2724	...	...	...	...	...	...	...	...
NA guilders	BAL		-642	-571	...	...	...	...	...	...	...	...

Special Table B

Total imports and exports by countries and areas

Imports CIF, exports FOB and balance: million of national currency *[cont.]*

Importations et exportations totales par pays ou zone

Importations CIF, exportations FOB et balance: en millions de monnaie nationale *[suite]*

Country or Area - Pays ou Zone	IMP EXP BAL	G/S	1985	1995	2000	2001	2002	2003	2004	2005	2006	2007
Netherlands[2]	IMP	S	241587	283538	216056	218330	205575	206867	228247	249845	285370	307012
Pays-Bas[2]	EXP	S	257267	314693	231854	241339	232704	234166	255660	281300	318094	347316
euros	BAL		15680	31155	15798	23009	27129	27299	27413	31455	32724	40304
New Caledonia[17]	IMP	S	55931	86894	119765	124171	127178	163869	156767	170692	200841	244096
Nouvelle-Calédonie[17]	EXP	S	43864	51180	78454	60347	59934	82757	98860	104046	113820	165191
CFP francs	BAL		-12067	-35714	-41311	-63824	-67244	-81112	-57907	-66646	-87020	-78906
New Zealand	IMP	G	12076	21251	30736	31682	32337	31782	34916	37279	40716	41869
Nouvelle-Zélande	EXP	G	11603	20787	29257	32670	31034	28397	30712	30817	34634	36562
dollars	BAL		-472	-464	-1479	988	-1304	-3385	-4204	-6462	-6082	-5307
Niger[5]	IMP	S	165935	186501	281400	302100	326400	361500	396214	424612	496746	464889
Niger[5]	EXP	S	116538	143800	201500	199700	194800	204600	230860	251900	272300	311523
CFA francs	BAL		-49397	-42701	-79900	-102400	-131600	-156900	-165354	-172712	-224446	-153366
Niue	IMP	G	4	...	4	5	4	4	12	...	...	...
Nuie	EXP	G	0	...	1	0	0	0	0	0	...	...
NZ dollars	BAL		-4	...	-4	-4	-4	-3	-12	...	...	...
Norway[24]	IMP	G	132563	208627	302852	296135	276563	279240	323081	353220	405915	465317
Norvège[24]	EXP	G	170733	265883	529814	532041	473265	476981	549672	657070	772316	804856
kroner	BAL		38170	57256	226962	235906	196702	197741	226591	303850	366401	339539
Oman	IMP	G	1089	1633	1938	2229	2309	2527	3409	3394	4197	6143
Oman	EXP	G	1360	2346	4352	4258	4296	4487	5130	7187	8300	9280
rials Omani	BAL		271	713	2414	2029	1986	1960	1721	3793	4103	3137
Pakistan	IMP	G	93793	362686	582681	631005	670575	752788	1045980	1509810	1797830	1979320
Pakistan	EXP	G	43645	252714	484476	572471	591714	688882	779286	955464	1020480	1083400
rupees	BAL		-50148	-109972	-98205	-58534	-78861	-63906	-266694	-554346	-777350	-895920
Panama[23]	IMP	S	1392	2511	3379	2964	2982	3086	3594	4180	4831	6872
Panama[23]	EXP	S	336	625	859	911	846	864	944	1018	1093	1164
balboas	BAL		-1056	-1886	-2519	-2053	-2136	-2222	-2651	-3162	-3738	-5709
Papua New Guinea	IMP	G	1006	1863	3196	3633	4826	4866	5414	5363	6997	8748
Papouasie-Nouvelle-Guinée	EXP	G	926	3400	5813	6077	6387	7842	8213	10148	12731	13875
kina	BAL		-79	1537	2617	2444	1560	2977	2799	4785	5735	5127
Philippines	IMP	G	101518	729960	1636810	1780530	1919160	2141230	2373190	2587380	2773800	2652970
Philippines	EXP	G	85811	450487	1773140	1665020	1884320	1965590	2224270	2196760	2432040	2317440
pesos	BAL		-15707	-279473	136330	-115510	-34840	-175640	-148920	-390620	-341760	-335530
Poland	IMP	S	165	70502	213072	206253	224816	265134	324663	326120	394030	446895
Pologne	EXP	S	169	55515	137909	148114	167338	208944	272106	288682	343779	382199
zlotys	BAL		4	-14987	-75163	-58139	-57478	-56190	-52557	-37438	-50251	-64696
Portugal[2]	IMP	S	1302760	5028700	41425	44054	40656	36146	39597	42939	52232	55627
Portugal[2]	EXP	S	967390	3501820	25241	27323	27090	27102	26586	25874	34137	36655
euros	BAL		-335370	-1526880	-16184	-16731	-13566	-9044	-13011	-17066	-18095	-18972
Qatar	IMP	S	4146	12369	11838	13678	14749	17826	21856	36621	59846	80244
Qatar	EXP	S	12445	13290	42203	39571	39960	48712	68010	93774	123946	134571
riyals	BAL		8299	921	30365	25893	25211	30885	46154	57153	64100	54327
Réunion[16]	IMP	S	7457	13077								
Réunion[16]	EXP	S	868	1027								
francs	BAL		-6589	-12050								
Rwanda	IMP	G	30244	62193	82586	110488	96460	132134	163373	239932	267580	403172
Rwanda	EXP	G	13221	14731	20521	37314	26339	30916	56457	69588	74481	96641
francs	BAL		-17023	-47463	-62065	-73174	-70121	-101218	-106916	-170344	-193099	-306531

Special Table B

Total imports and exports by countries and areas

Imports CIF, exports FOB and balance: million of national currency *[cont.]*

Importations et exportations totales par pays ou zone

Importations CIF, exportations FOB et balance: en millions de monnaie nationale *[suite]*

Country or Area - Pays ou Zone	IMP EXP BAL	G/S	1985	1995	2000	2001	2002	2003	2004	2005	2006	2007
Saint Kitts-Nevis[1]	IMP	S	139	359	529	510	543	554	493	568	674	743
Saint-Kitts-et-Nevis[1]	EXP	S	49	47	89	84	73	130	113	92	107	109
EC dollars	BAL		-90	-313	-440	-427	-470	-424	-379	-476	-567	-633
Saint Lucia[1]	IMP	S	338	826	959	959	834	1088	1180	1293	1598	1715
Sainte-Lucie[1]	EXP	S	153	335	127	138	133	230	169	173	176	...
EC dollars	BAL		-185	-491	-832	-820	-702	-858	-1011	-1121	-1423	...
Saint Vincent-Grenadines[1]	IMP	S	214	367	440	502	470	543	609	649	733	837
St.Vincent-Grenadines[1]	EXP	S	171	115	128	112	103	103	99	108	103	135
EC dollars	BAL		-43	-252	-312	-390	-367	-440	-510	-541	-630	-702
Samoa	IMP	S	115	235	349	416	430	382	432	508	608	594
Samoa	EXP	S	36	22	47	54	46	44	30	32	30	40
talas	BAL		-79	-213	-302	-362	-384	-337	-402	-475	-578	-553
Saudi Arabia	IMP	S	85563	105200	113240	116930	121100	138430	167790	222790	261400	338090
Arabie saoudite	EXP	S	99540	187400	290550	254900	271700	349670	472490	677140	791340	...
riyals	BAL		13977	82200	177310	137970	150600	211240	304700	454350	529940	...
Senegal[5]	IMP	G	370970	704900	1081500	1268200	1415600	1389600	1505000	1686340	1795600	2036880
Sénégal[5]	EXP	G	252490	495800	655000	735300	743400	730600	797182	832400	813600	790790
CFA francs	BAL		-118480	-209100	-426500	-532900	-672200	-659000	-707818	-853940	-982000	-1246090
Serbia[22]	IMP	S	.	.	.	.	.	.	.	.	878227	1069410
Serbie[22]	EXP	S	.	.	.	.	.	.	.	.	428051	513222
dinars	BAL										-450176	-556188
Seychelles	IMP	G	705	1109	1955	2789	2304	2229	2732	3716	4181	5193
Seychelles	EXP	G	200	254	1106	1266	1249	1484	1599	1868	2097	2412
rupees	BAL		-505	-856	-849	-1523	-1055	-745	-1132	-1848	-2084	-2781
Sierra Leone	IMP	S	789	102488	314639	368323	554838	707909	775045	995950	1152990	1327420
Sierra Leone	EXP	S	649	30148	26771	57897	102010	217742	374086	457675	639801	729889
leones	BAL		-140	-72340	-287868	-310426	-452828	-490167	-400959	-538275	-513189	-597531
Singapore	IMP	G	57819	176317	232176	207694	208324	222811	276894	333191	378924	395980
Singapour	EXP	G	50179	167515	237826	218029	223901	251096	335615	382532	431559	450587
dollars	BAL		-7640	-8802	5650	10335	15577	28285	58721	49341	52635	54607
Slovakia	IMP	S	.	273831	619789	749775	785374	868982	981075	1124440	1397535	1525560
Slovaquie	EXP	S	.	255096	548527	611325	652018	803238	889705	994571	1239359	1419850
koruny	BAL		.	-18735	-71262	-138450	-133356	-65744	-91370	-129869	-158176	-105710
Solomon Islands	IMP	S	123	526	499	475	452	623	636	1393	1598	1912
Iles Salomon	EXP	S	104	573	331	248	391	555	726	791	913	1267
dollars	BAL		-19	47	-168	-227	-61	-68	90	-602	-685	-645
Somalia	IMP	G	4425	...	...	...	...	...	...	...	...	...
Somalie	EXP	G	3577	...	...	...	...	...	...	...	...	...
shillings	BAL		-848	...	...	...	...	...	...	...	...	...
South Africa[24,25]	IMP	G	25226	110826	206620	241311	307312	307611	344225	396777	...	...
Afrique du Sud[24,25]	EXP	G	36312	101051	208476	249348	311679	274505	296080	328760	396584	490643
rands	BAL		11086	-9775	1856	8037	4367	-33106	-48145	-68017	...	...
Spain[2]	IMP	S	5072998	14106700	166138	171691	172789	184095	207126	231345	259559	278783
Espagne[2]	EXP	S	4099000	11339600	123100	128672	130814	137815	146452	153576	169872	179918
euros	BAL		-973998	-2767100	-43038	-43019	-41975	-46280	-60674	-77769	-89687	-98865
Sri Lanka	IMP	G	54049	265996	485084	532963	584491	643749	808364	888358	1066620	1251140
Sri Lanka	EXP	G	36207	195117	420114	430372	449850	494648	583968	638275	716579	856806
rupees	BAL		-17843	-70879	-64970	-102591	-134641	-149101	-224396	-250083	-350041	-394334

Special Table B

Total imports and exports by countries and areas
Imports CIF, exports FOB and balance: million of national currency *[cont.]*

Importations et exportations totales par pays ou zone
Importations CIF, exportations FOB et balance: en millions de monnaie nationale *[suite]*

Country or Area - Pays ou Zone	IMP EXP BAL	G/ S	1985	1995	2000	2001	2002	2003	2004	2005	2006	2007
Suriname	IMP	G	1	259	696	1004	1155	1831	2030	2103	2250	2580
Suriname	EXP	G	1	211	528	878	1101	1660	2447	2595	3293	3596
dollars	BAL		0	-48	-168	-126	-54	-172	417	492	1043	1016
Swaziland	IMP	G	.	.	7261	9074	10846	12389	12590	13622	16130	17261
Swaziland	EXP	G	.	.	6312	9720	10066	11490	12434	14226	16895	18670
emalangeni	BAL		.	.	-949	646	-780	-899	-156	604	765	1409
Sweden	IMP	G	244609	460500	672400	662700	656700	679300	738900	831100	931900	1002369
Suède	EXP	G	260500	567700	804200	806500	805800	825800	904500	971900	1084200	1125242
kronor	BAL		15891	107200	131800	143800	149100	146500	165600	140800	152300	122873
Switzerland	IMP	S	74750	90775	128615	130052	128207	128595	136987	149094	165410	183578
Suisse	EXP	S	66624	92012	126549	131717	135741	135472	146312	156977	177475	197533
francs	BAL		-8126	1237	-2066	1665	7534	6877	9325	7883	12065	13955
Syrian Arab Rep.	IMP	S	15570	52860	187530	220744	235754	236768	389006	502369	...	...
République arab syrienne	EXP	S	6427	40000	216190	243149	301553	265038	346166	424300	...	...
pounds	BAL		-9143	-12860	28660	22405	65799	28270	-42840	-78069	...	...
Thailand	IMP	S	251169	1763590	2494140	2752350	2774840	3138780	3801170	4754640	4871630	4852990
Thaïlande	EXP	S	193366	1406310	2773830	2884700	2923940	3325630	3874820	4439310	4946450	5276840
baht	BAL		-57803	-357280	279690	132350	149100	186850	73650	-315330	74820	423850
Togo[5,8]	IMP	S	129406	295700	400131	405370	411920	450430	464891	632962	695444	694937
Togo[5,8]	EXP	S	85380	188400	258447	261695	297614	347558	317499	348200	320009	330694
CFA francs	BAL		-44026	-107300	-141684	-143675	-114306	-102872	-147392	-284762	-375435	-364243
Tonga	IMP	G	59	98	123	154	195	201	207	234	263	281
Tonga	EXP	G	8	18	16	15	32	38	30	20	23	17
pa'anga	BAL		-51	-80	-107	-140	-163	-163	-177	-214	-241	-264
Trinidad and Tobago	IMP	S	3739	10191	20840	22246	22764	24501	30601	36063	40932	47189
Trinité-et-Tobago	EXP	S	5247	14609	26925	26678	24245	32596	40147	60548	89323	93022
dollars	BAL		1508	4418	6086	4432	1481	8096	9546	24486	48391	45833
Tunisia	IMP	G	2287	7464	11738	13697	13511	14039	15960	17102	19766	24280
Tunisie	EXP	G	1443	5173	8005	9522	9749	10343	12055	13608	15317	19235
dinars	BAL		-844	-2291	-3733	-4176	-3762	-3696	-3905	-3494	-4449	-5045
Tuvalu	IMP	G	4	...	...	...	...	...	...	...	...	...
Tuvalu	EXP	G	0	...	...	...	...	...	...	...	...	...
Aust. dollars	BAL		-4	...	...	...	...	...	...	...	...	...
Uganda	IMP	G	2003	1024320	2486270	2798210	1998150	2456630	3646110	3382930	4587920	5968510
Ouganda	EXP	G	3000	446086	759273	802296	795511	1102400	1604600	1461810	1775850	2677930
shillings	BAL		997	-578234	-1726997	-1995914	-1202639	-1354230	-2041510	-1921120	-2812070	-3290580
United Kingdom	IMP	G	85027	168055	221027	222944	223433	232868	246625	265696	297135	310902
Royaume-Uni	EXP	G	78392	153353	186171	185673	184161	186175	186418	204402	232761	217669
pounds	BAL		-6635	-14702	-34856	-37271	-39272	-46693	-60207	-61294	-64374	-93233
United Rep. of Tanzania	IMP	G	14959	968910	1219380	1504410	1604950	2210260	2732320	3011910	5344830	6621420
Rép.-Unie de Tanzanie	EXP	G	4265	390378	531058	681186	873819	1174790	1448590	1676090	2075610	2510570
shillings	BAL		-10694	-578532	-688322	-823224	-731131	-1035470	-1283730	-1335820	-3269220	-4110850
United States[26]	IMP	G	352463	770852	1259300	1179180	1200230	1303050	1525680	1732350	1919430	2017330
Etats-Unis[26]	EXP	G	218815	584743	781918	729100	693103	724771	818520	907158	1038270	1162980
dollars	BAL		-133648	-186109	-477382	-450080	-507127	-578279	-707160	-825192	-881160	-854350
Vanuatu	IMP	G	7378	10659	11975	13078	12484	12830	14309	16315	17744	20578
Vanuatu	EXP	G	3252	3173	3579	2906	2784	3299	4248	4126	4079	3038
vatu	BAL		-4126	-7486	-8396	-10172	-9700	-9531	-10061	-12189	-13665	-17540

Special Table B

Total imports and exports by countries and areas

Imports CIF, exports FOB and balance: million of national currency *[cont.]*

Importations et exportations totales par pays ou zone

Importations CIF, exportations FOB et balance: en millions de monnaie nationale *[suite]*

Country or Area - Pays ou Zone	IMP EXP BAL	G/ S	1985	1995	2000	2001	2002	2003	2004	2005	2006	2007
Yemen[14]	IMP	S	.	64591	375833	415944	513001	674173	736532	931600	1043120	1171840
Yémen[14]	EXP	S	.	79434	659649	569098	647002	719851	864012	1221830	1441690	1424510
rials	BAL		.	14843	283816	153154	134001	45678	127480	290230	398570	252670
Zambia	IMP	S	2133	597646	3089070	4719490	5509980	7448280	9639690	11493500	10521000	...
Zambie	EXP	S	1508	891806	2071820	3556770	4088520	4642140	7529730	8077880	13584900	19516200
kwacha	BAL		-625	294160	-1017250	-1162720	-1421460	-2806140	-2109960	-3415620	3063900	...

Special Table B
Total imports and exports by countries or areas
Imports C.I.F., exports F.O.B. and balance: millions of national currency *[cont.]*
Importations et exportations totales par pays ou zone
Importations C.I.F., exportations F.O.B., et balance: en millions de monnaie nationale *[suite]*

General note: System: G=General trade; S=Special trade.

This table contains totals of imports and exports of countries or areas which report data in national currency. Countries that are not included in this table may report their trade in US dollars and are shown in Table A. Export and import values are as compiled by the International Monetary Fund (IMF) except for American Samoa,, Bermuda, Brunei Darussalam, Cayman Is., Cook Is, Cuba, Faeroe Is., Eritrea, French Guiana, French Polynesia, Greenland, Guinea, Iraq, Kiribati, Montserrat, Netherland Antilles, New Caledonia, Russian Federation (beginning 1994), St. Kitts-Nevis, St. Pierre Miquelon, Serbia and Montenegro, Tajikistan, Turkmenistan, and Uzbekistan.

Note générale: Système: Le commerce de G=General; Le commerce de S=Special.

Cette table contient des totaux d'd'importations et d'd'exportations les pays ou les secteurs qui rapportent des données dans la monnaie nationale.Les pays qui ne sont pas inclus dans cette table peuvent rapporter leurs échanges des dollars d'USA et sont montrés dans le Tableau A. Export et les valeurs d'importation sont comme compilé par le Fonds monétaire international (FMI) excepté les Samoa Américaines, les Bermudes, Brunei Darussalam, Iles Caïmanes, Iles Cook, le Cuba, Erythée, la Fédération Russe (commençant 1994), Iles Féroé, la Guyane Française, Guinée, le Groenland, l'Irak, le Kiribati, le Montserrat, Netherland Antilles, Nouvelle Calédonie, la Polynésie Française, Serbie et Monténégro, St. Kitts-Nevis, St. Pierre Miquelon, Tadjikistan, Turkmenistan et Uzbekistan.

1	East Caribbean dollar.
2	Prior to January 1999, trade data are reported as follows: Austria in schillings, Belguim in francs, Finland in markkaa, France in francs, Germany in deutsche marks, Ireland in pounds, Italy in lire, Luxembourg in francs, Netherlands in guilders, Portugal in escudos, and Spain in pesetas.
3	Trade statistics exclude certain oil and chemical products.
4	Economic Union of Belgium and Luxembourg. Intertrade between the two countries is excluded. Beginning January 1997, data refer to Belgium only and include trade between Belgium and Luxembourg.
5	Comptoirs Francais du Afrique franc pegged to the euro at CFAF 655.957 per euro.
6	After July 5, 1999 lev is equal to 1,000 of pre-July 5, 1999 leva. All data are expressed in terms of the new leva.
7	Imports FOB.
8	Prior to 1999, the CFA franc was pegged to the French franc at CFAF 100 per French franc. Beginning 1999, the CFAF is pegged to the euro at CFAF 655.957 per euro.
9	Imports exclude petroleum imported without stated value. Exports cover domestic exports.
10	Data exclude re-exports.
11	Excluding intra-EU trade.
12	See explanatory notes pertaining to Czechoslovakia on page vi.
13	Prior to January 1991, excludes trade conducted in accordance with the supplementary protocol to the treaty on the basis of relations between the Federal Republic of Germany and the former German Democratic Republic.
14	See explanatory notes on data pertaining to Yemen on page v.
15	See explanatory notes on data pertaining to the former USSR on page v.
16	Beginning 1997, trade data for France include the import and export values of French Guiana, Guadeloupe, Martinique, and Reunion.
17	Comptoirs Francais du Pacifique franc.
18	Prior to 1991, data refer to the Federal Republic of Germany. See explanatory notes pertaining to Germany on

1	Dollar des caraïbes orientales.
2	Avant janvier 1999, des données commerciales sont rapportées comme suit: Autriche en schillings, Belgique en francs, Finlande en markkaa, France en francs, Allemagne en deutsche marks, Irlande en livres, Italie en lire, Luxembourg, en francs, Pays-Bas en florins, Portugal en escudos, et Espagne en pesetas.
3	Les statistiques commerciales font exclusion de certains produits pétroliers et chimiques.
4	L'Union économique belgo-luxembourgeoise. Non compris le commerce entre ces pays. A partir de janvier 1997, les données se rapportent à Belgique seulement et recouvrent les échanges entre la Belgique et le Luxembourg
5	Comptoirs Francais du Afrique franc est chevillé à l'euro à CFAF 655,957 par euro.
6	Après juillet 5, 1999 le lev est égal à 1,000 pré-Juillet de 5, 1999 leva. Toutes les données sont exprimées en termes de nouveau lev.
7	Importations FOB.
8	Avant 1999, le franc de CFA a été chevillé au franc français à CFAF 100 par franc français. Commençant 1999, le CFAF est chevillé à l'euro à CFAF 655,957 par euro.
9	Non compris le petrole brute dont la valeur des importations ne sont pas stipulée. Les exportations sont les exportations d'intérieur.
10	Les données non compris les réexportations.
11	Non compris le commerce d'intra-UE.
12	Voir les notes explicatives sur les données concernant Tchécoslovaquie à la page viii.
13	Avant janvier 1991, non compris le commerce effectué en accord avec le protocole additionnel au traité définissant la base des relations entre la République Fédérale d'Allemagne et l'ancienne République Démocratique Allemande.
14	Voir les notes explicatives sur les données concernant Yemen à la page vii.
15	Voir les notes explicatives sur les données concernant Yemen à la page v.
16	A compter de 1997, les valeurs de commerce pour la France comprennent les valeurs des importations et des exportations de la Guyane française, la Guadeloupe, la Martinique, et la Réunion.
17	Comptoirs Francais du Pacifique franc.
18	Avant 1991, les données se rapportent à la République Fédérale d'Allemagne. Voir les notes explicatives concerner

Special Table B

Total imports and exports by countries or areas
Imports CIF, exports FOB and balance: millions of national currency *[cont.]*

Importations et exportations totales par pays ou zone
Importations CIF, exportations FOB, et balance: en millions de monnaie nationale *[suite]*

	page v.	l'Allemagne à la page vii.
19	In July 2007 the Ghanaian cedi (GHC) was redenominated and our time series were adjusted accordingly. The new Ghana cedi (GHS) is equal to 10,000 old Ghanaian cedis (1 GHS = 10,000 GHC).	19 Le 1er juillet 2007 le cedi ghanéen (GHC) a été redenominé et nos séries temporelles ont été réajustées afin d'en tenir compte. Le nouveau cedi ghanéen (GHS) vaut 10.000 ancien cedis (1 GHS=10.000 GHC).
20	Excluding military goods, fissionable materials, bunkers, ships, and aircraft..	20 À l'exclusion des marchandises militaires, des matières fissibles, des soutes, des bateaux, et de l'avion.
21	Prior to 1997, included under Belgium. See also footnote for Belgium.	21 Avant 1997, inclus sous la Belgique. Voir également l'apostille pour la Belgique.
22	Beginning 2006, data for Serbia and Montenegro is reported separately.	22 Depuis début 2006, les données relatives à la Serbie et au Montenegro sont déclarées séparément.
23	Exports include re-exports and petroleum products.	23 Exportations comprennent re-exportations et produits pétroliers.
24	Exports include gold.	24 Les exportations comprennent l'or.
25	Foreign trade data refer to South Africa only, excluding intra-trade of the Southern African Common Customs Area.	25 Les données de commerce extérieur se rapportent à l'Afrique du Sud seulement, à l'exclusion de intra-commercent de la région commune africaine méridionale de douane.
26	Including the trade of the U.S. Virgin Islands and Puerto Rico but excluding shipments of merchandise between the United States and its other possessions (Guam and American Samoa). Data include imports and exports of non-monetary gold.	26 Y compris le commerce des Iles Vierges américaines et de Porto Rico mais non compris les échanges de marchandise, entre les Etats-Unis et leurs autres possessions (Guam et Samoa americaines). Les données comprennent les importations et exportations d'or non-monétaire.

Special Table C
External trade conversion factors
Imports, exports: US dollars per national currency
Facteurs de conversion pour le commerce extérieur
Importations, exportations: monnaie nationale en dollars É.-U.

Country or Area	Unit	1985	1995	2000	2001	2002	2003	2004	2005	2006	2007
						Imports - Importations					
Albania	lek	...	0.01078	0.00694	0.00698	0.00715	0.00825	0.00978	0.00999	0.01022	0.01114
Algeria	dinar	0.19885	0.02102	0.01328	0.01295	0.01255	0.01293	0.01388	0.01365	0.01375	...
Andorra	euro	...	...	0.91856	0.89684	0.94517	1.13234	1.24840	1.24575	1.25635	1.37289
Anguilla	EC dollar	...	0.37037	0.37037	0.37037	0.37037	0.37037	0.37037	0.37037	0.37037	
Australia	dollar	0.69898	0.74127	0.57943	0.51716	0.54483	0.65230	0.73538	0.76328	0.75388	0.84045
Austria	euro[1,2]	0.04872	0.09940	0.92061	0.89580	0.94412	1.13090	1.24425	1.24302	1.25658	1.37179
Bahamas	dollar	1.00000	1.00000	1.00000	1.00000	1.00000	1.00000	1.00000	1.00000	1.00000	1.00000
Bahrain	dinar	2.65960	2.65958	2.65957	2.65957	2.65957	2.65957	2.65957	2.65957	2.65957	2.65958
Bangladesh	taka	0.03535	0.02483	0.01915	0.01793	0.01727	0.01720	0.01680	0.01554	0.01449	0.01452
Barbados	dollar	0.50000	0.50000	0.50000	0.50000	0.50000	0.50000	0.50000	0.50000	0.50000	0.50000
Belgium	euro[1,2]	0.01694	0.03397	0.92097	0.89586	0.94467	1.13124	1.24383	1.24451	1.25538	1.37209
Belize	dollar	0.50000	0.50000	0.50000	0.50000	0.50000	0.50000	0.50000	0.50000	0.50000	0.50000
Benin	CFA franc[3,4]	0.00223	0.00200	0.00142	0.00136	0.00144	0.00173	0.00190	0.00190	0.00191	0.00209
Bhutan	ngultrum	0.08087	0.03097	0.02228	0.02120	0.02055	0.02146	0.02206	0.02272	0.02203	0.02420
Bosnia Herzegovina	marka	.	...	0.46840	0.45749	0.48569	0.57993	0.63599	0.63276	0.64481	0.70309
Botswana	pula	0.52895	0.36025	0.19586	0.17200	0.15974	0.20397	0.21336	0.19659	0.17066	0.16328
Brunei Darussalam	dollar	0.45485	0.70523	0.58002	0.55840	0.55834	0.57393	0.59163	...	...	...
Bulgaria	lev[5]	970.83404	14.87123	0.46942	0.45689	0.48551	0.57918	0.63659	0.63311	0.64383	0.70366
Burkina Faso	CFA franc[4]	0.00228	0.00201	0.00140	0.00136	0.00145	0.00173	0.00190	0.00189	0.00192	0.00209
Burundi	franc	0.00829	0.00403	0.00139	0.00121	0.00107	0.00092	0.00091	0.00093	0.00097	0.00092
Cameroon	CFA franc[4]	0.00226	0.00201	0.00140	0.00136	0.00144	0.00173	0.00190	0.00189	0.00192	0.00210
Canada	dollar	0.73224	0.72875	0.67322	0.64594	0.63746	0.71511	0.76956	0.82563	0.88221	0.93463
Cape Verde	escudo	0.01093	0.01302	0.00863	0.00812	0.00854	0.01025	0.01128	0.01126	0.01139	0.01250
Cayman Islands	dollar	1.20000	...	...	...	...	...	...	...	...	...
Cent. Afr. Rep.	CFA franc[3,4]	0.00224	0.00201	0.00142	0.00137	0.00146	0.00173	0.00190	0.00190	0.00191	0.00209
Chad	CFA franc[3,4]	0.00224	0.00200	0.00141	0.00137	0.00143	0.00172	0.00189	0.00190	0.00191	0.00208
Comoros	franc	0.00221	0.00267	0.00187	0.00182	0.00192	0.00230	0.00253	0.00252	0.00256	0.00279
Congo	franc[3]	0.00222	0.00200	0.00141	0.00137	0.00143	0.00172	0.00189	0.00190	0.00191	0.00209
Cook Islands	NZ dollar	0.49767	0.65694	0.44835	0.42000	0.46629	0.58678	0.66563	0.70286	0.65068	0.73882
Cote d'Ivoire	CFA franc[4]	0.00226	0.00202	0.00140	0.00137	0.00144	0.00172	0.00190	0.00189	0.00191	0.00209
Cuba	peso	1.08888	...	...	...	...	...	...	...	...	...
Cyprus	pound	1.63606	2.21154	1.60134	1.55231	1.64212	1.93856	2.13884	2.15118	2.18248	2.35531
Czech Rep	koruna	.	0.03775	0.02591	0.02631	0.03073	0.03557	0.03901	0.04172	0.04440	0.04956
Denmark	krone	0.09528	0.17859	0.12362	0.12024	0.12708	0.15209	0.16706	0.16659	0.16839	0.18422
Djibouti	franc	0.00563	0.00563	...	0.00563	0.00563	0.00563	0.00563	0.00563	0.00563	0.00563
Dominica	EC dollar[6]	0.37037	0.37037	0.37037	0.37037	0.37037	0.37037	0.37037	0.37037	0.37037	0.37037
Egypt	pound	1.42857	0.29479	0.28800	0.25179	0.22224	0.17162	0.16132	0.17309	0.17443	0.17759
Equatorial Guinea	CFA franc[4]	0.00220	0.00201	0.00140	0.00136	0.00144	0.00172	0.00189	0.00190	0.00191	0.00209
Estonia	kroon	.	0.08745	0.05866	0.05701	0.06053	0.07247	0.07946	0.07933	0.08042	0.08768
Ethiopia	birr	0.48309	0.16183	0.12160	0.11811	0.11671	0.11628	0.11580	0.11538	0.11495	0.11167
Extra-EU25	euro			0.92006	0.89550	0.94411	1.13089	1.24360	1.24214	1.25624	1.37216
Extra-EU27	euro	.		0.92003	0.89550	0.94414	1.13088	1.24364	1.24208	1.25627	1.37221
Faeroe Islands	D krone	0.09731	0.17871	0.12365	0.12018	...	...	...	...	...	...
Fiji	dollar	0.86917	0.71109	0.47029	0.43909	0.45965	0.52855	0.57724	0.59031	0.57750	0.62298
Finland	euro[1,2]	0.16268	0.22964	0.92026	0.89591	0.94471	1.13123	1.24425	1.24339	1.25692	1.37140
Fm Czechoslovakia	koruna	0.14650	.	.	.	.	.	.	.	.	.
Fm German D.R.	GDR mark	0.27027		.		.		.		.	
Fm Yemen A.R.	rial[7]	0.13690		.		.		.		.	
Fm Yemen Dm	dinar[7]	2.89520		.		.		.		.	
Former USSR	rouble	1.19748	.	.	.	.	.	.	.	.	.

1985	1995	2000	2001	2002	2003	2004	2005	2006	2007	Unité	Pays ou Zone
				Exports - Exportations							
...	0.01079	0.00696	0.00697	0.00715	0.00822	0.00975	0.01001	0.01021	0.01109	lek	Albanie
0.19889	0.02096	0.01329	0.01296	0.01255	0.01294	0.01388	0.01365	0.01375	...	dinar	Algérie
...	...	0.91870	0.89683	0.94504	1.13220	1.24825	1.24575	1.24932	1.37288	euro	Andorre
...	0.37037	0.37037	0.37037	0.37037	0.37037	0.37037	0.37037	0.37037	...	dollar C.O.	Anguilla
0.69776	0.74124	0.57827	0.51677	0.54431	0.65158	0.73501	0.76295	0.75399	0.83968	dollar	Australie
0.04873	0.09940	0.92072	0.89550	0.94460	1.13123	1.24344	1.24303	1.25659	1.37188	euro[1,2]	Autriche
1.00000	1.00000	1.00000	1.00000	1.00000	1.00000	1.00000	1.00000	1.00000	1.00000	dollar	Bahamas
2.65960	2.65958	2.65957	2.65957	2.65957	2.65957	2.65957	2.65957	2.65957	2.65958	dinar	Bahreïn
0.03522	0.02483	0.01916	0.01793	0.01727	0.01719	0.01679	0.01554	0.01449	0.01452	taka	Bangladesh
0.50000	0.50000	0.50000	0.50000	0.50000	0.50000	0.50000	0.50000	0.50000	0.50000	dollar	Barbade
0.01697	0.03397	0.92123	0.89560	0.94443	1.13121	1.24363	1.24474	1.25561	1.37108	euro[1,2]	Belgique
0.50000	0.50000	0.50000	0.50000	0.50000	0.50000	0.50000	0.50000	0.50000	0.50000	dollar	Belize
0.00224	0.00199	0.00140	0.00136	0.00144	0.00172	0.00188	0.00188	0.00192	0.00210	franc CFA[3,4]	Bénin
0.08088	0.03088	0.02225	0.02119	0.02056	0.02147	0.02206	0.02269	0.02205	0.02421	ngultrum	Bhoutan
	...	0.47100	0.45753	0.48587	0.57952	0.63645	0.63452	0.64356	0.70175	marka	Bosnie-Herzégovine
0.51964	0.36056	0.19495	0.17349	0.15931	0.20192	0.21324	0.19701	0.17050	0.16270	pula	Botswana
0.45531	0.70517	0.58029	0.55840	0.55833	0.57421	0.59200	...	...	...	dollar	Brunéi Darussalam
971.54773	14.88441	0.46931	0.45769	0.48481	0.57815	0.63591	0.63406	0.64280	0.70289	lev[5]	Bulgarie
0.00226	0.00200	0.00143	0.00138	0.00144	0.00172	0.00189	0.00189	0.00191	0.00209	franc CFA[4]	Burkina Faso
0.00830	0.00407	0.00142	0.00120	0.00105	0.00093	0.00091	0.00091	0.00096	0.00092	franc	Burundi
0.00224	0.00201	0.00140	0.00136	0.00144	0.00173	0.00190	0.00189	0.00192	0.00210	franc CFA[4]	Cameroun
0.73202	0.72888	0.67310	0.64614	0.63736	0.71452	0.76945	0.82647	0.88172	0.93283	dollar	Canada
0.01096	0.01302	0.00859	0.00813	0.00853	0.01025	0.01128	0.01122	0.01135	0.01245	escudo	Cap-Vert
1.20000	...	...	...	...	...	...	...	...	...	dollar	Iles Caïmanes
0.00224	0.00200	0.00142	0.00137	0.00146	0.00171	0.00190	0.00188	0.00192	0.00210	franc CFA[3,4]	Rép. centrafricaine
0.00224	0.00200	0.00141	0.00137	0.00143	0.00172	0.00189	0.00190	0.00191	0.00208	franc CFA[3,4]	Tchad
0.00232	0.00267	0.00187	0.00182	0.00192	0.00230	0.00253	0.00252	0.00256	0.00279	franc	Comores
0.00223	0.00201	0.00140	0.00136	0.00144	0.00173	0.00189	0.00189	0.00192	0.00209	franc[3]	Congo
0.50826	0.65536	0.44574	0.42299	0.46671	0.59031	0.67123	0.70574	0.64562	0.73804	dollar NZ	Iles Cook
0.00223	0.00202	0.00140	0.00137	0.00144	0.00172	0.00190	0.00189	0.00191	0.00209	franc CFA[4]	Côte d'Ivoire
1.08504	...	...	...	...	...	...	...	...	...	peso	Cuba
1.63953	2.21501	1.61099	1.55173	1.63747	1.93631	2.13771	2.15054	2.17544	2.34513	livre	Chypre
	0.03773	0.02592	0.02631	0.03068	0.03553	0.03901	0.04174	0.04437	0.04953	couronne	République. tchèque
0.09520	0.17869	0.12343	0.12027	0.12718	0.15207	0.16704	0.16662	0.16838	0.18421	couronne	Danemark
0.00563	0.00563	...	0.00563	0.00563	0.00563	0.00563	0.00563	0.00563	0.00563	franc	Djibouti
0.37037	0.37037	0.37037	0.37037	0.37037	0.37037	0.37037	0.37037	...	...	dollar C.O.[6]	Dominique
1.42857	0.29476	0.28824	0.25257	0.22223	0.17183	0.16136	0.17320	0.17443	0.17749	livre	Egypte
0.00223	0.00201	0.00140	0.00136	0.00144	0.00172	0.00189	0.00190	0.00191	0.00209	franc CFA[4]	Guinée équatoriale
	0.08734	0.05874	0.05700	0.06050	0.07247	0.07953	0.07934	0.08036	0.08768	kroon	Estonie
0.48309	0.16214	0.12182	0.11841	0.11672	0.11628	0.11581	0.11539	0.11498	0.11197	birr	Ethiopie
		0.91940	0.89494	0.94529	1.13221	1.24370	1.24185	1.25705	1.37266	euro	Extra-UE25
		0.91942	0.89496	0.94528	1.13216	1.24368	1.24185	1.25697	1.37257	euro	Extra-UE27
0.09711	0.17871	0.12359	0.12022	...	...	...	...	...	...	couronne d	Iles Féroé
0.87058	0.71110	0.46700	0.43845	0.46028	0.53268	0.57757	0.59083	0.57773	0.62371	dollar	Fidji
0.16219	0.22957	0.91911	0.89603	0.94552	1.13229	1.24534	1.24375	1.25693	1.37151	euro[1,2]	Finlande
0.14640				.	.	.	.	.	.	koruna	L'ex-Tchécoslovaquie
0.27027				.	.	.	.	.	.	RDA mark	L'ex-Allemagne rép. dem. du
0.13690				.	.	.	.	.	.	rial[7]	Fmr Yémen A.R.
2.89520				.	.	.	.	.	.	dinar[7]	FMR Yémen Dm
1.20116				.	.	.	.	.	.	rouble	L'ex-URSS

Special Table C
External trade conversion factors
Imports, exports: US dollars per national currency [cont.]
Facteurs de conversion pour le commerce extérieur
Importations, exportations: monnaie nationale en dollars É.-U. [suite]

Country or Area	Unit	1985	1995	2000	2001	2002	2003	2004	2005	2006	2007
						Imports - Importations [cont.]					
France	euro[1,2]	0.11197	0.20053	0.92098	0.89566	0.94366	1.13097	1.24395	1.24429	1.25545	1.37196
French Guiana	franc	0.11253	0.20065	.	.	.	.	1.24330			
French Polynesia	CFP franc[8]	0.00617	0.01115	0.00772	0.00750	0.00791	0.00946	0.01043	0.01040	0.01061	0.01157
Gabon	CFA franc[3,4]	0.00225	0.00201	0.00141	0.00136	0.00144	0.00172	0.00189	0.00190	0.00191	0.00208
Gambia	dalasi	0.25764	0.10470	0.07831	0.06379	0.04967	0.03650	0.03332	0.03500	0.03563	0.04040
Germany	euro[1,2]	0.34184	0.69910	0.92038	0.89550	0.94528	1.13132	1.24402	1.24269	1.25666	1.37168
Ghana	cedi[9]	183.70303	8.29025	1.83930	1.39601	1.25748	1.15289	1.11116	1.10265	1.09014	1.06837
Gibraltar	pound	1.29206	1.57850	1.51023	1.43864	1.50141	1.63511	1.83102	1.81623	...	...
Greenland	D krone	0.09623	0.17858	0.12366	0.12025	0.12684	0.15203	0.16718	0.16665	0.16826	0.18394
Grenada	EC dollar[6]	0.37037	0.37037	0.37037	0.37037	0.37037	0.37037	0.37037	0.37037	0.37037	...
Guadeloupe	franc	0.10800	0.20103	.	.	.	.	.	.		
Guinea-Bissau	CFA franc[4]	...	0.00362	0.00139	0.00136	0.00145	0.00174	0.00190	0.00188	0.00193	0.00211
Guyana	dollar	0.23526	0.00705	0.00548	0.00534	0.00525	0.00516	0.00504	0.00500	0.00499	0.00494
Haiti	gourde	0.20000	0.06625	0.04740	0.04108	0.03392	0.02360	0.02630	0.02464	0.02481	0.02712
Hungary	forint	0.02005	0.00794	0.00353	0.00349	0.00389	0.00446	0.00494	0.00500	0.00476	0.00546
Iceland	krona	0.02408	0.01548	0.01271	0.01032	0.01095	0.01305	0.01426	0.01585	0.01418	0.01569
India	rupee	0.08098	0.03079	0.02226	0.02119	0.02057	0.02150	0.02206	0.02268	0.02206	0.02427
Ireland	euro[1,2]	1.06264	1.60373	0.92013	0.89646	0.93984	1.13177	1.24452	1.24450	1.25916	1.37126
Italy	euro[1,2]	0.00052	0.00061	0.92095	0.89525	0.94406	1.13083	1.24380	1.24425	1.25563	1.37094
Jamaica	dollar	0.18078	0.02825	0.02325	0.02175	0.02064	0.01731	0.01633	0.01604	0.01521	0.01449
Japan	yen	0.00420	0.01065	0.00928	0.00824	0.00800	0.00864	0.00925	0.00906	0.00860	0.00851
Jordan	dinar	2.54392	1.42704	1.41044	1.41046	1.41044	1.41044	1.41044	1.41044	1.41044	1.41044
Kenya	shilling	0.06088	0.01937	0.01312	0.01272	0.01270	0.01318	0.01262	0.01324	0.01388	0.01486
Kiribati	Aust. dollar	0.69945	0.74140	0.58016	0.51760	...	...	...	...	...	...
Kuwait	dinar	3.32611	3.35435	3.25974	3.26094	3.29243	3.35720	3.39329	3.42469	3.44769	3.52392
Latvia	lat		1.89459	1.64778	1.59180	1.62275	1.75376	1.85225	1.76533	1.79203	1.95126
Lesotho	loti	0.45194	0.27549	0.14414	0.11686	0.09564	0.13319	0.15589	0.15726	0.14728	0.14216
Liberia	dollar	1.00037	...	...	...	...	...	...	...	...	...
Libyan Arab Jamah.	dinar	3.37780	2.91185	1.93754	1.64008	0.78984	0.77018	0.76720	0.76161	0.76288	0.79436
Lithuania	lita		0.25000	0.25000	0.25000	0.27382	0.32843	0.36022	0.35944	0.36439	0.39746
Luxembourg	euro[1,2]			0.92029	0.89442	0.94506	1.13089	1.24349	1.24361	1.25583	1.37062
Madagascar	ariary	0.00756	0.00116	0.00074	0.00076	0.00073	0.00081	0.00051	0.00049	0.00047	0.00054
Malawi	kwacha	0.58313	0.06544	0.01650	0.01425	0.01296	0.01025	0.00918	0.00843	0.00733	0.00714
Malaysia	ringgit	0.40256	0.39901	0.26316	0.26316	0.26316	0.26316	0.26316	0.26411	0.27279	0.29116
Mali	CFA franc[3,4]	0.00225	0.00201	0.00141	0.00136	0.00143	0.00172	0.00189	0.00190	0.00191	0.00209
Malta	lira	2.14266	2.83531	2.27827	2.22245	2.31322	2.65557	2.90685	2.88838	2.93558	3.21953
Martinique	franc	0.11282	0.20089	.	.	.	.	.	.		
Mauritania	ouguiya	0.01310	...	...	...	...	...	...	...	...	...
Mauritius	rupee	0.06511	0.05752	0.03807	0.03429	0.03342	0.03585	0.03628	0.03384	0.03141	0.03217
Montenegro	euro[10]									1.26362	1.38343
Montserrat	EC dollar[6]	0.37040	...	...	...	...	...	...	...	...	...
Morocco	dirham	0.09955	0.11725	0.09413	0.08850	0.09097	0.10473	0.11276	0.11284	0.11388	0.12255
Myanmar	kyat	0.11889	0.17820	0.15567	0.14948	0.15276	0.16447	0.17381	0.17198	0.17357	0.17995
Namibia	dollar			0.14310	0.11577	0.09578	0.13345	0.15560	0.15662	0.14687	0.14226
Nepal	rupee	0.05509	0.01932	0.01407	0.01336	0.01283	0.01314	0.01359	0.01401	0.01374	0.01509
Neth. Antilles	NA guilder	0.55550	0.55870	...	...	...	...	...	...	...	...
Netherlands	euro[1,2]	0.30279	0.62381	0.92071	0.89575	0.94433	1.13123	1.24435	1.24317	1.25630	1.37252
New Caledonia	CFP franc[8]	0.00623	0.01113	0.00771	0.00750	0.00793	0.00941	0.01044	0.01039	0.01062	0.01157
New Zealand	dollar	0.49632	0.65680	0.45242	0.42006	0.46530	0.58397	0.66431	0.70372	0.64912	0.73767
Niger	CFA franc[4]	0.00229	0.00201	0.00139	0.00136	0.00145	0.00174	0.00191	0.00188	0.00192	0.00211

1985	1995	2000	2001	2002	2003	2004	2005	2006	2007	Unité	Pays ou Zone
					Exports - Exportations *[suite]*						
0.11215	0.20061	0.92132	0.89541	0.94408	1.13186	1.24367	1.24444	1.25530	1.37120	euro[1,2]	France
0.11144	0.19982	.			.	1.24330		.		franc	Guyane française
0.00619	0.01119	0.00770	0.00745	0.00795	0.00952	0.01046	0.01039	0.01064	0.01159	franc CFP[8]	Polynésie française
0.00226	0.00201	0.00141	0.00136	0.00144	0.00172	0.00189	0.00190	0.00191	0.00208	franc CFA[3,4]	Gabon
0.24994	0.10520	0.07833	0.06382	0.05035	0.03671	0.03330	0.03497	0.03563	0.04016	dalasi	Gambie
0.34254	0.69898	0.92097	0.89533	0.94532	1.13149	1.24323	1.24382	1.25651	1.37150	euro[1,2]	Allemagne
186.04212	8.48134	1.79936	...	...	.	...	1.10275	1.09055	1.06912	cedi[9]	Ghana
1.29851	1.57738	1.50704	1.43930	1.50555	1.63601	1.83204	1.81242	...	...	livre	Gibraltar
0.09618	0.17930	0.12304	0.11991	0.12779	0.15242	0.16669	0.16593	0.16891	0.18437	couronne d	Groenland
0.37037	0.37037	0.37037	0.37037	0.37037	0.37037	0.37037	0.37037	0.37037	...	dollar C.O.[6]	Grenade
0.10763	0.20144	.			.		.		.	franc	Guadeloupe
...	0.00364	0.00141	0.00135	0.00143	0.00172	0.00187	0.00190	0.00192	0.00208	franc CFA[4]	Guinée-Bissau
0.23595	0.00705	0.00548	0.00533	0.00524	0.00515	0.00504	0.00500	0.00499	0.00494	dollar	Guyana
0.20000	0.06698	0.04649	0.04101	0.03406	0.02357	0.02628	0.02470	0.02494	0.02715	gourde	Haïti
0.02011	0.00789	0.00353	0.00349	0.00389	0.00446	0.00495	0.00500	0.00476	0.00546	forint	Hongrie
0.02410	0.01547	0.01273	0.01027	0.01091	0.01304	0.01428	0.01589	0.01423	0.01568	couronne	Islande
0.08078	0.03080	0.02223	0.02120	0.02057	0.02149	0.02207	0.02267	0.02206	0.02423	roupie	Inde
1.06349	1.60421	0.91904	0.89528	0.94192	1.13219	1.24338	1.24422	1.25345	1.36992	euro[1,2]	Irlande
0.00053	0.00061	0.92136	0.89473	0.94483	1.13171	1.24307	1.24353	1.25645	1.37139	euro[1,2]	Italie
0.18092	0.02845	0.02328	0.02177	0.02066	0.01732	0.01635	0.01604	0.01521	0.01452	dollar	Jamaïque
0.00422	0.01067	0.00928	0.00824	0.00800	0.00865	0.00925	0.00906	0.00859	0.00851	yen	Japon
2.53716	1.42519	1.41044	1.41046	1.41044	1.41044	1.41044	1.41044	1.41044	1.41044	dinar	Jordanie
0.06089	0.01942	0.01312	0.01272	0.01270	0.01317	0.01262	0.01323	0.01386	0.01486	shilling	Kenya
0.69945	0.74140	0.58016	0.51760	...	...	...	...	...	...	dollar aust.	Kiribati
3.32810	3.35157	3.25932	3.26042	3.29239	3.35551	3.39329	3.42469	3.44650	3.52863	dinar	Koweït
.	1.89569	1.65011	1.59240	1.62104	1.75252	1.85233	1.76872	1.78931	1.95331	lat	Lettonie
0.44716	0.27564	0.14443	0.11525	0.09571	0.13368	0.15618	0.15722	0.14671	0.14201	loti	Lesotho
1.00037	...	...	...	...	· ...	...	...	...	...	dollar	Libéria
3.37780	2.90622	1.94149	1.64019	0.78967	0.76869	0.76603	0.76235	0.76266	0.79331	dinar	Jamahiriya arabe libyenne
.	0.25000	0.25000	0.25000	0.27361	0.32782	0.36046	0.35956	0.36395	0.39735	lita	Lituanie
.	.	0.92240	0.89494	0.94373	1.12978	1.24368	1.24483	1.25558	1.37012	euro[1,2]	Luxembourg
0.00755	0.00118	0.00074	0.00076	0.00074	0.00081	0.00051	0.00049	0.00047	0.00054	ariary	Madagascar
0.58828	0.06545	0.01605	0.01413	0.01297	0.01017	0.00918	0.00843	0.00733	0.00714	kwacha	Malawi
0.40287	0.39883	0.26316	0.26316	0.26316	0.26316	0.26316	0.26411	0.27281	0.29119	ringgit	Malaisie
0.00225	0.00201	0.00141	0.00136	0.00143	0.00172	0.00190	0.00188	0.00192	0.00210	franc CFA[3,4]	Mali
2.13564	2.83462	2.27775	2.22302	2.31298	2.65754	2.90238	2.89004	2.93896	3.21645	lire	Malte
0.11151	0.20127							.		franc	Martinique
0.01294	...	...	...	...	...	...	...	...	...	ouguiya	Mauritanie
0.06542	0.05749	0.03794	0.03426	0.03343	0.03581	0.03630	0.03383	0.03146	0.03211	rupee	Maurice
.	.	.			.			1.26143	1.38164	euro[10]	Monténégro
0.37040	...	...	...	...	...	...	...	...	...	dollar C.O.[6]	Montserrat
0.09960	0.11729	0.09417	0.08856	0.09086	0.10464	0.11283	0.11268	0.11381	0.12226	dirham	Maroc
0.11878	0.17816	0.15536	0.14951	0.15247	0.16429	0.17389	0.17262	0.17312	0.17955	kyat	Myanmar
.	.	0.14370	0.11625	0.09533	0.13288	0.15530	0.15702	0.14720	0.14205	dollar	Namibie
0.05512	0.01931	0.01405	0.01336	0.01284	0.01313	0.01358	0.01401	0.01375	0.01508	rupee	Népal
0.55550	0.55870	...	...	...	...	...	...	...	...	guilder NA	Antilles néer.
0.30277	0.62371	0.92051	0.89575	0.94479	1.13103	1.24410	1.24367	1.25634	1.37283	euro[1,2]	Pays-Bas
0.00617	0.01114	0.00772	0.00751	0.00794	0.00949	0.01046	0.01044	0.01061	0.01154	CFP franc[8]	Nouvelle-Calédonie
0.49315	0.65643	0.45450	0.42026	0.46345	0.58199	0.66242	0.70508	0.64775	0.73709	dollar	Nouvelle-Zélande
0.00223	0.00200	0.00141	0.00137	0.00143	0.00172	0.00190	0.00190	0.00191	0.00209	franc CFA[4]	Niger

Special Table C
External trade conversion factors
Imports, exports: US dollars per national currency *[cont.]*
Facteurs de conversion pour le commerce extérieur
Importations, exportations: monnaie nationale en dollars É.-U. *[suite]*

Country or Area	Unit	1985	1995	2000	2001	2002	2003	2004	2005	2006	2007
						Imports - Importations *[cont.]*					
Niue	NZ dollar	0.49840	...	0.45360	0.42045	0.46488	0.58317	0.66470	...	...	...
Norway	krone	0.11738	0.15805	0.11343	0.11128	0.12615	0.14068	0.14876	0.15510	0.15607	0.17145
Oman	rial Omani	2.89519	2.60078	2.60078	2.60078	2.60077	2.60078	2.60078	2.60078	2.60078	2.60078
Pakistan	rupee	0.06311	0.03176	0.01865	0.01615	0.01674	0.01732	0.01716	0.01679	0.01659	0.01647
Panama	balboa	1.00000	1.00000	1.00000	1.00000	1.00000	1.00000	1.00000	1.00000	1.00000	1.00000
Papua New Guinea	kina	1.00185	0.77924	0.36017	0.29493	0.25593	0.28119	0.31054	0.32221	0.32685	0.33668
Philippines	peso	0.05374	0.03881	0.02254	0.01963	0.01938	0.01845	0.01784	0.01815	0.01950	0.02175
Poland	zloty	67.65233	0.41224	0.22983	0.24425	0.24527	0.25705	0.27442	0.30896	0.32297	0.36348
Portugal	euro[1,2]	0.00588	0.00662	0.92195	0.89485	0.94270	1.12993	1.24315	1.24378	1.25605	1.37285
Qatar	riyal	0.27473	0.27473	0.27473	0.27473	0.27473	0.27473	0.27473	0.27473	0.27473	0.27473
Réunion	franc	0.11276	0.20073								
Rwanda	franc	0.00987	0.00388	0.00255	0.00226	0.00210	0.00186	0.00174	0.00180	0.00181	0.00182
Saint Kitts-Nevis	EC dollar[6]	0.37037	0.37037	0.37037	0.37037	0.37037	0.37037	0.37037	0.37037	0.37037	0.37037
Saint Lucia	EC dollar[6]	0.37037	0.37037	0.37037	0.37037	0.37037	0.37037	0.37037	0.37037	0.37037	0.37037
Saint Vincent-Grenadines	EC dollar[6]	0.37037	0.37037	0.37037	0.37037	0.37037	0.37037	0.37037	0.37037	0.37037	0.37037
Samoa	tala	0.44611	0.40353	0.30374	0.28768	0.29614	0.33414	0.35986	0.36869	0.35986	0.38259
Saudi Arabia	riyal	0.27582	0.26702	0.26667	0.26667	0.26667	0.26667	0.26667	0.26688	0.26702	0.26684
Senegal	CFA franc[4]	0.00219	0.00200	0.00140	0.00136	0.00144	0.00172	0.00189	0.00189	0.00192	0.00209
Serbia	dinar[10]								0.01468	0.01502	0.01721
Seychelles	rupee	0.14094	0.20989	0.17549	0.17157	0.18286	0.18502	0.18180	0.18180	0.18120	0.14962
Sierra Leone	leone	0.19646	0.00130	0.00047	0.00049	0.00048	0.00043	0.00037	0.00035	0.00034	0.00033
Singapore	dollar	0.45467	0.70613	0.57950	0.55853	0.55897	0.57419	0.59175	0.60041	0.62997	0.66457
Slovakia	koruna		0.03369	0.02164	0.02067	0.02223	0.02734	0.03106	0.03217	0.03381	0.04071
Solomon Islands	dollar	0.67254	0.29345	0.19652	0.18464	0.14791	0.13319	0.13361	0.13276	0.13144	...
Somalia	shilling	0.02518	...	...	...	...	...	...	...	...	...
South Africa	rand	0.45380	0.27562	0.14374	0.11713	0.09528	0.13367	0.15547	0.15708	...	...
Spain	euro[1,2]	0.00591	0.00803	0.92032	0.89483	0.94667	1.13285	1.24403	1.24321	1.25615	1.37258
Sri Lanka	rupee	0.03676	0.01949	0.01295	0.01121	0.01044	0.01036	0.00986	0.00994	0.00962	0.00903
Suriname	dollar	560.22400	2.25019	0.83788	0.45910	0.42581	0.38420	0.36570	0.36593	0.36444	0.36430
Swaziland	lilangeni	0.44749	0.27545	0.14311	0.11483	0.09556	0.13353	0.15577	0.15699	0.14749	0.14252
Sweden	krona	0.11673	0.14061	0.10906	0.09705	0.10304	0.12395	0.13641	0.13395	0.13586	0.14839
Switzerland	franc	0.41085	0.84832	0.59172	0.59273	0.64261	0.74342	0.80536	0.80342	0.79820	0.83442
Syrian Arab Rep.	pound	0.25478	0.08909	0.02162	0.02162	0.02162	0.02162	0.02162	0.02162	...	...
Thailand	baht	0.03680	0.04014	0.02483	0.02251	0.02330	0.02416	0.02484	0.02485	0.02641	0.02902
Togo	CFA franc[3,4]	0.00224	0.00201	0.00141	0.00136	0.00144	0.00172	0.00190	0.00189	0.00194	0.00213
Tonga	pa'anga	0.69881	0.78714	0.56409	0.46848	0.45619	0.46692	0.50756	0.51366	0.49433	0.50825
Trinidad and Tobago	dollar	0.41143	0.16815	0.15873	0.16076	0.16006	0.15884	0.15876	0.15874	0.15841	0.15855
Tunisia	dinar	1.20539	1.05880	0.72984	0.69568	0.70506	0.77712	0.80309	0.77051	0.75205	0.78172
Tuvalu	Aust. dollar	0.70080	...	...	...	...	...	...	...	...	...
Uganda	shilling	0.15750	0.00103	0.00061	0.00057	0.00056	0.00051	0.00055	0.00056	0.00055	0.00058
United Kingdom	pound	1.28893	1.57878	1.51281	1.43963	1.50138	1.63535	1.83159	1.81811	1.84262	2.00302
United Rep. of Tanzania	shilling	0.05752	0.00173	0.00125	0.00114	0.00103	0.00096	0.00092	0.00088	0.00080	0.00081
Vanuatu	vatu	0.00953	0.00892	0.00725	0.00655	0.00721	0.00825	0.00897	0.00914	0.00902	0.00981
Yemen	rial		0.02813	0.00619	0.00594	0.00571	0.00546	0.00541	0.00524	0.00508	0.00503
Zambia	kwacha	0.33798	0.00114	0.00032	0.00028	0.00023	0.00021	0.00021	0.00022	0.00028	...

1985	1995	2000	2001	2002	2003	2004	2005	2006	2007	Unité	Pays ou Zone
					Exports - Exportations *[suite]*						
0.48836	...	0.45625	0.42087	0.46297	0.58071	0.66319	0.70409	...	...	dollar NZ	Nuie
0.11708	0.15795	0.11337	0.11126	0.12588	0.14068	0.14865	0.15511	0.15609	0.17143	couronne	Norvège
2.89519	2.60078	2.60078	2.60078	2.60077	2.60078	2.60078	2.60078	2.60078	2.60078	rial omani	Oman
0.06308	0.03178	0.01864	0.01614	0.01674	0.01732	0.01717	0.01680	0.01659	0.01646	rupee	Pakistan
1.00000	1.00000	1.00000	1.00000	1.00000	1.00000	1.00000	1.00000	1.00000	1.00000	balboa	Panama
1.00162	0.78048	0.36050	0.29708	0.25692	0.28134	0.31070	0.32259	0.32721	0.33749	kina	Papouasie-Nouvelle-Guinée
0.05374	0.03883	0.02244	0.01962	0.01938	0.01843	0.01784	0.01815	0.01950	0.02169	peso	Philippines
67.55309	0.41233	0.22975	0.24413	0.24521	0.25700	0.27501	0.30904	0.32271	0.36305	zloty	Pologne
0.00588	0.00663	0.92225	0.89482	0.94263	1.13328	1.24212	1.24207	1.25642	1.37062	euro[1,2]	Portugal
0.27473	0.27473	0.27473	0.27473	0.27473	0.27473	0.27473	0.27473	0.27473	0.27473	riyal	Qatar
0.11193	0.20123									franc	Réunion
0.00994	0.00354	0.00255	0.00228	0.00212	0.00187	0.00174	0.00180	0.00181	0.00182	franc	Rwanda
0.37037	0.37037	0.37037	0.37037	0.37037	0.37037	0.37037	0.37037	0.37037	0.37037	dollar C.O.[6]	Saint-Kitts-et-Nevis
0.37037	0.37037	0.37037	0.37037	0.37037	0.37037	0.37037	0.37037	0.37037		dollar C.O.[6]	Sainte-Lucie
0.37037	0.37037	0.37037	0.37037	0.37037	0.37037	0.37037	0.37037	0.37037	0.37037	dollar C.O.[6]	St.Vincent-Grenadines
0.44748	0.40322	0.30446	0.28776	0.29732	0.33443	0.35911	0.36885	0.35979	0.38398	tala	Samoa
0.27618	0.26702	0.26667	0.26667	0.26667	0.26667	0.26667	0.26691	0.26702	...	riyal	Arabie saoudite
0.00220	0.00201	0.00140	0.00136	0.00144	0.00172	0.00189	0.00189	0.00192	0.00210	franc CFA.[4]	Sénégal
							0.01473	0.01504	0.01718	dinar[10]	Serbie
0.13971	0.20959	0.17468	0.17112	0.18215	0.18461	0.18180	0.18180	0.18108	0.14746	rupee	Seychelles
0.19511	0.00140	0.00049	0.00050	0.00048	0.00042	0.00037	0.00035	0.00034	0.00033	leone	Sierra Leone
0.45468	0.70598	0.57944	0.55844	0.55907	0.57421	0.59185	0.60035	0.62983	0.66418	dollar	Singapour
	0.03370	0.02167	0.02068	0.02220	0.02735	0.03103	0.03217	0.03384	0.04068	couronne	Slovaquie
0.67227	0.29377	0.19654	0.18450	0.14717	0.13323	0.13362	0.13276	0.13143	...	dollar	Iles Salomon
0.02498	...	...	...	...	...	...	...	...	...	shilling	Somalie
0.45000	0.27566	0.14384	0.11744	0.09540	0.13298	0.15586	0.15707	0.14675	0.14224	rand	Afrique du Sud
0.00592	0.00803	0.92078	0.89511	0.94457	1.13213	1.24379	1.24382	1.25594	1.37147	euro[1,2]	Espagne
0.03681	0.01946	0.01293	0.01119	0.01045	0.01036	0.00986	0.00994	0.00961	0.00903	rupee	Sri Lanka
560.22400	2.26891	0.83788	0.45911	0.42570	0.38430	0.36569	0.36593	0.36443	0.36430	dollar	Suriname
0.45622	0.27525	0.14300	0.11547	0.09574	0.13369	0.15584	0.15648	0.14673	0.14234	lilangeni	Swaziland
0.11696	0.14059	0.10913	0.09693	0.10296	0.12401	0.13633	0.13397	0.13580	0.14832	couronne	Suède
0.41195	0.84838	0.59161	0.59280	0.64365	0.74365	0.80527	0.80329	0.79830	0.83433	franc	Suisse
0.25478	0.08909	0.02162	0.02162	0.02162	0.02162	0.02162	0.02162	...	...	livre	République arab syrienne
0.03682	0.04013	0.02486	0.02250	0.02329	0.02415	0.02484	0.02482	0.02644	0.02901	baht	Thaïlande
0.00223	0.00201	0.00140	0.00136	0.00144	0.00172	0.00189	0.00189	0.00194	0.00213	franc CFA[3,4]	Togo
0.70038	0.78835	0.55465	0.46088	0.45248	0.46993	0.50806	0.50972	0.49580	0.51038	pa'anga	Tonga
0.40920	0.16809	0.15873	0.16023	0.16014	0.15884	0.15877	0.15874	0.15846	0.15850	dollar	Trinité-et-Tobago
1.20445	1.05846	0.73083	0.69538	0.70485	0.77609	0.80339	0.77115	0.75166	0.78134	dinar	Tunisie
0.70080	...	...	...	...	...	...	...	...	...	dollar aust.	Tuvalu
0.15750	0.00103	0.00062	0.00057	0.00056	0.00051	0.00055	0.00056	0.00055	0.00058	shilling	Ouganda
1.29368	1.57829	1.51219	1.43994	1.50041	1.63431	1.83255	1.81704	1.84033	2.00287	livre	Royaume-Uni
0.05779	0.00175	0.00125	0.00114	0.00103	0.00096	0.00092	0.00088	0.00080	0.00081	shilling	Rép.-Unie de Tanzanie
0.00951	0.00891	0.00726	0.00657	0.00725	0.00827	0.00895	0.00915	0.00900	0.00984	vatu	Vanuatu
	0.02414	0.00618	0.00593	0.00569	0.00545	0.00541	0.00522	0.00507	0.00503	rial	Yémen
0.31939	0.00117	0.00033	0.00028	0.00023	0.00021	0.00021	0.00022	0.00028	0.00025	kwacha	Zambie

Special Table C
External trade conversion factors
Imports, exports: US dollars per national currency *[cont.]*
Facteurs de conversion pour le commerce extérieur
Importations, exportations: monnaie nationale en dollars É.-U. *[suite]*

General note: Trade conversion factors are weighted averages of monthly or quarterly exchange rates, the weights being the corresponding monthly or quarterly values of imports and exports. The exchange rates are as compiled by the IMF or provided by the country concerned. The conversion factors shown in this table are used to obtain trade data in terms of US dollars.

Note generale: Les facteurs de conversion pour le commerce extérieur sont les moyennes pondérées des taux de change mensuelles ou trimestrielles. Les coefficients de pondération sont les valeurs mensuelles ou trimestrielles correspondantes des importations ou des exportations. Les taux de change sont les taux calculés par le secretariat du FMI ou fournis par le pays. Les facteurs de conversion montrés dans cette table sont employés pour obtenir les données commerciales en termes de dollars de E.U..

1   The conversion factors are calculated for each country of euro zone separately and may vary due to differences in relative weights of monthly or quarterly values of imports and exports.

2   Prior to January 1999 the conversion factors are US dollar per previous national currency: Austria - schillings, Belguim - francs, Finland - markkaa, France - francs, Germany - deutsche marks, Ireland - pounds, Italy -lire, Luxembourg - francs, Netherlands - guilders, Portugal - escudos, and Spain - pesetas.

3   The conversion factors are not trade weighted.
4   Comptoirs Francais du Afrique franc pegged to the euro at CFAF 655.957 per euro.
5   After July 5, 1999 lev is equal to 1,000 of pre-July 5, 1999 leva. All data are expressed in terms of the new leva.

6   East Caribbean dollar.
7   See explanatory notes on data pertaining to Yemen on page v.

8   Comptoirs Francais du Pacifique franc.
9   In July 2007 the Ghanaian cedi (GHC) was redenominated and our time series were adjusted accordingly. The new Ghana cedi (GHS) is equal to 10,000 old Ghanaian cedis (1 GHS = 10,000 GHC).
10 Beginning 2006, data for Serbia and Montenegro is reported separately.

1   Les facteurs de conversion sont calculés pour chaque pays d'euro zone séparément et peuvent varier en raison des différences dans les ponderation relatifs de valeurs mensuelles ou trimestrielles des importations et des exportations.

2   Avant janvier 1999 les facteurs de conversion sont dollar des E.U. par monnaie nationale précédente: Autriche - schillings, Belgique - francs, Finlande - markkaa, France - francs, Allemagne - deutsche marks, Irlande - livres, Italie - lire, Luxembourg - francs, Pays-Bas - florins, Portugal - escudos, et Espagne - pesetas.

3   Les facteurs de conversion ne sont pas pondérés.
4   Comptoirs Francais du Afrique franc est chevillé à l'euro à CFAF 655,957 par euro.
5   Après juillet 5, 1999 le lev est égal à 1,000 pré-Juillet de 5, 1999 leva. Toutes les données sont exprimées en termes de nouveau lev.

6   Dollar des caraïbes orientales.
7   Voir les notes explicatives sur les données concernant Yemen à la page vii.

8   Comptoirs Francais du Pacifique franc.
9   Le 1er juillet 2007 le cedi ghanéen (GHC) a été redenominé et nos séries temporelles ont été réajustées afin d'en tenir compte. Le nouveau cedi ghanéen (GHS) vaut 10.000 ancien cedis (1 GHS=10.000 GHC).
10 Depuis début 2006, les données relatives à la Serbie et au Montenegro sont déclarées séparément.

SPECIAL TABLE: D

World exports by commodity classes and by regions

In million U.S. dollars f.o.b.

| Exports from | Year | World 1/ Monde 1/ | Developed economies 2/ Economies en voie de développement 2/ | | | | | | | Commonwealth of Independent States Communauté d'Etats Indépendants | |
| | | | | Asia-Pacific Asie-Pacifique | | Europe | | North America Amérique du Nord | | | |
			Total	Total	Japan Japon	Total	Germany Allemagne	Total	U.S.A. É.-U.	Total	Europe
						Total trade (SITC, Rev. 3, 0-9) 3/					
World 1/	2000	6334931	4373284	413259	337021	2546924	475330	1413102	1177246	77331	65397
	2004	9051804	5959923	514947	395695	3756378	670242	1688598	1395312	180830	151572
	2005	10320994	6707485	619946	484568	4171765	729472	1915773	1608846	222415	186153
	2006	11948165	7607468	691664	542642	4793112	831862	2122692	1778913	294635	243735
	2007	13785323	8642596	788563	616066	5601948	966949	2252086	1879078	403859	336195
Developed Economies - Asia-Pacific 2/	2000	556286	282799	30033	13778	92399	21090	160367	151779	1020	843
	2004	672542	297926	43363	18582	105508	20410	149055	138652	4053	3630
	2005	722422	312939	50267	23887	105963	20234	156709	146103	5660	5290
	2006	792457	339114	52632	26717	117091	22032	169391	157739	9033	8434
	2007	880380	358985	59315	28857	130159	24305	169511	157033	13349	12634
Japan	2000	479248	245318	9835	.	83824	19996	151659	143977	792	624
	2004	565761	243610	14104	.	92198	18964	137308	128694	3775	3392
	2005	594941	250477	14863	.	90781	18646	144833	135947	5196	4897
	2006	646725	269610	14584	.	97804	20418	157221	147198	8308	7773
	2007	714327	281892	16698	.	108971	22636	156223	145624	12518	11896
Developed Economies - Europe 2/	2000	2513250	2110280	63302	45945	1790354	343747	256624	232034	31107	28097
	2004	3824476	3144141	88614	59114	2713177	498968	342350	309787	82828	74908
	2005	4144280	3379743	90943	59895	2919580	528114	369220	333038	101598	92744
	2006	4712542	3818173	94612	62681	3318063	604752	405498	363220	133865	121732
	2007	5497955	4413226	104169	66904	3879935	703968	429121	384879	176203	161652
France	2000	295345	239365	6445	4983	204528	44461	28392	25937	2392	1952
	2004	413708	331455	10154	6647	289473	62211	31828	28711	5785	4684
	2005	434354	342604	10360	6732	298051	63112	34193	31113	6051	5096
	2006	479013	373269	10296	7153	326293	69417	36680	33165	8298	7126
	2007	539731	416375	11459	7916	367014	77915	37902	34097	10391	9288
Germany	2000	549607	458641	15684	12137	382583	.	60374	56393	8923	8069
	2004	911742	736096	22389	15788	627090	.	86616	80546	25810	23737
	2005	977132	783562	23718	16611	666889	.	92954	86050	30140	27542
	2006	1121963	885790	25240	17424	753820	.	106730	98011	41348	37924
	2007	1328841	1049227	26923	17913	912493	.	109811	100561	53859	49394
Developed Economies - North America 2/	2000	1057790	699131	86694	71335	193928	31336	418508	241623	3504	2715
	2004	1135542	740417	78903	60989	204032	33450	457482	267817	5300	3798
	2005	1265297	820451	83058	62989	223113	36827	514280	302259	6575	5093
	2006	1425598	898509	90617	67951	260242	44804	547650	316665	8134	6455
	2007	1582869	982145	95289	71266	305725	53220	581131	331926	12086	10058
United States	2000	780332	436301	79685	65252	179776	29242	176839	.	3325	2563
	2004	817905	444561	70747	54400	184238	31377	189576	.	4833	3428
	2005	904339	485673	73827	55408	199933	34141	211912	.	5867	4549
	2006	1037029	542745	80358	59648	231507	41313	230880	.	7082	5578
	2007	1162538	601872	84682	62664	268117	49611	249073	.	10641	8861
South-Eastern Europe	2000	19551	13491	50	37	12584	2634	857	764	994	854
	2004	41405	30041	94	66	28586	5403	1362	1242	1114	876
	2005	48987	34182	134	106	32211	6113	1837	1665	1629	1271
	2006	61278	42237	160	132	40458	8029	1619	1477	2601	2120
	2007	77078	52825	199	155	50986	10731	1640	1494	4080	3376
Commonwealth of Independent States	2000	143135	80576	2961	2945	70339	11069	7277	5786	29024	24176
	2004	262642	139118	3726	3669	125522	16232	9870	8938	54605	43429
	2005	335761	192986	4197	4121	178936	22504	9854	8896	60692	46389
	2006	417910	247140	5047	4963	231122	20207	10971	10126	80986	59904
	2007	497006	276638	8321	8228	257347	21917	10970	9988	107509	80432
Russian Federation	2000	103093	65496	2771	2764	57875	9232	4850	4648	13824	10807
	2004	181600	105525	3448	3404	94949	13302	7128	6626	29471	22362
	2005	241452	151382	3788	3740	141027	19736	6567	6366	32605	22968
	2006	301244	192798	4468	4436	180519	17213	7812	7450	46617	31291
	2007	352266	216414	7543	7491	201227	18605	7644	7312	60173	41753

For general note and footnotes see end of table

Exportations mondiales par classes de marchandises et par régions

En millions de dollars E.-U. f.o.b.

← Exportations vers

South-Eastern Europe Europe du Sud-Est	Northern Africa Afrique septentrio-nale	Sub-Saharan Africa Afrique subsahari-enne	Latin America and the Caribbean Amérique latine et Caraïbes	Eastern Asia Asie orientale	Southern Asia Asie méridionale	South-eastern Asia Asie du Sud-Est	Western Asia Asie occidentale	Oceania Océanie	OPEC OPEP	Année	Exportations en provence de ↓
\multicolumn{12}{c}{**Commerce total (CTCI, Rev. 3, 0-9) 3/**}										
27424	54863	75207	361719	697456	81442	357114	191248	6330	160961	2000	Monde 1/
62143	82552	128709	412411	1206940	155599	476520	310968	9863	304810	2004	
74570	91420	163457	492246	1317317	208174	555517	398371	11953	381403	2005	
103983	108504	200216	591799	1561883	254073	635821	464141	12940	445161	2006	
122645	140991	230041	695947	1811241	302888	720919	551273	16521	551528	2007	
173	1726	4841	20502	139656	7022	78146	13176	2214	19931	2000	Economies Développés - Asie-Pacifique 2/
235	2504	7800	20711	218548	11512	84674	20373	2928	28666	2004	
335	2385	8747	25635	236142	13911	89375	22232	3280	31090	2005	
430	2816	10159	31492	258650	16482	92424	26230	3648	33381	2006	
583	3568	12081	36304	289262	19421	105026	35230	4430	42350	2007	
108	1187	3721	19272	124529	4751	68490	10619	460	15764	2000	Japon
132	1795	5708	18945	195915	6307	73006	15804	724	21964	2004	
229	1793	6267	23130	206501	7370	75578	17649	665	23965	2005	
288	2097	7215	28824	223867	8509	76283	20814	893	24603	2006	
428	2844	8649	33266	247799	10203	87168	28345	1209	32148	2007	
19348	29903	31311	57275	77429	21631	40256	83247	1257	52601	2000	Economies Développés - Europe 2/
44263	45801	48565	69087	131658	43752	55938	133462	2225	98607	2004	
51089	49586	55707	78164	140366	51939	59816	154114	2572	116185	2005	
62894	53409	64572	92623	165798	56030	66141	172194	2522	126295	2006	
79223	66465	77658	112138	195382	65992	79929	201358	3516	151695	2007	
1282	9180	7741	7237	9366	2416	4752	10136	822	9033	2000	France
3044	13531	9232	7445	13936	5116	6701	15776	1409	17145	2004	
3561	14965	10299	8343	16168	5397	8726	16510	1395	18061	2005	
4142	15137	11648	10559	19433	6372	8609	19856	1368	20431	2006	
4792	17278	13495	12698	22156	7536	10656	22085	1606	22385	2007	
4185	4001	5607	13858	21330	4087	9799	17506	132	9880	2000	Allemagne
9796	6200	10705	18445	44508	10217	16049	31985	222	20901	2004	
11466	6675	11718	21266	45735	12640	15733	36177	259	24206	2005	
14940	7349	13570	24104	57158	15496	18316	41705	196	27025	2006	
17481	9064	15095	28369	66106	17101	21295	48513	535	31486	2007	
562	5660	6348	174597	88922	5584	48918	23864	392	21665	2000	Economies Développés - Amérique du Nord 2/
1013	5499	9294	176982	107774	9868	50156	28644	370	25253	2004	
1294	5929	11310	198487	118574	11723	51917	38277	536	35837	2005	
1388	7740	13512	231221	141025	15696	60182	47634	432	45860	2006	
1437	10565	16231	253800	161070	23904	64158	56458	553	54548	2007	
509	5028	5928	170376	83248	4635	47368	22928	378	19459	2000	Etats-Unis
885	4897	8580	171432	98731	8639	47900	26884	340	22833	2004	
1100	5202	10319	191592	108006	10116	49603	36158	483	32976	2005	
1092	6879	12120	222343	128700	13190	57330	45033	391	42181	2006	
1229	9257	14402	242990	146672	20998	60570	52957	490	49638	2007	
2212	359	156	160	218	139	76	1700	1	349	2000	Europe du Sud-Est
3665	498	184	197	452	287	240	3917	1	686	2004	
4809	623	318	367	465	509	360	5056	25	1032	2005	
7190	615	298	362	460	540	507	6257	5	1261	2006	
9434	832	277	657	547	875	458	6977	61	1369	2007	
2628	1375	555	5985	9139	3001	1717	9073	4	2699	2000	Communauté d'Etats Indépendants
5794	2983	1032	5355	19848	7923	3265	22598	8	7373	2004	
8151	3967	1213	6575	22890	8805	3690	26682	16	8063	2005	
14897	3851	1313	6167	24774	9274	2853	25884	1	8335	2006	
15911	5770	1677	6900	31453	11984	4336	34631	9	12195	2007	
1822	746	344	4307	6980	1896	1120	6556	2	1261	2000	Fédération de Russie
3471	1632	531	3187	14943	4791	1777	16216	8	3316	2004	
5630	2038	522	4915	17864	4776	2159	19516	15	3754	2005	
11945	1927	587	4495	18672	4629	1901	17234	1	3153	2006	
12328	3502	663	4533	23152	6537	2563	22324	8	5329	2007	

Voir la fin du tableau pour la remarque générale et les notes.

SPECIAL TABLE: D

World exports by commodity classes and by regions (continued)

In million U.S. dollars f.o.b.

Exports from	Year	World 1/ Monde 1/	Developed economies 2/ / Economies en voie de développement 2/ Total	Asia-Pacific Asie-Pacifique Total	Japan Japon	Europe Total	Germany Allemagne	North America Amérique du Nord Total	U.S.A. É.-U.	Commonwealth of Independent States Communauté d'Etats Indépendants Total	Europe
						Total trade (SITC, Rev. 3, 0-9) 3/ [cont.]					
Northern Africa	2000	50221	41095	· 491	424	35558	3934	5047	4219	100	81
	2004	80002	65027	405	289	53292	5079	11331	9280	231	181
	2005	109191	87913	477	274	71361	7607	16076	13619	256	237
	2006	131863	106027	587	446	82623	7752	22817	19077	249	241
	2007	149468	120278	862	732	94527	7920	24890	20919	336	324
Sub-Saharan Africa	2000	94744	56882	2605	2033	32042	3106	22235	21262	194	191
	2004	143189	85600	7663	6296	46515	4748	31422	29583	549	493
	2005	196572	121285	9020	7310	57113	4558	55152	51615	540	486
	2006	231634	138084	10819	9193	65752	5603	61514	57650	392	335
	2007	255846	152708	11675	10148	73944	6963	67088	61969	523	455
South Africa	2000	26298	13520	1866	1355	9026	1900	2629	2409	33	32
	2004	40264	26043	5231	4110	15761	3237	5050	4690	140	118
	2005	46991	30154	6666	5149	18242	3330	5246	4893	126	109
	2006	52602	34400	7500	6227	20390	3942	6510	6070	154	131
	2007	64027	39457	8421	7039	22637	5106	8399	7529	224	189
Latin America and the Caribbean	2000	351244	266789	8345	7571	44366	6845	214078	207517	1272	1253
	2004	461055	328019	9765	8800	62196	9612	256058	246911	3256	2994
	2005	558745	379947	12676	11373	72612	11409	294659	283337	5092	4856
	2006	664113	449190	16007	14545	94346	14648	338837	323895	6464	6181
	2007	757378	493987	19786	17760	116097	18051	358103	341392	6880	6553
Brazil	2000	55119	33695	2853	2481	16229	2520	14613	14047	497	487
	2004	96677	50561	3200	2779	25080	4041	22281	21074	1993	1857
	2005	118529	57402	4004	3485	27827	5024	25571	23623	3340	3183
	2006	137806	64376	4466	3898	32133	5682	27776	25470	3945	3808
	2007	160649	75674	5014	4329	42334	7176	28326	25939	4322	4123
Eastern Asia	2000	776187	410976	101770	90091	125356	27229	183850	173166	4994	3848
	2004	1290691	612627	142664	122424	211028	44924	258935	241726	18545	14539
	2005	1532211	723618	161585	137896	259802	56795	302231	281098	28155	21685
	2006	1845979	844417	178241	150052	311559	65342	354617	328681	36879	27465
	2007	2190684	966897	193986	159692	383302	76064	389609	359641	61681	46535
China	2000	249203	142809	45499	41654	41979	9278	55331	52156	3183	2411
	2004	593326	326866	83425	73509	110004	23756	133437	125149	13824	10630
	2005	761953	418805	96401	83986	147445	32527	174959	163180	21363	15837
	2006	968936	513274	106867	91623	186939	40315	219468	203801	27998	19802
	2007	1217776	623887	122158	102009	249192	48714	252537	233097	48005	34609
Southern Asia	2000	94773	56169	8607	7846	29823	3980	17739	16635	1928	1277
	2004	153014	77254	13206	12135	41894	5349	22154	20704	2243	1228
	2005	195546	110724	21227	19966	61768	6573	27729	26044	2687	1509
	2006	223682	109502	20162	18428	59262	6937	30078	28244	3141	1860
	2007	266307	128078	25096	23558	71480	8059	31501	29562	3766	2130
South-Eastern Asia	2000	426829	218817	69514	57855	65421	12035	83883	80871	606	556
	2004	569984	256903	87611	67534	80409	15320	88882	85297	1979	1751
	2005	654626	281237	98022	72656	85703	15879	97512	93908	2343	2200
	2006	768034	327144	113470	83158	101446	18128	112228	107588	2833	2692
	2007	863686	350549	126328	89874	111752	19852	112470	106449	3773	3552
Western Asia	2000	245917	133271	37050	36223	53847	8137	42375	41329	2573	1496
	2004	411275	179454	36611	35337	83456	10576	59388	35071	6074	3690
	2005	550512	258571	85653	83618	102670	12655	70248	67003	7143	4349
	2006	665322	283415	106142	103813	110081	13367	67193	64280	10031	6289
	2007	757733	340925	139851	137567	125313	15625	75761	73542	13671	8491
Oceania	2000	5005	3007	1837	938	907	189	263	260	15	11
	2004	5987	3397	2323	460	764	171	311	305	54	53
	2005	6845	3889	2687	477	934	206	268	260	46	45
	2006	7753	4514	3168	564	1067	260	279	272	27	27
	2007	8933	5356	3685	1325	1381	274	291	285	4	4

For general note and footnotes see end of table

Exportations mondiales par classes de marchandises et par régions (suite)

En millions de dollars E.-U. f.o.b.

← Exportations vers

South-Eastern Europe Europe du Sud-Est	Northern Africa Afrique septentrio-nale	Sub-Saharan Africa Afrique subsahari-enne	Latin America and the Caribbean Amérique latine et Caraïbes	Eastern Asia Asie orientale	Southern Asia Asie méridionale	South-eastern Asia Asie du Sud-Est	Western Asia Asie occidentale	Oceania Océanie	OPEC OPEP	Année	Exportations en provence de ↓
Commerce total (CTCI, Rev. 3, 0-9) 3/ [suite]											
92	1179	337	2048	233	794	360	3128	1	1078	2000	Afrique septentrionale
118	2310	683	2501	1208	1162	585	5007	2	1822	2004	
102	2961	945	3731	2130	1728	678	6333	2	2361	2005	
119	3353	1309	3351	2957	3167	1007	7368	3	3424	2006	
232	4052	1273	4639	3185	4640	1465	5266	2	3526	2007	
63	450	12278	2539	8629	5258	1949	2087	40	3093	2000	Afrique subsaharienne
100	577	20526	3898	18531	5067	3536	2995	108	5384	2004	
68	707	27128	6537	24092	7977	2338	3793	23	5158	2005	
154	1074	33683	7273	33453	8437	3416	4866	39	6233	2006	
211	1324	35829	8088	36847	10502	3426	5301	39	6758	2007	
27	91	3903	572	1797	524	731	971	6	843	2000	Afrique du sud
35	137	5798	636	3654	748	1226	1536	21	1813	2004	
13	278	6900	754	3590	1511	1336	1902	12	2321	2005	
35	379	7340	990	4226	1211	1410	2131	13	2821	2006	
129	444	9029	1363	7034	1852	1518	2423	28	3236	2007	
323	1278	1656	61110	8628	2230	2765	2788	17	7148	2000	Amérique latine et Caraïbes
877	3144	4077	82663	22611	4231	4941	5266	29	12372	2004	
1107	3718	6069	108363	31998	5261	6299	7062	34	16769	2005	
1485	4418	7955	131207	38151	7098	7248	9878	61	22366	2006	
1641	5368	9644	158617	51219	9036	9590	9503	54	30476	2007	
129	506	888	13872	2603	624	926	1374	4	2477	2000	Brésil
543	1550	2997	22952	8658	2138	2199	3072	14	6091	2004	
575	1990	4352	30653	10514	2632	2983	4075	14	8165	2005	
691	2552	5273	36820	12214	3084	3232	5586	29	11454	2006	
665	2662	6568	42342	15063	3205	4593	5539	16	13783	2007	
688	3062	8358	25157	220123	13061	68292	18702	1258	24673	2000	Asie orientale
2546	5935	18340	35857	424266	26991	106668	35479	1606	45193	2004	
3029	7503	22431	45674	491843	34658	126732	43558	2355	56183	2005	
9517	10405	30116	64332	590069	45516	153616	55499	2609	68497	2006	
5158	14414	38232	86095	678970	64355	190639	77111	3887	95145	2007	
356	1406	3602	7125	62121	4510	17341	6683	65	8738	2000	Chine
1662	3814	9918	18023	144875	13786	42901	17400	255	22908	2004	
2136	5203	13403	23378	179136	19257	55368	23431	472	30790	2005	
8287	7556	19032	35657	224416	27882	71317	32752	764	40285	2006	
3523	10656	26501	51079	268712	42399	94156	47907	951	58790	2007	
54	2739	2330	2106	13427	3790	4242	7907	40	7244	2000	Asie méridionale
180	3529	5318	3197	20564	9228	8867	16665	60	17183	2004	
196	1455	6723	3489	22474	12141	11410	23738	59	21269	2005	
290	4896	9864	4936	34086	13397	13746	29230	98	28028	2006	
415	6448	11623	5538	42538	15914	15247	35995	66	34080	2007	
156	1009	4130	6782	75805	11393	98145	8581	1019	10975	2000	Asie Sud-Est
246	1971	6120	7972	119752	18229	141842	12871	1919	37752	2004	
299	2256	7494	10461	141157	23735	165529	16968	2752	46558	2005	
342	2770	9032	13796	167757	29433	191250	19788	3218	52145	2006	
511	3618	11696	17348	191817	37368	217978	24523	3492	65211	2007	
1123	6124	2866	3147	54734	7522	11963	16993	9	9467	2000	Asie occidentale
3104	7801	6714	3973	121063	17300	15497	23682	484	24415	2004	
4090	10330	15329	4725	84392	35735	36939	50545	127	40845	2005	
5277	13154	18344	5007	103880	48940	43025	59300	114	49184	2006	
7888	18569	13740	5794	127647	38687	28181	58913	230	54153	2007	
2	0	40	311	512	17	285	2	77	39	2000	Océanie
1	1	56	18	664	52	311	8	122	103	2004	
1	1	41	36	792	53	434	12	172	53	2005	
0	1	58	32	822	64	406	13	189	154	2006	
0	0	79	27	1304	210	487	7	183	22	2007	

Voir la fin du tableau pour la remarque générale et les notes.

SPECIAL TABLE: D

World exports by commodity classes and by regions (continued)

In million U.S. dollars f.o.b.

Exports from	Year	World 1/ Monde 1/	Developed economies 2/ Economies en voie de développement 2/					North America Amérique du Nord		Commonwealth of Independent States Communauté d'Etats Indépendants	
			Total	Asia-Pacific Asie-Pacifique Total	Japan Japon	Europe Total	Germany Allemagne	Total	U.S.A. É.-U.	Total	Europe
Food, beverages and tobacco (SITC, Rev. 3, 0 and 1)											
World 1/	2000	387890	271687	40518	36871	175372	32438	55796	44306	10270	8899
	2004	553090	391256	44382	38751	273216	47646	73659	58611	19694	17166
	2005	604645	422153	46908	40494	295300	50517	79946	63146	24332	21253
	2006	667487	459658	47366	40157	323025	54049	89266	69975	28520	24754
	2007	794123	534847	51348	42525	384791	63488	98708	76185	35624	30096
Developed Economies - Asia-Pacific 2/	2000	19835	9716	4289	3294	2458	276	2968	2617	52	44
	2004	29539	15015	6363	4635	3990	419	4662	4138	161	131
	2005	30107	15659	6729	4826	4055	501	4875	4283	241	190
	2006	31329	15184	6488	4469	3947	450	4748	4171	330	281
	2007	34016	16362	6885	4417	4406	495	5072	4377	364	291
Japan	2000	2088	616	72	.	107	14	436	399	9	9
	2004	2599	665	68	.	120	19	477	445	25	25
	2005	2868	713	64	.	116	21	533	501	25	25
	2006	3061	726	62	.	121	19	543	510	29	28
	2007	3531	814	67	.	140	23	607	567	36	36
Developed Economies - Europe 2/	2000	177997	151358	5142	4317	135781	26331	10435	8970	3783	3518
	2004	274683	238933	6650	5308	217222	39867	15061	12943	7085	6759
	2005	295437	255619	6535	5081	233626	41506	15458	13205	8338	7883
	2006	324022	279221	6708	5052	255061	43895	17452	14869	10402	9819
	2007	385384	330004	7537	5550	303233	51671	19234	16282	12854	12189
France	2000	31410	26548	981	902	23387	4572	2180	1853	351	335
	2004	44032	38138	1282	1148	33877	6049	2979	2523	500	482
	2005	44980	38629	1295	1136	34231	5786	3102	2627	535	510
	2006	48271	41281	1364	1210	36179	5866	3738	3153	668	636
	2007	56734	47737	1499	1290	42706	6754	3532	2890	899	860
Germany	2000	21712	18446	290	250	17384	.	772	696	643	595
	2004	35694	31917	413	299	30356	.	1148	1009	1211	1130
	2005	42317	37912	479	366	36182	.	1252	1105	1311	1214
	2006	47033	41619	550	415	39613	.	1456	1285	1789	1638
	2007	55112	48798	789	611	46369	.	1640	1430	2159	1967
Developed Economies - North America 2/	2000	63390	38861	13367	12830	6717	914	18777	10624	986	886
	2004	71127	42650	11094	10423	7933	1045	23623	13351	1167	1005
	2005	74844	45374	11412	10580	8295	1111	25667	14158	1332	1189
	2006	83477	48885	11661	10741	8927	1297	28297	15180	1289	1187
	2007	101156	55245	13093	11955	10323	1321	31829	16549	1962	1847
United States	2000	47084	25762	11994	11534	5619	835	8149	.	955	858
	2004	50271	25805	9366	8849	6176	922	10263	.	1102	948
	2005	52751	27496	9414	8772	6582	994	11500	.	1218	1087
	2006	59343	29995	9845	9117	7044	1172	13106	.	1074	986
	2007	73623	34557	11078	10177	8212	1186	15266	.	1688	1597
South-Eastern Europe	2000	1232	650	17	12	588	125	45	39	87	69
	2004	2522	1604	20	9	1473	216	111	98	103	85
	2005	2988	1918	25	14	1794	218	100	88	123	106
	2006	3665	2162	20	9	2039	254	103	87	172	154
	2007	4823	2695	20	5	2570	353	105	91	239	223
Commonwealth of Independent States	2000	3793	738	150	145	546	90	42	39	2532	1977
	2004	8383	1125	108	107	946	129	71	64	5444	4074
	2005	10877	1562	129	127	1360	220	73	67	6309	4642
	2006	12014	1647	135	132	1433	196	79	72	6854	4554
	2007	17480	2268	192	190	1967	347	109	94	9342	5699
Russian Federation	2000	1016	394	140	137	231	34	23	21	379	91
	2004	2307	498	94	93	373	58	31	28	1035	314
	2005	3576	576	112	111	430	76	35	32	1519	498
	2006	4297	708	106	104	560	92	41	38	1935	561
	2007	7624	1023	130	129	829	112	63	53	2769	786

For general note and footnotes see end of table

Exportations mondiales par classes de marchandises et par régions (suite)

En millions de dollars E.-U. f.o.b.

← Exportations vers

South-Eastern Europe Europe du Sud-Est	Northern Africa Afrique septentrio-nale	Sub-Saharan Africa Afrique subsahari-enne	Latin America and the Caribbean Amérique latine et Caraïbes	Eastern Asia Asie orientale	Southern Asia Asie méridionale	South-eastern Asia Asie du Sud-Est	Western Asia Asie occidentale	Oceania Océanie	OPEC OPEP	Année	Exportations en provence de ↓
Produits alimentaires, boisson et tabac (CTCI, Rev. 3, 0 et 1)											
2504	7258	8316	22207	23748	5349	16082	17815	789	19916	2000	Monde 1/
4898	9306	14239	26364	32250	6806	21694	22769	1145	28248	2004	
5351	9927	16347	29320	33596	8592	24073	27470	1198	32583	2005	
6312	11209	18627	34300	35978	11508	27368	31126	1321	38127	2006	
8416	15873	22237	43791	43229	12881	34767	39269	1470	48591	2007	
5	395	395	486	3380	855	3012	995	446	1891	2000	Economies Développés -
4	438	568	612	5458	513	4007	1570	592	2573	2004	Asie-Pacifique 2/
7	406	586	745	5555	471	4014	1518	581	2602	2005	
9	545	667	754	5805	861	4307	1906	656	3100	2006	
7	482	622	1144	6242	811	5072	1909	711	3581	2007	
0	0	18	19	1135	6	205	26	56	39	2000	Japon
0	1	23	13	1496	4	263	32	76	52	2004	
0	0	21	23	1675	5	315	39	53	61	2005	
1	10	33	22	1820	8	320	44	49	68	2006	
0	16	33	25	2070	7	416	52	62	80	2007	
1690	2941	3093	3114	2851	484	2052	5474	136	5740	2000	Economies Développés -
3103	3496	4574	3019	3785	579	2533	6419	216	7127	2004	Europe 2/
3327	3574	4739	3366	4196	845	2677	7506	214	7741	2005	
3800	3763	5675	3886	4551	1063	2913	8044	232	8546	2006	
5475	4915	6641	4595	5616	958	3938	9578	271	10554	2007	
79	984	883	429	542	106	406	968	112	1254	2000	France
134	1284	1155	325	731	76	579	932	180	1306	2004	
113	1375	1204	353	813	63	623	1094	178	1544	2005	
117	1443	1419	371	837	162	780	1003	189	1604	2006	
187	1751	1717	412	1315	122	1044	1322	223	1969	2007	
193	367	112	203	255	126	188	974	1	995	2000	Allemagne
387	337	161	165	305	60	174	762	2	668	2004	
513	272	225	148	297	140	182	1138	2	855	2005	
616	291	411	217	335	122	210	1210	3	839	2006	
686	401	302	244	447	131	303	1426	2	1082	2007	
73	1936	805	9298	5475	785	2248	2770	78	3293	2000	Economies Développés -
222	1637	1406	11741	6859	520	2367	2340	80	2916	2004	Amérique du Nord 2/
297	1280	1554	12705	6611	738	2496	2229	105	3170	2005	
215	1820	1533	15077	7588	1223	2960	2768	88	3979	2006	
137	3294	2281	18669	9122	1629	4163	4233	110	5877	2007	
71	1499	658	8266	4943	268	1952	2558	77	2228	2000	Etats-Unis
186	1350	1223	10384	5548	342	1965	2153	76	2288	2004	
217	1039	1341	11430	5238	388	2102	2059	101	2570	2005	
124	1433	1241	13614	6471	424	2424	2429	84	2979	2006	
101	2783	1790	16688	8047	700	3268	3584	105	4384	2007	
284	44	6	3	4	34	5	114	1	49	2000	Europe du Sud-Est
515	64	13	9	11	15	18	137	0	45	2004	
609	88	24	12	16	6	16	144	0	73	2005	
992	65	17	7	10	42	24	166	0	53	2006	
1479	75	14	7	12	7	15	274	0	100	2007	
27	19	15	7	166	98	2	175	.	77	2000	Communauté d'Etats
99	377	30	6	315	142	53	730	.	391	2004	Indépendants
88	849	140	16	408	297	97	1041	0	839	2005	
131	677	130	31	414	785	37	1218	0	725	2006	
153	1889	240	12	417	756	37	2255	.	1071	2007	
6	6	0	1	155	7	1	67	.	21	2000	Fédération de Russie
27	224	11	1	253	35	2	207	.	88	2004	
40	506	66	1	324	112	24	396	.	235	2005	
51	386	72	2	349	467	8	304	.	132	2006	
105	1428	185	4	336	520	24	1213	.	422	2007	

Voir la fin du tableau pour la remarque générale et les notes.

SPECIAL TABLE: D

World exports by commodity classes and by regions (continued)

In million U.S. dollars f.o.b.

Exports from	Year	World 1/ Monde 1/	Developed economies 2/ Economies en voie de développement 2/ Total	Asia-Pacific Asie-Pacifique Total	Japan Japon	Europe Total	Germany Allemagne	North America Amérique du Nord Total	U.S.A. É.-U.	Commonwealth of Independent States Communauté d'Etats Indépendants Total	Europe
						Food, beverages and tobacco (SITC, Rev. 3, 0 and 1)[cont.]					
Northern Africa	2000	2278	1661	281	279	1299	71	81	58	63	63
	2004	3080	1985	72	68	1810	95	103	73	169	168
	2005	3866	2414	120	115	2177	133	116	76	211	208
	2006	3860	2370	103	98	2172	103	96	60	199	197
	2007	4837	2911	150	144	2652	134	109	60	262	260
Sub-Saharan Africa	2000	10541	6446	512	439	5328	618	606	531	105	104
	2004	15599	9718	597	502	8122	575	1000	863	233	209
	2005	16028	9729	667	563	7935	674	1127	998	255	228
	2006	17909	10882	625	510	9176	818	1081	917	212	184
	2007	19262	11556	624	491	9579	830	1353	1208	274	241
South Africa	2000	2168	1261	176	144	923	69	161	110	8	7
	2004	3462	2186	213	160	1751	157	222	146	66	58
	2005	3927	2360	297	234	1794	153	269	180	54	46
	2006	3688	2078	228	164	1573	139	277	183	80	77
	2007	4165	2552	259	178	2028	191	265	174	105	99
Latin America and the Caribbean	2000	47290	31636	2509	2219	13777	2233	15350	14662	1094	1081
	2004	65840	41143	2946	2706	19289	2854	18908	17995	2774	2635
	2005	75996	46117	3730	3441	21192	3307	21196	20109	4403	4252
	2006	86653	51901	3815	3432	23888	3835	24197	22746	5310	5195
	2007	102909	60920	4226	3721	30480	4596	26213	24445	5415	5219
Brazil	2000	10142	6609	710	514	4599	667	1300	1179	471	460
	2004	19952	10733	1005	906	7825	1172	1902	1666	1786	1665
	2005	23552	11663	1294	1176	8166	1352	2203	1892	2983	2842
	2006	27243	12494	1147	976	8758	1503	2589	2201	3435	3325
	2007	33441	16696	1329	1135	12414	1917	2953	2535	3682	3507
Eastern Asia	2000	21096	11205	7902	7705	1449	309	1855	1614	297	255
	2004	27941	15190	9826	9426	2195	535	3169	2768	849	761
	2005	31467	16817	10209	9727	2860	664	3748	3275	1093	956
	2006	34814	18380	10056	9465	3631	828	4694	4144	1318	1150
	2007	41203	20337	10168	9432	4687	1057	5481	4831	1820	1567
China	2000	13027	7217	4960	4877	1214	296	1044	910	189	162
	2004	20078	11231	7000	6744	1969	518	2262	1976	639	578
	2005	23663	12994	7539	7239	2626	643	2829	2476	850	741
	2006	26916	15077	7905	7505	3394	806	3778	3351	1055	913
	2007	32139	17095	8159	7665	4380	1032	4556	4031	1491	1281
Southern Asia	2000	8774	3574	825	749	1794	301	954	867	585	429
	2004	11509	3842	612	495	2128	327	1102	1003	611	467
	2005	14348	4406	732	592	2490	362	1184	1053	785	589
	2006	16611	4853	779	605	2869	394	1205	1042	933	693
	2007	20062	5290	854	652	3207	451	1228	1071	1078	772
South-Eastern Asia	2000	23658	12541	5245	4705	3056	465	4240	3874	168	159
	2004	30387	14844	5687	4828	3977	549	5180	4700	375	340
	2005	33452	16281	6182	5169	4441	665	5658	5145	423	390
	2006	38163	18683	6525	5390	5557	914	6601	6031	655	613
	2007	45485	21052	7192	5772	6741	1055	7119	6407	841	779
Western Asia	2000	7526	2913	165	117	2384	630	363	335	518	315
	2004	11776	4713	248	163	3935	968	530	478	708	519
	2005	14429	5696	268	169	4838	1074	589	538	803	604
	2006	14060	4859	228	125	4093	960	538	485	825	708
	2007	16592	5568	238	122	4679	1103	651	570	1169	1007
Oceania	2000	482	388	115	59	195	76	78	77	0	0
	2004	704	495	159	80	196	68	140	138	14	13
	2005	804	563	171	90	238	82	154	152	16	16
	2006	909	631	224	130	232	105	175	170	20	20
	2007	915	640	168	73	267	75	205	201	4	4

For general note and footnotes see end of table

Exportations mondiales par classes de marchandises et par régions (suite)

En millions de dollars E.-U. f.o.b.

← Exportations vers

South-Eastern Europe Europe du Sud-Est	Northern Africa Afrique septentrionale	Sub-Saharan Africa Afrique subsaharienne	Latin America and the Caribbean Amérique latine et Caraïbes	Eastern Asia Asie orientale	Southern Asia Asie méridionale	South-eastern Asia Asie du Sud-Est	Western Asia Asie occidentale	Oceania Océanie	OPEC OPEP	Année	Exportations en provence de ↓
Produits alimentaires, boisson et tabac (CTCI, Rev. 3, 0 et 1)[suite]											
10	169	84	5	11	2	10	239	1	282	2000	Afrique septentrionale
28	220	204	12	20	1	23	366	1	340	2004	
31	337	277	12	13	2	28	453	1	445	2005	
30	304	296	30	14	7	22	508	1	430	2006	
31	429	380	40	31	12	40	621	1	572	2007	
22	230	2023	79	234	457	186	710	6	966	2000	Afrique subsaharienne
20	236	3094	63	378	480	355	895	20	993	2004	
12	248	3392	65	371	602	408	880	11	995	2005	
73	315	3832	71	369	693	394	954	8	1130	2006	
30	360	3975	148	451	675	511	1199	7	1148	2007	
4	8	536	11	103	65	36	130	0	240	2000	Afrique du sud
3	7	724	13	163	31	71	189	4	323	2004	
1	19	872	16	175	73	140	197	4	358	2005	
2	11	829	16	174	149	91	234	4	454	2006	
6	14	803	29	220	38	127	231	2	372	2007	
166	734	557	8708	1514	386	731	1469	11	2068	2000	Amérique latine et Caraïbes
462	1927	1389	10058	2338	892	1570	2791	16	4899	2004	
468	1981	2085	11281	3010	1024	2139	3329	21	5268	2005	
590	2273	2616	13043	3000	1351	2625	3750	19	7100	2006	
528	2610	3104	17489	3946	1551	2916	4452	26	9240	2007	
85	185	264	1061	372	139	250	705	0	840	2000	Brésil
385	882	941	1354	853	708	638	1668	4	2570	2004	
375	949	1325	1478	1042	732	830	2169	6	2828	2005	
479	1523	1531	1698	1044	1189	1153	2688	4	4224	2006	
368	1369	1748	2502	1624	1296	1138	3011	7	5364	2007	
26	146	346	185	6268	196	2055	310	34	649	2000	Asie orientale
57	200	320	375	7305	235	2771	514	68	958	2004	
84	224	390	498	7966	497	3105	665	63	1212	2005	
87	275	564	612	8328	429	3845	855	116	1459	2006	
95	321	762	771	10250	589	4982	1147	120	1953	2007	
26	142	295	145	3365	152	1242	247	5	548	2000	Chine
56	198	283	334	4877	163	1896	382	21	737	2004	
72	221	352	452	5643	441	2138	487	15	951	2005	
75	271	518	551	5609	342	2736	631	51	1138	2006	
89	313	710	696	6815	473	3502	890	65	1606	2007	
13	251	182	114	440	911	682	2017	2	1752	2000	Asie méridionale
19	95	787	80	630	1721	940	2766	10	2673	2004	
23	169	1090	101	963	1994	1272	3536	4	3414	2005	
34	235	1303	220	868	2515	1616	4021	4	4120	2006	
40	337	1456	190	1144	2882	2166	5461	5	5297	2007	
36	127	650	150	3275	666	4995	976	51	1617	2000	Asie Sud-Est
53	207	1446	306	4024	979	6824	1174	99	2572	2004	
59	281	1526	427	4301	1073	7548	1224	129	2520	2005	
86	333	1428	492	4848	1543	8253	1538	133	2883	2006	
88	415	2037	620	5790	1871	10489	1921	155	3877	2007	
152	267	152	59	108	475	72	2566	0	1524	2000	Asie occidentale
316	407	398	82	1099	726	127	3066	2	2743	2004	
346	489	541	90	160	1040	155	4945	1	4277	2005	
265	601	554	74	150	992	236	5397	1	4573	2006	
354	747	726	103	161	1141	286	6219	1	5312	2007	
0	.	8	0	21	0	32	0	23	8	2000	Océanie
0	1	8	3	28	3	107	0	44	18	2004	
0	1	5	3	27	3	119	1	67	27	2005	
0	1	11	4	35	4	136	1	62	28	2006	
0	0	1	5	45	1	151	0	62	10	2007	

Voir la fin du tableau pour la remarque générale et les notes.

World exports by commodity classes and by regions (continued)

In million U.S. dollars f.o.b.

| Exports from | Year | World 1/ Monde 1/ | Developed economies 2/ Economies en voie de développement 2/ | | | | | North America Amérique du Nord | | Commonwealth of Independent States Communauté d'Etats Indépendants | |
			Total	Asia-Pacific Asie-Pacifique Total	Japan Japon	Europe Total	Germany Allemagne	Total	U.S.A. É.-U.	Total	Europe
Cereals (SITC, Rev. 3, 041-045)											
World 1/	2000	33622	11214	3014	2931	7044	795	1155	857	960	716
	2004	44808	15276	3769	3634	10233	1004	1274	814	1119	761
	2005	44235	15221	3518	3378	10469	1032	1234	780	649	379
	2006	49781	16541	3999	3827	10941	1164	1602	1121	956	534
	2007	72141	24870	5232	5016	17242	2129	2395	1636	1377	585
Developed Economies - Asia-Pacific 2/	2000	2868	502	434	396	68	0	1	0	0	0
	2004	4132	577	467	394	109	0	0	0	0	0
	2005	2921	481	391	327	89	0	2	2	0	.
	2006	3468	534	446	364	86	1	2	1	0	0
	2007	2224	435	427	340	6	1	1	1	0	0
Japan	2000	14	0	0	.	0	.	0	0	0	0
	2004	13	0	0	.	0	.	0	0	0	0
	2005	7	2	0	.	0	.	2	2	0	.
	2006	11	1	0	.	0	0	1	1	0	0
	2007	10	1	0	.	0	0	1	1	0	0
Developed Economies - Europe 2/	2000	8351	5723	32	30	5624	747	67	63	229	210
	2004	9749	8026	26	23	7921	927	79	76	165	164
	2005	10606	8345	31	27	8269	964	45	42	95	94
	2006	11244	8639	37	33	8581	1100	22	19	104	103
	2007	16141	12234	32	25	12174	1867	29	25	165	164
France	2000	3913	2939	2	2	2928	409	9	9	11	10
	2004	4897	3866	3	3	3858	467	5	4	12	12
	2005	4813	3607	5	5	3598	370	4	4	12	12
	2006	4800	3539	3	3	3534	348	2	2	9	9
	2007	6357	4588	4	4	4577	556	6	5	35	35
Germany	2000	1594	700	28	28	672	.	0	0	45	37
	2004	1339	1153	17	17	1131	.	4	4	14	14
	2005	1641	1255	19	19	1233	.	2	2	2	2
	2006	1823	1259	27	27	1232	.	0	0	10	10
	2007	2258	1603	19	18	1584	.	0	0	7	7
Developed Economies - North America 2/	2000	12695	3717	2351	2344	603	26	763	508	130	109
	2004	16378	4700	2977	2966	871	27	852	446	50	27
	2005	14204	4256	2694	2680	723	23	839	437	13	12
	2006	17413	4947	3180	3169	669	20	1099	680	16	10
	2007	26638	7622	4170	4140	1704	32	1749	1069	15	11
United States	2000	9733	2775	2096	2094	424	26	255	.	130	109
	2004	13136	3529	2711	2706	413	21	405	.	50	27
	2005	11364	3228	2438	2431	389	18	402	.	13	12
	2006	13526	3616	2906	2898	292	17	418	.	16	10
	2007	21120	5608	3793	3770	1136	28	680	.	14	10
South-Eastern Europe	2000	149	20	.	.	20	3	0	0	24	18
	2004	315	114	0	.	114	6	0	0	8	8
	2005	531	248	0	.	248	4	0	0	8	8
	2006	599	338	.	.	338	7	0	0	8	6
	2007	531	206	0	.	206	39	0	0	10	10
Commonwealth of Independent States	2000	744	56	.	.	51	0	5	5	465	285
	2004	2060	245	0	0	231	4	14	14	747	433
	2005	3036	468	0	0	458	9	10	10	403	150
	2006	3534	407	8	8	395	3	4	4	662	274
	2007	6178	616	11	11	603	54	2	2	1037	290
Russian Federation	2000	96	5	.	.	5	0	0	0	35	5
	2004	646	77	0	.	77	0	0	0	137	18
	2005	1350	94	0	0	94	1	0	0	180	8
	2006	1551	118	0	0	118	1	0	0	238	9
	2007	4084	370	11	11	359	12	0	0	402	100

For general note and footnotes see end of table

Exportations mondiales par classes de marchandises et par régions (suite)

En millions de dollars E.-U. f.o.b.

← Exportations vers

South-Eastern Europe Europe du Sud-Est	Northern Africa Afrique septentrionale	Sub-Saharan Africa Afrique subsaharienne	Latin America and the Caribbean Amérique latine et Caraïbes	Eastern Asia Asie orientale	Southern Asia Asie méridionale	South-eastern Asia Asie du Sud-Est	Western Asia Asie occidentale	Oceania Océanie	OPEC OPEP	Année	Exportations en provence de ↓
					Céréales (CTCI, Rev. 3, 041-045)						
176	3056	1999	5106	2850	1881	2543	3631	107	5857	2000	Monde 1/
468	3558	3921	6009	4770	1533	2961	4272	119	6189	2004	
274	3636	4721	5914	3812	1732	3148	4595	140	6922	2005	
252	3857	4747	7598	3473	2769	3877	5274	192	7733	2006	
784	7132	5906	10403	4442	3169	4919	8438	164	10895	2007	
.	115	226	8	429	496	683	306	92	810	2000	Economies Développés -
0	203	311	13	794	196	1028	515	58	939	2004	Asie-Pacifique 2/
0	129	284	0	557	84	859	253	60	649	2005	
0	160	248	8	481	290	942	463	134	838	2006	
0	52	105	0	290	196	620	241	82	515	2007	
.	.	7	.	4	0	0	2	0	0	2000	Japon
.	.	9	.	2	1	2	.	0	0	2004	
.	.	2	.	2	0	2	.	0	0	2005	
.	.	3	0	3	3	0	0	0	0	2006	
.	0	3	.	3	1	3	0	0	0	2007	
91	823	224	136	108	172	8	831	0	1062	2000	Economies Développés -
143	894	228	12	63	1	1	215	0	603	2004	Europe 2/
95	1011	322	37	91	49	0	560	0	913	2005	
101	1165	534	60	3	146	0	493	0	894	2006	
472	1575	490	8	22	41	0	1133	0	1541	2007	
11	463	171	84	54	70	0	110	0	255	2000	France
20	675	203	9	62	1	0	50	0	354	2004	
3	761	256	14	72	0	0	86	0	470	2005	
6	814	309	3	0	56	0	64	0	510	2006	
16	986	443	3	4	13	0	268	0	726	2007	
1	193	14	0	26	85	1	529	.	654	2000	Allemagne
1	95	5	0	0	0	0	71	.	118	2004	
2	76	45	2	0	35	0	222	.	251	2005	
5	92	188	36	0	0	.	231	.	145	2006	
3	174	28	1	0	0	.	442	.	405	2007	
15	1603	528	3224	1224	502	734	940	4	1893	2000	Economies Développés -
73	1456	934	4420	2795	141	697	962	11	1505	2004	Amérique du Nord 2/
2	970	1063	4163	1777	215	693	903	28	1712	2005	
2	1450	987	5096	1964	600	1029	1287	6	2380	2006	
10	2774	1551	7315	2488	691	1588	2269	6	3775	2007	
15	1231	411	2641	1042	95	501	816	4	925	2000	Etats-Unis
68	1213	806	3810	2144	97	423	848	10	1006	2004	
2	798	924	3620	1280	56	444	851	28	1293	2005	
2	1128	782	4396	1753	51	641	1106	6	1584	2006	
10	2357	1176	6336	2364	229	885	1826	6	2572	2007	
28	14	2	0	0	22	.	41	.	35	2000	Europe du Sud-Est
92	44	0	0	4	5	5	43	0	21	2004	
113	69	13	0	5	0	6	67	0	56	2005	
87	47	7	0	0	35	13	62	0	25	2006	
148	38	0	0	0	0	1	127	0	38	2007	
2	11	0	3	6	79	.	122	.	77	2000	Communauté d'Etats
60	317	24	0	23	95	41	508	.	322	2004	Indépendants
38	761	128	6	45	241	84	862	.	744	2005	
37	600	120	21	26	659	25	975	0	618	2006	
80	1725	219	1	10	611	16	1862	.	890	2007	
0	4	.	.	1	7	.	45	.	20	2000	Fédération de Russie
21	210	11	.	5	33	.	153	.	86	2004	
30	492	64	0	5	109	22	354	.	233	2005	
25	376	69	.	7	457	3	256	.	127	2006	
77	1399	183	.	5	509	16	1122	.	418	2007	

Voir la fin du tableau pour la remarque générale et les notes.

SPECIAL TABLE: D

World exports by commodity classes and by regions (continued)

In million U.S. dollars f.o.b.

Exports from	Year	World 1/ Monde 1/	Developed economies 2/ Economies en voie de développement 2/							Commonwealth of Independent States Communauté d'Etats Indépendants	
				Asia-Pacific Asie-Pacifique		Europe		North America Amérique du Nord			
			Total	Total	Japan Japon	Total	Germany Allemagne	Total	U.S.A. É.-U.	Total	Europe
Cereals (SITC, Rev. 3, 041-045) [cont.]											
Northern Africa	2000	111	2	0	0	1	0	0	0	0	0
	2004	246	17	0	0	16	0	1	0	15	15
	2005	315	19	0	0	19	2	0	0	20	18
	2006	314	38	0	0	30	2	8	8	18	17
	2007	406	42	0	0	34	3	8	8	9	8
Sub-Saharan Africa	2000	154	31	26	26	5	0	0	0	.	.
	2004	313	6	0	0	5	0	1	1	0	0
	2005	434	18	15	15	2	0	1	1	0	0
	2006	334	17	0	0	17	0	0	0	0	0
	2007	383	10	0	0	5	0	4	4	6	6
South Africa	2000	92	25	25	25	1	.	0	0	0	0
	2004	131	2	0	.	2	0	0	0	0	0
	2005	273	16	15	15	1	0	0	0	0	0
	2006	158	15	0	0	15	0	0	0	.	.
	2007	52	1	0	0	1	0	0	0	0	.
Latin America and the Caribbean	2000	2910	477	48	46	326	3	103	103	2	0
	2004	4023	652	8	8	576	15	67	67	0	0
	2005	3665	364	18	18	267	9	79	79	0	0
	2006	4419	551	22	22	397	9	132	131	3	3
	2007	7980	2273	126	124	1966	101	181	179	13	11
Brazil	2000	17	1	1	0	0	0	0	0	.	.
	2004	828	265	6	5	259	6	1	1	.	.
	2005	196	31	3	3	22	0	7	7	.	.
	2006	608	147	0	0	145	0	2	2	3	3
	2007	2043	1291	11	10	1274	86	5	5	.	.
Eastern Asia	2000	1667	63	56	56	5	1	2	1	63	59
	2004	748	219	196	195	9	1	14	13	39	38
	2005	1419	202	192	191	8	1	3	2	47	43
	2006	1044	191	144	144	9	1	38	36	67	52
	2007	1975	342	266	264	13	1	62	55	24	7
China	2000	1643	61	56	55	5	0	1	1	63	59
	2004	740	217	196	195	8	1	13	12	39	38
	2005	1412	200	191	191	8	1	1	1	47	43
	2006	1038	189	144	143	9	1	37	36	67	52
	2007	1967	338	266	264	13	1	59	53	24	7
Southern Asia	2000	1297	203	8	1	143	7	52	40	4	3
	2004	2661	230	13	2	164	13	52	37	12	11
	2005	2838	291	15	1	210	12	66	48	20	19
	2006	2947	303	31	1	205	11	67	47	37	33
	2007	4027	355	36	1	230	13	88	67	20	18
South-Eastern Asia	2000	2357	370	60	33	149	6	161	135	20	19
	2004	3883	466	78	46	198	9	190	157	80	65
	2005	3889	485	160	118	139	8	185	155	41	35
	2006	4025	530	129	86	174	10	227	190	39	35
	2007	5205	695	164	110	264	17	267	223	75	61
Western Asia	2000	318	50	0	0	49	3	1	1	23	13
	2004	298	24	2	0	19	2	3	3	2	0
	2005	377	44	1	0	37	1	5	5	1	0
	2006	437	44	2	.	39	0	3	3	0	0
	2007	453	40	0	.	36	0	3	3	0	0
Oceania	2000	1	0	0	.	.	.	0	0		
	2004	2	0	0	.	.	.	0	0		
	2005	1	0	0	.	.	.	0	0		
	2006	1	0	0	.	0	.	0	0		
	2007	1	0	0	.	0	.	0	0		

For general note and footnotes see end of table

Exportations mondiales par classes de marchandises et par régions (suite)

En millions de dollars E.-U. f.o.b.

← Exportations vers

South-Eastern Europe Europe du Sud-Est	Northern Africa Afrique septentrionale	Sub-Saharan Africa Afrique subsaharienne	Latin America and the Caribbean Amérique latine et Caraïbes	Eastern Asia Asie orientale	Southern Asia Asie méridionale	South-eastern Asia Asie du Sud-Est	Western Asia Asie occidentale	Oceania Océanie	OPEC OPEP	Année	Exportations en provence de
				Céréales (CTCI, Rev. 3, 041-045) *[suite]*							
9	30	12	.	.	0	.	57	.	36	2000	Afrique septentrionale
22	18	21	0	8	0	14	125	.	33	2004	
25	46	44	0	1	0	14	145	.	61	2005	
21	35	26	0	2	3	3	168	.	44	2006	
17	78	38	0	6	0	10	206	.	113	2007	
0	2	97	0	4	7	1	12	0	22	2000	Afrique subsaharienne
0	1	296	1	0	0	1	6	0	13	2004	
.	0	384	0	0	10	11	9	0	31	2005	
.	0	299	1	1	2	9	3	0	6	2006	
2	1	320	13	2	1	9	17	0	19	2007	
.	0	49	0	4	6	0	7	0	13	2000	Afrique du sud
.	0	127	1	0	0	1	0	0	10	2004	
.	0	235	0	0	10	10	0	0	26	2005	
.	0	136	1	0	0	6	0	.	3	2006	
2	0	34	7	0	0	5	0	.	3	2007	
0	256	119	1660	5	137	31	217	0	322	2000	Amérique latine et Caraïbes
77	538	216	1414	215	255	136	349	0	678	2004	
1	509	323	1513	54	259	288	348	0	628	2005	
1	198	417	2263	107	281	356	242	0	695	2006	
49	675	592	2867	159	560	313	465	0	1117	2007	
.	.	1	14	.	.	.	0	.	1	2000	Brésil
72	111	3	20	181	155	.	20	.	209	2004	
.	.	48	18	26	68	2	2	.	70	2005	
0	8	53	36	105	205	34	17	.	220	2006	
45	19	34	57	114	446	.	37	.	470	2007	
12	21	184	41	685	43	504	51	0	247	2000	Asie orientale
1	0	65	0	301	6	106	3	9	7	2004	
0	0	59	0	861	131	115	2	2	155	2005	
1	0	126	1	419	20	199	8	13	45	2006	
2	0	133	24	908	35	441	23	42	218	2007	
12	21	166	41	682	42	504	51	0	247	2000	Chine
1	0	65	0	297	6	105	1	9	5	2004	
0	0	58	0	857	131	115	2	2	155	2005	
1	0	126	0	415	20	198	8	13	45	2006	
2	0	133	24	904	35	441	23	42	218	2007	
0	72	91	0	26	192	49	661	0	595	2000	Asie méridionale
0	3	613	5	36	600	127	1024	7	1066	2004	
0	12	823	4	12	495	93	1084	0	1167	2005	
1	50	917	5	3	432	131	1065	0	1205	2006	
1	52	950	10	31	720	302	1584	0	1523	2007	
3	18	504	34	362	163	533	338	11	667	2000	Asie Sud-Est
0	23	1209	144	527	173	799	391	33	878	2004	
0	35	1256	188	410	153	984	241	49	645	2005	
0	21	1054	142	467	204	1169	357	37	837	2006	
0	32	1500	164	526	207	1617	348	34	988	2007	
15	90	13	0	0	70	0	56	.	91	2000	Asie occidentale
0	61	5	0	5	60	6	132	.	124	2004	
0	93	22	0	0	94	0	121	.	161	2005	
0	131	11	0	0	97	1	151	.	147	2006	
3	131	8	0	0	105	2	163	.	157	2007	
.	.	1	.	.	.	.	.	0	1	2000	Océanie
.	.	.	.	.	.	.	.	1	.	2004	
.	.	.	.	.	.	.	.	1	.	2005	
.	.	.	.	.	.	0	.	1	.	2006	
.	0	0	0	.	.	0	0	0	0	2007	

Voir la fin du tableau pour la remarque générale et les notes.

SPECIAL TABLE: D

World exports by commodity classes and by regions (continued)

In million U.S. dollars f.o.b.

Exports from	Year	World 1/ Monde 1/	Developed economies 2/ Economies en voie de développement 2/							Commonwealth of Independent States Communauté d'Etats Indépendants	
			Total	Asia-Pacific Asie-Pacifique		Europe		North America Amérique du Nord			
				Total	Japan Japon	Total	Germany Allemagne	Total	U.S.A. É.-U.	Total	Europe
Crude materials (excluding fuels), oils, fats (SITC, Rev. 3, 2 and 4)											
World 1/	2000	213785	135395	21254	19708	84189	15230	29952	23232	3567	3198
	2004	324102	185934	25456	23312	123761	21725	36717	28538	5833	5064
	2005	367705	203288	29627	27311	133725	22700	39936	30814	7219	6157
	2006	447029	243596	37358	34705	163117	29116	43121	32917	8222	6827
	2007	543862	285237	43192	40279	196457	35019	45588	33843	10916	8912
Developed Economies - Asia-Pacific 2/	2000	17238	6976	3038	2566	2415	328	1524	1155	176	174
	2004	24842	8142	4266	3684	2331	340	1545	906	133	131
	2005	31657	9328	5430	4871	2380	313	1518	960	190	188
	2006	39550	11764	6591	5998	3565	423	1608	1186	400	398
	2007	46284	12500	7448	6817	3525	429	1526	1081	496	493
Japan	2000	3369	747	30	.	437	96	280	268	5	3
	2004	5942	843	36	.	488	127	319	301	9	7
	2005	6872	881	32	.	499	145	350	333	10	9
	2006	7885	1185	32	.	629	206	523	503	12	10
	2007	9038	1283	38	.	772	277	474	452	14	12
Developed Economies - Europe 2/	2000	61044	51448	1528	1332	47551	9917	2369	2050	811	783
	2004	98004	81832	2058	1728	75658	15026	4116	3703	1473	1377
	2005	104814	85831	2189	1851	79225	15366	4418	3981	1628	1497
	2006	128100	104380	2344	1952	97150	19351	4887	4383	2142	2001
	2007	152312	123928	2389	1916	116762	23670	4777	4033	2598	2420
France	2000	6036	5195	62	54	4960	957	173	159	43	39
	2004	9114	8068	78	66	7775	1493	215	197	61	59
	2005	9226	8055	65	53	7730	1366	259	241	71	65
	2006	11556	10089	63	49	9759	1772	266	248	97	94
	2007	13533	11825	67	48	11498	2221	260	236	112	106
Germany	2000	9272	7481	98	75	7114		269	236	175	169
	2004	14757	12127	146	116	11312		669	624	372	354
	2005	16889	14002	157	120	12972		874	820	398	368
	2006	21347	17658	162	117	16368		1128	1024	467	438
	2007	25787	21232	175	118	19874		1184	1025	525	501
Developed Economies - North America 2/	2000	53039	35036	6987	6666	10335	1651	17714	12780	60	49
	2004	64385	36187	6282	5972	10560	1664	19345	14026	110	91
	2005	69887	38649	6301	5932	11829	1762	20520	14498	174	144
	2006	82772	43519	7546	7082	14374	2164	21599	14735	159	146
	2007	100272	50542	8241	7773	20434	2794	21866	14131	190	178
United States	2000	30471	15489	4053	3903	6505	965	4931	.	55	43
	2004	39016	15391	3329	3169	6749	1143	5313	.	95	78
	2005	43026	16817	3216	3030	7589	1076	6012	.	147	120
	2006	52224	19820	3889	3669	9073	1349	6857	.	127	118
	2007	65401	24153	4561	4356	11894	1879	7698	.	158	147
South-Eastern Europe	2000	1742	850	9	8	826	121	15	5	108	108
	2004	2867	1401	36	35	1334	142	31	23	81	67
	2005	3185	1581	63	62	1411	150	107	93	108	58
	2006	4263	2227	89	89	1984	303	154	130	90	47
	2007	5054	2505	93	93	2265	366	147	103	53	51
Commonwealth of Independent States	2000	9709	4965	598	597	4277	466	90	80	1926	1640
	2004	16198	7001	679	679	6119	432	203	196	2894	2394
	2005	18528	7676	619	618	6897	433	161	143	3594	2912
	2006	20491	8453	701	701	7627	555	125	116	3991	2964
	2007	25957	9830	813	812	8922	611	96	87	5433	3872
Russian Federation	2000	4752	2850	588	587	2214	173	48	40	338	229
	2004	8791	4541	676	676	3756	223	109	106	571	306
	2005	10851	5352	615	615	4617	233	120	106	847	435
	2006	12006	5739	695	695	4940	282	104	99	937	380
	2007	14930	6336	806	805	5458	306	72	66	1439	507

For general note and footnotes see end of table

Exportations mondiales par classes de marchandises et par régions (suite)

En millions de dollars E.-U. f.o.b.

←—— Exportations vers

South-Eastern Europe Europe du Sud-Est	Northern Africa Afrique septentrionale	Sub-Saharan Africa Afrique subsaharienne	Latin America and the Caribbean Amérique latine et Caraïbes	Eastern Asia Asie orientale	Southern Asia Asie méridionale	South-eastern Asia Asie du Sud-Est	Western Asia Asie occidentale	Oceania Océanie	OPEC OPEP	Année	Exportations en provence de ↓

Matieres brutes (sauf combustibles), huiles et graisses (CTCI, Rev. 3, 2 et 4)

South-Eastern Europe	Northern Africa	Sub-Saharan Africa	Latin America and the Caribbean	Eastern Asia	Southern Asia	South-eastern Asia	Western Asia	Oceania	OPEC	Année	Exportations en provence de
1142	2696	3123	10303	32782	6998	9129	6369	87	6391	2000	Monde 1/
2141	4247	4686	14808	66208	13035	13609	11265	178	9671	2004	
2650	4932	5122	15879	83125	15725	14061	12597	215	10767	2005	
3475	5778	6247	18726	107596	18214	17141	16110	172	13298	2006	
4512	7557	8266	22440	136060	25096	21501	20095	181	16565	2007	
56	116	351	116	6141	684	1495	377	29	757	2000	Economies Développés -
39	142	488	91	11700	941	1713	547	64	1053	2004	Asie-Pacifique 2/
68	151	493	88	17070	1087	1752	704	61	1083	2005	
77	40	690	95	21033	1491	2209	926	62	1388	2006	
66	64	763	103	25402	1809	2332	1343	68	1533	2007	
1	3	41	33	1879	111	525	22	1	197	2000	Japon
0	5	63	32	4146	143	666	34	1	230	2004	
0	6	75	20	5005	126	713	33	1	229	2005	
0	6	84	20	5608	156	770	44	1	245	2006	
0	5	117	28	6472	199	858	60	1	316	2007	
398	1134	626	613	2814	636	633	1537	11	1045	2000	Economies Développés -
800	1538	785	816	5157	1195	1071	2672	37	1587	2004	Europe 2/
920	1701	786	925	6478	1920	982	2945	21	1705	2005	
1172	2084	941	1214	9190	1638	1224	3759	22	1952	2006	
1517	2625	1128	1379	10554	2359	1448	4444	23	2527	2007	
16	118	62	61	280	115	29	109	7	75	2000	France
36	193	79	70	325	69	55	132	28	142	2004	
46	176	69	80	439	96	57	128	10	118	2005	
49	195	75	96	642	96	61	145	10	123	2006	
68	234	82	108	736	118	81	158	11	136	2007	
95	91	101	110	601	125	140	206	1	131	2000	Allemagne
175	148	133	138	663	211	168	408	2	224	2004	
176	141	132	129	798	269	199	398	3	228	2005	
197	133	146	181	1345	256	230	452	1	239	2006	
251	137	185	220	1751	438	256	544	2	337	2007	
26	190	314	5427	8312	522	1923	975	21	1317	2000	Economies Développés -
53	335	419	6944	14983	1026	2656	1565	22	1693	2004	Amérique du Nord 2/
51	461	460	7160	17030	1188	2675	1866	73	1799	2005	
68	629	434	8187	22630	1534	3020	2467	30	2036	2006	
84	900	544	9357	28595	2266	4097	3546	31	2687	2007	
21	165	250	5057	6440	360	1472	911	19	977	2000	Etats-Unis
42	295	354	6296	12086	794	2089	1473	17	1385	2004	
36	399	325	6520	13808	890	2207	1714	63	1420	2005	
14	521	284	7467	18347	938	2456	2130	24	1472	2006	
26	782	364	8484	23188	1526	3518	3052	26	2031	2007	
231	122	2	8	102	6	3	310	0	48	2000	Europe du Sud-Est
334	178	4	13	76	14	8	751	0	98	2004	
443	126	3	28	109	35	6	731	0	110	2005	
693	132	5	40	205	102	4	766	0	111	2006	
875	148	27	32	192	84	5	1131	0	168	2007	
129	271	6	49	1335	186	65	776	0	203	2000	Communauté d'Etats
236	390	7	102	3151	837	122	1456	.	293	2004	Indépendants
330	410	23	60	4055	784	144	1449	0	313	2005	
344	555	16	55	4496	416	153	1927	0	422	2006	
555	936	19	72	5948	731	275	2147	1	715	2007	
23	190	1	12	973	45	21	300	0	60	2000	Fédération de Russie
36	277	5	42	2208	189	91	827	.	153	2004	
70	320	8	15	2959	203	110	963	.	166	2005	
106	411	6	24	3167	242	122	1240	.	223	2006	
156	626	9	28	4521	354	222	1228	1	369	2007	

Voir la fin du tableau pour la remarque générale et les notes.

World exports by commodity classes and by regions (continued)

In million U.S. dollars f.o.b.

| Exports to → | | | Developed economies 2/ Economies en voie de développement 2/ | | | | | | | Commonwealth of Independent States Communauté d'Etats Indépendants | |
| | | | Asia-Pacific Asie-Pacifique | | Europe | | North America Amérique du Nord | | | | |
Exports from	Year	World 1/ Monde 1/	Total	Total	Japan Japon	Total	Germany Allemagne	Total	U.S.A. É.-U.	Total	Europe
Crude materials (excluding fuels), oils, fats (SITC, Rev. 3, 2 and 4)[cont.]											
Northern Africa	2000	1415	946	61	24	774	42	112	102	12	12
	2004	2602	1721	81	52	1420	64	220	211	7	7
	2005	2423	1514	78	23	1256	53	180	172	8	8
	2006	3061	1969	82	24	1677	68	210	201	8	7
	2007	3282	1955	102	27	1601	64	252	234	14	14
Sub-Saharan Africa	2000	7476	4427	494	479	3409	547	524	463	15	15
	2004	11467	5785	693	653	4557	421	535	374	215	198
	2005	13979	6564	998	871	5054	712	513	417	204	192
	2006	16614	8079	858	818	6450	1059	771	561	95	87
	2007	19891	9287	1060	1000	7120	1327	1107	685	91	88
South Africa	2000	2693	1932	411	400	1205	338	315	306	8	8
	2004	3115	1990	552	530	1162	167	277	185	7	6
	2005	4317	2730	860	755	1621	443	249	181	19	19
	2006	5433	3123	710	688	1996	752	418	299	8	7
	2007	7173	3808	851	806	2448	923	509	363	13	13
Latin America and the Caribbean	2000	25484	15575	2698	2624	7966	1256	4911	4105	135	135
	2004	45593	23056	4126	3991	12235	2200	6695	5420	172	168
	2005	55261	27576	5517	5397	14426	2180	7633	6138	297	291
	2006	68376	33462	7905	7784	17371	3161	8185	6553	291	257
	2007	87555	39908	10269	10010	20356	3352	9283	7526	455	411
Brazil	2000	9140	6169	900	881	4222	771	1047	980	12	12
	2004	17137	8735	959	916	6253	1164	1524	1348	44	41
	2005	20714	10684	1302	1265	7570	1148	1813	1565	97	93
	2006	23991	12125	1609	1578	8372	1359	2144	1684	65	54
	2007	29096	14293	1757	1717	10224	1457	2311	1810	107	104
Eastern Asia	2000	11347	4318	1979	1894	1470	229	869	814	91	88
	2004	14101	5524	2173	2037	2068	272	1284	1159	184	166
	2005	16266	6802	2319	2170	2761	445	1722	1509	247	214
	2006	18331	7583	2542	2373	3137	494	1904	1690	203	194
	2007	21325	8145	2700	2525	3443	548	2002	1771	305	275
China	2000	4575	2767	1241	1205	1051	169	475	454	56	53
	2004	5991	3752	1378	1325	1576	189	798	734	123	109
	2005	7752	4845	1526	1454	2202	359	1117	975	154	136
	2006	8233	5181	1536	1467	2365	383	1280	1134	119	111
	2007	9427	5357	1489	1400	2529	420	1339	1182	168	143
Southern Asia	2000	2682	1256	287	268	683	112	286	273	97	77
	2004	7014	1735	466	432	941	166	328	307	119	58
	2005	9295	2009	600	566	973	247	436	411	113	39
	2006	11480	2166	703	623	1046	183	417	394	130	43
	2007	13648	2427	705	618	1265	231	456	428	170	51
South-Eastern Asia	2000	18167	7768	3106	2833	3214	376	1448	1324	71	69
	2004	30981	11282	4169	3819	4853	746	2261	2078	267	259
	2005	35417	13138	4987	4637	5609	777	2542	2326	496	487
	2006	45875	17534	7412	6959	7050	1092	3072	2798	623	611
	2007	58296	20902	8280	7730	8706	1278	3915	3628	963	928
Western Asia	2000	2671	1141	115	110	941	114	85	76	63	50
	2004	4711	1516	75	66	1317	152	125	105	139	108
	2005	5458	1762	131	114	1481	142	149	130	130	99
	2006	6153	1376	95	81	1134	110	147	130	86	67
	2007	7070	1607	101	83	1358	151	148	124	149	130
Oceania	2000	1770	687	353	308	328	71	6	6	3	0
	2004	1336	752	353	164	369	101	30	30	40	40
	2005	1534	856	396	198	426	121	35	35	29	29
	2006	1963	1085	491	223	553	152	41	40	6	6
	2007	2915	1700	991	876	698	197	11	11	0	0

For general note and footnotes see end of table

Exportations mondiales par classes de marchandises et par régions (suite)

En millions de dollars E.-U. f.o.b.

←——— Exportations vers

South-Eastern Europe / Europe du Sud-Est	Northern Africa / Afrique septentrionale	Sub-Saharan Africa / Afrique subsaharienne	Latin America and the Caribbean / Amérique latine et Caraïbes	Eastern Asia / Asie orientale	Southern Asia / Asie méridionale	South-eastern Asia / Asie du Sud-Est	Western Asia / Asie occidentale	Oceania / Océanie	OPEC / OPEP	Année	Exportations en provence de ↓
			Matieres brutes (sauf combustibles), huiles et graisses (CTCI, Rev. 3, 2 et 4)*[suite]*								
35	45	14	89	63	63	32	106	0	76	2000	Afrique septentrionale
30	60	26	89	188	217	79	178	0	98	2004	
40	108	38	94	143	195	66	210	0	162	2005	
47	174	47	108	186	189	67	261	0	239	2006	
56	194	67	172	214	228	59	311	0	223	2007	
18	111	1081	113	753	329	373	227	1	277	2000	Afrique subsaharienne
45	166	1678	66	1913	573	600	315	3	405	2004	
37	146	1750	86	2502	710	529	383	3	375	2005	
30	176	2157	112	3823	787	847	446	3	447	2006	
53	233	2801	160	4786	994	949	511	2	541	2007	
10	6	112	23	358	62	154	29	0	93	2000	Afrique du sud
8	3	115	37	638	111	162	43	1	95	2004	
5	7	133	55	987	131	202	45	1	128	2005	
7	3	145	63	1551	144	333	51	2	147	2006	
24	10	212	90	2313	254	392	46	1	164	2007	
145	362	222	3392	3208	1365	668	385	1	1150	2000	Amérique latine et Caraïbes
384	733	290	5819	10771	2223	1188	771	1	1712	2004	
535	1048	461	6497	13939	2555	1284	1046	0	2208	2005	
806	1216	566	7539	18087	3761	1638	976	1	2300	2006	
956	1345	894	9570	25537	5120	2462	1247	1	3018	2007	
41	196	50	682	1211	328	210	241	1	501	2000	Brésil
138	311	154	1111	4789	939	483	432	1	995	2004	
172	569	215	1203	5569	1030	595	579	0	1293	2005	
179	579	176	1372	7321	1013	648	513	1	1236	2006	
233	543	286	1564	9107	1206	1058	699	0	1246	2007	
7	33	46	97	5248	440	948	116	1	351	2000	Asie orientale
25	113	91	169	6025	583	1147	238	2	465	2004	
32	74	115	250	6521	633	1258	333	2	496	2005	
44	70	132	302	7542	716	1310	426	2	589	2006	
66	98	197	422	8692	1080	1635	682	3	759	2007	
6	18	23	42	1000	251	360	52	0	147	2000	Chine
22	92	50	68	1133	291	335	124	0	155	2004	
27	57	59	92	1561	342	426	189	1	193	2005	
38	52	61	125	1654	303	441	257	0	204	2006	
61	71	86	208	1910	525	602	436	2	271	2007	
6	37	43	59	518	225	244	197	0	220	2000	Asie méridionale
42	36	63	39	3733	568	352	320	0	415	2004	
26	40	62	50	5284	908	390	406	1	486	2005	
64	49	73	162	6339	1172	639	663	1	685	2006	
77	63	79	100	7881	1376	683	770	3	760	2007	
41	202	375	281	4017	2223	2373	794	17	572	2000	Asie Sud-Est
64	436	756	533	7657	3990	4408	1543	36	1167	2004	
73	506	824	588	9182	4641	4686	1229	40	1169	2005	
56	528	1062	881	12901	5130	5714	1408	30	1475	2006	
106	731	1641	1025	16196	7660	7204	1820	41	1940	2007	
49	74	35	57	159	306	142	569	0	371	2000	Asie occidentale
88	121	75	126	624	838	191	901	1	686	2004	
95	161	101	50	525	1030	208	1287	.	860	2005	
74	124	118	27	767	1231	211	2074	0	1654	2006	
102	220	105	45	1216	1197	209	2143	0	1689	2007	
1	.	7	1	112	12	229	.	5	2	2000	Océanie
1	.	3	1	231	31	73	7	12	1	2004	
0	.	4	3	286	38	82	8	15	1	2005	
0	.	5	4	398	48	105	11	20	2	2006	
0	0	0	4	845	194	145	0	9	4	2007	

Voir la fin du tableau pour la remarque générale et les notes.

World exports by commodity classes and by regions (continued)

In million U.S. dollars f.o.b.

| Exports from | Year | World 1/ Monde 1/ | Developed economies 2/ Economies en voie de développement 2/ | | | | | | | Commonwealth of Independent States Communauté d'Etats Indépendants | |
| | | | Asia-Pacific Asie-Pacifique | | | Europe | | North America Amérique du Nord | | | |
			Total	Total	Japan Japon	Total	Germany Allemagne	Total	U.S.A. É.-U.	Total	Europe
Oil seeds and, oleaginous fruit (SITC, Rev. 3, 22)											
World 1/	2000	14396	7301	1662	1636	5062	978	577	312	97	82
	2004	22502	10292	2330	2280	7204	1999	758	439	169	143
	2005	22884	9563	1985	1959	6947	1434	632	382	210	188
	2006	24137	9795	2052	1981	7095	1442	648	427	234	206
	2007	34063	13235	2645	2563	9696	2274	894	623	402	352
Developed Economies - Asia-Pacific 2/	2000	419	154	110	106	7	1	38	36	.	.
	2004	472	315	259	255	50	14	6	4	0	0
	2005	312	159	146	143	6	1	6	5	0	0
	2006	279	211	123	119	83	32	5	5	0	0
	2007	138	87	74	69	7	0	7	6	0	0
Japan	2000	1	0	.	.	0	0	0	0	.	.
	2004	2	1	0	.	0	0	1	1	0	0
	2005	2	1	0	.	0	0	0	0	0	0
	2006	1	1	0	.	0	0	0	0	0	0
	2007	7	2	0	.	1	0	1	1	0	0
Developed Economies - Europe 2/	2000	1529	1329	2	1	1315	564	12	11	13	13
	2004	2600	2434	2	1	2425	992	7	6	35	35
	2005	2479	2290	2	1	2283	880	5	4	55	54
	2006	2648	2458	4	1	2446	954	8	7	84	84
	2007	4090	3773	5	2	3758	1648	10	9	135	134
France	2000	558	429	0	0	428	178	1	1	5	5
	2004	738	714	0	0	714	355	0	0	5	5
	2005	623	583	1	0	582	224	0	0	9	9
	2006	765	713	1	0	710	358	2	2	16	16
	2007	944	870	1	0	868	456	1	1	24	24
Germany	2000	159	125	0	0	125	.	0	0	0	0
	2004	239	206	0	0	205	.	0	0	3	3
	2005	159	136	0	0	136	.	0	0	6	6
	2006	200	181	1	0	180	.	1	0	15	15
	2007	283	237	1	0	235	.	1	1	28	28
Developed Economies - North America 2/	2000	6985	3005	1250	1239	1411	146	345	141	2	1
	2004	9094	3489	1724	1695	1227	409	538	246	11	7
	2005	8828	2938	1482	1477	991	220	465	252	11	11
	2006	10040	3281	1620	1601	1154	62	507	311	25	22
	2007	14318	4493	2134	2116	1635	378	723	480	38	38
United States	2000	5818	2338	823	813	1311	137	204	.	2	1
	2004	7436	2394	1075	1047	1027	401	292	.	10	7
	2005	7119	1780	826	822	740	215	214	.	9	9
	2006	7789	1968	904	902	869	40	196	.	21	21
	2007	11119	2624	1181	1166	1199	345	244	.	38	38
South-Eastern Europe	2000	60	34	.	.	34	6	0	0	0	0
	2004	205	111	0	0	108	7	2	2	4	4
	2005	284	117	0	0	115	7	2	2	6	6
	2006	404	213	0	0	211	16	2	2	5	5
	2007	465	149	0	0	146	8	3	3	4	4
Commonwealth of Independent States	2000	415	232	0	.	229	18	3	3	50	35
	2004	248	131	0	0	124	9	7	7	44	23
	2005	251	139	0	0	133	11	6	6	34	16
	2006	425	264	0	0	263	33	0	0	48	26
	2007	796	360	1	1	359	10	1	1	97	52
Russian Federation	2000	191	105	.	.	105	14	0	0	6	1
	2004	50	31	.	.	31	5	0	0	5	0
	2005	83	46	0	.	46	7	0	0	15	0
	2006	88	55	.	.	55	5	0	0	13	0
	2007	78	45	.	.	45	3	0	0	23	1

For general note and footnotes see end of table

Exportations mondiales par classes de marchandises et par régions (suite)

En millions de dollars E.-U. f.o.b.

											← Exportations vers
South-Eastern Europe Europe du Sud-Est	Northern Africa Afrique septentrionale	Sub-Saharan Africa Afrique subsaharienne	Latin America and the Caribbean Amérique latine et Caraïbes	Eastern Asia Asie orientale	Southern Asia Asie méridionale	South-eastern Asia Asie du Sud-Est	Western Asia Asie occidentale	Oceania Océanie	OPEC OPEP	Année	Exportations en provence de ↓
					**Graines et fruits oléagineux (CTCI, Rev. 3, 22)**						
33	171	106	1676	3236	266	802	463	5	453	2000	Monde 1/
93	265	93	2481	6369	561	1187	833	10	930	2004	
83	376	89	2506	7114	573	1299	942	18	984	2005	
106	395	100	2418	7944	726	1284	1023	8	1102	2006	
208	629	174	3309	11808	872	1716	1577	10	1369	2007	
.	0	1	13	193	41	8	7	1	0	2000	Economies Développés -
.	.	1	1	11	135	5	1	5	2	2004	Asie-Pacifique 2/
0	0	1	1	25	120	2	2	2	4	2005	
0	1	1	1	9	32	2	19	1	22	2006	
0	1	2	1	10	34	2	0	1	1	2007	
.	.	0	0	0	.	0	0	.	.	2000	Japon
.	.	.	0	1	.	0	0	.	.	2004	
.	.	0	0	1	.	0	0	.	0	2005	
.	.	.	0	0	.	0	0	.	0	2006	
.	.	.	0	5	0	0	.	0	0	2007	
9	12	2	7	47	90	0	19	0	4	2000	Economies Développés -
41	14	2	14	2	35	1	22	0	9	2004	Europe 2/
35	16	4	2	1	43	0	32	0	7	2005	
57	17	5	3	1	2	1	19	0	10	2006	
96	12	8	25	3	15	0	22	0	11	2007	
2	10	0	5	31	73	0	3	0	0	2000	France
4	8	0	0	0	0	0	5	0	0	2004	
3	10	0	0	0	15	0	2	0	0	2005	
15	11	1	1	0	1	0	7	0	1	2006	
24	0	2	1	0	15	0	7	0	0	2007	
0	0	0	1	15	17	0	0	.	0	2000	Allemagne
1	0	0	12	0	17	0	1	.	0	2004	
1	0	0	0	0	15	0	0	.	0	2005	
2	0	0	0	0	0	0	1	.	0	2006	
3	2	0	12	0	0	0	0	.	0	2007	
3	51	3	1098	1927	32	457	173	2	219	2000	Economies Développés -
6	94	3	1554	3044	75	510	221	2	385	2004	Amérique du Nord 2/
6	164	6	1652	3034	90	582	230	15	405	2005	
7	183	4	1730	3382	250	613	470	2	485	2006	
22	272	3	2219	5446	332	868	504	3	655	2007	
3	43	3	923	1674	0	428	171	2	187	2000	Etats-Unis
6	90	2	1211	2942	5	470	218	2	335	2004	
6	158	5	1363	2922	3	538	219	15	348	2005	
6	176	2	1419	3207	3	549	340	2	348	2006	
13	264	1	1782	5092	0	805	377	3	475	2007	
4	.	0	5	6	0	0	10	.	0	2000	Europe du Sud-Est
7	6	0	5	0	1	0	71	.	1	2004	
12	0	.	5	0	13	0	131	.	2	2005	
12	11	0	7	0	71	.	85	.	1	2010	
48	0	0	4	0	32	0	227	.	24	2007	
10	11	.	1	9	5	.	98	.	0	2000	Communauté d'Etats
8	1	0	4	2	13	0	46	.	3	2004	Indépendants
11	4	.	3	0	18	0	41	.	4	2005	
9	6	0	4	1	25	.	69	.	1	2006	
15	5	.	8	3	139	0	169	.	21	2007	
.	1	.	.	9	3	.	68	.	.	2000	Fédération de Russie
.	.	.	.	0	5	.	9	.	.	2004	
0	3	.	0	0	3	.	16	.	0	2005	
0	3	.	.	0	9	.	7	.	0	2006	
0	1	.	.	1	0	.	7	.	.	2007	

Voir la fin du tableau pour la remarque générale et les notes.

SPECIAL TABLE: D

World exports by commodity classes and by regions (continued)

In million U.S. dollars f.o.b.

Exports from	Year	World 1/ Monde 1/	Developed economies 2/ Economies en voie de développement 2/							Commonwealth of Independent States Communauté d'Etats Indépandants	
				Asia-Pacific Asie-Pacifique		Europe		North America Amérique du Nord			
			Total	Total	Japan Japon	Total	Germany Allemagne	Total	U.S.A. É.-U.	Total	Europe
						Oil seeds and, oleaginous fruit (SITC, Rev. 3, 22)[cont.]					
Northern Africa	2000	12	4	0	.	4	1	0	0	0	0
	2004	19	12	0	0	12	1	0	0	0	0
	2005	17	7	0	0	7	1	0	0	0	0
	2006	14	5	0	0	5	1	0	0	0	0
	2007	13	5	0	0	5	1	0	0	.	.
Sub-Saharan Africa	2000	327	103	38	37	57	2	9	8	1	0
	2004	404	120	36	36	65	3	19	16	0	0
	2005	494	138	22	21	97	5	19	14	1	1
	2006	512	113	23	23	76	4	14	10	0	0
	2007	664	171	50	49	100	4	21	19	0	0
South Africa	2000	26	17	7	6	9	1	1	1	0	.
	2004	20	14	7	7	7	2	0	0	0	0
	2005	31	18	9	8	9	3	0	0	.	.
	2006	18	11	7	6	3	1	1	1	.	.
	2007	17	10	6	6	4	1	0	0	.	.
Latin America and the Caribbean	2000	3743	2028	120	116	1786	218	122	69	0	0
	2004	8166	3170	134	131	2916	510	120	111	1	1
	2005	8776	3194	144	140	2992	238	57	46	12	12
	2006	8456	2753	108	98	2598	277	47	39	12	12
	2007	11807	3576	186	170	3341	144	48	45	59	59
Brazil	2000	2190	1612	103	103	1508	201	1	1	.	.
	2004	5435	2844	98	98	2674	499	72	72	.	.
	2005	5384	2871	97	97	2775	225	0	0	10	10
	2006	5691	2437	50	50	2383	243	4	3	3	3
	2007	6741	2993	112	110	2881	118	0	0	37	37
Eastern Asia	2000	428	251	119	113	128	11	5	2	20	20
	2004	604	320	144	140	149	28	27	19	56	56
	2005	715	392	158	154	196	50	38	25	71	70
	2006	587	289	119	116	141	36	29	21	35	34
	2007	721	335	108	105	191	49	36	24	38	36
China	2000	417	251	118	113	128	11	5	2	20	20
	2004	589	318	143	140	149	28	26	18	56	56
	2005	704	391	158	153	195	50	37	24	71	70
	2006	575	288	119	116	141	36	28	20	35	34
	2007	710	335	108	105	191	49	36	23	38	36
Southern Asia	2000	266	88	8	7	51	7	30	28	9	8
	2004	329	108	9	6	70	12	29	25	7	7
	2005	352	100	9	4	62	12	29	26	6	6
	2006	454	121	25	0	64	13	32	29	12	11
	2007	664	158	32	5	87	17	39	34	14	13
Sourth-Eastern Asia	2000	131	27	13	13	2	1	11	11	0	0
	2004	186	19	14	14	5	1	1	1	1	1
	2005	180	20	10	10	9	1	1	1	1	1
	2006	165	23	18	18	4	0	1	1	1	0
	2007	203	51	39	39	11	4	1	1	1	1
Western Asia	2000	62	39	2	2	36	4	1	1	3	3
	2004	157	54	4	4	48	7	2	2	10	9
	2005	182	61	10	9	49	4	2	2	13	11
	2006	127	50	6	5	42	7	2	2	13	10
	2007	152	66	9	8	53	9	3	2	16	15
Oceania	2000	19	7	1	1	5	0	0	0	.	.
	2004	19	10	3	.	7	5	0	0	.	.
	2005	14	8	1	.	7	4	0	0	.	.
	2006	25	12	6	.	6	4	0	0	.	.
	2007	34	11	7	.	4	2	0	0	.	.

For general note and footnotes see end of table

Exportations mondiales par classes de marchandises et par régions (suite)

En millions de dollars E.-U. f.o.b.

← Exportations vers

South-Eastern Europe Europe du Sud-Est	Northern Africa Afrique septentrionale	Sub-Saharan Africa Afrique subsaharienne	Latin America and the Caribbean Amérique latine et Caraïbes	Eastern Asia Asie orientale	Southern Asia Asie méridionale	South-eastern Asia Asie du Sud-Est	Western Asia Asie occidentale	Oceania Océanie	OPEC OPEP	Année	Exportations en provence de ↓
											Graines et fruits oléagineux (CTCI, Rev. 3, 22) *[suite]*
0	6	0	.	.	.	.	1	.	1	2000	Afrique septentrionale
0	2	0	0	0	0	.	4	.	2	2004	
0	3	0	0	0	.	0	6	.	1	2005	
0	2	0	0	0	0	.	6	.	2	2006	
0	3	0	0	0	0	0	5	.	2	2007	
1	35	80	7	22	0	1	71	.	24	2000	Afrique subsaharienne
1	33	75	6	39	6	4	117	1	38	2004	
0	24	65	2	108	10	9	130	0	51	2005	
0	42	72	3	128	21	8	122	.	46	2006	
0	57	122	4	115	27	12	155	0	56	2007	
0	.	8	1	0	0	0	0	.	1	2000	Afrique du sud
.	.	5	0	0	0	0	0	0	0	2004	
.	.	12	0	0	0	0	0	0	1	2005	
.	.	7	0	0	0	0	0	.	1	2006	
.	.	5	0	0	.	0	0	.	1	2007	
0	26	15	528	920	62	142	24	.	111	2000	Amérique latine et Caraïbes
12	81	4	872	3101	228	371	267	0	322	2004	
1	132	5	814	3751	217	381	269	0	332	2005	
0	101	10	642	4227	253	316	142	.	322	2006	
7	239	33	1014	5876	209	446	348	0	345	2007	
.	19	0	87	379	62	20	10	.	82	2000	Brésil
12	35	0	186	1930	203	116	108	.	223	2004	
.	40	3	61	1948	200	146	105	.	219	2010	
.	25	1	61	2686	215	172	91	.	268	2010	
.	84	1	45	3061	111	292	116	.	152	2007	
3	11	2	4	73	1	43	20	0	19	2000	Asie orientale
13	27	1	14	100	3	39	31	0	44	2004	
13	23	1	13	115	4	45	36	0	40	2005	
16	20	1	15	126	3	55	26	0	39	2006	
15	24	2	17	194	3	48	44	1	44	2007	
3	11	2	4	65	1	41	20	0	18	2000	Chine
13	27	1	14	90	2	36	31	0	43	2004	
13	23	1	13	108	4	44	36	0	40	2005	
16	20	1	15	117	2	54	26	0	39	2006	
15	24	2	17	185	3	47	44	1	44	2007	
0	18	2	13	16	15	76	29	0	57	2000	Asie méridionale
2	6	2	9	40	21	102	32	0	59	2004	
2	2	5	9	51	27	119	32	0	72	2005	
3	7	6	10	50	31	166	48	0	117	2006	
3	12	4	11	115	39	225	84	0	153	2007	
0	0	1	1	22	5	74	0	0	15	2000	Asie Sud-Est
0	1	4	2	30	5	120	5	0	25	2004	
0	6	1	3	29	3	106	10	0	33	2005	
0	4	1	2	19	4	106	5	0	27	2006	
0	4	1	3	47	3	88	5	0	26	2007	
2	1	0	0	0	5	1	10	.	5	2000	Asie occidentale
3	1	2	1	1	37	32	16	0	38	2004	
3	2	0	1	1	26	51	21	.	32	2005	
2	1	1	2	0	34	12	13	.	29	2006	
1	1	1	2	0	38	13	14	0	32	2007	
.	.	.	0	.	10	0	.	2	0	2000	Océanie
.	.	.	0	0	2	3	.	2	1	2004	
.	.	.	0	0	1	4	.	1	1	2005	
.	.	.	0	0	1	6	.	4	1	2006	
.	.	0	0	.	1	14	.	5	0	2007	

Voir la fin du tableau pour la remarque générale et les notes.

World exports by commodity classes and by regions (continued)

In million U.S. dollars f.o.b.

| Exports from | Year | World 1/ Monde 1/ | Developed economies 2/ / Economies en voie de développement 2/ | Asia-Pacific Asie-Pacifique | | Europe | | North America Amérique du Nord | | Commonwealth of Independent States Communauté d'Etats Indépendants | |
			Total	Total	Japan Japon	Total	Germany Allemagne	Total	U.S.A. É.-U.	Total	Europe
Textile fibres (SITC, Rev. 3, 26)											
World 1/	2000	21828	9001	935	837	7012	938	1054	682	655	642
	2004	28583	9402	824	681	7332	997	1246	864	723	699
	2005	28080	8575	720	580	6581	865	1274	927	777	716
	2006	30216	8794	708	570	6780	1016	1306	989	894	787
	2007	33347	9698	738	586	7434	1147	1526	1213	1036	909
Developed Economies - Asia-Pacific 2/	2000	4238	1397	272	234	1017	140	107	100	6	4
	2004	4095	1032	170	123	772	99	90	85	5	4
	2005	4074	851	126	87	638	70	86	82	7	5
	2006	4115	892	113	84	674	96	104	101	9	7
	2007	4493	921	119	84	655	80	147	143	11	9
Japan	2000	1008	169	9	.	117	27	43	40	2	1
	2004	971	170	11	.	108	23	51	48	4	3
	2005	1027	169	9	.	109	24	51	49	4	3
	2006	1074	214	8	.	133	51	73	72	6	4
	2007	1239	293	11	.	161	51	121	119	7	5
Developed Economies - Europe 2/	2000	4653	3227	66	49	3048	390	112	101	95	90
	2004	6124	3862	80	55	3595	469	187	165	196	181
	2005	6075	3643	71	46	3355	412	217	190	209	190
	2006	6477	3831	61	38	3527	480	243	212	216	199
	2007	7007	4204	51	29	3872	529	281	247	284	258
France	2000	594	455	16	16	427	40	11	10	5	4
	2004	682	495	14	14	471	56	11	10	6	6
	2005	595	400	12	11	375	44	14	13	2	2
	2006	564	354	9	8	332	42	14	13	1	1
	2007	565	334	7	7	316	37	10	10	2	2
Germany	2000	1394	967	12	6	915	.	40	37	42	40
	2004	1881	1180	14	9	1076	.	90	84	91	84
	2005	1889	1187	11	7	1065	.	111	103	100	89
	2006	2035	1245	11	6	1106	.	128	113	99	91
	2007	2171	1271	10	4	1151	.	110	95	101	94
Developed Economies - North America 2/	2000	3431	954	201	192	383	76	370	44	8	7
	2004	5931	888	166	153	356	44	365	54	23	23
	2005	5659	808	158	144	333	49	317	43	24	24
	2006	6388	741	156	144	308	60	277	42	30	30
	2007	6703	829	174	164	386	54	268	43	27	27
United States	2000	3248	902	199	192	378	76	325	.	6	5
	2004	5722	821	162	152	347	43	311	.	23	23
	2005	5454	752	154	142	324	49	274	.	24	24
	2006	6167	680	153	142	293	58	235	.	30	30
	2007	6477	773	173	163	375	53	225	.	27	27
South-Eastern Europe	2000	43	18	0	0	17	5	1	0	2	2
	2004	89	51	0	0	51	8	0	0	2	2
	2005	92	58	0	0	58	10	0	0	2	2
	2006	103	71	0	0	71	8	0	0	2	2
	2007	165	110	0	0	109	21	0	0	3	3
Commonwealth of Independent States	2000	1817	783	8	8	768	75	7	7	519	514
	2004	2339	517	2	2	514	49	1	1	447	442
	2005	1998	336	2	2	334	37	0	0	452	416
	2006	1781	289	1	1	287	40	1	1	559	480
	2007	1824	290	1	1	287	38	2	2	599	512
Russian Federation	2000	37	9	0	0	9	4	0	0	3	1
	2004	79	20	.	.	20	7	0	0	5	3
	2005	63	18	.	.	18	5	.	.	6	3
	2006	68	15	0	0	15	5	0	0	12	3
	2007	78	15	0	.	15	6	0	0	15	5

For general note and footnotes see end of table

Exportations mondiales par classes de marchandises et par régions (suite)

En millions de dollars E.-U. f.o.b.

← Exportations vers

South-Eastern Europe Europe du Sud-Est	Northern Africa Afrique septentrionale	Sub-Saharan Africa Afrique subsaharienne	Latin America and the Caribbean Amérique latine et Caraïbes	Eastern Asia Asie orientale	Southern Asia Asie méridionale	South-eastern Asia Asie du Sud-Est	Western Asia Asie occidentale	Oceania Océanie	OPEC OPEP	Année	Exportations en provence de ↓
Fibres textiles (CTCI, Rev. 3, 26)												
173	284	761	1630	4580	1375	2143	1169	11	1262	2000	Monde 1/
333	452	1166	1770	7485	2641	2708	1671	20	1754	2004	
338	461	1172	1587	8177	2491	2565	1752	55	1613	2005	
389	510	1335	1922	9165	2235	2745	2079	29	1821	2006	
446	604	1200	2086	9191	3055	3106	2568	29	2193	2007	
3	8	49	41	1595	347	718	63	10	401	2000	Economies Développés -
20	10	68	14	1865	300	579	54	13	366	2004	Asie-Pacifique 2/
34	13	81	10	2138	260	551	41	13	302	2005	
18	10	94	12	2109	301	565	50	13	335	2006	
10	10	128	17	2276	330	464	47	13	353	2007	
1	1	35	9	498	51	227	13	0	117	2000	Japon
.	3	55	4	457	90	172	15	0	120	2004	
0	5	67	4	518	68	179	12	0	106	2005	
0	4	76	3	483	99	168	20	0	136	2006	
0	3	108	5	473	123	204	21	0	195	2007	
116	146	280	87	233	77	36	351	0	79	2000	Economies Développés -
250	246	357	84	374	181	42	529	1	169	2004	Europe 2/
248	263	373	116	394	228	57	540	0	224	2005	
323	276	418	125	371	198	58	659	1	219	2006	
343	270	481	138	382	244	72	585	2	248	2007	
2	10	22	2	74	8	1	15	0	3	2000	France
11	17	22	2	110	6	1	12	0	8	2004	
19	13	17	4	120	6	1	12	0	3	2005	
10	14	19	4	144	4	1	15	0	2	2006	
2	19	22	4	156	7	0	19	0	4	2007	
59	36	59	41	33	28	23	105	0	44	2000	Allemagne
104	36	69	51	54	79	22	195	0	85	2004	
98	37	67	50	44	92	27	187	0	104	2005	
113	54	74	60	36	90	28	236	0	101	2006	
120	54	86	68	53	144	27	246	0	145	2007	
3	16	108	993	600	133	359	257	0	222	2000	Economies Développés -
2	13	121	1172	2140	364	696	508	4	391	2004	Amérique du Nord 2/
2	16	158	1001	2115	297	641	558	39	383	2005	
2	20	186	1220	2736	277	604	557	14	410	2006	
2	34	208	1246	2217	503	779	845	12	487	2007	
3	16	83	987	520	129	347	256	0	218	2000	Etats-Unis
1	12	87	1163	2076	353	676	507	4	379	2004	
1	13	83	986	2082	284	634	556	39	361	2005	
1	19	82	1208	2719	262	600	552	14	382	2006	
1	32	102	1233	2214	473	775	836	12	458	2007	
9	1	0	0	0	1	0	11	.	0	2000	Europe du Sud-Est
7	1	1	0	0	1	0	27	0	0	2004	
5	0	1	0	0	0	0	25	.	1	2005	
6	3	2	0	0	0	0	18	0	1	2006	
11	2	3	0	1	1	0	35	0	1	2007	
29	4	4	30	163	96	37	151	.	82	2000	Communauté d'Etats
39	4	1	2	590	595	20	123	.	68	2004	Indépendants
21	2	1	5	570	504	27	79	.	57	2005	
11	2	0	4	701	71	27	117	.	27	2006	
18	24	0	5	597	101	46	144	.	77	2007	
1	0	0	0	2	2	0	20	.	1	2000	Fédération de Russie
2	0	1	0	2	1	0	47	.	1	2004	
2	.	1	0	3	1	0	33	.	0	2005	
1	0	0	0	6	7	0	26	.	0	2006	
2	.	0	1	11	7	0	27	.	0	2007	

Voir la fin du tableau pour la remarque générale et les notes.

SPECIAL TABLE: D

World exports by commodity classes and by regions (continued)

In million U.S. dollars f.o.b.

Exports from	Year	World 1/ Monde 1/	Developed economies 2/ Economies en voie de développement 2/	Asia-Pacific Asie-Pacifique Total	Japan Japon	Europe Total	Germany Allemagne	North America Amérique du Nord Total	U.S.A. É.-U.	Commonwealth of Independent States Communauté d'Etats Indépendants Total	Europe
			Total								
Textile fibres (SITC, Rev. 3, 26) [cont.]											
Northern Africa	2000	224	117	10	10	92	6	16	16	0	0
	2004	527	203	38	37	123	14	42	42	1	1
	2005	219	58	7	6	43	1	8	8	1	1
	2006	182	53	5	5	45	4	3	3	1	1
	2007	227	57	6	6	49	4	2	2	1	1
Sub-Saharan Africa	2000	1414	565	21	20	531	70	12	7	0	0
	2004	2280	563	19	18	530	77	14	11	0	0
	2005	1902	433	13	12	407	64	13	13	2	2
	2006	2140	430	11	9	403	49	16	15	0	0
	2007	2185	410	14	12	358	64	39	38	0	0
South Africa	2000	190	119	10	10	100	13	9	4	0	0
	2004	202	153	4	4	142	25	7	4	.	.
	2005	215	133	5	4	126	23	2	2	0	0
	2006	219	130	6	5	120	20	3	3	.	.
	2007	276	149	6	5	140	27	3	3	0	0
Latin America and the Caribbean	2000	1003	455	25	24	244	58	186	184	1	1
	2004	1511	574	70	67	315	81	189	183	1	1
	2005	1520	480	48	46	279	66	153	150	4	4
	2006	1276	414	41	38	263	82	110	107	0	0
	2007	1596	463	50	49	303	114	110	108	0	0
Brazil	2000	92	35	0	0	32	15	2	2	.	.
	2004	535	147	42	41	88	22	17	16	0	0
	2005	576	123	35	33	68	14	20	20	4	4
	2006	493	94	27	26	48	11	19	19	0	0
	2007	691	112	36	36	58	12	17	17	0	0
Eastern Asia	2000	3414	1010	263	244	550	60	197	182	5	5
	2004	3549	1157	197	159	687	96	274	249	40	39
	2005	3720	1344	193	149	771	99	380	351	64	64
	2006	4050	1531	228	178	865	140	438	404	66	65
	2007	4891	1726	228	171	967	167	531	496	98	97
China	2000	1085	495	159	158	320	27	16	16	2	1
	2004	942	535	94	92	395	35	46	44	4	4
	2005	1186	640	99	90	420	42	121	118	13	12
	2006	1430	753	126	112	462	69	165	159	15	15
	2007	2040	838	115	100	541	87	182	172	31	30
Southern Asia	2000	470	147	19	16	110	17	18	15	16	15
	2004	593	140	15	11	94	13	31	27	3	2
	2005	1155	155	18	14	96	11	41	36	6	5
	2006	1958	182	20	16	124	18	38	32	10	2
	2007	2361	245	21	16	182	37	41	36	12	2
South-Eastern Asia	2000	590	91	38	28	34	7	19	17	0	0
	2004	863	140	61	51	35	10	45	41	0	0
	2005	981	163	68	58	46	16	49	46	0	0
	2006	1098	204	63	50	75	19	66	62	0	0
	2007	1241	270	64	47	113	22	93	90	0	0
Western Asia	2000	531	237	12	12	215	33	10	9	3	2
	2004	677	275	5	4	261	37	9	6	4	4
	2005	679	246	17	15	220	29	9	7	6	4
	2006	646	156	9	7	136	22	11	9	1	0
	2007	653	173	10	7	153	17	11	9	1	0
Oceania	2000	0	0	0	.	0		0	0	.	.
	2004	4	1	1	0	0		0	0	.	.
	2005	4	0	0	0	0		0	0	.	.
	2006	1	0	0	.	0		0	0	.	.
	2007	0	0	0	.	0		0	0	.	.

For general note and footnotes see end of table

Exportations mondiales par classes de marchandises et par régions (suite)

En millions de dollars E.-U. f.o.b.

← Exportations vers

South-Eastern Europe Europe du Sud-Est	Northern Africa Afrique septentrionale	Sub-Saharan Africa Afrique subsaharienne	Latin America and the Caribbean Amérique latine et Caraïbes	Eastern Asia Asie orientale	Southern Asia Asie méridionale	South-eastern Asia Asie du Sud-Est	Western Asia Asie occidentale	Oceania Océanie	OPEC OPEP	Année	Exportations en provenance de ↓
				**Fibres textiles (CTCI, Rev. 3, 26)** *[suite]*							
1	1	5	6	29	29	13	23	0	5	2000	Afrique septentrionale
1	1	7	3	86	135	54	37	.	14	2004	
1	2	7	1	33	92	14	10	.	5	2005	
1	2	8	0	20	81	4	12	.	5	2006	
0	10	9	7	32	86	4	20	.	11	2007	
0	38	270	60	115	150	174	24	0	71	2000	Afrique subsaharienne
3	69	518	7	433	241	357	40	1	175	2004	
7	64	445	6	458	152	269	43	0	92	2005	
6	69	499	21	619	92	328	37	0	120	2006	
12	99	198	38	770	222	396	34	0	158	2007	
0	4	19	1	33	7	2	4	0	8	2000	Afrique du sud
0	1	9	2	24	6	6	1	0	6	2004	
4	1	13	2	41	9	10	1	.	6	2005	
5	0	12	1	59	7	2	2	.	2	2006	
11	0	13	1	80	18	2	0	0	2	2007	
0	2	1	342	136	22	17	24	0	28	2000	Amérique latine et Caraïbes
1	6	5	397	249	90	144	43	.	99	2004	
2	5	3	325	442	110	101	47	.	75	2005	
7	5	3	326	279	86	116	40	0	82	2006	
15	10	5	373	382	120	165	62	0	131	2007	
0	0	1	39	2	3	3	9	.	2	2000	Brésil
.	3	4	110	73	66	112	21	.	67	2004	
0	2	2	94	158	92	80	21	.	57	2005	
.	3	2	114	124	71	75	10	0	58	2006	
.	8	3	123	173	96	143	32	0	108	2007	
1	16	15	50	1452	310	493	60	0	207	2000	Asie orientale
3	23	40	75	1269	355	469	117	0	226	2004	
7	20	57	102	1169	339	469	149	0	194	2005	
9	26	73	154	1107	401	463	220	0	260	2006	
29	52	115	215	1104	635	519	398	0	343	2007	
0	1	2	12	224	171	163	15	0	82	2000	Chine
0	5	7	13	125	178	31	44	0	27	2004	
2	6	11	20	175	186	62	70	0	30	2005	
3	12	15	52	211	171	82	118	.	36	2006	
24	30	21	94	247	380	120	255	0	64	2007	
2	8	21	9	63	70	89	46	0	41	2000	Asie méridionale
0	15	29	2	134	124	87	57	0	82	2004	
0	8	18	4	558	217	138	49	0	92	2005	
1	23	14	45	865	378	275	164	0	153	2006	
1	24	17	25	1077	500	272	187	0	161	2007	
0	4	5	8	183	88	179	31	0	71	2000	Asie Sud-Est
0	30	6	10	236	147	234	61	0	128	2004	
0	17	7	13	261	176	258	84	1	139	2005	
0	17	7	12	271	219	278	88	1	164	2006	
0	14	12	21	260	184	366	113	1	183	2007	
8	39	3	4	12	50	28	127	0	54	2000	Asie occidentale
7	35	13	3	107	108	26	75	0	36	2004	
10	50	22	3	36	114	39	127	.	49	2005	
4	57	30	1	87	130	27	121	.	45	2006	
5	55	25	1	91	128	24	98	.	40	2007	
0	.	0	.	.	0	0	.	0	.	2000	Océanie
.	.	.	.	3	0	0	0	0	.	2004	
.	.	0	.	3	0	.	0	1	.	2005	
.	.	0	.	1	0	.	0	0	.	2006	
.	.	0	0	0	.	.	0	0	.	2007	

Voir la fin du tableau pour la remarque générale et les notes.

World exports by commodity classes and by regions (continued)

In million U.S. dollars f.o.b.

Exports from	Year	World 1/ Monde 1/	Developed economies 2/ Economies en voie de développement 2/					North America Amérique du Nord		Commonwealth of Independent States Communauté d'Etats Indépendants	
			Total	Asia-Pacific Asie-Pacifique Total	Japan Japon	Europe Total	Germany Allemagne	Total	U.S.A. É.-U.	Total	Europe
			**Crude fertilizers and minerals (SITC, Rev. 3, 27)**								
World 1/	2000	13384	8866	1159	1007	6063	843	1644	1200	292	248
	2004	18827	12057	1021	855	8955	1360	2080	1554	552	472
	2005	20235	12603	1223	998	9173	1353	2207	1647	617	530
	2006	22697	13467	1330	1106	9873	1471	2265	1664	894	784
	2007	24876	14606	1342	1090	10876	1501	2388	1767	997	851
Developed Economies - Asia-Pacific 2/	2000	455	198	108	91	48	6	42	40	1	1
	2004	601	211	120	95	54	10	36	32	0	0
	2005	734	253	143	117	66	12	44	37	1	0
	2006	766	257	143	118	71	9	43	37	1	0
	2007	847	269	146	119	84	12	39	36	1	1
Japan	2000	184	46	6	.	19	4	21	21	1	1
	2004	265	46	10	.	14	5	22	22	0	0
	2005	301	44	8	.	14	6	23	22	0	0
	2006	330	44	8	.	12	4	24	23	0	0
	2007	369	45	9	.	12	5	23	23	0	0
Developed Economies - Europe 2/	2000	5199	4299	76	65	4008	723	216	191	61	59
	2004	7942	6539	100	76	6153	1211	286	247	116	109
	2005	8221	6687	88	68	6274	1200	325	279	131	126
	2006	9162	7226	88	67	6873	1263	265	222	317	312
	2007	9776	7844	78	57	7485	1304	281	239	215	207
France	2000	508	445	6	6	426	99	12	11	5	4
	2004	719	632	5	4	611	117	17	15	6	6
	2005	712	623	4	3	601	117	18	15	5	5
	2006	747	637	5	4	617	112	16	13	7	7
	2007	872	742	6	4	716	128	20	16	8	8
Germany	2000	836	730	9	7	712	.	9	8	6	5
	2004	1315	1128	18	14	1095	.	14	13	16	15
	2005	1426	1216	14	9	1191	.	12	10	20	19
	2006	1630	1404	12	8	1381	.	11	9	26	25
	2007	1772	1510	12	10	1484	.	15	13	29	27
Developed Economies - North America 2/	2000	2525	1652	375	324	508	64	768	397	4	3
	2004	2542	1607	263	238	481	71	864	445	25	24
	2005	2753	1664	301	245	440	66	923	493	21	20
	2006	3023	1917	342	284	557	113	1018	549	22	21
	2007	3252	2003	367	294	571	85	1065	588	20	17
United States	2000	1790	1187	330	297	487	60	371	.	4	3
	2004	1772	1128	251	232	458	67	419	.	18	18
	2005	1763	1105	264	240	414	61	427	.	12	11
	2006	2019	1294	306	280	520	104	467	.	14	14
	2007	2105	1306	313	290	517	75	476	.	15	12
South-Eastern Europe	2000	61	33	0	0	32	3	1	1	4	4
	2004	95	58	0	0	58	2	0	0	3	3
	2005	123	73	0	0	72	4	1	1	3	3
	2006	143	87	0	0	86	3	1	1	3	3
	2007	164	90	0	0	89	1	1	1	6	5
Commonwealth of Independent States	2000	484	219	2	2	210	2	7	0	146	112
	2004	790	267	3	3	260	5	3	3	282	229
	2005	938	380	4	4	373	10	3	3	320	259
	2006	1033	361	3	3	355	10	3	3	414	334
	2007	1405	483	2	2	474	17	8	7	593	486
Russian Federation	2000	298	155	2	2	146	1	7	0	46	35
	2004	400	135	3	3	129	3	3	3	82	63
	2005	480	214	3	3	210	3	1	1	82	59
	2006	474	197	2	2	194	4	2	2	100	64
	2007	613	271	1	1	263	10	6	6	114	72

For general note and footnotes see end of table

Exportations mondiales par classes de marchandises et par régions (suite)

En millions de dollars E.-U. f.o.b.

← Exportations vers

South-Eastern Europe Europe du Sud-Est	Northern Africa Afrique septentrionale	Sub-Saharan Africa Afrique subsaharienne	Latin America and the Caribbean Amérique latine et Caraïbes	Eastern Asia Asie orientale	Southern Asia Asie méridionale	South-eastern Asia Asie du Sud-Est	Western Asia Asie occidentale	Oceania Océanie	OPEC OPEP	Année	Exportations en provence de
					Engrais et minéraux bruts (CTCI, Rev. 3, 27)						
107	211	226	687	1262	336	684	593	9	474	2000	Monde 1/
155	319	338	856	2059	631	896	829	10	811	2004	
192	340	399	820	2461	746	901	1014	14	960	2005	
219	375	388	907	2779	833	994	1740	16	1673	2006	
235	415	451	1118	3182	869	1071	1821	17	1830	2007	
0	0	2	2	168	7	69	3	3	30	2000	Economies Développés -
1	0	2	3	270	9	93	7	5	45	2004	Asie-Pacifique 2/
0	1	2	3	350	14	95	11	5	49	2005	
0	1	2	3	370	12	107	8	6	51	2006	
0	0	3	5	412	13	126	13	6	60	2007	
.	0	1	0	100	7	28	1	0	8	2000	Japon
.	0	1	1	167	8	39	2	0	13	2004	
.	0	1	1	196	11	42	3	1	15	2005	
.	0	1	1	218	10	49	4	1	17	2010	
.	0	1	1	257	10	50	3	1	17	2007	
40	114	45	80	197	38	87	140	2	103	2000	Economies Développés -
73	160	85	105	314	83	130	249	2	209	2004	Europe 2/
87	196	86	113	328	98	137	267	3	257	2005	
114	223	88	135	386	111	136	368	3	270	2006	
94	258	96	149	457	129	150	311	3	304	2010	
2	15	12	7	6	2	5	9	1	10	2000	France
3	23	18	7	6	3	7	13	1	16	2004	
4	25	17	8	5	3	7	14	1	21	2005	
2	40	18	9	7	3	7	15	1	22	2006	
4	39	18	10	20	4	11	15	1	24	2007	
6	11	6	10	7	5	32	13	1	16	2000	Allemagne
11	14	19	15	14	7	38	30	1	28	2004	
12	22	19	15	9	7	44	36	1	33	2005	
14	20	13	19	12	11	48	36	1	33	2006	
16	20	18	23	15	17	52	38	1	39	2007	
0	19	37	328	296	38	118	34	0	79	2000	Economies Développés -
0	14	17	332	354	52	109	32	0	86	2004	Amérique du Nord 2/
2	9	31	336	504	49	97	39	0	107	2005	
3	26	37	357	464	55	97	46	0	101	2006	
2	11	46	422	540	63	94	50	1	98	2007	
0	8	14	233	227	11	80	26	0	61	2000	Etats-Unis
0	7	8	256	237	12	77	27	0	63	2004	
2	7	13	265	241	14	66	35	0	78	2005	
2	11	23	282	256	17	77	42	0	79	2006	
1	11	16	327	286	20	74	47	1	76	2007	
21	0	0	0	0	0	0	2	0	0	2000	Europe du Sud-Est
26	2	0	0	0	0	0	5	0	0	2004	
31	2	0	0	0	0	0	12	0	0	2005	
36	4	0	0	0	0	0	12	0	0	2006	
48	6	0	0	1	0	0	13	.	0	2007	
11	52	0	3	14	12	15	14	.	12	2000	Communauté d'Etats
14	71	0	38	54	26	15	23	.	19	2004	Indépendants
19	50	0	10	75	35	19	31	0	14	2005	
18	43	1	12	82	46	19	35	0	26	2006	
31	48	1	18	128	54	22	28	0	17	2007	
8	50	0	3	13	8	12	5	.	8	2000	Fédération de Russie
4	69	0	37	31	21	12	9	.	10	2004	
6	47	0	9	63	26	18	15	.	10	2005	
4	35	0	12	58	34	18	15	.	15	2006	
4	42	0	18	95	39	21	9	0	11	2007	

Voir la fin du tableau pour la remarque générale et les notes.

SPECIAL TABLE: D

World exports by commodity classes and by regions (continued)

In million U.S. dollars f.o.b.

Exports from	Year	World 1/ Monde 1/	Developed economies 2/ Economies en voie de développement 2/ Total	Asia-Pacific Asie-Pacifique Total	Japan Japon	Europe Total	Germany Allemagne	North America Amérique du Nord Total	U.S.A. É.-U.	Commonwealth of Independent States Communauté d'Etats Indépendants Total	Europe

Crude fertilizers and minerals (SITC, Rev. 3, 27) [cont.]

Exports from	Year	World 1/ Monde 1/	Total	Asia-Pacific Total	Japan Japon	Europe Total	Germany Allemagne	North America Total	U.S.A. É.-U.	CIS Total	CIS Europe
Northern Africa	2000	540	332	43	6	218	4	70	64	5	5
	2004	702	393	31	4	261	7	102	99	2	2
	2005	823	444	58	4	270	9	116	111	2	2
	2006	919	467	63	6	291	12	113	109	2	1
	2007	1137	595	81	8	368	9	145	133	1	1
Sub-Saharan Africa	2000	506	245	23	21	185	5	37	34	0	0
	2004	965	626	28	10	558	7	40	35	5	4
	2005	847	495	18	9	432	8	45	40	0	0
	2006	829	422	32	19	349	10	40	36	0	0
	2007	978	493	22	16	415	10	56	50	1	1
South Africa	2000	208	154	13	12	111	1	30	28	0	.
	2004	262	193	12	9	152	2	28	26	0	0
	2005	391	280	10	7	246	1	24	21	0	0
	2006	309	187	12	10	159	4	16	14	0	0
	2007	458	275	19	15	217	6	39	33	1	1
Latin America and the Caribbean	2000	730	531	87	85	195	6	249	235	0	0
	2004	971	705	50	48	272	7	384	351	0	0
	2005	1052	719	114	111	288	6	318	279	1	1
	2006	1204	795	107	105	328	8	359	308	0	0
	2007	1379	874	136	132	348	18	390	335	2	2
Brazil	2000	281	212	31	31	148	1	33	33	0	0
	2004	460	331	43	43	223	2	65	51	0	0
	2005	496	334	35	35	234	2	65	47	0	0
	2006	596	400	45	45	272	4	84	64	0	0
	2007	647	424	51	50	283	10	90	54	0	0
Eastern Asia	2000	1379	820	361	338	255	12	204	192	47	47
	2004	1600	927	342	313	292	12	293	274	48	46
	2005	1853	1082	391	366	338	9	353	330	59	56
	2006	1973	1161	439	422	371	14	351	334	67	63
	2007	2077	1131	398	379	414	12	320	303	76	69
China	2000	1103	704	296	275	215	11	192	180	27	27
	2004	1353	841	302	273	261	11	279	260	35	32
	2005	1556	974	324	299	311	8	338	316	40	38
	2006	1621	998	326	309	338	12	334	317	42	39
	2007	1682	991	317	299	371	11	303	287	42	35
Southern Asia	2000	431	194	30	26	131	7	34	32	10	7
	2004	749	286	23	16	214	10	49	45	7	1
	2005	838	313	25	17	232	10	55	50	7	1
	2006	1151	386	39	29	294	14	53	48	10	2
	2007	1292	453	35	23	353	18	65	56	14	3
South-Eastern Asia	2000	490	83	40	37	39	2	4	3	0	0
	2004	612	100	50	41	48	4	3	2	0	0
	2005	643	112	54	37	54	2	4	4	1	1
	2006	560	88	56	38	29	2	4	4	1	1
	2007	653	98	65	49	27	3	6	5	1	1
Western Asia	2000	581	261	14	11	234	9	13	12	15	10
	2004	1256	336	12	11	304	15	20	19	62	52
	2005	1408	381	29	20	332	16	20	18	72	59
	2006	1930	301	18	15	270	12	13	13	57	46
	2007	1913	274	13	12	248	13	13	12	67	59
Oceania	2000	2	0	0	0	0	.	0	0	.	.
	2004	1	1	0	0	0	.	1	1	0	0
	2005	2	0	0	0	0	.	0	0	0	0
	2006	2	0	0	0	0	.	0	0	0	0
	2007	2	0	0	0	0	0	0	0	0	0

For general note and footnotes see end of table

Exportations mondiales par classes de marchandises et par régions (suite)

En millions de dollars E.-U. f.o.b.

⟵ Exportations vers

South-Eastern Europe Europe du Sud-Est	Northern Africa Afrique septentrionale	Sub-Saharan Africa Afrique subsaharienne	Latin America and the Caribbean Amérique latine et Caraïbes	Eastern Asia Asie orientale	Southern Asia Asie méridionale	South-eastern Asia Asie du Sud-Est	Western Asia Asie occidentale	Oceania Océanie	OPEC OPEP	Année	Exportations en provenance de ↓
Engrais et minéraux bruts (CTCI, Rev. 3, 27) *[suite]*											
19	5	7	79	24	26	18	26	0	25	2000	Afrique septentrionale
12	12	12	83	73	51	24	37	.	41	2004	
18	14	20	90	61	71	49	51	.	74	2005	
23	19	29	103	80	79	58	57	0	81	2006	
30	28	37	160	80	80	50	72	0	76	2007	
2	1	103	21	20	47	33	34	0	35	2000	Afrique subsaharienne
1	1	174	8	25	52	31	34	0	22	2004	
1	3	201	16	37	30	8	55	0	15	2005	
2	3	169	19	45	44	10	113	0	16	2006	
1	5	201	36	45	37	32	122	0	19	2007	
0	0	24	2	18	3	4	2	0	2	2000	Afrique du sud
1	0	35	2	24	2	3	3	0	4	2004	
0	3	47	8	36	4	6	7	.	9	2005	
0	2	51	7	39	4	9	7	.	9	2006	
1	4	54	34	43	7	29	5	0	7	2007	
0	0	8	129	36	12	11	2	0	22	2000	Amérique latine et Caraïbes
0	0	7	151	70	16	19	3	0	26	2004	
0	2	7	174	102	19	20	7	0	28	2005	
0	1	9	210	136	25	20	6	0	31	2006	
0	2	14	269	145	38	20	11	0	61	2007	
.	.	7	19	23	10	8	2	.	12	2000	Brésil
.	0	5	22	66	15	16	3	.	16	2004	
0	0	7	27	88	16	18	6	0	18	2005	
0	0	9	31	116	20	16	5	.	20	2006	
0	0	13	35	116	34	16	10	0	21	2007	
3	5	10	14	313	72	83	13	1	34	2000	Asie orientale
1	5	12	27	383	52	131	13	1	55	2000	
1	7	14	39	436	58	125	31	1	63	2005	
4	8	14	29	473	46	131	41	0	65	2006	
3	5	17	35	520	64	158	67	1	82	2007	
2	5	9	14	201	65	64	11	0	28	2000	Chine
1	5	11	26	265	47	108	12	0	48	2004	
1	7	13	39	304	50	102	25	0	51	2005	
3	8	13	29	346	40	103	38	0	57	2006	
3	5	15	34	349	50	133	60	0	71	2007	
0	3	4	2	106	31	31	50	0	51	2000	Asie méridionale
0	5	10	5	222	56	34	122	0	118	2004	
1	4	12	8	252	72	39	129	0	123	2005	
0	9	15	34	359	114	76	147	0	136	2006	
1	14	20	18	410	132	54	176	0	166	2007	
0	0	2	0	56	13	177	157	2	20	2000	Asie Sud-Est
0	0	5	3	120	14	229	140	2	49	2004	
0	0	5	3	131	23	246	118	3	57	2005	
0	0	4	2	156	31	259	14	4	63	2006	
0	0	4	3	161	37	331	13	5	77	2007	
11	12	7	28	34	41	43	116	.	61	2000	Asie occidentale
28	48	15	100	174	220	82	163	0	141	2004	
30	52	20	28	185	277	66	263	.	173	2005	
20	39	18	3	228	270	81	895	.	833	2006	
24	39	11	3	284	222	34	945	.	870	2007	
.	.	0	.	.	.	.	.	1	.	2000	Océanie
.	.	0	0	0	0	0	.	0	0	2004	
.	.	.	0	0	0	0	.	2	.	2005	
.	.	0	0	0	.	0	.	2	.	2006	
.	.	.	.	0	.	0	.	1	.	2007	

Voir la fin du tableau pour la remarque générale et les notes.

SPECIAL TABLE: D

World exports by commodity classes and by regions (continued)

In million U.S. dollars f.o.b.

Exports from	Year	World 1/ Monde 1/	Developed economies 2/ Economies en voie de développement 2/	Asia-Pacific Asie-Pacifique		Europe		North America Amérique du Nord		Commonwealth of Independent States Communauté d'Etats Indépendants	
			Total	Total	Japan Japon	Total	Germany Allemagne	Total	U.S.A. É.-U.	Total	Europe
Metalliferous ores and metal scrap (SITC, Rev. 3, 28)											
World 1/	2000	49659	31727	6483	6203	19130	3744	6113	3624	1438	1299
	2004	94556	52251	9603	9114	34919	6553	7728	4403	2085	1844
	2005	125808	64492	13984	13336	41348	7712	9161	5137	2794	2450
	2006	174053	90722	20145	19349	59106	11865	11471	6457	2824	2376
	2007	218712	112009	24921	24216	73553	14183	13535	7282	3668	3078
Developed Economies - Asia-Pacific 2/	2000	8135	3560	1687	1556	964	111	909	567	164	164
	2004	14094	4341	2486	2321	979	143	876	273	98	98
	2005	20808	5843	3816	3648	1179	160	848	326	169	169
	2006	28217	8180	5040	4803	2255	212	885	500	352	352
	2007	33444	8747	5731	5502	2223	247	794	381	453	452
Japan	2000	879	105	1	.	78	10	26	24	.	.
	2004	2807	148	2	.	87	44	60	59		
	2005	3432	186	2	.	121	61	63	62	0	0
	2006	4135	381	2	.	201	92	178	174	0	0
	2007	4635	347	2	.	254	148	90	86	2	1
Developed Economies - Europe 2/	2000	10886	9167	185	182	8517	1820	465	357	90	89
	2004	23839	19712	215	203	18687	4049	810	728	44	34
	2005	27474	21519	385	371	20495	4297	638	571	100	69
	2006	40944	32478	352	337	31092	6613	1033	888	106	51
	2007	50328	39588	448	404	37881	7970	1259	898	136	81
France	2000	1300	1258	7	6	1203	262	48	46	1	0
	2004	2828	2699	15	14	2643	453	42	38	0	0
	2005	2912	2678	11	10	2617	468	50	47	0	0
	2006	4588	4202	11	9	4141	676	50	47	2	2
	2007	5496	5069	14	12	4989	847	66	61	1	1
Germany	2000	2336	2053	12	12	1948	.	93	72	2	2
	2004	4394	3931	21	19	3785	.	125	99	2	2
	2005	5407	4779	34	33	4610	.	135	107	6	6
	2006	8244	7141	26	24	6789	.	326	261	14	12
	2007	10896	9360	32	24	8848	.	480	363	12	11
Developed Economies - North America 2/	2000	7430	5402	638	600	2356	334	2408	1141	8	6
	2004	12646	7444	779	724	3634	354	3030	1660	11	6
	2005	17710	10233	1251	1136	4973	604	4009	1995	58	35
	2006	25996	14292	2102	1935	6829	1039	5362	2544	8	5
	2007	35575	20328	2495	2383	11965	1414	5868	2414	17	16
United States	2000	4357	2588	382	368	940	197	1266	.	8	6
	2004	7948	3387	355	325	1662	165	1370	.	11	6
	2005	11340	5061	480	425	2568	208	2013	.	58	35
	2006	16885	7233	932	851	3486	541	2816	.	7	4
	2007	23291	10259	1363	1325	5474	749	3421	.	13	12
South-Eastern Europe	2000	589	252	7	7	235	45	9	1	88	88
	2004	1097	423	1	1	405	55	17	10	51	44
	2005	1273	547	2	2	457	56	88	75	83	36
	2006	2097	984	5	5	837	196	142	118	61	21
	2007	2439	1137	8	8	992	221	136	92	28	28
Commonwealth of Independent States	2000	3032	1252	29	29	1189	207	35	35	918	790
	2004	5741	2107	29	29	1966	95	112	112	1460	1291
	2005	6876	2447	25	25	2345	123	77	71	1924	1735
	2006	7063	2564	6	5	2512	170	47	46	2014	1709
	2007	8529	2816	14	14	2775	222	26	26	2605	2152
Russian Federation	2000	985	495	27	27	457	46	11	11	170	155
	2004	2733	1316	29	29	1246	57	41	41	152	108
	2005	3322	1581	25	25	1500	50	56	50	246	197
	2006	3091	1532	1	1	1491	40	40	40	174	134
	2007	3640	1590	10	10	1563	32	17	17	347	235

For general note and footnotes see end of table

Exportations mondiales par classes de marchandises et par régions (suite)

En millions de dollars E.-U. f.o.b.

←—— Exportations vers

South-Eastern Europe Europe du Sud-Est	Northern Africa Afrique septentrionale	Sub-Saharan Africa Afrique subsaharienne	Latin America and the Caribbean Amérique latine et Caraïbes	Eastern Asia Asie orientale	Southern Asia Asie méridionale	South-eastern Asia Asie du Sud-Est	Western Asia Asie occidentale	Oceania Océanie	OPEC OPEP	Année	Exportations en provence de
				Minérais metalliféres et dechets de metaux (CTCI, Rev. 3, 28)							
463	344	662	1423	8620	1150	1382	1329	1	921	2000	Monde 1/
879	720	937	2965	25307	2952	2443	3385	3	1580	2004	
1220	1088	1119	3892	38036	4787	2468	4056	9	2298	2005	
1819	1408	1639	5315	54136	6540	3497	5195	2	2539	2006	
2361	1438	2388	5772	69401	8612	5198	6948	5	2910	2007	
51	101	272	14	2907	177	266	249	1	161	2000	Economies Développés -
18	124	381	16	7420	395	453	431	2	466	2004	Asie-Pacifique 2/
31	131	372	27	12050	569	462	583	0	524	2005	
58	22	554	39	15880	1017	786	764	1	739	2006	
54	45	590	36	19349	1257	866	1155	1	842	2007	
.	0	1	0	723	8	42	1	.	5	2000	Japon
.	0	1	0	2529	2	123	2	.	24	2004	
.	0	1	1	3110	2	129	2	.	28	2005	
.	0	1	0	3623	6	123	1	.	16	2006	
0	0	0	0	4164	17	102	3	.	8	2007	
50	65	30	62	743	243	158	259	0	177	2000	Economies Développés -
50	148	34	96	2074	543	349	785	0	281	2004	Europe 2/
85	312	38	147	2951	1122	181	1011	1	346	2005	
146	524	116	216	4821	815	303	1397	0	415	2006	
314	446	87	211	5876	1376	410	1881	1	395	2007	
2	1	1	4	15	10	1	7	0	4	2000	France
4	1	4	2	87	18	3	9	0	6	2004	
3	5	2	2	176	32	4	11	.	7	2005	
1	4	2	3	320	35	7	12	0	8	2006	
10	23	4	6	312	43	10	19	0	14	2007	
1	0	8	5	160	40	20	33	0	17	2000	Allemagne
1	2	12	7	285	60	6	84	0	11	2004	
4	3	13	6	409	95	5	78	1	2	2005	
2	11	18	8	866	80	16	67	.	7	2006	
30	2	22	9	1160	187	26	87	1	6	2007	
4	1	18	351	1442	71	109	23	0	20	2000	Economies Développés -
32	29	49	622	3759	189	325	186	0	69	2004	Amérique du Nord 2/
31	96	36	674	5432	372	392	382	6	180	2005	
46	181	39	1073	8607	478	569	703	0	219	2006	
50	238	24	976	11133	724	950	1135	1	240	2007	
0	1	18	345	1249	57	75	16	0	20	2000	Etats-Unis
23	13	49	578	3263	161	285	178	0	63	2004	
18	53	36	593	4560	300	300	359	1	121	2005	
1	114	36	993	7113	311	454	621	0	120	2006	
4	170	24	869	9529	565	887	970	1	175	2007	
75	0	0	2	52	4	3	112	0	0	2000	Europe du Sud-Est
130	55	0	8	41	10	3	369	.	3	2004	
205	18	0	22	81	19	1	285	.	6	2005	
439	13	1	33	175	28	1	363	.	1	2006	
512	11	23	28	156	45	1	498	.	0	2007	
56	38	0	5	393	32	8	330	0	36	2000	Communauté d'Etats
131	95	2	14	883	49	45	955	.	29	2004	Indépendants
216	83	10	34	1208	76	71	805	.	41	2005	
204	92	7	24	1027	39	36	986	0	25	2006	
328	123	0	30	1452	62	55	1059	0	28	2007	
1	7	0	2	211	3	4	92	.	.	2000	Fédération de Russie
13	37	.	1	574	17	42	582	.	1	2004	
40	41	0	0	705	47	68	593	.	9	2005	
71	52	.	3	440	13	34	773	.	3	2006	
117	75	0	1	673	35	52	750	0	1	2007	

Voir la fin du tableau pour la remarque générale et les notes.

World exports by commodity classes and by regions (continued)

In million U.S. dollars f.o.b.

Exports from	Year	World 1/ Monde 1/	Developed economies 2/ Economies en voie de développement 2/							Commonwealth of Independent States Communauté d'Etats Indépendants	
			Total	Asia-Pacific Asie-Pacifique		Europe		North America Amérique du Nord		Total	Europe
				Total	Japan Japon	Total	Germany Allemagne	Total	U.S.A. É.-U.		
Metalliferous ores and metal scrap (SITC, Rev. 3, 28) [cont.]											
Northern Africa	2000	174	136	0	0	132	13	3	1	6	6
	2004	368	236	0	0	235	23	1	1	3	3
	2005	456	258	0	0	256	20	1	1	3	3
	2006	699	436	0	0	436	29	0	0	1	1
	2007	794	456	0	0	456	28	0	0	6	6
Sub-Saharan Africa	2000	2504	1938	197	191	1401	333	340	291	13	13
	2004	4226	2349	294	283	1747	184	309	173	204	187
	2005	6432	2955	570	474	2162	446	223	151	195	184
	2006	7583	3655	455	442	2682	756	517	328	79	71
	2007	10110	4705	629	596	3280	1009	797	398	75	72
South Africa	2000	1383	1094	194	188	702	264	199	196	8	8
	2004	1653	986	231	221	570	75	184	98	6	6
	2005	2607	1592	494	399	944	339	155	91	18	18
	2006	3856	2157	373	361	1434	659	350	236	8	6
	2007	5305	2735	533	501	1787	829	415	276	12	12
Latin America and the Caribbean	2000	10530	7032	1774	1741	3407	739	1851	1164	78	78
	2004	20367	11485	3182	3151	5825	1416	2479	1360	66	66
	2005	28142	14950	4473	4441	7324	1652	3154	1828	144	144
	2006	39698	20112	6838	6809	9938	2584	3336	1885	128	108
	2007	50083	24481	8993	8889	10901	2769	4587	3006	202	163
Brazil	2000	3536	2135	465	461	1396	435	273	221	12	12
	2004	5762	2750	523	517	1868	586	358	223	22	22
	2005	8718	4071	864	850	2689	828	517	318	42	42
	2006	11111	5227	1216	1201	3320	1007	691	280	34	34
	2007	13646	6295	1293	1275	4120	1219	882	439	15	15
Eastern Asia	2000	897	269	170	157	72	8	28	24	11	10
	2004	2038	688	272	257	362	3	54	49	12	0
	2005	2845	969	302	283	624	40	43	42	25	0
	2006	3914	1198	444	410	697	32	58	57	1	1
	2007	4890	1351	635	607	684	15	33	31	16	5
China	2000	114	61	32	30	23	2	7	6	2	1
	2004	595	385	66	61	311	2	8	5	9	0
	2005	1148	710	138	125	570	33	3	2	10	0
	2006	986	609	103	94	502	18	4	4	0	0
	2007	1023	586	126	115	453	1	6	6	10	1
Southern Asia	2000	570	195	144	139	32	1	20	18	33	29
	2004	3978	452	312	302	135	9	5	5	52	40
	2005	5186	636	425	423	188	89	24	23	27	14
	2006	5861	572	442	422	119	6	10	10	30	13
	2007	7010	564	451	428	105	9	7	7	45	17
South-Eastern Asia	2000	2772	1837	1277	1257	533	67	28	12	0	0
	2004	4013	2200	1716	1690	471	111	14	13	8	8
	2005	6039	3185	2353	2329	803	101	29	29	17	17
	2006	8867	5172	4011	3972	1127	93	34	34	37	37
	2007	11003	6122	4578	4534	1523	101	22	21	45	45
Western Asia	2000	681	223	74	74	135	12	14	11	26	26
	2004	1263	275	30	30	240	31	5	3	35	28
	2005	1560	340	56	56	278	29	6	6	19	14
	2006	1813	288	42	41	227	15	20	20	0	0
	2007	2730	456	41	41	408	52	6	6	42	42
Oceania	2000	1460	462	302	270	157	54	3	3	3	.
	2004	885	539	289	124	233	78	17	17	40	40
	2005	1007	611	326	148	264	94	21	21	29	29
	2006	1299	789	409	168	354	120	26	26	6	6
	2007	1778	1258	899	809	359	126	0	0	0	0

For general note and footnotes see end of table

Exportations mondiales par classes de marchandises et par régions (suite)

En millions de dollars E.-U. f.o.b.

← Exportations vers

South-Eastern Europe Europe du Sud-Est	Northern Africa Afrique septentrionale	Sub-Saharan Africa Afrique subsaharienne	Latin America and the Caribbean Amérique latine et Caraïbes	Eastern Asia Asie orientale	Southern Asia Asie méridionale	South-eastern Asia Asie du Sud-Est	Western Asia Asie occidentale	Oceania Océanie	OPEC OPEP	Année	Exportations en provence de ↓
	**Minérais metalliféres et dechets de metaux (CTCI, Rev. 3, 28)[suite]**										
16	0	0	.	9	2	0	6	.	2	2000	Afrique septentrionale
17	5	1	1	24	19	1	61	.	3	2004	
20	2	0	0	40	26	1	104	.	5	2005	
22	4	1	0	77	20	2	133	.	9	2006	
25	9	3	. 2	95	38	4	157	.	14	2007	
13	4	215	13	235	24	36	10	.	14	2000	Afrique subsaharienne
32	16	374	26	966	132	83	23	0	38	2004	
17	15	519	38	1356	194	89	25	1	45	2005	
8	14	761	50	2467	297	205	40	0	50	2006	
20	16	1453	52	3167	287	276	50	0	75	2007	
9	0	6	13	206	13	29	4	.	4	2000	Afrique du sud
5	0	5	25	525	44	43	14	.	15	2004	
0	1	2	28	833	68	53	11	0	17	2005	
1	0	7	45	1393	77	150	19	0	16	2006	
11	2	63	46	2083	161	170	19	.	28	2007	
144	125	84	942	1391	257	237	233	.	334	2000	Amérique latine et Caraïbes
369	243	76	2176	4604	682	404	262	.	396	2004	
530	406	132	2934	7271	850	489	430	.	813	2005	
797	551	147	3812	10970	2057	740	371	.	760	2006	
924	451	195	4381	14851	2952	1185	466	.	863	2007	
41	111	30	335	556	34	78	205	.	212	2000	Brésil
125	205	32	530	1613	91	143	251	.	232	2004	
170	365	74	708	2587	107	218	378	.	490	2005	
177	483	111	819	3498	208	224	330	.	425	2006	
230	360	92	914	4551	356	383	450	.	526	2007	
0	0	10	1	576	7	24	1	0	4	2000	Asie orientale
0	0	13	2	1219	60	41	1	0	5	2004	
0	0	2	5	1698	92	45	9	.	11	2005	
0	0	1	6	2531	98	74	5	0	9	2006	
0	0	5	16	3276	122	100	4	0	12	2007	
0	0	5	0	36	2	7	0	0	0	2000	Chine
0	0	13	1	146	34	7	1	0	1	2004	
0	0	1	1	364	57	3	1	.	1	2005	
0	0	0	1	317	51	7	1	.	0	2006	
0	0	0	6	370	45	5	0	.	1	2007	
2	0	4	18	261	28	4	25	.	27	2000	Asie méridionale
36	0	1	2	3208	119	69	35	0	97	2004	
17	17	4	6	4245	131	22	79	0	101	2005	
54	0	5	45	4859	147	28	111	0	110	2006	
67	0	3	12	6046	135	32	95	2	78	2007	
28	0	19	16	457	151	262	1	0	5	2000	Asie Sud-Est
19	0	3	0	844	345	592	1	0	47	2004	
23	0	4	2	1366	807	634	1	0	50	2005	
.	1	4	8	2171	858	613	1	0	85	2006	
.	.	3	7	2925	791	1107	3	0	110	2007	
24	10	4	0	92	155	59	80	.	139	2000	Asie occidentale
45	3	2	2	211	379	32	276	1	145	2004	
46	9	2	4	271	492	30	343	.	176	2005	
45	7	3	9	424	640	73	321	0	117	2006	
66	99	2	22	812	665	118	444	0	249	2007	
1	.	5	.	62	.	215	.	0	1	2000	Océanie
0	.	.	0	54	30	45	.	0	.	2004	
.	.	.	.	68	36	52	.	.	0	2005	
0	.	0	.	124	45	66	0	0	0	2006	
.	.	0	.	264	159	96	0	0	3	2007	

Voir la fin du tableau pour la remarque générale et les notes.

World exports by commodity classes and by regions (continued)

In million U.S. dollars f.o.b.

Exports from	Year	World 1/ Monde 1/	Developed economies 2/ Economies en voie de développement 2/ Total	Asia-Pacific Asie-Pacifique Total	Japan Japon	Europe Total	Germany Allemagne	North America Amérique du Nord Total	U.S.A. É.-U.	Commonwealth of Independent States Communauté d'Etats Indépendants Total	Europe
Animal and vegetable oils, fats and waxes (SITC, Rev. 3, 4)											
World 1/	2000	19165	9137	726	527	6727	802	1685	1406	541	456
	2004	36857	17143	1171	820	13256	1690	2716	2266	991	827
	2005	38021	18912	1189	830	14739	2057	2985	2483	1206	1026
	2006	44179	22386	1301	842	17763	2843	3323	2769	1186	983
	2007	60658	27406	1650	1099	21454	3712	4302	3592	1963	1645
Developed Economies -	2000	324	114	59	48	26	3	30	29	0	0
Asia-Pacific 2/	2004	443	111	54	35	26	5	31	29	0	0
	2005	385	108	48	28	27	6	34	31	0	0
	2006	405	121	45	22	32	5	43	40	0	0
	2007	531	117	51	17	28	6	38	35	0	0
Japan	2000	81	37	1	.	11	2	25	24	0	0
	2004	85	42	1	.	14	4	27	25	0	0
	2005	79	44	1	.	16	3	27	24	0	0
	2006	85	49	1	.	20	3	28	26	0	0
	2007	85	46	1	.	17	4	28	25	0	0
Developed Economies -	2000	6466	5134	188	105	4453	624	493	439	268	257
Europe 2/	2004	11643	9951	309	171	8800	1345	843	764	442	410
	2005	12461	10874	319	175	9567	1687	987	885	413	376
	2006	14178	12701	392	198	11198	2347	1111	996	403	384
	2007	16491	14669	401	190	13247	3044	1021	898	507	478
France	2000	436	332	3	3	324	34	6	5	10	10
	2004	796	681	7	5	664	76	10	8	20	20
	2005	896	813	6	5	793	74	14	11	24	23
	2006	1053	967	6	5	950	97	11	9	25	25
	2007	1235	1151	5	5	1131	175	15	12	22	22
Germany	2000	1012	827	8	3	811	.	8	8	58	57
	2004	1720	1462	8	6	1439	.	14	14	120	114
	2005	1670	1451	10	6	1418	.	22	21	107	100
	2006	1702	1508	16	6	1472	.	20	19	111	105
	2007	1839	1649	19	10	1606	.	24	22	104	102
Developed Economies -	2000	1871	754	79	74	159	10	515	314	26	19
North America 2/	2004	3032	1110	152	136	139	15	819	498	22	14
	2005	2691	1159	165	148	197	34	797	460	15	12
	2006	3152	1582	143	119	477	135	962	583	18	13
	2007	4399	1817	168	150	342	40	1307	812	16	12
United States	2000	1439	404	59	55	143	9	202	.	26	18
	2004	2005	539	85	76	133	15	321	.	18	10
	2005	1834	578	79	65	163	21	337	.	10	6
	2006	2075	744	84	65	281	57	379	.	6	2
	2007	2968	871	92	79	284	20	495	.	5	1
South-Eastern Europe	2000	50	18	.	.	17	2	1	0	5	5
	2004	178	77	0	.	77	6	0	0	15	10
	2005	204	85	0	0	85	7	0	0	10	7
	2006	156	73	0	.	73	11	1	1	8	6
	2007	261	149	0	0	149	24	0	0	1	1
Commonwealth of	2000	339	102	0	0	98	3	3	3	128	80
Independent States	2004	759	366	0	0	359	28	6	6	227	158
	2005	897	383	0	0	382	2	1	1	288	202
	2006	1512	689	0	0	688	7	1	1	293	169
	2007	2379	978	0	0	977	5	1	1	599	391
Russian Federation	2000	79	3	0	0	3	0	0	0	29	1
	2004	104	34	0	0	33	1	0	0	23	1
	2005	201	84	0	0	84	1	0	0	37	0
	2006	424	179	0	0	179	4	1	1	54	0
	2007	502	173	0	0	172	2	1	1	102	1

For general note and footnotes see end of table

Exportations mondiales par classes de marchandises et par régions (suite)

En millions de dollars E.-U. f.o.b.

← Exportations vers

South-Eastern Europe / Europe du Sud-Est	Northern Africa / Afrique septentrionale	Sub-Saharan Africa / Afrique subsaharienne	Latin America and the Caribbean / Amérique latine et Caraïbes	Eastern Asia / Asie orientale	Southern Asia / Asie méridionale	South-eastern Asia / Asie du Sud-Est	Western Asia / Asie occidentale	Oceania / Océanie	OPEC / OPEP	Année	Exportations en provence de ↓
	**Hulies et graisses d'origine animale ou vegetale (CTCI, Rev. 3, 4)**										
118	752	745	1490	1612	2773	870	1045	21	1278	2000	Monde 1/
227	1250	1338	2524	4991	4295	1872	1982	35	1985	2004	
247	1315	1474	2259	4150	4605	1757	1949	37	2149	2005	
248	1455	1706	2526	4851	4943	2223	2565	42	2728	2006	
421	2025	2708	3696	8631	7830	3190	2678	37	3589	2007	
.	0	14	0	125	36	32	0	2	9	2000	Economies Développés -
.	0	16	1	245	23	40	2	5	15	2004	Asie-Pacifique 2/
0	0	14	1	199	30	25	3	4	19	2005	
0	0	19	2	197	29	30	2	6	23	2006	
0	0	14	2	315	30	43	4	6	20	2007	
.	0	0	0	27	1	16	0	0	3	2000	Japon
.	0	0	0	31	0	12	0	0	3	2004	
0	0	.	0	26	0	9	0	0	1	2005	
0	0	.	1	22	0	12	0	0	2	2006	
0	.	.	1	25	0	12	0	0	3	2007	
81	273	164	147	92	55	27	189	6	238	2000	Economies Développés -
144	276	153	217	138	27	52	161	13	184	2004	Europe 2/
152	147	129	214	163	34	61	183	13	135	2005	
145	80	111	273	181	32	60	162	15	130	2006	
192	121	161	324	190	42	68	186	15	191	2007	
3	34	12	2	2	6	2	28	5	22	2000	France
3	44	12	6	3	1	3	14	8	38	2004	
3	11	8	3	7	0	2	17	6	8	2005	
2	8	9	7	15	0	2	10	7	5	2006	
2	8	10	6	14	1	2	14	7	6	2007	
13	26	10	5	33	19	4	16	0	5	2000	Allemagne
24	71	10	7	9	3	3	11	.	19	2004	
24	48	6	6	9	3	6	9	1	9	2005	
17	20	4	8	9	4	8	13	0	6	2006	
19	13	4	7	14	5	11	12	0	6	2007	
9	41	78	534	200	42	25	161	0	116	2000	Economies Développés -
8	120	158	842	324	71	150	228	0	189	2004	Amérique du Nord 2/
1	98	158	722	223	54	53	207	1	154	2005	
6	122	97	725	289	63	49	200	1	144	2006	
0	193	171	1102	668	64	47	321	0	334	2007	
9	40	77	526	139	38	20	161	0	111	2000	Etats-Unis
8	120	143	781	80	66	23	227	0	187	2004	
0	98	123	666	74	52	28	206	0	143	2005	
0	122	77	682	159	60	26	197	1	131	2006	
0	193	134	1045	314	62	28	316	0	310	2007	
16	1	.	0	.	.	.	10	.	.	2000	Europe du Sud-Est
45	7	0	0	0	.	0	32	.	4	2004	
59	3	0	0	1	0	0	45	0	3	2005	
52	0	0	0	0	0	0	23	0	0	2006	
93	.	0	0	0	0	0	18	0	0	2007	
5	69	.	3	1	10	0	21	.	41	2000	Communauté d'Etats
5	66	0	40	3	4	0	48	.	47	2004	Indépendants
11	58	5	0	1	23	0	127	.	49	2005	
29	145	2	1	2	86	0	264	0	180	2006	
86	330	9	2	10	155	0	209	0	270	2007	
2	36	.	0	1	0	0	8	.	20	2000	Fédération de Russie
1	23	0	0	2	0	0	21	.	20	2004	
3	21	0	0	1	.	0	53	.	3	2005	
9	59	0	0	2	32	0	89	.	46	2006	
16	104	0	.	9	59	.	39	0	62	2007	

Voir la fin du tableau pour la remarque générale et les notes.

SPECIAL TABLE: D

World exports by commodity classes and by regions (continued)

In million U.S. dollars f.o.b.

Exports from	Year	World 1/ Monde 1/	Developed economies 2/ Economies en voie de développement 2/							Commonwealth of Independent States Communauté d'Etats Indépendants	
				Asia-Pacific Asie-Pacifique		Europe		North America Amérique du Nord			
			Total	Total	Japan Japon	Total	Germany Allemagne	Total	U.S.A. É.-U.	Total	Europe
Animal and vegetable oils, fats and waxes (SITC, Rev. 3, 4)[cont.]											
Northern Africa	2000	245	188	0	0	178	0	10	10	.	.
	2004	713	660	1	1	601	0	58	55	0	0
	2005	597	511	2	1	472	1	37	36	0	0
	2006	927	768	0	0	691	2	77	73	1	1
	2007	771	609	1	1	520	2	88	84	3	3
Sub-Saharan Africa	2000	226	105	2	2	101	6	2	2	0	0
	2004	252	62	2	2	58	3	2	2	0	0
	2005	263	81	2	1	64	4	16	15	0	0
	2006	289	77	1	1	73	3	2	2	0	0
	2007	703	402	2	2	398	8	2	2	0	0
South Africa	2000	38	5	0	.	5	0	1	0	.	.
	2004	29	5	0	0	5	1	1	1	.	.
	2005	33	6	0	0	5	1	1	1	.	.
	2006	29	6	0	0	6	1	1	1	.	.
	2007	33	8	0	0	7	2	1	1	0	.
Latin America and	2000	2612	341	44	32	206	25	90	84	40	40
the Caribbean	2004	5620	764	69	30	493	28	202	182	34	31
	2005	5672	1058	73	40	772	29	212	191	40	35
	2006	6231	1413	72	37	1151	23	189	167	20	7
	2007	9029	1642	106	54	1267	96	269	245	22	19
Brazil	2000	476	83	24	20	41	5	18	18	1	1
	2004	1569	194	31	15	96	10	68	67	13	10
	2005	1496	258	30	18	202	6	26	26	30	25
	2006	1407	578	23	17	531	11	24	23	14	4
	2007	1939	529	30	21	467	16	33	32	10	7
Eastern Asia	2000	304	54	21	17	19	4	14	12	2	2
	2004	296	77	26	20	31	7	20	18	7	7
	2005	391	132	48	41	58	18	26	23	5	4
	2006	495	210	55	48	125	11	29	25	5	4
	2007	468	149	57	47	53	8	39	35	7	5
China	2000	116	33	12	10	15	3	7	6	0	0
	2004	148	54	14	11	27	6	12	11	3	3
	2005	268	109	37	33	54	17	18	16	2	1
	2006	373	183	44	40	119	8	20	18	1	1
	2007	311	118	41	34	50	8	28	25	2	1
Southern Asia	2000	284	176	21	20	115	6	39	39	26	13
	2004	535	241	27	26	167	15	47	46	38	3
	2005	674	177	27	25	107	9	43	41	36	5
	2006	804	196	28	26	126	7	42	41	32	4
	2007	979	262	37	34	183	8	42	41	41	6
South-Eastern Asia	2000	6010	1948	307	229	1173	103	468	459	38	36
	2004	12629	3433	519	395	2279	218	635	625	199	194
	2005	12687	3808	492	366	2563	237	753	736	392	384
	2006	14822	4091	549	387	2742	264	800	786	404	394
	2007	23395	6034	807	598	3804	407	1423	1386	762	729
Western Asia	2000	272	41	1	0	21	2	18	16	9	3
	2004	597	162	7	3	106	3	49	37	7	1
	2005	919	384	9	4	300	2	75	60	6	1
	2006	968	277	12	4	204	2	61	50	2	1
	2007	854	255	18	7	167	1	70	53	3	1
Oceania	2000	163	162	3	.	159	14	0	0	.	.
	2004	160	128	4	0	121	17	3	3	.	.
	2005	181	152	3	0	145	21	4	4	0	0
	2006	239	188	3	0	181	26	4	4	0	0
	2007	395	322	2	.	319	63	1	1	.	.

For general note and footnotes see end of table

Exportations mondiales par classes de marchandises et par régions (suite)

En millions de dollars E.-U. f.o.b.

←—— Exportations vers

South-Eastern Europe / Europe du Sud-Est	Northern Africa / Afrique septentrionale	Sub-Saharan Africa / Afrique subsaharienne	Latin America and the Caribbean / Amérique latine et Caraïbes	Eastern Asia / Asie orientale	Southern Asia / Asie méridionale	South-eastern Asia / Asie du Sud-Est	Western Asia / Asie occidentale	Oceania / Océanie	OPEC / OPEP	Année	Exportations en provence de
				Hulies et graisses d'origine animale ou vegetale (CTCI, Rev. 3, 4)[suite]							
.	15	1	3	0	0	.	30	.	41	2000	Afrique septentrionale
0	24	4	1	1	0	0	22	.	34	2004	
0	64	8	0	1	0	0	10	.	68	2005	
0	129	5	1	0	0	1	21	.	135	2006	
0	118	16	2	2	0	0	16	.	113	2007	
0	0	112	0	5	0	2	0	0	9	2000	Afrique subsaharienne
.	0	179	0	3	1	1	1	.	4	2004	
0	0	172	0	3	0	1	2	0	14	2005	
.	0	203	1	2	0	1	1	0	23	2006	
.	0	292	0	3	1	3	2	0	24	2007	
0	0	26	0	5	0	1	0	.	1	2000	Afrique du sud
.	0	21	0	1	0	0	1	.	1	2004	
.	0	21	0	3	0	0	2	.	2	2005	
.	0	21	0	0	0	0	0	0	1	2006	
.	0	22	0	2	0	0	0	0	2	2007	
0	175	89	727	114	995	77	43	1	439	2000	Amérique latine et Caraïbes
0	370	173	1306	1530	1172	60	94	1	632	2004	
0	472	272	1186	1075	1316	86	164	0	721	2005	
0	524	339	1320	921	1272	155	261	.	781	2006	
4	606	575	1972	2139	1738	213	95	0	1029	2007	
.	48	7	47	47	213	24	5	1	109	2000	Brésil
0	53	98	73	539	552	10	36	1	383	2004	
0	151	119	71	198	595	22	52	.	439	2005	
0	53	43	65	136	473	7	39	.	377	2006	
.	63	160	142	371	590	40	34	.	341	2007	
0	0	0	1	215	2	28	1	0	4	2000	Asie orientale
0	0	1	2	160	3	41	5	0	9	2004	
0	4	1	1	149	4	62	33	0	33	2005	
1	6	1	3	161	9	49	50	0	40	2006	
1	1	2	5	190	5	67	41	0	39	2007	
0	0	0	1	74	1	7	0	0	1	2000	Chine
0	0	0	2	61	2	21	4	0	5	2004	
0	4	1	1	76	3	41	32	0	29	2005	
1	6	1	2	95	8	27	49	0	35	2006	
1	0	1	5	103	3	36	40	0	32	2007	
0	1	3	1	19	35	16	7	0	7	2000	Asie méridionale
0	1	7	2	49	156	20	22	0	14	2004	
0	1	8	3	45	340	27	37	0	30	2005	
0	1	8	3	70	379	24	91	0	79	2006	
0	1	5	10	85	434	35	107	0	100	2007	
5	175	270	68	839	1569	662	421	11	289	2000	Asie Sud-Est
22	359	615	109	2489	2806	1503	1077	10	594	2004	
21	432	666	127	2282	2764	1434	740	10	589	2005	
15	437	876	195	3020	3017	1838	914	10	686	2006	
44	644	1423	276	4974	5301	2698	1219	15	1081	2007	
1	2	14	5	1	29	1	161	0	86	2000	Asie occidentale
2	26	29	4	45	32	2	284	0	258	2004	
3	34	39	3	9	38	3	388	.	334	2005	
1	11	41	1	2	54	7	566	0	507	2006	
1	12	41	1	6	60	8	460	0	388	2007	
0					0	0		0		2000	Océanie
.		3	1	3		5	7	7	0	2000	
.		3	1	0		6	8	9	0	2005	
.		4	1	6	0	8	11	10	0	2006	
.		0		50	0	8		1		2007	

Voir la fin du tableau pour la remarque générale et les notes.

SPECIAL TABLE: D

World exports by commodity classes and by regions (continued)

In million U.S. dollars f.o.b.

Exports from	Year	World 1/ Monde 1/	Developed economies 2/ / Economies en voie de développement 2/							Commonwealth of Independent States Communauté d'Etats Indépendants	
			Total	Asia-Pacific Asie-Pacifique Total	Japan Japon	Europe Total	Germany Allemagne	North America Amérique du Nord Total	U.S.A. É.-U.	Total	Europe
Mineral fuels and related materials (SITC, Rev. 3, 3)											
World 1/	2000	655927	438683	72314	67051	218973	29156	147395	136688	11455	9899
	2004	1008913	646983	86642	76683	346941	44079	213400	174445	17151	13757
	2005	1434698	959562	154484	139482	507420	61866	297658	274001	20650	16167
	2006	1751150	1139092	182410	164617	613752	75758	342929	315753	24399	17480
	2007	1949827	1265276	232519	211230	650788	65746	381970	352268	30750	23849
Developed Economies - Asia-Pacific 2/	2000	15189	7827	5782	5087	901	85	1144	1143	7	7
	2004	20130	10283	7845	6856	1559	100	880	876	8	8
	2005	31907	15953	11999	10672	3034	194	919	907	17	17
	2006	35902	18247	13657	12051	3295	208	1295	1279	36	35
	2007	42004	20481	15245	12900	3241	234	1995	1961	51	50
Japan	2000	1520	517	83	.	40	4	395	394	7	7
	2004	2288	474	67	.	73	1	334	331	8	8
	2005	4454	1515	419	.	412	1	684	671	17	17
	2006	5897	2279	646	.	469	2	1163	1147	36	35
	2007	9280	3115	618	.	716	10	1781	1747	51	50
Developed Economies - Europe 2/	2000	130067	118008	136	103	100937	20418	16934	13146	384	367
	2004	206798	185132	162	114	160954	32074	24017	19543	558	519
	2005	273306	244833	171	136	214114	42303	30548	24910	725	673
	2006	337032	298521	218	159	264067	54137	34236	27817	1133	1038
	2007	344548	297060	572	509	259498	43304	36991	30495	1632	1474
France	2000	8183	7258	28	13	6660	1009	570	561	16	15
	2004	11859	10523	13	8	9498	1212	1012	901	28	23
	2005	17919	15659	20	15	14060	2130	1578	1537	23	17
	2006	20723	17698	25	18	15668	2440	2006	1942	38	34
	2007	20741	17766	46	41	16131	2326	1589	1499	21	20
Germany	2000	7757	5384	13	9	4961	.	410	406	35	33
	2004	17017	10704	20	14	9576	.	1108	1099	72	63
	2005	21080	15672	22	16	14067	.	1583	1559	86	75
	2006	28331	20580	22	16	18885	.	1672	1669	129	114
	2007	30311	23115	24	15	21243	.	1848	1845	161	139
Developed Economies - North America 2/	2000	49685	41512	1485	1328	2019	97	38009	35232	8	8
	2004	71797	61455	1389	1193	3206	159	56860	51245	14	11
	2005	99213	83700	1603	1401	4249	293	77848	69692	34	32
	2006	112426	91393	1750	1504	6897	519	82746	74179	39	35
	2007	129497	103802	1735	1464	7683	412	94384	83975	128	125
United States	2000	13340	5570	1001	845	1793	80	2776	.	8	7
	2004	18918	9214	1100	907	2505	46	5609	.	14	11
	2005	26383	12114	879	681	3080	78	8154	.	33	30
	2006	34881	15212	843	601	5803	313	8566	.	34	30
	2007	41957	17860	802	534	6649	236	10409	.	120	117
South-Eastern Europe	2000	1442	243	.	.	231	6	12	12	243	170
	2004	2717	1109	0	0	1041	10	68	62	182	73
	2005	4679	1838	0	0	1590	29	247	204	363	212
	2006	6083	1652	2	2	1490	37	160	158	637	414
	2007	6253	1904	0	0	1741	56	163	162	962	678
Commonwealth of Independent States	2000	63181	41840	302	302	40004	3736	1534	215	10628	9237
	2004	125481	84986	883	883	81491	6730	2612	2127	16082	13031
	2005	184528	132122	1312	1312	128109	10522	2702	2144	19140	15023
	2006	235676	173330	1328	1328	169017	11655	2985	2564	22194	15707
	2007	268600	191478	4445	4443	183400	12569	3633	3006	27394	21130
Russian Federation	2000	52166	36644	302	302	36040	3554	303	189	7019	6265
	2004	99329	68037	883	883	65261	6248	1893	1670	11541	9632
	2005	149170	106932	1311	1311	104242	9844	1378	1331	14525	11583
	2006	190055	141451	1328	1328	138017	11257	2107	1950	16145	10810
	2007	216515	157839	4443	4443	150889	12187	2507	2298	20059	15245

For general note and footnotes see end of table

Exportations mondiales par classes de marchandises et par régions (suite)

En millions de dollars E.-U. f.o.b.

← Exportations vers

South-Eastern Europe Europe du Sud-Est	Northern Africa Afrique septentrionale	Sub-Saharan Africa Afrique subsaharienne	Latin America and the Caribbean Amérique latine et Caraïbes	Eastern Asia Asie orientale	Southern Asia Asie méridionale	South-eastern Asia Asie du Sud-Est	Western Asia Asie occidentale	Oceania Océanie	OPEC OPEP	Année	Exportations en provence de
3233	7952	6498	34118	88574	11893	27280	12933	1120	6511	2000	Monde 1/
6757	9907	11815	42374	167086	16183	47421	22495	1686	18619	2004	
11920	10204	24100	63439	157211	36757	83151	42054	2297	30767	2005	
15743	15354	33932	77347	207856	59501	101710	47114	2660	39535	2006	
16332	21670	29397	90193	251731	52721	99698	45764	2569	46388	2007	
0	8	62	316	3602	494	1631	112	421	106	2000	Economies Développés -
32	30	132	511	5189	984	1874	75	198	330	2004	Asie-Pacifique 2/
24	68	316	1036	7897	1883	2840	189	459	511	2005	
43	95	327	916	8277	2151	3352	188	515	742	2006	
35	88	186	1034	9860	2436	5223	164	589	596	2007	
.	0	2	42	701	27	220	4	0	35	2000	Japon
0	0	11	102	1371	59	257	6	0	52	2004	
7	0	36	119	2253	76	388	42	0	41	2005	
0	0	15	81	2981	77	388	12	28	46	2006	
4	0	42	340	3550	253	1805	39	80	110	2007	
782	1343	1172	768	506	436	286	1988	6	973	2000	Economies Développés -
1127	2083	1908	1065	786	188	663	2764	7	2148	2004	Europe 2/
1475	3311	2771	2314	547	673	929	4777	11	3833	2005	
2000	3951	4308	4141	950	856	1293	4824	21	4152	2006	
2610	4853	6564	5964	597	353	1213	5400	17	6269	2007	
8	212	257	130	23	21	19	204	3	223	2000	France
20	257	317	83	84	26	75	352	3	256	2004	
26	549	499	205	39	129	61	670	3	597	2005	
32	890	521	343	36	253	96	743	11	664	2006	
28	680	775	319	58	24	109	814	5	752	2007	
22	10	35	117	35	12	13	38	0	33	2000	Allemagne
31	12	30	38	53	16	22	53	0	34	2004	
35	11	34	63	49	17	23	87	0	49	2005	
47	19	51	60	71	87	50	84	0	52	2006	
58	65	96	64	81	49	38	95	0	84	2007	
73	105	134	6228	821	95	419	287	2	223	2000	Economies Développés -
74	148	164	7121	1158	327	938	397	1	283	2004	Amérique du Nord 2/
176	196	192	11532	1474	384	950	566	8	361	2005	
214	265	519	15148	1889	420	1446	1092	1	906	2006	
180	620	600	18788	2016	416	1900	1047	1	989	2007	
61	96	125	6142	582	85	418	251	2	220	2000	Etats-Unis
62	122	158	6962	833	306	925	321	1	280	2004	
167	119	190	11192	809	371	945	443	1	359	2005	
205	242	491	14698	1236	402	1407	953	1	878	2006	
179	608	596	18268	1206	404	1798	917	1	958	2007	
661	13	65	17	0	1	12	186	.	64	2000	Europe du Sud-Est
520	16	18	3	1	19	93	696	0	78	2004	
1002	71	95	18	2	32	169	1001	0	288	2005	
1626	70	58	68	2	57	295	1537	0	494	2006	
1483	95	3	28	2	18	277	1480	0	252	2007	
1623	28	22	4633	697	251	464	2991	1	264	2000	Communauté d'Etats
4895	639	27	2960	4596	1267	450	9569	6	1289	2004	Indépendants
9176	374	13	4108	6291	1142	575	11584	0	1006	2005	
11808	249	98	2894	9811	2217	991	11672	0	2084	2006	
11902	331	86	1938	15266	2710	1753	15729	5	2554	2007	
1404	24	15	3416	590	15	428	2611	0	19	2000	Fédération de Russie
4024	608	8	2108	3953	619	208	8217	6	573	2004	
8062	328	8	3490	5624	235	319	9647	0	189	2005	
10533	189	69	2623	8181	135	867	9474	0	140	2006	
10559	304	79	1515	12174	349	1222	12405	5	119	2007	

Combustibles minéraux et produits assimiles (CTCI, Rev. 3, 3)

Voir la fin du tableau pour la remarque générale et les notes.

SPECIAL TABLE: D

World exports by commodity classes and by regions (continued)

In million U.S. dollars f.o.b.

Exports from	Year	World 1/ Monde 1/	Developed economies 2/ Economies en voie de développement 2/ Total	Asia-Pacific Asie-Pacifique Total	Japan Japon	Europe Total	Germany Allemagne	North America Amérique du Nord Total	U.S.A. É.-U.	Commonwealth of Independent States Communauté d'Etats Indépendants Total	Europe
Mineral fuels and related materials (SITC, Rev. 3, 3) [cont.]											
Northern Africa	2000	34279	28480	95	95	24099	2707	4285	3508	10	0
	2004	55680	46628	167	134	36311	3690	10151	8197	48	0
	2005	82494	69495	201	102	53914	6239	15381	12992	8	0
	2006	98881	84899	302	302	62677	6336	21921	18245	0	0
	2007	112489	95311	536	535	70837	6203	23939	20053	15	15
Sub-Saharan Africa	2000	45324	27708	229	193	9431	279	18048	17393	3	3
	2004	65497	36909	1709	1633	12171	720	23028	21772	3	3
	2005	109304	68994	1731	1660	20918	195	46345	43438	9	9
	2006	129745	76813	2423	2418	22603	419	51786	48686	10	10
	2007	138952	83514	2610	2556	25931	415	54974	51145	8	8
South Africa	2000	2664	1005	72	36	902	32	31	29	0	0
	2004	3664	2021	8	4	1979	66	34	34	2	2
	2005	4866	2681	15	10	2633	52	33	33	8	8
	2006	4997	2654	15	10	2605	51	34	26	10	9
	2007	6759	2696	47	40	2288	48	360	288	8	8
Latin America and the Caribbean	2000	62286	44025	422	358	4029	406	39575	38740	2	1
	2004	83640	60460	23	22	4887	361	55550	53324	0	0
	2005	119854	80450	7	4	8447	470	71995	70433	0	0
	2006	147896	100680	158	155	13408	778	87114	85543	13	0
	2007	162115	110351	148	145	15631	1110	94571	92914	3	3
Brazil	2000	908	600	0	0	66	6	533	529	.	.
	2004	4422	1897	0	0	546	10	1351	1347	.	.
	2005	7100	2085	0	0	777	5	1307	1305	.	.
	2006	10590	3575	0	0	1229	2	2346	2342	.	.
	2007	13297	5675	0	0	1996	205	3678	3674	0	0
Eastern Asia	2000	19505	7958	5952	5704	452	46	1553	1477	97	78
	2004	31241	11163	7287	6526	1651	168	2225	2134	185	101
	2005	43204	14030	8105	7140	2064	187	3861	3740	258	181
	2006	50676	16281	8674	7223	2377	195	5230	5068	269	222
	2007	59595	17374	8128	6848	3072	194	6174	6031	325	267
China	2000	7855	3226	2080	1973	436	46	711	689	70	51
	2004	14480	5728	3188	2995	1566	168	974	897	155	73
	2005	17622	5858	3318	3106	1341	185	1200	1091	203	128
	2006	17770	5882	2989	2749	1298	193	1594	1445	193	150
	2007	19951	5910	3022	2867	1509	193	1379	1251	247	195
Southern Asia	2000	27361	16286	5479	5459	10607	184	200	200	11	3
	2004	42571	23145	9808	9777	13146	9	191	191	19	0
	2005	62516	46283	17241	17207	28312	322	730	730	41	2
	2006	72423	36647	15881	15491	20482	161	285	285	36	3
	2007	93783	48543	20499	20496	27363	149	680	680	57	14
South-Eastern Asia	2000	45414	18790	16743	13540	405	19	1643	1637	2	2
	2004	68531	25394	22738	15513	746	25	1910	1899	8	4
	2005	92278	32387	29141	18140	1269	34	1976	1967	10	10
	2006	112201	38159	33523	20928	1556	33	3080	3067	16	16
	2007	129470	44935	39746	24105	1735	25	3454	3443	9	8
Western Asia	2000	161497	85409	35093	34881	25859	1172	24458	23986	58	22
	2004	234272	99907	34221	34033	29778	33	35908	13075	42	5
	2005	330582	168904	82401	81709	41400	1079	45104	42846	44	9
	2006	411202	201791	103817	103023	45882	1282	52092	48861	16	0
	2007	461000	249234	137568	137124	50654	1075	61011	58403	164	76
Oceania	2000	699	597	597	0	0	.	0	0	.	.
	2004	558	410	410	0	0	.	0	0	.	.
	2005	834	572	572	0	0	.	0	0	0	.
	2006	1007	679	678	34	2	.	0	0	0	.
	2007	1523	1290	1288	104	2	.	0	0	0	.

For general note and footnotes see end of table

Exportations mondiales par classes de marchandises et par régions (suite)

En millions de dollars E.-U. f.o.b.

←—— Exportations vers

South-Eastern Europe Europe du Sud-Est	Northern Africa Afrique septentrio-nale	Sub-Saharan Africa Afrique subsahari-enne	Latin America and the Caribbean Amérique latine et Caraïbes	Eastern Asia Asie orientale	Southern Asia Asie méridionale	South-eastern Asia Asie du Sud-Est	Western Asia Asie occidentale	Oceania Océanie	OPEC OPEP	Année	Exportations en provence de ↓
— Combustibles minéraux et produits assimiles (CTCI, Rev. 3, 3)[suite]											

South-Eastern Europe Europe du Sud-Est	Northern Africa Afrique septentrionale	Sub-Saharan Africa Afrique subsaharienne	Latin America and the Caribbean Amérique latine et Caraïbes	Eastern Asia Asie orientale	Southern Asia Asie méridionale	South-eastern Asia Asie du Sud-Est	Western Asia Asie occidentale	Oceania Océanie	OPEC OPEP	Année	Exportations en provence de
35	472	59	1829	92	174	248	2221	.	46	2000	Afrique septentrionale
36	1122	65	2042	821	341	414	3318	.	303	2004	
3	1399	104	3289	1831	716	489	4269	0	368	2005	
9	1556	386	2828	2588	2047	850	2744	0	944	2006	
30	1803	159	3817	2771	3435	1291	2756	.	1065	2007	
9	37	3590	1794	6333	4023	789	292	28	1022	2000	Afrique subsaharienne
0	59	5611	3154	13193	3166	1593	499	0	2102	2004	
0	149	9368	5390	18466	5212	392	571	1	878	2005	
8	129	12475	6111	26296	5832	775	803	3	1184	2006	
36	208	11357	6786	27501	7432	676	794	16	1192	2007	
2	35	580	45	129	83	42	168	1	50	2000	Afrique du sud
0	58	688	48	74	39	131	330	0	85	2004	
0	145	963	56	42	188	109	307	0	108	2005	
8	128	824	146	318	137	146	396	2	248	2006	
36	196	917	302	1312	528	115	326	15	182	2007	
3	1	85	15485	438	209	174	105	0	384	2000	Amérique latine et Caraïbes
0	28	188	20864	888	445	310	350	0	319	2004	
8	22	566	30606	4067	581	377	514	0	381	2005	
7	145	1069	38923	4563	847	615	596	15	781	2006	
23	182	1400	43313	4117	1045	670	816	2	1291	2007	
.	.	25	238	36	1	8	0	.	20	2000	Brésil
.	4	132	1606	364	48	234	137	0	216	2004	
.	2	419	3428	705	57	305	100	0	305	2005	
0	.	697	4436	1078	200	464	140	0	668	2006	
.	0	983	5043	956	1	427	212	.	910	2007	
10	7	77	364	6606	489	2581	66	133	693	2000	Asie orientale
47	3	142	1263	9774	723	6140	285	121	1247	2004	
0	30	153	1570	11349	1186	12021	449	189	3850	2005	
2	178	698	1777	14558	1322	12348	485	312	3232	2006	
2	66	473	3781	16300	1460	16192	865	146	3656	2007	
10	6	59	209	2530	334	1360	53	0	361	2000	Chine
47	2	97	977	3972	581	2711	202	7	977	2004	
0	11	110	927	5106	653	4399	346	8	1807	2005	
2	15	118	986	5681	720	3773	382	17	1326	2006	
1	13	160	1595	6587	552	4369	493	24	1279	2007	
0	2014	9	708	7276	203	641	213	0	353	2000	Asie méridionale
1	2397	697	1296	8226	1734	2202	1048	4	1877	2004	
16	103	975	843	6805	2173	2601	2607	0	2889	2005	
2	3159	2681	1173	15743	2455	4313	5984	9	6191	2006	
2	4227	3172	1278	21177	3341	4090	7656	1	7782	2007	
3	9	28	78	13054	1725	11083	110	528	974	2000	Asie Sud-Est
1	4	79	109	19290	2366	20014	145	1113	4354	2004	
3	2	108	175	24215	4122	29351	299	1602	6544	2005	
13	59	540	234	28063	5545	37062	396	1774	8704	2006	
12	78	288	393	30765	6312	43991	263	1776	12332	2007	
34	3914	1194	1898	49048	3794	8950	4361	.	1408	2000	Asie occidentale
24	3378	2785	1986	103136	4619	12625	3349	225	4205	2004	
39	4478	9437	2558	74242	18652	32257	15229	0	9833	2005	
8	5498	10772	3134	95113	35751	38219	16793	0	10003	2006	
19	9119	5110	3071	121382	23761	22259	8794	0	8411	2007	
0	.	0	.	99	.	2	.	1	.	2000	Océanie
.	.	0	0	28	3	105	.	11	83	2004	
.	.	0	0	26	.	200	.	27	24	2005	
.	.	0	0	3	.	150	.	10	117	2006	
0	.	.	.	2	12	.	163	.	16	2007	

Voir la fin du tableau pour la remarque générale et les notes.

SPECIAL TABLE: D

World exports by commodity classes and by regions (continued)

In million U.S. dollars f.o.b.

Exports from	Year	World 1/ Monde 1/	Developed economies 2/ Economies en voie de développement 2/ — Total	Asia-Pacific Asie-Pacifique Total	Japan Japon	Europe Total	Germany Allemagne	North America Amérique du Nord Total	U.S.A. É.-U.	Commonwealth of Independent States Communauté d'Etats Indépendants Total	Europe
			Chemicals (SITC, Rev. 3, 5)								
World 1/	2000	569628	378013	29491	21347	261744	43105	86778	66981	7423	6226
	2004	968276	651849	43709	30228	472586	80516	135555	107262	17168	14817
	2005	1089229	723546	48077	33351	523766	88634	151704	121071	22605	19665
	2006	1226987	807906	51939	36561	584726	101029	171242	137022	29369	25716
	2007	1439924	934216	58118	40122	690036	123016	186063	148650	37492	32620
Developed Economies - Asia-Pacific 2/	2000	38800	15291	1286	256	6095	975	7910	7707	23	19
	2004	53194	18214	1818	306	7639	1361	8758	8517	46	44
	2005	58732	18688	2054	330	7946	1315	8688	8479	64	61
	2006	64168	18787	1951	311	8272	1613	8564	8334	91	89
	2007	73099	20163	2248	376	8940	1882	8975	8731	107	102
Japan	2000	35158	13165	385	.	5499	898	7280	7114	22	18
	2004	48010	15236	464	.	6782	1236	7990	7855	44	42
	2005	52644	15280	522	.	6891	1202	7868	7735	62	59
	2006	57850	15662	517	.	7302	1457	7843	7709	88	86
	2007	65191	16460	572	.	7769	1700	8119	7974	103	100
Developed Economies - Europe 2/	2000	317841	261076	11765	8623	212818	36926	36493	33746	4370	4037
	2004	578539	481132	18996	12904	394851	70311	67285	61274	11700	10853
	2005	638448	528017	19764	13348	436375	77499	71878	65171	15191	14124
	2006	714541	586641	20285	13967	484087	87941	82268	74360	20206	18823
	2007	836454	683551	22027	14643	571668	105808	89856	80972	25082	23323
France	2000	40440	32870	1270	908	27982	5990	3618	3362	530	469
	2004	64301	51833	2096	1511	43871	8312	5867	5313	1171	1060
	2005	69229	55050	2223	1607	46132	9073	6695	6073	1457	1333
	2006	75206	58842	2234	1535	49688	9806	6921	6172	2004	1840
	2007	87850	68422	2495	1693	58169	11831	7758	6985	2602	2395
Germany	2000	69666	53574	3003	2398	43607	.	6964	6328	1211	1124
	2004	122430	95397	3854	2920	79353	.	12189	11418	3357	3138
	2005	135864	105194	4104	3132	89645	.	11445	10581	4180	3889
	2006	157109	120018	4279	3219	101534	.	14205	13101	5580	5214
	2007	183977	140229	4520	3260	121013	.	14696	13366	7015	6566
Developed Economies - North America 2/	2000	97351	62029	8883	6759	24851	2848	28294	12116	312	267
	2004	134561	85953	10560	7933	37883	4922	37509	17428	376	316
	2005	146062	94841	10829	8261	41291	5328	42721	20590	486	429
	2006	164846	106100	11404	8764	47395	6480	47301	23031	582	508
	2007	188967	119114	12435	9423	56509	8904	50171	25126	807	732
United States	2000	82542	48907	8561	6547	24169	2722	16177	.	302	260
	2004	112859	66814	10198	7701	36539	4788	20077	.	346	289
	2005	119910	71856	10394	7962	39346	5025	22116	.	448	398
	2006	135404	80047	10964	8459	44820	6248	24263	.	540	471
	2007	154266	88688	12007	9157	51643	8545	25038	.	754	686
South-Eastern Europe	2000	1338	541	2	2	512	46	26	26	204	195
	2004	2450	970	6	5	908	106	56	55	194	170
	2005	3112	1310	10	6	1078	101	222	220	231	207
	2006	3691	1551	10	6	1421	179	120	117	335	299
	2007	4920	2281	24	18	2081	295	176	174	508	459
Commonwealth of Independent States	2000	8644	4609	36	34	3247	292	1326	1293	1409	878
	2004	13041	5510	84	62	4696	557	730	628	2278	1463
	2005	16141	6629	121	79	5424	668	1084	974	3006	2015
	2006	18889	8085	101	79	6774	627	1210	1157	3696	2485
	2007	24061	9266	114	77	7774	622	1379	1288	5087	3476
Russian Federation	2000	6181	3740	23	21	2535	218	1183	1165	607	189
	2004	7993	3742	63	46	3198	365	481	426	1194	558
	2005	10106	4619	75	46	4034	457	510	490	1495	734
	2006	11576	5344	60	47	4651	382	633	611	1809	883
	2007	14684	5856	92	63	5175	319	589	568	2433	1259

For general note and footnotes see end of table

Exportations mondiales par classes de marchandises et par régions (suite)

En millions de dollars E.-U. f.o.b.

← Exportations vers

South-Eastern Europe Europe du Sud-Est	Northern Africa Afrique septentrio-nale	Sub-Saharan Africa Afrique subsahari-enne	Latin America and the Caribbean Amérique latine et Caraïbes	Eastern Asia Asie orientale	Southern Asia Asie méridionale	South-eastern Asia Asie du Sud-Est	Western Asia Asie occidentale	Oceania Océanie	OPEC OPEP	Année	Exportations en provenance de
Produits chimiques (CTCI, Rev. 3, 5)											
2709	4589	7759	38688	68869	9116	27676	17086	324	15529	2000	Monde 1/
6567	7872	13346	53556	118456	17275	43234	30098	700	27755	2004	
7790	8976	15687	60615	132868	22002	49500	35466	623	32915	2005	
9897	9777	18287	69978	150406	25166	54900	40435	658	37599	2006	
12410	12610	21814	85180	178054	32553	64685	49353	733	45590	2007	
2	52	161	630	16027	490	5639	282	94	1111	2000	Economies Développés -
6	49	164	634	26063	652	6761	385	151	1226	2004	Asie-Pacifique 2/
15	55	293	694	30187	844	7196	453	171	1343	2005	
16	64	540	855	34539	856	7662	501	166	1362	2006	
19	114	932	1010	39886	1064	8810	706	183	1562	2007	
2	45	105	538	15457	446	5143	230	6	989	2000	Japon
3	42	100	529	25220	530	5986	314	6	1057	2004	
10	50	127	589	29161	651	6331	376	7	1150	2005	
14	56	157	640	33332	706	6767	418	10	1169	2006	
14	99	186	767	38419	825	7710	602	6	.1308	2007	
2198	3334	3876	9272	8755	2826	4885	10688	147	6672	2000	Economies Développés -
5326	5564	6229	13369	15283	5051	8011	19067	252	11378	2004	Europe 2/
6316	6001	6962	14258	17409	5544	8483	20895	299	12116	2005	
8116	6525	7710	16387	20262	6126	9102	23437	313	13428	2006	
9970	8156	9146	20139	24941	7423	10106	27398	341	16461	2007	
193	1065	1052	1207	1065	286	690	1358	122	1295	2000	France
460	1869	1693	1532	1618	497	1134	2229	213	2159	2004	
528	2015	1785	1671	1808	523	1476	2598	225	2369	2005	
669	2015	1984	1939	2200	660	1672	2875	246	2543	2006	
778	2392	2391	2325	2577	772	1803	3435	285	3132	2007	
423	372	617	2378	2718	681	1316	2344	6	1241	2000	Allemagne
1059	583	944	3243	4793	1191	1877	4065	11	2052	2004	
1224	677	1082	3521	5251	1368	1874	4384	7	2141	2005	
1598	787	1225	4016	6533	1507	2145	5015	7	2525	2006	
1976	1025	1600	4964	7860	1938	2442	5846	9	3141	2007	
19	215	709	17778	10024	817	3967	1468	13	2009	2000	Economies Développés -
40	328	888	23011	15847	1471	4493	2120	34	2255	2004	Amérique du Nord 2/
42	268	948	25054	15640	1379	5193	2191	21	2764	2005	
47	372	1168	29626	17305	1530	5620	2473	23	3492	2006	
68	618	1350	33546	21603	1941	6388	3513	19	4187	2007	
17	208	691	17343	9147	760	3727	1428	12	1895	2000	Etats-Unis
37	316	834	22447	14414	1364	4200	2052	34	2112	2004	
38	253	883	24411	13835	1216	4865	2088	18	2608	2005	
43	360	1101	28799	15554	1362	5220	2361	17	3310	2006	
61	601	1268	32591	19356	1698	5888	3343	17	3960	2007	
223	21	21	18	9	19	19	262	0	21	2000	Europe du Sud-Est
495	42	37	59	23	29	5	527	0	45	2004	
577	62	37	75	30	45	15	648	0	67	2005	
805	55	51	64	31	48	13	731	2	63	2006	
1147	46	24	111	27	67	11	673	0	89	2007	
65	78	40	548	1038	247	119	489	1	91	2000	Communauté d'Etats
182	126	79	995	1801	509	209	1348	0	270	2004	Indépendants
209	224	150	1270	2439	890	282	1039	0	267	2005	
231	225	148	1502	2616	1036	269	1069	0	364	2006	
344	201	176	2901	3246	1088	305	1427	0	431	2007	
38	48	16	378	889	159	62	243	1	46	2000	Fédération de Russie
51	20	19	541	1322	150	115	839	.	95	2004	
81	95	41	867	1785	398	143	581	0	121	2005	
109	159	27	1077	1921	392	144	594	0	145	2006	
149	130	70	1970	2466	642	187	779	0	220	2007	

Voir la fin du tableau pour la remarque générale et les notes.

World exports by commodity classes and by regions (continued)

In million U.S. dollars f.o.b.

Exports from	Year	World 1/ Monde 1/	Developed economies 2/ Economies en voie de développement 2/	Asia-Pacific Asie-Pacifique		Europe		North America Amérique du Nord		Commonwealth of Independent States Communauté d'Etats Indépendants	
			Total	Total	Japan Japon	Total	Germany Allemagne	Total	U.S.A. É.-U.	Total	Europe

Chemicals (SITC, Rev. 3, 5) [cont.]

Exports from	Year	World 1/	Total	Total	Japan Japon	Total	Germany Allemagne	Total	U.S.A. É.-U.	Total	Europe
Northern Africa	2000	2341	1096	25	2	1016	49	56	54	3	3
	2004	3331	1490	48	2	1405	70	37	36	2	1
	2005	3873	1561	40	2	1445	55	75	68	10	8
	2006	4552	1982	74	4	1816	55	91	91	8	5
	2007	5467	2516	43	7	2286	64	187	186	6	2
Sub-Saharan Africa	2000	2848	947	141	79	446	64	361	330	38	38
	2004	5455	1747	339	147	712	82	696	610	6	5
	2005	6385	2358	310	150	1071	171	977	878	8	7
	2006	6445	2361	581	269	1031	160	748	651	15	15
	2007	6978	2506	337	245	1182	194	986	924	7	5
South Africa	2000	2055	874	137	79	382	57	355	324	1	0
	2004	3157	1372	238	147	603	73	530	499	6	4
	2005	3955	1794	260	150	814	93	720	700	7	6
	2006	3910	1729	361	269	795	118	573	538	15	15
	2007	4340	1873	335	244	906	155	632	606	6	5
Latin America and the Caribbean	2000	16576	7718	296	235	2163	381	5258	5046	6	5
	2004	23729	10894	389	287	3325	769	7180	6639	55	51
	2005	28592	12824	502	345	3609	562	8714	8389	60	57
	2006	32135	15091	520	380	4555	598	10017	9589	69	65
	2007	37463	16491	669	541	5760	867	10062	9568	64	61
Brazil	2000	3565	1471	157	141	649	152	665	641	3	3
	2004	5756	2202	207	170	1051	227	944	904	36	35
	2005	7303	2815	267	222	1298	301	1250	1205	37	37
	2006	9276	4076	279	227	1769	324	2028	1983	38	38
	2007	10656	4420	345	300	2373	349	1702	1651	27	27
Eastern Asia	2000	45638	11728	4104	3441	4184	868	3440	3221	444	368
	2004	78749	19966	6698	5416	6929	1315	6340	5878	1241	1063
	2005	97631	25977	8708	7117	8891	1698	8378	7791	1862	1612
	2006	114423	30773	10585	8660	10722	2022	9466	8790	2456	2069
	2007	143615	37264	12733	10070	13778	2621	10754	9968	3526	2908
China	2000	12098	6060	1714	1493	2570	645	1775	1661	131	93
	2004	26360	11959	3269	2717	4895	1015	3795	3551	484	355
	2005	35772	16322	4532	3839	6612	1332	5178	4864	933	753
	2006	44530	19720	5541	4757	7976	1586	6204	5782	1375	1094
	2007	60314	24885	7242	6100	10347	2130	7296	6758	2225	1763
Southern Asia	2000	5401	2022	179	105	1222	243	621	560	253	173
	2004	10579	3572	263	161	2117	405	1192	1057	473	298
	2005	14420	4985	386	241	2861	552	1738	1572	655	437
	2006	17257	5992	433	282	3465	689	2095	1919	738	486
	2007	19930	7121	481	320	4112	849	2529	2292	827	502
Sourth-Eastern Asia	2000	21082	6188	2395	1681	2423	199	1369	1309	43	41
	2004	41969	14045	4001	2868	7258	236	2786	2695	101	97
	2005	48857	16500	4448	3144	8328	282	3724	3583	122	117
	2006	56743	20084	4948	3452	9883	341	5253	5081	153	149
	2007	64800	22185	5828	4020	9943	484	6413	5131	200	195
Western Asia	2000	11749	4765	377	131	2765	214	1623	1572	316	201
	2004	22664	8349	504	136	4860	381	2985	2443	696	455
	2005	26954	9847	901	328	5444	403	3502	3354	908	592
	2006	29273	10452	1045	387	5301	323	4106	3902	1021	724
	2007	34142	11749	1176	382	5999	427	4574	4287	1271	855
Oceania	2000	18	3	1	0	2	0	0	0	.	.
	2004	15	7	3	0	3	0	1	1	0	0
	2005	21	8	4	0	3	0	2	2	.	.
	2006	24	8	3	0	4	0	1	1	.	.
	2007	28	10	4	0	4	0	1	1	0	.

For general note and footnotes see end of table.

Exportations mondiales par classes de marchandises et par régions (suite)

En millions de dollars E.-U. f.o.b.

⟵ Exportations vers

South-Eastern Europe / Europe du Sud-Est	Northern Africa / Afrique septentrionale	Sub-Saharan Africa / Afrique subsaharienne	Latin America and the Caribbean / Amérique latine et Caraïbes	Eastern Asia / Asie orientale	Southern Asia / Asie méridionale	South-eastern Asia / Asie du Sud-Est	Western Asia / Asie occidentale	Oceania / Océanie	OPEC / OPEP	Année	Exportations en provence de
											Produits chimiques (CTCI, Rev. 3, 5) [suite]
9	172	44	108	25	545	49	255	.	281	2000	Afrique septentrionale
14	309	87	341	66	561	38	377	.	289	2004	
19	428	115	312	66	753	56	495	0	363	2005	
23	388	153	358	92	885	55	528	0	367	2006	
78	443	121	576	71	917	40	609	0	417	2007	
5	10	1248	105	116	233	72	66	0	135	2000	Afrique subsaharienne
2	24	2628	112	213	448	115	137	1	327	2004	
1	18	2695	148	285	475	152	225	1	377	2005	
2	15	2910	153	252	366	144	198	2	439	2006	
2	20	3098	173	288	434	159	255	3	487	2007	
5	9	658	101	114	160	70	62	0	103	2000	Afrique du sud
2	20	930	110	207	262	113	134	1	239	2004	
1	15	1127	146	267	254	114	214	1	294	2005	
1	12	1188	152	231	253	117	188	1	347	2006	
2	16	1317	169	276	286	130	241	1	386	2007	
2	19	145	7989	335	44	170	68	0	698	2000	Amérique latine et Caraïbes
7	37	270	11189	593	240	197	155	2	1189	2004	
6	37	354	13489	991	298	245	221	1	1504	2005	
9	50	460	14524	1191	160	258	229	1	1809	2006	
27	75	508	18049	1235	213	281	322	1	2232	2007	
1	10	88	1693	156	21	80	40	0	127	2000	Brésil
3	20	209	2696	239	165	92	95	0	298	2004	
2	25	264	3373	329	220	106	130	0	357	2005	
3	31	351	4060	369	81	124	141	0	491	2006	
8	51	407	4934	386	110	104	208	0	578	2007	
42	205	628	1317	23682	1634	5179	759	17	2086	2000	Asie orientale
141	405	1198	2508	39338	3585	8675	1657	29	3587	2004	
165	563	1494	3562	47287	4736	9598	2347	34	4295	2005	
277	710	1947	4551	53344	5767	11479	3079	39	5100	2006	
274	1074	2682	6295	64148	9113	14710	4470	55	6967	2007	
23	91	219	511	2632	779	1356	290	6	619	2000	Chine
66	190	571	1429	5367	2062	3389	832	11	1373	2004	
114	315	777	1920	7409	2800	3893	1274	16	1885	2005	
202	393	1066	2752	8484	3727	5034	1755	21	2457	2006	
143	578	1478	4300	11014	6280	6962	2420	29	3330	2007	
11	68	377	327	708	532	548	549	4	626	2000	Asie méridionale
59	173	677	552	1300	1226	1320	1201	9	1513	2004	
48	199	991	834	1720	1602	1670	1696	10	2025	2005	
59	240	1246	904	2102	1954	1881	2086	14	2241	2006	
77	317	1416	1056	2290	2272	2061	2467	11	2573	2007	
14	55	275	232	6051	1229	6581	369	44	1088	2000	Asie Sud-Est
25	111	531	328	11176	2189	12780	620	59	3975	2004	
36	147	662	382	13012	2850	14332	728	75	4458	2005	
30	147	734	427	14723	3300	16095	958	87	4962	2006	
53	207	949	541	15994	4125	18894	1541	105	5863	2007	
118	359	227	363	2098	500	446	1829	0	703	2000	Asie occidentale
271	704	558	458	6753	1315	630	2505	156	1700	2004	
355	973	987	535	3803	2585	2235	4529	1	3335	2005	
282	987	1219	625	3948	3137	2333	5146	1	3970	2006	
351	1341	1412	783	4326	3897	2920	5969	1	4319	2007	
0	0	8	0	0	0	3	.	4	8	2000	Océanie
0	0	.	0	0	0	1	0	6	0	2004	
0	0	0	0	0	1	1	0	9	0	2005	
0	0	1	1	1	1	1	0	11	1	2006	
0	0	1	0	0	0	2	0	15	0	2007	

Voir la fin du tableau pour la remarque générale et les notes.

SPECIAL TABLE: D

World exports by commodity classes and by regions (continued)

In million U.S. dollars f.o.b.

| Exports from | Year | World 1/ Monde 1/ | Developed economies 2/ Economies en voie de développement 2/ | | | | | | | Commonwealth of Independent States Communauté d'Etats Indépendants | |
| | | | | Asia-Pacific Asie-Pacifique | | Europe | | North America Amérique du Nord | | | |
			Total	Total	Japan Japon	Total	Germany Allemagne	Total	U.S.A. É.-U.	Total	Europe
Machinery and transport equipment (SITC, Rev. 3, 7)											
World 1/	2000	2619445	1797701	137020	102481	982410	187856	678271	556304	19884	15968
	2004	3539222	2287271	173566	119852	1379000	267768	734705	608983	61652	50828
	2005	3899477	2458515	185315	126295	1475629	280129	797571	656882	77831	65528
	2006	4443908	2736832	200156	136820	1654557	317931	882118	726403	105643	89535
	2007	4987774	2993837	216792	144438	1870106	360270	906940	741591	151823	130677
Developed Economies - Asia-Pacific 2/	2000	338262	190601	9494	291	63164	14798	117942	111579	536	422
	2004	382334	188569	14227	198	68878	13448	105465	98167	3171	2920
	2005	393819	191974	14712	202	66112	12980	111150	103810	4658	4445
	2006	424484	205475	13716	196	69889	13904	121870	113417	7416	7097
	2007	466111	213808	15465	204	77872	14940	120471	111474	11383	10995
Japan	2000	329661	185816	7675	.	61970	14532	116171	109917	526	414
	2004	371265	182425	11422	.	67648	13171	103355	96189	3148	2901
	2005	381290	185348	11660	.	64699	12716	108988	101781	4633	4427
	2006	411968	198965	10832	.	68276	13593	119857	111558	7376	7067
	2007	451952	206671	12221	.	76217	14606	118233	109394	11334	10955
Developed Economies - Europe 2/	2000	1016069	831734	24286	16831	693440	126741	114008	104718	11249	9772
	2004	1500502	1187153	33548	19672	1013874	188770	139730	128560	37655	33254
	2005	1613752	1260080	34401	19789	1075661	191034	150018	137838	46485	41834
	2006	1826903	1412620	35160	20296	1215262	216812	162198	147232	62178	55855
	2007	2070770	1567611	39963	22726	1360723	244943	166924	151835	83929	76360
France	2000	132952	103387	1699	1089	86545	19223	15143	14101	962	653
	2004	176430	133493	3586	1379	115684	27873	14223	13120	2874	2040
	2005	180727	132950	3708	1476	114936	26999	14307	13351	2628	1962
	2006	197600	142543	3323	1743	124374	29408	14845	13778	3703	2877
	2007	214875	152030	3840	2192	132579	30873	15611	14447	4330	3694
Germany	2000	272345	223326	8768	6855	175308	.	39250	37072	4105	3664
	2004	448712	345282	12230	8335	279276	.	53777	50209	14081	12901
	2005	490994	378228	13153	8939	306506	.	58570	54520	16501	14917
	2006	550862	413328	13851	9156	333594	.	65883	60609	22980	20965
	2007	629551	467359	14677	9296	385677	.	67005	61416	30072	27313
Developed Economies - North America 2/	2000	523665	335332	36795	28250	99404	18363	199133	101693	1535	1086
	2004	502610	313608	31249	21682	90176	17852	192183	96652	2762	1787
	2005	552096	337310	32718	21900	94927	19497	209664	103077	3516	2578
	2006	617715	361119	36461	23778	106522	24302	218135	103693	4767	3689
	2007	664505	385388	36628	23946	121753	28055	227007	106167	7269	5897
United States	2000	412200	227821	35994	27866	94397	17580	97431	.	1458	1018
	2004	393290	209920	29963	21106	84446	17143	95511	.	2495	1588
	2005	433666	226415	31163	21148	88684	18667	106568	.	3145	2316
	2006	494453	247287	34644	22981	98224	22779	114420	.	4188	3229
	2007	536840	268845	34920	23181	113106	26762	120820	.	6433	5235
South-Eastern Europe	2000	2784	2115	3	0	2009	521	103	93	111	100
	2004	7620	6285	14	7	6074	1715	197	179	217	183
	2005	9737	7664	22	15	7371	2163	271	249	375	314
	2006	13085	10338	22	16	10052	3135	264	238	738	630
	2007	18318	13907	39	26	13560	4525	308	286	1356	1160
Commonwealth of Independent States	2000	10603	3273	40	36	2934	487	300	277	4549	3401
	2004	19701	4163	44	26	3259	610	860	726	9521	6607
	2005	18722	3279	35	30	2967	745	278	228	11210	7451
	2006	22474	4105	36	23	3724	691	345	280	13994	9468
	2007	29275	5112	49	33	4658	774	405	370	19419	13667
Russian Federation	2000	6422	2634	35	34	2410	387	189	179	1573	749
	2004	10692	2101	27	12	1840	281	233	109	3617	1718
	2005	9843	2085	30	28	1890	565	165	130	4543	2011
	2006	11394	2376	23	20	2154	435	199	169	5608	2446
	2007	13254	2572	36	31	2308	435	229	213	7158	3116

For general note and footnotes see end of table

Exportations mondiales par classes de marchandises et par régions (suite)

En millions de dollars E.-U. f.o.b.

⟵ Exportations vers

South-Eastern Europe Europe du Sud-Est	Northern Africa Afrique septentrio-nale	Sub-Saharan Africa Afrique subsahari-enne	Latin America and the Caribbean Amérique latine et Caraïbes	Eastern Asia Asie orientale	Southern Asia Asie méridionale	South-eastern Asia Asie du Sud-Est	Western Asia Asie occidentale	Oceania Océanie	OPEC OPEP	Année	Exportations en provence de ↓
Machines et matériel de transport (CTCI, Rev. 3, 7)											
7400	17500	28992	157950	287740	22894	199838	71434	2022	62927	2000	Monde 1/
19000	27200	49027	168840	507477	49716	240950	118277	3479	128633	2004	
23198	30975	59917	201133	571314	58631	260162	147865	4826	160256	2005	
29173	33823	71307	245191	676317	72827	290247	173710	5071	181678	2006	
37370	43358	84497	279885	760202	93544	321505	207969	8062	223315	2007	
76	911	3092	16413	67395	2899	46346	8976	621	11971	2000	Economies Développés - Asie-Pacifique 2/
124	1490	4967	16212	103427	4007	44973	14059	1073	17126	2004	
174	1476	5567	19937	102606	4799	45938	15227	1114	18195	2005	
231	1646	6302	24636	109279	5424	44748	17670	1404	18436	2006	
360	2311	7530	28197	119900	6429	49743	24439	1851	24784	2007	
73	900	2942	16238	66602	2790	45357	8113	304	10913	2000	Japon
106	1482	4667	16009	102457	3820	44017	12538	556	15601	2004	
171	1457	5079	19686	101289	4562	44866	13595	516	16430	2005	
226	1632	5971	24361	108095	5188	43558	15844	735	16503	2006	
350	2287	7091	27871	118475	6149	48422	22311	986	22616	2007	
6117	11738	15233	29118	38570	8216	22917	36133	550	22722	2000	Economies Développés - Europe 2/
15848	18566	23431	33903	67973	20519	30373	61929	1105	49878	2004	
19254	20492	27737	38484	69215	22964	32144	73292	1422	60441	2005	
24879	20650	31515	45176	81587	26172	35846	82978	1270	63700	2006	
31105	26096	36753	53654	97660	30811	42999	94296	2120	74177	2007	
536	4200	4160	4149	5250	1384	2817	5172	337	4425	2000	France
1381	6278	4168	3938	7908	3439	3683	8591	592	10181	2004	
1695	7198	4756	4339	9542	3416	5233	8253	594	9925	2005	
2049	6663	5263	5924	11639	3986	4494	10716	520	11486	2006	
2391	7602	5640	7354	12626	4906	5914	11140	624	11688	2007	
1738	1857	3307	7626	12322	1917	5981	9509	102	4924	2000	Allemagne
4784	3008	6887	10193	28470	5880	10529	18823	154	12441	2004	
5945	3400	7646	12203	27940	6913	10264	21181	210	14172	2005	
7906	3732	8543	13746	35051	8746	11761	24435	145	15429	2006	
8554	4862	9554	15902	40203	9582	13505	28200	457	18048	2007	
266	2440	3056	84864	48817	2259	32401	12523	171	11215	2000	Economies Développés - Amérique du Nord 2/
465	2104	4824	79840	49043	4346	31996	13496	126	13614	2004	
530	2510	6282	88423	55289	4503	32579	20943	211	22119	2005	
619	3246	7435	102883	65584	6914	38088	26902	159	28524	2006	
714	3678	8735	108663	70446	11896	37866	29574	253	32293	2007	
244	2348	2934	83422	47397	2166	32085	12159	164	10739	2000	Etats-Unis
418	1985	4530	78301	47447	3977	31330	12773	115	12891	2004	
473	2320	5858	85978	53311	4115	31846	20007	197	21015	2005	
511	3037	6811	99641	63214	6425	37278	25911	148	27294	2006	
636	3193	7954	104606	68298	11388	36893	28361	211	30581	2007	
193	70	20	25	35	42	17	154	0	68	2000	Europe du Sud-Est
367	86	38	51	109	54	29	285	0	131	2004	
467	157	71	69	121	71	52	513	24	164	2005	
624	178	98	117	134	96	70	690	2	318	2006	
982	248	154	389	166	253	83	722	59	395	2007	
197	155	103	138	849	678	152	500	1	368	2000	Communauté d'Etats Indépendants
214	115	166	220	1073	1052	248	999	2	750	2004	
343	163	169	279	1281	1298	197	483	16	655	2005	
322	155	233	197	1290	1413	205	544	0	563	2006	
419	283	194	345	1351	1306	276	548	3	788	2007	
165	100	84	117	765	568	115	294	1	273	2000	Fédération de Russie
103	52	140	113	961	871	212	595	2	449	2004	
199	82	134	210	1141	978	158	293	15	330	2005	
191	70	200	133	1160	1140	165	338	0	393	2006	
229	195	137	283	1139	1012	212	295	3	596	2007	

Voir la fin du tableau pour la remarque générale et les notes.

World exports by commodity classes and by regions (continued)

In million U.S. dollars f.o.b.

Exports from	Year	World 1/ Monde 1/	Total	Asia-Pacific Asie-Pacifique		Europe		North America Amérique du Nord		Commonwealth of Independent States Communauté d'Etats Indépendants	
				Total	Japan Japon	Total	Germany Allemagne	Total	U.S.A. É.-U.	Total	Europe
Machinery and transport equipment (SITC, Rev. 3, 7)[cont.]											
Northern Africa	2000	1754	1566	1	1	1559	277	6	5	1	1
	2004	3339	2948	4	3	2923	413	21	21	1	1
	2005	3944	3518	8	7	3495	436	15	13	1	1
	2006	4690	4163	6	5	4146	481	10	8	1	1
	2007	5452	4846	4	3	4810	492	32	27	4	2
Sub-Saharan Africa	2000	5328	3375	401	152	2336	968	638	605	15	14
	2004	10425	7164	1625	935	4286	1136	1253	1221	43	35
	2005	12574	7957	2137	1176	4789	1179	1032	986	28	22
	2006	14360	9056	1998	1155	5492	1333	1566	1484	24	11
	2007	16593	10193	1977	1059	6293	1829	1922	1510	49	25
South Africa	2000	4570	3150	390	143	2156	950	604	577	14	14
	2004	7939	5762	1618	928	3196	1111	949	921	38	30
	2005	9574	6764	2120	1167	3822	1135	822	782	17	11
	2006	11293	7820	1965	1126	4659	1296	1196	1121	20	9
	2007	13412	8945	1944	1043	5345	1789	1656	1254	45	24
Latin America and the Caribbean	2000	121942	108722	675	544	6377	1577	101670	98590	19	18
	2004	136886	116430	558	252	7684	2203	108189	106143	181	79
	2005	155222	125369	1108	625	8636	3293	115625	112135	144	134
	2006	182279	144078	1153	619	10023	4029	132902	128838	372	357
	2007	193719	148552	1374	714	12433	5429	134746	129741	614	592
Brazil	2000	15416	8675	358	290	3065	497	5252	5157	3	3
	2004	24277	11719	196	49	4596	946	6928	6721	80	71
	2005	30560	13305	263	69	4641	1608	8401	7684	125	117
	2006	33405	12905	239	78	4900	1679	7767	7081	236	225
	2007	37032	14227	348	94	6078	2062	7801	6746	317	301
Eastern Asia	2000	347603	188124	37112	32788	64656	14462	86356	82180	1052	698
	2004	649684	310263	58112	49644	121113	27850	131038	123206	5261	4041
	2005	773131	360351	64702	54825	146347	34372	149301	139861	8344	6701
	2006	936825	418133	73222	61305	167821	39511	177090	165581	12888	10445
	2007	1105347	479170	81768	66972	204981	44902	192421	179540	23519	19346
China	2000	82600	46255	10601	9716	16464	3921	19191	18323	325	217
	2004	268260	153252	30695	27012	57933	14064	64624	61521	2493	1904
	2005	352234	196190	35890	31199	76078	18951	84223	79657	4258	3316
	2006	456343	243357	41213	35028	94966	23652	107177	101266	7238	5722
	2007	577751	298306	48584	40002	127631	27652	122091	115226	13613	10708
Southern Asia	2000	4113	1828	158	111	1046	233	624	602	76	38
	2004	9134	3881	235	139	2344	560	1303	1246	157	86
	2005	12414	5313	306	192	3051	640	1956	1863	221	131
	2006	15590	6708	363	225	3630	802	2716	2601	298	190
	2007	18773	7730	479	251	4522	987	2729	2602	391	279
South-Eastern Asia	2000	225572	118401	27610	23208	38165	7455	52626	51240	145	131
	2004	276770	125106	33222	26980	41498	9866	50386	49064	665	641
	2005	308117	131892	34470	27240	42797	9756	54625	53366	798	763
	2006	351013	148001	37489	28990	49327	10743	61185	59338	799	748
	2007	359458	143454	38700	28362	48833	10804	55921	54097	1104	1034
Western Asia	2000	21588	12522	414	262	7258	1943	4849	4704	584	277
	2004	39982	21496	586	314	16846	3347	4064	3783	2018	1194
	2005	45666	23581	525	291	19436	4033	3619	3446	2051	1153
	2006	34248	12841	389	211	8634	2189	3818	3675	2167	1044
	2007	39313	14000	307	141	9644	2589	4048	3939	2787	1319
Oceania	2000	162	111	31	5	62	31	18	17	11	11
	2004	236	205	143	1	45	0	17	15	0	0
	2005	282	229	170	4	42	1	17	12	0	0
	2006	242	194	141	1	34	0	19	17	0	0
	2007	139	67	39	1	23	0	5	4	0	0

For general note and footnotes see end of table

Exportations mondiales par classes de marchandises et par régions (suite)

En millions de dollars E.-U. f.o.b.

← Exportations vers

South-Eastern Europe Europe du Sud-Est	Northern Africa Afrique septentrio-nale	Sub-Saharan Africa Afrique subsahari-enne	Latin America and the Caribbean Amérique latine et Caraïbes	Eastern Asia Asie orientale	Southern Asia Asie méridionale	South-eastern Asia Asie du Sud-Est	Western Asia Asie occidentale	Oceania Océanie	OPEC OPEP	Année	Exportations en provenance de ↓
			Machines et matériel de transport (CTCI, Rev. 3, 7) [suite]								
0	62	28	0	1	3	1	66	0	103	2000	Afrique septentrionale
1	101	54	3	9	11	1	122	0	175	2004	
5	125	94	2	18	7	3	95	0	161	2005	
3	198	107	8	21	7	2	66	1	195	2006	
6	232	152	5	25	19	3	60	0	229	2007	
4	29	1406	92	140	39	118	98	3	214	2000	Afrique subsaharienne
5	34	2282	100	218	100	184	262	11	530	2004	
3	74	2744	483	275	338	190	441	1	782	2005	
6	220	3260	352	290	189	195	724	20	1230	2006	
8	179	4423	246	254	244	148	783	5	1402	2007	
4	21	967	88	136	25	96	65	2	125	2000	Afrique du sud
2	23	1493	90	189	77	98	151	11	346	2004	
2	66	1678	142	216	319	172	192	1	467	2005	
5	193	2130	160	218	143	182	407	2	818	2006	
3	156	2864	223	209	233	138	549	3	1032	2007	
3	47	287	11400	626	93	509	170	1	1182	2000	Amérique latine et Caraïbes
8	213	806	16500	1336	209	695	445	5	2014	2004	
17	304	1215	23880	2066	474	947	702	3	3850	2005	
25	317	1629	30386	3061	389	814	1142	21	5941	2006	
51	478	1851	36311	2976	502	1336	953	14	7757	2007	
1	41	254	6013	131	70	97	130	1	553	2000	Brésil
7	202	761	10167	585	161	207	384	4	1223	2004	
13	268	1076	13729	639	418	402	582	3	2175	2005	
18	262	1371	16314	669	320	294	995	20	3421	2006	
35	392	1636	18002	606	359	686	768	4	3829	2007	
234	1157	3450	11491	92411	4160	37351	7456	528	9308	2000	Asie orientale
1050	2500	8864	17290	219421	10625	56489	16728	904	20032	2004	
1205	3230	10904	23646	266430	13191	63700	20090	1641	23277	2005	
1688	4550	14387	34137	328030	18728	78330	23920	1697	28502	2006	
2664	6527	17715	43774	376097	26045	93532	32775	3126	40355	2007	
39	283	1034	2120	21483	1303	7934	1814	10	2817	2000	Chine
347	1122	3219	6363	69255	5109	21192	5779	129	8181	2004	
485	1724	4776	9370	93024	7190	26643	8247	326	11263	2005	
697	2739	7118	15487	120952	11480	35307	11438	532	15740	2006	
1410	4028	10198	22349	147297	18184	45104	16600	651	22972	2007	
3	73	367	180	168	387	552	469	8	553	2000	Asie méridionale
14	307	937	362	346	884	907	1300	2	1714	2004	
16	341	1184	507	463	1064	1337	1945	3	2056	2005	
37	373	1719	822	597	1154	1327	2503	33	2568	2006	
43	528	1881	910	708	1286	1652	3612	12	3802	2007	
31	254	1346	3706	37734	3156	57990	2660	116	3021	2000	Asie Sud-Est
56	712	1384	3449	61411	5338	74175	4251	174	17284	2004	
76	718	2011	4558	72759	6821	82453	5701	255	20339	2005	
102	1022	2308	5989	85678	8689	90104	7827	435	22139	2006	
116	1273	2785	6911	89933	10651	93335	9385	433	25809	2007	
275	564	604	511	991	962	1471	2229	8	2200	2000	Asie occidentale
845	951	1274	947	3110	2569	869	4401	66	5385	2004	
1107	1385	1940	865	779	3094	564	8429	119	8214	2005	
639	1267	2310	488	758	3650	512	8743	7	9557	2006	
903	1524	2322	479	659	4099	513	10821	164	11522	2007	
0	.	1	1	2	0	13	0	14	3	2000	Océanie
0	0	0	1	2	0	11	0	10	1	2004	
0	0	0	1	13	7	10	3	16	1	2005	
0	0	4	1	9	2	7	1	23	4	2006	
0	0	0	1	26	2	19	2	22	2	2007	

Voir la fin du tableau pour la remarque générale et les notes.

World exports by commodity classes and by regions (continued)

In million U.S. dollars f.o.b.

| Exports from | Year | World 1/ Monde 1/ | Developed economies 2/ Economies en voie de développement 2/ | | | | | | Commonwealth of Independent States Communauté d'Etats Indépendants | |
| | | | Asia-Pacific Asie-Pacifique | | Europe | | North America Amérique du Nord | | | |
			Total	Japan Japon	Total	Germany Allemagne	Total	U.S.A. É.-U.	Total	Europe
Passenger road vehicles and their parts (SITC, Rev. 3, 781.2, 784.1, 785.1, 785.2 and 785.31)										
World 1/	2000	318709	280728	12737	6677	143534	23941	124457	108924	1666	1454
	2004	476592	403608	19159	8303	239077	40805	145372	127459	7941	7111
	2005	510433	421092	21116	8952	248356	41314	151619	131098	11075	9985
	2006	555862	448919	20742	8250	261153	46830	167023	144114	18292	16647
	2007	642847	501712	23783	8781	309745	51059	168184	142229	30728	28404
Developed Economies - Asia-Pacific 2/	2000	63557	53170	3692	30	12509	2479	36969	34498	154	148
	2004	82797	63718	6420	9	19124	2906	38174	35383	2066	1958
	2005	88666	66348	6592	9	17644	2614	42113	38694	3214	3107
	2006	103385	76631	6139	6	18728	3195	51764	47625	5595	5393
	2007	117302	80213	6863	8	21512	2895	51838	47258	8733	8545
Japan	2000	62188	52727	3482	.	12495	2478	36750	34278	154	148
	2004	80674	62928	6027	.	19087	2903	37814	35025	2066	1958
	2005	86224	65656	6220	.	17608	2612	41828	38410	3214	3107
	2006	101164	76093	5811	.	18708	3194	51574	47436	5595	5393
	2007	114842	79658	6459	.	21477	2893	51722	47143	8733	8545
Developed Economies - Europe 2/	2000	162289	148800	6302	5066	122251	18642	20248	19425	1176	1101
	2004	269614	242815	8521	5918	198988	31125	35306	33377	3786	3469
	2005	280270	251008	8698	6021	206044	31184	36267	34161	4431	4037
	2006	298821	263140	8240	5393	217602	34273	37298	34617	7711	7041
	2007	349206	303677	9382	5826	256799	34906	37496	34589	12400	11400
France	2000	19406	17382	163	131	17193	2757	26	15	28	28
	2004	36073	31122	394	210	30697	5022	32	9	303	296
	2005	34499	30263	407	191	29791	5521	65	7	280	272
	2006	31428	27826	387	131	27243	4741	195	98	424	417
	2007	31760	28131	435	157	27521	4446	176	100	553	541
Germany	2000	61492	55191	4192	3688	37221	.	13778	13357	786	726
	2004	101013	89184	4603	3540	63637	.	20944	19810	1520	1310
	2005	110169	96702	5002	3959	69312	.	22387	21111	1754	1503
	2006	117624	100137	4990	3711	70998	.	24149	22492	3047	2636
	2007	140585	119290	5223	3572	88681	.	25386	23371	4754	4277
Developed Economies - North America 2/	2000	53034	48252	1254	948	2618	1281	44380	34581	21	17
	2004	62596	55109	1106	643	6957	4088	47047	36016	286	261
	2005	69214	57504	1180	697	7210	3786	49114	36392	483	407
	2006	74046	61211	1175	646	9217	5262	50820	37018	679	532
	2007	83591	67943	1556	687	13573	7295	52815	36856	1195	929
United States	2000	18078	13450	1150	845	2503	1265	9798	.	18	15
	2004	26007	18809	1072	620	6708	4038	11029	.	255	232
	2005	32059	20828	1115	668	6992	3744	12721	.	459	386
	2006	36384	24003	1153	634	9049	5245	13801	.	654	510
	2007	45960	30874	1541	681	13375	7258	15958	.	1154	893
South-Eastern Europe	2000	62	19	.	.	19	0	0	0	1	1
	2004	167	58	0	.	57	9	1	1	8	7
	2005	417	244	0	0	243	28	1	1	11	11
	2006	628	367	0	0	367	66	1	1	55	54
	2007	1191	844	0	0	843	209	1	1	95	94
Commonwealth of Independent States	2000	493	135	0	0	134	7	1	1	261	148
	2004	938	133	0	0	118	8	14	14	608	384
	2005	1118	116	0	0	112	2	4	3	927	645
	2006	1592	103	0	0	99	2	3	3	1430	1118
	2007	2457	62	0	0	57	1	4	3	2345	1912
Russian Federation	2000	360	132	0	0	131	6	1	1	142	34
	2004	577	131	0	0	116	8	14	14	277	81
	2005	622	113	0	0	110	1	3	2	446	213
	2006	692	100	0	0	97	1	3	3	544	315
	2007	821	56	0	0	52	1	4	3	726	412

For general note and footnotes see end of table

Exportations mondiales par classes de marchandises et par régions (suite)

En millions de dollars E.-U. f.o.b.

← Exportations vers

South-Eastern Europe Europe du Sud-Est	Northern Africa Afrique septentrio-nale	Sub-Saharan Africa Afrique subsahari-enne	Latin America and the Caribbean Amérique latine et Caraïbes	Eastern Asia Asie orientale	Southern Asia Asie méridionale	South-eastern Asia Asie du Sud-Est	Western Asia Asie occidentale	Oceania Océanie	OPEC OPEP	Année	Exportations en provence de
											↓
	Vehicules routiers et pieces detachées pour transports passagères (CTCI, Rev. 3, 781.2, 784.1, 785.1, 785.2 et 785.31)
650	1376	2358	11028	3888	872	4295	11499	195	7626	2000	Monde 1/
2617	2937	5493	14782	8842	2624	6667	20599	330	16029	2004	
3668	3736	7378	18443	10050	2565	6819	25074	354	20838	2005	
4562	4162	8583	23148	11557	2740	6102	27277	386	23811	2006	
5850	5635	9980	29037	15921	3113	7310	32963	426	29950	2007	
21	91	453	2149	1350	381	1826	3888	73	3196	2000	Economies Développés - Asie-Pacifique 2/
19	411	1033	2971	2549	503	2559	6822	146	5692	2004	
24	431	1428	3612	2775	590	2314	7782	147	6404	2005	
29	588	1801	4301	2857	762	1963	8695	163	7207	2006	
91	807	2055	5562	4350	828	2343	12145	172	9536	2007	
21	91	451	2116	1350	380	1712	3122	67	2406	2000	Japon
19	411	1001	2958	2540	501	2541	5569	137	4544	2004	
24	431	1308	3604	2620	565	2301	6370	135	5083	2005	
29	588	1756	4298	2855	744	1954	7102	149	5742	2006	
91	807	2026	5547	4345	793	2330	10353	161	7954	2007	
496	953	1338	1610	1198	180	793	5576	101	1845	2000	Economies Développés - Europe 2/
2147	1767	2728	2076	3437	1331	1037	8294	140	4623	2004	
3055	1932	3136	2406	3874	1016	1079	8173	107	4913	2005	
3987	1850	3636	2803	5452	719	995	8397	126	4755	2006	
5068	2320	3744	3183	7480	768	1113	9339	132	5221	2007	
52	490	275	347	30	101	44	591	67	503	2000	France
268	981	426	254	271	1138	58	1150	89	2056	2004	
345	956	433	264	162	730	52	948	54	1652	2005	
343	713	479	250	105	487	76	650	71	1214	2006	
388	701	387	263	137	412	30	685	68	1080	2007	
224	175	520	601	871	53	425	2578	17	898	2000	Allemagne
1010	359	1181	912	2412	120	611	3640	24	1540	2004	
1384	430	1398	1196	2776	219	630	3622	22	1970	2005	
1780	560	1583	1527	4180	163	564	4056	25	2108	2006	
1528	818	1557	1676	5428	236	658	4610	30	2398	2007	
13	22	76	3539	299	2	86	721	4	626	2000	Economies Développés - Amérique du Nord 2/
15	19	412	3824	410	6	93	2415	6	2131	2004	
30	54	799	4697	829	16	90	4702	9	4363	2005	
26	103	671	5134	959	60	132	5063	7	5035	2006	
60	103	1262	5725	1460	125	401	5301	17	5396	2007	
12	22	73	3448	278	2	85	685	4	610	2000	Etats-Unis
11	19	405	3681	390	4	90	2337	6	2083	2004	
25	49	778	4393	811	14	86	4607	9	4296	2005	
22	97	635	4819	945	59	130	5012	7	4978	2006	
52	93	1200	5363	1446	123	399	5239	17	5325	2007	
9	4	0	3	17	0	0	8	.	2	2000	Europe du Sud-Est
24	23	1	0	0	0	0	53	0	19	2004	
56	37	1	0	0	0	0	61	3	34	2005	
84	55	5	1	0	0	0	59	2	53	2006	
80	65	11	0	0	0	0	91	3	68	2007	
9	3	1	15	15	1	9	45	.	2	2000	Communauté d'Etats Indépendants
6	4	3	5	8	21	3	147	.	91	2004	
8	12	7	4	7	2	3	32	.	11	2005	
16	16	1	1	7	0	3	17	0	3	2006	
9	15	0	1	3	0	0	22	.	6	2007	
8	2	1	15	14	1	1	44	.	1	2000	Fédération de Russie
6	2	2	5	8	17	3	127	.	71	2004	
7	10	7	4	7	1	3	24	.	1	2005	
15	15	0	1	7	0	3	7	0	1	2006	
9	15	0	1	3	0	0	10	.	1	2007	

Voir la fin du tableau pour la remarque générale et les notes.

SPECIAL TABLE: D

World exports by commodity classes and by regions (continued)

In million U.S. dollars f.o.b.

Exports from	Year	World 1/ Monde 1/	Developed economies 2/ Economies en voie de développement 2/ Total	Asia-Pacific Asie-Pacifique Total	Japan Japon	Europe Total	Germany Allemagne	North America Amérique du Nord Total	U.S.A. É.-U.	Commonwealth of Independent States Communauté d'Etats Indépendants Total	Europe

Passenger road vehicles and their parts (SITC, Rev. 3, 781.2, 784.1, 785.1, 785.2 and 785.31) [cont.]

Exports from	Year	World 1/ Monde 1/	Total	Total	Japan Japon	Total	Germany Allemagne	Total	U.S.A. É.-U.	Total	Europe
Northern Africa	2000	6	4	0	0	4	0	0	0	.	.
	2004	36	21	2	2	18	0	0	0	.	.
	2005	28	19	2	2	17	1	0	0	.	.
	2006	36	27	4	4	24	3	0	0	0	0
	2007	121	114	2	2	112	2	0	0	0	0
Sub-Saharan Africa	2000	1134	888	268	136	527	395	93	93	0	0
	2004	2650	2391	1355	850	647	17	389	389	1	0
	2005	3047	2722	1917	1129	678	18	128	127	0	0
	2006	2922	2595	1718	1064	464	12	413	413	0	0
	2007	2968	2393	1648	959	183	7	563	544	0	0
South Africa	2000	1048	874	262	130	520	394	92	92	0	0
	2004	2464	2309	1351	846	569	15	388	388	0	0
	2005	2868	2658	1913	1125	618	17	126	126	0	.
	2006	2730	2539	1702	1049	425	7	412	412	0	.
	2007	2645	2351	1643	955	147	5	561	542	.	.
Latin America and the Caribbean	2000	19598	16781	18	14	736	509	16027	14181	0	0
	2004	16992	12205	16	3	874	776	11315	10574	8	8
	2005	20215	14254	232	190	1825	1686	12197	11345	19	19
	2006	25186	17634	321	196	2265	2159	15047	14212	3	3
	2007	27552	18245	335	215	3647	3340	14263	13281	131	131
Brazil	2000	2025	526	1	0	224	7	302	301	.	.
	2004	3935	485	15	1	116	35	355	291	8	8
	2005	5257	1125	25	6	682	600	418	341	18	18
	2006	5496	1030	33	2	643	568	355	297	3	3
	2007	5555	1016	28	2	773	728	215	96	3	3
Eastern Asia	2000	16141	11584	1081	456	3790	407	6713	6129	25	23
	2004	31609	22628	1463	764	8146	1140	13019	11642	839	806
	2005	35680	23945	1798	797	10455	1477	11692	10297	1501	1422
	2006	39835	24928	2136	835	11261	1690	11530	10105	2442	2304
	2007	46268	24620	2493	984	11070	2220	11057	9591	5330	5019
China	2000	1855	772	232	197	62	6	478	467	3	3
	2004	3966	2164	598	508	378	53	1187	1161	71	68
	2005	5141	2731	632	530	864	131	1236	1173	151	142
	2006	6315	2619	646	548	870	121	1103	1046	424	399
	2007	8512	3203	758	641	1292	259	1152	1092	1191	1132
Southern Asia	2000	289	100	2	1	95	5	3	3	4	0
	2004	1215	473	2	1	468	58	3	2	19	9
	2005	1522	408	3	1	402	32	4	2	26	21
	2006	1825	460	4	1	452	90	5	2	70	62
	2007	1992	620	5	2	610	47	5	2	94	84
Sourth-Eastern Asia	2000	843	374	118	25	235	40	20	11	0	0
	2004	2546	708	262	105	347	59	99	59	2	2
	2005	3798	1095	674	90	328	34	93	71	20	19
	2006	4696	1478	988	90	356	55	134	113	50	49
	2007	6344	2219	1481	81	602	107	136	99	77	77
Western Asia	2000	1263	619	1	1	616	177	3	3	24	15
	2004	5430	3347	10	9	3331	619	5	3	319	205
	2005	6456	3426	21	16	3398	452	7	6	443	297
	2006	2890	344	18	16	319	23	7	5	258	88
	2007	3849	757	19	16	732	28	7	5	356	163
Oceania	2000	1	1	0	0	0	.	0	0	.	.
	2004	2	1	0	0	1	.	0	0	.	.
	2005	2	2	1	0	1	0	0	0	.	.
	2006	2	1	0	0	1	0	0	0	0	0
	2007	6	5	0	0	5	.	0	0	.	.

For general note and footnotes see end of table

Exportations mondiales par classes de marchandises et par régions (suite)

En millions de dollars E.-U. f.o.b.

← Exportations vers

South-Eastern Europe Europe du Sud-Est	Northern Africa Afrique septentrionale	Sub-Saharan Africa Afrique subsaharienne	Latin America and the Caribbean Amérique latine et Caraïbes	Eastern Asia Asie orientale	Southern Asia Asie méridionale	South-eastern Asia Asie du Sud-Est	Western Asia Asie occidentale	Oceania Océanie	OPEC OPEP	Année	Exportations en provence de
				Vehicules routiers et pieces detachées pour transports passagères (CTCI, Rev. 3, 781.2, 784.1, 785.1, 785.2 et 785.31)[suite]							
.	1	0	.	.	.	0	0	.	1	2000	Afrique septentrionale
	4	0	0	.	0	0	11	.	7	2004	
0	5	1	0	0	1	0	3	.	7	2005	
0	6	1	0	0	2	0	0	.	6	2006	
0	3	0	0	0	2	0	0	.	3	2007	
0	1	154	1	57	0	31	3	0	35	2000	Afrique subsaharienne
0	0	144	2	67	0	40	4	0	31	2004	
0	0	157	2	91	4	70	1	0	26	2005	
0	0	158	1	81	6	60	20	0	36	2006	
0	19	335	2	64	1	53	91	0	137	2007	
0	0	86	0	56	0	30	0	0	2	2000	Afrique du sud
.	0	47	1	67	0	39	0	.	6	2004	
0	0	49	0	89	3	68	1	.	11	2005	
.	0	38	0	79	0	56	17	.	16	2006	
0	18	60	1	63	1	52	88	0	95	2007	
0	10	52	2720	7	19	4	4	0	296	2000	Amérique latine et Caraïbes
0	109	92	4466	16	27	38	29	1	424	2004	
1	139	135	5443	34	50	59	79	0	820	2005	
1	125	163	7066	96	35	29	31	0	1042	2006	
0	115	122	8675	130	55	41	36	0	1898	2007	
.	10	51	1409	2	19	3	4	0	118	2000	Brésil
0	108	92	3138	11	26	37	27	1	187	2004	
1	138	126	3665	6	50	53	74	0	346	2005	
1	119	147	4090	13	34	27	30	0	391	2006	
0	71	118	4237	1	55	31	22	0	706	2007	
61	211	220	912	884	182	1183	811	14	1253	2000	Asie orientale
281	210	801	1139	1975	256	1433	1954	30	1644	2004	
245	495	1086	1840	2217	251	1468	2466	56	2108	2005	
310	896	1367	3357	1894	311	1274	2886	54	3335	2006	
360	1398	1665	5173	2153	541	1395	3424	68	4821	2007	
4	12	62	80	180	31	651	60	1	301	2000	Chine
11	33	479	262	184	149	389	222	4	610	2004	
14	68	614	482	212	134	348	384	5	707	2005	
20	189	730	929	219	168	483	529	6	1023	2006	
35	305	916	1451	275	193	619	317	8	1273	2007	
0	8	33	26	0	84	16	16	0	32	2000	Asie méridionale
3	117	80	160	7	240	16	99	0	159	2004	
2	166	253	210	7	267	27	153	1	170	2005	
1	196	319	269	3	309	25	169	2	214	2006	
1	255	252	245	7	277	51	188	1	289	2007	
0	6	7	52	25	7	332	37	2	36	2000	Asie Sud-Est
0	15	65	62	70	56	1434	127	6	540	2004	
0	28	91	114	77	94	1680	567	30	981	2005	
0	58	170	215	47	150	1595	900	32	1075	2006	
1	145	231	471	56	149	1881	1077	31	1409	2007	
41	66	24	1	35	16	14	391	0	301	2000	Asie occidentale
122	257	134	78	303	184	15	645	0	669	2004	
246	436	285	114	138	275	29	1055	0	1001	2005	
108	269	292	1	160	386	26	1040	0	1050	2006	
179	390	301	1	214	366	31	1248	0	1165	2007	
.	.	0	.	.	.	.	.	.	0	2000	Océanie
0	.	0	0	0	.	0	0	1	0	2004	
.	.	0	0	.	.	0	.	1	0	2005	
.	.	0	.	.	.	.	0	0	0	2006	
0	.	0	0	0	0	0	.	0	0	2007	

Voir la fin du tableau pour la remarque générale et les notes.

SPECIAL TABLE: D

World exports by commodity classes and by regions (continued)

In million U.S. dollars f.o.b.

| Exports from | Year | World 1/ Monde 1/ | Developed economies 2/ / Economies en voie de développement 2/ | | | | | | | Commonwealth of Independent States / Communauté d'Etats Indépendants | |
| | | | Asia-Pacific / Asie-Pacifique | | Europe | | North America / Amérique du Nord | | | |
			Total	Japan Japon Total	Total	Germany Allemagne	Total	U.S.A. É.-U.	Total	Europe
					Other manufactured goods (SITC, Rev. 3, 6 and 8)					
World 1/	2000	1644636	1160505	104773	84938	683238	138594	372494	314017	20626	17124
	2004	2342776	1592896	130564	101229	1013243	189475	449089	380961	48818	39397
	2005	2594217	1738130	143109	111019	1097053	201568	497969	422156	61866	49078
	2006	2977827	1977234	158346	123563	1270227	230413	548661	463646	78024	60851
	2007	3436866	2242145	170013	129289	1498107	270038	574025	483233	110058	85309
Developed Economies - Asia-Pacific 2/	2000	102480	42138	5233	1932	13659	3644	23245	22078	218	166
	2004	126396	42550	6701	2070	14779	3777	21070	19874	516	390
	2005	136103	45250	7226	2191	15641	3993	22383	21034	419	338
	2006	147239	47564	7543	2674	16718	4422	23303	21927	696	493
	2007	160091	51795	8763	2958	19868	5168	23164	21732	845	692
Japan	2000	89963	35421	1375	.	12381	3478	21665	20585	215	164
	2004	110808	33921	1554	.	13092	3488	19274	18201	504	379
	2005	119233	35995	1779	.	13770	3660	20447	19198	399	327
	2006	126767	37163	1687	.	14588	4176	20888	19642	683	481
	2007	136120	39671	2032	.	17038	4924	20601	19337	825	677
Developed Economies - Europe 2/	2000	677160	570202	17817	13228	486098	100771	66287	61054	9405	8649
	2004	1021815	844310	24652	17699	737066	141178	82592	75603	22647	20622
	2005	1093708	894616	25326	18102	782523	146315	86767	79247	27185	24863
	2006	1241568	1011293	27259	19465	890469	167661	93565	85284	35218	32033
	2007	1447382	1172944	28266	19351	1046251	196183	98426	90058	45859	42046
France	2000	69667	58683	2212	1860	50245	11675	6226	5461	431	384
	2004	99140	82119	2889	2368	72211	15653	7018	6178	1070	940
	2005	103767	85359	2891	2326	74665	16194	7803	6880	1242	1118
	2006	115452	94576	3007	2361	83139	18280	8430	7452	1656	1521
	2007	133185	108327	3191	2398	96545	21506	8591	7554	2166	1966
Germany	2000	127887	107651	3018	2157	93677	.	10955	10095	2266	2096
	2004	206179	170068	4927	3502	149472	.	15669	14361	5576	5131
	2005	231732	190619	4918	3433	168754	.	16947	15446	6412	5940
	2006	270905	219966	5497	3851	194935	.	19534	17826	8684	8083
	2007	314084	254093	5649	3806	227889	.	20555	18897	11620	10778
Developed Economies - North America 2/	2000	222921	151023	16851	14088	39474	6253	94699	51858	395	318
	2004	243651	165133	15696	12165	44043	6690	105394	59099	703	541
	2005	267622	181193	16758	12863	49709	7573	114726	63744	1084	826
	2006	301405	202194	18657	14356	58256	8453	125282	68849	1084	826
	2007	324696	214609	19969	15090	65826	9897	128813	68683	1474	1185
United States	2000	165174	95373	15874	13228	36670	5947	42829	.	349	279
	2004	174467	99915	14274	11112	39383	6344	46258	.	619	470
	2005	192988	110995	15477	11860	44580	7179	50937	.	686	550
	2006	219449	126171	17184	13177	52606	8044	56382	.	911	684
	2007	239245	136230	18277	13731	57869	9371	60084	.	1243	994
South-Eastern Europe	2000	10591	8970	17	13	8304	1808	648	582	193	166
	2004	22327	18444	17	9	17546	3204	881	807	337	297
	2005	24632	19615	16	9	18760	3441	839	760	430	376
	2006	30006	24129	18	10	23296	4110	815	744	630	575
	2007	36259	28498	24	12	27757	4941	717	655	911	804
Commonwealth of Independent States	2000	33638	17692	1257	1253	13408	2406	3026	2924	5325	4151
	2004	58704	27500	1589	1574	21740	3190	4170	3984	9885	6964
	2005	65224	30216	1644	1619	24351	3038	4220	4042	12174	8207
	2006	81832	42470	2556	2509	34079	4605	5835	5596	16009	10725
	2007	100392	49247	2491	2457	41744	4960	5013	4877	22476	14568
Russian Federation	2000	20412	12932	1181	1179	9588	1460	2163	2115	1350	486
	2004	32940	18436	1465	1453	13750	1563	3222	3132	3429	1350
	2005	37553	20924	1419	1405	16419	1698	3085	3005	4743	1844
	2006	47814	29603	2250	2236	22928	2912	4425	4281	6363	2558
	2007	56786	35123	2030	2014	29152	3230	3941	3872	8708	3422

For general note and footnotes see end of table

Exportations mondiales par classes de marchandises et par régions (suite)

En millions de dollars E.-U. f.o.b.

← Exportations vers

South-Eastern Europe Europe du Sud-Est	Northern Africa Afrique septentrio-nale	Sub-Saharan Africa Afrique subsahari-enne	Latin America and the Caribbean Amérique latine et Caraïbes	Eastern Asia Asie orientale	Southern Asia Asie méridionale	South-eastern Asia Asie du Sud-Est	Western Asia Asie occidentale	Oceania Océanie	OPEC OPEP	Année	Exportations en provence de ↓
	Articles manufacturés divers (CTCI, Rev. 3, 6 et 8)
9864	13613	18108	87058	181178	22863	66916	56932	1642	44340	2000	Monde 1/
22668	22011	30912	94715	288503	43110	96445	93455	2139	82591	2004	
25448	24196	36007	107193	311752	56362	109209	113317	2144	101705	2005	
35466	28197	42836	128642	355084	60121	127028	134045	2202	119486	2006	
36480	34755	53087	151088	399986	77608	153355	166109	2360	151787	2007	
20	205	720	2315	37311	1493	15105	2101	431	3811	2000	Economies Développés - Asie-Pacifique 2/
26	243	965	2218	55672	1888	18895	2779	584	5063	2004	
45	283	1058	2639	59706	2029	20541	3443	638	6249	2005	
49	387	1109	3267	64271	2475	22329	4397	625	6978	2006	
77	486	1369	3678	67340	3047	25226	5420	739	8205	2007	
18	200	563	2183	34437	1304	13566	1972	83	3406	2000	Japon
22	234	770	2096	52323	1639	16667	2560	71	4452	2004	
38	263	860	2491	56145	1832	17882	3252	75	5509	2005	
41	364	882	3103	59376	2156	18852	4092	56	6076	2006	
52	411	1088	3462	61908	2550	21330	4760	64	7068	2007	
7712	8467	6121	12107	19836	7929	7769	23574	367	12495	2000	Economies Développés - Europe 2/
17110	13123	9863	14667	34492	14371	11256	35810	584	22533	2004	
18800	13112	10955	16696	37845	17528	12034	39455	576	25823	2005	
21903	14944	12403	19581	43729	17936	13621	44117	628	30598	2006	
25630	18033	15192	23165	48602	21464	15737	53379	660	36965	2007	
431	2476	1193	1051	1971	424	652	2111	235	1540	2000	France
982	3490	1696	1282	2909	894	1022	3255	385	2822	2004	
1122	3436	1846	1488	3158	1062	1135	3497	377	3166	2005	
1196	3610	2212	1662	3627	1102	1305	4089	382	3611	2006	
1291	4316	2639	1938	4291	1430	1433	4814	446	4251	2007	
1524	1044	1070	2787	3817	904	1667	3434	15	1836	2000	Allemagne
2874	1375	1869	3636	8187	2248	2593	5934	46	3837	2004	
3097	1417	1969	4330	8851	2875	2645	6628	29	4600	2005	
4025	1754	2314	4949	10971	3626	3188	8147	33	5969	2006	
4569	2089	2762	5820	12448	4028	3702	9472	36	6881	2007	
60	697	1043	43277	13812	979	6732	4841	63	2800	2000	Economies Développés - Amérique du Nord 2/
123	873	1209	41331	18302	1996	6445	7477	60	3583	2004	
155	1032	1384	44883	20136	2590	6477	8865	67	4334	2005	
184	1072	1809	50245	23747	3116	7472	10403	79	5668	2006	
204	1229	2104	53309	26947	4247	8067	12424	77	6797	2007	
53	641	1002	42513	13143	880	6514	4643	61	2608	2000	Etats-Unis
107	761	1122	40171	16919	1684	6161	6954	55	3052	2004	
128	907	1267	43484	18727	2225	6134	8376	59	3858	2005	
157	962	1636	48286	21688	2705	7036	9825	71	5103	2006	
179	1079	1851	51119	24348	3788	7567	11767	69	6184	2007	
587	85	31	84	67	31	17	523	0	95	2000	Europe du Sud-Est
1363	104	64	48	226	145	79	1445	0	270	2004	
1534	115	86	172	187	312	101	1951	0	305	2005	
2260	115	70	66	78	194	101	2356	0	223	2006	
3269	200	48	90	147	407	63	2620	1	325	2007	
569	700	268	607	4128	1249	907	2189	1	1413	2000	Communauté d'Etats Indépendants
1155	1194	526	905	7071	3023	2023	5413	0	3779	2004	
1096	1716	656	835	6053	3944	2143	6383	0	4130	2005	
1553	1804	649	1376	5448	3177	1172	8017	0	3734	2006	
2050	1804	892	1403	4915	5111	1608	10866	0	6018	2007	
171	319	145	381	2710	817	484	1103	0	624	2000	Fédération de Russie
260	331	161	379	4437	1850	990	2657	0	1571	2004	
269	510	231	327	3826	2427	1166	3122	0	2069	2005	
448	568	194	525	3442	2043	580	4037	0	1816	2006	
642	529	172	507	2280	3390	627	4795	0	3052	2007	

Voir la fin du tableau pour la remarque générale et les notes.

World exports by commodity classes and by regions (continued)

In million U.S. dollars f.o.b.

Exports from	Year	World 1/ Monde 1/	Developed economies 2/ Economies en voie de développement 2/							Commonwealth of Independent States Communauté d'Etats Indépendants	
				Asia-Pacific Asie-Pacifique		Europe		North America Amérique du Nord			
			Total	Total	Japan Japon	Total	Germany Allemagne	Total	U.S.A. É.-U.	Total	Europe
			Other manufactured goods (SITC, Rev. 3, 6 and 8) [cont.]								
Northern Africa	2000	8018	7232	27	23	6795	787	410	395	9	1
	2004	11393	9859	27	23	9304	747	529	471	4	4
	2005	11298	9380	30	24	9042	692	308	299	18	12
	2006	12529	10410	20	14	9902	709	488	473	33	31
	2007	14704	12153	28	15	11798	849	327	314	33	31
Sub-Saharan Africa	2000	17965	12654	827	689	9794	618	2033	1918	8	8
	2004	32117	22505	2694	2422	14985	1574	4826	4675	46	42
	2005	34440	24211	3175	2889	16015	1538	5021	4857	26	23
	2006	41982	29585	4323	4013	19834	1774	5429	5296	30	23
	2007	48697	33574	5058	4796	21910	2347	6606	6448	84	78
South Africa	2000	8588	5284	678	552	3444	452	1162	1062	2	2
	2004	18587	12398	2601	2340	6762	1458	3035	2905	22	18
	2005	20007	13700	3112	2833	7435	1401	3153	3018	21	19
	2006	22949	16811	4221	3971	8594	1577	3996	3889	21	15
	2007	27736	19446	4977	4728	9504	1988	4965	4839	46	40
Latin America and the Caribbean	2000	73178	54900	1723	1570	8206	932	44971	44205	16	13
	2004	97684	69754	1701	1525	12334	1220	55720	53924	73	60
	2005	113618	79330	1777	1544	13904	1589	63648	61388	173	107
	2006	130962	91026	2416	2136	21290	2233	67320	64795	231	127
	2007	145510	93754	2942	2515	24000	2623	66812	64790	254	193
Brazil	2000	14499	8863	718	645	3358	408	4787	4533	8	8
	2004	23248	13975	825	729	4601	521	8549	8008	48	45
	2005	26659	15236	872	747	5028	610	9335	8721	83	80
	2006	30027	17499	1184	1032	6769	816	9545	8825	90	84
	2007	32926	18051	1222	1070	8415	1185	8414	8062	126	123
Eastern Asia	2000	327642	186379	44288	38458	52388	11301	89703	83790	3013	2361
	2004	477955	247645	58037	48938	74861	14767	114747	106475	10821	8406
	2005	564137	296812	66876	56330	95270	19366	134665	124534	16345	12017
	2006	679901	347797	72131	60350	120023	22231	155643	143018	19726	13376
	2007	809750	400409	77441	62979	150926	26672	172043	157008	32176	22166
China	2000	128535	77219	24867	22355	20232	4200	32120	30105	2412	1835
	2004	257044	140591	37602	32423	42042	7800	60947	56432	9927	7611
	2005	323304	182041	43161	36721	58558	11053	80321	74030	14963	10761
	2006	412830	223395	47164	39598	76900	13687	99331	90720	18003	11804
	2007	516016	271457	52977	43289	102742	17300	115739	104518	30257	20517
Southern Asia	2000	45053	30395	1638	1129	14104	2848	14653	13750	891	547
	2004	67234	40823	1798	1114	21084	3858	17941	16806	843	308
	2005	78835	47313	1941	1154	23828	4373	21544	20279	840	280
	2006	88605	52658	1968	1172	27492	4684	23198	21852	989	429
	2007	98133	56492	2049	1204	30763	5364	23679	22297	1235	504
South-Eastern Asia	2000	84381	51725	13529	11297	16381	3164	21815	20792	149	129
	2004	110607	62239	16406	12868	20192	3600	25641	24227	545	395
	2005	122627	66100	17142	13550	20928	3916	28029	26676	470	413
	2006	144306	77312	20354	16173	24938	4527	32020	30404	540	511
	2007	162335	82244	21791	17208	27600	5258	32853	31192	599	556
Western Asia	2000	39826	26055	865	705	14310	4050	10880	10547	1005	615
	2004	70964	41551	930	608	25160	5668	15461	14898	2399	1367
	2005	79988	43544	927	565	26855	5733	15762	15240	2947	1772
	2006	75580	40278	847	517	23708	5002	15723	15371	2838	1702
	2007	86665	45646	835	434	29293	5777	15518	15123	4114	2488
Oceania	2000	1785	1140	700	554	317	11	124	123	2	0
	2004	1928	583	315	213	149	1	118	117	0	0
	2005	1984	550	270	180	225	3	56	55	0	0
	2006	1913	520	258	173	224	2	38	38	0	0
	2007	2254	780	355	269	370	1	55	54	0	0

For general note and footnotes see end of table

Exportations mondiales par classes de marchandises et par régions (suite)

En millions de dollars E.-U. f.o.b.

←—— Exportations vers

South-Eastern Europe Europe du Sud-Est	Northern Africa Afrique septentrionale	Sub-Saharan Africa Afrique subsaharienne	Latin America and the Caribbean Amérique latine et Caraïbes	Eastern Asia Asie orientale	Southern Asia Asie méridionale	South-eastern Asia Asie du Sud-Est	Western Asia Asie occidentale	Oceania Océanie	OPEC OPEP	Année	Exportations en provence de ↓
				Articles manufacturés divers (CTCI, Rev. 3, 6 et 8) *[suite]*							
3	260	107	17	41	7	19	220	0	278	2000	Afrique septentrionale
9	499	239	13	104	29	29	479	1	543	2004	
4	564	318	22	60	55	37	737	0	790	2005	
7	732	320	21	56	31	11	812	1	791	2006	
32	946	393	27	74	28	31	902	1	1007	2007	
4	27	2610	356	1038	165	407	672	2	450	2000	Afrique subsaharienne
25	48	4625	403	2562	271	673	777	72	911	2004	
11	60	5395	364	2165	501	653	993	5	1476	2005	
32	214	6440	470	2371	542	1048	1190	4	1340	2006	
78	319	7471	572	3289	714	970	1431	6	1646	2007	
3	13	1049	305	958	119	333	516	2	233	2000	Afrique du sud
21	26	1847	337	2376	212	651	688	4	725	2004	
5	27	2125	339	1886	415	586	886	5	938	2005	
12	32	2166	453	1688	374	537	829	2	808	2006	
59	52	2902	550	2434	508	604	1026	5	1085	2007	
3	116	280	14054	2504	126	491	501	3	1576	2000	Amérique latine et Caraïbes
16	205	823	18042	6662	204	947	677	6	2155	2004	
71	326	972	22025	7918	280	1266	1075	8	3355	2005	
48	417	1131	26289	8246	561	1271	1579	5	4377	2006	
53	596	1256	32417	13121	569	1559	1541	9	6729	2007	
2	74	154	4157	696	61	275	209	1	387	2000	Brésil
9	132	490	5814	1812	99	517	348	5	772	2004	
13	176	681	6983	2228	132	707	414	5	1083	2005	
11	157	767	8528	1732	254	529	455	4	1374	2006	
19	230	897	9510	2382	220	918	568	4	1780	2007	
368	1505	3791	11690	84940	5972	19779	9557	542	11189	2000	Asie orientale
1225	2640	7559	14243	135933	10697	30733	15921	480	18694	2004	
1541	3252	9092	16124	150663	13974	36334	19529	422	22767	2005	
7416	4424	12107	22916	175660	17711	45109	26554	439	29213	2006	
2055	6231	16199	30972	200300	25049	58795	37097	434	41262	2007	
252	857	1960	4095	31066	1530	5081	4019	44	4080	2000	Chine
1124	2138	5565	8850	60130	5248	13336	10050	87	11383	2004	
1438	2746	7122	10611	66200	7473	17764	12840	107	14508	2005	
7273	3890	9921	15743	81731	10737	23788	18206	142	19109	2006	
1818	5558	13684	21874	94745	15900	33492	27034	180	29197	2007	
20	287	1336	704	4290	1280	1529	4292	25	3625	2000	Asie méridionale
45	490	2131	862	6310	2794	2918	9787	35	8710	2004	
66	566	2399	1140	7183	4038	3959	11076	41	9946	2005	
94	834	2812	1650	8393	4078	3436	13440	37	11806	2006	
176	970	3337	1935	9278	4724	4055	15678	34	13514	2007	
27	349	1149	1281	10611	2212	13334	3352	183	3531	2000	Asie Sud-Est
44	485	1339	1611	14775	3105	21498	4675	246	7784	2004	
51	581	1578	1939	15811	3891	24635	7127	346	10709	2005	
55	651	1884	2474	18920	4837	30435	6792	331	10937	2006	
132	875	2447	3213	21294	6163	36292	8665	352	13970	2007	
489	915	636	257	2324	1415	822	5108	0	3059	2000	Asie occidentale
1528	2107	1524	358	6031	4573	937	8215	33	8566	2004	
2073	2589	2082	320	3602	7216	1007	12682	3	11822	2005	
1869	2603	2067	270	3808	5453	1016	14387	1	13818	2006	
2724	3066	2302	293	4304	6073	945	16081	2	15342	2007	
1	.	17	309	277	5	5	2	24	17	2000	Océanie
0	0	44	13	361	14	14	0	38	0	2004	
0	0	32	29	425	4	22	0	36	0	2005	
0	0	35	22	357	9	6	0	51	2	2006	
0	0	76	15	375	13	7	5	44	6	2007	

Voir la fin du tableau pour la remarque générale et les notes.

SPECIAL TABLE: D

World exports by commodity classes and by regions (continued)

In million U.S. dollars f.o.b.

Exports from	Year	World 1/ Monde 1/	Developed economies 2/ Economies en voie de développement 2/ Total	Asia-Pacific Asie-Pacifique Total	Japan Japon	Europe Total	Germany Allemagne	North America Amérique du Nord Total	U.S.A. É.-U.	Commonwealth of Independent States Communauté d'Etats Indépendants Total	Europe
						Textile yarn and fabrics (SITC, Rev. 3, 65)					
World 1/	2000	166565	81905	6542	4742	55698	10744	19665	15487	2415	2078
	2004	205294	98792	7493	5377	68545	12681	22754	18660	4500	3855
	2005	213663	102203	7733	5598	68830	12858	25641	21289	5743	4728
	2006	225401	106590	8217	6032	72220	13197	26153	21736	6396	5145
	2007	242484	113995	8525	6095	79454	14420	26016	21633	7990	6172
Developed Economies - Asia-Pacific 2/	2000	7511	1626	246	9	697	153	683	635	10	10
	2004	7716	1563	337	7	601	126	625	588	7	7
	2005	7491	1520	326	7	576	123	617	584	10	10
	2006	7508	1516	304	8	583	123	628	595	9	9
	2007	7752	1660	345	5	670	152	645	612	12	11
Japan	2000	7023	1335	56	.	656	151	622	583	10	10
	2004	7138	1178	40	.	576	125	562	530	7	6
	2005	6905	1129	31	.	551	120	547	518	10	9
	2006	6934	1148	28	.	559	121	561	534	9	9
	2007	7108	1231	29	.	638	149	564	538	12	11
Developed Economies - Europe 2/	2000	57231	45322	1004	699	41089	7971	3229	2904	928	909
	2004	72803	54951	1173	777	50020	9277	3758	3357	1755	1712
	2005	70643	53255	1142	757	48445	8973	3667	3302	1953	1910
	2006	73944	55823	1142	745	51025	9324	3656	3289	2215	2158
	2007	80239	60516	1170	737	55642	10154	3704	3309	2488	2423
France	2000	6607	4840	95	69	4436	911	309	284	43	42
	2004	7354	4984	97	58	4616	810	272	249	77	75
	2005	6928	4702	92	57	4359	777	252	232	82	80
	2006	6996	4727	82	50	4401	772	243	223	108	107
	2007	7560	5118	87	51	4774	822	257	236	128	125
Germany	2000	11037	8356	127	72	7783	.	446	409	308	302
	2004	13511	10170	181	109	9346	.	643	589	498	488
	2005	13631	10420	166	98	9606	.	647	592	480	469
	2006	14515	11031	195	114	10209	.	628	577	524	506
	2007	15487	11668	221	134	10851	.	596	537	545	525
Developed Economies - North America 2/	2000	13157	6733	440	284	1449	194	4844	2013	27	23
	2004	14422	6332	403	262	1180	195	4749	2173	51	49
	2005	14844	6619	423	262	1248	203	4948	2199	64	61
	2006	15034	6674	448	290	1334	238	4892	2087	61	59
	2007	14702	6532	427	251	1385	251	4720	2013	59	56
United States	2000	10952	4618	424	279	1362	184	2832	.	24	21
	2004	11989	4049	382	254	1092	188	2576	.	40	39
	2005	12379	4299	392	254	1159	195	2748	.	51	49
	2006	12665	4468	421	285	1243	225	2804	.	50	47
	2007	12386	4402	406	248	1291	237	2705	.	46	43
South-Eastern Europe	2000	410	299	3	2	270	57	27	23	29	29
	2004	987	807	2	1	777	153	28	26	30	29
	2005	1114	899	2	1	873	176	24	23	50	49
	2006	1341	1106	2	1	1079	202	25	24	64	59
	2007	1597	1296	1	0	1274	214	21	20	93	83
Commonwealth of Independent States	2000	1299	507	16	16	426	68	64	63	551	507
	2004	1748	767	11	11	674	124	82	80	651	571
	2005	1559	568	9	8	496	122	62	60	668	574
	2006	1600	541	11	9	488	116	43	39	758	645
	2007	1798	549	9	8	506	123	34	32	911	778
Russian Federation	2000	394	237	0	0	208	21	29	28	97	65
	2004	440	243	2	2	230	29	10	10	125	65
	2005	407	192	2	2	170	29	20	19	154	85
	2006	391	163	2	1	151	26	10	10	167	87
	2007	369	132	3	2	123	32	7	7	191	93

For general note and footnotes see end of table

Exportations mondiales par classes de marchandises et par régions (suite)

En millions de dollars E.-U. f.o.b.

←— Exportations vers

South-Eastern Europe Europe du Sud-Est	Northern Africa Afrique septentrionale	Sub-Saharan Africa Afrique subsaharienne	Latin America and the Caribbean Amérique latine et Caraïbes	Eastern Asia Asie orientale	Southern Asia Asie méridionale	South-eastern Asia Asie du Sud-Est	Western Asia Asie occidentale	Oceania Océanie	OPEC OPEP	Année	Exportations en provence de
				Fils et tissus de matières textiles (CTCI, Rev. 3, 65)							
2511	3588	3512	11578	35004	5189	10772	8771	473	7983	2000	Monde 1/
4949	5110	5217	13869	38854	7895	12695	11873	397	11058	2004	
5025	5196	5435	14146	39138	9119	13866	12495	346	11602	2010	
5059	5791	6489	15507	40834	9717	15310	12902	275	12533	2010	
5040	6670	7333	17236	40568	10301	17473	14814	229	13964	2007	
1	4	32	63	4333	137	933	291	81	440	2000	Economies Développés -
1	4	40	43	4671	132	903	282	70	357	2004	Asie-Pacifique 2/
2	3	40	46	4447	134	926	295	68	364	2005	
2	7	42	53	4397	143	958	329	52	387	2006	
2	9	43	54	4399	137	1006	375	55	437	2007	
1	4	27	59	4271	122	877	287	31	418	2000	Japon
1	4	27	39	4597	116	866	276	27	339	2004	
2	3	26	41	4377	120	884	288	25	345	2005	
2	7	31	49	4327	125	906	320	9	367	2006	
2	8	33	50	4323	121	953	369	8	421	2007	
2154	2672	552	766	1592	278	590	1922	20	784	2000	Economies Développés -
4142	3552	649	859	2384	463	703	2911	29	1023	2004	Europe 2/
4056	3306	628	859	2423	484	654	2751	29	991	2005	
4086	3448	687	1021	2613	494	719	2604	28	981	2006	
3919	3992	816	1108	2793	548	785	2804	26	1080	2007	
169	943	98	69	148	19	56	214	8	107	2000	France
441	1110	95	62	193	49	84	247	13	120	2004	
425	1036	90	56	171	45	79	229	13	109	2005	
411	1024	95	63	190	34	93	238	11	114	2006	
315	1196	123	72	202	42	101	250	13	129	2007	
800	355	69	100	180	58	132	386	3	86	2000	Allemagne
1122	307	124	124	322	94	157	459	1	121	2004	
1052	255	116	141	328	94	143	447	2	126	2005	
1110	288	127	159	377	107	157	491	1	148	2006	
1048	335	142	177	412	99	178	572	1	177	2007	
8	18	57	5245	627	65	181	194	4	158	2000	Economies Développés -
3	18	55	6671	809	82	227	170	2	155	2004	Amérique du Nord 2/
5	15	53	6745	841	89	234	176	3	156	2005	
5	24	52	6718	969	114	244	170	2	170	2006	
8	22	54	6501	979	98	270	176	2	170	2007	
6	16	49	5209	607	64	173	183	4	150	2000	Etats-Unis
2	15	51	6621	756	78	213	162	2	146	2004	
4	14	49	6693	798	86	218	166	3	144	2005	
5	22	47	6652	916	110	231	162	2	160	2006	
4	20	50	6425	919	93	257	168	2	154	2007	
49	3	3	2	4	2	0	19	.	3	2000	Europe du Sud-Est
62	8	0	2	2	3	1	67	0	4	2004	
71	10	1	3	4	2	2	67	0	1	2005	
94	13	0	3	4	4	2	50	0	1	2006	
121	10	0	2	4	11	2	56	0	2	2007	
10	1	3	4	80	31	4	108	0	21	2000	Communauté d'Etats
18	4	3	7	48	20	5	225	0	17	2004	Indépendants
16	7	3	8	43	18	4	225	0	15	2005	
16	5	3	6	41	24	2	204	0	10	2006	
17	4	3	4	39	26	1	242	0	4	2007	
3	1	3	3	30	10	1	8	.	3	2000	Fédération de Russie
8	1	1	4	18	6	2	31	.	3	2004	
8	0	1	3	19	3	1	25	.	2	2005	
4	1	1	4	20	5	1	24	.	1	2006	
3	0	1	3	14	4	1	18	0	1	2007	

Voir la fin du tableau pour la remarque générale et les notes.

SPECIAL TABLE: D

World exports by commodity classes and by regions (continued)

In million U.S. dollars f.o.b.

Exports from	Year	World 1/ Monde 1/	Developed economies 2/ Economies en voie de développement 2/		Asia-Pacific Asie-Pacifique		Europe		North America Amérique du Nord		Commonwealth of Independent States Communauté d'Etats Indépendants	
			Total	Total	Japan Japon	Total	Germany Allemagne	Total	U.S.A. É.-U.	Total	Europe

Textile yarn and fabrics (SITC, Rev. 3, 65) *[cont.]*

Exports from	Year	World 1/	Total	Total	Japan	Total	Germany	Total	U.S.A.	Total	Europe
Northern Africa	2000	689	593	2	0	504	41	88	84	0	0
	2004	748	657	4	3	598	38	54	51	1	1
	2005	792	661	3	2	601	35	57	56	6	5
	2006	843	736	5	2	682	37	50	49	0	0
	2007	1108	968	3	1	926	43	39	37	1	1
Sub-Saharan Africa	2000	703	310	18	3	234	31	58	54	1	1
	2004	710	263	26	4	201	23	36	33	1	1
	2005	671	247	23	3	184	25	40	37	1	1
	2006	921	253	26	6	182	24	44	41	1	1
	2007	845	269	26	6	200	24	42	40	24	24
South Africa	2000	237	122	15	1	71	10	36	33	1	1
	2004	301	175	24	3	119	17	32	28	1	1
	2005	312	167	22	2	110	16	36	34	1	1
	2006	302	157	24	5	94	16	39	37	1	1
	2007	332	175	24	4	114	17	37	35	1	1
Latin America and the Caribbean	2000	4610	2883	69	52	237	51	2577	2471	0	0
	2004	4504	2800	52	40	291	50	2456	2331	2	2
	2005	4866	2839	48	33	269	51	2523	2395	3	3
	2006	4881	2822	44	31	263	38	2515	2405	5	5
	2007	5502	2813	35	18	252	36	2526	2420	4	4
Brazil	2000	895	373	46	41	122	26	205	182	0	0
	2004	1248	587	29	25	165	35	393	370	1	1
	2005	1330	551	25	21	133	30	393	376	2	2
	2006	1365	526	29	26	126	25	371	360	2	2
	2007	1448	528	19	13	112	21	397	381	2	2
Eastern Asia	2000	54514	10747	3254	2639	3566	615	3927	3460	429	318
	2004	68940	14914	4071	3291	5068	923	5776	5194	1189	938
	2005	75278	18165	4314	3538	6304	1196	7548	6885	1912	1320
	2006	82746	20162	4726	3878	7224	1379	8212	7487	2269	1485
	2007	89765	22094	4900	3924	8607	1590	8587	7813	3035	1815
China	2000	16135	5079	2059	1786	1620	349	1400	1233	208	115
	2004	33428	10167	3027	2525	3546	670	3594	3215	961	749
	2005	41050	13596	3361	2808	4834	922	5402	4923	1688	1142
	2006	48683	15779	3741	3091	5845	1123	6193	5626	2039	1318
	2007	55968	17768	3938	3150	7116	1324	6714	6091	2777	1635
Southern Asia	2000	12123	6844	600	366	3614	849	2631	2363	163	108
	2004	14779	8250	496	255	4339	761	3415	3181	148	48
	2005	17257	10015	527	269	4979	909	4509	4212	179	87
	2006	18247	10343	523	272	5166	882	4653	4372	209	112
	2007	19193	10286	511	260	5492	933	4283	4010	290	159
South-Eastern Asia	2000	8304	2841	843	650	1156	142	842	760	8	7
	2004	8852	2840	872	705	1183	165	785	731	17	17
	2005	9513	2768	849	692	1162	176	757	702	19	18
	2006	10178	3051	937	773	1321	200	794	738	16	15
	2007	10859	3220	1044	863	1359	197	816	761	25	23
Western Asia	2000	5929	3185	35	21	2456	573	694	656	268	166
	2004	9068	4643	41	21	3614	846	989	916	647	481
	2005	9614	4640	59	24	3692	870	889	832	877	689
	2006	8138	3557	43	16	2872	634	642	610	786	596
	2007	9097	3786	47	22	3141	704	598	567	1049	797
Oceania	2000	84	15	13	0	1	0	1	1	.	.
	2004	17	5	4	0	0	0	0	0	0	0
	2005	21	8	8	0	0	.	0	0	0	0
	2006	22	7	7	0	0	0	0	0	0	0
	2007	26	6	6	0	0	0	0	0	.	.

For general note and footnotes see end of table

Exportations mondiales par classes de marchandises et par régions (suite)

En millions de dollars E.-U. f.o.b.

← Exportations vers

South-Eastern Europe Europe du Sud-Est	Northern Africa Afrique septentrio-nale	Sub-Saharan Africa Afrique subsahari-enne	Latin America and the Caribbean Amérique latine et Caraïbes	Eastern Asia Asie orientale	Southern Asia Asie méridionale	South-eastern Asia Asie du Sud-Est	Western Asia Asie occidentale	Oceania Océanie	OPEC OPEP	Année	Exportations en provenance de ↓
: **Fils et tissus de matières textiles (CTCI, Rev. 3, 65)[suite]**
2	9	7	3	10	1	1	35	0	30	2000	Afrique septentrionale
1	10	4	3	2	0	1	27	0	20	2004	
1	18	7	3	4	2	2	50	0	46	2005	
1	18	13	4	4	2	1	39	0	30	2006	
2	25	16	5	5	5	1	57	0	30	2007	
0	1	306	24	19	7	12	15	0	60	2000	Afrique subsaharienne
1	2	347	17	14	13	11	24	1	33	2004	
1	2	310	23	14	21	16	29	0	41	2005	
1	3	559	21	20	22	18	17	0	47	2006	
1	3	436	20	16	22	19	24	0	47	2007	
0	0	61	22	11	4	8	9	0	14	2000	Afrique du sud
0	1	72	17	8	5	10	12	0	19	2004	
0	1	65	22	11	13	14	16	0	26	2005	
0	1	66	20	11	16	17	13	0	28	2006	
0	1	75	20	9	16	16	16	0	27	2007	
0	4	7	1520	147	3	7	15	0	128	2000	Amérique latine et Caraïbes
3	2	11	1579	59	9	6	17	1	187	2004	
3	3	16	1909	45	10	10	15	2	213	2005	
0	11	17	1931	51	13	12	10	0	246	2006	
1	11	17	2529	52	9	23	15	0	539	2007	
0	2	5	497	7	1	1	8	0	13	2000	Brésil
2	1	9	620	12	5	1	9	0	38	2004	
2	1	12	729	13	5	3	9	1	42	2005	
0	8	11	785	14	5	6	6	0	55	2006	
1	9	13	861	10	3	13	7	0	72	2007	
69	395	1406	3282	24870	3212	6889	2826	309	3909	2000	Asie orientale
164	708	2803	3854	27700	4790	8441	4110	229	5366	2004	
181	789	3019	3539	28099	5581	9381	4416	169	5753	2005	
213	1045	3587	4334	29437	6134	10580	4807	150	6340	2006	
211	1242	4182	5251	29055	6425	12411	5735	103	6991	2007	
30	150	702	739	6310	865	1228	807	17	823	2000	Chine
138	464	2015	2060	9516	2807	2843	2433	25	2985	2004	
166	592	2432	2085	10275	3701	3657	2832	25	3402	2005	
194	876	3053	2916	11517	4337	4552	3394	26	4021	2006	
191	1099	3662	3864	11710	4793	5839	4237	26	4546	2007	
10	198	688	321	1530	581	372	1407	8	1117	2000	Asie méridionale
18	263	758	373	1299	980	453	2182	8	1713	2004	
27	331	766	480	1483	1255	435	2204	16	1624	2005	
29	402	910	737	1574	1275	432	2259	11	1598	2006	
41	459	1087	957	1429	1469	439	2654	10	1713	2007	
3	62	323	298	1674	576	1744	724	49	729	2000	Asie Sud-Est
7	150	278	417	1610	762	1889	841	40	954	2004	
8	193	268	486	1609	879	2114	1110	56	1034	2005	
7	208	295	648	1640	810	2300	1169	30	1086	2006	
10	185	342	780	1683	791	2464	1323	30	1155	2007	
203	219	127	51	56	296	39	1215	0	602	2000	Asie occidentale
529	389	269	45	246	640	55	1016	16	1228	2004	
654	517	324	46	114	645	89	1158	2	1365	2005	
605	609	324	32	72	682	42	1246	0	1636	2006	
706	707	335	24	98	760	51	1355	1	1796	2007	
1	.	0	1	63	0	0	.	3	0	2000	Océanie
.	.	0	0	10	0	0	0	2	.	2004	
0	.	0	0	11	0	0	.	3	0	2005	
0	0	0	0	12	0	0	.	2	0	2006	
0	0	0	0	18	0	0	0	2	0	2007	

Voir la fin du tableau pour la remarque générale et les notes.

World exports by commodity classes and by regions (continued)

In million U.S. dollars f.o.b.

Exports from	Year	World 1/ Monde 1/	Developed economies 2/ Economies en voie de développement 2/ Total	Asia-Pacific Asie-Pacifique Total	Japan Japon	Europe Total	Germany Allemagne	North America Amérique du Nord Total	U.S.A. É.-U.	Commonwealth of Independent States Communauté d'Etats Indépendants Total	Europe
						Iron and steel (SITC, Rev. 3, 67)					
World 1/	2000	141145	88586	4496	3449	61597	12188	22493	17384	2408	1799
	2004	269732	157947	7205	5047	116977	21769	33764	26225	6130	4113
	2005	313178	175520	9284	6409	128158	24634	38078	28842	7965	5418
	2006	367825	215469	8735	5739	159963	30567	46771	36277	10583	7386
	2007	467708	267236	11719	7844	209441	41468	46076	35835	15834	10891
Developed Economies - Asia-Pacific 2/	2000	15645	2933	406	32	693	64	1834	1595	46	28
	2004	24192	3049	636	16	818	63	1595	1414	250	163
	2005	28349	3802	802	25	950	75	2050	1810	108	62
	2006	31003	4680	759	16	1234	114	2687	2326	237	81
	2007	35717	4887	921	22	1443	160	2524	2158	210	136
Japan	2000	14832	2511	259	.	609	63	1643	1416	46	28
	2004	23292	2577	400	.	798	63	1378	1216	250	163
	2005	27505	3282	517	.	921	74	1845	1626	101	62
	2006	29937	4002	510	.	1134	113	2358	2035	236	80
	2007	34395	4197	587	.	1341	160	2269	1924	209	136
Developed Economies - Europe 2/	2000	65435	57481	426	200	51747	11058	5309	4590	512	433
	2004	120374	101961	614	253	95082	19507	6265	5295	1279	879
	2005	137230	113060	814	375	104750	21701	7496	6334	1699	1305
	2006	163279	135308	810	344	126090	26584	8408	7218	2313	1902
	2007	208259	172852	1041	405	162782	35946	9028	7957	3005	2479
France	2000	8850	7853	52	22	6883	1841	919	756	12	7
	2004	13966	12132	54	24	11420	2886	657	535	58	20
	2005	15291	12778	93	53	11868	3255	817	664	57	39
	2006	17653	14878	92	53	13927	3687	859	709	69	51
	2007	21671	18153	121	55	17162	4847	871	739	144	118
Germany	2000	13445	11343	64	32	10039	.	1240	1071	122	109
	2004	23578	19074	107	48	17488	.	1479	1216	293	162
	2005	28115	22366	122	59	20403	.	1841	1504	368	270
	2006	33789	26486	142	61	24431	.	1913	1577	573	492
	2007	41397	33121	132	46	30960	.	2029	1775	812	678
Developed Economies - North America 2/	2000	9535	7205	206	169	749	146	6250	3071	30	21
	2004	13384	10069	186	122	828	154	9055	4360	33	19
	2005	17092	12609	244	151	1145	239	11220	5126	48	26
	2006	18996	13844	220	134	1312	239	12312	5620	60	37
	2007	22246	15822	257	142	2118	329	13448	6199	54	42
United States	2000	6319	4075	195	161	701	142	3179	.	29	21
	2004	8712	5622	168	115	760	145	4694	.	31	18
	2005	11489	7350	214	141	1044	227	6092	.	35	19
	2006	12773	8105	201	128	1214	230	6689	.	48	32
	2007	15137	9332	220	129	1866	314	7246	.	44	36
South-Eastern Europe	2000	1634	1069	0	0	864	148	205	174	26	18
	2004	4016	2249	2	0	1912	290	336	310	25	14
	2005	4632	2190	1	0	1900	311	289	267	33	15
	2006	5386	3227	2	1	2979	535	246	228	59	50
	2007	7324	4288	2	1	4095	690	191	187	54	30
Commonwealth of Independent States	2000	12715	3621	60	58	2406	356	1156	1077	1740	1287
	2004	29239	9532	148	147	7347	881	2037	1924	4000	2762
	2005	32810	10299	227	221	8200	1087	1871	1771	5277	3560
	2006	35392	13096	314	308	9727	1259	3055	2908	6788	4550
	2007	44803	14964	592	584	12187	1644	2185	2145	10033	6459
Russian Federation	2000	6146	2251	40	40	1537	288	674	639	379	91
	2004	14869	5939	86	85	4204	543	1649	1599	1287	490
	2005	16965	6440	91	90	4938	728	1411	1373	1848	682
	2006	17251	7816	99	98	5585	824	2132	2052	2399	893
	2007	20648	8959	214	212	7330	1075	1415	1403	3445	1344

For general note and footnotes see end of table

Exportations mondiales par classes de marchandises et par régions (suite)

En millions de dollars E.-U. f.o.b.

←— Exportations vers

South-Eastern Europe Europe du Sud-Est	Northern Africa Afrique septentrio-nale	Sub-Saharan Africa Afrique subsahari-enne	Latin America and the Caribbean Amérique latine et Caraïbes	Eastern Asia Asie orientale	Southern Asia Asie méridionale	South-eastern Asia Asie du Sud-Est	Western Asia Asie occidentale	Oceania Océanie	OPEC OPEP	Année	Exportations en provenance de ↓
Fer et acier (CTCI, Rev. 3, 67)											
995	1787	1625	6649	20910	2808	9056	5926	107	6017	2000	Monde 1/
2691	3796	4260	10251	44169	7732	18596	13658	171	15759	2004	
3266	4866	5148	13084	49127	11406	23552	18715	212	21910	2005	
4109	5845	5874	16612	46686	12571	24233	25131	234	27384	2006	
6387	7345	7939	19181	55379	19636	33362	34576	279	38118	2007	
1	57	172	703	7098	468	3633	479	54	1136	2000	Economies Développés -
6	52	213	662	12985	711	5570	608	73	1614	2004	Asie-Pacifique 2/
13	82	289	756	14389	808	6962	1048	89	2506	2005	
10	163	274	1120	15106	1075	6688	1554	93	2763	2006	
8	210	307	1224	17494	1212	8177	1861	127	3111	2007	
1	57	159	650	6971	456	3516	460	6	1085	2000	Japon
6	52	204	648	12831	701	5449	571	2	1539	2004	
12	81	282	749	14318	803	6844	1027	5	2449	2005	
8	162	268	1105	15020	1059	6537	1537	3	2703	2006	
7	207	292	1173	17358	1201	7918	1830	2	3050	2007	
342	776	524	1185	1286	685	651	1759	20	1434	2000	Economies Développés -
1220	1599	1084	2018	3655	2111	1201	3947	42	3773	2004	Europe 2/
1581	1827	1353	2796	5014	2917	1805	4930	37	5007	2005	
2001	2455	1438	3056	4990	3138	1773	6487	39	7231	2006	
3073	3142	2027	3538	5716	3701	2164	8540	34	8352	2007	
11	180	92	150	146	82	80	230	13	198	2000	France
36	243	143	196	297	300	115	427	20	504	2004	
58	274	198	281	416	381	154	675	19	774	2005	
74	276	237	258	494	392	150	806	18	926	2006	
105	361	351	278	541	492	202	1026	17	1075	2007	
50	111	101	317	441	233	141	422	0	383	2000	Allemagne
151	169	210	548	1235	743	307	726	3	1015	2004	
194	202	162	677	1662	1075	343	949	2	1366	2005	
272	286	221	687	1940	1395	377	1377	4	2133	2006	
338	332	334	796	1842	1407	424	1687	0	2263	2007	
1	23	40	1681	254	80	139	82	2	152	2000	Economies Développés -
7	45	88	2056	548	145	226	164	1	272	2004	Amérique du Nord 2/
29	108	154	2688	780	294	174	208	1	387	2005	
8	106	242	3266	685	231	224	327	2	511	2006	
14	154	231	3789	984	365	364	467	3	734	2007	
1	22	39	1642	239	62	132	77	2	147	2000	Etats-Unis
6	42	82	1962	503	99	215	149	1	260	2004	
25	101	145	2534	723	223	163	189	1	372	2005	
7	103	230	2934	642	187	208	308	2	494	2006	
13	142	216	3431	922	257	349	427	3	699	2007	
101	19	1	58	47	19	12	279	0	55	2000	Europe du Sud-Est
476	40	14	34	200	125	61	787	0	157	2004	
506	42	24	150	146	292	81	1163	0	197	2005	
653	41	18	36	7	154	46	1144	0	149	2006	
971	124	4	44	45	287	24	1484	0	225	2007	
473	597	213	475	2548	727	818	1501	1	1148	2000	Communauté d'Etats
753	1066	475	720	5023	2180	1868	3622	0	3274	2004	Indépendants
760	1600	600	737	3963	3108	1957	4510	0	3700	2005	
1088	1662	565	1236	2300	2397	907	5220	0	3281	2006	
1319	1638	805	976	2153	4311	1409	7194	.	5513	2007	
122	235	103	271	1360	377	403	644	.	428	2000	Fédération de Russie
85	225	121	279	3327	1203	862	1540	.	1223	2004	
113	413	189	256	2916	1800	1039	1951	.	1803	2005	
204	443	135	433	1761	1427	392	2241	.	1463	2006	
255	376	135	186	1405	2756	474	2655	.	2632	2007	

Voir la fin du tableau pour la remarque générale et les notes.

World exports by commodity classes and by regions (continued)

In million U.S. dollars f.o.b.

Exports from	Year	World 1/ Monde 1/	Developed economies 2/ Economies en voie de développement 2/ Total	Asia-Pacific Asie-Pacifique Total	Japan Japon	Europe Total	Germany Allemagne	North America Amérique du Nord Total	U.S.A. É.-U.	Commonwealth of Independent States Communauté d'Etats Indépendants Total	Europe
						Iron and steel (SITC, Rev. 3, 67) [cont.]					
Northern Africa	2000	332	201	8	8	186	5	8	5	7	0
	2004	1107	645	3	3	483	14	160	133	1	1
	2005	1087	462	2	2	400	9	60	60	6	3
	2006	1619	872	3	3	689	18	180	179	28	28
	2007	1646	869	9	4	837	12	22	22	24	23
Sub-Saharan Africa	2000	3025	1814	315	284	941	101	557	487	1	1
	2004	6130	3324	564	486	1915	340	845	776	14	14
	2005	6356	3219	633	542	1849	363	738	671	14	14
	2006	6343	3324	458	377	2096	452	771	721	15	12
	2007	8256	3652	586	532	2258	468	809	757	31	30
South Africa	2000	2758	1709	275	245	877	81	557	486	1	1
	2004	5650	3172	539	462	1808	319	824	754	14	13
	2005	5864	3091	633	542	1807	362	651	584	14	14
	2006	5648	3285	458	377	2077	451	751	702	15	11
	2007	7460	3631	584	532	2242	468	805	754	31	30
Latin America and the Caribbean	2000	8158	5110	228	214	1405	171	3476	3202	3	1
	2004	15316	8741	220	209	2196	187	6326	5833	18	14
	2005	19325	10384	295	240	2991	463	7098	6543	58	34
	2006	20159	11064	353	285	3612	633	7099	6439	112	42
	2007	22882	12105	503	432	4769	880	6833	6597	121	74
Brazil	2000	3633	2261	145	137	716	89	1400	1273	0	0
	2004	7096	3669	150	142	955	121	2564	2285	9	8
	2005	9067	4515	192	158	1232	206	3091	2799	30	30
	2006	9454	5124	245	203	1649	313	3230	2847	28	25
	2007	10106	5247	246	212	2184	533	2817	2719	33	32
Eastern Asia	2000	17591	6217	2503	2249	1136	38	2577	2213	29	6
	2004	35972	10817	3988	3432	2441	128	4387	3788	149	100
	2005	45243	13363	5413	4511	2757	154	5193	4408	443	232
	2006	60827	21838	4851	3889	7834	491	9153	7948	689	466
	2007	85214	28421	6418	5090	13251	886	8752	7612	1878	1352
China	2000	4391	1673	627	597	385	12	661	566	17	3
	2004	13878	4891	1444	1294	1426	59	2022	1691	85	45
	2005	19278	6388	1907	1532	1876	90	2605	2164	293	107
	2006	32519	12441	1825	1445	5628	389	4990	4299	560	356
	2007	51511	17548	2694	2122	9657	736	5200	4458	1622	1142
Southern Asia	2000	1578	690	48	41	307	30	335	279	4	0
	2004	5660	2462	93	52	1492	85	877	818	19	9
	2005	6157	1980	91	38	1132	90	758	723	37	20
	2006	8421	3447	128	84	2217	134	1102	1068	94	67
	2007	10015	4271	191	146	2833	239	1248	1204	121	78
Sourth-Eastern Asia	2000	2644	947	227	127	284	22	435	385	1	1
	2004	5997	1639	606	186	378	17	655	487	253	115
	2005	6745	1401	644	187	314	28	443	382	129	88
	2006	9100	2408	718	186	754	37	936	800	102	100
	2007	12399	2582	979	269	893	86	710	671	20	13
Western Asia	2000	2482	1072	6	3	748	49	319	275	9	3
	2004	7731	3201	5	3	1992	102	1204	1066	90	23
	2005	7431	2420	8	6	1574	113	838	723	115	57
	2006	6637	2023	4	2	1219	70	799	799	86	51
	2007	7996	1936	10	8	1639	128	287	286	285	174
Oceania	2000	371	227	65	63	130	1	32	32	.	.
	2004	616	256	140	140	95	0	22	22	0	0
	2005	722	331	110	110	197	1	24	24	.	.
	2006	663	337	113	113	201	2	23	23	0	0
	2007	951	585	210	209	335	.	41	41	.	.

For general note and footnotes see end of table

Exportations mondiales par classes de marchandises et par régions (suite)

En millions de dollars E.-U. f.o.b.

← Exportations vers

South-Eastern Europe Europe du Sud-Est	Northern Africa Afrique septentrionale	Sub-Saharan Africa Afrique subsaharienne	Latin America and the Caribbean Amérique latine et Caraïbes	Eastern Asia Asie orientale	Southern Asia Asie méridionale	South-eastern Asia Asie du Sud-Est	Western Asia Asie occidentale	Oceania Océanie	OPEC OPEP	Année	Exportations en provenance de ↓
					Fer et acier (CTCI, Rev. 3, 67) *[suite]*						
0	72	12	0	5	0	5	28	.	21	2000	Afrique septentrionale
3	163	34	2	43	20	13	179	.	132	2004	
0	160	70	7	1	40	14	323	.	272	2005	
1	203	58	3	5	17	1	420	.	228	2006	
22	222	50	2	1	1	21	429	.	224	2007	
0	2	298	164	424	75	131	116	0	112	2000	Afrique subsaharienne
19	6	796	226	1032	133	343	223	2	262	2004	
3	7	938	204	1027	303	336	295	3	373	2005	
10	13	1236	290	688	236	280	237	1	255	2006	
57	31	1653	330	1514	231	413	314	3	388	2007	
0	2	190	164	408	74	131	79	0	73	2000	Afrique du sud
19	6	516	221	1008	129	343	220	2	249	2004	
1	7	596	202	1021	295	336	294	3	365	2005	
9	13	597	289	686	229	280	235	1	240	2006	
56	30	891	330	1512	227	411	313	3	373	2007	
0	63	93	1903	582	48	199	147	0	298	2000	Amérique latine et Caraïbes
0	118	444	3700	1615	81	437	156	0	404	2004	
55	205	437	4731	2253	101	695	401	1	1118	2005	
33	308	468	5358	1398	296	368	752	0	1471	2006	
29	452	442	5989	2034	345	714	646	3	1513	2007	
.	39	21	666	383	21	160	81	0	100	2000	Brésil
.	60	178	1597	1110	39	374	60	0	167	2004	
0	81	267	2072	1448	36	525	92	0	297	2005	
0	74	274	2674	770	120	277	112	0	385	2006	
0	114	228	2572	1066	101	574	173	0	429	2010	
51	40	81	340	7802	343	2191	481	14	817	2000	Asie orientale
29	132	385	648	15994	1187	5620	986	23	2263	2004	
32	191	409	853	19191	1828	7536	1364	31	3074	2005	
67	375	802	1980	19549	3262	9061	3167	36	4885	2006	
255	732	1299	3000	23499	6412	13321	6339	61	9317	2007	
15	12	35	62	1717	81	581	196	0	262	2000	Chine
12	92	282	312	4829	379	2657	335	2	869	2004	
13	139	279	400	6605	684	3933	538	6	1262	2005	
31	277	624	1154	8624	1844	5330	1620	11	2474	2006	
179	559	1112	1876	12280	4339	7965	4010	20	6133	2007	
1	7	129	33	152	157	183	224	0	253	2000	Asie méridionale
1	60	479	65	959	483	526	601	1	822	2004	
2	32	504	81	775	919	634	1159	1	1530	2005	
12	81	518	188	890	858	667	1651	2	1892	2006	
66	79	655	211	715	1036	705	2140	1	2282	2007	
0	14	10	30	423	126	1012	68	15	122	2000	Asie Sud-Est
1	29	37	27	932	214	2663	177	25	840	2004	
0	35	61	40	1071	371	3315	274	46	1309	2005	
0	53	117	56	761	599	4211	738	53	1671	2006	
3	119	247	74	924	1391	6040	954	45	2848	2007	
26	118	50	78	152	73	83	761	.	469	2000	Asie occidentale
176	487	166	93	886	326	68	2208	1	1948	2004	
286	578	277	39	178	422	29	3041	0	2438	2005	
226	385	104	23	32	299	6	3433	.	3048	2006	
570	443	144	4	23	335	10	4208	.	3613	2007	
0	.	0	.	138	5	0	.	1	0	2000	Océanie
0	.	44	0	298	14	0	.	3	.	2004	
.	0	32	0	339	4	12	0	3	.	2005	
.	.	34	0	274	9	0	0	9	0	2006	
0	.	76	1	277	9	0	0	2	0	2007	

Voir la fin du tableau pour la remarque générale et les notes.

SPECIAL TABLE: D

World exports by commodity classes and by regions (continued)

In million U.S. dollars f.o.b.

Exports from	Year	World 1/ Monde 1/	Developed economies 2/ Economies en voie de développement 2/	Asia-Pacific Asie-Pacifique		Europe		North America Amérique du Nord		Commonwealth of Independent States Communauté d'Etats Indépendants	
			Total	Total	Japan Japon	Total	Germany Allemagne	Total	U.S.A. É.-U.	Total	Europe
Non-ferrous metals (SITC, Rev. 3, 68)											
World 1/	2000	114018	80514	8883	8245	50903	9882	20728	17702	850	753
	2004	166585	109754	11876	10981	71847	14384	26032	21976	1312	1147
	2005	193428	125513	12803	11849	81149	15626	31561	26976	1612	1355
	2006	301313	199365	18895	17541	134587	25692	45883	40051	2501	2118
	2007	349488	227785	21523	19891	157442	29201	48820	43164	3275	2736
Developed Economies - Asia-Pacific 2/	2000	10459	3590	1687	1490	869	175	1034	989	18	3
	2004	11854	3177	1772	1543	664	105	741	702	25	19
	2005	13854	3613	1888	1661	830	103	896	858	22	12
	2006	20294	4830	2452	2163	1212	117	1166	1125	35	17
	2007	24675	6104	2873	2488	1988	158	1244	1212	61	26
Japan	2000	4854	993	31	.	348	105	614	590	18	3
	2004	5715	773	24	.	314	92	435	420	25	18
	2005	6659	951	30	.	343	83	579	553	22	12
	2006	9981	1231	42	.	529	96	660	631	35	17
	2007	12297	1572	54	.	836	141	682	670	61	26
Developed Economies - Europe 2/	2000	45216	40181	1553	1401	34142	8197	4486	4303	309	296
	2004	62964	54079	1449	1254	48106	11730	4525	4172	711	688
	2005	71098	60832	1382	1165	54180	12814	5270	4870	820	791
	2006	105586	92302	2137	1812	82838	20519	7326	6937	1152	1097
	2007	124163	107292	2659	2290	96581	23589	8052	7727	1372	1318
France	2000	3859	3505	50	43	3256	922	198	183	7	6
	2004	5187	4523	67	53	4223	1241	233	212	20	19
	2005	5596	4868	75	53	4505	1322	288	265	20	20
	2006	8162	7163	87	65	6729	2127	347	320	25	25
	2007	9178	7880	127	105	7392	2338	362	329	48	48
Germany	2000	10368	8666	319	266	7378	.	969	912	124	119
	2004	15464	12474	251	194	10842	.	1380	1299	305	296
	2005	18150	14676	340	275	12708	.	1629	1517	345	334
	2006	26489	21616	465	382	18698	.	2453	2362	528	494
	2007	30959	25306	524	437	22152	.	2630	2516	576	552
Developed Economies - North America 2/	2000	16445	12861	1067	1006	2325	298	9469	6794	8	8
	2004	19828	15145	1161	1089	2536	445	11447	8591	6	4
	2005	23416	17562	1325	1247	3065	528	13171	10089	17	9
	2006	35549	26924	2034	1928	6004	669	18886	14850	27	20
	2007	39422	29685	2767	2658	6350	954	20568	16452	43	36
United States	2000	8272	5132	729	685	1728	289	2675	.	8	8
	2004	8888	5248	555	502	1837	424	2856	.	6	3
	2005	10914	6059	726	675	2251	504	3082	.	16	8
	2006	16894	10069	1245	1172	4789	648	4036	.	26	19
	2007	16834	9524	1745	1682	3663	873	4116	.	43	35
South-Eastern Europe	2000	1376	1093	3	3	1069	73	21	13	12	12
	2004	1997	1540	0	0	1510	114	29	28	6	6
	2005	2576	1931	1	0	1849	154	81	80	10	10
	2006	4654	3438	1	1	3326	277	111	111	21	21
	2007	5228	4073	1	0	4016	305	56	54	20	19
Commonwealth of Independent States	2000	10545	8849	1133	1132	6475	738	1241	1236	468	412
	2004	13726	10835	1351	1346	8270	884	1214	1200	382	322
	2005	15787	12721	1327	1322	9847	809	1546	1539	430	354
	2006	27060	21565	2126	2123	17504	2170	1935	1896	815	667
	2007	32113	25586	1793	1787	21708	1822	2085	2045	1250	982
Russian Federation	2000	8137	7079	1096	1095	4927	283	1056	1053	76	32
	2004	10571	9050	1316	1312	6595	665	1139	1126	149	99
	2005	11922	10464	1277	1272	7988	542	1199	1193	230	160
	2006	20573	17457	2079	2076	13633	1603	1746	1712	418	279
	2007	24409	21430	1738	1733	17733	1459	1959	1937	616	371

For general note and footnotes see end of table

Exportations mondiales par classes de marchandises et par régions (suite)

En millions de dollars E.-U. f.o.b.

⟵ Exportations vers

South-Eastern Europe Europe du Sud-Est	Northern Africa Afrique septentrionale	Sub-Saharan Africa Afrique subsaharienne	Latin America and the Caribbean Amérique latine et Caraïbes	Eastern Asia Asie orientale	Southern Asia Asie méridionale	South-eastern Asia Asie du Sud-Est	Western Asia Asie occidentale	Oceania Océanie	OPEC OPEP	Année	Exportations en provence de ↓

Metaux non ferreux (CTCI, Rev. 3, 68)

South-Eastern Europe	Northern Africa	Sub-Saharan Africa	Latin America and the Caribbean	Eastern Asia	Southern Asia	South-eastern Asia	Western Asia	Oceania	OPEC	Année	Exportations en provence de
318	429	760	4395	16649	1328	5782	2540	20	1963	2000	Monde 1/
924	706	1108	5494	29823	2363	9357	4665	29	3876	2004	
955	957	1316	6973	33392	4022	11197	6046	34	5233	2005	
1641	1667	1545	10692	51095	4360	17520	9602	49	7383	2006	
2090	2250	2242	12372	59808	6156	20426	11559	49	9139	2007	
0	2	82	49	4512	134	1964	99	8	340	2000	Economies Développés -
0	6	59	56	5368	198	2770	183	13	575	2000	Asie-Pacifique 2/
4	3	53	58	6414	172	3280	216	17	698	2005	
1	5	78	52	9861	272	4774	366	19	1028	2006	
6	69	70	59	11617	427	5484	758	20	1414	2007	
0	2	14	30	2580	49	1118	53	0	146	2000	Japon
0	4	4	27	3273	72	1415	122	0	270	2004	
1	3	4	23	3941	68	1468	178	0	286	2005	
0	4	11	24	6082	95	2243	255	0	516	2006	
6	6	20	33	7411	98	2759	333	0	720	2010	
187	297	223	563	1505	423	395	760	6	398	2000	Economies Développés -
451	493	265	648	2886	579	563	1359	10	761	2004	Europe 2/
505	662	299	756	3047	814	588	1514	10	883	2005	
858	995	364	1003	4334	544	713	2062	21	1182	2006	
1199	1209	455	1197	5661	977	1102	2265	19	1265	2007	
3	74	32	24	88	9	35	77	3	31	2000	France
8	135	42	46	160	26	52	160	4	90	2004	
7	143	49	54	202	35	46	165	5	94	2005	
12	207	63	64	246	38	42	292	6	135	2006	
23	239	79	79	356	58	43	363	7	143	2007	
35	55	73	308	433	57	152	207	0	121	2000	Allemagne
75	97	74	306	829	121	196	462	1	230	2004	
100	124	84	348	989	145	228	497	1	263	2005	
224	246	108	492	1244	210	344	585	1	335	2010	
314	266	143	543	1447	262	428	712	1	428	2007	
2	6	186	1752	1153	21	258	198	1	130	2000	Economies Développés -
2	5	22	2131	1890	58	306	265	0	141	2004	Amérique du Nord 2/
4	8	36	2750	2300	61	358	318	0	207	2005	
5	13	48	3950	3597	104	464	418	1	299	2006	
8	18	132	4195	3958	308	590	481	0	320	2007	
2	5	185	1692	870	17	176	185	1	114	2000	Etats-Unis
2	4	20	2000	1139	34	193	242	0	117	2004	
4	5	32	2607	1616	46	222	306	0	176	2005	
5	9	30	3718	2321	68	263	383	1	255	2006	
8	16	72	3949	2215	244	353	408	0	288	2007	
94	19	2	20	7	4	2	125	.	9	2000	Europe du Sud-Est
173	16	0	1	5	1	0	254	.	1	2004	
180	17	2	2	22	1	2	357	0	2	2005	
391	22	1	1	42	4	24	709	0	2	2006	
424	18	3	4	66	46	6	568	0	4	2007	
11	1	6	79	830	51	20	229	0	12	2000	Communauté d'Etats
204	1	2	59	1133	159	51	900	0	130	2000	Indépendants
131	1	1	31	1314	159	82	916	.	123	2005	
239	0	1	32	2396	105	113	1793	0	57	2006	
292	1	2	253	1945	114	70	2601	.	78	2007	
4	0	6	73	678	21	18	181	.	3	2000	Fédération de Russie
97	1	2	58	512	26	34	643	.	29	2004	
75	1	1	29	448	29	55	590	.	13	2005	
168	0	1	31	1217	32	89	1160	0	15	2006	
238	1	1	248	366	41	46	1422	.	29	2007	

Voir la fin du tableau pour la remarque générale et les notes.

World exports by commodity classes and by regions (continued)

In million U.S. dollars f.o.b.

Exports from	Year	World 1/ Monde 1/	Developed economies 2/ Economies en voie de développement 2/							Commonwealth of Independent States Communauté d'Etats Indépendants	
				Asia-Pacific Asie-Pacifique		Europe		North America Amérique du Nord			
			Total	Total	Japan Japon	Total	Germany Allemagne	Total	U.S.A. É.-U.	Total	Europe

Non-ferrous metals (SITC, Rev. 3, 68) *[cont.]*

Exports from	Year	World 1/ Monde 1/	Total	Total	Japan Japon	Total	Germany Allemagne	Total	U.S.A. É.-U.	Total	Europe
Northern Africa	2000	267	214	8	8	202	4	4	4	0	0
	2004	308	243	13	13	229	6	1	1	.	.
	2005	375	297	6	6	283	6	8	8	2	2
	2006	441	333	5	5	323	14	5	5	1	0
	2007	732	599	5	5	581	18	14	14	0	.
Sub-Saharan Africa	2000	2282	1367	315	311	912	32	139	130	0	0
	2004	9237	7066	1887	1870	3474	565	1705	1693	0	0
	2005	9106	7249	2266	2252	3086	569	1897	1889	0	0
	2006	16124	13104	3540	3516	6913	785	2651	2643	3	2
	2007	19857	16172	4185	4135	8444	1091	3543	3521	9	9
South Africa	2000	1209	526	246	242	169	7	110	102	0	0
	2004	6937	5242	1847	1830	1799	560	1597	1587	0	0
	2005	7463	6250	2247	2234	2108	534	1895	1887	0	0
	2006	10810	9418	3507	3484	3264	683	2647	2639	0	.
	2007	13019	11509	4149	4100	3820	905	3539	3517	6	6
Latin America and	2000	11194	7857	1142	1135	3428	170	3286	3265	2	2
the Caribbean	2004	17620	10899	1075	1064	4967	238	4857	4327	6	0
	2005	21256	13049	1066	1055	5399	272	6583	5804	38	0
	2006	35275	23668	1609	1590	11481	684	10578	9639	28	0
	2007	40435	24142	1876	1774	12135	653	10131	9399	9	2
Brazil	2000	1757	1477	391	388	735	11	350	348	1	1
	2004	2421	1964	475	472	685	5	804	787	0	0
	2005	2644	2074	482	478	706	9	886	813	0	0
	2006	4162	3319	724	712	1631	35	964	868	0	0
	2007	4618	3363	751	737	2057	53	556	545	2	2
Eastern Asia	2000	9406	2290	965	854	672	75	653	593	9	8
	2004	18530	4268	2098	1850	1130	165	1041	804	113	76
	2005	21587	5197	2414	2132	1273	177	1510	1254	183	125
	2006	35296	8450	3280	2892	2733	237	2437	2082	329	238
	2007	38283	8797	3148	2768	3268	331	2381	2026	393	276
China	2000	3363	1340	563	498	500	29	278	252	6	5
	2004	9276	3070	1496	1315	893	68	681	518	106	69
	2005	10940	3922	1688	1479	1053	74	1181	967	174	117
	2006	18230	5936	2066	1793	1874	167	1996	1710	311	223
	2007	19227	6254	1765	1506	2575	251	1914	1613	377	266
Southern Asia	2000	551	100	8	6	63	16	29	26	2	1
	2004	1663	128	14	10	63	17	50	49	4	1
	2005	2559	238	25	16	138	42	75	73	8	5
	2006	5569	1065	44	32	875	50	145	139	9	7
	2007	5721	871	37	26	742	42	93	84	6	4
South-Eastern Asia	2000	3876	1079	769	683	160	9	150	140	3	2
	2004	6012	1363	853	777	245	8	265	260	2	2
	2005	7301	1556	907	821	384	14	265	257	4	3
	2006	11223	2458	1484	1324	583	32	392	377	8	7
	2007	14511	3067	2056	1863	586	33	425	406	15	12
Western Asia	2000	2401	1033	232	215	585	96	216	209	18	9
	2004	2843	1009	199	162	653	108	157	150	55	28
	2005	4512	1266	194	172	813	137	259	255	78	44
	2006	4238	1227	179	155	797	139	251	248	74	41
	2007	4345	1393	123	98	1041	206	229	226	95	53
Oceania	2000	1	1	0	.	0	.	0	0	.	.
	2004	3	3	3	.	0	0	0	0	.	.
	2005	3	2	2	.	0	.	0	0	.	.
	2006	3	3	3	.	0	0	0	.	.	.
	2007	5	2	1	.	2	.	0	0	0	0

For general note and footnotes see end of table

Exportations mondiales par classes de marchandises et par régions (suite)

En millions de dollars E.-U. f.o.b.

South-Eastern Europe / Europe du Sud-Est	Northern Africa / Afrique septentrionale	Sub-Saharan Africa / Afrique subsaharienne	Latin America and the Caribbean / Amérique latine et Caraïbes	Eastern Asia / Asie orientale	Southern Asia / Asie méridionale	South-eastern Asia / Asie du Sud-Est	Western Asia / Asie occidentale	Oceania / Océanie	OPEC / OPEP	Année	Exportations en provence de ↓
Metaux non ferreux (CTCI, Rev. 3, 68) [suite]												

South-Eastern Europe	Northern Africa	Sub-Saharan Africa	Latin America and the Caribbean	Eastern Asia	Southern Asia	South-eastern Asia	Western Asia	Oceania	OPEC	Année	Exportations en provence de
0	18	2	0	2	0	11	19	.	11	2000	Afrique septentrionale
2	25	3	0	20	1	5	10	.	12	2004	
.	39	4	1	7	1	8	15	.	20	2005	
0	66	4	1	16	3	3	13	.	16	2006	
.	78	5	1	23	5	4	14	.	19	2007	
0	1	174	82	425	10	145	78	0	45	2000	Afrique subsaharienne
0	1	529	25	1257	38	259	59	.	100	2004	
1	10	616	53	798	56	219	103	0	159	2005	
14	161	466	83	1279	145	663	206	0	267	2006	
10	236	820	65	1423	274	461	353	0	393	2007	
0	0	40	48	394	9	143	49	0	30	2000	Afrique du sud
0	1	116	23	1212	37	251	55	.	82	2004	
0	3	131	51	694	44	186	102	.	98	2005	
0	3	141	78	816	60	190	102	0	130	2006	
0	3	234	64	746	174	132	117	0	125	2007	
0	6	17	1767	1240	11	58	207	.	224	2000	Amérique latine et
0	17	32	2420	3698	8	212	242	0	253	2000	Caraïbes
1	14	50	3131	4381	22	208	327	0	291	2005	
4	16	84	5235	5219	47	440	505	0	462	2006	
2	30	76	6128	9309	13	224	490	0	573	2007	
.	3	10	207	17	6	13	23	.	23	2000	Brésil
0	14	20	297	38	0	13	74	0	85	2004	
1	9	37	389	40	11	17	67	0	105	2005	
2	10	53	601	24	14	33	107	0	151	2006	
2	16	60	762	281	4	42	87	0	150	2007	
2	6	25	68	5432	289	1122	160	1	237	2000	Asie orientale
9	37	99	142	10958	492	2099	311	3	576	2004	
14	52	120	168	12603	622	2266	359	3	634	2005	
24	100	265	300	20047	959	4048	771	3	1251	2006	
59	174	422	376	20744	1307	4875	1131	5	1849	2007	
2	2	15	21	1541	32	352	52	0	49	2000	Chine
8	27	66	92	4526	214	998	169	0	287	2004	
13	38	92	127	4955	297	1050	270	2	394	2005	
21	75	203	233	8515	560	1864	509	2	648	2006	
55	124	362	319	8099	698	2156	779	4	1079	2007	
0	3	9	3	102	57	160	114	0	88	2000	Asie méridionale
0	5	36	2	321	327	372	460	0	449	2004	
0	10	56	8	372	523	463	880	0	876	2005	
4	105	111	12	1046	699	917	1601	0	1412	2006	
7	186	146	15	890	896	1126	1576	0	1444	2007	
1	5	17	5	1015	259	1429	61	3	124	2000	Asie Sud-Est
0	17	30	10	1706	260	2534	87	2	306	2004	
0	20	28	8	1718	408	3447	109	2	391	2005	
2	43	58	12	2858	581	4987	213	3	535	2006	
0	61	47	67	3872	829	6255	294	4	885	2007	
20	65	16	6	428	70	217	491	0	344	2000	Asie occidentale
82	82	32	3	583	242	188	536	0	573	2004	
114	120	51	5	417	1183	275	933	0	950	2005	
100	139	65	12	399	897	373	944	0	873	2006	
83	172	64	11	300	959	227	1029	0	895	2007	
.	.	0	.	0	0	.	.	0	.	2000	Océanie
.	.	0	.	.	0	0	.	0	0	2004	
.	.	.	.	.	0	.	.	0	.	2005	
.	.	.	.	0	.	0	.	0	.	2006	
.	.	0	0	0	.	2	.	0	.	2007	

Voir la fin du tableau pour la remarque générale et les notes.

SPECIAL TABLE: D

World exports by commodity classes and by regions (continued)

In million U.S. dollars f.o.b.

Exports from	Year	World 1/ Monde 1/	Developed economies 2/ Economies en voie de développement 2/							Commonwealth of Independent States Communauté d'Etats Indépendants	
			Total	Asia-Pacific Asie-Pacifique Total	Japan Japon	Europe Total	Germany Allemagne	North America Amérique du Nord Total	U.S.A. É.-U.	Total	Europe
Other manufactured metal products (SITC, Rev. 3, 691-695, 699 and 812)											
World 1/	2000	117707	88585	4461	3156	57062	12710	27062	19478	1318	1001
	2004	176060	129828	7369	5140	89489	18640	32971	25702	4164	3277
	2005	201056	146060	9056	6360	99603	19811	37401	29206	5544	4488
	2006	236678	168629	10603	7597	115817	23253	42209	32942	7888	6501
	2007	283801	199394	11983	8276	141987	28796	45424	35567	10315	8419
Developed Economies - Asia-Pacific 2/	2000	6628	2983	251	23	861	168	1871	1763	8	6
	2004	8778	3646	388	35	1166	235	2092	1986	15	13
	2005	9378	3657	475	37	1205	266	1977	1882	25	22
	2006	10155	3877	406	58	1280	304	2191	2070	38	36
	2007	11031	4120	461	30	1490	364	2169	2046	80	73
Japan	2000	6114	2676	70	.	820	162	1786	1693	8	5
	2004	7960	3156	78	.	1105	227	1973	1877	14	13
	2005	8454	3130	154	.	1127	253	1848	1762	24	22
	2006	9178	3335	85	.	1196	288	2054	1941	37	35
	2007	9873	3542	129	.	1388	349	2025	1909	77	71
Developed Economies - Europe 2/	2000	59938	52051	905	549	47059	10408	4087	3636	743	637
	2004	97662	82608	1347	770	75740	15866	5521	4901	2453	2128
	2005	108198	90866	1431	813	83229	16646	6206	5463	3038	2710
	2006	126358	104592	1604	918	96123	19535	6865	6002	4224	3842
	2007	153764	126114	1950	1061	116577	23891	7587	6724	5529	5076
France	2000	6147	5280	64	44	4751	1283	464	384	32	25
	2004	8432	6989	100	62	6398	1678	492	423	80	56
	2005	9322	7553	101	55	6858	1789	594	482	93	79
	2006	10219	8201	148	65	7524	1979	528	456	96	82
	2007	12419	9817	238	78	8981	2326	598	511	127	107
Germany	2000	15167	13206	266	161	11808	.	1132	1036	217	190
	2004	25861	21659	463	272	19482	.	1714	1561	763	708
	2005	29993	25157	489	287	22755	.	1913	1727	907	824
	2006	35624	29221	568	340	26381	.	2271	2023	1348	1242
	2007	41842	34070	582	323	31043	.	2445	2187	1771	1633
Developed Economies - North America 2/	2000	20273	13612	580	410	2211	425	10821	4367	32	24
	2004	19950	13407	723	470	2385	445	10300	4708	101	56
	2005	22377	15111	825	559	2875	510	11410	5222	102	63
	2006	25824	16978	987	683	3465	589	12526	5615	124	85
	2007	28110	18377	1195	855	4077	698	13105	5849	146	113
United States	2000	15573	9038	550	392	2037	402	6451	.	25	18
	2004	14783	8484	675	452	2225	427	5584	.	81	39
	2005	16608	9643	772	539	2695	488	6177	.	76	46
	2006	19561	11067	922	651	3245	554	6901	.	101	66
	2007	21383	12146	1113	817	3785	654	7248	.	110	84
South-Eastern Europe	2000	356	269	0	0	254	58	14	14	12	9
	2004	1000	773	1	0	754	158	18	13	36	32
	2005	1253	958	1	0	946	191	12	6	48	42
	2006	1621	1285	1	0	1263	240	21	10	70	59
	2007	2369	1762	2	1	1728	334	33	24	175	151
Commonwealth of Independent States	2000	2131	1630	27	26	1509	640	95	92	366	248
	2004	2124	864	33	31	598	232	232	221	787	541
	2005	2240	836	25	23	631	145	181	168	1010	665
	2006	2832	1071	41	37	735	164	295	284	1389	943
	2007	3461	1253	51	48	866	258	335	323	1832	1201
Russian Federation	2000	1780	1527	24	24	1416	626	87	85	147	52
	2004	943	354	29	28	219	71	105	99	294	109
	2005	1214	451	17	16	274	79	160	151	464	187
	2006	1615	673	36	32	370	96	267	259	646	303
	2007	1962	822	45	41	461	174	316	308	874	371

For general note and footnotes see end of table

Exportations mondiales par classes de marchandises et par régions (suite)

En millions de dollars E.-U. f.o.b.

⟵ Exportations vers

South-Eastern Europe Europe du Sud-Est	Northern Africa Afrique septentrionale	Sub-Saharan Africa Afrique subsaharienne	Latin America and the Caribbean Amérique latine et Caraïbes	Eastern Asia Asie orientale	Southern Asia Asie méridionale	South-eastern Asia Asie du Sud-Est	Western Asia Asie occidentale	Oceania Océanie	OPEC OPEP	Année	Exportations en provence de
											↓

Autres produits en metal manufacturés (CTCI, Rev. 3, 691-695, 699 et 812)

South-Eastern Europe Europe du Sud-Est	Northern Africa Afrique septentrionale	Sub-Saharan Africa Afrique subsaharienne	Latin America and the Caribbean Amérique latine et Caraïbes	Eastern Asia Asie orientale	Southern Asia Asie méridionale	South-eastern Asia Asie du Sud-Est	Western Asia Asie occidentale	Oceania Océanie	OPEC OPEP	Année	Exportations en provence de
673	933	1617	8282	6619	1043	5170	3067	160	2938	2000	Monde 1/
2000	1931	3000	8437	11434	2049	7316	5167	265	6155	2004	
2487	1870	3847	9867	12467	2645	8337	6827	274	7906	2005	
3204	2143	4528	11975	14962	3183	9856	9243	338	10363	2006	
4295	2728	6117	13894	17301	4480	12286	11862	405	13631	2007	
1	14	51	221	1615	165	1418	83	68	320	2000	Economies Développés -
4	11	113	265	2578	120	1792	120	107	440	2004	Asie-Pacifique 2/
5	20	84	308	2951	134	1930	131	126	437	2005	
8	26	102	325	3279	173	1958	229	137	475	2010	
27	23	122	368	3527	225	2160	213	158	552	2007	
1	13	45	216	1585	158	1336	71	5	272	2000	Japon
3	10	92	257	2541	114	1669	101	4	359	2004	
5	17	57	296	2905	125	1781	110	5	337	2005	
7	24	64	314	3232	157	1802	203	4	366	2006	
9	21	72	355	3457	203	1952	181	5	411	2007	
555	663	751	1376	983	321	734	1572	48	1127	2000	Economies Développés -
1621	1340	1333	1630	1933	673	990	2698	82	2378	2004	Europe 2/
1974	1179	1586	1841	2054	803	1119	3037	86	2661	2005	
2640	1298	1877	2293	2575	915	1318	3900	113	3377	2006	
3339	1631	2429	2772	3188	1264	1659	5135	122	4550	2007	
15	165	161	120	79	47	52	157	37	119	2000	France
81	315	280	108	157	67	75	218	63	253	2004	
113	328	420	147	178	76	99	243	70	400	2005	
134	360	485	168	233	69	104	302	65	492	2010	
217	459	610	185	282	164	110	356	92	622	2010	
99	77	126	425	362	76	186	378	1	184	2000	Allemagne
301	103	277	550	887	197	293	776	3	402	2004	
366	111	285	634	862	267	328	842	4	488	2005	
547	149	332	776	1157	306	394	1121	6	674	2006	
658	151	391	941	1470	353	435	1244	4	742	2007	
8	52	87	5140	616	52	407	259	9	264	2000	Economies Développés -
25	80	150	4432	864	77	469	341	5	343	2004	Amérique du Nord 2/
16	72	133	5039	927	109	450	413	4	421	2005	
15	125	191	5955	1155	143	576	555	7	617	2006	
25	88	229	6367	1356	160	710	643	8	680	2007	
7	50	82	5084	590	51	394	244	8	250	2000	Etats-Unis
22	67	138	4320	830	67	448	323	4	312	2004	
12	63	116	4908	875	99	423	390	3	384	2005	
11	119	167	5780	1095	135	550	529	7	584	2006	
18	79	190	6129	1278	148	672	609	5	632	2007	
51	4	1	0	1	1	0	17	.	4	2000	Europe du Sud-Est
126	4	3	2	2	5	2	31	0	16	2004	
152	16	8	2	2	5	2	42	0	26	2005	
180	8	3	5	3	12	1	53	0	21	2006	
294	12	13	12	8	25	3	64	1	31	2007	
9	4	3	10	50	40	2	17	0	25	2000	Communauté d'Etats
19	9	14	10	228	120	19	54	0	64	2004	Indépendants
18	4	16	11	147	139	26	31	0	40	2005	
28	8	20	15	115	130	12	43	0	35	2006	
72	11	15	19	68	125	19	45	0	42	2007	
3	1	1	8	46	37	2	8	.	23	2000	Fédération de Russie
5	7	10	5	98	111	17	41	0	59	2004	
5	2	12	5	114	119	15	26	.	35	2005	
6	6	13	9	105	107	12	37	0	28	2006	
11	10	8	10	65	102	18	40	0	39	2007	

Voir la fin du tableau pour la remarque générale et les notes.

World exports by commodity classes and by regions (continued)

In million U.S. dollars f.o.b.

Exports from	Year	World 1/ Monde 1/	Developed economies 2/ Economies en voie de développement 2/	Asia-Pacific Asie-Pacifique		Europe		North America Amérique du Nord		Commonwealth of Independent States Communauté d'Etats Indépendants	
			Total	Total	Japan Japon	Total	Germany Allemagne	Total	U.S.A. É.-U.	Total	Europe

Other manufactured metal products (SITC, Rev. 3, 691-695, 699 and 812)[cont.]

Exports from	Year	World 1/	Total	Total	Japan	Total	Germany	Total	U.S.A.	Total	Europe
Northern Africa	2000	467	412	1	1	410	4	2	1	0	0
	2004	327	185	0	0	179	5	6	6	0	0
	2005	397	230	7	7	218	5	6	5	0	0
	2006	434	251	0	0	244	6	7	6	0	0
	2007	629	345	0	0	335	12	9	8	1	1
Sub-Saharan Africa	2000	636	263	49	31	173	14	41	31	0	0
	2004	1081	403	72	35	273	28	59	46	1	0
	2005	1130	408	103	62	243	30	62	48	2	0
	2006	1162	349	102	70	202	30	45	31	3	0
	2007	1607	517	126	90	319	33	73	58	4	1
South Africa	2000	442	172	30	12	104	13	38	29	0	0
	2004	660	220	65	28	112	27	42	30	1	0
	2005	782	236	73	32	117	28	46	32	2	0
	2006	839	273	101	70	129	27	42	30	3	0
	2007	1091	315	106	71	164	31	45	31	4	1
Latin America and the Caribbean	2000	4862	3816	16	7	154	23	3646	3590	0	0
	2004	6086	4741	35	19	251	50	4455	4363	1	1
	2005	7396	5698	31	18	326	49	5341	5236	2	1
	2006	8224	6289	33	18	393	67	5864	5754	2	2
	2007	9197	6766	39	19	540	114	6187	6045	4	3
Brazil	2000	531	200	12	4	63	9	126	120	0	0
	2004	928	431	27	15	138	36	266	256	1	1
	2005	1183	569	24	13	188	30	358	339	1	1
	2006	1269	576	25	14	204	40	346	331	1	1
	2007	1542	694	26	14	300	69	368	346	3	3
Eastern Asia	2000	16396	10611	1974	1604	3085	668	5553	5130	62	44
	2004	27895	18076	3546	2855	5561	1063	8968	8238	459	369
	2005	35013	22183	4519	3675	7055	1353	10609	9708	937	790
	2006	44352	27218	5322	4294	9289	1733	12608	11510	1577	1311
	2007	55299	32525	6087	4629	12500	2280	13938	12650	1868	1477
China	2000	5952	3678	780	653	1193	248	1704	1585	33	18
	2004	15205	9929	1851	1487	3424	613	4654	4301	352	269
	2005	20690	13364	2548	2043	4714	855	6102	5580	568	426
	2006	27632	17434	3157	2507	6311	1127	7965	7250	1026	771
	2007	36862	22279	3893	2878	9099	1552	9288	8405	1652	1286
Southern Asia	2000	996	579	36	10	263	45	280	265	14	3
	2004	1849	1035	67	12	510	97	458	420	34	11
	2005	2386	1318	78	17	663	120	578	532	45	16
	2006	2751	1527	92	26	823	161	611	565	46	16
	2007	3130	1739	97	30	985	226	657	600	70	20
South-Eastern Asia	2000	3185	1309	578	468	382	96	349	317	6	2
	2004	5369	2154	1092	880	580	105	483	448	18	17
	2005	6510	2620	1487	1107	558	102	575	517	29	27
	2006	8460	3515	1947	1450	801	174	767	699	29	26
	2007	9548	3823	1872	1458	1023	201	927	846	32	28
Western Asia	2000	1830	1043	43	27	698	159	303	270	73	27
	2004	3929	1932	62	34	1492	355	378	353	258	109
	2005	4767	2167	71	42	1653	392	444	421	305	152
	2006	4493	1672	63	43	1198	251	410	395	386	182
	2007	5641	2047	97	56	1545	385	405	393	574	275
Oceania	2000	10	7	2	0	3	2	2	2	0	.
	2004	10	4	3	0	1	0	0	0	0	0
	2005	11	5	3	0	2	0	0	0	0	0
	2006	13	6	5	0	1	0	0	0	0	0
	2007	15	8	7	0	1	.	0	0	0	0

For general note and footnotes see end of table

Exportations mondiales par classes de marchandises et par régions (suite)

En millions de dollars E.-U. f.o.b.

South-Eastern Europe Europe du Sud-Est	Northern Africa Afrique septentrio-nale	Sub-Saharan Africa Afrique subsahari-enne	Latin America and the Caribbean Amérique latine et Caraïbes	Eastern Asia Asie orientale	Southern Asia Asie méridionale	South-eastern Asia Asie du Sud-Est	Western Asia Asie occidentale	Oceania Océanie	OPEC OPEP	Année	Exportations en provence de ↓
	**Autres produits en metal manufacturés (CTCI, Rev. 3, 691-695, 699 et 812)[suite]**
0	18	11	7	1	0	0	13	0	32	2000	Afrique septentrionale
0	92	17	0	1	1	1	17	0	96	2004	
0	74	45	1	1	4	1	32	0	89	2005	
0	86	36	1	1	3	2	46	0	110	2006	
0	158	64	1	2	1	1	48	0	190	2007	
0	2	307	17	14	5	13	15	0	24	2000	Afrique subsaharienne
0	8	507	20	90	8	16	21	0	146	2004	
0	6	579	21	38	16	23	22	0	196	2005	
0	4	618	23	16	8	22	109	1	264	2006	
0	6	776	85	86	6	24	82	0	244	2007	
0	1	211	16	11	5	12	11	0	19	2000	Afrique du sud
0	5	357	19	14	7	16	20	0	135	2004	
0	5	442	19	18	15	21	20	0	183	2005	
0	4	465	23	15	7	22	22	1	164	2006	
0	4	596	85	20	5	22	24	0	170	2007	
0	4	18	951	7	10	12	12	1	83	2000	Amérique latine et Caraïbes
0	4	28	1239	25	16	14	10	1	136	2004	
0	11	39	1521	60	24	20	15	1	123	2005	
0	14	55	1692	51	54	38	21	1	172	2006	
1	13	84	2108	63	38	60	32	2	318	2007	
0	2	14	294	4	2	4	10	1	29	2000	Brésil
0	3	24	427	17	8	8	7	1	89	2004	
0	9	34	506	30	8	14	10	1	66	2005	
0	9	46	560	19	21	21	15	1	85	2006	
1	10	73	660	26	21	31	22	1	148	2007	
11	89	244	482	2910	269	1232	468	18	643	2000	Asie orientale
44	172	466	711	4638	583	1772	943	30	1199	2004	
81	254	769	944	5489	815	2160	1357	23	1733	2005	
110	302	1020	1468	6666	1046	2775	2133	35	2681	2006	
191	448	1688	1900	7893	1921	3910	2913	40	3893	2007	
7	57	146	195	1095	108	387	242	4	305	2000	Chine
35	138	376	412	2044	362	869	672	14	815	2004	
69	201	640	588	2589	517	1179	964	11	1182	2010	
91	265	762	983	3382	718	1570	1376	24	1632	2006	
161	367	1195	1349	4253	1328	2307	1945	26	2371	2010	
1	17	61	23	36	48	59	157	1	141	2000	Asie méridionale
2	43	116	31	34	156	97	293	1	301	2000	
6	47	185	42	44	162	140	394	1	413	2010	
9	84	213	48	43	174	151	450	2	492	2006	
16	73	279	62	48	177	159	504	1	575	2007	
2	13	37	26	346	81	1283	68	14	118	2000	Asie Sud-Est
2	17	103	48	577	156	2118	154	22	563	2004	
3	11	167	73	713	217	2430	216	29	772	2005	
4	34	159	96	997	316	2964	310	37	878	2006	
5	41	178	144	979	303	3536	440	66	1043	2007	
35	54	47	29	42	51	11	386	.	156	2000	Asie occidentale
157	152	151	48	462	135	26	485	12	474	2004	
231	177	236	64	41	217	34	1137	0	995	2005	
209	154	234	54	61	209	37	1391	0	1239	2006	
323	225	240	56	82	234	44	1745	0	1513	2007	
.	.	0	0	0	0	0	.	2	0	2000	Océanie
.	0	0	0	0	0	0	0	5	0	2004	
0	0	0	0	0	0	2	.	4	0	2005	
0	0	1	0	0	0	1	0	5	1	2006	
0	.	0	0	0	0	1	0	6	0	2007	

Voir la fin du tableau pour la remarque générale et les notes.

SPECIAL TABLE: D

World exports by commodity classes and by regions (continued)

In million U.S. dollars f.o.b.

Exports from	Year	World 1/ Monde 1/	Developed economies 2/ Economies en voie de développement 2/							Commonwealth of Independent States Communauté d'Etats Indépendants	
			Total	Asia-Pacific Asie-Pacifique		Europe		North America Amérique du Nord			
				Total	Japan Japon	Total	Germany Allemagne	Total	U.S.A. É.-U.	Total	Europe

Clothing (SITC, Rev. 3, 84)

Exports from	Year	World 1/	Total	Total	Japan	Total	Germany	Total	U.S.A.	Total	Europe
World 1/	2000	201833	161601	20955	18607	83306	19937	57340	53763	3211	2841
	2004	266073	208715	23132	19897	120886	24483	64696	60060	8966	7457
	2005	287064	229447	24333	20720	130400	25737	74714	69143	11067	9358
	2006	317501	244631	25386	21633	141499	26522	77746	70852	12195	9365
	2007	356545	269925	26616	22304	161757	29942	81552	73164	20804	16125
Developed Economies - Asia-Pacific 2/	2000	839	442	162	7	138	26	142	136	1	1
	2004	1024	499	240	7	154	20	105	100	1	1
	2005	905	520	250	6	157	24	113	107	1	1
	2006	856	511	237	6	150	21	124	118	1	0
	2007	931	578	275	6	171	22	132	124	1	1
Japan	2000	534	222	5	.	119	21	97	92	1	0
	2004	611	193	4	.	104	14	85	82	0	0
	2005	495	193	5	.	103	12	85	82	0	0
	2006	485	208	6	.	107	14	96	92	0	0
	2007	523	236	7	.	132	18	97	93	1	1
Developed Economies - Europe 2/	2000	52895	46929	1561	1443	42226	9562	3141	2883	994	956
	2004	77478	67567	1979	1798	62072	11009	3516	3131	2446	2324
	2005	80164	69422	2023	1824	63870	10537	3529	3116	3055	2900
	2006	86413	73844	2038	1823	68201	10525	3605	3122	4049	3842
	2007	99374	84068	2103	1835	78096	11579	3869	3320	5530	5226
France	2000	5303	4353	329	318	3698	610	325	291	66	63
	2004	7885	6525	402	384	5716	725	408	356	187	178
	2005	8355	6886	352	333	6071	678	463	410	248	236
	2006	9166	7504	358	334	6667	753	479	416	351	333
	2007	10795	8891	356	324	8057	938	478	406	445	420
Germany	2000	6852	6348	96	80	6043	.	209	166	165	156
	2004	11208	10241	123	92	9840	.	278	207	476	453
	2005	12436	11300	121	85	10916	.	262	179	605	573
	2006	13913	12465	109	72	12064	.	292	193	858	814
	2007	16011	14084	125	67	13615	.	344	221	1231	1163
Developed Economies - North America 2/	2000	10706	3691	509	477	429	55	2754	1997	7	5
	2004	7055	3531	355	314	486	81	2689	1830	9	8
	2005	6859	3720	440	386	584	89	2696	1683	13	12
	2006	6675	3849	387	324	666	104	2795	1589	14	12
	2007	5884	3724	341	271	729	119	2654	1382	19	16
United States	2000	8629	1635	495	465	383	50	757	.	5	3
	2004	5059	1572	340	301	374	43	859	.	8	7
	2005	4998	1903	419	369	473	55	1011	.	10	10
	2006	4876	2114	366	309	543	62	1205	.	10	9
	2007	4297	2193	320	258	604	78	1270	.	14	11
South-Eastern Europe	2000	3689	3634	1	1	3393	1091	240	233	7	7
	2004	7376	7218	2	2	6992	1687	224	204	19	19
	2005	7306	7130	1	1	6968	1716	161	144	16	16
	2006	7460	7281	1	1	7173	1745	107	93	15	14
	2007	7875	7670	1	1	7574	1962	96	79	23	22
Commonwealth of Independent States	2000	1074	890	0	0	700	318	190	186	133	125
	2004	1521	1272	0	0	1036	407	236	223	213	196
	2005	1530	1243	0	0	1070	387	173	168	242	205
	2006	1549	1189	1	1	1094	341	94	90	303	272
	2007	1753	1236	0	0	1199	353	36	33	432	386
Russian Federation	2000	234	208	0	0	140	53	68	68	10	4
	2004	193	159	0	0	117	17	42	42	25	16
	2005	189	146	0	0	119	18	27	27	40	16
	2006	130	91	0	0	83	7	8	7	35	15
	2007	144	94	0	0	93	8	1	1	44	14

For general note and footnotes see end of table

Exportations mondiales par classes de marchandises et par régions (suite)

En millions de dollars E.-U. f.o.b.

← Exportations vers

South-Eastern Europe Europe du Sud-Est	Northern Africa Afrique septentrionale	Sub-Saharan Africa Afrique subsaharienne	Latin America and the Caribbean Amérique latine et Caraïbes	Eastern Asia Asie orientale	Southern Asia Asie méridionale	South-eastern Asia Asie du Sud-Est	Western Asia Asie occidentale	Oceania Océanie	OPEC OPEP	Année	Exportations en provenance de ↓
	**Vetements (CTCI, Rev. 3, 84)**
1088	1487	1277	11488	13966	309	2322	4732	105	4180	2000	Monde 1/
2607	2108	2240	8055	20174	688	3787	6949	130	6408	2004	
2687	2143	2401	8011	16778	846	4001	7790	143	7248	2005	
8605	2485	3262	9248	19825	882	4756	9971	142	8238	2006	
2721	3053	4311	11048	20447	1227	7492	13797	135	12016	2007	
0	1	2	2	336	2	35	6	12	12	2000	Economies Développés -
0	0	3	1	459	1	34	10	17	12	2004	Asie-Pacifique 2/
0	0	4	1	312	2	32	13	21	13	2005	
0	0	6	1	272	1	34	12	16	14	2006	
0	0	6	2	269	2	40	13	17	15	2007	
0	1	1	2	280	1	23	4	0	5	2000	Japon
0	0	1	1	390	0	21	4	0	5	2004	
0	0	1	0	275	1	19	5	0	5	2005	
0	0	2	1	249	1	20	4	0	5	2006	
0	0	2	1	252	1	23	6	0	5	2007	
925	841	127	436	1049	45	143	1296	32	717	2000	Economies Développés -
1815	981	174	553	1504	54	234	2052	37	1234	2004	Europe 2/
1749	932	181	604	1706	62	249	2100	35	1248	2005	
1826	924	209	686	1888	73	307	2506	36	1501	2006	
1682	904	249	858	2340	102	375	3148	41	1847	2007	
101	194	41	48	235	2	29	214	21	136	2000	France
115	277	56	38	306	2	39	311	28	225	2004	
122	277	60	41	316	3	38	336	27	246	2005	
107	283	72	43	339	5	41	393	28	293	2006	
72	306	85	49	395	8	47	455	34	319	2007	
64	35	9	20	83	4	15	96	0	44	2000	Allemagne
94	37	13	27	149	6	23	132	1	58	2004	
112	38	15	34	161	7	21	139	0	65	2005	
119	35	21	34	181	10	25	164	1	76	2006	
140	38	26	45	210	11	31	194	0	86	2007	
2	6	10	6778	89	6	46	66	3	82	2000	Economies Développés -
2	2	12	3221	156	6	33	80	2	74	2004	Amérique du Nord 2/
1	2	16	2793	176	11	38	86	4	87	2005	
5	2	18	2384	170	12	38	178	5	181	2006	
2	4	24	1689	205	14	42	155	5	152	2007	
2	6	10	6772	85	5	46	59	3	78	2000	Etats-Unis
2	1	12	3211	143	5	31	71	2	66	2004	
1	1	15	2784	161	10	36	73	4	77	2005	
4	1	17	2369	153	8	36	159	5	164	2010	
2	3	22	1676	190	13	39	139	5	139	2007	
33	0	0	1	1	.	0	13	.	2	2000	Europe du Sud-Est
68	0	0	1	1	1	0	52	0	3	2000	
89	0	1	1	1	0	0	50	0	3	2005	
112	1	1	0	3	0	2	44	0	1	2006	
130	0	1	0	5	1	0	42	0	3	2007	
1	0	0	5	14	0	1	29	0	2	2000	Communauté d'Etats
18	0	1	1	9	1	1	4	0	1	2004	Indépendants
16	0	0	1	1	1	0	23	0	1	2005	
18	1	0	1	1	0	0	34	0	2	2006	
36	1	1	0	2	1	0	44	0	1	2007	
0	0	0	0	14	0	1	1	.	1	2000	Fédération de Russie
0	0	0	0	5	1	1	1	.	0	2004	
0	0	0	0	1	0	0	1	.	0	2005	
0	1	0	0	1	0	0	1	.	1	2006	
0	0	0	0	1	1	0	2	.	1	2007	

Voir la fin du tableau pour la remarque générale et les notes.

World exports by commodity classes and by regions (continued)

In million U.S. dollars f.o.b.

Exports from	Year	World 1/ Monde 1/	Developed economies 2/ Economies en voie de développement 2/							Commonwealth of Independent States Communauté d'Etats Indépendants	
			Total	Asia-Pacific Asie-Pacifique		Europe		North America Amérique du Nord			
				Total	Japan Japon	Total	Germany Allemagne	Total	U.S.A. É.-U.	Total	Europe
	Clothing (SITC, Rev. 3, 84) [cont.]										
Northern Africa	2000	4943	4858	4	4	4579	641	275	269	0	0
	2004	6550	6463	3	2	6258	578	202	195	1	1
	2005	6156	6065	2	1	5934	528	129	125	0	0
	2006	6402	6346	3	2	6202	501	142	138	0	0
	2007	7268	7197	4	2	7048	601	146	141	2	2
Sub-Saharan Africa	2000	1994	1785	6	4	937	73	841	829	0	0
	2004	2919	2480	5	2	873	41	1602	1586	0	0
	2005	2378	2081	4	1	778	45	1299	1288	0	0
	2006	2326	1984	4	1	836	46	1143	1126	1	1
	2007	2729	2382	6	3	1207	125	1168	1149	1	1
South Africa	2000	218	181	2	1	62	2	117	117	0	0
	2004	258	208	2	0	67	1	139	136	0	0
	2005	173	121	3	0	53	2	66	65	0	0
	2006	142	89	2	0	39	2	48	46	0	0
	2007	119	61	2	0	30	3	30	28	0	0
Latin America and the Caribbean	2000	11229	10251	14	11	254	56	9983	9921	1	1
	2004	11355	10445	18	13	380	52	10046	9929	2	2
	2005	12978	11968	24	15	321	52	11623	11494	3	3
	2006	10491	9320	29	17	335	53	8956	8833	4	4
	2007	11121	9168	37	22	385	48	8746	8633	4	4
Brazil	2000	282	140	4	4	35	12	101	99	.	.
	2004	362	251	4	4	96	12	150	142	0	0
	2005	365	240	6	4	99	11	136	131	1	1
	2006	305	185	8	6	76	9	102	97	1	1
	2007	283	150	10	9	65	7	74	71	1	1
Eastern Asia	2000	70343	50646	16462	14772	13829	2997	20356	18848	1325	1171
	2004	94449	60667	18882	16434	18556	3793	23228	21281	5576	4430
	2005	107471	74385	19793	17028	24702	5315	29890	27220	7097	5792
	2006	129112	83251	20850	17964	28958	5902	33442	29806	7005	4617
	2007	148864	93404	21919	18595	34580	7138	36905	31978	13845	9768
China	2000	36071	22839	12571	11513	4944	923	5324	4780	1230	1087
	2004	61856	34097	15781	14080	9573	1777	8743	7709	5490	4355
	2005	74163	46997	16676	14697	14935	3098	15386	13694	7010	5713
	2006	95388	55355	17893	15764	18607	3642	18855	16270	6897	4516
	2007	115238	65341	19021	16498	23673	4766	22648	18791	13719	9650
Southern Asia	2000	15648	13749	266	170	6192	1383	7290	6833	468	332
	2004	19208	17062	214	128	9335	2181	7513	6858	320	130
	2005	22401	20146	261	163	10695	2379	9189	8492	216	59
	2006	23708	21430	258	169	11453	2512	9720	8973	235	103
	2007	25368	22892	245	152	12601	2868	10046	9278	252	97
Sourth-Eastern Asia	2000	18844	16431	1456	1312	5098	1191	9877	9452	63	60
	2004	21991	19482	1326	1164	5804	1387	12352	11840	95	93
	2005	23218	20533	1446	1270	5774	1467	13313	12789	113	111
	2006	26418	23516	1496	1304	6771	1648	15248	14670	149	147
	2007	27577	24138	1602	1400	6812	1679	15724	15096	199	196
Western Asia	2000	8579	7574	14	9	5378	2544	2182	2109	212	184
	2004	14057	11827	27	19	8897	3247	2903	2803	284	252
	2005	14674	12138	26	17	9532	3199	2580	2499	310	259
	2006	15072	12037	23	15	9648	3125	2366	2291	418	351
	2007	16758	13385	20	10	11336	3447	2029	1950	494	407
Oceania	2000	1050	721	500	397	153	2	68	68	0	0
	2004	1091	202	80	14	43	0	80	79	0	0
	2005	1023	96	62	8	15	0	19	19	0	0
	2006	1018	72	59	7	11	0	3	3	0	0
	2007	1043	84	63	6	19	0	2	2	0	0

For general note and footnotes see end of table

Exportations mondiales par classes de marchandises et par régions (suite)

En millions de dollars E.-U. f.o.b.

← Exportations vers

South-Eastern Europe Europe du Sud-Est	Northern Africa Afrique septentrio-nale	Sub-Saharan Africa Afrique subsahari-enne	Latin America and the Caribbean Amérique latine et Caraïbes	Eastern Asia Asie orientale	Southern Asia Asie méridionale	South-eastern Asia Asie du Sud-Est	Western Asia Asie occidentale	Oceania Océanie	OPEC OPEP	Année	Exportations en provence de ↓
	**Vetements (CTCI, Rev. 3, 84)** *[suite]*

South-Eastern Europe	Northern Africa	Sub-Saharan Africa	Latin America and the Caribbean	Eastern Asia	Southern Asia	South-eastern Asia	Western Asia	Oceania	OPEC	Année	Exportations en provence de
0	10	19	1	1	0	0	13	0	21	2000	Afrique septentrionale
1	4	13	2	3	0	2	32	0	36	2004	
0	5	11	2	4	0	1	52	0	55	2005	
0	7	12	3	3	0	1	18	0	21	2006	
0	10	21	4	5	1	1	20	0	25	2007	
0	0	163	6	4	1	1	32	0	37	2000	Afrique subsaharienne
0	0	403	4	4	2	1	20	0	26	2004	
0	1	254	4	5	1	7	23	0	27	2005	
0	0	301	5	6	1	5	20	0	24	2006	
0	0	311	7	8	1	2	16	0	24	2007	
0	0	26	3	1	0	0	7	0	8	2000	Afrique du sud
.	0	27	1	0	1	1	19	0	22	2004	
0	0	30	0	1	1	0	19	0	21	2005	
0	0	32	0	1	1	1	18	0	21	2006	
0	0	39	1	2	0	1	14	0	20	2007	
0	0	2	942	5	0	1	7	0	164	2000	Amérique latine et Caraïbes
0	0	7	790	50	8	2	9	0	188	2004	
0	0	8	893	18	9	4	20	1	300	2005	
0	0	10	1103	14	2	2	9	0	412	2006	
0	0	12	1866	21	0	4	11	0	1137	2007	
0	0	1	139	0	0	0	1	0	4	2000	Brésil
0	0	7	96	1	0	0	6	0	12	2004	
0	0	7	107	2	0	0	7	0	14	2005	
0	0	8	103	1	0	0	6	0	16	2006	
0	0	10	112	1	0	1	8	0	22	2007	
83	387	530	2575	11820	126	1385	1431	27	1377	2000	Asie orientale
606	678	1091	2920	17332	263	2619	2655	41	2492	2004	
691	740	1337	3036	13888	342	2810	3099	46	2879	2005	
6338	968	2070	4293	16747	428	3413	4552	47	3274	2006	
469	1512	3006	5669	16798	726	5961	7436	38	5768	2007	
81	276	287	1316	8384	52	611	991	5	879	2000	Chine
603	665	863	2325	13633	166	1724	2278	13	2102	2004	
688	727	1087	2501	10243	240	1974	2679	16	2462	2005	
6331	953	1770	3765	13341	330	2554	4072	19	2798	2006	
458	1499	2687	5152	13783	620	5039	6920	20	5225	2007	
3	8	125	173	91	48	89	888	6	849	2000	Asie méridionale
9	13	171	161	70	155	121	1104	8	1048	2004	
8	19	200	213	82	200	119	1185	7	1130	2005	
11	27	270	249	91	140	121	1119	7	1028	2006	
12	33	273	247	88	121	123	1313	7	1171	2007	
8	51	241	262	515	45	611	593	22	607	2000	Asie Sud-Est
16	24	259	368	513	68	720	415	20	531	2004	
20	32	265	421	554	69	730	443	25	603	2005	
16	31	213	489	596	69	824	479	26	613	2006	
24	37	244	677	669	79	934	538	24	641	2007	
33	183	58	8	19	36	7	357	0	310	2000	Asie occidentale
73	405	105	19	63	130	18	515	0	762	2004	
112	413	125	14	21	148	12	696	0	901	2005	
279	524	152	12	24	154	9	1000	0	1167	2006	
366	551	164	16	33	179	9	1061	0	1233	2007	
.	.	0	298	24	0	3	0	3	0	2000	Océanie
0	0	0	13	10	0	0	0	5	0	2004	
0	0	0	29	10	0	0	0	4	0	2005	
0	0	0	21	9	0	1	0	3	0	2006	
0	.	0	13	3	0	0	0	3	0	2007	

Voir la fin du tableau pour la remarque générale et les notes.

General Note

Source: Unted Nations Secretariat, commodity trade statistics database (UN Comtrade). Exports of countries not available in UN Comtrade are estimated at the regional level only and are not distributed by member economies.

The purpose of this table is to provide data on the network of flows of broad groups of commodities within and between important economic and geographic areas of the world.

Total World export data in this table are largely comparable to that shown in Special Table A except that Special Table A contains revised data for total exports which are not incorporated into this table if the corresponding revised data at the commodity/destination level are not available. Also, the regional totals shown in Special Table A have been adjusted to exclude the re-exports of countries comprising each region. This adjustment is not made in this table since re-exports are often not available by commodity and by destination. The commodity classification is in accordance with the United Nations' Standard International Trade classification (SITC), Revision 3, except for countries which report trade data only in terms of the SITC, Revision 2, or the SITC, Revised.

The data approximate total exports of all countries and areas of the world. They are based on official export figures converted, where necessary, to U.S. dollars according to conversion factors published in Table C for each country in this volume. Where official figures are not available, estimates based on the imports reported by partner countries and on other subsidiary data are used. Some official national data have been adjusted

(a) to approximate the commodity groupings of the SITC and

(b) to approximate calendar years.

The data include special category (confidential) exports, ships' stores and bunkers and exports of minor importance, the destination of which cannot be determined. These data are included in the world totals for each commodity group and in total exports, but are excluded from all regions of destination.

1/ Exports for which country of destination is not available are included in the totals for the 'World', but are excluded from the regional components of these groupings. For the country composition of geographical regions, please refer to http://mdgs.un.org/unsd/mdg/Host.aspx?Content=Data/RegionalGroupings.htm

2/ This classification is intended for statistical convenience and does not, necessarily, express a judgment about the stage reached by a particular country in the development process.

3/ Section 9 of the SITC, which comprises commodities and transactions not classified elsewhere, is included in the total trade but is not shown

Exportations mondiales par classes de marchandises et par régions (suite)

Remarque générale

Source: Division de Statistiques des Nations Unies, base de données pour les statistiques du commerce extérieur (UN Comtrade). Les exportations des pays non-disponibles dans la base UN Comtrade sont estimées seulement au niveau régional et elles ne sont pas ventilées par les économies membres.

Le but de ce tableau est de fournir un aperçu du courant des marchandises entre les régions importantes économiques et géographiques du monde et de leur commerce intérieur.

Les totaux des exportations mondiales dans ce tableau sont en générale comparables aux chiffres qui sont inclus dans le Tableau Spécial A, exceptées que celles du Tableau Spécial A comportent des revisions aux exportations totales qui ne sont pas inclus dans ce tableau si les revisions des données correspondantes au niveau de marchandise/destination ne sont pas disponibles. De plus, les totaux régionaux inclus dans le Tableau Spécial A ont été ajustés pour exclure les re-exportations des pays qui comprennent la région. Cet ajustement n'est pas fait dans ce tableau parce que des re-exportations ne sont pas disponibles fréquemment par marchandise et par destination.

La classification par marchandise utilisée est la Classification type pour le commerce international (CTCI), des Nations Unies, Revision 3, en dehors des pays qui rapportent exclusivement les données du commerce en accord avec la CTCI, Revision 2, ou la CTCI, Revisée.

Les données approachées des exportations totales de tous pays et régions du monde. Elles sont basées sur les chiffres de exportations officielles nationales convertis en dollars E.-U selon les facteurs de conversion publiés dans le de conversion publiés dans le Tableau C pour chaque pays dans ce tome.

Quand les chiffres officiels ne sont pas disponibles on a recours a des estimations basées sur les importations rapportées par les pays partenaires ou sur d'autres données subsidiaries. Quelques données officielles nationales ont étée ajustées

(a) qu'elles correspondent aux groups des marchandises de la CTCI et

(b) qu'elles correspondent aux années civiles.

Les données comprises les exportations de 'special category' (confidentielles), les approvisionnments des navires et combustible de soute et autres exportations de moindre importance dont la destination n'a pu être déterminée. Ces donnés sont comprises dans le totaux de chaque groupe de marchandise et dans les exportations totales, mais elles ne sont pas comprises dans les régions de destination.

1/ Les exportations dont les pays de destination ne sont pas disponibles sont comprises dans les totaux du 'Monde', mais ils ne sont pas comprises dans chaque partile composant ces régions. La décomposition des régions géographiques par pays est disponible sur http://mdgs.un.org/unsd/mdg/Host.aspx?Content=Data/RegionalGroupings.htm

2/ Cette classification est utilisée pour plus de commodité dans la présentation des statistiques et n'implique pas nécessairement un jugement quant au stade de développement auquel est parvenu un pays donné.

3/ Section 9 de la CTCI, qui représente les articles et transactions non classes ailleurs est comprise dans le commerce total mais n'est pas présentée séparément dans ce tableau.

Growth of world exports by commodity classes and by region

Annual average rate: in per cent

| Exports to → | | | Developed economies 2/ Economies en voie de développement 2/ | | | | | | | Commonwealth of Independent States Communauté d'Etats Indépendants | |
| | | | | Asia-Pacific Asie-Pacifique | | Europe | | North America Amérique du Nord | | | |
Exports from	Year	World 1/ Monde 1/	Total	Total	Japan Japon	Total	Germany Allemagne	Total	U.S.A. É.-U.	Total	Europe
Origin of exports of major commodity classes											
0-9 All commodities 3/	2000/2007	11.7	9.8	6.8	5.9	11.8	13.4	5.9	5.9	19.5	19.1
	2003/2004	21.7	18.6	20.4	19.9	19.8	21.8	14.0	13.0	37.4	36.8
	2004/2005	14.0	8.9	7.4	5.2	8.4	7.2	11.4	10.6	27.8	27.8
	2005/2006	15.8	13.0	9.7	8.7	13.7	14.8	12.7	14.7	24.5	23.1
	2006/2007	15.4	14.9	11.1	10.5	16.7	18.4	11.0	12.1	18.9	18.5
0&1 Food, live animals, beverages and tobacco	2000/2007	10.8	10.4	8.0	7.8	11.7	14.2	6.9	6.6	24.4	26.1
	2003/2004	13.7	13.5	32.1	13.3	13.5	16.6	7.2	4.6	18.3	17.0
	2004/2005	9.3	6.7	1.9	10.4	7.6	18.6	5.2	4.9	29.8	35.5
	2005/2006	10.4	6.7	4.1	6.7	9.7	11.1	11.5	12.5	10.5	6.7
	2006/2007	19.0	18.6	8.6	15.4	18.9	17.2	21.2	24.1	45.5	42.9
2&4 Crude maerials, oils and fats, (fuels excluded)	2000/2007	14.3	12.5	15.2	15.1	14.0	15.7	9.5	11.5	15.1	16.5
	2003/2004	25.3	22.3	30.3	36.4	24.9	25.7	16.0	9.7	39.4	38.0
	2004/2005	13.5	10.2	27.4	15.7	6.9	14.4	8.5	10.3	14.4	18.9
	2005/2006	21.6	21.4	24.9	14.7	22.2	26.4	18.4	21.4	10.6	11.1
	2006/2007	21.7	19.3	17.0	14.6	18.9	20.8	21.1	25.2	26.7	29.4
3 Mineral fuels, lubricants and related material	2000/2007	16.8	14.9	15.6	29.5	14.9	21.5	14.7	17.8	23.0	22.7
	2003/2004	35.9	32.7	28.2	46.8	36.5	50.3	23.9	34.7	38.3	36.8
	2004/2005	42.2	35.4	58.5	94.7	32.2	23.9	38.2	39.5	47.1	48.5
	2005/2006	22.1	20.0	12.5	32.4	23.3	34.4	13.3	32.2	27.7	26.6
	2006/2007	11.3	6.3	17.0	57.4	2.2	7.0	15.2	20.3	14.0	13.7
5 Chemicals	2000/2007	14.2	13.5	9.5	9.2	14.8	14.9	9.9	9.3	15.7	14.5
	2003/2004	22.7	20.7	22.7	23.2	20.4	26.6	20.9	19.9	37.2	37.8
	2004/2005	12.5	10.0	10.4	9.7	10.4	11.0	8.5	6.2	23.8	21.4
	2005/2006	12.6	11.9	9.3	9.9	11.9	15.6	12.9	12.9	17.0	14.1
	2006/2007	17.4	16.4	13.9	12.7	17.1	17.1	14.6	13.9	27.4	25.7
7 Machinery and transport equipment	2000/2007	9.6	7.9	4.7	4.6	10.7	12.7	3.5	3.8	15.6	15.1
	2003/2004	20.1	17.2	17.5	17.7	19.0	20.3	11.8	11.8	27.8	26.3
	2004/2005	10.2	7.3	3.0	2.7	7.5	9.4	9.8	10.3	-5.0	-7.2
	2005/2006	14.0	12.1	7.8	8.0	13.2	12.2	11.9	14.0	20.0	18.3
	2006/2007	12.2	11.6	9.8	9.7	13.3	14.3	7.6	8.6	30.3	29.9
6&8 Other manufactured goods	2000/2007	11.1	9.8	6.6	6.1	11.5	13.7	5.5	5.4	16.9	16.5
	2003/2004	21.0	18.8	23.9	24.5	19.1	20.6	15.3	14.4	45.7	47.5
	2004/2005	10.7	7.6	7.7	7.6	7.0	12.4	9.8	10.6	11.1	10.7
	2005/2006	14.8	12.9	8.2	6.3	13.5	16.9	12.6	13.7	25.5	24.5
	2006/2007	15.4	14.3	8.7	7.4	16.6	15.9	7.7	9.0	22.7	21.3
Destination of exports of major commodity classes											
0-9 All commodities 3/	2000/2007	11.7	10.2	9.7	9.0	11.9	10.7	6.9	6.9	26.6	26.4
	2003/2004	21.7	19.2	15.7	13.7	20.7	20.2	17.1	16.0	36.3	34.8
	2004/2005	14.0	12.5	20.4	22.5	11.1	8.8	13.5	15.3	23.0	22.8
	2005/2006	15.8	13.4	11.6	12.0	14.9	14.0	10.8	10.6	32.5	30.9
	2006/2007	15.4	13.6	14.0	13.5	16.9	16.2	6.1	5.6	37.1	37.9
0&1 Food, live animals, beverages and tobacco	2000/2007	10.8	10.2	3.4	2.1	11.9	10.1	8.5	8.1	19.4	19.0
	2003/2004	13.7	12.8	10.3	9.9	14.1	11.1	9.6	10.2	21.1	19.3
	2004/2005	9.3	7.9	5.7	4.5	8.1	6.0	8.5	7.7	23.5	23.8
	2005/2006	10.4	8.9	1.0	-0.8	9.4	7.0	11.7	10.8	17.2	16.5
	2006/2007	19.0	16.4	8.4	5.9	19.1	17.5	10.6	8.9	24.9	21.6
2&4 Crude maerials, oils and fats, (fuels excluded)	2000/2007	14.3	11.2	10.7	10.8	12.9	12.6	6.2	5.5	17.3	15.8
	2003/2004	25.3	24.1	22.1	22.7	23.4	25.3	28.0	31.0	30.2	30.4
	2004/2005	13.5	9.3	16.4	17.2	8.1	4.5	8.8	8.0	23.8	21.6
	2005/2006	21.6	19.8	26.1	27.1	22.0	28.3	8.0	6.8	13.9	10.9
	2006/2007	21.7	17.1	15.6	16.1	20.4	20.3	5.7	2.8	32.8	30.5
3 Mineral fuels, lubricants and related material	2000/2007	16.8	16.3	18.2	17.8	16.8	12.3	14.6	14.5	15.1	13.4
	2003/2004	35.9	30.9	5.5	1.9	36.0	45.9	36.0	22.6	31.9	26.9
	2004/2005	42.2	48.3	78.3	81.9	46.3	40.4	39.5	57.1	20.4	17.5
	2005/2006	22.1	18.7	18.1	18.0	21.0	22.5	15.2	15.2	18.2	8.1
	2006/2007	11.3	11.1	27.5	28.3	6.0	-13.2	11.4	11.6	26.0	36.4
5 Chemicals	2000/2007	14.2	13.8	10.2	9.4	14.9	16.2	11.5	12.1	26.0	26.7
	2003/2004	22.7	19.9	20.1	18.8	22.0	22.7	13.2	12.2	30.2	30.7
	2004/2005	12.5	11.0	10.0	10.3	10.8	10.1	11.9	12.9	31.7	32.7
	2005/2006	12.6	11.7	8.0	9.6	11.6	14.0	12.9	13.2	29.9	30.8
	2006/2007	17.4	15.6	11.9	9.7	18.0	21.8	8.7	8.5	27.7	26.8
7 Machinery and transport equipment	2000/2007	9.6	7.6	6.8	5.0	9.6	9.7	4.2	4.2	33.7	35.0
	2003/2004	20.1	17.5	18.4	17.2	19.5	18.6	13.6	14.1	45.0	42.8
	2004/2005	10.2	7.5	6.8	5.4	7.0	4.6	8.6	7.9	26.2	28.9
	2005/2006	14.0	11.3	8.0	8.3	12.1	13.5	10.6	10.6	35.7	36.6
	2006/2007	12.2	9.4	8.3	5.6	13.0	13.3	2.8	2.1	43.7	46.0
6&8 Other manufactured goods	2000/2007	11.1	9.9	7.2	6.2	11.9	10.0	6.4	6.4	27.0	25.8
	2003/2004	21.0	19.1	18.3	17.9	19.8	19.4	17.7	18.0	35.6	35.2
	2004/2005	10.7	9.1	9.6	9.7	8.3	6.4	10.9	10.8	26.7	24.6
	2005/2006	14.8	13.8	10.6	11.3	15.8	14.3	10.2	9.8	26.1	24.0
	2006/2007	15.4	13.4	7.4	4.6	17.9	17.2	4.6	4.2	41.1	40.2

For general note and footnotes see end of Special Table F.

Croissance des exportations mondiales par catégories de marchandises et par régions

Taux annuel moyen: en pourcentage

← Exportations vers

South-Eastern Europe / Europe du Sud-Est	Northern Africa / Afrique septentrionale	Sub-Sahara Africa / Afrique subsaharienne	Latin America and the Caribbean / Amérique latine et Caraïbes	Eastern Asia / Asie orientale	Southern Asia / Asie méridionale	South-eastern Asia / Asie du Sud-Est	Western Asia / Asie occidentale	Oceania / Océanie	OPEC / OPEP	Exportations Année e	
Provenance des exportations de grandes catégories de marchandises											
21.6	16.9	15.2	11.6	16.0	15.9	10.6	17.4	8.6	16.3	2000/2007 0-9	Tous produits 3/
33.4	28.8	31.0	24.2	28.0	26.4	20.9	29.9	17.5	32.3	2003/2004	
18.3	36.5	37.3	21.2	18.7	27.8	14.8	33.9	14.3	41.4	2004/2005	
25.1	20.8	17.8	18.9	20.5	14.4	17.3	20.9	13.3	19.1	2005/2006	
25.8	13.4	10.5	14.0	18.7	19.1	12.5	13.9	15.2	13.0	2006/2007	
21.5	11.4	9.0	11.7	10.0	12.5	9.8	12.0	9.6	12.0	2000/2007 0&1	Produits alimentaires, boissons et tabacs
33.4	9.0	8.5	19.5	7.1	7.9	11.9	20.6	2.6	6.9	2003/2004	
18.5	25.5	2.8	15.4	12.6	24.7	10.1	22.5	14.3	26.4	2004/2005	
22.7	-0.2	11.7	14.0	10.6	15.8	14.1	-2.6	13.0	12.5	2005/2006	
31.6	25.3	7.6	18.8	18.4	20.8	19.2	18.0	0.6	19.9	2006/2007	
16.4	12.8	15.0	19.3	9.4	26.2	18.1	14.9	7.4	22.6	2000/2007 2&4	Matières premières huiles & graisses (combust. exclu.)
42.4	56.6	19.9	37.1	17.4	66.2	22.2	5.5	-13.3	28.5	2003/2004	
11.1	-6.9	21.9	21.2	15.4	32.5	14.3	15.9	14.8	29.4	2004/2005	
33.8	26.3	18.8	23.7	12.7	23.5	29.5	12.7	28.0	39.4	2005/2006	
18.6	7.2	19.7	28.0	16.3	18.9	27.1	14.9	48.5	28.7	2006/2007	
23.3	18.5	17.4	14.6	17.3	19.2	16.1	16.2	11.8	16.2	2000/2007 3	Combustibles minéraux et produits
52.0	33.9	45.1	34.7	42.4	38.1	34.4	36.6	18.3	38.1	2003/2004	
72.2	48.2	66.9	43.3	38.3	46.8	34.7	41.1	49.5	45.7	2004/2005	
30.0	19.9	18.7	23.4	17.3	15.8	21.6	24.4	20.8	21.1	2005/2006	
2.8	13.8	7.1	9.6	17.6	29.5	15.4	12.1	51.2	13.2	2006/2007	
20.4	12.9	13.7	12.4	17.8	20.5	17.4	16.5	6.6	16.4	2000/2007 5	Produits chimiques
37.8	17.4	35.4	26.5	32.5	23.3	26.2	40.6	8.5	31.5	2003/2004	
27.0	16.3	17.1	20.5	24.0	36.3	16.4	18.9	38.7	27.8	2004/2005	
18.6	17.5	0.9	12.4	17.2	19.7	16.1	8.6	18.8	10.7	2005/2006	
33.3	20.1	8.3	16.6	25.5	15.5	14.2	16.6	16.1	17.7	2006/2007	
30.9	17.6	17.6	6.8	18.0	24.2	6.9	8.9	-2.1	13.5	2000/2007 7	Machines et matériels de transports
42.5	21.1	20.9	16.0	31.8	31.9	19.6	36.7	23.7	25.2	2003/2004	
27.8	18.1	20.6	13.4	19.0	35.9	11.3	14.2	19.4	27.3	2004/2005	
34.4	18.9	14.2	17.4	21.2	25.6	13.9	-25.0	-14.3	7.7	2005/2006	
40.0	16.2	15.5	6.3	18.0	20.4	2.4	14.8	-42.4	12.0	2006/2007	
19.2	9.0	15.3	10.3	13.8	11.8	9.8	11.7	3.4	8.8	2000/2007 6&8	Articles manufacturés divers
29.2	15.7	29.7	26.6	23.3	18.2	18.8	27.0	10.6	21.9	2003/2004	
10.3	-0.8	7.2	16.3	18.0	17.3	10.9	12.7	2.9	18.9	2004/2005	
21.8	10.9	21.9	15.3	20.5	12.4	17.7	-5.5	-3.6	9.6	2005/2006	
20.8	17.4	16.0	11.1	19.1	10.8	12.5	14.7	17.8	10.2	2006/2007	
Destination des exportations de grandes catégories de marchandises											
23.9	14.4	17.3	9.8	14.6	20.6	10.6	16.3	14.7	19.2	2000/2007 0-9	Tous produits 3/
36.3	28.9	24.4	22.4	34.4	25.9	18.7	23.5	13.4	24.2	2003/2004	
20.0	10.7	27.0	19.4	9.1	33.8	16.6	28.1	21.2	25.1	2004/2005	
39.4	18.7	22.5	20.2	18.6	22.0	14.5	16.5	8.3	16.7	2005/2006	
17.9	29.9	14.9	17.6	16.0	19.2	13.4	18.8	27.7	23.9	2006/2007	
18.9	11.8	15.1	10.2	8.9	13.4	11.6	12.0	9.3	13.6	2000/2007 0&1	Produits alimentaires, boissons et tabacs
14.7	24.0	18.7	13.5	19.4	17.8	11.7	10.4	14.9	13.7	2003/2004	
9.3	6.7	14.8	11.2	4.2	26.3	11.0	20.6	4.6	15.3	2004/2005	
18.0	12.9	13.9	17.0	7.1	33.9	13.7	13.3	10.3	17.0	2005/2006	
33.3	41.6	19.4	27.7	20.2	11.9	27.0	26.2	11.3	27.4	2006/2007	
21.7	15.9	14.9	11.8	22.5	20.0	13.0	17.8	11.1	14.6	2000/2007 2&4	Matières premières huiles & graisses (combust. exclu.)
36.7	16.7	18.1	29.5	32.0	17.4	24.8	20.2	46.6	20.2	2003/2004	
23.8	16.1	9.3	7.2	25.6	20.6	3.3	11.8	21.1	11.3	2004/2005	
31.1	17.1	22.0	17.9	29.4	15.8	21.9	27.9	-20.3	23.5	2005/2006	
29.8	30.8	32.3	19.8	26.5	37.8	25.4	24.7	5.3	24.6	2006/2007	
26.0	15.4	24.1	14.9	16.1	23.7	20.3	19.8	12.6	32.4	2000/2007 3	Combustibles minéraux et produits
62.9	58.8	27.5	23.8	103.6	-5.5	16.6	10.1	48.8	39.7	2003/2004	
76.4	3.0	104.0	49.7	-5.9	127.1	75.3	87.0	36.3	65.2	2004/2005	
32.1	50.5	40.8	21.9	32.2	61.9	22.3	12.0	15.8	28.5	2005/2006	
3.7	41.1	-13.4	16.6	21.1	-11.4	-2.0	-2.9	-3.4	17.3	2006/2007	
24.3	15.5	15.9	11.9	14.5	19.9	12.9	16.4	12.4	16.6	2000/2007 5	Produits chimiques
35.6	25.0	21.9	22.7	36.4	26.5	24.6	24.6	50.6	21.2	2003/2004	
18.6	14.0	17.5	13.2	12.2	27.4	14.4	17.8	-11.0	18.6	2004/2005	
27.1	8.9	16.6	15.4	13.2	14.4	11.0	14.0	5.6	14.2	2005/2006	
25.4	29.0	19.3	21.7	18.4	29.4	17.8	22.1	11.4	21.3	2006/2007	
26.0	13.8	16.5	8.5	14.9	22.3	7.0	16.5	21.8	19.8	2000/2007 7	Machines et matériels de transports
43.2	29.7	27.4	23.7	25.2	38.1	16.1	29.6	-7.9	26.7	2003/2004	
22.1	14.0	22.2	19.1	12.6	17.9	8.0	25.0	38.7	24.6	2004/2005	
25.8	9.2	19.0	21.9	18.4	24.2	11.6	17.5	5.1	13.4	2005/2006	
28.1	28.2	18.5	14.1	12.4	28.4	10.8	19.7	59.0	22.9	2006/2007	
20.5	14.3	16.6	8.2	12.0	19.1	12.6	16.5	5.3	19.2	2000/2007 6&8	Articles manufacturés divers
31.0	21.3	20.1	21.5	26.3	27.9	26.1	24.8	20.8	24.0	2003/2004	
12.3	9.9	16.5	13.2	8.1	30.7	13.2	21.3	0.2	23.1	2004/2005	
39.4	16.5	19.0	20.0	13.9	6.7	16.3	18.3	2.7	17.5	2005/2006	
2.9	23.3	23.9	17.4	12.6	29.1	20.7	23.9	7.2	27.0	2006/2007	

Voir la fin du Tableau Spécial F pour la remarque générale et les notes.

SPECIAL TABLE: F

Structure of world exports by commodity classes and by region

in per cent

SITC Commodity classe	Year	World 1/ Monde 1/	Developed economies 2/ Economies en voie de développement 2/ Total	Asia-Pacific Asie-Pacifique Total	Japan Japon	Europe Total	Germany Allemagne	North America Amérique du Nord Total	U.S.A. É.-U.	Commonwealth of Independent States Communauté d'Etats Indépendants Total	Europe
Origin of exports of major commodity classes											
0-9 All commodities 3/	2000	100.0	65.2	8.8	7.6	39.7	8.7	16.7	12.3	2.3	2.0
	2004	100.0	62.2	7.4	6.3	42.3	10.1	12.5	9.0	2.9	2.5
	2005	100.0	59.4	7.0	5.8	40.2	9.5	12.3	8.8	3.3	2.8
	2006	100.0	58.0	6.6	5.4	39.4	9.4	11.9	8.7	3.5	3.0
	2007	100.0	57.8	6.4	5.2	39.9	9.6	11.5	8.4	3.6	3.1
0&1 Food, live animals, beverages and tobacco	2000	100.0	67.3	5.1	0.5	45.9	5.6	16.3	12.1	1.0	0.7
	2004	100.0	67.9	5.3	0.5	49.7	6.5	12.9	9.1	1.5	1.2
	2005	100.0	66.2	5.0	0.5	48.9	7.0	12.4	8.7	1.8	1.5
	2006	100.0	65.7	4.7	0.5	48.5	7.0	12.5	8.9	1.8	1.4
	2007	100.0	65.6	4.3	0.4	48.5	6.9	12.7	9.3	2.2	1.7
2&4 Crude maerials, oils and fats, (fuels excluded)	2000	100.0	61.4	8.1	1.6	28.6	4.3	24.8	14.3	4.5	3.4
	2004	100.0	57.8	7.7	1.8	30.2	4.6	19.9	12.0	5.0	3.8
	2005	100.0	56.1	8.6	1.9	28.5	4.6	19.0	11.7	5.0	4.0
	2006	100.0	56.0	8.8	1.8	28.7	4.8	18.5	11.7	4.6	3.6
	2007	100.0	55.0	8.5	1.7	28.0	4.7	18.4	12.0	4.8	3.8
3 Mineral fuels, lubricants and related material	2000	100.0	29.7	2.3	0.2	19.8	1.2	7.6	2.0	9.6	8.3
	2004	100.0	29.6	2.0	0.2	20.5	1.7	7.1	1.9	12.4	10.6
	2005	100.0	28.2	2.2	0.3	19.0	1.5	6.9	1.8	12.9	11.0
	2006	100.0	27.7	2.1	0.3	19.2	1.6	6.4	2.0	13.5	11.4
	2007	100.0	26.5	2.2	0.5	17.7	1.6	6.6	2.2	13.8	11.7
5 Chemicals	2000	100.0	79.7	6.8	6.2	55.8	12.2	17.1	14.5	1.5	1.5
	2004	100.0	79.1	5.5	5.0	59.7	12.6	13.9	11.7	1.3	1.3
	2005	100.0	77.4	5.4	4.8	58.6	12.5	13.4	11.0	1.5	1.4
	2006	100.0	76.9	5.2	4.7	58.2	12.8	13.4	11.0	1.5	1.4
	2007	100.0	76.3	5.1	4.5	58.1	12.8	13.1	10.7	1.7	1.5
7 Machinery and transport equipment	2000	100.0	71.7	12.9	12.6	38.8	10.4	20.0	15.7	0.4	0.4
	2004	100.0	67.4	10.8	10.5	42.4	12.7	14.2	11.1	0.6	0.5
	2005	100.0	65.6	10.1	9.8	41.4	12.6	14.2	11.1	0.5	0.4
	2006	100.0	64.6	9.6	9.3	41.1	12.4	13.9	11.1	0.5	0.5
	2007	100.0	64.2	9.3	9.1	41.5	12.6	13.3	10.8	0.6	0.5
6&8 Other manufactured goods	2000	100.0	61.0	6.2	5.5	41.2	7.8	13.6	10.0	2.0	1.8
	2004	100.0	59.4	5.4	4.7	43.6	8.8	10.4	7.4	2.5	2.2
	2005	100.0	57.7	5.2	4.6	42.2	8.9	10.3	7.4	2.5	2.2
	2006	100.0	56.8	4.9	4.3	41.7	9.1	10.1	7.4	2.7	2.4
	2007	100.0	56.2	4.7	4.0	42.1	9.1	9.4	7.0	2.9	2.5
Destination of exports of major commodity classes											
0-9 All commodities 3/	2000	100.0	69.0	6.5	5.3	40.2	7.5	22.3	18.6	1.2	1.0
	2004	100.0	65.8	5.7	4.4	41.5	7.4	18.7	15.4	2.0	1.7
	2005	100.0	65.0	6.0	4.7	40.4	7.1	18.6	15.6	2.2	1.8
	2006	100.0	63.7	5.8	4.5	40.1	7.0	17.8	14.9	2.5	2.0
	2007	100.0	62.7	5.7	4.5	40.6	7.0	16.3	13.6	2.9	2.4
0&1 Food, live animals, beverages and tobacco	2000	100.0	70.0	10.4	9.5	45.2	8.4	14.4	11.4	2.6	2.3
	2004	100.0	70.7	8.0	7.0	49.4	8.6	13.3	10.6	3.6	3.1
	2005	100.0	69.8	7.8	6.7	48.8	8.4	13.2	10.4	4.0	3.5
	2006	100.0	68.9	7.1	6.0	48.4	8.1	13.4	10.5	4.3	3.7
	2007	100.0	67.4	6.5	5.4	48.5	8.0	12.4	9.6	4.5	3.8
2&4 Crude maerials, oils and fats, (fuels excluded)	2000	100.0	63.3	9.9	9.2	39.4	7.1	14.0	10.9	1.7	1.5
	2004	100.0	57.4	7.9	7.2	38.2	6.7	11.3	8.8	1.8	1.6
	2005	100.0	55.3	8.1	7.4	36.4	6.2	10.9	8.4	2.0	1.7
	2006	100.0	54.5	8.4	7.8	36.5	6.5	9.6	7.4	1.8	1.5
	2007	100.0	52.4	7.9	7.4	36.1	6.4	8.4	6.2	2.0	1.6
3 Mineral fuels, lubricants and related material	2000	100.0	66.9	11.0	10.2	33.4	4.4	22.5	20.8	1.7	1.5
	2004	100.0	64.1	8.6	7.6	34.4	4.4	21.2	17.3	1.7	1.4
	2005	100.0	66.9	10.8	9.7	35.4	4.3	20.7	19.1	1.4	1.1
	2006	100.0	65.0	10.4	9.4	35.0	4.3	19.6	18.0	1.4	1.0
	2007	100.0	64.9	11.9	10.8	33.4	3.4	19.6	18.1	1.6	1.2
5 Chemicals	2000	100.0	66.4	5.2	3.7	45.9	7.6	15.2	11.8	1.3	1.1
	2004	100.0	67.3	4.5	3.1	48.8	8.3	14.0	11.1	1.8	1.5
	2005	100.0	66.4	4.4	3.1	48.1	8.1	13.9	11.1	2.1	1.8
	2006	100.0	65.8	4.2	3.0	47.7	8.2	14.0	11.2	2.4	2.1
	2007	100.0	64.9	4.0	2.8	47.9	8.5	12.9	10.3	2.6	2.3
7 Machinery and transport equipment	2000	100.0	68.6	5.2	3.9	37.5	7.2	25.9	21.2	0.8	0.6
	2004	100.0	64.6	4.9	3.4	39.0	7.6	20.8	17.2	1.7	1.4
	2005	100.0	63.0	4.8	3.2	37.8	7.2	20.5	16.8	2.0	1.7
	2006	100.0	61.6	4.5	3.1	37.2	7.2	19.9	16.3	2.4	2.0
	2007	100.0	60.0	4.3	2.9	37.5	7.2	18.2	14.9	3.0	2.6
6&8 Other manufactured goods	2000	100.0	70.6	6.4	5.2	41.5	8.4	22.6	19.1	1.3	1.0
	2004	100.0	68.0	5.6	4.3	43.2	8.1	19.2	16.3	2.1	1.7
	2005	100.0	67.0	5.5	4.3	42.3	7.8	19.2	16.3	2.4	1.9
	2006	100.0	66.4	5.3	4.1	42.7	7.7	18.4	15.6	2.6	2.0
	2007	100.0	65.2	4.9	3.8	43.6	7.9	16.7	14.1	3.2	2.5

For general note and footnotes see end of Special Table F.

Structure des exportations mondiales par categories de marchandises et par regions

en pourcentage

En provenance ou vers ←

South-Eastern Europe Europe du Sud-Est	Northern Africa Afrique septentrio-nale	Sub-Sahara Africa Afrique subsahari-enne	Latin America and the Caribbean Amérique latine et Caraïbes	Eastern Asia Asie orientale	Southern Asia Asie méridionale	South-eastern Asia Asie du Sud-Est	Western Asia Asie occidentale	Oceania Océanie	OPEC OPEP	Année	CTCI: Classes de marchandises
Provenance des exportations de grandes catégories de marchandises											
0.3	0.8	1.5	5.5	12.3	1.5	6.7	3.9	0.1	5.5	2000	0-9 Tous produits 3/
0.5	0.9	1.6	5.1	14.3	1.7	6.3	4.5	0.1	5.8	2004	
0.5	1.1	1.9	5.4	14.8	1.9	6.3	5.3	0.1	7.2	2005	
0.5	1.1	1.9	5.6	15.4	1.9	6.4	5.6	0.1	7.4	2006	
0.6	1.1	1.9	5.5	15.9	1.9	6.3	5.5	0.1	7.2	2007	
0.3	0.6	2.7	12.2	5.4	2.3	6.1	1.9	0.1	1.7	2000	0&1 Produits alimentaires, boissons et tabacs
0.5	0.6	2.8	11.9	5.1	2.1	5.5	2.1	0.1	1.6	2004	
0.5	0.6	2.7	12.6	5.2	2.4	5.5	2.4	0.1	1.8	2005	
0.5	0.6	2.7	13.0	5.2	2.5	5.7	2.1	0.1	1.8	2006	
0.6	0.6	2.4	13.0	5.2	2.5	5.7	2.1	0.1	1.8	2007	
0.8	0.7	3.5	11.9	5.3	1.3	8.5	1.2	0.8	3.4	2000	2&4 Matières premières huiles & graisses (combust. exclu.)
0.9	0.8	3.5	14.1	4.4	2.2	9.6	1.5	0.4	4.0	2004	
0.9	0.7	3.8	15.0	4.4	2.5	9.6	1.5	0.4	4.6	2005	
1.0	0.7	3.7	15.3	4.1	2.6	10.3	1.4	0.4	5.2	2006	
0.9	0.6	3.7	16.1	3.9	2.5	10.7	1.3	0.5	5.5	2007	
0.2	5.2	6.9	9.5	3.0	4.2	6.9	24.6	0.1	41.6	2000	3 Combustibles minéraux et produits
0.3	5.5	6.5	8.3	3.1	4.2	6.8	23.2	0.1	38.7	2004	
0.3	5.7	7.6	8.4	3.0	4.4	6.4	23.0	0.1	39.6	2005	
0.3	5.6	7.4	8.4	2.9	4.1	6.4	23.5	0.1	39.3	2006	
0.3	5.8	7.1	8.3	3.1	4.8	6.6	23.6	0.1	40.0	2007	
0.2	0.4	0.5	2.9	8.0	0.9	3.7	2.1	0.0	1.9	2000	5 Produits chimiques
0.3	0.3	0.6	2.5	8.1	1.1	4.3	2.3	0.0	1.9	2004	
0.3	0.4	0.6	2.6	9.0	1.3	4.5	2.5	0.0	2.2	2005	
0.3	0.4	0.5	2.6	9.3	1.4	4.6	2.4	0.0	2.2	2006	
0.3	0.4	0.5	2.6	10.0	1.4	4.5	2.4	0.0	2.2	2007	
0.1	0.1	0.2	4.7	13.3	0.2	8.6	0.8	0.0	0.6	2000	7 Machines et matèriels de transports
0.2	0.1	0.3	3.9	18.4	0.3	7.8	1.1	0.0	0.7	2004	
0.2	0.1	0.3	4.0	19.8	0.3	7.9	1.2	0.0	0.8	2005	
0.3	0.1	0.3	4.1	21.1	0.4	7.9	0.8	0.0	0.7	2006	
0.4	0.1	0.3	3.9	22.2	0.4	7.2	0.8	0.0	0.7	2007	
0.6	0.5	1.1	4.4	19.9	2.7	5.1	2.4	0.1	2.0	2000	6&8 Articles manufacturés divers
1.0	0.5	1.4	4.2	20.4	2.9	4.7	3.0	0.1	1.8	2004	
0.9	0.4	1.3	4.4	21.7	3.0	4.7	3.1	0.1	1.9	2005	
1.0	0.4	1.4	4.4	22.8	3.0	4.8	2.5	0.1	1.8	2006	
1.1	0.4	1.4	4.2	23.6	2.9	4.7	2.5	0.1	1.7	2007	
Destination des exportations de grandes catégories de marchandises											
0.4	0.9	1.2	5.7	11.0	1.3	5.6	3.0	0.1	2.5	2000	0-9 Tous produits 3/
0.7	0.9	1.4	4.6	13.3	1.7	5.3	3.4	0.1	3.4	2004	
0.7	0.9	1.6	4.8	12.8	2.0	5.4	3.9	0.1	3.7	2005	
0.9	0.9	1.7	5.0	13.1	2.1	5.3	3.9	0.1	3.7	2006	
0.9	1.0	1.7	5.0	13.1	2.2	5.2	4.0	0.1	4.0	2007	
0.6	1.9	2.1	5.7	6.1	1.4	4.1	4.6	0.2	5.1	2000	0&1 Produits alimentaires, boissons et tabacs
0.9	1.7	2.6	4.8	5.8	1.2	3.9	4.1	0.2	5.1	2004	
0.9	1.6	2.7	4.8	5.6	1.4	4.0	4.5	0.2	5.4	2005	
0.9	1.7	2.8	5.1	5.4	1.7	4.1	4.7	0.2	5.7	2006	
1.1	2.0	2.8	5.5	5.4	1.6	4.4	4.9	0.2	6.1	2007	
0.5	1.3	1.5	4.8	15.3	3.3	4.3	3.0	0.0	3.0	2000	2&4 Matières premières huiles & graisses (combust. exclu.)
0.7	1.3	1.4	4.6	20.4	4.0	4.2	3.5	0.1	3.0	2004	
0.7	1.3	1.4	4.3	22.6	4.3	3.8	3.4	0.1	2.9	2005	
0.8	1.3	1.4	4.2	24.1	4.1	3.8	3.6	0.0	3.0	2006	
0.8	1.4	1.5	4.1	25.0	4.6	4.0	3.7	0.0	3.0	2007	
0.5	1.2	1.0	5.2	13.5	1.8	4.2	2.0	0.2	1.0	2000	3 Combustibles minéraux et produits
0.7	1.0	1.2	4.2	16.6	1.6	4.7	2.2	0.2	1.8	2004	
0.8	0.7	1.7	4.4	11.0	2.6	5.8	2.9	0.2	2.1	2005	
0.9	0.9	1.9	4.4	11.9	3.4	5.8	2.7	0.2	2.3	2006	
0.8	1.1	1.5	4.6	12.9	2.7	5.1	2.3	0.1	2.4	2007	
0.5	0.8	1.4	6.8	12.1	1.6	4.9	3.0	0.1	2.7	2000	5 Produits chimiques
0.7	0.8	1.4	5.5	12.2	1.8	4.5	3.1	0.1	2.9	2004	
0.7	0.8	1.4	5.6	12.2	2.0	4.5	3.3	0.1	3.0	2005	
0.8	0.8	1.5	5.7	12.3	2.1	4.5	3.3	0.1	3.1	2006	
0.9	0.9	1.5	5.9	12.4	2.3	4.5	3.4	0.1	3.2	2007	
0.3	0.7	1.1	6.0	11.0	0.9	7.6	2.7	0.1	2.4	2000	7 Machines et matèriels de transports
0.5	0.8	1.4	4.8	14.3	1.4	6.8	3.3	0.1	3.6	2004	
0.6	0.8	1.5	5.2	14.7	1.5	6.7	3.8	0.1	4.1	2005	
0.7	0.8	1.6	5.5	15.2	1.6	6.5	3.9	0.1	4.1	2006	
0.7	0.9	1.7	5.6	15.2	1.9	6.4	4.2	0.2	4.5	2007	
0.6	0.8	1.1	5.3	11.0	1.4	4.1	3.5	0.1	2.7	2000	6&8 Articles manufacturés divers
1.0	0.9	1.3	4.0	12.3	1.8	4.1	4.0	0.1	3.5	2004	
1.0	0.9	1.4	4.1	12.0	2.2	4.2	4.4	0.1	3.9	2005	
1.2	0.9	1.4	4.3	11.9	2.0	4.3	4.5	0.1	4.0	2006	
1.1	1.0	1.5	4.4	11.6	2.3	4.5	4.8	0.1	4.4	2007	

Voir la fin du Tableau Spécial F pour la remarque générale et les notes.

Structure of world exports by commodity classes and by region (continued)

in per cent

| | | | Developed economies 2/ Economies en voie de développement 2/ | | | | | | Commonwealth of Independent States Communauté d'Etats Indépendants | |
| | | | Asia-Pacific Asie-Pacifique | | Europe | | North America Amérique du Nord | | | |
SITC Commodity classe	Year	World 1/ Monde 1/	Total	Japan Japon Total	Total	Germany Allemagne	Total	U.S.A. É.-U.	Total	Europe
			Commodity composition of the total exports of selected regions							
0-9 All commodities 3/	2000	100.0	100.0	100.0	100.0	100.0	100.0	100.0	100.0	100.0
	2004	100.0	100.0	100.0	100.0	100.0	100.0	100.0	100.0	100.0
	2005	100.0	100.0	100.0	100.0	100.0	100.0	100.0	100.0	100.0
	2006	100.0	100.0	100.0	100.0	100.0	100.0	100.0	100.0	100.0
	2007	100.0	100.0	100.0	100.0	100.0	100.0	100.0	100.0	100.0
0&1 Food, live animals, beverages and tobacco	2000	6.1	6.3	3.6	0.4	7.1	4.0	6.0	6.0	2.6	2.1
	2004	6.1	6.7	4.4	0.5	7.2	3.9	6.3	6.1	3.2	2.9
	2005	5.9	6.5	4.2	0.5	7.1	4.3	5.9	5.8	3.2	3.1
	2006	5.6	6.3	4.0	0.5	6.9	4.2	5.9	5.7	2.9	2.6
	2007	5.8	6.5	3.9	0.5	7.0	4.1	6.4	6.3	3.5	3.2
2&4 Crude maerials, oils and fats, (fuels excluded)	2000	3.4	3.2	3.1	0.7	2.4	1.7	5.0	3.9	6.8	5.7
	2004	3.6	3.3	3.7	1.1	2.6	1.6	5.7	4.8	6.2	5.3
	2005	3.6	3.4	4.4	1.2	2.5	1.7	5.5	4.8	5.5	5.0
	2006	3.7	3.6	5.0	1.2	2.7	1.9	5.8	5.0	4.9	4.5
	2007	3.9	3.8	5.3	1.3	2.8	1.9	6.3	5.6	5.2	4.9
3 Mineral fuels, lubricants and related material	2000	10.4	4.7	2.7	0.3	5.2	1.4	4.7	1.7	44.1	43.4
	2004	11.1	5.3	3.0	0.4	5.4	1.9	6.3	2.3	47.8	46.5
	2005	13.9	6.6	4.4	0.7	6.6	2.2	7.8	2.9	55.0	54.0
	2006	14.7	7.0	4.5	0.9	7.2	2.5	7.9	3.4	56.4	55.5
	2007	14.1	6.5	4.8	1.3	6.3	2.3	8.2	3.6	54.0	53.3
5 Chemicals	2000	9.0	11.0	7.0	7.3	12.6	12.7	9.2	10.6	6.0	6.7
	2004	10.7	13.6	7.9	8.5	15.1	13.4	11.8	13.8	5.0	5.4
	2005	10.6	13.8	8.1	8.8	15.4	13.9	11.5	13.3	4.8	5.1
	2006	10.3	13.6	8.1	8.9	15.2	14.0	11.6	13.1	4.5	4.7
	2007	10.4	13.8	8.3	9.1	15.2	13.8	11.9	13.3	4.8	5.0
7 Machinery and transport equipment	2000	41.3	45.5	60.8	68.8	40.4	49.6	49.5	52.8	7.4	8.0
	2004	39.1	42.4	56.8	65.6	39.2	49.2	44.3	48.1	7.5	8.2
	2005	37.8	41.7	54.5	64.1	38.9	50.2	43.6	48.0	5.6	5.9
	2006	37.2	41.4	53.6	63.7	38.8	49.1	43.3	47.7	5.4	5.7
	2007	36.2	40.2	52.9	63.3	37.7	47.4	42.0	46.2	5.9	6.2
6&8 Other manufactured goods	2000	26.0	24.3	18.4	18.8	26.9	23.3	21.1	21.2	23.5	23.9
	2004	25.9	24.7	18.8	19.6	26.7	22.6	21.5	21.3	22.4	22.8
	2005	25.1	24.4	18.8	20.0	26.4	23.7	21.2	21.3	19.4	19.8
	2006	24.9	24.4	18.6	19.6	26.3	24.1	21.1	21.2	19.6	20.0
	2007	24.9	24.3	18.2	19.1	26.3	23.6	20.5	20.6	20.2	20.5
			Commodity composition of the world exports to selected regions							
0-9 All commodities 3/	2000	100.0	100.0	100.0	100.0	100.0	100.0	100.0	100.0	100.0	100.0
	2004	100.0	100.0	100.0	100.0	100.0	100.0	100.0	100.0	100.0	100.0
	2005	100.0	100.0	100.0	100.0	100.0	100.0	100.0	100.0	100.0	100.0
	2006	100.0	100.0	100.0	100.0	100.0	100.0	100.0	100.0	100.0	100.0
	2007	100.0	100.0	100.0	100.0	100.0	100.0	100.0	100.0	100.0	100.0
0&1 Food, live animals, beverages and tobacco	2000	6.1	6.2	9.8	10.9	6.9	6.8	3.9	3.8	13.3	13.6
	2004	6.1	6.6	8.6	9.8	7.3	7.1	4.4	4.2	10.9	11.3
	2005	5.9	6.3	7.6	8.4	7.1	6.9	4.2	3.9	10.9	11.4
	2006	5.6	6.0	6.8	7.4	6.7	6.5	4.2	3.9	9.7	10.2
	2007	5.8	6.2	6.5	6.9	6.9	6.6	4.4	4.1	8.8	9.0
2&4 Crude maerials, oils and fats, (fuels excluded)	2000	3.4	3.1	5.1	5.8	3.3	3.2	2.1	2.0	4.6	4.9
	2004	3.6	3.1	4.9	5.9	3.3	3.2	2.2	2.0	3.2	3.3
	2005	3.6	3.0	4.8	5.6	3.2	3.1	2.1	1.9	3.2	3.3
	2006	3.7	3.2	5.4	6.4	3.4	3.5	2.0	1.9	2.8	2.8
	2007	3.9	3.3	5.5	6.5	3.5	3.6	2.0	1.8	2.7	2.7
3 Mineral fuels, lubricants and related material	2000	10.4	10.0	17.5	19.9	8.6	6.1	10.4	11.6	14.8	15.1
	2004	11.1	10.9	16.8	19.4	9.2	6.6	12.6	12.5	9.5	9.1
	2005	13.9	14.3	24.9	28.8	12.2	8.5	15.5	17.0	9.3	8.7
	2006	14.7	15.0	26.4	30.3	12.8	9.1	16.2	17.7	8.3	7.2
	2007	14.1	14.6	29.5	34.3	11.6	6.8	17.0	18.7	7.6	7.1
5 Chemicals	2000	9.0	8.6	7.1	6.3	10.3	9.1	6.1	5.7	9.6	9.5
	2004	10.7	10.9	8.5	7.6	12.6	12.0	8.0	7.7	9.5	9.8
	2005	10.6	10.8	7.8	6.9	12.6	12.2	7.9	7.5	10.2	10.6
	2006	10.3	10.6	7.5	6.7	12.2	12.1	8.1	7.7	10.0	10.6
	2007	10.4	10.8	7.4	6.5	12.3	12.7	8.3	7.9	9.3	9.7
7 Machinery and transport equipment	2000	41.3	41.1	33.2	30.4	38.6	39.5	48.0	47.3	25.7	24.4
	2004	39.1	38.4	33.7	30.3	36.7	40.0	43.5	43.6	34.1	33.5
	2005	37.8	36.7	29.9	26.1	35.4	38.4	41.6	40.8	35.0	35.2
	2006	37.2	36.0	28.9	25.2	34.5	38.2	41.6	40.8	35.9	36.7
	2007	36.2	34.6	27.5	23.4	33.4	37.3	40.3	39.5	37.6	38.9
6&8 Other manufactured goods	2000	26.0	26.5	25.4	25.2	26.8	29.2	26.4	26.7	26.7	26.2
	2004	25.9	26.7	25.4	25.6	27.0	28.3	26.6	27.3	27.0	26.0
	2005	25.1	25.9	23.1	22.9	26.3	27.6	26.0	26.2	27.8	26.4
	2006	24.9	26.0	22.9	22.8	26.5	27.7	25.8	26.1	26.5	25.0
	2007	24.9	25.9	21.6	21.0	26.7	27.9	25.5	25.7	27.3	25.4

For general note and footnotes see end of Special Table F.

Structure des exportations mondiales par categories de marchandises et par regions (suite)

en pourcentage

← En provenance ou vers

South-Eastern Europe Europe du Sud-Est	Northern Africa Afrique septentrionale	Sub-Sahara Africa Afrique subsaharienne	Latin America and the Caribbean Amérique latine et Caraïbes	Eastern Asia Asie orientale	Southern Asia Asie méridionale	South-eastern Asia Asie du Sud-Est	Western Asia Asie occidentale	Oceania Océanie	OPEC OPEP	Année	CTCI: Classes de marchandises	
Composition par marchandises des exportations mondiales des régions selectionnées											
100.0	100.0	100.0	100.0	100.0	100.0	100.0	100.0	100.0	100.0	2000	0-9	Tous produits 3/
100.0	100.0	100.0	100.0	100.0	100.0	100.0	100.0	100.0	100.0	2004		
100.0	100.0	100.0	100.0	100.0	100.0	100.0	100.0	100.0	100.0	2005		
100.0	100.0	100.0	100.0	100.0	100.0	100.0	100.0	100.0	100.0	2006		
100.0	100.0	100.0	100.0	100.0	100.0	100.0	100.0	100.0	100.0	2007		
6.3	4.5	11.1	13.5	2.7	9.3	5.5	3.1	9.6	1.9	2000	0&1	Produits alimentaires, boissons et tabacs
6.1	3.9	10.9	14.3	2.2	7.5	5.3	2.9	11.8	1.6	2004		
6.1	3.5	8.2	13.6	2.1	7.3	5.1	2.6	11.8	1.5	2005		
6.0	2.9	7.7	13.0	1.9	7.4	5.0	2.1	11.7	1.4	2006		
6.3	3.2	7.5	13.6	1.9	7.5	5.3	2.2	10.2	1.5	2007		
8.9	2.8	7.9	7.3	1.5	2.8	4.3	1.1	35.4	2.1	2000	2&4	Matières premières huiles & graisses (combust. exclu.)
6.9	3.3	8.0	9.9	1.1	4.6	5.4	1.1	22.3	2.5	2004		
6.5	2.2	7.1	9.9	1.1	4.8	5.4	1.0	22.4	2.3	2005		
7.0	2.3	7.2	10.3	1.0	5.1	6.0	0.9	25.3	2.6	2006		
6.6	2.2	7.8	11.6	1.0	5.1	6.7	0.9	32.6	3.0	2007		
7.4	68.3	47.8	17.7	2.5	28.9	10.6	65.7	14.0	78.8	2000	3	Combustibles minéraux et produits
6.6	69.6	45.7	18.1	2.4	27.8	12.0	57.0	9.3	74.4	2004		
9.6	75.6	55.6	21.5	2.8	32.0	14.1	60.0	12.2	76.7	2005		
9.9	75.0	56.0	22.3	2.7	32.4	14.6	61.8	13.0	78.0	2006		
8.1	75.3	54.3	21.4	2.7	35.2	15.0	60.8	17.0	78.1	2007		
6.8	4.7	3.0	4.7	5.9	5.7	4.9	4.8	0.4	3.1	2000	5	Produits chimiques
5.9	4.2	3.8	5.1	6.1	6.9	7.4	5.5	0.2	3.6	2004		
6.4	3.5	3.2	5.1	6.4	7.4	7.5	4.9	0.3	3.2	2005		
6.0	3.5	2.8	4.8	6.2	7.7	7.4	4.4	0.3	3.0	2006		
6.4	3.7	2.7	4.9	6.6	7.5	7.5	4.5	0.3	3.1	2007		
14.2	3.5	5.6	34.7	44.8	4.3	52.8	8.8	3.2	4.2	2000	7	Machines et matèriels de transports
18.4	4.2	7.3	29.7	50.3	6.0	48.6	9.7	3.9	4.4	2004		
19.9	3.6	6.4	27.8	50.5	6.3	47.1	8.3	4.1	4.0	2005		
21.4	3.6	6.2	27.4	50.7	7.0	45.7	5.1	3.1	3.6	2006		
23.8	3.6	6.5	25.6	50.5	7.0	41.6	5.2	1.6	3.6	2007		
54.2	16.0	19.0	20.8	42.2	47.5	19.8	16.2	35.7	9.6	2000	6&8	Articles manufacturés divers
53.9	14.2	22.4	21.2	37.0	43.9	19.4	17.3	32.2	8.0	2004		
50.3	10.3	17.5	20.3	36.8	40.3	18.7	14.5	29.0	6.7	2005		
49.0	9.5	18.1	19.7	36.8	39.6	18.8	11.4	24.7	6.2	2006		
47.0	9.8	19.0	19.2	37.0	36.8	18.8	11.4	25.2	6.0	2007		
Composition par marchandises des exportations mondiales vers régions selectionnées											
100.0	100.0	100.0	100.0	100.0	100.0	100.0	100.0	100.0	100.0	2000	0-9	Tous produits 3/
100.0	100.0	100.0	100.0	100.0	100.0	100.0	100.0	100.0	100.0	2004		
100.0	100.0	100.0	100.0	100.0	100.0	100.0	100.0	100.0	100.0	2005		
100.0	100.0	100.0	100.0	100.0	100.0	100.0	100.0	100.0	100.0	2006		
100.0	100.0	100.0	100.0	100.0	100.0	100.0	100.0	100.0	100.0	2007		
9.1	13.2	11.1	6.1	3.4	6.6	4.5	9.3	12.5	12.4	2000	0&1	Produits alimentaires, boissons et tabacs
7.9	11.3	11.1	6.4	2.7	4.4	4.6	7.3	11.6	9.3	2004		
7.2	10.9	10.0	6.0	2.6	4.1	4.3	6.9	10.0	8.5	2005		
6.1	10.3	9.3	5.8	2.3	4.5	4.3	6.7	10.2	8.6	2006		
6.9	11.3	9.7	6.3	2.4	4.3	4.8	7.1	8.9	8.8	2007		
4.2	4.9	4.2	2.8	4.7	8.6	2.6	3.3	1.4	4.0	2000	2&4	Matières premières huiles & graisses (combust. exclu.)
3.4	5.1	3.6	3.6	5.5	8.4	2.9	3.6	1.8	3.2	2004		
3.6	5.4	3.1	3.2	6.3	7.6	2.5	3.2	1.8	2.8	2005		
3.3	5.3	3.1	3.2	6.9	7.2	2.7	3.5	1.3	3.0	2006		
3.7	5.4	3.6	3.2	7.5	8.3	3.0	3.6	1.1	3.0	2007		
11.8	14.5	8.6	9.4	12.7	14.6	7.6	6.8	17.7	4.0	2000	3	Combustibles minéraux et produits
10.9	12.0	9.2	10.3	13.8	10.4	10.0	7.2	17.1	6.1	2004		
16.0	11.2	14.7	12.9	11.9	17.7	15.0	10.6	19.2	8.1	2005		
15.1	14.2	16.9	13.1	13.3	23.4	16.0	10.2	20.6	8.9	2006		
13.3	15.4	12.8	13.0	13.9	17.4	13.8	8.3	15.6	8.4	2007		
9.9	8.4	10.3	10.7	9.9	11.2	7.7	8.9	5.1	9.6	2000	5	Produits chimiques
10.6	9.5	10.4	13.0	9.8	11.1	9.1	9.7	7.1	9.1	2004		
10.4	9.8	9.6	12.3	10.1	10.6	8.9	8.9	5.2	8.6	2005		
9.5	9.0	9.1	11.8	9.6	9.9	8.6	8.7	5.1	8.4	2006		
10.1	8.9	9.5	12.2	9.8	10.7	9.0	9.0	4.4	8.3	2007		
27.0	31.9	38.6	43.7	41.3	28.1	56.0	37.4	31.9	39.1	2000	7	Machines et matèriels de transports
30.6	32.9	38.1	40.9	42.0	32.0	50.6	38.0	35.3	42.2	2004		
31.1	33.9	36.7	40.9	43.4	28.2	46.8	37.1	40.4	42.0	2005		
28.1	31.2	35.6	41.4	43.3	28.7	45.6	37.4	39.2	40.8	2006		
30.5	30.8	36.7	40.2	42.0	30.9	44.6	37.7	48.8	40.5	2007		
36.0	24.8	24.1	24.1	26.0	28.1	18.7	29.8	25.9	27.5	2000	6&8	Articles manufacturés divers
36.5	26.7	24.0	23.0	23.9	27.7	20.2	30.1	21.7	27.1	2004		
34.1	26.5	22.0	21.8	23.7	27.1	19.7	28.4	17.9	26.7	2005		
34.1	26.0	21.4	21.7	22.7	23.7	20.0	28.9	17.0	26.8	2006		
29.7	24.7	23.1	21.7	22.1	25.6	21.3	30.1	14.3	27.5	2007		

Voir la fin du Tableau Spécial F pour la remarque générale et les notes.

Structure of world exports by commodity classes and by region (continued)
Structure des exportations mondiales par categories de marchandises et par regions (suite)

General note

The figures in tables E and F are derived from the data in Special Table D.

The commodity classification is in accordance with the United Nations' Standard International Trade Classification (SITC), Revision 3, except for for countries which report trade data only in terms of the SITC, Revision 2, or the SITC, Revised.

The data approximate total exports of all countries and areas of the world. They are based on official export figures converted, where necessary, to U.S. dollars according to conversion factors published in Table C for each country in this volume. Where official figures are not available estimates based on the imports reported by partner countries and on other subsidiary data are used. Some official national data have been adjusted

(a) to approximate the commodity groupings of the SITC and

(b) to approximate calendar years.

The data include special category (confidential) exports, ships' stores and bunkers and exports of minor importance, the destination of which cannot be determined. These data are included in the world totals for each commodity group and in total exports, but are excluded from all regions of destination.

1/ Exports for which country of destination is not available are included in the totals for the 'World', but are excluded from the regional components of these groupings. For the country composition of geographical regions, please refer to http://mdgs.un.org/unsd/mdg/Host.aspx?Content=Data/RegionalGroupings.htm

2/ This classification is intended for statistical convenience and does not, necessarily, express a judgement about the stage reached by a particular country in the developoment process.

3/ Section 9 of the SITC, which comprises commodities and transactions not classified elsewhere, is included in the total trade but is not shown separately in this table.

Remarque générale

Les données de les tables E et F sont derivées de celles publiées dans le Tableau Spécial D.

La classification par marchandise utilisée est la Classification type pour le commerce international (CTCI), Revision 3,) en dehors des pays qui rapportent exclusivement les données du commerce en accord avec la CTCI, Revision 2, ou la CTCI, Revisée.

Les données approchées des exportations totales de tous pays et régions du monde. Elles sont basées sur les chiffres des exportations officielles nationales convertis en dollars E.-U. selon les facteurs de conversion publiés dans le Tableau C pour chaque pays ce tome. Quand les chiffres officiels ne sont pas disponibles on a recours a des estimations basées sur les importations rapportées par les pays partenaires ou sur d'autres donées subsidiaries. Quelques données officielles nationales ont été ajustées

(a) qu'elles correspondent aux groups des marchandises de la CTCI et

(b) qu'elles correspondent aux années civiles.

Les données comprises les exportations de 'special category' (confidentielles), les approvisionnements des navires et combustible de soute et autres exportations de moindre importance dont la destination n'a pu être déterminée. Ces données sont comprises dans les totaux de chaque groupe de marchandise et dans les exportations totales, mais elles ne sont pas comprises dans les régions de destination.

1/ Les exportations dont les pays de destination ne sont pas disponibles sont comprises dans les totaux du 'Monde', mais ils ne sont pas comprises dans chaque partie composant ces régions. . La décomposition des régions géographiques par pays est disponible sur http://mdgs.un.org/unsd/mdg/Host.aspx?Content=Data/RegionalGroupings.htm

2/ Cette classification est utilisée pour plus de commodité dans la présentation des statistiques et n'implique pas nécessairement un jugement quant au stade de développment auquel est parvenu un pays donné.

3/ Section 9 de la CTCI, qui représente les articles et transactions non ailleurs est comprise dans le commerce total mais n'est pas présentée séparément dans ce tableau.

Special Table G
Total exports and imports by country or area
Quantum and unit value indices and terms of trade in US dollars (2000 = 100)

Exportations et importations totales par Pays ou Zones
Indices du quantum et de la valeur unitaire et termes de l'échange en dollars É.-U. (2000 = 100)

Countries	1985	1998	1999	2001	2002	2003	2004	2005	2006	2007	Pays
Argentina											**Argentine**
Imp: Quantum	...	117	101	83	38	58	87	108	125	150	Imp: quantum
Imp: Unit Value	...	106	100	97	94	94	102	105	108	115	Imp: valeur unitaire
Exp: Quantum	...	98	97	104	105	110	118	135	143	154	Exp: quantum
Exp: Unit Value	...	102	91	97	93	102	111	113	122	137	Exp: valeur unitaire
Terms of Trade	...	*97*	*91*	*99*	*99*	*108*	*110*	*107*	*114*	*119*	*Termes de l'échange*
Purchasing Power of Exports	...	*94*	*89*	*104*	*104*	*120*	*129*	*145*	*163*	*183*	*Pouvoir d'achat des export.*
Australia											**Australie**
Imp: Quantum	33	84	92	96	108	120	137	129	145	155	Imp: quantum
Imp: Unit Value[1]	82	102	102	94	95	104	111	117	120	128	Imp: valeur unitaire[1]
Exp: Quantum	39	87	91	103	104	102	106	119	141	144	Exp: quantum
Exp: Unit Value[1]	89	101	96	98	100	111	129	153	175	196	Exp: valeur unitaire[1]
Terms of Trade	*108*	*100*	*94*	*104*	*106*	*106*	*116*	*131*	*146*	*153*	*Termes de l'échange*
Purchasing Power of Exports	*43*	*86*	*86*	*107*	*110*	*108*	*123*	*156*	*205*	*220*	*Pouvoir d'achat des export.*
Austria											**Autriche**
Imp: Quantum	60	86	87	103	107	111	118	125	133	196	Imp: quantum
Imp: Unit Value	120	124	115	97	100	114	125	123	130	142	Imp: valeur unitaire
Exp: Quantum	48	91	94	106	112	117	127	132	139	195	Exp: quantum
Exp: Unit Value	128	126	105	95	101	114	126	126	132	145	Exp: valeur unitaire
Terms of Trade	*107*	*102*	*91*	*98*	*101*	*100*	*101*	*102*	*102*	*102*	*Termes de l'échange*
Purchasing Power of Exports	*51*	*93*	*86*	*104*	*114*	*117*	*128*	*135*	*142*	*200*	*Pouvoir d'achat des export.*
Belgium											**Belgique**
Imp: Quantum	47	91	91	101	109	111	118	126	132	140	Imp: quantum
Imp: Unit Value	73	106	102	100	103	120	136	143	151	168	Imp: valeur unitaire
Exp: Quantum	44	88	91	102	111	113	121	126	131	135	Exp: quantum
Exp: Unit Value	69	111	105	99	104	121	135	142	149	170	Exp: valeur unitaire
Terms of Trade	*94*	*104*	*102*	*100*	*101*	*100*	*99*	*99*	*99*	*101*	*Termes de l'échange*
Purchasing Power of Exports	*42*	*92*	*93*	*102*	*112*	*113*	*120*	*125*	*130*	*137*	*Pouvoir d'achat des export.*
Bolivia											**Bolivie**
Imp: Quantum	...	...	...	...	...	...	...	...	...	...	Imp: quantum
Imp: Unit Value	...	...	...	...	...	...	...	...	...	...	Imp: valeur unitaire
Exp: Quantum	90	96	88	107	129	145	173	195	215	228	Exp: quantum
Exp: Unit Value	154	79	78	92	81	90	122	146	244	296	Exp: valeur unitaire
Terms of Trade	...	...	...	...	...	...	...	...	...	...	*Termes de l'échange*
Purchasing Power of Exports	...	...	...	...	...	...	...	...	...	...	*Pouvoir d'achat des export.*
Brazil											**Brésil**
Imp: Quantum	37	98	92	101	99	136	111	101	110	128	Imp: quantum
Imp: Unit Value	67	105	96	99	86	64	102	131	148	167	Imp: valeur unitaire
Exp: Quantum	66	94	93	111	121	131	154	162	173	189	Exp: quantum
Exp: Unit Value	72	100	94	95	91	101	114	133	144	155	Exp: valeur unitaire
Terms of Trade	*107*	*95*	*98*	*96*	*106*	*158*	*112*	*101*	*97*	*92*	*Termes de l'échange*
Purchasing Power of Exports	*71*	*89*	*91*	*107*	*128*	*208*	*173*	*165*	*168*	*174*	*Pouvoir d'achat des export.*
Bulgaria											**Bulgarie**
Imp: Quantum	...	...	...	...	...	...	...	...	...	...	Imp: quantum
Imp: Unit Value	...	...	...	96	98	112	130	140	156	182	Imp: valeur unitaire
Exp: Quantum	...	...	...	...	...	...	...	...	...	...	Exp: quantum
Exp: Unit Value	...	...	...	95	95	114	133	142	162	194	Exp: valeur unitaire
Terms of Trade	...	...	...	*99*	*98*	*102*	*102*	*102*	*104*	*107*	*Termes de l'échange*
Purchasing Power of Exports	...	...	...	...	...	...	...	...	...	...	*Pouvoir d'achat des export.*

645

Special Table G

Total exports and imports by country or area
Quantum and unit value indices and terms of trade in US dollars (2000 = 100)

Exportations et importations totales par pays ou zones
Indices du quantum et de la valeur unitaire et termes de l'échange en dollars É.-U. (2000 = 100)

Countries	1985	1998	1999	2001	2002	2003	2004	2005	2006	2007	Pays
Canada											**Canada**
Imp: Quantum	32	86	96	94	96	100	108	116	123	130	Imp: quantum
Imp: Unit Value	84	92	93	96	95	100	106	114	122	128	Imp: valeur unitaire
Exp: Quantum	34	82	91	96	97	95	100	102	103	105	Exp: quantum
Exp: Unit Value	84	98	98	101	96	106	117	130	140	150	Exp: valeur unitaire
Terms of Trade	*100*	*107*	*105*	*105*	*101*	*106*	*110*	*114*	*114*	*117*	*Termes de l'échange*
Purchasing Power of Exports	*34*	*88*	*96*	*101*	*97*	*101*	*111*	*117*	*118*	*123*	*Pouvoir d'achat des export.*
China, Hong Kong SAR[2]											**Chine, Hong Kong RAS[2]**
Imp: Quantum	17	85	85	98	106	119	136	148	163	179	Imp: quantum
Imp: Unit Value	83	102	100	97	93	93	96	98	101	102	Imp: valeur unitaire
Exp: Quantum	17	82	85	97	105	120	138	154	169	183	Exp: quantum
Exp: Unit Value	86	104	101	98	95	94	95	96	97	99	Exp: valeur unitaire
Terms of Trade	*103*	*102*	*101*	*101*	*102*	*101*	*99*	*98*	*97*	*97*	*Termes de l'échange*
Purchasing Power of Exports	*17*	*84*	*86*	*97*	*107*	*121*	*137*	*151*	*164*	*178*	*Pouvoir d'achat des export.*
Colombia											**Colombie**
Imp: Quantum	...	...	...	...	...	...	...	...	...	...	Imp: quantum
Imp: Unit Value	129	110	103	98	95	95	103	114	114	117	Imp: valeur unitaire
Exp: Quantum	...	...	...	...	...	...	...	...	...	...	Exp: quantum
Exp: Unit Value	131	103	96	89	84	87	96	111	119	130	Exp: valeur unitaire
Terms of Trade	*101*	*93*	*93*	*91*	*89*	*92*	*93*	*97*	*104*	*111*	*Termes de l'échange*
Purchasing Power of Exports	...	...	...	...	...	...	...	...	...	...	*Pouvoir d'achat des export.*
Czech Rep											**République. tchèque**
Imp: Quantum	.	...	...	...	...	...	...	...	...	...	Imp: quantum
Imp: Unit Value	.	105	99	101	107	123	137	148	158	175	Imp: valeur unitaire
Exp: Quantum	.	...	...	...	...	...	...	...	...	...	Exp: quantum
Exp: Unit Value	.	114	105	102	111	130	147	155	164	185	Exp: valeur unitaire
Terms of Trade	.	*108*	*105*	*101*	*104*	*105*	*107*	*105*	*104*	*106*	*Termes de l'échange*
Purchasing Power of Exports	.	...	...	...	...	...	...	...	...	...	*Pouvoir d'achat des export.*
Denmark											**Danemark**
Imp: Quantum	54	93	93	102	108	106	113	122	136	145	Imp: quantum
Imp: Unit Value	78	113	108	98	102	119	133	138	142	156	Imp: valeur unitaire
Exp: Quantum	48	86	92	103	109	107	110	116	122	128	Exp: quantum
Exp: Unit Value	72	112	108	99	103	122	136	143	150	160	Exp: valeur unitaire
Terms of Trade	*93*	*99*	*100*	*101*	*101*	*102*	*102*	*104*	*105*	*103*	*Termes de l'échange*
Purchasing Power of Exports	*44*	*85*	*92*	*104*	*110*	*109*	*113*	*121*	*129*	*132*	*Pouvoir d'achat des export.*
Dominica											**Dominique**
Imp: Quantum	...	94	97	98	82	...	...	...	...	...	Imp: quantum
Imp: Unit Value	...	116	95	95	91	...	...	...	...	...	Imp: valeur unitaire
Exp: Quantum	72	94	92	78	72	...	...	...	...	...	Exp: quantum
Exp: Unit Value	91	113	113	101	101	...	...	...	...	...	Exp: valeur unitaire
Terms of Trade	...	*98*	*119*	*106*	*111*	...	...	...	...	...	*Termes de l'échange*
Purchasing Power of Exports	...	*91*	*110*	*82*	*80*	...	...	...	...	...	*Pouvoir d'achat des export.*
Ecuador											**Equateur**
Imp: Quantum	...	166	96	119	148	161	168	204	229	262	Imp: quantum
Imp: Unit Value	...	...	...	...	...	...	...	...	...	...	Imp: valeur unitaire
Exp: Quantum	64	96	93	101	99	107	133	117	143	139	Exp: quantum
Exp: Unit Value	116	64	77	88	94	107	118	150	182	208	Exp: valeur unitaire
Terms of Trade	...	...	...	...	...	...	...	...	...	...	*Termes de l'échange*
Purchasing Power of Exports	...	...	...	...	...	...	...	...	...	...	*Pouvoir d'achat des export.*

Special Table G
Total exports and imports by country or area
Quantum and unit value indices and terms of trade in US dollars (2000 = 100)
Exportations et importations totales par pays ou zones
Indices du quantum et de la valeur unitaire et termes de l'échange en dollars É.-U. (2000 = 100)

Countries	1985	1998	1999	2001	2002	2003	2004	2005	2006	2007	Pays
Estonia											**Estonie**
Imp: Quantum	.	...	...	...	...	...	...	...	...	...	Imp: quantum
Imp: Unit Value	.	113	109	98	103	121	135	140	147	166	Imp: valeur unitaire
Exp: Quantum	.	...	...	...	...	...	...	...	...	...	Exp: quantum
Exp: Unit Value	.	113	107	129	136	173	194	199	210	247	Exp: valeur unitaire
Terms of Trade	.	*99*	*98*	*132*	*132*	*143*	*144*	*143*	*143*	*148*	*Termes de l'échange*
Purchasing Power of Exports	.	...	...	...	...	...	...	...	...	...	*Pouvoir d'achat des export.*
Finland											**Finlande**
Imp: Quantum	55	95	96	97	104	103	108	114	127	128	Imp: quantum
Imp: Unit Value	73	102	101	98	97	115	131	146	152	170	Imp: valeur unitaire
Exp: Quantum	46	89	92	99	104	106	112	111	124	120	Exp: quantum
Exp: Unit Value	64	105	102	96	94	107	117	127	126	141	Exp: valeur unitaire
Terms of Trade	*89*	*103*	*101*	*97*	*97*	*93*	*89*	*87*	*83*	*83*	*Termes de l'échange*
Purchasing Power of Exports	*41*	*92*	*93*	*97*	*101*	*98*	*99*	*96*	*103*	*100*	*Pouvoir d'achat des export.*
France											**France**
Imp: Quantum	48	79	87	116	112	112	125	136	148	150	Imp: quantum
Imp: Unit Value	86	129	108	96	95	114	123	122	124	137	Imp: valeur unitaire
Exp: Quantum	45	83	89	119	112	110	118	125	138	137	Exp: quantum
Exp: Unit Value	69	137	114	97	97	118	127	127	127	139	Exp: valeur unitaire
Terms of Trade	*81*	*106*	*105*	*102*	*103*	*104*	*104*	*104*	*102*	*101*	*Termes de l'échange*
Purchasing Power of Exports	*36*	*87*	*93*	*121*	*115*	*114*	*123*	*130*	*141*	*139*	*Pouvoir d'achat des export.*
Germany											**Allemagne**
Imp: Quantum	41	85	89	101	100	110	121	126	133	147	Imp: quantum
Imp: Unit Value	84	111	104	97	98	111	121	123	140	158	Imp: valeur unitaire
Exp: Quantum	45	83	87	103	104	115	129	136	151	163	Exp: quantum
Exp: Unit Value	78	118	111	99	102	119	129	130	135	153	Exp: valeur unitaire
Terms of Trade	*93*	*107*	*107*	*102*	*104*	*107*	*107*	*105*	*97*	*97*	*Termes de l'échange*
Purchasing Power of Exports	*42*	*89*	*93*	*105*	*109*	*123*	*139*	*143*	*146*	*158*	*Pouvoir d'achat des export.*
Greece											**Grèce**
Imp: Quantum	24	85	90	...	...	...	...	...	...	...	Imp: quantum
Imp: Unit Value[1]	68	119	115	100	106	127	144	158	166	186	Imp: valeur unitaire[1]
Exp: Quantum	35	90	96	...	...	...	...	...	...	...	Exp: quantum
Exp: Unit Value[1]	82	111	107	98	104	124	143	149	157	174	Exp: valeur unitaire[1]
Terms of Trade	*120*	*93*	*93*	*98*	*98*	*98*	*99*	*95*	*94*	*93*	*Termes de l'échange*
Purchasing Power of Exports	*42*	*84*	*90*	...	...	...	...	...	...	...	*Pouvoir d'achat des export.*
Honduras											**Honduras**
Imp: Quantum	...	...	...	...	...	...	...	...	...	...	Imp: quantum
Imp: Unit Value	...	...	...	...	...	...	...	...	...	...	Imp: valeur unitaire
Exp: Quantum	97	77	70	102	100	93	112	103	110	118	Exp: quantum
Exp: Unit Value	100	134	101	101	96	83	102	136	142	149	Exp: valeur unitaire
Terms of Trade	...	...	...	...	...	...	...	...	...	...	*Termes de l'échange*
Purchasing Power of Exports	...	...	...	...	...	...	...	...	...	...	*Pouvoir d'achat des export.*
Hungary											**Hongrie**
Imp: Quantum	33	72	83	104	109	120	139	147	166	189	Imp: quantum
Imp: Unit Value	85	111	106	101	107	123	135	138	142	156	Imp: valeur unitaire
Exp: Quantum	39	71	82	108	114	125	147	164	194	224	Exp: quantum
Exp: Unit Value	92	116	108	101	107	122	134	134	136	149	Exp: valeur unitaire
Terms of Trade	*108*	*104*	*103*	*100*	*100*	*100*	*99*	*97*	*95*	*95*	*Termes de l'échange*
Purchasing Power of Exports	*42*	*74*	*84*	*107*	*114*	*124*	*146*	*159*	*185*	*214*	*Pouvoir d'achat des export.*

Special Table G

Total exports and imports by country or area
Quantum and unit value indices and terms of trade in US dollars (2000 = 100)

Exportations et importations totales par pays ou zones
Indices du quantum et de la valeur unitaire et termes de l'échange en dollars É.-U. (2000 = 100)

Countries	1985	1998	1999	2001	2002	2003	2004	2005	2006	2007	Pays
Iceland											**Islande**
Imp: Quantum	55	92	96	90	...	...	...	...	...	...	Imp: quantum
Imp: Unit Value	62	104	101	97	...	...	...	...	...	...	Imp: valeur unitaire
Exp: Quantum	71	93	100	107	...	...	...	...	...	...	Exp: quantum
Exp: Unit Value	61	110	106	99	...	...	...	...	...	...	Exp: valeur unitaire
Terms of Trade	*97*	*105*	*104*	*102*	...	...	...	...	...	...	*Termes de l'échange*
Purchasing Power of Exports	*69*	*97*	*104*	*109*	...	...	...	...	...	...	*Pouvoir d'achat des export.*
India											**Inde**
Imp: Quantum	26	92	101	105	115	139	155	151	...	...	Imp: quantum
Imp: Unit Value	119	91	96	96	104	113	134	143	135	...	Imp: valeur unitaire
Exp: Quantum	19	70	81	104	126	134	152	184	...	...	Exp: quantum
Exp: Unit Value	100	107	101	94	92	107	122	130	148	...	Exp: valeur unitaire
Terms of Trade	*84*	*117*	*105*	*98*	*89*	*95*	*91*	*91*	*109*	...	*Termes de l'échange*
Purchasing Power of Exports	*16*	*82*	*85*	*102*	*112*	*127*	*138*	*168*	...	...	*Pouvoir d'achat des export.*
Indonesia											**Indonésie**
Imp: Quantum	...	...	...	...	...	...	...	...	...	...	Imp: quantum
Imp: Unit Value	...	...	...	...	...	...	...	...	...	...	Imp: valeur unitaire
Exp: Quantum	43	102	84	121	100	97	101	64	...	...	Exp: quantum
Exp: Unit Value	116	81	65	90	96	103	120	81	...	...	Exp: valeur unitaire
Terms of Trade	...	...	...	...	...	...	...	...	...	...	*Termes de l'échange*
Purchasing Power of Exports	...	...	...	...	...	...	...	...	...	...	*Pouvoir d'achat des export.*
Ireland											**Irlande**
Imp: Quantum	26	79	86	99	97	90	98	112	117	119	Imp: quantum
Imp: Unit Value	74	109	107	100	101	112	120	121	126	137	Imp: valeur unitaire
Exp: Quantum	16	72	84	105	104	99	110	113	117	120	Exp: quantum
Exp: Unit Value	79	110	110	99	104	115	116	119	118	125	Exp: valeur unitaire
Terms of Trade	*106*	*101*	*103*	*98*	*102*	*103*	*97*	*99*	*94*	*91*	*Termes de l'échange*
Purchasing Power of Exports	*17*	*73*	*86*	*103*	*107*	*103*	*107*	*111*	*110*	*110*	*Pouvoir d'achat des export.*
Israel											**Israël**
Imp: Quantum	29	77	88	93	93	92	103	105	106	114	Imp: quantum
Imp: Unit Value	80	100	97	99	99	104	112	120	127	138	Imp: valeur unitaire
Exp: Quantum	29	74	80	96	97	101	116	119	124	136	Exp: quantum
Exp: Unit Value	68	99	100	96	96	100	106	114	119	127	Exp: valeur unitaire
Terms of Trade	*84*	*99*	*103*	*98*	*98*	*96*	*95*	*95*	*94*	*92*	*Termes de l'échange*
Purchasing Power of Exports	*25*	*73*	*82*	*94*	*95*	*97*	*110*	*113*	*117*	*125*	*Pouvoir d'achat des export.*
Italy											**Italie**
Imp: Quantum	46	90	93	101	101	102	108	108	113	115	Imp: quantum
Imp: Unit Value	80	103	99	98	102	122	138	149	165	185	Imp: valeur unitaire
Exp: Quantum	52	94	92	103	101	99	104	104	110	113	Exp: quantum
Exp: Unit Value	62	109	107	99	106	126	142	149	158	181	Exp: valeur unitaire
Terms of Trade	*78*	*107*	*108*	*101*	*103*	*104*	*103*	*100*	*96*	*98*	*Termes de l'échange*
Purchasing Power of Exports	*40*	*100*	*99*	*104*	*104*	*103*	*106*	*104*	*105*	*111*	*Pouvoir d'achat des export.*
Japan											**Japon**
Imp: Quantum	37	82	90	99	100	107	115	118	123	119	Imp: quantum
Imp: Unit Value	93	90	91	87	86	91	101	112	120	133	Imp: valeur unitaire
Exp: Quantum	65	90	91	90	97	102	113	114	123	130	Exp: quantum
Exp: Unit Value	57	91	95	94	89	96	104	109	110	115	Exp: valeur unitaire
Terms of Trade	*61*	*101*	*105*	*107*	*104*	*105*	*103*	*98*	*92*	*86*	*Termes de l'échange*
Purchasing Power of Exports	*40*	*90*	*96*	*97*	*101*	*108*	*116*	*111*	*113*	*112*	*Pouvoir d'achat des export.*

Special Table G

Total exports and imports by country or area
Quantum and unit value indices and terms of trade in US dollars (2000 = 100)

Exportations et importations totales par pays ou zones
Indices du quantum et de la valeur unitaire et termes de l'échange en dollars É.-U. (2000 = 100)

Countries	1985	1998	1999	2001	2002	2003	2004	2005	2006	2007	Pays
Jordan											**Jordanie**
Imp: Quantum	56	85	84	103	104	109	136	155	154	162	Imp: quantum
Imp: Unit Value	106	100	97	102	105	115	130	148	162	184	Imp: valeur unitaire
Exp: Quantum	44	90	93	123	142	152	190	182	188	173	Exp: quantum
Exp: Unit Value	98	107	105	101	102	102	114	131	143	170	Exp: valeur unitaire
Terms of Trade	*92*	*107*	*107*	*99*	*97*	*88*	*87*	*88*	*88*	*92*	*Termes de l'échange*
Purchasing Power of Exports	*41*	*97*	*100*	*122*	*137*	*135*	*166*	*161*	*166*	*160*	*Pouvoir d'achat des export.*
Kenya											**Kenya**
Imp: Quantum	46	96	87	...	...	...	...	...	...	...	Imp: quantum
Imp: Unit Value	97	105	98	...	...	...	...	...	...	...	Imp: valeur unitaire
Exp: Quantum	...	...	...	...	...	...	...	...	...	...	Exp: quantum
Exp: Unit Value	106	125	101	...	...	...	...	...	...	...	Exp: valeur unitaire
Terms of Trade	*110*	*119*	*103*	*...*	*...*	*...*	*...*	*...*	*...*	*...*	*Termes de l'échange*
Purchasing Power of Exports	*...*	*...*	*...*	*...*	*...*	*...*	*...*	*...*	*...*	*...*	*Pouvoir d'achat des export.*
Korea, Republic of											**Corée, République de**
Imp: Quantum	20	65	84	98	110	118	132	140	155	169	Imp: quantum
Imp: Unit Value	101	88	87	91	88	96	107	117	126	134	Imp: valeur unitaire
Exp: Quantum	14	74	83	101	114	134	163	178	202	223	Exp: quantum
Exp: Unit Value	122	103	100	87	83	85	92	93	93	96	Exp: valeur unitaire
Terms of Trade	*121*	*117*	*114*	*96*	*95*	*89*	*85*	*79*	*74*	*72*	*Termes de l'échange*
Purchasing Power of Exports	*17*	*86*	*95*	*96*	*108*	*119*	*140*	*141*	*149*	*160*	*Pouvoir d'achat des export.*
Latvia											**Lettonie**
Imp: Quantum	.	...	...	...	...	...	...	...	...	...	Imp: quantum
Imp: Unit Value	.	102	97	98	106	122	140	150	166	191	Imp: valeur unitaire
Exp: Quantum	.	...	...	...	...	...	...	...	...	...	Exp: quantum
Exp: Unit Value	.	108	105	99	104	121	145	153	169	209	Exp: valeur unitaire
Terms of Trade	*.*	*106*	*108*	*101*	*98*	*99*	*104*	*102*	*102*	*109*	*Termes de l'échange*
Purchasing Power of Exports	*.*	*...*	*...*	*...*	*...*	*...*	*...*	*...*	*...*	*...*	*Pouvoir d'achat des export.*
Libyan Arab Jamah.											**Jamahiriya arabe libyenne**
Imp: Quantum	164	156	147	173	214	...	...	...	...	...	Imp: quantum
Imp: Unit Value	99	96	115	83	48	...	...	...	...	...	Imp: valeur unitaire
Exp: Quantum	110	94	108	110	95	...	...	...	...	...	Exp: quantum
Exp: Unit Value	131	53	72	87	88	...	...	...	...	...	Exp: valeur unitaire
Terms of Trade	*133*	*55*	*63*	*104*	*185*	*...*	*...*	*...*	*...*	*...*	*Termes de l'échange*
Purchasing Power of Exports	*146*	*52*	*68*	*115*	*175*	*...*	*...*	*...*	*...*	*...*	*Pouvoir d'achat des export.*
Lithuania											**Lituanie**
Imp: Quantum	.	...	...	120	143	155	182	209	233	229	Imp: quantum
Imp: Unit Value	.	99	95	97	101	117	127	138	151	174	Imp: valeur unitaire
Exp: Quantum	.	...	...	125	145	161	185	214	234	227	Exp: quantum
Exp: Unit Value	.	97	94	97	101	120	137	151	160	185	Exp: valeur unitaire
Terms of Trade	*.*	*98*	*99*	*101*	*100*	*102*	*108*	*109*	*106*	*106*	*Termes de l'échange*
Purchasing Power of Exports	*.*	*...*	*...*	*126*	*146*	*164*	*199*	*233*	*247*	*241*	*Pouvoir d'achat des export.*
Malaysia											**Malaisie**
Imp: Quantum	...	...	...	92	97	...	...	...	...	...	Imp: quantum
Imp: Unit Value	...	...	...	98	99	...	...	...	...	...	Imp: valeur unitaire
Exp: Quantum	68	...	...	96	102	...	...	...	...	...	Exp: quantum
Exp: Unit Value	153	...	...	94	93	...	...	...	...	...	Exp: valeur unitaire
Terms of Trade	*...*	*...*	*...*	*96*	*94*	*...*	*...*	*...*	*...*	*...*	*Termes de l'échange*
Purchasing Power of Exports	*...*	*...*	*...*	*92*	*96*	*...*	*...*	*...*	*...*	*...*	*Pouvoir d'achat des export.*

Special Table G

Total exports and imports by country or area
Quantum and unit value indices and terms of trade in US dollars (2000 = 100)

Exportations et importations totales par pays ou zones
Indices du quantum et de la valeur unitaire et termes de l'échange en dollars É.-U. (2000 = 100)

Countries	1985	1998	1999	2001	2002	2003	2004	2005	2006	2007	Pays
Mauritius											**Maurice**
Imp: Quantum	...	99	107	98	103	96	100	106	110	115	Imp: quantum
Imp: Unit Value	85	99	100	97	99	80	90	98	102	111	Imp: valeur unitaire
Exp: Quantum	...	95	98	116	121	92	89	96	107	96	Exp: quantum
Exp: Unit Value	62	111	106	92	98	84	92	90	89	96	Exp: valeur unitaire
Terms of Trade	*73*	*112*	*106*	*95*	*98*	*105*	*101*	*92*	*87*	*86*	*Termes de l'échange*
Purchasing Power of Exports	*...*	*107*	*103*	*110*	*119*	*96*	*90*	*89*	*93*	*82*	*Pouvoir d'achat des export.*
Mexico											**Mexique**
Imp: Quantum	...	...	...	...	...	...	...	...	...	...	Imp: quantum
Imp: Unit Value	77	98	97	101	100	103	108	114	119	125	Imp: valeur unitaire
Exp: Quantum	...	...	...	...	...	...	...	...	...	...	Exp: quantum
Exp: Unit Value	108	90	93	98	100	105	117	127	137	144	Exp: valeur unitaire
Terms of Trade	*140*	*91*	*96*	*97*	*100*	*102*	*108*	*112*	*115*	*114*	*Termes de l'échange*
Purchasing Power of Exports	*...*	*...*	*...*	*...*	*...*	*...*	*...*	*...*	*...*	*...*	*Pouvoir d'achat des export.*
Morocco											**Maroc**
Imp: Quantum	...	...	89	98	105	113	127	140	154	176	Imp: quantum
Imp: Unit Value	96	109	107	97	98	110	121	129	134	152	Imp: valeur unitaire
Exp: Quantum	...	...	92	102	107	104	103	107	111	131	Exp: quantum
Exp: Unit Value	106	115	110	94	99	116	127	128	135	150	Exp: valeur unitaire
Terms of Trade	*110*	*105*	*103*	*97*	*101*	*105*	*105*	*99*	*100*	*98*	*Termes de l'échange*
Purchasing Power of Exports	*...*	*...*	*95*	*99*	*107*	*110*	*108*	*106*	*112*	*129*	*Pouvoir d'achat des export.*
Netherlands											**Pays-Bas**
Imp: Quantum	41	89	96	97	95	98	106	115	126	132	Imp: quantum
Imp: Unit Value	82	108	103	101	101	118	131	133	139	159	Imp: valeur unitaire
Exp: Quantum	40	88	92	102	103	106	116	122	132	133	Exp: quantum
Exp: Unit Value	82	109	101	100	100	116	127	133	141	169	Exp: valeur unitaire
Terms of Trade	*100*	*101*	*98*	*99*	*98*	*99*	*96*	*100*	*102*	*106*	*Termes de l'échange*
Purchasing Power of Exports	*39*	*88*	*90*	*100*	*101*	*104*	*112*	*122*	*134*	*141*	*Pouvoir d'achat des export.*
New Zealand											**Nouvelle-Zélande**
Imp: Quantum	49	91	103	102	111	124	142	151	152	165	Imp: quantum
Imp: Unit Value	89	99	100	94	98	109	118	125	126	136	Imp: valeur unitaire
Exp: Quantum	58	92	95	103	109	112	119	118	120	127	Exp: quantum
Exp: Unit Value	75	99	99	101	99	111	129	138	138	159	Exp: valeur unitaire
Terms of Trade	*84*	*99*	*99*	*107*	*102*	*102*	*109*	*111*	*110*	*117*	*Termes de l'échange*
Purchasing Power of Exports	*49*	*92*	*93*	*110*	*111*	*115*	*130*	*130*	*131*	*150*	*Pouvoir d'achat des export.*
Norway											**Norvège**
Imp: Quantum[3]	48	94	94	101	103	106	118	129	142	155	Imp: quantum[3]
Imp: Unit Value[3]	97	118	109	98	104	116	127	133	139	159	Imp: valeur unitaire[3]
Exp: Quantum[3]	43	93	95	105	107	107	108	108	105	107	Exp: quantum[3]
Exp: Unit Value[3]	87	71	78	93	94	104	127	161	194	213	Exp: valeur unitaire[3]
Terms of Trade	*89*	*61*	*71*	*95*	*91*	*90*	*100*	*122*	*139*	*134*	*Termes de l'échange*
Purchasing Power of Exports	*38*	*56*	*68*	*99*	*97*	*97*	*109*	*131*	*147*	*143*	*Pouvoir d'achat des export.*
Pakistan											**Pakistan**
Imp: Quantum	56	90	101	112	123	123	142	165	153	169	Imp: quantum
Imp: Unit Value	92	86	93	94	95	109	122	138	151	167	Imp: valeur unitaire
Exp: Quantum	38	79	89	102	109	110	103	126	127	124	Exp: quantum
Exp: Unit Value	86	118	109	94	90	96	103	103	106	110	Exp: valeur unitaire
Terms of Trade	*93*	*137*	*118*	*100*	*95*	*89*	*85*	*75*	*70*	*66*	*Termes de l'échange*
Purchasing Power of Exports	*35*	*109*	*105*	*102*	*104*	*98*	*87*	*95*	*89*	*81*	*Pouvoir d'achat des export.*

Special Table G

Total exports and imports by country or area

Quantum and unit value indices and terms of trade in US dollars (2000 = 100)

Exportations et importations totales par pays ou zones

Indices du quantum et de la valeur unitaire et termes de l'échange en dollars É.-U. (2000 = 100)

Countries	1985	1998	1999	2001	2002	2003	2004	2005	2006	2007	Pays
Panama											**Panama**
Imp: Quantum	...	...	...	...	...	...	...	...	...	...	Imp: quantum
Imp: Unit Value	...	...	...	...	...	...	...	...	...	...	Imp: valeur unitaire
Exp: Quantum	...	143	105	...	81	84	83	98	...	...	Exp: quantum
Exp: Unit Value	...	...	...	...	...	...	...	...	...	...	Exp: valeur unitaire
Terms of Trade	...	...	...	...	...	...	...	...	...	...	Termes de l'échange
Purchasing Power of Exports	...	...	...	...	...	...	...	...	...	...	Pouvoir d'achat des export.
Papua New Guinea											**Papouasie-Nouvelle-Guinée**
Imp: Quantum	...	...	...	...	...	...	...	...	...	...	Imp: quantum
Imp: Unit Value	...	...	...	...	...	...	...	...	...	...	Imp: valeur unitaire
Exp: Quantum	...	...	...	94	88	105	99	106	92	94	Exp: quantum
Exp: Unit Value	63	80	79	90	85	101	126	156	247	271	Exp: valeur unitaire
Terms of Trade	...	...	...	...	...	...	...	...	...	...	Termes de l'échange
Purchasing Power of Exports	...	...	...	...	...	...	...	...	...	...	Pouvoir d'achat des export.
Peru											**Pérou**
Imp: Quantum	...	...	...	...	...	...	...	...	...	...	Imp: quantum
Imp: Unit Value	...	...	...	...	...	...	...	...	...	...	Imp: valeur unitaire
Exp: Quantum	70	78	88	114	126	122	136	150	144	161	Exp: quantum
Exp: Unit Value	71	70	75	84	87	97	100	170	264	231	Exp: valeur unitaire
Terms of Trade	...	...	...	...	...	...	...	...	...	...	Termes de l'échange
Purchasing Power of Exports	...	...	...	...	...	...	...	...	...	...	Pouvoir d'achat des export.
Philippines											**Philippines**
Imp: Quantum	...	85	95	98	116	118	137	127	...	...	Imp: quantum
Imp: Unit Value[1]	...	121	118	84	83	82	81	94	...	...	Imp: valeur unitaire[1]
Exp: Quantum	...	80	87	89	104	98	110	104	...	...	Exp: quantum
Exp: Unit Value[1]	...	105	121	84	77	79	75	84	...	...	Exp: valeur unitaire[1]
Terms of Trade	...	87	103	100	93	96	93	89	...	...	Termes de l'échange
Purchasing Power of Exports	...	70	89	88	97	94	102	93	...	...	Pouvoir d'achat des export.
Poland											**Pologne**
Imp: Quantum	20	87	90	104	111	119	140	148	173	200	Imp: quantum
Imp: Unit Value[1]	529	111	103	100	101	116	131	141	151	171	Imp: valeur unitaire[1]
Exp: Quantum	32	79	80	114	122	143	170	189	220	242	Exp: quantum
Exp: Unit Value[1]	118	115	108	102	107	118	139	150	160	186	Exp: valeur unitaire[1]
Terms of Trade	22	103	105	102	105	102	107	107	107	109	Termes de l'échange
Purchasing Power of Exports	7	82	83	116	129	146	182	201	235	263	Pouvoir d'achat des export.
Portugal											**Portugal**
Imp: Quantum	...	...	...	97	94	94	...	...	...	...	Imp: quantum
Imp: Unit Value[1]	98	110	106	89	91	110	...	...	...	...	Imp: valeur unitaire[1]
Exp: Quantum	...	...	...	95	95	97	...	...	...	...	Exp: quantum
Exp: Unit Value[1]	88	116	109	93	96	112	...	...	...	...	Exp: valeur unitaire[1]
Terms of Trade	89	106	103	105	106	102	...	...	...	...	Termes de l'échange
Purchasing Power of Exports	...	...	...	99	101	99	...	...	...	...	Pouvoir d'achat des export.
Republic of Moldova											**République de Moldova**
Imp: Quantum	.	...	...	118	139	180	205	248	...	...	Imp: quantum
Imp: Unit Value	.	...	...	97	92	95	119	124	...	...	Imp: valeur unitaire
Exp: Quantum	.	...	...	122	142	170	199	215	...	...	Exp: quantum
Exp: Unit Value	.	...	...	93	87	88	107	107	...	...	Exp: valeur unitaire
Terms of Trade	.	...	...	96	95	93	90	86	...	...	Termes de l'échange
Purchasing Power of Exports	.	...	...	117	134	158	178	186	...	...	Pouvoir d'achat des export.

Special Table G

Total exports and imports by country or area

Quantum and unit value indices and terms of trade in US dollars (2000 = 100)

Exportations et importations totales par pays ou zones

Indices du quantum et de la valeur unitaire et termes de l'échange en dollars É.-U. (2000 = 100)

Countries	1985	1998	1999	2001	2002	2003	2004	2005	2006	2007	Pays
Romania											**Roumanie**
Imp: Quantum	...	...	...	124	143	169	207	244	293	...	Imp: quantum
Imp: Unit Value	...	117	105	96	96	106	106	112	116	...	Imp: valeur unitaire
Exp: Quantum	...	...	...	112	132	144	166	179	191	...	Exp: quantum
Exp: Unit Value	...	109	102	98	102	119	125	137	148	...	Exp: valeur unitaire
Terms of Trade	...	93	97	102	106	112	118	122	127	...	Termes de l'échange
Purchasing Power of Exports	...	...	...	114	139	161	195	218	244	...	Pouvoir d'achat des export.
Russian Federation											**Fédération de Russie**
Imp: Quantum	.	...	...	123	136	168	222	288	398	...	Imp: quantum
Imp: Unit Value	.	...	...	...	...	...	...	...	...	...	Imp: valeur unitaire
Exp: Quantum	.	...	...	99	105	133	180	240	303	...	Exp: quantum
Exp: Unit Value	.	...	...	...	...	...	...	...	...	...	Exp: valeur unitaire
Terms of Trade	.	...	...	...	...	...	...	...	...	...	Termes de l'échange
Purchasing Power of Exports	.	...	...	...	...	...	...	...	...	...	Pouvoir d'achat des export.
Serbia											**Serbie**
Imp: Quantum	.	.	.	.	.	.	.	.	...	129	Imp: quantum
Imp: Unit Value	.	.	.	.	.	.	.	.	...	106	Imp: valeur unitaire
Exp: Quantum	.	.	.	.	.	.	.	.	...	126	Exp: quantum
Exp: Unit Value	.	.	.	.	.	.	.	.	...	110	Exp: valeur unitaire
Terms of Trade	.	.	.	.	.	.	.	.	...	104	Termes de l'échange
Purchasing Power of Exports	.	.	.	.	.	.	.	.	...	131	Pouvoir d'achat des export.
Seychelles											**Seychelles**
Imp: Quantum	21	83	105	...	...	...	...	...	...	...	Imp: quantum
Imp: Unit Value	141	136	120	...	...	...	...	...	...	...	Imp: valeur unitaire
Exp: Quantum	3	51	78	...	...	...	...	...	...	...	Exp: quantum
Exp: Unit Value	94	143	114	...	...	...	...	...	...	...	Exp: valeur unitaire
Terms of Trade	66	105	94	...	...	...	...	...	...	...	Termes de l'échange
Purchasing Power of Exports	2	54	73	...	...	...	...	...	...	...	Pouvoir d'achat des export.
Singapore											**Singapour**
Imp: Quantum	23	83	88	89	90	96	117	134	149	158	Imp: quantum
Imp: Unit Value[1]	86	93	93	97	96	99	104	111	120	124	Imp: valeur unitaire[1]
Exp: Quantum	15	82	86	95	100	116	155	173	192	208	Exp: quantum
Exp: Unit Value[1]	108	97	96	93	91	90	93	96	103	104	Exp: valeur unitaire[1]
Terms of Trade	126	104	103	96	94	91	89	87	86	84	Termes de l'échange
Purchasing Power of Exports	19	86	89	91	95	106	139	151	165	176	Pouvoir d'achat des export.
Slovakia											**Slovaquie**
Imp: Quantum	.	...	...	...	...	...	...	...	...	...	Imp: quantum
Imp: Unit Value	.	...	...	...	106	129	147	157	177	196	Imp: valeur unitaire
Exp: Quantum	.	...	...	...	...	...	...	...	...	...	Exp: quantum
Exp: Unit Value	.	...	...	...	105	139	174	191	204	221	Exp: valeur unitaire
Terms of Trade	.	...	...	...	99	108	118	121	116	112	Termes de l'échange
Purchasing Power of Exports	.	...	...	...	...	...	...	...	...	...	Pouvoir d'achat des export.
Slovenia											**Slovénie**
Imp: Quantum	.	88	96	101	105	111	...	...	...	...	Imp: quantum
Imp: Unit Value	.	113	104	100	104	124	141	152	164	175	Imp: valeur unitaire
Exp: Quantum	.	86	89	105	110	115	...	...	...	...	Exp: quantum
Exp: Unit Value	.	119	109	100	106	126	142	149	159	169	Exp: valeur unitaire
Terms of Trade	.	105	105	100	102	102	101	98	97	96	Termes de l'échange
Purchasing Power of Exports	.	90	94	105	112	117	...	...	...	...	Pouvoir d'achat des export.

Special Table G

Total exports and imports by country or area
Quantum and unit value indices and terms of trade in US dollars (2000 = 100)

Exportations et importations totales par pays ou zones
Indices du quantum et de la valeur unitaire et termes de l'échange en dollars É.-U. (2000 = 100)

Countries	1985	1998	1999	2001	2002	2003	2004	2005	2006	2007	Pays
South Africa											Afrique du Sud
Imp: Quantum	56	101	93	100	105	115	131	144	...	...	Imp: quantum
Imp: Unit Value	76	99	98	94	93	116	136	144	...	...	Imp: valeur unitaire
Exp: Quantum	58	90	91	102	102	103	105	112	...	...	Exp: quantum
Exp: Unit Value	72	104	100	96	96	123	148	156	...	...	Exp: valeur unitaire
Terms of Trade	*95*	*105*	*102*	*101*	*104*	*107*	*109*	*109*	*...*	*...*	*Termes de l'échange*
Purchasing Power of Exports	*55*	*94*	*92*	*103*	*106*	*109*	*114*	*122*	*...*	*...*	*Pouvoir d'achat des export.*
Spain											Espagne
Imp: Quantum	...	...	92	104	109	117	129	...	...	...	Imp: quantum
Imp: Unit Value[1]	112	108	102	96	99	116	131	138	143	158	Imp: valeur unitaire[1]
Exp: Quantum	...	...	89	104	107	114	120	...	...	...	Exp: quantum
Exp: Unit Value[1]	78	115	109	98	102	121	134	140	148	166	Exp: valeur unitaire[1]
Terms of Trade	*70*	*107*	*106*	*101*	*103*	*104*	*102*	*102*	*103*	*105*	*Termes de l'échange*
Purchasing Power of Exports	*...*	*...*	*94*	*106*	*111*	*118*	*123*	*...*	*...*	*...*	*Pouvoir d'achat des export.*
Sri Lanka											Sri Lanka
Imp: Quantum	43	89	90	91	101	111	122	126	135	140	Imp: quantum
Imp: Unit Value	...	...	...	98	90	...	...	...	...	...	Imp: valeur unitaire
Exp: Quantum	41	81	84	92	93	98	106	113	97	126	Exp: quantum
Exp: Unit Value	60	110	101	97	91	97	101	104	109	114	Exp: valeur unitaire
Terms of Trade	*...*	*...*	*...*	*98*	*101*	*...*	*...*	*...*	*...*	*...*	*Termes de l'échange*
Purchasing Power of Exports	*...*	*...*	*...*	*90*	*94*	*...*	*...*	*...*	*...*	*...*	*Pouvoir d'achat des export.*
Sweden											Suède
Imp: Quantum	50	86	89	95	94	100	108	116	126	138	Imp: quantum
Imp: Unit Value[1]	77	104	103	93	99	117	132	139	149	167	Imp: valeur unitaire[1]
Exp: Quantum	53	85	90	98	101	106	117	122	133	136	Exp: quantum
Exp: Unit Value[1]	71	112	106	90	94	111	121	124	131	149	Exp: valeur unitaire[1]
Terms of Trade	*92*	*107*	*104*	*97*	*95*	*95*	*92*	*90*	*88*	*89*	*Termes de l'échange*
Purchasing Power of Exports	*49*	*91*	*93*	*96*	*96*	*101*	*108*	*109*	*117*	*121*	*Pouvoir d'achat des export.*
Switzerland											Suisse
Imp: Quantum	52	87	93	101	99	100	104	106	117	125	Imp: quantum
Imp: Unit Value	74	112	107	100	105	121	135	143	149	161	Imp: valeur unitaire
Exp: Quantum	58	91	93	103	105	105	111	115	132	139	Exp: quantum
Exp: Unit Value	60	110	109	101	107	124	137	141	143	158	Exp: valeur unitaire
Terms of Trade	*82*	*99*	*103*	*101*	*102*	*102*	*102*	*99*	*96*	*98*	*Termes de l'échange*
Purchasing Power of Exports	*47*	*90*	*95*	*104*	*106*	*107*	*113*	*114*	*127*	*136*	*Pouvoir d'achat des export.*
Thailand											Thaïlande
Imp: Quantum	27	67	82	89	100	112	137	162	164	171	Imp: quantum
Imp: Unit Value	77	98	95	109	102	107	110	117	124	131	Imp: valeur unitaire
Exp: Quantum	17	73	82	92	101	109	119	124	135	133	Exp: quantum
Exp: Unit Value	74	107	102	102	97	105	118	130	140	126	Exp: valeur unitaire
Terms of Trade	*96*	*109*	*107*	*93*	*95*	*99*	*108*	*111*	*112*	*96*	*Termes de l'échange*
Purchasing Power of Exports	*16*	*80*	*88*	*85*	*96*	*108*	*128*	*138*	*152*	*128*	*Pouvoir d'achat des export.*
Turkey											Turquie
Imp: Quantum	26	76	75	75	91	113	137	153	166	187	Imp: quantum
Imp: Unit Value	113	101	96	100	98	111	129	138	150	164	Imp: valeur unitaire
Exp: Quantum	29	87	90	122	142	169	192	212	238	265	Exp: quantum
Exp: Unit Value	101	112	104	97	96	108	126	133	138	155	Exp: valeur unitaire
Terms of Trade	*90*	*111*	*109*	*98*	*97*	*97*	*98*	*97*	*92*	*95*	*Termes de l'échange*
Purchasing Power of Exports	*26*	*96*	*98*	*119*	*137*	*164*	*188*	*205*	*220*	*251*	*Pouvoir d'achat des export.*

Special Table G

Total exports and imports by country or area

Quantum and unit value indices and terms of trade in US dollars (2000 = 100)

Exportations et importations totales par pays ou zones

Indices du quantum et de la valeur unitaire et termes de l'échange en dollars É.-U. (2000 = 100)

Countries	1985	1998	1999	2001	2002	2003	2004	2005	2006	2007	Pays
United Kingdom											**Royaume-Uni**
Imp: Quantum	40	86	91	105	110	112	120	128	143	138	Imp: quantum
Imp: Unit Value[1]	74	106	104	94	96	104	116	120	126	138	Imp: valeur unitaire[1]
Exp: Quantum	44	86	89	102	101	101	102	111	123	113	Exp: quantum
Exp: Unit Value[1]	76	111	106	94	98	108	121	126	131	145	Exp: valeur unitaire[1]
Terms of Trade	*103*	*104*	*102*	*99*	*102*	*104*	*105*	*105*	*105*	*105*	*Termes de l'échange*
Purchasing Power of Exports	*46*	*90*	*91*	*101*	*103*	*105*	*107*	*117*	*129*	*118*	*Pouvoir d'achat des export.*
United States											**Etats-Unis**
Imp: Quantum	34	81	90	97	101	107	118	125	132	133	Imp: quantum
Imp: Unit Value[1]	81	93	94	96	94	97	102	110	115	120	Imp: valeur unitaire[1]
Exp: Quantum[4]	33	88	90	94	90	93	101	109	120	128	Exp: quantum[4]
Exp: Unit Value[1,4]	84	100	98	99	98	100	104	107	111	116	Exp: valeur unitaire[1,4]
Terms of Trade	*103*	*107*	*105*	*103*	*104*	*103*	*101*	*97*	*96*	*97*	*Termes de l'échange*
Purchasing Power of Exports	*34*	*94*	*95*	*97*	*94*	*96*	*102*	*105*	*115*	*124*	*Pouvoir d'achat des export.*
Uruguay											**Uruguay**
Imp: Quantum	...	...	...	...	...	...	...	...	...	...	Imp: quantum
Imp: Unit Value	...	101	96	94	87	...	...	...	...	...	Imp: valeur unitaire
Exp: Quantum	...	...	...	...	...	...	...	...	...	...	Exp: quantum
Exp: Unit Value	95	118	101	98	93	...	...	...	...	...	Exp: valeur unitaire
Terms of Trade	...	*117*	*106*	*104*	*106*	...	...	...	...	...	*Termes de l'échange*
Purchasing Power of Exports	...	...	...	...	...	...	...	...	...	...	*Pouvoir d'achat des export.*
Venezuela (Bolivarian Rep. of)											**Venezuela (Rép. bolivarienne du)**
Imp: Quantum	...	...	...	...	...	...	...	...	...	...	Imp: quantum
Imp: Unit Value[1]	91	102	102	105	105	112	123	126	132	151	Imp: valeur unitaire[1]
Exp: Quantum	...	...	...	...	...	...	...	...	...	...	Exp: quantum
Exp: Unit Value	...	...	...	...	...	...	...	...	...	...	Exp: valeur unitaire
Terms of Trade	...	...	...	...	...	...	...	...	...	...	*Termes de l'échange*
Purchasing Power of Exports	...	...	...	...	...	...	...	...	...	...	*Pouvoir d'achat des export.*

General Note: The volume and unit value/price indices are as compiled by countries. They show the changes in the volume (volume index) and the average price (unit value/price index) of total imports and exports. Using these indices UNSD calculates the terms of trade indices (export unit value/price indices divided by the corresponding import unit value/price indices), and the index of the purchasing power of exports (the terms of trade multiplied by the volume index of exports). Country footnotes which appear in Special Table B of this volume also apply to the country indices published in this table.

Remarque générale: Les indices du volume et les indices de la valeur unitaire/prix sont comme compilées par les pays. Ils indiquent les variations des quantités (indice du volume) et des prix moyens (indice de la valeur unitaire/prix) des importations ou exportations totales. Utilisant ces indices la Division de Statistique des Nations Unies calcule les indices des termes de l'échange (sont obtenus en divisant les indices de la valeur unitaire à l'exportation par ceux à l'importation), et l'indice du pouvoir d'achat des exportations (sont obtenu en multipliant l'indice des termes de l'échange du volume des exportations). Les notes se rapportent aux pays qui apparaissent dans le Tableau Spécial B de ce tome s'appliquent aussi aux indices de ce tableau.

1   Price indices.
2   See explanatory notes pertaining to China, Hong Kong SAR and China, Macao SAR on page ix.
3   Index numbers exclude ships.
4   Excluding military goods.

1   Les indices des prix.
2   Voir les notes explicatives concernant Chine, Hong Kong RAS et Chine, Macao RAS à la page ix.
3   Les indices ne comprennent pas de navires.
4   Non compris les importations des economats militaires.

Special Table H
Total exports and imports by regions
Quantum and unit value indices and terms of trade in US dollars (2000 = 100)
Exportations et importations totales par région
Indices du quantum et de la valeur unitaire et termes de l'échange en dollars É.-U. (2000 = 100)

Regions - Régions	1985	1996	1996	1997	1998	1999	2001	2002	2003	2004	2005	2006	2007
Exports - Unit value index / Exportations - Indice de la valeur unitaire[1]													
Total - Totaux	75	117	117	110	105	102	97	97	107	116	121	126	137
Developed economies - Economies développées[2]	73	119	119	111	107	103	98	99	111	121	126	131	145
North America - Amérique du Nord	84	104	104	103	99	98	100	98	101	107	113	117	123
Europe	74	128	128	117	114	107	98	101	117	130	134	140	157
Asia-Pacific - Asie-Pacifique	60	108	108	99	92	96	94	91	98	108	115	117	124
Africa - Afrique[3]	90	107	107	102	93	95	93	95	109	122	123	124	128
Northern Africa - Afrique du Nord	126	93	93	82	74	87	90	93	95	99	100	102	110
Sub-Saharan Africa - Afrique subsaharienne	73	115	115	113	106	101	95	97	119	141	149	148	146
Latin America & The Caribbean - Amérique latine et	81	102	102	103	91	92	94	95	101	109	117	126	133
Latin America - Amérique latine	80	102	102	103	91	92	94	95	101	109	118	126	133
Western Asia - Asie Occidentale	84	112	112	109	106	102	97	96	105	117	126	131	145
Other Asia - Autres Pays d'Asie	86	116	116	112	100	99	94	90	93	98	102	106	109
Eastern Asia - Asie Orientale	80	113	113	109	98	97	93	90	92	98	100	101	103
Southern Asia - Asie Méridionale	96	105	105	117	109	103	94	92	105	119	126	141	152
South-eastern Asia - Asie du Sud-Est	102	124	124	117	101	102	94	90	92	96	102	110	110
Imports - Unit value index / Importations - Indice de la valeur unitaire[1]													
Total - Totaux	83	113	113	107	101	99	96	96	104	114	120	128	140
Developed economies - Economies développées[2]	83	116	116	108	103	100	96	96	106	116	122	130	142
North America - Amérique du Nord	82	101	101	99	93	94	96	94	97	103	111	116	121
Europe	82	126	126	115	111	104	97	99	114	127	131	139	156
Asia-Pacific - Asie-Pacifique	91	110	110	104	92	93	88	88	94	104	113	120	132
Africa - Afrique	84	111	111	107	98	100	94	94	113	131	137	...	...
Latin America & The Caribbean - Amérique latine et	76	96	96	115	105	98	99	91	90	101	121	134	148
Western Asia - Asie Occidentale	96	113	113	105	101	96	99	99	109	123	132	144	158
Other Asia - Autres Pays d'Asie	82	105	105	100	90	94	95	93	96	105	110	116	124
Eastern Asia - Asie Orientale	86	108	108	104	93	92	94	91	95	104	109	115	120
Southern Asia - Asie Méridionale	110	102	102	101	90	96	96	102	113	132	142	137	156
South-eastern Asia - Asie du Sud-Est	90	120	120	114	98	97	97	95	98	101	110	118	125
Terms of trade / Termes de l'échange[4]													
Developed economies - Economies développées[2]	88	103	103	102	104	104	102	103	104	104	103	101	102
North America - Amérique du Nord	102	103	103	104	107	105	103	104	104	104	102	101	102
Europe	90	102	102	102	103	103	100	102	103	102	102	100	101
Asia-Pacific - Asie-Pacifique	66	98	98	95	100	103	107	103	105	104	101	98	94
Africa - Afrique	107	96	96	95	95	96	99	101	97	93	90	...	...
Latin America & The Caribbean - Amérique latine et	106	106	106	90	87	94	95	104	113	108	97	94	90
Western Asia - Asie Occidentale	87	100	100	104	105	106	98	97	96	95	95	91	92
Other Asia - Autres Pays d'Asie	104	111	111	112	111	105	98	97	97	94	93	92	88
Eastern Asia - Asie Orientale	93	105	105	105	105	105	99	99	97	94	91	87	86
Southern Asia - Asie Méridionale	87	103	103	115	121	107	98	90	94	90	88	103	97
South-eastern Asia - Asie du Sud-Est	113	104	104	102	103	104	96	94	94	95	93	93	88

Special Table H

Total exports and imports by regions

Quantum and unit value indices and terms of trade in US dollars (2000 = 100)

Exportations et importations totales par région

Indices du quantum et de la valeur unitaire et termes de l'échange en dollars É.-U. (2000 = 100)

Regions - Régions	1985	1996	1996	1997	1998	1999	2001	2002	2003	2004	2005	2006	2007
Exports - Volume index / Exportations - Indice du volume[5]													
Total - Totaux	42	72	72	79	83	88	99	103	109	122	133	147	157
Developed economies - Economies développées[2]	46	75	75	83	86	91	99	102	104	113	118	128	133
North America - Amérique du Nord	37	76	76	85	86	91	94	91	92	97	104	113	119
Europe	45	72	72	80	85	90	103	107	109	118	123	134	138
Asia-Pacific - Asie-Pacifique[6]	64	82	82	91	90	92	91	97	101	111	113	121	126
Africa - Afrique	61	76	76	80	78	84	101	101	109	128	172	190	216
Northern Africa - Afrique du Nord	49	76	76	87	85	82	102	98	122	152	207	241	258
Sub-Saharan Africa - Afrique subsaharienne	70	75	75	77	74	85	100	102	101	113	144	154	185
Latin America & The Caribbean - Amérique latine et	38	70	70	77	86	91	102	102	105	120	135	152	162
Latin America - Amérique latine	35	70	70	76	86	91	102	102	105	119	134	151	160
Western Asia - Asie Occidentale	42	59	59	67	61	76	96	101	115	138	169	191	215
Other Asia - Autres Pays d'Asie	22	64	64	71	76	83	100	114	131	160	185	215	248
Eastern Asia - Asie Orientale	22	63	63	73	78	84	101	118	145	179	213	256	302
Southern Asia - Asie Méridionale	32	76	76	67	65	80	103	114	121	135	163	181	192
South-eastern Asia - Asie du Sud-Est	16	62	62	69	75	83	96	106	111	134	145	159	178
Imports - Volume index / Importations - Indice du volume[5]													
Total - Totaux	37	73	73	80	84	90	100	104	111	124	133	143	150
Developed economies - Economies développées[2]	39	71	71	78	84	91	100	103	108	118	125	133	137
North America - Amérique du Nord	37	66	66	74	83	91	97	101	106	116	124	130	131
Europe	41	71	71	78	85	91	102	104	108	118	125	135	141
Asia-Pacific - Asie-Pacifique[6]	40	86	86	87	84	91	103	103	111	121	126	133	132
Africa - Afrique	67	85	85	90	106	100	111	111	113	123	142	...	...
Latin America & The Caribbean - Amérique latine et	29	76	76	74	86	88	99	100	106	114	113	122	132
Western Asia - Asie Occidentale	44	74	74	84	85	89	97	106	113	135	145	160	183
Other Asia - Autres Pays d'Asie	26	83	83	88	80	84	98	111	128	154	174	193	209
Eastern Asia - Asie Orientale	23	73	73	78	72	82	99	115	140	169	184	207	233
Southern Asia - Asie Méridionale	38	83	83	86	95	94	105	111	123	141	175	213	222
South-eastern Asia - Asie du Sud-Est	19	85	85	90	77	83	94	101	104	126	141	149	159

Source:
Compiled by the United Nations Statistics Division from international and national publications.

Source:
Compilé par la Division de statistique des Nations Unies à partir de publications internationales et nationales.

Note:
For the composition of the regions, see Special Table A of this issue.

Note:
Pour la composition des régions, voir tableau special A du présent numéro.

1   Regional aggregates are current period weighted.

1   Les totaux régionaux sont à coéfficients de pondération correspondant à la période en cours.

2   This classification is intended for statistical convenience and does not, necessarily, express a judgement about the stage reached by a particular country in the development process.

2   Cette classification est utilisée pour plus de commodité dans la présentation des statistiques et n'implique pas nécessairement un jugement quant au stade de développement auquel est parvenu un pays donné.

3   Improved estimates as of February, 2005.

3   Estimations améliorées jusqu'en Février, 2005.

4   Unit value index of exports divided by unit value index of imports.

4   Indice de la valeur unitaire des exportations divisé par l'indice de la valeur unitaire des importations.

5   Volume indices are derived from value data and unit value indices. They are base period weighted.

5   Les indices du volume sont calculés à partir de chiffres de la valeur et des indices de la valeur unitaire. Ils sont à coéfficients de pondération correspondant à la période en base.

6   The correction of trade values for Japan (re-exports) in November 2008 led to significant changes in the volume index.

6   La correction en novembre 2008 des valeurs de réexportations du Japon a conduit a des changements significatifs au niveau des indices de volume.

Special Table I

Manufactured goods exports

Unit value and volume indices (2000=100) and value in thousand million U.S. dollars

Exportations des produits manufacturés

Indices de valeur unitaire et de volume (2000=100), et valeur en milliards de dollars E.-U.

Region, country or area	1985	1996	1997	1998	1999	2001	2002	2003	2004	2005	2006	2007

Unit Value Indices in U.S. dollars - Indices de valeur unitaire en dollars des E.-U.
2000 = 100

Region, country or area	1985	1996	1997	1998	1999	2001	2002	2003	2004	2005	2006	2007
Total 1/	73	118	110	108	103	98	98	104	110	111	114	...
Developed economies	71	119	111	110	105	98	99	108	117	120	123	133
America	87	99	101	100	99	99	100	103	106	108	111	115
Canada	108	105	106	101	99	98	96	103	112	119	128	135
United States 2/	81	98	99	100	99	100	102	103	104	104	107	110
Europe	72	131	117	118	110	99	100	112	122	125	130	142
Austria 3/	119	185	152	141	118	94	100	...	...	...	...	...
Belgium	69	127	115	114	108	99	106	125	141	148	156	178
Denmark	66	130	118	116	112	100	103	122	136	138	141	145
Finland	66	121	109	107	104	95	100	117	120	131	141	166
France	78	135	120	120	113	98	84	101	111	111	109	118
Germany 4/	76	140	121	124	111	99	104	118	128	128	132	143
Greece	106	143	122	113	107	...	...	...	...	...	...	...
Iceland 5/	64	118	113	100	...	...	...	...	...	...	...	...
Ireland 5/	80	124	104	96	...	...	...	...	...	...	...	...
Italy 5/	68	123	112	119	113	100	...	104	...	118	125	136
Netherlands 6/	74	132	117	115	109	104	104	120	130	139	144	175
Norway	77	127	116	112	106	97	100	110	126	131	145	169
Portugal 5/	78	130	117	115	110	99	...	...	...	...	...	...
Spain 5/	74	132	117	115	...	...	...	...	...	...	...	...
Sweden	72	132	117	112	106	...	...	...	...	...	...	...
Switzerland 5/	59	126	112	111	109	104	109	...	...	...	...	...
United Kingdom	61	115	115	114	108	95	98	108	120	120	123	133
Other developed economies	59	110	104	99	98	93	91	97	107	113	114	119
Australia	83	117	112	98	97	93	92	101	133	151	203	245
Israel	51	77	75	77	83	98	95	95	99	109	118	124
Japan	58	110	104	100	98	94	92	97	107	112	112	117
New Zealand	79	131	122	101	96	98	99	112	125	136	140	155
South Africa	93	165	...	...	...	...	...	...	...	...	...	...
Developing economies	87	114	108	104	97	98	96	97	99	98	102	...
China, Hong Kong SAR	91	111	107	104	102	95	93	93	94	96	93	94
India	102	94	113	107	121	92	99	...	...	...	...	...
Korea, Republic of	96	125	115	101	96	92	82	83	92	96	101	106
Pakistan	73	111	117	115	106	100	96	101	108	106	108	108
Singapore	...	123	116	105	101	98	100	99	98	78	81	109
Turkey 7/	122	127	116	109	105	99	96	108	124	130	127	137

Unit value indices in 'SDR' - Indices de valeur unitaire en 'DTS'
2000 = 100

Region, country or area	1985	1996	1997	1998	1999	2001	2002	2003	2004	2005	2006	2007
Total	95	107	105	106	99	102	99	99	97	99	102	...
Developed economies	93	108	106	107	101	102	100	102	103	107	110	114
Developing economies	112	104	103	101	93	102	98	92	87	87	91	...

For general note and footnotes see end of Special Table K.

Special Table I

Manufactured goods exports [cont.]

Unit value and volume indices (2000=100) and value in thousand million U.S. dollars

Exportations des produits manufacturés [suite]

Indices de valuer unitaire et de volume (2000=100), et valeur en milliards de dollars E.-U.

1985	1996	1997	1998	1999	2001	2002	2003	2004	2005	2006	2007	Région, pays ou zones

Unit value indices in national currency - Indices de valuer unitaire en monnaie nationale
2000 = 100

1985	1996	1997	1998	1999	2001	2002	2003	2004	2005	2006	2007	Région, pays ou zones
.	.	.	.	.	.	.	.	.	.	.	.	**Totaux 1/**
												Economies dévelopeées
												Amérique
99	97	99	101	99	102	102	98	98	97	98	97	Canada
81	98	99	100	99	100	102	103	104	104	107	110	Etats-Unis 2/
												Europe
164	131	125	117	102	98	98	...	...	...	...	...	Autriche 3/
94	90	94	95	94	102	103	103	105	110	115	120	Belgique
86	93	96	96	97	102	100	101	101	102	103	97	Danemark
64	86	88	89	90	98	98	96	89	97	104	112	Finlande
98	97	98	100	98	101	83	83	82	82	81	80	France
105	99	99	103	97	102	102	96	95	95	97	97	Allemagne 4/
40	94	91	91	90	...	...	...	...	...	...	...	Grèce
...	...	...	...	...	...	...	...	...	...	...	...	Islande
...	...	...	...	...	...	...	...	...	...	...	...	Irlande
...	...	...	...	...	...	...	...	...	...	...	...	Italie
102	93	96	95	95	107	102	98	97	103	106	118	Pays-Bas 6/
74	93	93	96	94	99	91	89	96	96	106	112	Norvège
...	...	...	...	...	...	...	...	...	...	...	...	Portugal
...	...	...	...	...	...	...	...	...	...	...	...	Espagne
67	97	97	97	96	...	...	...	...	...	...	...	Suède
...	...	...	...	...	...	...	...	...	...	...	...	Suisse
72	111	106	104	101	99	99	100	99	100	101	101	Royaume-Uni
												Autres économies dévelopées
69	87	87	90	87	104	97	89	104	114	156	169	Australie
...	...	...	...	...	...	...	...	...	...	...	...	Israël
128	111	117	121	104	110	106	105	107	114	121	127	Japon
73	86	84	85	83	105	97	88	86	88	98	96	Nouvelle-Zélande
30	102	...	...	...	...	...	...	...	...	...	...	Afrique du Sud
												Economies en voie de développement
91	110	106	103	101	96	93	93	94	96	93	94	Chine, Hong-Kong RAS
28	74	92	98	116	95	107	...	...	...	...	...	Inde
74	89	95	125	101	105	91	87	93	87	85	87	Corée, République de
22	76	91	99	100	117	108	111	119	119	123	124	Pakistan
...	...	...	...	...	...	...	...	...	76	75	95	Singapour
...	...	...	...	...	...	...	...	...	...	...	...	Turquie

Voir la fin du Tableau Special K pour la remarque générale et les notes.

Special Table I

Manufactured goods exports [cont.]

Unit value and volume indices (2000=100) and value in thousand million U.S. dollars

Exportations des produits manufacturés [suite]

Indices de valeur unitaire et de volume (2000=100), et valeur en milliards de dollars E.-U.

Region, country or area	1985	1996	1997	1998	1999	2001	2002	2003	2004	2005	2006	2007
Volume indices - Indices de volume												
2000 = 100												
Total...................................	34	71	80	82	88	100	103	111	128	139	153	...
Developed economies.....................	42	74	83	84	89	102	101	105	115	120	130	136
America..................................	29	77	85	87	91	101	88	88	97	104	113	119
Canada.........'........	27	69	73	80	90	94	94	92	97	100	99	100
United States	30	79	89	89	91	103	86	87	97	105	118	126
Europe	42	73	82	84	89	106	108	113	124	128	139	145
Austria	25	57	70	74	86	124	118	...	...	...	...	...
Belgium..................................	43	79	84	87	92	100	100	100	106	107	107	109
Denmark	46	71	81	84	95	105	114	119	119	129	137	149
Finland	41	72	81	89	89	103	98	98	109	108	116	116
France	38	68	76	82	86	119	120	118	127	132	148	152
Germany	44	68	79	80	86	105	107	114	128	138	152	166
Greece	37	73	84	93	86	...	...	...	...	...	...	...
Iceland	41	56	64	72	...	...	...	...	...	...	...	...
Ireland	13	46	63	86	...	...	...	...	...	...	...	...
Italy	47	87	90	87	86	105	...	119	...	128	135	148
Netherlands	38	68	89	83	88	115	117	122	135	136	147	148
Norway	58	68	88	95	96	92	110	110	112	119	129	141
Portugal	26	73	79	88	93	103	...	...	...	...	...	...
Spain	26	68	79	84	...	...	...	...	...	...	...	...
Sweden	51	76	91	91	100	...	...	...	...	...	...	...
Switzerland	56	78	83	87	94	97	99	...	...	...	...	...
United Kingdom	48	82	89	89	90	96	102	103	104	111	124	113
Other developed economies	60	78	85	82	90	91	96	103	112	112	120	127
Australia	21	79	86	83	91	99	104	103	88	88	73	73
Israel	35	82	94	95	98	95	98	105	124	125	123	134
Japan	64	79	85	81	89	89	94	100	110	109	117	123
New Zealand	40	73	80	92	99	108	105	109	116	115	117	119
South Africa	30	55	...	...	...	...	...	...	...	...	...	...
Developing economies	15	64	73	76	86	96	107	124	157	184	208	...
China, Hong Kong SAR	77	104	107	100	93	88	93	70	71	75	77	60
India	15	74	65	67	69	105	115	...	...	...	...	...
Korea, Republic of	18	59	66	73	87	95	97	118	145	175	188	203
Pakistan	30	90	82	79	90	101	114	140	137	155	160	163
Singapore	...	72	77	75	82	89	90	104	129	188	225	180
Turkey	18	59	75	83	88	114	138	162	189	204	240	279

For general note and footnotes see end of Special Table K.

Special Table I

Manufactured goods exports *[cont.]*

Unit value and volume indices (2000=100) and value in thousand million U.S. dollars

Exportations des produits manufacturés *[suite]*

Indices de valeur unitaire et de volume (2000=100), et valeur en milliards de dollars E.-U.

In thousand million U.S. dollars   En milliards de dollars E.-U.

1985	1996	1997	1998	1999	2001	2002	2003	2004	2005	2006	2007	Région, pays ou zones

Value - Valeur

In thousand million U.S. dollars - En milliards de dollars E.-U.

1985	1996	1997	1998	1999	2001	2002	2003	2004	2005	2006	2007	Région, pays ou zones
1138.2	4064.2	4094.8	4194.4	4620.8	4548.3	4648.6	5356.1	6495.7	7135.9	8104.2	...	**Totaux**
955.5	2955.5	2983.8	3021.0	3209.4	3215.6	3196.4	3653.2	4312.7	4590.7	5128.2	5795.9	**Economies dévelopées**
199.2	667.7	675.6	703.7	780.3	781.7	685.3	704.0	803.2	872.2	983.2	1070.3	Amérique
53.8	142.9	148.7	165.6	184.0	169.1	166.6	173.6	200.2	219.2	234.6	247.8	Canada
145.3	524.8	527.0	538.1	596.3	612.6	518.8	530.4	603.0	653.1	748.6	822.5	Etats-Unis
571.0	1826.5	1884.5	1856.3	1903.5	1986.4	2051.3	2426.2	2877.4	3055.3	3426.3	3930.0	Europe
15.1	53.1	51.7	50.4	49.8	58.3	59.0	76.8	96.7	100.2	114.0	133.6	Autriche
39.8	127.0	132.2	131.8	132.5	131.6	139.5	166.3	198.7	209.9	222.3	258.2	Belgique
9.6	30.2	31.2	33.8	31.8	33.5	37.2	46.4	51.4	56.6	61.1	68.8	Danemark
10.8	35.1	38.0	36.7	39.7	38.9	38.9	45.4	51.8	56.1	65.1	76.8	Finlande
73.7	225.8	244.3	242.5	249.2	290.2	251.9	298.5	351.8	365.3	404.9	449.2	France
161.6	455.3	477.9	461.1	481.0	499.2	534.8	644.3	790.3	849.0	970.0	1143.7	Allemagne
2.4	6.2	6.3	5.6	6.1	6.0	5.7	8.7	8.5	10.7	12.0	14.0	Grèce
0.2	0.4	0.4	0.6	0.6	0.7	0.7	0.8	1.0	1.1	1.3	1.9	Islande
6.7	42.8	53.6	59.6	65.6	75.1	77.7	79.4	88.7	94.0	96.5	101.9	Irlande
67.8	215.0	219.7	206.7	212.6	223.2	226.1	262.5	309.7	320.2	357.9	426.3	Italie
35.5	133.5	121.7	122.2	127.5	152.8	154.6	186.1	224.7	240.4	271.0	331.4	Pays-Bas
7.4	17.0	17.7	16.8	16.6	14.8	18.3	20.3	23.5	25.9	31.1	39.5	Norvège
4.3	19.5	21.1	21.3	21.0	21.4	22.4	27.5	30.5	28.8	32.1	32.9	Portugal
17.3	82.3	86.3	88.7	89.4	91.4	99.0	124.0	142.8	150.1	166.8	196.8	Espagne
24.8	71.4	68.7	71.1	67.2	58.7	66.9	82.4	101.0	111.0	124.1	143.1	Suède
25.9	72.9	75.7	80.0	78.2	78.8	84.5	96.8	113.7	123.3	138.2	160.6	Suisse
67.9	237.7	236.4	225.6	232.5	210.2	232.6	258.1	290.2	310.5	355.4	348.4	Royaume-Uni
185.4	461.3	423.7	461.0	525.6	447.5	459.8	523.1	632.1	663.2	718.6	795.7	Autres économies dévelopées
3.7	20.4	17.3	18.7	21.2	19.5	20.2	22.0	25.0	28.2	31.6	38.1	Australie
5.3	20.8	21.7	24.2	29.7	27.6	27.5	29.5	36.5	40.5	43.3	49.4	Israël
170.8	402.1	369.6	397.5	454.8	378.0	391.8	443.3	534.1	553.7	597.3	654.1	Japon
1.5	4.6	4.3	4.5	4.7	5.0	4.9	5.7	6.8	7.3	7.7	8.6	Nouvelle-Zélande
4.2	13.3	10.8	16.1	15.2	17.5	15.3	22.5	29.7	33.5	38.7	45.5	Afrique du Sud
182.7	1108.7	1111.0	1173.3	1411.4	1332.7	1452.2	1702.8	2183.0	2545.1	2976.0	...	**Economies en voie de développement**
15.8	25.7	23.3	21.2	22.4	18.9	19.4	14.7	15.1	16.3	16.0	12.5	Chine, Hong-Kong RAS
5.2	26.0	25.3	29.3	35.0	33.5	39.9	48.8	59.1	74.1	86.1	96.9	Inde
27.8	120.0	116.3	130.6	156.9	137.3	125.4	153.0	207.9	262.8	297.5	338.6	Corée, République de
1.7	7.4	7.1	7.4	7.7	7.8	8.4	10.9	11.4	12.7	13.4	13.6	Pakistan
12.0	106.6	94.2	99.7	119.3	103.7	106.7	122.8	151.7	175.7	217.4	233.8	Singapour
5.0	20.0	21.0	21.2	23.1	26.1	30.8	40.3	54.2	61.1	70.9	88.7	Turquie

Voir la fin du Tableau Special K pour la remarque général et les notes.

Special Table J

Fuel imports - Developed economies
Unit value and volume indices (2000=100) and value in thousand million U.S. dollars

Importations de produits énergétiques - Pays à économies développées
Indices de valuer unitaire et de volume (2000=100), et valeur en milliards de dollars E.-U.

Region, country or area	1985	1996	1997	1998	1999	2001	2002	2003	2004	2005	2006	2007
Unit Value Indices in U.S. dollars - Indices de valuer unitaire en dollars des E.-U. 2000 = 100												
Developed economies	98	79	75	54	64	91	91	104	129	173	186	200
America	88	73	68	48	61	87	85	102	129	187	220	243
Canada	124	93	87	68	73	112	109	133	161	215	255	279
United States 2/..............	86	72	66	46	60	86	83	100	127	185	217	240
Europe	100	82	77	58	67	94	96	110	134	170	191	201
Austria 3/.......................	105	82	72	67	84	92	92	111	141	190	227	244
Belgium.........................	52	81	76	58	68	92	90	108	135	185	210	217
Denmark	104	87	83	65	69	93	99	117	147	188	220	241
Finland	83	70	67	59	71	91	91	107	121	167	205	224
France	122	91	85	66	73	98	100	104	128	198	240	263
Germany 4/.....................	107	81	79	58	64	97	102	116	141	189	227	234
Greece	114	86	85	65	63	...	...	...	...	...	...	...
Iceland 5/.......................	91	73	85	67	...	...	...	...	...	...	...	...
Ireland 5/.......................	82	80	75	57	...	...	...	...	...	...	...	...
Italy 5/............................	85	82	75	47	...	...	...	...	...	...	...	...
Netherlands 5/	114	85	...	...	...	...	...	...	...	...	...	...
Norway	111	113	95	76	80	95	99	120	137	183	221	241
Portugal 5/	113	78	70	49	61	93	...	...	...	...	...	...
Spain 5/..........................	...	77	73	51	63	93	91	109	132	167	203	219
Sweden	124	75	69	55	65	...	...	...	...	...	...	...
Switzerland 5/.................	93	79	76	59	62	95	88	107	138	...	...	...
United Kingdom	103	81	77	58	70	89	100	119	157	222	275	300
Other developed economies ..	103	79	81	58	65	88	88	96	120	159	138	149
Australia	117	75	74	54	65	87	86	121	153	214	265	284
Israel	115	76	70	56	65	89	90	90	117	190	205	228
Japan	102	78	81	58	64	89	89	95	116	154	128	138
New Zealand	100	80	80	56	64	89	92	110	144	196	244	265
South Africa	...	...	...	...	...	...	...	...	...	...	...	...

For general note and footnotes see end of Special Table K.

Special Table J

Fuel imports - Developed economies *[cont.]*

Unit value and volume indices (2000=100) and value in thousand million U.S. dollars

Importations de produits énergétiques - Pays à économies développées *[suite]*

Indices de valuer unitaire et de volume (2000=100), et valeur en milliards de dollars E.-U.

In thousand million U.S. dollars | | | | | | | | | | | En milliards de dollars E.-U.

1985	1996	1997	1998	1999	2001	2002	2003	2004	2005	2006	2007	Région, pays ou zones

Unit value indices in national currency - Indices de valuer unitaire en monnaie nationale
2000 = 100

1985	1996	1997	1998	1999	2001	2002	2003	2004	2005	2006	2007	Région, pays ou zones
												Economies dévelopeées
												Amérique
114	85	81	68	73	116	115	126	141	176	195	201	Canada
86	72	66	46	60	86	83	100	127	185	217	240	Etats-Unis 2/
												Europe
145	58	59	55	73	95	90	91	105	141	167	165	Autriche
71	57	63	49	59	95	88	88	100	139	154	146	Belgique
136	63	68	54	60	94	97	97	109	139	161	162	Danemark
79	50	54	49	61	94	89	88	90	124	151	151	Finlande
153	66	69	55	64	101	98	85	95	147	176	177	France
147	58	65	48	55	100	100	95	105	140	167	158	Allemagne 4/
43	56	64	52	53	...	...	...	...	...	...	...	Grece
...	...	...	...	...	...	...	...	...	...	...	...	Islande
...	...	...	...	...	...	...	...	...	...	...	...	Irlande
...	...	...	...	...	...	...	...	...	...	...	...	Italie
...	...	...	...	...	...	...	...	...	...	...	...	Pays-Bas
107	82	76	65	71	97	89	97	105	133	161	160	Norvège
...	...	...	...	...	...	...	...	...	...	...	...	Portugal
...	54	60	42	54	96	89	89	98	124	149	147	Espagne
116	55	57	47	58	...	...	...	...	...	...	...	Suède
134	58	65	50	55	95	81	86	101	...	...	...	Suisse
121	79	71	53	65	93	101	110	130	185	226	227	Royaume-Uni
												Autres économies développées
97	56	58	50	58	98	91	108	121	163	204	197	Australie
...	...	...	...	...	...	...	...	...	...	...	...	Israël
225	79	90	70	68	104	104	102	116	157	138	151	Japon
91	53	55	47	54	96	89	85	98	126	170	163	Nouvelle-Zélande
...	...	...	...	...	...	...	...	...	...	...	...	Afrique du Sud

Voir la fin du Tableau Special K pour la remarque général et les notes.

Special Table J
Fuel imports - Developed economies
Unit value and volume indices (2000=100) and value in thousand million U.S. dollars
Importations de produits énergétiques - Pays à économies développées
Indices de valuer unitaire et de volume (2000=100), et valeur en milliards de dollars E.-U.

Region, country or area	1985	1996	1997	1998	1999	2001	2002	2003	2004	2005	2006	2007
Volume indices - indices de volume 2000 = 100												
Developed economies	63	87	92	94	94	105	101	111	117	123	138	138
America	45	76	89	95	94	106	103	110	115	111	109	107
Canada	30	64	81	80	78	83	80	91	96	107	100	102
United States	46	77	89	96	95	108	105	112	117	111	110	108
Europe	78	91	93	94	91	105	99	111	122	137	151	151
Austria	79	118	129	93	74	138	138	175	194	205	218	172
Belgium	116	89	92	91	89	107	110	123	132	135	132	131
Denmark	119	75	79	79	81	78	78	87	95	106	100	89
Finland	98	117	112	101	95	106	106	118	126	118	129	126
France	65	82	84	82	84	113	91	115	124	109	110	106
Germany	68	100	97	101	96	101	90	103	108	110	114	111
Greece	66	72	48	84	60	...	...	...	...	...	...	...
Iceland	70	98	81	86	...	...	...	...	...	...	...	...
Ireland	71	80	88	97	...	...	...	...	...	...	...	...
Italy	123	93	97	111	...	...	...	...	...	...	...	...
Netherlands	64	83	...	...	...	...	...	...	...	...	...	...
Norway	89	99	91	91	93	103	90	112	115	91	97	106
Portugal	44	83	92	103	107	100	...	...	...	...	...	...
Spain	...	80	82	92	91	100	107	107	119	131	138	144
Sweden	72	104	108	92	105	...	...	...	...	...	...	...
Switzerland	86	93	118	106	104	106	104	103	100	...	...	...
United Kingdom	90	91	95	90	87	112	97	105	129	130	133	134
Other developed economies ..	63	97	99	95	98	103	102	110	111	111	159	162
Australia	24	88	87	87	102	101	102	100	113	113	120	130
Israel	33	67	90	90	78	99	96	116	107	99	90	105
Japan	71	101	101	97	100	102	102	111	110	110	162	162
New Zealand	50	77	79	89	91	105	101	104	107	105	105	111
South Africa	...	...	...	...	...	...	...	...	...	...	...	...

For general note and footnotes see end of Special Table K.

Special Table J

Fuel imports - Developed economies *[cont.]*

Unit value and volume indices (2000=100) and value in thousand million U.S. dollars

Importations de produits énergétiques - Pays à économies développées *[suite]*

Indices de valuer unitaire et de volume (2000=100), et valeur en milliards de dollars E.-U.

In thousand million U.S. dollars   En milliards de dollars E.-U.

1985	1996	1997	1998	1999	2001	2002	2003	2004	2005	2006	2007	Région, pays ou zones

Value - Valeur

In thousand million U.S. dollars - En milliards de dollars E.-U.

1985	1996	1997	1998	1999	2001	2002	2003	2004	2005	2006	2007	Région, pays ou zones
273.7	306.0	226.7	266.0	441.6	420.2	404.0	509.8	668.6	937.4	1137.4	1217.8	**Economies dévelopeées**
60.3	91.3	68.9	86.4	152.1	140.6	132.8	170.7	225.3	315.2	365.4	396.3	Amérique
4.6	8.8	6.8	7.1	12.5	11.6	10.9	15.1	19.4	28.9	31.9	35.4	Canada
55.8	82.6	62.2	79.3	139.6	129.0	121.9	155.6	205.9	286.4	333.5	360.9	Etats-Unis
153.6	141.3	107.0	120.7	197.3	196.0	188.0	241.4	321.0	459.1	570.0	599.0	Europe
3.1	3.4	2.3	2.3	3.7	4.7	4.7	7.2	10.2	14.4	18.3	15.6	Autriche
9.3	10.8	8.2	9.3	15.4	15.2	15.2	20.3	27.4	38.2	42.6	43.8	Belgique
3.1	1.7	1.3	1.4	2.5	1.8	2.0	2.6	3.5	5.0	5.6	5.4	Danemark
3.2	3.0	2.4	2.7	4.0	3.8	3.9	5.1	6.1	7.9	10.5	11.2	Finlande
24.1	21.8	16.7	18.9	30.5	33.6	27.8	36.3	48.4	65.9	80.3	84.8	France
31.4	33.2	25.3	26.4	43.1	42.0	39.8	52.0	65.9	89.6	112.0	111.7	Allemagne
3.0	1.6	2.2	1.5	4.0	4.3	4.4	6.2	6.7	9.8	12.2	11.5	Grèce
0.1	0.2	0.1	0.1	0.2	0.2	0.2	0.2	0.4	0.5	0.5	0.6	Islande
1.2	1.4	1.1	1.3	2.1	2.1	1.7	2.0	3.1	4.8	5.6	6.5	Irlande
23.9	16.5	12.0	14.2	22.9	22.5	22.0	26.5	33.5	60.6	77.4	83.1	Italie
14.5	14.1	10.5	12.7	20.0	19.8	19.5	24.4	33.3	45.3	59.0	66.3	Pays-Bas
1.4	1.2	1.0	1.0	1.4	1.3	1.2	1.8	2.2	2.3	3.0	3.5	Norvège
2.0	2.7	2.1	2.7	4.1	3.8	3.9	4.8	6.2	9.0	10.0	9.2	Portugal
10.9	11.1	8.6	10.6	18.6	17.4	18.0	21.6	29.1	40.8	51.8	58.4	Espagne
5.4	4.5	3.1	4.1	6.1	4.7	5.9	7.7	9.8	13.0	15.7	16.9	Suède
3.1	3.4	2.4	2.5	3.8	3.9	3.5	4.2	5.3	9.1	11.2	11.0	Suisse
13.7	10.7	7.7	9.0	14.7	14.7	14.3	18.3	29.7	42.6	53.9	59.1	Royaume-Uni
59.7	73.3	50.8	58.8	92.1	83.7	83.2	97.8	122.4	163.1	202.0	222.5	Autres économies dévelopées
1.6	3.7	2.7	3.8	5.8	5.1	5.1	7.0	10.0	13.9	18.5	21.4	Australie
1.4	2.3	1.8	1.8	3.6	3.2	3.1	3.8	4.5	6.8	6.6	8.6	Israël
55.9	62.8	43.3	49.9	77.4	70.2	70.4	81.2	98.7	131.4	160.4	173.2	Japon
0.8	1.0	0.8	0.9	1.5	1.4	1.4	1.7	2.3	3.1	3.9	4.5	Nouvelle-Zélande
0.1	3.5	2.2	2.4	3.8	3.7	3.3	4.1	6.9	7.9	12.7	14.9	Afrique du Sud

Voir la fin du Tableau Special K pour la remarque général et les notes.

Some indicators on fuel imports *[cont.]*

Fuel imports as a percentage of total imports and exports, and ratio of unit value indices of manufactured goods exports and fuel imports

Quelques indicateurs sur les importations de produits énergétiques *[suite]*

Importation des produits énergétiques en pourcentage des importations et des exportations totales,
et quotient des indices de la valeur unitaire des exportations des produits manufacturés et des importations des produits énergét

Region, country or area	1985	1997	1998	1999	2000	2001	2002	2003	2004	2005	2006	2007
Fuel imports as percent of total imports												
Importation des produits énergétiques en pourcentage des importations totales												
Developed economies	19.7	8.4	6.1	6.8	10.1	9.9	9.4	10.3	11.3	14.4	15.3	14.6
America	13.8	8.3	6.0	6.8	10.2	10.0	9.3	11.1	12.5	15.8	16.1	16.6
Canada	6.0	4.5	3.4	3.3	5.2	5.2	4.9	6.3	7.1	8.9	9.1	9.3
United States	15.4	9.2	6.6	7.5	11.1	10.9	10.1	11.9	13.5	17.1	17.4	18.0
Europe	19.8	6.8	4.9	5.5	8.4	8.3	7.8	8.5	9.3	12.2	13.3	12.0
Austria	14.9	5.3	3.5	3.3	5.8	7.1	6.9	7.9	9.4	12.2	13.7	10.2
Belgium	16.6	6.9	5.1	5.6	8.7	8.5	7.7	8.6	9.6	11.9	12.0	10.5
Denmark	17.3	3.8	2.8	3.1	5.7	4.1	4.0	4.6	5.3	6.6	6.5	5.5
Finland	24.4	9.6	7.4	8.5	11.8	11.5	11.5	12.2	12.2	13.5	15.3	13.8
France	22.4	8.2	5.8	6.6	9.8	9.5	9.2	10.1	10.9	13.8	15.0	13.8
Germany	19.8	7.6	5.5	5.7	8.4	8.5	8.1	8.6	9.2	11.5	12.2	10.5
Greece	29.5	6.5	7.5	5.8	13.4	15.3	13.4	13.9	13.0	19.7	20.6	15.3
Iceland	15.7	7.6	5.2	5.4	9.4	8.9	8.6	7.7	10.0	10.5	9.7	8.7
Ireland	11.9	3.5	2.5	2.8	4.1	3.9	3.2	3.7	5.1	6.9	7.4	7.6
Italy	26.3	7.9	5.6	6.5	9.7	9.3	8.9	9.1	9.4	15.7	17.6	16.3
Netherlands	22.3	8.7	6.7	7.6	11.5	12.1	10.1	10.5	11.7	14.6	16.5	15.8
Norway	8.7	3.3	2.5	3.0	4.0	4.1	3.5	4.7	4.6	4.2	4.7	4.4
Portugal	26.5	8.1	5.5	7.3	10.3	9.7	10.0	11.7	12.5	16.8	15.2	12.0
Spain	36.0	9.1	6.5	7.3	12.1	11.3	11.0	10.4	11.3	14.2	15.9	15.3
Sweden	18.9	7.2	4.8	6.4	8.9	8.0	8.8	9.4	9.7	12.1	12.4	11.3
Switzerland	10.0	4.5	3.0	3.0	4.6	4.6	4.4	4.6	4.9	7.9	8.5	7.2
United Kingdom	12.5	3.5	2.5	2.8	4.5	4.3	4.1	4.8	6.6	8.8	9.9	9.5
Other developed economies	33.6	15.4	12.5	13.2	17.4	17.2	17.0	17.3	18.1	21.1	23.3	23.3
Australia	6.9	6.0	4.5	5.8	8.1	8.5	7.0	7.8	9.1	11.1	13.2	12.9
Israel	16.3	7.8	6.6	5.8	10.0	9.5	8.8	11.0	11.0	15.1	13.9	14.7
Japan	43.1	18.5	15.4	16.1	20.4	20.1	20.8	21.2	21.9	25.5	27.7	27.9
New Zealand	12.7	6.6	6.6	6.1	10.4	8.5	9.3	9.4	10.1	11.9	14.6	14.4
South Africa	0.6	11.4	8.4	10.1	12.9	13.2	11.2	10.0	13.2	12.6	17.5	18.6
Fuel imports as percent of total exports												
Importations des produits énergétiques en pourcentage des exportations totales												
Developed economies	21.6	8.3	6.2	7.1	10.9	10.6	10.0	11.1	12.3	15.9	17.1	16.1
America	20.5	10.6	7.7	9.3	14.4	14.2	14.0	17.1	20.1	24.9	25.6	25.1
Canada	5.3	4.1	3.2	3.0	4.5	4.5	4.3	5.6	6.4	8.0	8.2	8.5
United States	27.0	12.8	9.1	11.4	17.8	17.6	17.6	21.5	25.2	31.7	32.1	31.0
Europe	20.4	6.2	4.7	5.2	8.3	8.0	7.4	8.1	9.0	12.0	13.2	12.0
Austria	18.0	5.8	3.8	3.5	6.3	7.6	6.9	8.1	9.4	12.4	13.7	10.1
Belgium	17.4	6.3	4.6	5.2	8.2	8.0	7.0	7.9	8.9	11.4	11.5	10.1
Denmark	18.9	3.5	2.7	2.8	5.1	3.6	3.5	3.9	4.6	5.9	6.1	5.2
Finland	23.9	7.3	5.5	6.4	8.8	8.6	8.7	9.6	10.0	12.1	13.7	12.5
France	24.7	7.7	5.6	6.3	10.1	9.6	9.1	10.2	11.4	15.1	16.7	15.4
Germany	17.1	6.5	4.7	4.9	7.7	7.4	6.5	6.9	7.2	9.2	9.9	8.4
Greece	66.1	15.1	20.1	15.1	36.5	42.0	40.4	46.7	44.6	63.3	60.5	49.0
Iceland	17.5	8.3	6.7	5.7	11.8	9.2	8.0	9.0	12.3	16.2	15.6	11.7
Ireland	11.5	2.5	1.8	1.8	2.7	2.4	1.9	2.2	3.0	4.4	5.0	5.3
Italy	30.3	6.9	5.0	6.1	9.6	9.0	8.6	9.1	9.5	16.2	18.6	16.6
Netherlands	21.3	5.9	6.2	6.3	9.6	9.2	8.8	9.4	10.5	13.0	14.8	13.9
Norway	6.8	2.5	2.3	2.3	2.3	2.3	2.0	2.7	2.7	2.3	2.5	2.5
Portugal	35.7	11.7	8.5	11.0	16.9	15.6	15.1	15.5	18.6	27.9	23.2	18.2
Spain	44.8	10.7	7.9	9.6	15.8	15.1	14.5	13.9	16.0	21.3	24.3	23.7
Sweden	17.8	5.6	3.7	4.8	7.8	6.2	7.2	7.7	7.9	10.1	10.7	10.1
Switzerland	11.2	4.5	3.0	3.0	4.7	4.7	4.2	4.3	4.6	7.4	7.9	6.7
United Kingdom	13.6	3.8	2.9	3.4	5.3	5.7	5.0	6.1	8.7	11.4	12.6	13.6
Other developed economies	27.2	13.4	10.1	10.9	14.8	15.5	15.0	15.6	16.3	20.0	22.4	22.2
Australia	7.2	6.2	5.1	6.8	8.6	8.1	7.8	9.9	11.5	13.2	15.0	15.2
Israel	21.6	10.1	7.7	7.0	11.4	10.9	10.6	11.8	11.7	15.9	14.3	15.9
Japan	31.8	14.9	11.1	11.9	16.2	17.4	16.9	17.2	17.6	22.1	24.7	24.4
New Zealand	13.7	6.9	6.2	7.0	10.9	9.2	9.8	10.5	11.5	14.4	17.2	16.5
South Africa	0.6	11.8	8.8	9.3	12.8	12.8	11.0	11.2	14.9	15.2	21.8	21.3

Some indicators on fuel imports *[cont.]*

Fuel imports as a percentage of total imports and exports, and ratio of unit value indices of manufactured goods exports and fuel imports

Quelques indicateurs sur les importations de produits énergétiques *[suite]*

Importation des produits énergétiques en pourcentage des importations et des exportations totales, ·
et quotient des indices de la valeur unitaire des exportations des produits manufacturés et des importations des produits énergétiques

1985	1997	1998	1999	2000	2001	2002	2003	2004	2005	2006	2007	Région, pays ou zones

Ratio of unit value indices of manufactured goods exports and fuel imports
Quotient des indices de la valeur unitaire des exportations des produits manufacturés
et des importations des produits énergétiques
2000 = 100

1985	1997	1998	1999	2000	2001	2002	2003	2004	2005	2006	2007	Région, pays ou zones
73	151	148	202	164	108	109	104	90	69	66	67	**Economies dévelopeées**
98	135	148	208	164	114	118	101	82	58	50	47	Amérique
87	114	122	149	136	88	89	77	69	55	50	49	Canada
94	136	150	214	167	116	122	103	82	57	49	46	Etats-Unis
72	158	152	203	164	105	104	102	91	74	68	71	Europe
113	226	212	211	141	103	109	...	...	...	...	...	Autriche
133	157	150	196	160	107	117	116	104	80	75	82	Belgique
63	149	142	178	162	108	103	105	93	74	64	60	Danemark
80	174	163	182	147	105	109	109	99	78	69	74	Finlande
64	148	142	181	155	100	84	98	87	56	46	45	France
72	172	152	212	175	103	102	101	91	68	58	61	Allemagne
94	167	144	174	168	...	...	...	...	...	...	...	Grèce
71	162	134	149	...	...	...	...	...	...	...	...	Islande
98	154	138	169	...	...	...	...	...	...	...	...	Irlande
80	150	151	251	...	...	...	...	...	...	...	...	Italie
65	155	...	...	...	...	...	...	...	...	...	...	Pays-Bas
69	113	123	148	131	103	102	92	92	72	66	70	Norvège
69	168	167	236	178	106	...	...	...	...	...	...	Portugal
...	171	160	226	...	...	...	...	...	...	...	...	Espagne
58	175	169	205	165	...	...	...	...	...	...	...	Suède
63	160	148	190	174	110	124	...	...	...	...	...	Suisse
59	141	149	197	155	106	98	91	76	54	45	44	Royaume-Uni
57	139	129	169	150	106	103	101	90	71	83	80	Autres économies dévelopées
72	156	151	182	150	107	107	84	87	71	77	86	Australie
44	101	106	137	127	109	105	105	84	57	58	54	Israël
57	141	129	172	153	106	103	103	92	72	88	84	Japon
79	163	153	181	152	110	108	102	86	69	58	59	Nouvelle-Zélande
...	...	...	...	...	...	...	...	...	...	...	...	Afrique du Sud

SPECIAL TABLES: I, J and K

General note: Manufactured goods are here defined to comprise sections 5 through 8 of the Standard International Trade Classification (SITC). These sections are: chemicals and related products, manufactured goods classified chiefly by material, machinery and transport equipment and miscellaneous manufactured articles. Fuels are here defined to comprise all the products in section 3 of the SITC. These products are: coal, coke and briquettes, petroleum, petroleum products and related materials gas and electric current.

In 1990 the exports of manufactured goods by all Developed' and Developing' economies accounted for approximately 96 per cent of world exports of manufactured goods. The unit value indices are obtained from national sources, except those of a few countries which the United Nations Statistics Division compiles using their quantity and value figures. For countries that do not compile indices for manufactured goods exports and fuel imports conforming to the above definition, sub-indices are aggregated to approximate an index of SITC sections 5-8 and SITC section 3 respectively. Unit value indices obtained from national indices are rebased, where necessary, so that 2000=100. Indices in national currency are converted into U.S. dollars using conversion factors obtained by dividing the weighted average exchange rate of a given currency in the current period by the weighted average exchange rate in the base period. All aggregate unit value indices are current period weighted. The indices in SDRs are calculated by multiplying the equivalent aggregate indices in U.S. dollars by conversion factors obtained by dividing the SDR/$US exchange rate in the current period by the rate in the base period. The quantum indices are derived from the value data and the unit value indices. All aggregate quantum indices are base period weighted. The figures in Special Table K are calculated from those prepared for Special Tables I and J.

Total imports and exports used in the calculations are, in general, those published in Special Table A.

1/ Excludes trade of the countries of Eastern Europe and the former USSR.

2/ Beginning 1989, derived from price indices; national unit value index is discontinued.

3/ Series linked at 1988 and 1995 by factors calculated by the United Nations Statistics Division.

4/ Data prior to January 1991, pertain to the territorial boundaries of the Federal Republic of Germany and the former German Democratic Republic prior to 3 October, 1990 (see explanatory notes on data pertaining to Germany on page vi).

5/ For the years beginning 1981, indices are calculated by the United Nations Statistics Division; for Netherlands beginning 1988, for Belgium 1988-1992, and for Switzerland 1988 to 1995.

6/ Derived from sub-indices using current weights; for Netherlands from 1989 to 1996.

7/ Industrial product.

Remarque générale: Les produits manufacturés comprennent les sections 5 à 8 de la Classification type pour le commerce international (CTCI). Ces sections sont produits chimiques et produits connexes, articles manufacturés classés principalement d'après la matière première, machines et matériel de transport et articles manufacturés divers. Les produits énergétiques comprennent tous les produits appartenant à la section 3 de la CTCI. Ces produits sont huiles, cokes et briquettes, pétrole, produits dérives du pétrole et produits connexes, gaz et énergie électrique. En 1990, les
exportations des produits manufacturés par tous les Economies développées' et les 'Economies en voie de développement' representaient approximativement 96 pourcent de l'ensemble des exportations mondials des produits manufacturés. Les indices de la valeur unitaire sont obtenus de sources nationales, á l'exception de quelque pays pour lesquels la Division de Statistique des Nations Unies calcule ces indices en utilisant le chiffres de la valeur et du volume fournis par ces pays. Pour les pays ne calculant pas leurs indices des exportations des produits manufacturés et importations des produits énergétiques selon la definition décrite ci-dessus les sous-indices sont agrégés en un indice qui se rapproche les sections 5 à 8 de la CTCI et la section 3 de la CTCI respectivement. Les indices en monnaie nationale son convertis en dollars des E.-U. en les multipliant par un facteur de conversion obtenu en divisant le taux de change courant, moyenne pondérés, d'une monnaie donnée par celui de la période de base. Tous les agrégés des indices de la valeur unitaire, sont à coéfficients de pondération correspondant à la période indiquée. Les indices indices en DTS son calculés en multipliant les indices totaux equivlents en dollars E.-U. par un facteur de conversion obtenu en divisant le taux de change cournat du DTS/$E-U d'une monnaie donnée par celui de la période de base. Les indices du quantum sont calculés à partir de chiffres de la valeur et lés indices de la valeur unitaire. Tous les agrégés des indices du quantum sont à coéfficients de pondération correspondant à la période en base. Les chiffres dans tableau special K sont calculés selon des données preparées pour les tableaux spéciaux I et J. Les totales des importations et exportations utilisées dans les calculs sont, en générale, celles publiées dans le Tableau Spécial A.

1/ Non compris le commerce des pays de l'Europe de l'Est et l'ancienne URSS.

2/ A partir de 1989, calculés à partir des indices des prix; l'indice de valeur unitaire national est discontinué.

3/ Les series sont enchaînées à 1988 et à 1995 par facteurs calculé par la Division de Statistique des Nations Unies.

4/ Les données relatives à la période précédent janvier 1991 correspondent aux limites territoriales de la République Fédérale d'Allemagne antérieur au 3 octobre 1990 (Aussi voir les notes explicatives sur les données concernant l'Allemagne à la page vi).

5/ Pour les années à partir 1981, les indices sont calculés par la Division de Statisque des Nations Unies; pour les Pays-Bas à partir de 1988, pour la Belgique 1988-1992, et pour la Suisse 1988-1995.

6/ Calculés à partir de sous-indices à coéfficients de pondération correspondant à la période en cours; pour les Pays-Bas de 1989 à 1996.

7/ Produit industriel.

DATE DUE